# 中國名勝典故

主編 隗芾

建安出版社

題詞　沙孟海

主編　隗芾

編著者

華南部　劉啓林　鍾展南

華中部　辛蘭香　閻林森　方玲

中原部　林德崇　王新京

華北部　謝鶴林　劉德謙

東北部　王存信

華東部　周京寧　徐永平　徐艷蘭

東南部　劉啓林

西北部　陸棟　李建國　盧林茂　劉維鈞

西南部　李楊　李景強

資料員　梁雅文

封面設計　尹懷遠

責任編輯　楊曉紅

讀萬卷書

行萬里路

丁卯年春 何志浩書

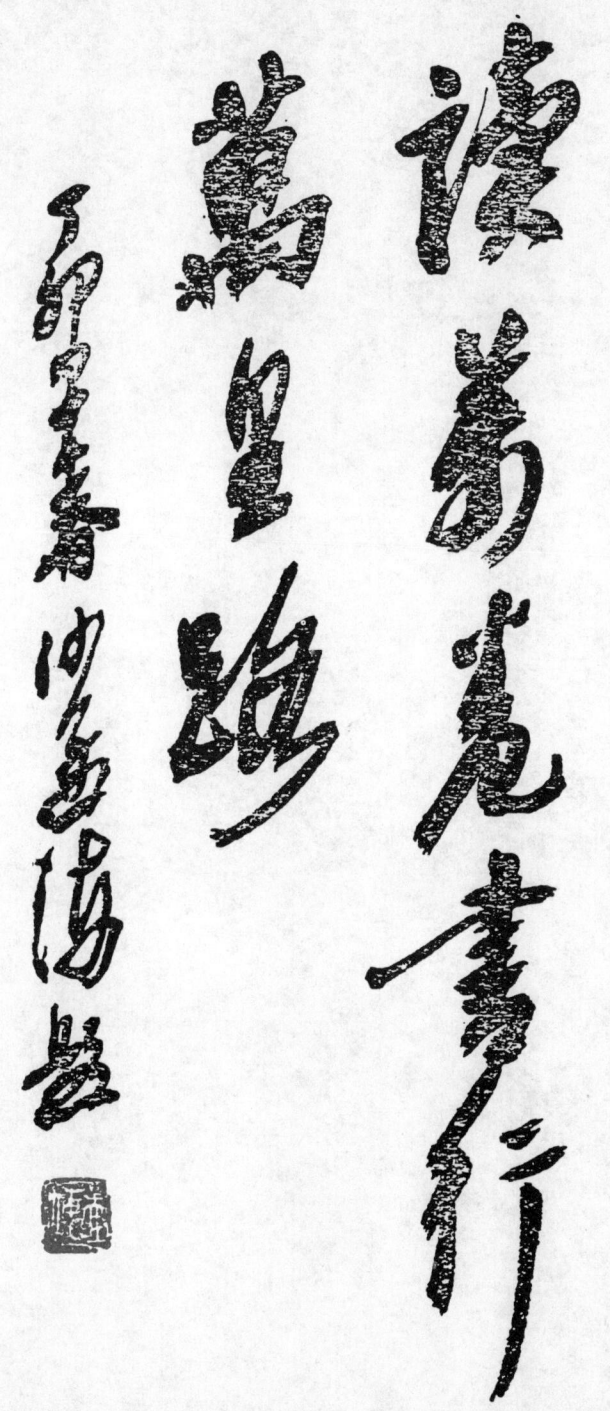

# 前言

沙孟海先生爲本書的題詞，眞是形象地概括了這本書的特點。「讀萬卷書，行萬里路」，雖是兩句古話，卻道出了人生取得知識的主要途徑：一靠讀書，二靠實踐。從孔夫子到孫中山，靠的都是這種方法，現代革命家也概莫能外。因此，這兩句口號，逐漸成爲當代越來越多的人的生活追求。然而眞正能做到這兩項的，也確非易事。光能「讀萬卷書」，在現代雖然也能做到「秀才不出門，便知天下事」，但畢竟缺乏具體感受。那知識總是不完全的。而只「行萬里路」者，其弊更著。

隨著國家的安定繁榮、人民生活水平的提高，旅遊已進入尋常百姓家的正式議程。於是，華山峰頂，人滿爲患；山陰道上，應接不暇。然而，君知否？任何風光、名勝園林、文物，其知識都是由兩個方面構成的：一是外在的，如規模、形制、色彩、氣魄，這些多是「硬件」，具可觀性，一目了然。還有一面是內在的，與外在特徵須臾不可分割的所謂「軟件」。如名勝源流、山川掌故、奇聞軼事，以及所有文化內涵等等，這些多具非直觀性，需聽人介紹或讀書，才能獲得。這些才是旅遊價值之所在。愛國主義、審美情趣，均從此中而來。許多人由於忽視了這軟件內容，縱然行了萬里路，卻如傻子看戲——熱鬧而已。足雖旅之，心未知之。歸來後聽別人講得天花亂墜，他卻覺得：「原來天下寺廟都是一個樣」；「園林也無非是在水邊修上幾個亭子而已」。其實，天下寺廟無一相同，山川園林各有異趣，其差別全在於各自有不同的源流、典故，各自都與不同的歷史事件或歷史人物相關聯。

有人提議把全國各名勝景點的典故源流都寫出來，作爲對國內旅遊者進行愛國和科學教育的讀物，也作爲對國外觀光者了解中華民族文化的窗口，其必要性是很明顯的。不過這可是個大工程。新的名勝典故仍在與日俱增，老的又不斷在開掘。僅收在本書後面全國各遊覽景點一覽表中所列知名度較高的景點，就不下三千處。何況除了名勝典故外，還有許多人文典故、風物傳說，等等。爲了解急，只能先編一部最主要的名勝典故。

好在許多地方名勝都已有了一些旅遊介紹之類的書籍，不少前賢時人的遊記、隨筆類，也可資參考。文友中又頗有幾位熱心此道的作者，於是當出版社來找我主持此事時，便滿口應承了下來，即請熟悉各地區的朋友分頭執筆。

當時定了幾條原則：一是所收名勝典故僅限辛亥革命時期以前。二是要與旅游密切結合。這就要求所介紹的名勝，須是現存的「活」的景點，儘量是已向旅遊者開放的。爲了便於讀者使用，我們打破省、市、自治區，甚至香港、臺灣等區域劃分界限，按旅遊交通，兼顧旅遊文化特色，將中國劃爲九大部四十四個遊覽區。如華北部的京津遊覽區，就由北京、天津兩市，河北易縣、遵化、秦皇島、承德等地，組成一個遊覽圈，其特色又都集中於明清文化。這對於喜愛專題旅遊的人就更爲合適些。整個旅游路線的設計也打破一般從北京出發的傳統作法，而是從中國的南大門香港開始（過去常把廣州說成是中國的南大門，其實是不確切的）。假設一位外國旅游者，從香港入，經華南、華中、中原、華北、東北，一直貫穿到漠河、滿洲里，然後再沿興安嶺、長白山、旅大、濱海、華東、東南南下，一直到臺灣。再加兩條橫線：從西安到新疆的西北線，和從四川到青藏、雲貴、廣西的西南線，最後由梧州乘船到香港出境。每個遊覽區儘量找到一個文化主題。最後附上各遊覽區可遊景點一覽表，供旅遊者選擇。爲了助興，還附上精美的旅遊證書，以供紀念和公證用。這些，我們都想給讀者和旅遊者帶來更多的方便和更大的愉快。

寫法上，我們定了科學性和趣味性兩條原則。然而一做起來，才知遇到了麻煩。

首先就是科學性問題，許多名勝的由來本身就是不科學的，或宗教、或迷信、或神話、或傳聞，豈非要一口否定？非也。我們所講的科學性主要是指科學的態度和方法，其核心是眞實性。中國的名勝幾乎都有兩條故事線並行：一條是歷史的眞實；一條是人們的傳說流言。比如一塊巨石開裂，無非是風化，水流，或樹根生長的結果，但傳說中一定要附會上一位什麼名人，揮劍力劈而成，於是全國就出現了成百上千塊「試劍石」。這種是非分明的事還好說，最難的是牽涉某些歷史事件的眞實性。有的翻遍專家學者的著作也難以搞清。如雍正猝死之謎；楊貴妃是否眞逃到了日本？建文帝去向何處？神農架中到底有無野人？這些都想提供給讀者一個滿意的線索。例如：小說家們描寫的雍正帝，爲了爭皇位，把康熙遺詔「傳位十四子」改成「傳位于四子」，才得了龍位。但經多方考證，並無此事，雖然有煞風景，我們也只好以實相告。總之，訛傳的，予以訂正；染上迷信色彩的，予以科學解釋；被歷史誤解的，予以重新評價。這便是本書強調科學性之所在。

再一個便是趣味性。書無趣，少人讀。雖說旅遊是個學習民族文化的大學校，但誰也不願板著面孔坐在那裏聽課。本書作者力圖成爲讀者的一位嚮導，一位同遊的夥伴。品山評水，在審美時開眼界；談古論今，於閒談中長知識。

多人執筆，體例舛互，錯謬之處，更難辭咎。但願今後能有機會得以修正和充實。在此，再次向協助我們工作的各地旅遊、文物部門，向已經提供專書、圖片、說明等供我們參考的作者，和即將向我們提出寶貴意見的讀者，致以深厚的謝意！感謝書法大師沙孟海先生爲本書題詞。本書在編寫過程中，吉林人民出版社的楊曉紅同志，通盤籌劃，南北奔波，付出了巨大的勞動。

本來應將各部作者在編寫中參考用書及作者芳名，盡列於此，以示感謝之情，但因篇幅較多，各部又有重複，爲減輕讀者負擔，只好免列，絕無掠美之意，在此謹致謝意和歉意！

願此書：

助君伴行萬里路，此書不厭百回讀！

隗　芾

記於汕頭桑浦山下

# 目錄

## 華南部

## 粵東遊覽區

**北江遊覽區**



## 華中部

**衡山遊覽區**

華北部

京津遊覽區

## 東北部

旅大遊覽區……（六二一）

**南京遊覽區**……（六九二）

## 太湖遊覽區

**浙東遊覽區**……（八一二）

## 武夷山遊覽區 

## 陝北遊覽區……（一〇三一）



## 絲綢之路游覽區……（一〇三九）

## 西南部

### 峨嵋遊覽區……（一〇八五）

# 華南部

劉啟林
鍾展南 編著

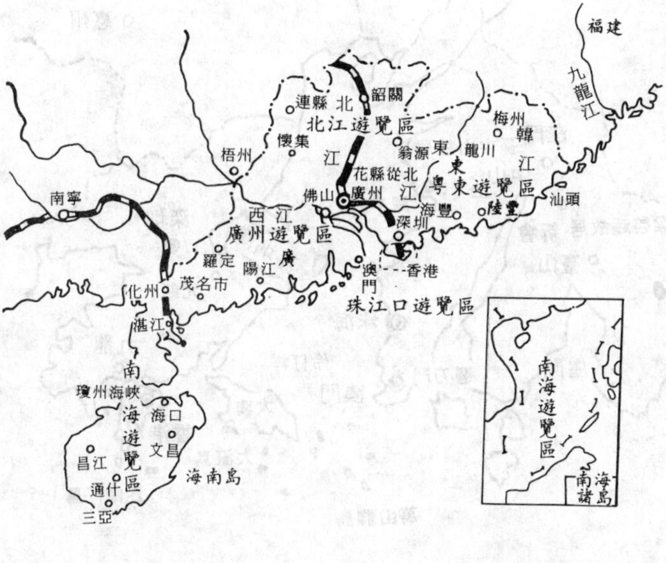

# 珠江口遊覽區

洪秀全故居
花縣
廣州市
三元里
佛山市
祖廟
博羅
惠州
江門
孫中山故居
中山
翠亨村
梁启超故居
新會
臺山
深圳灣
深圳
元朗
珠海
九龍
伶仃洋
崖門
磨刀門
澳門
大澳
香港
大濠島
外伶仃島
萬山群島

# 香火鼎盛侯王廟（香港侯王廟）

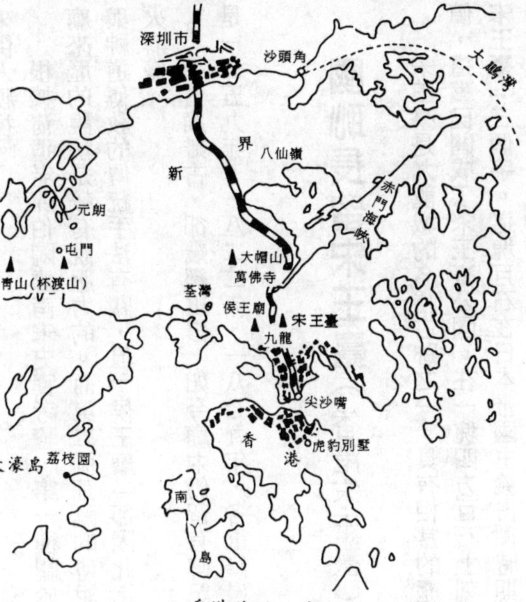

香港旅遊示意圖

侯王廟是香港著名的廟宇之一，位於九龍城寨西北方，聯合道和東頭村道交界處。

廟的結構爲三進形式。分爲正殿、客堂、廚房。正殿奉祀侯王，客堂前面是小庭園，花木扶疏，清幽可人。正殿的前面有一座亭子，內有小石獅，旁列石凳，中間放置兩隻古鼎。

侯王廟始建於宋末，迄今已有七百多年歷史。初時只是一座茅屋，以後才逐漸構築成現在之規模。寺廟裏因爲沒有創寺的碑記，故創建之年月無法考查。只有清道光二年、光緒五年和民國九年的重修碑記以及陳伯陶的《侯王古廟聖史碑記》等四篇碑文可資考據。

關於侯王廟的命名，有兩種不盡相同的傳說：

一是：在七百多年前的九龍城，是個鎮守著海邊的古城，當時叫作「官富場」。西元一二七七年時，元朝的大軍南下，要趕盡殺絕宋代的趙家王孫時，稱景炎帝的趙昰，帶著皇親國戚、文官武將等落荒南逃，就逃到「官富場」這個小城來苟延喘息。

趙昰的母親是楊淑妃。其胞弟楊亮節以國舅身分掌政權，撐危局，封侯將相，顯赫過一陣。但楊亮節在戰爭中一度失勢，後來又據說積勞成疾而病死，被追封爲王。還在官富場內立廟奉祀他，因他生前曾封侯，死後又封王，就把這座廟叫做「侯王廟」。

另一個民間傳說卻帶有濃厚的迷信色彩。是說當年的九龍城，還十分荒涼。宋朝末代皇帝趙昰夜間常遭怪獸的吼叫聲驚嚇，被叫聲驚醒失眠成病，日趨沉重。後來一個自稱是「楊二伯公」的鄉民，用藥治好了趙昰的病。後來按地址去找那「楊二伯公」時，才知道那裏只留下一個「楊二伯公」的墳墓了。就是說，原來是「楊二伯公」顯靈，治好了宋朝末代皇帝的病。於是人們立了一座楊侯王廟來供人膜拜。

根據清遺老陳伯陶據南宋史實考證，第一種關於侯王廟來歷的說法是較有說服力的。而第二個荒誕的傳說，卻與神道傳教的傳統手法有關，但「侯王廟」卻因此迄今香火鼎盛。

這古廟雖古，卻幾經重修。如今廟中仍留有碑記的，是一七五九年、一八二二年、一八七九年，各重修過一次。

## 國恥長留宋王臺（香港宋王臺）

宋王臺是九龍城的名勝古跡之一。具有相當的歷史價值，這裏已闢成了宋王臺公園。在一塊四方巨石上刻有「宋王臺」三個字。這塊巨石在日本帝國主義占領時期歷經炮火而倖存，但已面目全非。

這塊「宋王臺」遺石，證明它的附近曾有過七百多年前留下來的一處古跡。那是馬頭涌區九龍灣畔，本來是座高約數百米的小石山，山腳砌石成基，山上屹立著一塊較平坦的石片，可站五十多人。上了山的遊人可以憑弔古跡，也可以眺望海景。曾有詩人在那裏寫下「海天還屬宋王臺」，「怒濤嗚咽向東流」等詩句。

宋王臺的由來是有一段歷史的。據記載：南宋末年，臨安失守，當時宰相陸秀夫與張世傑攜幼主昺帝南逃，曾到香港一帶躲避。在路過九龍時，曾在那座小山附近歇過腳。但元兵很快南下，宋降將張弘範帶元軍不斷追殺，昺帝最後在新會崖門投海自盡。後來人們爲了紀念這個末代皇帝，就在他曾經休息的石上刻了「宋王臺」三字。

原來「宋王臺」是位於馬頭涌一個叫「聖山」上面的，但在日本占領時期，日本人要擴建啓德機場，宋王臺被劃入機場範圍。宋王臺的巨石也被炸倒了。幸好未等完全毀滅時，抗戰勝利，日本人宣布投降。「宋王臺」三字仍保存完好。後來才被安放到現在的宋王臺公園裏。

據說，幾百年前在宋王臺下，還有一個村莊叫「二王村」也是因宋朝那兩個流亡皇帝趙昺、趙昰曾住過而得名的。但「二王村」久已淹沒難尋，只留下前人「二王村裏鳥啼咽」的詩句而已。

# 人世滄桑話屯門(香港屯門)

香港屯門山也是青山的另一別稱，而且頗爲聞名，在官方文獻及正史中也常常提及，所以爲人們所熟悉。據清人顧祖禹《讀史方輿紀要》中載：「杯渡山，舊名屯門，唐立屯門鎮營，以防海盜，宋亦設堡壘於此。」

考查屯門山名稱的來源，由來已久。從唐朝寫《祭鱷魚文》的潮州刺史韓愈所寫的詩句「屯門亦雲高，亦應波浪沒」。正可說明遠在唐朝之前，屯門就已有我們的先人居住。但「屯門山」與「屯門鎮」這兩個名稱，則首見於《新唐書》。

考《新唐書》卷三十三下地理誌引唐宰相兼地理學家賈眈之「古今郡縣道四夷述」，「廣州通海夷道」條中言：「廣州東南海行，二百里至屯門山，乃帆風西行，二日至九州石。又南二日至象石(即今海南島獨珠山)。又西南三日行，至占不勞三(即越南之占婆島)。」

另外，在《新唐書》之「嶺南道廣州南海郡」條中，其下有附注云：「有府二，曰綏南，番禺，有經略軍，屯門鎮兵。」

以上兩段文字就是現存而最早述及「屯門山」及「屯門鎮」的記載，而我們更可以從其中領略到屯門在昔日來說是中國南方對外海上交通的重要港口，更是南方一個駐守及駐軍的重要地點。如清道光年間阮元等所修的《廣東通誌》的「海防略」中也寫道：「南海之門最多……從新安而出者，曰小三門，曰屯門。」由此可知它因位置、地勢上的特殊關係。在古代這裏有許多鹽田，且是漁業地區，因而成爲軍事、商業的重要地區。屯門在當時是頗負盛名的。

「屯門」，顧名思義，應是派有官軍屯駐防守的門戶。但大光法師則以爲此所謂「屯」，不只是指防衛之兵，而且是包括兵屯、農屯、衛屯及驛屯四類，其中尤以驛屯爲重要(因昔日屯門是地理及交通重地而使然)。他說：「漢代寺宇爲衙廡之所在，後以西域梵僧到來，以寺爲別館館僧，遂改爲僧人所專有，爲維持長久計，設有屯田，亦曰道田，郵遞事，僧俗共理，並照顧郵務人員之飲食起居，及軺車馹車之安置等。」後來，經過宋、元兩朝的興替，屯門的駐軍也廢棄了。

西元一五一一年，即我國明朝時，那個被傳說曾下江南「遊龍戲鳳」的正德皇帝當朝，當時葡萄牙的殖民主義勢力已開始伸向亞洲。正德六年時，葡萄牙遠東的龐大武裝船隊，就闖進屯門，強行登陸占領。當時官方文件上說，「番夷佛郎機船隊入寇，占據了東莞縣屬的屯門島及海澳海道」，所謂「番夷佛郎」便是葡萄牙。

後來葡軍遣使到京，要求通商，遭到明朝拒納，但他們的武裝船隊，卻就地賴在屯門不走，還在那裏橫行霸道，任意劫殺過往商人，且擄掠、販賣人口，曾使屯門一度變爲烏煙瘴氣的化外險境。葡萄牙人占據屯門長達五年之久。

到一五二二年，葡萄牙武裝船隊又竄到廣東新會縣一帶大肆劫掠，遭到明朝軍隊迎頭痛擊，且乘勝追擊，一直追到屯門，把久已盤踞在那裏的葡萄牙海盜一舉驅逐下海了。

到明末清初，鄭成功之父鄭芝龍，投降清朝之後，被派到華南沿海率領水師遊弋，對付反清英雄鄭成功和其它未甘臣服的勢力。鄭芝龍曾和海盜劉香幾度大戰，戰場都是在屯門及其附近。後英國商人把大量鴉片由印度運到我國傾銷，那些運鴉片的大帆船，也分泊在屯門附近海面，使屯門和伶仃島一度成爲鴉片走私入內地的基地。

此外，「屯門」也有被轉音而稱作「團門」，可能是音近而致誤。

## 歷盡刼波仰杯渡（香港杯渡山）

香港杯渡山即青山，其名起源甚古。據許地山先生說：「現在的青山，舊名杯渡山……高一千九百英尺。」又，《廣州府誌》云：「杯渡山在新安城南二十里，高峻插天。」而《廣東輿圖》曰：「杯渡山，高二百丈，周三十里，有二石柱，高五丈，相距四十步。」

上述各誌書所言的方位、山高與範圍，用今天的眼光來衡量，未免漏洞百出。但若依據它所言的方位來研究，確是指今天的青山。高度爲五百八十二點九米，位於新界之西南部，昔日新安縣城之南，北接乾山及靈渡諸峰；西隔「龍鼓海」而與龍鼓、沙洲相對，南眺大嶼山；東傍青山灣（即屯門灣）而遙望九逕山。

嘉慶年間王崇熙所修的《新安縣誌》中，所錄的「新安八景」中有「杯渡禪踪」一景，其實所謂「杯渡禪踪」就是指今日青山及其附近一帶的景色與古跡而言。

它之所以被命名爲杯渡山，據說是由於杯渡禪師曾到此居住的緣故。

杯渡爲晉僧，冀州人。常浮木杯渡水，人故以杯渡名之。隆安中從安禪峰卓錫於化成寺之址，始創道場，爲開山之祖。常荷一蒲團子，跣足入市，或扣冰而浴，相傳於劉宋期間杯渡禪師從北方雲遊至南方，曾停留於屯門這一地。據《輿地紀勝》一書說：「世傳有杯渡禪師渡海來居。」而王崇熙之《新安縣誌》也有以下記述：「杯渡山，海上勝景也。昔宋杯渡禪師住錫於此，因名。山麓石柱二，相距四十步，高五丈，今半折，《府誌》謂昔鯨入海觸折。」

又，陳伯陶《東莞縣誌》到蔣之奇《杯渡山詩並序》云：「〈廣州圖經〉：杯渡之山，在東莞屯門，界三百八十里，耆舊相傳，昔有杯渡師來居屯門，因以爲名。曾讀〈高僧傳〉，宋元嘉中，杯渡嘗赴『齊諧』一家，後辭去云：『貧道去交廣之間，余是以知杯渡之至此不誣矣！』」

其《杯渡山詩》云：「吾聞杯渡師，曾來交廣間。至今東莞縣，猶有杯渡山。茲山在屯門，相望黃木灣。往昔韓潮州，賦詩狀險艱。颶風眞可畏，波浪沒峰巒。僞劉昔營軍，禳標防蜓蠻。鐫碑封瑞應，蘚痕半斕斑。南邦及福地，達摩初結緣。靈機契震旦，乘機下西天。長江一葦過，葱嶠只履還。渡也亦復奇，一杯當乘船。大風忽怒作，滾滾驚濤掀。須臾到彼岸，迭足安自然。擲杯入雲端，不見六百年。安得荷蒲團，相從救急患。累足巨浪側，眞風杳難攀。鯨波豈小患，浮游如登閒。仰山行道人，不辭行路難。」

這首詩及序從歷史價值來說，是頗爲値得重視的，它說明了以下幾個問題：

一、杯渡山之名與杯渡禪師關係密切。

二、杯渡山位於屯門，確實即今之青山，古之屯門山。

三、這區原是軍事重地，且設立軍寨以防沿海盜賊的擾攘。

四、杯渡禪師之生平事跡及其神行爲時人所景仰。詩中對他法力的描寫狀況，即可見一斑。

據後來的學者考證：杯渡可能是原籍印度而經西域入中土之高僧，後輾轉南下，由屯門沿水路而返回印度了。

## 鐵門重歸吉慶圍（香港吉慶圍）

吉慶圍，位於香港錦田大馬路北圍斜對面，建於明憲宗成化年間，爲鄧伯經等所建。初無圍牆，至清康熙初葉，爲防盜寇，始由鄧珠彥及鄧直見增建青磚圍牆，圍牆四角，均築炮樓，並加連環鐵門，圍外有深壕圍繞，圍內列築居室，以爲住宅之用。每宅有廳房、臥室，以及炊廚等，蓋以備子孫分居。

宋神宗時，江西吉水人鄧符，曾任南雄副通判及陽春縣令等職，罷官後，以羨廣東風土之優美，故定居於今東莞縣桂角山下岑田村，繼建南圍（今稱錦水圍）。至明成化年間，其子孫復增建泰康圍、永隆圍及吉慶圍。

吉慶圍之所以著稱於錦田區，有以下兩個原因：一則因其歷世均有相當出色人物，且建築十分宏偉；二則由於英國政府於西元一八九九年四月接管新界時，錦田村民初不知清政府與英國訂有租界條約，而據守吉慶圍，抗拒接管。英軍曾以重炮射擊鐵門，後雖言歸於好，但鐵門則被英軍運往英國蘇格蘭。到一九二四年，鄧族紳耆始向港督史塔士請求發回修復；翌年，始從英國運回重新裝置。由港督舉行開幕啓用禮；當時，主持其事者有鄧伯裘等，並曾立碑紀念，嵌於鐵門石牆上，只是此碑在日本統治時期被日軍盜挖掠走，今已不可復睹。該碑銘載：「溯我鄧族，符協祖（鄧符，字符協，爲鄧漢黻公曾孫）自宋崇寧（宋神宗年號）間由江右宦遊到粵，卜居是鄉（今錦田）云南北兩圍。後因子孫繁衍，於明成化時（明憲宗年間）設立吉慶圍、泰康圍，分居斯土。兩圍四周，均深溝高壘，復加連環鐵門。想前人立意，實欲鞏固吾圍，以防禦雀符耳。迨前清光緒己亥，清政府將深圳河之南隅與英國，斯時，清政府未將明令先行頒布，故當英軍到時，各鄉無知者，受人煽惑，起而抗拒，我圍人民恐受騷擾，堅閉鐵閘以避之。」這篇碑文一不言滿清政府之腐敗，二不言英帝國之狼子野心，唯言鄉民受人煽惑，起而抗拒，其爲滿清統治端正「教化人心」之用意不言而喻。

## 夷人關廟謁林公（澳門新廟）

澳門的望廈有一座叫新廟的關帝廟，在歷史上曾做過禁煙欽差大臣林則徐的臨時公堂，他在這裏接見過英國人首領。

林則徐在虎門禁煙的工作辦得有聲有色。當時是鴉片戰爭的前夕，英人尚未割據香港，其輸入中國的鴉片，一部分在澳門藏匿，而運載鴉片的船隻，也有的在澳門停泊。因而，不少英國人來澳門活動。

有可靠史料證明：禁煙大臣林則徐於一八四一年（農曆己亥年七月二十六日）曾到澳門視察。

林則徐在這年四月二十二日在虎門焚燒英人的大量鴉片後，禁煙雷厲風行。英國煙商爲之膽寒，於是留在澳門者均銷聲匿跡。林則徐就在此時，偕同總督鄧廷楨來澳巡視。據林則徐日記稱是「赴澳門巡閱」，其日記中寫道：

「二十六日，己未，晴。卯刻由前山南行十里曰蓮花莖，蓋澳門三面當海，北面一山峙於海中，曰蓮花峰。山下長堤一道，北通前山如蓮莖然，故名。於莖之中間，橫築堞城數丈，以界華夷，曰關閘，設弁守之。甫出關閘，則有夷目領夷兵百名迎接，皆夷裝戎服。列隊披執行輿前奏夷樂，導引入澳。過望廈村，有廟曰新廟，祀關聖，先諸神前行香。在廟中傳見夷目，與之語，使通事傳諭，即頒賞夷官色綾、摺扇、茶葉、冰糖四物，夷兵牛羊酒麵並洋銀百枚。入三巴門，自北而南，至娘媽閣天后前進香，少坐。復歷南灣街，由南而北，凡澳內夷樓大都在目矣。……己刻回至前山飯。」

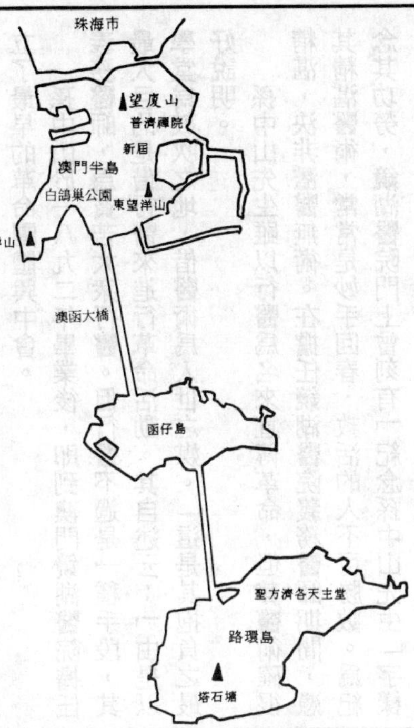


澳門示意圖

林則徐留澳共三小時，他這次訪澳，借用廟宇作官衙，傳見夷目，是以主人的身分出現，不失其立場與主權。在當時的社會條件下，能如此，亦足珍矣。

林則徐離澳後，即返回虎門，至這年十一月方離開。

這年八月初八，他在日記中寫道：「得澳門信，知義律於昨晨潛回澳門。」於是，他知道戰事難免，立即部署軍事。到九月二十八日，果然開火了，這就是歷史上有名的鴉片戰爭。

林則徐在日記中敘述了當時的戰爭情形：「下午聞英夷兵艦在龍穴向關提督提稟未收，開炮來攻。經提軍抵禦，擊壞夷艦前後桅，夷人被轟落水，始行遁去。」

十月初二以前，又在接觸：「據報，官湧上駐紮防兵之處，連日有奸夷潛來窺伺，經官兵追捕，夷人被傷墜崖而逸，遺其槍械。」

「初九日，……晚得大鵬營新安縣來稟，知初八夜獲勝仗。尖沙嘴所泊夷船，俱逃往龍鼓、筲洲、長灣、赤瀝角等處散泊……」

這些日記詳細地記載了鴉片戰爭初戰告捷的戰況，今天讀來還覺得非常鼓舞人心。如果不是腐敗無能的滿清政府和道光皇帝妥協投降，被洋人的大炮嚇破了膽，英軍即使最終達到侵略的目的，恐怕也要付出相當的代價。

## 醫人救世念逸仙（澳門鏡湖醫院）

偉大的民主革命的先驅孫中山先生，生於中山縣（前香山縣）翠亨村，其地與澳門相去不遠，因而他的革命活動與澳門有密切關係。《孫中山自傳》云：「常往來於香港澳門之間，大放厥詞，無所忌諱。時聞而附和者，有陳少白、尤少紈及楊鶴齡三人……非談革命則無以爲歡……故港澳間之戚友交遊，皆呼予等爲四大寇。」

孫中山曾於香港那打素醫院附設的西醫書院學醫。陳少白爲其同學，而其友人尤少紈（即尤列）、楊鶴齡等常到院中與孫中山暢談時局，他們建立了革命的友誼，並創立了最早的革命團體興中會。

孫中山於一八九二年畢業後，即到澳門鏡湖醫院擔任義務醫師，爲貧苦大衆行醫。但行醫不過是一種手段，其最大目的是借行醫來進行革命活動。其自述云：「由是以學堂爲鼓吹之地，借醫術爲入世之媒。」這是其抱負之最好說明。

孫中山先生雖以行醫爲名來宣傳革命，但其醫術確很精湛，決非濫醫無術。在擔任鏡湖醫院義務醫師期間，憑其精湛醫術，常常是妙手回春，救活的人不可勝數。爲紀念其功勞，鏡湖醫院門上曾刻有「紀念孫中山先生」字樣。

後來，孫中山爲了革命工作之便，又在澳門草堆街八十四號開設了中西藥局，行醫施藥，宣傳「驅除韃虜，復我中華」的道理。而他並無積蓄，爲了創設中西藥局，他曾向鏡湖醫院借銀兩千元，由巨紳吳節微擔保。這張欠單被保存至今。

他在澳門期間，因其戰友楊鶴齡在澳居住，孫中山常到上址，與同志策畫推翻滿清的革命大計。

當時，澳門有一份《鏡海叢報》週刊，每期刊登一篇孫中山先生親筆所寫的鼓吹革命的文章。這份刊物遠銷中山、佛山、貴州、香港、漢口、上海、福州、廈門乃至新加坡、舊金山、葡萄牙等地，影響相當大。

但也有一種說法，認爲《鏡海叢報》是戊戌政變失敗後，康梁的保皇會所辦。兩種說法，不知孰是。

翌年，孫中山遷到廣州，在冼基開設「東西藥局」，他之所以遷往廣州，據其別傳記載，是因爲「設醫館於澳門，爲葡醫所忌」之故。

孫中山在澳門活動的時間雖不很長，但其在澳撒下的革命種子卻起了巨大的啓蒙作用。

當時及以後的幾年中，康有爲與梁啓超的保皇黨在澳門的勢力仍很大，他們有學校、有報刊（《知新報》）宣傳君主立憲的改良主義主張，諸如其弟子所編印的《三字書》圖文課本所宣傳的「戊戌年，朝政變，康有爲，一出現」、「光緒皇，好皇帝」、「願我皇，萬萬歲」等等。但是，腐朽的勢力總歸不能戰勝進步的勢力。革命的幼苗卻生機勃發，終歸要擊敗腐朽的勢力而卓立於天地之間。

改良主義和辛亥革命力量在澳門的消長，就是一個極好的例證。

# 白鴿飛舞伴詩魂

## （澳門白鴿巢公園）

白鴿巢公園在澳門的公園裏是占地最廣的。這裏曲徑通幽，山石峋嶙，古木參天，如果在這裏建築一些亭臺樓閣，培植一些花草樹木，這裏滿可以建成一座美麗的公園，可惜有關當局未注意此事。

據考查，明末時期該地是一片荒崗，地處澳門古城外，毗連沙黎頭村。

白鴿巢公園之所以著名，是因爲它和一位葡萄牙詩人有關。

據說，一五五三年，葡國詩人賈梅士因爲在印度著了一本《印度懵話》，得罪了印度總督，被調到澳門來，充當無主產業的管理人。他閒暇時常到這片荒崗上，徘徊在石洞下，吟詠遺興。據說他的《葡國魂》末集，就是在此石洞寫成的。他在澳門兩年，後來因虧空公款，被遣返印度果阿了。

賈梅士（Luis Vaz de Camnoes，一五二四－一五八〇年），生於破落的貴族家庭，因觸怒宮廷官吏，長期流亡國外。所作詩歌繼承民間創作傳統，善於抒情，與當時的宮廷詩形成對立。代表作民族史詩《葡國魂》是以葡萄牙航海家達·伽馬發現通往印度航路這一事件爲背景，反映葡萄牙人民在歷史上的航海業績。同時也揭露了封建統治階級的自私自利，對祖國漠不關心。此外，他還寫有劇本《國王塞賽古》、《宴會主人》、《菲聲德姆》和許多十四行詩、哀歌、諷刺詩等。作品對葡萄牙民族文學的發展有一定的影響。

後來這座荒崗，淪爲英國東方印度公司的物業，埋葬下不少病死於中國的歐洲人。而現在賈梅士石洞前的曠地，則有葡萄牙富商馬葵士興建的別墅。他喜歡養白鴿，多至數百隻，因而時見白鴿漫天飛舞，人們見了，便稱之爲白鴿巢。其名一直沿用至今。

馬葵士於一七八七年逝世，因年老無嗣，將該地捐獻給政府，作爲紀念詩人賈梅士之用。

數年後，澳門政府以三萬五仟元向英國東方印度公司承購其地及洋房，並將古冢遷出，又將荒崗擴充修整，成爲白鴿巢公園。

白鴿巢成爲公園之初，賈梅士銅像尙未立於園內。直至一八四九年，葡人麥忌士才將第一座賈梅士像立在石洞內。洞口築一拱門，圍以鐵柵，兩旁有一副漢字楹聯：

才德超人，因妒被難；
奇詩大興，立碑傳世。

而洞頂還建了一座六角亭，有石級可登，俯瞰園中全景。

到了一八六六年，又將拱門鐵柵及洞頂涼亭拆除，恢復石洞的天然面目。又鑄賈梅士銅像，用以更換了舊有的塑像，現在所見，即為一八六六年後立的銅像。

又據傳說，明萬曆年間，意大利傳教士利瑪竇，初到澳門，向中國人介紹歐洲天文學，曾在白鴿巢園內築了一座觀星臺，用來觀測天體。在《楚庭耆舊集鍾鳳石澳門》詩注云：「白鴿巢園，有婆羅密樹，高數尋，上有觀星石屋。」又汪慵叟竹枝詞云：「重陽人上鴿巢亭，古樹波羅砢青，尚記留航生句好，擬尋石屋試觀星。」可惜這間觀疊星石屋，今已杳不可尋了。

## 榮辱並存說普濟（澳門普濟禪院）

澳門普濟禪院俗名觀音堂，在望廈之東，普濟同媽祖閣、蓮峰等合稱澳門三大禪院。普濟創建於明末天啓年間，至今已有三百多年的歷史，現在院左，還有一塊「天啓二年祀壇」石碑，這就是說，其歷史當在一六二二年之前。

普濟禪院廟深數進，橫連幾座，琉璃瓦脊，翡翠簷頭，畫棟雕樑，玉砌迴欄，古樹婆娑。園林景致，具有東方佛教建築特色。

禪院第一座建築是大雄寶殿，其中供有三尊三寶佛像，丈八金身，旁懸一大銅鐘，古色斑駁，刻有「崇禎五年」字樣。第二座是長壽佛殿。再進是觀音殿，正中供奉觀音大士蓮臺。樟木雕塑，全身貼金，兩旁排列十八羅漢，神態栩栩如生。

禪院西廳的前座是地殿，陳列閻羅王和無常判官等。後座有語清堂、龍華堂和靜樂堂等。其間還有祖師堂，供奉禪院的開山老祖大汕法師座。有一幅大汕法師自畫的披髮頭陀像，面目和他所著的《六離堂集》卷首插圖相同，筆法秀逸。禪院東邊乃退一步齋，橫額是清代名書法家伊秉綬所題。東偏首座為關帝殿；次座大客堂，這裏懸掛很多名人字畫，包括章太炎、鮑俊、謝蘭生、連聲海（曾任孫中山元帥府秘書）等人的對聯和清著名畫家高劍父的國畫，後座為櫰越堂。再左又有報恩堂等。廳右有山光廳、藏經樓等，貯存不少佛像、經卷和有價值的歷史文物。

禪院後山闢花園。園中有一棵有名的連理樹。後山最高處有一座普同塔，塔後石壁上有「幻寄」二字，該塔建於清雍正年間，佛教人士常到此憑弔。

禪院於清嘉慶二十三年即一八一八年增建殿宇。咸豐年間，再增建兩廊佛殿和僧舍齋堂等。同治年間曾遭火災，歷時一年才修建完成，且增高廟門而成今日的規模。

普濟禪院本只是一間小小的觀音廟，它之所以後來成爲禪院，卻與反清關係密切。這在反對民族侵略史上是可以大書一筆的。

普濟已有三百多年歷史。直至清兵入關，明朝淪亡，在「留髮不留頭」的酷政下，不少明末遺民、愛國志士，不是循跡荒山海外，就是秘密結社聚義，籌思反清大計。而普濟禪院的開山祖師大汕和尚就是結社聚義謀劃反清的志士之一。他借進身佛門，成爲頭陀，保留了頭上青絲。

大汕和尚名石濂，籍貫其說不一，或謂粵人，或謂吳人，或謂浙人，莫詳究竟。爲清康熙間名僧，其人博雅諳奇，凡星象、律曆、理學、數術、篆隸、丹青之屬，無不擅通，尤長於詩。以童貞入道，杖錫雲遊，凡山川名勝，足跡幾遍。他與屈大均、吳梅村、梁藥亭、毛防可等交誼甚厚，王漁洋的《分甘餘話》對他一生事跡，記述甚詳。他先在廣州長壽寺出家。繼赴清遠創建峽山寺。並曾應越王之召說法安南（今越南），相隨僧衆五十餘人，聲名傳至中外。他具有強烈的民族思想，因立志抗清來到澳門，並將望廈的觀音廟擴建爲普濟禪院。其時，不少高僧志士，紛紛前來聚義。

參加聚義的名僧釋跡刪有《寓普濟禪院寄東林諸子》詩云：「但得安居便死心，寫將人物報東林，蓄童久住諳華音，鸚鵡初來學鴂音。兩岸山光涵海鏡，六時鐘韻雜風琴，祗然關禁年年密，未得閒身縱步吟。」

由此可以想見當年聚集在普濟禪院的人物，就是在詩文中也都流露出聚義抗清及悲憤的情緒。

大汕和尚爲了從事反清活動，經常來往廣州澳門之間，聯絡海外人士，不幸事發下獄，在押解逐途中病歿，年六十。他著的《六離堂集》被列爲禁書。另撰《海外紀事》，凡六卷，所歷山川形勢，風土習俗，患載靡遺，對當時華僑情況亦有記載，爲華僑史之珍貴資料，原刻本現存日本東洋文庫。

現在普濟禪院的祖師堂內，供奉著大汕和尚的自畫像。原來他還能書善畫，在祖師堂兩邊石柱，有楹聯曰：

長壽智燈傳普濟

峽山明月照蓮峰

由此可知大汕與長壽寺、峽山寺均有淵源也。

此外，普濟禪院還有一段史實：中美第一個不平等條約——《望廈條約》就是在該院內簽訂的，而簽約用的石桌現仍保存下來。那是一八四四年七月三日，代表清朝政府簽約的是兩廣總督耆英，而代表美國政府的是公使寇興。

其旁有一塊石碑記其事。這個由美國人倡議制訂的《

望廈條約》和當時許許多多的屈辱條約一樣，是在美國政府百般恐嚇脅迫之下簽訂的，它在中國人民心中，留下了殘酷的血與火的記錄，而普濟禪院也成了記錄中國人民榮辱的一座特殊寺廟。

## 燈火千門夜不關（澳門波樓）

澳門紅窗門對面崗頂，古名磨盤山，過去崗的四周，布滿小屋，當時澳門並無高樓大廈，登磨盤山頂，即可俯瞰中心區及南灣一帶的風光。

丘逢甲旅澳時，曾擇居其間，夜觀南灣燈火，曾詠七絕一首，詩曰：

樓臺金碧擁南環，燈火千門夜不關。
滿地煙花春似海，三更人立磨盤山。

該詩收入《嶺雲海日樓詩抄》卷內，並有注云：「南環爲胡賈聚居處，予所寓在磨盤山上，夜望燈火如繁星，因題七絕。」

丘逢甲（一八六四——一九一二）近代詩人。字仙松，號滄海，臺灣苗栗人。中日《馬關條約》簽訂後，遂積極倡議建立臺灣民主共和國，反對清政府割讓臺灣，堅持抵抗日軍，雖兵敗受挫，但英勇悲憤之愛國精神，充分表現於其所作近萬首詩篇中。其詩近於散文，名《嶺雲海日樓詩抄》。

一八四九年，澳門總督亞馬勒強令遷徙該處的居民，開闢道路，並刻石碑以誌其事。後來澳葡在崗頂興建一間俱樂部，俗名崗頂波樓，爲澳葡人聚會歌舞之所。

該樓是一座西洋古典建築，內設劇場、舞廳、桌球室、閱書室等，所藏英、法、葡書籍甚豐，其廳堂牆壁及杜頭裝飾，均爲意大利藝術作品，堂皇瑰麗，後經重修已大不如前了。

當時葡人皆視該院爲大會堂，凡慶典集會，皆於此舉行，並常有洋樂隊演奏，葡人亦在此玩橋牌、打桌球，所以有俱樂部及波樓之稱。

汪慵叟所作之《澳門竹枝詞》曾詠其事：

「宛丘自昔詠婆娑，高會時時共踏歌，百萬洋燈千斛酒，紅氍毹上美人多。」自注云：「龍松廟側（即奧斯定教堂），地名崗頂，有大廈一，宏敞瑰偉……即葡人之公館。蓋醵資建設，爲公共遊息地也，每會仕女參半，擊球、跳舞、飲酒、唱歌，往往達旦。」

一九一五年，澳門電影方興，只是還沒有完善的戲院，故商人曾租用該院的舞臺放映電影，取名曰馬交戲院。

崗頂除有該建築物外，尚有何東藏書樓和龍松廟，過去時代在龍松廟還設有監獄。今天的東方斜巷舊名監牢斜巷正是因此而得名。

# 關閘烽火憶當年（澳門關閘）

居住澳門的人，對關閘都很熟悉。就是各國遊客，旅澳時也要到此一遊。但我們所看到的關閘是葡人於一八七〇年所建，而且地點在關閘馬路末端。殊不知在此關閘興建之數百年前，就早有一座關閘存在了。這座關閘的地址不在現在的馬路尾，而在關閘馬路中，且爲中國人所建。

據考證，古關閘建在明朝萬曆二年，即西元一五七四年，據《縣誌》云：「萬曆二年，建閘於蓮花莖，設兵守之。」《澳門紀略》記得尤詳：「萬曆二年，於莖半設閘，官司啓閉，上爲樓三間，歲久圮。」當時的關閘，與現在面目迥異，是作古代城樓式樣，城牙如排齒，分向兩旁斜下，可直達城樓，飛檐翠瓦，樓前懸一額題「孚威鎭德」四字，城樓正中處，開一大門，門楣有碑石一額，刻著「閘門」二字，現在這塊碑石還保存在市政廳處。

而關閘兩旁，更分建兵房一所，是爲關閘汛營。左右立有圍杆兩支，高插霄漢，瀕水濱，又築有一小石室三間，爲哨兵守望站，是由前山營派出的。《香山縣誌》云：「關閘汛，在本營南一十五里，把總一員，分防兵六十名。」

而該閘門，平日常被六張封條封閉，只每月開放六次，輸運糧食給澳門。

古關閘是中國政府建築用來限制在澳門的葡萄牙人的，所以是一處國防要塞。

清道光十九年（一八三九年）欽差大臣林則徐曾偕同兩廣總督鄧廷楨爲禁煙事務來澳巡閱，澳葡官員即在關外列隊恭迎。

其事見林則徐、鄧廷楨上道光皇帝之《會奏巡閱澳門情形摺》：

「臣等因驅逐英國住澳奸夷，由省移駐香山，遂於七月二十五日自香山起程，二十六日清晨統領將備管帶弁兵整隊出關。該夷目左治馬爺沙率領夷兵一百名迎於關下。兵總四人戎服佩刀，夷兵肩鳥槍排列道左。隊內蕃樂齊作。俟臣等輿衛行過，兵總導夷兵蕃樂隨行。至新廟（即蓮峰廟）夷目具手版稟謁。命之進見，該夷逸冠曲身甚恭謹……」

又因古關閘爲我國國防前哨，在鴉片戰爭時，曾力拒英國海軍進攻。當時英軍伺機登岸，焚毀汛牆官署。幸虧林則徐設防周密，屢將其擊退。據鮑正鵠著《鴉片戰爭》記云：

「道光二十年八月中，侵略者進攻關閘一帶，林則徐、關天培督水陸兵勇，猛烈回擊，接仗七、八小時之久，侵略軍敗回外洋。」

又據《香山縣誌》記載當時在關閘附近擊退英國海軍云：

「道光二十年七月廿二日未刻，英國軍喻喻喻等率舢舨十餘，火輪船一，由九洲洋駛至澳門關閘，突然開炮，官兵迎擊，遂退。易中孚率署澳門同知蔣立昂，香山縣丞湯聘三，由南而北；署肇慶協副將多隆武、督標副將波啓善，由北而南；署提標游擊阮世貴等在中往來接應；惠昌耀率師駛至青州，水陸夾擊。壞夷船桅柁，沉舢舨數隻，夷兵墮水者籍籍。旋有夷船來助，香山水師兵丁羅名贊、曾有良、麥朝彪三人轟炮，連斃夷兵目一人，夷兵丁十餘人。夷船且戰且逃，至戌刻向九洲洋竄去。……林則徐隨添設各路兵共八千名。屯澳夷船隨竄磨刀及零丁洋。」

此外，《林則徐年譜》也有概括類似記載。

上文所記之「磨刀」即澳門附近之磨刀門，而零丁洋則爲澳門與香港之間的海名。這些記載都生動詳細地敘述了林則徐當年帶領官軍英勇抗擊英國侵略者，打退其猖狂進攻的史實。我們遊覽古關閘也仿佛看到了當年的滾滾烽煙，聽到了抗擊侵略者的憤怒的炮聲，從而也可增長我們中國人民不畏強暴的民族正氣！

## 零丁洋裏嘆零丁（珠海零丁洋）

南宋著名詩人、民族英雄文天祥有一首著名的《過零丁洋》詩，這首詩可謂傳誦千古、婦孺皆知了。此詩表現的大義凜然的愛國主義精神一直感染教育著中華民族的後代子孫。這首詩中的名句「人生自古誰無死，留取丹心照汗青」，則表現了中華民族高尚的民族氣節，一直傳誦不衰。原詩是這樣的：

辛苦遭逢起一經，干戈寥落四周星。
山河破碎風飄絮，身世浮沉雨打萍。
惶恐灘頭說惶恐，零丁洋裏嘆零丁。
人生自古誰無死，留取丹心照汗青。

詩中所寫的零丁洋在哪裏呢？原來它在廣東省中山縣南。這裏有零丁山，山瀕南海，山下的海面叫零丁洋。又寫成伶仃洋。南宋末年，文天祥爲元兵所執，經過此地，寫了《過零丁洋》這首氣壯山河的詩篇。

文天祥，字宋端，又字履善，自號文山，廬陵（今江西吉安）人。從小敬仰歷史上的忠臣義士，二十歲中狀元。德祐元年（一二七五年）任贛州知府，當時元兵大舉進攻江南，他在江西募義軍北上抗擊。次年，元軍逼近南宋國都臨安（今浙江杭州），他以右丞相樞密使的身分出使元營，慷慨陳詞，堅強不屈。不料畏敵如虎、腐敗無能的南宋政府又暗中派人前去求和，文天祥被元軍扣留，被迫北上。經鎮江時，他乘夜逃脫，歷盡艱險到福建招募將士，輔助端宗再次起兵抗戰。祥興元年（一二七八年），在廣東海豐遭元兵襲擊，兵敗被俘。

第二年，元兵押著他經海道至厓山（今廣東新會南海中），準備破滅南宋朝廷的最後根據地，受到宋軍頑強抵抗。降元宋將張弘範逼迫文天祥給保衛厓山的宋軍張世傑寫勸降信，文天祥嚴正拒絕，並把途中寫下的《過零丁洋》一詩給張看，以表明自己寧願殉國、決不投降異族侵略者的意志和決心。

厓山戰敗，宋朝滅亡。文天祥被押送到燕京（今北京）。途中，他想以死報國，乘機逃脫，均不成。囚禁中，元統治者對他百般折磨、軟硬兼施，終未能得逞。《正氣歌》就是他在獄中寫下的千古不朽的作品。至元十九年十二月初九（一二八三年初）從容就義。文天祥的詩洋溢著堅貞不屈的愛國熱情，風格沉鬱悲壯，激切動人。

七百多年後的今天，零丁洋還是那樣寬闊，那樣蒼蒼茫茫。但今天的零丁洋已是「換了人間」，但見：漁輪隆隆氣勢宏，遠航巨輪破浪行，勘探鑽機指藍天，零丁洋上不伶仃。經地質學家勘探，這裏海底岩層裏藏有石油，是個石油聚寶盆，這個聚寶盆正在爲廣東乃至祖國的「四化」建設做出極寶貴的貢獻！偉大的民族英雄文天祥倘若有知，也許會回眸而笑慰吧！

## 赤灣長此鞏皇陵（深圳宋少帝陵）

深圳蛇口以西赤灣之畔的宋少帝陵，是人們憑弔懷古的一處古跡。

關於宋朝末代皇帝宋少帝的死，大致有下面一些史實和傳說：

西元一二七八年，南宋端宗病逝，趙昺由張世傑、陸秀夫等擁立爲流亡小朝廷皇帝，這就是宋少帝。趙昺時年八歲，年號祥興，當時元軍大舉入侵廣東，在激戰中，南宋名臣文天祥被俘，宋軍在潮州、惠州全軍覆沒。元軍乘勝直搗厓山，在珠江口外的零丁洋上，元宋兩軍又展開了一場大規模海戰。文天祥被押到厓山，得知海戰慘烈，在記載裏說，「一朝昏天風雨惡，炮火雷飛箭星落。誰雄誰雌頃刻分，漂屍流血江水混。」其日，彤雲密布，陰風怒號，張世傑等率水師英勇抗擊，但由於寡不敵衆，宋軍大敗，張率一部戰艦突圍，而宋少帝座船較大，突圍不出。陸秀夫見大勢已去，沉痛地對趙昺說：「國事至此，陛下應當殉國，德祐皇帝（宋恭帝）被俘，受辱已甚，陛下不能再受辱了。」隨即背負趙昺蹈海而死。

據傳說，元軍於戰後曾搜索趙昺遺體，但不見蹤跡。宋少帝屍首漂到寶安赤灣，擱於沙灘上，當時有鳥群飛掩屍上，附近天后廟棟樑墜地，廟中廟祝和當地父老嚇得求神問卜，說是千古興亡，天意滅宋，灘上童屍乃大宋少帝遺骸。於是人們以天后廟棟樑作棺木，葬少帝於南山。這段傳說顯然帶有迷信色彩，但由此也可見赤灣宋少帝陵的來歷。

據考證：此陵的修築可溯源於清代，民國辛亥年（一九一一年）趙氏三派後裔重修後，幾十年來無人問津，以至湮沒於荒山野嶺之中。

一九八二年深圳特區進行大規模建設，在修建赤灣公路時發現此陵。

原赤灣宋少帝陵呈「品」字形，面向零丁洋，無華表與石翁仲，造型頗爲別致，墓碑與墓額，爲花崗岩，碑上刻「宋祥慶少帝之陵」七字。（「祥慶」爲「祥興」之誤）碑旁刻一副對聯：

黃裔於今延宗祀
赤灣長此鞏皇陵

一九八四年初，香港趙氏宗祀和蛇口工業區旅遊公司捐款四十多萬港幣，對皇陵進行修葺擴建，擴建工程是在保留少帝陵原貌的基礎上進行的。現在陵墓面積由原來的五六十平方米擴大到四千四百多平方米。並修築了一條公路直達墓前，墓東側新立一方二米多高的石墓碑，碑文爲篆體陰文，風格古樸，爲著名古文字學家、書法家商承祚的手筆。碑背面刻「崖海潛龍，赤灣延帝」八個大字，筆力蒼勁，係著名書法家秦咢生所書，墓前的祭壇和祭臺用花崗岩條石鋪砌成，祭壇兩側各立石座，上有石獅，座後有花崗岩香爐。墓後半部環繞著黃色琉璃牆，牆內有十二個花崗岩墩柱，甚爲壯觀。墓周圍青草綠樹，西側有花壇，壇旁建有四間黃琉璃瓦屋頂休息室，供遊人休憩。

人們來到宋少帝陵，遠眺零丁洋的萬頃碧波，傾瞰赤灣港全景，撫今追昔，頗能興起「天下興亡，匹夫有責」之感。

## 酸豆一枝起臥龍（中山翠亨村）

五桂山區南北四十多公里，東西二十多公里，東南方一直延伸到海邊。在山麓的南方有一個樹木葱蘢的小村莊，這就是偉大的革命先行者孫中山先生的故居翠亨村。

去翠亨村可從中山縣城石岐鎮往東南，乘車約四十分鐘左右即可到達。這個村子坐落在一塊小平原上，三面環繞著低矮的丘陵，往南可眺見藍色的海灣。村裏有中山先生親自設計的一座樸實的小樓房；有他小時候親手種的酸豆樹，現在仍長得挺拔蒼勁。

孫中山故居平面圖

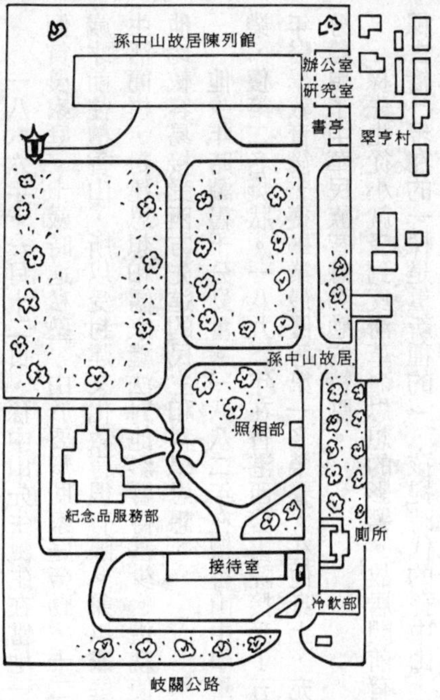


村中已闢爲一個葱鬱幽美的公園，進門後來到客廳，客廳中保存有孫先生當年的演說錄音，可隨時爲遊覽者播放。其中有非常振奮人心的講演，比如：「……一旦我們革新中國的偉大目標得以完成，不但在我們的國家將會出現新世紀的曙光，整個人類也將得以共享更爲光明的前景……」這不凡的聲音，曾給苦難的神州大地帶來了多大的希望啊！

步出客廳，呈現在遊覽者眼前的是古榕濃蔭，紅棉參天，曲徑去處，一座僑鄉獨特風格的兩層建築物出現在眼前，這就是中山故居。

故居前面是個小院。院左邊是一口水井，右邊，就是那棵二人合抱般粗的酸豆樹，樹幹虬蜒而臥，樹冠峨然，頗有氣勢，是當年孫先生從檀香山帶回種子所植，郭沫若同志一九六二年六月訪問中山故居所留的題詩就是以這棵酸豆樹起興的，詩云：

酸豆一枝起臥龍，當年榕樹已成空。
階前古井苔猶活，村外木棉花正紅。
早識汪胡懷二志，何期陳蔣叛三宗。
百年史冊春秋筆，數罷洪楊應數公。

這座房子是由中山先生在檀香山的大哥匯款建成的。而孫中山先生自出去鬧革命後，便再沒空返家住過，以致房子幾被蛀壞倒坍。解放後由人民政府撥款重修過。樓下一個正廳，兩邊均為臥室，樓上右邊是書房，陳設主人用過的文房四寶和醫療器械，一張簡陋的鐵床，主人當年常與陸皓東辯論大策至通宵達旦，同臥此室。故居內外裝飾陳設莊重樸實，走進去會使人感到一種肅穆的氣氛，從而頓生崇仰之情。

一八六六年十一月十二日，孫中山先生誕生在當地一個貧農家庭。十歲時進私塾，由於要幫助家庭勞動，十二歲才前往檀香山，所以受封建文化教育很有限。兼以家庭生活簡樸，封建思想和儒家禮法對他影響得甚少。這就使他比較容易接受西方先進的民主和科學思想。

他少年時讀書十分勤奮。一八八二年在檀香山中學畢業，獲第二名獎狀。一八九二年在香港西醫書院接受了五年醫學教育後，獲畢業最優等第一名榮譽。在他身上，充分體現了中華民族智慧勤勉的特點。

孫先生從小就受到反清革命思想的影響。故居門前有棵古榕（現在的一棵是重新種的），孩提時代的孫中山，就常在這棵樹下聽老人們講述太平軍和紅巾軍的故事。他十七歲從國外返鄉時，便因毀鄉廟神像，為鄉紳地主所不容，遂往香港求學。在那裏結識了陳少白、尤少紈、楊鶴齡等熱血青年，四人都欽慕洪秀全，常在一起暢談革命，以致落得了「四大寇」的諢號，孫中山本人也被稱為「洪秀全」。

他學醫結束後，曾返鄉行醫過一段時間。不久他發覺：「欲救國救人，非除去惡劣政府不可」，決心從此拋開其「醫人」生涯，而從事「醫國」的事業，成為偉大的中國革命的先行者。正如毛澤東同志所說：「中國反帝反封建的資產階級民主革命，正規地說起來，是從孫中山先生開始的。」

孫中山先生同時又是一個偉大的愛國主義者。中山縣與澳門接壤，是中國海防的前線，曾長期遭受西方海盜的侵擾。從鴉片戰爭、中法戰爭、甲午戰爭中的中國的敗績，和華僑們在國外所受到的種種凌辱歧視中，他深覺恥辱和憤恨，決心復興中華，把它引向獨立富強、進步的道路。後來，他在檀香山成立了「興中會」，後在東京改為「同盟會」，進行了大量的宣傳和起義準備工作，終於喚醒了民衆，推翻了中國幾千年的封建帝制，他的偉大，正在於他最先反映了時代的要求和人民的需要；立志革命後，對祖國和人民忠貞不二。

故居的旁邊有座紀念館，陳列有許多珍貴的史料、文物和照片，其中還保存著孫中山少年時代去到海灘捉魚蝦和拾牡蠣的用具。

孫中山先生雖然當過兩任大總統和兩任大元帥，但沒有在家鄉添置什麼家產，只留下一萬多冊書和穿過的衣物（其中有孫中山行醫穿的大褂）。紀念館是一九六六年為紀念孫中山先生誕生一百週年時建的，離紀念館不遠是中山紀念中學和翠亨小學。五座紅牆綠琉璃瓦的宮殿式教學大樓，憑小山依次而築。每座樓均有匾額，各書有「逸仙堂」、「皓東堂」等，是以「四大寇」與陸皓東五人的名字分別命名的。

翠亨村前那條長流的小溪，是中山先生童年游泳的地方，現在已建成攔河壩蓄水灌田了。當年先生與姐姐妙茜打柴的五桂山麓，修築了一座「逸仙水庫」，可灌溉一萬多畝良田。

「雲山蒼蒼，江水泱泱，先生之風，山高水長……。」

## 改刻山石伐國賊（新會厓門）

厓門是珠江三角洲八大口門中最西面的出海口，在廣東新會縣城南四十公里，是一外著名的歷史古跡。

這裏稱厓山，（即南宋張世傑抵抗元侵略軍的最後根據地。）口稱厓門，海河交匯，奇石聳立，一條水道通向南海。至元十六年，降元宋將張弘範追擊南宋帝趙昰君臣至門一帶，宋左丞相陸秀夫、太傅張世傑在這裏建造軍營，有戰艦數千條，將士二十萬人，準備以厓山為根據地，抵抗元兵，復興宋朝。一二七九年一月，漢奸張弘範帶領元兵，分水陸兩路向厓門夾攻。宋軍大敗，二十萬將士喪命。陸秀夫帶著少年皇帝（年僅九歲），看到全軍潰散，大勢已去，先把自己的妻子和兒女趕到海裏，然後揹起少帝，從一塊巨石上投海殉國。許多隨從將士也紛紛投海。皇帝身上佩帶的歷代相傳的玉璽也就沉入大海之中，宋朝的江山從此改換為元朝。太傅張世傑帶領部分宋軍，突破重圍，想重整旗鼓，但是逃到陽江縣海陵島附近，卻遇上了風浪，也都葬身大海。

不久，漢奸張弘範厚顏無恥地在陸秀夫揹負少帝投海殉國的那塊巨石上刻了「鎮國大將軍張弘範滅宋於此」十二字，想千秋萬代地表彰他賣國投元的「戰功」。後來，有人悄悄地在這十二字上面加刻了一個「宋」字，巧妙地把賣國賊的「記功碑」變成了「問罪石。」

明代御史徐瑁為紀念南宋君臣，把奇石上的字鑿去，改刻為「宋丞相陸秀夫死於此」九字，後又改為「宋少帝及其丞相陸秀夫殉國於此」。並修建大忠祠、全節廟（亦稱慈元廟）、義士祠和楊太后陵墓等。明代學者陳白沙親自撰寫《慈元廟碑》記述其事。一九三九年日本侵略軍為扼殺中國人民的愛國思想而毀壞了祠廟。解放後重建了部分建築，現遺址及碑刻等古跡尚存，並有文物陳列。

七百多年過去了，厓門的波浪仍然拍打著岸邊的奇石，沖淡了歷史陳跡，宋、元、明、清，歷代的封建皇帝事業，都煙消雲散了。今天，匡門內外，魚米豐饒，滿眼秀色。珠江在這裏瀉入南海，是那樣開闊。新圍墾的土地上，渠道縱橫，綠浪如海。映日鋪霞如錦繡。稻浪漲綠入海間……。

## 平生功過說梁公

### （新會梁啓超故居）

中國近代資產階級啓蒙思想家梁啓超故居在新會縣鳳山熊子塔下茶坑村。由於過去史學界對梁啓超否定過多，對其在中國近代史上的功績估計過低，因而其故居一直受冷落，沒能修復整理，甚而幾乎無人光顧。現在，國家正努力修復，使人們瞭解這位著名思想家一生經歷和思想變化。

梁啓超（一八七三—一九二九年），中國近代學者，資產階級啓蒙宣傳家，字卓如，號任公，又號飲冰室主人。廣東新會人，光緒舉人。康有爲拜門弟子，曾參加組織「公車上書」。一八九六年在上海任《時務報》總撰述，發表了《變法通議》宣傳變法維新，主張興學校、育人才、開民智。次年任長沙時務學堂總教習。曾極力勸說湖南巡撫陳寶箴據湘自立。一八九八年入京，以六品銜專辦京師大學堂、譯書局，參加戊戌變法。變法失敗後逃亡日本。

梁啓超於變法失敗後頑固地站在保皇派立場，先後主編《清議報》和《新民叢報》，主張君主立憲，宣傳「尊重皇室，擴張民權」，與資產階級民主派展開大論戰。梁啓超曾介紹西方資產階級社會、政治、經濟、哲學、歷史等理論和著作，對當時的知識界、思想界有很大影響。辛亥革命後回國，組成進步黨，出任袁世凱政府司法總長、幣製局總裁等職。

一九一六年，梁啓超策動其學生蔡鍔討袁，策畫組織雲南、貴州、廣西、廣東等省的獨立。這在中國歷史上是有其進步意義的壯舉。

但後來他又組織了憲法研究會（又稱研究系），與北洋軍閥段祺瑞合作，任北洋軍閥財政總長。

梁啓超在「五·四」時期反對馬克思主義，主張「跟著三聖」（孔、老、墨）。後又提出聯省自治的主張。晚年任教清華大學。提倡主觀唯心主義哲學思想。把心作爲萬物的根源，說「境者，心造也。一切物境皆虛幻，唯心所造之境爲眞實。」在物質與精神這個哲學根本問題上，認爲「精神既具，則形質自生；精神不存，則形質無附」。戊戌變法前後，他特別強調變的思想，認爲「凡在天地之間，莫不變。」但他在發展觀上總的來說是持庸俗進化論的觀點的，強調「導中國進步當以漸也」，因此始終沒有脫出資產階級改良主義範疇。

在認識論上，梁啓超提出「慧觀出眞知」，推崇「致良知」，認爲歷史是英雄之「心對物之征服」，「捨豪傑則無有世界」的英雄史觀。

在文學方面，梁啓超曾倡導文體改革的「詩界革命」和「小說界革命」。早年所作政論文，暢達奔放，「筆端常帶感情」，對近代文學發展有較大影響。他一生著述宏富，尤其對先秦、明、清和近代的學術思想研究上，頗有見地。著作編爲《飲冰室合集》。

梁啓超在近代文學上不但以理論影響文學界，而且他本人寫過詩歌、散文、小說、戲曲，影響頗大。他的詩歌大多作於流亡國外期間，抒發變法失敗的憤慨，憂慮民族危機的深重，有一定進步意義。他寫的詩歌多直抒胸臆，明白流暢，是當時的「新詩派」，如所作《澳亞歸舟雜興》其二云：

「長途短發兩蕭森，獨自憑欄獨自吟。日出見鷗知鳥近，宵分聞雨嘆秋深。乘桴豈是先生志，銜石應憐死後心。姹女不知家國恨，更彈漢曲入胡琴。」末兩句化用杜牧詩，說同船中國少女在用洋樂器演奏漢族樂曲，用少女的天眞來襯託自己無窮的家國之恨，表達了作者深厚的愛國思想。

梁啓超故居是一幢廣東農村常見的舊式青磚瓦頂平房，雖經重新修葺，仍顯露出歲月侵蝕的剝落和殘舊痕跡。一八七三年梁啓超就出生在茶坑村一個半耕半讀的家庭，並在這裏度過了他的童年時代。

步入大門，穿過天井，來到正廳，這裏現爲陳列室。廳的上方一尊梁啓超半身塑像，任公先生西裝革履，頭高高昂起，凝視遠方，目光深邃凜然，可以想見其當年指點江山激揚文字的風采。人們由此可以想見梁啓超的《少年中國》中說的那縱橫捭闔、汪洋恣肆的氣勢：

「然則吾中國者，前此尙未出現於世界，而今乃始萌芽云爾。天地大矣，前途遼矣，美哉，我少年中國乎！」

據村中老年村民說：啓超自幼好學，聰穎過人，五歲便通詩書，能詩擅對，在鄉有「神童」之稱，有這樣一則楹聯趣話，流傳頗廣：啓超幼年隨父至友人家做客，於院中摘一花，人見之出一聯令其對：「衣袖籠花，小子暗藏春色。」啓超隨口對曰：「高堂懸鏡，大人明察秋毫。」此語一出，四座皆驚，據說，當時梁啓超年方十歲。

在新會茶坑度過童年，梁啓超開始四處漂泊。他十一歲中秀才，十六歲中舉人，二十四歲任《時務報》主筆，之後又陸續創辦了《清議報》、《新民叢報》，開始了他一生中最輝煌的時期。他的文章「驚心動魄，一字千金」，一時風靡通都大邑和窮鄉僻壤，被譽爲「言論界的巨子」，「中國新聞史上最偉大的人物」。他一生寫下的一千四百萬字的著述，使他成爲古來著述最豐的學者，而他在文、史、哲等諸多領域的成就，更使他成爲一代宗師。

梁啓超舊居因無數歲月的動盪，舊物幾乎杳然無存，正廳裏陳列著一些信件、毛筆、硯臺以及梁啓超任司法總長時用過的一枚印章等幾件遺物，皆爲梁氏親屬贈送。

據介紹，「文革」期間，梁氏親屬作爲「中國最大的保皇派」的後代而慘遭株連，啓超先生的女兒梁令嫻和兒子梁思成被迫害致死，舊居被洗劫一空。但在故居留言簿上，卻留下了衆多參觀者的名字，其中有作家、教授、學生、工人、農民等。

村中還有兩處梁啓超遺跡：即梁啓超童年讀書處「怡堂書室」與茶坑村口有梁啓超題匾的「宏文社學」，現在均瓦損窗殘，長期被占作它用。

村後的鳳山凌雲塔，是梁啓超少時常登臨之處。當年，十一歲的梁啓超曾在塔旁寫下了《登凌雲塔詩》。生活在清末民初的梁啓超，由於複雜的社會矛盾，變幻莫測的時代風雲，也由於資產階級的軟弱性和動搖性和他「流質易變」的性格，他的思想交織著無數矛盾。但縱觀其一生，其愛國思想是始終未變的，他卷帙浩繁的著作中慷慨激昂、發聾振聵的豪言壯語，喚醒了民衆，撥動了整整一代愛國青年的心絃。

鳳山頂上，倚塔遠眺，近處是墨綠與金黃交織的田野，遠處是白練般靜謐的銀洲湖，盡收眼底。微風徐來，令人心曠神怡。「美哉！我少年中國，與天不老！壯哉！我中國少年，與國無疆！」可以告慰先生亡靈的是，數十年後的今天，他所期望的強盛的中國已經眞正屹立於世界民族之林了。

## 一木成林百鳥堂（新會小鳥天堂）

出新會縣城，向南六公里，在天馬村天馬河中有一片綠洲，原來叫鶴洲。洲上榕樹成林，盤根錯節，濃蔭蔽日，把個一公頃大的小島蓋得嚴嚴實實。然而這一大片榕樹林，卻是由一棵榕樹生成的，當地農民從沒見過這麼大的榕樹，遂尊之爲「樹神」。據說，當今全世界只有印度的另一棵大榕樹可與它相比。

乘小船環雀墩繞行，頭頂上盡是大榕樹上垂下的鬚根，宛如在水簾洞中穿行，別有一番情趣。這棵榕樹每年都長出許多氣根扎入土中。再長成樹幹，時間久了，竟成了一片鬱鬱葱葱的樹林。雖經植物學家多次考察，但至今仍無法確定哪一株榕樹幹是它的主幹。

不知從什麼時候開始，一些鳥看中了這棵碩大的榕樹，那些各色的鷺鷥紛紛來到這裏安下了家。每天清晨，窠裏的鳥一群群地飛到海濱湖旁田野覓食；到了傍晚，又成群結隊地回到島上。數以萬計的鳥兒繞著榕樹飛翔，宛若天空撒下無數花朵。清脆悅耳的鳴叫聲此起彼伏，熱鬧非凡。此情此景，就像童話故事中的仙境一般。

天鳥村的人們喜歡聽鳥兒動聽的歌唱，喜歡看鳥兒自由地飛翔。因此村民們從不干預和打擾這個美麗的童話世界。他們世代相傳，嚴加保護，從不准上島掘土、取肥、拾蛋、捕獵。鳥糞滋育著榕樹，榕樹又庇護著鳥類。鳥類又大量地除食害蟲，保護農業生產和人們的健康，這就形成了一個巧妙的生物鏈，難怪當地人們特別精心地保護這自然奇觀。

人們喜愛這「雀墩」，還和一則美妙的傳說有關：說是明朝景泰年間，天馬村的農民爲了灌溉乾旱的土地，齊心協力開挖一條灌渠——天馬河。他們划著小船，到河道裏掏挖淤泥。可是當地豪紳地主硬說開河不吉利，破壞了「龍脈」，要惹出大禍，硬逼農民將盛滿河泥的船鑿沉，用來堵塞河道。正在糾纏之際，忽然颳起了狂風，把一個農民颳得無影無蹤。只有他撐船的篙杆插在河裏。後來這支篙竟生根發葉，長成了一棵大榕樹。人們懷念這個農民，給樹培土；鳥兒懷念他，給樹作伴。天長日久。便成了這鳥的天堂。

四十年代，著名作家巴金到這裏遊覽，寫下了散文《鳥的天堂》。於是，「小鳥天堂」這個名兒就遠近傳聞，吸引著四方遊客慕名而來。現在，樹旁已設有觀鳥亭，闢爲天然公園，供人們觀賞這人間奇景。

## 茅龍奇氣動白沙（江門陳白沙祠）

陳白沙祠在廣東江門市郊白沙村，在其故居碧玉樓基礎上擴建而成。始建於明萬曆十二年（一五八四年），後經重修。祠內正中爲陳白沙塑像，旁有用白沙手跡刻的匾聯和碑刻，門前木石結構牌樓，立面三間，四柱三樓。樓上有檐，檐下有玲瓏緻密的斗拱、枋椽及精美的瓦面雕飾，是廣東現存的精巧明代牌樓。祠內有前門、貞節堂、崇正堂、碧玉樓等，均爲一進四座掛兩廊的建築。

陳白沙，名獻章（一四二八—一五〇〇年），以其所居白沙里，門人稱白沙先生。明朝理學家，字公甫，號石齋，新會人。正統十二年（一四四七年），舉於鄉，但會試不第。曾從吳與弼講學。後遊太學。爲祭酒邢讓所重，由是名震京師。即歸，四方來學者日衆。因而受到推薦，授翰林院檢討之職，乞歸，自後屢薦不起。其學說以陸九淵「心即理」爲宗旨。認爲「學勞攘則無由見道，故觀書博識，不如靜坐。」近乎佛教禪學。工書法，能作古人數家字，山居筆或不給，束茅代之，號爲「茅龍」，名其書爲茅筆字。

據屈大均《廣東新語》載「陳白沙逸事」云：「先生每題碑碣必書翰林院檢討官銜，蓋不敢忘君之賜，其不出而就職，非爲高也，以終養故也。當憲廟之升遐也，哀詔至，先生如喪考妣。有詩云：『三旬白布裹烏紗』，『六載君恩許臥家』。臨終朝服北拜曰：『吾辭吾君也，則忠愛之終也。』」

由此可見陳白沙先生爲人儉樸謙恭，不願以名人自居，又不受無功之祿，授官而不就，自甘保持隱士之氣節，雖云爲奉養父母以盡其天年（終養），此種品質亦堪稱難能可貴。

陳白沙於我國書法史上頗有名氣，由《廣東新語》所載其論書之語，可以看出其書法造詣之深。其《書說》曰：「予書每於動上求靜，放而不放，留而不留，此吾所以妙乎動也；得志弗驚，厄而不憂，此吾所以保平靜也；法而不囿，肆而不流，拙而愈巧，剛而能柔，形立而勢奔焉，意足而奇溢焉，以正吾心，以陶吾情，以調吾性，此吾所以遊於藝也。」「白沙晚年用茅筆，奇氣千萬丈，峭削杈槎。自成一家，其傳禿筆作擘窠大書尤奇。」

白沙先生《書說》不但精闢地闡述了書法中動與靜的辯證法，而且透徹地揭示出書風是人的精神面貌的外在表現形式這一藝術眞諦。

江門市長堤釣魚臺路口，另有陳白沙釣魚臺故址。此臺爲白沙先生所築，爲陳暇時釣魚之所。同治四年因築圍牆涉訟，臺被拆毀，後士林名流集資重修，登臺可盡覽江門市風光。民國初年，因闢馬路又將臺及中座所建築物拆去，僅存後座，於一九四八年重修，解放後加修兩條走廊，並闢有陳白沙文物陳列室。

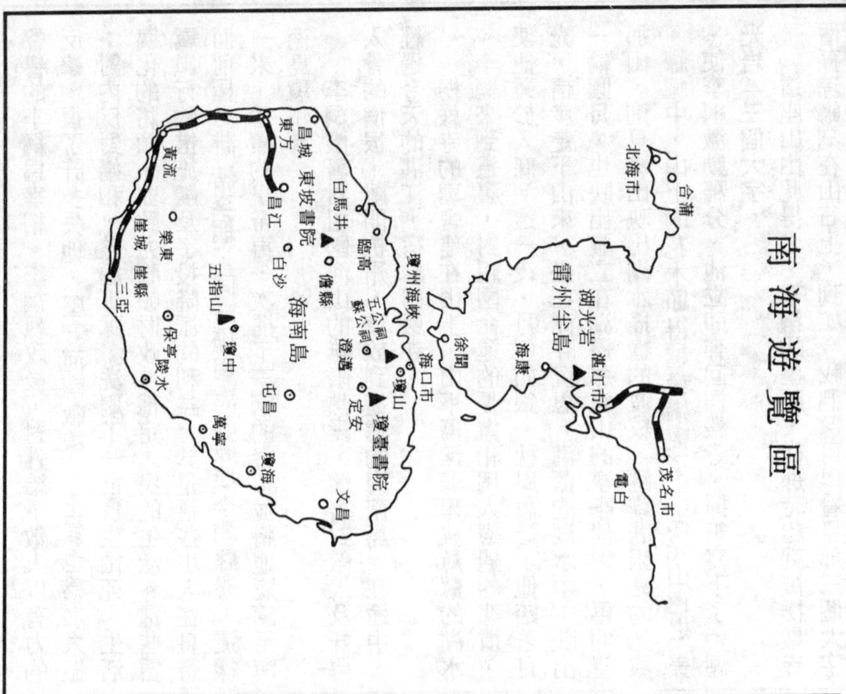


## 湖光岩畔憶英雄（湛江湖光岩）

湖光岩在廣東湛江市西南，距市區二十公里，是一個火山口湖，約形成於一百萬年前，初名陷湖。湖面三點六平方公里，水深約二十米，大旱不乾，久雨不溢，水色湛藍，晶瑩耀目。四周山嶺環湖，綠樹成蔭，紫岩挺立，有楞嚴寺、白衣寺等古剎，依山傍水，盎然成趣。南宋建炎三年，李綱來遊時爲湖光映照岩石的彩石所動，親書「湖光岩」三字勒之於石，因而改陷湖爲湖光岩，古代有不少騷人墨客到此遊覽，石上至今還保存許多題刻。

李綱在岳飛之前就是堅決主張抗金的主戰派代表人物，他是一個迎著敵人的刀槍、在戰爭烽火中度過他晚年的民族英雄。

李綱是政治家、軍事家，也是位頗具才華的詩人。他的《病牛詩》是膾炙人口的佳作。在詩中他把自己比作一頭受傷的牛，但只要對國家和人民有利，他即使累死也不會有任何怨言。從這首詩中，我們能看到李綱高尙的精神情操和「鞠躬盡瘁，死而後已」的戰鬥精神。

宋室南移後，偏安於臨安（今杭州），朝廷中仍貫穿著主戰派和投降派的鬥爭，怯弱無能的宋高宗，面臨大敵卻主張求和，但小朝廷風雨飄搖，又不能不再度起用擁有聲譽的李綱爲宰相。李綱執政後，對外給予敵人以有力的反擊，復了許多失地，堅守河南戰線，士氣也爲之大振；對內反對媾和，整編軍隊，洗刷了一批貪生怕死、生活腐化的將領，並致力整頓財政，穩定人民的生活。這些雷厲風行的措施觸及了投降派的利益，於是這些小人在皇帝面前極力誹謗李綱，同時施用詭計破壞李綱聲譽，這樣一來，昏庸的皇帝再一次罷了李綱的官，並將他貶謫至海南島瓊州。

李綱懷著對祖國河山的無限熱愛，懷著對敵人及奸惡入骨的憎恨，離開杭州，流放到遙遠的海南島。在途中，經過今天的湛江，宿於楞嚴寺。

楞嚴寺的廟舍建在山上，山下蕩漾著碧波粼粼的湖水。李綱來到這裏，對祖國命運的憂慮和個人遭遇的悲憤，使他難於入寐。這一夜，月色如銀，秋風蕭瑟，他踏著月光，信步走下山來，坐在湖畔沉思。湛藍的湖水中，映出一輪圓月，也映出矗立在湖邊那座山的亭亭倩影，再仰望那山，則見滿山映出湖水搖盪的波紋，跳躍著銀亮的光環。朦朧中，山上的花木顯得越發嬌艷了，湖光山色之美，使李綱激動萬分，他立即奔回楞嚴寺，揮筆寫下了「湖光岩」三個大字。

這座山由此得名，李綱的墨跡，從那時起就被楞嚴寺僧孫琮鐫刻在山石上，到如今我們還可以看見那三個大字，字字蒼勁有力，每一筆都滲透著英雄對祖國河山的熱愛。

祖國山河萬古長存，可歌可泣的民族英雄也將永垂青史。

## 硇洲海濤葬土神（湛江硇洲島）

在雷州半島各地，過去幾乎每個村莊都有土地廟，供奉著土地神。可是，在雷州半島東北面的硇洲島卻沒有一座土地廟。因爲這裏的人們很討厭土地，把土地神都丟到大海裏去了。

是否是人們破除迷信才不供土地神了呢？不是的。原來，硇洲島也曾有土地神。到了南宋末年，元軍攻陷了當時的京都—臨安之後，宰相陸秀夫擁立幼主宋端宗爲王。元軍窮追猛趕，宋軍倉皇乘船向南逃退，在南澳島遇到強颱風，船隻被強颱風颳到硇洲上。宋端宗見這裏四面環水，海濤洶湧，是易守難攻的兵家必爭之地，便決定在這裏暫且棲身，詔令文武百官，組成一個小朝廷，重建朝政。並把硇洲島升格爲「翔龍縣」，準備在這裏建築宮殿，修築城池，再圖興邦。

可是，要在這一片白沙茫茫的海島上修建城池宮殿，說來容易，做起來可不容易，到哪裏去找磚石、木料呢？

這些建築材料島上原來沒有。但此事順合天意民心，感動了玉皇大帝，便派大力神前來幫助修建城池宮殿。

一天晚上，月黑風緊，伸手不見五指。大力神邀集各路神仙，用一條「寶鞭」從四面八方趕來了大量的磚石木料。這時此事驚醒了土地神。這土地神是個貪心鬼，而恰好陸秀夫不信鬼神，連一炷香也沒有供奉給他。於是，土地神生氣了，正當衆神向硇洲島驅趕磚石木料時，這土地神假裝雄雞「喔喔喔」地啼叫起來。神仙們聽到雞啼聲，以爲天快亮了。雞鳴之後神仙是不能再留在人間的，要立即趕回天庭，便把驅趕的磚石木料丟了下來，所以城池便沒有建成。這個傳說反映了人民在元代異民族統治下，心向宋廷的心理。直到今天，硇洲島的周圍還殘留有許多質地堅硬的巨石。在硇洲島東南的大海裏，還留下許多磚瓦片。硇洲晏村一帶水田裏，時常發現一些腐爛的木頭，這些都被附會成是那個時候留下來的。其實這些木石是古人爲了抗擊海水侵襲，打樁築壩用的，年久失修坍塌海中。至於說人們一氣之下，便把島上所有的土地廟都鏟平了，把土地公通通扔到大海裏去了的說法也不科學。這是由於島上居民都是漁民，並無「土地」可守，自然也用不著土地神保護。他們信奉「海神」，供天后宮，大海才是他們耕耘的土地。

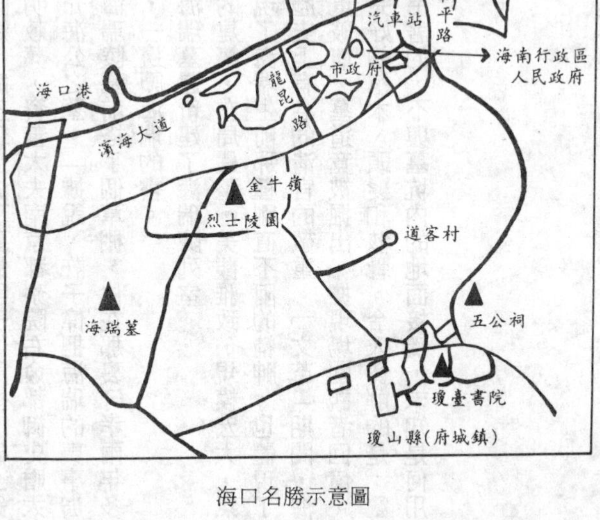

海口名勝示意圖

## 碧海青天思海公（海口海瑞墓）

海瑞墓坐落於海口市區西五公里的濱涯村，可乘海口至秀英公共汽車前往遊覽。海瑞墓修建於明萬曆十七年（一五八九年）二月二十二日，是明朝皇帝派官員許子偉專程回海南監督建成的。

海瑞是海南瓊山縣下田村人。可是他的墓爲什麼建在這麼呢？這需瞭解海瑞臨終前一段經歷：一五六九年六月，海瑞以右僉都御史巡撫應天十府，對大地主兼併土地及水災都進行了艱苦卓絕的鬥爭。人民感激他，大地主卻恨透了他。後來，海瑞被罷官，五十八歲那年返回海南，在家隱居了十六年。

海瑞七十二歲時又被薦任南京都察院右僉都御史，還未到任又調任南京吏部右侍郎，爲人民做了不少好事。萬曆十五年（一五八七年）十月十四日死在任上，享年七十四歲。海瑞死後，朝廷封贈海瑞太子少保，賜諡忠介，遣同鄉許子偉護送歸海南安葬。據說，當海瑞靈柩運到濱涯村時，抬棺的繩子斷了，當時人們認爲這是海瑞自選的好風水的地方，於是便決定將海瑞安葬在這裏。

海瑞墓正門向南，前面是一片翠綠的稻田，後面是稍高的坡地，墓園的四周是用花崗岩砌成的圍牆，與農家相鄰。海瑞墓園南北長一百一十五米，東西寬四十一米，門口簡樸莊重的石牌坊上刻有「粵東正氣」四個斗大的丹紅大字。墓道用石板砌成，中間依次豎著三道高大的石牌坊，周圍有葱鬱蒼翠的椰樹、松柏、綠竹等，這些樹木四季常青。墓道兩旁排列著站、躺、坐、跪著的各種形態的石羊、石馬、石獅、石龜及高大的石翁仲等。海瑞墓用花崗岩砌成，高三米，墓的基座呈六角形，上面呈圓錐形，墓前豎立著一塊厚十釐米，高四米，寬八十七釐米的石碑。碑文是海瑞同鄉、欽差督造海瑞墓的許子偉所撰。碑上鐫刻著：「皇明敕葬，資善大夫南京都察院右僉都御史贈太子少保諡忠介海公之墓。」據說，許子偉把海瑞的喪事辦妥後，便在海瑞陵墓前搭了個草棚，住在那裏守孝兩年多，一邊守墓，一邊讀海瑞的書。

現在的海瑞墓還新建了海瑞陳列室。

海瑞墓的建築，布局嚴整，美觀雅致，規模宏大，氣勢非凡，體現了海瑞生前那種剛直不阿的精神，也體現了後人對這位歷史上有名的清官的敬重。「文革」期間，海瑞墓遭到嚴重破壞，墓道竟被掘出。據現場圍觀者回憶，墓中尚存有完好的棺木、頭髮和骸骨。令人費解的是：靈柩是用鐵鏈吊著的，不與墓坑內的地面接觸，未知是何用意。

# 此地能開眼界，何人可配眉山

## （海口蘇公祠）

海口市五公祠遊覽區的入口處是蘇公祠的正門，這是一個亭門，門前排列著小型石雕和盆景花卉，門匾上書有「蘇公祠」三個大字。走進門庭，便是蘇公祠大堂。堂前兩棵大樹交叉成蔭，臺階上百花盛開，祠堂前是一座瓦木建築，裏面放著蘇東坡、丘濬、海瑞和南貶五公等人的碑刻和石刻像。蘇東坡神采奕奕，眉目清秀的刻像，很能體現他滿腹經綸的大詩人風度。

蘇公祠是海南人民爲了紀念北宋大文學家蘇東坡而修建的。其左有洞酌亭、東坡埋詩處、浮粟泉；右有聞名中外的海南第一樓、觀稼堂、學圃堂、五公精舍。周圍地形起伏，林木繁茂，且有溪澗、牌坊、拱橋、池塘、小島、圓亭、假山點綴，風景優美，是海南著名的旅遊勝地。

蘇軾（一〇三七—一一〇一年）字子瞻，號東坡居士，四川眉山人，不但是我國歷史上著名文學家，而且政治上也有遠大抱負。但一生中屢遭貶謫，歷徙湖州、黃州、惠州，六十一歲時（宋哲宗紹聖四年，一〇七九年七月）再貶昌化軍（今儋縣）安置，臨死前半年（一一〇一年）才獲赦，離海南回歸，行至常州時病逝。

蘇東坡踏上瓊島後，途經瓊山。在荒草遍地的山坡上發現了兩股清涼甘甜泉水。後郡守承議郎陸公在泉上建亭以示紀念。一一〇一年蘇東坡獲赦北歸途中再來品味雙泉水，陸公請蘇東坡給亭題名和題詩。蘇東坡遂欣然命名爲《洞酌亭》，並寫了一首四言詩《洞酌亭·並序》，概述了亭名的來由。勉勵青年人要像這股清泉一樣，「自立徂海，浩然無私」，「洞酌」二字，原意遠飲，寓有萬里投荒、擇善而行之意。雙泉是他萬里投荒途中獻給海南人民的禮物。他走後，海南人民把他兩次在此寓居的客房命名爲「東坡讀書處」。後來，蘇東坡死於常州的消息傳到海南，海南人民又把「東坡讀書處」改爲蘇公祠和東坡書院。

海南人民之所以深情懷念蘇東坡，是因爲他在海南三年時間，曾把中原昌盛的文化傳給這荒僻海島上的人民。此後在一百六十二年間，海南名登進士榜的人有十二名。古時海南有一句歌謠：「誰說滄海斷地脈，朱崖從此破天荒。」意指蘇東坡謫居海南傳播中原文化後，海南破天荒地出了十二名進士。「此地能開眼界，何人可配眉山？」蘇公祠前的這副對聯很能表達海南人民對蘇軾的景仰，也說明了蘇公祠在歷史上曾多次廢而復修的緣由。在漫長的歲月裏，蘇公祠的興廢與丘濬、海瑞二公祠結下了不解之緣，時分時合，直至蟬聯一片，成爲海南一組名勝古跡。現在的洞酌亭是民國四年改建的。解放後，人民政府撥款維修，面貌一新。

浮粟泉素有「海南第一泉」的美稱。宋哲宗紹聖四年（一〇九七年），蘇東坡被貶到今儋縣途中經此地投宿，看見附近居民飲混濁的城河水，甚有感觸。於是，他觀察周圍地形，指地而說：「依地開鑿，當得兩泉。」後來居民遵照他指定的地點開挖，果然咫尺之間得兩個甘泉，一清一濁，清者爲浮粟泉，濁者洗心泉，味甘色異。後來人飲水思源，以及對蘇東坡的感激，陸續在泉的周圍建起了蘇公祠、東坡書院、錦衣堂，敞軒等。把這兩口井打扮成海南名勝，可惜洗心泉在元末明初被湮沒，現僅存浮粟泉了。清乾隆五十八年（一七九三年），知府葉汝蘭將浮粟泉改建成方形古井。現在，這口古井依然泉水清澈透亮，一側的粉牆嵌著一塊石碑，刻著「浮粟泉」三個大字，迎接每天來訪的遊客。

粟泉亭是一座六角形的小亭，在浮粟泉的上方。明萬曆四十年（一六一四年）郡守翁汝遇修建。動工挖土時，得一塊石碑，上刻蘇東坡行草詩「泄盡先天泌，再修來世身，若思逢故友，二姓草頭人。」翁把行草詩臆解爲他和蘇東坡有契世之緣，後因升任上調而亭未建成。繼任知府謝繼科以亭址是蘇東坡埋詩之地，值得紀念而繼續建成粟泉亭，迄今已有三百餘年了。

洗心軒是一座長方形平屋，在浮粟泉上方，原名爲「食源亭」，清乾隆五十八年（一七九三年）知府葉汝蘭到任時推敲，蘇東坡在雙泉上埋詩，認爲「葉蘇」兩姓同是草字頭，因而臆解蘇東坡是他前生的故友，於是重修食源亭，並改名爲洗心亭。民國四年，觀察使朱爲潮將亭改成敞軒，題橫額「洗心軒」三字，沿用至今。

粟泉亭和洗心軒都因蘇東坡一首詩相繼而建，並歷次重修，一直保存到現在。

## 海南名樓五公祠（海口五公祠）

五公祠在海口市東南十華里，是海南島最著名的古跡。這裏樹木蔥鬱、花卉爭艷、樓閣寬敞、環境清雅，五公祠被譽爲「海南第一樓」。五公祠對面立著一道門樓。穿過門樓和一道小石拱橋，迎面見到一隻石贔屓馱著一塊大石碑，這是宋朝宣和元年（一一一九年）八月十二日宋徽宗親筆書寫的瘦金書字體石刻碑。與五公祠相通的是明代建的蘇公祠，蘇東坡貶謫海南，早期居住於此。此外，還有後來建的丘公祠、海公祠，丘是丘浚，海是海瑞，都是明代著名的海南人。

五公祠又名「海南第一樓」，初建於清康熙四十五年

（一七〇六年），是爲紀念唐、宋時代被貶謫海南島的五位名臣而建，這五公是唐代的李德裕、宋代的李綱、趙鼎、李光、胡銓。

五公祠高十餘米，二層四角攢尖式屋頂，素瓦紅椽。現在一樓陳列海南歷代文物數百件，二樓，三面迴廊，通明透亮，「海南第一樓」的大字橫匾，赫然入目。楹柱上是兩副膾炙人口的對聯：

唐嗟未造，宋恨偏安，天地幾人才置諸海外；
道契前賢，教興後學，乾坤有正氣在此樓中。

又：只知有國，不知有身，任憑千般折磨，益堅其志；
先其所憂，後其所樂，但願群才奮起，莫負斯樓。

前一聯是文昌濱北書院潘存所撰，後一聯是清朝的瓊崖道台朱采撰。對聯既頌揚了五公的高貴品質，也表達了海南人民對五公的景仰。遊客登臨此樓，領略五公的文章氣節，會慷慨激昂，痛斥禍國殃民的奸賊。

李德裕（七八七—八五〇年），字文饒，今河北趙縣人。是一位既有文才、又有魄力的剛直不阿的愛國政治家。唐代名相李吉甫之子。從唐文宗到武宗年代，兩次出任宰相，當政六年，內制宦官、外抑藩鎮，收復了幽燕大片國土，對國家安定做出了很大貢獻，封太尉、贈爵衛國公。武宗死後，宣宗立，他聽信宦官讒言，排斥李德裕。大中元年（八四七年），李德裕被貶爲潮州司馬，剛到達，又被貶爲崖州司戶。大中四年（八五〇年），他在貧病交加中死去，子弟流落崖州。現在樂東縣多港李氏村有三百餘家，據說是他的後裔。郭沫若稱他爲「開拓海南島的先驅者」。

李綱（一〇八五—一一四〇年），字紀伯，福建人，史稱「二朝賢相，身繫社稷安危；忠誠義氣，凜然動乎遠邇」。是我國歷史上有名的民族英雄，他不僅全力支持宗澤、岳飛的抗金壯舉，還親自帶兵征戰，宋徽宗宣和七年（一一二五年），金兵長驅南侵，徽宗逃往南方，欽宗趙桓拜李綱爲兵部侍郎，有效地抗擊金兵南侵。但徽宗又怕李綱軍權太大，便以「擅自招兵買馬」罪，罷了李綱的職，謫建安軍，又貶寧江軍安置。一一二六年金兵攻陷京城開封，北宋滅亡，宋高宗南渡長江，一一二七年在今杭州再建政權（史稱南宋）。李綱再度被起用爲相，制定治國、整軍、抗金十項主張。又上《急先務疏》薦舉宗澤、岳飛等主戰將領，給南侵的金兵以迎頭痛擊。但只做了七十五天宰相，便被誣陷而貶澶洲。三年後（一一二九年）移萬安軍（今海南島萬寧、陵水一帶）安置。一一二九年十一月二十五日從徐聞南渡，在今海口登陸。十二月六日遇赦北歸。一一四〇年去世，時年五十四歲。

趙鼎（一〇八五—一一四七年），字元鎮，山西聞喜人。宋高宗時兩度爲相，力主抗金，恢復中原。但紹興八年（一一三八年）十月被秦檜貶置泉州，後又貶清遠軍、潮州安置。紹興十五年（一一四五年）再移置吉陽軍（今海南島三亞市），他受貶後，公開上書曰：「白首何歸，悵餘生之無幾；心丹未泯，誓九死而不移。」秦檜看了，加緊了對他的迫害，下令當地每月上報趙鼎的情況，趙鼎看到這種情況，託人帶話給兒子說：「秦檜必欲殺我。我死，汝曹無患；不爾，禍及一家。」爲抗議秦檜賣國行徑而進行了絕食鬥爭，並在自己銘旌上題下了正氣凜然的詩名：「身騎箕尾歸天土，氣作山河壯本朝。」終絕食而死。這種至死不渝的精神，至今還充滿感人的力量。一一六七年，宋孝宗趙昚即位，追封趙鼎爲豐國公，贈太傅，謚忠簡。

李光（？—一一五五年）字泰發，趙州上虞人，宋高宗紹興初年官爲參知政事，曾當秦檜之面向宋高宗揭發秦檜的賣國行徑而多次被誣告。高宗聽信了秦檜的讒言，把李光貶往海南島，先在瓊州，後來又貶往儋州，這時他年逾八十，欲怡然堅定，把自己的居室取名「無倦齋」，秦檜死後，一一六三年孝宗即位，朝延召還他，給他一個「左朝奉大夫」頭銜，但在歸途中死於江州（今江西潯陽），謚莊簡。在被貶海南的名臣中，李光歷時最長，竟達二十年。

胡銓（一一〇二—一一八〇年）字邦衡，江西廬陵人。著名歷史學家，宋高宗時任樞密院編修官，南宋主戰派的中堅，他竭力反對與金議和，上書要求斬投降派秦檜、王倫等而受到迫害，被貶爲福州簽判。紹興十二年（一一四二年）被革職流放到廣東省新興縣，六年後再貶到今三亞市。在此期間，他爲黎族同胞辦學，傳播中原文化，與當地父老陶情山水，建立了深厚的感情。紹興二十五年（一一五五年）冬，秦檜死，胡銓才量移衡州。孝宗興隆元年（一一六三年），胡銓應召入京任秘書少監，後升起居郎。他北歸以後，皇帝問他在海南島寫詩沒有，他說寫了，胡銓在海南島的詩作中有一首《哭趙鼎》，裏面有「以身去國故求死，抗議犯顏今獨難」的詩句。淳熙七年（一一八〇年）死於故鄉。

「五公」在海南保持了高風亮節，爲當地做了許多有益的事，人民一直紀念他們。萬寧縣東山嶺上，有李綱的祀廟；崖縣的洗兵亭、逸賢祠、澹庵井以及臨高的茉莉軒，都有紀念胡銓的建築勝跡；昌江縣苗山有趙鼎的墓地。「海南第一樓」上的那兩副對聯，是人們對「五公」的高度評價，也是遊人來以後的感想。

# 搜書院中話謝寶（瓊山瓊臺書院）

瓊臺書院坐落於瓊山縣縣城府城鎮，現為廣東瓊臺師範學校所在地，距海口市五公里。

瓊臺書院的取名，據說是因為明代大學士丘浚曾號瓊臺，又是府城人，取此名含有紀念丘浚之意。

瓊臺書院建於康熙四十九年（一七〇一年），是分巡雷瓊兵備道焦映漢所創建。這是一座白牆、綠瓦、紅廊，古色古香的兩層大樓閣，環境潔靜秀麗。初建時，書院前面左邊有旁門，裏面正中有大門，大堂正中後面有一座奎星亭，亭兩旁各有廊廄一間。清乾隆十八年（一七五三年），書院第一次擴建，把奎星亭擴建成奎星樓，並在兩旁增建廊廄各三間，奎星樓右側，有一方高約一點七米的石碑，碑文記載著修建此樓的經過。書院的創建，其目的之一是使瓊州府有更多的學童能通過科舉而成為「名公巨卿」。

奎星樓為瓊臺書院的核心，分兩層，宏敞明朗，堂皇壯觀，至今保存得比較完好，是一座具有民族風格的磚木結構建築物。其桁樑上漆著褐色油漆，還雕上美麗的花紋，上下飛檐的泥瓦上套上墨綠色的瓷瓦，遠遠望去，在陽光照耀下放射著異彩。雕刻在樓頂兩側屋脊上的飛龍走獸，雄踞磐石對天長嘯的雄獅，擺頭舞尾的蛟龍……充分顯示了我國精湛的民族建築藝術。二樓中樑正中懸掛一塊寫著金光閃閃「進士」兩字的大金匾，這是該院高材生張日文中了進士以後朝廷賜予他的。

進士張日文，為瓊臺書院留下了一段動人的愛情故事：

張日文和當時瓊州鎮臺的婢女產生愛情，被鎮臺覺察，於是，對婢女嚴加懲罰。婢女逃進書院求救，書院掌教謝寶進士為人正直善良，憐貧嫉富，敢於抗暴鬥強，決心救這婢女，當鎮臺及追兵追到書院時，謝寶把他們擋駕於書院門外，接著又機智地送婢女出城外。婢女逃出苦海後和張日文結為伴侶。張日文發憤攻讀，考取進士。後來粵劇和瓊劇把這個故事改編成《搜書院》，由著名粵劇表演藝術家馬師曾、紅線女主演，使之在廣東家喻戶曉，瓊臺書院也因之蜚聲國內外。

據史料記載：瓊臺書院的掌教謝寶進士，在歷史上實有其人，至今，瓊臺師範學校還保留有他手書的五絕一首：「樹老花偏嫩，春融花也摎，客窗幽靜處，明月與綢繆。」

謝寶生於清朝康熙二十一年（一六八二年），死於乾隆七年（一七四二年），終年六十歲，字紫石，今海口市郊龍岐村人。他曾獲雍正甲辰科賜進士，授肇慶府學正堂，他做官不久，就辭官回海南掌教瓊臺書院，先後培養出一百多個出色的門生。

據說，謝寶的父親原是個小攤販，一貫爲人熱情、誠懇相助。一次，有個尼姑前往寺廟進香而路過其家門，突然腹痛不能走動，其父熱情相助。這個尼姑深受感動，自願與其父結爲夫婦，後生一男孩，兩人視爲珍寶，於是取名「謝寶」。後人寫詩稱讚說：「尼姑育賢哲，姻緣天締結，當時遭煩言，聲名今人說。」「搜書院」故事發生後，謝寶就遷移今瓊海縣馬金嶺昌賴村居住，死後葬於今瓊海縣大爐嶺。

瓊臺書院曾是瓊州最高學府，是海南人士登科的必經之門，成爲人才輩出的地方，爲開發海南做出了不可磨滅的貢獻。

隨著科舉制度的廢除，一九〇二年瓊臺書院改名爲瓊崖中學堂，一九二〇年再改名爲廣東省立第六師範學校，即現在廣東省瓊臺師範學校的前身。

## 海南神童丘濬（瓊山丘濬故居）

丘濬（一四一九—一四九五）與海瑞有許多相同之處：都是海南島下田村人，都是明代著名官員，死後又都葬在故鄉。丘濬比海瑞早幾十年，任過禮部尚書、戶部尚書，還是位傑出的學者。他主管太學幾十年，編著了《大學衍義補》這樣在歷史很有影響的大書。他還寫了《世史正綱》、《瓊臺類稿》、傳奇《投筆記》、《舉鼎記》和大量詩文，學識很廣，著作是多方面的。

今瓊山縣府城村保存著丘濬的故居。它的正寢，名「可繼堂」。永樂十八年（一四二〇年）丘濬就出生在此室，五百年來，丘濬後人世世代代居此，因此得以及時維修，現主人丘泉勝老人，爲丘濬二十四代孫。

「可繼堂」一室二房，柱腳爲質地堅硬之黃棱木，當地俗稱「鐵靈」，此木防蟲蛀，不易燃。日本帝國主義占領海南時，曾縱火焚燒，結果房屋主體支架仍安然無恙地保存下來。

「可繼堂」爲丘濬祖父丘普命名，丘普五十九歲時，獨生子逝世，兩個孫子很小，濬方七歲，丘普深感家世中衰，但又望因微而著，曾自白式寫一聯云：「嗟無一子堪供老，喜有雙孫可繼宗」。「可繼」之名即由此而來。

丘濬，字仲深，號海山道人，世稱「瓊山先生」。他的人生道路也十分曲折坎坷：他七歲喪父、中年喪妻、老年喪子，但這些都沒有使他意志消沉。他二十四歲時考中舉人，十年後參加禮部會試，文章寫得很好，但因其貌不揚，只賜得個進士。以後漸文名遠揚，被授翰林院編修，先後升禮部侍郎、禮部尚書、文淵閣大學士。弘治七年再升爲少保兼武英殿大學士、戶部尚書。第二年春逝世，贈特進左柱國太傅。謚文莊。

丘浚生活儉樸。死後遺產只有圖書數萬卷，其代表著作爲《大學衍義補》。書中，在政治、經濟、文化、教育、司法、軍事等方面博採衆說，提出了卓越的見解。尤其可貴的是，他提出勞動決定價值的經濟學觀點，比英國古典學派創始人威廉·配第在十七世紀六十年代提出的勞動價值論早一百七十四年，是我國十五世紀經濟思想的卓越代表人物。一九八一年北京大學經濟系教授趙靖發表專文《丘浚——中國十五世紀經濟思想的卓越代表人物》，對丘浚經濟思想給予很高的評價。丘浚的經濟思想是明人中最豐富的，在中國封建社會後期的經濟思想史中具有較突出的地位。

丘浚幼年聰慧過人，鄉里人稱他爲「神童」。他在「可繼堂」中開始讀書學習，其名作《五指山》至今尚爲人讚頌，相傳爲童年所作：

五峰如指翠相連，撐起炎荒半壁天。
夜盥銀河摘星斗，朝探碧落弄雲煙。
雨餘玉筍空中現，月現明珠掌上懸。
豈是巨靈伸一臂，遙從海外數中原。

他在此詩中的優美的文詞，豐富的想象，將五指山的美麗、高峻、神奇與飄逸，描寫得淋漓盡致。

至今，瓊山縣府城鎮還流傳著許多關於他的趣聞：傳說他長得矮小。有一次到店裏買木屐，店主戲弄他說：「我出一聯，你對得中就把木屐送你。」店主說：「入我門，低三分。」丘浚笑著選好一對木屐穿上就走，店主追上討錢，丘浚對道：「出你店，高二寸。」店主無奈，只好送他木屐。丘浚讀私塾時，一個地主少爺欺負他家窮，他毫不示弱地與地主少爺論理。塾師出面調解說：「我出一聯，誰對中誰有理。」兩人答應下來。塾師對：「細雨肩頭滴。」丘馬上對道：「青雲足下生。」地主少爺對不上，卻不服，只好回家向老地主告狀。老地主令丘到他家作對，老地主出一聯：「誰謂犬能欺得虎。」丘浚馬上答道：「焉知魚不化爲龍。」老地主無奈，只得讓他走了。丘浚上京趕考，因遲到，門吏不讓進。他再三請求，門吏說：「我出一聯，對得上我就放你進場。」門吏出對：「急水流沙粗在後。」意謂遲到的考生粗而無才，丘浚即答道：「狂風吹穀劣在先。」諷刺先入考場的考生不過是劣穀。結果，門吏只好讓他進場應試。

丘浚故居的另一重要建築是「藏書石室」，年代被毀，遺跡尚存。兵浚幼年家貧，想買書無錢可買，只好在市上書攤上借閱，或向親友借閱，爲此常被人譏笑。因此他暗下決心：將來如果有錢，一定多買書，借給家鄉的諸生弟子講習閱讀。成化六年（一四七〇年）他借歸里爲母親辦喪事的機會，著力辦理此事，因爲防潮濕，便鑿石爲屋，他一次購置了數千卷書，並僱專人管理。「藏書石室」是一個爲民衆服務的私人圖書館。

丘浚逝於北京任上，安葬於家鄉，墓地離故居八里，距海瑞墓一里之遙，墓地有明朝所立石碑、石人、石馬，十年動亂中受到損壞，現正在修復。

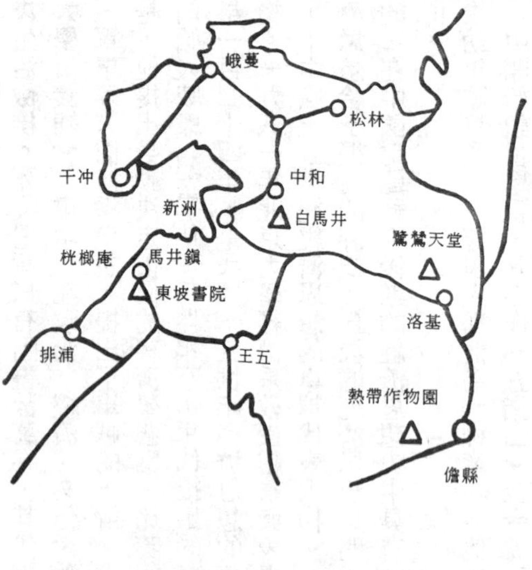

儋縣名勝示意圖

## 海南萬里眞吾鄉（儋縣東坡書院）

儋縣東坡書院素來有天南名勝之美譽。古往今來，多少文人墨客，都不遠萬里到此觀光攬勝，流連忘返，感慨萬千。

東坡書院位於儋縣中和鎮東郊，院內新亭聳翠，殿宇堂皇，古木幽茂，群芳競秀。古人曾用「此地標奇攬勝」、「地乃一州勝境」等詞句讚美東坡書院。

東坡書院是北宋大文學家蘇東坡居儋遺址。紹聖四年（一〇九七年）四月蘇東坡從惠州又被貶至儋州。時間雖只三年，但以他獨有的天才，促進了海南島文化的發展。蘇東坡被貶謫海南儋州，對他本人來說是一種難以訴說的不幸和折磨，但對儋州乃至整個海南島人民來說，卻又因此而得到了意想不到的巨大收穫。

蘇東坡，名軾，字子瞻，一字和仲，自號東坡居士，四川眉山人。他一向被推爲宋代最偉大的文學家，在詩詞、散文、書法上都是「開派者」，有其獨特的成就，在詩歌方面，他是自李杜以來能繼承現實主義、浪漫主義傳統的傑出詩人之一。

蘇軾在仁宗嘉祐二年（一〇五七年）舉進士，以後進入仕途。曾任密州、徐州、湖州、杭州、定州等處地方官，也曾任制誥、侍讀、翰林學士、禮部侍郎和龍圖閣、瑞明殿學士之類的京官。中年因「烏臺詩案」貶謫黃州，晚年一再放逐於惠州、儋州、廉州、永州。直到臨死前半年才獲赦，回到常州不久即去世。年六十六歲。他生活的年代（宋仁宗景祐三年——徽宗建中靖國元年，即一〇三七——一一〇一年）是宋朝比較「承平」的一段時間，但也是宋王朝積貧積弱的局勢逐漸形成，社會危機急劇發展的年代。

蘇軾經歷了變法運動從醞釀、發展到失敗的全過程。他的思想比較複雜，儒家的「中庸」、道家的「清淨無爲」、佛家的「超脫」，他都兼收並蓄，形成了政治傾向上和創作上種種矛盾。在「慶曆新政」變革空氣的激盪的影響下，使他早期有要求變法的政治傾向。他對豪強兼併的「已成之局」有所不滿，提出要「變政易令」，並對當時「財之不豐，兵之不強」等社會政治積弊，提出過一系列的改革主張。但到了王安石實行變法，他卻表示反對，多所指摘。他批諫神宗「求治太速、用人太銳、聽言太廣」等，完全與守舊派們同一立場，所以屢遭當時的政敵——以附和變法而竊取高官厚祿的投機者的百倍還擊。所謂「烏臺詩案」，正是由於附和變法者的羅織構陷，幾乎把他置於死地。

神宗歿後，朝廷起用守舊派司馬光，全面廢除了新法。可這時的蘇軾對守舊派的施政方針卻又持異見，認爲不當盡廢熙寧之法。這種政治態度的前後矛盾似乎不可思議，然而這正是宋代社會的重重矛盾在這個敏感而正直的詩人思想中的反映。他對新法的反對和攻擊，不但反映了他自己保守落後的政治傾向，同時也反映出新法的理論與實踐之間存在著距離和不可克服的內在矛盾。

蘇軾是中小地主出身的封建士大夫階層的典型人物，自幼受家學薰陶，博覽文史，曾以「忘軀犯顏」、「直言敢諫」自詡，也以「建功立業」、「致君堯舜」自負；認爲應該堅守「獨立不倚」、「危言危行」的名節。所以他後來在朝時，敢於攻擊王安石，責難司馬光，敢於揭露社會矛盾和政治積弊。在做地方官時，也爲人民做了些興利除弊的好事。他在迭遭貶斥，長期流放中，有了更多機會接近人民，使他的政治視野更爲開闊，對民生疾苦更加瞭解和同情。他把對封建國家長治久安的關心和對下層人民生活的關懷交織在一起，因而在他的作品中反映了一些下層人民的苦難生活，使他受到人民的喜愛。

東坡書院就是蘇東坡在儋州耕耘、講學和結交平民百姓的舊址。解放後被列爲廣東省重點文物保護單位，是海南重要古跡和遊覽勝地之一。書院包括載酒亭、載酒堂、奧堂龕，是一組歷史悠久的古建築物。

東坡書院前有一棵黛色遮天的古樹，「東坡書院」四個大字橫匾懸掛在書院大門上方，筆力蒼勁，是清朝舉人張績所題。

載酒亭上下兩層，造型古樸，氣勢雄偉，是元代延祐年間，在當年蘇東坡謫居儋州時會客的舊址基礎上創建的。亭內鑲著以東坡與春夢婆攀談、東坡惜別儋州百姓爲內容的木刻。一幅幅動人的畫面把遊人帶進歷史的長河中。相傳蘇東坡和張中（當時儋州的州官）曾在此池垂釣，亭上掛有「人魚忘返」四字橫匾。

載酒亭後是載酒堂，建於元代延祐年間，是東坡書院的主要組成部分。即東坡當年講學的舊址。和許多富麗堂皇的瓊樓玉宇相比，載酒堂顯得平淡無奇，只不過是一間陋室平房而已。然而，它卻偏偏享有「天南名勝」之美譽，數百年一直吸引著海內外大批文人墨客和旅遊者。堂內最引人注目的是《坡仙笠屐圖》和「載酒堂詩」石刻。

《坡仙笠屐圖》是描繪蘇東坡去訪黎子雲途中遇雨，從農家借來竹笠載在頭上，穿木屐，微彎著腰，提挽衫腳，笑吟吟地走在泥濘的村道上，以及路人喧笑，村童嬉隨，籬內犬吠的動人情景。此外，《過海圖》、《醉酒圖》等八幅雕刻都陳放在載酒堂內，通過這些生動、細緻而傳神的雕刻圖像，記錄了蘇東坡謫居海南儋州時的生活片斷，反映了他雖在風燭殘年，仍不遺餘力地以自已的淵博知識爲百姓服務的豁達胸懷。

載酒堂前身是儋州黎人黎子雲的舊居，後人將其擴建而成此堂。原來，蘇軾父子謫居儋州，初時州官張中安排他們住官房，後被朝廷遣人逐出，東坡父子露宿於曠野，生活艱難，黎子雲兄弟同情他們，欣然將舊居讓出給他們父子居住。東坡便用漢代揚雄「載酒問字」的典故，將此處命名爲「載酒堂」。

大殿和大殿前的兩邊耳房，現闢爲陳列館。匾額中山大學著名古文字學家商承祚題寫。陳列館以內容豐富、圖文並茂、富於特色博得遊客青睞，「提倡移風易俗，勸導民族團結」部分，以東坡詩文作佐證，突出地表現了蘇東坡民族平等的主張。在中國文學史上，他開了以詩歌反映漢黎關係的先河。

當時，儋州地區學風不振，文化未開發，蘇東坡住到載酒堂後，有了傳播宣講文化的據點。於是，他團結當地一批讀書人，開展了傳播中原文化、開化祖國南疆的教學活動。至今，儋州地區依然流傳著許多蘇東坡教百姓識字學詩的動人故事。他的努力耕作結下了碩果，載酒堂弟子中湧現出海南第一個進士符確。

載酒堂背後是祀蘇東坡神位的奧堂龕。其左右兩側是廊舍，與載酒堂相連，形成一個四合院，中間有寬敞的天井，有一棵四十多年的芒果樹，庭院瀟灑、肅穆。

蘇東坡在逆境中曠達樂觀，入鄉隨俗，與民相親。「

九死南荒吾不恨，玆遊奇絕冠平生」就是這種精神的高度體現，「他年誰作輿地誌，海南萬里眞吾鄉！」更明確坦率地表達了詩人這種豁達胸襟。書院中的東坡笠屐銅像爲廣州美院雕塑家李漢儀所作，他藝術地塑造了一個具有儋州特色的東坡形象，贏得了廣大觀衆的讚賞。

## 白馬井邊憶馬援（儋縣白馬井）

儋縣西北有個白馬井鎭，鎭以東漢伏波將軍馬援所留下的白馬井命名。其中有一段有趣的傳說：東漢初年伏波將軍馬援帶兵來到儋縣西北海岸駐紮，當時天氣炎熱，兵馬又飢又渴，伏波將軍所騎的白馬用蹄刨沙，當時即有甘泉水冒出。人們便在泉水處築圍成井，取名「白馬井」。此地離海灘約有三十—四十米，井口略高，呈四邊形。近處有一個小水池。這是現代修築的。這口白馬井離海灘雖近，但水淡潔，清涼甘甜，據當地群衆說，曾經在井的前後左右再掘井，其水都鹹不可飲，唯白馬井水可以飲用。

馬援（西元前一四—四九年）東漢初扶風茂陵（今陝西興平東北）人。字文淵，新莽末，爲新城大尹（漢中太守）。後依附割據隴西的隗囂。繼歸劉秀，參加攻滅隗囂的戰爭，建武十一年（西元三五年）任隴西太守，率軍擊破先零羌。建武十七年（西元四一年）任伏波將軍，封新息侯，後在進攻擊武陵「五溪蠻」時，病死軍中，據《漢書．馬援傳》載：馬援素有大志，曾有豪語曰：「男兒要當死於邊野，以馬革裹屍還葬耳，何能臥床上在兒女子手中邪？」馬援病死軍中，實現了「以馬革裹屍還葬」的宏願。馬援曾在西北養馬，得專家傳授，發展了相馬法，著有《銅馬相法》一書。

白馬井鎭上有一條伏波街，街有一座伏波古廟，古端由並列三間建築物組成，是目前海南島現存的伏波廟址中規模最大的一座，據說是爲紀念伏波將軍而興建的。

如今的白馬井已是一個優良漁港，是南海漁業公司所在地。這裏海產資源豐富，海產品多達一百多種，有著名的大紅魚，其肉質細嫩甜美，紅魚乾是聞名東南亞市場的著名海產品。白馬井的螃蟹體大膏實，早已聞名於世，蟹肉雪白，質細而味鮮甜，是席中上品。還有各種名貴的貝類和蝦類，如沙蝦、紅腳蝦、白殼蝦、龍蝦等，體大肉滿，殼軟肉嫩，以其獨特風味供給來自各地的遊客所享用。

## 黃母學織水南村（崖縣黃道婆故居）

水南村位於崖城左側，是古崖州八景之一的所在地，又是個魚米之鄉。水南村風光貴在自然，即使是殘冬時節，處處都是繁花似錦、鳥聲啁啾。村外，油棕林、橡膠園鬱鬱蒼蒼，棵棵高聳入雲的紅棉，花紅似火；流經村邊的寧遠河縈繞迴轉，依依不捨地流入大海。村內，舉目綠樹婆娑、細竹窈窕、花果簇簇，幾乎家家庭前檳榔搖曳，戶戶院後椰樹挺立，水南村這種山抱水繞、漁帆樹影的迷人景色實在令人陶醉。

遊水南村，不僅可吟詩作畫，更可訪古探勝，這是因爲宋末元初，我國傑出的女紡織家黃道婆曾在這裏住了整整四十年。

黃道婆，松江烏泥涇鎮（今上海華涇鎮）人。八歲當童養媳，由於不堪忍受家庭的虐待，背井離鄉，流落到崖州水南村。當時崖州是個棉紡織業比較發達的地方，黎族人民同情她的不幸，給她以熱情的照顧。她寄居崖州四十年，虛心向海南黎族人民學習先進紡織技術，十三世紀九十年代（元成宗正貞年間）黃道婆返回上海故鄉，並把黎族婦女的一套紡織工具和技術傳授給家鄉婦女。又將黎族紡織工具加以改進，製成捍、彈、紡、織等一整套生產工具，傳授錯紗、配色、綜線、挈花等紡織技術，使烏泥涇從事紡織者日衆，生產技術迅速發展，「烏泥涇被」聞名全國。

據明初陶宗儀的《南村輟耕錄》這部最早記載黃道婆先進事跡的書中說：在她以前，松江地區除棉籽要用手挖，彈棉花用短小無力的線絃小竹弓操作，一部紡車上只能紡一根紗，經過革新後，一部紡車可以同時紡三根紗，而且使當時的紡織手工業，從軋花到織布，有了完整的系統，織出各種顏色的圖案和花紋的布匹，這些創造和革新，不但大大地提高了松江地區的紗布產量和質量，運銷各地，普遍受到歡迎，而且對於當時的社會經濟的繁榮及勞動人民生活的改善，都起到了一定的積極作用。黃道婆於十三世紀末去世，當地人民「莫不感恩灑泣而共葬之，又爲立祠，歲時享之」。她對我國古代紡織業的發展作出了偉大貢獻。現在，上海地區棉紡織業歷六百年不衰，這是和黃道婆的功績分不開的。

故鄉人民爲紀念她，在其家鄉建有黃母祠，黃道婆墓。據《南村輟耕錄》載：「越三十年，祠毀，鄉人趙愚軒重立。今祠復毀，無人爲之創建。」解放後，中國科學院因黃道婆對紡織業有偉大貢獻，一九七七年塑造了她的全身像，江蘇省文物管理會又把她的墓地重修。並進一步建成墓園。水南村也因此而載入我國紡織業的史冊。黃道婆的功績，也是黎漢兩族歷史友好的象徵。

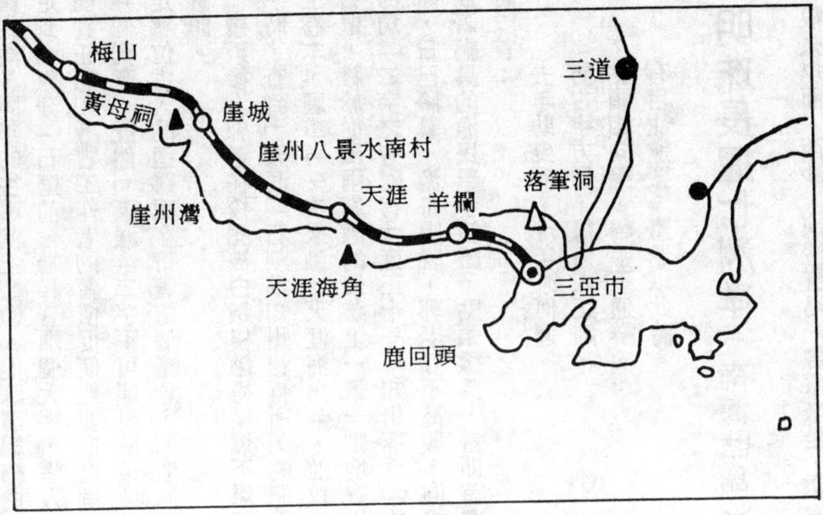


三亞市名勝古迹分布圖

# 郭老天涯考「天涯」

## （三亞天涯海角）

「天涯海角」是海南島一處名聞遐邇勝地。在海南島三亞市西南二十公里處。這裏奇石聳立，椰葉搖曳，碧波萬頃，漁帆點點。儼然一派「南天幻境」。一九六一年二月—一九六二年一月間，郭沫若曾三次遊覽這裏，並不顧年事已高，親自攀上竹架考據古字一事，一時傳爲佳話。

一九六一年二月上旬，郭老第一次遊覽了「天涯海角」。那天，麗日熏風，漁帆如織，波光萬里，郭老興致勃勃地穿行在白沙巨石之間，當他走到一塊大石壁前，郭老被石上刻著的「天涯」兩個遒勁大字吸引住了。「天涯」二字，相傳爲蘇東坡被貶海南時留下的手跡，對此，郭老認爲它與蘇字相去甚遠，因蘇軾之墨跡多爲行書草書，尙未見其隸書傳世，而「天涯」二字都是隸書。況且蘇東坡也未來過「天涯海角」，因而此說實屬訛傳。當時，因爲郭老時間安排較緊，來不及對此題刻進行認眞考證便離開了。

事隔一年，一九六二年一月中旬，郭老又來到了「天涯海角」。望著寬闊的海面和巋然如故的巨石，郭老不禁心緒如潮，隔年的往事湧上心頭。他踩著綿綿白沙，郭老又走到「天涯」石壁前，端詳著兩個大字，陷入了深思，一種責任感和考古工作者的習慣促使他要把這個題刻的作者弄個究竟。既然「天涯」二字不可能是蘇東坡的手跡，又是哪位古人的遺跡呢？帶著這個懸念，郭老回到了鹿回頭賓館。

幾天後，郭老在校閱被白蟻侵蝕得糜爛不堪的《崖州誌》時，查到「天涯」石刻爲知州程哲所刻的記載。當即合上卷本，驅車再一次來到「天涯海角」，並找來竹架登上石壁，終於從風雨剝蝕的殘跡上一筆一劃地查出了「天涯海角」二字之旁附有「雍正十一年知州程哲」的題款。這時，日已將暮，漁舟唱晚，郭老好不高興，向提著魚蝦，扛著網具的漁民舉手答禮，點頭微笑，當即詩興勃發，吟詩一首：

去年助曳網，今年來何遲。
訪古字方顯，得魚人正歸。
點頭相向笑，舉手不通辭。
有目甜逾蜜，惠予以此詩。

## 明珠長耀七洲洋（南海諸島）

很久以前，西沙、南沙群島一帶原來是一塊廣闊的大陸，這塊大陸名叫「七洲」。這裏有綿亙的山脈，也有奔騰的江河。但是後來這塊大陸沉沒了，眞是滄海桑田，變幻莫測！關於這，南海人民中間，流傳著一個優美的傳說：

遠古時，有一個水神名共工，他是一個喜怒無常而又橫行霸道的凶神。他神通不大，但卻總想獨霸世界。

作惡多端的水神共工的老婆是善於幸災樂禍的風氏。兩人狼狽爲奸興風作浪。在舜王時期，妖婆風氏調集了世界上的颶風和汪洋大海的海潮，共工收集了天下的大洪水，一起向七洲和赤縣神州襲來，頃刻間，整個七洲和赤縣神州到處波浪滔滔。生靈被成批殺滅，人類陷入了絕境。

這時，有個火神名叫祝融，是共工的死對頭，因爲水火是不相容的。他見水神要獨霸大地，便要和共工大戰一場，分個高低。於是水火二神便混戰了起來。在混戰中火神祝融佯裝敗退，把水神共工引上岸來，共工中計，被祝融噴出的一股烈火燒得潰不成軍。共工因爲戰敗，又羞又怒，發狂地把頭向不周山撞去，這一撞把西北的頂天柱碰斷一截。從此天向西北傾斜。這時，共工的妖婆娘不甘心失敗，急忙施展魔法。從南海的邊緣打開了一個最大的風袋，妄想把祝融淹死。霎時，狂風大作，海潮翻滾，把整個七洲淹沒了，風氏這一舉動未能挽救共工的敗局，但卻給人類造了無窮的災難，無數的人在這場災難中死去。

這個傳說在古書裏有類似的記載，據《淮南子．天文訓》載：「昔者共工與顓頊爭爲帝，怒而觸不周之山，天柱折，地維絕，天傾西北，故日月星辰移焉，地不滿東南，故水潦塵埃歸焉。」不過傳說中的共工的敵手是祝融而不是顓頊了。（祝融、顓頊氏之子曰黎，爲火官。）

這事震動了天宮，玉皇的子孫鯀見到人類無辜遭此荼毒，十分不忍。他想只有偷玉皇宮殿裏的一塊「寶壤」來拯救人類。因爲「寶壤」能自生自長，一旦到了人間就可以變成大片土地。於是，鯀令神龜幫忙。這種龜性情馴服，很聽鯀的話，就悄悄爬到玉皇宮裏偷來了「寶壤」。鯀趁八月十五天門大開之日，命神龜馱「寶壤」降於人間，神龜馱「寶壤」於七洲，「寶壤」遂不斷伸展擴大，洪水、海潮漸被逐退，陸地又露出海面，人類在大水災後得救了。

不久，玉皇發現「寶壤」被盜，就把鯀拘起問罪，玉皇說鯀同情人類是不肖子孫，就下令殺死鯀，收回「寶壤」，於是七洲大陸再次沉沒，又變成了汪洋大海。

鯀的兒子名禹，是一個仁慈善良的天神，自其父被天帝處死，決心繼承父親遺志，下凡根治水災，爲民興利除害，於是降落人間。

大禹改變父親的「堙」法，改用「導」法，降服了洪水，舜王因年老體弱，遂將君位禪讓於大禹。

---

禹妻名涂山氏。她原爲仙女，後見大禹治水有功，便下凡許配大禹，她聽說七洲沉沒，生靈被毀滅，爲紀念南海一帶曾經存在的七洲大陸，想給後人留下些蛛絲馬跡。於是，她取下頸上兩串明珠，左手撒一把，右手撒一把。左手撒者近，變成了西沙群島；右手撒得遠，變成了今日之南沙群島。現在，漁民都把西沙、南沙海域稱爲七洲洋。這些島嶼至今還像明珠一樣潔白晶瑩，映日生輝。

這個鯀、禹治水的「系列」傳說，與古籍中所記載也大同小異，只不過對涂山氏之描寫更爲美妙而富神奇色彩了。如鯀竊息壤之事見於《山海經．海內經》；神龜助鯀治水之事見於《楚辭．天問》；禹娶涂山氏女亦見於《楚辭．天問》及《漢書．武帝紀》顏師古注所引《淮南子》等等。

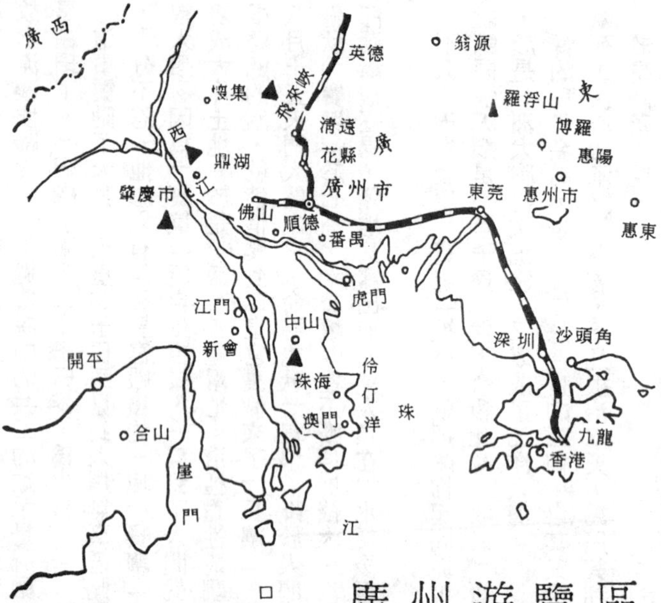


廣州遊覽區

## 五仙騎羊祝豐登（廣州五仙觀）

在廣州市惠福西路坡山有個五仙觀，是反映廣州別名羊城、穗城來源的一處古跡。北宋時始建於十賢坊，即今北京路財廳前，相傳那正是五仙人騎羊降落的地方。後遷西湖藥洲，至明代再遷至此。觀中原有五仙五羊像，被當地居民作「穀神」奉祀。現存大殿及山門各一座，門前有明代石雕麒麟一對，大殿是廣州現存為數不多的明代木構建築之一。大殿左側有原生岩石，一呈腳印狀凹穴，俗稱「仙人拇跡」，傳說這就是仙人足印。所以，這裏又被稱為「穗石洞」，「穗石洞天」在明代還被列為「羊城八景」之一。其實它並非仙人足印，乃是遠古珠江洪水期流水長期沖刷的痕跡，觀內還有一泉眼，也頗奇異。長年流水不竭，成為廣州地質地理考察的實物資料。上面簡介觀內「數奇」。但到底廣州別名與此觀有什麼關係，說來還須費一番筆墨。據傳，在周夷王時代，廣州發生了一次大旱災，赤地千里，顆粒無收，但官府不顧老百姓死活，照舊催租要糧，一天，催租的官吏來到坡山腳下一農家。裏面住著安分守己、相依為命的父子倆，官吏如狼似虎，將老者抓走，並限其兒子三天內交齊糧食，否則，就將其父殺死。兒子其時年紀尚不足十六歲，舉目無親，求告無門，唯有終日哀哭。他的哭聲打動了天上五位神仙，神仙們飄然自天降。他們手中都拿著穀穗，身穿五種不同顏色的衣服，騎著五隻不同顏色的羊。他們將穀穗贈給少年，對他說：「馬上將穀子搓下來，今晚就下種，澆上水施上肥，天亮就會長出許許多多糧食。」仙人們說完還合掌祈祝道：「但願此圜閶，永遠無饑荒」。祝畢，仙人們又飄然離去。少年謹遵仙囑，連夜操辦，到第二天一早，果然收穫到黃澄澄、金燦燦的穀子。少年滿懷高興，挑穀到官府去贖回父親，官府一見，簡直不敢相信自己的眼睛，覺得其中必有緣故，於是對少年又哄又嚇。少年只好將來龍去脈告訴官老爺。官府聽後，心裏馬上盤算：如果抓到那五個神仙，不就可以大發橫財嗎？越想心裏越美，就將父子倆放了。父子倆並沒有忘記仙人的恩惠，馬上快步跑去告知官府要來抓的消息。仙人們感謝父子倆的好意，囑咐他們趕快回家，把剩餘的穀種全部撒在地裏。這樣，官府沒法搶，百姓也有飯吃了。仙人剛囑咐完，衙役就如狼似虎地趕來，撲上去要抓人。誰知五仙人騰空而起，衙役無可奈何。忽然傳來咩咩叫聲，原來是仙人騎的五隻羊仍留在草地上。衙役們心想，仙人既抓不到，就將五隻羊抓去抵數吧，趕忙將五羊包圍起來。刹那間，五羊簇擁在一起，化爲堅硬無比的石頭。任憑衙役們怎麼拖都拖不動。再回頭找父子倆，竟也無影無蹤。

這個說，透露出遠在三千年前，廣州一帶就已有充分發展的農業。同時，也寄託了人們對自由和平與勞動生活的熱愛。所以，儘管五仙觀及其雕塑久已湮廢，而廣州人民又在越秀山上重新樹起一座五羊石頭雕像。那雕像正中是一隻公羊，它口含穀穗，昂首南天，頷下飄揚著鬍鬚，煞是生動傳神。其餘四羊簇擁周圍，形態逼眞，由於五羊石雕造型含蓄而富有詩意，歷來被人們視爲廣州市徽，並在廣州的產品和各種場合上廣泛使用。

## 雄踞南天鎭海樓（廣州越秀公園）

越秀山在廣州市中心，是白雲山的餘脈，由七個大小不同的山崗組成。「越秀連峰」，是羊城八景之首。早在南越國時，這裏便已闢爲風景區。據《大明一統誌》載：「越秀山在府城內稍北，聳拔二十餘丈，上有越王臺故址，昔趙佗因山爲之。」如今越王臺雖已湮沒無聞，但當年南越王趙佗在此登高娛樂的情景，卻引起歷代文人的深情吟詠。韓愈詩中就有「樂奏武王臺」之句。南宋方信孺的《南海百詠》，對越王臺也有記載，其中有詩云：

萬山袞袞盡東來，高處猶存百尺臺。
回首舊時張樂地，一杯重與酹蒼苔。

五代十國時期，南漢主劉龑對越秀山進一步加以開闢

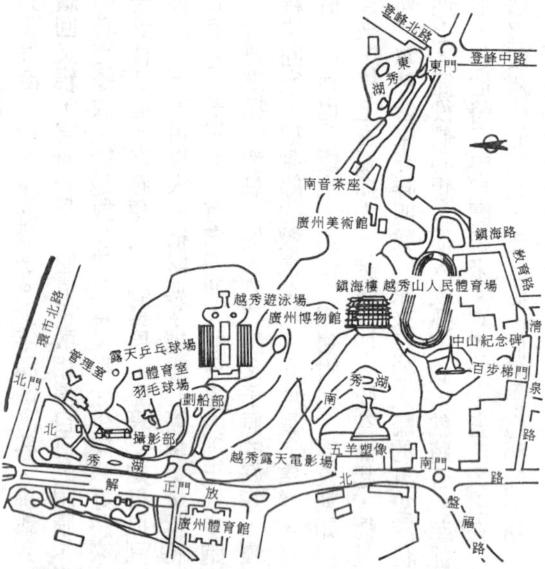


越秀公園示意圖（鍾徵祥編著：《廣東旅遊》）

，從山腳到崗前，用石塊鋪了一條登山大道，名曰呼鑾道。道兩旁遍植金菊、芙蓉，劉龑與群臣經常在此賞花遊樂。

現今雄踞越秀山頂是一巍峨的樓宇，稱鎮海樓，因它共有五層，又叫五層樓。此樓建於明朝洪武十三年（一三八〇年），至今已有六百年了。說起此樓的修建，還有一段有趣的故事。

當時鎮守廣州的封疆大員是明宗室永嘉侯朱亮祖。此人打仗雖十分勇敢，卻很迷信風水鬼神。他對窮和尚朱元璋能當上皇帝一事十分欽羨，但又解釋不了此中道理，最後也把它歸結爲風水好。於是，他一到廣州，就四處看地形風水，想在風水好的地方營造一座宅第，去獲取意想不到的富貴榮華。

一天，風水先生將他領到越秀山。朱亮祖看到此地依山傍水，氣勢雄偉，十分合意，就決定在這裏營造府第。誰知他當夜做了一個怪夢，夢見越秀山飛出赤龍，而在新造府第面前的大海上飛出一條青龍。二龍相鬥，經過一番惡戰，最後青龍敗陣逃入深海。朱亮祖夢醒過來，又是驚訝，又是納悶。他的幕僚則各執一說，有的說是大吉大利，有的則說是大災大難。消息傳開之後，百姓更是人心惶惶。朱亮祖只好急急忙忙修奏章，星夜上京奏明太祖。太祖即傳軍師劉伯溫進宮解決疑難。

聰明的劉伯溫一看奏章，內心不覺好笑：這還不是朱亮祖日有所思，夜有所夢嗎？轉想到當今皇上好大喜功，喜歡聽好話，便信口胡謅道：「恭喜皇上，此乃大吉之兆！赤龍擊敗青龍，正是我大明天下繁榮昌盛的徵兆。青龍敗遁，恰是海賊俯首就擒的象徵。可命永嘉侯營造一座四方塔樓，鎮住海妖，威懾四方。」

朱元璋聽罷大喜，立刻下了一道聖旨，命令朱亮祖造一座鎮海塔樓，並特別指明一定要建在風水最好的地方，以鎮妖振威。朱亮祖接旨後，就在原先想修府第的地方造了一座金碧輝煌的樓宇。「凡五層，高十餘丈」，雄踞南天。清初嶺南三大家之一的屈大均，對當時的樓宇景致曾有過一番描寫：

是樓巍然五重，下親朝臺，高臨雁翅，實可以壯三城之觀瞻，而奠五嶺之堂奧者也。……自海上望之，恍如蛟蜃之氣，白雲含吐，若有若無，晴則爲玉山之冠，雨則爲崑崙之般，橫波濤而不流，出青冥以獨立，其瑋麗雄特，雖黃鶴岳陽莫能過之。

關於樓的建設，還有另一說。說是風水先生發現山上有「帝王之氣」，倘若讓其升騰起來，勢必危及大明社稷。作爲皇室的朱亮祖爲了表明其忠心，馬上奏明朝廷，在山上修起這座鎮海樓，用以鎮懾那股「帝王之氣」。此說與上說大同小異，均係傳說之詞。查閱有關史籍及地方誌，鎮海樓的建造，當與明初倭寇不斷侵擾有關；樓的名字，取的乃是「雄鎮海疆」之意，登此樓可望海上動靜。鎮海樓在清兵入關之際，曾遭兵燹而被夷爲平地。順治年間重修，成爲地方官紳宴飲遊樂之所，民國時被改爲廣東省博物館。解放以後，經人民政府大力修葺，並廣泛徵集文物，成爲極富地方特色的方誌性博物館，是吸引中外遊人學者的所在。憑樓遠眺，廣州全城盡收眼底，令人賞心悅目。

## 光孝寺六祖受戒（廣州光孝寺）

光孝寺在廣州市區光孝路，是廣州見諸歷史最早的名剎。在中國佛教史上占有重要位置。廣州民間俗話說：「未有羊城，先有光孝」，似乎在廣州建城之先就已有了光孝寺。但據有關史料考證，它原是南越趙佗王三世孫趙建德的故宅。三國時，吳國的虞翻因觸犯吳王孫權，被貶南來廣州。讀過小說《三國演義》的人都知道，虞翻在諸葛亮舌戰群儒之際被駁得張口結舌，無言以對；但實際上他確是胸有飽學的名儒。他到廣州後，將趙建德的故宅闢爲園林，又親手栽植不少蘋婆樹和訶子樹，他仿效先師孔仲尼，聚集了數百門徒講學，這對於在嶺南傳播中原文化，有極大的貢獻。時人稱爲「虞苑」或稱「訶林」。虞翻死後，他的家人將「虞苑」捨作寺院，名「制止寺」，這是此地成爲寺院的開始。

到了東晉安帝隆安五年（四〇一年），克什米爾（古西域罽賓國）僧人曇摩耶舍航海東來傳教，在寺內建大雄寶殿。並受東晉皇帝之命，翻譯傳授佛經。梁武帝普通八年（五二七年），佛教禪宗始祖達摩，由印度航海抵廣州。在此寺傳授釋迦牟尼衣鉢，對中國佛教發生了巨大影響。南宋高宗時遂定名爲「敕賜光孝寺」，尙用至今。

光孝寺的建築在中國建築史上頗負盛名。大雄寶殿，正面寬七間，進深六間，築在石塊砌起來的臺基上，巍峨雄偉，表現了唐宋以來古代木結構建築的藝術風格，它採用稜形柱支承大樑，下檐斗拱分擔屋頂重量的結構，造型精美古樸，與北方的建築風格迥然不同，直接影響了嶺南各地寺院的建築設計。

大殿的東西兩側還有兩座千年鐵塔。

東鐵塔鑄於五代南漢大寶十年（九六七年），是以南漢主劉鋹的名字鑄造的。呈四方形，共四層，全塔高七點六九米，全身有九百多個佛龕。每龕都有小佛像，工藝精緻，是我國現存最古、最大、最完整的鐵塔。西鐵塔比東鐵塔還早造四年，是劉鋹太監龔澄樞與鄧氏三十三娘於大寶六年聯名鑄造的。外形與東鐵塔大致相同，抗戰時期崩毀了四層，今僅存三層。

光孝寺之所以遐邇聞名。主要與六祖惠能有關。大雄寶殿在後側的六祖殿，就專爲供奉惠能而立。寺內的菩提樹，也因惠能在其下剃髮受戒而聞名，「先孝菩提」在宋代曾被列爲羊城八景。惠能落髮時，主持僧人法才大師將他的頭髮埋在地下，並在其上蓋了「瘞髮塔」。此塔是目前廣東尙存的五座唐代磚石塔之一。

惠能，嶺南人，自幼喪父，稍長後以賣柴養母度日，後出家師事弘忍，當舂米工役。唐龍朔元年（六六一年），以「頓悟」而受到弘忍的賞識，得其秘傳衣鉢，在湖北雙峰山接受了代表教主身分的傳法袈裟。爲避神秀追殺奪衣，逃回嶺南。幸得弘忍手下原由軍官出家的惠明，在大庾嶺騙阻了神秀派來追趕的人，才免於一死。後來蟄伏在曲江一帶的山林中達十六年，日與樵獵爲伍。唐儀鳳元年（六七六年），惠能輾轉到廣州制止寺（光孝寺），適逢住持印宗法師，正宣講涅槃經，偶見風吹幡揚，二僧乃對「風動還是幡動」進行辯論。惠能發揮其學說，上前勸解說：「你們一說風動，一說幡動，此動彼動，其實都不過是自己的心動。」僧衆聞之，滿座震驚，深爲佩服。印宗法師詢知惠能是禪宗法嗣，即拜爲師。乃在寺戒壇前菩提樹下受戒，開闢佛教南宗，稱「禪宗六祖」。

光教寺此後成爲廣州的佛教中心，歷代統治者對它也更爲重視。元世祖至元十三年（一二七六年），張弘範率兵進入廣州，特地派兵守護寺院。明洪武十五年（一三八二年），設僧綱司，任命正、副僧官二人，規定凡慶賀典禮，先在此寺演習禮儀。歷代文人，對此寺多有題詠，如方信孺便有詩云：

金碧參差兜率天，曾煎訶子試新泉。
荒園廢宅無人問，門外桃花卻是禪。

寺內現存主體建築除大雄寶殿、六祖殿、瘞髮塔、東西鐵塔外，還有伽藍殿、天王殿、睡佛閣、法幢、大悲幢等古跡。昔日雄姿歷歷可見，解放後補種了大批訶子樹，更使寺院園林日臻幽雅，爲中外遊客所讚賞流連。

## 六榕寺中笠屐像（廣州六榕寺）

到廣州的人總忘不了觀賞六榕寺，它與海幢寺、光孝寺、華林寺並稱廣州「四大叢林」。寺在廣州鬧市區的六榕路，已有一千四百多年的歷史，最早叫它莊嚴寺。南朝梁大同三年（五三七年），梁武帝蕭衍的母舅沙門曇俗，遠自柬埔寨求得佛舍利帶回廣州。廣州刺史蕭裕特造此寺迎接供奉。

寺內主要建築有巍峨矗立的花塔，還有觀音殿與六祖堂。六祖堂供奉著惠能青銅坐像，鑄於宋代端拱年間。其形象酷似韶關南華寺六祖肉身漆像，鑄工精美。雖時隔千年，六祖閉目坐禪。端坐靜慮的神態仍刻畫畢肖。

花塔與寺建於同時，因塔下存放舍利，故原名舍利塔。按塔之於佛教，在印度稱爲「窣堵波」，其實就是僧墓，一般用以供奉高僧骨殖。在中國「窣堵波」音譯爲「浮屠」，或用以埋葬高僧肉身，或用以存放佛舍利，或用來增添山川秀色。花塔無疑起了二重作用：既存放舍利，又增添秀色。它高五十七米，外觀八角九層，內部十七層。頂層中央豎立一根銅柱，布滿千尊浮雕小佛像。塔頂之上，還有由金色寶珠、雙龍珠、九霄盤等組成的金色葫蘆，整座塔造型莊嚴、華麗，通體玲瓏剔透，宛如一根花柱，矗立在白雲藍天之下，故有花塔之稱。「初唐四傑」之一的王勃，在滕王閣上寫出了「落霞與孤鶩齊飛，秋水共長天一色」的千古佳句之後，途經廣州往交趾（今越南）省視父親，還曾在此寫過一篇《寶莊嚴寺舍利塔碑文》，長達三千多字。他南渡溺水死，該碑文也就成了他的遺作。所幸者，碑文現已校勘錄出，可供遊人觀賞。

寶莊嚴寺爲何易名爲六榕寺？說來與蘇軾貶謫嶺南有關。北宋大文學家蘇東坡在廣州，常到此寺遊覽。因喜愛寺中六株老榕，乃親筆題寫「六榕」兩字，並築瀟灑軒於寺側。此後，這寺正式改名爲六榕寺。今寺門橫匾「六榕」兩字，旁署「眉山軾並書」，正是從石刻上描摹下來的蘇東坡手跡。至今寺門仍留有紀念蘇東坡的一副對聯，上聯是「一塔有碑留博士」，下聯爲「六榕無樹記東坡」。寺中還藏有一塊「宋蘇文忠公笠屐像」碑刻。提起這碑刻，流傳在民間還有一段優美的故事。

相傳蘇東坡有一天到廣州城外踏青，發現一種奇異小鳥而不知其名。他請教在地裏種莊稼的青年農夫，青年農夫告訴他：「這種鳥學名叫明月鳥，俗稱野麻雀。」他還看到路旁有棵紫色的花，一條蟲臥在花心，又請教過路的老農，老農告訴他：「這花叫狗仔花，這蟲叫黃狗蟲，常喜愛鑽在花心裏睡覺。」

蘇東坡聽後，猛地想起王安石改詩的事。王安石曾自恃見多識廣，將人家「明月當空叫，黃犬臥花心」的詩句改成「明月當空照，黃犬臥花蔭」。這一改不是大錯而特錯了嗎？聯想自己以前也是足不出門的讀書人，也常會做出類似王安石的錯事來的，豈不應該自我警省嗎？從此，蘇東坡一改過去的傲氣，變得謙和好學，對人也越發謙和了。

有一次，蘇東坡訪友途中遇雨，到一農戶家暫避。這家農民很熱情，請他吃了紅番薯，又送了他一頂竹笠和一雙木屐，好讓他繼續趕路，身爲朝廷命官的蘇東坡當然沒穿過木屐，所以在泥路上搖搖擺擺，艱難前行。不知不覺地走進了一個竹叢中迷了路。他東摸西闖怎麼也走不出來，天又要黑了。正在著急，遇到一放牛的牧童，蘇東坡像是遇到了救星，連忙詢問回家路徑。其實，不用走多遠，順著一條牛屎路出去，拐個彎也就到了家了。

此後，每當他對人說起這件事，總滿懷感慨地說：自己只會做朝廷的官，倘若到鄉下，卻連小孩也比不上。那天要不是牧童指引，就得在竹林中熬夜了。

蘇東坡往後碰到下雨天，特別喜歡戴竹笠，穿木屐。老百姓看到他這副模樣，對他更爲親熱。有人還給他畫了一幅笠屐像。六榕寺內陳列的「蘇東坡笠屐像」石碑，正是嶺南老百姓對這位大文豪的最好紀念。

## 「石門返照」話古今

### （廣州石門）

廣州自宋代以來，就有「羊城八景」的說法。但歷朝的內容不盡相同。宋代的八景是：扶胥浴日、大通煙雨、海山曉霽、石門返照、蒲澗濂泉、珠江秋色、光孝菩提、菊湖雲影。這裏所說的石門在廣州的西北面，是古代廣州的門戶。這裏一江激流奔瀉，兩岸奇峰突兀。古代從西江北江前來的船隻，都得經此才能進入廣州，歷來是兵家必爭之地。

「門」何以名「石」，說來與呂嘉有關。呂嘉何許人？他乃漢武帝時南越國丞相。據史料記載，漢武帝元鼎五年（西元前一一二年），南越國呂嘉叛亂，殺漢使、南越王和王太后。漢武帝遂命江淮一帶的樓船隊共十萬人征南越。呂嘉爲抵拒大軍，乃在江中積石。不料由楊僕率領的大軍早已由北江順流而下，先陷飛來峽，再破石門，並會合由路博德率領的隊伍，直搗廣州城，一舉滅了近百年歷史的南越國。

這裏水深流急，尤當晚霞滿天之際，餘輝映照著碧綠的江水，景色殊爲壯麗。因其具有上述的一段歷史故事，更引起遊人對石門的吟詠。如宋朝人蔣之奇就曾經題詠曰：

呂嘉妄欲抗中原，積石江心尙巋然，
豈料王師到尋陋，挫鋒困粟遂無前。

當然，石門積石而成，恐怕難以定論。不少學者認爲，石門是自然形成的。

石門之名播遐邇，還不在於呂嘉積石的故事，而在於這裏出了一口「貪泉」。江濱綠樹叢中，掩映著一涼亭，中植一碑，上刻「貪泉」二字。相傳古代來廣州當刺史的人，大都無淸廉之行，正如俗話所說：「廣州刺史但經城門一過，便得三千萬也。」官吏貪污的原因，據說是飲用了這眼井水所致。

到了東晉安帝隆安年間，名士吳隱之被任命爲龍驤將軍任廣州刺史。他乘船從水道上任，到達廣州的那天，地方官員士紳，一早到石門迎接。吳刺史上岸之後，無意於接風的酒宴，卻首先詢問起風土民情來。當聽到此地有一泉飲之必生貪念，即使原來是淸廉的也不能免掉的奇聞之後，不禁哈哈大笑道：「世上哪有致人貪念的泉水！這不過是騙人的鬼話罷了！」爲了表明心跡，他命人汲起泉水，連飮數盞。並題詩一首：

「古人云此泉，一歃懷千金，試使夷齊飮，終當不易心。」

吳隱之後來在廣州做官，果然沒有易其廉潔之心。據《晉書．吳隱之傳》載，他「淸操踰厲，常食不過菜及乾魚而已」。甚至連公家供給的生活用品，他也不要，儉約的美德在百姓中廣爲傳誦。甚到有故事說他離任北歸，仍乘船走水路，經過石門。不知怎地，原先風平浪靜的江面，突然狂風大作，仿佛不讓他過去似的。後查明其妻受人沉香一斤，隱之即命將其沉之江中。說也奇怪，立刻風平浪靜，官船安然而過。後來這沙洲遂被命名曰「沉香洲」。

考之史籍，確有這麼一段記載：「歸舟之日，裝無餘資，其妻劉氏賚沉香一斤，隱之見之，遂投於湖亭之水。」不過這跟風浪就沒有什麼關係了。

## 白雲蒲澗尋仙蹤（廣州白雲山）

天南砥柱白雲山，在廣州城東北郊，擁聚著三十多個山峰，尤如一道綠色的屏障衛護著廣州城。它自大庾嶺逶迤而來，從東北走向西南，面積達二十八平方公里。主峰摩星嶺，海拔三百八十二米。峰頂白雲飄繞，景色殊爲秀

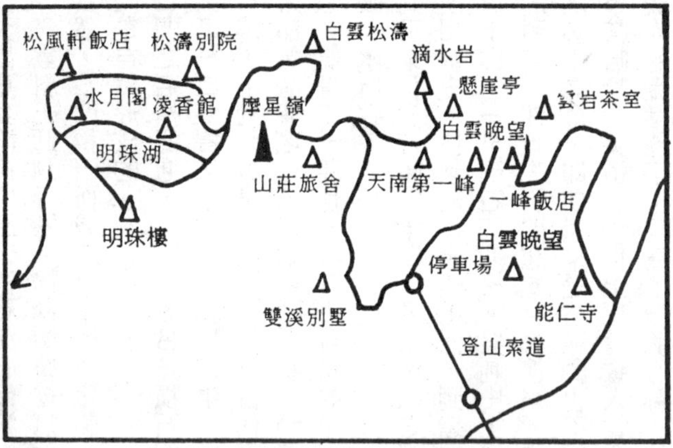


白雲山遊覽示意圖

麗，自古以來，白雲山一直是廣州有名的風景勝地。

白雲山現分山頂、黃婆洞、麓湖三個風景區，其中山頂區景色尤為佳絕，歷史上羊城八景中的「白雲晚望」、「蒲澗濂泉」、「景泰僧歸」，都在這裏，其中歷史最悠久的要算蒲澗，蒲澗實是一條山澗，因澗中盛產菖蒲草而得名，說起蒲澗，人們自然要聯想到仙人安期生。安期生姓鄭，名安期，秦時人，是一位醫術高明的方士。原籍山東瑯琊，長期在東海邊上行醫賣藥。後來南來廣州，看到白雲山莽莽蒼蒼，地勢壯偉，就在山中隱居。他經常揹著葫蘆，為周圍的村民施藥治病，甚至還將僅有的一點錢糧接濟他們，他的善行贏得了村民的愛戴。村民都說，碰到鄭安期，貧病的人才得生。按廣州方言，尊稱有學問的人為「某某生」，因此大家都尊敬地叫他「安期生」。

一天，安期生正在懸壺賣藥，忽見一小孩哭哭啼啼地跑來。原來小孩父親身患重病，危在旦夕。安期生馬上前往診視，斷定患的是熱毒攻心症，需用極為稀少的九節菖蒲才能治好。這種稀世珍寶，病人吃了能治病，常人吃了可延年益壽。但這種藥他是在藥書上看過，行醫數十年，從未親眼見過，要到何處尋覓呢？他苦苦思索，記起藥書曾有記載：羅浮山東澗、白雲山蒲澗中有之，且以懸崖絕壁上不黏泥土，一寸九節紫花者為最佳。為了救人，他決計踏破鐵鞋，到高山深澗中去尋找。費盡周折，終於在蒲澗中找到「九節綠玉、三花紫茸、奇香醉人」的菖蒲，救活了病人。

消息不脛而走，不久傳到秦始皇耳朵裏。他立即下令，要安期生採摘這種長生不老藥上京進貢。安期生心中實在不願意去巴結這暴虐的君王，但又不敢違抗他的命令，感到十分苦惱。心想，倘若眞的能服食菖蒲長生，離開塵世，那該多好！他終於採服了一寸十二節的菖蒲。果然，奇跡產生了，他的身體飄然飛舉，一隻美麗的白鶴，將他托起，向著白雲山的最高峰摩星嶺飛翔。善良的安期生，跨鶴成仙了。唐朝浪漫主義大詩人李白詩云：「秦帝如求我，蒼蒼向煙霞」，所吟詠的正是這段道家編造的故事。

後人乃在此處建鶴舒臺，在澗旁建蒲澗寺以紀念安期生的白日飛升。淸嘉慶十八年（一八一三年），又建鄭仙祠。並把每年農曆正月二十五日定爲蒲澗節，七月二十五日定爲安期生升仙節。到了這兩個節日，羊城官民傾城來遊，十分隆重。

宋代大詩人蘇軾貶謫來遊此地，有詩題詠曰：

不用山僧導我前，自尋雲外出山泉。
千章古木臨無地，百尺飛濤瀉漏天。
昔日菖蒲方士宅，後來菖蒲祖師禪。
而今只有花含笑，笑道秦皇欲學仙。

## 「達奚失舟」傳菠蘿
### （廣州南海神廟）

廣州市黃埔南崗廟頭村，就是古稱「扶胥之口，黃木之灣」的所在。廟頭村附近，有一座極爲著名的南海神廟，建於隋朝開皇年間至今已有一千多年的歷史。古稱「南海廣利洪聖大王廟」。所祀之神爲南海神祝融。祝融本是火神。爲何變成南海神呢？原來古人認爲「火之本在水」，因此祝融一身兼二任，而成爲水火之帝；加之南方又屬火，所以火神也就成了南方之神。

南海神廟是古羊城八景之一，即「扶胥浴日」。古時此地江寬浪碧，廟前浴日亭看日出，頗爲壯觀。蘇軾被貶，南來廣州，曾題下「浴日亭」三字，並留詩一首：

劍氣崢嶸夜插天，瑞光明滅到黃灣。
坐看暘谷浮金暈，遙想錢塘湧雪山。
已覺滄涼蘇病骨，更煩沆瀣洗衰顏。
忽驚鳥動行人起，飛上千峰紫翠間。

南海神廟又稱菠蘿廟，這不單是因爲廟門口有木菠蘿樹兩株的緣故，還有著一段美麗的故事，相傳有一位名叫達奚的波斯人，受波斯國王之託，乘船到中國朝貢。船抵廣州，達奚登岸謁拜南海神，並把隨船帶來的菠蘿樹種種在廟旁。誰知同船的人將他忘記了，當他播種完畢，原船已揚帆出海而去。達奚望著遠去的船舶，立在廟旁絕望地悲泣。不久竟僵死過去。這就是「達奚失舟」的故事。村裏的百姓感其志誠，傷其不幸，就用泥土將他的屍體封裹，並尊之爲神，時時設祭紀念。在神廟中門之左，就塑有達奚立像，他以手遮眉，作望船遠去的姿態，形象栩栩如生。據說，中國本土原先並沒有菠蘿，由於達奚的播種，才流傳下來。

早在秦始皇時代，我國就以廣州爲中心，與南海各地，也即當今的東南亞、西南亞一帶有了海上交通。在廣州曾發掘出秦始皇時代的古船臺，它能夠建造長三十米，載重約六十噸的大木船。到唐代，廣州設置市舶司，主管對外貿易、港口事務。唐代宰相賈耽著的《皇華四達記》，就曾詳細記敘了從廣州到巴格達的航程。「達奚失舟」的故事，正生動地反映了我國古代對外經濟往來的情況。

南海神廟歷來受封建統治者重視。韓愈《南海神廟碑》就指出：四海以南海爲尊。自唐開元以來，每年都要舉行盛大的祭典，到清代，甚至要由皇帝派出專使，鄭重其事地主持祭典。對南海神，歷代帝王也不斷加封。唐天寶年間，南海神被冊封爲廣利王，他的妻子被封爲明順夫人。到清雍正三年，詔封南海神爲昭明龍王之神。

南海神廟布局寬敞，殿宇巍峨。宋代著名詩人楊萬里曾讚云：「南來若不到寺廟，西京未睹建章宮。」現仍存頭門、儀門，東西兩廊、禮亭及「海不揚波」石牌坊。石刻近百件，其中最早的是唐韓愈撰、陳諫書的「南海神廟碑」。碑刻保存了從唐到清有關航海及對外貿易的珍貴史料，歷來受專家學者的高度重視，素有南方碑林之盛譽。

## 三元里前賦同仇（廣州三元里）

三元里抗英鬥爭烈士紀念碑，屹立在廣州市北郊三元里村口。碑建造於一九五〇年十月。碑文上寫「一八四一年廣東人民在三元里反對英帝國主義侵略鬥爭中犧牲的烈士永垂不朽」。

三元里村北有座北帝廟，名叫三元古廟。廟前後兩進，青磚石腳。當年三元里人民便在此廟前誓師殺敵，取得了近代中國人民反對外來侵略的自發鬥爭的第一次輝煌勝利。現闢爲「三元里人民抗英鬥爭紀念館」。

一八四一年五月二十四日，英軍司令官卧烏古和艦隊司令佛蘭明．辛好士率領侵略軍在廣州城西面的泥城登陸，占據四方炮臺作司令部，居高臨下，架炮轟城。英艦又沿珠江放炮，焚燒兩岸民房店鋪。霸占四方炮臺的侵略者更是一群無惡不做的禽獸，整日三五成群燒殺擄掠，婬辱婦女，踐踏莊稼，甚至挖掘墳墓盜取財物，種種罪行令人髮指。

這時，代替林則徐前來廣州到任的所謂「靖逆」將軍皇姪奕山卻被敵人的炮火嚇破了膽。他下令投降，並派廣州知府余保純和裏通外國的大奸商伍紫垣向英國全權大使查理．義律求和。五月二十七日，簽訂了喪權辱國的《廣州和約》，答應清軍撤至廣州六十里以外，向英方繳納「贖城費」六百萬元。消息傳開，群情激憤，廣大群衆決心「不用官兵，不用國帑，自己出力」，與侵略者作殊死鬥爭。

五月二十九日，英兵闖到三元里調戲菜農韋紹光妻子李喜。韋紹光奮起反抗，村民聞訊紛紛救援，一舉打死獸兵八九個。這一事件成爲氣壯山河的三元里人民抗英鬥爭的導火線。

估計到敵人可能前來報復，村民自發到三元古廟前集中商議殲敵大計。他們從廟內北帝神像旁拔出一面三角形、黑地白三連星、白牙邊的神旗作爲指揮旗，然後焚起香燭，對三星旗齊聲發誓：「旗進人進，旗退人退，打死無怨」。表示同仇敵愾、團結戰鬥的決心。同時，推出韋紹光爲代表，聯絡了附近一百零三個鄉的人民，集合在抗強敵反侵略的義旗之下。

五月三十日，英軍千餘人走出四方炮臺，在城外劫掠，還企圖到佛山擄掠。忽聞殺聲震天，許多義勇吶喊著翻山越嶺而來，他們高舉「平英團」大旗，揮舞著鋤頭、鐵鍬、長矛、寶劍、盾牌之類的武器，與侵略者展開了肉搏戰。不到二個小時，義勇激增至七千多人，形成了強大的聲勢，將英軍圍困數重。恰好此時天降大雨，將侵略軍的槍械火藥全部淋濕，槍炮優勢無法發揮。加之道路泥濘，侵略者不諳路徑，大都陷入泥濘的稻田之中，當場被打死二百餘人。英軍頭目義律率兵往援，亦被包圍。一時「乞命之聲震山谷」，侵略者完全陷入人民戰爭的汪洋大海之中。翌日，花縣、增城、從化等縣群衆也陸續趕到，總計達四百餘鄉，約十萬人。漫山遍野旌旗林立，刀戟縱橫。眼看這些往日橫行霸道的侵略者就要遭到全軍覆沒的命運了，豈料那些賣國求榮的清朝官吏，竟然用欺騙和威脅的手段，強迫解散人民武裝。廣州知府余保純親自護送義律回船。英國侵略者絕處逢生。心膽俱裂，再也不敢久留，第二天即灰溜溜撤回船上。四方炮臺重新回到群衆手中。

三元里人民的抗英鬥爭給全省人民以極大的鼓舞，番禺、佛山、寶安等地相繼展開抗英鬥爭。三元里之役氣壯山河，集中體現了中華民族不甘屈服、英勇頑強的鬥爭精神，爲我國近代史寫下了光輝的一頁。一首流傳很廣的民謠，記述了這次英勇鬥爭的事跡：

「一聲炮響，義律埋城，三元里頂住，四方炮臺打爛，伍家講和，六百萬補回，七星旗揚揚，八面埋伏，九九打下，十足勝利。」（廣州方言中「義」與「二」同音。）

# 黃花崗浩氣長存（廣州黃花崗）

廣州黃花崗陵園，是辛亥（一九一一年）「三·二九」之役殉難的七十二烈士墓。爲了推翻腐敗的滿清政府，振興中華民族，建立獨立富強的民主共和國，孫中山先生自一八九四年創立興中會起，到一九一一年武昌起義之前，一共組織過十次武裝起義。其中影響最大、最爲悲壯的就是這一次。它成爲辛亥革命的前奏，在中國近代革命史上寫下了壯麗的篇章。

墓園建於一九一八年，布局莊嚴雄偉，墓門是一座橫排三個拱門的高大牌坊。上面鐫刻著孫中山先生手書「浩氣長存」四個金光閃耀的大字。崗上莊嚴的七十二烈士墓園，以麻石砌成方形墓基，上接四柱的方形鐘頂碑亭，樹「七十二烈士之墓」石碑。後面用七十二塊麻石砌造成金字塔形的紀功坊，高舉火炬的自由神像矗立頂上，氣勢雄偉。坊額上鐫有章太炎所題「締造民國七十二烈士紀功坊」古篆。坊後立一石牌。詳細記載起義經過。整座山崗上栽遍蒼松翠柏，微風拂過，林木嗚咽，一片寧靜肅穆的氣象。

這次武裝起義原定在四月十三日（農曆三月十五日）舉行。不料臨期形勢發生變化：一是款項和武器沒有及時送到；二是消息泄露；三是發生了革命志士溫生才刺死清將軍孚琦事件。敵人戒備加強了，原來的部署打亂了，起義有夭折的危險。這時起義主要領導人黃興由香港潛入廣州，他在聽取大家的意見、分析各方的情報之後，當機立斷，決定在四月二十七日（農曆三月二十九日）發難，他將起義總指揮部秘密設在離主攻目標清朝兩廣總督衙門（今越華路民政廳大院）不過五百步的小東營五號，親臨虎穴之旁指揮調度；同時發一密電到香港秘密機關，稱：「母病稍癒，須購通草來。」督促香港同志速來會合。

歷史性的時刻終於到來了。一九一一年四月二十七日下午，小東營五號總指揮部裏藏龍臥虎，壯士們下了與敵人決一死戰的決心。當日早晨，黃興寫給南洋同志的絕命書中說：「本日馳赴陣地，誓身先士卒，努力殺賊，書此以當絕筆。」下午五時三十分，一聲吶喊，秘密機關大門洞開。黃興帶領八百多名敢死隊員分兵八路，一舉攻下了兩廣總督衙門和軍械庫，與敵人血戰一天，終因舉事倉促，後援不繼而被迫退出廣州。黃中彈傷指，在郊區農民家躲藏數日，脫險到達香港。起義骨幹林時爽、方聲洞等英勇戰死。因受傷不幸被俘或被搜查逮捕的革命黨人達三十一名，都正氣凜然，慷慨就義，寫下可歌可泣的篇章。

年僅二十五歲的烈士林覺民，就義前寫絕筆書給愛妻陳意映：「…吾充吾愛汝之心，助天下人愛其所愛，所以敢先汝而死不顧汝也。汝體吾此心於啼泣之餘，亦以天下人爲念，當亦樂犧牲吾身與汝身之福利，爲天下人謀永福也，汝其勿悲！」通篇充滿了爲民族的解放和全國人民的自由幸福而犧牲自己的大無畏革命精神，眞摯動人。

喻培倫烈士，曾因爲研製炸藥炸傷手臂致殘，但爲準備起義仍日夜趕製大批炸彈。戰鬥中他揮動獨臂投擲炸彈，殺傷了許多敵人。臨刑時他大氣疾呼：「頭可斷，學說不可絕！」從容就義。

李雁南烈士痛罵審訊他的反動官吏後，對行刑的敵兵說，請使槍彈從口裏下去，遂飲彈壯烈犧牲。

這次起義，犧牲約一百多人，後經廣州人民收拾遺骸得七十二具，陸續運到大東門外咨議局（今廣東革命歷史博物館）前。當局擬葬在掩埋被殺罪犯的亂墳崗上。此地屍骨浮露、臭氣薰天。這顯然有辱烈士英靈。革命黨人潘達徵挺身而出，以《平民報》記者身分奔走活動，最後勸得廣仁善堂獻出紅花崗旁一片義地，並負責收殮營葬。事畢潘到各報館敦請同仁勿事張揚，但《國事報》卻在第二天別有用心地登出消息。潘達徵被迫寫出報導，題爲：「咨議局前新鬼錄，黃花崗上黨人碑」。潘認爲黃菊高標傲世，正是烈士高尚情操的寫照，故意在報導中將紅花崗改爲黃花崗，以後遂成定名。

潘達徵先生去世後，人們感其冒死收葬烈士的精誠，就把他移葬在七十二烈士之旁，和烈士們一樣受人民景仰。

## 雕樑畫棟紀念堂（廣州中山紀念堂）

在廣州市越秀山南麓，矗立著一座雄偉的宮殿式建築，這就是爲紀念偉大的中國革命先者孫中山先生而建造的中山紀念堂。它是世界公認的名建築之一，占地六點一公頃，紀念堂高四十九米，建築面積達三千七百多平方米。全部由鋼筋混凝土與鋼架築成。正面作重檐歇山頂，前、後、左、右四個宮殿式重檐，拱託著中央的八角形亭，組成一個莊嚴的整體。紅柱黃牆，襯著寶藍色琉璃瓦上蓋，金碧輝煌，顯得格外雍容華貴。

最爲巧妙的是，這座連同掛樓可容四千七百多席位的宏敞大堂內，竟看不到一根柱子。原來八根柱子隱蔽在牆壁間，柱頂支承著巨大的鋼桁架，形成巨大的空間，人們坐在堂中任何一個席位上，都不會被擋住視線，這是我國建築史上的一大創新。

中山紀念堂爲何建於此地？說來有一段驚心動魄的歷史。

一九二〇年，廣東軍民趕跑了作惡多端的桂系軍閥，孫中山回粵主政。第二年四月，非常國會在廣州集會。孫中山先生就任臨時大總統。總統府就設在廣州越秀山麓。這裏地方寬廣，綠草如茵，原是清朝廣東巡撫署箭道督練公所。軍閥龍濟光統治廣東時，據爲振武上將軍府。孫中山住處粵秀樓，原先就是龍濟光私寓。這是一幢兩層的小樓。樓前有一座天橋凌空飛架，通往總統府。這幽雅寧靜的所在。一九二二年六月十六日，卻發生了震驚中外的陳炯明叛軍炮轟總統府事件。

陳炯明本來是孫中山一手培養起來的，但他在身兼廣東省長、粵軍總司令、陸軍部長、內務部長四個要職後還不滿足，妄圖在廣東獨霸一方。他勾結南北軍閥實力派和英美帝國主義，拼湊反革命聯盟，結果被孫中山免去廣東省長、粵軍總司令和內務部長三職，只保留陸軍部長一職。陳炯明惱羞成怒，陰謀武裝叛亂。他先把心腹幹將葉舉提升爲粵軍總指揮，接著又密令他從廣西回師占據廣州。一九二二年六月一日，孫中山由韶關回到廣州。市內已紛紛傳說陳炯明將要謀叛。粵秀樓附近駐滿軍隊，牆上還鑿了許多對著粵秀樓的槍眼。六月十四日、十五日報告陳炯明謀反的消息相繼傳來。孫中山先生爲國爲民，堅持不離開總統府。

十六日凌晨一時，叛軍包圍總統府，警衛營營長葉挺及幾位秘書敦請孫中山撤離。二時，在孫夫人的再三央求下，孫中山化了妝帶上兩個秘書離去，讓衛隊全部留守。他穿上一件夏布長衫，戴上墨鏡，打扮成一個外出診治急病的醫生，順利通過叛軍哨兵的盤查。順利到達海珠島上的海軍司令部，而後乘小電船抵達黃埔，準備在軍艦上指揮平叛。

孫中山離開粵秀樓才半個小時，叛軍開始強攻。一個旅從背後攻粵秀樓，兩個旅從正面攻擊總統府。叛軍用大炮轟擊，又從振武樓上加機關槍掃射。守衛粵秀樓的六十多名衛士，英勇抗擊叛軍四千多人，打退敵人三十多次衝鋒，堅持到隔天中午，衛士們保護孫夫人通過天橋，撤到總統府中與葉挺率領的警衛營會合。孫夫人在葉挺掩護下突圍，輾轉經沙面乘船到嶺南大學（今中山大學校址），再乘船到黃埔，與孫中山見面後轉赴上海。

孫中山駐節永豐艦，領導平叛鬥爭，一直堅持到八月九日，最後得知北伐軍回師討逆失利的確實消息，才決定暫離廣州退避上海。孫中山先生蒙難之後，臨危不懼，親自指揮與頑敵鏖戰達五十五天之久，表現了大智大勇的英雄氣概和與革命事業共存亡的偉大精神，贏得了中外人士的高度敬佩。爾後，孫中山先生從一再失敗中吸取教訓，開始了一個偉大轉變，提出了「聯俄、聯共，扶助農工」三大政策，使他晚年的政治生涯閃射出新的光輝，中國革命運動翻開了新的一頁。

一九二五年孫中山先生病逝，各界追悼會籌備處即提議在廣州興建紀念堂。第二年春天，國民黨第二次全國代表大會正式決定建紀念堂與紀念碑。地址就選定在孫中山先生當年就任非常大總統的大總統府故址。

中山紀念堂設計者爲山東人呂彥直。生於天津，小時僑居法國，回國就讀於淸華大學，畢業後赴美國專攻建築學，他一生設計的主要工程除中山紀念堂、中山紀念碑外，氣勢雄偉的南京中山陵也是他的傑作。紀念堂的設計意圖，是以建築的語言體現孫中山先生兼收中國「古代最高哲學思想」及西方「最新科學方法」來「切實解決人民生活問題」的偉大思想。因此紀念堂造型上運用中國傳統的民族形式，結構上大膽吸收外國現代建築技術，眞正達到了中西合璧、美輪美奐的藝術境界。可惜的是，奠基後不久，呂彥直竟於一九二九年三月一日一病不起，與世長辭，年僅三十五歲，但這傑出的設計卻爲後人留下了對孫中山先生，也對呂彥直先生的永久的紀念。

## 黃埔軍校建殊勳（廣州黃埔軍校）

在廣州市東南二十多公里的珠江河面上，有一個六平方公里的長形小島，名叫長洲島，四面臨水，地位險要。名聞遐邇的黃埔軍校就設在這裏。島上漫山紫翠，花木崢嶸，北面與黃埔港隔江相對。

當年，孫中山先生經過多次慘痛的失敗，終於認識到建立可靠的革命軍隊的重要性，決心在蘇聯和中國共產黨的幫助下創辦軍校。爲此他在一九二三年八月派國民黨人蔣介石和共產黨人張太雷等四人到蘇聯考察，爲建立軍校作準備。經過一年的緊張籌備，依靠國共兩黨同志的密切合作，黃埔軍校在一九二四年六月十六日開學。

這一天，長洲島上鼓樂齊鳴，各界嘉賓雲集。身穿黃卡其布軍裝的五百名學員容光煥發，校門兩旁，貼著一副醒目的對聯：

升官發財請往他去

貪生怕死勿入斯門

孫中山先生親自擔任軍校總理，在開學典禮上發表了痛快淋漓的講話。他指出：「所以今天在這地方辦個軍官學校，獨一無二的希望，就是創造革命軍，來挽救中國的危亡！」

孫中山先生任命蔣介石爲軍校校長，廖仲愷爲軍校黨代表。軍校仿效蘇聯紅軍的政治委員制度，規定軍校的一切命令都必須由校長、黨代表共同簽署才能生效，這是黃埔軍校不同於舊式軍校的主要特點之一。

軍校設步、炮、工、輜重、政治各科，軍事課程有戰術、兵器、築城交通、地形、衛生等學科以及制式教練、射擊、野外演習、夜間演習、馬術、劈刺等數科。政治課程有：三民主義淺說、中國國民革命運動、中國政治經濟狀況、帝國主義侵略中國史、世界革命運動簡史等等。此外，還不定期地結合實際情況和現實形勢舉辦各種講演會。主要講演人有孫中山、廖仲愷、周恩來、惲代英、蕭楚女等。

軍校成立後，在鞏固廣東革命根據地和北伐革命戰爭中建立了不朽的功勳。一九二七年，大部分黃埔師生成爲北伐軍的各級軍政幹部。國民革命軍第四軍葉挺獨立團成爲北伐的先遣隊，五月挺進湖南，七月攻克長沙，八月占領岳州，十月攻入武昌。由於獨立團英勇善戰，紀律嚴明，被人民群衆譽爲「鐵軍」。

到一九二七年三月，在黃埔軍校學習的學生已達二萬餘人，一至四期的畢業生有四千九百八十一人。

軍校舊址現存校門外，還有孫中山紀念碑、孫中山舊居、俱樂部和游泳池等遺址。孫中山紀念碑巍然矗立在校內山崗上，連臺座高四十餘米。臨江的正面，剪刀形交錯地鋪砌著兩道石階，與崗上紀念碑及平臺前的欄杆合起來看，剛好構成孫文的文字。碑身高大的四壁分別鐫刻著碑名、總理訓詞、總理像贊和孫中山先生的臨終遺言：「和平奮鬥救中國」。頂端屹立著孫中山先生的銅像，是日本友人所贈。

孫中山舊居在江岸邊，是一幢古樸的二層樓房。它原是清末廣州海關黃埔分關。一九二四年黃埔軍校創辦時，孫中山偕同夫人宋慶齡就住在這裏。二樓還設有校史陳列室，陳列著不少珍貴的歷史照片和文物，將昔日軍校師生的戰鬥生活，重新展現在我們眼前。

黃埔軍校是第一次國共合作的產物，對我國革命歷史進程起過重大而深遠的影響。物換星移，昔日軍校已成歷史的陳跡。憑弔先烈，暢敘友情，海峽兩岸人民都盼望祖國統一大業早日實現。

## 官祿㘵聲震東南（花縣洪秀全故居）

廣州市北花縣官祿㘵村，是太平天國領袖洪秀全的故鄉，從花縣縣城新華鎮沿白沙河西行二十餘里即可抵達。村前是一口大水塘，村口有洪秀全手植的龍眼樹一株。村子正中是洪秀全故居和洪氏宗祠，故居只是一單間無間隔的泥牆小房子，室內僅有木床及木書桌。洪秀全的《原道救世歌》、《原道覺世訓》等宣傳著作，就是在這所房子裏寫出來的。金田起義爆發後，故居房子被清政府所毁，解放後復原重建，至於洪氏宗祠，現闢爲洪秀全紀念館，正廳有洪秀全半身石膏像。廳內走廊四周，陳列著《洪氏宗譜》、兵器和玉璽等文物。

洪秀全自幼勤讀詩書，聰穎過人。他不滿足私塾的授課，還經常閱讀歷史書籍，以至爲正統所不齒的「奇異書籍」。歷史上有所作爲的仁人志士和農民革命領袖在他心中留下深刻的印象。異端邪說、不見經傳的東西像猛烈的風暴，衝擊著舊思想的束縛。一八二八年連續四次府考不中，更使他對現實產生懷疑和不滿，他曾以極度憤懣之情，抒寫他的叛逆思想，展示他的偉大抱負：

手握乾坤殺伐權，斬邪留正解民懸。
眼通西北江山外，聲震東南日月邊。
展爪似嫌雲路小，騰身何怕漢程偏！
風雷鼓舞三千浪，易象飛龍定在天！

一八四三年，他到離本村三十里的蓮花塘村「漢生李公祠」私塾教書。他細心閱讀了在民間流傳的書本《勸世良言》。從宗教色彩濃烈的字裏行間，他發現一些神秘莫測的語言可以借用來闡發革命思想，於是他宣布自己是上帝的次子，耶穌的弟弟，奉命下凡誅妖。這年六月，他開始籌建拜上帝會，作爲積聚農民革命力量的工具。他借用基督教的洗禮儀式，和表兄李敬芳在蓮花塘「自行施洗」，表示去舊從新，並將李家的偶像神位及村塾中的「大成至聖先師孔子」牌位丟在池塘裏，在村中引起極大震動。七月洪秀全自蓮花塘返回官祿坾，組織了表兄馮雲山和族弟洪仁玕等人爲骨幹，積極開展活動，勸說人們只拜上帝不拜偶像，發展會員。洪秀全全家都入了會，附近鄉村不少人也先後入會。不久，洪秀全又來到蓮花塘，白天教書，晚上帶著學生農民練武。他請人鑄了一對「斬妖劍」，自佩右劍，讓李敬芳佩左劍，然後賦詩明志：

手持三尺定山河，四海爲家共飲和。
擒盡妖邪歸地網，收殘奸宄落天羅。
東西南北敦皇極，日月星辰奏凱歌。
虎嘯龍吟光世界，太平一統樂如何！

一八四四年二月，他和馮雲山開始以傳教爲名外出進行革命的宣傳發動工作。他們足跡所及，有廣州、順德、番禺、南海、增城、從化、清遠、英德、陽山及連山瑤區等地，最後以廣西貴縣賜穀林爲據點廣事組織宣傳，帶領一百多人參加拜上帝會，爲以後發動武裝起義奠定了基礎。

一八四五年至一八四六年，洪秀全再度回到花縣，主要從事理論工作。他結合中國的歷史與現狀，將基督教義加以改造利用。寫出了《原道救世歌》、《原道醒世訓》、《原道覺世訓》等重要著作。這些著作以淺顯生動的語言，闡述反封建的民主思想，批判封建君主專制制度，成爲當時動員災難深重的人民大衆奮起鬥爭的精神武器。一八五一年一月十一日，恰是洪秀全的三十七歲誕辰。他終於在廣西金田村發動了武裝起義，爲實現太平天國的理想而戰鬥。以洪秀全爲代表的太平天國革命運動，在中國已經開始淪爲半殖民地半封建社會的新的歷史條件下，在鬥爭實踐中提出了當時最革命的反封建反侵略的農民革命綱領和政策，建立了歷時十四年的農民革命政權，縱橫馳騁十七省，沉重打擊了中外反動勢力，威震全世界。作爲這場運動的領袖人物洪秀全，其豐功偉績是不可磨滅的。他在故鄉官祿𡊣的光輝史跡，將永爲後人所景仰。

## 藝術大觀園（佛山祖廟）

佛山離廣州僅十六公里，汾江橫貫其間。鐵路、公路交通都十分便捷。明清以來，與湖北漢口、江西景德、河南朱仙齊名，稱中國「四大名鎮」。昔年的繁華富庶，遠在廣州之上。

據佛家編造說，佛山昔稱季華鄉，於唐朝貞觀二年（六二八年），當地塔坡山下深夜放射異彩，鄉人挖掘之，得三尊銅鑄的佛像和一塊碑石。碑文說，東晉隆安二年（三九八年）有印度僧人達毗耶舍尊者渡南海來到此地，在此山腳下建造寺院，名塔坡寺，以宏揚佛法。鄉人以爲是佛祖顯靈啓示，乃即在原址重建佛寺，將塔坡山改名爲佛山，並因之名鎮。

然而，至今保存最完好的建築，卻是道教的北帝廟，又稱祖廟。據地方誌記載，祖廟始建於北宋元豐年間（一〇七八－一〇八五年）至今已有九百年的歷史。何以稱「祖」，乃因居佛山諸廟之首的緣故。

但又有另一說，認爲此「祖」乃手工業者祖師，也就是說：這廟最初是佛山手工業者供奉他們的行業祖師的，這比起虛無縹緲的北帝，自然要現實得多，祖廟的香火歷久不衰，這是佛山手工藝歷史悠久的的反映。

自宋代，佛山即以鑄造、陶瓷、紡織著稱。至於石雕、木雕、磚雕、剪紙、木版畫，更是自成一派，其中尤以佛山秋色爲最著。

何以稱「秋色」？原來當地風俗，每年秋收以後，人們便在夜晚抬著自己創作的工藝美術品出來遊行，表示慶賀豐收，叫作「出秋色」。據地方誌記載，這種活動已有五百年的歷史了。佛山秋色包括許多當地獨具的民間手工藝品，其中有紙塑、瓜果塑、蠟塑、燈景等，作品有人物鳥獸、也有花卉蟲魚，均製作精巧，饒有風致。「出秋色」時，人們抬著擔頭，挽著花車，在歡樂的音樂聲中列隊前行。一時萬人空巷，觀者水泄不通。實際上成爲佛山手工藝品的展覽觀摩盛會。

到底祖廟的眞正涵義是什麼，誰也不敢武斷。但大殿之中，端坐著重二點五噸的眞武銅像，卻是遊人一目了然的。銅像以及銅鏡、銅鼎均鑄於明代景泰三年（一四五二年），鑄造工藝相當精湛。

祖廟中還有三項工藝傑作尤爲引人注目。一是它的建築式樣。它的殿頂全部架托，在蓮花托、燕子托、春字托、人頭托等各式各樣的木斗拱上，層層架托，沒有一枚鐵釘。結構嚴謹，負荷均衡，在整個屋頂的沉重壓力下，歷數百年毫不變形，依然如故。

二是布塑神像與木雕。其它廟宇中的神像大都採用泥塑或木雕貼金的工藝，祖廟卻別具一格，神像都用麻布鬆漆塑成，外觀質地厚實，連衣服皺褶也鮮明自然。形態顯得更爲逼眞生動，是國內罕見的藝術珍品。前殿那座《李元霸伏龍駒》的神案木雕，也是稀有的藝術巨製。木雕上刻有一百二十六個人物，不僅有帝王將相、士農工商，還有被打敗求饒的外國侵略者，表情各異，形神生動，布局緊湊。作者匠心獨運，巧妙地借用隋唐名將李元霸的「李」字旗暗喩李文茂，用瓊花殿暗喩李文茂起義的「瓊花會館」。說起這李文茂可是歷史上少有的英雄。他本是廣東粵劇的花臉演員，肚裏裝的都是戲文知識。清咸豐四年（一八五四年），他看到洋人侵略和清廷官員的賣國求榮，眞是義憤塡膺。他振臂一呼，率領梨園弟子揭竿而起，憤怒的群衆，從者數萬，多爲戲曲演員和觀衆。李文茂建立了大成國政權，自號平靖王。他身穿蟒袍甲胄戲服登基，一切均按戲文上的道理和建制進行活動。他按戲曲行當組成三軍：小武、武生爲文虎軍；二花臉、六分爲猛虎軍；五軍虎、打武家等稱飛虎軍。他任三軍主帥，一時給帝國主義和清朝統治者以激烈的打擊。李文茂起義雖然堅持四年而失敗，卻在佛山地區人民心底埋下了復仇的火種。人們參觀祖廟時往往要懷念起他們！

祖廟中第三件寶貝，是指裝飾在屋脊上的陶塑蟠龍和四面照壁上陶塑的歷史人物群像。整個屋脊上共有包括二千餘人像的二十四組陶塑，其中有劉備招親、哪吒鬧海、姜太公封神等神話和歷史故事。這批藝術品及清代著名陶塑藝術家黃古珍、黃炳叔姪製作。構思奇特，刻畫細緻，生動傳神，富有濃鬱的地方民間工藝色彩。

## 北斗煉成七星岩（肇慶七星岩）

由廣州市往西驅車一百零四公里，就到了聞名中外的肇慶星湖風景區。西元前一一一年，漢武帝在此設縣治，因其地瀕臨西江北岸，上接蒼梧，下蔽番禺，峽山險峻，既高且要，故名之曰「高要」。隋文帝開皇九年（五八九

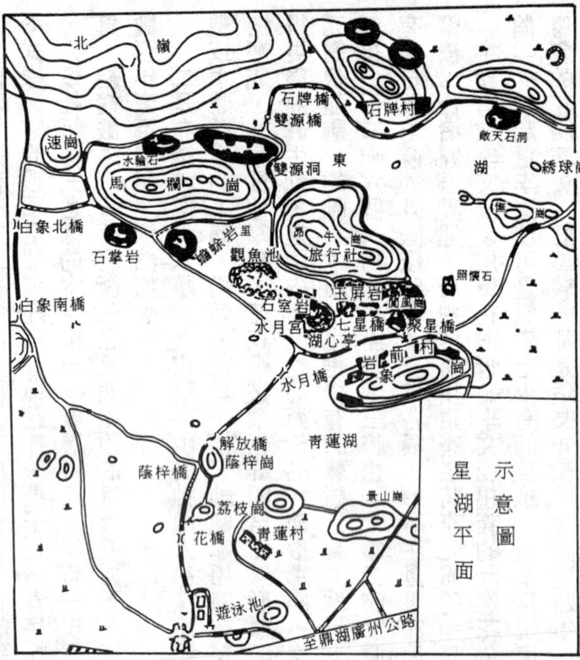

星湖平面示意圖

年），肇慶設端州府。北宋定為肇慶府，這座文化名城，至今已有二千多年的歷史。

「借得西湖水一圜，更移陽朔七堆山」，葉劍英遊覽七星岩時寫下的名句，集中地概括了七星岩具有「桂林之山，杭州之水」的特色。它由七座陡峭的石灰岩組成，布列似北斗七星，從東至西依次名為：閬風、玉屏、石室、天柱、蟾蜍、仙掌、阿坡。諸岩北倚山崖，餘三面為湖水環抱，蜿蜒交錯的湖堤將總面積約四百六十萬平方米的湖面劃分為五個大湖。長約二十餘公里的湖堤，林蔭覆道，串繞著點點碧綠的小山崗。水光山色，交輝映襯，蔚為壯觀。

秀麗挺拔的七星岩，到底由何而來，是天造地設的自然，還是神仙的巧安排？民間有一段動人的傳說。

傳說女媧煉石補天時，煉了四十九天，煉成紅、黃、藍、黑四種顏色的石子，還差一種白色的補天石。她手下的七隻神羊告訴她：它們在路上聽到一個神通廣大的仙人說，北極仙翁掌管玉皇御車上的七顆寶石，就是北斗七星，拿這七星放在爐中同石子煉，石子就能煉成白色。女媧聽後費盡口舌，果然借到北斗七星，借期限定在半月之內。

煉石場上，女媧吩咐神羊先將北斗七星琢成石頭模樣，再調來甘露，滴在七顆星上，就日夜不停地琢磨起來。經過七天七夜辛苦，第一顆星琢得像仙人居住的閬風山，第二顆像玉皇大帝御座後面的玉屏風，第三顆像北極仙翁的寶庫北辰石室，第四顆像擎天柱不周山，第五顆像廣寒宮中的蟾蜍，第六顆像女媧娘娘的纖纖玉手，第七顆像低頭打坐的長老。女媧乃依其形，照次序分別命名爲：閬風、玉屏、石室、天柱、蟾蜍、仙掌、阿坡。七顆星琢成七顆寶石，投放在煉石爐中煉了七天七夜，白色的補天石終於煉出來了。

誰知北斗七星被琢煉過後有了靈性，它們再也不願回到仙翁的寶庫中閒藏，更不願做玉皇御車上的裝飾品。他們私下和神羊商定：在女媧娘娘送他們歸還仙翁的路上尋機會逃走，到四季如春、山川秀麗的嶺南安家。

歸還七星的那天晚上，女媧請七位仙女騎上她的七頭神羊，帶上七星回去。吩咐說：「雞叫時你們就到銀河，可把星星放下去。」

七仙女趕路疲倦了，伏在羊背上打瞌睡。七隻神羊瞅準這個時機，馬上帶七星向南方飛奔。能知過去未來的仙人心血來潮，一推算，大叫：「不好！」馬上請土地神趕到鼎湖山，在最高處安放一隻雞籠，籠裏放一隻報曉的雄雞。緊接著，仙人也駕著竹排追來，用竹篙撥弄籠裏的雄雞，讓它喔喔啼叫起來。正在趕路的仙女聽到雞叫聲，以爲到了銀河，連忙掏出七星撒下來。七星立刻變成了七座姿態各異的岩峰。據說，如果讓七隻神羊帶著七星按原速度奔跑，那麼天亮時正好跑到珠江口，倘若七座山落下去堵住了出海口，人間就要發大水了。所以仙人才讓雄雞提前啼叫報曉，使七星落在鼎湖附近。

後來，鼎湖山頂的雞籠，變成了一座高山，仙人撐的竹排，變成了一座城；撐排的竹篙，變成了一座塔。這就是今天的雞籠山、端州城和端州塔。

七星岩由北斗七星煉成，這當然是不足信的，只不過從一個側面反映人們對其秀美奇特的風光的驚訝與讚美。實際上，它同桂林的峰林一樣，屬喀斯特地形，岩石的主要成分是石灰石，由遠古海的珊瑚、介類等遺體沉積而成。這種石灰岩由於長年累月受地下水的溶蝕，因而形成地下河、鐘乳石、石筍、溶洞、石柱等奇觀。

七星岩留下了歷代遊客許多摩崖石刻，其中有宋代包拯、明代俞大猷等名人的作品。最著名的，當推唐代李邕的《端州石室記》。李邕字北海，是唐初聲名卓著的大書法家。他的書法，上追二王（王羲之、王獻之），下啓宋元諸大家。碑文敘述七星岩石室洞的洞府奇觀，文章清新明快，字體秀麗流暢。現已專造碑亭保護。

## 西樵雲瀑蔚奇觀（南海西樵山）

「南粵名山數二樵」。羅浮稱「東樵」，以山勢奇特雄偉而見著；西樵則以其幽雅秀麗而享有「嶺南佳境」的盛名。

從官山圩鎮邊的「雲梯百步」牌坊緣石階登高，就進

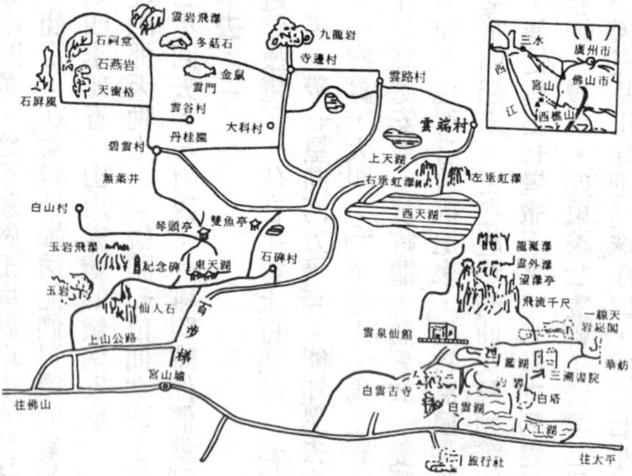


西樵山風景名勝一覽圖

入西樵山境。西樵是個群峰疊翠的古火山。在方圓四十多里的山區中，有七十二峰，主峰海拔四百米；三十六個岩洞，其中以白雲洞、石燕岩、清暑岩、吐明岩最爲聞名；岩峰中有大小瀑布二十八處，以「飛流千尺」最引人入勝；還有二百零七處清泉。所有峰、洞、瀑、泉匯合構成一座天造地設的大盆景。尤爲著名的是山泉匯聚，積成好幾個天湖，溢出的湖水在山頂奔落，飛珠濺玉，雲霧迷濛。西樵本來遠距廣州一百二十里，但廣州人卻將它列爲羊城八景之一，稱爲「西樵雲瀑」。可見西樵之美不同凡響。

「欲攬西樵勝，應先訪白雲」。白雲洞發現於明嘉靖年間，相傳因明代學者何白雲曾在此結廬讀書而得名，有「勝甲西樵」之稱。它在山的西部，其實並非岩洞，而是一個三面高崖峻峭的山谷，左曰華蓋峰，中爲白雲峰，右爲長庚峰。它兼收峭壁和飛瀑之美，有雲門聽泉、華蓋觀瀑、鑑湖印月諸景致。三峰之間，有兩飛泉自左右迂迴而下，稱「大雲泉」和「小雲泉」。泉水摺疊匯成三個湖，這就是所謂「白雲飛下過三湖」。上稱「應潮湖」，中稱「鑑湖」，下稱「會龍湖」。現在其下又增闢兩個湖，白雲湖和人工湖。五湖交輝，奇觀疊出。其中「大雲泉」最稱佳勝，只見峭壁之上露出一角青天，一條瀑布凌空飛瀉，猛擊腳下的巨石，濺起一片霧氣，如雪花飛湧。雲瀑頂端，一峰傲立，摩崖大書「飛流千尺」。此地山幽水寒，在岩下「聽琴亭」靜聽泉聲嗚咽，如泣如訴，牽動遊人無限的遐思。當代文豪郭沫若曾留詩讚云：

危石凌空立，飛泉天上來；
珠簾垂百仞，玉磬響千錘。

徑曲清流轉，洞幽靜室開；
崖分一線天，詩境足徘徊。

佳山勝水成了讀書人聚衆授徒的理想場所，尤其在明代講學風氣盛行之際，學府書院紛紛建立。據有關史料記載，當時在西樵諸書院求學的士宦有千人之衆，以致山前圩鎭冠蓋如雲而被定名爲「官山圩」。現在大科書院等已剩下頹垣殘瓦，三湖書院和雲泉仙館規模仍存。

雲泉仙館在白雲洞山腰，原是明代的玉樓書院，構築甚爲華麗。它崇階廣宇，刻桷丹楹，琉璃瓦花脊上飾滿人物鳥獸的塑像。一道華表、兩隻石獅屹立門前，氣度堂皇雄壯。對面照壁上方有石刻立雕「雙鳳朝陽」和「五馬歸巢」更是名師的傑作。門額上「雲泉仙館」四個大字，是滿清貴族耆英所題，他正是代表清政府簽訂第一個喪權辱國的不平等條約的中英《南京條約》的欽差大臣。

三湖書院與雲泉仙館兩相對照，顯得十分簡樸，門額乃林則徐所題。清末著名學者、戊戌維新的首要人物康有爲，青年時代曾在此面壁苦讀三年。後來據他自己回憶，他一生學問的基礎，正是在這裏奠定的。

西樵山還有兩棵名貴的樹，一棵是玉蘭花樹，名「白玉堂」，在雲泉仙館附近，它的花期要比北京早兩個月。另一棵是大丹桂樹，在山中碧雲村口，樹徑尺許，秋天開絳紅色的桂花，香飄數里之外，用之釀丹桂酒，尤香醇醉人。

粵東遊覽區

## 羅山浮山生死戀（博羅羅浮山）

出惠州西北不遠，就是羅浮山的山門。山的主脈在博羅縣西北，地跨龍門、增城二縣，縱橫綿延五百里。高空下望，整個山脈宛如一朵千瓣蓮花，昂首怒放；前後左右的山巒，如拱如抱，恰似一葉葉花瓣。據《元和誌》載：

「峻天之峰，四百三十有二。」主峰飛雲頂，海拔一千二百九十六米。

羅浮山雄偉奇特，氣象萬千，素有「嶺南第一山」、「百粵群山之祖」的盛譽。道教上稱之爲「天下第七洞天、第三十一泉源福地」。這裏有羅漢、伏虎、滴水、通天等七十二個石室幽岩；有桃源、夜樂、蝴蝶、水簾等十八洞天；有沖虛、白鶴、黃龍、九天、酥醪五個道觀；還有華首、龍華、明月、寶積、延禪五個佛寺。自然景觀的靈秀和宗教地位的尊崇，吸引著歷代的文人墨客登臨題詠。而這些題詠又給羅浮山增添了吸引人的魅力。兩者相得益彰。屈大均的《廣東新語》載：「考羅浮始遊者安期生；始稱之者陸賈、司馬遷；始居者葛宏；始疏者袁龍；始賦者謝靈運。」蘇東坡的《初食荔枝》詩，熱愛羅浮的感情溢於言表：

羅浮山下四時春，盧橘楊梅次第新；
日啖荔枝三百顆，不辭長作嶺南人！

羅浮本兩山，傳說羅山自古有之，浮山由東海浮來，倚於羅山東北，由橫貫的鐵橋峰將兩山相聯。關於羅山與浮山的「結合」，有著一個神奇的故事：

東海龍王敖廣有個女兒，叫青龍三公主。南海龍王敖欽有個兒子叫小黃龍。兩人有一次邂逅相逢，一見鍾情，於是以身相許，締結百年之好。誰知雙方的父輩都是老頑固，認爲這是不尊父母之命、媒妁之言，簡直是犯上作亂。盛怒之下，龍女被囚禁在蓬萊仙山左側的孤島上，小黃龍則被鐵鏈鎖住，打入羅山之下的萬丈古井中。

青龍公主日夜思念小黃龍，形容憔悴，茶飯無心。她悲哀的淚水滴落大海，海水竟變得鹹了；她愁苦的嘆息吹向大海，大海竟掀起了驚濤駭浪。她眞摯熱烈的愛情，感動了力大無窮的巨靈龜。在一個風雨交加的夜晚，巨靈龜使出神力馱起孤島，劈風斬浪地向南海浮來。小黃龍聽到這個消息，也作出了相應的行動。他勇敢地掙脫了鎖鏈，衝出萬丈古井，毅然決然地與龍女緊緊地擁抱在一起。剎那間，天崩地裂，電閃雷鳴，浮山與羅山終於合二爲一，成爲羅浮山。小黃龍變成羅山主峰飛雲頂，青龍公主則變成浮山峰頂鼎足峭立的上界三峰。

龍子龍女的戀愛故事，雖然美妙但不足信。

根據地理專家推測，早在約七千萬年以前，羅浮山就已經雄踞於南海之濱。當時大約處於中生代的侏羅紀和白堊紀，造山運動和火山活動都很劇烈。地質運動的結果，使地殼的表層褶皺斷裂，巨大的花崗體被擠壓隆起，終於形成高峻峭拔的山脈。所以「飛來峰」、「飛來石」以及「眼前突兀現奇峰」之類，實際上都是一種地殼運動現象。古代的人民限於當時的科學技術水平，無法作出正確的解釋，遂杜撰出美麗的故事。

# 沖虛古觀話葛洪（博羅羅浮山）

羅浮山原有九觀十八寺，是好談神仙故事的道家勝地。除山前最大的沖虛觀外，西有白鶴觀、黃龍觀，北有茶山觀、酥醪觀等，建築頗爲宏麗整齊。羅浮素有「神仙洞府」之稱，其宗教影響遠及東南亞一帶。如今這些寺、觀多已破敗，但東麓沖虛古觀仍矗立在參天的樹木之中，至今已有一千六百多年的歷史。

此觀原是東晉葛洪所建四庵中的南庵，是他煉丹、採藥之所。葛洪（二八四—三六三年）江蘇句容人，字稚川，號抱朴子。他的祖父葛系在三國時代做過大鴻臚、輔吳將軍等職。其父葛悌，在吳國做過太守，晉時官至大都督。葛洪初以儒學而知名，兼有文才武略。晉惠帝時因作戰有功，被封爲伏波將軍。但他不以高官厚祿爲樂，「尤好神仙守養之法」，乃輾轉到洛陽去搜集煉丹製藥方面的方術，並隨伯祖父葛玄的徒弟鄭隱學習神仙之道。後來到廣州，拜南海太守鮑靚爲師。鮑靚器重其才華，將女兒鮑姑許配他。葛洪與鮑姑志同道合，一齊煉丹製藥。在廣東生活多年後，葛洪回到故鄉江蘇。晉元帝司馬睿登位，任葛洪爲丞相，賜爵關中侯。但葛洪執著於尋仙訪道，聞交趾出丹砂，乃求爲勾漏令。洪偕鮑姑及子姪再次南來廣州，被廣州刺史鄧嶽挽留，遂居羅浮。

在羅浮山白蓮池畔，葛洪蓋起了南庵「都虛」，並在庵的左側建了一間「丹房」。丹房的四周，建有丈八高牆，丹房的四周，掛有寶劍古鏡等物。煉丹竈由花崗石砌成八角形的基座，按方位，分別雕有乾、坤、震、巽、坎、離、艮、兌的八卦圖形，以及瑞鶴、麒麟等靈禽異獸嘉樹的圖案。四角的石柱上，還有栩栩如生的古龍浮雕。據《稚川眞人校正術》載，丹竈的周圍，還按道家五行學說，東南西北中，分別塡上青、黃、赤、白、黑的五色土。宋代大詩人蘇東坡爲之題字「葛洪丹竈」；清乾隆年間，廣東督學吳鴻補書「稚川丹竈」。離丹竈數丈，有一巨石偃臥於道旁，上刻「丹以祈壽世」，乃朝鮮人金秉薰題。

在煉丹竈上，葛洪放上與太上老君的葫蘆藥瓢一樣的「金鼎」，稱「未濟爐」，底座是三個鼎足，座上是罐形的爐體。葫蘆中間，有一條可轉動的柄，鼎蓋則做成十分別致的荷葉形。煉丹時，要心虔志誠，安心守護。經過一百四十九天，九轉丹成，金丹也就煉出來了。

葛洪用硫磺、丹砂和錫等多種礦物質進行複雜的製煉，製成了能形成美麗的金色硫化高錫片狀結晶。這種硫化高錫的懸浮液，就是葛洪苦心孤詣尋求製煉的「金液」。他的煉丹理論，比八世紀阿拉伯煉丹家吉博還要早四百多年。

在煉丹竈右側有一巨石，稱釣魚臺，上刻清代臺灣愛國詩人丘逢甲所題詩：「仙人洗藥池，時聞藥香發，採藥仙人去不還，古池冷浸梅花月。」石下為一小池，池水澄碧。這正是葛洪清洗搜集來的草藥的地方，葛洪有廣博的醫藥知識，在入室煉丹之餘，常登山採藥，並對各種中草藥進行鑑別。在《抱朴子·仙藥篇》中，就記述了茯苓、地黃、黃精、菖蒲等許多藥物的特性和功效。他積累長期的醫療實踐經驗而寫成的《肘後備急方》和《金匱藥方》，均為我國較早的珍貴醫學著作，至今仍有其實用價值。

葛洪在羅浮修道煉丹，雖屬道家迷信，但客觀上促進了化學的發展。另外由於他採藥濟世，深受羅浮山民的愛戴。西元三六三年，他在羅浮山沖虛觀病逝，時年八十一歲，關於他的死，還有一段傳說。

據說臨死時，他把弟子安海君、望世等人叫來，把流傳了幾代的《靈寶經》、《太平經》、《枕中五行記》、《按摩經》、《黃白要經》、《白虎符》、《五嶽眞形圖》等道家經典以及《抱朴子》、《神仙傳》等著述傳授給他們。不久，就寫信給廣州刺史鄧嶽，說是要「遠行尋師，尅期便發」。鄧嶽匆匆趕來與他相別。葛洪沐浴薰香之後，到朱明洞的朝斗壇上，仗劍面南，默誦眞經，「坐至日中，兀然若睡而卒」。葛洪煉丹一世尋長壽，卻也免不了死亡。道家只好解釋說，葛洪不是死，而是屍解升天。甚至編造說，當地老百姓聞知趕來送行。只見葛洪遺下的道袍，頓時化成碎片，變幻成千萬隻彩蝶，盤旋起落，好像是在向送行者致意。

葛洪「屍解」後，晉安帝義熙（四〇五年）初置「葛洪祠」。唐玄宗天寶年間逐年擴建為「葛仙祠」。宋元祐二年（一〇八七年）哲宗賜「沖虛觀」的匾額。唐宋兩代，是沖虛觀最興旺的時期，曾派出道首四出傳道建觀。相傳杭州西湖的黃龍洞、香港九龍的黃大仙觀，都是沖虛古觀的分支。

沖虛觀歷代屢經兵燹，現存的觀宇乃清同治年間重修。

# 六如亭下埋香骨（惠州西湖）

泗洲塔是惠州西湖最古的建築，聳立在平湖與豐湖之間的獅山上，它是為紀念唐代印度僧人僧伽而築的。泗洲塔遙對孤山，北宋時山上有棲禪寺，寺旁有一亭名六如亭，實際上，它就是北宋大文豪蘇軾的侍妾王朝雲的墳墓。這裏，記載著東坡與朝雲的一段戀情。

蘇東坡在惠州的故事總離不開朝雲。他死後，白鶴峰的居所被人闢為「朝雲堂」。一〇七四年，蘇東坡三十八歲，通判杭州，納妾朝雲。朝雲姓王，字子霞。浙江杭州

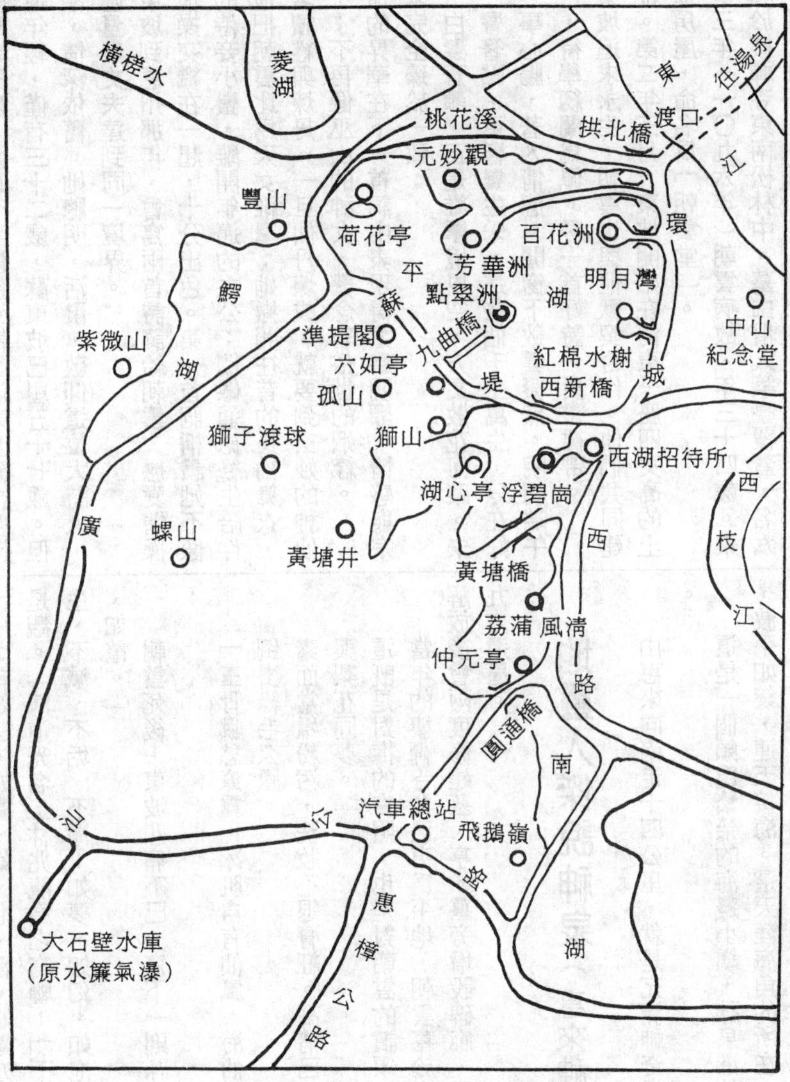
橫槎水
菱湖
東
往湯泉
桃花溪
拱北橋
渡口
江
元妙觀
豐山
荷花亭
百花洲
環
芳華洲
平
明月灣
鰐
蘇
點翠洲
湖
中山
紀念堂
準提閣
九曲橋
紫微山
六如亭
紅棉水榭
湖
堤
城
孤山
西新橋
獅子滾球
獅山
西湖招待所
西
湖心亭
浮碧嵐
廣
螺山
黃塘井
西
枝
黃塘橋
江
荔蒲風清
仲元亭
路
圓通橋
南
汽車總站
汕
公
飛鵝嶺
路
惠
樟
公
路
湖
大石壁水庫
(原水簾氣瀑)

惠州西湖旅遊點示意圖

人，以後兩情日篤，彼此不可暫離。朝雲陪東坡謫居惠州時，她還年輕，僅有三十二歲，蘇東坡已屆五十七歲。但白髮紅顏，情深依舊。她聰明，活潑，敬仰這位大詩人，精神上儘量與丈夫達到同一境界。

蘇東坡到惠州那年，曾寫兩首詩詞給朝雲，戀愛情操與宗教情操交織在一起，十分出色。第一首詞稱讚她不像白居易的侍妾小蠻，離開年邁的主公；倒像通德終生陪伴伶玄。他把朝雲比爲天女維摩：她撇開往昔的長袖舞衣，整天忙著讀經與煉丹。一旦仙丹煉成，就要到玄妙的神仙境界去了；不再像巫山的神女，繫念著俗世的姻緣。

激情的昇華在下一首詞中表現得尤爲明顯，情感與宗教的追求完全臻於一致：

白髮蒼顏，正是維摩境界空，方丈散花何礙。朱脣箸點，更髻鬟生采。這些個千生萬生，只在好事心腸，著人情態。閒窗下斂雲凝黛。明朝端午，待學紉蘭爲佩。尋一首好詩，要書裙帶。

蘇東坡追求永生，朝雲也與他默契合作。他們共同建造放生池。第二年三月，東坡開始在河東一座四丈高的土丘頂建造房屋，命名爲「朝雲堂」。

紹聖三年（一〇九六年）朝雲病故，年三十四歲。東坡擇地葬於棲禪寺東南松林中。墓由僧人築亭覆蓋，名六如亭。所謂六如，出自朝雲臨終時所誦的金剛經四句偈：「一切有如法，如夢、幻、泡、影，如露亦如電，應作如是觀。」清道光名士林兆龍爲之寫聯：「不增、不減、不生、不滅、不垢、不淨；如夢、如幻、如泡、如影、如露、如電。」

朝雲死後，東坡悲痛不已，寫下一則詠梅詞寄其哀思：

「玉骨哪愁瘴霧，冰肌自有仙風。海仙時遣探花叢，倒掛綠毛么鳳。

素面常嫌粉污，洗妝不退脣紅。高情已逐曉雲空，不與梨花同夢。」

這既是對梅的寫照，也是對朝雲的讚頌。

當年的棲禪寺久已夷爲平地，朝雲墓於宋代亦毀壞。解放後曾兩度修建墓、亭。墓旁增設碑廊，保存了蘇東坡九方遺墨。

## 地靈人傑說神泉（惠來神泉港）

由惠來向南走十四公里，就是充滿神奇奧秘的神泉港。

這是一個頗爲繁榮的海邊小鎮，神泉港外，無山無嶼，波平如鏡，連天接海。這天涯海角的所在，向來飲用淡水十分困難。可是到了宋代在小鎮東頭，三面環海的隴上，卻出現一口清冽甘甜的海角甘泉，夜以繼日地供應著當地居民的飲用。大自然的賜予取之不竭、用之無窮，該地人口日漸繁衍，以捕魚爲主的經濟日漸發展。慢慢地，荒僻的海灘形成了熱鬧的小鎭。這在鹵浸鹽蒸的海灘，確實是奇特難得的。鄉民爲紀念這眼有功於民的泉井，遂將此地命名爲神泉。清乾隆年間，在泉井之旁建一碑亭。亭中樹一巨碑，上刻乾隆十七年（一七五七年）惠來知縣王瑋作的《神泉亭塔碑記》。碑文指出了此泉的兩個特點：第一，「受千年鹵而能甘」，在海水包圍之中，甘淡異常；第二，「深廣不數尺，而欲者千餘」，泉不深不大，卻能源源不斷地湧出。如何解釋這神奇的地理現象呢？《潮州府誌》：「此泉發源於文昌山下，隆冬不竭而味甘。」原來，這源頭活水來自附近的文昌山。但在鹵浸鹽蒸之中，爲何能獨保甘淡，這仍然值得我們進一步探索。

碑亭內還立有一石柱，刻著明代洪武年間當地神童蘇福爲甘泉寫的獨聯：「抉擶取而不竭，任鹵浸鹽蒸，獨漂中淡。」相傳是故意空出下聯，留待後人作對。不少人也曾班門弄斧，可惜至今仍尋不到佳對。說來也實在是地靈人傑。蘇福八歲就能寫文章，下筆如有神助。有一次，他在田隴上拾穗，碰到一驛丞。驛丞知他有早慧，就故意考問：「拾穗許枝童」，蘇福不假思索，即朗聲應道：「折梅逢驛使。」蘇的敏捷，大家深爲佩服。八歲那年，蘇寫下了吟詠夜月詩三十首，一時廣爲傳誦。其中的《初一夜月》云：

氣朔盈虛又一初，嫦娥底事半分無？
卻於無處分明有，疑是先天太極圖。

他以嫻熟秀麗的筆墨，寫出了初一晴朗的夜晚月色似有若無的空靈意境，難怪與他同時的著名詩人兼批評家王世貞對此讚不絕口。蘇福詩文後被林大春收入《潮陽縣誌》。

蘇福十四歲時，上京應舉「神童科」。雖才思敏捷，終因年幼未被錄用。朝廷派林鼎元護歸。途中作《送林鼎元》詩，頗悲壯感慨。當年，因科舉不中鬱鬱致病早夭。

蘇福夭亡，鄉人悼惜不已。至清乾隆三年（一七三八年），鄉人在神泉西門建「蘇福家祠」及「神泉書院」，以誌紀念。今二址依然，供人遊覽。

值得一提的，神泉還是觀賞「海市蜃樓」景象的勝地。一九六五年三月十九日，神泉港海面上呈現出城堡、鐘樓、車馬、旗幡，忽又出現大橋、鍋爐、起重機，從下午一時至六時，奇景不斷變幻，居民萬人空巷，湧到海邊觀看。一九八四年三月二十七日午後，神泉港海面上突然浮現一座五層古式碉堡，層次分明，門戶清楚。繼而，景象逐漸擴大，延伸到陸豐甲子鎭海面，浮現出城牆、房屋、村莊和行人，宛如巨大的寬銀幕電影畫面，景象奇偉壯觀。我國能夠看到海市的地方不多，除了山東的蓬萊、浙江的普陀、甘肅的玉門之外，就是潮汕的神泉港了。美麗的幻景增添了這座海邊小鎮的誘人奇趣，民間的傳說更是神乎其神。其實，奇幻的「海市蜃樓」是一種大氣光學現象。它是光線經過不同密度的空氣層發生折射，使遠方景物顯示在空中或地面的幻景，常發生於海上或沙漠地區。神泉港處於南海一個半圓形的海邊上，海市往往就映現在半圓形的圓心附近。每當春末夏初濕氣瀰漫的晴天下午，神泉港外，海平如鏡，水天相連，構成「海市」的條件就具備了。這時，在靠海面淡靄輕蒙的天幕上，「人間仙境」偶爾就會出現。時間長達幾小時，短則三四十分鐘。據統計，解放後神泉港曾七次出現奇觀。

## 蓮花峯頂覓忠魂（潮陽蓮花峰）

潮陽縣城南有個海門鎮，在南海之濱有一座小石山，很像一朵含苞欲放的蓮花。待你到了跟前，從海邊回望，這一大朵蓮花忽然又盛開了。這就是有名的蓮花峰。

蓮花峰高一百三十六米，本是一堆分裂成瓣狀的怪石。這在沿海一帶本不足奇，它的出名卻和偉大的民族英雄文天祥聯繫著，因而受到人們的懷念和尊敬。

我國現在稱「海門」的有三處，一在江蘇長江口，一在浙江靈江口，都面向東海，只有這潮陽海門扼住練江通往南海之口，地勢險要，故稱「海門」，而蓮花峰又正處在海門的鎖鑰之地，無異也成了國門。

西元一二七七年九月，南宋剛登極的八歲小皇帝趙昰，在張世傑等將領衛護下逃避元朝軍隊的追趕，來到潮州，住蹕淺灣，就是現在繞平縣柘林附近，以後又轉戰到南澳、惠來、陸豐等地，最後只好乘船入海奔井澳（今中山縣南海中），不料遭遇颶風，皇帝掉入海中淹得半死，撈上來得了驚恐病，轉年四月便一命嗚呼了，又立了個八歲小皇上趙昺。文天祥最初在五嶺山區抗擊元軍，一二七八年冬從北面步步退卻，南下追隨宋皇「朝廷」，到了潮陽，駐軍海門。他幾次登上這蓮花峰，眺望南海，想從那浩瀚的波濤中搜尋到皇家船隊的影子，然而望眼欲穿，感慨萬端，在巨石上留下「終南」二字，寄託他忠君愛國的悲憤。

現在這蓮花峰上許多摩崖刻石，大都和這段悲壯的史實有關。請看康熙年間潮陽縣令臧憲祖題刻的七律：

丞相勤王到海崖，精忠踏碎石蓮花。
思扶弱主回天顧，致使孤臣痛日斜。
浩氣一腔香巨浪，丹心萬古照寒沙。
成仁取義酬君父，讀史誰能不嘆嗟。

這裏「成仁取義」用的是文天祥自己的典故。那年文天祥屯居海門不久，當地出了個漢奸陳懿。他勾結元朝大將張弘範（也是一個大漢奸），並用船運兵來攻文天祥。天祥退到海豐縣北五坡嶺，正吃飯的時候，遭元兵襲擊被俘。文天祥被綁著雙手，動彈不得，看到山上有一種叫「腦子」的草藥，據說吃多了能死人。他就拼命地吃，卻求死未成。這時元兵捉住文天祥手下大將劉子俊。劉子俊爲了救文丞相，自稱是文天祥。文不願讓劉受累，自己承認是文天祥。二人「各爭眞僞」，元兵把劉子俊用鍋烹死，把文天祥押回海門。張弘範勸他投降，天祥請死，不許，押回大都。關在現今北京府學衚衕文天祥祠院內，直到一二八三年才在柴市問斬。死時在他衣帶中有一字條，自書：「孔曰成仁，孟曰取義，惟其義盡，所以仁至。讀聖賢書，所學何事？而今而後，庶幾無愧！」現在這蓮花峰下有一文山祠，有一副對聯，概括的就是這個意思，曰：

大人之學仁至義盡，
先生之風山高水長。

一九六二年，老舍先生來此憑弔，題詩二首：

一

遙憐信國此峰頭，水黑雲寒望帝舟；
今日紅旗明碧海，神州兒女競風流。

「信國」指文天祥曾封爲「信國公」。

二

飲露餐明霞，青蓮十丈花；
海門潮起落，萬古衛中華。

文天祥這種「萬古衛中華」的精神，一直激勵著後代人，前仆後繼，爲國盡忠。在通往蓮花峰的石階旁，有一很大的草書「虎」字，眼突尾長，奕奕生威，給人以不可凌視之氣。這就是清末抗法名將劉永福手書明志之筆。此外，蓮花峰西在一塊望夫石，是漁家婦女遙望歸帆的地方。峰下有一「萬人塚」。一九四三年日寇封鎖海門，不許漁民出海。漁民奮起反抗，被殺和餓病而死的同胞逾萬，埋葬於此。這些都時刻激勵著人們的愛國熱忱，增強「萬古衛中華」的決心。

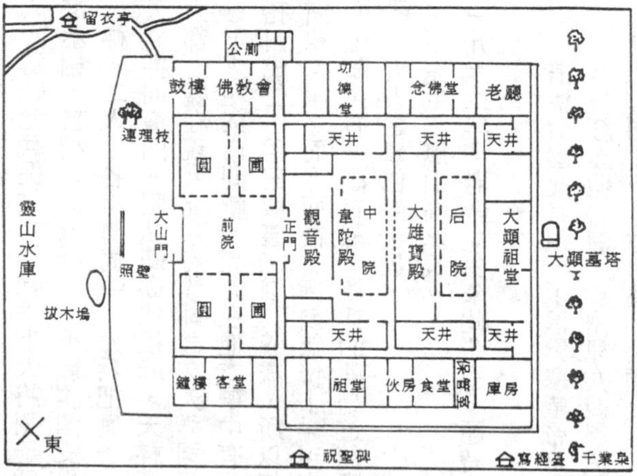


靈山寺平面圖（靈山寺供圖）

## 留衣亭上論是非（潮陽靈山寺）

唐代潮州佛教大盛。在開元寺建成五十多年後，潮陽籍的大顛祖師（俗姓陳名寶通），又選擇潮陽縣城西北的靈山大興土木，建造佛寺。經營之初，備嘗艱辛。大顛深入荒山野嶺，與野獸為伴，砍拔深山林木。好在他德行高深，影響很大，門徒百姓都大力贊助扶持，終於建成占地達七百頃的潮汕第二名剎，並經朝廷承認，賜名為「靈山護國禪寺」。

說來奇怪，靈山寺之所以聞名遐邇，並不在於它結構的宏偉，環境的幽雅，而在於這裏記載著唐代高僧大顛與名臣韓愈友誼交往的一段佳話。

韓愈因諫迎佛骨遭貶潮州。可到潮州後，在不到八個月的時間內，卻與大顛交往頗殷，過從甚密。最初的起因，韓愈在《與孟簡書》中略有透露：「大顛頗聰明，識道理。」而去家國萬里的韓愈初來乍到，感到有點寂寞：「遠地無可與語者」。故屢屢遣使請之。但大顛有「守山林不入城郭」之戒，起初未能應邀。後來，感念韓愈的志誠，終於到潮州，在叩齒庵逗留了數十日。一個奉佛高僧，一個抵佛名臣，在談論中卻能各抒己見，一時傳為美談。後來，韓愈趁「祭神海上」之便，還登門造訪了大顛。移住袁州時，韓愈又專程前往告別，分手時又將自己的衣服留給大顛作為紀念。大顛則在此建了「留衣亭」，以寄懷念。

韓愈與大顛的交誼，引起後人無休止的爭論，見仁見智，歷代莫衷一是。宋代理學大師周敦頤，曾任廣東轉運判官提點刑獄，因察訪到潮州，途經潮陽靈山寺，瞻仰大顛生前誦經的廳堂，即興題下了一首詩：

退之自謂如夫子，原道深排佛老非；
不識大顛何似者，數書珍重更留衣。

顯然，詩句雖頗含蓄，但字裏行間對韓愈的作爲大不以爲然。明代的著名詩人袁宏道對此更是感慨萬端，認爲韓愈這樣做，不僅不是攻擊佛法，而是善護佛法，對佛法是「攻其皮，嗜其髓」。蘇東坡則斷定韓愈給大顛寫信是世所「妄撰」，因爲「其詞凡陋」，即使是韓愈家奴僕，也不致寫如此拙劣的文字。近人范文瀾則認爲韓愈與大顛有交往的思想基礎。大顛是佛教禪宗的正傳者，而禪宗頗適合士大夫的口味。韓愈認爲大顛「頗聰明，識道理」，所謂道理，當然是儒家的道理。清人鄭昌時甚至認爲，韓愈臨別贈衣，正是他反佛行動的一種特殊形式，體現了他對佛門中人的良苦用心。鄭在《韓江聞見錄》中說：「……公之留衣，正欲大顛人其人（還俗），服其服（從儒）耳！」

前人的爭議紛紜，更增添我們探索奧秘的情趣。靈山寺舊有八景，除留衣亭外，還有千叢果、拔木塢、寫經臺、祝聖碑、開善藏、白石槽、舌鏡塔。

舌鏡塔即大顛祖師塔。這是如今廣東境內罕見的唐代墓塔。塔呈鐘形，高二點八米，石結構，八菱形。塔身坐落在整座山寺的中軸線上。塔前有石幢一對。至於爲何又稱舌鏡塔，說來又有一段傳說。大顛死於唐長慶二年（八二四年），享年九十三歲。他被埋在這墓塔裏。據說唐末有人因維修而打開墓塔，發現骨肉盡化而舌根猶存，即照舊掩埋。宋朝至道年間再行發掘，發現舌根已杳，卻有古鏡一面。後人於是將此塔稱爲舌鏡塔。這些自然都是佛家爲了表明自己非同凡人而編造的故事。

## 韓祠橡木遺澤多（潮州韓愈祠）

從潮州湘子橋上踱過韓江，便是韓山。韓山原稱筆架山，西麓有一座名聞暇邇的韓文公祠。那是紀念唐代大文學家韓愈的。韓愈貶潮期間，愛此地河山之美，常登此山優遊，且親手栽種橡木。南宋淳熙十六年（一一八九年），潮州知軍州事丁侖元就建祠於此，以誌紀念，至今已近八百年。

韓愈當年爲什麼來潮州，說起來還有一段史實。在唐代長安西北有個鳳翔縣。縣內有個法門寺。寺中有一座護國眞身塔。塔內藏有一節指骨。據說這就是釋迦牟尼的遺骨，稱爲「佛骨」。佛骨每三十年展覽一次，傳說能使「人安歲豐」。元和十四年（八一九年）正月，迷信的憲宗皇帝導演了一齣鬧劇。他派了一個宦官，領著三十個宮女，手捧香花，到法門寺內把佛骨迎出，送到長安皇宮裏面。在皇宮裏整整供奉了三天，讓百官朝賀，頂禮膜拜，之後又送到寺院公開展覽。整個長安城都爲這節佛骨轟動起來了。

就在這對佛骨的迷信達到狂熱混亂狀態的時候，韓愈卻保持清醒的頭腦。他站在儒家正統的立場上，寫下了一篇「忠犯人主之怒」的《論佛骨表》。他尖銳指出，寺院和佛教徒大量糜費國家財富，不利封建統治的長治久安；託佛求福，不但無福，且遭災禍。昏庸的皇帝接到表章大爲震怒，下令將韓愈處死。幸得宰相裴度等一班大臣懇求，才將死罪改爲貶作潮州刺史，實際上就是流放。

潮州距長安八千里，交通極爲不便。韓愈有如囚犯，連與家人告別都不獲准，即日離京上路。一直走到陝西藍田縣的藍關附近，由他撫養成人的姪孫韓湘（也即民間傳說中的「八仙」之一的韓湘子），才匆忙趕來護持。時值春寒，白茫茫的原野上飄舞著雪花，已經進入晚年的韓愈，禁不住滿腔悲憤，寫下了《左遷至藍關示姪孫湘》的著名詩篇：

一封朝奏九重天，夕貶潮州路八千。
欲爲聖明除弊事，肯將衰朽惜殘年！
雲橫秦嶺家何在？雪擁藍關馬不前。
知汝遠來應有意，好收吾骨瘴江邊。

韓愈沿漢水，過長江，越五嶺，入南海，經過二個多月的長途跋涉，於當年的三月二十五日抵達潮州。

到潮州後，他不顧個人的委曲和家庭的不幸，下車伊始，即爲潮民薦賢興學，驅鱷除惡。

在潮州人才的開發上，韓愈是一個里程碑式的人物。他到潮不久，就發現進士趙德「沉雅專靜，通經有文章」，但長期失意，不爲世用。於是毅然向上司薦舉，讓趙德「攝海陽縣尉」，專門管理興學育人的事務。由於用人得當，潮州文教事業迅速發展。百餘年後，下逮北宋，潮州終於獲得「海濱鄒魯」的美稱。

至於驅鱷除惡一事，歷史上被宣傳得神乎其神。現在看來，主要表現了韓愈關懷百姓疾苦的精誠。流經潮州的韓江，當時叫惡溪，水中多鱷魚，對人民危害甚大，所以當地老百姓稱之爲「鱷溪」，並且對鱷魚由懼怕到崇拜，幾乎奉之爲神。因此，要想治退鱷魚，首先要解除人們思想上的束縛，鼓勵人們同鱷魚鬥爭的信心。於是韓愈先製造驅鱷的輿論，然後來到江邊裝模作樣地祭鱷。在衆多群衆圍觀下擺設了豬羊大供，宣讀了《祭鱷魚文》，命令鱷魚限期遷徙。傳說鱷魚感其誠，當夜西徙六十里，潮民從此無鱷害。憑一紙祭文，一舉殲滅鱷害，顯然是不足信的。事實上，韓愈祭鱷之後鱷患仍然存在。三十年後宰相李德裕貶潮，鱷魚損壞他的舟船，致使他裝在船中的古玩書籍盡皆沉失，便是明證。但在鱷害肆虐的當時，韓愈的勇敢與精誠起到破除鱷魚的迷信作用，成爲抗擊鱷害的精神力量。

現在韓祠內，共有三十六方古碑記。其中最著名的是宋代大文豪蘇東坡撰寫的，明代成化二十年重刻的《潮州昌黎伯韓文公廟碑》。幾乎所有的碑刻以及祠內石柱上的對聯，都談到韓愈「興學」與「驅鱷」的功績。其中正堂石柱上的對聯概括得最好：

闢佛累千言，雪冷藍關，從此儒風開嶺嶠；

到官才八月，潮平鱷渚，於今香火遍瀛州。

由於韓愈能開發民智，憂民之憂，所以在潮州任官不到八個月，卻贏得「潮州山水盡姓韓」的偉譽，並奉之爲神。這在中國歷史上是很少見的。

歷經「文革」浩劫之後，潮州始欣欣向榮。韓山韓水憶韓公。人民政府在海內外各界人士支持下，從一九八四年開始集資重修韓祠。全國知名人士和書法家近百人，揮毫潑墨，爲韓祠題寫碑記。不久，在千年橡木的地方將立起一片藝術的碑林，永遠紀念這位早期開發南國的文學家。

## 開元風物足優遊（潮州開元寺）

由汕頭市驅車沿潮汕公路走，不出四十公里，就是已有一千多年的歷史的文化古城潮州市。潮州市地處韓江下游，素有「海濱鄒魯」之稱。

昔人有言：「到廣不到潮，枉走此一遭」。此語誠不虛誇。這座隋唐建築的歷史名城，名勝古跡觸目皆是，如唐代建的開元寺，宋代築的廣濟橋、韓祠，明代建的廣濟門樓、鳳凰塔，以及清代重關的西湖等等。人們將多姿多彩的旖旎風光概括成內外八景。內八景是：「東樓觀潮」、「西園賞菊」、「七星步月」、「奎閣騰輝」、「蓮花午照」、「府樓鐘聲」、「漁莊晚眺」、「古剎梵唱」。外八景是：「韓祠橡木」、「金山古松」、「西湖漁筏」、「鳳凰峙雨」、「北閣佛燈」、「湘橋春漲」、「鱷渡秋風」、「塔院維舟」。

開元寺在這衆多名勝中無疑獨占鰲頭。它坐落在市中心的甘露坊，占地百畝。始建於唐玄宗開元二十六年（七三八年）。是唐代全國十大州郡敕造的十個開元寺中的一個。元代稱「萬壽禪寺」，明代又更名爲「開元鎮國禪寺」。

這是一組比較完整的四合院式的建築群。正殿大雄寶殿屋頂爲四垂檐，雙滴水，還有葫蘆、鴟尾爲裝飾。四周是石欄，有七十八塊唐宋石刻，刻著佛教故事，奇獸珍禽，蓮花瑞草等形象，還有碑體石刻題詞，純樸壯觀，獨具風格。殿裏供著釋迦牟尼、阿彌陀佛、藥師佛三尊高達五米以上的浮金座像，像前供著明代髹漆金木雕大香案。兩旁坐列姿態各异的十八羅漢塑像。觀音閣、地藏閣、知客堂、韋陀廟、香積廚環繞大殿。廟堂樓閣裏面供的大小佛像數以百計。

開元寺的精美建築令您目不暇接，開元寺珍貴的文物更能引發您思古之幽情，提起您研究的興趣。寺中有一個「三韓弟子任國祚」奉獻的銅香爐，那上面令人矚目的是一組題款，上刻「三韓弟子任國祚奉獻銅香爐一座入於開元寺禪堂供養」。「三韓」，就是現在的朝鮮，那時分爲高麗、百濟、新羅，他們每年都派不少僧人到中國留學。據史料記載，僅唐文宗開成五年（八四〇年）一次就有一百零五個新羅學生回國。這件實物證明了當年開元古寺曾經接待過朝鮮僧人。

五層八腳的隕石香爐，不單吸引我們駐足玩賞，也爲我們提出了研究的課題。這座重九百五十斤，高一百四十公分，口徑八十四公分的香爐，爐座上刻著飛天、雙龍、複蓮瓣、梅花鹿，刀鋒犀利，稜角分明，精美異常。據史載，元朝泰定二年（一三二五年）在海陽（即今潮州）隕落一塊隕石，當地石匠按其自然形狀加以雕鑿，刻成此爐。這座香爐有一種特殊性能，爐內即使燃著熊熊大火，而爐外卻一根髮絲也燒不焦。它焚香六百多年毫不損缺，這奧秘確實值得我們探討研究。

殿前豎的一對唐代石經幢，上面刻寫著《準提咒》和《尊生咒》經文，歷來也爲研究建築與佛教的學者所關注。殿後藏經樓，珍藏著清代雍正十一年（一七三三年）由乾隆皇帝頒發的《大藏經》，共七千三百四十卷。這部當年由北京護送來潮的佛教經典彙編，包括歷代著譯的《經》、《律》、《藏》三方面，有漢、番、梵對照文本，有木刻印刷的佛像及佛教故事連環圖卷，可謂集佛教宗派哲學之大成，更是研究佛學及二百年來版畫刊刻藝術的珍貴資料。

一九八〇年殿宇進行大修，景色一新。千年古刹不僅成爲海內外遊人的遊覽勝地，而且成爲各界學者探討研究的所在地。

## 廣濟橋畔話春秋（潮州湘子橋）

廣濟橋位於潮州市東門外，橫跨韓江，全長五百多米。傳說「八仙」之一的韓湘子曾手書「洪水止此」的石碣豎於橋畔，故俗稱湘子橋。

廣濟橋始建於南宋乾道六年（一一七〇年），歷時五十七年建成。東西兩段共十八墩，橋墩用花崗石塊卯榫砌成，兩橋共長五百一十五米。中間約百米，水流湍急，無法架橋，只用小舟擺渡。東橋稱「濟川橋」，西橋稱「丁侯橋」。明宣德十年（一四三五年）重修，並增築五墩，取「濟百粵之民，其功甚大」之意，改稱「廣濟橋」。正德八年（一五一三）又增築一墩，中段縮短，改用一十八艘梭船連成浮橋。清雍正元年（一七三二年）又在浮橋兩端橋墩上置鐵牛兩頭，牛背上鐫「鎭橋御水」四字。道光二十二年（一八二四年）洪水毀東岸橋墩，墩上鐵牛墜入江中。這便是「十八梭船廿四洲，二隻生牛一隻溜」俚歌的依據。

由十八梭船組成的浮橋能開能合隨潮升降，成爲我國最早的一座開關活動式大石橋。解放後，因交通需要，於一九五八年、一九七七年兩次改建，浮樑部分改架鋼橋，橋面加寬至十一米，保存著古橋墩及部分石樑。一九八○年重鑄鐵牛一隻置於橋上。文濟橋渡盡劫波，顯得更爲壯觀。

此橋爲何又叫湘子橋呢？這也和韓愈有關。傳說韓愈被貶潮州後，不計個人得失，立志爲潮民謀利。一日，他到江畔巡視，看到江水滔滔，黎民百姓過江艱難，遂決意在此造一橋梁。

於是召其姪韓湘商量，韓湘道：「吾邀七仙相助，也僅能營造一半。」韓愈又請靈山寺大顚和尙出謀獻策，大顚推薦了開元寺廣濟法師，法師又帶十八羅漢共參盛舉。最後雙方商定。韓湘與七仙從東起建，文濟率十八羅漢自西起建，並約定東西合攏日期。自此，雙方各施鬼斧神工，工程進展頗爲迅速。

不覺到了合攏之日，但雙方都缺一墩未建。江心尙缺二個橋墩，如何銜接呢？後來還是七仙設法彌補了這一缺陷。只見何仙姑拆下十八片蓮瓣置於水上，變成了十八隻梭船，曹國舅將雲板放在舟上，變成了船板。李鐵拐解下腰帶，串住梭船，頭尾結在東西橋墩上。一橋飛架，東西成通途。後人爲了追念造橋者的功績，遂稱此橋爲「湘子橋」。

橋始建於南宋，顯然與韓愈無關。這美麗的傳說，只不過是道出了人民對於這位「功不在禹下」的賢臣的一番景仰與思念罷了。

## 揭陽學宮樹豐碑（揭陽文廟）

當我們結束了潮州的遊覽，驅車沿潮揭線走三十四公里，就到了潮汕地區又一文化古城揭陽，揭陽在潮汕地區素稱大縣，經濟、文化的開發較早。它的縣城榕城鎭，規模略小於潮州。榕江穿城而過，給這座古城增添了秀美宜人的景色。風光旖旎的榕江西湖，坐落城西南角，背靠榕江處。但最值得駐足的，當推聞名潮汕的揭陽學宮，學宮在榕城進賢門內。它原是歷代封建王朝祭祀孔子及名儒的廟堂，故又稱孔廟。它始建於南宋紹興十年（一一四〇年），幾經修復。清光緒二年（一八七六年）改建，留下了清代宮殿式的建築風格。這個中軸式建築群，包括了前門、大成殿、東西廡、明倫堂、東西齋等主要建築；宮前還有照壁、欞星門、泮池等。

大革命時期，學宮成了潮汕有數的一處革命聖地。一九二五年三月中旬，周恩來在第一次東征期間，協同廖仲愷指揮棉湖戰役，在殲滅軍閥陳炯明部分兵力之後，經普寧縣洪陽鎮來揭陽榕城。當時學宮是黃埔軍校教導團的駐地，明倫堂是軍校政治部主任周恩來的臨時辦公室。明倫堂東廂房，是他的寢室，明倫堂的祭桌，則成了他的辦公臺。他曾在祭桌旁多次接見揭陽的共產黨員及各界進步人士，鼓勵他們搞好革命宣傳積極喚起民衆，去爭取革命的勝利。一九二五年十一月，周恩來同志在第二次東征期間又一次來到揭陽，仍住學宮辦公。

第二次東征勝利後，國民政府任命周恩來爲東江各屬行政委員，主持惠陽、潮汕、梅縣十個地區的行政工作。行政委員公署，就在汕頭市外馬路十號，原是清代學者黃公度主持的同文書院。一九二六年二月二十二日，在行政公署舉行東江各屬行政會議，制訂出了振興潮汕的具體方案，周恩來第三次到揭陽是在一九二七年九月十六日，率八一南昌起義部隊到達揭陽，周恩來再次在明倫堂主持工作。他與賀龍、葉挺一起，幫助揭陽縣建立了第一個紅色政權——揭陽縣工農革命委員會。委員會就設在學宮的大成殿。

學宮門前，周恩來同志曾與揭陽縣工農學生和革命團體代表照過像；在泮池的石拱橋畔，他又曾與彭湃合過影。整座學宮處處留下了周恩來等革命前輩的足跡。它像一座巍峨的豐碑，銘刻著前輩們不朽的歷史功績，激勵著人民革命到底，永遠前進！

## 天風海濤柘林灣（饒平柘林灣）

我們從饒平縣城黃崗鎮驅車向東南走二十二公里，就到了柘林鎮。從前，這裏曾是驚濤拍岸、船隻穿梭的古渡口；如今卻是奇峰疊起的海濱遊覽區。這裏有座風吹嶺，位於柘林古鎮之東，因嶺高面海，四季常聞風聲而得名。歷代騷人墨客名流賢士登臨觀海，吟詩作賦，給嶺上留下了許多摩崖石刻。

山嶺東麓有明代崇禎年間建的「雷震關」遺跡。如今還可見到當年柘林寨事都司曹立的石碣，上鐫「盤詰奸細」、「緝獲盜賊」大字，嶺之中段，有一亭曰尾蝶亭，相傳是紀念當年抗倭巾幗英雄的。尾蝶亭邊撲蝴蝶，如今已成了遊人的一件賞心樂事。當地鄉民說，那美麗的蝴蝶，正是英雄忠魂的化身。

風吹嶺西麓，有一鎮風塔。古人考慮到該地瀕臨濱海，屢受風潮之害，爲鎮風鎖水，遂造此塔。塔建於元代至正十三年（一三五三年），距今已六百餘年，幾經戰亂，仍完整無缺。塔高二十二米，塔基圍十六米，七層八面，全用方石砌成，古樸莊重。登塔放眼，古鎮全貌盡收眼底。

與古塔遙遙相望，是一氣勢非凡的古刹，始建於南宋末年，原因此地石峰林立，漫山遍野柘樹成林，故名「柘林寺」。明萬曆癸卯年重修，主事者請蔣高偉（明刑部侍郎，後謫大埕所鹽官）書寫山門匾額。時恰一白雀在樑上啁啾鳴叫，蔣遂即興易名爲「白雀寺」，白雀寺珍藏十八羅漢像一套。明代浙江天幢寺主德祥和尚善畫，窮畢生精力，繪成各具形態的十八羅漢像二套，一套藏於此，另一套爲北京廣濟寺收存。此外，寺中宋代景德鎮燒製的祭紅大瓶，明代鑄造的千斤大銅鐘，都是如今罕見的珍貴文物，吸引著我們駐足觀賞。

走出白雀寺，下風吹嶺向南，可望見地勢險要的旗頭山。山峰半截掩埋在漠漠赤沙之中，沙埔綿延一里多長，從海上回望，山峰沙埔冉冉浮現在碧波之上，好似旗頭飄帶，因此得名。這裏是柘林灣的門戶，自明至清均有設防。歷代傳誦著不少抗敵制勝的動人事跡。明萬曆四年（一五七六年）五月十八日，柘林駐地官兵在對倭作戰中，以主力埋伏在旗頭山下，派水師僞裝漁船，誘敵靠岸。然後水陸夾擊，大破賊兵。該戰役生俘倭首四名、翻譯一名，擊斃五十四名。大大鼓舞了沿海軍民抗倭鬥志。

## 海疆國門雄鎮關（南澳古城）

潮汕所屬各縣市，唯有南澳四面環海，叫南沃島，素來是海防前哨。

明萬曆四十八年（一六二〇年），倭寇大舉犯境。抗倭名將戚繼光奉命率兵五千，從浙江來援，配合廣東都督俞大猷聯合作戰。兩路軍隊進入南沃縣雲沃地區之後，不畏艱險，開山道挺進，出奇兵直搗倭營，一舉殲滅賊軍。大捷之後，南沃副總兵何賦臣在雲沃至深沃途中，占老山與金山之間的山坳處，擇地築關，名之曰「雄鎮關」。關高三丈，周圍百餘丈，居高臨下，面向碧波洶湧的大海，地勢險要，可謂「一夫當關，萬夫莫開」。關門兩邊有對聯：「雄跨南北雙峰脊，鎮懾雲深兩澳關」。南北雙峰即指古老山與金山，雲深兩澳反映南澳縣屬下的雲澳、深澳兩地區。關內還有「威鎮南天」碑刻一方，體現了當年抗倭將士的勝利豪情。

在深沃灣獵嶼上，明天啓三年（一六二三年）還修建了一座規模巨大的銳城，也即炮臺。當時協守潮漳等處副總兵黎清源寫的《獵嶼銳城碑記》至今保存完好，它清楚地寫明築城的目的是爲了更好地保衛邊防與入侵紅夷（荷蘭侵略者）展開鬥爭。《南沃誌》載：「上炮臺圍寬數十丈，營房十八間，大炮八門，山頂有煙墩一座；下炮臺圍寬十八丈三尺，營房四間，大炮十二位。」炮臺建成後，我方可攻可守，保衛海疆的力量大大加強了。

在深沃古城西南幾百米的校場村，還有一演武廳，原是鄭成功率兵抗清演武的所在。有二廳四房，現雖殘破，仍依稀可見昔日規模。廳前是寬廣的練兵場。場的左側有五米高的正方形旗杆斗，場的正中則是一條三百米長的馳道。當年鄭氏背父抗清，爲收復臺灣多方積極準備，就曾在此地養精蓄銳，操練兵馬。水師在附近海面演習，陸軍則在演武廳前訓練。登臨遺址，鄭家軍同仇敵愾、千帆競發的雄姿宛在目前。

有趣的是，這座深沃古城的東門，還保存一座氣勢雄偉的大石坊。它建於崇禎十六年（一六四三年），爲了表彰鄭成功的父親——當時南沃副總兵鄭芝龍，鄭在紅夷（荷蘭侵略者）入侵之際，不畏強暴，指揮若定，保衛了領土主權。建立了顯赫戰功，事跡實在感人。遺憾的是，這位抗夷英雄後來竟投降清軍而背叛明朝。鄭氏父子人各有志，也就只能分道揚鑣。

到了清代，南沃仍是海防重鎮。康熙年間，南沃總兵佟斌在深沃東側山坡一天然巨石上，刻下「江山如畫」四字，抒發他的愛國激情。此石高六米，寬四米，每字一米見方，筆力遒勁，氣壯山河。前面介紹過的獵嶼銳城，清代也大規模維修重建。並充實裝備，增添人員，常備不懈。中法戰爭後，爲適應形勢需要，銳城又增添了不少武器裝備。光緒十三年（一八八七年），鎮南澳使者鄧萬林在下炮臺南面的石崖上，刻下「海闊心雄」四個大字，表達了軍民一致，隨時準備抗敵報國的決心。

在深沃南側金山絕頂巨岩上，還刻有清代廣東巡撫佟法海的《登金山》一首。頗爲深刻地概括了南沃這一海疆國門的重要作用。詩曰：

金山絕頂上，俯視得奇觀。海外三澎小，封疆兩省寬。中流能作鎮，萬里障狂瀾。古語傳忠信，波濤涉不難。

## 粵東古剎元山寺（陸豐碣石鎮）

陸豐縣碣石鎮北郊，有一山名玄武山。「天下名山僧占多」。玄武山所以名聞粵東，乃因爲玄武山元山寺香火旺盛。廣汕路沿途各縣，善男信女，絡繹如雲。甚至旅居海外的潮籍僑胞，也不遠萬里專程前來頂禮膜拜。

這元山寺規模不亞於潮州開元寺，始建於南宋建炎元年（一一二七年），清光緒七年重修。殿上佛像儀態萬端。或合十蜷足，冥思入定；或眉開眼笑，手舞足蹈；或青面獠牙，兇神惡煞；或慈眉惠眼，良善端方。皆栩栩如生，窮形盡相，各異其趣，維妙維肖。

寺中題刻也頗豐富，或楷或草，或隸或篆，或秀媚或遒勁。其中比潮州開元寺更勝一籌的，有清代同治皇帝的御賜書印，更有慈禧太后題寫的大字「威宣嶺表」。中國之大，名山大刹比比皆是，不可勝數。元山寺能得到一代至尊如此垂愛，自然便身價百倍，此外，兩廣總督、欽差大臣林則徐題了「水德靈長」，愛國名將，抗法英雄劉永福留下「靈聲滿道」墨寶。兩位著名民族英雄的手跡，無疑也爲名刹增添了光彩。

元山寺後，有福星塔。始建於明萬曆六年（一五七八年）。原是泥磚結構，一八五八年遭颶風摧毀。清同治四年（一八六六年），廣東水師提督溫賢、福建水師提督程恩高和江南狼山總兵泊承升三人聯名主持，在原塔基建造石塔。這三人積極造塔，有光宗耀祖之意。因這三個人都是碣石人，都在外爲官。因取「福星高照」之意，將塔命名爲「福星塔」。塔高十八點六米，八層八角，全用本地花崗岩與泉州白、玉青、古山紅等石砌成，古樸莊重。下七層每層八個龍首，分布八方，嘴含珠，頭頂檐，最頂一層換成八條圓睛鼓顋的石鯉。雕刻很是生動傳神，是不可多得的石雕工藝品。塔頂則獨出心裁，是一巨大的紅葫蘆，上插一支玉石製成的大筆。直指藍天，頗寓深意，故有軼名詩云：「倒寫天上白雲箋」。

福星塔之西鄰有一岩洞，叫「起龍岩」，也是具有神話色彩的奇觀。岩洞底部有一凹形石槽，無痕無隙，卻能長年滲出泉水，且水清味甘。當地民諺云：「石泄出水潤無孔，龍泉吐涎津有源」。人們說，整個岩洞乃龍所幻化，而凹形石槽正是龍口。其實是因洞內陰冷，南海的熱空氣遇石凝結成水，故源源不斷。

岩洞上有閣曰「自得居」，閣旁有亭曰「四美亭」。亭中有一聯語，頗能道出遊人興致：

於此間得少佳趣

亦足以暢敘幽情。

這裏，應該補充的是，福星塔在「文革」中，自然在「四舊」之列。但石結構頗爲堅固，小敲小打，無法破之。紅衛兵無可奈何。最後是三聲巨炮，才將此塔轟成亂石。一九八一年照原貌重建新塔。

# 新詩首唱「人境廬」

## （梅縣黃遵憲故居）

梅縣古稱嘉應州。這裏山明水秀，山不高而葱鬱，水不深而秀媚。與一馬平川的潮汕平原相比，別有一番景致。

在梅縣市東郊三公里的楊桃墩，有一座清幽雅致的別墅，這就是黃遵憲的「人境廬」。廬名取陶淵明「結廬在人境，而無車馬喧」之詩意。

提起黃遵憲，大家都知道他是近代有名的愛國者和詩人。他誕生於一八四八年，出身於官商家庭。光緒二年（一八七六年）中舉後，他接連出任清政府駐日本、美國、英國、新加坡等地參贊或總領事，先後在國外十六七年。長期的國外生活，使他廣泛地接觸了西方民主思想和文化。他認爲「我國政體，必當法英」，並由此形成「守漸進主義，以立憲爲歸宿」的改良主義政治思想。從新加坡回國後，他在上海參加康有爲、梁啓超爲首的「強學會」，與梁啓超合辦《時務報》；又到湖南協助陳寶箴創行新政，提倡變法。戊戌政變失敗後，他險遭殺害，因而對變法運動感到絕望，遂回到闊別多年的鄉梓隱居。

「窮途竟何世，餘事作詩人」。黃遵憲本不甘以詩人自命。但由於他大半生接觸了新世界，就給他的詩歌創作帶來了新源泉、新意境。有名的《今離別》四首，以舊詩形式歌詠輪船、火車、電報、照相、東西半球晝夜相反等事，反映近代社會生活的巨大變化，確實給當時古老沉悶的詩界帶來了新氣息，成爲一種有歷史意義的創造。而在詩歌理論上，他也「有別到詩界之論」，他主張「我手寫我口」，主張「詩之外有事，詩之中有人」，即要求詩歌要反映現實生活，要表現自己的思想感情。由於他在改良運動中最早從理論和創作實踐上給「詩界革命」開闢了道路，他成爲梁啓超極力讚揚的「詩界革命」的旗幟，也成了龔自珍以後中國最傑出的一位詩人。

晚年，詩人「結廬在人境」，在家鄉一帶登山臨水，詩酒優遊。回首往事，曾寫下一首慷慨豪放的詩：

我是東西南北人，平生自是風波民。
百年過半洲遊四，留得家園五十春。

人境廬內原有園圃、假山、魚池、五步樓、十步閣、息亭、七字走廊、無壁樓、臥虹榭、藏書閣等建築。詩人曾自撰對聯懸掛庭中，描寫園中景色：

三分水，四分竹，添七分明月；
五步樓，十步閣，望百步長江。

廬建於一八八四年，而在建廬之前三年，日本書法家成瀨溫已先爲題寫「人境廬」三字門匾，可見是先有名後有廬，是因名造廬。如今，廬存人亡，成爲人們憑弔瞻仰的所在。

## 靈光寺巧奪天工（梅縣靈光寺）

從梅州市驅車向東南走四十公里，到了梅縣與大埔縣交界之處，有一座風光旖旎的山叫陰那山，終年祥雲繚繞，那是蓮花山脈東北盡頭的山麓。相傳在唐代咸通年間（八六〇—八七四年），福建高僧潘了拳周遊廣東各大名山，來到此地，被山光水色迷住了，乃在此開山建茅寮。每日晨鐘暮鼓之暇，即尋鳥鳴山幽之勝。潘在此終其天年，死後人們在茅寮舊址上建造起宏偉的廟宇，以誌紀念。寺初名聖壽寺。至明代洪武十八年（一三八五年）進行擴建，才改名爲靈光寺。擴建後，寺內有菠蘿殿、羅漢佛殿、諸天佛殿以及鐘樓、鼓樓諸建築，頗具規模。

靈光寺有四絕。一是菠蘿頂，即大殿內木質結構的螺旋形藻井，工藝異常精巧。寺內香火盛時，寺外卻不見一絲煙縷，寺內的空氣也仍然新鮮。其奧妙就在於大殿裏終年不斷的香煙，順著螺旋形藻井盤旋而上，自然擴散。其作用相當於現代的通風扇。這項利用建築形制，造成天然氣流通風的創造，顯示了古代工匠的聰明才智。殿後古木參天，殿頂卻不留一片落葉，可能也與這菠蘿頂形成的氣流有關。

二是寺門前有二十多米高的古柏兩株，凌空拔地，卻一枯一榮，雙雙挺立，至今已有一千多年歷史。據《陰那山誌》記載：這兩棵柏樹都是唐代開寺高僧潘了拳親手所植。當初植三棵，不久就枯死一棵。隨著歲月流逝，右側一棵又落葉枯乾。但奇妙的是，這棵「枯」柏，竟不朽不腐，且能升高長大，與左側一株宛如一對孿生兄弟：榮者翠綠如墨，枯者鐵木錚錚，居然平起平坐，高低不差。這其中的奧妙實在耐人尋味。據說這可能是外枯裏不枯，故能照舊生長。

三是寺內的慚愧祖師佛像。「慚愧祖師」即是潘了拳法號。該像雕刻相當精細，大有曹衣出水、吳帶當風的意味，確是嶺南文物中之珍品。

四是寺外之「五指峰」。寺宇周圍陰那山峰頂尖削如五指，可沿石梯盤旋而上。沿途小橋流水，竹籬茅舍，自有一番情趣。放眼遠眺，盡處可見梅江、汀江、梅潭河三水匯流。近頂峰處有一道仙人橋，長僅一米多，但橋面狹窄，橋下即是百丈深谷，形勢十分危險。跨過仙人橋，不遠就是峰頂。無限風光，任君領略。看莽莽雲海，觀紅日噴薄。當麗日藍天之際站在峰頂，用望遠鏡可以遠眺潮州的湘子橋。西南不遠，就是湯坑溫泉，中國第一座試驗性的地熱發電站，就建在那裏。

唐代詩人劉禹錫在《陋室銘》中曾說過：「山不在高，有仙則名。」靈光寺之所以能吸引人不憚萬來遊，原因也不外二方面：第一，得天獨厚，占地幽雅；第二，巧奪天工，別具風味。題刻在寺旁石壁有不少清辭麗句，抒寫了歷代遊人心曠神怡之樂。其中一首佚名詩，讀之不禁擊節稱賞，特抄錄如下：

鐵橋過去是桃源，石上桃花不記年。
寄語中原車馬客，風雨到此一停鞭。

## 動不如靜寺飛來（清遠飛來寺）

「天開清遠峽，地轉凝碧灣」。這是著名詩人蘇東坡詠峽山的詩句。當你乘坐廣州至飛霞的遊覽船或遊覽車，來到飛霞風景區，眼前的景致會使人感到美不勝收。

清遠峽，又名飛來峽，位於清遠城東北二十三公里。峽中的飛來寺、藏霞洞、飛霞洞，構成了名勝。其中高閣層樓，雅殿清室，建築物總面積近四萬平方米，是一個清靜幽雅的遊覽避暑勝地。

飛來峽兩岸，群山連綿，北江奔瀉其間，波濤湍急，氣勢磅礴。沿岸七十二峰，參差對峙，綠水青山，雲蒸霞蔚，與宏偉的廟宇寺觀相映點綴，景象萬千。雨後雲煙，雲遮霧繞，兩岸層巒迭嶂，古跡林立，氣勢雄偉，壯麗多姿，猶如一幅水墨淋漓的國畫。

在整個風景區中，較著名的景色有：「峽口春帆」、「松峰觀日」、「飛泉瀉玉」、「臨江寺影」、「飛霞煙

北江遊覽區

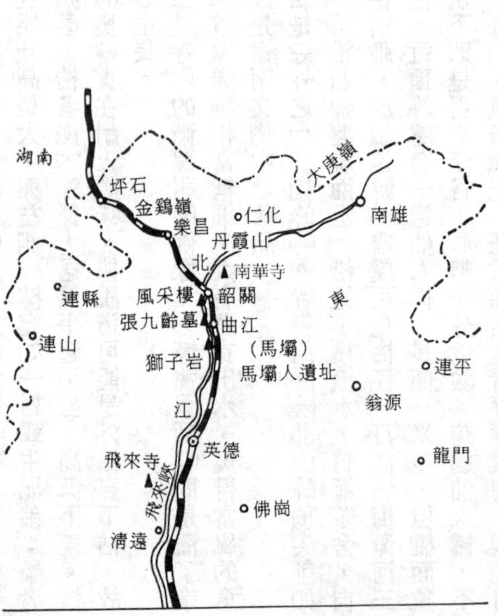

雨」等。因此，古今名人遊客遠道來遊者絡繹不絕。如唐代張九齡、韓愈、宋代蘇東坡、明代海瑞、清代袁枚等均曾慕名來遊，並留下不少題詠及墨跡。

這些古今名人題詩，使飛來峽錦上添花。眞是「飛來峽裏藏千景，歷朝詩賦滿山中。」

唐朝詩人沈佺期在《峽山賦》中寫道：「洞穿一水之流，傍列兩峽之夾，盡崖邃谷，疊嶂以重圍，怪石奇峰，聳樓臺之插天，山尖兮令危，天環兮地旋，前山闊兮龍奮飛，後山隘兮虎翩躚。」把飛來峽的神采形象地勾畫出來了。

來到峽山南段，依山傍水處有一座紅牆綠瓦的廟宇，這就是著名的飛來寺。據說，這座古寺始建於南北朝的梁武帝普通元年（五二〇年）。它是嶺南三大古刹之一，過去被列爲我國佛門「第十九福地」。

對於該寺的由來，流傳著一些有趣的神話故事。據清遠縣誌載：相傳黃帝軒轅二庶子，隱居峽山讀書，他們爲助老僧建寺，請高僧貞禪師動用神力，在一個風雨交加、電閃雷鳴之夜，使安徽舒城的延祚寺飛至清遠。途經梅嶺，適值雞鳴，撞跌一角，便是「掛角寺」，即今南雄的「雲封寺」。寺飛來後，禪師作偈曰：「此寺飛來，胡不飛去？」空中有聲答曰：「動不如靜」。飛來寺因此得名，寺本人建，託名「飛來」，不過藉以迷惑信徒，增加宗教神秘色彩而已，寺址原在高峰上，宋以後，方改擇江岸的現址重建。元代天曆二年（一三二九年）建成大雄寶殿，飛檐斗拱，綠瓦紅牆，還飾有以佛教故事爲題材的壁畫及人物塑像，整個建築莊嚴、雄偉。

飛來峽的中段有藏霞洞及飛霞洞。藏霞洞建於清同治二年，是道家潛修之地；飛霞洞建於一九一一年，是儒、釋、道三教合一的洞府，兩地均以風景優美著稱。兩洞文物在近年已經修復整理，逐步擴建，使整個風景區日臻完善，將以嶄新的面貌迎接更多遊客。

## 馬壩岩洞裏的祖先（曲江獅子岩）

一九五八年，我國考古工作者在廣東省曲江縣馬壩鎭西南二公里的獅子岩溶洞中，發現了距今約十萬年左右「馬壩人」頭骨化石，這是我國晚於北京周口店「中國猿人」的重要古人類化石。這一發現爲研究我國古人類的發展提供了重要依據。

獅子岩形狀極似獅子，由獅頭和獅尾兩山構成。在發現馬壩人的同時，還發現了與「馬壩人」頭骨化石共存的劍齒虎、劍齒象、鬣狗、犀牛、大熊貓等動物化石。一九六六年以來，考古工作者又在獅頭和獅尾之間的峽谷，發現了距今四五千年的石峽文化遺址和墓葬群，出土上千件石器、陶器，這些文物已設陳列室保存。

馬壩人是繼中國猿人之後，由原始人群向氏族制度轉化的原始人類。與「馬壩人」同期的還有「長陽人」（華中湖北），「丁村人」（山西襄汾），「河套人」（內蒙及陝西河套地區）。他們的體質形態已經不同於中國猿人了。馬壩人的頭顱骨比中國猿人薄，前額也比中國猿人高。說明他們的體質已接近於現代人。因爲他們都比猿人進步，但又比現代人原始一些，所以稱之爲「古人」。馬壩人是從猿人直接發展而來的最早的「古人」。

這一時期的人類，體質比中國猿人發達了，大腦更趨於健全，勞動經驗和勞動技能也逐漸發展了，勞動工具有了相當改進。

馬壩人和長陽人生活在江南的時候，江南的氣候溫熱、濕潤，山間是期茂密的森林，丘陵地帶大都是碧綠的草地；在森林和草地裏，生活著劍齒虎、犀牛等各種不同的動物，這些動物多已絕種。

從石器製作上看，他們比中國猿人時期有了相當大的進步。那麼，他們的社會組織大體上應已脫離了原始群居的亂婚狀況，進入血族群婚的階段。氏族制度在這一時期就逐漸萌芽了。

## 更加風采動朝端（韶關風采樓）

韶關是粵北地區的經濟中心和最大城市。其歷史甚爲悠久。遠在西漢時期，就在今湞水河左岸置曲江縣，先屬荊州刺史部桂陽郡（今湖南郴縣）所轄，西晉改屬廣州始興郡所轄，東晉至南北朝仍稱曲江縣，但治所改在溱水屯（今北江）右岸，又劃歸荊州或湘州所轄，隋開皇九年（五八九年）在此設韶州，但從此將治所移至今韶關市位置，元以後改爲韶關路，府治。

韶關古城內的風采樓，建於明代弘曆十年（一四九七年）。風采樓東瀕湞江，巍峨壯觀，是明代韶州知府錢鏞爲紀念宋代郡守余靖而建。因古人讚余靖詩有句「更加風采動朝端」，故以「風采樓」爲名。「風采樓」三個大字二點五尺見方，筆力蒼勁，神采飛揚，爲明代著名書法家陳白沙以茅龍筆所書，是我國書法藝術寶庫中的珍品，至今仍博得遊人的高度讚賞。

風采樓於一九三三年重建，樓高二十一米，橫跨通衢，重檐翠瓦，原與紀念張九齡的風度樓相對，現風度樓無存，風采樓仍巍然屹立，現爲韶關市博物館所在地。

余靖（一〇〇〇—一〇六四年），曲江人，字安道。於宋仁宗天聖初舉進士，平生耿直清廉，不畏權奸，敢言時弊。景祐三年（一〇三六年），范仲淹被貶時，他因上書鳴不平，同尹洙、歐陽修一同被貶，由此更知名於世。後與歐陽修、王素、蔡襄合稱爲「四諫」。慶曆年間（一〇四一—一〇四八年）出任右正言，曾多次上書，建議嚴賞罰，節開支。還曾出使遼，爲當時的邊境安定和民族團結作出了一定的貢獻。但因他通曉契丹語，作「蕃語詩」，被彈劾又貶官。皇祐四年（一〇四九—一〇五三年）再度被起用，知桂州，爲官清正，因不載南海一物爲民稱道。後加集賢院學士，官至工部尚書。

余靖卒於宋英宗治平元年（一〇六四年），爲追念其功績，謚「襄」。後人稱爲余襄公。

## 春蘭秋桂獨高潔（韶關張九齡墓）

張九齡墓在廣東韶關市西北十公里。張九齡（六七〇—七四〇年），廣東曲江縣人，唐開元丞相，著名詩人。死後葬於今韶關市郊羅源村翠珠嶺。墓旁還有其妻盧氏、弟九皋和九章等人的墓冢。一九六〇年對張九齡墓進行發掘。墓平面作「古」字形，分墓室，通道、耳室。墓長四點八二米，寬四點八〇米，高五點八五米，墓頂作四注攢尖錐形頂式。墓壁殘存壁畫，有用墨間配紅朱、綠彩繪製的侍女、蟠桃和青龍，出土墓誌銘和刻有其子張拯款名的陶硯等文物。地表的墓碑，爲一九一九年修葺時重刻。

張九齡雖曾身居顯位，但因其性情耿直，受到奸相李林甫的排擠，官運並不亨通，他於開元二十二年（七三四年）遷中書令，於開元二十五年（七七三年）便被貶爲荆州長史。

開元末期，唐玄宗沉溺聲色，怠於政事，貶斥張九齡

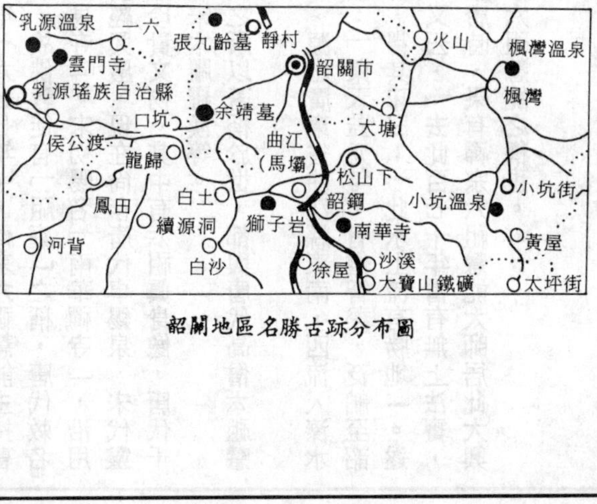

韶關地區名勝古跡分布圖

，寵任口蜜腹劍的李林甫和專事逢迎的牛仙客。牛、李結黨，把持朝政，排斥異己，朝政更加腐敗。張九齡對此十分不滿，於是採用比興手法，寫了《感遇十二首》，其中一首云：

蘭葉春葳蕤，桂華秋皎潔。
欣欣此生意，自爾爲佳節。
誰知林棲者，聞風坐相悅。
草木有本心，何求美人折？

這首詩就是借春蘭秋桂的高潔品質，來比喻自己不同流合污，堅持政治理想的節操；以蘭桂不因無人採折而失去其芳潔的本質，來比喻自己高尙的品德和志趣。

張九齡強調任用「智能之士」，認爲「治之本」在於「重守令」，就是要注意選擇州縣官，對安祿山的狼子野心，他也早有覺察，並建議唐玄宗及早誅滅，但未被採納。他在執政時期敢於諫諍，極言得失，又注意選賢任能，當時有「賢相」之譽。

張九齡的詩，不少是應制之作，無深刻的社會內容與藝術性。但一些贈答、寫景、抒情詩篇，感情眞摯，辭藻清麗，晚年遭讒被貶後所作的《感遇十二首》，詩風轉趨樸素遒勁，精神與陳子昂的《感遇》詩相近。對扭轉初唐以來形式主義詩風有所貢獻。清人劉熙載《藝概》云：陳、張「獨能超出一格，爲李、杜開先」。

## 六祖眞身在南華（韶關南華寺）

南華禪寺在韶關市南二十公里，依山面水，峰巒奇秀。山是庾嶺分脈，水爲北江支流曹溪，是中國佛教著名寺廟之一。南華寺初名寶林，創建於南朝梁天監三年（五〇四年）。唐儀鳳二年（六七七年），禪宗六祖慧能主持曹溪，發展禪宗南派，故佛教徒有「祖庭」之稱，唐代敕名「中興寺」、「法泉寺」。宋初賜名「南華禪寺」，沿用至今。寺廟建築屢經興廢，現在尙存唐代卓錫泉、宋代靈照塔等古跡和大量珍貴文物。其中有六祖眞身像，唐代千佛袈裟及聖旨，北宋木雕羅漢等。

南華寺與曹溪之所以著稱於世，都與唐代高僧六祖慧能有密切關係。

曹溪原爲溪名，源出廣東省曲江縣東南，西流入溱水。據《傳燈錄》載：「梁天監元年，有僧智藥，泛舶至韶州曹溪水口，聞香，嘗其味曰：『此水上流有勝地』。遂開山立寺曰寶林，又云，『去此百七十年當有無上法寶，在此演法。』」至唐時，果有禪宗六祖慧能大師居此大興佛法，曹溪蓋禪宗六祖慧能之稱也。

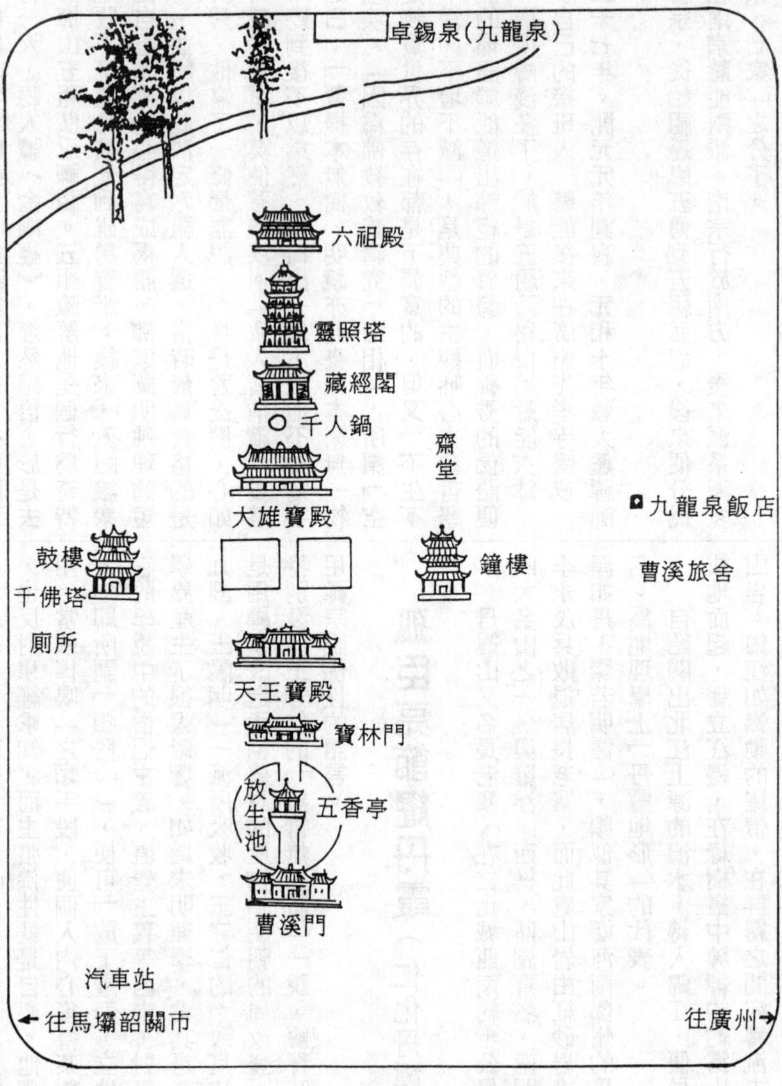
卓錫泉(九龍泉)
六祖殿
靈照塔
藏經閣
千人鍋
齋堂
大雄寶殿
九龍泉飯店
鼓樓
千佛塔
鐘樓
曹溪旅舍
廁所
天王寶殿
寶林門
放生池
五香亭
曹溪門
汽車站
←往馬壩韶關市
往廣州→

韶關南華寺旅遊示意圖

慧能本姓盧，年幼時喪父，家裏貧窮，靠「採薪販賣養母」。有一天，聽人讀《金剛經》，忽然感悟，於是去拜見蘄州黃梅山五祖弘忍禪祖。五祖瞭解他是個行爲奇特的人，於是收下了他，讓他到碓房舂米。後來，五祖讓衆佛徒每人把自己學佛的心得寫成偈語（佛家闡明佛理的短語警句等），並將以此決定六祖人選，當時最具資格的是上座佛徒神秀，他寫了一條偈語說：「身是菩提樹，心如明鏡臺，時時勤拂拭，莫使惹塵埃。」衆人皆稱讚。獨慧能在外舂米聽到後不以爲然，也口出一偈，但他不會寫字，請人書之曰：「菩提本無樹，明鏡亦非臺，本來無一物，何處惹塵埃。」因爲佛教教義講究「空相」，所謂「空相」，就是物質世界的存在都是不眞實的，但又「不生不滅、不垢不淨、不增不減」，是典型的主觀唯心主義哲學。所以慧能的偈語頗能道出佛經的眞諦，而神秀的偈語便相形見絀，顯得膚淺多了。於是五祖乃秘授給慧能衣鉢，讓慧能做了自己的接班人。慧能後來在廣州光孝寺受戒，住在曹溪三十七年。開元元年圓寂，元和十年敕大鑑禪師。

佛教禪宗，從始祖達摩五傳到五祖弘忍，後來便分爲北宗神秀和南宗慧能兩派。南宗行於南方，後來派系漸多，有「五家、七家」之分了。

慧能對佛教的貢獻就是創造性地發展了佛教教義，首創「禪學」，也就是「南派」佛學。這一派反對坐禪唸佛，也反對學經求知，而主張佛性就是自心。他們主張只要用「當頭棒喝」之類手段，使個人內心獲得某種神秘啓示，（即所謂「頓悟」），便可「放下屠刀，立地成佛」。它的學說中的僧侶主義、直覺主義等因素，對後來中國哲學界產生了很大影響，如爲宋明理學，尤其是陸、王（陸九淵、王陽明）一派所吸收。王守仁的「致良知」說，便是用禪學改造孟軻學說的產物，明朝的周汝登（海門）又特別發揮王守仁的「無善無惡體」一說，解釋時都直接採用禪宗說佛性的語言。

## 孤臣亮節耀丹霞（仁化丹霞山）

丹霞山又名長老寨，在仁化城西南約十公里，爲廣東四大名山之一，與羅浮、西樵、鼎湖齊名。南明虔州巡撫李永茂兵敗退居長老寨，而此處山岩由紅砂岩構成，「色渥如丹，燦若明霞」，頗似其家鄉河南鄧州的丹霞山，故名。爲地理學上「丹霞地形」的代表。

自韶關出北江上源的湞水，轉入錦江，便見四周群山拔地而起，聳立江邊，在綠樹叢中綽綽約約露出紅褐色的山岩。錦江如飄動的羅帶，在群霧之間宛轉流去，江水澄碧透澈，江底五色斑斕的錦石，清晰可辨。這就是丹霞山

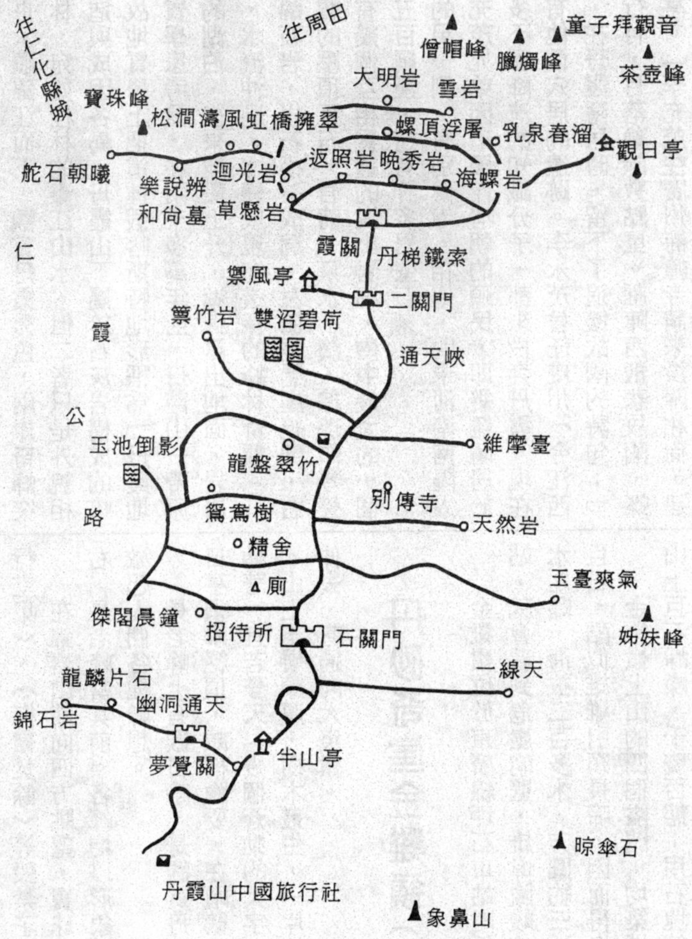
往周田
往仁化縣城
童子拜觀音
僧帽峰
臘燭峰
茶壺峰
大明岩
雪岩
寶珠峰
松澗濤風
虹橋擁翠
螺頂浮屠
乳泉春溜
觀日亭
舵石朝曦
返照岩
晚秀岩
迴光岩
海螺岩
樂說辨和尚墓
草懸岩
霞關
丹梯鐵索
仁霞公路
禦風亭
二關門
篻竹岩
雙沼碧荷
通天峽
玉池倒影
龍盤翠竹
維摩臺
別傳寺
鴛鴦樹
天然岩
精舍
廁
玉臺爽氣
傑閣晨鐘
招待所
石關門
姊妹峰
一線天
龍鱗片石
幽洞通天
錦石岩
半山亭
夢覺關
晾傘石
丹霞山中國旅行社
象鼻山

丹霞山旅遊示意圖

的勝景「錦水灘聲」。

丹霞山的峰巒，在平地突兀而出，一如桂林諸峰一般。駕一葉偏舟，順錦江而下，觀賞丹霞秀色，兩岸奇峰突起，怪石如林，宛如桂林的灕江山水。但二者只是外貌相似，地質構造與成因各異。丹霞山不屬於石灰岩構成的喀斯特地形，故地質學上把這種假喀斯特地形稱爲「丹霞地形」。據地質學家考證，在兩千多萬年前，丹霞山一帶原是一個巨大的湖泊，後來地殼上升，湖身露出地面，岩層受風雨侵蝕，水流沖刷，才變成現在這樣的峰林奇觀。

半山有錦石岩，岩石橫裂成洞，左側是懸崖絕壁，右側是色彩斑斕的壓頂巨石。岩前，泉水下滴，琮琮作琴聲。錦石岩內有幾個互相貫通的大小岩洞，內中最大的一個岩洞，供有五百羅漢，還有許多岩壁石刻。

錦石岩的另一側，有別傳寺。相傳，明末河南南陽人李永茂、李充茂兄弟因不願作清朝的順民，即避難隱居於此。一時許多不願降清的知識分子，都來投奔丹霞。現在錦石岩裏還有他們穴居的遺跡。李永茂曾任虔州（今江西贛縣）巡撫，在丹霞隱居時，留下了追懷故國的詩句：「天空但立千行竹，月落猶餘數點星。雁陣西飛悲故國，螺川回首恨雲亭。」李充茂往廣州海幢寺請來淡歸和尚，建了這座別傳寺，他還寫了一篇《丹霞山記》，述其始末以明志。可惜寺廟已被大火所毀。淡歸和尚在俗時名字叫金堡，是一個頗有名望的書法家，曾在南明（桂王）朝中做官，與李充茂立意反淸，所以後來淸廷把他的文集《遍行堂集》、《梅嶺焚餘》等毀禁了。

在錦岩山前向四方眺望，寶珠峰居其左，海螺峰居其右，長老峰當其前。各峰均以形象爲名，無不形容畢肖，激起人們各種聯想。

長老峰上有觀日亭，是觀賞丹霞日出的最佳處，登觀日亭須攀絕頂，頗稱險要，在峭壁上「霞關」之左，赫然勒著「宜若登天」幾個蒼勁的大字，正好爲登山者助聲威。山上土層頗厚，樹木叢生，一片姹紫嫣紅的山嶺向東北伸去，直通向大庾嶺。

## 丹砂奇崖金雞嶺（樂昌坪石）

金雞嶺位於京廣線坪石車站附近。火車一停靠坪石車站，就會看到危崖峭壁，雄偉險峻的金雞嶺。它屹立於武水之畔，海拔三百多米，方圓約三平方公里，西北峰有座巨石，酷似雄雞引頸長啼，因而得名。

金雞嶺上山的四個隘門，均築城牆古寨，壁壘森嚴，山上巨石崢嶸，千姿百態；用石塊鋪成的小徑，在松竹林中延伸，東面右側的一字峰，峰頂僅寬幾米，長達四百米，兩側陡崖如刀削，步行其上有飄飄欲仙之感。金雞嶺風

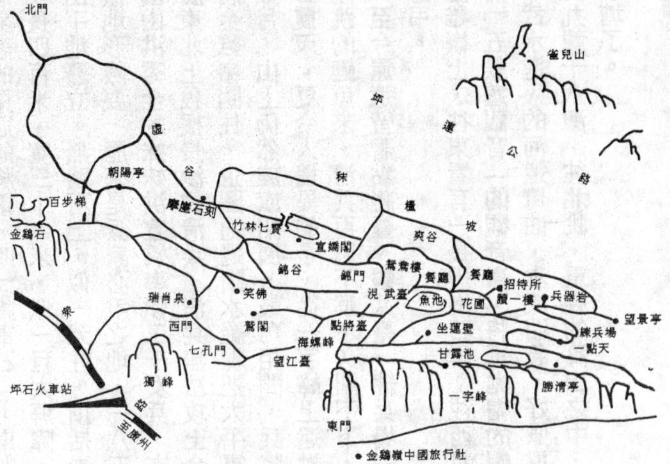


金鷄嶺旅遊示意圖(廣東省地圖出版社供)

景區內新建了餐廳、招待所。目前開闢的風景名勝有：金雞唱曉、一字峰、錦障鋪屏、笑佛臥岩、虛谷絕塵、西門晚照、南天一柱、嬌閣言兵等。

金雞嶺是由於崖壁頂上有個狀如公雞的怪石而得名。「金雞」的動態頗爲有趣：頭向湖南，尾朝廣東，因而有人借題發揮說：金雞吃了湖南的糧食，屎卻拉在廣東，所以廣東土地肥沃、物產豐富。

金雞嶺不只是在車站所見的那一座崖壁，它的後面，還有許多山崖，同樣險峻巍峨。它們有的並列，有的斜交相接，各山之間被深邃的峽谷所隔開。

在「金雞」側後面的一座山頂上看「金雞」，更覺得它有頭有尾，神態安詳。如果攀到雞身上去，就會發現，單是雞頭就有兩人多高。在這裏再展望四周，只見一排排石山的頂部，都覆蓋著蒼鬱可愛的荊竹和青草，疏鬆的一層植被，和光禿的赤壁相映成趣，平添了幾分畫意。有些被分隔開的孤立的山峰，小樹生根於岩層之間或垂直的裂縫裏，宛如一座座古塔。俯視山下，彎彎的武水河像一條綠色的帶子，輕輕地從崖下流過，使人感到心曠神怡。

嶺西北方有紫霞洞，岩洞不深，但因爲岩石軟硬各異，軟的易於崩壞，使上下兩層硬岩相對地成爲巨大突額狀，而一座小廟恰好建於兩層厚厚的硬岩之間。

金雞嶺的岩縫間還保存著石砌寨牆和拱石寨門，有一百多級石階，可拾級而上，一步一層天，一階一勝境，使人若迷若夢。

關於金雞，有一段有趣的神話傳說：據說八仙之一的呂洞賓在南海一個仙島上偷了一隻金雞，連夜趕路來到坪石。天亮了，他就把金雞縛在山上，留下一名天將看守，自己上天去了。誰知三天後才想起此事，回來一看，金雞、天將、帽子都化爲巨石。在金雞的側下方，有一大石柱，酷似一個坐著的免冠的將軍，叫「將軍石」，東門右側的一字峰，長四百米，寬三—六米，似一巨大屏障，西門左側的獨山平地矗立，無路可上，似一天柱，頂括青天。

金雞嶺地形險要，歷來是兵家必爭之地，一八五二年，太平天國由洪秀全的妹妹洪宣嬌率領三千女兵，在這裏狙擊了從廣東北上救援長沙的清兵。清兵無法攻上金雞嶺，便團團將金雞嶺圍住，企圖通過斷水絕糧把太平軍殲滅。可過了數月，山上仍然旌旗招展，鼓角相聞，兵將練武操戈，喊聲震天。更令人驚異的是，從一字峰上還拋下稻穗和活蹦亂跳的鯉魚來，清兵百思不解，久圍不下，只好狼狽撤走，至今還遺留著點將臺、觀武臺、練兵場等遺址，可供人憑弔。

站在金雞嶺上，往東看有一長排崗石屏；往西看，有民間傳說的「五猴遊觀音」的觀音嶺，將軍拋帽的帽子嶺；往南看，武水進入的河道彎曲，水流湍急，好像遠處野獸在吼叫的九龍十八灘；往北眺，重疊的萬山之中，便是革命老區皈塘了。

# 華中部

辛蘭香　閻林森
方　玲　編著

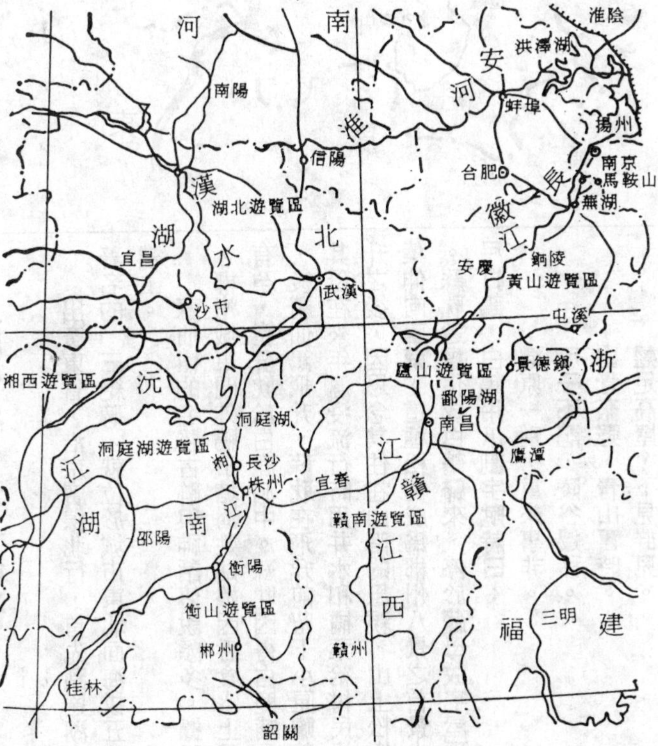

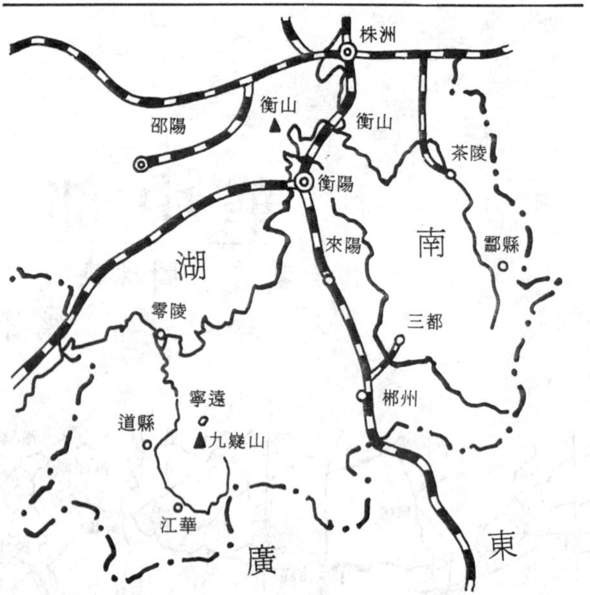


衡山遊覽區

# 蘇仙嶺上三絕碑（郴州蘇仙嶺）

出廣東省，沿京廣線北行，首先到達湖南省郴州市。著名的「三絕碑」就位於城市東北面海拔五百多米的蘇仙嶺上。

蘇仙嶺的名勝古跡與神話傳說頗多。據說西漢文帝時，郴州城東門外鴨子塘潘姓姑娘因吞食水上飄來的仙萍而有孕，產蘇耽於白鹿洞中。蘇耽因得白鹿哺乳而長大成人，後騎仙鶴飛升。蘇耽在飛升前留下小匣贍養母親，並囑其母在來年瘟疫流行時用井水和橘葉給村民治病。蘇耽飛升之後，因思念其住在山南的母親，山上松樹皆爲之將枝葉伸向西南。這種松樹成爲郴州八景之首景——蘇嶺雲松。蘇耽還曾化成白鶴歸來，停於蘇母故宅屋頂。頑童用彈弓打鶴，白鶴用爪劃字賦詩曰：

鄉原一別，重來事非。
甲子不記，陵谷遷移。
白骨蔽野，青山舊時。
翹足高屋，下見群兒。
我是蘇仙，彈我何爲？
翻身雲外，卻返吾居。

這首詩題名爲《蘇耽歌》，被收入《古詩源》。當然這只是後人託名所作而已。不過歷代人士都很喜愛這一神話。王維、李白、杜甫等對此都有題詠。後人還在蘇仙嶺上附會了白鹿洞、飛仙石、望母松等「仙跡」。道家將它稱爲「天下第十八福地」。清代，蘇仙嶺上重新修建起蘇仙觀。一九三八年張學良將軍曾被軟禁於此，並在牆上留下了「恨天低，大鵬有翅愁難展」的詞句，令人緬懷。

蘇仙嶺上最著名的古跡是三絕碑。它位於蘇仙嶺白鹿洞附近的石壁上，高五十二釐米，寬四十六釐米，字二十一行。三絕是指北宋著名詞人秦觀的詞、大文學家蘇軾的跋和大書法家米芾的字。

秦觀，字少游，號淮海。他於北宋紹聖四年（一〇九七年）因舊黨關係受到當政者排斥，官職被削，並一再遭到流放。在被貶郴州時，他遊覽了白鹿洞後，悲憤交加，回到旅舍即提筆塡寫了一首《踏莎行·郴州旅舍》：

霧失樓臺，月迷津渡，桃源望斷無尋處。可堪孤館閉春寒，杜鵑聲裏斜陽暮。　驛寄梅花，魚傳尺素，砌成此恨無重數。郴江幸自繞郴山，爲誰流下瀟湘去？

從前，郴州地方偏僻，生活艱苦，素爲放逐謫官、囚犯充軍的處所。故有「船到郴州止，馬到郴州死，人到郴州打擺子」的民諺流傳。多情而又脆弱的秦觀，旣蹈死地，又悲身世，一腔惆悵失望、寂寞愁苦之情滲透詞間，詞旨悽惋動人。

據《陔餘叢考》引《野客叢書》載：長沙城內有位才貌雙全的歌妓，平生酷愛秦觀之詞。秦觀南遷長沙時，此妓請於其母，願以終身相託。秦觀即寫此詞以贈。後來，秦觀顧慮到時勢，不敢帶她到流放地去。誰知寫成此詞的三年之後，秦觀竟逝於藤州（今廣西藤縣北）。此妓聞訊，悲慟欲絕，懸樑自盡，以身殉情。

這段故事的眞實性如何，難以詳察。不過西元一一〇〇年秦觀死後，蘇軾（號東坡）卻傷感不已。這也難怪，秦觀因文才被蘇軾賞識，成爲蘇門四學士之一，歷史上曾留下兩人交往的許多趣事。據《冷齋夜話》載：「東坡初未識秦少游。少游知其將至維揚，作坡筆題壁於一山寺。東坡果不能辨，大驚。及見孫莘老，出少游詩詞數百篇讀之。乃嘆曰：『向書壁者，豈此郎也！』」此後，兩人便經常在一起談詩論文。秦觀死後，蘇軾特爲秦的《踏莎行》一詞寫下沉痛的跋語。跋曰：「少游已矣，雖萬人何贖！」

後來，米芾（字元章）見秦詞、蘇跋，感慨良深。這位似顚非顚，並有許多怪癖而常爲世人所不解的大書法家卻與蘇軾交情不薄。米芾設宴爲蘇軾接風時，將精筆、佳墨和妙紙三百列於對面的長案上，而酒菜卻放在一旁，他們一起飲酒作字，二小吏磨墨，幾不能供。米芾還曾對蘇軾曰：「世人皆以芾為顛，願質之子瞻。」因此，他即揮毫將詞、跋一併書寫下來。

南宋咸淳二年（一二六六年），郴州太守鄒恭特命人將之摹刻於蘇仙嶺的石壁上，並於旁刻字說明曰：「淮海詞、東坡跋、元章筆，號稱三絕。」因詞意深遠，題跋精練，書法雄奇，三絕碑遂為歷代人們所欣賞。

## 岩岩九嶷，巍巍虞舜

（寧遠九嶷山）

湖南省寧遠縣城南三十公里處，有九座連雲接岫的山峰，名曰舜源、娥皇、女英、桂林、杞林、石城、石樓、朱明、簫韶。這九座山峰白雲繚繞，相互掩映，遂使九峰相似，行者疑惑，因名九疑。另有一說曰虞舜南巡至此，心有所疑，疑而生悲，因名九疑。

九疑山又名九嶷山、蒼梧山。《史記·五帝本紀》載：舜「南巡狩，崩於蒼梧之野，葬於江南九疑，是為零陵。」舜的葬身之所，也即舜陵，據《郡國志》載就在女英峰下。不過，誰也不能指出舜陵的具體位置來。

這也難怪。虞舜，不管是作為父系氏族社會部落聯盟的領袖，還是作為聖明君主的五帝之一，他都只是一個傳說中的人物。據我國神話研究權威袁珂先生推測，舜在原始神話中，應是一個獵人。「虞舜」的「虞」應是《易·屯》中「既鹿無虞，惟入於林中」的「虞」，是獵夫的意思。它反映了人類在與動物鬥爭中產生的幻想以及最終鬥爭的勝利。不過，經過奴隸社會到封建社會發展演變，舜的神話也毫無例外地封建化了，舜成了一個帶有幾分神性的人間帝王。

據《史記·五帝本紀》載，舜目有重瞳子，故又名重華。而他的父親瞽叟卻是一個盲人。瞽叟偏愛後妻所生的兒子象，常欲殺舜。舜卻能順承父母之意，不失孝道。當他們想殺舜的時候，卻找不到舜，當他們需要舜的時候，舜就在他們身旁。因此，當堯想讓位，詢於四岳——也即四方諸侯長時，四方諸侯長者都說舜孝，可用。

於是，堯對舜進行了多方面的考察。「以二女妻舜以觀其內，使九男與處以觀其外」，察其品行。「二女」即娥皇、女英也。娥皇、女英事舜，頗有婦道；九男事舜，也淳厚謹敬。然後，堯還讓舜「納於百揆，賓於四門」，讓他處理內政外交各方面的事務，觀其才幹。最後，又讓舜「入於大麓」，讓「烈風雷雨」來考驗他的勇氣。經過二十年漫長的考驗，堯才表示信任，將王位禪讓於舜。

舜即位後，果然不負眾望。他舉賢授能，修明法度，在位三十多年，「致異物，鳳凰來儀，天下明德皆自虞帝始」。因為舜功比天地，最後又死在向南開拓疆土的國事中，因而獲得了極高的尊崇。司馬遷筆下的舜，完全可以看成封建社會中理想君主的化身。正如《禮記》所言：

「舜其大智也歟！德為聖人，尊為天子，富有四海之內，宗廟饗之，子孫保之！」

因為人們在漫長的歷史進程中塑造了這位理想君主，封建帝王們便順乎民心，很早就到此來祭祀舜。唐代以後，各個朝代更是相沿成俗，每年都定期派遣官員代表朝廷到九嶷山祭祀。至今，九嶷山舜廟的附近，仍留存著許多石碑，其中有些碑石因歲月久遠，文字已無法辨認。這些石碑都是歷代祭祀虞舜的見證。

二千年來，文人墨客為九嶷山寫下的長歌短賦更是多不勝舉。東漢時著名文學家蔡邕為九嶷山所作的《九嶷山銘》，至今仍矗立在九嶷山玉琯岩上。銘文曰：「岩岩九嶷，峻極於天，觸石膚合，興播建雲。時風嘉雨，浸潤下民，芒芒南土，實賴厥勳。逮於虞舜，聖德光明，克諧頑傲，以孝烝烝。師錫帝世，堯以授徵，受終文祖，璇璣是承。太階以平，人以有終，遂葬九嶷，解體而升，登此崔嵬，託靈神仙。」

《九嶷山銘》的銘文是宋人李挺祖書寫的。不過據《金石文錄》的評價，李的書法「取法漢隸，結構有體，在宋人中已不可多得。」更使這塊石碑增添了古樸凝重的色彩。

## 柳子妙筆記永州（永州柳子廟）

提起永州，人們便會想起唐代文學家柳宗元的《永州八記》——《始得西山宴遊記》、《鈷鉧潭記》、《鈷鉧潭西小丘記》、《至小丘西小石潭記》、《袁家渴記》、《石渠記》、《石澗記》、《小石城山記》。人們會追隨著柳宗元詩一般的妙筆，去尋訪永州城內城外清瑩秀澈的山山水水。不過實在遺憾，除縣西二公里處的西山依稀可辨外，作家筆下的舊踪皆難以辨識，只有愚溪之畔的柳子廟，可以寄託後代遊人的情思。

從永州城（即今零陵縣城）往西跨過瀟水大橋，逆水而上二三里，便可到達柳子廟。這是一幢磚木結構的古建築。早在宋以前就已建成。南宋紹興十四年（一一四四年），汪藻曾寫《柳先生祠堂記》，其中有曰：「零陵之祀先生於學，於愚溪之上，更郡守不知其幾，而莫之敢廢」。現在的祠廟是清光緒三年（一八七七年）重建的。

柳宗元（七七三—八一九年），字子厚，河東（今山西永濟縣）人。柳宗元的父親柳鎮，是一位為人正直且富學識的中下級官吏。不過，柳氏一族在唐高宗時處於統治集團的最上層，當時官居尚書省的就達二十多人。以後逐漸衰落。柳宗元的母親盧氏是一個頗有學問的婦女。柳宗元四歲讀書，十三歲能寫出漂亮的文辭，二十一歲中進士。初入官場的柳宗元才華橫溢，學識淵博，時名甚高。

西元八〇五年，李誦即位，是爲順宗。他一上臺，就重用了王叔文、王伾、柳宗元、劉禹錫等一批革新派人士，柳宗元提任了監察御史，後提拔爲禮部員外郎。他積極參與改革運動，和革新派一起，懲貪官，除暴政，打擊豪強等。由於改革觸動了宦官階層和權勢貴族們的既得利益，同時封建專制下形成的獨裁政治使改革只能寄希望於開明皇帝身上，而李誦因病勢日重，只做了八個月的皇帝就被迫退位，改革遂告失敗。王叔文被殺，柳宗元等八位改革人士被貶到邊遠地區當司馬。這就是歷史上著名的「八司馬事件」。

柳宗元先被貶到邵州（今湖南邵陽），赴任途中又被改貶永州（即湖南零陵），擔任司馬。這是個閒職，在編制之外，只是一個流放的假名而已。

唐代的永州，僻遠荒涼，素爲謫官貶居之地。柳宗元貶謫於此，心情當可以想見。這種孤寂冷清在他此時的詩作中自然而然地流露了出來。如《江雪》曰：

千山鳥飛絕，萬徑人蹤滅。
孤舟蓑笠翁，獨釣寒江雪。

《漁翁》曰：

漁翁夜傍西岩宿，曉汲清湘燃楚竹。
煙銷日出不見人，欸乃一聲山水綠。
日看天際下中流，岩上無心雲相逐。

不過，柳宗元並沒有一味地沉浸於失意之中，他仍然在痛苦地求索，在艱難地抗爭。他關心時政，正視社會現實，大膽尖刻地揭露了封建社會的黑暗，寫出了如《三戒》、《捕蛇者說》、《童區寄傳》等著名寓言、散文和史傳文學作品。蘇軾極爲賞識《童區寄傳》，讀後賦詩曰：

此可名區寄，追配郴之蕘，
恨我非柳子，擊節爲爾謠。

而《捕蛇者說》則刻成篆體文石碑，至今仍保存在柳子廟內。

柳宗元初到永州時，住在城內龍興寺西廊下，時常到後山法華寺去遊玩。在山上，看瀟水西岸優美的風景似在召喚。於是柳宗元遷居愚溪，在愚溪度過了五年的貶謫生活。

愚溪原名冉溪，柳宗元有詩曰：「縲囚終老無餘事，願卜湘西冉溪地。卻學壽張黃敬侯，種漆南園得成器。」後來，柳宗元認爲自已不從流俗，不顧一切，爲天下「眞愚」，遂將冉溪改名愚溪。愚溪周圍，風景絕美。他縱情於山水之間，寫山、寫水、寫樹、寫石、寫魚，均極盡神韻且多有寄託，因此得以完成「清瑩秀澈、鏘鳴金石」、在中國遊記散文發展史上占有極高地位的《永州八記》。

在永州的父老中間，流傳著許多有關柳宗元的傳說。據說他曾改造溪流，曾除掉口吐烈火造成火災的人鳥。「永州之野多異蛇」。在這許多異蛇之中，出現了一條吃人的蛇精，柳子也設妙計將其除掉。據說他還曾依法懲辦了由浪蕩子弟組成的橫行霸道的「五郎會」，使永州人們拍手稱快。

柳宗元離開永州後，當地人民在其故居修祠，名為柳侯祠，也即今天的柳子廟。柳子廟原來有戲臺。舊時每逢七月十六日柳子生日這天，鄉民都來此趕廟會、演戲，以為對柳子的紀念。柳子廟中，「荔子碑」猶存。此碑因柳宗元之德政、韓愈之文辭、蘇軾之書法，被稱為「三絕碑」，是柳子廟內的珍貴文物。

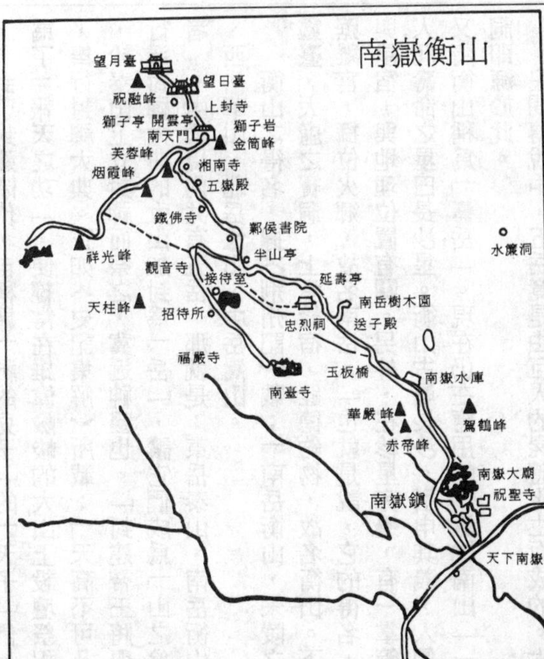


左圖出自（王俞：《天下南岳》）

# 佛道共處，南岳相安

## （衡山南岳廟）

走盡南岳古鎭的小街，一巨大的古建築群赫然而現。這就是湖南省最大的古建築群——衡山南岳大廟。

南岳大廟占地九萬八千五百平方米，共有欞星門、奎星閣、正川門、御碑亭、嘉應門、御書樓、正殿、寢宮殿、北後門等九進。四周紅牆圍立，角樓高聳。整個規模與格局，頗似北京的故宮。

可能你會問：大廟祭祀的是何許人也？竟也享受著人間帝王的待遇？而康熙四十七年（一七零八年）時，清聖祖玄燁爲什麼又御筆親題《重修南岳廟碑》，記載此廟修葺之經過？

南岳大廟祭祀的是轄治南岳衡山之神——南岳司天昭聖帝。這位岳神就坐在正殿中央。

也許是山的高大雄偉，難以攀登，因而便產生神秘感的原因吧，人類的傳說普遍都崇拜山。在希臘神話中，宙斯和衆神就住在奧林帕斯山上。我國神話也將崑崙山視爲天帝之下都、衆神之居所，並發揮想象聯想，詳盡地描繪了崑崙山的勝景。至於海上三神山的傳說，那就更是汗牛充棟了。

到了封建時代，自稱爲「神的兒子」的「天子」們，爲了「報天之功」，便經常在雄偉險峻的大山上設壇祭祀，舉行封禪大典。正如《史記集解》所載：「天高不可及，於泰山上立封禪而祭之，冀近神靈也。」封建帝王將舉行過封禪大典的大山加封爲「岳」，讓它們成爲「山之尊者」。中國境內共有五岳，那就是：東岳泰山、南岳衡山、西岳華山、北岳恆山、中岳嵩山。

衡山之得名，據《荆州記》載：「南岳衡山，朱陵之靈臺，太虛之寶洞，上承軫宿，銓德鈞物，故名衡山。下踞離宮，攝位火鄉，故名南岳。」也就是說，它的得名，與星宿，與地理位置有關。另外，在軫星旁邊，有一掌管人間壽命之星曰長沙星。衡山古屬長沙。引申其義，人們又將衡山稱爲「壽岳」。現在仍在應用的「壽比南山」一詞即源於此。

民間傳說中，五岳竟是由巨人的屍體化生而成的。六朝任昉的《述異記》載：開天闢地的盤古垂死之時，「頭爲東岳，腹爲中岳，左臂爲南岳，右臂爲北岳，足爲西岳」。與印度的一則神話「自在以頭爲天，足爲地，目爲日月，腹爲虛空，髮爲草木，流淚爲河，聚骨爲山，大小便爲海」，有相通之處。

由於五岳是皇帝祭祀的所在，掌管五岳的神祇也便有了尊貴的地位。南岳衡山的山神──岳神，就曾被封為「司天霍王」、「南岳眞君」。到了宋代，更被加封為「司天昭聖帝」，與人間的帝王平起平坐。因此祭祀岳神的大廟，也就儼然成一故宮。而康熙皇帝御筆親寫石碑，也就很自然了。

康熙皇帝親題的石碑，現仍在大廟第四進的御碑亭中。不知你注意到沒有，和我國許多名勝中存在的古碑一樣，這塊又重又大的石碑，是由一隻大「烏龜」馱著的。「烏龜」在石碑的重壓下，伸頭撐腳，欲行無法，欲立無力，顯得狼狽不堪。

其實，馱著石碑類似烏龜的動物並不叫烏龜，它叫贔屭，也稱「霸下」。相傳它為龍之九子，力大無比而又愛出風頭。為了讓人們知道它，它竟時常馱起三山五岳，在江河湖海裏興風作浪。後來，治水的大禹收服了它。讓它推山挖溝。洪水治服了，這有功之臣該如何處置呢？大禹想出一條妙計，他搬來一塊頂天立地的大石碑，上刻贔屭治水的功績。贔屭一見，便高高興興地將石碑馱在身上，想去四海揚名。哪知石碑上身，它卻難以走動了。後來，人們便把馱石碑的任務交給這位可笑而又可愛的贔屭。

不過，享受著人間帝王尊崇的岳神，據說卻敗在慧思和尚的手下。慧思和尚是南北朝時北齊僧人，由於他主張定（禪定）慧（義學）雙修，欲以此調和南北僧人的矛盾，不料卻為北方僧衆所忌，幾被毒殺。無可奈何之下，他帶著徒弟離開北齊，於西元五六七年來到衡山，擇地闢建道場。

當時的南岳是道家的天下，慧思欲於此為佛門爭得一席之地，想也不易。於是一連串的佛家故事便圍繞著佛道之爭而產生了。傳說慧思欲向岳神求一福地。他得知岳神好奕，而且自訂規矩：輸者要應承贏者的任何要求。慧思便披袈裟執錫杖登祝融峰與岳神對奕，三局三勝。慧思乘機要求賜地。岳神慷慨允諾，答應其屬下之地任憑挑選。慧思收錫杖拋向空中，錫杖駕霧騰雲降落在天柱峰南，也即現在的福嚴寺一帶。而這一帶，正是岳神早已看好的風水寶地，岳神有些尷尬。慧思和尚又將岳神座下的石鼓一點，石鼓便骨碌碌滾到現在的南岳大廟所在地。

慧思在禪杖落下的寶地創立了般若禪林，也即現在的福嚴寺。他沒有忘記岳神的關照，於是在佛門勝地中專闢一殿堂，作為岳神遊憩下榻之所。岳神也每隔幾天，便來此同慧思對奕，聽慧思說法，成為一對朋友。你若到福嚴寺，仍可在這「六朝古剎、七祖道場」中尋覓到岳神殿。原來殿中還有一尊重一萬三千斤的岳神銅像，享受著佛門弟子的供奉，可惜今已不存。

岳神呢，他感到慧思確實神通廣大，便安心來到赤帝峰下定居。由於交通方便，善男信女絡繹不絕，香火十分旺盛。他也念著慧思給他選擇新居所帶來的好處，於是就讓佛道兩家弟子分居在自已新居的兩旁。如今，你可以看到：在大廟配殿的東邊是八個道觀，西邊是八個佛寺。它們和大廟一起，共同構成了一個完整的建築體系。

雖然慧思和岳神的故事純屬佛家故事，但大廟的建築構思，卻反映了南岳佛道同居的事實。不獨南岳，整個中國，佛道兩家何曾不是經過一番鬥爭之後，又和平共處地同受祭祀，同受供奉呢！這正是中國文化的一個重要特徵：儒、道、釋三教合流，以儒爲主，道、釋相輔，共同組成一個統治人們意識形態的無形的光環。

## 祝融萬丈拔地起（衡山祝融峰）

出南岳大廟北門，乘遊覽專線汽車行三十里山路，便可直達南岳衡山七十二峰的最高峰—祝融峰。

被韓愈稱爲拔地而起的萬丈高峰祝融峰，海拔只有一千二百九十米，但在煙雲的烘托和群峰的映襯下，卻顯得分外雄渾壯麗。李白也有詩描繪曰：

衡山蒼蒼入紫冥，下看南極老人星。
迴飈吹散五峰雪，往往飛花落洞庭。

登臨祝融峰頂，極目遠眺，你會看到：芙蓉、天柱等十六峰，緊緊依偎在一起，就像鳥兒的身軀；南面石廩、觀音等二十峰和北面紫蓋、香爐等十六峰，又活像鳥兒的一對翅膀；而你腳下的祝融峰，正是那高昂的鳥頭。一隻「巨鳥」正翺翔於山嵐雲海之中。難怪清代學者魏源在〈衡岳吟〉中曰：「恆山如行，岱山如坐，華山如立，嵩山如臥，惟有南岳獨如飛。朱鳥展翅垂雲天，四旁各展百十里，環侍主峰如輔佐。」一個「飛」字，將衡山山勢的特點準確而生動地概括了出來。

祝融峰頂，有一石牆鐵瓦結構的祝融殿，是爲紀念上古祝融氏修建的。

在我國神話傳說中，有幾個祝融氏，他們都與衡山有關。

一爲傳說中的古帝。見羅泌〈路史〉：「祝湧氏，一曰祝龢，是爲祝融氏……以火施化，號赤帝，故後世火官因以爲謂。」在這裏，祝融與赤帝劃上了等號。他用火施教化，「刑罰未施，而民勸化。三綱正，九疇序，天下裕和，萬物咸遂。」他還依照鳥的鳴聲以作樂歌，「諧神明四而和人聲，是以耳目聰明，血氣和平」，於是天下大治。祝融氏治理天下百年，後葬在衡山之陽。〈水經注〉亦云：「衡南有祝融冢」。可見此說之源遠流長。

二爲黃帝的六相之一。見〈管子·五行篇〉：「黃帝得六相而天下治……祝融辨乎南方，故使爲司徒。」黃帝是我國神話中的中央天帝，他手下有一大批能人，祝融也爲其中之一。祝融的主要功績是替黃帝治理、廓清了南方——也即南岳衡山的所在地，因而擔任了司徒的職務。

三爲帝嚳的火官重黎。見《史記·楚世家》：「重黎爲帝嚳高辛氏火正（即火官），甚有功，能光融天下，帝嚳命曰『祝融』。」「祝」意爲祝禱，「融」意爲光明。原來帝嚳是希望這位臣下能繼續將光明帶給人間。後人即將他尊爲火神，他死後也葬在衡山南面。另在傳說中，祝融還有一位獨臂怪弟名叫回祿，也是火神。因此人們又將火災稱爲「回祿之災」。

傳說中的祝融君雖非一人，但都有相同之處，就是不離「火」字。這和衡山的地理位置有關。從星象上說，衡山位值離宮。以應火德；從八卦上說，「離」代表「火」。而南方，由於它的氣溫高和日照強，又使人們很早就將它同火連在一起。《淮南子·天文篇》就說：「南方火也，其帝炎帝，其佐朱明，執衡而治夏。」因此，衡山最高峰以火神命名，自有其深意。

祝融峰上，有望日臺，望月臺。前者可以欣賞「萬頃蒼波澄玉鑑，一輪紅日滾金球」的奇觀，後者可以領略「人間朗魄已落盡，此地清光猶未低」的勝景。但最值得一觀的，還是位於獅子岩山的高臺寺。

高臺寺是南岳高山風景區中一幅最優美的天然圖畫。這裏山高、石大、泉清、樹老。且不說寺周圍的觀音岩、碧蘿峰、煙霞洞、觀音泉，單說那寺左的開雲亭，寺右的念庵松，其中蘊含的典故也夠引人的了。

開雲亭是爲紀念韓愈「精誠能開衡山雲」而建設的。韓愈在唐德宗貞元年間任監察御史，因上疏諫宮市，觸怒了皇帝，被貶爲陽山縣（今廣東陽山）令。兩年後遇赦，被唐順宗調任江陵（今湖北江陵）法曹參軍。秋天路經衡州時，韓愈興致勃勃地登臨南岳。誰知天不作美：「我來正值秋雨節，陰氣晦昧無清風」，竟不能一睹南岳眞面。無可奈何之下，這位不信神的韓公誠心祈禱起來。說來也怪，精誠所至，天雲爲開。「須臾淨掃衆峰出，仰見突兀撐晴空。紫蓋連延接天柱，石廩騰擲堆祝融」。看到雲開日出，一派晴嵐，韓愈高興極了，遂揮筆寫下《謁岳廟遂宿岳寺題門樓》詩，記敘了衡山的雲開，寄寓了政治上「開雲」的原望。可惜事與願違。唐王朝政治上的陰雲一直沒有「開」過。幾百年後，蘇軾還對此感慨繫之，曰：「以公之誠能開衡山之雲，而不能回憲宗之惑。」後人爲紀念這一韻事，遂修建開雲樓、開雲亭以資紀念。現代的開雲中學、開雲館等等，亦因此事而得名。

高臺寺旁有三株高大挺拔的松樹，名叫念庵松，那是明代江西學者羅洪先（號念庵）於一五四六年訪問高臺寺楚石和尚時，專門從廬山帶來松苗，親手栽種的。據說他當時帶了六株樹苗，培在六隻陶瓷缸裏，僱了三個人挑著，沿路澆水照顧。到了衡山之後，三株送與岣嶁峰上的同科朋友祝詠，沒有種活；而送與楚石和尚的三株卻種活了。它們高大挺拔的身軀與周圍低矮臃腫，虬枝旁逸的灌木林比起來，情趣迥異。

祝融峰之高，與藏經殿之秀，方廣寺之深，水簾洞之奇並稱爲「南岳四絕」。如你有時間，不妨一一探幽問勝，領略古跡秀色罷！

## 山到衡陽盡，峰回雁影稀

### （衡陽回雁峰）

步入衡陽，相信你一定會迫不及待地尋找回雁峰。也許你會睜大眼睛盯著車窗外，希望能有一座拔地而起，橫空獨立的山峰映入你的眼簾。因爲「南岳七十二峰，回峰爲首，岳麓爲足」，作爲七十二峰之首的回雁峰，聲名的確不小。

不過，你的願望卻難以達到。實際上，回雁峰只不過是一座高幾十米的小土石堆，它藏在中山路南端的雁峰公園內，極不起眼。將它視爲南岳七十二峰之首，未免有幾分滑稽。回雁峰爲何會被當成南岳之首，今已不可考。但回雁峰的得名與聞名，卻完全是因爲鴻雁。

據《括地志》載：回雁峰得名的由來，向有二說：一說是秋季大雁南飛，遇此峰即止，不再南翔。大雁都止息於峰渚沙洲之上，等來年春暖花開，它又飛回北方。又有傳說，大雁在飛回北方之時，都要在回雁峰旁的未紫塘沐浴，因此這座山峰就叫回雁峰。另一說是因爲此山形如雁之將回，故有此名。

大雁是一種候鳥，它那依時而動、排列有序的習性，素爲士大夫所稱賞。漢武帝天漢元年（西元前一〇〇年）蘇武出使匈奴，被匈奴扣留在北海邊（今蘇聯貝加爾湖）牧羊十九年。漢昭帝始元六年（西元前八一年）漢朝派遣使者與匈奴通好，蘇武設法讓人告知使臣。漢使依蘇武計對單于曰：天子射上林中，得雁，足有繫帛書，言武等在某澤中。單于聞言大驚，疑有神助，乃使蘇武歸國。從此以後，鴻雁不僅作爲書信的代稱，而且還經常出現於文人學士的歌詠與民間傳說之中。

儘管詮釋回雁峰得名的原因有二，但古往今來，大多數人們都願以第一種原因解釋之。因爲它更神秘，更具擬人色彩。詩人毛令健還試圖解釋大雁不再南飛的原因，因而賦詩曰：

山到衡陽盡，峰回雁影稀。
應憐歸路遠，不忍更南飛。

回雁峰在唐代就很出名。歷代的遷客騷人，凡經衡州者，必遊回雁峰。他們還以「回雁」爲典，結合自己的身世，寫下不少去國懷鄉、迴腸九折的詩名。如王勃的「雁陣驚寒，聲斷衡陽之浦」；杜甫的「萬里衡陽雁，今年又北歸，雙雙瞻客上，一一揹人飛」；姚汝循的「回雁峰頭望帝京，寒雲默默不勝情。賈生已道長沙遠，今過長沙又幾程」；杜荀鶴的「猿到夜深啼岳麓，雁知春近別衡陽」等等詩句，都很膾炙人口。

小小回雁峰頭，歷代建築頗多。梁天監十二年（五一三年），這裏就建有寺院，稱乘雲禪寺，唐以後改爲雁峰寺，又稱壽佛殿。殿宇規模宏偉，是湖南著名古剎之一。清朝同治年間雁峰寺的住持釋筱島這樣描繪當時的回雁峰曰：

> 回雁峰聳立郡城南廓外里許，山形向北，峰麓有坪，可開田百畝。前煙雨池，後戲臺，雖萬人觀劇，尚有餘基。由戲臺上石磴十餘級，有牌坊，名「上達」。從石磴左旋而上，至月臺，古有「望岳亭」，久廢。回首北望，城川寶塔，如在目前。遠瞻祝融、天柱諸峰，若居胸次。峰之左，岳屏書院；右，龍神山，若雁雙翼抱城廓。石鼓峙立，若屏障然。

可惜回雁峰頭的古建築均毀於抗戰期間的戰火之中，僅留下「上達」的花崗石牌坊。「上達」二字，據說爲明末清初著名學者王夫之手筆。王夫之，字而農，號姜齋。因築室石船山下從事著述，人稱船山先生。他一生的大部分時間都在南岳衡山與衡陽度過，爲回雁峰寫下題匾，倒也順理成章。

不過，今日之回雁峰上，依然是亭臺樓閣，宮觀羅列。小小山頭，景觀倒也不少。這些建築物都是近幾年陸續按原來的面貌修復起來的。

## 鄴侯家多書，架插三萬軸（衡山鄴侯書院）

從衡山半山亭往南約一公里，便是鄴侯書院。這裏有一排七間古雅莊重的花崗石結構的屋舍，是唐朝名宰相李泌（封鄴侯）隱居衡山時的舊址。書院門首的楹聯上寫著：「三萬軸書卷無存，入室追思名宰相；九千丈名山不改，憑欄細認古煙霞。」此聯作者由物及人，由景及情，抒發了人事變幻而山川依舊的慨嘆。

既是一代宰輔，如何又隱居衡山呢？這與唐代政治風雲變幻有關。

李泌（七二二－七八九），字長源，京兆（今西安）人。曾歷經玄宗、肅宗、代宗、德宗四朝，是唐代有名的宰相。據《唐書·李泌傳》與《鄴侯外傳》載，他七歲知文。張九齡稱之爲「小友」，玉眞公主呼之爲弟，唐玄宗也很賞識他。長成之後，李泌更是博學多才，常在衡山華山之間漫遊。

天寶年間，李泌到朝廷，獻《明堂九鼎議》，得到玄宗的賞識，以爲翰林供奉。在此期間，他和東宮太子李亨結下厚誼。後因楊國忠的讒言被逐出朝廷。

天寶十四年，安祿山叛亂，玄宗逃到成都，李亨在靈武即位，是爲肅宗。肅宗派人尋訪到李泌。李泌也不負重望，在平定安祿山、收復兩京的事件中立下汗馬功勞。但李泌卻不願當官，仍與肅宗皇帝爲布衣交，肅宗也果然以賓友相待，入則同榻，出則同車。引得旁觀者紛紛指著議論曰：「衣黃者聖人，衣白者山人也。」

此後，中書令崔圓和宦官李輔國忌恨肅宗寵信李泌，李泌遂請求隱居衡山。肅宗賜給他三品的俸祿和隱士的服裝，並替他在山中修好了房子。房子建在現在的鄴侯書院所在地，當時叫端居室。

據說李泌隱居衡山期間，好神仙道術。傳說他日只一餐，還善氣功，因此身輕如燕，可在屏風上行走。又說他在練功時，全身骨頭珊然有聲，人稱爲「鏁子骨」。還說他被強盜所執，夜間被投入深谷，到天明，他從懸崖攀緣而上，略無損傷。更爲人所稱道的，是他與懶殘和尚的一段交往。

懶殘原是衡岳寺執役僧。他不懶不殘，只因太勞累故而常在竈前打呼嚕，又因常收食衆僧的殘羹剩飯，因此「榮獲」懶殘之稱。也許是眞人不露相吧，懶殘也從不爭辯。李泌曾讀書寺中，夜間聽懶殘誦經，聲音響徹山林。他又細細聽去，經音先悽愴而後喜悅。李泌知音，以爲此主謫墮之人將欲騰達。於是李泌候至午夜，潛往謁見。懶殘撥出用牛糞火煨熟的山芋讓李泌吃，並對他說：愼勿多言，領取十年宰相。李泌後來的經歷，果然應了懶殘之言。

其實，李泌隱居時的好神仙道術，只是一種表面現象罷了，正如清代詩人袁枚所歌詠的：

調停骨肉同田叔，假託神仙學子房；
一品衣披紫微令，半生心在白雲鄉。

他隱居時的眞正樂趣除了山水之外，還在於讀書。「鄴侯家多書，架插三萬軸。」和李泌幾乎同時代的韓愈道出了李鄴侯的眞正志趣。

衡山的隱居使李泌積累了知識和力量。後來國家急需用人之時，李泌遂能有足夠的智謀去爲唐王朝效力，成就了一代名相的事業。

李泌死後，他的兒子李蘩在南岳寺左側修建了南岳書院，以爲紀念。南宋時，書院遷到集賢峰下，改爲鄴侯書院，元代被毀。清乾隆年間，衡山的一個知縣在煙霞峰下李泌故居處修建了鄴侯書院，這就是我們現在所見的書院。這個書院曾於一九二二年重修過。

千百年來，多種類型的遊客都喜歡談論這些帶有幾分神秘色彩的故事。儒士們羨慕他的功業；羽流們吹噓他的異跡；僧人們張揚他的趣聞。至於有關李泌的題詠，那就更多了。

南宋張栻《鄴侯故居》曰：

石壁巉岩徑已荒，人言相國舊書堂。
臨機自古多遺恨，妙策當年取范陽。

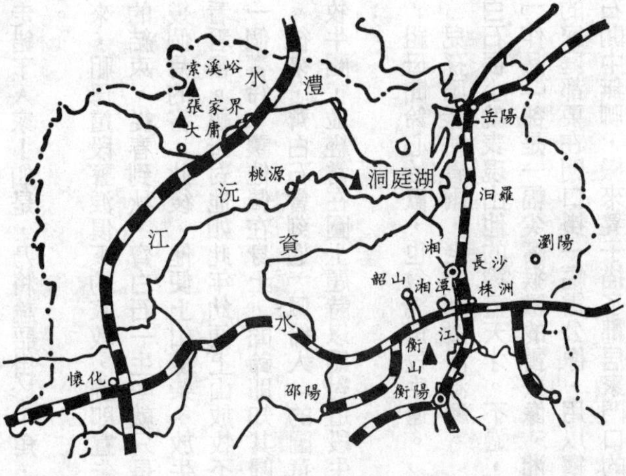


洞庭湖遊覽區

# 春山牛角育畫師

## （湘潭齊白石故居）

「中國長沙湘潭人也。」白石老人自治的一方印章，道出了這位畫壇泰斗對家鄉的依戀與自豪。若乘汽車從衡山往長沙，必得經過白石老人的家鄉——湘潭白石鋪。白石鋪以漫山遍野滿白色石頭而得名，更以培育了白石老人而舉世注目。

齊白石是我國近代畫壇上最富傳奇色彩的大畫家。他於清同治二年十一月二十二日也即一八六四年一月一日誕生於白石鋪星斗塘。雖然傳說曾有星斗落到附近的池塘中，但這一帶的農家卻很窮。齊家也不例外。八歲那年，白石的母親將從柴草上揀下來的四斗稻子賣掉，買了一些紙筆，送他到外祖父家去讀書。白石老人在一九四〇年寫的《白石狀略》中這樣描述了他那時的生活：

八歲始從外王父讀書於白石鋪楓林亭，春雨泥濘，王父左提飯籮，右擎雨傘，朝送往，暮負歸。性喜畫，以習字之紙裁半張畫漁翁起，王父當責之，猶不能已。秋因病，讀書止之，在家以記事帳簿取紙，仍舊寫畫。一日，王母曰：汝父無兄弟，得長孫，愛如掌珠，以爲耕種有助力人矣。汝小時善病，或巫醫無功，吾與汝母禱於神祇，叩頭作聲，額腫墳起，當忘其痛苦。醫謂食乳，母當禁油膩，汝母過年節當不知肉味。吾播百穀，負汝於背，當影不離身。今既力能砍柴爲炊，汝只管寫字。俗語云：三日風，四日雨，哪見文章鍋裏煮？明日無米，吾孫奈何？惜汝生來時走錯了人家！如是，乃將論語掛於牛角，負薪，以爲常事。

看來，祖母這段聲淚俱下的家敎，旋即宣告了白石讀書生活的結束。從春到秋，齊白石一生中就只是跟著外祖父讀了幾個月的書。此後，他便上山撿柴、放牛、拾糞，餘暇也看看書。祖母對他如此年幼便上山放牧不大放心，交給他一個響鈴，讓他佩在身上，聞鈴即知其歸，可安心爲晚炊。後來，齊白石曾刻過「佩鈴人」的圖章，還畫過許多幅牧牛圖，並經常在圖上題詩以爲對這段生活的紀念。詩曰：

祖母聞鈴心始歡，也曾總角牧牛還。
兒孫照樣耕春雨，老對犁鋤汗滿顏。

齊白石很小就表現出他的繪畫天才。不過，他生平的第一部「作品」卻是一幅尖嘴猴腮的雷公像。湘俗，凡添了小孩的家庭都要在門口掛一幅雷公像，用以鎭邪。一日，齊白石閒中無聊，搬來凳子描了鄰居家門口的雷公像。誰知這一描竟使他出了名，附近凡添了小孩的農家都來請他去畫雷公。後來，他又跟著木匠師傅學木工，這就是後來他的畫上常有「齊木匠」、「木居士」、「木人」、「老木工」、「魯班門下」等名款的由來。

二十七歲是齊白石藝術史上的轉折點。他遇見了畫家胡沁園。胡沁園教他作畫，教他讀詩，介紹他認識了許多畫界朋友。漸漸地，他的畫也能賣錢了，而且收入越來越多。齊白石曾有一詩描繪此時的生活曰：

村書無角宿緣遲，廿七年華始有師；
燈盞無油何害事，自燒松火讀唐詩。

正因爲沁園先生是齊白石的眞正啓蒙老師。——就連齊「璜」的名字，「瀕生」的號以及「白石山人」的別號，都是沁園先生根據齊白石家鄉的風物爲他取的。因此在沁園逝世時，齊白石找出畫稿，精心畫了二十幾幅老師生前最欣賞的畫，裝在紙箱中焚化了。

也許是從前曾經窮困過，齊白石一生非常節儉，人甚至以爲吝嗇。即使在他非常富有的時候，他的身上也總帶著一大串鑰匙。據說就連柴米油鹽，也必須由他親自每餐發放到傭人手裏。

很多人對白石老人這個習性頗有微詞。而白石老人也確實曾經爲了應酬，不假思索地重複著同一畫稿。然而，抗日戰爭時他在淪陷的北京住家門口貼出的兩張告白，卻使人家折服。告示曰：

「中外官長，要買白石畫者，用代表人可矣，不必親駕到門。從來官不入民家，官入民家主人不利，謹此告知，恕不接見。」

「賣畫不與官家，竊恐不祥。」

日本人見白石老人大義凜然，便想喻之以利，在寒冷的冬天裏讓人送去配給煤票。白石老人當即退回。以後又寫詩作畫，諷刺日本侵略者。抗戰勝利前夕，白石老人曾畫鼠畫蟹，並題詩曰：

「群鼠群鼠，何多如許！何鬧如許！
既嚙我果，又剝我黍，
燭炧燈殘天欲曙，嚴冬已換五更鼓！」

「處處草泥鄉，行到何方好！
昨歲見君多，今年見君少。」

齊白石的鮮明態度，使日僞惱羞成怒。敵僞機關尋機扣留了他，要他宣傳「中日共榮」。齊白石寧死不屈，在獄中寫下遺言曰：「子子孫孫永不得做日本官」！白石老人在大敵當前時的表現，傳爲藝林千古佳話。

齊白石逝世於一九五七年，享年九十三歲，即使是按照中國的傳統算法，按夏曆並且計虛歲，也只有九十五歲。但他一九五七年作品的落款，往往作「九十七歲白石老人」。難道是老人糊塗了！非也。據說曾有一位算命先生替他算八字，說他七十五歲那年八字與運道相衝，必須用

「瞞天過海」法瞞過兩歲，運氣才會好。老人果然謹遵其教，來了個「瞞天過海」。不過他這一「瞞」，卻將許多人「瞞」糊塗了。

一直到老，故鄉白石鋪、星斗塘一帶的一草一木，一蟲一鳥都是他長久的畫題。他曾作一扇，內容爲一根釣絲，下面是一隻蝦。題曰：

五十年前作小娃，棉花爲餌釣蘆蝦；
今朝畫此頭全白，記得菖蒲是此花。

同樣，家鄉白石鋪也沒有忘記她的兒子。白石紀念館與白石公園都將要在白石鋪建立。到時，相信能帶給你更多的美的享受！

## 毛澤東少年軼事（湘潭韶山）

毛澤東故居坐落在松竹葱蘢的湘潭縣韶山沖，距離長沙市約九十公里，有直達快車可通。

故居的四周，群山環抱，山巒疊嶂。這便是南岳七十二峰之一：韶山。相傳大舜皇帝南巡經過此峰時，在此演奏了令孔夫子「三月不知肉味」、再三稱譽爲盡善盡美的韶樂，故有是稱。

故居是我國南方農村所常見的屋舍。背倚蒼松翠竹，前臨清澈池塘。說起這些池塘，還有一段趣事呢！

毛澤東於一八九三年十二月二十六日誕生於大舜來過的地方。就在這幾間中國南方農村常見的土木結構的房子裏，毛澤東度過了他的童年與少年時代。

有著二十幾畝地的毛順生將大兒子毛澤東送進了小學堂。白天讀《論語》、《孟子》等書，早晚到地裏幹活。學堂老師很嚴厲，「我十歲的時候曾經逃過學，但我又不敢回家，怕挨打，便朝縣城的方向走去，以爲縣城就在一個山谷裏。亂跑了三天之後，終於被我家裏的人找到了。我才知道我只是來回兜了幾個圈子，走了那麼久，離家才八里路。」這是毛澤東對美國記者斯諾的一段自敘。

毛澤東與其以勤勞吝嗇起家的父親素來矛盾頗深。據毛澤東後來回憶，其父要毛澤東記帳、幹農活，一文錢也不給毛澤東及其弟。而伙食呢，又給最差的，從來沒有給過蛋也沒有給過肉。

在毛澤東十三歲那年，曾與其父發生過一次大規模的「戰爭」，其父當著許多客人的面，責罵毛澤東「懶而無用」。毛的自尊心大受傷害，於是回罵了父親，並離開家。其母見狀，追趕上前，勸說這個怒氣沖天的少年回家。其父也邊跑邊罵地趕來。毛澤東急中生智，跑到一個池塘邊，恫嚇他父親說如果他再走近一步，毛就要跳塘自殺。在這種以生命相要挾的舉動面前，毛澤東的父親終於軟了下來，和這個叛逆兒子達成了「停火協議」。毛澤東初次嘗到了「鬥爭」的甜頭。時過境遷。如今故居的許多池塘中，不知哪一個是當年毛澤東以命相拚的池塘？

十三歲時，毛澤東離開了小學堂，白天幹農活，晚上記賬，餘暇時看看中國的舊小說。倘若毛澤東一直如此平靜地生活下去，中國的歷史大概將重新書寫。

因爲饑荒，長沙附近的饑民鬧事，很多人被斬首示衆。這件事對少年毛澤東影響很大，他很爲他們抱不平。接著，哥老會起義，「吃大戶」運動的興起，有激進思想的教師的影響，以及一些啓蒙書籍的傳播，毛澤東的民族意識開始形成，並初步意識到：天下興亡，匹夫有責。

就在毛澤東的父親決定將十六歲的毛送到湘潭一家米店作學徒時，他卻與表兄一起投向了湘鄉縣的「新式學堂」。在這裏學到了自然科學和西方新學科，讀康有爲、梁啓超的文章，同時，也學了一些外國歷史和地理，第一次聽到「美國」這個國家，知道了華盛頓、拿破侖、葉卡德琳娜女皇、彼得大帝、惠靈頓、格萊斯頓、盧梭、孟德斯鳩和林肯等人物。

這以後，毛澤東又到了長沙，輾轉上過幾個學校，甚至還當了半年「湘軍」。最後考進湖南師範學校，在這所學校裏就讀了五年。

無疑，毛澤東的政治思想就是在這所學校中形成的。但他在自然科學方面，天賦卻不強。徐特立曾說過，毛澤東的數學常得零分。毛澤東自己也說，他反對將自然科學列爲必修課。他對自然科學不感興趣，所以得分很差。靜物寫生課尤使毛澤東討厭，並將之視爲「極端無聊」。他盡力想出一些最簡單的東西來畫，以圖儘快離開課堂。一次，他畫了一條直線，上面加一個半圓，表示「半壁見海日」。又有一次圖畫考試時，他畫了一個半圓就算了事，並將這個半圓形命名爲「蛋」。這兩件事情，過了幾十年，毛澤東本人仍記憶猶新。一九三七年在延安會見斯諾時，他以興致勃勃的口吻談到了這些事。這種性格上的偏執造成的知識結構上的缺陷，對毛澤東一生乃至對中國，都有著很大的影響。

像一隻羽毛漸豐的鵬鳥，毛澤東飛出了韶山沖。至於以後的功過，就非我們這本書所能評說的了。

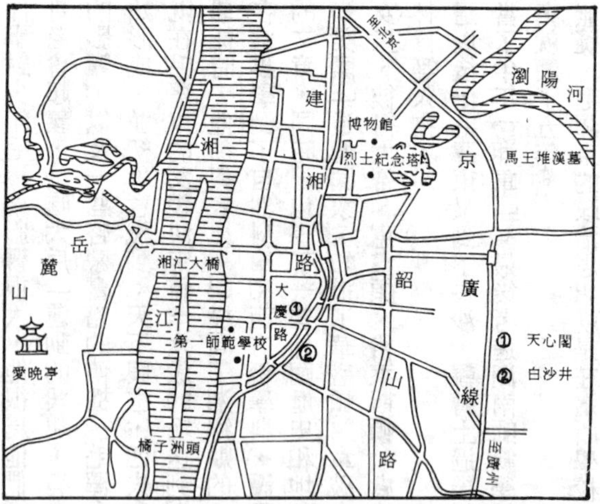

長沙名勝分布圖

# 長沙沙水水無沙（長沙白沙井）

諺語有云：「常德德山山有德，長沙沙水水無沙。」

毛澤東亦有詩曰：「才飲長沙水，又食武昌魚。」這裏的長沙水即指長沙白沙井之水。早在一千多年以前，人們便把它稱爲「長沙第一泉」，其後又與濟南趵突泉、杭州虎跑泉、貴州漏趵泉並稱爲天下四大名泉。

白沙井位於湖南長沙市南門外一里地的白沙街東隅。它由四口並列的水井組成，每口井長約二尺，寬深僅尺許。別看它的泉眼不大，但無論春夏秋冬，都不溢不竭，隨舀隨漲，始終保持同樣的深度。更爲難得的是它的味道與作用。據《湘城訪古錄》載：「其泉清香甘美，夏涼而冬溫。煮爲茗，芳潔不變。爲酒不酢不滓。漿者不腐。爲藥不變其氣味。霍亂吐瀉一飲良已。」簡直將它寫得就像靈丹妙藥一般。

人們爲何將白沙水看得那麼神秘呢？除了它的水質本身甘純潔淨外，還與古人的分野觀念有關。《史記·天官書》曰：「天則有列宿，地則有州域。」可見古人是把天上的星宿和地上的州域聯繫起來看的。人們將天上的星宿指配於地上的州國，使它們相互對應。這便是分野的觀念。湖南星空的分野屬於翼軫二個星宿，因此王勃的《滕王閣序》有「星分翼軫，地接衡廬」的名句。在軫這個星宿旁，有一顆小星，名叫長沙星，古人認爲它主壽命，小而明則人壽長，子孫盛。這顆長沙星在地上的對應點便是白沙井。據《三長物齋長說》載：「泉眼上應長沙子星，汲之桶底，浮於桶面，參與他水則否。」愛舞文弄墨的文人們還將白沙井譽爲「星泉溥潤」、「玉醴流甘」。

既然白沙井是與主壽命的長沙星相對應，其水想必也能使人長壽了。大概是基於這個心理吧，舊時長沙人都樂於到此井挑水食用，再遠也不辭勞。據長沙人張九思所寫的《白沙井記》載：

泉出阜腹，不溢不竭，其井不甃，其汲不以便。汲者至，人肩兩桶，手一瓢以待，以至之先後爲次。先者兩人對坐，迭舉瓢，俯仰若獻醻。汲滿，以次進，竟日暮不息。

好一幅輕鬆愉快、配合默契的「舀水圖」！難怪《長沙縣志》上記載著它足供全城汲飲。可惜到後來，這幅圖畫被打破了。清光緒年間，善化（後併入長沙一地）知縣在井後立碑「出示曉諭」，把白沙井劃分爲官井、民井，又訂立了用水章程。民國初年，湖南軍閥又在井邊立碑「告示」，規定官井專供官軍使用，違者嚴加懲處。而要到民井挑水，又必須參加當地惡霸把頭把持的「挑水會」，先交銀元作爲會費方可挑水。豪紳們還在白沙井後修建了一座龍王祠小石廟，利用神權來發展特權，作爲盤剝大衆的藉口。

其實，白沙井不盈不竭，水質甘美，並非由於長沙星的靈氣，而是由它獨特的地質環境決定的。由於地質上的吸收、滲透與過濾，遂使白沙井具有上述的特點。經化驗，水中還含有豐富的無機鹽和礦物質，對人體有益，清潔無菌，宜烹茶，釀酒及飲用等。

用白沙井水釀酒，很早就已出名，晉代文學家謝惠連在他的賦中，提到過「飲湘吳之醇酎」。杜甫的《發潭州》詩亦曰：「夜醉長沙酒，曉行湘水春。」杜牧更在《送薛種遊湖南》中，留下了這樣深情的歌唱：

賈傅松醪酒，秋來美更香。
憐君片雲思，一棹去瀟湘。

長期以來，長沙人留下了一套傳統的釀酒工藝，名酒「白沙液」就是這套工藝的結晶。白沙液香型獨特，既有瀘州大曲的濃香，又有茅臺的醬香，被譽爲「醬頭濃尾」，博得國內外消費者的青睞。

如今，白沙井已成爲長沙市重點文物保護單位。井的本身以及井的周圍得到了很好的維護與修建。白沙井不遠處，還開有幾家茶館。若是暑熱時節到此，坐在茶館中，品著白沙井水泡的清茶，眞有一番神仙般的樂趣。

## 昭潭無底橘洲浮（長沙橘子洲）

橘洲，又叫橘子洲。因洲尾原有水陸寺，故又稱水陸洲。橘洲位於長沙市區西面的湘江中流，素爲長沙著名之風景勝地。湘江大橋有一支線，直通洲頭。橘洲長約十華里，寬卻僅在四十米至百餘米之間，遠遠望去，猶如一條玉帶，飄浮在湘江之中。古諺有云：「昭潭無底橘洲浮」，極有神韻地鏤刻了它的風姿。

橘洲因盛產美橘而馳名。《太平寰宇記》載：橘洲在長沙縣西南四里，江中時有大水，諸洲皆沒，此洲獨浮，上多美橘，故名。

遠在周朝時，橘就已被當成貢品，到戰國秦漢時期已大規模種植。《史記·貨殖傳》曰：「江陵知樹橘，其人可與千戶侯等。」誰料太史公這一記載，竟還使人真的仿效起來。據《襄陽耆舊傳》曰：三國時吳地有一叫李衡的人，每欲置家產，其妻都不依從。李衡只好秘密派遣十個家人，到武陵龍陽的泛洲上，種起千餘株柑橘。臨死時，李衡告訴其子曰：「吾洲裏有千頭木奴，不責汝衣食，歲上匹絹亦當足用爾。」其子莫名其妙，詢問母親。李衡妻子想了半天，才想起當年丈夫時常說，太史公言江陵千樹橘當封君家。後來柑橘長成了，果然歲可得絹數千匹，家道由是富足。

由於柑橘的大規模種植，至漢武帝時，朝廷還特設「橘官」，專門處理南方向京城進貢橘子的事務。《南方草木狀》曰：「橘白華赤實，皮馨香有美味，自漢武帝，交趾有橘官，長一人，秩二百石，主貢御橘。」說來好笑，這些皇室貴族、達官貴人不僅生前愛橘，就連死後也有人用柑橘的種子殉葬呢！

千百年來，橘子更是文人雅士筆下歌詠的對象。最早描寫柑橘的作品，應屬屈原的《橘頌》，詩的前半部分曰：

后皇嘉樹，橘徠服兮。受命不遷，生南國兮。
深固難徙，更壹志兮。綠葉素榮，紛其可喜兮。
曾枝剡棘，圓果摶兮。青黃雜糅，文章爛兮。
精色內白，類任道兮。紛緼宜修，姱而不醜兮。

此後，文人墨客的頌橘佳句多得難以盡述。張籍《宿江店》詩云：「野店臨西浦，門前有橘花。」王昌齡的《送別魏三》曰：「醉別江樓橘柚香，江風引雨入船涼。」蘇東坡的《初冬作贈劉景文》詩曰：「一年好景君須記，正是橙黃橘綠時。」詞人葉適還特意寫《橘枝詞》曰：

蜜滿房中金作皮，人家短日掛疏籬。
判霜翦露裝船去，不唱楊枝唱橘枝。

漢代以後，我國柑橘開始傳入印度、東南亞、日本、朝鮮。宋以後，陸續傳入歐洲。現在世界各地的柑橘，大抵皆源出於中國，所以農史學家又將我國稱為「柑橘之國」。

橘有個可喜而又執拗的性格，那就是屈原筆下的「受命不遷生南國」。《晏子春秋》這樣描述橘的特性曰：「

橘生淮南為橘，生於淮北則為枳。葉徒相似，其實味不同。」生於淮北的「枳」只能充當藥用。因此，橘的真正故鄉是在淮南。橘子洲一帶乃至整個湖南省，都是盛產美橘的地方。釋齊已有《謝橘洲人寄橘》詩曰：洞庭栽種似瀟湘，綠繞人家帶夕陽。霜裛露蒸千樹熟，浪微風撼一洲香。

橘洲是由湘江的泥沙淤積而成的。它的形成時間，據《湘中記》載，應在晉朝，後來，這一洲又分為互不相連的三洲。據《湖南通志》載：湘江中有上洲、中洲、下洲，居民百餘家。望之如帶，實不相連。當時長沙有讖語曰：三洲連，出狀元。有個叫賴超彥的還為此題詩曰：

洲底江流閒氣偏，地靈鍾秀讖先傳。

縱橫禮樂期諸士，定有登瀛第一仙。

如今，江中三洲早已連成一體，不過仍有牛頭洲、水陸洲、傅家洲之稱以與當年上中下三洲對應。連起來的三洲猶如一個長島，這長島又長年累月和長沙緊緊依偎在一起，以至還有人將「長島」作為長沙的代名詞。毛澤東的「長島人歌動地詩」也即本此。

有趣的是，連成一體的橘洲果然哺育出了「狀元」！其實，它孕育出的人才何止是「狀元」而已！當年，青年毛澤東和他的同學們常在橘子洲頭游泳、讀書，暢談國家大事。毛澤東曾填詞曰：

獨立寒秋，湘江北去，橘子洲頭，看萬山紅遍，層林盡染。漫江碧透，百舸爭流……

如今，毛澤東的詞鐫刻在橘子洲頭，成為洲上新建的諸多美景之一。

## 停車坐愛楓林晚（長沙岳麓山）

長沙市湘江西岸，有一座集自然風景和名勝古跡於一身的山峰——岳麓山。古人將岳麓山視為南岳七十二峰之一。據南北朝劉宋時《南岳記》載：「南岳周圍八百里，回雁為首，岳麓為足。」因其為南岳之足，故名岳麓。

岳麓山具有南方山巒秀美如玉的特色，更兼與湘江山水相依，素為歷代人們所珍重。自西漢以來，名人雅士在此留下了許多遺跡。至今山上仍有愛晚亭、岳麓書院、麓山寺、望湘亭、唐李邕麓山寺碑和宋刻禹王碑等古跡以及黃興、蔡鍔等陵墓，供人尋訪。

如果你是從岳麓山下廣場開始登山，請你暫且離開那新修的馬路，向右朝山坳插入，緣溪行里許，便可見到一座重檐飛角、碧瓦紅欄的小亭，這就是有名的愛晚亭。愛晚亭位於岳麓山清風峽中，四周皆為楓樹，春時青翠欲滴，秋來紅艷醉人，是遊宴的好去處。

愛晚亭原名紅葉亭，是清隆五十七年（一七九二年）

岳麓書院山長羅典修建的。羅典是清代有名經學家，官至鴻臚寺少卿，因而被稱爲羅鴻臚。他在岳麓書院執教二十七年，多次受到朝廷的獎賞。或許是岳麓山的美景感動了他吧，他終於在栽花調鶴之餘，修建了這座秀美的亭子，並撰聯曰：

山徑晚紅舒，五百夭桃新種得；
峽雲深翠滴，一雙馴鶴待籠來。

紅葉亭爲何又改名爲愛晚亭呢？這得歸功於清代名詩人袁枚。袁枚曾於深秋時節來遊岳麓，並專程到書院求見山長羅典，不知怎麼的，羅典對主張性靈說的袁枚卻不大感興趣，因此拒而不見。後袁嘗遊紅葉亭，並發表評論說，此亭最好改爲愛晚亭。羅典聽後，大爲讚賞，立即更改了亭名並會見了袁枚。

故事的眞實性未考。不過，亭從秦漢時作爲旅人的停息之所漸次演變爲六朝以後作爲雅人的遊宴之所，人們便漸次重視亭的命名。據宋洪邁《容齋四筆》所云：

立亭榭名，最易蹈襲，既不可近俗，而務爲奇澀亦非是。東坡見一客之近看《晉書》，問曰：「曾尋得好亭子名否？」蓋謂其難也。秦楚材在宣城外並江作亭，目之曰「知有」，用杜詩「已知出郭少塵事，更有澄江消客愁」之句也。王仲衡在會稽，於後山作亭，目之曰「白涼」，亦用杜詩「越女天下白，鑑湖五月涼」之句，二者可謂甚新，然要爲未當。

正因爲亭名難得，人們更覺來源於杜牧「停車坐愛楓林晚，霜葉紅於二月花」的「愛晚」一名，不俗不澀，又與岳麓山風物密切吻合，因而沿用至今。

今天你所看到的愛晚亭，是後來補葺的，亭中刻有前湖南高等學堂監督程頌萬的題記曰：

宣統三年秋，補葺愛晚亭，刻南軒、南園二先生詩，並徵羅鴻臚故事，書「放鶴」二字，以永嘉遊。程頌萬並記。

南軒即南宋張栻，南園爲清代錢灃。他們的《青楓峽詩》與《九日岳麓山詩》均題刻於亭中方石上，雅好者可細細賞玩。

從愛晚亭沿級上攀，便可到達古麓山寺。此寺始建於晉泰始四年（二六八年），殿宇宏偉，被譽爲「漢魏最初名勝，湖湘第一道場」。可惜大部分古建築已於戰火中化爲灰燼，只留下一棟藏經閣和一通本屬於麓山寺、後又移置岳麓書院、由唐代李邕所撰並書的我國著名唐碑——北海碑。

麓山寺後，古樹環抱之中，有泉從地下汩汩流出，冬夏不涸。這就是著名的白鶴泉。相傳曾有一雙仙鶴，飛來止息於泉水之上，從此泉水就變得清冽甘甜。而且，清甜的泉水中還一直留存著雙鶴的倩影。更爲奇特的是任你舀取一碗泉水，碗中也有鶴影，竟如孫悟空的分身法一般。用此水沏茶，熱氣盤繞杯上，宛如有對白鶴翩翩起舞。故名之白鶴泉。

白鶴泉的神妙之處讓長沙城裏的王爺知道後。他便令侍從每天清晨往山口取水，供己飲用，不得中斷。一日，湘江風浪大作，人不能渡，暴虐的王爺竟將空手而歸的侍從殺死。仙鶴感憤，振起雙翅一去不再復返。

由於這個傳說，遊人們都喜歡在此取水賞玩，希冀能於碗中一睹鶴影的風采。現在人們往白鶴泉井中俯看，仍可見到一對白鶴隨波影舞動，不過那是上面亭中藻井上畫的兩隻仙鶴倒影罷了。鶴影本屬子虛烏有。不過用此水泡茶，確是一番享受。

白鶴泉邊，有白鶴泉碑，碑刻題跋與詩句。跋記載著白鶴泉的歷史與趣事曰：

《岳麓志》：白鶴泉出清風峽，味甘洌，冬夏不竭。宋儒張子（栻）有《酌白鶴泉》、《憩清風峽》詩，又與朱子（熹）城南唱和，有《蘭澗》、《石瀨》詩。憲雲（即清代糧道夏憲雲）築臺其上，爰錄二夫子詩鐫於石，非但備名山勝事，亦欲使遊者景仰前賢云。

張栻的《酌白鶴泉》詩云：

談天終日口瀾翻，來乞清泉醒舌根。
滿座松聲問金石，微瀾鶴影漾瑤琨。
淡中知味誰三嚥，妙處相期豈一樽。
有本自應來不竭，濫觴端可驗龍門。

由白鶴泉沿石級北行不遠，便可見到上下毗連的兩座宏大的陵墓，這就是黃興、蔡鍔之墓。

黃興墓是湘中首屈一指的巨大陵墓。墓由三層臺階百餘級踏步導入。墓碑爲一四稜形的整塊乳白色岩石琢成，碑高十米，有如利劍直指蒼穹。「黃公克強之墓」的碑文用青銅澆鑄而成。整個陵墓坐落在岳麓山高峰開闊處，顯得格外宏偉。

黃興（一八七四——一九一六年）原名軫，字廑舞，別字克強，湖南省善化縣（今長沙）人。當一九〇五年中國同盟會成立，孫中山被推爲總理之時，黃興任執行部庶務（相當於協理），成爲黨內僅次於孫中山的重要領袖。在此後十餘年的革命生涯中，黃興將全部精力傾注於武裝起義的準備工作和具體組織領導工作上。在一九一一年的廣州起義中，黃興身先士卒，右手中、食指全被打斷。同年的武昌起義中，黃興又親臨武昌，被推爲戰時總司令，親臨前線督戰。在漢口、漢陽與清軍苦戰二十餘日，爲各省先後宣告獨立贏得了時間。由於黃興功績彪炳，歷史上將他與孫中山先生並提，稱爲「孫黃」。

黃興於一九一六年病逝於上海，翌年四月十五日，國葬於岳麓山。當時葬禮非常隆重，送葬者達幾萬人，一些日本朋友也遠道而來參加葬禮。

蔡鍔墓在黃興墓下，墓由花崗岩砌成。墓碑的欄板石上分別刻有近人的題字和挽詩。陵墓三面環山，一面臨水，景色宜人。

關於蔡鍔，人們除稱道他機智地逃出袁世凱的監視，輾轉回雲南組織護國軍討袁，迫使袁世凱取消帝制的功業之外，還知道他的一些風流韻事，這就是影片《知音》的由來。

小鳳仙是一青樓妓女，後與蔡鍔接觸。對蔡鍔智脫袁世凱的羈絆起過一定作用。歷來野史說部對小鳳仙的作用渲染頗多，不過多屬文人添加的枝葉。據蔡的幕僚雷飆回憶他聽蔡鍔口述的經過，事實上蔡鍔是從小鳳仙舉行宴會的場所悄悄單身離去，小鳳仙並未參與其事。蔡鍔病逝後，小鳳仙更沒有痛不欲生，飲鴆自斃。不過，當蔡鍔的遺體運至北京時，小鳳仙確實曾白馬素車，親臨祭奠，並送上挽聯一副曰：

不幸周郎竟短命；早知李靖是英雄。

蔡鍔的遺體，也於一九一七年國葬於岳麓山。

## 惟楚地有材，於岳麓為盛

### （長沙岳麓書院）

在南岳之足——岳麓山下湖南大學校園深處，有一座千年學府，這就是岳麓書院。它前臨湘水，後枕青山，近市而不喧，林深而寬敞。確實是學者們探討經義、切磋學問的好地方。

近千年來，岳麓書院培育了無數英才。遠的不說，在我國近代史中，就有許多有影響的人物出自岳麓。如洋務派首領左宗棠；湘軍首領、古文大家曾國藩；清廷第一任外交官郭嵩燾；毛澤東和蔡和森的老師楊昌濟等等。誠如書院大門懸掛的對聯：「惟楚有材，於斯爲盛」，一點也不過分。

岳麓書院創辦於北宋開寶九年（九七六年），首創者爲潭州太守朱洞。創建之初，便有講堂五間，齋舍五十二間。當時的先生與學生們講於堂，習於齋。整個書院的格局是中間開講堂，東西列齋舍。這種格局一直保存至今。北宋期間，宋眞宗趙恆召見了岳麓書院山長周式。這種禮遇爲當時所罕見，因此書院聲譽日盛，成爲當時全國著名的四大書院之一。

書院是我國教育史上一種獨特的教育體制。書院之稱，最早見於唐朝。不過它最初是作爲唐朝的中樞機構——中書省修書或侍講的機構而出現的。除此以外，在《全唐詩》和地方志中，也可見到私人創辦的書院。但這些書院大多數爲私人隱居讀書或供祀紀念的處所，如前文介紹的鄴侯書院，即屬於這種類型。由此可見，唐代的書院並不具有教育人和培養人的功能。袁枚《隨園筆記》亦指出：「書院之名，起唐玄宗時，麗正書院，集賢書院，皆建於朝省，爲修書之地，非士子肆業之所也。」

作爲士子肆業之所的書院是於宋代才興起的。雖然我國古代教育事業很發達，孟子曰：夏曰校，商曰序，周曰庠，學則三代共之。但經過唐末與五代十國的動亂，官辦的正規學校卻也日見荒廢。正如歐陽修所言，「五代之亂極矣，干戈興，學校廢而禮義衰。」但士子要求讀書的願望沒有稍歇。於是，學者「往往相與擇勝地，立精舍，以爲群居講學之所。而爲政者乃成就而褒表之。」因此，一種新型的教育機構——書院便蓬勃興起了。

書院與古代的私學不同，它規制完備，教學計劃較爲系統，管理體制也相穩定，而且往往能得到當政者的支持。另外，它與官學又不相同，它的經費不由朝廷撥給。而當時書院的掌教者也並非學官，而是一些品學兼優，居山林不仕的長者，因此稱爲「山長」或「洞主」。這些「山長」或「洞主」聚集了一批有聲望的人，一起講求經義，求古鑑今，議論朝政。因此書院又成了中小地主發表政治主張和學術思想的陣地。

岳麓書院的鼎盛時期，當推南宋。高宗紹興元年（一一三一年），著名理學家張栻主教岳麓。三年之後，理學大師朱熹聞其名特地從福建來到長沙，相互交流學術。朱熹與張栻一談就是三天三夜，然意猶未盡，又陸續談論了兩個多月。在此期間，四方學者雲集岳麓，以至有「一時輿馬之衆，飲池水立涸」的盛況。他們都以親聆朱熹的講學爲快。兩個多月後，朱、張又聯袂同遊衡山，留下了一百四十九首詩歌和一段佳話。在這次講學中，朱熹手書了「忠孝廉節」四字。這四字至今仍保存於書院之中。

「朱張嘉會」之後，岳麓書院名聲大震。正如元理學家吳澄所稱：「自此之後，岳麓之爲岳麓，非前之岳麓矣！地以人而重也。」由是，四方學生紛紛慕名而來。因而有「道林三百衆，書院一千徒」的美譽。史籍上還將岳麓書院所在地的瀟水、湘水與孔子講學處的洙水、泗水並提，稱爲「湘瀟洙泗」。

隨著歷史的發展，幾經興廢的岳麓書院已完成了它的歷史使命。不過，它昔日的風貌仍基本保存了下來。書院的核心建築是正中的講堂，又稱「忠孝廉節堂」，因朱熹所題而得名。廳堂正面懸掛的「道南正脈」的金字木匾，是乾隆皇帝所書。另外，書院內還保存著許多珍貴文物，有興趣者可一一領略。

## 湖南考古的重大收獲

### （長沙馬王堆漢墓）

一九七四年長沙市五里牌的馬王堆漢墓中出土了一具西漢女屍和大量的珍貴文物如帛畫帛書等，成了當時轟動世界的新聞。這也難怪。如果說一座古墓相當於一部古書的話，馬王堆漢墓堪稱西漢社會的「百科全書」。讀了它，對當時社會的政治、經濟、文化、民俗等各個方面，就會有更深刻的瞭解。

五里牌離市中心約八公里。在一座方圓約半里的土丘中部，有兩個高約五丈的土冢。東邊土冢稱一號墓，西邊的稱二號墓。一號墓下面還覆蓋著另外一個墓葬，稱為三號墓。三號墓從外表上看不出來。這便是有名的「馬王堆」。「馬王堆」這一古怪名稱是怎樣來的呢？

有人認為，馬王堆的名字和五代時楚王馬殷有關。馬殷曾在長沙建立了馬家小朝廷並留下不少遺跡，如「會春園」、「九龍殿」、「馬王街」等。這兩個土冢，相傳是馬殷及其家屬的墓地，也有人說是馬殷的「疑冢」，所以叫「馬王堆」。清代許多地方志都記載了這種說法。也有人說，這兩個土堆大小相似，中間又連接起來。形狀像個馬鞍，原來叫「馬鞍堆」。也不知到了哪朝哪代，唸走了音，變成「馬王堆」，這才和楚王馬殷搭上了線。

事實上，這兩個土冢與馬殷確實毫無瓜葛。墓葬中出現的大量文物可以證明。

另有一說，認為這兩個土冢便是《太平寰宇記》所記載的，西漢長沙王劉發埋葬其母程、唐二妃的「雙女冢」。光緒《湖南通志》卷三十六還特意引述了史書上的一段故事，交待了兩姬的來歷：漢景帝有一妃子，叫程姬。一天晚上，程姬因身體不適，就叫侍女唐兒替她去陪伴喝醉了的漢景帝。後來，景帝將唐兒收為妃子，叫唐姬。唐姬生了一個兒子，取名發，封在長沙國，是為長沙定王。因為程唐二姬關係如此，馬王堆漢墓又兩墓相連，所以一直有人將馬王堆與筆記小說中記載的「雙女冢」相比附。

那麼，馬王堆漢墓究竟應該是誰的墓葬呢？

根據馬王堆漢墓中發掘出來的銘文、封泥及印章，再證以《史記》、《漢書》，我們知道二號墓中葬的是死於西元前一八六年的第一代軑侯——長沙諸侯國丞相利蒼。利蒼以軍功任相、封侯，食邑七百戶。呂后執政第二年（西元前一八六年），曾對當時的一百三十七位列侯排定了座次，軑侯被排為一百二十位，是一位不大的侯。一號墓中埋葬著利蒼的妻子，這就是舉世聞名保存至今的女屍。這位妻子比丈夫晚死二十餘年，約葬於西元前一六八年以後的某年。關於她的身世，墓中出土的一枚印章外，一無所知。三號墓中埋葬著他們的兒子，埋葬的時間比一號漢墓約早幾年。

馬王堆漢墓規模宏大，墓葬由封土、墓道、墓坑和墓室四部分組成。一號墓坑口南北長十九點五米，東西寬十七點八米，從口至底深十六米。站在坑口俯視深邃黝黑的洞穴，眞令人有頭昏目眩之感。三座墓葬的土方，估計在六萬立方米以上。

馬王堆漢墓的棺椁，結構十分複雜。大致由枕木、椁室、棺三部分組成。以一號墓爲例，在墓坑底部，橫置著三根巨大的方形枕木。枕木之上，是龐大的椁室。椁室由內、外壁構成四個邊箱和正中一個較大的棺室。四個邊箱主要用以放置隨葬器物，中間的棺室用以放置重重相套的棺材。據估計，僅一號墓的木椁，當初需費去二百立方米以上原木。

因爲古人相信死後還有另一世界，因此他們便把人間生活所需的一切。都帶進墳墓裏去。這就是殉葬物。殉葬物放在邊箱中。三座墓葬共發現漆器、陶器、帛書、帛畫、竹簡、絲織品、木俑等幾千件，而且還殉葬了大量的食物如中草藥、糧食、水果、肉食、酒等。這些殉葬品爲我們研究西漢社會提供了實物例證。

馬王堆漢墓中最重要的發現是帛畫、帛書和西漢女屍。帛畫上繪有天上、人間和地下三界的景象；帛書記載了古代哲學、歷史、科學技術等方面的成就。而西漢古屍更是轟動世界。這具女屍在地下埋葬了兩千多年，保存得異常完好，毛髮俱全，皮膚尚有彈性。解剖時發現就連腸胃中殘存的一百三十八粒甜瓜子也保存得很好。估計這位貴婦人是因某種急病或某種慢性病急性發作，在吃過甜瓜之後不久死的。保存了二千一百多年仍如此完好的屍體在世界上是十分罕見的。女屍解剖的過程曾拍成彩色科教片《西漢古屍研究》。

爲保護好馬王堆漢墓出土的珍貴文物，人民政府撥專款在湖南省博物館內修建了專用陳列館。馬王堆三號墓墓坑也進行了保護加固性維修。兩地均可參觀遊覽。

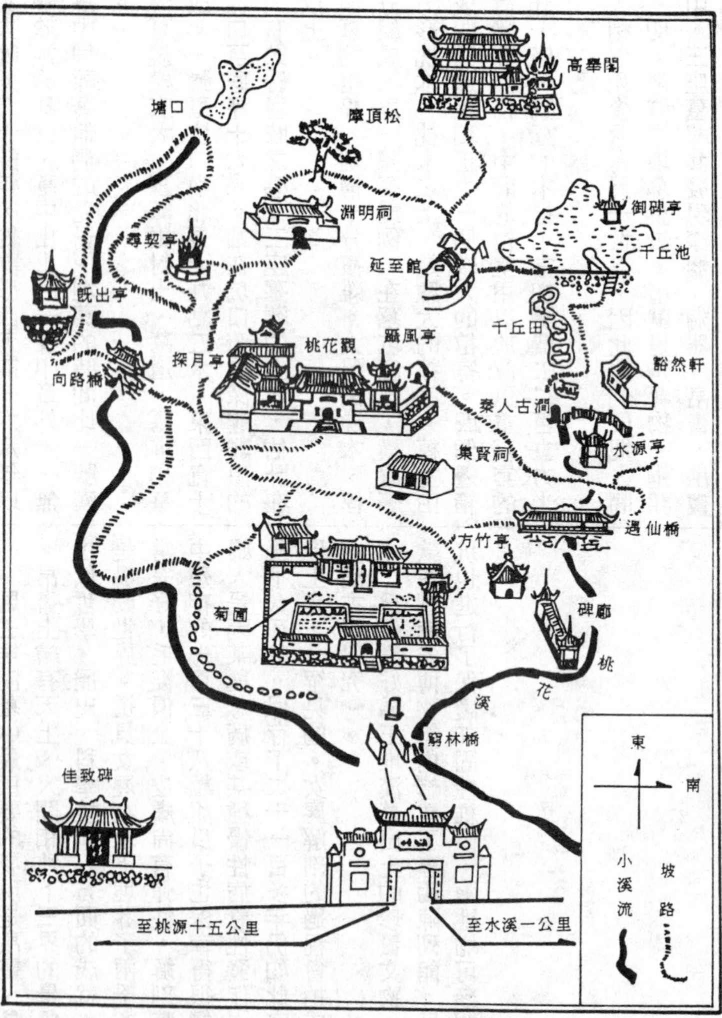
塘口
摩頂松
高舉閣
淵明祠
御碑亭
尋契亭
延至館
千丘池
旣出亭
千丘田
桃花觀
躡風亭
豁然軒
採月亭
向路橋
秦人古洞
集賢祠
水源亭
遇仙橋
方竹亭
碑廊
菊圃
桃
花
溪
窮林橋
佳致碑
東
南
小溪流
坡路
至桃源十五公里
至水溪一公里

桃花源遊覽示意圖

# 洞在清溪何處邊（桃源桃花源）

相傳東晉文學家陶淵明筆下的世外桃源就在湖南省桃源縣城西南十五公里水溪附近的桃花源。在這片東西寬七里、南北長九里的山巒上，修篁蔽日，桃林成行，溪水潺潺。以桃花觀爲首的古建築群點綴於林壑之間，使這裏的風景顯得異常優美。

一五〇〇年前，「不爲五斗米折腰」的陶淵明因不滿東晉社會的黑暗，遂於筆下描繪了一處撲朔迷離的「桃花源」。以寄託自己的政治理想。在陶淵明筆下，桃花源裏「土地平壙，屋舍儼然。有良田、美池、桑竹之屬。阡陌交通，雞犬相聞。」桃花源裏的人們「相命肆農耕，日入從所憩。桑竹垂餘蔭，菽稷隨時藝。春蠶收長絲，秋熟靡王稅。……童孺縱行歌，斑白歡遊詣。」總而言之，桃花源裏沒有剝削，沒有壓迫，人人自食其力，個個歡愉無比。

陶淵明《桃花源記》（並詩）問世後，獲得了各階層讀者的喜愛。人們紛紛按圖索驥，在現實社會中尋覓作家理想世界的影子。至遲在北周，人們就發現桃源縣之桃花源與詩人筆下的桃花源有相似之處。於是，人們在這片土地上，按照作家的文意苦心經營，建樹了種種古跡和建築；歷代的詩人們還在這裏留下了不朽的歌詠。自唐以來，桃花源遂成名滿天下的名勝古跡。今天，我們仍能在桃花源中欣賞到纜船洲、桃花溪、山門、菊圃、碑廊、方竹亭、秦人古洞、千丘田、遇仙橋、集賢祠、桃花觀、躡風亭、水源亭、向路橋、廷至館、豁然軒等風景名勝。

桃花源山門外的纜船洲相傳爲武陵漁人尋源結纜的地方。《桃源舊志》載：「爛船洲，《十道志》作纜船洲，以漁郎纜船入洞，故名。流俗相傳，漁郎返至此尋船，船已爛，故又名爛船洲。」爛船洲口有桃花溪，當年漁人便是駕船緣此溪行，而「忘路之遠近」的。唐代詩人張旭的《桃花溪》詩將這個地方寫得趣意盎然，極富朦朧美的韻致。詩曰：

隱隱飛橋隔野煙，石磯西畔問漁船。
桃花盡日隨流水，洞在清溪何處邊。

當年可以行駛漁船的桃花溪，如今僅存一線細水。而陶淵明所描繪的「桃林夾岸，數百步中無雜樹，芳草鮮美，落英繽紛」的美景卻至今仍存。這當然是後人努力的結果。不過，陶淵明爲何要將桃樹桃花作爲他理想王國裏的重要景觀呢？

桃本爲我國土生土長的植物，毫無神秘之處。後魏賈思勰在《齊民要術》中早就指出，「桃性皮急……七八年便老，十年則死。」但在我國民俗中，桃卻有幾分「仙」

氣。它的木被視為神木，可以制鬼。據宋人羅願《爾雅翼》云：「桃能去不祥，故古者植門以桃梗，出冰以桃弧，臨喪以桃茢。《典術》曰：「桃者五木之精，仙木也，故厭伏邪氣，制百鬼。」」用桃木制鬼的風俗，早在春秋時便有了，所以莊子諷刺曰：「插桃枝於戶，連灰其下，童子入而不畏，而鬼畏之，是鬼智不如童子也。」這種風俗沿襲了幾千年，是為「桃符」，後來又演變為盡人皆知的春聯。桃的果實也被視為仙果。據《漢武帝內傳》載，漢武帝七月七日赴西王母宴，王母饗之以三千年一熟的仙桃，食之可以長生。而孫悟空也正因為偷食了西王母的蟠桃，才在天宮鬧得不亦樂乎的。至今民間還有用做成桃形的饅頭來祝壽的。

或許，神仙家為桃沫上的神秘色彩，正是陶淵明用桃樹來作背景並將他的理想王國命名為桃花源的原因吧。相傳桃花源中的桃樹也頗神秘，一年到頭，桃花溪中都漂流著嫣紅的花瓣。

入山門，過窮林橋、菊圃、詩碑廊、方竹亭、遇仙橋、水源亭，便可到達秦人古洞。古洞洞口狹小，兩人相遇時需側身才能通過。但穿過此洞，便「豁然開朗」，洞內景觀使人有似曾相識之感，原來這裏的一切都與陶淵明的記載一般無二。許多遊人都在此駐足流連，不忍離去。

秦人古洞亦名桃源洞。據傳，原洞在桃花潭下數十步的坳裏。據《桃花源誌》載：「往歲有中丞郭公遊覽於此，見一仙童持香出洞相迎，即乘雲冉冉而去。郭公嘆曰：『此真仙境也，不當為凡人污瀆』。遂以石扃固，迄今未有開者。」後來，無數有志者試圖打開洞門，讓凡人一睹洞中「仙境」，但終於不能如願以償。人們只好無可奈何地在這個封閉的洞口的石壁上鐫下「關開眞面目」五個大字，並在桃花潭上方另造一洞。這就是我們今日所看到的秦人古洞。據說秦人古洞還曾吸引了八仙之一的呂洞賓。他曾望洞興嘆曰：

洞門深鎖白雲封，九節丹崖第幾重？
欲向山中詢甲子，秦人盡日不相逢。

當然，桃花源的主體建築還得推桃花觀。從方竹亭歷石級而上，或從摩頂松順勢而下，均可到達。觀中廳柱中懸掛的一副長聯，高度概括了名人題詠名山和自秦至晉太元中五百年的歷史：

三十洞別有一天，淵明記，輞川行，太白序，昌黎歌，漁耶？樵耶？隱耶？仙耶？都是名山知己；

五百年問今何世，鹿亡秦，蛇興漢，鼎爭魏，瓜分晉，頌者、謳者、悲者、泣者，未免桃花笑人。

對聯中的「淵明記」指陶淵明的《桃花源記》，「輞川行」指王維的《桃源行》。在王維筆下，桃花源絢麗斑斕：「坐看紅樹不知遠，行盡青溪不見人……遙看一處攢雲樹，近入千家散花竹。」而最有趣的還要算「昌黎歌」一。韓愈一生未到過桃花源，他卻爲桃花源寫了一首歌行體長詩。說起這首長詩還有一段經歷呢！

西元八〇五年十月，劉禹錫因改革失敗，被貶爲朗州（今常德地區）司馬。他愛戀桃花源的山山水水，常到此遊覽、吟詩、填詞、題寫碑文。據說有一年的中秋，他竟在桃花源賞月通宵。他題寫的「桃源佳致」的石碑，至今仍屹立在距桃花源頭門牌坊半公里的湘黔公路的左側。他曾將桃花源全景畫在一幅生絹上寄給韓愈。韓愈見後，欣然提筆作《桃源圖》。詩的前半部分曰：

神仙有無何渺茫，桃源之說誠荒唐！
流水盤回山百轉，生綃數幅垂中堂。
武陵太守好事者，題封遠寄南宮下。
南宮先生忻得之，波濤入筆驅文辭。
文工畫妙各臻極，異境恍惚移於斯。
架岩鑿谷開宮室，接屋連牆千萬日。
嬴顛劉蹶了不聞，地坼天分非所恤。
種桃處處惟開花，川原遠近蒸紅霞。

今日，人們雖然都已知道此桃花源不一定就是彼桃花源。但桃花源的魅力未曾稍減。桃花源內的各項旅遊設施也日趨完善。

## 汨羅江畔悼詩魂（汨羅屈子祠）

京廣線上有座小城叫汨羅。汨羅城旁有一條清悠悠的江，名叫汨羅江。這裏就是屈原懷石自沉的地方。詩人韓愈在被貶途中經汨羅，曾賦《湘中》詩曰：

猿愁魚踴水翻波，自古流傳是汨羅。
蘋藻滿盤無處奠，空聞漁父扣弦歌。

汨羅江北岩，有一座面積不大的小土丘，叫玉笥山。山上，屈子祠臨江而立。祠爲三進三廳，全部建築採用中國傳統對稱式布局，形式典雅，雕花精細。正殿當中，懸有一套《史記·屈賈列傳》的木刻，橫匾上題有「日月爭光」四個大字。兩旁懸清湘陰人郭嵩燾所撰的一副對聯。聯曰：

騷可爲經，卓然雅頌並傳，儼向尼山承筆削；風原闕楚，補以湘沅諸什，不勞太史採輶軒。

屈原，名平，字原。戰國時楚人，曾任左徒、三閭大夫等官職，他胸懷遠大，見識卓絕，對內主張舉賢授能，修明法度；對外主張東聯齊國，西抗強秦。他的所作所爲引起了子蘭靳尚之流的妒恨，懷王聽信了他們的讒言，疏遠了屈原，後又將屈原放逐江南，長期流浪於沅湘流域。汨羅江邊，到處布滿著詩人的足跡。

「屈原疾王聽之不聰也，讒諂之蔽明也，邪曲之害公也，方正之不容也，故憂愁幽思而作《離騷》。」世傳屈原寫作《離騷》的地方，就在屈子祠旁的「騷壇」上。此亭是清乾隆年間八十老翁黃德然修建的。另據《屈原外傳》載曰：屈原「嘗遊沅湘，俗好祀，必作樂歌以樂神，辭甚俚。原因棲玉笥作九歌以風諫。至山鬼篇成，四山忽啾啾若啼嘯。聲聞十里外，草木莫不萎死」。

屈子祠右側，有一座六角形的「獨醒亭」，相傳那就是屈原當年和漁父談話的遺址。《史記》載曰：

> 屈原至於江濱，披髮行吟澤畔，顏色憔悴形容枯槁。漁父見而問之曰：「子非三閭大夫歟？何故而至此？」屈原曰：「舉世，混濁而我獨清，衆人皆醉而我獨醒，是以見放。」

後人遂根據文意修建「獨醒亭」，以爲紀念。西元前二七八年，秦將白起攻破郢都之後，屈原既無力挽救楚國的危亡，又深痛自己的政治理想無法實現。遂投汨羅江自盡。正史至此之後，便沒有留下屈原的其它記載。倒是民間各種傳說，將屈原的故事敘寫得有頭有尾。

據說屈原的屍體被打撈上來之後，停放於汨羅江南岸的「曬屍墩」上。離玉笥山五公里處的「烈女嶺」上，還有著屈原墓。這墓不是一個，而竟是一群，有十二個，被稱爲十二疑冢。至於爲何要立十二疑冢，也說法不一，有說是爲防止秦兵挖掘的，有說是女嬃曾爲屈原遺體配上金頭的。而且這個山名與山周圍的剪刀池、搗衣石等等，也都與女嬃的傳說有關。

這些傳說雖然於史無稽，但都表達了人們對詩人的熱愛。有些民間紀念活動竟歷時兩千年而不衰，發展演變爲全民族的活動，如吃粽子與賽龍舟。

據《史記·正義》引《續齊諧記》載：

> 屈原以五月五日投汨羅而死，楚人哀之，每於此日以竹筒貯米投水祭之。漢建武中，長沙歐回白日忽見一人，自稱三閭大夫。謂曰：「聞君常見祭，甚善。但常年所遺，並爲蛟龍所竊，今若有惠，可以楝樹葉塞其上，以五色絲縛之，此兩物蛟龍所憚也。」回依其言。世人五月五日作粽，並帶五色絲及楝葉，皆汨羅之遺風。

至於賽龍舟，《隋書·地理志》亦載：

> 屈原以五月望日赴汨羅，土人追至洞庭不見，湖大船小，莫得濟者，乃歌曰：「何由得渡湖？」因爾鼓櫂爭歸，競會亭上，習以相傳爲競渡之戲。其迅楫齊馳，櫂歌亂響，喧振水陸，觀者如雲。諸郡率然。
> 」

直至今日，端午節吃粽子與賽龍舟的習慣，仍在我國民間保留著。一位詩人，能對全民族發生如此久遠的影響，應該說是絕無僅有的。

屈原雖然自沉了，但他「路漫漫其修遠兮，吾將上下而求索」的艱苦探求；「雖體解吾猶未變兮，豈余心之可懲」的堅強決心；「芳與澤其雜糅兮，惟昭質其猶未虧」的崇高人格，兩千年來，哺育了中華民族的靈魂。當初賈誼曾寫《弔屈原賦》，表達了對屈原的崇敬；司馬遷爲寫《史記》，曾親到屈原自沉的汨羅江上憑弔，並以「屈原放逐，乃賦離騷」的精神，支撐了自己《史記》的寫作；李白「一生傲岸」，但卻由衷發出「屈平詞賦懸日月，楚王臺榭空山丘」的感嘆；杜甫更是「竊攀屈宋宜方駕，恐與齊梁作後塵」，眞正繼承了屈原的精神。

屈原在中國文學史上，更具有極其崇高的地位。他開創了從集體歌唱到個人創作的新紀元。是中國文學史上第一個詩人。劉勰稱其爲「衣被詞人，非一代也」；魯迅謂其「逸響偉辭，卓絕一世」，「其影響於後來之文章，乃甚或在三百篇以上」。屈原的不朽作品還陸續被翻譯成英、俄、日、德、法、意等國文字。一九五三年，屈原被列爲世界文化名人而受到紀念。

## 襟帶三千里，盡在岳陽樓

### （岳陽岳陽樓）

一樓何奇：杜少陵五言絕唱，范希文兩字關情，滕子京百廢俱興，呂純陽三過必醉；詩耶、儒耶、吏耶、仙耶，前不見古人使我愴然涕下。

諸君試看：洞庭湖南極瀟湘，揚子江北通巫峽，巴陵山西來爽氣，岳州城東連岩疆；瀦者、流者、峙者、鎮者，此中有眞意問誰領會得來。

岳陽樓前的這副長聯，將岳陽樓的歷史勝跡、山川形勢以及登樓者的感受抒寫淨盡。難怪後人要將它配於范仲淹《岳陽樓記》的兩旁，讓遊客細細欣賞。

岳陽樓位於岳陽市西門舊城上，和黃鶴樓、滕王閣一起並稱爲江南三大名樓，堪稱湖湘第一流名勝。岳陽樓的歷史，遠在「杜少陵五言絕唱」之前。據《巴陵縣志》載：「岳陽樓又曰魯肅閱兵樓也」。它的首創者，應該是三國名將魯肅。魯肅的陵墓就在岳陽樓旁。不過它的定名，卻在唐開元四年（七一六年）。當時中書令張說守岳州，曾對閱兵樓進行擴建。因其在天岳山之陽，遂定名爲「岳陽樓」。

唐大曆三年（七六八年），棄官已近十年的杜甫由湖北江陵、公安輾轉來到岳陽。這年嚴冬，他已年近花甲，帶病登上岳陽樓，百感交集，遂賦詩曰：

昔聞洞庭水，今上岳陽樓。
吳楚東南坼，乾坤日夜浮。
親朋無一字，老病有孤舟。
戎馬關山北，憑軒涕泗流。

這首《登岳陽樓》以其開闊宏偉的意境，素為後人所稱道。遺憾的是詩成兩年之後，杜甫因貧病交加而逝世於湘江的一隻破船上，應了「老病有孤舟」的詩名。後人遂將此詩視為杜甫之「絕唱」。又因杜甫曾客居長安杜陵附近的少陵，後世遂稱其為「杜少陵」。這便是何紹基長聯中「杜少陵五言絕唱」的由來。後人在岳陽樓建「懷甫亭」，以為對杜甫的紀念。其實，杜甫之前，李白便有「樓觀岳陽盡，川迴洞庭開」的吟唱，也足為千秋佳句。

宋仁宗慶曆四年（一〇四四）滕宗諒，字子京，謫守巴陵（今岳陽）。他和范仲淹同年登進士第。知慶州（今甘肅慶陽）時，因被人誣告「前在涇州費公錢十六萬貫」而被降官知岳州。其實滕子京是個很能幹的官員，歐陽修曾稱譽他的政績為「去宿弊以便人，興無窮之長利」。他只用一年時間，就把岳州治理得「政通人和，百廢俱興」。他於慶曆五年重修岳陽樓。樓雖修成，但滕子京憂悲憔悴之嘆未曾稍減。曾有人賀樓之落成，子京竟答曰：「落甚成！只待憑砲大慟數場。」不過他曾致書同年范仲淹，請他寫一篇岳陽樓記。

范仲淹，字希文，是北宋著名政治家、軍事家、文學家，曾官至樞密副使、參知政事。但此時他卻因主張改革，被貶知鄧州（今河南鄧縣）。也許他知道好友滕子京的苦惱，也許他想與好友共勉，於是揮筆作記，其正文曰：

予觀夫巴陵勝狀，在洞庭一湖。啣遠山，呑長江，浩浩湯湯，橫無際涯。朝暉夕陰，氣象萬千。此則岳陽樓之大觀也。前人之述備矣。然則北通巫峽，南極瀟、湘，遷客騷人，多會於此。覽物之情，得無異乎？

若夫淫雨霏霏，連月不開，陰雨怒號，濁浪排空，日星隱曜，山岳潛形，商旅不行，檣傾楫摧，薄暮冥冥，虎嘯猿啼。登斯樓也，則有去國懷鄉，憂讒畏譏，滿目蕭然，感極而悲者矣。

至若春和景明，波瀾不驚，上下天光，一碧萬頃，沙鷗翔集，錦鱗游泳，岸芷汀蘭，鬱鬱菁菁。而或長煙一空，皓月千里，浮光躍金，靜影沉璧，漁歌互答，此樂何極！登斯樓也，則有心曠神怡，寵辱皆忘，把酒臨風，其喜洋洋者矣。

嗟夫，予嘗求古仁人之心，或異二者之為。何哉？不以物喜，不以己悲。居廟堂之高，則憂其民；處江湖之遠，則憂其君。是進亦憂，退亦憂。然則何時而樂耶？其必曰：「先天下之憂而憂，後天下之樂而樂」歟！噫！微斯人，吾誰與歸！

這篇三百餘字的短文，哲理之深刻，氣勢之磅礡，文字之優美，內容之豐富，堪稱獨步千古，特別是文中「先天下之憂而憂，後天下之樂而樂」的名句，更是傳揚中外，成爲許多仁人志士的座右銘。這篇千古雄文由清代乾隆年間張昭書寫，後製成木刻雕屏，懸掛於岳陽樓一樓正廳。這便是「范希文兩字關情，滕子京百廢俱興」。

至於「呂純陽三過必醉」，那就只是傳說故事了。呂純陽即呂洞賓，爲傳說中的八仙之一。相傳其爲唐末人，而至宋時仍在。據《宋史·陳摶傳》云：「關西逸人呂洞賓有劍術，年百餘歲，步履輕捷，頃刻數百年，數來摶齋中。」相傳呂洞賓曾至岳陽樓，三戲方太守。並題詩曰：

朝遊百粵暮蒼梧，袖裏青蛇膽氣粗。
三醉岳陽人不識，朗吟飛過洞庭湖。

雖然事屬無稽，但人們喜愛其嘲弄達官貴人的豪氣，遂在岳陽樓側建三醉亭，以爲紀念。

現在人們看到的岳陽樓，是清代同治年間重修的。不過仍保持著北宋時期的風貌。岳陽樓內名勝古跡尚多，難以一一道來。而其「啣遠山，呑長江」的壯闊景象，更需遊客自己登臨領略了。

## 三國一大老實人（岳陽魯肅墓）

岳陽樓東南約一公里處，有一座古墓，這就是被人們看作三國一大老實人魯肅的安息之地。古墓立有墓碑，刻有「東吳太傅墓」五個大字。墓碑兩側鑲有石柱，上刻著對聯：

扶帝燭曹奸，所見在荀彧上；
侍吳親漢胄，此心與武侯同。

墓頂上建有一座純木結構的六角小亭，在小亭中豎立著一通石碑，上刻有北洋軍閥曹錕撰寫的銘文：「公德於斯，卒於斯，而葬於斯。嗚呼，公足以千古。」

魯肅字子敬，臨淮東城（今安徽定遠東南）人。他生於天下大亂，群雄並起的漢末。一生下來，父親就不在人世了。大概是因爲失去父親的嚴厲管教吧，他從小就養成了豪放不羈的性格。當時他家很富有，但他不溺於錢財聲色不治家事，反而大散財貨，拍賣土地，濟貧救弱，深得鄉里人讚賞。他體貌魁奇，很有大丈夫氣。他喜歡結交有識之士，並招聚少年，給其衣食，講武習兵。年長的人都看不慣，議論道，魯家衰亡了，才生了這麼個狂兒。

魯肅的箭藝很精，有一次他給手下人表演，引弓射盾，一連幾發都穿透了盾牌。他生性豪放，慷慨大方。周瑜求他救濟軍糧，當時魯家只有兩囷米，他隨便就送給周瑜一囷。周瑜又驚又喜，遂結爲朋友。後來他和周瑜一同投奔了孫權。孫權也十分器重他。魯肅對形勢的分析。大有戰略家的眼光，孫權曾和他合榻對飲，聆聽他對天下局勢的分析，孫權問他，當今漢室傾危，天下大亂，我想建立齊桓、晉文那樣的功業，你有什麼高見？魯肅答道，據我所料，漢室不能復興，曹操也不可能一下子除掉，爲您打算，只有鼎足江東，以見機行事，乘曹操在北方忙於軍務的時機，討伐劉表，將長江一線據爲己有，然後稱帝王，圖取天下，建立漢高祖那樣的功業。孫權對魯肅的分析很是讚賞，於是放棄了原來想盡力輔持走向衰微的漢王朝的打算。

曹操揮師南下不久，稱霸荆州的劉表死了，由劉琮母子獨攬大權。在曹操大軍逼境的時刻，軟弱無能的劉琮母子及親信投降了曹操。這樣一來，就直接危及到東吳的生存。

當時，孫吳內部的主降派，被曹操的大軍壓境嚇破了膽，主張降曹。大敵當前，魯肅卻從容不迫，力排衆議，冷靜地分析戰局，提出聯劉抗曹之計，爲孫權所採納。孫權立刻派他作特使，和劉備、諸葛亮共商聯橫抗曹之策，爲赤壁之戰的勝利奠定了基礎。魯肅不僅具有戰略家的雄才，還兼有外交家、指揮家的才能。他奔走於孫劉兩家，爲推動孫劉的聯盟起到了極大的作用，赤壁大戰，他也參加了軍事指揮，當時他只有三十七歲。他一向以大局爲重，如劉備向孫權借地荆州，別人都反對，只有魯肅從大局出發，勸說孫權借之。

後來劉備得了益州，並不歸還荆州。於是魯肅約劉備的守軍大將關羽進行談判。魯肅大度凜然。深入虎穴，單刀赴會。在關羽陣中，魯肅義正辭嚴地說，我方當時把荆州借給你們，是因爲你們遠道而來，沒有地方可以立足，現在你們已得到益州，卻不歸還荆州，請你們歸還三郡，你們又不同意，你們如果貪心不足，背信棄義，一定會受到懲罰。關羽理屈詞窮，無以對答。可惜魯肅的這段英雄行爲，卻被後代小說家張冠李戴，加給了關羽，魯肅倒成了被責難的一方，這眞是歷史上的一大冤案。關羽和魯肅會談的地點就在洞庭湖畔的益陽市。市內至今仍有一段防洪大堤稱爲魯肅堤，相傳是魯肅鎭守益陽時率領兵士挑土築成的。

西元二一〇年，東吳大將周瑜病逝於巴丘（今岳陽市）。臨死時，周瑜向孫權建議由魯肅接代他的位置。從此，魯肅鎭守岳陽。他擴大城廓，建立水軍，並在依山臨湖的西門上修建了閱兵臺——也即今岳陽樓前身。當年，岳陽樓前停泊著上千戰船。魯肅依靠它們，北擊曹操，西禦劉備，守住了東吳的基業。，最後在建安二十二年（二一七年）以四十五歲的壯年病死於岳陽任上。

魯肅死後，孫權異常悲痛。他親爲魯肅舉哀送葬。人們爲魯肅營建了一座巨大的陵墓，這就是今天所見的魯肅墓。

《吳書》中有一段評讚，概括了魯肅的一生。曰：肅爲人方嚴，寡於玩飾，內外節儉，不務俗好。治軍整頓，禁令必行。號在軍陣，手不釋卷。又善談論，能屬文辭。思度弘遠，有過人之明。周瑜之後，肅爲之冠。

在《三國演義》中，魯肅成了處處受人愚弄的無能之輩。當小說讀，固然生動，但當歷史看，卻相去甚遠矣！

## 未到江南先一笑（岳陽君山）

「未到江南先一笑，洞庭湖上對君山。」詩人黃庭堅含笑相對的君山位於洞庭湖中，離岳陽城約三十里水路，在岳陽樓上就可隱約見到它的倩影。

君山，又名湖山，也稱洞庭山。它由大小七十二座山峰組成，面積三點五平方公里。唐代詩人劉禹錫將一碧萬頃的洞庭湖比喻成一個銀盤，而將俊美的君山比喻爲銀盤中的一枚青螺。他的《望洞庭》詩曰：

湖光秋月兩相和，潭面無風鏡未磨。
遙望洞庭山水色，白銀盤裏一青螺。

小小君山，名勝古跡甚多，至今仍存的重要名勝有二妃墓、柳毅井、龍涎井、秦始皇封山印、鍾相、楊么起義舊址等。其中以二妃墓最爲著名。

二妃墓在君山東麓。二妃，指堯之二女，舜之二妃，即娥皇、女英也。據《史記·五帝本紀》載：堯「以二女妻舜以觀其內」，而「二女不敢以貴驕事舜親戚，甚有婦道。」另據《楚辭·天問》洪興祖補注引《列女傳》載，娥皇女英事舜之後，在舜的功業中起了很大的作用。舜的盲父瞽叟與野蠻弟弟欲謀殺舜。他們讓舜去修補倉廩。舜謀之於二女。二女曰：這就將要殺害你！這就將要焚燒你！二女囑咐舜脫去舊衣，穿上鳥形彩繡衣裳前往。舜正在倉廩上工作著，瞽叟果然撤去階梯，放火焚燒起來。舜靠著鳥形衣裳飛出火海。他們又讓舜去淘井。舜告之於二女。二女曰：到時他將殺害你！到時他將掩埋你！二女囑咐舜脫去舊衣，穿上龍形的衣服前往。舜正在井底工作著，瞽叟果然阻塞了進出的通道，從而掩埋他。舜靠著龍形的衣服潛出井底。

舜在二妃的幫助下，不僅逃脫了家人對他的謀害，而且通過了堯對他的考察，終於登上王位。即位之後，雖然他們夫妻恩情深厚，但舜沒有忘記重任，依然經常外出，治理山川，開疆拓土。後來，舜南巡崩於蒼梧之野。娥皇、女英在君山聽到噩耗，柔腸欲斷，日夜慟哭，她們的淚珠灑在君山的竹子上，斑斑點點，風吹不乾，雨拭不去，因而便成了君山上特有的「湘妃竹」，也叫斑竹。後代文人感慨此事，遂賦詩曰：「舜帝南巡去不還，二妃幽怨水雲間。當時珠淚垂多少，直到而今竹尚斑。」

說來也怪，君山之竹，既多且奇。除了充滿浪漫色彩而又使人哀婉欲絕的斑竹外，尚有宛如羅漢挺腹的羅漢竹，形如龜背的龜甲竹，勝似遊龍的龍竹，以及觀音竹、神仙竹、青皮竹等等，此久還有奇形怪狀的方竹、實竹、連體竹等等。這對於一些「寧可食無肉，不可居無竹」的君子來說，實在是一個難得的欣賞機會。

二妃因悲痛過度，淚盡死於君山。亦有記載說她們自溺於湘江，變爲湘水女神。《山海經·中次十二經》記載曰：

> 洞庭之山……帝之二女居之。是常游於江淵。澧、沅之風，交瀟湘之淵，是在九江之間，出入必以飄風暴雨。

《水經注·湘水》亦載：

> 大舜之徙方也，二妃從征，溺於湘江，神游洞庭之淵，出入瀟湘之浦。

二妃那痛苦的靈魂大概是永難平靜的吧！唐代詩人元稹便有《洞庭湖》詩曰：

> 人生除泛海，便到洞庭波。
> 駕浪沉西日，吞空接曙河。
> 虞巡竟安在，軒樂詎曾過。
> 唯有君山下，狂風自古多。

誰知二妃那不平靜的靈魂竟得罪了秦始皇。據《史記·秦始皇本紀》載：

> 始皇……乃西南渡淮水，之衡山、南郡。浮江，至湘山祠。逢大風，幾不得渡。上問博士曰：「湘君何神？」博士對曰：「聞之，堯女，舜之妻，而葬此。」於是始皇大怒，使刑徒三千人皆伐湘山樹，赭其山。

據《洞庭湖志》載，這位自稱「功高三皇、德高五帝」的秦始皇還令人在君山的石壁鐫刻「封山印」，命令湘水女神不准再爲患。這些「封山印」至今仍有兩個存留在君山龍口東側的石壁上，長一點二米，寬零點八米，字跡明顯，筆法蒼勁。至於印文，則有「永封」及「封山」兩釋。

不過，傳說中秦始皇的憤怒，畢竟不能代表人民的意願。從屈原的《湘君》、《湘夫人》到今人毛澤東的「斑竹一枝千滴淚」，舜與二妃的故事已成爲兩千多年來人們歌詠不衰的傳統題材。

清代末年，有人根據以上的傳說，在君山東麓脩築了二妃墓。一九七九年，此墓又重新修葺一新。墓爲石砌，墓前有「虞帝二妃之墓」的石碑，墓前二十米處，有一對引柱，高二點八米，上刻楹聯一對曰：「君妃二魄芳千古，山竹諸斑淚一人。」此聯既濃縮了二妃故事，又將君山二字嵌於上下聯之中，耐人回味。

## 柳毅傳書情（岳陽君山）

你知道當年柳毅爲龍女傳書，是從什麼地方進入龍宮的嗎？告訴你吧，龍宮的入口處就是洞庭湖君山島上龍舌山尾的柳毅井。

龍舌山是君山七十二峰中山勢平緩的一峰，因狀如舌，故名。柳毅井位於龍山尾部，井邊有一棵橘樹，故又叫橘井。這棵橘樹就是龍女告訴柳毅辨識龍宮的信號樹。井的造型非常別致。離井五米處，有一斜道伸向井中，傳說當年柳毅便是由此道下龍宮的。道兩旁壁上，塑有蝦兵蟹將浮雕，它們是在迎接柳毅下湖呢！井壁之上，還有一手持寶劍的巡海神浮雕，當年，就是他手持寶劍爲柳毅引路的。這些遺跡全都源於唐朝李朝威的傳奇小說《柳毅傳》。故事曰：

唐儀鳳年間（六七六—六七九年），書生柳毅赴京應考不第，將歸家鄉湘江之濱。途經涇陽，遇一殊色女子牧羊於道旁。此女蛾臉不舒，巾袖無光。若有所待。柳毅怪而問之，知其洞庭龍君之女，因受其夫涇陽君次子的虐待，被迫牧羊至此。龍女懇託柳毅爲其傳書洞庭，並囑之曰：「洞庭之陰，有大橘樹焉，鄉人謂之『社橘』。君當解去絲帶，束以他物，然後叩樹三發，當有應者。」

柳毅依囑，尋訪洞庭。洞庭之陰果有橘樹。他解下衣帶，擊樹三次，果然有個武夫冒出水面，領柳毅到洞庭湖下去見洞庭君。

洞庭老龍君聞訊，哀痛不已。洞庭君之弟錢塘君更怒作千尺赤龍，挾雷帶電，奔往涇陽，毀滅了涇陽君一族，救回龍女。

回宮之後，錢塘君欲恃強力，將龍女許與柳毅。柳毅傳書之初，原出於義氣，了無私心。錢塘君以威相加，更激起他的反感。於是辭歸故里。告別之時，龍女上前拜謝，似有依依不捨之意。柳毅這才感到幾分遺憾。

回到陸地定居的柳毅倚仗龍宮的饋贈，遂成巨富，不過生活卻很孤獨，心中若有所失。後來龍女化爲盧氏女，前來與柳毅成婚，有情人終成眷屬。

由於故事情節曲折，優美浪漫，一向膾炙人口。元人尚仲賢的《洞庭湖柳毅傳書》、明人黃說中的《龍簫記》、清人李漁的《蜃中樓》以及現代《龍女牧羊》等作品，都是從《柳毅傳》脫胎而來。

在柳毅井不遠處有酒香山，山上生長著一種藤子，名叫酒香藤，數里之外便可聞到酒香。這種藤子的花可釀酒。據《博物志》載：「君山上有美酒數斗，得飲之，即不死。寺僧云：春時往往聞酒香，尋之，莫知其處。」

山僧找不到的酒，卻讓漢武帝找到了，《漢武帝故事》曰：帝齋七日，遣欒巴將男女數千人至君山。得酒，欲飲之，而長生。東方朔曰：「臣識此酒，請視之。」因即便飲。帝怒，欲殺之，朔曰：「若朔死，酒爲不驗；若驗，殺亦不死。」漢武帝無可奈何，只好赦免了東方朔。清人涂天相有《酒香山》詩曰：「漢武好仙術，天下趨若鶩。今日獻醴泉，明日獻甘露。君山傳美酒，濃看若嬌乳。煙霧爲曲蘗，風雷爲頻蒸。欒巴馳騎來，數斗珍同戶。滑稽曼倩生，竊飲酣睡去。君威甚嚴重，能不畏震怒？臣死酒非仙，仙酒臣不懼。千載付一笑，玩弄等孩儒。豈知諧謔中，片言生主悟。古人重諷諫，東方乃其庶。」看來我國古代敢於和「神仙皇帝」開玩笑的，還大有人在。

## 橫刀向天笑，肝膽兩崑崙

（瀏陽譚嗣同故居）

湖南省瀏陽縣城有座精雅的書舍，名叫石菊影廬。它是著名的戊戌變法運動的領袖人物譚嗣同的故居。

爲什麼譚嗣同要把它叫作石菊影廬呢？原來瀏陽盛產一種青灰色岩石，具有形如秋菊的白色花紋，叫作菊花石。用它雕成石花，奇美無比。它具有潔白無瑕、堅不可摧的品性，象徵著人們堅貞不屈的高尚情操。譚嗣同酷愛家鄉的菊花石，讚揚它「溫而德、野而文」，因而就用石菊影廬作爲書房的名稱，借物託志。今日，書房中的長案上還放置著一巨形石菊。當年，譚嗣同就是在這裏練字和讀書的。

譚嗣同，字復生，號壯飛。說起他的字與號，都有一番來歷。譚嗣同的父親是湖北巡撫譚繼洵。嗣同從小就生活在一個顯赫的封建官僚家庭裏。五歲時，他得了一場重病，昏死三日後，竟奇跡般地復活了。因此，便取字「復生」。母親病故後，他又在繼母的虐待下過著缺少溫暖的家庭生活，養成了他「倔強自力」的性格。他曾跟隨兩個哥哥就讀於北京宣武門外，稍長又被其父送回家鄉瀏陽。

譚嗣同自小好讀書，涉獵極廣。除經史詞賦，神學教義外，政治、哲學致力尤多。他曾遇到兩位良師：一位是他父親的世交，當時的著名學者歐陽中鵠；另一位是江湖上赫赫有名的「大刀王五」。歐陽中鵠主張經世致用，對譚嗣同從政影響很大。王五是一個有膽有識武藝高強的人，他對腐敗的官場嫉惡如仇，這種反抗精神也給了嗣同很深的教益。譚嗣同學習之餘，跟大刀王五學擊劍術，練就了比較強壯的體魄。

譚嗣同喜歡漫遊。他的足跡遍及冀、新、甘、陝、豫、湘、鄂、皖、蘇、浙、臺等省，每到一處，他就考察社會情況，廣交天下豪傑。他目睹了帝國主義的侵略和政府的腐敗無能，加深了對社會積弊、民間疾苦的瞭解，表示要趁自己年富力強之時，幹一番振興祖國的大業，於是便自號壯飛。

甲午戰爭的失敗，喪權辱國條約的簽訂，使具有強烈愛國心的譚嗣同放棄了「辭章」、「考據」，向西方學習。他寫了一首《感事詩》，詩曰：

世間無物抵春愁，合向蒼冥一哭休；
四萬萬人齊下淚，天涯何處是神州？

譚嗣同結識了梁啓超等知名人士，並用了一年時間，鑽研中西學問，寫成他的代表作《仁學》。他闡述了西方進化論和天賦人權的思想，對三綱五常等封建倫理道德進行了猛烈的抨擊。他把矛頭直指封建君主，認爲封建君主「挾一人而壓制天下」，這是世界上「至不平等」的事情。中國人把服從君主的統治美其名曰「忠義」，以相誇示，「眞不知人間有羞恥事」。他呼籲要「殺盡天下君主」，表達了自己變革的不凡抱負。

譚嗣同還在家鄉瀏陽進行了多方面的進步改革活動。後來，又和刎頸之交唐才常一道，到長沙跟隨梁啓超從事維新活動，創立了南學會和創辦《湘報》，使湖南成爲「全國最富有朝氣」的一省。

一八九八年春夏之交，光緒皇帝接受了康有爲的變法主張，於六月十一日正式發布「明定國是」詔書，開始了近代史上有名的「百日維新」。由於大學士徐致靖的薦舉，譚嗣同受到光緒帝的親自召見，被破格提拔爲四品軍機章京，負責代替皇帝批閱奏摺和草擬詔書。在變法中起了重要作用。

「百日維新」失敗後，梁啓超決定逃往日本勸譚嗣同同行。嗣同曰：「不有行者，無以圖將來；不有死者，無以召後起。」決定留下。梁啓超走後，譚嗣同又與大刀王五商議救光緒，未遂。王五自願保護他離京外逃。他說：「我既入軍機，便要負責到底。若時機不可逆轉，唯有一死。」說完將自身佩帶的寶劍贈給王五，並希望他繼承遺志。後來又有人勸他逃走，他說：「各國變法無不從流血而成。今日中國未聞有因變法而流血者，此國之所以不昌也。有之，請自嗣同始。」

九月二十五日，譚嗣同被捕，押入監獄。在獄中，他神色自若，題詩壁上曰：

望門投止思張儉，忍死須臾待杜根。
我自橫刀向天笑，去留肝膽兩崑崙。

他還在獄中給梁啓超寫了絕筆書曰：「嗣同不恨先衆人而死，而恨後嗣同而死者虛生也。嚙血書此，告我中國臣民，同興義舉，剪除國賊，保全聖上，嗣同生不能報國，死亦爲厲鬼爲海內義師之助。」

一八九八年八月二十八日，譚嗣同等六人就義於北京菜市口刑場，史稱「六君子」事件。嗣同就義時仰天嘆曰：「有心殺賊，無力回天，死得其所，快哉快哉。」譚嗣同犧牲之時，年僅三十三歲。

譚嗣同死後，遺體被義士搶出，輾轉運回家鄉瀏陽，秘密安葬於瀏陽縣牛石鄉翟水村的一座石山下。現在陵墓已經過修整，重新樹立起來的墓前的華表上刻著一對楹聯，聯曰：

亙古不變，片石蒼茫立天地；
一巒挺秀，群山奔赴若波濤。

譚嗣同死後，康有爲曾撰挽聯曰：「復生，不復生矣！有爲，安有爲哉？」可以告慰先人的是：志士們的精神永生。千千萬萬的後人正在爲實現天下大同的理想奮發有爲，先生們有知，當可以「復生」矣！

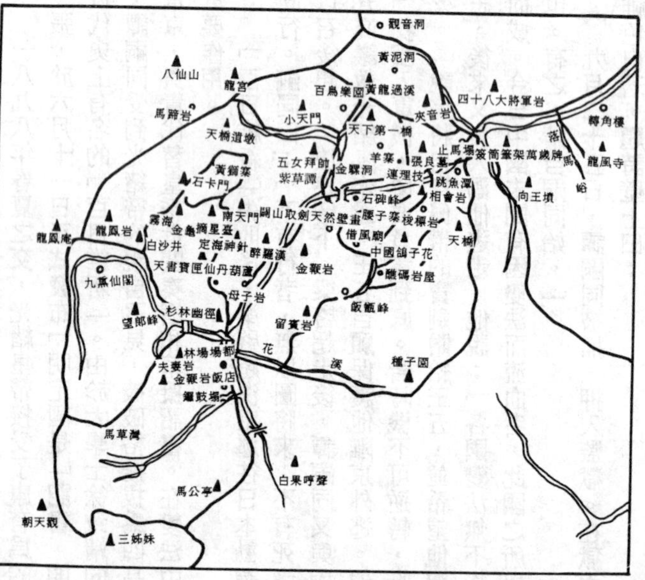


張家界遊覽示意圖

# 華夏風光第一流（大庸張家界）

國家森林公園——張家界，亦名青岩山，它位於湖南大庸縣城北三十五公里，東與慈利縣索溪峪，北與桑植縣天子山交界，總面積二十萬畝。遊張家界，可從長沙乘長途汽車直達，全程四百零九公里，或從大庸縣轉車亦可。在這「峰三千，水八百」的自然風景區裏，山奇、水幽、林秀，它們與禽獸同生共榮，渾爲一體，遊客至此，鮮有不爲它的美景所陶醉。

張家界的張家，指的是永定衛指揮使張萬沖。當年他利用職權，指定七棵銀杏樹爲界，將此處地盤霸爲己有，於是這片風景勝地便有了張家界之稱。

不過，由於地域偏僻，交通閉塞，張家界向來鮮爲人知。據有關資料記載，這裏道路崎嶇，人煙稀少。康熙年間，張家界內的居民僅有二三十戶。這些山民「時而持槍入山，獸物在所必獲；時而持釣下河，水族頃致盈笥。」他們刀耕火種，漁獵爲生，很少與外界接觸，而外人幾乎也沒有涉足這塊地方。雖然清朝雍正以來的地方誌上，曾經記載張家界「萬石筍立，層岩湧塔，石並赭赤，高秀入雲；連峰高卑，瀰漫皆徧；闖眼突兀，奇甲天下。」但影響畢竟有限。直到一九二四年，才有人在《彭氏族譜》中正正經經地描寫過張家界曰：「永定之西八十里，有青岩山，登其巔，見其劍戟森立，莫記其數，誠爲吾邑之奇觀也。」不過這篇文章仍出自張家界人之手。

張家界的出名，這已經是二十世紀八十年代初的事了。當時，張家界的一個國營林場連續被評爲省先進單位，有關方面多次在此召開現場會議。到底是山外人能識廬山眞面目，這些人漸次發現張家界自然風光之美，於是口耳相傳。不久，畫家、作家、攝影家、記者、科學家，紛紛到此拜訪張家界這位「養在深閨人未識」的美女，而且都稱之爲「天下奇觀」。畫家黃永玉曾揮毫爲張家界作「二千八百杜」，並寫跋曰：「吾鄉有不名之山曰張家界，未見諸經誌名篇，古人之陋於行者於此可見。賢者遊斯山無不嘆山之奇絕詭秘。有何言哉，吾鄉子弟亦與是山際遇同耳。辛酉夏日遊張家界作此印象。」他還和全家人興致勃勃地在黃獅寨住了一夜帳篷。著名攝影家陳勃還賦詩曰：

一生好入名山遊，青岩奇觀入鏡頭，
三山五岳堪比美，華夏風光第一流。

張家界共有二條遊覽路線，一是金鞭溪遊覽線，一是黃獅寨遊覽線。金鞭溪遊覽線志在觀水，黃獅寨遊覽線意在看山，兩者各有妙趣。

金鞭溪遊覽的重要點有金鞭岩與跳魚潭。金鞭岩在金鞭溪飯店東北約一公里。幽幽溪水從它身旁流過。這塊奇石高三百餘米，整個峰體呈褐色。它那下大上小、稜角分明的山體猶如刀削斧鑿出來一般，又如一根長鞭矗立於天地之間。據說這座金鞭岩還是秦始皇的趕山鞭化成的呢！傳說秦始皇欲開疆拓土，趕山塡海。他將觀音老母的神髮編紮成鞭，抽打山脈。頓時天搖地動，東海龍宮也搖搖欲墜。龍王無奈，派遣龍女佯與秦始皇相好，用假鞭換走了秦始皇的趕山鞭。翌日，始皇趕山不動，方知受騙，憤而擲鞭。誰知這鞭竟拔地而起，變成了今日的金鞭岩。

金鞭岩附近，有一水潭約二十平方米，名爲跳魚潭。每年桃花春汛，山溪野魚都會匯集於此，它們相繼躍出水面，最高者可達二三米，有如鯉魚跳龍門一般。這時，湖面上粼光閃耀，煞是好看。

黃獅寨位於金鞭岩飯店東北七華里處，因山形有如雄獅俯伏而得名。黃獅寨海拔一千二百多米，由無數懸崖峭壁托起，頂部面積近三百畝。凌空觀景，別有一番情趣。「不到黃獅寨，枉到張家界」，可見人們對黃獅寨遊覽線的看重。

黃獅寨地形險要，僅有「前卡門」和「後卡門」兩條狹小的通道可通。沿途可賞的自然景觀有十多個。主要有展卷亭、杉林幽徑、天書寶匣和天書、定海神針、南天門等等，大部分是人們發揮想象聯想而命名的。其中的天書寶匣，據說是黃石公藏天書於此，後來將天書饋贈張良，那空了的書匣便至今未關。這一「空匣」置於一座五十米高的石柱上，由石柱前行一百米，東南方的百丈絕壁上有一行行垂直痕跡，遠看有橫有豎，行段分明，這便是黃石公所贈、張良賴以成就勳業的「天書」。清道光三年刊行的《永定縣志陵墓志》還記載曰：「漢留侯張良墓。在青岩山。良得黃石公書後……從赤松子游，邑中天門、青岩各山，多有遺跡。」這當然是無稽之談了，兩千多年前，張良是無論如何也不可能跑到蠻荒的青岩山去的。據《史記·正義》引《括地志》載：漢張良墓在徐州沛縣六十五里，與留城相近也。不過在張家界的父老中流傳的有關張良的傳說確實不少，或者張家界之得名與張良的傳說有關亦未可知。

另外，在張家界旅遊接待處東面一公里處有向王墳。向王指明初農民起義領袖向大坤。他反抗朱元璋，自稱天子。戰死後仍陰魂不散，朱元璋只好下令在張家界建王天子廟，以爲祭祀。

除奇山秀水之外，張家界的原始森林、奇花異草、珍禽異獸均爲別處所罕見，值得細細欣賞。而遊山的最好季節則在八、九、十月份。

湖北遊覽區

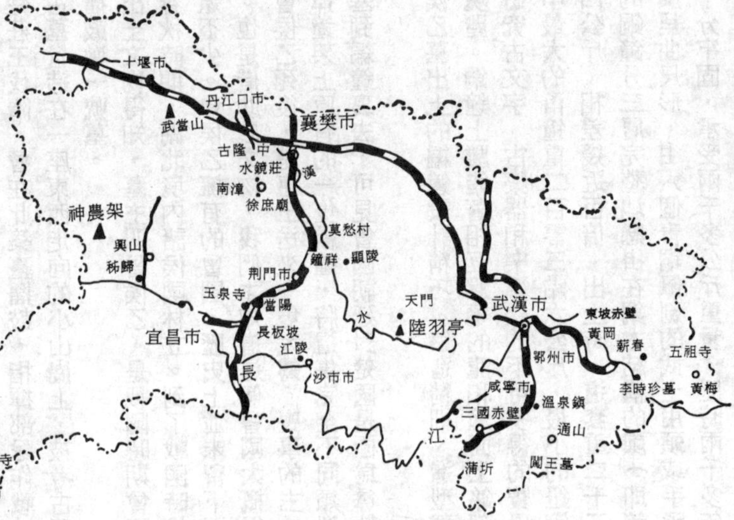


# 兩千年前音猶在耳

（湖北省博物館）

湖北省博物館位於風景秀美的武漢東湖之濱。館內收藏的一套六十四枚編鐘被譽為「世界奇跡」。幾年來，這套編鐘吸引了幾百萬觀衆，有的甚至遠涉重洋，專為觀賞這一曠世珍寶而來。

我國是一個詩歌與音樂的國度。古時的朝廷和貴族，即那些鐘鳴鼎食之家，是十分重視音樂的。祭祀、典禮、宴饗都必須奏樂與歌舞。而樂舞的規模就標誌著尊卑等級。鑑別樂舞規模，一看歌舞人數有幾佾（每佾八人）；二看編鐘有多少。編鐘就是按音高順序排列的一組鐘，少則七枚。多者幾百。大型編鐘只有天子才能設於庭。春秋以後，周天子逐漸名存實亡。各地諸侯紛紛設編鐘以提高自己的身分。湖北館藏的這套編鐘就是戰國時的小國曾國君主所用於祭祀、典禮和宴饗時的禮樂重器。

那麼，這套編鐘是於何時何地出土的呢？

一九七七年九月，解放軍某部在平整山頭時發現了一座大型古墓。一九七八年三月，有關單位組成聯合勘探隊進行了全面的調查與勘探，五月上旬開始挖掘，六月底基本完成了這一工作。成果相當驚人。

這是一座戰國時期的古墓，位於隨縣城關西北二點五公里一處叫擂鼓墩的地方。此地在春秋戰國時是隋國領地，相傳楚莊王伐隋，曾在此築臺擂鼓，指揮部隊作戰，遂得名。古墓營造在一座東西走向的小山崗上，被考古學界命名爲擂鼓墩一號墓。

據出土文物得知，墓主叫曾侯乙，是戰國時期曾國的君主。春秋時期，湖北境內諸侯國林立。到了戰國時代，數量也還不少。曾侯乙擁有的曾國，歷史上並未留下更多的記載。也是借助於文物，我們才知道這個曾國大概很小。當年曾侯乙死後，楚惠王送來一隻大鎛。喪事的主持者不惜擠掉鐘架上原有的一隻編鐘，將這隻完全不同類型的特鐘硬塞到編鐘裏去，可見曾國朝廷對楚國是極爲尊敬的。

曾侯乙墓出土的編鐘設計精巧，鑄造精細、造型穩重、風格瑰麗。銅鐘上雕錯著相互盤繞的龍和鐘面上銘刻的銘文是研究古文字、古樂器和樂律學的不可多得的寶貴資料。其中最大的甬鐘重二百零三點六公斤，最小的鈕鐘只有二點四公斤，相差幾近百倍。出土時，這套重二千五百多公斤的銅鐘分三層完整地懸掛在銅木結構的虡（即鐘架）上。虡呈曲尺形，由六個青銅佩劍的武士用頭或手承托，結構十分牢固，承受兩千多公斤重量，歷時兩千多年，也沒有坍塌。

編鐘出土後，音樂工作者對其進行研究和試驗性演奏。令人驚詫的是它的音樂性能卻依然完好。整套編鐘音域寬達五個半八度，比現代鋼琴只少高、低音各一個八度，每件鐘能發出兩個樂音，並用錯金銘文標示音名。高音鐘清亮悅耳，低音鐘深沉雄渾，十二樂音齊備。可以成功地演奏《陽關三疊》、《春江花月夜》、《聖誕夜》等古今中外的樂曲。這套編鐘是目前世界上已知的最早的具有十二個半音階關係的特大型定調樂器。它證明我國早就運用七聲音階，而且還能旋音轉調，具有重大的學術和歷史價值。

一九七九年，我國調動了考古、科技、音樂、金屬鑄造等各方面的力量，歷時三年多，於一九八二年成功地複製了一套編鐘，其外形、花紋和音色都和原鐘相似。用這套複製編鍾演出的《編鍾樂舞》，曾一度風靡全球。你現在到湖北省博物館參觀，耳邊便可聽到這套編鐘的宏亮樂聲。

看著這套編鐘，你不難想象戰國君主所過的生活。這種生活，他們不僅想保持於生前，而且想延續於死後。因此，曾侯乙不僅帶走了六十四枚銅鐘和大量文物，還帶走了二十一個少女，她們都是曾侯乙的殉葬者。

我國上古的人殉風氣以殷代爲盛。到了周代，這種風習已漸衰微。有些國君雖仍沿用這一習俗，但卻已受到時人的指摘和抨擊。《詩經》就吟唱了秦穆公的殉葬者臨近墓坑時渾身戰慄的慘景，並發出了憤怒的責問與沉重的嘆息：「彼蒼者天，殲我良人。如可贖兮，人百其身。」

曾侯乙仍用人殉，可見此人即便在當時，也是比較守舊的。不過，曾侯乙的殉葬者不是從事生產的奴隸，也不是專門開闢疆土的武士勇夫，而全是一些侍妾和樂舞人員，這倒是一個很特殊的現象。

如果你看了湖北博物館陳列的編鐘還覺得意猶未盡，可以到隨縣擂鼓墩去。為了便於遊客觀賞、遊覽，有關單位已在曾侯乙墓地加蓋了廳廡，保存了墓坑、槨室以及大部分棺木，此外還陳列著一些文物和複製品。

## 天下勝景黃鶴樓（武漢黃鶴樓）

到武漢，不可不遊黃鶴樓。這座高五十一米的五層樓閣雄踞於武昌蛇山之上，黃瓦紅牆，金碧輝煌。

鶴在我國傳統文化中，被視為長壽吉祥的象徵。商周時代就為人所珍養。《左傳》載：「狄人伐衛。懿公好鶴，鶴有乘軒者。將戰，國人受甲者皆曰：使鶴，鶴實有祿位，余焉能戰。」看來這位懿公竟因「好鶴」而至誤國。後來神仙家起，在許多「仙話」中，鶴又往往充當羽化登仙者的座騎。因此，這種飄逸優美的禽鳥便被神化而戴上了「仙鶴」的桂冠。黃鶴樓的故事，就是與「仙鶴」聯繫在一起的。

據《南齊書》曰：「仙人子安乘黃鶴過此。」《太平寰宇記》則曰：「昔費禕登仙，每次乘黃鶴於此憩駕。」將登仙之事附會到三國蜀丞相費禕身上。梁任昉又辯正曰：「駕鶴之賓，乃荀叔偉而非費文禕。」

《報恩錄》則將這一故事敘說得更加生動。其文曰：

「黃鶴樓原為辛氏樓。辛氏市酒山頭，有道士數詣飲，辛不索資。道士臨別，取橘皮畫鶴於壁，曰：『客至拍手引之，鶴當飛舞侑觴。』遂致富。十年，道士復至，取所佩鐵笛數弄。須臾，白雲自空飛來，鶴亦下舞。道士乘鶴去。辛氏即其地建樓，曰辛氏樓。」

因為《報恩錄》沒有談到道士為誰，後人就把他說成八仙之一的呂洞賓。明清以後，甚至還在黃鶴樓中供奉著呂洞賓的肖像。

這些美妙的傳說，吸引了不少文人雅士。從此，揚子江邊，黃鶴樓前，詩人興會，佳作層出不窮，成為千古佳話。

被譽為黃鶴樓之千古絕唱的，是唐代詩人崔顥的《黃鶴樓》詩。詩曰：

昔人已乘黃鶴去，此地空餘黃鶴樓。

黃鶴一去不復返，白雲千載空悠悠。
晴川歷歷漢陽樹，芳草淒淒鸚鵡洲。
日暮鄉關何處是？煙波江上使人愁。

短短八句詩，將黃鶴樓的歷史典故，風情景物以及詩人的感慨抒寫淨盡。難怪嚴羽在《滄浪詩話》中將此詩推爲唐人七律第一，給予極高的評價。而才高氣傲的李白也爲之折服。據元人辛文房的《唐才子傳》載：李白登黃鶴樓本欲賦詩，因見崔顥作，遂爲擱筆曰：「眼前有景道不得，崔顥題詩在上頭。」後人遂在黃鶴樓旁建「擱筆樓」。以誌其事。

辛文房的記載或許出於附會，但李白卻有兩首詩仿崔詩格調而作。其一爲《鸚鵡洲》。前四句曰：

鸚鵡東過吳江水，江上洲傳鸚鵡名。
鸚鵡西飛隴山去，芳洲之樹何青青。

其二爲《登金陵鳳凰臺》。詩曰：

鳳凰臺上鳳凰遊，鳳去臺空江自流。
吳宮花草埋幽徑，晉代衣冠成古丘。
三山半落青天外，二水中分白鷺洲。
總爲浮雲能蔽日，長安不見使人愁。

據《苕溪漁隱叢話》和《唐詩紀事》載，此詩是李白欲與崔顥的黃鶴樓詩較量勝負而作的。而後人往往也愛在兩詩之中比個高下，見仁見智，說法不一。

可能是對黃鶴樓眷戀太深吧，李白還有十幾首詩作涉及黃鶴樓。與李白同時代的孟浩然、王維、賈島，中晚唐詩人韓愈、劉禹錫、白居易，杜牧等，都有歌詠黃鶴樓的詩。如白居易的《盧侍御與崔評事爲予於黃鶴樓置宴宴罷同望》，便是一首寫黃鶴樓的好詩。詩曰：

江邊黃鶴古時樓，勞致華筵待我遊。
楚思淼茫雲水冷，商聲清脆管絃秋。
白花浪濺頭陀寺，紅葉林籠鸚鵡洲。
總是平生未行處，醉來堪賞醒堪愁。

此後，歷代詩人留下的有關黃鶴樓的吟唱，共有幾百首之多，其中有的詩作已製成碑，排列成廊，蔚爲大觀。這座詩碑廊位於黃鶴樓後面，以供雅好者品味。

其實，黃鶴樓興建之初，卻爲實用。據《元和郡縣志》載：三國時期吳黃武二年（二二三年），東吳爲了屯戍的需要，在黃鶴磯上建樓，故名黃鶴樓。看來最初的黃鶴樓只不過是駐兵哨所一類的譙樓。如清人顧景星所說：「黃鶴樓唐以前不甚著名，李白見崔詩擱筆，顥詩顯，而樓益顯。」因爲有了文人雅士的渲染，它才屢毀屢建，且建構愈來愈宏偉。閻伯埕曾有一篇二百九十字的《黃鶴樓記》，記載著當時黃鶴樓規模，其中有曰：

「聳構巍峨，高標龍嵸，上倚河漢，下臨江流。重檐翼舒，四周霞敞，坐視井邑，俯拍雲煙。」

遺憾的是這些古建築都在戰火中消毀了。光緒十年（一八八四年），黃鶴樓最後一次毀於一場大火。晚清小說家吳趼人對此很是感慨，曾賦詩曰：

蒼茫煙雨迷陳跡，多少山河共劫灰。
名勝不留天地老，只今回首有餘哀。

一九八一年，武漢市政府主持了黃鶴樓的重建工作至一九八五年竣工。新建成的黃鶴樓比清末的舊樓高出二十一米。各處的裝飾圖案都以仙鶴爲主體。大廳正面的牆壁上鑲嵌著以「白雲黃鶴」爲主題的巨型陶瓷壁畫。壁畫兩旁立柱的楹聯曰：「爽氣西來，雲霧掃開天地撼；大江東去，波濤洗淨古今愁。」恰切地抒寫了欣賞者面對黃鶴復返、勝景重現時的歡悅之情。

## 先有詩句後有樓（武漢晴川閣）

當你吟哦著崔顥的《黃鶴樓》詩步下黃鶴樓時，你一定會有興趣對崔詩所提及的晴川閣和鸚鵡洲進行探訪。

晴川閣在漢陽龜山東首禹功磯上。長江中下游以「磯」命名的地方甚多，如「赤鼻磯」、「採石磯」、「燕子磯」等。「磯」就是突出在水邊的石頭，由於長期受到水流的沖刷，磯石大都嶙峋峭峨。禹功磯與黃鶴磯隔江相望，是長江中游的天然門戶。當年崔顥登黃鶴樓，隔江遙望對岸龜山前一派江流，在晴和的陽光照耀下，景物歷歷在目，於是揮筆寫下了「晴川歷歷漢陽樹」這一膾炙人口的名句。詩句一出，引起後人的無限聯想。到了明代初年，漢陽知府范之箴倡議依詩意興建了晴川閣，至今已歷時五百餘年。可以說，晴川閣完全是詩人生花妙筆點染而成的，因此便有「千秋筆墨成佳話」、「至今樓閣記晴川」的稱謂。

晴川閣位於長江邊的巉岩上，素以「峭壁臨江斷，危樓傍水懸，窗飛衡岳雨，門過洞庭煙」的奇特景色，引起過往行人的濃厚興趣。加上它和黃鶴樓兩相輝映，成爲一對不可分割的勝景，遂成「四方冠蓋所必至」的「三楚勝地，千古巨觀。」明代畫家仇英在他的名畫中，通過晴川閣把青山、綠樹、碧水、白帆有機組織在一個畫面上，烘托出「晴川高閣百層開」的雄偉氣勢，令人看後感嘆「天下奇觀無過於此者」。

晴川閣建成後，歷經興廢，至辛亥革命後僅存平房三間。現在有關方面正著手修復。修復後的晴川閣將處在「東招黃鶴，金碧輝煌；西托白塔，高入雲天；南臨大橋，長虹橫跨；北倚層樓，笙歌雜沓」的興旺氛圍之中。

從晴川閣沿江南行，便到了鸚鵡洲。今日之鸚鵡洲方圓二十多平方公里，漢陽最長的馬路鸚鵡大道橫貫其間。路旁高樓大廈，很是熱鬧。不過，崔顥當日所見的芳草淒淒的鸚鵡洲卻不在這裏。詩人吟詠的是武昌蛇山前面江中的一小塊陸地。漢末因爲一個文學家禰衡在此作了《鸚鵡賦》而得名。禰衡這個人恃才傲物，看不慣那些爭權奪勢之人。曹操起事時很想用他，可是他卻看不起曹操。曹召見他，他託病不往，還出言不遜。曹操便想當衆羞辱他。聽說他善擊鼓，曹操便叫他當「鼓吏」，並要他在宴會時當衆表演。誰知禰衡竟不以爲意，他身穿舊衣，旁若無人地敲起了《漁陽三撾》，那慷慨悲壯的鼓聲受到了賓客的一致讚揚。曹操很生氣，呵斥他不換新衣便來參加宴會是失禮。禰衡不慌不忙，當著衆人的面將身上的衣服脫得精光，索性又擂了一通鼓，這才取過新衣，慢慢穿上。

這件事後來被小說《三國演義》以及戲曲寫成禰衡一邊擊鼓，一邊大罵，是爲「擊鼓罵曹」。其實那是後人借禰衡之口來罵曹操了。不過，歷史上的曹操被禰衡羞辱之後，卻也非常憤怒，恨不得殺之以解恨。可當時曹操正當收買人才之時，怕落下心胸狹窄的惡名，於是便心生一計，來了個借刀殺人。他派禰衡到荊州去，想借荊州牧劉表的手加害禰衡。

劉表並不傻。他看出了曹操的用心，於是又轉手將禰衡介紹給急躁無謀的江夏太守黃祖。黃祖的兒子黃射很欣賞禰衡。一日，黃射在江中小洲大會賓客，恰巧有人送一隻鸚鵡。禰衡即席作《鸚鵡賦》，文不加點，詞采華麗，很受大家的稱讚。

可惜好景不長。向來不會逢迎奉承的禰衡果然得罪了黃祖。黃祖可不管世人毀譽，一怒之下便將禰衡殺了，葬於他寫《鸚鵡賦》的江中小洲之上。後人爲紀念禰衡便將此洲命名爲鸚鵡洲。這個才子死時只有二十六歲，大概他一直到死，也不明白曹操的用心。

禰衡可算是封建社會書呆子的典型，在階級社會的爾虞我詐中，只能是悲劇性結局。也正因爲這一點，才博得歷代文人學士、墨客騷人的無限同情。他們到此都產生了一種特殊的感情，發出了許多激烈的議論。其中以李白《望鸚鵡洲悲禰衡》一首爲最。他埋怨曹操：「魏帝營八極，蟻觀一禰衡。」他鄙棄黃祖：「黃祖斗筲人，殺之受惡名。」他讚揚禰衡：「吳江賦《鸚鵡》，落筆超群英。鏘鏘振金玉，句句欲飛鳴。」他痛斥這次謀殺事件：「鷙鶚啄孤鳳，千春傷我情。」最後，他望著禰衡葬身之地，感慨萬千：「至今芳洲上，蘭蕙不忍生。」

因禰衡而聞名的鸚鵡洲終於在明末被江水吞沒。正當人們抱怨蒼天無情時，仿佛爲了給善感的人們以慰藉，江水又在離鸚鵡洲不遠的地方，重新淤成一塊陸地。這便是人們現在所見的鸚鵡洲。清乾隆時人們叫它「補得洲」。後來，人們便索性移花接木，將補得洲直呼爲「鸚鵡洲」。現在鸚鵡洲上仍有禰衡墓，它的造型雖然古樸，但卻是人們為了補足勝景於光緒二十六年（一九〇〇年）重建的。那裏面除了人們對封建社會知識分子的同情外，大概不會有其它涵義了。

## 高山流水古琴臺（武漢琴臺）

除了晴川閣和鸚鵡洲，漢陽還有兩處有名的文化古跡，一是古琴臺，一是歸元寺。四時八節，遊人摩肩繼踵，紛至沓來。

古琴臺又叫伯牙臺、碎琴臺，它東臨龜山，背繞月湖，坐落在漢陽琴臺路西北側的工人文化宮內。相傳這裏便是伯牙鼓琴、子期聽音的地方。

伯牙與子期的故事，最早見於《呂氏春秋·本味》和《列子·湯問》篇中。俞伯牙、鍾子期都是楚國人，所生時代大約和屈原差不多。那時，楚國政治腐敗，士子只好到其它諸侯國去謀求出路，這就是「楚材晉用」。伯牙便是其中之一。他跑到晉國，當了晉國的上大夫，而子期由於不願與統治者同流合污，則隱遁避世，寄情於山水之間。據說伯牙善鼓琴。《淮南子·說山訓》中說：「伯牙鼓琴，駟馬仰秣。」意思是說，只要伯牙一鼓起琴來，就連駕車的馬也會仰起頭來盡情歡笑。不過，伯牙在琴中寄託的許多感慨，就不是一般人都能理解的了。

一日，伯牙舟過漢陽，月下鼓琴，意在高山，鍾子期曰：「善哉乎鼓琴！巍巍乎若太山！」過了一會，伯牙志在流水，鍾子期又曰：「善哉乎鼓琴，湯湯乎若在流水。」由此，伯牙視子期為真音者。後子期病故，伯牙痛失知音，於是碎琴絕絃，終生不再鼓琴。明末馮夢龍編纂的擬話本小說集《警世通言》有《俞伯牙摔琴謝知音》一篇，將這個故事敷衍得有聲有色，纏綿感人。

古人為何將能否聽懂琴音看得如此神秘呢？古人也將琴神秘化了。據《琴操》所載：「伏羲作琴長三尺六寸六分，象三百六十日也；廣六寸，象六合也；文上曰池，下曰宕，池水平也；前廣後狹，象尊卑也；上圓下方，法天地；五絃，官也；大絃，君也，寬和而慍；小絃，臣也，清廉不亂。文王加二絃，合君臣恩也。宮為君，商為臣，角為民，徵為事，羽為物。」其它各書，有關琴的神秘性的論述尚多。《俞伯牙摔琴謝知音》中，鍾子期也正是用一番關於琴的宏論來博得伯牙的賞識的。據子期所言：「此琴撫到盡美盡善之處，嘯虎聞而不吼，哀猿聽而不啼。」這或許有些誇張。不過，作為主題並不明確的音樂，要完全聽懂它還是不容易的；而人與人之間要完全互相理解就更難了。因此，人們便將音樂上的「知音」引申為人與人之間的溝通與理解。

大概是知音難覓吧，人們對伯牙子期的故事欣羨不已，於是便有了許多與這一故事有關的紀念活動。武漢市近幾年常舉行「琴臺音樂會」，參加者十分踴躍。而傳爲伯牙當年演奏過的古曲《高山流水》，超越了時間和空間，得到現代聽衆的喜愛，並成爲地球人尋求其它星球「知音」的媒介，被一九七七年美國發射的「旅行者一號」太空船載入太空。你所見到的古琴臺，更是後人寄託情愫的產物。

古琴臺於何時創建，說法不一。《皇宋書錄》認爲是北宋。而南北時梁簡文帝寫的《登琴臺》一詩，則證明琴臺存在的時間應該大大提前西元五世紀。梁簡文帝詩曰：「蕪階殘昔徑，復想鳴琴遊。音容萬春在，高明千載留」此後，千餘年來琴臺歷盡滄桑，屢經興廢，但卻代代相傳，發展成「遊人如織，紛至沓來」的名勝區。一九五七年，武漢市人民政府曾對古琴臺進行了全面維修，擴大了規模，遂使琴臺成今日格局。今日琴臺，占地約十五畝。亭臺廊館，佳木秀草，互爲映襯。琴臺門前還新闢了琴臺路，連接著武漢長江大橋和江漢橋，交通非常方便。

來到琴臺，書寫在彩釉瓦蓋頂門廳上的「古琴臺」三字赫然可見。進廳北行，便見到嵌有刻著「印心石屋」石碑的一座照壁。「印心石屋」是清代道光皇帝愛新覺羅•旻寧寫了賜給兩江總督陶澍的。

印心石屋後便是古琴臺的中心。這裏有門樓、「琴臺碑廊」等，碑廊的碑刻保存完好，是研究琴臺歷史的寶貴資料。其中以嶺南宋湘寫的琴臺題壁詩最爲出色。宋湘是道光年間翰林，當時他以觀察身分遊琴臺，即興賦詩。據說他用的筆是用竹葉紮成的，蘸墨書於琴臺粉壁上，筆姿蒼勁，龍飛鳳舞。後人將其詩摩刻於碑上，因此又叫「竹葉書」。其詩曰：

「噫嘻乎，伯牙之琴，何以忽在高山之高，忽在流水之深？不傳此曲愁人心。噫嘻乎，子期知音，何以知在高山之高，知在流水之深？古無文字直至今。是耶？非耶？相逢在此，萬古高山，千秋流水。壁上題詩。吾去矣！」

從詩歌看，宋湘對琴臺故事，是採取「姑妄言之姑聽之」的態度的。不過幾句詩，卻將琴臺故事的人物和事件都表述出來了，因此欣賞本詩的人也還不少。

碑廊西側，矗立著一棟單檐歇山頂式前加抱廈的殿堂。匾額上刻著集自宋湘題壁詩中的「高山流水」四字。這就是高山流水館，是琴臺建築群中的主體建築。經過翻修之後，整座大殿碧瓦紅柱、金碧輝煌。大廳前有一座用漢白玉築起的石臺，那便是琴臺。上立一方碑，碑上「琴臺」兩個正楷大字，傳爲南宋朱熹所書。這就是伯牙鼓琴的所在了。

今天，們仍將「高山流水」用來象徵深厚的友誼，把

「知音」作為知心朋友的代名詞。願你在暢遊琴臺之後，更加珍重朋友和友誼！

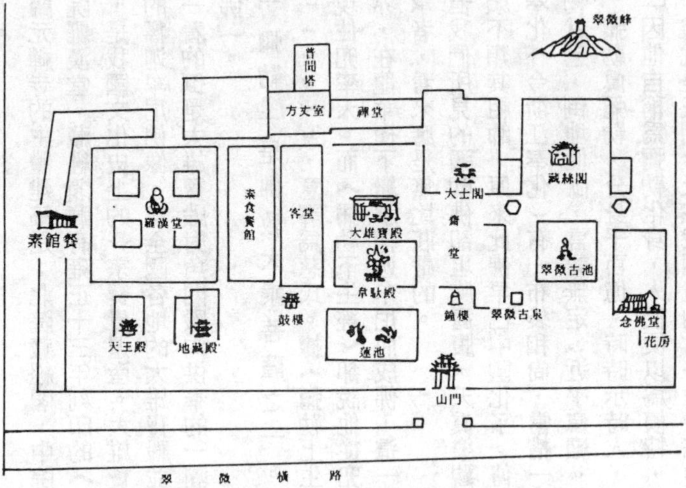


歸元寺遊覽示意圖（湖北省測繪局供）

## 歸元禪寺看羅漢（武漢歸元寺）

民諺曰：「上有寶光（成都），下有西園（蘇州），北有碧雲（北京），中有歸元（武漢）。」躋身於中國名寺之中的歸元禪寺位於武漢漢陽翠微路西側。出古琴臺，穿過鍾家村鬧市，再向北拐，便可見到這座始建於明末清初的大寺院。

歸元寺寺名出自佛經《楞嚴經》：「歸元無二路，方便有多門。」其地原是一姓王的大戶的花園，名為葵園，後來王姓大戶將葵園送給了兩個化緣的和尚——白光和主峰兄弟倆。他們在這裏修造了三座小塔。塔中掩埋著無主的白骨，塔名號為「普渡」，也即廣泛超度亡靈之意。後來這兩兄弟又將化緣所得用來修造寺廟，並將它逐步擴大。經過歷代多次的擴建和維修，遂使禪寺成了今日格局。

走入歸元寺，你會有一個突出印象，就是這個寺廟與其它寺廟風格不大一致。它不具有整齊對稱的宏大格局，卻顯得有些雜亂。其中原因就在這個寺院是「民辦」的。化緣僧人無法一次拿出足夠的錢財。等到有錢時，構想中的廟地已被別人搶先得到，因此只好委曲求全。廟門朝東，建築物卻由南向北，逐次側進。不過這個寺院富有南方特色，「百尺茂林，千竿修竹，紅分日剎，綠繞雲房」，與那些莊嚴宏偉的官辦寺廟相比，反而顯得多姿多彩，秀麗宜人。

歸元禪寺的主體建築是：北院藏經閣，中院大雄寶殿，南院羅漢堂。藏經閣藏有雍正十三年刻印的《大藏經》一套，是我國文化史上的一宗寶貴遺產。大雄寶殿供奉著巨大的釋迦牟尼佛像，與全國各地的大雄寶殿並無二致。值得一看的倒是大雄寶殿對角門殿內供奉的一團和氣的「彌勒佛」。

「彌勒」是佛教大乘菩薩之一。梵文為Maitreya，意譯為慈氏。據《彌勒上生經》載，彌勒現住兜率天。而《彌勒下生經》卻說他從兜率宮下生此世界，在龍華樹下繼承釋迦牟尼而成佛，這一釋迦牟尼的繼承者，看來應是無比莊嚴的。

但我們所見的彌勒佛卻坦胸露腹，天真樂觀，無憂無慮，頗不類其祖師，原來此佛早已中國化了。傳說五代時明州奉化（今浙江奉化）有一布袋和尚，常揹一布袋入市，見物就乞，倒地便臥，言語無定，近乎瘋癲。他曾寫偈曰：「彌勒真彌勒，分身千百億。時時示時人，時人自不識。」因他自稱為彌勒化身，人們便以為模特，去塑造彌勒像。這就是我們今天在我國境內大多數寺院中見到的大肚彌勒。這一彌勒真是隨和得很。據說只要摸一下他的大肚皮，就能消災除病，求得平安。因此彌勒的肚皮總被人們撫摸得光潔鋥亮。看來並非任何佛都是神聖不可侵犯的。和彌勒相映成趣的，是佛座前面一副亦莊亦諧的對聯。

大肚能容，容天下難容之事；

慈顏常笑，笑世間可笑之人。

對聯句式回環，對仗工整，妙趣橫生。

不過，最使遊人留連忘返的，還得首推南院的羅漢堂。

羅漢，是阿羅漢（梵文Arhat）的省稱。原指小乘佛教所理想的最高果位。果位，就是按佛教徒修行程度所給予的「學位」。佛教的基本理論是講輪迴的。它宣揚：此生是人，做了惡事，來生便為畜牲或惡鬼；反之做了善事，便可成佛，脫出這六道輪迴的制約。佛殿上寫「法輪常轉」就是這個意思。這對愚昧迷信的人起著獎善懲惡的作用。

果位一般分為四級。

初果：名為預流果。這是最低級的成就。獲得了初果，意味在輪迴時就不會變成畜牲和惡鬼。

二果：名為一來果，得到此果，輪迴時就可以只轉生一次。

三果：名為不還果。獲得此果，就不用再回到「慾界」受生，而可以超生天界。

四果：就是阿羅漢果。這是最高成就，受了此果，他的諸漏已盡，萬行圓成，所做已做，應辦已辦，永遠不會再投胎轉世而遭受「生死輪迴」之苦。得了這種果位的人，就稱阿羅漢，簡稱羅漢。所有的人都有可能證得阿羅漢果。不過在家居士都必須在成羅漢的當天出家，否則就有死去的危險。因此，成羅漢果的全是和尚。

可是，取得了最高成就，也只是自身求得解脫。據小乘佛教的說法。得了阿羅漢果位，便是最終歸宿——涅槃。全都這樣，誰來傳揚佛法？後來大乘佛教就往前發展了一步，以自身解脫爲小，衆生解脫爲大。釋尊便在修阿羅漢果位的人中間遴選一些作佛滅度後不入涅槃而長住世間護法弘法的阿羅漢。

最先，釋尊留下四位親自聽到過佛的言教聲音覺悟而得果位者到四方傳揚佛法，這就是四大羅漢，也叫四大聲聞。後來因爲四個羅漢的任務太重，翻了兩番加爲十六人。十六羅漢傳入中國後，變爲十八羅漢。據說其中加入了《法住記》的述說者慶友尊者和譯者玄奘法師。也就是說，十八羅漢中除了兩個中國人外，其餘都是印度或尼泊爾人。你能分辨得出嗎？至於五百羅漢，則是釋迦牟尼生時隨他聽法傳道的五百弟子。各種佛經均有五百羅漢的故事，但沒有一一記下名號。五百羅漢於東晉時傳入中國。在宋代人筆下，他們開始有了名字。

羅漢，與其它衆多菩薩一樣，是可以任憑繪畫者和雕塑者自由發揮想象來創作的。因此五百羅漢的形象特別生動。他們或盤腿端坐，或臥石看天，或研讀佛經，或驅邪除惡，動作各不相同；他們有的勇武，有的溫良，有的天眞憨坦，有的飽經滄桑，表情人人有異。更使人忍俊不禁的，是那些純屬自然的細節：有的在怡然自得地掏挖耳朵，有的在百無聊賴地打著呵欠。這些各有特色的形象能給你以無窮的藝術享受。

遊客逛羅漢堂，還喜歡「數羅漢」。他們任意從一尊羅漢開始，順序往下數完自己現有的年齡，這最後一尊羅漢的身分、表情和動作便可昭示數者的命運。這種遊戲常常使羅漢堂內笑聲不絕。

歸元寺羅漢堂始建於道光年間，相傳由黃陂縣父子兩代藝人費了九年時間，採用漆布脫胎空塑而成。這些羅漢「生命力」特強。一九五四年武漢發大水，五百羅漢滿堂漂，水退之後個個安然無恙。因此武漢民間又有「五百羅漢洗過澡」的說法。其實這只說明雕塑者工藝的高超。在羅漢堂川流不息的參觀者中間，固然有著視泥像爲神靈的迷信者，更多的卻是作爲雕塑藝術品來欣賞的。因爲在中國古代，除了宗教雕塑外，幾乎再也沒有別的什麼藝術雕塑了。

# 辛亥遺跡遍武昌（武漢楚望臺）

武昌辛亥起義的槍聲，宣告了中國兩千年封建帝制的結束。漫步武昌街頭，辛亥史跡隨處可見。

一九一一年，瀕臨滅亡的清政府爲了向帝國主義貸款，借實行鐵路國有的名義，強行奪取民辦的川漢、粵漢鐵路並將這兩條鐵路的修築權出賣給外國人。這個舉動激起了川、鄂、湘、粵四省人民的反抗，聲勢浩大的保路運動迅速興起。四川省組織了幾十萬人參加的「保路同志會」，並舉行示威遊行。四川總督趙爾豐出兵鎮壓，釀成流血慘案。孫中山爲首的同盟會領導了保路運動。並在四川舉行武裝起義。強烈地衝擊著清王朝在四川省的統治。

清政府決定派督辦端方率領湖北新軍入川鎮壓保路運動。湖北新軍是清廷於十九世紀末在湖北建設的一支規模僅次於北洋新軍的新式軍隊。它的士兵是農民和知識青年，中下級軍官則爲武備學堂畢業生和曾在國外軍校留過學的學生，思想比較活躍。兩湖革命志士對之非常重視，不少人報名入伍，深入新軍，宣傳革命。相繼建立了「科學補習所」、「日知會」、「群治學社」、「振武學社」、「共進會」、「文學社」等革命團體，占新軍總人數三分之一的五千官兵參加了革命組織。

九月十四日，在同盟會的推動下，共進會和文學社決定聯合舉行武裝起義，並組成了準備起義的領導機關。

起義前幾天即十月九日，共進會領袖孫武在漢口俄租界寶善里十四號製造炸彈，不愼爆炸。起義機關暴露了，登載著革命黨人的名冊也被搜走。

當天夜晚，形勢更爲緊張。以鎮壓革命運動起家的湖廣總督瑞澂按照名冊，在城內搜捕革命黨人，革命志士彭楚藩、劉復基和楊洪勝分別被捕，並於十日凌晨被害於總督衙門——即今武昌解放路南端武昌造船廠內，烈士臨刑前，連呼「同胞速起，還我河山」等口號不止，後來，人們在烈士就義處建起了紀念碑亭，遍植翠柏青松。並將附近的街路命名爲「三烈士街」和「彭劉楊路」，以示敬仰。

十月十日，各標營的革命黨人暗中聯絡，決定提前於當晚舉行起義。工程八營革命黨人總代表熊秉坤作了首先發難的準備，並約定以鳴槍三聲作爲起義的信號。

當晚七時，第八工程營的一個排長查哨時發現革命黨人金兆龍臂纏白布，手持步槍，疑其要造反，便上前逮捕金兆龍。金兆龍和其它士兵用槍托與之格鬥。恰逢熊秉坤從營外回來，他當機立斷，對準正要逃跑的排長開槍。武昌起義的第一槍打響了。接著熊秉坤又對天空連發兩槍，宣布起義開始。

起義開始後，熊秉坤立即率領隊伍占領楚望臺軍械庫。楚望臺是武昌的一個制高點，又名楚王臺。相傳明太祖朱元璋的第六子朱禎封於楚，遂在此築臺遙望北京，故名。其時，其它幾處起義隊伍也匯集到楚望臺。楚望臺軍械庫成為起義的臨時指揮部。

與此同時，金兆龍奉命前往中和門接應從湖南趕來參加起義的炮隊。當時城門被一把三斤重的鐵鎖緊緊鎖住，守門人卻不知去向。金兆龍心急如焚，用力一扳，竟使這把鐵鎖碎為兩段，終於將擁有十二門炮的炮隊接應入城，並在地勢較高的蛇山、楚望臺等地修築了炮兵陣地，向湖廣總督衙門發起炮擊。起義成功後，中和門改名為「起義門」。但當時的起義門已於一九一四年被北洋軍閥段芝貴毀壞。八十年代初，武漢市政府撥款重建。這是一座穿斗重檐歇山式建築，高十九點一一米，象徵著辛亥革命發生在一九一一年。

為配合炮擊，起義部隊在湖廣總督衙門四周放起火來。在強大的炮火轟擊下，清督瑞澂穿督署後牆逃出。熊秉坤率領一支幾十人組成的敢死隊，經過一夜激戰，終於攻克湖廣總督衙門。接著起義軍便占領了武昌全城。

十月十一日清晨，起義的革命黨人與地方名人齊集位於蛇山之麓的紅樓，宣布成立革命軍政府。這就是中華民國的第一個軍政府。紅樓原為清政府「預備立憲」，於光緒三十四年至宣統元年建成的省咨議局大樓。因總督衙門破壞嚴重，革命黨人決定以咨議局為辦公地點。在這裏，革命黨人頒發了第一號布告，宣布廢除封建帝制，建立中華民國，並通電號召各省起義。這一號召得到了各省的響應，兩個月內便有十七個省先後宣布獨立，形成了全國規模的辛亥革命。一九一二年一月一日，中華民國臨時政府在南京宣告成立，孫中山出任臨時大總統。同年二月十二日，清帝被迫宣布退位。從此，中國兩千年封建專制宣告結束。

這所富有歐洲古典建築風格的華美建築被人民政府當成全國重點文物，精心地保護與修葺著。大樓大門兩旁，一如當日，懸掛著革命軍的兩面大旗。旗中十八顆圓星，代表著關內十八行省，代表著全民族的大團結。院門外還塑有孫中山先生的銅像。每天，都有許多炎黃子孫和外國友人到此參觀。紅樓的北面，橫隔一條馬路，便是拜將臺。當年黃興就在此接受了戰時總司令的任命。此碑與紅樓相互輝映，同是瞻仰辛亥遺跡的重要去處。

## 遙想公瑾當年（蒲圻三國赤壁）

二龍爭戰決雌雄，赤壁樓船掃地空。
烈火張天照雲海，周瑜於此破曹公。

李白此詩中所詠周郎破曹公的赤壁，位於湖北蒲圻縣西北三十六公里的長江南岸的赤壁山，爲別於黃州東坡文赤壁，人們又稱蒲圻的赤壁爲武赤壁或周郎赤壁。除文武赤壁外，湖北境內被稱爲赤壁的尙有多處，但都是人們爲了附會典故而造出來的，不値得深究。

赤壁山又名石頭山，是一處伸入江中的巉岩，海稱五十四米，山勢陡峭，群岩壁立。臨江的一面崖壁，鐫刻著許多題詠赤壁之戰的文字，因此被稱爲赤壁摩崖。其中最顯眼的是傳爲周瑜親筆所題、字徑長寬近一點五米的「赤壁」二字，而整個赤壁之戰的最出色導演也應該是周瑜。

東漢建安十三年（二〇八年），曹操大敗劉備於當陽長坂，占據江陵。其後又率二十六萬大軍，號稱八十三萬，浩浩蕩蕩，沿江東下，窮追劉備，直逼孫權。

孫劉兩集團都感到了這種迫在眉睫的威脅，遂結成軍事同盟，孫權還派遣了周瑜、程普、魯肅等率精兵三萬，溯江西上，和劉備聯合抗曹。孫劉聯軍和曹軍相遇於赤壁一帶的江面，擺開了大戰的陣勢。曹軍紮營於江北的烏林，周瑜的軍隊則安寨於江南的赤壁。傳說周瑜常常登上赤壁山頭的哨所，也即今天翼江亭所在地，觀察長江北岸烏林一帶曹軍的動向，並爲「萬事俱備，只欠東風」而擔憂暈倒。

說到周瑜，人們便自然會想起《三國演義》中那個氣量狹小、刻毒低能、被諸葛亮三氣而亡的形象來。這眞是大大地冤枉了他。

周瑜，字公瑾，廬江舒縣（今安徽廬江西南）人，他年輕貌美，倜儻風流，吳中人士都稱其爲「周郎」。他精通音律，時有諺語曰：曲有誤，周郎顧。他在少年時即與孫策結爲莫逆，其後又成連襟——兩人都娶了喬玄的女兒。孫策娶大喬，周瑜娶小喬。這位小喬夫人與周瑜一起，南征北戰，戎馬倥偬，度過了十二年的恩愛生活。她死後，留下了許多動人的傳說和三座眞僞難辨的墓穴：一在岳陽第一中學後花園；一在安徽廬江縣城西一公里處；一在皖南南陵縣中山公園邊。後世文人歌詠周瑜的詩歌也每每詠及小喬，如杜牧的「東風不與周郎便，銅雀春深鎖二喬」，蘇軾的「遙想公瑾當年，小喬初嫁了……」可見人們對這位美人的興趣。

周瑜待人，「性度恢廓」，老將程普自恃年長功高，屢屢凌侮周瑜，但周瑜每每「折節容下，終不與較。」終於使程普折服，感慨地說，和周公瑾相處，就像喝美酒一樣，在不知不覺之中就被陶醉了。

更爲難得的是周瑜的遠見卓識。赤壁之戰前，當孫吳集團面對沿江東下的幾十萬曹軍，惶惶不可終日，紛紛主張孫權投降時，周瑜沉著冷靜地分析了曹軍的四個不利因素：北土未平；不諳舟楫；不習水土；馬無蒿草。因此雖衆必敗。這番分析堅定了孫權抗曹的決心，孫吳統一戰線才得以形成。

到了赤壁與曹軍相遇之後，果然不出周瑜所料，曹軍因不習水土大都生病，因將士暈船只好將戰船連環，讓其首尾相接，周瑜果斷地採納了老將黃蓋的詐降火攻計。據說黃蓋就是在今日的「望江亭」上，望見曹軍船隊連成一片而獻上此計的。他們駕著幾十隻裝滿薪草膏油的小船，借助風勢，衝入曹軍船隊。「時風盛猛，悉延燒岸上營落，頃之煙焰漲天，人馬燒溺死者甚衆。軍遂敗退。」

據說，大戰之時，「火燒烏林映赤壁」，烈焰將整個赤壁山都映紅了。站在赤壁磯頭督戰的主帥周瑜，面對「檣櫓灰飛煙滅」的勝利場面，激情難抑，乘興寫下了「赤壁」二字，鐫刻於崖上。不過據後人考證，這兩個字是唐代人所刻，上面還有唐代道教符文。

周瑜在青年時代輕輕鬆鬆地指揮了赤壁之戰，難怪蘇軾感慨萬端地歌詠曰：「遙想公瑾當年，小喬初嫁了，雄姿英發。羽扇綸巾，談笑間，檣櫓灰飛煙滅。……」活畫出一個風流儒雅、指揮若定的青年將領形象。它雖是詩，卻比《三國演義》更接近於歷史事實。翼江亭亭柱上的一副對聯，亦頗為公允地道出了後人對赤壁之戰及其主角的追懷。聯曰：

江水無情紅，憑弔當年，誰別識子布戹言，興霸良策；

湖上一望碧，遺留勝跡，猶懷想周郎身價，陸弟風徽。

至於諸葛亮，他在赤壁之戰中，僅僅充當了一名配角。他與周瑜在此次戰役中是否合作得愉快，正史並無留下任何蛛絲馬跡。「借東風」一事，純屬小說家附會，「三氣周瑜」也於史無稽。但《三國演義》七分眞實三分虛構的寫作體例卻使許多人迷惑。

現在，與赤壁山相鄰的南屏山上，存留著「拜風臺」，傳說是諸葛亮拜星斗借東風的地方，後人建武侯祠以為紀念。這些當然都是附會《三國演義》而造成的遺跡。不過，武侯宮旁的一間陳列室，陳列著一些出土文物，卻眞正是三國遺物。其中有劍、槍、箭頭、銅幣等。看來杜牧「折戟沉沙鐵未銷，自將磨洗認前朝」的詩句並非全是起興，其中竟也是寫實。在赤壁一帶拾得「前朝兵器」的人還眞不少。南宋詩人謝疊山就曾經記述過。近年，湖北博物館考古隊竟一次發現當地農民挖出的三百多件三國時代的兵器。它們都無聲而有力地證明著這裏就是赤壁之戰的古戰場。

# 東坡赤壁說東坡（黃岡赤壁）

「大江東去，浪淘盡，千古風流人物。故壘西邊，人道是、三國周郎赤壁。亂石穿空，驚濤拍岸，捲起千堆雪。江山如畫，一時多少豪傑！

遙想公瑾當年，小喬初嫁了，雄姿英發。羽扇綸巾，談笑間、檣櫓灰飛煙滅。故國神遊，多情應笑我，早生華髮。人生如夢，一樽還酹江月。」

蘇東坡的一闋《念奴嬌·赤壁懷古》，使一個普普通通的石磯變成中外聞名的文化古跡。這就是東坡赤壁。

東坡赤壁位於黃州（今黃岡縣）城西北的長江之濱。這是一座紅褐色的石崖，形狀像個鼻子，故稱赤鼻山或赤鼻磯。又因它赤色崖石屹立如壁，因此又被稱爲赤壁。蘇東坡以前，這裏雖已有了若干建築，但人們只把它當成觀賞江景的場所。唐代的一些文人雖然也曾將它與三國時赤壁之戰的古戰場聯繫在一起，但畢竟名聲不大，只有當它與蘇東坡連在一起時，才名聲大噪。

蘇東坡是北宋著名文學家、政治家，名軾，字子瞻，自號東坡居士。他常用此號寫詩、作文、繪畫；和他同時代的文人、學者、公卿也都愛用此號稱呼他；宋以後，人們也一直沿用此號，並用它來爲蘇軾的著作集命名。說起這個號，還有一段故事呢！

元豐二年（一〇七九年），蘇軾因詩文獲罪被捕，因多方營救，甚至驚動了太皇太后，才於同年年底被釋放出獄，責授檢校尚書水部員外郎，充黃州團練副使，本州安置。詩人被掛上一個虛銜，由御史臺差人轉押到黃州。

到黃州後，蘇軾寄居在定惠院中，後來又遷居到離江邊只有十步的臨皋亭。他曾多次讚揚此地的美景曰：「寓居去江無十步，風濤煙雨，曉夕百變，江南諸山在几席，此幸未始有也。」定惠院與臨皋亭，今天仍能尋訪。

蘇軾在黃州，看似居官，實被軟禁。他的收入斷絕了，經濟十分拮据。在寫給好友秦觀的信中，他自敘了困頓的境況曰：「每月朔後取四千五百錢，分爲三十塊，掛屋樑，每平旦以畫叉挑取一塊，即藏去叉，仍以大竹筒別貯。」

第二年，雖有這種特殊的開支預算法也無濟於事了。於是，一位朋友替他在郡中申請了數十畝廢棄的營地。營地久荒，遍布茨棘瓦礫。但他卻辛勤勞作，當上了一名眞正的「農夫」。因爲這塊園地有坡度，而且面向東方，便取名「東坡」，他也自號爲「東坡居士」。這個名號一語雙關。一方面表明他處於「東坡」這個寂寥境地，一方面又表示自己願意效法白樂天在忠州東坡屋地栽種花樹之意趣，以享閒適之樂。因此，蘇軾一再說他「出處依稀似樂天，敢將衰朽較前賢」。他又冒雪刈草，在東坡地面蓋了五間堂舍，取名曰「東坡雪堂」。雪堂的牆上，有蘇軾的親筆畫。後來這裏成了他待客的地方。大書畫家米芾就曾在這裏拜訪過他。後來陸游也曾到過雪堂，不過那已是在蘇軾逝世七十多年之後了。

蘇軾生性達觀，雖然待罪黃州，但依然隨緣自適，豁達浪漫，縱情詩酒，留下了許多軼事趣聞。今日，遊客所見的黃州特產「東坡餅」與「東坡肉」，據說都與蘇東坡有過關係。蘇軾的行動，還動輒驚動朝野，據《避暑錄話》載：蘇軾與客泛舟江上，飲酒夜歸，因作《臨江仙》詞曰：「夜闌風靜縠紋平，小舟從此逝，江海寄餘生。」翌日竟使街巷大嘩，相傳子瞻已掛冠服江邊，泛舟長嘯而去。郡守大驚失色，急忙前往探視，見蘇軾依然鼾聲如雷，睡猶未起，這才放心。

但蘇軾骨子裏是一個政治家，雖然獲釋之初，表兄文與可曾諄諄勸諫：「北客若來休問事，西湖雖好莫詠詩！」但蘇軾無論如何也冷卻不了對政局、對國事的熱切關心。元豐五年（一〇八二年），蘇軾來到赤鼻磯，這時他已年近半百。想到年前朝廷與西夏作戰的失敗，想到年華的流失，想到自己建功立業的雄心可能也將付之東流，蘇軾不禁浮想聯翩，寫下了千古名作《念奴嬌·赤壁懷古》。

這首詞歌詠的是三國時的著名戰例——赤壁之戰。赤壁之戰發生在湖北蒲圻。博學者蘇東坡不會不知道。但詩歌是爲了言情，並非爲了考證。正如「二賦堂」的一副聯語所寫的：

勝跡別嘉魚，何須訂異箴訛，但惜江山攄感慨；
豪情傳夢鶴，偶爾吟風嘯月，毋將賦詠概生平。

詞中，蘇軾無限向往著古代「風流人物」的功業，對自己想有所作爲而又無可奈何的境況感到悲哀。藝術魅力極強。

同年七月十六日和十月十五日，蘇東坡又兩次泛舟於赤鼻磯之下的長江，寫下了著名的《前赤壁賦》和《後赤壁賦》。二賦對後世的影響非常深遠，後世的戲曲、繪畫、雕塑等都以其爲題材，創作出可觀的佳作。清代汪文熙曾感慨地說：「不是當年兩篇賦，如何赤壁在黃州。」

蘇軾在黃州的活動，給赤壁增添了無限風采。此後，遊覽題詠者日多。清人於是乾脆將黃州赤壁命名爲「東坡赤壁」，並沿襲至今。

東坡赤壁的建築物很有講究。小小石磯之上，建有一堂、一殿、二閣、六亭，而且還顯得井井有條。它們的名稱，又多出自蘇軾的詩文。「二賦亭」源於前後《赤壁賦》；「酹江亭」出於「一樽還酹江月」；「坡仙亭」取意於「羽化而登仙」；「問鶴亭」取意於「適有孤鶴，橫江而來」。這些建築物中保存著與蘇軾有關的文物，足可供雅好者細細賞玩。

## 英雄之死存疑竇(通山李自成墓)

李自成墓位於湖北通山縣九宮山下。九宮山是一風景優美的道教勝地，因晉安王兄弟九人在此造九座宮殿而得名。李自成墓就在九宮山下牛跡嶺，占地八千一百平方米。穿過陵墓門首的石雕牌坊，拾級而上，便可見到一個圓形墓塚。這就是我國歷史上著名的農民起義領袖李自成安息的地方。

李自成(一六〇六—一六四五年)，本名鴻基，陝西米脂人。崇禎三年，(一六三〇年)，因朝廷裁減驛站經費而失業的李自成無法償還鄉紳艾同知的債務，被嚴刑催逼，披枷帶鎖示衆於街頭，李自成的朋友們見狀大怒，他們驅逐了艾家奴僕，打開枷鎖，簇擁著李自成，反出米脂城外，就勢號召附近饑民起義。當時，陝西大旱，民不聊生。李自成迅速拉起一支起義隊伍，於第二年投奔闖王高迎祥。高迎祥遇難後，李自成被起義軍共推爲「闖王」。

西元一六四四年正月，李自成在西安正式建立了農民政權，稱大順王，年號永昌。同年二月，出兵攻打北京。由於李自成一直提倡「均田免糧」、「五年不徵」、「平買平賣」，同時實行「劫富濟貧」政策，很得民心。「殺牛羊，備酒漿，開了城門迎闖王，闖王來了不納糧」的歌謠到處流傳。即便在正史如《明史》中，也記載著李自成軍紀嚴明。起義軍軍令規定「不得藏白金；過城邑不得室處；妻子外不得攜他婦人。」因此，「舉國紛紜盡以爲時雨之沛」。不久，李自成攻克了北京。崇禎皇帝上吊身亡。

據說李自成進京時，由劉宗敏、牛金星等人陪同，騎著高頭大馬，威風凜凜。這個當年的驛站馬夫立馬承天門下，感慨萬千。不知爲何，他摘下弓，拔出箭，一箭正中「承天之門」的「天」字。將士們見狀，歡呼雀躍。牛金星解釋爲中天字者，當中分天下也。還有傳說曰：天安門前兩隻石獅腹下都有一個深坑，那是李自成用鋼槌猛扎隱藏於石獅後的明朝官吏李國禎而刺出來的。

一個多月以後，李自成迎戰吳三桂和清廷貴族失利，退出北京。此後又轉戰于陝西、河南、湖北、江西等地，一六四五年在湖北九宮山遇害身亡，終年三十九歲。

關於李自成之死，三百年來衆說紛紜，竟成我國歷史之謎。近年來又有人把見諸各種史籍上的不同記載羅列出來，李自成共有十幾種不同下場。其中最爲人們所重視的，是「湖北通山九宮山遇害說」和「湖南石門縣夾山爲僧說。」

一九五六年，我國史學界爲探明李自成之死的經過和確鑿墓地，曾進行過多方面的考察，結果證明李自成確死於通山。這一意見爲大多數人認可，幾乎已成定論。「九宮山遇害說」的主要依據爲《小腆紀年附考》和《荒書》。《小腆紀年附考》記載：「自成以二十騎趨通山之九宮山，遇鄉兵亂刃交加而死。」

《荒書》亦曰：「自成親隨十八騎，由通山縣過九宮山嶺，即江西界。山民聞有賊至，群登山擊石，將十八騎打散。自成獨行至小月山牛脊嶺。會大雨，自成拉馬登嶺。山民程九伯者下與自成手搏，遂輾轉泥濘中。自成坐九伯臀下，抽刀欲殺之，刀血漬，又經泥水，不可出。九伯呼救甚急，其甥金姓以鏟殺自成，不知其爲闖賊也。武昌已屬大淸總督，自成之親隨十八騎有至武昌出首者，行查到縣，九伯不敢出認。縣官親入山，諭以所殺者流賊李自成，獎其有功。九伯始往見總督。委九伯以德安府經歷。」

《明史》與《綏寇紀略》也有類似的記載，不過它們將通山九宮山誤爲通城九宮山。這都是封建時代的文人們不熟悉地理所致。另外，由於《明史》中還留下了「時我兵遺識自成者驗其屍，朽莫辨」的記載，遂給人們留下了更多的疑竇。於是「夾山爲僧說」也便獲得了相當的注意。

夾山寺在湖南石門縣城東南十五公里三板橋。淸順治時有「奉天玉」和尙住此。乾隆十一年（一七四六年），澧州知府何璘經過實地考察，認爲夾山靈泉寺祖師「奉天玉」大和尙就是李自成。他爲了駁《明史》中有關李自成的記載，專門寫了《書李自成傳後》，其中有曰：自成「至淸化驛，隨十餘騎走牯牛壩，……復棄騎去，獨竄石門夾山寺爲僧，今其墳尙在……有遺像……其爲自成無疑。」此後，淸人江昱（字松泉）又對此進行考證，寫《李自成墓誌》，同意其說。

《甲申朝事小記》還記載了王懷民轉述閻南玉的一段話說，湖廣孝廉張琮伯曾於康熙年間在湖南貴州交界處的一所禪院中看到一個老僧，狀貌偉岸，言辭激烈，說話投機。張與其留連數日，方才作別。後來張升江西撫州知府，復經於此。老僧已物故，其徒弟告訴張說：「吾師即闖王李自成也。」他們都認爲李自成活到康熙十三年（一六七四年），「年約七十」，方才「圓寂」。

近年來，石門縣相繼發現一些夾山寺祖師奉天玉和尙的遺物，如墓葬、古磚、《百梅詩韻》木刻殘板等，使「李自成爲僧說」被重新提了出來。歷史眞相如何，還有待於進一步的考察與發現。

由於史籍記載不一，遂使叱咤風雲的英雄的陵墓長期湮滅在荒草雜樹之中。近年，陵墓經過修整，顯得氣象一新。陵墓後還有李自成陳列室，其中陳列的一副籠馬鐙，是人們在挖田時挖出來的，相傳是李自成的遺物。

## 醫聖著千秋（蘄春李時珍墓）

在湖北省蘄春縣蘄州鎮東門外雨湖之濱的蟠子山上，長眠著明代傑出的藥物學家李時珍。沿著波光瀲灧、岸柳成行的雨湖一道長堤穿行，繞過一片村舍，便可看到解放後修葺的軒敞明麗的李時珍陵園。陵園中巍然屹立的青石坊上「醫中之聖」四個大字，表達了後人對李時珍的尊崇與緬懷。

李時珍因編修《本草綱目》而聞名中外，成為伴隨「民族生命永生」的偉人。但他的青年時代走科舉道路時卻屢考不中。這一波折使我國歷史上多了一個造福於人類的藥物學家，少了一個碌碌無為的官吏。後來，李時珍與其父一起在蘄州麒麟山玄妙觀設診所，熱心為人治病。有一年，蘄州發生大水災，災後疾病蔓延，醫生成了全城的託命者。在為人治病的過程中，李時珍醫術日精。

嘉靖三十一年（一五五二年），李時珍應楚王之命，為其子治好了愛吃燈花的怪病，被聘為楚王府的奉祠正，並兼管良醫所。此後，他又被推薦到京城的太醫院任職，閱讀了皇家珍藏的醫學典籍，飽覽了許多稀有的藥物標本，為其後著書立說奠定基礎。

和許多皇帝一樣，明嘉靖皇帝也一心想做神仙。他讓人到處尋覓「長生不老」的方子，醉心煉丹，不問國事。一些方士投其所好，常用丹砂、水銀、砒霜、鉛、錫等劇毒品煉成「仙丹」，獻給皇帝。皇帝還令各地獻靈芝。針對這一惡習，李時珍指出：靈芝並非仙藥的原料，不過是可以食用的菌類植物罷了。所謂的「仙丹」實是毒品，吞服了會使人喪生。不過，當時太醫院經常談論的煉丹成仙的荒誕話題卻使李時珍感到難耐，而他倡導重修《本草》的說帖也被人斥為「狂妄」。於是，李時珍只好辭職回蘄春，獨立完成《本草綱目》的修編工作。

李時珍為什麼會萌發修編本草之念呢？長期的行醫實踐，使李時珍認識到識藥、用藥的重要性。我國醫學和藥物學比較發達。因為我國醫藥多繫本草，因此藥物學又稱本草學。早在殷商時代，醫家就很重視本草的研究。漢代產生了第一部藥物學專著《神農本草經》，以後歷代都有新著述出現。到宋代止，研究本草的著作已多達四十餘種。但這些藥物學著作中錯誤也不少。為了不使醫生問道於盲，發生不必要的醫療事故，李時珍下決心編寫一部新的本草。

為此，他「博覽群書」，除各種「本草」外，「凡子、史、經、傳、聲韻、農圃、醫卜、星相、樂府諸家，上自墳典，下及傳奇，凡有相關，靡不備採」，他共閱讀了八百多種書籍，積累了大量的資料。

另一方面，他又走出書齋，「遠窮僻壤之處，險探仙麓之華」。他常頭戴斗笠，肩揹藥筐，帶著兒子、徒弟，到山林、田野、江湖去觀察、採集藥物標本，廣泛搜集民間治病的經驗，虛心向各界人士請教，弄清了許多疑難問題。爲了破除武當山上的「榔梅」吃了可以長生不老的神話，他不顧朝廷禁令，夜闖禁區，採摘「榔梅」，結果發現它只不過是普通果實而已，作用僅能止渴生津。

李時珍的家鄉蘄州，更流傳著有關他的許多動人傳說。俗傳蘄州有「三寶」：蘄竹、蘄蛇、蘄龜，而眞正識寶的人就是李時珍。《蘄州志》認爲蘄龜是無益之物，貴之爲「大如錢，貴如璧，養來盆中水如碧，小兒之玩有何益」。李時珍卻指出蘄龜的作用是「通任脈、助陽道、補陰血，益精氣，治痿弱」。而且加以詳細描述曰：「養鬻者取自溪澗，蓄水缸中，飼以魚蝦；冬則出水，久則生毛；長四、五寸，毛中有金線，脊骨有三稜，底甲如象牙色。其大如五銖錢者爲眞。」由於李時珍的描述甚詳，蘄州至今仍有人專養綠毛龜。

李時珍歷時二十七年，付出大半生心血，三易其稿，終於在萬曆六年（一五七八年）完成了《本草綱目》這部一百九十多萬字的巨著。它全面而系統地總結了十六世紀以前我國藥物學的巨大成就。其規模之宏大、內容之豐富、涉及範圍之廣泛，都是空前的。它對後世世界範圍內的藥物學以及其它多種學科的發展有著深刻的影響，是祖國醫藥學的一份寶貴遺產。

遺憾的是李時珍生前未能看到這部巨著的出版。一五九六年此書第一版印出時，李時珍已去世三年了。不過可以告慰李時珍的是此書出版僅十年，便於一六〇六年首先傳入日本、朝鮮，以後又陸續被譯成拉丁文、法文、俄文、德文、英文，流傳世界各地，被譽爲「東方醫藥巨典」。

造福於民的先人，人民不會忘記他，郭沫若將李時珍一生的業績，題刻於陵園中李時珍塑像的底座。其詞曰：

「醫中之聖，集中國藥學之大成，本草綱目乃一八九二種藥物說明。廣羅博採，曾費三十年之殫精。造福生民，使多少人延年活命！偉哉夫子，將隨民族生命永生。」

「李時珍乃十六世紀中國偉大醫學家，在植物學研究方面亦爲世界前驅。」

## 諸葛大名垂宇宙（襄陽隆中）

隆中在襄陽城西十五公里，因「有山隆然而起」而得名。這片風景優美的小山崗孕育了三國時代最傑出的政治家、軍事家諸葛亮——也即臥龍先生而被稱爲「臥龍地」

，聞名海內外。從晉代開始，仰慕諸葛亮大名的人們便把隆中當成寄託感情的載體，業心經營，留下了一組有關諸葛亮的遺跡。它們是：三顧堂、草廬亭、草廬牌、六角井、躬耕田、抱膝石、梁父岩、老龍洞、半月溪、小虹橋、武侯祠、野雲庵等，被稱爲「隆中十二景」。這些遺跡都記載著諸葛亮隱居隆中的生活情況及有關傳說。

諸葛亮，字孔明，山東琅琊陽都（今山東沂水）人。雙親早逝，幼隨叔父投靠荆州牧劉表。叔父去世後，諸葛亮便結廬隆中，「晝勤四體，夜育經書」，躬耕自食。武侯祠下有數十畝「躬耕田」，據說便是諸葛亮當年耕作的地方。躬耕田旁有「梁父岩」，相傳諸葛亮在勞動之餘，每每喜歡詠唱《梁父吟》，以寄託志向。詩曰：

步出齊城門，遙望蕩陰里。
里中有三墳，累累正相似。
問是誰家冢，田疆古冶子。
力能排南山，文能絕地紀。
一朝被讒言，二桃殺三士。
誰能爲此謀，國相齊晏子。

但也有人認爲，此詩平庸無奇，言語粗俗，且與諸葛亮的思想不合，恐非其所作。

諸葛亮的活動，漸漸引起荆州有識之士的注意。徐庶、崔州平等有才識的青年，與之相交甚厚。德高望重的名士龐德公品評諸葛亮爲「臥龍」。蟄伏的蛟龍一旦躍動，前途將無可限量，而沔南名士黃承彥也將自己的女兒許配給他。雖然隆中有諺曰：「莫學孔明擇婦，正得阿承醜女。」但這個「阿承醜女」卻成了諸葛亮的賢內助，在他的千秋功業中起了不小的作用。

建安十二年（二〇七年）冬天，在徐庶、司馬徽的推薦下，劉備帶著關羽、張飛，三顧隆中茅廬，向孔明請教統一天下的良策。這便是令封建社會的文人士子艷羨不已的君臣興會的千古盛事——三顧茅廬。三顧茅廬故事的遺址，就在「三顧堂」上。「三顧堂」是諸葛亮的故居，也是隆中勝跡的主體部分。在三顧堂的正廳，張掛著一幅表現劉關張三顧茅廬的工筆畫：諸葛亮閉目斜臥榻上，悠閒自得；劉備侍立一旁，恭手請教，神態謙和；站在門外的關羽和張飛卻露出幾分不耐和憤怒。這組人物形象栩栩如生。不過。這組形象卻是畫家根據小說《三國演義》而繪製的。

劉備平等、坦誠相待，使諸葛亮改變了「苟求性命於亂世，不求聞達於諸侯」的初衷，當即提出了著名的《隆中對》。在「對」中，諸葛亮冷靜地分析了天下形勢，並提出劉備集團的施政綱領。「對」曰：

「自董卓已來，豪傑並起，跨州連郡者不可勝數。曹操比於袁紹，則名微而衆寡。然操遂能克紹，以弱爲強者，非惟天時，抑亦人謀也。今操已擁百萬之衆，挾天子以令諸侯，此誠不可與爭鋒。孫權據有江東，已歷三世，國險而民附，賢能爲之用，此可以爲援而不可圖也。荊州北據漢沔，利盡南海，東連吳會，西通巴蜀。此用武之國，而其主不能守，此天所以資將軍，將軍豈有意乎？益州險塞，沃野千里，天府之土，高祖因之以成帝業。劉璋闇弱，張魯在北，民殷國富，而不知存恤，智能之士思得明君。將軍既帝室之冑，信義著於四海，總攬英雄，思賢若渴。若跨有荊益，保其巖阻，西和諸戎，南撫夷越，外結好孫權，內修政理。天下有變，則命一上將將荊州之軍，以向宛洛，將軍身率益州之衆以出秦川，百姓孰敢不簞食壺漿以迎將軍者乎？誠如是，則霸業可成，漢室可興矣。」

從此，諸葛亮離開了隆中，爲實現他在「隆中對」中提出的施政綱領，鞠躬盡瘁，死而後已。劉備曾欣喜地對關張說：「孤之有孔明，猶魚之有水也。」李白曾有詩詠之曰：

魚水三顧合，風雲四海生。
武侯立岷蜀，壯志呑咸京。

諸葛亮一生的業績，在《三國演義》中被渲染得極其生動、壯麗，甚至帶上了幾分神話色彩。魯迅對此頗有微言，謂之爲「狀諸葛之智而近妖」。有趣的是，近年來日本經濟界竟掀起了一陣《三國演義》熱，成書的專著、專輯有《三國的人際關係學》、《三國的智慧》、《三國——商業學的寶庫》等等，不一而足。更有一位教授，言之鑿鑿地說：松下幸之助就是因爲善於運用諸葛亮的謀略，才使松下電器公司在世界崛起。不知諸葛亮之英靈有何感想。

由於積勞成疾，諸葛亮於五十四歲的壯年病逝，安葬於漢中定軍山（今陝西敏縣南）。杜甫曾有《蜀相》詩追思曰：

三顧頻煩天下計，兩朝開濟老臣心。
出師未捷身先死，長使英雄淚滿襟。

諸葛亮逝世後，「黎庶追思」，凡其足跡所及，人民紛紛要求爲其立廟。但蜀漢朝廷卻以「不合禮秩」而不予批准。民間只能舉行自發的紀念性活動，「百姓巷祭，戎夷野祀」。後來，大臣習隆、向充等人向後主劉禪陳說厲害，後主才同意在諸葛亮墓地附近立廟，「斷其私祀，以崇正禮，」於是，中國大地上出現了第一座武侯祠。此後，各地的武侯祠多得不可勝數，據《祠祀考》載，即便邊遠省份如雲南，在清代亦有三十四座武侯祠，現在作爲文物保護單位的武侯祠在全國仍有七座，其中尤以湖北襄陽古隆中和河南南陽臥龍崗兩地的武侯祠爲知名。

兩地的武侯祠，都營造已久，亦都頗具規模。隆中的始於晉代，保留著古樸風貌；南陽的始於唐代，更顯得宏大堂皇，兩地的武侯祠都互爭正宗，因爲兩地都以諸葛亮的隱居地自居，爲此還打過不少筆墨官司呢！「隆中派」以《隆中對》之「隆中」爲證，「南陽派」以《出師表》「臣本布衣，躬耕於南陽」爲據，爭得不亦樂乎。直到清代咸豐年間，襄陽人顧熹衡出任南陽太守，提筆寫一副對聯，爭論才告一段落。聯曰：

心在朝廷原無論先主後主
名高天下何必辨襄陽南陽

從語言上著眼，對聯寫得委實不錯。再加之稍有一點歷史地理知識，就自然不難辨別諸葛亮的隱居地究竟在何處。隆中在漢時屬南陽郡所轄，於是諸葛亮便稱自己「躬耕於南陽」。明代以後，隆中才劃歸襄陽，而襄陽，南陽又分屬湖北，河南兩省，因此才有了以上的論爭。事實上，諸葛亮的隱居地只有一處，那便是古隆中。

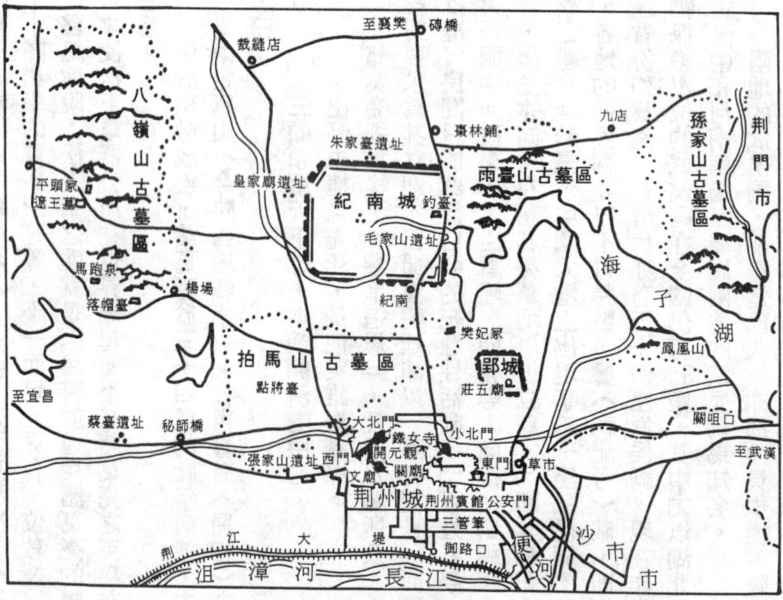

江陵名勝分布圖

# 借荆州與失荆州（荆州古城）

「聞聽三國事，每欲到荆州。」此話不假。《三國演義》一百二十回，約有七十回與荆州有關，當然這個荆州是個大概念，指一個府。而它的府治就在荆州古城，也即今湖北江陵古城。

荆州古城爲我國首批公布的二十四座歷史文化名城之一，名勝古跡甚多。其間的三國勝跡更是數不勝數，如關公點將臺、擲甲山、刮骨療毒故地、洗馬池、抹棋冢、拍馬山等等，有些基於史實，有些則出於附會。而這些遺跡，又多與三國時鎮守荆州的蜀漢名將關羽聯繫在一起。就連古城那堅固無比而又設計精巧、因而被譽爲「鐵打荆州府」的城牆，據說也是由關羽最先營建的。

關羽，字雲長，是劉備的「義弟」，在劉備微賤時就一直跟隨劉備，不避艱險，成爲劉備集團的重要將領。

赤壁之戰後，曹操放棄江陵北撤，江陵及江陵以東大片土地，歸屬孫權。劉備則乘勝向江陵以南發展，取得了武陵、長沙、桂陽、零陵四郡，並自稱荆州牧，治公安。孫劉集團在赤壁之戰時結成的統一戰線在繼續發展著。爲了籠絡劉備，孫權將自己的妹妹嫁給劉備，並同意魯肅的建議，將包括江陵在內的南郡借給劉備。這就是所謂的「借荆州」。

當時鼎立的三方，都很清楚這一「北據漢沔，利盡南海，東連吳會，西通巴蜀」的重地的戰略地位。據《三國志·魯肅傳》載，曹操聽到劉備集團借得荆州的消息時，「方作書落筆於地」，受到極大的震動；孫吳集團借出荆州之後，又頗有些後悔，因而屢屢催討。劉備無奈，只好「割湘水爲界」，用湘水以東的長沙、桂陽兩郡換取南郡一郡，並派出自己手下最得力的大將關羽鎮守荆州。

關羽鎮守荆州應該說是盡職的，據《水經注》載，在此期間他修築了荆州城，城爲土城，但卻異常堅固。建安二十年（二一九年），關羽奉命從荆州揮師北上，發動了襄樊戰役，水淹于禁所統帥的七軍，「威震華夏」，曹操甚至考慮遷都，以避其鋒。

但歷史上的關羽，是爲凡人而非天神，並非後世所謂的「忠義神武靈祐仁勇威顯護國保民精誠綏靖翊讚關聖大帝。」從人到神，關羽經歷了一個漫長的被神化的過程。說到關羽的被神化，就連前人也頗有微言。清人趙翼的《陔餘叢考》曾經感嘆曰：

鬼神之享血食，其威衰久暫，亦若有運數而不可意料者。凡人之歿而爲神，大概初歿之數百年，則靈著顯赫，久則漸替。獨關壯繆在三國六朝唐宋皆未有禋祀，考之史誌，宋徽宗始封爲忠惠公，……繼又崇爲武廟，與孔廟並祀。本朝順治九年，加封忠義神武關聖大帝。今且南極嶺表，北極寒垣，凡兒童婦女，無有不震其威靈者。香火之盛，將與天地同不朽。何其寂寥於前，而顯爍於後？豈鬼神之衰旺亦有數耶？

正因爲關羽亦爲凡人，所以也有凡人的七情六慾，甚至有著嚴重缺點。這些缺點，使他從「威振華夏」到「敗走麥城」的轉化，前後不過四五個月的時間。

據《三國志·關羽傳》注引《蜀記》載：關羽與曹操在下鄴圍攻呂布。開戰前後，關羽屢屢向曹操索取「戰利品」，要求將呂布手下大將秦宜祿之妻賞其爲妻。曹操大表驚詫，城破後「先遣迎看」，果然國色天香。於是曹操捷足先登，將秦妻占爲己有，而關羽卻因此而對曹操心存芥蒂。元人還將此事附會成《關公月下斬貂嬋》雜劇在舞臺上搬演。

關羽鎮守荊州期間，孫權曾派使者爲兒子求聘關羽的女兒。關羽不僅不許婚，還辱罵使者，謂「虎女不嫁犬子」。這一全憑個人意氣行事的舉動，使孫劉本來就不穩固的統一戰線增添了裂痕。他還爭座次，愛奉承，曾因劉備將他擺在「五虎將」中與黃忠並列而發過脾氣。

對關羽的缺點，劉、孫兩集團都看得很清楚。諸葛亮是善言撫慰，稱之爲「絕倫超群」，以滿足其虛榮心。這雖然是諸葛亮無可奈何的權宜之計，但無形之中助長了關羽的任性。而東吳的呂蒙、陸遜卻投其所好，對關羽大加恭維，陸遜修書與關羽曰：

「前承觀釁而動，以律行師，小舉大克，一何巍巍。敵國敗績，利在同盟。聞慶拊節，想遂席卷，共奬王綱。近以不敏，受任來西，廷慕光塵，思稟良規。……于禁等見獲，遐邇欣嘆，以爲將軍之勳，足以長世。雖昔晉文城濮之師，淮陰拔趙之略，蔑以尚兹。」

如此露骨的奉承文字，關羽接到後卻欣欣然，並因此而對東吳不設防，將大部分防守荊州的軍隊調往襄樊前線。呂蒙乘機襲取荊州。他將全部戰船假扮作商船，士兵埋伏在艙中，搖櫓的兵士也穿上白色衣服扮作商人，溯江而上，一個個消滅了關羽留下的崗哨，輕而易舉地奪回了荊州。

關羽聞報，急忙揮師南下，回救荊州，但爲時已晚。公安、江陵相繼失守；太守糜芳、將軍傅士仁因對關羽不滿而投降了孫吳；呂蒙又對江陵城中蜀軍家屬善加撫慰。因此，關羽的軍隊心無門志。據《水經注》載，當關羽的軍隊退經江陵時，關羽說：「此城吾所築，不可攻也」。大概是說城牆堅固，不容易攻下。據說關羽當時曾脫下衣甲，忿忿然擲在荊州城西門北角緊連城牆的土山上。這就是我們今日見到的「擲甲山」。然後，他帶領殘兵敗卒，向西退走麥城，並在麥城附近被殺。這就是「失荊州」的故事。

在《三國演義》第五十一回與第七十五回中，「借荊州」與「失荊州」的故事被描寫得極有聲色。在民間，至今仍有「劉備借荊州，有借無還」、「荊州借久成己業」、「大意失荊州」等諺語留傳。

## 郢都舊跡（荊州楚紀南故城）

出荊州城北行五公里，便到達春秋戰國時期我國南方最大的城市、楚國的都會——楚紀南故城。因它在紀山之南，故有是稱。又因楚國人將作過楚國都城的地方都叫作郢，因此此地又被稱爲紀郢。

紀南城西有沮漳河自北向南注入長江；城東有夏水、揚水與漢水融匯；城北有大道直通中原，水陸交通方便。在軍事上，它可鎖巴蜀，控吳越，爭衡中原。在經濟上，江漢平原沃野千里，物產豐富，是一處少有的富庶之地。西元前六八九年，楚文王熊貲初立。爲了使他的部落擺脫「跋涉山林」的困境，便將都城從丹陽遷到紀郢。此後，楚國的勢力迅速發展。不到百年，它便以一個「蠻荒之國」而躋身於「春秋五霸」的行列，對中國的歷史起了重大的影響。

使楚國成爲霸主的傑出人物是楚莊王。在這個歷史人物身上，還頗有些傳奇色彩呢！據《史記》載，他即位三年，卻日夜作樂，不出號令，而且不准大臣諷諫。有位大臣叫伍舉的，見莊王左抱鄭姬，右抱越女，終日坐在鐘鼓樂器之中，再也看不上去了，便採用寓言的形式諷諫說：「有鳥在於阜，三年不蜚不鳴，是何鳥也。」楚莊王充滿自信地說：三年不飛，飛將沖天；三年不鳴，鳴將驚人。遂罷樂聽政。剛聽政就立即著手整頓他的部下，殺掉了幾百個，提拔了幾百個，當年就將諸侯國庸國滅掉了。

西元前六〇六年，打了幾次勝仗的楚莊王帶兵攻打陸渾之戎，路過洛邑，特意在周王朝境內陳兵示威。周朝廷連忙派了善於辭令的貴族大夫王孫滿趕來慰問。楚莊王咄咄逼人，劈頭就問九鼎的大小輕重，王孫滿卻冷冷地說：「在德不在鼎！」莊王不服氣，回答說，只要將楚國境內用斷了的長矛尖收集起來，便足夠做鼎了。言下之意是：憑著楚國的武力，擁有九鼎是沒有問題的。

楚莊王爲什麼要「問鼎」呢？王孫滿非常得體的回答，可以作爲注腳。王孫滿首先回憶了九鼎的歷史，說：夏朝興盛之時，令九州州牧進貢銅，用來鑄造九鼎。並將全國各地山川奇異之物分別鑄刻於鼎身。九鼎鑄成之後，陳列於宮門之外，使人們一看就知道所去之處有哪些鬼神精怪，以避凶就吉。夏亡之後，鼎遷於商；商亡之後，鼎遷於周。這都是天命所歸。進而指出：「周德雖衰，天命未改，鼎之輕重，未可問也。」一番君權神授的大道理將楚莊王說得啞口無言。由此可見，在夏商周三代，九鼎一直被當成政權的化身的。此時的周天子雖仍守著「九鼎」，但強大的各國諸侯莫不企望「據九鼎，按圖籍，挾天子以令諸侯。」楚莊王的「問鼎」，也正是此意。秦亡以後，九鼎不知所終。但後代卻仍將奪取政權稱爲「問鼎」，建立政權稱爲「定鼎」。以「鼎」組成詞彙在現代漢語中仍隨處可見。如鼎力、鼎足、鼎立、鼎革、鼎新、鼎沸、鼎盛等等。

楚莊王雖問鼎未成，但仍傾注全力，爭奪中原地區。在以後的近十年中，他曾出兵七次伐鄭，兩次伐陳。西元前五九七年，楚軍圍困鄭都達三個月之久，迫使鄭伯降楚。晉國出動三軍，渡河救鄭，卻在邲（今河南鄭州西北）被楚軍打敗。同年冬，又滅了蕭。於是楚國聲名大顯，威振九州，各國君主惶惶不安。爲了對他們進行安撫，楚莊王便在紀南城東北隅築土臺會盟諸侯。此臺今仍存，高六米，東西長三十米，南北寬二十米，被稱爲「釣諸侯臺」，簡稱釣臺。臺成之後，楚莊王邀請列國諸侯來此相會，不論國家大小，一律待之以禮，因而被各國諸侯推爲「盟主」。此後，「遠者來朝，近者來賓」，莊王威望日重，楚國疆域日大。在它的全盛時期，它的疆域北至黃河，東至海濱，西至雲南，南到湖南南部，包括長江、漢水、淮河流域最重要的地區。在此基礎上，楚國孕育了輝煌燦爛、影響深遠的荆楚文化，孕育了世界文化名人屈原和他的《楚辭》。

紀郢作爲楚國政治、文化、經濟的中心，其熱鬧程度可以想見。據漢代桓譚《新論》記曰：「楚之郢都，車掛轂，民摩肩，市路相交，號爲朝衣鮮而暮衣蔽。」意思是說，當時紀郢城中車碰車，人挨人。早晨出來穿的新衣服，晚上回去時已擠成破衣了。

西元前二七八年，秦將白起攻占了紀郢，迫使楚頃襄王遷都到陳（今河南淮陽）。屈原有名作《哀郢》，王夫之認爲即爲此事件而作。《哀郢》即「哀故都之棄捐，宗社之丘墟，人民之離散，頃襄之不能效死以拒秦，而亡可待也。」從此，楚國的大都會紀郢淪爲廢墟。這一滄海桑田的巨變，帶給後人許多思索與刺激。唐代大詩人杜甫就曾在此留上了「最是楚宮具泯滅，舟人指點到今疑」的惆悵詩句。

不過，人類在自然界留下的印記是難以泯滅的。通過考古發掘，現在已可初見紀郢的壯闊規模，楚王臺榭及一些古建築遺址也歷歷可尋。當年楚人用泥土夯築起來的城牆，歷經兩千多年的風風雨雨，仍頑強地屹立著。宮殿、作坊、店鋪等遺址隨處可見；陶器、鐵器、銅器、簡瓦、板瓦等東周文化遺物俯拾皆是，而地下埋葬的文物更爲豐富。因此，文物考古界將紀郢稱爲「我國南方不可多得的完璧」。

# 長坂雄風，趙雲英氣

## （當陽長坂坡）

從襄陽沿焦枝鐵路南下，便可到達三國著名古戰場——長坂坡。當年劉備正是沿著這條路倉惶逃難，並於當陽城西的長坂坡和曹操發生了一場激戰的。

西元二百〇八年，北征烏桓大獲全勝的曹操乘勝南征荊州劉表。時值劉表辭世，其子劉琮自請投降。這時，剛剛得到諸葛亮輔佐的劉備正依附於劉表，屯軍樊城。得知劉琮投降的消息時，曹軍已經逼近。劉備自知難與曹敵，便和諸葛亮一起帶領軍隊撤退。

經過襄陽時，諸葛亮勸劉備進攻劉琮，取襄陽以拒曹操。但劉備卻因劉表新喪，不忍攻其子，只好繼續南撤。荊州百姓不願降曹者，也都拖兒帶女，跟著劉備南逃。逃難隊伍像滾雪球似地，越滾越大，臨近當陽時，已發展到有十餘萬民衆和數千輛行李車。每天的行進速度僅爲十餘里。有人勸劉備捨棄隨從的民衆，速退江陵，否則後果不堪設想。劉備卻說：「夫濟大事必以人爲本，今人歸吾，吾何忍棄之。」依舊擁衆而行。

曹操占有襄陽後，唯恐劉備退據江陵，於是選派了五千精良騎兵追趕劉備。追兵晝夜兼程三百餘里，在當陽長坂坡追上劉備。倉惶之中，劉備連妻子兒女都無暇顧及，只帶著幾員文臣武將，落荒而逃。命張飛領二十騎兵斷後。

張飛可謂不負重託。他嗔眉怒目，橫執長矛，立於長坂橋邊，而對五千追兵而面無懼色，大聲吆喝曰：「身是張翼德也，可來共決死！」曹兵果然害怕，不敢向前。《三國演義》寫得更加乾脆：張飛喝聲未絕，「曹操身邊夏侯霸驚得肝膽碎裂，倒撞於馬下。」當然這只是小說家言，難以爲據。不過張飛爲劉備等人的撤退贏得了時間，卻是無疑的。

逃難之間，有人向劉備報告說，趙雲已向北投奔曹操去了。劉備卻鎮定自若地說，「子龍不棄我走也」。

劉備爲何如此有把握呢?這和趙雲的爲人有關。趙雲，字子龍，常山眞定（今河北石家莊東北）人。他曾與劉備同爲公孫瓚部下，兩人交誼甚厚。劉備對趙雲識大體、有謀略且武藝高強的秉性頗爲看重。在這次長坂坡戰鬥中，已經衝出重圍的趙雲見劉備棄妻兒南逃，劉備眷屬被困，遂單騎殺入重圍，於亂軍之中找到劉備的妻子甘夫人和劉備的兒子劉禪。他身抱弱子劉禪，保護甘夫人，奮力血戰，突出曹軍的重重包圍，使二人倖免於難，爲蜀漢集團立下了汗馬功勞。《三國演義》中的「趙子龍單騎救主」講敘的就是這個故事。

趙雲在劉備集團中位不甚尊，但識見卻往往過人。據《三國志》注引《雲別傳》載：劉備平定四郡後，趙雲代替降將趙範任桂陽太守。趙範屢欲將其天姿國色的寡嫂許配與趙雲，趙雲爲國家計，堅辭不納。古人曾感嘆地說：樊氏國色，且爲寡居，而子龍不取，賢於關羽之乞娶秦宜祿妻遠矣。關羽乞娶秦宜祿之妻的故事，見「古城荊州」條。不僅如此。當劉備集團奪得益州，議欲以成都中屋舍及城外園地桑田分賜諸將時，趙雲卻力主還田於民，令其安居樂業；當劉備欲爲關羽報仇，發兵攻打孫權時，趙雲再三上諫，陳說厲害；當諸葛亮因趙雲在某次戰役中有功，欲加賞賜時，趙雲卻認爲全局並未獲利，不可受賜。正因如此，趙雲才能在長坂坡戰役中，顧及別人未能顧及的問題，並當機立斷，做出「單騎救主」的決策。

當年的長坂坡古戰場，現已闢爲長坂坡公園。園中，花紅柳綠，一派生氣盎然。只有山坂上刻有「長坂雄風」四個大字的石碑在提醒人們：當年這裏曾發生過一場鏖戰。

## 陸羽和文學泉（天門陸羽亭）

湖北天門縣城北門外，有座六角形雙層木結構跳角亭，那就是「陸羽亭」。亭內有一石碑，一面題著「品茶眞跡」，一面刻著「文學泉」。泉就在亭的附近，俗稱「三眼井」，三個泉眼成「品」字形排列。據說這就是被尊爲「茶聖」、「茶神」的陸羽當年品茗的地方。

《唐書·隱逸傳》載：「陸羽，字鴻漸，一名疾，字季疵，復州竟陵人。上元初，隱苕溪，自稱桑苧翁。久之，詔拜羽太子文學，徙太常寺太祝，不就職。貞元末卒。羽嗜茶，著經三篇，言茶之原之法之具尤備，天下益知飲茶矣。時鬻茶者，至陶羽形置煬突間，祀爲茶神。」

正史留下的記載過於簡略。幸而地方志、陸羽自傳、當地民間傳說爲我們提供了一些陸羽的生動故事。據《天門縣志》中載，西元七三三年的一天，竟陵城中龍蓋寺僧人智積禪師正漫步於西湖之濱，突然傳來一陣鳥的喧叫聲，間或夾雜著幾聲嬰啼。禪師循聲找去，只見三隻大雁用翅覆蓋著一個嬰兒。老禪師便把他抱回寺中撫養，並隨自己姓了「陸」，取「羽」爲名，以鴻漸爲字。如今在竟陵城西門外還有一座小橋，名叫雁橋。據說這就是當年陸羽被大雁覆蓋的地方。

陸羽長大之後，不願爲僧。爲此曾和撫育他長大成人的智積禪師進行了多次的辯論。智積改變了初時的憐愛之心，而將寺內所有賤役都加諸陸羽身上。讓他「掃寺地，潔僧廁，踐泥污牆，負瓦施屋，牧牛一百二十蹄。」而智積最年長的門徒還經常鞭打他。他想學習，無紙筆，只好用竹子劃牛背；偶然之中他得到了張衡的《南都賦》，因不識幾字只好展卷危坐，惟「口動而已」，無奈，他只能出走，離開了他長大的地方龍蓋寺。龍蓋寺又叫西塔寺，至今猶存，並被當成陸羽的故居保護著。

從此，陸羽浪跡天涯。他當過演員，還有人說他是中國最早的編劇。他一生有五花八門的著述多達六七十卷和許多詩作。但他一生最大的貢獻，卻是隱居於苕溪（今浙江吳興）時所寫成的世界第一部茶學百科全書——《茶經》。這部《茶經》，曾被一九二八年修訂的《大英百科全書》全文收入。

在當今世界中，茶與咖啡、可可鼎足而立，並稱爲世界三大飲料，在某個時期裏，歐洲上流社會還以用中國瓷器喝中國茶爲時尚。但在十七世紀，荷蘭商人首次把茶葉運到歐洲時，卻有過不少笑話。當時英國人不知它有何妙用，竟把它當成涼菜端上餐桌。而法國朋友卻把它當成「神草」，與聖酒仙藥並譽。

這也難怪，茶源出於我國。它的歷史，據說可以上溯到神農氏。《茶經》曰：「茶之爲飲，發乎神農氏，聞於周魯公。」《神農本草經》亦曰：「神農嘗百草，日遇七十二毒，得茶易解之。」這些記載不可盡信。但在秦漢時期，我國種茶用茶卻已相當普遍。當時人們將茶葉製成茶餅。飲時搗成碎末放在瓷壺中，加上葱、姜等調味品，既當飲料，又當藥，還可用來款待賓客。不過，講究用茶之道並在社會蔚爲風尚，卻自陸羽始。宋朝詩人梅堯臣有詩曰：「自從陸羽生人間，人間相學事新茶。」道出了陸羽在我國茶學發展史上的作用。

陸羽在《茶經》中首先品評了各地茶葉的高下，評定山南以峽州、淮南以光州、浙西以湖州、劍南以彭州、浙東以越州所產爲最上品。至於黔中嶺南之茶品，陸羽便無力顧及了。到了明代，顧元慶曾作《茶譜》，他品的次第，仍大致與陸羽相同。不過，如今人們所喜愛的名茶如浙江的龍井、福建的武夷、安徽的祁門，雲南的普洱，陸羽卻一種也沒有提到。

有了上品之茶葉，還必須講究煎茶之水。陸羽認爲「山水上，江水中，井水下。」他品評了天下名泉，前五名如下：

廬山康王谷水簾水第一，無錫縣惠山寺石泉水第二，蘄州蘭溪石下水第三，峽州扇子山下有石突然泄水獨清冷狀如龜形俗云蝦蟆口水第四，蘇州虎丘寺石泉水第五。

有葉有水，接著便是煮的方法了。《茶經》談及，煎茶之火應用炭火，其次才是柴火。水煮到哪個程度，也大有文章，「其沸如魚目微有聲爲一沸，緣邊如湧泉連珠爲二沸，騰波鼓浪爲三沸，以上水老，不可食也。」另外，飲茶之盌，也須顧及，當以越州所產之盌爲上品。

《茶經》一出，陸羽遂爲茶壇宗師，聲名大振。朝廷也曾下詔拜其爲太子文學徙太常寺太祝。但陸羽志在山水名茶之間，沒有赴任。不過他因長期客居苕溪，對故鄉的山水卻非常思念。他有一首《六羨歌》就表達了這種思想。詩曰：不羨黃金罍，不羨白玉杯；不羨朝入省，不羨暮登臺，千羨萬羨西江水，曾向竟陵城下來。

陸羽思念故鄉，故鄉的父老兄弟以及後代子孫也對陸羽寄以深情。竟陵城中至今還留著陸羽的遺跡四十多處。人們還以他未曾赴任的官職來爲他品評過的泉水命名，這就是文學泉名稱的由來。

襄渝鐵路
玄岳門
烈士墓
玉虛宮
遇眞宮
襄府庵
元和觀
磨針井
水磨河
夾子河
五龍
五龍宮
復眞觀
劍河橋
龍泉觀
十八盤
玉虛岩
展旗峰
太子岩
南岩宮
紫霄宮
劍河
蠟燭峰
小武當
金頂
金殿
香爐峰
天柱峰
照面峰
太和宮

均縣武當山

# 道教第一山（均縣武當山）

武當山又名太和山，位於湖北省西北部丹江口市境內，方圓八百里，自古以來，它便被推崇爲「天下名山」。宋代大書法家米芾曾爲其寫下了「第一山」三字，如今仍聳立在武當山麓的元和宮旁。武當山有七十二峰、三十六岩、二十四澗、十一洞、三潭、九泉等風景勝跡。遊客讚之曰：「峰如倚天劍，岩如碧羅扇，澗如長絲絃，水如甘露泉。」它的主峰天柱峰海拔一六一三米，比五岳之首的泰山還要高出七八十米。徐霞客曾有詩讚曰：「氣吞泰華銀河近，勢壓岷峨玉壘高。」因此，從五代起，它便被尊稱爲「太岳」。

武當山還是我國唯一的一座純粹的道教名山。歷代著名道家如周之尹喜、漢之陰長生、晉之謝允、唐之呂純陽、五代之陳摶、宋之寂然子、元之張守清、明之張三豐等均曾在此修煉。唐以後，歷代帝王又在此大興土木，形成了「五里一庵十里宮，丹牆翠瓦望玲瓏」的宏大建築群。主要宮觀古跡至今尚存的有：金殿、太和、南岩，紫霄、五龍、遇眞、玉虛等六宮；復眞、元和二觀以及磨針井、玄武門等。

八百里武當，該從何遊起呢？

過去登武當，多從玄岳門開始，要走七十五里石砌的崎嶇「神道」。現在則多以玉虛宮爲起點。玉虛宮處於襄渝鐵路線上，是當年大規模營造武當山的大本營，故又名老營宮。它曾是武當山最大的建築群，但如今僅能見到斷垣頹壁了。

在玉虛宮不遠處，有一座玲瓏緊湊的小型道院。這就是「磨針井」。相傳昔年淨樂國太子入山學道，因遇重重困難，故欲半途而廢，出山還俗。經過此地時，見一老媼坐在井邊磨鐵杵。太子驚詫，上前詢問磨之何用。老媼答曰：鐵杵磨成針，功到自然成。太子頓時感悟，復入山修道，遂成「眞武大帝」。據說這位老媼便是道家玉虛聖祖紫玄君的化身。「磨針井」之名即由此而來。其實，「鐵杵磨成針」是個古老成語。傳說李白少年時也曾遇老婦人磨針，這才下了決心，發憤讀書。故事無非是在勸勉人們：做事要下苦功。

「非眞武不足以當之」，傳說中這位被奉爲武當山教主的眞武大帝並非中國人氏。他生於西方淨樂國。母親善勝皇后因感日而孕，從左肋產出太子。太子無意於王位，一意欲學飛升。終得玉淸聖祖紫元君的指點，孤身一人漂洋過海，來到武當山。

善勝皇后奮力向東追趕兒子，一直追到武當山。她正待下坡，眼見山坡對面的兒子正要上坡。皇后連連呼喚，一共喊了十八聲，腳步也隨著呼喚聲向下移動了十八步。太子隨著答應了十八聲，但腳步卻向上移動了十八步。坡便是現在的「太子坡」和「上、下十八盤」。

太子坡在天柱峰東北，距玄武門十五公里，爲攀登主峰天柱峰的孔道。這上有建於明代永樂年間的「復眞觀」，觀裏供奉著眞武太子童年的塑像。

十八盤在劍河旁。當年善勝皇后見喊不轉兒子，便加緊追趕，直到抓住其衣角。誰知兒子去志已堅，他拔出寶劍，朝衣角一割，衣角便飛到漢江上游變成大小袍山。他又將寶劍朝後面的大山劈去，一條河流將高山分成兩半，母子分立兩岸。這條河便叫「劍河」，也即距復眞觀二公里外的九渡澗，是一個清涼宜人的好去處。

皇后見追不上兒子，只好灑淚而歸。淚水把地面沖出個大坑，這就是「滴淚池」。

眞武終於上了武當山。並在經過磨針的警悟之後，住在南岩潛心修煉。遊南岩，必須經過紫霄宮。紫霄宮離復眞觀七點五公里，是武當山保存較完整的宮觀之一，爲全國重點文物保護單位。紫霄宮背倚展旗峰，峰面如鐵，勢如大旗招展。這種借景的建築意圖，是爲了體現道教「上帝命北極玄武建皀纛、玄旗以鎭北方」的教義。殿中有明正統五年製的瓷青簡泥金楷書《高上玉皇本行紀經》，爲國內孤本，是研究道教的珍貴資料。

眞武太子修煉的南岩在紫霄宮西約二點五公里，山奇林翠，是武當山三十六岩中風景最美的一岩。有「路入南岩山更幽」的稱譽。道教爲了吸引信徒，編造了許多傳說。相傳當年眞武在此靜心端坐，從早到晚，日復一日。鳥兒在他頭上做窩、生蛋、孵化；荊棘通過他的腳板長入體內，再由胸口長出，他都熟視無睹。經過四十二年的修煉終於功德圓滿，飛升天宮。相傳眞武「飛升」之處，在南岩南面的深壑之中。那裏，孤峰斜峙，就像大鵬的翅膀。上面仍留有梳妝臺、飛升臺等遺跡。

在南岩的懸崖絕壁上，鑲嵌著元代興建的「天乙眞慶萬壽宮」，又稱「南岩石殿」。它上接雲漢，下臨深澗，與南岩渾然一體，使人疑爲神助。石殿前凌空伸出一根長近一丈、寬僅一尺的雕龍石樑，石樑的頂端放置一個小香爐，這就是著名的「龍頭香」。過去常有虔誠的敬香者在此墜岩喪命，如今的遊客也多想一睹此險境。

## 眞武神，永樂像（均縣武當山）

遊武當，最終目的地是在天柱峰頂的金殿。因爲它位於「一柱擎天」的天柱峰絕頂，故稱「金頂」。它是我國保存最完好、體積最雄偉、製作最精巧的國寶之一，被稱爲「古今第一金殿」。每年都有數十萬中外遊客到此遊覽。

金殿全部由銅鑄鎏金構件拼合焊接而成，即使外面山風呼嘯，殿內蠟燭的火苗也依然紋絲不動。傳說那是因爲殿內藻井上懸掛的「避風仙珠」鎮住了山風，不讓吹進殿門。其實那是工藝精湛、鉚榫拼合嚴密無縫所致。

這座金殿與我們現在見到的多數武當山建築一樣，營建於明代永樂年間。永樂皇帝朱棣通過「靖難之役」——意即解除皇帝危難的戰爭，從姪兒朱允炆手中奪得帝位。建文皇帝朱允炆是個仁柔之君。他性格柔弱。據說他曾以「雨打羊毛一片氈」的綿柔之句來對祖父朱元璋所書的「風吹馬尾千條線」，與朱棣的「日照龍鱗萬點金」的雄渾氣勢恰成兩個極端。但他即位之後，卻寬刑疏法，改革官制，虛心克己，被稱爲「四載寬政解嚴霜」，仁聲義聞遠播西域朝鮮。朝野之中，忠於建文皇帝者更多。因此，永樂皇帝雖奪得帝位卻遠未安心。他總感到「以臣弑君」、「同族相戮」等輿論的威脅。爲了征服人心，他編造了「眞武保祐」的神話，以顯示他的皇權是「神授」的。於是下命令大規模營建武當山宮觀。永樂十一年（一四一三年），他頒發了《敕武當軍民匠人等》的命令曰：

「武當天下名山，是北極眞武玄天上帝修眞得到顯化之處。歷代都有宮觀，元末被兵亂焚盡。至我朝，眞武闡物靈化，蔭佑國家，福被生民，十分顯應。我自奉天靖難之初，神明顯加威嚴，感應至多，言說不盡。那時已發誠心，要就北京建立宮觀。因內難未平，未曾滿得我心願。……延緣至今，倩些軍民去那裏創建宮觀，報答神惠。」

營建武當山工程自永樂十一年（一四一三年）開始動工，費時七年，每月役用三十萬軍民工匠，落成八宮、二觀、三十六庵堂、七十二岩廟共三十三個大建築群，殿宇二萬多間，還有一百四十里石砌蹬道、三十九座橋樑、十二座亭臺。總面積達一百六十多萬平方米。朱棣還敕封太和山爲「太岳太和山」，位於五岳之上。

這次營建的宮觀，最雄偉的著推金殿。金殿內供奉著「眞武大帝」的鎏金銅像，重達二萬斤。銅像著袍襯鎧，披髮跣足，面龐圓胖。據說這尊銅像與永樂皇帝的相貌非常相似。關於這，還有一段傳說呢！

據說在武當山大興土木之時，永樂皇帝找來了天下的能工巧匠，要他們塑出眞武大帝的神像。工匠們使出渾身解數，儘量將神像塑得十全十美，可竟無一尊如皇帝之意。爲此還有人掉了腦袋。一天，皇帝在浴室中召見一位工匠。看著皇帝披髮赤足的形象和欲言又止的神態，工匠忽有所悟。他便按照永樂皇帝當時的樣子，鑄造了這尊銅像。皇帝看後，果然滿意。據說他還剪下自己的一撮黑胡子，安到神像的下巴上呢！因此，民間有諺曰：「眞武神，永樂像。」這一諺語仍流傳至今。

傳說的眞實性未考，但它卻揭示了歷代統治者熱衷於「造神」的秘密。

金殿中的神像和供桌、香案，都與金殿焊接成一個整體，總重達八十一萬斤。五百年來，這組龐大的建築物歷經無數次風雪雷電的侵襲而完好如初。遊金殿的客人常常發問：這些銅質部件是在哪裏鑄造的？又是怎樣送上這陡峭的峰頂的？令人滿意的答案至今仍難以尋查。

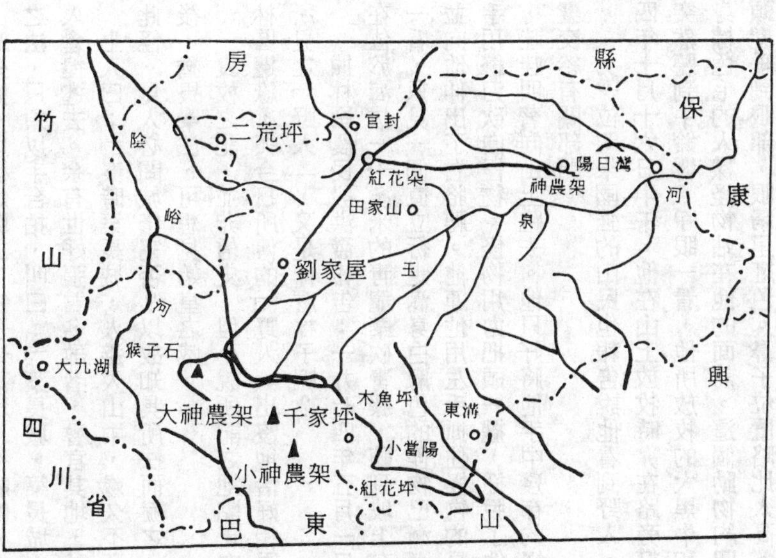


神農架示意圖

# 中國「野人」之謎（湖北神農架）

野人、尼斯湖怪獸、百慕大三角區、飛碟，並稱爲當今世界四大謎，至今仍有許多人在艱難地探索著謎底。湖北西北部的神農架，便是傳說中的野人的故鄉。

神農架，由房縣、興山、巴東三縣的邊緣地帶組成。主峰神農頂海拔三千一百零五點四米，被譽爲「華中第一峰」，有風景埡、老君山、潮水河、燕子洞、鴛鴦洞、水簾洞、冰洞、官封魚洞等奇景。它因炎帝神農而得名。傳說遠古時代，神農氏曾在此遍嘗百草，用來醫治百病。因峰巒陡峭無法上落，他便搭起架子上下採藥，故有神農架之稱。這一大片原始森林，給人以神秘莫測之感。而一九二〇年以來近三百多起目擊「野人」的報告，更吸引著無數科學工作者和遊客前往考察探險。

我國關於野人的傳說，可以上溯到三千多年以前。戰國時期的史書就曾經記載了有人曾把抓獲的「野人」獻給西周皇帝的故事。在漢代壁畫中，也可以尋找到一些類似野人的圖形。清人袁枚的筆記小說《子不語》中有一篇《秦毛人》，其文不長，照錄如下：

湖北鄖陽房縣，有房山，高險幽遠，四面石洞如房；多毛人，長丈餘，遍體生毛，往往出山食人雞犬。拒之者，遭攫搏。以槍炮擊之，鉛子皆落地，不能傷。相傳制之之法，只須以手合拍，叫曰：「築長城，築長城！」則毛人倉惶逃去。余有世好張君名敔者，曾官其地，試之果然。土人曰：「秦時築長城，人避入山中，歲久不死，遂成此怪。見人必問城修完否？以故知其所怯而嚇之。數千年後，猶畏秦法，可想見始皇之威。」

袁枚之記，並非信史。但小說所記之地點正在神農架林區邊緣，與今日所傳的「野人」出沒地恰好相同。今人所見之「野人」，又是什麼樣子呢？

據林區農民殷洪發報告：一九七四年五月一日，他正在位於海拔一千多米的青龍寨砍青藤，聽到坡上有動靜。一看，只見一個直立行走滿身白麻色的怪物已漸漸走近，並向他伸出了右胳膊。他連忙用左手抓住怪物的長髮，右手用鐮刀砍向怪物。怪物用力把頭一擺，掙脫了他的左手，哇哇叫著向山上跑去。他只好將他手中殘存的怪物的毛髮交給有關部門。

另一位叫朱國強的山民也報告說他看到野人。一九七四年十月十六日中午，他在山上放牧時靠在路旁打瞌睡，突然聽到牛鈴響。睜眼一看，他所放牧的大黑牛和一個滿身棕色毛的人樣怪物站在他的面前。這個動物約四尺高，頭髮垂到眼部，眼睛呈紅色。鼻子位置略比人高。眉骨突出。嘴比人寬、胸部渾圓，屁股大。手臂到腰，手掌大，手指長。兩腿上粗上細，腳板後窄前寬。據朱國強說，他當時已意識到是野人，拿起土槍對準它，想把它嚇跑。哪知它卻伸出手來，和朱搶槍。朱國強急忙放了一槍，但沒有打中野人。幸好是旁邊的大黑牛助了朱國強一臂之力，向野人頂去。野人這才丟下槍走了。

另外，還有報告說，有幾個人一起看到野人：有被野人嚇昏過去，有野人用石頭把老虎打死而救了人的生命，也有人說曾爲野人挑刺治傷，野人天天砍來柴草報恩的。各種報告與傳聞，千奇百怪，不一而足。

有鑑於此，我國於一九八一年成立了有各階層人員參加的「中國野人考察研究會」。一九八三年又成立了「湖北省野人考察研究會。」據說當今世界，只有中國與蘇聯兩個國家的「野人」考察工作得到政府的承認與支持。

研究會成立後，進行了實地考察和調查。取得的成果如下：多次發現「野人」足跡，並已用石膏取下腳印；收集到一些毛髮；發現了一些既不像人也不像動物所排泄的糞便；發現了一些用竹子做成的類似睡椅的睡窩；見到野人在前面一百米外奔跑，可惜沒有拍到照片。

就在許多人熱衷於解答「野人之謎」的同時，也有許多學者提出截然不同的意見。他們認爲：目前提供給人們的，僅僅是一些目擊傳說之類的間接性證據，一些實物證據比較模糊，模稜兩可。例如殷洪發所提供的毛髮便是蘇門羚毛。他們還指出：一種生物能存在，必須有群體。考察時間已經不短，科學技術又日趨先進，這個「群體」卻至今未被人類所發現。因此，世界上不可能有比類人猿更高層次的「野人」。「野人」的傳說不符合達爾文物種起源的理論。

兩種看法究竟孰是孰非？神秘的神農架是否眞有野人出沒？這有待作進一步的科學考證了。

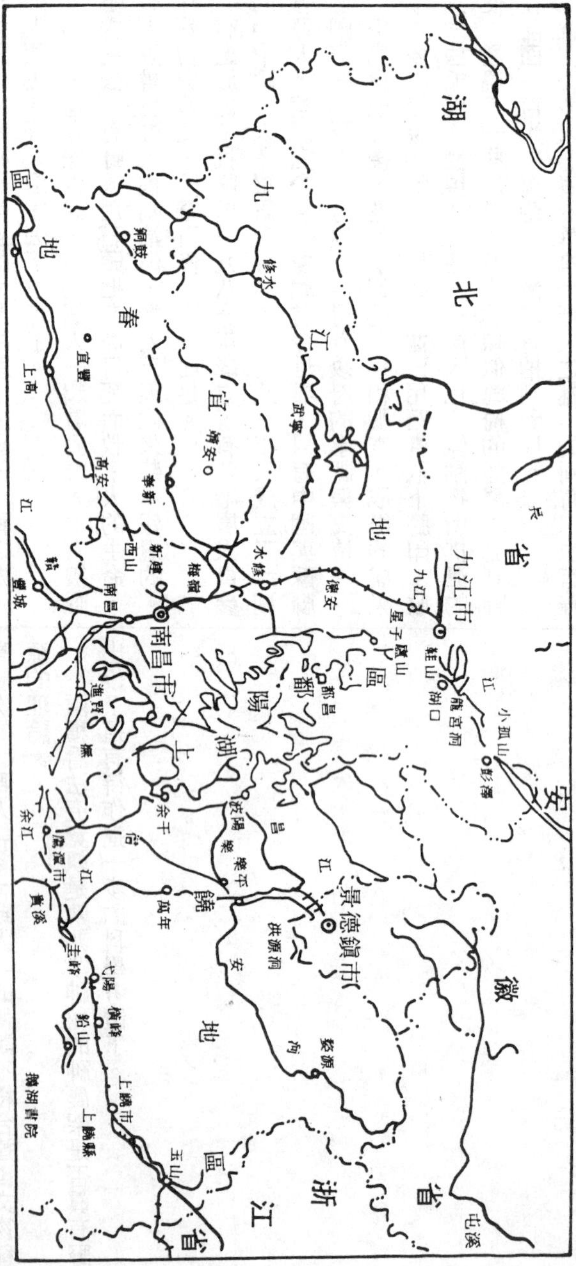
九江市
南昌市
景德鎮市
鄱陽湖
湖北省
安徽省
浙江省
九江地區
宜春地區
上饒地區
廬山
九江
德安
永修
湖口
彭澤
星子
新建
南昌
都昌
鄱陽
余干
樂平
萬年
婺源
玉山
屯溪

廬山遊覽區

# 王勃撰文門智（南昌滕王閣）

江西的滕王閣與湖南的岳陽樓、湖北的黃鶴樓並稱爲「江南三大名樓」。它坐落在南昌章江門外（今沿江路），前臨贛江，背倚市區。原樓已毀，現已重建。

滕王閣原爲唐太宗李世民之弟李元嬰都督洪州時所建，時在唐永徽四年（六五三年），距今已有一千三百多年的歷史了。因李元嬰被封爲滕王，滕王閣因此得名。但使滕王閣聞名中外的，則是「初唐四傑」之一——那位多才卻短命的王勃。

上元二年（六七五年），洪州都督閻伯嶼對建造了二十年的滕王閣進行重修，並在此大宴賓客，適逢王勃南下省父，途經南昌，遂得赴宴，並寫下了千古傳頌的《滕王閣序》。

王勃，字子安，絳州龍門（今山西稷山縣治）人。他六歲即善文辭，九歲即能指摘顏師古注《漢書》之瑕疵。他在作文章時，據說先磨好幾升墨汁，然後引被覆面而臥。躺了一會，忽然起來，竟能下筆如流，不易一字，時人謂之腹稿。可惜他才高命蹇。在任唐高宗第六子沛王李賢王府修撰時，恰逢沛王李賢與英王李哲鬥雞。王勃助興湊趣寫了《檄英王雞文》，高宗皇帝認爲是影射唐王室中的攻訐爭鬥，斥之爲「文構之漸」，被逐出沛王府，貶爲虢州參軍。後來，又因誤殺官奴曹達，論處死罪，他的父親王福疇也受牽連貶爲交趾令。上元元年（六七四年），王勃遇赦，第二年到交趾探望父親。他從家鄉山西出發，經洛陽，到淮安，然後在江寧溯長江而上，經蕪湖、安慶、馬當、湖口、星子，進入鄱陽湖，再轉入贛江而至南昌，泊舟在滕王閣下，因此得以完成了千古傑作《滕王閣序》。遺憾的是王勃在此後的旅行中，因渡海溺水，驚悸而死，年僅二十九歲。

在後代筆記、話本及地方志中，王勃寫《滕王閣序》的經過被記述得十分生動有趣。

據《彭澤縣志》引《芸窗瑣錄》載：王勃往交趾省親過馬當，宿上元殿，殿後有方竹，王勃欲伐之；夜夢神告曰：勿伐竹，詰且當助以神風，顯子文名。翌晨登舟，風駛自馬當抵洪都，迅速間行五百餘里。既到，作《滕王閣序》，一座盡驚。諺語有云：「時來風送滕王閣」即本此。馬當山在彭澤縣城東北十多公里的長江江心。「其山像馬，橫枕大江，烈風鼓浪，舟行險阻」，亦爲一風景勝地。馬當神風，雖爲神話傳說，但長期以來，人們卻津津樂道，詩人們還將它當成歌詠的題材。如清代駱敏修的聯語云：「少年幾才子，馬當神助，如此風流文藻，至今過客總停舟。」喬廷槐語聯有云：「馬當風最好，願良朋勝友，常來帝子扁舟。」可見人們對馬當神風傳說的喜愛。

又據《唐摭言》、《太平廣記》、《新編分門古今類事》等載，當年閻都督在滕王閣宴請名賢，舉辦盛會，本欲借此機會顯弄其婿吳子章的才華。因此，當閻都督命人捧來筆墨，請各位賓客爲滕王閣作記時，大家都推辭了。唯有年齡最小、坐在最末位的王勃當仁不讓，欣然命筆。閻公大怒，拂衣而去，並專門派人窺視王勃，以便找岔。「第一報云：『南昌故都，洪都新府。』公曰：『亦是老生常談。』又報云：『星分翼軫，地接衡廬。』公聞之，沉吟不言。又云：『落霞與孤鶩齊飛，秋水共長天一色。』公矍然而起曰：『此眞天才，當垂不朽矣！』」佩服之至，隨卻將王勃尊爲上賓。這樣一來自然惹怒了閻都督的乘龍快婿吳子章。吳指責王勃的文章是抄襲別人的「陳文」。吳仗著他有過目不忘的本領，果然當衆將王勃的文章復誦了一遍，了無遺忘。當時，坐客驚駭，閻公疑惑。王勃心中暗暗叫冤，卻臨急不亂，徐徐問曰：「陳文有詩乎？」答曰：「無詩。」王勃即刻揮毫落紙，作詩曰：

滕王高閣臨江渚，佩玉鳴鸞罷歌舞。
畫棟朝飛南浦雲，珠簾暮卷西山雨。
閒雲潭影日悠悠，物換星移幾度秋。
閣中帝子今何在？檻外長江空自流。

吳子章見其果然文思敏捷，這才認輸，惶恐退去。

這些故事的眞實性如何，自然難以考辨。不過的確是王勃的文章使滕王閣「風月增輝，江山無價」的。

繼王勃之後爲滕王閣作序的，還有唐代的王緒和王仲舒，史稱「三王記滕閣」。唐元和十五年（八二〇年），韓愈任袁州（今江西宜春）刺史時，重修滕王閣，並作記曰：「愈少時，則聞江南多臨觀之美，而滕王閣獨爲第一，有瑰偉絕特之稱；及得三王所爲序、賦、記、等，壯其文辭，益欲一觀而讀之。」在他們的渲染下，滕王閣越來越出名，修建的規模也越來越大。明朝初年，朱元璋在平定陳友諒後，還親至南昌，在滕王閣宴請諸路將領。後來，湯顯祖又在閣上演出過他的名作《牡丹亭》。另外還有數百名文人學士爲之作記題詩。

滕王閣創建以來，前後重建重修二十八次。最後一次是在清同治十一年（一八七二年）。那次的建築工程於一九二六年被毀。其時，北伐軍兵臨南昌城下，北洋軍閥部隊據城頑抗，兩軍隔江對峙。軍閥頭目鄧如琢恐怕北伐軍過江後以滕王閣爲依託，居高臨下攻打城池，於是將滕王閣付之一炬。而今只剩下一塊刻有「滕王閣」三字的石匾殘存在「滕王閣小學」內。不過，不久這一歷史勝跡即將恢復，滕王閣將以新的秀美身姿，迎接你的光臨。

# 青雲譜中淚點多

## （南昌八大山人紀念館）

出南昌市區往南八公里，便到達八大山人紀念館——環境幽美的青雲譜道院。清初畫壇的一代宗師—八大山人曾在此隱居了二十多年。

八大山人（一六〇六—一七〇五年）名朱耷，字良月，僧名傳綮、个山，道名道朗，此外還有別號數個。他是明太祖的末代皇孫。但王孫貴族身分帶給他的卻是無盡的痛苦。在他十九歲時，清兵入關，明朝滅亡。朱耷棄家出逃，在南昌西南的奉新山削髮為僧，當了十多年的和尚。

三十六歲那年，朱耷突然留起頭髮，回到南昌學道。他選中了歷史悠久的「天寧觀」舊址——據說此地的歷史，可以上溯到西元前六世紀。當時周靈王之子王子晉，曾經隱居在此煉丹。朱耷請同為著名畫家的弟弟朱道明督工，構築了一座宏偉的道觀。根據道家所傳「呂洞賓乘青雲來告祥於圃內」的故事，取名為「青雲圃」，並寓闢園開圃，自食其力之意。康熙年間，又改「圃」為「譜」，以示青雲傳譜，有稽可考並沿用到今。

道院的中間，有一方丈堂名叫「黍居」，這便是八大山人當年的住所，並兼書房和畫室。四周養殖著各種花鳥蟲魚，這是朱耷寫作的範本；而道觀周圍美妙的景色，更是畫家描摹的對象。

八大山人在青雲譜住了二十六年，於六十二歲時還俗，在南昌城內修建了「寤歌草堂」，在此度過了十八年，直至逝世。他的晚景頗為淒涼，其好友葉丹曾有《過八大山人》詩描繪了這種境況。詩曰：「一室寤歌處，蕭蕭滿席塵。蓬蒿藏戶暗，詩畫入禪眞。遺世逃名老，殘山剩水身。青門舊業在，零落種瓜人。」

八大山人的一生，留下了頗多的神秘之處，為後人所津津樂道。

其一是他那「八大山人」的名號。有人以為，因為朱耷是一位高僧終日拿著一部《八大人覺經》，故號「八大山人」。又有人說，「八大者，四方四隅，皆我為大，而無大於我也」，故有是稱。更多的人，則樂於談論這一名號經他草筆連綴之後，既似「哭之」，又似「笑之」，似笑非笑，似哭非哭，不哭不笑，亦哭亦笑，就像他弟弟朱道明將筆名「牛石慧」連綴成「生不拜君」一樣，耐人尋味。總而言之，「八大山人」的名號頗富神秘色彩。

其二是他那先當和尚，後當道士，晚年卻又還俗的離奇經歷。先當和尚，其理易明。清軍一入關即頒布剃髮令，規定所有男子必須剃去頭髮前半部，後半部依滿族習慣，削髮垂辮，以示臣服，並規定「留頭不留髮，留髮不留頭」，違抗者處死。漢族知識分子一方面牢記「身體髮膚，受之父母」的儒學古訓，一方面深感剃髮則示國破家亡之辱，因此而掉頭者多，索性遁入空門者也不少。朱耷身爲明朝王孫，不願臣服新朝，以當和尚來表示反抗，這是十分自然的。但其後又何以由僧而道，由道而俗，卻就難以尋覓到令人滿意的答案。

其三是他那至今無覓處的墓。據青雲譜藏《淨明忠孝譜》載：「朱道朗葬廣度庵東南隅莫家山」。該山距青雲譜五華里，墓碑刻「青雲譜開山始祖道朗諱良月朱眞人之墓」，但這是道光二十七年（一八四七年）由道徒重立的碑。一九五六年六月，對該墓進行發掘，墓中僅存朽木數塊，別無它物。有關專家認爲，這可能是青雲譜道徒設立的衣冠冢，或是原葬於此後又遷葬它處的舊墓。爲便於遊客瞻仰紀念，當時即將墓中幾塊朽木遷置於青雲譜，並於譜內建墓。這就是我們今天在青雲譜內看到的八大山人墓。

那麼，八大山人的眞墓又在哪裏呢？紀念館工作人員遍翻縣志，見《新建縣志》、《西山志》載：「八大山人墓在中莊」。中莊在新建縣西山。他們估計這個墓很可能就是八大山人的眞墓，或由莫家山遷來之墓。可是經過多次尋訪，至今仍未發現。

作爲畫家的八大山人，他的畫以及他的畫風對中國畫壇產生過很大影響。當你細讀紀念館內所藏的八大山人的作品時，你會感到：那一足獨立、昂首挺胸、白眼向天的蒼鷹、翠鳥，那活躍奇特的芭蕉、怪石、蘆雁、孤鳧，這些狂放怪誕的外在形象寄寓著畫家孤獨狂傲反抗現實和傷感悲哀的感情，是如何強烈地感染並震撼著讀者的心靈！清代著名畫家鄭板橋曾題詩讚曰：「橫塗豎抹千千畫，墨點無多淚點多」，可說道出了八大山人畫的靈魂。

八大山人以後，中國畫壇上凡大筆寫意的畫家，如「揚州八怪」、吳昌碩、齊白石、潘天壽、李苦禪等，都或多或少地受到他的影響。他的人格力量與繪畫藝術，也獲得了國內外人士的普遍理解與推崇。八大山人有知，當可以瞑目矣！

## 匡廬山上租界地（廬山牯嶺）

牯嶺是廬山的中心。這裏，街道寬闊，路面平坦，街市兩旁，高大的法國梧桐枝葉交錯，高樓別墅掩映於綠樹叢中。這一幢幢小巧玲瓏的別墅式樣與風格各不相同。有西歐哥特式風味，也有近代克洛洛式風格；有樸拙的俄羅斯式樣，也有華麗的意大利裝飾。

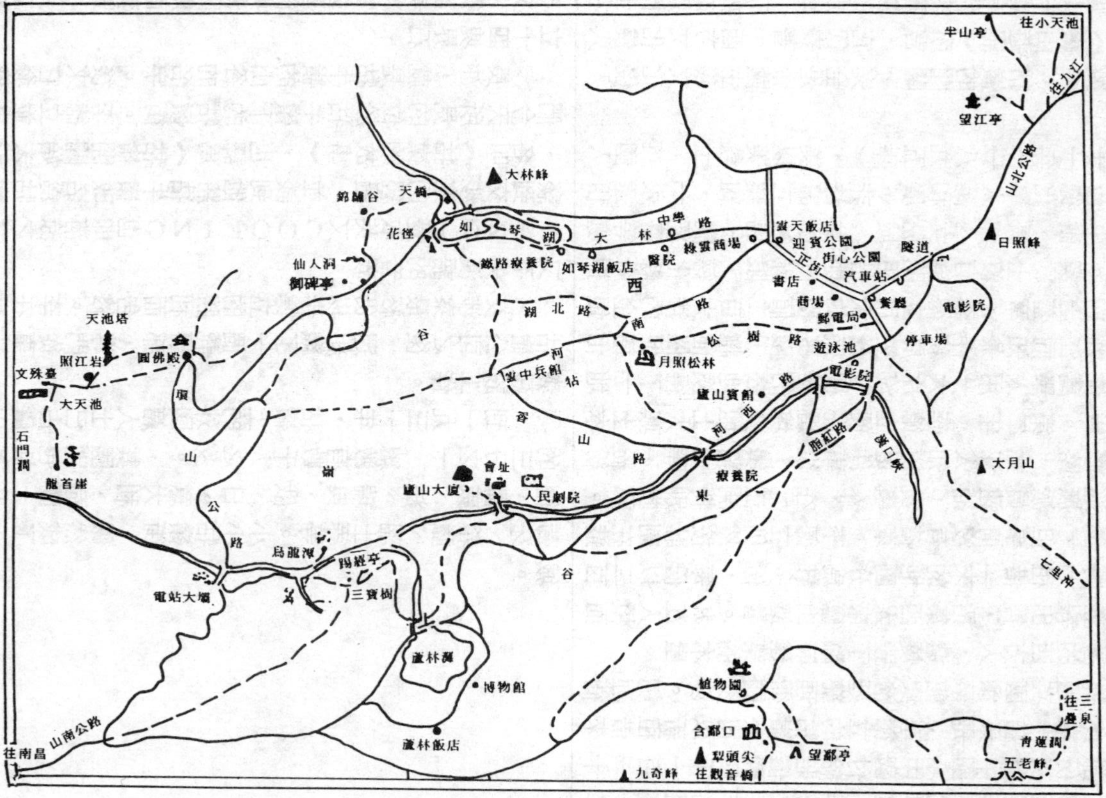
往小天池
半山亭
往九江
望江亭
山北公路
日照峰
大林峰
天橋
錦繡谷
花徑
如琴湖
大林路
中學路
賓天飯店
迎賓公園
正街
街心公園
隧道
汽車站
線貿商場
醫院
鐵路療養院
如琴湖飯店
仙人洞
御碑亭
西
書店
商場
餐廳
郵電局
電影院
湖北路
南路
松樹路
遊泳池
停車場
天池塔
照江岩
圓佛殿
文殊臺
大天池
石門澗
龍首崖
環山公路
谷
河西路
河東路
月照松林
中兵館
電影院
廬山賓館
胭紅路
蘆口峽
大月山
會址
廬山大廈
人民劇院
療養院
東
七里沖
烏龍潭
黃龍寺
三寶樹
電站大壩
廬林湖
博物館
廬林飯店
植物園
含鄱口
犁頭尖
望鄱亭
九奇峰
往觀音橋
往三疊泉
青蓮澗
五老峰
往南昌
山南公路

廬山遊覽圖

牯嶺是廬山一處有代表意義的史跡。正如胡適博士在幾十年前的《廬山遊記》所言，它代表著「西方文化侵入中國的大趨勢」。牯嶺的開闢，完全是帝國主義文化侵入的結果。

清光緒十一年（一八九五年），美以美教士，英國人李德立與江西德化舉人萬和賡，非法訂立契約，「永遠租借」廬山牯牛嶺、長沖、女兒城、大小校場、講經臺等處一大片公地。契約上沒有寫明租借地的界限，德化縣令拒絕在這張契約上蓋章。李德立用大約價值二百大洋的金銀器皿買通了九江同知兼洋務局委員盛富懷，讓他催促德化縣用印。這位萬舉人用一大片沒有標界的公地換得了「地價」五百大洋。第二年，李德立便在這塊公地上大興土木，僱工造屋修路。九江人知道這件事後，輿論大嘩，紛紛上告。江西巡撫派員逮捕了當事人，在九江開特別堂訊。盛富懷自殺了。但事情沒有結束。李德立仍然按計劃在造房修路。他將「租借」來的地劃分爲許多份，每份以二百大洋的價格登報出售，招集西人來廬山避暑。九江人憤而毆打上山避暑的西方人，還燒毀了臨時建築的木屋。

李德立通過英國領事館與清廷總理衙門交涉。總理衙門電促速結此案。結果是：李德立的牯嶺公司以新租借來的土地的一部份交還中國，中國付給賠償費四千一百一十五元；長沖立約租與李德立建屋，李德立每年出租錢十二千文，從前契約當領事館與潯陽縣面焚毀，另立新約，並立十四塊界石。

長沖，就是牯牛嶺的山谷的名字。後來它發展成爲我們今天所見的位於牯牛嶺下的牯嶺街。李德立並寫有一書，名叫《牯嶺的故事》，也譯爲《牯嶺開闢始末》。書中談到交涉案的經過，並談到他將牯牛嶺改名爲牯嶺（KULING）是取英文COOLING也即清涼之意，同時又不失漢語的音義。

交涉案最終仍以李德立的勝利而告終。李在廬山設立牯嶺公司之後，還組織了一個託事部，專門從事牯嶺的開發建設工作。

到一九三一年，牯嶺上的外國籍人士已占廬山總人口的三分之一，總數有數千人之多。，其國別包括美、英、德、挪威、法、瑞典、俄、日、意大利、荷蘭、芬蘭、葡萄牙、希臘、瑞士等等。小小牯嶺街，儼然成了一個萬國城。

廬山名勝分布圖

# 李白與瀑布（廬山開先西瀑）

詩一：

日照香爐生紫煙，遙看瀑布掛前川。
飛流直下三千尺，疑是銀河落九天。

詩二：

虛空落泉千仭雪，雷奔入江不暫息。
今古長如白練飛，一條界破青山色。

這是兩首唐人絕句，絕句歌詠的是同一對象——廬山瀑布，廬山瀑布與泰山青松、華山摩嶺、黃山雲海、峨嵋古寺並稱山川絕勝，是歷代文人筆下經久不衰的創作題材。寫得多了，就難免「撞車」，鑑賞者也自然想在同類題材的作品中分個高下。以上兩詩亦如是。

第一首，人們很熟悉。它是李白的佳作《望廬山瀑布》。第二首則爲徐凝所作。徐凝，名不見經傳，只知道白居易曾將他選拔爲解元，即鄉試第一名。不知何故，白居易對徐凝這首絕句很是欣賞，譽之爲「賽不得」的佳作。亦不知何故，蘇軾卻非常討厭這首詩，憤然命筆曰：「帝遣銀河一派垂，古來唯有謫仙詩。飛流濺沫知多少，不爲徐凝洗惡詩。」

說來也巧，以上兩詩恰恰又都是描繪了同一對象——

開先西瀑。開先西瀑位於廬山開先寺西側。開先寺是廬山一大名勝。它起源於南唐中主李璟。李璟年少時雅好文學，而對經世之事卻不大用心，他在廬山秀峰峰麓買地築室讀書，相傳有野老前來獻地。後來，李璟的父親李昪代替楊氏而建國，李昪作爲世子，遂嗣皇帝。他想念廬山的書堂，於是在其地立寺。因獻地有開國之祥，故名開先寺。康熙年間，康熙皇帝賜《般若心經》一部，並親自書寫了「秀峰寺」的匾額。從此，開先寺改名爲秀峰寺。其時，秀峰寺的名聲極大。據郎廷報《秀峰寺記》曰：其時「世人無不知有秀峰」。現今，秀峰寺雖已頹敗，但寺外，瀑秀、峽秀、潭秀、林秀，諸匯集，依然不枉「廬山之美在山南，山南之美在秀峰」的佳譽。

位於開先寺西側的瀑布又名「瀑布水」、「黃岩瀑布」，它與東側同源異流的姐妹瀑「馬尾泉」合稱「開先瀑」。開先西瀑在枯水時節貌不驚人，流水只如一絲細線，伶伶仃仃地斜掛於石樑之上。其實它是在等待時機，一俟春暖花開，山雨驟至，它便匯集起萬斛玉珠，奔瀉而下，那磅礴之氣勢，似可面對李白的讚美而無愧。

不過話說回來，廬山開先西瀑的氣勢別說比不上雲貴高原上的黃果樹瀑布，比浙江雁蕩山大龍湫瀑布也稍遜一籌。廬山瀑布聞名於世的原因，完完全全是多虧了李白。偉大的詩人發揮了浪漫主義的想象與誇張，僅用二十八字便將瀑布之形、聲、色、勢寫盡寫絕，使廬山瀑布在古今中外人士的腦海中刻下了不可磨滅的印象。

李白能窮盡廬山瀑布的形與神並非偶然。他一生與廬山結下了不解之緣。他曾多次遊覽廬山。並由衷讚嘆曰：「予行天下，所遊覽山川甚富，俊偉詭特，鮮有能過之者，其天下之壯觀也。」後來，他還帶著夫人在廬山定居過。那是安史之亂爆發後，李白舉家南奔避亂，輾轉到了廬山，在廬山屏風疊築堂讀書，後人便將他的隱居地稱爲「太白書堂」。

形如九疊屏風的奇巒——屏風疊是美麗的。在這裏，可以看到五老峰五老並坐的雄姿，又能看到鄱陽湖雲蒸霞蔚的幻景。但這些美景已不能安慰詩人痛苦的心靈。南來路上，山河破碎，生靈塗炭的慘景歷歷在目，詩人此時卻不能有所作爲，只好隱居在深山中。正如他在一首詩所表示的：「大盜割鴻溝，如風掃秋葉，吾非濟代人，且隱屏風疊。」

西元七五六年七月，唐玄宗第十六子永王李璘受玄宗之命，負責保衛和經營長江流域。十二月，永王引水師順江東下，途經九江時，知道李白隱居廬山，便派謀士韋子春堅邀李白爲幕府。當時，太子李亨早已即位，是爲肅宗。肅宗害怕兄弟永王割據江東，和他爭奪帝位，早存戒心。李白大概也知道這一點，因此表現得相當勉強。但最後還是報國殺賊的雄心起了作用。在「難以固辭」的情況下，他決定「扶力一行，前觀進退」，終於離妻別廬，參加了永王的幕府。

誰知此次離開廬山，竟使李白陷入了「世人皆欲殺」的窘迫境地，永王在和肅宗的內戰中兵敗被殺。李白平定叛亂、收復長安、爲國立功的壯志隨之徹底幻滅，而且還在九江被逮捕，下牢獄，遭流放。出發之時，夫人宗氏下了廬山，陪送到烏江。十五個月後，雖然遇赦，但詩人卻已是「白髮如霜草」、「終成南山皓」，在政治上再也難以有所作爲了。

西元七六○年，李白最後一次上了廬山，寫下了著名的《廬山謠》。詩曰：「我本楚狂人，鳳歌笑孔丘。手持綠玉杖，朝別黃鶴樓。五岳尋仙不辭遠，一生好入名山遊。廬山秀出南斗旁，屏風九疊雲錦張，影落明湖青黛光。金闕前開二峰長，銀河倒掛三石梁。香爐瀑布遙相望，回崖踏嶂凌蒼蒼。……」

在歷經坎坷的晚年，還能寫出如此豪邁開朗、境界壯闊的詩歌，可見詩人對廬山感情之深。感情眞摯，描摹才能深切。因此青年時代的李白能夠寫出古往今來歌詠瀑布的絕唱。

至於徐凝的詩，當然就比不上李白了。但他寫得也有特色。他將瀑布的動態化爲靜態，逼眞地描繪了瀑布的視覺形象。不過他的不足也就在於過分鑿實上，顯得形足而神不足。白居易將徐詩抬得過高，蘇軾又將其貶得過低，似均欠公允。

詩人筆下的開先西瀑與東瀑合流後，奔瀉注入石潭，這就是著名的青玉峽龍潭。青玉峽與龍潭都是瀑布的傑作：山峽的峭壁是瀑布劈削出來的，深不可測的龍潭是瀑布推動卵石轉磨出來的。青玉峽石壁上，布滿歷代題詠石刻，可觀者甚多，龍潭也很有名氣。許多遊客到此一觀後都著了迷，不願離開。正如明中葉著名詩人李夢陽所描繪的：「瀑布半天外，飛響落人間。莫言此潭小，搖動匡廬山。」

另外，廬山瀑布有名者還有：屏風疊下的三疊泉瀑布；廬山西南的黃龍潭、烏龍潭以及石門澗瀑布；廬山東側的王家坡雙瀑、玉淵潭瀑布等等。

## 東林禪寺與慧遠（廬山東林寺）

海內外聞名的東林寺位於廬山北麓。它是廬山一處重要名勝，而且在中國文化史上占有重要地位。胡適博士認爲，東林禪寺代表著中國「佛教化」和佛教「中國化」的大趨勢，此論頗有見地。而奠定東林禪寺在歷史上的位置的，則是東林禪寺的創始人，東晉高僧慧遠。

慧遠（三三四—四一六年）本姓賈，雁門樓煩（今山西寧武）人。他生於官宦之家，自幼隨舅氏遊學於許、洛，「博綜六經，尤善莊老，宿儒先進莫不服其深致」。出家之前的儒學熏陶，爲他完成佛教的「中國化」創造了條件。慧遠二十一時皈依了在太行山、桓山一帶講經傳法的道安和尚，從此開始了六十餘年的佛教徒生活。

東晉太元六年（三八一年），中原戰亂頻仍，道安和尚遣弟子往各地傳教。慧遠獨往廣東羅浮。途經九江時，因見「廬山閒曠，可以息心」，便在廬山定居。

傳說慧遠初到廬山時，欲建精舍於山之西北麓，卻苦於沒有水源。慧遠遂舉錫杖扣地並祈禱曰：「若此可居，當使朽壤抽泉」。話未畢，一股清泉已從裂開的地面奔湧而出。這便是東林寺文殊閣旁的「古龍泉」，又叫「卓錫泉」。相傳在潯陽大旱之年，古龍泉中還曾飛起一條神龍，在潯陽城上呼風喚雨。

有了水，仍缺木。入夜，慧遠夢見山神相告，將有神靈相助。醒時山野間雷雨大作。翌日清晨，慧遠出門一看，只見平地冒出個大水池，許多又直又粗的上等木料源源不斷地從池中湧出來。這便是如今所見的「出木池」。而用出木池中的木料建造的殿宇便稱「神運殿」。

當然，這只是一些神話，廣東潮陽的靈山寺也有這樣一個「傳說」，都是宗教自身神化的把戲。事實是：慧遠剛到廬山時，借住於西林寺。西林寺位於東林寺之西，比東林寺還早建七年。歷代的文人學士在此留下了大量的遊蹤詩跡。「橫看成嶺側成峰，遠近高低各不同。不識廬山眞面目，只緣身在此山中。」流傳千古的蘇東坡的傑作《題西林壁》就是寫在西林寺牆壁上的。可惜該寺已蕩然無存，僅留下一座千年古塔，叫千佛塔，又稱西林塔。後來慧遠弟子日增，西林寺無法容納，這才由刺史桓伊建造新寺。因寺在西林寺之東，故名東林寺。

慧遠在東林寺中，進行了多方面的宗教活動。他創立佛教「淨土宗」，主張出世主義，宣揚無論怎樣罪大惡極的衆生，只要拋棄塵世一切，誠心專念「阿彌陀佛」，就可以進入西方極樂世界—也即「淨土」。這一宗派，融儒學、玄學於佛學之中，克服了在此之前中國佛教界對印度佛教照抄照搬、單純移植的傾向，使佛教逐漸中國化。又因這種宗教宣傳，對於富人窮人都具有很大的吸引力，經典扼要，且又簡便易行，因此在整個中國社會中廣泛流傳。中國也便因之而佛教化了。

慧遠成爲「淨土宗」領袖之後，著書立說，闡釋教義。國內許多高僧都雲集東林，追隨慧遠。慧遠與東林之聲名，當時就已遠播海外。據《廬山志》載：「西土諸僧，咸稱漢地有大乘，開士每東向敬禮，獻心廬嶽。」唐時，揚州高僧鑑眞法師和東林寺僧智恩一道東渡日本，傳經講學。慧遠和東林淨土宗的教義也隨之傳入日本。至今，日本東林教仍以廬山東林寺慧遠爲始祖。

不過，慧遠可不是那種一意修行的苦行僧，他和世俗社會有著千絲萬縷的聯繫，皇室貴族，達官顯宦，高士名流，甚或叛官反將，都是東林寺的座上客。但他在與世俗的交往時，卻又不失人格。盧循參加孫恩起義之時，曾專程到廬山拜訪慧遠。慧遠因與盧父同學，歡然敘舊。慧遠的門徒勸諫曰：「循爲國寇，得不爲人疑？」慧遠坦然曰：「我佛法中情無取捨，識者自能察之。」驕橫跋扈的擅權將軍桓玄兩次申明：沙門應敬王者。慧遠卻敢於寫「沙門不敬王者」論五篇，大意爲：袈裟非朝宗之服，鉢盂非廊廟之器，塵外之客不應致敬王者。弄得桓玄只好自我解嘲曰：「佛法宏大，所未能了。初推事主之情，故興其敬。今事既在己，宜盡謙光，諸道人勿復致敬。」終於不了了之。

在慧遠交友的故事中，最爲古今人士所津津樂道的，應首推「虎溪三笑」。虎溪在東林寺山門外，溪水自南向西洄流。溪上架有一石拱橋，是爲虎溪橋。據宋陳舜俞《廬山記》載：慧遠和尚居廬山三十年，專心修行，影不出山，跡不入俗，送客不過虎溪。「過則虎輒鳴吼；常送陶靖節（即陶淵明）、陸修靜，不覺過溪。虎鳴吼，相向大笑。」李白有詩詠這段故事曰：「東林送客處，月出白猿啼。笑別廬山遠，何煩過虎溪。」

宋代，石恪作《三笑圖》，蘇軾作《三笑圖書後》、黃庭堅作《三笑圖贊》，後又在東林寺建「三笑堂」，一時傳爲佳話。

但據許多學者考證，這個富有浪漫色彩的文苑佳話純屬子虛烏有。當八十多歲的慧遠去世時，陶淵明是五十多歲，而陸修靜只有十來歲，他是不可能參加「三笑」的。「三笑」的主人公分屬三教：慧遠爲釋，陶潛爲儒，陸修靜爲道。這個虛構出來的故事或許是爲了說明儒釋道三教是從慧遠開始而走向融合的吧。

慧遠死後，他的門徒將他安葬於西嶺，壘石爲塔。清高孤傲的詩人謝靈運爲造碑文。可惜遺跡於今已汗漫難尋了。

## 白鹿洞書院與朱熹（廬山白鹿洞）

白鹿洞書院位於廬山五老峰南約十公里處的後屏山南面，海會寺下方。它的得名，是由於唐朝刺史李渤，它的出名，則由於宋代大儒朱熹。

據《白鹿洞志》載：「白鹿洞者，唐李渤讀書處也。貞元中，渤與涉隱廬山，蓄一白鹿甚馴，嘗隨之，人稱白鹿先生。寶曆中，渤爲江州刺史，就其書院地創臺榭，引流植花，遂以白鹿名洞……南唐升元中，即其地聚徒建學……號曰廬山國學。宋初置書院，與睢陽、石鼓、岳麓三書院並名天下。」

北宋末年，戰亂頻仍，白鹿洞書院被毀。南宋淳熙六年（一一七九年），朱熹出任南康（治所在今星子縣）太守，他親自到書院廢址踏勘考察，覺得書院環境很好，無市井之喧，有泉石之勝，是群居講學、遁跡著書的好場所，於是倡導重建白鹿洞書院。他非常看重此事，曾上札子於丞相曰：「願得此祠官例，爲白鹿洞主，假之稍廩，使得終與諸生講習其中，猶愈於崇奉異教香火，無事而食也。」

在這段話裏，朱熹對朝廷爲道教宮觀設立祠官的制度頗有微言。宋制，道教著名宮觀和五岳廟都設有祠官，讓一些年老不能任事的官吏去擔任，以食其祿。南渡後，領土縮小，官職減少，一些年未老而無地安置的士大夫，也可以當祠官一次。朱熹自己就當了好幾屆的南岳廟祠官。

朱熹領了那麼多年的祠官俸祿，爲什麼又攻擊祠官制度呢？這其中是頗有深意的。他實在是想以儒學來抵制道教佛教。因爲當時「佛老之宮布滿天下，……至於學校，則一郡一邑僅置一區，附郭之縣又不復有，盛衰多寡相懸如此」。於是朱熹親自向孝宗皇帝上了奏摺，言明利害，請求支持。皇帝深知其振興儒學，爲封建統治服務的拳拳用心，於是批准賜給書院一批書籍，並親自爲書院題寫了匾額。

書院重建後，朱熹制定了《白鹿洞規》，這個學規不是一般的「學生守則」，其亦有教育思想、治學過程等科學性論述。比如他把治學要點概括爲：「博學之，審問之，謹思之，明辨之，篤行之。」朱熹明確指出：「古聖賢所以教人爲學之意，莫非使其講明義理，以修其身，然後推己及人。非徒欲其務記覽爲詞章以釣聲名取利祿而已也。今之爲學者則反是矣。」

這一簡明扼要的學規成爲我國南宋以後七百年教育之宗旨。而朱熹倡導復辦的白鹿洞書院，也便成了後世「講學式」書院的楷模。這些書院都奉祀著朱熹，便是明證。

說到朱熹，人們腦子裏自然會浮現起一位鼓吹「存天理，滅人慾」的道貌岸然的理學家的形象來。不錯，不過這只是複雜的朱熹的一個側面。人們也許還不知道，生活中的朱熹倒也不失風趣呢！據《堅瓠集》載，朱熹曾訪女婿蔡沈未遇，女兒熱情地款待父親，卻因未有準備，只能內疚地端出葱湯和麥飯。朱熹旋即賦詩曰：

葱湯麥飯兩相宜，葱補丹田麥療饑。
莫謂此中滋味薄，前村還有未炊時。

朱熹另有一詩，亦頗能表明他並非全無「人慾」，詩曰：

川原紅綠一時新，暮雨朝晴更可人。
書冊埋頭何日了，不如拋卻去尋春。

白鹿洞書院原來並無山洞，皆因四面群山環合，故而得名。如今人們看到的朱子洞後面的山洞，是明代嘉靖年間南康太守王溱開鑿的，洞中放置的石鹿，是知府何濬雕鑿的。這些雖說是人們故意附會典故而製造的古跡，卻頗能引起遊人的興趣。

## 陶淵明與醉石館（廬山醉石館）

淵明醉此石，石亦醉淵明。
千載無人會，山高風月清。
石上醉痕在，石下醒泉深。
泉石晉時有，悠悠知我心。
五柳今何在，孤松還獨青。
若非當日醉，塵夢幾人醒。

這是明人郭澄波寫的《醉石詩》，歌詠的是晉代大詩人陶淵明。這首醉石詩是鐫刻於醉石之上的，歷經幾百年的風洗雨刷，字跡至今猶清晰可辨。

醉石位於廬山南麓虎爪岩下。從星子縣溫泉療養院北去一里許，便可到陶淵明的故居——栗里。幾十年前，人們為了尋訪淵明故居，還曾進行過艱難的探索呢！據當時人所寫之文章，當時人欲訪淵明，當先尋問醉石觀，若訪栗里，則土人瞠目莫對。其實，醉石就在栗里村東南面，高約一點二丈，石面光滑平坦，很像一間石屋。據《南史》載：「先生棄官歸，時往來廬山中，醉輒臥石上，其石至今有耳跡及吐酒痕焉。」

少年時代的陶淵明，本抱有「大濟蒼生」的壯志，可是東晉社會的黑暗與動亂，卻使他的理想無法實現。最讓他難以忍受的是必須屈志折節，與討厭的官場人物周旋。因此他在十幾年的仕宦生活中，心處兩端。當耕植無力自給，生活日漸困乏之時，他出來做官。待到對官場忍受不了時，他又回家隱居。四十一歲時做彭澤縣令。到任八十多天後，郡守的助理官督郵來到彭澤縣。縣吏告訴陶淵明應該整齊衣冠，前往迎接。他感嘆地說：「我不能為五斗米折腰向鄉里小兒。」於是掛印歸田，以後再也沒有出仕過。

辭職之初，陶淵明住在星子縣城西七里的玉京鄉。第三年，他所有的家產——「方宅十餘畝，草屋八九間」被一場無情的大火燒毀，他只好移居南村，也就是醉石館旁的栗里村，直至逝世。

栗里是個僅有十餘戶人家的小山村，山環水繞，松泉幽鳴。陶淵明「不以躬耕為恥，不以無財為病」，開始了自食其力的生活。他「晨興理荒穢，帶月荷鋤歸」，辛勤勞作；他與老農共話桑麻，與朋友談心賞文。這種閒適的、靠近自然的生活使詩人的整個身心都得到了解放。就在這個遠離塵世喧囂的小村莊中，陶淵明寫下了大量優美的田園詩和《歸去來辭》、《桃花源記》、《五柳先生傳》等膾炙人口的傑作。但詩人終究未能忘懷世事。「精衛啣微木，將以塡滄海。刑天舞干戚，猛志固常在。」詩人心中也有一股不熄的建功立業的火焰。只是這種火焰找不到突破口，他便只好借酒澆愁了。

陶淵明與酒，可說是結下了不解之緣。在酒熟之時，他常常取下頭上的葛質頭巾，用來濾酒，濾畢又將葛巾戴到頭上。醉後的陶淵明，還常常臥在村旁的巨石上，因此便給我們留下了這一與酒有關的勝跡。

《晉書》記載了這麼一件趣事：刺史王弘非常傾慕陶淵明的名聲，專程前往拜訪。淵明託病不見。誰知刺史見賢心切，令人秘密窺探陶淵明行蹤。得知他要到廬山遊觀，於是便託淵明的朋友帶著美酒，在半路上等候。淵明一見有酒，非常快樂，在野外小亭上舉杯暢飲。連此行的目的也忘記了。王弘乘機出來見他，詩人也沒拒絕，相邀喝酒。席中，王弘見陶淵明沒有鞋子，就讓左右替他製鞋。左右詢及鞋的長度，陶淵明坦然伸出赤腳，讓他們度量。他們整整喝了一天酒，直至大醉才盡興而歸。

不過，陶淵明是在以酒逃避現實，寄託憤慨。正如距陶淵明不久的昭明太子蕭統所說：「有疑淵明詩篇篇有酒，吾觀其意不在酒，亦寄酒爲跡也。」白居易在廬山訪問了陶淵明故居之後，也感嘆詩人「心實有所守，口終不能言」。這種「沉醉非關酒」的複雜心境是十分痛苦的。在不斷的痛苦與不斷的掙扎之中，陶淵明不幸與世長辭，遺體被安葬在離栗里村不遠的馬回嶺。墓地四周蒼山環繞，層林迭翠，寄託著後人對陶淵明的思念。

## 象形摹聲道石鐘（湖口石鐘山）

在長江南岸與鄱陽湖東側的江湖交匯之處，聳立著兩座南北對峙、相對高度五十多米、面積不足半平方公里的小山。這就是著名的湖口石鐘山。

石鐘山的自然景色奇特秀麗。它以斷壁巉崖濱江臨湖，顯得分外峻峭。在它的茂林修竹中，留下了歷代文人學士，乃至帝王將相的遊蹤。陶淵明曾在此刻石題壁；謝靈運曾在此登山賦詩；李白、白居易、蘇軾、黃庭堅、陸游、文天祥、朱元璋等都曾在此登臨賦詩。唐代名臣魏徵手書的石刻，至今仍保留在山上。

石鐘山控扼江湖，地勢險要，有「江湖鎖鑰」之稱，歷來爲兵家必爭之地。太平天國時，太平軍曾在此鎮守五年之久，成爲金陵的可靠屏障。一八五四年冬天，曾國藩揚言要「肅清江西，直搗金陵」，親率湘軍水師，進犯湖口，結果被太平軍將領石達開用計誘敵深入，然後卡住湖口，各個擊破。太平軍將士直衝曾國藩的指揮船，眞不知他是如何逃命的。至今，石鐘山上仍留存著當時建造的炮壘，顯示著當年戰鬥的雄姿。

不過，人們最感興趣的，還是石鐘山的命名。既然叫「石鐘」，當然就應該和鐘有相似之處。但究竟是形似還是聲似，就頗費文人雅士的一番猜測了。

石鐘山的名稱，最早於漢代桑欽的《水經》：「彭蠡之口，有石鐘山焉。」他只是點明了石鐘山的位置，並沒有說明得名的原因。酈道元的《水經注》第一次爲石鐘山之名作了詮釋。他認爲石鐘山下臨深潭，每當風起波湧之時，水和石互相撞擊，發出的聲音就像洪亮的鐘聲一樣，故有是稱。

到了中唐，江州刺史李渤多次遊覽了石鐘山，並撰寫了《辨石鐘山記》，對酈道元的解釋提出異議。他在山上發現兩塊石頭，用物扣擊兩石，南邊的石頭發出的聲音厚重而模糊，北邊的石頭發出的聲音清亮而高亢。停止敲擊之後，餘音裊裊，不絕如縷。他認爲這才是石鐘山得名的原因。

對以上兩說，均有人表示疑義。其中的代表者就是蘇軾。蘇軾在西元一〇八四年六月遊覽了石鐘山。山上老僧歡迎這位雅士。爲了解釋掌故，老和尙還讓小童手執斧頭，敲擊山石。爲蘇學士作了一番即興表演。誰知蘇東坡僅是微笑而已。入夜，月白風清，蘇東坡和長子蘇邁親自泛舟絕壁之下，試圖窮究謎底。他看到了「如猛獸奇鬼，森然欲搏人」的大石，聽到了像老人一般既咳且笑的鳥叫。這一切使一向達觀的蘇軾也未免心寒。他正待回舟，這時又傳來一陣如鐘鼓般宏亮的聲音。慢慢觀察之後，這才發現石鐘山下多孔穴，每當水波湧進這些孔穴之時，便會發出聲音。後來他又發現一塊可坐百人的大石，「中空而多竅，與風水相吞吐，有窾坎鏜鞳之聲」，和剛才宏亮的聲音相呼應，就像響起了一陣音樂。蘇東坡於是確定，這才是石鐘山得名的原因。

儘管蘇軾在文章中「嘆酈元之簡，而笑李渤之陋」，但他們三人的觀點在本質上是相同的，那就是以聲定名，認爲石鐘山的得名是因聲音似鐘。

蘇軾的《遊石鐘山記》寫得文情並茂。從此，石鐘山聲名更大，人們探究它的秘密的興趣也更濃。清代，江西官員彭玉麟在冬季「水枯石出」之日，多次觀察石鐘山，發現山下有洞，「全山內空，如鐘覆地」，「且山勢上銳下寬」，就像鐘的形狀。因此認爲石鐘山的得名「似宜以形論，不以聲論」。他認爲蘇軾當時僅過其門，未入其室，得出的結論是不正確的。

那麼，石鐘山究竟是以形定名還是以聲定名呢？按地理學家考察，石鐘山由石灰岩構成。石灰岩長期受地表和地下水溶蝕，就會形成奇特的岩溶地貌。石鐘山表面便有岩溶地貌的特徵只是規模較小，不大典型。而山體下部，由於受江湖水和地下水的強力沖蝕，溶洞便特別發育。石鐘山下的石鐘洞，就是一個發育於山體內的寬廣深邃的穹形溶洞。說它像大鐘中空之形也無不可。如此看來，彭玉麟的像形說是可以成立的。而江湖之水，浸灌洞內，特別是當水位略低於洞頂時，風浪鼓擊，便會發出轟轟的響聲與幽遠的回音，就像鐘鳴一般。由此看來，蘇東坡的說法也是有根有據的。可能古人在定名之時，就既已考慮它的形，又考慮過它的聲吧！

石鐘山有上下兩山。南面濱湖者爲上石鐘山，北面臨江者爲下石鐘山。兩山相距不足一公里。下石鐘山的位置正當於江湖會合之點。站在山上，可清楚地觀賞到湖水與江水匯合之後清濁分明的趣景。它的風景和名聲都遠勝於上石鐘山。平時我們所說的石鐘山，就是指下石鐘山而言。至今山上仍存在半山亭、懷蘇亭、紺園、船廳、江天一覽亭、鐘石、報慈禪寺、太平遺壘等等古跡。當然遊此最具興味的，莫過於邀友二三，月夜泛舟，窺穴聽濤，窮追鐘山之奧秘了。

## 荷蘭拍賣景德瓷（景德鎮瓷窰）

一九八六年，荷蘭的阿姆斯特丹舉行了歐洲近兩百年來最大的一宗中國瓷器交易。數萬件「出水文物」—乾隆時代的青花瓷，在一艘沉沒在南中國海的荷蘭輪船中酣睡了二百三十年之後，由於荷蘭冒險家赫胥數年的艱苦尋覓，終於重見天日。世界各地的古玩收藏家和拍賣商紛紛飛越重洋，雲集荷蘭。這批瓷器是清代爲出口而大批量燒製的商品日用瓷，其精緻雖不及官窰特製的「貢品」，但卻由於在海中歷險而格外增值，一個青花茶壺就賣一萬二千美元，而且還得靠「搶」才能買到。這數萬件瓷器便出自中國江西景德鎮。

景德，是宋眞宗趙恆的年號。爲何以年號作爲鎮名呢？這還得從景德鎮製瓷的歷史說。

景德鎮古稱新平鎮，因坐落在昌江之南，又名昌南。據《浮梁縣志》載，這裏在漢代就已開始利用本地特產的優質高嶺土燒製陶器。到了六朝時的陳朝（五五七—五八九年），新平鎮的製陶技藝已有顯著的進步。據說這全靠東晉人趙慨的功勞。趙慨原爲地方官。他致力於考察民間的製陶技藝，得悉當時新平鎮「水土宜陶」，便棄官來到新平。他到達之日，正好陶窰出了故障，人們以爲是「窰神不祐」，於是忙著祀神，窰師也急得幾乎要投江。趙慨觀察了一下，發現土窰包通風不良，於是拔出腰間之劍，對準窰包適當部位，連鑿幾個窟窿，解決了通風問題，燒製出來的陶器一色純青。從此，他便在此落戶，利用技術，逐漸使製陶向製瓷過渡。後人崇敬他，就把他當成「祐陶神」，至今祭祀不衰。

以後，新平鎭的陶瓷得到迅速發展，但因地處偏僻，競爭力不強。北宋年間，我國出現了官、汝、鈞、寶、哥五大名窰，除哥窰在浙江龍泉外，其它四大窰均在北方。而新平鎭瓷窰還名不見經傳。後來經濟重心南移，至宋眞宗景德年間（一〇〇四—一〇〇七年），新平開始上貢御瓷。這些瓷器因胎質細膩，體薄透光，滋潤清雅，晶瑩奪目而大受讚賞。朝廷當即決定派遣官員坐鎭新平監製瓷器，建立「景德窰」，所有產品，都印上「景德」二字。這種瓷器一出，天下風靡，「一時天下皆稱景德瓷」。於是，新平鎭改名爲景德鎭，並隨著衆多北方窰工的南遷而成爲全國製瓷的中心。

景德鎭瓷業發展的鼎盛時代是明清時期。明代「宣德窰」所產的青花瓷，花色明艷，被譽爲「開一代未有之奇」。青花是一種釉下彩繪，它用含有氧化鈷的著色劑，在瓷坯上進行彩繪裝飾，再施以白色或淡青色透明釉，入窰後經過一千三百度的高溫，一次燒製而成。青花瓷的特點是色白花青，色彩雅致，久不退色。這些瓷器「行於九域，施及外洋」，遍銷全球。本文開頭提到的在荷蘭拍賣的瓷器就是這種青花瓷。這批瓷器在海底被侵蝕、沖刷了兩個多世紀之後，仍保持著原有的色彩和光澤，不能不說是奇跡。

不過，這批在荷蘭拍賣的瓷器是乾隆時期燒製的。那時，正是景德鎭燒製出口瓷的高峰。當時景德鎭「中央一洲，緣瓷產其地，商販畢聚，民窰二、三百區，終歲煙火相望」，一年便有幾十萬擔瓷器出口。致令當時歐洲的上流社會，都以擺中國瓷器，喝中國茶爲時尚。明白了這樣的史實，我們也便知道歐美國家爲什麼要用「瓷器」（即China）來爲中國命名了。

瓷的生產促進了景德鎭商業繁榮。今天的中山路與中華路便是當年的瓷器街。街中「絕妙花瓷動四方，廿里長街半窰戶」，街旁「瓷店張列，無器不有」，貿易極盛，與湖北漢口、廣東佛山、河南朱仙並稱爲「中國四大名鎭」。

步入景德鎭，你自然想看看古人筆下「白晝窰煙蔽空，夜間紅焰燒天」的古時燒窰情景。那麼，位於郊區的古瓷窰廠可以滿足你的這種願望。古瓷窰廠是近年專爲旅遊而重建的。該廠仿照景德鎭明清御窰和民窰式樣，建造了古代手工製瓷工場，從手工製坯到彩繪，均仿照古代的工藝和操作，不用煤和電力，被國外譽爲「古瓷都」的再現。

遍布於整個景德鎭的古代瓷窰遺址，規模最龎大、歷史最古老的，首推湖田古窰址。湖田古窰址位於景德鎭東南方五公里處。這裏，窰膛、古井、作坊比比皆是，五代、宋、元、明時燒製的古瓷碎片層層覆蓋，代代壘疊。這個古瓷窰的燒瓷歷史持續七百餘年。早在南宋嘉定十六年（一二二三年），日本的「陶祖」——加滕四郎就曾在此學藝六年回國後，在瀨戶建窰仿照瓷器。一八六七年，日本瀨戶人民曾立「陶祖碑」，碑上記載著加滕四郎的事跡，對他的這段經歷記載頗詳。因此，日本人把湖田古窰址看成是「日本製瓷的發源地」，衆多的日本人到此「朝聖」、「敬祖」，而更多的人則把湖田古窰址當成舉世無雙的露天陶瓷歷史博物館。

# 贛南遊覽區

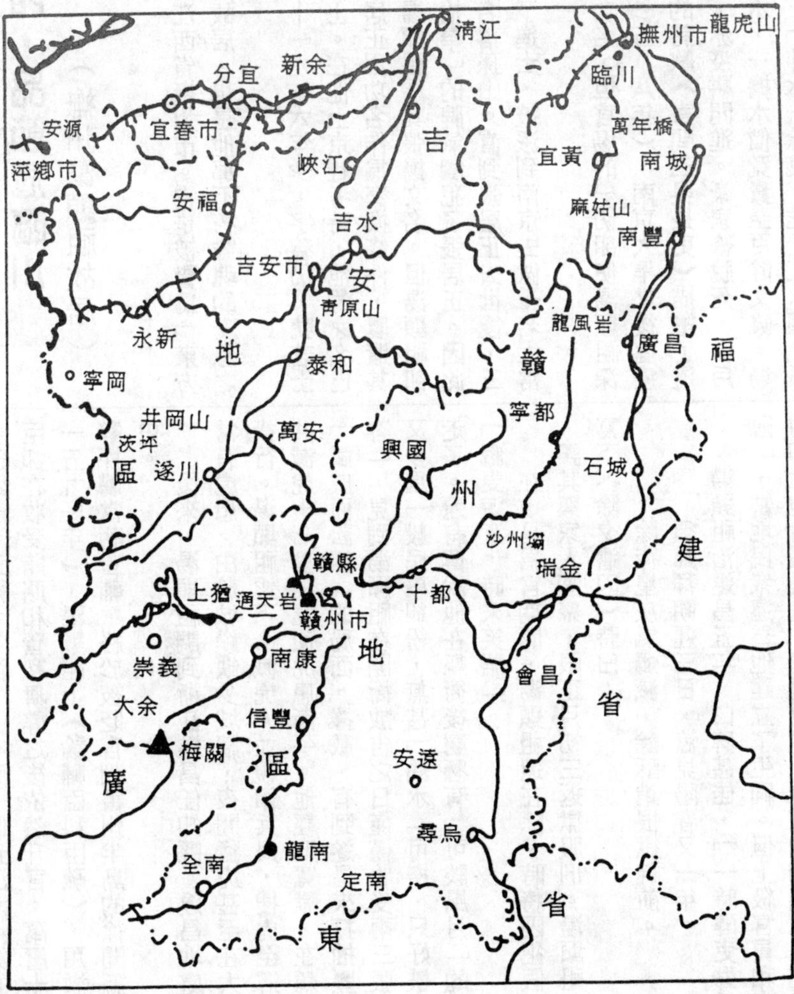
清江
撫州市
龍虎山
臨川
分宜
新余
宜春市
安源
萍鄉市
吉
萬年橋
宜黃
南城
峽江
安福
麻姑山
吉水
南豐
吉安市
安
青原山
龍風岩
廣昌
福
永新
地
泰和
贛
寧岡
寧都
井岡山
萬安
茨坪
興國
石城
區
遂川
州
沙州壩
建
瑞金
贛縣
上猶
通天岩
十都
贛州市
地
南康
會昌
崇義
省
大余
信豐
梅關
區
安遠
廣
尋烏
龍南
全南
定南
省
東

# 文章超海內，品節冠臨川

## （撫州湯顯祖故居）

臨川，就是現在的江西省撫州市。它是被譽爲「東方莎士比亞」的湯顯祖的故居，也是他那不朽靈魂的安息之地。

湯顯祖（一五五〇—一六一六年），字義仍，號若士。他是一個多才耿直之士。在他上京趕考時，他的才名已遍播京師，當朝宰相張居正用功名作爲交換條件，屢遣其子與湯顯祖結交，希望湯顯祖爲其張揚文名。但湯顯祖卻一再拒絕。這種「不識抬舉」的脾氣觸犯了張居正。因此，湯顯祖在考場中屢次名落孫山。直到張居正去世後，三十四歲的湯顯祖才考中了進士，被派到南京去做一名太常博士的閒官。

很不容易才得到的功名，但官場的一切卻使湯顯祖深感不滿。萬曆十六年（一五八八年），南京大旱之後瘟疫流行，人相食。湯顯祖的詩歌《寄問三吳長吏》描繪了這種慘景：「白骨蔽江下，赤疫駢門進。豪家終脫死，泛戶春零燼。」當時民間賣水，一擔水價竟貴至百餘文錢。湯顯祖感慨萬千，賦詩曰：「斗水十餘錢，誰云江水闊？孤生已四十，正爾今年渴……」而一個到江南救災的欽差大臣卻在收受賄賂和營私舞弊之後依然升官。萬曆十九年（一五九一年），湯顯祖上《論輔臣科臣疏》，用激烈的言辭抨擊當朝首輔，終於被貶官到雷州半島的徐聞縣去當典史。

後來，湯顯祖調到浙江遂昌任知縣。遂昌地處荒僻，常有虎患。由於城鎭缺少城牆，夜間猛虎甚至在大街小巷橫行。湯顯祖遂下令滅虎，並親領兵民，搜虎至鄉下，一共滅虎十七隻，遂使虎患漸平。他輕刑寬獄，在縣內形成「賦成而訟輕」的局面。據載，有到遂昌來打抽豐的「貴客」，見到湯顯祖在開衙放告之日僅僅收受兩三張狀紙，又多爲一般民事糾紛，無甚「油水」可撈，只好皺皺眉頭走了。還有傳說他在縣衙後廳懸有「可談風月」的匾額，「戲叟遊童，時來笑語」。

在遂昌爲官期間，湯顯祖還在除夕時將囚犯假釋回家，讓其與家人團聚，限正月初三返獄服刑。湯顯祖還爲此寫下《除夕遣囚》詩曰：

除夜星灰氣燭滅，酴酥銷恨獄神前。
須歸拜朔遲三日，溘見陽春又一年。

湯顯祖治遂昌五年，口碑甚佳，「一時醇吏聲爲兩浙冠」，當地民衆還爲他建立了生祠。但上級官員和封建勢力卻對他百般挑剔。於是湯顯祖棄官回歸臨川，在沙井巷修建了玉茗堂，並在此度過了他的晚年。

玉茗堂前後營建九年，頗費匠心。它共分兩部分：一爲「金柅閣」是湯家起居之所。另一部分由「芙蓉館」、「清遠樓」、「玉茗堂」、「省蘭亭」、「寒光堂」和「四夢臺」等六處組成。「玉茗堂」是其中的主體建築。玉茗，即白色山茶花。據《臨川縣志》載，其花產於「麻源第三谷」（即今臨川溫泉區馬家莊）。北宋年間，這種花被撫州尊爲奇品，當地和過往之文人墨客如曾鞏、黃庭堅、陸游等多有吟詠，如曾鞏就有詩讚曰：

山茶純白得天眞，筠籠封題摘尙新。
秀色未饒三谷雪，清香先得玉峰春。
瓊花散漫情終蕩，玉蕊蕭條跡更新。
遠寄一枝隨驛使，欲分芳種更無因。

湯顯祖以潔白純雅的玉茗花名堂，憤世嫉俗，潔身自好的寓意是很明顯的。

玉茗堂落成時，湯顯祖的門生陳際泰曾題聯爲賀：

古今三大業；天地一高人。

湯顯祖曾題詩自詠玉茗堂之景色曰：

沙井闌頭初卜居，穿池散花引紅魚。
春風入門好楊柳，夜月出水好芙容。

湯顯祖不朽的劇作——《玉茗堂四夢》大部分都是在這個故居中寫成的。「四夢」中最爲膾炙人口的是《牡丹亭》。它一問世，便轟動文壇，「家傳戶誦，幾令《西廂》減價。」女主人公杜麗娘發出的「這般花花草草由人戀，生生死死隨人願，便酸酸楚楚無人怨」的心聲，在古今中外的許多觀衆的心中產生了共鳴。傳說婁江女子俞二娘酷愛其詞，病中還反覆玩味，終於斷腸而死。杭州女伶商小玲因愛情受挫，在演出《牡丹亭》時竟傷心而亡。廣陵女伶馮小青因身世所感，留下絕句曰：

冷雨幽窗不可聽，挑燈閒看《牡丹亭》，
人間亦有痴於我，豈獨傷心是小青。

馮小青的身世與詩章，使歷代的文人對她歌詠不絕。許多人專門到杭州孤山北麓的放鶴亭邊，尋訪她的墳墓。至於《牡丹亭》艷曲對林黛玉芳心的觸動，那更是大家所熟知的了。

當東方最古老的國度裏上演著《牡丹亭》時，在西歐同時演出著莎士比亞的最新悲劇。兩位大師同時死於一六一六年，這也是世界文壇上的一件趣事。古典主義的傑作《牡丹亭》仍轟動著當今的巴黎。一九八六年秋天，巴黎莫加多爾劇院上演崑劇《牡丹亭》，觀衆冒著恐怖組織製造爆炸慘劇的危險，在甘心情願地接受了憲警的檢查之後進入劇院。演出完畢，風魔的觀衆掌聲雷動，演員謝幕竟達八次之多。

湯顯祖親手修建的玉茗堂在清順治二年（一六四五年

）被戰火焚毀。但後人對爲人類創造了美的大師是永誌難忘了。康熙年間，湯顯祖的後代又在舊址上修築了規模更爲宏大的「玉茗堂」，不久又毀。近年，撫州市政府在舊址上修建了一座規模宏偉、設備齊全的「玉茗堂影劇院」，影劇院樓上闢爲陳列館，陳列著湯顯祖的著作、手跡、塑像，以及演出的劇塑、劇照等，值得一觀。

湯顯祖去世後，與夫人同葬城東文昌橋東靈芝園湯家山上。二十世紀初，臨川知縣江召棠曾對湯顯祖的墓進行了大規模的修繕，並在墓碑上刻了「文章超海內，品節冠臨川」的譽聯。後來墓地破壞嚴重。一九八二年，市政府撥款將湯顯祖墓遷移到風景秀麗的人民公園內，開闢了「若士園」墓區，前有墓道、墓碑、六角亭、牌坊和龍牆等等，供人觀瞻。

## 青山綠水育丹心（吉安文山閣）

未入吉安，你便可以遠遠望見一座木質結構的樓閣，巍然屹立於贛南的青山綠水之間，那便是文天祥紀念館。因文天祥曾以吉安縣東南的一座山峰文山爲號，故此座紀念館又稱文山閣。這是文天祥故鄉的人民爲紀念英雄誕辰七百五十周年，於一九八六年建成的。

文天祥，字宋瑞，一字履善，號文山。一二三六年誕生於青山環繞、綠水長流的富田鄉文家村。無憂無慮的少年時代可以說是在讀書、縱奕、游泳中度過的。在固江鎮讀書時，他曾親植柏樹五棵，其中兩棵至今仍枝葉繁茂。

文天祥二十歲時就讀於江西四大書院之一的白鷺洲書院。白鷺洲在吉安市區東部的贛江雙水分流處，因李白的「二山半落青天外，三水中分白鷺洲」而得名。第二年，文天祥到臨安（今杭州）參加了進士考試。在集英殿殿試時，他文思泉湧，運筆如飛，一舉而中進士第一。據說當理宗皇帝看到文天祥的文章和名字後，覺得很吉利，大喜過望曰：「此天之祥，宋之瑞也。」因此文天祥便以宋瑞爲字，主考官們也衷心祝賀朝廷「得人」。理宗皇帝還親筆題寫了「白鷺洲書院」的匾額，作爲對書院培養出文天祥這一傑出人才的特別嘉獎。

可惜生於末世的文天祥縱有回天之力，也不能給朝廷帶來更多的「祥瑞」了。在二十多年的仕宦生活中，他曾做過種種努力，但卻屢屢事與願違。面對蒙古軍南下的鐵騎，他提出抗敵圖存的建議，並對皇帝慷慨陳詞：「陛下爲中國主，則當守中國；爲百姓父母，則當衛百姓。」可惜南宋朝廷早已昏聵無望。臨安危難之際，他毀家抒難。「盡以家貲爲軍費」，招募了三萬義軍，入衛臨安，但朝廷對他的忠心卻頗有懷疑。他曾出任宰相，但卻是在謝太后部署宗室趙昰趙昺南逃並決定奉璽投降之後。他在丞相上任接到的第一件要務，便是出城與已經兵臨城下的元軍談判，旋即被元軍扣留。

「臣心一片磁針石，不指南方誓不休。」難能可貴的是文天祥在種種磨難之中，依然信念不變，丹心不改。他想盡辦法，歷九死一生，終於逃出元營。一二七七年，文天祥在劍州組織抗元軍隊，建立督府，進軍江西。江西的父老兄弟們以最大的熱忱支持了文天祥，收復州縣多處。文天祥的號令直達江淮等處，形成了抗元以來最好的形勢，但最終卻難支撐將傾的大廈，只能向南步步退卻，進入廣東，並於一二七八年十二月在海豐縣北五坡嶺被俘。這段故事，我們已在《蓮花峰頂覓忠魂》一文中介紹過了。

「辛苦遭逢起一經，干戈寥落四周星。
山河破碎風飄絮，身世浮沉雨打萍。
惶恐灘頭說惶恐，零丁洋裏嘆零丁。
人生自古誰無死，留取丹心照汗青。」

不朽詩篇《過零丁洋》便是被俘後的文天祥對元軍勸降的回答。元軍知其不屈，便決定將他押回大都。他們從廣州啓程，經梅嶺，進入江西，轉水路沿贛江北上。押送的元兵唯恐文天祥家鄉的父老兄弟前來劫船，於是將文天祥縛足繫頸，鎖在船中。面對養育了自己的青山綠水，文天祥思緒萬端，他決定絕食，死在自己家鄉，以死向元朝統治者表示自己的抗議。但偏偏天不從人願，絕食整整八天的文天祥居然不死。這時，船早已駛過他的家鄉吉安了。他不願再死在無人知曉的荒江，這才恢復了飲食。十月，他被押解到大都，被囚三年，始終不屈，最後從容就義。

其後，人們先後在文天祥家鄉富田文家村、殉難地北京府學衚衕、吉安市郊螺子山及浙江溫州江心嶼等四處建了文丞相祠。文家村與吉安市的文祠先後被毀。現在在吉安縣城新建了文山閣，並將英雄的塑像、文物和書畫等存放其內，供人瞻仰。

文天祥的陵墓坐落在距富田文家村五公里處的鶩湖大坑。當年，文天祥的遺體被幾位義士安葬於大都城外。其後文天祥的夫人歐陽氏將其扶歸故里。據載，當時富田的鄉親長跪迎接文天祥的靈柩，號哭之聲驚天動地。

文天祥的墓地是他生前自己選定的。這裏，青山環繞，林木葱蘢。墓前的翁仲、石馬、石羊是當年古刻。文墓於近年重建過。墓門額碑刻著「為國捐軀」四字。兩旁聯語為「忠烈千秋志，芳名萬古存。」墓前新立的石碑上刻著「宋丞相文信國公天祥之墓」。

文天祥一子單傳，其十九世孫文宗垣年過九十今仍健在。文氏後代還保存著數張文天祥的絹本畫像。

# 一關隔南北（大庾梅關）

梅關坐落在江西省大庾縣南、廣東省南雄縣北的大庾嶺也即梅嶺之上。梅嶺為五嶺之一，因其居於五嶺最東，因此稱為「東嶠」，或稱「臺嶺」，秦時又被稱為「塞上」。

相傳，秦始皇南征百越時，興兵五路，其中一路即控制著南野之路，那就是大庾嶺上的天然孔道。不過這一孔道十分險峻，只要守住隘口便難飛越。因此，漢初劉邦派遣的將軍梅鋗至此便難以再往南去，只好在在湞水畔築構城垣、安家落戶，故被稱為「梅嶺」。後來漢武帝南征，其手下神將庾勝兄弟曾在這一帶戍守。庾勝駐軍嶺上，所以稱為「大庾」；其弟駐在大庾以東四十里外，那裏便稱「小庾」。不過也有人說，此嶺稱為梅嶺是因為嶺上多栽梅花之故。

進入梅嶺的人都要尋找梅嶺路。這是一條古驛道，寬不過五尺，卻在中國歷史上占有非常重要的地位。它是我國古代連繫南北的交通要道。這條南北交通要道是由唐代著名丞相張九齡倡導開發的。

以詩文和「風度」受唐玄宗賞識的曲江人張九齡，其政治與經濟方面的見解亦頗獨到。張九齡認為：「海外諸國日以通商，齒革羽毛之殷，魚鹽蜃蛤之利，上足以備府庫之用，下足以贍江淮之求。」而原來的古道難以攀緣，已不能滿足溝通海內外的要求。於是，他於開元四年（七一六年）上書玄宗，要求闢大庾嶺路，並親自主辦此事。他「緣磴道，披灌叢，相其山谷之宜，革其坂險之故」，為工程做了大量的工作。他所徵召的大庾嶺南北的民工，也都非常踴躍，「夫荷妻載」，使工程不久即告竣工。張九齡所作的《開大庾嶺路記》就記載了這個經過。

大庾嶺路開闢之後，「商賈如雲，貨物如雨，萬足踐踏，冬無寒土」，使南北交通大大便利起來。這種方便還刺激了外國客商。阿拉拍人、波斯人、印度人紛紛前來廣州經商。唐末居留廣州的外國商人據說已達十餘萬人。不僅如此，舉子進京、遷客戍邊、詩人遠遊，也必經此路。唐代的韓愈，宋代的蘇軾，被貶至嶺南時，皆從此過。明代的湯顯祖還曾在嶺角的石壁上題了一首淒清悲涼的《秋發庾嶺》詩，並將梅嶺寫進他的不朽劇作《牡丹亭》。劇中男主人公柳夢梅即由廣東曲江經梅嶺進京趕考，驟感風寒，因而得病羈留於梅花庵中，這才得遇杜麗娘芳魂，完成了他的一段羅曼史。

後人對張九齡開闢大庾嶺的功績十分稱道。大庾嶺上有「文獻祠」，即為紀念張九齡而建。無名氏曾有一聯，記敘了這段歷史典故曰：

不必定有梅花，聊以誌將軍姓氏；
從此可通粵海，願無忘宰相風流。

明代有一個叫曾望宏的，卻別開生面，寫了《大庾嶺路》詩，似乎怨恨張九齡，不過詩歌的矛頭卻另有所指。詩曰：

雄人共怨曲江公，何似當年路不通。
苦暑苦寒還苦餓，長擔官貨血肩紅！

在這座磅礴險峻的山嶺的最高點，四面高山對峙的隘口處橫臥著一座關樓，這就是梅關。關樓的北面題著「南粵雄關」四字，自此向北是江西省境；關樓的南面題著「嶺南第一關」五字，自此向南是廣東省境。這就是人們常說的「一步跨兩省」。高聳的梅嶺有力地阻止了中原氣團的南下與太平洋熱風的北上，因此嶺南嶺北氣候差異極大。古人稱之為「南枝既落，北枝始開」。這就是所謂的「一關隔南北」。

據歷史記載，梅關是宋代蔡抗蔡挺兩兄弟主持修建的。宋仁宗嘉祐八年（一〇六三年），蔡抗在廣東任轉運使，其弟蔡挺就任江西提刑，兄弟兩人分別代表粵贛雙方協商修復在五代後荒廢的梅嶺路，並在梅嶺上設關，用作為軍事防禦。收稅及兩省分界。這個關卡便是我們今日所看到的梅關。

作為交通南北的要道，歷代詩人為梅嶺、梅關留下了大量動人的詩篇。最早吟詠梅嶺而又有案可查的，應推唐初詩人宋之問的兩首五律。其《度大庾嶺》曰：

度嶺方辭國，停軺一望家。
魂隨南翥鳥，淚盡北枝花。
山雨初含霽，江雲欲變霞。
但令歸有日，不敢恨長沙。

宋之問的人品，頗有些聲名狼藉。在武則天當政時，他傾盡全力媚附武則天的男寵張易之，受到則天皇帝的寵信，終日追隨鑾駕左右。則天死，宋之問失寵，貶為瀧州（今廣東羅定）參軍。題詠大庾嶺之詩就是寫在他被貶赴任所的路上。後來他從瀧州逃回洛陽，藏在好友張仲之家中。張仲之正準備謀殺業已東山再起的武則天之姪武三思。宋之問得知消息後，充當了猶大，向武三思告密。由是，天下人都非常鄙薄他。

如今，梅嶺之下已修築了寬闊平坦的柏油公路。南北海運、空運及鐵路的發達，使梅嶺路及梅關成為歷史的陳跡。但人們仍願意到這裏來尋訪歷史的佳話。

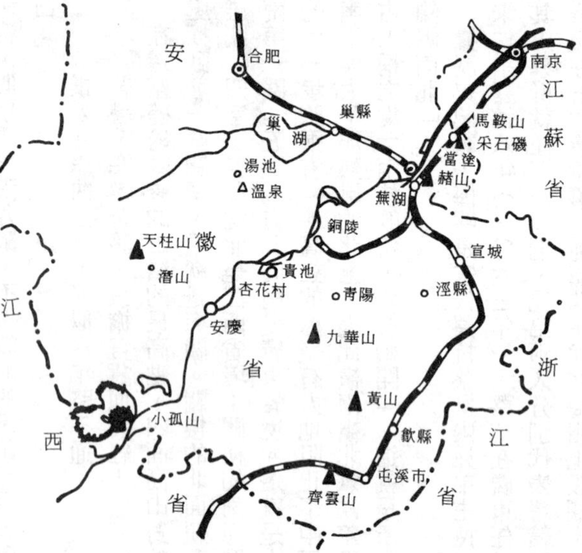


黃山遊覽區

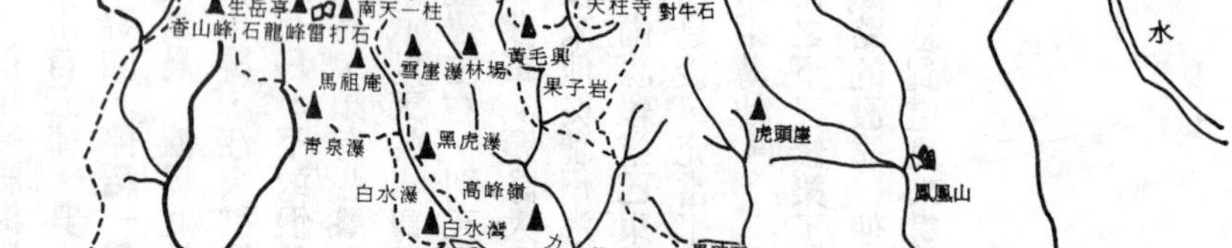

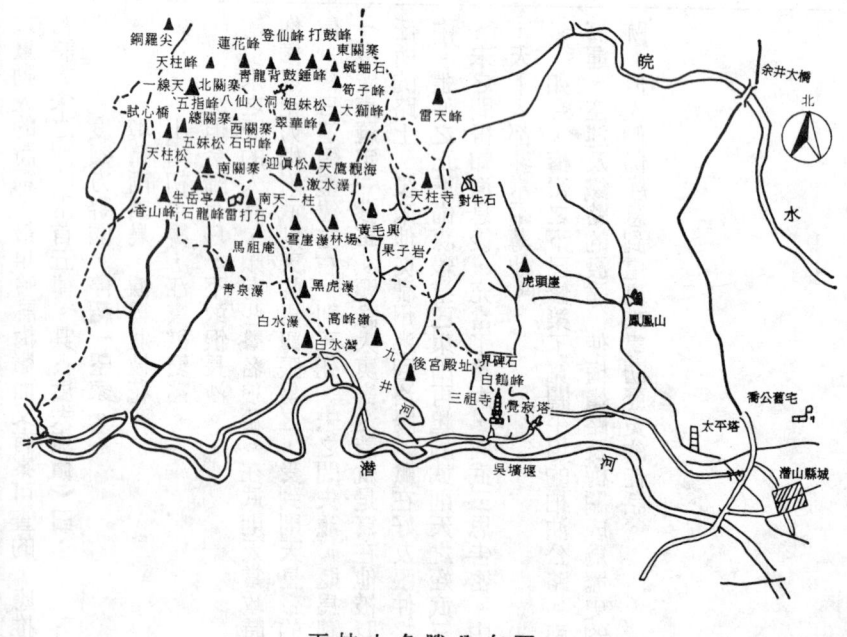


天柱山名勝分布圖

# 從祭岳臺到孔雀臺（潛山天柱山）

潛山縣境內的天柱山，是個「峰無不奇、石無不怪、洞無不杳，泉無不吼」的勝地。這裏群峰兀立，危崖羅立，怪石嵯峨，萬壑飛瀑，兼雄、奇、靈、秀而有之。

天柱山是霍山山脈的主山，海拔一千五百米以上。傳說周大夫皖伯封國於此，故又名皖山。漢武帝元封五年（西元前一八六年），漢武帝劉徹從長江坐龍船上溯潛水，來到天柱山東南麓，登上搭好的高兩丈的三層「祭岳臺」，向著巍巍的天柱群峰朝拜，封天柱山為「南岳」。劉徹祭岳時，群臣、百姓山呼萬歲，於是人們也把天柱山稱為「萬歲山」。《史記．封禪書》記下了這段兩千年前的盛事。

可惜，「祭岳臺」僅存遺址，而不見昔日的建築。

就在「祭岳臺」遺址西面不遠處，有一口古井，名為「應夢井」，已有一千多年歷史。據說，天柱山「司命眞人」託夢唐明皇，要他修蓋廟宇。唐明皇不敢怠慢，連忙派使者查訪這位眞人蹤跡。使者在天柱山下見兩隻白鹿飲水，其水井同皇帝夢中所見一模一樣，於是，這口水井被叫作「應夢井」，並在這裏修了廟宇。而今，古井猶在，寺廟已不見蹤影了。

天柱山的古跡比比皆是。由「祭岳臺」向西，走進一條溝谷，有一塊巨石橫臥潺潺的溪水中，它就是著名的「臥牛石」。宋代大詩人黃庭堅在這裏遊覽多日，並勤奮讀書。他說這塊巨石像頭臥牛，興致勃勃地坐在「牛背」上讓畫師李公麟給畫了一張畫。此畫現珍藏在故宮博物館。

沿溪流北行不遠，為「石牛古洞」。黃庭堅讀書處就在洞旁，故此洞又稱「讀書洞」。這裏流水叮噹，岩石陡峭。紫峰白雲與蒼松翠竹輝映，風光秀麗。唐宋以來，遊覽者在崖壁留下大量題名石刻，現存二百八十餘處。其中唐代舒州刺史李德修，宋代改革家王安石留下的摩崖石刻尤為珍貴，由於王安石任舒州通判，正為改革的艱難憂憤，詩中流露出不快的心境：「水泠泠而北出，山靡靡以傍圍，欲窮源而不得，竟悵望以空歸。」而黃庭堅刻下的唱和詩則表現了另外一種心境：「水無心而宛轉，山有色以環圍。窮幽渾而不盡，坐石上以忘歸。」

「石牛古洞」東面的山脊上，矗立著一座七層古塔，係唐代建築，名為「三祖塔」。三祖，即佛教禪宗在中國的第三代傳人僧璨禪師。他在寺前大樹下講經時立化，後人將他肉體由墓內移出火化，並築塔紀念。

從三祖寺谷口向天柱峰頂攀登，一路上古樹參天，奇卉爭艷。一塊一畝地大小的巨石，被大自然鬼斧神工地劈成兩半，留下一條深深的弧形大溝。有人刻下「渾元霹靂」四個大字，氣勢磅薄。就在一群巨石堆中，有一石洞，乃是東漢末年左慈的煉丹處。再往上攀登，在盛產名貴中藥「野白术」的良藥坪，有左慈的另一「煉丹臺」。這也是天柱山一奇，「煉丹臺」的一口「天池」，名爲「火池」，久雨不盈，久旱不涸。唐代大詩人白居易曾尋訪過左慈煉丹臺遺跡，可惜沒有找到，只留下了「時訪左慈高隱處，紫清仙鶴認巢來」的詩句。明代兵部尚書史可法則多次來到煉丹臺，飽覽這裏的奇境。

天柱山的另一奇景，是「天柱晴雪」。它是海拔一千米處的壯觀。「晴雪」並非眞的積雪，而是岩石被風化成一顆顆白色的砂礫，漫山覆蓋；「晴雪」上，僅有頑強的松樹臥在砂礫上，形狀蒼勁、奇特。由於砂子十分光滑，攀爬相當困難。

向天柱峰頂攀登，山間雲霧繚繞，珍珠黃楊、松樹的枝杈間，各種鳥兒爭鳴，野櫻花、山梅花鬥艷，如同進入一個神仙的世界。李白有詩云：「奇峰出奇雲，秀木含秀氣。清冥皖公山，巉絕稱人意。獨游滄江上，終日淡無味。但愛茲嶺高，何由訪靈異。默然遙相許，欲往心莫遂。待吾還丹成，投跡歸此地。」

天柱山，還是傳頌千古的我國第一部敘事長詩《孔雀東南飛》的誕生地。這一美麗、哀怨的愛情故事就發生在天柱山腳下的休寧縣境內，古廬江郡就是現今的休寧、潛山一帶。在休寧縣的一個村莊裏，至今還保存著一座「孔雀臺」。據生態學家說，早年天柱山還是孔雀棲息、繁衍、歡舞的勝地呢！

## 牧童遙指處（貴池杏花村）

清明時節雨紛紛，路上行人欲斷魂。
借問酒家何處有？牧童遙指杏花村。

提起杜牧《清明》詩所歌詠的杏花村，人們都以爲在山西汾陽縣。其實不然，杜牧筆下的杏花村在安徽貴池縣城西郊，與風景勝地齊山僅有一箭之隔。這裏，杏樹成林，酒旗獵獵。由明代池州太守顧元鏡興建、清朝郡守顏敏整修的杏花村坊，依然矗立著迎接遊人；依然臨於天平湖畔白浦圩岸的六角杏花亭內，杜牧的佳篇赫然可見。幾步之遙的黃公酒壚旁，有明大太尹李歧陽題的「杜刺史行春處」石碑，到此尋幽探勝的人們更是絡繹不絕。

人們爲何對杏花村如此感興趣呢？這當然與酒有關了。在我國，酒的淵源可以上溯得非常久遠。《史記》曾赫然記載曰：「紂爲酒池肉林，一鼓而牛飲者三千人。」可見酒在紂時已屬常見。

酒還有許多有趣的別名。漢代焦延壽在《易林》中曰；「酒爲歡伯，除憂來樂」；《漢書·食貨志》亦曰：「

酒者，天之美祿」；大詩人陶淵明曰：「且進杯中物」；蘇軾在《東坡誌林》中曰「僧謂酒爲般若湯」。因此，酒又有了「歡伯」、「天祿」、「杯中物」、「般若湯」之別稱。

古人將酒分得非常細緻。在酒這個「綱」中，還可分爲若干「目」。它們是：

清者曰醥。清甜者曰酏。濁者曰醠，亦曰醪。濁而微清者曰醆。厚者曰醇，亦曰醹。重釀者曰酎。甜而一宿熟者曰醴。美者曰醑。苦者曰醯。紅者曰醍。綠者曰醽。白者曰醝。

古往今來，與酒結下不解之緣的人數不勝數。杜甫的《飲中八仙歌》就活畫出與他同時代的長安八位嗜酒的知名人士的肖像來，寫得非常生動有趣。詩曰：

知章騎馬似乘船，眼花落井水底眠。

汝陽三斗始朝天，道逢麴車口流涎，恨不移封向酒泉。

左相日興費萬錢，飲如長鯨吸百川，啣杯樂聖稱避賢。

宗之瀟灑美少年，舉觴白眼望青天，皎如玉樹臨風前。

蘇晉長齋繡佛前，醉中往往愛逃禪。

李白一斗詩百篇，長安市上酒家眠。

天子呼來不上船，自稱臣是酒中仙。

張旭三杯草聖傳，脫帽露頂王公前，揮毫落紙如雲煙。

焦遂五斗方卓然，高談雄辯驚四筵。

或許是人們過於喜愛杯中物，因而愛屋及烏；亦或許是杜牧這首清明詩過於膾炙人口。總之我國大地上以杏花村命名的村莊，竟是數不勝數。而其中聲名最著，風頭最健的，首屬山西省汾陽縣城北十五公里處有著一千五百年釀酒歷史，而且至今仍盛產汾酒和竹葉青的杏花村，近年來，報刊紛紛載文，列出種種理由，說明汾陽的杏花村即爲杜牧筆下的杏花村。但細察杜牧的生平事跡和每年行蹤，都沒有到過幷州（即今山西汾水中游地區）的記載。因此，說山西汾陽的杏花村即爲杜牧筆下的杏花村，只能是好心的附會。

那麼，何以見得安徽貴池的杏花村便是當年的牧童遙指處呢？

首先是徵之史籍。據《江南通志》載：唐詩人杜牧任池州刺史時，有《清明》詩一首，即指此。附近有杜湖、東南湖等勝景。《池州府志》、《貴池縣志》等，對此也有明確的記載。清人郎遂專門收集了歷代有關史料，編寫了一部長達十二卷四百頁的《杏花村志》，用翔實的史料有力地證實了杏花村便在貴池。

其次是證以詩人行蹤。杜牧於會昌四年（八四四年）九月，由黃州刺史調任池州刺史，在任兩年。唐代池州府的治所在秋浦縣，也即現在貴池。詩人在貴池度過了兩個清明節。而這段時間又是他懷才不遇的時期，他完全有可能在此期間到附近的杏花村酒肆踏青飲酒。

三是實地考察。貴池杏花村也素以產酒出名。當年的「黃公酒壚」便是有名的酒肆。據《池州府志》載：「舊有黃公酒壚，後廢，餘井圈在民田內，上刻『黃公廣潤泉』字」。《貴池縣志》亦稱其井「香泉似酒，汲之不竭」。用此香泉釀酒，味道定然不差。觀貴池酒廠生產的杏花村酒，依然醇醪異常。此地的環境與物產，與杜牧的詩意是吻合的。

因爲有此三點，所以《辭海》、《中國名勝辭典》都確指此地便是牧童遙指的杏花村。

但也有人提出疑議。其說主要是：倘若此詩作於黃州赴池州之「路上」，則應在九月，離清明尚遠；倘若作於池州任上，這位嗜酒的大詩人何以不知城西數里的杏花村有好酒賣？倘若杜牧眞要喝酒，自有當差服侍，何必自去尋覓？以上幾說，孰是孰非，還有待於足下實地的詳察。

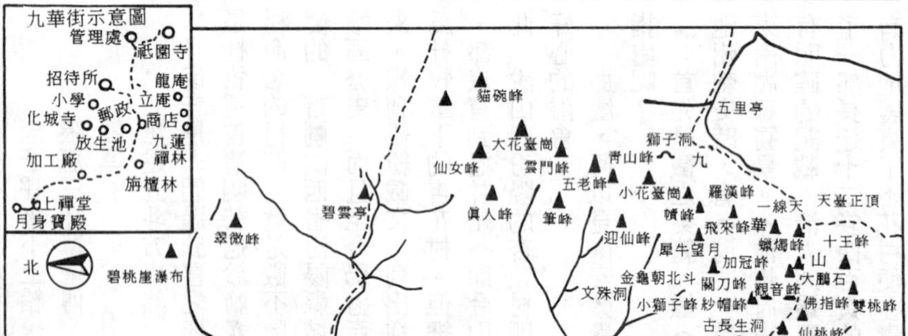

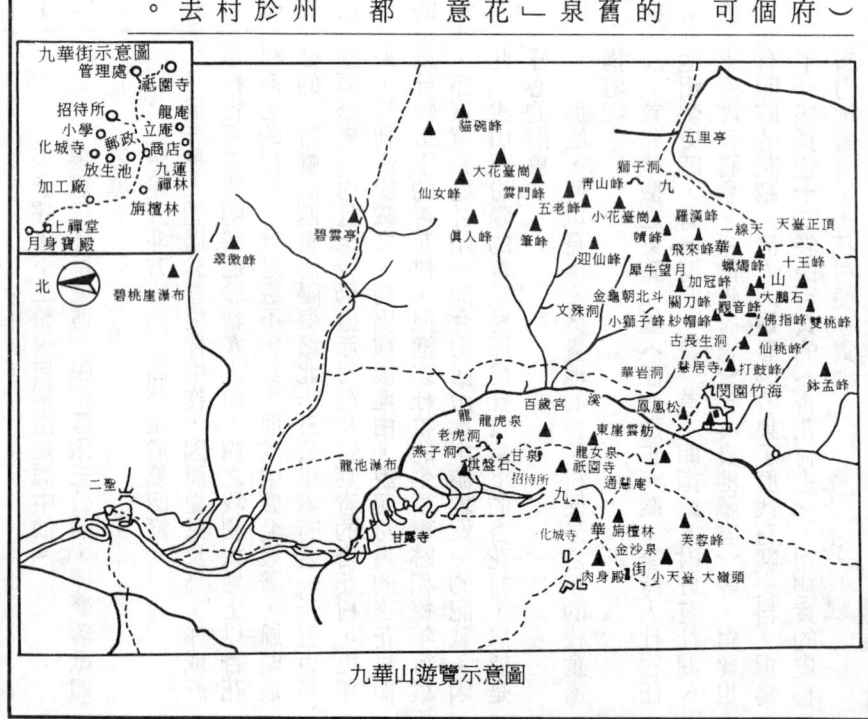

九華山遊覽示意圖

# 佛教名山，地藏道場

## （青陽九華山）

昔年曾見九華圖，爲問江南有也無？
今日五溪橋上見，畫師猶自欠功夫。

相傳這是元朝文宗皇帝孛兒只斤圖帖睦爾巡遊江南時，站在九華山五溪橋上寫下的詩句。看來這位「只識彎弓射大雕」的北方遊牧部落的兒子，委實被號稱「東南第一山」的九華山美景迷住了。

這也難怪，只要身臨其境，再看看李白「天河掛綠水，秀出九芙蓉」的描繪，聽聽劉禹錫「奇峰一見驚魂魄」的讚嘆，你便會被九華山的自然景色所陶醉，不過，遊覽九華山，最該引起你重視、最能代表九華精神的，還應該是它那遍及全山的佛教文化。

九華山與山西五臺山、四川峨嵋山、浙江普陀山並稱爲中國佛教四大名山，分別爲地藏、文殊、普賢、觀音四大菩薩顯靈說法的道場。

九華山供奉的是佛教大乘菩薩之一的地藏。地藏是梵文Ｋｓｉｔｉｇａｒｂｈａ（乞叉底蘖婆）的意譯。《地藏十輪經》說地藏像大地一樣，含藏無量善根種子，故有是名。據《地藏本願功德經》載，地藏曾受釋迦牟尼之託，立下誓願，要在釋迦圓寂之後、彌勒出生之前的五十六點七億萬年間，度盡六道（即指衆生根據生前善惡行爲進入地獄、餓鬼、畜生、阿修羅、人間和天上的六種輪迴）衆生，拯救諸般苦難，直待地獄關門大吉之後，才願意成佛。爲此，地藏離開了光燦燦的天界，手持寶珠、錫杖，進入昏慘慘的地獄，去超度「罪人」們的靈魂。因此，地藏菩薩又被稱爲「幽明教主」。

九華山爲何會成爲地藏菩薩的道場呢？這與九華山佛教的開創者金喬覺密切相關。

據《安徽通志·佛門龍象傳》、《神僧傳》、《九華山志》所載，金喬覺是朝鮮半島古新羅國人，出身王室貴族。他異人異相，奇骨聳出頭頂，不過人品卻聰穎慈祥。他無意於紅塵的榮華富貴，於二十四歲的青春年華祝髮爲僧，遁入空門。「棄卻金鑾納布衣，修身浮海到華西。」在唐代開元、天寶年間（七一三－七五五年）來到九華。

初時，金喬覺夜則宿於東崖峰峭壁下一個深數尺、寬丈餘、高七尺的岩洞，日則端坐於東崖峰頂的一塊巨石之上。人們便將金喬覺居住過的洞稱爲地藏洞。將金喬覺端坐過的石頭稱爲「晏坐岩」。地藏洞與晏坐岩至今猶存。你若有興趣，可到位於化城寺東三華里處的東崖峰找尋。

至德年間（七五六－七五七年），「有山民諸葛節等自麓登峰」，見金喬覺「閉目石室，其旁折足鼎中，唯白土少米烹而食之」。山民深被他苦修的精神所感動，投地號泣，並自發捐款，買下了姓檀人家的地基，為金喬覺建寺。倡議發出之後，「近山之人，聞者四集」，郡中上首僧勝瑜等也從遠道趕來，拜金喬覺為師，並幫他化緣，同建寺院。經過數十年經營，寺院初具規模。西元七八一年，由郡守張岩表奏朝廷，將寺院定名為化城寺。

「化城」一名出自《法華經》。據說，釋迦牟尼曾和一小徒下鄉布道，山重路阻，小徒口渴腹飢，無力前行。釋迦牟尼只好在前方點化一城，讓小徒前去化齋，以圖繼續前進。九華山的第一座寺院建於高山盆地，面對芙蓉峰，北倚白雲山，東臨東崖，西接神光嶺，四面環繞如城。因此，古人便借釋迦牟尼指地為城的故事，將九華山的第一座寺院題名為「化城寺」。安徽城內還有一個更古老的化城寺，那是三國時期建成的。李白曾寫了《化城寺鐘銘文》，記載了那個化城寺的情況。

化城寺落成後，金喬覺當了寺院的主持。他的聲名日增，徒弟日衆。但他仍一如既往，苦行篤修。到了晚年，他帶著一名侍者，到南臺晏坐誦經。唐貞元十年（七九四年）七月三十日夜，金喬覺在南臺跏趺坐化。

金喬覺的高潔與苦修，得到僧俗各界的尊重。佛教徒就在他身上編造了許多故事，顯示佛法的廣大無邊。因為他生前篤信地藏菩薩，人們便傳說他的面貌也酷似地藏，是地藏菩薩轉世，乾脆將金喬覺稱為金地藏。又因金喬覺是王子身分，因此地藏菩薩也獲地藏王的稱號。傳說金喬覺臨終之時，化城寺的大鐘無聲墜地，樑椽折斷了三根；又傳說他死後三年，顏色如生，遺體依然綿軟，撼其骨節有如金屬骸鳴，完全符合佛經所記載的菩薩再世的特徵。於是，人們便在他逝世的南臺，建起三級石塔，殯殮金喬覺的遺體，這一石塔，便是遠近聞名的肉身塔。塔周圍建立的殿宇，是為月（肉）身寶殿。據說這一石塔建成之後，夜間屢屢在塔基放出圓光，因此南臺又稱為「神光嶺」。

金喬覺逝世的七月三十日被視為地藏菩薩應化中國的涅槃日。俗以為地藏王生日。民間每年舉行盛會以紀念。據清人顧祿的《清嘉錄》載：

「七月晦日為地藏王生日，駢集於開元寺之殿，酬願燒香。……昏時比戶點燈臺階，謂之『地藏燈』。」

因為佛教的產生地如印度等國並無此風俗，清人郭麐曾有《七月晦日詩》諷刺曰：

萬百千燈並一炬，幽幽鬼火青如雨。
人間那識那落迦？但聞中有幽冥主。
盂蘭盆會佛所傳，始自弟子目犍連。
七月卅日夜燈火，考於彼法無有焉。

月身寶殿是佛教徒朝謁九華聖地的主要場所。殿內塑有地藏塑像。地藏菩薩與其它三大菩薩不同，現出家相，作比丘裝束。他的標準像一般是：結跏趺坐，右手持錫杖，表示愛護衆生，也表示戒修精嚴；左手持如意寶珠，表示要使衆生之願滿足。有的塑像兩旁還侍立一比丘、一長者，據說這就是金地藏在九華修行之時將整個九華山布施給他的閔公父子。不過月身寶殿的地藏塑像比其它地方的更爲清癯些，這便是當年金喬覺在九華山苦修時的造像。

地藏菩薩腳下，還有一條似犬非犬、似虎非虎、似獅非獅的動物，蹲在地下一動不動地看著你。這是根據金喬覺當年攜帶的名叫「善聽」的犬創造出來的，名曰「地聽」。據說朝拜者只要用銅錢在它背上磨擦幾下，帶回家繫在小孩身上，便可「避邪」、「降福」。當然，這些都是佛教徒們編造出來的神話。

九華山遊覽的最高峰是天臺峰，海拔一千三百二十五米。登山可北望長江，南望黃山，賞盡美景。民諺有曰：「上九華不到天臺，白流汗等於沒來。」你若想不白來，不妨登登天臺。

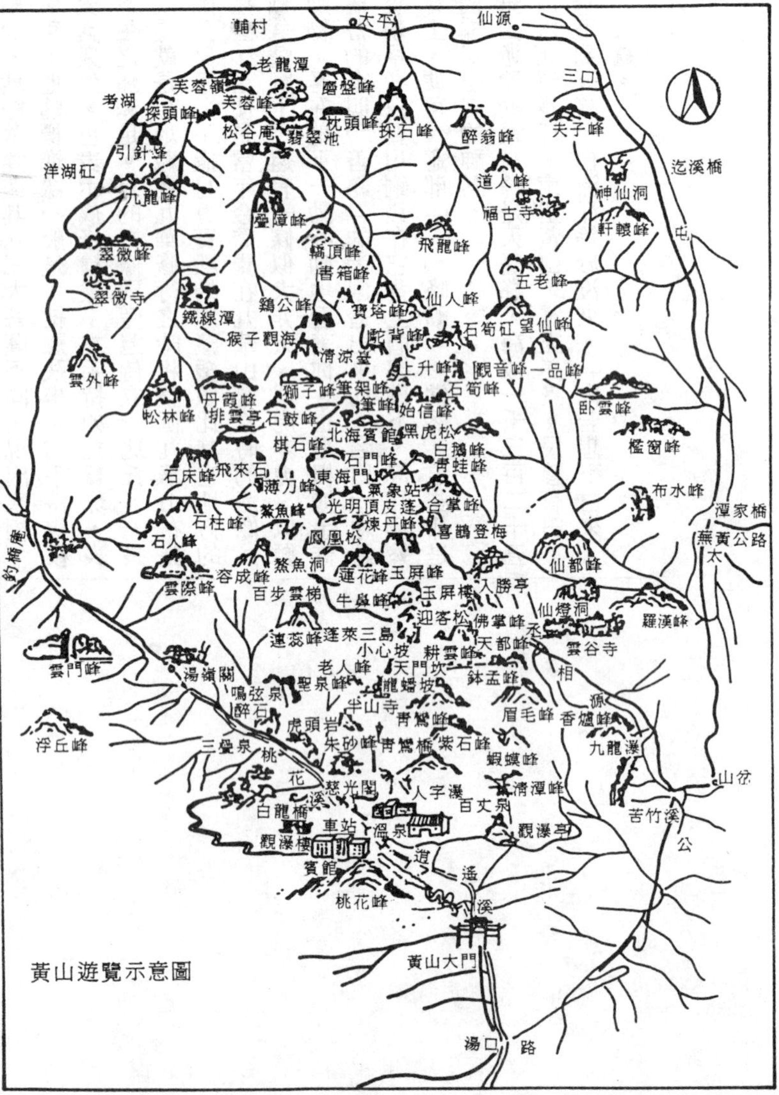
輔村
太平
仙源
三口
老龍潭
芙蓉嶺
考湖
芙蓉峰
磨盤峰
採頭峰
枕頭峰
採石峰
醉翁峰
夫子峰
松谷庵
翡翠池
引針峰
洋湖舡
迄溪橋
道人峰
神仙洞
九龍峰
疊嶂峰
福古寺
軒轅峰
飛龍峰
翠微峰
轎頂峰
書箱峰
五老峰
翠微寺
鷄公峰
仙人峰
鐵線潭
寶塔峰
石筍舡
望仙峰
猴子觀海
駝背峰
清涼臺
上升峰
觀音峰
一品峰
雲外峰
獅子峰
筆架峰
石筍峰
卧雲峰
丹霞峰
筆峰
始信峰
松林峰
排雲亭
石鼓峰
北海賓館
黑虎松
棋石峰
白鵝峰
石門峰
青蛙峰
石床峰
飛來石
薄刀峰
東海門
布水峰
氣象站
光明頂
皮蓬
合掌峰
鰲魚峰
煉丹峰
喜鵲登梅
潭家橋
石柱峰
石人峰
鳳凰松
釣橋庵
鰲魚洞
黃公路
容成峰
蓮花峰
玉屏峰
仙都峰
雲際峰
百步雲梯
牛鼻峰
玉屏樓
入勝亭
迎客松
仙燈洞
羅漢峰
蓮蕊峰
蓬萊三島
佛掌峰
小心坡
天都峰
耕雲峰
雲谷寺
雲門峰
湯嶺關
老人峰
天門坎
缽盂峰
鳴弦泉
聖泉峰
龍蟠坡
醉石
半山寺
青鸞峰
眉毛峰
香爐峰
虎頭岩
浮丘峰
三疊泉
朱砂峰
青鸞橋
紫石峰
九龍瀑
桃花溪
蝦蟆峰
山岔
慈光閣
人字瀑
清潭峰
白龍橋
百丈泉
苦竹溪
車站
溫泉
觀瀑亭
觀瀑樓
賓館
桃花峰
黃山大門
湯口
路

黃山遊覽示意圖

# 黃山十大名松（黃山迎客松）

「黃山無峰不石，無石不松，無松不奇。」在千奇百怪的黃山松中，有十大松樹比較出名，被譽爲黃山十大名松。它們是：迎客松、蒲團松、麒麟松、鳳凰松、臥龍松、探海松、連理松、龍爪松、接引松和黑虎松。

在十大名松中，迎客松的知名度最高。這株雄偉高大的千年古松挺立於文殊洞頂，玉屏樓東。一如生長在高山之巔的許多松樹，迎客松打破了樹形的均衡和諧而側重於一側，呈現出現代人所崇尚的不對稱美，引起人們豐富的藝術聯想。當中國迫切感到需要友誼的時候，迎客松那低垂遠伸的枝椏被視爲迎接遠方客人的手臂。因此，迎客松獲得殊榮，被周恩來總理稱爲我國的第一棵寶樹，它的身姿被製成鐵畫，當成友誼的象徵進入人民大會堂。此後，許多飯店賓館也紛紛效仿，不管其建築裝飾格調如何，也在廳堂正中或樓梯轉角處掛上一幅迎客松圖。

不過，知名度最高的迎客松卻未能代表黃山松的風格。黃山之松，神奇詭譎。正如錢謙益在《遊黃山記》中所描寫的：「有幹大如脛而根屈蟠以畝計者；有根只尋丈而枝扶疏蔽道旁者；有循崖度壑因依如懸度者；有穿罅穴縫崩迸如側生者；有幢幢如羽葆者；有矯矯如蛟龍者；有臥而起，起而復臥者；有橫而斷，斷而復橫者。」極盡造化之能事。

距迎客松千米之遙，有一棵稀奇之松。它的枝幹僅三尺，頂部扁平，針葉短而密實，就像一個碩大無朋的蒲團，人在上面可坐可臥。這就是蒲團松。著名漫畫家豐子愷曾專門爲蒲團松作了一幅漫畫，畫題爲「蒲團松上好安眠。」其實，豐子愷表現的意境，前人早就表現過了。清人黃元治曾有句曰：「僧行高石壁，人坐矮枝椏。」即是一例。這是因爲黃山純石無土，松樹植根於石縫之中，靠從霧氣中吸取水分和養料維持生命，所以枝幹短而針葉虬密。這便是黃山松明顯區別於它山之松的最主要原因。徐霞客曾這樣歸納黃山松的特點曰：「高者不盈丈，低僅數寸。平頂短鬣，盤根虬幹，愈短愈老，愈小愈奇。」據《黃山誌》載，最小的松樹生長於天都峰蓮花峰絕頂之上，名叫萬年松。萬年松長僅三四寸，經冬不凋。連根拔起貯藏數年，再植於水石之間，仍能蒼翠如新，簡直就是一種不死之樹。

十大名松之一的接引松，長於始信峰前。峰前兩座山崖之間，絕壑萬仞，遊客至此，頗愁攀援。但天無絕人之路。彼岸崖頂生有一株古松。此松在有意無意之時，將枝椏橫伸到此岸，成爲一道天然橋樑。遊客藉此，可以凌空飛渡，故名接引松。前人曾有詩讚接引松曰：

峰尋始信眩眉睫，斷崖恰賴孤柯接。
似伸猿臂來引手，位置欹危通步蹀。

今日，兩崖之間雖建有仙人橋，但有冒險精神的遊客，仍願意步前人之踵武，援接引松過崖，去享受一番戰戰兢兢的險趣。

另外，在白鵝嶺下，始信峰前，有黑虎、連理、龍爪三松，它們同列黃山十大名松之榜。其中的連理松傳說爲唐玄宗與楊貴妃所化。他們生前密誓，「在天願作比翼鳥，在地願爲連理枝」，並相約百年之後，同到黃山修眞養性，遂化爲此松。傳說無稽，卻頗動人。

還有幾棵名松，它們的方位是：麒麟松生於獅子林附近；探海松生於攀登天都的必經之路天橋旁；鳳凰松生於天海海心亭附近。只是臥龍松難找，不知其方位。但新近發現的北海賓館對面的曙光亭旁的飛龍松，形如欲飛之巨龍，極爲攝影者、畫家與遊客所喜愛，也値得一觀。

十大名松中的蒲團松曾遭難歷劫而不死。據《黃山誌》載：有太平採樵人放火焚山，蒲團松幾爲烈焰所焚。後幸雲滋霧潤，蒲團松才得以蒼翠如故。清人王煒曾作《哭松歌》，呼籲住山之人要珍愛自然造化而成的寶物。

不過，有些名松卻在劫難逃。他們或遭雷擊，或遇山火，或自枯槁，於今已蕩然無存，只能在前人的誌書與歌詠中尋覓它們的身影。其中最著名的是帝松，又叫擾龍松。據《黃山誌》載：「散花塢中突兀一峰，下臨無際。一松破石以孕身，賈勇怒撐，上透峰頂，即偃其蓋，衡枝長二三丈，凌空飛舞，若龍爪搏擊。松中第一奇觀，見者駭矚，尊爲帝松。」徐霞客、錢謙益等人，都曾對此松作過生動的描繪。

經過前人的再三渲染，今人常到散花塢中尋訪「松中第一奇觀」。有人認爲帝松即今「夢筆生花」，因爲它們方位相近。但若證以《黃山誌》所載圖像，又覺兩者並非一物。其實，「夢筆生花」山誌亦載，不過作「文筆生花」罷了。而擾龍松卻早已在沈德潛在世時就已枯槁。據《黃山紀勝》載：鄭鉽《擾龍松歌》有句曰：「一朝絕壑雷雨起，看爾東行入海水。」後松枯，沈德潛還感嘆說：「蛻化何年，東行入海，其先讖耶？」可見這條「擾龍」是早已飛升而去了。

中華民族素來尚松，松樹在我們的傳統文化中，一直作爲堅貞倔強的象徵物被歌頌著。自從孔夫子發出「歲寒，然後知松柏之後凋」的讚嘆之後，松樹不擇肥瘠、不畏嚴寒、生命力強的自然屬性不斷被人化、神化。至神仙家起，那些羽化登仙者又將松樹的某一部分當成「仙食」。葛洪的《抱朴子》就曾經記載上黨人趙瞿煉食松脂以後得以長生不老的。如果說這些僅是神仙家語，難以足信的話，李時珍的《本草綱目》與蘇軾、蘇轍兄弟對由松脂變化而成的茯苓的藥效的記載，卻使許多人信服。

蘇軾患痔疾二十一年，百藥不效。出於無計，於是「斷酒肉，斷鹽酪醬菜，凡有味物皆斷。又斷粳米飯，惟食淡麵一味，其間更食胡麻伏苓麨少許取飽。」如此服食多日，竟至痊癒。不能不說是奇跡。

因爲松在古人眼中有了神性、靈性，於是他們便常用龍名松，用龍喻松，用寫龍的方法來寫松。如黃山諸松中，便有擾龍松、臥龍松、困龍松、龍爪松等等，不一而足。然而，現實中黃山松之千姿百態絕非文人拙筆所能描摹殆盡的，總需觀賞者親臨其境，揣其形，品其味，得之於心之後，方知造化之無窮也。

## 靈砂一道泉（黃山湯泉）

聞有靈湯獨去尋，一瓶一鉢一兼金。
不愁亂世兵相害，卻喜寒山路入深。

唐代詩人杜荀鶴聞黃山有溫泉之勝，不畏山高路險，攜瓶帶鉢，前去尋找。以上的詩歌，便是他自敘探訪名勝的經過。可見黃山溫泉自唐代就已聞名於世了。

黃山溫泉雖沒有華清池那麼聞名，但卻也有其神妙之處。溫泉古名湯泉，又叫湯池，位於紫雲峰下逍遙溪冰川幽谷北面，爲一斷層泉。泉眼有碗口大，終年從岩縫中湧流出攝氏四十二度左右的熱水。久旱不涸，久雨不溢，水質透明，無味無毒，可飲可浴，是我國一處稀有的、具有相當醫療價值的溫泉。

據《黃山誌》載，黃山溫泉源出於朱砂峰下。朱砂峰純骨無膚，以出朱砂而得名。朱砂是一種朱紅色的礦物質，中醫學上常將它用作安神定驚的藥物，主治癲狂、驚悸、不寐等症狀。朱砂本沒有神秘處，但因爲它是煉汞的最主要原料，古代的神仙方士常用它來煉丹。類書《太平御覽》在分類上，就將朱砂歸入「丹」類。而神仙家們更在它身上塗抹了一層撲朔迷離的色彩。朱砂峰相傳就是軒轅黃帝取砂煉丹的地方。軒轅帝在此服食了煉成的仙丹，在溫泉中泡了七天七夜，終於成仙而去。因此，源出於朱砂峰下的黃山溫泉便被譽爲「朱砂泉」。

關於黃山溫泉的神妙，舊誌書中屢有渲染。汪師孟的《湯泉靈驗記》曾記載說：

宋元符三年（一一○○年）正月二十三日，休寧民居德與太平民牛振兄弟來浴湯池，以晚不克，明日迎曉而往，則見池盡變赤色，洋洋若流血，咸驚視。須臾地勢傾動，池波沸湧洶洶之聲如雷，屋舍皆震。三人馳報寺中，寺衆曰：「此必朱砂見也。」乃相率往觀。有客僧惟諒，覬其有利於己，裸身入浴，衆止之不可。於是行者鄧道明急用新舊瓶二十四貯而藏之。山下之人聞而至者紛紛，或汲或飲，莫知其數。再逾數月啓視藏水，新瓶香甘，舊瓶臭穢，不可近矣。好事者往往澄其砂以爲藥焉。

明成化中（一四六五—一四八七年），泉忽變赤，流三日，人無知者。惟一僧浴之，壽逾百歲。

萬曆乙卯（一六一五年），朱砂又復湧出，遍溪皆赤，芳冽異常，飲者宿疾咸瘉。

何悟深編寫的《黃山》，更記載了一九四八年發過的一次朱砂水。據說當時的看池人員現仍居住山上，而且在這次發朱砂水之時還曾搶得一瓶紅水化驗，證明確實含有朱砂。看來，黃山溫泉發朱砂紅水，還極富規律性，每二三百年又來一次。但這些記載是否屬實，我們便難以查考，只好姑妄言之姑聽之了。

至於黃山溫泉能治病的記載，更是屢見不鮮。自唐代大曆年間新安刺史薛邕在溫泉旁築室，讓患有時疫的居民入浴之後，黃山溫泉便開始有了爲治療而建築的專門設施。今日，黃山溫泉設有浴室和游泳池。經現代科學化驗，含有少量矽、鈣、鎂、鉀、鈉等元素的黃山溫泉對皮膚病、風濕病、腸胃病有一定療效，而對健康人的身心亦有益。上山前浴之，洗舟車之煙塵；下山後浴之，去跋涉之勞累，的確是一番難得的享受。

## 不到天都峰，登山一場空

### （黃山天都峰）

遊黃山，不可不登天都峰。當你走入兩壁夾立雙石洞開的天門坎，氣喘噓噓地攀上一千四百多級的「天梯」，小心翼翼地度過由幾塊岩石拼接而成的「天橋」，手腳並用地爬過寬不及一米，兩邊都面臨萬丈深淵的「鯽魚背」，到達天都絕頂。望著「登峰造極」的石刻，不知你會作何感想？又會發出怎樣的讚嘆？難怪古詩人寫道：「任他五岳歸來客，一見天都也叫奇。」

天都峰堪稱黃山最高最險之峰。因此人們將它看成是天上的都市，神仙之所都，故云天都。《黃山誌》上記載著山僧的鑿鑿之言：每當陰晦寂寞之時，往往見天都峰上有冠裳葆羽山芃之歌，似仙似佛，或騎或徒，歷歷於蒼翠之間，冉冉於青冥之表。一派飄渺的仙國景象。這當然是由於山高雲深，人跡難至，遭遇被神秘化的結果。

其實，我們的祖先早就有「踏碎天都峰上雲」的宏願，但由於黃山開發較晚，他們遊黃山，一般只能到達湯泉，遠望三十六峰，稱爲「遊湯」。不甘心者則從湯巔遊至海子，即可自詡爲賞窮黃山了。因此古代留下來詠天都峰的詩歌，十之八九都題爲「望天都峰」──當時人們的福分就僅是遠遠一「望」而已。

於是，人們將登天都峰的福分賜予了與神仙僅有一步之隔的道長。傳說天都峰的天門坎，就是從華山來的五位道長變成金雞叫開的。五位道長叫開天門之後，賞盡了天都之妙景。爲了使天門坎不再關閉，讓後來者不再受阻，五位道長甘心變成一隻大金雞，天天對著天門坎鳴叫。從此，天門坎才得以打開。如今，這隻大金雞仍屹立在天都峰西側，半山寺對面高空的懸崖上。不過，卻是石頭的。

當然，金雞是叫不開天門的。倒是明代大旅行家徐霞客和同時代的高僧普門和尚。在歷史上留下了人類足跡踏上天都峰的最早記載。

徐霞客於明神宗萬曆四十六年（一六一八年）第二次遊黃山。行至文殊院，日已過午。文殊院僧人告訴他說，天都雖近而無路，蓮花可登而路遙。建議他就在文殊院望望天都，候明日再登蓮花峰。徐霞客不聽，決意要遊天都。他像蛇一樣在山崖間似乎即刻就要掉下來的石頭上爬行，用手指攀草牽棘，互相援引，終於到達峰頂。下山之時，時已至暮。他伸腿向前，伸手向後，屁股著地，慢慢滑行下來。徐霞客的《遊黃山日記》就記載了這一段經歷。

其實，在徐霞客上天都之前，普門和尚就已登上天都峰。他於萬曆丙午年（一六〇年）從五臺山到黃山，在山上草創了法海禪院即今慈光閣，皈依的徒弟很多。今日慈光閣大院中還留下「千僧竈」遺址。即使是糧糗乏絕，只能食菜飲水，這些信徒也不相離。關於普門和尚的傳說，黃山地區流傳著很多。其中一些純屬無稽之談。但他在開山築路方面，卻功不可沒。

普門和尚於明萬曆四十二年（一四六一年），曾率若干佛門弟子，登上天都峰頂，在峰頂設盂蘭盆大會。據說當時旌幢連雲，縹緲天際。人們都說普門仿佛有神助。其實他的弟子們倒是助了他不少之力。《黃山誌》曾記載僧人闊菴、金峰等人，竭力佐普門開山。每當險絕之處，二人負糧踴躍，了無難色。若非此，恐怕普門也難以獨上天都峰。至今，天都峰頂上仍留有不少普門和尚的遺跡。其中有一巨石，傳說就是從前普門在這裏懸幡之地。

普門之後，登天都峰之路陸續開拓，登山歷險者也不乏其人。以至民諺有云：「不到天都峰，登山一場空。」一九三七年，一千四百級石級全部鑿通，婦孺皆可安全登臨峰頂了。

# 踏歌岸上汪倫酒，贈別舟中李白詩

## （涇縣桃花潭）

這裏的水是那樣地綠，就像一匹閃閃發光的綠緞子；這裏的水是那樣的純，在幾十米高處，可以看到魚兒在水底快樂地游弋；這裏的水是那樣的深，彷彿天有多高，水就有多深，天空中的一切，都可以在水中看到。水中出現了一座又一座的青山，重重疊疊、層次豐富的各種山形，或一峰獨秀、或群峰競雄……它就是黃山西北的「太平湖」，因它的深、純、綠，被人們譽為「天下第一湖」。

「太平湖」是個年輕的湖泊。從黃山北麓流下的許多股水流，匯成奔騰的江水向西而去。一九七〇年人們在山谷「頸項」處築壩蓄水，形成這個浩瀚百里的大湖。今天，它已被劃為自然保護區。

「太平湖」雖說年輕，但這塊美麗的土地上曾經流傳著不少千古佳話。「太平湖」大壩橫跨太平縣與涇縣。湖北岸的涇縣桃花潭，是李白的即興創作流傳千古的《桃花潭絕句·贈汪倫》的地方。從「太平湖」泛舟登岸尋訪桃花潭，更添詩情畫意。

如我們從涇縣縣城出發，向西南行四十公里，在碧綠的青弋江邊的水東萬村，可以找到李白詩中所寫的桃花潭。

桃花潭水深數丈、清澈見底。西岸懸崖兀立、怪石嶙峋、老樹紛披、古藤綴拂；東岸白沙細石、淤積成灘，蘆葦搖曳、翠鳥翻飛。

青弋江清、桃花潭深，使人們觸景生情，浮現出這樣一幅景美情深的畫面：

停泊在青弋江邊的客船正收起鐵錨，「涇川豪士」汪倫從隨從童子的手中接過酒盅，恭敬地遞給李白，李白瀟灑地一飲而盡。主客連飲三杯臨別酒，李白拱手話別。汪倫執意要送李白上船。此時，青弋江邊，正在勞作的一群青年，小憩片刻，手拉著手、兩腳踏著拍子，歡快地唱著農家歌謠……

李白在舟中眯起朦朧的醉眼，捻鬚吟誦起來。汪倫立即示意童子文房侍候。就在青弋江的客舟中，李白在絹絲上揮筆寫下千古佳作：

李白乘舟將欲行，忽聞岸上踏歌聲。
桃花潭水深千尺，不及汪倫送我情！

漫遊吟詩的李白來涇縣作客，還有段軼事呢！據袁枚的《隨園詩話》載，汪倫久慕「酒仙」、「詩聖」的李白之名，多次遣人尋覓李白的蹤跡，送信邀請他來涇縣作客。信中極言涇縣江山之美、人情之醇，云此地有「十里桃花、萬家酒店」。李白爲汪倫盛情感動，更因涇縣的酒店雲集、風光奇麗，興致勃勃地慕名而來。

李白飽賞這裏的奇麗風光，對清澈的桃花潭水留下深刻的印象，對主人用桃花潭水釀的美酒讚不絕口。只是，他大惑不解，爲何未見「十里桃花，萬家酒店」？汪倫在對飲中笑著對李白說，信中所云「十里桃花」乃十里外有個「桃花渡口」；「萬家酒店」乃潭西有家萬姓酒店。李白敞懷大笑，深感汪倫其情拳拳，不爲未見「十里桃花，萬家酒店」所憾了。

自從李白贈詩汪倫後，涇縣桃花潭成爲詩人墨客、各方遊子的遊覽勝地。這裏相繼建造起「踏歌古岸」樓閣、「酌海樓」與紀念李白的「文昌閣」。「文昌閣」建於清朝乾隆年間，形狀仿北京天壇，閣內飾以浮雕，有清翰林、書法家趙青藜寫的碑記與「文光射斗」的巨匾。

據宋朝楊齊賢記載，宋朝汪倫的子孫還珍重地保存著李白的贈詩，可惜今已失傳。但桃花潭水今仍清澈見底，用桃花潭水釀的「桃花潭酒」馳名遐邇。桃花潭、青弋江與太平湖，使這裏的層巒疊翠的青山增添了無窮的生氣。

## 牌坊之鄉（歙縣棠樾村）

當你步入位於黃山東南方的歙縣，未及觀賞太白樓、太平橋、長慶寺塔等勝景，跨街矗立著的座座牌坊就會首先引起你的注意。這座小小縣城至今仍存有古牌坊近百座。而古都北京在未遭「文革」破壞之前，也只有牌坊五十餘座。難怪歙縣榮膺「牌坊之城」的稱號了。

在歙縣近百座牌坊中，最著名的首推許國石坊。許國牌坊位於縣城大街上。這座牌坊造型頗爲奇特。它那四面八根粗壯的石柱拔地而起，猶如八隻碩大無朋的石腳，故當地人又稱其「八腳牌樓」。據專家們考證，這種獨特的造型，不僅爲安徽所僅有，就在全國也屬罕見。因此它越來越引起國內外遊客的注意與重視。

牌坊又稱牌樓，古稱綽楔，是一種門洞式紀念性建築物。在古代，它雖然曾被用於店鋪門面，作爲招牌或廣告，或作爲象徵性的門樓，但更多的卻是爲紀念嘉獎有「嘉德懿行」的人而建造的。許國石坊也正是爲紀念明朝大臣許國而建的。

許國，字維楨，號穎陽，歙縣人。嘉靖四十四年（一五六五年）進士。兩年之後，授檢討。許國曾出使朝鮮，據《歙縣誌》載，當時他「饋遺一無所受，朝鮮勒碑以頌」。萬曆十二年（一五八四年），他任禮部尚書兼東閣大學士時制定了平息雲南上層土司與外國勢力相互勾結進行武裝叛亂的決策，遂令「積年逋寇，一旦蕩平」，去掉了萬曆皇帝的一塊心病。許國因此而受到「協忠運籌，茂著勞績」的讚譽，封武英殿大學士，晉少保，位極人臣。

叛亂平定的一個月後，許國衣錦還鄉。爲了顯示皇恩浩蕩，他爲自己營建了這座大型牌坊。牌坊南北長十一點五四米，東西寬六點七七米，高十一點四米。牌坊爲仿木結構，通體爲堅硬的青石構成，大的石料一塊高達七米，重達四五噸。牌坊的石柱、梁枋、匾額、斗拱等部位，都有造型生動的雕刻，雄踞於石礎之上的六對石獅，更爲威猛傳神。牌款四面的題款、匾額均爲明代大書法家董其昌手筆，工整莊重，堪稱一絕。清人吳梅顛（吳熊）「八腳牌樓學士坊，題額字愛董其昌」的詞句，即詠其事。

在歙縣城西六公里處的棠樾村，還有著安徽省最大的古牌坊群——棠樾牌坊群。

棠樾牌坊群共七座，其中明代兩座，清代五座。清代的五座牌坊，按「忠、孝、節、義」順序排列。忠臣牌坊表彰的是明代萬曆年間的兵部左侍郎鮑象賢；孝子牌坊褒揚的是孝子鮑逢昌；節婦與貞節牌坊旌表的是鮑文齡妻汪氏與鮑文淵妻吳氏；義字牌坊弘揚的是「樂善好施」的棠樾大鹽商鮑漱芳。鮑氏家族將「忠孝節義」——也即封建道德的全部都占全了。當乾隆皇帝提筆爲離牌坊不遠的鮑家祠堂題寫「慈孝天下無雙里，錦繡江南第一鄉」的對聯時，大概還想不到鮑氏家族日後會出現如此的「盛況」吧！

不過話說回來，這些牌坊固然記錄著功德，記錄著善行，同時它又何嘗不記錄著血淚，記錄著辛酸！特別是那些貞節牌坊。《儒林外史》中王玉輝的女兒不就是用一個活潑潑的年輕生命換來了一座沉重重的牌坊嗎？因此，不管貞節牌坊的建築藝術價值是如何的不可估量，它在中國的漸次減少甚至趨於絕跡，應該說是一件幸事。

那麼，歙縣爲何擁有如此衆多的牌坊呢？這和歙縣經濟文化的發達有關。歙州又稱徽州。南宋以後，經濟文化重心南移。歙州的商品經濟迅速發展，並形成了在全國範圍內舉足輕重的徽幫，與晉商並立成爲我國商界的兩大支柱，因而有「無徽不成鎮」的諺語流傳。這些富商發財之後，又紛紛回鄉創辦並倡導各種文化事業，促進了文化的發達。當時徽州「人文鬱起，爲海內之望，鬱鬱乎盛矣！」因此，以才入仕，以文垂世者甚多。據不完全統計，《中國人名大辭典》收入的歙縣人共有三百多位。顯宦名人多了，值得建牌坊旌表的人也就多。在這裏，封建道德的完善程度與封建經濟、文化的發達程度是成正比的。

牌坊與明清民居、祠堂並稱爲徽州古建「三絕」。除此之外，橋樑、古塔、寺觀可觀處也不少。新安畫派、新安醫學、徽派版畫、徽派印章、徽派盆景、竹木磚石雕等即源於此，歙硯和徽墨也遠近聞名。

## 兩千年前煉鋼術（蕪湖赭山）

當你登上蕪湖著名風景區——赭山，步上建於明嘉靖年間的一覽亭，縱覽江城如畫的勝景時，不知你可曾注意到赭山那頗爲獨特的赤色？不獨赭山，拱衛在赭山周圍那幾座逶迤相連、環立一體的神山、赤鑄山、火爐山、馬鞍山，山體亦均呈丹赤之色。相傳，這裏就是干將、莫邪鑄劍的地方。

劍是我國的傳統兵器。富有神秘色彩。它曾成爲身分的象徵：「古者天子二十而冠帶劍；諸侯三十而冠帶劍；大夫四十而冠帶劍；隸人不得冠，庶人不帶劍。」但劍更多還是經常充當自衛的工具與進攻的武器。荊軻刺秦王，藏在地圖中的匕首也就是一把鋒利的短劍；漢高祖劉邦斬蛇起義，也是「手提三尺劍」的。至於詩歌小說對劍的描寫，就更是不勝枚舉了。甚至當劍客一萌發殺人的意念時，劍鞘裏的寶劍還會發出鳴響呢。

不過，古代社會生產力低下，從事冶練鑄造這一類工作，便包含著極大的困難與危險。每一把利劍的鑄造成功。幾乎都凝聚著鑄工的生命與鮮血。因此，圍繞這一主題，便衍生了許多神話傳說。作家們也據此而創作出許多不朽的文學作品。干將、莫邪的故事就是其中之一。

傳說中的干將、莫邪是戰國時代人，他們是一對夫妻。當年，他們就在兩座火爐山之間砌起爐子。干將到四方各大名山採來鐵礦石的精品，然後選擇天時地利，待陰陽調和，萬神都來觀看的時候，才開爐鑄劍。不料這時氣溫突然下降，爐膛凝結。干將十分著急卻束手無策。妻子莫邪提醒他說，寶劍從頑鐵變成精金。需要以人作犧牲後才能成功。干將想起從前老師鑄劍時，也遇鐵塊不熔，後老師夫妻雙雙躍入爐中，才得以成功，後來人們鑄劍時，也都穿上喪服，以示其不怕犧牲的決心。莫邪聽後，即剪下頭髮、指甲，投到爐中，然後使勁鼓風加炭，終於鑄成兩把劍。干將取出劍來，不斷錘打，又將它們放到神山的小池中淬火。干將爲劍淬火的地方叫作淬劍池，至今仍見。其後，爲試劍之鋒利，干將又將藍光閃閃的寶劍砍向對面山上的巨石，巨石旋即裂爲兩片，這就是試劍石。試劍石所在之山被稱爲破山。

這些當然只是傳說，但歷史上干將確有其人。《吳越春秋》卷四載：「干將者，吳人也。與歐冶子同師，俱能爲劍。」後來這「能爲劍」的人名也便轉而成爲寶劍名。《戰國策·趙策三》曰：「夫吳干（將）之劍，肉試則斷牛馬，金試則截盤匜，薄之柱而擊之，則折爲三，質之石上而擊之，則碎爲百。」可見以劍工之名命名的干將劍鋒利異常。

近代人們研究知道，頭髮和指甲都是屬於碳質的東西。將它們投入爐中的紅鐵上，再經過不斷地錘打鍛煉，就能使鐵增加含碳量。如果含碳量達到一定比例，也就變成了鋼。鋼劍當然比鐵劍鋒利。范文瀾認爲，干將、莫邪煉鋼造劍，是我國古代偉大的成就之一。「不僅在中國歷史上最早，而且比世界上任何一個國家都早。」一九七八年，北大侯仁之教授曾專程到此進行實地考察，並呼籲保護這個中國和世界最早的煉鋼遺址。正由於蕪湖一帶的煉鋼技術先進，因此早在宋代，就有「鐵到蕪湖自成鋼」的民諺流傳。

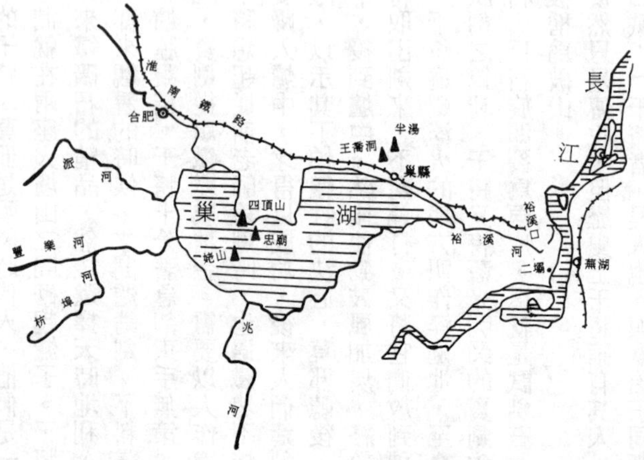


巢湖示意圖

# 何曾蓄筆硯，景物自成詩

## （安徽巢湖）

巢湖在安徽江淮丘陵的中部，東西綿亙一百八十里，環湖四百里，跨巢縣、廬江、肥東、肥西與合肥四縣一市。四面環山，星帆點點，景色嫵媚。明代葉善守在《登牛山望焦湖》一詩中寫道：「風定湖水平，風生湖水活。波浪撼天高，趁風峭帆去。遠疑天上來，通向天際沒。日暮碧流空，湖光淨如耀。」

這裏民間傳說，很久很久以前，原沒有巢湖。一天，來了一書生，告訴厚待他的一位老婦，當縣城門前的石龜眼睛發紅的時候，縣城就要陷落爲湖。老婦急告衆位鄉鄰，但縣衙的官吏卻認爲老婦著了魔，故意用雞血塗紅了石龜眼睛，不料縣城眞的成爲一片湖泊了。

今日的巢湖，已成爲旅遊勝地。巢湖的美，不僅在水，而且在山。宋人劉攽遊巢湖詩云：

天與水相通，舟行去不窮。何人能縮地，有術可分風？宿露含深墨，朝曦浴嫩紅。四山千里遠，晴晦已難同。

巢湖畔，有「崎嶇萬山下，萬山高且崖」的萬象山，有「回首望諸峰，斷雲飛片片」的大秀山，有「仰視天開擴，俯尋路一線」的芙蓉嶺……座座峰巒，參差相映，南宋愛國詩人陸游遊巢湖時感嘆：「何曾蓄筆硯，景物自成詩。」

峭壁嵯峨的銀屏山延綿於巢湖之濱。群山雲霧纏繞，宛若仙境。著名的「仙人洞」就在銀屏山麓仙人嶺腳下。相傳古代仙人崔子顏、甜如蜜、呂洞賓三人曾在此修煉，離去時丟下「仙藥」一瓶，據說「雞犬舐之皆得仙」。前洞口石崖下有一古寺。名爲「安樂寺」，門上書有「天然洞府」四個大字，寺內四壁刻滿詩文。由前洞口兩側拾級而上，在後山腰又有一巨大溶洞，可謂洞內有洞，別有洞天。

被稱爲「湖天第一勝處」的「中廟」位於巢湖北岸的鳳凰臺上，與湖中的姥山遙遙相望。傳說有一羽士夢見一神女託夢說：「我是泰山玉女，聽說巢湖北岸有一赤如丹、形如鳳的仙磯寶地，我想遷居那裏，今要借你力將我帶到那遊。」那羽士醒來後，將碧霞宮所供玉女神木身請出，由一朵祥雲浮載，飄然而去，黎明時分到達「中廟」，接受善男信女的膜拜。

與「中廟」遙望相對的姥山，宛如一位老態龍鍾的婦人，凝望著滔滔湖面上的兒山。相傳這就是縣城陷落時那位善良的老婦人變的，她在遙望她的兒子。因爲兒子爲把陷湖的消息告訴鄉鄰，誤了時間，沒能脫險。人們懷念母子倆，在姥山建了聖姥廟。

離「中廟」一點五公里的「四頂山」，聳立在巢湖北岸。相傳該山曾是漢代魏伯陽煉丹修道之處，至今山上尚存煉丹爐、煉丹池。登上「四頂山」，頓覺視野開闊，嵐影連綿，俯視巢湖，煙波浩淼。明代許如蘭登四頂山望湖，作詩道：

嵯峨直上極層椒，絕頂峰煙四望遙。
山色西來連霍麓，濤聲東去逐江潮。
天邊賈船千帆亂，水底魚龍萬象驕。
況是仙靈多蜜宅，伯陽丹鼎靄晴霄。

「四頂山」風光一絕是「霞」。「瞥見朝霞彩，臨湖四頂山」。每當旭日東升，朝霞滿天，滿山光彩奪目，滿湖丹砂熔金，甚爲壯觀。

巢湖不僅以坦蕩雄渾、嫵媚恬靜的優美風景吸引遊客，而且以別具風貌的漁趣令人興味無窮。銀魚是巢湖中的「皇石」，長不到一寸，周身透明光滑，潔白晶瑩，往來游弋、如梭織錦。傳說孟姜女尋夫途經湖邊，當地官賊害死了她的同伴，她沿湖痛哭，一串串淚珠掉進水中，變成一群群跟著她走的小銀魚。大鮎魚產卵時，仰面躺在湖邊的淺水草中，又白又圓的大肚皮袒露在月光下，閃閃發光，堪稱一絕。毛刀魚喜愛在水面浮動，相傳是魯班當年在湖邊建「中廟」時，撒下的刨花變成的。「金甲紅毛」的湖蟹，是巢湖又一特產。菊黃時節的夜晚，手持火把到湖邊草灘捉蟹，更是別有一番情趣。

## 青山巍巍葬詩魂（當塗李白墓）

蕪湖市東北的當塗縣，山青水秀。城東三十公里的橫望山，有石形環奇、洞穴盤行的「石門」，進入這天然洞府，玉泉嵌崆，勢若天河，奔激而下，相傳南朝陶弘景煉丹於此。唐代大詩人李白曾在這裏留連忘返，寫下「欲知悵別心易苦，向暮春風楊柳絲」的名句。城西南十五公里，博望山、望夫山同城西的梁山隔江相對，合稱天門山，山勢壁立，陡峭險峻，清朝時曾築有炮臺；城東南的青山（又名青林山），鬱鬱蔥蔥，青山河在山腳下由南而來，滾滾北去，奔向長江，此山西麓是「詩魂」李白安息之處，千百年來吸引了川流不息的遊人。

李白墓是一座莊園式的古典建築，背山面河，黑瓦白牆，相映成趣。

跨進圓形的大門，走過小巧的石拱橋，有一條通往「享堂」的石板小路。路兩旁是荷花塘，風舉荷葉，碧波蕩漾。右邊荷花塘畔，「十詠亭」的斗拱飛檐倒映塘中，更增添一番情趣。

「享堂」即「太白祠」，建於唐朝元和十二年（八一七年），一九三八年一度毀於日本侵略者的炮火，現在的「太白祠」係一九七九年重建。「太白祠」匾額是書法家林散之的手筆。祠堂中央，矗立一尊太白側身塑像，只見李白側目仰視蒼天，手按佩劍，雙脣緊抿，充滿著憂國憂民、壯志未酬的憤懣。

安徽著名雕塑家閻玉敏、閻玉琨設計的這尊塑像確實反映了李白晚年客居當塗、尋勝訪古、寄情山水時的心態與形象。

李白在朝廷供奉翰林，因不肯摧眉折腰、投權貴好，又蒙受昏聵的唐玄宗身邊的佞臣的讒言，被迫離開京都長安，「浪跡天下，以詩酒自適」，但他對國事仍非常關心。天寶十四載（七五五年），「安史之亂」爆發。李白毅然參加永王李璘幕府，以圖在消滅叛亂中一抒抱負。不料李璘擁兵自重，乘亂擴張勢力，被唐玄宗派兵消滅，李白也因此獲罪，被投入監獄。直到朝廷大赦才重獲自由。上元二年（七六一年）年過花甲、貧病交加的李白在兩次從政失敗後，懷著一腔悲憤，來到當塗，投靠當時任縣令的族叔李陽冰。

面對當塗的青山、綠水，李白久久盤桓，將心中的憂慮、憤懣寄託於山水之間。青山南麓，有南朝詩人謝朓任宣城太守時建造的謝公宅，所以青山也稱「謝家青山」與「謝公山」。李白愛讀謝朓風格清峻的山水詩，更同這位蒙受佞臣誣陷冤死獄中的詩人的憂患意識發生強烈的共鳴。他多次憑弔謝朓故宅。作詩云：「青山日將暝，寂寞謝公宅。」

就在李白客居當塗的第二年——寶應元年冬（七六二年），李白因患「腐脅疾」，溘然逝世，李陽冰因龍山之名吉祥，將一代詩魂葬在龍山東麓。五十五年後，李白生前好友范倫的兒子、宣歙觀察使范傳正根據李白「悅謝家青山」的遺願，將李白墓遷至青山西南麓，以實現李白與謝朓爲鄰的遺願，范傳正撰刻的墓誌銘石碑，今成爲「太白祠」中最珍貴的碑刻。

穿過「太白祠」，就到了李白墓。墓呈圓形，周圍用條石砌起一米多高的基圈。墓畔栽上蒼勁的松柏，墓前立著二米高的石碑，上刻：「唐名賢李太白之墓」，係清代所立。

歷代詩人，從唐代詩人白居易、賈島、杜荀鶴，到清代的劉大櫆、姚鼐，都曾跋山涉水，來到當塗，拜謁這位「筆落驚風雨，詩成泣鬼神」的詩仙。特別是賈島，千里迢迢來拜謁李白墓，不幸客死當塗。人們把他葬在當塗城東南，以使其「幽魂應自慰，李白墓相連」。

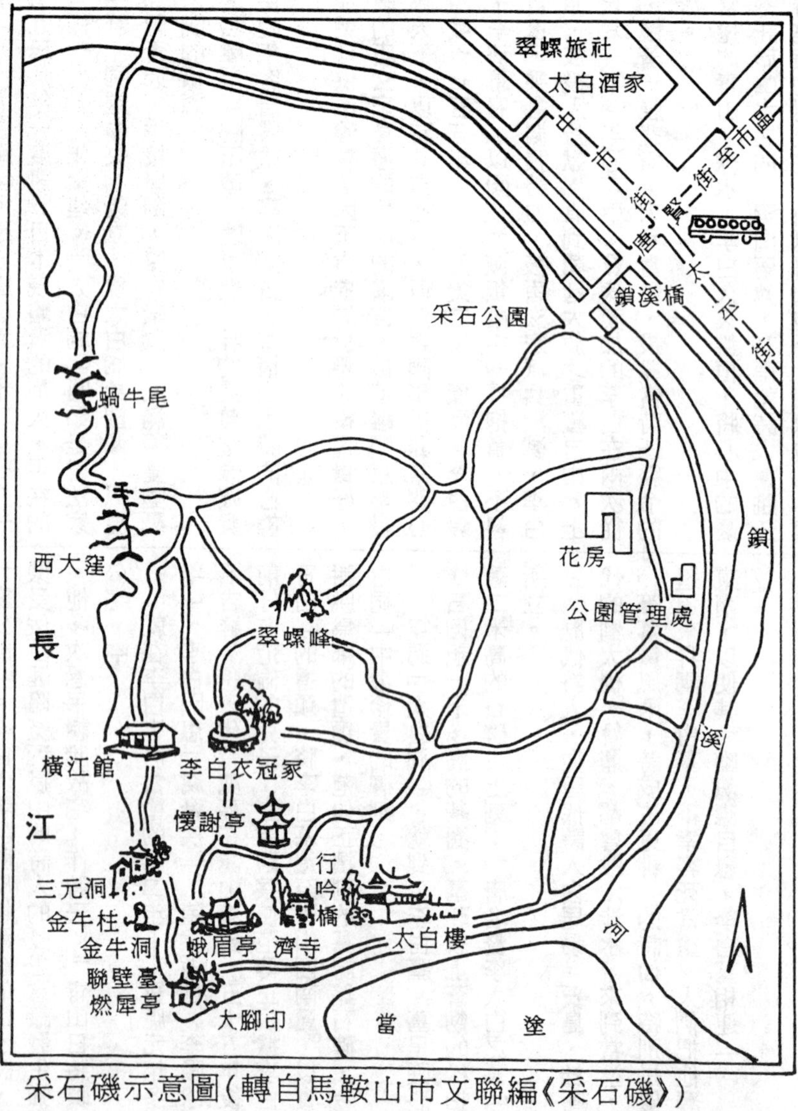


采石磯示意圖（轉自馬鞍山市文聯編《采石磯》）

## 千古一秀（馬鞍山采石磯）

在煙波浩淼的長江下游，距南京四十五公里，是安徽的東部門戶——馬鞍山市。傳說楚霸王項羽與漢王劉邦在淮北的垓下（今安徽靈壁縣）決戰，兵敗後逃至烏江（今安徽和縣），憤懣自刎。一直跟隨他征戰的烏騅馬悲鳴而亡，馬鞍化作一山，這就是馬鞍山。馬鞍山，這一古老的戰場，如今是新興的「鋼城」。它以風光瑰麗、名勝薈萃，吸引著衆多的旅遊者。

千古一秀的采石磯，就位於馬鞍山市西南五公里的翠螺山麓。采石磯高約五十米，峻峭凜然，佇峙揚子江南岸。它同岳陽城陵磯、南京燕子磯，統稱爲「長江三磯」。「三磯」中，「采石磯」以山勢險峻、風光綺麗居其首。

「采石磯」古名「牛渚磯」。《輿地志》記有「金牛出渚」的傳說。由於此處盛產五色彩石，民間常來發掘，因此又名「采石」。據說，三國孫權赤烏年間（二三八－二五〇年），翠螺山廣濟寺僧人掘井，得璀璨美艷之石，後鑿成香爐，從此改「牛渚磯」爲「采石磯」。儘管傳說不一，但「采石磯」確實像一顆五彩繽紛的寶石，鑲嵌在波濤滾滾的長江之濱，千百年來閃爍著耀眼光彩。

從唐代李白詠「采石磯」華章，清代黃仲則「太白樓」賦詩，到現代文學家郁達夫的《采石磯》小說、郭沫若的《水調歌頭·游泳》，「采石磯」留下許多珍貴的詩文、墨跡；同時，這裏又爲歷代兵家所必爭。三國爭雄，東吳名將周瑜、陸遜在「采石磯」一帶屯兵，現有「思瑾亭」，就是爲紀念周瑜而築的。東晉鎮西將軍謝尙鎮守曆陽（和縣）時，也在采石築城設防。采石東北荷包山，就是其練兵之所。李白的《夜泊牛渚懷古》詩，即借謝尙秋夜賞月知遇袁宏的典故，抒發自己懷才不遇的怨憤心情。六朝建都金陵（南京），采石乃「六朝京畿之西南屏障」，並流傳有「采石之險甲於東南」的說法。采石更是溝通大江兩岸、匯集各地商賈的交通樞鈕。據《安徽通志》載，采石自古便是大江南北的一個重要的津樑渡口。「采石磯」崖壁上，古代船舶撑篙繫纜的痕跡依稀可見。如今，采石由當塗縣劃歸馬鞍山市，舊時的「采石公園」被修葺一新，「太白樓」、李白衣冠冢、蛾眉亭、燃犀亭、懷謝亭、橫江館、醉月齋、翠螺軒這些古跡也被修復，使「采石磯」這顆明珠更加璀璨奪目。

「太白樓」是「采石磯」最負盛名的古跡。它同武昌城下的黃鶴樓、洞庭湖畔的岳陽樓、贛江之濱的滕王閣，合稱爲「三樓一閣」。它是爲紀念李白而建的。李白在寂寞貧困中悲憤地死於安徽當塗（舊稱太平府）境內，臨終前寫下絕筆：

大鵬飛兮振八裔，中天摧兮力不濟。
餘風激兮萬世，游扶桑兮掛石袂。
石人得之傳此，仲尼亡兮誰爲涕？

他以大鵬自喻，感嘆魯人獵獲麒麟，孔丘見之而出涕，現在孔夫子已亡，又有誰爲大鵬的中天摧折而流淚呢？他在最後的歲月，曾反覆吟詠「采石磯」，留下《夜泊牛渚懷古》、《牛渚磯》、《慈姥竹》、《望夫山》等許多名篇。爲了紀念這位大詩人，唐朝元和年間（八〇六—八二〇年）建造了這座飛檐樓閣。「太白樓」主樓三層兩院，兩側各有廂房庭苑，內栽桂花、棕櫚、玉蘭，青翠欲滴，花香襲人。後樓順應地勢，就坡築樓，同前二樓連成一體，廊內拱門如月，四周木質鏤空欄杆，交錯有序，欣秀別致。底層用青石壘砌，二、三層爲木結構，三樓檐下「太白樓」匾額十分醒目。進入一樓，迎面一座巨大屏風，繪著李白漫遊「采石磯」的國畫。二、三樓有一尊李白的神態瀟灑浪漫、栩栩如生的黃楊木雕像。

登上「太白樓」眺望大江南北，可見橫山之雄姿、青山之煙雲、天門之峭壁、大江之驚波，使人猶生「詩來尋我卻難辭」之感。一九六四年五月五日，郭沫若登臨「太白樓」，感慨萬千，欣然題詩：「我來采石磯，徐登太白樓。吾蜀李青蓮，舉杯猶在手。遙對江心洲，似思大麴酒。贈君三百斗，成詩三萬首。紅旗遍地紅，光輝彌宇宙。」

後來，他撰寫《李白與杜甫》時，又作《水調歌頭》：「久慕燃犀渚，來上青蓮樓。日照長江如血，千里豁明眸。洲畔漁人布罟，正值鰣魚時節，我欲泛中流。借問李夫子：願否與同舟？……」

太白樓之西，景色極爲清幽，東吳赤烏二年建有「石磯院」，宋代改爲「廣濟寺」，它坐擁翠螺山麓，終年香客不斷。宋代詩人梅堯臣賦詩道：「船從山下過，直上見僧軒。縈纜登采石，緣崖到寺門。短籬遮竹漾，危路踏松根。卻看滄江底，帆歸煙外昏。」

「太白樓」往西臨近長江，是一平坦巨石，石上刻有「聯璧臺」三字，字若斗大，後署「思道」二字。「聯璧臺」嵌在葱鬱陡峭的絕壁上，翹首展翅，突兀江幹，勢態壯觀，十分險峻。「聯璧臺」題詞下方，還有明嘉靖年間自稱「天臺狂客」蔡景堯刻的詩「峨嵋何孤絕，遊子往不歇。不見謫仙人，空江自明月。」原來，相傳李白就在這裏跳江捉月的，所以，它也叫「捉月臺」或「捨身崖」。

「聯璧臺」沿江往北，則到了天然勝景「三元洞」。「三元洞」是「采石磯」五個天然石洞中最大的一個，據《當塗縣志》載，清朝康熙年間，有一叫定如的和尚路過此地，看中了石洞，在裏面「修眞」，後築有「妙遠閣」。出「三元洞」，洞外石壁上有三尺長的石刻，上面刻著署名「自然子錄」的愛國詩一首：

神州誰是主人翁，保衛祖國化大同。
立志共籌謀國策，富強定不讓西東。

# 中原部

林德崇
王新京 編著

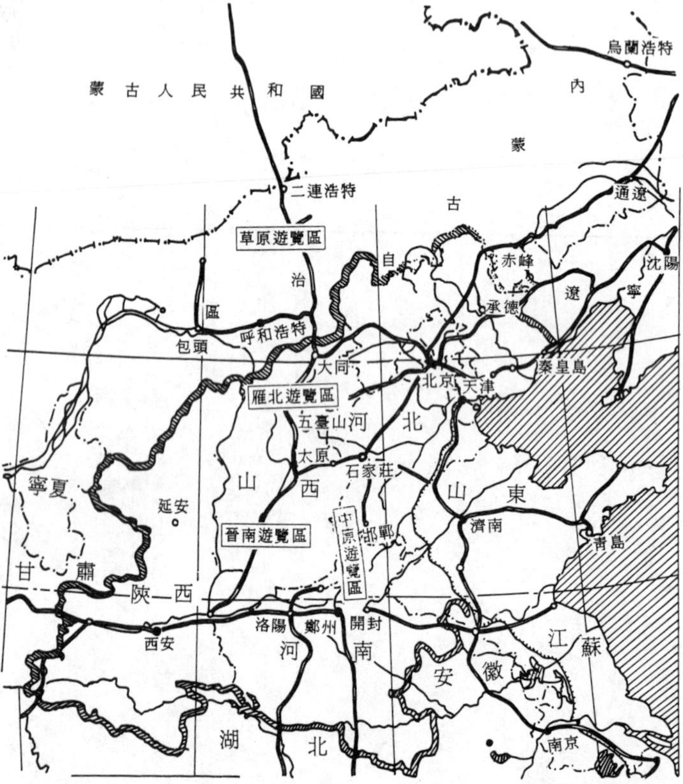

# 中原遊覽區

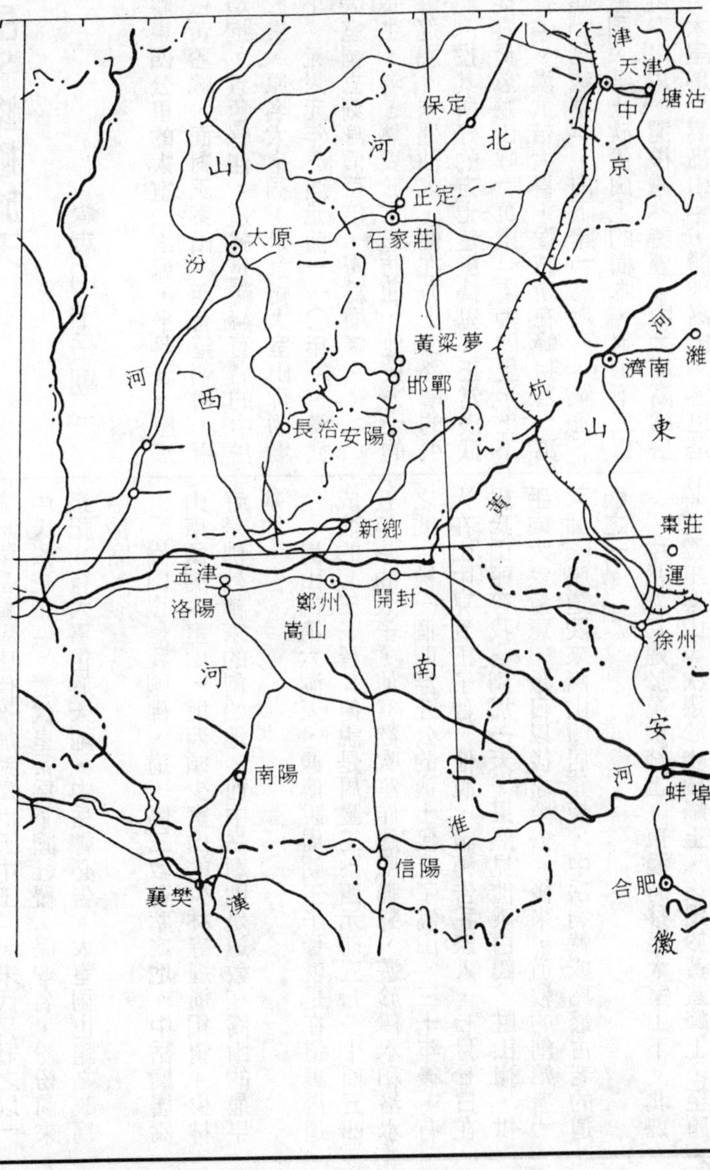
津
天津
塘沽
保定
北
中
京
河
山
正定
石家莊
太原
汾
河
西
黃粱夢
邯鄲
長治
安陽
杭
山
濟南
濰
河
東
黃
新鄉
棗莊
運
孟津
洛陽
鄭州
開封
嵩山
河
南
徐州
安
河
蚌埠
南陽
淮
信陽
襄樊
漢
合肥
徽

# 巍巍中岳，峻極於天

## （嵩山中岳廟）

在河南登封縣東四公里的太室山南麓，坐落著一座宏大的寺廟。它背依黃蓋峰，面對玉案山，西有望朝嶺，東有牧子崗，群山環抱，景色絕佳。這就是赫赫有名的中岳廟。中岳廟始建於秦，原名太室祠，是祭祀太室山神的場所，初建規模較小。元封元年（西元前一一〇年），漢武帝到嵩山遊覽使太室祠立刻身價百倍，廣為增修。

漢武帝為了長生不老，熱衷於求道訪仙。他按方士的指點到河南緱氏縣巡視。未遇仙人，便在方士公孫卿的引導下去禮祭太室祠。投其所好的方士趁機搗鬼。正當漢武帝行至峰上，隨從官員忽聽山呼「萬歲」。「問上，上不言；問下，下不言」。漢武帝大喜，遂將所在峰封為「萬歲峰」，在山上建「萬歲亭」，山下建「萬歲宮」。並下令叫祠官擴建太室祠，禁止砍伐山上的樹木，封山下三百多戶給神祠作為供奉之用。還根據《詩經》中「嵩高維岳，峻極於天」而封太室為「嵩高山」，簡稱嵩山。這也是登封縣建制的開始。

嵩山，地處中州又被稱為中岳，傳為中岳神居住的地方。中岳神，唐代被加封為「天中王」，宋代又冠之以「中天崇聖帝」。歷代皇帝為了固社稷，保聖名，紛紛前來祭祀。有大事告於天地，中岳神必告。太室祠也隨之改為中岳廟。

嵩山也是我國佛、道、儒三教薈萃之地。中岳廟居嵩山東頭的太室山，與西頭少室山的少林寺遙遙相望。少林寺是佛教禪宗的創始地，而中岳廟則是道教在嵩山的最早基地。

嵩山為第六洞天，據傳說周朝王子晉就是在這裏得道成仙的。王子晉，傳說是周靈王（西元前五七一—前五四五年）的太子，他喜歡吹笙作鳳凰鳴聲，遊於伊水和洛水之間，被一個叫浮丘公的道士接上了嵩山。三十年後，有人在山中見到王子晉，他說，請轉告我家人，七月七日在緱氏山頭等我。到那一天，果然見他乘白鶴，駐山嶺，拱手向大家致意，數日以後才離去。後來，道教的創始者「天師」張道陵來嵩山隱居修煉，中岳廟就成為最古老的道觀之一。

中岳廟初建於萬歲峰上，東漢時移至太室山下。北魏時首遷玉案山，次遷於峻極峰上，後遷於黃蓋峰上，至唐玄宗時，才將廟址定於現在的黃蓋峰下。

中岳廟占地約十萬平方米，南北有一條中軸線貫穿，全長六千五百米，最南端是東漢時遺留下來的太室闕，北面依次爲中華門遙參亭、天中閣、配天作鎭坊、崇聖門、化三門、峻極門、嵩高峻極坊、中岳大殿寢宮、御書樓十一進，最北以北魏中岳廟舊址黃蓋峰上的黃蓋亭爲終端。

太室闕，是用長方形的青石壘砌而成。分東西兩半闕，間距六點七五米，通高三點九二米，厚約七十釐米。闕是一種表示「尊嚴」的裝飾性建築，一般立於城、宮、廟、墓門前的甬道兩旁。嵩山地區原有「五闕」，現存三闕，其中以太室闕保存最完整。太室闕頂部爲石製屋頂，壓以五條獸脊，是東漢建築「四阿頂」的縮影。額南刻有篆隸參半的「中岳太室闕銘」，記述了東漢安帝元初五年（一一八年）陽城長呂常等人建闕的情況，爲研究我國古代書法演變過程的重要實物。闕身四周的浮雕爲兩漢流行的「四神」（青龍、白虎、朱雀、玄武）、人物、車騎、禽獸等畫面五十餘幅。圖案大方，達練樸實，形象眞切，帶有濃厚的生活氣息。

過太室闕，沿著筆直的神道，前行約三百米，便是中華門。中華門原爲木建牌樓。一九四二年才改爲磚瓦結構歇山頂廡殿式，並由「名山第一坊」改名爲「中華門」，現爲中岳廟的前門。門前神道左右亭內分立著東漢安帝元初五年（一一八年）雕刻的中岳廟衛士──石人翁仲，高約一米，平頂，腰繫大扣紐帶，是研究漢代雕刻藝術和衣著服飾的寶貴資料。

崇聖門東有古神庫一座。宋代重修中岳廟時，把舊有的神像置於此地，上面建個四角亭，取名「古神庫」。兩旁分立四尊宋代鐵鑄的「鎭庫將軍」，高約四米，重約一千五百公斤，是研究宋代冶鑄藝術和武士風度的寶貴資料。爲我國現存庫鎭鐵人中形體最大、保存最完整而造型也較佳的藝術珍品。據說原來門西還有四個鐵人，如今哪裏去了呢？當地人說是投奔岳飛抗金去了，剩這四個鐵人因沒去上，至今還氣得緊握雙拳、怒目圓睜呢。

「四狀元碑」後是「化三門」。門後甬道兩旁爲「四岳殿」，即東岳泰山殿、西岳華山殿、南岳衡山殿、北岳恆山殿。古人稱中岳廟爲土神之宮，五行土爲尊，所以中岳廟爲五岳之首，封建帝王懶得四外奔波，只要在這裏設祭，就算五岳全祭到了。這眞是自欺欺人。在東岳殿與南岳殿之間的亭內，有嵩山現存最古老的《中岳嵩高靈廟之碑》。碑文爲嵩山著名道士寇謙之書寫，刻於北魏文成帝太安二年（四五六年）。旁過爲元順帝至元元年（一三三五年）刻立的《聖旨碑》，內容是曉喻百姓不許破壞中岳廟的一切東西。

出峻極坊便可見峻極殿。此殿位於中岳廟的中心，是清乾隆年間仿造北京故宮的太和殿重建的，俗稱「中岳大殿」。殿高二十餘米，面積九百二十平方米。殿正中神龕內供奉的是高約十五尺的岳神天中王，龕內原設「長明燈」，晝夜點燃著善男信女們供奉的滿缸芝麻油。據說黃蓋峰西邊有一座「火焰山」，為防中岳廟失火，古人還在殿後門內立了一塊刻有八卦水象「☵」字的大碑。關於天花板上的盤龍藻井，傳說是在建中岳廟時一個衣著襤褸的木匠老頭做的。開始領工很看不起他，只扔給他一個柏樹根疙瘩去鏇。後來安裝天花板時，發現正中少了一塊。領工到處尋不見，生氣地踢了一腳那塊只劃著十阡八道墨線線的樹疙瘩。沒料想，居然從裏面蹦出了個漂亮的藻井，上有蛟龍捲鬚昂首，盤繞升騰，生動逼真，巧奪天工，往天花板上一安，正好。人說，這是魯班「顯聖」了。

大殿兩廂八十四間東西廊房，與峻極門構成一座完整的院落。房內原有各種「陰司報應」塑像，俗稱「東廊房西廊房，七十二個大閻王」。

峻極殿後的單獨院落為岳神寢宮，為清代建築。殿中原供「天中王」和「天靈妃」的三米坐像。兩端有透花紫檀木「龍榻」，東榻是繡花緞被下睡著的檀木天中王像，西榻為彩色泥塑像，旁有身著宮服的「天靈妃」坐陪。俗稱「睡爺爺，坐奶奶」。殿棚藻井的明間為「騰龍」，暗間為「翔鳳」。其實這一切，都是為了討好人間帝王的

出中岳廟後門，沿盤旋小道，上黃蓋峰，便到黃蓋亭。站在亭內，可俯瞰中岳廟全景，遠眺嵩山諸峰。廟內碑刻如林，古柏如碑。今廟中尚存漢、宋古柏三百餘株，依其奇特的形狀，著名的有「臥羊柏」、「猴柏」、「荷花柏」。

與之爭相媲美的是廟前後那二百餘株千年古樹，其中最古老的要數峻極峰下嵩陽書院人兩株「將軍柏」了。要說它們這官銜還是漢武帝給封的呢。西元前一一〇年，漢武帝率群臣祭祀中岳過此，見一株柏樹高大出奇，便封為「大將軍」，隨後見到更大的一株，但因「大將軍」已經封過，只好封「二將軍」。小柏樹被封為「大將軍」，笑歪了身子，大柏樹被屈封為「二將軍」氣破了肚皮。據推測，那兩株柏樹大約栽種於西周或更早些時候，至今已有三千年左右的歷史。

在嵩山比「將軍柏」更古老的是有關「啓母石」的傳說。「啓母石」就在「將軍柏」東一公里漢武帝封「萬歲峰」時建的「萬歲宮」（宋代後改為「崇福宮」。）東側，這塊巨石和夏朝的大禹有著骨肉之情呢。相傳遠古時洪水泛濫，民不聊生。大禹受父命治水心切，三十歲才成親。並和妻相約，以擊鼓為號，送飯至工地。一日，大禹變作熊，正奮力開山鑿石，不留神，一石滾下山，鼓響妻至，見狀大恐，返身逃至山下，心急化作巨石。大禹後悔莫及，想妻有孕在身，大叫：「還我兒來！」聲落石開啓出，故名「啓母石」。禹的兒子便名「啓」，他是中國進入

階級社會第一個父傳子的統治者。

夏禹當時的都城就在距登封城東南十八公里的告城。那裏有我國現存最古老的天文臺，即元代著名天文學家郭守敬創建的觀星臺。郭守敬是河北邢臺人，從小酷愛天文學。元世祖忽必烈統一中國後，爲了發展農業生產，派他主持修訂曆法。經過三年努力，製造天文儀器十三種，並以告城爲中心，在全國設立了二十七觀測站，測定出二十四節令和一個回歸年的精確時刻，於西元一二八〇年制定了《授時曆》頒行全國。《授時曆》與現在世界上通用的格里曆分秒不差，卻早三百年。

反映我國古代人民智慧的還有登封西北五公里與中岳廟同在太室山南麓的嵩岳寺塔。塔建於魏正光元年（五二〇年），高十三層四十多米，是我國現存最古老的一座獨特的十二角磚砌佛塔。塔用小磚和糯米湯攪拌的黃泥粘砌而成，一千四百多年完好無損。

中岳名勝數不盡，嵩山故事說不完，有時間有機會還是親自跑一趟爲好。如果能趕上農曆三月或十月到中岳廟，還能參加那裏熱鬧非凡的廟會呢！

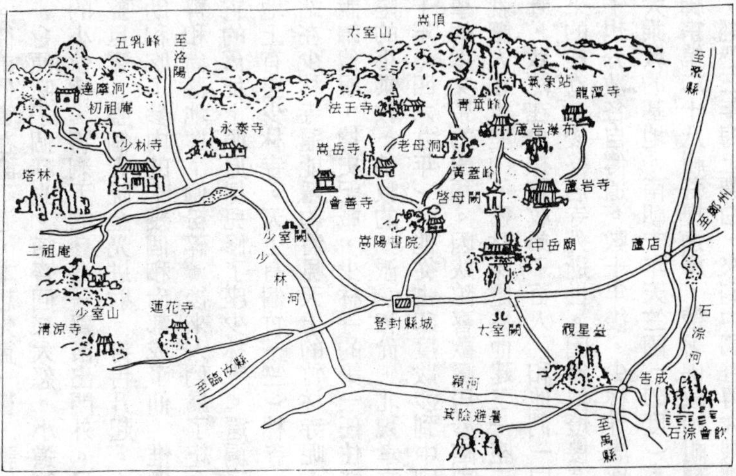


中岳嵩山示意圖

# 功夫出少林（嵩山少林寺）

在河南省登封縣城西北十三公里的少室山陰五乳峰下，古樹葱蘢，掩映著一座金碧輝煌的古刹。這就是名揚天下的嵩山少林寺。爲昔日嵩山七十二寺中的一顆明珠。關於少林寺的來歷，有這樣一個傳說。

古時少室山這兒有四時不謝之花、八節常青之藤。山下的蒼松翠柏裏，有座宏偉壯觀的寺院，叫竹林寺。寺院裏有個叫道齊的和尚頭兒，自認爲功果不小，一心想成佛，他白日尋仙草、夜晚煉仙丹，根根葉葉、丹丹丸丸沒少吃，卻瘦得皮包骨。廟裏有個十來歲的小和尚，因總揹著個籃子上山砍柴割草，得了個「道籃」的名兒。一天，那道齊和尚正在山上東張西望地尋仙草，忽聽有孩童嘻笑，尋聲望去，只見道籃並不砍柴卻和一個雪白粉嫩的男娃娃玩耍，煞是生氣。本想待道籃回寺後好好教訓他一頓，沒想到他打得柴草反倒比往日多，就追問其緣由。小道籃不得已說出了參娃相助之事。道齊一聽喜上心來，認定這就是三千年開花、三千年結果的仙參。第二天暗隨道籃上山，乘機將針線穿入小參娃的髮辮。參娃見生人就鑽入地下，被老和尚用钁頭刨出，帶回煮入鍋中。不出三個時辰，就已濃香漫野。正巧這時，白蓮寺和尚悟通前來拜訪。道齊惟恐秘密被人知道，忙迎出山門，並厲聲囑咐徒弟們不許揭鍋。徒弟們實在饞不過，本想先嘗一嘗，誰知越吃越香，不一會便吃了個精光。道齊回來大怒。小道籃恨其害了自己的小伙伴，將剩下的參湯一齊潑出門外。只聽「嘩」的一聲巨響，整個寺院金光迸射，冉冉升起。小道籃得參湯之助和吃了參肉的十幾個和尚都成了仙，惟獨貪心狠毒的道齊和尚落地摔了個粉碎。後來人們爲了紀念竹林寺，就在它的舊址上照原樣兒修了座少林寺。還編了句順口溜：「地上有座少林寺，天上有個竹（竺）林寺。」據說，夜裏站在少林寺還能隱約看見天上的竹林寺呢！

傳說歸傳說，據史記載，少林寺的第一任住持，是一個叫跋陀的小乘教（佛教的一派）和尚，北魏孝文帝元宏太和二十年（四六九年），他從古印度跋涉到中國，得到虔信佛學的孝文帝的崇拜。因跋陀喜歡隱居於幽靜之處，孝文帝就讓人在少室山下密林深處爲他建了一座寺院，取名少林寺，跋陀在少林寺收弟子百人，和他們一同翻譯了隨身帶來的經卷，後移居寺外逝世。因無傳燈接宗的規矩，其弟子也分散各自傳道。數十年後，少林寺成爲佛教另一派—大乘教的基地。南朝末年天竺國（印度）香至王印度佛教禪宗第二十八祖菩提達摩，帶著佛教始祖釋迦牟尼的衣鉢，經過三年海上漂泊，來到中國宣傳大乘佛教。他先在廣州光孝寺傳教講道，後又被梁武帝接到南京相見。

梁武帝原以爲自己建寺、寫經、度僧造像甚多，定有不少功德。而達摩卻說：「無功德」，因所作是「有爲之事，不是實在的功德」。二人話不投機。達摩便摘一枝五葉蘆葦作舟渡江入魏，來到嵩山少林寺，創立了禪宗。關於達摩的出身，與他同時代的楊衒之在《洛陽伽藍記》中另有一說，認爲達摩不過是位「起自荒裔，來遊中土」的普通遊方和尚。關於「一葦」的傳說。後人也有認爲不是指一葉蘆葦，而是取《詩經·河廣》中的一句：「誰謂河廣，一葦杭之」；言以束葦紮成木筏形狀以渡江。總之，不管達摩出身如何，又是怎樣渡江上的嵩山，他在我國佛教史和中印文化交流史上都是位有重大影響的人物。他所傳的禪宗不重義理而主張坐禪「壁觀」，以面壁沉思，姑息衆念，來領悟禪理。這種簡便易行的修養方法，自然易於推廣。後來禪宗儒化後，立即成爲中國佛教的主傳派別。達摩則被中國禪門尊爲祖，唐代宗賜謚「圓覺禪師」。達摩自上嵩山後，面壁九年修行，然後將衣鉢傳給慧可（二祖），便離少林寺而去，約於西元五二八年（又一說西元五三六年）圓寂於洛濱的禹門，又有人說他是因教派鬥爭遇毒而逝的，葬於熊耳山定林寺。

由於達摩所傳的大乘教對當時流行於中國廣大地區的舊禪法是一種革新，開始的鬥爭是很激烈的。達摩去世後，他的弟子們先在北方苦鬥了一時，最後還是被迫轉向南方。形成了以慧能爲首的南宗，和以神秀爲首的北宗。南北宗在教義上並無多大區別，但在修行方面則有所不同。北宗倡導「漸悟」之說，認爲逐步修煉方可成佛。而南宗倡導「頓悟」之說，主張「放下屠刀，立地成佛」。南、北宗經幾十年的爭執，至唐德宗時，南宗終於在北方取代了北宗的勢力。此後少林寺一直成爲南宗一派的傳法道場。慧能生前便允許弟子自立門戶，於是唐末至五代之際，南宗內部又分爲五宗（曹洞、臨濟、雲門、法眼和潙仰），其中以曹、臨二宗影響最大。其餘三派已漸衰。元初始，少林寺明確以曹洞宗爲正宗，一直延續至今，但寺僧中仍有臨濟宗的傳人。

少林寺從創建到現在近一千五百年中，曾一次被廢，三次被焚。一次被廢發生在北周武帝時，當時國內信佛的人占居民一半，生產受到很大影響，嚴重影響了皇室利益。於是建德三年（五七四年），周武帝下令禁佛、道二教。少林寺被廢棄，僧徒們紛紛被遣散回鄉生產。後李唐王朝重建少林寺。至宋時，少林寺已聚僧徒二千餘人，樓臺殿閣等建築五千餘間，藏佛經近萬卷，其「妙樓香閣，俯瞰爲林；金剎寶鈴，上搖清漢」。號稱「天下第一名剎」。可惜的是，清雍正年間（一七二三－一七三五年），皇帝怕武僧造反，放火圍攻寺院，將少林寺第二次置於火海中。乾隆以後又加整修。民國十七年（一九二八年），直系軍閥樊鍾秀和國民軍石友三激戰於少林寺，樊據少林寺爲司令部。石軍攻占寺院後，又將名刹付之一炬。這第三次火焚尤爲嚴重，大火延續了五個晝夜，七進院落只剩下二三間房，無數經典、法器等貴重文物化爲焦土。解放後政府多次整修重建，如今少林寺已成爲中外遊客和僧人交往、坐禪及觀光的聖地。

少林寺原來規模相當宏大，計有常住院、初祖庵、二祖庵、三祖庵、塔林、甘露臺、祠堂以及南園等處。

山門前是翠柏成蔭的廣場。迎面少溪河上有一座清道光二十六年（一八四六年）建的石橋，名「少陽橋」。橋洞石券西側雕龍頭，東側雕龍尾，龍頭鼓目張口，迎著來水的方向，試圖以此懾服水患。廣場中爲甬道，兩側爲明嘉慶年間建造的石牌樓各一座。東牌樓早已塌毀，前幾年重修。山門前砌十七級高的臺階，臺階兩側是一對高約二米的大石獅和旗杆。

山門爲一殿，面闊三間，單檐歇山頂，雕脊彩瓦，吻獸生動，係清雍正十三年（一七三五年）所建。門上「少林寺」橫匾，原懸於天王殿，兵火後移此，係清聖祖玄燁親書，匾中上部刻有「康熙御筆之寶」方璽。殿內有彌勒坐像和韋馱護法像各一尊。正門兩側爲過車的掖門，內通馬道。關於山門，過去有種奇妙的傳說，有的說，山門建有翻板、陷阱等機關。要入少林寺，非有輕身功夫不行，否則就會腳踏翻板，誤中機關。有的說，這裏有一條「木人巷」，裝置有手腳都能活動的五百尊「木羅漢」（又一說，三十六個木人，二十四匹木馬）。到少林寺學武藝的人，出師下山的時候，須從「木人巷」打出來。打不出來的，還得重學三年。其實，這些都是外人想象之辭。走進大門，是一條筆直的高臺甬道，道路兩旁，蒼柏掩日，立有唐、宋、元、明、清各代碑銘三十餘通，這就是有名的少林「碑林」。其中以北宋蘇軾的《觀音讚碑》和元代趙孟頫的《裕公碑》書法最佳。前者大有「揮毫落紙如雲煙」之勢，後者以圓轉遒麗、隱秀多變爲特點。著名的碑刻還有：唐太宗的賜少林主教碑，武則天撰、王知敬書的唐天后御製詩碑，宋代書法家米芾的「第一山」刻石，明代書法家董其昌書寫的無言道公碑，清乾隆的御書碑，還有吳道子的觀音畫像碑和達摩一葦渡江畫像碑等。元代日本高僧邵元（一二九五—一三六四年），曾在少林寺先後任執事僧，得少林武術眞傳，傳回日本，深受國人尊敬，被日本人稱爲「國魂」。

穿過碑林，就是天王殿，爲二進院。該殿與三進殿的大雄殿、四進院的藏經閣均被石友三燒毀。在原殿基礎上重建天王殿。在鐘樓基址上除可看到明弘治元年（一四八八年）鑄的一點七五米高的地藏王鐵像和石碑等文物外，還可看到一口高二米、直徑一點二五米、重五千五百斤的金代泰和四年（一二〇四年）鑄的大鐵鐘。據說當年石友三火燒少林寺，大鐵鐘在鐘樓倒塌時墜地摔碎，一九五八年又焊接如初置於原處。

大雄殿後是藏經閣舊址，右邊有一個大石磨，據說，三四大騾子才能拉動它，一天可以磨麵粉一千多斤。左邊有一口大鍋，直徑一點六五米，重一千三百多斤。這是當年和尚們的炒菜鍋。寺內還有一盞銅燈，可容油數擔。這些遺物，足以使我們想象到少林寺當年興隆非凡的氣派。

再往前走是方丈院，爲第五進院。這是兵火後山門以內倖存的第一所建築。中爲方丈室，是歷代住持和尚居住的地方，兩旁配殿爲執事處所。乾隆十五年（一七五〇年）清高宗弘曆遊嵩山時曾留宿於此，留下了「明日瞻中岳，今宵宿少林。心依六禪靜，寺居萬山深」的詩句，方丈院因此一度易名「龍庭」。站在方丈室門口，南望少室山峰，其北坡上橫臥著一塊巨石，約十餘平方米。每當夏季，雨過天晴時，陽光直射石上，放射出奇異的光彩。遙望像白雪一片，晶瑩奪目，人們便稱它爲「少室晴雪」。「少室晴雪」和「盧涯瀑布」、「嵩門待月」、「轘轅早行」、「潁水春耕」、「箕陰避暑」、「玉溪垂釣」和「石淙會飲」同稱爲中岳八大景。

出方丈室，拾級而上，高臺上有一座小巧玲瓏的琉璃佛殿。爲達摩殿，又叫「立雪亭」，相傳爲禪宗二祖慧可立雪斷臂處。慧可，虎牢（今河南滎陽縣）人，少爲儒生，博覽群書，通達老莊易學，曾出家龍門香山寺，精研三藏內典。年約四十歲時，遇達摩於嵩山洛陽一帶遊化，即拜他爲師。達摩閉門面壁，置之不理。慧可就在門外等候。時值數九寒天，鵝毛大雪鋪天蓋地，雪深過膝，慧可立侍雪中不動。第二天，達摩仍不許入室，於是慧可便用刀把自己的左臂砍下，獻於達摩前，表示求道至誠，達摩這才把棉衣袈裟和吃飯的鉢盂傳授給他，作爲傳法的憑證，「衣鉢眞傳」的成語便出於此。雖後人也有說慧可的斷臂其實是在佛教派系的鬥爭中爲教敵所傷，地點在古之鄴都（今安陽北），並非自殘。但這段「雪中斷臂求法」的故事，仍爲一般禪家所傳誦。

過了立雪亭爲毗盧閣，又稱千佛殿。殿東、西、北牆上有大型彩色壁畫——五百羅漢朝毗盧，高七米，面積三百二十多平方米，其規模之大在全國同類壁畫中爲罕見，畫面以水、風雲、山林爲背景，分三層，上層爲層疊的峰巒，中層爲浮騰的雲海，下層爲翻滾的水浪，清晰有致且又渾然一體。五百羅漢形貌奇特，栩栩如生，分爲三十五組，各表達一個故事，據說其色彩數年一更。整個畫面採用重彩平塗法，色彩朱黑諧和，勾勒粗勁有力，線條簡練，筆法流暢，結構嚴謹，是我國藝術寶庫中的珍品。

殿內磚砌的地面上還有四十八個成排成列深二十釐米

的陷坑，傳說這是少林寺武僧操演基本功時留下的腳窩。少林寺的馳名，雖在於古，更在於拳。少林拳講究一條線戰術，即拳術套路起落進退全在一條線上運動。主要原因，據理推測，可能因爲與人交鬥，無非正面與側面的進攻與防守，要求一個起橫落順。少林拳的另一特點是：拳打臥牛之地。意思是與敵相接不過是前進與後退那麼兩三步地之間。俗語說：拳打三分，腳踢七分，拳術之道，雖是手上功夫，但與人交鋒求勝，莫先於腿。蓋腿腳比手更無情，常能出人不意，攻其不備也。所以少林拳術很重腿功，少林拳術的基本功是四平馬步樁。四平即兩腿兩肩平直，氣沉丹田，十趾抓地，以練腿部的力量，達到行拳走勢時「穩如泰山」。地上這些深陷的腳窩，充分表現了少林武術講究實戰和苦練的特色。

千佛殿的西廂爲地藏殿，東廂爲白衣殿。殿內供白衣大士銅像一尊。白衣大士即白衣觀音。取白是「明心之潔淨」的意思，觀音常穿白衣，故名。殿內三面牆上，繪彩色壁畫。因其中主要壁畫內容是表現清代寺僧操演武術的場面，所以千佛殿亦稱拳譜殿或錘譜殿。少林拳譜共有持械、徒手、馬上、馬下、步戰、輕功、氣功等一百多種套路。據說這些套路起源於禪宗初祖達摩。達摩本無心研究拳術，只因長期盤膝靜坐，面壁修行，肢體麻木，不得不起身活動四肢，舒展筋骨，逐漸將鳥獸蟲魚飛躍、跳躍、游弋、滑翔等多種姿勢融合在一起，編成了一套健身養性的拳術，稱「達摩十八手」。後來他見衆僧在聽講演時精神萎靡，筋骨衰弱，一入座便昏沉欲睡，便讓他們每日天一亮，便和他一同起床練拳，由此發展爲後來的少林拳。另一種看法認爲：說達摩創少林拳純屬附會。少林寺歷來有習武的傳統。早在一千四百多年前建寺的時候，就曾召了許多會武術的青年子弟爲和尚。如惠光和尚，就是因爲十二歲時在洛陽天街的井欄上一口氣反踢毽子五百下，被跋陀主持看中而被剃度爲僧的。少林拳的形成並非一人之功，而是歷代僧人共同努力，並吸取了民間武術精華的結果。「少林拳譜」圖在南北兩壁上，以少林寺常住院的立體彩繪全景爲背景。南壁繪武僧持械操演的場面。北山牆上湛洛和尚正在指導僧徒比賽心意拳、六合拳；殿閣之中，老僧們正陪著清朝官員觀武。這個清朝官員叫麟慶。道光八年（一八二八年），他代替巡撫祭祀中岳時住居少林寺，要求看一下少林拳法。因當時清廷禁止民間練習拳棒，違者要逮捕法辦，所以少林和尚都諱言不解。後來，還是麟慶說：少林拳勇自昔有聞，……保護名山，正需用此，但不必打誑語。和尚們才敢在殿前表演拳術。麟慶看後，佩服少林拳法「熊經鳥伸，果然矯捷」。後牆北二間繪的是「十三和尚救駕唐王」與「活捉鄭將王仁則」的傳統故事。西元六一七年初夏的一天上午，少林寺的一群和尚正在龍潭河邊看一位名叫覺遠的和尚練心意棍。龍潭河位於柏谷，柏谷是隋開皇年間高祖楊堅賜給少林寺的屯地。忽然，一後生被官兵追至此，覺遠和尚掩護其持棍依崖沉入水中，並和衆師弟打水仗哄過了官兵。這後生就是歷史上有名的唐代貞觀皇帝、太宗李世民。這時他還在其父高祖李淵手下擔任主將，負責討伐洛陽的王世充。王世充曾任隋江都郡丞，多次參與鎭壓隋末起義軍。六一八年在洛陽擁立隋越王楊侗爲帝，六一九年自己稱帝，國號「鄭」。他在離少林寺二十五公里地形險要的柏谷築了一座轘州城，派他姪子王仁則防守。李世民化裝輕騎深入敵後瞭解敵情，不幸被王仁則的部下捉住，正解經洛陽，李世民砸銬逃跑至此，巧得少林和尚搭救。次日，多疑的王仁則圍寺要人，李世民怕牽連衆僧，出寺復被擒。覺遠等十三人又尾隨進城，將李世民救出。圖中「古雒城（即洛陽郊外）、十三個和尚保衛著唐王李世民正騎著馬東逃，一隊兵從城中追出」描寫的正是當時的情景，覺遠因此被逐出寺門，原想男扮女裝潛去白馬寺避難，不料白馬寺也受牽連遭劫，搭救唐王的另外二僧已被王仁則解來此。十三僧會面後，同回少林寺對方丈曉之以理：鄭王拿覺遠不過是藉口，滅寺爲眞；「二武」之禍的教訓不應忘記。方丈如夢初醒，爲保兩全，暫將覺遠鎖在偏房交一沙彌看守。果然不出所料，又一日四更，王仁則派混入少林寺的假和尚殺了看守覺遠的和尚，以栽贓覺遠引起內鬨，血洗少林寺。此陰謀敗露後，少林全寺同仇敵愾，至王仁則圍寺時，覺遠獨身將王引開，活擒之，鄭軍無頭，被十二僧一擊即潰。那幅「活捉鄭將王仁則」的壁畫再現的就是這勝利場面。後少林武僧又應李世民之請出山參戰，逼降了王世充，爲唐朝加速統一立下功勳。李世民登基後，不忘舊誼，特封敕少林和尚吃酒肉、開殺戒、參政事，封寺僧曇宗爲大將軍，並購田四十頃、水碾一具，准許少林寺養兵五百。少林寺成爲中外聞名的大佛寺。覺遠和尚做了少林寺住持（即方丈）後，把草簽著「世民」二字、刻有唐太宗李世民嘉獎寺僧戰功敕文的《唐太宗賜少林寺主敎碑》立於寺內，今天這塊碑還立於鐘樓舊址。

南二間的壁畫名爲「緊那羅王御衆巾」。說的是少林武術自唐王後，聲名大振，僧徒日衆，僅習拳術滿足不了要求，逐漸向槍、刀、劍、棍等器械方面發展，其中以棍最爲有名，明代程沖斗撰寫的《少林棍法闡宗》，說少林棍源出於緊那羅王。傳說元至正年間（一三四一—一三六八年），有一蓬頭光背，赤腳穿單褲的和尚來到少林寺，在廚房燒火。數年慇懃，朝暮寡言，閒則閉目打坐，人們都覺奇怪，不知其姓名。後紅巾軍至少林寺，他持一火棍出，變形數十丈，獨立高峰，擊退了紅巾軍，大叫「我就是緊那羅王」，即失。緊那羅王後被少林寺尊爲伽藍神（

佛教寺院的守護神），在現大雄殿遺址東南角尚有一緊那羅王殿。

在歷史上，少林和尚曾多次應召禦邊，衛國立功。元朝時的福裕和尚因功封爲晉國公，明朝時小山和尚三次征邊，現少林寺門外的石獅和旗杆就是皇室爲他立的。尤其是明嘉慶年間，倭寇侵擾邊疆，少林寺三十多個武藝高強的和尚應召赴松江一帶抵禦倭寇，人人英勇作戰，大顯身手，最後全部戰死疆場，表現了少林寺僧的愛國主義精神。

出常住院向西北行一公里，就到了有名的「初祖庵」。這座寺院，是爲了紀念禪宗初祖達摩於此山修行而建的。庵內原有山門、大殿、千佛洞。現存主要建築爲一宋大殿和兩個清代小亭。大殿建於北宋徽宗宣和七年（一一二五年），距今已有八百六十多年的歷史，是河南現存最古老的木結構建築。殿前有一株參天古柏，高二十多米，周長四米多，傳爲唐代初年六祖慧能從廣東回少林寺朝祖時，用鉢盂帶來栽種的，俗稱鳥柏。因刮風柏葉互擦，聲如鳥鳴而得名。殿面寬三間，進深三間，規模雖不算很大，但學術價值極高。其樑柱是因地制宜，就地取材，用十六根石柱和彎曲之圓木疊成的。然而它的許多工程技術做法，卻與宋代官方頒發的《營造法式》規定一致。無論是正立面採用板門、直欞窗，臺基採用雙陛踏道，側面砌成「象眼」，斗拱的布置、細部尺寸及組合方式，還是殿內石柱、兩山裙牆及香案等處的雕刻手技與內容，都是《營造法式》的極好印證。那用圓滾刀法刻出的人、佛、花鳥、山水等等，是研究我國建築裝飾美術史的珍貴資料。特別是殿內四柱上的武士浮雕，工藝精細，神態生動，體現了宋代中葉繪畫和雕刻藝術的高度水平，中外遊人無不贊嘆。殿內有達摩及其弟子的塑像。殿後兩亭有宋代書法家的手跡。東亭是黃庭堅書《達摩頌》，西亭爲蔡卞所書「達摩面壁之庵」六字石碑。

出初祖庵沿羊腸小道繼續北行，不多時就可到達五乳峰的中峰。離絕頂數十米的地方，有一座石洞，深七米，寬三米，這就是達摩面壁九年處，稱「達摩洞」。洞前立有一座雙柱單孔石坊，石坊的南額有宋代胡斌題的「默玄處」三字。北額爲明代近溪題寫的「東來肇跡」。洞內有「面壁石」一塊，石面似平，凸凹實不平，石質似淨，黃黑實不淨，裏面隱有一僧，淡若墨雲，宛如坐於鏡中，頭邊短髭及衣褶均可見。據說，由於達摩在這裏盤膝靜坐，面壁九年，其影入石。中國成語中的「面壁功深」。比喻人吃苦耐勞取得純熟造詣的典故便出於此。周恩來《大江歌罷掉頭東》詩中「面壁十年圖破壁」句也取意於此。佛徒們視此石爲寶，把它掘下來，存於少林寺。可惜一九二八年同藏經閣一起毀於兵火。現洞中還遺有當年挖鑿的痕跡。

初祖庵對面的鉢盂峰上是二祖庵，今存屋宇一間、古柏三株，還有唐武則天萬歲登封元年（六九六年）、元泰定元年（一三二四年）及明代磚塔三座，其中以唐塔最爲挺拔俊秀。庵南一塊巨石，叫「天削石芙蓉」，傳爲慧可斷臂後養傷處，名爲「養臂臺」。庵前有四眼泉水，雖然相隔咫尺，但水味各異，當地人稱之爲「苦、辣、酸、甜四眼井」。據說慧可在此養傷時吃水困難，達摩知道後便用錫杖點幾下，所點之處便滴出泉水，故稱「卓錫泉」。

常住院西約五百米，有一座高臺，爲甘露臺遺址。相傳開創少林寺的印僧跋陀在此譯經時天降甘露，故名「甘露臺」。原臺上有一殿宇，今僅有石柱、石板等。登臺西望，山坡下有一片宏大的古塔群，這是安葬歷代高僧、住持、大和尚的地方，共有唐、宋、金、元、明、清六個朝代二百五十多座磚塔和石塔，爲我國現知最大的一處塔林。塔從一級到七級都有，高度一般在十五米以下。塔有四角、六角、八角的，也有柱體或錐體；有空心，也有實心。不少塔上還有精美的雕刻。塔群中明塔占一半，其中坦然和尚的塔，高五米，由八塊雕刻的青石砌成。分八層，從下到上依次爲：八角柱基座、八角盤石、圓柱、瓶狀主身、五轉螺旋柱、圓盤、塔剎，整個塔形狀如石筍，造型精巧。其座上爲人、獸圖案。三層盤石周沿，浮雕各異：一層爲花草和四對形態各異的石獅，二層爲八卦圖，三層爲十字形紐帶。塔林中有一塊元代照公和尚的塔銘，爲當年日本高僧邵元撰寫並書丹，是我國對外關係史上的重要實物資料。一九七三年四月，郭沫若題詩道：「邵元撰寫照公塔，仿佛唐僧留印年，花落花開漚起滅，何緣哀痛著陳言。」除這一塔區外，少林寺周圍還保留著許多唐、五代以來的磚石塔，皆具有重要學術價值，諸如唐代的同光塔、法如塔、五代的法華塔、元代的緣公塔以及明無言道公塔等，也都是古塔中的珍品。

從少林寺出來，回首千年古剎，讀一首描寫「少林寺十大傳奇」的小詩更覺回味無窮，詩曰：「一葦渡江達摩佛祖，二祖慧可立雪斷臂，三百古塔林立山谷，四眼水井苦辣酸甜，五百僧兵流芳千古，六祖手植柏樹參天，七十二寺少林馳名，八大金剛佛門高僧，九年面壁影入石中，十三寺僧救駕秦王。」

## 兄弟二塔話滄桑（開封鐵塔、繁塔）

開封鐵塔坐落在開封城東北隅，爲我國古代高層磚石建築的光輝傑作，距今已有一千多年的歷史。

早在北齊天保十年（五五九年），開封東北隅的夷山上就建起了一座獨居寺。公元七二九年，唐玄宗東封泰山歸來，途經開封時，在該寺小住，遂改寺名爲封禪寺。太平興國七年（九八二年），北宋著名的建築學家喻浩親自爲該寺設計了一座供奉舍利的木塔。這即是著名的開封鐵塔前身——福勝木塔。

福勝塔爲八角十三層樓閣式，是典型的宋代風格。其「土木之宏壯，金壁之炳耀，自佛法傳入中國未之有也。」別具特色的是，塔身稍傾西北。喻浩解釋說：「京師地平無山，而多西北風。吹之，不百年當正也。」遺憾的是，智者千慮，必有一失。僅五六十年後，福勝塔卻意外地毀於雷火。五年後，即北宋皇祐元年（一〇四九年），又按原塔式樣，在福勝院東邊的上方院內建了一座琉璃塔，名曰「靈感塔」，又稱「靈威塔」。塔仍爲八角十三層，卻比原塔矮了一半。此後，開寶寺幾興幾廢，幾易其名。最終毀於淸道光二十一年（一八四一年）黃河水患。塔也曾隨寺名叫過「祐國寺塔」，自元代起俗稱「鐵塔」，誤傳至今。其原因據說是因塔色如鐵，其實到近處一瞧，你就會發現，塔上的琉璃磚並非一色，而有紅、褐、藍、綠多色，磚上還有雲彩、波濤、佛像、菩薩、力士、飛天、伎樂、龍、獅、麒麟、牡丹花、寶相花、蓮花等五十多種具有濃鬱宋代風格、造型優美、精妙生動的花紋圖像。只因磚以紅褐色調爲主，所以遠望渾然如鐵。此磚結構也非一般，而是一種獨特的仿木結構磚，有大小二十八種形狀。就像經過斧鑿的木料一樣，有榫、有眼，組裝起來，嚴密合縫。塔的底層有四個圭首門，只有北門有踏道上通各層，其餘三面門內有八角形小室。以上各層只設一門，朝向不同的方向。二層向南，三層向西，四層向東，以此類推。不僅用於採光、通風瞭望，還能減緩強風對塔的衝擊力。明代嘉慶、萬曆年間，又在塔心柱對門處，鑲嵌了琉璃佛像磚，保護塔心柱免受風力的侵蝕。塔內的螺旋梯將塔身和塔柱緊緊連結在一起，人行其中，如入螺殼。正是這種別具一格的整體和磚石結構，完全符合力學原理，使鐵塔不僅色如鐵，且質如鐵，防水、防火、防震，更甚於鐵。九百多年來，鐵塔經歷了大小地震四十三次，暴風十九次，水患六次，雨患十七次，炮彈數次。歷史的泥河淤平了塔下的小山、塔前的小橋、塔旁的方池及塔座，而鐵塔卻仍高五十五點四六米，如出水芙蓉，峻峭挺拔，直聳藍天，以它精巧的結構吸引著遠近遊客。塔頂爲一桃形銅質寶瓶狀塔刹，下繫八根垂脊鐵鏈。塔身十三層，每層均有明門盲窗、飛檐、挑角、掛鈴，全塔共一百零四個風鈴，隨風擺動，叮噹作響。如天氣晴朗，登上五、六層，耳伴古老的鈴聲，俯瞰蒼茫大地，開封全景，一覽無餘。在十層上還可望見遠處黃河如帶，銀光閃爍。正可謂：「浮屠千尺十三層，高插雲霄客倦登。瑞彩絪縕疑錦繡，行人迢遞風觚稜。半空鐵馬風搖鐸，萬朵蓮花夜放燈。我昔憑高穿七級，此身煙際欲飛騰。」人在塔中，如若置身雲天之外。從下向上仰望，更覺頭暈目眩。這裏原來流傳過一個傳說：說一個叫尤添的書生帶著書僮慧聰前來登塔賞春，由於趕路匆忙，口乾舌燥，就到塔西北角一戶人家討水吃。一位芳齡妙女剛巧從井邊打水回來，就順手舀了一瓢遞去。那姑娘眉清目秀，身材窈窕，再加上那含羞的一笑，使尤添頓覺心神馳往，魂不守舍。當他們再度準備登塔時，尤添偶一抬頭，忽見鐵塔迎面向姑娘家倒去。他拉起慧聰就跑，邊跑邊驚呼：「鐵塔要倒了，姑娘快躲開。」到家後便臥床不起，久病不癒。慧聰深知尤添的心病，又尋到塔下，正巧碰見那姑娘的父親。慧聰說了尤添得病的原委，老丈哈哈大笑，說：「鐵塔堅固如鐵，哪裏會倒。」慧聰按老人的指點，帶著姑娘的一張條子，回到尤添床前，連聲驚呼「大事不好，鐵塔昨晚倒了！」尤添一聽，一骨碌從床上坐起，問道：「砸死多少人？傷著那姑娘沒有？」慧聰笑笑說：「鐵塔倒向東南，那一片無人居住，只砸死一條狗。」說着從衣袋裏掏出一張紙條，笑眯眯地遞給尤添說：「今天我又遇見了那位挑水姑娘，她聽說你得了病，給你寫了一封信！」尤添拆開一看，原來是一首小詩，上面寫道：「杞人憂天天不倒，鐵塔似鐵倒不了。情絲方吐多珍重，祝君康癒早日好。」下署「秀秀」二字。尤添讀罷，立時心花怒放，病也就不治而癒了。這雖是一則傳說，但鐵塔之高卻也不言而喻了。

可是，你可曾想到，早先開封還有一座比鐵塔更高的塔哪！曾有民謠道：「鐵塔高，鐵塔高，鐵塔不及繁塔腰。」這繁塔也在開封的東邊，不過，鐵塔在東北，繁塔居東南。那裏有一座高臺，因臺上居民多姓繁，故稱繁臺。繁塔建在這臺上，也自然姓「繁」了。

說起繁塔有「三怪」：一是「繁」唸「婆」；二是塔上有塔；三是上塔的路怪。其實，說怪也不怪，「繁」作為姓唸「婆」，所以繁塔的「繁」也跟著唸「婆」。說起塔上塔，話就長了。繁塔下原是著名的京都四大名寺之一的天清寺。建於五代時後周顯德二年（九五五年）。北宋開寶年間（九六九—九七六年）擴建，一百三十人募捐，在寺內始造一座大磚塔，塔內至今尚有記載募捐者的碑刻。工程歷時二三十年，完成於宋太宗淳化元年（九九〇年），名「興慈塔」，又稱「天清寺塔」。繁臺這地方本來就是古汴梁的一個遊覽勝地。每逢陽春三月、端午和中秋佳節，人們擔酒攜食結伴至此，或飲酒作詩，或觀舞樂百戲，或賞花、或拜佛。小說《岐路燈》中生動地描繪道：出南門往東，向繁塔來，早望見黑鴉鴉的，周圍七八里一大片人，好不熱鬧。演梨園的、扮故事的、走軟索的、賣馬解的、弄百戲的、說評書的、聾者憑目，瞽者信耳。都要來聆聽一二。積氣成霧，哈聲如雷，亦可稱氣象萬千。北宋詩人石曼卿詩曰：「臺高地迴出天半，瞭見皇都十里春。」自繁塔建成後，登塔賞春的人更是絡繹不絕。塔高九層，六角形，滿壁着彩，宏偉壯觀。其高遠非鐵塔能比。詩人蘇舜欽登塔吟詩道：「我來歷初級。穰穰瞰市衢。車馬盡螻蟻，大河乃河渠。躋攀及其巔，四顧萬象無。迥然塵坋隔，頗覺襟抱舒。俄思一失足，立見糜體軀。」登塔賞春，更令人心曠神怡。但見：「梁園百尺彩雲連，春色年年錦繡鮮。萬點照天紅杏火，千門如水綠楊煙。遊人紫陌驕羅綺，啼鳥青樓雜管絃。千載登臨憶枚馬，幾回沉醉百花前。」繁臺如鬧春的小花，繁塔似巨大的畫筆，筆將花點入畫中，繁臺春意更濃。「繁臺春色」與「鐵塔行雲」、「汴水秋聲」、「隋堤煙柳」、「相國霜鐘」、「金池夜雨」、「梁園雪霽」、「州橋明月」曾同被譽爲汴京八景，史書上亦有「一蘇二杭三汴州」之說。

　　那麼，昔日獨占京都汴梁風光之冠的九層繁塔哪裏去了呢？據明末人著的《如夢錄》記載「繁塔爲龍撮去半截」。後人根據這個「龍」字，就附會成東海老龍王的兒子「老蒼」因探家心切，路過開封時，一不留神，尾巴纏到了繁塔上，將其甩入東海去了。其實這個「龍」字，透露出古代曾發生龍捲風的信息。龍捲風伴著電閃雷鳴，將塔摧斷。明初，朱明王朝內爭奪帝位鬥爭激烈，有人對朱元璋說，開封過去出皇帝多，風水好，「王氣」盛。朱元璋又下令拆繁塔至三層，以破開封風水，鏟王氣。住開封的周王朱橚也因被密告有不軌行爲被永樂皇帝軟禁京城二年多。此後周王視殘存繁塔爲雷池，不敢觸動一土一石。直到清朝初年，繁塔上部才增建了一座七級實心小塔，於是繁塔便成了今天這樣塔上有塔的奇特樣子。登塔的方式也不同尋常。從塔內登至三層後，必須走出塔外，沿壁盤旋而上，才能到達塔頂。這即是繁塔第三怪。隨便提一句，你若有興登塔，千萬別忘了欣賞那內外壁磚上數以千計、豐滿多變的佛像，菩薩寶冠上小如瓜子、眉髮畢現的化佛造型及宋代書法家趙安仁兼歐、柳書家之長的「三經」碑刻，即：塔基南門東壁的《金剛般若波羅密經》、西壁的《十善業道經要略》、二層南洞東西壁的《大方廣圓覺修多羅了義經》，其不愧爲塔內二百餘方宋碑刻中之上品，無雕鑿之痕，工藝卓絕。

　　現在，再就繁、鐵塔論高低，人們就不得不承認一個與原來恰好相反的事實：繁塔只及鐵塔腰了。繁塔、鐵塔，一個矮胖，一個瘦高，加之鐵塔又比繁塔晚建七十多年，有人形象地將繁塔和鐵塔比作「矮胖哥哥」和「瘦高弟弟」。如今，這哥倆正站在昔日五代、後梁、後晉、後漢、後周、北宋及金——七朝古都的故土上，迎接著四方朋友，八方來客。如果您登塔下來，遊興未盡，鐵塔還會引您去拜訪塔下八角亭裏高一點六丈、重約二十噸的銅接引佛和文物陳列室裏緬甸華僑三十年代贈送的白玉佛。如果您走得體乏口渴了，兄弟倆都會熱情地用自己老井裏甘甜可口的泉水招待您呢！

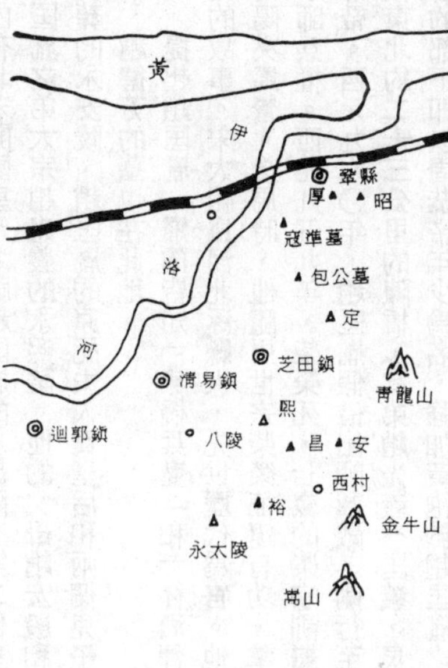

宋陵分布示意圖

## 九百年前的歷史遺跡（鞏縣宋陵）

朋友，你聽說過宋陵嗎？

它雖不像北京的明十三陵、清東陵那樣富麗堂皇，也沒有西安的秦陵、漢陵那樣古老壯觀，但卻不失爲一個歷史的櫥窗，以其雄渾和古樸聞名於世。

宋陵位於洛陽東一百多公里的鞏縣境內，分散於西村、芝田、孝義、回郭鎮約一百五十平方公里的土地上。《宋史》說，趙匡胤嫌汴京無山川之險，欲遷都洛陽以據山河之勝，並將皇陵選在靠近洛陽的鞏縣。後雖因大臣留戀汴梁的繁華，遷都未成。皇族子孫們卻看中了這裏南依嵩山、北濱黃河的「山水風脈」，迷戀這裏地下水位深、宜於厚葬；位於崗阜平原、便於棺輿行進的優越地理條件，均設陵於此。北宋九位皇帝，除最後兩個被金人擄去，囚死於漠北外，其餘七帝均葬於此。加之乾德元年（九六三年），趙匡胤將其父趙宏殷從汴京東南遷葬於此，總稱「七帝八陵」。八陵還襯葬了二十一位皇后，一百四十多個皇族子孫、七位勳臣及各帝系宗二百餘人，形成一個龐大的古墓群。

依先後次序，宋陵大致分爲四個陵區。

第一陵區是西村陵區，最古老，距縣城北約十五公里。內有北宋開國皇帝太祖趙匡胤的永昌陵，第二位皇帝，趙匡胤之弟太宗趙光義的永熙陵。他的父母趙宏殷和杜氏合葬的永安陵、趙匡胤的原配夫人賀皇后和兩個兒子趙德昭、趙德芳的墓也在此地。

提起趙匡胤，婦孺皆知「陳橋兵變」和「杯酒釋兵權」的故事。宋太祖爲河北涿縣人，先世歷代爲官。他生於洛陽夾馬營。後周時，他隨周世宗柴榮征遼有功，掌握了京師兵權。西元九五九年，柴榮死，七歲的柴宗訓繼位爲恭帝。西元九六〇年，趙匡胤假借出師禦敵，剛行至開封城東北約二十三公里的陳橋，其弟趙光義（匡義，炅）爲首的部下即以周恭帝年少爲名，強加黃袍於趙匡胤之身，擁他作了皇帝，立國號宋，史稱北宋。即位後不久，趙匡胤又以宴請之名，讓有功之臣解甲歸田，享榮華富貴，奪了他們的兵權，集於中央。這即是有名的「陳橋兵變」和「杯酒釋兵權」的故事。

因此，後來皇太后杜氏在臨終前對趙匡胤說：你知道你是怎麼得天下的嗎？趙答：都是託祖宗的福。太后說：你想錯了！這是因爲後周讓七歲幼兒當皇帝的緣故。如果周世宗讓成年人繼位，你能當上皇帝嗎？你萬歲後，傳位給弟光義，光義傳光美，光美再傳德昭（趙匡胤長子）；如此一直立長君，就能穩坐天下。太后遺言被記錄下來藏在金匣子裏，史稱「金匱之盟」。在中國歷史上，兄傳弟王位之事只在殷商奴隸社會時有過。進入封建社會後，除宋初這一次例外，其餘都是父傳子，以保證原有政治集團的利益。趙匡胤忠實地履行了與母之盟約，死後將皇位傳給了弟趙光義，即宋太宗。

宋太宗一上臺便背棄了「金匱之盟」。他先逼死了姪子德昭，又廢黜了弟弟光美，終於立自己的第三子趙恆爲太子，這就是後來的宋眞宗。程硯秋的著名京劇《賀后罵殿》中，說趙匡胤死後，賀皇后帶著長子德昭上殿質問太宗，德昭撞死殿前。其實賀皇后早在趙匡胤當皇帝前兩年就死了，並隨趙宏殷一同遷葬永安陵。後人虛構賀后罵殿的情節，只不過是爲了借賀后正統原配夫人之口斥責趙光義的背信棄義罷了。

第二陵區爲蔡莊陵區，北距縣城約九公里，北宋第三位皇帝宋眞宗趙恆葬永定陵。當年爲了選具體陵址，還鬧了一場軒然大波。眞宗死後，垂簾聽政的劉皇后命宰相丁謂和宦官雷允恭建陵寢。墓穴選定後，判司天監（管天象的官員）邢中和稱坡上百步有一「傳穴」，風水極好。雷允恭奏請劉皇后獲准，令數萬工匠改挖墓穴。掘地數尺，忽有一股泉水湧出，頃刻匯成一汪小池。劉皇后勃然大怒，以「藏禍心，擅自移動皇堂貽誤工期」爲罪名，下旨殺了雷、邢二人，權傾一時的宰相丁謂也貶崖州了。陵北爲李后陵，往西是劉后、楊后陵。大臣寇準和包拯墓也襯葬於此。

提到李后和劉后，令人不禁想起當年的一樁宮闈秘案。京劇《打龍袍》、《遇皇后》，豫劇《狸貓換太子》中有這樣一段情節：深得眞宗寵愛的劉皇后一生無子，與太監郭槐勾結，用狸貓偸換李妃所生太子。李妃被誣指生了怪物，被趕出宮院，流落街頭，淪爲乞丐，沉冤二十年後遇到包公，才得到昭雪。歷史上確有劉皇后占李妃之子爲己有之事，這孩子就是後來的宋仁宗，但卻與狸貓無關。當時李妃懾於劉后權勢，忍氣呑生，死後被當作宮女草草安葬。直到劉后去世，左右大臣才向仁宗揭穿這個秘密。仁宗痛哭不止，下詔責備自己，又追尊生母李妃爲皇后，遷葬永定陵。這已是仁宗初年的事。而包公則是在此三四十年後，仁宗臨終時才得到提拔重用的。因此，戲曲中包公爲李妃斷案事也純屬虛構。

但戲裏提到包公，又並非偶然。包拯，合肥人，官至丞相。他在開封府任職時，曾屢次平反冤獄，使「幽冤得申，狡吏知懼」，雖不如小說戲劇裏那樣神通廣大，但確實爲民做了一些好事，人稱包靑天。並多處建祠紀念他。

眞宗時的宰相寇準。是宋王朝中爲數不多的主戰派人物裏極有血氣的一個。宋景德元年，他剛任宰相，就遇上遼軍南犯中原。他極力主戰，反對參知政事王欽若和陳堯叟南逃金陵、西遷成都的主張，提出「陛下只可進尺，不可退寸」，力促眞宗北渡黃河，登上遼兵將至的澶州城樓，頓時軍威大振，一舉敗敵。可悲的是，宋眞宗最後還是接受了輸款息戰的「澶淵之盟」，而將寇準罷相外放。從此投降派占了上風。直到北宋面臨傾覆的危機時刻，抗戰派李綱還遭到欽宗的打擊，南宋的高宗甚至縱容秦檜害死了抗金英雄岳飛。所以魯迅說：「唐室大有胡氣，明則無賴兒郎，至於宋代諸帝，除開國兩帝和神宗有作爲外，其餘大都是膽小鬼。」

第三陵區爲縣城陵區，在宋陵的最北部。這裏有宋第四帝仁宗趙禎的永昭陵及其皇后曹氏墓，第五帝宋英宗趙曙的永厚陵及其皇后高氏墓。

第四陵區叫八陵陵區。永裕陵葬第六帝宋神宗趙頊，其后向氏、陳、朱二妃及被金擄去的第八帝徽宗皇后王氏、明達劉氏、明節劉氏均葬於此。永泰陵葬第七帝宋哲宗趙煦，其后劉氏也如其它皇后一樣襯葬於帝陵北。

八陵的建制基本相同。陵區四周植柏樹、枳橘爲界。內分上、下宮。上宮是供帝王朝祭、拜掃的地方，猶如一小小紫禁城。南面第一道大門爲鵲臺，其後爲乳門、石人、石象、陵臺。陵臺爲一覆斗形摻朱砂夯土堆。臺前有獻殿、拜臺，四周有圍牆，謂之神牆，設四角樓、四神門，東、西、北門外各一對雄獅，南門接神道。地下深三十二米，底邊長在五十米以上，頂有天象圖，四壁有城廓樓臺，仕宦人物、空中飛鶴等繪畫，為安放靈柩的地方。「下宮」多設在「上宮」後面，規模大小與「上宮」略同，埋葬皇帝時為停放棺車、「御容」、虞主即牌位等的地方，平日有專人住此，負責灑掃、保衛、祭奠等事。八個陵園的守陵士兵、管理、祭祀人員往往達上萬人。此外，陵側還設禪院，豢養僧尼，為其祖宗誦經、祈禱、「以修梵福」。皇后、親王、公主和宗室諸王等墳墓，形制大體相同，只是規模較小。按北宋的慣例，皇帝的陵是死後才建的。偌大的陵園必須七個月內完成，還要將皇帝的靈駕從開封運到鞏縣，所以往往是皇帝未葬，早已是白骨累累了。

北宋皇帝建如此奢侈豪華的陵園是為了死後像生前一樣威風顯赫，不料好景不長。南宋高宗建炎四年（一一三○年），被金朝扶持為「大齊皇帝」的北宋降將劉豫就派他的兒子劉麟對宋陵進行了大規模的焚掠和盜掘。後岳家軍雖曾對宋陵進行過檢查修復，但偏安江左的南宋小朝廷哪裏還顧得上祖宗的陵寢。以後宋陵也就漸漸冷漠荒蕪了，解放後，政府對宋陵進行了搶救，回填了盜洞，對石雕進行了加固修刻，並將墓誌、碑刻集中於鞏縣碑林。現在鞏縣宋陵漸漸恢復了名氣。

那象徵著昔日皇威的七百餘件石雕，成為宋陵現遺存地面的唯一實物，為我們展現了一個北宋石雕的藝術世界。我國古代陵墓前放置石人石獸早在秦漢前就有，但只有到北宋時，才在規模和數量上有了定制。帝陵的石刻數目都是五十八件，后陵三十四件，親王、皇族、大臣等依次酌減，體現了嚴格的等級制度。帝陵石雕從南向北沿神道依次為：飾雲龍花卉紋的望柱（又稱華表），鼻舔底座或捲甜瓜的石象和馴象人，馬首（個別羊首）、龍身、鷹足、雀尾象徵祥瑞的瑞禽，象徵大宋皇帝是受命於天的聖君明主的角端，襲唐風壯儀容的仗馬和馬官，繼漢晉遺風辟邪的石虎、石羊，手捧貢品的外國使節，執笏拄劍的文武大臣，威武強悍的站獅，北宋獨有的武士、宮女等。其中較為突出的有宋太祖趙匡胤永昌陵的望柱、石馬，宋太宗趙光義永熙陵的石羊，宋仁宗趙禎永昭陵的瑞禽，宋神宗趙頊永裕陵的宮門石獅和從背後就能看出悲哀狀的武士像。

特別值得一提的是宋陵中文武大臣造像的兩個特點。一是從西漢石雕的「神似」轉向「寫實」。太祖永昌陵前的文臣武將高矮、胖瘦、老少不一，據說是因為開國之初尚無定制可循，工匠們只好照著朝臣們的模樣如實雕刻所致。二是文臣在前（北），武臣在後（南）。北宋時重文人執政，集兵權於中央，以削弱藩鎮，維護統一。所以朝會站班，文前武後。其積極意義，從文化上講，四大發明三項出於北宋，擅長散文的唐宋八大家有六人（歐陽修、蘇氏父子三人、曾鞏、王安石）是北宋人，白話小說和工筆畫也在北宋發展到高潮。但史書的看法，常認爲北宋削藩，偏文輕武，偏重防內，雖暫時鞏固了中央集權，結束了混戰割據，但實質上削弱了北宋特別是邊境的軍事力量，是造成貧困、導致亡國的重要原因之一。另一種看法認爲：北宋的強鄰爲五代十國分割所致，若不削藩，連北宋本身是否存在也成問題。

若從第一陵看到最後一陵，不僅會使你反思歷史，還會引導你去發現北宋石雕藝術發展的線索。永安第一陵的石雕形制矮小，手法粗獷，線條平直，石馬、羊、虎下部均不透雕。永昌第二陵從形制到雕刻藝術都較前有較大的飛躍。永熙第三陵雕刻則形制高大，氣勢雄偉，線條流暢，爲宋陵石刻的代表。永定第四陵爲鞏縣石刻中保存最完整的，與諸陵相比，僅次於永熙陵。永裕第五陵、永泰第六陵的石刻，表現了生動的寫實手法，有濃厚的生活氣息，顯示了北宋晚期雕刻藝術的特徵。永厚第七陵的雕刻則較粗糙，石質也不好，表明了北宋王朝的經濟日趨沒落。

在中國古代雕塑藝術上，北魏和盛唐的作品最受推崇，宋雕的地位並不高。但從中我們卻可以得到許多有益的歷史啓示。

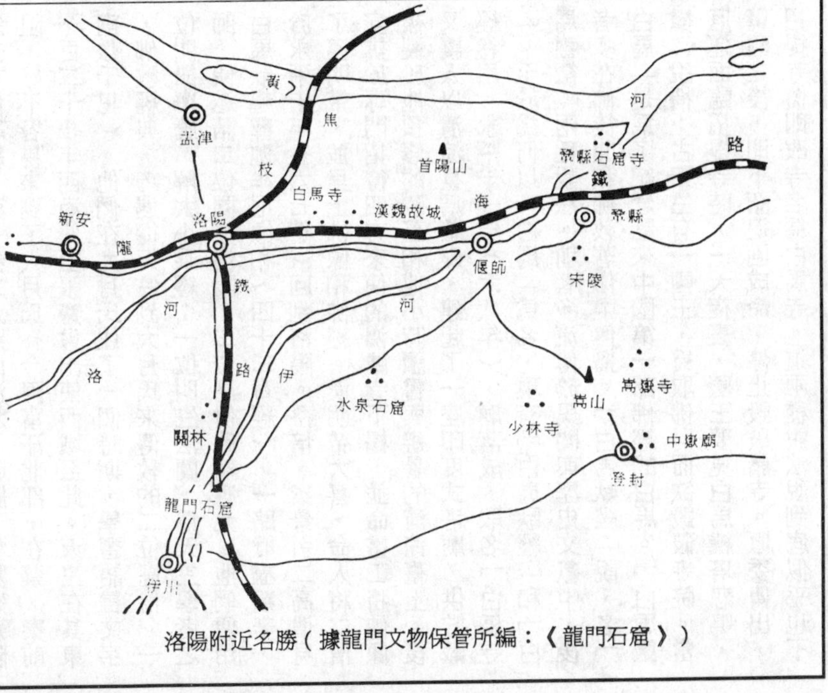


洛陽附近名勝（據龍門文物保管所編：《龍門石窟》）

# 中華第一古刹（洛陽白馬寺）

在洛陽老城坐落著中外聞名的「中華第一古刹」——白馬寺。說到白馬，人們也許會想到《西遊記》中唐僧騎著白馬，領著悟空、八戒、沙僧師徒四人去西天取經的故事。《西遊記》的故事雖屬編撰，但唐代確有高僧玄奘到西域天竺（古印度別稱）取經一事。說來也巧，玄奘的家鄉就在離白馬寺不遠的偃州縣陳河村。因此，唐僧很容易被人順理成章地與白馬寺聯繫在一起了。其實白馬寺與玄奘是風馬牛不相及，玄奘取經回到當時的首都長安（今西安）而不是洛陽，建的是大雁塔而不是白馬寺。不過白馬寺又確實和「西天取經」有著不解之緣。它淵源於早玄奘五百七十多年的中國歷史上第一次西天取經，史稱「永平求法」。

東漢永平七年（六四年）的一天夜裏，漢明帝劉莊在他的洛陽的皇宮中就寢，做了一個夢，夢見一金人，身高一點六丈，項佩白光，在殿堂上飛行。第二天早晨便詢問群臣此爲何神。有個叫傅毅的通人（學識淵博貫通古今的人）說：臣聽說天竺有悟得眞理者，名字叫佛，飛行於空中，身有日光，就像陛下所說的那樣。於是漢明帝便派遣了中郎將（東漢時多爲統兵將領）蔡愔、秦景等十人到天竺去求佛取經。蔡、秦二人跋山涉水，戰勝了無數艱難險阻，好不容易來到了大月氏（今阿富汗北部，在蔡、秦前一百二十多年西漢使臣張騫曾出使西域至此。天竺在其東南數千里）。他們在大月氏住了一個時期，學習語言文字，佛教經典，巧遇從天竺到大月氏來傳教的二位高僧。一位叫攝摩騰，解大小乘經；一位叫竺法蘭，爲天竺學者之師，便邀請二位同往洛陽，二位高僧欣然應允。他們便用白馬馱起釋迦牟尼像和《四十二章經》，一路歷盡艱辛，於永平十年（六七年）回到洛陽。蔡愔、秦景引二高僧見了漢明帝，並呈上佛像和佛經。漢明帝大喜，命人將二僧安排於專門招待四方來使的鴻臚寺下榻，並命畫工將佛像複製於他預修的陵墓和他小時讀書與避暑的清涼臺上。後又讓人以清涼臺爲基礎，建起了一座印度式塔廟，供貯藏經卷用。永平十一年（六八年），廟落成，取名「白馬寺」。至於爲何以「白馬」爲名，現有「白馬馱經」和「白馬靈徵」兩種說法。前者多流傳於民間與歷史文獻中，後者多在佛徒間和佛教著作中傳播。「白馬馱經」說，名「白馬」是爲了紀念馱來中國第一部佛經的白馬。「白馬靈徵」說稱：古天竺有一國王，爲取佛財而欲毀破寺院。當厄運面臨招提寺時，一天夜裏，國王夢見白馬繞塔悲鳴，驚醒之後，即下詔追回成命，停止毀破諸寺。原委傳出，招提寺僧即改寺名爲白馬寺。這兩種說法說到底似乎也不矛盾。世人因白馬馱經有功而譽之，佛教徒則從宗教的意義上解釋之。而且佛教創造「白馬靈徵說」也並非偶然。佛教徒歷來崇尚白色之潔淨，在印度喜用白象，中國樂用白馬馱經，五百七十年後的唐僧不也正是騎著白馬去西天取經的嗎？關於「寺」之來歷，也有兩說。一說白馬寺初爲漢明帝時翻譯佛經的地方，應屬官府機構，因此叫做寺。另一種說法是：攝摩騰、竺法蘭來中國後，初居「鴻臚寺」，遂取「寺」爲名，不論白馬寺最初爲何叫寺，總之，白馬寺是作爲我國第一所佛教寺院出現的，「寺」這個最初的官府之名，從此而成爲一般僧廟的稱謂，這是確鑿無疑的。

白馬寺建成後，便成爲東漢最主要的譯經道場。攝摩騰、竺法蘭首先在這裏譯出了第一部漢文佛經《四十二章經》，其後被視爲中國律宗之祖的天竺僧人曇柯迦羅又譯出了第一部漢文佛律《僧祇戒心》。隨著佛經漢譯本的逐漸增多，佛教在我國日益廣泛傳播開來。雖然佛教傳入的實際年代可能更早些，有的說始於此前一百二十多年西漢武帝開闢西域時，有的說始於秦始皇時，等等。但佛教作爲一個宗教，得到朝廷的承認，在中國初具基礎和規模，可以說是始於漢明帝時代。所以，儘管後世佛教派系繁多，剎廟林立，但洛陽白馬寺卻一直被佛門弟子公尊爲「釋源」，意即中國「佛教的發源地」。至於白馬寺「祖庭」一名的來歷，一般認爲是因中國佛教祖師曾在此居住。但還有一說，是因印度佛徒菩提達摩在去嵩山少林寺創禪宗前，曾在洛陽講授禪學。後來白馬寺加入禪宗，在寺內設「祖堂」，供奉「禪宗六祖」，即達摩和其五弟子，所以白馬寺又被稱爲「祖庭」。不過，這已是三百多年後南北朝時的說法了。

白馬寺從問世至今，已有一千九百多年了。在這漫長的歲月中，曾先後有東漢、曹魏、西晉、北魏、隋、唐、後梁、後唐等朝代在洛陽建都，白馬寺也隨之經歷了人世間的戰亂兵火、盛衰嬗變而幾興幾廢，四次被毀、五次重建。

白馬寺作爲佛教在我國的產物，它隨著佛教傳入我國而創建，又隨著我國佛教鼎盛在北魏、隋唐經歷了自己的黃金時代。北魏時，洛陽城內外佛寺林立，多達一千三百六十七所，侵占了大量民居。在洛陽，僅西域僧徒就有三千餘人，佛經也多至四百一十五部，一千九百一十九卷。被西晉「八王之亂」的戰火蕩盡的白馬寺在北魏又得到了新生，而且成爲一座規模空前的大寺。寺有山門、殿堂等建築，院內豎立著石刻造像碑。有一尊玉石彌勒造像，身高二點一六米，面部溫和慈祥，赤膊袒胸，上身較長，下肢較短，爲半結跏趺坐，與龍門石窟古陽洞北魏造像風格相似。現存美國波士頓藝術博物館。據當時的散文家楊衒之在他的《洛陽伽藍記》中說，白馬寺裏譯出的佛經，都用書套裝裹著，陳設在殿內。善男信女們去燒香拜佛時，也同時向這些佛經頂禮膜拜。在寺院山門前，種植著沙果、葡萄、石榴。據說，由於是西域僧人帶來的種子，沙果一個重七斤，葡萄個大如棗，被人譽為「味甘殊美，冠於中京」。特別是石榴，不但個兒大，而且味甘如蜜，常被當作貢品獻給皇帝。皇帝收到石榴後，時而也賞賜給嬪妃宮人。這些人又捨不得隨便吃掉，就轉送給家屬，家屬親朋之間又互相轉贈，說是白馬寺的石榴，吃了能夠益壽延年。一顆石榴往往貴到一頭牛的價錢。因此，當時洛陽流傳著「白馬甜榴，一實值牛」的讚語。

唐代垂拱元年（六八五年），武則天下詔修白馬寺，並以內寵薛懷義為寺主。武則天原來是唐太宗的宮中才人，太宗死後在長安感業寺出家為尼。唐高宗即位後，把她接回宮中，先封為昭儀，後立為皇后。武則天並不滿足，為了做女皇，親自在白馬寺導演了一場「天授神權」的鬧劇，為自己做女皇製造輿論。她指示薛懷義、法明等人杜撰《大雲經》，在她稱帝前兩個月，即載初元年（六八九年）七月獻上。經文說，太后（指武則天）乃彌勒佛下世，應該取代唐朝做天下主。武則天聽後大喜，立刻下令將《大雲經》廣為抄錄，立佛教於道教之上，把攻擊佛教的道經《化胡經》一概焚燒。因此佛教得到了迅速發展。當時的白馬寺有僧眾千餘名，可謂盛極一時。唐代詩人王昌齡曾寄宿白馬寺，寫下了讚美的詩篇：月明見古寺，林外登高樓。南風開長廊，夏夜如涼秋。

唐武宗會昌五年（八四五年）下令滅佛，這是歷史上稱為「三武滅佛」（北魏太武帝、北周武帝）的第三次對佛教勢力的打擊。據《朝野僉載》說：「唐神武皇帝七月即位，東都白馬寺鐵像頭無辜自落於殿門外。」無辜自落未必可信，殿內有鐵鑄像可能是實。不過白馬寺經「安史之亂」和唐武宗滅佛後，已十分冷落了。這裏有兩首詩可資佐證。其一是唐詩人張繼《白馬寺詩》：「白馬馱經事已空，斷碑殘剎見遺蹤。蕭蕭茅屋秋風起，一夜雨聲羈思濃。」其二是唐詩人許渾《白馬寺不出院僧》詩：「禪空心已寂，世路任多歧。到院客長見，閉關人不知。詩喧聽講絕，廚遠送齋遲。牆外洛陽道，東西無盡時。」

宋初，佛勢重盛，白馬寺一度復甦，僧眾達千餘人。此後千餘年的風雲滄桑，歷經金、元、明、清歷代修繕，白馬寺已幾易其貌，現在所見已大多是明代遺物了。

來到白馬寺，首先看見的是門前左右對峙的兩匹青石古馬，作低頭負重狀，表現了嫻熟的圓雕技術。此物並非是東漢建廟時的原作，而是宋太祖之女永慶公主的駙馬、右衛將軍魏咸信墓前的故物，一九三五年移至現址。雖是宋物，更非為白馬寺專門製作，但是立在此寺前，倒也恰得其所，整座寺坐北朝南，為一長形院落，總面積約四萬平方米。

山門為一門三洞，紅色的門楣上嵌著「白馬寺」的青石題額，門洞上的券石均刻有製石工匠的名字，同接引殿通往清涼臺的橋洞拱形石上的一樣，從字蹟上看，是東漢遺物，可謂白馬寺最早的文物。山門內東側聳立的石碑為元代書法家趙孟頫書寫的《洛京白馬寺祖庭記》，記載著白馬寺的由來。西側為宋代蘇易簡《重修西京白馬寺記》，由於碑文分五段寫，所以又稱「斷文碑」。像這樣的石碑在白馬寺現存四十餘方，分別出自宋、元、明、清各代。是研究中國宗教史的寶貴資料。

天王殿為元代建築，明清兩代重修，長二十點五米，寬十四點五米，殿基高零點九米。兩面起坡的歇山頂正脊上為透雕花龍，兩端為鴟尾吞脊獸，中作火焰形佛光。屋檐四角起翹的戧脊上飾有走獸和龐涓、韓信、羅成、周瑜四神將。殿內正中為大肚彌勒笑佛，據說這尊貼金佛像連同金碧輝煌的佛龕都是從北京故宮搬遷來的。

大佛殿與天王殿建築式樣相同，皆為明代建築。殿長二二點六米，進深十六點三米，內主尊佛教的創始人釋迦牟尼，兩旁為「年高德重」的迦葉和「多聞弟子」阿難，還有拿經卷的文殊和持如意的普賢兩個脅侍菩薩。釋迦牟尼的背後是大慈大悲、救苦救難的觀音女像。殿內還有一口引人注目的大鐘，高一點六五米，重一千五百公斤，上飾盤龍花紋，有「風調雨順、國泰民安」等字，並鑄詩一首：「鐘聲響徹梵王宮，下通地府震幽冥。西送金烏天邊去，急催東方玉兔升。」據說，當初洛陽城內的鐘樓上，也有一口大神鐘，與這口大鐘遙相呼應。每天清晨，寺僧焚香誦經，撞鐘以報時辰。住在方圓數十里的人們，往往聽到這邊鐘聲一響，那邊的鐘聲也響了。有人神乎其神地說：「東邊撞鐘西邊響，西邊撞鐘東邊鳴」。因此，「馬寺鐘聲」與龍門山色、銅駝暮雨、金谷春晴、平泉朝遊、邙山晚眺、天津曉月、洛浦秋風並列為當時洛陽著名八景。可惜的是，如今除「龍門山色」、「馬寺鐘聲」外，其它六景只有邙山、平泉寺和一孔石橋尚有遺跡可尋。有人說原大鐘已毀，這口大鐘是明嘉靖三十四年（一五五五年）鑄造的。也有人說，這就是原來的那口大鐘。

大雄寶殿是寺內最大的殿宇。由歇山頂改為懸山頂，面積有所縮小。現長二十二點八米，進深（寬）十四點二米，殿前有一月臺。一九七二年整修殿內地面時，發現一唐代覆盆式石柱礎，據推測，此處為唐大殿原址。「大雄」是古印度佛經對釋迦牟尼的尊稱，故凡大雄殿供奉的主佛都是釋迦牟尼，其左邊為東方淨琉璃世界的教主藥師佛，右邊為西方極樂世界的教主阿彌陀佛，分別掌管人生過去、現在、未來三世，故又稱三世佛。佛前站立的是護法天神韋馱、韋力。兩側爲十八羅漢：即釋迦牟尼的得道弟子。這組造像構圖協調，氣韻生動，爲明代（又一說爲元代）「夾紵乾漆」造像。這種造像方法就是在泥胎外反覆裹多層漆紵麻（布）爲殼，殼乾後脫去泥胎，內襯竹木，外描金繪畫即成。這種造像的特點是結實、穩重、份量輕、成本低，爲我國人民所獨創，萌芽於戰國，盛於唐代，宋以後逐漸失傳。唐代，鑑眞和尚東渡時將此法傳至日本。前幾年曾來我國展出的日本奈良大招提寺鑑眞大師坐像，就是用這種方法製成的，在日本被定爲國寶。我國現存這種古代工藝造像已不多。因此，這組造像的文物價值極高。

接引殿長十四米，進深十點七米，上是懸山頂，下爲雙層殿基，是寺內最小一殿，曾火焚於清同治元年，光緒九年重建。主尊阿彌陀佛，因他站在那裏，授手接引人入渡西方極樂世界，故又叫接引佛，他和兩旁拿淨瓶的觀世音菩薩和拿牟尼寶珠的大勢至菩薩一起被人稱爲「西方三聖」或「彌陀三尊」。

毗盧閣爲最後一殿。長十五點八米，進深十點六米，始建於唐代，元代重建，明清重修。殿內主尊毗盧佛，又稱大日如來，意即「光明普照」。他是釋迦牟尼的法身。釋迦牟尼爲應身，盧舍那佛爲報身，兩側站立者，左爲文殊菩薩，旁有青獅；右爲普賢菩薩，旁有白象。這一佛二菩薩稱爲「華嚴三尊」。殿中磚臺木龕上還有清代的「八仙」木雕。

毗盧閣建在清涼臺上。清涼臺長四十三米，寬三十三米，高五米，爲明代建築。據傳這裏曾是東漢明帝避暑和讀書的別墅。原臺面積約爲今之二倍。想當年，白馬馱來的佛經、佛像就曾珍藏在這裏，天竺來的二位高僧也正是在這裏翻譯佛經的。他們爲宏揚佛法，遠離故土，散形客鄉，譜寫了中印兩國人民友好交往的序曲。相傳北宋淳化年間，天下大旱，宋太宗趙光義命人發二位高僧墓以求雨。墓開之後，但見他們「儀貌如生」，隨即便「甘霖普降」。佛門弟子爲了表示「對其開山祖師的崇敬和懷念，不僅在前大院東、西側的圍牆腳下爲二位大師各修了一座墓冢，還在毗盧閣兩側的配殿裏爲他們立了塑像。清涼臺上殿閣環繞，自成院落。院內有兩株明代所植的古柏，已有四百餘年高齡。樹上凌霄花纏繞。凌霄花，又叫紫葳，木質藤本，有氣根，能行血通經，治跌打損傷、痰火腳氣和酒糟鼻子。花開五瓣，略似喇叭，色橘紅，深淺濃淡有致。花開時節，點綴於翠柏枝頭，下有池水荷花相映，幽靜中透出清新，別有一番情趣。清康熙年間，寺內住持和尚如琇有詩描寫之曰：「香臺寶閣碧玲瓏，花雨常年繞梵宮。石磴高懸人罕到，時聞清磬落空濛。」

此詩刻於石，今存庭院牆壁上。庭院內另有數十方碑刻，其中有如琇仿照斷文碑形式書寫的《洛京白馬寺祖庭記》和他所作的詩文《白馬寺六景》，即：清涼臺、齊雲塔、騰蘭墓、焚經臺、斷文碑、夜半鐘。

出白馬寺向南，在隴海鐵路兩側，有兩個夯築高土臺，臺上有一通碑，上刻「東漢釋道焚經臺」，爲德浩和尚一九三六年所立。關於這焚經臺還有一段崇佛抑道的傳說。據北魏僧徒僞託東漢傅毅著述的《法本內傳》記載：東漢永平十四年（七一年），也就是白馬寺建成後的第三年，道士諸善信、費叔才和呂惠通糾集五岳十八山觀、太上三洞六百九十名道士，聯名上表漢明帝劉莊，痛斥佛教的「虛妄」，聲言要與西域胡僧較試優劣。皇帝和文武百官都親臨現場觀聽佛道二教僧衆辯論。經過激烈的舌戰，道士們輸了。但諸、費二人並不甘心，要求焚經以試眞僞。正月十五，正值元宵節，觀者甚多。道教經寶與佛教經、象、舍利均被各置一壇。火起之處，道教經典化爲灰燼，隨風而去；而佛經和舍利則放出五彩光芒，直衝雲霄，盤旋如蓋，覆蓋衆人。這時天樂震響，寶花自空而降，「五岳道士相顧失色，大生怖懼。南岳道士費叔才自慚而死。」唐人作詩云：「青牛漫說函谷去，白馬親從印土來。確實是非憑烈焰，要分眞僞築高臺。春風也解嫌狼藉，吹盡當年道教灰。」在魔術和焰火發明很早的中國，要想做到這一點本不很難，從中我們也可看到當年佛道兩家激烈鬥爭時無所不用其極的情景。

在白馬寺東南約三百米處，有座院落，內有一座約三十米高的密檐式磚塔。四方形，十三層，從第二層起每層南面開一拱形門，塔腹中空，原有階梯可供攀登遠眺。據寺內保存的宋天禧五年（一〇二一年）刻石《摩騰入漢靈異記》載，此塔始建於東漢永平年間，可謂「中國第一古塔」。關於建塔的緣由，《三寶記》說，白馬寺東南舊有土阜隆起，時放光明，民間稱爲聖冢。明帝詔問攝摩騰。騰曰：天竺國阿育王葬如來舍利於天下，凡四萬八千所，此其一也。明帝即命人在冢上建浮圖（佛塔）九級，高五百尺，名爲齊雲塔，又稱「釋迦舍利塔」或「金方塔」。後屢有興廢。現在看到的這座塔則是金大定十五年（一一七五年），由僧人彥公發起重建的。至今已有八百多年的歷史，是洛陽一帶現存最早的古建築之一。曾有民謠道：「洛陽有座齊雲塔，離天只有一丈八。」清代如琇和尚的詩更寫出了齊雲塔的磅礴氣勢「風回鐵馬響雲間，一柱高標絕陟攀。舍利光含秋色裏，峻嶒直欲壓嵩巒。」據說塔上還有個金蛤蟆，每當月明之夜就出沒於塔頂，你若站在塔前二十米處猛擊手掌，就如打在金蛤蟆的背上，它還會「呱、呱」地發聲應和呢！這或許僅僅是傳說，或許曾因下雨等氣象原因使聲波發生折射傳遞，或許因建築方面的應聲原理所致。要知眞假，還是你自己去試試吧。

解放後，白馬寺曾進行過三次大規模整修。現寺內仍有數十名僧人晨昏禮佛，四時拜禱，寺內鐘磬相續，香火不絕。一九六一年，白馬寺被國務院公布爲全國重點文物保護單位。

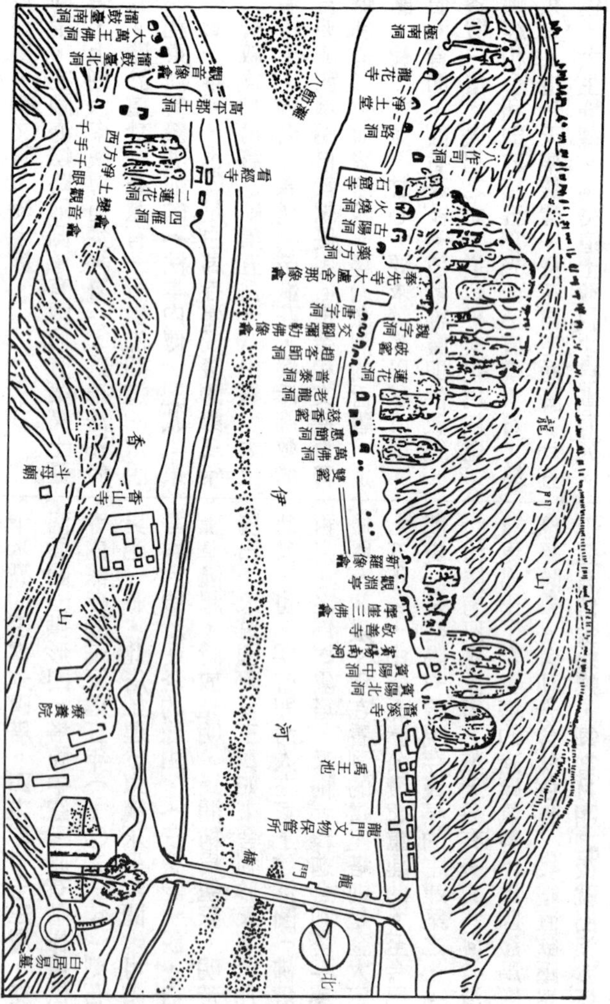


洛陽龍門遊覽區

# 龍門懷古（洛陽龍門）

唐代詩人白居易曾論定：「洛都四郊，山水之勝，龍門首焉。」

龍門位於洛陽南十二公里，春秋戰國時被稱作「伊闕」。「闕」本指宮殿前左右對稱做裝飾用的高大木石建築，洛陽自西、東周起始作都城，猶如一座巨大的宮殿，東有虎牢成皋之險，西接函谷、崤澠要隘，背依蜿蜒起伏的邙山，南大門即是天然險豁龍門。這裏，伊水中流，青山對峙，儼然如雙闕向城開，故有「伊闕」之稱。又因雙闕中空如門，東爲香山，西爲龍門山，隋唐後泛稱「龍門」。龍門以山水取勝。更以石窟流芳。龍門石窟與大同、敦煌、克孜爾石窟並列爲我國四大著名石窟。

龍門石窟始鑿於北魏孝文帝時。當時佛教傳入中國已三百多年，佛教的因果報應說正好適應北魏統治者的需要。他們借助中央統領和尙的機構「道人統」（後稱「沙門統」）僧人法果之口，提出帝王「即是當今如來」，拜天子即是禮佛，於西元四六〇年在雲崗山崖上，首開曇曜五窟，爲北魏開國後的五位皇帝各鑿一窟，塑一佛像，以示君權神授，中國大規模營造佛窟的歷史序幕就此拉開了。

孝文帝是一位主張以「漢化」爲中心進行「文治」的傑出君主。他五歲登基，因機敏、早熟，不受祖母文明太后的管束，曾被罰冬天穿單衣，住冷房，三日不得食，挨打數十棍。只因衆大臣反對。才未被廢掉。文明太后死後，他一反舊傳統，帶頭以漢俗治喪，通過考試選拔官吏，提倡學漢文，說漢話，穿漢服，改漢姓，通漢婚。並於太和十八年（四九五年），以南下伐齊爲名脅迫衆臣由大同遷都至洛陽，以控中原。石窟工程中心也隨之從雲崗移到了龍門。從此，龍門造窟的斧鑿之聲此起彼伏，歷經北魏、東魏、西魏、北齊、北周、隋、唐、五代、宋數朝，持續七百多年。隨著這叮叮噹噹的斧鑿之聲，伊水兩岸寺成林、佛如海，「精舍繞層阿，千龕鄰峭壁」，綿延長達一公里之多。如今，雖經一千四百多年的流水沖涮、風雨剝蝕，仍存窟龕二千一百多個，大小造像十萬餘尊，佛塔四十許，造像題記和碑碣三千六百多塊。漫步其中，如遊歷在巨大的博物館中，可一覽北魏至唐宋的歷史、文化、雕刻、繪畫、建築、服制、樂舞、醫藥、書法及民俗，美景佳境令人目不暇接，流連忘返。

來到龍門，首見一座三拱大石橋，飛架伊水之上，如飛虹臥波。這就是「龍門橋」。橋西爲龍門山，龍門的佛龕大部分集中於此山。石窟遊覽區的入口就是西山腳下龍門橋的引橋涵洞。

伴伊河水，沿西山腳南行，首先看到的是「禹王池」

。池中數泉噴湧，爲龍門最盛處。池水從東側蛤蟆嘴飛瀉入伊河，池中亭亭玉立著一根約二點六米高的石筍。北宋文學家歐陽修有詩道：「巨石何亭亭，孤生此岩側。白雲與翠霧，誰見琅玕色。惟應山鳥飛，百轉時來息。」傳說夏禹曾以斧鑿之力劈山導伊水北流，所以龍門又有「禹門」、「鑿龍」之稱。公元四九七年夏，孝文帝曾在此以漢族禮儀，備牛、羊、豬三牲祭祀夏禹。唐代詩人許渾有「魚龍多處鑿門開，萬古人知夏禹才」，韋應物有「鑿山導伊流，中斷若天辟」的詩句，傳說池中的石筍就是大禹劈山治水時所用的工具。明代人彭綱在《題龍門石像》詩中並不相信龍門是大禹開的，他寫道：「龍門兩山相對峙，龍門河水流山裏。龍門天造非禹功，獨問中州擅山水。」人們把大自然形成的龍門歸功於大禹，說明我國人民對古代治水有功的大禹是多麼崇敬！

## 寅賓日出（洛陽賓陽洞）

在洛陽龍門西山北部，過潛溪寺，有一處幽深靜雅的院落，院內依山並列三所石窟，坐西向東。每當旭日東升，洞內陽光燦爛，取《堯典》中「寅賓日出」之意，故名賓陽洞。也有一說是明清後，取道教呂洞賓之字（洞賓）和號（純陽）的末兩字命名的。據《魏書·釋老志》記載，景明元年（五〇〇年），孝文帝的兒子宣武帝世宗元恪爲其父母做「功德」，讓人仿效大同雲崗的靈岩寺在此鑿二窟。八年後，中尹、劉騰奏又爲世宗復造一窟，共爲三所。前後經二十四年，用工八十萬零二千三百六十六個。爲龍門石窟中花時最長、用工最多的洞窟。可惜的是，到北魏末只完成了中洞。這是北魏王朝的內亂外患造成的。宣武帝元恪於延昌四年（五一五年）死後，他六歲的兒子肅宗孝明帝繼位，因年幼，其母胡太后垂簾聽政，並讓「三公」即宣武帝之弟元懌、獻文帝之子元雍、孝文帝之子元懷輔佐孝明帝。當時主持賓陽洞工程的中尹、宦官劉騰與元懌有私怨；胡太后的妹夫元乂兵權在手又野心勃勃，嫉恨元懌得勢。二人合謀發動宮廷政變，幽禁胡太后，並殺了元懌。四年後，劉騰病死。胡太后乘機反攻，先逼元乂自殺，又發劉騰墓戮屍。同年四月，蠕蠕國主阿那鑲劫掠邊境，又綁架了北魏重臣元孚。接著是沃野、武川、懷蕪、高平、五原、柔玄等鎮此起彼伏的農民起義。至公元五二三年，賓陽南洞和北洞再也無法進行下去了。後來均完成於唐初。整個賓陽洞工程持續了二百五十多年才全部結束。

賓陽三洞中以中洞最爲富麗堂皇，三洞雖同出於北魏，但因完成年代不同，卻代表了不同的風格，可謂整個龍門石窟風格造像之縮影。龍門石窟的造像三分之一出自北魏，三分之二出自於唐太宗、高宗、武則天和玄宗四帝在位期間。這兩個時期爲龍門造窟的高潮，形成了龍門石窟造像的兩種主要風格，即北魏和唐代風格。賓陽中洞代表的是北魏風格。這裏的造像面輪清瘦，胸部平直，體態平穩，衣紋使用平直刀刻法，折疊規則。但卻失去了北魏早期雲崗石窟造像的那種粗獷、威嚴，雄健的風格，趨向活潑、清秀、溫和，生活氣息逐漸變濃。服飾也從早期的偏袒右臂及通肩貼體薄衣改爲長裙、寬袖、垂擺的漢裝，從一個方面反映了當時推行漢化改制的情景。洞內共有十一尊大佛。窟正中端坐釋迦牟尼，他左手屈三指，食指朝下，指著地獄；右手五指並攏，欲普渡衆生，把信徒推入西方極樂世界。本尊座前蹲有兩隻昂首挺胸、姿態雄健的石獅，胸毛左右分向後披，表現了北魏雕刻獅子的特徵。兩側侍立兩弟子。右侍阿難是釋迦的堂弟，出家後隨侍釋迦二十多年，擅長記憶。據說，當時佛經沒有經卷書本，全憑腦記口誦。釋迦死後，第一次佛會誦《三藏》時，他是主誦人。雕塑家正是把握他聰慧的特點，廣額圓頤，眼神睿智。左侍迦葉，是釋迦牟尼十大弟子之一，爲佛教第一次集結的召集人。佛經說他「年高德重」。雕塑家用深陷的眼窩、多皺的臉頰，來突出他「老邁」，用拱手揖禮，啓唇示訓，表現他「德高望重」。再兩邊是兩菩薩。南北兩壁又各雕一佛二菩薩，爲三世（過去、現在、未來）佛的完整布局，反映出北魏末期佛教廟堂的流行樣式。穹隆形的窟頂上八個「伎樂天」和兩個「供養天」正挺健飄逸地迎風翱翔在蓮花寶蓋周圍。這些飛天又名香音神，是佛教圖像中最令人喜愛的形象。她們居位在風光明媚的天宮十寶山中，不食酒肉，專採百花香露，散天雨花，放百花香，能奏樂，善飛舞。這裏表現的就是《法華經·譬喻品》中所描繪的「諸天伎樂，百千萬神，於虛空中一時俱作，雨衆天華」的場面。

洞前壁南北側有浮雕，自下而上分四層，分別表現了不同的佛教故事。第一層是《維摩詰經》即「維摩變」的故事。維摩變壁畫自東晉顧愷之首創後，廣泛出現在寺院壁畫和石窟雕刻中。《維摩詰經》上說，維摩是佛在世時，曾是印度毗耶離城的一個居士。他擁有大量田園、財產及妻室、兒女和奴婢，學問淵博，法力無邊，智辯過人，勝過出家弟子，連釋迦牟尼佛也讓他三分。一次，維摩生病，佛派他的得力弟子去問候。弟子們都推託因維摩往往以裝病提出難題，令人難以答對。最後由道行較深的文殊菩薩前往。賓陽洞這幅經變故事，表現的就是維摩和文殊菩薩辯論的場面。南邊坐在几帳內，前有天人，左有二侍女的是維摩；北邊坐在蓮座上，前有舍利佛，後有弟子菩薩二人的是文殊菩薩。

第二層北邊是《薩埵那太子本生》捨身飼虎的畫面：

一隻大老虎和七隻小虎（可辨認的六隻）呈飢餓狀，後有樹木山巒，一人躺臥在地，後爲懸崖峭壁。據《金光明經·卷四·舍身品》說：古印度訶摩羅陀國王的三個太子到林中遊玩，看見七隻出生剛七天的小虎依偎著一隻飢餓難忍的母虎。慈悲的薩埵那小太子怕母虎吞噬小虎，勸走了兩個哥哥，脫衣上山，用竹籤刺頸出血，跳崖投身於無舉步之力的餓虎前，讓它舐血啖肉，惟留餘骨和毛髮。兩個哥哥尋來，見此慘狀昏厥過去。他的父母——國王和王妃也聞訊不省人事。甦醒之後，哭哭啼啼，趕到現場，收拾了薩埵那太子的遺骨，供養於一座寶塔中。南邊的《須達那太子本生》的故事宣揚的是「逆來順受」、追求「來世」幸福的佛本生思想。古印度葉波國王濕隨的兒子須達那好善樂施，有求必應，將一隻力大善戰的六牙白象給了敵國。濕隨國王大怒之下，將須達那及其妻兒趕出國土。須達那沿途將財寶施捨殆盡，又把兒女捨給虐待鞭打他們的婆羅門（古印度種性制度的最高等級）。當孩子們被轉手出賣時，被國王得知，深受感動，不僅贖回了孩子，而且迎回了太子夫婦。敵國也深受感動，又把寶象送回，兩國從此言歸於好。

第三層是著名的「帝后供養行列」，亦稱「帝后禮佛圖」。北邊雕刻的是北魏孝文帝及其侍從，叫「皇帝禮佛圖」。南邊雕刻的是文昭皇太后及其侍從，叫「皇后禮佛圖」。這兩幅圖景，各以帝王、后妃爲中心，及隨從數十人組成的儀仗隊，包括羽葆、香爐、供品而構成，是有主題、有情節的三十餘人的群像。藝術家們特別注意刻劃那虔誠、嚴肅、寧靜的活動與心境，通過複雜的布局，反映出人物間錯綜的關係。造型準確，製作精美，代表了當時生活風俗畫的高度發展水平。可惜的是，這兩幅具有重要藝術價值和歷史價值的壁畫已被民族敗類盜鑿，現分別藏於美國堪薩斯城納爾遜藝術館和紐約市藝術博物館。如今，人們只能到西山另一頭的北魏「石窟寺」中南北佛龕下去觀賞那龍門石窟中僅存的兩幅最完整的「帝后禮佛圖」，以彌補這個遺憾而一飽眼福了。

第四層也就是最下層，是「十神王」浮雕像。南北各雕五個神王，手持不同法器，如獅子、龍、象、鳥、山、河、樹、火、風、珠等。這是石窟雕刻中少見的題材。

特別值得一提的是窟口南北拱壁下部的大梵天王和帝釋天王浮雕。這兩塊浮雕是一九七九年在維修賓陽三洞時，拆除了清乾隆十五年（一七五〇年）增築的拱券發現的。這一發現不僅使這兩塊被覆蓋了二百多年的北魏雕刻重見天日，而且糾正了龍門石窟的北魏造像中沒有天王造像的說法。

賓陽南洞是唐太宗第四子魏王李泰爲其母發願造像的洞窟。主佛爲唐代流行的阿彌陀佛，高八米多，面相飽滿，肌肉豐腴，胸部隆起，體態勻稱兼女性及動態美，衣紋爲圓刀刻法，折疊流暢，表現了唐代風格。兩旁二弟子外側各一菩薩，披巾，瓔珞厚重，造型古樸，具有北魏造像之遺風。洞內四壁上，星羅棋布著大小一百五十多個佛龕，其中隋大業年間的二十多個，唐貞觀十五年的六個。蓮花寶蓋頂周圍的八個飛天表現的是洞外〈伊闕佛龕之碑〉中描繪的「寶花降祥，敞五雲之色；天樂振響，奪萬籟之音」的場景。總之，此洞中的造像可謂是上承北魏剛健雄偉，下啓盛唐生動活潑風格的過渡時期的作品。

賓陽北洞爲龍門石窟中典型的唐窟之一，所供主佛也是阿彌陀佛，左右兩側雕刻羅漢及脅侍菩薩，四壁散刻小龕佛像。前壁南北浮雕二天王，佛的背光爲唐代葫蘆形火焰雕紋的代表。

## 「珍珠泉」邊佛朝廷

（洛陽奉先寺）

從洛陽龍門賓陽洞，下山循河岸南行不遠，有一潭清泉，潭底時有細泡冒出水面，累累若貫珠，故有「珍珠泉」之稱。潭旁崖上三四米處有一仿古八角亭，爲以前觀瀾亭舊址。站在這裏，可東眺香山風光，俯視伊水波濤。伊水清淺，適合魴魚生長。早在北魏時，伊河魴魚就是宴席上的佳餚，價格昂貴，有「洛鯉伊魴，貴似牛羊」的諺語。亭北山崖處是唐太宗妃韋氏發願開鑿的敬善寺和據推測爲武則天時建造的摩崖三佛龕。亭南百餘米爲千佛洞。洞內主尊的彌勒佛爲武周政權的象徵。武則天時才把彌勒放在主佛的位置，用以樹立這個女皇的至高形象。

由千佛洞的右方拾級而上，即可看到萬佛洞。萬佛洞建成於大唐永隆元年（六八〇年），因洞內南北壁上刻有一萬五千尊佛像而得名。因該洞是尼姑智遠爲唐高宗和武則天奉修的，所以又叫「智遠洞」。洞內主尊阿彌陀佛正坐在四力士承托的八角蓮花座上，佛背後崖壁間雕刻的五十四朵蓮花上，各坐一菩薩，獨具匠心。南北壁的壁基上各雕一列樂伎，正演奏瑟、琵琶、笙、笛子和今已失傳的箜篌、篳篥、法螺、羯鼓、雞婁鼓等樂器，舞蹈者隨樂隊翩翩起舞，衣帶飄揚，婀娜多姿，是難得的音樂舞蹈造型珍品。洞中還有龍門石窟最小的佛像，只有二釐米高。

萬佛洞以南不遠是蓮花洞，因洞頂有朵龍門石窟罕見的大蓮花而得名。蓮花因出污泥而不染被佛門視爲聖花。洞中立於釋迦左邊的迦葉，身穿厚重的袈裟，手持錫杖，顯示出艱辛跋涉、風塵僕僕的苦行僧形象。這在龍門石窟中是獨有的。「錫杖」譯名「聲杖」、「鳴杖」，原爲僧人化緣求齋時叩門防犬的用具，後演變成佛教的一種法器。南壁第二小龕內的東西兩壁分別雕有釋迦牟尼在「樹下思維」和「樹下授法」的故事圖像。窟內許多龕額構圖精美，有瓔珞、帷幕及華繩、雲紋、捲草紋、幾何紋、以及蓮花、寶相花等各種刻紋，爲研究古代建築裝飾、圖案藝術，提供了寶貴的資料。

蓮花洞南數十米的崖壁上，有一天然溶洞，孔大可容一人，上若露天一線，被人附會爲眞龍臥處，並說眞龍奉旨吸水，騰空飛升而去，留此洞穴，名石牛溪。石牛溪南數十米爲北魏孝明帝時期（五一六—五二八年）開鑿的普泰洞。窟內左右壁龕周圍的佛傳故事分別爲「樹下思維」、「迦葉來禮佛」（迦葉尊者到佛圓寂處哀悼的故事）和「釋迦涅槃」。

過普泰洞數十米，盤旋登上一百餘級臺階，便到了奉先寺。奉先，即奉祀祖先之意。這裏因宋時加蓋了九間木構保護性屋檐建築，俗稱「九間房」。現屋檐建築已毀，只在崖上留下當時安裝樑枋的方洞。奉先寺東西深約四十米，南北寬約三十六米，是龍門唐代石窟中規模最大、藝術最精的重要石窟。建於唐高宗初年，歷時一十五年左右。據說武則天曾將自己買高級化妝品的兩萬貫錢捐贈於此。奉先寺的主佛爲「盧舍那」。據佛教說，佛有三身：法身，是佛的未來之身；報身，經過修習而獲得「佛果」之身；應身，佛爲「超度衆生」而顯現之身。盧舍那即所謂報身佛。據實測，奉先寺的這座盧舍那佛通高十七點一四米，頭高四米，耳長一點九米，是龍門石窟中最大的佛像。如果站在它鼻子下，同時看不到它的兩眼，它的嘴角也和眞人不一樣，是兩條有相當距離的線。大佛全身貼過金，至今左眼窩處還有殘留的金片。據史料記載，此窟是由唐代淨土宗大師善導和僧人惠暕參與籌劃，大使司農卿韋機，副使東面監上柱國樊元則主持開鑿。藝術家李君瓚、王七執刀，共同完成了這一燦爛輝煌的典範作品。盧舍那兩側爲二弟子、二菩薩、二天王及二力士。民間傳說，抱過天王、力士的人有福氣，所以，遊人至此往往俯身一試，結果抱得天王、力士的腳脖烏黑油亮，使人不僅想起「平日不燒香，臨陣抱佛腳」的有趣諺語。

奉先寺的這一組石雕群像，實際上是封建統治者在宮廷臨朝執政場面的神化。那盧舍那就是武則天的化身，和繪畫中武則天「方額廣頤」的面部特徵極其相似，二菩薩是嬪妃，二弟子是文臣，天王、力士是武將。史載，唐肅宗上元二年（七六一年）「於三殿置道場，以宮人爲佛菩薩，武士爲金剛神王，召大臣膜拜圍繞。」當時正值有名的道宣和尚也說：「宮娃如菩薩。」從藝術上說，大佛五官刻劃合乎比例，但頭部和上身比例有所誇大，體現了現實和浪漫主義的結合，造成了以形寫神，形神兼備的藝術效果，爲唐代宗教藝術鼎盛的概括，是我國雕塑藝術史上偉大的範例之一。

## 藥方洞中藏，書法天下揚

### （洛陽龍門）

在洛陽龍門石窟中有兩個北魏窟，一叫藥方洞，一為古陽洞。都在緊鄰奉先寺的地方。藥方洞開鑿於北魏晚期，造像則為北齊作品，當時正值社會變革時期，作品形體和神韻都欠完美。但它最大的特色是在洞口過道兩側刊刻有一百四十個藥方。據考，為唐人所刻。我國的古石刻藥方，見於名家著錄的有：西岳蓮花峰的《固齒方》，廣西劉仙巖的《養氣湯方》，邕州宣化廳的《療病方書》，桂州館驛的《集驗方》，陝西耀縣五臺山的《千金寶要碑》等。但那些都是宋明時代的刻石，遠不及此洞藥方年代久遠。在此洞藥方中提到的病名，現能看清的有四十六種，涉及到內科、外科、婦科、小兒科及五官科。在一百四十個藥方中，二十三方屬於灸法，一百一十七方屬藥物治療。除殘缺過甚者外，現能看出用一種藥物的四十三方，兩種藥物的二十方，三種藥物的十方，四種藥物的五方。其中用一二種藥物的占百分之八十以上，而且所用藥物都是農村生活中極易找到的。有的一方治數病，有的一病數方。這些藥方的製劑方法有丸、散、膏、湯等，用藥方式有內服、外敷、洗、熏等，還有鍼灸和熏、洗並用的。這些石刻藥方反映了當時民間醫藥的豐富發達，對於研究醫藥史有重要價值。

藥方洞南面毗鄰的一個大洞叫古陽洞。始鑿於北魏太和十七年（四九三年）都城遷洛之際，是北魏皇室貴族發願最早造像也是最集中的一窟，和賓陽三洞為同時期作品。洞內主像曾於清光緒年間被人用泥塗蓋，改塑為太上老君像，並妄傳老子曾在這裏煉丹，所以又叫「老君洞」。此洞現有四個屋形龕，樣式分廡殿式和歇山式，是北魏當時的房屋建築式樣。洞的四壁及窟頂的佛龕造像上有很多題記，記錄了造像者的姓名、年月和造像緣由。在金石碑刻中久負盛名的《龍門二十品》中，有十九品在古陽洞中。其排列位置從窟頂開始自東向西依次為馬振拜、侯太妃（賀蘭汗）、高太妃（孫保）、侯太妃（景明四年），凡四品；北壁自東向西，最上一層為元詳，道匠（大覺），二層尉遲（牛橛）、高樹、一弗，三層解伯達，惠感，四層慧成（始平公）、魏靈藏、楊大眼，凡十品；南壁自東向西最上一層為鄭長猷（雲陽伯）、元燮，二層孫秋生、法生，三層為元祐，凡五品。還有慈香一品，在老龍窩崖壁的慈香窟裏。《龍門二十品》所代表的魏碑體，字形端正大方，氣勢剛健質樸，是隸書向楷書的過渡中一種比較成熟的獨特字體。書法家讚其「字形大小如星散天，體勢顧盼如魚得水」。清代學者康有爲（一八五八—一九二七年）盛讚這裏的書法有「十美」：魄力雄強、氣象渾穆、筆法跳躍、點畫峻厚、意態奇逸、精神飛動、興趣酣足、骨法洞達、結構天成、血肉豐美。魏碑體在我國書法藝術發展史上占有重要一頁。

## 女皇詩人共伊水（洛陽香山寺）

從洛陽西山石窟群，經龍門橋，過伊水，便到了龍門東山。東山又名香山。山中有北魏時建造的香山寺。但唐代以後，它的聞名卻是和我國一位大詩人白居易聯繫著。

香山上布滿了唐代石窟，多數集中於山南端。其中較有代表性的是看經寺、擂鼓臺三洞以及萬佛溝的造像等。看經臺是武則天爲唐高宗開鑿的洞窟。唐高宗駕崩於西元六八三年。高宗死後，武則天以太后名義臨朝稱制。西元六八四年改東都洛陽爲神都，同年開鑿看經臺，經二十年峻工。武則天出於政治上的需要、大搞崇佛抑道。早在三國時期，道教徒曾造作《老子化胡經》，說李耳西至流沙，命令門徒尹喜，降生於中天竺國，化爲釋迦牟尼。這樣一來，道教的太上老君就成了天竺佛祖的先師，因此受到佛教徒的反對。西元六九〇年，僧法明等十人獻《大雲經》，說武則天是彌勒佛下世，當作唐天子。武則天立刻頒布《大雲經》，立佛教於道教之上，下令燒毀了全國的《老子化胡經》，並讓人在看經寺內四壁下部依《歷代法寶記》刻了從迦葉到達摩的西土二十九羅漢傳法譜系像，雕像均爲一點八米高，姿態神情各異，雕工精細，可稱上品。擂鼓臺和萬佛溝的造像均屬密宗。密宗，亦稱「密教」，爲佛教的一派，唐玄宗開元年間由印度傳入中國。因自稱受法身佛大日如來深奧秘密教旨傳授，故名。擂鼓臺則因唐天授元年（六九〇年）武則天巡幸香山時在此設擂鼓司而得名。臺上三洞依崖並列，北洞主像爲密宗最高的大日如來佛，中洞四壁爲一萬五千尊小坐佛，與西山萬佛洞的一萬五遙相呼應，爲加以區別，此洞叫「大萬五佛洞」。擂鼓臺下一條東西向寬廣深邃的溝壑，即爲萬佛溝，溝裏的佛龕均在北山崖。沿溝東行，溝口爲唐德宗貞元年間造的「救苦觀音龕」，溝中部爲武則天時開鑿的「高平郡王洞」，溝深處爲唐玄宗至唐文宗時（七一二—八四〇年）造的內雕千手千眼觀音像的露天摩崖像龕。這些均爲萬佛溝中的佳品。但最令人浮想聯翩的還是高平郡王洞東邊的「西方淨土變」浮雕，傳爲白居易捐資雕造。白居易（七七二—八四六年）爲唐代大詩人，又兼有政治家和學者的才能，兼通儒、佛、道諸教之義。他一生光明磊落，在朝時積極諍諫、免除賦稅、遣散宮女、揭露宦官、反對賄賂，做了許多好事。正因爲如此直言不諱，又剛直不阿，屢遭奸佞排擠、傾軋、誣陷、貶斥。晚年他完節自高，歸隱洛陽香山。自號「香山居士」。白居易造「西方淨土變」，雖反映了他思想上的消沉，但也表現了他不同流合污，對於世俗勢力的另一種形式的反抗。「淨土」，即佛經中阿彌陀佛主宰的西方極樂世界，這是佛徒們追求的永無痛苦的樂園。淨土宗在唐代是最能吸引廣大群衆的一個佛教宗派。白居易爲他的「西方淨土變」題願詩云：極樂世界清淨土，無諸惡道與衆苦。願如我身老病者，同生無量壽佛所。

白居易晚年在香山就住在龍門西崖半山腰的香山寺。香山寺相傳建於北魏熙平元年（五一六年）。武則天執政時幾經修葺。龍門十寺，而香山寺居首。武則天常於此會見群臣。一年春天，正趕上石樓重修竣工，武則天令文武百官賦詩，先成者賜錦袍一件。左史東方虬詩先成，得錦袍。宋之問也隨即獻詩，文理兼美。最後幾句是：「先王定鼎山河固，寶命乘周萬物新。吾皇不事瑤池樂，時雨來觀農扈春」。武則天看後大爲高興，又把錦袍改賜宋之問。這就是流傳至今的唐代文苑趣聞「香山賦詩奪錦袍」的故事。

白居易遷洛時，香山寺已毀壞得相當嚴重：「樓亭騫崩，佛僧暴露」。白居易用元稹送給他撰寫墓誌銘的報酬六七十萬錢，捐資修葺香山寺。他還和當時的好友胡杲、劉眞、僧如滿、李元爽等組織「香山九老詩社」，並將九人的姓名、年齡、相貌雕刻於石，名爲「九老圖」。清代康熙年間爲紀念白居易，在香山還建了「唐白文公祠」、「九老堂」等。現香山寺雖多爲清以後建築，但仍保留著懸屋峙閣的規制。樓前的白居易祠，祠中還有不少清代碑碣詩文，吟詠白居易和「九老會」的軼事。

白居易住香山寺期間，不僅「外以儒行修其身，中以釋教治其心，旁以山水風月詩琴酒樂其志」，還爲人民做了不少好事，他將收集到的二百七十卷佛經和他自己編輯的詩文全集各手抄五份，分置五處（東林寺、南禪寺、聖善寺、香山寺、履道里），使今人還能看到他完整的詩文集。壽終前二年，他還抱病忙於開鑿礁險，以利通航。

白居易死後，家人根據他不厚葬的遺囑，僅以一套衣服將其葬於香山北端的琵琶峰。琵琶峰猶如一架斜放的琵琶。傳說文殊菩薩聞聽魏孝文帝虔誠信佛，在龍門西山開鑿古陽洞，特帶領衆仙女樂隊前來觀看。一個彈琵琶的仙女與一青年一見鍾情，結爲百年之好。菩薩得知此事後，派衆仙女捉拿彈琵琶的仙女。這個仙女跑到香山北巔，急急忙忙放下琵琶，和那個青年飄然遠逝，她的琵琶便變成了琵琶峰。伸向西南的墓道，似乎是它的曲頸，欄杆像雁柱，鐵鏈像琴絃，橢圓形的山頂臺地和其中的墓室則是琴箱。白居易的墓爲磚劵體，頂上十九棵柏樹環繞一棵棗樹。那刺，代表他鍼砭時弊的性格；那果，代表他治舊世、爽民心的思想。白居易家族現已繁衍到五十二代，每年二月十五、七月十五，都要前來掃墓、祭祀。四方遊客和學者在祭祀時，常用杯酒祭奠，告慰詩人在天之靈，墓前丈把寬的土地上，常是濕漉漉的。一九六一年郭沫若來此憑弔後寫道：「滿山松影今圖畫，夾道泉聲故管絃。伊水南來康節里，香山西峙樂天阡。」千百年來，龍門以其秀麗的山水、石窟與寺林吸引著中外遊人，四季絡繹不絕。每逢農曆正月初八、五月二十二日，這裏還有兩次盛大的廟會，更是熱鬧非凡。

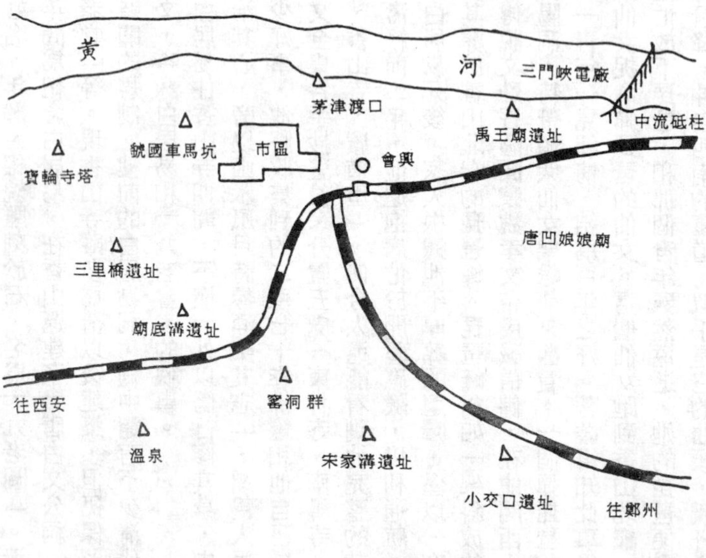


三門峽中流砥柱

# 黃河上的明珠（三門峽中流砥柱）

黃河，中華民族的搖籃，全長五千四百六十四公里，爲我國第二大河。叫它黃河，是因爲它水黃，黃河的水原來並不是這樣黃的。當它漫步在上游的青海草原時，還是清澈的小溪，可是鑽出晉陝間的黃土高原峽谷時，就已變成了一條滾滾的「泥河」。河沙沉澱於下游平原，造成了許多「地上河」。天災人禍，使黃河在兩千多年中決口一千五百次，較大的改道二十六次，成爲一條「害河」。

建國後，人民政府決心根治黃河水患。從一九五七年四月至一九六〇年九月，僅用了三年五個月的時間，就首先在中游下段的三門峽修建了馳名中外的三門峽水利樞紐工程。

三門峽位於河南省西部，豫、晉、陝三省交界處，是黃河流入大平原前的一座峽谷。這裏石壁陡峭，黃河浩浩蕩蕩地從中流過，迎面被神門和鬼門兩座河心石島劈成三股，人們把這三股水流分別稱作「人門」、「神門」和「鬼門」，傳說是古代大禹用巨斧劈開的。大禹是中國古代的治水英雄，據說他治水是先從黃河開始的，他也是治理黃河的第一人。相傳古時候山西的呂梁山、龍門山和陝西的梁山連在一起擋住了黃河的去路。河水從上游孟門一帶山頂漫出去，把山西、陝西等省變成了一片汪洋。大禹立志破山治水，終於打通了龍門。後來，他又順流治水而下來到三門峽。至今鬼門島上還有井口大的一對圓坑，傳說是大禹治水時留下的馬蹄窩。峽谷也因大禹開的這三門被叫做三門峽。其實，三門都是強大的黃河水流經過億萬年沖擊的傑作。

三門峽水利樞紐工程是以三門爲中心建造的，由三門峽湖、大壩和發電廠三部分組成。三門峽湖從大禹渡到攔水壩，蜿蜒一百多公里，面積約二百平方公里。攔河壩雄踞三門之上，高一百〇六米，頂長九百〇八米，左側爲溢洪壩段，右側爲電站壩段，發電廠爲壩後式。三門峽初建時由於對流沙量估計不足，造成嚴重淤積，不但水庫有報廢的危險，而且嚴重地威脅著渭河兩岸平原和中國古都西安市的安全。一九六四年後進行了兩次改建。第一次是在大壩左岸增設兩條泄流隧洞，把原來的八條發電引水鋼管中的四條改爲泄流排沙鋼管，加快了排泄速度，緩和了淤積。第二次改建時打開原施工時導流用的八個底孔，從接近河床的底部排沙泄沙，效果更爲理想，從而使三門峽水庫獲得了新的生命。現三門峽水利樞紐工程擔負著防禦二萬二千秒立米以上的洪水，灌溉下游占整個黃河流域面積百分之九十一的一千六百萬畝土地，提供鄭州、開封等城市的工業用水，並向華北地區特別是天津市送水的光榮任務。每年發電達十三億度。

三門峽，以其特有的魄力吸引著遊客。

泛舟三門峽湖，碧水如茵，煙波浩淼，山水相映，鵝、雁、鴨成群，猶如「北國西湖」。站在大壩上，眺壩下北崖峭壁，漢唐時的古棧道歷歷在目。那時黃河下游和湖廣江浙一帶貢奉京城的糧食等均從這裏溯水運往長安。因三門峽水急浪險，朝廷特派人在北岸峭壁上鑿石路，架棧道，用人拉縴上溯。現在還可見山崖上遺留的棧橋木樁洞和當扶手、拴船索用的牛鼻形石環。這些東西已作爲歷史的遺跡，成爲研究我國東西交通史和黃河漕運史的珍貴實物。

從大壩順水下約三百米處還有三個較小的石島，人們把中心的一座兀立激流高出水面七米的小島叫做「中流砥柱」。傳說這是大禹治水時留下的鎮河石柱。公元六三八年，唐太宗查探水路到三門峽，寫下了「仰臨砥柱，北望龍門，茫茫禹跡，浩浩長春」的詩句，命魏徵勒於砥柱之陰。書法家柳公權有「孤峰浮水面，一柱定波心，頂壓三門險，根連九曲深」的詩句。千百年來，這塊砥柱石被當作仙人點設的航標石，上有「朝我來」讚砥柱石三字，有經驗的艄公都知道，船過三門天險後，必須向中流砥柱的大礁石直駛，才能在峽口大漩渦裏轉一圈，順勢繞過砥柱石進入緩流。否則或被捲入深淵，或碎身於柱石。「船到鬼門關，兩眼淚不乾」一首歌謠唱了多少年呀，好在已成爲過去。惟「中流砥柱」始終屹立在驚濤駭浪中，任憑風吹浪打，獨自巋然不動，被視爲中華民族不屈不撓的精神的象徵。

在峽谷石島上尚有漢文帝、唐太宗、武則天等一些有名的帝王和文人墨客留下的文字、詩句刻石七十多處，其中最爲著名的是明萬曆年間刻在獅子頭上的「峭壁雄流鬼斧神工」八個大字，興建三門峽大壩時，鑿下原字，存於北京歷史博物館。

市北郊，有春秋時期虢國太子陪葬墓——車馬坑。我國歷史上著名的三門峽「假途伐虢」的故事就發生在這裏。據《左傳·僖公五年》記載，晉國向虞國要求借路，讓晉國軍隊過境去打虢國，虞國答應了這個要求，結果晉國在滅了虢國之後，回師途中把虞國也滅了，現在車馬坑內，有五輛戰車，十四戰馬，形狀完整，爲研究我國春秋時代歷史和當時虢國的墓葬刻及我國古代車駕構造的重要資料。

市南郊的廟底溝則爲仰韶彩陶文化、龍山黑陶文化及廟底溝二期文化遺址。仰韶文化和龍山文化分別代表我國新石器時代一種文化的兩個緊密相聯的階段。前者屬母系氏族公社制的繁榮時期（西元前五〇〇〇——前三〇〇〇年），一九二一年首次發現於河南澠池仰韶村故名。其出土文物中常有彩繪幾何圖案或動物花紋的細泥紅陶和夾砂紅褐陶，又被稱作彩陶文化。龍山文化則因一九二八年首次發現於山東章丘龍山鎭而得名，屬西元前二八〇〇——前二三〇〇年父系公社制時期的作品，以灰陶爲主。因沿海地區的龍山文化中常有一種飾有繩、籃、方格、紘紋的薄而有光澤的黑陶，所以龍山文化又曾被稱作黑陶文化。廟底溝二期文化則是仰韶文化向龍山文化過渡階段（公元前二七八〇年至一四五年）的文化，應屬龍山文化的早期遺存。仰韶文化和龍山文化的發現使中華民族的發展歷程得到了圓滿的、合乎邏輯的排列，這順序是從北京猿人、山頂洞人的「舊石器時代」開始，經「仰韶文化」、「龍山文化」的新石器時代，延續到殷商青銅器時代。在廟底溝仰韶文化遺址發現的有房基、窖穴、墓葬、石器、骨器、陶器等生產工具及生活用具。在龍山文化遺址發現的有房址、窖穴、窰址、氏族公共墓地，以及大量的石器、骨器、陶器等。其中僅有個別彩陶，被稱爲「廟底溝二期文化」。

甘棠遺址也值得一看。甘棠，樹名，也叫白棠、棠梨、杜梨。落葉喬木，春夏開白花，果實似梨而小，味酸甜，古代常植於祭祀場所社廟前，稱爲社木。詩經《國風·召南》中有《甘棠》詩一首，《詩序》中說：「《甘棠》，美召伯也」。召伯一般認爲指召康公奭，他是西周初年奴隸主貴族中有名的政治家，與周武王之弟——周公旦分陝而治。也有人認爲指周宣王時期的召穆公。相傳他曾在甘棠樹下聽訟決獄，公正無私，詩人愛戴他，因人及物，唱出這首歌，表示要愛護召伯曾在下面歇息過的樹木。後用「甘棠」來讚美地方官吏的廉潔。

此外，市郊可供遊覽的還有寶輪寺塔、太陽古渡、萬錦灘等。

三門峽，不愧爲黃河上的一顆明珠！

## 一枕黃粱何處尋（邯鄲黃粱夢）

假如你乘京廣線的火車經河北邯鄲市時，請別忘了市北十公里有一處有趣的遊覽地，它就是黃粱夢村的呂仙祠。因該祠是爲紀念盧生在此巧遇呂翁，得枕而成黃粱美夢而建的，所以亦稱黃粱夢。

唐代開元年間，一個姓盧書生在邯鄲客店遇見了道士呂翁。在等店主人蒸黃粱飯的時候，兩人傾心相談，十分痛快。後來盧生嘆息自己的不適遭遇，頗思建功立業，永享榮華富貴。於是，呂翁便借給他一個青瓷枕，讓他倚枕而睡便可得償所願。盧生倚枕而寐，在夢中娶美女、升高官……開河廣運，殲敵拓疆，屢建奇功。爲朝廷恩遇，升爲吏部侍郎，又升爲戶部尚書兼御史大夫。在宦海中，他曾兩次遭誣被貶，險些喪生。後來，皇帝知其受冤，又起用他爲中書令，封燕國公。五十多年，青雲直上至宰相，享盡榮華富貴。年八十而終。斷氣時，盧生一驚而醒，轉身坐起左右一看，一切如故。呂翁仍坐其旁，而入睡時店主人蒸的黃粱飯還沒有熟呢！

這就是唐人沈既濟傳奇小說《枕中記》中所描寫的故事。千百年來，廣爲傳頌。元代馬致遠、明代湯顯祖以此爲題材，分別創作出了著名戲曲雜劇《黃粱夢》和《邯鄲記》。使盧生一枕黃粱更成爲家喻戶曉、婦孺皆知的故事了。從宋代始，人們在盧生遇道之處建祠廟。由於《枕中記》中道士的名字和其所表現的道家思想，人們很自然地把呂翁與八仙之一的呂洞賓聯繫在一起，因此祠廟在形制上很受民間有關呂洞賓傳說的影響。現存「黃粱夢」爲明清時代形制，分三進院落，主體建築是後院鍾離、呂祖和盧生三大殿，此外東西行宮是清慈禧太后在八國聯軍入侵時逃往西安後回鑾時所建。整個建築占地面積二十餘畝。

從鑲有「邯鄲古觀」四個大字的西大門步入黃粱夢前院，正東是八仙閣，北面是硬山頂式的丹房，有明代嘉靖皇帝親題的「風雷隆一仙宮」匾額。房前有一堵高大的照壁，正面橫刻著「蓬萊仙境」四個草書大金字。筆勢飛舞，蒼勁有力。據說，此四字並非出自一人手筆，而是仙人合作而成的。相傳建照壁時，廟主一心要巴結個權貴在壁上題字。不想，有一天來了個衣衫襤褸、蓬頭垢面的叫化子，手提半罐黃粱稀飯，用破笤帚蘸着往壁上胡寫亂畫一通。廟主見此大怒，拿起捧子就打，叫化子被打得抱頭鼠竄，不知所逝。廟主追了一陣，只好回到照壁前。一瞧照壁奇跡般地出現了「蓬萊仙」三個大字，字體寫得超凡脫俗，飄灑俊逸，可惜蓬萊仙境的「境」字還沒寫出來，叫化子就被他打跑了。從此，誰也補不上個「境」字。直到清代乾隆皇帝到此，才補上個「境」字。雖說不如叫化子寫得好，但也算配得過去。傳說，這叫化子就是呂洞賓。

穿過丹房即爲中院。院內有蓮池，池上建一小橋，有小亭立於橋上，上有無名氏對聯一副：「睡至二三更時，凡功名都成幻境；想到一百年後，無少長俱是古人。」頗爲耐人尋味。

後院卻爲黃粱夢的主體建築。中軸線上，依次有鍾離殿、呂祖殿和盧生殿。一枕黃粱的故事只涉及到呂翁和盧生，爲什麼其紀念祠廟卻還要冒出個鍾離殿？原來，這鍾離按道教的傳說還是他們的先師呢！

儘管今天我們用「一枕黃粱」或「黃粱美夢」的成語比喻不切實際的虛幻夢想終究是一場空。但在唐人沈既濟的筆下，黃粱夢的故事原是表現作者的老莊哲學和道家思想的，雖在客觀上反映了封建社會官場的相互傾軋，諷刺當時熱衷於追求功名富貴的文人，但作者的本意卻是表現一種人生如夢的遁世思想。《枕中記》講到，盧生醒來後，經道士呂翁開導，明白了人生也不過如此。什麼榮辱貧富、窮達之運，只不過是過眼煙雲，猶如這黃粱一夢。於是，看破紅塵，拜謝呂翁而去。呂翁雖然在此點化了盧生，但此前不久，卻也是個盧生式的人物，一生追求功名而又時運不濟，最後在華山受了道士鍾離權的點化，摒絕人世間的功名富貴，得道成仙。所以黃粱夢的主體建築，不僅有呂祖、盧生殿，而且還要追塑到呂祖的先師，爲鍾離權立殿。

穿過鍾離、呂祖二殿，就是黃粱夢的遊覽中心——盧生殿。殿內有一尊大青石雕刻的盧生臥像，頭西足東，側身靜臥於石案之上，衣紋清晰、腰帶當風，雙目微合，夢猶未覺。殿中有兩副對聯極爲貼切地描寫了臥像的主題。一副爲陳鍾祥所題：

「五十年將相功名，方黃粱未熟時，誰知是夢；億萬場悲歡離合，在青瓷一枕裏，卻認成眞。」

另一副是無名氏之作：

「修到神仙，看三醉歸來，也要幾杯綠酒；託生人世，算百般好處，都成一枕黃粱。」

殿中還有歷代留下來的題詩，如殿壁上有一首《題盧生臥像》，爲清代陳潢所題，詩曰：「富貴榮華五十秋，縱然一夢也風流。而今落拓邯鄲道，願與先生借枕頭。」據說，有一天，河督靳輔遊黃粱，在牆上發現此詩，知道這位老兄想做官，就召爲慕僚，叫他協治河防。後陳潢升高官。但不久遭讒，被捕入獄。這位先生沒有悟懂黃粱夢的眞諦，卻爲一夢也風流而葬身於官場的傾軋中。

盧生殿的東牆上還嵌有這樣一塊詩碑：「欲別仙洞向道周，戲拈轉語卻回頭。睡時再夢爲丞相，須記功成早退休」。這位作者尙不忍心割捨功名富貴，卻從黃粱夢的故事中反得出功成身退的處世哲學。眞是對黃粱夢各有各的解釋，各有各的用心啊！

黃粱夢經過近幾年的修復，已經面貌一新，正吸引著越來越多的遊客。

## 洨水飛虹（趙縣安濟橋）

在著名的民間歌舞劇《小放牛》裏，有這麼一段歌詞：

趙州橋什麼人兒修？玉石欄杆什麼人留？什麼人騎驢橋上走？什麼人推車軋了一道溝？

趙州橋魯班爺修，玉石欄杆聖人留；張果老騎驢橋上走，柴榮推車軋了一道溝。

這趙州橋反映的就是河北省趙縣的安濟橋。趙縣在石家莊東南四十五公里的地方，安濟橋就在趙縣城南二公里的洨洨水之上。因趙縣古爲趙州，此橋又叫趙州橋，俗稱大石橋，爲隋代（六〇五年——六一五年）木匠李春所造。遠遠望去橋身如一道彎彎的彩虹橫跨在河上，寬九點六米，全長五十點八二米，淨跨三十七點三五米，由二十八段拱石連接而成。橋身兩頭又各開兩小孔，如兩扇小窗。外側兩孔淨跨三點八一米，裏側兩孔淨跨二點八五米，這種拱上拱又叫「敞肩拱」，既能分洪，又能減少水阻，穩固橋身，爲世界之首創，比法國人造的同類型的賽蘭特橋早七百多年。在中國，至一九五九年湖南黃虎港大橋建成，也曾獨步中華一千三百餘年。在《小放牛》裏，正是這座奇異的橋跨越了幾個時代，把魯班、張果老和柴榮聚集到了一起。傳說中的魯班，姓公輸，名般，是春秋時魯國人，我國古代知名的能工巧匠。張果老是我國古代神話傳說中的八仙之一，初見於唐代文人的記載，據說他死後唐朝皇帝還爲他修過廟。柴榮則是五代後周的皇帝。宋太祖趙匡胤曾爲其將。這相隔數朝的三個人又是如何到趙州橋相會的呢？故事發生在隋朝，那時洨河這地方叫欒州，號稱「四通之城」，爲華北水陸交通之咽喉。可南來北往的車輛人馬到了這咽喉之地總要被洨水卡住。魯班知道後，特地遠道趕來造橋，正在爲材料犯愁，玉帝連夜派神童下凡趕來羊群，變作各種石構件、拱石、橋面石板、雕刻精美的望柱和欄板，以及鉤石、帽石等等。魯班喜出望外，連夜挑燈夜戰，建成了瑰麗的石橋一座。有詩道：「駕石飛樑盡一虹，蒼龍驚蟄背磨空。坦平箭直千人過，驛馬馳驅萬國通。雲吐月輪高拱北，雨添春水去朝東，休誇世俗遺仙跡，自古神丁役此工。」這一下驚動了張果老，他特約柴榮一起來觀虛實。張果老騎著毛驢，搭褳裏馱著太陽、月亮和星星，柴榮推著小車，載著泰山、華山、衡山、恆山和嵩山，一起走到橋上，把橋壓得搖搖晃晃，魯班縱身跳入水中，雙手力托橋身，衆人安然通過，留下了驢蹄印、車道溝、和柴榮失足的膝印，據說一九五三年在修繕趙州橋時，這些仙跡還歷歷在目。這些仙跡不用說，自然是千百年來馬走車行所留下的歷史磨痕。

## 華北之寶大銅佛（正定隆興寺）

從石家莊沿京廣線北上十四公里，便是華北著名古城——正定。這裏有隆興寺、開元寺鐘樓、文廟大殿、崇因寺毗盧殿、廣惠寺華塔、臨濟寺澄靈塔、天寧寺靈霄塔以及須彌塔等，光省級以上重點文物保護單位，就不下十處。其中尤以隆興寺的大銅佛爲著。民謠有「滄州獅子景州塔，正定府的大菩薩。」如今，正定大銅佛與滄州鐵獅子、趙州大石橋及應縣木塔並稱爲「華北四寶」。

隆興寺是我國現存規模較大、保存比較完整的一座佛教寺廟。它坐南朝北，占地面積達五萬平方米。創建於隋開皇六年（五八六年），初名龍藏寺，唐開元二十六年（七三八年）玄宗敕令改額龍興寺，清康熙年間改爲現名。又因寺內大銅佛而俗稱大佛寺。

沿著筆直的正定東門里街走去。迎面便是隆興寺高大的琉璃照壁。從照壁沿三路單孔石橋向北到該寺最北端的彌陀殿，在這條長達三百八十米的南北軸線上依次有：天王殿、大覺六師殿（僅有遺址）、摩尼殿、戒壇、轉輪藏閣、慈氏閣及大悲閣。大悲閣是寺內主要建築之一，曾名佛香閣、天寧觀閣。始建於宋開寶年間（九六八年—九七六年），原與兩側的御書樓和集慶閣相連，體現著中原佛教寺院的布置特點。可惜民國初年，閣頂坍塌，一九四四年重修時拆毀了兩側樓閣，大悲閣本身平面也縮小了三分之一。現在閣面寬五間、進深三間，閣高三十六米；外觀三層上覆重檐山頂，中部有腰檐兩層，廊檐一層，俗稱重檐五滴水。仍具有「重樓通霄漢，正殿俯星辰」的宏偉氣魄。

走進大悲閣，一尊高大的銅鑄大觀音菩薩矗立眼前，使人眞有些「高山仰止」之感。菩薩高達二十二米，是我國僅次於西藏日喀則扎什倫布寺彌勒佛（高二十六點二米）的第二大銅佛。但後者的修建年代要比前者晚九百多年。所以有人把正定大銅佛稱爲我國第一大銅佛。在一千多年前的北宋初年就鑄造這樣高大而精美的銅佛無疑是一個奇跡。

正定大銅佛鑄於宋開寶四年（九七一年）。說來它與柴榮和趙匡胤還頗有關係。宋開寶二年，宋太祖趙匡胤御駕親征太原，路經正定。正定對他可是個特殊之地。他之所以能在陳橋兵變中以宋代周，正是因有正定的邊關告急給他一個兵出開封的契機。想到此，他便到城西的大悲寺去上香禮拜。當時大悲寺的可濤和尚向他敘述了一段往事：大悲寺內原供奉一尊唐代所鑄的銅佛像。五代時，契丹犯境，寺院遭戰火焚毀，寺內銅佛像的上半身也被大火熔化。後來當地人用泥塑補了上半身。但不久，周世宗（柴榮）顯德二年（九五五年）下令毀佛鑄錢，這殘存的半尊銅佛也被拿去鑄錢了。當地人又用泥塑補了下半身，於是銅菩薩成了泥菩薩。

相隔十五年，周世宗毀佛鑄錢，趙匡胤是記憶猶新的。那是周世宗抑佛運動後的又一措施。柴榮年輕時當過郭威的管家，並常外出販運茶葉，從事經商，所以比較重視經濟發展，他的毀佛鑄錢，目的就在於解決當時的錢荒問題。當時，朝廷裏也有議論，但柴榮振振有辭地說：「銅像是銅像，那裏就會是佛？而且佛是以利人爲本的。只要能夠有利於人，它的頭顱、眼睛還要拿出來施舍，何況不過是個銅像呢！」

佛教史上所謂「三武一宗」法難中的「一宗」指的就是周世宗柴榮。當時，他鑑於寺院擁有大量田產和勞動力，影響國家的財政收入，頒布了對佛寺及僧尼的處理辦法，全國寺院廢三萬〇三百三十六所，留二六九四所，鼓勵僧尼還俗參加生產。柴榮推行的各方面的改革措施，使後周呈現一派興盛景象。有力地促進了統一運動的進程。而柴榮也因此被歷代史家譽爲「賢主」，「統一運動的前驅」、「五代時期最英明的君主」。可惜柴榮不幸早夭，第二年（九六〇年）他臨終前提拔起來的殿前都點檢（禁軍統帥）趙匡胤策畫了陳橋兵變，建立了宋朝。

宋朝繼承了後周開創的統一事業，南征北討，最後統一了中國。但是由於趙匡胤與柴榮不同的身世和經歷，北宋一開始就表現出對佛教的不同態度。

趙匡胤出身於洛陽一個官僚家庭，從小喜歡擺弄刀槍，做打仗的遊戲。長大後選擇了精練武藝以求功名的道路。後漢初年，他曾漫遊各地，皆無所遇。後來寄居襄陽一個僧寺中，受到寺中一位老僧的幫助和指點，到北方投入當時後漢樞密使郭威軍中，並和郭威的養子柴榮很好，受到他們的重用。因此，趙匡胤是很感激那位老僧的。如今，征戰途中尙親自禮謁僧寺，可見其對佛教的態度。當他聽了可濤和尙所說唐代銅像遭遇後，自然是一番感觸。據說，當時可濤和尙還順口編了個故事，說當年毀佛時，人們在佛下蓮花座內發現「遇顯（顯德爲柴榮年號）即毀，遇宋即興」八個大字。趙匡胤聽後大悅，說這是菩薩顯靈。於是，當即發下宏願要重建寶刹，重鑄金身。而且新銅像要十倍於舊。原銅像爲七點三尺，新銅像要七點三丈。因爲大悲寺規模較小，趙匡胤勒令在龍興寺內重鑄金身，新建大悲閣。

兩年後，北宋開寶四年（九七一年）七月二十日，三千役工終於開始鑄造銅佛的浩大工程。首先「掘地創基於黃泉」，基礎挖至地泉後，用一層砂礫，一層土石一層石灰，一層好土夯實。距地面二米處，留一個周長二十一米的方坑，裏面栽七根熟鐵柱，加固之後用鐵水鑄滿至地面。然後分七節自下而上鑄造大菩薩。第一節鑄下部蓮花座，第二節鑄至膝蓋，第三節鑄至臍下，第四節鑄至胸部，第五節鑄至腋下，第六節鑄至肩部，第七節鑄至頭部，最後添鑄四十二臂。菩薩的手均用木雕而成，用布裹一層，漆一層，然後用金箔貼成。

鑄造完畢後，再經過精細雕刻和著彩，一尊高達七點三丈的千手觀音菩薩佛像終於矗立於龍興寺內。頭戴玉佛花冠，項上掛著一串長四點五丈的數珠，身上兩手當胸合十，左右兩側各伸出二十隻手，掌中分執日、月、寶劍、寶瓶、寶鏡及金剛杵等法器。整個銅像比例勻稱，衣褶線條流暢，面目秀麗，雍容自在。大佛足下爲三點三米高的須彌座。座上平臺前，左右各塑一尊與眞人大小一般的供養人像，與銅佛形成強烈對比，更顯銅佛像的巨壯。

大悲閣是在銅佛鑄成後蓋起的，登上大悲閣，遠處「沱水東來千丈落，太行西望數峰懸」，近處，隆興寺的其它樓閣拔起於綠樹叢中。

位於隆興寺南部的摩尼殿，建於宋仁宗皇祐四年（一○五二年）重檐歇山頂，四面正中各出抱廈，平面布局呈十字形，其建築造型是我國早期建築中的孤例。殿內懸塑中，有一尊被魯迅予以高度讚賞的五彩觀音像。頭帶寶冠，肩披瓔珞飄帶，胸臂裸露圓潤，身材勻稱適度，一足踏蓮，一足踞起，雙手抱膝，面容恬靜安祥，姿態嫵媚而不失端莊。爲明代彩塑之珍品。至今北京阜成門內魯迅故居的書案上，仍按原狀嵌有這尊觀音的照片。

位於大悲閣東南側的龍藏寺碑，立於隋開皇六年（五八六年）有我國楷書之祖之譽，是在我國南北朝至唐的書法發展史中起承前啓後作用的傑作。王國維曾稱讚其爲「此六朝集成之碑，非獨爲隋碑第一也」。

## 青塔悠悠憶義玄（正定青塔）

正定城內矗立著四座著名古塔。有雄偉壯觀的靈霄塔，古樸端莊的須彌塔，絢麗多姿的華塔，還有清秀玲瓏的青塔。

青塔亦稱澄靈塔。它雖是四塔中最小的一座，但卻吸引著不少中外遊客。特別是日本佛教界，每年到此來朝拜的不乏其人。因爲青塔是佛教禪宗五家之一臨濟宗的祖塔。唐末義玄和尙曾在此地創立臨濟宗，使臨濟寺成爲名揚海內外的臨濟宗祖庭。如今寺已不存，青塔就越發珍貴了。

義玄（？——八六七年）是禪宗六祖慧能的第六代傳人，俗姓邢，曹州南華（今山東東明）人。自幼出家後廣爲求學。曾到江西黃山參拜希運（亦稱黃檗）禪師。三年認眞修學，不曾發問。一天義玄向黃檗問佛法大意。話音未落，黃檗望他便打，義玄只好退下。就這樣義玄三次發問三度被打。於是「自恨障緣，不領深旨」，決定辭去。到黃檗跟前辭行時，黃檗說：你到高安灘大愚禪師那裏，他必有解說。」於是義玄又到大愚禪師那裏問其三問三打的緣故。在大愚的啓發下，終於大悟。明白了佛法大意是任何語言文字所無法表達的，只有借助比喻、隱語及棒喝等手段，使僧人在一個非理性的環境中頓悟。就這樣，他又回到黃檗處，瘋瘋顚顚，用大聲吆喝及隱語來回答黃檗的問話，以示明白禪師之意。《古尊宿語錄》卷五中這樣描述道：「師（指義玄）辭大愚，卻回黃檗。檗見來便問：『這漢來來去去，有什麼了期。』師云：『只爲老婆心切。』……黃檗云：『大愚有何言句？』師遂舉前話。黃檗云：『作麼生得這漢來，待痛與一頓。』師云：『說什麼待來，即今便吃。』隨後便掌。黃檗云：『這瘋漢，卻來這裏捋虎鬚！』師便喝。黃檗云：『侍者引這瘋癲漢參堂去！』」

後來，義玄在黃檗山受了印可，於唐大中八年（八五四年）到了正定城東南滹沱河畔的臨濟寺當主持。廣收衆徒，開設道場，提出了「四料簡」、「四賓主」、「四照用」等認識原則和教學方法，創立臨濟宗。「四賓主」是通過師生（或賓主）問答的方法衡量雙方悟境的深淺。「四料簡」和「四照用」則是針對悟境程度不同的參學者進行說教的方式，目的在消除其「我」、「法」兩執。義玄在教初學禪者時，對其所問，不用語言作正面回答，而是或以捧打，或大喝一聲，以迅雷不及掩耳之勢使對方猛然醒悟。因此形成了臨濟宗禪風機鋒峻烈，以「棒喝」著稱的特點。《人天眼目》卷二形容其宗風是：「大機大用，脫羅籠，出窠臼，虎驟龍奔，星馳電激。」今天以「當頭棒喝」形容使人醒悟，用的就是這一典故。

臨濟宗以其獨特的宗風體現了禪宗的要旨，自創立後，極爲興盛，成爲禪宗五大家中最盛的一家，傳至北宋，臨濟宗分爲黃龍和楊岐兩派。十二世紀末，日僧榮西入宋，將臨濟宗黃龍派禪法傳入日本，創立聖福寺、建仁寺，兼修禪密二宗，後稱「千光派」。不久，另一位日本僧人俊芿在宋受楊岐派禪法，回國後在泉湧寺弘傳戒律和禪宗。就這樣臨濟宗通過他們在日本而風靡盛行。據載，日本鎌倉時期（一一九二——一三三三年）的禪宗二十四個流派中，就有二十個流派屬於臨濟宗楊岐派系統。至今，臨濟宗仍是日本佛教中重要的一支。

唐咸通八年（八六七年）義玄禪師在臨濟寺攝衣踞坐，寂然而逝。翌年其弟子在城東南隅（今四合街）選址建塔埋葬其衣鉢。臨濟寺也隨之遷於城內。可惜寺已早毀。青塔在金大定年間（一一六一——一一八九年）重修。塔身十級，高三十三米，平面作八角形，立於四方石壇上。壇上爲須彌座，其上爲平座及欄杆，再上是蓮座，蓮座之上是塔的初層，初層甚高，四周有磚刻門窗，角上有銅柱。第二層以上八層都極低，爲密檐磚砌。全塔皆爲磚砌仿木結構雕飾，斗拱和假門都雕刻精美，獨具匠心。使青塔顯得清秀精巧，可謂塔中之上品。不過，今天吸引著中外遊客慕名而來的，更主要的是塔的主人，那位值得追憶的義玄禪師。

## 晉南遊覽區

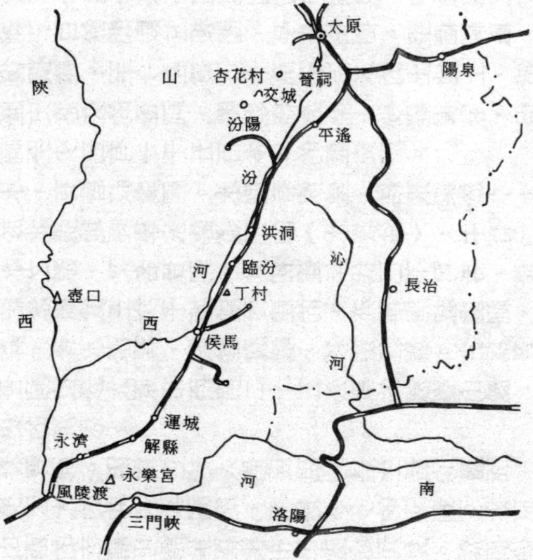


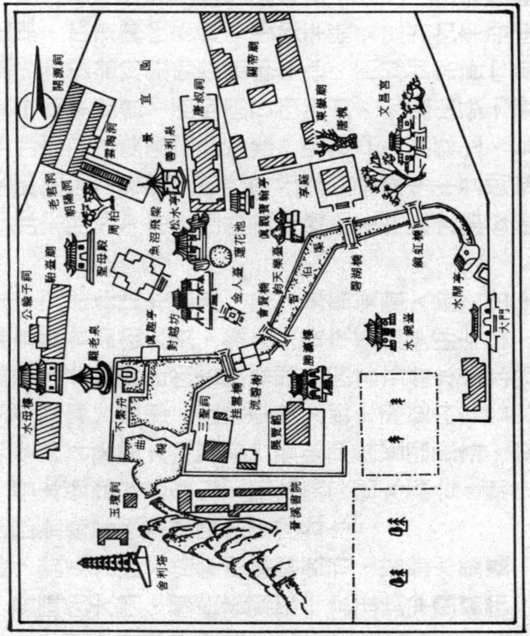


晉祠文物區示意圖

# 古柏森森晉王祠（太原晉祠）

山西的寺廟可謂星羅棋布，處處可見。然而像晉祠這樣規模宏大的非宗教祠廟，卻是不多的。到了太原不可不去看看晉祠。因爲它給人們展現的是生活的畫面，留下的是歷史的沉思。

晉祠位於太原市西南二十五公里的懸甕山麓。這裏古樹森森，晉水潺潺，殿堂巍峨，彩塑斑斕。古爲晉王祠，是爲紀念周武王次子姬虞而建的，亦稱唐叔虞祠，又因位於晉水之源，又名晉祠。其初建年代已不可考，最早的記載見於北魏地理學家酈道元的《水經注》，中有「沼西際山枕水，有唐叔虞祠。水側有涼堂，結飛梁於水上。」可見晉祠至少已有一千五百多年的歷史了。

歷史悠久的晉祠，雖歷經滄桑，幾經損廢，但經歷代的修復擴建，至今在這近十萬平方米的土地上，錯落有致地布滿了百餘間殿堂樓閣、亭臺橋榭。整個祠區，由東往西大致可分出一條不甚規則的中軸線。中軸線上依次有：水鏡臺、會仙橋、金人臺、對樾牌坊、獻殿、魚沼飛梁及聖母殿。中軸線北側有三臺閣、唐叔虞祠、貞觀寶翰亭、關帝廟、文昌宮。中軸線南側有水母樓、勝瀛樓、玉瓊祠和舍利塔等。「難老」、「善利」兩泉亭分列於聖母殿南北兩翼。整個晉祠的布局緊湊而又舒展，頗爲壯觀。

## 晉成於水毀於水　智伯淹城智伯渠

晉祠的大門，懸掛著陳毅一九五九年題寫的「晉祠」匾額。進入大門，沿著中軸線西行，經過水鏡臺，會仙橋下汩汩流淌著的便是智伯渠的晉水了。

晉水發源於懸甕山上而東流與汾水匯合。歷史上，晉水與晉國有著重大的關係！晉地原爲唐國所在，後來周武王次子姬虞封於唐，到其子燮父時，因境內有晉水，改國號爲晉。晉國有名的古城晉陽，因其在晉水之北故名。晉水哺育著晉國的人民，給人民帶來了歡樂和幸福，但是歷史上，統治者引水淹城，使人民遭受極大痛苦也不乏其例。

北宋初年，宋太祖趙匡胤統一了中國大部分領土後，把矛頭指向了當時北漢政權的最後堡壘——晉陽城。晉陽城在北宋統治集團眼裏視若「龍城」。地理上，晉陽北向的繫舟山是龍角，西向南行的龍山、天龍山是一條粗長的龍尾，晉陽恰似這條蟠龍的中心，所以時常有「眞龍天子」出現，如東魏的高歡，唐的李淵及五代的李存勖、石敬瑭、劉知遠等都是從晉陽起家的。因此，趙宋集團必欲平之而後安。宋太祖開寶二年（九六九年）趙匡胤親征晉陽，引晉汾二水灌城，未能破之。其弟宋太宗趙光義又於太平興國四年（九七九年）三下河東，引水淹城，滅了北漢，把一座晉陽古城夷爲平地。

儘管宋太宗淹城滅了北漢，在軍事上取得了勝利，但他在晉祠所立的「太平興國碑」碑文卻被老百姓敲剝得一字不剩，使晉祠平添了一道「無字碑」，足見其在人民心目中的地位。

其實，引水灌城，並非趙宋兄弟的發明。戰國時期，晉國世卿智伯瑤就已開了先例，比之早一千多年。晉祠裏的智伯渠正是與這位貪得無厭的野心家的名字聯繫在一起的。清澈見底的渠水把我們帶到了西元前四五三年的晉國，這一年趙、韓、魏三家滅了智伯，三分其地。晉國實際上形成了「三家分晉」的局面。

三家分晉之前，晉國有范、中行、智、趙、韓、魏等六大世卿。「六卿」是晉景公十二年（西元前五八八年）始置的。其後政權逐漸下移，變爲「六卿專政」的局面，而以智伯最強。後來智伯兼併了范、中行兩家，成爲晉國四卿之首，並逐步操縱了晉國的軍政大權，於是便想獨自取代晉國。他的謀士絺疵爲他想了個「食果去皮」的計謀，以興兵越國爲由，假傳晉侯之命，令韓、趙、魏三家各獻地百里。韓魏兩家懼怕之，只好應允。只有趙襄子拒絕獻地。智伯大怒，於是脅迫韓、魏兩家共同出兵攻趙。假言滅趙時，三家共分趙地。趙襄子尊其父趙簡子的遺命，偕謀臣張孟談遷守晉陽城。

晉陽城是趙簡子爲卿時，其家臣董安於、尹鐸苦心經營的城池。趙簡子臨終時叮囑趙襄子：「萬一晉國有什麼事變，只有晉陽可以堅守。」趙襄子遷守晉陽後，果然城池堅固，糧食充足。他把宮殿裏的銅柱製成武器，把牆垣中的葦杆和木條作爲箭杆，抵抗三家的圍攻。

智伯攻城三月不下，暴跳如雷，一日行至一山，見山下泉流萬道，滾滾望東而逝。一問，原來是發源於懸甕山的晉水。於是遂令於山北高坡處掘成大渠，引晉水灌城。一時河水滔滔，直逼晉陽，晉陽城外一片汪洋。時達三年之久，水淹到離城頭僅一點五米，城內潮濕積水，無法居住，懸釜而炊，易子而食，危在旦夕。智伯趾高氣揚，說：「今日才知水可以亡人之國！」當時韓、魏在側，面露懼色，因爲他們的城邑也是地低而畏水。

正在危急關頭，趙氏謀臣張孟談想出了退兵之計，他化裝混出城外，向韓魏兩家曉以脣亡齒寒的利害。三家歃血訂盟，約定日期反攻智伯。於是堅守三年之久的趙襄子反敗爲勝，與韓、魏兩家滅了智伯，三分其地。

智伯玩水自淹，不但沒有獨代晉國，反而落得個失地滅族之災。當年智伯引晉水灌晉陽城的水渠後爲農民灌溉之用，稱智伯渠。渠水流經赤橋村，村中有豫讓橋，相傳便是智伯家臣豫讓爲報知遇之回憶，行刺趙襄子未遂而自刎的地方。至今橋側尚有豫讓祠。

## 聖母殿堂遺宋風
## 侍女塑像成一絕

晉祠有三絕：周柏、難老泉和侍女像。沿著中軸線走到懸甕山麓，以聖母殿爲中心，右有周柏，左有難老泉。在晉祠裏生長了三千多年的周柏，樹高十餘米，側身向南傾倚，蒼翠的枝葉，披露在聖母殿屋頂上。樹幹與地面約成四十五度角，聖母殿傍一名爲「撐天柏」的柏樹支撐著它的軀幹。這兩棵相依爲命的柏樹，活像一對慈祥的老人，向我們訴說著聖母殿的一切。

比起周柏，聖母殿要年輕得多，起碼晚一千多年。它是宋代的建築物。

前面已說過，趙宋對晉陽城且恨且怕。一怒之下，火燒之，水淹之，使千年古城夷爲平地。但是他們爲什麼又要在晉祠大興土木呢？原來，晉陽古城毀滅了，但它作爲北方軍事重鎮的戰略地位並未消失。趙宋皇朝毀了古城後又於太平興國七年（九八二）派潘美在流民繁集的汾東唐明鎮擴建陽曲縣，成爲後代太原城的雛形。同時，爲了息民怨，攬人心，在晉祠進行修復擴建。宋天聖年間（一〇二三——一〇三二）又追封唐叔虞爲「汾東王」，並在祠內西隅爲叔虞之母邑姜修建了規模宏偉的聖母殿。

邑姜何許人也？原來她便是姜子牙的女兒，周武王的皇后，成王和叔虞之母。歷史上是一位很有名望的婦女。爲周武王所列十位治國之臣中唯一的女性。周武王曾誇她「賢於內治，明胎教之道。」宋朝爲她立像建殿，是爲了祀禱求雨。《太原縣誌》載：「晉源神祠在晉祠，祀叔虞之母邑姜。宋天聖間建，熙寧中以禱雨應，加號昭濟聖母。」宋人禱雨，祭品就陳設在聖母殿東面的獻殿裏，獻殿與聖母殿間有著名的魚沼飛梁連接。古人對水塘的命名，圓者爲池，方者爲沼，沼上架十字形板橋，名曰飛梁。魚沼飛梁在北魏酈道元《水經注》中即有記載。一九五三年翻修時，發現飛梁和聖母殿相互連接，並有小八角石柱和覆盒式蓮瓣柱礎，頗有北魏遺風。但除此以外，整個飛梁皆爲宋代遺物，與聖母殿同時建造。

聖母殿在宋初曾兩次遭地震，宋崇寧元年（一一〇二年）又進行了重修。今天我們所看到的聖母殿雖然有一些宋以後的建築物件，但大部分都是宋代重修時的古建築物。而殿前那八根木雕蟠龍廊柱還是宋元祐二年（一〇八七年）太原府人呂志等所獻的呢！它是我國現存木雕蟠龍的最早實例。

當我們站在這古樸雄渾的大殿前，面對殿前廊柱上那八條升騰欲飛的木雕蟠龍時，我們不能不讚嘆古人的鬼斧神工。正是宋代勞動人民所創造的這一殿堂構造以及殿裏那栩栩如生的侍女彩塑，使聖母殿成爲晉祠的主體建築。

聖母殿爲重檐歇山式，坐西朝東，南北寬七間，東西深六間。平面近方形。殿身四周圍廊，殿高十九點五米。全殿的營造體現了宋遼間建築特點。首先，聖母殿採用了「減柱造法」，即在建築物的平面上減去若干根柱子。柱子減去多少與面積的大小成正比。聖母殿內外共減去十六根柱子。殿內無一明柱，整個屋頂完全由山牆內的暗柱和廊柱支撐。使前廊和內殿十分寬敞。其次，聖母殿四周檐柱都有「側腳」。側腳是宋遼間建築的又一特點。這一特點使宋遼間的建築有較好的穩定性能。因爲採用側腳法，使柱頭內傾，樑枋不易脫榫鬆散。宋崇寧二年（一一〇三年）公布的李誡《營造法式》中規定：「凡立柱並令柱首微收向內，柱腳微出外，謂之『側腳』。每屋正面隨柱之長，每尺即側腳一分；若側面柱長一尺，側腳八釐；至角柱，其柱首相向，各依本法。若長短不定，隨此加減。」據測定，聖母殿四周檐柱的側腳，與此規定大體相符。再次，聖母殿也採用了「柱升起」法。這也是宋遼間建築所普遍運用的。它要求每根檐柱的高度，由當心間向兩端微微升起，角柱最高，平柱最低，使屋頂的檐口形成一條向兩邊緩慢升起的曲線。柱升起的高度根據面寬的間數而定。聖母殿面寬七間，兩邊角柱比中間的平柱約高六寸，與《營造法式》中的規定基本相符。這就是我們今天參觀聖母殿時，十分明顯地感覺到屋頂上層檐口呈中低兩邊高弧狀升起的緣由。它不僅給人一種曲線美感，而且還有建築力學上的道理呢！

走進寬敞疏朗的聖母殿，只見聖母邑姜的塑像端居殿內中央高大的神龕內。她頭戴鳳冠，身穿蟒袍，霞帔瓔珞，面目豐滿，神態莊嚴，明顯地表現出帝王后妃的奢華與尊嚴。與其形成鮮明對照的是，分別立於兩側的四十二尊神態各異、與眞人大小一般的侍女像。這些宋代侍女塑像既是對封建社會宮廷制度的眞實寫照，反映了深刻的社會內容，又體現了宋代塑像的藝術風格，是宋代塑像的典型代表。因此被稱爲晉祠一絕。

宋代的塑像，在風格上更近於寫實，在寫實中塑造人物性格，刻劃人物的內心世界。宋代的藝術家們「在人物造型上極盡『窮神盡變』之能事，逐漸注意到人物的衣、食、住、行、坐、臥、舉止言談中展示人的心靈境界，從面部、眼神、姿態，從人物之間的相互關係，從人物與環境的關係等等方面，表現人物發自心靈的神采、風情，塑造了富有藝術生命的人物形象和引人入勝的藝術境界。」（朱希元：《我國歷代塑像的特徵和風格》）這段描述對於晉祠的侍女像來說可是再恰切不過了！聖母殿侍女像正是體現了這種風格。她們大體上是按封建社會宮中的「六尙制」而塑的。所謂「六尙制」，戰國時已開始出現，到了秦時「置六尙，謂尙冠、尙衣、尙食、尙沐、尙席、尙書……唐宋皆因其制。」「尚」者，「奉」也，即侍奉的意思。看著這些侍女，或手執如意，可能是「尚書」中的「司寶」的，掌管宮廷中珍寶符典圖籍；或手執藥罐，可能是「尚食」中「司藥」的，掌管宮廷中醫藥；或手執「衣包」，是「尚衣」中「司衣」的，掌管御衣首飾；或手執短巾，是「尚席」中「司設」的，掌管帷帳、床褥、灑掃、鋪設。宋代的藝術家們根據她們不同的職務、年齡和經歷，塑造出她們各不相同的精神狀態。使我們彷彿見到她們脈搏的跳動，看到她們酸楚的內心世界。她們有的側耳傾聽，欲行又止，彷彿在默察聖母的喜怒神情，惟恐一時不愼出現過錯，受到嚴酷的懲罰；有的側目而視，謙恭靜候，彷彿在等待聖母發出新的旨意；有的熱淚盈眶，低首俯視，彷彿在思念久別的親人；有的天眞任性，似初入宮禁。尤其是那「尚書」的捧璽宮娥，神態更爲逼眞。她兩手捧璽，雙目凝視，謙恭謹愼，顯得內緊外鬆；那捧璽的前肘微向後縮，身體略向前傾斜的姿態，生動地說明了那方玉璽的沉重和她勞累難忍的心情。在我國雕塑藝術史上，像聖母殿侍女像這樣並非宗教偶像的優秀作品甚爲少見，不愧爲晉祠一絕！

## 懸甕本是多泉地
## 永錫難老話春英

難老泉在聖母殿南邊，擷取《詩經·魯頌》「永錫難老」詩句得名，是晉祠三泉之首（另兩泉爲魚沼泉、善利泉）。泉水從一丈深的石崖裏湧出，順智伯渠穿流晉祠。水流秀漫，泉聲四溢，常年水溫保持在攝氏十七度，水質屬硫酸——碳酸——鎂型，礦化度每升零點七克，總硬度二十六度，清甜可口，爲天然的標準飲料；泉水所灌的晉祠大米，與天津小站米並稱北米之最，歷史上一直作爲「貢品」，進奉朝廷。宋代范仲淹《題晉祠》詩云：「神哉叔虞廟，地勝出佳泉」。「千家溉禾稻，滿目江南田。」而唐代李白遊晉祠後留下的「晉祠流水如碧玉，百尺清潭瀉翠娥」。更是極盡泉水之美的千古名句。

說到難老泉，還有一個美麗的傳說。

很早以前，晉祠這個地方有個貧窮的村莊，名叫古唐村，這裏沒有亭臺樓閣，也沒有汩汩的清泉。老百姓每天要到幾十里外的山溝裏挑水喝。古唐村北邊二十里有個全勝村，村裏有位姓柳的姑娘名春英，這位俊秀而又善良的姑娘嫁到古唐村，偏偏碰上的是一個兇狠的婆婆，於是每天外出挑水的重活就落到她的肩上了。

一天，春英挑水回來，剛走到村口，突然來了一位老頭牽著一匹馬向她要水喝。春英看到渴得可憐的老頭和馬，寧可回家受罰也不忍心拒絕，就把水讓其喝了。滿滿的兩桶水給喝個精光，而老頭什麼話也沒說就走了。第二天，春英拖著打傷的身子又得去挑水，而且照樣在村口碰到了老頭和馬，照樣把水讓老頭和馬喝個夠。就這樣，按連三天，天天如是。

這天，春英又在村口遇上老頭和馬。她剛準備把水桶遞過去，卻見老頭笑哈哈地對她說：「好姑娘，你的心眼就像水一樣甜，一樣美。爲了感謝你的幫助，我送你一樣禮物。」說著，老頭拿出一條馬鞭交給春英，告訴她，只要把它放在甕裏，水就會自然湧出，漲滿水甕。說著，老頭和馬突然不見了。

春英把馬鞭拿回家裏，往水甕裏一放，果然應驗。她高興地告訴全村的人，讓他們都到自己家裏取水。從此，村裏人再也不用起早摸黑地跑到幾十里遠的山溝裏挑水了。可是這下卻把婆婆氣壞了。一天春英要回娘家，臨走時一再告訴婆婆，千萬別把鞭子拿出甕外，但春英婆婆早已想好了壞主意。就在春英走的第二天，她把馬鞭從水甕裏抽出來，準備拿去藏著。誰知剛把鞭子從甕裏抽出，水就漫了出來。越流越急，流到街上，淹了房屋，自己也被水給捲走了。村裏的人都爬到房頂樹上去避難。

當時，春英正在娘家梳頭，聽到屋外一片慌亂，人聲鼎沸，往外一看，大水正從村頭湧來。她知道，肯定是婆婆家出事了。沒等頭梳完，把一綹頭髮往嘴裏一咬，一口氣跑回古唐村。也不知哪來的力氣，一直跑到水甕跟前，往甕上一坐。滔滔大水被制服了，化爲涓涓細流，從春英身下源源不斷地流淌著，成了「難老泉」。

人們爲了紀念春英姑娘，就在難老泉上蓋了座廟，稱她爲水母娘娘。這廟也叫水母樓。現在我們所看到的水母樓建於明嘉靖四十二年（一五六三年），內塑水母坐像，裝飾簡潔，束髮未竟，踞甕而坐，神態自若，是按以上所說的「柳氏坐甕，飲馬抽鞭」的故事塑造的。

儘管水母娘娘的傳說故事是虛構的，但仔細想來，卻與懸甕山的地質特徵有著內在的聯繫。也許正是人們對於這一地質特徵的經驗認識產生了這動人的故事。

故事的中心點是泉水從甕裏流出的，甕裏有抽不盡的水。而故事的發生地正是晉祠的基底——懸甕山麓。甕甕山，一說因山腹有巨石如甕故名。但顧名思義，甕乃盛水之容器，此山乃與水有著密切的關係。大約寫於戰國時期的地理書《山海經》載：「懸甕之山，晉水出焉。」說的是懸甕山乃晉水之源。有趣的是，懸甕山原名也叫龍山。中國人一聽龍字就自然要想到水，況且是藏龍之山，其水必豐。古人這樣反覆用與水有密切關係的物象來爲這一山麓命名。可見其地質特徵古人已有所認識。

據當今一些地質學家考察證明，懸甕山是由三條大斷層形成的石灰岩三級階地。由於裂隙發育，並長期受地下水的浸蝕、溶解而成的巨大的地下溶洞，是個天然的地下水庫。加之汾水和大氣降水作爲補給，經過地下循環而成泉水。據他們考察推斷，晉祠的基底有許多大大小小的泉眼，只是由於被晉祠百餘座宮殿亭臺所覆蓋，只露出「善利」、「魚沼」和「難老」三泉。我們不妨可以這麼想象，晉祠的百餘座宮殿亭臺正如踞甕而坐的柳氏，使隨處噴湧的泉水，只露出三處汩汩細流的泉眼。難怪有人把晉祠形容爲「泉水浮湧起來的宮殿！」

## 錚錚骨氣留晉祠

### 雲陶洞前懷傅山

遊晉祠時，人們常常會看到一個熟悉的名字——傅山。在聖母殿右側那蒼虬的周柏上，有他題書的「晉源之柏第一章」：在難老泉的小亭內，有他所書的「難老」豎匾。字體骨架剛毅，筆力挺拔，有不可傲視之氣。還有那二十五方刻著他的詩文的石碑，那是他的學生段綷盡二年時間，於康熙二十三年完成的。傅山，這位硬錚錚的學者和愛國志士，與晉祠結下了不解之緣。從周柏北側拾階而上，在朝陽洞北邊有雲陶洞，那曾是傅山先生隱居之處。雲陶洞爲一天然石洞，洞深約十米，洞北向有淺洞，旁築臥榻，洞南向懸怪石一塊，上有傅山書刻的「雲陶」二字。

傅山（一六〇六——一六八四年）字青主，號石道人，朱衣道人。是山西人引以爲驕傲的清初太原兩大名人之一；明末清初與王夫之、黃宗羲、顧炎武齊名的著名思想家、學者和愛國志士。他的一生做過三件曾經轟動一時的大事。一是明末他在三立書院求學時，聯合同學百餘人，帶頭徒步入京，爲被誣陷的山西提學使袁繼咸鳴冤請願，表現了他強烈的正義感。二是明亡後，爲不向清廷屈服，出家當道士，秘密進行反清鬥爭，在「朱衣道人案」中絕食不屈，以示反抗。三是晚年時，抵制清廷的所謂「博學鴻詞科」。雖被強迫用擔架抬到北京，但拒不應試，表現了不與清廷合作的民族氣節。正是傅山人格上的高貴，儘管他在詩、文、書、畫、醫等各方面造詣極深，但人民群衆評價他是：「字不如詩，詩不如畫，畫不如醫，醫不如人」，從另一角度給傅山以高度的褒獎。

確實，在封建社會裏，很難有一個像傅山這樣以他的學識和爲人聯繫得這樣緊密，表現出始終如一、威武不屈的獨立人格的，限於篇幅，這裏僅舉他的兩件軼事，以幫助理解太原人傅山。

傅山的畫，在明末清初時已很有名氣。但是明亡後，他已無心畫應酬之作。有一天，他的一位老友求他畫一幅他最擅長的「墨竹」，礙於情面，傅山答應了。但特意告訴朋友，屆時一定不可來打擾，任何人也不可在旁窺看。

幾天後，一個中秋之夜，皓月當空，天清氣爽，朋友在庭院裏備下一桌豐盛的酒菜，派人把傅山請來。傅山來後，先喝了陣酒，到有三分醉意時，便叫任何人都退下，他要開始作畫了。傭人都急忙走開了，他的朋友因爲好奇，悄悄躲在樹蔭下，想看看傅山究竟是怎樣作畫的。一會兒，只見傅山走到早準備好的紙張筆墨的畫桌前，提筆就往紙上亂畫一通，然後像在想什麼，站在那兒發痴。突然，他似乎發了瘋，手舞足蹈，搖頭、幌腦，圍著畫桌跑。朋友看到這，大吃一驚，急忙跳出來，攔腰把傅山抱住不放。傅山猛回頭看他一眼，頓時氣得直跺腳，將畫紙揉成一團扔掉，氣沖沖地不辭而別。

傅山走後，他的朋友將他扔在地上的廢畫拾起來看，只見紙上只有大如鍋口的濃墨一團。透過這團濃墨，我們似乎看到了一顆破碎的心，以及傅山對當時的黑暗社會的無情抨擊。

另一件事是至今太原人仍經常提起的，傅山發明「頭腦」的故事。

明亡後，傅山滿懷悲憤。隱居故里，精研醫道。後來，為治療母病，他用黃芪、良薑、羊肉、煨麵、藕根、長山藥、酒糟加上醃韭菜等八樣東西，按比例配製而成滋補食品，名曰「八珍湯」，其母食後果然恢復健康。後來這種「八珍湯」便流傳開了。傅山為了提高民族的體力，實現其武裝抗清的遠大抱負，便把「八珍湯」的配方和製法傳授給一家飯館經營，並為這家飯館起名「清和元」，把「八珍湯」改名為「頭腦」，這家飯館在賣頭腦的同時，又買「雜割」。傅山特意為飯館寫了「頭腦雜割清和元」的牌匾。「清」和「元」指的是清朝和元朝。傅山用這一語雙關的牌匾寄託他深刻的愛國思想，不斷地喚起人們反抗外族統治的民族意識。而從此，清和元飯館便以賣頭腦和雜割聞名了。每當頭腦上市季節，飯館在半夜就將頭腦做好，黎明即掛起紅燈籠出賣。這樣人們一大早就起來買頭腦，起到了早起、散步、滋養三種作用。至今，每到農曆白露至立春期間，為頭腦上市的季節，太原大多數清眞飯店都有經營，其中首推清和元飯館。而太原人在此季節也大都要起個大早，到清眞飯店，特別是清和元飯館去嘗嘗「頭腦」，滋養身體，同時也借以懷念這位太原人引以驕傲的清初名人——傅山。

## 剪桐封弟戲成真
## 晉地從此頌叔虞

從雲陶洞下來，經善利泉，到蓮池。蓮池北側即為唐叔虞祠。從其坐北朝南的位置，便可知原為晉祠的主祠。祠內中間神龕設唐叔虞塑像，兩側有十二尊明代女塑像，分別手執笛、琵琶、三絃等樂器。猶如古代一個較完整的樂隊，正在頌揚唐叔虞的業績。

唐叔虞，原名姬虞，是周武王次子，成王之弟，因是次子，叫叔虞，又因封於唐地，歷史上稱唐叔虞。關於他受封於唐，歷史上有一段成王剪桐封弟的佳話。

西周初年，周武王死後，他的兒子姬誦即位，為周成王。成王年幼，武王的弟弟周公旦輔佐朝政。相傳有一天，成王命周公派兵平定了唐地叛亂後，興致勃勃地與弟弟做起遊戲來。他把一片梧桐葉剪成玉珪形狀，並對弟弟說：「把這玉珪給你，封你去唐國做諸侯吧。」當時，史官在旁聽了，立即請成王選擇吉日立叔虞爲唐侯。成王不以爲然地說：「我和叔虞開玩笑呢！」史官說：「天子無戲言，說了就應讓史官記錄它，用典禮成全它，用音樂歌頌它才是啊！」這樣，成王就把弟弟叔虞封到唐地當了諸侯。

唐地即在今天的山西晉南翼城縣境，爲夏朝時的城墟。據說，叔虞到了唐地後，發揮了自己的智慧和才能，與當地的諸戎狄民族平等相處，密切關係；領導人民改良農田，興修水利，發展農業生產，使人民生活逐漸安定富裕。受到人民的愛戴。唐叔虞祠旁有唐代貞觀二十年（六四六年）唐太宗李世民御筆親書的碑刻《晉祠之銘並序》一通，這通被歷代公認爲僅次於王羲之蘭亭序的書法傑作中便極頌唐叔虞的美德。

叔虞死後，他的兒子燮父遷至晉水，並始封爲晉國諸侯。後來，人們爲了紀念晉國的始祖唐叔虞，就在晉水源頭建立了一座廟祀奉他，這就是唐叔虞祠。不過，今天我們所看到的唐叔虞祠，始建於元至元四年（一二六七年），而於明嘉靖二十六年（一五四七年）、清康熙二十五年（一六八六年）相繼建成的，據酈道元《水經注》稱「沼西際山枕水有唐叔虞祠」及北宋太平興國年間修晉祠碑記中描述的唐叔虞祠「前臨曲沼」，「後擁危峰」看，舊祠的位置與今天的似已不在同一個地方。

## 淨土祖庭話玄中（交城玄中寺）

山西交城縣西北十公里處有一座石壁山，山南面的山谷間，群峰翠柏環抱著一座千年古剎。古剎坐北朝南，分成前中後三所院落，前寬後窄，層層疊起以至石壁山主峰。這便是著名的玄中寺，又名石壁寺或永寧禪寺。它創建於北魏孝文帝延興二年（四七二年），承明元年（四七六年）落成。幾十年後，一位頗負盛名的高僧從并州（太原）的大岩寺移住這裏。在這進行淨土教的研究和實踐。他的到來，使這座剛剛興建不久的寺廟香火日盛，成爲淨土宗的祖庭。這位高僧就是被譽爲淨土宗祖的曇鸞和尙。

公元四七六年，也即玄中寺落成的那一年，曇鸞生於山西雁門。因家近五臺山，曇鸞從小就常聽到有關五臺山神跡靈異的傳說。十多歲時，即登山尋訪遺跡，心裏非常感動，就在五臺山出了家，廣學內外經典。後來，他讀《大集經》，深感經中詞義深奧不易悟解，決心著手寫作注釋。沒想寫了一半多，忽然得了氣病。傳說他四出尋醫皆不能治，一天到了汾州（今交城），忽見「天門洞開」，病突然好了。由於深感生命短促，如不獲長年，便難成一切志願。於是遊歷江南，拜陶弘景從仙學道。得到陶弘景的《仙經》十卷。北歸時，曇鸞在洛陽遇見印度三藏法師菩提流支，即向流支敘述自己的願望，並問他佛法中有沒有勝過《仙經》的長生不死之法？菩提流支對他說，《仙經》哪會有什麼不死之法，縱然得到長生，也逃脫不了輪迴，於是授以《觀無量壽經》。曇鸞即把隨身所帶的《仙經》燒掉，從此專修淨土。晚年時，到玄中寺講經說法，弘揚淨土法門。被東魏孝靜帝稱爲「神鸞」，南朝梁武帝奉爲「肉身菩薩」，可見當時其影響之大。公元五四二年，曇鸞圓寂，魏帝敕命葬於汾西秦陵文谷。

走進玄中寺，在古剎的中軸線上由南到北依次有天王殿、大雄寶殿、七佛殿和千佛殿等。從天王殿通往大雄寶殿的甬道上，東西兩側各有一座小碑亭，亭內各樹一通古碑。都是唐代所立。其中西面一通建於唐代開元年間，碑名爲「石壁寺鐵彌勒像頌碑」，字體剛勁秀麗，爲唐代女書法家、太原參軍房嶙之妻渤海高氏所書。金人趙黠在《遊石壁題》詩中有「更看高氏字，只與衛華同」詩句，稱讚高氏之書法可與西晉著名女書法家衛夫人媲美。而《頌碑》內容，記載的是唐太宗與玄中寺的一段往來。留下了淨土宗第二代祖師道綽主持玄中寺盛況之記錄。

道綽（五六二—六四五年）幷州汶水人，是繼承北魏曇鸞一系淨土思想的大師。十四歲出家，隋大業五年（六○九年），他到玄中寺，見到記載曇鸞唸佛往生種種瑞應的碑文後極爲感動，即捨《涅槃》講說，修習淨土行業，一心專唸阿彌陀佛，並爲信徒開講《觀無量壽經》約二百遍。每當他講經散席信徒歡喜讚嘆，唸佛之聲響徹林谷。據說他每日自己唸佛以七萬遍爲限，並勸道俗僧衆稱唸阿彌陀佛名，以麻豆等記數，每唸一稱名就數一粒，唸唸相次，累積得數百斛。後來又教人製作唸珠。在他的弘揚之下，當時晉陽、太原、汶水三縣七歲以上男女都會稱唸阿彌陀佛的名號。唐太宗李世民北上太原，路經玄中寺時，特親自到寺中禮謁道綽大師，爲皇后祈願除病。貞觀年間寺院重修，太宗賜名「石壁永寧禪寺」。從此玄中寺聲名益高，成爲當時全國佛教三大戒壇之一，與西都長安的靈威壇、東都洛陽的會善壇齊名。

道綽之後，繼承其淨土大業的是唐代著名高僧善導。善導（六一三—六八七年）臨淄（今山東淄博）人，幼年出家，原習《法華經》和《維摩經》，唐貞觀十五年（六四一年）到玄中寺拜道綽爲師，改信淨土法門，聽講《觀無量壽經》。貞觀十九年道綽圓寂，他便到長安光明寺，傳淨土法門。三十餘年間，「長安道俗傳授淨土法門者不可勝數，從其化者至有誦《彌陀經》十萬至五十萬卷者」

。他著有《觀無量壽佛經疏》、《法事贊》、《觀念法門》、《往生贊》、《般若贊》等。這些著述進一步豐富了淨土教義，推動了淨土法門的廣泛傳布，而且由於他的傳布，使淨土宗通過到長安留學的日本遣唐學問僧帶到日本。因此，善導被尊爲淨土宗的實際創始人。

離開唐碑，轉入大雄寶殿。大雄寶殿是佛寺的最主要的建築，爲全寺中心。中國佛寺的大雄寶殿正中一般供奉的是釋迦牟尼塑像，藥師琉璃光佛和阿彌陀佛只是在其左右而已。但是，玄中寺的大雄寶殿正中爲阿彌陀佛木刻像，在其四周懸有十六尊者畫像。這正與玄中寺爲阿彌陀淨土宗祖庭有關。

大乘佛教傳說佛所居住的世界爲淨土，與世俗衆生居住的世間所謂「穢土」相對。佛有無數，淨土也有無數。因嚮往的淨土不同，中國淨土教大體可分爲彌勒淨土和阿彌陀淨土教。《無量壽經》說，阿彌陀佛原是國王，後出家爲僧，號法藏，發四十八願，稱：「十方衆生，至心信樂，欲生我國，乃至十念，若不生者，不取正覺。」後成佛，名「無量壽」。國土在西方名極樂世界。阿彌陀是無量壽梵文音譯。當年淨土宗初祖曇鸞在洛陽接受菩提流支所贈的便是《觀無量壽經》。後來，他把《觀無量壽經》與《無量壽經》、《阿彌陀經》及《往生淨土論》「三經一論」作爲理論依據，以觀察，稱名唸佛爲修行方法，創立了淨土宗。實際上是阿彌陀淨土宗。該宗倡導只要信仰阿彌陀佛並稱唸此佛名號，便可往生至西方極樂世界。因此。玄中寺大雄寶殿正中供奉的是阿彌陀佛就不難理解了。

從大雄寶殿過七佛殿，再沿著石階登上千佛閣，這是玄中寺的最高點。極目遠眺，石壁山幽雅秀麗的自然風光盡收眼底。左側山巔上的白色秋容塔格外耀眼。它始建於宋代，在玄中寺建築群中，也是現存最古老的建築物了。因爲玄中寺雖創建於北魏，但幾經兵火戰亂，除天王殿爲明代修建外，其它建築，大多是新中國成立後按原制復建的。今天，秋容塔已被人們視爲玄中寺的象徵。

從千佛閣下來，進入緊靠大雄寶殿西側的西小院。院內正房爲祖師堂。堂內迎面正中的玻璃櫃內，懸掛著曇鸞、道綽、善導三位大師的畫像。這三幅畫像爲一九五七年九月十八日，日本管原惠慶長老與高階瓏山爲首的佛教訪問代表團參觀玄中寺時所贈。是由日本淨土宗大本山知恩院、增上寺和眞宗本願寺派（西本願寺派）、大谷派（東本願寺派）分別繪製的。說起來，日本淨土宗和玄中寺還有一段很深的淵源。

早在西元九世紀的唐代，善導在長安所傳的淨土教義便通過日本遣唐學問僧圓仁帶回日本。到了十二世紀，由日本天台宗名僧源空（一一三三——一二一二年，號法然）依據善導大師教義開創了日本淨土宗，並尊奉曇鸞、道綽、善導爲三祖師。尊奉玄中寺爲開山祖庭。日本名畫《二祖對面》講的就是法然創立日本淨土宗的緣由。傳說他有一天夜裏做個夢，夢見一座大山，林木蒼茫。他登上半山向西遙望，只見西方飄來一片五彩祥雲，雲中百鳥飛翔，孔雀鸚鵡嚶嚶交鳴。不久，雲中出現了一位長老。法然趕忙近前行禮，問是何人？從何處而來？長老答云：「我是從唐朝來的善導，因感淨土宗當盛於日本，特來探訪。」法然正欲進一步請教淨土教義，不覺醒來，於是趕緊請畫工摹下夢中的善導形象和同他相會的情景。

由於淨土宗倡導的稱名唸佛的方法極易推行，淨土宗遂在日本得於廣泛傳布。法然亦被稱爲日本淨土宗的祖師。後來，以法然爲祖師的日本淨土宗分成許多支派，而繼其大業的親鸞（一一七二——一二六二年）也「背師立說」，自立一宗，名「淨土眞宗」（簡稱眞宗）。意即弘揚彌陀淨土眞實教義。認爲佛的「眞實之教」是《無量壽經》，最主要的部分是阿彌陀所說的四十八願，其「本體」則是「南無阿彌陀佛」名號。相信並唸誦阿彌陀名號，即使沒有擺脫煩惱，甚至犯五迷罪，死後也能往生西方極樂淨土；主張僧侶可以食肉、娶妻、生子。後來親鸞嫡系下分十派，其中以本願寺派（西本願寺派）和大谷派（東本願寺派）爲最盛。

不管日本淨土宗還是淨土眞宗，也不管分爲多少支派，他們都奉曇鸞、道綽、善導爲祖師。視山西玄中寺爲祖庭。

抗日戰爭時期（一九四二年）日本淨土眞宗本願寺派「曇鸞大師奉贊會」會長，管原惠慶長老同常盤大定大師，戰勝重重困難，突破嚴密封鎖，從東京來到玄中寺，奉贊曇鸞大師一千四百餘年的法念。回國時，將玄中寺的棗品帶回東京，種在他們居住的「運行寺」內，並將寺名改爲「棗寺」。把它作爲玄中寺的別院。以後管原氏曾先後八次到玄中寺拜謁祖庭，並取「玄中寺」三字分別爲其三個孫女命名。至今玄中寺祖師堂前還埋有他們夫婦一九六四年七月來玄中寺時埋下的一對落齒。管原氏與玄中寺的友好往來已成爲中日佛教文化交流史上的一段佳話。

## 南北爭說杏花村（汾陽杏花村）

杏花村位於太原西南方向九十公里處的太汾公路上。北有子夏山，相傳是因孔子的學生卜子夏曾在山上設館教書得名；南有汾河水曲折而過。自古便是「直松萬株」、「溪泉四出」的汾陽八景之一。

提起杏花村，自然便會想起晚唐詩人杜牧那首膾炙人口的《清明》詩：

清明時節雨紛紛，路上行人欲斷魂。
借問酒家何處有，牧童遙指杏花村。

詩中講到在一個細雨綿綿的清明時節，一位行色匆匆的路人觸景生情，深感異鄉之愁悵，於是便想借酒消愁。當問及路旁的牧童時，牧童指著那杏花深處的村莊，告訴他那便是最好的去處。詩人所寫的杏花村究在何處，至今說法不一。有的說是在今天的安徽貴池，有的說是在山西汾陽縣的杏花村。持貴池說的認爲，詩人從老家長安到池州（今貴池）任刺史兩年，詩中表現的正是他離家遠適，念祖懷鄉的「斷魂」之感，與其《寓言》詩中「杏花時節在江南」，「顧影自看又自憐」的感情是一致的。而且「雨紛紛」是江南清明時景。再則是貴池至今有與該詩有關的古跡多處；地方誌上又有不少唐以後的詩人遊詩，講到與杜牧詩句有關的軼事。持汾陽說的根據是杜牧雖不曾在山西爲官，但杜牧的詩文集《樊川文集·別集》中有《並州道中》一詩。古代的並州治所就在晉陽，汾陽屬其管轄。這首寫他暮春行旅並州的詩，說明杜牧曾走在汾陽去太原的大道上，自然有可能到過杏花村，且從詩意看更符合杜牧當時的行狀。至於詩中所寫的清明時景非獨江南所有，一九六五年謝覺哉老人遊賞杏花村時所寫「草長鶯飛春已暮，我來仍是雨紛紛」的詩句便與杜牧所寫的時景一致。另外，離村五里的小相村，曾發掘出一塊石匾，刻有「牧童指處」四字，是說杜牧就在這裏「借問酒家何處有」的。

儘管杏花村南北兩說尚無定論。但山西杏花村人早已把杜牧詩意塑像刻詩立於杏花村汾酒廠廠區。顯然，以其杏花村汾酒悠久的歷史及其鬱馨，杜牧的詩句用在這裏也是很貼切的。

杏花村早名叫茂村莊、杏花塢，又因明末農民起義領袖李自成曾駐飲汾酒，倚馬立書「盡善盡美」讚語，而一度改名盡善村。村裏的人大都以釀酒爲生，並遍植杏樹。花開時節，十里飄香，連釀出的酒也有杏花香味。早在一千多年前，這裏的釀酒業就相當興旺，名揚遐邇。據《北齊書》記載，北齊武成帝高湛（五六一——五六四年），從晉陽給他的姪子河南康舒王孝瑜寫信說：「吾飲汾清二杯，勸汝於鄴酌兩杯。」這「汾清」即汾酒，身爲帝王的高湛親自推薦之，足見其在當時的名望了。進入唐代，杏花村燒鍋酒坊達到七十多家，出現了「長街恰付登瀛數，處處街頭揭翠簾」的盛況。一直到宋、元、明、清各代，杏花村及其汾酒，始終盛譽不衰。以致歷代詩人名流如杜甫、李白、陳子昂、宋廷清、蘇軾、文彥博、顧炎武、傅山等紛紛登臨暢飲，賦詩弄墨，留下了許多美好動人的詩篇和傳說。李白的「醉校古碑」，傅山的改進汾酒等故事至今仍爲杏花村人所津津樂道。就連村裏的八槐街也是因傳說中「八仙」的登臨而得名的。

相傳很久以前，杏花村每年都要舉辦一次「花酒會」。有一年，鳳鶴齊鳴，彩雲飄飄，李鐵拐、鍾離權、張果老、何仙姑、藍采和、呂洞賓、韓湘子和曹國舅等「八洞神仙」又結伴赴會而來了。酣飲之餘，他們興致大發，就在一條繁華的大街上，各栽了一棵槐樹。從此這條街便取名「八槐街」。儘管現在槐樹無存，但據說是確曾有過，而且長得高大粗壯，要八人才能合抱，至於是否爲八仙所栽自然就無人深考了。

今天杏花村汾酒廠就坐落在八槐街上，廠門有郭沫若親書「山西杏花汾酒廠」名牌。進入大門，穿過花叢曲徑，便是新蓋的「杏花名園」。園裏有碑廊，陳列著歷代記錄杏花村汾酒歷史和名人留跡的碑石。給人以歷史的遐思和美好的藝術享受。出碑廊，便是古色古香的井亭——「古井亭」。明末清初著名學者傅山手書的「得造花香」四個大字躍然亭壁。傅山曾旅居汾陽，他不僅詩文書畫自成一家，而且醫學上也有很高的造詣。當地傳說，竹葉青酒就是經過他配方完善而成的。「得造花香」意爲杏花村的井水得於大自然的造化，用它釀出的汾酒，像花一樣芳香。井旁還有清末舉人申季狀的《申明亭酒泉記》，讚美古井的水「其味如醴，河東『桑落』不足比其甘馨；祿俗『梨春』不足方其清冽。」

古井這樣被人讚美，足見其非同一般。原來，當地人還把它稱爲神井呢！關於這口神井，有一段動人的傳說。

從前，杏花村有一家酒坊叫「醉仙居」，酒坊的掌櫃不欺貧苦人家。有一年冬天，來了個衣衫襤褸的貧老道，一連三天上門討酒喝，老掌櫃不僅讓他大口大碗地飲個痛快，而且還慇懃招待。第三天老道終於醉倒了。醒來後，跌跌撞撞，老掌櫃忙用雙手攙扶著他出門。經過門前水井時，老道突然問：「這就是你做酒的水井嗎？」老掌櫃剛回答一聲「是」，不料那老道便「哇」地一聲，將宿酒吐到井裏。說來也怪，從此，井裏的水就變成了芳香鬱冽的美酒了。老掌櫃死後，他的兒子嫌貧愛富，視財如命。等那位貧老道又來問他生意如何時，他說：「酒雖然不錯，但井水變酒，沒有糟賣。」於是老道復到井邊，指酒爲水。

至今，這口「神井」仍是杏花村水質最好的佳泉。杏花村汾酒廠正是有這樣得天獨厚的泉水，加上造麴的技術和獨特的「固體地缸分離發酵、清蒸二次清」的傳統工藝，才釀出了被譽爲「液體寶石」的汾酒。一九一六年汾酒在巴拿馬萬國博覽會上獲一等優勝金質獎。解放後，被評爲全國八大名酒之一。郭沫若一九六五年遊杏花村暢飲汾酒後，留詩一首：

杏花村裏酒如泉，解放以來別有天。

白玉含香甜蜜蜜，紅霞成陣軟綿綿。
折衝樽俎傳千里，締結盟書定萬年。
相共舉杯酹汾水，化為霖雨潤村田。

一九六八年，趙樸初訪杏花村寫詩讚曰：

和風華雨正紛紛，舉盞欲招千古魂。
般若湯兮長壽水，不妨暢飲杏花村。

## 名城古寺說平遙（平遙雙林寺）

平遙古城位於晉中同蒲線東側，距太原九十多公里。平遙縣誌載：周宣王時，大將尹吉甫北伐玁狁，駐兵於此，首築此城。西漢置縣，北魏時為平陶縣治。後避魏太武帝拓跋燾諱，改為現名。自北魏以後，歷代均有增修，現存城池，是明洪武三年擴建後留下的。就其保存完好及形制的奇特，在全國也屬罕見。

平遙城牆外觀呈方形，周長六點四公里，城牆高達十二米左右，平均寬度為五米。牆體內填土夯實，外用青磚砌裹，頂部鋪磚排水。外牆每隔五米築有敵臺一個，四周各建角樓一座，東南角建有奎星樓一座。城牆上，垛口三千個，小敵樓七十二座。俗稱，這是孔子的三千弟子和七十二賢人的象徵。一座城牆的形制與孔子及其弟子聯繫在一起，這恐怕是一奇。再則，一般的縣城只有四門，而平遙古城卻有六門。也許是這裏商業發達，進出人多的緣故，但在東西城牆各增一門後，城池的形製活像一隻烏龜，怪不得當地人都稱其為「烏龜城」。你看，在這方形的城池中，南北建有城門各一處，東西各有城門兩道。每道城門都突出牆體外部，有裏外兩門，呈甕形。這樣，從上往下看，東西兩門為龜的四腳，南北兩門為龜首和龜尾。而更為活靈活現的是，南門裏外兩門直通，像龜的頭部向外伸出，正好南門外又有兩眼井水，像是烏龜的雙眼，加上柳根河從南門外擦牆而過，城池看上去猶如正在吸水的烏龜；北門的外門略向東偏斜，使北門又似龜尾東甩。沿著北門這條龜尾所指，有一條蜿蜒的小路，通向十五里外的麓臺塔。當地人說，那是一根木樁，龜的一條腿就繫在這樁上，所以這城門是斜的，不然這龜早就溜進河裏了。

平遙如今已成為我國的歷史文化名城，那是因為這座古代城池，也更是因為西南郊七公里處的雙林寺。

雙林寺，原名中都寺。曾是中都故城所在地，漢文帝為代王時到此。西漢置縣。進入北魏後，中都縣廢，始建中都寺。北齊武平二年（五七一年）重修。北宋取佛祖釋迦牟尼圓寂之地各有雙木之意，更為今名。

雙林寺現存規模是明代重建的格調。全寺建於一個高三米的土臺上，坐北朝南，四周築有城堡式的圍牆。寺廟占地面積達一萬四千八百四十四平方米。寺內前後三進院落，大小殿堂十座：天王殿、彌陀殿、大雄寶殿、佛母殿位於寺中軸線上。前院兩廂有羅漢、地藏、關公、土地殿陪襯。中院寬展，千佛殿、菩薩殿東西相對。整個布局對稱嚴謹、風格古樸、端莊。但是更吸引人的是雙林寺各殿宇中，保存著宋、元、明、清歷代彩塑像。這些彩塑風格獨特，形象生動逼眞，造形精美，情節十分感人。

在這些彩塑中藝術價值最高的是十八尊泥捏羅漢。從天王殿出來，進前院東配殿的羅漢堂，十八羅漢朝觀音的一組泥塑深深地扣動著遊人的心。這十八羅漢，立四坐十四，每尊與眞人大小一般。講經論道，神態自若，身世外露，性格鮮明，體現了宋代塑像形神兼備，在寫實的基礎上追求人物的內在氣韻的風格。

羅漢是印度梵文中阿羅漢果的簡稱。佛教認爲，修行可以達到不同的果位。小乘佛教把果位分爲四個階段：初果、二果、三果和四果。四果成就最高，達到了涅槃的最高境界，熄滅一切煩惱，圓滿一切功德，不再有生死輪迴。四果就是羅漢果，修行達到四果就是羅漢。相傳，釋迦牟尼圓寂時，曾令身邊的四位弟子不必去涅槃而留在人間普渡衆生。這四位弟子就是通常所說的羅漢。後來，四位不夠，又增到四四一十六位。（後來中國的藝術家們又把它增加到十八位）佛經中說到十六羅漢，但並沒有具體說明，直到玄奘把獅子國（今斯里蘭卡）高僧慶友的《法經記》翻譯過來，人們才知道十六羅漢的名氏。但裏面記述也極爲簡單。由於沒有範本、資料可作依據，再加上羅漢的地位低於佛、菩薩而更接近於人間，給了藝術家們在創作上較大的自由。因此，所塑的形象可以更符合生活中的眞實，更親切和更富理想化。我們所看到的雙林寺十八羅漢，穿著漢化僧衣，舉止與生活中的和尚相近，神采奕奕，體態健碩，富有運動感。看看那尊啞羅漢，有口不能言，目眦裂，臉通紅，一副急迫之狀。而另一尊羅漢，體態動作較大，奮髯蹙額，動作瀟灑，頗有長者之風。他淳正善辯的神情，像與人侃侃而談，又似充滿自信地與人爭論某個哲理。其飄逸的神采使人想起甘肅麥積山石窟裏的宋塑，或宋四家之一的米芾的書法。再看看那尊文靜、智睿的羅漢，肌肉瘦瘠、鬆弛、紋理深重，眉目疏朗，面貌清瞿，既反映了羅漢的苦行和經歷，又表現了其「智者」的深邃。成功地塑造出富有內在性格的思維者的形象。他左邊的那尊羅漢，濃眉緊蹙，目光炯炯，張口吶喊，激奮欲動，使觀者有若聞其聲而呼之欲出之感；羅漢左手撐腿，右手揮揚，胸腹袒露，衣褶如水泄之狀，整個線條、舉止、神態構成一個完整統一的威猛強悍的形象。與其右邊的羅漢正好形成極爲強烈的對比，使整體上更具有藝術的魅力。眞不愧爲雕塑藝術中的神品。

千佛殿、菩薩殿的一千多尊觀音懸塑像，大多爲明清時代的作品，論氣韻不如羅漢殿的十八羅漢。但卻是全寺最精美的。像這樣大規模而又細緻精美的作品，在明清藝術遺物中也是很可貴的。這些懸塑同樣具有世俗化的特點。可以看出是以宮娥彩女的風貌爲模特兒，充分體現中國民間傳統藝術的特徵。特別是裏面的彩塑觀音坐像，頭戴寶冠，肩披瓔珞飄帶，面頰豐滿，眉目清秀，身段苗條，一足踏蓮，一足踞起，顯得嫵媚多姿、含情脈脈，很富於人情味，簡直是民間美女的塑像，突破了宗教偶像的呆板作風，與河北正定隆興寺摩尼殿的明代彩塑觀音風格十分相似。

雙林寺彩塑數以千計，據統計全寺共有二千零五十二尊，完好者一千五百六十六尊。分布於各殿宇中，大者丈餘，小者尺許，內容繁雜，形象多種多樣，從佛到菩薩、天王、金剛、羅漢、地藏、十殿閻君、六曹判官及女像、侍者、供養人，甚至關羽等，應有盡有，而且特點不一，風格多樣，體現了宋以後歷代各種不同的藝術風格，眞可謂集宋、元、明、清歷代彩塑的藝術寶庫。

## 黃河的頌歌（臨汾壺口瀑布）

當你看到面值五十元的人民幣時，你可知道畫面上那翻江倒海、奔騰跌泄的滾滾黃河畫的是何處嗎？那就是《黃河大合唱》所描寫的氣勢磅礡、激蕩雄渾的壺口大瀑布。

壺口瀑布位於山西吉縣的九曲黃河河床中，距山西臨汾市一百六十五公里，是我國僅次於貴州黃果樹瀑布的第二大瀑布。它因其形狀似一把壺的口子而得名，黃河從內蒙古河套地區進入秦晉省界後，直線南下，到壺口一帶，被兩岸蒼山挾持，使數百米寬的浩淼黃水驟然收成一束，從三十米落差的河床頂端，飛流直下，宛若從巨大的壺嘴中倒出一般。巨大的高落差的河水沖入槽底，轟然作響，激起五十多米高的煙雨瀰霧，當地人有「水底冒煙」之說。這一奇觀使黃河的性格充分地體現出來，使觀者無不生驚心動魄之感！

一九三八年九月，正當抗日戰爭極其艱難的時候，正當中華民族處於危亡的關頭，著名詩人光未然帶領抗戰演出隊來到這裏。他在瀑布前留連忘返，滔滔的黃河水在詩人心中掀起萬丈狂瀾，壺口瀑布給了他靈感，使他寫下了不朽的詩篇《黃河頌》。回到延安後，冼星海爲這首詩譜了曲，從此，中華大地迴蕩起《黃河大合唱》的民族交響曲。

黃河是中華民族的搖籃，古往今來，多少英雄豪傑，名流詩人爲它譜寫了壯麗的詩篇：「黃河之水天上來，奔騰到海不復還。」「黃河遠上白雲間，一片孤城萬仞山」。……然而，最早、最壯麗的詩篇是大禹譜寫的。大禹是我國傳說中古代部落的聯盟領袖。當舜之時，天下大水泛濫成災，民不聊生，大禹的父親鯀奉命治水，但採用了「堵」的辦法，沒有成功被舜殺死，後來大禹繼其父治水，三過家門而不入，一心撲在治水的事業上，由於他採用了「導引」的辦法，將河水引入大海，終於制服了洪水。據說當年大禹治水就是從壺口這一段開始的。

壺口下游有一道三十多米深的水槽，彎彎曲曲奔騰幾百米，活像一條搖頭擺尾的巨龍，壺口是龍頭，孟門是龍尾。傳說當年壺口是連接晉秦兩省的一座高山，黃河從內蒙折向南面，到了這裏受高山阻隔。大禹治水首先來到這裏，他用神斧劈開高山，疏通河道，這幾百米的河槽就是大禹劈山留下的遺跡。又傳說，大禹到此治水，劈山鑿河，汗流滿面，擦臉時，隨手把帽子脫下放在河東面山頂，河道疏通了，大禹連歇也未歇，緊接着到下游治水去了。帽子卻遺忘在山頂上，後來就化作一座突兀的山峰，取名禹王峰。

其實，大禹治水是眞，但壺口河槽爲大禹神斧所劈卻是傳說而已。這河槽只不過是瀑布長年累月沖刷而成的。

就在壺口當中，還有一塊石頭，不論大水小水，這石頭能隨水位的漲落而起伏，總露出那麼一點兒，當地人稱它是「龜石」。傳說，雖然大禹當年劈山鑿河道，疏通了河水，但留下的深深河槽卻使後來的船隻無法從壺口通過。船隻到了壺口，只得進碼頭登陸，靠人力將船隻拉過瀑布，然後到下游二、三里的孟門小河口入水繼續航行。今天我們還可看到，河東石板上有條壕溝，就是所謂旱地行船的線路，坡上那條小路就是拉縴的棧道。拉船時，縴夫齊聲高喊著號子，唱著船歌，聲勢和場面倒也豪壯，爲壺口瀑布的又一奇觀，但當年這種旱地行船的勞苦也是可想而知的。傳說有一年魯班爲消除旱地行船的苦役，來到這裏，他從陝西梁山借來了神牛，又從華山運來巨石，意欲塡平壺口，卻不料被注視著大河的神龜發現，神龜作起法來，巨石被擊斷，而神牛則受驚脫套逃回梁山。後來，神龜因精力用盡，也化作石頭而死，於是成爲現在的龜石。也有人傳說，這石頭是大禹治水時立下的「寶石」；還有的說是伏羲和庖羲兄妹倆成親時的「媒石」。雖都是傳說，卻也給遊人增添了不少遊趣。

說到伏羲兄妹，還眞有些聯繫。就在壺口偏北不遠的地方，有座人祖山，據說「天作之合」就是從這兒來的。洪荒時代，有一年發大水，整個大地和人類全部給吞噬了，只有伏羲和庖羲兄妹兩人倖存下來，他們逃上兩個露出水面的山頂，看到人類滅絕的悲慘景象，不禁垂淚傷心，但又苦於兄妹不能結婚，後來才暝想出個「隔溝滾磨」的辨法，就是各自拿一塊磨石，同時從山頂上拋下來，如果合在一起，就表示老天爺示意允許結爲夫妻；若是合不到一起，便是不允許成親。說來也怪，兩塊磨石拋下以後，滾動如電閃，合到一處的時候，霹靂一聲巨響，迸射出一束美麗的火花，轉眼化作一塊光亮的青石。於是兄妹倆喜出望外，從絕望中走到一起，開始了新的生活，成爲人類最早的祖先，爲了紀念他們，後人把兩座山叫作「人祖山」和「庖山」。而這塊青石也就是壺嘴正中的那塊石頭。

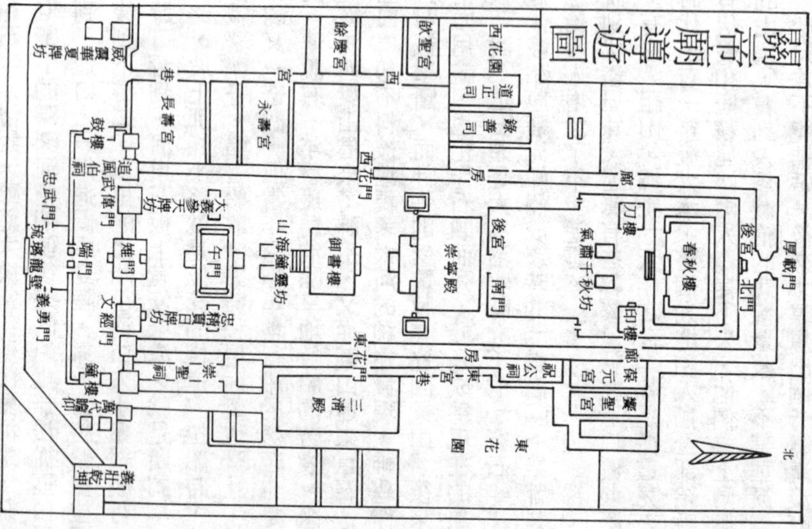

# 武廟之冠在解州（解縣關帝廟）

提起關羽，在我國眞是家喻戶曉，婦孺皆知。千百年來，我國民間廣泛流傳著有關這位三國時期蜀國名將的故事。但是在漢代，關羽的地位不過同張飛、趙雲相等，到了宋、元，關羽也只是被統治者尊爲「眞君」、「武安王」而已。直到明、清兩代，隨著太原人羅貫中的《三國演義》把關羽描寫成智勇雙全的英雄，忠義兩兼的義士後，關羽的形象完全符合封建統治者理想的人物了。於是「協天大帝」、「忠義神武大帝」等封號接踵而來，關帝廟也遍布全國各地，與孔子廟相提並論，一爲「文廟」，一爲「武廟」。武廟之多反而數倍於文廟，因爲文廟每縣只有一個，而關帝廟則不計其數。在全國衆多的武廟當中，山西解州關帝廟獨得其冠是無疑的了。

解州關帝廟位於運城以西二十公里處的解州鎮內，背靠鹽池，面向中條山脈，坐南朝北，占地面積達一萬八千五百平方米。它之所以成爲武廟之冠，不僅因爲它是全國武廟中最大、保存最完整的一座，而且廟中主人正是解州人氏。其老家就在鎮東南十二里處的長平村。一千多年前，關羽正是在這裏仗義殺郡豪後，渡黃河，闖潼關，輾轉五載，到了河北涿縣，與劉備、張飛桃園三結義。從此跟隨劉備馳騁疆場，爲蜀國立下汗馬功勞，成爲千古傳頌的英雄。

傳說關羽原本不姓關，而是姓馮，名賢，字壽長。從小練就一身好功夫，長大以打鐵爲生。當時，解州有個綽號「解州虎」的郡豪想強占民女爲妾，馮賢出於義憤殺死郡豪，出走離家。到了潼關村，爲逃避官府的追捕，他指關爲姓，混出關去，從此便改姓關了。關羽到了涿州（今河北涿縣），傳說當時張飛正在涿州賣肉，他把肉繫在門前一口井裏，用千斤石板蓋上，並在井旁的牌子上寫著：「誰能舉起此石，割肉白吃」。關羽見後，不費吹灰之力就舉石取肉，張飛復到關羽處尋釁比武，正巧劉備趕集賣草鞋過此，上前拉架。後來三人到了張飛桃園結爲兄弟。解州關帝廟的南院就是仿當年劉、關、張三結義的桃園而建的，名爲結義園。園內有結義坊、君子亭、結義亭、石橋、三分砥柱石和蓮花池等。

關帝廟的北院是正廟，分前後兩個院落。廟內亭臺殿閣、牌坊廊房，鱗次櫛比，左右對稱，嚴格按照「前堂後室」、「前朝後寢」的布局而建。主體建築富麗堂皇，與結義園鬱鬱葱葱的古柏、藤蘿、奇花異草交相輝映。

從結義園往北過大街便是北院的端門。這是主廟的第一道大門。門楣上書寫著蒼勁有力的三個大字「關帝廟」。進去是前院，院西爲鼓樓、東爲鐘樓。再往北是三座大門，中間是供帝王出入的雉門，東側是文經門，西側是武經門，分別爲文官武將出入之處。

過雉門爲午門，是一九二〇年在舊址上按原樣重建的，四周圍有石雕迴廊，門內西側原有周倉和廖化的塑像，被毀後現改爲畫像。周倉是運城平陸西郊人，小時家貧，靠從鹽池擔販私鹽謀生，爬山涉水，練就一身硬功夫。曾參加黃巾軍部隊，失敗後爲關羽收降，從此一直跟隨其左右。關公單刀赴會時，只帶周倉一人過江。由於其大膽機智，與關公配合默契，使東吳加害關公的陰謀不能得逞；又關公水淹曹營七軍時，他生捉龐德，武勇遠近聞名；後關公敗走麥城被害，東吳傳關公首於麥城，周倉自刎而死，忠肝義膽，受到人民的敬仰。因此全國武廟，必在關帝像身旁塑其站像，爲關羽捧刀。

出午門，穿過「山海鍾靈」木牌坊，便到御書樓。御書樓原名八卦樓，因清乾隆二十七年（一七六二年）爲紀念康熙御書「義炳乾坤」牌匾改稱今名。樓後爲崇寧殿，因北宋崇寧三年（一一〇四年）徽宗趙佶追封關羽爲崇寧眞君故名。它是關帝廟的主殿，重檐歇山頂，周圍築有迴廊，圍廊的二十六根石柱上雕有蟠龍，眉匾爲清乾隆皇帝手書的「神勇」二字，殿前懸掛的「萬世人極」匾是清咸豐皇帝題寫。殿內「義炳乾坤」的匾下是關公的塑像，端莊肅穆。民間傳說，建造崇寧殿時，魯班也來了，到竣工那天，還剩下三顆釘子，魯班順手把它釘在月臺西邊的石階上，至今灰色的石階上，還留有三顆褐色的釘蓋。形狀依稀可辨，稱爲「魯班釘」。

穿崇寧殿迴廊，經後門而出，就入寢宮了。這裏過去有關娘娘殿和關平太子殿。塌毀後，現已闢爲花圃。院裏植有翠竹一片，據說是因爲關公一生喜愛畫竹而植的。傳說關公畫竹有相當的造詣。至今全國不少地方，如河北涿縣的昭帝廟，廣東潮州西湖及上海松江縣、北京房山縣、河北定縣等皆存放有「風雨竹」碑。碑上風雨竹葉狀構成一首詩：「莫嫌孤葉淡，經久不凋零，不謝東君意，丹青獨留名」。據說是出自關公的手筆，因此也稱關公竹。雖然關公擅長丹青查無史料，但從其愛讀《春秋》來看，也是不無可能的。

關於關公夜談《春秋》，一般的關帝廟要專門建樓塑像。關帝廟的春秋樓，又名麟經閣是關帝廟的力作。居於後宮北部，爲全廟最高建築，樓高三十三米，兩層三檐歇山頂，面寬七間，進深六間，臺基高一米。歷史上，與萬榮縣的飛雲樓、秋風樓並稱爲「河東三樓」，民謠有「天下關廟數解州，解州廟頭數春秋樓」。沿春秋樓東西兩側的樓梯上第二層，迎面爲暖閣，閣子板壁上正楷刻寫著全部《春秋》，兩側對聯寫著：「北斗在當頭，簾箔開時應掛斗；南山來對面，春秋閱罷且觀臺。」閣子正中，有關公秉燭讀《春秋》的塑像。丹鳳眼、臥蠶眉，五柳長鬚。只是那面如重棗的紅臉不知怎麼成了黃臉了。傳說那是因爲關公那年離家出走時就是這個模樣，只是到潼關，關上有捉拿的畫影圖形，爲過關，他在一位老婆婆的指點下，打破自己的鼻子，血塗於臉，指關爲姓，逃過關卡。過關後，他想用澗水洗掉臉上的血跡，不想任怎麼洗也洗不掉了，黃臉壯士一下變成面如重棗的紅臉大漢。因爲他自出走到敗走麥城，再也沒回家鄉，所以鄉人只好按他原來的模樣給他塑像。其實，這只是傳說而已。塑像爲什麼顯得發黃，那是因爲燭光所照，這更顯出民間藝術家的獨具匠心了。

關帝廟創建於隋開皇九年（五九八年），重建於宋大中祥符七年（一〇一四年），明嘉靖三十四年（一五五五年）毀於地震，重建後又於清康熙四十一年（一七〇二年）再度毀於火災。經十年重修而恢復舊貌，現存建築爲清代形制。

## 待月西廂普救寺（永濟普救寺）

晉南的永濟歷史上是個名人輩出的地方，僅唐代，這裏就出了十幾位大詩人，如王維、盧綸、司空圖、聶夷中等，著名的政治改革家、詩人柳宗元也出於此。不過，說到永濟，人們首先想到的是普救寺，《西廂記》中張生與崔鶯鶯的愛情故事就發生在這裏。

普救寺位於永濟縣城西北十二公里處的峨嵋山坡上。這裏西望黃河，東近中條山脈，南鄰古蒲坂城。相傳爲舜都的蒲坂在唐代是個十分繁華的名城，與京都長安、東都洛陽相並列，稱爲「中都」。普救寺建在名城的邊上，既得山河之形勝，又可俯視名城的繁華景象，因此成爲詩人名流喜愛登臨之處。

普救寺始建於隋末唐初，但關於「普救寺」寺名始於何時，尚有一段公案。據民間傳說及《蒲州府誌》、《永濟縣誌》所載，普救寺原名「三清院」，創建時規模較小。到了唐武則天當政時，這位則天娘娘崇信佛教，命人對三清院進行重修，前後修了近十年，使寺院「璃琉殿相近青霄，舍利塔直侵雲漢。」規模甚爲壯觀。人們爲感戴武則天重修寺院的恩德，便把寺院改名「武則天娘娘功德院」。武氏死後又改名「西永清院」。後來，五代時，河東節度使李守貞叛亂，後漢派郭威起兵討伐，圍困蒲州一年多，攻克不下，郭威召院僧問策，僧人說：「只要將軍發善心，城即可克矣。」郭威當即折箭爲誓：「城克之日，不戮一人。」第二天，城果然被攻破。於是「西永清院」從此改爲「普救寺」。但是，在《西廂記》最早的底本唐人元稹的《鶯鶯傳》中，又有「蒲之東十餘里，有僧舍曰普救寺，張生寓焉」的說明，與元稹同時代的蒲州詩人楊巨源也曾寫有《同趙校書題普救寺》一詩，可見唐時寺名即爲普救寺。可惜這兩人對普救寺名的來歷皆無提及，所以一般就把普救寺名起於五代之說相引成習了。

不管怎樣，普救寺是《西廂記》故事發生地是無疑的。唐貞元年間，崔夫人偕其十九歲的女兒鶯鶯，扶丈夫崔相國靈柩前往長安安葬，路經蒲州，因路途有阻，便把丈夫靈柩寄放在蒲東的普救寺裏，自己與女兒暫寄宿於寺內的花園別墅。河南書生張君瑞因赴京趕考也路經蒲州。一日張生遊普救寺，無意中看見了鶯鶯小姐，一見鍾情，竟不顧趕考的事，也借宿寺裏。不久，孫飛虎造反，圍住寺院，揚言要搶崔鶯鶯做壓寨夫人。張生修書讓鎮守蒲關的白馬將軍解了圍，救了崔氏一家。按崔夫人原先的許諾，誰退了賊兵，就將女兒許配爲妻。可是崔夫人見張生是窮書生，解難之後卻變了卦，要張生與鶯鶯兄妹相稱。張生在鶯鶯的丫環紅娘的牽線搭橋之下，幾經反覆，終於背著崔夫人與鶯鶯成就了好事。崔夫人發覺後，只好以赴京及第爲條件，答應了他們的婚事。張生赴京應考，得了頭名狀元，授河中府尹。有情人終成眷屬，和崔鶯鶯結爲百年之好。

元代王實甫《西廂記》中的這一喜劇性結尾與故事最早底本唐代元稹的《鶯鶯傳》是大不一樣的。在《鶯鶯傳》中是以張生對鶯鶯「始亂之，終棄之」爲結局的。其中講到，張生後來到長安，因文戰不利，遂留居京中，久之，與鶯鶯音信斷絕。崔鶯鶯被遺棄數年後，不得已改嫁他人，後張生經過鶯鶯居處欲與之相見，鶯鶯賦詩拒絕。最初把這種違背人情的結局改爲二人最終美滿結合的是金代董解元的《西廂記諸宮調》，王實甫的《西廂記》受其直接的影響。

由於張崔愛情故事的曲折動人，加上王實甫注重人物內心刻劃及華麗的文采，使《西廂記》成爲家喻戶曉、婦孺皆知的故事，而普救寺也就越發聞名。

張崔愛情故事發生時的普救寺爲規模宏大的佛教十方院。有三百多間房屋。中軸線上自南往北爲山門、三大士佛洞、四大天王殿、大佛殿院、大佛殿等。中軸線東側前爲經院，後爲關公殿，經院以東還有僧院；中軸線西側前爲塔院，即舍利塔及西廂書齋的所在地，後爲別墅花園，相傳是崔相國的佛居別墅。《西廂記》故事中崔夫人與鶯鶯即居於此。當年張生便住在西廂書齋，與別墅僅一牆之隔。張生相思病重時，鶯鶯有「待月西廂下，迎風戶半開，隔牆花影動，疑是玉人來」的詩與張生約會，但等張生去後，因紅娘在場，只好假裝無意，把張生訓了一通。從此，張生病越來越重，後鶯鶯在紅娘的熱心幫助下，到書齋去看他，並以身相許。在明代（一五五五年）的一次大地震中，普救寺遭嚴重破壞。修復後，一九二〇年寺內發生火災，樓閣亭院化爲灰燼瓦礫。現僅存一座石坊，二頭石獅，三孔佛洞及一座「鶯鶯塔」。

「鶯鶯塔」即《西廂記》中「舍利塔直侵雲漢」的舍利塔。因這裏發生了張生與崔鶯鶯的愛情故事，人們爲了紀念此事遂稱之爲「鶯鶯塔」。塔高約三十米，塔身十三層，平面呈方形，爲樓閣式磚結構。此塔爲地震遭毀後明嘉靖四十二年（一五六三年）重修，但仍可見其唐代的遺風。由於塔周圍空曠且地處土丘，顯得越發高聳入雲，因此當地民謠：「蒲州有個普救塔，離天只有丈七八。」

有趣的是，塔前正南側十米處有石頭，用石擊之，塔內便傳出「蛙」聲。民間傳說此塔與本縣萬固寺塔爲師徒二人分別建造。建成後兩塔規模形式不分高低，最後師傅暗將一對金鑄青蛙置於塔中，以有石擊蛙聲回響取勝。當地還傳說當年建築師傅所藏的一對金蛙，有一隻解放前被外國人偷走，現只剩下一隻。其實，塔中根本就沒有所謂金蛙，之所以有蛙聲回響是因塔身中空造成的，它體現了我國古代勞動人民高超的建築藝術。「鶯鶯塔」也因有石擊蛙聲回響而成爲我國現存四大回音建築之一。

近幾年來，隨著我國旅遊業的發展，普救寺大加修繕。修復中發掘出一些珍貴的文物，如有三尊隋代的石雕佛像，其中一尊高達丈餘，形象古樸凝重，不失爲隋代石雕珍品。據悉，修復工程已近尾聲。不久，遊人便可親睹昔日普救寺的風姿，體味《西廂記》中「待月西廂下，迎風戶半開」的詩情意境了。

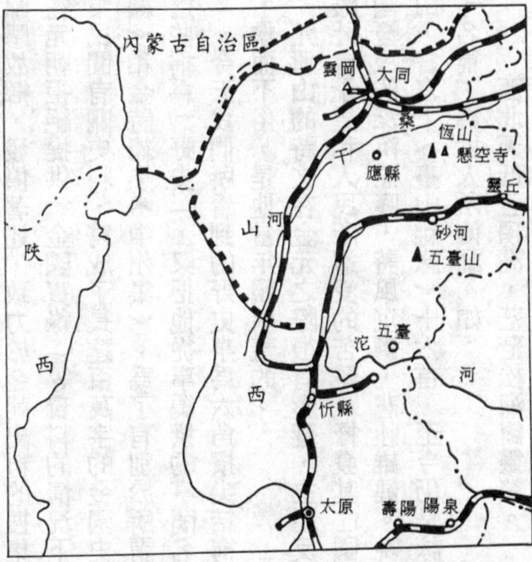


雁北遊覽區

# 五臺路上「野史亭」

## （忻州元遺山墓）

從太原到五臺山，忻州市正好在其中間，從市區往東南方向走七公里，在韓岩村側有一座亭閣，名「野史亭」。亭旁高大的古楡掩映下，一座古墓顯得十分醒目，墓前石碑上用隸書刻着「詩人元遺山之墓」七個大字。這就是此亭的主人元好問的安息之處。

元好問（一一九〇—一二五七年），字裕之，太原秀容人（今忻縣），因曾在遺山（今山西定襄縣城東北）讀過書，自號遺山山人。元好問雖出身於封建士大夫家庭，先祖又是北魏王室宗親，但他從小就很同情勞動人民。相傳他在遺山讀書時，忻州一帶有個惡霸叫黃羅道的，每年一到秋收，就隨身帶上紅、黃、藍、白、綠五色紙，見誰家莊稼長得好就將五色紙掛到誰家的地上，凡是掛了紙的地方，莊稼就都成爲黃羅道的。元好問聽說後，十分氣憤，想了個辦法，讓家家戶戶的地裏都掛上五色紙，這樣黃羅道來後無可辨認，只得悻悻離去。至今，每逢農曆七月十五這一天，忻縣一帶農民仍保留著在自己種的莊稼地上掛五色紙的習俗。

元遺山所處的時代正是金末戰亂的時代，蒙古族屢次南侵，滋擾河東，終於在他四十二歲那年（一二三二年）蒙古兵攻陷洛陽，越三年，金朝滅亡。當時官至行尚書省左司員外郎的元遺山，自覺復國無望，便拒絕在元朝作官，歸隱故鄉，發憤著述，致力於金朝史料的搜集整理工作。在元朝拒絕提供「金國實錄」等資料的情況下，他四處搜集民間有關史料，寫成了長達百萬字的金國史書《壬辰雜編》和金詩總集《中州集》。爲了有別於所謂正史，他把這些稱爲「野史」，又把他從事編撰的亭閣名爲「野史亭」。今天我們所看到的野史亭爲六角攢尖結構，簡而不陋，樸而不俗，是他當年親手蓋的。

元遺山的詩文在金元之際很有影響，主要反映了金元之際社會矛盾和人民所遭受的苦難，抒發其亡國的悲憤和憂國憂民的深沉感嘆，詩風沉鬱，悲壯雄健。晚年時遊五臺山，曾寫下《臺山雜詠》十六首，至今仍是詠五臺山的佳句名篇，爲世人所傳誦。如：

西北天低五頂高，茫茫松海露靈鰲。
太行直上猶千里，井底殘山枉叫號。
山雲吞吐翠微中，淡綠深青萬萬重。
此景只應天上有，豈知身在妙高峰。

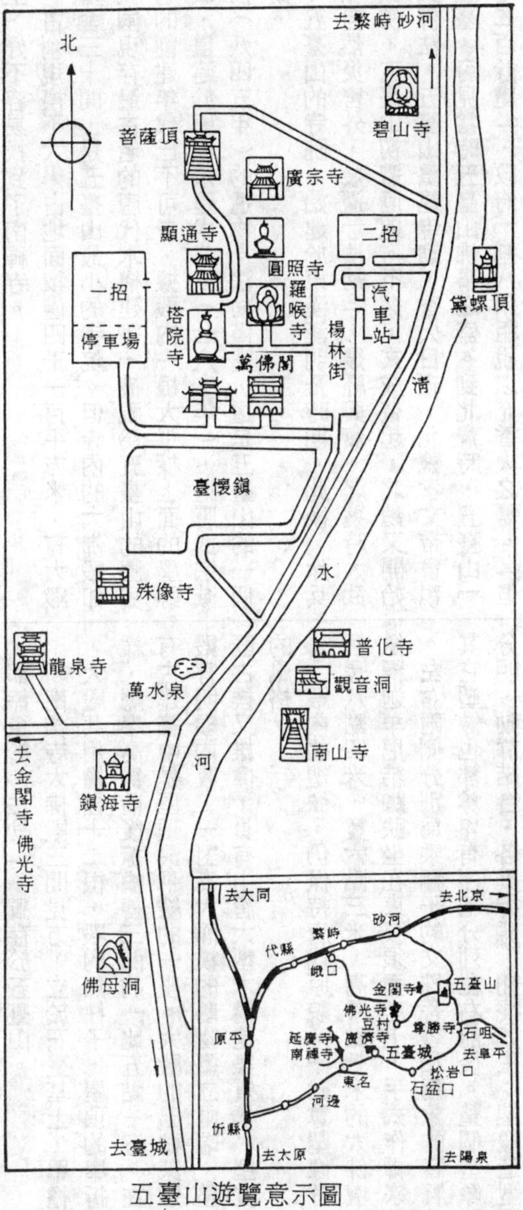


五臺山遊覽意示圖

（魏國祚編著《五臺山導遊》）

# 獨逃法劫南禪寺（五臺南禪寺）

從忻縣出來，繼續北上，不久便進入五臺縣境。在五臺縣城南二十一公里處的陽白溝小銀河北岸的李家莊村土崗上，好不容易找到了南禪寺。

古刹規模不大，占地面積僅四千一百平方米，有大殿、僧舍三十間，是五臺山最小的寺院。但寺內的大佛殿卻是我國現存最古老的唐代木構建築。被視爲五臺山的國寶。它的創建年代已不可考，據殿內一根大平樑上面的墨跡記載，重建於唐德宗建中三年（七八二年），爲唐武宗滅佛前（八四五年）的遺物。法劫僅逃，這是五臺山的一個奇跡。

五臺山的寺院，始建於東漢漢明帝時期。此後，除兵燹和自然災害外，幾遭「法劫」，幾經興衰。北魏時太武帝滅佛，五臺山初遭厄運。不久，文成帝起，北魏又開始復興佛法，五臺山重建寺廟，香火日旺，北魏孝文帝曾親幸五臺，可見當時五臺山佛事之盛。到北齊時，五臺山「建寺二百餘處」，政府「割八州租稅以充香火之需。」但是到了北周時期，周武帝滅佛，五臺山全部寺廟皆被拆毁。到隋朝時，隋文帝又再興佛教，五臺山又進入新的發展時期。初唐，由於唐太宗和武則天提倡和重視，五臺山進入全盛時期，據說，當時寺院多達三百六十餘處。但不久，唐武宗會昌滅佛，在全國「拆毀大寺四千六百餘所，小寺四萬餘所，僧尼還俗二十六萬餘人」。五臺山也無例外地遭到厄運。但是令人難以置信的是，在這次大規模的滅佛運動中，南禪寺因其規模較小，且處於臺外土岡偏僻處，卻倖免於「法劫」，獨存於五臺山。

南禪寺大佛殿三間見方，立於石臺基上，單檐歇山頂，大殿共用檐柱十二根，殿內無柱子，屋頂的舉折相當平緩，總舉高爲前後撩檐榑三間的一比五點一五，在全國現有古建築中是屋頂最平緩的一座。大殿的出檐深遠翼展，殿脊明顯內收，一對高大簡樸的鴟吻矗立兩端，整個建築既古樸又雄偉，具有中唐大型木構建築質樸、堅實、蒼古的風格。

殿內的塑像，仍保持唐代原貌，十七尊塑像分布在一個長八點四米，寬六點三米，高零點七米的大佛壇上。主像釋迦牟尼結跏趺坐在東腹須彌座上，手式作禪宗拈花印。左右兩側分別爲乘獅子的文殊菩薩和駕象的普賢菩薩。其它塑像也都尊卑有序地分列左右前後。整個塑像群主次分明，動靜結合，各具神態，栩栩如生；塑像造型豐滿優美，誇張適度，衣紋簡練準確，和諧流暢，與敦煌的唐代塑像非常相似。佛壇四周壼門和疊澀上，嵌有磚雕，現存有七十幅，是唐代磚面浮雕藝術品，上面刻有花紋圖案，還有銅錢、山羊、武士等。雕工古拙簡練。此外，寺內還有三尊石獅和一座石塔，均爲唐代遺物，有著很高的文物價值。

趙樸初一九七八年遊五臺山時，曾在《五臺雜詠》中吟道：「二唐寺，瑰寶世間無，千劫何緣存象法，明時自不失玄珠，沉晦慶昭蘇。」這裏的二唐寺，除了南禪寺外，還有個佛光寺，它們都是唐代的建築，論年代，南禪寺要早七十五年，但論建築規模，佛光寺卻要大得多。它們被人們譽爲五臺山的雙瑰寶。

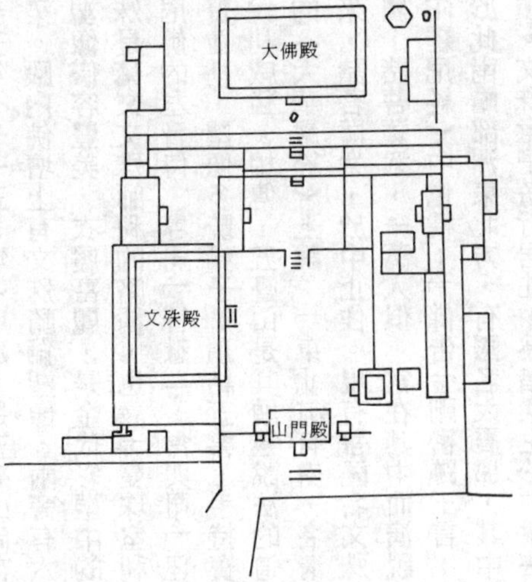

佛光寺（楊玉潭等：《五臺山寺廟大觀》）

## 千年古剎現佛光（五臺佛光寺）

從南禪出來，過五臺縣城繼續往東北方向走，在三十公里處的佛光山麓裏，坐東朝西地矗立著一座規模宏大的古剎，這就是被譽爲「亞洲佛光」的佛光寺。它的發現是與一位著名的建築學家的名字聯繫在一起的。

一九三七年，我國著名的古建築專家梁思成和幾位教授到敦煌看壁畫，忽然，他被一幅五臺山壁畫深深地吸引住了。他發現在這幅壁畫中有一座從未見過的佛寺。於是，他根據畫中的位置，千里尋蹤，來到了五臺山，後來終於在佛光山麓找到了這座佛寺。隨後他寫出了著名論文《論五臺山佛光寺的建築——薈萃一寺的魏齊唐宋四個孤例；薈萃一殿的唐代四種藝術》。論文一發表，轟動了中外建築學界。而深藏了一千多年的古剎也重得「佛光」而光彩奪目。

佛光寺高踞山腰，寺基爲梯田式，共有山門殿、文殊殿和東大殿三層院落，層層疊高，共占地面積爲三萬四千多平方米，計有殿、堂、樓、閣、窟、房等一百二十多間。

從山門殿進去，左側即爲文殊殿，其現存建築爲金太宗天會十五年（一一三七年）重建，是五臺山尚存的唯一金代建築。殿內佛壇上有文殊騎獅塑像，兩旁有六尊侍理菩薩，塑像儀容豐美，衣履富麗，是金代彩塑中的精品。

文殊是梵文文殊師利的略稱，也譯「曼珠室利」。是釋迦牟尼佛的左脅侍，專司「智慧」，常與司「理」的右脅侍普賢並稱，塑像多騎獅子，頂結五髻，手持寶劍，表示智慧銳利威猛。相傳，五臺山是其顯靈說法的道場。唐代新譯的《大華嚴經》上說：「東北方有處，名清涼山。從昔以來，諸菩薩衆，於中止住。現有菩薩名文殊師利，與其眷屬，諸菩薩衆，一萬人俱，常在其中而演說法。」《寶藏陀羅尼經》中也稱：「佛告金剛密跡王言：『我滅度後，於此南贍部洲東北方，有國名大震那，其中有山，名曰五頂。文殊童子遊行居住，爲諸衆生於中說法』。」這裏的大震那指的是中國，而五臺山以前也曾叫清涼山或五頂山。

傳說文殊菩薩初到五臺山時，這裏酷暑難熬，風沙蔽日，一片荒寂景象。文殊決計用法消災，造福衆生。他知道，東海龍王那裏有塊「歇龍石」，只要拿來鎮山，便可玉宇澄清，暑氣永消。於是，借給龍王演教說法之機，文殊向老龍王索要「歇龍石」。這「歇龍石」巨大無比，當時老龍王估摸文殊一定抬不走，就說只要你拿得動，便拿走。只見文殊口中唸唸有詞，用手一指，歇石龍變成指甲般大小，飛入袍袖中，被帶回五臺山。可是小龍王外出回來，得知歇龍石被取後，勃然大怒，追到五臺山，龍尾一掃，將五座直插雲天的峰頂削成了五個平臺，又用龍爪在上面亂翻，尋找那塊巨石。沒找到又怒氣沖沖向中峰下一條深溝裏撲來。文殊早已等候多時，見小龍王一來，飛起兩座山，將其鎖在山下。文殊制服了小龍後就把歇龍石放在一個山坡上，從此五臺山成爲一個清涼世界。至今五臺山頂有無數黑色石頭，人稱「翻龍石」。而「歇龍石」就放在中臺南邊瓦廠村的清涼寺中。

回憶著美好的傳說，出文殊殿往東，佛光寺的主殿東大殿就坐落在寺區的最高層。殿前院中兩棵高大的榆樹對稱並列，院下是七間窟洞，從文殊殿望去，猶如殿的下層，使東大殿木構建築越顯雄偉莊嚴。

東大殿重建於唐宣宗大中十一年（八五七年）。據唐代所著《古清涼傳》載，佛光寺創建於北魏孝文帝時，相傳因北魏孝文帝見佛光之瑞而得名。當時寺況極爲興盛，寺內彌勒大閣，三層七間，高達三十二米。唐武宗滅佛時，全部被拆毀。十二年後，唐宣宗再興佛法，逃亡在外的該寺僧人願誠法師回來主持，交由一女弟子寧公遇在原彌勒大閣的舊址施建了現在的東大殿。其後，宋、金、明、清四代都有修建。一九三一年該殿的唐代塑像曾被寺僧加以重裝，使唐代原有色澤遭破壞，但塑體原形大致尚存。

一九四三年二月一日夜間，殿內曾一度起火，眼看千年古剎將化爲灰燼，幸經澄溪老和尚及時撲救，未釀成災。

東大殿的建築、塑像、壁畫和墨跡被稱爲佛光寺四絕。特別是塑像藝術價值很高。全殿有主像五尊，脅侍及供養人二十四尊，羅漢二百九十六尊，另外還有寧公遇和願誠肖像各一，共三百二十七尊。除羅漢爲明代補塑外，皆爲唐代作品。

進得殿裏，頓覺珠光寶氣，金碧輝煌，只見佛壇上的主像釋迦牟尼居中趺坐於長方形的須彌座上。左右兩主像爲彌勒佛和阿彌陀佛。三尊佛像均爲金臉金身。釋迦牟尼佛的左右有迦葉、阿難兩尊者和兩菩薩侍立，彌陀、彌勒佛也均有兩菩薩侍立左右。供左右主像爲普賢和文殊兩菩薩。一乘白象，一騎獅子。與別處不同的是，這裏的文殊菩薩居右，而普賢反而居左，古人有尚右的習慣，也許是五臺山爲文殊的道場，所以人們就把他供在普賢之先了。

佛壇前方還有跪在蓮花上的供養人塑像，均手捧果品，作奉獻狀。其中有一位手捧瓜果，臉卻朝外，雙眼似不停地向殿外流盼。傳說，她原是臉朝裏的，後來和一位放牛的小伙子相互愛慕，小伙子每天向她獻山花，而她卻偷偷地幫小伙子洗衣做飯。正當兩人想成親拜天地時，姑娘卻被觀音菩薩帶走了。小伙子追到佛光寺，千呼萬喚，姑娘只是臉龐向外，可是已經一動不動，再也不會應聲阿哥

了。

五臺山塔院寺

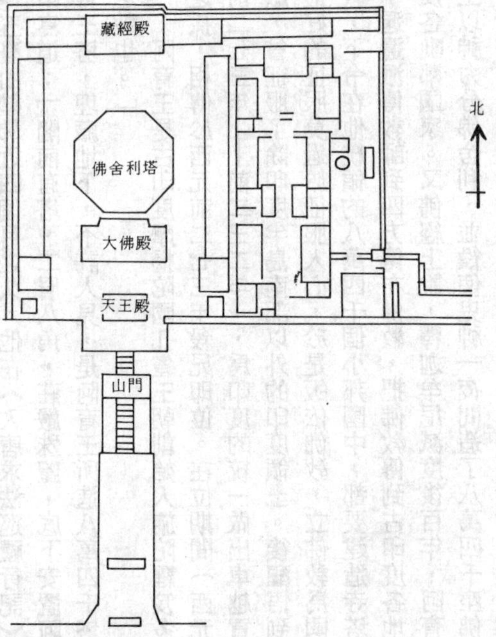

## 塔院自是藏靈久（五臺塔院寺）

塔院寺原是顯通寺的一個塔院，明萬曆年間重修大舍利塔才獨立成寺。寺以塔爲中心，前爲大雄寶殿，後爲藏經閣。塔院寺不僅以其雄渾巍峨的大舍利塔成爲五臺山的標誌，而且更以其兩件不可見的神秘佛教藏物而令人神往。

從楊林街走去，穿過鐘樓的石璇洞，便可達塔院寺東門。進得東門，左爲天王殿，右爲大雄寶殿，過大雄寶殿便是佛舍利塔了。因塔的形制爲覆鉢式的尼泊爾大白塔，俗稱大白塔。塔雖於明代重建，但其前身應追溯到佛教傳入中國之初，而據有關記載，大白塔中還藏有一座佛教傳入中國之前的古印度阿育王所造的佛舍利塔，亦稱慈壽塔。

據明代五臺山著名高僧鎭澄在其《清涼山誌》中載，漢明帝永平十一年（六八年），剛到洛陽不久的印度高僧攝摩騰，西行到了五臺山（當時稱清涼山），看到山勢很像釋迦牟尼在印度講經說法的靈鷲山，山下還有一座古印度阿育王所造的舍利塔。於是回到洛陽便奏請漢明帝在五臺山建寺。就在這一年，開始在這座舍利塔上蓋起了高塔，周圍建造殿閣僧舍。寺成取名大孚靈鷲寺，大孚是弘信之意，漢明帝以其始信佛法而建寺故名。

鎭澄的這一記載是否屬實，至今尚有疑問。不過早在唐代，在日本著名高僧圓仁的筆下也有相似的說法。圓仁於西元八三八年七月二十二日入唐進修，西元八四〇年曾在五臺山禮佛近四個月之久。他在《入唐求法巡禮行記》中寫道：「閣前有塔，二層八角，莊嚴殊麗，底下安置阿育王塔，埋藏地下，不許人見，是阿育王所造八萬四千塔之數也。」

阿育王是古印度摩揭陀國孔雀王朝創始人旃陀羅笈多之孫，相傳於西元前二七三年殺兄即位。在位期間（西元前二七三年——前二三二年），爲印度的統一做出卓越貢獻，曾征服了除印度半島南部以外的印度領土。後醒悟到最好的征服莫過於征服人心，於是皈依佛教，立佛教爲國教，下令在他統領的八萬四千個小邦國中，都要建造寺塔。還遣派傳教師到四方傳布佛教，把佛教傳到古印度各地及各毗鄰國家。又佛經上說，釋迦牟尼滅度後百年，阿育王以神力分佛舍利，並役使鬼神一夜間造了八萬四千座佛舍利塔，分布於大千世界中。這些塔在中國有十九座，而五臺山獨得其一。

這是一座神秘的塔，至今也不知誰曾見過，原先是埋藏地下，到了明永樂五年（一四〇七年），據說，把它置於重修的大塔腹中。明萬曆七年（一五七九年）重建大白塔時，仍將其置於塔腹中，使大白塔更加爲人敬仰。據說，蒙藏佛教徒到五臺山，首先要朝拜「塔院寺五聖跡」的第一聖跡就是大白塔。

大白塔基座平面爲正方形，下爲高大的須彌座，中爲覆鉢形塔身，上置「十三天」，頂冠華蓋，仰月寶珠。高達五十多米。塔爲磚砌，外塗白堊，潔白的塔身掩映在青山綠樹、紅牆殿宇之間，更顯分外皎潔高雅；刹頂的華蓋、仰月、寶珠等皆爲銅製鎏金，在明媚陽光照耀下金光閃爍，頗爲壯觀；華蓋四周及塔腰各懸風鐸，共二百五十二枚，山風吹來，叮噹作響，饒有古刹風趣。明代鎮澄法師曾有詩讚曰：「浮圖何縹緲，卓出梵王宮，遠帶青山色，孤標紫塞雄。金瓶涵海月，寶鐸振天風，自是藏靈久，神拜萬古崇。」這「自是藏靈久」指的就是腹中所藏的阿育王塔，即慈壽塔。

離開大白塔往東，有一座兩丈來高的磚塔，叫文殊髮塔。比起大白塔，它要細小得多，不過，傳說塔內也有藏靈，那就是文殊菩薩的頭髮。

古時候，塔院寺這地方還只是大孚靈鷲寺的塔院。每年陽春三月，靈鷲寺要在這裏舉辦「無遮大會齋」。齋期，無論遠近僧俗，也不分男女貧富，凡來求齋的，都能分到一樣的飯食。

這一年，「無遮大會齋」又開始了。齋飯的鐘聲響過，人們便向塔院裏湧來。人流中，有一個蓬頭垢面、衣衫襤褸的中年婦女，懷裏抱著一個孩子，身邊拖著一個孩子，身後還跟著一條小狗，輪到她時，只見她手拿一綹長髮，放到主持放齋的執事僧前，說：「法師，別人有金銀施捨，我身上分文不存，我想把我的這綹頭髮做施舍，不知法師要不要？」執事看她這個樣子，很不耐煩地接過頭髮，順手扔到一旁，讓做飯的給她盛了三份粥。可是這貧婦又說：「狗有生命，也該給一份。」執事勉強又給了一份。誰料貧婦還說：「我腹內有子，尙須分食。」執事面露怒色：「肚裏的孩子還沒出生，就要分飯食，你眞是貪得無厭！」

貧婦人被訓斥了一頓，沒有絲毫悲傷。只見她抬頭望了望衆多求齋的人，脫口說出這麼四句話來：「苦瓜連根苦，甜瓜徹蒂甜，是吾超三界，卻被阿師嫌。」說罷，躍身騰空，變成文殊菩薩，兩個孩子則是兩位仙童，小狗呢，變成她坐下的雄獅。寺內外上千名齋客，還有衆多僧人，趕忙望空便拜。這時，空中又傳來文殊菩薩的聲音：「衆生學平等，心隨萬鏡波。非骸俱舍盡，其如憎愛何？」執事這時悔恨自己待人不平等，有眼不識眞聖，取刀剜自己的眼睛，幸被人上前勸阻。後來執事便將貧婦所施頭髮建塔藏之。這就是今天的文殊髮塔。據《清涼山誌》載：「萬曆年間，方廣道人重修，見髮若金，隨人視之不一。

「究竟大白塔中有無阿育王塔，文殊髮塔裏有無文殊之髮？至今仍是個謎。不過還是乾隆皇帝聰明，他說：「兩塔今惟一尚存，即成必壞有名言，如尋舍利及絲髮，未識文殊與世尊。」至今，他的這首詩就刻在大白塔北面的藏經閣正中上方的木匾上。

儘管阿育王塔和文殊髮絲是否眞有其物尚是一個謎，但是，這些撲朔迷離的傳說，倒給遊人增添了許多遊興。出塔院寺東門，便是明代所建的鐘樓，內有明天啓年間（一六二一——一六二七年）所鑄長鳴鐘，是五臺山寺廟中最大的銅鐘，據說重達九千九百九十九點五斤。

顯通寺

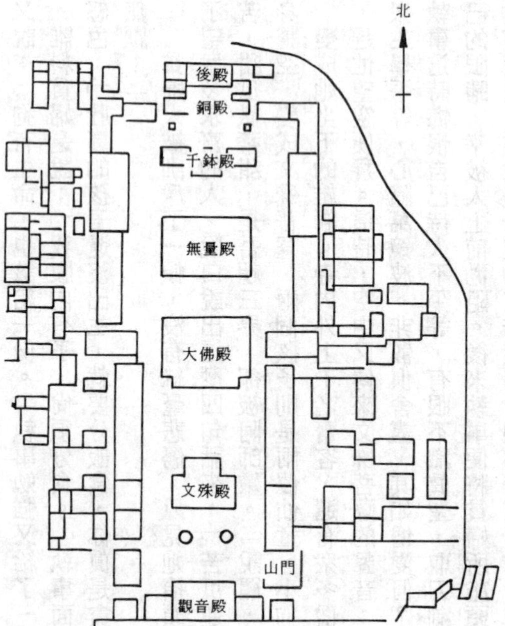


## 不出顯通寺，可知五臺事

### （五臺顯通寺）

顯通寺爲五臺山最古老的寺院。幾經興廢，屢易其名。相傳始建於漢明帝時，因寺院所在山峰很像釋迦牟尼說法的靈鷲山，故名大孚靈鷲寺，北魏孝文帝時又因寺內有塔故名大孚圖寺，唐時又因藏於寺中的新譯《華嚴經》中有五臺山爲文殊菩薩道場的記載，武則天改稱其爲大華嚴寺。到了明代重修時才由明太祖朱元璋賜額「大顯通寺」。此後雖明萬曆中曾改爲永明寺，但至清康熙年間又恢復大顯通寺原名至今。現存建築均爲明、清重修後的形制。

關於明太祖賜額「大顯通寺」有一種傳說。說的是，明太祖朱元璋平定天下之後，大華嚴寺住持僧因見寺院破落不堪，便四處化緣準備重修。大華嚴寺是遠近有名的古剎，人們聽說是該寺下來的化緣和尙都爭相解囊。沒出百里，重修寺院的資金已綽綽有餘。和尙心想，如此機緣，何不趁此請進五百羅漢。於是又繼續沿路化緣，集夠鑄一羅漢的資金就在當地請工匠鑄造。歷經千辛萬苦，終於在各地鑄造了五百羅漢。可是，怎麼運回五臺山呢？心想：「佛許衆生願，心堅石也穿」。於是在回來路上，見一鐵羅漢便虔誠禱告，請其於某年某月某日法駕降臨五臺山。一路禱告回到了五臺山。在離大華嚴寺北十里許處的萬壽寺（玉花池）重修羅漢殿。恭候五百羅漢的到來。果然，到了約定日期，羅漢們應靈而至，對號入座。一時轟動了五臺山。明太祖朱元璋聽說五臺山五百羅漢大顯神通的消息後，立即派大臣代表自己上五臺山朝拜，並向大華嚴寺賜額「大顯通寺」。從此大華嚴寺便改名爲大顯通寺。從這則傳說中，可以看出，佛寺爲了得到皇家的青睞，不惜編造各種離奇故事。

從楊林街進鐘樓，從鐘樓右拐左折，便是顯通寺的高大的山門。山門兩旁樹著兩道字碑，左龍右虎，一氣呵成。據說，佛寺前面以有青龍、白虎兩山護側爲佳，因顯通寺山門兩側無此二山，故立此二碑爲補。

入寺內，一連七進的殿宇排列於中軸線上。緊挨著山門的是：左爲觀音殿，右爲文殊殿。在文殊殿前有兩座八角碑亭。亭裏各立一通漢白玉石碑。高約二米多，寬不足一米，立於康熙四十六年七月十九日。左邊的石碑上有康熙御筆碑文，右邊的卻是一通無字碑。傳說蓋碑亭的地方原是兩個圓形的水池。池裏的水清澈如鏡。有一年，康熙皇帝朝臺，巡遊顯通寺。來到了文殊殿前。無意中抬頭一看，只見菩薩頂猶如一條巨龍昂頭高臥在靈鷲山上。不禁心裏一顫：「這裏莫不是要出眞龍天子奪我大淸國的江山？」當時陪同他的顯通寺住持看康熙若有所思之樣，自作聰明地湊上前說：「啓奏萬歲，那靈鷲山是一條龍，菩薩頂的牌樓，正好在龍頭上。」康熙最怕有人說出的話終於被住持說出。不過他故作若無其事地說：「靈鷲峰是條龍，但不是條活龍，你看，它沒有眼睛。」本來康熙以爲住持也會接住他的話茬，也說出一句「此龍沒有眼睛」的話來，可是這位住持卻沒猜到皇上的心思，只想把自己所知道的都告訴皇上：「啓奏皇上，此龍是有眼睛的，每日午牌時分，太陽照到這兩個水池上，那菩薩頂的木牌樓兩側就會出現兩個圓形的光環。」這一下，康熙再也忍不住發了雷霆：「龍長了眼睛，不會飛走嗎？龍飛走了，五臺山的靈氣還會有嗎？這兩個水池馬上給我填平，上面再立兩通石碑壓住！」不久，水池塡平，石碑也立了起來，住持請康熙寫碑文，康熙只寫了一篇就起駕還朝了。於是顯通寺便留下了這通「無字碑」。

文殊殿後是大雄寶殿，這裏殿堂高大肅穆，殿內正前方的橫樑上高懸「眞如權應」木匾，爲康熙御筆。殿臺上，正中爲三世佛，佛前地面十分寬敞。爲五臺山舉行法會的場所。每當全山大法會，五臺山各寺的僧尼齊集殿內，拜佛頌經。

顯通寺的布局與我國傳說的佛寺布局一樣，七個大殿依次自南向北排列在一條中軸線上。過大佛殿後，爲無量殿、千鉢殿，從千鉢殿拾階而上，就到了顯通寺著名的銅殿和銅塔前。銅殿爲一座青銅建築物，鑄造於明萬曆三十四年（一六〇六年），是我國現存的四銅殿之一（其它三銅殿是北京頤和園萬壽山銅殿、湖北武當山銅殿和昆明鳴鳳山銅殿）。殿建平面見方，寬九尺，深八尺，高丈餘，外觀兩層，內爲一室，四角四柱，柱礎似鼓。上層四面各有六塊格扇，下層四面各有八塊格扇，格扇內壁鑄有佛像，重重疊疊，號稱萬尊。格扇外壁鑄有各種圖案和花卉鳥獸，共三十二幅。形象生動，鑄法精細入微。說來，這銅殿和明代五臺山高僧妙峰大師頗有關係。

妙峰是山西平陽人，自小相貌奇醜，惟有雙眼炯炯有神。七歲時父母雙亡，十二歲在平陽出家當了個小沙彌。受盡和尚們的欺侮。後來聽說五臺山文殊菩薩經常顯聖，大小和尚也和氣相處，於是便逃出來。可是這位不懂事的小娃娃，出得平陽（今臨汾）卻南轅北轍，一路討飯，流落到了蒲州（今永濟），幸被當時文昌閣的營造者山陰王所收留，送他進寺院讀書識字，誦經唸佛。後還在中條山爲他修了座小廟，讓他閉門專修。在山陰王的幫助和指導下，妙峰學識淵博，舉止不凡。受戒後，雖傾慕五臺山，但自覺沒什麼功業，不可輕易成行，於是先到南方各處參學。到了普陀山，妙峰生了一身疥瘡，嘗到了生病的痛苦，便發願造三座銅殿和文殊、普賢、觀音三大士像，分別送往五臺山、峨嵋山和普陀山供奉，爲天下有病的人解脫苦難。爲此，他孑然一身，帶著重病四處化緣。到了南京後，又北上，當時被後人稱爲明末四大師之一的高僧德清，因慕其德，追妙峰到了北京。兩人一見如故，志同道合，便雙雙朝禮五臺山。在五臺山選擇北臺頂葉斗峰下一偏僻小庵住下，刺血書寫《華嚴經》。

妙峰發願造銅殿一舉，名聲大震，當時的萬曆皇帝和李太后都對他很崇敬，李太后還拜他爲師。傳說，李太后曾問妙峰如何使其皇帝兒子朱翊鈞（萬曆皇帝）平平順順，妙峰要她大興善事：修塔、建殿和修橋補路。從此，李太后開始修塔院寺的大白塔、修補五臺縣東冶濟勝橋和建顯通寺銅殿。建銅殿共用銅十萬斤，傳說爲妙峰從全國十三省中的萬戶人家化來的，但實際上大都是萬曆皇帝從全國十三省調撥來的。銅來自一萬家，取「萬」字的吉利語，又合萬曆年號之首。不過妙峰是銅殿的發願者和最先爲其化緣者。所以後來萬曆皇帝嘉獎其功行，命在顯通寺重修寺宇，建七處九會殿。賜額顯通寺爲永明寺，妙峰擔任住持。七處九會殿就是千鉢殿前的無量殿，因殿中供奉無量壽佛故名，又因量與樑諧音，且殿無樑柱，也稱無樑殿，因傳說釋迦牟尼在七處地方九次講《華嚴經》，所以也稱七處九會殿。

傳說，康熙皇帝首次前來朝臺時，非常仔細地參觀了顯通寺的銅殿，當他觀賞完殿內的一切，走出殿來，又到左角銅柱旁時，一手摸著銅柱，信口問身旁的老僧：「銅柱裏面包著其它東西嗎？」老僧答：「銅柱全爲銅所鑄，並無假也。」康熙一時性起，抽出寶劍，往銅柱上端砍去，果然縫子黃燦燦盡爲銅。至今銅柱上仍有裂紋一道。

從殿前下來，原有五座銅塔，象徵五臺山五座臺頂。日軍侵華時盜走三座，現只剩下塔前左右兩側各一座。直徑二尺，高兩丈餘。右邊一座底層西南角有一大如拇指的小銅廟，內坐銅鑄土地神像。別看這位「土地」個子小，可在五臺山卻是大名鼎鼎，凡到此遊覽的人都爭著前來觀看。傳說康熙皇帝來五臺山時，看到他特別的小，便風趣地說：「好大的土地！」不料，這位土地一下跳到地上，跪下叩頭，連稱「謝主隆恩」。於是就被封爲山西大土地爺。

銅殿往上就是顯通寺最後一道殿——藏經殿。因其居寺之高且後，俗稱後高殿。如今這裏已成爲五臺山文物陳列室。內中陳列著來自五臺山各寺廟的陶、木、金、石等各種文物珍品和書畫藝術品。如原存清涼寺內的魏孝文帝時的銅質鍍金鎮風印，原存五郎廟的楊五郎鐵棍，碧山寺的華嚴經字塔，棲賢寺的拉車銅牛，鐵瓦寺的人皮鼓，還有北魏太和年間的銅鑄旃檀佛，南北朝時期的石雕觀音菩薩和侍理菩薩，北宋開寶年間印刷的雷峰塔藏經，宋末元初趙子昂夫婦畫的馬和觀音菩薩，明代沈周畫的關雲長，明代丁雲鵬在菩提樹葉上畫的十八羅漢等。這些珍品大多有著動人的來歷和傳說。難怪人們說：「不出顯通寺，可知五臺事。」

# 歷史的斧鑿（大同雲岡石窟）

北魏在我國佛教史上是一個重要的時期。不管其把佛教作爲國家公認的宗教，還是曾經開滅佛的先例，總之是我國佛教史上一個黃金時代。這一時代不僅在敦煌、麥積山等石窟中留下了深深鑿印，而且還把佛教石窟藝術引向中原，開中原地區緣山鑿洞的先導。雲岡石窟便是這一時代初期的產物。它完成了石窟藝術自西域東漸以來優美的石刻造型，並派生出龍門、鞏縣、天龍山以及各地許多石窟，被譽爲「東亞佛教美術的母胎」。

雲岡石窟位於大同市西十六公里處的武周山南麓，因武周山麓最高處名雲岡，故名。它始建於北魏文成帝和平元年（四六〇年），大多數石窟完成於北魏孝文帝遷都洛陽之前（四九五年），加上以後開鑿的一些小窟，前後歷時約四十多年。現存主要洞窟有五十三個，石雕造像五萬一千多尊。整個石窟依山開鑿，東西綿延達一公里。東西兩谷把石窟分爲東、中、西三區。這三區，不僅在形制上明顯地有所不同，而且從其人物造像看，也可大體看出開鑿的先後順序及不同歷史階段的文化積澱。爲了清晰地了解整個石窟開鑿的歷史脈絡，可從東門進去，一直往西，然後再自西而東地仔細觀賞。

西區以接連挨著的五個高大石窟爲代表。洞窟地呈橢圓形，頂是穹窿式，純以造像爲主題。每個洞窟都有一尊高十幾米的佛像，或直立，或交腳，或結跏趺坐。姿態生動，線條簡練、流暢、富於質感，明顯地看出域外犍陀羅藝術的影響；而造像形象既不像常見的如來佛，又不像漢化的形象。原來這五窟是北魏文成帝時爲紀念開國的五位皇帝而鑿的，模擬了五位皇帝的形貌。工程由當時的沙門統曇曜主持，所以也稱「曇曜五窟」。是雲岡石窟的第一工程。

北魏政權是北方鮮卑族的一支——拓跋氏建立的。鮮卑族原爲活動於內蒙古一帶的北方遊牧民族。被匈奴擊敗後退到鮮卑山（一說鮮卑山在今蘇聯境內）一帶。後趁南北匈奴打仗而逐漸發展起來。西元三八六年，鮮卑族拓跋珪在盛禾（今內蒙古和林格爾）建立了北魏政權，並逐漸南下，據有黃河以北地區，成爲北方的強大勢力之一。西元三九八年，拓跋珪遷都平城（今大同），開始稱皇帝，即北魏道武帝。到了北魏第三代皇帝太武帝時，北魏統一了中國北方，與南朝相對抗。

北魏政權作爲北方少數民族進入中原地區，一開始就很重視佛教的作用。太祖道武帝剛一遷都大同，就把佛教作爲國家公認的宗教，並很尊重高僧，曾專門請趙郡（今河北趙縣）沙門法果擔任北魏沙門統，統管全國僧徒。而法果更是主張拜天子等於拜佛，說「現在的皇帝就是現在的如來」。他的這種思想被北魏佛教界長期繼承下來，成爲北朝加強佛教的國家性質的思想基礎。因此，北魏佛教的國家色彩很濃，特別是經過太武滅佛後，滅佛所帶來的反作用更使佛教得以發展，並更依附於當時的統治者。

太武帝是北魏第三代皇帝，原也繼承其祖宗的佛教政策，後來受司徒崔浩及當時的新天師道創始人寇謙之的影響，崇信道教。並於太平眞君七年（四四六年）採納崔浩的進言，下達廢佛詔，坑殺僧民，焚毀佛像佛經。這便是佛教史上所謂「三武一宗」法難的第一難。《梁傳．曇始傳》載當時的情況：「分遣軍兵燒掠寺舍，統內僧尼悉令罷道，其有竄逸者皆遣人追捕，得則必梟斬，一境之內無復沙門。」

崔浩是太祖道武帝時就任用的漢族謀士，在北魏統一北方的戰爭中，立過很大的功勞，受到北魏三代皇帝的信任。到太武帝時被任命爲司徒。廢佛成功後，他企圖將自己主持編寫的魏國史刻石記功，以示天下，哪知這部當時被貴族認爲是蔑視胡族的魏國史激怒了胡族出身的太武帝，在發布廢佛令的第四年（四五〇年），崔浩全族及其僚屬以下一百二十八人竟被誅殺。西元四五二年太武帝自己也被宦官宗愛等人虐殺。同年，拓跋浚即位爲文成帝，改年號「興安」。十二月，發布了復佛詔書，狂熱地掀起了一個興佛運動。這一興佛運動的領袖人物就是涼州（今甘肅）佛教徒曇曜，他是文成帝的第二任沙門統，從文成帝和平初年（四六〇年）起，經獻文帝至孝文帝太和年間（四七一—四九九年）三十餘年爲北魏三代皇帝服務。在他任職期間，奠定了北魏佛教全盛期的基礎。他不僅促成北魏皇帝大興寺院，而且爲了確保發展佛教事業的財政基礎，還設立了僧祇戶和佛圖戶制度。「曇曜五窟」就是他於西元四六〇年至四六五年主持開鑿的。《魏書．釋老誌》載：「和平初……曇曜白帝於京城西武周塞鑿山石壁，開窟五所，鐫建佛各一，高者七十尺，次六十尺，雕飾奇佛，冠於一世。」

「曇曜五窟」實際上是把「皇帝即如來」的北朝佛教傳教思想造型化。曇曜把當時的文成帝視爲「當今如來」，將釋迦像雕得像帝身一樣。今天我們走進第十六窟，只見那高十三點五米的釋迦像，昂首挺胸，臉龐稍顯削長，鼻高且直，脣薄，眼長，活像一個赳赳武夫。實際上這就是文成帝的造像。據《魏書．釋老誌》載，就連佛像身上鑲嵌黑石頭的部位，也正是文成帝身上長痣的地方。

北魏第三代皇帝太武帝後爲文成帝，但爲什麼曇曜鑿的是五個窟呢？原來，在文成帝之前還有一位未登基即一命嗚呼的短命皇帝景穆帝。爲了表示其與別的皇帝不一樣，第十七窟中鑿的是一個菩薩裝的交腳彌勒佛像。

第二十窟的佛像高十三點七米。也許這就是爲道武帝拓跋珪開鑿的釋迦像了。這位被法果和尙譽爲「明叡好道，即是當今如來」的開國皇帝，威嚴中略帶慈祥。造像結跏趺坐，微向前傾，臉型豐滿圓潤，體態剛健雄渾，加上內著僧只支，外披袒肩大衣的犍陀羅服飾，更顯其生動流暢，富於質感，由於窟頂坍塌，佛像完全處於露天，俗稱露天大佛。它是雲岡石窟的代表作，到雲岡石窟的遊人，都樂意在此留影紀念。

雲岡石窟中區各窟爲另一種形制。平面呈長方形、分前後兩室，除中央雕造大像外，四壁及窟頂遍刻有佛教題材的浮雕。這些浮雕造像優美、生動、線條曲折流暢。特別是第八窟門拱兩側騎著神牛的摩醯首羅天和乘著孔雀的鳩摩羅天。他們一個三頭八臂，一個五頭六臂，雕刻技巧與造型都很成熟。就題材來說，爲雲岡石窟的特例。十二窟有「音樂窟」之稱。窟頂上雕有一排排伎樂天人，手持排簫、琵琶、笛、鼓等樂器，彈唱奏樂，笙鼓齊鳴；盛裝的飛天駕雲乘風，翩翩起舞，每排伎樂天中間，都端坐著一位安祥、莊嚴的釋迦如來，陶醉於輕歌曼舞中。整個群像靜中有動，動中有靜，動靜結合，構成了一幅栩栩如生的樂舞盛會的場面。據說，這是在慶賀修身成佛釋迦牟尼回故鄉的情景！

中區除了個別洞窟尙有木構飛檐外，其餘與西區一樣飛檐重樓皆蕩然無存。木構寺院的外觀已不明顯。嚴格說，石窟應叫石窟寺。據說是受原始人洞窟壁畫的啓發而產生的一種佛教山中寺院。最早見於公元前二世紀左右始鑿的印度中部文達雅山裏的「阿旃陀」石窟寺。「阿旃陀」（Ａｊａｎｔａ）在梵文和巴利文中的意思是「無想」或「洞窟」。唐代高僧玄奘在《大唐西域記》中對該寺有「重閣層臺，背岩面壑」的描述，可見那時的石窟木構寺院外觀是相當明顯的。我們從北魏地理學家酈道元的筆下，也可見當年雲岡石窟的寺院外觀的雄姿。他在其《水經注》中描寫當時的雲岡石窟「因岩結構，眞容巨壯，世法所希，山堂水殿，煙寺相望，林淵錦境，綴目新眺。」雲岡石窟的這種寺院外觀後來毀於戰火。到了遼代，據《金碑》記載，遼代曾在石窟洞前興建十座大寺，都是後接石窟，前建木結構的寺院。遼末，這些寺院毀於戰火後，金、明歷代幾經重修，又幾經爲兵燹所毀。現今洞窟崖面上隨處可見大量大小樑孔椽眼，就是當時的遺跡。

給人以石窟寺概念的要算是五、六窟了。走出七窟，首先映入眼簾的是五、六窟門外依山築起的兩處五間四層繞廊重檐樓閣。它們是清朝順治八年（一六五一年）重建的。建築懸妙，極爲壯觀。走進六窟，這裏以及東區其它洞窟的形制爲方形窟室，窟室中央有刻滿浮雕的方形塔柱，四壁刻有佛像、龕座。在石窟寺建築中，這種形制叫支提洞。支提洞梵語叫（Ｃａｉｔｙａ）意爲藏舍利的塔。其標誌是洞窟中間雕造佛教崇敬禮拜的塔，用來藏佛骨。被譽爲雲岡第一偉觀的第六窟地面至窟頂高達二十米，中央矗立著一個斷面約六十平方米的大塔柱，塔柱和整個洞壁嵌滿了大小佛像、菩薩、羅漢和飛天造像。東南、西壁中下部和塔柱四面刻有釋迦牟尼從誕生到成佛的故事。其中著名的「王子出家」的故事，通過四幅浮雕，刻劃了無憂無慮的悉達多·喬答摩王子（即後來的釋迦牟尼）出四門看到人生的生老病死的痛苦後，終於決心出家的場面。

五窟和六窟爲一組雙窟，窟分前後室，後室北壁主像爲三世佛，中央坐像高十七米，光腳長就四點六五米，中指長二點三米，是雲岡石窟五萬多個佛像中最大的一個。大佛褒衣博帶，上著帔帛，下著大裙，儼然是南朝士大夫的裝束。而那兩壁三層幕龕的脅侍菩薩，短衫長裙，更富有漢裝色彩。可以想見，這是北魏孝文帝遷都洛陽前的最後一期工程了。如果說，文成帝時，曇曜五窟是雲岡石窟高揚粗獷的開場的話，那麼，到了孝文帝時，這五、六窟卻是用一種偉大的歷史進程，高唱了一臺氣勢磅礴的壓軸戲。

北魏自孝文帝太和初年以來，以拓跋氏爲首的鮮卑諸族已進入了向封建社會的生產方式轉變的高潮時期，太和九年（四八五年）均田令的頒布和太和十年（四八六年）三長制的推行，奠定了這一轉變的社會基礎。在此基礎上，爲了接受包括南朝在內的漢民族先進文化，加強同漢族大地主階層的聯繫。孝文帝奉行了包括禮制在內的一系列促進漢化的政策。又因平城爲用武之地，而非文治的中心，太和十七年（四九三年）孝文帝很有策略地開始遷都洛陽，歷時三年北魏朝廷全部遷出平城。隨後孝文帝在全國範圍內移風易俗，進行大刀闊斧的改革。他接連頒布詔諭，令改漢姓、穿漢服、習漢語、與漢人通婚，而且限令北人卒葬洛陽不得北還平城。因其認爲鮮卑族起源於黃帝，「拓跋」在鮮卑語中即「土后」之意，而土爲萬物之元，所以改皇室姓「拓跋」爲「元」。這些改革措施，有利於民族融合，促進了北方社會經濟的發展，推動了北魏社會封建化及民族文化交流的歷史進程。雲岡石窟五、六窟正是這一歷史進程在宗教藝術中的反映。在這裏，受域外影響的犍陀羅服式不見了，佛像換之以漢族褒衣博帶的裝束。

孝文帝遷都洛陽後，雲岡石窟雖還斷不了那斧鑿之聲，但是北魏的歷史舞臺已移到洛陽，像五窟六窟這樣的大臺戲只好意猶未盡地搬到龍門石窟去續唱了。

# 塞上恆山楊業魂（渾源恆山）

遠古時代，現今桑乾河谷地（即大同盆地）的地方，原是個大湖泊。後來，經過造山運動，湖泊的南岸地面上升，形成了一座諸峰拔起的斷層山脈，這就是恆山山脈。

恆山，位於山西省東北部，呈東北——西南走向。它西銜雁門關，東連太行山，綿延達三百多里。一百餘座山峰奔騰起伏，橫貫塞上。主峰坐落在山西渾源縣南，海拔二千〇十七米，由兩座山峰組成，東面稱天峰嶺（又名玄岳峰），西面稱翠屏峰。雙峰對峙，渾水中流，構成一道絕塞天險。明代旅行家徐霞客遊歷到此，驚嘆不已，在他的遊記中寫道：「伊闕雙峰，武夷九曲，俱不足以擬也。」

提起恆山，人們會說，那是五岳中的北岳。其實，恆山成爲北岳還是明清時的事。在此之前，北岳指的是河北曲陽的恆山，也叫常山、大茂山。查有關記載，在我國先秦古籍裏，北岳還沒有和恆山聯繫在一起，只是講到秦始皇曾路過恆山，至於恆山是否就是北岳沒有說明。到了漢武帝元鼎四年，漢武帝封常山王於眞定（今河北正定），才確定了北岳恆山。因此，在司馬遷《史記》中有「北岳

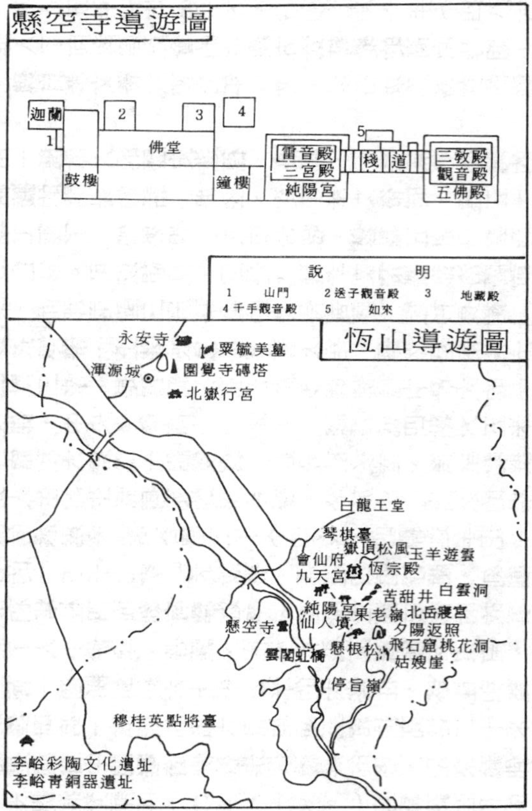

，恆山也」的記載。而漢朝的另一位大學者鄭康成注《周禮》，才明白說出北岳恆山在曲陽縣。因此歷代帝王祭祀北岳的典禮，都在河北的曲陽舉行。到了金代，金世宗曾在朝廷醞釀過重新確定五岳名稱，明代初年也曾在山西的恆山建過小廟。但一直到清順治十七年，這位年輕的皇帝才毅然下詔在渾源祭北岳，北岳這時才眞正移到了山西的恆山。

提起恆山，人們也自然會想起著名的懸空寺。它是恆山十八景之首，綴於恆山主峰西側翠屏山險崖絕壁上，依山築基，就岩起屋，上載危岩，下臨深谷，當地民謠形容其：「懸空寺，半天高，三根馬尾空中吊。」李白讚其爲「壯觀」；徐霞客嘆其爲「天下巨觀」。

然而，當你登恆山，遊懸空寺時，還可以隨處看到北宋楊家將抗遼留下的遺跡，聽到人們傳頌的楊家將的故事

從山西渾源縣城往南走十里路，就到了恆山腳下，只見兩座陡峭的山峰，夾著一道清流──渾河的支流唐峪水。過唐峪水，在進懸空寺處底層的磚砌圍牆上，開有向外的圓窗。憑窗可以眺望山景，只見山腰崖壁上鑿痕斑斑，有許多又深又大的斧鑿石洞。據近人考證，那是北宋名將楊業鎭守三關時，在此一帶駐重兵扼守，架設吊橋棧道，修築堡壘所留下的遺跡。

北宋是我國五代十國後一個相對統一的封建政權，說它是相對統一是因其據有中原的廣大領土，但在其北方又存在著相對抗的少數民族政權遼。

西元九八二年，年幼的遼聖宗耶律隆緒繼位，國事由他的母親蕭太后執掌。宋朝想趁契丹國內政權交替，主幼國疑之機，奪回五代時被石敬瑭割讓給契丹的燕雲十六州。當時宋太宗派出三路大軍，原作戰計劃是：曹彬率領的東路軍慢慢向幽州推進，吸引敵軍主力，西路和中路軍迅速向山西北部和河北北部推進，恢復山後各州（軍都山、太行山以西各州）後，一起東進與東路軍會師於幽州城下，與契丹決戰。西路軍的主帥是潘美（即民間傳說中的潘仁美），副帥是楊業。在楊業的帶領下，西路軍節節取勝，不到一月，連克寰、朔、應、雲四州。正當西、中路軍捷報頻傳時，卻傳來了東路軍急功冒進遭大潰敗的消息。東路軍的敗績，使契丹得以集中兵力反攻山後各州，西路軍在搶奪飛孤失利後，渾源、應州的東路軍棄城逃跑，而西路軍也不得不全線撤守代州雁門關。

雁門關在恆山山脈的西面。據說因左右兩山山勢太高，群雁也只能從峽谷裏穿行而過故名。自古爲兵家必爭之地。楊業擔任代州刺史的第二年（九八〇年）三月，曾於此以少勝多，擊退了遼兵十萬大軍的進攻，使遼兵聞風喪膽。

西路軍退到雁門關後，宋太宗命其護送寰、朔、應、雲四州居民內遷。當時楊業針對敵強勢猛的形勢，建議出兵大石路，佯攻應州，吸引敵軍東移，使雲、朔等各州居民能安全內遷。大石路就是走恆山南麓的山路，利用恆山南麓層巒茂林的障蔽，一路不遭遇敵軍而向東北進軍，出大石口三十里即爲應州。這本是一個很有謀略的「圍魏救趙」式的辦法。可是，監軍王侁卻譏諷楊業膽小，堅持要走雁門北川中路，與敵硬拚。並且說：「將軍素有『無敵』的稱號，如今面臨強敵，卻故意避免接戰，莫非另有什麼用意？」楊業忍無可忍，只得說：「我楊業並不惜命，只爲時機不利，不忍心讓將士去白白送死。護軍既疑心我，我也顧不得許多，領兵向前就是。」在動身出雁門關之前，楊業對潘美說：「這次必然失利，我是太原降將，本該就死，蒙皇上不殺之恩，還授以上將之位，執掌兵權。本想立功報國，如今諸君責怪我避敵不戰，我只挺身向前，先諸君而死。」於是和潘美約好，由潘美派弓弩手埋伏在陳家谷（今山西朔縣南）接應。

楊業帶兵衝出雁門關，到了關西北的狼牙村，果然陷入遼兵主力重重包圍之中。等楊業突圍出來，退到陳家谷口時，潘美等早已撤走。楊業孤軍奮戰，最後中箭被俘，絕食而死。前人有詩云：「矢盡兵亡戰力摧，陳家谷口馬難回，李陵碑下成忠節，千載行人爲感哀。」這裏詩人用了戲曲和傳說中楊業最後撞死在李陵碑前的說法。史實是楊業被俘後「瘡發，不食三日死。」楊業原是北漢的將領，北宋皇朝是趙匡胤奪後周的天下而建立起來的，而後周原是後漢皇帝劉知遠的部將郭威代漢而立的。就在郭威奪取後漢政權時，劉知遠的弟弟劉崇在河東獨立，以晉陽爲中心建立了政權，歷史上稱北漢，在楊業原在北漢劉崇帳前當一名軍官，後被劉崇看中，賜名改姓劉繼業。宋太祖三下河東圍攻晉陽時，楊業作爲北漢的大將堅持抵抗。當時宋軍的主帥正是潘美。直到北漢通知他降宋時，他才歸宋。歸宋後楊業因其原在契丹人中的威名，被北宋任命爲邊防重鎮代州刺史。那時，潘美已是整個河東地區的軍政長官。可以說，楊業降宋前，楊業和潘美在軍事上是死對頭，而降宋後，潘美又是楊業的直接上司，因此對於楊業陳家谷遇難，歷來的戲曲和民間傳說，都把它說成是潘仁美（即潘美）挾仇陷害。近幾年又有文章爲潘美解脫，說「歷史上潘美、楊業兩家並無冤仇，所謂潘美一心想害死楊業的說法，完全是戲曲演義出來的。」「在逼楊業走上死路這一點上，潘美幾乎沒有責任，主要罪責在監軍王侁和劉文裕身上。」其實，從史實上來看潘美還是難逃罪責的。他身爲西路軍的統帥，又是一位身經百戰富有軍事經驗的人，在楊業提出合理建議時，不但不表示支持，反而聽任監軍爲所欲爲。後來，又沒按約在陳家谷口接應楊業，致使楊業最後全軍覆沒。

雖然，據史書記載，潘美、王侁本來在陳家口列陣。從寅時（早晨三至五時）等到巳時（上午九時至十一時），王侁等得不耐煩了，派人登托邏臺瞭望，以爲遼兵已經敗走，想要爭功，便引兵離開谷口。潘美不贊成他的行動，但又阻擋不住，只得沿交河向西南走了二十里路，後來得到楊業的敗報，才揮兵撤退。

據沈起煒《楊家將的歷史和傳說》中所說，史書上的上述說法矛盾百出，是事後編造出來的，用以洗刷潘美的罪行，把全部責任推給王侁。因爲，論資格和地位，王侁遠非潘美能比，王侁即使是監軍，也不可能連潘美的話都不聽。另外，如果王侁是爲爭功而離開谷口的話，他應當引兵向北，否則便無功可爭，如果向北前進，勢必發現楊業被圍。在此情況下，他或則掉頭就逃，或則被遼兵擊敗，或則不由自主的變成一支援軍，不存在其它可能性。但史書上沒有提到王侁部隊走到什麼地方。史書上倒是講到潘美不得已向西南移動。從這句話看，意思似乎是跟著王侁走的。西南方向就是進入谷地，向後方撤走的方向。王侁對楊業殉國的悲劇是有責任的，但他只是一個幫兇，元兇是潘美。

北宋人對於楊業之死也是抱這一看法的。過恆山、太行山，在今天北京的密雲縣北有一古北口，是長城的一道關口。古北口山坡上有楊業祠，也稱楊無敵廟，是楊業被俘死於遼邦後不久建的。北宋著名詩人蘇轍到此曾寫下《古北口楊無敵廟》一詩。詩曰：

行祠寂寞寄關門，野草猶知避血痕。
一敗可憐非戰罪，太剛嗟獨畏人言。
馳驅本爲中原用，嘗享能令異域尊。
我欲比君周子隱，誅彤聊足慰忠魂。

詩人通過建於遼邦的楊無敵廟，對楊業的悲劇發出了慷慨激昂的議論，認爲楊業陳家谷之敗，並非戰之罪，也是死於本朝人的手裏。最後指出潘美是兇手，殺潘美才足以慰忠魂。他借用了晉朝的典故：周子隱就是周處，在晉任御史中丞時曾彈劾宗室梁王司馬彤。後來氐族首領齊萬年在關中反晉，梁王任元帥統兵鎮壓。他公報私仇，命周處率五千人攻齊萬年七萬之衆。周處明知他的用意，但無法違拗，結果力戰而死。潘美陷害楊業，和這件事相比，眞是維妙維肖。蘇轍用此典故，足見北宋人在楊業問題上的看法。

楊業雖被陷害而死，但由於他的英勇善戰、與士卒同甘共苦及其威武不屈的民族精神，有宋以來，他的故事到處爲人傳頌，可以說是家喻戶曉、婦孺皆知。特別是恆山人民更以其曾在此戍邊戰鬥過而引以爲驕傲。今天遊人攀上翠屏峰，當地人會隨手爲你指點：這是楊業坐帳閱兵的點將臺；那是穆桂英臨陣分娩的落子窪；這是楊家將安營紮寨的白羊峪；那是楊家將披掛出征的誤陣坡。雖然這些也可能是根據演義附會的，但卻寄託了恆山人民對世代忠勇的民族英雄的崇敬和愛戴。

## 道義的悟見與不空的金閣

### （五臺金閣寺）

出佛光寺，繼續往北，不久便進入南臺的西面坡了。這裏綠草如茵，花繁簇錦，「金蓮」、「日菊」等各種花卉竟多達三百多種。翻過山坡，突然在前方山坡上一燦然古剎，在陽光的普照下，在綠茵山坡的襯托下，越發金光閃爍，宏偉壯觀。金閣寺到了！

金閣寺位於臺懷鎮西南十五公里處，坐落在南臺西北嶺的金閣嶺上，海拔一千九百米；除五座臺頂的寺廟建築外，金閣寺所處的地勢最高。

相傳唐玄宗開元二十四年（七三六年），杭州一位著名僧人道義禪師到五臺山禮佛，行至南臺西北嶺畔，突然狂風大作，天昏地暗，道義便望空叩頭，閉目合十，一心正念。過了一會，眼前突然出現一座規模宏大的寺院，擋住去路。有一小童引入寺內，只見殿堂僧舍垣牆皆為金色，中有飛閣三層，金焰騰輝，甚是輝煌，寺中方丈為其說法，賜茶已畢，出寺。轉眼間，寺院突然不見了，大風止息，天空又復晴朗。於是道義立即記其所見，繪圖呈見皇上。這一段傳說見於明代五臺山著名高僧鎮澄法師的《清涼山誌》。是否屬實，不得而知。不過，道義這一海市蜃樓式的悟見，三十年後卻經不空和尚而得以成為現實。

不空（七〇五—七七四年）是唐代著名高僧，生於古獅子國（今斯里蘭卡）。十四歲時隨其師金剛智三藏來華，長期從事譯經工作及其它佛教活動。歷經唐玄宗、肅宗和代宗三代，備受尊崇。曾奉唐玄宗之命，帶領其弟子含光等僧俗三十七人，賫送國書往獅子國。其譯著甚豐，有顯教、雜密、金剛界、大樂和雜撰五大類，共一百一十部，一百四十三卷。是我國佛經四大譯師之一，又是我國佛教密宗的祖師，有「冠絕古今，首出僧倫」之譽。

唐代宗大曆元年（七六六年）已入暮年的不空和尚奉唐代宗詔，在當年道義悟見「金閣浮空」之處建金閣寺。寺院按道義所見並參照當時印度最著名的寺院那爛陀寺的形制而建。印度那爛陀寺的純陀法師親自監工，工程由不空的弟子含光在五臺山具體主持。由於當時不空深得朝野的傾心崇奉，建造過程中，全國通力支援。皇親國戚以至百官捐贈了大量的金錢，唐代宗甚至下詔命令全國十節度使助緣建寺，化緣僧分赴全國各地為建造金閣寺募集布施，因此，歷時五年，浩大的工程終於落成，當時的寺院富麗堂皇，規模宏偉，寺中的金閣高達百餘尺，有上、中、下三層，雕樑畫棟，高聳入雲。殿頂「鑄銅塗金爲瓦」，「照耀山谷」。

寺院落成後，不空奉敕爲金閣寺的開山祖師，並奏請於金閣寺等五寺各置定額僧二十一人。從此金閣寺遂成爲密教的重心。不空圓寂後，其弟子含光即爲金閣寺的住持。

金閣寺後來幾經滅佛和兵燹，僅餘遺址。現存寺廟建築及塑像設置，均爲明、清及民國時復修和添補後的形制。全寺坐北朝南，分前後兩院。前院以觀音閣爲主體，中有八座閣式通殿；後爲大雄寶殿，兩廂爲僧舍。占地面積共達兩萬一千多平方米。

從天王殿入金閣寺前院，只見中間矗立著一座重檐歇山頂的高大樓閣。進閣內，有一高十七點七米的千手觀音銅像。這是五臺山最高大的佛像，在國內也僅次於西藏日喀則和河北正定的大銅佛像。銅像爲明代重修金閣寺時所鑄，表層是薄泥貼金。銅像通貫大閣兩層，下層銅像身旁有兩尊高大的脅侍像，左男右女，男的手抱寶劍，傳說爲觀音的父母「妙莊王夫婦」。觀音，原譯名作觀世音，唐代避李世民諱，略稱觀音，與大勢玉菩薩同爲阿彌陀佛的左右脅侍，合稱「西方三聖」。關於其出家前的身世，佛經上記載是古印度一個國家的太子，名叫不眴，但自南北朝後，我國寺院中其塑像或圖像多作女相。因爲據佛經上說，女相也是其三十二應身之一。到了元代，在書法家趙孟頫的夫人管仲姬的《觀世音菩薩傳略》中，觀音被描述爲我國東周時妙莊王的三公主，名叫妙善。妙善出家時，妙莊王不允，命她以劍自刎，但劍落斷爲千節；妙莊王又令將她悶死，她卻又復活於普陀山附近的一蓮花上。後來妙莊王病重，她剜下自已的雙眼，砍下雙手，製成藥給父親治病。妙莊王很受感動，爲紀念其女兒，就在寺院裏塑千手千眼觀音像。金閣寺的觀音閣是按《傳略》中的說法塑妙莊王夫婦像於觀音身旁的。觀音站壇西南壁角還有一塑像，據說是詔令建造該寺的唐代宗李豫像。殿內左右後柱下兩個一米高的蓮花瓣形石柱礎是唐代遺物。走上觀音閣上層，可見觀音銅像伸入的上身部分。閣內銅像兩側又有文殊菩薩和普賢菩薩塑像。從上層北面可通毗盧殿、彌陀殿、送子觀音殿、地藏殿、菩薩殿、藥王殿等八座通殿。這些通殿內，有塑像近千尊。通殿後爲後院，院的最北端有大雄寶殿，供三世佛和十八羅漢。

出金閣寺，往東北方向走十五公里，便到了臺懷鎮。

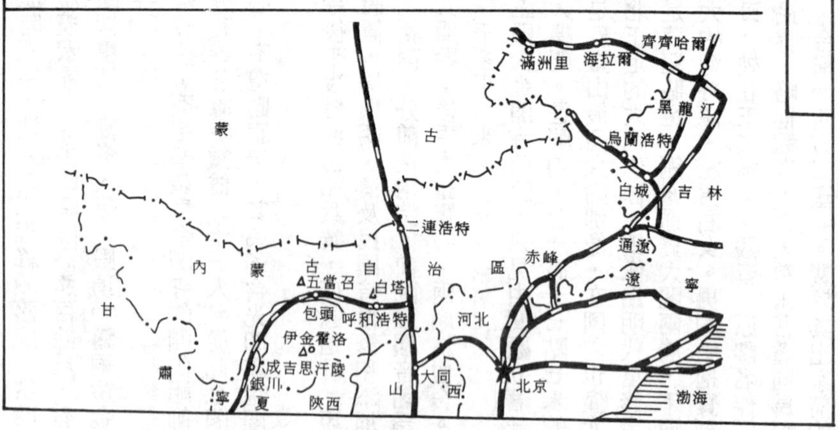


草原遊覽區

# 青冢擁黛話昭君（呼和浩特昭君墓）

昭君墓，位於呼和浩特市南郊九公里處。它北面遠依巍巍大青山，近靠滔滔大黑河，崛兀於視野遼闊的土默川平原，獨立蒼穹，巍然壯觀。每逢「涼秋九月，塞外草衰」，四野一片枯黃，獨有昭君墓上草色青青。因此杜甫曾有「一去紫臺連朔漠，獨留青冢向黃昏」的詩句。「青冢擁黛」與「白塔聳光」、「虎頭瀑布」、「牛角旋峰」、「柳成蔭綠」、「杏塢番紅」、「沙溪春漲」、「石橋繞月」統稱為舊日呼和浩特八景。據說呼和浩特被叫作青城，除其本身綠林掩青磚外，還是因「青冢」而得名呢！

昭君墓是一座人工夯築的大土丘，這與我國內地秦始皇、漢武帝、唐太宗之陵墓相同。墓總高三十三米，占地約一點五公頃。遠遠望去，墓上綠樹疊翠，墓下花草繁茂。大自然的晨曦夕照，使這座青冢的景色一日三變：「晨如峰，午如鐘，酉如㙺」（㙺：即鷄㙺，一種腳高、頭散開的菌類植物）。進入墓園，迎面是階梯相連的兩層平臺，第一層平臺上立著一塊金字閃耀的石碑，上面用蒙、漢兩文鐫刻著董必武同志的題詞：「昭君自有千秋在，胡漢和親見識高。詞客各攄胸臆懣，舞文弄墨總徒勞。」這首詩記載了墓主王昭君出塞和親的史實，高度評價了她的歷史功績。

王昭君，名嬙，字昭君，西漢南郡秭歸（今湖北興山縣）人。她是一位美麗的民家姑娘，年齡很小的時候，就被選進宮去。竟寧元年（西元前三十三年），匈奴呼韓邪單于來到長安，表示「願婿漢氏以自親」。呼韓邪單于名叫稽候珊，是匈奴的第十四個單于。他才能出衆，在匈奴內部很得人心。他之所以提出婿漢和親，是和他當時的處境有關。由于長期戰亂和天災，匈奴社會經濟瀕於破產。匈奴統治集團中五個單于爭權奪利，形成了呼韓邪單于占南，郅支單于居北的南北對立的局面。爲了重振匈奴，西元前五十一年（漢宣帝甘露三年），也就是昭君和親前十八年，他帶兵南移，歸附了漢朝，使匈奴從割據狀態進入祖國統一之中。漢元帝建昭三年（西元前三十六年），也就是昭君和親前三年，漢朝擊潰並誅斬了北部匈奴的郅支單于。呼韓邪單于統一匈奴各部，高興之餘，他擔心漢朝會像對付郅支那樣消滅他，同時也害怕郅支餘部聯合內部反對派東山再起，於是自願提出與漢和親，以鞏固自己的地位。而漢朝呢，剛剛消除了百年來同匈奴的不斷紛爭，正想獲得「安寧」，於是和親議成。漢元帝下令挑選才貌雙全的宮女，準備以嫁公主的禮節嫁給呼韓邪單于。王昭君此時已入宮數年，連皇帝的面都沒見過，心中鬱積著對深宮生活的「悲傷」和對皇帝的怨恨，聽到這個消息，就主動向管理掖庭的官吏提出，願意離開漢宮，遠嫁匈奴，擔當起和親使者的重任。

結婚那天，王昭君跟呼韓邪相見。昭君淡掃蛾眉，薄施粉黛，容貌豐美，儀態大方。她的光彩使所有的宮女都顯得黯然失色。在場的人都被她的美麗驚呆了。第一次見到王昭君的漢元帝更感到意外，大吃一驚，後悔不該把這麼美麗的姑娘嫁出去，但已經來不及了。新郎呼韓邪則高興異常，從心眼裏感激元帝，元帝贈送了許多禮物給昭君作嫁妝，有錦繡綺羅雜帛一萬多疋，絮一萬多斤，黃金二十斤，錢二十萬，衣裝百餘套，一輛馬車，十五匹馬，還有刀劍、弓、矢等很多匈奴缺乏的物品，並頒發詔書，把年號「建昭」改爲「竟寧」，取義永遠安寧。爲此，還專門燒製了有「單于和親」、「千秋萬歲」、「長樂未央」等字樣的磚和瓦。

王昭君到匈奴後，被呼韓邪單于封爲「寧胡閼氏」（王后）。她愛護百姓，積極幫助呼韓邪單于發展生產，教給匈奴婦女織布、縫衣和農業生產技術，並生了一個兒子。三年後，呼韓邪單于去世。她按匈奴的風俗習慣，改嫁新立的呼韓邪前妻之子復株累單于，又生了兩個女兒。在她的影響下，後來她的女兒、女婿、外孫以至姪兒都成爲漢匈間的友好使者。匈奴和漢朝，自昭君出塞後六十多年沒打仗，「劍戟歸田盡，牛羊繞塞多」，長城內外一派經濟繁榮、生活安定的興旺景象。

而對於昭君出塞一事，歷代的封建士大夫、詩人、畫家和劇作家卻不知寫下了多少作品：他們或怨其遠嫁絕域，或憐其失寵舊主，或爲之念家念國而憂，或爲之揮望鄉之淚。總之，王昭君成了一個典型的悲劇人物。一九六三年，董老參觀昭君墓，揮毫寫下了激昂詩篇，爲王昭君重立豐碑。這首詩使人看到了屬於歷史眞實的王昭君，深得內蒙人民的讚賞，二十多年來，在千里草原上廣爲傳誦。

在董老的題詩碑旁還可看到一些順序排列的碑碣，諸如「漢明妃之墓」、「昭君青冢」、「塞外流芳」等，大多出自清代以來的頌揚詞文。

吟誦膾炙人口的詩篇，沿著詩行鋪成的小徑繼續前行，便到了第二個平臺。臺上有一個攢尖式八角紅涼亭，亭身雕樑畫柱，玲瓏剔透。穿過小亭，順著鐵欄杆（又是灌溉花草樹木的水管）沿臺階而上，就到了冢頂。冢頂是一片平地，四周欄杆環繞，一座與墓前同等結構的小亭屹立中央，翹對藍天。憑欄遠眺，方格似的農田，葉片似的村落，如雲如煙的青城，如浪如濤的陰山，令人心曠神怡。千百年來，王昭君已經和這裏的山，這裏的水，這裏的天，這裏的地融爲一體。在草原人民心中，她已經不止是一個人物，而是一個民族團結的象徵，是給他們帶來幸福的女神。

人們說，昭君原爲天仙，爲平息胡漢干戈，從天國飄落人間。偕同呼韓邪單于來到陰山黑水，以一曲琵琶，消融了瀰天蓋地的風雪，於是陰山現綠，黑水澄清；從錦囊裏取出金剪，把雲霓裁成各種意象，於是車馬疾飛，牛羊如浪；從錦囊裏取掬一捧種子，撒於地上，於是塞外呈現一片莊禾，一片田園，最後，在伴有轟雷的紅光中，昭君回歸天宮，給後人，後來者，留下一座作爲紀念標識的小山。這小山被人稱爲昭君墓。如果有一位貧苦的牧民把羊丟了，就會有人告訴他，到那青青的小山去找吧，在那裏，一定會找到丟失的羊羔，而且會比從前長得更大了，更肥了。有的姑娘結婚了，可是一年、兩年、三年過去了，卻沒有孩子。人們哭泣著去找草原上最老的老人，老人摸著銀白色的長鬚告訴她們：去吧，去向那青青的小山，我們的昭君姑娘睡在那裏，她會送給你們孩子的。於是姑娘們騎上馬，飛奔到了昭君的青冢。在那綠色叢上，她們合衣而睡，做了一個夢，夢見身邊的青草上開出了許許多多芬芳花朵。一年以後，姑娘們生出了又白又胖的兒子。

因爲內蒙人民這樣地愛戴昭君，所以不知不覺地內蒙境內出現了十幾個昭君墓。今包頭市黃河南岸就有一座。

究竟哪一座是眞的呢，衆說紛紜。據現在所知，在南北朝以前的史書裏沒有提到過昭君墓，曾到過呼和浩特一帶旅行的北魏酈道元所著《水經注》裏也沒有提到它。我國古代文獻中，最早提到昭君墓的是唐代杜佑著的《通典》，以後宋、元、遼、清等史書中也都提到過今呼和浩特市南郊的這座昭君墓。據記載，昭君墓旁原有一小湖泊；墓前有石虎、石馬、石獅、石幢；墓頂有小亭，內藏佛畫及綢布、豆麥等物，墓旁還有一棵圍徑一丈有餘的大柳樹。這棵樹，枝葉茂盛，「濃蔭覆地，蒼翠撲人」。

解放前，因年久失修，昭君墓只剩下幾塊殘碑，一座荒墳。解放後人民政府撥出大量資金修葺，將墳墓四周闢爲公園，築起了圍牆，廣植樹木，栽培花草，整理碑坊，重建亭閣，並增設了陳列室、文物畫社、接待室。如今，昭君墓已成爲中外遊客紛至沓來的遊覽勝地了。

## 青城召廟之始祖（呼和浩特大召）

大召在呼和浩特舊城，蒙語名「伊克召」，意爲「大廟」。大召在內蒙喇嘛教的發展史上所起的作用不愧爲「大」。它的出現是和蒙古族歷史一位傑出人物阿勒坦汗的名字緊緊聯繫在一起的。

蒙古族的歷史開始於西元一二〇六年成吉思汗統一蒙古，建立蒙古汗國。成吉思汗的嫡孫忽必烈在其祖輩開創的基礎上又於西元一二七九年征服南宋，完成了我國歷史上空前的南北大統一，建立了元朝。西元一三六八年，中原農民起義領袖朱元璋滅元朝，建立明朝。此後蒙古又趨分裂，大漠南北主要爲兀良哈、瓦剌、韃靼三部。直至西元一四七三年韃靼的巴圖猛克即汗位，號稱達延汗，才消除了封建割據，平定諸部，使蒙古再次出現了政治統一的局面。西元一五一〇年，達延汗將漠南蒙古分爲左右二翼，自統左翼三萬戶，派其三子巴爾斯博羅特（先是次子）統領右翼三萬戶。巴爾斯博羅特的次子阿勒坦汗分管其父手下的一萬戶，即土默特十二支，駐牧在大青山前廣闊的鄂爾多斯草原上，擁兵十萬騎，在巴爾斯博羅特諸子以至同宗達延汗諸孫中實力最強。其父和兄長死後，他強迫徒具虛名的蒙古大汗小王子授予他「索多汗」稱號，所以他也被稱作汗，成爲右翼事實上的首領。其它大部分蒙古部落也在一定程度上聽命於他。因此，他的活動對當時蒙古族的發展起著舉足輕重的影響。

阿勒坦汗在蒙古族歷史上的貢獻和作用，不像成吉思汗那樣轟轟烈烈，叱咤風雲；不像瓦剌部首領也先那樣強併諸部，威振中原；也不像他的祖父達延汗那樣，曾一度統一大漠南北，留下赫赫威名。但是，阿勒坦汗在他當時的條件下，完成了他的前輩沒有完成的事業。

他主要做了三件大事。第一件事是促進了蒙古地區與中原的經濟聯繫和交往。其主要形式有兩種，即「進貢」和「互市」。當時，蒙古地區以遊牧和畜牧爲主，人不耕織，地無他產，鍋釜衣繒之具「均仰仗於中原農業地區」；而明朝軍隊的戰馬，也多依靠於蒙古。但是，達延汗時期，由於蒙古與明朝關係緊張，從弘治十二年（一四九九年）以後，蒙古與中原的「進貢」、「互市」關係基本上中斷了。因此，停止邊境戰爭，完全恢復和進一步發展蒙古與中原的「互市」、「進貢」關係，就成爲當時蒙古急需解決的首要問題。阿勒坦汗爲此奮鬥三十餘年，終於於隆慶五年（一五七一年）與明朝達成「進貢」、「互市」的協議，並被明廷封爲順義王。這種通貢互市關係直到阿勒坦汗死後尚且維繫了四十餘年，「四十餘年無用兵之患，沿邊曠土皆得耕牧。」他做的第二件大事是在內蒙一些地區興建城鎭、發展農業，促進了社會經濟的發展。阿勒坦汗一反過去蒙古貴族以漢人爲奴或將其賣至西域的作法，積極接待和主動招徠漢人入蒙，將其安置於豐州（今內蒙陰山以南的大黑河流域，遼朝曾在此設豐州）開墾荒地，興辦農業和手工業，並對其中考試合格者委以重任。在「各安生業、同樂太平」的環境中，他又集蒙漢之能工巧匠，在草原上建城築寺，先後建起了福化城——美岱召，歸化城——呼和浩特等。定居區的出現對世代以遊牧爲主的蒙古族來說無疑是一件有重要意義的大事。同時，蒙漢人民雜居的形成對加強蒙漢人民之間經濟文化上的聯繫，發展蒙族的文化，也起了積極作用。阿勒坦汗做的第三件大事就是促進了喇嘛教在蒙古族中的傳播。喇嘛教標榜自己的目的是爲了消弭「血肉相殘」，使「大衆共享太平」。阿勒坦汗興喇嘛教，無非是想借此來控制各部領主，安定蒙古社會。而當時廣大牧民反戰求安，明政府安邊治蒙之心也恰好爲他提供了必要的客觀條件。喇嘛教傳播的結果，雖鞏固了蒙古封建主的統治，並將大量人力財力耗費於佛事之中，妨礙了社會生產的發展和人口的增長，但也在一定程度上鞏固了蒙古族的安定統一，加強了藏蒙兩大民族的聯繫。

阿勒坦汗與喇嘛教接觸最早始於一五四四年、一五五九年及一五七○年西征甘肅、青海時。隆慶六年（一五七二年九月），他主動請求明政府送他喇嘛經典和西藏喇嘛，並親自「率其子若孫及部衆萬餘人，日夕丫手而禮佛」，明萬曆元年（一五七三年），他在川藏交界處俘獲了一名叫做「阿里克·薩噶爾·齊斯吉巴」的喇嘛和一名國師，這兩人既是宗教首領，也是部落首領。阿勒坦汗待爲上賓，聽取他倆講解黃教教義，開始信奉佛教，以至一天唸一百零八遍「六字眞言」，成爲一名虔誠的佛教徒。不過這時蒙古地區信奉的主要是薩滿教，喇嘛教流行範圍很小，而且只限於其紅、黃兩個主要派別中的紅教（又稱薩嘉教）。萬曆六年（一五七八年），又一說萬曆七年（一五七九年），阿勒坦汗親赴青海，與應邀前來的達賴三世會面，並許願回呼和浩特用寶石金銀裝嚴釋迦牟尼佛像。兩年後（萬曆八年，一五八〇年），一座宏麗的召廟（即大召）在呼和浩特建成，明廷賜名「弘慈寺」。因召中供奉銀製釋迦牟尼像，又被稱作「銀佛寺」。大召建成後，遠近寺廟紛紛仿效。一時間，呼和浩特召廟林立，被人譽爲「召城」。大召也因爲阿勒坦汗所建被稱作「阿勒坦汗廟」。

阿勒坦汗死後，他的兒子僧格杜棱汗（又名乞慶哈）繼位，於萬曆十四年（一五八六年）邀請達賴三世來到呼和浩特。達賴三世除爲大召的銀佛舉行開光法會外，還曾與封建主殺人殉葬惡習進行鬥爭。阿勒坦汗第三哈屯（夫人）的獨生子鐵背臺吉死。其母「欲殺童子一百爲殉，駝駒一百爲護庇」。當殺至四十餘小兒，即遭到人民的反抗，達賴三世則指斥哈屯「造孽已深」，並勸止殺人殉葬改爲火葬。由於這在客觀上符合蒙古人民的利益，因而擴大了黃教在人民中的影響，打擊了傳統的薩滿教。從此以後，蒙古各部逐漸由崇奉紅教改崇黃教，喇嘛教才眞正在全蒙民族中傳播開來。大召的名氣也因此而越來越大。從僧格杜棱汗到俄木布幾代順義王統治土默特部的時期，大召的寺院建設和喇嘛人數均有發展，成爲漠南蒙古有名的寺院，也是呼和浩特最大的寺院。明思宗崇禎五年，後金天聰六年（一六三二年），後金汗皇太極戰敗蒙古最後一代大汗林丹汗，追至呼和浩特。金兵在城中縱火，只剩下大召等廟宇未毀。皇太極到呼和浩特後，就住在大召。清崇德五年（一六四〇年），皇太極廢去西土默特順義王俄木布。以古祿格楚琥爾爲土默特都統，並命他重修大召，改「弘慈寺」爲「無量寺」。順治九年（一六五二年），清世祖迎達賴五世赴北京，路過呼和浩特，駐錫在大召後面的五間樓上，大召的聲價又隨之而大大提高。康熙年間，整修殿頂，改鋪黃琉璃瓦。清廷還用黃金鑄成「皇帝萬歲」的牌位，特設「皇帝寶座」，供奉在銀佛前，大召被尊爲「皇廟」。每年正月初一，當時的綏遠將軍、土默特都統等文武官員，都要來大召朝拜皇帝牌位。此習一直沿襲到清末。康熙二十四年（一六八五年），清廷在大召設立喇嘛印務處，任命朋蘇召的伊拉古克三活佛爲呼和浩特掌印扎薩克大喇嘛。掌印大喇嘛的權限很大，不僅統轄呼和浩特十五大寺院，而且可以直接向清帝上奏章。當時大召喇嘛定額爲八十名，但實數遠遠超過定額。大召喇嘛的民族成分除蒙、藏二族外，還有滿族。康熙三十七年（一六九八年），小召的托音二世被委任爲呼和浩特掌印扎薩克大喇嘛。從此，大召的地位日漸衰落，權力轉移到了小召，後又到席力圖召。

大召的建築爲藏漢結合式。其平面布置採用漢廟形式，分爲東、中、西縱向三列，占地面積約三萬平方米。中間一列爲寺中主要建築。最南面是山門，檐下高懸「九邊第一泉」名匾，筆勢如飛，爲呼和浩特的名匾。大殿是整座廟中唯一的一座藏漢結合式殿宇（其它爲漢式），殿內的木結構仍保持明代的原樣。大殿由前殿、經堂和佛堂三部分組成。前殿爲雙層三開間，下部是空廊，上層由歇山頂覆蓋。前殿後爲經、佛堂。經堂門前的階下，東西各有一隻明天啓七年（一六二七年）鑄造的空心鐵獅，蹲坐在漢白玉方形石座上，翹首嘶吼，造型別致，顯示了明代鑄鐵工藝的高度水平。庭院裏還安放著一個清代鑄造的鐵香爐，香爐上鑄有蒙古族工匠的名字，爲研究蒙古史中有關勞動人民的珍貴史料。經堂宏偉，單檐歇山頂，外部圍以藏式女兒牆，內部空曠森嚴。佛堂與經堂相連，雙層歇山頂。堂正中三尊巨型銀佛（如來佛、釋迦牟尼、彌勒佛）端詳安坐，分別代表佛教過去、現在、將來三個世界，稱「三世佛」。其形象栩栩如生，雖已四百多年，仍不減當年風采。銀佛前特設二根通天柱，一對金色的木雕飛龍蟠於木柱之上，張牙舞爪，活靈活現，表現了「二龍戲珠」的動人情景。佛項有「萬人鏡」，輝映殿堂。東西兩側爲觀世音菩薩。八個弟子和護法神，形象優美，世爲罕見。銀佛左右爲宗喀巴、達賴三世和達賴四世的銅像。宗喀巴是黃教創始人，達賴四世是阿勒坦汗的族人。此外，大殿內還保存著一百零八部甘珠爾經及樂器、法器、供器等珍品。大召東邊一列，俗稱東倉，東北隅原有喇嘛印務處；西邊一列，俗稱西倉，有「乃春廟」、廟倉、喇嘛住房等。

有趣的是，大召前的大街，也因大召寺的名氣而得名。清朝年間，大召街猶如宋朝東京汴梁的大相國寺，街旁店鋪林立，叫賣聲此起彼伏，人山人海，車水馬龍，極爲繁華熱鬧。所謂「小部梨園同上國，千家鬧市入豐年」，正是盛時之寫照。歷史留給大召街那古色古香、沿街鱗次櫛比的店鋪、飯館、茶莊、雜貨店、傳統作坊，那古樸典雅之情景，如似當年，更勝過當年。

## 達賴四世在東方

### （呼和浩特席力圖召）

席力圖召位於呼和浩特舊城石頭巷北端，在明代原是一座小廟，僅有席力圖召兩側的古佛殿（建築年代無考）。萬曆年間，該召一世活佛希體圖噶（又譯希體圖葛布鳩），擴建了此廟。由於他熟悉經典，並通曉蒙、漢、藏三種文字，受到順義王阿勒坦汗的推崇，召中香火日盛。後來，他將藏文《般若經》譯成蒙文，又受到當時來蒙古推廣黃教的達賴三世的重視，被贈予「班迪達固希巧爾氣」法號，即一世席力圖。西元一五八八年，達賴三世在呼和浩特圓寂。圓寂前，他給希體圖噶留下遺囑，指明他的替身「可從東方尋找」。就在他死後一年，阿勒坦汗的孫子松木兒臺吉新生的兒子被衆喇嘛奉為「呼畢勒罕」（意思是達賴喇嘛三世轉世），這便是以後的達賴喇嘛四世。達賴四世確定後，松木兒臺吉夫婦捨不得幼子遠離，遂以年幼為辭，聲明十三歲以前不能赴藏。年幼的達賴四世便在希體圖噶的護持下學習經文。直到萬曆三十年（一六〇二年），西藏派來高僧迎接，希體圖噶才護送達賴四世回藏坐床。在典禮儀式上，希體圖噶坐上了達賴喇嘛的法座。法座的藏語名叫席力圖（席力圖還有「首席」的意思），他從西藏回來後，就將他主持的寺廟稱為席力圖召。

西元一六四四年，清世祖順治帝在盛京（今瀋陽）舉行即位典禮，席力圖二世曾親往祝賀。清入關後，席力圖召竭力維護清廷的統治，因而寺院規模日益擴大。康熙三十三年（一六九四年）準噶爾丹率兵東進，呼和浩特曾擴建城垣，加強防衛。當時，四世席力圖率領宗教界積極獻出財力物力，因此受到清廷的褒揚。康熙三十五年（一六九六年），康熙皇帝親征噶爾丹，抵抗沙俄分裂，凱旋回師呼和浩特後，駐蹕小召。席力圖召活佛四世為康熙皇帝舉行「皇帝永固，聖寺無疆」的誦經法會。康熙皇帝賜席力圖召漢名「延壽寺」。七年後，在召內立征噶爾丹紀功碑。西元一七三四年，清廷授予席力圖召五世為掌印扎薩克大喇嘛，總理呼和浩特喇嘛教務，並擁有行政權和兵權。後來，在雍正、咸豐、光緒年間，席力圖召又屢經擴建和修繕，成為呼和浩特一座規模較大的寺院。

寺廟建築布局，係採用中原傳統的中軸線對稱手法。山門外為木牌樓，山門內立著西元一七〇三年康熙親徵的邢塊用滿、蒙、藏、漢四種文字刻成的噶爾丹紀功碑，接著是天王殿。天王殿左右各開拱形山門一個，門側有鐘樓、鼓樓。進門後是廣場，兩側布置有廂房、倉房、碑亭，正面是菩薩過殿。殿兩旁有垂花門，穿門而過，是經堂佛殿大院。佛殿在解放前遭火焚毀，大經堂尚基本保持原狀。大經堂八十一間（八十一根柱），為藏漢木結構建築，歇山式屋頂，蓋綠色琉璃瓦，脊上飾鎏金寶剎、法輪、飛龍和瑞角等。四面牆採用藏式結構，牆面用藍色琉璃瓦磚鑲嵌，夾以黃色琉璃磚，各種絢麗多彩的圖案，牆中嵌有小窗。大殿東側傲然挺立著一座漢白玉白塔，通高約十五米，為內蒙古地區覆鉢式喇嘛塔中最完美的一座。塔基用條石砌成，四周有階梯可登。基上為須彌座，座身有火焰、金鋼杵、獅子等浮雕圖案，向上呈階梯形，分五級內收，四角各立圓柱一根。須彌座頂正中爲火焰形佛龕，有十二生象石刻等，圖案色調鮮明，格外奪目。

席力圖召是內蒙古自治區重點文物保護單位。一九七九年開始，再一次進行彩畫修葺，正以古香四溢的新姿，重放光彩。

## 天象珍寶在五塔

### （呼和浩特五塔寺）

清雍正五年（一七二七年），小召（崇福寺）的喇嘛陽察爾濟擔任呼和浩特副掌印扎薩克大喇嘛時，因年班到北京呈請清朝皇帝應允，在舊城始建一座喇嘛廟，作爲小召的下院。雍正十年（一七三二年），召廟落成。廟內立五塔一座，四周每隔咫尺佇鐵鑄蓮花燈一盞。元宵佳節，寺內光明點點，若繁星閃爍，清廷賜名慈燈寺。因寺有五塔，俗稱五塔寺。每逢春節除夕夜，歸化城（今呼和浩特）各召廟的喇嘛初更便起，列隊於寺前，身著跳恰木（亦稱跳布扎）服裝，扮成二十八宿，十二地支等番像，佇以笙管大號等法器，禱福、誦經，熱鬧非凡，至五更方散。後來隨著歲月的流逝，廟宇衰落，佛殿塌毀，惟獨五塔屹立至今，獨存於呼和浩特市（現玉泉區）東南的五塔寺街。

五塔，又名金剛寶座舍利塔，源於印度。據說現在印度的比哈爾省伽稚縣的布達伽雅有一座大覺塔，塔後有一棵「菩提樹」，樹下有一座堅硬的石座，名曰金剛座。佛教的創始人釋伽牟尼就在這裏坐悟成佛，所以大覺塔的形式就被稱爲金剛寶座式。

所謂金剛寶座式就是在一高座上建五座小塔。這種塔形最初始於印度時是中間的大塔突兀於四隅小塔之中，如鶴立雞群。傳入我國後，臺基升高，大小塔比例縮小，其最早的圖形見於敦煌莫高窟的北周壁畫，最早的實物見於明代，即明成化九年（一四七三年）建的大正覺寺。呼市的金剛寶座塔建造年代晚於正覺寺二百多年，但仍屬建築比較典型的一座。其造型優美，比例嚴謹，裝飾精美。通觀塔身，磚雕被用作主要飾面材料，在邊緣和轉角部分鑲以白色條石。流光溢彩的琉璃瓦只用在受光強烈的挑檐和塔刹（塔頂部分）作重點裝飾。塔通高十六點五米，分三部分。下爲塔基，中爲金剛座，上爲五塔。臺基高約一米。金剛座下爲束腰，上雕法輪、飛馬、獅子、孔雀、寶瓶等法器。上爲七層短挑檐，第一層挑檐下是用蒙、藏、梵三種文字刻的金剛經。從第二層到第七層爲千佛龕，共塑有一千一百一十九尊各種姿態的鎏金佛像。每一佛像坐在龕中，兩旁爲寶瓶柱，龕上爲梵文六字眞言，即：「唵、嘛、呢、叭、咪、吽」。藏傳佛教視這六字爲其經典的根源，認爲唸時要口、身、意與佛一體，才能成就一切，普渡衆生，積滿功德，獲得解脫，最後達到成佛的願望。金剛座平面呈凸形，凸形南面突出部分開有拱門，門上嵌有漢白玉石匾額，用蒙、藏、漢三種文字刻有「金剛寶座舍利塔」字樣，門旁有四大天王。門內爲天樑殿，用半圓磚拱構成中廳和東西兩個小室。沿東面小室臺階向上，出一方形攢尖亭，便到了金剛寶座頂，五塔即歷歷在目。當中一塔出檐七層，四隅小塔形式相同出檐五層。五塔在佛教內容上屬於密宗。密宗是我國佛教宗派之一，自稱受法身佛大日如來深奧秘密教旨傳授，爲「眞實」言教而得名。密宗認爲宇宙萬有皆大日如來的顯現，表現其智德的方面稱金剛界。「金剛」意即金中之最剛，用來比喩大日如來的智德能摧毀一切煩惱，沒有法能夠破壞它。佛經上說，金剛界有五部，每部有一個部主，即主要的佛：中爲大日如來佛，東爲阿閦佛，南爲寶生佛，西爲阿彌陀佛，北爲不空成就佛，五塔供奉的就是這五部主的舍利。「舍利」原意爲屍體或身骨。相傳釋迦牟尼遺體火化後結成許多晶瑩明亮、五光十色、擊之不碎的珠子，稱爲舍利子。後來也指德行較高的和尚死後燒剩的骨頭。隨著佛教的發展，佛教徒又編造了許多說法，以至如果找不到這種舍利時，也可用金銀、琉璃、水晶、瑪瑙衆寶製作，人們還可以隨意拾取砂粒、藥草、竹根代替。「塔」在梵文裏是「墳冢」的意思，是爲了保存舍利而出現的。印度的塔後來發展到有舍利的墳冢塔和無舍利紀念塔兩種。後者傳入我國後發展爲我國的石窟寺，而前者則與我國原有的建築和文化相結合，發展成爲中國式寺塔。我國現有的古塔，大多是這種塔，不管有無舍利，均稱爲各種舍利塔。在五塔各自的小座及整個金剛大座上還布滿衆多的動物浮雕，這分別是五部部主的坐騎。五部部主各有一坐騎：大日如來的坐騎爲獅子，阿閦佛的坐騎爲象，寶生佛的坐騎爲孔雀，阿彌陀佛的坐騎爲金翅鳥王。這些坐騎雕刻手法多樣，刻工精巧，是雕刻藝術的珍品。

金剛寶座舍利塔的北邊是一照壁，照壁上嵌有三幅線雕刻石。中間是「須彌山分布圖」。須彌山是印度神話中的山名，亦爲佛教所採用。相傳山高八點四萬由旬（古印度國俗一由旬乃三十里）。山頂爲帝釋天，「帝釋天」在印度教裏爲天神之首，佛教認爲他是護法神，傳說釋迦牟尼降生時，他和梵天分侍左右，他住在須彌山之頂的善見城。四面山腰爲四天王天，爲四大天王即「四大金剛」所居之處，四天王各護一方天下。他們在中國內地寺院的塑像一般爲東方持國天王，身白色，持琵琶；南方增長天王，身青色，持寶劍；西方廣目天王，身紅色，手繞纏一龍；北方多聞天王，身綠色，右手持傘，左手持銀鼠。在四天王周圍是七香海、七金山。第七金山外是鹹海，鹹海外環繞著鐵圍山，海內有四大部洲。許多佛教造像和繪畫以此山爲題材，用以表示天上的景觀。照壁西面是「六道輪迴圖」。六道又稱「五道」、「五趣」，即：地獄、餓鬼、畜牲、人、天，是佛教所說衆生根據生前行爲善惡的五種輪迴轉生的趨向。

照壁的東面是一幅雍正三年（一七二五年）刻成的「天文圖」。這是我國僅有的一幅以少數民族文字標注的天文圖刻石。圖直徑一百四十四點五釐米，全圖以線雕刻工藝造成，刻出二十八宿赤經位置的經線。天體以北天極爲圓心，刻成五個同心圓，由內向外爲北極圈、夏至圈、赤道圈、冬至圈、南天極圈，而赤道與黃道雙線圈相交。在天球的最外層刻有十二月名稱，第二層刻有二十四節氣名稱，第三層的外側爲黃道周天度數，內側爲赤道周天度數，最裏層的天球上爲二十八宿星座名稱，約有恆星二百七十座，一千五百五十顆，各星座的位置近似現代天文星座的精度，具有很高的科學價值，引起了世界上有關科學家的高度重視，它是呼和浩特極爲珍貴的天文文物。

五塔，自清代建造至今已有二百多年的歷史了。如今，它正以新的姿態迎接著慕名而來的客人。

## 月牙燈明照清眞

### （呼和浩特清眞大寺）

在呼和浩特市舊城北門外，有一座占地三千五百平方米的宏大清眞寺，因其規模之大，建築之華麗在這一帶回民區內稱最，所以被叫做清眞大寺。

清眞寺是伊斯蘭教徒作禮拜用的場所。伊斯蘭教是七世紀初年一個名叫穆罕默德的阿拉伯人創立的。據傳唐高宗永徽二年（六五一年）傳入中國（晚於佛教），主要流行於明代。伊斯蘭教傳入後，在各地建造了許多活動場所，其中比較著名的有福建泉州的清眞寺、廣州的懷聖寺、新疆庫車的清眞寺、西安的化覺巷清眞寺、杭州的清眞寺和北京牛街的清眞寺等。清眞寺開始叫「眞教寺」，直至明清時，因中國伊斯蘭教學者用「清淨天染」、「至清至眞」和「眞主原有獨尊，謂之清眞」等語來稱頌其崇奉的眞主，才改稱爲「清眞寺」。

清眞寺最初是一些周圍有廊的露天大院，後來才出現由圓形拱頂的正殿、尖塔式的宣禮樓、望月樓、經堂、講堂和浴室等組成的寺院，稱爲尖塔圓頂式。在中國，建築風格一般爲中國宮殿式。

呼和浩特的清眞大寺是一座中國宮殿式的寺院。它始建於清康熙三十二年（一六九三年），乾隆年間（一七三六年—一七九五年）由新疆來的回民群衆集資重修。寺門殿朝西，面臨城市街道，中間爲朱紅色正門，上有阿拉伯文的「清眞寺」匾額及「國泰」與「民安」四個大字。寺門前原有影壁，高丈餘，現已拆除。因清眞寺內不供奉偶像，所以沒有大殿。門殿後即是信徒作禮拜的經堂。禮拜，是伊斯蘭教「五功」之一，中國穆斯林稱爲「拜功」。伊斯蘭教初期，無固定禮拜制度，只重視夜間禮拜。其後逐漸形成目前通行的禮拜和儀式。其禮拜分三種：一種是每日五次禮拜，分別在晨、晌、晡、昏、宵五個時間內進行，稱作晨禮、晌禮、晡禮、昏禮、宵禮；第二種是每週星期五午後的主禮拜，亦稱聚禮；第三種是每年開齋節和宰牲節的禮拜，合稱「全禮」。此外，還有各種內容和形式的副功拜。每逢作禮拜時，有專人登宣禮臺或立於寺門旁有節奏地唸誦專門的經文「安拉至大」，教徒們隨聲應召。因按伊斯蘭教規定，作禮拜時要向西朝拜聖地——麥加，所以經堂坐西朝東，和坐東朝西的門殿正好背對背。經堂背面對正門處有磚刻「認主獨一，正心誠意修身」（係綏遠都統馬福祥書）。經堂兩側有甬道入內，南側可見碑六塊，其中以《清重刻洪武御製回輝教百字號碑》和《重修綏遠清眞大寺碑》較有價值。經堂東面，中爲三個拱形門，兩旁爲方窗，檐上女兒牆從兩端向上先收縮成兩個波浪式的小三角，再向中隆起一階梯狀大三角。牆面上飾有大量以阿拉伯文、幾何線和各種植物爲題材的雕刻紋樣，借堂頂五座四面裝有亮窗的攢尖式頂閣爲背景，更顯示出其強烈的宗教色彩。堂內明亮寬敞，可容納五百多人聚禮朝拜。堂四壁和十二根頂樑柱上都有繪畫和經文。正對大經堂的是可以穿通的過廳，爲賓客接待室。過廳左右是南北講堂。寺後院坐北朝南的是沐浴室。伊斯蘭教規定：禮拜者的身體、衣服必須清潔。浴畢應按教法規定以衣遮體，朝向麥加，依次完成七項不同的動作：（一）舉兩手於頭的兩旁，口誦「眞主至大」。（二）端坐，置左手於右手之上，口誦《古蘭經》首章。（三）鞠躬，以手捉膝，行鞠躬禮。（四）直立並抬起雙手，口誦「讚頌主者，主必聞之」。（五）跪下，兩手掌俯地，叩首至鼻尖觸地。（六）跪坐。（七）第二次叩首。從口誦《古蘭經》首章開始的這一系列動作，構成爲一拜。禮拜一般由伊瑪目（主持禮拜者，可臨時推舉，但一般爲專門指定者）率領集體舉行，也可單獨舉行。廳院西南角矗立著望月樓。它建於一九三九年，樓高三十三米。伊斯蘭教認爲，按希古拉曆，每年九月是十二個月中最吉祥最高貴的月份，信徒們逢此月應封齋，「不御魚肉」，「迎中（日中）而食」，並嚴格按照不殺生、不偷盜等戒條生活。每次封齋和開齋沒有固定的鐘點，而是在八、九兩個月的最後一日黃昏，以享有權威的人登樓望見初月時爲準，故此樓名爲「望月樓」。樓分兩層，形如竹節，成六棱體。樓的四面書「望月樓」，均裝有亮窗。第一層是外露望臺，第二層爲樓體，頂部建有一座六角攢尖頂涼亭，和大經堂的五個攢尖式頂閣相映襯，構成了整個建築群外廓向上竄起的藝術效果。樓頂端的鐵柱上裝有月牙燈。每年齋月晚上，塔樓上的彩燈像一顆顆繁星，閃爍在夜空。樓內裝有七十八級螺旋木梯道，繞一根直徑約六十五公分的磚石柱盤旋而上，柱內包一根鋼筋，與頂端的月牙燈連在一起，直接地面，爲天然避雷針。登上涼亭，憑欄遠眺，一覽青城全貌。

清眞大寺是呼和浩特一座比較優美完整的古建築，它的建築藝術構圖和獨特風格，值得繼承和借鑑。一九七九年市人民政府撥款整修，使清眞大寺面貌彩繪一新，不失當年風貌。

## 豐州故人（呼和浩特白塔）

西元十世紀初葉，新興的契丹族逐漸強大，在今山西北部及陰山南北的廣大地區內建立了遼國，開始了自己從氏族社會向奴隸社會及封建社會的轉化，並開始農牧兼業，從遊牧轉向定居。在他們興建的衆多板升（房屋）和城市中，有過一座曾聲名一時頗具規模的豐州城。這豐州古城今在何方呢？

當你出呼和浩特向東，遠遠便可看見一座淩空聳立的白塔，這就是遼豐州城的唯一故人——萬部華嚴經塔了。雖然時隔千年，可經歷代修繕，這個曾以「白塔聳先」而被列爲呼市八景之一的巨人仍然那樣英姿勃勃地挺立著，向人們講述那過去發生的故事。

萬部華嚴經塔內據說確實藏過萬部華嚴經卷。但不知何時，經卷連同裝有麥、糜等五穀的三公分多高的泥製小塔都不見了，只留下了空蕩蕩的木骨磚身。因其外表塗以白色，俗稱白塔。

白塔相傳建於遼聖宗（九八三—一〇三一年）。但是根據遼代歷史文獻考察，佛教華嚴經的流行最盛是在道宗時期（一〇五五—一一〇〇年）。道宗本人是一個虔誠的佛教徒。咸雍四年（一〇六八年）二月，他曾經親自制定了「大方廣佛華嚴經隨品贊」；咸雍八年（一〇七二年）七月，他又親筆書寫華嚴經五頌。在他統治的年代，各地大建佛寺、佛塔。例如現有的應縣木塔、涿縣雲居寺塔、錦州廣濟寺塔等，都是這個時期修築的。因此，萬部華嚴經塔也可能是這一時期所建。

塔爲七角八層樓閣式，現高四十三米（塔頂已殘），是呼和浩特最高的建築物。塔自下向上收分甚緩，給人以雄偉、莊嚴的感覺。塔基座大部埋於地下，現僅露出平座欄杆及三層蓮瓣的座。塔身外表處理成仿木結構形式。塔的每層都開有兩個半圓形拱門和砌有兩個方形假門。各層之間眞門與假門互相交錯排列。每層其它四面都爲直櫺窗，窗中部設有通風氣眼。每層均設塔檐和平座，並用磚砌出斗拱承托枋檐。塔身第一層南面拱門楣上嵌有篆書石刻的「萬部華嚴經塔」方額，兩側壁上雕刻著菩薩、天王、力士及蓮花、牡丹、鳳、蟠龍等，體態豐滿，形態各異，造像精美，線條流暢，有很高的藝術造詣，爲遼代雕塑藝術之傑作。第三層以上均素面無裝飾。門、窗兩側外壁砌方形壁柱，塔身各角設角柱。樓梯繞塔心而上，除第一層爲單路外，其它各層都是雙路。登臨塔上可至每個券門口。遙望附近山川景色。

塔的位置在遼金兩代豐州城西北角，距西北城牆約二百五十米，距北城牆僅五米許。豐州即今呼和浩特一帶，遼金時叫豐州，爲遼金王朝西部的軍事重鎮，也是內地與漠北蒙古諸部貿易交換的重要孔道。現在古城雖夷爲平地，但四周城牆尚隱約可辨，陶瓷碎片、琉璃瓦片俯手可得。白塔原是大明寺的一部分。該寺於金大定二年（一一六二年）重修。元代改名爲宣敎寺。塔下還曾有一座石香亭，亭柱上並刻有金天輔年號。現在寺、亭均已蕩然無存，只有白塔仍矗立在田野之中。從塔上的大量題記、題詞可以看出，白塔不僅曾是善男信女的崇奉對象，也是國內外遊客登臨遊覽的場所。在各層的題字中，有漢文、蒙古文、藏文、契丹文、西夏文、八思巴文等。還有古敘利亞文和古波斯文等，其中有的墨跡如新。時間最早的爲金大定十二年（一一七二年）所題。塔內無遼代人題名，由於金代重修時將塔內全部粉刷過，因此題名僅限至金代。第一層壁間原嵌有石碑十一方，現已不全。碑係漢文，字體工整，記款部分已被竊失，內容全是人名、村名、族名等。從其中「完顏」、「蒲察」、「猛安」、「謀克」等女眞姓氏及官職來看，可以肯定碑係金代所立的捐資碑。從碑上捐資者的地址可知，金代豐州城有東、西大街，四隅有坊，城內外有大街相通，小巷相連。僅從小巷以牛、麻、奶食品交易而得名，就可窺見當時城內商業繁榮興旺之一斑。碑上所記捐資者不僅有豐州城內居民，還有相當多城外邑落村莊的人，如華嚴邑、大悲邑、大嶺東村、大嶺西村、神山東村、神山西村、劉家莊、張家峪、細泉子、沙河店、齡壽郎君莊、捆刺乙里堇村、長壽謀克莊、乃刺莊等。解放後，我國考古工作者在呼市附近發現了一些金代村落遺址恰好和其中的某些村落名稱相印證。從以上名字裏還可看出，其中不僅有漢族村莊，也有少數民族村莊，如此衆多的多民族村莊在一起，恰恰反映了當時豐州灘上人煙稠密，各民族友好相處，安居樂業的景象。

白塔作爲呼市現存最老的建築，遼金豐州故人，已有九百多年的歷史，但仍保持較好，充分顯示了我國古代勞動人民的高度智慧和驚人技藝。它將繼續不倦地向後人講述過去、今天發生的故事。如果你對遼文化有興趣的話，它將會悄悄告訴你；在今內蒙昭烏達盟寧城縣還有它三位伙伴呢。在那裏你還可以尋覓到它的創建者們曾經住過的遼上京、遼中京遺址以及太祖陵、慶陵及前、後昭廟石窟等遼代遺跡。

## 杏紅柳綠中的寺院

### （呼和浩特烏素圖召）

烏素圖召坐落在呼和浩特市西北十公里的烏素圖村。烏素圖，蒙語，意爲有水的地方。該村水泉饒沃，杏柳成蔭，過去曾以「紅杏遮村」之名列爲呼和浩特八景之一。

烏素圖召就坐落在村西，背依大青山，面臨烏素圖溝，主要由慶緣寺、法禧寺、廣壽寺、羅漢寺五個毗鄰相接的寺院組成（現尚存四座），統稱烏素圖召。

慶緣寺是五座寺廟中規模最大、創建最早的廟宇。該廟位於五座寺廟的中心，爲主寺，總監其餘各寺。明萬曆年間，遊方喇嘛薩木騰阿斯爾到烏素圖附近山洞中修行，由於他擅長醫術，受到當地群衆的尊敬。萬曆十一年（一五八三年），由他募修了這座寺院。這是一座完全由蒙古工匠自行設計施工的寺院，具有鮮明的民族色彩。寺院內外被青藍色所籠罩，象徵著純潔與興旺。大經堂爲典型的藏漢混合式，建在一米多高的平臺之上，前有廣闊的庭院，氣勢雄偉壯觀。經堂後院是兩層樓的硬山頂佛堂，與一般召廟布局相同。廟內的壁畫不僅包括歷史人物、佛教故事、風俗裝飾，還有山水花鳥，融宗教經變、戰事和現實生活於一體，不論內容形式和技法，都自成風格。每個單獨的佛像之間，工匠們都巧妙地充實了一些奔馳的牛馬牧群，主體壁畫的上方傳播了人神兩界的故事。把握神關的達木枷，盤騎在羊身上，也像達木枷一樣具有性格，羊身上排列的細筆，非常有質感。文武財神蘇力德和那木斯勒，一個騎馬挎箭領著狗，一個騎獅拿幡。據說那木斯勒手中的幡是搖錢樹，一搖就會金銀滿地。描畫蘇力德、那木斯勒，用粗線淡彩，去掉了有些召廟中身穿盔甲的裝飾，只以身穿飄動長衣的形象出現。在整個連壁大幅畫面上，線描雄勁有力，以大面積的白底色襯托少許的石綠、朱砂，顯得古樸、渾厚有力。

面對神奇的畫面，古樸的風格，使人不禁想起了那綿延於千里草原之上的陰山。正是在陰山千崖萬壁上，我國古代包括蒙古族在內的衆多少數民族鑿磨出了幾萬幅岩畫。他們畫野羊、野牛、野馬、鹿、狼、虎豹等各種野獸；畫獵人圍獵的各種場面；畫舞蹈、征戰場景；畫天神地祇、日月星辰、圖畫文字、車輪車輛、穹廬氈帳，用樸素的藝術記載下了他們從青銅時代到明清的步步腳印，表現了他們的生活，他們的思想，他們的喜怒哀樂，他們的藝術追求，爲後人留下了一份極其珍貴的文化遺產。飲水思源，這慶緣寺的壁畫不正是像從那不盡的古文化的源頭流出的一泓清澈的泉水嗎？

慶緣寺之西是淸康熙三十六年（一六九七年）創建的長壽寺。長壽寺的殿堂形式在內蒙古召廟中是很別致的。前部與一般召廟相同，是三開間的雙層前廊。而後部是兩重檐互相疊落在一起的歇山頂殿堂。寺中前院立有記載修葺年代的蒙漢石碑兩座。

慶緣寺東北是法禧寺。法禧寺是烏素圖召中保存較好的寺廟，布局緊湊。建築小巧，裝飾精美，爲烏素圖召第三代活佛羅布桑旺札勒於雍正三年（一七二五年）所建。羅布桑旺札勒不但熟悉經典，而且還擅長醫術。傳說該寺大殿頂鋪葺的綠琉璃瓦，就是因爲他治好了皇后的病後改換的。過去殿內供有藥王菩薩，神案上存有藏藥。法禧寺內藏的羅布桑旺札勒整理的西藏喇嘛所著《松希堪巴著經》版共三千四百五十五塊，聞名於世。這是從西藏傳到內蒙古的一部珍貴經版。它的經文用藏文刻成，內容包括經、律、論、醫、數五個方面。其中醫學、數學是其精華，具有很高的科學價值。烏素圖召的幾代活佛，都有很高的醫術，這是烏素圖召別有的特點，與此經版有密切的關係。

法禧寺西北是規模較小的羅漢寺。羅漢寺的布局和建築形式完全是漢式的，與其它幾個寺院迥然不同。

烏素圖召後橫亙著一條東西走向的夯土城牆，爲戰國時期趙長城的遺址。戰國後期，隨著社會的發展，我國北方許多互不統屬的氏族、部落，逐漸趨於局部聚集，在一定地域範圍內形成一些較大的部落聯盟。其中主要的兩個族系不同的部落聯盟，即匈奴族和東胡族。當時，匈奴族占有陰山以北的廣大草原，而陰山以南尙有林胡、樓煩逼近趙國北境。周赧王十五年（西元前三〇〇年），趙武靈王下令改變原穿長袍、佩重甲的習俗，改穿胡人便於活動的短衣、長褲；以輕便靈活的戰馬代替笨重過時的戰車，終於擊敗了胡人，占領了大青山南麓、黃河以北的廣大平原，並在他的北邊國境線上築起了一條長城，堵住了胡人進入這個平原的道路。據《史記·匈奴傳》所載，趙國的長城東起於代（今河北宣化境內），中間經過山西北部，西北折入陰山，至高厥（今烏拉山與狼山之間的缺口）爲止。現在這條古長城的遺址斷續綿亙於大青山、烏拉山、狼山靠南邊的山頂上，東西長達一百三十多公里。烏素圖召後的這條趙長城就是其中的一段。在內蒙境內，除了戰國長城外，還有秦、漢、北魏、北齊、隋、金和明代長城，據統計，總長爲一萬五千多公里，約占全國古長城的七分之二。登上長城，放目望去，五當召的殿宇紅牆掩映在婆娑的樹影中，山川大地廣袤無際，實爲呼和浩特市郊一處遊覽勝地。

## 一代天驕大汗陵

### （伊金霍洛成吉思汗陵）

成吉思汗陵位於內蒙古鄂爾多斯草原伊金霍洛旗阿騰席連鎮東南十五公里，距呼和浩特三百六十多公里，距包頭市一百八十五公里。由包頭乘汽車越過滔滔黃河南行約三個半小時便可到達。

成吉思汗，名叫鐵木眞，西元一一六二年出生在斡難河畔（在今蒙古人民共和國境內）。當時蒙古各部首領爲了掠奪奴隸、牲畜和牧地，正在進行無休止的戰爭。恰恰在他出生這天，他的父親——孛兒只斤氏族的首領也速該俘獲了強大的塔塔爾氏族的主帥鐵木眞。按照蒙古族的習慣，假如在男孩出生時發生了什麼重大的事件，爲了象徵地紀念這個事件，就以此事給男孩起名。也速該就以敵帥的名字爲子命名鐵木眞。

鐵木眞九歲那年，他的父親也速該被塔塔爾氏族害死，家道隨之衰落，作爲草原貴族後裔的鐵木眞從此落難，過著顛沛無依的漁獵生活。在母親的教育下，他立志練好武術，爲父報仇，重振家業，逐漸養成了一種冷酷、堅強的性格及超凌人上的權力思想，成爲一個能征善戰的貴族青年，他與翁吉剌惕部女子孛兒帖結婚，使他獲得妻方部落的支持，初步擴大了自己的勢力。

當時蒙古各部的人民生活很不安定。他們渴望和平，期待一個強大的中心力量來領導蒙古的統一。鐵木眞順應了這種潮流，施展了他卓越的政治才能。他利用當時圍繞蒙古的金、宋兩國衰弱之際，一方面打破氏族舊傳統，首倡立法，統軍權於一手，限制和打擊舊氏族貴族特性，並實行「獎勵軍功」、「鼓勵聯合」等政策，促進了生產發展；另一方面，首先聯合鄰近部落首領汪罕、札木合等，集中力量各個消滅了強敵塔塔爾、泰赤烏、篾里乞等部。當昔日盟友反對和平統一時，他又反戈一擊，鎮服了札木合、汪罕等。經過前後十六年的征戰，終於於西元一二〇五年取得了統一蒙古的偉大勝利。南宋開禧二年（一二〇六年），蒙古各部在斡難河畔召開「忽里勒臺」（蒙古部落聯盟會議），推舉四十四歲的鐵木眞爲全蒙古的大汗，尊爲成吉思汗。成吉思在蒙語中是「大海洋」或牢固、強壯的意思，汗是國王首領的稱謂。成吉思汗意即像大海一樣的國王。

蒙古帝國建立以後，成吉思汗把進攻的矛頭指向當時北部中國的金和西夏。成吉思汗曾三次攻打西夏，迫使西夏納貢求降。西元一二五一年又占領了中都（北京），對金取得決定的勝利，爲其子孫後代滅金降宋、建立統一的多民族的元朝打下了基礎。一二二六年，他回師西夏，病倒途中，口授滅金戰略。一二二七年八月，在西夏滅亡前，這位六十五歲的「一代天驕」不幸病死在六盤山麓的清水縣（今寧夏自治區境內）。

成吉思汗死於六盤山，爲何葬在內蒙呢？這是他生前安排好的。七百多年前，赫赫一世的成吉思汗率領大軍西征。路過鄂爾多斯高原的時候，他被這裏「天蒼蒼，野茫茫，風吹草低見牛羊」的迷人景色所陶醉，手中馬鞭不禁落地。他坐在馬背上，沉思良久，讚美說：「這裏是衰亡之朝復興之地，太平盛邦久居之地，梅花幼鹿成長之所，白髮老翁安息之鄉。我看這地方很美，我死後就將我埋在這裏吧！」說罷，令左右就地掘土，將馬鞭子埋下，堆成一座大土丘，名爲甘德爾敖包。

成吉思汗死後，遵其遺囑，爲了順利征服西夏，「秘不發喪」。直到西夏歸降後，諸將才「奉柩歸蒙古」，沿途「遇人皆殺之」。靈柩運回大本營後，先依次存於成吉思汗每一個「大婦」的斡耳朵（行宮）中，然後舉行喪禮。喪禮只限諸宗王、公主參加。當時諸王和公主都分散在歐亞大陸的各個占領地上。他們接到訃告後立即出發，前來奔喪，距離最遠的，三個月後才風塵僕僕地趕到。葬禮極爲隆重。據記載，葬地搭有巨大的帳篷，帳內放一木座，成吉思汗的遺體放於座上。座前擺一張桌子，放置各種祭品，祭品是豐盛而別致的：有肥美的整羊，香甜而新鮮的牛奶，嶄新的錢幣、皮貨，還有一匹牝馬和一匹最上等的牡馬。按韃靼人的說法，死者與活人一樣，所以對自己的大汗「奉一帳以居之，設一饌以食之，奉乳以飲之，奉財貨之供其用，奉一牡馬以供乘騎，奉一牝馬以供產駒」。這些豐盛的祭品連同帳篷等物，在葬儀後，將一齊陪葬於墓穴中。關於遺體入棺的情況，據《草木子》載：元朝宮裏，人死後，先將一根粗大的楠木破成兩半，按照遺體大小，中間鑿空，將遺體放進去，合攏後用漆塗在楠木上，外面用三圈黃金箍牢，成吉思汗的遺體大概也是這樣入棺的。棺柩由諸王和公主送至墓地，埋入地下，不起墳壠。葬完，駕萬馬踏平，殺一小駱駝於上，並種植樹木，派許多人把守，來年春草長出，綠樹成林，墓位不復辨認。待到祭祀時，便讓被殺小駱駝的母親引路，見其躑躅哀鳴之處，便是陵墓所在之地。久而久之，墓地便不知在何方了。後來，人們爲了祭祀方便，便把成吉思汗生前用過的八頂白色氈宮帳安放在阿爾泰山和肯特山之間的高原上，簡稱「八白室」。這就是最初的成吉思汗靈寢。到了明天順年間（一四五七年後），守衛成陵的鄂爾多斯部進駐鄂爾多斯高原放牧，八白室也隨之遷來。傳說有一次當裝有成吉思汗衣冠、帳篷的靈車駛經伊金霍洛時，車輪深陷進地裏，即使用五個族那樣多的人駕馬拉車，也拉不動。大家想到成吉思汗生前的話，就將此地作爲陵地，並留下五百戶「達爾扈特人」（成吉思汗衛隊）專門侍奉成陵，世世代代祭奠成吉思汗。伊金霍洛被人稱爲「主要的陵園」。抗日戰爭中，成吉思汗靈柩曾一度轉移到甘肅興隆山，後遷往青海塔爾寺。一九五四年隆重迎回原地。爲了永久紀念這位蒙古族的偉大歷史人物，中央政府撥巨款興建陵園。兩年後，一座規模宏偉、莊嚴肅穆的新陵園便巍然屹立在鄂爾多斯高原上了。

成吉思汗陵坐北朝南，建築面積一千五百多平方米，凌空俯瞰，像一隻展翅欲飛的雄鷹。前後兩翼爲鷹身，左右兩廊連接東西兩配殿是雄鷹的翅膀。雄鷹立於花崗巨石上，四周環繞雕有花紋的玉石欄杆。正前方兩根十二米高的旗杆直聳藍天，一座高大的塔型香爐鼎立其間。柏樹葉的青煙香氣從爐中裊裊升起，閃閃發光的爐鈴在和風的輕拂下的叮噹作響。前殿爲紀念堂，穹廬（如蒙古包半圓頂）爲橘黃琉璃瓦頂，嵌藏藍色雲頭圖案。雙層藏藍八角飛檐，以玫瑰紅花格小窗隔開，下部對稱八角形，前殿即紀念堂。殿門外飛檐下是用蒙、漢文金色大字書寫的「成吉思汗陵」竪匾。殿正中是以橫跨歐亞兩大洲的蒙古帝國版圖爲背景的成吉思汗五米坐像。他身披盔甲，手執書卷，目光灼灼，銀鬚飄飄，充分顯示了成吉思汗文武雙全的雄姿。像前是一個二米高的三層鐵香爐及紫檀色供桌，下鋪朱紅色地毯。坐像兩邊竪著黃杆、紅纓、銀戈和三米多長的長矛。殿內四壁雕飾著山水草畜，使人仿佛置身於大漠南北廣闊的草原之中。

後殿是寢宮。安放著四座黃緞覆蓋的蒙古包，這是成吉思汗和他三位夫人的象徵性靈包。據記載，成吉思汗曾有妻妾五百人，但其中只有五人地位最高，最受成吉思汗寵愛而被封爲「大婦」。第一人叫孛兒帖，是成吉思汗最早的妻子，養育了繼承成吉思汗事業的朮赤、察合臺、窩闊臺、拖雷四個兒子及五個女兒。第二人是忽蘭，生一子名闊列堅。第三人是連哈惕，她與第五「大婦」也速倫是親姐妹。第四人叫闊闊出，是金國皇帝的公主。饒有風趣的是，成吉思汗對自己的妻子，甚至是在一起生活過很久的妻子，只要不喜歡或別的原因，就隨心所欲地送給他人。如有一次，他僅因夜間一惡夢，就將一起過夜的妻子阿必哈送給帳外站崗的一個名叫朮赤臺的貴族。讓阿必哈帶去平時居住的翰耳朵，及其待從、衣物、馬群、牲畜，只留下阿必哈身邊主膳官的一尊金盞作紀念。成吉思汗對自己的妻子這樣有親有疏，有薄有厚，那她們死後，能與成吉思汗在一起的，就只能是有「大婦」之號，且十分受寵的孛兒帖、忽蘭等人了。

西廊的壁畫描繪了成吉思汗的一生——從出生、遇難、東征西戰、統一蒙古各部，到征服西夏的主要事跡，以及當時中西方文化、經濟交流的情況。東廊壁畫則描繪了元世祖忽必烈建立元朝以後，生產發展和國內各民族團結統一的盛況，其中有忽必烈追封成吉思汗爲元太祖，以及南詔、大理、吐蕃等民族向忽必烈送象、送犀、送孔雀表示祝賀的熱烈場面。

東殿內獨設一座蒙古包，安放著成吉思汗小兒子拖雷及其夫人的靈柩。兒子的靈柩能與父親的靈柩靠在一起，這也是很不一般的。一方面是由於蒙古族有習俗：在家中，地位最高之妻，權力比其他妻妾爲大，所生子女的地位也隨母而前。拖雷是成吉思汗和孛兒帖四子中最小的一個，按蒙古的風俗，繼承父親的遺產；他生前又常在父親身邊，比九個哥哥都嬌貴，於是，拖雷的位置便「升格」了。但更重要的原因是自窩闊臺、貴由（窩闊臺的長子）之後，蒙古族的皇帝都是拖雷的子孫，他們自然會把拖雷擺在顯著的地位了。

西殿裏供奉的是九尖角的旗幟和蘇魯錠（長矛）。九尖角旗上有一隻捕烏鴉的白鷹，它被當作保護神畫在上面。傳說「不爾罕哈拉敦山」是孛兒只斤族的發祥地。在本氏族遇到危險的時候，只要逃到那裏，就能得救。有一個祖先被敵人追擊，逃到那裏，藏身山中，上天派了隻鷹給他食物，得了救。鐵木眞十九歲時，曾被敵人泰赤烏族捉住，他設法逃脫後，在密林中東闖西奔，騎馬來到不爾罕哈拉敦山，果然也脫了險。旗幟上的九個尖角，象徵著鐵木眞的九員大將。尖角上還懸掛著表示力量的白色牦牛的長尾巴。「蘇魯錠」就是長矛的意思，在蒙古族人民心中，蘇魯錠象徵著戰神。傳說有一次，成吉思汗在土拉河戰門中被打敗了，當時他跪下給神靈叩頭求援。此時，從天上飛來一支又黑又大的蘇魯錠，他高興萬分，伸手欲接，蘇魯錠卻停在半空不下來，他連忙立誓要用一千隻綿羊祭奠，蘇魯錠才飛下來。這以後，蒙族人一直保持了用達斯門（山羊皮）祭奠蘇魯錠的風俗。在祭奠的時候，除用山羊皮割成很多的細條補修蘇魯錠的纓子外，還要唱讚美蘇魯錠的祭詩。

每年在成吉思汗陵要舉行期祭、季祭、年祭和日常祭祀等多種祭祀活動，其儀式和祭品也不盡相同。但其中最隆重的莫過於「查干蘇日克」（又「蘇魯錠」）。相傳這一天是成吉思汗顯示卓越的軍事才華、建立赫赫戰功的日子。每到這一天，數以萬計的蒙族及其它各族人民從四面八方，甚至不遠千里而來，懷著崇敬的心情獻上哈達、羊背、祭燈、點心、香酒、馬奶和花束等祭品，並繫一白馬於陵前金色樁上。祭奠由達爾扈特的世襲祭陵員——雅木特德主持，在蒙古古典樂曲中開始。各地來的代表先把隨身帶來的馬奶倒在一個近三尺高的大棗木桶中，然後由領頭的一個代表拿起勺子在桶裏滿盛一勺，繞著奶桶轉幾圈，再把馬奶朝天潑灑。接著主祭人高聲朗讀贊頌成吉思汗武功的《出征歌》和《蘇魯錠歌》等，並率參加祭陵的人緩緩走進紀念大廳，向成吉思汗像參拜，以表示對這位大汗的懷念和景仰。祭奠儀式結束後，還召開那達慕大會，舉行賽馬、射箭、摔跤等蒙族傳統體育活動並進行物資交流。

前不久，從成吉思汗陵所在的伊金霍洛旗又傳來成吉思汗陵拜謁者的佳音，一座占地三萬平方米的成吉思汗行宮已破土動工了。它將再現成吉思汗八百年前的行宮面貌。整個行宮包括迎賓牌樓，大宮門，直徑十八米、高十三米的金頂大帳，側殿，草原市場，選汗高臺，摔跤場以及用二十七頭犍牛拉挽的大戰車。在草原宮殿的後面還有蒙古包群，共有二十多座蒙古包，作為住帳供旅遊者居住，讓人體驗草原生活的情趣。

很快，成吉思汗陵就將和這座再現歷史風情的「成吉思汗敖爾敦」（行宮）一起，以嶄新的姿態迎接遊客的到來了。

## 人佛共居之城寺（包頭美岱召）

在包頭東郊五十公里處，大青山逶迤蜿蜒，美岱溝溪水潺潺。就在這青山綠水間，山林拱衛處，坐落著一座古老的城寺——美岱召。

十六世紀下半葉（明隆慶年間），蒙古族土默特部首領被明廷封為順義王。為了鞏固自己的統治，他將西藏的喇嘛教引入蒙古地區，並開始興建城寺。明萬曆三年（一五七五年），草原上第一座石頭城寺「靈覺寺」（後改為壽靈寺）建成了，朝廷賜名福化城。因殿內供奉用純銀鑄成的四米高的美岱爾佛（即如來佛），俗稱美岱召。明萬曆八年（一五八〇年），被阿勒坦汗尊為達賴三世（前二世是追認的）的格魯派（黃教）領袖鎖南嘉措曾一度來此居住。阿勒坦汗是蒙族領袖，鎖南嘉措是西藏喇嘛，怎麼會出現阿勒坦汗給鎖南嘉措封號之事呢，說來還有一段史話。

自從元世祖忽必烈給西藏喇嘛教薩嘉派（又稱紅教）五世祖八思巴賜以西藏十三萬戶的統治權以後，政教合一的制度一直成爲西藏地區的主要統治形式。十四世紀四十至五十年代，喇嘛教中的噶舉派（又稱白教）取代薩嘉派掌握西藏地區政權。噶舉派統治西藏地方政權八十多年。自一四三五年起，西藏各宗教領主集團又推翻噶舉派的統治，並展開了長達一百八十多年的割據和兼併戰爭。在這場長期混戰中，有一些宗教領主集團被吞併了，同時也產生了一些新的宗教領主集團。而格魯派（又稱黃教）就在這裏應運而生了。

喇嘛教格魯派的創始人是宗喀巴。他從十四世紀末即開始傳教活動。當時，西藏各喇嘛教派皆呈現「頹廢萎靡之相」，對藏族人民的麻醉作用日益減弱。在這個時期，宗喀巴在拉薩日喀則等地發起了所謂振興喇嘛教的「宗教改革」。這個活動在一些宗教領主的支持下，得到很大發展，到十六世紀中，就形成一個以格魯派爲代表的新的宗教領主集團，這個集團當時的首領是拉薩哲蚌主持人鎖南嘉措。鎖南嘉措（一五四三—一五八八年），出生於吐蕃老貴族瑪氏家族。四歲時被認爲達賴喇嘛二世的轉世，迎至哲蚌寺坐床，七歲舉行出家儀式，十歲任哲蚌寺主持人，十一歲主持拉薩祈願大會，十六歲兼任色拉寺主持人。他爲了達到從政治上完全控制西藏的目的，一方面積極擴大自己的經濟勢力，另一方面極力尋找外援，以便擊敗其它宗教領主集團。正值此時，威震蒙古和甘、青廣大地區的阿勒坦汗派人到西藏拉薩迎請鎖南嘉措到青海仰華寺供養，這正中了鎖南嘉措尋求強大外援的願望，遂欣然允諾。萬曆六年（一五七八年），他來到青海，在阿勒坦汗的支持下，向蒙古各部落宣揚喇嘛教，又勸阿勒坦汗廢除殺生祭天，以人殉葬等陋習；教他「不派畋獵，不索供賦」，適當減輕部民的負擔和屬部的供賦，以緩和階級矛盾。他又醫治好了阿勒坦汗多年足疾，這就更得到了阿勒坦汗的信奉，贈他以「聖識一切瓦齊爾達賴喇嘛」的尊號，是爲「達賴喇嘛」名號之始。「達賴」，蒙語，意爲「大海」；「喇嘛」，藏語，意爲「上師」。以後黃教集團爲了顯示自己有強大的外援，乃將哲蚌寺前兩任主持人追認爲第一世達賴和第二世達賴，達賴喇嘛的稱號就此流傳了下來。鎖南嘉措成爲第三世達賴，即達賴三世。

一五八八年，達賴三世在呼和浩特圓寂。黃教寺廟集團爲了更緊密地依靠蒙古封建主的勢力，定阿勒坦汗的曾孫雲丹嘉措爲達賴四世，並於他十三歲時送他到西藏去學習。

達賴四世返藏後，西藏黃教喇嘛惟恐削弱黃教在蒙古的影響，隨即把年僅十三歲的藏族小活佛邁達里派到蒙古來坐床。邁達里臨行前，達賴四世把剩下的頭髮交給他轉交自己的父母，表示對故土至親的懷念。結果雲丹嘉措在西藏度過了十四個年頭，於萬曆四十五年（一六一七年）

圓寂，年僅二十八歲。

邁達里到蒙古後，先到呼和浩特大召坐床，並給剛剛即位的蒙古大汗林丹巴圖爾舉行了灌頂儀式。萬曆三十四（一六〇六年），阿勒坦汗的孫媳托克堆達賴夫人（大成比吉），用珍寶塑成彌勒佛像，特意把邁達里請到「秘密壇城」（即今美岱召）舉行開光儀式。此後，邁達里便留居美岱召。因此，美岱召又有「邁達里廟」或「邁大力廟」之稱。

美岱召是內蒙地區僅有的一座兼具城堡、寺廟、邸宅功能的喇嘛廟。四周環以城牆，每邊約長一九〇米，略呈長方形。四周環的城牆，牆高五點三米，底寬五米，頂寬約二米，內用黃土夯築，外表砌以毛石。四隅築有內外伸約十一米的墩臺，上建角樓，俗稱爲涼亭。整座召坐北朝南，主要建築都分布在中軸線上。南牆正中開設一門，上部原建有雄偉的三重檐樓閣，現已塌毀。城門上嵌有一塊石碑，刻文爲「元后敕封順義王俺答呵嫡孫欽井龍虎將軍，大成臺吉妻七慶大義好五蘭妣吉誓願虔誠。敬敕三寶選擇吉地寶豐山起蓋靈覺寺泰和門不滿一月工城圓備神力助造非人所爲也」，並有石刻銘言四句：「皇圖鞏固　帝道咸寧　萬民樂業　四海澄清」。院內靠近城門的是四大天王殿，東西是清乾隆年間增建的十八羅漢殿和觀音殿，北面是佛殿。佛殿由前廊、經堂和大雄寶殿組成。前廊和經堂的側牆爲藏式。大雄寶殿以北是琉璃殿。琉璃殿爲宮殿式的三層高樓，矗立在一個正方形的高臺上，四面環廊，綠色琉璃瓦蓋頂，雄偉壯麗，傳說這是阿勒坦汗接受朝拜的地方。琉璃殿後還有一處宅院，正中有一幢硬山式的兩層樓房，東西各有平房數間，門窗精工裝修，是正中最後一進，據說這裏是阿勒坦汗的離宮別館及其子孫相傳的府邸。它在「文革」前尚略具規模，現已全部拆毀，僅餘廢墟而已。

在中軸線兩側還散見一些風格迥異的其它建築。兩側有藏民洞房住宅式的萬春廟，又有漢族風格的雙檐八角亭式的老君廟。東側廣場上，有一座孤立的殿宇，俗稱「太后廟」，爲阿勒坦汗夫人三娘子的寢宮。這是一座重檐歇山頂式建築，面闊進深各五間，檐柱全部外露，從次間起壘牆。殿內僅有三間，四壁無窗，壁上原懸掛著錦裱綾絹畫幀八幅，每幅寬約二尺，長近一丈，畫著一位年老的蒙古婦人在不同的布景中盛裝行樂。畫早年已被盜失。廟內無塑像，僅供有一座檀香木塔，高約八九尺，雕刻頗精，傳說塔內盛放著三娘子的骨灰。

三娘子是貴門之女，阿勒坦汗晚年所娶的一位美貌夫人。阿勒坦汗死後，她作爲土默特蒙古部落統治集團的中心人物，一直恪守丈夫生前與明朝通貢互市的盟約，以婚配的方式，挾制三代順義王與明和好，清除戰亂，有力地維護和保持了蒙漢之間的友好關係和經濟往來。當時有一首小詩生動形象地描寫了三娘子到互市的情景：「少小胡姬學漢妝，滿身貂飾壓明璫。金鞭嬌踏桃花馬，共逐單于入市場。」每年二至三月（此爲年市，有的地方還開了月市），互市一開，「賈店鱗比，各有名稱」，「南京羅緞鋪，蘇杭綢緞鋪，潞州綢鋪，澤州帕鋪，臨清布帛鋪，絨線鋪，雜貨鋪」、「鋪沿長四、五里許」，還有馬、羊、騾、骨、皮、毛市，木材、布疋、茶葉、鍋市等，眞是應有盡有，琳瑯滿目。人們扶老攜幼，滿載而來，滿載而歸，載來所產，載回所需，如同過節一般。在那熙熙攘攘的人群中，最爲活躍的是三娘子的倩影。她在蒙古官員輕騎的簇擁下，身著明朝皇帝賜予的大紅五彩紵絲衣，腰佩刀箭，或與明朝官員一起處理互市事宜，或處罰違反規約的人員，或選購自己心愛的物品，或參與騎、射比賽，或與蒙漢人民親切交談，談笑風生。三娘子絕頂的美貌，超群的武藝及卓越的風采，成了人們議論的主題。許多內地文人，也都樂於爲三娘子畫像、題詠。上面的那首小詩就是一位名叫穆文熙的文人寫的。

同主持互市一樣，三娘子也主持貢事。每年正月初旬，她都積極協助順義王組織貢事人馬，有時也親自率部入貢。貢品除馬匹外，還有鍍銀鞍轡、鍍金撒袋、各色氆氌等。明朝政府按照他們貢品的價格，購買大量的綢緞布疋等物，交給他們帶回，分給各枝蒙族官民，作爲酬賞。三娘子自主貢事，蒙人年年進貢，「華夷得所，中外兩安」。

對於破壞通貢互市的行爲，三娘子一律堅決打擊，不徇私情。有一次，三娘子的部下卜吉素等三人，到明邊境殺相堡盜竊搶掠，被明朝邊吏沈棟捕獲。三娘子立刻照章罰卜吉素等人以十一匹馬、一頭牛、六隻羊贖罪。還有一次，三娘子的兒子不它失禮，在水泉營互市中，無理地要挾明朝官員，敲詐勒索，挑起事端，以致使這年的互市市場無法正常進行，按規約當處以死刑。當時的宣大總督涂宗濬出面調停說：不它失禮是三娘子的兒子，年幼無知。三娘子寬大處理了不它失禮，但仍請朝廷革了他的市賞。

萬曆九年（一五八一年），阿勒坦汗去世了。按照蒙人的傳統習慣和阿勒坦汗的遺囑，「以長爲嗣」，黃臺吉繼承了王位。「父死，妻其後母；兄弟死，皆娶其妻妻之。」這是我國歷史上許多遊牧部落民族通行的婚俗。當時三娘子剛剛三十二歲，黃臺吉已五十多歲了，且年老多病，醜陋不堪。爲了抗婚，三娘子率人馬跑到西部很遠的地方去，黃臺吉尾隨而追，致使互市無人主持，岌岌可危。明廷鑑於三娘子實權在握，黃臺吉不支持通貢互市，決定：只有三娘子與黃臺吉合婚，黃臺吉才能襲王位，繼續通貢互市。三娘子從大局出發，斷然勒馬，率衆回歸，終於與黃臺吉合婚。明朝官員爲了紀念這一件事，還特意烹羊宰牛，予以慶賀。

三年後，黃臺吉病亡，萬曆十五年（一五八七年），三娘子又以同樣的原因嫁給了扯力克，明廷爲了嘉獎三娘子顧全大局、豁達大義的精神，特意敕封她爲「忠順夫人」。從此，向明廷上書的奏章，均由順義王和忠順夫人聯名簽發。萬曆十七年（一五八九年）夏，扯力克假借送達賴三世的骨灰回藏，夥同套部卜失兔、莊禿賴、松山部宰僧、阿赤兔等，擁騎十萬，進犯河西走廊、甘肅西南部和青海東南部一帶，明軍副總兵李奎、李聯芳先後被殺，戰局嚴重。爲此，明廷特意讓已退休的鄭洛再次出山。鄭洛曾任宣大總督，與三娘子情同父女。他在位時，凡邊塞大事，均與三娘子直接交涉解決，還常爲她購買各種用品，並贈其衣服、首飾等。鄭洛到陝西後，三娘子和她的兒子不它失禮也到了西安（今寧夏海原縣），二人書信聯絡，共商平亂方案。三娘子開始敦促扯力克率軍東歸失敗。明廷輔以壓力，停止了扯力克的市賞，並採取了斷絕青、蒙通路，禁茶市等一系列措施。茶對青海地區各少數民族來說是生命攸關之事，「有茶則生，無茶則死」，「不可一日無茶」。過去阿勒坦汗到青海去，因爲沒有茶飲，得了濕腫足病，不得不返回豐州灘。三娘子趁勢曉以利弊，並進一步告誡他說，如果大王還不速歸，朝廷就準備趁此立不它失禮爲王。迫使扯力克回兵豐州，戰亂平息。此後，邊境的安定和互市市場一直維持到明朝末際。

萬曆三十九年（一六一一）年，三娘子再次與卜石兔結婚。婚後，她堅決向明廷表示：「只要有老俺答歐刀之誓在，只要有我老婦在，就決不會讓你們擔心貢市不成。」然而，三娘子與卜石兔並不是眞正的夫婦，到第二年（一六一二年六月），三娘子便與世長辭了，這年三娘子六十三歲。

三娘子生前與順義王阿勒坦汗、黃臺吉同住在美岱召內，到扯力克襲封順義王後才搬到今呼和浩特舊城居住，死後仍歸葬美岱召。人們爲了祭祀她修建了這所「太后廟」。人們至今還稱「太后廟」爲「三娘子廟」。

除上述建築外，召內靠西牆爲活佛府。據考證，當年阿勒坦汗被明朝封爲順義王時就曾與他所尊敬的活佛及長子黃臺吉住在靠東牆的臺吉府。樓院門前方形高臺上的三層大樓，則是他接受朝賀的地方。

美岱召，作爲一座城寺結合、人佛共居的喇嘛廟，外有堡寨式大院，內有王公住宅、佛堂及骨灰殿，是蒙古土默特部從遊牧生活逐步過渡到定居農業生活的見證，是研究明代蒙古和土默特部歷史的珍貴古跡。

# 五當召內學府深（包頭五當召）

五當召，蒙名，意爲「柳樹廟」，坐落在包頭市河東區東北五十四公里、海拔二千○七十二米高的吉忽倫圖山南麓，背靠一小山，四面群山環抱，廟左右有兩溝水，在召前匯合後蜿蜒入五當溝。這裏層巒疊翠，溪澗傳聲，背陰向陽，川達東西，曾爲「麋鹿逐水草而悠然，牛羊隨山川而得所」的世外桃源。僅從五當召以柳樹命名便可想見當年這裏柳樹之繁茂了。除蒙名外，五當召還有漢、藏兩名。漢名爲「廣覺寺」，係乾隆二十一年（一七五六年）清廷所賜。藏名「巴達格勒」，意爲「白蓮花」。

說起白蓮花一名的來歷，還有一段美麗的傳說呢。有一個土默特牧民叫阿拉坦曲力木。他從西藏學佛深造歸來，發願要在陰山建造一座召廟，可四處勘察地址，均不滿意。有一天，他騎馬又上路了，走著走著，突然飛來一隻蒼鷹，抓走了他的帽子，向陰山北面飛去。他急忙策馬追趕。次日，來到一個柳樹繁茂的山谷，發現自己的帽子掛在谷內一棵樹上。他高興地摘下帽子，忽覺腹中飢餓難忍，就用石頭支鍋熬奶茶，不愼將鍋碰翻，奶茶灑到地上，霎時變成了白蓮花。他認爲這是佛的啓示，便決定在這個山谷裏建造召廟，並取藏名「巴達格勒」，意即白蓮花。

另一個傳說似乎和這個傳說有聯繫。說的是鄂爾多斯部的準噶爾臺吉帶著幾十個隨從到陰山去打獵，他們追趕獵物，跑得人困馬乏，飢渴交加，便四處尋覓山泉。忽然發現山谷裏有個喇嘛正用小鍋熬奶茶，便向他打聽哪裏有水。喇嘛說：「你們就喝我煮的這茶吧！」臺吉說：「我們人夥衆多，你這小鍋之茶哪能夠喝呢？」喇嘛聽後並不回答，只是不聲不響地給他們盛茶泡炒米。準噶爾臺吉因爲口渴已極，又見這個喇嘛言語至誠，便接茶喝開了。誰知臺吉所帶的幾個人都吃飽喝足了，小鍋裏的茶和布袋裏的米還是那麼多。事後，爲了表示自己的謝意，他就資助這喇嘛建起了五當召。

五當召始建於清康熙年間（又一說始創於乾隆十四年；還有一說始於康熙時，擴於雍正時），乾隆十四年（一七四九年）重修。全部建築以西藏扎什倫布寺爲藍本，依山勢而上，層層疊疊，鱗次櫛比，錯落有致，綿延近二公里，占地約三萬多平方米，是內蒙地區唯一的純藏式寺廟（其它爲藏漢結合式）。如果說美岱召四周環城是封閉型的話，五當召則是開放型了。它沒有山門，沒有圍牆，沒有正殿和廂房。總布局中也沒有中軸線，其主要建築六宮、三府、一陵均位於吉忽倫圖山主峰前小山的南坡，各成一體。九十四棟（共二千餘間）喇嘛住宿土樓和倉房等附屬建築分布在兩側的山麓及谷中平地上。這種不規則的布局是因財力限制逐年所建而致，但因設計高超卻不給人以支離破碎和雷同之感。召內全部殿宇係梯形，上窄下闊，平項朱門白牆。白牆以巨石壘砌，厚達六十多釐米，每年用石灰水噴灑外表，凝成堅厚的石灰層。石灰層表面垂滴不平，粗糙堅硬，顯得渾厚穩重。每座殿宇的屋檐部分都有一條高約一米的土紅色的邊麻裝飾，上面綴以鍍金的銅鏡等飾物。頂部正中裝飾有鎏金的銅法輪，法輪兩側對臥鎏金銅鹿，象徵著釋迦牟尼首次在鹿野苑說法。有的正中裝有鎏金蓮花銅塔，兩旁各有一小力士銅像，一手叉腳，一手扶護著蓮花塔上的鎖鏈。巨大的銅寶幡和三股戟聳立在殿宇屋頂四周，室幢高約二米，上鑄降魔杵、寶瓶、傘蓋、寶劍等八寶圖案。這些衆多的銅飾，造型奇瑰、製作精美，金光奪目。

五當召和內蒙古其它地區的召廟最大的不同點是：別地召廟僅以禮拜唪經爲限，而這裏則以培養高級經、律、論僧人爲主，實際上，它擔負著黃教喇嘛宗教學院的使命。召內經典豐富，設備齊全，規章嚴格，著書立說，人才濟濟，深得蒙民崇拜，其程度不亞於西藏、五臺，曾一時被盛稱爲「東藏」。內蒙東、西各盟旗的活佛、格根紛紛慕名前來學習經論。寺廟旺盛時期，常住喇嘛達一千二百名之多。

這所神學院的教務及日常活動主要集中於六宮，即：蘇古沁獨宮、卻依林獨宮、洞闊爾獨宮、當圪希德獨宮、阿舍獨宮、日木倫獨宮。蘇古沁獨宮是召內最大的建築，位於整個召廟的最前列。全廟性的集會都在這裏舉行，相當於這所神學院的大禮堂，也不失爲一處實習之所。該宮建於乾隆二十二年（一七五七年），高二十二米，占地面積一千五百平方米。宮分三層，最上面一層內供奉有兩座銅城——曼陀羅。曼陀羅是佛教密宗修法和觀想用的壇。它的底部爲圓形，直徑約一點五米，高一米，上部爲重檐歇山頂的宮殿，中部爲城牆。下部爲須彌山，出沒於雲水之中。銅城製作精細，比例適中，圖案裝飾，玲瓏剔透。第二層正中供奉著三世（過去、現在、未來）佛，兩旁爲文殊、普賢像（釋迦牟尼的弟子），東西兩側牆上的洞窟中爲泥塑彩繪的十八羅漢，高約七十釐米。有的凝神練氣，有的掐指說法，有的合十坐禪，表情或深思熟慮，或情緒激昂，造型生動，個性鮮明。二樓陽臺的北壁上繪有一組西藏布達拉宮、布瑞奔寺、色拉寺、甘丹寺以及山西五臺山等著名佛教聖地的鳥瞰圖。最後一幅爲五當召的全景圖，但沒有出現卻依林獨宮和日木倫獨宮，可知此圖繪於這兩座佛殿建造之前。最下面一層分爲前後兩堂。後堂正中端坐彌勒佛像，佛像西側爲藏經櫥，櫥長約八米，分層層小格，當年貯滿經卷，十年浩劫，櫥內珍藏的《甘珠爾》等經典被洗劫一空，僅剩空櫥。前堂爲大經堂。經堂內部宏闊，陳設莊嚴，六十四根方柱立於堂中，均以彩色雲龍紋絨毯包裹，堂頂飄拂著經幡和帛畫。四壁繪滿工筆重彩壁畫，畫幡部分高三米，總長約二百五十米，可分爲三十四個部分，每一部分畫大佛一軀，周圍布滿尺馬豆人，內容爲釋迦牟尼的佛相故事，包括從乘象入胎到淨皈五太子的種種聲色犬馬的生活，以及剃髮出家，降魔得道，涅槃等等，其中點綴了大量的帳房氈包，城市村落，寺塔伽藍（寺院總稱）、商旅驛站等景物，構圖繁變，線條勾勒生動流暢，造型準確，色彩沉穩協調，是研究清代少數民族地區經濟文化生活的寶貴資料。堂中地上排列著數十排座榻，上鋪設藏式絨毯，可容喇嘛千餘人。每年在這裏都要舉行數次重大集會。正月初八至十六是《甘珠爾》經會，會議期間全寺喇嘛都集中到蘇古沁獨宮，選節誦唸六十四部贊頌經和《甘珠爾》經。正月十五日，寺內活佛親臨大殿，給衆喇嘛和所聚集的信徒唸「依如勒」（祝福經），晚上舉行酥油花展覽：將酥油調入顏色，冷凝後捏塑成佛教故事場景，其內容相傳爲宗喀巴夢中所見，故展出一夜即撤。屆時，展品供於宮前的臺階上，伴以敲鑼打鼓，吹奏法器，點燃鞭炮，整個場面熱鬧非凡。四月初八至十五日有八天的經會。在這個經會上，主要誦唸「敖特其（即藥師經）和喇嘛綽德布」（喇嘛教思想修行教材之一）。十五日在大殿內掛宗喀巴大幅畫像供奉，同時也有紀念釋迦牟尼圓寂的內容。這一天寺內所有信徒都忌葷吃齋。七月二十五日（小月爲二十四）到八月初，是「嘛呢法會」，這是寺內最爲隆重、影響最大、收入最多的一個全召性集會。會上供救度菩薩觀世音，在千手千眼觀世音像前置大淨瓶，內放五穀、藥種、甘露等二十五種物品，上置放五股金剛牧，繫以五色錢，由活佛主持唸誦「嘛呢經」，並反覆大聲誦唸六字眞言，各地信徒及周圍群衆都來磕頭上布施。召廟把施主的名字和施捨的金錢、牲畜、糧食、布匹、酥油、茶葉等詳細登記造冊，公布於衆。經會罷後，召廟給衆布施者一包「烏如勒」（丸、丹，據喇嘛說有降福消災治癒百病的神力）等禮物。全寺的喇嘛在蘇古沁宮晝夜値班，誦唸不息，在七天的經會中，「嘛呢經」可唸幾萬遍。八月初二還唸一天《甘珠爾經》。這一天，嘛呢法會上來的信徒都要背經修福，即把陳放在洞闊爾獨宮內的《甘珠爾》經，依次序搬到蘇古沁獨宮，讓衆喇嘛選段誦完，再揹回洞闊爾獨宮重新放好，以修福德。除此以外，全召性的活動還有宗喀巴誕生會（十月十五日），本召歷世活佛的誕生日和圓寂日等幾個紀念經會，會期都是一天。另外，每天早晨，寺內徒衆還要到蘇古沁獨宮舉行「滿迦」經會，誦經喝早茶。「滿迦」經的茶由廚房準備，碗和炒米等自己帶，誦完經，各自回學塾學習或幹其它善事。

召廟內共有四大學塾，每學塾分居一宮，各宮內所供佛像及陳設也因學習內容不同而各異。

卻伊拉獨宮（又譯卻依林獨宮）在蘇古沁宮西側，建於道光十五年（一八三五年），爲宗教哲學部，專門講授佛教教義。殿內正中雄踞著彌勒佛大銅像。彌勒佛是釋迦牟尼圓寂後的接替佛。它是五當召供奉的最高的兩座大佛之一，高達十米，全部爲黃銅分鑄焊接製成。彌勒頭戴寶冠，肩飾蓮花，上身袒露，手作說法印，表現他在天宮中即將下世前的形象。佛像身上的臂釧、手鐲、瓔珞、耳朵等物無不精雕細刻；木雕的背光、祥雲捲草等圖案，雕鏤層次分明、豐富，整個雕刻甚爲精細。新入學的徒弟們，大部分願意在這裏修學，所以，這裏的學生常占寺內徒衆的三分之二多。其學習方法主要是在師傅指導下自學。十八人爲一班，互相出題研究和辯論。學到一定程度的，可參加在講經臺舉辦的全塾性講經辯論會，以加深對喇嘛哲學的理解。學滿二十一年成績優秀者，可獲得本學塾最高學位——拉布占巴。獲拉布占巴學位者，除可兼學其它學塾的經典外，還可去印度、西藏和青海等地的大寺廟深造和獲得學位，並被委以一定職務。有個叫熱格巴的拉布占巴，敖漢旗人，就曾寫過很多與經書有關的書籍，在蒙、藏兩地一度享有盛名。

沿蘇古沁獨宮東側拾級而上是五當召的中心建築洞闊爾獨宮，爲時輪學部，傳授數學、天文、地理、曆法及造曼陀羅法則。洞闊爾獨宮建於乾隆十四年（一七四九年），是五當召有據可考的最早的大型建築，因宮後半部爲黃色，俗稱黃廟。宮爲三層，前廊突出於大門以外，門廊前檐用四根藏式方柱支撐，柱頭部分雕飾著繁縟的圖案，色彩艷麗鮮明。門楣上高懸著用漢、滿、蒙、藏四種文字書寫的「廣覺寺」金字靛青底額匾，邊框雕刻二龍戲珠圖案，製作精緻。宮內佛座上爲五當召一世活佛洞闊爾班迪達的塑像。在這裏學習的喇嘛人數始終不多，每年增加的徒弟最多也就是十幾名或幾名，也有一個不來的年頭。這個學塾不分班，不辯論，以自學熟讀、背誦經典理義爲主要修學方式，學期五至七年，考試在宮前寬闊的平臺上舉行，主考提問，考生各抒己見，展開雄辯，滔滔不絕。考試合格者獲學塾「卻爾吉」學位。因這些學塾爲頭世活佛首創，獲學位者享有特殊的待遇。他們參加全召性集會時都身穿錦緞、頭戴金冠。此宮後廳及樓上供奉衆佛，前廳壁畫多衆佛故事。這個學塾曾積累了大量天文資料，爲我國科學發展做出了貢獻。

洞闊爾獨宮西側，爲當圪希德獨宮，又稱馴服殿，建於乾隆十五年（一七五〇年）。它是一座規模不大的二層樓建築。殿內排列威德金剛、可畏金剛、勝樂金剛等九尊護法金剛像。它們都是喇嘛教中的護法神，專司鎭壓邪魔，因此在造型上突出表現它們的猙獰可畏：個個猬髮利爪，青面獠牙，睚眦怒目，手持各種兇器，項上懸掛骷髏項鏈，腳下踐踏惡鬼，表現了對破壞教義者有生殺之權。

阿獨會宮位於山坡的最高處，是五當召唯一的一座面西朝東的佛殿，爲醫學部。建於嘉慶五年（一八〇〇年），內設「糾德巴」（密宗）和「滿巴」（醫學）二部，實際以傳授密宗爲主。密宗亦稱眞言宗，西藏和內蒙的密宗也稱「藏密」，以「大日經」和「金剛頂經」爲立論根據，因其理論的繁瑣玄奧，歷年畢業生甚少。醫學教學以宗喀巴著《菩提道次廣論》和《說明密經》爲依據。不少喇嘛利用業餘時間學習了這門知識，並有相當的水平。從現在包頭地區的蒙醫大夫來說，絕大多數是過去五當召的喇嘛，他們有的在醫學界已享有盛名。這裏的學期爲十年，期滿後不授學位，可自願鑽研單科或學其它經典。醫學部二樓內供奉的白度母和綠度母塑像，高鼻修眉，表情溫存善良，爲喇嘛教中的救度菩薩。他們是唐代吐蕃松贊干布所娶的文成公主和尼泊爾公主的化身。白度母即是以尼泊爾的布魯庫提爲原型，文成公主則被佛化爲綠度母。由於前者傳入了佛教，文成公主則帶去了內地製陶、釀酒、天文和醫術等技藝，深受藏民愛戴，因此被人們佛化了。此殿懸掛有大量的帛畫，藏語稱爲「唐喀」，大概由唐時傳入吐蕃而得名。這種畫繪在經過膠礬水處理的布上，四周用絲綢縫綴包邊，內容均爲喇嘛教故事。「唐喀」筆法極爲細膩，墨色濃艷，細部金粉勾勒，技藝圓熟，畫面富麗堂皇。

阿會獨宮的右前方是日木倫獨宮，建於光緒十八年（一八九二年），是五當召建築最晚的一座大殿，所以俗稱新廟。爲教義戒律學部，是傳授喇嘛教歷史及教義、教規的地方。在內蒙境內，只有五當召設此課程。每年九月初三舉行試驗。殿內正中供奉喇嘛教格魯派（黃教）創始人宗喀巴巨型銅象，高達九米，是內蒙地區宗喀巴銅像最大的一尊，也是五當召兩大塑像之一（另一尊爲卻依林獨宮的彌勒佛）。他頭戴黃教派的尖頂帽，面部豐滿，寬頤大耳，手作說法印，肩生蓮花，結跏趺坐於大蓮花座下，表情莊嚴肅穆，造型凝重洗練。宗喀巴（一三五七－一四一九年），爲青海湟中縣藏族人，幼年出家爲喇嘛，後到西藏深造，精通各派教義。他對喇嘛教實行改革，規定學經次第，嚴密寺院組織。原活佛可娶妻和世襲，他嚴格了僧侶戒律，確立了活佛轉世制度，被尊爲黃教創始人，黃教寺院中都有他的塑像。爲了容納高大的宗喀巴塑像，殿內結構設計採用了減柱和塑像四周建二層迴廊的形式，在迴廊上可以清楚地看到胸部以上的細部，從而避免了從底層仰視而造成的強烈透視變形的缺陷。在樓上下兩壁的龕內還有一千個宗喀巴的小泥塑像，均爲模製塗金，高約三十釐米，象徵著宗喀巴化身的千佛。

三座活佛府位於阿會獨宮的南面，沿山而下，東對松柏葱鬱的青山，下臨溪泉流淌的山谷，環境甚爲幽雅。它們自成院落，又有曲徑相通。「三府」分別爲甘珠爾府、章嘉府和洞闊爾府。甘珠爾是一世活佛的師傅。當時有一制度，活佛死後，由其師傅方的活佛爲其培養幼年的接班人。這個制度沿襲了二百多年，所以五當召內設有甘珠爾活佛府。章嘉呼圖克圖爲清廷從西藏請來的第十四世活佛，總理內蒙古、山西、北京的喇嘛事務，是內蒙古喇嘛的最高首領，被清廷尊爲國師，章嘉府就是爲他巡行下榻準備的一居所。三府中尤以洞闊爾府建築規模大，裝修精巧。此府爲三世洞闊爾活佛於乾隆四十九年（一七八四年）所建，爲五當召歷代活佛的居室。進入洞闊爾府藏式垂花門，正面白石臺基上築有一幢二層藏式樓房，東西各有廂房。臺基圍有白石勾欄板及白焰形室柱。大廳前廊裝飾色彩絢麗：門罩上方精雕二龍戲珠加彩繪，下部裙板上浮雕獅象、金翅鳥等圖案；兩側牆壁上繪有山水、日月、星辰以及虎猴等動物；頂部裝修蓮花及八寶圖案的瀝粉貼金藻井。解放前，五當召是一所政教合一的寺院，其活動曾直接受清綏遠城將軍和中央政府監理，寺內設有監獄法院、騎兵武裝，並占有大量耕地、牧場、畜群、山林和煤礦。前廊後的正廳即是活佛當年議事及接見王公貴族朝拜的地方，屋內玻璃花燈高掛，陳設繁多。除佛像和寶塔外，還有五當召歷年收藏的珍貴文物。內有明景泰藍壺，明宣德爐。較多的還是清乾隆皇帝所賜，如青花罐、霽紅瓶、仿汝青瓷瓶、漆八寶盒、玉如意等。其中最引人注目的是一尊銅鑄鎏金千手千眼觀音像，高一米許，眉目清秀，比例勻稱，造型生動優美，爲清代藝術品的精華。此外，廳中還陳列著歷代活佛用的黃傘、靴帽、螺號和淨水瓶等。

在阿會獨宮旁還有一座小巧的二層樓，即蘇波爾蓋陵。它曾爲五當召一世活佛洞闊爾的寢室。洞闊爾圓寂後，就將其骨灰塔安放在這裏供奉。以後歷代活佛圓寂，骨灰塔均存放於此。五當召先後有過七世活佛，所以堂中依次排列著七座鎏金銅塔。最高者一米許，塔上鑲有珍珠、瑪瑙等，與硬木描金塔龕交相輝映，流光溢彩。

五當召，作爲內蒙地區現存唯一完整的喇嘛廟，正以它獨特的藏式殿宇、俱全的塑像，絢麗的壁、帛畫，美不勝收的工藝品以及「溪水清清，老樹蟠空」的優美環境歡迎著中外遊客的到來。

## 五千年前的騰飛（赤峰玉雕龍）

提起中華民族五千年的文明史，人們自然會想起發生於黃河流域的種種史前傳說。然而，近幾年來內蒙赤峰地區及遼寧西部地區一系列屬於紅山文化的考古新發現，把人們的視線引向了遼河流域。在這裏，我們看到了我國五千年文明史的燦爛曙光。

一九七一年，在赤峰市北百餘里的三星他拉村，當地農民在村北山崗植樹造林時，從地下發掘出一件大型玉雕龍，玉龍呈墨綠色，高二十六釐米，爲整塊玉料雕琢而成，光潔圓潤，體態神曲剛勁有力，頸脊長鬣高揚，顯得極有生氣。據測驗及周圍採集到的泥質紅陶片和壓印「之」字形篦紋陶片等遺物可判定玉龍當屬於紅山文化的遺存，距今已有五千多年的歷史。

赤峰，蒙古語稱爲「烏蘭哈達」，意爲紅色的山，赤峰便是因其城東北兩公里處有座紅山得名。紅山海拔並不高，僅有六百六十五米，方圓一萬餘畝。但紅山全部由紅色的花崗岩構成，五峰攢聚，色彩鮮艷，景色十分迷人。本世紀三十年代，人們在紅山南麓和後坡，發現了我國新石器時代的文化遺址，考古學上稱爲紅山文化。其主要特徵是彩陶和之字形紋陶器共存，大型打製、磨製的石農具和用於切割刮削的細石器工具共存。此後在赤峰地區及遼寧西部地區又先後發現了幾處紅山文化遺址，引起了中外考古學界的極大關注。不過，在一九七一年發現大型玉雕龍以前，考古界多認爲紅山文化是在黃河流域仰韶文化影響下發展起來的。隨著三星他拉以及此後的胡頭溝、東山嘴、牛河梁等處發掘出仰韶文化中未見的龍、豬、虎、龜、魚、鳥和蟬等類動物形態的玉器和女像神後，紅山文化成爲一個新的歷史之謎，得到了重新的認識。據目前有關考古學家論證，紅山文化代表了我國北方地區史前文化的最高水平，其所處的社會發展階段，使我國五千年文明史的提法有了考古上的依據，從而把中國文明起源史的研究從四千前的夏代提早到五千年前，從黃河流域擴大到了遼河流域。

我國素有五千年文明史之稱，那是從傳說中的黃帝起算的。按我國歷史，周共和（西元前八四一年）以後才有詳細可靠的編年。從共和上推到禹，有總的大致年數，一般公認禹起於公元前二千左右。《古本竹書紀年》有「黃帝至禹爲世三十」，按平均三十年爲一世計算，黃帝至禹約有一千年左右，這樣從黃帝至今正好是五千年左右。這是長期以來一般人所說的中華五千年文明史的依據。雖然這一依據看起來也是合理的，但卻缺乏考古學上的實物依據。現在，在距今五千多年的紅山文化中發現大型玉雕龍，無疑是一很有說服力的佐證。我們知道，龍是一種被高度神化了的靈物。從漫長的人類發展史看，猿人是人類的祖先，而「龍」卻是中華民族進入文明史的標誌。因此，聞一多說它是中華民族「發祥和文化肇端的象徵」。直至今天，我們稱自己是炎黃子孫，炎帝和黃帝都是古代氏族社會的龍族，正是在這個意義上說，我們是龍的傳人。

傳說中的龍，從生物學觀點看是不存在的，它以蛇身爲主體，接受了獸類的四腳，馬的毛，鬣的尾，鹿的角，狗的爪，魚的鱗和鬚。實際上，它是我國圖騰社會的遺跡，是古代各種氏族圖騰的綜合體。其形成的過程反映了我國社會從母系氏族向父系氏族社會的轉變過程。

龍，最初只是一種蛇。《山海經》及其它古書中記載，人類始祖伏羲和女媧是人首蛇身。可見處於母系氏族階段的伏羲和女媧當時是以蛇爲圖騰的。進入父系氏族階段後，各種圖騰氏族之間進行了爭戰和融合，以蛇爲圖騰的氏族逐漸兼併，聯合了其它一些圖騰氏族，開始形成一種綜合性的圖騰，這就是龍。它大約相當於傳說中的黃帝時代。按照聞一多的觀點，龍圖騰所包括的單位大概就是古代所謂「諸夏」和至少與他們同姓的若干夷狄。他們最初都在黃河流域的上游，即古代中原的西部，後來受到來自東方一個以鳥爲圖騰的商氏族的壓迫，一部分向北遷徙，即後來的匈奴，一部分向南遷移，即周初的荆楚吳越各蠻族。留在原地方的一部分，雖一度被商人所征服，政治勢力暫時衰落，但其文化勢力卻屹然未動，而成爲中華民族文化的基礎。這從出土的商周時期的大量玉龍和青銅器上的各式夔龍可見一斑。而《莊子》中的《天運篇》也曾講到作爲商文化代表的孔子怎樣對夏文化代表的老子甘拜下風的故事。故事講道：孔子見過老子後，發呆了三天說不出話，弟子們問他給老子講了些什麼，他說：「吾乃今於似乎見龍—龍合而成體，散而成章，乘雲氣而養翔乎陰陽，予口張而不能脅，舌舉而不能訊，予又何規老聃哉！」

三星他拉玉雕龍是我國迄今發展最早的龍的形象，比之傳說中的龍，它沒有「獸類的四腳，馬的毛，鬣的尾，鹿的角，狗的爪，魚的鱗和鬚。」與商周時期的玉龍形象相比也有明顯的區別。造型更爲寫實，雕琢技法更爲簡略，表現出較多的原始性。其形象只是彎曲的蛇身和像豬的首和高聳的長鬣。但是，從其形象看，說明當時的原始農業已經發展起來。三星他拉出土的玉龍首部形象：口閉吻長，鼻端前突，上翹起棱，端面截平，有兩個並排的鼻孔，這些都是豬首的特徵，而其豬鬣據有關考古學家考證，是從豬鬃毛演變過來的，是豬體形象所必有的標誌。我們知道，養豬是與原始農業相伴隨的。紅山文化玉龍形象既不是單純的蛇圖騰，又不是那種集而爲體，散而爲章的綜合性龍圖騰，而是象徵著原始農業開始發展起來的一種豬首蛇身像，這說明，當時的社會已經開始進入農業社會，處於人類第一個文明浪潮的門檻。因此，如果說，黃帝時代開始了中華民族五千年文明史的話，紅山文化玉龍的出現，則是這一文明史的燦爛曙光。它預示著中華民族這條巨龍即將開始高遠的騰飛。

# 各省會城市氣溫指數表（℃）

| 溫度／城市／月份 | | 哈爾濱 | 長春 | 瀋陽 | 烏魯木齊 | 西寧 | 蘭州 | 銀川 | 西安 | 呼和浩特 | 太原 |
|---|---|---|---|---|---|---|---|---|---|---|---|
| 一月上旬 | 平均氣溫 | -20.0 | -16.7 | -12.3 | -16.1 | -9.3 | -8.1 | -9.5 | -1.1 | -14.4 | -7.2 |
| | 平均最高 | -14.3 | -10.6 | -5.6 | -10.8 | -0.4 | 1.8 | -2.4 | 4.7 | -7.3 | 0.4 |
| | 平均最低 | -25.2 | -21.8 | -18.0 | -20.4 | -16.0 | -13.5 | -15.0 | -5.1 | -19.9 | -13.8 |
| 二月 | 平均氣溫 | -15.4 | | | -12.2 | | -2.5 | | 2.1 | -9.3 | -3.3 |
| 三月 | 平均氣溫 | -5.1 | | | 0.7 | | 5.3 | | 8.0 | -0.4 | 3.6 |
| 四月上旬 | 平均氣溫 | 2.3 | 2.5 | 5.3 | 7.1 | 4.9 | 8.5 | 7.0 | 11.5 | 4.4 | 8.4 |
| | 平均最高 | 8.1 | 8.7 | 11.1 | 13.4 | 13.2 | 16.1 | 14.7 | 17.9 | 11.7 | 15.8 |
| | 平均最低 | -3.3 | -3.3 | 0.0 | 1.9 | -1.4 | 2.3 | 0.2 | 6.5 | -2.2 | 1.6 |
| 五月 | 平均氣溫 | 14.3 | | | 18.9 | | 16.7 | | 19.2 | 15.2 | 17.5 |
| 六月 | 平均氣溫 | 20.0 | | | 23.4 | | 20.5 | | 25.3 | 20.0 | 21.7 |
| 七月上旬 | 平均氣溫 | 22.4 | 22.3 | 24.0 | 25.6 | 16.6 | 21.4 | 22.7 | 25.7 | 21.6 | 23.1 |
| | 平均最高 | 28.1 | 27.9 | 28.9 | 32.0 | 23.7 | 28.1 | 28.6 | 31.5 | 27.9 | 29.7 |
| | 平均最低 | 16.9 | 17.3 | 19.1 | 20.2 | 10.9 | 15.5 | 17.2 | 21.1 | 14.7 | 17.3 |
| 八月 | 平均氣溫 | 21.4 | | | 23.8 | | 21.0 | | 25.4 | 19.9 | 21.9 |
| 九月 | 平均氣溫 | 14.3 | | | 17.4 | | 15.9 | | 19.4 | 13.8 | 16.1 |
| 十月上旬 | 平均氣溫 | 8.5 | 9.9 | 12.0 | 10.9 | 8.7 | 11.8 | 11.8 | 15.3 | 9.1 | 12.1 |
| | 平均最高 | 15.2 | 16.4 | 18.9 | 17.2 | 15.4 | 18.3 | 18.8 | 20.1 | 16.7 | 19.2 |
| | 平均最低 | 2.1 | 3.8 | 5.7 | 6.3 | 4.1 | 7.1 | 6.0 | 11.9 | 3.2 | 6.3 |
| 十一月 | 平均氣溫 | -5.8 | | | -2.6 | | 1.6 | | 6.5 | -3.0 | 1.8 |
| 十二月 | 平均氣溫 | -15.5 | | | -12.0 | | -5.7 | | 0.6 | -11.4 | -5.[illegible] |
| 全年 | 平均氣溫 | 3.6 | | | 7.3 | | 9.1 | | 13.3 | 5.6 | 9.3 |
| 全年 | 較差 | 42.4 | | | 40.9 | | 29.7 | | 28.0 | 35.7 | 30.[illegible] |

# 華北部

謝鶴林
劉德謙　編著

# 京津遊覽區

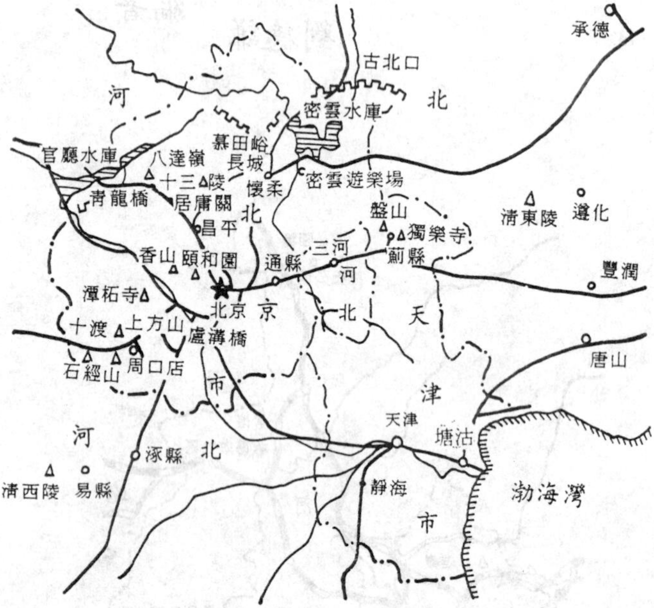
承德
古北口
河
北
密雲水庫
慕田峪
長城
官廳水庫
八達嶺
十三陵
懷柔
密雲遊樂場
青龍橋
居庸關
北
盤山
清東陵
遵化
昌平
獨樂寺
香山
頤和園
三河
通縣
河
薊縣
豐潤
潭柘寺
北京
京
北
天
十渡
上方山
盧溝橋
唐山
石經山
周口店
市
津
天津
塘沽
河
涿縣
北
清西陵
易縣
靜海
渤海灣
市

# 悠悠京華古都城（北京古城）

人們一提到北京，總喜歡用「古都」、「古城」等類字眼來稱呼它。這的確是名副其實的。它和西安、洛陽、開封、杭州、南京，合稱我國六大古都。由於近五百多年的歷史地位，又是我國解放後的首都，它的名氣與日俱增，成爲代表中華民族悠久文化的歷史名都。

北京，形勢險要，雄踞於華北平原永定河畔。西北群山連綿，太行重巒疊嶂，萬里長城蜿蜒於北方，南控平原，東臨大海，具有優越的地理位置。北京都城雄偉壯麗，氣象萬千。風光名勝，文物古跡之多，甲於全國，更使它聞名於世。有人這樣讚譽它：「龍樓鳳闕，萬瓦鱗次，九重禁地，千百樓臺，堪稱百雉連雲，雕金砌玉，輝煌華麗，舉世無雙。」可以說，它是當之無愧的。

北京的歷史，可以遠溯至五千年前。在我國古代傳說裏，黃帝戰蚩尤的故事就發生在北京附近的涿鹿。黃帝並在此建立都邑。後來，顓頊到這個地區祭祀，當時叫幽陵。堯帝時則建立過幽都，舜曾流放共工在這裏。夏禹治水後，即成爲冀州的首邑。殷代名爲幽州。可見北京古老的名稱幽州是由來已久的了。

周武王滅商後，封帝堯後代於薊，封周宗室召公奭於北燕；後來燕侯呑併了薊，就以薊爲中心，建立自己的國家。所以作爲都城的歷史，如果從這時算起，距今也有三千多年了。春秋時期，諸侯爭霸；戰國時期，七雄並立；燕國都以這裏爲根基，參加角逐。著名的燕昭王招賢納士的黃金臺，燕太子丹送荊軻刺秦王的易水，都在當時的燕下都（今河北易縣城東南）附近。你如果去憑弔黃金臺，也許會想起唐代陳子昂的《登幽州臺歌》：「前不見古人，後不見來者，念天地之悠悠，獨愴然而涕下。」從而引發你的思古之幽情。而在易水之濱，你也許會情不自禁地吟詠：「風蕭蕭兮易水寒，壯士一去兮不復還」的詩句，懷念起那位慷慨悲歌、視死如歸的壯士來。

秦始皇統一中國後，薊城失去了一國都城的地位，降爲一個普通的郡治，一度被冷落了幾百年。漢代，著名的飛將軍李廣曾鎮守於此，胡馬不敢越雷池一步，但其地位也不過是北方重鎮。唐代，這裏是范陽節度使駐在之地，爲當時全國首要藩鎮之一。「漁陽鼙鼓動地來，驚破霓裳羽衣曲」，安祿山就是從這裏興師作亂的。後來，郭子儀擊敗安祿山，杜甫在四川寫詩，有句：「劍外忽傳收薊北」，指的也是這個地方。

五代時，燕雲十六州入於遼，這裏遂成爲遼的南京，後正式改名燕京，是遼的陪都，位於現在北京城區西南的廣安門外。宋時是燕山府治。金代，這裏是中都，擴建了

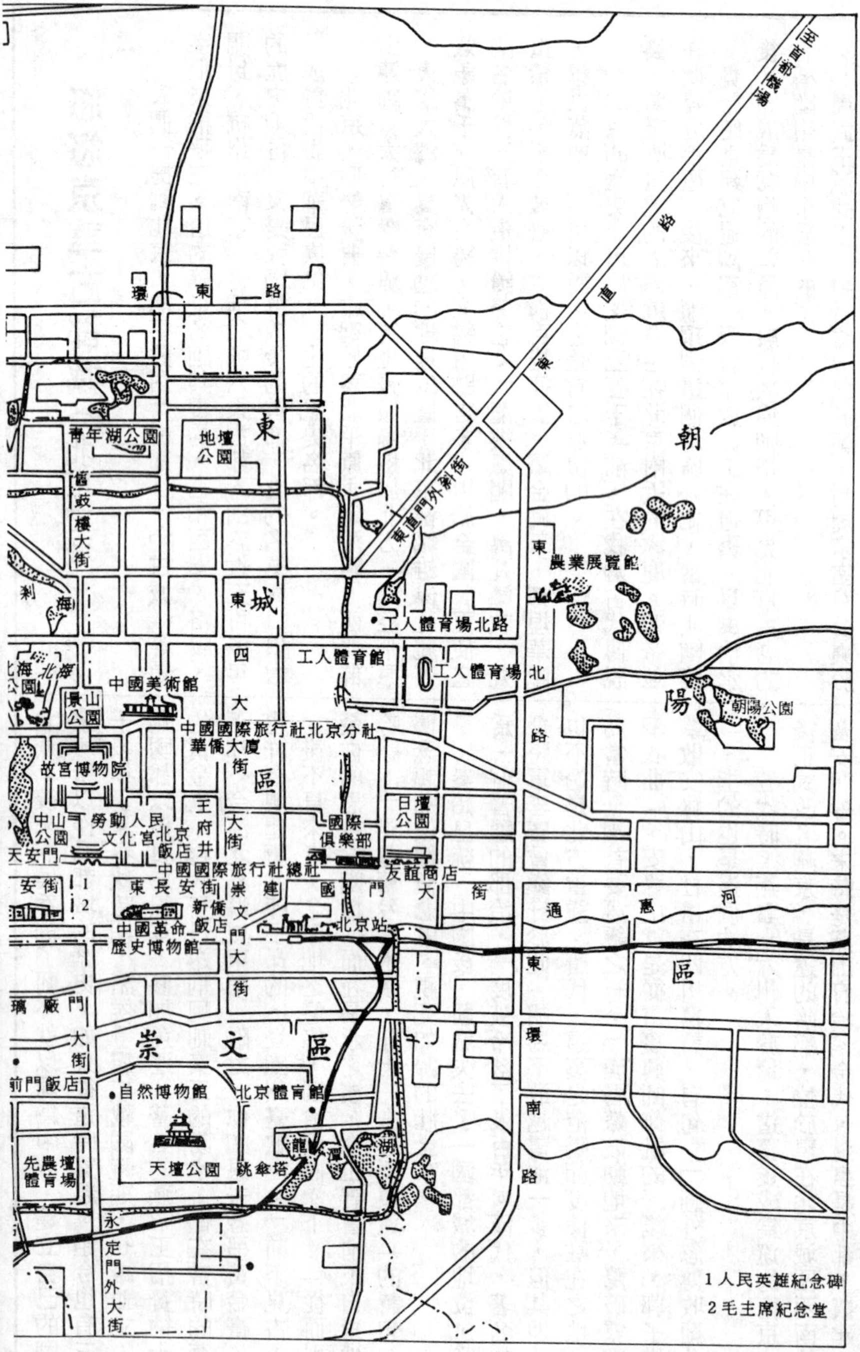
至首都機場
東直路
環東路
東直門外斜街
東城區
朝陽區
青年湖公園
地壇公園
舊鼓樓大街
剎海
北海公園
景山公園
中國美術館
工人體育場北路
工人體育館
工人體育場
東四大街
農業展覽館
朝陽公園
東北路
中國國際旅行社北京分社
華僑大廈
故宮博物院
中山公園
勞動人民文化宮
王府井
北京飯店
日壇公園
國際俱樂部
天安門
中國國際旅行社總社
友誼商店
東長安街
建國門大街
通惠河
新僑飯店
崇文門大街
北京站
中國革命歷史博物館
東區
琉璃廠
東環南路
崇文區
大街
前門飯店
自然博物館
北京體育館
先農壇體育場
天壇公園
跳傘塔
龍潭湖
永定門外大街
1 人民英雄紀念碑
2 毛主席紀念堂

市區圖

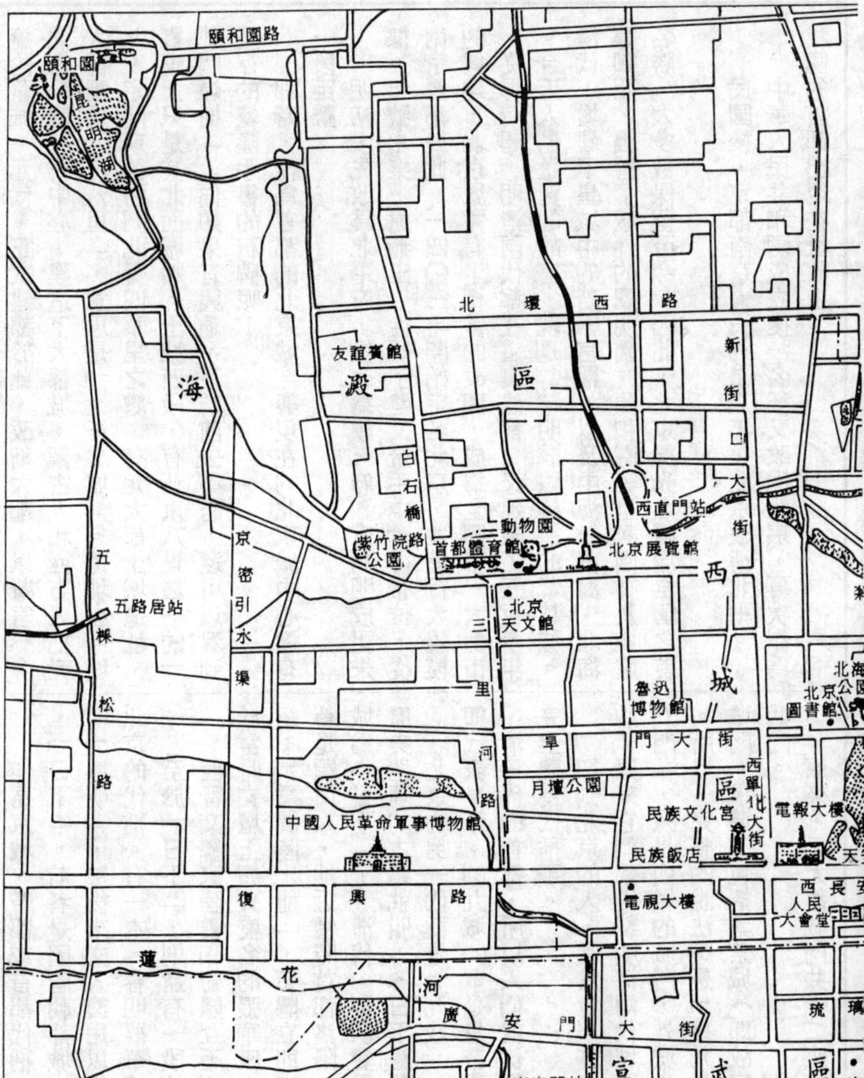
頤和園路
頤和園
昆明湖
北環西路
友誼賓館
海澱區
新街口大街
白石橋
紫竹院公園
動物園
首都體育館
西直門站
北京展覽館
京密引水渠
西城區
五路居站
五棵松路
北京天文館
三里河路
魯迅博物館
阜門大街
北海公園
北京圖書館
月壇公園
西單北大街
民族文化宮
電報大樓
中國人民革命軍事博物館
民族飯店
復興路
電視大樓
西長安
人民大會堂
蓮花河
廣安門大街
琉璃
宣武區
前
廣安門站
右安門大街
陶然亭公園
永定門站
豐臺區
涼水河

北京市

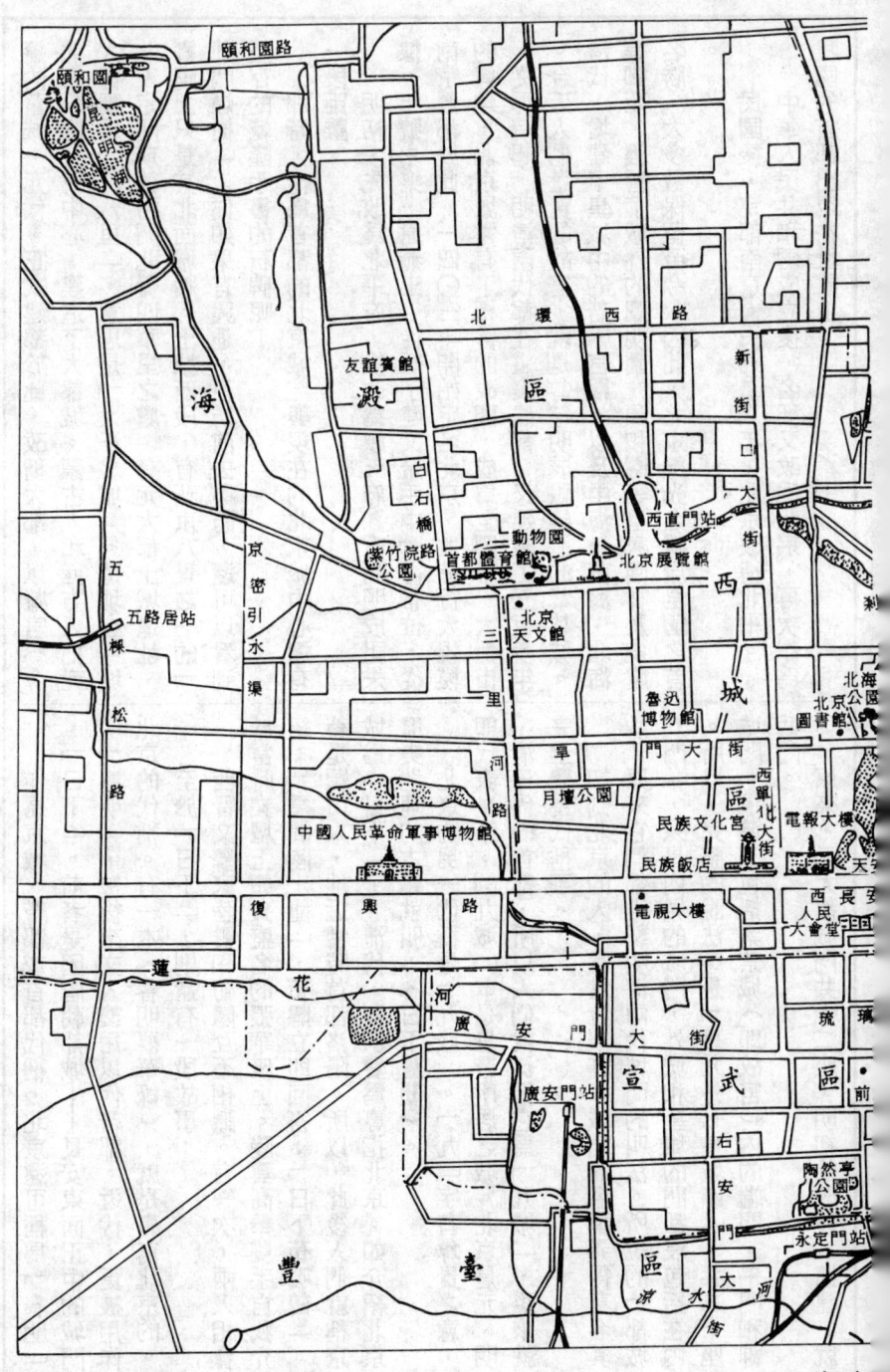

遼的舊城。元代，正式建都於此，改稱大都，以離宮（今北海公園）爲中心，建造了大都城。蒙古人和西方人把元大都稱爲「汗八里」，意思是「大汗之城」。遺址在今城北安定門或德勝門北行四華里之處，有元大都土城遺址，實際上只是其北面城牆。土城西段，有燕京八景之一的「薊門煙樹」。你如果有興趣，不妨前去尋訪，還可以看到殘存的乾隆手書的石碑呢！

那時，作爲首都的北京城，與現在的北京城中心還有一段距離。

明初，先改爲北平府，後改爲順天府。直到明成祖朱棣（年號永樂，原燕王）從姪子建文帝手中奪得帝位，從南京遷都於此。一四〇三年開始定名北京，並進行大規模的興建，北京城才有了相當的改觀，成爲全國第一大都市。從那時起，明清兩代都在這裏建都，又延續了五百多年。今天人們遊覽的故宮，就是當年明成祖建造的紫禁城。清代，增建了皇城中的若干宮殿，以及中海、南海、北海等御苑，經營了城外的圓明園、頤和園等皇家園林及多處名勝，大多數保留至今。因此，北京風光名勝居全國之首。

民國後，定都南京。一九二八年，北京改稱北平。

中華人民共和國成立後，名稱又改爲北京，再次作爲我國的首都出現在世界上。

作爲京城、帝都或首都代稱，北京還可稱爲「春明」、「日下」。前者是因唐朝都城——長安東面正中的城門叫「春明」，被後來文人襲用以代帝都。近代，更被用作北京的代稱。有一本《春明夢華錄》，就是專寫北京的。

至於「日下」，則還有一段故事：

西晉文學家陸雲和荀隱互不相識。有一次，兩人相會於當時文壇上頗負盛名的張華座上。陸雲高舉雙手自我介紹：「雲間陸士龍」，荀隱立即回答：「日下荀鳴鶴」。荀是潁川人，地近當時首都洛陽。所以，此後人們就稱京城爲「日下」了。清代，則演變爲專指北京。如介紹北京歷史地理的古籍就叫：《日下舊聞》。

北京的另一代稱是「九城」。「九」字有尊貴之意，即代表皇帝。「九城」本是皇帝所居之城。北京是元、明、清三代的首都，所以人們就泛稱它爲「九城」，後來就完全變爲代稱了。

初到北京的人，常常會被許多城門的名稱弄得莫名其妙。原來它們都沿襲明清兩代城門的叫法。所說的「都城九門」，只是內城的城門，外城和皇城的門都沒包括在內。所以，完整的說法應是「裏九外七皇城四」，共二十座城門。這還不包括紫禁城（即故宮）內的端門、午門和神武門。

原來，元大都城門共十二座，明初的改建、擴建，就發展到後來的二十座城門了。這二十座城門的名稱也很有說道：

內城九門：南面三門，中央爲正陽門（俗稱前門），取「聖主當陽，日至中天，萬國瞻仰」之意。東邊崇文門（又稱海岱門、哈德門），指「文教宣尊」。西門宣武門（又稱順治門），指「武烈宣揚」。東面二門，南爲朝陽門（齊化門），指「寅賓出日」。北爲東直門，指「民興教化東至東海」。西面二門，南爲阜城門，指「物阜民安」。北爲西直門，指「民興教化西至西陲」。北面二門，東爲安定門，指「文臣詡讚太平，交代而後安享」。西爲德勝門，指「武將疆場奏績，德勝回朝而後凱旋」。

此外，光緒二十六年於正陽門東增闢一門，俗稱水關（現已不存）。民國十五年又在正陽門與宣武門之間，增闢一門，名和平門。民國二十九年（日僞時期），東西朝陽、阜成兩門南邊，各開闢一門，東名啓明（後改建國），西名長安（後改復興），現都作爲地名保留下來了。所以，內城實際共有十三座門。

這些城門中，以正陽門爲最壯觀，形勢雄渾莊嚴。明清時此門常閉，非帝王不能出入。正陽門前的箭樓，已成爲全國各地城樓建築的藍本，而許多以「前門」爲標誌的商標、廣告、風景片等，也多以它爲參照。

紫禁城也有四門：南以午門爲正門，東爲東華門，西爲西華門，北爲神武門。

外城七門是：東面的有東便門、廣渠門（俗稱沙鍋門）；西面有西便門、廣安門（彰儀門）；南面三門，中央爲永定門，東爲左安門，西爲右安門。

內城之皇城，位居正中央。皇城四門是：天安門、地安門、東安門、西安門。

當年出入內城是頗有講究的，城門各有各的用途，任何車馬都必須按照嚴格規定的城門行走：

正陽門走皇輿宮車（以示封建帝王惟我獨尊）。崇文門走酒車（當時的燒酒作坊多在東南）。宣武門走囚車（處決囚犯的刑場在宣武門外菜市口）。朝陽門走糧車（朝陽門內倉庫多，如祿米倉、南門倉、北門倉、新太倉等，至今名字猶存）。阜成門走煤車（到門頭溝取煤）。東直門走木材車（從運河運來木材）。西直門走水車（從玉泉山運皇宮用水）。安定門走糞車（地壇一帶糞場林立）。德勝門走兵車（取德勝二字，出入軍隊，故身價特高）。

明嘉靖二十九年（一五五〇年），抗倭名將戚繼光年僅二十二歲，以「簡材官戍九門」，被任命爲督防九門的總旗牌。這是個地位低微、責任重大的軍職。而戚繼光卻能忠於職守，在當時的北京保衛戰中，他顯露出了卓越的軍事才能。

過去，這些城門還和坐落其上的城樓及附近的城牆相聯繫。現在，除皇城四門的城樓及正陽門城樓（連同那著名的箭樓）德勝門城樓以外，其餘各門的城樓，均已在擴建市區時拆掉了。

如今，內城九門外已修建了水泥板塊的寬闊大馬路，稱爲二環路，並配有立交橋多座，每天車水馬龍，熙來攘往，熱鬧非凡。地面上走四十四路環行公共汽車，地底下是兩條地下鐵道的一部分。這九門的名稱，則作爲地名、站名保存下來了。

## 萬里中華第一門（北京天安門）

天安門，坐落在北京城的中心，坐北朝南，是一座巍峨壯麗、莊嚴雄偉的古代闕樓。如今，它已成爲我國首都的標誌，是億萬人嚮往之地。

南面是寬廣開闊的天安門廣場，據說是世界最大的廣場；可容納五十萬人。如果加上廣場和城樓之間溝通東西長安街的通衢大道，則可容納上百萬人。我國的開國大典和大型集會、閱兵儀式等，都在這裏舉行。平時，還是人們遊覽、休息及放風箏的好地方。

幾乎每一個來北京的人，都要到這裏來瞻仰天安門的風采。

天安門建於明代初年，原名承天門，是沿用唐代長安皇城正門的名稱，表示皇帝「承天啓運」，「受命於天」。清順治八年（一六五一年）重建後稱天安門。它是舊皇城的正南門，居於北京城中軸線上。城樓通高三十三點七米，東西寬九間，南北進深五間。「九五」這數字是暗示帝王的「九五之尊」的。它的左右，分別是勞動人民文化宮（太廟）和中山公園；背後是明清兩代帝王居住過的皇宮（紫禁城）。

天安門前有條金水河，因元代流入大都的水源出昌平的金水河故名，明代沿襲元代舊稱。金水河俗稱筒子河或護城河，還有稱作玉河或御河的。不過確切地說，金水河指的是從今中山公園南門前到北京勞動人民文化宮南門前的一段，河長五百米，寬十八米。據《日下舊聞》載：「護城河西面之水，自紫禁城西南隅站經天安門外金水橋，東南注御河，是爲外金水河。」而流經太和門前者，爲內金水河。玉河或御河則應是金水河的下游，其河道即今之正義路。元人馬祖常《玉河詩》說：「御溝春水曉潺湲，直似長虹曲似環，流入宮城才咫尺，便分天上與人間。」金水河狀似玉帶，因此，它還有個雅號：玉帶河。這條河上跨著五座漢白玉石橋，橋欄杆雕飾著各種精緻的圖案和花紋。中間那座橋身稍寬，是天街御衢的一部分。從前只有皇帝才能通行，所以又稱「御路橋」。橋的南面和北面各有一對威武的石獅子。左邊的雄獅，右前腳踩著一個繡球，象徵著權力。右邊的雌獅，左前腳撫摸著一隻仰臉作玩耍狀的小乳獅，形態嫵媚可愛。這石獅子給整座天安門城樓增添了威嚴的氣勢和無限的生機，是這座古建築不可缺少的裝飾。現在也是遊客喜歡留影紀念的地方。

橋南石獅兩旁，各有挺秀的漢白玉石華表一柱。

關於華表的來歷，有兩種說法：

一說原爲「誹謗（古代作批評解）木」。崔豹《古今注·問答釋義》說：「程雅問曰：『堯設誹謗之木，何也？』答曰：『今之華表木也。以橫木交柱頭，狀若花也，形似桔槔，大路交衢悉施焉。或謂之表木，以表王者納諫也，亦以表識衢路也。』」

一說是「桓表」。徐鍇繫傳：「亭郵立木爲表……表雙立爲桓上」。面是「一柱四出」。亭郵（古代傳遞文書，供應食宿和車馬的驛站）多設在十字路口，故立桓表作爲路標。「一柱四出」的作用是指能指示東西南北幾個方面、幾條道路。

不管哪種說法，華表作爲某種意義的標誌其作用是顯而易見的。所以，後來的華表多設在城垣、橋梁或陵墓等前面，並由木製發展成爲石雕。而天安門的華表則是宮殿前所陳設的儀仗性的飾物了。

這組華表柱的下部是美麗的八角形石座，四面用石欄板圍繞，布滿蜿蜒飛舞的行龍，雕刻精美，豪勁生動，邊緣還有圖案，大方美觀。這兩組華表柱高十米左右，形體渾圓，精緻壯觀。層層迴環的朵朵白雲中，盤繞著一條巨龍，龍有四足，每足五爪。龍柱上面橫貫「朵雲」，在矗立中顯示了對稱。再上面是承露盤，盤上裝飾著蹲踞的石獸，叫做「犼」。據說是龍生九子之一，有守望的習性。

北京民間流傳著犼的故事：天安門前的這對叫「望天犼」，說它經常注視帝王外出遊幸的行爲。當帝王久出不歸時，它就說：「國君啊，你不要長期在外遊逛，該回來料理國事了。我們盼望你回來把眼睛都望穿了」。所以叫它「望君歸」。而在天安門裏，端門前面，也有兩柱華表，頂上的兩隻犼面向北，朝著宮殿，與天安門外的那對正好反向。民間傳說它日夜注視著深宮帝王的行爲，勸帝王說：「國君啊，你不要老呆在深宮裏和后妃取樂，你該出來看看人們的苦難了。我們盼望你出來，把眼睛都望穿了。」所以又叫它「望君出」。通常稱華表爲「望柱」，原因就在這裏。精緻的雕刻和美麗的故事相結合，使人們更加喜愛這兩組華表。

過去，天安門對封建皇朝是有巨大作用的。每當朝廷舉行盛大慶典時（如皇帝登基，冊立皇后等），就在天安門堞口正中設立「宣詔臺」，舉行「頒詔」儀式。這時文武百官被召集到天安門前，按官階大小排隊肅立，等候聖旨。禮部尚書在太和殿接受詔書以後，恭恭敬敬地把詔書捧來。宣詔官宣讀詔書的時候，文武百官向北跪拜，感謝「皇恩」。宣讀完畢，宣詔官把詔書捲起來，放在一個金色的木頭鳳凰的嘴裏，然後從天安門城樓正中間，用黃繩（明代是彩繩）把「金鳳凰」繫下來。由禮部官員雙手捧著木雕的雲朵形的盤子，在下部跪接。「金鳳凰」嘴裏的詔書正好落在「雲盤」裏，這叫做「朵雲接詔」。然後把詔書放進「龍亭」，抬著送到禮部，再用黃紙謄寫後分送全國各地，頒告天下。這一整套儀式叫做「金鳳頒詔」。清人毛奇齡的《天安門頒詔詩》即是明證：

「雙闕平明捲霧開，九重頒詔出層臺。旛懸木鳳懸書舞，仗立金雞下赦來。彩檀橫時天宇闊，黃封展盡聖心裁。策實本是賢良事，何處還尋杜谷才？」

天安門還是「金殿傳臚」的地方。明清殿試中前三名爲狀元、榜眼、探花。考試後兩天，在殿上傳呼考中進士者的姓名，叫「傳臚」。唱名後，禮部官員捧著皇帝定的「黃榜」，後面跟著一群笑逐顏開的新進士，走出午門，把黃榜放在龍亭裏。然後以鼓樂儀仗爲前導走出天安門，來到長安左門（現已不存）外的一個「龍棚」裏，張掛黃榜。看榜後，順天府尹（北京的地方官）給他們插金花，披上大紅彩綢，騎馬遊街，到順天府衙門去參加宴會。

還有，皇帝御駕親征，要在天安門前祭路。大將軍出征，皇帝統領文武百官在長安門外祭旗，宴送征人。歲暮還在這裏祭纛。

一九八八年初，天安門正式向國內外遊人開放。許多人都想站在國家領導人檢閱的位置上攝影留念，眺望人民英雄紀念碑和兩旁巍峨的建築群，感慨中國進入了民主的新階段。

## 紫禁城大觀（北京故宮）

北京故宮，原爲明清兩代帝王居住的皇宮，是我國現存規模最大、保留最完整的皇家宮殿古建築群。始建於明永樂四年（一四〇六年），十四年後建成。這座皇宮，占地七十二萬平方米，建築面積約十六萬平方米，房屋九千多間。近五百年來，明清兩代有二十四個皇帝居住於此，直至封建帝制的結束。現在是故宮博物院。

故宮，舊稱紫禁城。封建時代，皇帝自稱天子，即天帝的兒子。天帝所居的「天宮」謂之紫宮，古人就將天子所居的皇宮比喻爲天上的紫宮。而皇宮是不許一般人進入和靠近的禁地，所以稱爲紫禁城。歷來又有把紫微星垣比喻皇帝的居處的。古書上說，紫微，「天帝之座也，天子之所居」。紫微星就是北極星，位於中天，明亮而有群星環繞，所以有「紫微正中」的說法。因而明代把皇宮建在當時北京城的中心。

在總體的設計思想和布局特點上，主要是顯示封建統治階級的威嚴和皇帝的至尊地位，所以採用中軸線對稱的結構，突出主體宮殿，高臺基、大廣場的襯托，並以象徵性手法表示日月星辰環繞拱衛居正中的紫微星座，氣勢宏偉。

故宮的南大門是午門，過了這道門才算眞正進入紫禁城。而在天安門與午門之間，還有一座端門，有一條筆直平坦的石板「御路」可直達。

午門，黃瓦金頂，形體壯麗。過去，樓上置鐘鼓。凡皇帝上殿處理朝事，就鳴鐘擊鼓，通知百官。等候在午門外的大臣們，文武官由左門入，宗室由右門入。如皇帝出宮，樓上鳴鐘；祭享太廟，樓上擊鼓。若軍隊征討凱旋獻俘，皇帝上午門城樓舉行受俘儀式。

午門上還有四座亭式樓閣，金碧輝煌，簇擁著廡頂式正樓，而綴以勾連的廊廡，被稱作「五鳳樓」，瑰麗絕倫，確實有一番雍容華貴的景色。

門前是一個頗大的凹字形廣場，過去還是施行刑罰的地方。明代以後，書上常常見到「推出午門斬首」的字樣，這種說法似是而非。因明清兩代誅殺朝臣，都是棄市，「刑人於市，與衆棄之」。也就是斬首市曹，而市曹即街市所在，多在宣武門外菜市口。但所謂「推出午門」者，也是事出有因。因爲明代成化朝開始的廷杖，則確確實實是在這裏舉行的。

所謂廷杖，就是皇帝叫人用棍杖打臣下的屁股，執行者是錦衣衛。杖打的時候是用布將囚犯兜起來行刑，打完還要把布兜舉起來往地上摔，以致常常致人死命。明正德朝武宗因爲拒諫，一次廷杖一百四十六個廷臣，責打致死的十一人，就是個最典型的例子。嘉靖時，則有廷杖一百三十四人，死者十六人的記載。僅明一代，在午門外，廷杖大臣達五百多人次，死者衆多。

故宮的北門是神武門，離御花園不遠。出了這道門就出了紫禁城。出門經小廣場過馬路，就是景山公園了。

除了這前後兩門外，東邊有東華門，西邊有西華門。四門與高大的宮牆（牆高十點三米，上寬六點八米，下寬八點二米）連接在一起，眞可說是壁壘森嚴了。只要把這幾座門一關，外邊人進不來，裏邊人出不去，就成爲名副其實的禁地了。

和紫禁城牆緊密相連的建築，還有分布在城牆四隅的角樓。這幾座小城樓別具一格，精美優雅，玲瓏剔透。如果站在景山中峰最高處的萬春亭上，舉目向南眺望，你可以發現四座角樓與整個宮殿組合在一起，眞是起到了彼此襯托、交相輝映的作用。角樓的建築堪稱奇特。它有一個多角的屋頂，多爲上中下三層，重疊成爲閣樓的形象。在每層檐下，有造型優美的「斗拱」，支托著出檐。整個屋頂滿鋪金黃色的琉璃瓦件，在最上層十字形屋脊的四端，各安琉璃吻獸，脊的中央是光輝閃耀的鎏金寶頂。眞是金碧輝煌，奇麗無比。

北京人提到故宮角樓時，總愛用「九梁十八柱，七十二條脊」來形容。這就是說，角樓的梁柱和脊的數目字，加起來恰好是九十九。這個數在兩位數裏是最大的奇數。人們久久流傳著這句話，反映了角樓結構的複雜，也是對巧奪天工的工匠們的讚譽。

但人們似乎並不滿足於此。在民間傳說中，角樓的建造還是工匠祖師爺魯班先師的功勞。相傳在初建的時候，由於皇帝的苛求和督造大臣的催逼，工匠們一時想不出辦法解決技術上的難題。在這關鍵時刻，有一位白髮老人手拿蟈蟈籠子來工地和工匠們閒聊，走時竟忘了帶走籠子。工匠們無意中發現了這編製精巧的籠子，仔細察看，恰好是他們所需要的樣式。工匠們據此造出了角樓，興高采烈地要找老人道謝，卻遍尋不見。於是人們終於悟出這是「魯班爺」顯聖來搭救自己。當然，這只是後人爲歌頌工匠們而附會上去的說法。但這美麗的傳說卻爲角樓增添了神奇的色彩。

經過天安門、端門、午門後，迎面是一個約四萬餘平方米的廣場。中間橫跨一條內金水河，約二百米長，上有五座漢白玉石橋，也稱金水橋。過橋往北，就可到達第一座宮殿的大門——太和門。它是隨著太和殿而命名的，是故宮中最高大的門座。東西闊七間，南北深二間，四圍有廊，總合三十六間，建築面積一千三百七十一點一四平方米。外觀造型是重檐歇山式，下承以須彌座式的白石基座，及龍鳳石雕欄。兩側排列著朝房，門前矗立著一對精緻的銅獅子。高大的殿門，雄健的銅獅，拱衛於兩側，顯示著宮殿的威嚴氣魄。太和門在明代一度稱爲「大朝門」，皇帝每日「當朝」處理政務，就在此門舉行，叫做「御門聽政」。舉行聽政之前，官員們都在午門外等候。聽政開始，皇帝便服臨門，文武官員由午門進入，行叩頭禮分班侍立，依次奏事請旨。各藩府差吏及謝恩陛辭的外任官吏，則在午門外候旨進見。

進大門向前，是一個約三萬平方米的廣場，過了廣場，就是那座富麗堂皇的太和殿，初稱奉天殿，後改皇極殿，再改今名，俗稱金鑾寶殿。這是紫禁城最主要的建築，是皇權的象徵，目的是突出皇帝「至高無上」的地位，是皇帝發號施令、舉行慶典的所在。它是我國面積最大的木結構大殿，殿頂爲古建築中最尊貴的廡殿式。這座宮殿建築特別宏偉，高達三十五米多，東西寬約六十三米多，南北寬三十七米多，面積二千三百七十七平方米。殿內正中大約二米高的方形平臺上，設有金漆雕龍寶座，座上設金龍髹金大椅，就是皇帝的御座。椅後設雕龍髹金屏風，顯得莊嚴肅穆。座前陳設有香爐、寶鼎、仙鶴，點燃檀香、藏香時有裊裊輕煙吐出，繚繞於宮廷之內。兩旁還有六根蟠龍金柱和六十六根朱紅漆柱，柱高十二點七米，直徑一點〇六米。殿頂雕刻精美的藻井中央，是一條姿態生動的蟠龍，口中銜著一個倒扣下來的外塗水銀的大玻璃球，俗稱「龍戲珠」。這一切，使這座殿堂更加氣勢逼人。

朝會是明清宮廷中一項最爲隆重的典禮活動。每逢皇帝即位、大婚、冊立皇后和每年的元旦、冬至、萬壽節（皇帝的生日），皇帝都要到太和殿坐朝，接受群臣和外國使臣的祝賀。每當這時，高級官吏在殿內分班侍立，沒有皇帝下旨「賜坐」，誰也沒資格在殿前坐下。而更多的品級較低的臣子，就只能站到殿外去了。所以，侍候皇帝坐朝，也是一項苦差事。另外，像頒發詔書、公布進士黃榜、派大將出征，也要在這裏舉行隆重的儀式。舉行大典時，太和殿門前，從露臺起，陳設著儀仗旗幟，連續不斷，南出午門，一直排到天安門。大殿廊下擺著樂器，一邊是金鐘，一邊是玉磬，還有笙、簫、琴、笛，總稱爲中和韶樂。在皇帝登上寶座時，金鐘響、玉磬鳴，琤琤琮琮，十分和諧地奏起樂來。所有這些儀式活動，反映了皇權的威嚴。皇帝本人正是利用這種隆重的典禮來顯示「眞龍天子」的神聖威權。

從太和殿往北，就是中和殿。這是一座亭子形方殿，高二十七米多，面積五百八十三平方米。殿內有寶座、肩輿、屏風等陳設。這是一座榮典殿堂，一切皇封誥命，都在這裏頒發，欽天監也在此承旨頒發曆書。同時，它是皇帝去太和殿前的小憩之地，有時還在這裏舉行受賀儀式的演習。

緊接中和殿的是保和殿，高二十七米多，面積一千二百三十平方米。在清代，這裏是除夕和正月十五舉行大宴會的地方。參加宴會的主要是少數民族中的王公貴族和在北京的文武大臣。這是統治集團年終的「慶功宴」。科舉考試中最後一關的「殿試」也在這裏舉行。金殿對策，決定萬千士子的命運。所謂三鼎甲的狀元、榜眼、探花，也在此地產生。

這三座宮殿，就是通常所說的三大殿，屬於皇宮的外朝部分。三大殿的雄偉氣勢，是和瑰麗莊嚴的三座工字形臺基分不開的。臺基前後各有三座石階並列，中間的特別突出，用精雕的漢白玉斜鋪成「御路」。尤其是保和殿後（北面）的「雲龍御路」，更是特別宏偉，用一整塊艾葉青（玉石）製成，長十六點五七米，寬三點〇七米，厚一點七米，估計重量二百多噸。石質柔韌，雕刻精絕，周邊線刻著捲草圖案，下端是海浪江濤，中間用散點的流雲，襯托著突起的蟠龍，兩側踏跺浮雕刻著獅馬等圖案，和中間突起的蟠龍主次分明，堪稱古建築中的國寶。

## 內廷宮殿和後宮花園

### （北京故宮）

在三大殿之後，通過一個小廣場，正面便是一座華麗的宮門，叫乾清門，是故宮內廷的正門。清代，在門中設寶座，皇帝在此聽取各衙門主管大臣依次奏事，叫做「御門聽政」。這是表示皇帝親政的一種儀式。

過了乾清門，就是內廷宮殿的範圍了。往正北方向走，依次是乾清宮，坤寧宮，以及兩宮中間的交泰殿，總稱為後三宮。

乾清宮，是皇帝的寢宮。在明代和清初，也是皇帝處理日常事務的地方。清雍正移居養心殿後還經常來此選派官吏，批閱奏文，召見臣僕、外藩。

坤寧宮，在明代是皇后的寢宮，所以也稱中宮，清代改為祭神的場所。清代皇帝結婚時還需要在此宮的東暖閣住三天。

交泰殿，皇后過生日時在此殿舉行慶祝活動。清乾隆時，把代表皇權的二十五顆寶璽（皇帝的印章）收存在這裏。還有巨大的自鳴鐘和銅壺滴漏。

三宮東西兩廂有存貯皇帝冠袍帶履的端凝殿，有存放圖書翰墨的懋勤殿，有皇子讀書的上書房，有翰林承值的南書房。東西兩側有日精門、月華門、龍光門、鳳彩門、基化門、端則門、景和門、隆福門，分別通向東西六宮。

東六宮是眾多妃嬪居住的地方。包括景仁宮、承乾宮（明代是東宮貴妃的居處）、鐘粹宮、延禧宮、永和宮、景陽宮，以及奉先殿、齋宮等主要建築，通稱內東路。在外東路，則有皇極殿及其附屬的養性殿、樂壽堂和頤和軒。這組特殊的建築，是乾隆為自己滿六十年皇帝退位做太上皇而精心營建的安樂窩，原名寧壽宮。一七九六年，他曾在此宴請六十歲以上的官員，叫做「千叟宴」。後來他果然實現了這一願望，但在「歸政仍訓政」的名義下，仍實權在握，三年後才死去。現在這裏是著名的「珍寶館」。

西六宮，包括儲秀宮（明代是西宮貴妃的居處）、翊坤宮、永壽宮、啓祥宮（太極殿）、長春宮（體元殿）、咸福宮，以及撫辰殿、長壽宮、體和殿等主要建築。特別值得一提的是養心殿，清雍正以後是皇帝居住和進行日常統治活動的地方。一八四〇年後，這裏成了對外投降、無恥賣國的場所。一八六一年後，西太后曾在這裏「垂簾聽政」，指使曾國藩、李鴻章等人，勾結帝國主義，鎮壓太平天國革命。一九一一年，清王朝的退位詔書也在這裏宣布。外西路，則有慈寧宮、壽康宮和雨花閣、英華殿等佛教建築。這是專供老太后、老太妃等一群老寡婦居住的地方。因此這一區域裏佛殿經堂特別講究，讓她們晚年在這裏稱心享樂，好再修所謂「來世」之福。還有那些前朝遺留下來的年輕妃嬪，也住在這裏。對她們來說，伴著黃卷青燈過日子，就不是什麼享受了。實際上倒是囚禁她們終身的牢籠。

在乾清門之西，離內廷較近的隆宗門內，有幾間顯得矮小、簡陋的房子。它外表雖不惹人注目，卻是清宮最機密處——軍機房。雍正為了隨時就近召見重要大臣，商討、決定軍事大計，設立了軍機房，後改為軍機處。從那時起，它就成為起草皇帝諭旨和發布命令的機密之地，是清廷對全國發號施令的地方。

最初，它只限於處理軍事機密事宜，後來權力逐步擴大，凌駕於內閣之上，直接參與了朝政和許多機密事件的處理。皇帝通過軍機處把軍政權力集中在自己手裏。嘉慶時就成為最重要的正式國家機構了。

軍機處設有軍機大臣和軍機章京，成員都是皇帝的親信大臣。大軍機首席為領班，通常由親王擔任。為了保持軍機處的機密性，即使是王公大臣，沒有皇帝的「特旨」，也是不能隨便出入的。咸豐臨死時的顧命大臣，就是被委以重任的以肅順為首的「八軍機」，可見其地位是極高的。這個軍機處直到清朝臨近滅亡時才被廢除。

清代宮廷裏，除了外朝和內廷之外，還有就是供帝王后妃等娛樂、遊玩的場所，地處後宮的幾座花園了。

人們最熟悉的當屬紫禁城北部的御花園，原名宮後苑。這是一座以建築為主體的「宮廷式花園」。布局按宮殿主次相輔、左右對稱的格局安排。山石樹木僅為陪襯建築和庭院的景物，以布局緊湊、建築富麗取勝，在莊嚴整齊之中，力求變化，富有濃厚的「宮廷」氣氛。

坐落全園中心的是欽安殿，內供道家稱之為鎮火的玄武神。殿的周圍圈以矮牆，反襯出殿堂的巍峨高大。左右兩側還有幾座亭臺樓閣，前後映襯。

在欽安殿左後方巍然矗立的是堆秀山。此山是利用多種形狀的太湖石堆疊而成的。原為觀花殿舊址。明萬曆年間改堆成山。每年重陽節，帝后來此登高。山下有岩洞，左右有蹬道，山頂即御景亭，可以眺望紫禁城的宮殿和御花園的景色。

園內另一處重要的建築是絳雪軒，門窗裝修一概楠木本色，顯得樸素雅致。軒前砌一方形五色琉璃花池，上堆有玲瓏湖石，其間種植花卉，儼然一座燦爛絢麗的大型盆景，自成一優美境地。

園中有一條約一公里長的石子甬路，人們常常把它忽略了。如果低頭細看，你將不難看出，它是由七百二十幅生動的圖畫和三百多步長的連續圖案所組成。全部畫面，都是用各色大大小小的石子和精磨的磚、細雕的瓦拼湊出來的。這些石子畫，主要是《三國演義》書中的故事，有「火燒赤壁」、「三戰呂布」、「夜戰馬超」、「長坂坡」、「甘露寺」等，尤其是「鳳儀亭」一幅，把貂蟬、呂布、董卓的神態生動地表現了出來，很有情趣。還有表現風俗、花卉等題材的畫，也十分逼眞。可惜，現在有的畫面磨損得比較厲害，要欣賞就得蹲下來細細地觀看，在遊人衆多時就很難辦到了。

前述的皇極殿（原名寧壽宮）西邊，還有一座供太上皇乾隆憩息遊賞的皇家園林——寧壽宮花園。這座園林布局靈活多變，景色秀麗，許多建築是乾隆親自命名的，因此後人把它叫做「乾隆花園」。

這座園林包括五個景區：

第一景區主體建築是古華軒，乾隆親題對聯：「長楸古柏是佳朋，明月秋風無盡藏。」道出了這座建築的借景手法。此外還有禊賞亭、流杯渠，顯然是把古人流杯飲酒、作詩聚會的雅事也引進景中來了。

第二景區正房「遂初堂」，意味著乾隆「遂」了他在二十三年前想做太上皇的初衷。

第三景區以山石爲主景，有聳秀亭和延趣、翠賞二樓，起名主要是點景。

第四景區的中心高閣是符望閣，名稱表示花園建成符合乾隆在位時的願望。園內還有碧螺亭與玉粹軒等建築。

第五景區是「倦勤齋」，意爲歸政休養之所。

所有這些建築，各自獨立，又與迴環幽徑、爬山遊廊、高架飛橋等互相連接，別具風采。

在紫禁城西北，和太后、太妃們所居的慈寧宮相連，也有一座慈寧宮花園。適應這些老女人的需要，園內主要建築爲供佛藏經，以慰藉她們孤寂的生活。

花園入口攬勝門，在園東牆中。進門向北望，建築麇集。以咸若館爲中心，北爲慈蔭樓，東爲寶相樓，西爲吉雲樓，東南爲含清齋，西南爲延壽堂。這座堂上也有乾隆題寫的對聯：「梳翎閒看松間鶴，送響時聞院外鐘。」可見當年這裏的淸靜。

花園的南半部，栽花種樹，疊山壘池，建築亭臺，又主要是在平地上。一座臨溪亭建於橋上，下面是長方形水池，可得觀賞游魚之趣。本來這裏還有翠芳亭、綠雲亭、端化亭等，現已不存。

整座花園，遍植花卉樹木，在宗教的肅穆寂靜之外，別具空曠清幽的意境。

紫禁城後宮的花園，本來還有一座西花園，坐落在西六宮外重華殿之西，一九二三年燬於大火，這裏就不作介紹了。

# 在「正大光明」的背後

（北京故宮）

中國歷代皇帝多有三宮六院七十二嬪妃，子嗣衆多。他們爲了爭奪皇位，常常演出父子反目、兄弟相殘的醜劇。

清代以前，皇位的繼承，大都採取公開建儲的方式，即預先公開冊立嫡長子爲皇太子，以備承嗣皇位。從周代到明代，基本上沿襲這一制度。但實行起來，卻往往不是這樣。有的皇帝，隨個人的喜惡，任意廢立。而有勢力的子嗣也不甘居人下，於是兄弟鬩於牆，直至兵戎相見的，歷史上也不乏先例。

清代康熙皇帝，仍仿效前代之制，公開建儲。但他立的是次子，而且曾被廢黜。後來復立復廢，就不再立儲了。直到他重病不支，才宣詔傳位於四子胤禛，就是後來的雍正皇帝。

雍正時起，才改爲祕密立儲。即皇帝預先將選定的儲君之名親書密封，藏於匣中，放在乾清宮正中的「正大光明」匾額之後。皇帝死後，才由大臣開啓，宣布御書所指定的繼承人，即位稱帝。這件事從清宮檔案裏可以查到。

但圍繞着雍正即位的問題，卻流傳著幾種傳說：

一是說康熙死前倉促間在大臣隆科多（胤禛之舅）的掌心裏寫下遺詔，立「十四子」爲太子。不料隆科多竟抹去掌中的「十」字，帝位便被雍正得到。

另一說是康熙將密詔藏於「正大光明」匾的後面，被胤禛盜出，將「傳位十四子」改爲「傳位于四子」，竊取了帝位。

這兩種說法大同小異，但並不符合事實。因爲康熙時還沒有改用祕密立儲的辦法，而且，從保存到今天的惟一的一份立儲御書（道光立皇太子奕詝爲皇太子，即咸豐）看，是用滿漢兩種文字書寫的。可見，康熙不可能只用漢字書寫，更不至於草率到寫在掌心上。

當然，雍正爲了謀取和鞏固帝位，對同胞兄弟確實採取過暴力手段。甚至責令其弟胤禩改姓阿其那，即滿語中狗的意思；令其弟胤禟改姓塞思黑，就是滿語的豬。至於還有些什麼祕密手段，恐怕就是清史上的一大祕密了。

本來，祕密立儲就已不是什麼正大光明的事，卻偏偏要把御書藏在「正大光明」匾的後面。這眞是莫大的諷刺。

皇宮內的鬥爭不僅表現在立儲上，在嬪妃、王公、近侍中，到處都充滿著勾心鬥角。所謂「一朝天子一朝臣」，其實，何止是「臣」。上至皇帝，下至宮人，一旦失勢被打入冷宮就一生要與孤寂爲伴了。冷宮，本來是皇帝用來處置那些失寵或被廢黜的皇后、嬪妃的。

明、清兩代則有把兄弟子姪打入冷宮的。清末，擁有無限權勢的慈禧，更以太后之威，將維新變法失敗後的光緒皇帝先後囚禁在中南海的瀛臺和頤和園的玉瀾堂，實際上也是打入冷宮。

那麼，紫禁城的冷宮在哪裏？歷來有兩種說法：一說即是乾清宮、長春宮；一說冷宮無固定地點，只要是關禁后妃、皇子的地方，便俗稱冷宮。

從明清史料看，紫禁城從來沒有冷宮匾額，冷宮並不是哪處宮室的正式名稱。據文獻記載，明、清兩代，被作爲冷宮的地方有好幾處。可見，第一種說法不實，第二種說法比較可信。

明代景泰年間，明英宗朱祁鎭被瓦剌部也先俘虜後放回，曾被其弟代宗朱祁鈺關在「南宮」，禁人來往。後來英宗就是在這裏策劃陰謀奪回皇位。這個冷宮在今南池子南端，紫禁城之東。

明末天啓年間，成妃李氏得罪了權勢煊赫的宦官魏忠賢，由長春宮被趕到御花園西面的乾西四所。先後被幽禁在這裏的，還有定妃、裏嬪、恪嬪三人。

清代康熙的第二個兒子允礽被康熙立爲皇太子，立而後廢，廢而又立，最後在康熙五年又被黜，並永遠禁閉在紫禁城西南部緊靠武英殿的咸和宮。

在兄弟骨肉之間爲爭皇位而使盡手段的雍正，一當上皇帝，便極力壓制過去打擊他的政敵，把弟弟允禵及允禵之子禁閉在景山之內。

光緒皇帝的珍妃被慈禧派人推落井下之前，據說關在景祺閣北邊北三所（現已全部坍毀），即今珍妃井西邊的山門裏。

## 一斛珍珠井內消（北京故宮）

當你從珍寶館的最後一個展室——頤和軒走出來的時候，或許正爲剛才的一飽眼福而滿心歡喜，也許更因清廷的驕奢淫侈而胸懷憤激，不過你千萬別忘了，臨出貞順門之前，這裏還有一處值得停步的地方，那令人嘆惋的「一斛珍珠」散落之地——門內路旁的珍妃井。

紅牆下，婆娑綠竹掩映著一個不太大的鼓形石圈，石圈中空，是爲井口，口喉均狹。如探頭俯視，窅篠不見其底。一九〇〇年七月，八國聯軍將要攻陷北京之時，光緒皇帝鍾愛的珍妃，就活活地被淹死在這裏。

珍妃之死，歷來傳說紛紜，其中以《瀛臺泣血記》的描寫最爲中外讀者熟知。如按該書作者德齡女士所述，則謀害珍妃的罪魁禍首當是慈禧跟前的太監總管李蓮英。《

瀛臺泣血記》寫道，在八國聯軍攻城、慈禧一行倉惶逃遁之時，是李蓮英耍弄陰謀，勾起了慈禧處死珍妃的念頭；在光緒求情被斥、隆裕和瑾妃均不敢言語的時候，是李蓮英對太后耳語，取得了由他隨意處置珍妃的權力；在光緒哭呼救命、衆人馬上就要出來勸阻的時候，又是李蓮英拖著珍妃的頭髮，迅速機巧地把她推進了殿前的一口大井。

德齡姊妹二人，的確曾在清宮生活過，也曾親自伴隨過慈禧，所知宮中故事委實不少；然而對於珍妃之死，卻未能親見親聞。看來，《瀛臺泣血記》的這段記載，也未免過於小說化了。據得以親聞親見此事的的太監唐冠卿說，當時處理這事的，實際卻是太后本人，參與行動的，也僅只是首領太監崔玉桂。下面便是唐冠卿的回憶：

「庚子七月十九日，聯軍入京，宮中警惕萬狀，總管崔玉桂率快槍隊守蹈和門，予亦率四十人守樂壽堂。時甫過午，予在後門休憩，突覩慈禧后自內出，身後並無隨侍。私揣將赴頤和軒，遂趨前扶持，乃至樂壽堂右；后竟循西廊行，予頗驚愕，啓曰：「老佛爺何處去？」曰：「汝勿須問，隨余行可也。」及抵角門轉彎處，遂曰：「汝可在頤和軒廊上守候，如有人窺視，槍擊勿恤。」予方駭異間，崔玉桂來，扶后出角門西去，竊意將或殉難也，然亦未敢啓問。少頃，聞珍妃至，請安畢，並祝老祖宗吉祥。后曰：「現在還成什麼話！義和團搗亂，洋人進京，怎麼辦呢？」繼語漸微，噥噥莫辨。忽聞大聲曰：「我們娘兒們跳井吧！」妃哭求恩典，且云未犯重大罪名。后曰：「不管有無罪名，難道留我們遭洋人毒手麼？你先下去，我也下去。」妃叩首哀懇。旋聞后呼玉桂。桂謂妃曰：「請主兒遵旨吧！」妃曰：「汝何亦逼迫我耶？」桂曰：「主兒下去，我還下去呢。」妃怒曰：「汝不配！」予聆至此，已木立神痴，不知所措。忽聞后疾呼曰：「把她扔下去吧！」遂有掙扭之聲，繼而砰然一響，想珍妃已墮井矣。」

崔玉桂，亦可記作崔玉貴。據宮中的回憶，另一個名叫王祥的太監，當時也曾偷偷見到這事。有人轉述他的話說，此事也是慈禧親率崔玉桂幹的，情節也跟唐冠卿回憶無大異。或許珍妃臨死前確也呼喚過「李安達」（「安達」者，太監之尊稱也），指望像李蓮英這樣能對太后有所影響的人出面救她，於是才衍生出了德齡女士小說的訛傳。

晚清時候，宮中最得寵的太監有兩個，一個是慈禧跟前的李蓮英，一個是隆裕跟前的小德張。小德張，姓張名蘭德，然而諢號卻比本名更爲人知。李、張二人，人所公認，最善貪贓弄權，對上諂媚阿諛，對下毒辣兇殘。抑或正是出於這一原因，人們才憑著猜想給李蓮英安上了這個害死珍妃的罪名。有趣的是，這個罪名也一度安到了小德張的頭上。一九四四年小德張在天津生活時，天津群英茶園演出的話劇《清宮祕史》中，原本就有小德張將珍妃推入井內的一幕。對此小德張辯解說，是他跟崔身材相等，才被人們弄誤會了，後來便通過關係將劇中推珍妃入井的人改成了崔。一九八五年，有《小德張傳奇》見諸報端，文章作者轉述其祖父小德張的話說，崔玉貴推珍妃下井時他曾親自在場，並對在場的光緒及各宮妃嬪的表情也頗有詳細的描寫。若從信史的角度來考慮，此說一方面自可增加一個崔是兇手的旁證，然而同時也生出了一些有待澄清的疑點和問題，不過作爲「傳奇」，似也可不必過於認眞。現亦存此，聊備一說。

爲什麼慈禧會對珍妃恨之入骨，最後竟而下此毒手呢？那就不能不簡單地從光緒的大婚說起了。光緒大婚時，慈禧太后爲了更好地控制他，便硬將她胞弟之女強嫁給光緒，逼他選作皇后，這便是隆裕皇后；同時光緒也自選了侍郎長敘的二女爲瑾、珍二妃。珍妃不僅年輕貌美、工於琴棋書畫，而且更與光緒志趣相投、柔情依依。有太監就親眼見過珍妃穿上皇帝衣著，扮著光緒在宮中行走，或者穿上太監服裝，陪著光緒在養心殿辦事。這對於昔時入宮多年也未能得志的太后，對於隆裕乃至瑾妃，該有多大的醋意啊！當然了，最使慈禧懷恨的，還是她認爲珍妃曾在暗中支持過光緒的變法維新。甲午戰敗，光緒壯志未酬，瑾、珍二人也被革去了妃號，進而，慈禧更將珍妃打入了充滿了人間寒意的冷宮。珍妃慘死之前，就是住在頤和軒旁被稱作「三所」的多年失修的房屋裏，朝夕與她作伴的，便只有這冷宮的淒哀。

對珍妃的悲慘際遇，有無名氏寫的一首宮詞，也許可以表達一絲光緒哀輓的心聲：

一斛珍珠慰寂寥，
倉皇西幸總魂銷；
馬嵬山下同遺憾，
淒絕長門賦大招。

## 收藏《四庫全書》的文淵閣（北京故宮）

四庫，是宮廷收藏圖書的地方。後世相沿，作爲辭書的總稱。三國和晉代，曾先後把圖書種類分爲四部，卻沒有四庫之名。唐代，才有「刊校定四庫之書」的說法。明代的《永樂大典》其實就是四庫全書。其序說：「乃命文學之臣，纂輯四庫之書。」

清乾隆三十七年（一七七二年），下令開設四庫全書館，準備用十年時間，集中大批人力物力，纂修一部規模龐大的叢書——《四庫全書》。他編書的目的之一是想超過前代，所謂「欲齊《大典》之大，爰擬全書之全」。但最主要的還是想借開館編書之機，「定千載之是非，決百家之疑似」，徵集、搜羅天下遺籍，將所謂「詞意詆觸」、「違礙」、「狂悖」、「妄誕」、「忌諱」之書通通予以焚燬，以實現他文化上的專制。所以，乾隆在編《四庫全書》的同時，使我國的傳統文化又遭受了一次浩劫，而且比當年秦始皇焚書更加厲害，更加徹底。

《四庫全書》的纂修由皇六子永瑢領銜，實際工作卻是由寫《閱微草堂筆記》的紀昀（曉嵐）總其大成的，有許多當時的著名學者參加了這一工作。

這部叢書至乾隆四十七年（一七八二年）編成，整整用了十年時間。全書分爲四大部：經、史、子、集，共編集了從古代到清初著作三千五百零三種，計七萬九千三百三十七卷，共約十億字，裝訂成三萬六千冊，納爲六千七百五十二函。這部書包括了我國幾千年來的重要文化典籍，規模宏大，卷帙浩繁，可謂亙古未有的大叢書，對我國學術界有一定影響。

在編纂過程中，乾隆又下令選擇其中最精的書籍，編了一部《四庫全書薈要》，相當於全書的三分之一，也就是《四庫全書》的選集。同時，又把館臣校定每一種書時寫的提要，彙集起來，加上存目提要，就成爲《四庫全書總目提要》，共二百卷。後來，又因卷帙過繁，翻閱不便，再編一部《四庫全書簡目》，共二十卷，是總目的凝縮本。魯迅曾開過一張包括十二種應讀古籍書目，其中便有這部《簡目》。他還指出：「其實是現有的較好的書籍之批評，但須注意其批評是『欽定』。」

後來，有人說《四庫全書》有「九疵」：選本不精、任意割裂、有意竄改、進退未當、黨同伐異、菲視文藝、妄自抽刪、因人廢言、妄施褒貶。這些毛病顯然都是存在的。

此書當時曾用楷書先後繕寫了七部（一七八一—一七八七），分藏於北京、瀋陽、承德、鎮江、揚州、杭州等地。其中後來全部被毀的有兩部，部分損壞、散失的有兩部，還有三部，現在北京、瀋陽、臺灣保存。

當年，爲了珍藏第一部《四庫全書》，乾隆於一七七四年（即決定編書的後兩年）在紫禁城東南隅，文華殿北面，營建一座藏書閣——取名「文淵閣」。

文淵閣之名，最早見於明代初葉。據記載，明太祖朱元璋在南京奉天門東面建文淵閣，除用於藏書外，兼作內閣議事之所。後明成祖朱棣遷都北京，在宮城東隅，仿南京文淵閣規模位置，設立文淵閣藏書庫。在明朝滅亡之際，閣遭火劫，終致塌毀。

乾隆重建的這座文淵閣，雖因襲舊名，格式卻是仿浙江鄞縣范欽所建的天一閣。乾隆四十一年（一七七六年），文淵閣落成，乾隆親作《文淵閣記》，鐫刻石上，立於閣東四脊攢尖、翼角反翹的駝峰式亭內。從外觀上看，文淵閣與天一閣大致相同，重檐八角，古樸典雅。不同的是，文淵閣爲三層，比天一閣多一層，這是因爲文淵閣所藏書量幾乎比天一閣多一倍。樓下六間，採用不講對稱的偶數；樓上不分間，爲一通室。這是根據漢代鄭玄所注《易經》中的「天一生水，地六成之」的說法，取以水克火之意。樓下最西頭一間，僅有一作上下用的樓梯，面積頗小。傳說紫禁城共有房屋九千九百九十九間半，其中的半間，就是指它說的。

原來收藏在這裏的第一部《四庫全書》，一九三三年運往上海，抗戰時運到重慶，一九四九年又被移往臺灣。現在北京圖書館保存的一部，則是原來收藏在承德避暑山莊的第四部。近年來，上海和臺灣都將《四庫全書》影印出版，使這一皇家獨覽的古籍能與百姓見面，對促進學術發展是很有益處的。

## 萬歲自縊萬歲山（北京景山）

解放前，對那些一時飛黃騰達而又趾高氣揚的傢伙，老百姓常常送他這麼一句話：「別高興得太早了！——崇禎皇帝還有吊死煤山的一天。」明末的崇禎眞是吊死在煤山嗎？這煤山又在哪兒呢？借著到北京旅行的機會，咱們一起去煤山看看，如何？這煤山，明代又叫萬歲山，清時改名景山，就是現在北京城內的景山公園。正是因爲有了這段關於崇禎自縊的歷史，這裏的遊人才更是冬夏不絕。

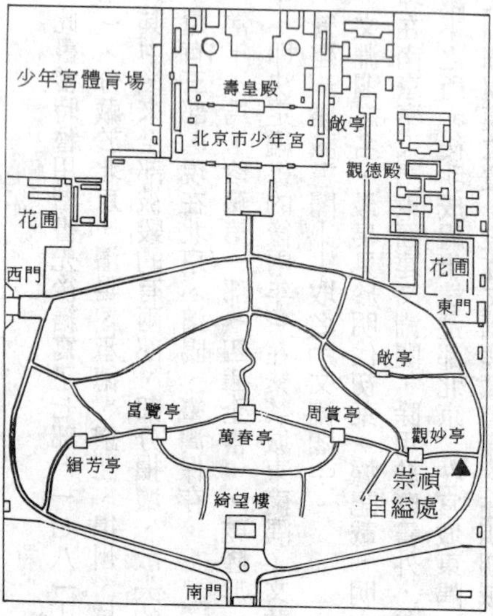

景山示意圖

景山公園的南門正與故宮北門相望，其間僅有一街之隔。如果你請老北京做你的嚮導，那麼這位北京老人就一定會告訴你，遊人們之所以不會忘記這個小公園，原因是有兩個久負盛名的地方吸引人：其一爲山巓的萬春亭，登臨憑欄，歷來被譽爲近瞰故宮、遠眺京城全景的最佳處；其二就是前面提過的崇禎自縊的地方。

據今人測量，景山海拔僅八十九米，離山腳平地才四十五米，如跟北京海拔二千三百零三米的第一高峰東靈山相比，自然稱不上一個「高」字，然因北京中心迄今仍不許興建高層建築，所以仍像明清時代那樣，景山在市中依然處於居高臨下的位置。

景山一帶，本是元朝延春閣舊址，其後有青山，原是蒙古孛兒只斤氏的皇家御苑；明永樂年間營建北京，把挖掘紫禁城護城河的泥土堆覆其上，於是壘成了這座壓倒前朝的假山，山下山上放鹿養鶴，更名萬歲山，以示大明江山萬代綿長。

如從建築學的角度來考慮，明代萬歲山的堆建，實在是有意安排的：這個全城的最高點，既安排在全城中軸線的中段，且又居於內城的最中心。明代營城的這條中軸線，清時仍然奉爲準的，在建築史上一直受到中外學者的重視。這條以五門三朝爲主的軸線，就是當初城市規劃的基線，無論是「左祖右社」也好，「六卿居左」、「五府居右」也好，乃至郊壇、里坊，都是沿著這條對稱線排開來的。即使今天考察起來，你也仍能夠感到它的存在，這條長達七點五公里的軸線，南起永定門，經前門、天安門、端門、午門，穿過紫禁城，出神武門，經景山，一直延伸至鼓樓和鐘樓；在紫禁城內，這條中軸又不偏不倚地穿過了太和門、太和殿、中和殿、保和殿、乾清門、乾清宮、交泰殿、坤寧宮、欽安殿的最中心。對此，你若想得到直觀的印象，那就非登上景山不可了。站在萬春亭前往南看，你不難發現，這條看不見的中軸正好從故宮中央的主體建築群中穿過：近處是故宮最北的神武門，越過神武門城樓的正脊，你可以看到端端正正排列的層層金色屋頂，它們依次是乾清宮、保和殿、太和殿、午門城樓，更遠一些端門和天安門城樓的屋脊已難以辨認，如果你目力更好一些或借助於望遠鏡，卻可在極遠處前門正陽樓的背景裏發現人民英雄紀念碑廡殿式的碑頂。你再回過頭從萬春亭後往北看，在那壽皇殿的正脊上，正好豎著一條筆直的大道，林蔭相夾，其端點便是遠處的鼓樓，而在鼓樓正脊的後面，還淡淡地露著更遠處的鐘樓屋頂。在這裏，你還可遠望圍繞北京的鱗櫛的高樓，還有近處透出樹海的整齊的屋舍，馳名中外的北海和中南海，猶如身邊的一盆清水一般。

景山這名稱，是清初順治時才有的。山上的五亭也是清乾隆時的建築。拾級登山而眺的觀感，語言大師的詩詞、遊記早已不少，但當述及親臨極目的感受時，連名家也常怨自己的筆禿。讓我們從西到東來看看山上五亭的名字：絹芳、富覽、萬春、周賞、觀妙，從中亦不難看出前人重陽登高的感受及五亭初建時的用心。

萬歲山重陽節登高的事，在明代就已經有了。但崇禎末年三月十八日，崇禎本人登山遠望時，所望見的卻只是使之失望的漫天烽火，當他在山上山下徘徊的時候，或者就已經爲第二天選定了最後的歸宿。這年（崇禎十七年，一六四四年）正月，李自成在西安稱王，國號大順，改元永昌，連自己的名字也改爲了「自晟」。然後以摧枯拉朽的氣勢，僅只過了兩個來月，李自成的大軍就已團團圍住了北京城。當三月十七日崇禎召問群臣，商議對策的時候，卻沒有一人能答對，有的只是低低的哭聲。義軍對環城的九門一齊發起進攻。朱氏朝廷先前設防城外的三大營軍隊，卻全都投降了李自成。十八日，駐紮彰義門（廣安門）外的李自成派已來降的太監回城面見崇禎，規勸崇禎認清局勢自己宣布退位，崇禎大怒，驅走了來人。但因長期缺乏軍餉，京城兵員嚴重不足，不得已，這時只好派內宮太監去補充。也就是在十八日較晚的時候，一個姓曹的太監爲義軍打開了彰義城門，於是李自成的義軍攻進了外城。這天晚上崇禎登上煤山一望，只見烽火連天，徘徊了好一陣後才返回乾清宮。十九日清晨，皇城已經守不住了，崇禎緊急鳴鐘召集百官，卻沒有一個到來。崇禎徹底絕望了，於是再次登上煤山，自盡身亡。也就是在十九日這天，李自成、牛金星、宋企郊、喻上猷、黎志陞、張嶙然等，在義軍將士的簇擁中，騎著馬，浩浩蕩蕩地進入了承天門（清代起改名爲天安門）。

關於崇禎自縊的確實地點，過去曾有多種說法，即使只從形諸文字的說法來看，也仍然紛說不一。有說是山坡上的一株海棠樹，又有說是一株老槐樹，甚至還有說是吊死在管園人的小屋……諸說之中，以老槐樹說流傳最廣，因爲到過景山的老人誰都可以作證，從前這裏不僅有著那麼一株老槐樹，而且槐樹旁還有關於此事件的明確解說。

「我懷著激動的心情走下景山的東麓，看見一株低矮的、向東傾斜的老槐樹，周圍被一道紅牆圍住。我彷彿看見，一六四四年三月十九日的早晨，明朝最後的一個皇帝，慌慌張張地跑出宮門，來到這裏，驚起了幾隻白鶴，駭得群鹿在林中亂竄。這是他一生中最後一次來到景山。在從前，每逢重陽節，他大概也曾像他的哥哥天啓皇帝一樣，帶著他的皇后、妃子、太監和宮女們來此登高，而今天，他成了名副其實的『孤家』、『寡人』，隨在他背後的只有一個秉筆太監王承恩，這還是在他少年時代，做信王的時候就侍候他的老奴才。他現在沒有戴皇冠，披散著長髮，穿一件白色的、織著暗龍的長袍，穿著一隻昨晚從王承恩腳上換來的軟底鞋，另一隻不知什麼時候就丟掉了。他的手上和袍袖上帶著袁貴妃和兩個公主的鮮血，……他走下山坡，把腰帶解下來，於是這槐樹就給這絕望的皇帝上了很好的一堂課。」

這是作家姚雪垠三十年前在一篇遊記中所記下的觀感，不過其中的聯想卻只有飽覽了明代史料才有產生的可能。但如據史載，崇禎卻不是吊死在槐樹；姚記之所以要在這裏說是槐樹，或者是因爲眼前就是這棵標有「明崇禎帝自縊處」的老槐樹，或者只是暫從民間的傳說。試翻閱各種有關史料，如《明史》等所採用的，便是「自縊於山亭」的說法。關於其中的過程，管葛山人搜集整理的史料是這樣說的：

「帝御前殿，鳴鐘集百官，無一至者，遂冕服哭謁太后宮。火及西華門，仍幸南宮。登煤山之壽皇亭，亭新成，帝所閱內操處也。書遺詔曰：『朕自登極十七年，逆賊直逼京師，雖朕薄德菲躬，上干天咎，然皆諸臣誤朕也。朕死，無面目見先帝於地下，去朕冠冕，以髮覆面，任賊分裂朕屍，勿傷百姓一人。』脫冕科頭釋上衣，止御隱金藍袍，跣左足，右朱履，藏詔於胸次。復書遺詔一行……書畢，爲環山亭，俄而帝崩。」

這段資料的纂集者，管葛山人即孫貽，明末清初人，此人長於修史，諳熟有明掌故，著有《明史記事本末補編》及《平寇志》等，立場確有較大局限，然所記史實卻頗爲史家信從。即如所記崇禎朱由檢自縊諸事，也正與《明史》等諸多史料完全吻合。

傳說中，崇禎的自縊還有一些迷信的成份。說在自縊前三年的一個十月，一次，在收藏皇家祕籍的祕府裏，崇禎見到一隻上面有明初開國謀臣劉伯溫署的匣子，匣子封鎖得異常緊固，打開一看，原來是那種人們稱爲可以預示未來歷史的《推背圖》一類的東西。展開來看，開頭畫著敗北的軍隊曳兵棄甲，逃散的百姓東奔西躲；接著又畫文武百官已著朝服，但未及戴冠便披髮逃走；最後是一個人，亂髮覆面，懸枝自盡。崇禎見此圖，心中悶悶不樂，難道明朝的江山就要完了不成！沒想到，不到三年，畫中的一切便果然「應驗」。迷信圖讖的人說，這便是明朝滅亡的氣數早已注定。崇禎見圖的事，未見更多的史料，不知是否確實，抑或也曾有，也許正是這種「預見未來」的東西在崇禎思想深處埋下了自縊的種子，或許在三月十八日見到漫天烽火時便暗自下了自縊的決心，因而才趕回乾清宮，命令把太子慈烺、定王慈炯、永王慈炤趕緊送出去，並親手揮劍砍殺長平公主及妃嬪，又至坤寧宮催促皇后自盡。

崇禎自縊的壽皇亭，早已不存；乾隆時壽皇殿和新五亭的建造，或者正是要去掉這不祥之物；抑或又基於對民間《推背圖》的附會，人們便以海棠樹或槐樹作為崇禎自縊時的掛帛之物。

景山剛闢為公園開放時，有人曾來這裏看過，一株枯樹低枝斜出，樹被鐵鏈鎖著。這棵枯樹，直到一九六六年「破四舊」前還依然存在。現在，原址上已重栽了一棵碗口粗的新槐，樹形確與原樹有些相符。如果你從南門進入公園，只須順著「崇禎自縊處」的指示箭頭往東去，在土山東頭的拐角處，便可以望見那棵圍著鐵欄的槐樹。過去這裏曾有過的「明莊烈帝殉國處」的牌子和「明思宗殉國處」的石碑，至少幾十年前就不存在了，據說公園正擬重新立一個標誌，來記述當年崇禎自縊的史實，也許當你再去觀覽的時候，那個說明碑便已豎立在那裏了。

## 從太液池到北海（北京北海）

在明清兩朝定名的「燕京八景」中，有兩處涉及現在的北海和中南海，這就是「瓊島春陰」和「太液秋風」。

太液池，是人工掘成的三海（中海、南海和北海）的總名。過去，這裏是皇帝的御花園，四周圍著紅色的高牆，成為皇家的禁苑。自遼以來，近千年間，都是帝王妃嬪遊玩之所，現在除中海外，北海和南海均已先後對遊人開放。這裏的風景、建築，都可算是國內風物的翹楚。三海

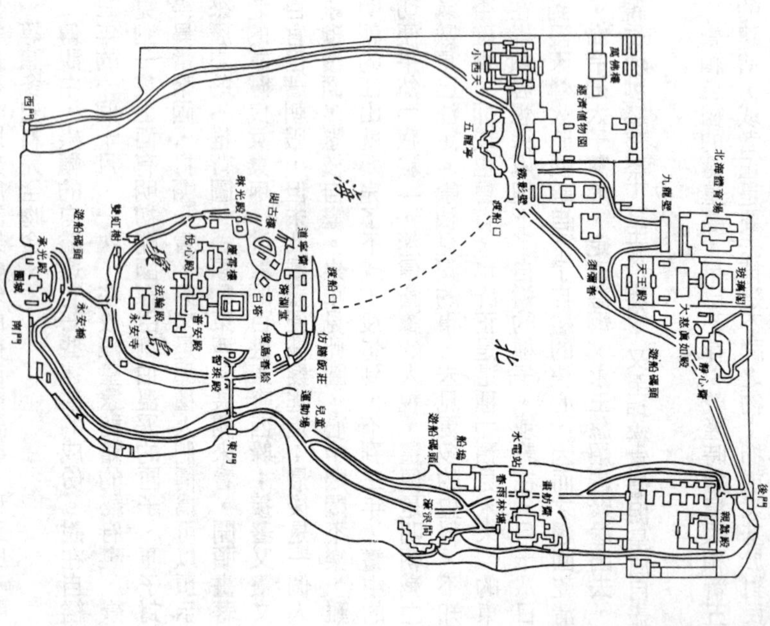

北海公園示意圖

池水由玉泉山引入，形成首都中心的巨大人工湖。它不僅給皇宮深苑增添了自然風光之美，而且對北京中心地區氣候的調整起了巨大作用。

三海南北約四里，中海與南海連成一片，與北海的分界是橫跨在太液池東西兩岸的七孔長橋。橋的兩端，石牌坊上分題「金鰲」、「玉蝀」，又稱金鰲玉蝀橋。橋爲石造，寬兩丈，長數百步。橋欄原爲漢白玉所造，並雕各種花紋於其上，形貌極美。可惜「文革」期間改建成高高的鐵欄杆，雖也漆成白色，卻擋住了兩邊湖上的景色，不能不說是一大憾事！玉蝀（長虹）已不是那麼名副其實了。試想，如果能像當年一樣，佇立橋上，傍倚欄杆，望見綠柳垂蔭、蓮荷滿池、白塔倒影，亭榭參差，那該是多美的享受啊！

中南海，以勤政殿爲主，是清代列帝聽政之所。中海內的懷仁堂和居仁堂，是意大利式的門牆，配著宮殿式的屋頂，非常華麗。

南海最有名的地方是瀛臺，三面臨水，具有天然林壑之美。其中涵元殿是光緒在戊戌政變後被幽囚的地方；淑清院爲紫光閣（在中海大宴時清帝暫息之處）；豐澤園爲演耕之地；頤年堂（舊名惇敘殿）是大宴宗親的地方。另有翔鸞閣、蓬萊閣和慶雲、景星、香扆等殿，以及瑞曜、祥輝、綺思、藻韻等樓，都是極精美的建築。瀛臺南端，還有一座迎薰亭，夏日微風吹拂，平添絲絲涼意，令人心曠神怡。

在金鰲、玉蝀橋東端北側，有一座古老的建築，這就是有名的團城。至今已有八百多年的歷史，最早是金朝在島上建造大寧離宮的一部分。元初又修了「儀天殿」，明朝加修了圍牆，自成一體，成了皇家的御園。整個建築精巧玲瓏，輕盈美麗，在古建築中別具一格。宛如鑲嵌在玉盤中的一顆明珠。城初爲高臺，在臺上築城，於南側設門，上建佛殿，名承光殿，爲元代儀天殿故址。殿內珍藏著一尊羊脂玉佛，是由一大塊白玉雕刻而成的，全身潔白無瑕，光澤清潤，堪稱稀世珍寶。它的右臂曾被八國聯軍砍傷，至今還留有痕跡。清帝駐郊園時，遇宮內有祭祀，即入宮城於此更衣傳膳。殿外中央有石亭，藍頂白柱，爲乾隆十年所建，內陳元代忽必烈盛酒的酒器，名爲「瀆山大玉海」，俗稱「玉甕」，是一整塊墨玉刻成的。甕直徑一點五米，高零點七米，可貯酒三十餘石。甕身四周刻有雲濤、蛟龍、海馬，出沒於波濤之中，造型精美，栩栩如生，是我國傳統工藝美術中的珍品。殿外東邊靠入門處，有一株白皮古松，當年曾被乾隆封爲「白袍將軍」。稍北，另有一株油松，樹枝平展奇特，其形如傘，則被封爲「遮蔭侯」。這些古樹，約有七八百年的高齡，如今依然枝葉豐茂，交掩成蔭。團城上還點綴有山石、曲廊和小亭，優美俊雅，別致新奇，充分體現了我國古代高度的建築藝術水平。

從北海南門（正門）進去不遠，南側是積翠、堆雲兩座形貌相同的木牌坊，坊的棟楣間雕繪著彩色圖案，十分俊美。過牌坊，是一座三孔的白石橋——永安橋，通往瓊華島。橋下池中遍植芰荷，景色絕佳。遊人可自划小船到此處遊覽。昔人有詩詠道：「荷花照眼葉齊腰，西苑池塘入望遙。簫管悠揚雲彩裏，嬪妃含笑上金橋。」過橋，迎面有一組建築，是喇嘛唸經的地方，封建帝后也來這裏燒香拜佛。

北海這個皇家園林，是我國迄今保留下來的歷史最悠久，又最完整的一座。最初，遼統治者建有「瓊嶼」。金時開始挖海堆山，大興土木，營造宮殿——大寧宮，修建苑囿，水名爲西華潭，又名金海，山名瓊華島，用太湖石點綴。元代改金海爲太液池，改瓊華島爲萬歲山，以幻想中的神山仙境來構思，在幾個峰頂建造了以廣寒殿爲中心的若干殿室，這裏成了忽必烈統治的中心。明朝又在山上興建了一些殿閣亭榭。明代，韓雍《遊西苑記》寫萬歲山（又稱萬壽山）：

「山在池（太液池）之中，磊石爲之，高數千仞，廣可容萬人。……上絕頂，則都城萬雉，煙火萬家，舉集目前。近而太液晴波，天光雲影，上下流動；遠而西山居庸，疊翠西北，帶以白雲；東而山海，南而中原，皆一望無際，誠天下之奇觀也。」

關於廣寒殿，明人李賢天也有一段記敘：

「棟宇宏偉，檐楹翬飛，高插於雲霄之上。殿內清虛，寒氣逼人，雖盛夏亭午，暑氣不到，殊覺曠蕩瀟爽。……」

清順治時在廣寒殿舊址建起了一座白色喇嘛塔，並把瓊華島改名爲白塔山。康熙、雍正兩朝曾先後進行重修，雍正十一年並於塔東建「瓊島春陰」碑，至今完好無損。後來，乾隆又修建了以漪瀾堂爲中心有六十間迴廊的龐大建築群。清末光緒十一年，慈禧再一次修建北海。

在所有這些建築中，白塔處於中心的位置，成爲北海中的主要景物。塔高三十五點九米，塔基爲白石須彌座，座上爲三層圓臺，中部是圓形塔肚，其上部叫相輪，頂部覆以銅質鍍金寶蓋，地盤下四周懸掛銅鈴。塔肚中部爲紅地黃字組成的藏文圖案，塔內藏有喇嘛經文和衣鉢。塔前有一座上圓下方的琉璃小殿，叫做「善音殿」。塔的四周爲漢白玉石欄環繞，遊人多從塔下四周沿石級登上此處憑欄遠眺，從不同的方向、角度觀賞首都市區景色。但是，白塔的建造，使傳統的蓬萊仙島的神話境界遭到破壞，變成一座黃教的喇嘛佛塔。清王朝建塔，除有宗教意義外，還有軍事上的用意。統治者在塔邊安放信炮，駐紮親兵，守衛故宮。信炮的鑰匙和故宮御璽的鑰匙一樣，各有一把，由九門提督掌握。這九門提督便相當於近代的首都衛戍司令。一旦宮內有變，他可以從外部轄制。乾隆時期，每年冬季還在白塔山下觀看冰嬉，進行各項冰上表演，頗有一番熱鬧。

瓊華島上，還有許多假山石洞，也是遊人流連之地，更是孩子們嚮往的地方。

島的西坡，有堪稱我國書法藝術寶庫的閱古樓，珍藏著從魏晉以來著名的書法石刻四百九十五方，即「三希堂法帖」的全部刻石。這指的是王珣的「伯遠帖」，王羲之的「快雪時晴帖」，王獻之的「中秋帖」，乾隆認爲是稀世之珍，並作了御批。此外還有書法著名流派顏、柳、歐、蘇、黃、米、蔡等一百三十五位書法家的手書三百四十多件。

島的東西，有高居半月城上的智珠殿和殿前的陡山橋，有隱於萬樹叢中的慧日亭，附近還有見春亭、看畫廊等精巧建築。

白塔山北麓，在一處山洞的出口處，聳立著一根銅柱，柱頂有一個銅人擎著銅盤，叫做「銅仙承露盤」。關於承露盤，在我國已經流傳很久。據說漢武帝聽信方士的話，說蓬萊仙島有承露金盤，接受天上的瓊漿玉液，人喝了可以長生不老。因此漢武帝也在他的御園中修建了承露盤，每天從這裏收集一些露水，加上玉屑一起喝掉。後世就相沿成習了。

島的北面山腳下築有半環形圍廊，中間是漪瀾堂（現在是「仿膳」飯莊所在地，供應清宮御膳）和與之東西相連的道寧齋、碧照樓、遠帆閣等絢麗建築。這個圍廊東起倚晴樓，西至分涼樓，沿樓四廊共六十間。外面環白玉欄杆，長三百米，依山臨水，丹壁輝映。

漪瀾堂圍廊前是北海主要湖區，春、夏、秋三季可划船，冬季可滑冰。

從漪瀾堂，有渡船可達湖區北岸，也可在瓊華島過橋從東側的甬路往北走向彼岸。那裏湖邊有五座結構精巧玲瓏俊雅的方亭，浮在水面上，從遠處看宛若游龍，就是「五龍亭」。可供遊人休憩，觀賞景色。這是一群亭榭式的建築，建在伸到水中的石基上。各亭之間楹廊連綴，黃琉璃瓦、朱紅柱子在陽光照耀下閃閃發光，金碧輝煌。五龍亭舊爲太素殿，建於明萬曆三十年，清順治八年重修。中間一亭最大，檐爲兩層，上圓下方，名爲龍澤，是五龍之首。兩面的四個亭子，左爲澄祥、滋香，右爲湧瑞、涼翠。當年這裏是皇帝、后妃們遊樂之所，盛夏避暑納涼、元宵之夜觀煙火之佳處。清人有詩：「液池西北五龍亭，小艇穿花月滿汀。酒渴正思吞碧海，閒尋陸羽話茶經。」

五龍亭東不遠處，有一「鐵影壁」。相傳是元代遺物，粗看似鐵，其實是中性火成岩，呈暗紫色，高近二米，長三米，兩面均有雕刻。正面是傳說中的麒麟，出沒於林間，旁有小獸三隻；背面雕有一個龍頭、牛蹄、身有鱗甲的動物，粗獷樸實，也是一件藝術珍品。

岸上北端，有著名古跡「九龍壁」，壁是遼時所造，用五色琉璃磚嵌砌而成。上有九龍，龍各一色，戲於碧波巨浪間，神態畢現，是東方藝術的瑰寶。建築它的目的有二：一是作裝飾用；二是據迷信說法可以避邪。

北海的瓊華島上有著許多奇形異狀、嵌空穿眼的太湖石，或像縮小了的秀麗山巒，或像奇怪的動物。這些，便是傳說中或記載中的「艮嶽石」，它們還有一個不平凡的來歷呢。原來這是一一四一年金兵從北宋都城汴京（今開封）的著名宮廷園林「艮嶽」中移至北京的。

北宋的亡國之君——徽宗趙佶，曾搜刮了大批的民脂民膏修建自己的園林。他派人從平江府（今蘇州）附近的太湖中採集太湖石。太湖石性堅而潤，有白、淡青、青黑等色。由於它在水中長年受風浪衝擊，因而形成縱橫紋理的坳坎，玲瓏剔透，千姿百態。採石工匠們隨身攜帶錘、鑿等工具和繩索，潛入湖底，發現奇巧的花石就鑿而取之，貫以繩索，用木架把它吊到大船上，運往開封。爲了搜羅這些花石，宋徽宗派遣朱勔在蘇州設置應奉局，指揮採運。朱勔更假借「花石綱」的名目向老百姓勒索珍奇的石頭，凡民間有一石一木稍微入眼一些的，他的爪牙便馬上命令兵卒到民宅占取，而且要拆牆毀屋以便把石頭搬出。沒有石頭的百姓，只好被迫到太湖中去打撈。

運輸這些笨重的花石，也是非常艱巨的。載石的船隻日夜川流不息，每年耗費黃金萬兩左右。據《宋史》記載，當時曾經採得一塊巨大的太湖石，「高四丈，載以巨艦，役夫數千人」，沿途鑿河斷橋，毀堰拆閘，經歷數月，才到汴京，稱爲「神功昭運石」。押運花石的官吏徵盡了農村中的人力和畜力，「凡竹數竿，用一大車，牛驢數十頭」，以致農民無法種田，牛畜不能耕墾。有的百姓力竭而死，有的竟「自縊於轅軛間」。《水滸傳》和《大宋宣和遺事》裏就記載了因北宋昏君徵集「花石綱」激起民變的事。

而那位自命風流的徽宗卻作了一篇《艮嶽記》來誇耀自己的園林，描寫得比仙宮還美妙。可是他的美夢並不長久，很快北方的金兵已經飛渡黃河，一舉占領了汴梁，滅亡了北宋。徽宗和他的兒子欽宗都做了金兵的俘虜。

## 從仿膳到慈禧的秫稭筷子

（北京北海）

北京著名的景點不下數百，即使其中最有名的，也難以一一列舉。就在這種一時難分高低的情況下，一九八六年，北京的旅遊、文物、新聞等十五個單位，聯合發起了北京新十六景的評選，在數十萬張選票的選舉中，北海公園——這座有著八百年歷史的皇家御苑，不僅又被人民群衆選中，而且還名列第四呢。

由五龍亭側乘渡船涉湖，登岸的碼頭便正在瓊島北岸的漪瀾堂。一條弧形復道以漪瀾堂爲中心一字排開，這便是島上著名的環島遊廊。漪瀾堂、遠帆閣等合成了一組背山面水的建築群，它是乾隆時特意仿照鎮江金山江天寺式樣所造，廊腰漫迴，清時不僅帝后們泛舟垂釣後常在此處駐足用膳，宮廷還常在此處賜宴學士文人。大概正是基於在此舉行御膳的歷史，當今中外馳名的仿膳飯莊才選在此處開業。

如與北京的歷史比起來，仿膳飯莊至多也只能算作個年輕的後生。但無論是一九二五年的初設還是一九五六年的恢復，卻都聘有清宮御膳房的御廚。顧名思義，仿膳仿膳，乃是仿照清宮之御膳。正是因爲御膳所具有的特殊引力，飯莊的生意才無比興隆。據悉，僅一九八六年，飯莊的利潤就突破了一百三十萬元，光是魚翅原料一項，一年就需四五千斤。

然而，如果與當初清廷的情況比起來，這數字也就算不得什麼了。據清宮檔案折算，清宮每日常例開支，耗銀就在一萬兩以上；即使民國初年遜位時期的小朝廷，每月僅買肉一項，也要花去一萬三千多兩白銀。清廷宮室在膳食上的這種極度靡費，你只要回憶一下在故宮珍寶館中所見的金、銀、水晶、瑪瑙及名瓷製作的餐具，其情況也就不難推知了。據記載，僅光緒二十年爲慈禧壽辰「殿廷筵宴及賞用飯食果桌」，一次預撥就達二十三萬兩白銀，更何況宮中有的是貢品，從米麥直到山珍海味，還多是不用花錢的。

當年宮中，皇帝吃飯叫進膳，吩咐安排飯食叫傳膳，御茶膳房便是宮中專爲備辦飲食的機構，它直接由負責皇家內部事務的內務府管理。御茶膳房是一個相當龐大的機構，清初就有御茶房、御清茶房、御膳房之分，後來其中的御膳房又有內膳房和外膳房之別，內膳房下又分設各局：葷局、素局、點心局、飯局、掛爐局等，各有專門職守，以爲宮中帝后提供各式飯食。不過，作爲宮中食物的供給，內務府下還另有「掌官防處」，處下又分設各類倉房，如官三倉、恩豐倉、內餑餑房、外餑餑房、酒醋房、菜庫等，其中官三倉負責糧、油、鹽、糖、蜜、蠟等的供應，內餑餑房專門烘製祭祀和帝后本人所需的各式「餑餑」類的點心，酒醋房分工承擔各類自釀酒和各種自製醬菜的釀造，……此外，在內務府下，廣儲司的茶庫、營造司的柴庫炭庫，都跟宮中的飲食密不可分。

根據滿族生活的習慣，清廷每日有兩次正餐，早餐在早上，晚餐在午後，正餐之外還有不定時的酒膳和小吃，自然了，這種正餐之外的酒膳和小吃實際上仍是豐盛無比的。下面便是一份膳單所記的一次晚膳的飲食：

燕窩雞絲香蕈絲火熏絲白菜絲鑲平安果一品　續八鮮（燕窩、鴨子、火熏片、脂子、白菜、雞翅、肚子、香蕈）一品　肫吊子一品　蘇膾一品　爛鴨子一品

野雞絲酸菜湯一品　芽韭妙鹿脯絲一品　攢盤（燒麅肉、鍋煬雞絲、晾羊肉）一品　祭祀豬羊肉一品

糗餌粉餈一品　象眼棋餅小饅頭一品　摺疊奶皮一品　膀祭神糕一品　酥油豆麵一品　蜂蜜一品

拉拉一品　豆泥一品　小菜一品　南小菜一品

菠菜一品　桂花蘿蔔一品　粳米膳一碗　羊肉卧蛋粉湯一品　蘿蔔湯一品　野雞湯一品

從膳單的記載來看，乾隆這頓普通飯不僅包括了飯膳饈飲這四個飲食部類，而且在選料刀工火候上也都異常考究，爲了更好地適應乾隆的口味，有的名菜後面還特地寫上了烹飪廚師的名字。上菜時，也規定有一定的次序，先是大菜擺桌，繼而送上的是冷盤和麵食，接著再上的是開胃解膩的小菜，隨叫隨到的是米飯和熱湯。膳單中還記錄著這頓普通飯所動用的器皿，各式各樣的碗盤盒碟，其質料包括金、銀、琺瑯和名瓷，飯碗是乾隆常用的琺瑯碗金碗蓋，盛四絲鑲平安果的是紅潮水碗，盛蜂蜜的是紫龍碟，盛拉拉的是二號金碗，盛小菜的也是五福捧壽琺瑯碟。因爲這天是十月初一，是祭祀祖先的日子，所以膳單中還特地點明了哪些食品是祭祀之餘胙。

清帝用膳並無固定的時間和地點，常都是皇帝一時性起而臨時決定。末代皇帝愛新覺羅·溥儀回憶說：如果「我吩咐一聲『傳膳』！眼前的御前小太監便照樣向守在養心殿的明殿上的殿上太監說一聲『傳膳』！殿上太監又把這話傳給鵠立在養心門外的太監，他再傳給候在西長街的御膳房太監……這樣一直傳到御膳房裏面。不等回聲消失，一個猶如過嫁妝的行列已經走出了御膳房。這是由幾十名穿戴整齊的太監們組成的隊伍，抬著大小七張膳桌，捧著幾十個繪有金龍的朱漆盒，浩浩蕩蕩地直奔養心殿而來，進到明殿裏，由套上白袖頭的小太監接過，在東暖閣擺好。平日菜餚兩桌，冬天另設一桌火鍋，此外有各種點心、米膳、粥品三桌，鹹菜一小桌。食具是繪著龍紋和寫著『萬壽無疆』字樣的明黃色的瓷器，冬天則是銀器，下托以盛有熱水的瓷罐。每個菜碟或菜碗都有一個銀牌，這是爲了戒備下毒而設的，並且由於同樣原因，菜送來之前都要經過一個太監嘗過，叫做『嘗膳』。在這些嘗過的東西擺好之後，我入座之前，一個小太監叫了一聲『打碗蓋』，其餘四五個小太監便動手把每個菜上的銀蓋取下，放到

一個大盒子裏拿走，於是我就開始「用膳」了。」一如據溥儀的回憶，這只是民國初年遜清小朝廷的氣派，很明顯的是金碗金盤都已消失，溥儀也就不得不吃得「簡單」一些；而隆裕太后呢，每餐菜饌卻仍須百樣左右，追溯上去，原來是從慈禧那裏繼承下來的排場。

年復一年，日復一日，當年慈禧揮霍無度的時候，他們何曾想到，有朝一日竟也會弄到縛不擇食的地步。現今北京著名風味小吃中，有一種名叫小窩頭的食品，傳說中它的出現就是源於西太后。說是一九〇〇年庚子事變時，慈禧率清廷皇室倉惶出逃，在飢腸轆轆的途中得食民間的窩頭，突然發現其味甘美遠勝宮中佳饌珍饈，回鑾京城後便叫御膳房仿製，頗有民間相聲中朱元璋對「珍珠翡翠白玉湯」的那種感情。

作為風味食品的小窩頭，其做法自當早已與農家的窩頭大異，雖然其原料也有玉米麵，然而早已磨得極細，且又精心配以黃豆麵、白糖、桂花等等，所以才誤傳為栗子麵做成。北海北岸五龍亭以東，原仿膳創業時舊址，現已重建為飯莊面向國內遊客的餐廳，那裏就售有這種小窩頭。作為傳說，西太后與小窩頭的關係已很難確證，然而庚子西逃途中，皇室上下爭食稀飯，西太后命帝后們以秫稭為箸一類的事情，卻有當事人的親述可證。

庚子七月，八國聯軍進逼北京，京城陷落只在且夕。七月廿一日（公曆八月十五日）一早，慈禧等便已集於神武門，慈禧身著藍布大褂，率先登上其弟桂祥（神機營大臣）的朱輪紫韁大騾車，光緒並兩宮及隨行王公大臣，或登車或上馬或徒步，在千餘人的護衛下，棄宮棄城而逃。據慈禧葉赫那拉氏同族姪孫《庚子——辛丑隨鑾紀實》說，這一支淩亂的縱隊經由景山西街出地安門西行，出西直門折而往北，經頤和園再西北，當晚趕到了京西北的大鎮——貫市。這一夜儘管隨行人等大多只能就地露宿，但由於貫市李氏族人（李為該地大姓，相傳為康熙時著名鏢師神彈子李五之後）的安排，慈禧、光緒及兩宮等亦能在清眞寺內安身。第二日又起駕，經南口、居庸關，兵荒馬亂，沿途百姓早已逃離，當夜只能宿在一個小荒村。第三日黎明即起，繼續趕路，兩日來道路坎坷，人馬勞頓，飢寒交迫，且這日又逢途中大雨，道路泥濘，加之山洪下洩，河水猛漲，又無津梁，好不容易才來到了懷來縣境。因這一行人馬既未帶衣物更無雨具，飢腸轆轆卻未備糧草，僅三日功夫便被弄得狼狽已極。好在懷來知縣吳永尚未逃離，且淩晨又接到延慶傳來的急牒，於是倉促籌措出迎。下面便是吳永《庚子西狩叢談》記述的當時所見所聞：

「太后……言至此，忽放聲大哭，曰：『予與皇帝連日歷行數百里，竟不見一百姓，官吏更絕跡無睹。……我不料大局壞到如此……』，太后哭罷，復自訴沿途苦況，謂連日奔走，又不得飲食，既冷且餓：『途中口渴，命太監取水，有井矣而無汲器，或井內浮有人頭，不得已，採秫稭稈與皇帝共嚼，略得漿汁，即以解渴。昨晚我與皇帝僅得一板凳，相與貼背共坐，仰望達旦。曉間寒氣凜冽，森森入毛髮，殊不可耐。爾試看我已完全成一鄉姥姥，即皇帝亦甚辛苦。今至此已兩日不得食，腹餒殊甚，此間曾否備有食物？』予曰：『本已謹備餚席，但為潰兵所掠；尚煮有小米綠豆粥三鍋，預備隨從尖點，亦為彼等掠食其二。今只餘一鍋，恐怕粗糲，不敢上進。』曰：『有小米粥，甚好甚好，可速進。患難之中得此已足，寧復較量美惡！』忽又曰：『爾當叩見皇帝。』因顧李監曰：『蓮英，爾速引之見皇帝。』時皇上方立於近左空椅之旁，身穿半舊無色細行縠綢錦袍，寬襟大袖，上無外褂，腰無束帶，髮長至逾寸，蓬首垢面，憔悴已極。……予即退出至西廂房，隨將小米粥送入。內監復出索箸。倉卒竟不可得，幸隨身佩帶小刀牙筷，遂取箸拂拭呈進；顧餘人不能遍及，太后命折秫稭使為之。俄傾內中爭飲豆粥，唼喋有聲，似得之甚甘者。少頃，李蓮英出，就予語，詞色甚和緩，翹姆指示予曰：『爾甚好，老佛爺甚歡喜！』」

對吳永的這段述記，無須更著一詞，太后們昔日威風蕩盡的狼狽相便已歷歷在目。要知道，當初傳與吳永的急牒，規定的本是滿漢全席；而現在呢，卻不得不爭飲著潰兵掠後餘下的稀粥，且至唼喋有聲。從耗銀多達二十餘萬兩的壽筵落到搶吃一鍋稀粥，從金碗銀箸落到幾雙秫稭稈筷子，即使對他們自己來說，這對比也該是何等的鮮明啊！可嘆的是，一旦他們感到似乎已經坐穩了皇位，揮霍無度便又依然故我，這就是這些頑固不化的統治者所固有的本質。

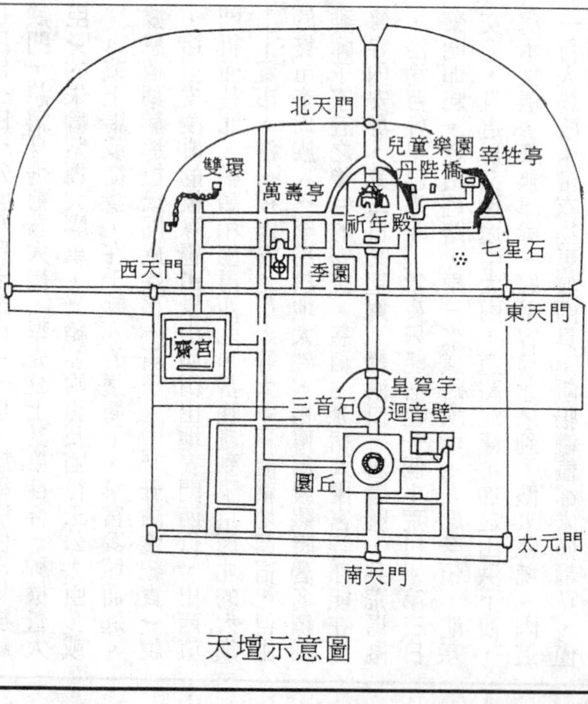


天壇示意圖

# 理與景合，美麗和諧

## （北京天壇）

在北京，有著難以數計的古代建築，其中獨具一格而最使人懷戀的恐怕是天壇了。

從空中下望，整個天壇，是一幅極美麗的圖案。在世界建築及藝術史冊上，天壇均有崇高的地位，美倫美奐，中外無匹。

天壇是北京六壇（天壇、地壇、日壇、月壇、社稷壇、先農壇）中最大的一個，也是我國最大的壇廟建築。它位於正陽門外、天橋之南，是明、清兩代帝王祭天、祈穀的地方。始建於明永樂十八年（一四二〇年），後於明嘉靖和清乾隆年間增修、改建，才建成這座規模宏偉、氣象萬千的建築群。

天壇面積二百七十二萬平方米，分爲內壇和外壇兩部分，主要建築物都在內壇。北面是祈年殿，中爲皇穹宇，南爲圜丘（壇）。三部分建築在一條直線上，由一座高二點五米，寬二點八米，長三百六十米的臺基連接起來。這臺基叫神道，又名丹陛橋，或海墁大道，表示上天要經過漫長的道路。而且，只有眞龍天子才能在此經過。現在是遊人通行的大道。兩旁古柏森森，遮天蔽日，極爲幽靜。南面的圍牆爲方形，北爲半圓。這兩堵高大的牆垣，遠看好像一座城，整個面積比紫禁城還大些。

由天壇北門入內，經北天門、皇乾殿，便可到達天壇最負盛名的祈年殿。祈年殿，是皇帝祈求年成豐收的地方。殿宇以天圓爲平面設計的構思基礎，是建築在高六米，面積五千九百多平方米的圓形白玉臺基上的一座三層重檐圓形大殿。臺基分三層，每層的邊沿都有雕花的漢白玉欄杆和雲龍望柱，南北臺階的中間還各有三塊巨大的雲龍石，雕藝精緻，具有典型的民族風格。

祈年殿高三十八米，直徑三十二點七二米，三層藍色的琉璃瓦檐逐層收縮，殿頂是一個巨大的鎏金寶頂，在陽光下光彩奪目。尤爲出色的是這座大殿的結構，它不用大梁長檁，三層殿檐全靠二十八根巨大的朱漆楠木柱和三十六塊相互銜接的枋、桷支撐著。按照其位置和排列的不同，這些柱子又都有象徵的含義，分別代表著：一年四季、十二個月、十二個時辰、二十四節氣、二十八星宿……。這些大木柱，據說都來自川滇深山中。殿內地面正中，是一塊圓形的大理石，上有天然的龍鳳花紋，稱「龍鳳石」。一說殿頂中央的龍鳳藻井就是根據龍鳳石的自然圖案製作的，上下遙遙相對，相映成趣。大殿描金彩繪，圖案精美，富麗堂皇。

祈年殿外形雖有三層，但實際上只是一層的連體。明代三重檐的瓦是上藍、中黃、下綠，分別代表上天、皇帝和巨庶，清代改建後才用清一色的深藍琉璃瓦，象徵著藍色的天空。

從外面遠望，藍寶石般的飛檐，圍繞金質巨頂，襯以雪白臺基，色彩極其鮮明，再與殿前東西兩側的配殿，北面的皇乾殿，前後左右連成一片，更顯莊嚴雄偉，氣勢磅礴，壯麗無比，巍峨之至。如此巨大的穹頂，撐以柚木梁架，其力學構造之精，令人驚嘆其鬼斧神工，就是專業的建築師，也會讚美不止。

從祈年殿南出祈年門，沿著那條高且大的長甬道（即臺基），可達皇穹宇。它始建於明嘉靖九年（一五三〇年），原爲供奉皇天上帝及星辰風雨諸神牌位之處，有一種肅穆的氣氛。

皇穹宇高十九點零二米，直徑十五點六米，單檐藍瓦，金碧彩繪，宇頂也有鎦金，宇下也有臺基和漢白玉欄，形制似祈年殿而略小。從遠處望去，它就像金頂的藍傘高撐雲空，在陽光下放射著燦爛的光輝。宇前東西兩側也各有配殿一座。

在皇穹宇臺階前，還有三塊奇妙的石板，這就是著名的「三音石」。站在靠近皇穹宇第一塊石板上擊一掌，可聽到一聲回音，站第二塊石板上擊一掌，可聽兩聲回音，站第三塊上擊一掌，可聽三聲回音。這是因爲音波從皇穹宇的正圓形圍牆反射回來的距離不同，所以才有次數不同的回聲。

這圈圓形圍牆，就是聞名遐邇的「回音壁」。它有傳聲的妙用，非常有趣。由於圓圍牆的反射作用，兩個人分別站在不同地段的牆邊，一人對牆說話，在相當遠的地方，另一人也能清楚地聽到。簡直像打電話一樣，聲波竟沿著牆壁連續反射前進。幾百年前，人們竟能利用聲學原理創造出這一奇妙的建築，實在是個歷史上的奇跡！

從皇穹宇再往南，就是圜丘壇，又叫祭天臺。建築年代與皇穹宇同，是一座露天的三層圓形石壇，是昔日祭天所在，天是圓的，所以臺建成圓形；天又是淩空的，臺上不能建房，對空而祭，稱爲「露祭」。清代祀天大典中，最隆重的一次是冬至大祀，就在這裏舉行。圜丘壇只有臺基，沒有殿宇，建在外方內圓的兩重圍牆中，其根據是天圓地方的臆說。壇周共五百三十四米，高一點九米，上覆綠琉璃瓦，四面各有華表形的門，均用白色大理石雕成，顯得清淨精美。壇高五點三米，分上中下三層。上層直徑三十米，中層五十米，下層七十米。中下兩層各高一點七米。上層高一點八米，配置準確，設計合理，看來當年的建築師是頗具匠心的。

石壇每層的周圍都砌有漢白玉欄杆和欄板。由於古人相信「九」是所謂「陽數之極」，常用九來表示天體的至高和至大，所以這座石壇的欄柱、臺階、砌壇的石塊等等，都和「九」字有關，它們的數目不是九，就是九的倍數。如壇的上層中央有一塊圓石，圍繞這個中心向外有規律地砌著九環扇形石板。第一環爲九塊，第二環爲十八塊……第九環爲八十一塊。中層、下層也各有九環同樣的石板，下層至二十七環的二百四十三塊爲止，恰是九的二十七倍。每層四門，每門的石階爲九級。每層都有雕龍欄杆，欄杆的數目爲九的倍數，上層七十二根，中層一百零八根，下層一百八十根。

石壇最上層的那塊圓石，也是極爲有趣的。站在它上面小聲說話，聲音竟會非常洪亮。這是由於音波傳到四周的石欄後，又同時從四周迅速地折射回來造成的。據測驗，從發音到聲波再回到圓心的時間，總共只有零點零七秒，說話的人根本無法分辨原音與回音，又因爲回聲是同時從四面傳來，音波震動較大，所以聲音就非常洪亮了，是一個天然的擴音器。這塊圓石和前面提到過的回音壁、三音石，以及祈年殿的獨特而精巧的結構，都充分表明我國人民自古以來就有的無窮的智慧和非凡的創造力。

圜丘壇的兩邊有齋宮。皇帝在祭天的前三天，要沐浴、齋戒。所謂齋戒，包括不吃葷腥食品，不飲酒，不聽音樂戲曲，不弔喪，不理刑名，也不接近后妃。齋戒時，便獨自住在齋宮。齋宮是明永樂十八年（一四二〇年）時所建，明永樂、清雍正、乾隆、嘉慶年間，都曾重修過。齋宮坐西向東，造得和城池一樣，有城牆，外面環繞深池，有石橋通往來。建築的中心，有一座五間大殿，漢白玉臺基石欄，垂檐垂脊，和普通殿堂似乎沒有不同。但是，殿內卻沒有梁柱，所以稱無梁殿。這也是北京的稀奇建築之一。

天壇尚有神庫、神廚、宰牲亭、七十二長廊、齋宮、神樂署等建築，它們雖然各成一區，但又都統一在內外壇牆之中。

總之，天壇的建築宏偉瑰麗，世上罕有其匹。不但形式美觀，且色調極調和，使人望去，自有一種莊穆敬仰之感。

## 五色土前話社稷

（北京中山公園）

在那古柏遒勁、繁花飄香的北京中山公園內，有一座被人們稱作「五色土」的大土壇，每天有成千上萬的人來這裏參觀；發行量曾達百萬餘份的《北京晚報》，也把「五色土」作爲自己副刊的名稱。這「五色土」是什麼？它

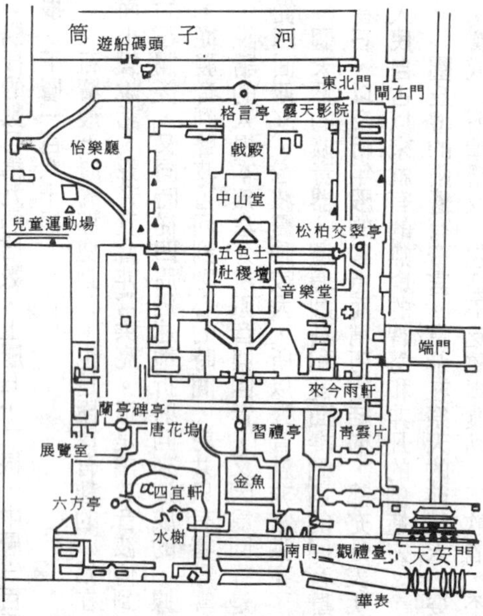


中山公園示意圖

便是保留至今的明清兩代的社稷壇。

現存北京的這座社稷壇，其主體仍舊是一座方形大平壇。壇分三階，每階高三十二釐米（約合明清營造尺一尺），用漢白玉砌成；壇上的東南西北中五個方位，分別填著青紅白黑黃五色泥土；壇外不高的壝牆用四色琉璃磚砌成，上覆四色琉璃瓦，其顏色跟五色土完全一致；壝牆檐高九十六釐米（約合明清營造尺三尺），正好跟壇土處於同一水平面上。四面壝牆均有漢白玉石門與外相通，土壇北面現是一座被稱作中山堂的木結構大殿（因孫中山先生曾停靈於此而改用此名），它便是明、清時祭祀社稷的拜殿。其實這整座公園的園地，原來也都屬於社稷壇。

提到壇廟之類的名勝，到過北京的旅遊者大多會憶起北京的五壇——正陽門外的天壇、安定門外的地壇、朝陽門外的日壇、阜成門外的月壇、以及天壇西的先農壇。然而就其歷史內涵來講，社稷壇的價值實在是遠遠地勝過它們。

社稷壇，就是爲了祭祀社稷而專門築起的土壇。社，是社神，是土地之神；稷，是稷神，是五穀的代表。祭祀社稷的歷史，在我國的的確確是太久遠了，如要溯其淵源，恰是出於古代國人對鄉土國土的極爲深厚的感情。

《史記·夏本紀》寫道：「堯崩，帝舜……曰：汝其往視爾事矣。……舜乃行，相地宜所有以貢。」《尚書·禹貢》寫道：「禹別九州，隨山浚川，任土作貢。……海岱及淮，惟徐州，……其貢五色土。」前代學者普遍認爲，這裏的五色土，便是舜時鋪填社稷壇的所用之物。《左傳》昭二十九年所載晉大夫蔡墨的話是：「后土爲社，……柱爲稷，自夏以上祀之；周棄亦爲稷，自商以來祀之。」《漢書》也說：「郊祀社稷，所從來尚矣」，而夏禹對於社稷的祭祀，不過是「遵之」而已。

關於人們祭祀社稷的緣由，作爲西漢章帝時群儒在白虎觀講議五經同異的總結，《白虎通義》對前人的看法是這樣的：「人非土不立，非穀不食。土地廣博，不可遍敬也；五穀衆多，不可一一祭也。故封土立社，示有土也；稷，五穀之長，故立稷而祭之也。」作爲讖緯家學說的著作，其緯書的《孝經援神契》也說：「社，土地之主；稷，五穀之主。……土地廣博，不可遍敬，故封土以爲社，而祀之以報功也；五穀衆多，不可遍祭，稷乃原隰之中能長五穀之祇，故立稷而祭之。」根據我國古代地貌學的觀點，人們把土地劃分爲山林、川澤、丘陵、墳衍、原隰五類，這便是古人常說的「五土」。原隰的意思，即是濕潤的平地。在《孝經援神契》看來，稷便是原隰所生五穀之神，而社卻是五土的總神，因而人們說社時便可以同時代表稷，祭社也可以就是對社稷的祭祀。由此看來，我國古代對社稷的祭祀，的的確確是源自人們對鄉土國土的感激之情。

如據《左傳》、《國語》、《禮記》等所保存的遠古傳說，社神稷神的形象便更具體。古代傳說中的社神，名字叫句龍，他是紅髮蛇身水神共工的兒子，因爲能平九土，所以被中央的天帝黃帝選作了土官，官名就是后土。傳說中的稷神，夏商以前祭祀的叫柱，他是烈山氏的兒子，因爲能殖百穀百蔬，所以成了稷神；夏商以後的稷神，換成了周棄，他是帝嚳之子，爲姜原所生，因爲作稼穡殖嘉穀，所以成了稷神。這些飽含神話成分的傳說，儘管跟後來《白虎通義》的記載有些差異，然而人們所崇奉的，仍舊是在我們這塊土地上辛勤勞作開闢、指導並率領黎民百姓艱苦創業的先人。

正是因爲如此，人們對於社稷的祭祀才那樣隆重，那樣熱烈。春天耕種之前，人們要祈求他的保佑；秋天收獲之後，人們要報謝他的恩情。人們一致公認，《詩經》裏的《載芟》和《良耜》等篇，便是描寫這一春祈秋報的作品。

然而人們對於社稷的感情還不僅是這些。《尚書·甘誓》裏保留有夏代的這樣一段故事：禹的兒子啓在甘之野與有扈作戰之時，戰前便給軍隊立下決戰的誓言，啓向全軍宣告：「用命賞於祖，弗用命戮於社。」漢代對這句話的解釋是：「天子親征，又載社主，謂之社事。不用命奔北者，則戮之於社前。」社主是什麼？就是代表社神的牌位，亦即現今中山公園五色土中心的社主石。國家的軍事行動爲什麼要在車中載上社主？爲什麼要把出征稱作社事？實在是因爲土地是國家賴以存在的基礎。從我國歷史上的大量史實來看，國家的興亡必然要反映爲社稷壇建置的改變，這種稱作「遷社」的變化，常常導致原有社稷壇的廢置。如據《禮記》等古籍的記載，喪國之社即使不廢，也要用房屋把它遮掩起來，讓它不受天陽，得不到生機，讓它保留下來的目的，不過是要人們記取「惡者失之」的教訓。也正是因爲如此，人們才更將社稷作爲國家的象徵。

不少意在解釋社稷壇的文章說，社稷壇的祭祀是封建社會帝王的禮儀，「溥天之下，莫非王土」的詩句就是設置五色土的根據，社稷壇中心石柱的存在是爲了表示江山永固的意思。這一類說法流傳得實在太廣了，然而它卻是個似是而非的解釋。

其實對社稷的祭祀不僅不是封建社會的產物，而且也不只限於帝王的活動。關於前者，不僅有歷代典籍可據，並且有江蘇銅山丘灣殷代石社的考古發現可證；關於後者，民間社祭的史料也同樣舉不勝舉，人們熟知的「社日」，便是民間春秋二季普遍舉行社祭的日子。即使在今人所用的現代漢語中，「社會」、「社交」、「集社」等語詞，其詞源之所在仍舊是古代民間社日鄰里的集會。

「溥天之下，莫非王土」，語出《詩經·小雅·北山》。此詩產生於西周末年，詩序和詩經研究者一直普遍認爲，這是一首「刺幽王」的詩作。周幽王時才有的這一與社稷無關的詩句，怎麼反倒成了幽王之前早就有的社稷壇的依據？更何況早在戰國時代，孟子就曾反對過對《北山》一詩的片面引用，然而這一觀點似乎也未引起今天引用者的注意。

至於什麼江山永固之說，實在更屬無稽。前已說到，社稷壇中心的石柱叫社主石，社主就是代表社神的牌位，它的存在原本是祭社的需要，並無別的什麼象徵。現中山公園社稷壇中的社主石，《明會典》也說「社主用石，高五尺，闊二尺，上微尖，立於社壇，半埋土中，近南向北。」至於用石的原因，其實就是《淮南子》所謂「殷人社用石」這一禮制的遺存。

當你在中山公園參觀社稷壇時，自然免不了要看一看那說明的木牌。遺憾的是，牌上的說明詞便沿襲了前面那種似是而非的解釋。不過，對此你也不必過於挑剔。我們相信，人們對於社稷壇含義的理解，總有一天會逐漸趨於一致的。

## 只知有園，不知有國

（北京頤和園）

頤和園是萬壽山和昆明湖的總稱。這三個名稱，都經歷了一個演變過程。最初，萬壽山叫做金山。遠在八百多年前金朝的時候，就受到了人們的注意。西元一一五一年，金朝的第一個皇帝完顏亮把都城遷到北京（當時叫燕京）之後，就看中這塊地方，於西元一一五三年設為行宮。到了西元一一九〇年金章宗完顏璟時，又把玉泉山的泉水引到金山下，並稱這條河為「金水河」。當時這一帶有「

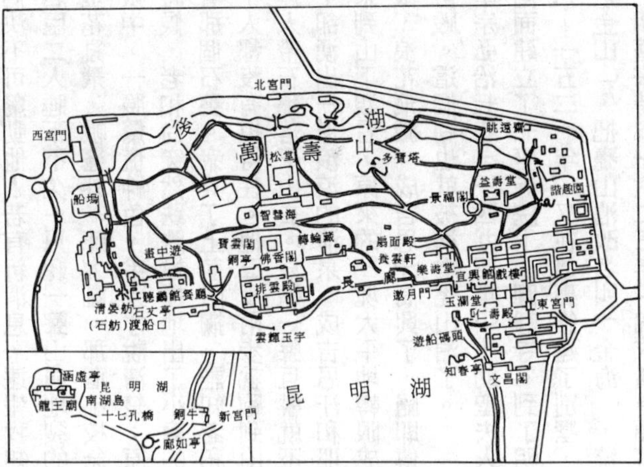


頤和園遊覽示意圖

西山八院」之稱，可見已經建設得初具規模了。

傳說那時金山住著一個老頭，很懂養生之道。他有時離山很久，有時又匆匆回來。一天這位老人偶然在山腰上發現了一塊很大但中間又凹下去的岩石，鑿開一看，原來其中有一個古代的石甕，四周刻的花紋已經模糊得不可分辨了，可是裏頭還有幾十種東西。這個老頭就帶著這些東西悠然他往。臨走時，他把石甕搬到山的西邊，立了一條讖語說：「石甕徙，帝里貧」。到了明朝嘉靖年間，這個石甕突然不見了，而明朝也就開始衰敗下去。顯然，這個傳說是荒唐無稽的，而且含有濃厚的迷信味道。但在當時卻轟動一時，甚至因此把金山的名字改成「甕山」。

西元一二九二年，元代科學家郭守敬奉命在這裏開鑿河道，把昌平玉泉山一帶的泉水也引到甕山之下，形成一個大水潭，取名為「甕山泊」（就是現在昆明湖）。當時人們還稱這個人工湖為大泊湖、西湖、西海。但民間傳說中，這個湖的形成卻有一個荒誕的故事：

甕山頂上的一座孤零零的小廟裏，住著一位老和尚。後來，成吉思汗帶兵打到了北京，住在海淀一帶。一天，他帶著文武大臣到西山打獵，廟裏的老和尚見了來人只是打個問訊，便站在一旁。成吉思汗問他有多大年紀，回答說耳聾；問他此山叫什麼名字，回答還是說耳聾。幾句話氣得成吉思汗暴跳如雷，抽出寶劍就要殺老和尚。耶律楚材急忙勸阻，用眼色暗示成吉思汗：僧不可侮。君臣一夥就在離小廟不遠的地方支起幾座牛皮大帳住了下來。

天交五更，忽然一個小校進了帳篷，跪奏道：「廟裏老和尚到這時還沒安歇，只是抱著一個小石甕，嘴裏唸唸有詞，一個勁兒流眼淚。」耶律楚材聽了微微一笑，說道：「你們決不可驚動他！若有新消息，速報我知。」小校走後，君臣二人睡下不久，只聽一聲山崩地裂的巨響，接著眼前金花亂飛，帳篷外一陣大亂。那個小校急忙跑進成吉思汗帳中，一臉驚慌神色，半天才說清楚：原來，天交五更的時候，老和尚突然跌跌撞撞地出了小廟的門，懷裏死死抱著那個石甕。衆兵丁上前阻攔，誰知老和尚力氣很大，幾十人都沒有擋得住。他三步兩步就跑到山崖邊縱身一跳，連人帶石甕落下山去。只聽一聲巨響就不見了蹤跡，山腳下卻湧出一道滾滾的清泉。成吉思汗和耶律楚材趕忙披衣來到山下觀看，原來的一塊大平地轉眼成了汪洋，綠波滾滾，浪花飛濺。成吉思汗高興了，隨即傳令就在這裏修造宮殿。這個湖也就被稱爲甕山泊了。

明孝宗弘治七年（一四九四年），助聖夫人羅氏在這座山的南面建立了一座寺院——圓靜寺。到了明武宗時（一五〇六——一五二一年）又在這裏修建了別墅，把甕山改回原名「金山」，把甕山泊改名叫「金海」，統稱爲「好山園」。明熹宗時（一六二三年）錦衣衛首領宦官魏忠賢一度占爲己有。一六四四年，清兵入關後，「好山園」又被改爲「甕山行宮」。

一七五〇年，清乾隆爲祝賀他母親鈕鈷祿氏的六十歲壽辰，就在前一年開始了以圓靜寺原址爲基礎的「大報恩延壽寺」爲主體的興建工程，因而把山名改爲「萬壽山」。在建造大報恩寺的同時，又疏導玉泉諸流，把山下湖泊作了一番徹底的改造，成爲一個「巨浸」。同時取漢武帝在長安開昆明池的意思，把湖名改成「昆明湖」。兩者合起來統稱爲「清漪園」。最後建成於一七六四年，前後共用了十五年的時間，這就是頤和園的前身。

這座位於萬壽山的清漪園，與玉泉山的靜明園，香山的靜宜園，以及暢春園、圓明園，合稱爲「三山五園」，是北京西郊最大的皇家園林區。「何處燕山最暢情，無雙風月屬昆明」，從這句詩可以看出，有著昆明湖的清漪園，是有它獨具特色的。

現在的頤和園，並不全是當年清漪園的模樣。當年，由於帝國主義的侵略，清朝統治階級的腐敗，國家多災多難，也給這座園林帶來了深重的災難。在不到半個世紀的歲月裏，它經歷了兩次浩劫。

一八六〇年，美、法聯軍侵入北京，焚燒、掠奪了圓明園、靜宜園等地，清漪園也同遭劫難。除少數石料得以幸存外，剩下來的就只有銅亭和銅牛了。「玉泉嗚咽昆明塞，惟有銅犀守荆棘；青芝閣（岫）裏狐夜啼，繡漪橋下魚空泣。」道出了劫後園林的淒涼景象。

光緒年間，慈禧在清漪園的舊址上進行重建，並於一八八八年改名爲頤和園。這個名稱是有它的寓意的。中文的「頤」，古代用以表示休息、調養，而「和」，則是和諧、平安。二者合起來就是「頤養太和，保養元氣」的意思。

一九〇〇年，八國聯軍侵入北京，頤和園又遭踐踏破壞。一九〇三年，慈禧再次重修頤和園，但後山一帶的建築景物，終於沒能恢復。因此，清末有人寫詩說：「湖山不解興亡恨，偶向昆明話劫灰；我到此園長太息，石舫銅亭心歷歷。」

滿清貴族爲了縱情享受，在北京城內外建築了許多御苑行宮，耗費了無數的財力人力，極力追求豪華奢侈。慈禧重修頤和園的建築費銀二萬萬兩（其說不一），原是準備用來建設海軍的，卻被挪用造花園，誤國殃民，到了極點。史書上說她：「回京後大修頤和園，奢慾窮極。」她只求個人享樂，完全置國家安危於不顧，眞是罪惡滔天！

乾隆時期，曾在昆明湖裏設戰船，練水兵。慈禧爲了掩人耳目，也打起辦海軍的幌子，設立海軍衙門，下令恢復昆明湖水操，還在湖邊辦起武備（水師）學堂，說是要在這裏造就什麼海軍人才。其實，辦水師是假，修頤和園是眞。管水師的官員，竟要同時負責頤和園的土木工程，就是證明。慈禧一方面假惺惺地讓光緒在昆明湖邊看水師操練，一方面經常查詢工程進展情況。掛著羊頭，賣著狗肉。這種伎倆當然騙不了人。有人指出這是「昆明湖易渤海，萬壽山換灤陽」。意思是說，她名義上是拿昆明湖當渤海，用來練海軍，其實是把萬壽山變成不在灤陽（承德）的又一座避暑行宮。

後來，她連辦海軍的幌子也不要了。一九〇八年，她乾脆把水操停了，專心在園裏「頤養沖和」起來。以後，每年從春季到秋季的大半年時間，她都搬進園裏住。從此，頤和園就成爲以慈禧爲首的滿清皇朝推行其腐敗政策、大搞陰謀詭計、崇洋媚外和尋歡作樂的場所。

慈禧趕修頤和園，主要目的是爲建一座供自己娛樂享受以延年益壽的園林。梁啓超在《戊戌政變記》中說：慈禧是「只知有一園（頤和），而不知有國」，「但保頤和咫尺之園，而日日割地失權」。慈禧晚年在頤和園的所作所爲，證明她完全是一個喪權辱國的千古罪人！她使我國從此淪爲帝國主義欺辱的悲慘境地。

## 萬民膏血奉一人（北京頤和園）

頤和園的正門叫東宮門，是一座端莊厚重的古建築。

它坐西朝東，門楣檐下盡是油彩描繪的絢麗圖案。門額上大匾題的「頤和園」三字，是光緒的手筆。當年，東宮門只供清朝帝后進出，門前是「邏騎林立，儼若臨敵，百步之外，行人止足」。今天則是遊人進園的主要入口。

入門西行，過仁壽門，便是一大片富麗堂皇的宮殿建築群，主要由仁壽殿、德和園、玉瀾堂、宜芸館、夕佳樓、樂壽堂等組成。這裏，既是慈禧等帝王、后妃們居住的生活區，又是清末封建統治者在這座園林裏的政治活動區。

仁壽殿寬七楹，原名勤政殿。一八九〇年重建時，爲了迎合慈禧希望長壽的意願，根據《論語》中「仁者壽」的話改爲今名。殿內的「壽協仁符」金字大匾，是慈禧的自我標榜，其意爲「執仁政者長壽」。慈禧住在頤和園的時候，就在這個大殿中「垂簾聽政」。在殿內外掛一塊紗簾的主要目的，是使門外的大臣們看不見她的容貌，而她卻可以在殿內通過簾子看清外界的一切。她開始聽政的時候，坐在光緒的後面。過了不久，她坐到寶座的正中，讓光緒坐在右邊。戊戌變法之後，她乾脆把光緒囚禁起來，自己一人坐在大殿中發號施令。

仁壽殿是這片宮殿群的最大一處建築，是慈禧召見大臣議事、處理日常政務的地方。殿內的設計都仿照帝王的儀仗，如寶座、御案、鶴燈、鼎爐、掌扇等。室內還陳設著許多精美的文物，有商代的青銅器皿，翠鳥羽毛粘貼的洞庭風景，天然樹根雕刻的獅子，二百年前的國產鏡子……其中一個紫檀木的鏡架，上刻龍形圖案，共費人工三千六百個，一個人要刻十年才能完工。仁壽殿與宮內大殿不同的是，它的庭院裏還點綴著各種古色古香的銅鑄珍禽異獸如龍、麒麟等，以及山石花木、缸鼎等。

從仁壽殿北行，就到了德和園。它的前身是怡壽堂，是慈禧重修後改的名字。這裏是專門爲慈禧演戲的地方，有一組以大戲臺爲主的建築群。清代宮廷園林共修建了四個大戲臺：故宮寧壽宮的暢音閣、圓明園和承德避暑山莊的都叫清音閣，再就是德和園的大戲臺。慈禧對於這個大戲臺的興趣極其濃厚：她甚至親自參加了戲臺的設計工作。這個戲臺高二十一米，寬十七米，比一般戲臺的舞臺大五六倍之多，而且分上中下三層。上層爲福臺，中層爲祿臺，下層爲壽臺，每層各有上下場門。大戲臺結構雄偉壯麗，每層舞臺還有活動層，根據演出的需要，演員可以通過頂板的天井，像是神仙「從天而降」；又可以通過地板的地井，像鬼魂「破地而出」。有時配合劇情，臺上還可以噴出水來，效果形象逼眞。清代末年，腐朽的統治者花天酒地，飽食終日，聽戲就成了他們打發時光的主要娛樂。逢年過節、帝后生日，都要演戲，慈禧本人又是個戲迷，所以大戲臺修得如此考究。每年農曆三月到頤和園後，就要看戲，一連要演幾十天。慈禧過生日時，前三天後五天要連續演九天的戲，還常常別出心裁，要在三層舞臺上演出同樣的劇目，同一時辰開演，唱、唸、打、做完全相同，取其熱鬧吉祥的意思。看戲的時候，慈禧一個人坐在正對著戲臺的頤樂殿門內的木炕上，光緒坐在門外的左窗臺處，后妃等人則坐在右窗臺處。戲臺東西兩邊的走廊用木樟分成十二廂，東廂是王公大臣，西廂是李蓮英和內廷官員，他們只能坐在大紅墊子上看戲。第一齣戲演完後，王公大臣由太監領出去休息。演下齣戲時再由太監引進來。看完戲後，還要向殿上叩頭謝恩。而藝人在演畢都要穿好戲裝，向慈禧叩頭。當時專管宮廷演戲的部門叫昇平署。原規定，藝人必須由內監充任，但太監們演戲藝術性實在低劣得很。自咸豐年間，就開始吸收一些民間知名的藝人加入昇平署串演。清末的著名藝人譚鑫培、楊小樓等均曾參加過演出，並受重賞。譚鑫培還被人稱為「譚貝勒」，顯赫一時。每當慈禧來頤和園居住的時候，昇平署全班人馬也隨之而來。但不住在園內，而是住在東宮門外附近的房子裏。

從仁壽殿南去，穿過幾曲迂迴的遊廊，便可到達玉瀾堂。它得名於晉人陸機的詩句「玉泉湧微瀾」。當年是光緒帝的寢宮，是一處大型的四合院落。一八九八年戊戌變法失敗後，光緒先是被囚禁在城內南海的瀛臺，隨後又轉移到這裏。慈禧下令封閉了玉瀾堂前面的通道，砌上一堵厚厚的高牆，防止光緒逃跑。連通往隆裕皇后住處宜芸館的垂花門，也被用磚堵死。可見其手段的毒辣。實際上這裏成了一座精緻的囚籠。那位可憐的皇帝每天只好在這有限的空間來回走動，不斷用手杖敲打腳下的磚石以發泄心中的怨恨。現在玉瀾堂地上那些凹凸不平的地方，相傳就是當年光緒杖擊的遺痕。堂門後那道磚牆，則成了慈禧扼殺戊戌變法的罪證。

在玉瀾堂和宜芸館之間，有座夕照樓。它面對西山，是觀賞殘陽夕照最好的地方。樓西側下臨昆明湖東岸，東側有獅子林假山，格局和蘇州獅子林相似，只是規模小些。

從玉瀾堂朝西繞著湖岸北行，或從德和園沿小徑西行，便可來到慈禧生前居住的樂壽堂。樂壽堂的名稱，來源於《論語》的「知者樂」、「仁者壽」。樂壽堂面臨昆明湖，背倚萬壽山，東可達仁壽殿，西可接長廊，是園內位置最好的居住和遊樂的地方。堂內的西暖閣是慈禧就寢的臥室，她晚年的大部分時間都是在這裏度過的。每年從農曆四月住到十月，她才回城內皇宮。寢宮的陳設十分豪華，有用珍珠、瑪瑙和翡翠製成的花籃，有用金銀和各種寶石鑲嵌成的四季花卉壁畫，有各種名貴的瓷器、漆器以及精雕細刻的玉雕和牙雕等工藝品，還有各式貴重木材製成的家俱，這些都突出地反映了慈禧當年極盡驕奢的腐朽生活。這裏也是她用餐的地方。平時一日三餐均到堂內，堂的正中有一個寶座，慈禧吃飯坐在寶座上，臨時在她面前搭三張桌子，拚成餐桌。在這三張桌子上，要擺一百二十八種菜餚，每種都用金底銀蓋的器皿盛著。此外還有五十多種主食。僅粥就有三十多種。每餐要耗資白銀五十四兩，約合小米五千餘斤，約可供五千個農民吃一整天。當時有句民諺說：「帝后一餐飯，農民半年糧。」樂壽堂內還有一張慈禧吃點心用的桌子，也是大有文章的：桌子的玻璃板下雕刻著西湖風景，而且還能養金魚，使她在大飽口福的同時，還能大飽眼福。樂壽堂周圍還有許多珍貴的花木山石，如庭院裏的一塊巨大的青石點景——青芝岫。青芝岫的得名，是因爲它的形狀像靈芝而顏色青潤。這塊巨石長八米，寬二米，高四米，橫臥在一個雕刻精美的海浪紋的青石座上。每當夏季，青芝岫被爬山虎濃密的藤蔓覆蓋的時候，更是格外惹人喜愛。關於這塊著名的山石，有一個有趣的傳說：明代太僕少卿米萬鍾愛好奇石成癖，他在房山發現這塊巨石，企圖運至自己的花園——勺園，因此石巨大，運輸困難，費盡錢財，幾乎傾家蕩產，才運至良鄉，棄於路旁。後人故稱此石爲「敗家石」。後來乾隆建造清漪園，又把此石運來，而山石過大，進不了門，於是乾隆又令拆門。太后因此不滿，認爲此石不吉祥。樂壽堂的花卉以玉蘭、海棠和牡丹爲主。每年四月上旬，玉蘭盛開，瓊雕玉琢，繁花滿枝。

## 頤和園裏的骯髒勾當

（北京頤和園）

慈禧重修頤和園，並住進園裏之後，第一件事便是處心積慮地準備作壽。一八九四年農曆十月十日，是慈禧的六十歲生日。她想大辦壽誕，決定在仁壽殿搭一座天棚，僅此一項，就要用一萬七千五百多疋彩綢。又用一百六十萬兩銀子（一說爲七十一萬兩），特意在德和園蓋了一座大戲樓。全園內外都必須張燈結彩。這還不夠，從紫禁城的西華門到頤和園的東宮門，沿途還要搭設各種形式的戲臺、彩棚達六十處，作爲「點景」。屆時，慈禧將乘坐「金輦」，由西華門出發，經西安門、西直門前往頤和園，在那裏接受文武百官的朝賀。

可是，這時日本帝國主義點燃的「甲午戰爭」炮火已經在黃海海面熊熊燃燒，形勢危急，戶部請求停止頤和園的慶壽裝修工程，當時極力主戰的光緒和一些大臣也紛紛請求停辦「點景」，把這些花銷用於軍費。慈禧不但不聽，反而火冒三丈，惡狠狠地威脅說：「你們誰惹得我今天不高興，我就要讓他一輩子不高興！」仍一意孤行，堅持作壽。由於慈禧頑固推行屈辱求和的投降政策，儘管前線愛國將士浴血奮戰，在連連失利之後，以北洋艦隊全軍覆沒宣告了戰爭的失敗。在這過程中，慈禧被迫下詔，「頤和園受賀事宜，即行停辦。」第二年，派李鴻章到日本馬關簽訂了《馬關條約》，其中包括割讓臺灣、賠償軍費等條款。

賣國求榮，不忘作壽。等到形勢在表面上有了一點緩和後，一八九七年，慈禧在頤和園裏還是熱熱鬧鬧地辦起了六十三歲壽辰的慶典。德和園戲臺高築，歌舞昇平，慈禧在大戲樓前看「吉祥好戲」。國家災難深重，人民痛心疾首，怨聲載道。北京城裏出現了一副副對聯：「萬壽無疆，普天同慶；三年敗績，割地求和」；「臺灣省已歸日本，頤和園又搭天棚」。更有把矛頭直接指向慈禧的：「一人慶有，萬壽疆無」！這表明人民的怨恨、憤怒已到了極點，反動統治者的倒行逆施令人忍無可忍，也預示著滿清腐敗政權末日的到來。

在頤和園裏發生的第二件事，便是一八九八年慈禧在這裏坐鎮，鎮壓了戊戌變法運動的事件。慈禧住進了頤和園，並不是一心在此「頤養天年」。她的心腹爪牙多半是朝中重臣，依然掌握著國家的實際權力，朝中政事無論大小，還是要由這位已經「歸」了政的太后點頭才算數。頤和園實際上成了清代後期最高統治集團的又一個決策中心。一八九六年以後清末歷史上每一個重大事件都與它有著密切聯繫，國際國內政治舞臺上的每一次風雲變幻都在它的湖邊山前留下了印跡。

甲午戰爭失敗帶來的一系列奇恥大辱對當時的中國是一個極大的震動，救亡圖存的呼聲日益高漲。一八九五年以康有爲爲首的一千三百名舉子的「公車上書」，揭開了「戊戌變法」運動的序幕。一八九八年六月十一日，年輕的光緒皇帝頒發了確定國家大政方針的詔書，正式宣布變法。從這天起，到同年九月二十一日慈禧發動政變止，總共一百零三天，歷史上稱爲「百日維新」。

變法開始時，朝廷官員分成改良派和守舊派。光緒贊成變法，慈禧反對變法。這場尖銳的鬥爭，集中在頤和園內展開。

光緒知道慈禧實權在握，怕她掣肘，在那段時間裏，曾先後十二次到頤和園去向慈禧「請安」，陪同「駐蹕」。固然是注意她的動靜，探聽虛實，也還幻想得到她的支持。而守舊派大臣也不斷前去告狀，要求慈禧制止光緒的「不軌」行爲。

慈禧本人，這時表面上不露聲色，在暗地裏卻調兵遣將，並針鋒相對地削弱支持光緒的勢力，策劃新的陰謀，要把變法扼殺。守舊派大臣在她默許下，準備廢掉光緒，她裝作若無其事。光緒感到四伏的殺機，召見袁世凱。要他殺掉榮祿，挽救變法運動。而善於投機取巧、陰險狡詐的袁世凱，一面滿口答應，表示殺榮祿如同殺一條狗；一面卻向榮祿密告。榮祿連夜向慈禧報告，慈禧立即從頤和園趕回宮內，發布「上諭」說光緒有病，宣告重新臨朝「訓政」。同時廢除了變法法令，殺害了譚嗣同等六人，下令逮捕康有爲、梁啓超等改良派人士，光緒本人也被囚禁起來。

第三件事是慈禧把頤和園變成她大搞媚外外交的場所。一九〇〇年，八國聯軍進逼北京時，慈禧曾倉惶出逃西安。當時她走得匆忙，竟一反常態，不顧儀表、排場，身穿藍布衫，坐著平民百姓的騾車就走了。她雖是那麼狼狽，卻仍念念不忘她那些充當擺設的珍寶，至於國土淪陷，人民遭難，卻全被她拋在腦後。

一九〇二年初，她回到北京。這是靠簽訂屈辱的《辛丑和約》，出賣國家利益，換來她的「回鑾」。從這時起，她公開打出「量中華之物力，結與國之歡心」的旗號，開始了全面賣國活動。正如梁啓超所說：「自從回鑾後，保護外人之懿旨不下二、三十次，——誠如孝子之事父母矣。」

慈禧這次回到頤和園不久，便打破咸豐朝以來皇后、皇太后不見外國使臣的慣例，正式召見了各國駐京使節。四月間，破天荒地在頤和園舉行「遊園會」，邀請各國公使及眷屬隨從，來和她一起賞花遊湖，舉杯言歡。爲了出席這次遊園會，她特地梳洗打扮一番，穿了一件極爲華貴的孔雀外褂，上面繡的鳳凰凸起衣面，鳳凰口裏銜著二寸長的珠串，走動時，珠串自然擺動，確是異乎尋常。後來，她便授意外務部，把每年三四月和八九月規定爲請外國使臣遊園的日子。從此這些使節和他們的夫人等眷屬便成了進出頤和園的「常客」，經常被慈禧以「遊湖」、「賜宴」等名義請進園中玩樂。同時，慈禧也准許自己身邊的女眷、公主、格格們到外國使館參加宴會。爲了討好洋主子，頤和園內招待外國使節的飯菜都不讓園內膳房動手，而特地由城裏外務部專做西餐的廚子來做。當時花費之巨，排場之大，使洋人也感到吃驚。他們見慈禧這樣殷懃討好，自然也對她報以「讚賞」。慈禧聽了，竟恬不知恥地說：「外人皆極盡情理，以前大臣不讓我見他們，早能如此，必無庚子之禍。」完全是一副奴才面孔。

一九〇五年，美國駐華公使康格夫人介紹一個叫卡爾的女畫家進宮爲七十一歲的慈禧作畫。卡爾把她畫得盛妝濃抹，風韻猶存，像個四五十歲的中年貴婦，展示她青春永駐的「聖容」，所以受到慈禧的百般恩寵，此畫一直保存在排雲殿中。

# 從長廊到石舫（北京頤和園）

從樂壽堂的西配殿通過邀月門，就進入令人神往的著名長廊了。遊廊，是我國古代園林中常常使用的建築形式，它既能遮蔽烈日和雨雪，又可以爲園中景物增色。頤和園這條遊廊，是國內現存同類建築中最長的一處。它東起邀月門，西止石丈亭，全長七百二十八米，共二百七十三間（兩柱爲一間）。它時而筆直，時而彎曲，隨萬壽山南麓地勢而蜿蜒，宛如一條環繞於昆明湖北岸的七彩飾帶，連接著錯落於排雲門兩側的院、館、軒、閣等主要建築物，嚴謹而又自然。

這裏，還是全國景色最別致的地方。長廊漫步，妙趣橫生；湖光山色似乎在這裏分界，而又在這裏融合。一根根廊柱與橫楣、坐欄，構成一個個天然的取景框，步移景換，層出不窮，令人目不暇接。據說，長廊原是乾隆爲其母欣賞湖上雨景雪景而建的，雨雪天在長廊遊覽，那是別有一番情趣的。

長廊，不僅像一軸天然畫的長卷，也是一條藝術畫廊。每一廊間的橫楣和梁枋上都繪有幅幅彩畫，那從東到西，均勻地分布著象徵春、夏、秋、冬四季的四個亭子，即留佳、寄瀾、秋水、清遙，其中畫著的花卉和歷史人物故事，更是長廊彩畫的精華。所有這些彩畫，共一萬七千多幅，是一種傳統的民族式樣彩畫。在內容上，也是長期流傳、滲透著民間喜愛的山水花鳥和人物故事的傳統題材。如有象徵長壽的靈（靈芝草）、仙（仙鶴）、祝（竹子）壽（壽桃），象徵家居平安的菊花鵪鶉（菊和居同音，鵪和安同音）。三百多幅人物故事畫更是豐富精彩。有取材於《西遊記》、《三國演義》、《水滸傳》、《紅樓夢》、《說岳全傳》等文學作品的內容，如孫悟空大鬧天宮、那吒鬧海、比干挖心、教場比武、三英戰呂布、趙子龍大鬧長坂坡、貂蟬拜月、轅門射戟、黛玉葬花、晴雯撕扇、嫦娥奔月等畫面，還有描寫文學家故事的竹林七賢、東坡賦硯，描寫歷史故事的廉頗負荊、蘇武牧羊等。更有「借問酒家何處有，牧童遙指杏花村」，「停車坐愛楓林晚，霜葉紅於二月花」等唐宋詩意。堪稱多姿多彩，琳琅滿目。遊人至此，無不駐足停步，仰頭凝視，仔細觀賞一番。

沿長廊遊覽，一路觀賞精美建築，亭榭泉石，風物彩畫，使人賞心悅目。遠眺西山、玉泉山自然美景，全部組織到園子的整體之中。重疊的山巒、高聳的寶塔、著名的龍王廟、十七孔橋，倒影入湖，幾乎分不出園內園外。與長廊相連接的還有對鷗舫、魚藻軒等，點綴在湖光山色之中，美不勝收。北面高閣，南面平湖，互相輝映，又使人感到意趣無窮。過養雲軒，有副楹聯：「天外是銀河，煙波宛轉；雲中開翠幕，山雨霏微」。實在是點景佳作。

在長廊的中途，有座排雲門，最南端是位於昆明湖北岸的一座牌坊，南面題著「星拱瑤樞」，北面題著「雲輝玉宇」。牌坊和排雲門之間，有四季常青的柏樹，還有十二塊按十二生肖選出的太湖石。排雲門前有兩頭精美的銅獅。往北過二宮門向上走，可到達排雲殿。這裏是慈禧接受百官祝壽朝賀的地方。此殿以晉人郭璞遊仙詩中「神仙排雲出，但見金銀臺」之句而命名。明代，圓靜寺就建在這個地方，清乾隆改建成「大報恩延壽寺」，慈禧重修頤和園方建成此殿。排雲殿是頤和園中的主體建築物之一，雄偉壯觀，遠望重檐黃瓦，氣勢非凡。殿建在三面都有臺階的石臺基上，高達九級，周圍有白石欄杆。殿外「丹陛」的平臺上陳列著銅製的龍鳳、鼎缸等物。殿內的陳設大致與仁壽殿相同。中央的九龍寶座是慈禧過生日時接受拜賀的座位。舉行慶典時，光緒跪拜在「萬壽無疆」的大匾下面，一品官跪拜在金水橋前，二品官跪拜在金水橋上，三品官跪拜在殿門外，三品以下的只能跪拜在排雲門外了。每逢慈禧生日，她都要大肆揮霍民脂民膏，不僅在園內張燈結彩，還要從紫禁城到頤和園東宮門的沿途建立經壇、戲樓、彩棚點景。在排雲門內外還設有中和韶樂、丹陛大樂，以及鹵簿儀仗等，極盡窮奢極慾之能事。

排雲殿的建築布局，也有其象徵意義，從空中往下看，這一組建築很像一隻蝙蝠。排雲殿就是蝙蝠的肚子，兩側的長廊是兩隻翅膀，門前的兩頭銅獅子就是兩隻眼睛。因爲「蝠」與「福」諧音，所以取蝙蝠象徵多福多壽。

殿後有石蹬數百級，又有左右斜廊，可通德輝殿。再從這裏拾級而上，便到了萬壽山的最高點，素負盛名的佛香閣。閣的建築極爲精美，是一座八角形層樓，共三層三十四個角，檐牙高啄，飛翠流丹。上層額寫「式揚風教」，中層寫「氣象昭回」，下層寫「雲外天香」。內供接引佛三尊，全身丈餘，極有氣勢。登臨憑眺，全園景物，湖光山色，盡收眼底。晴天時甚至城中及西山風光，也是歷歷在目。閣後有一衆香亭，是慈禧太后禮佛之處。另有一黃琉璃殿，四周遍刻小佛像，名智慧海。意思是「佛的智慧如海」，乾隆年間建造，全部用磚石發券砌成，不用枋梁，俗稱「無梁殿」。一八六〇年英法聯軍對它無奈，將殿內的木製佛龕燒燬，又用刺刀把牆上的一千零八個小琉璃佛像全部搗毀了。

佛香閣，是全園風景的主體和觀賞點，而且是整個畫面的點睛妙筆。它高踞於全園中心，將園內、園外的景物組織得如此奇幻美妙，而又渾然一體，令人嘆爲觀止！我國歷代帝王追慕的「瑤臺宮闕」、「蓬萊仙境」在這裏體現得十分眞切，使人彷彿進入一個神話般的境界。所以人們說：「不登上佛香閣，就不算眞正到了頤和園」，這話是頗有道理的。

佛香閣高四十一米，建築在二十米高的石造臺基上，以八根堅硬的大鐵梨木爲擎天柱高入雲霄，是一座藝術價值很高的古典建築。一七五〇年乾隆建大報恩延壽寺的時候，原打算在這裏建造一座九層的延壽塔，當修到第八層時，他又下旨停修，改建爲八面三層重檐的佛香閣。一八六〇年被英法聯軍燒燬。現在這座是一八九一—一八九四年光緒時期按原樣建起來的。由於重建時偸工減料，外形已不完全像原來所模仿的黃鶴樓了。建成後慈禧每逢初一、十五到此燒香祈禱，妄想在死後靈魂能上西天佛國。閣內原供有接引佛（阿彌陀佛），已在「文革」中遺失。

佛香閣東坡上有一組建築名叫「轉輪藏」，由一塊石碑和三間樓房組成。石碑正面刻有乾隆手書的「萬壽山昆明湖」六字，背面刻的是他撰寫的《昆明湖記》，主要內容是敘述修竣昆明湖的始末。這塊石碑通高九點八七米，碑座、碑身、碑首都用巨石雕刻而成。造型雄偉，雕刻精美，具有典型的民族風格。石碑左右有兩座亭子，亭中各有一個八面形木塔，塔中有軸，推之就轉動，是仿照杭州法雲寺藏經閣建造的。

木塔八面可以貯藏經書佛像，中間有軸，地下設機關，推之可以轉動，稱輪轉藏。帝后祈禱時，由人鑽進地道轉動木塔，他們自己在上邊扶一下，就算是把塔內的藏經唸了一遍。

與轉輪藏相對的建築是西邊的「銅亭」，又名寶雲閣。此亭建於乾隆年間，一度稱爲金亭。它是爲了顯示皇權的尊貴而特意建造的。亭高七點五五米，結構與木製的亭子相同，但它的梁、柱、斗拱、椽、瓦、隔扇、對聯等都是銅鑄的。銅亭共用了二百零七噸銅，通體呈蟹青冷古銅色，它的獨特的鑄造技術和建築藝術是世界稀有的。當年侵略軍燒燬頤和園，它因銅製而免於被燬。清代，每逢初一、十五，在這裏舉行參拜儀式，讓喇嘛在這裏唸經，爲帝后祈福求壽。閣後石壁上高約十米的蓮花框是誦經時懸掛佛像的。

在佛香閣以西，還有一些重要景物：邵窩、雲松巢、石丈亭、清華軒、貴壽無極、聽鸝館、畫中遊、湖山眞意、山色湖光共一樓等。

邵窩有個典故：宋朝邵康節隱居在蘇門山，他爲自己的住處取名「安樂窩」。乾隆修建此軒時，希冀「安樂」，所以用這個出典作軒名。

「雲松巢」的名字則出自李白的名句：「吾將此地巢雲松」。

「石丈亭」在聽鸝館的東面，它的得名也有個典故。據說宋代書法家米芾看見奇怪的石頭就下拜，並尊稱爲「石丈」。在這個亭中陳放著高達三米多的太湖石，故曰：

「石丈亭」。

亭子以北一組院落名叫「西四廳」，是乾隆時「蘊古室」的舊址。一八九二年改建後，爲嬪妃居住的地方。戊戌變法失敗後，慈禧一度把珍妃幽囚在這裏。

聽鸝館的「鸝」是黃鸝鳥。這種鳥的叫聲非常悅耳，人們常用黃鸝的聲音形容優美的歌聲和樂曲，所以叫做聽鸝館，實際上是座小戲臺。在德和園大戲臺未建成前，藝人就在這裏爲慈禧演戲。

畫中遊在聽鸝館北面的山腰間，是一座兩層的八角亭，式樣玲瓏。遊人站在亭上環顧四周，樓臺金碧，水木清華，眞有置身畫中之感。

石丈亭以西，長廊盡頭的昆明湖中，有條石舫，是在明代圓靜寺放生臺遺址上建造的。船體用雲南大理石建造，通長三十六米，船艙則是木造的，伸向碧綠的湖面。乾隆寫的《石舫記》，記載著這條石舫的建造經過。石舫原有中式倉樓，後來慈禧仿翔風火輪的頂艙式樣，又增建了一座一層洋式艙樓。在船體兩側加上兩個機輪，艙底鋪上瓷花磚，改名「清晏舫」，取「海宴河清」之意。就是以這艘「永遠不動的船」，象徵清王朝的政權如磐石般堅固，永遠屹立在汪洋大海中，風吹雨打不動搖。

## 湖色山光共一園（北京頤和園）

萬壽山南面的一大片水泊，就是著名的昆明湖。從石舫往西，經界河橋可走上湖對岸的西堤，這又是一種天然的幽趣。這裏亂石爲岸，堤或闊或狹，桃柳夾岸，時密時疏。蜿蜒的長堤由「界湖」、「豳風」、「玉帶」、「鏡橋」、「練橋」、「柳橋」等六座風格各異的湖橋連綴起來，號稱「西堤六橋」。除「界湖」、「玉帶」二橋外，其餘四橋均築有橋亭，亭上有蘇式彩畫和坐凳欄杆，供遊人賞景或小憩。西堤六橋，是杭州西湖蘇隄六橋的創造性摹擬。六橋中以玉帶橋最負盛名。它是一座高拱石橋，橋身以漢白玉和青石砌成，橋頂弧度很大，呈駝峰狀，俗稱「羅鍋橋」，它以造型精美馳名中外。橋欄用漢白玉雕砌，有望柱六十對，上面刻有各式向雲中飛翔的仙鶴。橋拱高而薄，形若雲帶。半圓形的橋洞，與水面倒影，酷似一輪透明的滿月。據說，此橋係當年乾隆從昆明湖乘船去玉泉山的通道。橋的東西兩面刻有乾隆的御題。東面是：「螺黛一痕平鋪明月鏡，虹光百尺橫映水晶簾」；西面是：「地到瀛洲星河天上近，景分蓬島宮闕水邊多」。

一道長長的西堤，還連綴著五個島嶼，它們因島上的建築物而得名：藻鑑堂、治鏡閣、鳳凰墩、龍王廟、知春亭。龍王廟位於南湖島（亦稱蓬萊島）的中央，遠遠望去好像一座神話中的海上仙山，具有特殊形勝，隔昆明湖遙遙與排雲殿、佛香閣相望。原廟內有金面龍王像，後來人們習慣把這個島也叫做龍王廟了。古代習慣在鬧過水災的地方修蓋龍王廟，求龍王保佑。龍王廟又叫廣潤靈雨祠。島上最高的建築物叫涵虛堂（乾隆時叫望蟾閣）是慈禧重修的，她在這裏欣賞月夜景色，觀看士兵們的水戰演習。島嶼的東南有座長一百五十米的十七孔橋與東堤相通，這座橋也是頤和園著名景物之一。橋建於一七五〇年乾隆時，是一條連接龍王廟和東堤的大石橋，長一百五十米。據說這座橋仿盧溝橋所建，但比盧溝橋更美麗。在石橋兩旁石欄杆的每一根柱頂上，都有雕刻的石獅子，形態各異，共有五百四十四隻。爲什麼橋是十七孔呢？據說，從橋兩端哪一頭看過去，總是看到正中的一個孔，這個孔正好是第九個，因爲九是帝王最喜歡的吉利數字，所以此橋用了十七孔。它常常使人想起杜牧的名句：「長橋卧波，未雲何龍？」何況它又正與龍王廟相連呢？橋的東端有一頭銅牛，是爲了「鎮壓水患」而建立的，這是我國自古以來的一種風俗習慣。相傳從夏禹開始就是這樣，每治完一處的水患，就鑄一頭大鐵牛投入河底，以爲這樣就可以永遠把水患鎮壓下去。到了唐朝，人們不再把鐵牛投入水中，而放置在河岸上，乾隆在疏通了昆明湖，加固了堤岸之後，當然也不能不放一頭牛來鎮壓水患，於是他便在岸上造了一頭鍍金的銅牛，並在牛背上用篆文鑄了一篇《金牛銘》記述此事。從這裏再向西北走，可達知春亭，大概是用蘇軾「春江水暖鴨先知」的詩意而起名的吧？

萬壽山的後山和前山景色迥然不同：前山富麗豪華；後山幽靜樸素。據記載，在清漪園被毀前，也有許多建築，還有在後湖長橋兩側，摹仿蘇州夾水而建的「買賣街」，後來都成了廢墟。慈禧重修頤和園時，也未能恢復，僅在原四大部洲的遺址上，修了一座香岩宗印之閣。只有那座多寶塔，比較完整地保留下來，屹立在萬壽山之陰，閃爍著五彩光華。

多寶塔是一座八角七層的琉璃塔，高十六米，鍍金寶頂，玉石爲臺，五色琉璃檐，各層顏色不同。四、六、七層，每層都有拔券門，各面都有浮雕佛像，共五百九十六個。朝日夕暉，投射到塔身時，溢彩流光，與周圍的綠洲相輝映，越發絢麗奪目。所以「寶塔映日」，實爲後山一景，充滿迷人的魅力。

後山經重修後，還有兩處景物值得介紹：

景福閣，在乾隆時代名曇花閣。慈禧改名「景福」，是取大有福氣的吉祥寓意，據說那塊匾額還是她親筆所寫的呢！景福閣原是一座平行作六瓣蓮花形的三層樓閣。一八九二年改建，前後都是八楹，周圍有迴廊環繞，成爲頗爲寬敞的大廳堂。慈禧在世時，景福閣有兩個用處：賞月、賞雨。秋高氣爽之時，皓月當空，湖中銀光萬點，確有一番景色。遇雨，則雲山、煙樹，籠罩在一層薄薄的雨霧之中，也是別有情趣的。

當慈禧夜間在閣中賞月的時候，四周的走廊上都排滿了宮燈，從山外的遠處看去，也頗像天空中閃爍著的群星，眞有「人間天上」之感。而當她在這裏吃飯時，需二百人從山下把菜一個傳一個地送進景福閣。

諧趣園，號稱「園中之園」，在整個頤和園中，景色算是最清幽的了。它位於園的東北隅。乾隆時建，引昆明湖水爲池，池塘大小三畝左右，四周建堂、軒、樓、亭十三座，因係仿照無錫惠山寄暢園格式，建成就叫惠山園。乾隆自題《惠山園八景詩亭》中說：「江南諸別墅，惟惠山秦園最古。我皇祖賜題曰寄暢。辛未南巡，喜其幽致，攜圖以歸，肖其意於萬壽山之東麓，名曰『惠山園』。一亭一徑，足諧其趣，得景凡八：曰載時堂、曰墨妙軒、曰就雲樓、曰澹碧齋、曰水樂亭、曰知魚橋、曰尋詩逕、曰涵光洞。……」一八九三年重修時，取「一亭一徑，足諧奇趣」之意，改名「諧趣園」。園中正殿涵遠堂，全爲檀香木構成，原名「墨妙軒」，頗具幽趣，原是慈禧喝茶、休息、午睡的地方。現仍保持原樣陳設，有泥人張塑造的《紅樓夢》人物，以及竹根雕成的帆船，船上有姿態、面貌各異的六十八位老人等珍貴文物。

在諧趣園中，有山泉數流注入荷池。這道山泉的水源，來自昆明湖的後湖東端。諧趣園取此低窪的地勢，主要就是爲了形成這道山泉，使諧趣園的水石與後湖的水面形成一二米的落差，而在一二米的落差中，又運用山石的堆疊分成幾個層次，使川流不息的水聲高低揚抑，猶如琴韻，平添了不少情趣。故橫臥在泉邊的一塊巨石上，鐫有「玉琴峽」三字。

後山蘇州河（現名後湖）一帶的建築物，要不是遭英法聯軍燒燬，保留到今天當是別具一格的遊覽處所。過蘇州河上長橋北行，可到北宮門，它是當年清漪園的正門。長橋左右兩岸，過去是買賣街，開設有各種店鋪，如古玩齋、品泉齋、三祝齋、雲翰堂、近光樓、吐雲號……這些店鋪包括茶樓、酒家、書店和古玩店等。當時在店內站櫃臺的都是一些太監。每逢皇帝出遊到街上，他們便忙裝作買賣人的樣子，吆喝著招攬客人，甚至故意討價還價，取悅皇上。蘇州街東西還有個城關型的建築物，東西兩旁各刻二字：東邊是「寅輝」，西邊是「挹爽」，也是模仿江南景物建築的。當然，所有這些早已蕩然無存了。

# 萬園之園劫後灰（北京圓明園）

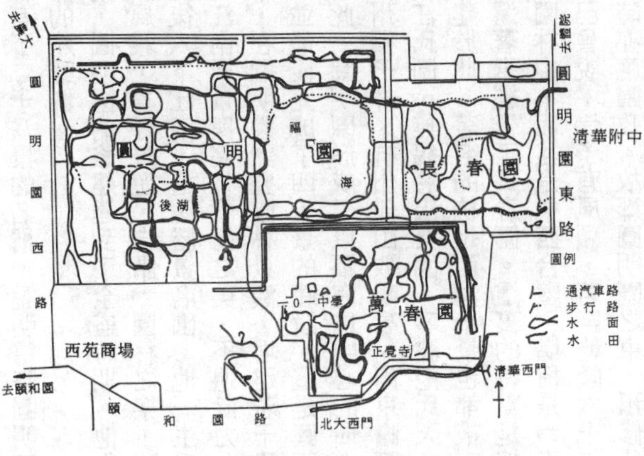


圓明、長春、萬春三園位置圖

西郊，歷來是北京的天然風景區。這裏，有一座舉世聞名的圓明園（包括圓明園、萬春園、長春園。三園統稱爲圓明園）。它位於海淀鎭北的一片平原上，周長近十公里，面積約三百多公頃。

圓明園初建的年代，已無史可考。明代時，太僕少卿米萬鍾的勺園（今北京大學校園的一部分）和武清侯李偉（明神宗生母李太后之父）的清華園都在這裏。

清代初年，攝政王多爾袞很不適應北京的炎熱氣候，曾有擇地另建避暑宮城的打算，但沒有付諸實施。康熙廿九年（一六九〇年），在清華園舊址上，先修建了暢春園，是康熙「避喧聽政」的地方，宮中俗稱「西花園」。據周汝昌《曹雪芹小傳》載，這裏曾發生了雍正搶班奪權的故事：

「康熙六十一年（一七二二年）十月，康熙病倒園中。一日，欲召皇子大臣等人議事，病榻上開目一看，卻見雍親王胤禛在前——康熙大感意外，心知有異，怒急，欲起已無此力，那時手邊只能摸到一掛數珠，欲起來死命向他擲去。好一掛數珠，即使眞個擲中，也奈何不得本領高強的胤禛，何況病人，豈能遠擲！胤禛卻自地撿起，口稱此乃「父皇」傳位的重器大寶。不知如何，康熙也就在此際命絕。」暢春園就是這段歷史的見證者。這只是一個插曲。

圓明園的修建，差不多與承德避暑山莊同時，是在康熙四十年（一七〇二年）以後，地點選在暢春園的北面。康熙四十七年（一七〇九年），將此園賜給「皇四子」胤禎，當時園內「林泉清淑，波淀淳泓」，是以水面爲主體的水景園。康熙六十一年，胤禎曾攜皇孫弘曆（乾隆）進謁於園內的「牡丹臺」。《日下舊聞》載：「鏤月開雲楠木殿，覆二色瓦，煥若金碧，原名牡丹臺。乾隆九年更今名。」

雍正三年（一七二五年）將賜園大加擴建。擴建後的圓明園，已經有了二十八景的名稱，說明這時圓明園已有二十八處重要的建築群。

乾隆時期，圓明園的修建達到了全盛時期。他作爲盛世君王，附庸風雅，喜好野遊，自謂「園林之樂，不能忘懷」。他曾先後六下江南，遍遊勝景名園。他一生爲在皇家園林中再現江南風景與園林藝術之美，不遺餘力。他在位的六十年中，在圓明園調整園林景觀，增建若干建築群來豐富園景，並最後完成了四十景的建設。這是圓明園的鼎盛時代。至此，圓明園形成了以福海爲中心的仙山瓊閣般的美景。蘇州獅子林、杭州孤山放鶴亭、南京瞻園、海寧隅園、杭州汪氏園、無錫惠山秦園、寧波范氏天一閣等，均被更名仿建於此。著名的杭州西湖十景也都被直接移植園中。乾隆還著意經營了長春園。這裏的特點是把西式宮殿建在中國園林中，而且是中西合璧，堪稱是「天下奇觀」。乾隆自己曾說：「予有夙願，若至乾隆六十年，壽登八十五，彼時亦應歸政。故鄰圓明園之東，預修此園，爲他日幽遊之地。」可後來他雖然把皇位讓給了嘉慶，可還是以太上皇的名義住在紫禁城寧壽宮內。足見他仍然不甘寂寞，不願遠離權力中心在這裏「幽遊」的。

萬春園，是清代皇太后的住所。曾經幾度改名，初稱春和園，又名光輝園，以後合併含輝園（南園）和西爽樹，總稱綺春園。同治時計劃重修，改名萬春園，但不久即停修。

這座匯集了天下勝景的「萬園之園」，在當時是一座最爲出色的獨一無二的大型園林。乾隆自誇說：「天寶地靈之區，帝王遊豫之地，無以逾此。」

然而，就是這樣一座中外罕見的園林藝術傑作，在日趨腐朽沒落的清代，竟先後兩次遭到帝國主義殖民者的摧殘和破壞。先是咸豐十年（一八六〇年），第二次鴉片戰爭中，英法聯軍占領了圓明園，劫掠之餘又放火燒燬了這座偉大的園林。後來在光緒廿六年（一九〇〇年），八國聯軍侵入北京後，圓明園又一次遭受浩劫，以後，八旗兵、太監、貪官污吏、流氓、惡霸以及民國後的軍閥，接二連三趁火打劫，致使圓明園淪爲一片廢墟。

六十多年前，李大釗曾在這裏作詩一首，怒斥中外反動派：「玉闕瓊樓委碧埃，獸蹄鳥跡走荒苔，殘碑沒盡宮人老，空向蒿萊撥劫灰。」可謂字字血淚，深刻地控訴了帝國主義強盜的滔天罪行和封建統治者的昏庸腐敗。我國

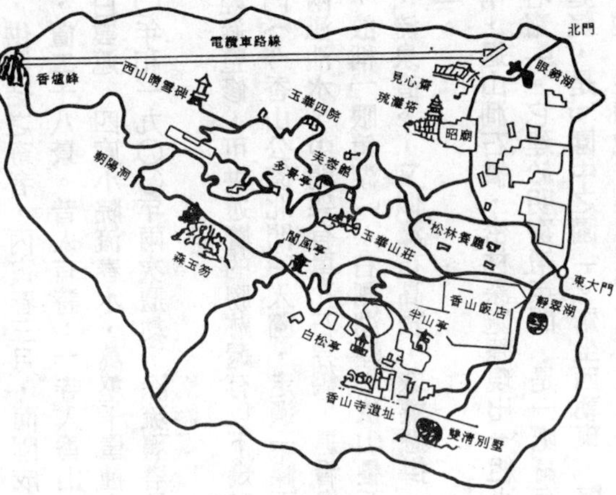


香山遊覽示意圖

人民蒙受如此的奇恥大辱，是應該永遠牢記不忘的。

周恩來當年曾經指示過：圓明園要保護好，地不要撥出去，將來有條件時作些恢復。看來，圓明園的完全恢復已不現實，但是，保護好遺址，對後人進行教育卻是完全必要的。近年來，北京青年已經用義務勞動形式開始對圓明園遺地進行整修。如今，圓明園作爲遺址公園，已經正式開放，成爲人們憑弔遺跡，進行愛國主義教育的場所。

## 西山景色佳妙處（北京香山）

香山是西山的另一支，位於北京西北。它具有一種特別吸引人的魅力。那綽約多姿的山巒，重疊起伏，滿山都是參天蒼勁的古樹，活像一座小森林，其間點綴著若干齋堂軒館，當年也是一座皇家園林。

香山舊稱靜宜園，昔日是北京四大名園之一。所謂四大名園，即圓明園、頤和園、靜明園（在玉泉山）、靜宜園。在十八世紀時，它曾經是清代皇帝的行宮。因爲地近北京，遼、金、元、明、清五朝的皇族貴戚、名公巨卿，都紛紛在此建寺闢園，增添了許多勝景。

關於香山的名稱，據金朝李晏《香山記略》說：「西山蒼蒼，上干雲霄，重岡疊翠，來朝皇闕。中有古道場曰香山。相傳山有二大石，狀如香爐，原名香爐山，後人省稱香山。」這指的是香山最高峰「鬼見愁」上那兩塊大石，含雲吐霧，在陽光照射下，嵐光裊裊，似有幾柱高香在燃燒。還有一說，過去香山有杏樹林，一到春天，滿山杏花香氣，因而得名，但這是誤解。

香山早在金朝時，就有大官僚在此建寺。金世宗來此遊幸說：「西山一帶，香山獨有翠色。」並賜名爲大永安寺。明代，太監范弘奉旨展拓此寺，費銀七十餘萬兩。所以當時的《帝京景物略》說：「京師天下之觀，香山寺，當其首遊也。」舊名甘露寺，是因泉得名。還有來青軒、無量殿、流憩亭等建築。山上還有著名古跡葛稚川丹井、金章宗祭星臺、護駕松、夢感泉、棋盤石、蟾蜍石等。清乾隆十年（乙丑年）起，又大肆擴建，據《日下舊聞》載：擴建後，「佛殿琳宮，參錯相望。而峰頭嶺腰，凡可以占山川之秀，供攬結之奇者，丙寅春三月，而園成。」後改名靜宜園，置二十八景。昔人有詩：「寺入香山古道斜，琳宮一半白雲遮。四廊小院流春水，萬壑千崖種杏花。」在一八六〇年和一九〇〇年兩次遭劫，除琉璃塔外幾乎全部被毀。

現在，經過整修，可供遊覽的勝跡還有以下幾處：

從東宮門（今香山公園北門）入園，走過一條不長的甬道，可見兩泓池水，中間架有單孔石券橋，遠看像一副巨大的眼鏡，故稱「眼鏡湖」。右側湖畔，依山疊石爲洞，洞口上端，流泉直下，又似瀑布高垂，珠簾懸掛，此景名「水簾洞」。

循路西南，過山澗石橋，密林深處隱現出一組小建築群——「見心齋」。它建於明嘉靖年間，是一處富有江南情趣的小型庭院，是「園中之園」。齋坐西朝東，院中心有個半圓形小池。從前池子裏遍植荷花，泉水由石鑿的龍口中源源注入池內。池的東、南、北三面築有半圓形迴廊，西面連接三間軒榭。軒榭背山臨水，形制小巧，西、南兩側疊有怪石嶙峋的假山，山石被青苔地衣覆蓋，藤蘿攀接其上，古意盎然。拾級而上，有正凝堂居高臨下，環境清幽。

出見心齋，過小橋迤邐南行，就是「昭廟」，全稱是「宗鏡大昭之廟」。乾隆四十五年（一七八〇年），西藏班禪五世到北京「祝釐」（祈福），乾隆爲接待他而特地建造的藏式建築，正如昭廟內乾隆御筆碑文所載：「即建須彌福壽之廟於熱河，復建昭廟於香山之靜宜園，以班禪遠來祝願之誠可嘉，且以示我中華之興黃教也。」廟也是坐西朝東，東面是彩色琉璃磚瓦和漢白玉製成的大牌坊，上有雲龍組成的精美圖案，牌坊前面有一塊方池，池上有一座虹橋。中間是紅臺，這是昭廟的主體。據說原來的樓殿，大都上覆鎏金瓦頂，後均被毀。臺高約三丈，中央部分下凹爲天井，天井中心有一座石碑，上刻漢、滿、蒙、藏四種文字，記述建廟緣由，碑亭已傾圮。

廟西山腰處，聳立一座七級浮屠，即七層八角密檐式「琉璃塔」。與昭廟建於同時，是兩次遭劫後僅存的建築之一。塔頂安放著琉璃寶瓶，塔底由八面張開的傘形瓦頂承托，周圍飾有漢白玉雕欄。地面則是一座八角的石砌塔基，別具風格。特別值得一提的是，這七層的層層八角檐端，都綴有銅鈴，在幽靜的山林中，每當微風吹來，鈴聲叮噹作響，清脆悅耳。整座寶塔矗立於山谷之中，每當夕陽斜照時，山梁背陰濃墨重色，寶塔受光瓦鮮磚亮，明暗相映，十分醒目。

從這裏上行，經芙蓉坪、玉華山莊等處，可到「西山晴雪」碑所在地。這是當年著名的「燕京八景」之一，最早是金章宗起名爲「西山積雪」，乾隆改稱「西山晴雪」，亦稱「西山霽雪」。若是冬季來遊，大雪初晴，仰望群峰，連雲接日，千岩萬壑披上了銀裝：俯首平原，遍地玉屑，空闊無際，宛如一幅絕美的圖畫。

再往上就是香山最高峰——「鬼見愁」。所謂鬼見愁，是指主峰兩側的深澗，地勢險峻，鬼見亦愁，其實峰並不高，海拔只有五百五十七米，然而登上峰巔，能飽覽各處景色，令人心胸開闊。除秋冬兩季，香山在一年中的大部分時間裏，都是滿眼青翠，所以明代孫丕揚有詩：「人傳寶地紫光收，天語香山翠色浮。」袁宏道也有句：「眞人天眼自超倫，翠色香山此語眞。」可見香山之美不在香而在「翠」。在主峰上遠眺，眼底是一片蒼茫。永定河、盧溝橋、昆明湖、玉泉山都歷歷在目。天氣晴朗時，還能看到北京城。

從峰頂下來轉向南行，可到達朝陽洞附近的「森玉笏」。這裏懸崖壁立數十仞，石縫中伸出許多雜樹，頗有奇趣，而冬天下雪的時候，崖石周圍積雪如玉，因得此名。

往前行就是有名的「雙清別墅」，在香山寺故址之南。在別墅的南山坡上，還留有當年乾隆御筆書寫的「雙清」二字，筆力遒勁，至今無損。雙清之名，一說得自金章宗「夢感泉」。相傳金章宗來香山遊玩，因登山勞累，在這裏歇息時睡著了，夢見身子下面波濤翻滾，驚醒後叫隨從掘地，果然挖出一股清泉，金章宗賜名爲『夢感泉』。這只是傳說而已。但在這裏確有兩股清泉，經年不息，這倒是「雙清」得名的眞正原因。

前面說過，歷史上香山最著名的勝景是「西山霽雪」，現在已讓位於「香山紅葉」了！每年雨季過後，進入涼爽的秋天，便是香山遊人最盛之時。香山的紅葉並非楓葉，而是黃櫨樹葉。這種樹高約三點五米，葉呈卵形，但枝密葉濃，別有姿色。它在植物學裏屬漆樹科，是落葉灌木，因其木質中含有大量黃色素而得名。香山的黃櫨樹是乾隆年間開始栽植的，現已形成約有九萬四千餘株的黃櫨林帶。它的樹葉夏天綠得發黑，每當霜降以後，所有葉子在幾天之內一齊變色，把整個山崗染成緋紅。那時遠看香山，猶如美女披上絳紗一般，非常艷麗。紅葉存在時間多則一月，少則旬日，所以每當秋季，遊人如潮水般湧來，正是爲了觀賞那「京華秋色好，香山葉正紅」的美麗景致，體驗那「霜葉紅於二月花」的意境。

其實，香山的自然風光，又何止冬觀晴雪、秋賞紅葉呢！可以毫不誇張地說，香山美景，四季宜人。

由於這裏地勢高，林木密，泉流多，春天來得較遲，去得較晚。當別處已是春花怒放、蜂蝶紛飛的時節，這裏只有不畏春寒的柳樹稍吐綠意。當城裏已近花稀葉落之時，這裏卻還是春色滿園、山花爛漫。

在揮汗如雨的夏天，人們踏進香山，頓感涼風習習，暑氣全消。在林間泉畔小憩，倍覺神清氣爽，確是避暑清涼的好地方。山林之中，不僅雨季有溪間流水，晴天也有涓涓細流；尤其是煙雲繚繞，在朦朧中玩賞，別有一番風味，充滿了詩情畫意。

香山還有許多刻石，計有「掛雲抱月」、「紫柵岩」、「蔚秀」、「一拳石」等四十餘處。但梅蘭芳一九二二年所刻的「梅」字巨石，知者卻不很多。

這個石刻位於棲月山莊附近，蛤蟆山西北，突有巨石兩方，一前一後，後者高高聳立，有如護衛前者。石刻巨大巍峨，上方為題記，文曰：「壬戌三月二十有四日，肅紫亭、齊如山、梅蘭芳、王幼卿、李釋堪同來，蘭芳寫梅，釋堪題記。香山遊者雖多，未必遂登此石，亦足以自豪矣。」中間刻有「齊如山監製」五字。下方刻有梅蘭芳親筆題寫之「梅」字，字體瀟灑蒼勁，字高一點九五米，寬一點九米。「梅」字木旁下方又刻有「蘭芳」二字，每字高二十公分，寬十五公分。

碧雲寺示意圖

## 乾隆羅漢在西山（北京碧云寺）

香山的西北角，有一座名聞遐邇的碧雲寺。數百年來，碧雲寺就是西山風景區最雄偉壯麗的一座古老寺院，明代蔣一揆在《長安客話》中對碧雲寺作過這樣的評價：「大抵西山、蘭若、碧雲、香山相伯仲，碧雲鮮，香山古，碧雲清活，香山魁恢。」馬汝驥《碧雲寺》詩說：「西山臺殿數百十，侈麗無過碧雲寺。」陶允嘉《記遊詩》則概括了碧雲寺的特點：「西山一徑三百寺，惟有碧雲稱纖穠。」足見碧雲寺在當時人們心目中的地位是遠遠超過西山諸多寺廟的。

碧雲寺始建於元代（一三三一年），當時叫碧雲庵。明代正德年間擴建。後來明朝太監于經和魏忠賢曾企圖把寺院占爲己有，作爲「葬身之地」，但終未能實現。清乾隆時又進行大規模擴建，增建了一座羅漢堂和一座金剛寶座塔。一九二五年孫中山先生病逝於北京，曾在此停放靈柩，後來移靈南京紫金山，將衣帽封葬塔內，因稱爲孫中山先生衣冠塚。解放後重建了孫中山紀念堂。

全寺依山建成，各組殿堂層層疊起，愈上愈高，從山門到寺頂共六層，三百多個臺階，上下相差二百多米，最高處達山的半腰。遠遠望去，松柏掩映著寺牆，別具一番風韻。遊人從一條槐徑進入，中有「綠玉之華白石橋」一座，下面是數丈深的溝壑，溝底溪流淙淙，四周古樹參天，環境幽雅，清涼宜人。過橋即達寺的大門，門前有明刻石獅一對，雕琢精細，形象威猛，是北京城雕刻最好的石獅之一。據說是魏忠賢製備，所以有人寫詩道：「剩得雙獅在，營墳枉自忙。」

入門有卓錫泉，是仿舊制所建。據《長安客話》載：「寺後石罅，罅以石獸，泉從獸吻汩汩噴薄入小渠，人以卓錫名之。」王西樵的詩句「入門聞泉聲，涓涓出幽邃」，即詠此處。

碧雲寺三面環山，寺門面對平野，氣勢雄偉。明袁宗道有文：「巷盡見朱門碧澗，是爲碧雲。澗深丈餘，作琴瑟響。堂殿依山，從夷入危，歷數百級乃登佛殿，然若宮室蔽虧，不堪遠矚。登中賞墳垣，乃及山腰，從上望都城，睥睨可數。」此處有副對聯：

恐壞雲根嫌地窄，愛看山色放牆低。

「碧雲寺」顧名思義用「萬峰圍殿閣，碧色淨如雲」的詩句，是恰到好處詠讚了它的特色的。

碧雲寺有些像杭州西湖的靈隱寺，有很多精美動人的雕塑。如寺門內將近五米高的金剛力士像，即所謂哼哈二將（俗稱守門神將），姿態勇猛，面貌威武。天王殿內有四大天王（俗稱金剛）塑像，即東方持國天王，西方廣目天王，南方增長天王，北方多聞天王，他們各守一方，保佑風調雨順。天王殿正中供奉的卻是那個滿臉笑容、腆著大肚的銅佛，這就是人們熟知的彌勒佛像。這座佛像鑄於明代，距今約有四百多年的歷史。

天王殿後是菩薩殿，供奉著佛祖如來（即釋迦牟尼）

，左有迦葉尊者和文殊菩薩，右有阿難尊者和普賢菩薩，塑像造型肅穆、莊嚴，神態安祥。山牆上還有壁塑，塑的是懸崖雲海中，姿態各異、形象活潑的十八羅漢和《西遊記》唐僧取經神話故事像，刻畫出一個雲山縹緲的神仙世界。釋迦像後的隔斷牆背後，則塑有觀音菩薩、善才童子、龍女、韋陀等像，並襯以觀音救八難的故事，和前殿渾然成一整體。

但塑像最多的還數羅漢堂（在南跨院），通常說是五百羅漢，指的按「田」字形分幾層順序排列的羅漢；實際上是五百零八尊羅漢，堂內過道上有七尊，還有一尊是蹲伏在樑上的濟公小塑像。傳說因爲濟公來晚了，座次已經排滿，只好到樑上去了。羅漢塑像每尊高約一點五米，木胎外飾金箔，形狀姿態各不相同，非常生動。塑像以坐像爲最多，雕塑精巧。這裏還有一個故事：乾隆想當羅漢，在增修羅漢堂時，硬是叫人撤下一個，另塑了一個自己的像，卻是滿身盔甲，穿靴戴帽，這就是第四百四十四尊羅漢，居然也有法號：破邪見尊者，那是乾隆自封的。

這兩殿一堂的所有雕塑，充分體現了明清兩代匠師們的卓越成就，是不可多得的藝術品。

在菩薩殿之後的一片蒼翠古樹叢中，有一座玲瓏精緻的漢白玉石塔，就是著名的金剛寶座塔。印度菩提伽耶城釋迦牟尼悟道成佛處有座紀念塔，仿其形式建造的都稱金剛寶座塔。塔分七層，高三十四點八米，塔上面建有五座密檐方塔和兩座喇嘛塔，一座小金剛寶座塔。在此可以登高遠眺，整個西郊都清楚可見。塔的四周有精細的浮雕，有大小佛像、天王、力士、龍鳳獅象和雲紋等。

金剛寶座塔的臺階前的兩個八角形碑亭裏，各有一塊碑，主要記述了建塔的經過。塔院前有四柱三樓的漢白玉石牌坊一座，長約三十四米，高十餘米，上面刻有獅子麒麟等精美圖案。牌坊兩側的石照壁上，分別刻有八個古代歷史人物的浮雕像，有題名，左邊是藺相如、李密、諸葛亮、陶淵明，右邊是狄仁傑、文天祥、趙壁、謝玄。

## 五十萬斤銅臥佛（北京臥佛寺）

在香山北側約五里有一座比碧雲寺年代更久遠的古寺——臥佛寺。它始建於唐太宗貞觀年間（六二七—六二九年），原名兜率寺，當時塑有檀香木臥佛一尊，現已不存。元代英宗至治元年（一三二一年）在原址上擴建，並鑄造了一尊巨大的釋迦牟尼臥式銅像，因此主殿即稱爲臥佛殿。這尊銅佛長五點二米，重五百四十噸，據元史記載，共冶銅五十萬斤，鑄銅用工達七千個。這個臥式像是釋迦牟尼在印度拘尸那伽城外臨終前的紀念像，身後十二尊圓覺是他的十二個大弟子。這種姿態表示他在生病的時候，自知不起，就在娑羅樹下，向弟子們囑咐後事：「佛法慈悲爲本，我一生以和平仁慈對待衆生，你們要本此敎義，努力布道。」第二天就圓寂了。

這座寺廟後來在元文宗至順二年（一三三一年）又一次大興土木，並改名爲大招孝寺。明代重修爲永安寺。清雍正十二年（一七三四年）再修，更名爲十方普覺寺，而臥佛寺是它的俗稱。

供奉臥佛的大殿上有兩塊橫匾，一是「得大自在」，一是「性月恆明」。前者是釋迦一生的寫照，含義是他生前和死後都得到最大的自由。後者是把佛性比作月亮，有明亮的光輝永照的意思。此外，在佛殿門前琉璃牌坊正面有「同參密藏」，背面有「具足精嚴」的題匾。前者的密字，指密宗、佛教；藏指的是佛經。意思是大家共同參拜、學習密宗的佛經。後者則是說，凡到此一遊的人都能獲取到精華，得到肅穆之感。

遊覽臥佛寺，除瞻仰臥佛之外，就是觀賞娑羅樹了。《帝京景物略》是這樣描寫的：「大三圍、皮鱗鱗、枝槎槎、癭累累、根搏搏、花九房峨峨，葉七開蓬蓬，實三稜陀陀，叩之丁丁然。周遭殿墀，數百年不見日月，西域種也。」《宸垣識略》則說：「娑羅，外國之交趾木也。葉似柟，皮如玉蘭，色蔥白。最潔，鳥不棲，蟲不生子。能下氣。花苞大如拳。葉似枇杷，凡二十餘葉，相沓捧苞，類桐花，一簇三十餘朵，經月方謝。子如橡栗，可療心疾。」因爲花開時，朵朵都像座潔白的小玉塔，倒懸於枝葉之間，很是好看。在佛教中，它和菩提樹一樣，被視爲「寶樹」，得到善男信女們的喜愛。

從臥佛殿出來，往西沿著山麓再向西北走，在鬱鬱蔥蔥的壽安山和老虎洞之間，有一條外寬裏窄的山溝，這就是過去盛產櫻桃而得名的櫻桃溝花園。西邊不遠處有一個巨大的岩洞，約三點五米高，七米長，能容納二十餘人，這就是有名的「白鹿岩」。傳說遠在十一世紀遼代的時候，有個騎著白鹿的仙人來到這裏遊玩，看見風景很美，捨不得離開，就在這裏住下了，從此人們就把它叫做「白鹿岩」，櫻桃溝花園的門額上寫著「鹿岩精舍」，就是由這個故事演變而來的。門左一石還刻有「退谷」二字，是梁啓超的親筆。這就是曲徑通幽的櫻桃溝的入口。當時，清代文人孫承澤看中了這個風景如畫的地方，晚年便來此造室著書，並把櫻桃溝改名爲「退谷」。據說《天府廣記》就是在這裏寫成的。這裏還有一棵「石上松」（實際是柏樹），生長在一塊聳立的石峰上的裂隙裏，高大挺拔，傲然而有氣魄。

在這條山溝裏，有一條清澈的溪水流過，溪水叫「水盡頭」（水源頭）。除泉溪外，還有竹林，是此處風景的兩大特色。

# 八處風光總不同（北京西山）

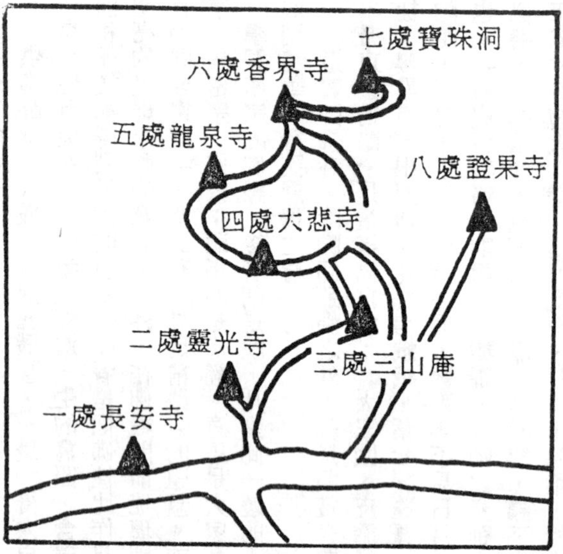


西山八大處示意圖

西山是北京最負盛名的郊遊勝地，古稱「神京右臂、太行山第八徑」，又名小淸涼山。《宸垣識略》中對西山有這樣的描寫：「西山……青靄相間，流泉滿道，或注荒地，或伏草徑，或散漫塵沙間。春夏之交，晴雲碧樹，花香鳥聲，秋則亂葉飄丹，冬則積雪凝紫，信足賞心，而雪景尤奇。」可見西山入春桃柳俱發，臨夏濃蔭蟬唱，秋深則紅葉滿山，而隆冬之日，大雪漫山，晶瑩潔白，另有一番景象。所以舊時「燕京八景」中有「西山霽雪」一景。張鳴鳳《西山記》又說：「西山內接太行，外屬諸邊，磅礴數千里。」其實，這裏所說的西山，則是西郊諸山的總稱。衆山中，最著名的是妙峰山、玉泉山、盧師山、翠微山、百花山、香山等。

本文介紹的八大處，則蜿蜒起伏於西山群峰之中。它東西北三面被翠微山、盧師山所環抱，南面敞向華北大平原。翠微山挺拔疊翠，是西山最佳麗的山峰，原名覺山。傳說因明代翠微公主葬於此山而改此名。現翠微公主墓早已湮沒無存，但因翠微此名與山景貼切得當，所以一直沿傳至今。

盧師山在翠微山後面偏北，與翠微山兩峰對峙。相傳隋朝末年，有個盧師和尚從江南駕一船來，發誓說：船止則止。小船從桑乾河飄至崖下，和尚便在此結茅而居。過了幾年，有大青、小青二童子來謁，願拜和尚爲師學參禪。有一年，天大旱，官府徵求禱雨者，二童子表示願施雨。於是乘雲上天，頃刻間甘霖如注，才知道二童子是龍。龍回來後，投入潭中，潭寬一丈多，用巨石覆蓋，下深不可測，就是青龍潭。以後二龍出來，則有雲氣相隨，天旱時祝禱求雨，必有顯應。崖下塑二童子侍師像。明朝時春秋二季均遣官致祭。崖上有一柏樹，生於石面，不凋不榮，是盧師和尚所植。山上有盧師寺，即今清涼寺。

八大處原名四平臺，也曾叫八大剎。一處長安寺，二處靈光寺，三處三山庵，四處大悲庵，五處龍王堂，六處香界寺，七處寶珠洞，八處證果寺。

山上諸寺，各有勝處。如長安寺，原名初地寺，又名萬應長安禪寺，依翠微山而拓建，屋宇寬敞，布置堂皇，是夏日避暑的好去處。寺前有珍貴的白皮龍爪松兩株，虬枝古幹，松枝上仰，相傳是元初所種植，已有六百多年歷史。在寺廊原有一鐘，相傳爲明神宗朱翊鈞所製。

靈光寺位於翠微山麓，始建於唐代，初名龍泉寺，遼時在這裏建「招仙塔」，這塔十層八稜，巍然壯觀，俗名「畫像千佛塔」。一一六二年重修改稱覺山寺。五百多年前明宣德成化年間再度重修，始改今名。

這裏最爲珍貴而知名於世的就是「佛牙」。據考證，這是佛祖如來的一顆牙齒，已流傳在世二千四百多年了，是佛祖涅槃後留下的四顆牙齒之一。當年曾安放在「招仙塔」內，一九〇〇年幾乎毀於八國聯軍的炮火，後來在瓦礫堆中發現。一九五九年中國佛教協會在此新建一座八角十三層的新塔，名佛牙舍利塔，以供奉這一佛教寶物。

靈光寺南院就是以歷史悠久聞名的金魚池。金魚以朱紅色、玄黑色的居多，也有藍脊黃腹的，最大的長七十多公分，實屬罕見。

據說有一年，慈禧遊山來到八大處，進了二處靈光寺，一見金魚池便哪裏也不去了，就坐在太師椅上賞魚，邊看邊哈哈大笑。觀看五彩斑斕的游魚在碧綠的荷葉間穿梭來往，並被其中一條大金魚所吸引，當即下令：「撈上它來，我要御賜。」侍從們從水中撈出大金魚，慈禧當即摘下自己的一隻赤金耳環掛在魚腮上。當時靈光寺的和尚們欣喜若狂，視這條金魚爲佛門至寶，千方百計加以保護。有人寫詩詠嘆此事：

「散步林泉雨後天，又來古寺賞池蓮。金魚幸得佛門水，永免網罟幸善緣。」至於是否眞有其事，只有留待進一步的考證了。

池西有天然峭壁，高達二十米，而且寬度超過了高度，配上周圍的參天古樹，也可稱得上是一個奇觀。

從靈光寺西上，經三山庵，沿通幽小徑，可作登山攬景之遊。八大處古有十二景之說，一曰絕頂望遠，二曰春山杏林，三曰翠峰雲斷，四曰盧師夕照，五曰煙雨鵑聲，六曰雨後山洪，七曰水谷流泉，八曰高林曉月，九曰五橋夜月，十曰深秋紅葉，十一曰虎峰疊翠，十二曰層巒晴雪。其中有的還得逢巧適時，才能看到。也有的時過境遷，已經難得再見。如「五橋夜月」中的五橋，已被柏油山路所取代。但沿途上山，還是可以獲得許多大自然的野趣。

從三山庵北上，兩旁巨石突出，奇形怪狀，似人類獸，其中有一大石如門，上鐫「雲巢」二字，筆力遒勁。大悲庵舊名隱寂寺，康熙五十一年賜今名。地處山腰，風景幽勝，兩澗碎石。門前的兩棵樹，長在兩個約七十公分高的雲紋石座裏，像兩個大盆景。原來這是石旗的旗座，後因石旗破壞，有心的人便各植一棵楊樹在裏邊，以後被人們稱作「樹旗」，是這裏一景。庵內庭院前的兩株銀杏樹最爲著名。此樹又名白果樹，是古老的樹種，有「活化石」之稱，存活在世上的已屬罕見。此樹中心空大，樹幹高聳，樹粗達數圍。在主幹周圍各生出十多棵支樹，像是滿堂子孫簇擁著老祖，別有風趣。這兩株銀杏，以古老長壽馳名京城，據考樹齡已逾八百年之久。

庵中的十八羅漢像也是稀有珍品，欲起、靜坐、訕笑、沉思，神采各異，栩栩如生。有種說法是，此爲元代名雕塑家劉元所塑，全用檀香末和香沙製成，到近處觀賞彷彿還有股香氣襲來。

這裏還流傳著這樣一則故事：在大悲庵左側的山谷裏，早年有一股山泉，溝底有一個方形水池，是山泉的泉眼。傳說在康熙年間，這股山泉曾引得兩匹金騾駒天天來此飲水。這件事被一個人知道了，他便來到大悲庵，每年秋初來，秋末走，一連住了三秋。每夜一到三更，就走出住房，直到五更才回，爲的是尋找金騾駒。可是等了三年，左等右等還是不來。一天他想金騾駒想得簡直發了瘋，狂呼著，一下子就從山頭上撲了下去，立時氣絕身亡，一命嗚呼。爲此，庵內的老和尙施展法術，乾脆讓水泉溝中的兩塊大石變成兩頭石騾駒，這樣就再沒人打金騾駒的主意了。這就是現在山崖兩個像騾駒的巨石的來源。

龍王堂又名龍泉寺，依山取勢，隨其自然。蒼勁的古松怪柏迎門而立，石階下有一隱蔽的石洞，循著叮咚悅耳的水聲，可見一精塑的石龍頭，流出清澈的泉水，經曲折的泉道，注入有鐵蓋的方池，深五尺，人稱「甜水螭吻」。此泉又分上中下三潭，俗稱甜水泉，泉旁有大石，如床、如枕、如几、如凳，可供遊人休息。

去香界寺路上，有一留有冰川擦痕的漂礫小亭，値得一看。

香界寺舊爲平坡寺，創建於唐代，地勢極平坦。平坡山被推平建寺的說法，即由此而來。明仁宗賜名圓道，淸康熙賜名聖感，乾隆時改今名。此寺山門高聳，殿宇層層，宏敞非凡，進寺的石階達數百級。如此之氣勢是因爲當年皇帝在這裏住過，寺的後院樓中設有皇帝的寶座。寺東有乾隆的行宮，大廳裏有乾隆親題匾額：「綠淨平華」。行宮旁有玉蘭樹，爲八大處所罕有，高與樓齊。暮春花開，芬香四溢，花瓣潔白，花蕊金黃。寺內還有一罕見的石碑，正面鐫刻「敬佛」兩個大字。筆力雄勁，渾厚；背面雕有「大悲菩薩自在眞像」，慈眉善目，頷下長髯，據考爲唐代所製。

院內有桫羅樹兩株，亭亭直立，寺僧視爲無上珍木。據說此樹來自西域，不可多得。

從香界寺往上走，經過乾隆所題外額「歡喜地」、內額「堅固林」的牌坊，穿過怪石壁立的小徑，再轉進一條偏僻的狹道，在緊靠殿牆的陡崖旁，才找到寶珠洞的洞穴。洞深廣各約五米，一人多高，入洞黝黑，晝不見人。傳說香界寺的桂芳和尚常用氣功開鑿此山，日久成洞。因洞旁卵石纍纍似珍珠，黑白光滑，故得此名。洞中有桂芳和尚像，俗稱鬼王菩薩，與天台山魔王菩薩相對，前立牌位，此像早已被毀。

桂芳和尚是河北定興縣人，名海岫，號桂芳。從小在保定白衣庵剃度出家，清初來寺修行，四十年如一日。關於他被稱爲鬼王菩薩還有個傳說：新疆地區有一美貌公主香妃，婚後被征伐新疆的乾隆所擄，香妃終日思念親人，哭泣不止。乾隆爲使她安心，特意在廣安門內修建了牛街。香妃就像回到了家裏，但卻見不到親人，終於含恨而死。乾隆特召高僧桂芳來宮誦經，超度亡靈。而乾隆居然能在經壇後面見到香妃的影子。他認爲是桂芳和尚勾來了香妃的鬼魂，於是封桂芳爲鬼王菩薩。後來，桂芳和尚活了一百四十歲，死後有人爲他塑盤膝坐像安置在寶珠洞裏。當然，這個傳說是不足爲信的。

寶珠洞是八大處登高遠眺最佳之處，可以遙望頤和園、盧溝橋和北京城等諸多勝跡，遊人至此，眼界爲之大開。

證果寺位於盧師山的綠蔭深處。主要名勝是祕魔崖，經過「招止亭」和眞武洞的「層巒疊翠」門，即可到達。它原名碧摩岩，又名虎王洞，面對峭壁，下臨深淵，是八大處著名風景區。

祕魔崖即前述盧師和尚所居之處，這個傳說爲這裏增添了神奇迷人的色彩。一說是「祕魔祖師所居」，看來這盧師和尚與祕魔祖師是一而二、二而一的了。早年間，祕魔崖下，還塑有盧師像和二童子侍師像，今已不存。

祕魔崖有岩石斜伏而下，很像張嘴的獅子，形勢險惡。崖下有一大石室，約五十多平方米。一進去，便可見「祕魔崖」、「天然幽谷」幾個漆丹大字，似乎也平淡無奇，但當年畢竟也是備受香客青睞的地方。

西山八大處風光，由於從明朝以來的幾百年間屢加建設，每朝競勝，自是蔚然可觀。所以所謂八大處名勝之稱，更是由來已久。清代乾隆是一位喜歡舞文弄墨的皇帝，興來之時，便到處留題。他曾有《西山詠唱》多首，其中之一題道：

「銀屏重疊湛虛明，朗朗峰頭對帝京。
萬壑精光迎曉日，千林瓊屑映朝晴。
寒凝澗口泉猶動，冷逼枝頭鳥不鳴。
只有山僧頗自在，竹茶茗椀伴高清。」

目前，這裏雖然也恢復了一些舊日景觀，但和其他園林相比，畢竟疏於照料，顯得過於荒涼陳舊了。

## 蘆溝曉月望石獅（北京蘆溝橋）

蘆溝橋，是北京近郊的著名勝跡，也是北京的第一大古橋。位於廣安門外西南十五公里處，又名廣利橋，橫跨永定河兩岸。永定河昔日叫蘆溝河，據《日下舊聞》載：「蘆溝河亦謂黑水河」。源出於山西的桑乾河，當年河水滾滾東流，波濤洶湧。古書上說它：「沖激震動，遷徙弗常」，具有放蕩不羈的性格，所以歷史上也叫過「無定河」，而永定河則是康熙欽賜的吉祥名字。

橋初建於北宋，是木製結構的，後毀於金。至金章宗時起（一一八九年），因爲蘆溝河水流湍急，就下令興建石橋。根據水流特點，橋下涵洞券門用的是「插架法」。幾個世紀以來，儘管激流日夜拍打著橋基，依然堅如磐石。當然，元、明、清各代均曾加以修繕，以至能完整地保留到現在。明代重修時，把二百多步的石欄杆都雕刻上石獅。清乾隆又重修券面獅柱石欄、橋面，並加長東西兩邊的石道橋。

由於地處京西要衝，古代又是南北陸上出入京師的惟一通道，蘆溝橋建成後一直居於重要的交通地位。從元代古畫《蘆溝伐木圖》（藏歷史博物館）看，蘆溝橋兩岸茶園、酒樓鱗次櫛比，街上車水馬龍，熙來攘往，儼然是一個繁盛的市場。

蘆溝石橋，造型美觀，結構嚴謹而奇特。僅以聯拱爲例，我國古代聯拱石橋，大多爲半圓形拱，而蘆溝橋的圓拱跨度卻大得多。而且橋墩的形式，平面呈船形，迎水面砌爲分水尖，還在每個分水橋上各安置一根邊長約二十六公分的三角鐵柱，尖部迎擊流水、冰塊，使橋墩受到保護。人們並給它起了一個響亮的名字：「斬龍劍」。

蘆溝橋長二百六十五米，寬八米，下設橋洞十一孔，疏導著北來的水流。整座橋都是白石建築，南北各十個橋墩。橋面石雕欄杆，鐫有望柱，頂端均精雕子母石獅。橋翅各有石獸一對，西爲石象，東爲石獅，抵住橋欄。華表兩對，巍立橋端，頂鐫望天犼，毫毛畢現，栩栩如生。橋畔，矗立著四座石碑。橋東北側，有四根盤龍石柱，架起一座圓頂的石亭，亭中挺立著一塊大型石碑，有清乾隆御筆所題的「蘆溝曉月」四個大字。這是「燕京八景」之一，金章宗所命名。可以想見，當年這裏行人川流不息。清晨，面對波光曉月，上下蕩漾，頗有宋人柳永《雨霖鈴》詞中的「今宵酒醒何處？楊柳岸，曉風殘月」的意境，所以成爲幽燕出色的名勝。

許多文人墨客爲它揮筆，留下佳句名作：

元蘆亙《蘆溝即事》詩：「萬里南來太行遠，蒼龍北峙飛雲低。」

元張埜《滿江紅》詞：「凡幾度，馬蹄平踏，卧虹千尺。」

明金幼孜《蘆溝橋》詩：「千古長橋枕南北，憶昔題柱倚欄杆。」

清曹廣憲《蘆溝曉月》詩：「溶溶一片月，皓皓落沙洲，蕩蕩金波泛，瀠洄玉柱流。」

乾隆也有詩：「車馳馬驟長安道，何限低迴旅宦情。」

這些題詠和讚頌爲蘆溝橋、蘆溝曉月增色不少。但是，蘆溝橋名揚天下，還要歸功於意大利人馬可．波羅。他在自己的遊記中描寫了蘆溝橋：「自從汗八里城（元大都皇城）發足以後，騎行十英里，抵一極大河流，名稱普里桑乾。……河上有一美麗石橋，各處橋梁之美鮮有及之者。橋長三百步，寬逾八步。十騎可並行其上。……建置甚佳。純用極美之大理石爲之。橋兩旁皆有大理石欄，又有柱，獅腰承之。柱頂別有一獅，此種石獅巨麗，雕刻甚精。每隔一步有一石欄，其狀皆同。兩柱之間，建灰色大理石欄，俾行人不至落水。橋兩面皆如此，頗壯觀也。」他讚美蘆溝橋是「世界最好的，獨一無二的橋。」因此，蘆溝橋伴隨《馬可．波羅遊記》流傳西歐各國。至今，還有些外國人稱蘆溝橋爲「馬可．波羅橋」。

蘆溝橋最吸引遊人的，還要數那衆多的鐫刻於橋欄望柱的石獅子。北京民間有句俗話：「蘆溝橋的獅子——數不清。」據《長安客話》中記載：蘆溝橋「左右石欄刻爲獅形，凡百狀，數之輒隱其一。」《帝京景物略》也說：「數之輒不盡。」爲什麼會數不清呢？

因爲全橋的二百八十根欄柱頂雖各雕獅子一頭，但大獅身上又有小獅，或爬在大獅背上，或偎在膝下，或隱於腋際，或戲於爪間，千姿百態，無一雷同。大獅有的觀天望地，有的回頭昂胸，有的靜卧歇息，有的張牙舞爪，活靈活現，神態各異。所以有人數來數去，但數量過多，總有遺漏，於是就說數不清了。現在據一九六四年文物工作者的編號清點，終於查清了大小獅子的數目：望柱頂上的大獅二百八十一頭，小獅一百九十八頭，橋東作頂欄杆用的二頭，華表頂上四頭，共計四百八十五頭。

蘆溝橋的石獅子雕刻，是重要的古代藝術珍品。工匠們別具匠心，雕刻精細，它把蘆溝橋裝點得更加雄壯、優美。

盧溝橋，不但是舉世聞名的歷史文物，又以抗日戰爭的發源地而名垂千古。一九三七年七月七日，日本侵略者首先在這裏發出了大舉侵略中國的信號。當時，守衛在此地的二十九軍全體將士，奮力抗擊，打響了抗戰的第一槍。後來因為國民黨政府的退讓、妥協政策，副軍長趙登禹、師長佟麟閣以下的全體官兵壯烈犧牲。但他們浴血奮戰，誓死殺敵的愛國精神，卻流傳萬代，永垂不朽！

## 獨特的喇嘛教寺廟（北京雍和宮）

雍和宮是北京著名的喇嘛廟，它位於東城區北新橋北邊，是一座紅牆黃瓦、氣象莊嚴的廟宇。它有著不同於一般寺廟的歷史和內容。它經歷了這樣三個時期：明朝內宮監官房時期、清代允禛府邸行宮時期、其後的喇嘛廟宇時期。

按照清朝皇室的分府制度，除皇太子外，皇子成年封爵後是要搬出內宮的「阿哥所」的。據康熙三十二年（一六九三年）宗人府得到的諭旨，分給皇四子允禛的，便是這座前朝宮監的官房。這位皇四子允禛，便是後來的雍正皇帝。允禛的生母，本是康熙時入宮的宮女，原在宮中的地位是極低微的，因為允禛的出世，才由「常在」改封為「德貴人」。允禛所得的封號，是「多羅貝勒」（滿語，大意是部落首領），在此時清人的皇族六爵中，貝勒位居親王、郡王之下，從地位來看，允禛所能得到的「禛貝勒府」，也就只能是京城東北民房叢中的這所大宅子。康熙四十八年（一七〇九年），在重立太子的慶典中，允禛才從貝勒晉為親王——「和碩雍親王」（大意是諸部落首領雍親王），於是原來的禛貝勒府才有了大規模的改建，而改建後的雍親王府，便正是現在雍和宮的前身。

康熙六十一年（一七二二年）皇四子允禛繼承了皇位，這便是雍正皇帝胤禛。過了三年，雍親王府改稱「雍和宮」，表面看來，是雍正仿照康熙的舊例，登極後便將自己過去的王府改作自己的行宮，因而可以免去派作別的用途。有趣的是，這時的雍和宮儘管已經稱「宮」，然而一切都幾乎跟原來的王府沒有什麼不同，連屋頂也仍是原來的綠色琉璃瓦。行宮後來失火全部燒光。

當時清王朝為了通過宗教來籠絡少數民族，特別是信奉喇嘛教的藏族和蒙族，所以在帝都的一角著意經營這樣一座規模宏大的喇嘛廟。一七三五年雍正死後，曾在這裏停過靈，所以又將宮內幾部分主要殿堂上的原綠色琉璃瓦改為黃瓦，升格為皇宮殿宇的同一等級了。雍和宮正式改為喇嘛廟是乾隆九年（一七四四年）的事。

雍和宮主要建築物是由五進大殿組成。第一進是天王殿，第二進是雍和宮正殿，第三進是永佑殿，第四進是法輪殿，第五進是萬福閣（又名大佛樓），各大殿還有東西配殿。

天王殿的陳設和一般佛教寺廟大致相同。值得注意的是，過了天王殿，有一座高達一點四米的銅鼎，爲清乾隆十二年（一七四七年）所鑄。銅鼎呈鱔魚青色，光澤可鑑，鼎上有二龍戲珠，底座有三獅戲球，圖紋極爲精美。據說，像這樣的銅鼎，全國只有兩個。

離銅鼎不遠，是一座四角重檐的「御筆亭」。亭內是乾隆五十七年（一七九二年）立的四體文碑，四面用漢、滿、蒙、藏四種文字解說喇嘛教義和喇嘛制度的由來。

過了「御筆亭」，在雍和宮大殿前，有一座用古銅鑄成的須彌山。山在漢白玉的石池內，池下有石座，四周遍刻精緻的神像。傳說須彌山是一個小世界的中心。在這小世界的最下層是風輪，其上是水輪，再上爲金輪（即地輪），再上有九山八海，中心是須彌山，山頂上就是天堂。頂部下方那些星座的位置，大體符合今天天文學的情況。這座模型是明萬曆年間司禮監掌印太監馮保所供奉，後來從別處移到雍和宮而來的。

雍和宮正殿供奉的是以佛祖如來爲中心的三世佛，三尊佛像安置在高壇之上。東西兩側是十八羅漢像。

永佑殿正中供奉無量壽佛，右邊是藥師佛，左邊是獅吼佛。西邊牆上掛的一幅畫，是乾隆年間補繡的「綠度母」像。

法輪殿正中供奉十米多高的黃教祖師宗喀巴的銅像。宗喀巴生於明永樂十五年（一四一七年），死於明成化十四年（一四七八年），出生於青海，是喇嘛教的重大改革者。在宗喀巴像的背光處是他的五個化身像。在背光的北面，有用檀香木精雕而成的「五百羅漢山」，用金、銀、銅、鐵、錫五種金屬製成，是一件極爲珍貴的藝術品。在我國佛教寺廟中，設五百羅漢堂的雖有幾處，都排列成行，端坐在堂上。而這裏的卻大爲不同，這五百羅漢分置在佛教靈山的各處，大小不一，形態各異，或坐或立，或躺臥，或行走，顯得更爲生動。

殿內西牆下存放大藏經一百零八部，東牆下是續藏經二百零七部。此外還有兩部金字藏文經——《大白傘蓋儀軌經》和《藥師經》。在東西牆壁上，繪有精美、生動的壁畫，描述釋迦牟尼的部分傳教史。

萬福閣是雍和宮中最高大的建築物。大殿正中立著一尊高大的彌勒佛像（這也較爲罕見，因爲通常是坐像）。這尊佛像用一棵直徑三米粗的白檀木雕成，高十八米（地下還有八米），像座樓一樣，所以又稱大佛樓。

據記載，這是乾隆十五年（一七五〇年），西藏第七世達賴喇嘛爲了感謝乾隆派兵平叛送的禮品。當時乾隆擴建了雍和宮，感到宮後這部分太空曠，想建一座高樓作爲屏障，而苦於沒有大佛。西藏貢使把這個消息帶回去，達賴就想方設法弄到這棵大檀木，經由四川運到北京。

正殿之外有配殿。雍和宮中著名的配殿有「四學殿」即：永佑殿東側的藥師殿，喇嘛們在這裏通過大量中草藥標本學習醫藥學；西側的數學殿，是喇嘛們學習天文、地理知識的地方，陳列有天文儀、地球儀等；雍和宮正殿東側的密宗殿，是學習密宗經典的課堂；西側的講經殿，講授顯宗的哲學、章法等。

還有，法輪殿的東西配殿也值得一提：

東配殿供奉的是五大金剛，由北往南是，吉祥天母護法金剛，永保護法金剛，大威德金剛，地藏主金剛，財寶金剛。此外還陳列有兩隻大熊的模型，傳說是乾隆十九年，皇帝由聖京去鄂稜加木打獵時獵獲的，一隻重九百斤，一隻重一千斤。同時陳列著乾隆用過的火槍、七星寶劍、盔甲、馬鞍等。

## 粘竿處與雍正猝死之謎

（北京雍和宮）

雍和宮在作爲行宮之後，還有些極爲特別之處，那便是它成了一個特務機構——粘竿處大本營。

粘竿，顧名思義，就是上端塗有粘物的竹竿，亦即《莊子》痀僂承蜩故事中駝背老頭粘蟬之所用物。擴而大之，自然可指粘蟬、粘蜻蜓以及逮鳥一類的遊戲。乍一看來，粘竿處所擔負的不過是陪伴幼帝乃至逗著皇子皇孫玩耍的閒差，而在雍正這裏卻實際承擔著刺探情報、滅除異己的勾當。允禎作爲康熙的第四子，其弟兄共爲三十六人，姑且不論皇族之外的事，即使要在骨肉兄弟之中壯大勢力取得皇位進而鞏固皇位，都不是一件易事，所以在他還是雍親王的時候，就豢養了一批親信，一方面護衛著自己，一方面幹些很不光彩的事情。雍正繼位後，仍讓這些人以雍王府爲基地活動，並於內務府下設立了粘竿處。正式的粘竿處，自然設在紫禁城，而訓練爪牙等祕密活動卻在雍和宮。雍親王府改名爲雍和宮，更使這裏成了禁地，更便於這一特務機構從事避人耳目的活動。

雍正當政的第十三年（一七三五年），在八月的一個月色暗淡的晚上，突然猝死在西郊的行宮圓明園。二十三日清晨，一乘黃色太平轎抬著胤禎未及入棺的屍身，急急忙忙地返回了紫禁城；當日下午入殮，停靈乾清宮。如按清宮的慣例，宮中停靈半月便須移棺景山的壽皇殿或觀德殿，但雍正卻是移棺雍和宮。（據載，雍和宮主要建築的黃瓦，就是那時爲了停靈而趕換的。）

雍正的猝死，實在來得意外，隨即而來的朝野傳聞，更使得這件事變得神祕莫測。關於雍正突然死去的原因，過去一直以遇刺說最爲流行。民間所傳的呂四娘報仇，曾一度是婦孺皆知的故事。解放前，《呂四娘》、《血滴子》等以此爲題材的影劇，甚至風靡一時。因此不僅是好奇的百姓，連態度嚴肅的歷史學者也想從中知個究竟。

如據《清史稿》，似乎雍正不過是自然疾病的死亡：八月下旬，雍正先是生病不適，有四子寶親王（弘曆，即後來繼位的乾隆）及五子和親王（弘晝）在側朝夕服侍；病重後，又召有弟兄莊親王（允祿）、果親王（允禮）及鄂爾泰、張廷玉在旁……一切都是合情合理的；如用《清實錄》和《起居注》等更原始一些的資料來核對，甚至連文字也都與《清史稿》一致，均看不出什麼破綻來。本來嘛，《清史稿》編纂時所引以爲據的，正是實錄及起居注一類的記載。然而研究清史的學者們，似乎對此都不太理會，而幾乎一致認爲，雍正的猝死，其中或者別有原因。

一位深悉清代掌故的學者，曾在早年記下了北京旗籍老人這樣的傳說，說是胤禎起先在雍和宮跟他的武士、喇嘛、和尚等開「參禪隨喜法會」時，便已被刺，於是便回到圓明園養傷；到了中秋節，胤禎的病好了，就在圓明園舉行「慶祝聖躬萬安」的筵宴，並演了好幾天的戲；在慶賀結束的八月二十二日夜裏，胤禎突然死去，於是連夜把鄂爾泰叫到園內，舉行了小殮但沒有入棺，第二天便連忙用稱爲太平輛的黃軟床把屍體抬回了城，原來雍正又在圓明園第二次遇刺。

更引起人們聯想的是，一些相當謹嚴的文字記載，內容也跟這類傳說有某種暗合。傳說中鄂爾泰被突然叫到圓明園的事，在《鄂爾泰行略》中恰好有一相應的段落：「世宗升遐，召受顧命者惟公一人。公慟哭，捧遺詔從圓明園入禁城，深夜無馬，騎煤騾而奔。擁今上登極，宿禁中七晝夜始出。人驚公左袴紅濕，就視之，髀血涔涔下，方知倉卒時爲騾傷，紅漬未已，公竟不知也。」鄂爾泰突然被詔，如此倉皇騎行，其中是否還有更隱祕的因素，這不能不引起人們的猜測，所以有的野史才說：「當時天下承平，長君繼統，何所危疑倉皇若此！可證被刺之說不誣也。」

如查對關於雍正的起居注，宣讀雍正朱筆遺旨的，正是這位大學士鄂爾泰；如核之以正史所稱在場人物大學士張廷玉的《自訂年譜》，其中確有「倉卒中得宮廄駑馬乘之」，正好與《鄂爾泰行略》相類。張廷玉的《自訂年譜》中，也載有「敬備黃輿，恭請大行皇帝還宮」的事，這點也正跟旗籍老人的傳說完全相符。

撰寫《鄂爾泰行略》的是吳枚，此人跟鄂爾泰同時且又與鄂爾泰相知，行略的撰寫亦是受其遺囑之託。記下旗籍老人傳說的，是金梁，此人曾供職清宮內務府，充任過太子少保，民國時又曾參與《清史稿》的編纂工作。對吳撰行略和金錄傳說，現今史家們自可各有己見，但想必誰也不會將其跟一般野史等同。

如翻閱各種稗史野記，幾乎都將雍正的死因歸於呂四娘的復仇。事實上，雍正時確實曾有一件株連呂留良的曾靜、張熙謀反案。這案是胤禛本人親自處理的，他一反過去的常例，寬赦了此案的直接案犯，卻極爲殘忍地懲治了與案情並無直接牽連的呂留良全家。顯然，這是一起殘酷的文字獄。此案的大致脈絡是這樣的：當時，岳飛之後岳鍾琪任川陝總督，有南海無主游民夏靚遣徒張倬與其上書，勸其反叛，爲宋明復仇。然而岳鍾琪哪能是岳飛，他不僅捕審了化名張倬的人，而且還將此事迅速上奏了雍正。雍正得奏甚爲重視，親自御批了進一步誘騙張倬的辦法。岳鍾琪得示，於是設下了圈套，給張以厚遇，故意對張說些激切的言辭，甚至與張明誓；張上當了，說出了化名之事及有關之祕密。爲了追尋這種「反叛」思想的根源，故進而追問張等「平日往來相與之人，並其所祖述師承」；得到的答覆是「我輩同志之人素所宗者，係呂晚村，號東海夫子。我曾親到其家，見其所著備忘錄並呂子文集」。呂晚村，名留良，字莊生，生於明末，爲前明遺民，著述講學多富民族思想，在浙東一帶影響很大，極有聲望，初以行醫爲業，郡守曾以隱逸爲薦，呂卻削髮爲僧以示不仕清廷。曾靜、張熙案發時，呂留良已經故世多年，然而在雍正看來，呂的思想比曾、張的謀反更可怕，於是故作姿態，竟然以「覺迷」、「歸仁」爲由寬赦了主要案犯，而將呂留良等開棺戮屍，其子在世者亦被斬決，連其孫輩也不放過，均被遣發寧古塔給披甲人爲奴。爲此案，雍正還御製了一冊《大義覺迷錄》廣布於世，讓曾靜等現身說法自悔其罪，其中亦不乏御筆親製的對呂留良觀點的批駁。這便是呂氏之仇。

其時，民間有傳，說呂氏遺孤猶存，不久，連雍正本人也有所風聞，不得不親下諭旨嚴加追問。在稗史和傳說中，呂四娘便是呂留良之後，在呂案發時僥倖得脫，後學得了武藝而混入宮中，最後終於致敵以死命，甚至砍下了雍正的頭顱。

對於雍正的死因，正史野史，各執一辭，究竟誰家更近眞實，一時難以說清。於是，一些歷史學者近又另闢蹊徑。有的清史專家認爲，原始史料沒有明說雍正的死因，或者其中確有難言之處；然而呂四娘復仇之說，也未必可信。對呂四娘復仇提出懷疑的理由，主要有下面兩個：一，治罪呂氏時，呂氏父子已死的戮屍，未死的問斬，其孫輩人等均已遣發邊地爲奴，斷無呂氏遺孤漏網的可能；二，雍正死前的圓明園，實已是雍正常年駐蹕之所，護軍崗哨林立、日夜巡邏、戒備森嚴，斷非一個女子所能輕易越入。所以在目前的史學界，較為引人矚目的推證，是認為雍正的暴死乃係服食道家丹藥引起的中毒：

「追究世宗的死因，該是一個重大的課題。他的死，幾乎公認為遇刺喪命，持異論者寥寥無幾。我個人以為，他是服餌丹藥中毒而亡的。官書雖然儘量為他回護、掩飾，但依然留下蛛絲馬跡，譬如《高宗實錄》中，就有煉丹道士被逐的上諭；更重要的是，一些原來密藏在宮禁內從不公諸人世的檔案，很幸運地得以覽閱。綜合這些資料，推斷他死於丹藥，也許不算武斷：皇帝因信任僧道、服丹藥而死的，歷歷可考：唐代就有五人，明代也有數名，世宗不過是其中之一而已。以上雖屬推測，或許不會離眞相太遠。」

上錄引文，出自《雍正帝及其密摺制度研究》，作者今人楊啓樵，獲日本京都大學史學博士學位，又曾執教於廣島大學，潛心研究雍正十餘年，曾數度赴臺，遍讀臺灣故宮博物院已刊及未刊原摺二萬餘件，復加以中土及朝鮮史料，才完成了上述著作。國內學者馮爾康，亦對雍正作了精深的研究，所著《雍正傳》分析雍正死因時，也認為丹藥中毒的推論更合情理。

應該肯定地說，這些學者的研究大概已經接近這個疑案的尾聲。不過，似還有兩點，不妨在這裏順便一提。其一是，前兩學者在論及這一問題時，都引證到金梁《清帝外紀》中關於丹藥中毒的這樣的話語：「惟世宗之崩，相傳修煉餌丹所致，或出有因。」然而也是金梁，在其一九五三年呈毛主席的《雍和宮志》中卻又自駁道：「這則說是胤禛之死，是妄信道教修煉之說，因吃丹藥被毒死的。但胤禛任雍親王時，曾拜第十四世章嘉呼圖克圖『阿噶旺羅布桑卻拉丹巴拉森波』為傳戒師；胤禛自號『圓明居士』，這是他在親寫的《二十八經同函》序文中自己說的：是純粹的佛教徒，焉能效法明朝的嘉靖帝朱厚熜崇信道士呢？」其二，還有一些涉及呂留良案的史實，似乎也有點特別。雍正死後，為什麼嗣主乾隆突然不顧先帝的遺訓，竟然將御製的載有曾靜等「覺迷」、「歸仁」的《大義覺迷錄》列為了禁書，而且還立即處死了雍正原已寬赦的案犯？其後的乾隆朝之所以將文字獄推向頂峰，呂留良案是否是其契機？這裏面可不可能還有別的原因？

由此看來，推論終歸是推論，如眞要把雍正的死因弄清楚，大概只有等到清西陵泰陵發掘後，專門的學者鑑定了雍正的屍骨，這個問題才會水落石出。

## 明清最高學府（北京國子監）

在東城區安定門內成賢街上，有一座莊嚴肅穆的古代建築，雖然不算十分高大堂皇，卻有著不小的名氣和聲望，這便是元、明、清三代祭祀孔子的地方——孔廟，現在是首都博物館所在地。

最初，元太祖入京，就派人修「宣聖廟」，祭祀孔子。因爲這時孔子被歷代帝王所尊崇和利用，已經有了「至聖」、「先師」、「文宣王」等許多高貴的頭銜。元人也不例外，用他來籠絡讀書人。元世祖忽必烈定都北京後，於中統二年（一二六一年）下詔：「宣聖廟及所管內書院，有司歲時致祭，月朔拜奠；禁諸官員使臣軍馬，毋得侵擾褻瀆，違者加罪。」並修成了宣聖廟。後來，到大德六年（一三〇二年），正式營建孔廟，四年後建成。

明太祖時改爲北平府學，廟制照舊。宣德四年（一四二九年）修建了大成殿。嘉靖九年（一五三〇年），改稱先師廟，並新建孔子父母的崇聖祠。萬曆廿八年（一六〇〇年）殿頂換成青琉璃瓦。

清乾隆二年（一七三七年）除崇聖祠外，各殿殿頂全部換成黃琉璃瓦。乾隆卅三年（一七六八年）重修。光緒卅三年（一九〇六年），升孔子爲大祀，又進行大規模的修繕。工程延續到民國後的一九一五年。

孔廟大門前，設有琉璃影壁、下馬碑。大門稱先師門，又叫欞星門。門內兩側排列著大量的明、清進士題名碑。元代於皇慶三年（一三一四年）開科取士後，步唐代雁塔題名的遺風，中試的進士，照例要把自己的姓名刻在石上，立之於廟，以顯示自己的尊榮。但明代以後，多把元代刻名磨去，因此今天只剩下明永樂十四年（一四一六年）丙申科起到崇禎十六年（一六四三年）癸未止題名碑七十座，清順治丙戌科起至光緒甲辰科題名碑一百一十八座，是研究明清科舉制度的實物資料。

大成殿，是孔廟的主要建築，重檐廡殿頂，臺基用白石欄杆圍繞著，裏面供奉著孔子的牌位。有明太祖定的大成文宣王和嘉靖定的至聖先師共兩塊。

原來殿內還有配享的牌位。四配是：復聖顏子（顏回）、宗聖曾子（曾參）、述聖子思子（孔汲）、亞聖孟子（孟柯）。十哲：先賢閔子騫、冉子耕、冉子雍、宰子予、端木子賜、冉子求、仲子由、言子偃、卜子商、顓孫子師。稱「子」，以示尊重。

大成殿兩側：東廡從祀，明代有澹臺子滅明等三十一人，先儒左子丘明等十八人。西廡配祀，明代有宓子不齊等三十一人，先儒十七人。由於歷代統治者對於各種學說、派別有不同看法，時有褒貶，所以裏面的牌位，也常有更動。牌位的尺寸大小，也因皇帝不同而異。

大成殿還保存了清代一套完整的樂器和祭器，例如編鐘、編磬、琴、瑟以及籩豆、登、爵等，這是研究我國古代祭祀禮儀及古代樂器的實物資料。

清代自康熙以後，每一個皇帝即位，照例要到國子監辟雍（太學）講學一次，稱作「臨雍」。之後，還要到大成殿懸匾一方。後來，皇帝雖不臨雍，但照例懸匾。因此大成殿內積集了不少匾額，後交歷史博物館保存。

孔廟的西側，是我國古代設立的最高學府——國子監。我國很早就有國家辦學的傳統，最初叫做「成均」，後來叫太學，漢代還用這名稱。晉武帝咸寧二年（二七六年），開始以國子名學，稱國子學。唐貞觀五年（六三一年），設國子監。

北京的國子監，是元大德十年（一三〇六年）正式營建的，距今已有六百多年的歷史了。國子監的地址和當時興建的孔廟相毗鄰，這也正是所謂「左廟右學」的傳統規制。元朝是蒙古建立的國家，所以當時的國子監，不僅收容了蒙族子弟學習漢族的文字，同時也選拔了一些漢族子弟來學習蒙古語言和弓箭騎射，而成爲北京最古老的講學之處。

明初，國子監一度改名北平郡學。永樂二年（一四〇四年），又改回原名。明、清兩代，在增修孔廟的同時，也改建了國子監。乾隆四十九年（一七八四年），增闢了「辟雍泮水」，這時的國子監，已經規模齊備，富麗堂皇了。

辟雍，是國子監全部建築的中心。這是封建皇帝講學的場所。建築得特別華美，造型別致。辟雍作正方形，四面各顯三間，每面的當中寬七米，深五點三米，兩旁的每間深廣均爲五點三米，最中央的一間七米見方，這樣合起來便成爲一座深廣各十八米左右的方形殿宇。四角攢尖，重檐頂，四面開門，屋頂有鎏金寶珠和黃琉璃瓦，樑枋上飾以青藍色的彩畫，窗柱朱紅，五彩繽紛，色調和諧美觀。外面圍廊環繞，圍廊以外，又被圓徑八十四米的一個水池——圜水圍繞起來。水池四周用漢白玉石欄杆圍護，欄杆上雕有細緻的花紋。池岸四面又有四個噴水的龍頭。水池四面架起石橋，橋長十三米多，寬七米多，通向辟雍四門。這就是「辟雍泮水」。

國子監的組織，和後來的學校相似。在監讀書叫「坐監」，學生稱爲監生。生員學行優者，或舉人會試不第者，均可入監讀書。職教諸官有祭酒、司業、監丞、博士、助教、學正、學錄、典籍、典簿等。祭酒是最高領導人，司業是副職。

國子監內，還保存著十三經刻石，包括周易、尚書、詩經、周禮、儀禮、禮記、春秋左氏傳、春秋公羊傳、春秋穀梁傳、論語、孝經、爾雅、孟子，共刻經石一百八十九塊。因爲它刻於乾隆年間，所以又稱「乾隆石經」，可以和西安碑林中的「開成石經」相媲美。全部石經共六十三萬字左右，是蔣衡一人書寫，字跡工整，一絲不苟，頗足珍貴。蔣衡字湘帆，後改名振生，自號拙老人，其書法蒼勁有力。因遊西安，觀唐「開成石經」，病其「衆手雜書，文多舛錯」，遂發願自寫十三經。自雍正四年（一七二六年）開始，歷時十二年才完成。後來，乾隆要在國子監刊立石經，就以蔣書爲底本。

## 封建時代的科考之路

### （北京貢院）

貢院，在今東單以東的建國門內，現在的街巷有貢院東街、貢院西街，中間還有貢院頭條、貢院二條、貢院三條等胡同。

什麼是貢院？貢院就是考場。明清兩朝，每隔三年要在這裏舉行會試，同時這裏又是順天府鄉試的考場。會試在春天三月舉行，叫「春闈」。屆時，全國各地的舉人都集中到這裏，經過會試取得殿試的資格。在殿試中考取，便成了進士。鄉試是地方性考試，在秋天八月舉行，叫「秋闈」。考中了，就是舉人，才能參加會試。封建時代，皇帝開科取士，說「邦國舉賢者於王」，好像各地貢奉名產一樣，所以叫貢院。

貢院有幾十排矮房子，共九千多間，用作考棚，當時叫「號舍」。房屋鱗次櫛比，好像馬蜂窩一般。會場分三場，每場三天（清朝是三月九日、三月十二日、三月十五日），連續九天，考生要在這裏作文章、住宿、吃飯。這鴿子籠大小的地方，既矮又窄，很是局促。舍內有兩條木板，上面是作文章的書案，下面的用做座榻，兩板拚在一起，就是睡覺的床。題紙發下時，點起蠟燭，搜索枯腸，琢磨主考官的口味，寫蠅頭小楷，作八股文章，那滋味實在不好受。此時明遠樓上鼓響，所以當時有民諺說：「苦苦苦苦苦，明遠樓上鼓」，「一二三四五，明遠樓上鼓，姊在家中樂，弟在場中苦」。

而且，考生入場，被褥、衣服、碗筷、茶具、筆硯均要隨身攜帶，所以當時說考生「負載纍纍，直囚犯之不若」。入場時，兩邊差役遍身搜索，脫帽去鞋，一邊搜，一邊大叫「搜過」，就像囚徒入監牢似的。清代作家蒲松齡在《聊齋志異》裏曾描寫士子入闈時的情況：

「初入皆自提籃似丐，唱名時官呵隸罵闈似囚；其歸號也，孔孔伸頭，房房露腳，似秋末之冷蜂；其出闈場也，神情惝恍，天地異色，似出籠之病鳥……」。

這種種可憐又可笑的情態，非過來人是很難描述和體會的。蒲松齡大概是看透了這裏的把戲，所以後來就不再參加科舉考試了。可惜的是，更多的士子卻是仍在那裏十年寒窗苦讀書，幻想一舉成名天下知呢！無怪乎當年唐太宗看到儒生孜孜以求參加考試的情況，曾經高興地說：「天下舉子盡入吾彀中矣！」

可是，封建統治階級卻認爲這裏是選拔「英才」的地方。所以貢院的門有「龍門」、「內龍門」，還有「第三龍門」。考中了進士，就「一登龍門，身價百倍」了！貢院裏主考官住的大廳，叫聚奎堂（會經堂、十八房是同考官閱卷的地方），院中有一棵槐樹，也被稱爲文昌槐，說它與文運有關，是文光射斗牛的地方。連貢院南邊的一條胡同也被叫做「鯉魚胡同」。考中狀元好似「鯉魚跳龍門」。金榜題名以後，可以跨馬遊街，接受皇帝賜宴，可以做官，這就是統治者用功名富貴來籠絡人心的把戲。

考試期間，怕內外傳遞消息，所以全部鎖門，當時叫「鎖闈」。考棚裏多有燈燭，一不小心，容易失火，失火又被鎖了門，跑不出來，所以曾燒死過很多人。

除了鎖院，貢院四周還有高五米的外棘牆（從前考場用棘圍起來，以示內外隔絕，所以考場又叫「棘闈」），和高三點三米的內棘牆，文場四周有樓瞭望，戒備森嚴。

會試的考官都由皇帝指命，由大學士、尙書、都御史等任主考官，另外還有同考官十多人，加上上述的措施，好像考試很嚴格，不易營私舞弊。但實際上徇私受賄的，大有人在，有代替、懷挾、買號等，名目繁多。而有權勢的，更可以胡作非爲。明天順年間，幫助英宗復辟的徐有貞、石亨的子姪，「皆以關節中式。」更妙的是，明嘉靖二十三年，本該名叫吳情的中狀元。北方呼吳爲無，皇上說無情豈宜得第一，又因半夜聽到雷聲，就提拔名叫雷鳴的爲首，做了狀元。這樣的科舉考試實際上就是皇帝爲所欲爲的騙人把戲。

不過，一旦中舉則榮耀非常，就算正式進入了封建統治階級的行列，高者便可進入翰林院供職。在翰林院裏，由帝王指派學院學士領導，並派侍讀學士和侍講學士輔助學院，以下設有侍講、侍讀、修撰、編修、檢討等官職，統統稱爲翰林。翰林的任務是屬於帝王文學侍從的範圍，凡是國家考試、帝王著述、皇家教課，以及一切爲帝王的文藝供奉，都指派翰林承擔。爲了「重道崇儒」，皇帝偶爾也到翰林院和國子監賦詩或題字；有時還要邀翰林們在南海宴會看花，叫做「太液賜宴賞花」。明清兩朝，非翰林出身的人，不得謚拜相，死後不得謚以「文」字。而翰林出身的官員死後，每每被加上「文端」、「文達」等謚號。

翰林的資格是通過考試取得的。最初經縣、府、院考錄取而爲生員（俗稱秀才），經鄉試（即省考）錄取而爲舉人，到首都會試被錄取的稱爲貢士；由貢士再經復試、殿試、朝考，被錄取的即爲進士，在進士中再選翰林。殿試一甲頭三名稱爲狀元、榜眼、探花，馬上就授予翰林院修撰、編修等職；其餘雖然選中翰林而稱爲庶吉士，還須進庶常館，由帝王派大學士充教習，學習三年後，成績優良的授以翰林院編修、檢討等職稱，在院供職；其餘的給予各部主事或外放知縣，以後就和翰林院不發生關係了。翰林官閒事少，除去考試、衡文和指派的工作以外，平時沒有案牘工作，不必經常到院辦公。當了翰林以後，全憑資格升轉；如果循資按格，十年中不出事故，頂子可以變紅（前清官級分爲九品：一品最高，是珊瑚頂子，二品是有壽字的紅頂子），可以做到尚書、侍郎（尚書一品，相當現在的部長；侍郎二品，相當副部長）。遇著大考，優等的可以驟加升擢；但文字荒廢的也會降級，甚至降三級或五級而調用的也有。俗說「翰林怕大考」，就是指此而言。

翰林院原在御河橋西岸，即東交民巷中間靠北的一段。從前御河的水由北往南，流入護城河。舊翰林外院有唐代韓愈祠，凡新到的翰林，都須拜祭。庶常館也在東交民巷，靠近正陽門。庚子（一九〇〇年）之時，此地曾經作戰，翰林院因而被毀，成爲一片瓦礫。辛丑（一九〇一年）和約後，東交民巷完全劃入使館界。即一九〇二年慈禧和光緒回北京以後，才指定西長安街三座門路南一所官房爲翰林院（庶常館則在宣武門內頭髮胡同），院址較小。

民國後，院址一度改爲平政院，後來改歸警察廳應用。抗戰時期爲日軍占據，院中存有殘缺的《永樂大典》和《古今圖書集成》等書，也不知下落了。

## 獨具特色的文化街（北京琉璃廠）

和平門外的琉璃廠，是一條古老的街市。它全長不到一公里，看上去平平常常，走過去，卻清秀文雅，紙墨筆硯、書畫文物，琳琅滿目。文化街這個優雅的稱號，眞是名不虛傳。

琉璃廠有著悠久的歷史。早在一千多年前的遼代，這裏已經形成村落。據清代乾隆年間出土的墓誌，這一帶地方在遼代叫海王村，是京郊一個野曠人稀的村落。到了一二七七年，元代官方在現今的和平門外南新華街一帶，開始建立琉璃窰廠，燒造供皇家使用的五色琉璃瓦件。琉璃廠的名稱便由此而來。

明永樂遷都北京之前大修宮殿（即現今的故宮）的十幾年間，琉璃窰廠規模更加擴充，成爲北京五大廠之一（其餘四廠爲神木廠、臺基廠、王窰廠、大木廠）。那時附近有河道，可通到西山運取燒瓦原料，廠中間有座石橋，到處堆積沙土磚石，因而這一帶有廠橋、沙土園、虎坊橋一類的地名流傳下來。

到了清初，由於把原在燈市口一帶的燈市搬到這裏，於是在窰廠前面的空地上出現了一年一度的大集市，稱爲廠甸。每逢春節新正半個月，廠甸便搭棚懸燈，遊人紛集，一時稱盛。每天有戲曲、雜耍表演，也有出售古玩、兒童玩具和食物的攤商。康熙三十三年（一六九四年），由於不需要大量生產琉璃瓦件，官方把窰廠交給窰戶自辦，繼而這裏又開始建造房屋，於是琉璃廠便由廠甸的春節集市逐漸形成固定的街市，後來更進一步發展成爲文化行業興盛的街市，窰廠已不復存在，只留下一個名稱。如果從乾隆元年（一七三六年）算起，到現在，作爲文化街的琉璃廠也已經有二百五十年的歷史了。

琉璃廠文化街，是我國文化發展的產物。它的形成，有這樣幾個原因：一是當時的漢官多住宣武門外，有的就住在此地；二是那時已很興盛的會館，大都在宣武門至前門外一帶，而往來的官員、趕考的舉子等又多住在會館裏；三是乾隆年間開辦四庫館，大力搜集天下藏書，四方文人會集京師參與編校，而各地書商也隨著來京開設書鋪。這幾部分人，都需要大量的圖書資料，或學習、或研究、或收售。琉璃廠的文化鋪子爲他們提供了這個方便。當時的文人學士朝夕流連於書肆間，有的甚至結爲「廠友」，對這裏的文化鋪子也起了促進和扶植作用。一個趕考不中的舉人還在這裏開辦了生產「一得閣」墨汁的鋪子。

清中葉以後，琉璃廠已成爲以古書業爲主體的京都以至全國書畫文物集散之地。據記載，當年這裏共有三十多家書鋪（包括刻版和銷售），其他如古董、南紙、法帖、裱畫、書套、筆墨、墨盒、圖章、印泥、刻碑、裝潢、胡琴、摺扇、小竹器等文化行業的鋪子也很多。總之，幾乎當時讀書人所需要的紙墨筆硯、琴棋書畫等文化藝術用品，一應俱全。由於同一行業的鋪子不止一家，他們各有特點，經營分散而又連成一片，便於瀏覽選購；又由於許多是產、購、銷相結合，前邊開鋪面後邊便是作坊，而且走門串戶，喜於同顧客交朋友，服務慇懃周到，很受顧客歡迎。

有趣的是：廠甸不僅是成年人的文化集市，而且是少年兒童的文化集市。春節期間匯集在這裏的傳統文化娛樂用品，有貼著金字紅籤，抖起來音響激越的單雙空竹；有用彩紙風輪帶動小錘敲打小鼓的各式風車；有八面玲瓏，轉動著各種彩畫的走馬燈；還有紮成鳥獸蟲魚式樣，多姿多彩的風箏；以及「麵人湯」、「葡萄常」當場獻藝的工藝品絕活，則是雅俗共賞、老少皆宜的新鮮玩藝。至於吃食，從銅錢大的豆糌糕，到五尺長的大糖葫蘆；從頂著胭脂點的江米艾窩窩，到香油和麵、層層走酥的葷素油酥火燒；乃至灌腸、豆汁、酸梅糕，舉凡風味小吃、乾鮮特產，應有盡有。

作爲琉璃廠本色的書籍字畫、古玩珠寶，以及著名的榮寶齋水印箋紙，德古齋的金石搨片，戴月軒的狼毫筆等等，比平時吸引著更多的遊人。舉辦廠甸活動時，平地搭起藍布罩棚，雖在白晝，卻如夜市。各種器物在明燈下耀眼奪目。

琉璃廠是當時的文人學士最喜愛的遊樂場所，在他們筆下所描繪的景象是：

「凡古董、書籍、字畫、碑帖、南紙各肆，皆集於是，幾無他物焉，上至公卿，下至士子，莫不以此地爲雅遊。」

而到了春節的廠甸集市，更有一番繁華景象，堪稱一時之盛：

「燈屏琉璃，萬盞棚懸，玉軸牙籤，千門聯絡，圖書充棟，寶物塡街。」

琉璃廠店鋪的匾額本身，也是一些珍貴的文物。因爲這些匾額一向多出自名家手書。清末時有人曾經登記下來康有爲、梁啓超、潘祖蔭、翁同龢等人題的五十七個匾額。

清代道光以後，帝國主義的侵入，使這條文化街遭受了動盪不安的厄運。文物行業從一八六〇年、一九〇〇年帝國主義兩度侵入北京大肆搶掠、洗劫我國文化遺產之後，走向惡性發展。這裏的古玩商一度竟達一百四十九家之多，幾乎都勾結洋人、官府、盜匪，從事盜賣文物的勾當，借此大發橫財。而古書業則相對冷落，據清亡後第二年的統計，「廠舊肆，存者寥寥晨星，有歿世者，有閉歇者，有易主者。」

和我們祖國的命運相同，在中華民族遭受空前劫難的日子裏，體現我國古老文化的琉璃廠也是蕭條衰落。無怪後來的文人學士再逛琉璃廠時就留下這樣的詩句了：

「物換星移盼好音，海王勝跡喜重尋，歲寒不盡滄桑感，紫陌淒涼直到今。」

新中國的誕生，曾經給琉璃廠的發展開闢了一個嶄新的歷史時代。但在「四人幫」猖獗橫行的年代，琉璃廠又遭受了一場厄運，歷史文物被誣爲「四舊」，從事古玩字畫的幹部、工人被打成「牛鬼蛇神」，眞是人妖顚到，是非混淆。

如今，琉璃廠街道已經全部重建，許多店鋪仍保留過去古書、文物行業的特點，並開設琉璃廠歷史資料館，古字畫、珍寶陳列館。它將配合旅遊事業，爲中外文化學術交流以及各項科研工作作出新的貢獻。

至於那一年一度的廠甸活動，已移到地壇公園舉行，稱爲地壇文化廟會。

# 王府井中話王府（北京王府井）

初到北京來的人，沒有不到王府井的。因爲王府井是北京最繁華的街道，它的心臟部分是東邊的東安市場和西邊的百貨大樓。沿街店鋪鱗次櫛比，陳列著來自全國各地的日用百貨，眞是應有盡有、琳琅滿目。人們衣食住行的各種需要，差不多都能在這裏得到圓滿解決。可以毫不誇張地說，王府井是工商農副等各類產品的經常性的展覽櫥窗。

但要問起它的歷史由來，卻不是一下子就能說清楚的。它形成新街，發展爲繁華區域的過程不算很長，只不過四五十年，而舊的歷史，即王府井之名，則有五百六十多年之久。

當時，明成祖朱棣剛剛奪了姪子建文帝的皇位，還沒有正式遷都北京，但已在北京開始興建皇宮，準備於次年元旦改北京爲京師。

明太祖朱元璋共有二十三個兒子，都封爲王，鎭守各地。他們是明成祖的兄弟行。爲了撫慰、籠絡他們，明成祖就在北京爲其中年歲較長，威望較高的十王建造了龐大的王府八千多間，並把街名由十字街改爲王府街。這一工程，歷時三年半。

十王府在什麼地方？可能即在今之帥府園以至東單頭十二條一帶。當時路西還有零售商店，如現今還存在的大小紗帽胡同，即賣紗帽的地方。明朝，這條街叫做王府街。

明朝滅亡以後，這一大片地方，成爲清朝八旗的演武廳、練兵場。所以《日下舊聞考》的編者說：「明朝王府久廢，其地今名王府大街」。及至繁華以後，因爲這一條街較長，北頭又較冷落，於是把王府大街之名專給北段，將南頭繁華一段改稱王府井，這已是民國以後的事了。

清朝歷代的王府較多，就不僅集中在王府井一帶了。清初，以「鐵帽子王」的府第規模最大。何謂「鐵帽子王」呢？

原來，清代的封爵制度有規定：凡封爲親王者，下一代沿襲爵位，只能被封爲郡王；封爲郡王者，下一代襲爵則降爲貝勒；如此代代降襲（有功另晉封者不在此例）。如果封爲親王或郡王時，其爵位加「世襲罔替」四字，則其子孫照襲爲親王或郡王，不必降級。這就是俗稱的「鐵帽子王」。

清初入北京後，有八家皇族宗室因開國有功而封親王爵位並加世襲罔替，這就是：

禮親王代善，太祖第二子，所賜府第在西安門南邊，即解放後內務部舊址；

睿親王多爾袞，太祖第十四子，後曾任多年的攝政王，輔助順治皇帝，聲勢尤爲顯赫。所賜府第在外交部街，即今一百二十四中學所在地；

豫親王多鐸，太祖第十五子，所賜府第在帥府園，即今協和醫院地址；

肅親王豪格，太宗第一子，所賜府第在東交民巷，八國聯軍時被火燒燬；

鄭親王濟爾哈朗，爲太祖之弟莊親王舒爾哈齊第六子，所賜府第在西單二龍路，即今教育部所在地；

莊親王，府第在太平倉平安里；

順承郡王勒克德渾，爲禮親王代善之孫，所賜府第在今太平橋大街，即全國政協所在地；

克勤郡王岳托，禮親王代善第一子，所賜府第在宣內新文化街。

後來，康熙有三十五個兒子，乾隆有十七個兒子，除了早死的以外，照例要分府，所以當年王府也很多。

清朝末年，同治、光緒都沒有兒子，咸豐也只有一個兒子（即後來的同治），沒有分府，倒是比他們更早些的道光，兒子不少，府第也多，就成爲遺留至今的王府了。

道光皇帝就是鴉片戰爭中遭到失敗的旻寧。他的前三個兒子都早殤。四子即咸豐。所以就有了後來的五、六、七、八、九王府。

道光第五子奕宗，過繼給叔叔綿愷作兒子，封惇郡王，府第在朝陽門北小街燒酒胡同，俗稱「王爺府」。他在西郊還有一座賜園，原叫熙春園，咸豐改名爲清華園，就是現在清華大學工字廳一帶。當時又稱「小王爺園」。奕宗的兒子載濂、載漪、載瀾都曾因利用義和團獲罪，園子被收回。

什剎海南岸有恭王府，北岸有醇王府，這兩座府第都以有多座高大的四合院、花園遊廊亭榭，疊石池沼著稱。這是奕訢和奕譞的王府。由於他倆排行第六、第七，因此，又稱「六爺府」、「七爺府」。他們在西郊還有朗潤園和蔚秀園，人稱「六爺園」、「七爺園」，現均併入北京大學校園。清末，奕譞的兒子載灃任攝政王，所以醇王府又叫「攝政王府」。

道光第八子奕詥封鍾郡王，府第在前海西龍頭岸，離恭王府不遠。

現在朝陽門內科學出版社所在地，原是道光第九子奕譓的府第。奕譓封孚郡王，因此人稱這座府第爲孚王府或「九爺府」。

# 恭王府和大觀園的瓜葛

## （北京恭王府）

在什刹海前海三座橋西北，有一座建築得相當華麗精美的清代親王府邸，這就是著名的恭王府。由於它的設計布局有許多和《紅樓夢》中的大觀園相似，於是有人提出，曹雪芹是以恭王府園爲藍本來描寫大觀園的；反之，也有人認爲恭王府是根據大觀園的描寫來建造的。經過多年的爭論，現在似乎有了相對一致的看法。這可以從恭王府建園和《紅樓夢》創作的歷史來考察。

據文獻記載，這恭王府原是清代乾隆時期的寵臣、軍機大臣、大學士和坤的府第。他營造府第大約是在乾隆十六一二十三年（一七五一—一七五八年）。嘉慶四年（一七九九年），乾隆卒，有人上疏彈劾和坤，列罪二十條，其中第十三條罪狀是：「所蓋楠木房屋，僭侈逾制，隔段式樣，皆仿寧壽宮制度，其園寓點綴與圓明園蓬島瑤臺無異，不知是何肺腸。」言外之意當然是和坤有篡權奪位之嫌。又有記載：「和坤府第從李公橋引水環之，故其邸西牆外，水溪清駛，水聲叵然，其邸中水池亦引溪水。都城諸邸，惟此獨矣。」可見當時這座府園之美，已居京城諸府之冠。

和坤獲罪，府第被抄沒入官。嘉慶帝將該府賜其弟永璘，是爲慶王府。慶王居府二十年，沒有什麼變動，死後傳子。咸豐即帝位後又將府第轉賜其弟奕訢（即協助慈禧發動政變的那位恭親王），始稱恭王府。這已是十九世紀中期（一八五一年）以後的事了。

而曹雪芹生活在雍正、乾隆兩期。曹家獲罪被抄是在雍正五年（一七二七年），曹雪芹隨家北遷，住北京西郊，家中貧困潦倒，只能吃粥度日。曹雪芹死於乾隆二十八年（一七六三年），這時《石頭記》僅完成八十四回，亦未刊行，高鄂續成一百二十回本的《紅樓夢》初版發行是一七九一年。因此，說大觀園是根據恭王府寫成，絕對不可能。那時還沒有那位恭親王。至於說大觀園以和坤府園爲藍本，可能性也不大。以當時曹家的處境，曹雪芹要出入這位總理樞政的權臣的府第，恐怕是非常困難的了。那麼，曹雪芹又是根據什麼寫的呢？只能從曹雪芹青少年時期曹家尚未破落，他還能躋身於達官貴人之家的那段生活和見聞來考察了。實際上，大觀園不一定是某一座花園的寫實，而是有作者的想象在內的。

說到恭王府根據大觀園而修建，也不足以徵信。奕訢的詩集中有詩句出自《紅樓夢》，可見他是讀過這部書的，因此奕訢據大觀園某處意境而設計修建，使王府邸園在某些方面與大觀園有相同或相似之處，這倒是十分可能的。但也不能據此得出結論說，恭王府就是大觀園的翻版。由於有這段瓜葛，才有人提出恭王府應改建爲曹雪芹紀念館。

## 公主墳的來歷（北京公主墳）

橫貫東、西長安街的一路公共汽車西端終點公主墳，是清代封建貴族圈占墳地遺留下來的一個地名。不過這裏的確埋葬過一位公主。

這就是清代順治和康熙年間的漢族公主孔四貞。清初，一個漢族婦女被封爲公主，而且如此厚葬，可說是絕無僅有的事。

孔四貞是孔有德的女兒。孔有德原是明末鎮守遼東的一個參將，屬毛文龍管轄。在和清軍交戰中，孔投降了清軍，隨多爾袞入關。清軍攻打河南、南京，他是急先鋒。揚州十日，嘉定三屠，孔有德是殺人最多的將領之一。由於他的「戰功」，清廷封她爲定南王，鎮守廣西桂林，肅清南明的軍隊。在一次交戰中，桂王將領李定國突出奇兵攻下桂林，殺死了孔有德。孔四貞隨保姆逃回北京。由於他父親的「功勳」，順治的母后收養他爲義女，封她爲和碩公主（相當於親王）。孔有德在北京圈占的九萬畝土地由她收租。這樣她便成了清代北京最大的女地主。順治七年，她又被封爲定南王，掌握了廣西兵權，節制吳三桂。而她的丈夫延令駙馬卻隨吳三桂叛變清廷，她便起兵討伐。延令死後，她回到北京，九十七歲死後埋葬在這個地方。有人也許以爲公主墳裏會是一位美麗的公主，甚至會有動人的傳說。實際上，這裏埋葬的卻是一個極爲殘酷的封建貴族地主。

## 街巷命名看沿革（北京街市）

北京的地名和街道、胡同名稱，數百年來，幾經變易，有不少早已湮沒無聞，不爲人所知；有的僅存遺址，供人憑弔；也有的另有新名，或新舊並存。但仍有一些舊名至今仍在沿用，甚至引起人們訪古的興趣。

這些地名，有以原來的皇宮禁苑、古老城門命名的；有以王公貴族府邸命名的；另外，像明初封侯的功臣大都居住在北京，他們也各有府邸，不少胡同以此得名。如永康侯徐忠住宅所在的胡同叫永康侯胡同，即今北新橋北邊的永康胡同。武安侯鄭亨住宅所在的胡同叫武安侯胡同，後來錯叫爲武王侯胡同，現已改名爲西四北八條。還有，明初大將軍徐達長期居住在北京，他的長女嫁給當時的燕王朱棣。朱棣向建文帝奪權時，徐達第四子增壽爲朱棣通風報信，被建文帝殺掉。朱棣進南京後撫屍痛哭，即位後就追封徐增壽爲武陽侯，不久又封定國公。定國公徐府居住的街巷就叫定府大街，也就是今天北城的定福街。

和一些賢臣良將相聯繫的地名，如：文丞相胡同，人們景仰文天祥威武不屈的愛國精神，還建有一座文丞相祠，現爲府學胡同小學所在地。北京西南的梁家園，則是明神宗時當過兵部尚書的梁夢龍的花園遺址。這裏的梁家園小學在北京也是歷史較爲悠久的一座。至於袁崇煥、于謙、顧炎武，雖沒有以他們命名的街道、胡同，卻分別設有紀念他們的祠廟，這些地方也就成了遊人喜歡踏訪的古迹。此外，像在抗日戰爭中壯烈犧牲的愛國將領張自忠、趙登禹，在東、西城分別有兩條路以他們的名字命名。

奇怪的是，有些名稱和當年臭名昭著的人和事有關，卻也一直保留到現在。如東廠胡同，明代的特務機關之一東廠（另一是錦衣衛，由武官主管）就設在這裏。

有的地名純因該地是古迹而起。如鼓樓大街、鐘樓灣。鼓樓建於元代至元九年（一二七二年），叫齊波樓，是當時元大都的中心。明永樂十八年（一四二〇年）在舊址以東重建。鼓樓是古代報時的地方，原設有銅漏壺和定更更鼓。鐘樓是明永樂年間建的，原址是元朝萬寧寺的中心閣，建成後不久被火燒燬。清乾隆年間全部用磚石料重建。鐘樓是古代夜間報時用的。這樓原有一口大鐵鐘，以後又換爲一隻大銅鐘。和古迹相關連的街道還有護國寺街和隆福寺街。護國寺最早是元代丞相托克托的住宅，後來改建爲寺廟。乾隆帝十二年到寺裏遊玩時還寫過詩，由此可以想見當年的盛況。那以後就日漸荒廢，在附近空地上形成一個廟市，出售日用百貨和農副產品，還有古玩字畫、花鳥蟲魚等，還有說唱雜耍等表演。隆福寺原是明代景泰年間的喇嘛廟，清光緒廿七年（一九〇一年）被火燒燬。後來利用廢墟上的空場舉辦廟會。據記載，當年的廟會是「百貨駢闐，爲諸市之冠」。這兩個廟會，都有百年以上的歷史，是北京十大廟會中最大的兩個。它們一在西城，一在東城，有時簡稱爲「西廟」和「東廟」，這兩條街也因爲有這兩個廟而得名。

廟會是經常舉辦的，而有的重要民俗節日在一個固定的時間舉行，那個活動的場所也逐漸成爲地名。如春節時的廠甸，是琉璃廠的傳統大集市。清人《廠甸記》說：「平時空曠，人跡罕至；至正月則傾城仕女，如荼如云，車載手挽，絡繹於道。」按照北京傳統習俗，每年正月初八開始鬧燈市，至正月十七八日才結束。這燈市活動從明代起就在燈市口舉行，成爲城內最繁華的地方。在這條街上，百貨聚集，珠玉寶器以至日用百貨應有盡有，還有初春花草，盆景梅花等，而且施放煙火。當時人誇耀這裏的繁華說：「文貝珊瑚看不盡，東華門外市三條。」

北京有一些街道是因爲商業的繁榮而得名。最重要也最著名的一處當屬前門大街的大柵欄，這是一條古老的商業街，而且基本上保留了當年的格局。遠在明朝，正陽門的棋盤街、荷包巷就是著名的商業區。從那時以後，就有人在大柵欄開店設市，逐漸繁盛起來。爲什麼叫大柵欄呢？原來明、清兩代，都曾在城中大街小巷路口置立柵欄，夜間關閉，爲的是幫助官兵防盜。大柵欄地處全城中心地帶，商業繁榮，當然需要設置柵欄了。這條街上的重要商店都有悠久的歷史，擁有較多的資本。如著名的「八大祥」：瑞蚨祥、瑞和祥、謙祥益、聚祥益、東升祥、和升祥、同和祥、義和祥。特別是瑞蚨祥，它當時的資金占北京整個棉布業的一半以上。同仁堂藥鋪是康熙八年（一六六九年）開業的，到現在已有三百多年的歷史，是地道的「百年老店」。大柵欄過去的興盛，除了那些店鋪外，還有集中的娛樂場所。光是戲園就有五家：慶樂園、三慶園、廣德樓、慶和園和同樂園。大柵欄過去也曾是北京城一條著名的燈市街。每逢上元夜，家家商店都在門前點上兩盞用竹竿架起的球形宮燈，取名叫「氣死風」。每年這一夜，大小店鋪都是燈火輝煌，通宵達旦。另外一條著名的商業街是花市大街，這裏以賣「京花」而聞名的。京花，包括絨花、絹花、紙花，是一種傳統工藝美術品。手工精巧細緻，幾乎可以亂眞。京花的製做歷史已有三百多年。傳說明代有個妃子因爲臉上生瘡，結了一個疤痕，春夏季總是戴上一條鮮花遮掩，但到了冬季在北方找鮮花困難，於是皇帝便命令民間藝人爲她製做假花。第一朵京花就是這樣產生的。當然，這只是傳說而已。類似花市這樣命名的街道，還有米市、豬市、騾馬市等。有的街道則以當年是儲運的倉庫而得名。如祿米倉、東門倉、海運倉等。元代北京有二十二倉，通縣有十三倉。明代景泰年間，京倉五十六，通倉十六。清代京倉十五，通倉二。百官的俸祿，兵卒的錢糧，都由這裏供給。現在只有少數遺留下來作爲地名了。

還有些街道名稱是由過去原名演變或訛稱過來的，如今天西城的三不老胡同是三保太監鄭和故居所在地。鄭和，人稱三保老爹，他的住處叫三保老爹胡同，後來訛稱爲三不老胡同。東城的無量大人胡同，即今天的紅星胡同，是吳良大人胡同的誤稱（吳良是明太祖手下大將）。崇文區的唐洗泊街，當年是一位姓唐的洗布帛者所住，原名唐洗帛街。宣武的粉房琉璃街，原名是粉房劉家胡同。這些是以個體勞動者的名字命名的。還有以製作祭祀用的紙馬鋪命名的，如汪紙馬胡同、何紙馬胡同，現在都訛稱爲汪芝麻胡同、黑芝麻胡同了。

# 美食名勝的由來（北京便宜坊）

北京地方風味菜—京菜，是由北京的歷史古都的地位所決定的。可以說，天下佳餚美味皆薈萃於北京。尤其是明、清兩代，綜合了漢、滿、蒙、回等民族的烹飪經驗，吸收了全國地方風味，特別是山東風味的特色，並繼承了宮廷菜餚的精華，形成了獨特的北京菜系。其特色是由宮廷風味、山東風味和清眞風味三大派系構成的。

北京菜的種類不少，最著名的是烤鴨、涮羊肉、烤肉、宮廷菜等。

烤鴨，像許多名菜一樣，也出自御膳房。據說在三百年前就有了。現在，人們一提到北京烤鴨，總會聯想到「全聚德」。其實，烤鴨從宮廷「走」向社會，成為北京一大名菜，則是從「便宜坊」開始的。清咸豐五年（一八五五年），這家烤鴨店在宣武區騾馬市大街開張營業，是北京的第一家。當時的人記載說：「京師美饌，莫妙於鴨，而炙者尤佳。」為了借用「便宜坊」這個名號，北京先後出現過八個「便宜坊」烤鴨店。目前的崇文門「便宜坊」便是其中僅存的一個。烤鴨師傅以山東榮成縣人居多。

清同治五年（一八六六年），「全聚德」也在前門外開了張。由於全聚德烤鴨手藝更妙，「全聚德」這個字號也就和烤鴨一起，名揚四海，中外皆知了。現在，適應人民生活水平的提高和旅遊業的發展，北京已先後出現了幾十家烤鴨店，其中仍掛「全聚德」老招牌的有三家：一在前門大街，一在王府井大街，而最大的一家卻是和平門的北京全聚德烤鴨店。

烤鴨，以北京塡鴨作原料，在敞式掛爐裏用果樹木柴烤製而成。用這種方法做出的烤鴨，金黃油亮，皮薄而脆，外焦裏嫩，鮮美可口，是宴席上的珍品。吃烤鴨，需將鴨（切成）片蘸甜麵醬，加上生葱條，裹進荷葉餅再進口，這樣可減少油膩的感覺。最後再喝一碗鴨骨湯，就更覺清爽了。

涮羊肉，類似南方的火鍋，又有所不同。原先也是宮廷冬令佳餚。在清代帝王冬季的膳單上，「野意火鍋」、「羊肉火鍋」名冠於衆餚之首。嘉慶元年（一七九六年）正月，清宮大設「千叟宴」，所用火鍋竟達一千五百五十多個，其盛況可想而知！民間則出現了以「一品鍋」而馳名的聚寶堂飯莊，以「羊肉火鍋」而聞名的正陽樓涮肉火鍋也花樣翻新，出現了「一品鍋」、「什錦鍋」、「白肉鍋」、「羊肉鍋」和「菊花魚鍋」等衆多的名目。據記載：當時「京師冬日，酒家沽飲，案輒有一小釜，沃湯其中，熾火於下，盤置雞魚羊豕之肉片，俾客自投之，俟熟而食，故曰：『生火鍋』」。可見，今天的涮羊肉，就是從這種生火鍋發展而來的。

涮羊肉吃法別致，風味獨特。桌上擺著火旺湯沸的火鍋，食客夾起切成薄片的羊肉，放入鍋中稍稍抖散一涮，但可夾出蘸上調料品嘗了。配料有糖蒜、白菜、粉絲，可免光吃肉的單調。調料也很豐美、講究，有芝麻醬、紹酒、醬豆腐、韭菜花、醬油、辣椒油、蝦油、米醋等以及蔥花、香菜末。以上調料分盛小碗中，吃時可根據個人喜好適量調配。吃涮羊肉，最好是就著芝麻燒餅和火鍋中的熱湯，就更覺得有滋有味了。

「涮羊肉何處好?東來順最佳。」這是早年一些顧客對東來順涮羊肉的評語。東來順在「文革」中改名為「民族飯莊」，在東安市場北門口。

「東來順」開業於一九〇三年，起初是小飯攤，一九一四年才真正辦起東來順羊肉館。創業人丁子清三兄弟經過長期經營，終於後來居上，使東來順成為北京首屈一指的羊肉館子。東來順涮羊肉特點是：選料精、肉片薄、鍋子炭火旺，做到滾湯涮嫩肉，入水即熟。

現在，北京許多餐廳、飯館一到冬天都經營涮羊肉，但像東來順這樣的，還是只此一家。

烤（羊）肉，是地道的北京風味，外國人常稱之為「蒙古飯」，日本人甚至直呼為「成吉思汗」，可見其名聲之大。烤肉，歷史最為悠久，《詩經·小雅》中就有「或燔（燒）、或炙（燒）」的記載。從西周起，烤肉就成為席上珍品，甚至是「御饌」。清代，北京前門外肉市內的正陽樓，是當年北京經營烤羊肉的著名飯莊。《都門瑣記》載：「正陽樓以羊肉名，其烤羊肉置爐於庭，熾炭盈盆，加鐵柵其上，切生羊肉片極薄，漬以諸料的碟盛之，其爐可圍數十人，各持碟踞爐旁，解衣盤碟且烤且啖，佐以燒酒，過者皆覺其香矣。」一些騷人墨客除撰文外，還即興賦詩。道光年間詩人楊靜宜就留有「嚴冬烤肉味堪饕，大酒缸前圍一遭。火炙最宜生嗜嫩，雪天爭得醉燒刀」之句。許多詩文都極力讚美烤肉的「香嫩絕倫」，味美可口。

烤羊肉和涮羊肉一樣，選料十分考究，切片厚薄適宜。烤前，要把肉片浸在用醬油、味精、白糖、香油等兌好的調料中。烤的火候要掌握好，時間過長肉就「老了」，過短則肉生；還要兩面翻著燒烤，使着火均勻。

現在，北京有兩家著名的烤肉館，一家是南城宣武門內的「烤肉宛」，一家是北城什剎海北岸的「烤肉季」。所以一談到烤肉店，常有「南宛北季」的說法。

烤肉宛，已有三百年的歷史。康熙二十五年（一六八六年），一個姓宛的回民在宣內大街擺烤牛頭肉燒餅攤，後來營業擴大有了門面。著名畫家齊白石先生生前常到此吃烤肉，並曾題匾畫圖相贈。著名京劇表演藝術家梅蘭芳，也是烤肉宛的常客，並曾爲之題詩。鄧拓同志在《燕山夜話》也曾提到烤肉宛。

烤肉季，是同治末年（一八七四年）開設的，也有一百多年的歷史了。最早是一個漢民在什刹海北岸銀錠橋邊設烤肉攤，後來發展成烤肉館。原來的字號叫「潞泉居」，因店主人叫季閣臣，於是也就被稱爲烤肉季了。

宮廷菜，是一系列清代宮廷菜點的總稱。過去，曾經流傳過這樣一句話：「帝王一飧飯，百姓一年糧」。封建皇帝爲了滿足他們豪奢的生活，在皇宮內外設置了許多「御膳房」，專門爲他們製做各種名貴菜點，供他們吃喝享受。於是形成了清宮風味菜，其特點是：製做精細，色彩美觀，軟嫩清淡，富有營養，還特別講究菜名叫法。據載，當時的著名菜點就有二百多種，爲了適應帝王的口味，注重菜餚的「色、香、味、形」。如羅漢大蝦、懷胎桂魚、鳳凰爬窩等菜，營養和味道，形狀和名字，都有機地結合起來。不僅大菜如此，連小吃也不同一般，像莞豆黃、芸豆捲、小窩頭、佛手卷、肉末燒餅等點心，也都小巧玲瓏，別具一格。

一九一一年，清朝統治被推翻，原在御膳房當差的廚工也隨之失業，離開宮廷散居北京。一九二五年，幾個當年的廚工，當北海公園開放時，在這裏開設飯館，取名「仿膳」，意思是說，這裏經營的菜點是仿照御膳房的做法烹製的。這就是現在北海的「仿膳飯莊」的前身，成爲北京專門經營宮廷菜的著名飯莊。

仿膳的宮廷菜點，不僅味道鮮美，而且許多菜和歷史上的傳說故事有關。例如「魚藏劍」這個菜，據說是春秋時期吳國猛士專諸所創。當時，吳國的公子姬光爲了除掉吳王僚以繼承王位，請專諸相助。專諸善炙魚，「嘗者皆以爲美」。吳王僚也知道專諸的魚做得好，特意要嘗，專諸便在做好的魚腹中暗藏鋒利的「魚腸短劍」，乘進魚之機將吳王僚刺死。後人在烹製這道菜時，用黃瓜條代替「魚腸短劍」，並取名「魚藏劍」。

又據說，當年御膳房中有一廚工曾爲慈禧做過此菜。慈禧疑心很重，就詰問說：「專諸爲刺吳王僚做了此菜，你爲我做此菜是何意？」廚工靈機一動，回答說：「太后洪福齊天，吳王僚之輩無福消受之佳餚，太后消受得，豈是吳王僚之輩可比？」一句話說得慈禧大喜，廚工反禍爲福，得到了賞賜。這道菜的做法也一直在宮中流傳了下來，成爲一道古老的名菜。

仿膳的小窩頭，只有鵪鶉蛋那麼大。手藝高的廚師，每和一斤麵剛好能捏一百個，黃澄澄的，像座座小金塔，看去可愛，吃著香甜。關於它的來歷，也有個傳說：清光緒庚子年間（一九〇〇年），八國聯軍侵占北京。慈禧倉惶出逃西安。一日，正飢腸轆轆，遇到了當年康熙的保鏢神彈李的晚輩貫世李。李把慈禧接到莊上，並請太后吃山莊便飯——窩頭鹹菜。由於飢不擇食，慈禧一連吃了好幾個，竟覺得味道甘美。及至局勢平定，慈禧回到北京，對逃亡路上嘗過的窩頭仍念念不忘，叫御膳房製做。御廚不敢給她蒸普通老百姓吃的大窩頭，就做得小巧玲瓏，並加上許多豆麵和白糖，以討慈禧歡喜。此後，小窩頭便成爲慈禧齋戒時吃的甜食。

仿膳的肉末燒餅，也有一段小故事。傳說有一天夜裏，慈禧睡得正香，夢見馬蹄燒餅，因爲味香撲鼻，以致涎水都流到枕頭上，正待伸手取食，好端端的燒餅卻不見了。慈禧一怒，不覺醒來，方知是一夢。她翻轉個身，取過餑餑盒，卻見裏面放著剛出爐的馬蹄燒餅，與夢中之物一模一樣，再仔細一瞧，個個燒餅都咧著嘴兒，肚子裏塞滿了肉末。慈禧大喜，一則「圓夢」爲大吉大利，二則那肉末燒餅實在好吃。慈禧進罷夜宵，便傳人詢問是誰做的，回答說是御膳房當班的趙永壽。慈禧當即下令賞他銀子二十兩，外加一頂尾翎（帽子）。「圓夢」之說，趙永壽和他的肉末燒餅頓時名揚宮廷內外。

## 心與身的權衡（北京文丞相祠）

隆冬臘月，至元十九年的大都，忽然從初九這天起，「連日大風埃霧，日色無光」，「大風揚沙石」，「咫尺不辨人」；這種突如其來的天氣變幻使得統治者們無比惶恐，是不是傳聞中的變亂真要出現了，於是採取了更加森嚴的緊急防範：「都城閉門，甲戌登城」。是什麼人、什麼事，竟然引出了如此景況的天怒人怨？怎麼會使得元朝統治者如臨大敵？原來是元世祖下令在初九這天處死了丹心忠義的文天祥。

面對如此情勢，不得已，朝廷只好派一個親臨殺害文天祥刑場的人，「灑掃柴市，設壇祭之」，事也有奇，於是天又開始放晴。

要說孛兒只斤忽必烈，其實對文天祥是異常傾慕的，儘管被俘的文天祥一直保持著不屈的態度，但是忽必烈對文天祥的勸降活動卻從來沒有間斷，連忽必烈本人也曾親自出馬。如用元人所撰《宋史》的話說，即是「我世祖皇帝以天地有容之量，既壯其節，又惜其才，留之數年，如虎兕在柙，百計訓之，終不可得。」當忽必烈最終了解到文天祥絕不屈服的意志時，還曾有過釋放文天祥的打算，但又怕文天祥再度起兵；甚至在決定處死文天祥的時候，仍還有「不忍」之情。據同代人記下的與文天祥同獄人的回憶，說就在忽必烈派人「以金鼓迎之出獄」，把天文祥送往刑場不久，又聽到傳來讓再等新旨的傳令聲，然而待到新旨到達時，文天祥已經受刑身死。這大概可算是忽必烈直到最後仍想留下文天祥的證明，無怪乎元人脫脫等撰史時要寫上「俄有詔止之」的內容。

由此看來，文天祥只要略有一點求生的表示，活下來乃至享受榮華富貴自是不成問題的；然而文天祥選擇的道路卻是另一條——以身殉國：

「孔曰成仁，孟曰取義；惟其義盡，所以仁至。讀聖賢書，所學何事？而今而後，庶幾無愧。」

這是文天祥臨刑前留在衣帶上的絕筆，亦即後世廣爲傳頌的《衣帶贊》。

文天祥臨行刑前所住的監獄，當時是兵馬司的土牢，爲景仰這位忠肝如鐵石的大宋丞相，明初洪武年間便在原址上新建了祠堂，後又經過多次修葺，這便是保留至今的文丞相祠。中國人對氣節歷來就有一種特殊的感情，那麼，何不趁你北京之遊的好時機，去觀光一下文丞相祠呢。想來你一定會在那裏感受到：什麼是懍懍的正氣。

南宋德祐二年（一二七六年）初，在元軍統帥伯顏進一步緊逼臨安、滿朝文武無計可施的緊急關頭，作爲緩兵之計，衆人推讓文天祥前往元軍軍營談判；國事至此，文天祥只好毅然前行。來到元軍營中，文天祥慷慨陳辭，與伯顏抗論於皐亭山，大大震動了北營。沒有想到，伯顏竟然扣下了作爲使臣的文天祥；然而更沒有想到，南宋的左右丞相吳堅、賈餘慶等已帶著降表前來請降。文天祥怒斥伯顏的失信，痛罵賈餘慶、呂文煥等的賣國，多次求死而未成，卻反倒被伯顏安排與乞降的「祈請使」同行。在送往北方的途中，天祥與隨行的杜滸等想盡各種辦法，終於得脫虎口逃往眞州，後又歷盡千難萬阻，變姓名，詭踪跡，草行露宿，終於在九死一生中輾轉到達了永嘉（溫州）和三山（福州）。

這時，可憐的幼帝——宋恭帝趙㬎已在太皇太后的安排下投降了元朝孛兒只斤氏；作爲恭帝的異母兄弟趙昰，在福州由陳宜中等擁爲了端宗。天祥到了那裏，於是再次聚兵，企望北上復國，雖經諸多苦戰，有勝亦有負，最後不幸在海豐北面的五坡嶺被俘。

被俘後，元軍主帥張弘範故意挾持文天祥乘船去崖山，並要文天祥「作書招張世傑」，誘使宋將投降；文天祥嚴辭拒絕了，慨然將船中詠成的《過零丁洋》抄於紙上，「人生自古誰無死，留取丹心照汗青。」無奈崖山守將張世傑運兵無方，戰鬥中，導致了崖山行宮連營的全軍覆沒；爲了不再遭受趙㬎所受的侮辱，陸秀夫身揹趙昺（端宗趙昰病故後的又一帝）跳海自盡。至此，趙宋王朝徹底滅亡。

元軍張弘範以「護送」爲名，押著文天祥北上。文天祥在五坡嶺被俘時，就曾吞服有毒草藥，以期殉國，然而未能致死；在押往北上的船中，文天祥又開始了絕食，然而也未死成。終於在至元十六年（一二七九年）十月初一到達了舊時所稱的燕都——這時已經叫大都了。從第二天起，負責處理文天祥案的元丞相兼樞密副使博羅，決定用接待上賓的辦法來接待文天祥，儘管「館人供張甚盛」，但文天祥「義不飲食」，「不寢處」，「乃坐達旦」。元朝統治者還想用其他辦法軟化文天祥：用骨肉之情去打動，安排文天祥與女兒相見；用先例來引誘，叫已經降元的宋相去勸說；用君臣之道使就範，讓降元的宋恭帝去招降；最後連當朝的阿合馬也親自去到文天祥落腳的館舍，然而都沒有任何效果。曾與文天祥共過患難的鄧光薦所寫的傳記是這樣記載的：「雖示之以肉骨而不顧，許以官職而不從，南冠而坐，坐未嘗面北。留夢炎說之，被其唾罵；瀛國公往說之，一見北面拜號，乞回聖駕。」（留夢炎，已降元的宋丞相；瀛國公，宋恭帝降元後所得封號。）

為了勸降，忽必烈、博羅、阿合馬等甚至不惜讓已經降元的宋恭帝本人出面，不難看出孛兒只斤朝廷對文天祥的重視，「既壯其節，又惜其才」，或也的確是事實。對比之下，降敵的恭帝趙㬎，因為年幼，對於文天祥的胸懷，或許全然無知，然而在當初的趙宋朝廷中，無論是理宗時代還是度宗時代，文天祥卻都是沉浮宦海屢遭排擠的。當初殿試，文天祥及第狀元時，把考官列為第七的密封卷擢為第一的，確實是理宗趙昀；然而文天祥變革朝政的主張，實際上卻從來未被施行；深刻揭露朝野黑暗，嚴厲抨擊內侍權臣，給他帶來的自然只能是一次次地丟官削職；即使最後時刻，他在崖山請求入覲趙昺時，也被婉言拒絕。多麼可悲的現實啊！其時文天祥本人也已明確地意識到，若「南朝早用我為相」，國家社稷絕不會落到這般地步；也許，順從了孛兒只斤朝廷，個人還真會大有作為。然而，絕不能！

博羅等見勸降無效，於是採取了壓降的辦法，過了四五天便把文天祥送往千戶所（即兵馬司）枷禁。千戶所有著嚴密的防範，文天祥所帶的衣物銀錢都被沒收封存，受呵斥，幹苦力，要在滿屋塵土的牢屋裏自己做飯，每天卻只有僅值一錢五分韃鈔的伙食，身上長了癩，背上生了瘡，有時還不得不脫下衣服捉虱子，或者還要小心地移動移動頸上夾住鬍鬚的鐵鏈。敵人以為這樣一定可以打掉文天祥的銳氣。

過了一個月，博羅等又把文天祥帶到樞密院去「引問」——實際上是博羅和張弘範等早已想好的企圖在精神上瓦解文天祥的計謀。一進門，作為翻譯的通事就讓文天祥跪下，而文天祥僅只一揖，說「吾南人行南禮」。博羅呵叱左右強按文天祥跪下，於是有人壓頭，有人拽手，有人按腿，有人用膝蓋頂住文天祥的後背，文天祥乾脆就坐在了地上。博羅有意歪曲德祐二年文天祥到元軍營中談判被扣留後逃走的事件，故意挑起了一場辯論，然而他沒有料到，反倒讓文天祥的理和義取得了勝利。

文天祥又被送回了兵馬司的土牢，當然了，等待著他的仍舊是那種非人的生活。低矮的牢房，只有一扇小窗，就像《正氣歌》所記錄的那樣，上漏下淹的水氣、蒸漚腐爛的土氣、乍晴暴熱的日氣、牢中薪爨的火氣、倉糧霉變的米氣、囚犯污垢的人氣、糞便屍體的穢氣，都一齊向人襲來，在這惡劣的環境中很少有人不染上病疾，但是，文天祥以心中的正氣頂住了這些惡氣的侵襲，頑強地活下來了；同時，在這段監獄生活期間，他還須時時抗擊各式各樣的威逼和勸降：有的來自元朝的統治階層，有的來自降元的宋室同僚，甚至還有的來自骨肉親人。也是在這時，他對死的態度逐漸又有了新的飛躍，他隨時準備以身殉國，甚至是速死，是剮是斬是鋸是烹是投入水中都在所不辭；然而，他不再自殺了。他要利用所能得到的條件去鬥爭，他要利用所能得到的一點自由去著述、通信、交往，用詩明志，用詩記史，用詩懷友，用詩歌唱人間的正氣，「使天下見之，……死無憾矣！」也正是因為有了上述的一點自由，文天祥才得以在獄中編成自己的詩集，而也就是他囚於牢中的三年裏，他的詩作就已經「翰墨滿燕市」。

忽必烈要「求才」，而且他更清楚地懂得，如果有了文天祥這樣卓有才能而又在百姓中卓有聲望的南朝宰相，他的統治便會更穩，所以才對文天祥一勸再勸，一等再等；同時他也明白，如果讓文天祥就這樣長久存在下去，對孛兒只斤朝廷的統治也太不利。

就在至元十九年（一二八二年），有閔僧認為這年歲尾將會出現土星犯帝座的天象，恐怕天下會有變；也就是在這年，王著等在大都計殺了權臣阿合馬；也就是在這年，中山府一位姓薛的聲稱是「眞宋主」，有兵數千人，要來獄中劫走文丞相；也就是在這年，京中出現了匿名信，說要在京城內外起事，以火燒城上的葦子為號……所有這些，無不讓孛兒只斤朝廷感到震驚，於是大都實行了戒嚴，命令撤掉了城牆上的葦子……又把已經歸降的趙宋宗室遷到了開平。對於文天祥，元世祖忽必烈也決定親自出面再次勸降。

十二月初八，忽必烈見了文天祥，親口許諾要任用文天祥為中書宰相，甚至表示如不願當宰相那麼可以當樞密；然而得到的回答仍舊是拒絕，「一死之外，別無可為！」這一年，力主殺掉文天祥的麥術丁被起用為右丞，第二天，忽必烈同意了他殺掉文天祥的主張，於是馬上執行。當執行的命令傳到文天祥那裏時，文天祥欣然對吏卒說：「吾事畢矣。」隨即將早已寫好的自贊繫於衣間，從容地邁步出獄。這時在刑場柴市，已經聚集了上萬的大都百姓，文天祥深沉地向左右問明了哪方是南方，於是朝南再拜道：「臣報國至此矣！」然後慷慨就義。這一悲壯的情景，深深地感動了大都人，「燕人見者聞者，無不流涕。」連元人官修正史時，也毫無隱諱地稱讚道：「觀其從容就鑕，視死如歸，是其所欲有甚於生者，可不謂之仁哉！」很顯然，在義和生的權衡中，在心和身的權衡中，文天祥所要保有的，是心中的正義。這大概就是中國人所崇敬的氣節。

最後附帶提醒你一句，到了北京，如果你去文丞相祠憑弔，請不要忘記行車的路線。你只要乘上一〇四路或一〇八路無軌電車，「北兵馬司」就是途中的一站，下車後略往南走，路東的胡同就是文天祥祠之所在。

## 要留清白在人間（北京于謙故居）

于忠肅公祠，位於東單西裱褙胡同路北十四號，相傳是明代民族英雄于謙的故居。于謙在明代前期，曾任御史，官至兵部尙書，政聲卓著，爲官清廉，在保衛北京的戰役中是一大功臣，歷來爲後世所景仰。

明英宗時，蒙古族瓦剌部入侵，也先率兵進犯北京。昏庸無能的英宗，在宦官王振的慫恿下，不顧大臣勸諫，「御駕親征」，倉促上陣。但戰事不利，回師途中，被也先包圍在土木堡（今屬懷來縣，官廳水庫附近），英宗做了俘虜，王振爲明軍官兵誅殺。這就是歷史上著名的「土木之變」。

隨後，也先挾英宗向明朝議和，並舉兵逼近北京，當時，京師大臣中有人主張議和南遷，于謙則主戰，說：「言南遷者，可斬也。京師天下根本，一動則大事去矣，獨不見南宋渡事乎！」他毅然以社稷安危爲己任，擁立監國的郕王朱祁鈺（英宗之弟）爲景帝。並着手整頓城防，加強軍隊，在守城之戰中，打敗也先的侵略軍。於是北京之圍解除了，英宗也得以被釋放。

英宗回北京後，景帝尊他爲太上皇。但他並不甘心，陰謀復辟。終於在一四五七年，在原來主和的徐有貞等的策劃協助下，發動「奪門之變」，復位成功。於是，保衛北京的有功之臣于謙卻被以「謀逆罪」罹難，但又找不出證據。徐有貞只好仿秦檜之法說于謙是「意有之」，竟以「意欲」二字定罪，判處死刑。朱祁鎭下令「棄謙市，籍其家，家戍邊」。眞是欲加之罪，何患無詞！

《天府廣記》載：于謙「被刑日，陰霾翳天，京師婦孺無不灑泣」。幾千人哭祭他的英靈。而抄沒他的家產時，發現于謙「家無餘貲，蕭然僅書籍耳」。于謙的夫人則被流放到山海關去。

他的遺骨被收葬在杭州西湖邊的三臺山。他與岳飛分別是宋、明的功臣，又都爲奸佞之徒所害。同葬在西子湖邊，雖是偶然巧合，都爲這山水名勝之區增輝添彩。

明成化二年（一四六六年），死後的于謙才被明廷特詔追認復官，並將故宅改爲「忠節祠」。萬曆十八年（一五九〇年）改諡忠肅，並在祠中立于謙的塑像。這時距他被讒受戮，已經一百三十三年。

清初，像被毀，祠亦廢。現在的于忠肅公祠是光緒時重建的，供有紀念于謙的神位，還有「熱血千秋」四字匾額，都存放在奎光閣上。

于謙保衛北京的功績與熱愛祖國的一片忠誠，是值得永久紀念的。他的一首《石灰吟》詩，恰好成爲他自身形象的寫照：

千錘萬擊出深山，烈火焚燒若等閒。
粉骨碎身全不怕，要留清白在人間。

## 眞覺寺金剛寶座塔（北京五塔寺）

出西直門，過動物園，有一座形制與普通佛塔迥然不同的寶塔，就是眞覺寺金剛寶座塔。因爲在高大的塔臺上又聳立著五座小塔，所以眞覺寺當年俗稱「五塔寺」。眞覺寺已於民國後軍閥統治北京時被毀，如今，只留下這座雕刻精美的玲瓏寶塔了。

關於這座寺塔的建造過程，從《帝京景物略》和《日下舊聞考》的記載中可以得知：明成祖永樂初年，西域番僧板的達，來貢帶有金剛寶座規式的五座金佛，被封爲大國師，受賜金印。於是，按照印度佛陀伽耶精舍的形式，建佛寺寶塔，到明成化九年（一四七三年）才最後建成。清乾隆二十六年（一七六〇年），大加修理，並一度改名大正覺寺。現存的寶塔就是明代遺物。據知，類似這種形式的寶塔，全國還有四處：北京碧雲寺金剛寶座塔，北京西黃寺清淨化城塔，雲南妙湛寺妙應蘭若塔，呼和浩特五塔寺金剛座舍利寶塔。五座中北京就占了三座，而以眞覺寺這座最爲精美。

塔的寶座立於約五十公分的低矮臺基之上，高七點七米，下層須彌座高一點七八米。寶座分五層，上層四周繞以高六十六公分，厚十二公分的石欄杆。頂上分建五座小塔，中央一塔較高，約八米多，十三層；四角的四座塔，高約七米多，十一層。

這五座金佛和金剛寶座的意義是什麼呢？

按佛經上說：金剛界有五部：佛部（中）、金剛部（東）、寶部（南）、蓮花部（西）、羯摩部（北）。每部有部主，中爲大日如來佛、東爲阿閦佛、南爲寶生佛、西爲阿彌陀佛、北爲不空成就釋迦佛。《祕藏記》載：五佛座，金剛界五佛之寶座也，大日獅子座，阿閦象座，寶生馬座，阿彌陀孔雀座，不空成就迦樓羅座。這一記載與眞覺寺金剛寶座塔的寶座和小塔須彌座四周以獅子、象、馬、孔雀，迦樓羅五種動物爲主要題材的雕刻是完全符合的。由此可知，板的達所進貢的金佛五軀，當即是金剛界五部文主的佛像，金剛寶座的規式也即是雕有上述五種動物形象的規式。

金剛寶座塔，不僅是一個建築物，還是一件巨大的雕刻藝術品。在寶座和五個小塔四周和須彌座上，密布著精緻豐富的雕刻。主要內容有佛像、佛足跡、五佛寶座、八寶、金剛杵、菩提樹、天王、羅漢、梵文，卷草等。金剛界五佛坐騎爲雕刻的主要題材，其中的迦樓羅，亦名金翅鳥，爲八部衆之一。形象是人首鳥足，背張兩翼，兩手合掌胸前，羽尾飄蕩於雲氣之中，腳踏雲頭，好似飛翔雲端。

所謂「八寶」，即輪、螺、傘、蓋、花、缸、魚、長，爲喇嘛教中常用的圖案。法輪表示大法圓轉，萬世不息；法螺具菩薩意妙音吉祥；寶傘表示張馳如如，曲覆衆生；白蓋表示遍覆三千，淨一切業；蓮花表示出五濁世，無所污染；寶缸表示福智圓滿，具空無漏；金魚表示堅固活潑，解脫壞劫；盤長表示迴環貫徹，一切通明。

佛足跡，大小與人足相似，置於蓮花之上，此足跡也是佛的象徵，有「佛跡遍天下」之意。足跡四周刻八寶裝飾。

## 全眞道教第一叢林（北京白雲觀）

白雲觀，初名天長觀，始建於唐玄宗開元年間（七一三—七四一年），已有一千二百多年的悠久歷史。金明昌三年（一一九二年）重建，改名太極宮。當時民間已有「千柱之宮，百常之觀，三極之壇，巍巍乎，奕奕乎」的讚語，可見已成爲頗具規模的道教叢林了。元太祖賜給長春眞人邱處機居住，改稱長春宮。後來又在宮東建白雲觀，邱眞人死後埋葬在這裏。他的弟子又起造邱祖殿及其他建築。元、明兩代曾先後燬於火，又幾次重修。現在的建築是清代康熙、乾隆、光緒等重修後的形制。這座道觀，堪稱北京最大的道教建築，也是我國著名的道觀之一。

邱祖殿，是白雲觀的主要殿堂，殿內保存有明代所製的邱處機塑像。這位邱處機，當時是赫赫有名的人物。他生於一一四八年的宋、金時期，山東登州棲霞人。曾拜全眞教主王重陽爲師，成爲王的七大得意弟子之一，號稱「七眞人」。這七弟子是王喆（號重陽眞人）、譚處瑞（號長靑）、劉處玄（號長生）、邱處機（號長春）、王處一（號玉陽）、郝璘（號廣寧）、馬鈺（號丹陽）。全眞派道教，起初並沒有完整的教義和教規，入教者，講《道德經》，節制飲食色慾，淡泊自適，不參預政事。後來，邱處機入潼關，先後住在磻溪和龍門山十餘年，一度曾應金世宗之召到中都傳教。後來先後拒絕金和南宋方面的召請，隱居龍門山。一二二〇年，元太祖在隨軍西征途中，派親信使臣以重禮詔聘。邱處機率領十八弟子，應詔前往西域。經過嚴寒酷暑、風沙瀰漫的艱苦跋涉，歷經萬餘里，到達成吉思汗的駐地（今阿富汗境內）。成吉思汗對他「兩朝屢召而弗行，單使一邀而肯起」的政治態度很讚賞，當時在軍帳中接見了他。成吉思汗約日問道，他「答以節慾保躬，天道好生惡殺。治尚無爲清淨之理」。於是，太祖「賜之虎符，付之璽書不斥其名」，稱爲「神仙」，賜給他大宗師的爵位，命他「掌管天下道教」。還護送他東歸，「改太極宮爲長春宮」。於是，邱處機在長春宮大開戒壇，宣揚全眞教義。從此，長春宮也就成爲道教全眞派的叢林聖地了。

其實，邱處機還是一位著名的旅行家。他應詔去西域時，沿途遊歷了陝西、甘肅、寧夏、新疆等少數民族地區。後來，這一段經歷由他的弟子李志常等整理寫成《長春眞人西遊記》。

邱處機死後，有人寫詩讚頌他，其中有句「一丘長枕白雲眠」。他的一些門徒也有意把他神化，編造了種種靈跡。農曆正月十九，是邱處機的生日。傳說這一天邱眞人要幻化爲官紳、仕女、乞丐、小道等不同形象，混跡在遊人當中，或隱在林木僻靜之處，有緣遇到的，便會「逢凶化吉，却病延年」。這顯然帶有濃厚的迷信色彩，但在過去，卻使白雲觀香火極盛，稱爲「燕九節」，也稱「宴邱節」。有的善男信女甚至在十八日晚就寄宿在觀中，徹夜不眠，期望神仙來相會，叫做「會神仙」。所以「燕九節」那天，白雲觀前門庭若市，遊人香客，紛至沓來。清人沈德符《野獲編》描寫當時盛況：「京師正月燈市，例以十八日收燈，城中遊藝頓寂。至次日都中士女傾城而出，西郊所謂白雲觀者，聯袂嬉戲，席地而歡，都人名爲『耍煙九』」。後來，還有各種曲藝、雜耍、秧歌、高蹺等民間花會，形成一年一度的繁盛廟會。昔日的「燕九節」，和春節的廠甸、上元的燈節，同稱「上元盛舉」。這個民俗節日沿襲了七百多年。《桃花扇》的作者孔尚任也有詩描述：「春宵過了春燈滅，剩有燕京煙九節。才走星橋又步雲，眞仙不遇心如結。」可見節日的興旺。

## 萬里長城史綿長（北京長城）

誰如果到北京而不到長城，那將成爲一生中的一大憾事。

長城，是北京的標誌，甚至也是中國的標誌。它是歷史留給我們的偉大遺產。直到如今，它仍是中華民族精神最雄壯、最有力的象徵，是我們民族的驕傲。據說，飛上太空的宇航員，通過望遠鏡還能看到這座舉世無雙的人工建築，堪稱「天下第一」！因此，它被視爲世界建築史上的一大奇跡。

一般人總把修築長城的功勞統統歸到秦始皇名下，其實，這是不準確的。在秦始皇以前，齊、趙、燕、魏、楚、韓及中山等國，就已經修築了若干段長城。至今在山海關西邊和太行山東麓，還可以看到燕、趙長城的遺址。《史記·匈奴列傳》載：「趙武靈王變俗，胡服、習騎射，北破林胡，樓煩，築長城，自代並陰山下，至高闕爲塞。」至於高闕一地，是我國古來的要塞。《水經·河水注》道：「山下有長城。長城之際，連水刺天，其山中斷，兩峰雙闕，善能雲舉，望若闕焉，即狀表目，故有高闕之名也。自闕北出荒中，闕上有城，跨山結局，謂之高闕戍，自古迄今，常置重捍，以防塞道。」《史記·匈奴列傳》又載：「燕亦築長城，自造陽至襄平，置上谷、漁陽、右北平、遼西、遼東郡以拒胡。」這就是燕之北長城。燕另有易水長城，即一般所稱的燕南長城。《保定府志》載：「長城在安肅縣（今徐水縣）西北二十五里，戰國時燕趙分界處。今其地名長城口，東接新安西北的三臺城，綿延斷續，勢如岡阜。」還有人考證出，早在西元前九世紀，「宣王中興」時期，就出現了城牆式的防禦工事。《詩經》中有「王命南仲，城彼朔方」的詩句，可爲佐證。朔方，指的是現在河套一帶（也就是秦、漢兩朝的朔方郡）。可見，作爲軍事工程的城牆，很早就出現在我國的大地上了。當然，那只是周宣王爲了防禦玁狁的進攻而修建的小段城牆。後來周幽王「烽火戲諸侯」的故事也和這些古代城牆有關。至今我國西部邊境還有殘存的烽燧遺跡，也就是古烽火臺的實物證明。

當然，話還得說回來。在修築長城的悠久歷史上，秦始皇確也有過不可磨滅的功績。他併吞六國，統一中原後，爲防北方胡人，一勞永逸計，以修築長城爲國防要政，派遣大將蒙恬和太子扶蘇統兵三十萬，用了十年的時間，以燕、趙長城爲基址加以修葺、連接、延長、擴展，這是非同小可的工程。所以，最後形成一條連綿萬餘里，西起臨洮，東至遼東（一說碣石）的雄偉長城，並得到「萬里長城」的美稱，則是從秦始皇統治時開始的。這在史書上迭有記載。《史記·蒙恬列傳》載：「秦已併天下，乃使蒙恬將三十萬衆，北逐戎狄，收河南，築長城。因地形，用險制塞，起臨洮，止遼東，延袤萬餘里。」無怪乎孫中山先生曾給予高度評價：「始皇雖無道，而長城之有功於後世，實與大禹治水等。」他又說：「秦始皇令蒙恬北築長城以禦匈奴，東起遼瀋，西迄臨洮，陵山越谷五千餘里，工程之大，古無其匹，爲世界獨一之奇觀。」

漢武帝時期，一反漢初的和親政策，以長城為依托建朔方郡，攻則作為軍事前進基地，守則為堅強後防。並改消極的拒胡為積極的攻胡，遣名將衛青、霍去病多次遠出長城（達二千里外），直至祁連山下進襲匈奴。那時匈奴流行一首歌謠：「亡我祁連山，使我六畜不蕃息；失我焉支山，使我婦女無顏色。」面臨這一形勢，匈奴被迫北移，遷過大戈壁去了。從此漢朝的勢力更進一步向西北擴張。漢長城有內外兩重，還有許多列城、亭、障、烽、燧，一直修到新疆境內。

唐代詩人李嶠有詠城詩：「四塞稱天府，三河連洛都。飛雲譪層闕，白日麗南隅。獨下仙人鳳，群驚御史烏。何辭一萬里，邊徼捍匈奴。」

秦漢以後，歷代對長城都稍有增築、修葺，但情況卻大不相同。東晉五胡之亂後，東晉偏安一隅。北朝的後魏、東魏對長城稍有興築，但功能上卻有很大的改變。北齊想爭霸中原振威華夏，又大興長城之役，並創建「重城」，以鞏固國防，杜絕後患。隋朝，則多是就長城舊基而增補。唐朝國勢鼎盛，又打敗了突厥的進攻，在長城以外設置郡鎮守邊境。宋朝國力孱弱，長城早已屬於遼、金等的轄境。元代本來就是從長城之外入主中原的，所以這幾個朝代，對長城一直不十分重視。

到了明朝，蒙古人雖被逐歸漠北，仍不斷侵犯邊防。明太祖接受了朱升的建議，實行「高築牆，廣積糧，緩稱王」的方針，又借重長城，作為北邊惟一之屏障，開始了規模浩大的工程，共七次持續了一百多年。開國功臣徐達和抗倭名將戚繼光等先後主持其事，終於建成了一條以秦長城為基礎，西起臨洮嘉峪關，東抵鴨綠江，全長一萬二千七百華里的長城，稱「外邊長城」。明初起，設九邊重鎮，即遼東鎮、薊州鎮、宣府鎮、大同鎮、太原鎮、榆林鎮、寧夏鎮、固原鎮、甘肅鎮。每鎮設總兵，領兵額幾萬至幾十萬不等。總計百萬兵之數。分區分段駐紮把守。此外，還修築了「內邊」長城和「內三關」長城（指連接居庸關、紫荊關、倒馬關一段），以及大量的「重城」，雁門關一帶，「重城」有二十四道之多！足見當時增築長城的目的還是和秦、漢時一樣，主要是用於抵禦外族內侵的。明代這幾次修建長城的工程，使長城從此名震中外。明崑山進士陸晃有《西夏曲》：「秦關百二古稱雄，寧夏山河襟帶同。天險皇圖元自固，從前失策自和戎。校獵河西日未曛，搬金伐鼓動風雲。還軍飲馬長城窟，野馬黃羊各百群。」

兩千多年來，經過歷代修築，長城總長度達十萬里以上，其中秦、漢、明三代所修，就將近五萬里。許多地方，長城的城牆有重合之外，有的有九道城牆，山西省竟有多達二十八道城牆的。

然而，國家的邊防絕不是有了長城就能固若金湯，僅憑天險和高大的城牆就可確保無虞的。歷史上就有多次被攻破的例子。崇禎末年，鎮守山海關的吳三桂獻關降清，清兵長驅直入，明朝終於滅亡。因此，顧炎武說：「地非不險，城非不高，兵非不多，糧非不足也，國法不行人心去也。」可見，人心的向背是比城牆的高厚更起作用的。

隨著科學技術的進步，長城已逐漸失去了它原有的軍事價值。到清代康熙年間，就最終結束了修築長城的工程。康熙寫過這樣一首詩：

「萬里經營到海涯，紛紛調發逐浮誇。
當時用盡生民力，天下何曾屬爾家？」

這是他對明代大規模修築長城的嘲諷，也說明他已經認識到：單純依靠長城，是不能鞏固自己的統治地位的。這不能不說是一大進步，也是他比明代統治者高明之處。

## 北門鎖鑰居庸關（北京居庸關）

如今，去長城遊覽的旅客，不管是乘汽車或乘火車，多半是奔八達嶺而去。沿途在十三陵水庫、定陵地宮、長陵大殿等處下車參觀，來個一日五遊便算完事。其實，八達嶺僅是居庸關的外關，中途被人們忽略的關溝、居庸關，倒是長城遊覽區的不可輕視的一部分。

從北京出城，過了南口，有一條峽谷，因為居庸關即在其中，因此被稱為「關溝」。在這條長僅十五公里的關溝峽谷中，卻有四重關、七十二景，頗值一遊。如果你想尋幽探勝，訪求古跡，在登長城之前，先在谷中作半日之遊，將是饒有興味的。

南口，就是居庸關四重關的第一關，海拔一百〇三公尺。老南口鎮的城牆，現在只剩下殘垣斷壁和搖搖欲墜的城門了。但這卻是關溝溝口的一個重要標誌。據《長安客話》記載，此處有個「龍虎臺」，「地勢高平如臺，廣二里，袤三里，背山而面水。以其有龍蟠虎踞之形故名。」元代馬祖常有詩：「龍虎臺高秋意多，翠華來日似鑾坡。天將山海為城塹，人倚雲霞作綺羅。」

入谷不遠，回頭南望，隱約可見七十二景之一的「二龍戲珠」。「二龍」，指峽谷兩側的大山；所戲的「珠」，則是南口鎮旁盡處的一個孤立的山丘。兩山一丘，天造地設，古人就給這一景取了相當生動的名字。轉向東面，則可看見「六郎拴馬樁」和「二人下棋」等景，不過那只是山的象形罷了。但在傳說中卻是那麼逼真，甚至說那樁上仍有拴馬的鐵鏈。至於山腰間的「月牙石」卻要在漆黑的夜裏才能看到。

居庸關，是萬里長城的一個重要關口，距北京約一百二十里，是古代北京西北的重要屏障。古書《淮南子》記載：「天下有九塞，居庸其一焉」。這裏，兩旁高山屹立，重巒疊嶂，形勢極爲險要。歷代都是兵家必爭之地。又因在山巒之間，山花野草，葱蘢鬱茂，遠望如碧波翠浪，景色瑰麗，十分優美。因此，從金代起，就被稱作「居庸疊翠」而列爲「燕京八景」之冠了。

居庸關之名，起於「徙居庸徒」。所謂庸徒，就是傭工、徒隸。據說秦始皇修築長城時，將強徵來的民夫士卒都遷居在這裏。歷代曾先後改名西關、納款關、軍都關。從遼代起，又稱居庸關，沿用至今。明代將長城沿線劃爲「九鎭」，稱「九邊」，分段把守，從居庸關到山海關的一千二百里長城，屬於薊鎭，總兵官就是平倭有功的戚繼光。薊鎭沿線有不少這位名將的遺跡。

《長安客話》中記載：「居庸獵險聞於今古，兩山夾峙，一水旁流，其隘如線，其側如傾，艱折萬狀，軍馬難行，稱曰百二重關不虛也。」

元代陳孚詠居庸關的詩則着重寫它的奇險：

「新崖萬仞如削鐵，鳥飛不度苔石裂。
嵯峨枯木無碧柯，六月太陽飄急雪。
寒沙茫茫出關道，駱駝夜吼黃雲老。
征鴻一聲起長空，風吹草低山月小。」

可見在元代，儘管居庸關道十分險峻，人們還是冒著急雪、寒風，騎著駱駝，夜間行走於山路之間。

明人趙狃遊居庸關有詩：

「蜀道之難不爲難，險莫險於居庸關。山關入關僅百里，千迴萬轉羊角盤。天生不假五鬼鑿，高爲峭壁低爲壑。倚澗危橋獨木支，懸崖怪石孤藤絡。」

如此描述可以說入微之至！

居庸關形勢非常險要，是古代北京的門戶，確有「一夫當關，萬夫莫開」之勢，因此蔣一揆說：「此古今都燕者防患之明鑑也。」

居庸關的中心，現在還保存著一座雕刻非常精美的漢白玉石臺，名叫「雲臺」。這座石臺上原矗立著三座石塔。據券洞內題字年代得知，是在元朝至正五年（一三四五年）修建的，叫做「過街塔」。大約在元末明初時，三塔被毀。後來曾在這裏重修了一座寺院，明正統四年（一四三九年）重修，命名爲「泰安寺」。這座寺在康熙四十一年（一七〇二年）被火焚燬。現在的雲臺就是元、明兩代的三塔和寺院的基座。它的半六角形的券頂結構，在我國古建築石券遺物中，還不多見。券門內的石壁上雕有四大天王像，刻工精巧，姿態傳神。石壁上還有梵文、藏文、八思巴文、維吾爾文、西夏文、漢文等六種文字刻成的佛經《陀羅尼經咒》和《造塔功德記》，這是研究我國古代文字的重要參考實物，很有價值。券頂上滿布「曼陀羅」圖樣，花中刻有佛像，是具有代表性的元代雕刻藝術的優秀作品。

居庸關雲臺附近的白鳳冢、龍門噴雪、唐代白果樹等，也同列入七十二景之中。但更爲有名的是「仙人枕」。《長安客話》說：「居庸關內道旁一大石，其形似枕，俗呼仙人枕。」石上刻有「仙枕」二字。旁有嘉靖年間兵部尙書盧某寫的奉命率兵增援古北口記事的石刻。當地群衆稱這塊仙枕石爲穆桂英點將臺，說掛帥的穆桂英，設中軍寶帳於石上，石面上因此有大小二十八個帳篷眼就是證明。有關楊家將的傳說，除這個仙枕外，還有上述的「六郎拴馬樁」，以及大破天門陣之處和金沙灘，青龍橋附近還有所謂「六郎影」。其實這些傳說多半是後人的附會，不一定是實有其事的。

距仙枕石不遠，就是第三重關的上關了。從這裏往前，還有七十二景中的仙人橋、金魚池、彈琴峽等。彈琴峽處於兩山之間，清流從此向南淌入溪中，溪水從緩坡瀉下，奔騰於亂石之間，空谷傳音，淙淙有聲，好像彈琴，故以名之。這和《長安客話》所載：「峽在居庸關中，水流石罅，聲若彈琴」，是完全一致的。彈琴峽自古就是關溝一勝境。元代詩人陳孚曾作詩一首：「月作金徽風作絃，清聲豈待指中彈。伯牙別有高山調，寫在松風亂石間。」可見彈琴峽出名，至晚也在元代。後來因修京張鐵路，彈琴峽山破一壁，如同失去了共鳴箱一般。而今是流水依舊，琴聲已無了。僅存幾個大字石刻於壁上，使遊人得知此處原是彈琴峽勝跡。

這附近還有觀音閣，彌勒石像、石佛寺等名勝古跡。過了石佛寺，到青龍橋一帶，海拔已是五百五十公尺，接近八達嶺主峰了。八達嶺是關溝的第四重關，和南口相對，也稱北口。關城高度在海拔六百公尺。關城附近，被列入七十二景的，還有天險溝和望京石，兩景都在公路旁邊，名勒石上。

走出關溝，登上城臺，頓覺心曠神怡；極目遠望，無遮無擋。蒼穹之下，但見雄偉的長城，在千山萬壑之間，蜿蜒而行，其勢有如游動的長龍。遊人至此，所見的是一種博大的景象。

## 居庸外鎮八達嶺

（北京八達嶺）

聞名中外的八達嶺長城，在歷史上是居庸關的外關城，距居庸關約十公里。八達嶺居高臨下，地勢險峻，過去有人說：「居庸之險不在關而在八達嶺」。當然，現在由於它是著名的遊覽區，道路幾經修築，已不復當年奇險。但乘車而行，眼見峰迴路轉，山巒起伏，側靠絕壁，下臨

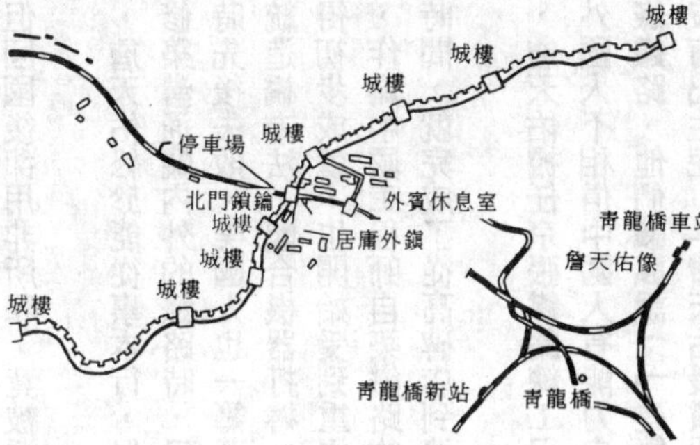


八達嶺示意圖

深谷的情景，也足以使人驚心動魄的。

八達嶺關城雖小，卻像是居庸關的一把鐵鎖。無怪乎關城兩面分別刻有「居庸外鎮」、「北門鎖鑰」的字樣。據記載，古時居庸關守軍多時達五六千人。僅八達嶺的前哨，守軍也有七八百人呢！

八達嶺地當出居庸關的要道，北往延慶，西通宣化，路從此分，四通八達，故名「八達嶺」。《長安客話》說：「逾嶺數百步即岔道。堡實關北藩籬，守岔道所以守八達嶺，守八達嶺所以守關。」

這裏的城牆改建於明代，沿山脊建築。牆身高大堅固，牆體用整齊巨大的城磚築成，下部為花崗岩條石臺基，牆頂地面用方磚鋪墁，石灰填縫，十分平整。牆高八點五米，底寬六點五米，頂寬五點七米，可容五馬並馳，十人並行。沿城牆修築多處峰火臺，堞牆上方有垛口，下有射洞，便於瞭望與射擊。

八達嶺是這一段長城的高峰，海拔千米，山勢險峻，城牆忽升忽降，隨山迴環，高低起伏，曲折蜿蜒，宛若蒼龍，氣勢磅礴。登高遠眺，一覽無餘，只見峻嶺雲迷，山石嶙峋，雉堞隱現，綿延不盡。萬山叢中，只有這一道關險可通。腳下長城如長龍偃伏，不見首尾，繞山盤旋，直入天際，蔚為大觀，堪為首都名勝之冠。

明代徐渭有詩句：

「八達高坡百尺強，逕連大漠去荒荒。」

又陶崇政也有句：

「千尋粉堞跨山脊，斷壁橫崖路轉生。」

都較準確地描繪出八達嶺長城翻山越嶺、奔向遠方的雄偉而壯觀的氣勢。

到八達嶺長城遊覽的旅客，不可不順道去京張鐵路上的青龍橋車站去瞻仰詹天佑銅像。

詹天佑是我國最早的鐵道工程師，從事鐵路建設三十多年，爲我國的鐵路事業作出了傑出的貢獻。本世紀初，修京張鐵路時，他主持其事，開了中國自力修築主要幹線鐵路的先例，爲中國人民和科技人員爭得了榮譽。

一八七二年，清朝「洋務運動」中，詹天佑十一歲，就被選派去美國留學。九年後從耶魯大學畢業。他專攻土木工程和鐵路，但回國後卻用非所學，竟被派去學習駕駛輪船。

一八八八年，詹天佑終於能從事本行，但仍受到壓制。一八九二年，修築溝通關內外的鐵路時，日、德工程師在修建灤河大橋時先後失敗，美國人也一籌莫展。他受命後，用中國的傳統造橋方法，配合機器打樁，順利地完成了全部工程，取得初步成就，也開始受到重視。

一九〇二年，作爲中國工程師自築鐵路的開端，詹天佑僅用了四個月時間，就完成了從高碑店到清西陵的鐵路支線修築任務。

一九〇五年，詹天佑擔任京張鐵路總工程師兼會辦，着手勘測。當時外國人不相信中國人有能力自行設計、自行施工來修築一條鐵路，他們譏諷說：「建築京張鐵路的中國工程師，還沒有出生呢！」詹天佑發憤圖強，團結廣大工程技術人員和工人，認眞勘察測量，一絲不苟地設計。最後選定了經南口、關溝、居庸關、八達嶺、岔道城到張家口的路線。尤其是四十里關溝地段的工程，由於到處都是懸崖絕壁，坡度很陡，工程頗爲艱巨。從南口往北走，地勢更險。鐵路隨著山勢彎轉、升高，平均每走三丈，路基便高起一尺。有時在兩山間的萬丈深壑上，架了一座危橋，走在上面，眞使人驚心動魄！在南口和居庸關之間，兩旁高山聳峙，中間夾著一條狹小的山溝，需要開鑿一條長達一千六百四十五米的隧道，讓鐵路穿山而過。詹天佑作出了精確的計算，制訂了施工方案，決定從南北兩方對鑿，到山中心會合。當時中國沒有開山機械，這樣長的隧道全靠工人們一鎬一鍬地挖。又沒有通氣設備，在洞裏的技術人員和工人，不僅悶熱難當，而且半截腿浸在冰冷的水中工作。詹天佑和大家一道廢寢忘食地苦幹。到了一九〇八年五月中旬，南北兩頭的工人在中點勝利會合。隧道打通了。前來看熱鬧的英國人和俄國人暗暗吃驚。詹天佑堅定地對人們說：「洋人可爲之者，中國人必能爲之，洋人不可爲之者，中國人亦能爲之。」隧道工程勝利完工後，他又創造性地解決了列車爬上最高峰八達嶺的問題。從青龍橋起，依山腰作「人」字形軌道，火車行經此地時，用兩臺機車，一前一後，先推火車前進，到交叉點再往上拉，既緩和了線路的傾斜度，又免去了調機車的麻煩。僅四年多，京張鐵路全線通車，並節約了資金，可說是既快又省。

至於詹天佑發明自動車鉤的傳說，據考證則是不準確的。早在一八八八年我國從外國購進機車時，就已裝有自動車鉤了。發明者是美國人米勒·詹內，可能是有人把詹內車鉤誤譯爲詹氏車鉤，張冠李戴，以訛傳訛了。

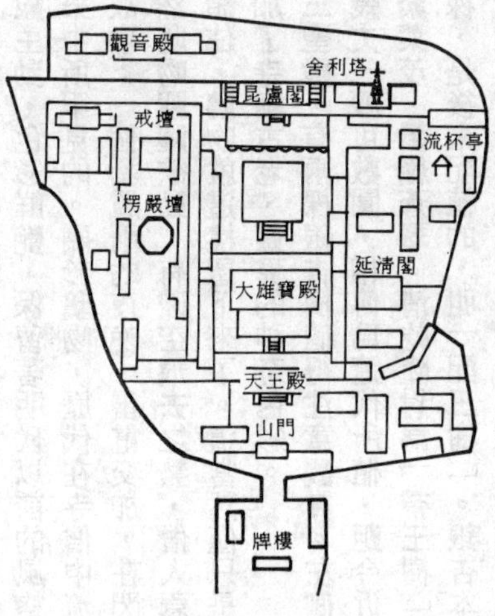


潭柘寺示意圖

## 先有潭柘寺，後有北京城
### （北京潭柘寺）

「先有潭柘寺，後有幽州」，是流傳很廣的佛家諺語，主要是誇讚潭柘寺歷史的悠久。當然這是和唐代幽州相比而言的。但從北京地區來說，它確是年代最古老的一座佛寺。

這座寺廟，始建於晉代（二六五——三一六年），原名嘉福寺，唐代叫龍泉寺，金代改名萬壽寺，明代又改回原名嘉福寺，清代康熙年間再改爲岫雲寺。現在寺廟正門大匾上寫的就是岫雲寺。但因寺後有「龍潭」，山上有「柘樹」，所以人們叫它潭柘寺。歷代多次更換名稱，而潭柘寺卻名傳遐邇，其它名稱反倒湮沒無聞了。

潭柘寺坐落在京西門頭溝區崇山峻嶺的平園村。山門前面，古松蒼勁，其中尤以「清、奇、古、怪」四松爲最有名。這些古松已有幾百年的樹齡，可是卻生機勃勃，愈老彌健。

大雄寶殿是重檐廡殿頂，上覆黃琉璃瓦綠剪邊，大脊兩端的巨形碧綠琉璃「鴟吻」，各繫以金光閃閃的鎏金長鏈。「鴟吻」是作爲鎮物的，傳說始於漢代，實始於晉代。據古書記載：「海有魚，虬尾似鴟（鵄鷹），用以噴浪則降雨。漢柏梁臺災，越巫上厭勝之法。起建章宮，設鴟魚之像於屋脊，以壓火災，即今世之鴟吻是也。」歷代因襲相傳下來，兼作爲屋脊上的裝飾物。潭柘寺的這一對鴟吻，形象生動，色彩鮮艷，保留著明代以前的風格，是北京古建築中所罕見的。關於鴟吻，歷代在寺僧中流傳著這樣一段故事：一個暴風雨的夜晚，雷電交加，在閃電照耀下，突然鴟吻躍躍欲動，有破空飛去之勢，僧人急忙拿鏈子把它鎖住，鴟吻就這樣留下來了。這當然僅只是個傳說，卻增加了寺廟古老、靈異的神奇色彩。

在三聖殿，有兩棵銀杏樹値得注意觀賞。左側的一棵，高十幾丈，腰可數圍，相傳爲遼代所植，距今近千年。現仍枝繁葉茂，鬱綠蒼翠。清乾隆封爲「帝王樹」。右側也有一棵，是後來配植的，叫「配王樹」。銀杏本身就是古老的樹種，有「活化石」之稱，又加上受過帝王晉封，就更加引人注目了。

毗盧閣，是全寺最高點，爲康熙所命名。登臨遠眺，可俯瞰全寺，周圍群山盡收眼底。這裏與一般寺廟不同的是：左路有一組庭院式建築，除方丈殿外，竟是淸代統治者的行宮：萬歲宮、太后宮。這些建築碧瓦朱欄，窗明几淨。院內修竹叢生，流泉潺潺，是個幽雅別緻的所在。院中還置有流杯亭，稱「猗玗亭」。亭的石基上，有一道蟠龍形象的溝渠，引泉通過。古人放置帶耳酒杯即羽觴飄浮水上，耳杯隨水旋轉，流到某處，圍坐者即取而飲之。這是沿魏晉「曲水流觴」的高雅習俗而來。過去三月三日常有人散列在曲折小溪兩旁，用杯盛酒浮放水中，任其隨流而下，停止了就取來喝掉，取「修禊禳災」之意。在這裏發展到院中作渠代替曲水，用以助興和娛樂。

右路是寺院式的殿堂組合，有戒壇和觀音殿等，瑰麗堂皇，莊嚴肅穆。觀音殿保存有妙嚴公主的拜磚。公主是元世祖忽必烈的女兒，在此出家。據說，由於她朝夕頂禮膜拜，日久天長，她所站的一塊磚深深陷入兩個腳印。這個說法來源於《京城古跡考》：「磚有妙嚴公主拜經履印」。後人更加以擴大宣傳而已。

在寺的前方的小平地上，有金、元、明、清等朝的和尙墓塔數十座，實際上也是一座小塔林，當然沒有嵩山少林寺塔林的名氣大。塔的時代不同，形式也各有特異，是研究歷代和尙墓塔的形制演變的實物資料。

作爲潭柘寺命名的「龍潭」，在寺後山上，「潭接一澗，澗多櫻桃，桃杏相間，澗流一線，脈瀉千條」。現有涓涓細流順渠蜿蜒經寺流出。至於柘樹，「昔謂有柘千萬章，今亡矣。」現今只是在寺旁還存數枝，並培植一些新樹，供人觀賞。

另據《京城古跡考》：「寺東北，有歇心亭，北接龍潭，東臨東岡，臨流映樹，自具佳勝。遊龍潭者，多憩足焉。寺南有蓮花池，池廣十餘丈，聞昔生玉蓮，至今池中石筍叢生如蓮，池上一茅庵，蓋高僧憩息處也。」也常吸引遊人去探訪遺跡。

## 中國猿人之家（北京周口店）

周口店，這個聞名於世的文化遺址，記錄著我國早期人類活動的痕跡，不說那五十萬年前「中國猿人北京種」（又稱「北京人」），就是五萬年前的「山頂洞人」，其年代的長遠也十倍於成文史和口頭傳說了。

周口店，在北京西南郊房山縣境內，離京城約五十公里。附近有座「龍骨山」，就是史前人類化石和文化遺跡的所在地。最初，在一九一八年發現了現在編號爲第一地點的遺址；到一九二七年，又發現了一些零星的牙齒和頭骨碎片。這一年正式定了學名，但由於化石材料不多，仍有人持懷疑態度。

值得永遠記住的日子是一九二九年十二月二日。這天，主持考古工作的裴文中先生第一次發掘出「北京人」完整的頭蓋骨，成爲我國（也是世界）人類發展史上的一個里程碑。從此，周口店成爲舉世矚目的地方。這具頭蓋骨，爲研究人類進化提供了寶貴的資料。他既具有人的性質，又保留了古猿的特徵。他已能直立行走，四肢軀幹、頭骨構造像人，腦量也超過古猿和現代大猿；但頭部呈饅頭形，眉脊粗壯，突出於眼眶上方，前額扁平，頭骨壁厚於現代人，又與古猿相近。這一發現，是當時轟動世界的一個重大事件。

後來，這裏又陸續發現了一些人類化石，包括頭蓋骨及殘片、面骨、下頜骨、牙齒、股骨、月骨等，屬於四十多個男女個體，由幼兒到老年均有代表。化石之豐富和它所代表部位的全面，到現在爲止，在世界上還是空前未有的。還有和「北京人」化石一起發現的石器計十萬件，包括石錘、砍斫器、刮削器、尖狀器以及用火的遺跡和同時共生的動物化石。這些發現，使人們對當時中國猿人的生活環境有了一定程度的了解，也給當時的自然現象和時代的鑑定提供了有力證據。這就是集中在第十三號地點等處的古文物遺址。

在這裏，還發現一處淡水魚化石產地，因此起名叫「魚嶺」。這就證明，在遙遠的古代，水域曾經到達此間。

從所有這些發現中，可以推斷並想象出這樣一個情景：原始的人類，曾經憑藉手中簡單的石製工具和火把，在惡劣的生活環境裏，和洪水猛獸進行頑強的抗爭，獲取生活資料，以維持自己的溫飽和生存。在長期的艱難困苦的鬥爭中，改造著世界，也改造著自己，爲人類的文明、進步，作出了自己的貢獻。

後來，在第十四號地點發現了「山頂洞人」遺址。出土的化石遺物等證實，他們是比「北京人」要晚得多的人類，繼續著最古人類的文化，創造著自己的文明。

然而，在解放前的黑暗歲月裏，這個極其珍貴的文化遺址不但沒有得到應有的保護，反而飽受摧殘和破壞。最令人氣憤的是，舉世聞名的「北京人」頭蓋骨化石等竟被帝國主義者弄得下落不明，至今仍是一樁懸案。

那是在一九四一年太平洋戰爭前夕，原先存放在北京協和醫學院的一批化石，被美國人裝箱運出，很快就神祕地失踪了。是否已經裝上船運到美國，或者中途失事沉落海底，還是被日本人劫奪而去，始終是一個謎。

## 百態奇峰雲水洞（北京上方山）

房山縣境內，有大房山綿亙起伏，其中有一條支脈，名叫上方山。古稱六聘山，也曾叫上房山。這裏距周口店中國猿人遺址僅二十公里多，有九洞十二峰等名勝和以兜率寺爲中心的號稱七十二庵等古跡。

明代王邦屏《遊上方山》有詩：

「文經邱壑有奇氣，人歷山川成健材。曾愛大房春色好，問君何事不重來。」

古往今來，上方山以它幽邃雄奇的神祕色彩，吸引著遊人，甚至被稱爲「燕郊諸山之冠」。

「天下名山僧占多」，上方山也不例外。據記載，在一千九百多年前的東漢時期（五八——七五年）開發上方山的第一代僧人華嚴慧晟禪師騎白馬到達這裏，修塔築基，興辦佛事。後經過歷代擴建，形成了一個茅庵建築群。所謂「岩壑雄偉，林木森蔚，禪房精舍，錯置其間」，並因此被譽爲「千年佛家勝地」。

兜率寺，是上方山七十二庵的總匯，也稱上方寺，位於群山中峰。這座寺最早建於隋末唐初，後代多次修葺，現存的是明代司禮太監馮保重建的。院內有三座記載廟史的明代石碑，正殿後檐牆上則嵌有四十二章佛經的十五塊雕板，書法挺秀。

塔院在兜率寺西南，存有許多埋葬僧骨的墓塔，其中最值得注意的是遼代的一座石塔，塔有碑記，名「六聘山天開寺懺悔上人塔記」。碑云：「上人諱守常，曹姓，易縣新安府人……所度黑白四衆二十餘萬，住持本山三十年……以咸雍六年（一〇七一年）正月二十一日遷化於上方棲神之所……」這是諸塔中年代最遠的，距今已達九百年。從它的文字記載，可以知道上方山過去曾是如何的興盛。

上方山上的文物古跡也大都和佛教有關。雲水洞前大悲庵殿內的明代壁畫色彩明快，筆調細膩，具有一定藝術價值。進洞不遠處右側石壁上那尊元代至元二十三年刻製的浮雕像——大悲佛母，在這裏已安居了七百多年。

上方山除了原有所謂「七十二茅庵」之外，還有九洞十二峰的名勝。最高峰是摘星坨，海拔八百六十多米，山上景色秀麗。登峰鳥瞰，上方山全景，涿縣古塔及「如練、如帶、如游絲」的拒馬河盡收眼底。天柱峰則爲最險峻的一峰，至今仍無路可供攀登。其它諸峰，多以形狀命名，如獅子峰、青龍峰、象山峰、迴龍峰、嘯月峰、觀音峰等。但就形象逼眞而言，當以駝峰居首，這座山峰高聳入雲，頭昂口張，像是一匹駱駝正在氣喘吁吁地趕路。

在登山道上，有一處名爲「雲梯」，是去雲水洞的「咽喉要路」，也是上方山名景之一。雲梯依山勢鑿石爲磴，曲折而上，高約二百級，每級甚高，兩旁有鐵索供人攀扶。雲梯第一階旁石壁上刻著「幽燕奧室」四字。據記載，雲梯是明代內監一四六六年建，鐵索則是明代司禮太監馮保於萬曆初年所置。雲梯盡處的建築爲雲梯庵，已是高入雲天，位於懸崖絕壁之上了。據說：「當天雨時，庵下爲雨，庵上爲雲，甚爲可觀。」

雲水洞是上方山的明珠，奇景層出不窮。在上方山的西部，距兜率寺約四公里。洞前有大悲庵小廟一座，入口處是一塊石碑，是清康熙三十九年（一七〇〇年）顯親王撰記。洞內滿布鐘乳石，人們根據它相似的形態，給起了各式各樣的有趣名字，如：臥虎岩、豐懸山、通天柱、鐘鼓樓、獅子望蓮、二龍戲珠、雙獅頂牛、老頭看瓜、象馱寶瓶、塔倒三截、長眉羅漢等，這些奇妙的景致，美不勝收。無愧爲朝陽、華嚴、金剛、西方、九還等九洞之冠。洞的盡頭，有高約數丈的小山，上立石筍，有高、有低、有粗、有細，或直立、或斜倚，形色不一，多似人形，所以名爲十八羅漢。洞頂下垂的鐘乳石，不可勝計，其形如傘、如幡、如帷幕、如飄帶，下面環圍諸羅漢，堪稱「西天梵境」。

現在全洞共六廳，景物至此收尾。有人據明代曹學佺《遊房山記》所寫，「至十三洞路尚不窮」，認爲還有七個廳。其實，曹學佺當年「以一曲爲一洞」，而「歷九洞入井之危」所見的最後一景，和今日也大致相同，不見得還另外有洞。

## 地下藏寶已千年（北京石經山）

《帝京景物略》載：

「房山縣西南四十里，有山好著白雲，腰其半麓，曰白帶山。所生芯題草，他山實無，曰芯題山。石經者，千年矣，始曰石經山，至今也，亦曰小西天云。北齊南岳慧思大師，慮東土藏教有毀滅時，發願刻石藏，閟封岩壑中，以度人劫。岳坐下靜琬法師，承師傳囑，自隋大業，迄唐貞觀，大涅槃經成。其夜，山爲三吼，爲生香樹三十餘。六月水漲，爲浮大木千統，至山下，構雲居寺焉。」

這段文字，把石經山、雲居寺的來龍去脈說得一清二楚。當然，後面的部分跡近於傳說。

實際上，開始刻石經的是靜琬（有的書上寫作智苑）。唐代的《冥極記》說他「旣而於幽州北山鑿岩爲室，即磨四壁而以寫經，又取方石別更磨寫，藏諸室內。每一室滿，即以石塞門，用鐵錮之。」他還得到隋煬帝、皇后和王公大臣的支持贊助，朝野「爭共舍施」。

他死後，弟子續刻石經。唐玄宗還賜佛經四千餘卷作刻經稿本。唐末到五代，刻石中斷。遼、金兩代又轉盛，元代只有一些補刻。直到明末才告結束。前後經千年之久，刻經數百卷，分藏九個石洞之內和壓經塔下。因此雲居寺也稱爲石經寺。主要的石經有華嚴經、法華經、涅槃經、維摩經、摩訶般若經、大般若經、勝天王般若經、大寶積經、大集經、正法念處經、瑜珈師地經、大智度論、顯揚聖教論、成唯識論、集論、雜集論等。

解放後，曾對該寺所藏石經進行了正式的發掘和整理。在發掘過程中，在壓經塔下發現舍利函一個，函外壁刻有「大遼燕京涿州范陽號白帶山雲居寺」，此石匣內有銀淨瓶一個，內有釋迦佛舍利八粒，顆如栗，白如雪，瑜石香爐一個，黃香八兩，檀香四兩，永爲供養，「願益四生，俱登覺道」等字樣。而據《帝京景物略》所記，明代發現的石函所刻則是隋代時埋藏，內安置佛舍利三粒，狀黍末，色紫紅，情況不同，數目也不符，恐怕不是當年舊物了。

山上除石經外，還有大量古碑，當年甚至「多於林木」。明代時，著名的還有兩座隋碑：仁壽元年王臣晫碑，仁壽元年王郡碑；五座唐碑：開元十年梁高望碑，開元十五年王大說碑，元和四年劉濟碑，景雲二年寧思道碑，太極元年王利員碑；兩座遼碑：清寧四年趙遵仁碑，天慶八年沙門志才碑；兩座元碑：至正元年賈至道碑，至元二年釋法禎碑等。但據考證，唐遼碑刻，遠不止此，因歷代破壞，很多碑銘早已不見。

在雲居寺的地面上，還有不少佛塔。有名的南塔，八角形十一層，是座多檐磚塔。塔下是藏經穴，因此又稱爲藏經塔，建於遼天慶七年（一一一七年）。此塔原名舍利塔，又稱爲羅漢塔，因爲塔身用紅色塗染，又叫它紅塔。塔四周有四座唐代小石塔，形成一個塔群。山頂上原有五個臺，唐代在此臺建有九層浮圖座（中臺沒有），現僅存兩處。墓塔有琬公塔，是紀念靜琬法師的。

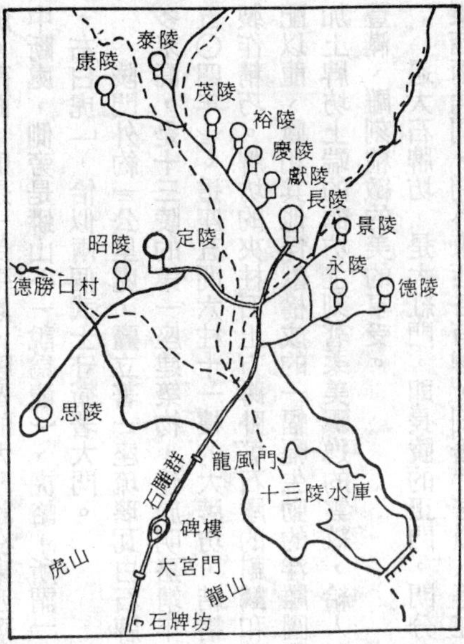


明十三陵示意圖

# 地下宮殿漫話（北京明十三陵）

十三陵，是明代十三個帝王陵墓的合稱。整個陵區，分布在大約四十平方公里的一個盆地中。四周迴峰環繞，氣勢萬千。它位於北京西北約五十公里處的昌平縣天壽山的山谷中。如今，它已是北京的一大名勝之地，並逐漸形成和八達嶺長城相聯繫的一條旅遊路線，即所謂「一日五遊」，包括長城、長陵、定陵地宮、神道碑、十三陵水庫。這五處中有四處和十三陵有關。

自古以來，封建帝王就崇尚厚葬。秦始皇生前除興建阿房宮外，還大興土木，營建自己死後的陵墓。現在秦陵出土的兵馬俑，以及那座巨大的地宮墳山就是個證明。歷代帝王不僅沒有收斂，反而愈演愈烈。到了明、清兩代，定都北京，又建造了一個又一個的陵墓群，十三陵就是其中之一。

從明代起，還形成了這樣一個傳統：誰的權勢越大，在位時間越長，就越是喜歡在生前早早爲自己興建陵墓，不惜勞民傷財。明前期四個皇帝：洪武、永樂、洪熙、宣德，甚至沿用奴隸制時代慣例，強迫後宮嬪妃、宮人太監殉葬，經營死後的安樂窩，野蠻已極！

帝王們選擇墓地，講究所謂風水龍脈、陰陽地理，一般要選在高敞的山地。明代的統治者也不例外。明成祖朱棣定都北京後，在建築紫禁城皇宮的同時，就派地理術士方均卿察勘昌平諸山，最後找到黃土山，認爲是塊「吉壤」，可做「萬年壽城」，於是定儀封其山爲「天壽山」。從此，所有明朝皇帝（除景泰帝外）都葬於天壽山中。

天壽山的形勢極爲優勝，遠處，可見「群山聳拔，若龍翔鳳舞，自天而下，其旁諸山，則玉帶、軍都（山名）連桓環抱，銀山、神嶺（山名）羅列拱護，勢雄氣固。」天壽山主峰是這個陵區的主峰，四面環山，當中是個小盆地。十三座陵墓分布在盆地的東、西、北三面，各以一個山峰爲背景。它們共同在一個平面上組成一條曲線，有的突出山頂，有的又鑲嵌在山窩裏。各陵的共同特點是：前有廣闊的伸展餘地，後有穩固的靠山，既有來龍，又有去脈。南面，則是一片平原，陵區的大門設在東西兩面山脈中斷處，側旁是蟒山（一說爲龍）、虎峪，所謂「左青龍，右白虎」，恰似兩個武士守衛著大門。

陵門外約一公里處，矗立著一座琉璃瓦白石牌坊，十多米高，是十三陵的第一座建築物，建於明嘉靖年間（一五〇四年）。這座五間六柱十一樓的大牌坊，結構宏偉，製作精巧。牌坊的夾柱石上方蹲卧著石雕的麒麟和獅子，配以龍、鳳和其他怪獸構成的一幅幅生動的浮雕圖案，再加上牌坊上端的額坊上刻著柔美飄逸的雲紋，給人以渾厚豐滿、雕刻精緻的美的享受。

過大石牌坊，是大紅門，即長陵的正門。門分三洞，東西兩角門，門外東西各有碑，刻著「官員人等在此下馬」。

進入大紅門，通向北面山麓長陵的中軸線上，有一條長達七公里的神道。沿大道向前，迎面有一座高大的碑亭，屹立在神道中央。這座碑亭雙層檐頭，四面敞開，裏面豎立著巨大的石碑，龍頭龜趺名，高約十米，題是「大明長陵神功聖德碑」，碑文是明仁宗御製的，長達三千五百多字，碑陰有清乾隆的《哀明陵三十韻》。碑亭外四隅立有四個華表，頂盤上蹲立異獸，交龍環之，南北相對。

碑亭北面是十八對石人石獸。石人《翁仲》分勳臣、文臣和武臣三種，各兩對，皆劍甲袍笏，拱手相對而立。石獸是獅、獬豸、駱駝、象、麒麟、馬六種，各兩對，一跪一立，均用白石琢成，體積很大，鐫刻也很精細。我國古代陵墓前放置石人石獸，早在秦、漢時代以前就有了，主要是裝飾墳墓，象徵生前的儀仗。放置勳臣和文武大臣的石像，則表示皇帝死後要和生前一樣，主宰一切。

石人石獸之北，就是結構奇特的欞星門，又叫龍鳳門。它用華表式的柱子排成三個石門，中間以短牆連接而成。漢白玉門柱配以紅牆黃瓦，很是美觀。三個門的額枋中央都分別有一顆石琢的火珠，所以這個牌坊又叫「火焰牌樓」。

從欞星門往北，經五孔橋和七孔橋，就可到達長陵。長陵倚天壽山中峰，四山環抱，中爲平原，氣勢雄偉。其他十二陵則分列在它的左右，猶如衆星拱月。在十三陵中，它的建築規模也是最大的。據《明史》記載：「凡山陵規制有寶城，長陵最大，徑一百一丈八，次永陵，徑八十一丈，各陵廣深丈尺有差。」

長陵建在山坡上，有圍牆環繞。進長陵正殿，須先經稷恩門，靠東有碑亭，內有駝龍碑一座。稷恩殿坐落在三層漢白玉石臺階上，中路有浮雕海獸江崖，雙龍丹陛。大殿共九開間，雙檐紅壁，黃琉璃瓦，東西面寬六十六點七五米，南北進深二十九點三米，總面積達一千九百五十六點四四米。步入殿堂，可見三十二根金絲香楠木巨柱排立在殿中，中間的四根最大，高十四點三米，直至天花板頂，直徑一點一七米，二人不能合抱。而且每柱都是整根香楠木，尤爲難得。據顧炎武目睹記載，當時這四根巨柱上「飾以金蓮，餘皆髹漆」，其金碧輝煌之狀，可以想見！據說這些都足有千年以上樹齡的大樹，產於滇、緬等山區，以當時條件，千里迢迢，如何運到北京來，實在難以想象。

稷恩殿後有方城，高約十五米，有石桌、石香爐等，叫做「石九筵」。其正面中央內部有蹬道可以上達明樓，四角重檐，樹有墓碑，上刻「成祖文皇帝之陵」。因原碑於萬曆年間被火燒燬，這座碑是後來重立的。明樓後面是圓丘式橢圓式墳山，稱爲「寶城」。寶頂東西徑三十一米，南北徑二十八米，繞磚牆走一圈約一公里。寶頂上松柏成蔭，下面就是地宮。

其他各陵規模形制大體和長陵相似，但規模較小，因朱棣是明朝遷都北京後的第一個皇帝，他的子孫是不便超過他的。有的皇帝在位僅一年或一個月，也沒來得及營建自己的陵墓。至於崇禎，是亡國之君，死後由清朝統治者禮葬，即現在的思陵，地點也偏處一隅了。

至於現在開放的地下宮殿，則是定陵的地下建築。定陵，是明神宗朱翊鈞（年號萬曆）的陵墓。他從十一歲起，做了四十八年皇帝。據史書記載，他在四十多年中，有十幾年的時間不問朝政。但卻在萬曆十二年，他二十二歲時，開始修築自己的陵寢，並親自帶文武百官、欽天監、術士、隨從等踏遍各地，才選中了大裕山下這塊地方。他營造這個墓地，共花費白銀八百萬兩（相當於萬曆初年兩年的全國田賦收入）。因此，這座陵墓雖然規模不及長陵，但精緻、豪華則在長陵之上。

一九五六年五月，中國科學院考古研究所和北京文物局共同組織了發掘工作。一九五九年，經過整理，定陵博物館建成開放。

定陵的地下宮殿，位於明樓正後部。從地宮入口到大門，有一條石隧道，呈斜坡狀，深入地底二十多米。隧道長達四十米，兩牆間距八米。石隧道盡頭是一堵金剛牆，用大磚砌成，通高八十八米。牆的頂部有黃色琉璃瓦檐，中央有一人字形門，即金剛門。過了這門，進入隧道券，就可到達緊接地宮的第一重石門了。

這座石門，用大型石材構成券門。券門上的出檐及椽、枋、瓦脊、吻獸，都用漢白玉石雕成，檐下有榜（匾），也用漢白玉石製成。券門下是兩扇漢白玉大石門，門高三點三米，寬一點七米，重約四噸，上面有縱橫九排的乳狀門釘，顯得格外莊重森嚴。

地宮距墓頂二十七米，總面積一千一百九十五平方米，由五個石拱券結構的殿堂組成。第一室是前殿，是一個長方形的券室，但沒有任何擺設，相當於一個前廳。

從前殿到第二室——中殿，要經過第二重石門，其規制和第一重石門完全一樣。中殿是地宮的正殿，陳設有三個漢白玉雕成的「寶座」，前面各放置一套「五供」，即香爐，香瓶和燭臺各二，用黃琉璃瓦製成，下面都有漢白玉雕花石墩。這「五供」是舉行祭祀時用的供物。還有三個作爲長明燈使用的大龍缸，是瓷製品，上有雲龍花紋，叫青花雲龍瓷缸。

中殿兩側，各有一條甬道，通向左右配殿。甬道也裝有石門，只是石料是青石，做法簡單，且略小些。配殿是空的，沒有隨葬器物，各自中間都有一個用漢白玉疊起的棺床，長十七點四米，寬三點七米，高零點四米。棺床平面用金磚平鋪，中央有一長方形孔穴，內塡黃土，稱爲「金井」。

通向後殿處，也有一個石門，結構同前。後殿是地宮最大的一個殿堂，高九點五米，寬九點一米，長三點零一米，殿中設有棺床，上面放有三個高大的棺椁，中間是朱翊鈞，兩側是孝端、孝靖皇后。當年剛掘開地宮時，這裏給人的最初印象是殘朽狼藉，死者只剩一堆白骨了。

在前殿和中殿，地面上鋪的是「金磚」，又叫澄漿磚，是明代宮廷特地在江南燒造的一種方磚。據記載，這種磚要用幾種枝柴燒製一百三十多天，出窰後要在桐油裏浸泡。金磚鋪在地面上，光潤耐磨，越擦越亮。後殿鋪的是磨光的花斑石，也很美觀。

地宮的建築是頗具特色的。在當時沒有精確儀器的情況下，由陵門到後殿的中軸線是筆直的；水平掌握得很準確。地下所有殿堂建築，全部採用拱券形式，一方面適應地下的潮濕腐蝕，另一方面也能承受上面土山的重壓。

地宮出土大批文物，共三千多件，其中金銀器較多，其他如瓷器、紡織品等，都很精緻名貴。

金冠：本名「翼善冠」，全用極細的金絲編織而成，上面鑲嵌了兩條金龍戲珠，不僅姿態生動，而且製作精美，在我國出土文物中還是第一次發現。金冠是朱翊鈞的王冠，重一斤六兩六錢，它體現了皇帝的特權地位。

鳳冠：共出土四頂，每頂上面都鑲有珍珠五千多顆，寶石一百多塊，其中有一塊寶石就價值白銀五六百兩，折合當時大米約十四萬斤。據說當時有些寶石是從錫蘭、印度買來的。鳳冠是皇后大典時帶的帽子，重約六斤。

龍袍：是朱翊鈞在舉行大典的日子裏穿的，上面有十二條團龍，形態各不相同。

百子衣：是孝靖皇后王氏穿用的，羅製，對開襟。上繡雙龍壽字，周身用金線繡出八寶：松、竹、梅、石、桃、李、芭蕉、靈芝，及各種花草。並繡有百子圖，繡得生動活潑、神態自然，維妙維肖。

此外還有玉圭、玉帶、玉碗、玉爵、金銀製品、織飾等。

整座地宮，可以說是一個小型寶庫，而過去的作用只是隨著死去的帝后到地下的墓穴中去陪葬而已。

明代除葬於十三陵的帝后（妃）之外，在北京的，還有第七個皇帝代宗朱祁鈺（年號景泰）的金山明陵。爲什麼其他皇帝都在天壽山建陵，惟獨他自己卻偏處一隅呢？這裏還有這麼一段故事：

正統十四年（一四四九年），明英宗朱祁鎮好大喜功，不聽勸阻，親自帶兵去大同攻打俺答，結果在回來的路上，被包圍在土木堡（今河北懷來），英宗當了俘虜，這就是「土木之役」。爲了不受挾制，他的弟弟朱祁鈺接受大臣們的建議，在北京即位做了皇帝。他在位七年間，任用于謙爲相，保衛北京，應該說是有貢獻的。後來，英宗被放還，趁代宗生病之際，發動「奪門之變」，復辟成功，重新當了皇帝。他把弟弟預營的陵寢毀掉，朱祁鈺「病」死，也不獲准入陵，硬把朱祁鈺以親王禮埋葬在西郊的金山。這便是充滿刀光劍影的插曲。

到了成化十一年（一四七五年）十二月，明憲宗朱見深曾宣布朱祁鈺「勘亂保邦，奠定宗社」有功，恢復他的皇帝身分，稱爲景皇帝。但是，他的遺骨並沒有因此遷到昌平的明陵。

其實，金山明陵並不只是埋葬景泰帝一人。按明制，妃嬪一般不能葬入帝王陵園，因此十三陵只有少數幾個寵妃有墓園，其他的如親王、皇子公主等，都葬在金山。據記載，明嘉靖時，金山「新舊陵墓約計二十餘處」。明末清初，「與景陵相屬，凡五十三園」。遠遠超過十三陵。但因爲它畢竟不是主要帝王陵，到了清初已荒廢過半，後來更逐漸形成村落。現在，這些陵墓，除了景帝陵可供觀賞外，別的都只有考古與談資價值了。許多人甚至不知道在北京還有這麼一座明代帝王陵墓。

## 清東陵和盜寶案（遵化馬蘭峪）

我國歷代帝王的陵寢，無一不以奢華爲能事。清代更爲嚴重，超過了秦、漢、唐、明各代。在滿人入關之後，

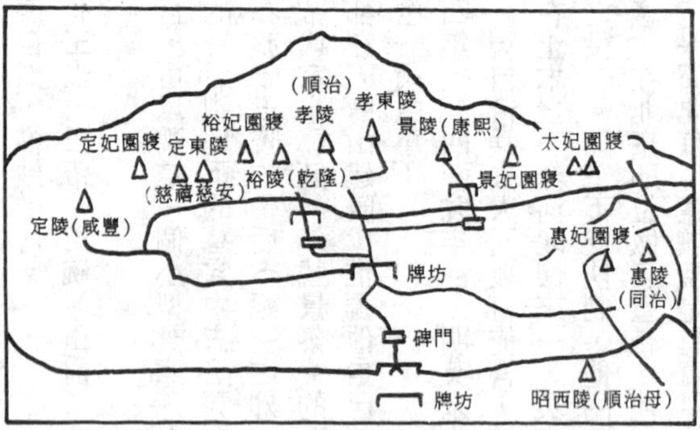

清東陵示意圖

在北京一共傳了十個帝王，除溥儀外，其餘「駕崩」的九個皇帝，便都分葬在東西兩陵。

清代的東陵，位於北京以東一百二十五公里遵化縣馬蘭峪的昌瑞山。這一帶地方，山靈谷秀，水木清華，所以被選定爲「皇朝億萬年之墓」。傳說當年順治生前曾來遵化遊獵，看見此地山巒的「王氣葱鬱」，就取下射御鉤弦用的扳指，投向上空，諭示侍臣：「扳指落處，必定是佳穴，可以作爲朕的壽宮。」從此，這座無名的山丘，頓時身價百倍，被劃爲專門埋葬皇帝和后妃的「風水寶地」。在東陵的北面，長城東西蜿蜒，作成天然的屏障。燕山山脈，起伏環拱，又排列成各種天然的寶山，還有一些縱橫流灌的小河，更顯得氣勢不凡。實在是比一般帝王陵寢，如西陵、明十三陵，更爲優越。

在這環四百里方圓的風水地域，過去曾築有邊牆，形成一個「風水圈」，周圍還種有紅樁樹，紅樁以外才是老百姓的民地。

按照清代的規矩，在皇帝登基之初，就委派滿族大臣爲自己修治陵寢。這個監修陵工大臣是個肥缺，因爲修陵工程以皇帝「駕崩」爲期，中間不能報說竣工，即使整備妥當，也要留下沒完的部分。一定要等到皇帝奄奄一息的時候，才能修建完成，稱爲「萬歲坑」。而監修大臣在整個修陵期間，可以任意浮支，盡情冒領。宮廷內雖知其弊，卻不能過問。到了皇帝「駕崩」，工程結束後，另外派遣滿族官員做視察陵寢大臣，前去陵地視察。這時監修大臣又須以重金賄賂，否則會遭到任意指摘，這裏不堅固，那裏太簡陋，免不了欺君罔上之罪。在這種情況下，這兩方面常常是狼狽爲奸，勾結在一起，彼此都能得到好處。

順治帝在這裏「奉安」之後，這裏又埋葬了康熙、乾隆、咸豐、同治四個皇帝以及他們的后妃。因此，東陵共有帝陵五座、后陵四座、妃園寢五座和公主園寢一座。清代其餘四個皇帝雍正、嘉慶、道光、光緒和他們的后妃，另葬易縣永寧山的西陵。

每座陵寢的工程都建造得輝煌富麗，無與倫比。只是帝后與妃嬪的規制大小不同而已。其構造的形式大體是：每一個陵的最前方有一座牌樓，稱爲「石坊」。石人（即翁仲，有文臣武將的石像）和石獸（麒麟、象、馬、駱駝、狻猊等）的神道，多少不等，順治陵最多，共十八對。陵寢重地的大門叫「宮門」，左右是東西朝房和班房，進了宮門，正殿就是受享的「享殿」，莊嚴雄偉，氣象萬千；正中有供奉神主的神龕一座；享殿的左右是東西兩個配殿。享殿的後面就是明樓，形式像城門而稍小，進門後西首有並不走馬的馬道，循道而上約百餘步，就是「寶頂」，一個大而圓的土丘，帝王后妃埋骨的所在。明樓迎面短牆處，可見到「地宮門」，構造異常的堅固；門裏面正中是石床和停放的棺槨；石床下有「金井」，最爲別致，井裏的泉水不溢不竭，能保持棺內的屍體歷久不腐。

清代，陵區專設護陵大臣（由宗室王公擔任）和內務府總管（由馬蘭峪總兵兼任）。各陵都派駐太監和大批文武官弁、匠役，專司守陵、修繕和歲時祭祀。帝后陵一般多達四百餘人，妃嬪園寢也有八十六人，總數當在萬人左右。所有各項開支，均由國庫支付。眞可以說是「竭萬民之脂膏，以備一姓之尊榮」了。

整個東陵，共埋葬有五個皇帝、十四個皇后和一百三十六個妃嬪。其中以乾隆的裕陵和慈禧的定東陵最引人注目。裕陵占地四十二萬平方米，建築精美，整個工程耗銀二百多萬兩。其中地宮工程尤爲浩大，僅雕刻一項就用了八萬個工，是九劵四門無樑無柱的拱劵式石結構的建築。它既是一座雕刻藝術寶庫，又是一座莊嚴肅穆的地下佛堂。這裏安放著乾隆和后妃的六座棺槨，裏面隨葬著大量的稀世珍寶。整個地宮，堪稱輝煌富麗，工藝卓絕。

慈禧的定東陵建築豪華，更超越了清代所有帝后的陵寢。尤其是棺中隨葬的珍寶更爲珍貴。慈禧入棺前，棺底分別鋪上多達成千上萬粒大小珍珠的三層飾褥。她的屍體，頭頂翡翠荷葉，足蹬碧璽蓮花，寓意爲「步步生蓮」，亡靈進入西方樂土。她身上穿著綴滿上千珍珠寶石的多層壽衣，頭戴鑲嵌著雞卵大小珍珠的珠冠，身旁是一百零八尊金、翠、玉、石佛像，腳下放置翡翠西瓜（一個）、甜瓜（二個）、桃（十個）、黃寶石李子（一百個）、紅黃寶石杏子（六十個）、紅寶石棗（四十個）。又有二棵翡翠白菜、一枝玉藕、一顆黑玉荸薺、一枝紅珊瑚樹。棺內撒滿四升珠寶，還有八匹玉駿馬和十八尊玉羅漢，最後蓋上六百粒二分重的珠子綴成的網珠被，才扣上棺蓋。以上寶物當時總值在五千萬兩銀以上，其實說它價值連城，無價之寶，也絲毫不爲過分。

也正因此，東陵珍寶引起了不法之徒的垂涎。護陵大臣毓彭監守自盜，守陵官員上下其手。辛亥革命後，地方軍閥也步步侵入陵區，有的任意砍伐林木，以致數十萬株蒼松古柏被糟蹋殆盡。大量金銀器皿、五供等，包括銅爐、銅鶴、銅鹿，被盜賣漁利。甚至毀損殿宇，拆盜楠木檁樑，使東陵遭致嚴重破壞。

但最令人髮指的是軍閥孫殿英於一九二八年七月間盜掘東陵珍寶的事件。

先是奉系二十八軍新收編的土匪團長馬福田竄入馬蘭峪，孫殿英乘機打起剿匪旗號，令其部下第八師師長譚溫江進入陵區，趕走馬匪後，借口搞演習，於深夜動用工兵爆破陵寢。他們炸開慈禧陵明樓下古洞門裏的金剛牆，打開進入地宮的通道。匪兵們進入墓室，撬開外棺，切開內棺，打開「子蓋」，取走慈禧屍體周圍的全部珍珠寶物，還把慈禧屍體抬出，扒下龍袍，撕毀內衣，脫下鞋襪，將周身珠寶搜索精光。慈禧的牙被撬開，含在口中的稀世明珠被取走。與此同時，孫殿英的一名旅長韓大保也以同樣借口直奔裕陵，炸開進入裕陵地宮入口，進入墓室，撬開全部棺槨，搜刮盡每一棺內的珍寶。裕陵的陪葬中有漢白玉鐫成的羊，眼睛是珍珠鑲嵌，能活動如生；還有著名的寶劍干將、莫邪（爲古代遺留的名劍），均被盜出。乾隆口中含有一顆西藏黃珠，因珠大不易取出，也被匪兵敲落門牙取走。

後來，由於二名匪兵、匪師長譚溫江、收購贓物的古董鋪黃萬川等先後被捕，此案終於敗露。新聞界披露於報端，一時輿論嘩然，轟動中外。這時，已經退位了的溥儀把護陵大臣從宗室中除名，在天津張園（溥儀住處）搭造靈堂和祭壇，祭奠乾隆、慈禧；派人去東陵辦理善後；向蔣介石、北平衛戍司令閻錫山發出通電，要求嚴懲盜陵首犯孫殿英。天津公安局通緝盜陵犯，中央政治會議北平分會、河北省政府也限期緝獲盜陵犯。

但這一切竟都無濟於事。孫殿英耍了一套江湖騙術，不僅保全了自己，還保釋了盜陵的師長譚溫江。對盜陵一事，他直言不諱，承認兩墓是用炸藥崩開的，陪葬的珍寶不少。還說曾把九龍寶劍、夜明珠等珍貴寶物分送給當時軍政界許多重要人物，因此他才得到庇護，一直逍遙法外。抗戰時他曾投靠日本，直到一九四七年在河南湯陰戰役中被我人民解放軍活捉，最後死在北京監獄，結束了他罪惡的一生。

東陵的大紅門外，有一座單獨的皇后陵——昭西陵。也許有人會問：爲什麼昭西陵要建在這裏？

陵中人原是清太宗文皇帝皇太極的一個偏妃。這位偏妃姿色冠於國中，聰明機智。據《清史稿·世祖紀》載：她生福臨（後來的順治皇帝）前夕，「夢神人抱子納后懷曰：『此統一天下之主也』。寤，以語太宗。太宗喜甚，曰：『奇祥也，生子必建大業。』」第二天就生了福臨。福臨是皇太極的第九子，母親是偏妃，不編這套君權神授的故事，哪能輪到他來繼承帝位？後來，這位偏妃「母以子貴」，被立爲后。兒子福臨被立爲太子，於六歲時繼承帝位，她被尊爲「太后」。孫子康熙嗣位，又尊稱她爲「太皇太后」。清朝稱她「孝莊文皇后」。按說，皇太極葬於瀋陽，叫昭陵，她死後也理應附葬在那裏；而安葬在這裏，是有一段歷史緣由的。

這位偏妃，出身於蒙古貴族之家，姓博爾濟吉特氏，科爾沁貝勒塞桑之女，後來成爲清初政治舞臺上極有影響的一個人物。崇德八年（一六四三年），皇太極逝世，其十四弟多爾袞和長子豪格都想嗣位。博爾濟吉特氏卻頗具謀略，把野心勃勃、伺機爭位的多爾袞和豪格都排除掉，而使自己所生的六歲幼兒順治登了基。《東華錄》說：「至是，禮親王代善等奉上嗣位，王貝勒大臣等共爲誓書，昭告天地。以鄭親王齊爾哈朗、睿親王多爾袞輔政，亦與諸王大臣誓天地。」這實際上是她一手安排，讓鄭、睿二親王互相抵銷。順治元年，又以「肅親王豪格言詞悖妄」，「幽禁」之，並「廢爲庶人」。這過程中，又有一個插曲，即清初盛傳的「太后下嫁」的故事，即指博爾濟吉特氏與多爾袞嫂叔同居。

這件事雖未公開宣布，卻也不是全屬子虛。叔嫂相配，在漢族中早就視爲常事，在女眞族中，也是通常民俗。所謂「父死，則妻其母。兄死，則妻其嫂。叔伯死，姪亦如之。故不論貴賤，人有數妻。」兩性關係是比較混亂的。只是地方貴族們表面上有所忌諱而已。《清祕史》說：「（多爾袞）出入宮禁，恣意淫佚，嫂叔並處，有如家人。福臨因遜小，太后亦年少寡歡，謂多酋（多爾袞）功高，又讓帝位不居，非以身酬，不足以報，於是遂通焉。」不過，滿洲貴族入關，取代朱明統治，當然要保持所謂體面，臣屬更不敢提及。順治八年（一六五一年），鄭親王、巽親王等同大臣以合詞上奏的形式指責多爾袞，有「背誓肆行，自稱皇文攝政王，又親到皇宮內院」等語，足證確有其事。張煌言《奇零草》之《建州宮詞》第七首說：「上壽稱爲合卺尊，慈寧宮裏爛盈門。春官昨進新儀注，大禮躬逢太后婚」，寫的也是這件事。後來紀昀（曉嵐）修滿洲史，始塗之以泯其跡。

後來，八歲的康熙嗣立，也是她的巧妙安排。章皇后佟氏，佟圖賴之女，年十五而生康熙。康熙是順治第三子。博爾濟吉特氏又故伎重演：「太皇太后謂近侍曰：『朕曩孕皇帝時，左右嘗裾褶間有龍盤旋，赤光燦爛，後果延裾若聖子。今妃亦有此祥徵。』」仍是天意安排。據記載，康熙前期的朝政，乃是「朝廷有黜陟，上（康熙）多告后而行」。所以，她是影響兩朝政治的人物。

這位太皇太后，死於康熙廿六年（一六八七年），終年七十五歲。昭西陵之所以建置在東陵外，是博爾濟吉特氏的遺命。她在臨終前對康熙說：「太宗奉安久，不可爲我輕動。況我心戀汝父子（順治、康熙），當於孝陵近地安厝，我心始無憾。」於是康熙便把她的靈柩並所居住的宮殿遷建於東陵，稱爲「暫安奉殿」，停厝起來。一直停了三十多年，到雍正二年（一七二四年），才正式下葬地宮，稱「昭西陵」。此陵從方向看在瀋陽昭陵之西。

從建昭西陵以後，清代的帝后埋葬制度是，凡皇帝已葬，死於其後的皇后都另起陵，所以有孝東陵（順治皇后，死於康熙五十六年），泰西陵（乾隆生母，死於乾隆十二年），還有昌西陵、慕東陵、定東陵等。

## 香妃墓和雙妃園寢（遵化馬蘭峪）

清東陵有一座香妃墓，新疆喀什也有一座香妃墓。一個香妃，葬身兩地，眞假難分。現在這個謎終於揭開了。

一九七九年十月初，東陵的容妃墓前，臺階條石斷裂沉陷，從而發現了墓葬的地宮。在這裏出土的有一具頭骨，各色寶石物品，朝服朝冠等大量衣物，以及帶有少數民族文字的八寶花綾。特別是棺木上有描金的阿拉伯文字，漢譯是「以眞主的名義」。經過考古工作者的分析，終於弄清了死者的信仰、年齡、性別、身份和生存的年代。正如文獻中所記載的容妃一樣，她信奉伊斯蘭敎，死時五十多歲，穿戴妃子的衣冠，在乾隆五十三年入葬。乾隆的四十多個妃嬪中，回族妃子只有一人，這個發現證實了乾隆的回妃就是容妃，容妃就是香妃，本是一個人。既然她死後葬在北京，衣冠服飾和骨殖又與她的身份切合，那就能推斷出，所謂新疆的香妃墓，不過是那種只葬衣物不葬屍首的「衣冠冢」了。

在《清史稿》中，曾記有容妃的小傳：「高宗容妃，和卓氏，四部臺吉和扎賚女，初入宮，號貴人。累進爲妃。薨。」

而野史和某些文人的作品卻不同，把香妃描寫成一個反清的回族部落酋長的妻子，被乾隆奪占。香妃袖藏利刃，想刺殺乾隆，爲夫報仇。而乾隆迷戀這位遍體生香的妃子，修梳妝樓，又建回族居民點，千方百計討她喜歡，後來終於被太后縊死。這種說法流傳很廣。

現在，搞清楚香妃和容妃就是一個人後，就可以根據皇家檔案確定她的身世了。原來，容妃生於雍正十二年（一七三四年），爲新疆伊斯蘭敎始祖派噶木巴爾的後裔，世居葉爾羌，其族爲和卓。回族首領霍集占兄弟反清，容妃的哥哥圖爾都不肯屈從，被迫背井離鄉，全家出奔伊犂。後來，淸軍入疆平叛，她哥哥跟隨堂兄瑪木特參加她五叔額色尹的隊伍，配合淸軍作戰。戰爭結束後，他們加封爲公爵和臺吉。在定邊將軍兆惠凱旋時，容妃隨同六叔等家屬一同到達京城。乾隆念額色尹等有功，賞賜定居北京。

容妃在宮中露面的最早時間是乾隆廿五年（一七六〇年）二月四日，當時她二十七歲，以和貴人稱號出現在賞賜鮮荔枝席上。此時乾隆五十歲。過了兩年，乾隆冊封她爲容嬪。在乾隆第四次下江南時，同行的六位妃嬪中就有容嬪。她跟隨乾隆遊覽蘇州、杭州、西湖等名勝之地。一路上，乾隆按伊斯蘭風俗賞給容嬪的飯菜就有八十多個品種。乾隆卅三年（一七六八年），又冊封她爲容妃。後來，皇后死去，乾隆不再立皇后，而容妃在宮中的地位逐年提高。乾隆卅六年（一七七一年），她隨乾隆東巡泰山時，已是六寵妃之一。乾隆四十三年（一七七八年），又出遊盛京（今瀋陽），當圍場獻上野味一品，每位妃子受賞野豬肉一品，惟獨容妃另賞鹿肉和狍子肉。在宮廷中每年一度賞賜哈密瓜時，容妃總是獨得最上品的花皮瓜，其他妃嬪則得二等的青皮瓜。在圓明園和熱河離宮澹泊敬誠殿的盛宴上，容妃都排在顯要的座次上。初時爲西邊頭桌，進而爲東邊頭桌，在各妃中已名列第三位了。

乾隆五十三年（一七八八年），容妃病死。這可從她死前乾隆多次單獨賞賜水果和御藥房藥單上記載「容妃娘娘取平安丸」等事上得到證明。死後，她被葬在淸東陵裕妃園寢中。

容妃臨死前，把後事安排得很有條理。她把二十多年在宮中所積存的物品，分贈給各位妃嬪和侍候自己的太監、宮女。她還特別懷念家鄉和親人，專爲額色尹、圖爾都的妻子，以及自己的姐妹和姪兒們開列了贈物淸單。

這位名重一時的香妃，是在青年時離開萬里之遙的家鄉，進入淸宮，度過了她的後半生。

在東陵，還有一處雙妃園寢，它的年代可比香妃墓早得多。這裏安葬的是康熙的兩個妃子。爲什麼她倆這樣受寵，要單獨興建園寢？過去流傳過許多說法。有的說雙妃長得漂亮；有的說她們是姊妹倆，生前形影不離；還有的說她倆武藝高強，康熙尤愛巾幗英雄等。

其實，除了漂亮是事實外，其他都不過是傳說。雙妃之一的佟佳氏，原是康熙的小姨子；另一個瓜爾佳氏，比康熙小三十歲。康熙對她們確實特別寵愛，但康熙死時她們都還活著，不可能爲她們建造園寢。原來晚年的康熙，特別喜愛小時候的乾隆，把這個小孫子從雍王府（今雍和宮）接出來到宮裏讀書，並關照二妃好好撫養他。可以說，乾隆是在二妃身邊長大的。

後來，雍正去世，乾隆即位時，二妃還健在。乾隆對於二妃，既感激，又尊重。爲了回報她們的養育之恩，曾經給她們晉封。她們死後，又破例爲她們建了園寢，並在園寢的隆恩殿前，破例設置了丹鳳朝陽的陛石。至今存留了二百多年的兩座檐九脊、並排矗立的明樓，依然不改舊觀。

## 雍正心虛建西陵（易縣清西陵）

清朝入關後，從順治帝開始，就營建了一處帝后陵寢——清東陵。爲什麼僅僅兩代以後，又在北京城的西邊，再建一個清西陵呢？後來的帝后爲什麼分別葬在兩個陵墓群裏？這可有一段緣由。

按說，清東陵已經埋葬著順治、康熙兩代帝后，遵從祖制雍正本應也建陵於此。他繼位後，也曾一度在東陵九鳳朝陽山選過陵址，但他卻不滿意，認爲該地「規模雖大而形局未全。穴中之土又帶砂石，實不可用。」實際上是因他自覺所做壞事太多，爲爭奪皇位，殘殺兄弟，誅戮近臣，死後不願守在父皇跟前受責。而王公大臣也看出此中究竟，替他選得當時易州境內泰寧山天平峪，奏稱「實乾坤聚秀之區，陰陽合會之所，龍穴砂水，無美不收，形勢理氣，諸吉咸備」，堪作萬年吉地。這一建議當然很受雍正賞識，但因離東陵較遠，他又怕與古帝規制典禮不合，受到指責，就讓大學士九卿會議討論。這些善於體察聖意的大臣會商的結果是：引經據典地說明，夏朝的各代帝王營建之地相去不止千里，漢代分建於咸陽、長安、高陵、興平等地，唐代也分建在三原、醴泉、乾州、蒲城等處，相距二三百里到四五百里。而「易州及遵化州地界與京師

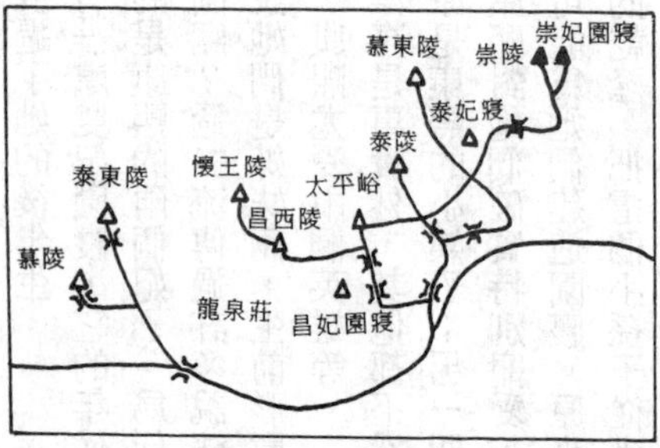

清西陵示意圖

密邇，同居畿輔，並列神州，其地實未為遙遠。」這個意見當然完全符合雍正的心意，於是很快就選定作為建陵的地點。

其實，這裏距北京一百二十公里，離東陵二百多公里，兩地隔著一個北京城，實在不能算是近距離。而那個奏摺卻只說「相去百里」，這種在措辭上搞的縮地法，把兩處拉近了許多，也可說是用心良苦了。

到了乾隆，登基後又把陵寢吉地選在東陵，並降旨「嗣後吉地，各依昭穆次序，在東陵、西陵界內分建」。從這以後，嘉慶、道光、光緒都陸續在這裏建陵。此外，還建有三座后陵，三座妃陵，四座公主、阿哥、王爺陵。整個西陵，共埋葬著四個皇帝，九個皇后，五十七個妃嬪，以及公主、阿哥、王爺等六人，共計七十六人。為了便於皇帝謁陵、祭祀，另外建造了行宮、永福寺（喇嘛廟）、趙公祠、營房、衙署等十五座附屬建築。全陵規模宏大，陵界周長一百公里，面積八百平方公里，建築面積五十萬平方米。現存宮殿建築千餘間，石建築和石雕百餘座，古松古柏近二萬棵。

清西陵中以雍正帝的泰陵規模最大，氣勢雄偉。進入陵區，迎面就是作為總門戶的大紅門，門外是三座高大的石牌坊和一座五孔石拱橋，門內東側是皇帝謁陵時更衣的具服殿。從大紅門到寶頂，是一條長達二點五公里的神道，中軸線上有聖德神功碑亭，四角是四個石刻華表。從亭過橋後，是一對石望柱，五對石象生。北面，依次是龍鳳門、三路九孔橋、神道碑亭。前行，可到達進行祭祀活動的隆恩殿，每年清明、中元、冬至、歲暮四大祭，每月朔望兩小祭，都在這裏舉行。隆恩殿後面，有三座門、二柱門、石五供、方城、明樓、月牙城、寶城、寶頂、地宮等建築。

嘉慶的昌陵在泰陵之西，除沒有具服殿、大紅門、石牌坊和坊南石橋外，其他建築布局與泰陵相同。

道光的慕陵、光緒的崇陵省去了聖德神功碑亭、華表和石象生。崇陵以牌樓門作龍鳳門，以望柱二根代替石象生。

按乾隆遺訓規定，道光本應在東陵建陵。起初，陵址選定在東陵繞斗峪，道光認為名稱不佳，改名為寶華峪。在那裏營建了八年後，發現地宮浸水，道光將承辦官員革職查辦，下令將陵寢工程全部拆除。後來另在易縣西陵境內龍泉峪選定吉地，重新營建。就這樣，道光違反了「昭穆次序」的成規，由東陵遷往西陵。

慕陵的定名，也與其他陵寢不同。依清朝規制，陵名一般均由後繼皇帝欽定，但慕陵的名稱卻是由道光自己默定的。道光十五年，他到西陵拜謁後，將奕譞（即後來的咸豐）和恭親王奕訢喚至御座房，命讀硃諭：「奉硃筆：

敬瞻東北，永慕無窮，雲山密邇。嗚呼！其慕與慕也。」而後即把諭旨存於大殿東暖閣。又過了十五年，道光「駕崩」，咸豐即位，重讀遺諭，見「其慕與慕也」一句，心領神會，就親筆寫下了道光遺諭全文和「慕陵」二字，刻在石牌坊上。並寫了一篇碑文，說明把陵名定為慕陵，是「遵遺訓也」。

慕東陵是道光帝的貴妃，後來被咸豐尊為皇太后的孝靜皇后的陵寢。由於她的地位的變化，所以陵寢也與一般的不同。既非帝后合葬，也非另建山陵，而是皇后和皇妃葬埋在一個陵墓中。即道光生前欽定妃嬪陵寢位次，後來被咸豐定為后陵，降旨將綠色琉璃瓦換成黃色琉璃瓦，並按后陵規制增添了若干工程。從而形成以孝靜陵為中心，妃嬪陵環抱於外圍的形式。這種葬埋方式，在清陵史上是從來沒有過的。

崇陵是光緒的陵墓，是我國帝陵中最後建成的一座。而且是在他死後才動工修建的，陵未建成，滿清皇朝已被推翻，因此一直拖到一九一五年才竣工。由於已是皇朝末日時期施工，規模範圍都較小，也不可能像乾隆、慈禧那樣的精美、豪華，陪葬品也少得多。距崇陵半公里處，有一座崇妃園寢，埋葬著珍妃和瑾妃兩姊妹。帝陵和妃園寢解放前都被兵匪盜掘過，只是沒有東陵盜寶案那樣轟動一時就是了。

## 「三盤無限意，幽絕少人知」
### （天津薊縣盤山）

盤山，位於天津市薊縣西北部，距薊縣約十五公里。京、津均有公路可達，交通方便。

盤山山勢雄偉險峻，峰巒秀麗清幽，遙望雲海松濤，近觀水石清奇，步步有迷人景色，逢景有典故傳說，是個以名勝古跡和以山水景色著稱的風景區，在歷史上被譽為「京東第一山」。據一九二〇年商務印書館出版的《中國名勝》集共十五種，把盤山和黃山、泰山、西湖等地並列為中國十五大名勝之一。

盤山，原名徐無山，又名無終山和四正山。東漢末年，無終人田疇率宗族隱居於此。建安十二年（二〇七年），曹操擊敗河北袁紹之後，袁紹之子袁尚，敗投烏桓，成為曹操的後顧之憂，於是曹率軍北征烏桓。軍到易縣，田疇聞訊，趨往獻計，願為嚮導。田親率曹軍勁旅，出盧龍寨，大破烏桓。因助曹操有功，曹操召諸田疇「表封亭侯」，但田疇堅持不受，仍隱居此山。因此田疇聲名大顯，徐無山也因此被改為「田盤山」，後來簡稱盤山。

據《盤山志》記載，從曹魏開始，唐、宋、元、明、清歷代皇帝都先後在盤山大興土木、闢山建寺。如雲罩寺、萬松寺、天成寺、土方寺、少林寺、盤古寺等幾十座寺院和舍利塔。歷代帝王將相文人墨客和善男信女，進山逛景和參禪禮佛絡繹不絕。至清乾隆年間，盤山發展到極盛時期。除擴建和重建部分寺院外，還在盤山南麓修建一處規模浩瀚的離宮「靜寄山莊」。山莊建築是仿照承德「避暑山莊」的布局。依山就勢、高低錯落、雕樑畫棟、金碧輝煌，既是皇帝經常來此避暑的皇家園林，又是他們處理朝政的活動場所。據清史記載：乾隆、嘉慶、道光等皇帝，爲了觀賞山莊景色，不惜耗費巨資每年撥款修建，使整個山莊園林建築與自然山水渾然一體，形成了山地園林的自然美景。乾隆皇帝曾感嘆道：「早知有盤山，何必下江南。」

在抗日戰爭時期，盤山是華北革命根據地之一，薊縣人民，堅持抗戰，英勇犧牲，用鮮血寫下了可歌可泣的壯麗詩篇。這裏，一度竟被日寇殘酷地變爲「無人區」，在彈痕斑斑的山石上，刻著醒目的「誓血國恥」字樣，使人置身林壑，除了寄古幽思外，還可緬懷先烈，使後人永記禦敵創業，保衛江山之艱難。

盤山景色以「五峰」、「八石」、「三盤之勝」稱絕。主峰名掛月峰，海拔八百六十四米，爲盤山之顚，極目千里，「一覽衆山小」，群巒競秀，盡收眼底。相傳明代名將戚繼光曾登掛月峰，吟詩云：「霜角一聲草木哀，雲頭對起石門開。朔風邊酒不成醉，落葉歸鴉無數來。但使雕戈銷殺氣，何妨白髮老邊才。勒名峰上吾與誰，故李將軍舞劍臺。」抒發了他願老死戍邊的悲壯情懷。峰頂有唐代「定光佛舍利塔」。峰下有雲罩寺舊址，唐宗道大師建，舊名降龍庵，明萬曆二十年敕賜雲罩寺。寺前一峰聳翠，形如傘蓋，名紫蓋峰。後有自來峰，與掛月峰相連。舊有黃龍祖師殿。東有九華峰，因陡峭如削，形如蓮花，故又名蓮花峰。西面一峰矗立，名舞劍峰，相傳唐太宗名將李靖曾在此峰舞劍，故名「李靖舞劍臺」。盤山五峰，在唐朝佛教興盛時期，亦稱「東五臺」，盤山五峰攢簇，怪石嶙峋，其實八百餘多怪石、五峰以外還有奇峰。自然形成的三盤之勝：上盤松勝、蟠曲翳天；中盤石勝，千奇百怪；下盤水勝，涓流不息。古人曾吟詩作賦讚頌它：

山秀石多怪，林深路轉奇。
三盤無限意，幽絕少人知。

「萬株松影千峰石，一度經過半世思。」

爲了發展旅遊事業，天津市及薊縣縣政府將恢復修建盤山風景區中的主要建築物，重新闢爲風景區，接待遊人同賞盤山風光。

## 歷盡千刼獨樂寺（天津薊縣獨樂寺）

千年古剎獨樂寺，坐落薊縣城關西門。創建於唐代，現存建築爲遼代遺存。相傳安祿山在此起兵叛唐，誓師於此，取名獨樂，即只知獨樂而不與萬民同樂。其實，因此地有獨樂河流經，故名獨樂寺。據南宋袁樞《通鑑紀事本末》載：「安祿山於天寶十四載冬十一月發兵十五萬衆，號二十萬，反於范陽（北京一帶）。」「出薊城南，大閱誓衆，以討楊國忠爲名……」由此可知，安祿山叛唐是打著討楊國忠的旗號，用以收買人心，蒙人耳目，因此剛剛叛變就標榜不與民同樂，這是不可能收買人心的。所以認爲獨樂寺以安祿山叛唐「不與民同樂」而得名云云，頗不可信。

獨樂寺是由山門、觀音閣、東西配殿組成的古建築群。此寺建於唐代，遼代統和二年（九八四年）重修。是研究中國古代木結構建築的代表作，爲全國重點文物保護單位。

山門中間作穿堂，西側站立高大的護衛神像，俗稱「哼、哈二將」，後間兩側爲清代繪製的四大天王壁畫。瓦頂坡度和緩，檐角翹起如翼，正脊兩端的鴟尾形象生動優美，是我國現存最早的廡殿頂山門。

觀音閣，上下二層，主體建築高二十三米，是我國現存的最古老的大型木結構建築之一，樑柱接榫部位因功能、位置而異，共用斗拱二十四種，閣內作長方形和六角形雙層空井，空間運用自如，以建築手法之高著稱於世，經歷千年風雨和多次強烈地震至今仍巍然屹立。閣內聳立著一尊體高十六米的觀音像，因其頭上塑有十個小頭像，故又稱十一面觀音，面目慈祥，儀態端莊，係遼代原塑，是我國現有的最大泥塑之一。觀音兩側各有一尊侍立的菩薩塑像，造型勻稱、姿態優美，也係遼代原塑。閣內四壁有明王和十六羅漢彩色壁畫，爲明代重繪。

遼以後，獨樂寺又修繕多次，清乾隆十八年（一七五三年）修繕時改動較大，東院興建行宮，修建東西配殿。但是，在日本帝國主義侵略時，獨樂寺遭受嚴重破壞，珍貴文物被洗劫一空，塑像、壁畫亦遭損壞，寺院殘破不堪。建國後，寺院和佛像修葺一新，千年古剎獲得了新生。

## 震驚寰宇義和團（天津呂祖堂）

呂祖堂，在天津如意庵大街何家胡同，原係供奉仙人呂洞賓的道教廟宇，建於一七一九年。清乾隆和道光年間重修，主要建築有山門、前殿、後殿和五仙堂。

一九〇〇年，爆發了震撼世界的義和團反帝愛國運動，五六月間天津人民踴躍參加義和團，與帝國主義侵略者及其走狗展開了激烈鬥爭。六月十日左右，著名的乾字團首領曹福田，率領靜海、鹽山、慶雲、青縣等地義和團數千人趕來天津，在呂祖堂設立總壇口。天津義和團的其他首領張德成、劉呈祥、王德成以及紅燈照首領林黑兒等，經常到此拜壇，與曹福田共商大事，指揮抗擊八國聯軍的戰鬥。

義和團運動是以農民爲主體的中國人民的反帝愛國運動。清政府在日中甲午戰爭失敗後，爲了償付巨額賠款和外債，進一步加重剝削人民，帝國主義則加緊擴展勢力範圍，企圖瓜分中國。中國人民掀起了以反對帝國主義爲主的義和團運動，鬥爭矛頭首先指向恃強逞凶的教會。

義和團源自義和拳等民間祕密結社，同白蓮教和八卦教有淵源上的關係。最早活動於山東、河南等地，以設拳廠、練拳術等方式組織群衆。其主要成分爲農民、手工業者、城市貧民、水陸運輸工人、小商販等。

光緒二十二年（一八九六年）起，山東曹州等地的大刀會，德州一帶朱紅燈領導的義和拳，都進行過反對外國教會侵略勢力的鬥爭。相繼遭到山東巡撫毓賢、袁世凱的鎮壓。光緒二十五年，義和拳改稱義和團，提出「扶清滅洋」口號，逐步擴展到華北、東北各省，京津一帶聲勢更盛。次年五月，八國聯軍出兵中國進行鎮壓。義和團在保衛京津的廊坊和紫竹林等戰鬥中英勇奮戰，迫使侵略者多次退却。在八國聯軍和清政府聯合鎮壓下，義和團運動終遭失敗。

光緒二十七年七月二十五日，清政府和英、美、俄、德、日、奧、法、意等十一國代表在北京簽定了空前屈辱的《辛丑條約》。規定賠款四億五千萬兩；永遠禁止中國人民「與諸國仇敵」的活動，文武官員應負鎮壓之責；拆毀大沽口炮臺、北京成立使館區、外國派兵駐守由北京到山海關鐵路沿線的重要地區等，共十二款。

義和團餘部爲反對《辛丑條約》，舉起了「扶清滅洋」的旗幟，繼續鬥爭。義和團運動打擊了帝國主義瓜分中國的企圖，進一步暴露了清政府的腐敗，促進了資產階級民主革命的興起。

義和團中的婦女組織名爲「紅燈照」，由天津的女青年組成，約二三千人，首領爲林黑兒，人稱黃蓮聖母。林黑兒是河北船民李有的兒媳，其家遭受帝國主義侵略者迫害，很早就參加了義和團，在天津組織起紅燈照後，將總壇口設於停泊在其家後的船上。

因爲義和團係農民與手工業者組成，爲了在滿清腐朽統治下獲得活動自由，不得不採用封建教門與一些迷信手段來組織、召令群衆。如號稱神仙附體，刀槍不入以及編造符咒等。這也是中國封建社會農民起義的一種常用手段。比如白蓮教、天理教、拜上帝會等。紅燈照身着紅衫褲、挽雙丫髻，年長者梳高髻，左手持紅燈，右手持紅巾及紅色摺扇，先擇靜室習踏空術（類武術中之輕功），術成後持扇自煽，說能漸起漸高，上躡天空，把紅燈擲下，便成烈燄，焚燬洋人房屋。其實流傳的說法無非是爲震懾洋人，多屬虛妄。

林黑兒領導紅燈照參加攻打老龍頭火車站和租界的戰鬥，「紅燈女兒一入敵陣，視死如歸，於槍林彈雨中，惟恐落後」；在維持治安，戰地運輸，救護傷員，特別是在宣傳鼓動方面做出了很大貢獻。每當激戰之時，大街小巷紅燈高舉，「夜間如飛龍」，人民歡欣鼓舞，侵略者見之喪膽。因此，紅燈照享有崇高的威望，就連直隸總督裕祿會見林黑兒也是跪著迎送。

天津淪陷後，林黑兒和另一位紅燈照女戰士被囚禁獄中，堅貞不屈，侵略者也只得承認：「就是她們陷於極端的困境中，也表現了一種高貴的風度，使人感到肅然。」

近年來，史學界一些專家學者對義和團的歷史作用問題展開了爭論，有的專家對義和團成爲清朝政府排外的工具及其迷信愚昧的方面給予了尖銳的批評。誠然，由於義和團的主要領導者覺悟不高，反帝反封建的目標不夠明確，因此提出了「扶清滅洋」的口號，起初被清政府利用，成了他們盲目排外的御用工具。後來終於成了清政府與帝國主義侵略勢力妥協後骯髒交易的犧牲品，這個歷史的教訓是深刻的。但義和團的反帝國主義侵略的愛國主義的主流和維護中華民族尊嚴的偉大歷史功績是不能抹殺的。

## 飲譽中外楊柳青（天津楊柳青）

楊柳青年畫，是中國著名的民間木版年畫，它是在宋元繪畫和明代木刻版畫的基礎上發展起來的一種藝術形式，它繼承了中國古代繪畫的傳統，吸收了傳統木刻版畫、工藝美術、戲劇舞臺的形式和技法，採用木版套印和手工彩繪相結合的方法，創立了鮮明活潑，喜氣洋洋，富有感人魅力的獨特風格。故而人們稱頌說：「南有蘇州桃花塢，北有天津楊柳青。」

楊柳青年畫的歷史悠久，創始於明代崇禎年間，清代雍正時逐漸繁榮起來，光緒十年（一八八四年）以前是極盛時期。那時，楊柳青全鎮連同附近三十二村，「家家都會點染，戶戶都繪丹青」，「年畫店鋪通坊皆是，畫牌相招彩晃遙對」。

楊柳青年畫通過寓意、寫實等多種手段，表現了人民的美好感情和願望，比如《連年有魚》畫面上的胖娃娃懷抱鯉魚、背景繪蓮花（「蓮」與「連」諧音；「魚」與「餘」諧音），還有《福壽圖》，畫面上有老壽星、壽桃、鹿、蝙蝠等，（「鹿」與「祿」諧音；「蝠」與「福」諧音），都是人民群衆喜聞樂見的傳統作品。楊柳青年畫尤以直接反映各個時期的現實生活、時事風俗、歷史故事等題材爲特長。其構思饒有情趣、布局豐滿勻稱。線條挺拔流暢，敷彩鮮明典雅，造型富有美感和節奏感，這些特點再加上濃鬱的生活氣息，使它格外引人入勝。

現今的天津楊柳青年畫店坐落在繁華的長春道上，其前身是榮寶齋。一九四一年正式開業，當時主要經營文房四寶、名人字畫、石印章料等業務。這裏的商品有書畫家揮毫所需的各種宣紙、綢和各種名筆，有北京的「一得閣」名墨，有端硯、歙硯及各種中西繪畫顏料，該店經營的商品以其品種全、質地精，深得書畫家的厚愛與讚賞。

楊柳青畫店經營的字畫多爲近百年名人所作，有山水、花鳥、人物、花卉、走獸等。

一九七六年，該店與楊柳青畫社合作，稱楊柳青畫店。合作後兼經營楊柳青年畫的銷售業務。楊柳青年畫以其獨特的藝術魅力飲譽中外，旅津的外國朋友總是慕名前來選購，以作饋贈親友的上乘禮品。

## 承德遊覽區

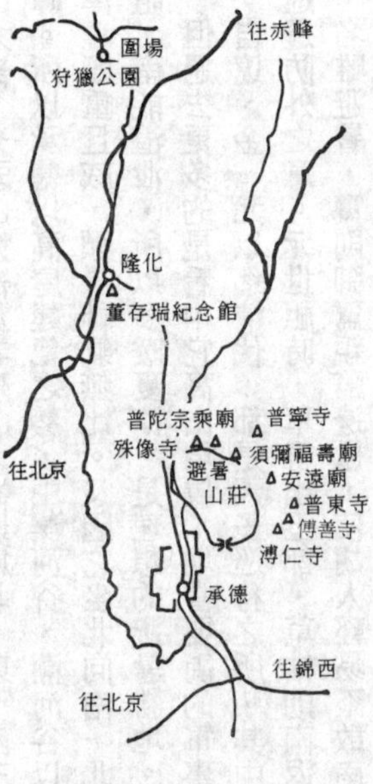

## 塞外明珠（承德避暑山莊）

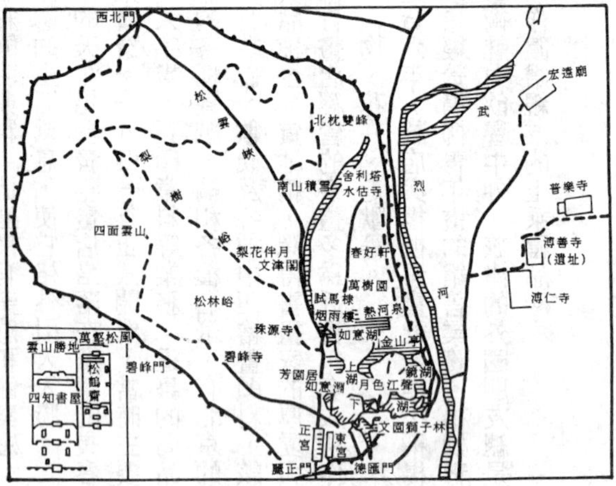


避暑山莊示意圖

避暑山莊，又稱熱河行宮、承德離宮。所謂行宮、離宮，是供天子出行時所居住的地方。它位於武烈河即熱河的西岸，坐落在距北京二百五十公里的河北省承德市。

承德，舊屬熱河省。這裏山川秀麗，歷史悠久。古代曾是山戎、東胡居住之地，後來又先後居住過匈奴、烏桓、鮮卑、契丹等少數民族。這裏，沒有堅固的城郭，卻有險要的山川形勢。東控遼瀋，西連內蒙，南蔽平津，自古就是幽燕之屏障，是國防前哨之一。

僅就其本身的地勢上說，承德確有其優勝的一面。北倚獅子嶺，東臨武烈嶺，西接廣仁嶺，南對燕山嶺各缺口，猶如坐在虎皮寶座上的南面王。而寶座的遠處，又有平頂山大嶺、光頭山大嶺及老阡山大嶺以爲北、東、西三面屏障。所以承德以高屋建瓴之勢，由灤河谷、潮河谷以瞰京津，既重且威，顯得神氣無比。又因它坐北向南，北有屏阻，南能渲泄，所以冬暖夏涼，是理想的避暑勝地。

但過去更多的是看中它高山環繞、地當要衝的軍事意義。自遼、金、元以迄清代，都是天子巡狩之所，其中就有巡邊防外之意。元世祖時，草青出上都，草枯則南返燕京，名雖避暑，實則御駕親臨邊檄，使胡人輕易不敢南下牧馬，邊境因而得以寧息。

清鼎盛時，曾將國家總預備隊滿蒙八旗配置在當時的熱河省境，以防範帝俄勢力的東來。加以清皇室爲了軍事演習，訓練軍隊，便經常到熱河狩獵。康熙四十一年（一七〇二年），康熙在北巡途中發現了此處「自然天成地就勢，不待人力假虛設」的好地方，於是他指示要利用得天獨厚的自然條件，「隨山依水」來建造行宮，以解決每年巡狩時駐蹕的處所問題。在這之前，康熙就已在今河北省圍場縣設置了「木蘭圍場」（木蘭，滿語意爲哨鹿。圍獵時，士兵以鹿皮覆身，口作鹿鳴聲，誘鹿就捕）。這種圍獵活動，每年秋季舉行一次，稱爲「木蘭秋獮」，實際上是習武練兵的準軍事行動。

因此，康熙指示建築山莊的初旨，在於爲木蘭秋獮開設一個新的活動中心，軍政威鎮的意義重於優遊林泉。每逢「木蘭秋獮」，皇帝就率領宗室親王、內閣六部、各少數民族王公顯貴及八旗軍兵，浩浩蕩蕩開赴圍場，進行三四個月的狩獵活動。屆時，全國的奏章都送到承德，而全國的詔命也發自承德，大臣與外國使節，日夜奔馳在京承道上。因此，承德事實上成了清朝的陪都。後來，隨著國勢的日益衰弱，山莊就成爲皇帝追求享樂生活的消夏別墅了。

避暑山莊建於清康熙四十二年（一七〇三年），是清代皇家園林最大的一處。山莊環繞西山，據有熱河邊上一狹長谷地，周圍由疊石砌成虎皮石宮牆，長十公里，寬一點三米。牆上有雉堞，可以布哨。宮牆內有五百六十四萬平方米的湖光山色，總面積比頤和園大一倍。山莊包括山岳、平原、湖泊三個區域，分別建有亭臺樓閣，掩映在綠樹叢中，分外清幽。地勢在海拔一千米以上，夏季涼爽宜人，確是消暑佳境。

作爲皇帝的行宮，在整個避暑期間，這裏是全國行政的樞紐和外使朝覲的場所。適應這種需要，山莊有一個宮殿區，位於南部，由正宮、松鶴齋、萬壑松風、東宮四組建築組成。每組建築又包括若干單個建築。如正宮，由麗正門、澹泊敬誠殿、四知書屋、煙波致爽、雲山勝地等建築組成。其中正殿是澹泊敬誠殿，是清帝舉行盛大典禮的地方。它的名字取諸葛亮「非澹泊無以明志，非寧靜無以致遠」的名句。當然，對於皇帝來說，這只能是標榜而已。這個殿全部用楠木建成，樑、柱、門、窗均保持本色，不彩不繪，因此又稱楠木殿。煙波致爽是三十六景中的第一景，也是最好的一處。名稱是康熙根據該地「四圍秀嶺，十里澄湖，致有爽氣」而題名的。這樣一座美麗的宮殿，後來卻和清王朝屈辱和醜惡的一段史實相關連。原來，這裏是皇帝的寢宮。一八六〇年英法聯軍之役，咸豐倉惶出逃後就住在這裏。一八六一年八月二十二日病死，死前曾任命肅順等八大臣輔佐幼子登基。而滿懷野心的慈禧在這裏勾結恭親王奕訢，祕密商定了回北京發動政變的計劃。隨後，慈禧垂簾聽政，開始了中國近代史上最黑暗的一幕。

山莊的另一主要部分是苑景區，占了除宮殿區以外的全部面積。乾隆有詩說：「山莊山水佳，天然去雕飾。」

這裏，有碧波蕩漾的湖區，有峰巒疊翠的山區，有嘉樹成蔭的平原區。在康熙時期，建築講求樸實，不重人工雕飾，保持著更多的天然野趣和韻味。他欽定的三十六景，絕大多數僅是自然風景而已。而乾隆則不同，他不惜巨資，大興土木，到處興建樓臺殿閣，亭榭廊廡，又建築了新三十六景。這是人工改變自然的作品，將樓臺殿閣配在一起，將山水亭榭和宮室伽藍拚合起來。只是他搞得精巧，沒有破壞山水的自然美就是了。乾隆幾次遊江南，把不少江南園林美景移植到這裏來了。如獅子林、金山閣、煙雨樓等都是，起了很好的點綴作用。他和乃祖康熙，還喜愛題詩題字，一些景點的命名也很講究。如有名的「月色江聲」，就是取自北宋大文豪蘇東坡的前後《赤壁賦》。

平原區北部爲萬樹園，地廣數千畝，有參天老榆四萬餘株，蒼松翠柏又五萬餘株。一七五四年在萬樹園中，乾隆曾夜宴三策凌（蒙古族杜爾伯特部的三位首領），嘉獎他們率部東遷，歸依清朝政府的義舉。因爲這件事反映了我國各族人民要求統一，反對分裂割據的強烈願望，對鞏固邊防也有極其重大的意義。西元一七七一年，蒙古族的土爾扈特部首領渥巴錫也率部來歸，這次是在澹泊敬誠殿接見的。

一七九二年在萬樹園，乾隆還接見過美國特使馬戈爾尼，這是清朝前期對外關係中的一件大事。乾隆對這個外交使團優禮有加，還破例讓他們遊覽避暑山莊，但卻始終保持警惕，以至美國人提出的各項要求，一概遭到拒絕。

在平原區還有一個著名的文津閣，這是依仿浙江寧波的著名藏書樓范氏天一閣而建造的。當年曾貯藏過一部《四庫全書》，現存北京圖書館，該館所在的文津街，就是因此而得名的。文津閣原來還藏有一部《古今圖書集成》，後來被軍閥湯玉麟搶走了。

山區占地面積最大，這裏峰巒疊障，林木蓊鬱，溝壑幽邃，原先依山就勢建有四十四處亭臺樓閣和寺院等，現大部被毀，只存南山積雪、錘峰落照、四面雲山等少數幾處了。

南山積雪亭，康熙爲觀賞山莊外南嶺的積雪而建。他還寫了一首詩：「圖畫難成邱壑容，濃妝淡抹耐寒松；水心山骨依然在，不改冰霜積雪冬。」讚賞在這裏所看到的景致。

錘峰落照也是一個亭子，是爲了觀賞山莊東面群山中的磬錘峰而建的。磬錘峰是承德十大景第一景。它上粗下細，孤特挺拔，形如棒錘倒立，俗稱棒錘山，峰南有一怪石，非常像昂頭鼓肚的青蛙，這就是十大景之一的蛤蟆石。

還有一座亭子叫四面雲山，位於西山最高處。站在亭中放眼四望，不僅可以看到承德市全貌，而且可以看到著名的承德十大景中的八大景：即僧冠山、羅漢山、磬錘峰、蛤蟆石、天橋山、雞冠山、月牙山、饅頭山（另二景是元寶山、雙塔山）。

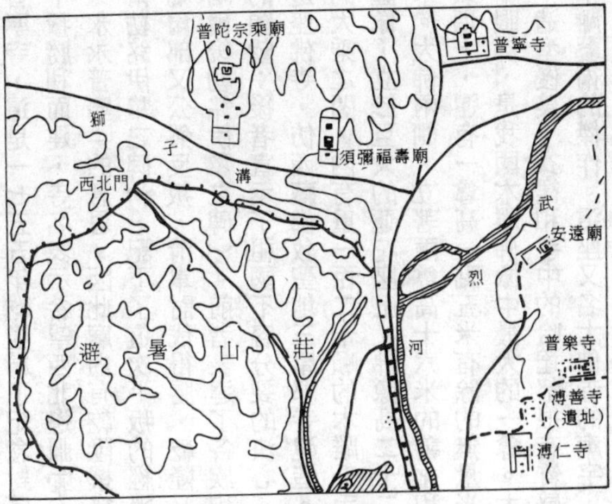


外八廟示意圖

## 金碧輝煌的民族寺廟（承德外八廟）

清代前期，出現過「康乾盛世」，而乾隆本人又好大喜功，專務奢侈堂皇，並講究「廟貌千古，最推皇家」，所以在承德除了康熙時期所建的溥仁寺、溥善寺之外，絕大多數爲乾隆年間所建。有人統計，承德市附近十餘里地的範圍內，竟有大小寺廟七十四座。其中，甲於全國的大廟也有十一處之多，計爲：溥仁寺、溥善寺、普寧寺（俗稱大佛寺）、普佑寺、安遠廟（俗稱伊犁廟）、普樂寺（俗稱圓亭寺）、普陀宗乘之廟（俗稱布達拉寺）、廣安寺（俗稱戒臺寺）、殊象寺（俗稱寶相閣）、羅漢堂、須彌福壽之廟（俗稱扎什倫布寺）等，規制都非常宏偉，且各具特色。其中十座分屬八個「下處」（辦事機構）管理，所以習慣上稱這些山莊外面的寺廟爲「外八廟」。普佑寺、廣安寺、溥善寺已廢毀，羅漢堂焚於雷火，現存者七座，但仍沿用舊稱。

乾隆在短短二十五年間，建造了一個又一個的寺廟，而且特別推崇蒙藏兩族信奉的喇嘛教，是有他的政治目的的。這就是爲了「宇內統一」，加強中央政府對少數民族的聯繫和統轄，以宗教爲紐帶，是重要的措施之一。

這裏僅擇其中部分寺廟作一簡介：

普寧寺，這是一七五五年乾隆爲了紀念對蒙古族準噶爾部平叛勝利而建，寺名表示希望西北邊疆「安其居，樂其業，永永普寧」的意思。因此廟內有乾隆撰寫的《平定準噶爾勒銘伊犂之碑》，記下了這次平叛的經過。過兩年，準噶爾部又公然反叛，清軍討伐得勝，乾隆又增立《平定準噶爾後勒銘伊犂之碑》。前者表達了各族和好、安定邊疆的願望；後者宣示了祖國不容分裂的決心。

這座佛寺，仿西藏佛教聖地三摩耶寺建造。其主體建築中的大乘之閣，內有重一百二十噸的木雕千手千眼觀世音菩薩像，立於巨大的蓮花座上。佛像高二十二米餘，胸寬六米。大佛兩側，立著兩尊高十六米的善才和龍女像。大佛頭頂上，還有一尊高一點五米有餘的無量光佛。這尊千手千眼佛，是我國木雕佛像中最大的一尊。大佛像高大勻稱，造型優美，衣裙和手中的哈達都很有質感，是我國古代木雕藝術的傑作。這座又名大佛寺的廟宇，就是因這尊大佛而得名的。

安遠廟，是仿伊犂河北的固爾扎廟建造的，所以又稱伊犂廟。主要是爲了照顧內遷的蒙古達什達瓦部的宗教習慣，便於該部部衆朝拜觀瞻。同時也是爲了鼓勵和嘉勉堅持統一、反對分裂的該部首領。廟內主體建築普渡殿前的臥碑，刻有乾隆所作的《安遠廟瞻禮出事》碑文，敘述了建廟經過和統一西北地區的意義。

普陀宗乘之廟，占地十二萬平方米，是外八廟中規模最大的一座。它本是乾隆爲了慶賀自己的六十壽辰和其母八十壽辰而建，卻採用了拉薩布達拉宮中的建築形式。原因就在於乾隆想借此安撫那些前來祝壽的少數民族上層人物，而這些人都是信奉喇嘛教的。普陀宗乘又是藏語布達拉的漢譯，也使人容易聯想到喇嘛教的聖地。

更巧的是，寺廟竣工時，正值乾隆的母親八十壽辰，土爾扈特部首領渥巴錫率領部衆數萬人回到祖國，也趕到承德。乾隆除在萬樹園歡宴外，又在萬法歸一殿爲他誦經祝福。這些，都反映在乾隆撰寫的《普陀宗乘之廟碑記》和《土爾扈特全部歸順記》、《優恤土爾扈特部衆記》碑文之中。

須彌福壽之廟，它建造的政治意義就更爲明顯。所謂福壽，是藏語「扎什」的漢譯；須彌，藏語叫「倫布」，須彌福壽就是福壽如須彌山的意思。這座寺廟仿照後藏日喀則的扎什倫布寺的形式，專爲接待前來熱河祝壽的班禪五世而建。乾隆一再指示要將這廟修建得比西藏的扎什倫布寺還要富麗堂皇，以示中華的泱泱大國風度，天下萬物無所不精，亦無所不備。所以，在外八廟中，它規模雖不算頂大，但工程很講究，形式也美觀。除照西藏原有式樣建築外，內部加入了中原建築的精華，頗能表達華夏的博大精神，實在是承德附近十幾座大廟之冠冕。

班禪自願請求來京「以觀華夏之振興黃教，撫育群生，海宇清晏，民物數寧之景象」，有利於加強中央朝廷同西藏地方的關係和維護民族團結，所以乾隆特別重視。一七八〇年，乾隆七十壽辰時，寺廟竣工，班禪也來到熱河。乾隆立即接見，用藏語同班禪談話，還親自到須彌福壽之廟去看望，這是極爲特殊隆重的禮遇。

這座寺廟，係由山門、碑閣、琉璃牌樓、大紅臺、妙高莊嚴殿、後廟區、白臺區、佛塔、後崖等所組成，前後共七進院落。全廟繞以琉璃瓦頂的圍牆，四角上各有角樓，有如北京故宮的皇城，莊嚴肅穆。特別值得一提的是那座琉璃牌樓，它建在正山門後方的白石壇上。樓下分作五門進出。其中隔以漢白玉石柱，敷以瓷磚彤臺。上分三層起落，形成九個樓頂，頂壁面分別鑲以紅、黃、藍、綠、紫、黑、白、青釉琉璃瓦，承以花朵雲頭楝樑，飛檐復角，脊上列出九五獅象，飛龍舞鳳。看起來有數不清的樓角和飛檐，堪稱我國最美麗的花式牌樓。當年班禪講經的妙高莊嚴殿是寺廟的主殿，黃琉璃瓦頂，七間見方三層式，比起故宮的金鑾寶殿，也毫不遜色。所以凡來遊避暑山莊的，一定要參觀須彌福壽之廟，才算不虛此行。

殊象寺建寺的緣起，是乾隆奉其母后到山西五臺山進香時，見山上有殊象寺，相傳是文殊菩薩現身而建。乾隆回宮後，就建了這座殊象寺，供文殊菩薩像於寶相閣中，並時常莅臨此寺，頂禮膜拜。寺內主殿是會乘殿，前有天王殿，山門後爲寶相閣，閣後是清涼樓。寶相閣位於全寺最高處，是亭式八角重檐建築物。閣內中央白玉基壇上有騎獅文殊菩薩像，而獅則立在蓮臺上。文殊像全高十一米多，全身鋪金。文殊廣額方面，豐頤大耳，一手平放，一手高舉，盤膝坐於獅身上，莊嚴無比。而兩旁神將，一着漢人裝，一着藏人裝，分扮成元帥與番王模樣，左右侍立，各高七米多。

我國各地名山寺廟甚多，但像承德外八廟這樣，由皇帝欽命建造，而且建得如此規模宏大、富麗堂皇、集中於一地的，還不多見。有的寺廟不是一般信徒所能涉足，實際上成爲帝王家廟，恐怕更是絕無僅有的了。

## 歸順壯舉記豐碑

### （承德普陀宗乘之廟）

普陀宗乘，就是藏語「布達拉」的漢譯，因此，承德外八廟中的普陀宗乘之廟向有「小布達拉宮」之稱。宮前巨大的碑亭內，樹立著乾隆御筆建廟碑記，記敘清朝與蒙、藏各族的民族情誼和崇敬喇嘛教之意。在此碑兩旁還立有另外內容的兩通豐碑：〈土爾扈特全部歸順記〉和〈優恤土爾扈特部衆記〉。它們記載著中國大一統中一次驚心動魄的事件。

土爾扈特是蒙古厄魯特部落的一部分，與和碩部、準噶爾部、杜爾伯特部合稱四衛特拉，或稱翰亦刺惕額爾干，即漢語「森林中的百姓」。他們多在新疆阿爾泰山地區放牧，因其地多森林故名。相傳此四部俱爲元阿嚕臺之後裔，所以被稱爲阿嚕臺，音轉爲厄魯特。相當於明末時期，其中之土爾扈特部因頭領阿玉奇與策旺不睦，於是率衆向西遷徙，投奔到伏爾加河流域的俄羅斯懷抱。到清乾隆時，土爾扈特部已在外流浪了一百四十多年。

土爾扈特人在俄羅斯管轄下，生活十分艱苦，青壯年常常被抓去當兵，馬匹、財產常常被掠奪。況且，俄國人和中國人的宗教信仰不同，在那裏處處受到歧視。於是，土爾扈特人思鄉日重，盼望回歸祖國故土。但由於對清朝的民族政策不了解，一旦回歸怕會被以反叛罪名而遭滅族之災。這種擔心並非沒有根據，清軍在統一中國的戰爭中，一開始對少數民族採取殘酷鎭壓政策，原處沙漠以西的厄魯特部幾乎都被殺光。隨著清朝形勢的穩固，到康乾盛世，才逐漸轉爲對少數民族採取懷柔、團結的政策。

康熙年間，玄燁皇帝聽說土爾扈特部流浪在國外的情況，曾派內閣侍讀圖麗琛往土爾扈特部聯絡。但由於俄國人的阻撓、欺騙，圖麗琛走了許多冤枉路，總共走了三年，才返回交差。

西元一七六八年開始，沙皇俄國發動對土耳其的第一次戰爭，傷亡慘重，於是強徵土爾扈特部的男人當兵。在這種情況下，爲了拯救族人，忍無可忍，於是首領渥巴錫等甘冒回國殺頭的危險，毅然率領十七萬親衆回歸祖國。他們從冬季啓程，歷時八個月，行程一萬里，於乾隆三十六年（一七七一年）六月末到達新疆伊犁的沙拉伯勒界。出發不久，俄羅斯即派兵圍追堵截。土爾扈特人全民皆兵，一面戰鬥，一面前進。一路上，帶著傷病員，克服了飢餓、嚴寒、風雪、乾旱等艱難困苦，回到祖國時人員損失過半。這眞是中華民族凝聚力的生動體現，是民族團結史上的一次壯舉。

土爾扈特部歸來後，渥巴錫等首領準備著領罪受刑。不料，開明的乾隆皇帝不但未予加罪，反而十分高興，多次降旨，令地方官員妥善安置。這時正值普陀宗乘之廟落成，渥巴錫等受命前往瞻禮。乾隆皇帝乘興寫下這兩通具有歷史意義的碑文。文中抒發了大清皇帝因土爾扈特歸順而產生的大一統的自豪感：「夫此山莊，乃我皇祖所建，以柔遠人之地。而宴賚策凌等之後（策凌，都爾伯特首領、曾在山莊受乾隆賜宴和賞賚），遂以平定西域。茲不數年間，又於無意中不因招致，而有土爾扈特全部歸順之事。自斯，凡屬蒙古之族，無不爲我大清國之臣。神御咫尺，有不以探先券，閱後成，愜志而愉快者乎?……」

碑文的結尾部分是對土爾扈特部歸順後的生活安排，表現了清朝對土爾扈特部的關懷與團結之誠意。蓋云：「土爾扈特部衆，長途疲頓凍餒，幾不能自存。因命舒赫德等分撥善地安置，仍購運牛羊糧食，以資養贍；置辦衣裘廬帳，俾得禦寒。並爲籌其久遠資生之計，令皆全活安居，咸獲得所。」

嗣後，清政府動員了新疆、甘肅、陝西、寧夏及內蒙等地的各族人民，以大量物資供給土爾扈特人民，幫助他們度過困難。爲了表彰他們的愛國行動，還在木蘭、承德隆重地接見了他們的首領，並分別給予封贈。由於清政府迅速而妥善的安置，使土爾扈特人民非常滿意，從而進一步加強了我國各民族的團結。

秦皇島遊覽區

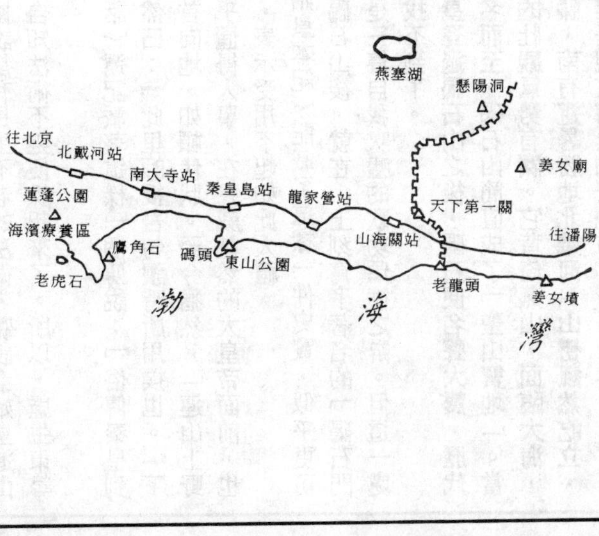


## 山島竦峙沙軟平（秦皇島北戴河）

兩千多年前，傳說秦始皇曾到過碣石山求長生不老術，但是否眞的曾在秦皇島駐蹕，現在尚未發現任何可靠的文字或實物史料。而且遲至四百多年前的明代，才出現秦皇島這個地名，更引起了學術界的質疑。有人根據康熙十八年（一六七九年）的《撫寧縣志》中出現的「秦王島」地名作出判斷：「誤秦皇，今改正」。更有人明確點出秦王就是唐太宗李世民：「大唐天子志勤兵，慕府猶傳秦邸名。自是征遼趨樂浪，非關渡海訪蓬瀛。」但這個推論卻是根據不足的。因爲《舊唐書·太宗本紀》雖有唐太宗征高麗歸途中經過榆關，「次漢武臺（今北戴河山崗上），刻石以紀功德」的記載，卻不涉及「秦王島」的地名。而且當時李世民早已登基十九年，爲什麼還要用稱帝前的封號？也講不出什麼道理來。

其實，秦皇島這個地名在明代出現，主要是和當時的軍事政治形勢有關。明初，統治者爲鞏固自己的統治，又一次大規模地修築長城，這和當年秦始皇築長城禦匈奴頗有類似之處。於是官紳、文人寫詩作賦評議秦始皇的功過，或借題發揮，議論朝政。如苗汝霖的詩：「登亭試問秦皇島，海上神仙信有無。今古幾人曾羽化，乾坤何處是蓬壺。伐湘不恤千年笑，驅石甘心萬骨枯。丹藥未成身已死，長城那得久防胡。」這顯然是借對秦始皇的不滿來表示對當時高築牆政策的異議了。朱之番的詩卻不同：「併吞六國有餘雄，鞭石爲橋事不終。孤島漫傳秦帝跡，長城自是萬年功。」表示對秦始皇功績的讚頌。

秦皇島附近，有座碣石山（屬昌黎縣），在歷史上頗爲有名。相傳秦始皇在西元前二一五年東巡時到達這裏，看到碣石山崢嶸秀麗，又聽說山中有仙人，便派燕國人盧生在山中尋找。當時山中的仙人，一個叫「羨門」，一個叫「高誓」，據說都有長生不老的法術，聽說秦始皇進山來，他們大約自知法術不靈便躲起來了。所以，盧生東尋西找也沒找到。

《長安客話》還記載著這樣一個傳說：「俗傳秦皇到此山見荆，愕然曰：『此里師授吾句讀時所用撲也。』下馬拜，荆皆垂首向地，如頓伏狀。至今猶然。」連山上野生的荆條也似乎懂得人事，在聲威赫然的大皇帝面前，也不敢直起腰來，表示受用不起如此大禮。

《史記·始皇本紀》記載了這樣一件史實，似乎更可靠些。他登上碣石山後，就在山上刻寫了著名的「碣石門辭」，當然這是一篇自我吹噓的歌功頌德之辭。但這一處刻石遺址已經找不到了。

自從秦始皇登過碣石山之後，碣石便名聲大震，歷代皇帝、名人慕名而至，碣石山簡直成了「聖山寶地」。當然這和它本身的壯觀氣勢有關。它背倚燕山，面臨大海，東有長城山海關，南有避暑勝地北戴河，山巒巍然屹立，群峰崛起，的確是觀賞海景的好地方。

西元前一一〇年，漢武帝率領文武群臣，在山東泰山上築壇祭天之後，從海路北上，直奔碣石而來。雖然他沒有留下可供後人思念的東西，但後人爲了紀念他的光臨，竟將碣石山主峰仙臺頂改名爲「漢武臺」。

三國時，曹操東征烏桓回來路過此地，登上碣石山，一時詩興大發，揮筆疾書，寫下了千古傳誦的〈觀滄海〉。詩中有這樣的句子：「東臨碣石，以觀滄海。水河澹澹，山島竦峙。秋風蕭瑟，洪波湧起。日月之行，若在其中。星漢燦爛，若出其裏。」寫出了大海寬闊雄偉的景象，表現了詩人寬廣的胸懷，被認爲是我國詩史上第一首完整的寫景詩。這一軼事，毛澤東的著名詞章〈浪淘沙·北戴河〉中曾提到過：「往事越千年，魏武揮鞭，東臨碣石有遺篇。」

唐太宗後來也學秦皇、漢武。他在征東時，路過碣石山，遂登山觀海，大發思古之幽情。他在〈春日望海〉詩中寫出了美麗的海景：「披襟眺滄海，憑軾玩春芳。積流橫地紀，疏派引天潢。仙氣凝三嶺，和風扇八荒。拂潮雲布色，穿浪日舒光。照岸花分彩，迷霧雁斷行。……」並表示了自己對前代帝王的思念之情：「芝罘思漢帝，碣石想秦皇。霓裳非本意，端拱且圖王。」

還有一個傳說，唐代大文學家韓愈的姪孫韓湘曾在這裏修行。他平常手裏提著一隻採藥的花籃，頭戴道冠，身穿道袍，衣袖臨風，瀟灑如仙。一次，他在山下沐浴，爲躲避路過的女子，匆忙間穿上衣服隱藏在一塊山石之後。沒想到他這一身仙風道骨的身影竟留在藏身的山石上。這塊山石也便因此得名：「仙影滄浪」。

秦皇島的西南，有一處海濱，稱北戴河。地濱渤海，山明水秀，風物甚佳，爲中外聞名的海濱避暑勝地。

北戴河本名北家河，明時爲海運積儲之地。海濱命名，遠載遼史，而開發，則始於清光緒十九年。最早是英籍工程師因勘測鐵路路線到金山嘴一帶，發現海灘上的金沙如棉般柔軟，是理想的海水浴場，就在附近購地建屋。隨後美、英教士相繼而來，並建築別墅。後來蔚爲風氣，金山嘴一帶竟成爲外僑區。

由於濱海的緣故，金山嘴平沙無垠，茫茫一片。又具有海岸岩石之奇，沿途怪石嶙峋。懸崖上有老樹，槎枒交錯，樹葉蒼翠。上面有南天門、鷹角等象形的巨石。海岸則在巉岩之下，怒濤拍岸，海浪喧天，浪花噴激，波紋如線，構成極美的大海景觀。金山嘴還是北戴河的燈塔所在，地勢高曠，遠眺特佳。

所謂南天門，是一堆形若「凸」字形的岩石，中有一洞，上題「石濤」二字，遊人多愛攀登其上。在這裏可以看到海闊天空、洪濤激蕩的奇景，使人感到宇宙的宏大，滄海之浩淼。海濱的極東處，就是鷹角，土名鴿子窩，石脊突兀，孤峰削立，頗見高巍。最西峰有教堂。附近有海神廟，俗稱娘娘廟，實即天后宮之類。

北戴河以避暑勝地見稱，多處闢為海濱浴場。大抵東北的水深而潔淨，西山的水淺而平穩，各浴場間有海濱大道相通。據說海浴以午後殘照西下時為宜，那時鏡海無波，餘霞散綺，景色最為絢麗。這時放眼海面，只見浪花處處，有如簇擁著朵朵芙蓉。在近岸礁石旁，則可以看到海水噴激礁石，浪花飛濺，好像四面圍攻的氣勢，實在是壯觀至極。

北戴河附近有座聯峰山，海拔一百多米，為東西兩山相連，故名。又名蓮峰山。兩山相距不遠，有路可通。登山遠眺，雲海盈胸，也是夏日納涼的好去處。「聯峰海市」，是榆關十四景之一。因為這裏偶而能觀賞到海上出現的虛無飄渺而又變幻莫測的海市蜃樓罕見景色。

山中多松林，拔地參天，但見蒼翠滿目，白石嶙峋；下臨海濱，碧波漣漪，登頂遠望，則見大海橫陳，極目無際。西望昌黎一帶，高山蜿蜒，丘陵起伏；東望秦皇島，如在煙波飄渺之中。山麓建有別墅和園林，樹木濃蔭，有花壇、環橋、鹿苑等。往上是霞飛館，又名松濤草堂，四周都是北方特多的喬松，終年蒼翠。再往上就是中蓮峰和絕頂的上蓮峰，峰上有亭，匾題「海天一色」字樣。山後兩峰相望處有一說話石，並有王子墳及達子墳等古跡，更有一古代的峰火臺遺址。聯峰山的美還在於它的石色之奇特，尤其是山後那座龍堆，完全是巨石相疊而成，造形非常別致。

南面蓮峰矗天，山中盡是羊腸小道，松杉夾植，石卵纍纍，圓滑如玉。有清泉濺瀉在崖畔，潺湲之聲如同鳴琴。近山頂，在松蔭濃翳中，只見暮靄沉沉，白帆片片，林峰模糊。山中有一寺院為觀音寺，位於山的東北，東南一角正對大海。寺中碑記為清乾隆六十年所重修。寺前矗立著兩株大槐樹，另有一道蠖公橋，橋長三十多米，禪房花木幽深，為佛門淨地。

## 天下第一雄關（秦皇島山海關）

山海關，是明代長城的起點。這裏，襟山帶海，形勝險要，自古以來就是兵家必爭之地。明太祖朱元璋統一中國後，先命燕王（後為明成祖）鎮守北平，以為北門鎖鑰。又命大將軍徐達在居庸關、南口一帶疊石為城，以壯幽燕門戶。後來，這位明代開國名將在隋唐以來的榆關故址，築城設關，控制扼塞，改名為山海關。並從山海關至居庸關設置要隘三十二處，沿著燕山修築長城，雉堞隱現於層巒迭峰之間，成為天下偉觀。其中山海關東北面萬山叢聚，成為出入關內外的咽喉，遙控遼瀋，屏障京津，有「

天下第一關」的美稱。昔日，這裏關山雄峙，若屯兵設戍，扼險據守，是可以起到「一夫當關，萬夫莫開」的作用的。過去，有人寫詩讚嘆山海關：「雲橫峻嶺千排出，天劈雄關一線開」，用來形容它的雄奇偉觀，確是十分貼切的。

山海關雄姿凜凜，氣勢磅礴，城樓極爲雄壯，高十米有餘，分爲兩層，上寬十六米多，下寬二十米。城門洞也很高闊，而城牆則從山下砌到山頂，彎彎曲曲地蜿蜒著，外貌非常美觀。

城門正額大書「天下第一關」五字，字體極大，幾百步外遠望，也很清晰。書法挺拔雄壯，極能表現這一帶巍巍的氣勢。書者未具姓名，有傳說是明嚴嵩所寫，但據縣志所載，則是明儒蕭顯所書。

登臨城樓之上，天風吹來，衣裾飛舞，使人有胸懷開闊之感。凝眸四望，全城了然。可以遠眺渤海，一泓深碧，浩淼無涯；北覽雄峰奇石，蜿蜒千里。清聖祖曾有詩詠此：「地勢長城接，天空蒼海連」，確是這裏賞景的特點。

明代最早即以「防遼」爲國家大計，歷代有名將帥籌邊重臣，如熊廷弼、袁崇煥、戚繼光、孫承宗等，均曾以重兵戍守此地。其中，身爲太子太保的戚繼光，又在山海關築南海口入海邊牆以防海寇。這就是威鎮渤海的寧海城，一稱南海口關，通常卻稱它爲「老龍頭」。如果把萬里長城比做一條巨龍，那麼這裏就是龍頭的所在。這個名稱確是起到了形象化的作用。

距山海關不遠處，有座壯觀的澄海樓，是長城上碉樓之一。因爲樓距海更近，人們登樓望遠，但見海天無際，澄波浩淼。陳天植有《重修山海關澄海樓記》，中有句道：「昔人蘭亭、岳陽，亦各有記，以志景物；若斯樓也，面臨萬壑，背負大山，高枕長城之上，澄波萬里，疊峰千重，又豈區區彭蠡、洞庭、會稽、山陰諸勝，足媲其雄深哉？」清高宗曾登樓望海，並有「漫言此後難爲水，試望當前不辨天」之詠。

山海關東南入海不遠，有白石冒出水面，其形像墳，俗稱姜女墳。據近年考證：這就是秦始皇東臨碣石的碣石，人們在其旁築姜女祠以爲紀念。這裏有一個著名的「孟姜女哭長城」的傳說。相傳孟姜女是范杞梁（一作萬喜良）之妻。（一說女姓許，居長，故稱孟，陝西同官人。）秦時徵民伕築長城，范郎被徵服役，久久不歸。孟姜女即專程千里迢迢來此築城處送寒衣，到達時聽說丈夫已亡故，便痛哭欲絕，竟使長城崩塌了八百里。後來孟姜女就葬在這裏。很明顯，這是一個民間傳說，反映了古代人們對秦始皇暴政的痛恨。已有人考證出，這事根本不存在，而且古代傳說中孟、范二人還不是同時代的人，更不可能是夫妻。但千百年來人們還是同情這位具有反抗性格的女性，爲她建了廟，塑了像（全仿民婦裝飾）。姜女廟的門聯寫道：「秦皇安在哉？萬里長城築怨；姜女未亡也，千秋片石銘貞。」巧妙地將歷史和傳說中的人物作了對比評價，表示了人們的愛憎。

# 東北部

王存信　編著

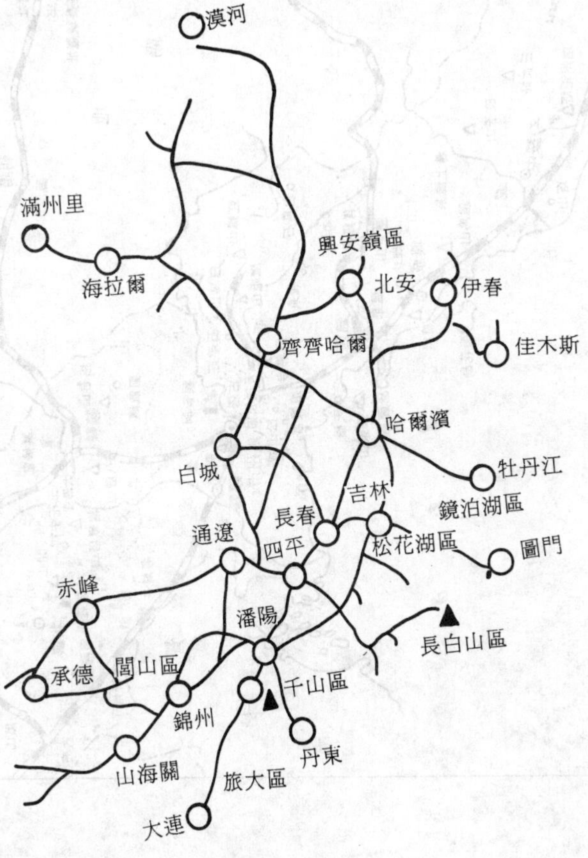
漠河
滿州里
海拉爾
興安嶺區
北安
伊春
齊齊哈爾
佳木斯
哈爾濱
白城
牡丹江
吉林
鏡泊湖區
長春
通遼
四平
松花湖區
圖門
赤峰
潘陽
長白山區
承德
閭山區
千山區
錦州
丹東
山海關
旅大區
大連

# 閭山遊覽區

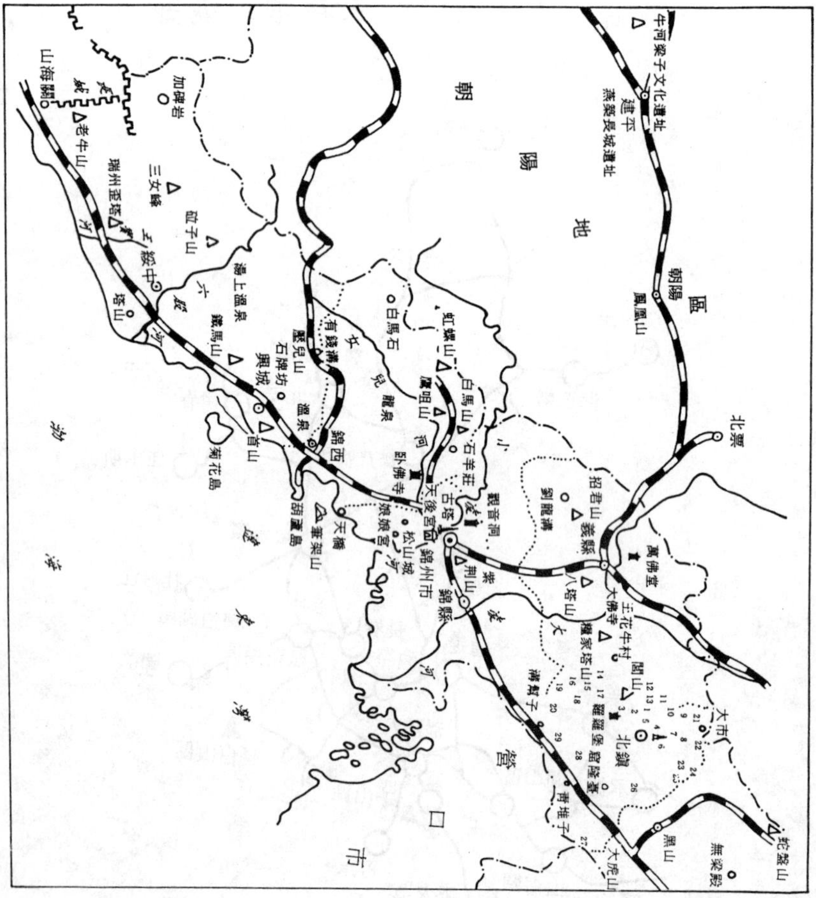
牛河梁子文化遺址
建平
燕築長城遺址
朝陽地區
朝陽
鳳凰山
北票
萬佛堂
義縣
招君山
劉龍溝
大佛寺
八塔山
五花牛村
閭山
耀家塔山
大市
北鎮
羅羅堡
富隆臺
溝幫子
青堆子
大虎山
黑山
無梁殿
蛇盤山
小凌河
大凌河
觀音洞
古塔
天後宮
錦州市
紫荊山
錦縣
松山城
娘娘宮
天橋
筆架山
葫蘆島
臥佛寺
石羊莊
白馬山
虹螺山
鷹咀山
白馬石
龍泉
有錢溝
靈兒山
石牌坊
溫泉
錦西
興城
首山
菊花島
鐵馬山
湯上溫泉
六股河
綏中
塔山
砬子山
三女峰
瑞州歪塔
老牛山
加碑岩
山海關
渤海
遼東灣

# 地不燃薪氣自騰

（興城溫泉）

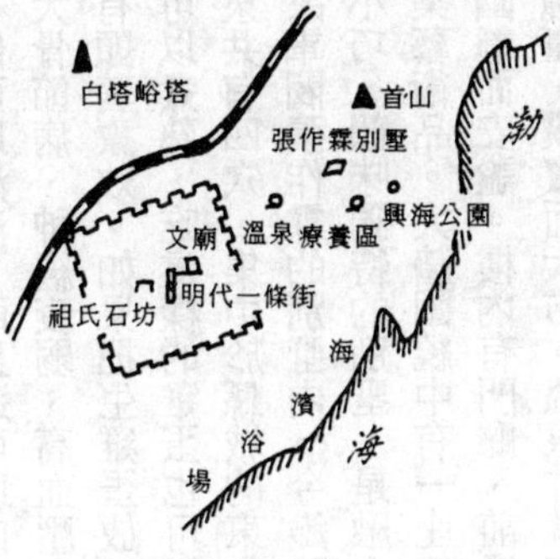


興城景點示意圖

興城的溫泉遐邇聞名，到過興城的人，幾乎都要到溫泉去泡個澡，不去溫泉那眞是白到興城來一趟。興城的溫泉能治多種慢性疾病，每年有上萬個患者、旅遊者和國外的來賓到興城溫泉來坐湯療養。這裏的療養院也特別多，各行各業設在這裏的療養院也有近四十座，可以說這裏是全國最大的溫泉療養地之一了。

早在一千三百多年前，興城溫泉就被發現了。遼、金時期就受到人們的重視，用這裏的泉水來治病，明朝寧遠衛都指揮使韓斌，於溫泉上築石亭，並在溫泉旁建堂三楹，「引流於中，以爲澡雪之所」。明代的詩人唐皋讚興城溫泉道：

泉如爛手羹初復，
地不燃薪氣自騰。

說明在明朝時人們已廣泛利用這裏的泉水了，清朝將興城改爲寧遠州，設知州管轄，溫泉附近就有一塊乾隆時死去的寧遠知州的墓碑。這塊墓碑有碑身無碑額，上刻「皇清誥贈奉置大夫知寧遠州事臧公諱根蒿之墓，乾隆四十四年五月立」。據當地老人說，這塊墓碑同溫泉也有關係。傳說清朝的乾隆皇帝有一年到盛京（瀋陽市）東巡祭祖，路過這裏。知州臧根蒿爲了表示對皇上的忠心，請乾隆留下來到溫泉沐浴。臧根蒿是個淸官，沒有財物孝敬乾隆的隨駕大臣，結果隨駕大臣對乾隆說，寧遠溫泉是熱湯，聖上是龍體，龍怎麼能入熱湯，臧根蒿心懷叵測，有欺君之罪。乾隆聽信讒言，不問青紅皂白，就下旨將臧根蒿斬首示衆。臧根蒿被殺後，頭雖然砍掉了，屍體卻挺立不倒。有人報告了乾隆皇帝，乾隆知道臧根蒿必有冤屈，就派人調查。後來事情搞清楚了，臧根蒿確實出自一片忠心，要讓乾隆在溫泉沐浴，以解旅途疲頓，因爲沒有向隨駕大臣孝敬財物，才受誣告而死。乾隆爲了褒獎臧根蒿的忠心，特意命人重撫他的家屬。將他屍體葬於溫泉之旁，並立了這塊墓碑。

興城溫泉都是地下熔岩作用所形成的天然礦泉，屬高熱放射性食鹽泉。泉水清澈透明，水溫達七十攝氏度左右。泉水內含有鉀、鈉、鎂、硫磺等物質，水中還有一種放射性元素氡氣，對人體十分有利。所以興城的溫泉在治療慢性病中，不僅可以湯浴，而且還可以口服。對治療風濕性關節炎、大骨節病、神經衰弱、高血壓、皮膚病及婦科等多種疾病有顯著療效。如果把生雞蛋放進吊籃內，置入泉井，雞蛋可以煮熟，吃這樣的雞蛋也可以治病。

興城溫泉共有四穴，集中於縣城的東南二公里處，主穴則在原奉系軍閥張作霖的別墅內（今鐵路療養院）。這是一座精緻小巧、韻味獨特的別墅，是融合東西建築工藝於一爐的建築藝術品。大牆圍繞中有一座二層紅樓，院內綠樹成蔭，幽靜而安謐。樓內有門廳、前廳和後廳，二樓有拱形圍欄曬臺，樸實而大方。溫泉井就在院內，共九穴，團團的霧氣從泉井中冉冉升起，周圍景物迷濛蕩漾，若隱若現。很多遊人來到這裏，總是先要喝上一口泉水品嘗一下它的風味，然後再用溫泉沐浴，走的時候還要裝上幾瓶泉水帶回去。

距離興城溫泉約一百里的地方，據說還有一處溫泉，名叫高家嶺湯上溫泉。這裏的溫泉不但沒有一般溫泉水的硫磺味，喝上兩口還香甜可口，興城的溫泉眞是不可多得！

## 「王」字並非錯刻（興城祖氏石坊）

在興城縣的南大街，一南一北，樹立著兩座石牌坊，相距約八十五米左右，南邊的牌坊是明崇禎四年（一六三一年）爲明朝的前鋒總兵官祖大壽立的，名叫「忠貞膽智」坊，後來因有倒塌的危險，被拆除了。北面的牌坊是明崇禎十一年（一六三八年）爲明朝邊關大將援剿總兵祖大樂立的，名叫「登壇駿烈」坊，祖大壽和祖大樂是親兄弟，故兩坊又稱「祖氏二坊」。兩座牌坊的形式大體相同，都是仿木結構的四柱三間五樓式，單檐廡殿頂。祖大樂石坊，用赭色石料建造，全高十一點五米，寬一十三米，坊上浮雕雙龍、海馬、牡丹、蓮菊等花紋，靠四柱有四大四小石獅子，造型生動雄偉，石坊最上面有塊石匾，上刻「

玉音」二字。古代把皇帝說的話當作金口玉言，「玉音」實際就是皇帝的聲音。但石坊上的「玉」字，一點不在下邊，卻挪到上邊，刻成「王音」，這是爲什麼呢？據當地的老人說，原來是這麼回事。

明朝末年，崇禎皇帝爲了籠絡寧遠守將祖氏兄弟，同意他們爲自己建造牌坊。祖氏兄弟爲了給自己樹牌坊，立即將興城的石匠都抓了來，要他們把手上的活兒都丟下不管，爲他兄弟趕造牌坊。石匠們沒有辦法，只好起早貪黑地幹，就這樣，祖氏兄弟還是天天派人來催。老百姓看祖氏兄弟依仗權勢爲自己樹碑立傳，很不服氣，石匠知道大家的心願，爲了出口氣，偷偷地將石匾上的「玉音」的「玉」字雕刻成「王」。牌坊建成後，祖氏兄弟來慶祝牌坊的落成典禮，揭開彩綢一看，祖氏兄弟氣得要死，立刻把石匠都抓起來，要開刀問斬，有個老石匠不慌不忙地向祖大壽說：「大帥，爲什麼要殺我們？」祖大壽說：「把『玉音』的『玉』字刻錯了，犯了欺君之罪。」

老石匠聽了一笑說：「如果不這麼刻，大帥是違抗皇命，才眞是犯了欺君之罪。」

祖大壽一聽，愣了，忙問爲什麼？老石匠卻反問他道：「大帥建造牌樓石坊，可有皇上的聖旨？」

祖大壽搖搖頭。

老石匠說：「沒有聖旨，怎麼能說是皇上的金口玉音？」

祖大壽只好說，那是晉見皇帝時，提起修石牌坊的事，皇上只是點點頭。

老石匠聽後，哈哈大笑說：「沒有皇上的聖旨，就擅自動工修建牌坊，還要說是皇上的『玉音』，這不是欺君罔上嗎？現在我把『玉音』刻成『王音』，說明不是皇上親口傳旨，而是點過頭的，就不會怪罪你兄弟了，你怎麼反而恩將仇報，要殺我們呢？」

祖大壽一聽，嚇出一身冷汗，越聽越感到老石匠說的有理，趕緊命手下人給衆石匠鬆綁，又拿出幾十兩銀子賞給他們。

這當然是個傳說故事，是當地的人們根據自己的想像創造出來的。要知道，祖氏石坊的建造，原是明朝的崇禎皇帝對祖氏兄弟忠心保衛遼東疆土的鼓勵。後來，於崇禎十五年（一六四二年）松山之戰時，祖氏兄弟卻叛明降清，這對石坊遂成爲歷史的笑柄。那麼石坊既是崇禎親自頒旨建造的，怎麼把「玉」刻成「王」呢？是當時的無名書法家有意寫錯，還是石匠有意刻錯呢？當時祖氏兄弟確實屢次與後金兵戰鬥，英勇頑強，深得民心。也不可能預見到他們後來的降淸行爲，所以可以肯定這「玉」字刻成「王」並沒有錯。我們可以從有關的字書上來考察一下。《說文解字六經疏證》對「玉」的記載說「楚文作王」。是說最早的玉字，一邊各有一點，清代著名文學家顧炎武所著《金石文字記》在「玉」字的多種形式中，有將玉寫成「王」的。近代的《金石大字典》延其說法也有這種寫法。另據臺灣出版的《中文大辭典》說，在「玉」的諸種寫法中，華山廟碑的玉字寫成「王」。另外，古人的書寫習慣，常喜在王字寫成後加上一點，這一點大都是加在上方，或中間偏上處，比如張舜徽寫的《說文解字約注》中的玉字，就常常是這麼寫的。是否可以說明，玉字的點在下是後來逐漸形成的？總之，祖氏石牌坊上的「玉」字並不是錯字，是毫無疑問的。

有人說祖氏石坊已無保留價值，因為祖氏兄弟後來降清，已是民族叛徒，對於此事也要作歷史分析。祖大壽是一員猛將，鎮守邊關屢立戰功，成為努爾哈赤進兵關內的極大阻礙，努爾哈赤早想除去這一心腹禍患，但是，努爾哈赤又是一個具有遠大抱負的封建君主，他又特別喜歡祖大壽這樣的將才。因此，努爾哈赤想收服祖大壽這人比要消滅這人更迫切。祖大壽由游擊而任總兵，在袁崇煥為遼東主帥時，被袁選為前鋒總兵官，在屢次與清兵的交戰中勝多敗少。清軍最後使用反間計，讓糊塗透頂的崇禎帝殺了袁崇煥。當時作為直接受袁指揮的前部先鋒官祖大壽，是非常清楚袁崇煥是受冤屈的。他害怕株連自己，當時不敢為袁崇煥辯白，但對於朝廷誅殺忠臣是極為寒心的。祖氏兄弟是遼東人，家屬均在關外，在他屢次與清軍作戰中殺傷無數清兵，可清軍為了收服他，一直派人保護他的家屬不受清軍報復。直到最後，他的弟弟祖大樂、祖大名和祖大成均在內無糧草、外無救兵的情況下先後被俘，他仍然拒不投降。皇太極放出祖大成、祖大樂勸降祖大壽，使他降清。我國歷史上所發生的各民族統一戰爭，是個比較複雜的問題，應該看到人民的是非觀念是鮮明的，祖氏二石坊能夠長久地保存下來，總有它一定客觀原因吧！據說清代的乾隆皇帝路過興城時，看到了祖氏石坊，曾吟詩道：「若非華表留名姓，誰識元戎事兩朝。」詩中對祖氏兄弟降清也不以為然，其實他是出於統治階級的需要。

## 三位一體的旅遊點

### （錦州廣濟寺、天后宮和遼塔）

錦州市有廣濟寺，有天后宮，有遼塔，都是著名的古跡。廣濟寺、天后宮和遼塔都靠在一起，遊覽錦州的名勝古跡很方便，不用跑許多路，就可以全部觀賞到了。

我國的沿海城市都有天后宮，或者叫天后娘娘廟，也有的叫媽祖廟。錦州靠近渤海遼東灣，所以市內的天后宮規模也是很大的。關於天后娘娘的傳說，在我國大部分地區是這樣流傳的。據說北宋年間，福建莆田縣有一官吏名林願，在一次乘船出海時遇難，被一女子救起，這女子卻很像他的女兒。等他遇救回家後，他的女兒已經死去多日了。林願就爲她在海邊立了廟，不久漁民們在海上也常常看到她，並常受她的庇護，於是到處就爲她立廟，尊她爲天后娘娘，是保佑出海人安全的神靈。

可是，錦州的天后宮，有關天后娘娘的傳說，卻與其他地方不同。當地傳說，這位天后娘娘姓陳，她愛上了一個打魚的小伙子叫海柱子。每當海柱子出海打魚黃昏不歸時，她就在海邊的小山上點起火，爲海柱子引航。他們的愛情被海龍王的小女兒白龍公主知道了，公主很受感動，就將一顆七彩珍珠送給了陳姑娘。從此以後，海柱子在海上不論遇到多麼大的風雨雲霧，只要陳姑娘站在海岸邊，海柱子就會安全而歸，誰知後來皇帝選妃，卻把陳姑娘選上了。因爲陳姑娘不能去海岸，海柱子打魚時也被海水捲走了。陳姑娘在要離開家時，對她媽媽拜了三拜，又對大海拜了三拜，把七彩珠呑進肚裏，就被抬到皇宮去了。到了皇宮以後，陳姑娘不吃不喝，雙目圓瞪，端坐不動，不久就死了。皇帝看到這個美人一進宮就死了，大爲掃興，但是選進宮就是皇妃，要用皇妃之禮來葬她。白龍公主知道陳姑娘的心思，就稟告玉皇大帝，玉皇大帝傳旨封陳姑娘爲天后娘娘，讓她專門來庇護出海人。這就是錦州天后宮裏天后娘娘的傳說，雖然這個傳說與各地傳說不同，倒是更合乎人情味，更美麗動人。

錦州的天后宮是清初建造的，就建在廣濟寺的西邊，有正殿，有東西廊房，大殿中還塑有穿戴著鳳冠霞帔的彩繪天后娘娘塑像。

天后宮的旁邊就是廣濟寺，這座寺廟初建於遼代，後來被火燒燬，清代道光九年（一八二九年）重建。整個布局爲長方形，主要建築爲佛殿，原佛殿內有大型釋迦牟尼塑像，所以又稱大佛寺，現在大佛已經沒有了。除佛殿外，還有關帝殿、天王殿、碑坊和配殿。主體爲大木架結構，面闊七間，進深約五間，檐柱及額枋上均有精美的雕飾花紋。山門口左是鐘樓，右是鼓樓。寺前則是錦州著名的遼塔，高約五十七米，在錦州的四面八方都可以看到它。這塔是遼代清寧三年（一〇五七年）建造的。「清寧」是遼道宗耶律洪基的年號，相當於北宋的宋仁宗嘉祐年間，當時遼國在關外的許多地方都建有這樣的寶塔，但錦州的這座塔卻是在諸多遼塔中較高的一座。廣濟寺塔是磚築實心寶塔，塔身上面有十三層青磚雕刻的塔檐，現在塔檐已經脫落。據當地老人傳說，這座塔原先還有一個像寶葫蘆的鎏金塔頂。塔頂已經沒有了，是明末清初清軍主帥努爾哈赤攻打錦州的時候用炮把它轟掉的。努爾哈赤是我國歷史上少數民族中的傑出領袖人物之一，但錦州廣濟寺塔的塔頂是不是他下令轟去的，卻史無記載，只能算作傳聞而已。現如今，廣濟寺已成爲錦州博物館的館址，來這裏遊覽不僅可以觀賞古建築的雄姿，同時也可參觀錦州地區的諸多文物，眞是一舉兩得。

## 佛大盛傳關內外（義縣奉國寺）

遼寧省義縣的奉國寺是關外著名的古建築之一，它始建於遼代開泰九年（一〇二〇年），是國家級重點文物保護單位。奉國寺原名咸熙寺，金代改稱爲奉國寺，在寺內的大雄寶殿中，塑有釋迦牟尼等七尊坐佛，高約九點五米，故又稱七佛寺，俗稱大佛寺。這七尊佛像，國內少有，在世界上也久負盛名，每年吸引著衆多中外佛教信徒前來禮拜瞻仰。

奉國寺建於義縣東街路北的高臺之上，屬於我國遼代單層高大建築，外觀雄偉壯麗，結構威嚴大方。寺內的主體建築爲大雄寶殿。殿內有七座遼塑大佛，每佛前有對立的兩位脅侍尊者，殿東西兩頭還各有天王像一尊。當觀賞的遊人走進大雄寶殿，就會發現有些不同尋常的地方，比如在釋迦牟尼的佛像前，有一根大立柱，柱頭上卻劈裂開一條大縫，綁著一根麻繩。在大殿的橫樑上懸掛著一隻木製的大墨斗。走出正殿，在大殿的東南角，有一根粗大的立柱沒有柱腳，就像是從土裏自己長出來的。當然，這些都是建造這座佛寺時留下的痕跡，然而人們卻編出一個美麗的傳說故事來。

據說修建這座佛寺的人乃是木匠祖師爺魯班的徒弟。當然，他並不是魯班爺親自傳授的手藝，只是他虛心好學，聰明能幹，有一天碰到個白鬍子老頭，送他一個墨斗，對他說：「好好幹吧！將來遇到難事，我還會來幫助你的。」說完，這位老人就不見了。這個小伙子來到大凌河畔，見到一塊長滿蒼松翠柏的地方，十分高興，就想在這裏顯顯本事，蓋一座大廟。當時修廟塑佛是積大德的事，許多人都自動跑來幫工，一時間熱鬧極了。人們鋸的鋸，拉的拉，扛的扛，刨的刨，抬的抬。這座廟設計得太大了，用料太多，竟然把這一片樹木全用上了，最後只剩下了一棵最高最粗的大樹。小伙子一看，這棵樹長得又直又壯，眞是當立柱的好材料。他想：乾脆不用鋸倒，就讓它原封不動地當根立柱吧！這就是爲什麼大殿東南角立柱沒有柱腳的原因。

小伙子是個急性子，恨不得一下子把廟蓋好。他看來幫工的木匠用墨斗子拉線慢，就把白鬍子老頭送他的墨斗拿出來用，誰知這墨斗是個寶物，樑椽檁木只要讓這隻墨斗的線畫過，就像長了翅膀似地飛向自己的位置，轉眼之間寺廟的大架就豎起來了。就在上最後一道樑時，卻發現立柱頭劈裂了一條大縫，足有兩尺長，一巴掌寬，想換木料已經來不及了。想不到，眼看廟要建成了，卻出現這麼個漏洞，一旦倒塌，這心血不是白費了嗎？在這緊要關頭，突然那白鬍子老頭站在小伙子面前，手拿一根細麻繩對他說：「只要把麻繩綁在柱頭上，就萬無一失了。」小伙子照白鬍子老頭的話去做，果然無事。一座高大華麗的大佛寺落成了，小伙子想起這白鬍子老頭必非凡人，跟著就追了出去，見了人就打聽，結果越走越遠，以後再沒有看到那小伙子。據有人說，那白鬍子老頭就是魯班爺幻化，他已經收那個小伙子作徒弟了。這小伙子因爲走得急，沒把那隻墨斗帶走，人們爲了紀念他建造大佛寺的功勞，就把墨斗掛在大殿的橫樑上。

這當然是個民間傳說故事，但它反映出人民對造寺有過貢獻的人的讚美和懷念。今天看到殿內那根劈裂的柱頭（是用鐵箍套住的），看到殿內橫樑上掛的墨斗，就會想到編故事的人的聰明與智慧，想到當時構築這樣一座高大建築物的難度。至於大殿外東南角那根無柱腳的立柱，實際是有柱腳的，不過是因爲過去鋪墊寺院時，將柱腳埋沒了，這樣高大的建築物，在當時科學技術並不發達的情況下，建造它也確實不容易。整個大殿爲五脊單檐廡殿式，正面寬四十八點二米，進深約二十五米，高二十一米，不論是高度還是跨度都是少見的。前開三門，後關一門，樑架和內槽斗拱上，都有反映遼代藝術特徵的彩畫，四壁還有元代的壁畫。金、元、明、淸均對奉國寺作過修繕，並刻有石碑以記其事。後門內有倒坐觀音像一尊，係明代的雕塑藝術品，是一種極有歷史價值的文物。此外還有山門、牌樓、無量殿等。

這座寺廟距今已九百餘年，各方面均保存較完好，這對於研究遼代的建築、文化及佛教的傳播情況，都是很有價值的實證。它的雄偉壯觀更爲古今中外的遊人所稱道，有位古代的詩人說得好：

大雄寶殿勢威雄，今昔人稱建築崇。
廟貌盛傳關內外，工程直甲郡西東。

## 峭壁鑱成萬佛身

（義縣萬佛堂石窟）

出義縣城向西北行九公里，就到了著名的萬佛堂石窟了。萬佛堂石窟位於大凌河北岸的懸崖上，有大大小小石窟十六個，是我國東北地區最大最早的石窟群。石窟分東西兩區，西區始建於北魏太和二十三年（四九九年），東區始建於北魏景明三年（五〇二年），它們在我國佛教雕刻藝術中，占有一定的地位。明代定海人賀欽，曾在義縣爲官吏，他在遊覽了萬佛堂以後，寫詩頌道：

峭壁鑱成萬佛身

招提開創幾千春

西區共九窟，分上下兩層，下層是六座大窟，上層爲三座小窟，窟與窟之間還雕有許多小佛龕。石窟中除保留有大量石雕佛像外，在第五窟內還保留有北魏《平東將軍營州刺史元景造像碑》。元景碑內容廣泛，是研究我國古代東北歷史地理的極爲珍貴的資料。元景碑的書法遒勁，堪與龍門始平公諸碑誌媲美，近代著名政治家康有爲曾稱其爲「元魏諸碑之極品」，梁啓超也稱頌它「天骨開張，光芒閃溢」。

東區共七窟，是韓貞等七十四人所鑿成的私窟，在第五窟的門楣上刻有《韓貞造像題記》。韓貞是北魏時的尉喻契丹使，在《韓貞造像記》中記載了契丹的早期珍貴資料。東區的山頂上建有一座圓形小塔，爲明代成化十年（一四七四年）都督僉事王鍇所建，小塔的南面有石刻《塔銘》，記載了建塔的經過。

萬佛堂石窟與雲崗石窟爲一個系統，但比雲崗石窟建成時間略晚，它們基本上都是繼承漢代石刻藝術的傳統，並吸收外來影響而形成的，所以雕刻的風格是一致的。同所有的石窟一樣，萬佛堂石窟也有自己的傳說。傳說古時候，有個皇帝非常信佛，他要在這陡壁懸崖上刻一萬尊佛像，以表自己的虔誠。他找來個石匠，命令他一年內把所有佛像刻成，一年轉眼過去了，石匠把自己刻的佛像從頭數一遍，可數來數去總是少一個。皇帝派人來查數，石匠沒有辦法，就找個空地方，腿一盤，掌一合，充個佛像。誰知道，石匠坐在那裏眞變成一尊石佛了。

萬佛堂石窟的佛像是我國古代雕刻藝術珍品，保留的碑刻、題記和塔銘是珍貴的歷史資料，除此外萬佛堂石窟周圍的自然景致也是十分佳麗的。石窟後依連綿的山嶺，山勢雖無巨石峻嶒，但樹木葱鬱，別有情趣。特別是石窟面臨大凌河水流，河水滾滾而來，波光漪漪，山水之美盡收眼底。

前面提及的明代思想家賀欽，極其欣賞這裏的秀麗風光，曾長時間居留此地著書立說，他在他所著的《醫閭集》中，留有七絕一首，名《題萬佛堂壁》：

雲端石洞可棲身，水繞山圍勝得春。

傳語高僧休厭客，西鄰曾寓著書人。

萬佛堂的開鑿同北魏的其他石窟一樣，都是爲了給剝削階級修功德、求幸福的。它費時費工，耗費巨大。但是它卻保留了勞動人民的血汗築成的寶貴雕刻藝術，反映了我國當時勞動人民和藝術家們的智慧。

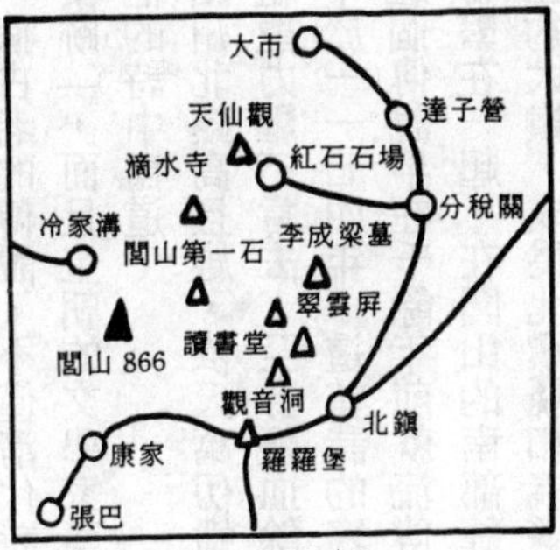

閭山示意圖

# 關外此山名最古（北鎮醫巫閭山）

醫巫閭山，位於遼寧西部北鎮縣和義縣之間，是我國五大鎮山之一。根據《周禮·夏官·職方氏》記載：「東鎮沂山、西鎮吳山、中鎮霍山、南鎮會稽山、北鎮醫巫閭山。」《爾雅·釋地》說它是「東方之美者，有醫無閭之珣瑜琪焉」，其美質無與倫比，簡直就像一塊璞玉。據說「醫巫閭」是古代契丹語中「大」的意思，所以醫巫閭山亦即大山。它又稱廣寧大山、無慮山或簡稱閭山。整體山勢南北綿亙四十五公里，周圍占地約一二〇公里，滿山蒼松翠柏鬱鬱葱葱，峰巒疊翠，奇峰怪石比比皆是。清代乾隆時安徽桐城詩人張若霈有詩道：

海門日出扶桑紅，朔天萬里霜煙空。
馬前了了列巨嶂，隱然氣色雄關東。
北鎮之山名最古，望秩遠稽堯典中。

確實如此，醫巫閭山從古代起就是幽州的鎮山。舜帝定它爲十二名山之一，隋文帝稱它爲北鎮名山。唐玄宗封它爲廣寧公，金世宗封它爲廣寧王，元朝又封它爲禎德廣寧王。清代尊它爲醫巫閭山之神。東北有三大名山，即閭山、千山和長白山，閭山最負盛名。遠在戰國時代楚國的大詩人屈原就在《遠遊》詩中寫過：「朝發軔於太儀兮，夕始臨乎於微閭。」這「微閭」說的就是醫巫閭山，可見它的名聲之大。遼、金以來，山上曾修築了許多建築物，年久荒毀，清代又重建了一批建築物，如望海寺、曠觀亭、老爺閣和古佛龕等。望海寺建於主峰望海山上，山高九百餘米，在寺前可以看到稀有的「佛光」，每當雨後初晴，如海的白雲翻騰如潮，高山深壑在雲海中若隱若現，這時「佛光」像彩虹般，形成光環映在天幕之上，美麗極了。

提起醫巫閭山的美，還有個十分有趣的傳說呢！據說秦始皇統一六國之後，到中原各大名山觀光，看來看去總覺風光大同小異，這時他聽人說北鎮山乃是幽州名山，山色殊異，同中原諸山大不一樣。秦始皇就想到醫巫閭山來遊玩，可是路途遙遠，大臣們都一再勸止，於是手下方士就建議用趕山鞭，把閭山趕進關內，供秦始皇遊覽。秦始皇的趕山鞭曾把廬山趕到江南，當然也能把閭山趕進關內。誰知閭山不聽調遣，趕了三天三夜，竟巋然不動。負責趕山的方士怕秦始皇怪罪，只得揮鞭抽擊山尾，又趕了三天三夜，才將山尾的十三個小山頭向西趕出了二十里，成了錦縣北部的十三座山。方士趕山不成，鞭子打斷了，人也累死了。山上被鞭打的血跡，化成了深秋的楓葉，一片殷紅。

這是一個古老的傳說，不僅清代詩人張若需說過「鞭痕天沏暴秦跡」，而且金朝的文學家蔡珪也曾有詩讚美這一傳說，他的詩中寫道：

幽州北鎮高且雄，依天萬仞蟠天東。
祖龍力驅不肯去，至今鞭血餘殷紅。

蔡珪卒於一一七四年，這首詩的寫成當早於一一七四年，說明這個傳說早在千餘年前就流傳了。有的景物還同歷史人物聯繫在一起，在閭山的南部峰頂上，有一段像城牆一樣陡立的大嶺，成為北鎮縣和義縣的分界線。就在這道大嶺上有個豁口，名叫石門子。豁口有兩丈多高，一丈寬，就像道城門，也是兩縣人們住來的通道。當地人們傳說，這個豁口原來是沒有的，是唐王李世民的手下大將尉遲恭用八面紫金鞭劈開的。類似的風物傳說，在閭山真是舉不勝舉。

閭山也是自遼金以來我國關外的宗教中心之一，所以寺院甚多，像著名的望海寺、觀音洞、玉泉寺等都有悠久的歷史。另據《遼史》記載，山中還有遼東丹王讀書處的「望海堂」和遼東丹王死後埋葬的「顯陵」；遼景宗的乾陵；以及遼世宗和天祚帝的陵墓等。目前有些墓葬已經出土，有的遺址已經發現和整修，供遊人觀賞。

如今的醫巫閭山，面貌又有了很大的改觀，人們在山中廣植林木，新樹與老樹交相掩映，重建了歷史上的會仙亭，新建了聖水橋，原有的衆多摩崖題字和碑碣也都修刷一新，當代著名書法家趙樸初，在玉泉寺最顯赫的崖壁上題了「高標北鎮，秀聳遼西」八個大字，使閭山更添風采。

## 醫巫閭山的神廟（北鎮山神廟）

北鎮縣城西有座大廟，是醫巫閭山的山神廟，又稱北鎮廟。它蓋在一個小山包上，大廟坐北朝南，前後五重大殿，廟的東邊還修造有九十一間皇帝行宮。在東北，除瀋陽的故宮以外，北鎮廟算是最大的皇家建築群了。這座廟宇始建於金代，元、明、清歷代皇朝都重修擴建，形成了今天這樣規模宏大的建築群。整個建築群從崗下依天然地勢排列到崗頂，南北長約二四〇米，寬一〇九米。廟內的主要建築是歇山式大殿，綠琉璃瓦頂，九架樑，面闊五間，進深三間，樑坊上有彩繪，牆上有壁畫，殿周圍環繞著玉石欄杆，廟內兩旁有鐘、鼓二樓，還有四座碑亭遺址，保存著元、明、清歷代的石碑幾十方。山門外則是石獸和高大的石牌坊，說來有趣，廟門外矗立著的四座石獅子，是按喜、怒、哀、樂的四種形象雕刻的，異常生動逼真。北鎮廟還有件奇怪的事，廟上焚香的亭子，沒有按照一般廟宇的常規建在廟門前，而是建在遠離廟門的南邊約三里地的地方。據當地人說，事情是這樣的。原來的香亭是在廟門前的，有一年清朝的皇帝乾隆要到醫巫閭山來遊玩，還要拜謁山神廟。這一下可忙壞了地方官，他們立即拉伕派工重修山神廟，聽說皇帝還要住下來，於是又在廟的東邊建造行宮，行宮快要蓋好的時候，地方官就下命令，禁止平民百姓再到山神廟來，當然燒香也不行了。這一下可惹火了八方的善男信女，他們圍住地方官評理，非要進香不可。地方官想，行宮裏將來皇帝要來住宿，這麼多人來燒香，驚動皇上吃罪不起。可是又不好阻攔善男信女們燒香，鬧起事來，更是不得了。於是他就想了個壞主意，偷偷命人把廟前的香亭子給拆了，在廟南邊約三里遠的地方又修造了一座香亭。這樣皇帝住在東邊，燒香的人在南邊，也算是互不干擾吧！

遊完了北鎮廟以後，人們都喜歡到廟西北角的石頭山的窟窿裏去鑽一鑽。據說這座石頭山是女媧娘娘留下的「補天石」，不知什麼時候起，石頭上就刻著「補天石」三個大字了。清代桐城人張若需有《望醫巫閭山》詩，其中有「鞭痕天泐暴秦跡，煉餘尙緬媧皇工」句。上句講的是秦始皇鞭趕閭山的事，下句就是講的這座石頭山。關於這座石頭山，當地還流傳著這麼個故事。傳說在很久以前，天神共工與另一天神顓頊爭當天帝，共工在戰鬥中失敗了，在暴怒之下，用頭撞翻了頂天的柱子不周山。這下可給人間帶來了災難，天塌西北，地陷東南，遍地都是洪水，老百姓簡直就沒法活了。這時有個善良的女神，名叫女媧娘娘，她爲了解救人們的苦難，決定煉石補天。她不分白天黑夜地煉呀、煉呀，終於煉出了許多五彩神石，她用這些五彩神石把天給補上了。最後還剩下一塊石頭，她想把石頭揀起來，扔到海裏去。誰料想石頭底下藏著一條蝎子，這蝎子受到仙氣的感染已經快成精了，女媧揀石頭的時候，手指觸了蝎子精一下，蝎子精就撅起尾巴蜇了女媧娘娘的指頭。女媧娘娘一驚，不由將手緊緊一攥，結果她的手指就插進石頭裏去了，把石頭捏個大窟窿。她一抖手，石頭就被甩飛了，結果它沒有落到海裏去，卻落到了北鎮廟的西北角。

這座石頭山遠遠望去，又很像是一座屏風，所以它又有個名字叫翠雲屏。當年清朝的乾隆皇帝到醫巫閭山來遊玩時，看到這塊補天石曾寫過一首詩：

廟西峙立翠雲屏，凝盼誰能擬色形。
一石丈餘大方廣，補天二字出何經。

看來，他是不相信這個傳說的。

## 讀書堂記兩楚材

### （北鎮閭山讀書堂）

在醫巫閭山衆多的古跡遺址中，特別使遊人感懷的，當數遼國東丹王耶律倍的讀書堂了。這讀書堂原是遼金時代的貴族式宮殿建築，後來改爲廟宇，現在廟宇早就荒毀，只剩下一座可容百人的大平臺，坐落在群山拱衛的險峰之上。遊人在這裏還可以明顯地看出大約四百平方米的室基，早年人們尚可在廢土石堆中，發現琉璃瓦的碎片，想見當年讀書堂的規模。這座讀書堂又稱「望海書堂」，是耶律倍自己取的名。

耶律倍是遼國太祖耶律阿保機的長子，太祖神冊元年（九一六年），被立爲皇太子。從童年開始就聰敏好學，長大後更加嚮往唐代的文化。他能翻譯漢文典籍，能用漢文賦詩，知音律，工醫學，尤擅丹青，曾有作品傳世。他推崇儒家思想，曾建議耶律阿保機建立了孔子廟，由他春秋主祭。他是贊成使遼國封建化的，而他的母親述律皇后卻主張保存奴隸制度。遼太祖耶律阿保機在東征回師時，死於夫餘城。隨軍的王族、大臣們編造說夫餘城的上空出現黃龍，並將夫餘改名爲黃龍府（今農安縣）。本來契丹貴族中就存在著兩種勢力的鬥爭，耶律阿保機在世時，就有人主張用封建制進行統治，另一部分則堅持原來的奴隸制。因此，耶律阿保機死後，這兩派勢力的鬥爭更趨激烈，並直接牽涉到王位的爭奪。耶律阿保機死後不久，皇后述律氏挾重臣，立第二子耶律德光爲王，把耶律倍從天福城移居到東平（今遼陽）。改東平爲南京，並同時將支持耶律倍的貴族也移居在這裏，派人監視他們的行動。贊成封建化的人失去了勢力，耶律倍也受到了「軟禁」。耶律倍一再聲稱，他不願爭奪王位，但耶律德光仍然不放心，藉口耶律倍喜愛漢文典籍，在醫巫閭山中建造了一座讀書堂，要耶律倍常年住在那裏。據說當年的讀書堂曾藏有萬卷以上的典籍。實際上這讀書堂不過是變相的牢房。遼天顯五年（九三〇年），耶律倍曾以悲傷心情在海邊吟詩道：

小山壓大山，大山全無力。
羞見故鄉人，從此投外國。

西元九三〇年的年底，唐明宗李亶在位之時，耶律倍請求渡海到唐朝學習，正好李亶也有書信發來請他，不久他就到了後唐的首都汴梁。唐明宗很欽敬他的為人，以上賓之禮招待他，又賜給他一個漢族名字叫李贊華，後來又命他去鎮守滑州，受到唐明宗的信任。唐明宗死後，他受到唐末帝李從珂的懷疑和打擊，不久被李從珂處死，年僅三十八歲。遼太宗耶律德光將其屍骨運回，埋葬於醫巫閭山，墓地稱為「顯陵」。遼世宗繼位後，追謚他為「讓位皇帝」。耶律倍除精通漢族文化外，還懂得醫術，精通音律，會繪畫，是一個較全面的人才。

但是，當地傳說這座讀書堂是元朝時修建的，是為了紀念元朝的三朝開國元老耶律楚材的。據說清朝的乾隆皇帝遊醫巫閭山後，作了五言三十韻，有兩句是這樣寫的：「作記徵彭澤，成詩憶楚材。」楚材，當然就是耶律楚材。據史料記載，耶律楚材確實是北鎮人（古稱廣寧），而且是東丹王耶律倍的九代玄孫，小時候也在醫巫閭山下讀過書。耶律楚材雖是金國人，但卻是我國建立元朝的重要人物之一。傳說他的父親耶律履預見到金朝氣數已盡，自己的兒子將來必為別國所用，為兒子在《左傳》上選了一句話作名字，即「楚雖有才，為晉所用」。既然是這樣一位大名人，又確實同東丹王是一家子，那麼乾隆誤把東丹王的讀書堂當作耶律楚材的讀書堂，也就不奇怪了。或者，醫巫閭山存在著兩個讀書堂吧！

## 哲匠雕鎪訝鬼工
### （北鎮李成梁石坊）

李成梁石坊，在遼寧省北鎮縣城內鼓樓前，是明朝萬曆八年（一五八〇年）朝廷為了表彰李成梁的功績，命遼東巡撫周詠等修建的。

李成梁是今遼寧鐵嶺人，少時家貧，四十歲時方擔任父祖累世承襲的鐵嶺衛指揮僉事的職務，後因戰功任遼東險山參將遼陽副總兵。隆慶四年（一五七〇年），大將王治道戰死後，李成梁被提升為遼東總兵官。從此掌握遼東的軍事大權。李成梁於明萬曆四十三年（一六一五年）死去，終年九十歲。

李成梁任遼東總兵官時，其下屬如副總兵、參將、游擊等大都出於他的門下，其子弟的地位也很顯赫，數十年間，遼東兵權掌握在李氏一門手中。李成梁在明末邊備弛棄的情況下，「大修戒備，甄拔將校，收召四方健兒，給予厚餼，用為先鋒，軍聲始振」。他還多次打敗蒙古族、女貞族的侵擾，用計殺死了努爾哈赤的父親和祖父。在他「鎮遼二十二年，先後奏大捷者十」，「師出必捷，威振絕域」。當然，他也做過一些蠢事，比如他「貴極而驕，奢侈無度。軍貲、馬價、鹽課、市賞、歲乾沒不貲，全遼商民之利見籠入已」。用這些錢，李成梁結交朝中權貴，拉攏和賄賂當時擔任監軍的太監。

李成梁作爲一個武人，爲嚴防當時蒙古和女眞的侵犯，大修戰備，對明朝在東北的統治是有利的，所以萬曆八年（一五八〇年），明神宗朱翊鈞爲表彰他的功勞，當然也是對李成梁的籠絡，特意在北鎮爲他建立石牌坊，並加封他爲「寧遠伯」。

這座石坊是用青色花崗岩仿木結構建造，四柱三間五樓式，單檐廡殿頂，高九米，寬約十三米，額上豎刻「世爵」二字，橫刻「天朝誥券」和「鎮寧遼東總兵官兼太子太保寧遠伯李成梁」等字，還有「萬曆八年十月吉日立」的年款，兩面文字相同。石坊飾有鯉魚跳龍門、二龍戲珠、四龍、四鹿、四季花卉以及人物等浮雕。中柱柱角前後各立一石獅，都具有較高的藝術價值。清末文人李維楨在北鎮觀賞了李成梁石坊後，寫了一首《寧遠伯石坊歌》：

獨留結構矗穹空，哲匠雕鎪訝鬼工。
舌吐石猊威舑錟，翅騫鐵風勢玲瓏。

李維楨的詩目的是在歌頌這座劃破遙空的崇坊，無意中卻讚美了建造這座石坊的技術高超的工匠。

## 古爾板蘇巴爾汗城（朝陽鳳凰山）

在大凌河的東岸，有一座形似鳳凰展翅的高山，這就是朝陽市著名的旅遊區鳳凰山了。這座山左右二峰稍高，中峰低伏，中峰上寶塔聳立，遠遠望去中峰形如鳳首，左右二峰如鳳翅。於是人們就習慣地稱它爲鳳凰山。

大凌河源出於凌源縣的蘇圖山，流經鳳凰山附近，河面漸寬，從古代開始，這裏就是人類生活的地方。鳳凰山古代稱爲龍山或和龍山。據《三國志·魏志·武帝紀》記載：魏武帝曹操於東漢建安十一年（二〇六年）北征烏桓，軍出盧龍塞，東指柳城。當時的柳城即在龍山下。曹操在此駐馬後，又引軍西出二百里，登白狼山。東晉咸康七年（三四一年），前燕王慕容皝稱帝，將都城遷至龍山下，起造皇宮，改柳城爲龍城。慕容皝爲我國古代少數民族鮮卑族人，其父慕容廆受晉的封號爲遼東公，後將爵位傳與慕容皝。慕容皝於晉成帝咸康三年，自稱燕王。他雖是鮮卑族人，但對於漢族的文化是很重視的，遷都龍城以後，將自己原住的宮室改作學堂，名叫「東庠」。他自己喜歡讀書，並常到「東庠」去親自講授書文，記載說當時在東庠讀書的有近千人。據酈道元的《水經注》說，慕容皝在龍山看見一條白龍和一條黑龍，交首嬉戲翱翔，解角而去，他認爲這是祥瑞之兆，於是命令大將軍大司馬陽裕在龍山建造皇宮，並取名爲和龍宮，又在龍山上建造龍翔寺。這也說明，佛教思想對前燕的重大影響。龍山、和龍山的名稱，大概就是從這時候開始才有的。遼代這裏是興中府的治所，今天所能見到的許多名勝古跡，有不少就是遼代遺留下來的。龍山原有三座寶塔，都是遼代建築的。這三座塔是根據遼代建築特點構造的，皆爲八角十三層方形磚塔。其中保存最爲完好的是雲接寺兩側的摩雲塔。此塔爲磚築實心密檐式，高三十二米。塔分爲三部分，塔座爲單層須彌座，有青磚雕刻的欄杆，每一面的正中設假門，假門內有浮雕，兩側雕有蓮花圖案、伎樂工、化生童子像等。四角又雕有金剛力士像，造型十分美觀。塔身的四面，每一面都雕有佛像，端坐於蓮臺之上。每一尊佛像的兩旁，還有佛的侍者，佛教術語稱爲「脅侍」。坐佛的上面還有寶蓋、飛天等裝飾。塔頂又稱塔刹，則是相輪。第二座寶塔是中峰絕頂的凌霄塔，可惜已經荒毀倒塌了。第三座塔，也是方形塔，但比起摩雲塔與凌霄塔來，它小得多，此塔位於龍山的北麓，但小巧玲瓏，也十分罕見。因契丹語「三」爲「古爾板」，「塔」爲「蘇巴爾汗」，所以龍城又名「古爾板蘇巴爾汗城」。當時民間往往就以「三座塔」來代稱龍山和龍城。

龍山上還建有古寺三座，都是遼代初期的建築物。它們分布在山頂、山中和山下。山頂有一石洞，洞內刻有石臥佛一尊，因洞名朝陽洞，故寺名朝陽寺。當年朝陽洞臥佛與凌霄塔爲伴，爲龍山絕頂名勝，清代文人吟詩道：

塔矗危岩紅日近，
佛眠古洞白雲埋。

由上寺往山下走，約一華里左右，就到了中寺，中寺名雲接寺。下寺則在龍山東麓，名報恩寺，寺附近的山坡上有遼代天慶寺玉石觀音像以及遼代壽昌五年（一〇九九年）和尙智述等的《玉石觀音唱和詩碑》。原遼代報恩寺已荒毀，現名延壽寺，是清代康熙年間重建的。

遼國是我國北方少數民族契丹族所建立的。契丹族是一個以遊牧經濟爲主的民族，十世紀初由耶律阿保機建國，而且曾和宋王朝爭奪過統治權。契丹族篤信佛教，在遼王朝的管轄境內，佛教盛極一時，當時不僅關內有佛教徒，蒙古的喇嘛也流入遼朝境內，以僧侶爲職業的人也越來越多，所以朝陽地區的遼代建築有不少寺廟和佛塔。鳳凰山的遼代寺塔當是典型代表，對瞭解遼代的文化生活有一定價值。清代有位詩人，在遊覽了朝陽龍城遺址和遼塔後，曾吟詩憑弔：

燕宮寂寞生芳草，
遼塔崚嶒聳碧穹。

今天，這裏的名勝古跡，都得到國家的保護和管理，已成爲朝陽著名的風景區和旅遊區了。

## 燕築長城的歷史作用

### （建平燕長城遺址）

在遼寧省建平縣張家灣村南山，至蛤蟆溝瑙北山之間，有一處名叫燒鍋營子的地方，這裏留有古長城的遺址。這段古長城約七公里長，是西元前三世紀戰國時代燕國所築。城牆由西向東，穿高山，跨河谷，氣勢雄偉。構築因地制宜，就地取材，逢石石壘，遇土土築。當地群衆稱爲石龍或土龍，雖經二二〇〇餘年的滄桑變化，至今仍清晰可辨。

根據歷史記載，作爲修築長城的史實來說，燕國進行得是較早的。據《史記·周本紀》載：「武王追思先聖王，封召公奭於燕。」又《韓非子·說疑》：「燕君子噲，召公奭之後也。地方數千里，持戟數十萬，不安子女之樂，不聽鐘石之聲，內不堙圩池臺榭，外不罩弋田獵；又親操耒耨以修畎畝；子噲之苦身以擾民，如此其甚也。」子噲是個很想圖強的君主，但後來受到齊國的攻擊，不久子噲就死了。後來燕公子職被立爲燕王，即燕昭王。燕昭王也是個很有作爲的君主，他「召集賢士，弔死問孤，與百姓同甘苦」，於是當時名士都到燕國來，其中如歷史上著名的人物樂毅就是從魏國跑到燕國來的。燕昭王以樂毅爲亞卿，任以國政，燕國逐漸國富民強，奠定了統一東北的基礎。當時燕國的北方有一個氏族部落聯盟，是與肅愼同一語族，稱爲東胡，東胡是分散居於谿谷、過著遊牧生活的民族，但是他們經常侵入燕國的內地。妨礙燕國統一的當時主要是東胡。如何解除東胡的威脅呢？當時樂毅爲亞卿，主持國政，他建議燕昭王派一名既有策謀又懂軍事的將領到東胡去，留在東胡充當人質，然後瞭解東胡的情況，再尋找機會回國。燕昭王接受樂毅建議，派秦開去東胡爲人質。這秦開是燕國一個智勇雙全的人，他的孫子就是後來陪荊軻去刺秦王的秦舞陽。秦開到了東胡以後，處處小心謹愼，慢慢得到東胡人的信任。當然秦開不會忘記他來東胡的任務，經過一個時期，秦開不僅熟悉了東胡人的生活習慣，而且也摸清了東胡人遊牧作戰的組織形式和戰術方法。有一天，他利用東胡人的疏忽，終於偷偷地逃回到燕國。過去燕國對於東胡人的襲擾，只是採取單純防禦的方法，秦開回燕後情況就不同了。燕昭王決定主動向東胡出擊，就派秦開爲主帥領兵出征。結果東胡敗走「卻地千里」，燕國占有了赤峰和朝陽以外的廣大地區。這就是《史記·匈奴傳》所記載的，燕將秦開擊破東胡的歷史事實。燕昭王趕走東胡以後，為防止東胡人再來侵擾，決定修築長城，所以在燕昭王的晚年（約西元前二八〇年前後），「築長城，自造陽至襄平。置上谷、漁陽、右北平、遼西、遼東郡以拒胡」。燕國築長城、置郡縣，在歷史上是有其重大意義的，它使東北政治、經濟、文化的發展出現了一個新局面。

燕國所築的長城遺址，在舊承德府的北面有，在赤峰的北邊有，在朝陽北邊也有。而朝陽北邊的長城遺址（即建平燒鍋營子燕長城址）則是保存得最好的一段。城牆寬二點五米左右，存高零點五米至一點五米左右，特別是蛤蟆溝堖北山的一段，石牆存高達一．五米，大體保持著原結構的狀況。從這處長城遺址的觀光中，可以看到古人的聰明才智，同時也能清楚地看出：燕國築長城，完全是國內民族間防禦工事，並非是為制定國界用的。

## 確鑿的歷史開端

### （凌源牛河梁子文化遺址）

凌源縣、建平縣和喀喇沁左翼蒙古族自治縣是緊鄰的三個縣，三縣的位置很巧妙地形成了一個自然的三角形，也許這並不是個偶然現象，因為在這個三角形中不斷出現的「地下奇跡」，已成為研究我國古代東北社會發展的重要資料中具有較大影響的部分。

喀喇沁左翼蒙古族自治縣瓦房村發現的「鴿子洞遺址」，屬於北京中國猿人的文化系統，距今約二十萬年左右，在洞內厚達五米以上的灰燼層堆積中，發掘出大量有價值的文物。建平縣南地鄉沿河斷崖中，發現舊石器晚期人類化石。至於自春秋戰國以來，歷代歷史文化遺址更是隨處可見。近來，又先後在喀喇沁左翼蒙古族自治縣的東山嘴和凌源縣與建平縣交界處的牛河梁村，發現了五千年前的文化遺址，使中華文明的起源問題，找到了新的線索，成了轟動國內外的重大新聞。

凌源縣、喀喇沁左翼蒙古族自治縣和建平縣是我國科學界定名為「紅山文化」的集中分布地區。東起遼河流域，西止燕山南北是我國北方地區新石器時代原始文化較集中的地方，而赤峰和凌源三縣則是中心。紅山文化是以紅地黑彩陶器和壓印之字紋陶器共存，大型打製、磨製的石農工具和用於切割刮削的細石器工具為共同特徵。紅山文化被大多數專家認為是黃河流域仰韶文化影響下發展起來的。這次在牛河梁村發現一座女神廟遺址，有數處積石大冢群，以及一座類似城堡或方形廣場的石砌圍牆遺址。經碳化測定和樹輪校正，這些遺址距今已有五千餘年的歷史。

出土的文物有：陶質婦女裸體小塑像，這是母系氏族社會的象徵物；和眞人尺寸相仿的女神彩塑頭像；泥塑女性裸體殘塊；動物玉飾、石飾；大量供祭祀時用的陶器……。這些出土文物，精美絕倫，世所罕見。牛河梁村出土的陶質婦女裸體塑像被稱爲「早期的維納斯」，在我國尚屬第一次見到。出土的女神頭像，大小與眞人接近，可以看出是典型的蒙古利亞人種，臉型與現代華北人很接近。塑像採用圓雕手法，程序與現代塑像基本一樣。女神的眼珠是用晶瑩碧綠的圓玉球鑲嵌而成，顯得炯炯有神。從衆多的出土文物看，牛河梁村遺址，曾經是一個女神成排、氣韻生動的藝術寶庫。遺址中出土的玉製品，如玉雕豬龍、玉雕鴞鳥等，實在是令人嘆爲觀止。

在牛河梁村遺址發現前，還發現了東山嘴文化遺址。它在喀喇沁左翼蒙古族自治縣境內，是一處原始社會末期的大型石砌祭壇遺址。這裏除出土許多陶製品外，還發現兩件無頭陶質孕婦裸體小像，可能這是當時人們所崇拜的「生育神」或「農神」。

牛河梁村和東山嘴村的文化遺址，是上古時代的一個神祕王國。祭壇、神廟、積石大象的布局範圍約有五十平方公里，規模之大，令人驚嘆不已。這種「三合一」的形式，有點類似北京的天壇、太廟和明十三陵（當然，嚴格地說起來，應該是後者更類似前者）。遺址內的祭壇有象徵「天圓地方」的圓形丘址和方形祭壇，建築布局按南北軸線分布，注重對稱，有中心和兩翼主次之分。女神廟和積石冢群的布局，也是有明顯的大小和主次的安排。整組建築，氣勢恢宏，博大壯觀。這一切跡象表明，在這裏活動的原始先民已經脫離了對自然和圖騰崇拜的低級原始階段，而進入高一級的文明社會了。這樣大規模的建築，只能超越了部落聯盟的組織，才能夠做到。在我國歷史上，夏代以前的「三皇五帝」，只能是憑藉傳說而加以想像，實物的證據一直沒有能夠展現在人們的面前。東山嘴村和牛河梁村文化遺址的發現，說明這裏在五千年以前曾經存在過一個具有國家雛形的原始文明社會。過去我們一直認爲黃河流域是中華民族的搖籃，而現在由於這兩處大型文化遺址的發現，不僅使人感到意外，同時也爲中華文明起源於五千年前找到了新線索，人們在觀光和欣賞這些稀有的珍貴文物後，定會想到：這對我國上古時代的社會發展史、思想史、宗教史、建築史和美術史的研究，一定會產生重大的影響！

# 千山遊覽區

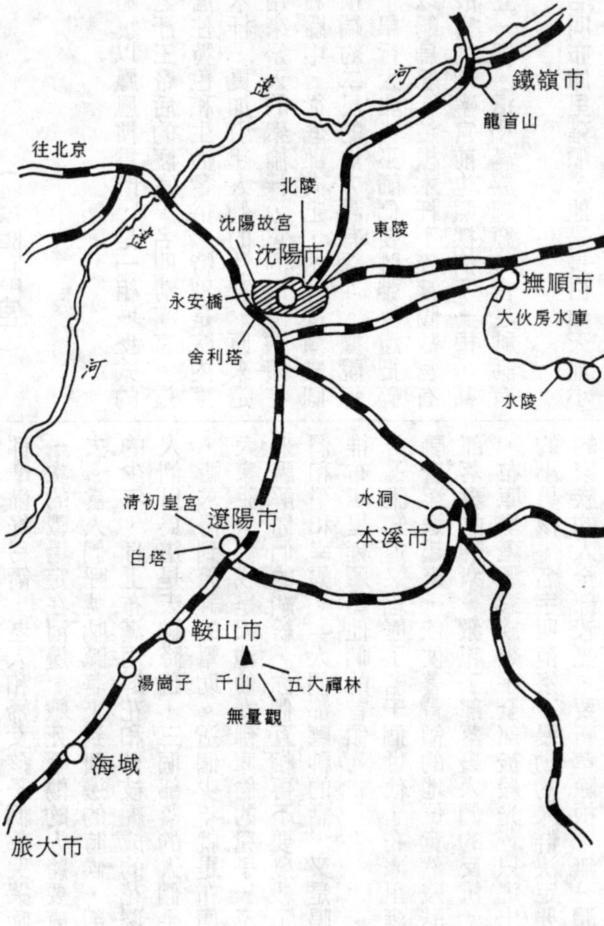
遼
河
鐵嶺市
龍首山
往北京
北陵
沈陽故宮
東陵
沈陽市
撫順市
永安橋
大伙房水庫
舍利塔
遼
河
水陵
新賓
水洞
清初皇宮
遼陽市
本溪市
白塔
鞍山市
湯崗子
千山
五大禪林
無量觀
海域
旅大市

# 清寧宮前的索倫杆

## （瀋陽故宮）

在瀋陽故宮的中路，以鳳凰樓爲門，是一組城堡式的建築群，這就是當年老汗王帝后的寢宮，名叫清寧宮。這裏保存著完美的滿族居住特色和生活習俗，特別是院內東南角樹起的一根鑽天木杆，更加引起人們的注意。原來這木杆就是滿族習俗中用來祭天的索倫杆，它的最下端鑲在一座呈方形的漢白玉石雕中，從底部向上，木杆逐漸成圓形，頂端爲尖頭，離頂端約二尺的地方設有錫斗。據說每到祭祀之日，要在杆下舉行大典，巫師們要跳神，還把碎肉和米穀放入錫斗內以飼烏鴉。這根木杆不僅瀋陽故宮有，清朝入關後在北京故宮的坤寧宮前也照樣樹了一根，甚至滿族家居院也都樹立一根。這和滿族起源的古老神話有關。

據說滿族的始祖名叫布庫里雍順，他是長白山天池小仙女佛庫倫吃了朱果後生的。因爲布庫里雍順是天帝和仙女的兒子，所以生下來就會說話，長成了大人。他踩著一根大木頭順流而下，來到了三姓城，三姓城滿語叫依蘭哈拉，又稱鄂多里城。這裏聚居著三個部落，都是以狩獵爲生。但是三個部落經常發生毆鬥，常常爲了爭奪獵場和獵物而相互爭鬥。有一次，這三個部落又要開戰了，男人們都準備好弓箭，老人和婦女孩子們都哭哭啼啼來送別。這一次的戰場定在河邊，戰死戰傷的人將要直接拋進激流中去。當人們呼號吶喊著來到河邊的時候，卻看到一個俊美的少年，身上布滿用鮮花和柳枝編成的花環，踏水而來。人們以爲這是天神降臨，三個部落的人們全都跪伏在河邊，祈求得到天神的幫助。這個少年就是布庫里雍順，他對大家說：「我是天池仙女佛庫倫的兒子，奉了天帝的旨意來調解你們的糾紛，你們互相再不要殘殺了，我會賜給你們和平和幸福。」人們都聽神的話，又是唱又是跳，並共推布庫里雍順爲他們的首領。

誰知道又經歷了若干個世代，布庫里雍順的後代變得驕奢淫逸起來，依仗著首領的地位竟然殘酷地壓榨和剝削部落裏的群衆，激起了部落裏人們的反抗。在一次暴動中，布庫里雍順家族幾乎全部被殺光，只逃出來一個六七歲的小男孩，名字叫范察。暴動的人群決定要將布庫里雍順的家族的人全部殺光，要斬草除根，無一漏網，所以當有人發現逃走了小范察後，立即有一隊人跟蹤追去。范察只是無目的的亂跑，跑到曠野後竟找不到藏身的地方，這時卻聽到騎兵的馬蹄聲。他看到不遠處有座小山，就一直向小山奔去。跑到山上一看，才發現滿山都是石塊，連棵大樹也沒有，只見懸崖附近有幾棵光禿的老樹，原來那是幾棵老榆樹，不知什麼時候被雷電給燒枯了，這時還剩下些樹幹互相交錯在一起，范察沒有辦法，只好跑到樹幹前選了一棵粗些的擋住自己的身體。他抱住樹幹心裏想，要是他們過來，我就跳崖，總不能讓他們抓住。他還暗暗祈禱神靈，保佑布庫里雍順的後代活下來。這時太陽已漸漸落山，天色被晚霞映得通紅。范察剛剛祈禱完畢，說來也怪，突然大群的烏鴉遮天蓋日，鼓噪著一起向范察隱身的地方飛來，不僅樹幹樹枝上落滿了烏鴉，就連范蔡的頭上和身上也都落滿了烏鴉，這些烏鴉安靜地停在那裏，變成黑壓壓地一片，眞是連范察的一點影子也露不出來。追蹤的人跟上了小山，而且看到了烏鴉的盤旋和棲落，他們當然不相信小范察會在那裏。如果有個活人在那裏藏著，烏鴉怎麼會安靜地停棲在那裏呢？再說那裏又是光禿禿的懸崖邊，就是大人在那裏也會掉下去，何況是個小孩，怕早就掉到崖下去了吧！於是他們在附近搜查了一會，沒發現什麼，也就走了。

范察，據說就是滿族的祖先，他發展了愛新覺羅氏家族，才有了後金汗國。而烏鴉的功勞當然是被說成是天神的幫助，受到愛新覺羅家族世代的尊崇。

關於烏鴉拯救氏族的傳說，後來也不斷出現，據說清太祖努爾哈赤在統一女眞各族的戰鬥中，有一次就是得到烏鴉的幫助，才免於全軍覆滅。事情是這樣的：有一次葉赫哈達率領海西女眞九部的人馬前來攻打努爾哈赤，兵分三路向古哷山前行。這時努爾哈赤率領建州女眞各部前往迎敵。前鋒隊伍是由貝勒武理堪率領，正要過嶺的時候，突然飛來千萬隻烏鴉阻擋部隊前進，上下盤旋鼓噪。武理堪命令隊伍停止前行，烏鴉也立即停止鼓噪，並盤旋飛去。武理堪看烏鴉飛去，命令隊伍繼續前行，而烏鴉又鼓噪而來，如此三起三停，隊伍終不能行。武理堪立即趕回後隊，向努爾哈赤稟報。努爾哈赤認爲烏鴉是氏族的神鳥，這次必然是來護佑大軍的。於是，他派人渡過渾河去打探虛實。果然葉赫哈達部的人馬已經設好埋伏，只等努爾哈赤的部隊過古哷山進入埋伏就地殲滅。努爾哈赤立即命令各部停止前進，固守古哷山，嚴陣以待。這時已是半夜，努爾哈赤認爲葉赫哈達不會來進攻，就安然地回到帳篷裏去睡覺，並對他隨營的大妃富察氏說：天神派神鳥來通知我，讓我消滅葉赫哈達氏，我怎麼可辜負天神的囑託呢？儘管安心睡覺吧！有天神的保佑，明天一定打勝仗。第二天果然大獲全勝，消滅了兩萬多敵人精銳隊伍，斬下四千餘人的首級，繳獲了三千餘匹戰馬，從而努爾哈赤的軍威大振，爲統一女眞各部打下堅實基礎。這次大捷，當然忘不了又是烏鴉的功勞。所以，據有關資料的印證說，滿族愛新覺羅的子孫，樹起索倫杆，把豬的腸肚切碎拌以米穀放入杆頂的錫斗內，來供奉烏鴉，主要是不要忘記烏鴉的救命之恩。

這個有關索倫杆傳說，在滿族中流傳極爲廣泛，反映出滿族始祖圖騰崇拜物的遺跡。同時關於仙女佛庫倫呑食朱果生下布庫里雍順，以及布庫里雍順的後代范察復國等事，均在《清史稿》中作了記載，說明滿族也同其他許多古老的民族一樣，也有自己美麗動人的民族起源傳說。

這就是清寧宮前樹起索倫杆的由來。

## 大政殿裏的風波（瀋陽故宮）

瀋陽故宮的建築，具有獨特的民族風格。它既有漢族的莊重宏偉的特點，又有滿族粗獷豪放的特色，其中大政殿則爲故宮建築的政治核心。這大政殿建成於後金天命十年（一六二五年），是老汗王努爾哈赤移都瀋陽後即開始興工建造的。它是一座八角重檐鑽尖式大木架結構的殿宇，殿頂鋪滿鑲襯著綠邊的黃色琉璃瓦，中間爲寶瓶火焰珠，在八條彩脊上又各鑲有蒙古大力士像一座，牽著鐵鏈面朝殿頂，乃取「八方歸一」之意。殿內有皇帝寶座，正門前有金龍盤柱。大政殿前東西兩側各有五座方亭，號稱「十王亭」。大政殿與十王亭組成了一座氣魄雄偉的院落，成爲清初統治者舉行大典和八旗諸王議事的地方。瀋陽故宮的大政殿與十王亭是清王朝入關前八旗建制的象徵，是早期八旗兵制在宮殿建築中惟一的歷史古跡。追溯它的歷史，當從「八旗」的來源談起。八旗是清王朝入關前的軍政民合一的組織，根據《滿文老檔》、《清太祖武皇帝實錄》以及《滿族實錄》的記載，八旗制創於明萬曆年間，大約是一六〇〇年前後。它最早來源於生產組織「牛錄」，滿語是箭的意思，女眞人出獵時十人爲一隊，每人交一枝箭給頭人，以後「牛錄」即成爲頭領的代用語。從牛錄逐漸發展爲旗，先有四旗即黃紅藍白，後來又增鑲黃、鑲紅、鑲藍和鑲白，就成了八旗。他們的任務是「出則爲兵，入則爲民」。各旗的旗主稱爲貝勒，可以獨立行動，權力是很大的。由于各貝勒又都是汗王的兄弟或子姪，所以作戰時號令便於統一。老汗王努爾哈赤未死時，他自領黃旗和鑲黃旗，當然是大政殿裏皇帝寶座的占有者，可是他突然一死，卻對繼承問題沒有留下任何一句話，那麼誰來做金國的第二代汗王呢？實際上八旗旗主，哪一個貝勒都有登上大政殿寶座的資格。努爾哈赤活著的時候，手下諸貝勒中權力最大的是他的八兒子皇太極，其次是他的二兒子代善，還有他弟弟舒爾哈齊之子阿敏和他五兒子莽古爾泰。這四大貝勒在努爾哈赤死後，當然都想做汗王，誰也不肯相讓。但是皇太極手腕較高，他利用各兄弟間的矛盾以及他掌握的主要兵力，在逼死了努爾哈赤的大妃烏拉那拉氏以後，終於成了第二代汗王。皇太極雖然正式繼承了汗位，但卻不能像他父親努爾哈赤那樣集大權於一身。其他的三個貝勒還擁有很大的勢力，又都是他的兄長，皇太極只好在大政殿裏撤去寶座，並排放上四把椅子，由四貝勒同時接受臣僕的朝賀。遇到大事，他也不能自己說了算，必須四貝勒議定後方可執行。這種現象一直持續了五年，歷史上稱爲「庫里爾特」即「四大貝勒共同執政」。當然，皇太極不會一直容忍下去，首先他尋找藉口，議了代善四大罪狀，雖沒有治罪，但代善從此再也不敢上大殿去坐自己的那把椅子。接著皇太極把打擊對象對準他的堂兄阿敏。事情是這樣的：後金天聰三年（一六二九年）皇太極親率八旗勁旅西出攻打明朝軍隊，用反間計殺了明朝大將袁崇煥，直打到北京附近，然後繞過北京，攻下永平、灤州、遵化等地。他特意留下阿敏鎭守永平，自己卻率領八旗大軍回師瀋陽。當八旗軍一撤出關外，明朝立即派祖大壽等率二十萬大軍攻打永平、灤州等地，阿敏力薄不支，率殘軍逃回瀋陽。皇太極得報十分震怒，下令說凡士卒都可入城，但將帥和軍官一律在城外等候發落。不久，皇太極的特使在軍中宣布了阿敏的十六條罪狀，衆大臣也早就揣透了皇太極的心意，所以一齊上書，說阿敏罪當問斬。這時皇太極裝好人，說阿敏是老汗王的有功之臣，本應問斬，念過去的功勞，奪去兵權，抄沒家產，幽禁終身，這其實同殺頭沒有區別。最後剩下了莽古爾泰，這莽古爾泰嗜酒如命，性格倔犟，對自己弟弟皇太極的行爲早就不滿，經常喝醉了酒，借酒發瘋大罵皇太極。有一次在後金軍隊攻打明朝大凌河城的戰役中，埋怨皇太極盡讓他旗中的士卒送死，正好皇太極路過聽到，於是兄弟倆發生口角。莽古爾泰以酒蓋臉，竟然將佩刀拔出來，恨不得將皇太極立時揮爲兩段。當時好多人阻攔才沒出事，皇太極憤怒得拂袖而去，第二天宣布削去莽古爾泰的旗主職位。這時大家都來建議撤掉大政殿裏諸王同坐的椅子，認爲皇上應該一人獨坐，才合於國體，像個君主的樣子。皇太極也就半推半就，恢復了大政殿裏的原樣，獨坐龍庭。不久，莽古爾泰「暴死」在家中，死後又查出有謀反行爲，於是將莽古爾泰的親弟弟德格類及親信莽古濟等處決。阿敏也在幽禁中憂忿而死。從此以後，皇太極一人說了算，八旗議政的十王亭也就名存而實亡，大政殿記載下他們兄弟相殘的血的事實。

後來，清仁宗顒琰（年號嘉慶）來瀋陽祭祖，遊覽了瀋陽故宮後，曾寫詩讚道：

大政據當時，十亭兩翼張，

八旗皆世冑，一室彙宗潢。

顒琰的讚詩不僅說明瀋陽故宮的大政殿與十王亭，是八旗兵制在宮殿建築藝術中的巧妙結合；同時他也充分體味到八旗制度在建立清政權中所處的重要政治地位。他當然也知道他的祖輩們爲了爭坐大殿裏的這把龍椅，而發生過的骨肉相殘的悲劇！

## 金鑾殿皇太極稱帝（瀋陽故宮）

後金天聰五年（一六三一年），汗王皇太極結束了四大貝勒並坐理政的局面，成了名副其實的後金國主。雖然那些反對他的貝勒大臣，沒有在肉體上消滅，但是一些主要人物除了軟禁就是幽閉，財產也被他沒收了，還能掀什麼浪作什麼怪呢？他運用八旗兵力統一了女眞各部，三十六部蒙古的王爺也都來歸順，還缺什麼呢？就缺當皇帝了。山海關以內的明朝土地還沒到手，他要同明朝的皇帝朱由檢爭奪一統江山。他不應再是汗王，而是要像明朝的皇帝一樣坐龍庭，接受各方朝賀。於是他想到了要蓋一座金鑾寶殿。

今天我們在瀋陽故宮看到的崇政殿，就是當年皇太極的金鑾寶殿。崇政殿是後來皇太極稱帝時改的名，改國號的大典就是在這裏舉行的。

這座金鑾寶殿爲五間九檁硬山式，四周皆裝有木隔扇門，前後有出廊，圍以石雕欄杆。屋頂全部以鑲綠剪邊的黃色琉璃瓦鋪蓋，再配以五色琉璃裝飾的脊筒，十分壯麗。當時所用的琉璃瓦都是由海城地區燒製的，這種綠釉陶瓷儘管在胎質釉色上還不能同北京相媲美，但在關外可說是獨一無二的了。殿內椽子間繪滿了彩色的飛雲流水，殿內明間有根大柱，張牙舞爪的金龍蟠曲而上，在蟠龍柱之間有貼金雕龍的扇面式大屏風，屏風前則是雕龍寶座。金鑾寶殿的兩側，爲東西宮大門，兩座大門稍稍後退，這不僅突出了金鑾寶殿的宏偉壯觀，同時也有皇帝至高無上之意。當時東宮門有一副對聯云：

海甸薈珍函沿坡從朔；

春陽迎綺陌倬漢成文。

海甸用的是四海統一之意，倬漢用的是《詩經·大雅》的典，乃「倬彼雲漢」之意。西宮門也有一副對聯：

珠筴護豐京，觀化天閶登笈富；

銅鋪開兌位，同文月竁獻琛多。

這副對聯將瀋陽比作古代周的國都，說明它是應天運而生，同時又說明祖宗埋葬地的風水好，所以才會使子孫繁衍。雖然聯語具有濃重的迷信色彩，但也反映出滿族文化與漢族文化的密切淵源。

金鑾寶殿建成以後，這裏成爲皇太極處理日常軍政要務的地方，一些重大的事件也都在這裏與親近大臣決定，比如將滿族貴族的一部分奴僕改爲民戶，頒布保護農業的法令，仿明官制設立六部以及組織文士翻譯漢文書籍等。如果接見外國使臣或邊疆各民族代表，皇太極也坐在龍庭上。這一切皇太極並不滿足，他想的是要取明朝的天下而代之。經過了深思熟慮以後，他決定改國名，將後金國改爲大清國，女眞族名改爲滿族。這是有根據的，因爲明朝的明字，乃從日屬火，水能克火，清和滿都從水，如此大水，焉能不撲滅大火。其實這時的明朝已經腐敗至極，確實像一堆即將燃盡的火了。改國名的更重要原因，當然不是什麼水能克火之類的鬼話，而是爲了籠絡漢族的感情。漢族對金自有一種反感，一提起金，人們會想起南宋時的抗金名將岳飛，想起屢遭岳飛打擊的金國四王子金兀朮，這對皇太極奪取明朝天下很不利，所以國名是非改不可的。

皇太極自己則稱「寬溫仁聖皇帝」，並將天聰改爲崇德。說明大清國的皇上崇尚德化，以寬厚溫良和仁義治天下。一六三六年十月，皇大極登金鑾寶殿接受六宮及諸大臣朝賀，舉行改國號、上尊號、改元的隆重大典，並將金鑾寶殿命名爲崇政殿。當時三十六部蒙古和邊疆各少數民族都派代表帶著禮物前來朝賀。瀋陽也被命名爲奉天，全城慶祝狂歡，熱鬧得像過年一樣。從此以後，皇太極擴大八旗組織，增編「八旗蒙古」和「八旗漢軍」，進一步加強對東北各少數民族的統治，爲建立統一大清國奠定了基礎。

## 仿天一閣的藏書樓（瀋陽故宮）

瀋陽故宮的西路，有一組三進院落式的建築群，它的主體建築是嘉蔭堂、文溯閣和仰熙齋。這裏雖是清朝前幾代皇帝東巡盛京（瀋陽）讀書看戲的地方，但知名海內還是因爲這裏貯藏有清代的大型叢書《四庫全書》。這組建築物興建於清乾隆四十七年（一七八二年），在建築構式上基本上是仿浙江寧波天一閣的樣子。過去在嘉蔭堂前和文溯閣抱柱上都有對聯道及此處的特徵。嘉蔭堂的對聯寫道：

仿天一藏書，函館岡原揚大烈；
應奎三懸象，沛宮父老慶同文。

文溯閣的對聯寫道：

天作訴前光，玉券十華徵錫極；
人文觀大備，瑤狀四照見逢原。

兩副對聯共同反映出這組建築的特徵，它們既是皇帝讀書看戲的地方，也是藏書十分豐富的文化寶庫。當然，對聯還把這裏比作是漢的沛宮，用慶同文來象徵滿族和漢族的親密聯繫，總的來說意義還是積極的。仰熙齋也有一副極爲典雅的聯語：

從朔貽規，三院圖書有典；
指南錫極，九霄雲漢爲章。

在三進院落中，又以文溯閣爲主體，《四庫全書》就放在此閣中。全閣面闊六間，二樓三層重檐硬山式，前後皆有出廊，頂蓋鑲綠剪邊的黑色琉璃瓦，檐柱飾以綠色地仗。閣東有碑亭一座，中立石碑，刻有漢、滿兩種文字的《御製文溯閣記》和《宋孝宗論》。如果單從《御製文溯閣記》看，當然都是些冠冕堂皇的話，不過是頌揚皇恩浩蕩而已。實際上在建造這些建築物前，還有段插曲呢！

那是在清乾隆四十三年（一七七八年）的秋天，清高宗弘曆，第三次東巡祭祖來到盛京，皇帝出巡，興師動衆，給沿途人們帶來的災害無法計算，更何況貪官污吏還要藉此機會敲詐勒索呢。乾隆皇帝的出巡剛開始，盛京所屬各地方的官吏就開始要百姓攤派銀兩。爲了弄錢，他們封鎖海港，查抄貨棧，按戶派捐，連小買小賣也不放過。他們打著籌措皇上巡幸用款的名義，層層勒索，手段殘忍兇暴，雪花似的白銀，像流水一樣，流進上至盛京將軍，下到書吏捕快的手中。最後逼死人命多起，鬧得民怨沸騰，當時有一首民謠唱道：「皇帝東巡，百姓出銀，肥了官府，瘦了平民。」

此時老百姓實在忍無可忍，集衆告狀。狀紙直交刑部大堂，告的就是盛京將軍弘晌。這弘晌乃是乾隆皇帝的親弟弟。刑部不敢做主，連夜派快馬奏報盛京御駕前。乾隆向來以「一代聖主」自命，發生了這件事眞叫他左右爲難。辦吧，自己的親弟弟，皇親宗室下不了手；不辦吧，臣下不服，民怨難平。於是，他就派自己的心腹大臣福康安爲欽差，立即將有關的大小官吏一律緝拿，聽候處理。當然聽候處理只不過是官樣文章，拖拖時間，緩和一下矛盾。經福康安的調整、審理，又經過了較長時間，早就回到北京的乾隆才下定決心，頒下聖旨，弘晌「交部議處」，把另一個民憤極大的雅爾善判了充軍，殺了幾個捕吏做替罪羊。這件事雖然平息了，但乾隆甚爲煩惱，他聽說這些官吏貪贓枉法，家財萬貫，生活也極爲奢侈腐化，連姨太太鞋跟也用金葉包裹。而這些貪官污吏中膽子最大的往往都是滿人，要是引起民族矛盾怎麼得了？這場亂子雖是平息了，卻在乾隆的心中留下一塊心病。多虧福康安很能體察乾隆的心意，建議乾隆不如以抄沒貪官財產修造藏書樓，一來顯示皇上的大公無私，二來顯示皇上對漢族文化的高度重視。這時正好《四庫全書》已接近完成，於是就在清乾隆四十六年（一七八一年）根據聖上旨意，選中了在故宮旁的這塊空地。文溯閣落成後，即由北京將《四庫全書》三五〇三種，共七九三三七卷運往瀋陽故宮貯藏，乾隆皇帝也極爲高興，親撰了一幅對聯命人攜往文溯閣懸掛，對聯寫道：

古今並入含茹，萬象滄溟探大本；
禮樂仰承基緒，三江天漢導洪瀾。

乾隆的這副對聯寫得倒是很有氣派的，他說《四庫全書》是將天下古今的書籍都包容了，而且繼承儒家傳統，維護封建禮教的統治。其實他的自我吹噓只說對了一半，因為編纂《四庫全書》的確如他所言是宣揚封建禮教以利於清王朝的統治，但是對不利於封建統治的著作則抽毀、篡改甚至不錄或焚毀，怎麼能說包容了天下的著作呢？

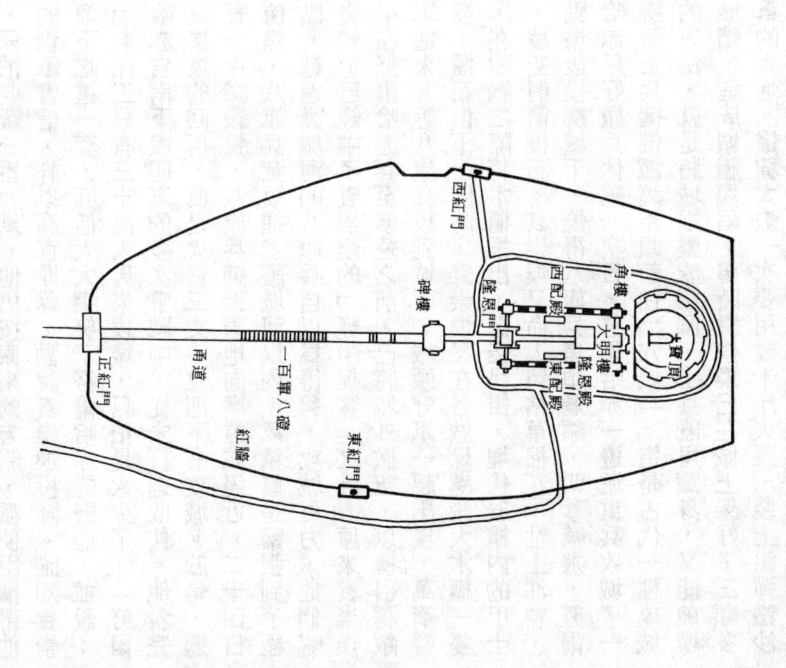

福陵陵寢示意圖

# 努爾哈赤之死（瀋陽東陵）

出瀋陽市往東北約行十一公里，就到了清朝關外三陵之一福陵了。福陵乃是清太祖努爾哈赤和皇后葉赫那拉氏的陵寢，也許是瀋陽市東邊的緣故，人們習慣上將其稱爲東陵。我國歷代的封建帝王，大多是在生前就動工營建自己死後的墳墓，但努爾哈赤的墳墓卻是在他死後三年才開始動工興建的。努爾哈赤是後金（即後來的清朝）的奠基人，他戎馬一生，統一了女眞各部，是一個叱咤風雲的八旗首領，然而他的死，卻來得有些突然。那是西元一六二六年，在寧遠城外發生的……

努爾哈赤建都瀋陽不久，又親率八旗子弟兵，向山海關外征戰，明朝的重鎭錦州、塔山、杏山及大小凌河皆被連續攻下。後金天命十一年（一六二六年）一月二十三日，努爾哈赤率軍來到遼西的軍事要地寧遠城（今興城）。此時正值關外滴水成冰的隆冬季節，凜冽刺骨的嚴寒包圍住大地。但努爾哈赤及其將士皆充滿信心，決心拿下寧遠，進一步與明王朝分庭抗禮。當時守衛寧遠的乃是明朝的名將袁崇煥，經過他多年的籌劃，寧遠的防衛極爲嚴密。加上袁崇煥正富年華，欲幹一番事業，早就嚴陣以待了。久經沙場的努爾哈赤來到寧遠城下，見此情景，心中著實吃驚：袁崇煥不愧當代名將，名不虛傳，此次要攻下寧遠，只怕要費一番力氣。他仍按原來的方略，派使臣攜帶他的親筆書信，許以高官厚祿，勸說袁崇煥投降。誰知袁崇煥不吃這一套，回信大大嘲笑了努爾哈赤的野心，並說：「老汗王只有三十萬人馬來攻城，只怕是太少了。」努爾哈赤自南下與明軍的多次爭戰中，從未打過敗仗。他看完袁崇煥的回信，眞是火冒三丈，立即下令攻城。於是，遍野一片喊殺聲，八旗兵鋪天蓋地向寧遠城逼近。二十四日傍黑，八旗兵竟攻進了護城河以內，氣氛眞是緊張到了極點。越過護城河的八旗兵自以爲得勢，攻城更力，他們哪裏知道已經中了袁崇煥的「甕中捉鱉」之計。原來袁崇煥早在努爾哈赤兵至寧遠之前，已將城外撤空，以便引誘敵軍進來。等八旗兵攻到城下，城頭守軍一起出現，萬箭齊發，擂石俱下。同時，袁崇煥又在各城垛處設大木櫃一隻，在酣戰之際將木櫃推出，懸空吊掛，埋伏於櫃內的甲士，凌空射箭投石。袁崇煥又命人將枯草棉花，沾上油料，點燃後投擲城下，燒得八旗兵焦頭爛額，叫爹喊娘，努爾哈赤只好撤兵休戰。次日，努爾哈赤一邊派重兵攻城，一邊派士兵攜帶鐵鎬斧頭前往「穴城」。這是古代一種攻城的方法，就是將城根鑿成空洞，士兵既可藏身，又能破壞城牆，造成城牆塌陷。這時袁崇煥已在城上架好了三噸多重的大炮。這種大炮一次要用幾十斤火藥，裝上鉛彈鐵沙，射程約二里。據歷史資料記載，每發一炮常「泱血渠數里，傷數百人」。就在努爾哈赤親自指揮弓箭手掩護「穴城」的工兵前進時，突然一炮打來，立時努爾哈赤中彈倒栽下馬。八旗兵一見主帥受傷，立即停止攻城，收兵後退。

袁崇煥得知努爾哈赤受重傷後，故意派使臣攜帶書信和禮物去見努爾哈赤，信中說：老汗王從來橫行天下，今日敗於小子之手，難道這不是天意嗎？已負重傷的努爾哈赤氣得說不出話來，傷勢更加沉重。努爾哈赤被炮火擊傷後，百醫無效，終於在這一年八月十一日死於返回瀋陽的途中。

努爾哈赤一死，爭奪汗王寶座的鬥爭也就鳴鑼開場了，誰還來管給他修建陵墓的事呢？直到皇太極採取各種手腕，把跟他爭奪汗位的親兄弟們整垮以後，繼承了汗位，到天聰三年（一六二九年）才把他老子建陵寢的事提到議事日程上來。這時由巫師等集議，選擇了面臨渾河背倚天柱山的一座丘陵，開始建造這座名爲「福陵」的皇帝陵墓。這時的清太宗皇太極已占據了關外的大部分土地，並網羅滿漢各族人才，一心想代明朝而統治全國，故對建造努爾哈赤陵墓極其用心。整個陵園共占地近二十萬平方米，四周以矩形繚牆圍繞，正面東西兩側，樹起雕有蟠龍的琉璃壁，路側排有成對的駱駝、獅子和馬的大型石雕，然後依次建造了供祭祀用的涼亭和大殿。最後的方城爲全陵的主體，豎有「太祖高皇帝之陵」的石碑。方城後面便是呈月牙形的寶城，下面埋葬著努爾哈赤與葉赫那拉氏。這座皇陵共修建了廿二年，直至清順治八年（一六五一年）才基本建成。後來，康熙和乾隆又續建和整修，全陵既有漢族傳統的建築形式，又有滿族的風格特點。陵內現存有康熙親撰的「大清福陵神功聖德碑」，聳立於碑亭之中，甚是威嚴。由於東陵地勢自低而高，入陵須走完一〇八蹬臺階，俗稱「一〇八蹬」，人行石階上，不由得仰視瞻望，更覺陵殿莊嚴雄偉，陵園周圍又有萬株蒼松掩映，眞乃是是川縈山拱，大殿凌雲。清初著名的詩人高江村（字士奇）曾有詩讚東陵道：

回瞻蒼靄後，俯瞰曲流通。
地是排雲上，天因列柱崇。

今日遍觀東陵的宏偉氣勢，看來高江村的詩，也並非過譽之詞。

## 她是哪個博爾濟吉特氏

（瀋陽北陵）

到瀋陽的人，不能不去北陵公園遊覽。這倒不是因爲北陵公園是瀋陽最大的公園，而是這座公園是以昭陵爲基礎擴建的。昭陵是關外清代三陵（永陵、福陵、昭陵）之一，因在瀋陽市區的北面，所以瀋陽人習慣將其稱爲「北陵」。北陵在三陵中規模最大，總占地面積約爲十八萬平方米，正門外有馬碑、華表、石獅、石橋、石牌坊、更衣亭、宰牲亭。正門內又有華表、石獸、牌樓等。最後則是陵園的主體建築，爲清太宗皇太極和孝端文皇后博爾濟吉特氏的陵寢。這座陵墓始建於皇太極崇德八年（一六四三年），成於清順治八年（一六五一年），後來康熙、乾隆、嘉慶歷次東巡都有所增建，是一座極爲富麗堂皇、肅穆威嚴的皇帝墓葬。清初有個叫苗君稷的有詩讚道：

龍蟠翠嶂鬱岧嶢，路夾蒼松白玉橋，
十二羽林嚴侍衛，風嘶鐵馬白雲霄。

這座陵墓是清太宗皇太極死後開始建造的，他之所以沒有在他活著的時候就籌建陵寢，大概是因爲太忙而無暇顧及。皇太極是清朝的創始人，既位以後即忙於東征西討，既要對內部女眞各部用兵，又要同明朝作戰。再說他死得也很突然，據有關資料記載，他是在清寧宮東暖閣的南炕上無疾而終的。死時年僅五十二歲，可能是疲勞傷神過度而造成。不管怎麼說，皇太極在我國歷史上也可算得上是一個有作爲的皇帝了，而且也像歷代有些明主一樣，得到賢淑妻子的幫助。昭陵中與皇太極合葬的博爾濟吉特氏就是個深明大義、識大體的皇后。但是根據歷史資料記載，皇太極的后妃共有十五人，稱博爾濟吉特氏的有四人，那麼昭陵合葬的是哪個博爾濟吉特氏呢？原來她是科爾沁貝勒（後來追封爲和碩福親王）莽古思的愛女。她從小受到良好的教育，聰明過人，作爲蒙古族的少女不僅精通科爾沁的傳統文化，同時也很喜愛漢族的文化知識，知書達理，養成了明辨是非的能力，又能詩善樂，是一個十足的名門閨秀。老汗王出於政治和軍事的需要，特意爲皇太極定下這門親事，而且在成婚的這天，特備下非常豐盛的禮物，舉行了隆重的儀式，並命令皇太極親自率領迎親隊伍到輝發扈爾奇山城（今吉林省東南部輝發河沿岸）去接新娘。西元一六一四年四月的一天，皇太極身穿紫色錦緞長袍，騎著蒙古種的白馬，腰間佩掛著嵌有紅藍寶石的寶刀，顯得十分英俊瀟灑。在他的身後是由皇族子弟組成的迎親隊伍，都威風凜凜地騎著各色高頭大馬。迎親隊伍的後面則是四馬幫套的大篷車，有一輛特別華麗。篷車的頂部鑲著黃色的條槓，四角由大紅綢紮成喜花，金線勾成的滿文喜字由大紅錦緞襯托著顯得更加喜氣洋洋，這是專爲新娘子準備的彩車。車轅上坐著打扮得花枝招展的蒙古宮女。其他的大車，有的拉著吃食，有的拉著禮品，有的拉著氈帳，有的拉著木炭和生活用具。再加上護送的親兵，眞是一支浩浩蕩蕩的隊伍啊！在扈爾奇山城舉行了隆重的迎親儀式，皇太極所領的隨從都畢恭畢敬地向新娘子請了安，然後由新娘的父親把新娘抱進彩篷車，大隊人馬這才往回返。皇太極起程回瀋陽前，特派快馬回去向老汗王努爾哈赤報告。努爾哈赤為了顯示這次聯姻的重要性，特意率領后妃、大臣、貝勒以及太監宮女等，來到瀋陽城外十里亭前迎接。皇太極親自攙著新娘博爾濟吉特氏的手，向努爾哈赤等皇族長輩叩頭請安。皇太極與博爾濟吉特氏結婚後感情甚是融洽，新娘子常常用自己的文化素養潛移默化地影響著自己的這個以武功自傲的馬上丈夫，讓他不僅僅只是關心殺伐征討，同時還注重提高文化修養。據說博爾濟吉特氏還勸皇太極多多翻譯漢族的儒家著作，以供貴族子弟學習。但是，在封建社會中，婦女只是封建統治者的玩物和擺設，就在後金天命十年（一六二六年）二月，皇太極又納了一個博爾濟吉特氏為妃，就是後來的莊妃。莊妃實際乃是孝端文皇后的親姪女，據《清宮遺聞》記載，她曾勸降了洪承疇，為清朝的統治立有大功。清朝進入關內的第一個皇帝順治是她所生。當時順治還在襁褓中，她為了能讓自己的兒子坐穩江山，又改嫁給攝政王多爾袞，這就是清初有名的太后下嫁的軼事。她死後尊為孝莊文皇后，葬在河北省遵化縣昌瑞山孝陵的附近。

後金天聰八年（一六三三年），皇太極又娶了一個博爾濟吉特氏為妃，這就是後來的宸妃。她是第一個博爾濟吉特氏的親姪女，第二個博爾濟吉特氏的親姐姐。她嫁給皇太極後成了皇太極最寵愛的妃子。在皇太極改元稱帝後，封她為關雎宮宸妃，其地位僅次於她的親姑姑清寧宮的正宮皇后。雖然她備受寵愛，但卻命運不濟，生下一個皇子，卻於兩歲時夭折，從此以後，她鬱鬱寡歡，憂慮成病，於清崇德六年（一六四一年）死去。據說當時皇太極正親率八旗大軍在錦州、松山、杏山作戰，他聽到宸妃死去的消息時，竟然吐出一大口鮮血，跌下馬來。不顧當時的緊張戰鬥，連夜馳馬奔回瀋陽，抱著宸妃的屍體大哭。兩年後，也就是清崇德八年（一六四三年），皇太極突然無疾而終，許多人說，這是他想念宸妃悲傷過度所致。這樣說也有根據，據《清史稿·后妃傳》載：「上（皇太極）慟甚，一日忽迷惘，自午至酉始瘥。」諸大臣為了安慰皇太極，請他去打獵，誰知路過宸妃墓，「復大慟」。可知，這位博爾濟吉特氏的墓是在蒲河附近。

皇太極第四個稱為博爾濟吉特氏的妃子，乃是蒙古阿霸垓郡王額齊格諾顏的女兒，補封為麟趾宮的懿靖大貴妃。

現在我們可以知道，瀋陽昭陵中與皇太極合葬的博爾濟吉特氏確實是他的正妻，乃莽古思之女，不要把幾個博爾濟吉特氏搞混了。

據說，昭陵的原址，曾是皇太極生前狩獵的地方，開始只建有寶城和宮殿，今天的規模乃是清朝入關後的歷代皇帝不斷爲其擴建的結果。特別是大紅門前石路兩旁的石像都是在康熙年間才完成的。所有石獸體態生動，栩栩如生，那對昂首佇立、彷彿引頸長嘶的白馬，據說就是按照皇太極生前的一對坐騎「大白」和「小白」塑造的。

除石馬外，還有坐獅、獬豸、麒麟、立象和駱駝等。在清初的關外三陵中，昭陵修得如此富麗堂皇、宏偉壯觀，大概是因爲皇太極一生征戰有功，特別受到他的兒孫們的崇敬吧！

## 石橋何峨峨（瀋陽永安橋）

瀋陽的永安石橋，俗名大石橋，位於瀋陽市西郊裕國車站西北一公里永安村附近的蒲河之上。這是一座用石頭修築的橋，橋身中部高起，有三個弧形的橋洞。此橋建於清皇太極崇德六年（一六四一年），爲當時關外著名的石匠任朝貴設計建造。這是遼寧省境內現存比較完整的一座古代石拱橋。它造型優美，設計考究，裝飾新穎，通體採用磚石結構，使用的石材質地堅固，不易風化，類似北京蘆溝橋的藝術風格。據《盛京通志》記載說：西元一六一六年，金汗王努爾哈赤基本統一了女眞各部，這時金國勢力已異常強大。後金天命四年（一六一九年），明朝派出大軍四十七萬，與後金武裝在薩爾滸（今撫順大伙房水庫）展開決戰，結果努爾哈赤以少勝多，大敗明朝軍隊。努爾哈赤乘勝占領了蒲河、懿路地區，並麾軍進攻瀋陽城。當時明朝守衛瀋陽的將領是賀世賢與龍世功，二人雖勇猛善戰，但敵不過當時驍勇的八旗兵，加上當時明朝政治腐敗，軍無鬥志，缺少糧餉，又無援軍。賀世賢與龍世功在保衛瀋陽城的戰鬥中被八旗兵擊斃於亂軍之中。努爾哈赤在黃羅傘的罩蓋下正欲率領軍隊入城，探馬卻報告說，渾河南部總兵陳策援瀋陽的部隊到了。陳策本駐守渾河南部，他聽說八旗軍攻打瀋陽，即準備來援，由於動作遲緩，過了河，瀋陽已失，他想再退回渾河南邊去，可爲時已晚，努爾哈赤已布置快騎將他纏住。陳策的明軍在努爾哈赤指揮的八旗兵丁圍攻下，死傷慘重，混戰僅一個時辰，陳策即力盡被殺，餘下明軍爭著渡河，結果不是被殺就是溺死河中，只有少數人僥倖逃過河去。努爾哈赤兵進瀋陽，並決定放棄正在修建的遼陽皇宮，遷都到瀋陽來。努爾哈赤定都瀋陽後，他感到西邊的道路泥濘難行，就命令伕役修了一條長二十里的大道，但通過蒲河仍不方便，到清太宗皇太極即位後，下令修了這座石橋，瀋陽西邊的大道就暢通無阻了。

這座橋的橋身寬約一四點五米，長三十七米，猶如長虹飲澗，雄偉壯觀。橋身下有三個拱形橋洞，又稱爲三券孔，各爲十三米，劵臉雕刻著二龍戲珠，姿態神異生動。

劵孔之間的橋基部分有分水石，截流分水。劵孔的外壁、橋身兩側，分別嵌有一對石刻雕龍，這對石龍頭朝北，尾朝南，迎著水流。不管水流如何湍急，這些石龍都會把水分開，均勻地形成了三股水流，分別從劵洞中流過。這對石龍造型美觀，形態逼眞，設計科學，就好像兩條白龍，在水中翻騰游動。橋的兩側有石雕欄杆，石柱上有圓雕獅子，欄板上浮雕芾蒂形花紋。另有抱鼓石、石望柱等。抱鼓石的鼓心雕刻著虎、鹿、麒麟、牛、羊、盆景、貓蝶等，姿態各異，栩栩如生，是不可多得的美術工藝品。橋的東首面南豎有石刻一方，刻有「寬溫仁聖皇帝敕建永安橋」字樣。「寬溫仁聖皇帝」是皇太極即位後給自己加的尊號。這座橋是清軍入關前西達山海關的重要交通大道，清朝的康熙、乾隆等歷代皇帝東巡盛京祭祖時，都要經過這座橋。永安橋是東西方向，在現代化的橋樑建築沒有出現以前，是清初陸路的主要公路橋樑之一。清代的官員、文人過此橋時，常吟詩作賦以寄情懷。乾隆時有一個叫常紀的官員，曾經寫過一首詩，題目叫《曉過大石橋》，讚道：

夕行落圓照，曉行晨星多。
霜華積野草，秋水增寒波。
駕言渡石橋，石橋何峨峨。
愧非馬相如，今日復來過。

永安石橋是遼寧省省級文物保護單位，保存這座石橋不僅有歷史價值，也有巨大的觀賞價值。但是，由於此橋年代久遠，加上地震的影響，已經遭到一定程度的損壞，需要不斷進行修繕，才能使這一文物發揮它應有的作用。

## 塔影水流春（瀋陽塔灣）

在瀋陽市皇姑區塔灣街以北，有一座巍然聳立的寶塔，名叫「無垢淨光舍利佛塔」，又簡稱爲「舍利塔」。這是一座八角形的、密檐實心磚塔，塔身共有十三層，高約五十餘米。塔座的邊緣是用石條壘砌的，石條的上面砌有用青磚雕刻成的欄杆，中間還雕成兩層纏繞著的帶子，帶子上又雕有蓮花瓣式的花紋。在蓮花瓣式花紋的下面即是「壺門」，在這弧形的壺門裏有浮雕獸頭，造型生動而美觀。塔身八面則是佛龕，每座佛龕中有一尊佛像，佛像兩旁是「脅侍尊者」，上面又有飛天、寶蓋、銅鏡等加以裝飾。各面佛龕中的佛像是不一樣的，東面是慈悲佛，南面是寶生佛，西面是平等佛，北面是大悲佛，然後東南面是阿閦佛，東北面是普濟佛，西南面是等觀佛，西北面是惠華佛。這些佛像都是用陶土燒成的，經過數百年的風雨剝蝕，今天已只能窺其大概了。共有十三層塔檐，塔檐下有磚雕的斗拱，塔檐上還懸掛過風鈴，當時除了爲裝飾美觀以外，風一吹叮噹作響，既有絕妙的音響效果，又有防止鳥雀棲息的作用。從第二級以上，每一側的塔壁上，原來都掛有銅鏡，據記載其中還有三面是最大的，塔頂則是鎏金相輪，還嵌有寶珠，這一切恐怕早就喪失和損毀了。這座塔與錦州廣濟寺塔基本是相似的，都屬於遼代的早期建築物。錦州的塔後是廣濟寺，瀋陽的這座塔後則是回龍寺，先有塔後有寺，寺建的較晚。塔是遼代重熙十三年（一〇四四年）造的，而寺卻是清崇德六年（一六四一年）修造的。早年這裏是風景極爲優美的地方，每至清明時節，柳芽吐綠，春水蕩漾，在夕陽的餘輝映照下，巍峨的舍利塔沐浴於萬道霞光之中，塔影流動，形成絕妙景色，被人們稱爲「塔灣夕照」。清代乾隆時期的協辦大學士、兩江總督百齡路過瀋陽，觀賞了「塔灣夕照」的景致後，曾寫詩讚道：

一灣塔影水流春，寒食煙生樹樹新。
好是雨餘青到眼，十三山色欲留人。

瀋陽除了這座古塔以外，還有四座塔也是值得一提的，這就是清朝崇德年間在瀋陽四角所建的四塔。這四座塔同前面說的舍利塔不一樣。舍利塔是佛教的「墓塔」，是指佛教的高僧死後火化的遺骨埋於塔下，因將其遺骨稱爲「舍利子」，所以塔稱「舍利塔」。而瀋陽四角所建之塔是按照卜者的推斷，所謂「一主生兩儀，兩儀生四象，四象生八卦」。在明清時，皇帝把皇宮稱爲一主，兩儀則是祭祀天地的天壇與地壇，四象即四塔。所以瀋陽的四塔也稱「四象」。這四座塔，都是橢圓形，白色，腹內裝有經卷、黃金等物，以磚石爲座，高約三十餘米，頂部裝有銅鑄日月，下邊則有銅鑄仰蓮座。由於舊社會統治者不知保護文物，這些飾品早就喪毀了。這四座塔分東南西北設置，東塔即今東塔機場所在地；西塔位於市內遂川街的西邊，因塔身傾斜常年失修已經拆除；南塔位於渾河北岸文化路的南邊；北塔位於新開河下游的東北岸。四塔中北塔是保存得比較完好的一處，塔旁有寺名「法輪寺」。寺內有碑樓、大殿、配殿和禪房等建築，大殿共三間，是供養喇嘛教密宗的「黑佛」，又稱爲天地佛或歡喜佛。瀋陽法輪寺所傳密宗爲中國西藏地區的藏傳佛教，是中國佛教的一大宗派。法輪寺碑是用漢、滿、蒙、回、藏五種文字鐫刻而成，其中詳細記載了建塔和寺的過程，是很有價值的歷史文物。

## 今日大水庫，昔日鏖戰場

### （撫順大伙房水庫）

有人說：「到撫順市觀光，如果不去遊覽大伙房水庫，那將是終身的遺憾。」這話是有一定道理的。大伙房水庫雖是現代化的建築，但在它附近名勝古跡甚多，如小青島、元帥林、薩爾滸山等。

提起這薩爾滸山，它坐落在大伙房水庫的東南隅，渾河南岸，薩爾滸河東岸。它並非是什麼高聳入雲、氣勢雄偉的高山，最高處只有七十米左右，但形勢險要，是古代兩軍廝殺的戰場。後金天命三年（一六一八年），努爾哈赤率領八旗軍兵攻打撫順城，城破後進行大肆虜掠，引起明朝廷的震恐。當時崇禎皇帝命大臣楊鎬督師二十萬大軍，並命朝鮮和葉赫部也加派軍隊協同作戰，總稱四十萬大軍，分四路向撫順殺來，楊鎬在明末王朝中並不是個將才，他先以右僉都御史職主管朝鮮事務，曾在與沿海的倭寇戰鬥中吃過大敗仗。崇禎一氣之下，要殺了他。總算他朝中有人，當時沒有判罪。這次後金汗王努爾哈赤攻下撫順，明朝的撫順守將李永芳投降，於是朝廷重新啓用他爲兵部右侍郎統兵攻打後金。這樣一支龐大的軍隊，由於主帥無能，被後金的八旗兵一擊即潰。當時薩爾滸這地方爲主要戰場，統領這支明軍的是總兵杜松、副將王宣、趙夢麟等。努爾哈赤只有精兵約六萬人，他看明軍來自各方，拼湊聚集，指揮無定，軍無鬥志，決定以少勝多，將自己的兵力全部投入圍攻薩爾滸的杜松主力。他乘杜松由東路渡渾河入薩爾滸立足未定之機，展開四面圍攻，明軍在黑夜中由於地形不熟，死傷慘重，被殲四萬餘人，統帥杜松、王宣、趙夢麟皆死於亂軍之中。而楊鎬的後繼大軍，因天降大雪，行動遲緩，聽到杜松全軍被殲消息後，不戰自潰，使努爾哈赤大獲全勝，創造了我國歷史上又一次以少勝多的戰例。清高宗乾隆四十一年（一七七六年），乾隆皇帝第三次東巡祭祖專程來到薩爾滸，憑弔古戰場，特在山腰建立了《薩爾滸山之戰書事》石碑一座。碑文是乾隆手書，上有黃琉璃瓦頂的御碑亭。碑文中特別提到薩爾滸戰役的重大意義，認爲對大清朝的建立有重要作用。乾隆又寫詩一首，吟道：

鐵背山頭殲杜松，手麾黃鉞振軍鋒，

於今四海無征戰，留得艱難締造蹤。

薩爾滸還做過後金的臨時都城，在努爾哈赤全殲杜松的明軍、擊潰楊鎬的大軍以後，他選擇薩爾滸作爲後金國都。當然，努爾哈赤是個具有遠見卓識的汗王，他遷都薩爾滸是爲了逐漸蠶食明軍防地，等到時機成熟，要攻下的卻是明朝遼東的軍事重鎮瀋陽。後來，他在臨死前終於如願以償了。現存的薩爾滸山城就是努爾哈赤將其作爲臨時國都時建造的，整個都城順山勢起伏而築，分內城和外城。內城較小，可能爲努爾哈赤皇宮的所在地。外城比內城大四倍，東西長約一千五百米，南北寬約九百米，仍然表現出當時建築特點。大部分城牆是用土築的，少部分爲磚築。建造大伙房水庫後，古城留在半島上，而古戰場卻大部分淹沒於人工湖之中。

大伙房水庫是我國大型水利樞紐工程之一，是在渾河上游利用原地形構造的。總面積爲一一〇平方公里，相當於太湖的一半，是既能灌溉發電，又能進行人工水產養殖的人造湖泊。它的附近還有元帥林可供觀賞。元帥林原是奉系軍閥張作霖的陵園，是在張作霖死後開工興建的。園內建有重門、一〇八蹬石階、潔白晶瑩的漢白玉牌坊，另有規模宏大的墓室。這座陵園是一九二九年，張作霖之子張學良當了東北保安司令，掌握東北大權以後，開始動工興建的。還從北京西郊隆恩寺遷來許多明、清兩代的精美石刻。一九三一年「九．一八」事變後，工程終止，張作霖的遺骸也就沒有遷葬於此。

與元帥林隔水相望的是鐵背山，根據歷史傳說，努爾哈赤包圍了杜松的明軍以後，派五百人由其子代善率領乘黑夜偷襲明軍的總指揮部。杜松的營帳就設於鐵背山上，所以傳說努爾哈赤以五百人大破明軍的四路圍剿，實出於此。

## 清代帝王第一陵（新賓永陵）

清朝在關外有三座最大的陵寢，即永陵、福陵、昭陵，永陵最爲悠久。永陵建於明朝萬曆二十六年（一五八九年），是我國清王朝的祖陵。根據歷史資料的記載，當年康熙、雍正、乾隆、嘉慶以及道光等皇帝，都曾興師動衆，千里迢迢地多次東巡祭祖親自來到這裏。

永陵位於遼寧省新賓縣的啓運山下，是一座具有漢族和滿族混合風格的墓葬建築物。全陵分園門、碑亭和方城三個部分，陵園門前矗立著高大的「下馬碑」，是用滿、漢、蒙、回、藏五種文字鐫刻的「諸王以下官員人等至此下馬」的詔令。進了陵園門以後，迎面而見的則是四座並列的碑亭，亭內設有不同人的功德碑，碑亭皆爲單檐式琉璃瓦頂結構。圍繞著碑亭而建的房舍，都是作爲準備祭祀時用的。存放著祭器儀仗等物品，同時也供守靈太監住宿之用。最後的方城是陵園的主體，包括啓運殿和東西配殿，再往後則是寶城，即陵內的墓地。陵內共埋葬有六人，即肇祖原皇帝孟特穆（猛哥帖木兒）、興祖直皇帝福滿、景祖翼皇帝覺昌安、顯祖宣皇帝塔克世，另外二人爲努爾哈赤的伯父禮敦、叔父塔察。根據《清史稿》的記載，孟特穆是清朝能夠追溯的、並見於史傳的世祖。孟特穆生有兩個兒子，長子名充善。充善有三個兒子，第三子名錫寶齊篇古。錫寶齊篇古只生一子，名福滿。福滿有六個兒子，老四名覺昌安。覺昌安有五個兒子，第四子名塔克世。塔克世的大兒子就是努爾哈赤。當然清朝的這幾位祖先，並非開始就埋葬在這裏，而是努爾哈赤稱「汗」後，逐漸遷移過來的，其中比如肇祖原皇帝孟特穆的墓就是個形式，裏面什麼也沒有。努爾哈赤在這裏建了祖陵，他相信這裏的風水，必會助他興旺發達，於是在附近又修建了他的王城，即興京城。當時王城稱爲「赫圖阿拉」，分內城和外城，內城有汗宮、廟宇和八旗兵制的辦事機構。據說努爾哈赤對漢族文化極爲仰慕，所以城內還建有魁星樓和關帝廟。所以，這裏不僅有清朝的第一陵，而且也是清朝奠基的第一座都城。清朝的歷代皇帝都很重視這座陵墓，常把陵墓的變化看作是興盛的祥瑞兆頭，在永陵就曾發生過這麼一件怪事。

不知在什麼時候，福滿的墳頭突然長出一棵大榆樹。榆樹根分爲八股，盤纏糾結，猶如冠蓋樹立在墳頂。榆樹的枝條本是向上的，獨這棵榆樹，枝條向四面鋪開，猶如大傘蔽護著定城。枝繁葉茂，獨樹既然成蔭，於是被看成是吉祥的瑞兆，被乾隆皇帝封爲「神樹」。這棵神樹說來也怪，年年暴長，越來越大，眞有蔽天遮日之勢。一百多年過去了，這棵榆樹雖經精心保護，在同治年間的一天，卻突然被大風颳倒了。說也巧，這時的清王朝正是一片衰敗景象，大樹一倒當然傳說各異，但肯定地說這不是好兆頭，於是清王室上上下下一片驚慌。爲此專門派了欽差大臣查辦此事，又招請各地花木工匠趕往救治。據說當時想方設法培土修整，這棵老榆樹還是不能再發新枝，許多人都說這是清王朝氣數已盡，命該如此。當然，有關神樹的傳說是被清王室說得玄而又玄的，說什麼老天要賜於愛新覺羅氏天下，特命神封樹下凡協助，因爲人間松柏太多顯不出珍貴，所以才把天上一棵大榆樹的根分了一半落在福滿的墳上。乾隆皇帝第一次東巡祭祖時，還特意寫了一篇《神樹賦》，刻在石碑上。現在永陵方城的西配殿裏還保存著這塊碑石。

永陵不論其規模或者是建築藝術都趕不上瀋陽的福陵和昭陵，隨著清王室的衰敗，不斷遭到破壞，所以至解放前已經破敗不堪。當年那「靄靄興王地，風雲莫可攀」的氣勢，早已蕩然無存。解放後，人民政府爲保護文物古跡多次撥款進行修整，逐步恢復了古永陵的風采。現在陵園門已經修繕一新，四周繞以繚牆，有寬約四丈的「神道」直通陵園正門。坐落於院內的正方形碑亭，也都彩繪一新，碑亭內按中老次幼、左大右少的序列，分別安置著頌揚「肇興景顯」四祖以及他們皇后的功德碑。碑亭前東西各有廂房五楹，碑亭後東西也各有三間外廊式二層閣樓。這些房舍都整飾完美，供展出陵內古物和供遊人休憩之用。「興京滿族博物館」的籌建處也設在這裏，不久的將來，它一定會吸引大批的遊人前來觀光。

# 龍首尋秋（鐵嶺龍首山）

龍首山是鐵嶺著名的風景區，位於市區東側的柴河西岸。山從東南蜿蜒而來，綿延約十餘里，勢如長龍，至柴河曲折處，嶙峋突起，如神龍昂首，故名龍首山。

山中崗巒起伏，濃蔭蔽日，花木繁多，自古以來滿山遍生野薔薇，每年春季，山谷薔薇盛開，爛漫若紅錦，香氣撲人，這裏採花的婦女，三五成群，往來於紅綠叢中，宛如美麗的圖畫。到了秋季，紅葉滿山，霜林變紫，別有情趣，入山尋秋者，不絕於道。明代文人陳循寫有《龍首尋秋》詩，讚美龍首山秋景道：

霜林變丹紅，秋高天氣回。
幽人植杖來，踏遍碧峰頂。

陳循是泰和人，永樂年間進士，明英宗正統初年曾任戶部侍郎。西元一四五〇年，北方瓦剌族酋長乜先，突然發動對明王朝的進攻。明英宗聽信奸臣王振的話，毫無準備地親率大軍迎戰，結果被俘，史稱「土木堡之變」。當時任兵部侍郎的于謙，反對徐理提出的南遷避禍的建議，主張組織力量奮起抗戰，並擁立郕王朱祁鈺為帝。當時任華蓋殿大學士的陳循堅決支持于謙的主張。針對瓦剌利用英宗作為要挾的陰謀，于謙和陳循提出「社稷為重君為輕」的口號，嚴令邊將抗戰，不許議和。後來，瓦剌戰敗後，送回英宗。英宗勾結徐理與石亨乘機復辟，又當了皇帝，改年號為天順，史稱「奪門之變」。英宗復辟後，徐理等便以「謀為不軌，迎立外藩」的罪名，逮捕了于謙、陳循等人。英宗復辟後的第六天，于謙被殺，陳循杖刑後被充軍鐵鈴衛，陳循經常到龍首山來遊覽，他的《芳洲集》裏就記有不少詩句。

龍首山上的古代建築還有慈清寺，建於明代弘治年間。早年名叫秀峰寺、水潮寺，清初才改名為慈清寺。廟宇坐落在龍首山北峰之巔，松柏環抱，古樸幽靜。寺院前有圍牆兩重，東西各有石碑一座，刻有修建寺院的經過和鐵嶺八景的名稱。拾級而上，可從東西兩側門進入寺內。寺中有正殿、東西配殿和藏經閣等。正殿東西各有涼亭一座，西亭可觀覽鐵嶺市全貌，東亭可俯瞰曲折蜿蜒的柴河。一九二一年重修廟宇時，又改山門為小樓，是兩層磚木結構，取名「醉翁樓」。寺院中還有古松一棵，枝幹橫生，形如龍騰，據傳為清代所植。

寺東南約三百米處，有古塔一座，名秀峰寺塔。塔建於明弘治二年（一四八九年），為八角九級，有佛像浮雕，飛檐裝有鐵鈴，風過而動，叮噹叮噹，悅耳動聽。一九二八年，在此塔內發現了石碑、銅鏡、銅佛等，石碑為《重修秀峰塔記》，對此塔修築經過，記載頗詳。塔東山崖上屹立著涼亭一座，在此可觀鐵嶺市城東景色。

龍首山經過近年來的保護和修建，景色更加迷人。山南有朝鮮兒童栽植的中朝友誼林，還有日本友人贈送的櫻花樹和杉樹。春夏之季鬱鬱葱葱，綠樹如海；秋天，紅葉遮山，霜林盡染；冬日山上白雪皚皚，銀裝素裹，龍首山的秀麗景色正吸引著四面八方的遊人。

## 貞懿皇后與垂慶寺塔

### （遼陽白塔）

一出遼陽火車站，就可以看到一座古塔巍巍屹立，這就是著名的遼陽白塔。這座塔建於金大定年間（一一六一——一一八九年），雖經歷代補修，仍保持著初建的風貌。塔為磚築，八角十三層，實心密檐式，高達七十一米，逐層稍內收，近似遼塔。塔身八面都有坐佛、脅侍、飛天等磚雕像。各層懸有風鈴、銅鏡，塔頂有剎杆、寶珠和相輪。整個古塔的造型古樸、凝重，體現了我國北方古塔建築藝術的特點。

白塔只是俗稱，實際上它是金朝第五代皇帝完顏雍為其母貞懿皇后所建造的垂慶寺塔。垂慶寺就在塔的北面，明代曾改為廣祐寺，現僅留遺址，寺已不存。但是人們在觀賞這座寶塔時，總要想金世宗為什麼要給他母親修塔呢？說起來這裏邊還有一段頗富戲劇性的歷史。金世宗完顏雍是金朝的創始人完顏阿骨打第三子宗輔的兒子，其母貞懿皇后是渤海貴族，世居遼陽。阿骨打建立金國，傳至金熙宗時，內部爭權奪利的鬥爭日趨激烈。這時宗輔在與宋的戰爭中死去。根據女眞族的舊俗：「父死則妻其母，兄死則妻其嫂，叔伯死則姪亦如之。」貞懿皇后出於渤海貴族之家，深受漢族文化的影響，她忍受不了這種舊俗的摧殘，「乃祝髮為比丘尼」，於是在遼陽出家，法號洪願。貞懿皇后出家在當時是金朝貴族中的一件大事，所以金熙宗除了給她修築極為富麗堂皇的寺院外，又賜給她「通慧圓明大師」的尊號。

金熙宗死後，由海陵王完顏亮即皇帝位。完顏亮對擔任兵部尚書的葛王完顏雍猜忌甚深。他害怕完顏雍危害他統治，於是就極為頻繁地調動完顏雍的職務，最後又加封完顏雍為趙王，留住遼陽。但是完顏亮對完顏雍還是不放心，就將與完顏雍有來往的大臣革職回鄉，貞懿皇后的弟弟李石也被迫辭官回到遼陽。

金正隆六年（一一六一年）貞懿皇后作為僧尼圓寂了，死前她留有遺言：「鄉土所念，人情所同，我已用浮屠法置塔於此，不必合葬也。我死，毋忘此言。」完顏雍遵照母親的遺願，果然沒有遷屍與父親合葬，而是增修大塔，爲其母藏身之地。這就是現在的遼陽白塔。

這時候完顏亮已親率大軍前去伐宋，特意留下親信大臣高存福暗中監視完顏雍。在這種情況下，完顏雍不得不考慮今後壓迫的加劇，他與舅父李石商量的結果，只有乘完顏亮伐宋在外的機會，發動宮廷政變，取而代之。否則完顏亮伐宋勝利，他們也只有死路一條。於是，完顏雍以召集高存福議事爲名，將高存福及其同黨騙至清安寺，一聲令下，伏兵四出，將高存福及其同黨一網打盡。此時正好完顏亮在採石磯被宋將虞允文擊敗，逃至瓜洲，他聽到完顏雍發動政變的消息後，極爲恐慌。他限令部隊必須三日內南渡長江，結果逼得士兵嘩變，他自己被亂箭射死。

完顏雍即位後，是爲金世宗，他遵從母親的遺訓，做一個賢明的君主。整頓吏治，任用賢能，釋放奴隸，同宋休戰議和。

當人們瞭解這段歷史後，也許再來欣賞這座高聳入雲的寶塔時，就會趣味盎然了吧！

## 沒有啟用過的皇城（遼陽東京城）

清朝還沒有在北京建立政權以前，曾在關外建過三個都城，即位於遼寧新賓縣內的興京、位於遼陽市內的東京和位於瀋陽市內的盛京。這三座都城都建過王宮，其創建者都是努爾哈赤，宮殿建築往往是一代歷史的寫照，這三座宮殿的變化，很能說明清初興起的歷史。

努爾哈赤是女眞族中三大系之一的建州女眞的首領，據傳說他開始起兵時兵卒不過百人。明朝萬曆十一年（一五八三年），他先後吞併了海西女眞與野人女眞。明朝萬曆二十九年（一六〇一年），他把作戰與生產結合的組織「牛錄」改建爲四旗制度，並以黃、紅、白、藍爲四旗的標誌。到這個時候，努爾哈赤部隊發展到接近六萬人，努爾哈赤也就產生了「黃衣稱朕」的願望，於是在一六〇三年，努爾哈赤選中了新賓這個地方建立京都和修造王宮。努爾哈赤喜歡居住高地，他認爲居於高處可以瞭望四方，一旦有警，可以居高臨下，有備無患。所以他選擇了新賓橫崗這個地方建起了一座方城。因爲橫崗在滿語中稱「赫圖阿拉」，所以興京又稱赫圖阿拉城。赫圖阿拉城分內城與外城兩個部分，外城周長約五公里，內城周長二點五公里。努爾哈赤的王宮就設在北部最高的地方。全城圍山而築，壘土爲郭，三面臨水，一面靠山，是蘇子河與二道河匯合的左岸。王宮的主要建築稱爲「尊號臺」，又稱「金鑾殿」。一六〇五年努爾哈赤又將四旗增爲八旗兵制，面對尊號臺建造了八旗衙門。當時他自領兩黃旗，他的長子代善領兩紅旗，皇太極和杜度分領兩白旗，莽古爾泰和阿敏分領兩藍旗。努爾哈爾很仰慕漢族的文化，圍繞尊號臺又建造了關帝廟、文廟、魁星樓、昭公祠、城隍廟等。明朝萬曆四十四年(一六一六年)努爾哈赤登上尊號臺接受諸王貝勒的朝賀，自稱「後金復育列國英明皇帝」，年號爲「天命」。一六九八年，清康熙皇帝東巡祭祖來到這裏，曾賦詩讚道：「靄靄興王地，風雲莫可攀。瀠洄千曲水，盤疊百重山。」表達了對該地形的推崇和祖業的追慕之情。可惜興京舊城及王宮均已荒毀，僅剩下斷壁殘垣，人們通過陳跡尚可窺見當年之規模。

後金天命六年(一六二一年)，努爾哈赤率領八旗驍勇，攻占了明遼東都司的所在地遼東城，逼得明朝遼東守將袁應泰登上城樓自焚身死。遼東城(即今遼陽)古稱襄平，自古就是關外的政治、經濟和文化中心。努爾哈赤占領遼陽第二天，就召集了緊急的軍事會議，決定把都城由興京遷到遼陽來。遼陽雖爲遼東重鎮，但是一座平地城，有南北兩重城池。努爾哈赤強迫南城居民一律遷往北城，然後命令伕役在南城積土成高臺，建造宮殿。但不到一年，努爾哈赤就認爲舊城風水不好，重新建造新城和王宮。在後金天命七年(一六二二年)，在太子河東二點五公里的一片荒蕪的丘陵地帶，開始建造新城和王宮。新城前臨太子河，背依丘陵，用長方磚建造。城周長約三公里，高約十二米，有八處城門。努爾哈赤將宮殿建在高臺，又名八角殿。八角殿爲八角攢尖亭子式建築，殿頂用黃色琉璃瓦，配以綠琉璃瓦鑲邊，殿內用八根通天柱支頂，地面採用綠色琉璃磚鋪地，配有象徵富貴的蓮花紋，顯得十分富麗堂皇。八角殿在東，寢室在西，居高臨下，可以俯瞰全城。王宮周圍還配以樓閣建築，取衆星捧月之勢。但是，出乎人們的意料，就在宮殿將行完成之時，努爾哈赤卻說，有一隻美麗的鳳凰曾經飛越宮殿的上空，它在天空盤旋，三落而三起，終於向北方逕直飛去，所以這裏的風水不足以成帝王之業。努爾哈赤提出了再次遷都的主張。鳳凰不落，這當然是個神話。但根據歷史記載，努爾哈赤在定都瀋陽以前，確實與諸王大臣有過一番爭論：「上欲自東京遷都瀋陽，與貝勒諸臣議。貝勒諸臣諫曰：『邇者築城東京，宮室既建，而民之廬舍尚未完善。今復遷移，歲荒食匱，又興大役，恐煩苦我國。』上不許，曰：『瀋陽形勝之地，西征明，由都爾鼻渡遼河，路直且近。』」努爾哈赤在遷都問題上的主張，說明他確實具有遠大的戰略思想，不愧爲一代霸主。

當時瀋陽只是一個極普通的城鎮，爲明朝遼東都司管轄，城周不足四公里，僅爲遼陽的三分之一。城樓早已殘破，城內街道低窪不平，屢經戰火洗劫，眞是殘破不堪，滿目淒涼。但是，瀋陽與撫順相鄰，撫順可稱瀋陽的東大門，而撫順以東萬山重疊，群峰環抱，進可攻退可守。如果戰鬥失利，可入撫順退守山區，保存實力，養精蓄銳，等待時機。努爾哈赤把他遷都瀋陽的眞正目的跟大家一說，諸王貝勒無不讚服。歷史也證實了努爾哈赤的正確判斷。奠都瀋陽後，努爾哈赤就開始籌建宮殿。他按照他的老習慣喜歡高居的特點，選定地勢略高的十字街爲中心，在南北通天街的東側，遵循古制和滿族習俗，首先模仿遼陽東京城的八角殿，破土動工，這就是盛京皇宮（今瀋陽故宮）。所以說清初雖在關外建造過三座都城宮殿，實際上只使用了兩處，而遼陽的東京城宮殿，卻是座只建未用的皇城。

## 芙蓉疊翠蓮花山（鞍山千山）

提起鞍山，誰不知道它是「鋼都」呢？好像遼寧省鞍山市除了鋼材，就沒什麼好講的了。其實不然，它附近的「千朵蓮花山」，是我國東北三大名山之一，總占地面積約三百平方公里，最高處海拔七百餘米，共九九九座山峰，散落著五寺、八庵、九宮、十二觀，層林疊嶂，紅牆碧瓦，條條山泉似龍涎滴水，煙霞雲霧裝點出一派神仙境界，它完全可以與關內的諸名山媲美。如果你去鞍山，沒有到千山去遊覽，那眞會是「追悔莫及」呀！

千山古稱千華山、積翠山，民間俗稱「千朵蓮花山」。山中奇峰疊起，或如獅虎雄踞，或如臥象盤龍，自古以來就有「無峰不奇，無石不峭」的讚譽。清代康熙皇帝遊千山時曾寫詩讚道：

曉入千山路，煙光織翠蘿。
峙嵌緣石磴，宛轉歷岩阿。

千山確實是很美的，早在一千六百多年前的隋唐時期，它就成了衆多和尚與道士雲集的地方。除先後修建了許多庵觀寺院以外，還有仙人臺、五佛頂、駐蹕山、五龍峰、羅漢洞、葛公塔、夾扁石、增和橋、龍泉、來鶴亭等風物可供遊覽，眞可謂是山山有名，峰峰有說，難怪吸引著歷代的衆多文人到此遊覽。清代嘉慶時進士、安徽省桐城的著名詩人姚元之，在遊畢千山時，題詩讚曰：

明霞爲飾玉爲容，山到遼陽巒嶂重。
欲問青天花數朵，九百九十九芙蓉。

提起這「九百九十九芙蓉」來，還有一段美麗的傳說故事呢！傳說在很久很久以前，這裏原是一片碧綠的湖水，四周住著勤勞善良的百姓，他們打漁種田，紡紗織布，過著安居樂業的生活。誰知有一天，湖裏突然潛來五條惡龍，它們興風作浪，掀翻漁船，淹沒農田和住房，使老百姓慘遭禍害，痛苦不堪。這事驚動了一位美麗的仙子，名叫積翠仙姑。她很同情老百姓的遭遇，但是她的法力又不能誅滅這五條惡龍。她沒有辦法，只好去求鳳凰山女媧宮的女媧娘娘，求她幫助制服惡龍。女媧娘娘對她說，要想制服惡龍必須以太陽光爲金線，月亮光爲銀線，用九天彩霞爲布，織成千朵蓮花，然後將千朵蓮花抛入湖中，就能永遠鎮往惡龍。積翠仙姑聽說後，就每天清早起來，去收集九天雲霧彩霞，收集太陽放出的光芒，晚上又冒著寒冷去收集月亮的光芒，然後就悄悄地繡起了蓮花。她白天繡、夜間繡，繡呀，繡呀，整整繡了九九天，繡出了九九九朵蓮花，再熬一天一夜，一千朵蓮花就繡成了，就可以去制服惡龍了。但消息終於還是讓五條惡龍探聽到了，五條惡龍個個氣得暴跳如雷，都要與積翠仙姑決一死戰，他們知道如果讓千朵蓮花繡成，他們就沒有活命了，於是立即調動蝦兵蟹將，捲起漫天大水，向積翠仙姑的住地殺來。五條惡龍一路大水泛濫，百姓更加遭殃，這時狂濤巨浪洶湧，許多人在水中掙扎呼救，積翠仙姑在空中見此情景，實在不忍，只得將繡成的九九九朵蓮花，向五條惡龍抛去，說來也怪，這九九九朵蓮花，被風一吹，立刻化爲九九九座山峰向五條惡龍壓去。五條惡龍一看不好，立即向湖心老巢遁去，九九九座山峰，山連山，峰連峰，將湖一下填平了。但是，因爲只有九九九朵蓮花，尙有一處還在向外冒水，五條惡龍正憑藉水勢，拚命要往外鑽，這時積翠仙姑什麼也顧不得了，將自身變成一朵蓮花，霎時間，只聽「嗵」的一聲，湖水再也沒有了，五條惡龍被永遠壓在山底，而積翠仙姑也化成了一座山峰永遠不能再回天上了。後人爲了紀念積翠仙姑的功績，所以把千朵蓮花山又稱爲積翠山。

當然，這只是個傳說故事，而眞正與歷史發生聯繫的則是唐代。據說唐代貞觀年間太宗李世民親征遼東時，曾駐軍於千山，在《明統一志》、《盛京通志》和《遼東志》中，均有「世傳唐征高麗，駐蹕於此」的記載。在千山的遺跡中，有關「唐王碾」、「管飯寺」和「煙筒砬子」的傳說，都是同唐王李世民東征有關的。舊有無名氏詩一首，也足可印證：

松杉絕壁巢雙鶴，凡事虛堂會百靈。
聞道至尊曾駐蹕，山雲還作虎龍形。

千山的歷史遺跡，的的確確是非常古老的。

## 千山的五大禪林（鞍山千山）

千山的名勝古跡，最負盛名的是五大禪林，這就是翠屏環擁的「龍泉寺」、梵宮接天的「大安寺」、雪庵洞府的「香岩寺」、峰奇香襲的「祖越寺」和霞影落立的「中會寺」。這五座寺廟都始建於唐代，隨著時間的流逝，歷經風雨，屢毀屢建，終能流傳至今。目前保存最好、規模也最大的當數龍泉寺。這龍泉寺在千山北溝的溝掌，四周峰抱巒擁，林茂石秀。東邊是無量觀，西邊是南泉庵，眞是殿閣幽雅，亭臺秀麗。關於龍泉寺得名的傳說有許許多多，大致可分三類：其一是屬於自然風物概貌的，因寺後山坡有一泉水緩緩流出，蜿蜒如龍，名龍泉，故寺名龍泉寺。二是屬於歷史傳說方面的，說唐朝太宗皇帝李世民御駕東征，路經千山，飲了這裏的泉水，覺得水質甘洌清甜，大加讚賞，特賜名龍泉，所以寺名龍泉寺。其三是屬於神話傳說的，說的是很古很古的時候，有一條惡龍霸占了這條山溝。它興風作浪，常使山洪咆哮，毀屋傷田，害得附近百姓叫苦連天。有一天，一個遊方的老和尚來到這裏，搭了個草棚住下。一天夜裏，他突然聽到山溝內隆隆直響，山上山下一片紅光，只見山石滾滾，樹木搖晃，一股大水奔騰而下，氣勢好不嚇人，這老和尚早知是惡龍又來搗亂，他乘龍頭向下竄動之時，飛身騎上龍背，終將惡龍降伏。現在的龍泉寺後山坡上，所雕的和尚伏龍的石像，據說就是爲了紀念這件事的。因爲和尚是倒坐在龍身上，又有人說這和尚是彌勒佛下凡，所以就把它叫作「彌勒倒坐」。

清代乾隆至嘉慶時期，遼陽出了個才子名叫王爾烈，後來官至翰林，做過嘉慶皇帝的啓蒙老師，他小的時候就在龍泉寺讀書。此人才廣學博，有「壓倒三江王爾烈」之稱，在他告老還鄉以後，曾重遊龍泉寺，寫了一副嵌字聯，鐫刻於寺門前，聯曰：

龍之爲靈昭昭，降雨出雲何必獨推東岳；
泉之不舍混混，煙花柳浪無難更作西湖。

他又寫了幾首詩，讚美龍泉寺，其中有「鳥引花迎到寺門，翠屏環擁紺宮尊，一千峰裏煙霞勝，十六景中圖畫存」的說法。寺內現存的主要建築，有大雄寶殿、天王殿、韋馱殿、毗盧殿、龍王廟及藏經閣等。其中金剛殿、禪堂和後堂都是明朝嘉靖以前的建築物，其他則是清代重建的。

大安寺在千山東南部，坐落在海拔五千多米的山坳裏，四周爲太保、佛手、金剛、英烈、通明、文殊六峰，在諸寺中獨見雄曠。更爲奇特的是，在大安寺後山上有許多大大小小的石碾。這些石碾經過若干年的風吹雨淋，現在尚可看清碾盤上鑿的溝齒，把圓溜溜的碾砣放在碾盤上，還可以推著轉動。據說這是唐王李世民東征時留下的，故稱「唐王碾」。如果聽當地老人說起「唐王碾」的來歷，那才神呢！據老人們說，大唐太宗李世民東征時住在大安寺，率領的幾十萬人馬就在千山紮下營寨。總運糧官程咬金送來兩萬擔穀子，但穀子的皮不碾去，怎麼能吃呢？這可愁壞了李世民與程咬金。不久，正當他們無計可施時，卻聽到了鑿石的聲音，派人去偵察，探子回報說，滿山都是石塊，沒有人鑿石。可是唐王李世民總好像聽到鑿石塊的聲音，派程咬金親自去看，也只看到山坡上到處是大大小小的石塊。第二天，唐王李世民同程咬金一起去看，當時都驚呆了，只見滿山都是嶄新的、大大小小的石碾子，都是碾砣壓碾盤，溝紋清晰。兩人由驚奇而高興，不由都開心地大笑起來。有了這些石碾，穀子可以去皮，軍糧就解決了。大安寺除了唐王碾古跡外，還有「唐缸」古物，據說也是唐代遺留下來的。

香岩寺則在千山的南部，建於兩崖夾護之間，寺宇分前後正殿和左右配殿，寺後即是千山的第一高峰仙人臺。香岩寺有兩大特點，一是每逢到了春暖花開的季節，在香岩寺的山谷中到處盛開著丁香花，一進溝口就會聞到陣陣撲鼻的花香，因爲香氣瀰漫了山岩和寺廟，所以才取名叫「香岩寺」。二是香岩寺的木工雕刻極其細膩，特別是三旋龍身，眞像要凌空飛去一般。香岩寺還有金代所建的磚塔，寺前有元代名僧雪庵的墓塔和碑記，雪庵洞府摩崖是元代皇慶二年（一三一三年）所建，都是稀有的古跡遺物。

祖越寺則在無量觀西閣之下，它與無量觀各以其獨特的美吸引著衆多的香客與遊人。同時祖越寺近的景點也較多，環繞祖越寺的有玉皇閣、羅漢洞、八步緊等。玉皇閣在三十三天附近，築於峭壁之上。在峭石陡壁下有石階八蹬，僅容一人納足爲八步緊，越七步松，過夾扁石，達一步登天，有如入神仙境界，故古人有詩曰：「峰外奇峰一上松，神仙應向此間逢。」在一九七九年，祖越寺旁的古樹叢中新建了一座涼亭，亭四角有四株古松相對，名「四松亭」，亭下有泉，流水不斷，別有一番意趣。祖越寺的建築十分緊湊，七幢殿宇，齊集於山谷之中，東西兩山猶如雙手捧珠，將紅牆綠瓦的祖越寺拱簇其中，春花秋雨，夏濤冬雪，四季景致各具特色。

中會寺在千山中溝的半山上，寺前有明代嘉靖四年（一五二五年）所刻碑記，上面記載說：「襄平南千山之山上，自唐敕建古剎有五，中會居其中。」中會寺自建造以來，就是千山佛教講經說法的中心，很多佛門弟子常常聚集在這裏誦讀釋迦牟尼的經典，領會佛教的戒律。後大殿的正門上有一塊橫匾，題寫著「祇園法戒」四個大字。千山的佛、道兩教都很盛行，常爲一些事情發行糾紛，所以中會寺也是佛、道兩教共同議事的地方。寺內有一古柏，相傳已有千年歷史，葉枝仍很繁茂。中會寺當時根據地形依山而建，分前後兩大殿，另外還有天地樓、韋馱殿、鐘鼓樓、禪堂等建築。寺東有一山，山頂有一白色小塔。寺東南山峰下，有一圓形巨石，高約十餘丈，獨臥山坡，頗爲奇觀。巨石旁有一洞，洞後有井，據說過去曾有高僧在此修行，稱爲「寶泉玲瓏洞」。對於中會寺的自然景物，明代有位詩人說得好：

花香浮塔院，霞影落立嶺。

杳杳鐘聲動，遙峰護碧林。

這裏的環境十分幽靜，依山臨澗，是由東南溝通往仙人臺的必經之路，其建築至今還保持著唐代的風格。

## 劉太琳與無量觀（鞍山千山）

無量觀是千山著名的道教宮觀，也是道教在千山建起的第一座道院。無量觀建於清康熙六年（一六六七年），創建人爲道士劉太琳。相傳這劉太琳原名爲劉玉琳，本是河北永平府人，因家中貧寒，十八歲時來到關外，在九頂鐵刹山出家當了道士。他的師父名郭守眞，將他的名字改爲劉太琳，因爲他是屬於「太」字輩的徒兒。劉太琳出家後，不離道院，誠心修道，很得師父的歡心。

道教是產於中國的宗教，秦漢時就開始盛行，在歷史上多次成爲農民起義的組織形式。南北朝時，北魏太平眞君年間，嵩山道士寇謙之在魏太武帝支持下，自稱奉太上老君意旨，創建北天師道，而南朝則有陸修靜創建的南天師道。唐高宗以老子姓李爲李氏祖先，道教極爲盛行。唐宋以後，南北天師道與上清、靈寶、淨明各派逐漸合流，歸併於以符籙爲主的正一派中。金代大定年間，王重陽在山東創建全眞道，至元代盛極一時，但至明代晚期，道教的勢力已逐漸低微，許多著名的道人也都流進關外，郭守眞即是其中之一。有一年適値遼東大旱，清朝的盛京將軍吳達禮派人邀請高僧高道進城求雨，郭守眞在被邀之列。郭守眞帶著徒兒劉太琳等來到盛京（今瀋陽）設壇求雨。事有湊巧，郭守眞設壇這天，正好天降大雨。盛京將軍認爲是郭法師法力無邊，能呼風喚雨，就挽留他在盛京設教，並在小東門大興土木，建造了太清宮，請郭法師居住。

郭守眞到過千山，很羨慕千山的靈氣與秀麗，很想在千山建立道觀，把已經勢微的道教再發揚光大起來。可是千山歷來是佛教聖地，五大禪林的力量非同小可，所以郭守眞雖有想法，卻難以實行。這次求雨在盛京擴大了影響，於是他就想藉助盛京將軍的勢力，在千山建立起道教的根據地。這一天，他把自己心愛的徒兒劉太琳叫到面前，把自己的心意對他說了，並跟劉太琳說：「此次去千山，如建不成道觀，休要回來見我。」劉太琳恭恭敬敬地給師父叩了三個頭，稽手領取了法旨，就到千山去了。他遊遍了千山，選定了祖越寺附近的上坡，認爲這是建立道觀的最好地方。這地方既不在深山，又不直接截取進山道路，這對於吸引香客、宏揚道教是最好不過的地方。然後，劉太琳就借住在祖越寺後山腰的羅漢洞中，日出化緣，積攢錢財以作修觀之用。許多富戶商家知道他是郭守眞的徒兒，是盛京將軍面前的大紅人，於是紛紛捐資，很快建觀的物資就準備齊全了。但是，劉太琳建觀的這塊地方卻是祖越寺的廟產，寺裏的和尚一聽說劉太琳在這裏建觀，讓道教在山裏流傳，說什麼也不肯讓出這塊地方。給錢不要，在附近買下四十頃地去換也不行，這下可使劉太琳束手無策了。最後實在沒法，劉太琳只好跑到遼陽縣縣衙門去告狀，要縣官主持公道。遼陽縣的縣官是七品芝麻官，怎敢去得罪盛京將軍，就判了祖越寺的不是，要祖越寺和尚把地換給劉太琳。不久無量觀就建成了，果然香火旺盛，祖越寺的興盛被無量觀代替了，千山的道教很快地發展起來。後來，劉太琳被道徒們尊為祖師，他死後就葬在無量觀的聚仙臺側，他的墓稱為「祖師塔」。

目前無量觀的主要建築有觀音殿、老君殿、三官廟、大仙堂等。觀前還有玲瓏塔、葛公塔等，塔影山色，景色十分秀美。無量觀的西邊是著名的西閣，依岩築屋，夾護於層林之中，別有風格。西閣的木柱上鐫刻著一副對聯，乃是清代文人的手筆，聯曰：

潮月空山蓂莢落，

露風靈響海天高。

聯語中所提到的「蓂莢」是古代傳說中的一種吉祥草名，又名叫「曆草」。相傳堯時有草夾階而生，隨月而死。每月朔日生一莢，至月半則生十五莢，至十六天後，日落一莢，至月晦而盡。若月小則餘一莢，厭而不落，以是占日月之數。這副對聯比較貼切地說明了無量觀的神仙氣氛，也烘托出無量觀當時在千山的重要地位。

## 九曲銀河在人間（本溪水洞）

遼寧省的本溪市，是因市內有湖名本溪湖而得此名的。本溪湖的水源係出自一個深邃的山洞，水從洞中石縫中湧出，潺潺南流，終年不息。後來，在洞外開鑿了人工湖，擴建為溪湖公園，凡是到本溪的人，都要去遊覽一番。其實本溪市的水洞不止這一處，最近又開闢了一處水洞，名稱「九曲銀河」，可以讓遊人乘坐電動遊艇，入洞觀光，現在成為本溪市最吸引遊人的地方。

據說這處水洞是一九一七年發現的，洞口題了「開天古洞」四個字，是當時本溪縣的縣令單文坤所寫。地質科學家考證說，這是一個古老的石灰岩充水溶洞，是在奧陶紀石灰岩上，經過漫長的年代，流水不斷地浸蝕形成的。奧陶紀為地質年代古生代的第二紀，距今約五億年左右，當時我國的許多省區還為海水所淹沒，這時所沉積的石灰岩為奧陶紀石灰岩。本溪這座溶洞的形成期，距今最短也已有數百萬年了，可謂是歷史悠久了。水洞的形狀成直體形，全長約二千五百餘米，總容積達三十六萬立方米，水深在三至七米之間，每天的水流量約一萬立方米，其規模之大，在世界上也是名列前茅的了。

這座水洞在本溪市西面的太子河畔，曾是我國古人類生長生活的地方，經過考古挖掘，在洞口地下約四米深處，發現大量古人類生活和生產用具，同時還發掘出許多殷商及金元時期的文物。這座水洞不僅洞體高大、寬闊、幽深，而且水源豐富，是很適合人類居住的。這座水洞的發掘，對研究北方人類生活的歷史和這一地區的文明發展史也具有重大的價值。

洞內景致更是奇麗而秀美，在我國北方實屬罕見。人們按照水洞和自然景物特點，將其劃分爲四峽四宮，共有六十餘處景點散布於這四峽四宮之中。水洞的第一宮名叫「銀河宮」，這是水洞的入口和遊艇碼頭的所在地，這裏洞高約三十米，寬三十米，長約七十米，可容納上千人聚集，無數鐘乳石懸掛洞頂，怪石嶙峋，形態各異。在這裏可以看到石刻題字，高大的石壁上有薄一波、楚圖南和方毅等名人的書法。遊艇至此，艇下水明如鏡，水面上飄過一縷縷的薄霧，如煙如紗，令人神怡。洞內挖掘的上千件文物也在此展示給遊人觀賞。渡過銀河宮就是「織女峽」，遊艇行止此處，可以看到百米洞頂的鐘乳石所形成的奇觀。倒掛的鐘乳石彷彿如千萬把金梭自天垂下，倒映入水又如無數金梭突地而出，眞好像天上的織女布機在穿梭。過了織女峽進入第二宮名「二仙宮」，這裏的景物更見奇險，水面石筍環列，洞頂巨石懸空，有的懸空巨石長達六米，垂下的尖頭與下面石筍尖鋒相對，若即若離，似接非接，驚險極了。第二宮後是第二峽，名「雙劍峽」，只見兩塊七米多長的巨石直插水面，猶如兩把寒光逼人的寶劍，此處水面最窄處尚不足四米，「雙劍峽」由此而得名。第三宮名叫「玉皇宮」，是說這裏好像是玉皇大帝的宮室，瓊樓玉宇。許多石筍內空外圓，乳白透明，就如同冰燈和玉雕，令人讚嘆不已，眞是巧奪天工啊！玉皇宮後是玉象峽，這玉象是由一簇色白如玉的石筍形成的。多麼像一頭四肢拱立正在插鼻飲水的大白象呀。最後就是「北極宮」與「小三峽」，這裏白雪冰封，寒氣逼人，遊人到此恍如置身北極。

洞內還有飛泉流瀑，滴露天雨，水質清冽甘甜，含有多種礦物質，是對人體十分有益的飲用水。因爲洞內外氣溫的差異，空氣流動的影響，水聲形成了和諧動聽的樂聲，側耳靜聽，恍如仙樂縹緲，眞如進了龍宮仙境。

到了北極宮，也就到了水洞的盡頭，但洞並沒有到頭，在此尚可聆聽水洞深處傳來的水流聲。也許是這裏洞窄水流急，遊艇不再前行，需等進一步的考察才知分曉。據說，源源不斷的地下河水，從洞中的地下湖底滲漏，流入太子河中去了。這種說法也是有道理的，太子河就在水洞的山前，洞中水不流入太子河，那麼流向哪裏去了呢？

過去清朝的軍隊在這裏住過，日本侵略東北時也在此駐過軍隊，他們都想進洞去探個究竟，但是都沒有敢深入進去。現在旅遊事業發展，人們可以乘電動遊艇在洞內暢遊，這是科學進步的有力證明。有一遊人在遊覽了水洞以後，賦七絕一首，甚能代表衆多遊人的感懷，抄錄如下：

天雨亂劍震人心，北極光芒蕩胸襟，
舟行轉入泉世界，飛雪瀉玉聽琴音。

## 松花湖遊覽區

## 前事不忘，後事之師
### （長春僞滿皇宮）

在長春有一處很值得觀光的地方，那便是僞滿洲國的皇宮。這座皇宮坐落在長春市的東北角，遠望鬱鬱葱葱，金碧輝煌，可當年它卻是一個充滿罪惡的所在地。

一九三一年「九·一八」事變的第二年，日本帝國主義宣布成立滿洲國，設執政府，扶植愛新覺羅·溥儀執政，年號大同，定都長春。一九三四年又改滿洲國爲滿洲帝國，執政變成皇帝，改年號爲康德。我國清代的這位末代皇帝，好像命中注定要永當傀儡似的，從娃娃的時候起，就被人抱著登上皇帝的寶座開始過由別人操縱的傀儡生活。第二次當傀儡是張勛復辟，但這次當傀儡時間不長，黃粱一夢很快就完蛋了。這第三次當傀儡，是在日本帝國主義的操縱下，是日本帝國主義爲了把我國東北變成它獨占殖民地的需要。所以溥儀在緊鑼密鼓中粉墨登場後，就大興土木建造帝宮。

偽皇宮分作內廷和外廷兩部分，正門稱萊熏門。外廷是他處理政務的地方，內廷則是他和后妃日常生活的場所。內廷又分東西兩院，西院的主要建築為緝熙樓，由溥儀同皇后婉容居住。據說這是溥儀根據《詩經·大雅·文王》中的「於緝熙敬止」的意思取的。樓四周的群房是中膳房、西膳房、茶房、侍醫室、隨侍室等。二樓西側為溥儀的臥室、書齋、佛堂、浴室。溥儀篤信佛祖，禮拜甚勤，每天起床後都要到佛堂裏去做早晨的叩拜。他不讓人踏死螞蟻，打死蒼蠅，認為這是遵守佛祖教義。樓的東側為皇后婉容所居，臥室在二樓的東南隅。一樓西側原是客廳，一九三七年祥貴人譚玉玲進宮，成為這位貴妃的臥室。東院有假山、花園、養魚池、書畫庫，而主建築是同德殿。這是一座黃琉璃瓦頂的二層樓宮殿。溥儀為表示對日本帝國主義的效忠，為表示日滿一心一德，故取名同德殿。據說此樓落成後，溥儀不敢作為起居辦公之地，他害怕日本人在樓內裝有竊聽器。雖然偶爾也來此殿小坐，但也小心翼翼，不敢隨便說話。直到一九四三年祥貴人譚玉玲死後，又來了個福貴人李玉琴，才讓她住進二樓。李玉琴那時是長春南嶺高小學生，被強制進宮時才只有十五歲。

溥儀雖是傀儡，同德殿修築得倒也富麗堂皇。內有懸掛宮燈的大廳，拾級而上是正殿，正殿設有御座，地下鋪著一張大白熊皮，每逢年節，家人都要向溥儀行三拜九叩的大禮。

外廷除中和門外，主要建築為勤民樓。溥儀根據「敬天法祖，勤政愛民」的祖訓，以「勤民」為樓名。這是一座二層方形圈樓，中間為方形天井，南北門相通，南為承光門。二樓東南是勤民樓正殿，即勤民殿，這就是溥儀第三次當傀儡登極的地方。勤民殿西南為西偏殿，西為健行齋，北為祠堂。一九三四年三月一日早晨，溥儀穿上東拼西湊四不像的龍袍，先至南郊祭天，又到祠堂祭祖，然後換穿大元帥服，受大臣朝賀。演出了一場別開生面的醜劇。

一九四五年八月十一日晚，溥儀在日本關東軍大特務吉崗安直的監護下，乘火車途經吉林，倉皇逃到通化大栗子，又乘飛機逃瀋陽，在機場被蘇軍俘虜。從此以後，這座昔日戒備森嚴的宮殿，就成了歷史的遺跡。如今是吉林省博物館所在地。一九八二年，有關部門開始文物徵集工作，收集到文物資料七千餘件在這裏展出。今天人們來遊覽這座偽皇宮，一睹它昔日的面目，也是重新翻閱帝國主義侵華的歷史罪證。

# 遼金兩代的軍事重鎮

## （農安黃龍府故址）

南宋的抗金名將岳飛，曾激勵部下說：「直抵黃龍府，與諸君痛飲爾！」據歷史家們的考證，岳飛所說的黃龍府就是今天的長春市北的農安縣。根據《遼史》記載：「龍州黃龍府本渤海扶餘府，太祖（遼太祖耶律阿保機）平渤海還至此崩，有黃龍見，更名。」黃龍府是遼代的一座軍事重鎮，在此設黃龍府都部署司，最高軍事長官爲兵馬都部署。西元一一一五年，逐漸強大的金國將要取代逐漸衰微的遼國時，首先就是向黃龍府進攻。金國的創始人完顏阿骨打親自率領大軍包圍黃龍府，據歷史資料記載，金國士兵在攻打黃龍府時，英勇作戰，奮不顧身，士兵登牆，「至火燃靴傷足而不知，諸軍繼進，敵遁不守」。這一年的九月，攻下黃龍府。當遼天祚帝得知黃龍府被金軍攻下的消息後，大懼。實際上，遼朝丟失黃龍府後，它的滅亡只是時間的問題了。金攻下黃龍府後，雖將它的名字改稱爲隆州，但是黃龍府舊名是一直被沿用的。到西元十三世紀初，蒙古族逐漸強盛，鐵木眞在統一了蒙古諸部後，也曾把軍事攻擊的重點放在黃龍府，黃龍府的失卻，也就宣告了金國瀕於滅亡了。從這些演變，充分證明黃龍府在歷史上的作用。現在黃龍府古城尙有門址殘跡七處，可供遊人觀光。

除了黃龍府遺址外，人們到農安還要去看看農安遼代古塔，它是磚砌實心、八角十三層、高約四十餘米的巍峨建築。磚雕斗拱，八面有壺門，塔身層層收分，室頂直插雲霄，層層飛展的塔檐使這一高大建築顯得輕靈而富於韻律感；檐角的風鈴不時在和風中琮琤作響，餘音繚繞，遠近皆聞。在磚室中曾發現銅佛二尊，木製圖形骨灰盒（內有舍利子），瓷香盒，瓷香爐，銀盒和銀牌等。其中瓷香盒爲攪胎褐釉白地製品，極爲精緻，是遼瓷中的珍品。

關於始建農安塔的因由，民間有很多傳說，其中有個傳說很有意思：

在遼聖宗耶律隆緒登皇帝位不久，有人奏報說，在農安縣城東北六十里的萬金塔村（這村名是後來才有的），發現龍脈，夜半有龍騰雲駕霧，這是將有眞龍天子出世，與遼帝爭奪天下之兆。遼帝聞知，大驚失色，遂令有司築土修建萬金塔以鎭之。揭土深約三丈有餘的時候，察看風水的人又說龍脈已轉移，逃到西門外去了。因此，只得將萬金塔的修築停下來，去改建農安塔。據說，萬金塔村確實有塔，地名也是由此而來的。後來文物工作者在萬金塔村的土丘中，發現了由灰色素面繩紋磚構築的塔基，這可能就是那未修完的萬金塔吧！另外，在土丘中還發掘出石雕小塔、薄鐵小塔及其他物品。

這究竟是巧合，還是確有其事，現在尙未得到證明，但是農安古塔和萬金塔地宮中所出土的文物，都是昔日遼文化發展的證明。

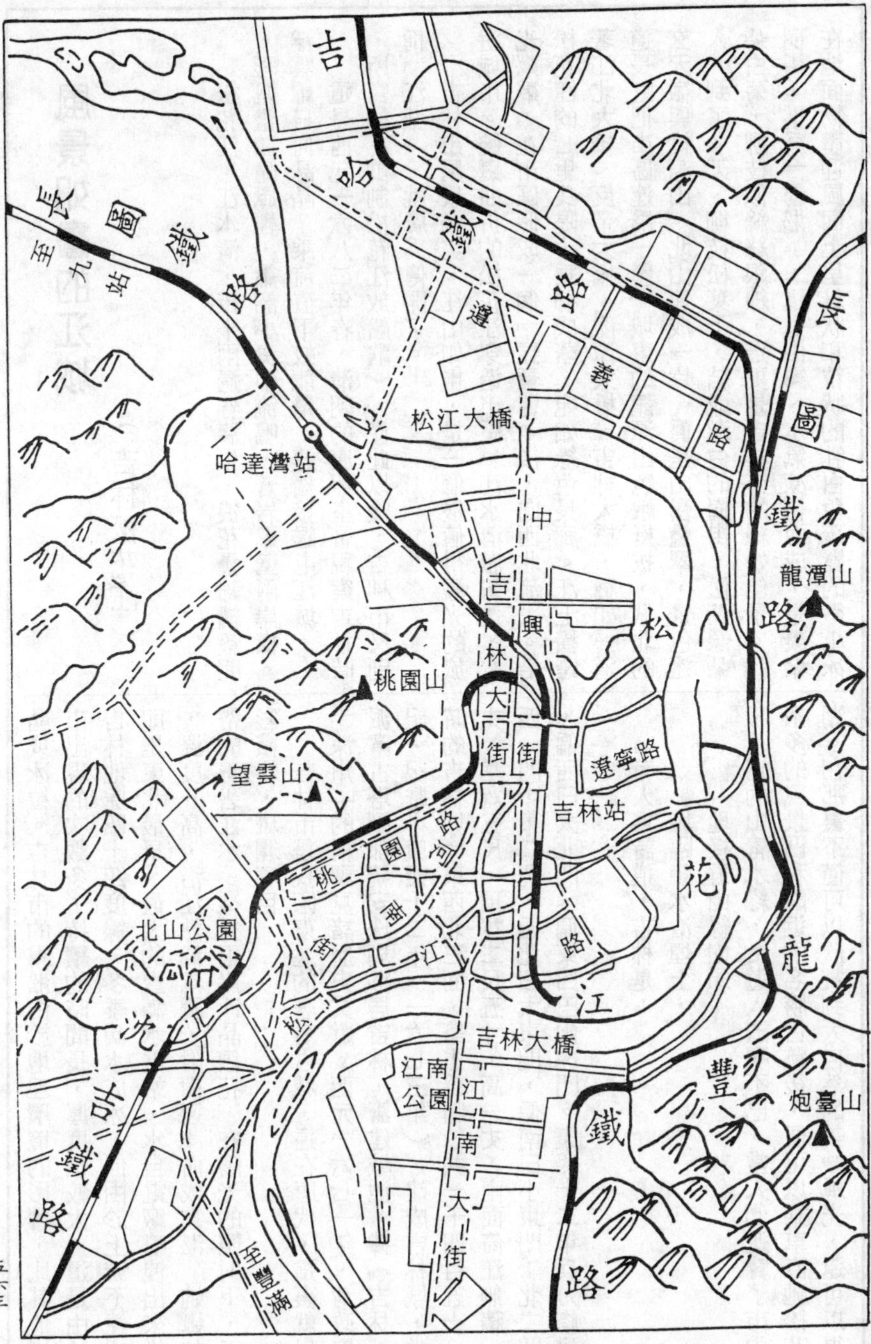
吉哈鐵路
長圖鐵路
至九站
遼義路
松江大橋
哈達灣站
中興街
吉林大街
龍潭山
松花江
桃園山
望雲山
遼寧路
吉林站
北山公園
沈吉鐵路
吉林大橋
江南公園
江南大街
至豐滿
炮臺山
龍豐鐵路

吉林市名勝分布圖

# 風景如畫的江城

## （吉林松花江）

松花江，江水清，夜來雨過春濤生，浪花疊錦繡縠明。彩帆畫鷁隨風輕，簫韶小奏中流鳴，蒼岩翠壁兩岸橫。浮雲耀日何晶晶?乘流直下蛟龍驚，連檣接艦屯江城。

這是西元一六八二年春，清朝的康熙皇帝視察吉林時，所寫的《御制松花江放船歌》。從此以後，吉林市又別稱「江城」，就廣爲傳開了。

吉林市風景優美，江山如畫，是一個很值得觀光的旅遊城市。蜿蜒曲折的松花江穿過市區，江水清澈碧透，波光粼粼，在市區形成一個「琵琶彎」後，向西北流去。沿松花江的七里長隄，垂柳成蔭，宛如綠色長廊。江上橫跨著江北大橋、反帝大橋、龍潭大橋、吉林大橋，猶如一道道長虹把市區連爲一體。城東的龍潭山巍峨挺拔，城北的玄天嶺與桃源山、北山連成一片，眞是山巒疊翠，景色迷人。到了冬天，柳枝松葉上，結成潔白的樹掛，松葉像朵朵白菊，柳枝似絲絲銀線，這更是吉林市的絕妙佳景。「樹掛」稱爲「霧淞」，這是由霧、水氣凍結而成，是凝聚在地面物體迎風面上呈針狀和粒狀的乳白色疏鬆的微小冰晶或冰粒。吉林市的霧淞由於地理環境的影響，比其他城市出現的次數多，持續的時間長，厚度也較大。這是由於吉林地處四十四度線，冬季滴水成冰，但由於上游不遠處即是東北最早、最大的豐滿水電站，水自電廠噴洩出來後，溫度升高，沿江熱氣蒸騰，附樹速凍而成霧淞。蜿蜒如帶的青碧江水，襯托兩岸冰晶銀花，在陽光的照射下，五彩繽紛，斑斕奪目。

吉林市是我國東北的著名古城，遠在唐代，這裏就以「涑州」的稱謂見諸歷史文獻。西元一六七一年，清政府派寧古塔副都統安珠瑚移居吉林，籌建城池。據《吉林外記》記載，康熙十二年（一六七三年），建成吉林城，當時的吉林城「東西北三面，築土爲牆，共一千四百五十一丈，基寬五尺，頂寬二尺五寸，高一丈，南面倚江無牆。西一門，東二門，偏北曰大東門，偏南曰小東門；北二門，偏西曰大北門，偏東曰巴爾虎門。康熙十二年兵力修建」。

有人寫詩道，吉林是：

城臨鏡水滄煙上，
地接屏山綠樹頭。

它的山青水綠，令遊人讚嘆不已。當人們遊覽了市內衆多的風景區和附近的名勝古跡後，便可以乘車直馳松花湖。在那裏不僅可以欣賞到大自然的美妙風光，還可以得到很好的休息，爲下一個旅程養精蓄銳！

## 龍從百丈潭中起（吉林龍潭山）

離吉林市中心約十五里左右，有座山，遠望好像一個馬鞍形的屏障，橫亙於江城的東方，這就是景致優美的龍潭山。這座山並不特別高，最高峰才三八八米，但山勢挺拔，林木幽深，陡壁峭崖，巍峨雄偉。這裏也是吉林市的著名遊覽區之一，至少有三處名勝古跡可以供遊人觀光。

首先是高句麗山城遺址。相傳在漢元帝建昭二年（西元前三十七年），我國古代少數民族之一的夫餘族領袖朱蒙建立起一個王國，因國內的高句麗人占多數，國名就叫「高句麗」。以後逐代相傳，疆域包括整個的遼河流域，到東晉末年，高句麗國爲了防禦西北方的夫餘國和勿吉國勢力的南下，修築了龍潭山山城。這是一座軍事城堡，雄踞於龍潭山的脊梁之上，城垣憑藉山勢用夯土羼碎石疊築和夯築而成，呈不規則多邊形。全城周長二三九六米，城牆最高處超過十米，基寬約十米，頂寬二米左右，居高臨下，易守難攻。四隅又各築一平臺，南臺最高，爲此山制高點，俗稱「南天門」。龍潭山的高句麗山城，是我國古代東北少數民族用血汗和智慧建築起的浩大工程，對研究高句麗城池建築、文化等具有重大的價值。

在高句麗山城的西北角最低處，有一澄碧的寒潭，名龍潭，是龍潭山第二個值得觀光的地方。據民間傳說，在這寒潭的深處鎖著一條違反了天條的孽龍。傳說龍潭裏的孽龍本是玉皇大帝殿前盤柱的青龍，有一次飲酒取樂誤了上朝的時期，它怕玉帝發怒，乾脆私逃下凡。下凡後仍惡性不改，經常發大水來禍害老百姓。玉帝知道後，派天兵天將來收服它。天兵天將追趕青龍到龍潭山，就用鐵鏈將它鎖在潭底，將鐵鏈的另一頭扣在潭邊的大樹上，凡是好事者如果拽動鐵鏈，頓時會狂風驟起，烏雲密布，潭水翻花，嗚嗚怪響。於是拽鏈的人會嚇得魂飛魄散，急忙放手，鎖鏈復沉潭底，又雲開風息，水波不興。關於潭中鎖龍之說，自然是無稽之談，因爲龍潭不過是一座人工建造的大貯水池，可能是與高句麗山城同時建造的。這座貯水池東西長約五十二米，南北寬約二十六米，最深處約達十米。東西北的三壁，皆以四十釐米左右的方形花崗岩壘砌，池壁由外向內成階梯狀，只有南壁爲直立的自然岩壁。貯水池中水是從石縫中滲出的，總貯水量可達一萬立方米，據說從來沒有乾涸過。當地人習慣將這座大貯水池稱爲「水牢」，距「水牢」約二百五十米左右則有一「旱牢」。也是用方形花崗岩石壘砌的，呈正圓形，周壁直立如削，基於磐岩之上，底部則呈斜坡狀。其構築方法與「水牢」相似，但它卻不積水，可見它也是高句麗山城的配套工程。可以想像，像高句麗山城這樣規模巨大的軍事城堡，城內沒有儲存糧秣的地方是不行的，沒有供大隊人馬飲水的地方也是不行的。這「水牢」正是供水的，「旱牢」是儲糧的，古代城池有了這樣的準備，即使有良將精兵，恐怕也難攻下吧？通過高句麗山城、「水牢」和「旱牢」的遊覽，可想見我國古代人民的聰明才智，確實是驚人的。

最後可以遊覽清代在龍潭山上的寺廟建築。在盤山道的路東，有清代乾隆時期修造的龍王廟，廟裏是祭祀龍王的，當然也和龍潭鎖龍的傳說有關。龍王廟大殿上方，懸有乾隆的寵臣大將軍福康安書寫的「潤澤生民」匾額，抱柱上有一副對聯，爲：「龍從百丈潭中起，雨向九重天上來。」在山路盡處，有關帝廟一座。東南側有觀音廟和鐘鼓樓，乃是清初的建築。根據我國滿族同胞的祖先傳說，長白山乃是滿族祖先的發祥地，所以清朝入關定都北京後，都應上長白山祭祀祖先。但是去長白山路途遙遠又不方便，清朝的統治者就都到吉林市向各長白山遙祭，望祭殿就設在吉林市的小白山上。清高宗乾隆十九年（一七五四年），乾隆在福康安、盛京將軍及吉林地方官吏的陪同下，遙祭大典過後，特地到龍潭山遊覽，親筆爲觀音殿書寫了「福祐大東」匾額。龍王廟、觀音廟和關帝廟合稱爲「龍鳳寺」，附近還有爲乾隆遊覽時所修的臨時客廳和更衣廳等。

龍潭山現已闢爲吉林市公園，遭受過破壞的名勝古跡都已整飾一新，迎接著絡繹不絕的中外旅遊者。

## 繁華競逐的北山（吉林北山）

千山寺廟甲東北，
吉林廟會盛千山。

這是流傳於吉林的民諺，在這首民諺中所說的「吉林廟會」，是指的吉林市北山廟會。北山是吉林市著名的風景旅遊區之一，在吉林市郊的西北。其最高峰海拔二百七十米，占地一百二十八頃，其中平地和水面約占百分之三十。有山有水，古木蒼翠，景色宜人，是遊人探春、消夏、觀菊、賞雪的勝地。

據當地人們傳說，北山原名九龍山，九座山峰首尾搭連互接，猶如群龍爭翹首。可是現在有的山頭已被削去，有的已成平地，這是爲什麼呢？原來是這麼回事：努爾哈赤及其後裔是以傳說中人物布庫里雍順爲始祖，以長白山爲滿族的發祥地。所以建立大清國以後，對長白山更加崇敬。康熙十六年（一六七七年）特派大臣前往祭祀長白山山神。這次祭神活動，光是在路上耽擱就有三個月之久，眞可謂風塵僕僕，往來非易。因此，康熙二十一年（一六八二年）他親自去長白山祭神時，只好在吉林的松花江畔做一下象徵性的望祭。康熙在停留吉林期間，遊覽了吉林幾處名山。這時跟隨他的巫師卻對他說，九龍山是吉林帝脈，王氣旺盛，久後當有帝王出現。爲了永保愛新覺羅氏子孫稱王稱帝，只有破壞九龍山的帝脈，消除王氣。康熙聽了巫師的話，立即命令寧古塔將軍派兵削平九龍山。將九座山峰夷爲平地，談何容易，只是將山峰鑿去數座，改九龍山之名爲北山，並把山外的九龍口作爲處決死囚的刑場。封建統治階級認爲這樣，他們的江山就可以永固了，但到頭來還是被人民所推翻。

鑑於「風水」之說，清初開始，北山就不斷地建起廟宇來。最早建立的是關帝廟，始建於康熙三十一年（一六九二年），有正殿三楹，前有戲樓，左右有鐘鼓樓。後來又逐漸增建了松風堂、暫留軒、翕鶴軒、澄江閣、觀渡樓等。觀渡樓是依憑懸崖所建，登此樓可眺望松花江，但見煙波浩淼令人心曠神怡。乾隆十九年（一七五四年），清高宗來此題寫了「靈著幽歧」的橫匾，懸於關帝廟的正殿。

北山最大的廟宇爲玉皇閣，建於清雍正三年（一七二五年），爲寬眞和尚募款所建。寬眞和尚圓寂後，徒衆爲他在玉皇閣後修了磚塔，以示紀念。玉皇閣的正殿名朵雲殿，殿宇巍峨壯觀，高聳入雲，是北山的最高建築，東西各有禪堂五間，鐘鼓樓分建兩側，中爲牌樓，有「天下第一江山」橫額懸於牌樓上。另有觀音殿、祖師廟、萬綠軒與吟秋閣等建築。清代的著名文人和書法家如翁同龢、鐵寶、何紹基、成多祿、宋小濂、趙之琛等都有墨跡留於此處。有翁同龢題寫的「泛雪堂」堂名，有何紹基題寫的「翕鶴軒」齋名，有鐵寶題寫的「澤被松山」匾額，還有成多祿撰寫的玉皇閣東西廡的對聯，東廡的對聯是：

五載我重遊，桑海高吟詩世界；

一層誰更上，乾坤沉醉酒春秋。

西廡的對聯是：

絕妙朋遊，有明月一虫，好山四座；

是何意志，看大江東去，秋色西來。

清乾隆三年（一七三八年）又修建了藥王廟，祭祀三皇（伏羲、神農、軒轅）、藥聖孫思邈及歷代名醫。清代光緒年間又建造了坎離宮。這些古建築既有漢族的建築特色，又反映出滿族建築風格與情調，造型新穎，在國內實屬罕見，具有較大的研究與觀賞價值。

一九七六年，又在玉皇閣的東峰上修建了一座大型的攬月亭，爲四層亭閣式，一次可容納數百人同時登臨。登上亭樓鳥瞰，全市景物一覽無餘。

整個北山林木葱鬱，亭臺樓閣皆掩映於蒼翠之中。山下尚有二個人工湖，每當夏日，北湖荷葉田田，菡萏飄香，南湖遊艇如梭，波光蕩漾，令人流連忘返。

# 氣勢軒昂的孔廟（吉林文廟）

吉林文廟在吉林市昌邑區松花江左岸，總占地面積爲一六三六〇平方米，南北長約二二〇米，東西寬約七四米，四周圍以紅牆高達三米，共分成三進院落。吉林文廟的規模和建築工藝，在關外的諸文廟中，可以說是首屈一指的佼佼者。文廟即是孔子廟，自唐朝玄宗開元年間將孔子封爲文宣王後，孔廟改稱文宣王廟，後來逐漸簡稱爲文廟了。在我國幾乎是到處都有文廟，歷代統治者都要通過祭孔朝聖，以鞏固自己的統治。吉林文廟原爲永吉州文廟，其規模較小。光緒三十三年（一九〇七年）設置吉林省以吉林市爲省會，鑑於原來的文廟「堂殿卑狹」、「無以尊孔展敬」，於是公議另闢新址重建。在當時吉林省巡撫朱家寶的主持下，經過兩年多的時間，於清宣統元年（一九〇九年）完工。這座文廟共有殿堂、配廡六十四間，皆以漢白玉爲欄杆，琉璃瓦爲屋頂。

文廟的南邊是大照壁，照壁前有「下馬石」，說明文武官員到此，都要下馬下轎，以示對孔子的尊敬。照壁兩側爲東西轅門，轅門爲木質圓柱、錫頂和瓦蓋構成，上懸橫匾，東邊四字爲「德配天地」，西邊四字爲「道冠古今」。皆爲清代吉林提學使曹廣禎所書寫。

在照壁的北邊有泮池，泮是春秋時魯國的水名，作宮其上稱爲泮宮，古代學宮又稱泮宮，入學爲入泮。吉林文廟的泮池是人工挖掘，用青磚砌成，形如鈎月，又稱月牙池。水上有單孔拱橋，用花崗岩石構築，古樸端莊，名叫狀元橋。狀元橋的北面爲文廟的櫺星門，這是一座高大堂皇的牌坊，由四根花崗岩石柱爲主體，每根石柱頂端有「神獸」，中間橫額爲「櫺星門」三字，櫺星即靈星，又稱天田星，據《星經》載「天田九星，主畿內田苗之職」，漢高祖命祀天田星，建靈星祠，宋代祭天置靈星門。後來爲了表示對孔子的尊敬並將他神化，以尊天的形式尊孔，文廟方開始建櫺星門。

過櫺星門。進入主院的過廳爲大成門，這是一座五開間的單檐、廡殿頂式建築，上面鋪蓋黃色琉璃瓦，明柱，無牆，前後相通。內庭內東面懸有大鐘，西面懸有大鼓。左右又有掖門，一名「金聲」，一名「玉振」。越過東西掖門就是大成殿了，這是文廟的主體建築。據《宋史·禮志》載：「宋元祐六年詔辟雍文宣王殿，以大成爲名。」宋代尊孔子爲「大成至聖」，所以以大成作爲孔子殿名。

吉林文廟的大成殿面闊九間，東西長約三十六米，南北寬約二十五米，高約十九米，重檐廡殿頂，頂蓋琉璃瓦。殿前有漢白玉雕欄圍成的月臺，臺前爲漢白玉浮雕成的雲龍階石，重檐之間高懸「大成殿」三字匾額。殿內正中供奉孔子木質牌位，兩側供奉「四配十二哲」的牌位。所謂「四配」就是除孔子這位「至聖」以外，還有「復聖顏淵」、「宗聖子思」、「述聖曾參」和「亞聖孟子」。所謂「十二哲」是指歷代著名的儒學家閔子騫、冉伯年、仲弓、宰我、子貢、冉有、子路、子遊、子夏、子張、有若、朱熹。這裏是祭孔大典進行的地方，每當孔子誕辰日（農曆八月二十七日），吉林地方官吏及貴族士紳都要在這裏舉行盛大的儀式。直到解放前什麼清朝的巡撫、一省都督、省長、僞滿長官等都要到這裏來，按照周朝祭天地鬼神的儀式，行三拜九叩禮，還要有樂隊和舞隊，奏起古樂，跳起「八佾」和「羽籥之舞」。

文廟的後院所建造的殿堂名「崇聖殿」，是供奉孔子上五代的祖先的。其中供奉著「太祖肇聖王木金父」、「高祖裕聖王祈父」、「曾祖治聖王防叔」、「祖父昌聖王伯夏」和「父啓聖王叔梁紇」。

大成殿的兩側還有東西配廡，其中有「名宦祠」、「鄉賢祠」、「先賢祠」和「先儒祠」等。

整個殿堂巍峨高大、氣勢軒昂、雕樑畫棟、金碧輝煌，顯示出古典建築的雄姿與風采。

## 絢麗多彩的明珠（吉林松花湖）

松花湖位於吉林市東南郊，火車和汽車均可到達，是吉林市著名的旅遊和療養勝地。

源自長白山的第二松花江，流到吉林省樺甸縣樺樹林子時，鑽入山群，在崇山峻嶺的環抱中蔓延，至吉林市郊豐滿處，被水電站截流大壩攔截，形成了總面積爲四百八十多平方公里的大湖泊。

松花湖不僅經濟價値極高，而且自然風光奇美，是遊人流連忘返的地方。湖兩岸山嶺起伏，森林茂密，空氣清新，水面廣闊，湖水清澈。再配上湖濱的白沙、青松，湖中的島嶼，眞是碧水藍天、巒青峰翠，猶如一幅美麗的山水畫卷。這裏春天有鮮花，夏天有綠蔭，秋天有紅葉，冬天有霧淞，四時美景各異。尤其是百鳥齊鳴、萬紫千紅的夏季，遊人們可以登山、垂釣、划船。在盪船中，常可見湖中漁帆三五戍群，行馳湖面，忙碌捕魚的魚鷹旋浮水面，更增加了誘人的情趣。喜歡游泳的人，還可以到湖中去暢游一番。人們還可以登上遊艇，沿湖上溯，可遊覽龜頭島、迎賓島、松樹坡、百丈崖、釣魚灣，一直到達五虎島。五虎島上林木葱鬱，鳥語花香，並設有遊人憩息的餐館。品茗於此，縱觀湖光山色、樹海雲天，別有一番情味。

松花湖的冬季更是旅遊活動的理想場所，這裏有將近六個月的冰雪期。嚴寒的冬季可以在這裏溜冰、滑雪、狩獵。由於松花湖被群山環抱，冬季風小，雪質好，距市區又近，是理想的冬運地點。廣闊的湖面上，結上厚厚的冰層，坐上馬爬犁（雪橇）馳騁在湖上，更是別有一番情趣。這裏建有全國最大的高山滑雪場，在第一滑區架設了長達一千七百米的「單循環架空索道」。遊人坐在索道椅上，只需十八分鐘就可從山腳到達海拔近千米的山頂。登高俯瞰，群峰紅裝素裹，松花湖白茫茫一片，眞是千里冰封的銀色世界。

五月，濛濛的春雨染綠了沿岸群山，松花湖又會像一隻碧玉的如意，鑲嵌在萬綠叢中，顯出萬般旖旎，無限風光。

松花湖的人造瀑布，也是一大奇觀。每當洪汛季節，豐滿水電站截流大壩的溢洪門開啓，湖水從九十多米的高處飛瀉而下，洶湧澎湃，吼聲震天，若千蛟飛舞，若匹練斷空，極其雄偉壯觀。尤其是水流經過「躍水檻」時，騰起幾十米高，水花亂濺，氣霧揚空，在陽光的照射下呈現出條條彩虹，光輝奪目，蔚爲奇觀！

松花湖內還盛產白魚、鯉魚、鮭魚、鯽魚、鰲花、鯿花、麻鰱和紅鰭鮊等，遊人在此可以品嘗到用出水鮮魚烹製的佳餚美味。

隨著松花湖旅遊資源不斷地開發，這顆璀璨的明珠，必將更加絢麗多彩！現在我們用董必武老人《遊松花湖》的詩作爲結束語：

出門一笑大江橫，冒雨驅車豐滿行。
湖上盪舟青入眼，四山松韻頌昇平。

## 臨江絕壁上的石刻
### （吉林阿什哈達摩崖）

在吉林市郊東南十五公里的阿什哈達屯，松花江岸邊的山上，臨江絕壁處有兩塊明代鐫刻的摩崖碑，稱爲「阿什哈達摩崖刻石」。

第一處摩崖碑，刻於絕壁中部一塊突出的長方形青灰色花崗岩石之上，坐北朝南，其下臨江，距水面高約十米，文字碑通高一三五釐米，寬七十釐米，刻字三行。中行字體較大，約十二釐米見方，左右字體較小，約六釐米見方。碑文爲：

甲辰　丁卯　癸丑
驃騎將軍遼東都指揮使劉
大明永樂拾玖年歲次辛丑正月吉

第二處摩崖碑距第一處約三十米，坐東向西，刻在一塊突出的黃褐色風化花崗岩石之上。摩崖文字周圍有一上圓下方的碑形刻線，中高一二二釐米，兩側高一〇八釐米，上寬六十一釐米，下寬六二釐米，正書豎刻文字七行。字體大小不一，碑文爲：

欽委造船總兵官驃騎將軍遼東都
司都指揮使劉清
永樂十八年領軍至此
洪熙元年領軍至此
宣德七年領軍至此
本處設立龍王廟宇永樂十八年創立
宣德七年重建
宣德七年二月三十日

劉清是明朝守邊的大將，對他的生平事跡，《明史》和《明實錄》都作了較爲詳細的記載。劉清雖爲邊關大將，但對己十分嚴格，生活儉樸，禮義待人。他治軍有方，對部下管束甚嚴，精通謀略，一生南征北戍，直到年近花甲，仍不辭勞苦，先後三次率領軍隊在松花江畔造船。爲明朝經略東北事宜，以及加強中央政權對黑龍江、烏蘇里江及松花江流域廣大地區的管理，做出了應有的貢獻。最後於明英宗正統七年（一四四二年）死於遼東都指揮使任上。

明朝將吉林市作爲造船的基地，船造成後即從松花江下水，以作運糧、載軍和轉輸貢賦之用。據歷史資料記載說，劉清有一次領官軍押送糧秣和船料等去奴兒干都司治所，途中與松花江畔的女眞族武裝發生衝突，所載糧米船料均被搶劫一空，軍士也有不少傷亡，朝廷爲此擬治劉清死罪。最後經過朝中官吏的勸諫，免去死罪，改派甘肅任職。直到明英宗正統三年（一四三八年），遼東都指揮司無人勝任，才又把劉清調回，繼任都指揮使職位。

阿什哈達摩崖的碑文記述了劉清於永樂十八年（一四二〇年）、洪熙元年（一四二五年）和宣德七年（一四三二年）三次率軍至此，督造船隻的情況。第一次時修建龍王廟，第三次兼任造船總兵官又重修龍王廟。對這件史實，《明實錄》中這樣記載道：「比遣中官亦失哈等，往使奴兒干等處，命都指揮劉清領軍松花江造船運糧，今各官還朝，而軍士未還者五百餘人。」

阿什哈達碑不僅有觀賞價值，對研究我國東北的邊疆歷史也是有力的佐證。它已是中外聞名的歷史古跡之一。如去阿什哈達摩崖訪古探勝，可以沿松花江溯流而上，目睹兩岸秀麗風光，先領略一番情趣。到達阿什哈達摩崖碑石刻處，更覺自然環境十分壯麗。刻石後倚連綿的山嶺，主峰崢嶸峻嶒，樹木蒼鬱葱蘢。刻石前的松花江，波濤起伏，波光山色相映相輝。遠望上游的松花湖大壩，橫斷江流，令人心胸開闊，感慨無限！

# 九門風月好，車書本一家

## （樺甸蘇密城）

疆里雖重海，車書本一家，
盛勛歸舊國，佳句在中華。
定界分秋漲，開帆到曙霞。
九門風月好，回首是天涯。

這是晚唐著名詩人溫庭筠於唐宣宗大中年間寫的七律《送渤海王子歸本國》，詩中眞摯地表達了唐人對渤海人的深情厚誼。

唐代的渤海王國是以靺鞨的粟末部人爲主體，於西元六九八年到九二六年，在我國東北（包括蘇聯的沿海州和朝鮮北部的一部分）建立的地方民族政權，共二二九年。唐王朝曾在粟末靺鞨部人的居住地牡丹江流域設置忽汗州，建都督府，以其首領爲都督，封渤海郡王。史稱「渤海王國」。渤海從中央到地方實行京府州縣制度，有五京十五府六十二州，其中的長嶺府即今吉林市樺甸縣城東的蘇密城。

據《新唐書·地理志》記載：「自都護府（今遼寧省遼陽市）東北經古蓋牟（遼寧省塔山）、新城（遼寧省撫順高爾山城），又經渤海長寧府（吉林省樺甸縣蘇密甸子），一千五百里至渤海王城。」當時的渤海王城在上京龍泉府（黑龍江省寧安縣渤海鎭），長嶺府則是營州道上最北邊的一個重鎭。我國著名的考古學家李文信先生在他所寫的《蘇密城踏查記》中說：「蘇密城古址全仿唐式作法，與上京比較只大小形式不同。」作爲渤海國長寧府城遺址的蘇密城基本上呈回字形，坐南朝北。城牆爲條石基礎，然後以夯土構築。內城現在的高度約三到四米，周長一三九九米，東西各有一門。外城現在高度也約四米左右，頂寬二到三米左右，基寬約十二米，周長二五九〇米。外城四面有門，北門殘毀，所餘三門都築有甕城，東牆尚保存有女牆。城外的護城河遺跡尙存，寬約十三米，深約二米。城內散布著許多印花瓦當、紋樣花磚、筒瓦的殘片。

根據今天的歷史考證，當年的渤海國對外共有五條交通要道，而長寧府（蘇密城）經營州（朝陽）越長城去唐京都長安，是主要的陸路交通幹道，長寧府則是必經之處。渤海王國作爲一個受唐王朝冊封的地方政權，當時與唐朝的關係尤爲密切。在渤海國先後十五個郡王執政期間，派往唐朝的使團就有一三二次。唐憲宗元和三年（八〇八年），派遣使團到長安晉見唐憲宗。渤海國使團中有位高僧名叫釋仁貞，他也是渤海國內對漢族文化深有研究的人。他不僅熟悉漢族的文化典籍，而且對唐代盛行的詩歌韻律也很有研究。他到長安後，受到唐王朝的熱情招待，唐憲宗親自出席招待他們的宴會，使釋仁貞很受感動。後來，他曾寫下了七律《七日夢中陪宴》一詩：

入朝貴國慚下客，七日承恩作上賓。
更是風聲無妓態，風流變動一回春。

唐武宗會昌六年（八四六年），渤海國派使團再次到唐長安時，隨團的有渤海國王子大文蕚，他是按其父王的旨意到唐朝來學習的。他到長安後廣與唐朝的文士結交，後於唐宣宗大中年間返國。這就是開頭所說的，溫庭筠送渤海王子歸國，並寫下了洋溢著激情的詩章。溫庭筠把重海相隔的渤海看成是車同軌、書同文的一家，兄弟情誼，溢於言表。而這位渤海王子，當然也是一位感情眞摯、文采斐然的詩人，要不怎麼會有「佳句在中華」呢？

既然渤海國與唐朝往來如此密切頻繁，那麼必經之道的長寧府當然也就是個十分熱鬧的城鎭。這裏一定有過許多許多動人的故事，沒有被載入史冊吧？今天我們來到樺甸的蘇密城，遊覽這古城遺址時，面對這千年勝跡，怎麼會不浮想聯翩！

## 努爾哈赤興起與烏拉國的滅亡

（永吉烏拉古城）

烏拉古城在永吉縣烏拉街鎭北約二百五十米處，是明代女眞扈倫四部（葉赫、哈達、輝發和烏拉）之一的烏拉部所在地。據史料記載，這座古城乃是烏拉國王布顏所建，因城築於烏拉河（即松花江）畔，故名。古城三面環山，一面臨水，有內、中、外三道城牆，四隅有角樓，城外有護城河。城內有一夯土壘築高臺，長約五十米，寬約二十八米，高七米，南面有花崗岩鋪砌的臺階，共四十三級，俗稱「白花點將臺」。據傳說是金國四太子金兀朮的妹妹、白花公主的點將臺。古城內曾出土有鑄明萬曆年款的銅火銃、銅佛、玉紐帶等。

自布顏建立烏拉國，四傳至滿太，約幾十年，最後被努爾哈赤所吞併。

烏拉國建立以後，建州女眞也逐漸強大，烏拉國王滿太在其弟布占太的協助下，經常與努爾哈赤發生爭鬥，其中見於歷史記載的有這樣幾次大戰鬥。

第一次是明萬曆二十一年（一五九三年）九月，爲了抗拒努爾哈赤的兼併，烏拉國派出布占太聯合葉赫部、哈達部、輝發部、蒙古的科爾沁部、錫伯部、卦勒察部和長白的珠舍里部和納殷部，共九路人馬，約三萬人，與努爾哈赤在渾河上游古埒山一帶展開激戰。這是一場建州女眞與海西女眞軍事實力的大較量，但以烏拉國爲首的九路人馬終因貌合神離，被努爾哈赤一一擊敗。在這一仗中，烏拉國的布占太也被努爾哈赤俘虜。

努爾哈赤爲了瓦解海西四部，決定將布占太釋放。布占太在努爾哈赤那裏當了三年俘虜，回國時正巧烏拉國主滿太及其子被叛民所殺，就由布占太繼任烏拉國王。十四年中布占太與努爾哈赤保持了互不征戰的關係。

烏拉國與努爾哈赤發生第二次大戰是在明萬曆三十五年（一六〇七年），這時歸屬於烏拉國的瓦爾喀部和努爾哈赤取得聯繫，欲脫離布占太，歸附努爾哈赤。布占太得知後率人馬一萬，在烏碣岩（今琿春縣境）與努爾哈赤的三千人馬相遇。努爾哈赤利用烏拉國軍隊遠來疲憊，以少勝多，大敗布占太。這次烏拉國損失兵將三千人，布顏的弟弟老貝勒博克多也在戰鬥中陣亡。布占太爲了使烏拉國能夠存在下去，再次向努爾哈赤表示依附。

第三次大戰發生在明萬曆四十一年（一六一三年）正月，努爾哈赤決定滅掉烏拉國，實現他的統一大業。努爾哈赤親自率領四旗兵丁（當時尚未建立八旗，這次戰爭後始增建鑲黃、鑲白、鑲紅、鑲藍四旗），先後攻克烏拉的鄂多、鄂謨等城池，然後與布占太主力三萬人，會戰於富爾哈城。在這場戰鬥中，眞是刀光蔽天，劍影遮地，矢如風發，箭如雪落，殺聲震天，血流成河。據歷史記載，努爾哈赤率大軍距烏拉軍尚有百步時，他在箭矢如雨的情況下，下馬同士兵一起步戰，殺得烏拉兵大敗。最後布占太隻身一人衝出重圍，烏拉城被努爾哈赤占領，烏拉國滅亡。

今日的烏拉街不僅有古城可供遊人憑弔，而且也是滿族同胞聚集的地方。他們還保持著滿族古老的風俗習慣。比如家裏來了客人，要請到南炕上坐。家中庭院的東南角豎著高高的索倫杆。每年祭祖要釀米酒，做祭祀餑餑。在吉林省，烏拉街向被稱爲「滿族之鄉」，是個獨具風情的地方。

## 女眞族的傑出人物（舒蘭完顏墓）

在吉林舒蘭縣小城子北五公里的山崗上，有一處古代的墓葬遺址，這就是我國金朝初期的著名政治家、女眞文字的創造者完顏希尹及其家族的墓地。

金國是我國古代少數民族女眞族建立的國家，其創始人爲完顏阿骨打。金朝的鼎盛時期，其疆域東到日本海，西到大散關，南到淮水流域，北到蒙古邊境。領地包括今東北、蒙古、河南、河北、山東、山西等廣大地區。完顏希尹就是輔佐完顏阿骨打統一女眞各部，建立金朝政權中所湧現出來的歷史人物之一。

完顏希尹爲我國古代少數民族女眞族完顏部的貴族。完顏希尹曾作爲金國領兵元帥滅掉遼國，然後又作爲右監軍攻下北宋都城汴京，俘虜了徽、欽二宗，回朝後晉升爲金朝的尚書左丞相兼侍中。他積極仿效唐宋的典章制度，在金朝採用唐宋官制，設置監察御史臺，營建京都宮殿，爲金朝由早期的奴隸制轉變爲封建制度做出了卓越的貢獻。金初沒有文字，天輔三年（一一一九年）金太祖阿骨打命完顏希尹創製本民族文字。他依仿漢人楷字，因契丹字制度，並根據本民族習慣，製女眞字。天輔三年八月「字書成，太祖大悅，命頒行之。賜希尹馬一匹，衣一襲」。金熙宗時，希尹的官職又加升封府儀同三司、許國公，在金朝廷中享有很高的威望，深得熙宗器重。這時卻因爲一件事同阿骨打第四子完顏兀朮產生了矛盾。完顏兀朮（俗稱金兀朮）原是希尹的部下，後升爲元帥，他在同南宋的歷次戰爭中，由於遇到名將岳飛和韓世忠等的英勇抵抗，屢吃敗仗。有一次希尹在宴會上公開表露出對金兀朮的蔑視，使金兀朮很難堪。金兀朮懷恨在心，就千方百計伺機報復。當時南宋使臣洪皓被金朝扣留，流放於冷山（今吉林農安縣北）。希尹對洪皓十分尊重，常常親自去拜訪洪皓，與他談古論今，並且將自己兒子送到洪皓住處，向洪皓學習。後來他又多次勸諫熙宗放洪皓回國，熙宗同意後，他又幫助洪皓回到南宋。金兀朮利用這些事，向熙宗大進讒言，說希尹有賣國篡權的野心。熙宗一時糊塗，下詔將希尹賜死，同時將他兩個兒子及其家族統統殺死。希尹死後，他的相位由金兀朮取而代之，一些被希尹賞識重用的漢族大臣也被先後殺死。

金熙宗皇統三年（一一四三年），「知希尹實無他心，而死非其罪」，下詔給希尹平反昭雪，「贈希尹儀同三司，刑國公，改葬之」。目前遊人所見到的完顏希尹家族墓地的第二墓區，就是當年金熙宗下詔將希尹骨灰改葬的地方。墓地面向溝谷，背倚高山，林木葱鬱，避風向陽。墓前樹立著高約五米，寬約一米的石碑，碑爲龍首龜趺，碑額用篆體字刻著十八個大字：「大金故左丞相金源郡貞憲王完顏公神道碑」。碑身鐫刻楷書漢字碑文共二百八十餘字，是金代著名文人王頔譔所書。一九八〇年對完顏希尹墓進行發掘，其墓爲石室，規模宏大，結構嚴整，猶如地下房舍。出土文物有鐵劵，蓮瓣竹節銅蠟臺，仿定窰白瓷瓶，還有白瓷碟和紡織品等。墓地石人、石羊、石虎甚多，形制古樸，是金代雕刻藝術不可多得的珍品。

我國自古以來就是個多民族的國家，所以應該用歷史唯物主義的觀點來評價歷史上曾出現過的民族之間的紛爭，同時對待各民族中的傑出歷史人物，也應以唯物的觀點加以分析。完顏希尹在滅遼伐宋的戰爭中給遼、宋各族人民都曾帶來巨大的災難，但是也不可磨滅他的歷史功績，特別是對我國少數民族之一女眞族的社會發展和文化進步，對我國早期各民族文化的溝通，確實有巨大貢獻。

興安嶺遊覽區

# 龍沙公園弔忠魂

## （齊齊哈爾壽山祠）

齊齊哈爾市的龍沙公園，是黑龍江將軍程德全，因感邊塞無佳境，而將屯兵的倉庫堆土爲臺，挖池其下而修築的公園。這座公園吸引著廣大的旅遊者，一是它開闢較早，是在光緒二十三年（一八九七年）；二是它景物幽麗，林木成趣，是東北地區最大的園林；三是園內有壽山將軍祠，對一個愛國主義將領，誰不懷有崇敬之情呢？

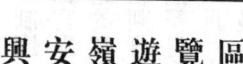

壽山，字眉峰，漢軍正白旗人。西元一八六〇年，他出生於東北璦琿縣的一個將門之家。他的七世先祖就是明朝大將袁崇煥。當初，袁崇煥被崇禎皇帝錯殺，家屬又被流放東北，幾代以後袁家成爲旗人，壽山的父親曾任過吉林將軍。他父親死後，由他承襲了騎都尉的官職住在北京。中日甲午戰爭爆發後，壽山和弟弟永山激於民族義憤，請纓殺敵，被派回黑龍江，壽山任步軍統領，永山任馬軍統領。在同日軍戰鬥中，永山不幸中彈身亡。

壽山英勇善戰，文武兼備，由於作戰的勇敢，受到朝廷賞賜的花翎。黑龍江將軍看到沙俄對我國虎視眈眈，就奏請朝廷授壽山黑龍江副都統官職，駐守璦琿，幫辦黑龍江邊務。黑龍江將軍恩澤病故後，朝廷根據恩澤生前的推薦，命壽山代理將軍職務，駐防齊哈爾。壽山到職後，積極修築壁壘，採購裝備，儲備糧食，爲抗擊沙俄侵略做好準備。一九〇〇年，沙俄以保護中東鐵路爲名，以二十萬軍隊侵犯我國領土。他們首先製造了江東六十四屯和海蘭泡的流血大慘案，在此嚴重的形勢下，壽山決定聯合黑龍江的義和團共同抗敵。當時哈爾濱是沙俄侵略我國的大本營，壽山就通知吉林將軍長順，共同出兵攻擊哈爾濱，使沙俄軍失去指揮中心。但是在戰鬥中，吉林將軍表面應允，暗中卻拖延不發兵。致使壽山所率部隊遭到沙俄大批援軍的攻擊，接著沙俄軍隊攻陷瑷琿、北大嶺後，齊向齊齊哈爾撲來。在這種萬分緊急的情況下，清政府不但不派軍隊救援，反而極力主張議和。清政府的議和大臣李鴻章電告前線，說「俄國外交部希望停戰」。而在前線督師的程德全也向清廷電告說，俄軍指揮官已同意，如果停戰，俄軍進入齊哈爾不燒房、不殺人。這時壽山預見到守城無望，疆土難保。他沉痛地說：我爲將軍，令江省糜爛如是，瑷琿是我故土，令江東六十四屯罹此奇慘。還有何顏面見黑龍江父老呢？他又跪在妻子的面前說：「我負國，上無以對皇上，下無以對先將軍，願乞夫人先殺諸子，而後夫婦同殉。」他把印信交給副都統薩保，並告誡部將要精誠團結，並向朝廷寫了遺摺。

一九〇〇年的八月，齊齊哈爾城外炮聲隆隆，沙俄軍隊兵臨城下。壽山是不願意議和的，他對墮入敵軍之手更感到是奇恥大辱。他穿戴好朝服，擺好香案，先向北京遙拜，再向父親的靈位叩拜，然後吞金自盡。但是吞金未死，壽山第二日又自臥棺材中，命屬下軍官向他開槍。他決不願意看到祖國的土地淪入敵手，決心以身殉國。

壽山殉國以明志，表現了一個愛國軍人的崇高氣節，然而令人氣憤的是，清政府卻屈從於沙俄政府的壓力，將這次戰爭的罪名強加在壽山的頭上，說是他「妄開邊釁」造成的，而且「部議奪職」。直到一九〇八年，清政府才撤消對壽山的一切處分，恩准照將軍例議恤。一九二八年，黑龍江省公署撥款在龍沙公園內爲壽山建造祠堂，即今壽山將軍祠。

這座祠堂總占地面積約二千五百平方米，有山門、正殿、後殿和東西廂房。正殿前庭立有殉難碑和記事碑各一塊，記載著壽山將軍英勇抗擊沙俄侵略的光輝業績。

## 丹頂鶴的故鄉

（齊齊哈爾扎龍自然保護區）

荒草院中池水畔，銜恩不去又經春。

見君驚喜雙回顧，應爲吟聲似主人。

這是唐代大詩人白居易「詠鶴」的詩句。據說他曾飼養過兩隻雛鶴，後來鶴長大替他守家和接待客人。宋代有個詩人名叫林和靖，寫了一首叫《鳴皋》的詩，也是詠鶴的，他這樣寫道：

皋禽名祇前有聞，孤引圓吭夜正分。
一唳便驚寥泬破，亦無閒意到青雲。

傳說林和靖與客人飲酒作詩時，鶴鳴聲起舞，爲他們助興。他死後，他養的鶴在他墓前悲鳴而死。

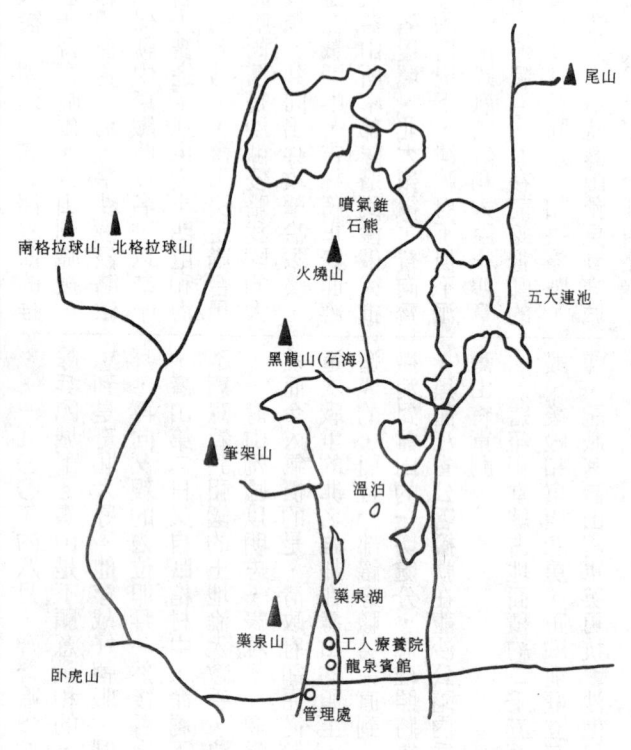


五大連池地區示意圖

除了詩人的讚頌外，我國民間還流傳著許多優美的神話，敘述著鶴與人們的關係。至於古代小說中描寫仙人以鶴爲坐騎，乘鶴飛升等更是屢見不鮮。這一切說明，從我國古代開始，鶴就是人們酷愛的鳥類、稀有的珍禽了。鶴中尤其是丹頂鶴，算得上是世界上的稀有鳥類之一。據統計目前世界上只有丹頂鶴一八〇〇餘隻，而我國就有一三〇〇多隻，而我國扎龍自然保護區就有丹頂鶴四五〇多隻。所以，人們將扎龍稱爲丹頂鶴的故鄉。

如果要去扎龍自然保護區去遊覽是很方便的，乘汽車從齊齊哈爾市東郊出發，不一會就到了。下了汽車，放眼望去，只見天地相接處，展現出一片無邊無際的蘆葦蕩，秀麗的扎龍湖一片翠綠，這正是適宜丹頂鶴生長的地方。扎龍湖畔三五成群的丹頂鶴在啄食淺水中的魚，它們見到熙熙攘攘的遊客，並沒有絲毫的驚慌和恐懼，相反卻對著遊客，悠閒地搧動著它們羽毛豐滿而又潔白的翅膀。當丹頂鶴起飛時，只見它雙翅齊浮動，頭尾一線，就像在藍天裏游泳的健兒。

古人所說的丹頂鶴能與人建立感情，並能聽人指揮的事並非臆造，在扎龍自然保護區可以看到這種現象。有時，養鶴人進城去辦事，丹頂鶴便不聲不響地跟在後邊。養鶴人進商店去買東西或去飯店吃飯，丹頂鶴就飛到屋頂上去耐心等候，不見養鶴人出來，它是絕對不會離開的。

全世界鶴的種類共二十六種，扎龍有八種，其中除丹頂鶴外，還有白枕鶴、蓑衣鶴和閨秀鶴等。

扎龍除了是丹頂鶴的故鄉，還是個風景十分優美的旅遊區，浩翰無邊的蘆葦蕩裏，扎龍泡、簸箕湖、哈臺湖，星羅棋布，湖上漂著各種睡蓮、眼紫花等水生花卉。這裏有一百五十種鳥，時而躍起一群不知名的遊禽候鳥，鳴叫著飛上碧藍的晴空。處處雁叫鷺鳴，鳥雀啁啾，鶴唳聲聲……。

## 罕見的火山博物館（德都五大連池）

五大連池又稱王大蓮池，古稱烏德鄰池，位於黑龍江省德都縣西北部（今五大連池市）。這裏是火山爆發所形成的盾形火山和圓錐狀截頂火山的遺跡，歷來有「火山博物館」之稱，是療養、旅遊、科學考察的勝地。

五大連池火山群，是由新、老兩期火山構成的。其中藥泉山，卧虎山，筆架山，南、北格拉球山，東、西焦得布山，東、西龍門山，小孤山，莫拉布山，尾山，是萬年以前噴發過的火山。這些火山大部分是平頂圓錐形，早已被森林植被覆蓋。新期火山是老黑山（又稱黑龍山）和火燒山，據有關資料記載，這是在淸康熙五十八年至六十年（一七一九至一七二一年）噴發的。這兩座火山雖然「年齡」較小，但卻體態龐大，也是最動人的風景區。老黑山很陡，山坡上堆滿了火山渣，山頂上有一個百餘米深的漏斗形火山口，當年熾熱的岩漿，就是從這個口中向外噴發，傾斜而下。火燒山的山頂，則更爲壯觀，它布滿焦灼的岩石，火山口巨大的爆發力把山劈爲兩半。兩個山峰東、西屹立，猶如一個又光又圓的饅頭，被人用刀從中切開。正中間有四方大坑一座，坑的南面有旋門，山的東面是腰池，西北面則是一望無邊的的熔岩塘。山上裂縫猙獰，狀態怪異，令人望而生畏。當年老黑山和火燒山噴發時，熔岩流猶如一條火龍，石塊飛騰，聲如霹靂，烈焰沖天，以壓倒一切的氣勢，由北向南，呈帶狀漫捲而過，延伸達六十餘平方公里，堵塞了訥謨爾河支流白河的河道，形成了五個相連的火山堰塞湖，這就是五大連池。它們由北向南分爲頭池、二池、三池、四池和五池，共中三池面積爲最大，頭池最小。五大連池猶如串珠灑落大地，首尾相連。登山遠眺，環顧四周，突兀崚嶒的群山猶如屛障圍立，波靜如鏡的五湖，如同鑲嵌在綠茵中的碧玉閃閃發光。

五大連池的景觀，當首推石海，當年火山口爆發時，噴出的熔岩，帶著熾熱的高溫，沿著白河鋪天蓋地而下，經冷卻後變成了舉世罕見的奇觀！在一望無際的火山熔岩和散落物形成的岩石上，留下了各種奇形怪狀。遠看就像那大海裏洶湧的浪濤，翻滾起伏；近看則各種物像栩栩如生。有的似大象，有的如老虎，有的像狗熊，有的像猿、蜥蜴、大蟒等。這眞是大自然鬼斧神工所創造的奇跡。另外，還有幾百座噴氣碟和噴氣錐，猶如石塔挺立，穹窿拱衛，令人嘆爲觀止。

除了石海，這裏還有火山熔洞可供觀賞，洞內熔岩倒掛，形成各種奇幻之形。有的似龍飛騰，有的如燈倒懸，有的如瑤芝仙草倒垂四壁，有的如玉琢瓊花繫於穹頂。目前已開發的景點甚多，有「溫泊雲霧」、「樺林沸泉」、「熔岩冰洞」、「山巓火口」、「石洪奔流」、「火山天池」、「石海日出」、「龍門石塞」、「仙女宮」和「水簾洞」等。人們除了觀賞這些大自然所創造的奇景以外，還可以到湖邊垂釣，湖面盪舟，湖中游泳。入夏以後，這裏更是遊人的極樂園，那時滿山綠樹葱鬱，遍地花草繁茵，景色秀麗，風景宜人。每到傍晚，落日的餘輝，染紅了大地，逶迤綿亙的群山，浮雕似的鑲嵌著一條條紅燦燦的光環，山影倒映湖中，眞是叫人留連而忘返！冬天，這裏是冰雪的世界，可以看到冰山中的瀑布，看到冰雪中那不凍的溫泉。說到泉水，這裏也很多，著名的有藥泉、翻花泉、南飲泉、北飲泉等。人們還修築了「長壽園」、「益身園」、「山泉園」，這可以算作是園中之園了。

五大連池不僅有奇特的山、石、洞、泉，森林資源也極爲豐富，有些森林經歷萬年，人跡罕到，林中長著許多珍貴的植物，同時也棲息著許多珍禽異獸。

五大連池又是國家的重點療養勝地之一，規模宏大的工人療養院就建於藥泉山下，類似的療養院、所總數超過五十處，熱情地接待著來自天南海北的人。由於這裏火山多次爆發，泉水中含有多種礦物質，對治療消化、神經、血液、皮膚等各種疾病均有顯著療效，引起國內外科學家的重視，五大連池礦泉水，已暢銷國內外。

五大連池已被列爲國家重點名勝風景旅遊區，在這裏修築了「龍泉賓館」等多種服務設施，等待著四面八方的旅遊者光臨！

## 藥泉的傳說（德都藥泉山）

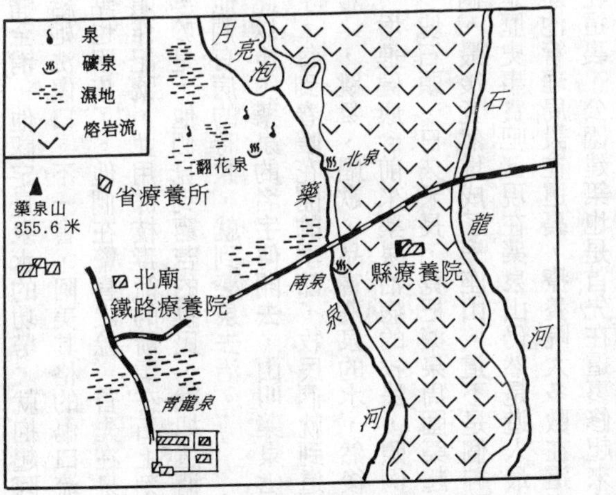

藥泉山溫泉分布圖

五大連池的西南，有一座藥泉山，山旁就是藥泉湖。藥泉湖一側，有三口泉水，即翻花泉、南泉、北泉。南北泉，水流平穩，清澄凝碧；翻花泉，水流噴湧，狀如翻花，但比較混濁；因三口泉水皆可治病，自古以來稱爲藥泉。這裏風光綺麗，有遠山、近山、石龍、湖泊、草坪，樹木花果種類繁多，是五大連池風景區，很早就有人遊覽。這裏的湖水四季不凍，石龍身上的泉眼隨處可見。人們把能治眼病的稱爲「洗眼泉」，把能治外傷的稱爲「洗傷泉」，只有能作藥湯飲用的才稱爲「藥泉」。藥泉與一般泉池不一樣，由一堆亂石堆成了一座石護欄。據說還有個故事。

相傳在很早以前，有一個青年牧民叫嘎拉桑白音，他與牧主家的女奴阿美其格相好。因爲反抗牧主的壓迫，被牧主抓住後吊在馬棚裏拷打。女奴阿美其格很難受，救出嘎拉桑白音，並偷了牧主一匹馬，兩個人連夜逃走。馬蹄聲驚動了牧主的獵狗，狗一叫，牧主發覺他們逃跑了，就立刻帶人騎馬追趕。牧主在後邊追，他知道如果讓嘎拉桑白音和阿美其格跑進森林，就無法抓住他們了。狠心的牧主裝上一枝毒箭，朝他們射去。牧主想，這枝毒箭不管射中什麼地方，總要你們一條命。誰知這枝毒箭正射在阿美其格的腿上。阿美其格咬住牙，催嘎拉桑白音打馬快跑，她自己緊緊抱住嘎拉桑白音。馬像流星一樣，躥進了森林，牧主只好垂頭喪氣地回去了。

跑了一陣，阿美其格因爲毒箭發作昏過去了，嘎拉桑白音抱著她來到泉邊。他心裏很痛苦，忘記了身上被牧主拷打的傷痛，忘記了剛才騎馬奔跑的疲勞，兩眼望著阿美其格，並輕輕地呼喚她。可是，她已經什麼也不知道了。嘎拉桑白音用手掬起一捧泉水，送到阿美其格嘴邊，讓她慢慢吞嚥下去，他希望這泉水也許會讓她甦醒。誰知奇跡出現了，阿美其格醒過來了，說話了。嘎拉桑白音又捧泉水讓她喝，自己也喝了一些，哪知喝了泉水，頓覺渾身舒坦，疼痛全消，他認定是泉水的功勞，就抱起阿美其格，用泉水給她洗傷口。不一會，阿美其格的傷口流出許多黑血，一點也不疼了。他們在驚喜之餘，首先在泉水邊壘了兩塊石頭作記號，並用那枝毒箭的箭頭在石上刻了「藥泉」二字。於是，他們見到窮苦的牧民，就把這消息告訴他們，讓他們有病的時候，就到藥泉去治。

從此以後，藥泉的名字傳開去，山叫藥泉山，湖也叫藥泉湖了。每到春暖花開的季節，牧民們就到這裏來舉行「藥泉會」，跳舞、唱歌，品嘗藥泉的水，然後再到藥泉湖沐浴，增進健康。前來藥泉治病的牧民，照例每個人在泉邊加一塊石頭，日久天長，竟把藥泉周圍築起一道高高的石護欄。最後竟然堆成了一座山。這不是個神話傳說，也許就是歷史事實吧。現在藥泉山仍然是遊人最多的地方，五大連池管理局設在這裏，療養院大多數在這裏，賓館招待所在這裏，公園建築也是首先在這裏修起來的。

## 歷史名城恥辱松（璦琿古城遺址）

有人說：「不看璦琿城等於枉來黑龍江。」璦琿城爲什麼這麼吸引人呢？

璦琿城亦作愛渾、艾渾、艾滸、艾呼倫。滿語稱「薩哈連烏拉霍通」。「璦琿」是達斡爾語，意思爲可畏，璦琿是一座可畏的城！

璦琿古城在今黑龍江省黑河市愛輝鄉，是清康熙二十三年（一六八四年）修築，稱黑龍江城。城北十五里是卡倫山，城東十里是炮臺山，皆爲清初抗擊沙俄軍隊入侵的地方。城中有一老松，虬枝剛勁，蓬勃生機，名叫「恥辱松」。據傳是一八五八年五月二十八日，清朝的投降派奕山將軍與沙俄首領穆拉維約夫簽定《中俄璦琿條約》後，爲「紀念」這次會議而種下的，現今這棵松樹仍然蒼勁地生長在那裏。據當地老人們傳說，這棵松旁原有兩座石碑，由兩隻大石龜馱著，碑上的文字是記載當年訂約的情景的，後來這兩座石碑連同大石龜都不見了。有人看見在一個大雨天，兩座碑被大石龜馱著爬進了黑龍江。因爲連大石龜也不能忍受這種屈辱。這當然是神話，但石碑確實有過，很可能是人們不滿這恥辱的標記而偸偸地把它砸了。現在周長五里的璦琿古城遺址猶存，除了這棵老松，還有清代修築的魁星樓，這是一座約高二十米的樓層建築，矗立於江邊，青磚紅牆，甚是巍峨壯觀。登魁星樓遠眺，可觀賞十里長江的盛況。黑龍江逶迤從西北來，經東南流，直達烏蘇里江而入海，其流經處曲折蜿蜒，獨至璦琿城這一段，其直如矢，古稱「十里長江之目」。

璦琿古城中心，有一座八角樓，又稱八卦樓，據傳爲當年黑龍江義和團抗擊沙俄入侵的指揮中心。樓爲木石結構，共三層，每層有走臺迴廊，登上最高層，璦琿全城盡收眼底。出璦琿古城約七八里的地方，有一座古墓，名爲「富將軍墓」，墓前有大石碑，碑文爲清穆宗載淳御賜，共四百餘字。富將軍即清代吉林將軍富明阿，字治安，爲漢軍旗人。據資料記載，富明阿是明朝兵部尙書袁崇煥的六世孫。袁崇煥原籍爲廣東東莞縣，其孫名袁爾漢。崇禎殺死袁崇煥，又聽信奸臣之言，將袁的家屬充軍黑龍江。清朝建都北京後，將袁爾漢一家從寧古塔遷到璦琿，編入正白旗，遂爲漢軍旗人。傳到富明阿爲第四代，由於戰功，富明阿曾任江寧將軍、漕運總督、吉林將軍。他的兒子即黑龍江將軍壽山，是一九〇〇年反抗沙俄軍隊入侵的著名愛國主義將領。

璦琿古城鄰近小興安嶺，這裏是我國森林資源極爲富饒的地方。周圍山嶺起伏，江河縱橫，過去人們形容說：「千里黑龍江金邊鑲。」這話不假，漫山遍野的樹木，生長著各種珍貴植物和動物。如狍、鹿、猞猁、野豬、熊、山雞、飛龍。飛龍肉質鮮美，營養價值很高，是古代向帝王進貢的佳品。另外還有猴頭、木耳等。除了山上長的，地上產的，天上飛的以外，還有水裏游的，大馬哈、鰲花、鯿花早就有名，還有種鰉魚，更是本地特產，肉味肥潤鮮美，是難得的佳餚。

## 慘案曾在這裏發生（黑河黑河鎮）

從嫩江市到黑河市有一條直通公路，坐汽車當天可以到達。黑河市在黑龍江省的北部，是我國與蘇聯接壤的邊境城市。

黑河市原是一個集鎮，屬璦琿縣，它與古璦琿城（海蘭泡）隔江相望。這裏冬天雖然寒冷，但卻是一個非常可愛的地方，周圍山嶺起伏，江河縱橫，森林茂密，土地肥沃，資源豐富。這裏也是黑龍江江面最狹窄的地方，每到多季封凍結冰季節，冰凍成數尺之厚，人行其上，如履平地，車輛也可以在冰上行駛。

但是，就是在這段江面上，曾經發生過歷史上最慘絕人寰的大屠殺慘案，黑河鎮就是這歷史的見證，當遊人漫步於黑河市的江岸，歷史的影像就會栩栩如生地映現於眼前。

東北有句諺語說：「先有璦琿城，後有黑龍江。」這裏說的璦琿城，就是清初康熙年間建立的黑龍江城，在黑龍江的左岸，精奇里江的南岸。那時它的名字又叫海蘭泡，亦稱哈喇泊，哈喇是滿語，意思是「黑」，泊或泡則是漢語。清咸豐八年（一八五八年），沙皇俄國的軍隊占據了這個地方後，將其改名爲「布拉戈維申斯克」。一九〇〇年七月十六日俄國軍警用刺刀和鞭子把居住在海蘭泡的中國居民約四千餘人趕往黑龍江邊，在路上，許多年老體弱和有病的人，一旦昏倒或摔倒在路旁，立刻就被砍死和槍殺。當中國居民到達江邊時，沙俄軍警和哥薩克騎兵就用皮鞭、刺刀、斧頭、長槍以極其殘酷的手段，將中國居民趕進流急浪大的黑龍江中去。不下去的人，他們用刀砍，從水面浮起的人，他們就舉槍射擊。鮮血染紅了黑龍江，中國人的屍體就像流冰排一樣浮滿了江面。當沙俄侵略者屠殺了海蘭泡的全部中國居民後，立即強占了中國人的全部財產。

繼海蘭泡的大屠殺以後，沙俄侵略軍又發動了江東六十四屯的大屠殺。六十四屯是璦琿城所屬的富饒地區，也是我國的古代屯兵之所。海蘭泡事件發生後，六十四屯人紛紛向江南逃避，當時璦琿縣的中國士兵，用三十餘隻木船接渡難民。但是，兇惡殘酷的沙俄侵略軍卻趕到江邊，用排槍向難民射擊。哥薩克騎兵則揮舞馬刀衝進六十四屯，不分老少男女，見人就砍，就殺，尚未渡江的幾千中國居民，盡被殺戮。沙俄侵略軍搶光了中國居民的全部財產，然後放火燒掉所有村舍。在這場大屠殺中，六十四屯共被殺死七千餘人，損失財產共合三百餘萬銀元。

根據《中俄璦琿條約》的明確規定，江東六十四屯的原住中國人「照舊准其各在所住屯中永遠居住」，仍由中國官員管理，不得侵犯。清光緒六年（一八八〇年）中俄雙方又設立封堆，互換字據，明確江東六十四屯的邊界。由於沙俄方面不斷越過封堆，侵占土地，清光緒九年（一八八三年）中俄雙方又再次丈量。清光緒十五年（一八八九年）雙方又一次商同劃界，用耕犁開溝一道，然後深挖溝塹，繪圖為憑，稱為「犁界」。但是，這些條約、字據、圖憑在侵略者的眼中統統都不過是廢紙一張，幾千人終免不了被侵略者所屠殺，鮮血染紅了黑龍江……。

今天的黑河市總面積已達一五九〇四平方公里，邊境線長一八三公里，是黑龍江省的重點林區。這裏森林茂密，滿山遍野長滿了柞樺樹、落葉松、白松及紅松，森林中的土特產更是不勝枚舉，什麼狍、鹿、猞猁、野豬、熊、山雞、猴頭、蘑菇和木耳等應有盡有。這裏還盛產一種名叫飛龍的野味，飛龍的肉極其鮮美，營養價值很高，在歷史上它曾是向帝王進貢的佳品。黑河人民長期傳頌著一句話，叫作「千里黑龍江金邊鑲」，如果用來概括黑河地區的富饒情景，那是非常貼切的。

## 大興安嶺中的遠古遺跡

### （鄂倫春嘎仙洞）

嘎仙洞在內蒙古鄂倫春自治旗阿里河鎮北約十公里、大興安嶺北段頂巔的東端。它是已經發現的大興安嶺為數不多的大洞穴之一。洞口高大，很像一個古城堡的大門，洞長九十米，寬約二十八米，高約二十米，不僅十分寬敞，而且洞內也相當平坦，能容納數千人的聚會。洞是自然形成的，在洞的後壁上有三個五六米見方的小洞，大小相似，排列有序，有著人工開鑿的明顯痕跡。整個洞體，穹頂渾然，氣勢雄偉，地面還有些大石塊，類似石榻、石桌等。在距洞口約七八米的石壁上，在略略加工過的平面上，刻了約與人齊的二百〇九個字，豎排成十九行。內容是：天子派中書侍郎李敞代表皇帝來此祭祀祖先，乞求皇天祖神保佑南遷多福，光照中原，拓定四邊，子孫永遠福祿等。文前的年代注明是「太平眞君四年癸未歲七月廿五日」。太平眞君為北魏太武帝跖跋燾的年號，四年是西元四四三年。根據《魏書·烏洛侯傳》記載：「其國西北有完水，東北流合於難水，其地小水皆注於難，東入於海。又西北二十日行有於已尼大水，所謂北海也。世祖眞君四年來朝，稱其國西北有國家先帝舊墟石室，南北九十步，東西四十步，高七十尺。室有神靈，民多祈請。世祖遣中書侍郎李敞告祭焉。刊祝文於室之壁而還。」根據這段記載與嘎仙洞中石壁刻文，可以初步斷定這裏是鮮卑族跖跋部的祖先開鑿的宗廟石室。鮮卑族是我國古代的北方少數民族之一，他們曾從這裏「南遷大澤」，在達賚湖附近的草原上，「畜牧遷徙」一直到西進，統一黃河流域，建立北魏王朝，促進了我國北方多民族的融合與文化交流，其歷史功績是不可磨滅的。

洞內石質爲花崗岩，字是漢書隸字，古樸蒼勁，由於石壁的風化，字跡已不是那麼深了。洞口附近長滿了落葉松和樺樹，據《魏書》記載著李敞奉旨遠程來祭祀石室情況，說「敞等旣祭，斬樺木立之，以置牲禮而還。後所立之樺木生長成林，其民益神奉之」。樺木是極易生長繁衍的樹種，現今的樺林大概就是那時所立樺木的後代吧！

歷史上記載有大鮮卑山，但大鮮卑山爲今日何山，歷史家們說法不一，《黑龍江鄉土志》記載：「大鮮卑山即外興安嶺，今爲悉俾爾。」這說法也許是可靠的，因爲在鄂倫春語言中，「大興安嶺」和「大鮮卑」是同樣的讀音。據科學考察，洞內堆積的文化層較厚，是研究鮮卑族早期歷史的重要資料，遊人們面對這神祕而古老的歷史遺跡，常常產生出對遠古的遐想：鮮卑族跖跋部落的首領和巫師，在此舉行的祈禱儀式，無數穿著獸皮的人跪伏在洞內洞外，火把如林，禱詞如潮……

大興安嶺是遊人十分嚮往的地方，從南到北八百里林海橫亙連綿，布滿了名貴樹種和珍禽異獸。在這茫茫的林海中，嘎仙洞突兀屹立於石壁之上，不僅風光綺麗奇特，也充滿著神奇的色彩。洞周圍峰巒層疊，古木參天，松樺蔽日，洞前山谷是沼澤地，沼澤地中有蜿蜒遠去的小溪。洞旁是高大的石壁，石壁上長滿墨綠色的青苔。峭壁漫延，很像是古城堡的城垣，峭壁上蒼松挺立，松樹頂上是悠悠飄過的白雲。據傳說，鄂倫春人遊獵四方，他們卻始終不遠離這個洞穴，就是定居以後，仍然是經常持弓騎馬結件到洞口來流連。大自然的獨特風光，與鄂倫春人的古老傳說，使嘎仙洞成爲更加吸引人的地方。

## 鄂倫春人的小二溝

（莫力達瓦諾敏河）

在內蒙古自治區與黑龍江省接壤的地方，是綿亙數千里的大、小興安嶺。在大興安嶺加爾敦山的山麓，有一塊平坦的草甸子。這塊草甸子的面積並不太大，南北長約六十里，東西寬約十餘里，是一塊狹長的盆地。盆地周圍群山環抱，原始森林密布，深綠色樹的海洋幾乎將它淹沒。湍急的諾敏河水，轉彎抹角由它的北端向南流淌過去，這裏自古以來人煙稀少。這裏有山、有水、有森林，森林裏有數不盡的異花奇草，有說不全的珍禽異獸，眞是景色佳麗，風光奇美。

這裏自古以來，雖是人煙稀少的地方，但是就在草甸子的北端，諾敏河畔，卻有個小小的集鎭，名叫小二溝。一提起這個名字，就使旅遊者、狩獵愛好者和科學工作者由衷地嚮往，它就是鄂倫春自治旗的首府。

鄂倫春人生活在大興安嶺的森林中，以遊獵爲生。由於歷代反動統治者的偏見，解放以前鄂倫春人一直被稱爲「野人」。其實，鄂倫春人由於種種原因，社會發展比較遲緩，解放初期，他們還保留著許多原始公社制度的遺跡。鄂倫春人也一個古老的民族，在鄂倫春人中間，流傳著許多古老而美麗的神話故事，其中有一個是說鄂倫春族的歷史起源的。大意是，在一次大的山火以後，大地上只剩下一男一女，他們結爲夫妻，住進了大森林，以後才有了鄂倫春人。還有個故事講，鄂倫春族裏有兩個本領高強的人，一個叫魏加格達汗，一個叫孟沙牙拉，因爲互不服氣，所以要比試比試，看誰的本領大。比賽結束了，兩人都佩服對方的本領，就結拜爲兄弟，有事互相幫助，最後共同打敗了來犯的敵人。最後雙方通婚，由兩個氏族合成一個部落。在鄂倫春人的傳說故事中，最受到喜愛的，則是倫吉善和阿依吉倫的故事。倫吉善和阿依吉倫是一對戀人。有一天，兇惡魔王搶走了阿依吉倫，要與她成親，阿依吉倫抵死不從。倫吉善決定去救自己的情人，去找魔王搏鬥。他得到大自然的種種幫助，白樺樹獻出了具有魔力的葉片，喇叭花獻出了自己神奇的長莖，白雲托起倫吉善的馬，把他送到魔王的洞口。最後倫吉善在白樺樹葉、喇叭花莖的幫助下殺死了兇惡的魔王，兩人同乘一匹馬，駕著白雲回到了故鄉。

鄂倫春人長期生活於興安嶺的大森林中，把自己視爲大森林的主人。廣闊的森森中，有取之不盡、用之不竭的寶藏，鄂倫春族人常常自豪地唱道：

鄂乎藍，德乎藍，
喂！我們高興地跳起來吧，
看呀！在廣闊的興安嶺上喲，
出現了一條彎彎曲曲的小河，
在這河邊潮濕的土地上喲，
我們能夠找到很多的寶藏。

但是，解放前的世世代代，鄂倫春人並不是幸福的，他們過的是極其痛苦的生活。

清朝康熙年間，統一了黑龍江流域以後，清政府設了

「布哈特總管衙門」來統治鄂倫春人。「布哈特」是滿語，意思是「打牲部落」，清政府強迫鄂倫春人要不斷繳納「貢品」，而這些「貢品」則主要是鹿胎、熊膽和猴腦之類的珍品。除了經濟貢納以外，清政府又規定鄂倫春人每兄弟二人就要出一人去當兵。當兵的鄂倫春人常常去東征西伐，很少活著回來。有一次，清政府驅使八百鄂倫春士兵去新疆伊犁作戰，結果只回來八個人，餘下的全部死了。辛亥革命以後，鄂倫春人的地位也沒有得到改善，國民黨的政府官員仍把他們看成是「野人」，只向他們徵討珍品，卻不改善他們的生活條件。日本帝國主義侵入後，為了掠奪我國的森林資源，他們利用鄂倫春人對大森林的熟悉，把他們編成「山林隊」，派日本人為指導官，大肆掠奪。為了讓鄂倫春人聽他們擺布，日本帝國主義竟然運來鴉片，讓鄂倫春人吸毒成癮，為他們賣命。

鄂倫春族的痛苦、不幸和屈辱，激發了鄂倫春人的英勇反抗，他們從設立「布哈特總管衙門」開始，就同清政府展開鬥爭，終於迫使清政府於光緒八年（一八八二年）廢除了「布哈特總管衙門」。在日本帝國主義侵略時期，鄂倫春人由於不堪日寇的虐待，聚集在一起，把「山林隊」裏的日本指導官打得頭破血流。也有的鄂倫春人參加了抗日聯軍，直到一九四五年八月，鄂倫春人才徹底擺脫了日本帝國主義的黑暗統治，過上了眞正自由幸福的生活。

當決定成立鄂倫春自治旗，並決定以小二溝為旗政府所在地時，鄂倫春人莫不歡欣鼓舞。那一天，從甘河、奎勒河、多布庫爾河、諾敏河、訥門河、托扎明河和阿木牛河等沿岸的鄂倫春人都騎著馬，揹著槍來參加慶祝活動。從此小二溝越來越繁華，已經成為全旗的政治、經濟和文化中心。這裏不僅有機關、銀行、醫院、郵電局、學校等，而且籌辦了較大的旅社，準備迎接各地前來觀光的旅遊者。

## 祖國最北的村鎮（呼瑪漠河）

漠河鎮屬黑龍江省呼瑪縣，是我國最北的村鎮。漠河是因境內有漠河而命名的。原來漠河是個縣，據《地名大辭典》載：漠河「源出雉雞察山，北流經縣治西入黑龍江。河口附近，草木暢茂，平原可耕。」

漠河鎮西南，有山名觀音山，是個含金量極為豐富的礦區。清光緒九年（一八八三年），鄂倫春人在這裏發現金礦，於是在老溝河、小北溝、洛古河、興華溝、馬扎拉溝形成了淘金熱。不僅國內各地的淘金者蜂擁而至，當時沙俄境內的淘金者也冒險越境跑來開挖。清政府知道後，於光緒十二年（一八八六年）由黑龍江將軍恭鏜奏請派官員管理，並將收繳黃金送到墨爾根（今嫩江縣）。黑龍江將軍爲了獲得黃金，於次年修築了長約九百里的黃金之路，直達漠河。今天從嫩江縣開始直至漠河，許多地名稱爲「三站、四站、五站……腰站、中腰站……十八站、二十五站」等，就是當年運送黃金的驛站。所以，漠河鎭可以說是我國的「黃金城」。

這座黃金城除了仍然對淘金者有巨大的吸引力之外，還以它那絢麗而壯觀的奇景——北極光，吸引著廣大的旅遊者。北極光是出現在高緯度地區上空的一種輝煌瑰麗的彩色光象。漠河鎭位於北緯五十三度二十八分，是我國緯度最高的地方，因此經常出現極光。有幸見到的人，常常被大自然的這種奇異現象所陶醉。漠河鎭也是我國著名的「白夜」地區。因爲緯度高，每到夏季，太陽照射的時間很長，晝長夜短的現象非常明顯。這裏的晚上八點，太陽剛剛落山，只算是黃昏時分，半夜十二點，在野外還可以看得清一切，只是凌晨一點左右，才稍微昏暗一會，可不久曙光又光臨大地，只好將那一會兒昏暗算作「夜間」了。這種美妙的白夜，在這裏成了一種特異的景象，當人們夜半漫步於近郊時，周圍是一片靜謐，大自然中的萬物停止了喧嘩，去度過那應有的漫長的夜，然而這一切又都像是在白天發生的。

這裏又由於緯度高，所以顯得特別寒冷，平均氣溫常在零下二十度左右，而最冷的時候，氣溫達到零下五十三度，眞是「呵氣也成冰」的地方。這時候，漠河又幾乎成了冰的世界，大小河川的河面，皆凍成厚厚的冰塊，於是人們就穿上獸皮做的大皮襖，坐在狗拉的爬犁上，嘻嘻哈哈地到處奔跑。據說，古代有個官員到這裏來辦事，由驛站給他安排了馬拉的雪橇，誰知行至途中，天氣太冷，竟把拉雪橇的馬凍死了。這裏人煙稀少，無法呼救，這官員只好等著凍死了。就在這時，不知從那裏跑來兩隻狗，用牙咬斷了馬韁繩，拉起雪橇，把官員拖到獵人的小屋，才保住性命。從此以後，額爾古納河至黑龍江一帶，人們就用狗來拉爬犁了。據陶宗儀的《輟耕錄》記載，曾將黑龍江沿岸驛站，都改成「狗站」，最多時曾養狗三千條，專供拉爬犁用。在白茫茫冰雪覆蓋的大森林中，確實只有由這些健壯的狗拉雪橇，才能在打獵時發揮快速靈活的作用。這些狗不僅可以拉爬犁，還可以幫助主人尋覓野獸的蹤跡，遇到緊急情況時，還會拚命保護主人的安全。怪不得漠河地區的人們，好多家都養著狗，而且還千方百計地保護好這些狗，原來狗在這裏有著特殊的作用啊！

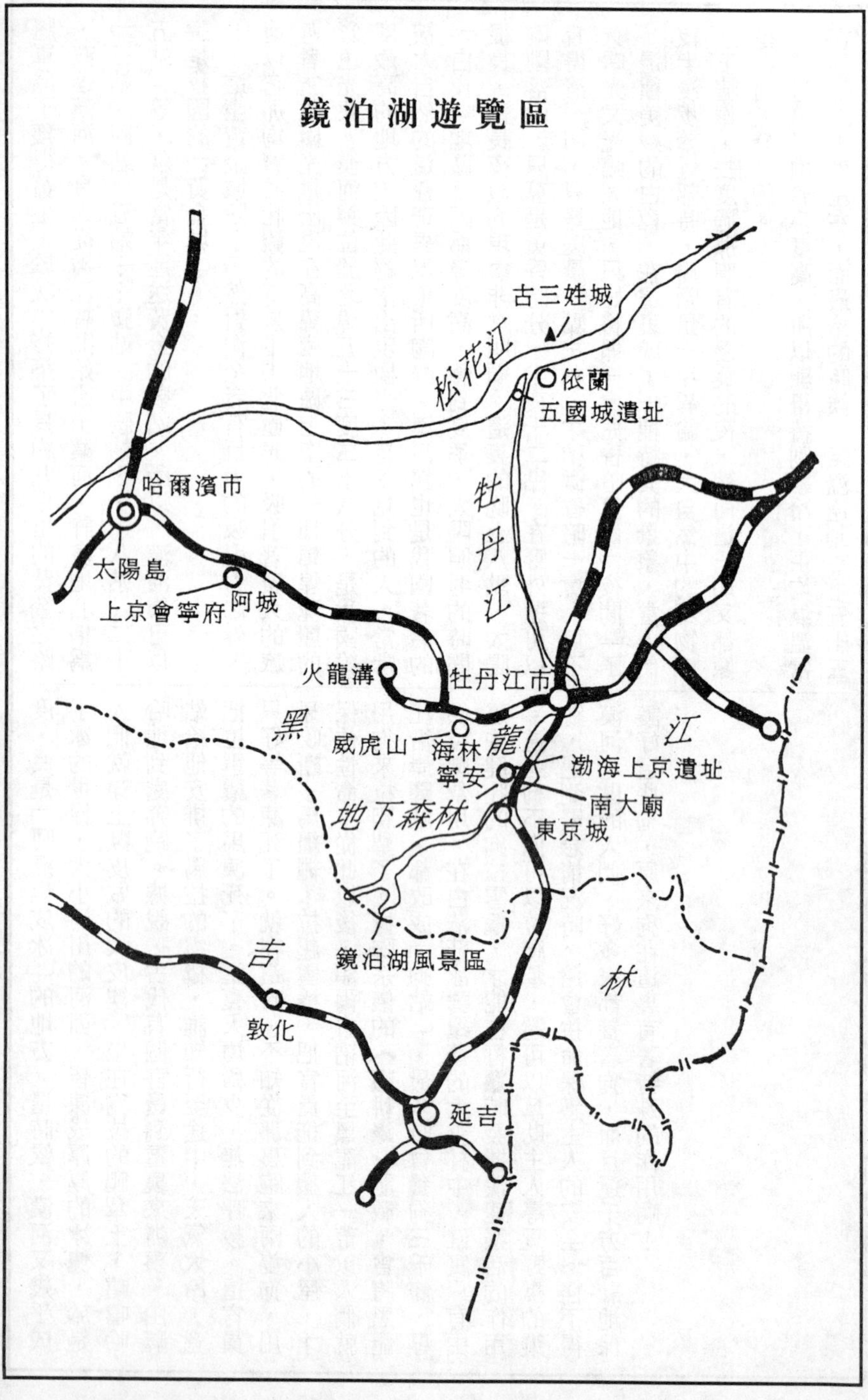
古三姓城
松花江
依蘭
五國城遺址
牡丹江
哈爾濱市
太陽島
阿城
上京會寧府
火龍溝
牡丹江市
黑
龍
江
威虎山
海林
寧安
渤海上京遺址
南大廟
地下森林
東京城
鏡泊湖風景區
吉
林
敦化
延吉

鏡泊湖遊覽區

# 我們來到太陽島上

## （哈爾濱太陽島）

明媚的夏日，天空多麼晴朗，
美麗的太陽島多麼令人神往！
帶著垂釣的魚杆，
帶著露營的帳篷，
我們來到了太陽島上……

太陽島位於哈爾濱市松花江北側，如果說松花江是天鵝頸下的彩帶，哈爾濱是鑲嵌在彩帶上的一顆璀璨奪目的明珠，那麼太陽島卻使這顆明珠大放異彩。每當盛夏，粼粼的江水，映著島上的綠樹、紅花、亭臺、藍天、白雲，將有大批遊人來到這裏。

太陽島是從滿語譯音演變而來，最早見於記載的康熙年間所印的滿文《清文鑑》和乾隆年間印的《增訂清文鑑》。滿語稱爲「太要恩」並非是指太陽，而是一種魚的稱呼。也就是松花江著名的三花之一鯿花魚。後來，由於習慣，根據聲音，太陽島這個名字更適合群衆的心理要求，就傳下來了。

太陽島與哈爾濱市區有一江之隔，距市中心不足二公里，島地南臨松花江，北到農田大壩，東起濱洲鐵路，西至松花江的陽明灘，長約十公里，寬約四公里，總面積約三千八百公頃左右。

當你登上太陽島，就會看到有一條錦帶般的長堤飄落在你的脚下。太陽島的主景是「金河水榭」，它的總面積爲一七六四平方米，分上下兩層，有方廳、圓廳和扇形廳，另有花池、魚池和湧泉、雕塑等。堤下東側是錦江度假村，這是模仿江南水鄉的旖旎風光而修築的，水網村落，情趣盎然。南側是太陽灘野浴區，可以划船，可以游泳，臨江的金色沙灘是進行日光浴的理想場所。北側爲太陽島公園，這裏濃蔭茂密，花草繁茂，燕語鶯聲，花香襲人。主要景點有「水閣雲天」、「清泉飛瀑」、「太陽山」、「荷花湖」等。「水閣雲天」是園中之園，園內有長廊、方閣、太陽湖。站在方閣的平臺上，可以觀賞到島上的不同風光，周圍青松婆娑，分外嫵麗。在太陽島公園的後面，就是森林公園。這裏溝谷縱橫，地勢起伏，林木幽深，是遊人十分嚮往的地方。

陽明灘遊覽區位於古蘭灘療養區的南部，面積約五百公頃，這裏景色遼闊，堤環水繞，氣象萬千。

冬季，太陽島前的松花江江面結成一片冰場，這裏又是進行冰帆運動的好地方。雪橇似的冰船，掛上雪白的船帆，在松花江上乘風滑行，碧空萬里，萬帆競滑，眞是別有情趣！

太陽島也是療養的勝地，解放前太陽島曾是外國人療養的地方，至今島上還有德國和俄國人蓋的療養別墅，今天已經是勞動人民療養場所了。國家又先後在這裏修築了療養院和休養所，這些療養院、所大都修建在島的南半部。

太陽島已經成爲哈爾濱的極樂園，每天吸引著成千上萬的旅遊者前來觀光遊玩。

## 疑是瑤池落人間（哈爾濱冰燈）

誰見過海底龍王的水晶宮？誰見過天上玉帝的瓊林瑤池？這只有童話和神話中才寫過。但是，你只要到過哈爾濱，參觀過哈爾濱冬季的冰雕展覽，你絲毫都不會懷疑，你看到了海底龍王的水晶宮，看到天上玉帝的瓊林瑤池。冰雕，哈爾濱人俗稱冰燈，這是我國北方特有的民間藝術。它是利用北方的冰雪，以巧奪天工的雕琢技藝和絢麗斑斕的燈光造型，形成的冰雪藝術體。

據說，在很早以前，有一位馬伕每至半夜起來給馬餵料，常爲油燈被風吹滅而苦惱。有一天，他偶然發現水桶裏結了一層冰罩，急中生智就把冰罩扣在油燈上，冰罩擋住了強風，油燈再不會被吹滅了。這個發明很快在松花江畔傳開，每年到了千里冰封的冬季，人們便常常自製一些冰燈，懸掛於門前檐下，成爲春節前後的裝飾品。以後人們又把這種冰罩凍成各種形狀，塗上各種顏色，使其更加具有欣賞價值，這就是最初的冰燈。

從一九六三年開始，哈爾濱舉辦冰燈藝術遊樂活動，後改名爲冰雪節，在兆麟公園舉行。由一般的冰燈製作，到冰雕藝術作品的展出，使人大開眼界，博得了前來觀光的中外遊客的讚賞！自一九八三年以後的每屆冰雪節，都要接待來自國內外的遊人一百多萬，可想而知其盛況空前！

人們一進公園的大門，可以看到幾十米高的冰牌樓，全部是用冰塊砌築和雕刻的，猶如玻璃水晶壘砌而成的。然後是各種冰建築物，有冰塔、冰拱橋、冰長廊、冰製的亭臺樓閣，這些冰建築物上又懸掛著各式各樣的冰燈，配以電子光束，人行其中，眞好像來到了瑤池瓊林！園內到處是冰雕藝術作品，有一盆盆晶瑩閃光、充滿詩情畫意的冰盆景；有一座座儀態萬千、栩栩如生的冰塑像；還可以看到飛瀑流泉、奇峰突起、重巒疊翠、漁舟唱晚、風帆競發，但這一切都是凝固的，是冰做的。

在盛大的冰雪節期間，還同時舉行一系列同冰有關的體育文藝活動，比如破冰游泳、冰上駛帆、冰上舞蹈表演、冰橇比賽、冰雪藝術創作比賽和國際冰雕比賽。現在已經有美國、英國、加拿大、瑞士、瑞典、挪威、羅馬尼亞、法國、丹麥、蘇聯、意大利、南斯拉夫、西班牙、土耳其、日本、新加坡等幾十個國家的冰雕藝術家來參加比賽，來觀光的外國旅遊者更是成千上萬。正如美國尼莉旅遊公司總裁瑪麗·尼莉所說：「看過哈爾濱的冰燈、冰雕，我簡直不知道如何用語言來描述才好，我只能說這是一門不可思議的藝術，太迷人，太神奇了。」

目前世界上已有一些國家，製造冰雪塑像供遊人欣賞，但是像我國哈爾濱這樣，完整地用冰雪構築一座園林，還沒有先例，所以它才如此吸引人。最近哈爾濱的冰雕藝術家又創造了「冰晶花」，將鮮花和游動的金魚速凍在冰塊中，然後再雕琢各種形體，成爲具有立體感的、動態感的水晶瑪瑙藝術品。哈爾濱市還準備建造一座冰雕藝術館，用人造的彩色冰塊來構築冰建築物和冰製藝術品。讓這座藝術館能四季開放，不受季節的影響，讓人們無論什麼時候都可以欣賞到這種奇景！

## 金國都城會寧府（阿城上京遺址）

長白山雄天北極，白衣仙人常出沒。
玉龍垂爪落蒼崖，四江飛下天紳白。
西馬渡江龍飛天，雲起侯王化千百。
至今甲第多屬籍，時清毬馬爭馳突。
錦韉貂帽獵春風，五陵豪氣何飄忽。
前年北騎瞰中原，準擬長城如削鐵。

這是金朝著名文人趙秉文所寫的長詩《長白山行》，詩中記述了女眞族的中興歷史。女眞族是我國東北少數民族之一，是肅愼的後裔，五代時始由靺鞨改稱爲女眞。女眞族由完顏部實施了統一，最後在女眞族傑出的首領完顏阿骨打的統帥下，推翻了遼朝的統治，建立了金朝，並將都城定名爲上京會寧府。

在我國歷史上，東北地方政權中曾出現過好幾個上京，一是唐代渤海國上京龍泉府，一是金國的上京會寧府。西元九二六年，渤海國被遼所滅，後來金滅遼，金又被元所滅。隨著朝代的更迭，遼上京和金上京相繼廢棄，又都處於人跡罕至的邊荒之境，人們對這兩個上京城的地址也就模糊起來。久而久之，竟混淆起來，難以分辨了。據《元一統志》記載：「上京故城，古肅愼氏地也。渤海大氏改爲上京。金既滅遼，以上京建邦設都，後改會寧府。」現在我們知道，《元一統志》的說法是錯誤的，金上京會寧府與渤海上京龍泉府，並不是一個地方，它們相隔一千多里。渤海的上京龍泉府在今天的寧安縣，而金上京的會寧府，則是今天的阿城縣的白城。

白城瀕臨阿什河的左岸，它離阿城縣只有兩里，距哈爾濱也不過三十里。金上京會寧府古城是由橫豎相連的南北二城和皇城組成，城垣版築，由護城河環衛。皇城坐落於南城的偏西處，均爲宮殿建築，其規模是仿照北宋的汴京（今開封）樣式構築。南北城構築較早，皇城則是金太宗天會二年（一一二四年）修建的。現存遺址，保存較好的是南北城牆和皇城中的宮殿遺址。

這裏曾是金朝四個皇帝的都城，達三十八年之久，是金朝前期的政治、經濟和文化中心。金朝統治者後來占有當時中國的半壁江山，他們大量吸取了漢族文化，其發展程度，決不是渤海國、遼國所能比的。在會寧府遺址出土的大量文物也可以說明。有一件刻有「上京都僧錄官押」的「大晟編鐘」，是宋徽宗所製「大晟樂」裏用的樂器，據估計是金兵攻破汴京時所得。一九六四年，還發現了以「柳毅傳書」爲題材的銅鏡等。

從金世宗完顏雍後，會寧府不再作爲金國的都城，但是仍然受到金朝各代皇帝的重視，他們把它看成是祖宗發祥之地。金世宗大定二十五年（一一八五年），完顏雍回到上京會寧府，大宴宗室於皇城中的皇武殿，他說：「昔漢高祖過故鄉，與父老歡飲。擊筑而歌，令諸兒和之。彼起布衣，尙且如是，況我祖宗世有此土，今天下一統，朕巡幸至，何不樂飲。」說完，他讓大家盡情地喝酒，盡情地唱歌跳舞，而且他自己帶頭放聲歌唱。

現在金上京會寧府遺址，已被列爲全國重點文物保護單位，它的展出也引起了旅遊者的極大興趣！

## 今日威虎山（海林威虎山）

提起威虎山和山中的威虎廳，幾乎是無人不知、無人不曉。文藝作品把這裏描繪爲：林海浩翰，古樹參天；有奇峰異洞，有峭壁巉岩；冬季白雪皚皚，漫天皆白，寒風凜凜，刺人肌骨。加上那神秘的威虎廳，有明碉暗堡，暗道機關……這一切是不是眞的呢？到海林縣去看看便知分曉。

威虎山位於張廣才嶺的東部，海林縣境內頭道河子中上游一帶，當地群衆俗稱爲「大夾皮溝」。這裏山嶺重重起伏不斷，地形複雜，被連綿近百里的茂密森林所覆蓋。它的特點是三多：山多、林多、野生動物多；一少：居民少。這也爲當年土匪的活動提供了條件。

威虎廳原稱爲「座山雕棚」，北方人將建於山裏的簡易房舍稱爲「窩棚」，所以，威虎廳實際上就是個大窩棚。它在威虎山的南部，距海林縣城西約四十五公里。窩棚修築在密林深處的一個山坡的平坦處，四周是用原木壘築，地基陷於地下，頂部苫草，周圍修築明堡，室內修有地道。附近有一汪泉水，可供飲用，（現在這股泉水仍然很旺盛）。匪首張樂山，綽號座山雕，就曾以此爲巢穴，利用地勢的險惡、道路的隱蔽，長期爲非作歹。

這裏又是個「能攻能守又能溜」的地方，它有山道可以直達海林，轉道牡丹江市，又可以深入老林消蹤匿跡，幾十或幾百個人消失在山林中，如果去找，那眞像是「大海撈針」。一九四七年，牡丹江軍區二團接受了剿匪任務後，決定派出偵察排長楊子榮等人深入敵巢，伺機全殲匪徒。楊子榮是著名的偵察英雄，曾立下卓越戰功，杏樹村戰鬥他勇俘頑敵，亞布力後堵他活捉許大馬棒。這次他率領戰友，經過仔細偵察，追蹤到座山雕的老巢。他命令戰友們埋伏在附近等待時機，爲了全殲敵人，不使漏網，他決定僞裝土匪，孤身一人深入敵人巢穴。他在得到匪首張樂山的信任後，利用時機將情報放進附近大樹的夾皮內，六個人裏應外合，同時行動，全殲匪徒二十五人，活捉了土匪司令座山雕，創造了以少勝多的光輝戰例。

現在的威虎山已經煥然一新，原座山雕棚已在戰鬥中毀壞，如今海林縣政府已將原貌恢復，並樹立石碑，作爲當年剿匪紀念地，向廣大遊人開放。威虎山地區土地肥沃，江河縱橫，森林資源極其豐富，現在已經建起林場、牧場、農場，各種副業生產也得到很大發展。它的天然景色也更加雄偉壯觀了。夏季，這裏山色秀麗，空氣清新；一望無際的茂密大森林覆滿全山，層林盡翠，綠浪滾滾。冬季，這裏雪花飛舞，松濤陣陣，呈現出林海雪原的動人景象。

## 衆山環抱翠湖清（寧安鏡泊湖）

衆山環抱翠湖清，
水溢泉流波自平。
汽艇鼓輪微作浪，
身無俯仰任縱橫。

這是董必武老人一九六四年七月十四日遊鏡泊湖時所寫的詩。鏡湖泊在黑龍江省寧安縣境內，它是萬年以前，附近的火山爆發，熔岩堵塞了牡丹江河道而形成的堰塞湖。湖面海拔三百五十米左右，湖水迤邐約九十公里，湖爲狹長形，最深處約六十米左右。鏡泊湖原叫湄沱湖，唐代渤海時期稱忽汗海、忽漢湖，明淸時稱爲必爾騰湖，意思是「水平如鏡」，後來才叫鏡泊湖。

鏡泊湖處於群山環抱之中，如從高空俯瞰，湖泊猶嵌於叢翠青綠之中，猶如灑落大地的一串明珠，故又名「串珠湖」。

這裏青山若素，波澄籟靜，景色天然渾成，淳樸中帶著秀麗，靜穆中含有嫵媚。靜靜的群山，碧綠的湖水，有一棟棟小別墅掩映在萬綠叢中，那就是鏡泊山莊。這是接待國內外旅遊者的賓館，建築是小巧別致，塔形的屋門，尖尖的屋頂，廊廡曲折，髹白抹紅，配以周圍的綠樹紅花，別有一番情趣。鏡泊湖備有汽艇，可供遊人盡情遊覽湖上風光。

鏡泊湖的左岸，有一白色怪石峰，形狀奇異，通體白色。原來是魚鷹的糞便，經過長年累月的堆積，遠看就像無數塊巨岩黏在一起。

湖中有五大名島，最大的則是大孤山。這是一座花果山，它高出水面約二百多米，島上濃蔭翠綠，含芳吐芬。

在鏡泊中部高山上，則有唐代渤海時上京路湖州古城遺址。古城依山勢走向，用石塊築成。城的北邊和東側爲峭壁，借助天險爲屏，地勢十分險要。乘遊艇仰望，但見懸崖陡壁，怪石嶙峋，古城高聳入雲。如攀上古城，向北可遠眺小孤山，向南可俯視珍珠門。

珍珠門爲兩座筆直的石山，遠望猶如兩根大旗杆，當年渤海國盛產黑珍珠，據說就是從這裏打撈捕獲的。過了珍珠門就是道士山了。過去山上曾有古廟，現在僅有庭院，廟宇已經沒有了。繞過道士山就是老鴰垃子，此山孤立湖中，石成灰褐色，形如老鴰靜臥，故名。

鏡泊湖邊的石頭，幾乎全都是灰褐色的，附近的黑石潭，峭壁更是一片鐵青，石面上布滿蜂窩眼，敲起來叮噹作響，原來這都是火山熔岩的噴散物冷卻後形成的。

湖北面的飛瀑更是少見的奇景，當地人稱吊水樓瀑布。瀑布高約二十米，寬約五十米，清澄的湖水自高處滾落，轟然下搗深潭，勢若萬馬奔騰，力撼山岳，聲如驚雷，動魄驚心。瀑布濺起的水花，如明珠碎玉，散落的飛沫，如霧靄濛濛。日光映照，閃爍著五彩繽紛的虹光。瀑布下的深潭，水色如墨，流沫成輪，站立崖畔，大有不寒而慄之感。

鏡泊湖內有豐富的魚產資源，最有名的是湖鯽魚，這是一種重達四五斤的大鯽魚。清朝曾有位詩人讚美道：

鏡泊湖中稱特產，
鯽大盈尺鱗如丹。

魚類不僅是可貴的經濟資源，也是湖中的特產，鏡泊山莊餐廳爲遊人烹製的鮮魚宴，受到中外遊人的高度評價。

鏡泊湖被重山環抱，山中的茂密森林中，野生動物很多，有虎、黑熊、馬鹿、駝鹿、猞猁、紫豹等，而最多的是狍子和野豬，是個天然的狩獵場。

## 鏡泊湖畔小長安（寧安上京遺址）

渤海國是我國唐代東北少數民族所建立的地方政權，初稱「震國」，唐開元元年（七一三年）受唐冊封，改稱

「渤海」。渤海的都城稱上京龍泉府，即今黑龍江省寧安縣的東京城。

唐天寶末年（七五五年），渤海文王大欽茂將「舊國」（敖東城）遷至龍泉府。後來又遷往東京龍原府（今吉林琿春八連城），到第五代成王大華嶼，又將首府遷回龍泉府，直至渤海滅亡。所以，龍泉府在渤海的歷史上，充當首府時間是最長的，經過歷代渤海王的經營，龍泉府稱得上是八九世紀時亞洲的第二大城市。那麼爲什麼渤海歷代國王，要以龍泉府爲首府呢？因爲這裏地處牡丹江中游，土地肥沃，氣候也比較溫暖，更重要的是這裏有山有水，地勢險要，易守難攻。城西和北部有將近一百多平方公里的熔岩臺地，又稱爲「德鄰石」，當地人稱「德林倭赫」。「倭赫」爲滿語石頭的意思。德鄰石坦平如砥，石上有無數大大小小的孔洞，洞中存水，澄然凝碧。

龍泉府由外郭城、宮城和王城三部分組成。外郭城呈長方形，總長約三十二華里，城牆高出地面約三米，城外有護城河。城內的中央大道寬約一百一十米，把城市分爲東西兩區。

宮城位於外郭城北部的中央，也呈長方形，約三千九百八十六米，分東西北中四區，各區以城牆相隔。宮城中有五鳳樓、宮殿、禁苑、水池、假山和亭榭。

王城在宮城南，這是渤海中央統治機構所在地。渤海的中央組織機構設三省，即政堂省、宣詔省和中臺省；政堂省下設忠部卿、仁部卿、義部卿、智部卿、禮部卿和信部卿；又置六寺，即宗屬寺、太常寺、司賓寺、大農寺、司藏寺和司膳寺。這些機構都設置在王城內。今僅存城牆殘址，五重殿基，現存宮城正南門稱爲五鳳樓，臺基高達六米。宮城東側是禁苑遺址，南面的水池總面積達兩萬平方米。北側有兩座相對的亭子，現在尙存基石。建築材料大部分是石料和磚瓦，有寶相紋花磚、文字瓦、蓮花瓦當和各種釉瓦。

龍泉府的建築工藝，一般是夯土築基，青瓦鋪頂，土坯砌牆，外塗泥幛，再抹白灰。官署衙門和寺廟還要施以彩繪，以綠色琉璃瓦鋪頂。宮殿建築四周設迴廊，廊下有散水，臺基都高於地面，臺基周圍有的以石砌築，有的石牆外再砌以青磚。通過遺址的遊覽，可以想像到當年上京龍泉府是個城池巍峨，街市井然，建築錯落有致，宮殿和廟宇鴟尾豎起，氣象宏偉，規模壯觀的城市。

上京龍泉府完全是仿唐代的長安城修造的，只是比長安城的規模小一些。今天我們從遺址中可以看到渤海勞動人民的高超技藝和過人的智慧，也反映出他們勤勞勇敢的優秀品質。

上京龍泉府遺址是我國第一批重點文物保護單位之一，不僅發掘和清理出許多有價值的珍貴文物，而且已成爲鏡泊湖旅遊區的重要組成部分，在這裏人們可以看到我國少數民族與漢族人民共同創造的成果。

## 塞外奇觀（寧安地下森林）

你聽說過藏於地下的森林嗎？沒有！那你就到寧安縣去欣賞這「塞外奇觀」吧。

如果乘車從鏡泊湖的鏡泊山莊出發，向西北行駛，大約一個多小時的途程，就可以到達「地下森林」所在的山麓了。

當然，說森林生在暗無天日的地下，那只能是「天方夜譚」裏的故事。其實它並非藏匿地下，而是鬱鬱葱葱遍布在七個大小不等、深淺不一的坑洞裏。所以，人們又稱它為「洞底森林」或「地下綠宮」。據科學考察，原來這是幾萬年前同時噴發的七座火山口。當年火山爆發，地下的熔融岩漿及其他高溫物質，帶著熾熱的火焰，沿著斜陡的山坡，以每小時近百里的速度，像一條奔瀉的河流，滾滾向東南方流去，終於堵塞了牡丹江河道，造成了我國最大的高山堰塞湖——鏡泊湖。而這七座火山口，停止爆發後，岩漿慢慢冷卻並收縮了。又經過了若干年，大自然用它那千變萬化的手，在這幽暗昏惑的火山口坑洞裏，撒下了綠色的種子。這些綠色的生命，曾經多麼頑強地掙扎過，它們勝利了，長出了青碧的林木，今天終於給人類創造了地下綠宮的奇跡！

遊人們坐車來到山下，雖然發現周圍草木繁茂，卻不見森林，捨車登山，向高處攀登，這時眼前會出現一個大坑洞，洞口寬約五百米，深約百米，成陡直坡狀，底徑約三百米，很像一隻口大底小的水桶。坑的南側有一處大缺口。它好像是個大片窗牖，充足的陽光從這裏照射到坑洞中。當你站在洞口，放眼望去，青綠一片，加上環壁峭拔，使人感到神秘莫測。俯視腳下，石紅苔青，綠波蕩漾，確有森林生於足下之感。坑底還有一幽暗的洞穴，隱藏於青帳翠幔之中，洞裏怪石嶙峋，突兀萬狀。洞中石頭皆為火山爆發時噴出的熔岩，冷卻後經過水的沖涮作用，故顏色蒼黑，布滿小孔，如同蜂窩一般。從石縫中滲出水點，叮叮咚咚的滴落，在這昏暗幽靜中，顯得格外清晰。穿過這座奇特的山洞，就到了另一個火山口形成的坑洞裏。這口坑洞，上口直徑約三百米，底徑約百米，深度也近百米。環壁之下，堆積著大量崩塌的岩屑。由於坑洞口較小，又沒有大的缺口可承受陽光，所以洞內冷氣襲人，坑洞中的密密樹林，就像黑色的帷幕，禁不住使人感到危機四伏，悚然之情頓生。第三個坑洞口則更小，直徑約三十米，深度不足六十米，但岩壁陡峭，完全像一口筆直的豎井，不繫繩索，休想上下。底部更加陰晦昏暗，只怕是繫上繩索，也不會有人願意下去的。眼望那雜亂的林木生於深邃的坑底，誰能知道那林中會埋藏著什麼呢？

由於這些坑洞都在海拔千米以上，故雨量充沛，土質肥沃，再加沒有強風的襲擊，樹木大多生得挺拔高大。從樹木的種類看，以松、杉爲多，其他則有黃菠欏、水曲柳、胡桃楸、椴樹、榆樹和楊樹等。

有了森林，當然也就有生活於林中的珍禽異獸，最多的是懸羊，這種羊在夜間把雙角掛在樹枝上睡覺，稍有動靜立刻逃之夭夭。其次有馬鹿、黑熊、豹子、野豬，據說還有兇猛的東北虎。在一些岩石裂縫中，常有大蛇伏匿其間。

當地群衆就是根據火山口和動物出沒的特徵，命名這些坑洞口爲「大羊圈」、「小羊圈」、「大豬圈」和「小豬圈」。現在已編爲號碼，一、二、三號的「地下森林」正在接待著各地前來觀光的遊客。

## 渤海國的石雕珍品（寧安南大廟）

在寧安縣渤海鎮西南，南大廟院內，有唐代渤海時期保存下來的惟一完整的大石雕——石燈塔。石燈塔又稱石燈幢或石浮屠，浮屠在印度梵語中也是塔的意思。

渤海與唐朝的文化聯繫是非常緊密的，佛教在唐王朝極爲流行，渤海也就對佛教極力推崇。當時武則天稱金輪聖神皇帝。渤海第三代王大欽茂就稱孝感金輪聖法大王。當時渤海地區建有不少佛寺。渤海鎮的南大廟（又稱興隆寺）就是渤海後期的寺院。渤海政權滅亡後，寺毀剎滅，但部分臺基和礎石至今猶存。石燈塔就是當年渤海寺廟建築的一部分，這座石燈塔高約六米，用玄武岩雕琢疊築而成。全塔雕刻細緻，由塔剎（塔頂）、相輪、塔蓋、塔室、蓮花托、中柱石、蓮花座和底座等部分組成。塔蓋形似亭樹，八角八面，雕刻的蓋脊和瓦壠與下面的塔室相接。塔室是鏤空的，與塔蓋相接處還雕刻有斗拱。塔室八面刻有長方形窗孔，其上又有小窗孔。蓮花托是仰蓮，蓮花座是覆蓮，均刻有三瓣花片，層層重疊，猶如巨蓮盛開。石燈塔是佛教典型的雕刻藝術作品，從這座石燈塔雕琢之精細，可見佛教在渤海國的盛行情景。當時渤海國出使唐王朝的使團中就有許多僧人，同時也有僧人到日本去禮佛，有一首詩專記渤海僧人禮佛事：

禪堂寂寂架海濱，遠客時來訪道眞。
合掌焚香忘有漏，回心頌偈覺迷津。
法風冷冷疑迎曉，天蕚輝輝似入春。
隨喜君之微妙意，猶是同見崛山人。

現今的南大廟乃是康熙初年在渤海寺廟舊址上重建的。南大廟稱興隆寺，又稱石佛寺，據寧安縣志記載：「興隆寺原有三重佛殿，道光二十八年（一八四八年），大火焚毀部分殿宇，咸豐五年（一八五五年）開始重建，咸豐十一年（一八六一年）建成。」是清代在黑龍江省所建的大型寺院建築群，有大雄寶殿、天王殿、三聖殿、關帝殿、馬殿、鐘鼓樓、禪堂及配殿等。大雄寶殿是九脊廡殿式建築，木構斗栱結構，前後三斗四栱七鋪作，左右三斗四栱五鋪作，四角是三面轉角檐。三聖殿內有石佛，殿前臺下有石獅。在大雄寶殿與三聖殿之間，矗立著渤海時期雕刻珍品石燈塔。

在興隆寺的前院內還樹立著一塊雖哈納墓碑。這塊墓碑是清代黑龍江將軍滿族人薩布素爲他父親立的。薩布素是康熙年間著名的武將，曾率兵征討雅克薩與噶爾丹。任黑龍江將軍時，奏請朝廷在墨爾根兩翼設立學堂，傳授漢族的經史和書法；並督促士兵開墾荒地；後來他又和寧古塔將軍佟寶聯名奏請建齊齊哈爾城。當時一些漢族知識分子被充軍到黑龍江，雖爲奴隸，但也讓他們傳播儒學文化，總之薩布素對清初開發黑龍江還是有點貢獻的，所以深得康熙的信任，凡黑龍江地區的政治軍事大權悉由薩布素處理。正是在這樣條件下，薩布素請求康熙允許爲他父親立碑而得到允准。此碑立於清康熙二十三年（一六八四年），碑刻康熙誥命，滿漢文字對照，「皇清誥贈光祿大夫黑龍江將軍雖公之墓」。碑身高二百四十五釐米，寬一百一十一釐米，厚三十釐米。碑身前後四邊均刻遊龍戲珠紋飾。碑首透鑿一方孔，兩邊刻有蟠捲雙龍戲珠。墓碑原在寧安縣的牙河西岸，是後來遷到興隆寺內的。

## 宋帝坐井觀天處（依蘭五國城）

在黑龍江省依蘭縣城北的松花江南岸，牡丹江口之左，倭肯河之右，這裏有座古城遺址，就是著名的「五國城」。

五國城又稱五國頭城，或五國部盟城。五國部就是西元十世紀，分布在依蘭以下松花江和黑龍江沿岸的「生女眞人」所形成的五大部族的總稱。女眞族是肅愼人的後裔，五代時始由靺鞨改稱爲女眞，共有七十二部。據《北風揚沙錄》記載：「女眞有七十二部，不相統制」，生女眞則爲七十二部之一。由於遼國的契丹貴族統治階級對女眞人採取分化、遷徙的政策，所以女眞人的居住是比較分散的，各地區的社會經濟發展也極不平衡。當時被遼統治者遷入遼陽以南編入遼籍的稱爲「熟女眞」，仍在黑龍江和松花江流域的則稱爲「生女眞」。五國部即是生女眞人，這五大部落包括剖阿里、盆奴里（金日蒲聶）、奧里米、越里篤和越里吉。當時越里吉的駐地在依蘭縣，爲五國部盟首，故此城方稱爲「五國城」。五國部於遼聖宗時歸附遼國，屬黃龍府管轄，成爲遼國東北境的屏障，遼國除任各部酋長爲「酋帥」外，派有節度使駐五國城，進行直接統治。後來，生女眞族的完顏部逐漸強大，完顏部的首領一方面接受遼國的封號，爲生女眞部族的節度使，另一方面則加強對分散的生女眞各部的征伐和控制。當完顏部景祖烏古乃時，完顏部派兵征討五國部，使五國部脫離遼國的直接控制，順從地參加到以完顏部爲首的軍事部落聯盟中來。女眞族在其首領完顏阿骨打的率領下，反對遼國的統治，於金太宗天會三年（一一二五年），遼國天祚帝被金將所俘，遼朝滅亡。金國滅遼後，以五國城（依蘭縣）爲中心，定爲上京胡里改路。金天會四年，北宋靖康元年（一一二六年）的冬天，金朝的軍隊攻破東京城（今河南開封市）。次年的四月，金朝女眞貴族大肆勒索搜刮後，俘虜了徽宗、欽宗和皇族宗室、后妃等數千人。又將教坊樂工、技藝工匠，以及法駕儀仗、冠服禮器、天文儀器、珍寶玩物、皇家藏書等盡行掠去。金朝貴族先將徽宗和欽宗押至金上京城會寧府（今阿城）的阿骨打廟附近。後來又將徽宗和欽宗押至五國城，關閉於一座枯井中。一一三五年和一一五五年，二帝相繼病死。

如今五國城遺址尚在，城址呈長方形，周長爲二千二百一十米，城垣爲夯築土牆，現存殘垣高約三米，逶迤起伏，可想當日城勢之雄偉。城內過去曾種植莊稼，經常發現古錢、箭等古物。據傳城內曾有枯井一口，就是宋徽宗和宋欽宗的坐井觀天處。現在想來，宋徽宗和宋欽宗可能是關在土牢內，牢室處於地下，後來訛傳爲枯井。依蘭地區冬天極爲寒冷，土室居於地下反倒保暖，否則欽宗也不會活那麼久，早就該凍死了。

五國城附近，過倭肯河就是大砬山山谷，滿山瘦石嶙峋，陡岩峭壁矗立河邊。大砬山北端雄峙江心，松花江、牡丹江和倭肯河三流交匯於其山麓，水石相激，潺潺有聲。每當數九寒冬，數尺厚之堅冰，遇崖皆裂，聲如山崩峽倒，實爲奇觀！

## 三姓的反侵略遺址（依蘭靖邊營）

黑龍江省依蘭縣，古稱三姓城，又稱鄂多里城，位於松花江北岸，爲牡丹江、松花江匯流之口。傳說古時有滿族三姓聚而成爲部落，故名三姓。嗣後子孫繁衍，既無統系，又無法律，三姓常因不合，率族互相仇殺。有一天，突然有女神所生子，名布庫里雍順，由長白山乘獨木順流而下，被三姓人迎上岸，共奉爲大貝勒，這就是清朝的始祖。

這是一個關於滿族始祖起源的傳說故事，由於這個傳說，使長白山和依蘭縣被清朝統治者視爲發祥之地。隨著清政府的日益腐敗，沙皇俄國侵略者也不斷向東北邊境侵犯。沙皇侵略軍不斷攻入中國境內，殺人放火，搶掠財物，給三姓地方帶來極大威脅，清政府爲了保護祖宗的發祥地，於清光緒六年（一八八〇年），在依蘭縣城東十五里的松花江南岸，建立靖邊營，駐紮兵勇二千五百餘人。當時負責建造靖邊營的是清政府吉林邊務大臣吳大澂。吳大澂是一個具有愛國主義精神的清朝官史，他對沙俄不斷入侵中國東北邊境極爲不滿，在清光緒十二年（一八八六年）會勘中國與沙俄邊界時，與沙俄代表據理力爭，收回了黑頂子要隘，使中國船隻可自由出圖們江口。吳大澂係江蘇吳縣人，同治年間進士，也是當時的著名書法家和金石學家，這次他在依蘭縣修築靖邊營，首先考慮的是要防止沙俄的入侵，設營五座，稱靖邊後路營。後來又在靖邊營東北約一點五公里的地方，修築了巴彥通炮臺一座，安設銅炮五門，火藥庫六座，兵房十餘間。左岸臺地設護江關，安置了攔江大鐵索。一九〇〇年，就是在這裏，中國的士兵和人民，面對兇惡的沙俄侵略軍，展開了殊死的浴血奮戰，直殺得沙俄侵略軍魂飛魄散，喊爹叫娘。

事情的經過是這樣的：

清光緒二十六年（一九〇〇年）七月六日，俄皇尼古拉二世宣布自任總司令，動員了十七萬七千餘人，組成了沙俄侵略軍，分六路侵入我國東北。第一路直攻海拉爾，第二路攻向璦琿、墨爾根，第三路攻打三姓地方，第四路西攻綏芬河、牡丹江，第五路西北攻向琿春、寧古塔，第六路從旅順指瀋陽。他們派水陸兩支部隊向三姓攻來，並公然叫囂道：「中國清王朝的發祥地，將立即被沙俄併吞。」侵略者總是過高地估計自己的力量。他們氣勢洶洶來到依蘭，立即遭到依蘭軍民的頑強抵抗，靖邊營的建立絕不是徒有其名，再說中國軍民反對侵略者的義憤，已成爲勢不可擋的力量。雖然當時依蘭的駐軍甚少，而敵人又多，武器又遠勝於我們，但沙俄連續三次進攻，三次遭到頑強的抵抗。在戰鬥中，沙俄運輸官上校維尼柯夫和工程師伯因斯坦被當場擊斃，還有幾名沙俄指揮官被打傷。巴彥通炮臺的銅炮也發揮了巨大威力，炮兵士兵冒著敵人的炮火，打著赤膊，來回搬運炮彈，終於擊毀和擊沉了沙俄的「齊必斯號」和「奧德薩號」等船隻，使敵軍丟魂喪膽，屍沉大江。駐守依蘭的清軍個個勇敢戰鬥，與敵人最後在陣地上展開肉搏戰，直至犧牲，決不投降。三姓地方雖然被沙俄侵略者攻占了，但是事實證明：中國人民不屈不撓的反抗精神，決不會被侵略者的兇焰所嚇倒。

現今，靖邊營遺址猶存，每座營址成正方形，邊長一千米，高約三米，營牆爲夯築土牆。靖邊營的四大哨所，分別設於東、南、西三面山頭。巴彥通炮臺是用石灰沙漿灌築成，遺址尚在。當年的攔江大鐵索和柱石，已移至黑龍江省博物館，供人們觀看。列寧就沙皇俄國對中國的侵略曾經說過：「沙皇政府這一次也和往常一樣，暴露出自己是甘願充當資本家大亨和貴族的奴才的昏官的政府。」

長白山遊覽區

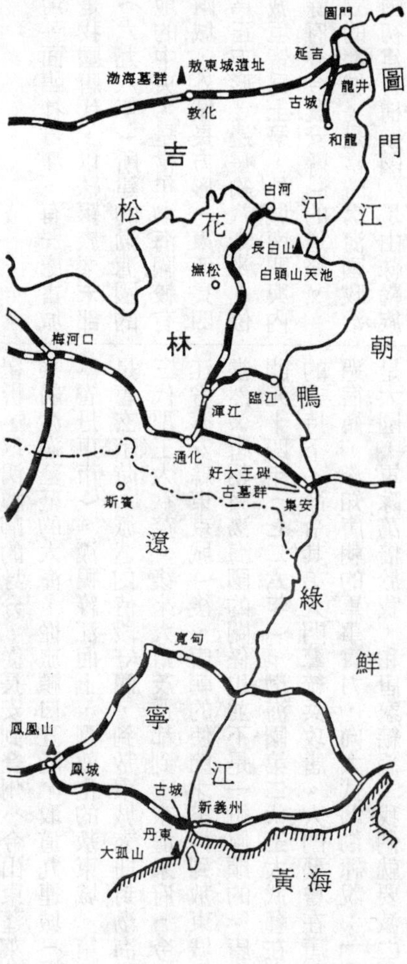


通過這些遺址的觀覽，對人民是會起到很好的教育作用的。

# 渤海古都城（敦化敖東城）

在吉林省敦化縣的東南角，面臨牡丹江，有一處古城遺址，名叫「敖東城」。這是我國唐代，以靺鞨族粟末部爲主體，於武則天聖曆元年（六九八年）所建的渤海國的都城。敖東城坐落於敦化盆地的中央，是當年渤海國較有代表性的平原城。城分內外兩城，外城長方形，東西長四百米，南北寬二百米。內城爲正方形，邊長約八十米，位於外城之中央偏西處。內外城垣皆爲土築，外城南門與內城南門相對，向西有通往扶餘府（今農安縣）的道路。

敖東城是渤海國最早建立的都城，是當時渤海國政治、經濟、文化的中心。渤海國初建時稱振國，是由靺鞨族粟末部首領大祚榮創立的，大祚榮受唐朝封號爲「左驍衛大將軍渤海郡王」，並以其統治地區爲忽汗州，加授「忽汗州都督」稱號，始稱渤海國，定都於敖東城。敖東城作爲渤海國的都城，共經歷三王，即大祚榮、大武藝、大欽茂。

唐朝也在渤海國定都敖東城後，三次派使節前來聯繫和加封。第一次是唐中宗時，派遣侍御史張行岌，對大祚榮表示拓慰。大祚榮爲了對唐朝表示友好，派自己的次子大門藝隨張行岌到長安。大門藝到達長安時，受到唐朝官吏的歡迎，唐中宗將他留作宿衛（皇宮中擔任警衛的官員），以表示對他的信任。第二次是唐睿宗時，派遣中郎將崔忻，以鴻臚卿的身分，從長安到登州（今山東蓬萊），乘船渡過茫茫的大海，從旅順口登陸，取道九連城（今遼寧省丹東市），溯鴨綠江而上，到敦化的敖東城。第三次是唐玄宗時，派遣內侍段守簡，到敖東城來冊封渤海國第三代郡王大欽茂。後來大欽茂遷都到上京龍泉府（今黑龍江省寧安縣東京城）後，唐朝的使節才不再到敖東城來。

當然，唐朝與渤海國的關係也並不是一帆風順的。唐玄宗開元十四年（七二六年），渤海國第二代王大武藝在突厥的支持下，命令其弟大門藝統兵攻唐。大門藝曾在唐朝任過宿衛，深知唐朝的軍事實力，向大武藝勸諫說：「唐家是大國，軍隊萬倍於我，和唐家結怨，我們就要滅亡。」並舉了高句麗的例子，企圖說服大武藝。但是大武藝不聽勸阻，派大壹夏去代替大門藝，並準備大門藝回到敖東城時，將其殺掉。大門藝得到消息後，逃亡到唐朝。唐玄宗將他封爲左驍衛大將軍，留在朝中任職。大武藝知道後，派人前往長安，請求唐玄宗殺掉大門藝。唐玄宗派鴻臚卿李道邃和李源復出使渤海，在敖東城他們向大武藝轉達唐玄宗的口諭說：「大門藝在困難時，投向唐朝，義不可殺，現在朕已將他投放嶺南了。」實際上唐玄宗並沒有讓大門藝去嶺南，而是讓他住在洛陽。大武藝偵知這一情況後，派人到長安指責唐朝，同時派刺客到洛陽去刺殺大門藝。大門藝在唐朝任宿衛時，向中國武術家學過武藝，所以當大武藝派的刺客在東都洛陽天津橋攔擊他的時候，竟沒有得手。唐玄宗知道後很生氣，派武林高手追蹤刺客，終將行刺大門藝的人抓獲。唐玄宗又派崔尋挹攜帶國書，再次前往渤海國的敖東城，對大武藝進行訓諭。如果把這兩次也算上的話，實際上唐朝派往敖東城的使團應該是五次。這封國書是由唐朝著名的政治家張九齡根據唐玄宗的意思撰寫的，文辭樸實流利，語重心長，原文為：

敕忽汗州刺史渤海郡王大武藝：卿於昆弟之間，自相忿鬩，門藝窮而歸我，安得不容，然處之西陲，為卿之故，亦云不失，頗謂得所。何則？卿雖居海曲，常習華風，至如兄友弟悌，豈待訓習，骨肉情深，自所不忍。門藝縱有過惡，亦應容其改修。卿遂請取東歸，肆其屠戮，朕教天下以孝友，朕復忍聞此事！誠惜卿名行，朕是保護逃亡，卿不知國恩，遂爾背德，卿所恃者遠，非能有他。朕比年含容，優恤中土，所未命將，事亦有時。卿能過輸誠，轉禍為福。言則似順，意尚執迷，請殺門藝，然後歸國，是何言也？觀卿表狀，亦有忠誠，可熟思之，不容易爾。今使內使往宣諭朕意，一一並口具述。使人李盡彥，朕亦親有處分，皆所知之。秋冷，卿及衙門首領百姓平安好。並遣崔尋挹同往，書旨不多及。

這封國書雖然當時沒能使大武藝轉變，但是對大武藝也確實起了教育作用。同時也可看到唐玄宗對渤海地方政權，在政治上是謹慎小心的，基本上是以安撫為主，所以才能夠使渤海國與唐朝的關係始終是親善的。渤海國與唐朝的立國年限，幾乎相始終，這也絕不是歷史的偶然吧？

敖東城作為渤海國的都城自大祚榮立振國開始，到大欽茂遷都止，共五十七年（六九八—七五五年）。在這段時期中，敖東城作為地方政權的行政中心，發揮了它應有的作用。當時對溝通我國中原與東北的經濟文化發展，它也曾有過一定的貢獻。

現在在敦化東郊公路邊尚有排列有序的二十四塊大方石，各有一米見方，也是渤海國時期建築的遺存，人稱「二十四塊石」。遊人過此，莫不摩挲感慨，猜測紛紜。

## 望空閨而結愁的渤海公主（敦化六頂山）

敦化縣位於吉林省東部，長白山的北坡，是全省海拔較高的地區。發源於長白山牡丹嶺的牡丹江，自南而北流經這裏，形成了一個比較開闊的沖積盆地。六頂山位於這塊盆地南面約五公里處，東西走向，最高峰約六百零三米，因六座小山峰起伏相連，當地人稱「六頂山」，六頂山從東南伸出一個山岔，在山岔的東西兩側構成兩個向陽的山坳。西山坳呈三角形，比較狹窄；東山坳呈凹字形，比較開闊。山岔兩側皆爲墓地，共有石室封土墓八十餘座，這就是考古專家們所說的「六頂山渤海墓群」了。渤海國是我國唐朝時的地方政權，渤海史是我們祖國多民族史冊中的重要篇章，所以六頂山渤海墓群的發掘是研究渤海史的重要文化遺存，同時展出這些石室墓及墓內遺物也有助於人們對古代史的瞭解，何況還具有重大的觀賞價值呢！

渤海墓群的墓室皆修於地面之下，方形或長方形，以玄武岩和熔岩石塊砌築，一般長寬各在二點五米到三點五米之間。墓室南壁設置甬道，四壁用不規則的石塊砌成，塗抹白堊土。據考古學家們判明，六頂山渤海墓群是渤海前期王室和貴族的塋地。其中應特別提到的，則是貞惠公主墓。

貞惠公主是渤海國第三代王大欽茂的次女，出嫁後夫妻恩愛並生有一個男孩。後來丈夫死去了，貞惠公主過著寡居的生活，惟一的安慰是還有個兒子。但是過了不久，兒子又突然夭折了。這對於貞惠公主來說打擊實在是太大了，結果每天是「出織室而灑淚，望空閨而結愁」，以淚洗面，雖是金枝玉葉，但卻過著悲苦的生活。悲愁的生活使她的身心受到摧毀，不幸在四十歲時離開了人世。這當然使她的父親大欽茂很傷心，決定要隆重地埋葬她。大欽茂按照唐朝的習俗，認爲永泰公主李仙蕙死後，陪葬在其祖父唐高宗的乾陵。那麼貞惠公主也應陪葬於珍陵之西原。珍陵是渤海第二代王大武藝的陵墓，這是孫女陪葬祖父，爲此貞惠公主死後停柩待葬三年。

貞惠公主墓出土的文物有陶器、玉璧、鎏金銅飾、石獅和墓碑等。陶器有長頸瓶、盂；玉璧爲青玉製成，通體光潔青瑩；用黃金絲做的玉環和鎏金帶環。石獅子是用花崗岩雕成，其造型風格和雕刻手法與唐昭陵、乾陵前的石獅子十分相似，形體雖小而造型雄渾，是唐代渤海的藝術珍品。貞惠公主墓碑是在墓室甬道內出土的，石質爲花崗岩，作圭形。高約九十公分，寬約四十九公分，厚約二十九公分。正面鐫刻碑文，碑文周邊陰刻蔓草紋，碑首陰刻淺線捲雲紋。碑文共二十一行，漢字陰刻，楷書眞字。

貞惠公主墓出土的文物說明，渤海與中原唐王朝確實存在著極爲密切的關係。出土的墓碑證明渤海使用漢字，熟悉中原的封建文化，漢文學造詣較深。文體則是唐代流行的駢體文墓誌體。當然，像許多駢體文一樣，透過華麗的辭藻，使人往往感到內容膚淺空泛。出土的其他文物，如鎏金銅飾、陶瓶陶盂等的造型，都具有中原唐王朝的風格。同時，也說明渤海社會的生產水平也達到了一定的高度。新舊唐書都記載說：渤海「大抵憲像中國（指中原）」，這是毫無疑問的。

## 東北的南京石頭城（延吉古城）

在延吉市東城子山的山頂平地上，有一座石頭城，這就是我國宋代東北地方割據政權之一，東夏國的南京城址。

我國南宋後期，居住在翰難河一帶的蒙古族逐漸強大，大汗鐵木眞統一了蒙古諸部以後，不斷向金國侵襲，金國逐漸衰亡。就在蒙古鐵騎衝得金國四分五裂之時，金國的遼東宣撫使蒲鮮萬奴乘機叛金，率軍東走，先後占領了海蘭河、綏芬河、牡丹江三條水域，於西元一二一五年，建立了東夏國，自號天國，年號天泰。建國都開元城於牡丹江畔，在延吉東城子山建南京城。統治共達十九年，和當時的高麗王朝保持著一定的政治、經濟和文化關係。

東夏國的行政區劃，是將全國分爲三路，海蘭河流域爲南京路，綏芬河流域爲恤品路，牡丹江流域爲開元路。當時的南京城是大夏國南京路的軍事重鎭，政治經濟中心。當時我國的東北和華北地區的戰火連年，民不聊生，而大夏國卻具有相對的穩定，這對於這一地區農業和手工業經濟的發展，都創造了較好的條件。南京城修築在山頂上，城防堅固，儲備充足，易守難攻。蒲鮮萬奴在此設兵馬安撫使以節制軍事，設尚書行省加強行政管理，他早已作好了蒙古軍進攻的準備。

西元一二三三年，蒙古軍在攻占了金國首都汴京以後，迫使金國最後的一個皇帝金哀宗逃往蔡州，蒙古在東北的強敵，就只是大夏了。當時鐵木眞派出最得力的行軍統帥塔思率兵討伐東夏。塔思的鐵騎在南京城遇到了頑強的抵抗，這次戰鬥成爲後來的元朝在統一東北的所有戰事中最爲激烈的戰鬥之一。據《元史》記載，當時的南京城「堅如立鐵」，蒙古軍久攻不下，山上山下喊殺聲驚天動地，大夏國兵將死命守住城池，將城內一切可做武器的東西，都用來打擊蒙古軍的進攻部隊。最後，蒙古的勇將查剌持長槊率衆登城，在城頭雙方展開廝殺，終於攻占了南京城。爲此塔思親自將錦袍披在查剌的身上，並爲他請求最高的獎賞。南京城攻下後，大夏國的主力受到極大消耗，元氣大傷，蒙古軍乘勝北上，先後占領開元、恤品兩路，於西元一二三三年，大夏國滅亡。

目前遊人可以觀賞的南京城，僅有遺址，周長六千七百米，城內的建築遺址尙清晰可見，排列有序的礎石，說明當年的建築規模。一九〇九年曾出土青銅印函蓋，上刻「天泰八年二月分四品印二寸三分二釐五毫」十八個字。

另外還有水晶雕刻的鴛鴦等物。吉林省博物館還收集到兩顆東夏國的官印：一爲「南京路勾當公事之印」，背刻「天泰三年六月一日」和「南京行部造」兩行小字；一爲「兵馬安撫使印」，背刻「天泰二年四月二十八日造」和「南京行部」兩行小字。從這兩顆鑄有「南京行部」字樣的官印來看，可見山城在東夏國的地位。

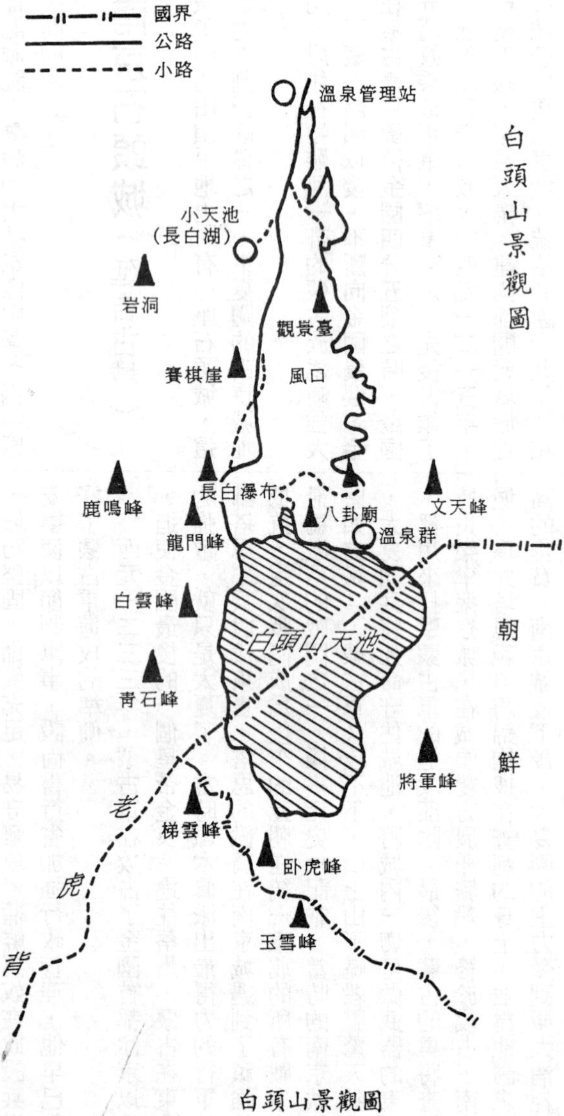

白頭山景觀圖

## 群峰仍像白頭翁

（長白山十六峰）

美麗富饒的長白山，位於吉林省東南部中朝邊境一帶，因主峰白頭山多白色浮石和積雪而得名。春秋戰國以前，長白山被稱爲不咸山，據《山海經》載：「大荒之中，有山，名曰不咸。」漢代將長白山稱爲單單大嶺，又稱蓋馬大山。後魏時稱太白山，或稱徒太山、從太山、太皇山，直到金代始稱長白山。當地人俗稱老白山或白山，滿語則呼之爲「果勒敏．珊延．阿林」，意爲長長的白色山。金世宗大定十二年（一一七三年）封長白山神爲靈應王，金章宗明昌四年（一一九四年）又加封長白山神爲開天宏聖帝。

長白山群峰競秀，千姿百態，其中最爲著名者爲長白十六峰。它們是冠冕峰、臥虎峰、梯雲峰、青石峰、白雲峰、芝盤峰、錦屏峰、觀日峰、龍門峰、鐵壁峰、天文峰、華蓋峰、紫霞峰、荷筆峰、砥柱峰和不老峰。其中白雲峰爲最高，海拔二千六百九十一米，矗立在天池西側，爲長白山主峰。此峰險峻巍峨，猶如一把寶劍直插星漢，成爲長白群峰之首。據《安圖縣志》載：「白雲觸石而出，終日不散。天晴時群峰畢露，獨此峰煙霧繚繞，氣象雄壯。自天池至巔十二華里，崇山隱天，雲鎖峰尖，故名之曰白雲峰。」清人劉建封所著《長白山江岡志略》中也說：「長白山此峰最高，由崗後東上，二百里外即見此峰，白雲遮繞，乃其常也。」劉建封還在他的《白山紀詠》中讚頌此峰道：

看罷歸來回首顧，白山依舊白雲封。

關於白雲峰，還流傳著一段美麗的故事。據說在很早以前，長白山下住著一戶姓王的農民，家中只有母子二人。有一年母親突然有病，兒子心中非常焦急。村子裏有位白髮老人告訴他，長白山最高的山頂上可以採仙藥，能治好他母親的病。於是他翻山越嶺，克服了重重的困難，戰勝了兇猛的野獸，終於爬到了白雲峰的頂端，找到了山頂上那又白又亮的石片。他把「藥」帶回來，磨成細末，給他母親吃了，他母親的病頓時就好了。這件事傳開以後，許多人也到白雲峰來採藥，但是他們爬到山頂，看到的只是岩石般的層層白雲，並沒有找到那又白又亮的藥，但是白雲峰這個名字卻傳開了。

還有個傳說，大禹治水的時候，爲了查看天下的河源，大禹親自來到了長白山，並在龍門峰旁立了蝌蚪形石柱。

民間故事《白蛇傳》裏，白娘子爲救丈夫許仙的性命，曾經去盜取仙草，這種仙草叫靈芝草。長白山也產靈芝草，長在芝盤峰的峰頂。

冠冕峰俗稱雪山，據《長白山江岡志略》載：「峰下積雪高十餘丈，俗名雪山。山下有冰穴數處，每次穴中炊煙如縷，或疑爲仙人煉丹於此。」

有人在觀賞了長白群峰以後，禁不住稱頌道：

「巍巍坐鎮在遼東，費盡丹青畫未工。常似銀河堆地上，曾經天女在空中。高侔嵩岳兩無別，景比峨嵋一樣同。若待雪消冰釋後，群峰仍像白頭翁。」

## 一泓池水萬道虹（長白山天池）

天池又稱「闥門池」，《八旗通志》有「山之上有潭，曰闥門池」的說法。天池又名「龍潭」，《長白徵存錄》有「雲霧溟濛，水鳴如鼓，故名龍潭」的記載。天池又名「海眼」，《長白彙徵錄》說：「水面有浮石，形如肺，名『海浮石』，土人謂池與海通。七日一潮，因又名『海眼』，深不測可。」

天池位於長白山頂，是中朝兩國的界湖。它是群山環抱中的一火山口，海拔二千一百五十五米，是典型的高山湖泊。天池呈盆狀，面積爲九點二平方公里，最深處三百一十二點七米，池水終年外流不息，是第二松花江的發源地。天池內壁爲白色浮石和粗面岩組成了懸崖峭壁，有如鬼斧神工琢成的玉碗。當風力達到五級以上時，池內可湧起高一米以上的大浪。當波平如鏡時，碧綠的湖水，猶如一塊碧玉鑲在群峰之中。晴日，巉岩峭壁倒映水中，再襯以朵朵白雲，千姿百態，美不勝收。真是：

一泓天池水，層巒疊嶂峰。
蒼穹雲裊娜，飛來萬道虹。

在天池周圍還有許多名勝古跡可供遊人憑弔。天豁峰呈天然豁口狀，傳說是大禹治水時所劈。龍門峰下有大禹神碑。青石峰東麓瀉出一水，懸流如線，注入天池，這就是有名的金線泉。其他尚有補天石、牛郎渡和八卦廟。因爲長白山是滿族的發祥地，因此有些勝跡與滿族有關。比如紫霞峰下直插天池湖底的巨大青石釣鰲臺，其上有用各色大石塊砌成的高臺，相傳爲完顏阿骨打登長白山祭祀天池的地方。完顏阿骨打是女真族傑出的首領，金王朝的創建者。

悠久的歷史，爲天池譜寫了許多優美動人的故事。近年來，天池水面又有怪獸之說。有人說此種動物似牛，嘴像鴨子，露出水面的脊背呈稜形，深黑色，游得很快，划水線拖出幾十米長……。但是，有人此也有異議，有的說這是黑熊游泳，有的說這是水獺在水中游動，有的說這不過是一種幻覺罷了。

總之，長白山天池是國內外遊人矚目的遊覽勝地，給它增添些神秘色彩，將會引起人們更大的興趣！

## 疑似龍池噴瑞雪（長白山瀑布）

天池水，雲中遊。
溢漫牛郎渡，乘槎問斗牛。
吻別天豁龍門，飛瀑落九州。
舉世無雙，天際第一流！

這是人們用來讚美長白山瀑布的詩句，雖然長白山瀑布還不能說是舉世無雙，但足可以同我國貴州省的黃果樹瀑布、北美洲尼亞加拉瀑布媲美。

長白山瀑布是怎麼形成的呢？《長白山江岡志略》裏這樣寫道：「水自天池瀉出，天豁、龍門二峰之間，波浪汩汩，形如白練。嚴冬不凍，下流五里，飛泉掛壁，宛成瀑布，聲聞十里外。」

是的，天池水終年外流不息，從北面缺口闥門流出後，夾流於天豁峰與龍門峰之間，全長一千二百五十米，稱爲乘槎河（又稱天河）。乘槎河水漫溢在海拔高達二千一百九十多米的峭壁上，流到盡頭，斷崖壁立，大水便突然從懸崖陡壁上直跌下來，形成了高達六十八米的大瀑布，宛如銀河倒掛，蔚爲奇觀。唐代大詩人李白當年形容廬山瀑布時說：「飛流直下三千尺，疑是銀河落九天。」用來形容長白山瀑布也是恰如其分的。它又像一條白練，從天而降，兩條玉龍般的水柱沖向幽深谷底，濺起幾丈高的白浪，恰似雲翻雪傾，鐘鼓雷鳴，勢如萬馬奔騰。《安圖縣志》上說，長白山瀑布「經峭壁百尺奔流下注，遠望如白練懸空，近視浪花翻滾，似雨雪交加」。人們走近瀑布，立刻有一股清涼冷氣迎面撲來，水氣遮天蔽日猶如細雨溟濛。面對這虹飛霓躍、五彩繽紛的瀑布奇觀，有多少詩人畫家爲它吟詩作畫。

長白瀑布另有奇妙處有二：一是可以沿著瀑布旁的險路登山，山勢壁立，腳下萬仞，眼望白練，耳邊響著瀑布雷鳴般的轟響。勇氣大的，甚至可以站在瀑布上端的河水裏向下探奇。天池水冰涼刺骨，即使盛夏也不能久浸。天公好像爲了補償這一不足，在瀑布下端便布滿了許多溫泉，水溫高達七八十度（攝氏），你可以將瀑布水和溫泉水隨意混合，用來沐浴。甚至有人還用溫泉水在燙雞蛋吃哩。難怪前人讚道：「欲識林泉眞樂趣，明朝結伴再來遊。」

由於長白山地勢高，坡度大，峽谷多，巨大的落差，易於生成條條瀑布，所以除長白瀑布外，在三道白河上游，高山苔原與岳樺林銜接處，還有落差二十餘米的岳樺瀑布。其他還有風景優美的「洞天瀑布」和「白河瀑布」，以及載入《長白彙徵錄》裏的緊江上游梯子河的三級梯河瀑布。夏秋之交，瀑布高懸，一落千丈，恍如雲飛天表，白練騰空，正是天然的奇妙景色！

## 神秘的天女浴躬池（長白山圓池）

各民族起源都有自己的神話傳說，譬如我國西周時期，周人傳說他們的祖先是后稷。說后稷的母親姜嫄是踏了神的腳印方生下后稷的，所以后稷生下就與常人不同，由牛羊哺乳，飛鳥保護，長大後成爲周族的始祖。

滿族也有自己民族起源的傳說，據《清史稿》記載：在很久很久以前，長白山布爾瑚里湖飛來三位仙女，她們是恩庫倫、正庫倫和佛庫倫，她們是神仙三姊妹，飛到這裏來是沐浴的。就在她們高興地嬉戲於水中時，卻有一隻喜鵲在她們的頭上盤旋。小妹妹佛庫倫伸出手掌，讓喜鵲停在自己的掌心上，她看到喜鵲的嘴裏銜著一枚朱果。這枚朱果奇香撲鼻，光澤奪目，於是她就把朱果放進自己的口中。這枚朱果剛剛入口，沒等品嚐，就流入腹中。佛庫倫自覺身懷有孕，不能同二位姐姐飛升，自己留在山中。佛庫倫懷孕後生一男孩，這男孩體貌雄異，生而能言。當他長大以後，佛庫倫對他說：「你姓愛新覺羅，名布庫里雍順，是天帝的兒子。」說完仙女佛庫倫指給他一段大木作舟，就凌空飛去了。布庫里雍順按著母親的吩咐，乘獨木舟順流而下，至三姓地方（今依蘭縣）登岸。這裏正值鄂、謨、輝三姓部落爭戰，問他從何而來。布庫里雍順說：「我是天帝和天女所生之子，名布庫里雍順，天帝命我來平息你們的爭端。」衆人見他相貌非凡，一起推他爲三姓之王，這便是滿族的始祖。

這布爾瑚里湖在什麼地方呢？原來它就是長白山主峰白頭山東側的圓池。這座圓池又名布爾瑚里湖，它附近還有座一千三百多米高的赤峰，名叫布庫里山。三仙女降浴的美麗神話就出在這裏。

清代的歷朝皇帝每年都要派親信大臣到這裏朝拜，他們以布庫里雍順爲始祖，以長白山爲發祥地。到了那一天，這個狹窄的湖畔戒備森嚴，香煙繚繞，鼓樂齊鳴，王公大臣，都肅然起敬，感謝祖恩，祈求保佑。康熙十六年（一六七七年），皇帝命大臣覺羅武木訥、一等侍衛兼御前侍衛費躍色和一等侍衛賽護理率領衆人往祭祖先。他們從五月四日離京，二十三日到吉林，作好準備後，由協領薩布素爲前導，於六月三日往長白山出發。一路水陸兼程，至十七日始達長白天池。八月二十一日返回北京，這一行人歷時三月有餘，風塵僕僕，說明往來非易。後來康熙皇帝想去長白山祭祀始祖，但鑑於路途遙遠，交通險阻，只好在吉林松花江畔，對著長白山作象徵性的望祭。

據《長白山設治兼勘分奉吉界線書》中記載：光緒三十四年秋（一九〇八年），奉天候補知縣劉建封帶領一支考察隊踏查長白山，調查安圖全境籌設縣治時，尋覓圓池於老嶺之脊後。爲紀念祖先的生龍之地，使後人得以瞻仰，他特樹立「天女浴躬處」石碑一座。這五個大字，在湖對面巨大的山石上，至如今仍依稀可辨。所以，布爾瑚里湖又稱爲「天女浴躬池」。

其實圓池不過是長白山上的一處小火山口，積水成湖，因其「形如荷蓋，故名圓池」。圓池面積約四公頃，湖水清澈碧藍，映著山峰林海的倒影，景色綺麗而幽靜。冬季，白雪皚皚，冰封湖面。現在這裏已建成了現代化的高山冰雪場，是我國冰雪健兒的訓練基地。

## 它的存在有什麼奧秘

### （集安好太王碑）

聞名於亞洲的「好太王碑」，矗立於我國東北的集安縣太王鄉，在太王陵的東南側。這是一整塊巨型角礫凝灰岩製成的碑，碑體高六點三九米，面寬一點四米到一點八米，是我國現存最大的石碑之一。

好太王是高句麗十九代王，名安，《三國史記》稱其名爲談德，號永樂太王。他在爲高句麗國王時。國力逐漸強大，開始南征北討。在他統治的二十年裏，向南發展，打敗了百濟王國，攻占了六十四座城，一千四百多個村落，奪取了大同江以南漢水以北的廣大地區，多次打敗入侵朝鮮半島南部的倭寇，以後又征服了長白山南麓的東扶餘王國，所以在他死後被謚爲「國崗上廣開土境平安好太王」。在好太王死後兩年，即西元四百一十四年，高句麗二十代王長壽王爲了紀念好太王的功績，於他墓側修築了這塊巨碑，故此碑又稱廣開土王碑或永樂太王碑。此碑形體碩大，無有碑額，碑座埋土中，形制極富特色，東南爲正面，碑文環刻，共四十四行，除個別空格和碑體不宜刻字處空缺以外，每行四十一字，計一千八百餘字。碑文首先記述了高句麗建國的神話，稱第一代國王鄒牟王是「天帝之子」。說鄒牟王的母親乃是河伯女郎，懷孕後生下一個五升多大的卵，「河伯女郎剖卵降出生子」，以後有了高句麗國家。然後碑文稱頌好太王的功績。最後刻的是三百三十戶「國煙」和「看煙」（即守墓奴隸）的具體攤派情況。並明文規定，這部分奴隸是不許擅自買賣的，如若違犯，賣的人要受到制裁，買的人也要受罰淪爲守墓奴隸。碑文書體爲後期的隸書，許多筆劃是根據草書釐定的，代表了漢字演進過程中在特定階段呈現的一個很值得研究的環節。字體方嚴凝重，勻稱工致，筆觸沉穩雄麗，拙樸遒勁，向爲國內外書法家所推崇。

高句麗是我國漢唐時期東北少數民族地方政權之一，好太王碑所記載的高句麗成國的資料，不僅是研究高句麗歷史和階級關係的重要史料，而且也是了解當年高句麗和朝鮮半島的新羅、百濟以及日本列島之間關係的重要史料。特別是碑文中記載了許多史書不見的事跡，更受到國內外學者的重視與關注。由於這塊碑，前世紀的八十年代，日本學術界發生了「紀年論爭」；由於這塊碑，本世紀七十年代，南朝鮮學術界又提出了「石灰塗抹作戰」的問題。據傳說一八九四年所發生的中日甲午戰爭，同這塊碑也有點聯繫，更加令人吃驚的是，自一八八三年以來，到一九一〇年前後，在不到三十年的時間裏，日本陸軍參謀本部竟九次派間諜到集安來考察和搜集有關這塊碑的情況，究竟碑的內容和碑的存在有什麼東西這麼吸引他們呢？怪不得日本《朝日新聞》就這塊碑發表消息時說：中國集安縣的好太王碑是個謎，它的謎底至今還沒有完全被人猜透……。

要知道好太王碑究竟記載了些什麼？這塊碑的存在究竟有什麼奧秘？它的謎底是什麼？這不但引起學術界的興趣，同時也使每個旅遊者發生興趣。到過通化的人，如果不去集安觀賞好太王碑，那眞是一大遺憾！

## 古墓最多的地方

### （集安高句麗墓群）

集安曾是高句麗國的王都，也是高句麗王國貴族墓比較集中的地方，尤其是集安縣洞溝河畔的古墓群數量多得驚人。據初步統計共有一萬多座，這些墓排列有序，規模懸殊。高句麗的風俗，據記載是喜歡厚葬的，「男女已嫁娶，便稍作送終之具」，「金銀財幣盡於送死」。從外形上看，可以分爲石墳和土墳兩類。石墳年代較早，初以碎石或礫石堆積，稱爲積石墓。稍晚的四周砌築石條或築成階壇式。其中規模較大的有太王陵、將軍墳、千秋墓等。

太王陵是高句麗十九代永樂太王談德的陵墓。爲四世紀末至五世紀初的建築，外形呈截尖方錐式的階壇型。每邊長六十六米，現存高度爲十四點八米，是高句麗墓葬中工程最大的一座。墓的四周各有一塊倚護的巨石，顯現出陵墓結構的龐大。現在階壇坍塌，已成爲山阜狀的礫石堆積。墓頂曾出土灰色蓮瓣紋瓦當和印有「願太王陵安如山固如岳」的文字磚，可知當年墓上尚有享殿一類的建築。

將軍墳也是一座雄偉的高句麗王陵，向有「東方金字塔」之譽。將軍墳從外形看，確實很像埃及的金字塔，呈截尖方錐體。邊長三十一點五八米，高十二點四米，共七級，用經過細緻琢磨的巨型花崗岩石條壘築。每面都有三塊作爲倚護的巨石，在第五級中部有早年打開的甬道，可通墓室。墓室長寬各五米，高五點五米，內有長方形石棺座兩組，頂部以整塊的巨石覆蓋。墓頂部堆積有灰色蓮紋瓦當、灰色瓦礫和鐵鏈，四周石條邊緣鑿有排列整齊的柱眼，可知當年有享殿一類的亭榭。後側有陪葬墓，是建築在石砌基礎上的石棚。

土壙年代較晚，以黃土培封，內用石材砌築墓室，有單室、雙室、三室之分。墓室多正方形，頂部以石材錯角壘砌，形成穹窿式或四角形、八角形的藻井。洞溝古墓群中的三室墓，可以算作典型代表。三室墓的墓道向西，墓間有甬道相通，墓室接近於正方形，頂部均先平行疊澀數層，後置兩重抹角疊澀構成藻井。墓壁粉白，上作壁畫。一室繪墓主人生前家居宴飲、出行、狩獵和攻城的情景。其中尤以攻城圖最爲生動：畫的是兩個武將舉槊戰於城前，城頭上有一人顯懦怯狀，並扶牆向外窺視。另有兩士卒相抱滾地廝打。二室的東、南、北三壁各繪一力士，西壁繪一武士。藻井繪四神、飛廉、仙人、日月星辰等。三壁四壁所繪，基本與二室同。這樣的墓葬，應是五世紀時高句麗貴族的墓地。

已發現的壁畫墓有十幾座，前期壁畫墓多畫在墓室的粉白壁面上，主要描繪貴族生活，是高句麗貴族社會的生動寫照。著名的有舞踊墓，因南壁繪有大幅群舞圖而得名。角抵墓，因墓室南壁繪有男子角抵圖而得名。馬槽冢，因墓中繪有馬匹伏櫪的廄舍壁畫而得名。這些繪畫形象極其生動逼真，線條流暢，技藝高超，屬於東方美術史冊中最精美的畫頁之列，具有很高的歷史價值和欣賞價值。比如「舞踊墓」裏的群舞圖，畫六名男女舞者在七名歌手的伴唱中翩翩起舞，長袖飄垂，姿態極爲優美，使人如見其景，如聞其聲。又比如「角抵墓」內所繪的角抵圖，兩名高鼻深目、筋骨強壯的男子在大樹下奮力角抵，他們裸露上身，頭繫巾結，僅着一短褲，各出右手從對方腋下穿過，互提背後褲腰，分不出誰勝誰負。畫面上還有鳥獸，還有老者助興。神態畢肖，諧趣橫生。至於馬槽冢中，除畫了馬匹伏櫪的廄舍外，還有房舍、家居、射獵、舞樂、作畫、禮輦、庖廚等，眞是五彩繽紛，金碧輝煌，美不勝收！

## 鴨綠江大橋的傳說

（丹東鴨綠江口）

對岸鳥鳴分異域，隔江人語戴同天。

這是明朝文人王之誥在《瞷鴨綠江》中的詩句。清末文人郭殿翰也有一首詠鴨綠江的詩，其中寫道：「雙峰聳起勢岩嶢，虎耳名目極目遙。偏與龍頭相對峙，儼然爭吸鴨江潮。」

鴨綠江爲中朝兩國的界河，漢稱馬訾水，隋稱鴨綠水，唐代始名鴨綠江。鴨綠江畔有一座山名元寶山，元寶山下有一座橋，即是鴨綠江大橋。民初有一個文人寫過一副聯，提到了這山、江和橋，對聯這樣寫道：

山青而曰元寶，寶藏興焉，焉能先知世事，且休憩待世昌世治；水綠因名鴨江，江橋橫鎖，鎖不住的潮流，築一亭看潮來潮去。

這副對聯中所提到的江橋就是橫跨中國和朝鮮民主主義人民共和國的大鐵橋。關於這座鐵橋，據《中國古今地名大辭典》記載說：「橋建於清宣統二年。橋之中孔，雖有機關可以啓閉，然每日僅開放三次，時間不能與潮之漲落相應。故帆船大者，進口已多困難。」這說明原來的鴨綠江大橋是開閉式的。說起這開閉式的大鐵橋來，還有一段動人的故事哩！

據說修橋的工程師是個廣東人，很有學問，他爲了使大小船隻都能順利通過大橋，就決定把橋修成開閉式的。於是他在中間的圓橋墩上安上機器，使大橋能開能合，大船也就可以順利過橋了。他有一大堆鑰匙，大的像鍋鏟子，小的像繡花針。這套鑰匙是連環套連環使用，缺少哪一把大橋也打不開。這些鑰匙一直歸這位工程師自己掌管，一晃就是二十來年。「九·一八」事變後，日本人占了安東（即今丹東），不但派兵把大橋把住，同時也把工程師軟禁在機器房裏。不久來了個日本人，自稱是來給工程師當傭人的，專門侍候工程師的吃喝。這個日本人又勤快又熱心，一天三頓好飯好菜不斷。每到大橋開關的時候，這個日本傭人更是上心，侍候在工程師身邊寸步不離，緊盯著工程師手中的鑰匙，先用哪把後用哪把，一一記在心裏。工程師心裏明白，這日本人來當傭人是假，來偷學奧秘是眞，當然等他學會了，我也就沒命了。果然，過不了幾天，這個日本傭人已暗暗把鑰匙的用法記在心裏。這時他笑嘻嘻地請求工程師讓他試試橋的開關，工程師笑笑，二話沒說就把一堆鑰匙交給了這個日本傭人。他一數七十一把，一點不錯，他每天看到的正是這七十一把。他按照工程師每次開橋方法，將鑰匙插進鎖眼，大橋慢慢開了。開過以後，他又按另一種方法把鑰匙對準鎖眼，大橋又慢慢地合上起來。就在剛合未合之時，工程師神不知鬼不覺地在一個螺絲上摸了一下，大橋無聲無息地合上了，合得嚴絲合縫。這下可把日本人樂壞了，他請工程師休息休息，他要去買酒買菜來慶祝一番。工程師心裏明白，他哪是去買酒買菜，他是去報告他的上級，他已掌握了大橋開關秘密，對工程師就要開刀問斬了。工程師等這個僞裝的日本傭人一走，也就偷偷地溜下橋。橋墩旁他早就聯繫好一隻小船，把他送到下游的一艘遠洋輪上，回家鄉去了。那日本傭人領著日本兵再到機器房時，發現工程師沒有了，大吃一驚，但一看鑰匙還在，一把不少，也就算了。等到鐘點又要開橋了，他拿起七十一把鑰匙對上鎖眼，大橋順順當當地打開了，橋下的兩邊船隻都順利地開了過去。時間到了，這時應把橋合上了，他又把鑰匙按鎖孔對好，大橋慢慢地往一起合，就在剛合未合還沒有接上的時候，大橋卻突然不動了。他急得渾身冒汗，不管怎麽弄也合不攏，他想重開，可重開也不行了，眼看火車開到橋上卻過不去。這可把日本官氣壞了，打罵都無濟於事，這座橋再也不能開關了。日本人沒有能耐把它修好，又急著運兵運物侵略中國，只好廢了這座鐵橋，在旁邊又修了一座鐵橋。那麼這橋爲什麼合不上了呢？原來中國工程師還有一把比繡花針還小的鑰匙，鎖孔就在一隻不起眼的螺絲上。這是第七十二把鑰匙，是專管大橋的最後合縫的，平時日本人只見他使用七十一把鑰匙，再也沒有想到工程師手中還有這把神秘的鑰匙。

美國侵略朝鮮的時候，把這座廢了的鐵橋也炸毀了，如今只剩下幾個光溜溜的橋墩站立在鴨綠江的激流中。如今圍繞著鴨綠江的新橋舊跡沿岸築成亭臺樓榭，形成一座風景宜人的江邊公園。人們可以在這裏游泳、釣魚、划船……郭沫若有首詩叫《在鴨綠江中弄舟》，就是寫他在鴨綠江中盪舟的切身感受，詩曰：「一江碧綠棹中流，兩岸霜林染黛丘。百丈高堤聯祖國，秋陽皓皓曝當頭。」

## 大海茫茫古戰場（東溝大孤山）

丹東最著名的遊覽區，大孤山是其中之一。大孤山在東溝縣西大洋河河口的右岸，南瀕黃海，山勢峭拔突兀，孤峙海濱。山有石徑，可循級而上，景物兼山水之勝。清代文人常來此吟詠，有「河隨岸曲」、「峰逼瀾迴」、「山壓河流」和「頂摩星宿」等名句留傳後世。據傳唐代孤山口外就闢爲港口，當時孤山上建有「望海寺」。望海寺是祭祀海神的廟宇，同後來的天后娘娘廟不同。現在的孤山寺廟都是清代道光至同治年間建立的，共有各種殿宇百餘間，占地約五千餘平方米，是遼寧省內保存較好的古廟宇建築群之一。孤山廟宇分上廟與下廟兩部分，下廟包括地藏寺、釋迦殿、財神殿、關帝殿、文昌殿、呂祖亭和天后宮等。地藏寺是依山岩石洞構築，山門有四角亭，護有青磚圍牆。天后宮是清代同治五年（一八六七年）所建，殿屋重疊，依山而築。結構規模巍峨壯觀。殿門上有從關內同名廟宇移植來的對聯一副，聯語是這樣的：

大海茫茫，到無邊無岸，觀於天，天高在上；
飄風發發，正可危可懼，徯於后，后來其蘇。

此聯作者爲清代同治時著名書法家張南屛，聯語對仗工巧，暗嵌「天后」二字。

上廟包括藥王殿、玉皇殿、三霄殿、聖水宮和觀海亭等。藥王殿是祭祀唐代神醫及藥物學家孫思邈的，傳說他曾到過這裏採藥。當然這只是傳聞。聖水宮是祭祀聖水娘娘的，聖水宮後峭壁流泉，終年不斷，這裏雖炎暑盛夏亦寒氣襲人。

觀海亭是孤山的最高建築物，登觀海亭可遠眺大鹿島。如遇海霧，則山水蒼茫，雲山霧罩，如在畫中。清代有文人詠詩讚道：

曲水帶雲歸海去，亂花隨雨落岩來。

當日朗風清之際，海上波濤起伏，風帆出沒於海波之中，蔚爲壯觀。每當此時，遊人往往想起當年這茫茫的大海上，曾颳起驚濤駭浪。想起舊社會封建專制政府的腐敗無能……正如清末改良派領袖康有爲在《東事戰敗，聯十八省舉人三千人上書……》詩中所言：

海東龍泣艦沉波，上相輶軒出議和；遼臺朊朊割山河，抗章伏闕公車多。

在觀覽景物時，回憶起歷史也許是有益的。那是清光緒二十年八月十八日（一八九四年九月十七日），中日兩國的艦隊在東溝縣大孤山港外的黃海海面上進行了一次大海戰。這是甲午戰爭中極爲重要的一次海戰。十七日午前，中國的北洋艦隊正集中於大孤山口外的大鹿島附近，正欲啓錨駛歸旅順口時，早已等候在朝鮮大同江口的日本艦隊得到情報後，立即命令各艦出發，去截擊中國的海軍艦隊。日本艦隊司令海軍中將伊東祐亨乘坐旗艦松島號，率領十條戰艦吉野號、高千穗號、秋津洲號、浪速號、橋立號、千代田號、嚴島號、比睿號、扶桑號和赤誠號向大鹿島錨地進發。發現中國艦隊以後，伊東下令全速向中國艦隊撲去。此時中國艦隊也已發現有一支艦隊駛來，艦隊都掛有美國國旗，將接近時突然改爲懸掛日本國旗了。這時中國的海軍提督丁汝昌被迫將所率艦隻編隊迎戰，並以裝備最好的鎭遠號與定遠號兩隻鐵甲艦居中攻擊日艦主力。日本艦隊因畏懼鎭遠號與定遠號兩艦的甲厚炮巨，改道飛馳，繞過北洋艦隊主力，專攻北洋艦隊右翼的尾艦。由於中國的北洋艦隊倉促應戰，揚威號與超勇號相繼中彈起火。這時，中國的定遠艦也擊毀了日本運船西京丸號。日本艦隊採取避實就虛的戰術，對北洋艦隊實行包圍夾擊，使北洋艦隊處於不利的局面。但是，中國士兵的鬥志卻非常高昂，其中致遠艦專攻日本的主力艦，終於彈藥用盡。恰在這時，日本的吉野艦欲偷襲中國的旗艦，致遠艦管帶鄧世昌見此情景，激勵士兵，抱必死決心，開足馬力向吉野艦衝去。這使吉野艦的日本侵略者嚇得魂飛魄散，連連施魚雷，向致遠艦發射。就在致遠艦將要衝到吉野艦時，不幸被一隻魚雷擊中鍋爐，引起鍋爐爆炸，頃刻沉沒，全艦將士壯烈犧牲，自管帶鄧世昌以下共二百五十人。濟遠艦管帶方伯謙見致遠艦沉沒，卻嚇破了膽，竟下令轉舵逃跑，急促中撞壞了揚威艦的舵葉，使揚威艦速度大減，被日艦炮彈擊中。廣甲艦見濟遠艦逃跑，也隨之逃跑。靖遠、經遠與來遠三艦相繼負傷，退出陣外，將到大鹿島側，經遠艦終於沉沒。中國的主力艦鎮遠號與定遠號獨戰日本五條艦船，多次擊中日本旗艦松島號，日軍眼看旗艦不能支持，只好下令向東南方向逃走。這場戰鬥，直殺得海面濃煙滾滾，歷四個小時。從午後開始，直到夕陽西下，暮色蒼茫，大孤山口海面上的這場激戰，使中國的北洋艦隊損失了五條艦，日本也有四艦被重創，特別是旗艦松島號幾乎全部被毁。鄧世昌及海軍的大部官兵，英勇愛國的業績永遠被人民讚嘆不止。今天，我們登臨大孤山上的觀海亭，眺望大鹿島及其茫茫的海面時，誰都會想起八十多年前的這場驚心動魄的反侵略鬥爭，激起強烈的愛國主義熱情。

## 遼東景勝首鳳山（鳳城鳳凰山）

遼寧省鳳城縣內的鳳凰山，是遼東第一名山，素有「遼東景勝首鳳山」的說法。鳳凰山屬千山山脈，山勢周環綿亙，如人臂合抱而南面少缺，中皆隙地。景物以巒石見勝，遠望異石突兀，拔地而起，入山後則峰回路轉，清幽佳絕，據有關歷史資料記載，唐代著名的醫藥學家孫思邈曾來鳳凰山採藥，並於鳳凰山四周山村治病救人。當地人民尊奉他爲藥王，每年舊曆四月二十七日，便抬著他的神像走街串巷遊行，並舉行隆重的藥王廟會。

鳳凰山最早名烏骨山，遼金時曾利用其天然石壁與高麗山連接築城，名烏骨城。據載，唐太宗李世民東征時來到這裏，登至鳳凰山腰，半山洞中突然飛出一隻五彩的鳳凰，李世民視爲吉祥之兆，遂名此洞爲鳳凰洞，山名鳳凰山。所以自唐以來，此山即爲名勝遊覽之山。山中摩崖題字甚多，有「振衣千仞」、「山高水長」、「亙立中天」、「天高氣爽」等，每字約桌面大小，筆體雄渾蒼勁，氣勢豪壯。紫陽觀是鳳凰山風景最集中的地方，廟宇宏偉，高居臺上。紫陽觀始建於明代弘治初年，坐落在海拔八百三十六米的攢雲峰下，觀內供奉著天、地、水三官，稱爲三官殿。正殿三楹，有「瑤池王母」群塑和「八仙過海」

雕像，牆上還繪有「麻姑獻壽」、「大禹治水」、「黃帝戰蚩尤」和「神農嚐百草」等壁畫。大殿外尚有四棵五百多年的古松，使紫陽觀更加顯得古樸、凝重。

從紫陽觀出發，爬階登險，極目上看，蒼松古柏之間隱藏著一座古剎，那便是有名的「觀音閣」。要到觀音閣先要爬過一條幾百米長的石洞，即觀音洞。洞內漆黑不平，崎嶇坎坷，需要秉燭而行，出了洞就可以到達觀音閣，這只是個十幾平方米的小建築，但它好像存在於虛無縹緲的空間，白雲浮其上，青松繞其間，從這裏觀賞山景，可太美了。閣旁又有一洞，即鳳凰洞，約二百米長，行至中途，有大石攔路，頭頂又有一洞，名通玄洞，過通玄洞則是「一品洞天」，這時人們要從一塊高約五十米的巨石斜縫中通過，比起千山的夾扁石，這石縫更長更險，實在有趣。

鳳凰山的最高峰爲箭眼峰，爲巨石對峙形成的圓形隙洞，遠遠望去，就如同被箭射穿，故名。要上箭眼峰，須過「老牛背」。這「老牛背」是由兩塊巨石相疊，形成逾澗的天然棧道。從形狀看，這山岩酷似臥澗老牛，首尾鮮明，「牛脊背」約長十餘丈，兩側如刀削斧砍，光滑異常。據當地老人傳說，這「老牛背」原是天上玉皇大帝的坐騎之一，有一次它乘管牛童子打瞌睡，私自偷跑下凡，來到遼東，因其性野兇殘，禍害百姓，被玉帝派來天兵天將，將它鎖在鳳凰山疊翠、箭眼二峰的深壑之間。過了「老牛背」，再往前行就是「三雲臺」絕壁，然後緊貼山崖走下十來個石窩臺階，只見一天然巨石，約一人多高，寬僅容身，這就是號稱諸險之冠的「天下絕」了。最後還有三百米的斷帶裂縫，走過這險要去處，就到了鳳凰山的最高點了。

鳳凰山除了山清，還有水秀。這裏的山泉終年不斷，清洌甘甜。流泉處有一洞，名叫「鳳淚洞」，從裏面流出的泉水，被人們說成是五彩鳳流出的淚水。傳說五彩鳳因羨慕人間的生活，化成美貌的少女，與山中打獵的小伙子結爲夫妻。但是，有一年西王母壽誕之期，卻要天下鳳凰都赴瑤池跳舞祝壽。五彩鳳知道自己犯了天條，這次赴瑤池盛會定難重返，對親人眷戀難捨，傷心悲楚，淚流不止，化淚成泉，然後才帶著滿腔悲憤而去。臨去之時，她拔下自己的白色羽毛作爲愛情的純潔象徵送給丈夫，讓他插在高處，後來這些白色的羽毛都變成了馨香襲人的玉蘭花，人們都叫她爲「天女木蘭」。當鳳凰山滿山鮮花艷麗奪目競相開放的時候，惟有「天女木蘭」幽香點點，潔白素雅，眞像那五彩鳳的白色羽毛灑落在山中。

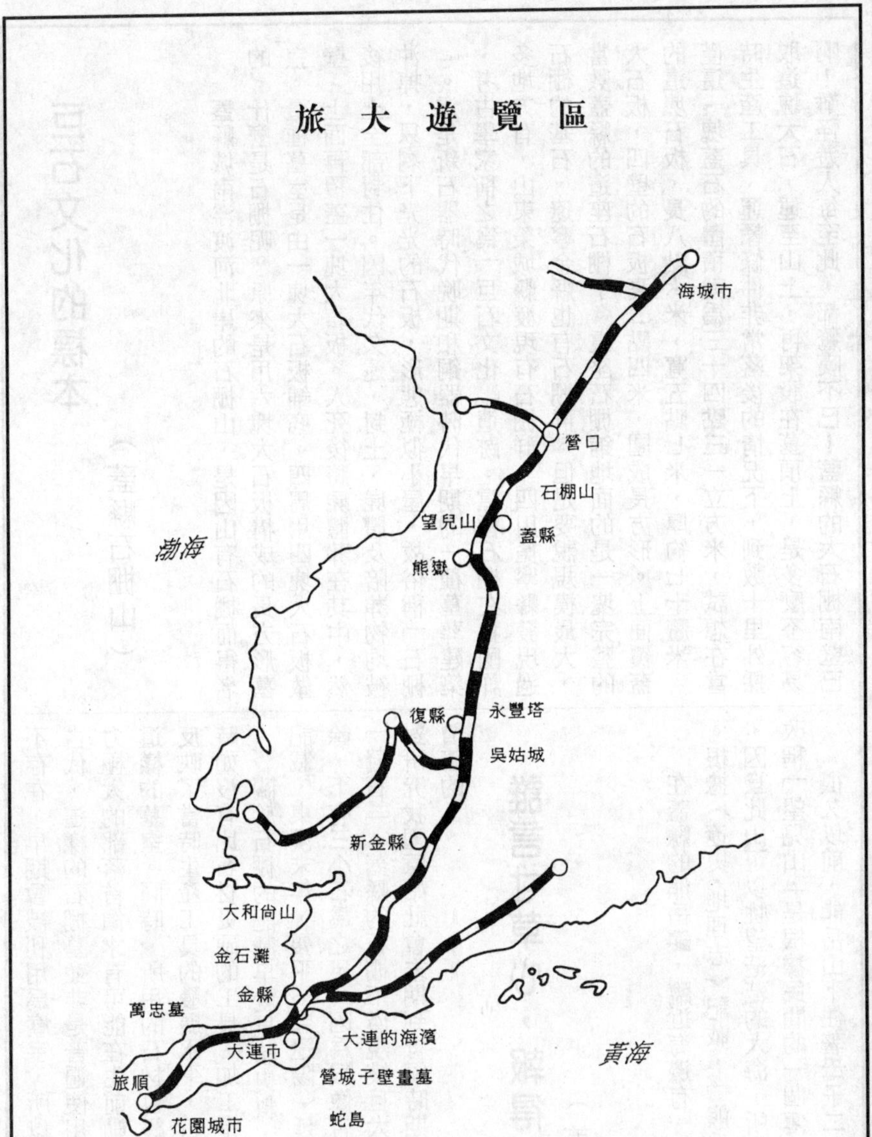
旅大遊覽區
海城市
營口
石棚山
望兒山
蓋縣
熊嶽
渤海
復縣
永豐塔
吳姑城
新金縣
大和尚山
金石灘
金縣
萬忠墓
大連市
大連的海濱
營城子壁畫墓
旅順
花園城市
蛇島
黃海

## 巨石文化的標本

（蓋縣石棚山）

蓋縣城南浮渡河北岸的石棚山，是因山有石棚而得名的。什麼是石棚呢？原來是用六塊大石板構成的長方形墓室。這種墓室是由一塊大石板鋪底，四周用四塊大石板做壁，上面再覆蓋一塊大石板。人死後將屍體葬在其中，然後用土全部封住。因年代久遠，封土、屍體及陪葬物均被沖掉，只剩下光光的石板，形態極似小屋，故俗稱「石棚」。這是新石器時代晚期和銅器時代早期的一種墓葬建築，考古學家稱之爲「巨石文化」遺跡。這種石棚在我國許多地方有，山東榮城縣發現有石棚群，四川晃寧縣發現過石棚的基石，遼寧金縣也有石棚群。但是要說規模最大，當數蓋縣的這座石棚了。這座石棚鋪地面的是一塊完整的大石板，四壁的石板高二點四米，圍成長方形。上面覆蓋的這塊石板，長八點六米，寬五點七米，厚約七十釐米。僅這一塊蓋石的體積就爲三十四點三一立方米，試想在當時生產工具、運輸條件非常落後的情況下，到數十里外採取這塊大石，運至山上，再架設在墓頂上，是多麼不容易啊！難怪遊人每至此，都驚嘆不已！蓋縣的大石棚南壁已不存在，早期曾被利用爲廟宇，所以又稱「石棚廟」。在古代，這樣的石棚墓並非是普遍使用的墓葬形式，只有權力極大的部落首領才有可能在生前動員大批勞動力來修築這樣的墓室。同時，所用的石材也經過仔細的加工，這也反映了當時生產工具的發展水平，石材是比較堅硬的，當時如沒有比石材更硬的工具，加工是不可能的。

關於石棚的記載早就見諸史料，據《三國志·魏志》記載，東漢末年，襄平（今遼陽）延里社發現大石，長丈餘，下有三小石爲之足。因爲很像帝王的冠冕，所以稱爲「冠石」。蓋縣的石棚不僅規模巨大，保存也比較完整，對研究我國原始社會末期到青銅時期的歷史，是很有參考價值的。

## 誰言寸草心，報得三春暉

（蓋縣望兒山）

在蓋縣的熊岳鎮，臨近海邊有一座小山，名叫望兒山。根據《遼史·地理志》記載，「熊岳縣傍海有熊岳山」，因登此山可以眺望茫茫的大海，所以又叫「望海山」。改稱「望兒山」是根據民間的一個傳說……

很久以前，熊岳山下住著母子二人，家庭貧困，全仗母親給人編織漁網生活。兒子生得聰明伶俐，喜愛讀書。母親就省吃儉用，供兒子讀書識字。經過十年寒窗苦，兒子決定過海去山東趕考。去了許久也不見回來，母親思兒心切，就天天爬上熊岳山望著大海呼喚。她哪裏知道，兒子在渡海時不幸遇到大風大浪已經葬身魚腹了。思念兒子的母親，也終於死在山頂上。當人們坐著火車路經熊岳時，只要隔窗遠望，就會發現在那孤峭的山頂上，眞好像有位白髮蒼蒼的老人，在對著大海遙望，那根根的白髮似乎還在飄動……

這時人們會自然地吟哦起孟郊的《遊子吟》來：

慈母手中線，遊子身上衣。
臨行密密縫，意恐遲遲歸。
誰言寸草心，報得三春暉。

眞是可憐天下慈母心呵！

望兒山的故事雖是傳說，但讀書人在古代要渡海趕考卻是事實。俗話說：「金、復、海、蓋，遼陽在外。」這蓋就是指的蓋州，今天的蓋縣，當時在政治上、軍事上都是受山東管轄的，當然應舉考試也歸山東管理。直到清初才有官吏向皇上奏稱：金復海蓋的生員，渡海到山東應試，經常遭遇風浪，甚至翻船喪命，請皇上施恩，一體改由奉天府負責。但問題遲遲不能解決，生員翻船遇險、葬身魚腹的事情仍是不斷發生。直到雍正五年（一七二七年），才正式題准，一併歸入奉天府府丞應試。望兒山的故事才不再重演。

熊岳是蘋果之鄉，一片平原果樹成林，望兒山是平地拔起的一座岩石孤峰。雖然只高六十米，但在成片的果樹林中，顯得異常峭拔崚嶒。山頂有藏式小磚塔一座，爲明末清初時修築。後山岩石上鑿有梯蹬，遊人可沿階登山。山後東側還有一大石梁，因岩石風化，中間形成一弧形石孔，窿然如橋狀，稱爲「仙人橋」。山麓修築有涼亭可供遊人休憩。根據《全遼志》記載：山上有古洞，洞內琢有石棋盤、石椅等，現洞已淤塞，古物亦不存，每當蘋果成熟的季節，平原上到處是歡樂的歌聲，此時從望兒山下望，但見紅色的果實堆成一座座小山，在金色的陽光下，顯得分外燦爛。

## 落暉半點塔巔紅（復縣吳姑城）

復州城位於復縣瓦房店西北約百華里，現在是復縣復州鎮所在地。復州城是遼東半島上一座有名的古城。復州城東僅數里就是復州河，在群山環抱中，復州河兩岸是一片土地肥沃的小平原。復州舊城是在遼興宗時修築的，現在僅存城南部和城北部的遺址。在復州舊城的東南隅有一平崗，平崗上原有一座永豐寺，相傳爲唐朝大將尉遲敬德所監修。遼道宗時，在這裏修建了一座塔，襲名乃稱永豐塔。塔爲八角十三層，高約二十來米，每面的正中都修有磚券佛龕。遼朝大力推崇佛教，因此遼時五京寺院林立，並在統治的境內，大修寶塔經幢，復縣永豐塔就是其中之一。這座塔爲密檐實心磚塔，共十三層，過去塔檐裝有風鈴，塔壁鑲有銅鏡，塔刹之上還有寶珠和相輪，由於年久失修，這些飾物都毀壞丟失了。但是，這座塔建於遼道宗年間，距今千年而不倒塌，還完好地屹立於古城的東側，足以說明當時建築工藝的精湛程度。清末曾有文人寫詩讚頌塔景道：

薄暮四周山色紫，落暉半點塔巔紅。
地臨南郭依城闕，月夜來遊入畫中。

清代永豐塔下尚有一墓，名「鮑姑墳」。鮑姑名蘭田，是復川牧鮑近光的姪女，從小飽讀詩書，聰穎過人。因與胞叔有一種債務關係，隨母親千里跋涉，來到復州，結果受到胞叔冷遇，憂鬱而死。墓前有無名氏所書詩碑一塊，記述了鮑姑的遭遇，其詩如下：

武昌黃鶴江下樓，兒女年年怨首邱。
叔不分金空說鮑，臺能避債不師周。
懸燈古佛慈相照，倚塔孤鈴語未休。
知否同鄉今已葬，魂兮也作異鄉遊。
寺邊高冢瘞蘭田，碣石分明字跡全。
絕代詩名猶在耳，當時薄命屬誰憐。
荒山夜月悲孤鶴，古柏秋風泣杜鵑。
最是黃昏淒切處，落花衰草鎖寒煙。
淒然草色伴孤魂，湘水家山隔暮雲。
兒女每逢寒食節，踏青偏到鮑姑墳。

鮑姑看來是個不會反抗的弱女子，客死他鄉使人同情，但復州的「吳姑城」卻傳說是爲一個敢於反抗的勇敢姑娘建造的。這吳姑城乃是一座古刹，建於復州城東的吳姑山上，周圍有高高的石牆，濃蔭蔽日，層巒聳翠，配以峭壁嵯峨，甚是巍然。整個房舍依山勢而建，層層漸高，鋪入高山。城內碑碣甚多，但大都殘破了。傳說晚唐時，政繁賦重，民不聊生，有一姓吳的秀才率衆造反，由於事機不密，被官府知道，將吳秀才全家抓住，只有吳秀才的小妹妹吳姑一個脫險。後來吳家一家被殺，吳姑帶領鄉親來到此山，壘石爲城，與官兵對抗。後來紛亂逐漸平息，吳姑也亦成爲老人，就將城改爲廟宇，自己削髮爲尼。

現今復州縣人民政府，已將吳姑城整飾一新成爲旅遊風景區。

因唐代大連地區是向高句麗用兵的軍事要衝，所以復州古城附近關於唐代的傳說遺跡甚多。比如古城西南的長興島的黃山石城，是薛禮部將姜興本的點兵臺，附近的龍潭山，相傳薛禮驅馬從潭上過，潭中有隱石，石上有蹄痕，故名「馬蹄」。龍潭山的最高處，有箭眼，傳說爲薛禮插箭的地方……

## 李世民到過這裏嗎

### （金縣大和尙山）

到大連地區去旅遊，人們往往只會想到海，而很少想到山，其實金縣的大和尙山是很值得一遊的。

大和尙山古稱大赫山、大黑山或大虎山，是大連地區最高的山，山中的名勝古跡也頗多。其中有唐王殿、響水觀、觀音閣、搬倒井和石鏡等。

唐王殿位於山的東部，築於山腰上，居高臨下，巍峨壯觀，氣勢不凡。據地方志記載：「金縣東南大赫山之石鼓寺，俗傳爲唐王殿。自麓至寺五里餘，周圍依山砌石爲牆，狀如城垣，聞係唐二主征高麗時，因見山巔平坦，四周險峻，故築城以爲行宮，派兵把守，以防不測。」因爲修築唐王殿用了許多大石，當地還有個傳說。老人們說當年唐王李世民東征來到這裏，要蓋一座行宮，就命手下大將尉遲敬德監造，可是附近竟然找不到建築材料。很多天過去了，唐王還是住在帳篷中。有一夜，唐王的帳篷中突然闖進一個黑瘦的老頭，自稱是大海泥鰍王，特來請求皇帝賜給封號。唐王正要加封，尉遲敬德卻在唐王耳邊說了幾句話，唐王暗暗點頭，對泥鰍大王說：「你要在一夜之間造好行宮，就封你爲海口水神。」果然當夜月色深黑，狂風大作，泥鰍精邀來蝦兵蟹將一起築城，它們將海中大石攝上高山，一夜之間築成了唐王行宮。那些大石頭上直到現在，還沾著蛤殼和蠣子殼呢！

當然方志的記載有些不詳，傳說更不可信，因爲李世民雖然到過遼東，但從未越過蓋縣以南，更沒有到過大和尙山。當然，唐朝的軍隊是到過這裏的。

在東北山腰建有觀音閣，這是一座古剎，又名勝水寺。據傳這座古寺由於年久失修，殘破不堪，到了明代洪武年間有位雲遊僧人，俗名陳德新，決心重建寺廟，再塑金身，於是廣結善緣，募化資金修成此寺。修成後因金縣當時名榆林，所以稱爲榆林一洞天。寺內有天然古石一方，光潔如鏡，能顯人影，稱爲「石鏡」。

翻過山嶺，往西走便是響水寺，又稱韻水寺或響水觀。寺內正殿左角旁山岩上有一石洞名「瑤琴洞」，洞深達三十多米，有清泉自洞中涓涓流出，流出入澗。清泉淌過岩石，淙淙作響，故名響水寺。

據傳，這股泉水的源頭，原名叫「搬倒井」，附近並沒有任何水井的痕跡，爲什麼會和「井」聯繫起來呢？這又同唐王李世民有關係。說唐太宗東征時，在此同敵兵大戰數晝夜，雙方不分勝負，暫議罷兵。這時已近黃昏，人困馬乏，吃飯是小事，喝水可是大事，結果四處尋找，卻沒有水，唐太宗大驚失色，急忙祈禱上天保佑，望速賜飲水以解衆將士之渴。祈禱已畢，忽然有一位白髮老人拄著拐杖來到唐太宗的面前，對太宗說：「再往前走，就有一口井，你可親自帶人去取水。」說完，老人就不見了。唐太宗領人去看，果然有井，急忙命人汲水。無奈人多水少，於是唐太宗以手搬井，井倒如平地，水溢自流，將士就流水喝飲。過去泉邊曾有搬倒井石碑一塊。

山的西麓還有朝陽寺。

山的正南面有一處懸崖峭壁，高約數十米，其中間凹處，名叫「捨身臺」，遊人至此如不注意，滑跌下臺有性命危險。峭壁下有飲馬灣，據傳爲唐時軍隊飲馬處。

大和尚山群峰峻嶒，山勢崇偉，滿山松林蒼翠，野花飄香，景致幽奇。

自古以來，這裏也是軍事要地，它西傍渤海的金州灣，南瀕黃海的大連灣，山高水闊，地勢險要，是通往大連、旅順的咽喉重地，也是古代的兵家必爭之地。西元六四四年，唐太宗李世民命大將張亮率水師從山東渡海，於旅順的老鐵山東麓登陸，先占領了牧羊城，與高句麗軍隊大戰於大和尚山。據《全遼志》記載：大和尚山「四面懸絕，惟西一門可上，不知何代壘砌。唐張亮帥舟師渡海，攻沙卑城」。

金州的古城即建於大和尚山下，原爲土城，清康熙年間改建爲磚城，周長約六華里，城牆高約十二米，城設四門，東爲春和門，西爲寧海門，南爲承恩門，北爲永安門。城門上建有城樓，城四角還建有角樓。近年來城牆已逐漸被拆除，但尚有部分遺址仍可參觀。

## 藏在深閨人未識（金縣金石灘）

金石灘位於大連市金縣的黃海之濱，是伸進大海的一座半島，大自然對這裏似乎是特別偏愛，海岸山岩呈環形擁向大海。石山擋住了泥土的衝擊，形成了沙灘廣闊、砂礫晶瑩鬆軟的特點。這裏沙灘上的鵝卵石也同別處的不一樣，一塊塊猶如珍珠翡翠，在陽光下閃閃發光，金石灘之名也由此而來。

這裏有長達八華里的天然浴場，是游泳和觀賞大海景色最理想的地方。海風迎面吹來，海水湧上沙灘，放眼遠眺，海水一片深藍，海面漁帆點點，海鷗閃動白色的翅膀在漁帆上空盤旋，海天一色，雲水相接，眞如一幅秀美的油畫。遊人可以到清澄的海水中游泳，也可以臥沙小憩，海水在你的身邊縈繞，溫暖而滑潤……

海邊的奇石怪礁組成一幅幅美景，延伸有十餘華里。

有一處風景區叫玫瑰園，在這裏人們可以看到由百餘塊橘紅色的巨大奇石所組成的海濱石林，那多姿多態的岩石，有的如睡蓮，有的宛如盛開的菊花，有的形同那玫瑰花瓣，婀娜妖嬈，引人注目。

還有一處風景區叫南秀園，這些岩石的造型又與玫瑰園不同，它們玲瓏乖巧，與蘇州的園林有異曲同工之妙。

最大的岩石風景區，則稱爲「龍宮」，它長達七華里，確如神話中的龍宮一般。如海蝕孔洞，竟高達四十餘米，海水潮起潮落，猶如巨龍呑海，雄偉壯觀。漲潮時這裏可以行舟盪船，落潮時，遊人可在此徒步漫遊。附近還有一張大石床，人稱「龍王玉床」。這塊大石，由於海水的作用，被浸涮得平整而又光滑，高約三米，寬約三米，長約十八米，遊人到此都要登上去躺一會，品嘗一下當龍王的滋味！據傳說，東海龍王得了病，急壞了龍子龍孫和龍婆娘，神丹妙藥都無效，老龍王危在旦夕。這時蝦兵蟹將來獻策，說找個僻靜的海灣去休養，龍王的病就會好起來。東海龍王尋遍四海，最後看中了這金石灘，命蝦兵蟹將起造行宮，才特意搬來了這張龍王玉床。

在鰲灘內還有一塊「龜裂石」，這是世界上獨一無二的奇石。它璀璨晶瑩，斑斕多彩，姹紫嫣紅，翠綠呈黃，是金石灘的「珍寶」。這塊奇石曾吸引了大量中外學者前來考察，美國的地學部主席、世界著名學者柯勞德，爲寫地殼變遷專著，聽說了這塊石頭的情況後，曾專程遠涉重洋到這裏來進行現場考察。

金石灘也是一個海產極爲豐富的地方，附近的三輛車島，形似潛艇剛剛浮出海面，時隱時現，「乘浪前行」。小島周圍盛產海參、鮑魚、扇貝、甲吉魚等海珍品。也是遊人垂釣的好場所。擬建中的賓館、旅舍、餐廳、地質宮、水族館、渡假村以及水上運動中心等等正逐漸交付使用，逐漸成爲北方最佳旅遊區。

## 來自地下的升仙圖（大連營城子）

大連市地處遼東半島的南端，東臨黃海，面向太平洋，西瀕渤海灣，與山東半島隔海相望，自秦漢以來，一直是我國北方的海上交通要道和海防戰略要地。大連市營城子壁畫墓的發現，就是鮮明的見證！

營城子壁畫墓在大連甘井子區營城鄉，學名爲沙崗子二號墓，因墓內有壁畫，故稱「壁畫墓」。此墓爲東漢時期的磚室墓，墓室規模宏大，建築和壁畫的風格都具特點，可以從中窺見漢代葬埋習俗及當時大連經濟文化發展的情況。這座墓室由主室、套室和側室組成，中間爲主室，外罩一高大套室，所以墓的中部較高。套室外還有前室、後室和東側室，室室相通，從側面見成「山」字形。南面有墓道。所有的墓室都是用花紋磚砌成，因是拱形建築，堅固耐久，所以雖經歷了約二千年的時間沒有倒塌。也可見在建築工藝上，已達到了相當高的水平。此墓主人當是貴族豪門中一個有身分的人，但由於墓被盜過，所以墓主人的眞正身分，考證已較困難。墓內僅存有陶燈、陶案、陶豬、陶竈等陶器，其他陪葬物皆已不存。墓室內的壁畫都是完好的，這些壁畫都是用彩色繪於主室的東、南、北的三面墓壁上。北壁畫的是墓主人升天圖，畫面上墓主人佩長劍，戴三山冠，腳下有雲氣相護。墓主人的前面是一個戴方巾、持羽扇的方士，方士的前面則有一手持「赤草」，懸於空中的羽人。方士爲一老者作導引狀，是導引墓主人成仙去。羽人則是踏雲來迎墓主人的。墓主人的身後還有一名侍者相隨。畫面的左上方爲「朱雀」，右下方爲「青龍」，這都是古代表示祥瑞之物，左右飛舞，表示墓主人已脫俗入仙和迎訝之隆重。在壁畫的下半部有三人望空禮拜，一伏、一跪、一立，實爲伏拜、跪拜、立拜的三種姿勢，也表示祭拜者的輩數不同。東面和南面的墓壁上畫有流雲、怪獸、門卒。各種形象都用墨線勾勒，並加朱粉、赭紅彩色，各盡其態，頗爲生動。從壁畫的構思來看，是充滿封建迷信色彩的，但是我們卻可以從壁畫中看出當時經濟文化生活水平和繪畫藝術的風格和特點。從那細緻的線條勾勒和那奔放的形象中，說明作畫的匠人還是具有相當的技藝的。

根據有關歷史資料記載，漢代曾將大批漢民移往遼東，並將遼東郡初設的十八個縣增至二十三個縣，今天的大連沙河口地區就是屬於當時沓氏縣的轄區。我國漢代在歷史上對統一是有過較大貢獻的。特別是移民實邊更是功績顯著。漢武帝時開闢了從山東半島通往朝鮮半島的航線，大連旅順兩港口成爲海上必經之道，所以山東河北的漢民移來遼東半島的越來越多，漢朝廷也委派重要官吏前來管轄，其中當然也有豪門貴族。營城子壁畫墓的發掘，對瞭解當時大連地區以及整個遼東地區豪門貴族的生活是非常有意義的。

現在已經發現的還有新金縣花兒山鄉的張店城，朱家屯城；金縣的大嶺屯城，旅順鐵山鄉的牧羊城等漢代城堡和漢移民遺址。這一切都說明漢代大連就是一個居民比較稠密的地區了。

營城子地區的漢代壁畫墓，是一九三一年發現的，曾遭到日本帝國主義的破壞。解放後，在墓外建有比較寬大的房屋加以保護，墓室內有階梯供遊人上下觀賞。

## 碑碣紀忠（大連萬忠墓）

大連市旅順口區白玉山東麓，有一方墓地，總占地面積約三千六百平方米，四周築有青磚圍牆，鐵柵爲門。墓壙用花崗岩條石砌成，呈正方形。週圍環繞蒼松翠柏，顯得異常莊嚴肅穆。這就是甲午中日戰爭中死難同胞的埋骨之所，名爲「萬忠墓」。萬忠墓銘刻著中華民族不屈不撓的反帝鬥爭精神，記載著日本帝國主義對中國人民犯下的血腥罪行。每當遊人來到祭堂前，目視堂前懸掛著的「永矢不忘」橫匾時，無不爲反帝鬥爭中的英雄們的精神所激勵，無不肅然起敬。

清光緒二十年十月廿四日（一八九四年十一月二十一日），日本侵略軍從莊河縣花園口登陸，向我國大連旅順地區發動了總攻擊。當時清廷極端腐敗，將領無能，軍無鬥志，在日本侵略軍的進攻面前，主要將領如趙懷業、龔照嶼等竟臨戰脫逃，使日軍僅用十餘天時間就長驅直入，先後攻入金州，占據大連灣炮臺。雖有少數愛國官兵和人民群衆自發組織起來進行英勇抵抗，但終因力量懸殊，後援無力而告失敗。日本侵略者在順利奪取金州和大連灣以後，於農曆的十月二十四日侵入旅順口。日軍占據旅順口後，獸性大發，進行了歷時三天三夜慘絕人寰的大屠殺。上至白髮蒼蒼的老人，下至嗷嗷待哺的嬰兒，幾無倖免。旅順人民群起反抗，與敵人展開英勇搏鬥，除三十六人倖免遇難外，全旅順兩萬餘人全部慘遭殺害，眞是白骨如山、碧血成河，造成了震驚世界的大慘案。

日本軍人的野蠻大屠殺，不僅引起中國人民的極大憤慨，也受到了世界公正輿論的同聲譴責。英國有位名叫胡蘭德博士的，在《中日戰爭之國際公法》，談及旅順的大屠殺時說：「……此時得免戮殺之華人，全市內僅三十有六人耳，然此三十有六之華人，爲供埋葬其同胞之死屍而被救殘留者……。」日軍用刺刀逼令殘留之三十六人扛死屍，將屍體集中於花溝張家窰，堆成屍山，澆上汽油，用大火燒了十幾天，然後盡埋入地下。另一個目擊此次暴行的美國人歐柏說：「關於旅順不幸的情況，自然，我僅能說我看到的。但是我遺憾地說，就是這一點點，就足以使日本軍隊受到最嚴厲的指責。……我曾親眼看到一些人被屠殺的情形。」當時國際上很有影響的報刊雜誌如《泰晤士報》和《世界雜誌》都將眞情電告全世界，並質問日本政府，對這一屠殺行爲執何種態度。但日本首相伊滕博文卻給外相陸奧宗光下達指示說：「承認錯誤危險甚多，而且不是好辦法，只有完全置之不理。」其實日軍的暴行，何止旅順一地，就日軍在莊河花園口登陸那一天起，就開始了。

清光緒二十一年（一八九五年）歲末，朝廷用三千萬兩白銀收回遼東半島，委派直隸州道員顧元勛爲接收委員。顧元勛到旅順後，祭掃了埋葬死難同胞的墓地，接受各界的建議和懇請，爲告慰英靈們於地下，集資修建了一座不很大的殿宇，並在其紅漆格門的上端懸掛橫匾，上書「永矢不忘」四個大字，命名爲「萬忠墓」。顧元勛題寫了碑文。當年可從公路旁拾階而上，先看到園門上的「萬忠墓」三字，走進園門，繞到殿宇的後面，便可看到有一方形碑座，碑座上並立著三塊大小不同的石碑，其正面都凹刻著「萬忠墓」三個字。

像旅順這樣一座天然的險要去處，卻讓日本侵略者如此輕易的攻占，並進行了殘酷的大屠殺，只能說清政府的腐敗無能。資產階級改良派的傑出詩人黃遵憲在《哀旅順》中寫道：

海水一泓煙九點，壯哉此地實天險。
炮臺屹立如虎闞，紅衣大將威望儼。
下有窪池列巨艦，晴天雷轟夜電閃。
最高峰頭縱眼覽，龍旗百丈迎風颭。
長城萬里此爲塹，鯨鵬相摩圖一啖。
昂頭側睨何眈眈，伸手欲攫終不敢。
謂海可塡山易撼，萬鬼聚謀無此膽。
一朝瓦解成劫灰，聞道敵軍蹈背來。

這首詩是詩人一八九五年所寫，他對形勢險固的旅順口「一朝瓦解成劫灰」，眞是難以理解，只能感到無限悲哀！

日俄戰爭後，日軍又常盤踞旅順。他們爲了掩蓋其血腥罪行，曾多次陰謀將萬忠墓毀棄。旅順人民爲保衛烈士遺跡，又進行了勇敢的抗爭，使日本帝國主義的陰謀終未得逞。但是，在日本帝國主義統治旅大的幾十年間，他們製造許多藉口，禁止中國人民祭掃烈士墓。反對中國人民對萬忠墓地進行維護和修繕，致使萬忠墓墳墓頹蝕，殿宇幾乎倒塌，林木凋落，雜草叢生。旅大解放後，於一九四八年十一月，重修萬忠墓並增建展室。人民將「永矢不忘」死難同胞的抗敵業績，他們的英勇反帝的鬥爭精神將永垂不朽！

## 大海音詩（大連海濱）

地處渤海岸邊的大連市，是一個山青水秀、氣候宜人、風光獨好的旅遊避暑勝地，它的海濱浴場更是中外聞名。遊人來到大連，總是伸開雙臂向大海跑去。大連的海，海岸曲折，港灣衆多，島嶼錯落，海水浴場漫長而又寬闊。大連的海水浴場有多處，它們各具特色，遊客可以各選所好。夏家河子海水浴場，沙灘廣闊，海水較淺，水溫略高，又少風浪，是老年人和初學游泳人的理想浴場。傅家莊海水浴場，灘陡水深浪大，對於那些願與大自然搏鬥的水上健兒來說，正是他們推波逐浪、大顯身手的地方。其他還有老虎灘浴場、黑石礁浴場、東海頭浴場，都水清見底，礁石密布，既可進行海水浴，還可採撈海菜，捕拾貝類，更有一番樂趣。

如果你想觀賞那海上奇觀，可以乘遊艇去棒棰島一帶漫遊。棒棰島是距大連海岸邊約二公里許的一座小島，如捶衣的棒棰。當退潮的時候，與島相連的礁石露出水面，如同一枝人參鑲嵌在碧綠的錦緞上。因關外將人參又稱棒棰，所以取名棒棰島。沿著棒棰島，舉目遠望，煙波浩淼，水天一色，礁石奇立，海歐翱翔，如臨仙境。這裏有象山、蟹子洞，龜石、鷹窩、點將臺、南天門、絕石島、老偏島、雙砣島、激浪島和東、西褡褳島，這些潛居海中的礁石山巒，千奇百態。遊艇行馳其間，猶如來到神話世界。一九五九年，在棒棰島依山傍水處，修築了九幢獨具民族風格的樓舍，即棒棰島賓館。遊人來到這林蔭如蓋、百花飄香、鶯啼燕囀的佳境中，怎不心曠神怡，興致倍增？葉劍英那首氣壯山河的詩篇《遠望》，就是在這裏寫的：

憂患元元憶逝翁，紅旗縹緲沒遙空。
昏鴉三匝迷林樹，回雁兼程溯舊蹤。
赤道雕弓能射虎，椰林匕首敢屠龍。
景升父子皆豚犬，旋轉還憑革命功。

棒棰島西南不遠處就是老虎灘公園，此園依山傍海而建，山間曲徑通幽，崖下礁石崢嶸。登高四顧，左右兩山自然圍成港灣，氣勢不凡。沿峭壁石階而下，有「老虎洞」，民間流傳有「老虎鬧海」的故事，老虎灘的名稱即由此而來。洞下可聞嘩嘩的海濤聲，洞頂有孔，可觀藍天。

星海公園是人們最喜愛的地方，哪怕是烈日當空的盛夏，只要邁進公園的大門，濕潤清涼的海風，立即會把你全身浸透。星海公園內的弓形浴場長達八百米，沙灘平緩，水清浪小，既可游泳，又可盪舟海上。園內修建有棋樂亭、望海亭、迎潮亭、瑾花亭等。海中不遠處有一圓形礁石，名「星石」。據民間傳說，很久以前這裏是個富饒的漁村，漁民每次下海捕撈，都滿載而歸。後來游來一條兇惡的大鯊魚，它專與漁民爲難，呑食魚蝦，掀翻漁船。海裏的大烏魚同情漁民，同大鯊魚展開搏鬥，但是大烏魚鬥不過可惡的鯊魚，求星石助戰。星石趕走了鯊魚，從此屹立在海中，所以這裏名叫「星海」。

大連的海，不僅景色秀麗，物產也極其豐富，如果要想知道海洋的奧秘，還可以到大連自然博物館去參觀。這個館藏品、資料都極爲可觀，有展室二十九個，展品二千六百餘件，是我國東北地區最早最大的自然博物館。

大連人把到海邊游泳並同時捕撈海菜和貝類叫作「趕海」，有一首民謠唱道：

「東海頭，老虎灘，俺家一起去趕海，趕個海呀！溜溜鮮。」

# 花園城市扼要塞（大連旅順口）

到過旅順的遊人，無不交口稱讚：「這眞是一座美麗的大花園！」旅順不僅港口雄偉，城市也非常美麗，是聞名世界的花園城市。

旅順位於遼東半島最南端，地處黃海與渤海之間，境內有黃金山、白銀山、白玉山、老鐵山，從四面環繞著旅順港，只有正南面是老虎尾半島橫臥在內外港之間。旅順不僅是美麗的，也是一座歷史悠久的城市，遍布於各處的名勝古跡，足可以做有力的證明。讓我們先來說說黃金山吧！黃金山又名「鴻臚島」、「黃井山」，因爲唐朝曾派鴻臚卿崔忻前往東北，冊封渤海郡王大祚勞，在返回長安的途中，路經旅順，在此山鑿井兩口，刻石一方。這兩口井，一在黃金山北麓，一在黃金山南麓。南邊的這口井，已被破壞。北邊的這口井，至今遺跡尙存，刻石也在這口井旁。刻石高一尺六寸，寬一尺二寸，石上鐫刻正書三行，計二十九字。其形式如下：

勅持節宣勞靺鞨使
鴻臚卿崔忻井兩口永爲
記驗開元二年五月十八日

這井和刻石經歷了一千多年後，於淸光緒二十一年冬，有個候補道員名叫劉含芳的，修了一座石亭將井口覆蓋，並在刻石上又增加了五行小字，其文是「此石在金州旅順海口黃金山陰，其大如駝，開元二年至今一千一百八十二年，其井已湮，其石尙存。光緒乙未冬，前任山東登萊靑兵備道貴池劉含芳作石亭覆之，並記」。這就是黃金山又稱「鴻臚島」或「黃井山」的來歷。

旅順的老鐵山曾是漢族移居遼東的集居地，著名的漢代城址牧羊城就位於老鐵山的西北麓。牧羊城亦稱木羊城，城作長方形，東西寬約八十二米，南北長約一百三十餘米，周長約四百三十米。這座漢代古城，今日只剩下城基的殘跡，而城內出土的遺物較多。最下層出土的有新石器時代的石器和陶器，再就是戰國時期的文物，如銅鏃、鑄銅斧範、明刀錢、明字圓錢、一元錢等。還有漢代文物，其中有銅鏃、銅帶鉤、鐵刀以及「河陽令印」、「武庫中丞」封泥等。老鐵山不但產鐵礦石，也產砂金，因此在舊社會前往老鐵山附近淘金的人也很多，但是淘金的人卻過著極爲貧苦的生活。清代光緒七年（一八八一年）有個官吏名馬建忠在《勘旅順記》中寫道：「聞其近地有以淘金爲業者，因呼一鄉人導往。行二里許，則見高崗平地，土堆壘壘如蟻蛭，導者曰：『此金沙也，遍山皆是。』問曰：『日淘幾何？』曰：『無多，強度日耳。數年前自拾十數兩重一塊者已改業他徙峻矣！今則夏間於老鐵山石礁下水底取沙，往往有拾至五、六兩一塊者。然或逐波臣，或葬魚腹，利雖大命爲重也。』」從這些記載中，可以想見淘金人生活的狀況。

白玉山則位於市區的中心，順山勢而成街區，綠蔭叢中錯落點綴著房舍，每到春季百花齊放，淸香四溢，沁人肺腑。白玉山西麓隔著一條龍河，是新市區，這裏有博物館、動物園、體育場，街道兩旁有修剪整齊的花壇，街心有花園，展現出整個城市淸潔、秀麗、素雅、寧靜的特色。

旅順原來不叫旅順，在歷史上它叫過「沓渚」或「沓津」；晉代改稱「馬石津」，唐代稱爲「都里海口」。遼、金、元代根據港口形勢險要，如雄獅盤踞海灘，叫過「獅子口」。直到明朝洪武四年（一三七一年），朱元璋派大將馬雲、葉旺收復遼東，兩人督兵直抵旅順，爲了紀念這次遠征安全抵達這個海上交通重鎭，取「旅途平順」之意，將這座港口命名爲「旅順」，才一直延用至今。

## 渤海口的奇島（大連蛇島）

在大連市渤海口，離市區約五十華里的海中，有一座小島，這就是被世界上稱爲「奇島」的「蛇島」。島長僅一千三百六十米，寬七百三十六米，總面積約一平方公里。島上的樹枝上、草叢中、岩石縫裏、開闊地上到處遍布各種蛇。這裏不僅是生物學家和地理學家嚮往的地方，也是那些富於探險精神和勇敢精神的旅遊者所嚮往的地方。

蛇島上生長的數以萬計的蛇，大部分是蝮蛇。蝮蛇俗名草上飛，土公蛇，屬響尾蛇科，是管牙類毒蛇。蝮蛇的活動期，每年兩次，一次是五月，一次爲八九月間。活動的時間每天早上五到十點，午後三到七點。自十月開始入蟄冬眠，翌年四月甦醒，到七月又入夏眠。蛇島的自然環境和氣候條件很適宜蝮蛇的生長繁殖，島上滿布石英岩和石英砂岩，多海蝕洞穴及灌木蟲草。由於環境的關係，蛇島上的蝮蛇已很適應這裏的條件。

蛇島是西北——東南走向，自西北向東南傾斜，海拔約兩百餘米，山勢陡峻，山嶺起伏，最高處峭壁懸崖，險象環生，由於長年無人敢到島上來，更顯得洞穴陰暗，荆棘橫生。島上長滿各種樹木和野花草，每當春夏之交，各種野丁香花、毛茛花等盛開，微風吹拂，香氣襲人。島上的岩石呈棕色和褐色，蝮蛇與之顏色相近，很便於棲息和隱蔽。

島上不時飛來成群的小鳥，其中有雪白的海鷗、全身藍色的蔭涼鳥、斑鳩和紅脖等。它們都是候鳥，在此歇足。有的鳥是在捕食以後，飛到島上來休息的，它們哪裏知道，當它們歇落下來時，死亡已經降臨到它們頭上。這些狡猾的毒蛇，利用身體的保護色，棲息於島上各個地方，僞裝成各種形狀。有的盤曲於草叢中猶如一堆牛糞；有的直臥於樹枝上，同樹枝混爲一體；有的爬伏在岩石上，就像岩石的裂紋和縫隙；有的則在洞穴中隱藏著不露痕跡。當鳥兒落下時，它們就會突然發動襲擊，用它們的毒液立刻致鳥兒於死地，然後就舒舒服服地飽餐一頓。一條蝮蛇能夠毫不費力地吞下比它自己身體粗三四倍的大鳥。除了捕獲過往歇足的鳥類以外，島上生長各種昆蟲，還有老鼠和螃蟹都可以作爲蝮蛇的食物。而島上卻沒有發現蝮蛇的天敵，這大概就是它們得以在島上稱王稱霸，後代越來越多的原因吧！

早在古代人們就發現了這座小島，人們當時把它叫作「蟒島」，後來又叫作「小龍山島」。

蝮蛇雖是毒蛇，但卻是寶貴的藥材，蛇肉也可以做成可口的佳餚。現經科學家考察，蛇島的秘密已經揭開，它已經成爲我國主要的自然保護區之一。

# 華東部

周京寧 徐永平 徐艷蘭 編著

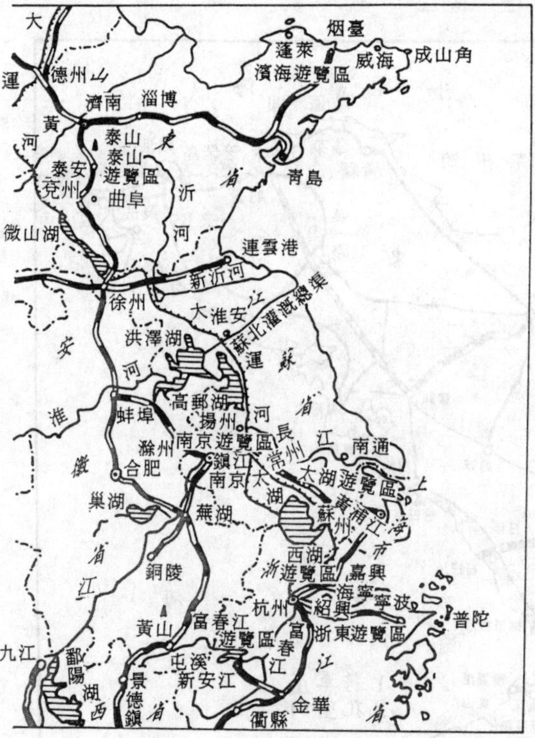

# 濱海遊覽區

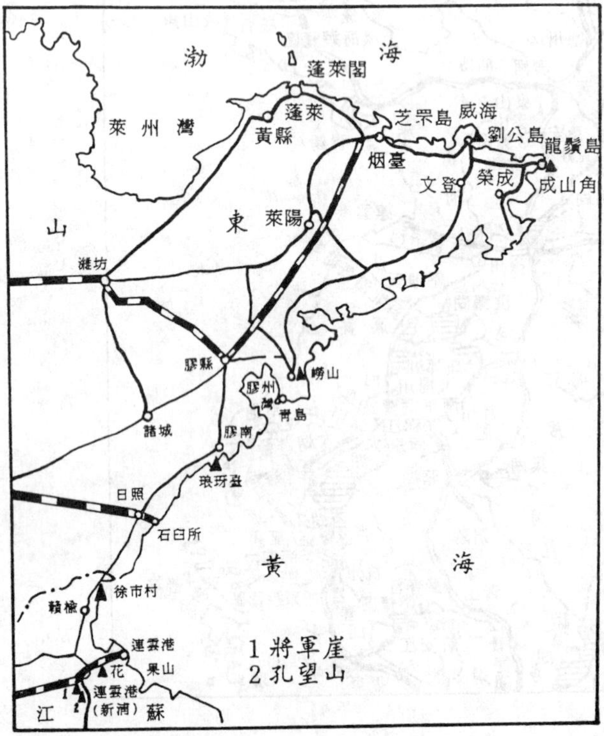

渤
海
蓬萊閣
蓬萊
萊州灣
黃縣
芝罘島
威海
劉公島
龍鬚島
烟臺
文登
榮成
成山角
山
東
萊陽
濰坊
膠縣
嶗山
膠州灣
青島
諸城
膠南
琅玡臺
日照
石臼所
黃
海
徐市村
贛榆
連雲港
花
果山
連雲港
（新浦）
江
蘇
1 將軍崖
2 孔望山

蓬萊閣及水城示意圖

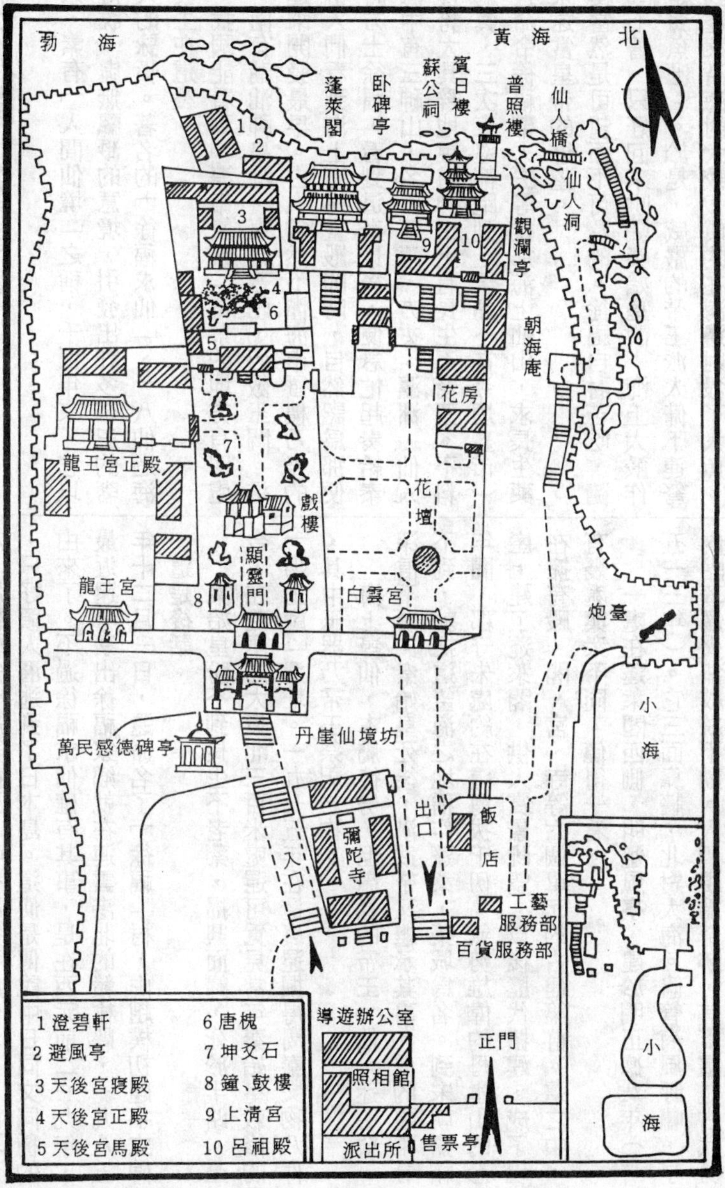

渤海
黃海
北
蓬萊閣
臥碑亭
蘇公祠
賓日樓
普照樓
仙人橋
仙人洞
觀瀾亭
朝海庵
花房
花壇
龍王宮正殿
戲樓
顯靈門
白雲宮
龍王宮
炮臺
小海
萬民感德碑亭
丹崖仙境坊
彌陀寺
入口
出口
飯店
工藝服務部
百貨服務部
導遊辦公室
照相館
派出所
售票亭
正門
1 澄碧軒
2 避風亭
3 天後宮寢殿
4 天後宮正殿
5 天後宮馬殿
6 唐槐
7 坤爻石
8 鐘、鼓樓
9 上清宮
10 呂祖殿

## 仙境在人間(蓬萊蓬萊閣)

山東蓬萊，素有「人間仙境」之稱，千百年來，它以令人嚮往的傳說、虛無飄渺的意境，引發出許多帝王的奢望和無數文人的詠嘆。著名的「徐福求仙」、「八仙過海」的故事都發生在這裏。

據記載，我國能看到「海市蜃樓」奇景的地方有四處：北即蓬萊，南有潮汕神泉港，東爲普陀，西數玉門。這其中，只有蓬萊開發最早。古人當然不懂海市蜃樓乃光的折射所致。當人們看到海上有樓臺殿閣時，自然認爲那便是仙境。秦時方士徐福，看到這奇景後，便急忙起奏給秦始皇說：「海中有三神山，名曰蓬萊、方丈、瀛洲，仙人居之。」並且誇大其辭地說這神山上有長生不老藥。不料秦始皇信以爲眞，三次東巡都跑到芝罘島(在今煙臺市)上觀看，並且命令徐福帶人去尋找那海上仙山，求長生藥，以滿足他永遠當皇帝的慾望。

海市蜃樓當然是可望而不可及的。徐福自討苦吃，隨波逐浪，遍尋不著，只好回來哄騙秦始皇說：海上大鮫作怪(也許就是鯊魚吧)。於是，威嚴的帝王派人備下連弩，從成山角到蓬萊沿海射大鮫，眞的在海邊射殺了大魚。徐福只好再去尋仙。據《史記·封禪書》上記載，這些「仙山」，「未至，望之如雲；及到，三神山反居水下。臨之，風輒引去，終莫能至。」徐福完不成任務，不敢覆命，只好領人潛逃到了日本島。這便是傳說中日同文同種的由來了。不過徐福求仙確有其事，是在西元前二一九年，最近還考察出徐福家鄉就在連雲港北的贛榆縣，一九八五年十二月一日，還命名了「徐福」村，由趙樸初題字立碑，這是後話。

秦始皇盼不到長生不老藥，掃興而歸，死於半路。至今，在芝罘島大疃北三百米處還可覓見當年秦始皇敕修的「陽主廟」遺址。一九七五年在這裏還掘得周秦文物八件，其中玉器乃帝王祭祀之物。

海上尋仙，本屬徒勞，但愚蠢的帝王「仙」迷心竅，深信不疑。秦始皇死後，漢武帝又繼承其事。眞的蓬萊尋不到，就把這望海之地稱作蓬萊，築城爲名。到宋朝嘉祐年間，郡守朱處約在這海拔千仞、氣勢雄偉的丹崖山的懸崖上建了蓬萊閣，供人賞景眺望。以後歷代擴建，成了現在擁有殿、閣、宮、寺等六個單元的古建築群。這之中，有幾處與衆不同，值得一看。

一處在蓬萊閣西側，叫避風亭，建於明正德八年(一五一三年)。它三面靠牆，北對大海。儘管海風呼嘯，亭內點著燭火卻紋絲不動。人們視爲奇跡，其實這是古代勞動人民智慧的創造。原來在迎風一面有一弧形高牆，海風至此會形成一股向上氣流，越屋脊而去，亭內又無對流條件，所以避風。

還有一處便是道教傳說中八仙過海的仙人橋。橋在蓬萊閣下，造型頗為奇特。傳說有一次八仙聚在蓬萊閣飲酒，有人（八仙原本都是人）提議要到海對面的島上去，但不許乘船，要「各顯其能」。於是鐵拐李騎葫蘆，張果老騎毛驢，漢鍾離坐芭蕉扇，藍采和挎花籃，曹國舅執玉板，何仙姑拿粉蓮，韓湘子吹玉笛，呂洞賓執拂塵、背寶劍，不一會都凌波御風，到了對面。這故事很明顯是道教針對現實人間尋找仙山的失敗而編出來的。不過其中也曲折地反映出人們要戰勝大海的願望。

人們現在登臨蓬萊閣，除了尋訪古跡，欣賞目不暇接的刻石題詩外，心中隱約都有個願望：希望看到海市蜃樓奇景。這可並不容易，因為現代科學雖然知道了它的成因，卻還無法推算它，預報它，更無法炮製它，從古至今還只能靠運氣。宋代大詩人蘇東坡在登州做官，一心想見到此奇景。元豐八年十月中，他接到調令就要返京，看不到海市不死心，便到海神廣德王廟前去祈禱，據說第二天果真見到了。他還寫了《登州海市》詩，現在就刻在蓬萊閣東邊的卧碑亭裏。詩曰：

東方雲海空復空，群仙出沒空明中。
蕩搖浮世生萬象，豈有貝闕藏珠宮。
心知所見皆幻影，敢以耳目煩神工。
歲寒水冷天地閉，為我起蟄鞭魚龍。
重樓翠阜出霜曉，異事驚倒百歲翁。

詩中寫的海市奇景活靈活現，但後人多認為他是吹牛皮，因為陰曆十月中旬是很少有海市出現的。據經驗積累，海市的出現多在春夏之交，雨過天晴，海面有雲霧，颳一級微風。一九八一年七月十日下午二時四十分，數百遊人發現在廟島南側的海面上，出現兩個新島。樹木山峰，清晰可辨。不一會又出現高樓建築、行人、車輛，持續四十分鐘。風力改變，幻景散去，人們大飽眼福。你想經歷這一生難忘的情景麼？請您把握恰當時機，到蓬萊閣來吧。

## 戚繼光與備倭城（蓬萊水城）

蓬萊水城又叫備倭城，位於蓬萊閣東側海濱，是我國現存著名的古海軍基地之一。實際上就是停泊戰船和演練水軍的地方。

水城沿丹崖絕壁向南築起，青磚砌成，周長四華里，城高七米多，有南北兩個門。南門叫振揚門，與陸路相連；北門叫水門，是出入水城的海上咽喉。東西有敵樓。整個水城有小海、城牆、碼頭、水門、炮臺、空心臺、燈樓、平浪臺、防浪壩等部分組成。水門位於港灣入海口處，築有高大的柵閘門。平時閘門高懸，艦船可暢行無阻；有敵情則放下閘門，切斷海上通道。水門東西兩側，有炮臺互爲犄角，封鎖附近海面。水門內的平浪臺構築也十分巧妙，它既可以減輕海浪的衝擊，又是水城的屏障。整個水城進可攻，退可守，是山東半島的重要海防要塞。

水城的歷史可追溯到北宋慶曆二年（一〇四二年），比蓬萊閣修建要早近二十年。爲抗禦北來的契丹人，登州郡守郭志高根據朝廷的命令，開始沿丹崖山築起一座寨城，因爲當時水軍駕駛的船叫「刀魚舡」，所以稱這座寨城爲「刀魚寨」。明洪武九年（一三七六年），以刀魚寨爲基礎，疏浚畫河河口，建起了碼頭，構築起土城牆，形成了今日水城的雛形。到明萬曆二十四年（一五九六年），又進行了一次大規模的整修，把土城牆甃以磚石，並增設了炮臺。此後又經過五次整修和擴建，才形成了現在整個水城的防禦體系。

明時修築這座寨城，主要是爲了抵禦倭寇入侵。元末明初，正是日本歷史上南北混戰後，那些失敗的武士，成了無業的浪人，勾結奸商流爲海盜。當時日本人個子矮，被中國人通稱爲倭寇，出沒在山東、浙江海域，經常殺人放火、騷擾掠虜，危害極烈。蓬萊人戚繼光（一五二八—一五八七年）從小目睹倭寇之害，立志「封侯非我意，但願海波平。」他出身世代將軍之家，祖輩六代世襲登州衛指揮僉事。西元一五四四年，父親戚景通病故，年僅十六歲的戚繼光襲任登州衛指揮僉事，開始了他戎馬倥傯的軍旅生涯。嘉靖二十九年（一五五〇年），戚繼光到北京參加武舉會試，正好碰上庚戌之變，北方韃靼騎兵在俺答汗率領下南侵，突破長城的古北口。京城危在旦夕。朝廷命進京會試的武舉參加守城。二十二歲的戚繼光被委任爲總旗牌官，督守京師九門。在戰鬥中，他顯露出卓越的軍事才華。一五五三年，二十五歲的戚繼光被晉升爲署部指揮僉事，擔當起防禦沿海倭寇的重任。

戚繼光親自從農民和礦工中召募兵勇，經過嚴格訓練，組織起一支英勇善戰的精銳部隊，人稱「戚家軍」。他要求士卒以「岳家軍」爲榜樣，對民衆「凍死不拆屋，餓死不擄掠」，秋毫無犯，軍紀嚴明，甚至對違抗命令的軍官舅舅也不徇私情，依律處罰。他認爲「兵衆而不知律，必爲倭寇所乘」，他執法如山。現在浙江臨海縣上峰鄉境內，有太尉殿。殿內供奉的戚太尉就是戚繼光之子戚小寶。據傳，在一次戰鬥中，戚繼光命兒子佯攻誘敵深入後而全殲之。戚小寶因殲敵心切，未到預定地點，見地勢險要，利於伏擊，便自作主張，下令出擊，雖獲勝利，但未達全殲之目的。戚繼光歷來號令嚴，賞罰信，他曾公布：「應該獎賞的人，即使是我的冤家，一定要獎；應該罰的人，即使是我的親子姪，也要依軍法處置。」現愛子違令，儘管將領上下紛紛求情，但戚繼光義不徇私，斷然斬子。當地百姓為紀念戚小寶，建太尉殿，塑像奉祀。

由於山東海防加強，倭寇只得南竄。一五六一年，倭寇大舉進攻浙江。戚繼光巧布天羅地網，全殲倭寇五千多名，救出萬餘名被倭寇擄去的百姓。倭寇在浙江吃了苦頭，又繼續南侵福建。一五六二年，戚繼光奉命援閩，他以迅雷不及掩耳之勢，迅速蕩平了橫嶼、牛田、林墩三大倭寇巢穴。一五六三年，戚繼光因戰功赫赫升為鎮守浙福江廣郴桂總兵。在此期間，他組織了有名的仙遊之戰，大敗倭寇，使東海沿海的倭患終告平息。

隆慶元年（一五六七年），明政府又調戚繼光到北方抵禦韃靼騎兵，在薊州一帶他訓練軍隊，實行屯田，建立馬營、車營、輜重營，同時在長城上築起一〇一七座有實戰意義的「敵臺」，使北部邊防得到鞏固。

可惜，這位功勛卓著的英雄，到晚年所得到的是讒言和忌恨，終因剛正不阿，受到彈劾。一五八三年，這位願與軍民共戰沙場的將軍被排擠到沒有戰事的廣州。一五八七年，他老病復發，朝廷才准許他引退回蓬萊故里，當年與世長辭，結束了英勇善戰的一生。

「千秋功過，自有後人評說」，人們為了紀念這位偉大的民族英雄及其一家，在蓬萊城戚家祠旁建起兩座崔嵬高大、雕琢精巧的牌樓，叫「母子節孝坊」和「父子總督坊」，供人憑弔懷念。

## 威震黃海民族魂（威海劉公島）

劉公島位於山東威海港出口的中央，像一頭雄獅橫臥在海面，形勢險要，素有「東海鎖鑰」之稱。

早在明洪武三十一年（一三九八年），明政府為了防禦倭寇侵擾，就在島上屯兵，並在島上旗頂山主峰修築煙墩。戰時，以煙火報警。光緒七年（一八八一年），清朝艦隻開始在島上駐泊。光緒十四年（一八八八年），北洋艦隊正式建立，擁有大小艦艇近五十艘，約五萬噸位，實力在遠東居首。劉公島以它海防要塞的地理位置，成為北洋艦隊的主要基地。

北洋水師提督衙門就設在旗頂山南麓。它背山面海，高居危岩，氣勢宏偉，前後三進院落。前、中、後廳，東、西廂房及跨廊連成一體，檐牙高啄，長廊迂迴縵曲，蔚為壯觀。大門外有樂亭兩座，是當年慶祝大典和迎送賓客的鳴金奏樂處。

出水師提督衙門西行百餘步有龍王廟，再西行約一里，便是當年丁汝昌任總辦的水師學堂。北洋水師在此培養海軍人材，曾先後招生三期，百餘人。水師學堂牆外是船塢，為修理船艇之所。船塢東南數十步，便是鐵碼頭，當年北洋艦隊近五十艘大小艦艇，就聚泊在此。可以想見，當年提督丁汝昌在此訓練水師，艦艇雲集，旌旗蔽空的盛況。

然而，這支遐邇聞名的北洋艦隊，由於清廷的腐敗，被李鴻章葬送在中日甲午海戰中。丁汝昌、鄧世昌等愛國將領在這次甲午風雲中用鮮血和生命譜寫了中國近代史上最悲壯的一幕。

丁汝昌（一八三六—一八九五年），原名先達，字禹廷，號次章，安徽廬江縣丁家壩村人，出身貧苦農民家庭，從小飢寒交迫。清咸豐年初，廬江發生旱災，父母雙雙餓死。坎坷的世道、不幸的遭遇，在丁汝昌幼小心靈中播下了反抗的種子。

一八五三年，太平軍挺進巢湖，攻克廬江，十七歲的丁汝昌毅然參加了太平軍。一八七四年，丁汝昌被裹脅進清軍，並編入湘軍，後又入淮軍。到一八七四年，由於他勇敢善戰，加提督御，授總兵，賜協勇圖魯漢字勇號。但因他性情耿直，觸怒上司，屢不得志，丁汝昌只得棄官返鄉。

丁汝昌雖對封建官場的爾虞我詐十分厭惡，但：「天下興亡，匹夫有責」，在外患頻仍、國家多事之秋，丁汝昌仍希望報效國家。一八七四年李鴻章辦海軍，知丁汝昌勇敢善戰，即派他到英國買軍艦，一八七九年冬，丁汝昌從英國購買鎮東、鎮西、鎮南、鎮北四艦回國，並授命操練炮艦，從此開始了海軍生涯。一八八八年，北洋艦隊正式成立，丁汝昌被任命為北洋海軍提督，進駐劉公島。

光緒二十年（一八九四年）九月十七日，中國北洋艦隊在鴨綠江口外大東溝遭到日本海軍突然襲擊，海軍提督丁汝昌發現敵艦後，便下令列陣應敵。北洋艦隊以十艦對日本十二艦，排成「人」字形，將日本艦隊攔腰截斷，重創日本軍艦三艘。日赤誠艦長海軍少佐坂三八郎當即斃命。日艦為擺脫被動局面，轉而採取鉗形戰術，致北洋艦隊背腹受敵，正在飛橋上指揮的丁汝昌，因發炮太猛橋身斷裂，被摔成重傷，全艦失去了指揮中心，陣形頓時混亂。在此極端不利的形勢下，軍艦各自為戰，北洋艦「致遠號」在炮彈用盡、艦受重創的危急時刻，恰與日旗艦「吉野」相遇，致遠號管帶鄧世昌命令開足馬力猛撞「吉野」，誓與敵人同歸於盡，但不幸被魚雷炸沉。全艦二百五十多人壯烈犧牲，鄧世昌義不獨生，拒絕了侍從劉忠浮給他的救生艇。接著，他又被自己豢養的太陽犬叼住手臂，不得下沉，鄧世昌悲痛將愛犬推開，而太陽犬立即又撲向主人，用嘴叼住鄧世昌的頭髮。鄧世昌不得已摟抱愛犬，同沉海底。有詩讚曰：「此日漫揮天下淚，有公足壯海軍威。」

鄧世昌，廣東人，一八四九年出生於番禺縣龍導尾鄉，青少年就讀廣州、上海。稍長，棄文習武，一八六七年入福建船政學堂駕駛班。

鄭觀應《憶大東溝戰事感作》云：

東溝海戰天如墨，炮震煙迷船掀側。
致遠鼓楫衝重圍，萬火叢中呼殺賊。
勇哉壯節首捐軀，無愧同胞誇膽識。

戰到下午三時，北洋艦隊只剩下定遠、鎮遠兩艘主力艦堅持戰鬥，丁汝昌以堅強的毅力忍住傷痛，始終在甲板上指揮作戰。官兵上下同仇敵愾，三時半許，定遠號一炮命中敵旗艦「松島」的要害，使其死傷一百多人。日艦怕被全殲，倉惶向西南方向逃遁。歷時五小時的甲午黃海之戰乃告結束。日人土屋同洲曾有詩讚定遠、鎮遠：「其體堅牢且壯宏，東洋巨臂名赫恆。」二艦以「巍巍鐵甲」的稱號名震遐邇。

黃海海戰後，北洋艦隊回到威海。丁汝昌一面籌劃防務，一面主動採取攻勢。當旅順危急時，他親自到天津向當時最高軍事統帥李鴻章請戰。李鴻章竟說：「好好在威海看守你那幾條船，別的事情不與你相干。」等到日本艦隊要在榮城龍鬚島登陸時，丁汝昌又向李鴻章請求率艦截擊。賣國求安的李鴻章威脅說：「違令進戰，雖勝亦罪！」丁汝昌憤懣萬分，但「軍人以服從命令爲天職」，「愚忠」使他不敢違抗李鴻章坐守威海的命令。他在一封信中曾悲痛地寫道：「自顧衰朽，豈惜此軀？……若自爲圖使非要擊，依舊蒙羞。利鈍成敗之機，彼時亦不暇區計也。」可見丁汝昌已抱定必死的決心。一八九五年二月三日，日軍從成山頭上岸，占領威海港岸炮臺，劉公島成爲孤島，陸援斷絕。丁汝昌率愛國官兵竭盡全力反擊日寇，連續八次擊退敵人水陸進攻。日軍見硬攻難以奏效，便實行誘降。日本聯合艦隊司令官、海軍中將伊東裕亨致書丁汝昌，勸其「以全軍船艦權降與敵。」丁汝昌斷然拒絕。此時，一些洋員從內部策劃勸丁汝昌投降。丁汝昌嚴辭拒絕，怒斥道：汝等欲奪汝昌，即速殺之！吾豈吝惜一身？並向全軍下令「援軍將至，固守待命。」但終因陸援已絕和內部投降派叛亂，丁汝昌見戰勝希望已完全破滅，乃命人將提督印截角作廢，以防有人盜印降敵，然後在後院廂房服毒殉國，時年六十歲。

後人陳實銘有一首《劉公島舊廨弔忠》曰：

故壘蕭條大樹凋，高衙依舊俯寒潮，
英名左、鄧同千古，白骨沉沙恨未消。

在劉公島龍王廟裏，有石碑一座，楷書「柔遠安邇」四個大字，上款正楷「欽命頭品頂戴海軍提督總統全軍西林巴圖魯丁老軍門禹廷次章德政碑」，這是光緒十六年威海人民爲丁汝昌立的德政碑。

現在整個劉公島已闢作遊覽區，每天慕名而來的人絡繹不絕，尤其青少年學生多來此舉行團、隊活動，增強愛國主義精神。

## 心潮澎湃「天盡頭」

（榮城龍鬚島）

「天盡頭」在哪裏？許多人會說是海南島的「天涯海角」，其實那是清雍正年以後的事。古時候，嶺南和東北都沒有開發，於是人們只能向東尋找。秦始皇統一六國以後，一心想找到這天盡頭，以便上天成仙。他曾登琅琊，臨碣石，兩上芝罘（今煙臺），終於找到了膠東半島的最東端——成山角。成山角的最前端是伸入黃海的一個狹長半島，叫龍鬚島。向東隔著大海與朝鮮半島相望，這便是古時中國最先迎接日出的地方了。過去這裏曾立有秦丞相李斯題刻的石碑，大書「天盡頭」三字。這石碑早已不存。現在重新豎立的「天盡頭」碑，乃是當代人所書。站在這裏扶欄遠望，一片汪洋點綴著片片白帆。低首可見黃海狂潮撞擊峭壁。波濤中有兩列山石時隱時現伸向大海，眞像是活靈活現的兩條巨龍。這便是橫貫膠東半島的成山山脈的最東端，也是「龍鬚島」名的來歷。

龍鬚島西側有始皇殿遺址，據說是當年秦始皇駐蹕之所。前後三進，供有秦始皇神采威嚴的塑像。可惜此像連同殿宇在明正德年間，被入侵的倭寇燒燬，清嘉慶末年曾重新修建，也因戰火坍塌。

據《史記》載，秦始皇曾兩次登臨成山頭。第一次在西元前二一九年，目的是「禮祠名山大川及八神，求仙人羨門之屬」。現在成山頭峰巔有殘碣一塊，高五十六釐米、寬一百二十七釐米、厚四十六釐米，傳說乃秦始皇第一次東巡時遺物。據《三齊略記》說：「始皇東遊成山，欲造橋渡海，以觀日出處，乃命神人召太行山石東來。神人執鞭驅石，數十石山簇簇擁擁，相隨東行，至此而止」。成山諸峰多斜紋豁裂，人們附會說就是鞭痕血漬。

在成山頭東南峭壁下急流中，有四塊巨石，忽斷忽續，排向東南，隨潮漲落，時隱時現，宛如一座人工架設的橋樑。相傳秦始皇召太行山石東來，驚動了海神。海神也想爲始皇帝驅石豎柱，架設海橋。始皇高興萬分，想面見海神。海神因生相醜陋，與始皇約定，相見時不許畫他面形。秦始皇不守諾言，暗藏畫師，偷畫下海神相貌。海神惱羞，遂棄下造橋工程揚長而去，只留下這一處「秦橋遺跡」，任後人憑弔。

神話與傳說自然不足爲信，但成山頭因地處海上要津，歷來爲兵家所爭是事實。據史書記載：漢武帝曾登臨此山。三國時公孫淵在遼東叛魏，吳主遣將周賀往結，被魏明帝曹睿發現，命田豫節領青州諸軍討之，遂斬周賀於成山。唐高宗派大將軍蘇定方東征，也是從成山頭濟海東渡的。近代史上，成山頭更灑遍了先烈的熱血，一八九四年九月十七日，氣壯山河的甲午海戰就是在成山頭正東海面上進行的。為了紀念為國捐軀的鄧世昌等烈士，在始皇殿後殿西側，立有鄧世昌塑像一尊。光緒二十九年（一九〇三年）又為御賜碑文，立石於始皇殿東側。

另外，成山頭峰頂有燈塔一座，乃是一八七四年清政府為海上導航所建。抗日戰爭時曾被日寇炸毀，現已修葺一新。此塔高十六點三米，燈光射程達二十一浬，為太平洋西岸最重要的燈塔之一。站在燈塔下眺望大海，會頓感「心潮澎湃」，正如前人詩云：「地盡天無盡，滄波一望驚。日晴仍漢色，潮怒帶秦聲。」

## 棧橋佇立話青島（青島迴瀾閣）

棧橋，是青島的象徵，坐落在青島灣的中部、太平路畔，與中山路相銜接。它長四百四十米，寬八米，探身在浩淼的大海。遊人可順著它步入那無垠的海天。棧橋如正在汲水的長龍，如一支在絃的利箭，素有「長虹遠引」之美譽。

棧橋北段為石基，南段為鋼架，水泥路面橋兩側華燈林立，且有鐵柱和鐵鏈防護。南端築半圓形防波堤，上有一雙層涼亭：朱紅亭柱、八角飛檐、琉璃瓦頂，極富民族風格。在閣內，可見成排巨浪湧來，又在此拍岸迴轉，激起丈餘高的浪花，故得亭名為「迴瀾閣」。閣心有螺旋形階梯，順梯登閣遠眺：澄海碧空，一望無垠。

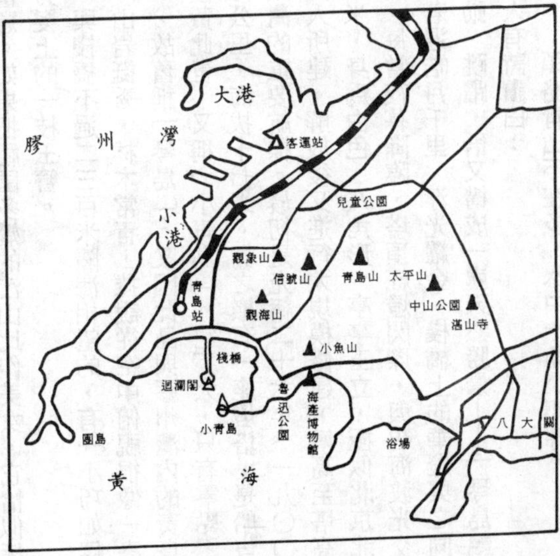

青島棧橋示意圖

棧橋是在帝國主義列強侵略中華的年代裏誕生的。從明朝開始，美麗而富饒的青島被開發爲海港。清朝同治二年又建東海關青島分關。光緒十年（一八八四年），中法戰爭後，清政府爲加強海防，設立總理海軍事務衙門。大臣許景澄提議闢膠州灣爲屯埠。光緒十七年（一八九一年），北洋大臣李鴻章巡視膠州灣，並派登州鎮（現煙臺）總兵章高元駐防青島。章高元率軍隊四個營分駐沿海，並從旅順運來東北木材，在此修建供軍旅起卸貨物的棧橋碼頭，從陸地伸向海面，故習稱爲「棧橋」。第二年，在現橋址北段又築鐵木橋，還設置了郵電局等，於是這裏逐漸形成了膠州灣的政治、經濟、軍事、文化中心。

光緒二十三年（一八九七年），德國以「曹州教案」爲藉口，派遣艦隊司令棣利司率鐵甲巡洋艦一艘、二等巡洋艦兩艘、軍士六百多人，悍然侵占膠州灣，青島淪入帝國主義列強之手。一八九八年，德國強迫腐敗的清王朝簽訂了不平等的《膠澳租借條約》。爲了掠奪中國的財富，德、日帝國主義將原棧橋改建爲石基，南段加修鐵橋三百五十米，並在橋面鋪設輕便鐵軌。大批中國原料從這裏被擄走；大量的兵器、洋貨從這裏登岸。棧橋成了帝國主義侵華的橋樑，記錄著昔日青島的恥辱。

大港碼頭建成後，棧橋被棄置。一九二二年十二月十日，中國政府收回膠州灣。一九二九年改稱青島特別市。一九三〇年棧橋拆舊建新，中國港務當局投資二十五萬八千元，由德商信利洋行承建，在橋南端建了一個三角形的防波堤，使橋頭呈「个」字形，以分海浪之力，並在橋頭修建了「迴瀾閣」，於一九三三年四月竣工，初具現在規模。

古今中外的遊人到青島都要到前海棧橋流連，因爲無論是仲夏夜的清涼，還是冬天的海濱雪景，它都極富有詩情畫意。如果把祖國多嬌的江山比作美女，它恰似插在美女秀髮上的一枝玉簪。

與棧橋不過二三百米隔海相望的，有一小巧如螺的島嶼，山岩挺秀，林木常青，據說從空中俯視很像一臺「古琴」，故舊稱「琴島」。又因此島與膠州灣內的黃島遙望，彼黃此青，又稱「小青島」。它不大，只有零點零一二平方公里，海拔十七米。島之巔有一座燈塔，是船隻進入膠州灣的重要航標。最初是光緒二十六年（一九〇〇年）德國人所建。解放後又進行大規模修建，增高至塔高十五點五米，身爲白色，八角形，亭亭玉立，極似北京北海的白塔。每當夜幕降臨，塔頂紅燈閃爍，與碧海波光交輝相映；若遇皓月千里，浮光耀金，棧橋上的華燈與之同在海天浮動、跳躍，恰又構成一處天然勝景——「琴島飄燈」。前人有詩讚曰：

領略青山不在多，水中一島小如螺。

雲鬢別有飄蕭態，似向風前浴晚波。

小青島早在三十年代初就一度闢爲「海上公園」。一八九八年，一批外國植物學家在島上發現了一種稀有的黃色百合，間有紫色斑點，鮮艷奪目，濃香撲鼻，是百合中的上品，遂定名爲「青島百合」，故德國人稱小青島爲「百合綠島」。確實，小青島以「美」和「綠」誘人，全島被黑松綠蔭覆蓋，點綴著櫻花、碧桃、石榴、木槿、紫薇，三季有花，四季長青。

現在從魯迅公園西側小青島旅遊點的入口處，沿海邊四百五十米的遊覽幹路，可直登島上，島之南端又建飄臺一處，防波堤頂端建半圓形水榭一處。此處波平浪穩，極適於遊人垂釣，君欲一試否？

## 太清水月話嶗山（嶗山太清宮）

從青島市乘汽車，沿起伏的海濱公路東行不久，嶗山高聳的峰巒便飄逸而至了，恰如元朝道教國師邱處機七言絕句所云：

卓犖鰲山出海隅，霏微靈秀滿天衢。
群峰削蠟幾千仞，亂石穿空一萬株。

嶗山因瀕臨浩瀚的黃海，雲氣嵐光，山陸林密，景色秀麗，自古被稱爲神宅仙窟。傳說仙人安期生常神遊於蓬萊與嶗山之間；又傳說吳王夫差曾入嶗山遇神人得《靈寶度人經》。據史書記載，秦始皇曾派方士徐福率童男童女數千人從嶗山徐福島出海求長生不老藥；漢武帝於太初四年幸不其山，即今嶗山；唐玄宗於天寶四年敕許王昊進嶗山煉丹，並改山名爲輔唐山；宋朝大詩人蘇東坡在嶗山附近的密州作了三年太守，他在《蓋公堂紀》一文中寫道：

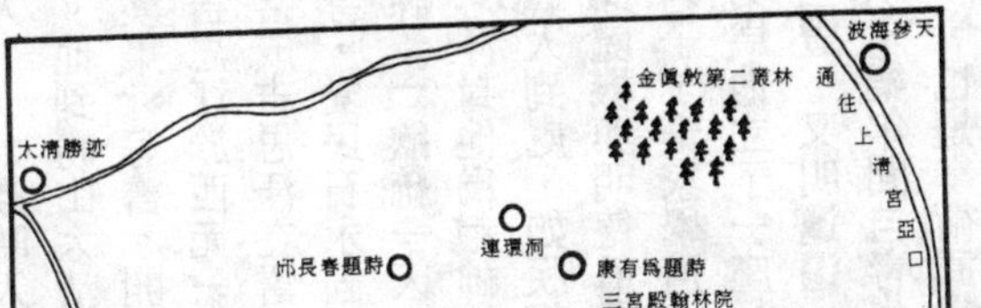

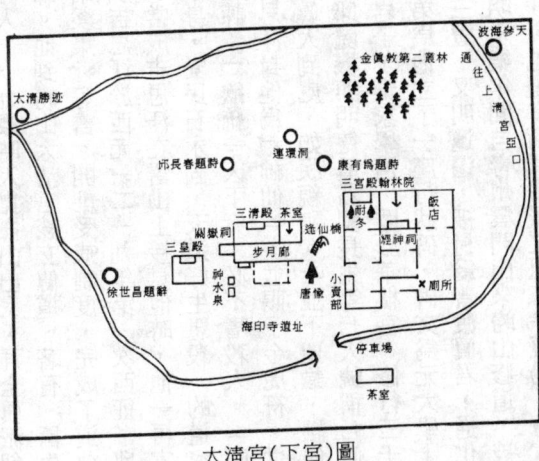


太清宮(下宮)圖

「膠西……屬之牢山，其中多隱君子，可聞而不可見，可見而不可致。」特別是清代大作家蒲松齡，他的《聊齋志異》許多名篇：如《香玉》、《嶗山道士》等都取材於嶗山。世代種種神奇的故事傳說給嶗山的青山秀水罩上了濃厚的神祕色彩。三官殿前的逢仙橋、上清宮裏千年的銀杏仙樹、白雲洞三仙山的會仙臺、北九水的仙人髻、仙古洞以及八仙墩、迎仙峴、霞仙臺……嶗山處處有仙境，仙山仙水仙草仙木仙樓閣。

嶗山的神仙不足爲信，但歷史上的嶗山確實曾是道教之勝地，有九宮八觀七十二庵之說。位於嶗山南麓老君峰下的太清宮建於唐朝末年，是嶗峰中歷史最久、規模最大的一處道場。據記載：西漢建元元年（西元前一四〇年）江西瑞州府上大夫張廉夫，因遭讒害棄職雲遊名山，在這裏修茅庵一所，供奉三官大帝，名曰三官廟。以後又築廟宇供奉三清神像，改稱太清宮。唐天祐元年（九〇四年）河南道士李哲玄把這裏的茅庵改建爲三皇殿，又在後面高坡上建老君堂，並將其後面最高的一座山峰命名爲老君山，這時太清宮已初具規模。宋太祖建隆元年（九六〇年）太清宮長老劉若拙奉詔進京講玄學，敕封爲華蓋眞人，奉旨回山擴建宮殿。於是大興土木，復修三皇殿，把老君堂改建爲三清殿，新建三官殿，使太清宮規模不斷擴大，道衆達數百人，道經藏五百多卷。明朝萬曆年間，佛教進入此地，太清宮曾一度衰落，南京報恩寺憨山禪師在宮前修建了佛教海印寺。道士耿義蘭進京告憨山強占廟產，憨山被充軍雷州。之後，耿義蘭於此建太清宮，方構成這一組古樸的建築群。萬曆二十八年十月初三，敕諭賜《道藏》一部於太清宮。《道藏》是道教的正傳經典，共五千三百零五卷，欽賜《道經》，增加了太清宮的聲望。

元朝道教國師邱處機是道教全盛時期的代表人物，山東棲霞人，十九歲時入崑崙山出家，拜全眞派創始人王重陽爲師。他到嶗山太清宮談玄傳道，著有《攝生消息論》、《磻溪集》等書。開創受戒制度，完成了道教叢林。元太祖成吉思汗於西元一二一九年第一次西征，邱處機隨駕西行。當成吉思汗在雪山上接見他時，他一再宣揚：「節食以修身，愛民石永固，天道好生惡殺」的道家思想，並借機進諫：「欲統一天下者，必不嗜殺人。」回到北京後，成吉思汗封他爲「神仙」，並賜予金虎符，付以璽書，曰：「眞人到處，如朕親臨。」並下聖諭，讓他統領天下道教。邱處機與明德眞君劉長生等七人號稱七眞：劉志堅，號雲岩子，棄家學道，隱於華樓宮，修行三十年，死後他的徒弟爲他立了一座行狀碑，碑文爲元大學士趙世延所撰。張三豐，又叫邋遢，被封爲普渡眞君，通化顯禮天尊，他於明永樂年間自青州雲門山來嶗山修道，被稱爲道教祖師之一，也是拳術武當派之祖。徐復陽，號太和子，師張三豐，得眞傳，在明霞洞、太清宮修行，後歸鶴山仙鶴洞，道成敕封中元永壽太和眞君。齊守本，杭州錢塘人，字普眞，號金輝，又號逍遙子，在嶗山修道二十年，敕封上元普濟宏道眞君。據說，道教鼎盛時期，山中道士有千人之衆。

太清宮也稱下清宮，自西而東有三皇殿、三清殿、三官殿三個主院，一百五十多間殿宇，東南院的三官殿供奉天、地、水三官三神，兩側塑有「眞武」、「雷神」、「監增」等神像，牆壁上繪馬、劉、溫、趙四大元帥像，正殿前院的兩棵幹粗合抱的耐冬，一棵開紅花，一棵開白花。據說，是明永樂年間道士張三豐從海島上移植來的。蒲松齡《聊齋志異》的《香玉》篇裏的香玉和絳雪，就是院中的這棵紅牡丹和這棵白耐冬的化身。

三清殿供奉太清太上老君，上清靈寶天尊、玉清元始天尊塑像，太清太上老君就是被道教神化了的老子。院內東西配殿供東華帝君和西王母像，殿門東側外，經逢仙橋北去，有一棵唐代的榆樹，因枝幹彎曲如龍頭，人稱「龍頭榆」。西側有關岳祠，供奉關羽、岳飛像，祠外臺階下，有一清泉，名「神水泉」，泉水清冽、甘美，列嶗山名泉之首。三官殿東側有「經神祠」，供奉東漢經學家鄭玄神位。

三清殿西是三皇殿，供奉人皇、地皇、天皇，即「伏羲」、「神農」、「軒轅大帝」，殿內還設有扁鵲、張仲景、華佗、皇甫謐、孫思邈、王惟一、錢乙、李時珍、葉天士、王清任等十大名醫神位。殿門上有以老子《道德經》中「天下有道，行馬走以糞；天下無道，戎馬生於郊」的篆書楹聯，殿前院內有一古柏，傳說是太清宮創始人張廉夫手植，人稱「漢柏」，有兩千多年樹齡，另有一碗口粗的凌霄和一棵五倍子樹寄生於漢柏樹上，「三樹一體」，是嶗山的奇跡之一。三皇殿門外兩側，石牆上各鑲一塊石碑，刻有成吉思汗給邱處機的聖旨金文。除此石刻外，在宮東山路大石上刻有「海波參天，始皇二十八年遊於此山」等字；而清雲山的巨勒「瑤池」，面積達九十平方米，是嶗山石刻之冠。

遊嶗山若下榻於太清宮，待清夜遠眺，只見海天一色，明月脫水而出，圓若銀盤，近在眼前，這就是著名的嶗山十二景之一的「太清水月」。此時你會感到身心脫俗，一塵不染。

# 孔望山訪古（連雲港孔望山）

佛教從印度經西域傳入中土之後，近兩千年來，在中國大地上留下許多石窟寺藝術奇葩，其中最早的傑作在哪裏呢？不在西藏，不在敦煌，卻在遠離佛教發源地的東海之濱孔望山。

出連雲港市新浦市區南行不遠，在公路邊屹立著並不甚高的石山，土色泛紅，綠樹蔥鬱。這便是聞名中外的孔望山。三百年以前，它還是座三面環海的半島，山海壯麗，是歷代文人墨客登高觀海的勝地。相傳孔子問官於郯子時，曾登此山以望東海，後人便名之曰「孔望山」。

離開公路，走入山中不遠，便可見到中國最早的孔望山佛教摩崖造像。造像是用傳統的漢畫像石技法，就山石

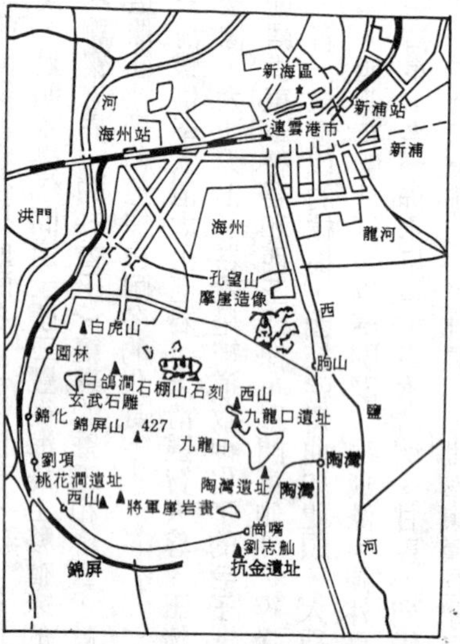


孔望山及將軍崖位置圖

的自然形勢鑿成，共有一百零五尊人像，高低錯落地分布在東西長十七米、高約八米的赭黃色崖壁上。造像大小不一，各具神態，有立有坐，有跳有卧。其內容以佛教本生故事和本行故事爲主，同時又有表現道教題材的雕像。

在摩崖的上方，有兩個稍大於眞人的坐像，是所有雕像中最大的。一個高一點五四米。一個高一點一一米，渾沉雄大，正襟危坐，頭戴進賢冠，雙手抄於博袖，面容安詳，流露出受命於天的高貴矜持神態。這就是中國太平道教頂禮膜拜的偶像。這反映出東漢時期，佛教依附於道教，於是出現了這種以道教爲尊，以佛教爲輔的佛道交融的宗教藝術。

西側三號立像，頭頂高肉髻，天庭飽滿，兩耳垂肩，身著通肩大衣，赤足叉開而立，右手置胸前，掌心朝外，五指舒開，作施「無畏印」，鎮定安祥，把佛的超然之態表現得活靈活現。

畫面中心是一幅佛講經說法的場面，那佛頭頂圓形項光，著通肩大衣，結跏趺坐於蓮花臺上，只覺他講得精采絕倫，旁邊的幾個人像，或坐或立，或驚或喜，全神貫注，聽得入神著迷。

在畫面中心的下部，是一幅「釋迦寂滅圖」，講的是一佛傳故事：釋迦牟尼收了最後一個弟子後，就離開塵世，到超脫生死的西方淨土做佛祖去了。其實佛家所說的「

寂滅」，就是死了。你看那佛：微閉雙眼，合嘴坦胸，臥在胡床上，身旁有男有女，有戴冠的，有高肉髻的，有閉眼號啕的，有哀哀欲慟的，有表情莊穆的，也有面帶微笑的，使人覺得釋迦正在安詳地超脫，精湛地表現了悲哀的死亡和歡樂的永生的對立統一。在佛的頭前，雕著一個神的形象，在前面恭敬地導引著釋迦升天，眞是動人心弦。

在畫面東邊的一個卧像，是表現佛本生故事的薩埵那太子「捨身飼虎」圖。

在孔望山造像前，幽意濃濃的山坡上，還有一個圓雕石象和石蟾蜍，石象前又有一個碣形石碑座，據說石象和碣形石碑座原是秦國東門的象徵，被秦始皇立爲中華第一封建帝國的東門。至東漢後期，人們在這裏重修東海廟，便將其中一石雕成石象，另一巨石爲廟碑底座。東海廟始築年代不詳，重修於東漢永壽元年。因廟是建在秦始皇立石東門處，後人又稱之爲「植石廟」。東海廟供奉的是東海神君，是我國早期道教活動的一個極爲重要場所。石象造形肥碩雄奇，身高二點六米，長四點八米，你看那捲曲的長鼻，舒展的耳廓，對稱的長牙，四蹄踏著四朵蓮花，那升騰凌空的勢態，給人以一股不可征服的昂揚活力。據說，此石象是我國現在所有的漢代獸雕中最龐然的大物。而石蟾蜍則更具有漢代風格，它會使你想到張衡所造的地動儀上的蟾蜍像。

當你飽覽了一千八百年前的「九州崖佛第一尊」的摩崖造像餘興未減時，又會被引到遊人雲集的孔望山龍洞，也稱歸雲洞。世傳有黃龍在此潛蹤修煉，後飛升而去。龍洞小巧玲瓏，別具特色，門南向，原爲圓形，後人開拓成方形。宋代前洞門被一巨石門封蓋，北宋時，才被鑿開。現石門尚有一半立在洞東側石壁上，龍洞呈前低後高橢圓形，南北長二百五十釐米，高八十—一百五十釐米，寬一百四十釐米。洞壁光滑，手摸如觸琉璃，洞壁有若盆的圓形淺窪，估計是海蝕作用而致。龍洞曾被古代僧侶稱作「石窟寺」。自宋至淸，文人遊子來此洞刻詩題名有三十多處。隸、篆、草、行，各臻其妙，可爲金石愛好者大飽眼福。洞後壁還有一單線陰刻的石魚。

在宋人題刻中，王華曜等人題名頗有價值：它鐫於龍洞西側石壁，高七十二釐米，寬四十釐米，文九行、行五字、字徑三釐米。文曰：「王華曜守東武，由朐山太守呂望之率王碩文、黃天倪觀東海於龍興山之乘槎亭，元祐四年（一〇八九年）三月四日。」蘇東坡曾於熙寧七年（一〇七四年）和陳知州觀海於乘槎亭，並寫了一首《次韻陳海州乘槎亭》：

「人生無涯生有涯，逝將歸釣漢口槎。
我欲乘桴從安石，遁也誰能識子嗟。
日上紅波浮翠巘，潮來白浪捲青沙。

清淡美景雙奇絕，不覺歸鞍帶月華。

多少年來，集注蘇詩的人多不知此詩所詠「乘槎亭」的地址，王華曜等人題刻可算填補了蘇詩研究史料的空白。「乘槎亭」位於孔望山之巔，毀於何時不詳，今尚有杜洞可尋，是文人墨客觀海的地方。北宋詩人張耒（字文潛，一〇五四—一一一四年），有《秋日登海州乘槎亭》詩：

「海上風高八月涼，乘槎亭外水茫茫，
人家日暖樵漁樂，山路秋晴松柏香。
隔水飛來鴻陣闊，趁潮歸去櫓聲忙，
蓬萊方丈知何處，煙浪參差在夕陽。」

《嘉慶海州直隸州志》引張耒《宛丘集》、《秋日登海州乘槎亭》，也有關於「星槎」傳說。晉王嘉《拾遺記》〔少昊〕篇：少昊的母親皇娥與白帝同坐在「亘槎」之上，航行於宇宙之間，相傳在堯登位三十年後，亘槎又在天空出現。《拾遺篇》又描述：「槎上有光，夜明晝滅，常浮繞四海，十二年一周天，周而復始，名曰貫月槎，亦謂桂星槎。」這個傳說，說明在遠古，有一隻能環宇宙航行的飛船。宇航者是少昊之母皇娥，起源地即被《嘉慶海州志》稱作「少昊氏遺墟」的海州孔望山乘槎亭。

在龍洞石刻中，明代石刻數量較多。較有價值的要算是「問官臺」、「石峽」、「月來潮生」和龍洞上方懸崖上的《孔望山銘》，從藝術角度，要數王同六言詩刻：

「龍洞良霄月照，黃華滿地秋香。
此時此會文彥，一觴一詠情長。
矗矗山岩曲抱，潺潺朐海東流。
明朝分袂城市，琴尊獨憶綢繆。」

此詩是以篆書刻於龍洞西側二十五米遠的崖壁上的。對於金石愛好者來說，石刻薈萃，旅遊讀碑，實乃是豐厚的精神享受。

在「龍洞」東側懸崖峭壁上，「龍洞庵」古刹被掩映在蒼蒼古柏之中。龍洞庵原名龍興寺，始建於唐。任過江蘇巡撫的林則徐曾兩次來海州尋跡問蹤，訪龍洞庵，留下了墨跡翰寶和唱酬之作。正殿原有佛像，中間是釋迦牟尼，左側是迦葉，右側是阿難。舊時香火不斷，常有虔誠的佛教徒去頂禮膜拜。「文革」中，龍洞庵遭劫難，塑像被砸，文物被搶。一九八〇年後，百廢俱興，乃重修龍洞庵，千年古刹又復明代建築風貌。大殿與山門爲一中軸線，組成了一個高低有致、左右對稱的建築。從山門拾級而上，過圓洞式山門進入院中，大殿建於二米多高的臺基之上，寬十米，進深近七米。正殿右翼爲廂房，殿前有月臺，大殿的一旁有株唐柏，雖經千年風雨，仍蒼翠欲滴；另一株是宋茶，俗稱「糯米茶」，白色的花蕊簇簇清香滿園。此兩株靈植，乃是龍洞庵歷經滄桑的象徵。

「江山依舊在，幾度夕陽紅」，如玉似雕的秀美的孔望山，以它舒展的歷史畫卷吸引著無數熱愛中華歷史的錦繡河山的遊人。

## 將軍崖下讀天書

### （連雲港錦屏山）

在連雲港市區西南，有一個蔥蘢錦繡的小山，人們給它起了個美麗的名字——錦屏山。山南麓有一條峻秀如畫、九曲迴折的桃花澗。兩旁山崖峭立，中間溪水歡跳，是人們遊嬉的好去處。地下出土文物表明，我們的祖先早在一兩萬年以前就選擇了這塊山水佳處。那時它靠海邊，與日本列島遙相呼應。這裏出土過的舊石器中，有一塊用蛋白石打製的舟狀「石核」，無論就其形制還是打磨方法，同日本九州星野遺址出土的舟狀石核，竟毫無二致，足以證明中日文化交流源遠流長的歷史。

到了夏商時期，這裏居住著東夷族，也就是漢族的先民。他們在這塊伸向海天之中的山頭上闢出了一塊最神聖的場地——祭壇。這個祭壇遺址經過三千年的風雨剝蝕，居然完整地保留下來，同時留下了一批珍貴的岩畫。這是中國目前發現的反映先民農業部落生活的唯一的岩畫。因為這裏後來埋葬了一位三國時有名的將軍麋子仲，所以被人們稱為將軍崖。這麋子仲不是別人，就是將妹妹嫁給劉備的那位「安漢將軍」。

當你來到這將軍崖上，首先看到的是兩塊長約二米的石塊。石身上布滿了大小洞眼，這石塊本是三塊，就是用它們來代表祭祀對象的，稱作石主。這在古書上多有記載，如《淮南子·齊俗訓》：「殷人之禮，其社用石。」先民們以石主代表社稷之神，就是土地和農業之神。豐收了，要在這裏奉獻穀物，並且要殺三種牲畜上供。打仗勝利了，也要在這裏獻俘，就是把俘虜殺掉，這就叫血祭，是古時最隆重的儀式了。儀式末尾，是全族人圍著石主舉行狂歡活動。人們用斧鑿在周圍的岩石上畫出各種圖畫，有的是他們的崇拜對象，有的是記錄某些活動的符號。可惜這些對於今人來說，都如天書一般，各有各的理解，有的甚至認為這些圖形都是古代太空人留下的他們自己的形象。於是，辨認天書，便成了旅遊或考古者最感興趣的項目了。

全部岩畫鑿刻在南北長二十多米、寬十五米的混合岩石上，石面平整而光亮，刻痕斷面多呈「V」字形，看得出是先用石斧敲鑿，再逐漸加深磨刻而成。因此刻紋清晰、構圖淳樸、線條粗曠，是古樸拙重的藝術傑作。三組岩畫圍繞著三塊石頭，在東南、南、西南方向上等距離地排列著。

第一組，是以女媧像為中心的人面群像，其中六個大小不一的頭像構圖雷同，多有尖頂形頭飾。其中最大的高九十釐米，寬一百一十釐米，象徵著母系氏族社會那個神力無比、能「摶土造人」的權威女媧。她額前用一根絃紋穿過一串排列整齊的複線菱形，似原始社會高貴婦女頭上戴的美麗的串著貝牙的雕飾。《風俗通義》說：女媧先用黃土造人，放在嘴邊一吹便成了活人。岩畫上的「女媧」嘴邊果然刻有個小小人面。《風俗通義》又說：「女媧嫌摶土造人」太麻煩，便改用「繩絙造人」，即用草繩蘸著長五穀的泥水，一甩便一連造出好幾個人。果然畫面上幾乎所有的人面都有一根線與下面禾苗相連。畫面生動地表現了母系社會中女性被崇拜的地位，也反映了古人類對土地的依賴關係。

岩畫中有十八種符號，與陝西半坡村遺址以及山東大汶口遺址中出土陶器上的刻畫一樣，屬於古文字，但作為原始社會的石刻文字，還是第一次被發現。

第二幅是長達六百二十三釐米帶狀的星象圖，依山勢上下分布，若倒懸的銀河。月亮、星座按一定次序排列，並被三根短線分作四部分，大概是記錄太空星雲位置用以推算日月週期的，圖中還有兩個威嚴、猙獰的天神頭像和形態各異的獸面紋，或許是先民向蒼天表示最高的敬畏，祈禱上蒼保佑人民，祝願禽鳥繁衍、五穀豐登吧。

畫的右側還刻有三個光芒四射的太陽，大的二十三根光芒，小的十四根光芒，顯示了對太陽的崇拜。少昊氏族的「昊」字正像一輪高懸九天之上的皓日。《尚書》中也有記載黃帝命羲仲居鬱夷（今連雲港市）「寅賓出日」的事。倘若連接三個太陽的圓心，又恰成一個直角三角形，先民們或許已能從一年四季太陽的位置偏移測出夏至、秋分以確定播種收穫的季節。

刻在最高處的是一鳥形的刻畫，它「鳥身人面」，像孔雀一樣，頭上有三根羽毛，頂飾圓球。這是少昊氏族奉為祖先圖騰的玄鳥。《詩經·商頌·玄鳥》：「天命玄鳥，降而生商。」古代少昊氏族，禁止捕殺鳥類，氏族各分支部落賜贈羽毛，各部落分支也用不同的鳥名來稱呼。《左傳》和《山海經》都記載少昊氏族及居住的中心東海朐山是中國古代唯一的「鳥王國」。錦屏山古時稱羽山，大約也因山中有各種美麗羽毛的鳥類棲息之故吧。

考古學家稱將軍崖岩畫是「東方最早的天書」。這部天書揭示：我們的祖先很早就在古老的東方創造了燦爛的文化，這裏也是中華民族古老文明的發祥地之一。

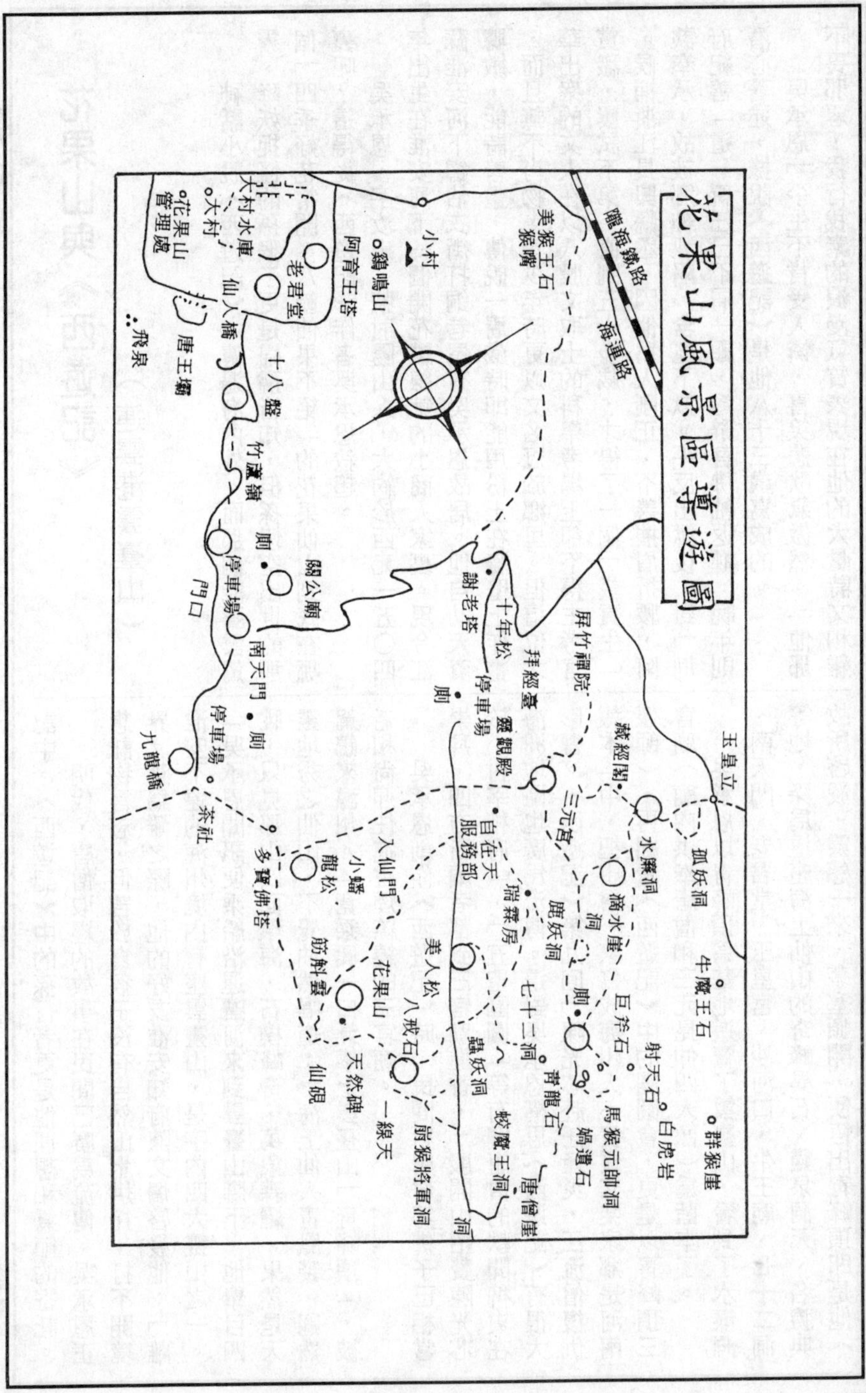
花果山風景區導遊圖
隴海鐵路
海連路
美猴王石
猴嘴
小村
雞鳴山
阿育王塔
老君堂
仙人橋
十八盤
竹蘆嶺
廁
關公廟
停車場
門口
南天門
停車場
九龍橋
茶社
大村水庫
大村
花果山管理處
飛泉
十年松
屏竹禪院
停車場
藏經閣
三元宮
自在天服務部
八仙門
多寶佛塔
小蟠龍松
水簾洞
鹿妖洞
美人松
花果山
天然碑
仙硯
八戒石
一線天
七十二洞
青龍石
蛟魔王洞
巨斧石
射天石
白虎岩
群猴崖
牛魔王石
狐妖洞
馬猴元帥洞
唐僧崖

# 花果山與《西遊記》

## （連雲港雲臺山）

神話小說《西遊記》，傳遍海內外。而那個能騰雲駕霧、降妖捉怪的孫猴子更是婦孺皆知，但孫悟空出世的那個「四季好花常開，八節仙果不絕」的花果仙山到底在哪裏呢？這得從《西遊記》作者吳承恩敘起。

吳承恩，字汝忠，號射陽山人，大約於西元一五〇四年出生在淮安河下一個開花絨線鋪的小商人家裏。現今江蘇淮安河下鎮估衣街打銅巷尾有吳承恩故居。他自幼天資聰敏，能詩善畫，傳說一周歲時即能用粉土在牆壁上作畫，而且無不肖物，青少年時更以文名冠於鄉里。但這位才華出衆的文人在以八股文取士的科舉考場上卻不得主考官賞識，屢試不第，直到五十多歲，才得了一個「歲貢生」，候補浙江長興縣丞。因他爲人剛正，不善摧眉折腰，阿諛奉承，故被鄉紳誣陷，含冤下獄。平反出獄後，對「荊府紀善」這一新任已不屑一顧，遂辭官拂袖返鄉。晚年則潛心著述，據說《西遊記》是他八十三歲寫成的。

吳承恩「平生不肯受人憐，喜笑悲歌氣傲然。」他那不畏邪惡，我行我素的浪漫氣質表現在他的大量詩文和雜記中。《西遊記》中的孫行者更是他理想和氣節的寄託。

明代，唐僧取經的故事在民間已廣爲流傳。吳承恩正想託物言志，但苦於寫猴子沒有自然山水烘托，打不開境界。正爲難之際，他的好友淮安知府陳文燭啓發他：「離淮安不遠的海州境內有座雲臺山，是宇內四大靈山之一。」吳承恩聞訊便乘船沿運鹽河來到雲臺山腳下，他舉目四眺，只見那山四面環海，石樸峰奇，萬象森羅，果然是天靈地秀之仙山，不覺油然唱道：「海上仙人青鳳裘，翩然駕鶴來瀛州。」竟乘興一口氣攀上雲臺山「青峰頂」，被老和尚迎住進香煙繚繞的三官廟。

吳承恩創作《西遊記》時，民間對唐僧等佛子已相當崇拜，四方祈福者都到三官廟進香，「殷開山招贅陳光芯於小村宰相府」，「五聖團圓」等有關唐僧的軼聞稗史在海州地區也廣爲流傳。這對吳承恩構思《西遊記》有很大影響。《西遊記》第九回「陳光芯赴任逢災，江流僧復仇報本」中，把唐僧一家寫成海州人（實質玄奘家鄉是河南偃師），再細看《西遊記》中的團圓會，更是以青峰頂三官廟（廟內供奉唐僧和三元昆仲四人像）爲藍本了。

吳承恩以青峰頂爲基地遊覽了雲臺山，看到了水簾洞、南天門、老君堂、玉皇宮、沙河口、牛王廟、七十二洞等地，深爲這座海上仙山的奇峰異石、靈泉洞天、名勝典故所啓發，靈感一來，茅塞頓開，便悟出青峰頂即是他《

西遊記》中的花果山，並以此附會出「女媧遺石」、「卵迸石猴」、「孫猴子花果山稱聖」、「大鬧蟠桃會」等一系列有趣的故事來，眞乃是觸景生情，妙筆生花。

若反過來按《西遊記》地名覓源，在雲臺山區大部分可找到出處。如：《西遊記》六十三回說：「此間是亂石山，山下乃碧潭」，講唐僧師徒與九頭精爭奪金光寺塔頂舍利佛寶的故事。現陶庵附近的硯臺村，昔年也叫亂石村，而雲臺山確有個山峰叫舍利山（即北固山）。又如：二十回中：「半山中八戒爭先。」這裏的半山，即花果山小蟠松扎根處。清朝程均《半山園額跋》云：「……顧子（指明代顧乾）構園其上。園中有亭，並以半山名。」《西遊記》八十一回說：「鎭海寺心猿知怪，黑松林三衆尋師」，而《雲臺新志》中有「西邊島古有蘭若（廟宇名）叫鎭海寺」的說法。另外《西遊記》中說唐僧是如來佛身旁的金蟬子化身，而連雲區諸麻村東北的大島山，古名即「金蟬大島」。諸如《西遊記》中描繪的：「蓮臺」現在孫家山，「北海觀音」位於青峰頂後山北，也叫倒座崖。至於那廣爲人知的八戒石、沙僧石、猴石、媧遺石等，就連雲臺山區的孩子都可以講出許多被吳承恩寫進作品的神話呢。

隨著大海東移，約十八世紀末，雲臺山由海上諸島變成陸上群山，滄海變桑田，沒有了海濤拍岸，昔日花果山那「俯視極東溟，巨浪應空排」的磅礴氣勢大減，就連《西遊記》中所渲染的「一派白虹起，千尋雪浪飛」、「神泉普潤」的水簾洞也失去了當年「靈泉」之美妙，難怪那塊鐫有「花果山福地，水簾洞洞天」的石碣也找不見了呢！

但慕名而來的中外遊人仍絡繹不絕，失去了水色的古老花果山僅能以自己獨具的奇岩怪石歡迎來賓：這些怪石都是變質岩經過長期球狀風化作用而形成的，如花果山上的石猴、唐僧崖等，還有的變質岩在不同方向節理而形成各種洞穴，如水簾洞、八戒石、七十二洞等。大自然爲我們巧妙地造化了花果山這條四百米長的風景線。

當你登上雲臺山玉女峰頂鳥瞰花果山、九龍潭、水簾洞、三元宮等，雲臺雲海，蒼翠盡收眼底，眞是「登峰宜造極，造極即登天，絕頂吾能到，飛升啓必仙」，聯想《西遊記》得道成正果的有趣的故事，更覺妙趣橫生，會心而笑了。

## 徐福入海之謎（贛榆徐福村）

在江蘇和山東沿海有一個美麗的傳說：秦始皇爲長生不老，派遣方士徐福率數千名童男童女東渡蓬萊（日本）採仙藥，徐福等一去不返，他給日本帶去華夏文化，在日本定居、繁衍。

日本也有民間傳說，徐福渡海首先到九州，他在明海筑後川河口登陸，上金立山採藥，之後向南向東沿海岸，最後到達紀州熊野地方，即今和歌山新宮市。徐福帶去中國的稻種和種稻、植桑、養蠶等技術，在日本由「繩文文化時代」逐步過渡到以農耕爲主的「彌生文化時代」中起了重要作用，徐福被日本人民尊作司農耕、醫藥之神，每年皆舉行祭祀活動。在日本和歌山、佐賀、廣島、愛知、秋田、青森、山梨等地，至今仍留有徐福祠和徐福墓。在明代洪武年間，日本僧人絕海中津晉見明太祖朱元璋，也曾以徐福東渡賦詩，增進友誼：「熊野峰前徐福祠，滿山藥草蒲餘肥；只今海上波濤穩，萬里好風須早歸。」唐代大詩人李白在《古風》中，也有「鬐鬣蔽青天，何由睹蓬萊，徐市（古福字）載秦女，樓船幾時回」的詩句。

《史記·秦始皇本紀》始皇帝二十八年載：「始皇東行郡縣，……南登琅琊，大樂之，留三月，乃徙黔首三萬戶琅琊臺下。復十二歲，作琅琊臺，立石刻，頌秦德，明得意。」「即已，齊人徐市等上書，言海中有三神山，名曰蓬萊、方丈、瀛洲，仙人居之，請得齋戒，與童男女求之，於是遣徐市發童男女數千人，入海求仙人。」又，始皇三十七年載：「還過吳，從江乘渡，並海上，北至琅琊，方士徐市等入海求神藥，數歲不得，弗多，恐譴，乃詐曰：『蓬萊藥可得，然常爲大鮫魚所苦，故不得至，原請善射者與俱，見則以連弩射之。』」

徐福，齊地琅琊人，家鄉雖在沿海，祖籍卻在中原，相傳他的遠祖是五帝少皞、顓頊的後代，夏初封於徐（今淮河下游）。有學者考證，徐福是周朝徐偃王二十九代孫。《明一統志》、《徐州府志》裏，還記載徐州以南有徐山和徐偃王墓。

歷史記載與民間傳說如此吻合，曾引起不少著名史學家關注：歷史學家翦伯贊在其所著《秦漢史》中，頌揚了徐福帶領船隊一批批東航的海洋探險精神，秦漢史專家馬非百先生對徐福下東洋也加以明確肯定，並在《秦集史》中爲徐福立傳，香港學者衛挺生氏則提出徐福即日本開國的神武天皇，日本史志也有記載，明確承認「日本之家始於徐福」。

然而，對徐福的進一步研究是在徐福故里發現之後。一九八二年地名普查，贛榆縣金山鄉徐阜村有一個七十六歲的道士徐永成，反映徐阜村原名徐福村，並講了該村許多關於徐福和秦始皇的傳說，被普查員張愼良整理成《金山鄉徐阜村名調查》，這篇調查報告引起了有關學者的關注，東鄰日本的《朝日新聞》同時刊登了關於徐福故里發現的報導。

經過專家們對徐福村地理環境和徐福故里文物的考證

，確認徐福率領童男女和百工在出海前所作準備工作的遺址，認爲徐福義無反顧的舉動，是逃避秦始皇苛政，他巧妙地利用秦始皇求長生不老的心理，得到始皇的支援，並取得合法身分，實際上卻是一次有計劃的移民行動。徐福東渡的物質基礎是秦王朝強大的實力，是秦始皇求長生不老藥以及他統一六國後試圖向東開拓這種複合動機造成的。同時，徐福所處的琅琊郡集結了齊魯文化和方技，融合了吳、越造樓船和水運技術，具備了數千人遠航的條件，而徐福率衆揚帆起航點海州灣及其外海，受半封閉性氣旋式環流控制，其流速、流量季節變化不大，同時，在黃海中下層水下，還有一個由黃海冷水團形成的氣旋性海水密度環流，與表層環流流向基本一致，有利於東渡日本的船舶漂送。

當然，迫使秦始皇派遣徐福東渡的最大誘惑力乃是海州灣，徐福村附近的秦山島上空經常出現的紫雲飛渡、仙臺樓閣、瓊花玉樹、仙人起舞……那令人神往的仙境。（古人不知是「海市」。）秦始皇面對浩淼的東方大海，祭日、求仙，寄希望於未來。

對於徐福東渡前的行蹤，不少學者進行了探索。連雲港市徐福研究會初步考證：徐福從徐福村出發後到了琅琊山，在山上幸會秦始皇，才得言上書，並被遣派徵發童男女入海求仙，於是他在河北滄州附近的渤海邊徵集到千名童男女，築丱兮城僑居，因而鹽山縣舊有千童縣之稱。據我國現存最早較完整的地方志《元和郡縣圖志》載：「漢千童縣，即秦千童城，始皇遣徐福將童男女千人入海求蓬萊，置此城以居之，故名。」徐福沿著海岸在青島附近的膠州灣又找到了「徐山」，此地處膠州灣西岸，地勢平坦，交通方便，背靠小珠山，可就地取造船用木材，前有薛家島作屏障，無風浪之險。據《三齊記》載：「徐山，方士徐福，一作市，將童男女三千人會此入海，採藥不返。」他緊靠海邊安置童男女，原有一千，又徵集到一千，共兩千童男女，現在琅琊灣中有兩個小島，一個叫齋堂島，傳說童男女曾在此齋戒。另一個叫沐涫島，據說當年童男女在此島上，時值初夏，海水滾燙，就用此沸騰的海水沐浴，故而名之。正式東渡前，徐福又將童男女分期分批地在徐福島上暫作停留。徐福島在今嶗山縣境內，島以北近海陸，地上還有個登瀛村，據《即墨縣志》載：「徐福島，縣東南五十里，相傳徐福求仙住此，故名。」徐福即從此村登上了去瀛洲的大船。此後漂洋過海，歷盡辛勞，終於到達彼岸，成就了千秋大業。

一九八五年十二月一日在贛榆縣徐福村舉行了立碑儀式，由趙樸初題寫了「徐福村」名。

對於徐福的研究，在中國剛剛開始。相信不久，這位兩千年前幾下東洋的偉大的探險家必然會引起世界史學專家的矚目，在世界航海史上得到應有的地位和評價。

# 大明湖畔憶前賢（濟南大明湖）

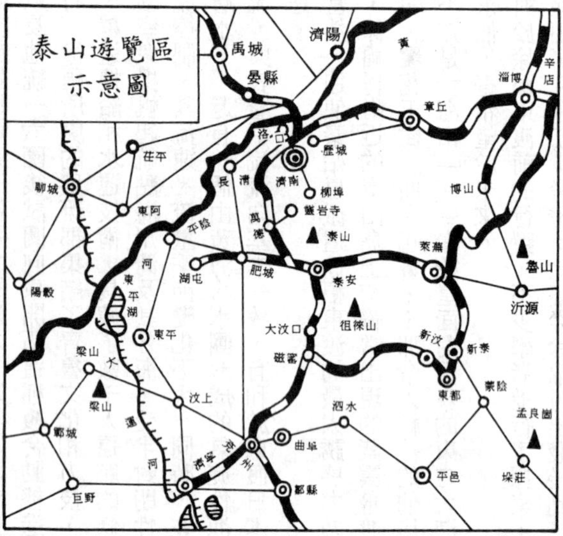


津浦鐵路至德州入山東省境後，斜向東南，直插齊魯腹地，列車一跨過黃河大橋，便進了山東省省會濟南。濟南，號稱「泉城」，「家家泉水，戶戶垂楊」是這個北方城市的獨有特色。它與水關係密切，就連「濟南」之名，也得之於位處「濟水之南」。

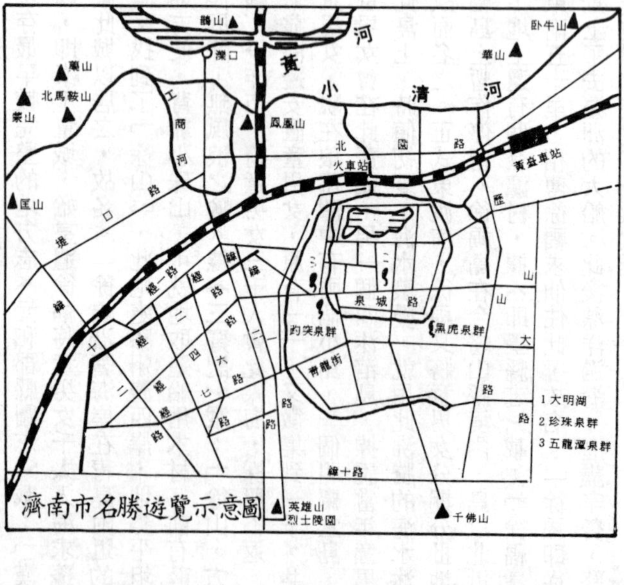

古代先民逐水而居，於是在著名的大泉群以及由它們匯聚而成的大明湖一帶，形成了濟南最早的市井城區。大明湖，始見於北魏酈道元的《水經注》：「其水（指趵突泉水）北爲大明湖，西即大明寺」，湖得名於寺，顯而易見。元好問在《濟南行記》中稱湖「大占府城三分之一，秋荷方盛，紅綠如繡，令人渺然有吳兒洲渚之想。」大明湖有三門，東、西二門皆偏置，南門爲正門。

進得牌樓大門，湖水撲面而來。沿路西去，有紀念宋代大詞人辛棄疾的稼軒祠。此祠原爲李鴻章的「李公祠」，一九六一年改爲「稼軒祠」。辛棄疾，算得上文武雙全，既是偉大的詞人，又是南宋抗金的英雄。他是濟南人，生於一一四〇年，當時山東已爲金人所占。二十一歲時，他聚合了兩千多人馬，殺了知縣，去泰山投奔耿京的抗金起義軍。第二年，耿京派辛棄疾等人去臨安與南宋朝廷共商聯合抗金事，恰好宋高宗趙構在建康勞軍，主戰風盛，耿、辛主張被欣然接受。誰知，義軍將領張安國被金人收買，殺害了耿京，二十萬義軍潰不成營。辛棄疾怒不可遏，率五十騎突入五萬人的金營，在慶功宴上活捉了叛徒張安國，縛於馬背，星夜兼程，奔回建康，斬首示衆。辛棄疾晚年填詞《鷓鴣天》曾記此事：「壯歲旌旗擁萬夫，錦襜突騎渡江初。燕兵夜娖銀胡䩮，漢箭朝飛金僕姑。」但眞正的抗金志士，在南宋總是壯志難酬的。辛棄疾仕途屢經坎坷後，終於賦閒，只能在詞中抒發他的雄心和悲憤：「醉裏挑燈看劍，夢回吹角連營，八百里分麾下炙，五十絃翻塞外聲，沙場秋點兵。馬作的盧飛快，弓如霹靂弦驚。了卻君王天下事，贏得生前身後名。可憐白髮生！」

郭沫若在祠堂正廳的題聯，概括了辛棄疾的一生：

鐵板銅琶繼東坡高唱大江東去，

美芹悲黍冀南宋莫隨鴻雁南飛。

辛棄疾，字幼安，爲何祠名「稼軒」呢？辛棄疾曾說：「人生在勤，當以力田爲先。北方之人，養生之具，不求於人，是以無甚富甚貧之家。南方多末作以病農，而兼併之患興，貧富斯不侔矣。」便以「稼」爲軒名。既不忘自己是北方之人，又有諷兼併、剝削之意。他的詞作也彙集爲《稼軒長短句》。

出稼軒祠，左近有遐園，這裏是一九〇一年山東提學使羅正鈞創辦的山東省立圖書館的一部分。循遐園曲廊漫行，可至湖岸渡口，舟發歷下亭。歷下亭始建於北魏年間，原在五龍潭附近，即酈道元《水經注》中的「客亭」。到了唐代，大詩人杜甫來赴宴題詩時，亭還在原址。唐天寶四年（七五四年），杜甫到山東臨邑看望弟弟杜穎，經濟南。北海太守、書法家李邕，即《文選》注者李善之子，在歷下亭設宴款待。杜甫即席賦詩《陪李北海宴歷下亭

》，詩云：「東藩駐皂蓋，北渚凌清河；海右此亭古，濟南名士多。雲山已發興，玉佩仍當歌。修竹不受暑，交流空湧波。蘊眞愜所遇，落日將如何。貴賤俱物役，從公難重過。」

全詩寫得並不精采，因而知之者不多。但其中「海右此亭古，濟南名士多」句，切地、切景，也切與宴者的好心情，被傳爲名句，無論亭搬到何處，都鐫爲楹聯。

北宋後，亭移於大明湖南岸。元代于欽《齊乘》載「歷下亭在府城驛邸內歷山臺上，面山背水，實爲絕勝。」康熙三十二年（一六九三年），李興祖集資，於大明湖中重建歷下亭。《聊齋志異》的作者蒲松齡，應山東布政使喻成龍之請來濟，躬逢新亭落成，在宴上也依興而發，作《古歷亭賦》，其中有云：

憑軒四望，俯瞰長渠；順水一航，直通高殿。籠籠樹色，近環薛荔之牆；泛泛溪津，遙接芙蓉之苑。入眶清冷，狎鷗與野鷺兼飛；聒耳嘈嘈，禽語共蟬聲相亂。

看得出，蒲松齡是在模仿王勃的《騰王閣序》，因爲是模仿，意境到底差遠了。

自歷下亭移舟東去，可抵東岸匯泉堂。旁有秋柳園，也因清學者王士禛而成爲一處景致。王士禛，山東新城人，號漁洋山人，少年時曾在大明湖畔北渚亭讀過書。有《秋柳》詩馳名文壇，且自述：「順治丁酉秋，予客濟南，諸名士雲集明湖。一日會飲水面亭，亭下楊柳千餘株，披拂水際，葉始微黃，乍染秋色，若有搖落之態。予悵然有感，賦詩四章。」這就是秋柳詩，後人因此以「秋柳」命園，紀念王漁洋。《秋柳》四章之一云：

秋來何處最消魂，殘風西月白下門，
他日差池春燕影，只今憔悴晚煙痕。

「白下」即南京，是明朝建都之處，王士禛思明幽情暗含詞間。

自匯泉堂沿湖堤南行，可至紀念宋代濟南太守、「唐宋八大家」之一的曾鞏而建的南豐祠。曾鞏爲江西南豐人，世稱「南豐先生」。他在濟南執政期間，政績卓然。離任時，百姓於橋口、城門挽留，曾鞏只好夜間悄然而別。到了清代，又有一個江西南豐人湯世培來歷城任知縣，便在大明湖上建祠紀念他的同鄉，這才有了現在的南豐祠。

再往東行，還有紀念明代兵部尚書鐵鉉的「鐵公祠」。在燕王朱棣與建文帝朱允炆爭奪王位的「靖難之役」中，鐵鉉堅決站在正統皇室的建文帝一邊。他抵抗朱棣的辦法很多，先是在城牆上豎起明太祖朱元璋的牌位，使燕兵無法開炮；後又詐降，在城門上設鐵閘板，準備在朱棣進城時將他砸死。兵敗後，鐵鉉死得也很慘，家族男丁全被殺死，妻女充作營妓，而他則被投入油鍋。

鐵公祠西鄰的「小滄浪」，比起蘇州的滄浪亭來，自然差些，但一副最富濟南大明湖風情的佳聯（清劉鳳誥撰），卻使小滄浪地位獨具：

四面荷花三面柳，
一城山色半城湖。

文人對大明湖的描述清雅怡人，老百姓的概括也俗得有趣，有人發現大明湖的最大特點是「蛙不鳴」。城外，蛙聲聒噪，城內，一聲不叫，怪哉！傳說乾隆皇帝來濟南臨幸大明湖，遊興正濃時，忽聞蛙聲陣陣，攪人心煩，於是傳旨，不准蛙鳴，令行禁止直到如今。又說乾隆皇帝在南京玄武湖也聞蛙鳴，不悅，隨從卻捉來老鱉問罪，從此老鱉不准叫了，玄武湖裏的青蛙卻保留了叫的權利。這些傳說，固然是人民對封建帝王專制不滿的反映，但大明湖內青蛙不叫卻是真。這究竟是什麼道理呢？原來，青蛙鳴叫，乃是求愛的歌唱。大明湖爲地下泉水匯集而成，水溫較低，青蛙不能發情，因而不叫。水流城外，出地下時久，水溫增高，青蛙在此生活正常，自然要叫。

大明湖雖在一五〇〇年前就見載於《水經注》，但昔日大明湖並非今日的大明湖。隋唐以前的大明湖，在今五龍潭一帶，現在的大明湖，隋唐以前稱歷水陂。古大明湖和歷水陂的北面，有一個更大的湖泊，叫鵲山湖或蓮子湖。南宋，開闢了小清河，古大明湖漸涸，至金代，歷水陂便稱作大明湖了。因湖中多蓮藕，明人又稱「蓮子湖」，與古蓮子湖混爲一談了。古蓮子湖之所以有名，因爲湖中有座華不注山。

華不注，好奇怪的山名。有人考，「華不注」即古音「華跗朵」，即荷花的花骨朵，得名於山之象形。酈道元在《水經注》中形容道：「華不注山，單椒秀澤，不連丘陵以自高；虎牙桀立，孤峰特拔以刺天」，說它像含苞的荷花。如果換一個角度，「華不注」就徐徐欲放了，「華不注山正面東南向，在八澗堡、竹甸兩村間望之，豐隆丕大，形如決苞芙蓉」。所以李白來遊時，也欣然作《古風》，其中云：

昔我遊齊都，登華不注峰。
茲山何峻拔，綠翠如芙蓉。

華不注聞名於世，不是源於它的美麗，而是由於它和春秋時的「鞍之戰」有關。西元前五八九年，晉國率軍與齊師「戰於鞍」。據考，這個「鞍」就是現在濟南城北、金牛公園以西的北馬鞍山。當時，晉軍將士十分勇猛，中軍將郤克親執旗鼓，雖中矢流血及屨，鼓音依然不絕。駕戰車的解張，雖利箭穿肘，半邊車輪都被血染紅了，仍不下戰車，掌旗官鄭丘緩每到危險、難行之處便推車前行，使將帥的戰車始終衝在隊伍的前面。晉軍士氣大振。齊侯卻驕橫輕敵，馬不披盔甲就上了戰場，還揚言：「我且消滅了他們再吃早飯！」結果，齊師大敗，「三周華不注」，想甩掉晉軍。晉軍緊追不放，也繞華不注追逐了三遭。齊國大臣逢丑父見事情危急，就在戰車中和齊頃公交換了座位，冒充齊頃公。奔至華不注山下的華泉時，戰車的驂馬被樹木掛住了韁繩，晉軍趕上來了。逢丑父從容鎮定，以國君自居，命令齊頃公下車去華泉取水來飲，齊頃公趁機逃脫，逢丑父卻被俘了。這一仗，使勢力強大的齊國，不得不低頭和晉國談和了。

## 泉湧三尺雪，堂驚四時雷
### （濟南名泉）

明代王思任曾在《遊歷下諸勝記》中寫道：「華不注、大明湖、趵突泉，濟南之三譽也。」出大明湖南門，沿大明湖路西行，轉至趵突泉北路，沿濼河南去，僅二三站路，就可到趵突泉公園了。園內，除了趵突泉以外，還散布著許多名泉，馬跑泉即是其一。

進公園東門，迎門假山以北，另有一座假山，其西側便是馬跑泉。據說，此泉是梁山泊一百零八將之一「大刀關勝」的戰馬刨出來的，故以此命名。關勝從梁山泊歸了宋朝以後，成為濟南總兵劉豫的部將，奮力抗金。誰知劉

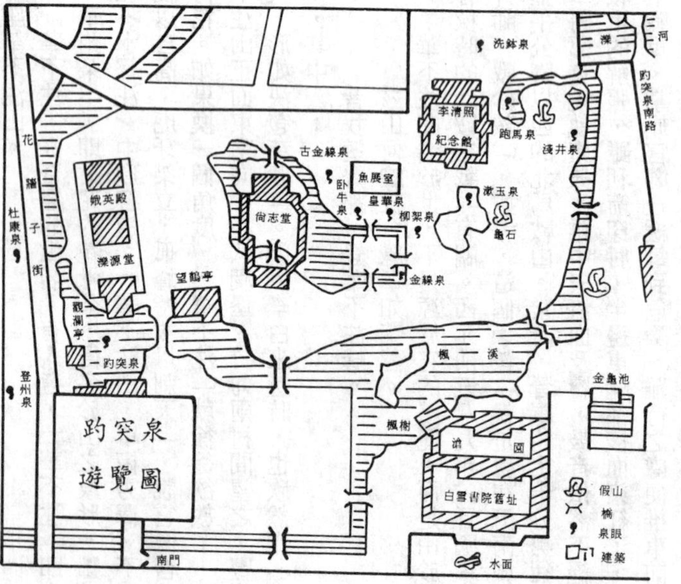

豫是個軟骨頭，投降了金人。關勝誓死不降，血戰到底。一日，敗走城西，口渴難忍，其戰馬仰天長嘶，奮蹄出泉。為了紀念關勝，後人在泉畔建關公祠。現在的假山就是昔日祠址。

馬跑泉的西面，聳立著一塊太湖石，其形像龜，名為「龜石」。這是元代著名散曲家張養浩故居雲莊的遺物。原來共有四塊，分別名為龍、鳳、龜、麟。現鳳、麟二石早已損壞，龍石不知下落，惟「長生不死」的龜石尚存。張養浩是濟南人，官至禮部尚書，因與權貴政見不合，棄官而隱，七聘而不赴，故雲莊有「七聘堂」。死後，封為濱國公，謚文忠，很是榮耀。更使他千古留名的，是他的散曲作品。其中《山坡羊·潼關懷古》最為著名：

峰巒如聚，波濤如怒，山河表裏潼關路。望西都，意踟躕，傷心秦漢經行處，宮闕萬間都做了土。興，百姓苦；亡，百姓苦。

歸隱之後，張養浩惟有一次應詔出仕，出任陝西行臺中丞，治旱救災。這支散曲，就是在他這次赴任途中寫的。張養浩死後，葬在雲莊。其墳墓及神道碑，至今保存完好。如想前去瞻仰，可從城北的北關車站往西北去，到張公墳村，這裏是雲莊的故址，張公墓地就在村後。

龜石的西邊是柳絮泉，「東風三月飄香絮，一夜隨波化綠萍。」泉邊原有幾株垂柳，後人皆認為泉得名於紛飛的柳絮，其實不然。東晉望族謝安曾居濟南，大雪飛揚時，謝安命子姪賦詩詠雪，所擬皆不佳，惟姪女謝道韞才思清麗，喻之「未若柳絮因風起」，謝安大加稱讚。謝道韞後來嫁給了書法家王羲之的兒子、王獻之的哥哥王凝之，也算是珠聯璧合。於是，後來「詠絮」就成了「才女」的代稱。柳絮泉也因此得名。清詩人任宏遠有《柳絮泉訪李易安故宅》詩，云：「為尋詞女舍，卻向柳泉行。秋雨黃花瘦，春流漱玉聲。收藏驚浩劫，飄泊感生平。往昔風流在，猶傳樂府名。」大概因為都是才女的緣故，詩人把柳絮泉與和女詞人李清照有關的漱玉泉，聯在了一起。

漱玉泉，在柳絮泉的東北方。宋代女詞人李清照是歷城人，有《漱玉集》，因此，後人便認定了李清照的故居，就在這泉畔。於是，建國後，在漱玉泉北修建了清雅幽靜的李清照紀念堂。

李清照，號易安，是宋代文官李格非的女兒。十八歲嫁與丞相趙挺之的兒子趙明誠為妻。夫妻情好，常投詩報詞。李清照那首著名的《醉花陰》，就是重陽時函寄在外為官的趙明誠的。詞云：

薄霧濃雲愁永晝，瑞腦銷金獸。佳節又重陽，玉枕紗廚，半夜涼初透。東籬把酒黃昏後，有暗香盈袖。莫道不銷魂，簾捲西風，人比黃花瘦。

據《嫏嬛記》載，明誠接到後，嘆賞不已，又不甘下風，務欲勝之。便謝絕一切來客，忘食忘寢三日夜，寫出五十闋詞。把易安所作的《醉花陰》也雜以其間，讓友人陸德夫評講。德夫把玩再三，說：「只三句絕佳。」明誠追問之，德夫答道：「莫道不銷魂，簾捲西風，人比黃花瘦。」明誠只好說出是易安所作，自愧弗如。

李清照居山東二十餘年，眞正可考是在濟南作的詩詞，大約只有一首，即《如夢令》：

常記溪亭日暮，沉醉不知歸路。興盡晚回舟，誤入藕花深處。爭渡，爭渡，驚起一灘鷗鷺。

宋時，濟南城西確有「溪亭」，蘇轍在濟南就曾寫過《題徐正權秀才城西溪亭》。李清照寫這首詞時，當還在未嫁之時，少女歡欣之態溢於詞間。可見，李清照被濟南清代文人推爲「藕神」，並在大明湖立水仙祠設祭。也不是事出無因了。

紀念堂前，有郭沫若題寫的楹聯：

大明湖畔趵突泉邊故居在垂楊深處，

漱玉集中金石錄裏文采有後主遺風。

有一點，也不用諱言，李清照紀念堂的前身，是清代山東巡撫丁寶楨的祠堂。這個丁寶楨以鎮壓農民起義起家，深得皇帝寵信，並無顯著政績。但殺太監安德海一事，卻使人心大快。

安德海是慈禧太后寵信的貼身太監，稱他爲「小安子」。時慈禧與慈安兩太后正「垂簾聽政」，小安子也弄權納賄，朝野共憤。待同治皇帝漸長成，一心想除去安德海，苦無機會，恰慈禧欲私派安德海去廣東採辦龍衣，同治得知後，與慈安太后商量，待安走出京城後，便可殺他。慈安將此機密事，委與了山東巡撫丁寶楨。

同治八年（一八六九年）七月，安德海果然離京赴粵，經過山東。丁寶楨立刻上奏：有安姓太監自稱到廣東採辦龍衣，船上龍鳳旗幟張揚，女樂演奏，龍衣陳設，「招搖煽惑，聲勢赫然。」同時，丁在泰安逮捕了安德海，解往濟南。

慈禧太后得訊，知安德海把柄已落他人之手，只好與慈安共召軍機處及內務府大臣商議，大臣們衆口一詞：依祖制，太監不得出都門，擅自出京者死無赦。慈禧無奈，只好明令：將六品藍翎太監安德海嚴密查拿，毋庸審訊，即行就地正法。丁寶楨接旨，當夜殺了安德海，並將其暴屍三日。這對於慈禧來說，只不過是一次微不足道的失敗，而丁寶楨卻贏得了一座祠堂。

紀念堂周圍，泉眼四散。前有漱玉泉，後有洗鉢泉，東有馬跑泉、淺井泉，西有臥牛泉、皇華泉，眞是「泉分石竇曉泠泠」。

臥牛泉、皇華泉的南面，是被譽爲濟南四大名泉之一的金線泉。金線泉景觀妙絕，「池心南北有金線一道隱起水面：以油滴一隅，則紋遠去，或以杖亂之，則線輒不見。水止如故，天陰亦不見。」不僅陽光下可見，月色中也有奇景，曾鞏有詩詠云：「玉甃常浮灝氣鮮，金絲不定路南泉。雲依美藻爭成縷，月照寒漪巧上絃。」泉水中爲何有一絲飄忽不定的「金線」呢？劉鶚在《老殘遊記》中也作過研究：

（老殘）想了一想，道：「莫非底下是兩股泉水，力量相敵，所以中間擠出這一線來？」邢士子道：「這泉見於著錄爲幾百年，難道這兩股泉的力量，經歷這麼久就沒有個強弱嗎？」老殘道：「你看，這線常常左右擺動，這就是兩邊泉力不勻的道理了。」

這大約是迄今對金線泉最合理的解釋了。金線泉有兩個，一與柳絮泉並臨，老殘所觀看的當爲此泉。但本世紀六十年代，「金線」忽現於柳絮泉以南的池中，因名新金線泉，但其奇觀卻多年不現了。

金線泉向西，就可以看到泉城的第一名泉——趵突泉了。池中三股泉水噴湧而出，雖已無一五〇〇年前酈道元所說的「水湧若輪」之盛況，「泉源上奮」卻一點不假。池畔有「趵突泉」刻碑，爲明人胡纘宗題寫。何謂「趵突」？此泉原名檻泉，取自《大雅·瞻卬》中的「觱沸檻泉，維其深矣。」「觱沸」是泉水冒出時「畢布」的古音象聲詞，老百姓因此稱此泉爲「爆流」。曾鞏來濟後，把泉名寫作「趵突」，也不過是口語「卜嘟」之聲的音轉罷了。所以張養浩寫趵突泉時，既繪其形又摹其聲，「三尺不消平地雪，四時嘗吼半空雷。」道士對趵突泉的比喻更有趣，稱它爲「蓬山舊跡」。蓬萊、方丈、瀛洲爲東海三神山，可望而不可及，泉水三股，其狀如山，也是可望而不可登，眞是比得巧妙。

泉池西南有觀瀾亭。「觀瀾」出典於朱熹的《四書集注》：「觀水之瀾，則知其源之有本矣」，由此暗合北魏酈道元所說此泉爲濼水之源。池北的建築物，則乾脆以「濼源」爲堂名。

此處即是濼水的源頭，人們都說，春秋時，魯公會齊侯於濼的故事就發生在這裏。據《左傳》載，魯桓公十八年（西元前六九四年），魯桓公要去齊國與齊侯議事，欲帶妻子文姜同往。大夫申繻勸阻道：「女子應安於夫家，丈夫應安妻於室，違反了，就將帶來禍害。」桓公不聽。來齊後，文姜果與齊侯私通。桓公知後，大責文姜，文姜哭告齊侯。齊侯見事已敗露，便起了殺心。假意設宴招待，故意灌醉桓公，命公子彭生抱桓公上車。在車上，彭生用大力拉殺了桓公。桓公爲修好而來，卻未能禮成而返，果然被申繻言中了。清人懷應聘有《遊趵突泉記》云：「怒起躍突，如三柱鼎立，並勢爭高，不肯相下；噴珠飛沫，又如冰雪錯雜，自相鬥擊。嗚呼！」聯想之餘，再觀其瀾，騰躍不已，頗覺險象了！

## 石洞千佛，齊煙九點（濟南千佛山）

出濟南南門，佛山街緊接著佛山路，一徑把你引到千佛山下。古時濟南三大名勝，除大明湖、趵突泉外，便是華不注山。如今華山勝跡潦倒，地僻遠郊，而千佛山在明清著力經營，又來往便利，於是就取而代之了。

千佛山是泰山的餘脈，古稱歷山，又稱靡笄山。齊晉「鞍之戰」，最初就是在千佛山下接的火，「晉伐齊戰靡下。」因傳說舜爲民時，曾耕於此，也稱舜耕山。山上有舜廟，城裏有舜井，趵突泉畔還有舜的兩位妻子娥皇、女英的祠堂，都是爲了證明這位聖人確實在這裏生活過。有人考「千佛」乃「遷祓」之音轉，每年九月九日重陽，濟南人喜登此山，以祓除不詳。其實，這是故究深奧了，重陽登高之習，全國皆有，豈非處處「遷祓山」了？據《舊志》：千佛山有隋開皇年間所鐫佛像，隨石作形，因建寺名「千佛寺」而得名千佛山，簡單明瞭。

由西盤路上山，過娥英池、唐槐亭，由四面亭曲折而上，就能看見那座「齊煙九點」的牌坊了。「齊煙九點」源出於唐代詩人李賀的《夢天》：

老兔寒蟾泣天色，雲樓半開壁斜白。
玉輪軋露濕團光，鸞珮相逢桂香陌。
黃塵清水三山下，更變千年如走馬。
遙望齊州九點煙，一泓海水杯中瀉。

這首詩，寫出了詩人夢中遊天的奇異幻境。清人王琦爲詩作解道：「九州遼闊，四海廣大，而自天上視之，不過點煙杯水，夢中之遊眞豪矣！」

詩中的「齊州」是泛指中國大地。古代中國劃分爲九州，即：冀、兗、青、徐、揚、荆、豫、梁、雍。從天上遠遠下望，不過是九點煙塵而已。因濟南古稱齊州，建坊者便借詩造景，以「齊煙九點」概括千佛山以北群山拱衛的景致。「九點」並非實數，而是泛指濟南北郊平原上的十幾座小山頭。除了前面已述及的華山、鵲山、鞍山以外，還值得一提的是匡山。

匡山位於北馬鞍山的西南，原爲筐山，因山形似筐而得名。唐代詩人李白流放夜郎後，杜甫曾寫詩懷念他，詩中有句：「匡山讀書處，頭白好歸來。」濟南好事者想起，李白天寶初年來過濟南，並在此加入了道教籍。他既遊覽了鵲山湖，登了華不注，誰能肯定他就沒遊筐山呢？於是將「筐」去竹改「匡」，稱匡山，並在山上修了一座祠廟，還立了一塊碑，標明「李白讀書處」。金代文學家元好問作詩云：

匡山聞有讀書堂，行過山前笑一場。
可惜世間無李白，今人多少賀知章！

當年李白因賀知章提攜相助，才譽滿京都。元好問諷刺當今雖無李白，卻有許多自詡風雅的「賀知章」。

拾級而上，過「雲徑禪關」坊，興國寺北門就在眼前。興國禪寺創建於唐太宗貞觀年間（六二七—六四九年），宋代有所擴建，明清兩代大加修葺、擴展，成爲濟南市區佛教寺院中最大的一個。毀損後雖又修復，但已無昔日舊觀矣。惟山門刻聯，依然令人玩味：

暮鼓晨鐘驚醒世間名利客，
經聲佛號喚回苦海夢迷人。

寺內南崖上的千佛崖，是千佛山的精華所在。這群鐫於隋開皇七年至二十年間（五八七—六〇〇年）的佛像浮雕，距今已有一千四百多年，與洛陽的龍門石刻、敦煌的壁畫、靈隱寺的巨佛齊名。其中，極樂洞中的觀世音、阿彌陀佛、大勢至三尊造像最爲精湛。如欲睹更大的石刻佛像，可再攀千佛山東的佛慧山，文筆峰上有開元寺遺址，遺址以南有唐宋二代共造的大佛胸像，僅頭部就高七公尺，寬四公尺，眞正是個「大佛頭」。而文筆峰以西的黃石崖，則有更早的北魏石雕群像，有興趣者，可攀援觀覽。

北極洞東有黔婁洞。黔婁是春秋時齊國的高士，相傳隱居於此。魯國與齊國雖都來聘請，黔婁堅辭不就。既不肯出山，齊威王便親來請教。爲了表示尊重，齊威王遠遠就下馬脫靴，徒步進洞。不過，齊威王往往是打了敗仗才來，黔婁面授機宜，使之轉敗爲勝。勝利了，齊威王是不來的。

東晉詩人陶淵明有詩讚黔婁：「安貧守賤者，自古有黔婁。好爵吾不榮，弊服仍不周。」其中「弊服仍不周」，指的是黔婁死後的一件事。黔婁雖滿腹才學，卻家貧如洗，死時人長被短，蓋頭露腳，蓋腳露頭。有人建議將被子斜過來，這樣就可以全身都蓋上了。黔婁的妻子卻說：「斜之有餘，不如正之不足。先生生前不斜，死後斜者，不是先生之意。」眞是知黔婁者，黔婁也。

## 四門塔自嬌，湧泉寺已老（歷城柳埠）

出濟南向東南，東行三十五公里，就到了柳埠。在柳埠，最值得看的是塔。

由柳埠沿公路東南行，至衛生院拐上土路再西南行，半小時左右，便可到九頂塔了。九頂塔在九頂寺院內，一塔九頂，其造型極爲獨特，世間無雙。塔檐與常見的飛檐

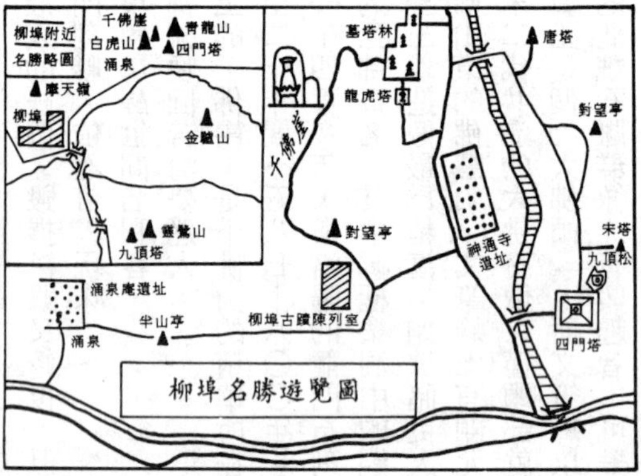


不同，呈凹形曲線，無論哪個角度看去，都是異常柔和的弧線，彷佛方圓塔體正向中國式的飛檐過渡。主塔檐上的八座小方塔，也均曲線挑檐，與主塔和諧一體。塔爲唐代所建，現由當代梁思成先生指導修復，才得以保其倩姿。

更著名的塔，是柳埠東面的四門塔。四門塔坐落在青龍山南麓，建於隋大業七年（六一一年），是我國現存最古老的一座單層方形石塔。說是石塔，卻讓人聯想到「石屋」。塔呈正方形，高僅十五米左右，每邊的邊長就有七米多，且壁厚約一米，四面又各開一半圓形拱門，故名「四門塔」。可見，印度覆鉢形浮圖初入中國時，形制就明顯受到中國建築的影響。日本研究者稱其造型爲：樸實無華，落落大方，頗有漢代建築之遺風。塔內的四座刻像，是北朝時的作品。

四門塔西側，有神通寺遺址。神通寺的歷史很早，一千五百年前的《水經注》中已有記載，「朗居昆瑞山，大起殿舍，連樓累閣」，是山東早期最大的佛教寺院之一。後人認爲朗公建寺得到了苻秦帝室的資助是有道理的，和尙結廬，初爲茅舍，而朗公建寺院卻有如此規模，非官辦莫屬。因爲朗公所創，古稱朗公寺，北魏年間漸頹，再次興盛於隋又與皇帝有關。

隋文帝楊堅於西元五四一年在馮翊（今陝西大荔縣）般若尼寺出生，並受到尼姑智仙的撫養，和佛教可謂是血肉相連。因他母親呂氏是濟南人，即位後，他便於開皇三年（五三八年）復修朗公寺，「以通徵屢感，故神通也」，便命名神通寺。既可紀念他的母親，又可求祐於佛祖。據載，隋唐時，神通寺「上下諸院十有餘所，長廊延袤千有餘間」，有僧五百多名，成爲山東佛教的中心。因戰亂，不久便衰頹下來，寺院規模越來越小，幾十年前只剩下了最後一座佛殿，現在也成了遺址。只有從神通寺遺址西北面的墓塔林和西面的千佛崖造像，還能對神通寺當年的盛況窺見一斑。

墓塔林，是寺院歷代住持和尚的墓地，俗稱和尚墳。在保存下來的四十多座墓塔中，卻有一座尼姑的墓塔。這尼姑叫明喜，其父原在明朝爲官，後辭官修行，出家於神通寺，明喜也在附近的湧泉庵當了尼姑。出家無家，男女又不得隨便接近，爲了照顧父親，明喜修了「送衣塔」，把父親的衣物被褥拆洗縫補好放在塔內，再由小和尚取出送給父親。後來，明喜在湧泉庵當了住持，擴展了庵院，使湧泉庵規模一具，也算成就了一番事業。她圓寂後，因她既是孝女，又虔誠佛教，便將她埋葬在塔林內。明喜的墓塔建於大明嘉靖十四年（一五三五年）二月，上刻有「在家爲長女，出家爲法子，隨父同出家，一修大成忌，諸佛真妙法，不變男和女，一心歸淨土，真十本不虛」的碑文。

從墓塔林去湧泉庵遺址，必經千佛崖。千佛崖坐落在白虎山崖壁上，是唐代有名的造像區，也是濟南郊區現存十幾處石窟中造像最集中、雕刻最精緻、保存最完好的一處。號爲「千佛」，其實大小佛像共二百一十六尊，多爲皇帝貴族、官吏、僧侶所造。其中爲唐太宗的造像就有兩尊。一尊是太宗第十三子趙王李福所造彌陀佛像，有題記「願四夷順命，家國安寧，法界衆生，普登佛道」，造於顯慶三年（六五八年）；另一尊是唐太宗李世民的三女南平長公主於顯慶二年（六五七年）所造，據稱「端莊、安詳而有感情，爲千佛崖最優美的造像之一。」造於第五號石窟，並有題記「顯慶二年南平長公主爲太宗文皇帝敬造像一軀」。遊者可細細辨之玩味。

自千佛崖沿路東南行再轉東，就到了湧泉庵遺址。湧泉庵建於南朝齊梁年間（四七九－五〇二年），今庵雖不存，泉湧依舊。流泉淙淙，修竹颯颯，果然有一種女性的幽雅，江南的柔情。

## 僧到泉出靈岩寺（長清靈岩寺）

自濟南乘火車沿津浦線西南行四十八公里，至萬德下車再轉汽車行六公里，即到長清縣的靈岩寺了。如乘濟南至靈岩寺的專線汽車，一個半小時即可到。遊靈岩可作爲遊泰山的前奏，當年唐高宗和武則天就是先到靈岩寺拜佛，後到泰山封禪的。清學者王士禎說：「靈岩爲泰山背幽絕處，遊泰山不遊靈岩不成遊也。」今人又說：「遊濟南不遊靈岩不成遊也。」靈岩寺的旅遊地位可想而知了。

靈岩寺位於泰山之陰，方山之陽，汽車駛進靈岩峽谷，過「靈岩勝境」坊，就算進入靈岩寺名勝區了。相傳，

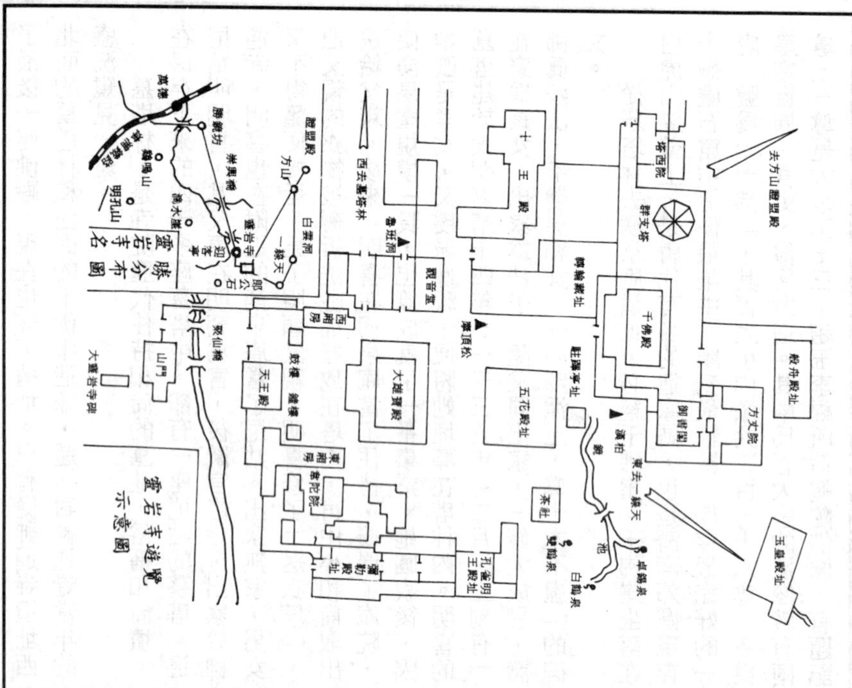


苻秦時竺僧朗來此說法，使「猛獸歸伏，亂石點頭」。衆人見山石晃搖，甚爲驚恐。朗公卻說：「山靈也，無足怪」。方山因名靈岩，朗公自然也就成了靈岩寺的開山祖。爲了證明其說法，人們還把朗公山的一塊山石，指爲「朗公石」，說是當年朗公四處奔走說法的身影化就。細看那石，果然像一駝背老僧，扶杖而行。靈岩寺以朗爲祖，神通寺也以朗爲祖，一千六百年前，這個朗公到底建了幾多寺院？關於朗公開寺的最早記載見於酈道元的《水經注》，酈道元只說他建寺於琨瑞山一帶，卻沒有確指何處，方山與琨瑞山相去甚近，於是便混而不清了。

靈岩寺沒有爭議的開山之祖是北魏年間的法定和尚。過「靈岩勝境」坊不久，公路右方有一平頂山峰，半山腰現一透山圓孔，孔大如車輪，恰似皓月當空，因名明孔山。這就是法定和尚來此開寺傳說中的「遺跡」。北魏孝明帝正光元年（五二〇年），法定來此開山。當他走近靈岩時，高山突然變成了四面壁立的連城，無一隙通路。法定便面南而立三十七天，感動了菩薩，令太陽射穿岩石，法定才得入靈岩。其時紅光照耀數里之外，法定循紅光而去，至山林秀蔚處，遇一樵夫。樵夫對法定和尚說：「師雖有意於此，而患其無水耶？」遂手指東南方，曰：「雙鶴鳴之，可得之矣。」言罷，樵夫隱身不見了。法定向樵夫所指處行去，見有雙鶴飛起，起處果有二泉。法定大喜，以手中錫杖頓地，戳擊之處，又水湧成泉。於是命名爲雙鶴泉、白鶴泉、卓錫泉，這就是人們常說的「五步三泉」故事。三泉現在靈岩寺御書樓東南，泉南有印泉茶社。印泉，又名袈裟泉，在寺東南山岩之下。因泉側有「鐵袈裟」，高五六尺，重約數千斤，上有水紋，頗似袈裟而得名。相傳法定建寺時，有鐵自地湧出成袈裟。其實，正如乾隆詩云：「鑄鐘不成想以廢，置此半途徒費勤。」再往東北方向攀登三百米，還有甘露泉，亦即法定和尚創建的古靈岩寺舊址。

現在的靈岩寺，是唐貞觀年間高僧惠崇所建。他的名字，和靈岩寺最輝煌的一段歷史聯繫在一起。當時的靈岩寺，是我國佛教新興宗派禪宗的重鎭之一，因禪宗「坐禪時不睡，不吃夜餐，只許飲茶」，北方民間飲茶風也由此興盛。靈岩寺與南京的棲霞寺、天台的國淸寺、湖北江陵的玉泉寺，並稱爲「域中四絕」，係當時四大名寺之一。因唐宋是靈岩寺的鼎盛時期，所以現在寺中的名勝，往往喜歡附會爲那時的故事。

大雄寶殿後面，五花閣遺址的東、北兩側，各有一株古柏。東面名「漢柏」，北面的卻名「摩頂松」。傳說唐三藏去西天取經時，曾手摩此樹說：「吾西去求佛，敎汝枝西長，歸時東向，使吾門弟子知之！」唐三藏取經後，果然來歸，藏經於千佛殿側的御書閣。《靈岩寺》有載：「唐玄奘建閣，尊奉御書於閣上，貞觀三年太宗復賜御篆『御書閣』三大字爲閣額。」「御書閣」三字石碑，現立在閣前，上有「唐太宗書」，「仁欽立」及明萬曆「重立」等字樣。據考，此閣創建於唐代不錯，但唐三藏之事純係附會，就連這塊「御賜」的閣額，也很可能是宋代精於篆書的住持仁欽和尚的手筆。這位仁欽和尚，在靈岩寺中的地位特殊，大觀初年（一一一〇年左右），宋徽宗賜號「靜照大師」和紫衣，並宣詔住持靈岩寺。

東「漢柏」下，有宋代大詩人蘇東坡撰書的詩碑：「醉中走上黃茅崗，滿崗亂石如群羊；崗頭醉倒石作床，仰觀白雲天茫茫；歌聲落谷秋泚長，路人舉手東南望，拍手大笑使君狂。」靈岩寺前，對松橋後，有崗名黃茅。有人說蘇軾便是在此醉倒，寫下狂態之作，也有人考黃茅崗別爲它處。不過，附會也是事出有因，唐宋時，靈岩爲遊覽勝地，李邕、曾鞏、蘇軾、蔡卞（蔡京弟，王安石之婿）等名人均來此觀覽，難免留下佳話一二。

唐代的靈岩寺，雖經後世修整重建，但富麗精美的唐風依舊。人們不會忘記建寺者惠崇的功勞。在摩頂松以西的墓塔林中，唐僧惠崇的墓塔，年代最早，建於唐天寶年間（七四二——七五三年），也最爲優美講究。塔高五．三米，石質方形，頗似柳埠的四門塔。塔南面爲眞門，其它爲半掩式假門。假門中雕一人像，半身探出，似在張望。他在觀望什麼呢？看到千餘年來，靈岩寺香火繁盛，僅歷代住持高僧的墓塔、墓碑就有二百四十餘座，僅次於河南少林寺墓塔林，堪稱天下第二，惠崇祖師也該放心了吧。

墓塔林內，有靈岩寺三十九代住持僧息庵禪師的墓塔。他的碑文銘與衆不同，碑首上署有：「日本國山陰道但州正法禪寺住持沙門邵元撰並書」。中國和尚的墓銘怎麼會由日本僧人來寫呢？原來息庵來靈岩寺以前，曾任河南嵩山少林寺第十五代住持，其時來中國學習的日本邵元和尚正在少林寺任首席僧職，兩人切磋佛理甚洽。邵元自元泰定四年（一三二七年）來中國，在中國留學佛教二十一年。息庵逝世時，邵元正在元大都北京遊歷，聽其門徒勝安報訊，便揮筆寫下《息庵禪師道行碑記》銘文，由清亭石匠張克讓等鐫刻於石。

靈岩寺內宋代的遺跡，除了作爲靈岩寺標記的辟支塔（創建於唐天寶年間，宋淳化五年重建）以外，就是千佛殿中被近代學者梁啓超譽爲「海內第一名塑」的宋代彩塑羅漢了。這是我國古代泥塑羅漢中的最佳作品，不僅形態絕無雷同，性格也各異。在這四十尊羅漢中，我們可以看到靈岩寺兩位開山先祖的形象，第二十八尊是苻秦朗公和尚，第二十九尊爲法定。因蒙宋帝欽賜，在宋塑羅漢中也有仁欽和尚的形象，第二十五尊便是。唐惠崇和尚本來也是有造像的，祀於墓塔的塔心室正中的石臺上，可惜現在已失，只好借助於我們的想像。

## 漢柏院偉碑記封禪（泰安岱廟）

泰山，又名岱宗，是我國著名的五嶽之一，被譽爲「五嶽獨尊」。古人甚至有「山至泰山，天下無山」的讚語。其實，泰山主峰玉皇頂僅高一千五百四十五米，位於五嶽第三，跟全國的高山巨峰相比，更是微不足道。可泰山爲什麼能有如此崇高的地位呢？除了山勢宏偉外，歷代帝王在此封禪告祭，推泰山爲與上天通接的聖地，大概是最重要的原因。

什麼是封禪？這是中國古代統治者舉行的一種祀典。封和禪是兩回事，封爲祭天，禪爲祭地。一般，封都在泰山，禪則在比泰山矮得多的附近的雲雲山、亭亭山、梁父（甫）山、社首山等。封與禪的儀式雖同時進行，但封的儀式重於禪的儀式，在統治者看來，天比地要重要得多。

遊覽泰山，一般從泰安城內的岱廟開始。泰山舊有上、中、下三廟：上廟即岱頂的東嶽廟，中廟即王母池附近的岱嶽觀，現僅存下廟——岱廟。不過，帝王禪祭，最先卻是從岱廟正陽門外的遙參亭開始的。遙參亭在岱廟以南，東、西太尉街之間，亭共五間，建於臺上。帝王來此，

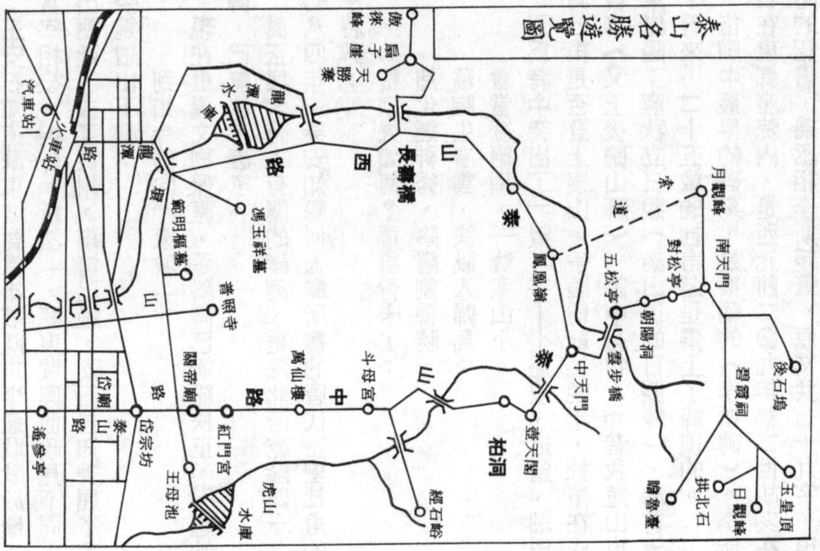


先舉行簡單的儀式，然後入岱廟正式大祭，故原名草參亭。明嘉靖十三年（一五三四年）山東參政呂經升任右副都御史，臨行時，改亭名「遙參亭」。

進岱廟，配天門東有漢柏院，因院內有五株漢柏得名，相傳爲漢武帝來泰山封禪時所種。漢柏院內，更引人注目的是各種古碑刻。其中《衡方碑》和《張遷碑》，爲漢碑珍品。「漢故衛尉卿衡府君之碑」，立於東漢靈帝建寧元年（一六八年）。衡方，東漢平陸人（今汶上縣），曾任會稽東部都尉，右北平太守，穎川太守。漢桓帝時爲皇宮衛尉，統六師。《衡方碑》是他死後門生爲他立的墓碑。「漢故穀城長蕩陰令張君表頌」，是張遷因抵抗黃巾軍有功調升蕩陰（今河南湯陰）令後，他的舊屬四十一人捐銀刊石，表頌其政績的紀念碑，立於東漢靈帝中平三年（一八六年）。《孫夫人碑》，立於西晉泰始八年（二七二年），是現在發現的晉朝最早的石碑。晉代多短碣，惟此碑與歷城的《郛休碑》、河南的《太公望表》爲晉代三大豐碑。院內還存有唐、宋、金、明、清等歷代石刻，眞不愧爲「歷代書法展覽館」。

岱廟碑刻，歷來有名。傳說宋代文豪蘇東坡與王安石曾結伴來遊，見廟內有一石碑微微東斜。東坡靈機一動，口出一聯：

恨當年「安石」不正，

王安石知道蘇東坡對當年被貶之事還耿耿於懷。王安石當宰相後，推行「新法」，蘇東坡與他政見不同，便被貶出朝廷，去了黃州。事情已過，安石自知委屈了東坡，便委婉續出下聯：

到如今仍向「東坡」。

現在重視文物保護，歪斜碑已紛紛扶正，引起妙聯的石碑，已無法考證了。

眞正與大詩人有關的碑刻，是院北淸乾隆四十九年（一七八四年）泰安知縣何人麟所書的唐代詩聖杜甫的《望嶽》詩碑：

岱宗夫如何?齊魯青未了;
造化鍾神秀，陰陽割昏曉。
蕩胸生層雲，決眦入歸鳥;
會當凌絕頂，一覽衆山小。

因爲詩中突出了「望」字——遠望、近望、細望，人們對杜甫是否登上泰山，爭論紛紜。晚年，杜甫在成都草堂曾寫《又上後園山腳》，詩中有句：「昔我遊山東，憶戲東嶽陽;窮秋立日觀（泰山頂的日觀峰），矯首望八荒」，看來，二十五歲的杜甫還是攀上了峰頂的。

岱廟中最早的碑刻，是秦朝的《李斯碑》。李斯小篆刻石在東御座院內，是西元前二〇九年秦二世胡亥在封泰山時的詔書，爲丞相李斯親筆。原文共七十九字，現僅存「斯、臣去疾、日未死、臣請、矣」等眞跡殘字十個，是我國歷史文化中的瑰寶。據《史記·封禪書》認爲，封禪產生於伏羲氏以前的無懷氏。春秋時的管仲也說，古代於泰山封禪者七十二家。但眞正見之於史籍記載的，卻是從秦始皇開始。西元前二一九年，秦始皇完成統一大業後，封泰山，禪肅然山，也曾命李斯篆碑於泰山峰頂，歌頌其統一中國的功德，共三十六句，每句四字，計一百四十四字，可惜早已風化。殘存的《李斯碑》，二千多年來，也歷經磨難。

這一著名碑刻，原立於山頂玉女池旁，秦始皇的刻辭之側。明嘉靖年間，爲防風蝕雨淋，移於碧霞祠東廡。淸乾隆五年（一七四〇年），碧霞祠失火，石碑不知去向。到了嘉慶二十年（一八一五年），泰安知縣汪汝弼好文愛古，懸金尋碑。九十餘歲的趙姓工匠來報，整修玉女池時，曾見此碑碣。汪汝弼便約前任知縣蔣因培帶當地人柴蘭皋，到山上玉女池中，用繩吊出石碑，嵌於山頂東嶽廟西牆外新建的「寶斯亭」中。道光十二年（一八三二年），東嶽廟西牆倒塌，禍及碑亭。知縣徐宗幹於瓦礫中尋出殘碑，託道士劉傳業移至山下，連同他寫的一塊「跋」，共嵌於岱廟道院壁間。光緒十六年（一八九〇年），碑石被盜，知縣毛蜀雲關城嚴查，大索十日，終於在縣城北關石橋下發現運回，重新安置於岱廟。宣統二年（一九一〇年），知縣兪慶瀾爲了更好地保護此碑，便在岱廟內環詠亭前「鑿石爲屋，周以鐵檻，將此三石（李斯碑、徐宗幹跋、兪慶瀾跋）嵌砌其中，庶以守護而垂久遠，且以俟後世之考石者精鑑云耳。」後環詠亭又倒，才移至東御座院內。知縣不過是「七品芝麻官」，位卑官小，泰安這五位知縣的名字，卻與他們保護的李斯碑，一同流芳千古了。

配天門北爲仁安門，進門，就能看見岱廟的主建築天貺殿了。這是古代帝王祭祀東嶽泰山的地方。天貺殿高大雄偉，氣宇軒昂，與北京故宮的太和殿、曲阜孔廟的大成殿，並稱爲我國古代三大宮殿式建築。

天貺殿宏偉壯觀，創建於宋大中祥符二年（一〇〇九年），卻是北宋朝廷懦弱，自欺欺人的見證。宋眞宗無力收復幽、薊失地，又想遏止契丹的進犯，不靠蒼生求鬼神，企圖以降「天書」的騙局，來證明自己的君權神授，「鎭服四海，誇示夷狄。」傳說大中祥符元年（一〇〇八年）六月初六，樵夫董祚見自空降下一條黃帛，落於泰山腳下紅門西垂刀嶺的小樹上，書有蝌蚪字形，即爲「天書」。呈於宋眞宗，眞宗大喜，爲了擴大影響，當年十月，宋眞宗率群臣由開封出發，車載「天書」，來泰山「謝天書」封禪。並定六月六日爲「天貺節」（爲上天賜予意）。第二年又下詔建了天貺殿。大中祥符五年（一〇一二年），宋眞宗封泰山神爲「天齊仁聖帝」，有帝便須有后，同年又封泰山神妃爲「淑明后」，在天貺殿後增建寢室，供「淑明后」居住。

天貺殿內，有著名的「泰山神啓蹕回鑾圖」。名爲描寫「東嶽大帝」出巡，實爲記述宋眞宗來泰山情景。即使不是宋代原物，也可以從中看出宋代壁畫的風格，實屬古代壁畫中少見的傑作。

## 孔子刺苛政，松柏封大夫
（泰安泰山）

出岱廟，踏泰山路北上，有岱宗坊，標誌著登泰山的開端。越坊北去，在泰山路與環山公路交叉處拐向東北行，可至王母池。李白《遊泰山》詩云：「朝飲王女池，瞑投天門關」，王母池確是個幽靜的處所，古時帝王登山，常到此休息。

王母池北有虎山水庫。虎山得名久遠，孔子的「苛政猛於虎」的名言，就出自此座山嶺。據《禮記·檀弓》記載，孔子行於泰山側，見一婦人在墓旁痛哭甚哀。孔子便要子路去探問，婦人說：「昔者吾舅死於虎，吾夫又死焉，今吾子又死焉。」孔子問：那你爲什麼不離開這裏呢？婦人答道：這裏偏僻，沒有苛政。孔子感慨地對子路說：「小子識之，苛政猛於虎也。」此山因名虎山。此山果然虎多。清乾隆十三年，乾隆皇帝來泰山時，據說就曾遇虎，被他用箭射死，並立了一塊石碑「乾隆射虎處」，現已不知去向。

在歷史上，最先和泰山有密切關係的名人就是孔子，孟子有名言「孔子登泰山而小天下。」登山路的一天門北，就立有「孔子登臨處」石坊，越石坊過紅門宮，經斗母室轉入小徑向東北，便可至聞名於海內的經石峪。經石峪俗稱曬經臺，一畝大小的石坪上，刻有千字金剛經文，每字大至五十公分，康有爲稱之「榜書第一」，一眼望去，確實壯觀。

這是何時的傑作，又是何人的大手筆呢？老百姓見其宏大，便傳說是唐僧取經回程，因忘了向佛祖爲觸犯天條的烏龜說情，被烏龜施計掉進河裏，經卷全濕，只得攤開晾曬，等曬乾之時，才發現經文已入石三分，再也揭不下來了。因此俗稱曬經臺或曝經臺。考據家們的意見也難以統一：一說北齊王子椿書，因王在徂徠山上的石刻極像此字；一說北齊韋子琛寫，因韋在鄒縣的刻經與此體同；一說北魏鄭道昭寫，因字體與鄭在平度天柱山爲其父所書的鄭文公摩崖石刻相類。但究竟屬何，尚無確證。

經石峪西岸，有「高山流水」亭，爲明隆慶六年（一五七二年）萬恭創建。據《岱覽》引《列子》云：「伯牙遊於泰山之陰，卒逢暴雨，止於岩下，援琴而鼓之，爲露雨之音，更造崩山之音曲。每奏，鍾子期輒窮其趣。伯牙乃捨琴而嘆曰：『善哉，子之聽也。非惟絕想幽通，抑亦冰崖雪壑，發其奇鬱。』」《列子·湯問》又云：「伯牙善鼓琴，鍾子期善聽。伯牙鼓琴志在高山，鍾子期曰：『善哉，峨峨兮若泰山；』志在流水，鍾子期曰：『善哉，洋洋兮若江河』」。亭名意源於此。石壁上刻有萬恭撰書的《高山流水亭記》。

過歇馬崖，再行便到了壺天閣。閣西北有「回馬嶺」坊。乾隆皇帝詩中曾言「傳爲眞宗回馬處」，但據《宋封祀壇頌碑》碑文所記，宋眞宗是「乘輕輿，陟絕巘」的，並沒有騎馬上山。唐玄宗倒是騎馬上山的，卻又騎馬而回，到了山腳，白騾馬勞累而死，唐玄宗特封爲「白騾將軍」，並修建了「白騾冢」（在今紅門東）。李白《遊泰山》中寫道：「六龍過萬壑，澗谷隨縈迴。馬跡繞碧峰，於今滿春苔」，可見馬是上得山去的，不須回馬。但回馬嶺也並非臆想。東漢泰山郡守應邵所著的《漢官馬第伯封禪儀記》，記載了光武帝劉秀是騎馬上山的，「是朝上山騎行，往往道峻峭……乍步乍騎，且相半至中觀留馬」，大約這留馬處，就是現在的回馬嶺吧。按封禪慣例，易姓之主才能改封，中興之主只能修封。西漢雖易爲東漢，但仍是劉家漢室，光武帝劉秀本想修封，大夫梁松力爭「以爲必改乃當天意」，光武帝聽從了他的意見，上泰山改封。

但並未因此得到祥瑞，便殺了粱松，把不能中興的責任推給了他。

過中天門，走「快活三里」，便到了五松亭。亭南，有頗具名氣的五大夫松。據《史記·秦始皇本紀》云：二十八年，始皇東行郡縣，……遂上泰山，立石，封，祠祀。下風雨暴至，休於樹下，因封其樹爲五大夫。「五大夫」，是秦時官階第九級爵位，並非五株松樹。《漢官儀》始謂松樹，唐宰相陸贄《禁中青松》詩又云「不羨五株封」，唐李冗《獨異志》卷中：「始皇二十八年，登封泰山。至半，忽大風雨雷電。路旁有五松樹，蔭翳數畝，乃封爲五大夫。忽聞樹上有人言曰『無道德，無仁禮，而天下安命，帝何以封！』左右咸聞。始皇不樂。乃歸，崩於沙丘。」這已經由封樹而加入了對始皇的政績評價，以至發展爲神話傳說了。其實，過去這裏只有二株松樹，明萬曆三十年（一六〇二年）被山洪沖走，清雍正八年補植了五株，現剩三株，依然是「五大夫」。

山下普照寺裏，還有一株「一品大夫」松，不過，它不是皇帝封的，此松原名「師弟松」。寺僧理修曾吟「僧栽松，松蔭僧，你我相度如同生。松也僧，僧也松，依佛門，論弟兄。」光緒二十二年（一八九六年），楚仕何煥章入寺，見樹狀如華蓋，氣度不凡，題名「一品大夫」。

## 岳帝讓賢碧霞祠（泰安泰山）

爬上十八盤，進南天門，步天街東行，盡頭就是岱頂最壯觀的建築碧霞祠。碧霞元君是泰山香火最盛的女神，宋代以前，泰山一直是「東嶽大帝」獨居山尊，這位「泰山奶奶」如何取而代之，民間傳說很多。有實據可考的是，碧霞元君地位上升，是宋眞宗封禪的副產品。大中祥符元年十月，宋眞宗因天上降下黃帛，而來泰山封禪。在岱頂，他發現了一塊象形石，周圍的拍馬者說，此石像爲泰山神齊天仁聖大帝前的石琢金童玉女之一。眞宗大喜，立封石像爲天仙玉女碧霞元君，號稱聖帝之女。並用玉重新仿雕，建「昭眞祠」（即今碧霞祠）祀之。從此，碧霞元君正式作爲「女神」在泰山落了腳。明太祖朱元璋罷去東嶽大帝的帝號，改稱「東嶽泰山之神」，又無形中提高了碧霞元君的地位。從老百姓的心理來說，總感到女神要更親切、溫柔一些，拜祀起來，有明顯的傾向性。再加之碧霞祠鐵檐銅瓦，金碧輝煌，比附近的東嶽廟要闊氣得多，屢修屢擴建，更加壯麗，而東嶽廟卻漸漸傾頹，連遺跡也沒有了。

宋眞宗封禪，創造了一個碧霞女神。唐玄宗來封禪，在大觀峰留下了一篇洋洋灑灑的《紀泰山銘》供萬人瞻仰。開元十三年（七二五年），唐玄宗李隆基來泰山封禪，一切順利，玄宗十分高興，親撰親書了這篇《紀泰山銘》，後人評：「文詞雅訓，而分隸遒逸婉潤，最爲得意之筆。」全碑高八點八公尺，寬五點三公尺，字大五寸，「蓋自漢以來，碑碣之雄壯未有及此。」除了大名鼎鼎的唐摩崖以外，唐玄宗此次封禪還留下了「丈人峰」的故事。封禪前，唐玄宗任命中書令張說爲封禪使，張說便乘機把自己的女婿鄭鎰，由九品小吏晉升爲五品大官，偏巧玄宗對鄭鎰印象頗深，見他官位騰升，好生奇怪，便追問其因，鄭鎰尷尬難對。在場的宮中小丑黃旛綽解圍道：「此泰山之力也。」此事在宮廷內外傳爲笑話。後遂把丈人稱作「泰山」，因泰山又稱「東嶽」，所以又把丈人叫作「岳父」或「岳丈」，沿襲到今。泰山玉皇頂西北的巨石峰，也取名爲「丈人峰」。

玉皇頂，是泰山最高的地方，因其上的玉帝觀得名。觀中央，石欄圍護著極頂石，上有一九二一年南陽王均題刻的「極頂」二字。因周圍有建築包圍，雖身在極頂也毫無心曠神怡之感。

玉皇頂大門下，有黃白色無字碑，頂上覆以石蓋，古樸得很。這是漢武帝元封元年（西元前一一〇年）四月，來泰山封禪時留下的遺跡。大概是他自認爲功德無量，言語難以表達吧，便立了一塊無字碑，任後人想像。無字碑側有二塊後人詩碑，代表了對無字碑的兩種看法。左側明代張銓寫道：「袖攜五色如椽筆，來補秦王無字碑」，他認爲碑爲秦始皇所立；右側郭沫若寫道：「摩撫碑無字，回思漢武年」，他認爲是漢武帝立的。明末考古學者顧炎武的見地頗中肯，他說：「嶽頂無字碑世傳爲秦始皇立，按秦碑在玉女池上，李斯篆書，高不過四五尺，而銘文並二世詔書咸具，不當又立此大碑也。考之宋以前亦無此說。因取史記反覆讀之，知爲漢武帝所立也。」

## 萬仞宮牆內，孔子集大成

（曲阜孔廟）

津浦鐵路線上，南下過泰安後的第一個大站就是兗州，換乘汽車東行十六公里，就到了以「禮儀之邦」著稱於世的曲阜。曲阜之名，最早見於《禮記》，東漢應邵釋爲：「魯城東有阜，委曲長七、八里，故名曲阜。」這曲折蜿蜒的「阜」，大約就是現在城市東邊的防山。

曲阜歷史悠久，是我國古代東方文化的中心。傳說中的五帝有三個與曲阜有關，舜作什器於曲阜東八里的壽丘，傳說它還是黃帝的出生地，少昊都曲阜。據《史記》載：「黃帝居軒轅之丘，而娶於西陵之女，是爲嫘祖。嫘祖為黃帝正妃，生二子，其後皆有天下；其一曰玄囂，是為青陽。」青陽即少昊，少昊在位八十四載，壽百歲崩，葬於雲陽。魯故城東門外有雲陽山，傳為少昊葬地。現曲阜縣城東四公里處的舊縣東北角，仍有少昊陵。少昊陵不同於其它帝王陵墓，上小下大，用石砌成，頗似金字塔。創建年代不清，最早的記錄是宋真宗大中祥符五年大修過，後又多次重修。

曲阜城東北里許，還有周文王第四子周公旦的周公廟。《曲阜縣志》載：「武王十三年定天下，封公於少昊之墟曲阜，公不就封，留相武王，成王即位，命世子伯禽就封於魯。」周公旦是西周著名的奴隸主政治家，死後許在曲阜立廟，並可用天子禮樂祭祀。《論語》中：「子入太廟，每事問」，即指周公廟。周公廟內，現還存在問禮堂殿基，其上有乾隆的「問禮堂讚」石碑。可見，大思想家、大教育家孔子成就於曲阜，是有其文化、歷史淵源的。

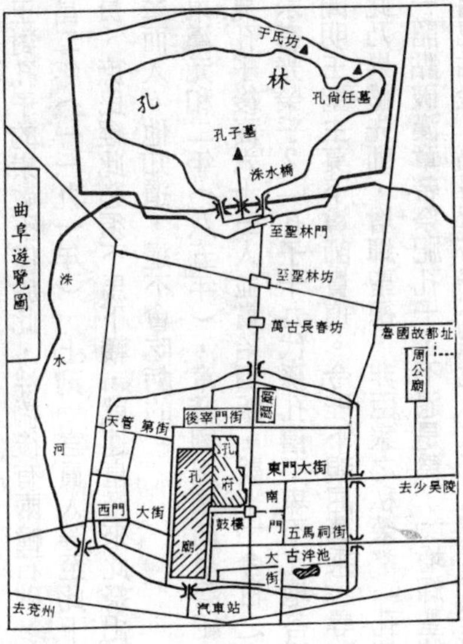

曲阜遊覽圖

孔廟是歷代封建王朝祭祀孔子的地方，它位於曲阜城中，直南北，縱長幾乎與曲阜城相等，將城區隔為東西兩處。現在的孔廟，是明清兩代完成的，仿皇宮建制，占地約三百二十七點五畝，與北京故宮、承德避暑山莊並稱為我國三大古建築群。孔子死後享此殊榮，生前卻屢遭冷遇。魯哀公十六年（西元前四七九年）四月，孔子哀嘆著：「太山壞乎！樑柱摧乎！哲人萎乎！」溘然長逝。孔子死後，魯哀公前來弔悼，誄之曰：「旻天不弔，不慭遺一老，俾屏余一人以在位，煢煢余在疚。嗚呼哀哉！」孔子的學生子貢很不滿地說：「生不能用，死而誄之，非禮也。」封建帝王不肯用孔子思想來律己，卻當作統治別人的靈丹妙藥。西元前四七八年，魯哀公立孔子生前居室為廟，歲時奉祀，當時只有廟屋三間，內藏孔子生前所用的衣、冠、琴、車、書。後歷代王朝重修擴建，才逐漸到了現在的規模。

孔廟四周，黃瓦紅垣，周以高牆。曲阜城南的「仰聖門」上，也有清乾隆皇帝題寫的「萬仞宮牆」。這裏的「牆」字，不是一般的圍院之意，實在是名出有典的。據《論語》記載，魯國大夫叔孫武叔曾在朝廷上對大夫們說，子貢賢於仲尼。子貢聽了以後說：「譬之宮牆，賜（子貢）之牆也及肩，窺見室家之好。夫子之牆數仞，不得其門而入，不見宗廟之美，百宮之富。」古時一仞爲八尺，子貢比喻老師孔子的學問不顯露卻極豐富深廣。明代胡纘宗因此意，題寫了「萬仞宮牆」，推崇孔子的學問，刻石鑲於仰聖門上。乾隆來時，去胡碑換自己的題刻，以示崇敬。帝王對孔子的崇敬不僅於此，泮橋後有兩幢石碑，立於金明昌二年（一一九一年），上刻「官員人等至此下馬」，官員、庶民經此必須下馬下轎，就連皇帝來此祭祀，也要下輦而入。他知道，這不會吃虧的。

東漢元和二年（八五年），章帝劉炟到曲阜祭祀孔子，召見孔子後裔六十三人並賞給酒飯，說：「今日之會，於卿宗有光榮乎？」孔子十九代孫孔僖不卑不亢地答道：「臣聞明王聖主莫不尊師貴道。今陛下親屈萬乘，辱臨敝里，此乃崇禮先師，增輝聖德，非臣家之私榮。」孔僖的話，一語點破漢章帝祭祀孔子，不過是爲了「增輝聖德」，給自己貼金，搞得章帝好不尷尬，只好以讚嘆遮蓋窘態，道：「非聖者子孫，焉有斯言乎。」

進欞星門後，孔廟的第二進門就是「聖時門」了。聖時門和孔廟前的第一座石坊「金聲玉振」一樣，都出典於《孟子》。據載，「孟子曰：『伯夷，聖之清者也；伊尹，聖之任者也；柳下惠，聖之和者也；孔子，聖之時者也。孔子之謂集大成。』」孟子認爲，其它先賢均聖有所長，惟孔子是集衆長之大成，是最合乎時代者。魯迅因之諷刺地解釋爲「摩登聖人」。孟子還說：「集大成者，金聲而玉振之也。金聲也者，始條理也；玉振之也者，終條理也。」孔廟的主體建築「大成殿」，也是集先人古賢之大成的意思。

大成門外，有十三碑亭，是保存歷代皇帝御碑的處所，唐、宋、金、元、明、清、民國均有，共五十三幢。但最有趣的皇帝御碑不在這裏，而在曲阜城東南角的古泮池邊。

泮池，即「半池」，因水池爲半圓形，故有此稱。古魯城曾在此設立學宮，稱泮宮。這裏，有一塊清代乾隆皇帝的「檢討」碑。乾隆爲什麼要在此處立一塊這樣的碑呢？原來，乾隆曾九次來曲阜。當第二次來曲阜時，（一七五六年）他見古泮池景色怡人，想到現在的曲阜城乃是由明代東郊舊城遷來的「新城」，自認爲古泮池當在舊城，此處有泮池，定是以訛轉訛，便隨口吟道：「十里東郊舊魯城，新城安得泮池名？」後來，乾隆發現他搞錯了。曲阜古城本在此處，宋大中祥符年間遷往城東十多里處修新城，更名仙源縣，明代又遷回原址，在老城處建起了「新城」。這一來一回，城雖由「老」變「新」，泮池卻處所未變，依然是「古」的。一七六二年，乾隆第四次來曲阜，更正了前次的說法，作《駐蹕古泮池》詩云：

此地非常地，新城即故城，
館仍今日駐，池是故時清。

寫後，乾隆仍感不足，又提筆寫了這塊《古泮池證疑》碑。記敘了證疑的前後經過，最後寫道：「甚矣，讀書之忌粗疏浮過，不沉潛深造，博綜詳考，執一爲是，譬爲禾者鹵莽耕而鹵莽穫，確乎其弗可也。」封建帝王能夠將自己的錯誤刻於金石，公之於衆人，難怪會有清初的「康乾盛世」了。

## 萬世師表，百賢從祀

（曲阜孔廟）

孔廟至大成門處分成三路：東爲承聖門，內奉祀孔子上五代祖先；西爲啓聖門，內奉祀孔子的父母；中爲大成門，自然是奉祀孔子的處所。進大成門，甬道中間有杏壇。孔子杏壇設教，最早見於《莊子·漁父篇》：「孔子遊手緇帷之林，坐休乎杏壇之上，弟子讀書，孔子絃歌鼓琴。」但杏壇在何處，是什麼樣子都無記載。現在的杏壇，是孔子四十五代孫孔道輔於宋天禧二年（一〇一八年）重修時，將正殿後移，於正殿舊址所建，金代又在壇上建亭，才有了現在的模樣。

杏壇以北，就是著名的大成殿了。殿匾「大成殿」三個金字，徑一米，是清雍正皇帝的手書。大成殿內，過去曾供奉過孔子的塑像。孔廟始有塑像爲東魏孝靜帝興和元年（五三九年），「雕塑聖容，旁立十子。」清代，孔子塑像左右有復聖顏子、宗聖曾子、述聖子思、亞聖孟子，塑像稱爲「四配」；兩側有閔損、冉耕、冉雍、宰予、端木賜、冉求、仲由、言偃、卜商、顓孫師、有若、朱熹十二塑像，稱「十二哲」；大成殿東西兩側的兩廡，供奉著後世儒家中的著名人物，如董仲舒、韓愈、王陽明等。清末，已由唐代的三十餘人增至一百二十三人。

自孔廟建立以來，孔子地位有升無降，封號級別也日益提高。孔子有封號始於西元元年，漢平帝劉衎追封孔子爲公爵，稱「褒成宣尼公」；

北魏孝文帝於太和十六年（四九二年），改稱孔子「文聖尼父」；

北周靜帝於大象二年（五八〇年），恢復公爵稱號，封「鄒國公」；

隋文帝楊堅於開皇元年（五八一年），尊孔子爲「先師尼父」；
唐太宗李世民於貞觀二年（六二八年），尊爲「先聖」，十一年改稱「宣父」；
唐高宗李治於乾封元年（六六六年），尊爲「太師」；
武則天於天授元年（六九〇年），再次恢復公爵，號「隆道公」；
唐玄宗李隆基於開元二十七年（七三九年），升孔子爲王爵，謚號「文宣」，稱「文宣王」；
宋真宗於大中祥符元年（一〇〇八年），加號爲「玄聖文宣王」，五年又改爲「至聖文宣王」；
元武帝於大德十一年（一三〇七年），加號爲「大成至聖文宣王」；
明世宗朱厚熜於嘉靖八年（一五二九年），改稱「至聖先師」；
清順治二年（一六四五年），加號爲「大成至聖文宣先師」，十四年復稱「至聖先師」。
但作爲孔子奉祀的「陪同」者們，地位就遠不如孔子這樣穩固了，他們在孔廟的去留，常常決定於當時統治者的好惡。明太祖朱元璋因見《孟子·離婁》中有這樣的話：「君之視臣如手足，則臣視君如腹心；君之視臣如犬馬，則臣視君如國人；君之視臣如土芥，則臣視君如寇仇」

孔廟平面圖

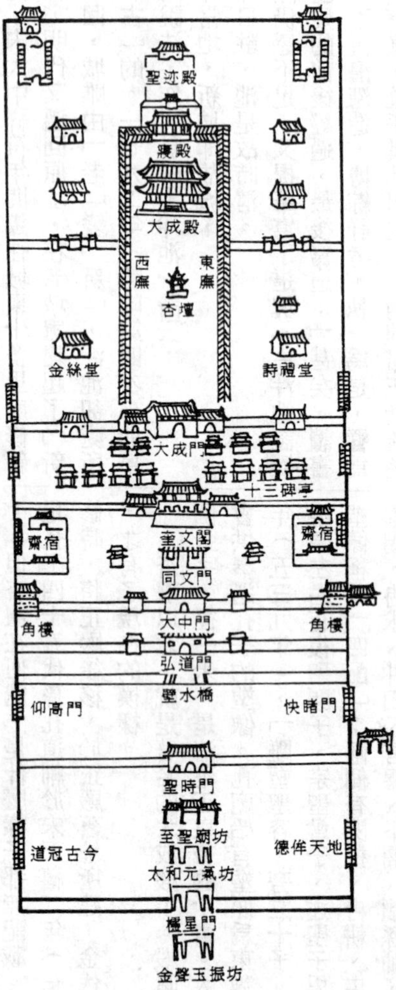

，勃然大怒，下詔把孟子趕出了孔廟。當時的刑部尙書錢唐，冒殺頭之罪，抬棺上殿死諫，反對罷免孟子在孔廟的配享地位。朱元璋見群臣衆心所向，過了一年，轉個彎子說孟子「辨異端，辟邪說，發明孔子之道」有功，又把他送進了孔廟。

宋代「拗相公」政治改革家王安石從孔廟罷免後，卻沒有能夠再進去。宋崇寧三年（一一〇四年），蔡京執相，呈請皇帝批准，把王安石的偶像送進了大成殿，地位僅低於顏回與孟軻。政和三年（一一一三年），子從父貴，其子王雱也入兩廡從祀。但好景不長，靖康元年（一一二六年），右諫議大夫楊時上書皇帝，指責王安石學術荒謬，是異端邪說，結果毀去王安石在大成殿的配享塑像，降低一個等次，進了兩廡從祀。淳熙三年（一一九六年）趙粹中等人又多次上書皇帝，要求把王安石從孔廟趕出，遭到變法派的反對，最後拿他的兒子王雱作了替罪羊，罷免了從祀資格。但事情並沒有結束。淳祐元年（一二四一年），在保守派的多方工作下，宋理宗終於下令：「王安石謂天命不足畏，祖宗不足法，人言不足恤。爲萬世罪人，豈宜從祀孔子於廟庭？黜之！」於是，王安石被徹底趕出了孔廟。

大成殿最具特色的是雕龍巨柱。殿前檐十根深雕龍柱，玲瓏剔透，剛勁有力，每柱兩龍對翔，栩栩如生，均用整石雕成。廊下的其它十八根爲水磨八稜淺雕龍柱，每面淺刻團龍九條，每柱七十二條，共一千二百九十六條。加上前檐每柱兩龍，十柱二十條，共計應爲一千三百一十六條。如此衆多的龍在此升騰盤繞，就是金鑾殿也不曾有這樣的氣派，難怪乾隆來曲阜時，孔府要將石柱用紅綾包裹，生怕皇帝有所怪罪。這石柱雲龍，是明弘治十三年（一五〇〇年）徽州工匠的傑作，郭沫若讚曰：「天工開物眼前是，梓匠何曾讀聖書。」

大成殿後的寢殿，是供奉孔子夫人亓官氏的專祠。亓官氏，宋國人，嫁給孔子後，又先於他去世。儘管孔子聲稱：「惟女子與小人難養也」，這位夫人還是自始至終與他共享了殊榮。孔子死後，她便同孔子一起被祭祀。宋大中祥符元年（一〇〇八年），宋眞宗追封她爲「鄆國夫人」，後又隨著孔子地位的提高，而屢屢加封爲「大成至聖文宣夫人」、「至聖先師夫人」等。宋天禧二年（一〇一八年），始有寢殿專祠。有人想藉此研究中國婦女地位的變化歷史，答案是非常明確的：無論封號如何登峰造極，亓官氏從來沒有改變過附屬和裝飾的地位。

寢殿後的聖跡殿裏，有我國第一部有完整人物故事的石刻「連環畫」，記述了孔子一生的主要事跡，共一百二十幅「聖跡圖」，是明代的作品，值得一看。

孔廟西路的啓聖門內的啓聖殿，是奉祀孔子父母的地方。孔子的父親叔梁紇是西周末魯國大夫夏伯的兒子，做過魯國聊邑的大夫。據說他體格慓悍，能力舉千斤。一次攻戰中，敵方突將城門放下，欲截斷退路。恰叔梁紇在門下，舉雙臂托住城門，敵方爲之瞠目。紇先娶魯國施氏爲妻，生九女，無子。其妾生一男孩，喚作孟皮，但因腳有疾，不能頂門立戶，故紇又求婚於顏家。顏家有三女，徵在最少。其時，叔梁紇已是六十老翁，年輕的顏徵在遵父命嫁給了他，是地地道道的老夫少妻，所以《史記》說：「紇與顏氏女野合而生孔子。」「野」，即不符合禮，即使在男子地位高於女子的當時，年齡如此懸殊的婚姻，也被認爲是不符合禮儀的。紇與顏氏同禱於尼山，求賜貴子，後來果然生了孔子，取名爲丘，字仲尼，因其上有兄孟皮，不客氣者，逕直呼作「孔老二」。

孔子三歲時，叔梁紇死去。像他這樣的小官，本是無名之輩，因爲孔子的緣故，他被宋眞宗封爲「齊國公」，元至順元年（一三三〇年），又加封「啓聖王」。

## 詩禮堂鑿壁藏經（曲阜孔府）

孔廟東路的承聖門內，有孔子故宅和供奉孔子上五世祖的崇聖祠。

進承聖門後，迎面正殿爲「詩禮堂」，堂名出典於孔子的兒子孔鯉趨庭受教事。據《論語》載：一天，孔鯉從庭院走過，遇見其父孔子。孔子問：「學《詩》乎？」鯉答：「未也。」孔子說：「不學《詩》，無以言。」鯉退而學《詩》。又有一次，孔子在庭院遇見孔鯉，問：「學《禮》乎？」鯉答：「未也。」孔子說：「不學《禮》，無以應。」鯉退而學《禮》。

孔子的「庭訓」，被後代視爲「祖訓」，「詩禮傳家」之說便源於此。至元初，孔子五十三代孫，「衍聖公」孔治始「作堂私第，名以詩禮，示不忘過庭之教。」這裏的「詩禮堂」創建於明弘治十七年（一五〇四年），後又幾經改建。淸初，孔子後裔孔尙任就在此堂向康熙皇帝進講過經書。乾隆也爲此堂留下御聯：

紹緒仰斯文識大識小，
趨庭傳至教學禮學詩。

詩禮堂後，有「魯壁」，這是爲了紀念孔鮒魯壁藏書而建起的象徵性遺址。據說，秦始皇焚書坑儒時，孔子的九代孫孔鮒知「秦非吾友」，便將一些經典藏之孔子故宅牆壁中，躲過了劫難。西漢景帝三年（西元前一五四年），皇子劉餘從淮南遷到曲阜。這位魯恭王在擴建宮殿時拆除了部分孔子故宅，從牆中發現了《尙書》、《禮》、《論語》、《孝經》等典籍。這些經典均用古文字寫成，不同於當時經師們保存的隸書經典，特別是《古文尙書》比

《今文尚書》多十六篇，確實是意想不到的收穫。

孔鮒藏書之後，據《史記》載，就和魯地諸儒帶著孔氏的禮器投奔起義的陳涉去了，「於是孔甲（即鮒）爲陳涉博士，卒與涉俱死。」孔鮒藏書有功，反秦也不算有過，死後卻進不了孔林。大概是怕他的叛逆精神熏染了孔府的「敦厚」吧。

## 故宅壯府第，南北爭正統

（曲阜孔府）

孔廟中部的毓粹門外靠北有一小門，門上曾懸「孔子故宅門」五字。據說，魯哀公最初設立的孔廟，就在此處。宅內有一水井，傳說是孔子當年的吃水井，因井旁立「孔子故宅井」。乾隆皇帝來祭孔時曾勺水拜師，有《故宅井贊》：「我取一勺，以飲以思，嗚乎宣聖，實我之師。」孔子故宅，是孔廟中最古老的地方，也是與孔府關係最爲密切的地方。故宅又叫闕里故宅，歷來是孔子的嫡系所居，稱「襲封宅」。明洪武年間，勅令在闕里故宅以東重建府第，後屢經重修擴建，才有了現在規模的孔府。

孔府，也叫「衍聖公」府，是孔子嫡系長子長孫居住的地方。「衍聖」者，繁衍聖道、聖裔也。自北宋至和二年（一〇五五年），宋仁宗賜封「衍聖公」給四十六代孫孔宗願以來，嫡系子孫相繼，已承襲了三十二代，歷時八百八十餘年。「衍聖公」封號，意味著特權，「衍聖公府」也自然規模宏偉。孔府占地二百四十畝，共有廳、堂、樓、房四百六十三間。三路布局，東爲「東學」，西爲「西學」，中路爲孔府的主體部分，前爲官衙，後是內宅，是我國封建社會中典型的官衙與內宅合一的建築。孔府大門是清人紀昀（曉嵐）撰書的對聯，寫出了「衍聖公府」的顯赫與氣派：

與國咸休安富尊榮公府第，

同天並老文章道德聖人家。

孔府的二門，是皇帝親賜的「重光門」，上懸明世宗朱厚熜親頒的「恩賜重光」匾。二門內的一幢石碑，記載著孔氏的更大榮耀，上面刻著明太祖朱元璋與當世「衍聖公」的朝廷對話。

洪武元年（一三六八年），朱元璋在南京造反稱帝後，要孔子的第五十五代孫「衍聖公」孔克堅前來朝拜。大概是鑑於孔鮒的教訓，孔克堅託病不朝，只派去了兒子。朱元璋當然清楚就裏，立刻下詔，一針見血：我「雖起庶民，然古人由民而稱帝者，漢之高祖也。爾言有疾，未知實否，若稱疾以慢吾，不可也。」接詔後，「衍聖公」哪裏還敢怠慢，立即啓程。

洪武元年十一月十四日，朱元璋在謹身殿接見了孔克堅，時孔已五十有三，明太祖語氣和藹：「我看你是有福快活的人，不委你勾當。你常常寫書與你的孩兒，我看資質也溫厚，是成家的人。你祖宗留下三綱五常垂憲萬世的好法度，你家裏不讀書是不守你祖宗法度，如何中，你老也常寫書教訓者，休怠惰了，於我朝代裏你家再出一好人呵不好。」看得出來，朱元璋剛當上皇帝，說話還多「土氣」，但不要孔家參與朝政的意思是明白的。

到洪武六年，朱元璋再次召見第五十六代孫「衍聖公」孔希學時，說話已頗具皇家風度，並且一錘定音，從此改變了孔氏在政治舞臺上的地位。碑上刻著朱元璋當時說的話：「今爾爲襲，封爵至上公，不爲不榮矣，此非爾祖之遺蔭歟？朕以爾孔子之裔，不欲於流內銓注，以政事煩爾，正爲保全爾也；爾若不讀書，孤朕意矣。且人年自八歲至弱冠多昏蒙不開，不肯向學；自弱冠至壯年，有室，血氣正盛，百爲營營，亦無暇好學；爾年近四十，志慮漸凝定，見識漸老成，正好讀聖人之書，親近明師良友，蚤夜講明道義，必期有成學。學成之後，四方之人知爾之能，俱來執經問難，且曰此無愧孔世子孫者，豈不美哉！」聆聽天子的金口玉言固然榮耀，但唐以來孔氏世襲的曲阜縣令特權被取消了，「衍聖公」雖有爵階，專主孔子祀事而已，思想偶像的意味更濃了。

孔府前堂儘量地展現著富貴榮華，後院內宅卻閉關成禁，戒備森嚴，連每日供水的挑水夫，也不得進入內宅，只能將水倒在內宅門西側的特製水槽裏，經「石流」隔牆流入內宅。

這座深閉的宅院，雖爲詩禮人家，卻也關閉著一些可怕的事情。前堂樓是七十六代「衍聖公」孔令貽的住處。樓下裏套間爲夫人陶氏的卧室。這位陶氏夫人未曾生男，爲了「衍聖公」後繼有人，孔令貽又納一窮人女兒王氏爲妾，生下了孔子七十七代孫孔德成。生後不久，王氏便被陶氏害死。現前堂樓西一間，就是孔德成的生母王氏住過的地方，室內尚存有她的一幀照片。西套間是孔令貽的另一如夫人豐氏的卧室，僅從她二十七歲便死去就可看出，她在這深宅大院中度過了怎樣的歲月。

妻妾爭鬥，不過是爲了固寵；男子們的爭奪，則牽涉到正名了。孔子是很講究正名的：「必也正名乎！……名不正則言不順，言不順則事不成。」他的後代牢牢記住了這點。宋金時期，由於時局動亂，出現了三個「衍聖公」，分爲南、北兩宗，於是展開了一場「正名」的角逐。

北宋末年，女眞進犯，宋王朝南渡，在臨安建立了南宋政權。孔子四十八代「衍聖公」孔端友也於建炎二年（一一二八年），南遷浙江衢州，又立孔廟，成爲南宗。金兵入主中原後，建立了僞齊劉豫政權。劉豫將孔端友弟孔端操二子孔璠，封爲「衍聖公」，此爲北宗。蒙古人占領中原後，又另封孔子五十一代孫孔元用為「衍聖公」。至此，便有了三個「衍聖公」。蒙古滅金後，接受了金封的北宗「衍聖公」孔元措，而將原封的孔元用之子「衍聖公」孔之全，改任為世襲曲阜縣尹。元滅宋後，將南宗「衍聖公」孔洙，改封為國子監祭酒。於是，北宗成了正宗「衍聖公」。元滅明興，南宗又有了聲張的機會。明弘治十一年（一四九八年），浙江衢州的五十七代孫孔彥繩自稱是南宗孔洙的六代孫，要求正名。北宗則指責其假冒。你嘲我罵，好不熱鬧。明王朝早已承認北宗為正宗，不能再改口，為了安慰南宗，便給了孔彥繩一個世襲的「翰林院五經博士」，總算平息了爭端。

後堂樓，是最後一代「衍聖公」、孔子七十七代孫孔德成的住宅。這裏存放著孔府的文物瑰寶，商周兩代鑄造的祭祀供器——商周「十供」。這批珍貴的青銅器，是乾隆三十六年（一七七一年），弘曆祭孔時，見廟府內祭器「不過漢時所造，且色澤亦不能甚古」，「遂頒內府所藏」，挑出十件賜與。這十件商周之器是：商木工鼎、商亞尊、商冊卣、周犧尊、周伯彝、周蟠夔敦、周寶簠、周夔鳳豆，周饕餮甗、周四足鬲。

對這批珍品，孔府多年敬謹收藏，密不示人。有一次，卻幾毀於大火。光緒十一年（一八八五年）冬，孔府不慎失火，延及珍藏「十供」的樓房，若被燒，「衍聖公」孔令貽對祖、對君「過莫大焉」。但大火熊熊，無人能近前。孔令貽一下想起了家養的戲班武行演員，馬上就召集他們前來，請他們火樓搶寶。於是，十幾名京劇武行在大火中閃展騰挪，半個多時辰，搶出全部供器。孔令貽不僅喜愛戲劇，還常粉墨登場，族人曾進勸諫。經此事後，孔令貽宣稱：「有人反對我養班子唱戲，現在看我都辦對了！失火時不是他們，誰能救寶！」

內宅後院，有孔府花園。因孔子七十三代孫「衍聖公」孔慶鎔重修時，移來幾峰鐵礦石，稱「神石天降」，又叫「鐵山園」。孔慶鎔也自號「鐵山園主」。孔府花園不算大，卻創建於名人之手。明弘治十六年（一五〇三年），由太子太傅、吏部尚書、華蓋殿大學士、國史總裁李東陽設計監工，在重修孔府時同時修建。李東陽與孔府有甚干係？原來李東陽的女兒嫁給了六十二代「衍聖公」孔聞韶，做了一品公夫人。為了女兒女婿，老「泰山」自然樂此不疲了。有《曲阜紀事》可證：

天下衣冠仰聖門，舊邦風俗本來敦。
一方煙火無庵觀，三氏絃歌有子孫。
城廓已荒遺址在，書文半厭古碑存。
憑誰更續《東遊記》，歸向中朝次第論。

李東陽以後，又有一個名人與鐵山園有關。明正德及嘉靖年間，同樣，是太子太博、吏部尚書、華蓋殿大學士、國史總裁嚴嵩，將自己的親孫女嫁給孔子六十四代「衍聖公」孔尚賢為一品公夫人，再次來擴建孔府，重修花園，也有物為證。不過那時嚴嵩已被彈劾，為了減輕罪名，嚴嵩曾來孔府託「衍聖公」向皇帝說情。雖未得應允，嚴閣老坐候的凳子卻留了下來，人稱「閣老凳」。此凳就在大堂與二堂相連的通廊裏。

## 孔林一部興衰史（曲阜孔林）

出孔府北行三四華里，便可至孔林。史載，「孔子死，葬魯城北泗上」，現在豎有「聖林門」三個大字的孔林大門，就是古魯城的北門所在。進聖林門西行，過洙水橋，享殿之後就是孔林的中心所在——孔子墓了。墓周環以紅色垣牆，周長里許。墓前有巨碑，上刻「大成至聖文宣王墓」，此為明正統八年（一四四三年），黃養正所書。人們都知道最先封孔子為「至聖」的，是宋眞宗。但最早讚孔子為「至聖」的卻是史學家司馬遷。司馬遷在《史記》中寫道：「天下君王至於賢人衆矣，當時則榮，沒則已焉。孔子布衣，傳十餘世，學者宗之。自天子王侯，中國言《六藝》者折中夫子，可謂至聖矣！」

孔子墓東為其子孔鯉墓，南為其孫孔伋（子思）墓，這種墓葬有一個好聽的名字，「攜子抱孫」，顯示著中國人的家庭觀。

「古木千年在，林深五月寒」，孔林廣三千餘畝，僅垣牆就長達十四里，總面積比曲阜城還大得多。有一條環林路可通向孔林的深處。沿環林路東行，在孔林的東北方向，有清初著名的劇作家、《桃花扇》作者孔尚任的墓地。墓前有巨碑，上書「奉直大夫戶部廣東清吏司員外郎東塘先生之墓」。孔尚任，號東塘，自稱雲亭山人，是孔子第六十四代孫。屢試不中，憤而入石門山隱居。康熙二十三年（一六八四年），孔尚任進仕的機會來了。清聖祖玄燁來曲阜祭祀孔子，孔府推薦孔尚任和他的族兄孔尚鉝為皇帝講經，孔尚任講解《大學》首章，孔尚鉝講解《易經》繫辭首章，地點就在孔廟中的詩禮堂。據說講經前入詩禮堂演習時，孔尚任一入堂，就見堂中懸有杜甫詩句「兩個黃鸝鳴翠柳，一行白鷺上青天」，高興地對族兄說：「我們二人要入朝做官了。」果然，孔氏兄弟的講經，深得皇帝賞識，說：「孔尚任兄弟陳書講說，克副朕衷，不拘定例，額外議用。」十三天後，孔尚任兄弟接到任命詔書，被破格提拔為國子監博士，穿上了「白鷺」圖案（正六品）的朝服。

孔尚任進京，帶去了他對仕途的滿腔希望，也帶去了他輪廓初具的《桃花扇》。官職雖略有升遷，先晉為戶部福建清吏司主事，後再升為廣東清吏司員外郎，都不驚人。最使孔尙任得意的是，康熙三十八年（一六九九年），「嘔心瀝血十多個春秋的《桃花扇》終於脫稿。上演後，「歲無虛日」，「名公巨卿，墨客騷人，駢集者座不容膝」，轟動了整個京城。連康熙皇帝，也派內侍來索要《桃花扇》劇本，「午夜進之直邸。」孔尙任的喜悅之情，溢於言表：「詞人滿地拋紅豆，扇形桃花鬧一宵。」正在這時，孔尙任被罷官了。罷官的原因，至今不清。但從孔尙任詩中所說：「命薄忽遭文字憎，緘口金人受誹謗」，有人懷疑是禍起於《桃花扇》。

《桃花扇》是一部什麼樣的傳奇呢？它通過明末復社文人侯方域同秦淮名妓李香君的愛情故事，大發對南明興亡的慨嘆，流露了濃厚的哀戀故國的情懷，大概正是他對明朝的這種惋惜和留戀，引起了清廷的不滿，罷去了他的官職。孔尙任回鄉後，隱居石門山，於康熙五十七年（一七一八年）一月十三日逝去。

由孔尙任墓沿環林路向西，有一處氣派非凡的墓葬，墓坊上書「鸞音褒德」。這裏就是清代乾隆皇帝的公主于氏的墓。乾隆是個頭腦清醒的政治家，深知滿清入主中原，必須籠絡漢人望族，因欲與孔府結親。但依滿族規定，滿、漢不得通婚。後來想出了一個通融的辦法，公主先認漢人中堂于敏忠爲義父，改姓于，然後嫁給孔子七十二代孫「衍聖公」孔憲培爲一品公夫人。乾隆的女兒就這樣成爲「于氏」。孔府東路的慕恩堂，就是爲孔憲培與他的妻子于氏修的專祠。婦榮夫貴，這位七十二世衍聖公顯然是沾了他公主妻子的光。

于氏墓西，有漢墓群。孔子的漢代後裔聚葬於此。其中，有漢末孔宙、孔褒的墓。這兩個人，人們也許不熟悉，但提到與他們關係密切的孔融，就不會不知道了。那個四歲能讓梨的孔融，是孔宙的兒子、孔子二十代孫、孔褒的弟弟，又是著名的「建安七子」之一。他從小聰慧，十歲隨父孔宙入京洛陽。聽說河南尹李膺除通家舊好和當世名人，一概不見。孔融好奇，便自報是李家的通家子弟乃得見。李膺見面不識，問：「何謂通家？」孔融從容答道：「我祖孔子與您祖老子互爲師友，我與您豈不是累世的通家舊好嗎？」李膺及客人皆嘆服。惟大中大夫陳煒不以爲然，「小時聰明，長大未必是奇才。」孔融馬上反脣相譏：「您小時一定是很聰明的吧！」

## 石頭城之得名（南京鬼臉城）

自中原南下吳越，東行千里，涉淮臨江，就來到了四大古都之一——南京。東去大江，淘盡千古風流人物，卻

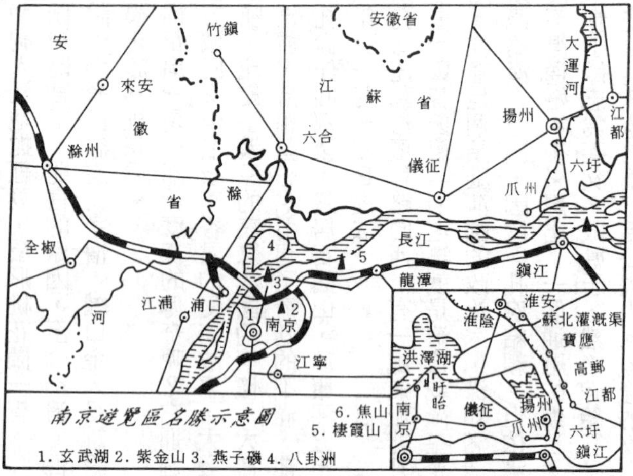


南京遊覽區

留下了斑斑歷史的遺跡。它將告訴你，這個孫吳、東晉、宋、齊、梁、陳、南唐、明、太平天國以及辛亥革命屢次建都的古城有無數令人神往的祕密。

你想看看南京最古老的城牆嗎？出漢中門向北，沿清涼山西麓而行，就來到了古石頭城西壁遺址。這段三百多米的城基，最高處達十六米，為自然懸崖，當年頗具「虎踞」雄風。和今天拔地而起的金陵飯店比肩，自然遜色，不過，「金陵」之地名正源於此處。

西元前三三三年，楚威王滅越後，在今清涼山上築城，因金陵山（紫金山）得名金陵邑。又傳說楚威王曾在獅子山以北的「龍灣」埋過黃金，以鎮「王氣」，故稱「金陵」。西元二一一年，東吳的孫權從京口遷來秣陵，第二年就在此邑城基上築石頭城。石頭城得名於石頭山（今清涼山）。由於西部峭壁的砂礫岩經過風化後凹凸不平，如獸面猙獰，人們又稱「鬼臉城」。當時長江正從城下流過，石頭城既是軍事要塞又是長江沿線最重要的碼頭之一。西元二三〇年，孫權派將率兵萬人，由此出發航行夷州（今臺灣省），寫下了臺灣與祖國大陸密切交往的最早文字記錄。可以想像，當年「地擁金陵勢，城迴江水流」的石頭城，和它的主人孫仲謀一樣，何等威風！而到了西元二八〇年，後主孫皓卻自縛了雙手，抬著棺材，在此向西晉軍隊俯首投降，又是莫大的諷刺！難怪唐代詩人劉禹錫不

勝感慨：「王濬樓船下益州，金陵王氣黯然收。千尋鐵鎖沉江底，一片降幡出石頭。人世幾回傷往事，山形依舊枕寒流。」

如今，歷史遠去了，「潮打空城寂寞回」的長江也改道西行了，只留下了一灣清瑩的鏡子塘，於是由此而引出了「鬼臉照鏡子」的傳說，在這一帶民間流傳著。

## 半畝園何人掃葉

自石頭城緣山東去，跨過城西幹道，有一座山門儼然，進得門去，一片青翠，竟是個幽雅的去處。這就是著名的「清涼古道」（今清涼山公園）。清涼山上的清涼寺，是金陵名刹之一。建於五代十國，初稱興教寺，南唐時改稱「石城清涼大道場」，明初重建，定名清涼寺。南唐後主李煜好佛，在寺內修「德慶堂」為避暑離宮，流連忘返，自言「未能歸去宿龍宮」。現在建築已毀，僅存清末重建的幾間佛殿及遺址。寺後尚存一口南唐古井，為南唐保大三年所掘，故稱「保大井」。相傳寺內老僧常飲此水，鬚髮至老不白，故又稱「還陽井」。

登上清涼臺，景色宜人，清代著名畫家、金陵八大家之首龔賢曾作文描述：「登臺而觀，大江橫於前，鍾阜枕於後，左有莫愁，勺水如鏡，右有獅嶺，撮土若眉……」龔賢故居即在這風光綺麗的清涼臺下。

康熙年間，龔賢隱居清涼山麓，置地半畝，建屋數間，吟詩作畫，栽竹種花，取名半畝園。相傳今掃葉樓即為龔賢故居。清咸豐年間，掃葉樓被毀，光緒十五年重建。現樓中尚存一幀掃葉老人像。

說到這幀畫像，還有一段公案。多年來，一說是龔賢自畫像，一說是龔賢為掃葉老人畫，孰是孰非，未有定論。據記載，與龔賢隱居同時，清涼山上確實有過一掃葉僧，法號宗元，字掃葉，頗有詩名。龔賢與友曾往山中拜訪，其友還作詩題「同龔半千訪掃葉上人」。「半千」，是龔賢的字。其實，龔賢雖非掃葉，自畫已借掃葉之名；為掃葉僧寫眞，也未必無有自託之意。琴棋書畫，不過寄情抒志，要絕對了然，也難。還是南巡的乾隆皇帝聰明，既然「不辨題名自誰氏」，不如朦朧生趣：「隔岫誰家掃葉樓？清標占斷石城秋。分明鄭谷詩中景，逸興遄飛那上頭。」

清涼山上歷代文人學士留詩題刻甚多。抗日戰爭時期，掃葉樓上曾掛一聯極為有名：

舊地重遊，聽風雨滿城，三徑就荒誰掃葉？

名山無恙，望東南半壁，萬方多難獨登樓。

落款為「太湖駕舟氏方濟川」，原來這方濟川曾是山東鄆城縣長，由於他反對山東省主席韓復榘消極抗日、橫徵暴斂的行為而被革職，放舟來此，撰了此聯，概括了國難當頭的形勢，又抒發了憂國憂時的情懷。上聯用陶潛的原句，下聯用杜甫的詩意，十分工巧，成爲清涼山著名題聯之一。

## 勝棋樓旨令輸贏（南京莫愁湖）

出清涼公園，沿秦淮河，出水西門，就來到「金陵第一名勝」——莫愁湖。這裏有一個美麗動人的故事。

相傳南齊年間，洛陽有女名莫愁。家貧如洗，父逝無力安葬，只得賣身葬父，恰逢建鄴（今南京）豪富盧員外遊洛陽，見莫愁秀美，買爲兒媳。莫愁思念家鄉和慈母，思念爲葬父而捨棄的青梅竹馬的意中人，鬱鬱寡歡。因爲她經常周濟鄉鄰，盧員外不能見容，無端誣陷，莫愁不堪凌辱，憤而投湖。爲了懷念這位慧美、勤勞、善良、正直和渴望婚姻自由的女子，後人改稱盧家花園和石城湖爲「莫愁湖」。從此，莫愁湖遠近馳名，莫愁女的佳話也流傳不衰。梁武帝寫過一首《河中之水歌》：「河中之水向東流，洛陽女兒名莫愁，莫愁十三能織綺，十四採桑南陽頭……榮華富貴何所望，恨不早嫁東家王。」園中的郁金堂，相傳是莫愁住過的地方，得名於唐代文人沈佺期的詩句「盧家少婦郁金香」。關於莫愁的傳說多種多樣，人們都把她塑造爲一個善良美麗的女子，寄託了美好的願望與深切的同情。這些傳說，給煙波浩淼的莫愁湖，平添了傳奇的風韻。

其實，六朝時期，這一帶因自長江口沿秦淮河築堤，本叫作橫塘。唐代詩人崔顥《長干曲》裏所提：「君家住何處？妾住在橫塘。停船暫借問，或恐是同鄉」，就是指這個橫塘。莫愁湖成爲著名園林大約只有四五百年歷史，最早見於北宋時的《太平寰宇記》：「石城西有湖，名莫愁。」但這並不能改變遊人對莫愁女的美好想像，當你看到荷池邊她那恬靜、優雅的塑像，還會忘記她亭亭玉立的倩影和那娓娓動人的傳說嗎？

到了明代，莫愁湖成了開國元勛徐達的私人園林。當年，明太祖朱元璋常與徐達在此下棋，徐達雖棋藝高超，但每以失子告終。一次，朱元璋事先對徐達說，「這盤棋你要拿出真本事來，即使我輸了，也決不怪罪於你。」這盤棋從早至午不分勝負。後朱元璋連吃對方兩子，頗爲得意：「將軍爲何總是遲疑不前？」徐達答道：「請皇上細看全局。」皇上仔細一瞧，不免叫苦，徐達再走一步，他的棋便陷絕境。再看對方陣勢，不禁拍案叫絕，棋子已成「萬歲」字樣。棋輸心暢，朱元璋一高興，就把勝棋樓與莫愁湖一併賜與徐達。這就是勝棋樓的來由。如今樓內還陳列著一張精緻的棋桌，桌面正中嵌一隻棋盤，斜對角各有一個深深的方洞，盛放黑白棋子。他們是什麼時候在這裏下棋的呢？大約是在明初政治形勢趨於穩定的前期，才有這番閒情。後來，統治集團內部矛盾爆發，明太祖多疑暴虐，草菅人命，連徐達這樣忠順的功臣也未能倖免。吳晗先生在《明太祖》中說：「徐達為開國功臣第一，小心謹慎，也逃不過。洪武十八年病了，生背疽，最忌蒸鵝。病重時皇帝卻賜蒸鵝，只好流著淚，當使者面吃了。不多日就死了。」

勝棋樓華轅軒正面，頗具民族風格。很久以前，曾懸過一副清代湖南名士王壬秋作的楹聯：「莫輕他北地燕支，看畫艇初來，江南兒女無顏色；盡消受六朝金粉，只青山依舊，春來桃李又芬芳。」王壬秋的原意是想極言「洛陽女兒」莫愁的美麗，不想竟引來江南人士的憤慨抗議，認為這是絕大的侮辱，不許懸掛。老詩人只好把「無顏色」改為「生顏色」，「青山依舊」改為「青山無恙」，才算了事。現在的對聯，是光緒癸未長沙張偉堂所作：粉黛江山留得半湖煙雨，王侯事業都如一局棋枰。

## 秦淮佳麗地，貢院舉子鄉

（南京夫子廟）

秦淮河，古稱淮水。相傳秦始皇東巡時，見此地矗立一座方形平頂山（即方山），形似宮印（又稱天印山），便下令「開鑿方山，斷壟為瀆，以破王氣」，始有秦淮。其實，是唐人依此傳說，始稱淮水為秦淮。

秦淮河是南京的主要河流，全長一百一十公里，分為內河和外河，內河是號稱「六朝金粉」的「十里秦淮」最繁華的地帶。特別到了明代，科舉貢院沿河而建。考生雲集，妓家也應運而興。杜牧一曲，唱盡了這畸形的繁榮：「煙籠寒水月籠沙，夜泊秦淮近酒家。商女不知亡國恨，隔江猶唱後庭花。」不過，到了明末清初，秦淮河倒是出了幾個深知亡國之恨的風塵女子。人稱南京四大名妓的顧橫波、董小宛、李香君、柳如是，不僅才絕貌絕，而且憂時憤世，多與復社、東林互通情愫。顧橫波嫁龔鼎孳終其身，董小宛歸冒辟疆為妾，李香君為侯方域梳理，柳如是自薦於錢謙益，這大約就是「慧福幾生修得到，家家夫婿是東林」的來歷。特別是李香君，是青樓中的佼佼者，也是孔尚任《桃花扇》中的俠女子，從小墜入煙花，居止媚香樓，生得「膚理玉色，慧俊婉轉」，有「香扇墜」之美稱。在與權奸的鬥爭中，她堅決站在復社一邊。明亡之後，她投入空門，入道棲霞。如今，沿著貢院街西行，過短橋至大石壩街，約五十四號—五十八號一帶，便是媚香樓舊址（秦淮區文物普查辦公室初步認定）。

行至大石壩街的盡頭，附近有一座利涉橋，這就是古桃葉渡口。相傳因東晉大書法家王羲之之子王獻之於此迎接愛妾桃葉，並賦《桃葉歌》而出名。歌詞云：「桃葉復桃葉，渡葉不用楫，但渡無所苦，我自迎接汝」，一時廣為流傳。於是騷客文人每臨桃葉渡多唱和，「桃渡臨流」，遂成為千古佳勝。直到清順治年間，有個叫金雲甫的人在此建橋，題名「利涉」，桃葉渡才漸廢。

與大石壩街舊院隔河相望的，就是極正經的孔聖人的祭殿——夫子廟。始建於宋景佑元年（一〇三四年），稱為文宣王廟，南宋紹興九年（一一三九年）重建，名作建康府學，到了元朝改為集慶路學，明朝初年，作為國子學，繼之為應天府學，清朝此為江寧、上元二縣學，同治八年重建，即為現在的夫子廟。

廟內有奎星閣、明德堂、梨香閣等建築。「奎星」為二十八星宿之一，因其「屈曲相鉤，似文字之劃」，人們便奉為主文運之神。後「奎」又訛為「魁」。科舉時代，相傳「魁星點斗」為文運之吉兆，便取「魁」字字形的會意，在閣內塑一鬼形神像，一腳向後蹺起，象徵「魁」字的大彎鉤；一手捧斗，象徵「魁」字中含的「斗」字；一手持筆作點狀，以示點中了中舉的士人。現在奎星閣重修，「魁星點斗」自然不存，但這也不失為古人演繹文字的一段趣事。

其實，夫子廟鼎鼎有名，並非因它是孔廟、府學，而是地處六朝金粉佳麗之中。當時的豪門貴族聚居附近，「都是主人，且領略六朝煙水。暫留過客，莫辜負九曲風光」，夫子有靈，該作何感想？且夫子廟幾經變遷，與夫子的干係越來越遠，終於和秦淮風氣相融，成了衆人娛樂的鬧市。

夫子廟東面的「明遠樓」，是明代貢院的中心，倒真是個法度森嚴之地。明遠，取《大學》中：「慎終追遠，明德歸厚」之意，每逢開舉，以此樓為全貢院總監考點，樓建三層，四面有窗，居高臨下，內院情況，一目了然。清代著名戲劇家李漁曾在樓南下層題有對聯：「矩令若霜嚴，看多士俯伏低佪，群囂盡息；襟期同月朗，喜此地江山人物，一覽無餘。」今日讀來，不知這位無羈文人是真心頌讚，還是暗含譏諷？

當年貢院規模之大，非今日所能想像，僅考生號舍就二千四百多座，稍次於北京，卻能管理井然。明代文人楊士奇曾撰聯懸「明遠樓」後的「至公堂」（現中醫院大樓），「號列東西，兩道文光齊射斗；簾分內外，一毫關節不通風」，寫出當時考場森嚴情景。

現在明遠樓的牆上仍嵌有明以來有關貢院的碑刻二十二塊，記錄盛衰。

## 白鷺洲畔話瞻堂（南京白鷺洲）

夫子廟南去，過文德橋，穿烏衣巷——這個因唐代詩人劉禹錫的詩「朱雀橋邊野草花，烏衣巷口夕陽斜。舊時王謝堂前燕，飛入尋常百姓家」而出名的巷子，現在不過是條僻巷——就到了白鷺洲。

南京有兩個白鷺洲。

原來的白鷺洲在江心。據《太平御覽·丹陽記》上說，白鷺洲在城西三里隔江中心，洲上多聚白鷺，因以得名。唐代大詩人李白詩：「三山半落青天外，二水中分白鷺洲」，就是歌詠此處。後江流外涉，與陸地相連，不再成其洲。大約是現在白鷺村所在處。

你來到的白鷺洲，原來是明中山王徐達的東花園，又名太傅園。清末園廢，與「白鷺洲」並無關係，清人有詩：「嘯傲江山宮錦遊，謫仙當時最風流，鳳凰臺上重回首，何處當時白鷺洲？」一九二四年宜興人善堂來此經營茶廬，始名「白鷺洲茶廬」，並曾懸聯一副：「此地爲東園故址，其名出太白遺詩」，說明來由。

白鷺洲的西面，還有一座徐達的西園，即現瞻園路上的瞻園。瞻園，不僅是江南名園，還是徐達因禍得福的見證。明史徐達傳裏記載，一日徐達與明太祖同飲，醉中誤睡了皇帝的龍床。醒而大驚，趨下階俯伏呼死罪。勝棋樓堂中就曾掛過徐達這副模樣的謝罪圖。太祖見狀大悅，乃賜建魏國公府，瞻園就是當年徐府西花園的一部分。

瞻園以石取勝，進門即可見翠竹叢前，一塊奇石破空直上，玲瓏剔透，具瘦、皺、透、漏、秀爲一身，人稱「仙人石」，相傳是宋代「花石綱」的遺物。透過花窗可見園中巍峨聳峙，如戟如林的奇峰怪石，遠望去，宛若明代風格的山水畫。

舊時園內庭柱有題聯一副，上聯：「大江東去，浪淘盡千古英雄，問檻外青山，山外白雲，何處是南陵漢寢。」相傳是徐達自題，並懸千金以徵下聯，久未能得。後有一書生續出：「小院春回，簾捲起一庭風月，看溪邊綠樹，樹邊紅雨，此中有堯日舜天。」上聯流露出這位明代功臣富貴至極的悵惘，下聯的確道出這小小園子的獨特意趣。

清代，乾隆將此園賜給藩臺，並親題「瞻望玉堂」，故始名瞻園。後太平天國定都南京，這裏曾做過東王楊秀清的府第。

清王朝有人作聯諷刺太平天國天朝：「一統江山七十二里半（指南京城圍），滿朝文武三百六十行全」，從反面說明了天朝初期廣招人才。曾設「繡錦衙」，組織壁畫創作，把天京王府官衙繪畫得富麗堂皇。現在朝天宮南面的堂子街七十四號內，仍然看到當年珍貴的遺跡。在這座太平天國的王府裏，保存了二十多幅壁畫，是那個時代壁畫的代表作。其中，尤以《望樓》最爲出色。

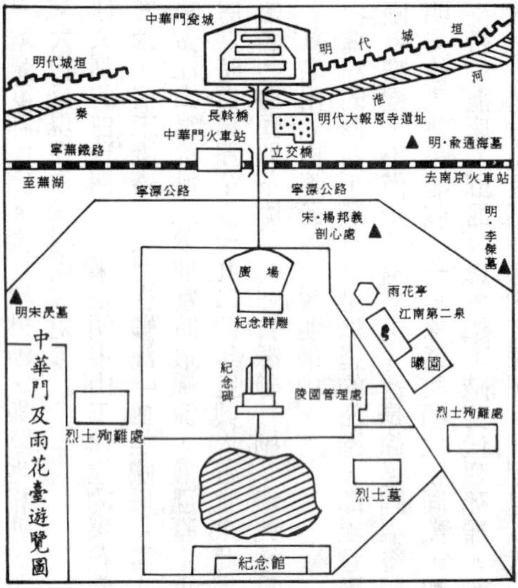


## 世界最長城牆（南京古城）

出瞻園，沿中華路繼續南行，遠遠可望見規模宏偉的中華門。

這裏是明朝應天府城的一部分。當年，朱元璋採納了元末舉人朱升的建議：「欲成帝王之業，必須高築牆，廣積糧，緩稱王」，建起了這座周長六十七里，不僅全國第一（其次北京，內城四十里，外城二十里），而且是世界第一（其次巴黎城，五十九里）的巨大磚城。自明洪武二年（一三六九年）動工，洪武六年（一三七三年）完成內城，十分壯觀。朱元璋得意洋洋率文武百官、皇子皇孫遊城賞景，衆口稱好，惟四子朱棣一言不發。問之，言道：「父王城牆雖好，惜未將應天周圍高山圍入，若紫金山設炮攻之，父王紫金城毀矣！」朱元璋十分賞識朱棣的非凡見地，又建造外城，於一三八八年完工，凡十八年。

南京城高十二米，垣頂闊七米，均鋪石爲道。城以花崗石爲基，巨磚爲牆。每磚側面均有造磚者的府、縣官銜和年月日，規格相似。築城時，用石灰、桐油、糯米汁混合夾漿，十分堅固，屹立數百年，巍然無恙。如此長的城牆，城門自然衆多，內城門十三，外城門十一，老百姓記不清，就編了歌謠：三山聚寶臨通濟，洪武朝陽通太平，神策金川定鍾阜，儀鳳清涼到石城。

聚寶門，即中華門，是應天府的正南門。其門檻高二尺許，長二丈，色黝如鐵，相傳爲子午石，外國所贈。城分兩層，門有四重，建有二十七個藏兵洞，可藏兵三千，是我國最大的甕城。

相傳聚寶門屢建屢坍，朱元璋聽從劉伯溫之計，向江南首富沈萬三強借家傳聚寶盆，「爾家有盆，能聚寶，亦能聚土乎？」埋在第一道城圈內，南門果然建成，故稱聚寶門。事實上，聚寶門地處內外秦淮交匯故道，地基不牢，為防止牆基下沉，在底部鋪上了巨石，且得名於正南面的聚寶山。

聚寶山，孫吳時稱石子崗。六朝時期，崗上寺院林立。相傳梁朝高座寺中有個道行高深的雲光法師，常在山頂說法，上天為之感動，落花如雨，凝為色彩艷麗的石子，遍布山崗。唐人由此改稱雨花臺、雨花石。落花如雨，當然子虛烏有，雨花臺古為長江秦淮交匯處，積澱而成，五彩石子也是屬經流水搬遷才如此晶瑩可愛。崗東有「江南第二泉」，相傳南宋大詩人陸游來此，品茶後命名，明代趙謙勒石。

解放前，雨花臺成了血腥的刑場，殉難者多達十萬。解放後先後建立了紀念碑和石雕群像，吸引了無數遊人來此憑弔。登崗四眺，古墓群環，歷代忠烈，長眠於此。西北山麓，有南宋抗金英雄楊邦義剖心處。金兵入侵金陵，楊邦義為建康府判被虜，金兀朮誘他投降，邦義大罵不從，金兀朮大怒，「剖腹取心」害之。原葬今雨花路北端，一九七五年遷移至此；山北有明方孝孺墓。明建文年間，方孝孺為侍講學士。燕王朱棣自立為帝，召方起草詔書，孝孺穿孝服至，號哭殿前，擲筆於地：「死即死耳，詔不可書！」被凌遲處死，受誅宗親數百人。相傳其學生王稌拾遺骨葬此。現在的墓是清同治年間建的衣冠冢，有碑「明方正學先生之墓」。

嗚呼，青山有幸埋忠骨！

## 浡泥國王，託體中華

在南京眾多的帝王陵墓中，很少人知道還有一座外國國王的陵墓。雨花臺西，安德門外東向花村的烏龜山南麓，有一處明代墓葬，墓的主人就是明朝時期爪哇屬國浡泥國王麻那惹加那。

浡泥國，位於現在的文萊，早在北宋時，就與中國友好往來。明洪武三年（一三七〇年）八月，明太祖派御史張敬之、福建行省都事沈秩二人出使浡泥國，經過半年多時間，航海到達。永樂三年（一四〇五年）冬，國王麻那惹加那遣使臣獻土特產，明王朝派官封其為王，並賜印誥敕符勘合、錦綺彩帛。隨後，國王便率王后嬪妃及弟妹子女近臣一百五十多人來中國友好訪問。明成祖十分熱情，派中官張謙專程前往福建迎接，所過州縣，皆設宴款待。永樂六年（一四〇八年）八月，麻那惹加那等到達京師南京，明王朝禮儀隆重，先在華蓋殿接風，又在奉天門設宴，還把國王贈送的各種禮品，展陳於文華殿。同時，還回贈國王儀仗、交椅、銀器、傘扇、銷金、馬鞍、金織交綺紗羅綾絹衣十襲。賓主都十分歡悅。

誰知，不久浡泥國王得了急病，「善藥調治，遣中貴人勞問，且暮相繼，又命大臣視王疾」，多方診醫無效，於十月間，在會同館內病故。這位年僅二十八歲的浡泥國王，臨終並無客死他鄉的淒涼之感，反而立下遺囑，要求安葬在南京，「體魄託葬中華，不爲夷鬼。」爲了表達哀思，明成祖停朝三日。以王禮具辦棺槨明器，葬在南京東向花村烏龜山。墓前有神道碑、石人、石馬、石羊，墓旁還建了祠堂，賜謚號：「恭順」。父親死後，王子遐旺要回國繼承王位，明成祖贈以豐厚的禮物，並派中官張謙等護送新王回國。應麻那惹加那和遐旺兩代浡泥王的要求，明成祖封浡泥國的後山爲「長寧鎭國之山」，並寫成碑文，命使臣張謙樹碑浡泥國山後，以垂永久。碑文是「矗矗高山，以鎭王國。鑱文於石，懋昭王德，王德克昭，王國攸寧，於萬斯年，仰我大明。」

爲了便於人們前往，現在已修了一條從墓地通達公路的專用道路。

## 佛門聖地古戰場（南京牛首山）

由雨花臺南行遠郊，即來到牛首山。此山以雙峰突起，形似牛頭而得名，東晉王導感嘆此「天闕也」，唐人便改稱「天闕山」。可惜如今牛角只剩下了一隻。如果你是春天來，滿山桃紅柳綠，松竹相掩，幽靜似仙境，方知「春牛首，秋棲霞」名不虛傳。

牛首山六朝以來，佛脈綿綿。唐代法融禪師在此設禪開教，成爲佛教牛頭宗的發祥地——「江表牛頭」。西峰下，有唐建明修的宏覺寺磚塔一座，東峰捨身崖還有明代的摩崖造像。

東麓松林深處，有一段石塊壘成的壕塹遺址，這便是抗金名將岳飛埋伏重兵、大破金兀朮之處。南宋建炎四年（一一三〇年），金兵侵占建康。岳飛在牛首山設立營壘，先命精兵百餘人，乘夜混入金營，使金兵自相攻擊。又以騎兵三百、步兵二千馳到南門新城，大敗金兵。金兵統帥完顏宗弼（即兀朮）準備從靜安鎭（今江寧鎭）撤離，岳飛於清水亭阻截，金兵大敗，建康收復。

牛首山的南面是祖堂山，爲牛首山的分支。劉宋大明三年（四五九年）在山南建幽棲寺，故名幽棲山。唐代法融禪師在此得道，又於此山入室，且法融是佛教南宗的第一祖師，山名遂改祖堂山。現幽棲寺後有合抱古樹一株，樹旁有石窟，就是法融修道和入室的地方。相傳法融入室之時，有百鳥獻花之異，循修竹小道沿西風嶺西去，峰迴路轉，右側石峰奇秀，左側千尺懸崖，就是獻花岩。

祖堂山南麓有兩座千年的「地下宮殿」，即著名的南唐二陵。

欽陵，是南唐開國皇帝李昇的陵寢，約建於西元九三四年。當時國勢尚強，陵內規模宏大，裝飾華麗。三個主室均仿照木結構房室，在壁面上砌出柱樑、斗拱，這在中國建築史上有其獨特的價值。後室石門的兩壁，各有一個踩祥雲、披甲持劍的石雕武士，在這裏守衛了千餘年。

順陵，是南唐中主李璟和皇后鍾氏的合葬墓，建於西元九六一年。形制與欽陵相似，卻已失去了南唐初期雄偉富麗的氣魄。不過，李璟的名氣比他父親大得多，不是因爲皇帝作得好，而是詩詞作得好，「細雨夢回雞塞遠，小樓吹徹玉笙寒」，「手捲眞珠上玉鉤，依前春恨鎖重樓，風裏落花誰是主？思悠悠！」都是他的名句。

可悲的是，他還有一個比他在詞壇上名氣更大、而又更不會作皇帝的兒子，後主李煜。金陵城破之時，這位南唐末代皇帝還在埋頭塡那首著名的「櫻花落盡春歸去……」宋太祖說：「李煜若以作詩功夫治國事，豈爲吾虜也。」李煜並不意識到這一點，當了俘虜，依舊作詞，「春花秋月何時了，往事知多少。小樓昨夜又東風，故國不堪回首月明中。雕闌玉砌應猶在，只是朱顏改。問君能有幾多愁，恰似一江春水向東流。」結果得罪了宋太宗趙光義，指使他的弟弟趙廷美，在李煜四十二歲生日時賜藥酒毒死。李煜死後，葬在洛陽的北邙山，恐怕連被偶然發現的機會也不會有。

南京是鄭和的第二故鄉，又是他下西洋的重要基地，在這個古老的都城，偉大的航海家度過了他的晚年，留下了許多歷史遺跡。可是鄭和的墓地卻鮮爲人知。

清代南京著名學者「可園老人」陳作霖在《金陵物產風土志》中記述：「牛首山鄭太監墳，即鄭和埋骨處也。植紅豆樹一株，幹葉作碧綠色，結實如紅豆，予幼時猶及見之，今俱濯濯然矣。」來到牛首山南麓（谷里鄉周村）的鄭和墓前，簡直難以相信這就是名聞遐邇的三保太監的安葬地。墓踞一小山坡上，墓丘高約三米，按回族葬制，呈長方形。墓前原有享殿、牌坊、華表、小橋、墓碑，如今已盪然無存。蒼松翠柏下惟萋萋芳草，一抔黃土。

墓葬簡單，卻頗多爭議。一說鄭和歿於南洋，葬在爪哇「三寶洞」；一說歿於南京，葬於牛首山。據《南洋旅行記》一書所載：爪哇三寶洞，不是鄭和歸天處。洞旁確有一墓，乃明王景弘之墓。當時鄭和與王景弘遊南洋，王景弘又稱「王三保」，因此混淆。對於葬在牛首山之說，也大有不同意者，因爲明代守備南京司禮監（鄭和出海歸來，曾出任南京守備）的另一個姓鄭的太監也葬在牛首山，焉知不是他的墓？其實，鄭和、鄭強雖同葬一山，卻一南一北，相距尚遠。而且葬在牛首山東北麓楊家墳的鄭強墓已經清理確認，南麓爲鄭和墓無疑。現在，牛首山南麓的鄭和墓已被列爲省級文物保護單位，供來訪者憑弔。

## 紫禁城故宮黍離（南京明故宮）

南京城的東面是中山門（原朝陽門），內側有明故宮遺址。

當年劉伯溫等人勘定了前湖（即燕雀湖）的湖身為明代紫禁城的宮址，說位於鍾山「龍頭」之前，風水最好。朱元璋便調集幾十萬民工來填平此湖。由此填湖需大量石土，民間有「遷三山填燕雀」的傳說。還盛傳在填湖時，曾把住在湖畔的一位名叫田德滿的老漢，活活埿入湖底，作為「填得滿」的吉兆。建成後又封他為「神」，大概是怕他的冤魂來報仇吧。

宮城作四方形，闢午門及東安、西安、北安數門，城外護城河環繞，城內中軸線上分前後列置奉天、華蓋、謹身三大殿，左右分設乾清、坤寧諸宮，又有社廟、五軍都督府及六部，雄偉崇宏，蔚為壯觀，為後建於北京的明清故宮藍本。清初，燬於戰火。康熙皇帝南巡曾作《懷古》描述當時的明故宮：「一代規模成往跡，千秋興廢逐流波。宮牆斷缺迷青鎖，野水灣環玉帶河……」

當年傳達聖旨和「廷杖」大臣的午門，今已闢為公園，可以比較集中地看到明故宮的遺跡。午門樓的大部矗立在御道街的北端，門北有內五龍橋，門南有外五龍橋，公園門口，還陳列著奉天門的巨大石礎和雕刻精美的石獅子、古照壁等遺物。午門的東西面，還各保存著東華門和西華門（中山東路五一八—一號院內）。

自午朝門向北，至後宰門，便到了宋代名相王安石的故居（在南京海軍學院內）。這位晚年罷相的「拗相公」彷彿知道後人會來拜望，早就寫下了「國人欲識公歸處，楊柳蕭蕭白下門」的詩句。宋代的半山園，距城七里，鍾山七里，正值半途，故曰「半山」。這裏原是東晉謝安的園池故址，半山園後有一土丘，便是有名的「謝公墩」。為了這個土丘，王安石寫了一首詩：「我名公字偶相同，我屋公墩在眼中，公去我來墩屬我，不應墩姓尚隨公」，竟留下了「爭墩」的典故。

## 清帝孝陵收民心（南京明孝陵）

如果你想完整地看到明孝陵建築群的話，可出中山門，沿寧杭公路至衛崗，衛崗東坡下北面路邊（南京農學院大門對面），豎有下馬坊，上刻「諸司官員下馬」，這裏就是孝陵大建築群的開端。其東，有嘉靖十年立的神烈山碑和崇禎十四年立的禁約碑。

孝陵，是明朝第一個皇帝朱元璋的陵墓，坐落在紫金山麓玩珠峰下，是明帝陵中規模最大的一個。其他十三個

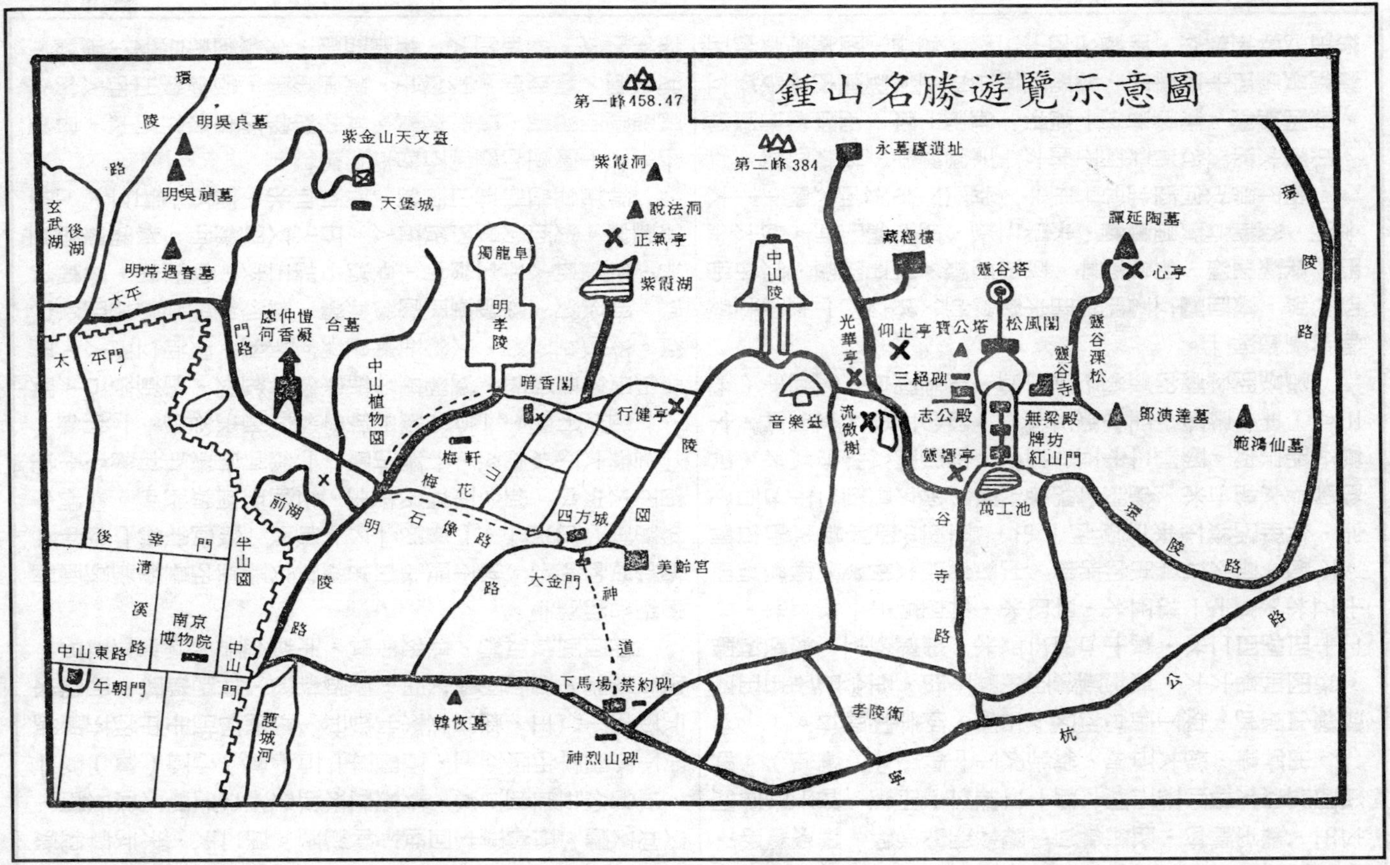
鍾山名勝遊覽示意圖
第一峰458.47
第二峰384
紫金山天文臺
天堡城
明吳良墓
明吳禎墓
明常遇春墓
玄武湖
後湖
太平門
環陵路
門路
廖仲愷何香凝墓
獨龍阜
明孝陵
中山植物園
暗香閣
梅軒
梅花山
明石像路
四方城
大金門
神道
下馬場
禁約碑
神烈山碑
韓恢墓
美齡宮
行健亭
陵園
陵路
紫霞洞
說法洞
正氣亭
紫霞湖
中山陵
音樂臺
永慕廬遺址
藏經樓
光華亭
流徽榭
仰止亭
寶公塔
三絕碑
志公殿
靈谷塔
松風閣
靈谷寺
靈谷深松
無梁殿
牌坊
紅山門
靈響亭
萬工池
譚延闓墓
心亭
鄧演達墓
范鴻仙墓
谷寺路
孝陵衛
杭公路
前湖
後宰門
清溪路
中山門
半山園
南京博物院
中山東路
午朝門
護城河

帝王均葬在北京，即著名的十三陵。當時，圍繞孝陵的紅牆就長達四十五華里，縱深五華里以上。陵園內享殿聳立，樓閣巍峨，栽種青松十萬株，養鹿千頭，鹿頸懸有銀牌。現雖大部毀於清兵南下和太平天國戰爭，規模仍具。

由下馬坊向西北行一里半，就到了孝陵的大門——大金門，從前有黃屋重簷，朱扉三道，現僅餘門洞。過大金門，穿陵園路，便是碑亭。頂部已毀，僅存四壁，故俗稱四方城。裏面矗立著明成祖朱棣爲他父親立的「大明孝陵神功聖德碑」。

這是明孝陵的最後一項工程，明孝陵自洪武九年（一三八一年）籌建，至永樂三年（一四〇五年）立此碑，才算全部完成。歷時二十五年之久。碑通高八點七八米，碑額碑身六點七米，龜趺二點零八米。碑文長達二千七百多字，詳細記敘了朱元璋的一生，是南京地區最大的古碑。不過，原來打算用的那塊，比這塊還大得多，碑身高四十五米，寬十一點五米，厚四米，碑座高十一點九米，長二十四點四二米，寬十七點二五米，巍巍聳立，氣勢磅礴。終因碑身太大，無法運輸而棄置不用，至今還留在江寧縣陰山原地，成了南京的又一古跡，叫孝陵碑材。

出碑亭，過大石橋，就進入了「神道」（墓道）。神道兩邊依次排列著石獸六種十二對二十四隻。獅子是百獸之王，護法神物，列爲尊位；獬豸能辨忠奸，驅妖鎮邪；駱駝和象，身強體大，性情溫順，象徵國泰民安；麒麟，狀如鹿，鱗似龍，尾像牛，獨角類犀，借喻傑出的人物；馬溫馴而敏捷，最爲忠實。其中駱駝和象最爲高大，每隻約需八十噸重的整塊石料方能雕成。

神道繞過梅花山南麓，折而向北，有石望柱二，上雕雲龍紋。後面便是四對石人。石人又稱翁仲。據說秦始皇時，有南海人名沈翁仲，身高一點三丈，守臨洮，聲震匈奴。他死後，秦始皇用銅鑄其像，置於咸陽宮司馬門外守衛。秦始皇死後，又移至秦皇陵。從此，陵前立石人，相沿成風。又傳說，乾隆皇帝帶衆翰林遊陵，指道旁石人問：「這叫什麼？」有欲顯己博學者，搶先答道：「仲翁。」皇帝大不以爲然，作詩相諷：「翁仲何緣作仲翁？十年窗下欠夫功。從今不許房書走，去到江南做判通。」詩中故意將「功夫」、「書房」、「通判」顛倒作爲「翁仲」被顛倒的襯托。想不到這位喜歡舞文弄墨的皇帝還是個挑剔挖苦的能手。

前面兩對武將，身披甲冑，手持金吾，高一丈三尺，威武雄壯，後面兩對文臣，朝冠捧笏，神態肅穆。傳說朱元璋的小公主，與宮女來此遊玩，戲鬧時把手中的花環拋到了石將軍的頭盔上，石將軍「石（實）心石（實）意」，以爲公主對他有意，夜裏竟來迎娶。朱元璋又氣又怕，又哄又騙，石將軍才回到了神道旁。第二天，朱元璋就派人砍了石將軍的腦袋。直到他下葬之時，別人才另雕了腦袋給石將軍裝上。你去找找看，那個「換頭」的武將，就是「石駙馬」。

神道盡處是欞星門，此門現在僅存石雕的柱礎六個。走過欞星門，經梅花山北麓，過御河石橋，再走二百米甬道，才到孝陵殿的正門。孝陵的神道爲何如此曲折，而不像唐宋皇陵直線而達呢？這和孝陵前面的梅花山大有關係。

梅花山，原名孫陵崗。據文獻記載，三國吳大帝孫權與夫人步氏便葬在這裏。孫權墓是南京地區最早的六朝陵墓，宣明太子孫登也葬在孫陵附近。相傳朱元璋修地宮時，主持工程的中軍都督府僉事李新，奉命把附近建築遷往它處，孫陵也在其中。朱元璋卻說，孫權亦是一條好漢子，留他守門吧。當然，神道環梅花山而行，恐怕也是爲了延長神道的長度，顯得曲折深藏。

朱元璋留下了孫權，卻趕走了寶志。據說，朱元璋曾召劉基、徐達、湯和共議陵址，三人從袖中拿出各人寫好的意見，竟不謀而合，都選中了玩珠峰下蔣山寺的所在地。但蔣山寺爲南朝名寺，是梁武帝、永定公主爲紀念神僧寶志而建，如驅寺建陵，怕有礙名聲。朱元璋便假惺惺到寶志像前求籤，誰知籤語說：「世間萬物各有主，一釐一毫君莫取。英雄豪傑自天生，也須步步循規矩。」還是蔣山寺的主持和尚仲羲比菩薩更知皇上的心思，知趣地上表說：寶公塔太逼近皇宮，於王氣不利，請予搬遷。朱元璋正中下懷，立即施捨太廟舊材、動用五萬禁衛軍，將蔣山寺遷至紫霞洞南面。新寺即將建成，風水先生又來搬弄是非，說寺址不利孝陵，只得再次搬至今中山陵以東，並由朱元璋賜名「靈谷寺」。

現存的明孝陵正門是太平天國以後重建的。原來有五個門洞，稱「文武方門」，重建時只保留了一個。上嵌青石門額，陰刻「明孝陵」三字。

據記載，孝陵名稱與馬皇后有關。洪武十四年，浩大的地宮工程告一段落。洪武十五年八月馬皇后駕崩，謚號孝慈。九月，朱元璋便「命所葬山陵爲孝陵。」陵者，墓也，孝者，有「以孝治天下」之意。朱元璋雖生性殘暴，但他對這位共患難的結髮娘娘卻情深義重，自此再沒有立后。十六年後，洪武三十一年（一三九八年），朱元璋也入葬孝陵。

正門之後原是孝陵殿的中門，清代改建爲御碑亭。內立清聖祖玄燁親書的「治隆唐宋」碑。康熙讚頌已被他推翻的明代的開國皇帝，政績超過唐太宗（李世民）宋太祖（趙匡胤）。這位康熙皇帝十分懂得民族政策，南巡到南京的第一件事，就是帶領文武大臣謁明孝陵。他沒有按照清祭陵禮儀，行二跪八拜，而是和祭禹陵一樣，「行三跪九拜禮」，還賞賜了守陵太監和陵戶。此舉果然頗得人心，尾隨觀望的數萬漢民父老，竟感動得落淚。這塊碑就是他第三次南巡時親題的。碑上還有「康熙三十八年十月穀旦。江寧織造內務府三品郎中加五級曹寅」監刻的字樣。曹寅，是《紅樓夢》作者曹雪芹的祖父。他和康熙皇帝的關係非同尋常。他的母親孫氏是皇帝的乳母，父親則是皇帝的伴讀、侍衛。康熙六次南巡，五次是曹家接駕，住在織造府內。

殿內的兩塊卧碑，分別記載了玄燁於康熙二十三年（一六八四年）和康熙三十八年謁陵的情形。殿的東西兩面，還有乾隆皇帝親筆題詩的碑刻。

碑殿後的享殿，原爲供奉明太祖和馬皇后的神位而建，是孝陵衛的重要建築之一。咸豐年間毀於戰火，現僅存五十六個石柱礎，殿基四角雕有排水龍首，且以雲龍石欄圍繞，可以想見當年的雄偉富麗。後清人在殿基上建一小型享殿，中掛明太祖的紙本畫像（現爲複製品）。

說到畫像，民間也有個傳說。因爲朱元璋長相醜陋，命人畫像，畫師幾次如實畫出，均遭殺害。後一位畫師經神人指點，畫出了討皇帝喜歡的肖像，並依神人所說，另畫一幅眞容傳之後人。如今，南京博物院掛了一幅朱皇帝大耳銀鬚的福態像，孝陵掛了這幅長頷突額隆鼻的醜陋像，哪一幅是朱元璋的眞容呢？想必遊人一望便知。

走過長達六十米、氣度不凡的大石橋，就是寶城。中開券頂隧道，拾級而上，令人生幽邃神祕之感。寶城後圓形土丘，即獨龍阜，爲孝陵地宮所在。其左爲東陵，是懿文太子墓。

登明樓，豁然開朗。放眼南望，方山形如一球，球的東西各有一條山脈，宛若兩條巨龍，這就是有名的「二龍戲珠」奇景。難怪朱元璋要選此建陵了。

朱元璋獨霸了鍾山之陽，明初功臣們只好冷冷清清地待在鍾山之陰，拱衛孝陵。在今板倉村一帶，有中山王徐達、開平王常遇春、岐陽王李文忠等十幾座功臣墓，其中以徐達墓的神道石刻最爲精美壯觀。神道碑高近八米，碑文爲明太祖親撰，行文中還有圈點，很是特別。據載，徐達死後，明太祖悲慟難禁，「天何奪吾將之速！朕夜來竟夕不寐，欷歔流涕。思盡心國家爲社稷之重，安得復有斯人？」可是，人們總不會忘記「蒸鵝」的故事。

## 偉人歸偉陵，重器浮重洋

（南京中山陵）

中山陵，是我國偉大的民主革命先行者孫中山先生的陵墓，坐落在孝陵東側、紫金山中部的茅山南坡。遠遠望去，藍白相間的陵墓建築群鑲嵌在蓊蓊鬱鬱的綠海中，彷佛一口碩大的自由鐘，莊嚴簡樸，意境幽深，既象徵著孫先生畢生致力的反抗壓迫、挽救民族、喚醒民衆的偉大事業，又含有警鐘長鳴的意味。

這氣勢雄偉、寓意深切的建築群，究竟是何人的傑作呢？

中山先生生前親自選定了這處前臨平川、後擁青嶂的陵址，論及再三。民國元年（一九一二年）元旦，孫中山先生在南京就任臨時大總統之後，去恭謁明孝陵。他說：「明祖以布衣起兵淮上，驅逐元韃，恢復漢族，誠民族革命之先進。現在文（孫中山原名孫文）奔走革命，垂幾十年，目的是步明祖後塵，推翻滿韃，幸告成功。他年諸事摒擋清楚，即在明陵左近結一茅廬，以明祖爲鄰，以終天年。」資產階級共和國剛剛成立，大總統卻思慮解職後事，大概已預感到內外鬥爭形勢險惡。果然，九十一天後，孫中山在矛盾之中辭去了臨時大總統的職務，讓位袁世凱。第二天一清早，已不是總統的孫先生邀胡漢民等人去紫金山打獵。到了現在中山靈堂處，他遠眺方山，近顧秦水，頓覺心曠神怡，高興地說：「你們看，這裏的地勢比明孝陵還好，有山有水，氣象雄偉，不知當初明太祖爲什麼不葬在這裏！」又說：「候他日去世，當向國民乞求這塊土，以安置軀殼耳！」不計較個人得失的孫先生，這時對袁世凱還有幻想，辭去了臨時大總統，有一種完成使命感，可以從容不迫地談論天年之事了。直到一九二五年在北京彌留之際，中山先生仍以歸葬鍾山爲囑，可見切切於懷。

一九二五年三月，孫中山先生逝世後，停靈北京西山碧雲寺。以汪精衛、張靜江、林子超、于右任等十二人組成葬事籌備會議，登報懸獎向海內外徵求陵墓設計圖案，其中獎金規定：「建築師應徵交有建築圖案及一切詳圖，可供實際建築之用者，其獎額爲：頭獎二千五百元；二獎一千五百元；三獎一千元。」四個月內，共收到應徵圖案四十餘種，除經孫夫人、孫科及籌備委員評判外，還請中國畫家王一亭、南洋大學校長凌鴻勛、德國建築師樸士、雕刻家李金發爲評判顧問，最後一致認爲，呂彥直的設計圖，結構精美雄靜，一望便令人生景仰之情，評爲一等獎，范文照二等獎，楊錫宗三等獎，另外七名榮譽獎。隨後，將所有應徵圖案，公開展覽五日，徵求意見。終於決定採用一等獎呂彥直的設計圖案「作爲中山先生陵墓圖案，並請呂君爲建築師，主持計劃建築詳圖及監工事務。」呂彥直當時年僅三十二歲，世傳爲美談。

這位年輕有爲的建築設計師，是山東東平縣人，幼時居住巴黎，喜愛繪畫，畢業於清華大學，後又到美國康奈耳大學深造，回國後，在上海開設建築事務所。呂彥直的設計獨樹一幟，引人注目。在應徵設計廣州中山紀念堂及越秀山孫中山紀念碑圖案時，他就曾一逾中外群雄奪魁獲獎，爲設計南京中山陵墓奠定了基礎。

呂彥直結合鍾山山巒形勢，突出天然屏障，採用大片綠地，把孤立的尺度不大的牌坊、陵門、碑亭、祭堂和墓室建築在一條中軸線上，用寬廣通天的石階，聯成大尺度的整體，顯得莊嚴宏偉。

呂彥直設計的臺階別具特點，自廣場至祭堂共有石階三百九十二級，坡度逐段加大。由博愛坊望祭堂，仰角九度，由碑亭望祭堂，仰角陡增爲十九度，石級連續不斷，步步增添莊重崇敬之感；登上大平臺回首俯視，卻一個臺階也看不見，其間八個平臺連成一片，如同平地，視野寬曠，一覽衆小。

祭堂仿宮殿式，屋面爲垂檐九脊藍色琉璃瓦頂，意謂青天白日；三個拱門，門楣鐫有孫先生三民主義的綱領「民族」、「民權」、「民生」陽文篆字；堂內，白色大理石鋪地，黑色大理石護壁，壁上刻著中山先生手書的建國大綱全文；堂中，供有孫中山先生的全身坐像，這是當時著名的波蘭雕刻家保羅·朗多夫斯基在巴黎用意大利白石雕琢而成。像高五米，座周刻有孫中山先生從事革命活動的故事。

正面一幅「如抱赤子」，孫中山爲一個幼兒治病，記載了他醫科大學畢業後的行醫活動；東面兩幅，一幅「出國宣傳」，表現了孫中山爲傳播革命，籌集資金，臨行與陳少白、楊鶴齡、尤列三位好友告別的情景；另一幅「商討革命」，孫中山先生正與同盟會成員商討鬥爭綱領；背後一幅「國會授印」，表現了南京臨時政府成立後，議會正向孫先生授大總統印；西面兩幅，一幅「振聾發聵」，孫先生正在向勞動群衆宣傳革命道理，另一幅「討袁護國」，孫先生正在發表演說，聲討倒行逆施的大野心家袁世凱。

堂後，是兩重銅門的墓室，大理石塘中，安放著中山先生的漢白玉臥像，供謁陵者瞻仰。

整個陵墓既有中國傳統特點，又具西洋餘風，中西合璧，形勢及氣魄極似中山先生的氣概及精神，不愧爲近代中國建築史上的「第一陵」。陵墓工程於一九二六年三月十二日孫中山先生逝世一週年時舉行了奠基儀式，至一九二九年六月一日奉安大典，主體工程歷時三年多。三年多來，呂彥直簡直是用生命建築這宏偉的殿堂，披星戴月，嘔心瀝血，不幸在大典前一個月——一九二九年五月操勞過度與世長辭。巍峨的中山陵，成了他生命的句號和才華的結晶。

關於孫先生的遺體，曾有過種種傳聞。其實，臥像下五米左右，就是孫中山先生的遺體。入葬以來五十多年，從未移動過。抗日戰爭爆發和解放戰爭後期，國民黨政府的確兩次想把遺體運往重慶和臺灣，工程界人士力阻，認爲爆破墓穴將損壞遺體，因此作罷。

出祭堂環望，蒼山如海。陵墓前的半月形廣場，仿佛是「大自由鐘」的鐘擺錘，而在這「鐘擺錘」的頂端，曾經豎立著日本友人梅屋莊吉贈送的孫中山先生的銅像。

梅屋莊吉是日本明治大正年間的實業家，孫中山的摯友。一九二五年十月二十五日，孫中山與宋慶齡的結婚典禮就是在梅屋家舉行。中山先生逝世後，梅屋委託日本第一流的筱原金作工場製作了四尊中山銅像，贈予中國。中山陵的這一尊，是一九二八年最先完成的。其他三尊，各安放在廣州黃埔軍校舊址內的中山公園、石歧中山大學、澳門「國父紀念館」內。銅像各高二點五米，重噸餘，耗資頗費，梅屋先生甚至要向女兒借錢完成，可見情意之深。

銅像遠涉重洋，已屬不易，政局變動，又三遷其地。先置國民黨中央陸軍軍官學校內。一九四二年十一月，在紀念孫中山誕辰七十六週年前夕，移至新街口廣場。一九六六年八月，依周總理指示遷往中山陵。爲了恢復中山陵墓的鐘型原貌，決定第三次遷移中山銅像，鐘擺處仍放置銅鼎。一九八五年三月十二日，是孫中山逝世六十週年紀念日。中山銅像遷到了藏經樓前，永供瞻仰。

在陵墓的主體建築之外，還有一系列紀念性建築：音樂臺、行健亭、光華亭、仰止亭、流徽榭、革命歷史圖書館和藏經樓等，是當時各界人士和海外僑胞爲緬懷孫先生而捐資建造的。

中山陵的周圍，還長眠著孫中山先生的戰友們的英靈。中山陵之西，過明孝陵，有廖仲愷、何香凝的墓；中山陵之東，過靈谷寺，有鄧演達烈士的墓。同生共死，鍾山有幸。

## 玄奘長伴功德水（南京靈谷寺）

中山陵的東面，有一玲瓏寶塔出於松林之間，這就是靈谷塔。

靈谷塔和它前面的松風閣，同建於一九二九年，是國民黨政府爲紀念國民革命軍陣亡將士而修。塔高約六十米，九層八面，鋼骨水泥，塔身貼花崗石。

靈谷塔得名於靈谷寺。塔東南的靈谷寺，就是當年因修建孝陵，幾經搬遷的蔣山寺。遠在蕭梁時代，梁武帝與著名高僧寶志法師頗有來往。寶志和尚於梁天監十二年（五一三年）圓寂之後，梁武帝與其女永定公主出資在獨龍阜下修建了志公塔和開善精舍。寺內有六朝著名畫家張僧繇畫的志公像、書法家蕭抱書的智藏法師碑。寺落成之後，遊人如織，梁昭明太子、梁元帝、陳後主都曾親臨遊覽。陳明鑾有詩《遊鍾山開善寺》云：「棟裏歸白雲，窗外落暉紅。古石何年卧，枯樹幾春空。」

唐代開善精舍改爲寶公院。畫聖吳道子重畫了寶志像，詩仙李白撰寫讚文，書法家顏眞卿題碑，珠聯璧合地完成了寶志法師畫像碑，又稱「三絕碑」。李白的贊文寫道：「水中之月了不可取，靈空其心寥廓無主，刀齊尺量扇迷陳語，錦幪烏爪獨行絕侶，丹青聖容何住何所。」到了元初，碑上又加了書法家趙孟頫寫的《志公十二時歌》。明初改爲蔣山寺，明洪武十四年遷來此地後，由朱元璋賜名「靈谷禪寺」，山門書「第一禪林」。現存的三絕碑，已是清乾隆以後的仿刻品了。

爲什麼叫靈谷呢？清人吳雲解釋一層意思是「靈者……生靈之靈，欲諸佛慈祐於民，如呼谷谷應，若右靈臺之義耳云」，另一層意思是「北倚鍾山，每有雲起，山露石紋，像生成一靈字之象，東西陵阜，兩相交對，二水合謀有口字儀狀，又生成谷字之容，是山自命爲靈谷也。」總之，是用人的願望解釋山水物象，以希圖神佛的保佑。

當年的靈谷寺，是金陵四十八景之一。松木參天，曲徑通幽。進得山門來，五里多路，才窺見琳宮梵刹。顧起元有詩贊曰：「山門才入便悠然，十里深松上綠天，佛刹起扉皆疊障，僧寮汲水盡飛泉。」詩中的「飛泉」，是指用竹節爲管、引入寺中的「八功德水」。八功德水原在紫霞洞東北的悟眞庵後，悟眞庵遷來後，僧人用竹管引水，故又名「竹遞泉」。

前人有詩「翠壁如屏旱不枯，一泓甘滑飲醍醐。高僧到此聞絲竹，還有金鱗對躍無。」這首詩敘述了關於功德泉的一個傳說：高僧曇隱雲遊鍾山，忽聞金石絲竹之音，沿著山崖，依音尋跡，粒粒水珠順著石縫落在青石板上，發出「滴嗒、滴嗒」的聲音，好似輕攏慢捻的琵琶聲在幽靜的山林中迴響，這無疑是上天對世間人們的施舍，故名此泉爲「功德泉」。

功德泉水，一清、二冷、三香、四柔、五甘、六淨、七不饐、八蠲痾，故又名八功德水。早在梁朝時，寺院僧人就用泉水爲人治病，八功德水名傳遐邇。後因戰亂，樹木砍伐，功德泉遂廢。北宋天聖年間，史館學士蘭陵蕭公訪求到八功德水所在，出資買了八塊石板，在泉眼四周立壁樹井，並建亭其上，以保「靈源之甘洌」。從此，八功德水就成了井水。清代，靈谷寺一帶成爲清軍與太平軍激戰的戰場，素負盛名的八功德水，也只剩下一壁井欄，許許清泉。飲用八功德水是否眞能如飲醍醐（佛教比喻最高的佛法爲醍醐），大悟大徹，當然未必，但經科學化驗，八功德水是不可多得的礦泉水，有治病的功效，倒是確實的。

往日的靈谷寺，寺前有街，如拍掌而行，可引起回聲如同奏絃，故名琵琶街。寺東有梅花塢，遍植綠梅，初春盛開，花繁如雪，香艷無比。如今勝景大部毀於清代戰火，尚存乾隆南巡時題的「靈谷深松」碑。

現在的靈谷寺，大部重建於清同治年間，雖規模大不如前，但也物華天寶，自成佳境。大雄寶殿東跨院的正廳，陳放著六面七級飛檐挑角檀香木寶塔一座，塔內安放著唐玄奘法師的部分頂骨。

玄奘，通稱三藏法師，唐朝高僧，唯識宗的創始人之一，與鳩摩羅什、眞諦並稱爲中國佛教三大翻譯家。他死後，宋朝天禧寺和尙可政，在陝西紫閣寺得玄奘法師頂骨，遷葬於南京中華門外的報恩寺，一九四三年二月，民族戰爭也禍及法師英靈，日本侵略者在報恩寺遺址盜掘，得銅匣石函，內藏玄奘法師頂骨及宋天聖丁卯（一〇二七年）、明洪武丙寅（一三八六年）二葬志，分運日本及北京，漢奸諸民誼得其殘餘。抗戰勝利後，頂骨移至中央博物院（現古生物研究所），解放後置毗盧寺，後移至南京博物院，現在終於回歸佛教聖地。

大雄寶殿北面的無量殿，建於明洪武十四年（一三八一年）高二十二米，寬五十三點八米，縱深三十七點八五米。外部飛檐挑角，恰似巍峨的宮殿，內部卻如前後迴旋的涵洞，深邃幽靜。如此巨大的殿堂，不用寸土，無一根樑柱，全部用大型長方磚砌成拱圓殿頂，十分奇異，故又稱「無樑殿」。

## 胭脂井畔說南朝（南京雞鳴寺）

南京有座雞籠山，因形狀得名。山的東麓有雞鳴寺，人們又以寺代山，稱雞鳴山。山中多南朝遺跡。

南朝時，梁武帝蕭衍崇信佛教，大通元年（五二七年）在雞籠山上大興土木，創建了同泰寺。後衍傳至宋爲法寶寺，明洪武二十年（一三八七年）重建，始名雞鳴寺。當年爲了便利皇帝蕭衍朝夕拜佛，在宮城的北面開了一門，正對著寺的南門。這位「不問蒼生問鬼神」的皇帝，把個同泰寺修建得金碧輝煌，六座大殿，七層大佛閣，九層寶塔，供奉著十方金像十方銀像，規模在南朝四百八十寺中首屈一指，與皇宮遙相呼應。梁武帝曾經四次到同泰寺裏「捨身」當和尙，嚇得大臣們只好拿出巨款爲他「贖身」，便宜了同泰寺。但佛祖並沒有祐護這位「虔誠」的弟子，太清三年（五四九年），侯景兵困臺城，梁武帝當時年已八十六歲，被侯景軟禁於臺城淨居殿，裁減飲食，不久憂憤成疾而亡。

信佛的梁武帝死了，又輪到窮奢驕淫的陳後主作皇帝，他留下了胭脂井的遺跡。這口直徑八十公分的古井，位於雞鳴寺東側，八角亭以北，又名辱井。

陳後主苟安江南，與美女佞臣遊宴賦詩，通宵達旦，把國事置之度外。西元五八九年，楊堅統一北方後，發兵伐陳。陳叔寶自恃長江天塹可守，依然沉緬酒色，猶奏樂府吳聲《玉樹後庭花》、《臨春曲》。直到臺城攻破，陳叔寶才酒醒，慌忙攜寵妃張麗華、孔貴妃隱匿於景陽殿側的枯井中。後被隋兵發現，將他們三人從井中吊上來時，粉面黛目的嬪妃涕淚俱下，胭脂沾滿井石欄，以帛拭之不去，遂留下胭脂痕跡。

據《景定建康志》、《至正金陵新志》記載，胭脂井，原名景陽井，在臺城內，後淹沒。後人爲了讓人們記取陳後主的教訓，遂在法寶寺（今雞鳴寺）側再立胭脂井。宋朝進士曾鞏寫了辱井銘，用篆文刻於石井欄之上，銘曰：「辱井在斯，可不戒乎。」王安石也曾在這裏留詩一首：「結綺臨春草一丘，尚殘宮井戒千秋。奢淫自是前王恥，不到龍沉亦可羞。」

至於胭脂井之痕，自然不是張、孔的胭脂所染，而是取有紫紅色的石脈的石頭做成井欄，附會而成。不過，這個附會是很有意義的。

當然，並非每個皇帝都這般昏昏瞶瞶，清初的康熙皇帝就在雞籠山上留下了佳話。

雞籠山的最高處，劉宋時期建立了第一個日觀臺。元代，這裏築觀象臺，存放過郭守敬的天文儀器；明代，設有欽天臺。一六八五年，清聖祖玄燁在他第二次南巡的一個晚上，帶著大臣上了雞籠山觀象臺。康熙問漢臣中有誰懂天文？大臣們知道皇帝學過天文，不敢亂講，都推說不會。康熙了解到掌院學士李光地懂得天文曆算，就向他發問。李光地一一回奏，有不全者，康熙屢屢補充。接著，康熙又打開用烏金紙做的星圖，指出南方近地大星是老人星。李光地在旁討好地說，據書本言，老人星見，天下太平。康熙不滿地說，這有什麼相干？老人星在南，因爲各地地理緯度不同，北京四十度，自然看不見，南京三十二度，自然看得見，如果到了你們閩廣（李是福建人），連南極星也看得見。老人星哪一天不在天上，如何說見到就天下太平呢？

李光地是位天文學家，曾撰寫《曆象本要》等書，有時說些糊塗話，是爲了奉承皇上，不想，被一位不糊塗的皇上識破了。

當年，康熙皇帝佇立在觀象臺上，俯瞰玄武湖，心曠神怡，欣然命筆「曠觀」二字。

爲紀念康熙此行，是年冬，兩江總督王新命、安徽巡撫薛柱斗等官員，在雞籠山上建北極閣，並立「曠觀碑記」碑，記述康熙一六八五年巡視南京和遊雞籠山的經過。從此，雞籠山被「北極閣」取而代之。如今，那塊碑仍立在北極閣氣象臺前。

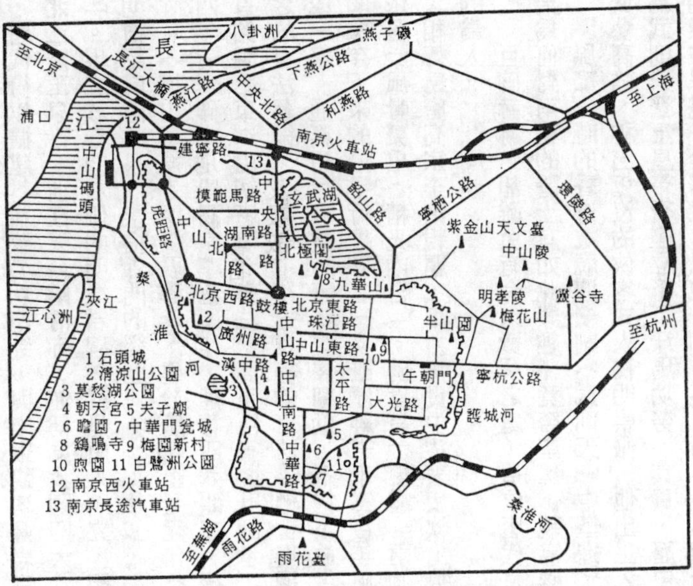


南京市名勝遊覽示意圖

## 棲霞方外士，香君風塵女

（南京棲霞山）

棲霞山，東連寶華山，西望烏龍山，山勢呈方形，四面重嶺似傘，得名傘山；因山中盛產中藥，可以攝生（養生），又名攝山；南朝時，山麓有棲霞寺，後世又稱棲霞山。

山有三峰，中為鳳翔峰，東為龍山，西為虎山，藏龍臥虎，有鳳來儀，形勢獨特。每值深秋，漫山楓葉紅遍，層林盡染，眞是「停車坐愛楓林晚，霜葉紅於二月花」。難怪清朝乾隆皇帝六次南巡，五次駐蹕於此，欣然讚曰：「第一金陵明秀山」。

棲霞山得名於棲霞寺，棲霞寺又得名於南朝劉宋時期著名隱士明僧紹之號——「棲霞」。明僧紹看透了官場的爾虞我詐、勾心鬥角，決心潔身自好，不入凡塵，不為俗事所累，「刊木結茅」，隱居攝山。自永光年間（四六四年）始，至明僧紹去世，二十餘年，先後有六個皇帝六次徵明僧紹出仕為官，明僧紹始終推辭不就，時人讚揚明僧紹這種自甘淡泊的眞隱士精神，尊為「徵君」。南齊永明七年（四八九年），明僧紹捐住宅為寺，故寺稱「棲霞精舍」，後又改爲「棲霞寺」。棲霞寺是江南著名古剎之一，唐代得以擴建，並改名功德寺，與山東臨清靈岩寺、湖北江陵玉泉寺、浙江天台國清寺，並稱爲我國四大「叢林」。現立於寺門右側的明徵君碑，就是唐人所立，記載了明僧紹歸隱林泉、崇信佛門的經歷。

《攝山棲霞寺明徵君碑》，建於唐朝上元元年（六七四年），碑文是唐高宗李治所作，通篇四六韻文，後用十首銘詞結束；由初唐著名書法家高正臣書，既師承了王羲之的書法藝術，又吸取了褚遂良等的筆法，融會貫通，自成一家。通篇用行書體，筆畫豐澤圓勁，不拘不放，是我國保存下來的最早行書碑之一。雖歷經一千三百年風雨，依舊「風骨凝重，精光內含」。碑陰有「棲霞」兩個大字，相傳爲唐高宗李治親題，筆力富貴中透著疲軟，很像他的爲人。

巨碑赫赫，卻難免有令人費解之處，這位唐代皇帝李治爲何對南朝的隱士有如此興趣，竟勞聖駕，親寫碑文？

風靡一時的香港電視連續劇《武則天》中塑造了一個武藝高強、神出鬼沒的俠客式人物明崇儼，他出生入死，爲武則天登上皇帝寶座立下了汗馬功勞。其實，歷史上的明崇儼只是一介儒生，以擅長「方外之術」（巫術）而受到唐高宗李治、皇后武則天的寵信，他也並非漢王李元昌之子，而是棲霞寺創建人明僧紹的後代。據《唐書》記載：明崇儼自小隨父客居，拜小吏爲師，學得麻衣相法。唐乾封年間（六六六年），明崇儼應封岳舉，授爲黃安縣丞。歪打正著，竟使刺史病危之母起死回生，風聲傳到了高宗李治耳中。唐高宗李治晚年久病纏身，到處求神拜佛，以祈延年。聽說明崇儼法術高超，立召進京，一席暢談，大有相見恨晚之感。不久，升明崇儼爲翼王府文學。儀鳳二年，又遷爲正諫大夫，並特令入閤供奉，寵信非常。明崇儼爲了標榜自己是「術士」世家，出身清高，提出要爲五世祖明僧紹樹碑立傳。唐高宗一口答應，並親自撰寫碑文，這就是明徵君碑的來歷。

明崇儼雖是明僧紹的後代，對待政事卻大不相同，他常常「假以神道，頗陳時政得失」，成爲武則天的心腹智囊。據史書記載：明崇儼曾祕奏武則天「章懷太子（李賢，高宗第六子）狀類太宗」，是武則天登上帝位的障礙，建議武則天除去章懷太子。此事被章懷太子得知，派人暗殺了明崇儼，並在宮中散布：「崇儼役鬼勞苦，爲鬼所殺。」武則天懷疑明崇儼之死與章懷太子有關，派人查明此事，遂廢太子爲庶人，追謚明崇儼爲侍中。

繞殿徐行，殿東南有一座隋代舍利塔（南唐重建），爲我國著名的佛教藝術傑作。舍利塔東，便是聞名中外的千佛岩。岩壁前，鐫刻著宋游九言書寫的六個正楷大字「千佛岩棲霞山」。西壁的無量殿，是最早也是最大的佛龕。南齊永明二年（四八四年），明僧紹的兒子臨沂令明仲璋繼承父志，與智度禪師一起，鑿龕刻像。龕正中坐的無量壽佛身高三點二五丈，連座高四丈，分侍兩側的觀音、勢至菩薩身段勻稱，線條流暢。三佛衣褶作風頗似大同雲崗石佛，而它的開鑿比雲崗石窟還早十七年。這三佛合稱「西方三聖」，所以該殿又名「三聖殿」。

無量石窟的開鑿，對於祈求佛祖保佑的齊梁貴族，無疑是一種啓示，以齊文慧太子爲首，紛紛效法，各依山岩的高下深廣，鑿龕造像，有的端莊渾厚，有的笑容可掬，有的神態虔誠，有的慈祥嫺靜，風姿各具。或一二尊一龕，或三五尊一窟，或千來尊一室，大至數丈，小僅尺許，共二百九十四龕，五百一十五尊佛像。後來，唐、宋、元、明各代也相繼開鑿，共七百餘尊，號稱千佛岩。

千佛岩有一尊「佛」，絕無僅有，這就是「三聖殿」左側的「石公殿」。傳說，在鑿最後一尊佛像時，錘輕，石頭紋絲不動，錘重，石塊崩裂，不輕不重，又只冒火星，老是鑿不成，限期的時辰已到，老石匠爲了他人免遭殺頭之禍，縱身跳進龕內，成了一尊一手舉錘，一手拿鏨的「石公佛」。化佛當然沒有其事，「石公」確有其人。明時棲霞山有位有名的石工王壽，於萬曆二十八年到三十四年，與許多石工同在千佛岩鐫造佛像。他不僅設計了新的佛龕，還對蕭梁以來的古老佛龕進行修補。後人爲了紀念他，也給王壽鑿了石像，在他們看來，聰明能幹的王壽比那些外來的菩薩要親切得多。

在舍利塔右側佛龕的岩石上，有南唐著名文士徐鉉、徐鍇的題名。這題名在明代盛時泰的《棲霞小志》中曾有過詳細的記載：「嘉靖中，予與雲谷、嵩山二師，散步於千佛岩上下，嘆昔人題名近多磨滅。每以沈傳師與二徐之筆跡不可復見爲憾。一日忽見蘿根下隱隱見書如『徐』字者，及剔蘚視之，則徐鉉、徐鍇二名並列，筆勢有古人螺篆之法，非鼎臣（徐鉉字）、楚金（徐鍇字）不能書也。」徐鉉、徐鍇是親兄弟，他們曾各自註解了《說文解字》。流傳至今。在他們的題名後，還有「黃侃」兩個大字，黃先生也是研究《說文》的著名學者，難怪他要在前輩後面留題了。二徐不僅文名遠揚，與政治也有不解之緣。徐鍇金陵被圍中死去，徐鉉則奉李後主之命到京師向趙匡胤乞和，對宋太祖說：「唐主以小事大，如子事父，沒有犯什麼罪，請下令大兵緩攻。」宋太祖聽了大怒，對徐鉉說：「不須多講，江南有什麼罪。只是天下一家，卧榻之側，豈容他人鼾睡！」徐鉉惶恐而回，和李煜一起成了俘虜。宋太祖向他探聽李煜的動靜，他不敢隱瞞兩人之間的談論，如實匯報，加深了太祖對李煜的不滿。應該說，李後主的死，他也有一份不可推卸的責任。當然，到此題名，還正是春風得意之時。

經待月亭，過春雨橋，有白乳泉。相傳有一母鹿在此泉邊給小鹿餵乳，見人來，二鹿跑開，泉邊留下乳汁，從此，泉有乳香。岩上，有隸書大字「白乳泉試茶亭」，赫然醒目，相傳是唐人所寫。白乳泉前原有白雲庵，曾在南明弘光王朝做過官的道士張瑤星就居住其間。一六八八年，《桃花扇》的作者孔尚任曾來此拜訪，「數語發精微，所得已不淺」，了解了許多南明王朝的史料，爲《桃花扇》的寫作做了充分的準備。最後，連這位不涉俗事的張道士，也給孔尚任寫入劇中，「撕扇」歸結興亡：「國在哪裏，家在哪裏，君在哪裏，父在哪裏，偏是這點花月情根，割他不斷麼？」一聲斷喝，題旨盡出，亡國之恨頓生，李香君斷情入道。李香君是有愛國骨氣的秦淮名妓，明亡之後入道空門。《桃花扇》寫她歸道棲霞，棲霞山也相傳有香君住過的保貞庵，庵前有桃花澗，「當流赤足踏澗石，水聲激激吹風衣」，情趣異常。究竟因戲傳人還是因人入戲，現在已難辨史實。有一點是確實的，紗帽峰左側里許東北處，有李香君的墓。

## 十年壯麗天王府

### （南京太平天國王府）

由鼓樓向新街口方向去，行至長江路口轉而向東二里許，便是長江路二百九十二號。這個現在看起來有些陳舊的建築群，竟曾是中國歷史上兩次偉大的革命心臟所在地。一次是一九一一年的辛亥革命，推翻了清朝的封建統治，這裏曾是國民政府的總統府，孫中山先生在這裏主持了中國歷史上第一屆共和政府；再一次是一八五一年的太平天國農民革命，這裏是農民革命領袖洪秀全的天王府。

一八五三年三月，太平軍攻克南京，定都天京，將原來的兩江總督衙門擴建爲天王府。天王府是太平天國宏偉的建築，周圍十餘里，宮垣九重，外有「太陽城」，內有「金龍城」，黃緞裱門，彩筆繪壁，宏偉壯麗。一八六四年七月，曾國藩之弟曾國荃攻陷天京，一把大火燒了天王府，「十年壯麗天王府，化做荒莊野鴿飛。」如今，僅存西花園，因作過明代漢王朱高煦之園，又稱煦園。

西花園中，最引人注目的是荷花池中的石舫和西南端的望亭。據趙翼《甌北詩抄》記載：池中石舫原係乾隆十一年兩江總督尹繼善所造，乾隆第二次南巡時賜匾額「不繫舟」。太平天國時，重新修整，這隻石舫長十五米，寬五米，全用青石砌製，十分精巧逼眞。當年天王洪秀全在石舫上議事、休息。如今，「英雄一去豪華盡」，唯有這隻「不繫舟」倒安然無恙。兩端的望亭，造型與天朝總聖庫遺址出土的石柱礎上刻的「望亭」相同，看來，西花園雖經清末重建，這座望亭還是當年的遺物。

太平天國在南京建立的王府，除天王府外，另考證出十八座之多。東王楊秀清曾三遷其府，先駐將軍署，後移瞻園，定居漢西門附近的黃泥巷，西王蕭朝貴與南王馮雲山雖陣亡犧牲，仍各建王府，安置幼西王和幼南王。王府分別在現瞻園和秦淮區第一中心小學所在地；北王韋昌輝也是幾易府址，最後在中正街建府；翼王石達開的王府在今小王府巷；忠王李秀成的王府擴建於江寧府署，在內橋南府西街一帶；英王陳玉成的府第規模宏大，遺址在登隆巷安徽會館。

提到英王陳玉成，還有一段後話。據《益陽之勝地與名人》記載：年僅二十五歲就慷慨就義的英王陳玉成，僅有一獨子叫陳三元，於一八六〇年十一月二十八日出生於英王府內。天京陷落，英王妻王氏爲清浙江提督鮑超部下益陽人徐月娟擄獲，攜歸湖南家鄉，陳三元年方四歲。三元成人後，經紀幫商，家漸小康。四十二歲那年，看破紅塵，入益陽會龍山，拜棲霞寺寶晬和尚爲師，削髮爲僧，取名遇緣。民國二十四年（一九三五年）圓寂，享年七十四歲。

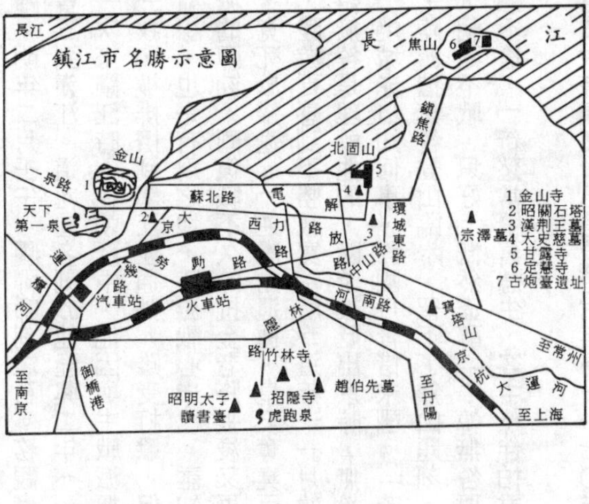


## 三詔洞邊訪摩崖（鎮江焦山）

從南京登舟東去，「孤帆遠影碧空盡，惟見長江天際流」，第一個大港，就是鎮江。鎮江，在歷史上幾易其名，或曰朱方、丹徒，或曰京口、南徐、潤州，惟「鎮江」最名副地實。

北面大江激岸，東面運河迴轉，兩水交合，鎮江巍然兀立，大有「一覽江天勝，東南勢盡收」的氣概。有水便有山，其中「三山」最爲著名，金山、北固山峙秀江濱，東西相對，焦山孤懸江心，砥柱中流。「一水橫陳，連崗三面，做出爭雄勢」，自然也成了兵家要地。

焦山，只算得上江中高阜，山高一百五十米，原來是個荒涼的地方，只有樵夫來此打柴，俗稱樵山。東漢末年，焦光隱居山中後，改名焦山。這個焦光住在岩洞之中，皇帝三次徵召也不肯出山，至今還存三詔洞。這當然不是那位高士所住之洞，而是宋代皇帝眞宗夢見了焦光送他龍虎丹吃，敕封焦光爲靈應眞人，在此立三詔洞祀奉。

在吸江樓西，修篁疏林之中，有小齋三間。古樸的門板上刻有「室雅何須大，花香不在多」的對聯，雖有仿「陋室銘」之意，氣勢卻差遠了。不過，小齋的主人卻並不遜色於劉禹錫，他是清代「揚州八怪」之一鄭板橋，這裏是他的讀書處。他住在這裏讀了一年書，也濃抹淡描了不少修竹和幽蘭，第二年得中進士。可謂文章畫技同時長進。

焦山以碑刻見長。如果由西麓登山，可以看到道旁有一處至今保存完整的摩崖石刻，那是南宋著名愛國詩人陸游的「焦山題名」：

> 陸務觀、何德器、張玉仲、韓無咎，隆興甲申閏月二十九日，踏雪觀《瘞鶴銘》，置酒上方。烽火未息，望風檣戰艦在煙靄間，慨然盡醉。薄晚泛舟，自甘露寺以歸。明年二月壬午，圜禪師刻之石。務觀書。

陸游曾三到鎮江。這處題名刻於他隆興二年（一一六四年）第一次來鎮江時。在朝廷中，他因與主戰派樞密使張浚政見一致，被排擠到鎮江任通判。雖受打擊，但鎮江面臨抗金前線，也是有爲之地，陸游戰心未已。誰知因此遭到主和派的彈劾，剛復職不久的抗金老將張浚又再次被解職還鄉，竟死於歸途。「逆虜角遺種，皇天奪堯臣」，悲痛之餘，陸游更感到不勝寂寞。所幸這年十一月韓無咎來鎮江。韓無咎是理解他的，陸游被貶出京時，無咎曾作詩相慰：「燒城赤口知何事，許國丹青惜未酬。」苦悶之中逢故友，陸游攜無咎登山臨水，留下了焦山題刻。「烽火未息」，朝廷不戰，只好「慨然盡醉」！韓無咎要走了，陸游戀戀不捨，「新愁常續舊愁生，客中無伴怕君行。」

陸游第二次來鎮江，已是乾道六年（一一七〇年），赴夔州（四川重慶）通判路經。鎮江知府蔡子平在北固山多景樓設宴款待，前次的挫折並沒有使陸游灰心喪志，面對半壁江山，英豪遺跡，陸游慨然揮筆寫下一首《水調歌頭·多景樓》：

江左占形勝，最數古徐州。遠山如畫佳處，縹緲著危樓。鼓角臨風悲壯，烽火連空明滅，往事憶孫劉。千里曜戈甲，萬竈宿貔貅。

露沾草，風落木，歲方秋。使君宏放談笑，說盡古今愁。不見襄陽登覽，磨滅遊人無數，遺恨黯難收。叔子獨千載，名與漢江流。

果然，蒼天不負，陸游到任不久就被調往前線，到南鄭參加王炎宣撫使司工作。陸游異常興奮，這是他生命史上最輝煌的一章。正當收復中原的準備就緒，忽然一紙詔書，使美夢化成了泡影。這一次打擊，使陸游終於看清了南宋朝廷貪圖享樂、苟且偷安、置國家民族利益於不顧的本質，不勝悲傷，「三巴昨夢已成空」。

陸游第三次來到鎭江，已是花甲「放翁」，壯志未酬，往事無限，悵惘之至，賦詞《浪淘沙·丹陽浮玉亭席上話別》一首：「綠樹暗長亭，幾把離樽。陽關常恨不堪聞。何況今朝秋色裏，身是行人。清淚浥羅巾，各自消魂。一江離恨恰平分。安得千尋橫鐵鎖？截斷煙津。」淒清之際，他所難忘的還是江山一統。

陸游在「焦山題名」中提到《瘞鶴銘》，它的殘部現珍藏於定慧寺東的寶墨軒中。寶墨軒的四壁嵌滿了二百六十餘塊自南朝至清代的古碑，其中最爲著名的，是被譽爲「大字之祖」的《瘞鶴銘》。這是一篇哀悼仙鶴的紀念散文，署名「華陽眞逸」撰，「上皇山樵」書。爲了搞清這位書法大家的眞實姓名，後人頗費猜測：一說是東晉王羲之，一說是南朝梁代陶弘景，一說是唐代顧況。堅持王說的人，還有故事爲證：王羲之生平愛養鶴。有一年遊焦山，見一對白鶴十分喜愛，數年後再遊，白鶴已死，王羲之心中悲痛，於是揮筆著文刻石。

後此石崩壞於江中，北宋熙寧年間，張堅搜得一石，南宋孝宗淳熙年間馬子嚴又訪得四塊斷石，後都湮沒於江水之中。清康熙五十一年（一七一二年），陳鵬年從水中撈出五石，乾隆二十二年（一七五七年）修置於定慧寺。書者雖然不甚明瞭，奇字卻有目共睹。銘文正書大字，僅餘七十七字，筆勢開張，點畫飛動，瀟灑縱橫，天然不齊，寫出了字形的眞態，是隸書向楷書轉化的代表作。

焦山引以爲榮的碑刻，還有一塊北宋大書畫家米芾的墨蹟：「城市山林」，雖已經明代僧人翻刻，書體高妙依然可睹。米芾曾被宋徽宗召爲書畫博士，繼而擢授工部員外郎，人稱米南宮。

米芾性情怪異，不爲世人所解。他愛著唐人裝，頭戴高冠，坐轎時也不肯脫去，轎子容納不下，就拆去轎頂，露帽而坐，見者無不大笑。人稱「米顚」。他愛潔成癖，洗手時，用銀方斛舀水洗手，然後兩手相拍，直至自乾。做太常博士時，朝廷舉行祭祀大典，他卻洗滌禮服上的火藻圖案，違反規矩而被免職，人又稱「水淫」。建康人段拂，字去塵，因名與字皆合米芾愛潔之好，米芾才同意將女兒嫁他。米芾喜石，見了奇巧石頭，便整冠肅衣向石頭揖拜，還連喊：「石兄！石兄！」人又稱「石迷」，號米拜石。

眞正的藝術家，總與常人多有不同，如果沒有那麼點顚、迷，何來「米家學派」？米芾的墓在南郊鶴林寺前。

另有一處石刻，也值得一看。在定慧寺與華嚴寺之間的安隱岩洞口，有一塊蘇東坡的石刻畫像。這個半身像，出自誰手已難講清，畫的收藏者是馬信齋，清咸豐七年戴行之摹勒上石，石上東坡峨冠博帶，長髯飄拂。這是鎭江僅存的東坡風采了。

## 孫劉聯姻，吳蜀爭鋒

（鎭江北固山）

鎭江西郊的北固山，原名土山。六朝時，梁武帝曾登山眺望江景，更名「北顧」，譽爲「天下第一江山」。後來以音傳訛，漸漸變成了「北固」。北固山有前、中、後

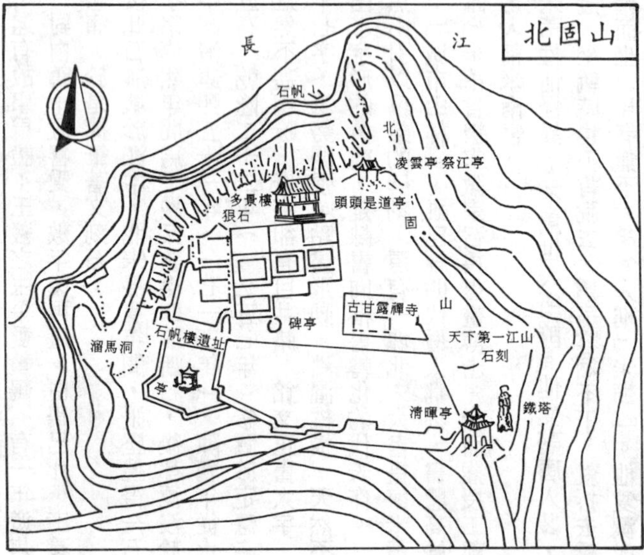


三峰，後峰臨江，風景最佳，爲主峰，甘露寺即在其上。

甘露寺名揚四方，因爲這裏有個劉備招親的故事。赤壁戰後，孫、劉、曹均勢鼎立。周瑜定計，假稱把孫權的妹妹許婚劉備，京口招親，然後扣人逼還荊州。劉備則按

諸葛亮之計，設法讓孫權之母吳國太甘露寺相親，弄假成眞，帶著孫夫人一道返回荊州。這就是「周郎妙計安天下，賠了夫人又折兵」。曲折的情節，引人入勝，而據史書記載，孫權倒是眞心聯盟，曾「進妹固好」，並沒要什麼手腕。甘露寺也是以後幾百年才建造的。不過，北固山的前峰即孫吳的鐵甕城所在，孫劉二人登上後峰眺覽，商談大事，也是可能的。鄧拓有詩云：「孫吳甘露原無寺，寺建南梁武帝時。遠昔廢興都莫問，流傳史跡世人知」。

劉備成婚後，曾與孫權坐在一羊狀石上共商拒曹大略。此石，即現甘露寺後的「狠石」，不過，已非原物了。鄧拓有《狠石題詠》云：「孫劉結合戰阿瞞，策略從茲一例看。狠石至今供佐證，驚濤猶自拍江灘。」同坐一條石，並非兩人共一心，「漢鼎未安聊把手，楚醪雖美肯同心」，唐代詩人羅隱不客氣地指出，他們不過是相互利用。

來到巨石前，兩人欲砍石一試劍鋒。劉備拔劍暗祝：「如得返荊州，建功立業，劍下石裂。」劍劈之處，石裂兩半。孫權也拔劍在手默禱：「如能奪回荊州，劍到石開。」手起劍落，另一石也裂爲兩半。兩人皆大歡喜。現中峰西麓那塊同人一般高的巨石，整整齊齊裂爲兩半，據說即其一。當然，在歷史上，劉備確實安然返回了荊州，而孫權最終也確實奪回荊州。

劉備與孫權共覽江景，見一葉扁舟疾馳如行平地。劉備感嘆道：「俗說江南人善駕舟，北人善騎馬，眞是一點也不錯呀！」孫權不以爲然，翻身上馬，馳騁而去，劉備也只好緊緊跟上。這個山坡就在後峰西北側，明朱承照在岩石上刻有「溜馬澗」三字。

劉備的如夫人孫尙香，未能隨夫去四川，劉備在白帝城逝世後，她來到後峰最高處的一個亭子，望江遙祭，然後投江而死。人們稱之祭江亭，後在此遺址又建北固山亭。在這裏，南宋著名愛國詞人辛棄疾寫下了他最優秀的作品之一——《永遇樂·京口北固亭懷古》：

千古江山，英雄無覓，孫仲謀處。舞榭歌臺，風流總被，雨打風吹去。斜陽草樹，尋常巷陌，人道寄奴曾住。想當年，金戈鐵馬，氣呑萬里如虎。 元嘉草草，封狼居胥，贏得倉皇北顧。四十三年，望中猶記，烽火揚州路。可堪回首，佛狸祠下，一片神鴉社鼓。憑誰問，廉頗老矣，尙能飯否？

詞的最後一句，辛棄疾確有所指的。一二〇三年春天，主戰派首領韓侂胄掌了朝政，起用了一批抗金老臣，閒居了多年的辛棄疾也在其列。但因與韓意見不合，未被重用，派往鎭江做知府，理由是年事已高。對於主戰派內部的矛盾辛棄疾既焦急又痛心，壯志豪情難以如願，只能懷古抒志。同年同地，他又寫了一首《南鄉子·登京口北固亭有懷》：

何處望神州？滿眼風光北固樓。千古興亡多少事？悠悠。不盡長江滾滾流。年少萬兜鍪，坐斷東南戰未休。天下英雄誰敵手？曹、劉。生子當如孫仲謀。辛棄疾是希望抗金大業後繼有人吧。北固山亭即現在的絕頂凌雲亭，亭建於明末，有「千古江山第一亭」之美稱。

被宋代畫家米芾推崇為「天下江山第一樓」的多景樓，就在甘露寺旁。甘露寺建於何時，說法不一，因寺中有蕭梁鐵鑊，認為建於蕭梁時代；書上卻說是唐代做過丞相的李德裕創建，「因甘露之降瑞，建仁祠於高標」，他的詩中也有自述。多景樓，卻的確是根據他題臨江樓的詩句「多景懸窗牖」，在改建時而得名。

這位三次任潤州刺史的李德裕，出身世家大族，祖父李棲筠，曾為御史大夫，父親李吉甫，位居宰輔，李德裕本人也幾度掌朝綱，是一位名相，受封衛國公。一門祖孫三代皆為相，實為少見。他在潤州其間，政績頗具。甘露寺長廊入口處鐵塔，即在他為「資穆皇（唐穆宗）之冥福」而建的石塔的基礎上重建。石塔下有金棺銀槨，小巧精緻，內儲從金陵長干寺移來的舍利子若干，還有李德裕親書的碑刻題字。大約乾符年間倒坍後，北宋熙寧九年（一○七六年），由當地豪富焦紫出資鑄造鐵塔九層，重瘞這批唐代遺物，但人們仍習慣地稱之為「衛公塔」。後鐵塔幾度被大風、雷電摧損，現存的遺物中塔座和一二層是宋代的，三四層則是明代的。鐵塔的頂卻不是毀於大自然，而是在鴉片戰爭中被英國侵略者所掠，這些強盜還恬不知恥地說：「我們認為這座寶塔比起我們在戰爭中所俘獲的那些大炮來，是一種更加優美和更有價值的戰利品。因為這座寶塔沒有能夠拆下來帶回去，不能不使我們感到遺憾。」如今，無頂的鐵塔像殘缺的山河，提醒人們記住歷史的恥辱。

## 法海燃指，東坡贈帶（鎮江金山）

提到金山寺，人們就會想到溫柔多情的白娘子，善良軟弱的許仙，和多管閒事、拆散有情人的法海和尚。到了金山，總饒有興趣地要去看一看那充滿了神奇的法海洞和白龍洞。白蛇會化成美女，當然是沒有的事，金山寺有個法海和尚倒是確有其人。他是唐代丞相裴休的兒子裴頭陀，法號法海。他遊方到了金山，發現東晉所建的廟宇已全部毀壞，就在現在的法海洞裏住下，並以火燃手指立誓，定要修復廟宇。一次，在山上挖得黃金數鎰（一鎰約二十兩），他命弟子交知府李錡，李錡上報皇帝後，勅令交法

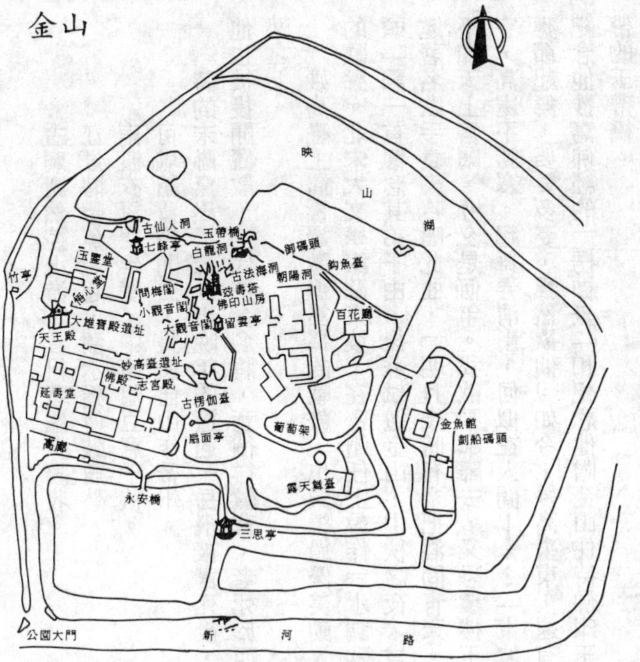

金山

海修復廟宇，並敕名金山寺。法海是個造詣很深的名僧，不僅精研內典，而且很會造廟舍，他主持建造的金山寺與山渾然一體，素有「金山寺裹山」的評價，可見他還是個高超的建築藝術家呢。

可是，這位堂堂正正的高僧，怎麼會和白娘娘產生糾葛呢？古代的金山，與陸地分離，屹立於揚子江心，難免有蛇獸出入。法海大概是個膽大的和尚，在山上蟒蛇威脅他的生命時，他便毫不猶豫地置蛇於死地。但和尚殺生是違反戒條的，何況是位高僧呢？於是用了「降伏」的說法，無損和尚形象。據《金山志》載：「蟒洞，右峰之側，幽峻奇險，入深四五丈許。昔出白蟒噬人，適裴頭陀驅伏獲金，重建精藍。」這時的法海還是爲民除害的正面形象，隨著人們生活理想的改變，由懼怕異物、與之戰鬥致勝，到追求婚姻愛情自主，要求過美滿幸福的家庭生活，法海也在神話傳說中由英雄變成了可憎的衛道士，白蟒則由噬人害物變成了美麗善良的白娘子。如今，法海洞中新塑的雕像，面貌莊嚴慈祥，倒是符合歷史眞實的。

金山還有個眞實的故事，在人民中廣爲流傳，這就是梁紅玉擂鼓戰金山。建炎四年（一一三〇年）四月，韓世忠率兵駕船，在鎭江扼住了金兀朮掠奪後北撤的道路。曾於金山西黃天蕩以八千士卒，圍困金兵十萬，歷時四十八天，其夫人梁紅玉在妙高臺上親擂戰鼓，以振士氣。金兀朮勢窮氣竭，再三行賄韓世忠，贈以名馬，求放其北逃。韓世忠回答說：「還我徽欽二帝，歸還侵占的疆土，就放你逃去。」金兀朮無奈，懸重賞求計。有漢奸獻計可以在老鸛河故道開鑿一條接通江口的大渠。金兀朮得計，便連夜開鑿。四月二十三日，天暗風止，趁宋海船無風不能駛動，金軍乘小船出江，渡江北撤。這次戰鬥雖未獲全勝，卻打擊了金兵的驕橫氣焰，梁紅玉助夫有功，先後受封安國夫人、楊國夫人。

金山舊有紀念韓世忠的韓蘄王廟，邑人趙吉士有詩道：

古廟巍然控上游，雲帆戰艦夕陽收。
江煙時帶魚龍起，潮水猶傳鼓角愁。
南渡衣冠空半壁，中冷俎豆意千秋。
可堪驢背投閒去，長使佳山作帝州。

詩的末聯寫出了韓世忠晚年的遭遇，岳飛被害死後，他也被投閒置散，一代抗金名將，竟徜徉驢背，老死於西湖之上。

妙高臺上擂響過激盪雲霄的戰鼓，也縈繞過優美動人的歌聲。北宋大文學家蘇東坡，在密州任上曾作「水調歌頭」詞一首懷念其弟子由，後蘇軾遊金山，中秋之夜，曾邀著名歌手袁綯吟唱此曲，「明月幾時有？把酒問青天。不知天上宮闕，今夕是何年。我欲乘風歸去，又恐瓊樓玉宇，高處不勝寒。起舞弄清影，何似在人間！……」東坡應節起舞，婆娑多姿，飄然欲仙。如今，妙高臺東，還有紀念他抄寫佛經的「楞枷臺」和紀念他贈金山住持佛印玉帶的玉帶橋。

珍藏於金山寺內的東坡玉帶，至今已逾千年，大約是今人所能看到的蘇東坡的唯一遺物，它與文徵明的《金山圖》眞跡、諸葛銅鼓和二七〇〇年前的周鼎，合爲鎭山四寶。說到東坡玉帶的來歷，不可不提到佛印和尚。

佛印和尚，即了元長老，曾住持金山寺，與蘇東坡相知甚深。如今金山寺還有佛印山房，據說是當年佛印接待東坡的地方。一日，東坡剛進佛印屋中，佛印忽然口出禪語：「此間無坐處」，東坡應口答道：「暫借佛印四大爲座。」佛印見東坡居然班門弄斧，有心難他一難，便打賭道：「山僧有一問，學士道得，便請坐；道不得，即輸玉帶。」東坡自恃略悟佛理，欣然答應。佛印問道：「既然四大皆空，五蘊非有，居士向哪裏坐？」東坡思而不得其解，只得解下玉帶相贈。佛印也以衲裙一幅相報。爲此，東坡寫了《以玉帶施元長老，元以衲裙相報次韻》詩：「病骨難堪玉帶圍，鈍根仍落劍鋒機。欲教乞食歌姬院，故與雲山舊衲衣。」金山寺內，本來還供有東坡與佛印的銅像，東坡身邊有一小童，手捧玉帶，佛印身旁有一小沙彌，挾著衲裙，生動傳神。可惜在一場大火中，化爲銅餅一塊。

## 中泠泉邊，宗澤望江期北渡（鎮江金山）

在金山臨山處，有一塊「天下第一泉」的赫然碑刻，這就是著名的中泠泉。「中泠南畔石盤陀，古來出沒隨波濤」，鎮江中泠泉原在江中，泉眼在江水之下，泉水冷重，不與江水相混。有南、北、中三泠，通稱中泠泉。泉水四周江渦深險，冬日水涸時用汲竿方能取得。

唐武宗時，做過鎮江知府的李德裕升任宰相後，曾託人汲取中泠泉水，那人送去一壺，李德裕飲了一口，頗有感慨地說：「中泠泉水的味道已經變了，倒很像建業石頭城下的長江水味。」那人大驚失色，叩頭請罪。原來他先汲了一壺中泠泉水，不小心潑了一半，此時船已到南京，情急之中，那人便加了半壺江水充上。李德裕宰相肚裏撐得船，並不怪罪，「不妨事不妨事，把上面半壺倒了，下半壺泉水還是用得的。」

鎮江東郊的京硯山腰，有北宋末年抗金英雄宗澤的墓地，八百年來，保存完好。宗澤，婺州義烏人，生於仁宗嘉祐四年十二月十五日。他一生沒有做到很大的官，卻對宋王朝支撐危局抗禦金兵起到了不小的作用。爲雪「靖康國恥」，迎回徽欽二帝，他召募「河東巨寇」王善和「沒角牛」楊進等義軍協助防守，使開封重新安定鞏固，他又聯絡兩河宋軍舊部，用岳飛爲將，屢敗金兵，金人敬畏，稱之「宗爺爺」。他曾二十四次上書，力請高宗還朝，收復失地，都被投降派所阻，憂憤成疾，背上生疽，於建炎二年（一一二八年）七月十二日逝世，那年他七十歲。

宗澤病重之時，對將領楊進等說：「只要你們能殲滅強敵，我雖死無恨！」逝世前，他吟誦著唐代大詩人杜甫的名句「出師未捷身先死，長使英雄淚滿襟」，臨斷氣時，他連喊三聲：「渡河！渡河！渡河！」

宗澤生前曾做小詩《葬妻京硯山結廬龍目湖上》：

一對龍湖青眼開，乾坤倚劍獨徘徊；
白石是處堪埋骨，京硯山頭夢未回。

希望與死去的妻子，合葬於京硯山。其子宗穎和岳飛將宗澤的遺柩運回南方，安葬於此。墓門遙對大江，是想讓他親眼看到宋軍渡河收復中原吧。

## 武和尚建文峰塔（揚州文峰塔）

「京口瓜州一水間」，從鎮江北渡瓜州，沿古運河而上，遠遠望見東岸巍然一塔，那就到了「淮左名都，竹西佳處」的揚州城了。「故人西辭黃鶴樓，煙花三月下揚州

揚州名勝遊覽示意圖

。」古代的揚州城夜市千燈，高樓紅袖，煙花朦朧，吸引了多少文人商賈，連天子也「欲取蕪城作帝家」。你來我往，改朝換代，在揚州這塊不大的歷史舞臺上，既有匆匆而逝的過客，也有名垂青史的英雄。

進揚州最先看到的塔，是有名的文峰塔。塔始建於明萬曆十年（一五八二年），是個官方與民間合作的產物，由僧人募集，知府、御史大力贊助而建。明代著名文人王世貞在《文峰塔記》中描述過這位富有傳奇色彩的僧人。此僧在少林寺從師，名鎮存。因有感於阿育王的事，欲建塔紀念。他有一身好拳腳，每每以表演武藝募化錢財。名商賈客見他「距躍曲踴技擊劍舞之狀若猿猱鬼神」，又驚又敬，「爭出其貲以佐木石磚甓之費，可三千金，不三載而塔成」。塔成之後，御史題名「文峰塔」，意爲揚州科考將「文峰」大湧。這與阿育王是不相干的，但鎮存和尚也無可奈何，這就是官府支持的代價。後來，鎮存也乾脆還了俗，取名楊天祥，到軍營效力了。到了咸豐三年（一八五三年），文峰塔破損得只剩下了塔心，靠著僧人募化，才得以修復。幾百年來，文峰塔豎立在古運河入江的必經之道旁，看到了唐代揚州高僧鑑眞三次從這裏駛入長江，東渡日本傳播中華文化，也看到了康熙、乾隆皇帝南巡，經三汊河到塔灣行宮駐蹕遊玩。

## 街心塔與飯後鐘（揚州石塔）

渡江路與國慶路相接，把個揚州城均勻地分成東西兩大塊，這西區的名勝古跡，多半和文峰塔一樣，是前朝各代大型建築毀後的一二遺物，如今極不和諧地插足於鬧市大街，成爲揚州城的一大怪景。

在寬廣的石塔路中央，就立著一座古石塔。這座石塔，塔身是唐代遺物，塔座、塔欄是清代刻製。人們對它的興趣，不僅因爲它是兩個朝代雕刻的結晶，更因爲它聯繫著一串有趣的軼事。

這座石塔不是一開始就在這裏的。南朝宋元嘉十七年（四四〇年）以前，在揚州郊區桑樹腳，有一座不太有名的惠昭寺，唐乾元年間（七五八—七六〇年）改名木蘭院。「飯後鐘」的故事就發生在這裏。揚州倉曹軍的兒子王播，少時因家境貧苦，曾寄食於惠昭寺木蘭院，靠和尚養活。時間長了，和尚難免生厭。有一次，故意吃過飯後才敲開飯鐘，王播聞聲趕來，衆僧已吃過了，弄得他十分難堪。後來，王播做了淮南節度使，重訪惠昭寺，發現他過去題在壁上無人看重的詩，已被和尚用碧紗罩上，以示恭維。王播很是感慨，提筆寫了《題惠昭寺木蘭院》二首，詩云：「二十年前此院遊，木蘭花發院新修。如今再到經行處，樹老無花僧白頭。」「上堂已了各西東，慚愧闍黎飯後鐘。二十年來塵撲面，如今始得碧紗籠。」譏諷世態的炎涼，木蘭院也因此出了名。

宋元祐時，蘇軾來揚州做官，常來寺院遊憩，聽說了這個故事，不免題詩作論。這時，木蘭院已因唐開成三年（八三八年）在院內建了一座石塔，而更名石塔寺。蘇軾較有名的那首《石塔寺》，前有小序：「世傳王播『飯後鐘』詩，蓋揚州石塔寺事也。相傳如此。」在詩中，蘇軾對王播的譏諷不以爲然，「雖知燈是火，不悟飯非鐘」，自己做詩忘了早遲，只管聽鐘，難道鐘是飯麼？僧人對你諸多好處，何必一點小事耿耿於懷二十年，況且飯後敲鐘，是爲了激你發憤，和尚是有眼光有見識的。

到了清代，有個學者阮元，常來往於木蘭院 。他對王播、蘇軾各有微詞，「王敬公（王播）之才之遇豈闍黎所能預識，爲之籠碧紗亦至矣，而猶以詩愧之，偏矣！敬公相業誠有可譏，然其浚揚州大渠到轉運，以鹽濟軍國之需，亦不爲無功。坡公（蘇軾）以闍黎爲具眼，亦過激之論也。」他把他的議論堂堂正正刻在題「碧紗籠」匾的跋序上。「飯後鐘」，是一件小事，但由此看到各公的稟性處世，倒是很有意思的。

就在文人打筆墨官司的時候，幾百年間，木蘭院已發生了很大的變化。宋嘉熙中（一二三七—一二四〇年），石塔移到了城內浮山觀之西的寺院，寺以塔名，也稱石塔寺。如今兩處石塔寺都湮沒了，只有石塔安然無恙地挺立在街頭，觀賞著現代繁華。

# 四望亭奎星充軍哨（揚州文昌閣）

石塔東面的汶河路廣場中央，有一座「小天壇」——文昌閣。它和天壇一樣，也是明代建築。爲了加強封建統治，並非讀經出身的朱元璋皇帝也大力提倡起讀經來，規定各級學校要「以孔子所定經書試諸生，毋以儀、秦縱橫壞其心術。」揚州的文昌閣也因令而生，於明萬曆十三年（一五八五年），經兩淮鹽御史蔡時鼎發動，在直達揚州府學的文津橋上增建了文昌閣。建閣十年，燬於一場大火。次年（一五九六年），江都縣知事張寧又發起重修，至今屹立。只是閣下流動的汶河，已成了平坦的廣場。

「文昌」，無非是昌明文化的意思，在這個閣子裏供奉文昌帝君，也是很自然的事。這位「人造神」有名有姓。晉時四川人，名張亞子，死後傳說被玉帝封神，命他掌管天上文昌府和人間祿籍（科舉等事）。歷代皇帝也屢屢加封，唐宋封至「英顯王」，元代加封「輔之開化文昌司祿宏仁帝君」。文昌閣曾有「邗上文樞」的匾額，是說他掌管著揚州的文風命脈。熱衷功名的士子們來此頂禮膜拜並不奇怪，有意思的是，刻書文匠、搨碑工人也把此君作爲自己的祖師，每年農曆二月初三，在此做會紀念。大概文昌帝君保佑，文運亨通，文匠們才有書、碑可刻，不致餓肚子吧。

文昌閣北面半里許的縣學街上，有一座四望亭。磚木結構，三層八面。底層正面四壁各有拱門，與十字街道相通。各層共有二十四個翹角，角下懸有風鈴，風過處，鈴聲清悠，繞樑不絕。原來，它和文昌閣一樣，是縣學的組成部分，稱作「魁星閣」。魁星是「奎星」的俗稱，因爲「奎主文昌」，供奉它，也是想憑藉神力而不費事地取得功名利祿。不過，魁星閣比文昌閣略晚，明嘉靖三十八年（一五九四年）始建。

魁星閣改稱四望亭，是因爲太平天國的緣故。太平天國癸好三年二月十七日（一八五三年四月一日），太平軍在天官副丞相林風翔、地官正丞相李開芳的率領下，第一次占領了揚州。夏官又副丞相曾文昌留守揚州期間，曾在亭的頂層再搭木架增加高度，作爲觀察敵人動靜的「望臺」。望臺上，「立瞭望者，一晝夜輪換十數人，無敢曠誤。見敵軍至則吹角爲號，與敵軍接仗，則擊鼓搖旗。」揚州曾流行過這樣的歌謠：「四望亭，三層閣，站在亭上探馬腳（清朝官服爲馬蹄形袖口，借指清兵）。馬腳到，吹角號，打得清軍往回跑。」「魁星閣」的風鈴叮噹一變，成了「四望亭」的鐵馬金戈之聲，維護皇帝統治的文廟，成了叛逆者的戰樓，眞是歷史的諷刺。

# 他鄉歸遠客，寺古擬鶴仙

## （揚州普哈丁墓）

從文昌閣向南不遠，在汶河路與南門大街之間，有仙鶴寺，這是與杭州的鳳凰寺、泉州的麒麟寺、廣州的懷聖寺（光塔寺）齊名的四大古清眞寺之一。據記載，南宋德祐元年（一二七五年），由伊斯蘭教創始人穆罕默德的第十六世裔孫普哈丁（又譯爲補好丁），來揚州傳教時創建。嘉靖年間重修。

寺院的建築布局形似一隻仙鶴。高聳的門樓爲鶴，首門內橫列的玉帶牆狹長而彎曲的甬道爲頸，主要建築禮拜殿五間三進爲腰身，南面的捲棚前廊爲雙翅，廊前一株七百餘年的老銀杏樹爲翅尖。院內南北各一井爲雙眼，禮拜殿南北兩側各一株古柏爲雙腿，殿後原爲汶河，河邊修竹數竿爲鶴尾。比擬雖然不夠貼切，但大略還可看出創造者的用心。

自唐代始，揚州和阿拉伯人就有著悠久而密切的關係，在衆多的阿拉伯人中，普哈丁是聲譽最高、影響最大的一位。宋咸淳年間，普哈丁來揚州傳教，前後在揚州生活了十年。德祐元年（一二七五年）七月，他從山東濟寧傳教返回揚州，黎明泊岸時船夫喊他，不見回音，到艙裏一看，他已經逝世了。當時從他身上找到一封遺書，是留給他的好朋友廣陵郡守的。他曾經和郡守說過，古運河東岸的土高崗是個好地方，我如果死在中國，就把我葬在那裏。郡守遵從了他的遺願。

這座充滿異國情調的墓園，建於西元十三世紀七十年代，正門的石額上清楚地刻著「西域先賢普哈丁之墓」，後來又陸續增添了在我國去世的其他阿拉伯人的葬墓。正門和主體建築都朝西，面向聖地麥加，踏上石級甬道，直達「天方矩矱」門廳。「天方」一詞始於我國明代，原指伊斯蘭教的主要聖地之一麥加，後來則泛指整個阿拉伯半島，「天方矩矱」，就是阿拉伯的典範人物的意思，普哈丁是當之無愧的。廳後，是一片潔靜的庭院，濃蔭覆蓋下的北亭壁上，嵌有清光緒三十四年重修墓園時立的「先賢歷史記略碑」，簡明扼要地記述了普哈丁來我國傳教的事跡。過了北亭就是墓地了，北面是普哈丁墓亭，亭內有一豎碑，爲清雍正四年（一七二六年）九月立，上鐫「西域得道先賢補好丁之墓」，亭內爲圓拱頂，正中懸一用紅黑兩色書寫的阿拉伯文方匾，意爲：「萬物非主，惟有眞主；穆罕默德，是主欽差。」亭中是普哈丁的墓塔。伊斯蘭教重綠色，故墓塔以綠色爲底，上有描金阿拉伯文。第三層的塔石上，還用陽文刻著《古蘭經》上的一些章節。除了普哈丁的墓亭外，墓地還有三個墓亭和石墓群，靠近「哈賽」（意聖人），可以得到眞主的保佑吧。

伊斯蘭教創始人穆罕默德說：在遠方異鄉死亡的人，猶如在戰場上犧牲的烈士。普哈丁的靈魂是安寧的。

## 小園春色誇揚州（揚州園林）

從景觀上看，普哈丁墓園也兼備中國園林的一些特點，它和其它三個揚州名園，形成了精園簇置的城東特色。清人對江南名城有這樣的評價：杭州以湖山勝，蘇州以市肆勝，揚州以園亭勝。具體道來，揚州園亭又以疊石勝。最著名的疊石園是个園。

个園在揚州東關街中段街北的一條深巷中。園子建於清嘉慶、道光年間，是當時大鹽商、兩淮鹽總黃應泰的私人園林。園內又修竹勁挺，「竹」字是兩個「个」的合體，與竹葉形似，黃應泰以竹自況，故取名「个園」。个園以疊石的立意精巧和氣勢深雄著稱。濃綠之中，一座七楹長樓和諧地把東西兩座假山連接在一起：東邊假山以黃山石疊成，山中因勢構有石室、石橋和小院，在有限的天地中給人以無盡之感，一具南方山水之秀；西面的假山用寶石疊成，寶石中含有石英，迎光則閃閃發亮，背光則耀耀放白，無論近看遠觀，都像覆有一層未消的殘雪，隱隱散發著逼人的寒氣，渾然北方山嶺之雄。个園假山的四時之景也是很有名的，修竹石筍相依如春日山林，太湖石臨水而立更感夏日清涼，黃山石一紅如染恰深秋濃意，寶石爍爍瑩光似寒冬驟至。四時之景不同而同存一園，詩趣盎然。

丁家灣大樹巷裏的小盤谷，則以疊石小而巧、少而變見長。月洞門上怪模怪樣的「小盤谷」題名，傳說出自乾隆時西泠八家印人之一的陳曼生之手，這原是清代官僚兩江總督周馥住宅的花園。隱約的花牆，巧妙地把園子分隔爲東西兩部，西有花廳廣池，隔流望去，怪峰貼池，如獅子騰躍於水濱；廊前有石樑達對岸，石樑盡處便達幽洞。洞頗寬廣，光線由上部穴窗透入，很是柔和。內設棋桌，在此閒敲棋子，聽淙淙流水，別有妙趣。出洞又見洞口，水流雲在，曲折盤旋，頗有深山大澤的氣勢，果然是「盤谷」。

小盤谷的假山向以「九獅圖山」相稱，傳說爲石濤所疊。石濤是清代大畫家，山水畫尤爲別開生面，傳說他「兼工疊石」，和揚州的關係又很深，因此揚州園林的奇特疊石，往往附會於他。殊不知畫上山石與園林疊石相去甚遠，前者是畫家精神志趣的寄託，後者要靠園林匠師精心製作。戈裕良就是清代揚州有名的園林匠師之一，他曾疊造過另一個小盤谷，在秦氏意園之中，風格與此處盤谷迴然不同，平淡蘊藉，有陽柔之美。可惜已湮沒無存，不然，兩個盤谷可以相映生趣了。

疊石假山眞與石濤有關係的，是遺跡尚存的片石山房。它位於徐凝門街，緊鄰寄嘯山莊，也是一所私人花園。據記載：「揚州新城花園巷，又有片石山房者。二廳之後，湫以方池，池上有太湖石山子一座，高五六丈，甚奇峭，相傳爲石濤和尚手筆。」後來，園林雖幾經更改，幸運的是，相傳爲石濤疊石的「人間孤本」的假山尙具規模，一峰聳翠，挺然高出園牆，峰下築方形石室二間，逶迤向東，又有石洞一孔，境界幽深，「片石山房」因此命名。石室雖爲人工，卻不見雕鑿之痕，古樸自然；山石紋路相合，有眞山實景之感。或許這就是石濤在實踐他「峰與皴合，皴自峰生」、「隨筆一落，隨筆一發，自成天蒙。處處通情，處處醒透，處處脫塵，而生活自脫天地牢籠之手，歸於自然矣」的高見妙論吧。

寄嘯山莊是揚州清代園林的最後代表作，集前代園林藝術之大成。這座園子是清光緒年間做過湖北漢黃道臺、江漢關監督的何芷舠所築，又稱「何園」。陶淵明在《歸去來辭》中云：「登東皋以舒嘯，臨清流而賦詩」，以寄託他超塵絕俗的傲世之情。「寄嘯山莊」的主人借用「寄嘯」之意，不過是想以清流山水洗滌私囊中飽的銅臭，趨附風雅。寄嘯山莊的最大長處，是全園像一幅幅完整的工筆長卷，全局虛實互借，嚴謹而宏暢，個體若孤實群，逶迤而深密。主園正中一泓池水，像一面明鏡，無論從哪個角度望去，對面亭樓的倒影，都和眼前的實景組成一幅影景相映、欲實還虛的幽靜畫面。池東有四面環水的水亭一座，亭上演戲，水面迴聲，而池北的迴廊和複道廊的漏窗，則成爲男女賓客的看臺，綽約隱見，又是一處妙景。

## 嶺上梅花傲高風（揚州梅花嶺）

城北的梅花嶺，是市區內的最後一處重要名勝，再往西北走，就是著名的蜀岡保障河風景區了。梅花嶺在廣儲門外城壕的北岸上。原是一片空地，明萬曆二十年（一五九二年），揚州知府吳秀修浚城壕，用掘土的淤泥在這裏堆成了一座土嶺，後植梅數百株，花開季節，土嶺淹沒在梅海之中，蔚爲大觀。雖吳秀題爲「平山別墅」，世人還是習慣地稱之「梅花嶺」。桐城派的重要人物姚鼐就在這裏的「梅花書院」做過主講。但人們最難以忘懷的是與揚州共存亡的明代抗清英雄史可法，他殉難前，他曾留下遺言：「我死，當葬梅花嶺上。」揚州之大，史閣部何以選中此處土嶺爲天年之地？其中是有緣故的。

一二七五年三月，元軍攻揚州，宋將李庭芝與都統姜才堅守城池。元軍強攻不下用以招降，李庭芝燒詔書殺使者不予理睬。元軍又派兵從南面攻下鎮江，合圍揚州，並推被俘宋將到城下勸降。宋將卻慷慨陳詞，激勵李庭芝堅守不降，當場被元軍所殺。這時，元軍又從鎮江分兵三路直下臨安，南宋投降亡國。元軍要南宋太后下詔勸降揚州守軍，李庭芝仍不為所動，射殺使臣。元世祖忽必烈下詔書赦免李焚燒詔書之罪，李庭芝更是嗤之以鼻。大江南北，皆元人天下，重重包圍之中，惟揚州巍然屹立。一二七六年五月，宋瑞宗即位於福州，下詔書任命李庭芝為左丞相南下保駕，李庭芝與姜才突圍到泰州後，終因偏將獻城，姜才臥病被俘，李庭芝投水未死。如此忠烈，元人慕其大義，還想招降，二人不從，被殺。後人在梅花嶺上建雙忠祠以祀之。

史可法囑葬梅花嶺，不僅因為民族氣概與雙忠相通，大概也因為悲劇命運與雙忠相似吧。正如史公祠享殿檐柱上的楠木招對所書：「時局類殘棋，楊柳城邊懸落日；衣冠復古處，梅花冷艷伴孤忠。」當時，清軍入據北京，南明小朝廷風雨飄搖，堅定的主戰派兵部尚書兼東閣大學士史可法卻被排擠到揚州督師，奸臣當道，處處掣肘，史可法無法施展指揮將才，在困難中支撐著。多爾袞指使漢奸李雯寫信勸降，遭到堅決拒絕。順治二年（一六四五年）四月十五日，揚州被圍，各鎮兵不肯聽從調動，史可法只好以親兵四千人堅守孤城。清豫清王多鐸曾五次致書勸降，史可法不予啓封，以示誓死不降。這樣堅持了十日，終因孤立無援，四月二十五日揚州陷入清軍之手。

「吾誓與城為殉！」史公早知頹局難挽，還是要以死報國。城陷的前四天，他給家裏人寫了一封遺書：

恭候太太、楊太太、夫人萬安。北兵於十八日圍揚城，至今尚未攻打，然人心已去，收拾不來！法早晚必死，不知夫人肯隨我去否？如此世界，生亦無益，不如早早決斷也！太太空惱，煩託四太爺、大爺、三哥大家照管。炤兒好歹隨他罷了。書至此肝腸寸斷矣！四月廿一日法寄。

據黎士宏《書殉揚州事》所載，這封信當時沒能寄出，由副將軍「（史）德威持遺書走城中旌忠寺寄藏」。史公抱定必死之念，曾招集諸將表明心跡：「吾誓與城為殉，然倉惶中不可落於敵人之手以死，誰為我臨期成此大節者？」副將軍史德威悲慨應允。史公言道：「吾尚未有子，汝當以同姓為吾後，吾上書太夫人，譜汝諸孫中。」城陷之後，史可法拔刀自裁，諸將爭前抱持不讓，他大呼德威，「德威流涕不能執刃」。史可法被諸將所擁而行，至小東門與大批清兵遭遇，史可法瞠目喝道：「我史閣部也！」遂被押至多鐸處，多鐸尊之為「先生」，婉言勸降，史可法大罵不止，終於慷慨就義。悲哉，壯哉；一代忠烈！史可法死後，史德威遍尋屍體不可得，乃葬其衣冠於梅花嶺，實現了他生前的遺願。

　史可法殉難後，大江南北盛傳史公未死，不少義士以史可法的名義起兵抗清，一度造成很大氣勢。據全祖望《梅花嶺記》記述：吳江舉人孫兆奎抗清失敗被俘，解押到南京，明代降將洪承疇曾問他：「先生在牢中，可知道揚州閣部史公到底有沒有死？」孫兆奎冷言相譏：「經略官大人從北方來，可知道在松山殉難的總督洪承疇到底有沒有死？」洪承疇曾率兵與清軍戰於松山，兵敗降清，而明崇禎皇帝卻以為他已以身殉國，曾哭祭過他。英雄雖死猶生，叛賊雖生猶死，古今一理。

　乾隆時，史可法被加封「忠正」謚號，梅花嶺始為史公祠。

## 兼得金山西湖之風（揚州瘦西湖）

　瘦西湖原名保障河，是由人工開鑿的城濠和通向古運河的水道擴建而成。「瘦西湖」的說法，最早見於乾隆時詩人汪沆的詩中：「垂柳不斷接殘蕪，雁齒紅橋儼畫圖。也是銷金一鍋子，故應喚作瘦西湖。」汪沆是錢塘人（今杭州），熟知南宋周密微詞西湖「日糜金錢，靡有紀極，故杭諺有『銷金鍋兒』之號，此語不為過也」的說法，眼前的保障河也是「日日春風斗酒卮，家家桃李門芳姿」，與浮華的西湖大同小異。後人不解此意，反而認為「瘦」字道出了保障河最惹人的秀色。

　瘦西湖的入口處，橫跨著一座東西向的白石欄杆圓拱形石橋，這就是有名的虹橋。橋初建於明朝末年，原為木板橋，圍以紅欄，故稱「紅橋」。王士禎的紅橋詩頗為流傳：「紅橋飛跨水當中，一字欄杆九曲紅。日午畫船橋下

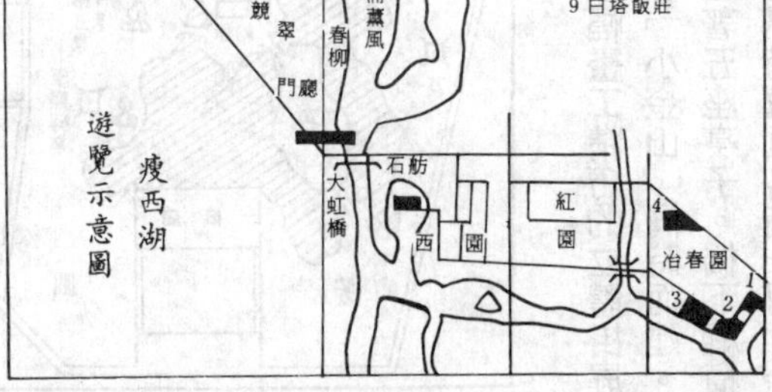

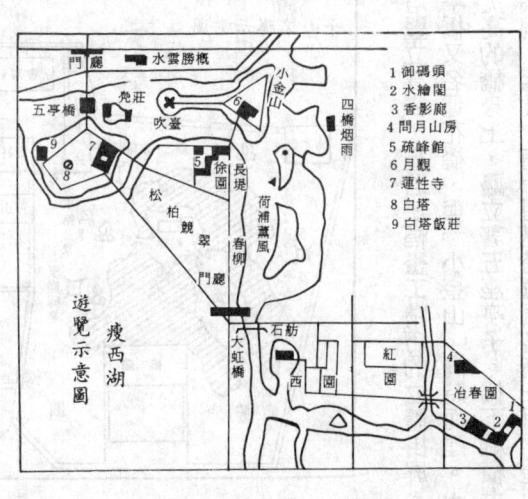

過，衣香人影太匆匆。」更有《夢香詞》：「揚州好，第一是虹橋。楊柳綠齊三尺雨，櫻桃紅破一聲簫，處處駐三橈。」的確「也是銷金一鍋子」。乾隆元年（一七三六年）改建為石橋，因形似長虹臥波，改稱「虹橋」。

由虹橋北端折而向北，就踏上「長堤春柳」了。揚州柳堤自隋煬帝時聞名，當年開邗溝，三百餘里，皆種楡柳，到頭來，只落得「終古垂楊有暮鴉」的下場。乾隆時，自北門起，有長堤直達蜀岡平山堂，「兩堤花柳全依水，一路樓臺直到山。」不過，今日柳已非昔日柳了。

長堤春柳的盡頭是「徐園」。這個綽號徐老虎的徐寶山，是揚州著名的販賣私鹽的頭目。辛亥革命時，他投機革命。一九一三年五月二十四日，上海有人寄來裝有炸彈的古董花瓶，徐寶山當場炸死。為此，後人修了徐公祠。如今祠堂拆去，舊名仍在。

「小金山」與徐園隔湖相對，它四面環水，是瘦西湖的中心地帶。清代中葉，為了使南巡的乾隆皇帝能直接乘舟去平山堂，新開了蓮花埂新河，挖出的泥土，便堆成了小金山，那時被稱作「長春嶺」。它仿照六朝南宋徐湛元於雷陂（今揚州、邗江雷塘一帶）因勢造園的遺意，在水邊建了「湖上草堂」、「綠筱泡漣」、「琴室」等廳亭樓臺，最吸引人的要算西端的「吹臺」。吹臺三面臨水，各有洞天，北洞桂花廳端莊秀麗；西洞五亭橋橫臥煙波；南洞白塔豎立雲表，宛若三幅畫工精巧的立體掛屏。

五亭橋又名蓮花橋，與「小金山」同時而建。十多丈長、三丈高的橋身上，矗立著五座亭子。橋下縱橫大小有十五個橋洞，因此才有「月滿時每洞各銜一月，金色滉漾

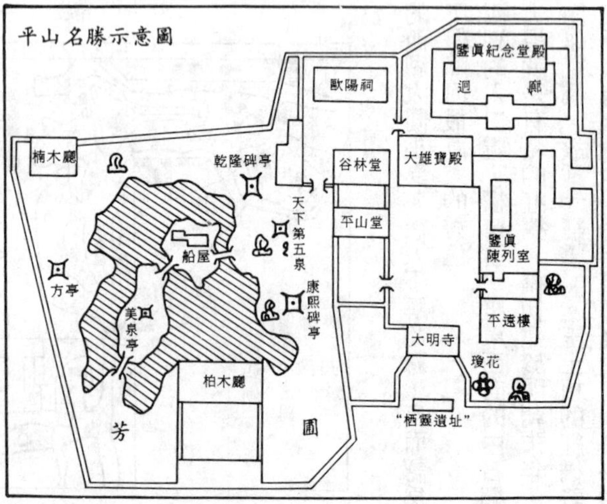

」的傳說。有人乘月圓之夜泛舟各橋洞之間，想找到各洞中的月影，自然沒有找到。把船撐遠，月光之下，只見每個半圓形的橋洞倒影在水中蕩漾，如同十五輪月亮交相生輝。原來「各銜一月」只是比喻，痴人面前竟說不得夢。

五亭橋的南岸有蓮性寺，寺內最有名的建築是「白塔」。白塔建於清乾隆十六至四十五年間（一七五一—一七八〇年），和某次南巡有關。乾隆皇帝來到揚州，當地官員富商誠惶誠恐，當乾隆問到揚州也有北海那樣的白塔嗎？兩淮商總江春爲了討好皇帝，隨口奉應：「有。」乾隆十分高興，表示第二天便去看塔。這可嚇壞了江春，揚州本無白塔，這可是欺君殺頭之罪呀！還是鹽工們有辦法，連夜用白色鹽包堆了一座假白塔，瞞過了乾隆。因而有了「揚州一夜造塔」的傳說。據記載，現在這座白塔倒眞是兩淮商總江春爲了取悅乾隆而集資建造的，但是，沒有勞動人民的聰明才智，塔能建得起來麼？

## 山川異域，風月同天

（揚州大明寺）

沿著當年爲皇帝開掘的蓮花埂河道，可以直抵蜀岡腳下。「蜀岡」，並非是蜀地沿綿而來的餘脈，《爾雅·釋山》曰：「獨者蜀」，意即獨立的山岡。蜀山蜿蜒起伏，西起六合、儀徵，東北至揚州的灣頭而漸隱，綿亙數十里，揚州古稱廣陵，也取意於此。自從吳王夫差於西元前四八六年秋在蜀岡修築了揚州最早的城牆邗城以來，歷經戰國、秦、漢、魏、晉，直至隋、唐，這裏一直是古揚州城的所在地。蜀岡就像一部豐富的歷史，任你翻閱。

古大明寺坐落在山岡中峰。寺初建於六朝宋大明年間（四五七—四六四年）以年號命名，故稱大明寺。但乾隆皇帝嫌「大明」刺眼，容易讓人想起前代的明王朝，就「敕賜」了一個宗教意味十足的名字——法淨寺。隋代的時候，大明寺有一座「中國之尤峻特者」的九層寶塔，這是隋文帝仁壽元年（六〇一年），在他過生日的時候，下詔在全國三十個州建立三十座供奉佛舍利的塔，建在揚州大明寺的叫棲靈塔。大詩人李白「東遊維揚」，寫過一首《秋日登揚州西靈塔》的詩，極言寶塔的磅礴氣勢。棲靈塔還連結著另外兩個大詩人的友誼。唐敬宗寶曆二年（八二五年），白居易因眼疾免去蘇州刺史，向洛陽進發。恰好劉禹錫被罷和州刺史，召回洛陽。兩人在古運河相遇，喜出望外，他們不僅是互相傾慕的詩人，更是剛正不阿、仕途坎坷的同命人。在揚州，兩人舉杯對飲，互致詩賦，一吐胸臆。白居易以《醉贈劉二十八使君》一詩相贈，詩云：「爲我行杯添酒飲，與君把箸擊盤歌。詩稱國手徒爲爾，命壓人頭不奈何。舉眼風光長寂寞，滿朝官職獨蹉跎。亦知合被才名折，二十三年折太多。」劉禹錫則回贈那首著名的《酬樂天揚州初逢席上見贈》，詩云：「巴山楚水淒涼地，二十三年棄置身。懷舊空吟聞笛賦，到鄉翻似爛柯人。沉舟側畔千帆過，病樹前頭萬木春。今日聽君歌一曲，暫憑杯酒長精神。」兩人分手前，又去同遊了棲靈塔，一對五十五歲的老翁相攜登頂，昂首天外，詩興共發。

但大明寺名傳中外，還是與唐代鑑眞和尚有關。鑑眞（六八八－七六三年），俗姓淳于，揚州人，十四歲在揚州大雲寺出家，遊學各方，受到名僧的指點，具有文學、藝術、醫學、建築等多方面的深湛素養。中年以後，在大明寺講經授律。也是在這裏，鑑眞接受了東渡日本的邀請。

唐天寶元年（七四二年），日本僧人榮睿、普照在大明寺會見了鑑眞和他的三十多個弟子。榮睿懇切地說：「佛法傳入日本已經一百八十多年了，但因沒有傳戒師，至今不能正規受戒。現今日本佛法大興，一心奉請傳戒高師，特懇請和尚推薦律師渡日弘法，整頓戒律，光大聖教。」鑑眞和藹地點點頭，對左右說：「我聽到過這樣的傳說，從前的南嶽思禪師去世以後託生在日本做了王子，大興佛法。又聽說日本有個長屋王子，很崇信佛教，做了一千條袈裟送給中國僧衆，還在袈裟上繡了四句偈：『山川異域，風月同天，寄諸佛子，共結來緣。』可見，日本是個與佛法有緣之國。現日本專程來請，你們有願意去日本做傳戒師的麼？」結果是一陣沉默。鑑眞平靜而堅定地說：「爲了傳法，浩淼滄海何足爲懼，你們不去，我去！」

爲了「必遂本願」，鑑眞和他的弟子們經受了千災百難，六次東渡，五次失敗，出生入死，犧牲生命的有三十六人，歷時十二年。待到天寶十二年（七五三年）第六次渡海成功到達日本奈良時，鑑眞已經是雙目失明的六十六歲老人了。他在奈良東大寺建築戒壇，傳授戒法，爲日本佛教登壇受戒之始。西元七五九年，又在奈良親建唐招提寺，傳布律宗，成爲日本律宗的創始人。唐廣德元年（七六三年）五月初六，鑑眞和尚逝世於東土日本的唐招提寺內。爲了紀念他，日本弟子爲他模造了被後世尊爲「國寶」的乾漆夾紵造像，至今供奉在唐招提寺開山堂。

大明寺大雄寶殿東側的鑑眞紀念堂，於一九七三年正式建成，參照唐代建築的風格與式樣，經我國著名建築學家梁思成參與設計而建造起來的。與鑑眞和尚主持建造的日本唐招提寺，有異曲同工之妙。正殿中央，供奉著鑑眞的乾漆夾紵造像（仿製），這位唐代高僧神態安祥，看不出經歷了那麼多的苦難，這就是佛門的超塵吧。「惟憐一燈影，萬里眼中明。」

# 文章兩太守，天下第五泉

## （揚州平山堂）

在揚州，平山堂要比法淨寺出名得多。歐陽修，這位政治上不得意的文人，只好寄情山水，所到之處，建堂築亭，排遣愁懷。「慶曆新政」失敗後，他被貶爲滁州太守，在那裏寫了連滁州也因之名聲大振的《醉翁亭記》。三年以後的慶曆八年（一〇四八年），轉知揚州，「可憐玉樹後庭花，又向江都月下聞」，他又在蜀岡築建了平山堂，登高占勝，一目千里，「遠山來與此堂平」，略可排遣些胸中的鬱悶。據《避暑錄話》記述：「（歐）公每暑時，輒凌晨攜客往遊，遣人去邵伯湖取荷花千餘朵，以畫盆分插百許盆，與客相間。酒行，即遣妓取一花傳客，以次摘其葉，盡處則飲酒。往往浸夜，載月而歸。」今人常有擊鼓傳花，歐公卻是行酒傳花，堂上懸的「坐花載月」、「風流宛在」的匾額，就是指這些雅興逸事。

歐陽修死後十餘年，蘇軾又步後塵來做揚州太守，登覽憑弔之餘，譜《西江月》一首：「三過平山堂下，半生彈指聲中，十年不見老仙翁，壁上龍蛇飛動。欲弔文章太守，仍歌楊柳春風，休言萬事轉頭空，未轉頭時皆夢。」蘇門弟子秦觀也賦詩寄懷：「遊人若論登臨美，須做淮東第一觀。」詩中的「淮東第一觀」，被清初書法家蔣衡書刻在寺門外的東院牆上。如此勝境佳文，美景雅事，平山堂上有一副以宋代散文四名家（范仲淹、歐陽修、王禹偁、蘇軾）的四名篇（《岳陽樓記》、《醉翁亭記》、《黃岡竹樓記》、《放鶴亭記》）中的名句集成的楹聯，一併囊括：

銜遠山，吞長江，其西南諸峰林壑尤美；

送夕陽，迎春月，當春夏之交草木際天。

爲了紀念老師，蘇軾在平山堂後建谷林堂，堂名取自蘇詩「深谷下窈窕，高林合扶疏」中的二字。堂後又有清兩淮運使歐陽正墉建的歐陽祠，後壁中央供有歐陽修的石刻畫像，這一依清廷內府藏本勒石的線雕人像，通過光線的折射變化，「遠看白鬍子，近看墨鬍子」，甚是奇特。

平山堂西邊有西園，西園裏最著名的是「天下第五泉」。唐代張又新寫過一篇《煎茶水記》，他引用劉伯芻的話，把煎茶之水分爲七等：鎮江金山中泠泉水爲第一，無錫惠山石泉水爲第二，蘇州虎丘石井水爲第三，丹陽寺井水爲第四，大明寺泉水爲第五，松江水爲第六，淮水爲第七。現在園內有兩口「第五泉」，一在東岸，鐫以大字，爲明嘉靖中巡鹽史徐九皋書，一在西側池中，爲清雍正間發現，時人認爲此乃古第五泉，建亭以覆。據說，當時曾派人向著名書法家王澍索取題字，他正臥病在床，不能舉筆，便叫來人到無錫惠山揚下少時所書「天下第二泉」，他將「二」改作「五」便成了。這就是寺外西院牆上的「天下第五泉」，與蔣衡書的「淮東第一觀」正好對應。細細看去與惠山的石刻字體，的確相像。

## 朱元璋計殺小明王（滁州琅琊山）

「環滁皆山也。其西南諸峰，林壑尤美。望之蔚然而深秀者，琅琊也。……」凡讀過宋代大文學家歐陽修的《醉翁亭記》的人，無不為之神往。從南京坐火車北上，兩小時左右，就來到這個清幽俊秀的琅琊山所在安徽滁州了。翻開縣志，這個小小的古城，歷史上竟是個文人名士薈萃之地。唐宋時有名的文學家韋應物、李紳、李德裕、王禹偁、歐陽修、辛棄疾等，先後出任滁州的父母官。王安石、曾鞏、宋濂、文徵明、李夢陽、王世貞等著名詩人名士也紛紛前來探幽訪古，留下了詩文題刻。特別是宋代歐陽修謫知滁州期間，修建了醉翁亭、豐樂亭，寫下了《醉翁亭記》、《豐樂亭記》，於是「滁之山水得歐公之文而愈光」。文以山麗，山以文傳，滁州也變得有名氣了。

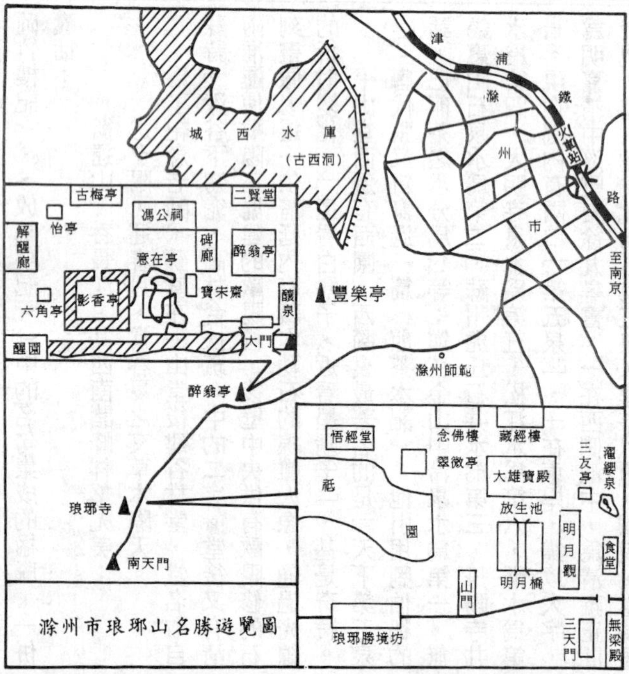

滁州市琅琊山名勝遊覽圖

從滁州火車站向西南十餘里，就是「蓬萊之後無別山」的琅琊山了。琅琊山古稱摩陀嶺，後來為何改名，歷來說法不一。一種說法是，東晉琅琊王司馬睿曾寓居此山，後來當了皇帝，因此改山名琅岈；另一種說法是，西晉鎮東大將軍琅邪王司馬伷率數路大軍滅吳，吳主孫皓在此獻出國璽，故改稱琅琊。不管哪一種說法，無非是人們要為這秀美的自然山川添一段政治風韻，以顯出滁州的重要。

其實，滁州在歷史上自有地位。這座古城曾經是一個皇帝的朝廷所在，這就是元朝末年農民起義軍擁立的龍鳳宋朝皇帝韓林兒。韓林兒的父親韓山童自稱「明王」出世，不幸被殺。兒子當然就是「小明王」了。這位作為王位象徵而並無實權的小明王，還假戲真做，封了頗有實力的起義軍首領朱元璋為左副大元帥。朱元璋很想做個有名有實的真皇帝，攻下龍盤虎踞的帝王之都集慶（後改應天，今南京），就以此為中心，日益壯大自己的應天政權。

龍鳳九年二月（一三六三年），小明王在安豐被圍，向朱元璋求救。朱元璋的軍師劉基極力阻攔：你救出小明王如何處置？如果繼續讓他當皇帝，豈不自縛了手腳，如果關起來或殺掉，又何必去救？劉基固然足智多謀，朱元璋卻更勝一籌，臣不救君，於理不容，人心大失；安豐是應天的屏障，放棄安豐，應天難保，此舉一石二鳥，怎能不為？朱元璋親自領兵苦戰，救出小明王，保住安豐。對於這名存實亡的皇帝，朱元璋還恭恭敬敬地用皇帝禮儀把他迎到滁州，在壯麗的宗陽宮裏幽禁起來，從此，龍鳳宋朝「定都」滁州。四年以後，朱元璋帝業將成，便派大將廖永忠明裏迎小明王到南京做皇帝，渡江時，卻暗中鑿通船底，掃清了他登上帝位的最後一個障礙。

## 泉亭醉太守，青山思二賢

（滁州醉翁亭）

「山行六七里，漸聞水聲潺潺，而瀉出於兩峰之間者，釀泉也。」轉過小石橋，有一水池三尺見方，泉水由池中漫出，匯入山溪。池邊有清康熙四十年知州王賜魁立的「讓（釀）泉」碑刻。當年歐陽修經常上山遊玩，見老百姓總是在喝釀泉水，便向一位老人打聽。老人告訴他：「老百姓沒有銀錢，也沒有功夫去喝熱茶，喝這泉水既方便又清涼。」歐陽修不勝感慨，也舀上一盞，連讚：「甘哉！美哉！」此後，歐陽修召集幕僚議事時，也用釀泉水招待，稱之「與民同味。」

釀泉之上，有亭翼然，東邊高處一塊青褐色巨石上刻著「醉翁亭」三個大字，巨石半臥半立的姿勢，像個喝醉了酒的大漢斜靠在石坡上。真是：「翁去八百載，醉鄉猶在；山行六七里，亭影不孤。」

宋仁宗慶曆年間，為人耿直的歐陽修得罪了左丞相夏竦，被貶謫滁州。歐陽修來到滁州後，倦於塵世紛囂，與方外之人琅琊寺的住持智仙和尚結為知音。智仙還特意在山麓道旁修了一座涼亭，供歐公歇腳。歐陽修感其誼厚，親爲作記，寫下了他的傳世之作——《醉翁亭記》。歐陽修常同朋友到亭中遊樂飲酒，「太守與客來飲於此，飲少輒醉，而年又最高，故自號曰醉翁也。」「醉翁亭」因此得名。其實，醉翁之意不在酒，也不在山水之間，歐陽修心中自有難言之隱，「野鳥窺我醉，溪雲留我眠。山花徒能笑，不能與我言」，即使遊玩之際，他也難忘黎民，常常把公事帶到亭中來辦。後人說他是「爲政風流樂歲半，每將公事了亭中。」

世人皆知《醉翁亭記》是文章上品，滁州卻盛傳著歐陽公修改《醉翁亭記》的故事。歐陽修寫好文章後，沒有立刻刻印，而是連抄了六份，交給衙役拿出去張貼於各個城門。衙役不解其意，問：「大人的文章如何要貼到城門上去？」歐陽修笑而不答。隨後，又分派六班鑼鼓手到各個城門口，一邊鳴鑼擊鼓，一邊高喊：「滁州太守歐陽修，昨日述文《醉翁亭記》，敬請黎民、過往高賈、文武官吏都來過目修改！」一天過去，並無人能改動一字。歐陽修不免得意，又吟誦起那篇文章來：「滁州四面皆山，東有烏龍山，西有大豐山，南有花山，北有白米山，其西南諸峰，林壑尤美……」這時，一個送柴的樵夫路過廳堂，不由悄悄插嘴，「還是太守學問高，我每天打柴，只知道滁州一圈子全是山。」歐陽修頓悟，沉思片刻，提筆改爲：「環滁皆山也。其西南諸峰，……」

醉翁亭後，有二賢堂，堂前有南宋淳熙年間的滁州太守魏汝功刻的「二賢堂」題字。可見二賢堂最晚建於南宋淳熙年間。二賢之一當然是歐陽修，另外一人則是也曾在滁州出任太守，人品、性格、文章、經歷都和歐陽修有相似之處的王禹偁。據《宋史·本傳》記載：王禹偁和歐陽修，一個遇事敢言，頗爲流俗所不容；一個論事切宜，時人視之如仇，因而兩人屢遭貶斥。大詩人蘇軾曾作詩歌頌過二公的高風亮節：「斯人何似似春雨，歌舞農夫怨行路。君看永叔（歐陽修）與元之（王禹偁），坎坷一生遭口語。兩翁當年鬢未絲，玉堂揮翰手如飛」，「丈夫自重貴難售，兩翁今與青山久。」

與醉翁亭齊名的，是滁城以西半山腳下的豐樂亭。歐陽修來到滁州的第二年，在半山附近發現了紫微泉，便在泉側建了這座亭院。他在《豐樂亭記》中寫道：「修既治滁之明年夏，始飲滁水而甘。問諸滁人，得於州南百步之近。其上則半山聳然而特立；下則幽谷窈然而深藏；中有清泉，滃然而仰出。俯仰左右，顧而樂之。於是疏泉鑿石，闢地以爲亭，而與滁人往遊其間。」取「歲物豐成」、「與民同樂」之意，命名「豐樂亭」。亭建成之後，歐公命幕僚謝判官雜植花卉，謝氏問如何種法，歐公隨口吟詩作答：「淺深紅白宜相間，先後仍須次第栽，我欲四時攜酒去，莫敎一時花不開。」離開滁州後，歐陽修仍追懷幽谷的泉亭，常常夢見滁州故人和幽谷泉聲。每當回憶起與謝氏共建幽谷的情景，就不勝感慨：「滁南幽谷抱山斜，我鑿清泉子種花。故事已傳遺老說，世人今作圖畫誇。」如今亭舍已毀，一些碑刻尚存。當年碑刻中尤以蘇東坡所書《豐樂亭記》最爲珍貴，馮若愚所說：「宋碑文字之最著者莫如歐公滁二碑」，其一是《醉翁亭記》碑，其二是《豐樂亭記》碑。

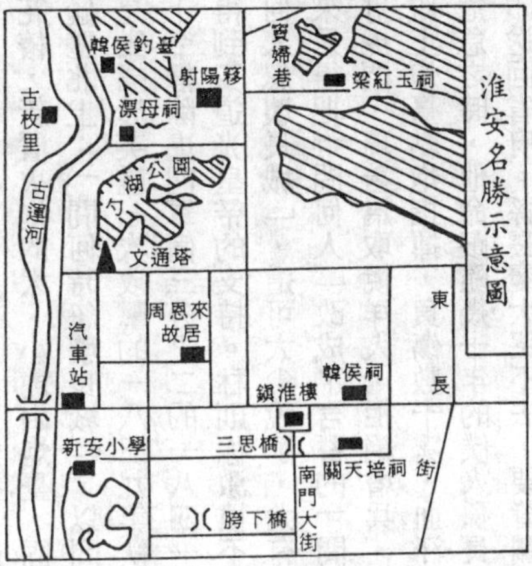


## 韓信、關天培、周恩來（淮安古城）

由揚州沿京杭大運河北上，就可以一直來到號稱「淮上江南」的淮安古城。它位於京杭大運河和蘇北灌溉總渠交匯處，歷史上就是一座經濟和軍事重鎭。來到淮安，遠遠望見，古城中心有一座典雅古樸的兩層城樓。這是宋代建的鎭江都統司酒樓，明代改爲鼓樓，清代又因爲水患不斷，期望它顯些神靈，改名「鎭淮樓」，一九五九年集資重修後，成了地地道道的遊人登覽的勝地。登上鎭淮樓，極目遠眺，淮安風光盡收眼底，眞是「襟吳帶楚多遊客，壯麗東南第一州」。

鎭淮樓東的縣東街三十二號，是鴉片戰爭中著名愛國將領關天培的祠堂。祠堂裏保存著一副林則徐的輓聯：

六載固金湯，問何時忽壞長城？孤注空教躬盡瘁；

雙忠同坎壈，聞異類亦欽偉節，歸魂相送面如生。

這副輓聯，寫出了在江河日下的清王朝中，力挽狂瀾的民族英雄的悲劇。「六載固金湯」，關天培自一八三四年始任廣東水師提督，至一八四一年二月二十七日在虎門靖遠炮臺壯烈殉職，整整六載。爲了保衛廣東，他在虎門構築了三重門戶，遠有瞭望、發號的大角、沙角炮臺，中有鐵索、木排相連的橫檔、南山、鎮遠炮臺，近有暗沙淺水遍釘梅花樁，新置火炮的大、小虎山炮臺，固若金湯，以致英軍碰壁北上；「問何時忽壞長城」，以問代責，虎門炮臺不是動搖於英艦七次攻擊的一八三九年秋，而是失陷於琦善下令撤除虎門軍備三分之二的一八四一年春，而琦善又是得到了道光皇帝的支持。林則徐激憤不已，揮筆寫下「問何人忽壞長城」，這可太尖銳了，大有暗射皇帝之嫌，後來只得把「問何人」改成了含蓄的「問何時」。關天培孤守虎門，琦善為取悅洋人，拒絕增兵。六十二歲的關天培親上炮臺點炮指揮，負傷數十處，血汗淋漓，衣甲盡濕。危急之時，他命跟隨幾十年的僕人孫長慶突圍把自己的官印送回省府。孫長慶大哭不去，要背關天培下山，一起突圍。關天培大怒，拔刀驅趕說：「吾上負皇上，下負老母，雖死猶晚也，汝不去，今斬汝矣！」孫長慶只得拿了提督印號泣而去。英雄為國捐軀，賊人卻獻國他人，豈非「孤注」、「空教」？身陷同境的林則徐，最能體味內中的慘痛。

武秀才出身的關天培，念念不忘皇帝的知遇之恩，是有緣故的。這要從他一段很有傳奇色彩的海上經歷說起。道光六年（一八二六年），關天培受江蘇巡撫陶澍的委派，督押海運漕米。這是一支龐大的船隊，糧船一千二百多艘，漕米一百二十餘萬石，兵丁水勇三萬多人，行程五千多里，從吳淞口啓航北上。據說有群海盜已在海島埋伏，準備搶劫這支船隊，但見領頭的戰船高豎「關」字大旗，於波濤煙霧中隱約見一員將軍穩坐艄樓，以為關帝下凡，竟至叩頭不敢行動。當船行渤海灣時，突然風浪大作，將三百餘艘糧船颳到朝鮮海域。而關天培在桅頂上樹立大白馬旗作導航標記，終於全部安抵大沽口。關天培出色的護航，深受道光皇帝的賞識，不僅提升為蘇淞總兵，而且受到五次召見。道光十四年（一八三四年），又任命他為廣東水師提督。穿鼻海戰勝利後，道光皇帝還親自下詔表彰：「此次攻擊夷船，提督關天培奮勇直前，身先士卒，可嘉之至。著賞給法福靈阿巴圖魯名號，仍交部從優議敘，以示獎勵。」可見，皇帝也並非天生不戰，只是脊樑骨不硬，一遇強敵便嚇破了膽，辜負了臣心，也辜負了民心。

「關忠節公天培之墓」，就在城東南窰。墓旁小橋流水，蒼松參天。

鎮淮樓的北面，另有一座祠堂，這是與張良、蕭何並稱為興漢三傑的名將韓信的祠堂。韓信，淮陰人。那時的淮陰，比今天的淮安大得多，大致包括今淮陰、淮安兩縣和清河、清浦兩區，及洪澤、寶應等縣的一部分。後來漢高祖劉邦又封他為淮陰侯，死後，邑人便立了祀廟紀念他。現在的漢韓侯祠，是今人所建。不過，據唐代詩人許渾的「劉伶臺下桃花晚，韓信廟前楓葉秋」推知，唐代以前，淮安就有了韓信的祀廟。

封侯本來是光宗耀祖的事，而韓信被封淮陰侯，卻是他倒霉的標誌。楚漢之爭的關鍵時刻，劉邦為了利用韓信的兵力，被迫封他為齊王；垓下大勝之後，劉邦伺機奪了韓信的兵權，改封他為楚王；漢王朝建立後，劉邦疑韓信謀反，把他抓了起來。韓信仰天長嘆道：「果如人言：『狡兔死，走狗烹；高鳥盡，良弓藏；敵國破，謀臣亡。』天下已定，我固當烹！」後來，劉邦雖放了韓信，卻從此貶為淮陰侯。唐人劉禹錫在《淮陰侯廟》中，為這位將才多鳴不平：

將略兵機命世雄，蒼黃鐘寶嘆良弓。
遂令後代登壇者，每一尋思怕立功。

韓信的胸懷比劉邦要磊落得多。眾所週知，韓信早年在淮陰落魄之時，常去下鄉南昌亭長家寄食，受到亭長妻子的冷遇，在城下釣魚為生時，又得到漂母贈飯之恩，在街頭，還受過屠中少年的胯下之辱。韓信封王之後，不僅有恩報恩，謝當年賜食的漂母以千金，而且找來了下鄉南昌亭長，對他說：「你呀，好事不做到底，是個小人。」但還是賜他以百錢，以表謝意。就連當年以胯下相辱的少年，韓信也用他所長，讓他當了巡城捕盜的小官。淮安至今有胯下街，胯下街與興文街交叉處，有胯下橋；城西北隅的運河東側，有韓侯釣臺，釣臺北，還有漂母祠。如今這些建築雖非昔日故址，為今人重建，但韓信能屈能伸的大丈夫氣概和漂母的善良無私，仍引人追緬。

當初，蕭何「月下追韓信」，極力向劉邦保薦，韓信遂得拜為大將。後來，呂后想殺韓信，又是用了蕭何的計策，把韓信騙進長樂宮鐘室，誅殺並夷其三族，這就是「成也蕭何，敗也蕭何」典故的來歷。

鎮淮樓的西北的駙馬巷內，是已故總理周恩來的故居。一八九八年三月五日，周恩來誕生在這所宅院裏，但對大多數外地人來說，這個祕密幾乎保持了八十一年之久。直到周恩來逝世三年以後，才以「周恩來總理故居」的名義正式對外開放。

周恩來的精明強幹、謙遜豁達舉世共睹，這固然與他所參加的革命實踐密不可分，但有誰會想到，這或許與他的三位母親也脈脈相聯呢！

周恩來的生母萬氏，是淮陰縣知縣的女兒，聰慧精敏，容貌俊美，最為父親喜愛，經常帶她外出，見多識廣。她精明能幹，處事果斷，做姑娘時，就常為大家庭排解糾紛。出閣後，娘家也經常請她去決斷疑難。嫁到周家後，因周恩來的父親是長子，萬氏自然挑起了主持這個日趨破落的封建大家庭家務的重擔。母親雖是封建閨秀，但性格開朗，爽直豪放，竟然不肯纏足，這在十九世紀末的鄉間集鎮上，無疑是令人瞠目的反叛行爲。

小叔父周簪臣結婚不到一年，得了肺病，生命垂危，爲了給他「沖喜」，父母把六個月的頭生子恩來過繼給他爲子，從此，周恩來便有了他的第二位母親——嬸母陳氏。陳氏是寶應縣城的秀才之女，自幼善書畫，好詩文，她以一個母親的全部溫情，對周恩來進行啓蒙教育，滋潤著他幼小的心田。三四歲時，她就剪了字塊，放在小柳斗裏，教周恩來認字、寫字，練習書法，五歲就教他吟誦唐詩，還經常給他講《寶娥冤》、《西遊記》的故事，講梁紅玉、關天培、太平天國、義和團打鬼子的傳說，周恩來「繞膝不去，終日聽之不倦。」

周恩來的第三位母親——乳母蔣媽媽，是個窮裁縫的妻子，她用自己的乳汁養育了周恩來，也給了他勞動人民的善良樸實。蔣媽媽家住在低矮破舊的茅屋裏，屋內當隔牆的是兩層蘆葦笆子。有一次，周恩來從笆子上抽了一根蘆葦舞著玩，蔣媽媽忙說：「大鸞（周恩來的小名），莫抽壞了，媽媽置不起，窮呀！」窮的滋味，周恩來後來更深切地體會到了。

周恩來與三位母親在這所大宅院裏，一直生活到六歲。九歲那年，萬氏和陳氏相繼死去。當周恩來十二歲離開淮安，遠走天涯，就學遼東時，生母的精明豪爽，嬸母的博學溫情，蔣媽媽的善良勤勞，成爲他從這個破落的封建世家裏帶走的最寶貴的財富。

## 高氣宛存射陽簃
### （淮安吳承恩故居）

淮安城北，有新修的明代大作家吳承恩的故居「射陽簃」。明清的四大奇書之一《西遊記》，就是在「射陽簃」裏著成的。吳承恩，山陽（今淮安）人，自號射陽山人，出身於一個經營花線雜貨的小商人家裏。他筆下的孫悟空、豬八戒、沙和尚、唐僧，不僅在中國家喻戶曉，老幼皆知，在世界上也很有影響。英譯本的封面扉頁上就稱之：「一部偉大的中國諷喻史詩。」但有多少人知道這位文學巨匠的「三不逢時」呢？

生不逢時。吳承恩生於明弘治十二年（一四九九年）左右，父親吳銳因年過四十，膝下無子，納張氏爲側室，在打銅巷家中生下了吳承恩。吳承恩少有文名，是淮安著名才子之一，淮安惟一的狀元沈坤父母的墓誌銘，就是請吳承恩撰文並書寫的。雖然文章珠璣，卻考場失意，四十八歲了，還是一名未中舉人的老秀才。只得按照明代科舉慣例，依序候選，當了個「歲貢生」，在南京雞鳴山下國子監繼續讀書，直到六十七歲，才得了個長興縣小小的縣丞之職，卻又被誣陷入獄。開釋後，僅補了個八品「荆府紀善」，不過相當於今天的家庭教師。現實境遇的困頓、抑塞，和吳承恩「平生不皆受人憐，喜笑悲歌氣傲然」的氣質相衝突，便是產生神通廣大、無所畏懼、無所束縛的理想形象——齊天大聖孫悟空的根本動力。作家個人命運的不幸與文學發展的大幸，常常成反比，古人亦然。

死不逢時。吳承恩淒然謝世時，已經是八十老翁了。撰寫的不朽的巨著《西遊記》，卻沒能給他貧困的晚年，增加什麼財富。惟一的兒子吳鳳毛，又早年夭折，身邊再無一男半女。死時，棺內只有一個陶罐、兩隻空碗！一抔黃土掩埋了這位文學巨匠，時光又漫不經心地抹平了那小小的荒冢，連一塊墓碑也沒有留下。

最令人感慨的是，吳承恩棺木不逢時的出土。在這位文學泰斗死去四百多年的一九七四年十二月的一個夜晚，郭錦忠等幾個農民，爲了打一副木桶，盜挖了帥莊生產隊田裏的古棺。盜墓者們做夢也沒想到，他們盜的是舉世聞名的文學家吳承恩的棺木！同時刨出的還有吳公兩位夫人的棺木。幾天後，郭錦忠把吳公的棺木以二百元的價格賣給了馬涵洞中學的總務主任王者友。刻有塡硃大字的前檔板，雖然引起過人們的好奇，卻最終沒能搞懂它的意思。於是棺木被吳木匠打成了學校遮風蔽雨的門窗，而那塊刻字的前檔板，因爲上有「吳」字，木匠出於對老祖宗的敬意，悄悄留下了它。誰知，吳木匠的叔叔看中了它，鋸去一半做了豬食桶的底板，另一半幸運地留在了吳木匠滿是灰塵的床底下。

當調查組的同志看到倖存的半截上有「荆府紀善」四個塡硃大字時，驚喜若狂，「紀善」是明代獨有的官職，爲王府屬官，正八品。而明代淮安人任過「紀善」之職的只有四人：魯府紀善兩人，蜀府紀善一人，另一個荆府紀善，就是受誣開釋後的吳承恩，棺上刻字圓腴細長，酷似吳承恩的手筆。斷處爲第五字開頭，似爲「射」字的起筆。據「馬涵洞中學」老師認眞回憶，全文應爲：「荆府紀善射陽吳公之柩」。

當年同時在吳承恩墓地掘到的兩塊石碑，被郭氏兄弟抬回家去墊了豬圈。一塊上刻「明吳菊翁之墓」，另一塊則是吳承恩親自爲父親菊翁撰書的《先府賓墓誌銘》（現藏南京博物館）。

吳承恩墓地遭此嚴重損失，固然不幸。但因此揭開了吳公墓葬之謎，出土了他的遺骨，經過科學復原，再現了這一代巨星的遺容，又是快幸之事。這使人想到元代戲曲家關漢卿的肖像故事。一九五八年，爲了紀念元代戲曲家關漢卿，要懸掛一幅他的肖像。但毫無資料，畫家無從著手。後來，只好因爲關漢卿是大都（今北京）人，同姓的關雲長是距其不遠的山西人，而暫認他是關公的後裔，照大刀美髯公的容貌畫出了一張關漢卿的像。與此相比，死去四百年的吳承恩，能重展丰采，豈非大幸！

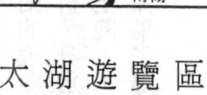

如今，新建的射陽簃大體再現舊制，馬甸鄉的二堡也闢了三畝陵園，修復了吳承恩父子的墳墓。只是，吳承恩那人生檔案一般的墓誌銘，現在會在哪裏呢？

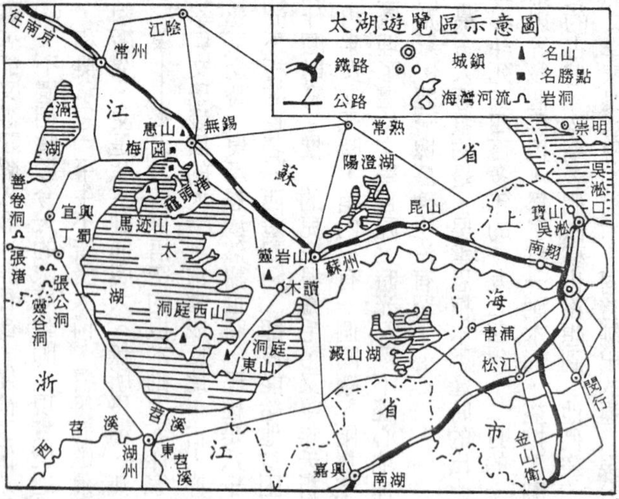


太湖遊覽區

## 一點風情在紅梅

（常州天寧寺）

坐落在長江金三角西部的常州，是江南地區最早建邑的古城。地形狹長，像一柄依臥的琵琶，千百年來，彈奏出不同凡響的旋律：北宋大觀三年（一一〇九年）一科三百名進士中，常州府獨占五十三名，這在科舉史上史無前例；清代時，又湧現了在全國文壇頗有影響的陽湖文派、常州詞派、常州畫派，以及今文經學派——常州學派；近代，又有中國共產黨早期卓越的政治活動家瞿秋白、張太雷、惲代英，並稱「常州三傑」。清代著名思想家龔自珍在《常州高材篇》裏說得好：「天下名士有部落，東南無與常（州）匹儔。」

常州現存的名勝，多半集中在城東南角的紅梅公園內，園內有著名的古紅梅閣。閣前有元代石坊，上刻「天衢要道」四字。閣周，有幾千樹爛漫繽紛的紅梅環繞，無疑，這就是紅梅閣名的來歷了。可是，這些紅梅的來歷是什麼呢？

元末常州刑吏龔子彬，曾編寫重案犯獄冊。一日，他外出歸來，飢火難忍，盛怒之下打死了婢女。事後，他自感屈死人命，平日積案如山，也難免差錯，委屈好人，便一把火燒掉了自己編寫的獄冊，到刺史處請罪。被判充軍雲南。刑滿復歸之時，他帶回珍貴的花木紅梅，栽種於此，不意日後竟繁衍至盛。這個故事使人想起另一個故事，大戲劇家田漢筆下有個屈死在紅梅閣的李慧娘，她是宋末奸相賈似道的府內舞姬，因忤賈命，被殺葬於紅梅閣下。後，她的鬼魂前來報仇。李慧娘的紅梅閣不知與這個紅梅閣有無關係，也許因爲賈似道壞得出了名，才附會到他的頭上。閣始建於宋，毀於元。重建後，明代始喚紅梅閣。現在的閣是清代重修的。

公園的西南，有著名的千年古剎天寧寺。天寧寺始創時，並不輝煌，唐永徽年間，金陵牛頭山禪宗法融祖師來常州化緣募糧，臨走時，「築室十數楹」，讓貧窮的和尙棲身，連個寺名也沒有。後唐天復年間，維亢和尙經過常州，聽說法融舊事，很受感動，就「施舍利，卜寺址」，正式建寺，定名「廣福」。北宋政和元年（一一三七年），始更名天寧。大概是託名僧建寺之福，天寧寺逐漸興旺起來，與鎭江的金山寺、揚州的天旻寺、寧波的天童寺並稱爲禪宗四大叢林，天寧爲「東南第一叢林」。連乾隆皇帝六次下江南，也三次進寺拈香，賜物題聯。

這裏不僅香火旺盛，佛學也盛，歷代有學問的僧人雲集，著書立說，刻印佛經，傳播佛教文化。清末，乾脆把這裏改名爲「天寧佛學院」，讓各地僧衆來進修深造。現在的主要殿宇，就是清同治、光緒年間修復的。

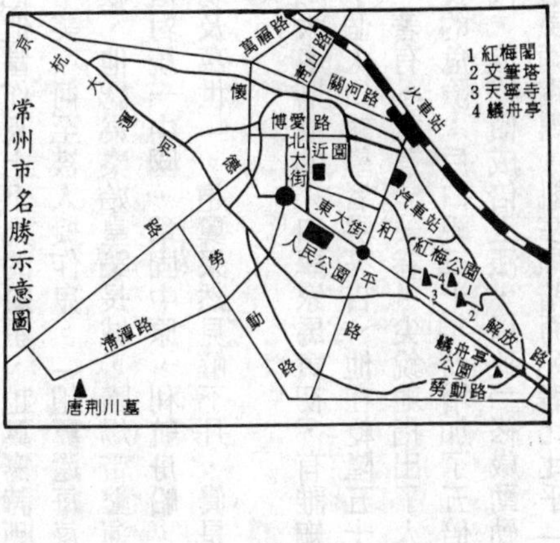

常州市名勝示意圖

## 常州文運昌（常州文筆塔）

「常州星象聚文昌」，名詩人袁枚這樣稱讚常州的文風。果然，在紅梅公園的東南端就有一座文筆塔。這座千年古塔原名太平寺塔，是已堙沒的寺廟的附屬建築。何時更名「文筆」已無可考。據《武進·陽湖合志》載：「塔之東有文筆樓」，又據《武進縣志》記載，「相傳塔爲郡中文筆峰，每祥光騰現，開甲第之先兆云」，大約就是古塔更名的原因。常州人寧捨「太平」而求「文筆」，可見延陵季子遺風猶濃。翻開常州的歷史，可以列出一大串令人咋舌的名人來。

明代散文「唐宋派」的代表人物唐順之（荊川）就是武進（常州）人。在常州西南郊永紅鄉唐家村的西面，至今還有唐荊川的墓和讀書處——陳渡草堂遺址。這位被史學家黃宗羲評爲「無意爲文而文自至」的散文家，很少有人知道，他還是位抗倭英雄。嘉靖年間，倭寇活動猖獗，年過半百的兵部郎中唐荊川挺身而出，並立下軍令狀：「一月賊不平，請拿將官；三月賊不平，請拿郎中（荊川自稱）。」幾個月後，就取得了抗倭史上有名的三片沙大捷，首開了「擊賊之來，又擊之於海」的戰績。荊川抗倭有功，升任右僉都御史，代鳳陽巡撫。官做大了，人也更辛勞了。嘉靖三十九年（一五六〇年），唐荊川帶病巡災，至泰州姜堰病情惡化，昏暈片刻，矍然起，索一牌手書：「歲荒民饑，有司宜加意作糜分賑。勿以本院物故遂草草了事。」書畢，擲筆而逝。

「李杜詩篇萬口傳，至今已覺不新鮮。江山代有才人出，各領風騷數百年。」這位虎虎生氣的常州「人才」，就是清代的史學家、文學家趙翼。趙翼與常人不同，先當官，後科考。乾隆二十六年（一七六一年），皇太后七十壽辰，特加恩科。已經入值軍機處的趙翼殿試第一名，本應是個狀元，但皇帝爲避「歷科鼎甲皆爲軍機所占」的流言蜚語，決定換個與軍機處無關的狀元，第三名王傑正好符合條件，於是趙翼與王傑掉了個檔。皇帝清白了，趙翼卻成了第三名探花郎。這樣一來，趙翼的名聲反而大振，武進人乾脆把他當作天上下凡的魁星，趙翼寫詩哂笑：「老夫顏狀縱不美，何至被人擬作鬼。」趙翼還每每把歷史見解融入詩歌，他認爲秦始皇築長城，隋煬帝鑿運河引起天下大亂，但對統一中國，鞏固中原，利航舟船，溝通南北，卻是「功及萬世」。趙翼果然見解不凡，眞是名副其實的「狀元」。

世人皆知大名鼎鼎的人口學家馬寅初，有誰知道，清代常州就出了個人口論學者洪亮吉。他在乾隆五十八年（一七九三年）著有《意言》一卷，尖銳地指出了人口增長快於生產增長的危險：戶口視三十年前增加了五倍，耕作者十倍於前代，但物價成倍上漲，以致「終歲勤勤，畢生惶惶」，「遭風雨霜露，飢寒顛踣而死者比比乎」。在那種歷史條件下，就能從人口過剩的角度看社會問題，的確見識過人。「狀元」趙翼還寫詩唱和：「如今直欲禁婚嫁，始減年年孕育繁」，好傢伙，簡直是在提倡計劃生育了！還有藏書萬卷的目錄學家孫星衍，通俗報刊創始人、《官場現形記》的作者李伯元，文字改革的先驅張鶴齡，他們都是常州的鍾靈毓秀。

## 三套環河四套城（常州淹城）

「裏羅城，外羅城，中間方形紫羅城，三套環河四套城」。到了常州，最值得一看的是常州市區南七公里的淹城。這是我國目前保存最完整、最古老的地面城池遺址，始建於西周，距今已經三千餘年了。民謠唱出了淹城內、中、外三城的概貌。

當年，周成王即位以後，尚且年幼，周公輔之。商紂的兒子武庚勾通了管、蔡、奄等十餘國叛亂，被周公平定。奄君帶領被打敗的殘部，從山東輾轉逃到了江南，在這裏鑿溝為塹，堆土為城，仍稱奄，名奄城，想東山再起。春秋時期，吳越爭霸，吳王夫差，曾在這裏監禁過越王勾踐的兒子。因四周都是城河，如淹在水裏一般，奄城改名淹城。這裏出土過地地道道的西周「獨木舟」，全長十一米，兩頭小而尖。船形如梭，是用一梁楨楠木火烤、斧鑿而成，《易經》記載的果然不錯，「刳木為舟」。

「內高墩，外高墩，四周林立百餘墩，城中兀立王女墩」，這個民謠中，卻有一個殘酷的故事。據說奄王有一對白毛烏龜，認為是護佑王城的神物，視為「國寶」。奄王的女婿牛王子，以為奪得了白毛龜，就奪得了淹城，叫妻子乘奄王外出，借來這對寶貝。奄王回來後，大發雷霆，叫回女兒，碎屍三段，將頭、肚、腳分葬三處。可憐兩個男子爭權奪位，卻讓柔弱、不知底細的女子做了犧牲品。如今，內城與外城之間的西邊，還有三個大土墩，高十五到二十米，面積分別是七畝、三畝、五畝，稱為「頭墩」、「肚墩」、「腳墩」。

# 東林高士誰不敬重（無錫東林書院）

進無錫城，經市中心廣場向東拐再向北進蘇家弄，就來到了明代赫赫有名的東林黨的大本營——東林書院舊址（今東林小學）。東林黨得名於東林書院，而東林書院，最早是北宋學者楊時創建的。因他十分喜愛廬山的「東林」景色，故以此命名書院。

明萬曆年間，罷官里居的無錫人顧憲成、高攀龍等人，修復了東林書院，在這裏講學，發表政見，揭露朝廷的腐敗陰暗，甚而干預朝政，影響極廣。天啓初年，閹黨魏忠賢得勢，在朝在野的東林黨人，都受到殘酷的迫害，中堅人物，屈死殆盡。魏黨屠殺東林黨人的重要借口，就是明末「三大案」。

明神宗朱翊鈞當政時，很寵愛鄭貴妃，愛屋及烏，打算立她生的皇三子常洵爲太子。顧憲成等朝臣力奏立長子朱常洛爲東宮。常洛立爲皇太子後，萬曆四十三年（一六一五年）五月初四這天，有一名叫張差的男子，持梃（棗木棍）闖入太子所居的慈慶宮，擊傷了守門人，被衛士抓了起來。經審訊，鄭貴妃的親信方從哲等欲以「瘋癲」定案，而東林黨人、刑部主事王之采則親至獄中調查，訪得實情，證明張差是受鄭貴妃宮內的太監劉成和龐保指使。目的顯然是謀害太子。案情報到神宗那裏，怕麻煩的皇帝見案涉鄭貴妃，便不復深究，把張差、龐保、劉成三人殺掉了事。這便是明末有名的「梃擊案」。

萬曆四十七年（一六一九年），明神宗死，光宗即位。這位做太子時就性命難保的年輕皇帝，即位月餘就得了重病。這時，鴻臚寺官李可灼進紅丸，號稱「仙丹」。李

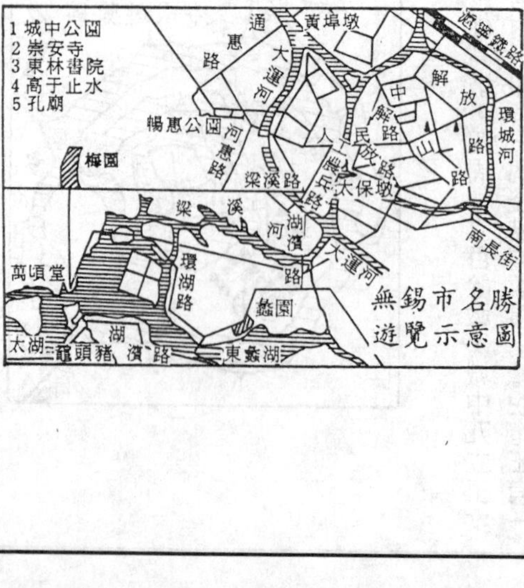

可灼自己先服了一丸，光宗隨後也服了一丸，並無不適之感，片刻，又服一丸。第二天，天還沒亮，光宗就死去了。群臣譁然。事後，閣臣方從哲百般包庇李可灼，而東林中堅、光祿少卿高攀龍等先後上疏，質問「國法安在」，歷陳方從哲有「十罪」、「三可殺」。這就是「紅丸案」始末。

光宗即位時，鄭貴妃怕前梃擊事於自己不利，故請立光宗的寵妃、自己的心腹李選侍爲皇后，李選侍也爲鄭貴妃求封皇太后，朝臣力爭乃止。光宗死後，與鄭貴妃關係密切的李選侍仍住在乾清宮，東林朝臣楊漣、左光斗等爲阻止後宮左右新帝，干預朝政，迫李選侍移宮。李氏雖一再拖延，無奈朝臣立宮門力請，只得移居噦鸞宮。誰知太監們移宮也移寶，偷了大量的金銀飾物，過乾清門時摔了一跤，撒滿一地。新帝熹宗下令追究，李選侍光著腳要跳井。史稱此事爲「移宮案」。

東林書院也慘遭浩劫，「廟貌灰飛，廊房電掃，碑坊寸斷，書籍風翻，沿堤樹木，盡遭斬伐。」現在的東林書院房舍，是一九四七年，吳敬恆、唐文治等三十人發起重修的。那副著名的對聯，就是此時由顧憲成的後人顧希炯先生從顧端文公祠複製移此。

「風聲、雨聲、讀書聲，聲聲入耳；
家事、國事、天下事，事事關心。」

這副名聯，歷來被認爲是明代東林黨領袖顧憲成所撰。對此，無錫顧氏家族中還有一個傳說。

顧憲成少時，父親做豆腐爲生，家貧，就讀於鄰家。夜間回家，必秉燭自課，每每通宵達旦。一次，布政使陳雲浦從任所歸省，夜宿傳涇橋，閒步上街，見臨街一窗，燈光閃爍，不時飄出稚氣的琅琅讀書聲。陳雲浦深感驚異。第二天，陳傳見這位讀書少年，當場出對：「風聲、雨聲、讀書聲，聲聲入耳」，顧憲成對以：「家事，國事、天下事，事事關心」。後人便製成抱對，垂於顧端文公祠堂之中。

這副對聯的作者，果然是顧憲成嗎？且不說雍正年間修的《東林書院志》中，保存了東林書院一百三十年間的建置規模、沿革興廢及題聯匾額等資料，獨不見這副對聯；清人梁章鉅道光二十年（一八四〇年）完稿的《楹聯叢話》，收錄了無錫祠廟題聯多處，其中，顧端文公祠有一則：「立朝與天子宰相爭是非，悉宗社遠謀，國本重計；居恆共師弟朋友相講習，惟至善性體，小心工夫」，如果此聯同處一祠，怎會不收入？書中還收錄了與此聯格式相同的、南京燕子磯旁永濟寺柱聯：「松聲、竹聲、鐘磬聲，聲聲自在；山色、水色、煙霞色，色色皆空」，而不見此聯，可見當時這副對聯還未傳世。

儘管這副對聯不是東林書院的遺物，也不是顧憲成所撰，但它依然氣度不凡地概括出了東林學風和東林黨人的政治抱負，不失為名聯。

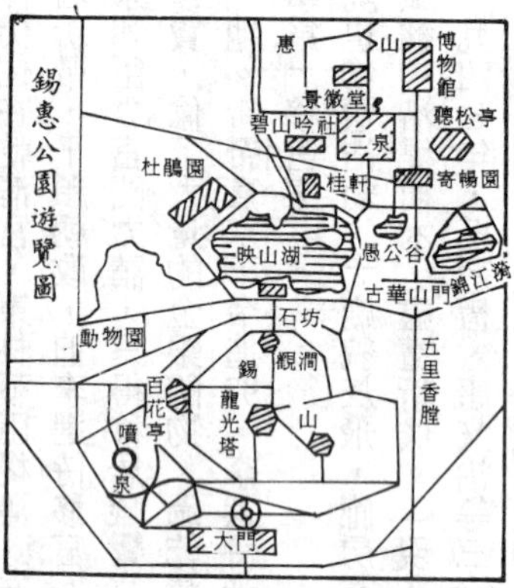


## 時靖誰辨有錫無（無錫惠山）

出無錫西門，抬頭可見古塔高聳的錫山。傳說，遠古時雲夢澤龍王有九子，好踢錫球。九子力大無窮，一腳將球踢飛，飛到無錫落地成山。九條龍騰雲駕霧來到這裏，呼風喚雨，水中舞球，十分快樂。無錫卻成了一片汪洋！人間有九位青年，帶領四鄉農人攀上錫山，奮力掘山，將錫挖光。九龍見錫球已破，掃興之餘睡著了。醒來，大水已退，難回龍宮，只好乖乖地躺在原地，變成了九龍山。九龍山，又名惠山，得名於住過此山的西域僧人慧照之諧音。

無錫，得名於錫山。據《錫金縣志》記載，周秦時因盛產鉛錫，故名錫山。秦末不再產錫，錫山無錫，縣因此得名，為秦會稽郡中一縣。

進錫山大門，走山而上，過晴雲亭，有龍光塔雄踞山巔。這座龍光塔很有些來歷。明代有位內閣大學士崑山人顧鼎成，懂些風水，登錫山後斷言：「縣無巍科，當是龍不角耳。」的確，南宋年間，無錫只出過一個狀元蔣重珍。為振文氣，鄉紳們於明武宗正德初年，集資在山頂建石塔一座。居然碰巧了，第二年無錫人孫繼皋就中了狀元。於是萬曆年間又重修磚塔，以期多中。現在的塔是一九二五年重新修復的。

錫山與惠山之間，是鏡湖一片。這裏原叫秦王塢。說是秦始皇當年怕靈氣所鍾，有英雄出於此地，會妨害他的帝王基業，便命人挖斷錫山、惠山間的地氣。其實，秦始皇是個高瞻遠矚的人物，不僅要築長城以擋外強，還欲開運河以溝通內陸，但老百姓不理解，每以私心度他，江南凡開秦瀆處，都以為是這個自負的皇帝在「斷王氣」。

明代有位仕途不意、中年罷官的無錫人鄒迪光，曾任湖廣提學副史，他就是惠山腳下愚公谷的主人。進則兼濟天下，退則寄情山水，官僚文人一般如此。鄒迪光建園與別人有所不同，「余之無力而強以爲園」，買得一片荒地，今疊一石，明治一沼，如愚公挖山不止，移山有恆，慘淡經營十餘年，終於建成。他由此多了名號「愚谷」。園成之後，門不上閂，園不禁人，往來遊賞任便，也是「愚」得很，索性此園命名「愚公谷」了，成爲當時名園。

現在的愚公谷，惟有龍縫泉，石公墮履處，和高大的白玉蘭爲當年舊跡，泰伯殿、華孝子祠、雙龍泉、四牌樓等爲今人修復。這裏有一處很有趣，不可忽略。華孝子祠的祠門牌樓兩側，有兩個石鼓墩，名竹葉瑪瑙盤陀石，用銅錢或硬幣在石上摩擦幾圈後，即被吸住。但兩塊盤陀石，一眞一假。孰眞孰假，請君自試。

## 獨攜天上小團月，來試人間第二泉（無錫惠山）

出愚山谷西行不遠，就是著名的「天下第二泉」了。唐大曆年間無錫令敬澄率人開鑿這眼山泉時，大概沒想到後世竟有如此大的名聲，他也隨之不朽了。著名詩人李紳是無錫人，他寫過一首《別泉臺》，前有小序：「惠山書堂前，松竹之下，有泉甘爽，乃人間靈液。清鑑肌骨，漱開神慮，茶得此水，皆盡芳味也。」詩云：

晴沙見底空無色，青石潛流暗有聲；
微動竹風涵淅瀝，細浮松月透輕盈。
桂凝秋露添靈液，茗折春芽泛玉英；
應是梵居連洞府，浴池今化醴泉清。

說到李紳，也許世人未必熟悉，但他有一首詩是人所衆知的：「鋤禾日當午，汗滴禾下土。誰知盤中餐，粒粒皆辛苦。」這位官至尙書左僕射的愛民詩人，與李德裕、元稹是好友，並稱「禁中三俊」。丞相李德裕不僅愛飲鎭江中泠泉水，亦嗜惠山泉水。不惜勞動人力，遙遙千里，由驛站轉相遞送，將二泉水由無錫運至京師長安。這和當年楊貴妃愛吃荔枝，「一騎紅塵妃子笑，無人知是荔枝來」有什麼兩樣呢？唐末皮日休是個體恤民情的詩人，對李丞相的這份「雅興」很不以爲然，有詩諷曰：

丞相常思煮茗時，郡侯催發只嫌遲。
吳關去國三千里，莫笑楊妃愛荔枝。

惠山泉水，經「茶神」陸羽等評定爲「第二泉」後，名聲更振，引得各方文人騷客來此，一觴一詠，詩興遄飛。宋熙寧七年（一〇七四年），大詩人蘇東坡遊惠山時，悠然吟道：

獨攜天上小團月，來試人間第二泉。

二泉水後來成了皇家貢品。宋高宗兵敗南渡時，還不忘飲用二泉水，在泉上建亭題碑。古有不念江山戀美女、詩文的皇帝，這又是個不念江山戀泉水的皇帝。

到了明代，文人王世貞愛泉之甚，竟欲重定泉等，不甘屈居第二：

一勺清泠下九泉，分明仙掌露珠圓。
空勞陸羽輕題品，天下誰爲第一泉？

叮咚的泉水，還常使遊人想起名曲《二泉映月》。清光緒末年，無錫雷尊殿有位小道士，名叫阿炳，自幼喜愛音樂，在道士華清的指導下，二胡演奏日漸精湛，人稱「小天師」。每逢夜深人靜，他便獨坐惠山泉畔，聆聽泉流淙淙，珠噴玉濺，在雙目失明的漆黑世界裏，他仿佛看見泉中皓月，時隱時現，時圓時碎……久而久之，一首二胡名曲《二泉映月》便從他指間緩緩流出，如怨如慕，如泣如訴，餘音裊裊，動人肺腑。

二泉有上、中、下三池，上池在泉亭中，爲八角圓形，徑四點五尺，開鑿最早，水質最好，滿杯水可徐徐投入五枚硬幣而不外溢；中池方形，距上池僅二尺許，水質較差；下池最大，長方形，池壁有明人楊理刻的螭首緩緩吐水，叮咚有聲。上池佳在飲水，而下池妙在聽音了。同爲一泉，爲何上、中、下池水質如此不同？乾隆皇帝作詩表示過他的疑問：「流爲方圓池，一例石欄甃。圓甘而方劣，此理殊難究……」

其實，道理也不複雜，八角上池泉水來自深穴若冰洞中，幾經沙礫岩層過濾，雜質盡去，味美甘洌，而中下池水則混入了它泉之水，難免變味了。

## 僧仙山房空，御筆竹爐圖（無錫惠山）

二泉的南面，有竹爐山房。傳說，明太祖朱元璋曾訪惠山寺，寺僧性海截竹爲三，搭成茶爐，用以煮茶，朱皇帝飲茶頓覺甘芳可口，風味別具，就問性海：此何茶？用何水？如何煮？性海答道：雪浪山上雨前茶，若冰洞中二泉水，三片竹葉煮新茗。朱元璋隨口說道：老和尚，你可以成仙了。金口玉言，皇帝走後，性海就成仙去了。

民間傳說難免有些傳奇色彩，性海和尚倒確有其人，他也的確發明創造過一種煮茶的竹爐。上圓下方，外面編竹，內裏塡土，爐心裝銅柵，結構精巧。當時的名畫家王紱，曾與友人共爲竹爐繪畫題詠，成四卷《竹爐題詠》，竹爐更成爲聞名四方的珍物。明神宗萬曆末年（一五九五年），鄒迪光建愚公谷時，將性海和尚住過的惠山寺彌陀殿，改爲「竹爐山房」。從此，爲了這爐與圖，牽進了幾多人的命運：清初，無錫人顧貞觀在宰相之子納蘭性德處，得到了王紱的舊畫，喜出望外，攜圖重歸山房；誰知，清乾隆四十四年冬，無錫知縣好心好意將圖卷帶回縣署裝修，恰遇大火，題圖俱焚；這事驚動了乾隆，憤然寫詩：「古寺竹爐四卷圖，惜哉重潰遇傖夫！」下旨查究，知縣自然倒霉。乾隆還親仿王紱筆意，補寫竹爐首圖。並題詩：

四圖回祿顯分補，氣韻終嫌似舊難。
爰名石渠出眞跡，俾藏僧舍作奇觀。
幸兼跋語存廡博，一例長圖寫孟端。
試問惠山白足者，可猶飲恨有司官？

他還是耿耿於懷那位失職的縣官。乾隆還命皇六子及弘旰、董浩分別補畫二三四卷，親自分題：「頓還舊觀」、「生面重開」、「味回奇興」「清風再挹」於四卷圖之上。圖成，仍藏竹爐山房。

但題圖的舛運並未結束。清咸豐十年，竹爐山房又毀於戰亂。同治三年，無錫人秦緗業在上海找到了乾隆的御筆畫，交黃埠墩寺院住持愼藏；已經還俗的華翼綸爲了保存此圖，再次出家，直到清光緒末年重建竹爐山房，把圖卷與題詠，刻於「雨秋堂」的堂壁上，才使珍貴的文物保存至今。

雨秋堂，就在竹爐山房的對面。

## 名園奪帝寵（無錫寄暢園）

順甬道下山，愚公谷北面，有寄暢園。這是個很有名的園子。明正德年間，無錫人秦金，官運亨通，歷任戶、禮、兵、工四部尙書，進階光祿大夫，太子太保，有的是錢財，爲了消遣，在此間建了「鳳谷行窩」——寄暢園的前身。後人秦耀做官遭誣陷回家，移情園林，幾年功夫，竟得二十景。每景均有題詠寄託，於是改名「寄暢園」。後園子時分時合，時興時落，總還在秦姓手中，名聲依舊。引得清代康熙、乾隆兩位皇帝，都先後六次來此遊幸。

康熙甚愛園中的古樟，每次遊園，總要撫摸。回京後，還不時想起。一次興至，竟命一大臣前去探望。大臣細看後寫詩一首，作爲回奏：「合抱淩雲勢不孤，名材得並豫章無，平安上報天顏喜，此樹江南只一株。」如今老樟雖枯，其子姪已成數抱古樹。

對於秦家來說，十二次接駕聖上，是何等的風光！更榮耀的是，一七〇三年康熙第四次遊園時，要秦道然隨駕入京，給皇九子允禟當老師。誰知「福兮禍所倚」，雍正稱帝後，允禟被殺，秦道然也受牽入獄。出獄時，已是八十白髮老翁了。

寄暢園理水有致，我們看到錦江漪的水由八晉澗而來

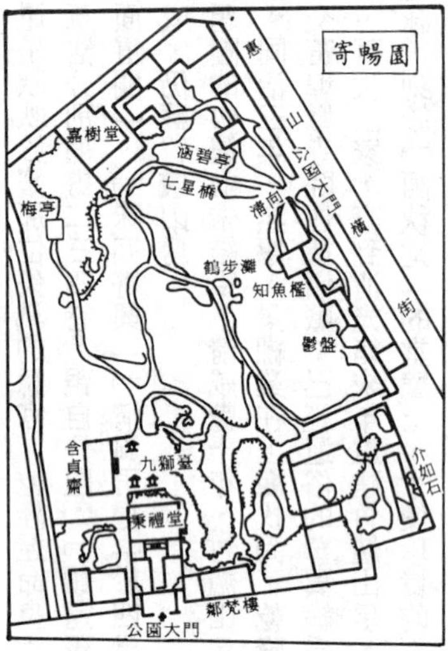


。可八音澗的水又從何而來呢？

惠山素有「九螭十三泉」之稱，我們溯泉源尋找九螭所在，或許能發現這個祕密。二泉清冽的泉水從漪瀾堂前的第一個螭首注入下池後，轉而下行，入於愚公谷「華孝子祠」前的黿池，北螭緩緩吞水，南螭徐徐吐津；水脈在此分路，一路東下，從香花橋螭首注入日月池，潛流穿牆，進寄暢園，經御碑亭旁的螭首，入小池；另一路北上進金蓮池，再經白衣殿前的香積池螭首與王家祠的小池螭首注入池中，伏流聚匯於寄暢園牆根石罅進入「八音澗」。

啊，錦匯漪的源頭，原來也是二泉水呀！泉流最後流溢出園，經燒香浜龍頭下的第八螭首，跌入河道。至於第九個螭首，據說原在古芙蓉湖近旁，助水入江。

# 太湖絕勝在黿頭（無錫黿頭渚）

由無錫市區，經湖濱路去太湖邊著名的黿頭渚，要路過美麗的蠡園。蠡園雖爲民國初建，五十年代完備，關於它的傳說卻十分久遠。蠡園得名於園旁的蠡湖，而蠡湖得名於春秋時越王勾踐的名臣范蠡。

范蠡爲越王勾踐重整國家、滅吳稱霸，立下了汗馬功勞，但他是一個頭腦清醒的政治家。他隨越王勾踐攻占了吳國都城以後，就寫信給留守國內的大夫文種說：「飛鳥盡，良弓藏；狡兔死，走狗烹。越王是個可共患難而不可共享樂的人，你還不趕快離開越王呢？」果然，不久越王勾踐就賜劍文種自裁。范蠡卻聰明得多，他隨勾踐滅吳返回越國時，舟至五里湖，他便向越王拜辭：「君王請多多保重，臣不復入國了。」遂駕輕舟而去，不知所往了。爲了紀念范蠡，越人把他泛舟的五里湖，改爲蠡湖。蠡園，是蠡湖風光最美的一處。

從蠡園乘車繼續東行，就到了無錫風光最佳的黿頭渚。黿頭渚，是南犢山麓伸展向太湖的長渚，形若昂頭大黿，香波濤吐雲煙，因而得名。立於渚上，三點六萬頃太湖水天相接，雄偉壯闊，對面三山，若浮於水面的神龜，與大黿依依相望。果然「太湖佳絕處，畢竟在黿頭」！

澄瀾堂中有一副對聯寫得好：

山橫馬跡，渚峙黿頭，盡納湖光開綠野；
雨捲珠簾，雲飛畫棟，此間風景勝洪都。

在作者看來，這裏觀景，勝過於王勃筆下的滕王閣。我相信這是眞的。

聯中著意提到的馬跡山，就在距黿頭渚不遠的太湖之中。馬跡，得名於島中巨石上的四個神馬蹄印，水漲，後兩穴沒於水中，天旱水淺，四穴皆現。馬跡山，古名夫椒山。在這裏，越王勾踐輸掉了關鍵性的一仗。據《史記》記載，之前，吳越對陣之時，勾踐曾略施小計，射殺了吳

宜興三洞位置圖

## 覽示意圖

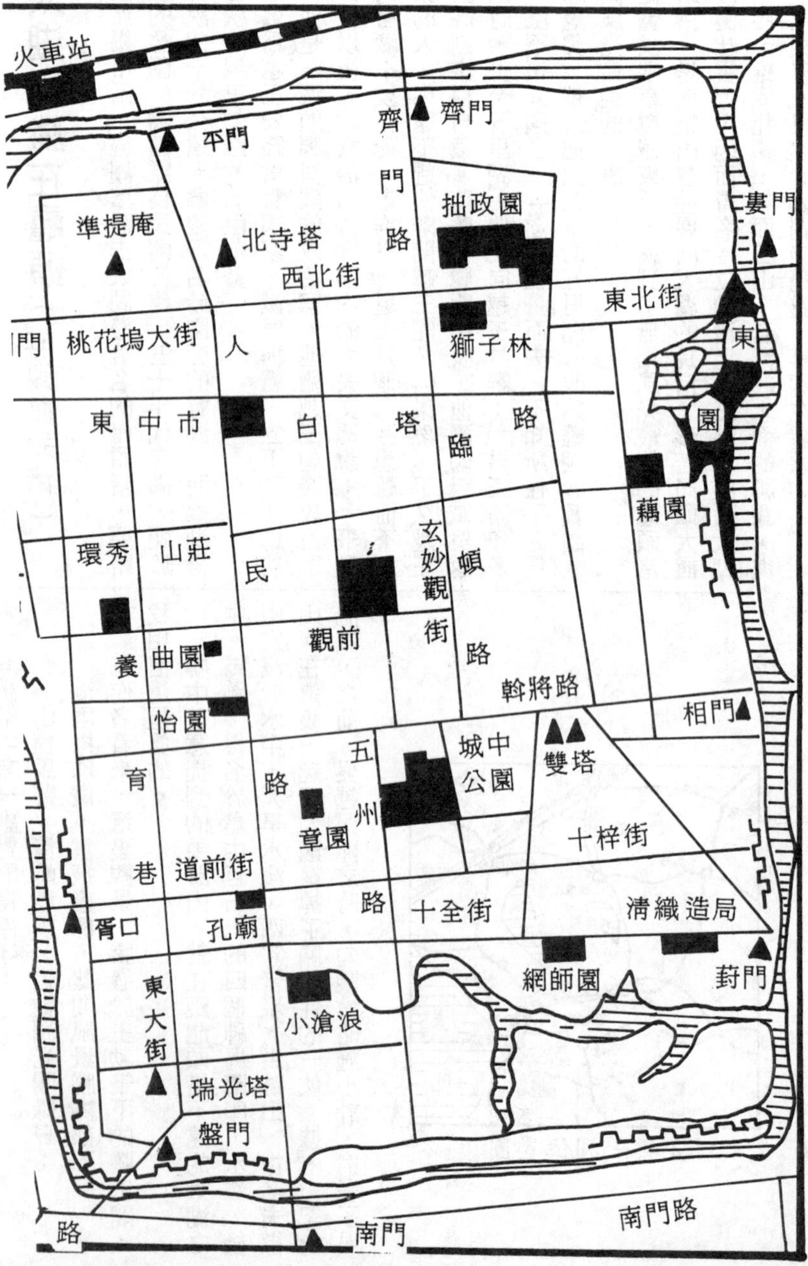

火車站
平門
齊門
齊門路
拙政園
婁門
準提庵
北寺塔
西北街
東北街
桃花塢大街
人民路
獅子林
東園
東中市
白塔
臨頓路
藕園
環秀山莊
玄妙觀
觀前街
養育巷
曲園
怡園
幹將路
相門
五州路
城中公園
雙塔
章園
十梓街
道前街
十全街
清織造局
胥口
孔廟
網師園
葑門
東大街
小滄浪
瑞光塔
盤門
南門
南門路

# 蘇州名勝遊

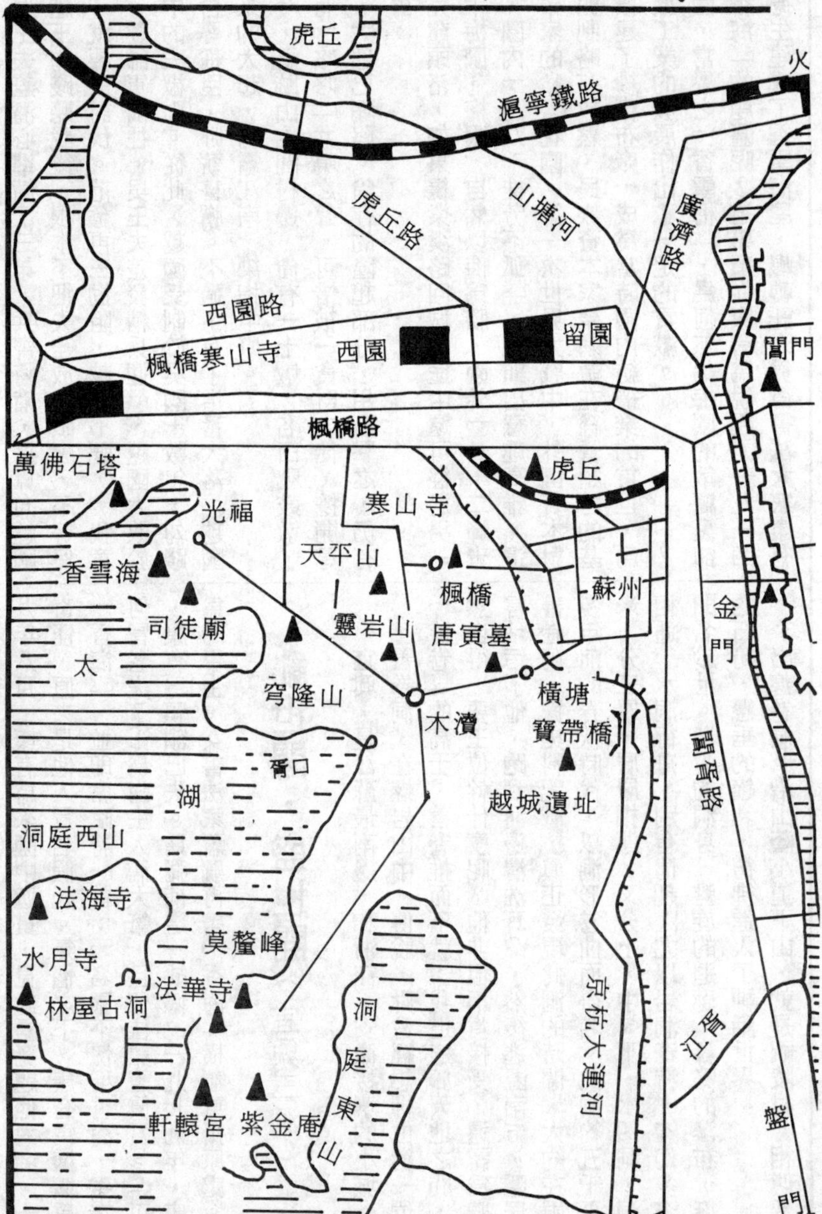

虎丘
火
滬寧鐵路
虎丘路
山塘河
廣濟路
西園路
楓橋寒山寺
西園
留園
閶門
楓橋路
萬佛石塔
虎丘
寒山寺
光福
天平山
香雪海
楓橋
蘇州
司徒廟
靈岩山
唐寅墓
金門
太
穹隆山
橫塘
木瀆
寶帶橋
胥口
湖
越城遺址
閶胥路
洞庭西山
法海寺
莫釐峰
水月寺
法華寺
林屋古洞
洞庭東山
京杭大運河
胥江
軒轅宮
紫金庵
盤門

王闔閭。闔閭臨死時，叮囑兒子夫差決不可忘記越國殺父之仇。吳王夫差潛心準備了三年，兵齊將備，打算向越國報仇。越王勾踐聽說後，根本不把夫差放在眼裏，不等吳國來攻，就要去討伐。范蠡再三勸阻，越王不聽，「我意已決！」遂帥軍前往。吳王夫差發精兵迎擊，越國大敗於太湖之中的夫椒山。從此，越國受制於吳國十數年，勾踐也只得含辱稱臣，臥薪嘗膽。不過，有了這番大落，越國才有後來的大起，稱霸江南，染指中原。

如今，馬跡山內閭村邊，尚有一土墩，名曰戰鼓墩，頓足而有「咚咚」共鳴之聲。可惜被一貪財之徒，挖開尋找寶貝，大部已塌陷。尚存的隆起部分，用石擊之，仍有共鳴之聲。

遊完黿頭渚，如果繞梁溪路回城，途中還可經過另一名園——梅園。梅園，自然以梅爲勝，園外「七十二峰青未斷」，園內「萬八千株芳不孤」，更顯出意趣高雅。這裏曾是榮家的私人花園。第一次世界大戰中，外國資本對中國的扼制略有放鬆，民族資本家榮宗敬在經營麵粉的基礎上，擴建了紗廠布廠，成爲當時國內紡織業的首巨，爲中國民族工業的發展作出了一定的貢獻。

梅園，常譽之「香雪梅」，爲何無錫梅園的敞廳裏卻掛著「香海」的題匾呢？這事須從康有爲說起。一九一四年，榮德生建成了香雪海屋，輾轉託人覓得書法大家康有爲的「香雪海」題名，十分高興，製匾懸於廳中。一九一九年八月，康有爲來園中遊賞，見此匾竟題他大名，十分奇怪，原來是他人冒名假託。氣惱之下，康有爲慷慨重題「香海」，並即席賦詩一首：「名園不愧稱香海，劣字如何冒老夫？！爲謝主人濡大筆，且留佳語證眞吾。」可惜，康有爲題額已失。爲彌補這一缺憾，一九七九年，康有爲的學生，女書法家蕭嫻再書「香海」橫額重掛原處。

## 亂世閉，盛世開（宜興三洞）

宜興，是江蘇最南邊，和浙江、安徽接壤的小城。

善卷洞，在螺岩山中。傳說，舜曾經想禪位給一位叫「善卷」的高士，善卷推而不就：我逍遙於天地之間，怡然自得，要王位幹什麼呢？他非但不肯接受，還認爲聽此言玷污了他，跑到河邊清洗耳朵，然後逃匿南方，隱居在善卷洞。據史料記載，眞正發現此洞的時間，大約在兩千多年前的春秋時代，以洞形卷曲而得名。此洞約五千平方米，分三層，層層相連，又分上、中、下、水四洞，洞洞相通，水洞行舟，別有情趣；尤以岩洞奇特、綺幻多姿而聞名於世。深邃的洞身，盤旋的迴廊，轟鳴的瀑布，挺拔的石筍，懸垂的鐘乳，彷彿進入了神話世界。

出善卷洞，沿山陰小道下山，就是祝陵村。相傳晉代奇女子祝英台便是此地人。路旁有「碧鮮庵」碑亭，是唐朝太守李蠙的手書。近旁尚存「晉祝英台琴劍之家」，山南麓的祝陵村，則是祝英台埋骨所在。大概因爲祝英台與梁山伯的故事流傳太廣了，這些難以考實的附會之說，還是引人頻頻留連。

「稀奇古怪，說也不信；眞正絕妙，到者方知」，這是著名畫家徐悲鴻對盂峰山中的張公洞的評價。張公洞的得名，更無所考，或說張天師住過，或說張果老隱居，當地老百姓乾脆稱之「仙人洞」。張公洞的特點是洞中有洞，洞中復有洞，洞中復有洞中洞。七十二洞景不同色，時不同季，進洞一遊，春夏秋冬遍歷，眞是「山外方一日，洞中已論年」。

海王廳側，有棋盤洞，洞頂倒懸數米見方的巨石，線條依稀，宛若棋盤，傳說是神仙下棋的地方，《宜興縣志》記載了這個神話故事：「唐三姚生嘗遊張公洞，秉燭行十餘里，見二士弈棋，生倦且飢，道士指以旁有青泥可食。試取咀嚼，甚芳馨。道士曰：『爾去，謹無語於世人。』生再拜還，密懷其餘以示市中人，青泥出洞已堅如石。」神奇的青泥，大約出源於宜興特有的陶土。說到製陶，必須提一提「陶朱公」。

范蠡自五里湖泛舟，出走到哪裏去了？他隱居到了陶土資源豐富的宜興來了。更名朱公，經營製陶，使宜興製陶業遠近聞名。至今老窯戶們還奉他爲製陶業的祖師。後人常稱巨富爲「陶朱公」，其實陶朱公本人富足有限，他雖勤於經營，又知人善任，三次達到千金之資。但他爲人豪俠，又每每分予窮友貧戚，所剩無幾。後來年紀大了，把產業交給了子孫，子孫學到了他的經商的方法，卻不像他那樣樂善好施，才蓄財至巨萬。如今，宜興還有蠡河、蠡墅村。

在三個洞中，坐落在陽羨茶場境內的靈谷洞最大，約八千多平方米；開發最遲，正式開發於一九七九年，而其中，古人題刻也最多。這說法似乎有些矛盾，也正是其洞特點所在。

唐代詩人陸龜蒙，當年在宜興探茶時發現過靈谷洞，曾雇人開鑿，因工程艱巨而作罷。後人有詩證曰：「虎勢打步倒退行，底石根深存陷阱；龜蒙先生志未酬，唐宋至今未穿心。」古人無力發洞，探洞也只好淺嘗輒止，將餘興刻於岩壁之上。其中，宋徽宗大觀年間有題詩：「仙人四海通天下，方見高山此地來，靈谷本是眞仙洞，世古傳來今一逢。」宋度宗咸淳年間又有題詩：「從來無曉亦無昏，罕見神仙一洞門，六六從來三十六，曹溪一派道混淪」。清咸豐年間還有一副遊戲聯句：「磊磊石上彌陀佛，⿱雲⿰雲雲⿱⿰雲雲⿰雲雲雲中觀世音」。奇怪，爲什麼咸豐年之後，便無人再題岩壁了？原來，當時正值太平天國革命，清官府害怕太平軍藏兵此洞，便把山洞封閉了。再見天日之時，已經是一九七九年了。

## 塔拱北辰顯勝跡（蘇州北寺塔）

告別了無錫，乘車繼續南行，下一站，就是「上有天堂，下有蘇杭」的蘇州了。從春秋時代開始直到今天，蘇州已有二千六百餘年的文明歷史了。

當年，雄心勃勃的闔閭奪取了王位後，問伍子胥：「吾國僻在東南，險阻潤濕，又有江海之害，內無守禦，民無所依，倉庫不設，田疇不墾，爲之奈何？」伍子胥答道：「安君治民，興霸成王，從近制遠，必先立城廓，設守備，實倉廩，治兵革，使內有可守，而外可以應敵。」闔閭立即稱善授命，伍子胥便對原來的「吳子城」進行了大大的擴建，使今日的蘇州城初具規模，稱之闔閭城。

「蘇州」之名，得於姑蘇，而「姑蘇」音轉於「姑胥」，吳語「胥」、「蘇」音近，久而久之姑胥城便成了姑蘇城。

下火車進入平門，一眼就能望見香花橋畔的北寺塔。北寺塔爲蘇城諸塔之冠，歷來與虎丘塔並爲蘇州的城標。

寺塔南面，有高大的碑坊，僅四根石柱就重三十噸。是今人由明代申時行祠中遷移來的。牌樓前面懸有匾額，前書「北塔勝跡」，後書「赤烏遺蹤」。「赤烏遺蹤」是什麼意思呢？原來，塔的所在地北寺，始建於孫吳赤烏年間（二三八－二五一年），相傳爲孫權的母親吳太夫人舍宅所建，始稱玄通寺，是蘇州最古老的寺院了。那時還沒有塔，塔是六朝蕭梁時代建的。

孫權父子起家江東，蘇州是他們擴展勢力的根據地。其兄孫策臨死時，把玉璽交與孫權，對他說：「舉江東之衆，決機於兩陣之間，與天下爭衡，卿不如我；舉賢任能，各盡其心，以保江東，我不如卿。」現在蘇州南門外青暘地還有孫堅、孫策墓。雖高墩已平，墓門尚在，其門楣所刻古樸的青龍、白虎和羽人，還清晰可辨。爲了報答母恩，孫權還在盤門內的駙馬府堂前一街處，建了瑞光塔和普濟禪院。

北寺塔幾經修建，依舊巍然。北宋元豐年間大修時，詩人蘇軾曾捨銅龜藏於塔中。現在的塔體，是南宋紹興二十三年（一一五三年）重建的。北寺遺跡，還有楠木不染塵觀音殿，這是蘇州現存最完整的明代建築之一。

北寺塔的後面，還有「吳王紀功畫像碑」。吳王，是元末明初在蘇州稱王的張士誠。他原來是個私鹽販，後結「十八勇士」起兵反元，成了農民起義的領袖。攻占蘇州後，改平江府（元時蘇州稱平江府）爲隆平府，宣布建立大周政權，改號天佑，自稱吳王。開始，張士誠還略有作爲，不久便抓緊時機享受起帝王生活來。廣建宮闕，縱情聲色，花天酒地，欺壓百姓。爲了保住這可憐的榮華富貴，他派人向元朝請降，成了農民起義軍中的敗類。元朝統治者曾兩次賜御酒、龍衣嘉獎張士誠，他反得意洋洋，設宴款待元朝使者。相傳畫像上刻的就是張士誠宴請元朝使者的情狀。有一位被邀請陪宴的詩人楊鐵崖曾寫詩作諷：「江南處處烽煙起，海上年年御酒來。如此烽煙如此酒，老夫懷抱幾時開？」結果，張士誠爲王十五年不到，就被朱元璋打敗，自縊身死，屍體葬在吳縣斜塘。

## 名園幾易其主（蘇州拙政園）

從北寺塔路東去不遠，就是蘇州著名的拙政園了。明嘉靖年間，御史王獻臣官場失意，寄情園林，並取晉代潘安《居閒賦》中「庶浮雲之志，築室種林，逍遙自得，池沼足以漁釣，春稅足以代耕，灌園鬻蔬，以供朝夕之膳，牧羊酤酪，以竢伏臘之費，孝乎惟孝，友於兄弟，此亦拙者之爲政也」之意，題園名爲「拙政園」。

王獻臣死後，不爭氣的兒子一夜之間把園子輸光了。清初，落入吳三桂的女婿王永寧之手，但時間不長，吳三桂雲南反清失敗，園子也沒入官府。其後，幾度易主，直到太平天國忠王李秀成駐軍蘇州，才改建爲忠王府的一部。太平天國失敗後，巡撫張三萬改爲八旗奉直會館，仍恢復拙政園舊名。但西部被張履謙劃爲「張氏補園」，直至解放後才合璧。今日園景，尤其中部，基本還保存著明代遺風。

拙政園的特點是「意在筆先」，「久在樊籠裏，復得返自然」，官場人事繁煩，此間山花野鳥，愉情怡性，是蘇州園林的代表作。且「南山低小而水多，江湖景秀而華盛」，拙政園也以水多見長。總體布局以水池爲中心，主要建築均臨水而築，池水交匯與轉曲處，每以廊、橋相聯，令人盡而不盡。

因爲明代江南著名畫家文徵明，是園主王獻臣的朋友，園中還多有他的墨跡遺蹤。文徵明以詩書畫三絕兼擅，馳譽藝壇。他的父親文林雖做過溫州太守，但爲官清廉。文徵明也襲父親稟性，淡於名利，專心致畫，人們多以重金爭求他的作品，他給人作畫卻要選擇對象，正如他所作《題畫贈許國用詩》中說：「吾生雅事此，亦頗自珍惜。願爲識者畫，不受俗子迫。」園中部有島，島上有亭，西爲雪香雲蔚亭，題額「山花野鳥之間」爲明代畫家倪元璐所書，文徵明書寫的對聯題於亭柱之上：「蟬噪林愈靜，鳥鳴山更幽」；與亭隔水相望，有上樓下軒的畫舫，內艙的橫樑上懸有文徵明書的「香洲」匾額；香洲西南的玉蘭堂，是一處幽靜的庭院，相傳爲文徵明作畫之所；西園倒影樓下，有「拜文揖沈之齋」。文徵明、沈周同爲明代蘇州著名畫家，壁上嵌有兩人畫像、傳記、石刻和文徵明所書的《王氏拙政園記》。

拙政園的西面，是當年太平天國忠王李秀成的王府（現爲蘇州博物館）。它是國內留存下來的太平天國最完整的建築物，除氣勢雄偉的大門被李鴻章改建爲淸代舊式衙門以外，舊觀依存。當時，拙政園爲忠王府的花園，李秀成常在園中見山樓治理公事。

一八六〇年六月，忠王李秀成率太平軍攻克蘇州，建立了蘇福省，蘇州爲省會。李秀成在蘇州深得名望，有民謠流傳：「毛竹筍，兩頭黃，農民領袖李秀成，地主見仔像閻王，農民見仔賽過親生娘。」百姓還自發集資，在山塘街造大牌坊，上題「民不能忘」。太平天國失敗後，自然被李鴻章拆去了。

## 眞趣亭乾隆知趣（蘇州獅子林）

隔著北寺塔路，在拙政園的對面，還有個頗具特色的獅子林。這裏疊石高下盤旋，洞穴窕窈曲折，人稱「假山王國」。怪石狀似姿態各異的獅子，有大獅、小獅、舞獅、吼獅、坐獅、睡獅，共有五百多種形態。園林的主人爲什麼對疊石獅子如此感興趣呢？

這和獅子林最初是一座寺廟園林大有關係。元朝至正年間，天如禪師到蘇州來，爲了紀念他的老師中峰禪師，特地建造了這處寺園。名爲菩提正宗寺。因中峰原住天目山獅子岩，獅子又爲佛教通靈之物，菩薩常以獅子爲其座騎。禪師說法，使衆獅通靈作態，豈非勝境？世人只知此園疊石之巧，卻不知原來是一處難得的宗教藝術。傳說群獅中有一神獅，乃中峰禪師座騎變化而成。這更增加了獅子林的宗教意味。

因疊石奇巧，民間盛傳元代大畫家倪雲林參與了設計。其實並非如此。據《吳縣志》記載：「元至正間，僧天如惟則延朱德潤、趙善長、倪元鎭、徐幼文共商疊成，而倪元鎭爲之圖，取佛書獅子座名之，近人誤以爲倪雲林所築，非也。」不過，倪雲林和獅子林還是有關係的，他曾寫過《遊獅子林蘭若詩》。

後來乾隆皇帝下江南，到獅子林遊玩，狀元黃熙曾接駕導遊。乾隆見獅子峰如此奇妙有趣，一時興起，揮御筆寫下「眞有趣」三個大字。黃熙在旁見了覺得太俗，又不便直言，就婉轉奏道：「臣見聖上御筆，筆筆雍榮圓潤，字字龍飛鳳舞，其中這個『有』字最是高妙。臣冒死以求，望聖上將此字賜與小臣。」乾隆聽出話中有音，心裏暗讚黃熙聰明，便順水推舟，另寫小字一行：「御賜黃熙有」，留下「眞趣」兩字作爲匾額。至今，「眞趣」二字還端端正正地懸於荷北亭北的眞趣亭中，那個御賜的「有」字怕早沒下落了。

## 瘋僧與濟公（蘇州歸元寺）

在留園之西，有元代至元年間建的歸元寺，寺中有著名的五百羅漢堂。五百羅漢，神態各異，維妙維肖。尤其引人注目的，是「田」字形殿堂過道中的「瘋僧」和「濟公」像。

民間有「瘋僧掃秦」的故事。秦檜殺害了岳飛父子，內心恐慌，大年初一去廟裏燒香，求得菩薩保佑。誰知看見廟牆上寫一詩，其中兩句是「東窗密計勝連環，痛殺老僧心膽寒」，正是指他與妻子王氏東窗定計假傳聖旨，用十二道金牌把岳飛從抗金前線調回京都，殺害於風波亭的罪惡，不由大怒。馬上喚寫詩瘋僧來查問。瘋僧一手拿掃帚，一手拿吹火筒，從容答道：「難道有人做得，我就寫不得嗎？」秦檜慣於用「莫須有」罪名加害於人，便掉轉了話頭：「你衣著骯髒前來見我，有失禮儀！」瘋僧針鋒相對：「我外貌醜陋，內心清白，不像有人貌似君子，問心有愧！」秦檜又問：「你的吹火筒爲什麼沒有洞？」瘋僧答：「不能有洞，有洞就要私通番邦！」秦檜怒斥：「你手拿新掃帚，沒有掃過地，是個懶和尚。」瘋僧答：「我這把掃帚，不是掃地的，專要掃盡奸臣！」秦檜惱羞成怒，欲懲治於他，瘋僧卻不知去向了。後人有感於瘋僧的膽量與才智，供奉廟中。

手搖一把破葵扇的濟公，與瘋僧隔四大名山而立。此公倒是實有其人。他乃南宋僧人（一一四八—一二〇九年），原名李心遠，台州（今浙江臨海）人，出家後法名道濟。他在杭州靈隱寺出家，後移淨慈寺。他不守戒律，嗜好酒肉特別是狗肉蘸大蒜，舉止如痴如狂，被稱「濟癲僧」。後來被神化，認爲是降龍羅漢轉世，尊爲「濟公」。他性格詼諧幽默，能作出些出人意外的快心之事，是位頗得人心的中國羅漢。可惜，他去羅漢堂報到晚了，只能站在過道裏。

遊人會發現，濟公與瘋僧有不少相像之處，同爲南宋人，行止皆痴狂，又都以機智詼諧伸張正義。是偶然還是必然呢？筆者突發奇想：瘋僧就是濟癲，濟癲就是瘋僧。濟公是有來歷的，其它羅漢堂也多有所見。而瘋僧，似乎只是西園的特產。據說這兩尊僧人泥塑是兩位領班師傅的比美之作，一位著力於濟公的面部，右眉上挑，笑容可掬，右面看是笑；左嘴角下撇，愁容一片，左面看是惱；正面則是啼笑皆非的尷尬臉。一像兼具三種神情，堪稱傑作，另一位用心於瘋僧的腰帶，逼眞之極，仿佛用手一拉，帶結就會散開。大概同一羅漢堂不便供奉兩尊濟公，便名號另出爲「瘋僧」了。

大雄寶殿的後面有藏經樓，佛教經典豐富。其中最爲珍貴的，是五代高僧善繼和尚的血書《華嚴經》。血經共八十一卷，皆以五分見方的楷書寫成，字跡黃褐，陽光下能燦然放光。當年善繼和尚根據佛經「折骨爲筆，刺血爲墨」的說法，發下宏願，要用自己身上的鮮血寫成一部《華嚴經》。爲了便於書寫，善繼咬破舌尖，滴血於筆尖，一滴一字，幾十年如一日，才完成了這部《華嚴經》。經卷前後有明初大學士宋濂等三百多人所寫的序和題跋，是我國少有的佛教文物之一。

## 幾人推敲半夜鐘（蘇州寒山寺）

從西園出來，轉上楓橋路，一直向西走到大運河邊，就是著名的寒山寺了。寒山寺原名妙利普明塔院，建於梁代天監年間（五〇二—五一九年），傳說唐代高僧寒山、拾得住過此寺，因更名寒山寺。現寺內尚有「妙利宗風」、「寒山拾得遺跡」的題字。大殿內佛座旁並嵌有寒山子詩三十六首。寒山子行爲狂放，卻善於作詩，每題於山林間，後人輯爲《寒山子集》三卷。還有清代畫家羅聘（揚州八怪之一）鄭大焯所作的寒山、拾得與豐干的寫意畫像石刻，豐干是天台山國淸寺的名僧，收養孤兒拾得爲僧，是師傅了，故刻於一處。側殿還陳列有寒山、拾得的塑像。這一切都想說明寒山、拾得確與此寺有關，但年代久遠，難以考實了。

使寒山寺聞名中外的，還是唐代張繼的名詩《楓橋夜泊》：

月落烏啼霜滿天，江楓漁火對愁眠。
姑蘇城外寒山寺，夜半鐘聲到客船。

楓橋是唐代著名小鎮，姑蘇交通要道，具有傳統特色的獨拱石橋——楓橋，就在小鎮西部。張繼泊舟橋畔，夜半聞鐘能觸發詩情，是眞實感情的自然流露，詞明意暢，後人卻爲詩中的橋名、地名、山名的如實考證，打了幾百年的筆墨官司。宋代王郇公書張繼詩原刻，早已失傳；明嘉靖年間，蘇州畫家文徵明又重書了一塊，殘片嵌於寺內碑廊的牆壁間；光緒年間，樸學大師俞樾補書刻石，並在碑陰有跋文云：「唐張繼《楓橋夜泊》詩，膾炙人口。惟次句江楓漁火四字，頗有可疑。宋龔明之《中吳紀聞》作『江村漁火』。宋人舊籍可寶也。此詩宋王郇公曾寫刻石，今不可見，明文待詔所書亦漫漶，『江』下一字不可辨，筱石中丞囑余補書，姑從今本；然『江村』古本不可沒也。因作一詩，附刻以告觀者：郇公舊墨久無存，待詔殘碑不可捫。幸有《中吳紀聞》在，千金一字是江村。俞樾。」大師總能有些與衆不同的發現，但這一次未必正確，宋人舊籍，如范成大《吳郡志》、吳曾《能改齋漫錄》，唐人舊籍，如高仲武《中興間氣集》所收此詩均爲「江楓」，從無作「江村」者。

清代學者王士禎是很能理解這首詩的意境的，有一次他夜過蘇州，泊舟楓橋，風雨雜沓，路滑難行，隨行者都勸他不必上岸，在船內飲酒賦詩便是。但他興致勃發，於風雨瀟瀟中持炬詣寒山寺，抵寺門，題詩二絕而返，其一爲：

楓葉蕭條水驛空，離居千里悵難同；
十年舊約江南夢，獨聽寒山半夜鐘。

寒山寺的「半夜鐘」，初爲唐代所鑄，「唐鐘冶煉超精，雲矗奇古，波磔飛動，捫之有凌」，可惜早已失傳。明嘉靖年間，重鑄巨鐘，並建有鐘樓。聲音宏亮，可達數里之外。但後來流入日本，康有爲有詩云：「鐘聲已渡海雲東，冷盡寒山古寺楓」，雖又送回一鐘，但已不是原物。現在懸於寒山寺鐘樓的大鐘，爲清光緒三十年江蘇巡撫陳夔龍修寒山寺時仿舊鐘式樣新鑄，鐘高一人，需三人合抱其周，堪稱巨製。

## 九宜三絕話虎丘（蘇州虎丘）

在西園與留園之間，夾著一條虎丘路，可直通「吳中第一名勝」虎丘。古人評價虎丘山景，有「九宜」、「三絕」之說。「九宜」，即虎丘宜月、宜雪、宜雨、宜煙、宜春曉、宜夏、宜秋爽、宜落木、宜夕陽，無時不宜，皆有獨到趣致；「三絕」，即「望山之形，不越岡陵，而登之者，見層峰峭壁，勢足千仞，一絕也；近臨郛郭，矗起原隰，旁無連續，萬景都會，西連穹窿，北亙海虞，震澤滄州，雲氣出沒，廓然四顧，指掌千里，二絕也；劍池泓淳，徹海侵雲，不盈不虛，終古湛湛，三絕也。」

未入山門，便可望見，隔河照壁上有四個大字「海湧流輝」。這平地丘陵，與海有什麼關係呢？遠古之時，蘇州一帶曾是寬廣的海灣，虎丘小島隨波濤起伏隱現，故名海湧山。爲了不忘這海陸變遷的歷史，擁翠山莊旁仍有「海湧峰」一石碑一方，憨憨泉也有「井底泉眼潛通海」之說。何時更名虎丘，已難考準。民間有這樣的傳說，海湧山中有虎占山爲王，危害人畜。曾在寒山寺「掛錫」的寒山僧乃文殊菩薩的化身，他的坐騎青獅，惱恨白虎作惡，趁文殊閉目養神之際，潛出山門，直撲虎踞之丘。後雖降伏白虎，但已來不及回返佛門，跌落於楓橋之南化作石山。最後一瞬，獅子還回頭顧虎，因有「獅子回頭望虎丘」之俗語。

被制服的白虎，也化成了山丘。仔細看去：正山門爲虎頭，門前兩井爲雙目，對稱的風牆爲兩耳。臨河的石階爲牙齒，斷樑殿爲咽喉，山塘河上的西山橋和環山河上的東山橋，爲一伸一屈的前爪。山爲虎體，林木爲毛，那斑駁的虎丘塔，可說是老虎的尾巴了。如此說，自然有些附會。但虎丘得名於象形，大概不會錯的。

渡海湧橋，進二山門，就是著名的元代建築「斷樑殿」了。殿建於元至正四年（西元一三三八年），入殿仰望，中間主樑用兩段圓木拼接而成，故又名樑雙殿。據《虎丘新志》記載：「其如此構造者，係摹仿舊製，蓋虎丘舊有樑雙殿，傳爲古跡。宋淳熙中有僧凡庸，好修造，盡毀之，故古跡淹沒。後人重新結構，擬恢復舊觀，亦以雙木接成殿樑，俗呼斷樑殿，其用意只爲保存古跡耳。」如此看來，比元代早得多的時期，能工巧匠們就能用零碎木料，建造雄偉大殿了。

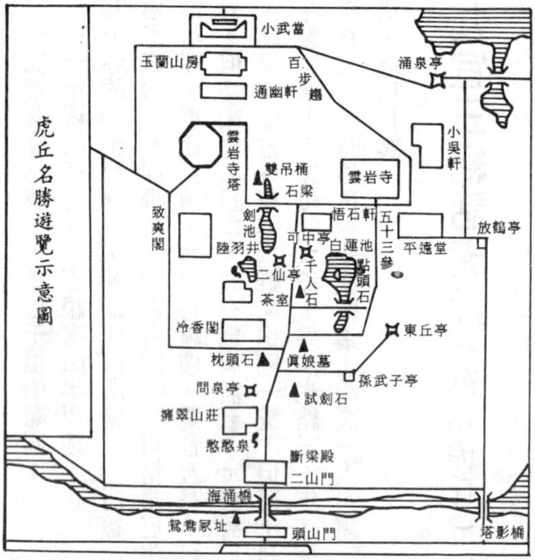


過山門拾級而上，路東有「試劍石」，路西有「枕頭石」；再上，路東有眞娘墓。眞娘爲唐代名妓，本姓胡，良家女子，父母死後，被惡人騙賣爲妓，擅長歌舞，立志賣藝不賣身。老鴇強迫她接客，她便投繯自盡。因她美貌夭折，人多惜之，文人題詠尤多。無獨有偶，除了美麗的眞娘以外，虎丘還埋葬了一位「烈」女子。頭山門路內西側，曾有座鴛鴦冢。明崇禎年間，蠡口人氏倪士義死後，其妻楊氏爲愛情所鍾，闢地爲鴛鴦冢，誓不再嫁。族人迫其改嫁，她便自殺於冢旁。時人感其情義，捐金合葬之。舊時墳與今日墓已多有不同，但故事依舊在流傳。

## 劍池祕密何時解（蘇州虎丘）

虎丘最神祕、最吸引人的古跡，還是虎丘劍池。歷代文人名士也多有題詠勒石。「別有洞天」的圓洞門內，刻有「風壑雲泉」，傳爲宋代書法家米芾所書；崖左壁有篆文「劍池」二字，傳爲王羲之所書。因他生性愛鵝，老百姓還編了一個王羲之貪鵝送字的故事。當年王羲之遊劍池，見池中有鵝兩隻，一黑一白，甚是可愛，意欲買爲己有。有老者對他說，只消書「劍池」二字，鵝即可奉送。王羲之愛鵝心切，欣然命筆。誰知老者與鵝已悄然隱去，而「劍池」二字卻留在了崖上。

圓洞門旁還有「虎丘劍池」四個大字，據《山志》記載，此爲唐代大書法家顏眞卿墨跡。後因年久，「虎丘」二字漸湮沒，明萬曆年間，蘇州刻石名家章仲玉又鉤摹重刻。所以蘇州人有「假虎丘，眞劍池」的說法。這句話，還暗含著吳王闔閭之墓的祕密。

劍池，池形狹長，南稍寬而北微窄，頗像一口平放的寶劍。關於它的來歷，卻衆口紛紜。據方志記載，吳王闔閭墓即在其下，墓中有「扁諸」、「魚腸」等三千寶劍，故名劍池；《元和郡縣志》卻述：「秦皇鑿山以求珍異，莫知所在；孫權穿之亦無所得，其鑿處遂成深澗」，演變爲劍池；宋代朱長文認爲：「劍池蓋古人焠劍之處」，王禹偁又認爲：「虎丘劍池，泉石之奇者也，匪由人力，蓋自天設，池實自然」；《山志》還有這樣的記載：明代池水忽乾，石扉暴現，唐寅、王鏊等人曾往而觀之。

一九五五年，有了一個驗證的機會。當時爲了疏浚劍池，曾涮洗苔蘚，果見池東岩壁有明代長洲、吳縣、崑山三縣令以及唐寅等人的石刻二方，記有明正德七年（一五一二年）劍池水乾，發現吳王墓門的情況。後戽乾池水，池壁平直，池底如砥，顯然是人工有意開鑿而成；池北最狹處，有一「人」形洞穴，狹可通一人，舉手及頂，向北延約丈餘；盡頭爲喇叭口，容三四人並立，前面有人工琢成長方石板四塊，疊放如巨碑。據形制分析，劍池爲豎穴，南北向，池底石穴爲通道，盡頭當爲墓門，這與春秋戰國時代的墓制完全相符。而且，以劍池爲中心，有一條水道系統。每當霉雨季節，劍池水滿，便由地下水窟溢入千人石上的明溝，再導入白蓮池，經「五十三參」一帶的地下水道流入東面的雲鶴澗。這難道不是爲了保護墓穴不受濕浸嗎？打開墓門，便可頓解千年之謎，但虎丘塔難免傾覆；顧及古塔，墓門之謎便難知究竟。兩難之間，還是讓劍池下的祕密繼續保存下去吧。

有一點卻是清楚的，劍池終年不涸，冷氣逼人，乃泉水所致。唐代李秀卿曾品爲「天下第五泉」，宋代張栻有《劍池贊》云：「湛乎淵渟，其靜養也。卓乎壁立，其自守也。歷四時而無虧，其有常也。上汲而不窮，其川不膠也。其有似乎君子之德乎？吾是以徘徊而不能去也。」以池水一泓，比作君子之德，恐只曠古一例。

## 冷香閣上集南社（蘇州虎丘）

其實，眞正被「茶聖」陸羽品爲「天下第五泉」的，並非劍池，而是二山門路西的「憨憨泉」。井欄圈上的「憨憨泉」三字，爲宋代大書法家呂升卿所書。相傳此井爲梁代天監年間神僧含面尊者從寶華山來到虎丘時所鑿。含面尊者，又叫憨憨尊者，因而泉名憨憨。但民間傳說中的憨憨，卻是個貧苦的孤兒，他雙目生翳，靠乞討過活。當時虎丘山頂無水，每日用水，須下山去挑。廟裏方丈便把孤兒收爲挑水僧。他整天幹活，悶聲不響，人稱憨憨。憨憨是個有志氣的孩子，一心改變山頂無水的狀況。白天挑水，晚上掘地找水。終於找到了泉脈，挖成一井，還用泉水治好了自己的眼疾。爲了紀念這位掘井人，後人以其名命井。

和「茶聖」陸羽有直接關係的，是千人石以西的「第三泉」。又名「陸羽井」。

用第三泉水煮「碧螺春」茶，坐冷香閣品茗，可謂遊虎丘一大快事。這個飲茗閒眺的清雅去處。當年曾是我國的第一個革命文學團體——南社的雅集之地。從東林黨到復社，再到南社，可謂一脈相承，尋此線索，大可寫一部江南文人憂國憂民、探索社會改革的發展史。

一九〇九年十月，在復社曾經集會過的虎丘，由陳去病、柳亞子、高旭三人發起，正式成立了南社。爲了避免清政府的注意，南社以飲酒吟詩結集，提倡風雅爲名，達到聯合同志、宣傳革命、推翻清政府、建立民國的目的。辛亥革命後，南社宗旨公開披露，發展迅速。虎丘首次聚會僅十七人（同盟會會員十四人），一九一六年已發展到一千三百二十五人。其中，柳亞子是南社當之無愧的主將。

柳亞子，吳江人，原名棄疾，因自比盧騷，改名亞盧，後直稱亞子。出身書香之家，一派詩人氣質，幾分俠士心腸。書齋也命名「磨劍室」。早年參加同盟會，追隨孫中山先生。南社成立以後，他負責編輯社刊，連續二十二期，對擴大南社影響，勞苦功高。國民黨改組後，他擔任了江蘇省黨部委員，兼任吳江縣黨部職務，動員民衆，進行反帝反封建的偉大的鬥爭。毛澤東與柳亞子多有詩歌來往，曾寫《七律·和柳亞子先生》相贈，詩云：「飲茶粵海未能忘，索句渝州葉正黃。三十一年還舊國，落花時節讀華章。牢騷太盛防腸斷，風物長宜放眼量。莫道昆明池水淺，觀魚勝過富春江。」作爲詩人，他們之間是坦率的。

# 七里山塘呼聲急（蘇州五人墓）

除了虎丘路可達虎丘外，閶門之外，還有一水一陸可直通虎丘。水路稱七里山塘，河旁堤路，爲山塘河街，吳人稱白公堤。是白居易做蘇州刺史時，發動民工開鑿興築的。白居易在《虎丘寺路》一詩中，曾描繪過這一路的風光：「自開山寺路，水陸往來頻。銀勒牽驕馬，花船載麗人。芰荷生欲偏，桃李種仍新。好住河堤上，長留一道春。」

遊完虎丘，如沿山塘街回城，不僅可領略古樹成林的水鄉之趣，還可觸發思古懷人之情。在虎丘之東的青山橋和綠水橋之間，有兩座普通勞動群衆的墳墓，但幾百年來，「凡四方之士，無有不過而拜且泣者。」這就是明代蘇州抗稅工人領袖葛成的墓，和明末因反對閹黨魏忠賢而壯烈犧牲的五位義士墓。

葛成是普通的絲織工人，於明代萬曆年間，領導了震驚明王朝的反稅監鬥爭。萬曆二十九年（一六〇一年）六月初六，葛成手揮芭蕉扇，率領上萬名群衆，包圍了蘇州稅監司衙門，知府朱燮元被迫宣布撤銷新加的各項稅收。但很快清政府便調來了軍隊鎭壓，爲了不連累大家，葛成挺身而出，一人承擔，在牢中度過了十二個春秋，葛成的鬥爭精神，爲吳人敬仰，稱他葛賢、葛將軍。一六三〇年，他在山塘街住所病故，市民就此爲他修建了墓冢，以表紀念之情。墓旁有陳繼儒寫的《葛將軍墓碑記》，詳其生平。

五人墓埋葬的是顏佩韋、馬傑、沈揚、楊念如、周文元五位義士。事情是由魏忠賢迫害蘇州清正官吏周順昌引起的。東林黨人魏大中被閹黨逮捕路過蘇州時，辭官在家的周順昌曾至舟中相送，並將女兒許嫁於魏大中的孫子。魏忠賢大怒，又羅織罪名逮捕了周順昌。周被捕時，激起了蘇州市民數萬人的義憤，以顏佩韋等人爲首群起而攻之，打死了捕人的「東廠」特務。魏忠賢令屠城蘇州。顏佩韋等五人爲救全城百姓，挺身而出，承擔罪名，英勇就義。臨刑時，幾萬市民含淚訣別。

十一個月後，魏黨垮臺，蘇州人民湧到山塘，把毛一鷺替魏太監造的「普惠生祠」一夜拆爲白地，在此廢基上埋葬了五人義骨，題碑「五人之墓」。

明末蘇州現實主義戲劇大師李玉，把這兩件轟動一時的歷史事件編成了戲劇《萬民安》和《清忠譜》，在中國戲劇舞臺上，第一次正面塑造了工人形象——葛成，第一次成功地描寫了波瀾壯闊的群衆鬥爭場面，成爲中國戲劇文學史上的不朽傑作。

## 章太炎大義謝本師

（蘇州曲園、章園）

玄妙觀南面，還有兩座值得一看的小園。和蘇州諸園相比，這兩座園子並無特別出色之處，但它們的主人卻是中國近代史上兩個著名的人物。

馬醫科巷內的曲園，是晚清著名樸學大師俞樾的故居。他以園地彎曲而命曲園，並自號曲園老人。曲園名爲園，其實不同於官僚們的花園，是俞樾的講學著書之地。門內曾有一匾額題爲「德清俞太史公著書之廬」，因他原籍浙江德清，中過翰林，翰林當時稱作太史公。俞樾和李鴻章都是道光甲辰科的進士，因此人們有「李鴻章拚命做官，俞曲園拚命著書」的說法，俞樾一生著述的確很多。

曲園內有一座「春在堂」。俞樾三十多歲時在北京保和殿考翰林，試卷中有詩題「澹煙疏雨落花天」，俞樾依題作詩，首句爲「花落春仍在」，深得主考官讚賞，以此名列前茅。俞樾自己也很得意，所以用此題作堂名，他的詩集也叫做《春在堂集》。

錦帆路上的「章園」是俞樾的學生、革命家章太炎先生晚年定居蘇州時的住宅。章太炎主張推翻清朝政府、恢復漢室江山，並參加過反滿社團，遭到通緝。爲避其鋒芒，他來到蘇州東吳大學任教。此間，並去拜訪了他的老師，住在曲園的俞樾。章太炎事俞樾有七年之久，學業上受益頗深。但這一次，師徒卻產生了強烈的衝突。俞樾對走上革命道路的章太炎進行了嚴厲的訓責，說他「訟言革命是不忠，遠去父母之邦是不孝，不忠不孝，非人類也；小子鳴鼓而攻之可也」。章太炎尊敬他的老師，卻不能同意他的政治主張，他特地寫了一篇《謝本師》的文章，結束了他和俞樾的師生關係，沿著自己選擇的革命道路，堅定地走下去。

章太炎晚年在蘇州定居，主要於章園主持國學講習會，開設文字音韻、文學、史學和經學等專門課程。一九三六年夏，他氣喘病發作，嚴重時，飲食難進，夫人勸他休課，他卻說：「飯可以不吃，書仍然要講。」他掙扎著講完了《說文部首》的最後一堂課，不到十天便與世長辭了。章太炎臨終前告誡家人：「設有異族入主中夏，世世子孫毋食其官祿。」其時正值抗戰，章太炎的靈柩只好權厝章園，直到一九四五年六月才遷葬杭州西湖的南屏。「士必有奇氣而後有奇行，又必有奇行而後爲文乃揮斥八極。先生古文，直追秦漢，門弟子雖多，無能幾及之，良有以也。」章園內，章氏的墓穴遺跡至今尙存。

# 金聖嘆哭廟抗糧（蘇州雙塔）

出錦帆路向北，上十梓街東行，有定慧寺巷，蘇州出了名的雙塔就在這裏。宋代太平興國七年，王文罕兄弟在羅漢院中建磚塔兩座，一名舍利塔，一名功德塔。因兩塔如同孿生，又被叫做兄弟塔。

凡文化古城，常愛把塔與「文運」相聯繫，蘇州也不例外，何況是雙塔呢！有人把蘇州城比作文具盒，文房四寶兼備。宋公祠的方基是硯臺，葑門內鐘樓是墨，玄妙觀彌羅寶閣前的半月形石水槽是水盂，而雙塔就是兩支筆，雙塔寺三間平房是筆架。有這樣的「風水」，自然文人輩出，僅清朝一代，科舉共一百二十科，一百二十個狀元，蘇州就占了十九個。所以，在蘇州，橋有狀元橋，酒有狀元紅，連糕點也有叫狀元糕的。據說殿試狀元，文章要好，書法也須優，慈禧老佛爺見江南狀元多，以爲他們是沾了書法好的光，便規定同治甲戌一科只取文章不論書法。偏巧蘇州文士陸潤庠，文章出衆而書法不行，新規定反而使他中了狀元，後來還當上了末代皇帝溥儀的老師。蘇州眞是「文運亨通」。

蘇州還出過一位未入科舉的文人，他的名聲，比那些狀元還要大得多。他就是著名的文學批評家金聖嘆。金聖嘆，原姓張，名采；後改姓金，名喟，生於明萬曆三十六年（一六〇八年）。聖嘆是他的別號和評書時用的筆名。他無意於功名，常以科舉爲遊戲，「每遇歲試，或以俚詞入詩文。或於卷尾作小說譏刺試官」。有一次，他聽落第考生說，主考官不用眼睛看文章，卻伸手死要錢，就鼓動他們把孔夫子的牌位搬到財神廟，而把財神爺的牌位換到了孔廟，以諷刺科舉。金聖嘆傲視功名，倜儻高奇，對學問著述卻是十分認眞的。他評批《離騷》爲第一才子書，《莊子》爲第二才子書，《史記》爲第三才子書，《杜詩》爲第四才子書，《水滸》爲第五才子書，《西廂記》爲第六才子書。他評點古書，每每借古諷清，指斥封建暴政，於是在順治新喪期，發生了「抗糧哭廟」事件。

順治十八年（一六六一年）二月，順治皇帝去世，蘇州官員按規定設幕哭靈。金聖嘆等幾個秀才，卻組織市民，寫了揭帖，到哭靈場所控告縣官貪污倉糧、打死鄉民。遭到鎮壓後，第二天金聖嘆又組織群衆去孔廟「哭廟」，鼓擊鐘鳴，震動四方，成了群衆性的示威活動。巡撫朱國治爲了掩蓋自己的劣跡，殺一儆百，以「抗糧哭廟」爲罪名，逮捕了爲首者。金聖嘆既是哭廟的召集人，又是哭廟文的起草人，事先參與了策劃，又在孔廟擊鼓鳴鐘，判爲斬刑，家產籍沒，妻子充軍。金聖嘆並不驚慌失措，依然詼諧陳詞：「殺頭，至痛也，籍家，至慘也，而聖嘆以無意得之，不亦異乎？」金聖嘆的遺體歸葬五峰山下的博士塢（今在吳縣藏書鄉境內）。他的故居離雙塔不遠，只是獨子金雍被永遠充軍遼陽以後，住宅也入了官，未能保存。遺址即在馬醫科巷子裏海紅小學的所在地。

**滄浪之水濯吾足**

人民路的南端，有蘇州最古老的園林——滄浪亭，自五代以來就享有盛名，一說是五代吳越廣陵王錢元璙的池館，一說是他的近戚孫承佑的別墅。滄浪亭比較確切的歷史，是自北宋詩人蘇舜欽開始的。

慶曆四年（一○四四年）秋，蘇舜欽在京師主管進奏院，並照例祭神後舉行了宴會。不料卻引起了一場大風波。太子中舍李定，因未被邀請，懷恨在心，在朝廷散布了不少謠言。蘇舜欽是范仲淹（已被貶）薦舉的人，又是才上任的宰相杜衍的女婿，自然有人借題發揮。十一月，定了罪名，革職為民。第二年四月，移居蘇州，買了城南這座廢園，築「滄浪亭」，園以人傳，以此名聲大著。

「滄浪」之名，來自《孟子·離婁》：「有孺子歌曰：『滄浪之水清兮，可以濯我纓；滄浪之水濁兮，可以濯我足』」。失官後，蘇才體會到了「惟仕宦溺人為至深，古之才哲君子，有一失而死者多矣，是未知所以自勝之道。」自勝之道，即這種寬閒清靜的山水生活。滄浪亭內，有清代學者俞樾手書的楹聯：「清風明月本無價，近水遠山皆有情」，這是蘇舜欽的「綠楊白鷺俱自得，近水遠山皆有情」和歐陽修的「清風明月本無價，可惜只賣四萬錢」的集句。四萬錢，只是四十千銅板，價格的確不貴。

南宋時，滄浪亭歸韓世忠所有；自元至明，滄浪亭廢為僧居，明代歸有光作《滄浪亭》載：「蘇子美始建滄浪亭，最後禪者居之，此滄浪亭為大雲庵也」，大雲庵的和尚文瑛讀書喜詩，「尋古遺事，復子美之構於荒煙殘滅之餘，此大雲庵為滄浪亭也」，文瑛重建滄浪亭，又被呼為「滄浪僧」。現在的滄浪亭是清代重修的，建制已非昔日面貌。

滄浪亭之南，有明道堂，舊為講學之所，現在堂內懸有宋代蘇州三塊珍貴石刻——平江圖、天文圖、地理圖的搨片（原碑藏於蘇州市博物館）。《平江圖》是罕見的城市規劃實測圖。是南宋紹定二年（一二二九年）刻製的宋代平江府城圖。整個蘇州的四周地理、城市面貌、街道排列、水流走向、建築物分布等，一覽無遺。圖繪製得十分精細，城中水道縱橫，橫有六，縱有十四；大小橋樑三百五十九座；寺觀廟宇五十多個；古塔十二座；牌坊、樓坊六十五座，均有名稱標明。可謂蘇州地圖的祖本。

《天文圖》是世界上現存最古老的東方星象測繪圖之一。圖上為星象下為文字說明。星圖以北極為中心，記錄了一四四○顆周天星群，這是根據宋元豐年間（一○七八一〇八五年）的觀察結果繪製的。在尚未有測量儀器的古代，僅憑目力觀察，就能如此準確地繪出天體，的確令人驚嘆。

《墜理圖》（墜爲古「地」字），是珍貴的古代中國地形圖。雖然《尙書》以來的古籍，就記載了中國有地圖，還有不少名圖，但均已失傳。這幅宋代地理圖，可說是我國現存最古老的全國性地圖了。從這幅地圖上，已能清楚地看到黃河、長江、淮水、閩江等江河的迂迴曲折及其支流的蜿蜒伸展，長城的雄姿，高原與平野的形勢以及東南沿海的輪廓，也能盡收眼底，還清晰地標出了各路、府、州、軍的地理位置。

從這幅地圖上的所題文字可知，《墜地圖》和《天文圖》的作者，都是兼山黃公，即宋代黃裳。據《宋史·黃裳傳》說，黃裳通曉天文地理，曾於宋光宗登位的紹熙元年（一一九〇年）「作八圖以獻」，其中包括《天文圖》與《墜理圖》。後輾轉爲王致遠所得。王來浙右爲官，便使工匠依原圖刻石成碑，保存至今。蘇州碑刻十分有名，僅滄浪亭一園，便有五百餘方。

與明道堂南北相對的，是五百名賢祠，這裏又是一處碑石大觀。據清同治十二年（一八七三年）張樹聲《重建滄浪亭記》說：「道光丁亥，布政使梁公章鉅重修，巡撫陶公澍復得吳郡名賢畫像五百餘人，鉤摹刻石，建名賢祠於亭之隙地，每歲時以致祭。」祠內壁上嵌有五百九十四幅歷史人物石刻像，每像附傳贊四句。他們是清末以前二千多年間與蘇州歷史有關的人物，包括政治、軍事、經濟、文化、科學、藝術、醫道、水利、曆算，以至隱士、逸客等，絕大部分是道地的吳人，也有外地來蘇做過官的「名宦」。況鍾，就是其中一人。

明中，況鍾曾在蘇州做過十一年知府。任上，他爲蘇州人民做了不少好事，減免稅賦，興修水利，保護名勝古跡，著名的寒山寺、虎丘塔修建都得到了他的幫助。特別是他在蘇州辦理案情，注重調查研究，實事求是，「致使吏不敢爲奸，民無冤抑，咸頌包龍圖復生」。昆曲《十五貫》就歌頌了他的清明和德政。名賢祠內的況鍾石刻像上，有語讚曰：「法行民樂，任留殃遷，青天之譽，公無愧焉」，倒也確切。

## 殿春簃遠渡重洋
（蘇州網師園）

網師園與滄浪亭遙遙相望，在城南葑門附近的闊家頭巷內。此園原爲北宋末年花石綱發運使、侍郎、揚州人史正志「萬卷堂」故址。清乾隆，宋宗元購得其地，建造園林，因近王思巷，取其諧音，合「漁隱」之意，稱網師園。網師，是蘇州人對漁翁的別稱。清人洪亮吉賦詩云：

城南那復有閒廛，生翠叢中築數椽；
他日買魚雙艇子，定應先詣網師園。

可見網師園是很吸引人的，不僅吸引了中國人，也吸引著外國人。一九七八年，美國紐約大都會藝術博物館的人士來蘇州遊覽，對蘇州的古典園林讚不絕口，他們要求搬一座古典庭園到美國的大都會藝術博物館去，他們看中了網師園中的「殿春簃」。於是，仿「殿春簃」而複製的「明軒」，就成了我國史無前例的出口庭園。網師園也更加名播海外，盛譽天下。

走在精巧幽靜的園子裏，很難想像這裏曾經養過老虎。民國初年，畫家張大千、張善子兄弟借住此園。張善子善畫虎，且與衆不同，養了一隻乳虎作爲模特。這隻虎可來之不易。先前張曾養一小虎，極愛之，每日餵以素食，想以此改變它的野性，但此虎終因無肉食而死去了。一九三六年，漢口一家朱姓公館，欲將日漸長大的幼虎送人，善子聞訊，喜出望外，雖正在滬治病，不等病癒，專程赴漢迎虎。由漢口到南京，必乘輪船，但沒有一家輪船肯運老虎。最後找到一艘運軍馬的船，才勉強帶到南京，又幾經輾轉才運到蘇州網師園。在善子的養育下，幼虎健壯成長，且較善良，經常在花園中同張散步。但拒不素食，每天必以牛肉雞蛋供奉。天性難移也。

## 亡國何由怨美人（蘇州靈岩山）

乘車順光福公路西行，過木瀆鎮，就到了靈岩山。靈岩山以靈岩奇石得名，舊有「十八奇石」之說：靈芝石、石馬、石龜、石鼓、石射堋、披雲臺、望月臺、醉僧石、槎頭石、牛眠石、石幢、佛日岩、石城、獻花岩、袈裟石、貓兒石、升羅石、出洞龍，至今仍能歷數種種。且有種種神話傳說。但最能引人入勝的，還是吳王夫差與越國美女西施的若隱還現的故事。

據《吳越春秋》和《越絕書》記載，越國美女西施來吳國後，深得吳王夫差寵愛，在風景秀麗的靈岩山，修了富麗堂皇的「館娃宮」。相傳現靈岩寺大殿即館娃宮遺址。還在宮內修了一條別致的長廊，鑿空廊下岩石，放一排陶甏，上鋪有彈性的楩梓木板。這樣，西施與宮女們漫舞其上，便會發出木琴般的樂音，因名響屧廊。靈岩塔西面，至今尚有「響屧」遺名。對此，王禹偁有詩云：

廊壞空留響屧名，好因西子繞廊行；
可憐伍相終屍諫，誰記當時曳履聲。

元時起義軍的敗類張士誠，在蘇州建大周政權後，曾重建響屧廊，還欲重溫夫差舊夢。

山頂花園，原是吳宮中的御花園。園中有日池、月池兩口大井，西施常以水爲鏡，對井梳妝。據方志記載，明代一農夫在淘井時，曾發現上鐫「敕」字金釵一隻，傳爲西施所有。後人並不眞信，羅鄴爲此詩云：

古宮荒井曾平後，見說耕人又鑿開；
拾得玉釵鐫「敕」字，當時恩澤賜誰來？

站在半山石龜旁，見山南腳下有一條溪水，筆直指向太湖。這就是著名的箭涇河，又名採香涇。古人沒有香水，卻知用香草薰體，爲滿足西施的需要，吳王射箭爲線，開出了這條河道，宮女可泛舟香山採香草。現在看去，這條筆直的水道確像人工開鑿，沒有自然河流的迂迴曲折。腳下的石龜背上有足跡隱然，傳說爲吳王射箭過猛所踏陷。

傳說中的西施，不僅貌美體妙，而且深明大義，進吳乃負有政治使命，要使夫差沉緬女色，亡國亡家。歷史是否如此，則另當別論。《史記》，無論《吳太伯世家》還是《越王勾踐世家》，都沒有提到用美人計征服吳王夫差的事。只是在勾踐欲行韜晦時，曾向夫差表示：「勾踐請爲臣，妻爲妾。」後來爲了能讓夫差同意勾踐稱臣，文種大夫曾出主意用美女寶器向吳太宰伯嚭行賄，達到了目的。西施或許是有的，夫差溺色於她也有可能，但勾踐、范蠡眞要將一國之運，繫於一美色女子之身，也未免太淺薄了。唐代詩人羅隱所論有理：

家國興亡自有時，吳人何苦怨西施；
西施若能傾吳國，越國亡來又是誰？

認爲女子乃社稷之禍水，古來封建文人多執此見。靈岩山下的木瀆鎭，便還有一位這樣的女子。「慟哭三軍皆縞素，衝冠一怒爲紅顏」，都說吳三桂之所以叛明降清，引清兵入關，因他愛妾、名妓陳圓圓爲李自成部將劉宗敏所擄。姑蘇木瀆鎭，就是陳圓圓的故里。

陳圓圓，明末姑蘇名妓。「家本姑蘇浣花里」，「門前一片橫塘水」。明艷善歌，嘉定伯周奎獻之內廷，思宗未納，遣還周邸。歌舞宴上，被寧遠總兵吳三桂看中，以千金聘之。李自成陷京師，其父吳襄與陳圓圓同入李軍。吳三桂見明朝已亡，李自成起義軍又與自己利益相悖，便轉而乞清師入關破李自成，使清王朝從此建立起二百多年的統治。吳三桂獻關有功，被封爲平西王。失而復歸的陳圓圓也隨吳入雲南，據說吳三桂欲正式封妃圓圓，圓圓婉言以辭，後來做了道姑以終。清初詩人吳偉業的《圓圓曲》，爲這歷史事件染上了兒女情長的色彩，不過，他把吳三桂與吳王夫差巧妙類比，譴責了他的叛變行爲：

君不見，館娃初起鴛鴦宿，越女如花看不足。香徑塵生鳥自啼，屧廊人去苔空綠。換羽移宮萬里愁，珠歌翠舞古梁州。爲君別唱吳宮曲，漢水東南日夜流。

靈岩山還有許多古墓。其中最著名的是宋代名將韓世忠之墓。岳飛被害後，韓世忠怒斥秦檜：「『莫須有』三字何以服天下?」因此被革去兵權。南宋紹興二十一年（一一五一年），他逝世於杭州寓所，時年六十三歲。十多年後，宋孝宗追封爲蘄王，並劃靈岩山爲賜山，親自爲他書了墓碑，撰寫了碑文，至今尙巍然矗立，上鐫：「中興佐命定國元勛之碑」，是碑刻中的巨製珍品。墓中合葬了韓世忠四位夫人的遺體，著名女將梁紅玉也長眠其中。

香山溪北，百步小浜石橋之東，有清代詩人張永夫之墓。他的墓碑與衆不同，曰：「再來人之墓」。張永夫名錫祚，生於康熙十一年（一六七二年），死於雍正二年（一七二四年），與黃子雲、盛錦、沈盤同稱「靈岩四詩人」，一生困頓，但拒不受清官府所贈財物，窮餓致死。人傳其死後十餘年，又來尋生前舊友，出金百兩，還淸舊日所欠乃去，清高孤傲，死亦如此。這就是稀奇古怪的「再來人」之碑的來歷。

## 范仲淹拗買墳山（蘇州天平山）

靈岩山再向北四里，有天平山。天平之名，與「柳毅傳書」的故事頗有關聯：東海龍王之女嫁給涇河小龍爲妻，備受欺凌。龍女牧羊之時，遇蘇州落第秀才柳毅，託他傳書其父。龍王聞知，大爲震怒，與涇河小龍大戰於湖山之濱。激戰之中，老龍用尾將藏於山峰後的小龍頭顱連同山尖捲去，於是山成禿頂，人稱天平。小龍頭顱則從雲端落下，化作一塊龍頭石，至今還一副苦惱相。

天平風景，以石、泉、楓「三絕」稱譽。天平石林「如扦似插，似卧似立，若博若噬，蟠拏撑柱，不可名狀」，這又引出了一段傳說。天平石峰，本脈理向下，如萬箭穿胸。陰陽先生說這是塊絕地，葬之，後世永難爲官。范仲淹偏不信邪，在此買地爲范氏墳山。范墳建成時，忽狂風暴雨大作，所有山石都豎立起來，「萬笏朝天」了。這當然無稽，卻看出蘇州人民對這位家鄉先賢的偏愛。天平山因此又名范墳山。山塢有范仲淹父、祖、曾祖、高祖的墓葬。

半山，有白雲泉，泉潔而清，色白如乳，水味甘冽。揚名於白居易的《白雲泉》詩：「白雲山上白雲泉，泉本無心山自閒；何必奔流下山去，又添波浪在人間。」

金秋之際，天平又有滿山紅楓。這三百八十餘株古楓，爲明代萬曆年間范仲淹的第十七世孫范允臨由福建遷來。這些楓甚是特別，先青再黃，轉橙入紅，最後變紫，號爲五色楓。山下仰觀，青、黃、橙、紅、紫五彩繽紛，妍麗動人；山上俯視，先紅的頂葉，如紅霞一抹，浮於林間。

翻經臺後有庵，名「咒鉢庵」。相傳范仲淹少年曾住此庵攻讀，家貧，熬粥凝凍成糕，劃爲四塊，早晚各吃兩塊充飢。「斷齏劃粥」的典故便出於此。山南舊有白雲寺，後爲范仲淹的功德院，清朝改爲高義園。其中有掌故一段：范仲淹爲參知政事時，命他次子堯夫，將俸祿五百斛麥子用船運回老家蘇州。船過丹陽，堯夫上岸拜望父親老友詩人石曼卿。知其正處於「三喪未葬，二女未適」的困境之中，遂將麥子全數贈與。石收下麥子猶有愁雲，堯夫便將船也一併送了。范仲淹看到兒子歸來，就問：「在江南見到故舊了嗎？」堯夫將石曼卿境況告知，范曰：「何不將麥子送給他？」堯夫答：「送了」。范仲淹又曰：「這就對了，最好連船一併送他。」堯夫說：「一併送了」。范仲淹連聲讚賞兒子深得父心。乾隆遊天平，感其品德，賜名「高義」園，並親自御筆題額，至今尙存。

## 淸奇古怪在鄧尉（蘇州鄧尉山）

天平山，再向西南三十里，就到了光福鎭。光福鎭順公路東南行三里許，才是鄧尉山。傳說漢代鄧尉隱居於此，故而得名。鄧尉觀梅，名播天下。東漢時起，這裏的居民就愛植梅，探梅。古詩中並有「望衡千餘家，種梅如種穀」之句。花開之時，繁花似雪，暗香浮動，微風吹過，香聞數里。因此，唐代巡撫宋犖在崖壁題書「香雪海」，眞是名副其實。爲什麼鄧尉香梅甚於他處呢？內中有故。

明代有大官於蘇州購得一幅唐伯虎的「梅香圖」，如獲至寶鎖於箱中，值五十大壽時，出示炫耀，誰知畫上本來開滿的梅花已無一朵，只餘枯枝。他大罵唐伯虎，將畫擲出牆外。恰鄧尉山的梅公路過拾回，掛了起來，得山中陽光水露，圖上梅花竟重綻枯枝。此後，梅公便依圖給山中梅樹整枝修形，日益花盛。一年，大官也來觀梅，見圖，又要搶走，梅公不與，大官惱羞成怒，扯碎了「梅香圖」。從此，名畫雖不傳了，名花卻漫山遍野。北宋林和靖有詩句讚梅：

梅雪爭春未肯降，詩人擱筆費評章。
梅須遜雪三分白，雪卻輸梅一段香。

山塢正中，有祭祀東漢鄧禹的司徒廟。據史書記載，鄧禹十三歲就通文善武，後佐劉秀起兵，爲中興名將，曾勸劉秀「延攬英雄，務悅民心，立高祖之業，救萬民之命」，並屢建奇功，聲威大震。光武帝即位，拜大司徒，年僅二十四歲，位列雲臺二十八將之首。可謂少年英雄。他的孫女鄧綏，爲東漢和帝之后。和帝死後，鄧后兩度臨朝聽政，多有德政。在後宮專權的歷史中，這是很難得的。是受其祖風影響吧？

司徒廟又名古柏庵，院內有古柏四株，千年不死，形態十分奇特，乾隆觀賞之餘，命名「清、奇、古、怪」。「清」者，碧鬱蒼翠，挺拔秀麗；「奇」者，主幹折裂，一空其腹；「古」者，禿頂扁闊，半槁如掌；「怪」者，卧地三曲，狀如蛟龍。的確是鄧尉山的一個奇觀。

## 上海最早的租界（上海吳淞口）

大江西來東入海，在滬寧鐵路的終點，是亞洲最大的城市——上海。衆所週知，上海簡稱「申」或者「滬」，爲什麼會有這樣的簡稱呢？這需要從上海的歷史說起。

上海可以追溯的歷史，幾乎和蘇州一樣久遠，只不過，那時蘇州是吳國的都城，而上海則是吳國的邊地。後來，越滅了吳，楚又征服了越，上海成了楚國宰相春申君黃歇封地的一部分，這個地方便簡稱「申」了。「滬」的名稱比「申」的由來要複雜一些。「滬」來自「滬瀆」，早在《晉書》裏，上海這個地方就被稱爲滬瀆，而「滬瀆」，細考起來，是一種捕魚的方式。漁民用繩子把竹柵編起來，沿岸插在海灘上，潮漲時，海水淹沒了竹柵，潮落時，隨潮而來的魚就被阻於竹柵，任憑漁民收取。這種捕魚方式，在別處大概絕無僅有，很有特性，於是就變成了地名。滬瀆這個名字，整整用了十個世紀。至於「上海」的名稱，是宋以後的事情，「市舶在今縣治處登岸，故稱上海」。

炮臺經血染，任強敵領事。
乘橋終白渡，爭國人主權。

外灘的北端，黃浦江與蘇州河交界的三角地帶，有一處漂亮的建築——友誼商店。可是，人們不該忘記，它的地基正是鴉片戰爭中被侵略者擊毀的吳淞炮臺的遺址，愛國將領陳化成，就是在這裏殉難的。

鴉片戰爭打響之後，英國侵略者接連攻陷定海、鎮海、寧波，又向上海進逼。一八四二年六月十六日，英國艦隊企圖闖入黃浦江，在吳淞炮臺，遭到了江南提督陳化成守將的猛烈抗擊，「燭龍騰海海水紅，火珠躍起摩寒空；雕弓射天白日落，衣周塘上噴腥風；風迴大海波濤颶，獨戰寒塘氣盤鬱」。但終因援兵不到，其他清將見敵便鳥獸散，使陳化成腹背受敵，寡不敵衆，壯烈犧牲。陳化成犧牲後，武進士劉國棟將陳化成的遺體藏在蘆葦叢中，隻身逃往嘉定，向知縣練廷秀報告，練廷秀派出人，八天才找到遺體。爲了避免敵人發現，從小路揹到嘉定，在關帝廟入殮。直到第二年才將靈柩運回原籍福建。

鴉片戰爭結束後，一八四三年十一月八日，英國第一任駐滬領事巴富爾率領一艘兵船和六艘商船，踏上了上海的土地。他專門挑中了吳淞口炮臺和與炮臺相連的李家莊，強行永久租賃。軟弱的清政府也只好依從，拱手讓出兵防要地，告示公布了第一個租地章程：「劃定洋涇浜以北，李家莊以南，准租與英國商人爲建築房舍及居住之用。」於是，在陳化成等抗英將領鮮血染成的炮臺之上，建起了英國領事館，上海翻開了它被殖民統治的恥辱的一頁。

友誼商店的附近，蘇州河上，橫跨著一座大鐵橋。橋身上鐫有「外白渡橋」的字樣。爲什麼要起一個這樣奇怪的橋名呢？

一八四五年英國在蘇州河以南設立了租界，一八四八年美國在蘇州河以北也設立了租界，中間隔著一條河。當時僅靠渡船運送南來北往的人們，不能滿足需要。英國人韋爾斯便於一八五六年在外擺渡渡口處，集資造了一座橫跨蘇州河的木橋，稱「外擺渡橋」。橋造成後，他們規定中國人過橋，一律要付「過橋稅」，外國人則可以免稅白渡。而且稅收逐年增加。這件事引起了中國人的公憤，紛紛要求恢復渡船，拒絕走這座橋。租界當局工部局懾於公憤，被迫在韋爾斯橋附近又造了一座木橋，一八七三年建成。因爲過橋不需要再付錢，人們稱它「外白渡橋」。一九〇七年重建了這座鋼架大橋，但那用鬥爭奪回的應有權力——「白渡」，卻保留了下來。

## 圈地跑馬，殺人越貨

### （上海跑馬場）

和外灘相連的上海最繁華的一條街，就是南京路了。它與許多條小馬路南北垂直相交，四通八達。在這些小馬路中，湖北路卻與衆不同，它彎成一段橢圓形的弧線。這是什麼原因呢？須從舊上海的三代跑馬場說起。

外國商人在上海住了下來，經商之餘，他們感到生活過於寂寥，很想找個地方去跑跑馬。他們發現了外灘一條東西向的田間小路（即今南京東路從外灘到河南中路一段），雖僅五百米左右，已可趟馬溜繮了。中國人因常見外國人在此跑馬，便管這跑道叫「馬路」。一八五〇年，以販賣鴉片爲主的麟瑞洋行大班英國人霍格等五人，組成了「跑馬總會」，在舊界西側和「馬路」北面圈占了八十畝土地，開闢了一座花園，環花園鋪築了一條專供跑馬的跑道。這就是第一代跑馬場。「馬路」變成了花園通道，便也有了新的名字——「派克弄」。「派克」，是英語「公園」（Park）的音譯。派克弄，便是南京東路的前身。一八五三年，上海小刀會起，使租界地皮大漲，「跑馬總會」高價賣出八十畝跑馬場，又在租界外低價買進一百七十畝土地，於一八五四年開闢了新的跑馬場，弧形的湖北路，就是第二代跑馬場的「遺跡」。一賣一買，既賺了中國人的銀子，又越界擴大了英租界的地盤，眞是一舉兩得。嘗到了甜頭，一八六三年又如法炮製，在今人民公園美術展覽館、體育館一帶圈定了第三代跑馬場，面積已激增爲四百三十畝了。

跑馬場是個大賭場。「賭賽爭將上駟驅，當場攪轡各踟躕。寄爲百萬成孤注，拚將驊騮一蹶輸」。曾經轟動上海的閻瑞生害死王蓮英一案，就是因爲跑馬引起的。民國九年（一九二〇年），洋行買辦閻瑞生，熱衷買跑馬票，輸光了錢。他發現妓女王蓮英有些貴重的首飾，就引起了謀害之心。一天傍晚。他借了朋友的汽車，騙來王蓮英，假稱帶她乘車兜風。半夜，在郊外，用麻醉藥棉悶倒了王蓮英，繩索勒斃，搶去首飾，把屍體移到麥田裏。閻在逃往徐州時，在火車站被捕，判了死刑。這個社會新聞，還誕生了中國的第一部長故事片——《閻瑞生》。而中國的第一座正式電影院，就是乍浦路口的勝利電影院的前身。那是一九〇八年，電影才發明了十三年。

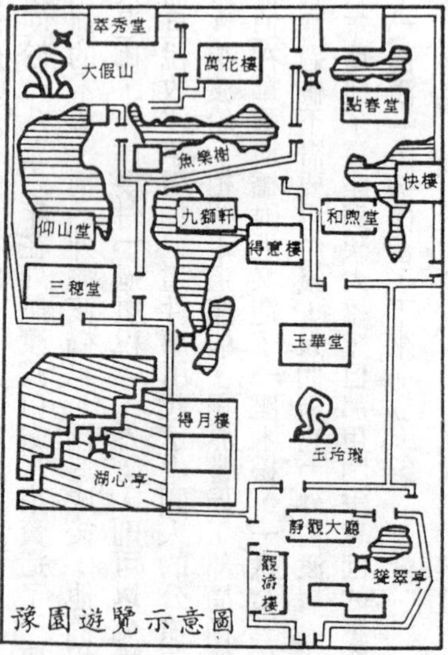

豫園遊覽示意圖

# 城隍冷落，諸業聚鬧市

## （上海豫園）

遊上海，必去城隍廟一遊。這座明永樂年間建的城隍廟，傳說城隍神是有名有姓的秦裕伯。他當了元朝的官，就不肯再仕新朝。張士誠據蘇州時招他去做官，他不肯；朱元璋當皇帝後亦命他入仕，他說：「裕伯受元爵祿二十餘年，背之是不忠也；母喪不終，忘哀而出是不孝也。不忠不孝之人，何益於國？」固辭不受。秦死後，朱元璋說：「生不爲我臣，死當衛吾土」，即敕封爲上海土城隍神。嘉靖年間知縣馮彬特題「海隅保障」匾額懸於大殿。現在的城隍廟，比過去已經冷清了許多，沒有什麼大看頭了。熱鬧的是五光十色、無所不有的豫園的商場，好看的是鬧中取靜、樓臺精巧的豫園。

豫園，動工於明嘉靖三十八年（一五五九年）。左都御史潘恩的次子潘允端，進士落第，鬱悶不樂，便在宅西菜畦上構亭藝竹造園，聊以自娛。三年以後，潘允端考中了進士，出任刑部主事，官至四川布政使，造園的事，自然就丟在了一邊。直到萬曆五年（一五七七年），潘允端解職回鄉，才再度擴建此園。並請了當時上海的園藝名家張南陽設計疊山。又花了將近五年的時間，才造就了這一座江南名園，占地七十餘畝。「豫」與「愉」音同義通，取名「豫園」原爲「愉悅老親」，可惜園子落成之時，其父潘恩已去世，「老親不及一視其成，實終天恨也。」

豫園屢經興廢，園內現存最古的文物，大概就是遊廊前那對鐵獅子了。

玉華堂前的玉玲瓏石，婀娜多姿，周身透著靈氣。這塊美石原是烏泥涇朱氏園中之物，後移至浦東三村塘儲顯的南園，因儲女嫁與潘允端的孿生兄弟潘允亮，便將此石贈與豫園。因它玲瓏天巧，清學者王士禎不禁奇怪「不知何以得免宣和網？」

一朵龍牆的東面，就是點春堂。「東校場，西校場，兵強馬又壯，欲投小刀會，來到點春堂。」一八五三年，點春堂是小刀會首領陳阿林、潘起亮等的指揮部。他們在劉麗川的領導下，堅守上海城十七個月，直到英勇犧牲。

「點春堂」匾下，掛著晚清「海派」畫家任伯年的觀劍圖。這位「全能」的會稽畫家，與吳昌碩、趙之謙等人形成了兼收並蓄的上海畫派，取唐宋之傳統，採明代徐渭、陳淳之長，承揚州八怪之渾灑，得金石之古樸，還兼西洋畫之鮮明。有一次，任伯年爲觀察貓在夜間的活動，月夜跟蹤到屋頂，失足落於鄰家，險些被當成賊人。任伯年的畫掛在點春堂中是極合適的，傳說他曾參加小刀會，難於考證，但同情小刀會是肯定的。

園主潘允端在《豫園記》中，曾感受深切地說：「第經營數稔，家業為虛，余雖嗜好成癖，無所於悔，實可為士夫殷鑑者。若余子孫，惟永戒前車之轍，無培一木、植一木，則善矣。」不知是聽從了先祖的話，還是家境日頹，豫園在潘氏子孫手裏漸漸荒蕪了。康熙年間「急於謀售，衆遂以賤值得之，歸邑廟為西園，分地修為各業公所」。有一張同治七年的各業占地告示，很有意思：

萃秀堂豆業，共地十一點七五三畝。
凝輝閣鞋業，共地零點五四八畝。
得月樓布業，共地一點五六八畝。
遊廊羊肉店，共地零點一零五畝。
遊廊銀樓，共地零點一一四畝。
……

明代的私人園林，成了近代資本家誕生的搖籃，這在中國園林史上，大概是絕無僅有的吧。

## 一生清貧惟此樓（上海中山故居）

復興公園以西，淮海中路以北，有一條幽靜的香山路，七號是幢深灰色的兩層小樓。這裏是孫中山先生的故居。在大陸，被作為紀念地的故居只有兩處：一處是孫先生的出生地廣東省中山縣翠亨村，一處便是這裏，他晚年工作、生活過的地方。

孫中山先生雖歷任了國民黨總理、南京臨時政府大總統和廣東革命政府大元帥，但至死並無私蓄，他惟一的財產就是這所小樓和一批書籍。而這小樓，還是別人贈送的。老同盟會員、後任討袁總司令兼第二軍軍長許崇智，見中山先生因革命工作常來往於上海，卻無落腳安身之地，就買下了這幢房子送給孫先生。時隔不久，因革命需經費，中山先生便將房契抵給了銀行。國民黨海外支部知道了此事，發動美洲僑胞募資才把它贖回。一九二〇年一月，孫中山先生和宋慶齡夫人搬進了這座小樓。

在這座小樓裏，醞釀了中國現代史上的第一次國共合作。一九二二年八月二十三日，中國共產黨的領導人李大釗、瞿秋白、林伯渠等來此拜會中山先生。有人記下了這一富有歷史意義的會見：「民國十一年，陳炯明叛變，中山先生被迫離粵到滬。共產黨員李大釗來見，聲言對於先生所遭不幸，甚為扼腕而表同情，並稱本人為共產黨員，但現在之奮鬥運動與國民黨同其目標，故願以個人資格加入國民黨，在一條戰線中進行國民革命，先生毅然允諾。」這年八月，孫中山先生又在此會見了列寧派來的特使越飛，並於一九二三年一月二十六日，發表了有名的《孫文·越飛宣言》，提出了聯俄、聯共、扶助農工的新三民主義。

樓房內的陳設，是一九五六年宋慶齡夫人按原樣布置的。一九八一年五月二十九日，宋慶齡夫人在北京病逝，遺體骨灰運回了上海。葬在西郊虹橋萬國公墓的宋氏墓園中。

## 尚書入教，廉居一角
### （上海徐光啓故居）

徐家匯的南丹路上，有個南丹公園，那裏有一座樸素無華的古墓，明代科學家徐光啓，就長眠在這裏。人們都知道，徐光啓是世界知名的大科學家，但有多少人知道他也是我國歷史上最出名的天主教徒呢？對於徐光啓的成就來說，這兩者是不可分離的。西方的傳教士給徐光啓打開了通向世界的窗口，「更有一種格物窮理之學，凡世間世外，萬事萬物之理，叩之無不河懸響答，絲分理解，退而思之，窮年累月，愈見其說之必然而不可易也。」徐光啓加入了天主教，教名保羅。他曾從學於意大利人利馬竇，天文、曆算、火器，孜孜不倦，盡精其術，成了中國研究西學、溝通中西文化的第一人。十九世紀四十年代，天主教所以選擇徐家匯爲據點，就是因爲徐光啓的緣故。徐家匯大教堂，也是我國出名的宗教建築之一。

徐光啓官做得很大，禮部尚書兼東閣大學士，是實權派。但他爲人清廉，沒有什麼財產。上海有民諺：「潘半城，徐一角」。潘半城，是指建豫園的潘恩家族，占去了上海半座城，而官位相當的徐光啓，卻只有上海的「一角」。如今「一角」仍存，即大南門喬家路二百三十四號至二百四十四號的「九間樓」。徐光啓沒有留下什麼財產，卻把他的聰明才智和宗教信仰傳給了後人。二十世紀二三十年代，上海耶穌會修士院的天主堂藏書樓館長，是徐光啓的後裔，中國神甫徐宗澤。徐神甫把藏書樓管理得鐵桶一樣，一般人沿著藏書樓的圍牆，竟找不到大門。只有事先經過許可的人，才能從圍牆旁一家小小的成衣鋪進去，經過自行開啓的撥動機栝，進入大院。

「徐家匯」的地名，自然也與徐光啓有關了，這地方原是法華涇與肇家浜的匯合處，徐光啓生前居地，死後葬此，他的子孫在附近結廬而居，繁衍發展，逐漸繁榮起來。

# 湖中攬勝探源流（杭州西湖）

離上海西南行，滬杭線的終點就是浙江省的省會、名都杭州。杭州位於錢塘江北岸，東南形勝，三吳都會，自

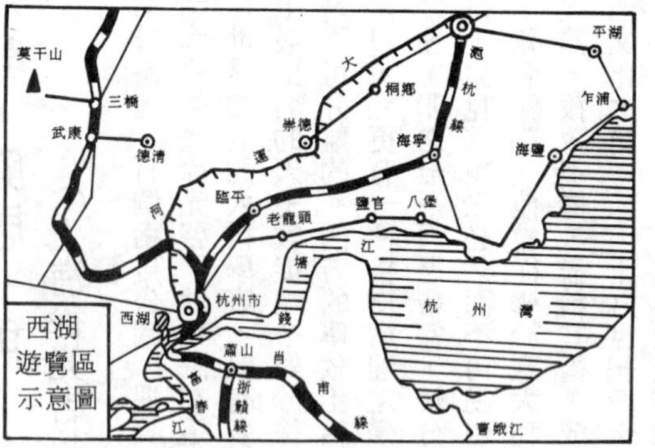


西湖遊覽區

古繁華。不過，杭州名揚天下，大半是因爲西湖的緣故，正如大詩人白居易所讚：「未能拋得杭州去，一半勾留是此湖！」說到西湖，總會令人想起蘇東坡著名的西湖詩：

水光瀲灩晴方好，山色空濛雨亦奇。

欲把西湖比西子，淡妝濃抹總相宜。

其實，原先西湖並不是「湖」，而是一段小小的海灣，「後來錢塘江沉澱慢慢地把灣口塞住，變成了一個瀉湖」，這塞住灣口的平陸，就是今天的杭州。

西湖最早見之於文字，大約要算北魏酈道元的《水經注》了。書中說：「江（錢塘江）側有明聖湖，父老傳言，湖有金牛，古見之，神化不測，湖取名焉」。那時的西湖，官名「明聖湖」，俗名「金牛湖」。相傳其出現處，即在今湧金門內湧金池，門因此得名。到了唐代，湖因在錢塘縣境內，更名錢塘湖。西湖之名，始於宋代，並沒有什麼深奧的涵義，只因湖位於城廓之西而已。但自從蘇東坡把它比作古代絕色美人西施後，「西湖」便仿佛成了優雅的「西子湖」的簡稱。

**疑樂天總關白堤，問何人識得斷橋**

出錢塘門，穿過少年宮廣場，一條秀麗的長堤斜向湖中，這就是西湖上出名的白堤。「誰開湖寺西南路，草綠裙腰一道斜？」

顧名思義者認為，白堤自然為唐代杭州刺史白居易所築，當年白居易為了蓄水灌田，曾築堤分西湖為上、下湖，「若堤防如法，蓄泄及時，即瀕湖千餘頃田，無凶年矣」，人稱白公堤，衆所週知。其實，白堤與白公堤實為兩道湖堤。白堤，即白沙堤，早已存在，白居易住杭州常來此遊玩，「最愛湖東行不足，綠楊蔭裏白沙堤」。

白居易所築的白公堤，大約自錢塘門至武林門，今白沙路一帶，早已荒圮，難尋蹤跡。但他治湖利民，卻青史留名。說來，利用湖水為民造福，白居易並非第一人。唐玄宗時，杭州刺史李泌曾查尋泉眼，引湖水入城，使民不致鹵飲，在城中鑿成六大井。白居易則進一步修水利，鑿石函，調節旱澇，比李泌更勝一籌。難怪三年後，白居易任滿離去，臨行時杭州百姓攜子相送，揮淚以別，白居易也「處處回頭盡堪戀，就中難別是湖邊」，山光水色固然引人勾留，但最使他與杭州相聯的還是治理西湖之舉，所以他慨然而吟：

惟留一湖水，與汝救荒年。

此後宦蹤匆匆，終無定跡，白居易對西湖卻難以忘懷，直到晚年退居洛陽時，還無限深情地回憶：「江南憶，最憶是杭州。山寺月中尋桂子，郡亭枕上看潮頭，何日更重遊？」

踏上白堤，首當其衝有一拱橋，這就是有名的斷橋了。「分明一片連橋子，何日何年斷得來」？遊人每每為這不斷的「斷橋」費盡心思。

此橋得名斷橋，其因有三：一，此橋原稱短橋、段橋，元代張翥有「段橋春水綠初柔」之句，天長日久，短、段、斷一音之轉，便成了「斷橋」；二，此橋為外湖與裏湖的分水點，從孤山通過來的白堤，至此而斷，因稱「斷橋」，明人王瀛有詩道，「橋識斷名元不斷，跨河有路入孤山」；三，大雪初霽，斷橋拱頂處積雪先融，遠遠望去，一片銀白世界中，粉雕玉琢的拱橋，橋頂雪殘，恰似斷開，眞正一座「斷橋」！這就是西湖十景中的著名一景——斷橋殘雪。

西湖十景另有：柳浪聞鶯、蘇堤春曉、曲院風荷、平湖秋月、三潭印月、雷峰夕照、南屏晚鐘、兩峰插雲、花港觀魚。「西湖十景」起源於南宋畫院的山水題名。畫家馬遠、夏珪輩憤慨於南宋小朝廷不圖恢復只顧偏安，於是借筆端以泄，畫西湖往往只畫一角或半邊，以示殘山剩水之意，人稱「馬一角」、「夏半邊」。後人只知西湖十景詩情更兼畫意，哪裏想到竟飽含著題名者的民族幽憤呢！

西湖十景固然絕好，何時遊覽又有講究。古人云，「晴湖不如雨湖，雨湖不如月湖，月湖不如雪湖」，西湖雪景尤爲迷人。西湖原有雪景八處：鷲嶺雪峰、冷泉雪澗、巢居雪閣、南屏雪鐘、西陵（即西泠）雪樵、斷橋雪棹、蘇堤雪柳、孤山雪梅。清代著名學者俞樾有詞詠那雪梅：

青山一夜頭都白，大地瓊瑤積。玉龍百萬戲長空，只剩紅牆半角是行宮。何人載酒來相就，要與嚴寒鬥。堤邊幾樹老槎枒，誤認疏疏落落盡梅花。

## **隱孤山梅妻鶴子，賦行宮續詩解圍**

白堤盡處，就是那梅花遍植的孤山了。孤山兀峙水中，獨立不群，因而得名。孤山因梅而聞著四方，清人陳錫嘏有詩云：「馬蹄經歲踏京華，忽逐征鴻去路賒。何物關心歸思急？孤山開遍早梅花」，這是從宋代高士林逋（和靖）開始的。

林和靖的祖父做過錢鏐王的通儒學士，和靖雖刻志爲學，經史百家，無不通曉，但淡於功名，留情山水。他曾說：「人生貴適志耳，志之所適，方爲吾貴。然吾志之所適，非室家也，非功名富貴也。只覺青山綠水，與我情相宜。彼鐘鼓琴瑟，未嘗不佳，以吾比較之，則山林偏有味，愧碌碌因人之非高」。因此繞屋種梅，以寄深情，山麓放鶴，視爲己子，人稱「梅妻鶴子」。皇帝聞其名，曾徵詔入朝，和靖拒而不往，居孤山三十餘年，恬然淡泊，至死也未改初志：

湖上青山對結廬，墳前修竹亦蕭疏。
茂陵他日求遺稿，猶喜曾無封禪書。

臨終猶囑姪孫葬於孤山之側的自造墓廬。孤山北麓，原有林逋隱居故廬——巢居閣和林處士墓。元代，被元僧楊璉眞伽發掘，惟得端硯一方，玉簪一隻，和靖果然眞清貧。現在的放鶴亭，最早爲元代杭州人陳子安所建，後幾經興廢，現亭建於一九一五年，亭中有林則徐的對聯：

世無遺草眞能隱；

山有名花轉不孤。

從孤山東首的「平湖秋月」景點西來，行不多遠，就能看見中山公園的朱紅色大門樓了。孤山一帶曾經是封建帝王的行宮所在，南宋理宗淳祐十二年（一二五二年）孤山南坡曾興建規模宏大的西太乙宮，半座孤山被劃爲御花園。清代康熙南巡時，又以此爲行宮。中山公園就是當年行宮的一部分。杭州人記錄了當年遊幸的情景：清聖祖玄燁南巡至於湖上也，陸行則地盡鋪紅氈，精緻一如禁宮；水遊則駕龍舟，裝潢之華麗，動以萬金。龍舟之纜，均以五色綿絲爲之，選杭州小家碧玉，以任背縴之役。沿湖設以綠缸，備役工溺溲所用。湖之四周，則錦幔四張，不見天日。各處寺院僧衆一概穿繡花緞袍終日跪候，備駕之幸。

後來，乾隆皇帝又南巡來此，遊湖時正逢大雪，這位自詡風流的皇帝即興吟道：「一片一片又一片，三片四片五六片，七片八片九十片，……」清代著名學者沈德潛正隨駕侍從，見皇帝難成佳句，急忙巧妙地爲之解圍，跪拜請求道：「請皇上賞與臣續。」皇帝欣然答應。沈接吟：「飛入梅花都不見。」乾隆擊節稱賞，並解下貂裘賜之。現公園東面的盤谷，即清行宮中御花園的一角。曲橋盡頭有一座四角方亭，上有楹聯一副，道盡西湖四時之景：

水水山山處處明明秀秀；

晴晴雨雨時時好好奇奇。

清雍正時，改行宮爲聖因寺，與靈隱寺、昭慶寺、淨慈寺合稱西湖四大叢林。行宮的玉蘭堂，於乾隆四十七年（一七八二年）改建文瀾閣，是我國藏放《四庫全書》的七大書閣之一。《四庫全書》是我國歷史上最大最完備的綜合性叢書，它收錄了我國三千多年來政治、經濟、哲學、天文、曆算、輿地、科技、醫學等各方面的著作三千五百零三種，共七萬九千三百三十七卷。整部巨著全部用工整正楷手抄而成。原先只抄了四份，分藏於北京故宮的文淵閣、圓明園的文源閣、熱河行宮的文津閣以及奉天行宮的文溯閣。後來因江浙爲文人薈萃之地，又續抄了三份，分藏揚州文匯閣，鎮江金山寺的文宗閣，杭州的文瀾閣。

## 西泠啟浙派，蘇軾銘二泉

中山公園的西邊，有近代聞名的「西泠印社」。

清乾嘉年間，浙江形成以丁敬爲代表的篆刻「西泠八家」，他們將金石文字的精髓，溶入篆刻，一洗纖巧婉麗，開創雄健蒼古的浙江派風格，統帥印壇二百年。丁敬號龍泓山人，西泠印社中的「小龍泓洞」就是爲了紀念這位浙派篆刻的開創者。丁敬雖有天賦，但無心科舉只專心於古文的字、文，父母年事已高，家中貧甚。人說他出門惟兩事，一是問字求教，二是買米奉親。他常常獨遊空山荒寺，摩搨古刻。有一次，他正在摩搨，有一虎竄出，帶路的山人嚇得魂魄迸散之，丁敬竟沉浸其間毫無察覺。光緒三十年（一九〇四年），杭州篆刻家丁仁、王禔、葉爲銘、吳隱等人結社孤山，因社址在西泠橋畔，一九一三年正式定名爲「西泠印社」，並公推書畫篆刻大師吳昌碩爲社長。一時，國內篆刻名家雲集，日本篆刻名家何井仙郎、長尾甲等也渡洋入社。現置於觀樂樓大廳的吳昌碩銅製胸像，就是日本友人朝倉文夫之女西常雄先生，用其父當年爲吳昌碩塑像的原模，重新鑄造贈給西泠印社，以誌紀念。

西泠印社的東邊，是素以「佳餚與美景共餐」著稱的「樓外樓」菜館。何謂「樓外樓」？得名的原因有二說：一說得自南宋詩人林升之名句「山外青山樓外樓」；一說菜館建成之日，店主特請學者俞樾爲之題名，俞樾戲言，既然你樓造於我「俞樓」外側，就稱「樓外樓」吧！其實後說不過是文壇佚傳，樓外樓始建於一八四九年，而俞樓則成於一八七八年。

俞樾是清末一代樸學大師，他的住宅有三處：一在蘇州，名「曲園」；二在杭州三臺山，名「右臺仙館」；三即俞樓。光緒四年（一八七八年）由俞的學生徐花農等人集資修建，後友人彭玉麟又增建。俞樾曾作詩記之：

橋邊香冢鄰蘇小，山上吟庵伴老坡；
多謝門牆諸弟子，爲余辛勞闢新窩。

俞樾詩中所言「山上吟庵伴老坡」，是指俞樓後與蘇東坡有關的兩眼清泉。

一眼曰「六一泉」。「六一」爲歐陽修晚年自號，他曾作《六一居士傳》道：「吾家藏書一萬卷，集錄三代以來金石遺文一千卷，有琴一張，有棋一局，而常置酒一壺……以吾一翁，老於此五物之間，是豈不爲『六一』乎？」然而，「六一」與蘇東坡又有何關聯呢？熙寧四年（一〇七一年），蘇軾通判杭州。赴任途中，在潁上拜謁歐陽修。經歐陽修介紹，蘇軾結識了西湖高僧慧勤，兩人促膝而談，情殊款洽。四年之後，東坡任滿離杭，歐陽公已逝。東坡不勝感慨，便命慧勤講臺下的泉池，爲「六一泉」。並作《六一泉銘》。

另一眼曰「參廖泉」。原在孤山智果寺內。參廖是智果寺高僧道潛的號。道潛能文善詩，與東坡關係甚洽。後東坡南遷，道潛還特輾轉渡海探望。道潛之名也爲東坡所改，他原名曇潛。兩人交誼，可謂深矣。爲紀念他們之間的友誼，蘇東坡特命智果寺內溢出於石縫間的清泉，爲「參廖泉」，還作了一篇《參廖泉銘序》：

余謫居黃，參廖子不遠數千里，從余於東城，留期年。嘗與同遊武昌之西山，夢相與賦詩，有「寒食清明、石泉槐火」之句，語甚美而不知其所謂。其後七年，余出守錢塘，參廖子在焉。明年，卜智果精舍居之。又明年，新居成，而余以寒食去郡，實來告行。舍下舊有泉出石間，是月之鑿石得泉，加洌。參廖子擷新茶，鑽火煮泉而瀹之，笑曰：「是見於夢九年，衛公之爲靈也久矣。」坐人皆悵然太息，有知命無求之意，乃名之參廖泉。

## 義友踐約葬烈士，俠女如願歸西泠

孤山南麓，有鑑湖女俠秋瑾的墓。烈士生前敬慕民族英雄岳飛，曾對好友說，如不幸身死，願埋骨杭州西泠。誰也沒想到，爲了實現這個願望，烈士的遺骨竟幾經搬遷，多次磨難，直到一九八一年才遷回重建。

一九〇七年農曆六月初六，秋瑾烈士被清廷殺害於紹興軒亭口，與此同時，朝廷偵騎四處，捉拿秋氏家族。據秋瑾的弟弟秋宗章在《六六私乘》中追憶：「當六月初旬，吾兄弟顛沛造次，已爲亡命之客，懾於淫威，不敢前往收屍，但由善堂草草成殮，槀葬府山之麓，掩蔽無具，聽其暴露。」幾天後，大通學堂的工友約同秋瑾的大哥秋萊子，祕運烈士靈柩至紹興偏門外嚴家潭殯舍暫厝。殯屋的主人，訊問根由，秋萊子支吾良久，未敢實告。而且連書一塊姓氏的牌子，以免年久失記的慣例也未照做，怕被人發現。誰知這樣更加引起了殯屋主人的懷疑，當聽說是被殺頭的「女匪」秋瑾的棺木時，立即嚴詞拒絕。無奈，只好就近移到偏門大校場附近，柩上覆以草苫，藉避風雨。幾個月後，徐自華、吳芝瑛兩人，爲實踐秋瑾生前之約，風雪渡錢塘，冒險護送靈柩來杭，在西泠橋畔買了一塊墓地，安葬烈士。徐自華撰寫墓表，吳芝瑛既是秋瑾好友，又是清末知名的女書法家，手書碑文，杭州名金石家孫菊令篆刻，時稱三傑。墓域建成不久，清廷巡查御史常徽到西湖遊覽，見此墓大怒，立奏請平墓。清廷准奏，下詔平墓。正在天津避難的秋萊子，只好將靈柩運往湖南湘潭秋瑾的夫家。但秋瑾的婆婆不肯接受承認這個「不孝之媳」，更不同意將她葬進王氏墓地，無奈只得暫厝在義冢地裏。

清廷不僅毀了墓，還下旨拿辦吳芝瑛、徐自華。當時，吳芝瑛正在上海德人開的醫院裏治病，聞訊，即抱病出院毅然等候入獄。這時清廷上下正鼓吹立憲，假惺惺宣稱「尊重」民意。捉拿吳、徐之舉，立使輿論大譁。蘇浙兩省人民紛紛上書，指出「朝廷解令，固無不許掩瘞罪骸者」。曾與吳有交往的美國教會麥美德女士也爲之不平。當時，清廷正準備歡迎美艦訪華，製造了數千銀杯將送給美艦官兵。麥美德在天津出版的英文《泰晤士報》上發表文章說，現清廷正欲使「一個仗義女子由病院而入牢獄待死，尊重女權的美國官兵是不會收受紀念銀杯的」。迫於中外輿論，清廷才收回了嚴辦吳、徐的詔令。

辛亥革命勝利後，才迎柩回浙。豈知原來靈柩乃薄皮棺材，輾轉搬運，已鬆散破裂，只好在原棺柩外再加套材，又製一紅布棉套覆其上，運往杭州，仍葬於西泠橋畔。由徐自華、陳去病等專責，再度營建秋墓。

**蘇小小慕才西泠道，馮元元傷心牡丹亭**

西泠橋畔另有一座弱女子的墓，不過，墓址之上已建起了慕才亭，亭中舊有蘇小小墓。蘇小小，錢塘名妓，南齊時人。她容顏美麗，又能歌善詩，才名一時。蘇小小有詩曰：

妾乘油壁車，郎乘青驄馬。
何處結同心，西陵松柏下。

明代學者袁宏道考證出：「西陵橋一名西泠。或曰即蘇小結同心處」，看來西泠橋的最初出名，還與蘇小小有關。據說，蘇小小的這首詩是對邂逅相遇的阮郁吟出，阮郁慕其貌美才高，相好甚洽。但不久阮郁被父親催逼還鄉，一去不返。小小看破青樓紅塵，遊戲其間，但心中終究鬱悶，漸成內疚，死時芳齡二十。唐代詩人張佑有詩憐蘇小小曰：

漠漠窮塵地，蕭蕭古樹林。
臉濃花自發，眉恨柳長深。
夜月人何待，春風鳥爲吟。
不知誰同穴？徒願結同心。

蘇小小雖遺慕才亭供人憑仰，而與她命運相似的馮小青，卻遺跡全無，只有傳說而已。馮小青，名玄玄，（傳說即元元）爲杭州人馮姓之妾。明江都（今揚州）人，能詩善畫，但遭大婦妒恨，軟禁孤山別墅，鬱鬱而死，年僅十八歲。死後葬於孤山。這位多情善感的馮小青，幽居之中酷愛湯顯祖的《牡丹亭》，曾題詩詠道：

冷雨幽窗不可聽，挑燈閒看《牡丹亭》。
人間亦有痴於我，不獨傷心是小青！

後來，她自己也成了戲劇中的人物，明代徐翽寫的《春波影》雜劇，就是用的馮小青的故事。

蘇小小和馮小青的故事，給優美的西湖，又添了一段幽情。但眞要追究考實，就原本不是那回事了。《湖壖雜記》中說得好：遊人至孤山者，必問小青；問小青者，必及蘇小。孰知二美之墓，俱在子虛烏有之間。張子容詠巫山，謂「朝雲暮雨連天暗，神女知來第幾峰？」李白詠洞庭，謂「日落長沙秋色遠，不知何處弔湘君？」引人入勝，正在縹緲之際，於二美，亦當作如是觀。

**兩公試墩笑阮子，三潭似月印我心**

西湖中的湖心亭、阮公墩，三潭印月歷來被譽爲「蓬萊三島」——蓬萊、方丈、瀛洲。

湖心亭居全湖中心，舊爲湖心寺，明嘉靖三十一年（一五五二年）知府孫孟在此建亭，後又幾度重建。文人騷客來此題聯命匾，連皇帝也不例外。獨有一聯超凡脫俗：

四季笙歌，尙有窮民悲夜月；

六橋花柳，渾無隙地種桑麻。

頗得「先天下之憂而憂，後天下之樂而樂」之意，遊山玩水尚思百姓窮勞，實在難得。

阮公墩，是清代浙江巡撫阮元於嘉慶五年（一八〇〇年）疏浚西湖時，以挖出三萬四千噸湖泥堆積而成。後人因名「阮公墩」。阮元在杭州任職十二年，不僅疏浚西湖、修繕名勝，還創辦了詁經精舍等書院，創設了浙江最早的公立圖書館「靈隱書藏」，主編了《經籍纂詁》，和我國數學史上的巨著《疇人傳》等重要文著，是清代有名的學者。清代道光年間，兵部尚書彭玉麟晚年退居杭州時，因慕其名，又喜其風景怡人，想在阮公墩上建「退省」之處。與兒女親家俞樾同登墩探察，以竹篙戳地，不料應手而入，笑道：「此眞『軟公墩』也！」遂作罷。

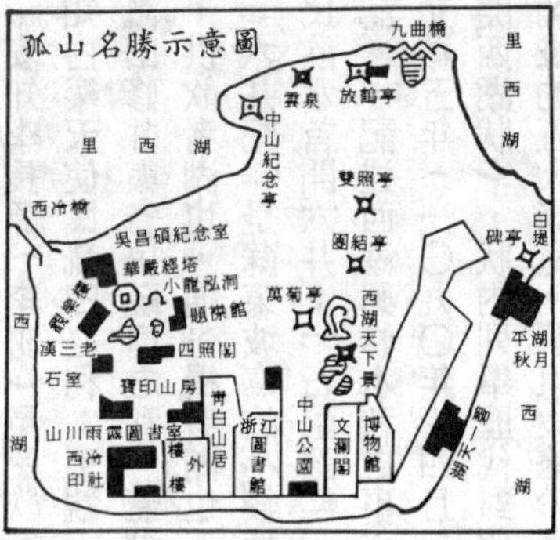


三潭印月，又稱小瀛洲。關於三潭印月的景觀，有幾種說法：《西湖志》說：「月光映潭，分塔爲三」。《湖壖雜記》則謂，「登山頂，盼湖中有三大圓暈，所謂印月，蓋似月而非眞月」。又有人說，立在「我心相印亭」前平臺的中心，面對最遠的一石塔，可同時望透三個石塔塔孔，看水面月光，似三月爭輝，故謂之「三潭印月」。

如究其根底，三潭印月實源於蘇軾。宋元祐四年（一〇八九年），蘇軾疏浚西湖後，爲了不使湖泥再度淤積，在堤外湖水深處立了三座瓶形石塔，名之爲「三潭」。下令三塔內的水面，不准種植菱芡。南宋時，馬遠等人以此景入畫，題名「三潭印月」。現在湖中的三個石塔，是明天啓元年（一六二一年）仿蘇塔而設置的。

### 撫罷煙柳六橋醉，拾得治杭三賢文

「坡公遺惠今猶在，薄暮歸來醉欲迷」，蘇塔雖毀，不見原物，貫穿西湖南北的蘇堤，卻依然桃紅柳綠，「天面長虹一鑑痕，直通南北兩山春」。堤上有六橋，名曰：映波、鎖瀾、望山、壓堤、東浦，跨虹，沿堤植柳，「其色如煙，煙水空濛，搖漾於赤欄橋畔」，稱之「六橋煙柳」。

宋元祐四年（一〇八九年），蘇軾二次知杭州，見西湖草長水涸，葑田占半，便上書皇帝，求疏浚西湖；一面採用以工代賑的辦法，募民開湖，費工二十餘萬，終於用挖出的葑泥，築起一道從南屛山麓到棲霞嶺下的長堤。元祐六年（一〇九一年），林希繼任杭州知府，新題「蘇公堤」，作爲堤匾。

西湖並非天生便是遊覽勝地，治理至今，有三人實爲治杭的大功臣，所幸三人治杭盛事，又有三佳文記載：「夫不觀《六井記》安知李長源（李泌）免民飮鹹之利；不觀《石函記》安知白樂天使民溉田之利；不觀《開湖狀》安知蘇子瞻復興溉田修井與省民疏河之利。蓋湖之爲利甚廣，溉田者湖也，供飮者湖也，通舟楫者湖也。三君子有功德於民矣。」「六井記」是蘇東坡寫的《錢塘六井記》，記唐代李泌爲民飮水首開六井；「石函記」，是白居易寫的《錢塘湖石記》，記述西湖興修水利之事；「開湖狀」，則是蘇軾在元祐五年（一〇九〇年）四月二十九日向宋哲宗上的《乞開西湖狀》，狀內列擧歷代對西湖的開浚情況，提出重新開浚的五大好處。蘇東坡終於完成了這一壯擧，自己也頗得意，作詩言道：「六橋橫絕天漢上，北山始與南屛通。忽驚二十五萬丈，老葑席卷蒼煙空。」蘇東坡不僅結緣於杭州西湖。後來守穎州，謫惠州，也兩處都有「西湖」。穎州西湖在今皖阜陽西北，「長十里，廣二里，景象甚佳。」惠州西湖在今廣東惠陽縣城西，由菱、鱷、平、豐、南五湖組成。東坡所到三州三個西湖，一時傳爲美談。宋詩人楊萬里有詩曰：「三色西湖一色秋，錢塘海穎及浮羅，東坡原是西湖長，不到浮羅那得休」。

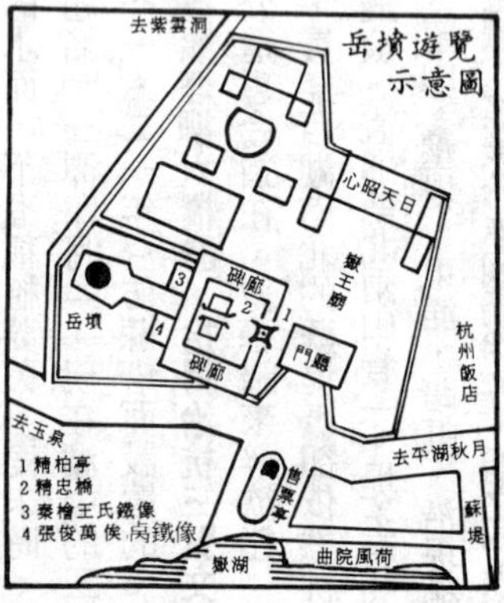


## 佳山一路情趣來（杭州北山）

遊西湖，歷來有三路，除湖中外，另有南山、北山兩路。北山路出錢塘門，復經少年宮廣場，自斷橋分道向寶石山，循葛嶺而去。

少年宮所在，原是杭州四大叢林之一的昭慶寺。此寺始建於五代後晉天福元年（九三六年），太平興國七年（九七八年），賜名「昭慶律寺」，是佛敎律宗的主要寺院。現在的建築，爲清光緒四年（一八七八年）修建。

少年宮廣場以西，有望湖樓。此樓歷史悠久，《咸淳臨安志》中記載，「在錢塘門外，昭慶寺前。一名看經樓，錢忠懿王建。」距今已有一千餘年。一八五六年重修興建望湖樓，今爲望湖。

歷代望湖樓文人墨客歌詠極多，最有名的是蘇東坡的《六月二十七日望湖樓醉書》五首，其一爲：

黑雲翻墨未遮山，白雨跳珠亂入船。
捲地風來忽吹散，望湖樓下水如天。

東坡一詩，使望湖樓名聲更噪。二次知杭時，蘇軾仍難忘此情此景，在《與莫同年雨中飲湖上》詩中唸道：「還來一醉西湖雨，不見跳珠十五年」。

望湖樓以西，有寶石山。寶石山本名叫石姥山，因山爲火成岩，每當陽光照耀，山呈紫灰色若閃若爍，因以寶石爲名。山巔有保俶塔，說法頗多，那個築「阮公墩」的大學士阮元考證說：開寶元年（九六八年）吳越相吳延爽建九級浮圖，塔後有壽星石。其門徒趙仁和曾在山上拾得片石，殘存三十五字，有云：「爽爲睹此山上承航」云云。航，即壽星。可見塔爲吳延爽造無疑。吳延爽爲什麼要建此塔呢？又有人說，因吳越王錢弘俶（鏐）奉召入京（今河南開封），久留未返，吳相爲祝願其平安歸來，特建此塔，名爲保俶。

寶石山南麓，有「大佛頭」，卓立山腰。大佛頭，原是秦始皇的纜船石。據記載，秦始皇曾過錢塘，上會稽，祭大禹。當時西湖還是灣，寶石山前白浪滔天。爲避風浪，秦始皇曾在此停舟，繫纜於此石，故名。

北宋宣和六年（一一二四年），妙行寺僧思淨發願要將此石雕成大佛。此僧敏慧，一丈高的石頭，雕成全身佛像，大也有限，只雕頭胸就頗爲壯觀了，頭胸便高一丈，全佛之高之大可想而知了。明人張輿有詩云：「地湧半身雲水繞，山開一面金碧浮」，後一句是說佛頭雕成後，曾裝飾塗金，並構殿覆之。稱古石佛院。明萬曆年間，大殿已圮，風雨侵剝，佛頭也漸模糊，如今已難辨識。佛前還有一大石雕香爐，高約一公尺，座有四腿，稜角可見。董嗣杲有詩感嘆：

自因僧淨鐫空像，誰說秦皇纜海船。
全體未知何日現，半生且坐此山禪。

宋宣和二年（一一二〇年），方臘起義，直取杭州。因對官吏殘酷蓄忿之極，方臘占杭州城後，縱火六天，焚官舍府庫。還是這個思淨，隻身去見方臘，乞以一身代一城之命。他當然不會明白方臘造反的意義和武裝鬥爭的殘酷性，但也從另一個角度提醒了方臘，殺戮因之約束。

大佛頭是否眞爲秦始皇纜船，已成歷史之謎，但那時的滾滾海浪一直可以翻騰到現在的靈隱卻是事實。寶石山在北，吳山在南，環抱著這個小海灣。海潮帶來的泥沙，退潮時在山腳下淤積起來，變成沙洲，不斷向西北和東南伸展，終於使寶石山與吳山的沙洲連成了一片，形成了今日的杭州。寶石山和吳山是港灣的兩個岬角，山巔的保俶塔和雷峰塔，是西湖的望柱，隔湖相望，相映成趣，清人有雙塔詩：

雷峰寶石各西東，湖上浮圖積翠中。
日日凌空相對出，美人老衲品題工。

## 抱朴子葛嶺升仙去，紫雲洞牛皋抱恨終

寶石山西有葛嶺，相傳晉代著名的道家方士葛洪曾在此設爐煉丹，如今抱朴廬、丹井、煉丹臺遺跡尚存。葛洪煉丹，有家族淵源，三國時著名的煉丹方士葛玄，就是他的先祖。據說這位先祖終於修煉成仙，白日飛升而去，成了葛仙翁。葛洪不僅親身實踐，還著有理論，他號抱朴子，寫有《抱朴子》七十卷，講述了自戰國以來各煉丹家的理論以及煉丹的方法。煉丹本意，是求長生不老之術，這當然是不可能的，但通過煉丹，卻做了一些原始的化學實驗。葛洪所說的「點鐵成金」之術，就是用銅、鉛、汞等金屬，煉成黃色或白色的合金，也有幾分科學的道理。難怪在魯迅先生開列的十二部中國文學入門書中就有一部是葛洪的《抱朴子外篇》。

葛嶺之巔，有初陽臺。顧名思義，是觀日出的佳處。與別處相比，初陽臺又有自己的特點。一則，登臺東眺，可望錢塘與東海相接，浩瀚一片，海日初出，炯然可觀；二則，每年農曆十月初一，可見日初起時，「更有一影互相照曜，傳是日月並升」；三則，每日日出時，「四山皆晦，惟臺上獨明」，因此謂之「初陽」。葛嶺朝暾，是錢塘八景之一。

現在山腰的抱朴廬一帶，南宋時是西湖御園之一的集芸園遺址，後賜給宰相賈似道，改名為後樂園，他還在這裏建了「半閒堂」。宋代有兩個亡國的宰相，一是北宋末年的李邦彥，號「浪子宰相」，遊縱無檢，金兵臨城，他只會割地求和，導致亡國；二是南宋末年的賈似道，人稱「蟋蟀宰相」，任相時，常與群妾伏地鬥蟋蟀，還總結了經驗，寫成《促織經》一部傳世。賈似道少年浪蕩，因姐姐成為理宗寵愛的貴妃而當上了「國舅」，從此官運亨通。他置國家命運不顧，整日在半閒堂和西湖遊戲取樂，人稱「朝中無宰相，湖上有平章」。他為人殘虐，一日遊湖，諸妾皆從。遇一小舟載二年輕道人而來，一姬脫口而出：「美哉少年！」賈似道也戲言道：「你如願意，就嫁給他好了。」姬笑而不語。不多時，賈令人捧一盒至眾姬前，說：「這就是受聘的禮物。」打開一看，原來是那姬妾的頭顱！後來，這段傳說成了戲劇《李慧娘》中的一齣。

葛嶺以西是棲霞嶺。棲霞嶺上，有各具特色的五大洞天。有以清幽著稱的黃龍洞，有以人工見長的金鼓洞，有

頗爲深邃的蝙蝠洞，有形同廣廈的棲霞洞，有涼氣襲人的紫雲洞。

紫雲洞位於嶺巔，入口處有「紫雲洞天」石刻篆文，迎面石壁，原是南宋宰相賈似道命人疏剔建庵、刻觀音大母像的地方。洞口附近，有一座西朝東墓。碑上鐫有「宋輔文侯牛皋之墓」八字，這就是南宋民族英雄岳飛的部將牛皋的墓。清人舒位作詩云：「兩山忽作劍器舞，中有將軍一抔土。強將之下無弱兵，奈何不死疆場死樽俎！三日糧，氣如虎；三月酒，毒如蠱。可憐此酒持此糧，何不直抵黃龍府。」

詩中所說「三日糧，氣如虎」是指牛皋初聚衆抗金，後歸岳飛，岳飛命他攻取隨州，他只帶三天軍糧，結果糧未盡而隨州已下，並生擒僞齊守將之事。以後，金人與僞齊軍聞牛皋至而惶恐自敗。紹興十年（一一四〇年）牛皋出師河南，升任荊湖南路馬步軍副總管。「三月酒，毒如蠱」，說出了名將牛皋的死因。岳飛受冤死後，秦檜深知牛皋不服，以爲心患。便授計都統制田師中，於三月初三上巳日擺酒宴請各位將領，牛皋來赴宴中毒，第二天便死了。臨終前，牛皋嘆道：「皋年六十一，官至侍從，幸不啻足。所恨南北通和，不以馬革裹屍，顧死牖下耳。」

**「青山有幸埋忠骨，白鐵無辜鑄佞臣」**

沿山路南下，林木蒼蒼處，覆蓋著一大片香廟穆陵，這裏就是名揚天下的岳王廟。岳飛是一代愛國名將，卻被秦檜反誣謀反罪打入大牢。審訊時，岳飛怒裂衣袒背，出背上其母親刺「精忠報國」四字，連主審官何鑄也深爲感動，轉而爲岳飛辯白。秦檜不得不撤了何鑄的職。換上了親信万俟卨。終於以「莫須有」的罪名，將岳飛殺害於大理寺監獄中的風波亭（今杭州小車橋畔）。臨刑前，岳飛拒絕在假供上畫押，憤而連書「天日昭昭，天日昭昭」！大殿前，葉劍英題寫的「心昭天日」，就是緣意於此。岳飛留下了「前仆後繼，還我河山」八字遺言，凜然就義，死時才三十九歲。同時就義的還有養子岳雲和副將張憲。家屬全部流放嶺南。

後人因岳飛被「莫須有」罪名被害，而稱岳飛的冤獄爲「三字獄」。「莫須有」究竟是什麼意思呢？用今天的話來說，「莫須有」就是「恐怕有」、「也許有」。岳飛入獄後，秦檜唆使張俊、万俟卨羅織罪名，揑造證據，誣岳飛在金人侵淮西時，不策應，擁兵逗留，誣張憲企圖襄陽叛亂，誣岳雲傳報朝廷機密，定爲死罪。韓世忠爲之不平，詰問秦檜事實。秦檜云：「飛子雲與張憲書雖不明，其事體莫須有」。世忠曰：「莫須有三字，何以服天下？」

岳王廟內西南部爲岳墳，墓碑上書「宋岳鄂王墓」，這是岳飛被害三十六年後宋寧宗追封的。岳墳最初並不在這裏，而是在今昭慶寺附近。岳飛被殺害後，大理寺獄卒隗順，激於正義，冒死偷出岳飛屍體，把他埋葬在錢塘門外九曲叢祠旁。那是個荒涼冷僻、人跡稀少的去處，爲了怕日久迷失葬所，隗順把岳飛在大理寺獄中所戴的枷鎖上的封皮揭下，裝入鉛桶，埋於遺骸旁；又用一隻玉環作爲陪殉，並在墓前種橘樹兩棵，立一塊「賈宜人墓」碑，以爲標誌。二十一年以後，紹興三十二年（一一六二年）六月，宋孝宗趙昚即位，七月下詔恢復岳飛官爵，並欲禮葬遺骸。此時，隗順早已不在人世，所幸他臨終前，將當年營葬經過及葬地詳細告知兒子，才得忠骸改葬於此。

岳飛死後，民間傳說頗多。或說風波亭畔一株古柏，岳飛被害後，也即死去，堅如鐵石，僵而不倒數百年，至今還有幾段存於岳墳入口處，名「精忠柏」。

或說元人將領伯顏統兵攻杭時，屯兵於臯亭山，月明之夜，忽大風雷電狂作。伯顏出帳觀之，見四山旌旗，閃爍「精忠」字樣。伯顏想到：這是岳王護本國而現靈異了。便宰牲作文致祭道：「岳王你心繫本朝，是大忠大義，我豈敢不崇仰。但宋國氣數已盡，岳王你雖有心，但不能違背天意。如果明天早上宋軍有三千士兵來交戰，我一定斂師北歸，不再入杭；如果宋人只是以口舌講和，又不願納以銀錢財物，我怎麼能就此退兵呢？」也許英魂見他言之有理，祭訖，風雷皆止，明月皎潔如故。誰知宋朝一心稱臣，奉行不抵抗主義，不僅無一兵來戰，反而納款獻物。伯顏以爲是祭祀岳飛起了作用，進城後，又親詣岳廟致祭，這時的岳王英魂怕正心痛得滴血呢！

青山有幸埋忠骨，白鐵無辜鑄佞臣。

這人所衆知的楹聯的下半聯，指的就是反翦雙手、面墓而跪的秦檜、王氏（檜妻）、張俊、万俟卨的四奸鐵像。此四人爲殺害岳飛的兇手，爲世人所切齒，即使是鐵像，也幾鑄幾毀，「鑄者欲不朽其形」，永遠釘在恥辱柱上；「擊者欲立碎其體」，以泄心頭之恨。明弘治年間，參政周木修岳墓時，曾鑄秦檜夫婦二跪像，不久被遊人擊碎。明正德八年（一五一三年）都指揮李隆用銅重鑄，增加了万俟卨，共成三像。不到十年不知去向，傳說西湖爲之水臭，原來是被拋進了西湖。明萬曆二十二年（一五九四年），按察副使范涞再次鑄像，又增加了張俊，遂成四像。

清代，阮元知杭州，又鑄鐵像。有好事者戲撰聯，製成小牌，掛於秦檜夫婦頸間。秦檜爲：「咳！僕本喪心，有賢妻何至若是？」王氏爲：「啐！婦雖長舌，非老賊不到今朝！」阮元謁廟時見此，不覺失笑。秦妻王氏一向陰險，比秦檜有過之無不及。岳飛入獄後，一日，秦檜苦於無證據治死罪，以指甲刻劃橘皮，若有所思。王氏竊見，笑道：「老漢何一無決耶？」並取炭在東窗下書六字：「

縛虎易，縱虎難。」秦檜恍然大悟，遂害岳飛。

最後添鑄的張俊，原來也是和岳飛一樣的力主抗金的名將。廟內北廊有岳飛所書《送紫岩張先生北伐》五言律詩碑刻，即爲張俊所寫。張俊曾娶錢塘名妓張穠爲妾。張穠頗通書史，張俊與金人作戰時，穠引霍去病、趙雲以爲榜樣，堅定其抗金之志。張俊把她的書信上奏朝廷，高宗親書獎諭，稱張穠的志行可與韓世忠夫人梁紅玉比美。風塵女子如此深明大義，誰知張俊後來竟入夥秦檜，陷害忠良，以致千載長跪於岳墓前，張穠如有靈，不知作何感慨。

現在墓前的四奸像，是一九七九年根據河南湯陰岳飛紀念館的鐵像重鑄的。

奸像自然遺臭萬年，就連奸人的姓名也爲世人所避諱。翰林院修撰秦澗泉，一日偕友遊西湖，到了岳王墓，友人戲指他爲秦檜後裔，並糾纏他爲秦檜題聯。澗泉援筆而書：「人從宋後少名檜，我到墳前愧姓秦。」此人乃明公安派領袖袁宏道才子的門生。

人皆切齒痛恨四奸，文徵明卻道出了謀殺岳飛的眞正元凶是宋高宗：「豈不念中原蹙？豈不惜徽欽辱？但徽欽既返，此身何屬？千古休誇南渡錯，當初自怕中原復。笑區區一檜何能，逢其欲。」高宗寧用半壁江山、徽、欽二帝換取一個天子龍位，而岳飛卻要恢復中原，迎回舊帝，豈不大大犯了忌？文徵明的《滿江紅．題宋思陵與岳武穆手敕墨本》，就題刻在岳廟內的南廊壁上。

## 風荷香飄曲院酒，橋畔坐觀雙峰雲

岳廟正面，有一片蘇堤與金沙堤合圍的湖面，因岳廟得名岳湖。其岸腳有亭，中立康熙帝南巡時御題的「曲院風荷」碑。

「曲院風荷」原名「麴院荷風」，是宋人題的西湖十景之一。景址原在今靈隱路上的洪春橋畔。南宋時，此處有一座官家釀酒的麴坊，坊中有一與西湖相通的小塘，汲水製酒，又種上荷蓮，夏日風起，荷香酒香隨風飄溢，行人爲之神往，「古來麴院枕蓮塘，風過猶疑醞釀香」，因成一景。宋時杭州官酒最盛，如冬日汲西湖水釀酒，味甘而色白，名爲湖白，極有名。宋統治者殺人也喜歡用酒，岳飛、牛皋還有宋江那些梁山好漢都被鴆酒所害。

宋亡之後，麴坊荒蕪，此景也隨之消失。康熙三十八年（一六九九年），康熙南巡御書了西湖十景，此景無處落實，便在蘇堤跨虹橋北鑿池栽荷，東建迎熏閣、望春樓，西爲複道重廊，於是舊景再現。不過，比昔日的「麴院荷風」不知要華麗、富貴了多少倍。

「曲院風荷」畢竟可以人工再造，而康熙皇帝御書了「雙峰插雲」後，實在不知道該往何處勒石立碑了。宋人原題「兩峰插雲」，兩峰指南高峰、北高峰，兩峰相去十餘里，逢欲雨未雨之時，四山雲冪，兩峰因高故，猶露其巔，望之如插雲霄。這本是湖中遙望之景，「晚來新雨湖中過，一片痴雲鎖二尖」，卻硬要尋地立碑，只好選擇了南北兩峰之間的洪春橋畔，勒石建亭。

康熙是清初有作爲的皇帝，題寫「西湖十景」也不肯全依前人，「麴院」改「曲院」，「荷風」改「風荷」，「兩峰」改「雙峰」，後人從此依皇帝改稱。但皇帝的權威是有限的，康熙又改「雷峰夕照」爲「西照」，「南屏晚鐘」爲「曉鐘」，後人皆不從。雷峰塔初建，重檐飛棟，窗戶洞開，夕陽返照，金碧耀目。後篆廊雖毀，塔身巋然。磚皆赤色，蒼蘿紛披，日落時倒影湖中，如火珠將墜。南屏山多空穴，傳聲獨遠，鐘之搖，令人有日暮蒼茫之感。一字之改，意境全去了。

## 縐雲峰感恩北渡，九里松替匾重懸

洪春橋畔，有杭州花圃。花圃內最著名的是一石，即被稱爲江南三大名峰之一的「縐雲峰」。這塊假山石全長二點六米，中腰處僅零點四米，「形同雲立，紋比波搖」。石的背面刻有「具雲龍勢，奪造化功；來自海外，永鎮天中」字樣，下署「道光乙酉（道光五年，一八二五年）笑拈蔡錫琳題」。這題字，記錄了此名石的變遷史。

浙江海寧孝廉查伊璜，冬日外出賞雪，偶爾結識了「鐵丐」吳六奇。查送袍贈金，勸吳投軍。這個力能舉鼎的乞丐，從軍後果然功績卓卓，官至廣東水陸師提督。吳六奇深感查伊璜大恩，接他赴粵暢敘。在吳花園內遊玩時，查看到這塊英石峰，極讚賞，在石上題了「縐雲」二字。吳見查喜愛此石，便派船專將此石送至海寧查府。清代名畫家戴熙、蒲竹英、吳伯滔等還爲此石留下傳神之筆。後查家遭獄，雖經吳六奇力保，免於殺戮，但家道從此中落，奇石落於海鹽顧氏，又轉海昌馬氏，道光年間，石門（今桐鄉崇福鎮）蔡錫琳以千金購得，置城東北福嚴寺中。一九六三年，移來此處。縐雲峰因其縐多曲折，與蘇州的瑞雲峰，上海豫園的玉玲瓏稱江南的三名峰。

杭州花圃北，隔靈隱路，舊有玉泉寺，又稱清漣寺。現已建成庭院式園林，西湖三大名泉之一的玉泉就在此園內。玉泉又名「撫掌泉」，據周楝《玉泉開山尊者記》載，南齊武帝時，玉泉有淨空寺，靈悟大師曇超在此說法。有一老人常來聽法。一日，開口道：「我龍也，世居富春鹿山，兄弟五人，我爲長。去冬邑民鑿山陶甓，侵我室廬，群龍怒而不雨，今累月矣。諸弟不聽從我的勸說，請法師前往化說。」爲了證明他果眞是龍，曇超說：「此庵無水，汝能致之乎？」果然，老人撫掌而泉出。「坐來重撫掌，更得佐茶樽」，便指此典故。自宋以來，玉泉池中養了許多五色金魚，更吸引了遊人前往。

玉泉內的泉眼，果然有些稀奇。面積一丈見方，水色透明，池底纖細可辨的「珍珠泉」，遊人的腳用力踏池邊，便有水泡串湧，形似珍珠。

出玉泉，沿洪春橋「雙峰插雲」景色西上，至靈隱寺山門計九里，即「錢塘八景」中的「九里雲松」舊觀址。也是杭州最古的行道樹。九里松始於唐玄宗開元十三年（七二五年）。據《西湖志》載：「唐刺史袁仁敬植松於行春橋（又名洪春橋），西達靈竺路，左右各三行，每行相去八九尺。蒼翠夾道，陰靄如方，日光漏若碎金屑玉，人行其間，衣袂盡綠。」袁仁敬還在洪春橋建了一座九里松亭，跨路為門，稱「一字門」。南宋初年，王安石的外孫吳說寫「九里松」匾額，懸於此門。一日宋高宗趙構來遊，行經此處，見匾不以為然，命人取下，帶回來重寫。不想，命筆數十幅，均不如吳說。高宗嘆道：「無以易說所書也」。只得命人將舊匾飾金，重新懸掛。

九里松自唐至今，也命運多舛。從唐至明中以前的七八百年間，松樹「大皆連抱，而高成百尺」。明萬曆年間，陳善作《杭州府志》時記，松樹尚存二百六十株；明朝末年，邵重生編《武林山志》，松樹僅留九十一株；清初孫治作《靈隱寺志》，只剩下了十餘株；至乾隆年間，翟灝撰《湖山便覽》，嘆道：九里松「今盡矣！」今日的「九里松」，是六十年代重新種植的。

## 二水合流金沙澗，雙橋共載春淙亭

過了合澗橋，就是著名的靈隱了。

橋跨自上天竺跳坡而下的南澗水流之上，橋北，南澗匯自靈隱而下的北澗流水成金沙澗，號「錢源」，瀉入岳湖，是錢塘湖水最大的源頭。元人張昱有詩云：「兩澗何年合，一橋終日閒，桃花逐流水，未覺是人間。」其實，靈隱諸山一帶，正是杭州最早居民的「人間」。

金沙澗又名武林澗，武林澗得名於武林山，武林原名虎林，漢代之前，杭州之山通稱虎林。據劉宋劉道真《錢塘記》載，「秦漢時，山有白虎，常踞於其巔，不食生物，惟飲澗水，故曰虎林。」唐代後，始改武林。秦始皇時，杭州已置縣治，據《吳地記》，古縣治即因此山麓為城，城址周迴五十里。那時的江流直逼山麓。山上泉流而下，山下有抗潮汐所築塘，所以杭州最早名泉唐。唐代避國諱，加土成塘。五代錢王築塘防潮，更名錢塘。至於杭州，隋代在餘杭縣設杭州，因縣得名。現「武林」之名，惟存杭州市北的武林門了。

合澗橋上，原有春淙亭。傾圮後，清乾隆九年（一七四四年），靈隱寺的住持巨濤禪師，在西澗迴龍橋上重建橋亭，移「春淙」名於此。康熙舉人厲鶚在《樊榭山房文集》中記載，當年亭成之後，巨濤問名於他，他說合澗橋舊有春淙亭，取蘇軾「兩澗春淙一靈鷲」之句，今亭廢已久，宜移其名於此。巨濤借題大發了一通禪理：「昔亭與澗合，而今亭與澗分；昔亭廢而名存，今亭新而名舊，天下推移起滅之幻有如是乎？然其爲『春淙』則同也。」

春淙亭側，有龍泓洞，「誰知一泓水，曾有老龍蟠」。洞中有南宋末年賈似道的摩崖石刻。龍泓洞口，有理公塔，爲明萬曆十八年（一五九〇年）重建，爲紀念靈隱寺開山祖慧理禪師而築，又說附近的青林洞（射旭洞）爲慧理燕寂之處，故名「理公岩」、「燕寂岩」。射旭洞中有元周伯溫所書《理公岩記》碑，其書法藝術價值很高。

**峰不知何時飛來，猿播傳千年仍在**

慧理，是印度高僧，東晉晉和年間來杭，見到飛來峰，不勝驚喜：「此乃中天竺國靈鷲山之小嶺，不知何以飛來，仙靈隱窟，今復爾否？」因在此結廬建寺。飛來峰也又名靈鷲峰。

相傳，慧理指飛來峰爲靈鷲飛來，聽者不信，爲證其言，隨呼峰下洞中黑白二猿爲證。現飛來峰西麓，距靈隱寺半里之遙的雜樹紛草中，有呼猿洞。從此，畜猿就成了靈隱禪師的特殊愛好。六朝宋智一禪師養猿於山間，他臨澗長嘯，衆猿畢集，時人謂之「猿父」；宋代的瞎堂禪師（高僧濟顚的師父），甚至給猿穿上衣裳，取名「猿行者」。清人陸次雲《湖壖雜記》記載：「順治己丑（順治六年，一六四九年），秋夜，一僧於月下見一白猿立於峰頂，皎如積雪，映雪逾潔。辛卯冬青蓮閣下一黑猿戴笠而趨，衆皆見而呼之，猿卻顧微吟，越溪而去。」千年之後，隨飛來峰一道自印度飛來的黑白兩猿還縱跳自如，當然令人難以置信，但像靈隱山這樣的荒山大嶺，有猴子出沒，大約是常事。

**翠微亭二將閒登，冷泉亭兩公續匾**

飛來峰半山腰，有一座灰白黛黑相間的小亭，它雖建於風景佳秀之處，卻深隱著建亭主人的一段悲痛。亭側石壁有一塊摩崖，欲語不能地道出建亭的初衷：

紹興十二年，清涼居士韓世忠因過靈隱，登覽形勝，得舊基建新亭，榜名「翠微」，以爲遊息之處待好事者。三月五日，男彥直書。

韓世忠與岳飛同爲抗金名將，岳飛被害，韓世忠也被解去兵權，自號「清涼居士」，放浪於西湖山水間，題亭名「翠微」，因岳飛有《登池州翠微亭》詩：「經年塵土滿征衣，得得尋芳上翠微。好山好水看不足，馬蹄催趁月明歸」，以資紀念。但岳飛被害於紹興十一年冬，亭建於紹興十二年三月，僅距六十六天，韓世忠不能言明，只好曲筆於「待好事者」。

飛來峰西麓靈隱寺前，有冷泉。冷泉與靈隱寺間有冷泉亭。冷泉亭原在冷泉池中，爲唐中杭州刺史元藇所建，後被山洪沖毀，明萬曆年間在岸上重建。冷泉亭原有一塊匾額十分珍貴，唐代白居易先書「冷泉」二字，宋代蘇東坡又續書「亭」字，兩文壇名家、治杭賢吏近兩百年共書成一匾，堪稱古今一絕。據《梁溪漫志》載，蘇東坡常在冷泉亭辦公事，「據案剖決，落筆如風雨，分爭辨訟，談笑立辦」，此公豪氣逸韻可以想見。

明代書法家曾在冷泉亭題妙聯一幅：

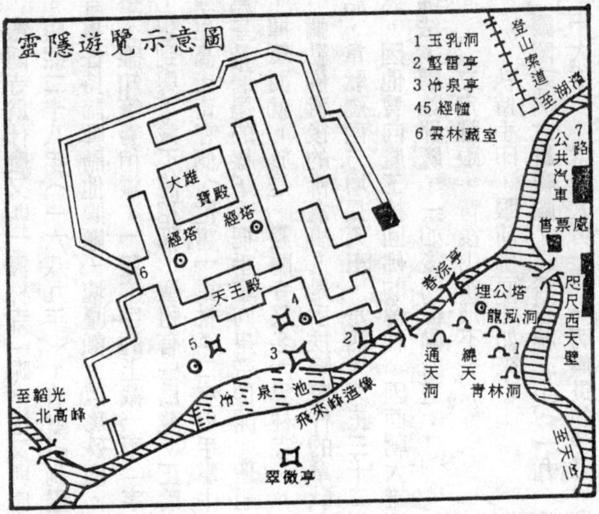


泉自幾時冷起
峰從何處飛來

自此，後人紛紛作答，最有特色爲兩聯。清石治棠聯云：

泉自冷時冷起
峰從飛處飛來

清代名將左宗棠聯云：

在山本清，泉自源頭冷起
入世皆幻，峰從天外飛來

**將錯就錯，雲林號禪寺；似佛非佛，童子須遍參**

仿佛與冷泉亭題聯相對應，靈隱寺殿前有一副楹聯高懸：

峰巒或再有飛來，坐山門老等
泉水已漸生暖意，放笑臉相迎

果然，正中迎門的佛龕裏，終年端坐著笑口常開的彌勒佛。

靈隱寺，創建於東晉咸和元年（三二六年），是杭州最古老的寺院，也是西湖四大叢林僅存的一座。據《靈隱寺志》記載，山門始榜「絕勝覺場」，宋景德四年（一〇〇七年）改景德靈隱禪寺。明初重建，定名靈隱寺。靈隱寺曾盛極一時，蘇東坡有詩句云：「高堂會食羅千夫，撞鐘擊鼓喧朝哺」，其規模可以想見。

靈隱寺爲什麼又叫「雲林寺」呢？這又與康熙皇帝有關。康熙二十八年（一六八九年），清聖祖到靈隱寺遊玩，寺裏住持諦暉請他賜題一塊匾額，以彰殊寵。聖祖欣然命筆，誰知筆勢稍縱，「靈」字的上截「雨」字寫得過大了，想到與下截不能相稱，聖祖有些爲難。正躊躇間，內廷學生高士奇在側，忙書「雲林」二字與手掌中，故意作出爲皇帝磨墨的樣子，把手掌向皇帝伸開。聖祖瞥見，大悅，揮筆而就。於是，靈隱寺又名「雲林寺」。

彌勒佛背後的佛龕裏，是手扶降魔杵的韋馱。據印度神話，韋馱屬南方增長天王，是四大天王三十二部將中的首席。因他曾向魔王搶回佛的舍利，因面朝大雄寶殿，保護佛法，驅除邪魔，一如後門楹聯所道：

立定腳跟，背後山頭飛不去

執持手印，眼前佛面即如來

靈隱寺的大雄寶殿，爲清宣統二年（一九一〇年）重建。「大雄」，就是大勇士，一切無畏的意思，是佛家對釋迦牟尼的尊稱。大雄寶殿的後壁，有一組立體彩色群雕，錯落著大小一百五十個人物，這裏有一個主要的故事是，善財童子南遊遍參五十三個善知識始成正果。

據《華嚴經·入法界品》說，福生城某家有小兒剛入胎時，家裏珍寶湧現，因名「善財」。文殊菩薩正路過此城，指點善財說：見到了我，你已得了「根本智」，但還沒有得到「差別智」，需南遊一百零十城，參見五十三「善知識」（名師）。最後遇見普賢菩薩，修成正果。群塑中，數十個合掌參拜的小孩，都是善財童子，展示了他參拜的歷程。足踏鯨背，手執淨瓶的是大慈大悲救苦救難的觀世音菩薩，善財童子參拜她爲「第二十七參」。修成正果後，善財童子做了觀世音的貼身隨從。

## 佛門禪機韜光遊止；文壇佳話老僧續詩

靈隱寺後，有山路可登北高峰。山行里許可至半山腰「韜光」。昔日僧家刳竹引泉，衆響並作，婉若琴索。有諺云「雲林寺僧不能不飲韜光之水，韜光寺僧不能不行雲林之路。」韜光所在山塢，原名巢枸塢，因唐代高僧韜光禪師在此卓錫而得名。相傳韜光原在四川修行，後辭師出遊，師父囑他「遇天可前，遇巢即止」。他達巢枸塢時，正值白樂天（白居易字）任杭州刺史，因就此住下。以後還與白居易結爲詩友。一日，白居易特邀韜光進城小住：

白屋飲飯香，葷膻不入家。濾泉澄葛粉，洗手摘藤花。清芥除黃葉，紅薑帶紫芽。命師相伴食，齋罷一甌茶。

韜光回詩婉言謝絕：

山僧野性好林泉，每向岩阿依石眠。不能栽松陪玉勒，惟能引水種金蓮。白雲乍可來青峰，明月難教下碧天。

城市不堪飛錫去，恐妨鶯囀翠樓前。

現韜光內仍有「金蓮池」、「一甌亭」。

韜光知客廳內曾以唐詩人宋之問名句為聯：

樓觀滄海日

門聽浙江潮

「西湖十八景」之一「韜光觀海」便由此而來。民間卻傳聞此聯乃駱賓王所續。宋之問遭貶後，至江南。夜遊靈隱，月極明。長廊行吟，一聯即出：「鷲嶺鬱岧嶢，龍宮隱寂寥。」但苦思冥想，第二聯終不如意。行至一禪房前，見一老僧點長明燈盤坐禪床。老僧問：「少年夜深不寐，苦苦吟誦，為了什麼？」宋之問答：「弟子學詩，想題句此寺，但詩興不發。」老僧要他吟出上聯，玩味再三，問道：「你何不續『樓觀滄海日，門聽浙江潮』？」宋之問驚奇老僧詩句遒勁奇麗，第二天天明再去尋找，老僧已經不在了。有寺僧告知，老僧即為駱賓王。徐敬業討伐武則天，兵敗之後，駱賓王逃脫，落髮為僧，遍遊名山。宋之問悵然久之。此說自晚唐以來頗為流行，其實與史實不符。武則天執政初年，唐開國名將徐勣的孫子徐敬業舉兵討伐武氏，興復唐室，「初唐四傑」之一駱賓王為其幕僚，寫下了名文《討武曌檄書》，儘管其文采使武則天也為之動容，怨宰相為何不將此等人才羅織朝廷，駱賓王還是死於兵敗之難。傳說不過表達了人們對一代才子的惋惜之情。

## 曲澗折路下錢塘（杭州南山）

吳山於城南清河坊一帶伏脈而起，由寶月、蛾眉、淺山、紫陽、七寶、雲居等小山相連而成，自隋代便圈為城中之山。其上，道院僧廬，晨鐘暮鼓，青樓畫閣，雜以笙歌，曾是個熱鬧的所在，名勝頗多。吳山，舊稱晾網山，吳山東南臨江，漁人捕魚後常在此晾網。吳山又為伍山，吳王夫差將伍子胥殺害，置於囊中，「投之江中，子胥因隨流揚波，依潮來往。」杭州雖為越地，也敬重子胥耿直為人，且最苦潮水為患，便自封伍子胥為潮神，在吳山立廟祀之。伍、吳音轉，便成了吳山。

**感花岩人面桃花，望海潮吳峰立馬**

吳山諸峰，以紫陽山景觀最勝。山麓有一處佛教造像，很有些特別。一般常見佛像皆慈眉善目，給人一副可親可敬的模樣，而寶城寺中的元代麻曷葛剌造像則短腿大腹，雙手捧一人頭，鬚髮虬捲，滿面凶怒。兩肩各掛人頭，腳下踏一天魔女，形狀猙獰可怖。位於左右的文殊與普賢也各騎以背蒙人皮的青獅、白象，兩位菩薩頸間還各掛一串骷髏。這是密宗供奉的「大黑天」（梵語音為麻曷葛剌），據說是大日如來降伏惡魔時所現的忿怒藥叉主之形象，可見佛祖也是有恩有威。厤曷葛剌造像旁還有附以日月的題記，這在國內極爲罕見。

寶成寺爲吳越國王妃所建，初名釋迦院。宋代，蘇東坡來院觀賞牡丹，題詩《留別釋迦院牡丹呈趙倅》，刻於瑞石古洞東「感花岩」上。

相傳唐代詩人崔護來吳山遊春，口渴，扣門討飲，受到一妙齡少女款待，眉目傳情，竟依依相別。第二年春，崔護重上吳山，再訪此女，不料，桃花鮮艷如故，所愛女子卻不知所往。崔護惆悵之餘，題詩壁間：

去年今日此門中，人面桃花相映紅。
人面不知何處去，桃花依舊笑春風。

蘇東坡觸情於此事，有感於人生易逝，也題詩其上曰：

春風小院卻來時，壁間惟問使君詩。
應問使君何處去，憑花說與春風知。

後人刻東坡詩於岩上，因稱感花岩。如今細觀之，詩句仍依稀可辨。

兩代詩人唱和感慨，不過是文壇逸事一段。有一人寫詩詞竟寫出國禍來了。北宋時，著名詞人柳永作《望海潮》，寫盡杭州繁花勝景。據清葉申薌撰《本事詞》載，此詞流傳到金國，金主完顏亮讀之神往，「遂起投鞭渡江之志」。後來，他曾密遣畫工施宜生潛入杭州造圖，並命人將圖製成屏風，加畫自己策馬立於吳山之頂，親題詩其上：「萬里車書盍會同，江南豈有別疆封？提兵百萬西湖上，立馬吳山第一峰。」紫陽山西、三茅觀遺址前岩石赫然直書「吳山第一峰」。

柳永那引起金人垂涎之意的《望海潮》，照錄如下：

東南形勝，三吳都會，錢塘自古繁華。煙柳畫橋，風簾翠幕，參差十萬人家。雲樹繞堤沙，怒濤捲霜雪，天塹無涯。市列珠璣，戶盈羅綺，競豪奢。

重湖疊巘清嘉，有三秋桂子，十里荷花。羌管弄晴，菱歌泛夜，嬉嬉釣叟蓮娃。千騎擁高牙，乘醉聽簫鼓，吟賞煙霞。異日圖將好景，歸去鳳池誇。

柳永因詞致禍，無獨有偶。他原名三變，當年有詞《鶴衝天》云：「忍把浮名，換了淺斟低唱？」傳入宮禁，宋仁宗聞之，科考放榜時，特使柳落第，說：「此人風前月下，好去淺斟低唱，何要浮名？且去填詞。」柳三變只得自嘲「奉旨填詞」。後改名永，才做了小官。不過，像他這樣的奇才，幸虧仕途坎坷，否則多了一官僚，卻少了一詞曲史上的里程碑。

**道濟顛坐化，鐘省南屏；法海偈鎮蟒，塔老雷峰**

玉皇山麓，靠近西湖南岸，有嶺如屏，故名南屏山。南屏山慧日峰下，有一座古老的寺院，名淨慈寺，據書載，爲五代後周顯德元年（九五四年）錢王俶所建，原名「

慧日永明院」。南宋紹興十九年（一一四九年）改爲「淨慈禪寺」。西湖十景之一的「南屏晚鐘」，就置於此寺中。康熙南巡時，將「南屏晚鐘」改成「南屏曉鐘」，說是天將破曉，「夜氣方清，萬籟俱寂，鐘聲乍起，響入雲霄，致足發人深省也」。對修省而言，曉鐘爲佳，對景物而言，還是晚鐘爲妙，老杜就有「山鐘搖暮天」之句。

淨慈寺內有濟祖殿、神運井（運木古井），這都與南宋傳爲羅漢下凡的道濟和尚、著名的「濟公」有關。道濟俗名李心遠，初於靈隱寺出家，不守戒律，嗜好酒肉，舉止如痴如狂，寺僧皆責難之。其師瞎堂遠說：「佛門廣大，豈不容一顛僧！」自此，人稱「濟顛」。後移住淨慈寺，當了一名記堂文書。道濟能文會偈，雖有些痴狂，卻常做好事，便生出種種傳說。大多出自他居淨慈寺以後。

傳說宋嘉泰年間，火神幻變爲青年女子入寺燒香，被道濟識破，阻於寺外。寺院方丈乃凡夫，斥退道濟，放進火神。道濟又作顛狂狀，繞廊大呼「無明發！無明發！」提醒衆人將有「無明火起」。衆僧不悟，淨慈寺果燬於火災。爲了重建淨慈寺，雖從當地募化來些銀錢，但杭州山中無粗大木可爲棟爲樑爲柱。道濟自告奮勇隻身往四川募化木材。財主見他瘋顛，取笑於他，問要多少木頭？道濟言道只要一袈裟足夠。財主笑而許之。誰知道濟袈裟一抖開，竟蓋住了一座山，大木不伐自出。道濟回到寺中，又喝了個爛醉。一覺醒來，滿寺大叫：「大木來了！大木來了！快叫工匠搭鷹架來扯！」衆僧皆笑他痴，來到香積井邊，果見井水中露出粗木。扯了一株，又有一株冒出頭來。方丈問有多少株？道濟笑：若不夠用只管取，若夠用了，便作罷。扯到九十九根，工匠說：「夠了。」第一百根木頭剛剛出水，也不再冒起，留在井內直到如今。

道濟辦事也不全憑顛狂取勝，有時也動以眞情，感人肺腑。一日府尹要來砍伐淨慈寺外松樹，濟顛做詩呈上：

亭亭百尺接天高，曾與山僧作故交。
滿眼枝柯千載茂，可憐刀斧一齊拋。
窗前不見龍蛇影，屋畔無聞風雨號。
最苦旱間飛去鶴，晚回不見舊時巢！

府尹低徊吟詠，心爲所動，遂罷砍伐之念。

活到六十外，濟公忽爾厭世，信口作頌道：「吾聞水要流乾，土要崩陷。豈有血肉之軀，支撐六十年而不變？稜稜的瘦骨幾根，癟癟的精皮一片。既不能坐高堂，享美燕，使他安閒；何苦忍飢寒，奔道路，將他作踐？況眞不眞，假不假，世法難看；且酸的酸，鹹的鹹，人情已厭。夢醒了，雖一刻也難留；看破了，縱百年亦有限。」

作頌已畢，即時坐化。葬於虎跑塔中。虎跑寺內原有濟祖塔院遺址。

隔著一條南山路，南屏山正對著夕照山。夕照山瀕湖，以著名景觀「雷峰夕照」得名。雷峰塔原名黃妃塔，宋開寶八年（九七五年）吳越王錢俶因黃妃得子而建，並親作《黃妃塔記》。塔處當時西關外，又名西關磚塔，塔所在山峰名雷峰，雷峰塔名由此而來。傳說中的白娘娘，就被法海和尚鎮於此塔下，還留下偈語：塔倒湖乾，方許出世。

一九二四年九月二十五日下午二時許，塔突然傾圮。附近之人，但見塵埃蔽天，鴉鴿滿空，頓時人心惶惶。人們發現，塔上半部的磚中心有孔，內嵌木刻印成的紙卷經文「一切如來心祕密金身舍利寶篋印陀羅尼經」。大半腐爛，完整者絕少。卷首有禮佛圖，經卷外層題曰：「天下兵馬大元帥吳越國王錢俶造此經八萬四千卷，舍入西關磚塔永充供養，已亥八月日紀」。自塔成至坍塌，約九百五十年。如若不是無知之人，妄信塔磚可利農蠶，前來競相鑿取，雷峰塔還可以保存得更長久一些。

**三義士鄰墓，雙少保同冤**

南屏山至三臺山，圍拱西湖之西南，此處有三位歷史上著名人物的墓祠，爲湖山增色。

南屏山北麓荔枝峰下，有抗清英雄張煌言的墓。張煌言，號蒼水，浙江寧波人，明崇禎十五年（一六四二年）舉人。清兵攻陷南京後，與錢肅樂張名振等人奉魯王朱以海，起兵抗清。於康熙三年（一六六四年）因叛徒出賣被俘。清廷一再勸降，願以兵部尚書原職起用，蒼水不爲所動。作七律明志：

國破家亡欲何之？西子湖頭有我師。
日月雙懸于氏墓，乾坤半壁岳家祠。
漸將赤手分三席，敢爲丹心借一枝。
他日素車東浙路，怒濤豈必屬鴟夷！

康熙五年（一六六六年）九月初七，張煌言被害於杭州弼教坊，自二十六歲投筆抗清，轉戰十九年，時年四十五歲。臨刑，猶嘆讚：「大好山色！」遂書絕筆詩一首：「我年適五九，復逢九月七；大廈已不支，成仁萬事畢。」端坐於地，從容就義。

張煌言被殺後，屍拋荒野，其妻董氏早已瘐死獄中，兒子張萬祺三天前鎮江遇害，族中無人收殮。明末復社領袖萬泰之子、明史稿編纂者萬斯同之兄萬斯大和張文嘉、紀五昌等人出資，命其外甥朱相玉到總督衙門買回首級，殯殮於南屏山麓。其側有同時被害的羅子木、楊冠玉、舟子堂。

盛在鉸曾題：

作萬古忠義心，不愧文山隨北虜；
爭一片乾淨土，願從武穆峙南屏。

近代民主革命家、大學者章太炎更欽佩張煌言爲人，曾言「生不同辰，死當同穴」。一九三六年病故後，也實現了生前的願望，葬於張墓東面。篆書墓碑「章太炎之墓」，是他當年被袁世凱軟禁北京時自題，其氣節風采與蒼水先生同出一脈。

張蒼水詩中所說：「日月雙懸于氏墓」的于謙墓地，在三臺山麓。于謙，浙江錢塘人，永樂十九年（一四二一年）進士，後官至兵部尚書，成爲朝廷重臣。少時，于謙在富陽山中讀書，閒步石灰窯，有感而發：

千錘萬擊出深山，烈火焚燒若等閒；
粉身碎骨全不怕，要留青白在人間。

這詩後來竟成了他盡忠而死的寫照。

正統十四年（一四四九年），明英宗親征南侵的瓦剌軍，兵敗被俘。以也先爲首的瓦剌軍挾英宗直犯京師。于謙力勸英宗弟朱祁鈺即位，並擊退瓦剌，保住了大明天下。也先無可要挾，後放回英宗。一朝兩帝，自然你爭我鬥。天順元年（一四五七年），明英宗復辟，以迎立外藩謀反罪加害於于謙，因無實據，便以「雖無顯跡，其意欲則有」的「意欲」二字強加殺害。清人孟良揆有詩云：

「意欲豈殊三字獄，英雄遺恨總相同。」岳飛爲山河統一，迎回舊帝，被新帝所害，于謙爲力保社稷，又立新帝被舊帝所害，一心精忠報國的良臣，最後都成了封建帝王爭奪權位的犧牲品，痛哉！惜哉！

天順三年（一四五九年），于謙靈柩運回杭州，葬於三臺山麓。成化元年（一四六五年），明憲宗爲之平反，謚爲「忠肅」。松柏蒼蒼，浩氣長存。

袁枚有詩讚：

江山也要偉人扶，神化丹青即畫圖。
賴有岳于雙少保，人間始得重西湖。

## 虎跑泉湧峰藏寺，弘一師歸雲棲禪

玉皇山西麓，有白鶴峰，峰擁一泉，號爲天下第三，即虎跑泉。虎跑泉在虎跑寺中，寺原名大慈定慧寺，創建於唐元和十四年（八一九年），虎跑泉的傳說也由此而起。性空大師喜山靈氣秀，棲禪於此。但苦無水源，欲離去。一夜間，有神人跪而求之：「自師來，我等受惠甚大，爲何拋棄而去？南嶽有童子泉，遣二虎移來便是，師父不必憂慮。」第二天，果然有二虎出山刨地出泉，甘洌醇厚。後來，南嶽有人來，性空禪師問童子泉怎麼樣？來人回答已日漸枯涸了。蘇東坡有詩詠道：

亭亭石塔東峰上，此老初來百神仰。
虎移泉眼趁行腳，龍作浪花供撫掌。

詩中的最後一句，寫的是虎跑泉另一神奇的現象，泉水時會水花自翻。明宗濂作《虎跑泉銘》，曾記述一二：「濂朝京師，道經山下。主僧定岩邀濂觀泉。且按法衣，率其徒，同舉梵咒。久之，泉觱沸而出，若聯珠然。已而微作湧勢。濂心異之，遂爲作銘。」口渴難忍的老虎憑借動物靈敏的嗅覺，找到泉水，並偶然被和尚看見，不無可能，水花自泛是否與濟南趵突泉同理？看來，傳說也並非無中生有，而是捕風捉影罷了。

宋時，寺院改名法雲祖塔院，但終因泉水名氣太大，而隨泉名叫了虎跑寺。寺內原有古代名人石刻遺跡多處，現尚存蘇東坡《病中遊祖塔院》詩石刻：

紫李黃瓜村路香，烏紗白葛道衣涼。
閉門野車松陰轉，敧枕風軒客夢長。
因病得閒殊不惡，安心是藥更無方。
道人不惜階前水，借與匏尊自在嘗。

虎跑後山，有弘一法師的骨塔。這位弘一法師的行止，也算得佛門奇事。「長亭外，古道邊，芳草碧連天。晚風拂柳笛聲殘，夕陽山外山。天之涯，地之角，知交半零落。一瓢濁酒盡餘歡，今宵別夢寒」。這首在二十年代風靡一時的《送別歌》的作者，就是李叔同，後來的弘一法師。

李叔同是浙江平湖人，生於一八八〇年。他是從日本把西洋音樂、西洋繪畫、西洋戲劇介紹到中國來的先驅者之一。在東京，他和歐陽予倩等成立了中國第一個話劇團──春柳社，他扮演《茶花女》等名劇中女主角，轟動日本文化界。他兼畫家、書法家、篆刻家、音樂家，又是戲劇家和詩人爲一身，在中國近代史上實爲罕見。誰也沒想到，就在五四運動到來的前一年，李叔同與家人不告而別，到杭州虎跑寺披剃爲僧了。那年，他三十九歲。人當壯年，又藝壇馳名，正可大有作爲，爲什麼突然遁跡空門，而且心堅如鐵呢？這一直是個謎。

李叔同所皈依的是戒條極嚴厲的律宗，生活猶苦行僧。他潛心鑽研，失傳幾百年的南山律宗得以發揚，他成了律宗大法師，法名弘一。弘一法師雲遊閩海，一九四二年十月十三日圓寂於泉州。遺偈道：

君子之交，其淡如水；執象而求，咫尺千里；問余何適？廓爾忘言；華枝春滿，無心月圓。

這或許就是他於富貴盛名中出家的謎底吧。弘一法師的靈骨，部分在泉州，部分葬於虎跑。

**龍井有泉茶自香，曲澗折路下錢塘**

「龍井茶葉虎跑水」，人稱「雙絕」。其實龍井水也很有名，與虎跑、玉泉同稱爲杭州三大名泉。沿虎跑東鄰動物園東一岔路山行而上，可至鳳凰嶺龍井。龍井，又名龍湫、龍泉。大旱之年，它泉乾涸，獨此泉長流不竭，人以爲與海相通，自然有龍，因名「龍井」。其實，龍井不過是深山亂石之中泉眼，蓄之深，發之遠，所以其施無窮。有時見小蟹、斑魚之類，如有稍大魚，人們便以爲是龍的化身。

離龍井里許，原有壽聖院。元豐二年（一〇七九年），辨才法師自天竺歸老此院，與蘇東坡來往頗繁。一日，辨才因窗前兩松，被風吹折一株，悵悵作成詩句，示以東坡：「龍枝已逐風雷變，減卻虛窗半日涼」。東坡笑盈盈續上：「天愛禪心圓且潔，故添明月伴清光。」辨才因年高八十有二，自言不復出入。但東坡來訪，信步相送，竟忘了自己訂的清規「山門送客，最遠不過虎溪」，竟把蘇送過了虎溪橋。小徒急叫：「遠公（辨才）遠公，送客已過虎溪矣！」二人相顧大笑。

後來，虎溪橋改爲「過溪橋」，又在橋上建亭，名「過溪亭」。現在龍井東嶺下虎溪橋上，尚存「過溪亭」。

大詩人白居易在《冷泉亭記》中寫道：「東南山水，餘杭郡爲最，由郡言，靈隱寺爲尤；由寺觀，冷泉亭爲甲」，因稱冷泉亭是「最餘杭而甲靈隱」。而清學者俞樾則說：「九溪十八澗乃西湖最勝處，尤在冷泉之上也。」穿龍井景點西南的龍井村，轉而向南，使可進入西湖南山最幽雅的去處「九溪十八澗了」。

九溪上有兩源，一爲龍井獅子嶺，一爲翁家山楊梅嶺，南流匯合青灣、宏法、渚頭、方家、佛石、雲棲、百丈、唐家、小康九塢之水，曲折至徐村而入錢塘，因稱九溪。「十八澗」說法不一，有的說九溪沿途匯細流十八，因名；有的說「十八」只是虛詞，言其多也，並非實指；還有的說履石渡水曰澗，溪流彎曲，路人欲前行，必不斷渡澗，忽在溪東，忽在溪西，如此十八次，故曰九溪十八澗。幾種說法雖不統一，卻共同道出了九溪十八澗的山野之趣，眞是「重重疊疊山，曲曲環環路，叮叮咚咚泉，高高下下樹。」若大雨過後，其景更佳。

**孤高六和塔，怒湧浙江潮**

自北而南，行盡九溪十八澗，來到江邊。東向可見江干一塔聳出層巒，此即六和塔。六和，取佛家天、地、東、西、南、北六合之意。塔初建於宋開寶三年（九七〇年），吳越王錢俶爲鎮江潮而建。宣和五年（一一二三年，）方臘由富陽攻入杭州，塔被燒燬。紹興二十三年（一一五三年）再建，十年峻工。明清兩代都曾大規模重修。塔下第四層，原有魯智深雕像，其源出於水滸一百一十九回「魯智深浙江坐化」。說的是魯智深隨宋江軍駐紮六和寺，夜聽浙江潮信，方悟出其師偈語：「聽潮而圓，見信而寂」的意思，當夜圓寂。只留下頌子一張，云：「平生不修善果，只愛殺人放火。忽地頓開金繩，這裏扯斷玉鎖。咦！錢塘江上潮信來，今日方知我是我。」這書中還說，武松不肯進京招安，也留在六和寺做了和尚。這些本是小說家的虛構，修塔者竟信以爲眞，塑了像，還有人說曾在江滸挖得石碑，上刻「武松之墓」。這些傳說雖無實據，卻增加了六和塔的吸引力。

## 天下壯觀錢塘潮（海寧鹽官）

錢塘江，最吸引人的是一年一次的錢塘潮。潮水最盛為八月十八日，傳說為潮神生日。南宋朝廷將此日宣為檢閱水師之日，周密在《武林舊事》中記錄過當時盛況：「吳兒善泅者數萬，皆披髮文身，手持十幅大彩旗，爭先鼓勇，溯迎而上，出沒於鯨波萬仞中，騰身百變，而旗尾不沾濕，以此誇能。」唐人劉禹錫也有詩詠潮：「八月濤聲吼地來，頭高數丈觸山回。須臾卻入海門去，捲起沙堆似雪堆。」正因「頭高數丈觸山回」，曲折而流，「浙江」由此得名。

錢塘江為什麼會形成如此壯觀的湧潮呢？地理學家竺可楨作了科學的解釋：「凡江中有怒潮者，必具有以下三個要素：一、河須濱海；二、河口必須箕形，外口極闊，內行逐漸狹減。三、河口必須甚淺，且須有沙礁橫梗口外……。」錢塘江正好三者兼備，外為杭州灣，寬達一百公里，繼而兩岸劇縮，至澉浦只寬二十公里，到了海寧鹽官江道僅三公里，潮水層層相疊，最高達八點九二米。

宋代觀潮在江干六和塔一帶，如今已經移到海寧鹽官了。自杭州乘汽車前往，一個半小時便可到達。

鹽官鎮堰瓦壩，有清代宰相陳元龍，人稱「陳閣老」的故宅。海寧陳氏清初為名門望族，有「一門三閣老，六部五尚書」之顯赫。為什麼陳氏會如此顯達呢？民間盛傳因為乾隆皇帝出自陳氏家門。《清朝野史大觀》記述：雍正帝當皇子時，與海寧陳家友善，恰巧兩家都生孩子，歲、月、日、時皆同。皇四子命陳家抱新兒來看看，待抱回時，已經易男為女了。陳家不敢聲張，只好將錯就錯。乾隆即位後，對陳家尤厚，六次南巡，四次駐蹕海寧陳家，升堂垂詢家世，臨行時步至中門，說「以後除非天子臨幸，這門不要輕易開啓。」陳氏家中有匾，「愛日堂」、「春暉堂」皆為御書，都是兒子尊敬、孝順父母的意思，可見乾隆也深知其中根底。但據史學家孟森先生考證，那匾額實為康熙書寫，與乾隆並無關係。國史館《陳元龍傳》記載，康熙三十九年四月，玄燁在便殿召見群臣，說「爾等家中各有堂名，不待自言，當書以賜。」元龍奏稱，父之闓年逾八十，因擬「愛日堂」三字，康熙御書賜之。

海寧鹽官為觀潮第一勝地，潮來之時，東邊水天相接處，銀線漸顯，宛若素練橫亘，因稱「一線潮」。除此以外，鹽官以東七公里的八堡（滬杭公路里程碑五十一至五十二公里之間）可以看到東、南潮的匯合，兩面潮頭相撞，如冰山玉碎，蔚為壯觀。在鹽官以西十一公里的老鹽倉（滬杭公路里程碑三十三公里處）可以看到奇特的「返頭潮」。如果你有興致，可以自東向西趕潮頭。潮頭每小時約二十五公里，你可先到八堡看東南潮匯合，再到鹽官飽覽「一線潮」，最後趕到老鹽倉欣賞丁字壩「返頭潮」，全程二十公里，時間完全來得及。

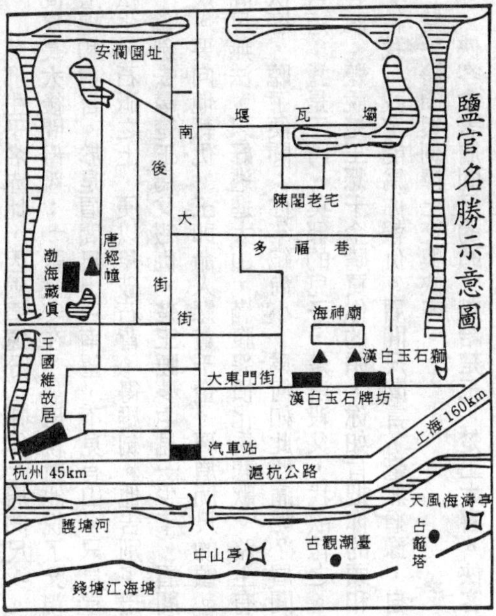


## 眉間尺報仇記（德清莫干山）

盛夏時節，杭州附近最好的避暑地，便是號稱「清涼世界」的莫干山了。自杭州乘車奔德清，再至莫干山，只兩個多小時便到。

莫干山，得名於莫邪、干將在山中鑄劍的傳說。因爲年代久遠，傳說各異，彙攏起來，竟可以編成一個干將、莫邪的故事系列了。

干將，是春秋時著名鑄劍的匠人。他曾從歐冶子學鑄，鑄有鐵劍三枚：一曰龍淵，二曰泰阿，三曰工布，獻給楚王，楚王大悅。楚王問：「何爲龍淵、泰阿、工布？」楚大夫風胡子論曰：「欲知龍淵，觀其狀，如登高山，如臨深淵；欲知泰阿，觀其鈲，巍巍翼翼，如流水之波；欲知工布，鈲從文起，至脊而止，如珠不可衽，文若流水不絕。」晉、鄭聽說楚國有如此精良之劍，欲求之，不得，便興師圍城，三年不退。於是楚王引泰阿之劍，登城指揮，寒光凜冽，三軍炫目，楚軍大勝。干將鑄劍的名聲也爲之遠揚。

莫邪，是干將的妻子。在爲吳王闔閭鑄劍時，鐵汁不下，干將十分焦急，說：「吾師冶鑄時，金鐵之類不銷，夫妻俱入冶爐，以使劍成。」莫邪十分聰明，說「先師親爍身以成物，妾何難也。」便斷髮剪指甲投入爐中，使童女三百，鼓橐裝炭，金鐵乃濡，果然，鑄成寶劍兩柄。陽曰干將而作龜文；陰曰莫邪而漫理。干將藏起了雄劍，將雌劍獻給闔閭。

另有說法是，這劍是爲楚王鑄造的，因而引出了眉間尺報仇的故事。干將作劍，三年乃成。當時，莫邪即將臨產。干將對妻子說：「楚王必殺我。你如生男兒，長大後，告訴他：『出戶望南山，松生石上，劍在其背。』」干將攜雌劍見楚王。楚王見雌雄二劍，雌來而雄不來，果然大怒，殺干將。

莫邪生子名赤比，因兩眉遠分，呼作「眉間尺」。眉間尺長大後問母親：「吾父安在？」母親對他說了父親的遭遇和遺言。於是眉間尺出戶南望，不見有山，只見堂前松生於石砥之上，便以斧破石背，得雄劍。他告別了母親，負劍去尋楚王為父報仇。楚王睡夢中見一少年，眉間廣尺，要向他報仇。王即命人懸賞千金，要眉間尺的頭。眉間尺無法，只好逃進大山，滿腹怨憤化為悲歌。路上有一俠客，聽了便問：你年紀尚小，為何如此悲痛呢？眉間尺答道：我是干將、莫邪的兒子，楚王殺父，我欲報之。俠客說：聽說楚王懸千金購買你的頭，你如肯把你的頭和劍交給我，我定能為你報仇。眉間尺聞言，毫無猶豫，自刎，雙手將頭與劍捧上交與俠客。

俠客拿著眉間尺的頭，獻給楚王，楚王大喜。俠客說：這是勇士的頭，應當用湯鍋煮之。王即以鍋煮其頭，七日七夜不爛。俠客說：如果王臨鍋視看，此頭定然煮爛。楚王依其言，俠客立於王後，用劍斬楚王頭。楚王頭入鍋後，眉間尺頭立即與他撕咬起來，俠客恐眉間尺不勝，也以劍割己頭入鍋，共同咬王。七天之後，三頭俱爛，無法

浙東遊覽區

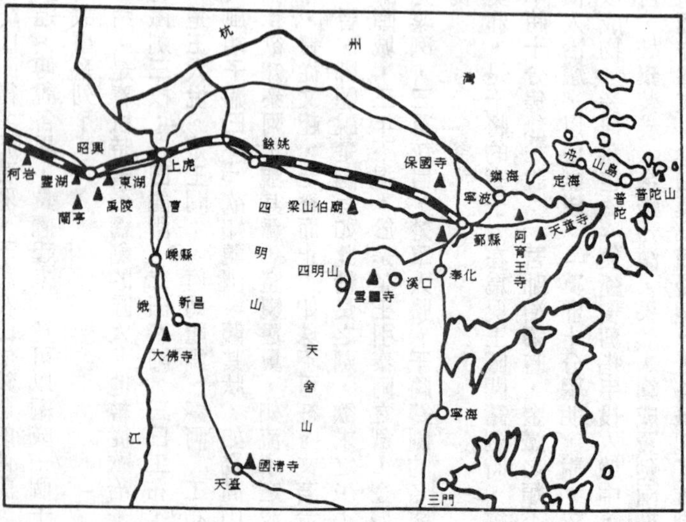

識別，只好分湯肉葬之，通名三王墓，其葬地名三王山。莫干山現有的劍池、磨劍石，就是傳說中干將、莫邪夫婦的遺跡。

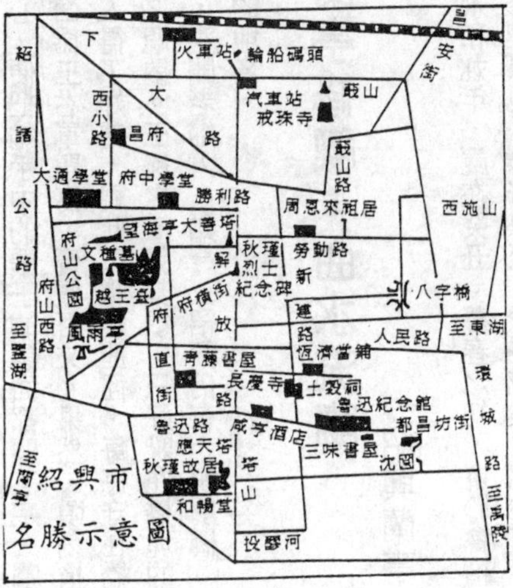


## 王羲之寫經易鵝（紹興戒珠寺）

從杭州乘汽車東南行，兩小時就到了歷史文化名城紹興。這裏是丘陵山地和河網平原的銜接地帶，風景優美。南部會稽山脈峰巒疊翠，北部三江匯流，入海處驚濤排空，平原區綠野千里，難怪古人要說「最喜山陰道上行」了。

戒珠寺，位於市區東北隅。寺址原是王羲之的別業，寺前有他的養鵝池和洗硯池。

戒珠寺建於蕺山南麓。因「山多產蕺，蔓生，莖紫，葉青，其味苦」。越王勾踐爲報仇雪恥，常採食蕺草以自勵，故名蕺山。晉代，王羲之出任會稽內史，在此建宅，所以又稱王家山。王羲之住蕺山時，與一老僧相交甚洽，來往密切。一日，王羲之得到一枚明珠，晶瑩可愛，朝夕把玩。誰料，突然不翼而飛。王羲之心疑老僧所竊，又不便明言，遂與老僧日漸疏淡。老僧心知受冤，也不申辯，一日夜裏，竟圓寂而去。王羲之聞聽，不免悵然。不幾日，王羲之的一隻愛鵝也不食而死，家人宰殺時，才發現珠子爲白鵝所誤吞。王羲之追悔莫及，遂捨宅爲寺，並親題「戒珠講寺」匾額，以明珠之事戒律自己處世爲人。

白鵝闖了禍，但王羲之對鵝的喜愛卻有增無減。王羲之對白鵝爲什麼會有特殊的興趣呢？原來這和他鑽研書法有關。王羲之認爲，執筆時食指應如鵝頭那樣昂揚微曲，運筆時則像鵝掌撥水，方能使精神貫注於筆端。清代有位書法家包世臣，曾寫詩爲此作結：「全身精力到毫端，定臺先將兩足安；悟入鵝群行水勢，方知五指力齊難。」

王羲之愛鵝心切，常常不惜代價。一日，王羲之見茂林修竹間，有一群白鵝嬉戲水上，煞是可愛。一打聽，鵝的主人是一位道士。道士得知王羲之來意，心中暗喜，表面卻不露聲色地說：「我這鵝是不賣的，倘若右軍大人想要，就請寫一本《道德經》來換吧。」王羲之欣然同意。這本經就是後來聞名於世的《黃庭經》。李白有詩云：「山陰道士如相見，應寫《黃庭》換白鵝」，出典即於此。

王羲之的字可換來白鵝，有時也會給他招來麻煩。一日，王羲之在橋邊遇見一賣扇老婦，見其生意清淡，動了惻隱之心，便把她手中的扇子的扇面都題了字，囑老婦人只說扇面爲王右軍題寫，賣價百文。果然，頃刻搶購一空。老婦人得了好處，視此爲賺錢捷徑，每每守在橋邊，等候王羲之題扇。王羲之不勝其煩，只好躲在橋堍的一條小弄堂裏，避開老婦人。如今，紹興仍有「題扇橋」和「躲婆弄」的地名。

## 蘭亭修禊，曲水流觴（紹興蘭亭）

「永和九年，歲在癸丑。暮春之初，會於會稽山陰之蘭亭，修禊事也。群賢畢至，少長咸集。此地有崇山峻嶺，茂林修竹；又有清流激湍，映帶左右，引以爲流觴曲水。列坐其次，雖無絲竹管絃之盛，一觴一詠，亦足以暢敘幽情。……」

這是王羲之有名的《蘭亭集序》。東晉永和九年（三五三年）暮春三月初三，王羲之和當時的名流謝安、孫綽等四十二人，依「修禊」的風俗，在蘭亭借宛轉溪水「流觴」飲酒，觴至詩出，應答不出者，罰酒三觴。四十二人，共作詩三十七首，王羲之爲之寫序，書、文俱精。蘭亭位於紹興城西南約二十五華里的蘭渚山麓，最早據說是越王勾踐種蘭花的地方，漢代曾在此設驛亭，故稱「蘭亭」。

蘭亭雅集，最吸引人的就是一觴一詠的「曲水流觴」。其實，這並非是王羲之等人首創，他們只是套用了古代修禊的風俗，加進了文人的情調而已。這種習俗，可以追溯到西周。周代是巫術流行的時代，每年春天三月的「上巳」日，女巫在河邊舉行儀式，爲人們除災去病，叫做「修禊」。「禊」有清潔之意，在河邊修禊，洗滌積穢，可以祛除不祥。由此，也形成了河邊宴飲的習俗。宴飲時爲了增加趣味，讓酒杯沿溪水漂流，至面前便一飲而盡。南朝梁宗懍的《荊楚歲時記》寫道：「三月三日，士民並出江渚池沼間，爲流杯曲水之飲。」雖然如此，畢竟是王羲之的《蘭亭集序》使曲水流觴「風雅」起來，「流觴曲水無多日，更作新詩繼永和」。後來的皇家貴族，雖無歌詠才能，卻有趨風附雅的興致。如今，在北京故宮乾隆花園、中南海、香山、潭柘寺等處，都能看到這種亭子和微型水渠——在石基上鑿成迂迴曲折的溝槽——的結合，還題以「禊賞亭」、「流水音」、「流杯亭」等，也算是蘭亭「流觴曲水」的象徵性遺風吧。

王羲之的書法，爲古今之冠，人稱「書聖」。《蘭亭集序》是他的得意之作，自然是傳世之寶。僅文章中的二十處「之」字，就遊行自在、各具風采，使人爲之傾倒。這本神品眞跡，後來到哪裏去了呢？

《蘭亭集序》是王家的祖傳之寶，傳到智永時，智永因出家無子，臨終傳於弟子辨才。辨才善書畫，珍藏眞跡，祕不示人。酷愛王羲之書法的唐太宗，聽說「蘭亭」眞本在辨才手中，多方設法但難以得手。於是，派御史蕭翼專程往越州，騙取眞跡。蕭翼扮作一介書生，攜二王（王羲之及其子王獻之）書法雜帖拜訪辨才。辨才見他談吐不凡，見地獨到，引爲知音。酒酣耳熱之時，辨才無意說出眞本所在，蕭翼得知，伺辨才外出之時，盜走了眞本。得手後，蕭翼傳辨才來見，聲稱奉聖旨來取「蘭亭」眞跡，今已取到，特傳告別。辨才見受了騙，又失去珍品，氣急交加，驚悸而亡。唐太宗得眞跡後，愛不釋手。臨終還留下遺詔，要以蘭亭眞跡隨葬，從此「天下第一行書」長埋昭陵。後世所傳都是唐人的臨摹本。著名的有歐陽詢的「定武本」，馮承素的「神龍本」最接近眞跡。

《蘭亭集序》雖早已失傳，蘭亭卻因之名聲大噪，成爲一處古跡名勝。其實，現在的蘭亭，早已不是晉代的蘭亭。永和之後，蘭亭已多次遷移。太守王廙之先把蘭亭移到鑑湖中；郡守何無忌又移蘭亭至天柱山山頂；北宋時期，蘭亭已在山陰天章寺附近；因毀於兵亂，明嘉靖二十七年（一五四八年），紹興知府沈啓又在天章寺以北擇地重建。學人對蘭亭的亭址雖多有爭議，皇帝卻認定現址就是蘭亭。康熙親寫「蘭亭」二字懸於亭上，又御書《蘭亭序》刻石亭旁。乾隆十六年（一七五一年），乾隆皇帝駕幸，寫了好幾首詩，每首詩都提到王羲之當年在此聚會。於是，這裏就成了確定無疑的「蘭亭」了。

## 秋風秋雨愁煞人（紹興大通學堂）

乘汽車自蘭亭回城，一進入市區，便可看見街旁有一白牆黑瓦的建築，這就是大通學堂。

大通學堂，是一九〇五年光復會領袖陶成章、徐錫麟等人，爲培養訓練革命武裝起義的軍事骨幹而創辦的一所學校。按清廷規定，民間不准辦武備學校，陶、徐就以爲清政府培養團練人才爲名，合法開設了「體操專修課」，進行軍事訓練。大通學堂分爲特別班與普通班，前者的學生都是會黨成員，他們只練操習武，是革命武裝的骨幹力量；後者有部分會黨成員，其餘是具有進步思想的青年，開有國文、史地、數學等課程，仍有大量的時間進行軍事訓練。辛亥革命成功後任紹興都督的王金發，當時就擔任學堂的「體操」教員。六個月畢業，由所在府、縣發給畢業證書，清政府哪裏想到，這些畢業生已經是光復會的會員或受光復會的領導了。

大通學堂，得名大通寺。寺在城西，地點適中，當時由徐錫麟出面與寺院方丈商借空屋辦學。經同意後，正在籌備，被徐父得知，他怕兒子招惹是非，即去要求方丈不許借屋。徐錫麟等正爲沒有校址爲難，被城裏豫倉（備荒倉）董事、候補縣徐貽孫知道，爲了迎合倡辦學務的時髦，他主動對徐說：「你要辦學，我可將豫倉空屋借你。」學堂就在豫倉辦了起來，仍用「大通」之名。

爲了加快革命進程，陶成章提議集資捐官，打入清政府內部，伺機傾覆。徐錫麟捐了個候補道員。一九〇六年，徐親戚湖南巡撫俞廉三，將徐推薦給安徽巡撫恩銘。離家赴任那天清晨，天還沒亮，徐錫麟默默跪在他父親的床前告別，父親驚起，他卻離去。他與秋瑾等光復會同志話別道：「法國革命八十年始成，其間不知流過多少熱血。我國在初創的革命階段，亦當不惜流血，以灌溉革命的花枝。我這次到安徽去，就是預備流血的，諸位切不可引以爲慘，而存退縮的念頭才好。」

事情果如徐錫麟所料，安徽起義失敗，徐刺殺清廷巡撫恩銘後被捕。審訊中，主審官問：「恩撫待你不薄，你何故出此？」徐答：「恩銘待我，是個人的私惠；我之刺他，是天下人的公憤。」問：「你是孫文一黨麼？」徐答：「孫文不能指揮我！此事我與我友陳伯平（已犧牲）、馬宗漢（已被捕）所爲，學生實不知情，我一人當其罪。」又反問：「恩銘死未？」主審官騙他說：「未死，只受小傷，明日還將親審你！」徐聞此顏色大變。審官又說：「你知罪否？明日將剖你心肝，你知否？」徐聞言忽大笑道：「這麼說，恩銘已死了！小傷，罪不當剖心；剖心，證明他已死；他死，我志已償；志償，何惜區區心肝？」一九〇七年農曆五月二十六日，徐錫麟慨然赴死，年三十五歲。

徐錫麟走後，秋瑾接任大通學堂督辦，主持浙江起義。王金發初次相見，就讚她：「莫道男兒盡豪俠，英雄還讓女兒儔。」徐遇害後，秋瑾、王金發從報紙上得知消息，悲痛難禁。金發主張立即起義，先殺貴福（紹興知府），占領紹城，再相機進取。秋瑾因嵊紹義勇軍尚未集結就緒，堅持必待原定的六月初十之期，連日計議未決。不料事機外泄，貴福得到紹興豪紳胡道南告密，急去杭州搬兵。六月初三，秋瑾得知清兵已從杭州出發，開往紹興，金發勸秋瑾作抵抗準備；初四上午，清兵入紹城，抵抗之計未決，金發乃勸秋瑾速避。秋瑾反催金發離去，另作他圖；金發因秋瑾不走，也堅決不走，秋瑾催促再三，聲色俱厲，時清兵已臨大通學堂門口，秋瑾挺身迎敵，金發才含淚逾牆而去。秋瑾被捕後，無一字供詞，鐵骨錚錚，六月初六就義於軒亭口，年僅三十一歲。

出大通學堂，沿府山西路環紹興飯店東行，可從後門進入府山公園。府山的西南峰頂，建有風雨亭，自上可俯瞰當年拘押秋瑾的典史署。亭建於一九二九年，亭名取自秋瑾臨刑絕筆「秋雨秋風愁煞人」詞意。亭柱上刻有孫中山先生的輓聯：

江戶矢丹忱，感君首贊同盟會
軒亭灑碧血，愧我今招俠女魂

關於秋瑾的絕筆，歷來公認是「秋雨秋風愁煞人」，但據查當時報刊，所載多只有「秋雨秋風」四字。又有人考，此詩句非秋瑾所作，而是她引清人陶澹人《秋暮遺懷》之句，以寄懷抱。陶詩云：「籬前黃菊未開花，寂莫清樽冷懷抱；秋雨秋風愁煞人，寒宵獨坐心如擣。」

## 越王臺懷古（紹興越王臺）

府山公園的東南端，有氣勢宏偉的越王臺。臺原爲宋嘉定十五年（一二二二年），郡守汪綱爲紀念勾踐而建。抗日戰爭毀於敵機轟炸，一九八二年重建。現在的越王臺，雖與古代越國無甚干係，但從其氣宇軒敞的風采中，仍可領悟到千年前越王勾踐統一中原的勃勃雄心。

勾踐即位時，吳國已是實力強盛的大國了。爲了利於越國的發展，勾踐首先把部族的駐地，從崎嶇狹隘的會稽山地，北遷到面向廣闊平原的山麓。但他還未及作爲，就被夫差打敗，做了吳國的囚徒。三年忍辱負重的囚徒生活，更激起勾踐振興越國的決心。回到越地後，他乾脆在平原上建都，以「四達之地」求「霸主之業」。勾踐七年（西元前四九〇年），越王命范蠡在今紹興城所在地區，建成了一座周圍三里餘長的城邑，稱作小城。此城與衆不同，僅三面有牆，面向吳國的西北隅不築城牆，以示甘心臣服，讓夫差放心。其實，這不過是范蠡的一樁小計。城西北有府山爲屏，可權當城牆。且府山爲全城的最高點，范蠡又在其上建高達十五丈的飛翼樓，名爲觀景，實爲軍事瞭望，可觀百里之遙。相傳現主峰上的望海亭，就是在其遺址上所建。小城築成後，范蠡又在附近建大城。大城與小城的地域，大致便是現在紹興城的範圍。因此，後人常簡稱紹興城爲「蠡城」。

經過「十年生聚、十年教訓」，西元前四七三年，越國兵精糧足，勾踐親自領兵伐吳。出師之日，百姓簞食壺漿，夾道相送，向越王獻上了紹酒。越王欲與將士同飲，但酒少人多，如何分遍？他便命人將酒從一條河的上游倒下，率全軍將士迎流共飲。士氣大振，一舉敗吳。那條河也因之稱為「投醪河」，醪者，酒也，現仍在塔山附近。

府山的北面，有文種墓。雖未必是真跡，也寄託了後人對越國功臣的紀念和對他悲劇結局的同情。越國勝利後，范蠡曾寫信提醒文種早日隱退，文種一心報國，未聽從他的勸告。一年以後（西元前四七一年），勾踐把文種召來，說：「你是一位有計謀、懂兵法、能使一個國家覆沒的人物，你所獻的九術，我只用了三術，就攻破了強吳。吳、越世代作戰，我的先王生前為吳國先王所敗，你現在帶著剩下的六術，去獻給我的先王吧，使他能夠重新戰勝吳國的先君。」文種仰天長嘆，飲劍而亡。死後，葬於府山。因此，府山又名種山。勾踐殺了文種，逼走范蠡，又要標榜自己不忘舊臣，特叫良工為范蠡鑄了一座金像，放在自己的座側，與之朝夕論政。反正，金像是不會威脅他的王位的。

## 筆底明珠無處賣（紹興青藤書屋）

出府山公園，經府橫街至解放路，向南行街西有前觀巷，巷中大乘弄有明代傑出書畫家、文學家徐渭（字文長）的舊居——青藤書屋。

徐渭喜愛青藤，當年曾手植青藤一株於南窗外，「本枝蟠曲，大如虬松」，鬱鬱蔥蔥。因此自號「青藤」。青藤下，有一方池，徐渭稱「此池通泉，深不可測，水旱不涸，若有神異」，命名「天池」。他也因池而別號「天池生」。但「青藤書屋」並非徐渭所命，原稱榴花書屋，始建於明代中葉。徐渭去世五十年後，明末大畫家陳洪綬曾慕名來此寓居，更名「青藤書屋」。現堂中的題匾，就是陳洪綬的親筆。

徐渭少有才名，列為「越中十子」，但赴試八次不中，依舊白衣秀才。他一生潦倒，詩文、戲劇、書畫卻獨樹一幟。徐渭自云：「吾書第一、詩二、文三、畫四」，而後人對他的書畫評價最高，尤其「青藤畫派」對後世影響甚大。清代著名畫家鄭板橋曾刻章「青藤門下走狗」，蓋在自己畫上，以示對徐渭的崇敬和仰慕。他說：「文長、且園（高且園）才橫而筆豪，而燮（即鄭板橋）亦有倔強不馴之氣，所以不謀而合。」現代畫家齊白石也作詩說：「青藤、雪箇（朱耷）遠凡胎，缶老（吳昌碩）衰年有別才；我欲九原為走狗，三家門下轉輪來。」他還說：「青藤、雪箇、大滌子（石濤）之畫，能縱橫塗抹，余心極服之。恨不生三百年前，為諸君磨墨理紙。諸君不納，余於門外餓而不去，亦快事也。」

徐渭生性耿介，平素深惡豪富權貴，如有此等人來訪，徐渭便手抵院門大呼：「徐渭不在！」紹興至今流傳的民諺「山陰不管，會稽勿收」，意思是互相推諉，不肯負責，據說就是源自徐渭對官府的一次懲治。

自南北朝末葉的陳代起，古山陰開始分為山陰、會稽兩縣；中隔界河，河上設「利濟橋」使兩縣百姓來往暢通。某日，橋上發現一無名屍，百姓告官，兩縣知縣怕惹麻煩，都推說橋不在自己的治下，視而不管。百姓們十分氣憤。徐渭得知，便寫了張「出售縣界河」的布告貼在橋頭，轟動了兩縣。二知縣也聞訊趕來，勃然大怒，喝令捉拿徐渭。徐渭不慌不忙從人群中走出，說道：「二位大人息怒，生員已恭候多時了。」二官同時喝道：「大膽徐文長，竟敢出賣官家界河，該當何罪？」文長從容答道：「生員見橋上暴屍多日，山陰不管，會稽勿收，可見此河是無主之地，因代為售賣，以籌驗屍收殮之資。請教大人何罪之有？」二官面面相覷，只得怏怏答道：「本縣來遲，有勞先生了。」忙令手下人驗屍殮埋。

徐渭一生困頓，終不得志，晚年更甚。《徐文長文集》中有《賣貂》、《賣磬》、《賣畫》、《賣書》諸詩，可以看出這位大文學家、藝術家的淒涼晚境。書屋後室展出的精品《墨葡萄圖》有題詩曰：「半生落魄已成翁，獨立書齋嘯晚風。筆底明珠無處賣，閒抛閒擲野藤中。」寫出了他英雄失路、託足無門之悲。他死時窮極，書屋變賣一空，僅剩徐渭親筆題寫的「一塵不到」匾額尚存。死後又無力成殮，靠友人幫助草草埋葬於木柵山，無墓冢，僅樹墓碑一方。一匾一碑，「有明一代才人」，便這樣無聲無息地逝去了。

徐渭生前不為時人所重，是誰使這顆「閒抛閒擲野藤中」的明珠重放奪目之采呢？說來也有些偶然。徐渭死後幾年，當時的散文家袁宏道來到朋友陶望齡家。在陶望齡的書樓上，他隨手拿起書架上的一卷詩文翻看，紙粗墨劣，字跡不清，卻深深吸引了袁宏道。他不禁大聲朗讀起來，邊誦邊讚，以致驚醒了已經熟睡的書僮家僕。從此，袁宏道逢人便盛譽徐渭：「一掃近代蕪穢之習」，當列明代第一。官至吏部郎中的袁宏道，還專門寫了一篇情深意切、評價甚高的《徐文長傳》，徐渭因之名聲大振。文長若有靈，知身後遇此知音，當足矣。

## 從百草園到三味書屋

（紹興魯迅故居）

在紹興城南，最著名的勝跡要數在解放南路東側的都昌坊路上的魯迅故居了。

魯迅故居在都昌坊口，這街坊據說是因唐代杭州刺史董昌而得名。唐僖宗中和二年（八八二年）杭州刺史董昌與浙東觀察使劉漢宏，為爭奪地盤而戰，結果，以董昌攻占越州而結束。日久音訛，「董昌坊」呼作「都昌坊」。一八八一年九月二十五日，周樹人（魯迅）誕生在這裏。他的童年和少年時代，以及辛亥革命前後他在紹興工作時，也都住在這裏。魯迅的一生，有三分之一時間是在這裏度過的。

魯迅對自己的家世這樣講道：「我的祖父是做官的，到父親才窮下來，所以我其實是『破落戶子弟』。」周家原來位於新臺門西首，現在的石庫門只是原來新臺門的邊門，周氏家族的旺盛可以想見。但終於衰敗下來，以致將整個新臺門屋宇連同屋後的百草園都賣掉了。是什麼原因使周家突然破敗下來？而這破敗使魯迅選擇了一條完全不同於祖父、父親的人生道路。

這便是魯迅少年時期所發生的、祖父周福清的「科場舞弊」案。周福清，字介孚，清末甲子科舉人，辛未科進士。光緒五年（一八七八年）升內閣中書。光緒十八年（一八九二年）因母親去世，周福清告假從北京回紹興守喪。第二年九月，他聽說浙江鄉試主考殷如璋路過蘇州，就趕去拜訪，企圖爲家鄉有錢子弟打通考場關節，取中舉人。殷是周的熟人，未加推諉。回來後，周福清便將地方望族馬、顧、陳、孫、章五姓子弟及魯迅父親周伯宜的姓名，連同他們共出的收買考官的一萬兩銀子的期票封入信封，囑家丁陶阿順送往蘇州殷如璋停居的船上。恰巧副主考周錫恩在船上聊天，殷如璋收到票信後不便當面拆開回覆，偏偏不知就裏的家丁陶阿順卻在艙外大聲喊叫：「銀信爲什麼不給回條？」因而事情敗露。周福清得知，立即在會稽投案自首。魯迅父親也被拘捕，雖不久放出，但秀才學位被「斥革」，從此不再科考。周福清屢次供稱一人作案，與五姓無關，並非預謀，罪名有所減輕。本應處死刑，後因社會各方疏通，最後判爲「斬監侯，秋後處決。」這一候就「候」了七年，直到光緒二十七年（一九〇一年）才寬免釋放回家。至此，家產已變賣將盡。魯迅感觸深切地說：「有誰從小康之家而墜入困頓的麼？我以爲在這路途中大概可以看見世人的眞面目。」魯迅放棄了「讀書應試是正路」，而拿著母親給的八元錢，去學洋務，去「走異路，逃異地，去尋求別樣的人們」了。

從魯迅故居出來，東行數百步，往南走過一座石板橋，從一扇黑漆竹絲門進去，就到了魯迅少年時代讀書的地方——三味書屋。三味書屋，是清末紹興城裏有名的私塾。魯迅十二歲到十七歲在這裏求學。書房正中懸掛著「三味書屋」匾額和松鹿圖，屋柱上有一副抱對：「至樂無聲惟孝悌，太羹有味是詩書」。匾額和抱對都是清末書法家梁同書的手筆。

「三味書屋」原稱「三餘書屋」，由壽鏡吾（魯迅之師）的祖父壽峰嵐定名，取「爲學當三餘」之義。「三餘一，即三國董遇所說的「冬者歲之餘，夜者日之餘，陰雨者晴之餘」，意在人們當利用一切空餘，努力學習。宋人蘇軾對「三餘」之說甚爲讚賞，寫詩云：「此生有味在三餘」。據此，壽峰嵐將匾額上的「餘」字抹去改爲「味」字。「味」字已非梁同書手跡。但據壽峰嵐的曾孫、也在三味書屋教過書的壽洙鄰說：「三味取義，幼時聽父兄傳言，讀經味如稻粱，讀史味如餚饌，諸子百家，味如醯醢，但已忘其出何書，至今查不著了。」後來有人考證說：「三味」源出自《李淑書目》。李淑曰：「詩書爲之太羹，史爲雜俎，子爲醯醢，是爲書三味。」

魯迅故居附近，還有當年的恆濟當鋪、長慶寺、土穀祠、咸亨酒店等舊址，如今已整修完畢，以待遊人。

## 沈家園裏更傷情（紹興沈園）

自魯迅紀念館東去，沿都昌坊路來到一條叫做洋河弄的小路進去，就可到達沈園了。

紅酥手，黃藤酒，滿城春色宮牆柳，東風惡，歡情薄，一懷愁緒，幾年離索。錯、錯、錯！春如舊，人空瘦，淚痕紅浥鮫綃透。桃花落，閒池閣，山盟雖在，錦書難託。莫，莫，莫！

八百多年來，陸游這首著名的《釵頭鳳》傳爲絕唱，它最早就題寫在沈園的牆上。

陸游（一一二五—一二一〇年），字務觀，號放翁，越州山陰人，出身世代書香門第。他二十歲即有詩名，二十九歲到杭州參加進士考試，因名列當朝奸相秦檜孫子之前，又因他不忘國恥，主張北征金兵、收復失地，受到秦檜的忌恨，複試時竟將他除名。直到秦檜死後，陸游才被起用。但他一生坎坷，仕途終不得意。

官場失意，在婚姻愛情上，陸游也遭悲劇。據史載：陸游初娶表妹唐琬，琴瑟甚和，卻得不到陸母的歡心，強逼離婚。陸游難違母命，被迫忍痛與唐琬分手。後來，唐琬改嫁趙士程，陸游再娶王氏。十餘年後，他們春遊沈園，邂逅相遇。陸游無限悲傷，唐琬也感慨不已。正當陸游暗自神傷，唐琬遣人送來酒餚相慰。陸游悵然之久，提筆在沈園牆上題寫了這首《釵頭鳳》詞。唐琬見了不勝傷感，也和詞一首：

世情薄，人情惡，雨送黃昏花易落。曉風乾，淚痕殘，欲箋心事，獨語斜闌。難、難、難！人成各，今非昨，病魂常似鞦韆索。角聲寒，夜闌珊。怕人尋問，嚥淚妝歡。瞞、瞞、瞞！

情淒意絕，不久她便憂鬱而死。

這杯苦酒，給陸游留下了不可癒合的創傷，抱恨終生。陸游六十八歲那年，重遊沈園，賦詩寄情：「楓葉初丹槲葉黃，河陽愁鬢怯新霜。林亭感舊空回首，泉路憑誰說斷腸？壞壁醉題塵漠漠，斷雲悠夢事茫茫。年來妄念消除盡，回向蒲龕一炷香。」燒香，也難使陸游平靜對唐琬的懷念。四年後，他又作《沈園》七絕二首：

城上斜陽畫角哀，沈園非復舊池臺；
傷心橋下春波綠，曾是驚鴻照影來。

夢斷香消四十年，沈園柳老不吹綿。
此身行作稽山土，猶弔遺蹤一泫然。

不僅遊沈園觸景生情，陸游還時常魂迴夢縈，八十一歲那年他還夢遊沈園，又成兩絕句：

路近城南已怕行，沈家園裏更傷情。
香穿客袖梅花在，綠蘸寺橋春水生。

城南小陌又逢春，只見梅花不見人。
玉骨久成泉下土，墨痕猶掛壁間塵。

直到陸游去世的前一年，他還念念不忘沈園之情，所賦《春遊》四首中，仍有一首曰：

沈家園裏花如錦，半是當年識放翁。
也信美人終作土，不堪幽夢太匆匆。

眞可謂春蠶到死絲（思）方盡！

宋代，沈園是越中著名中園林之一，後漸衰敗，現惟葫蘆形水池依然舊觀。

## 浙江第一大佛（新昌大佛寺）

蕭甬鐵路線的第二個大站是上虞，這裏是漢代著名哲學家、文藝批評家王充的故鄉。曹娥江流經此處，它因二十四孝之一的孝女曹娥的傳說而得名並知名於世。溯江南上，過了越劇之鄉嵊縣，就到了以「浙江第一大佛」而聞名的新昌。

大佛寺坐落於新昌縣城西南三里。寺院始建於東晉永和年間（三四五—三五六年），已有一千六百多年歷史。東晉時，崑山僧曇光入剡縣石城山遊方。棲宿於山南石室之中。此後又結廬爲寺，取名隱鶴寺。不久，高僧于法蘭、支遁等來此，又建元化、棲光兩寺。梁天監年間（五〇二—五一九年），三寺合一，定名石城寺，乃大佛寺的前身。

進大殿，仰面觀「三生聖跡」的匾額懸掛其中，此非虛言，這裏有一個前仆後繼的故事。齊永明年間（四八三—四九三年），剡人僧護來到石城寺，住在隱鶴洞中。發現洞北有千尺石壁，壁上有洞，洞底有深淵。入夜，泉水叮咚，月映深潭，目迷五色。他以爲此乃靈巖佛地，決心依石壁之勢，雕鑿一尊大佛。九年後，剛鑿出粗糙的佛面，僧護便病逝了。不久，僧俶繼其功業，但進展緩慢，想罷手不幹，又念及此爲無量功德，又定下心來雕鑿，直到去世。天監六年（五〇七年），建康定林寺高僧祐律來到新昌，再經六年雕鑿，深入石壁五丈，石彌勒才告竣工。天監十五年（五一六年），石佛妝畫完畢，梁代著名文藝理論家、《文心雕龍》的作者劉勰應僧祐之請，寫了《建安王造剡山石城寺石像記》一文，刻碑存寺。可惜原碑久已亡佚。主持造像的僧護、僧俶、僧祐三人共歷三代，前後經三十年左右，故世稱「三生石佛」，以頌揚三位高僧鑿像之功。

這尊石彌勒像，高十五點六米，寬十五點九米，面部僅耳就長二點七米，兩膝相距十點六米。像趺坐式，兩手心向上交置膝間，掌心可容十餘人。

寺院放生池旁，有佛教天台宗祖師智者大師圓寂之處及紀念塔遺址。

## 天台鍾神秀（天台國淸寺）

新昌繼續往南，地勢越見高峻，四十公里許，便可達遙臨東海之濱的天台山。

「帝愁東南勢傾削，特聳一柱名天台」，梁朝的陶弘景也說：「山高一萬八千丈，周八百里，山有八重，四面如一，當牛女之分，上應台宿，故曰天台」。天台山雄峻神秀，林路深幽，是佛家道徒修身養性的好處所，著名的國淸寺便深隱其中。寺院散布，景奇物異，再加之許多朦朦朧朧的故事傳說，吸引了歷代文人騷客到此一遊。東晉書法家王羲之，畫家顧愷之，文人孫綽，劉宋著名山水詩人謝靈運，唐代詩人李白、孟浩然、劉禹錫、元稹、劉長卿，宋朝大文學家蘇軾、陸游、王十朋，近代人康有爲等都來過天台，古代著名旅遊家徐霞客更是兩次遍訪天台。而他們的行蹤和留下的詩文碑刻，又成爲吸引後人的古跡勝地。

華頂是天台山的主峰，海拔一千一百三十八米，實爲「台山第一峰」，是觀日出的佳處。當年徐霞客戴月登峰待日，露水盡濕衣衫。峰下，有「太白讀書堂」，讀書堂下處，原還有「黃經洞」，相傳王羲之用來與道士換鵝的《黃庭經》就寫於該洞。如今洞早已填塞，還有一象徵性的墨池。

天台山有上方廣、中方廣、下方廣。前人詩詠道：「四山滴翠環初地，一路聽泉到上方」。上方的泉源，原來是石樑飛瀑。瀑布飛騰直下數十丈，聲震天地，大有萬匹「駿馬下注千丈坡」的氣概。飛瀑之上天然一石樑，長約二丈，粗可數圍，最狹處僅五六寸寬，上尖下鈍，微微弓起，形似巨蟒匍匐其上。當年僧人需每天踏樑履險、越飛瀑去對面一銅製小廟燒香供奉，廟外竟無立錐之地，出家爲僧其險難也如此。

天台山還有一名景曰「桃源春曉」。此處桃源雖非陶淵明之「桃源」，也有一段悲歡離合的人仙戀情。據《古小說鉤沉》記載，漢明帝永平五年，剡縣人劉晨、阮肇共入天台山採藥，路迷不知返途。在山中十三日，餓則採山桃食之，渴則溪水飲之。飲水時，見上流漂下一鮮嫩的蕪菁葉，上托胡麻飯，兩人驚喜，言道：「附近定有人煙」。乃渡水，又過一山，見山頭立兩女子，容顏妙絕，直呼劉晨、阮肇姓名，嗔怪道：「郎來何晚也？」劉、阮也生愛慕之心，遂結婚姻。相傳桃源洞，就是他們的洞房，而惆悵溪邊峭壁上的小小山洞，是仙女們的深閨繡閣。半年後，劉、阮歸去，至家，子孫已傳七世，兩位私締終生的仙女，則被禮法森嚴的王母娘娘變成了玉女峰，終年立於惆悵溪畔。

天台山最著名的，還是山麓的隋代古剎——國清寺。「物外千年寺，人間四絕名」，四絕乃齊州靈巖寺、南京棲霞寺、荊州玉泉寺、天台國清寺並稱。

國清寺，是佛教天台宗的發源地。智顗（五三八—五九七年），是天台宗的創始人。他俗姓陳，字德安。穎川（今河南許昌）人。他父親是南朝梁代的益陽侯，但好景不長，梁被陳滅，家人離散，智顗十八歲投湘州果願寺出家爲僧。陳光大元年（五六七年）學成，去金陵講《法華經》，傳布禪法，深得官僚與僧徒的敬服。陳太建七年（五七五年），智顗來天台建草庵，陳宣帝特敕令天台山所在始豐縣的租調，全部割爲寺用。應陳後主詔請，智顗曾回金陵講《大智度論》、《法華經》等。陳朝滅亡，智顗的境遇並未改變，隋開皇十一年（五九一年），他又應晉王楊廣之請到揚州受「智者」之號，人們因之稱「智者大師」。他生前曾造大寺三十五處，度僧四千餘，傳業弟子三十二，可謂桃李滿天下。智顗建造的最後一個寺院，就是天台國清寺。但始伐木築基，智顗便圓寂了，只留下了「寺若成，國即清」的隱語。楊廣便派人按照智顗的遺圖，在山麓造寺，登帝位後，大業元年（六〇五年）又賜額「國清寺」。這就是天台國清寺的來歷。

國清寺還是日本天台宗的發源地。唐貞元二十年（八零四年），日僧最澄等，在此從天台宗九祖湛然的門徒道邃、行滿等學台宗教義，並受菩薩戒。第二年，最澄等攜經籍回國，在比叡山開創日本天台宗。但在佛教傳說中，「台宗東傳」卻充滿了神祕色彩。

相傳智顗圓寂前，曾將一金鑰匙交與弟子灌頂，要其埋於藏經閣前的菩提樹下，待二百年後東土高僧來寺，助他開閣取經。二百年後，天台宗已傳至十世祖道邃法師，果有日本國僧人最澄來學教義。一日，最澄入睡，夢見雙目失明的鑑眞和尚，指點他說：「你如有緣得到金鑰匙，便可打開藏經閣，取到天台宗至高無上的法華經。」最澄未及問金鑰匙何在，鑑眞已逝，最澄如實具告道邃。道邃大喜，遂遵上祖命託，率僧衆擺案拈香，口頌「法華經」。但見菩提樹下泥土開裂，現出一白玉匣，自動開啓，金光四射，金鑰匙安臥其中。「眞主從東來，玉匣今朝開」，應了智顗大師二百年前的偈語。至今，日本天台宗教友胸前均佩「金鑰匙」圖案錦帶，就是源於此說。

國清寺的山門，也像那傳說一樣，有一些神祕的意味。站在豐干橋上，但見「隋代古刹」的照壁，卻不知山門何在。走完豐干橋，竟鬼使神差，不由自主地向東拐去，「國清講寺」匾額赫然在目。遊人爲何不向照壁西去，偏往東來呢？原來這是設計者的「圈套」，他把豐干橋的中心線，不指向照壁的正中，而是指向照壁上「隋代古刹」的最後一個「刹」字，造成人們視覺與心理的不平衡感，爲了調整這種不平衡，人們的腳步就不知不覺向東移動了。

寺內寒拾亭、豐干橋爲後人紀念寒山、拾得、豐干（亦也作封干）三位詩僧所建。據《宋高僧傳》卷十九《封干傳》載，拾得原爲孤兒。天台山和尚封干行至赤城，聽見路旁有小兒啼哭，遂收養，故名「拾得」。封干帶他入國清寺爲僧，在廚房做雜役。拾得好吟詩作偈，與寒山爲友，人合稱「寒山拾得」。其詩作與寒山合集爲《寒山子集》。爲了拒絕與權貴的交往，寒山拾得居山林不出，隱身處便在天台山中的明巖。當年徐霞客曾去明巖探幽，他記載道：「巖外一特石，高數丈，上岐立如二人，僧指爲寒山、拾得云。」

豐干橋畔，有「一行到此水西流」的石碑，僅看碑文就可想見其中故事的有趣。一行禪師，二十一歲在荊州（今湖北江陵）從景禪師出家。他自幼博覽經史，尤精曆象陰陽五行之學。他曾和梁令瓚同製黃道遊儀，用以重新測定一百五十多顆恆星位置，發起在全國十二個地點進行天文觀測；並根據測量歸算出相當於子午線緯度的長度，是唐代有名的天文學家。唐開元九年（七二一年），按《麟德曆》推算日蝕不準，唐玄宗便詔令一行主持造新曆。編撰過程中，一行遇到計算難題，得悉國清寺有位精通數學的達眞高僧，便長途跋涉求教。這位達眞和尚果然會「算」得很，這天大雨瓢潑，他卻言道：「今日當有弟子自遠求吾算法，已合到門，豈無人導達也？」片刻，又說：「門前水當卻西流，弟子亦至。」話音剛落，一行已撩衣進門，在院中求見了。徒弟們出門觀看，門前溪水果然西流。一行在寺中盡學其術，經過七年苦研，終於在開元十五年（七二七年）完成大衍新曆，身心盡竭，當年逝世。死後便葬於國清寺，現寒拾亭東側的「唐一行禪師之塔」中

廢除了原來的儀鳳曆。

六三年），大衍曆東傳日本，日本淳仁天皇立即採用，並

埋有他的眞骨。大衍曆一直沿用到明末。唐廣德元年（七

有意思的是，一行到時那溪水爲什麼眞的會改變流向呢？其實，溪水西流與一行並無關係，這是很正常的自然現象。暴雨傾盆，南澗山水滾滾而下，西澗泉水徐徐東流，兩澗相會於豐干橋下。南澗急流湧進西澗，與東流鼓蕩迴環，向西而去。如果你在雨季來此，即使一行不到，你也能看到「雙澗迴瀾」的奇觀。

國淸寺外還有傳爲隋塔的宋塔。走進塔中，向上望去，頂上有一個圓洞，看得出天光，像是無頂的樣子。塔頂到哪裏去了呢？郁達夫在他的遊記裏記了這個故事：傳說這塔是仙人一夜之間搬來的，安置好了塔身，又去搬塔頭，誰知行至金地嶺，金雞高唱，天色將明，仙人只得棄塔頭而去。所以嶺頭西北的村落，俗稱「塔頭村」，金地嶺也又名金雞嶺。

去金地嶺看看，「塔頭」果然是有，在原眞覺寺內，但那與「隋塔」無關，而是天台宗開山祖師智者的骨塔。智者大師於隋開皇十七年（五九七年）圓寂於新昌大佛寺後，他的徒衆搬遺蛻來葬於此地，現在就叫智者塔院。

## 萬卷書藏芳草洲（寧波天一閣）

「水是眼波橫，山是眉峰聚。欲問行人去哪邊，眉眼盈盈處。」紹興東去，蕭甬鐵路的終點，就是山眉水眼的寧波市了。寧波是個歷史悠久的港口城市，早在四千年前的夏少康時代，它就已建制，明洪武十四年（一三八一年），取「海定則波寧」之意，改明州府稱寧波府，沿用至今。

寧波有西湖，亦稱月湖。月湖北端，有芳草洲。因南宋孝宗年間史浩曾建「碧沚亭」於其中，又名碧沚。史浩是孝宗趙昚的老師，貴積高宗、孝宗、光宗三朝，官至右丞相，名流天下，被光宗封爲「會稽郡王」。據載，趙昚能夠當上皇帝，和他有一位能幹的老師是分不開的。秦檜死後第二年，史浩任太學正升國子博士，他曾勸高宗速立太子，「普安、恩平二王（兩個皇子）宜擇其一，以繫天下所望」，高宗就命史浩爲王府教授。史浩對普安王趙昚特別精心，高宗要普安王寫《蘭亭序》五百本，史浩則促普安王寫七百本以進，恩平王卻沒有寫；高宗賜宮女各十人侍奉二王，史浩勸普安王待她們以「庶母之禮」。不幾日，高宗召回宮女，普安完璧以歸，恩平則與之有染。於是，高宗決意立普安爲皇太子，封爲「建王」，史浩就成

## 萬卷書藏芳草洲（寧波天一閣）

寧波市名勝示意圖

了建王府教授兼直講官。趙昚當皇帝之後，即拜史浩為右丞相。

到了明朝中期，芳草洲歸豐坊所有。豐坊做過南京考二司主宰，是嘉靖年間的大書法家。豐坊酷愛版帖圖籍，家有萬卷藏書，號萬卷樓。晚年生活潦倒，將萬卷樓藏書連同碧沚一起賣與范欽。范欽藏書因之大增，號稱東南第一。范欽半生宦海，累官至兵部右侍郎，但使他流芳百世的卻是這座藏書樓——天一閣。

明嘉靖四十年（一五六一年）前後，范欽在住宅旁營建書樓。鑑於豐坊「萬卷樓」慘遭火焚的教訓，范欽在樓前鑿一水池，與月湖相通，以防火患。因偶見《易經》有：「天一生水，地六成之」語，取以水制火意，遂命水池為天一池，書樓為天一閣。閣分兩層，上無隔牆，暗合「天一」，下分六間，暗合「六成」。范欽非迂訥之輩，如此設計不僅取其吉祥，更有一定的科學道理，統間南向，空氣流通，上下兩層，防潮防霉。因此清代乾隆皇帝為了收藏《四庫全書》，命人來天一閣索去圖樣，依式又建「七閣」。

為了保全藏書，范欽費盡了心機。生前，他將家產分歸兩份，一份是天一閣的全部藏書，一份是萬兩白銀，讓兩個兒子挑選，結果次子得銀萬兩，長子范大沖繼承了天一閣的藏書。臨終，范欽還留下「代不分書，書不出閣」的遺訓。

范大沖果然不負父望，與後人共同完善了保護藏書的禁約。諸如：

煙酒切忌登樓；

子孫無故開門入閣者，罰不與祭（參加祭祀祖宗的大典）三次；

私領親友入閣及擅開書櫥者，罰不與祭一年；

擅將藏書借出外房及他姓者，罰不與祭三年，因而典押事故者，除追懲外，永行擯逐，不得與祭；

……

為了相互制約，禁約還規定藏書由各房共同管理，閣門與書櫥鑰匙分房掌管，各房齊集，方能開門入閣。眞是「讀書難，藏書尤難，藏之久而不散，尤難之難矣。」爲了這些禁約，有人竟付出了終生的代價。據清人謝堃《春草堂集》記載，嘉慶年間，寧波知府丘鐵卿的內姪女錢繡蕓，酷愛詩書，爲能登閣讀書，託太守爲媒，嫁與范代後裔范邦柱秀才爲妻。不料禁約中規定婦女不准登閣，錢繡蕓終未償夙願。

偶而也有例外。清代浙東史學的開創者黃宗羲，在范欽的曾孫范光爕的幫助下，成爲破例登上「天一閣」讀書的第一個外姓人。黃宗羲以他的人品、氣節、文名取得了范氏各房的信任，順利入閣。他不僅接觸了全部藏書，而且編鈔了《天一閣書目》。其後一二百年中，登閣著名學者，也僅萬斯同、徐乾學、全祖望、錢大昕、阮元、薛福成、繆荃孫等十餘人而已。

范欽生前藏書至七萬多卷，雖禁約條條，但仍難逃權勢、偸兒、戰爭之禍，至解放前夕，藏書僅餘一萬三千多卷。解放後，經多方搜集、捐徵，藏書已多至三十餘萬卷，善本也逾八萬冊。尤其明代的地方志書、政書、詩文集爲多，這是天一閣藏書的一大特色。

## 黃宗羲暗助修《明史》

（寧波白雲莊）

沿西郊路出寧波市區，跨過鐵路有管村，白雲莊就在那裏。明清著名學者黃宗羲和《明史稿》的編撰者萬斯同，就在這裏結下了師生深誼。

白雲莊原是明都督僉事萬邦孚的故居，後子孫散居各處，其子萬泰便舉家遷居白雲莊，這才有了浙江學派名人高士雲集白雲莊的後話。萬泰與黃宗羲是共師同學，均志在反清保明。黃宗羲武裝反清失敗後，萬泰邀他來白雲莊講學，建有「甬上證人書院」，鄞中文風大新。全祖望在《甬上證人書院記》中說：「書院在城西之管村，萬氏之別業也。…先生（黃宗羲）始謂學必原本於經術而後不爲蹈虛，必證明於史籍而後足以應務，元元本本，可據可依，前此講堂錮疾，爲之一變。」萬斯同、萬斯大、蔣弘憲、鄭梁、全祖望等有名學者都是黃宗羲的門人。

白雲莊不僅是黃宗羲的學術講堂，在這裏，還密謀過一次驚險的「劫法場」。清順治七年（一六五〇年），黃宗羲的弟弟黃宗炎因抗清被俘，判作死罪。黃宗羲聞訊潛回白雲莊，與萬泰、高旦中、馮道濟等密謀營救之策。馮道濟想出一個妙計，據《四明談助．白雲莊匿囚》記載，「及行刑之日，傍晚始出，潛載死囚隨之，既至法場，忽滅火。暗中有突出負先生（宗炎）去者，不知何許人也。及火出，以囚代之。冥行十里，始息肩，忽入一室，則萬戶部履安白雲莊也，負之者即戶部子斯程也。」

萬泰有八子，斯年、斯備、斯程、斯禎、斯選、斯大、斯昌、斯同，均有才名，同學於黃門，人稱「萬氏八龍」。其中斯同最小而才氣最高。他曾獨力修撰明史，由於資料不足和工作量太大，「皓首辛勤，殺青無日。」正在這時，清廷徵詔萬斯同去修明史。依民族氣節而言，萬斯同自然是不去的，但明史僅靠個人力量又難以纂成。去，還是不去呢？萬斯同來請教敬愛的老師黃宗羲。黃先生雖與清廷勢不兩立，卻積極支持自己的學生進京修史，能修好一部《明史》，就是眞正的民族氣節。臨行時，黃先生贈詩斯同曰：「四方身價歸明水，一代奸賢託布衣！」

進京後，萬斯同始終以「布衣」自居，不坐清廷衙門，不受官府俸祿，以私人賓客的身分住在監修官家中，默默修史。康熙四十年左右，《明史》稿最後主要由萬斯同集中編定。萬逝世後，監修官王鴻緒將史稿私藏，於康熙五十三年以「橫雲山人」筆名刊刻進呈，隻字不提萬斯同。到了雍正年間，張廷玉、朱軾等人，又在《橫雲山人明史稿本》基礎上刪定了今天的《明史》。萬斯同是《明史》的實際編纂人，當之無愧！

## 梁祝本事（寧波梁山伯廟）

梁山伯與祝英台是個流傳久遠的民間故事，全國託名遺址的地方有八處之多，山東曲阜有梁祝讀書處，江蘇宜興有祝英台讀書處及墓，河北林間、甘肅清水、安徽舒城、山東嘉祥、江蘇江都都有梁祝之墓，但有墓又有廟的，只有寧波一處。

出管村西行，至西鄉高橋，就能找到這座全國惟一的梁山伯廟。北宋大觀元年（一一零七年），李茂誠主持編纂了寧波最早的地方志《大觀四明圖經》，考定梁山伯在歷史上實有其人。因撰《義忠王廟碑記》，刻石立於梁山伯廟中。此碑至今尚存。

碑記上的故事，與流傳略有不同。梁山伯名處仁，字山伯，東晉會稽人。去錢塘求學，路遇上虞學子祝信齋，兩人從容論學，怡然相得。在錢塘同學三年，祝思親先返。二年後，山伯至上虞訪祝，遍問無相識者。一老人笑道：莫非祝家九娘？山伯登門求見，與祝吟詩飲酒而別。山伯返家後，悵然若有所失，慕其淸白，請父母延媒求婚。答已許配鄮城廊頭馬氏，山伯喟然長嘆。繼思，男兒生當封侯，死當血食，兒女事何足掛齒。後簡文帝舉賢良方正，山伯應召，出爲鄮縣令。未已，積勞成疾，臨終囑葬於鄮西清道源九龍墟。二年後，祝英台嫁馬氏，自上虞乘流西下，波浪勃興，舟不能行。駭問艄公何故？答曰：前爲梁山伯令新冢，宜禱之。英台臨冢致奠甚哀。頃間，地忽開裂，英台入。地方官奏聞朝廷，丞相謝安請封爲義婦冢。時寧康三年（三七五年）。

碑文與民間傳說最大的不同是，英台殉情，而山伯殉職。因此晉安帝隆安元年（三九七年）太尉劉裕爲了打敗活動於會稽、鄮縣的孫恩農民起義，請封梁山伯爲義忠神聖王，以求顯靈神助，並立廟於墓旁。可見，封冢與立廟，意義已完全不同了。

## 舍利塔藏論眞假（鄞縣阿育王寺）

阿育王寺，在寧波市區東約十六公里處。水路，可在江東乘舟到瓔珞河頭上岸，再行一里左右，就是阿育王寺了。陸路，有公路直達寺院山門。阿育王寺之所以聲名顯赫，和寺中有一座貯有釋迦眞身的舍利塔有關。

據《魏書·釋老志》解釋：「佛既謝世，香木焚屍，靈骨分碎，大小如粒，擊之不壞，焚亦不焦，或有光明神驗，胡言謂之舍利。弟子收奉，置之寶瓶，竭香花，置敬慕，建宮宇，謂爲塔。」古印度孔雀王朝的阿育王，在位時大興佛寺，據說在印度各地建了四萬八千座貯有佛祖眞身的舍利塔，所以這座舍利塔又叫作阿育王塔。因塔得名，寺又叫阿育王寺了。

舍利殿前，有一座精緻玲瓏的銅塔，內懸舍利子，據說是阿育王所建的四萬八千個阿育王塔之一。人們從塔孔中可窺見一暗紅色小珠，角度不同，隨光線變化，小珠也會時紅時黃。關於它的來歷就更加神奇了。據傳晉朝太康年間，并州人劉薩訶出家爲僧，改名惠達。他平生所願，欲訪遍名山大川，求得阿育王所造的舍利寶塔。後來，他走到鄮縣（古寧波）烏石岙，忽聽地下傳來鐘聲。他心知有異。虔誠地誦經三天三夜，終於有塔從地下湧出，高四點一尺，闊七寸，「非金非石，四面空虛，內懸寶磬，中綴舍利，光芒四射，其色紺青，燦爛眩目。」於是，惠達就在此結廬靜修，守護舍利塔。這是阿育王寺最早的歷史。正式命名「阿育王寺」是梁武帝普通三年（五二二年）的事了。

地下當然不會湧出寶塔，劉薩訶究竟怎樣得到它的，今天已無法弄清。就連那銅塔中會變換色彩的舍利子，是否仍是惠達的原物，也早有人提出懷疑。清代學者黃宗羲在《阿育王寺舍利記》一文中就指出舍利子是僞物。他於康熙九年（一六七〇年）十一月十三日遊阿育王寺，當家和尚從銅塔（明萬曆年間慈聖太后所賜）中捧出珍藏舍利

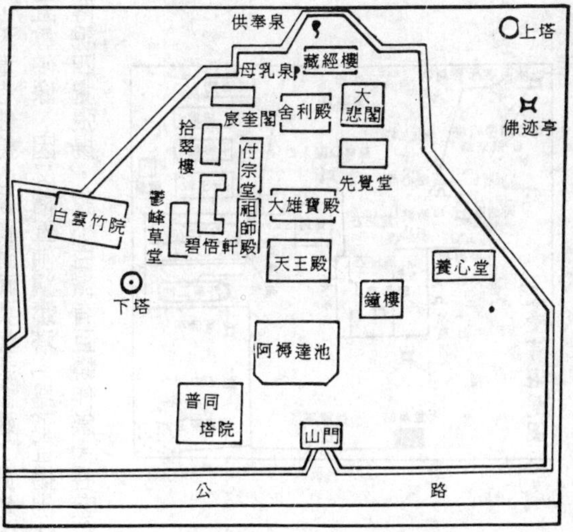


阿育王寺遊覽圖

的小方篋給他看：「方廣六七寸，玲瓏內外不隔，中繫小木鐘，塗以泥金，有小珠在內，作琥珀色，則所謂舍利也。」黃宗羲認爲，此舍利已非原物。明嘉靖年間，倭寇進攻寧波，胡宗憲屯兵於此，曾把金鐘與舍利拿去未還。當家和尚傳瓶拿不出舍利，就用一顆珍珠裹金冒充。倭寇又犯時，住持和尚將僞造的舍利，寄存在鄉民李臺桓家中。李臺桓的妻子好奇，打開方篋拿出舍利把玩，失手落地，遍尋不見，就從首飾盒中取一類似的珍珠，僞裝取代。等戰事平息，和尚迎「舍利」回寺，已經是僞中之僞了。僅明至清二三百年間，「舍利」已幾次易換，明溯晉長達一千多年，舍利塔入宮供奉多次，流轉各地，誰能保證還是原物呢？

不管舍利是眞是假，阿育王寺確實因爲它的存在，得到了歷代統治者的賞賜和殊遇。北宋仁宗趙禎，在化成殿召見大覺禪師懷璉，詢問佛法大意，懷璉用孔老學說加以解釋，仁宗大悅，當即寫頌詩十七篇賜之，留住幾年。英宗趙曙即位，批准了懷璉回山的要求，並賜手詔一道，內有「凡經過小可庵院，隨性住持，十方禪林，不得抑逼堅請」等語。懷璉回阿育王寺後，於宋神宗熙寧三年（一〇七〇年）建造了宸奎閣，用以供藏仁宗的偈頌御書和英宗的手詔。宋哲宗元祐元年（一〇八六年），蘇軾撰《宸奎閣碑銘》一文，詳述建閣經過。今閣已毀，而《宸奎閣碑銘》尚存舍利殿前。

## 順治帝與木陳僧（鄞縣天童寺）

天童寺，在寧波市郊東南的太白山深處，「二十里松行欲盡，青山捧出梵王宮」。

當汽車盤山而行，馳過小白嶺時，可見高峻的嶺巔有一精巧的八角古塔矗立，這就是小白塔，又叫鎭蟒塔。塔門旁有一副聯語：

結茅慕義祖，妙相常圓，湧見五尊金粟頂；

建塔始會昌，腥風永戢，剩下幾個石饅頭。

這副聯語把建塔的史實與建塔的傳說融合成了一體。據記載，鎭蟒塔大約建於唐武宗會昌年間（八四一—八四六年），山深林密，難免有巨蟒出入，傷害行人。爲了山徑太平，天童寺住持心鏡禪師藏奐發起修建了此塔。塔頂層供有五尊佛像，因又稱五佛鎭蟒塔。爲了宣揚佛法之力，編造傳說四處張揚，說小白嶺有巨蟒作祟，吞噬行人。

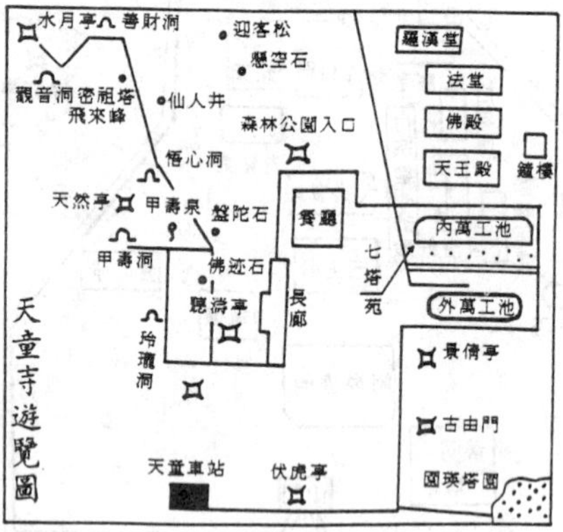


天童寺遊覽圖

心鏡禪師特製饅頭數擔，供巨蟒食用，並請來五位光佛——才光佛、須彌光佛、日月珠光佛、金海光佛、大通光佛，動用三昧眞火，才把蟒精燒成灰燼。鎭以寶塔，永絕蟒患。如今到小白嶺上，外白內黑的石饅頭隨處可見，只是寶塔已非舊物，此塔是一九二○年前後，天童寺住持文值再次重建的。

天童寺創建於西晉永康元年（三○○年），距今已有一千六百多年的歷史。據寺志載，它的開山祖師是義興。當年義興和尙四處雲遊，選中此地結廬開山。日夜頌經，有一孩童，每日送薪水侍奉。義興疑玉皇派太白金星行化而成。因所在山命名「太白」，而所建寺稱「天童」。明洪武十五年（一三八二年），明太祖朱元璋冊封天童寺爲天下禪宗五山第二。

禪宗是最富於中國特色的佛教教派，唐代分支南北兩派，北宗漸衰，南宗日盛。南宗又分爲曹洞、雲門、法眼、潙仰、臨濟五家，稱禪宗五山。而雲門等三宗，至宋元已湮沒無聞，明朝惟曹洞、臨濟規模仍具。曹洞宗創於唐宣宗年間，由洞山良價及其門人曹山本寂開創，因名曹洞宗。曹洞之禪重叮嚀，師徒常相交接，參悟本性。唐宣宗大中年間（八四七—八五九年）天童寺咸啓禪師法嗣洞山良價，自此，天童成爲曹洞名山。宋宣和年間（一一一九—一一二五年），洞山良價的十世孫清了悟空禪師住天童，宏揚曹洞教義。南宋時，日本沙門本道元專程天童拜謁住持如淨禪師，盡得曹洞宗法，成爲日本曹洞宗始祖。現日本有曹洞弟子八百萬之衆。

臨濟宗爲禪宗五山中最盛一宗。唐時義玄開創，因住河北正定臨濟院，故名。天童寺也是臨濟宗的重要門庭。南宋紹興年間，臨濟宗高僧虛庵懷敞住持天童，張揚教義。其時，有日本名僧千光榮西來學法，返國後開創日本臨濟宗，爲其始祖。千光與虛庵師徒情誼深厚，時虛庵欲建千佛閣，苦無巨木爲樑柱。千光應道：「我乃皇室近親，回國當募大木來助。」果然，兩年後運來巨木，建成千佛閣。虛庵死後，骨灰葬於寺後，塔碑上刻有千光的謁師詩：

海外精藍特特來，青山迎我笑顏開；
三生未朽梅花骨，石山尋思掃綠苔！

十五世紀，日僧雪舟來華，住天童寺首座多年。按照寺院制度，首座僅次於住持，非有德行，決不輕授。雪舟禪學既深，又擅丹青，深得「浙江風味」，被日本譽爲「畫聖」。日本現存有他居天童寺時所繪的天童、育王兩大古刹的全境圖。直到晚年，雪舟仍津津樂道「天童第一座」。

天童寺有御書樓，因藏有清代許多御筆書畫及御賜經文，而名重東南。但對他的創建人木陳老人，卻不常提起。這是天童寺的一段難言之隱。

明朝末年，清人入關。天童寺僧道忞，號木陳，與明代遺老志同道合，欲共興明室，爲士林所重。誰料清順治十六年（一六五九年），道忞奉詔進京，朝見歸寺後，即改變了初衷。在順治帝福臨豐厚的賞賜面前，道忞實在佛心難持了。御書杜聯三副，一曰：

無法向人說，
將心與汝安。

皇帝對他是何等的親切，另曰：

孤山臥此中，
萬山拜其下。

推崇天童如此，對木陳老人的敬意也顯而易見了。又一曰：

大護法不見僧過，
善知識能調物情。

這是順治帝在向木陳指點迷津——識時務者爲俊傑，木陳能不心領神會嗎？在所賜之物中，道忞最視爲珍寶的，是御書「敬佛」二字，款題：「爲木陳老人書」，眞是受寵若驚了。

順治十七年（一六六〇年）冬，深知人心重要的順治帝，又手書詩一幅，賜贈木陳，以鞏固他的轉變：

心隨萬境轉，轉處實能幽。

隨流識得性，無喜亦無憂。

其實，道忞現在是又喜又憂。御書使他榮極一時，自然是喜；士林以他「變節」爲不齒，也難免憂慮。董道權就作詩嘲諷他說：

憶自風飄去北遊，歸來便建御書樓。
而今不作新蒲哭，一任煤山花鳥愁。

道忞的弟子寒香道人戴藤翁也直言不諱地指責：

休恨人攀折，其如隱不深。
若於危嶂植，何處野蹤尋。

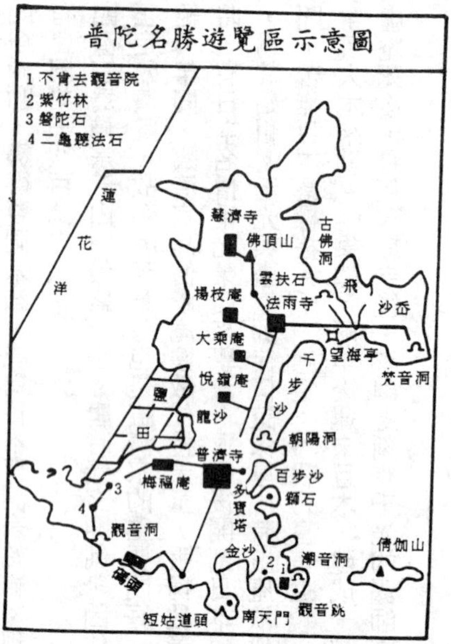


# 山當曲處皆藏寺（普陀普濟寺）

從寧波三江口順甬江而下，至入海口處，有兵家重鎮鎮海。鎮海而下東南，穿過舟山群島，就來到了普陀山。普陀山，人稱海天佛國，普陀，來自《華嚴經》，全稱爲「普陀洛迦」，「補坦洛迦」，意爲「美麗的小白花」。蘇東坡有詩：「蘭山搖動秀山舞，小白桃花半吞吐」。小白桃花，就是指普陀。

儘管普陀山有「有室皆寺，有人皆僧」的說法，最著名的還是普濟寺、慧濟寺和法雨寺三大禪寺。衆所週知，我國佛教有四大名山，分別是四位菩薩的道場。九華山供奉地藏王，峨嵋山供奉普賢，五臺山供奉文殊菩薩，普陀山則供奉觀音大士。普陀山爲什麼要供奉觀世音呢？這與普濟寺大有關係。

由短姑道頭登島，經御碑亭，行三里，就到被稱爲前寺的普濟寺。普濟寺與一般的寺院建造史不一樣，一開始就有濃厚的官方色彩。宋神宗元豐三年（一〇八〇年），朝廷欽命在普陀山建寺，並賜名「寶陀觀音寺」，這就規定了此寺必須供奉觀音。宋寧宗嘉定七年（一二一四年），皇帝又御賜寶陀寺「圓通寶殿」匾額，並指定山中各寺圓通殿都要供奉觀世音，於是觀世音就成了普陀山的主人。清康熙在三十八年（一六九九年），改名普濟禪寺。

普濟寺既然是朝廷敕建，氣派自然與別寺不同，坐落於全山風光最佳處，是山中供奉觀音大士的主剎。寺內圓通殿上，不僅供奉著高達八點八米的毗盧觀音，周圍還端坐著觀音三十二應化身。分別是：

一、辟支佛身；二、聲聞身；三、梵王身；四、帝釋身；五、自在天身；六、大自在天身；七、天大將軍身；八、毗沙門身；九、小王身；十、長者身；十一、居士身；十二、宰官身；十三、婆羅門身；十四、比丘身；十五、比丘尼身；十六、優婆塞身；十七、優婆夷身；十八、長者婦女身；十九、居士婦女身；二十、宰官婦女身；二十一、波羅門婦女身；二十二、童男身；二十三、童女身；二十四、天身；二十五、龍身；二十六、夜叉身；二十七、乾闥婆身；二十八、阿修羅身；二十九、迦樓羅身；三十、緊那羅身；三十一、摩睺羅迦身；三十二、執金剛神身。再加上中間供奉的觀音佛身，共三十三身。根據佛教所說，觀音能夠以不同的身分、不同的性別、不同的形態超度衆生，可見菩薩也是因地置宜、因人置宜的。

後寺，是佛頂山下的法雨寺，自前寺沿公路行五里便是。法雨寺始名海潮庵，始建於明神宗萬曆八年（一五八〇年）。別看前寺是朝廷敕建，後寺也頗得歷代皇帝的青睞。康熙三十八年，御賜「天花法雨」匾額，因改名法雨禪寺。寺中的九龍殿，也是御賜之物。殿頂成拱圓形，中懸珠球，四周八椽均雕以昂首蟠龍，圍著頂蓋正中的盤龍，巧奪天工。據清黃應熊《重建普陀前後寺記》中說，圓通殿「其殿蓋九龍盤拱及黃瓦，亦聖祖命拆金陵舊殿以賜者，故又呼九龍殿。」看來，如欲參明故宮遺物，除南京午朝門舊牆礎外，就得到這南海普陀法雨寺來看九龍殿了。

## 佛頂山孫文遇海市（普陀慧濟寺）

佛頂山上的慧濟寺，建寺稍遲，明僧慧圓建慧濟庵，清乾隆年間擴庵爲寺，光緒年間漸成巨剎。寺東，有天燈塔，是普陀山的最高處，登臨可鳥瞰全山，極目海天。當年，孫中山先生就是在這裏，看到了可遇不可求的「海市蜃樓」。

民國五年（一九一六年）八月二十五日，孫中山先生與胡漢民等人乘「建康」號軍艦，往舟山群島視察，順道登上普陀山，寫下了《遊普陀山誌奇》，記載了他的奇遇。全文如下：

余因察看象山、舟山軍港，順道趨遊普陀山，同行者爲胡君漢民、鄧君孟碩、周君佩箴、朱君卓文，及浙江省民政廳秘書陳君去病，所乘建康艦艦長則任君光宇也。抵普陀山驕陽已斜，相率登岸。逢北京法源寺沙門道階，行至普濟寺小住，由寺主了餘喚肩輿出行，一路靈岩怪石，疏林平沙，若絡繹迎送於道者。紆迴升降者久之，已而登臨佛頂山天燈臺。憑高放覽，獨遲遲徘徊。旋赴慧濟寺，才一遙矚，奇觀現矣！則見寺前恍然矗立一偉麗之牌樓，仙葩組錦，寶幢舞風，而奇僧數十。窺其狀，似來迎客者。殊訝其儀觀之盛備舉之捷，轉行近益瞭然，見中有一大圓輪旋極速。莫識其成以何質，運以何力！方感想間，忽杳然無跡，則已過其處矣。既入慧濟寺，亟問之同遊者，均無所睹，遂詫以爲奇不已，余腦臟中素無神異思想，竟不知是何靈境？然當環眺於佛頂臺時，俯仰間，大有宇宙在乎手之慨，而空碧濤白，煙螺數點，覺生平所經，無似此清勝者。耳聞潮音，心涵海印，身境澄然如影，亦即形化而意消。嗚呼！此神明之所以內通歟。下佛頂山，經法雨寺，鐘鼓鏜鎝聲中急向梵音洞而馳。暮色沉沉，乃歸普濟寺晚餐。了餘、道階，精宣佛理，與之談，令人悠然意遠矣。民國五年八月二十五日，孫文誌。

如今，這篇遊記仍珍藏於普陀山文物館裏。一九六二年，郭沫若見到此物，認定遊記並非孫中山手跡，而加蓋的「月白風清」章卻是眞品，可見遊記係秘書代筆，由孫先生認可的。

郭老學識淵博，在佛頂山下也留下了一段佳話。一九六二年金秋時節，郭老健步登上山頂，詩興所至，朗聲唸道：「佛頂山頂佛」，邀同行者對出下聯。衆人苦苦思索，無處尋句。還是郭老的秘書機靈，脫口而出：「天一閣一天」。

郭老含笑搖首，不以爲佳。衆人無奈，懇求郭老出示下聯。郭老哈哈大笑道：「我是看見『佛頂山』的石碑，才觸景生情有了一聯，哪有現成的下句？」

這時，門外走進一農社幹部，願對下聯。郭老忙端茶讓座，那人當即對出「雲扶石扶雲」。

郭老頻頻點頭，連聲說好。有意思的是，這位對出佳聯的農社幹部，也姓郭，郭老還稱他爲「本家」呢。

雲扶石在慧濟寺下，香雲路中。共由三石組成，下兩石傾斜欲坍，上一石凌空昂立。下石有侯繼高題的「海天佛國」四字，上石題有「雲扶石」三字。因二石敧而不墜，故稱「雲扶」，爲普陀一奇。普陀奇石在在，最有名的是「三怪石」。觀音洞北去不遠，有二龜聽法石。上龜回首引頸同伴，似嗔似戀，下龜昂首奮力，緣石而上。傳說是龍王兩龜相，聽觀音說法不肯離去，被菩薩點化成了這般模樣。但從它們的姿態來看，不像是想留下，倒像是要離去。另有一傳說倒還貼切些。說觀音弟子中有一對青年男女，天長日久，佛經未悟，產生了愛情，被罰作醜陋的石龜，以絕情絲。但兩人忠貞不渝，竊敘衷腸，千年如一。二龜聽法石西面十米，有一頭仙牛也化石而臥，它不是聽不懂佛理的「對牛談經」之輩，而是爲搭救凡人，誤了自己進入佛國的時辰，只好滯留於此。二龜聽法石東面的磐陀石說法更妙，有人考證出曹雪芹的親戚曾來往於南海，向少年曹雪芹渲染過海天佛國的神奇，自然不會少了這塊磐陀石。後來，在《紅樓夢》中，這塊高兩米多，上可立二十餘人的大石，縮變成玲瓏剔透、可鎭妖治邪的「通靈寶玉」。你比比看，賈寶玉頸間那上寬下窄的「通靈寶玉」，和這塊旁刻「金剛寶石」的磐陀石是不是眞有相似之處呢？

## 日僧偶得觀音院

### （普陀不肯去觀音院）

普陀爲海中一島，是誰第一個想起到這交通不便的孤島去供奉大慈大悲的觀世音呢？說來竟是一位日本僧人，不過，他也是出於無奈。

日本高僧惠萼曾於唐會昌元年（八四一年）、會昌四年兩次來中國學佛。唐大中十二年（八五八年），他朝拜五臺山時，得到觀音聖像一尊，欲帶回日本傳渡衆生。船行至普陀山東面新羅礁時，海面突現鐵蓮數百朵，上下翻動，頓阻去路。百般努力無效，惠萼恍然領悟：是觀音不肯離開中國而東去日本吧！於是合掌祈禱：「使我國衆生無緣見佛，當以所向建立精舍。」禱畢，鐵蓮竟漸漸退去，海面平靜如常。惠萼和尙就將船行至新羅礁附近的潮音洞下，上島建寺。島上一張姓居民舍宅爲寺，與惠萼共建了普陀山第一座觀音寺──「不肯去觀音院」，從此觀音菩薩就在普陀定居了。普陀山附近的海面，也因此得名蓮花洋。

由普濟寺東去至海邊，就到了潮音洞。潮音洞上，今仍有「不肯去觀音院」，已是後人重建。附近還有明代建的紫竹林禪院。

惠萼遇到的鐵蓮究竟是何物？大概就是狂濤巨浪吧。有漁歌爲證：「蓮花洋裏風浪大，無風海上起蓮花。一朵蓮花開十里，花瓣尖尖像狼牙。」又有好事者考證，鐵蓮或許就是海豚，因膚色像鐵，伙伴受驚，便群豚奔聚，久久不散。這也不是沒有可能。

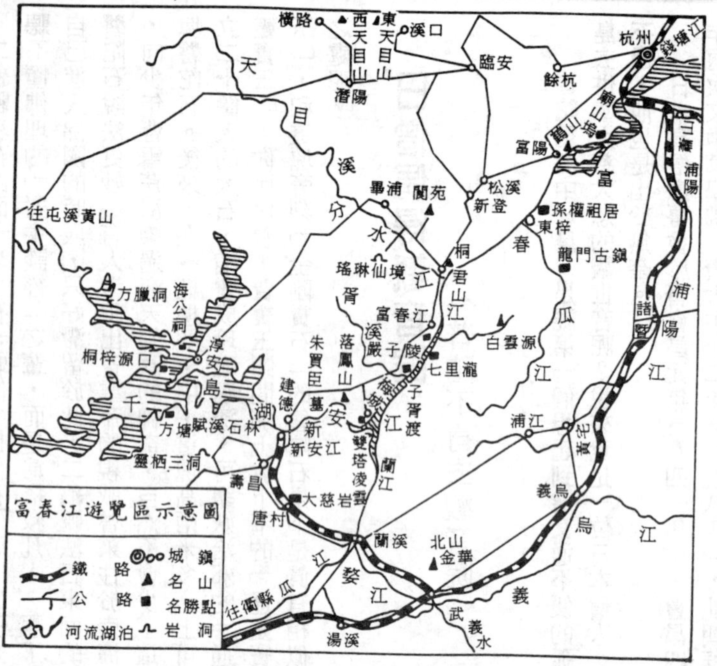


# 富春江遊覽區

## 鸛山秀聳雙郁亭
（富陽郁達夫故居）

出杭州向西，溯富春江而上，被人們稱之爲「黃金旅遊帶」。江水脈脈，一頭連著「人間天堂」杭州西湖，另一頭連著人稱「黃山歸來不看嶽」的安徽黃山。有地理之優，又兼交通之便，水路、公路、鐵路任君自擇，更有山水勝境與人文景觀相映生輝，確有獨到的魅力。

杭州西南行三十公里，就是富陽縣城了。城東有山形如鸛鳥引頸入水，因得名鸛山。富陽是著名文學家郁達夫的故鄉，從鸛山沿古老的江堤西行，進市區來到狹窄的達夫弄，一道低矮的圍牆，圈一方小庭院和一座三開間的樓房，這裏就是郁達夫的故居。

樓下客堂內，陳列著許多郁達夫的故交名流惠贈的字畫。其中有魯迅先生有名的《自嘲》詩：

運交華蓋欲何求，未敢翻身已碰頭。
破帽遮顏過鬧市，漏船載酒泛中流。
橫眉冷對千夫指，俯首甘爲孺子牛。
躲進小樓成一統，管他冬夏與春秋。

尾跋題有「達夫賞飯，閒人打油，偷得半聯，湊成一律，以請亞子先正。」

這段幽默詼諧的跋，原是有來歷的。一九三二年十月五日晚上，郁達夫及其妻子王映霞在上海聚豐園宴請魯迅夫婦、柳亞子夫婦、郁達夫的兄嫂也同席。席間，郁達夫同他開玩笑說：「你這些天來辛苦了吧？」魯迅便用上一天想到的「橫眉冷對千夫指，俯首甘爲孺子牛」一聯回答他。達夫打趣道：「看來你的『華蓋運』還沒有脫？」魯迅說：「給你這樣一說，我又得了半聯，可以湊成一首小詩了。」這就是「達夫賞飯」、「偷得半聯」的由來。魯迅老來得子，十分疼愛海嬰，詩中自嘲對權勢者橫眉冷對，回到家裏卻要爲愛子作牛，陪他遊戲。就像齊景公堂堂國君爲了幼子高興，常口銜繩子，裝作牛，讓兒子騎著玩，竟被扯掉了牙齒，齊景公仍樂此不疲。魯迅當年寫此聯不過是戲語，後人將此釋爲先生的戰鬥精神和人生的寫照，倒也貼切。

鸛山腳下，待月橋畔，有「郁曼陀血衣冢舊址」的刻石。這是郁達夫的長兄郁華犧牲後埋血衣的地方。他是一個著名的律師，一九三九年被敵僞特務殺害於上海。郁達夫在新加坡聞訊，遙寄輓聯以悼：「天壤薄五郎，節見窮時，各有清名揚海內；乾坤扶正氣，神傷雨夜，好憑血債索遼東。」

誰知六年以後，郁達夫也因維護正義被日本憲兵殺害於蘇門答臘。那時日本人已投降一星期了，始終堅持鬥爭的郁達夫以爲從此可以重見天日了，十分欣喜。一日，有人佯裝央他出去幫忙，郁達夫本是豪爽的熱心人，立即答應。隨便穿了一雙木履從家裏走出，從此一去不返。郭沫若悲憤地說：「英國的加萊說過，英國寧肯失掉印度，不願失掉莎士比亞；我們今天失掉了郁達夫，我們應該要日本的全部法西斯頭子償命！」

後人爲了紀念郁氏兄弟的英烈，在春江第一樓之東北修建了「雙郁亭」。亭上懸有茅盾題寫的「雙松挺秀」匾額，亭柱上刻有俞平伯、趙樸初集郁氏兄弟詩作而成的對聯：

劫後湖山誰作主，俊豪子弟滿江東；
莫忘祖逖中流楫，同領山亭一鉢茶。

## 雲山蒼蒼，江水泱泱（桐廬釣臺）

自桐廬縣境內富春江水庫起，至新安江水庫，其間六十里，是新安江風景區的精華所在，有雙臺垂釣、七里揚帆、二江成字、雙塔凌雲等「嚴陵八景」。

嚴子陵釣臺，在桐廬縣城十五公里的富春山上。乘船經過江上風光最美麗的一段——七里瀧，可見富春山麓，沿江粉牆黛瓦，一片古樸的建築，這就是嚴先生祠堂和碑廊。山中有東西二大石臺，「西傳皐羽傷心處，東是嚴光垂釣臺」，合稱「雙臺垂釣」。

嚴光垂釣臺，據傳是東漢高士嚴光垂釣處。嚴光，字子陵，會稽餘姚人。本姓莊，因避明帝（劉莊）諱而改姓嚴。少時與劉秀同窗，劉秀即帝位後，徵召至洛陽授諫議大夫，不受，歸隱富春江，耕釣以終。宋景祐中，范仲淹在釣臺腳下建嚴先生祠堂，並寫《嚴先生祠堂記》，中有「雲山蒼蒼，江水泱泱，先生之風，山高水長」等千古名句。如今，舊日祠堂雖已淹入新安江水庫，范仲淹寫的《嚴先生祠堂記》的刻石，卻仍立於新祠堂的東壁。

西臺，是南宋末年愛國志士謝翺慟哭民族英雄文天祥之處。謝翺原是文天祥的麾下，聽說文天祥在大都就義後，悲憤難禁，登西臺，設文天祥神主牌位，歌傷悼痛，寫下了悲壯動人的《登西臺慟哭記》。令人深思的是，謝翺明明是爲慟哭文天祥作記，但全文無一字提到文天祥，而舉以唐代大書法家顏眞卿，自稱「余以布衣從戎」。顏眞卿是八世紀的中唐人，謝翺是十三世紀的宋末人，相差四五百年，哪有交往的可能？而且文中凡需提人名處，皆以甲乙丙代替，「與友人甲乙若丙，約越宿而集」，「登岸宿乙家」，「別甲於江」，「余與丙獨歸」。這究竟爲了什麼？

原來，當時南宋既滅，元人統一未久，治理甚嚴酷，直接悼念宋朝英烈，爲元法所不容，只得託以古人。明末顧炎武深解其意，在《日知錄》中寫道：「謝翺《西臺慟哭記》本當云文信公，而謬云魯顏公；本當云季宋，而云季漢。」在那樣危險的情形下，謝翺仍然用竹如意擊石，唱楚歌爲文天祥招魂：「魂朝往兮何極，暮來歸兮關水黑，化爲朱鳥兮，有咮焉食？」送他來的船梢公，聽見他哭聲悲大，便提醒他說：「剛才有元人的巡邏船過去了，我們是不是換個地方？」謝翺及同行友人便乘船至江中心，舉酒遙祭，並作詩悼念：

殘年哭知己，白日下荒臺。
淚落吳江水，隨潮到海回。
故衣猶染碧，后土不憐才。
未老山中客，惟應賦《八哀》。

這就是著名的《西臺哭所思》詩。

借古人以言今事，這是常見的。謝翺爲什麼偏偏選中大書法家顏眞卿作爲文天祥的託名呢？世人皆知顏眞卿是大書法家，其實他還是唐代有影響的政治活動家。安史之亂時，他與堂兄顏杲卿堅守中原，爲唐王朝的統一立下了戰功，封魯郡公。爲勸諭叛軍李希烈，他被拘留於叛營，李希烈逼他從己。眞卿正色叱之曰：「君等聞顏杲卿無？

是吾兒也。守吾兒之節，死而克己，豈受汝輩誘脅耶。」一被叛軍縊殺，年七十七歲。學富五車而又氣貫長虹，顏真卿與文天祥是何等的相像！

## 老人誠報伍子胥（建德子胥渡）

新安江流經建德縣東北七里瀧西岸，有一山崖挺立於水中，上刻「子胥渡」三個大字，紅艷醒目。

相傳在二千四百多年前的春秋時期，楚平王荒淫無道，逐子奪媳；還殺害了太子的老師伍奢及其長子伍尚。伍奢的次子伍員（子胥）深通文韜武略，聞訊逃離楚國，投奔吳國時路過此處，曾在大畈村隱居，常往來於此渡口。後人為了紀念他，就把渡口叫做子胥渡。

另有一種傳說頗為悲壯。伍子胥為避迫害，翻山越嶺，逃經此渡口，過江後，子胥身無分文以報，即以所佩寶劍贈擺渡老者，「此劍值百金，以與父。」老者慨然說道：「楚國有令，擒伍子胥者可得賜粟五萬石，賞爵位，何只一把百金寶劍！」堅決不受。伍子胥見老者認出了自己，有些驚慌，要求老者千萬守口如瓶，不要對他人說起。老者見子胥不放心，就接受了他的寶劍，隨即揮劍自刎，表明心跡。依此傳說，子胥渡是為了紀念那山野村人，對子胥倒是不無微詞。

不管哪一種說法，都可看出二千多年前的伍子胥在這一帶是頗有影響的，現建德縣境內仍有胥村、胥嶺、胥嶺洞、子胥廟等地名遺址，就是明證。

## 水下的街市（新安江千島湖）

從建德縣城到新安江大壩，全程約五華里。壩後是一個煙波浩淼的人工湖。湖的總面積達八十六萬畝，蓄水量相當於三千多個西湖，湖內有大小島嶼一千零七十八個，人稱千島湖。由白沙鎮至毛竹源，乘船可遊千島湖，經淳安排嶺鎮，至安徽渾渡，換乘汽車，便可直達黃山。

千島湖上，綠島錯落，林木蔭鬱，一片清幽。你可知道這湖底的祕密嗎？在千島湖的中心區，泛舟其上，湖水晶瑩澄碧，朝下望去，隱約可見街道、房屋，彷彿傳說中的「水晶宮」。這不是幻覺，在平靜的水面下確實躺著一座完整的城市，這座城市的歷史，已經有一千九百多年了。

三十多年前，這裏還曾是淳安縣的縣府所在地——賀城。賀城始建於東漢建安十三年（二〇八年），是孫權的部下賀齊建置的。明代皇帝曾問宰相商輅，淳安有何特產？商輅是淳安人，因連中鄉試、府試、京試第一，人稱「三元宰相」。他回答說，淳安有銅橋、鐵井、小金山。皇帝一聽淳安如此富有，忙細追其就裏。原來，銅橋是桐橋的諧音，位於城之北端，如今仍在水下；鐵井，倒是名副其實，它在古城中心，因此井汲出的水做豆腐乾，五香俱全，色味鮮美，而聞名遐邇。一九五九年，淳安縣人民政府遷到排嶺鎮時，鐵井也隨之遷移，所以排嶺有「鐵井飲甘」一景。但井的遺址卻永久地留在了千島湖底。小金山西距賀城五里，原屹立於新安江邊，危岩突兀，確實可與鎮江金山媲美。新安江大壩築成後，湖水上漲，小金山僅餘一山巔浮沉於湖面，成了秀麗的小島。商輅誇口後，淳安就流傳開了這樣的歌謠：「銅橋、鐵井、小金山，石峽書院活龍山。」如今那座活龍山，只有一半露在湖面，另一半沉在水下，猶如蒼龍戲水，眞的「活」起來了。

淳安不僅出了商輅這樣的名流，還有過海瑞那樣的淸官。明代著名的淸官海瑞，第一次出任知縣就在淳安。淳安人民爲了紀念這位爲民請命的海青天，特在賀城南面的南山之麓建造了一座海公祠，內立「去思碑」，歌頌海公在淳安的政德，記述人民對他的懷念。海公祠面對著淳安縣的衙門，使後任知縣升堂時，每當想起海公，不敢徇私枉法。最近，淳安縣人民政府在龍山島重建了海公祠，水上、水下兩座海公祠隔水相印。尤其意味深長的是，新建的海公祠也正對著現在的縣人民政府。

南宋理學家朱熹有一首著名的詩：「半畝方塘一鑑開，天光雲影共徘徊。問渠哪得清如許？爲有源頭活水來。」這首詩的「源頭」原來就在淳安縣的郭村。據載：「宋熙寧年間，建書院於山之崗，鑿方塘於麓。」聘朱熹在此講學三年。郭村，距龍川島十公里，是現鄉政府所在地。今書院已毀，遺址處尚存大觀亭、德源亭、方塘等遺跡。得源亭中還有後人刻的《詠方塘》詩碑。

## 中國第一女皇陳碩眞（建德落鳳山）

衆所週知的武則天，都以爲她是中國第一個女皇帝。其實，準確地說，武則天是中國第一個獲得成功的女皇帝，而眞正能稱之爲「中國第一女皇」（翦伯贊語）的，當屬唐代農民起義女英雄陳碩眞。唐永徽四年（六五三年），陳碩眞與妹夫章叔胤在睦州（今建德）揭竿而起，參加者數以萬計，連克六縣。陳碩眞因勢稱帝，號「文佳皇帝」，比武則天稱帝（六八四年）早三十一年。後來義軍在婺州刺史崔義玄和揚州刺史房仁裕合擊下失敗，陳碩眞壯烈犧牲在睦州雉山。雉山山頂平坦，廣八百畝，俗稱平山。傳說陳碩眞犧牲時，有彩鳳飛落山頂，負女英雄西去，因此又名「落鳳山」。落鳳山位於白沙鎮東三十里的下涯埠江邊。

另一種說法是，陳碩眞所率義軍被圍困雉山後，在一個漆黑的夜晚，悄悄突圍退據故里桐梓源口。戰鬥中，陳碩眞仗劍扼守隘口，殺得官兵屍體堆積如山，最後被敵軍亂箭射死，但立而不倒。後人爲了紀念她，把源口山隘取名文佳嶺，官兵堆屍處叫屍山坪。今位於梓桐口的大小兩島，就是文佳嶺和屍山坪。

梓桐口西北十五公里的幫源洞，是北宋浙江農民起義領袖方臘的聚義之處。宋徽宗宣和二年（一一二〇年）十月，方臘等人不堪忍受沉重的稅賦，特別是「花石綱」的盤剝，以「誅朱勔」爲名，在漆園誓師起義。方臘自稱「聖公」，年號「永樂」，聚衆百萬，攻克七州五十二縣，威震東南半壁江山。宋徽宗被迫撤消造作局、應奉局，罷黜朱勔父子官職，停運「花石綱」，另一方面派「江淮荆浙宣撫使」童貫率兵鎭壓。

現有兩處方臘洞。一處在威坪鎭對面山上，是方臘與義軍聚義起事處，又稱「聚義洞」。洞在半山石壁，旁有郭沫若題的「方臘洞」三字碑。周圍有義軍操演場、點將臺、拴馬場、聖公泉、百花臺等遺址。一處在妙石洞源里，是方臘的被俘之處，人稱「躲聖洞」。義軍失利後，方臘率部退入幫源洞，據岩壁堅守，官軍道路不熟，久攻不下。方臘起義時曾殺地主方有常一家，方庚越牆逃跑。這時方庚出來爲官軍引路，從小徑攻入洞中。方臘及妻、子、起義領袖方肥等三十餘人被俘，解至開封，宣和三年（一一二一年）八月，英勇就義。

# 東南部

劉啟林　編著

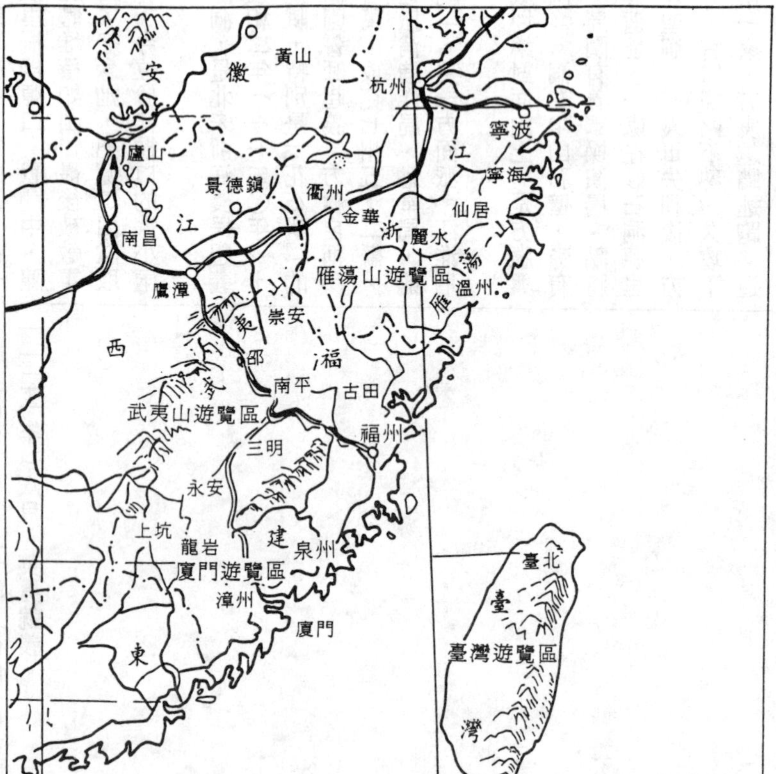
黃山
安
徽
杭州
寧波
廬山
景德鎮
衢州
江
寧海
南昌
江
金華
仙居
浙
麗水
鷹潭
雁蕩山遊覽區
溫州
崇安
西
福
南平
古田
武夷山遊覽區
福州
三明
永安
上坑
建
龍岩
泉州
廈門遊覽區
漳州
廈門
東
臺北
臺
臺灣遊覽區
灣

# 雁蕩山遊覽區

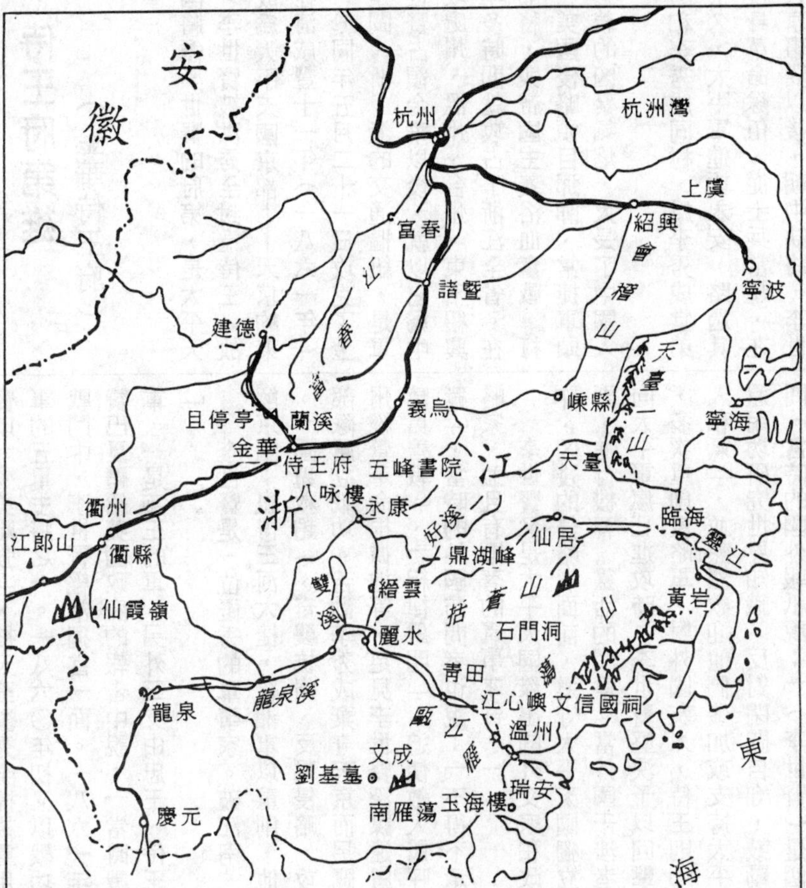
安
徽
杭州
杭洲灣
上虞
紹興
會稽山
富春
富春江
諸暨
寧波
建德
天臺山
嵊縣
寧海
義烏
且停亭
蘭溪
金華
侍王府
五峰書院
浙江
天臺
八咏樓
永康
好溪
臨海
衢州
仙居
江郎山
衢縣
鼎湖峰
靈江
雙溪
縉雲
括蒼山
黃岩
仙霞嶺
石門洞
麗水
青田
龍泉溪
甌江
江心嶼
文信國祠
龍泉
溫州
東海
文成
劉基墓
南雁蕩
玉海樓
瑞安
慶元

# 天國留勝跡，侍王府第雄

## （金華侍王府）

金華侍王府是太平天國將領李世賢的府第，是太平天國後期在浙江的指揮中心。李世賢被洪秀全封為侍王，故名侍王府。他為了使浙江成為太平天國京都——天京的東南屏障和物資供應基地，在清咸豐十一年（一八六一年）由安徽、江西率軍入浙江，於同年五月二十一日攻克了金華。金華地處浙江中部，是閩、浙、贛的交通樞紐，是軍事上的戰略要地。侍王李世賢占領金華以後，就以它為中心，指揮所部太平軍，南攻處州、溫州、台州，東下紹興、寧波，北上嚴州。僅半年多時間就攻占了浙江全省。在寧、紹一帶侍王所指揮的部將，與帝國主義浴血奮戰，打死了美國常勝軍頭目華爾、美國侵略頭目那師、常捷軍頭目勒伯勒東等，一掃帝國主義的凶暴氣焰，大長了中國人民的志氣。

李世賢，廣西藤縣人，和李秀成同村，為李秀成堂弟。一八五一年金田起義後不久，太平軍進攻永安，路過其家鄉，十八歲的李世賢即投身革命隊伍，從士兵當起，在戰鬥中成長。一八五六年天京事變以後，朝中缺將，李世賢以「少勇剛強」，被天王洪秀全提拔重用。他成為太平軍的五軍主將之一。一八六〇年初又以戰功封為侍王。在戰鬥中，李世賢經常獨當一面。一八六一年三月，英國參贊巴夏禮給英國政府的報告中說：「當時戰場上有四支大軍，一是英王的軍，另外三支由忠王、侍王、輔王率領。」

李世賢是一位優秀的軍事家。破江南、江北大營，數解京圍；贏得三河大捷，給湘軍以重創，他都是主力之一。「圍魏救趙」、奇襲杭州、反擊侵略、攻克寧波，他的部隊屢立戰功。苦勸李秀成棄守天京而另闢戰場、開府漳州經營革命根據地等，足見李世賢深謀遠慮，他的部隊「驍勇善戰」、「紀律嚴明」，迫使敵人驚呼「賊勢如此猖獗」，當時的外國訪問者也說：「不得不承認他是一個戰略家，並且有顯著的軍事才幹。」

李世賢又是太平天國傑出的外交家和政治家。他在狡詐、凶殘的侵略者面前，遵守太平天國獨立自主的外交原則，進行機智、靈活的鬥爭。當外國干涉者和清廷相勾結向太平軍瘋狂進攻時，李世賢堅決予以回擊，在江浙戰場，多次重創侵略軍。對外國友人，侍王則「態度親切、待人和氣」，並熱烈歡迎他們參加或支持太平天國革命。他還用功研究世界知識，反對閉關自守，鼓勵通商，歡迎訪問。當時的國外報紙說：「（李世賢）是個很有才幹的人，他十分熟悉歐洲的政治，並且對於一般中國人茫然無知的問題也很精通。」一八六四年天京失陷以後，侍王李世賢繼續在贛、粵、閩一帶堅持鬥爭，擁衆二十萬，成爲太平軍餘部的最大勢力。此時，李世賢的母親和妻子都下落不明，太平天國的其他領袖也都犧牲了。他踏著烈士的血跡，接過革命帥旗，以大無畏的精神奮戰在南中國的大地上。羅爾綱先生說：「他是天京失陷以後，南方太平軍的統帥，以他的威望和歷史，可以團結內部……也會更好地得到人民的幫助，就這樣一個極有關係的人物，卻被犯上爲逆的汪海洋把他刺死，這是一件極可痛心的事。」當然，侍王也有缺點。例如在十分艱苦的鬥爭環境裏，他曾希望得到外國侵略者的幫助，但這比起他的一生業績來，這究竟只是缺點而已。他的一生總的還是表現了「中國人民不甘屈服於帝國主義及其走狗的頑強反抗精神。」

侍王府在金華市東北，在唐、宋原爲州治所在地，元初又爲浙東道宣慰司署，明初曾是明太祖朱元璋駐地，後爲巡按御史行臺，清時爲試士院。太平軍攻占金華後，李世賢就在此建造了這座王府，侍王府規模宏大，建築面積達三千平方米，加上其它附屬建築，總面積達二萬四千多平方米。整個建築分宮殿、住宅、園林三個部分，西南一側原爲練兵場和諸匠營駐地。

宮殿是侍王府的主體建築，前有照壁，高六米，闊十七米，給人以氣勢不凡之感。離照壁五十米，爲侍王府大門。拾級而上，穿過甬道，即至大殿，也稱議事廳。這裏原是太平軍舉行會議的地方。議事廳後爲二堂、最後爲後堂，亦稱耐寒軒，俗稱古柏廳。堂前左右天井內有古柏各一株，相傳爲五代吳越國錢武肅王手植。整個宮殿建築宏偉壯麗，雕樑畫棟，原有大量壁畫和彩畫，是國內保存較好的太平天國時期的建築。

從大殿往西爲住宅。稱西院，共四進，第四進爲樓房。據傳建造時部分木料是從金華羅店一戶財主家拆搬來的，當時作爲主要將領的辦公和住宿之處。侍王李世賢在二進中廳辦公。第四進後爲子城，西牆有一門通花園，有望樓遺址。

侍王府是一座絢麗多彩的藝術寶庫，在西院一、二進的原建築磚牆上有大量壁畫，這些壁畫原已被塗抹得不見踪影，解放後重整侍王府，又把它們小心修復。現尚存大壁畫四十九幅，加上原有的小幅壁畫，共有六十八幅較完整的壁畫。另外還有彩畫、木雕、石雕、磚雕等多處。這些壁畫反映了太平軍後期的活動以及當時人民群衆的生活，因此，具有很高的史料價值。

西院二進中廳東後壁，有一幅巨大的《兵營圖》，高二百零六釐米、闊三百二十二釐米。右下角有一座望樓，上有長方形的天地會五色旗迎風招展（當時侍王部下天地會部隊較多）。望樓右邊樹叢中，有六面長方形和三角形旗幟，旗幟後面有四幢樓房，是太平軍兵營。

二進中廳東西兩壁上有四幅《四季捕魚圖》，生動地反映了在太平天國政權下漁民歡樂勞動的情景，西院一進西偏屋及二進東偏屋均有壁畫。

西院四進樑柱、欂、坊和天花板上到處有彩畫。

侍王府前面的照牆，有團龍石刻，刻工精美細緻。照牆背面、基座中間為「雙夔捧壽」、「仙鶴壽桃」等石刻，刻工蒼勁，造型生動。

金華侍王府是目前全國罕見的太平天國時代的建築，它保留著豐富的太平天國時代的藝術作品，是研究太平天國歷史的重要實物。

## 千古風流八詠樓（金華八詠樓）

八詠樓坐落在金華市城東南，臨江矗立，婺江二源（義烏江、武義江）匯流其下。趙孟頫詩：「西江二水流離合，南去千峰紫翠圍」二句，即指此地。東南沿海一帶，以樓言，八詠樓頗著盛名。

八詠樓，原名玄暢樓，齊永明二年（四九三年）為東陽郡太守沈約所建。樓建成後，沈約曾寫了一首《玄暢樓八詠》詩，傳誦一時。宋至道年間，玄暢樓改名為八詠樓。元、明兩代曾一併燬於火，現存樓為明、清建築。

一千多年來，歷代文人在此登臨賞景，寫下了不少繪景抒情的佳篇。沈約的八首詩：《登樓望秋月》、《會圃臨春風》、《歲暮愍衰草》、《霜來悲落桐》、《夕行聞夜鶴》、《晨征聽曉鴻》、《解佩去朝市》、《被褐守山東》，時人號為絕唱。

宋著名女詞人李清照常登八詠樓，她的《題八詠樓》詩抒發了對當時山河破碎、民不聊生危難形勢的沉痛心情。詩云：

千古風流八詠樓，江山留與後人愁。
水通南國三千里，氣壓江城十四洲。

元代書法家趙孟頫也曾登上八詠樓，留下《東陽八詠樓》一詩：

山城秋色淨朝暉，極目登臨未擬歸。
羽士曾聞遼鶴語，征人又見塞鴻飛。
西流二水琉離合，南去千峰紫翠圍。
如此山川良不惡，休文何事不勝衣。

對八詠樓及其周圍的風景備極讚賞。

八詠樓有石級百餘，巍然屹立，原來登上八詠樓，雙溪景色可盡收眼底，近年在樓前建造了幾幢高樓，擋住了視線，樓內雕樑畫棟，建築精美。

八詠樓與歷代文人結下親緣，也與英雄人物有著密切關係。相傳明代戚繼光，在金華八縣招募數千子弟兵時，登八詠樓受到啓示。在殲擊海盜時，建造望樓，以觀察和掌握敵情。明末兵部尚書朱大典，率軍抗清，因寡不敵衆，在八詠樓壯烈犧牲。太平天國侍王李世賢，曾在八詠樓上檢閱太平軍，誓師討伐清政府。寫下了農民革命反擊封建主義和帝國主義侵略者的光輝史詩。

另一個與八詠樓頗有關係的人，就是元朝末年朱元璋起義軍中的大將胡大海。他不是金華人，但金華人民迄今對他很有好感，一些民間傳說生拉硬扯地把他說成是金華北山人，還編造了朱元璋請胡大海出山、常遇春和胡大海北山比武等故事。其實，胡大海是江蘇北部的泗洪縣人，離皖北很近，朱元璋起事不久，胡大海就參加了。他和常遇春是朱元璋部隊中的兩員驍勇大將，轉戰南北，屢立戰功。朱元璋渡江，進軍浙江，攻金華時元軍堅守頑抗，胡大海、常遇春等拚死猛攻，終於克復了金華。朱元璋率大軍離開金華，胡大海留下鎮守此浙東重鎮。胡大海出身貧苦，熟知民情，愛護百姓。他曾說：「吾武人不知書，惟知三事，不殺人，不掠婦女，不焚燬廬舍。」他的軍隊確實紀律嚴明、鬥志旺盛，深得民心。他以金華爲據點，又先後占據諸暨、衢州和處州（麗水）等地，次第消滅了浙江的元軍據點，對反元鬥爭起了重要作用。不幸的是，一三六二年胡大海在八詠樓前的八詠灘閱兵時被叛徒刺死。過了五年，朱元璋在建康（今南京）建立明朝，追封胡大海爲越國公。離金華市北五里的祝豐亭有胡大海墓（其實只是衣冠冢）。墓前有兩匹石馬，其中一匹沒有馬頭。金華民間傳說，這兩匹馬原來都是有馬頭的。一天晚上，一匹馬突然跳躍起來，跳進附近的農田損害了農作物，胡大海知道後大怒說：「我的部隊尚且不准踐踏農田，你竟敢如此放肆！」於是就斬下了這匹馬的頭。故事雖屬荒誕，卻表現了勞動人民對愛民將軍的深切懷念之情。

八詠樓前的八詠灘，是婺江的一片沙灘，婺江流經這裏，江面增寬，水流緩慢，又兼細沙遍佈，沙灘連接靠近市區北岸，故一到夏日，就成了一個很好的「江邊浴場」。因爲八詠灘灘面大，又平坦，過去金華沒有廣場，所以八詠灘也是金華人開大會的場所，這裏歷史遺跡頗多。最值得紀念的是，一九三九年三月周恩來曾在八詠灘召開了群衆大會，宣傳團結抗日的方針，使廣大人民從黑暗中看到勝利的曙光。這段歷史使八詠樓更增添光輝，八詠樓與八詠灘的歷史更值得人們懷念了。

# 雙溪春尚好，古洞隱奇觀

## （金華雙溪）

「聞說雙溪春尚好」，這是宋代著名女詞人李清照《武陵春》詞中的一句。雙溪就是金華的婺江。婺江清澈見底，沿岸風景綺麗，曾使歷代很多文人學士爲之流連。南朝梁的沈約，唐代的陳子昂、孟浩然，宋代的蘇東坡、王安石，元代的趙孟頫等，都在此留下足跡，寫了不少讚美的詩篇。李清照因金人入侵中原，避亂來到江南，在此住了很長時間，她的許多感事傷時、情詞悱惻的詩詞，都是在這裏作的。

金華之北的金華山，或稱北山，是金華風景區的精粹所在。它層巒疊嶂、林木遮天，有不少奇特而壯觀的岩洞，我國道教把這裏稱之爲第三十六洞天。北山有「五洞十景」之說，最著名的是雙龍洞、冰壺洞和朝眞洞。被稱之爲「北山三洞」，我國明代著名旅行家徐霞客遊了三洞之後，在日記中讚美道：「要之，朝眞以一隙天光爲奇，冰壺以萬斛珠璣爲異，而雙龍則外有二門，中懸重幄，水陸兼奇，幽明湊異者矣。」

來到雙龍洞前，翹首仰望，只見一座大山堆雲疊翠，高聳入雲，古人說的「金華山色與天齊」並非虛誇之詞。雙龍洞洞口很大，兩邊崖間伸出兩個面目猙獰的龍頭。一進洞更覺陰涼徹骨，這是雙龍洞的外洞，寬敞明亮，可容千人。入內洞卻要躲在小船上往裏拖進，因爲頭部離洞頂岩石只有二三寸，船入洞口，像進入另一個世界。船出另一洞口，上岸一看，像是夜幕籠罩著無邊原野，閃動的燈火似上天撒落的明珠。天上人間，星河月亮，飛禽走獸，層出不窮。隨著導遊員電筒所指之處，可以看到青龍、黃龍在翻騰，還有龍臺、龍門、龍帳、以及十八羅漢、五百小羅漢、壽星吃仙桃等等，皆以鐘乳石天然形狀而命名。前人評價雙龍洞說：「洞中有洞洞中泉，欲覽奇景臥小船」。至此，方知其意境之妙和景物之奇。

沿石階向上穿過名爲「龍耳」的小洞、踏上峻嶺，行約半里，便到冰壺洞。洞前立一石碑，上刻郭沫若手書「冰壺洞」三個大字，背面是郭沫若讚美冰壺洞的墨跡，碑前有觀賞亭，供遊人休憩。

冰壺洞是一垂直岩洞，洞口朝天，因口小肚大，形似一壺而得名，此洞異常古怪，一入洞口，頓覺寒氣逼人，向下窺視，深不可測，令人毛骨悚然。明代徐霞客到此，如臨深淵。他在遊記中寫道：「洞口仰如張吻，先投杖垂炬而下，滾滾不見其底，乃攀隙倚空而入。」現在由洞口到洞底已造了一條二百六十多級的石階，險處有扶手欄杆，上有電燈照明，遊人可大膽盡興游玩。冰壺洞的特點是奇、險、怪。順石徑下約幾十步，便覺腳下有響聲如雷，愈往下，響聲愈大，行至洞半，忽見一條大瀑布傾瀉而下，飛珠濺玉，撇雲撒霧，蔚爲奇觀。從冰壺洞出來，可重新欣賞郭沫若讚美冰壺洞的詩，詩云：

銀河倒瀉入冰壺，道是龍宮信是誣。
滿壁珠璣飛作雨，一天星斗化爲無。
瞬看新月輪輪飽，長有驚雷陣陣呼。
壓倒雙龍何足異，嶔崎此景域中孤。

北山風景區還有芙蓉峰、鹿田莊、智者寺等。沈約曾有《金華山》詩曰：

遠策追夙心，靈山協久要。
天倪臨紫闕，地道通丹竅。
未乘琴高鯉，且縱嚴陵約。
若蒙羽駕迎，得奉金書召。
高馳入閶闔，方睹靈妃笑。

## 李漁定名「且停亭」（蘭溪且停亭）

在浙江蘭溪縣西鄉的大道旁，有一座簡樸的涼亭，亭門楣上寫著「且停停」三個大字，粉牆上還有一副對聯：「名乎利乎，道路奔波休碌碌；來者往者，溪山清靜且停亭。」據傳亭名和對聯都是李笠翁所作。

李笠翁名李漁，是我國清初的戲曲理論家、作家。他年輕時看到村前人來人往，絡繹不絕，就倡議募捐，建造了一座涼亭，以便行人歇腳。亭蓋好後，鄉保很想爲涼亭取個名，好借此揚揚名，而李漁在婺州一帶（今金華）有點名氣，所以鄉民都希望李漁來取亭名。可鄉保不樂意，就想了一個亭名去找李漁，心想只要李漁推讓一句，自己馬上就說出來，這樣豈不篤定了？

鄉保來到李家，開門見山就問：「相公，亭名取好了沒有？」漁答道：「尚未。」鄉保心中暗喜，就說：「你我即興各取一個如何？」李漁應聲說：「且停亭。」鄉保聽說「且停停」，遂得意地說：「你還要等一等，我倒已經想出來了！」立即用手指蘸了茶水在桌上寫三個字，問道：「你看如何？」李漁說：「我已講了嘛，且停亭！」鄉保越發得意了：「相公，即興比試，怎能一停再停？相公輸了，現在只能用我的亭名了！」李漁大聲笑起來：「我早就取好了，可你到現在還聽不懂！」說罷，即帶著韻味唸道：「名乎利乎，道路奔波休碌碌；來者往者，溪山清靜且停亭。」

建於清初的且停亭，三百多年來幾經修葺，至今猶存，當行人在條石櫈上坐下來養養腳力、躲躲暑氣的時候，仰視亭名對聯，無不感到十分貼切，堪稱佳名妙聯。

李漁四十歲以後，大部分時間住在杭州，康熙十九年（一六八零年）死於杭州，年七十歲。墓葬在杭州方家嶺九曜山，墓碑上刻著《湖笠翁之墓》，他所作「戲文」十六個劇本，其中如《比目魚》、《鳳求凰》等，流傳了三百餘年，至今還在演出，他的有些作品被譯成外文，流傳日本和歐洲。

他又是一個戲曲理論家，在他的《閒情偶寄》中，他對戲曲創作提出了一些精闢見解。他主張戲曲通俗易懂，面向群衆。李漁對戲劇創作的不少意見是很有價値的。他在戲曲導演理論上也很有貢獻，他主張演員要對劇本「解明曲意」，「得其意而後唱」，就是說要掌握人物的內心世界，進入角色。這種意見是符合現代戲劇理論的，在中國戲曲史上是一個難得的創新。

李漁出身於宦官之後、藥材商人家庭。二十五歲時，應童子試於婺州（金華），取入中泮；但二十九歲時，赴杭州應鄉試，卻未中。他自負才華，嘆功名未就，三十歲時寫道：「封侯事且休提起，共醉斜曛！」於是開始浪遊江湖了。不久，明末農民起義爆發，清兵入關，李漁也捲入兵荒馬亂之中。迨清兵占據全國，新來了異族統治者，動輒得罪，出口之禍、文字之獄，都見端倪。李漁或避於深山，或遊於江湖，寫詩記亂，爲文自娛，間也賣文糊口。他對人世的閱歷漸深，寫下許多詩詞、短篇小說、傳奇小說。在此基礎上，大約四十五歲那年，他寫了戲曲劇本《奈何天》、《玉搔頭》等。從此，李漁的後半生就走上戲劇之路，創作源源不斷。五十七歲那年，他自組戲班，自撰詞曲，把創作和演出緊密結合起來，在戲曲活動上開闢了新的途徑。

在明清之際的動盪年代，李漁對農民起義格格不入，呼爲之「盜」，爲「賊」，這當然是他的階級局限。但他對官並無好感，在《避兵行》等詩歌中，表達了官害甚於「盜賊」的思想。才氣橫溢的李漁，不願與官府同流合污，就寄情於戲曲中找尋自己的人生之路，這一方面是出於他有興趣，但也有其不得已的苦衷，那就是爲了「愼行藏」、「保賤軀」他才走了戲劇之路。戲曲，既假又眞、有眞有假、眞眞假假、撲朔迷離。李漁寄情粉墨，是要在舊羅網的縫隙中求生。在實際上，也作了某些程度的對黑暗社會的反抗。

當然，李漁的作品是有局限性的，如有的宣揚「忠、孝、節、義」等，這使他不能比追王實甫、關漢卿，但畢竟不失爲清代一大戲劇家。

## 壁立萬仞江郎山（江山江郎山）

江郎山離江山縣城二十五公里，上有三爿石，是著名的風景點。三爿石也稱三片石，古時又稱江郎石、靈石、郎峰。相傳古代曾有江姓三兄弟登其巔，化爲三座石峰，故名。

徐霞客在明萬曆四十六年（一六一八年），曾遊江郎山，他在日記中寫道，「二十三日，始過江山之青湖。山漸合，東支多危峰峭嶂，西伏不起。懸望東支盡處，其南一峰特聳，摩雲插天，勢欲飛動，問之，即江郎山也。」

江郎山舊有八景：三峰列漢、一磴盤空、松梢掛月、樹杪飛泉、洞岩鐘鼓、煙霞樓臺、古寺春雲、山村暮雪。據明人薛應旂《江郎山志》載：南方四里「曰聖堂山，高八十丈，周十五里，內有龍潭；又六里曰白水岩，歲雩（古代祭祀求雨）有雲自南出則雨；又南十里，曰風洞，天將雨，則風從水中出；又三十里，曰浮蓋仙山，中有仙洞、石壇、石屏、石筍諸勝，又多緋桃，但華而不實；旁有溫峰，岩石倒垂，如雞鳴，有泉出焉」。西面多危峰峭嶂，三十里外有小江郎山，峭石懸潭，儵魚翕聚，宛然濠濮之間。旁有茅石岡，「會當行盡須江山，獨到此岡看不足。」是個飽覽勝景的佳處。

三爿石高二百多米，屹立於半山之上，拔地而起，數十里外可見。徐霞客歷遊東南名山，對江郎山評價頗高，他在上面講到的日記中說：「夫雁蕩靈峰，黃山石筍，森立峭拔，已爲瑰觀，然俱在深谷中，諸峰互相掩映，反失其奇；即晉雲鼎湖，穹然獨起，勢更偉峻，但步虛山即峙於旁，各不相降，遠望若與爲一，不若此峰特出衆山之上，自爲變幻，而各盡其奇也。」

當地人說：三爿石是靈石，能隨勢上下浮動，這當然只是人的幻覺，但從此亦可見它的雄奇多姿。

江郎山風景秀麗，環境幽靜，且冬暖夏涼，很多古人曾在此讀書、隱居。唐初，祝東山曾隱居於此。唐代名相張九齡有《遊江郎山訪祝東山遺跡》詩：

攀躋三峰下，風光一草廬。
今見墨浪壁，昔聞君子居。
君子今何處，徘徊不能去。
不見當年人，但聞聲過樹。

據薛應旂《江郎山志》，宋時此地有了江郎書院，到明代已廢，明正德年間的介節之士周文興曾在此讀書。

三爿石以它奇特的風姿，古往今來曾贏得無數詩人的讚賞。

宋陸游作過《靈石三峰》，其一曰：

奇峰迎馬駭衰翁，蜀嶺吳山一洗空。

拔地青蒼五千仞，勞渠蟠屈小詩中。

其二曰：

曉日曈矓雪未殘，三峰傑立插雲間。
老夫合是征西將，胸次先收一華山。

三爿石下右峰峭壁上有「壁立萬仞」四個石刻大字。是明代著名哲學家湛若水的手跡。

## 男兒到死心如鐵（永康五峰書院）

五峰書院在浙江永康縣城東二十三公里，距方岩二公里的壽山中。有雞鳴、覆斧、瀑布、固厚、桃花五峰屏立於前，故名。書院利用天然石窟，支木爲之。不施椽瓦，風雨莫及。建於宋代，南宋著名學者朱熹、陳亮曾在此講學（朱熹事已見福建部分）。洞有前臺，依石爲樑，上有丹書「兜率臺」三字。傳爲朱熹所書，洞旁有瀑布泉，自峰頭半空而下，飛珠濺玉，可望而不可及，兩旁有羅漢堂、學易齋、三賢堂等古跡。

陳亮（一一四三—一一九四年）宋婺州永康（今屬浙江）人，字同甫（又作同父），學者稱龍川先生。才氣超邁，喜談兵。乾道五年（一一六九年），上《中興五論》，不報。淳熙五年（一一七八年），復詣闕上書，極論時事，反對議和，力主抗金。遭人妒恨，兩度入獄，出獄後志氣益勵。淳熙十五年，第三次上書，建議由太子監軍，駐節建康（今江蘇南京），以示銳意恢復，於是朝臣以爲狂怪。

在南宋的統治集團中，恐金病廣泛流行，苟安思想已成惰性，言兵論戰反而被目爲狂夫。當權者大都是投降派，皇帝就是投降派的總後臺。陳亮的主張當然是不會採納的，甚而反落得「大臣尤惡其直言不諱」，參加考試自然也名落孫山。可貴的是他沒有屈服，不曾後退，從青年一直到死的三十多年中，他鳴號角、擂大鼓，號召奮發，鼓吹抗金。他三次冒死向皇帝上書直言，橫眉與權勢者辯論，和志同道合者秉燭論兵，實地到前沿陣地考察，以論文見意，以詩詞抒情，不畏挫折地和苟安勢力作鬥爭，熱情橫溢，銳氣四射，反對投降，反對理學，始終不懈。他因此爲世俗所不容，遭當權者妒恨，入獄時甚至被笞打得體無完膚。但他每次出獄後都是志氣益勵，讀書更用功，文章更銳利，鬥志也更堅決，正像他自作的《梅花》詩一樣：「欲傳春消息，不怕雪埋藏。」直到臨死那年，他還寫道：「復仇自是平生志，勿謂儒臣鬢髮蒼。」其好友愛國詞人辛棄疾稱讚他：「我最憐君中宵舞，『男兒到死心如鐵』。」爲我們刻畫了一個堅決的、慷慨悲歌的、引天下爲己任的強者陳亮的形象。一腔忠憤，執著愛國，不屈不撓，始終積極豪邁，這種陳亮精神，可以照耀千秋，至少在封建社會裏，可謂難能可貴，大節不虧。

一一八八年，陳亮到金陵、京口（鎮江）實地考察抗金前線。在鎮江，他登上了北向長江的多景樓，極目遠望，他激昂地高唱：「危樓還望，嘆此意，今古幾人曾會？神設鬼施，渾認作，天限南疆北界，一水橫陳，連崗三面，做出爭雄勢，六朝何事，只成門戶計私？因笑王謝諸人，登高懷遠，也學英雄涕。憑卻江山，管不到，河洛腥膻無計，正好長驅，不須反顧，尋取中流誓。小兒破賊，勢成寧向江對！」陳亮從堅定的愛國立場出發，以卓越不凡的觀點，批判了所謂天然界限，南北分家的謬論。這是一首主張統一，反對分裂，決心收復失地的宏詞。據今《光明日報》載，毛澤東就多次拍桌擊節，高聲吟誦岳飛的《滿江紅》和陳亮的這首詞。一九七五年，八月初一的一個晚上，毛澤東慷慨悲歌地吟罷《登多景樓》詞後，又讓在場的工作人員一起唸了這首詞。這也是八百年後的今天，毛澤東對陳亮的一個評價。

紹熙二年（一一九一年），陳亮被人誣告，第三次下獄。次年，出獄。四年，中進士第一，授簽書建康府判官公事，未行而卒。

他倡導經世濟民的「事功之學」，提出「盈宇宙者無非物，日用之間無非事」，指責理學家空談「道德性命」。與朱熹友善，論學則二人冰炭不相容，他曾與朱熹進行過多次「王霸義利之辯」，所作政論氣勢縱橫，筆鋒犀利。詞作也感情激越，風格豪放，顯示其政治抱負。他向與大詞人辛棄疾友善，詞風豪邁也相近。辛棄疾的《破陣子》一詞「醉裏挑燈看劍，夢回吹角連營」，題為「為陳同父賦壯語以寄」就是寫給陳亮，向他表達收復失地的夢想，同時也流露出壯志未酬的苦悶心情。

陳亮也是南宋上半葉有代表性的散文作家，他的政論與陳傅良、葉適齊名。他們「為文務求適合世用，才氣也奔放雄瞻，不屑於字斟句酌」。他們可以說是政治家式文人。恰好在南宋的初期，喘息已定，議論蜂起，有志從政的志士們，競言恢復，言世務，言經濟。陳亮的文章，可以代表了這一班志士們：「其文才辯縱橫，不可控勒，有『開拓萬古之心胸，推倒一時之傑豪』的雄姿……他嘗上書孝宗道：『今世之儒士，自謂可正心誠意之學者，皆風痹不知痛癢之人也，舉一世安於君父之大仇，而方且揚眉拱手，以談性命，不知何者謂之性命乎？』這一席話正足以表現出功利派作家們和道學家們的分野來。」由此可知，陳亮的氣節、人格、作品都是和他的愛國主義思想密切相關的。他的著作有《龍川文集》、《龍川詞》等。

# 奇山古寺奉胡公（永康廣濟寺）

方岩在浙江金華的永康縣境內，因它是一座方形的山，故而得名，我國雖不乏奇峰峻嶺，但像這樣的方形山卻不多見。因而著名作家郁達夫當年遊方岩後發過議論說：「從前看中國畫的奇岩絕壁，皴法紋疊，蒼勁雄偉到不可思議的地步，現在到方岩，方知南宋北派畫山點石，卻還有未到之處。」去過方岩的人就會感到，郁達夫先生的話並非偏頗之詞。

遊方岩可從金華驅車經永康縣城，約兩小時即可到達山前的澤六村。你一下車，即可看到一座巨大的岩山平地崛起，四周如削，巍巍直上雲天，這就是方岩。這裏青松翠竹環繞山底，半腰岩層重重疊疊，變化多姿，全都出於天然。從側面沿山腰曲道拾級而上，至山岙處，環顧左右，忽見一條峻嶺直架峭壁之間，上面有一座觀賞亭，閃出「名山活佛」四個大字。這亭叫「步雲亭」，由亭而上，是通往山頂的惟一道路，逶迤曲折，有九轉四百丈之說。過步雲亭即爲「飛橋」，原先是架設在懸崖峭壁之間的棧道，行走艱難，解放後造起了鋼筋鐵骨的新「飛橋」和九曲迴欄登山大道。不僅暢通無阻，還爲名山增添了景色，成了遊人玩賞風景的佳勝之處。沿飛橋攀登而上，只見頂上雙崖對峙，豁然中開，彷彿登天之口，這就是入峰的惟一大門——天門。登天門居高臨下，山巒村舍，輕煙明霞，一覽無餘。進入天門，一變險峻爲秀雅，眼前完全是另一個天地：平曠的山地，林木葱鬱，樹影濃重，曲徑通幽，亭亭翠竹夾道而立，使人如入仙境。濃蔭處，有一座依山而建的廟宇，名爲廣慈寺。廣慈寺建於唐代大中四年（八五〇年），北宋年間增建胡公廟，使方岩名氣大增。千百年來，遊人、香客絡繹不絕。不僅聞名國內，在東南亞也有一定影響。

整個方岩就像一頭昂首的雄獅，那廣慈寺就在獅子口。寺內的屏風閣建在岩洞之中，洞內有井，俗稱「獅子喉管」。著名的「胡公大帝」就供奉在這個岩洞裏。據記載：胡公名則，宋代永康人，字子正，果斷有才氣，以進士起家，轉憲州錄事，入奏，宋太宗問他治理邊境之策，對他的奏議非常滿意。歷典七州，並兼六路使節，所到之處聲譽政績甚佳。他爲官清正，曾上書朝廷，奏免婺（金華）、衢（衢州）兩州民丁田賦，官至兵部侍郎。百姓感德，因他年輕時曾在方岩讀過書，所以立廟祭祀他。可見老百姓對爲他們做過一些好事的官不僅感激不盡，而且要永誌不忘，奉若神明的。

廣慈寺後有讀書堂、金鼓洞、眼睛撐等古跡。沿山頂的小徑繞行，但見沿途古松遍山，禪師墓忽隱忽現。據說這裏的和尚已歷五十代，開山的碧孤禪師墓就在山上。

## 「厭看西湖看鼎湖」

### （縉雲鼎湖峰）

鼎湖峰位於浙江縉雲縣境，是「天遺林泉」的仙都主要風景點。峰高一百六十八米，海拔三百七十五米，狀如破土而出的竹筍，據說是世界上目前發現的最高的石筍。南宋詩人王十朋有「黃帝歸客入仙都，厭看西湖看鼎湖」的詩句，可見鼎湖的俊逸秀美具有何等迷人的魅力！

乘車從金華出發，沿金溫公路南下，兩個半小時就可到達縉雲縣城，再沿縉壺公路東行三十分鐘，便可到達仙都風景區。

相傳唐朝天寶八年，有一天，在縉雲獨峰山上，突然霞光四射，五光十色，只聽得絲竹管絃，仙樂鳴奏，朵朵彩雲，徐徐下降，圍繞著獨峰山縈迴飄蕩，直至夜深，始漸漸隱去。地方官親睹異景，上報了玄宗皇帝，唐玄宗嘆曰：「是仙人薈萃之都也！」親書「仙都」二字以賜，這就是「仙都」名稱的來歷。這離奇的傳說固然令人神往，但仙都山那些千姿百態的奇峰異石、絢麗耀目的山光水色更是使人忘返，那些歷史悠久的名勝古跡更是使人留連。

沿好溪南岸的山石路慢行，眼前群峰兀立，怪石璀璨崢嶸，隨著山迴路轉，步換形易，使人目不暇接。鼎湖峰拔地而起，最爲壯觀，它狀如刺破青天的龍泉寶劍，也像破土而出的生機勃勃的春筍，因此當地人們又稱之爲「石筍」。

鼎湖峰絕頂有湖，相傳黃帝軒轅氏曾於峰頂煉丹，丹成跨龍飛去，此地爲丹鼎壓陷，聚水成湖，故名「鼎湖」。《史記》中有這樣的記載：「縉雲氏，姜姓也，炎帝之苗裔。當黃帝時任縉雲之官也。」姜姓原是炎帝族，在炎黃大戰時，歸附於黃帝族。其後，逐鹿中原，助黃帝打敗蚩尤，封於縉雲。唐代張守節的《史記正義》中指出：「今括州縉雲縣，蓋其封地也。」

傳說黃帝乘龍昇天時，群臣爭相隨往，攀住龍鬚不放，結果拔落龍鬚，墜地生草，名「龍鬚草」。此草可以織席，也可入藥。李時珍《本草綱目》中稱此草爲「石龍芻」，說「石龍芻，又名縉雲草。」《浙江通志》中記載：「龍鬚草，產於仙都獨峰岩。」獨峰岩即鼎湖峰。目前，縉雲仍是我國龍鬚草的重要產地。

但是，關於黃帝煉丹成仙的傳說，用歷史的觀點來看是極不可信的，甚而近於荒誕不經。因爲煉丹乃是道家行徑，我國的道教雖淵源於古代巫術和戰國秦漢之際的方術，並以春秋時的老子思想爲理論基礎，但道教的丹鼎一派卻是由於東晉葛洪撰《抱朴子》之後才形成的。黃帝是上古時中原各部落領袖，如何搞起煉丹那一套來了呢？

鼎湖峰有「天下第一峰」之稱，歷代許多文人墨客慕名而至，吟詩作賦，讚頌這「天下奇觀」。唐白居易詩云：「黃帝旌旗去不回，片雲孤石獨崔嵬，有時風激鼎湖浪，散作晴天雨點來。」明代陶相有詩稱之爲：「獨石參天萬壑底，石擊湖水更爲奇。」清代文學家袁枚曾遊鼎湖三日不厭，對鼎湖有「風吹山似來，雲動山如往」的描繪。這些，都生動地描繪出鼎湖的奇特和英姿。

爲了在步虛山頂觀看鼎湖勝跡，自唐代起就在這裏建有「慶皇鼎」，又名「仙境一覽」，以後毀廢，現在的觀湖亭是當地政府一九七九年重新建成的。站在亭子裏極目遠望，遠近石峰林立，樹海翻騰，莽莽蒼蒼，西望鼎湖，北瞻萬溪橋，東可看玉筍峰，南可見飛來石。四周景色如畫，令人心往神馳。

仙都的另外兩個遊覽點「鐵城」和「倪翁洞」也各盡其美，不可不遊。「鐵城」在好溪對岸，也就是「芙蓉峽」，它兩山夾峙，巍巍然一如削壁，因爲峽石呈鐵青色，所以芙蓉峽又名「鐵門峽」。唐大詩人李白《送山人魏萬》這首詩中描寫鐵門峽云：「縉雲川谷難，石門最可觀」，石門指的就是鐵門。在芙蓉峽內，群山環抱一谷，谷頂有一塊螺絲形巨石和由大塊石砌成的平臺，這是宋代鐵城書院舊址，相傳朱熹曾在這裏講學一年餘，站在鐵城書院舊址，觀看芙蓉嶂、卓錫峰、釣魚磯、回回岩、連環洞等景色，氣象萬千，分外妖嬈。

倪翁洞南臨好溪，北近青塘湖心亭和釣魚臺，東有五老峰、仙人碓，西是月鏡岩、獨峰書院舊址，這裏是仙都風光景色薈萃之處。站在這裏，立即給人一種「山川爭獻秀，草木自成春，映水桃花現，擎天玉柱存」的幽靜感。走過好溪旁的「問漁亭」，便至倪翁洞。相傳，古時有一位姓倪的老者隱居在仙都讀書洞旁一個有盤旋迴廊的山洞裏，他嫉俗遁世，故未留名字。唐小篆書法家李陽冰西元七五九年出任縉雲縣縣令時命此洞爲倪翁洞。並在附近一塊岩石上親書了「倪翁洞」三個篆字。唐以來，爲了保護這塊篆刻，特地在石碑上建有「憑虛閣」（又名「護法亭」）。因此，這塊稀世珍貴的篆刻才得以完整地保存至今。倪翁洞洞大如房，爲當年倪翁隱居之處，「倪翁洞」三個大字醒目可見。另外洞壁上有古人題刻四十餘處。如題詩之一云：「馬跡龍鬚玉筍妍，初陽泉石出天然，何如唐令留遺愛，長伴倪翁洞裏仙。」走出倪翁洞，登上初陽谷頂端，極目遠眺，豁然開朗，在這裏觀日出，可見對面馬鞍山如烈馬馱日，景色異艷，飽覽仙都風光之後，每品味古人「厭看西湖看鼎湖」的詩句，就會覺得這發自肺腑的讚美是如何恰如其分了。

# 奇峰飛瀑頌雁蕩（樂清雁蕩山）

雁蕩山是括蒼山的支脈，坐落在樂清縣境內。全山東西二十五公里，南北十八公里，緊靠東海，故被人稱爲「海上名山、寰中絕勝」。

北宋偉大科學家沈括說：溫州雁蕩山天下奇秀！近世康有爲周游歐美各國，遍覽各地風光，一九二四年，登臨雁蕩，也讚嘆道：「雁蕩山水雄偉奇特，甲於全球！從古至今多少文人墨客，爲之傾倒。」清朝畫家江弢叔以能親臨目睹雁蕩勝色爲一生幸事，手書一聯：

欲寫龍湫難下筆
不遊雁蕩是虛生

沈括遊歷過雁蕩山以後，對於它的獨特景色，曾經提出過這樣的看法：「予觀雁蕩諸峰，皆峭拔險怪，上聳千尺，穹崖巨谷，則森然於霄。原其理，當是爲谷中大水沖激，沙土盡去，惟巨石巋然挺立耳。」其中東南部的靈峰、靈岩、大龍湫稱爲「雁蕩風景之絕」。

雁蕩的峰巒千姿百態，氣勢磅礴，有的像倚天寶劍，有的似猛虎蹲崗，有的如觀音趺坐蓮臺，有的又似窈窕少女對鏡梳妝……黃炎培在《雁蕩行》長歌裏說：「若論峰巒絕世姿，所見無如雁蕩奇。」雁蕩諸峰移步換形，連雲峰谷有座山峰，高二百六十餘米，在谷口看，好似一人微躬身軀；向大龍湫方向前進一段路，回顧此峰，它又成一頂天柱；再前行二百米，峰巒突然分開，變成裁雲巨剪了。至此人稱剪刀峰。清代詩人袁枚有詩詠道：

遠望雙峰截紫霓，尖叉棱角有高低；
倘非山裏藏刀尺，那得秋雲片片齊。

靈峰附近，群峰挺立，每當夜晚，置身其中，宛如進入童話世界一般。每一座山峰都似有了生命，各個活躍非常。靈峰高約二百七十餘米，自地下望之，摩天如接雲，如果走到靈峰寺左右石路上去看，它卻變成了兩座山峰，像兩手合掌，故名合掌峰。在月明之夜，遠遠望去，則酷肖兩個古裝男女偎依在一起，因又稱爲夫妻峰。

靈峰集峰、岩、洞、潭之勝。南宋王十朋是樂清人，他到了此山，也說：「雁山新入春遊眼，卻笑平生未見山。」靈峰夜景，更美妙獨絕。郭沫若曾題詩二首：

雄鷹踞奇峰，青晨化爲石。
待到黃昏後，雄鷹看又活。

靈峰有奇石，入夜化爲鷹。
勢欲凌空去，蒼茫萬里征。

鄧拓也有詩道：

群峰高聳入長空，山色奇幽月影籠。
仰望巨鷹凌碧海，從知雁蕩果英雄。

靈峰附近有一三折瀑，也頗引人入勝。同一水流，歷經三處懸崖，形成了三個飛瀑，而且各有特色，確屬罕見。

烈士墓建於一九五三年，是歷次革命鬥爭在浙南地區犧牲的先烈們安息之地。在「安息亭」亭柱上，有葉聖陶所撰聯：

雁山靈秀所鍾
烈士精神不朽

靈巖，人稱之爲蓬萊仙島，秀色逼人，引人遐想。其中以雙鸞峰、玉女峰、重樓峰、卓筆峰最爲著名。康有爲說：「雁蕩之美以靈巖爲第一」。並有詩讚曰：

天門龍跳碧巉天，壁峭壺方與嶠圜。
元氣渾淪皺劈斧，雲根秀拔夾飛泉。
青城閬苑非人世，紫漢重樓住列仙。
欲跨雙鸞過東海，松濤竹瀑醉清眠。

在衆秀環抱中，有小龍湫瀑布，瀑布從幾丈高的石壁頂傾跌而下，直注深潭，聲喧天地。著名國畫家潘天壽曾畫下《小龍湫一截》，題字云：「雁山峰壑，怪誕高華，令人不能想象，所謂鬼斧神工，直使詩畫家無從下筆。」

靈巖寺後的插龍峰下有龍鼻洞，既高又深。洞頂有一條石紋如龍鱗，蜿蜒而下直至洞底鼻形巨岩，像一條倒掛的黃龍，洞壁上刻有「天開圖畫」四字，相傳爲南宋理學家朱熹手筆。此外還有元、明清代石刻。

從靈巖谷口至靈巖寺，一路松柏參天，綠蔭夾道。靈巖寺前，道旁兩座對峙的大山，莽莽蒼蒼，高接雲霄，這就是著名的「南天門」。這兩座山，一稱天柱峰，峰上刻「天柱」二大字。王十朋有詩詠道：

女媧石爛苦爲修，四海感懷杞國憂。
誰識山中眞柱石，擎天功業勝伊周。

另一稱展旗峰，橫闊平頂，像兩面參差相列、迎風飄揚的大纛。當地傳說：這兩面大纛是黃帝大戰蚩尤勝利班師時留下的。

靈巖寺是靈巖風景區的中心點，建於北宋太平興國四年（九七九年），有千餘年的歷史，是雁蕩十八古刹之一，氣勢十分雄偉。

雁蕩山以飛瀑著稱，素有「萬條流泉千條瀑」之譽。其中載入志書的就有大龍湫、小龍湫、西石樑大瀑、中折瀑等十八處。爲名山艮嶽中所罕見。

蔡元培先生有詩道：「天台雲瀑一大勝，雁蕩之瀑長者優，天下之瀑十有九，最好惟有大龍湫。」瀑高一百九十米，終年奔瀉不息，四季風光不同。大龍湫以其雄姿，不知吸引、陶醉了多少詩人墨客，清代袁枚詠大龍湫詩甚有名，時人競相傳誦，詩曰：

龍湫山高勢絕天，一線瀑走兜羅綿。
五丈以上尚是水，十丈以下全為煙。
況復百丈與千丈，水雲煙霧難分焉。
……

大龍湫瀑布前有「宴塵亭」、「詎那塔」。據雁蕩山志載：四川高僧諸詎那率弟子東來雁蕩，後來在大龍湫下抱膝坐化。後人為紀念他而興建了這個亭和塔。

大龍湫注入綿溪，匯合它處細流，至東南峽中成一大澗。稱筋竹澗。相傳南朝山水詩人謝靈運任永嘉太守時，曾到過筋竹澗。當時道路險阻，僅及筋竹澗南端，未能深入，從而留下《從筋竹澗越嶺溪行》詩一首。

雁蕩山名的由來，據記載，雁湖崗上，舊有湖蕩，蘆葦叢生，南來北往的大雁必在此棲息，故名雁蕩。唐代天文學家僧一行（六七三—七二九年）畫天下山川圖，就有「南戒盡於雁蕩」之語。

雁蕩從諸詎那率弟子入山建道場，才漸漸為人所知，諸詎那何時入山，說法不一，一說在東晉，一說在初唐。即照後面一說，至今也有一千三百年了。大龍湫壁上刻有「杜審言來此」（杜審言為杜甫之祖父）數字，說明初唐時雁蕩山已有文人學士來遊了。北宋時，它更遐邇皆知，北宋太平興國年間，靈巖、靈峰曾相繼興建了能仁寺等十八座古剎。據傳，僅能仁寺就日食遊客三千。從該寺保存至今的直徑二點四米、鑄於元祐七年（一〇九二年）的大鐵鑊，就可想見當時的盛況。

雁蕩的美名已傳千年之久，它的確使人流連。明代著名旅行家徐霞客於萬曆四十一年（一六一三年）遊歷過雁蕩之後，意猶未足，至崇禎五年（一六三二年）再次遊雁蕩，前後兩次共歷時半個多月。在他的日記中，「雕鏤百態」、「峰峰奇峭」……等讚美之詞，屢見不鮮。凡到過雁蕩的人也都交口稱讚，認為諸岳之精，名山之優，它都兼而有之。比如觀日，雁蕩有「雁湖日出」；觀雲海，雁蕩有「百崗雲海」；覽瀑，雁蕩有大龍湫、中折瀑；雁蕩的石嶂如游絲嶂、鐵城嶂更是它處少見。而景色變幻莫測，更屬神奇，凡此種種，雁蕩之美可謂一山集眾優了。

## 江心嶼內頌人傑（溫州江心嶼）

浙江南部甌江中流，屹立著一個美麗的綠色小島，島上風光如畫，景色嫵媚。這就是素有「甌江蓬萊」之稱的溫州江心孤嶼，嶼上的江心寺有一奇特的楹聯：

雲朝朝朝朝朝朝朝散
潮長長長長長長長消

相傳這副對聯為南宋狀元王十朋所撰。王十朋，他年輕時是個頗有一腔熱血的愛國志士。心懷「憂世拯民」之志，在赴考途中到江心嶼投宿，寺中老和尚見他衣衫襤褸，想難他一下，竟以「雲」和「潮」爲題，要他作詩，王十朋即席揮毫，寫下了上面這幅對聯。結果老和尚怎麼也讀不上來。原來，此聯是運用了八個疊字，運用字音的異讀及通用字製成，可謂構思巧妙，別出心裁。在上聯中，第一、第四、第六和第八個「朝」字，作「朝霞」的「朝」讀，意指早晨、上午；其餘的「朝」字，便是朝拜、朝見之意，故上聯可讀作：

雲早朝，早早朝，早朝早散，

在下聯中，第一、第三、第四、第六和第八個「長」字，與「常」通用，其餘的「長」字便與「漲」字通用。下聯可讀作：

潮常漲，常常漲，常漲常消。

老和尚一聽服了，只好借宿。後來，王十朋中了狀元，後人便把這副對聯刻在江心寺的大門口。

王十朋爲溫州樂清人，字龜齡。幼穎悟，日誦數千言。他生活的年代，正是秦檜賣國、專權橫行的歲月。他不願同流合污，就在梅溪鄉間講學授徒，隱居不出。秦檜死後，他才去應考，廷對忠鯁，中了紹興廿一年頭名狀元，任過秘書郎、侍御史等職。雖然南宋小朝廷仍是妥協投降空氣十分濃厚，王十朋卻力主抗戰，多次上奏建議整頓吏治，力圖恢復。不久，宋孝宗立，他表面上似有所作爲，實際上也患「恐金病」，並用秦檜餘黨史浩爲宰相。王十朋不畏權勢，毅然劾史浩「八大罪」。張浚北伐失敗，一時投降空氣籠罩朝廷。王十朋上疏說恢復大業不能因一敗而動搖，結果也未被採納，王十朋在朝廷站不住腳，被排擠到地方上，做過饒州、湖州、泉州等地的知州。

在南宋初年那個烏煙瘴氣的社會裏，王十朋是算得比較有正氣和骨氣的，因此被當權派目爲「癲人」，宰相陳倬十分討厭他。王十朋求放外郡時，陳倬竟說：「癲人如何作郡！」王十朋四十七歲中狀元，大部分時間在外郡做地方官，也未被重用。

王十朋爲人有不少可愛之處。他知泉州府時，和泉州屬的七個縣的知縣會面，請他們吃飯。在席上作詩勸酒：「九重天子愛民深，令尹宜懷惻隱心。今日黃堂一杯酒，使君端爲庶民斟。」語重心長，態度可親。既指出地方官的職守，又不是循例打官腔。地方對他反映不錯，他是較有操守的。他常記得他的朋友王嘉叟和他分別時說的話：「吾輩會合不可常，但令常留面目，異時可復相見。」王十朋以此互相勉勵，他們每次相見，他都重提此語，以示不忘友誼和清高自守。王十朋在政治上有些獨立見解，做官爲人又不落俗套，不甘同流合污，被頑固派目爲「癲人」，這是可以理解的，因此他的形象在戲劇中被塑造成正面人物出現在舞臺上。

元明之間，浙江沿海一帶，南戲十分流行，南戲又稱溫州雜劇或永嘉雜劇，是中國戲曲中開始比較成熟的一個劇種。南戲名劇《荆釵記》戲文主角就是王十朋和錢玉蓮。戲的情節大致如下：王十朋未中狀元時與貧女錢玉蓮定情，分別時王十朋以荆釵（木製之釵，表示貧寒）作信物相贈。王中了狀元，万俟丞相逼婚，王毅然拒絕，由此被貶潮州；錢玉蓮在家鄉，也拒絕富豪孫汝權逼嫁而投江，幸而遇救，幾經周折，終於和王十朋結合，有情人終成眷屬。主題顯然是歌頌王、錢的「富貴不能淫、威武不能屈」的精神，抨擊權相和富豪的罪惡，反映了封建社會的現實。劇情當然不合王十朋的實事，看來也不大可能，因爲王十朋中狀元時已經四十七歲，早已結婚，有兩個兒子了。但有一點是可以肯定的：王十朋在人們心目中不是壞人，因而《荆釵記》才能流傳不衰。

傳說錢玉蓮投江的地方，就在江心寺附近，這是王十朋赴考時，與錢玉蓮分別的地點。今天站在江心嶼上，遠望甌江浪濤滾滾東流，想起《荆釵記》的故事，總免不了使人感慨一番。

江心嶼共有十景，一上岸，只流覽「塔院潮韻」一景，便可見到歷史上一些著名詩人的題詩。如，南朝謝靈運的「亂流趨正絕，孤嶼媚中川，雲日相輝映，空水共澄鮮」；李白的「江亭有孤嶼，千載跡猶存。」杜甫的「孤嶼亭何處，天涯水氣中」；孟浩然的「衆山遙對酒，孤嶼共題詩」等等。此外，南宋的趙構、陸游、文天祥，明末的顧錫疇等著名歷史人物，也都涉足於此，留下詩文。現在島上還有宋文信國公祠、謝公祠、澄鮮閣和浩然樓等古跡。

江心嶼有一棵「愛情樹」，是一株樟樹和榕樹相抱而生的八百多年連理樹，人們可常見到有夫妻、情侶在樹下留影。傳說：明末禮部尙書顧錫疇，攜帶家室寄宿江心寺時，當面指責了溫州總兵賀君堯魚肉人民的暴虐行爲，賀君堯惱羞成怒，派人夜半暗渡甌江，慘殺顧氏全家，只有一個八歲孩子，藏匿在這個樹洞裏，才倖免於難。

新拓的江心園林，別有洞天，但見岸柳依依、湖水溶溶、涼亭玉立、拱橋飛跨。漫遊在這「湖山勝處」，使人頗有「江中有島，島中有湖，湖中有山，園中有園」之感。

島東有一小亭，據說冬日在此眺望，北岸的羅浮山，麗日下霜光萬點，如同飛雪。郭沫若書寫的「來雪亭」匾額，使文天祥在此寫下的「羅浮山下雪來未」的詩意，更加形象生動了，使江心嶼充滿了迷人的詩情畫意。

此島還有東塔一座，此塔建於唐咸通十年（八六九年），據考原來塔的外圍層層有廊，飛檐重疊，梯級盤迴，可上塔巔。清末英國在塔下建海關公寓，不許當地百姓遊島，還以塔上棲鳥撒糞於房頂爲借口，拆除了全部飛檐走廊，嚴重破壞了此處的詩情畫意。

## 「留取丹心照汗青」

### （溫州文信國祠）

在浙江溫州江心嶼江心寺東，有一座文信國祠，這是祭祀南宋民族英雄文天祥的。

祠裏有楹聯曰：

久要不忘平生之言，古誼若龜鑑，忠肝若鐵石；

敢問何爲浩然之氣，鎮地爲河岳，麗天爲日星。

此聯讚揚了文天祥高尚的民族氣節，他生活在南宋小朝廷內憂外患、風雨飄搖的年代，一生致力於抗元鬥爭，屢遭投降派排斥打擊，他的《過零丁洋》、《正氣歌》、《指南錄後序》等著名詩文，數百年來一直激勵著後人的愛國熱情。

文信國祠中另外一副楹聯：

花外子規燕市冷

柳邊精衛浙江潮

正寄託著人們對這位寧死不屈英勇就義的民族英雄的不盡哀悼之情。

文天祥是宋末政治家和詩人，生於一二三六年，卒於一二八三年。字宋瑞，又字履善，自號文山，廬陵（今江西吉安）人。寶祐四年（一二五六年）進士第一。他從小敬仰歷史上的忠臣義士。開慶元年（一二五九年），蒙古侵略軍圍鄂州（今湖北武昌），董宋臣主張遷都避兵，他上書請斬宋臣，提出抗蒙建議。後任軍器監兼權直學士院時，起草制語譏賈似道，被劾罷。後起爲湖南提刑。德祐元年（一二七五年）任贛州知府，當時元兵大舉進攻江南，宋恭帝下詔勤王（起兵幫助朝廷抗敵），文天祥在贛州起兵，附近的一些豪傑都響應他，有衆萬人。文天祥以家財爲軍費。領兵入衛，八月，到達臨安。恭帝命知平江府（現江蘇省蘇州一帶），天祥臨行上書請斬呂師孟（親敵派，兵部尚書）以振作士氣，建議分天下爲四鎮（四個戰略區劃），使地大力衆，足以抗敵，都無結果。十月，文天祥入平江，這時元兵已陷常州（現江蘇省常州市），獨松關（在浙江省安吉縣東南）告急，朝廷召文天祥保衛京師。德祐二年正月，命文天祥知臨安府。不久，宋帝向元朝投降。文天祥以右丞相兼樞密使到高（亦作皋）亭山（在浙江杭州市北）元營議和，痛斥伯顏，被拘至鎮江，伺機逃脫。四月，從海路到溫州居留一月後去福建，與張士傑、陸秀夫等堅持抗戰。

宋端宗（帝昰）立，復任右丞相兼樞密使，與左相陳宜中主張不合，收兵入汀州（現福建省長汀縣），轉戰於福建、廣東一帶堅持抗元，收復州縣多處。一時豪傑多起義響應。景炎三年（帝昺祥興元年，一二七八年）帝昺立，加文天祥少保，信國公。十一月，文天祥進屯潮陽縣（現廣東潮陽）。後敗於元重兵。十二月，走海豐（現廣東海豐），元將張弘範兵突至，文天祥在五坡嶺（海豐縣北）被執。次年，堅拒元將張弘範誘降，張又要他寫信招張士傑降元，又堅拒之。張弘範以死相逼，他就寫了《過零丁洋詩》以明心跡，詩末說：「人生自古誰無死，留取丹心照汗青。」崖山（在廣東新會縣南海中，是宋朝最後一個據點）破後，文天祥被送往大都（今北京），囚禁達三年之久，元朝百計勸降，威逼利誘，他誓死不屈。編《指南錄》，作《正氣歌》，大義凜然。至元十九年十二月（一二八三年一月）在柴市從容就義。事前他在衣帶中寫下了這樣的話：「孔曰『成仁』，孟曰『取義』。惟其義盡，所以仁至。讀聖賢書，所學何事？而今而後，庶幾無愧。」著作經後人輯爲《文山先生全集》，多忠憤慷慨之文，詩風至德祐後一變，氣勢豪放，允稱詩史。

明成化十八年（一四八二年），後人在此立祠紀念，今祠爲清代重建，中有明嘉靖九年（一五三〇年）立的文天祥《北歸宿江心寺》詩碑。

現在，民間還流傳著文天祥抗敵救國感動上天的傳說：在福建省九峰劍津北門外，有一山巒橫架，山腳閩江奔流，四圍千巖疊嶂，人們稱這山巒爲「文山牆」。

相傳元兵南下時，文天祥與張士傑、陸秀夫退守八閩軍事要道——南平，他們見北門外山勢險峻，想憑此天險，修建城池，奸臣卻百般阻撓，借口國庫空虛，不給物資，致使工事停工待料。

正當大家心急如焚之際，一天晚上，南平城的衛兵，卻看到一個奇怪的現象：在隱約朦朧的星火之中，一位長鬚老人指揮著一群人在搬土運石。天亮以後，一堵劈削好的峭壁懸崖出現在人們面前，恰似古城屏障。消息傳開，老百姓都說文天祥忠心報國感動了天地鬼神，幫助他修城築壘。後人把這山牆稱「文山牆」，借以緬懷這位民族英雄。

## 「吾人詠歌，獨慚康樂」（青田石門洞）

唐代大詩人李白在《春夜宴桃李園序》一文中說：「群季俊秀，皆爲惠連；吾人詠歌，獨慚康樂。」其中的惠連，即指南朝宋的謝惠連，而康樂，就是指其族兄，當時著名的詩人謝靈運。因謝靈運襲祖爵爲康樂公，故世又稱他爲「謝康樂」。謝靈運是我國第一個大量創作山水詩的作家，他在劉宋時代因做官失意，於是尋幽探奇，恣意遨遊，寫了大量山水詩，因爲他的山水詩藝術性甚高，所以連李白也佩服得五體投地了。而浙江的石門洞就因謝靈運而著稱於世。

石門洞在青田城西北三十五公里的括蒼山中、大溪南岸。風景區面積約五平方公里，傳爲我國道教十二洞天。自南宋景平元年（四二三年）始爲人所知。洞內有瀑布從高四十餘米的絕頂瀉下，瀰灑半空，濺如跳珠，散如輕霧，殷殷隆隆，冬夏不竭，稱「石門飛瀑」，李白詩云：「瀑布掛北斗，莫窮此水端，噴壁灑素雪，空濛生晝寒。」瀑布源頭處有白猿洞、龍卵瀑、折折瀑諸景，瀑布兩側絕壁環屏，左壁滿綴南朝宋以來的摩崖石刻。面瀑有觀瀑臺、瀉銀橋，瀑下有積銀潭，面積百餘平方米。潭從松溪導入大溪，緣溪有碑林、劉基祠、靈佑寺諸古跡。松溪匯入大溪處有鐘鼓兩山，崇崖壁立，對峙如門，石門洞由此得名，沿溪有路通至洞內瀑下，路口有問津亭。

石門洞摩崖石刻大都集中於洞內左側和洞門鐘山絕壁上，自南朝開始，歷代都有題刻，其中有南朝宋謝靈運、唐郭密之、宋陳師道、沈括、宋師禹、元曹用、鄭復初等人，題刻七十八處，內容大都是當時遊山後的題名和對當地風景的讚嘆之詞。書法眞、行、隸、草間雜，各具面目。大都字跡淸楚，保存完好。

謝靈運（三八五—四三三年），陳郡陽夏（今河南太康）人，謝玄之孫，襲封康樂公。劉裕代晉，降爵爲侯，爲權臣所忌，出任永嘉太守，居官不理民事，酷愛遊山玩水，甚而不畏險阻，每出遊，隨從數百。他曾特製木屐，爲登山之用，「人稱謝公屐」。李白詩中有「腳著謝公屐」即指此。在游覽中，他每到一處，都要寫詩，其詩摹寫山水，往往工妙，但有時累於繁富，傷於刻劃，或夾雜玄言理語，淡而少味。

謝靈運因作官不得志，後來辭官隱居會稽，廣占良田，鑿山浚湖，宋文帝時，出任臨川內史，放浪自若，受劾謫徙廣州，被告發謀反，處死，今存《謝康樂集》，係明人輯本。

謝靈運酷愛山水成癖，他曾與賓客自始寧南山，伐木開徑，直到臨海，從者數百人，竟被人驚疑爲山賊。

鄭振鐸先生論述謝靈運說：「劉勰謂：『宋初文詠，……莊老告退，而山林方滋，儷采百字之偶，爭價一句之奇，情必極貌以寫物，辭必窮力而追新，此近世之所競也。』在這一方面，靈運誠是功不蔽過的。」正是批評他的詩藝術成就雖高，而缺乏對社會生活的深刻描寫，但他的山水詩的藝術成就仍是不可抹殺的。直至今日，我們讀了他的詩還會得到一種美的享受。這也如《宋書·謝靈運傳論》所說：「爰爰逮宋氏，顏、謝騰聲。靈運之興會標舉，延年之體裁明密，並方軌前秀，垂範後昆。」謝靈運的山水詩對唐代的山水田園詩派以至李白都有很大的影響，因而他的一些名句如「池塘生春草，園柳變鳴禽」等至今還爲人所傳誦。

## 藏書萬卷玉海樓（瑞安玉海樓）

玉海樓在浙江瑞安縣城東北金帶橋畔。此樓建於清光緒十四年（一八八八年）。是清經學家、著名文字學家孫詒讓（一八四八—一九〇六年）的藏書樓，原有藏書八九萬卷。以多名家批校本、孫氏父子手批手校本、甌郡鄉土文獻而著稱。孫氏亡故後，藏書多散失。解放後，其後人將所存善本書送杭州大學圖書館、溫州市圖書館收藏。現還藏有圖書三萬五千冊，樓下闢有文物展覽館。

孫詒讓字仲容，號籀高（廎），浙江瑞安人，是民主革命家章太炎的老師。同治舉人，曾官刑部主事，不久即引疾歸里，研治古籍古字，總結舊說，專心著述達四十年。對秦漢的文字通假，宋、元、明校刊古籍時的摻雜篡改，提出自己的許多精闢見解。先成《札迻》一書，後來又以二十年時間，撰成《周禮正義》，博採漢唐以來《周禮》注疏，兼取乾嘉學者考訂訓釋的成果，「以《爾雅》、《說文》證其訓詁，以《禮經》（即《儀禮》）、大小《戴記》證其制度」，發揮鄭注，補正唐賈公彥《周禮義疏》的缺失，是解釋《周禮》較完備的書。又撰《墨子閒詁》，集諸家之說，「訛奪之處，咸秩無紊」，爲當時學者所推崇，對以後研究先秦諸子的學風頗有影響；《契文舉例》爲考釋甲骨文最早的著作；《名原》、《古籀拾遺》、《古籀餘論》爲研究金文的著作。還有《尚書駢枝》、《籀廎述林》、《逸周書斠補》等，對古書校勘解釋亦有參考價值。

## 開國奇勛說劉基（文成劉基墓）

劉基墓在浙江省文成縣南田區西北夏山。

劉基（一三一一—一三七五年）明初大臣、文學家。字伯溫，青田（今浙江青田）人，元統年間進士，曾任高安縣丞，遷浙江儒學副提舉，以論御史失職，爲臺臣所阻，被劾歸。方國珍兄弟起海上，當朝大臣謀招撫，他反對，並言方氏兄弟首亂，不誅無以懲後。及方氏兄弟勢力強大，浙東農民群起反抗，遂棄官還青田，組織地方武裝自保鄉里，至正二十年，朱元璋下金華，定括蒼（今浙江麗水），他與宋濂、葉琛、章溢等被聘至應天（今江蘇南京）。陳時務十八策，朱元璋大喜，遂輔佐朱元璋滅陳友諒，執張士誠勸降方國珍，參與機密謀議，被稱為諸葛亮，南定閩廣，北伐中原，一統寰宇。明建國後，任御史中丞兼太史令，封誠意伯。太祖即位稱帝時，奏立軍衛法。明初諸大典制，如樂禮、刑法、歷史、科舉等等，均為他與宋濂、李善長裁定。洪武三年（一三七〇年），授弘文館學士，他博通經史，於書無不窺，尤精象緯之學，善察識人才，太祖欲相楊憲、汪廣洋、胡惟庸。他均力言不可，性剛嫉惡，與淮西諸功臣不合，因遭宰相胡惟庸譖毀和明太祖猜忌，憂憤而死（一說被胡惟庸毒死）。有《誠意伯文集》。

劉基博覽群書，他詩文兼長。詩歌古樸、雄渾，其中尤長於古體。有不少詩篇揭露了當時社會的黑暗，同情人民疾苦，有一定現實意義，於明初詩壇有較大影響。散文雄肆奔放，富有形象性。由於他「性剛嫉惡，與物多忤」，不屑與人比附勾結，所以文中每多憤激不平之辭。他的名篇《賣柑者言》，通過賣柑者之口，嘲諷了那些封建官僚神氣十足，不可一世，但實際上不學無術，不懂用兵，也不會治世，是「金玉其外，敗絮其中」，文筆犀利，諷刺辛辣。文中以稱許的口氣，讚美賣柑者是「憤世嫉邪」一流人物，正是他思想性格的真實寫照。

劉基詩文中，封建意識很濃，特別是入明以後。他的一些優秀詩文，大多寫於元末。寓言故事《郁離子》共一百九十五個短篇，就是在元末辭官後寫的，內容大都是「矯元室之弊」，鞭撻元統治者的貪婪和腐敗，形式短小活潑，言簡意賅。有的篇章則曲折生動，是古代較有成就的寓言集。

劉基卒謚文成，墓前立有「明開國太師劉文成之墓」石碑一方。在南田劉基故里，還有誠意伯祠、忠節祠、劉氏故宅、古城、辭嶺亭、觀稼亭、文昌閣等古跡，附近山上有仙壇巖、石罄洞、三疊巖等風景點，可供人遊覽。

## 龍虎山上思道陵（貴溪龍虎山）

龍虎山坐落在江西貴溪縣境內，它的聞名與張天師煉丹傳道和這裏的奇特景觀密切聯繫。東漢中葉，我國道教的創始人張道陵（世稱第一代天師）在山下煉丹，宣揚有青龍、白虎幻繞丹鼎之上，從此龍虎山顯得愈加神祕。其實，不論是龍或虎，都是道教根據龍虎山奇特的地貌和山川形勝景色編造出來的。

龍虎山山岩奇，上清河河水秀。上清河源出福建光澤縣，合貴溪三十六股溪水，似明鏡玉帶，給龍虎山的奇峰

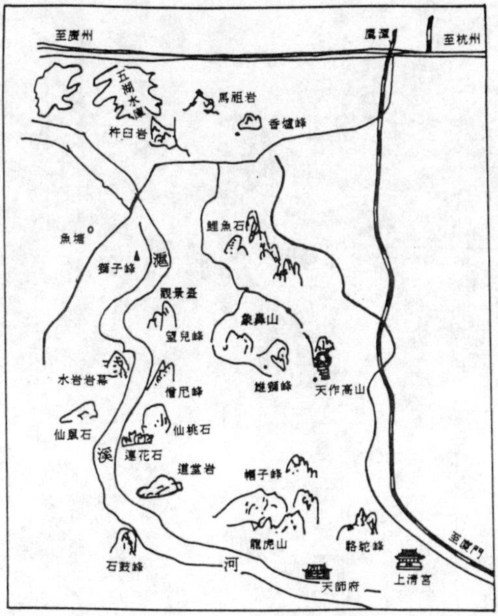


龍虎山導遊圖

秀岩增添了詩情畫意。遊客自象山乘船，順流而下，可經上清宮和天師府門前，北折龍虎山而越仙巖，至餘干瑞洪入鄱陽湖，一路上，龍虎山上的奇峰怪石，玉洞靈巖可任你瀏覽，舉目天壁，神奇險絕；下瞰水面，水景奇秀：水深處，碧波粼粼，篙不及底；水淺處，清澈透底，游魚可數；水隱處，如箭離弦，拍岩飛花；水滯處，平光如鏡，毛髮可鑑，由於龍虎山地區水利資源極爲豐富，這裏已建造了上清電站，仙巖入口處又建造了著名的白塔渠，引上清河之水灌溉著餘江等縣的萬頃良田。

神井丹池，流泉飛瀑，是龍虎山自然景觀的主要組成部分，水簾洞瀑泉懸崖，噴薄而下，爲龍虎山一大奇觀。元代趙孟頫「飛泉如玉簾，直下數百尺，新月懸簾鈎，遙遙掛空碧」的詩句形象地描繪了這裏的綺麗壯觀景色。

龍虎山不僅自然景色極爲壯觀，而且由於歷史悠久，造就了豐富的文物古跡。在道教興盛時期，這裏曾建有十大道宮、八十一座道觀、三十六座道院，號稱爲「仙都靈會」。「百神受職之所」的大上清宮，始建於東漢，是我國規模最大，歷史最悠久的古老道宮。在建築佈局上，上清宮以三清殿和玉皇殿爲中心，分八門四方，爲周天、八卦、青龍、白虎、朱雀、玄武之象徵，是我國少見的建築佈局和獨特的古典建築藝術風格。宮下二里的「嗣漢天師府」是張天師的起居之所，由於規模宏大，建築瑰麗，被稱爲「龍虎山中宰相家」。龍虎山下的「正一觀」，西晉時開始建廟，宋以來爲江南道教聚會中心，有「龍虎天觀」之稱。

龍虎山春秋戰國時期的岩墓近年來在文物考古界引起了轟動，岩墓是春秋戰國時期這一帶古越族族俗的文化特徵的反映，在龍虎山已經發現近百座，從部分墓葬的發掘

# 武夷山遊覽區

武夷山
浦城
浙
西晉古堡
崇安
武夷山自然保護區
松溪
壽寧
武夷山風景區
宋代九龍窯
湛盧山
政和
漢城遺址
宋慈墓
光澤
建陽古瓷窯
桃抗靈風寺
建陽
武
邵武市
富屯溪
周寧
福安
歸宗岩
鳳凰山
滴水岩
方廣寺
夷
萬木林
建甌
福
建溪
屏南
支提山
建
寶蓋山
泰寧
寶山
順昌
海公祠
寧德
南泝寺
甘露岩
將樂
古田
羅源
玉華洞
南平市
古祥塔
戚繼光抗倭遺址
沙溪
雪峰
戰國末獨木舟
沙縣
閩
連江
明朝太監墓
閩清
閩候
福州市
明溪
三明
江
尤溪
白岩山
莊邊山遺址
長樂
名山室
三峰寺塔
永泰
祥謙陵園
桃源洞
鳳凰寺
永安
閣亭寺
東張水庫
大田
九仙山

和清理所見，墓內有我國最古老的木琴、紡織機具和紡織品等珍貴文物二百多件。岩墓之集中，文物之豐富，國內罕見。龍虎山岩墓也是奇特的人文景觀，試想：在那人跡難至，猿猱不可攀的千尺雲崖上，古人要把一具具棺木和大量隨葬品放入岩洞，需要何等的智慧和勇氣啊！

龍虎山的象山是南宋著名哲學家、教育家陸九淵講學和創立「象山學派」之地，這裏曾建造過著名的「象山書院」，在哲學界、教育界頗有影響。

此外，龍虎山地區還有：明嘉靖年間武英殿首席大學士夏言之墓、宋代古窰址等文化古跡，這些文物古跡，對研究古越族史、道教史、文化史和古典建築藝術等，都有一定價值。

龍虎山奇特縹緲的自然景觀，豐富多彩的人文景觀，吸引了歷史上不少人前來尋仙修道和遊覽。東漢中葉，我國道教創始人張道陵在龍虎山煉丹開基。此後，歷代天師在這裏嗣教傳道達六十三代，近一千九百年，創建了我國道教的最大道場，藏有大量的詩文和衆多的題刻。其中，元代書法家趙孟頫一人就在龍虎山留下碑刻二十五塊。現在尚存《敕賜太宗師張公碑》，長達四十一字，書法造詣極高，爲書法藝苑中的精品。此外，歷代張天師和上清宮高道在文學、醫學、天文、地理、曆法、氣象、書畫和道教音樂等方面也留下了大量有研究價值的文獻資料。

龍虎山是一座著名的道教名山，也是理想的旅遊勝地。這裏地理位置優越，水陸交通方便，貴溪縣城有湘贛、皖贛二線火車停靠，鷹廈鐵路穿越龍虎山區，公路直至龍虎山下和上清宮、天師府等主要風景區。最近，國家決定對龍虎山的風景名勝資源進行普查，這座具有悠久歷史的道教名山，將爲祖國做出貢獻。

## 武夷奇觀船棺葬（崇安武夷山）

福建崇安縣境內的武夷山，有一種叫做「船棺」的古跡。近年來引起了廣大考古工作者和旅遊愛好者的普遍注目。

何謂「船棺」？顧名思義，就是船形的棺材。

當人們泛舟清溪九曲，或者漫步山間曲徑，仰望懸崖絕壁，偶而可見擱置其上的船棺，有的如輕舟凌空，有的似小舸入雲，高懸霧靄之中，可望而不可及，令人嘆爲奇觀。

這些船棺置放的情形有兩種：一是藏於巖洞之中；一是利用巖石的裂隙架設木板，托起棺材。在考古上，這種凌空埋葬棺柩的方法被稱爲「懸棺葬」，在歷代志書或傳說之中，又稱爲「架壑船」、「仙人船」、「仙葬」等。

關於船棺的來龍去脈，傳說紛紜，不少人想探其究竟。

一九七三年九月，有三個亡命徒，用鐵線結成索梯，攀上武夷山北側觀音岩盜取船棺，欲獲珍寶，但棺內空無一物。而見棺木是上等傢俱材料，及取下鋸成三段，竟芳香四溢，附近村民聞之，出重金買其殘片，謂「解除胃痛，辟火災，祛邪祟」。此後，又傳出這木頭「可治癌症」，鬧得滿城風雨。事發歸案，棺木存崇安縣文化館。

據史料記載，如此圖財冒險者在明代即早已有之。因發棺及盜棺者都未成功，或險些喪命，因而人們不免附以荒誕傳說，爲船棺蒙上種種神祕色彩。

歷史上第一個以科學態度認識船棺的，是宋代理學家朱熹，認爲船棺是遠古少數民族部落的遺存。其後明代地理學家徐霞客、現代史學家郭沫若等都對船棺進行了實地考察，但這些考察都僅限於地面進行觀察。

一九七三年的盜棺事件發生後，福建省博物館、崇安縣文化館、廈門大學等單位，相繼對武夷山船棺的分佈及現狀進行調查，在此基礎上，一九七八年九月，福建省博物館組織了對武夷山北側白岩船棺的科學考察工作。除棺內遺骸頭骨外，還有隨葬的龜形木盤，這與商周奴隸制文化關係密切。因此，龜盤可確定爲商周青銅文化特徵的遺物。

由於先秦文獻缺乏有關懸棺葬的詳細記載，所以，到目前爲止，對武夷船棺的考察仍然有許多未解之謎。

首先，關於船棺的主人的民族歸屬，學術界就有兩派意見：一是古越族說，一是苗瑤族說。此外，對於懸棺安裝方法，懸棺葬的制度的形成等一系列問題的爭論，可謂莫衷一是。

對於懸棺制度，有人認爲：棺木放置越高，就表示對死者越孝順和尊重，也就越吉利。有的人提出：實行此類葬制的只能是比較有身分、有地位的人物，諸如當時的部落酋長等。有的人推測：這是古代天葬的形式之一種。因爲山峰高聳入雲，常被古代的人們看成是通入天國的必由之路。幾千年前的武夷山人將死者懸棺崖葬，意味著祈求死者的魂靈能夠昇入理想的天國，而馳騁於天神的左右，以保佑他們的子孫後代。如此種種，是否符合古代武夷山懸棺葬的歷史事實，目前尚無定論。

自古奇觀處處有，但是像武夷山船棺這樣令人迷惑不解的尚屬少見，所以，跋山涉水，試圖揭謎者，至今絡繹不絕……

除武夷船棺之外，我國還有四川僰人的懸棺（川南珙縣），其隨葬物木筷上刻有「江山亙古，日月天長」等漢字，證實僰人深受漢人文化的影響。史籍中載僰人行懸棺葬早在春秋時就已出現，它和武夷船棺及其它民族的天葬、水葬，大抵都起源於原始宗教的一種古老風俗。

# 憂國傷時嚴滄浪（邵武滄浪閣）

從世稱「鐵城」的福建邵武縣城水北村，穿過寬闊的公路，來到了富屯溪畔。這裏水清如碧，渦旋礁石間，激起雪浪花，別緻得很。遠望南岸的飛檐新立，屋牆矚目，經過一座橋，便是新拓的溪邊公園。公園接連空曠的體育場，林木翠綠，草坪青青，沿園林甬道可直接到滄浪閣。

這滄浪閣就是南宋愛國詩人嚴羽的遺跡。這位生長在千山萬壑中一個偏僻山村的詩人，深沉地眷戀鄉土，把「小橋流水人家」的嚴坊刻在自己心坎上，他取號滄浪，正是村前的溪名。後來，他北上京都，力主抗戰，連影響深遠的詩集二卷也取名《滄浪吟》，而他那部詩歌理論名著《滄浪詩話》也是以溪命名的。詩人的名字和創作，都與故鄉的溪水緊密相連。故後世紀念詩人，建閣也取名「滄浪」，表示光輝的詩名長存於鄉土之上和銘刻人民心間。

滄浪閣建立溪畔，是有歷史淵源的。那是宋紹定年間，詩人憂國傷時，以《庚寅紀亂》爲題，抒發了「感時鬢髮白，憂國空拳拳」的感慨。他曾參加保衛京輔的抗元之戰，受傷後返里療治。他在養病時，常常在這一帶溪邊垂釣，大熱天竟要穿皮裘獨坐礁石上。人家以爲他體虛求暖。其實，他的心情憤然：朝廷奸佞作亂，抗敵將領不得重用，以致國破家亡，山河破碎。他夏披裘寓有寒暑易位、是非顛倒之意。

從滄浪閣溯上幾十步，有嚴羽釣魚臺古跡，幾塊光滑的溪石尚在。可以想見那時樟蔭蔽日，水清石濺，詩人日日垂釣此間，愛國豪情如急湍奔放，不可遏止！

邵武縣城皮革廠內，原是嚴羽酬唱頻繁的詩話樓遺址。宋嘉熙年間，浙江天台詩人戴式雲在此連任縣郡學教職，常邀集名流雅士論詩。當時，邵武軍知軍王埜力主刻意雕琢的詞句和纏綿悱惻的情調，堅持「江西派」的主張，立即被嚴羽駁斥下去。他的《論詩十絕》就是不畏權貴、力闡創見，在紛爭中問世的，可惜這座詩樓毀壞了。

滄浪閣是近代鴉片戰爭中抗英民族英雄林則徐的後裔林揚光竣立的，爲了表達故鄉人民對嚴羽這位愛國詩人的懷念，選擇他經常活動的溪畔，建閣祀像。據說大門牆上的直匾「滄浪閣」三個大字，許多書法大家名手，在崇仰愛國詩人高風亮節的同時，自慚形穢，未敢開筆。最後，由一牧童奮然揮毫疾書，剛勁柔韌，自有一格，修繕時原字如舊刷新。

嚴羽生前力拒元兵南侵邵武，發動當地愛國志士，配合官軍守城抗敵，戰火紛飛中，堅持鬥爭幾個月，最後終因敵衆我寡，困守過久而無後援，才被敵破城入內。嚴羽他們寧死不屈，與敵人展開激烈的巷戰，而後撤出縣城，撤往深山林野。因嚴羽在邵武抗元力戰，故邵武被稱爲「鐵城」。嚴羽最後歸宿何處？有的說北上浙江山地，與元兵周旋，不幸陣亡；有的說出沒閩北山林，分路襲擊元軍，最後病亡山中；也有人說他匿名隱居深山中。總之，嚴羽找不到了，元軍瘋狂地血洗嚴坊，把整個山村夷爲平地，連嚴羽祖居門前的大棕櫚樹也被砍倒，足見敵人的暴虐與凶殘！

記得嚴羽的《送吳儀甫之合肥謁杜師》詩云：「沙場青草時差緩，淝水紅旗捷屢聞。玉帳元戎桑梓舊，行看幕府策奇勛。」此詩字裏行間都充分反映了詩人殺敵抗戰、保家衛國的愛國熱忱。重修滄浪閣，作爲邵武縣文物保護單位，正是詩人精神永在的標誌。愛國詩人將長存於自己的故鄉和人民中間！

## 折獄英才留龜鑑（建陽宋慈墓）

宋慈墓在建陽崇雒鄉昌茂村。一九五三年被縣文化部門所發現，即受修葺、保護。一九六一年五月，列爲福建省第一批重點文物保護單位，一九八二年再度修整。

宋慈，字惠父，建陽童游人。生於一一八六年，一二四九年在廣東因病逝世，終年六十三歲。

宋慈是我國偉大的法醫學家，也是世界法醫史上一位傑出的人物。他的名著《洗冤集錄》是世界第一部法醫學著作，比西方國家最早的法醫專書——意大利人菲德里的法醫著作早三百五十年。

宋慈爲嘉定進士，初任信豐縣主簿，曾參與鎮壓南安軍峒民及福建農民起義。平定汀州兵變。知長汀縣，改善鹽政，公私稱便。端平二年（一二三五年）爲魏了翁幕屬。後任廣東提刑。雪冤禁暴，只經八個月就辦清二百多件積案、冤案，把廣東獄官積累懸案數年不詳細上報的積弊一舉革除。後改任江西提刑兼知贛州，又拜爲湖南提刑。後來陳韡安撫湖南，聘他爲參謀，一些重大事項多與商榷。淳祐八年（一二四八年），爲廣東經略安撫使，知廣州，卒於任。

宋慈爲官清正耿直，廉潔儉樸，較關心民間疾苦，特別是在江西、福建、湖南、廣東任內體察民情，認眞審案，「以民命爲重」，辦了不少疑難案件，百姓譽之爲「青天」。

一二三九年，宋慈風塵僕僕來到廣東任提點刑獄（省級執法長官），發現官吏多不奉法，宋慈便審閱案件，詢問隱情，限期清理。遇有疑難案件，必追根究底，決不輕易放過，直至眞相大白，方肯罷休。對貪贓枉法的官吏，他決不留情，一概予以嚴懲。爲了查清案件，他不辭勞苦，親蒞現場，甚至「不避穢臭」，「躬親屍首地頭」，「

細查審視」。由於他「審之又審」，「聽訟清明，決事果斷」，一百多個無辜受害者得以伸冤。

在長期辦案過程中，宋慈積累了豐富的實踐經驗，爲了使各級法官提高辦案水平，他不恥下問，虛心求教於獄吏、獄臣，終於寫成了《洗冤集錄》一書，於一二四七年在湖南刊行。

《洗冤集錄》的問世，不僅在國內有了很大影響，而且引起了國際法醫學界的極大重視，先後譯成朝、日、俄、荷、英、德、法等國文字，廣泛流傳，人們尊稱宋慈爲世界偉大的法醫學家。

## 「考亭一脈是眞傳」

### （建陽考亭書院）

考亭書院是南宋著名理學家朱熹晚年居住和講學的地方，其遺址在風景清幽的考亭村附近，位於建陽縣城西南約三公里處。

西元一一九四年朱熹在考亭建「竹林精舍」，於是潛心著書立說，同時廣招門徒，聚衆講學。不久，「竹林精舍」改爲「滄州精舍」，四方求學者，更是絡繹不絕，紛至沓來，遂成考亭學派，盛極一時。

朱熹（一一三〇—一二〇〇年），字元晦，號晦庵，祖籍徽州婺源。南宋建炎四年（一一三〇年）生於福建省尤溪縣城外毓秀峰下。慶元六年（一二〇〇年），逝世於建陽考亭書院，終年七十一歲。同年十一月。葬於大林谷（在建陽黃坑鄉九峰後塘村）。

朱熹是南宋著名的理學家、文學家和教育家。其父朱松，是南宋官員，曾在政和縣任縣尉。後來官至吏部郎，因反對秦檜投降政策被貶，賦閒於建陽家中，一心教導兒子讀書，時年朱熹十一歲，慨然奮發，日夜攻讀。

十八歲時，朱熹赴建甌鄉貢中舉，次年登進士第，二十四歲時，首登仕途，任同安縣主簿。四年後回崇安，築室武夷山中，講學著述。

三十歲時，朱熹爲求深造，在南平受學於理學家李侗，學術思想大成，成爲二程（即程顥、程頤，宋代理學的奠基人）的弟子。在這前後二十年，朱熹多次謝絕朝廷委任的官職，幽居山野，在建陽後山的寒山精舍、雲谷的晦庵等地潛心著述。年屆五十的朱熹，雖曾數度出外爲官，但不斷乞請辭官歸里。西元一一八三年，他從浙江任所返回福建，在武夷山隱屏峰下，創建武夷精舍，廣收門徒，聚衆講學。歷時五年之久，四方弟子，接踵而來。西元一一九二年，朱熹六十三歲，又在建陽建滄州精舍，前來求學問道者數百人，許多學生後來成了著名的理學家。

慶元二年（一一九六年）理學被斥爲「僞學」，朱熹被抨擊爲「僞學之魁」，反對派韓侂胄上書皇帝「乞斬朱」。面臨危局，他仍堅持其學說，「日與諸生講學不休」。朱熹死後葬禮受到官方的限制，這情形和後來朱熹被封建統治階級崇奉爲「大賢」，並被抬進孔廟「從祀」，位列「十哲之次」是截然不同的。卒後追謚「文」。

朱熹任官期間，頗有政績。如淳熙時，知南康軍，改提舉浙東茶鹽公事。時浙東大饑，乃單車按行境內，救荒革弊。他早年主張抗金，中年以後轉持消極防守。學術上思想上，兼採周敦頤、張載等人學說，集北宋以來理學之大成，建立一個客觀唯心主義的思想體系，是中國封建社會後期影響最大的思想家。其學說被稱爲「閩派」，或考亭學派、程朱學派。他生平主要從事著書、講學，對經學、史學、文學、樂律以至自然科學都有貢獻，主要著作有《四書章句集注》、《伊洛淵源著》、《名臣言行錄》、《資治通鑑綱目》、《楚辭集注》、《詩集傳》及後人編纂的《朱子語類》、《朱文公集》等。

朱熹雖是一位唯心主義哲學家，但他的治學方法亦多有可取。他講學的宗旨是「成人才」、「厚風格」、「濟世務」、「興太平」，主張「講明義理、以淑人心」。在講學中，朱熹提倡「博學之，審問之，愼思之，明辨之」。注重學生的知識積累「以類而推」，「嚴密理會」，「銖分毫析」，「積累多後」，有朝一日便會「豁然貫通」。在施教中，他循循善誘，一絲不苟，雖然疾病纏身，仍然諄諄教誨學生。宋代理學，至朱熹已集大成。後人有詩讚曰：「萬古斯文未喪天，考亭一脈是眞傳。」一二四四年理宗賜御書「考亭書院」四個大字匾額，從此考亭書院名揚天下。

明嘉靖十年（一六三一年）蔣詔、張儉民在書院河畔建石碑坊一座，上面雕刻許多獸、花等紋飾，造型古樸。此外，書院著名的建築物原有明倫堂、燕居廟、清邃洞、聚星亭和天光雲影亭。在歷史上，書院幾度興廢，景盛時擁有耕地五百餘畝，租賦所得，可供學者習讀所用，故一度稱爲義學書院。

一九六六年，建陽城郊麻陽溪興建西門電站和攔河大壩，考亭書院遺址在電站大壩上游，因而被水淹沒，現僅剩大石碑坊上部露出水面。

## 林公正氣壯山河（福州林則徐墓）

林則徐墓在福州市北郊馬鞍村，距市區約四公里。東南爲五鳳山，西北爲金獅山，四野樹木蒼翠，環境清幽。

林則徐（一七八五—一八五〇年）字少穆，侯官（今福州市）人。其父爲教讀先生，林自幼勤學，清嘉慶間中進士，為官四十餘載，歷任巡撫、總督諸職。在任期間，憂國憂民，頗得民心。當時鴉片輸入，禍國殃民，林則徐深明大義，力倡焚煙。西元一八三九年，他任欽差大臣赴廣東，嚴令外商繳出鴉片二萬餘箱，在虎門當衆燒燬。掀開了中國近代史的第一頁。他主張抗禦外來侵略，但又提倡正常對外貿易，並主持翻譯英人的世界地理大全，編成《四洲志》。

西元一八四〇年，英國發動鴉片戰爭，林團結軍民打敗英軍進攻，然由於清廷妥協求和，林被革職充軍至新疆伊犁。後起用任雲貴總督，西元一八四九年因病辭職回籍，次年又奉命赴粵，病死於潮州，後歸葬於此。

林則徐墓用三合土築造，計有雙重屏牆五層臺。全墓寬十三點二米，深二十四點六米。第一層臺兩旁有一對三合土塑的獅子，第二層臺正中有一座橫案屏，上書「五鳳來翔」，點出了墓前景色。第三層臺兩側有一對螺旋紋的抱鼓石。第四層臺前沿又有一座卷書式的素面橫案屏，臺左右有鏡屏一對。墓前楹聯曰：

風清華表翔元鶴，雲護佳城閟玉魚。

再登一級便是拜臺，正中為供案，案上置一方橫形青石碑牌，上鐫五十六字，分十一行書寫。來瞻仰的人都喜歡讀一讀，奇怪的是：不管你從左從右都讀不上口，原來它是從最正中一行讀起，再讀左邊，接讀右邊，這樣一左一右展開就能讀下去了。上書：「皇清誥封資政大夫，兩淮鹽政，前江蘇按察使暘谷林公，配陳夫人，男少穆公，婦鄭克人，出繼男雨人公，婦李孺人壽域。道光丙戌年仲夏吉旦立。」這種寫法比較少見。供案左右的轉角柱上鐫有對聯：「百丈松楸馴鹿土；千秋佳節卧牛眠。」

林則徐墓，本是他生前——道光四年（一八二四年）為其父母建造的。凡六壙，以父母主壙，自己和夫人以及弟弟夫婦也附葬在這裏。

林則徐是我國近代史上第一位反帝愛國的民族英雄，他深受人民尊敬，清楊慶琛拜墓詩云：

跨鶴乘螭不可期，精神如水復奚疑。
風雲氣鬱山丘重，雨露恩深草木知。
定論千秋憑史在，易名一字與公宜。
我來手擷溪毛薦，三步還深腹痛悲。

林則徐祠堂在福州市沃門路，建於清光緒三十一年（一九〇五年）。祠堂占地三千平方米。第一道為屏牆，左右設有兩道門，分別額題「中興宗衰」，「左海偉人」，內壁新嵌「虎門銷煙」大幅浮雕，第二道為牌樓形牆，額題：「林文忠公祠」。進門為庭院，正中有一條石板道直通儀門廳，兩旁峙立文武石人、石馬、石獸。儀門為懸山頂三開間，中設六扇朱漆大門，檐柱上掛著中國軍事學院副院長郭化若撰書的楹聯：

焚毒衝雲霄，正氣壯山河之色；
揮旗抗敵寇，義征奪魑魅之心。

辭氣豪邁，運筆飛舞，引人注目。廳前環建迴廊，廊壁懸掛組畫，系統介紹林則徐生平事略。儀門後爲假山園林，正中有一條寬闊甬道直通御碑亭，成品字形。正中石碑爲「聖旨」，係咸豐得知林則徐病逝，降旨慰問其親戚的。左右兩碑，一爲《御賜祭文》，一爲《御製碑文》，是林則徐開喪弔祭時，咸豐帝所賜。這三方石碑均在建祠時請徐郙、陳寶琛、鄭孝胥書寫補鐫上石。

祠亭在碑亭之北，外圍紅牆，門額上書：「樹德堂」三字。廳正中祀林則徐遺像，楣額上掛道光帝御書「福壽」匾額。祠廳西側，碑亭之後，有兩座三間排平屋，南北相對，中隔一堵花牆，原均作客廳之用，一稱南花廳，一稱北花廳。北花廳的庭院中有一口魚池，池中央挺立一座巉巍的假山石。池養魚，中有噴泉生機盎然，窗外翠竹奇石，錯落掩映，饒有園林情趣。廳內玻璃櫥櫃內陳列著林則徐書寫的對聯、信札、文稿、詩集、日記等，還有他使用的印章、硯臺等遺物。此外，還有鴉片戰爭中的珍貴文物。

南北花廳之西，尚有一座寬敞的曲尺形樓房，原爲林家子弟讀書之所，現改爲林則徐紀念館的展覽室和放映廳。樓外迴廊曲徑、花木扶疏，更有古豐井等遺跡供人憑弔，莊嚴與幽雅相結合，構成一代偉人的祠堂特徵。

## 一封絕筆感天地

### （福州林覺民故居）

福州南後街楊橋路口，有一座舊式多院落木屋建築群，這就是辛亥革命烈士林覺民的故居。林覺民和他的妻兒原來住在西南隅的一個院落裏，並列一廳一房，南面有小天井，天井西端築有小花臺，正對著卧室的窗口。烈士在與妻書（又稱《絕筆書》）裏寫過：「入門穿廊，過前後廳，又三四折，有小廳，廳旁一屋，爲吾與汝雙棲之所。初婚三四個月，適冬之望日前後，窗外疏梅篩月影，依稀掩映，吾與汝並肩攜手，低低切切，何事不語，何情不訴？」至今，這些景物還可一一辨認出來。

林覺民（一八八六—一九一一年），字意洞，號抖飛，又號天外生，福建省閩侯縣（今福州市）人。黃花崗七十二烈士之一。十六歲考入福建高等學堂，接受了資產階級民主思想的影響，課餘談到時事，他總是慷慨激昂地說；「中國不革命不能自強。」

一九〇五年，林覺民爲尋求革命眞理東渡日本留學，在那裏參加了孫中山創立的同盟會。

一九一一年春天，留學生接到黃興、趙生兩人的來信，說是事情大有可爲，於是他受命回國發展革命組織，準備在福建起義響應。到了香港，黃興把他留下來協助廣東革命事務。於是他便停止了福州起義響應的計劃，專程回福建召集同志來香港參加廣州起義。三月二十九日廣州起義的前十餘日，他最後一次回家，在這裏爲廣州起義準備彈藥。三月二十九日（陽曆四月二十七日）早晨，他和廣洞聲等率領全部福建人入廣州，和林廣塵（文）會於城內。在黃花崗之役中，林覺民參加黃興領導下的敢死隊，冒著槍林彈雨直衝兩廣總督衙門，在巷戰肉搏中不幸中彈受傷，力盡被捕。在審訊中，他從容不迫，慷慨陳詞，縱論世界大勢，宣傳革除暴政，建立共和的革命主張，臨刑談笑自若，引頸就義，年僅二十五歲。

起義前三天夜裏，林覺民抱著絕死的精神給父親和妻子陳意映女士寫了絕筆書，給他父親的信，內容僅云：「不孝兒林覺民叩稟父親大人：兒死矣，惟累大人吃苦，弟妹缺衣食耳，然大有補於全國同胞也。大罪乞恕之。」在給妻子的信中，充滿了犧牲一切，爲全國同胞爭取自由幸福的革命精神。他在信中不但回顧了同妻子的深情厚愛，表達了訣別的無限痛切，而且申明了大義：「天下之人不當死而死與不願離而離者，不可數計，鍾情如我輩者能忍之乎？此吾所以敢率性就死不顧汝也。」其高尚革命情操感人至深，催人淚下，其革命獻身精神可與天地同久，與日月同光！

林覺民遇難後，全家遷避別處。後來，著名作家謝冰心的祖父謝子修住進了此宅。

爲了紀念林覺民烈士，福州市人民政府決定把他的故居列爲保護文物，目前正在修整之中。

## 閩王古墓嘆廢興（福州王審知墓）

王審知墓在福建省福州市郊戰坂。王審知爲五代時閩王，其墓原在鳳池山，後唐長興三年（九三二年）遷葬於此。

王審知（八六二—九二五年）字信通，唐代河南省光州固始人。唐末，從其兄王潮隨壽州人王緒起兵，後來，因王緒屢屢猜忌濫殺部下將吏，王潮將王緒活捉，王緒自殺後，部下推潮爲主，西元八八六年王潮入據福建。王潮死後，王審知繼任武威軍節度使，領有今福建全部，後梁開平三年（九〇九年）封爲閩王，遂建立閩國。據說，他常著麻屨，府舍卑陋。由於他禮賢下士，開闢海港，招徠海外商賈，以通有無，再加上他寬刑薄賦，讓百姓休養生息，安居樂業，鼓勵墾荒，興修水利，促進了當時福建社會經濟和文化的發展。

後唐同光三年（九二五年），王審知病卒，初葬在鳳池山，長興三年（九三二年）移葬於福州北門外戰坂鄉蓮花峰南麓，稱爲「宣陵」。這一帶數座山巒均列爲禁地，陵園內部原有的享堂、明樓、牌坊、碑亭以及蓮花、永興兩院（供香燈的禪寺）等建築物，隨著閩國的滅亡，逐漸荒廢，僅存墓冢。

明代這一片荒地撥給屯軍開墾，宣德四年（一四二九年），墓室又被駐守在那裏的三十名屯軍盜掘，墓中的珍貴文物被一掃而空。由於古壙缺氧，先入者慘遭「悶坑」死亡，喪者家屬分不到半點財物，向官府控告，才把盜墓之事傳播開來，引起百姓的公憤。王家後裔也訴訟於官，請求追贓和賠償。結果，只有約十分之一的殉葬品和畫像得到發還。其中有一隻晶瑩如金的水碗，是用玻璃燒製而成。還有一條玉帶，上面嵌著大若手掌的寶石。雕刻精美，是相當珍貴的歷史文物。這消息被明宣宗朱瞻基聽到後，於宣德八年（一四三三年）又將殉葬品和那幅畫像收歸御府。事後，林謹夫寫了一篇記敘發冢的序和詩，說：「壙室前後分爲兩間，後室停棺，前室閩王繪像：方面大耳，巨目弓鼻，紫面修鬚，儼然可畏」（按：這與史書上記載的「隆準方口」等相符）。引起當時人們的驚奇。因爲這幅畫雖在壙中四百九十七年之久，只有四周略有朽蠹外，主要的部分仍然保存完整。也說到「其底寸許」的水碗，大家不識爲何物，後請回回商人辨認出是玻璃碗。他在詩中感慨萬千地寫道：「寢園祕器期千古，宣德初年發行武，金爐瑑碗落人間，玉帶眞容歸御府。」因盜掘而破壞的建築物，由官府撥款草草修復，了結了賠償案件。

事過一百六十多年，閩王墓再次被盜，然壙內已空無一物。當時袁敬烈等人到現場觀看，憤慨地下了這樣的話：「足踏孤墳崩土，手披荒莽見殘碑。」由於官府追查不力，沒有捕獲到盜墓人，只好作罷。萬曆十三年（一六〇二年），明詔「著有司修治歷代帝王陵寢」。這一次可幸運了，年久失修以及新被盜的陵墓得到全面修復，還贖回前不久被侵占爲田園的十畝地，砌築一條馳道，把半掩在泥土中的石人（翁仲）、石馬、石獸樹立在馳道兩旁。又在馳道上建造一些木牌坊，左右建碑亭等建築物，還在墓後樹立一方大石碑，碑文曰：「唐忠懿墓」（王審知死諡忠懿）。現在陵墓除墓前十墓外，其餘仍舊保持始建和當時增建的原物。

王審知的陵墓結構獨特，表現了五代墓葬的法制和風格；同時它又是福建歷史上保存在地表最古老的陵墓，因此成爲重要的歷史文物。

# 「拔劍光寒倭寇膽」

## （福州戚公祠）

戚公祠在福州市于山，係福建人民爲紀念明代抗倭名將戚繼光而建。祠內有平遠臺、醉石亭、蓬萊閣、補山精舍、萬象亭等勝景，這些依崗巒而建的亭榭，大都小巧玲瓏，隱在蒼松翠竹之間，加上這裏石奇坡轉，曲徑通幽，更富有園林特色。戚公祠建在嶔崎的石岩上，廳正中陳列著明代民族英雄、傑出軍事家戚繼光的泥塑胸像，壁上掛著《海疆倭患》、《率兵援閩》、《激戰三捷》、《平遠慶功》四幅歷史畫，生動地再現了戚繼光第一次來閩抗擊倭寇入侵的歷史功績。廳內還展出戚繼光衣冠甲冑和他所著的《練兵紀實》和《紀效新書》等著作和戚繼光藏甲處出土的戰袍甲片和行軍乾糧「光餅」等。

平遠臺是于山勝跡之一。據《三山志》記載，原臺創於宋代，其址在第一峰。明代宣德年間重建，移址在鰲頂峰西。而現在的平遠臺，則是愛國將領蔡廷鍇等人在一九三三年移址重建的。明代嘉靖四十一年（一五六二年），戚繼光率兵在寧德橫嶼、福清牛田、蒲田林墩痛殲倭寇，打了大勝仗。凱旋之日，慶典於平遠臺，福州官紳曾於平遠臺設宴慶功。後人爲了紀念戚繼光的功勛，建戚公祠於其上。在戚公祠東邊，有一石上鐫「醉石」二字。傳說戚繼光在平遠臺慶功時，酒後步月到此，仰臥其上，不覺沉睡，後人就把此石號爲「醉石」。一九三三年重建戚公祠時，於石前建亭，名曰「醉石亭」。祠內岩石上新鐫郁達夫作於一九三七年的《滿江紅》詞一首，曰：「三百年來，我華夏，威風久歇，有幾個，如公成就，豐功偉烈！拔劍光寒倭寇膽，撥雲手指天心月。到於今，遺餅紀東征，民懷切。會稽恥，終當雪；楚三戶，教秦滅。願英靈永保，金甌無缺，臺畔班師酣醉石，亭邊思子悲啼血，向長空，灑淚酹千杯，蓬萊闕。」

戚繼光（一五二八—一五八七年）字元敬，號南塘，晚號孟諸，定遠（今安徽定遠；一說山東蓬萊）人。出身於將門家庭，十七歲時，承襲父職，爲登州衛指揮僉事，嘉靖三十二年（一五三三年）升任都指揮僉事主管山東備倭軍事。史稱「繼光幼倜儻負奇氣。家貧，好讀書，通經史大義」。

明朝初年，以在日本內戰中失掉軍職的武士作爲主要成份的倭寇，在日本封建藩侯和寺院大地主的支持、組織下，勾結中國境內的海盜、奸商，劫掠中國東南沿海地區。至十六世紀中葉，明朝政府的腐敗，又給倭寇的大舉侵擾以可乘之機。倭患不僅摧毀了中國沿海地區的農業、手工業以及正在滋長著的資本主義生產關係的萌芽，而且還嚴重地威脅著當地人民生命財產的安全。沿海人民對倭寇恨入骨髓，紛紛組織武裝，奮起自衛。明政府也委派將領，到沿海地區剿滅倭寇。戚繼光正是在驅逐倭寇的鬥爭中，建立了卓越功績的一位民族英雄。

嘉靖三十四年（一五五五年），戚繼光從山東調到浙江，任浙江都司僉事、充參將，分部寧、紹、台三郡抗倭。至任，召募金華、義烏兵三千，教以戰法，數敗倭寇，「『戚家軍』名聞天下」。當時，倭患空前嚴重，海盜王直引導倭寇在沿海州縣燒殺擄掠，無惡不作。戚繼光仔細研究敵情，切實整頓防務，認眞訓練軍隊。他率領著英勇善戰的「戚家軍」，先後馳騁在浙江、福建、廣東的抗倭戰場上，使倭寇聞風喪膽。

嘉靖四十一年（一五六二年）倭寇大舉進犯福建，閩中告急。他奉命率軍往援，大勝倭軍，「大破其巢，斬首二千六百。」「乘勝至福淸，搗敗牛田賊，覆其巢……連克六十營，斬首千數百級……繼光乃旋師。」「閩越寇幾盡。於是繼光至福州飲至（飲於宗廟，爲古時一種慶功儀式）勒石平遠臺。」明年，再將兵入閩，與巡撫譚綸、總兵俞大猷會兵敗倭寇於平海衛，擢爲總兵官。戚繼光和其它抗倭軍民長期英勇的抗倭鬥爭，給倭寇以毀滅性的打擊，終於解除了東南沿海地區的倭患。隆慶元年（一五六七年），戚繼光結束了十多年的抗倭生活，奉調北上戍邊。次年命以都督同知總理薊州、昌平、保定三鎭練兵事。請沿邊牆增建敵臺，以利守禦。他在薊鎭凡十六年，邊備修飭，軍容強盛，爲九邊之冠。萬曆十一年（一五八三年），戚又被調鎭廣東。兩年後，病卒於家。有《紀效新書》、《練兵紀實》。

除福州的戚公祠外，山東蓬萊還有戚繼光與其父的戚家祠。其中一副楹聯云：

大功在備倭，城郭依然，公去滄茫誰嗣者；

聖明使防海，風波未已，吾來宏濟愧前賢。

熱情讚頌了戚繼光滅倭的功績。

至今，福建一帶還流傳著戚繼光「問卜」鼓舞士氣。打擊倭寇的故事。據說：明嘉靖四十二年（一五六三年）倭寇二萬多人圍興化府（今莆田縣），被戚繼光率軍擊敗，殘寇三千多人逃據福建高蓋山。戚繼光聞訊，欲往圍剿，然戚軍血戰後元氣尚未恢復，再戰，則勝敗難料。隊伍歇息半洋亭綠野寺時，戚繼光持一百文銅錢對軍士說：「聽說這裏佛祖十分靈驗，我想在此行香問卜，如果這百錢都是仰的（面朝上），今日戰必勝，若有覆者，改日再戰。」說畢入寺，向空中抛錢，結果文文皆仰，全軍一片喝采，奮勇直前，全殲殘敵，隊伍凱旋入寺收錢，哄堂大笑，原來所有的銅錢表裏兩邊都是面。

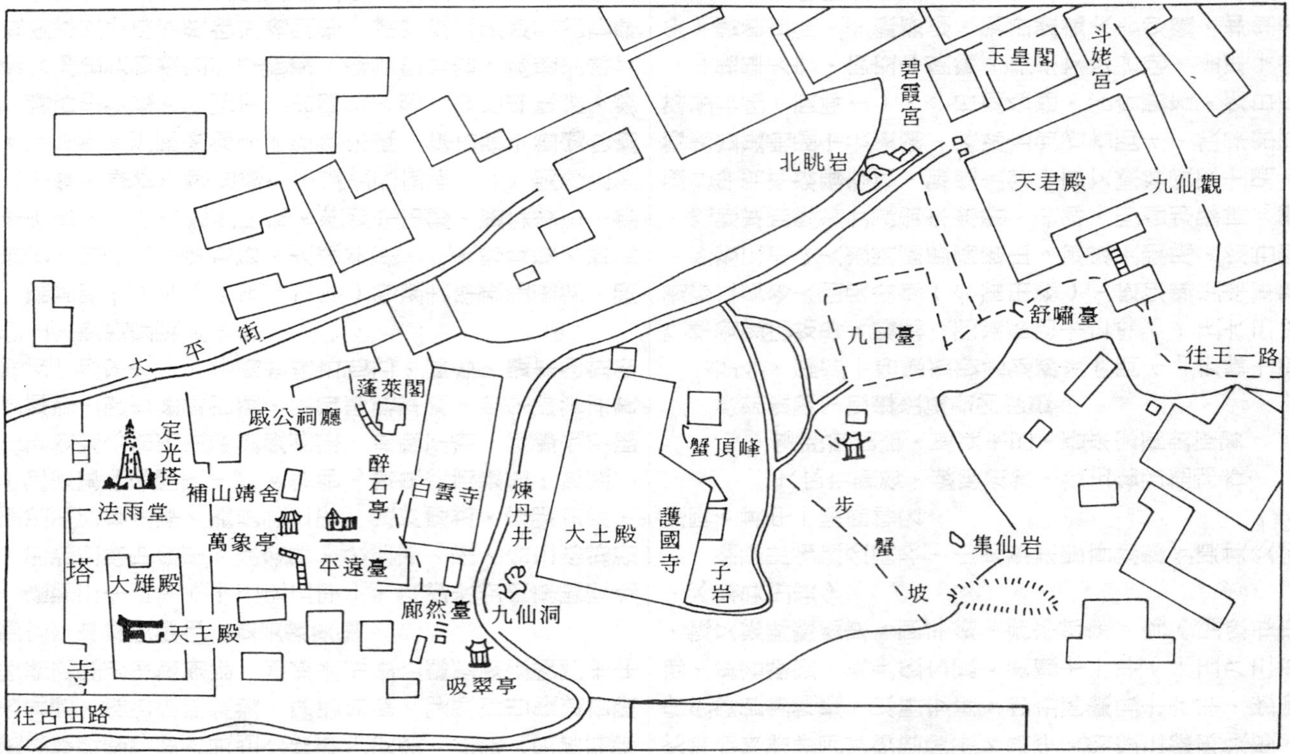
碧霞宮
玉皇閣
斗姥宮
北眺岩
天君殿
九仙觀
舒嘯臺
九日臺
往王一路
大平街
蓬萊閣
戚公祠廳
定光塔
日
塔
寺
補山靖舍
法雨堂
醉石亭
白雲寺
煉丹井
大土殿
護國寺
子岩
蟠頂峰
步
蟠
坡
集仙岩
萬象亭
平遠臺
大雄殿
天王殿
廓然臺
九仙洞
吸翠亭
往古田路
于山遊覽區示意圖

## 萬象亭中憶稼軒（福州萬象亭）

于山在福州市區東南，傳說閩越王無諸曾於九月九日在這裏宴會，因名九日山。又傳說漢代有何氏兄弟在此修道煉丹，故又名九仙山。

萬象亭是于山勝跡之一。它是一座方形亭子，在于山半腰。亭畔岩石盤立，重疊成趣。倚欄西望，烏山聳翠，古塔峭拔，榕城諸勝，歷歷在目。南宋大詞人辛棄疾重九登仙山有《西江月》一詞：「貪數明朝重九，不知過了中秋，人生能得幾多愁，只有黃花依舊。萬象亭中殢酒，九仙閣上扶頭，城鴉喚我醉歸休，細雨斜風時候。」

辛棄疾（一一四〇—一二〇七年）南宋詞人。字幼安，號稼軒，歷城（今山東濟南）人。他出生在金人占領下的北方，自幼喪父。祖父辛贊是個愛國的士大夫，雖然因一家衣食所逼，曾在金國做過縣令之類的小官，卻始終未忘中原淪亡、國土分裂的恥辱，他常帶著辛棄疾登山臨水，指點山河，分析軍事地形，進行抗敵復仇的熏陶。辛棄疾曾兩次到燕京應考，並深入河朔一帶，考察敵情虛實，這些情況後來成爲他向南宋朝廷提供計劃的重要依據。

辛棄疾二十歲那年，金主完顏亮南下侵宋，歷城耿京率衆二十萬起義，辛棄疾也組織了二千多人參加，並在軍中擔任掌書記。完顏亮兵敗被殺後，辛棄疾代表義軍到建康（今南京市）與宋朝廷聯繫，準備與官軍配合行動，共同抗敵。不料在他從建康北歸的途中，義軍內部發生劇變，叛徒張安國殺了耿京，劫持部分義軍投降金國。辛棄疾聞訊後，立即帶領部下五十騎兵，直馳張安國營帳，當場活捉這個叛徒，把他押送建康。

辛棄疾歸宋後，任江陰簽判。「隆興和議」後，他對南宋小朝廷醉生夢死、忍辱苟安的現狀十分不滿，先後上《美芹十論》、《九議》等奏疏，分析宋金雙方的形勢，提出激勵士氣、加強戰備、拒守兩淮、出兵山東等一系列戰略部署的建議，對誇大金兵力量、鼓吹妥協投降的謬論，做了有力的駁斥。但他的建議均不被採納。此後，他擔任過建康通判、滁州知州、湖北、江西、湖南安撫使等職。在地方官任上，注意考察民情，獎勵生產，訓練軍隊，打擊豪強奸商，但也鎭壓過江西茶商的起義。這段時間，他也寫了大量詞作，抒發南歸以來的政治抱負和憂國心情。

自淳熙八年（一一八一年）起，辛棄疾因政治上一再遭受打擊而漸萌退志。他在江西上饒買得一塊土地，建立了一座莊園，叫帶湖新居，內有一舍題名「稼軒」，從此他便以「稼軒」作爲別號。這年冬他被彈劾罷官，開始了長達二十年的退居生活，中間曾有兩年出任福建安撫使。

淳熙十五年（一一八八年）冬天，辛棄疾的好友、愛國思想家陳亮來訪，在他的鉛山期思渡的別墅裏住了十天。兩人共同討論國家的前途，傾吐「看試手，補天裂」的夙志，談得十分投機，陳臨行，又互以《賀新郎》詞贈答。這就是流傳詞壇的佳話——鵝湖之會。

嘉泰三年（一二〇三年），辛棄疾六十四歲時，朝中大臣韓侂胄準備率兵北伐，起用辛棄疾知紹興府兼浙東安撫使。第二年調任京口（今江蘇鎮江）知府。辛棄疾來到當年宋金對峙的前線，北望揚州，想到四十三年前的北方起義時的戰鬥生活，心情十分激動，而對於韓侂胄爲提高個人威望而倉促出兵的行爲又深表憂慮。在一次登臨北固亭的時候，他百感交集，寫下了《永遇樂》（京口北固亭懷古）這首名作；韓侂胄並不能眞心重用抗戰將領，所以不久又罷了辛棄疾的官。開禧二年（一二〇六年），北伐在預料中失敗了。第二年，辛棄疾懷著憂憤的心情與世長辭了。

辛棄疾的詞氣勢豪放，內容多抒發他一生力主抗金、收復失地的愛國主義懷抱，抨擊投降派偏安誤國的罪行，並表現自己備受打擊、壯志難酬的苦悶。

辛棄疾一生以恢復爲志，以功業自許。擅爲長短句，風格悲壯激烈，爲豪放派詞的傑出代表，與蘇軾並稱蘇辛。著有《稼軒長短句》，今人輯有《辛稼軒詩文鈔存》。

## 「譯才並世數嚴林」（福州林紓墓）

林紓墓在福州市北郊新店鄉白塔壠（俗稱白鴿籠）山，面對五鳳第一峰。墓爲三合土構造，坐西北，朝東南，面寬十米，縱深十八米，靠背扶臂椅形，山牆正中書一大「福」字。計有三重臺，臺前有一道橫屏，外表簡樸。占地面積一百八十平方米，落地式碑牌，高一點五米，寬零點六三米，上書「清蓮塘林畏廬先生之墓」，旁署：「長樂高鳳岐拜題」。牌左右爲三摺面側屏，折轉至左右山牆，在側屏與山牆轉角處有兩根石柱，上隸書：「著述儻沾東越傳；功名早談北山文。」概括表達了墓主人的願望與文風。

林紓（一八五二—一九二四）原名群玉，字琴南，號畏廬、冷紅生，閩縣蓮宅人，清光緒七年（一八八二年）舉人。能詩善畫，文章崇尚韓、柳，擅長敘事抒情，落筆婉媚動人。自二十三歲起，即在臺南從事教書工作，至四十八歲離開福州。先後在杭州東文精舍、北京金石書院、京師大學堂等處教書，晚年常在北平，專門從事翻譯和繪畫創作。他不懂任何一種外國文字，但很關心國際形勢，常向人了解各國民情風俗和社會制度。有一次，從法國回來的王壽昌對他講述著名小說《茶花女》故事，引起他很大興趣，於是兩人合作，一講一記，用文言文翻譯這部名著，命名爲《巴黎茶花女遺事》。出版後，轟動全國，收到意想不到的效果，大大鼓舞了他的譯書熱情。他先後與十多人合作翻譯外國小說，成書的有一百七十一部，共二百七十冊。未付印的有十四種。所譯小說有英、美、法、日、俄、希臘等十多個國家的作品，其中有莎士比亞、托爾斯泰、雨果等名家之作。著名的有《巴黎茶花女遺事》、《魯賓遜漂流記》、《伊索寓言》、《新天方夜譚》、《黑奴籲天錄》等。此外，他還會寫詩、繪畫、記筆記故事、寫傳奇小說。他譯小說的目的，旨在激發同胞救國圖強，了解外國富強的原因，希望自己能像「叫旦之雞」去喚醒人們的愛國熱情。但他很留戀清廷，辛亥革命後，以遺老自居，反對「五·四」新文化運動。

林紓的許多譯作，在我國舊民主主義革命階段起過相當大的思想影響，如具有反封建意義的《巴黎茶花女遺事》在一八九九年出版，曾「不脛走萬本」，「一時洛陽紙貴」。又如美國小說《黑奴籲天錄》的出版，正值美國政府迫害我旅美華工，因此更激起中國人民的反抗情緒，後來一個劇社還據此譯本改編爲劇本演出。林紓首次把外國文學名著大量介紹進來，開闊了我國文人的眼界，因而又促進了我國現代小說的興起和發展。康有爲曾稱「譯才並世數嚴（復）林」。他的譯作向以「林譯小說」聞名於世，在翻譯史上自有其特殊的地位，即使不少作品已另有現代漢語譯本，而林譯本仍具有獨立存在的價值。

林紓於民國十三年農曆九月十一日病卒北平（北京），終年七十三歲，次年（一九二五年）由其妻楊道郁及子林璦扶棺回里，安葬於此。爲其書寫碑文的高鳳岐，字嘯桐，長樂縣人，居住福州。是他中舉的同年，曾任廣西梧州知府，高卒於清宣統元年（一九〇九年），可知這碑文是他生前委託高書寫的，墓也是他生前營建的。

林紓直系子孫不在福州，墳墓長期乏人祭掃，雜草叢生，三合土亦多龜裂。一九八四年秋，福州市文物管理委員會撥款重修，劃定保護範圍，樹立市級文物保護碑，並砌一條寬一點二米、長八十一米的石路與登山機車路相通。

## 《天演》宏論驚末世

（福州嚴復墓）

嚴復墓在福州市郊陽岐村。於清宣統二年（一九一〇年）嚴復生前所營建，以石構爲主，形如扶臂椅，碑書：「清侯官嚴幾道先生之壽域」，兩側有雲龍柱一對，墓前橫屏書「惟適之安」，結構大方。

嚴復（一八五四—一九二一年），中國近代啓蒙思想家、翻譯家。原名傳初、宗光，字又陵，又字幾道。晚號瘉壄老人。福建侯官（今福州市）人，早年考入福州船政學堂，畢業後，於光緒三年（一八七七年）到英國海軍學校留學兩年。在此期間，他閱讀了達爾文、赫胥黎的進化論，亞當·斯密的經濟學和盧梭、孟德斯鳩的社會學。光緒五年回國後，任天津水師學堂總教習，後升總辦（校長）。一八九四年甲午中日戰爭後，在《直報》發表一系列主張變法維新的論文，一八九七年在天津創辦《國聞報》，協辦通藝學堂，一八九八年向清帝上萬言書，提出變法的具體綱領。戊戌變法後，曾任京師大學堂編譯局總辦、學部名詞館總纂、資政院議員。辛亥革命後，任北京大學校長，一九一六年後，不再任職。

一八九六年至一九〇八年間，嚴復先後翻譯了《天演論》、《原富》、《群學肄言》、《法意》、《穆勒名學》等著作，傳播西方資產階級政治經濟思想和邏輯學，並加按語，抒發己見。提出了「信、達、雅」的翻譯標準，至今還爲翻譯界所遵奉。嚴復於辛亥革命後，思想轉趨保守，一九一三年領銜發起孔教會，一九一五年列名籌安會，「五·四」時期反對新文化運動，在哲學上，他信奉和介紹達爾文進化論，強調社會的發展進化，反對「好古而忽今」，號召人們與天爭勝，自強保種，救亡圖存，對當時思想界起了重要的啓蒙作用。但也宣傳了庸俗進化論，認爲「吾國變法當以徐而不可驟也」。他在哲學上批判了上帝創世說和朱熹的「理先氣後」說，批判了「師心自用」、「強物就我」的陸王心學（但也提出了某些唯心主義觀點）。

在政治思想上，他主張民主自由和「天賦人權」說，批判封建專制君權，要求建立「以自由爲體，以民主爲用」的資本主義國家，後期則要求復辟君主專制政治。著有《瘉壄堂詩集》、《嚴幾道詩文抄》等，譯著編爲《侯官嚴氏叢刊》、《嚴譯名著叢刊》。

嚴復是近代第一個較系統地介紹和傳播西方資產階級的政治思想和學術思想的學者，他翻譯赫胥黎《天演論》等，闡發「物競天擇適者生存」的進化原理，一時風行全國，並寫了《原強》、《論世變之亟》、《救亡決論》等文章，爲維新變法提供理論根據，是近代資產階級改良主義思想家。

魯迅先生曾稱道嚴復說：「嚴又陵究竟是『做』過赫胥黎《天演論》的，的確與衆不同，是一個十九世紀末年中國感覺銳敏的人。」而且魯迅先生的早年思想的形成，也受過嚴復譯著的深刻影響。他在《朝花夕拾·瑣記》一文中說：「看新書的風氣便流行起來，我也知道中國有一部書叫《天演論》。星期日跑到城南去買了來……翻開一看，是寫得很好的字，開首便道：『赫胥黎獨處一室之中，在英倫之南……』哦！原來世界上竟還有一個赫胥黎坐在書房裏那麼想，而且想得那麼新鮮？一口氣讀下去，『物競』也出來了，『天擇』也出來了，蘇格拉底、柏拉圖也出來了……『這個孩子有點不對了，……』一位本家的老輩嚴肅地對我說……仍然自己不覺得有什麼『不對』，一有空閒，就照例地吃侉餅、花生米、辣椒，看《天演論》。」可見，嚴復的《天演論》譯本對幼年的魯迅產生過何等強烈的影響。

## 碧血千秋昭忠祠（福州昭忠祠）

昭忠祠位於福州馬尾港山東南麓。這是一百年前中法戰爭馬江戰役烈士埋骨處。該祠面對羅星塔。

十九世紀七十年代初，法國探明紅河上游可通航到中國雲南邊境內，便加緊對越南北部的侵略，光緒八年（一八八二年）春，法軍攻占河內，次年七月，進攻順化，強迫越南簽定《順化條約》，攫取了對越南的「保護權」。十一月，法軍向中國軍隊發動進攻，挑起中法戰爭。在交戰中，清軍連連失利，至次年二月，法軍完全控制了紅河三角洲地帶。李鴻章這個著名的賣國外交家力主妥協。四月，與法國在天津簽訂了《中法會議簡明條約》，承認法國對越南的保護權，同意在中越邊境開埠通商，清軍撤回邊界等。無恥地出賣了越南人民的利益，助長了法國侵略者的野心。閏五月，貪得無厭的法軍向諒山的中國駐軍進攻，並向中國海面調動軍隊，擴大戰爭。六月，法軍艦隊進攻臺灣基隆，被擊退。同月，事先駛進福州馬尾港的法軍艦隊主力，突然襲擊中國兵船，擊沉九艘。在這種形勢下，清政府被迫對法宣戰。八月，法艦又犯臺灣，遭清軍和當地人民痛擊，慘敗於淡水。

次年初，法軍進犯廣西邊境。二月，幫辦廣西軍務馮子材在鎮南關大敗法軍，這就是歷史有名的「鎮南關大捷」，法軍前敵統帥尼格里受重傷，旋又獲諒山大捷。劉永福部黑旗軍也在臨洮大敗法軍，法國茹費里內閣因戰敗而倒臺。但清政府卻加緊在巴黎進行祕密議和活動，同月英人金登干代表清政府與法國簽訂《停戰議訂》。四月，李鴻章又和法國公使巴特納在天津簽訂《中法新約》，重申《中法會議簡明條約》有效，並出賣了中國一系列權利，從此法國侵略勢力伸入了雲南和廣西。

在馬江戰役中，因爲福建水師倉促迎戰，以致全軍覆沒，死難水陸官兵達一千餘人。

戰事結束後，從江中打撈到戰死將士遺體約有五百多具，除死者家屬認回營葬外，分成九丘就地掩埋。四月後奉旨在墓畔建造昭忠祠，十二月竣工。民國九年（一九二〇年），海軍總長劉冠雄認為祠墓過於簡陋，季託馬尾船政局陳兆鏘向京、滬等地募款二萬三千多元進行擴建，至次年秋落成。

一九八三年，中法馬江戰役一百周年前夕，馬江人民把昭忠祠修葺一新。現在人們來到這裏，只見紅牆綠瓦，祠貌莊嚴。入門轉過插屏門，呈現眼帘的是一座重檐翹角頂、玻璃花窗的古雅廳堂。廳堂中央設立一組五烈士圓雕，臨危不懼的形象，體現出中華民族的大無畏精神。廳堂之後為正廳，廳正中供祀七百六十九位陣亡烈士，黑底金字靈牌，樑上高掛一方「碧血千秋」金字匾額，為薩鎮冰題，沈覲壽書。柱上有蕭勁光、錢俊瑞等人的楹聯，廳中陳列有馬尾港地形沙盤等，通過燈光裝置可以了解當時海戰情景，以及當時參戰的我旗艦「揚武」號模型，兩廂及廊廡陳列大炮、炮彈及烈士遺囑、遺物等珍貴文物，陳列共分四個部分，有系統地介紹馬江戰役全過程，把觀衆帶到硝煙瀰漫的戰爭環境中，令人心潮久久不能平靜。通過展覽給人留下的深刻印象是：這次戰役的失敗，不是中下層官兵作戰不利，而是清政府腐敗無能、妥協求和的結果，同時也使我們體會到「落後就要挨打」的眞理所在。

從邊門出祠西，有一口池塘，池畔建有一座雙層樓閣，半跨在池中，上為接待室，下為休息廳。池周環植花木，臥波碎影，景物宜人。沿著池畔石徑行約一百多米即到墓臺，臺高一米餘，環臺三面各設一座五層臺階，臺正中有一座圓頂雕花四柱石碑亭，亭臺為長方形，墳墓四面可瀉水。墓寬約三十四米，深七點五米，四周設有鐵鏈掛柱欄杆，可供憑弔者坐憩。臺前有一座寬闊的大道直通大門，左右計有六座花壇，上植喬木。門柱為宮殿頂的闕門，上掛縷花鐵門，柱接綠瓦花窗的棗紅色短牆，與門相連。闕門外峙立兩根白石華表。墳後有危岩壁立的馬限山作為天然屏障。從門外北望，正對碑亭，岩壁上刻有「蔣山青處」、「仰止」兩方摩崖，氣魄莊嚴，今人肅然起敬。墓園西側有一條登山古道，由此拾級而上，可參觀曾經參與戰役的馬限山炮臺遺址。第二期工程，將在環池地帶建造長廊水榭，並在馬限山新建亭臺樓閣，使瞻仰者在憑弔之餘，可以登高憑眺馬尾港壯麗的山河。

## 馬尾港前話今昔（福州馬尾港）

馬尾港向來被人稱作福州的門戶。當客輪經閩江口駛進港口時，首先映入人們眼帘的是那高高的羅星塔，它聳立江畔，似在歡迎來自遠方的遊客。

羅星塔是馬尾港的標誌，高三十一點五米，為宋代柳七娘所建。相傳七娘是嶺南人，生得質姿艷麗，由於抗拒

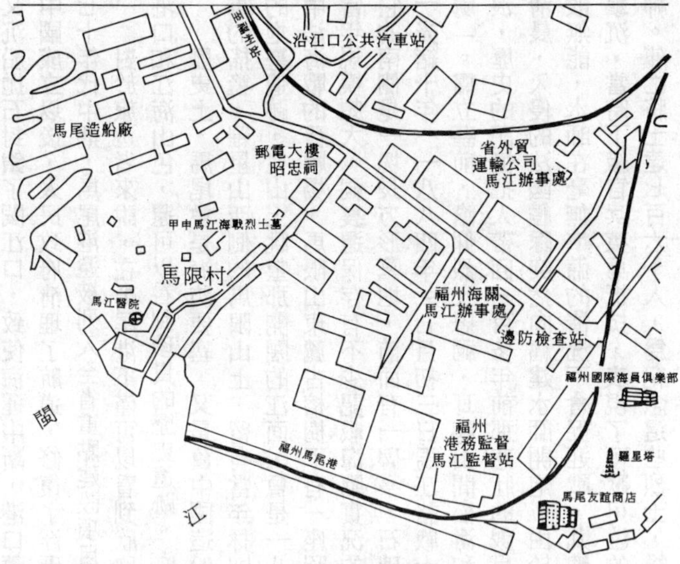


馬尾港示意圖

（據福建省測繪局編製《福建省交通旅遊圖册》）

豪強的逼婚，與丈夫一道被遣發福州作苦役。不久，丈夫被折磨致死，她變賣家產在江心建立一座石塔，向蒼天傾訴不平。經過幾百年滄海桑田的巨變，江心小島與陸地相連，成為江岸的一片高坡，石塔曾被海水摧毀。現存的羅星塔是明朝天啓年間經徐𤊹等人倡議，在宋代塔座上重建的七層八角石塔，塔的每層檐角下懸有鈴鐺，海風吹來，發出叮叮噹噹的響聲，「舵樓風細聽鈴語，月迎家園漸覺圓」，使海外歸來的遊子，見此油然而生深厚的鄉情。

羅星塔是福建省重點文物保護古跡，經過修繕，並把塔下的羅星山闢成公園，如今遊人可以乘興直登羅星塔的七層塔頂，憑欄眺望，東北的閩江口漁帆點點，沙鷗翻飛。每當潮漲，三江急流與海水沖激於塔下，形成了怒濤奇觀。

羅星塔下江畔昔日的渡口，今天已出現了一個壯觀的海運大碼頭。馬尾港，因江中有礁石像「馬尾」而得名，曾是歷史悠久的海港，這裏是我國東南沿海的出海口。兩岸環山，江寬水深，是個天然良港，遠在二千多年前的東漢，有些南方的貨物即經此由福州轉運到當時的京城洛陽。唐代時，是中國九大外貿口岸之一。十五世紀著名航海家鄭和的艦隊，曾在馬尾附近的閩江口作出航準備。十七世紀民族英雄鄭成功曾在此練兵，而後一舉收復臺灣。十九世紀林則徐曾派兵鎮守馬尾。一八四二年英帝國主義迫使清政府簽訂不平等條約，福州被列爲「五口通商」口岸之一。解放前夕，國民黨軍隊潰逃時，破壞了浮碼頭，又沉船拋石封鎖了閩江口，致使海運中斷，港口蕭條。新中國成立以後，人民政府清理了航道，修復了浮碼頭。到七十年代中期，馬尾港還被列入全省重點建設項目。

對於旅遊者來說，在馬尾港不僅可以看到欣欣向榮的港口和江海山色，還可以看到珍貴的歷史遺跡。

歷史上，馬尾曾是海防要塞，又是舊中國造船業和海軍的搖籃。羅星山西側的馬限山上，留有當年林則徐軍隊的炮臺遺跡。從山上眺望那開闊的江面，曾是一八八四年中法海戰的舊戰場。馬限山東麓古榕樹下有一座昭忠祠，當年規模頗大，祠裏還保存有不少記載海戰實況的石碑。它的南側是一塊長方形墓地，前面有一碑亭，石碑上書：「光緒十年（一八八四年）七月初三日馬江諸戰士埋骨之處」。肅立墓前，瞻仰烈士忠祠，耳聽山間松濤和岸邊激浪，歷史的記憶把人帶回一百多年前那悲壯的歲月：當天清晨，入侵的法國艦隊突然向福建水師開炮，由於清廷腐敗無能，水師在毫無準備的情況下倉促迎戰，九艘艦隻被擊沉，當時下級官兵英勇抵抗，表現了可歌可泣的愛國精神。陣亡將士達七百六十人，爲紀念這些烈士，後來修建了這座昭忠祠和烈士墓地。

附近有個古老的造船廠，它原是清代福建船政局附設的船廠，建於一八六六年。當時的船政大臣是林則徐的女婿沈葆楨，他致力於造船事業，造出的十五艘船隻編入南洋水師，有的參加了中法海戰，船政局在馬尾附近辦過兩個學堂，培養出一批中國近代造船和航海的技術人才。甲午海戰中的英雄人物鄧世昌就在這裏畢業。辛亥革命後，畢業於此的海軍宿將薩鎮冰曾在此建造兵艦和設立海軍學校。在一八八四年中法海戰中，船廠受到很大破壞，抗日戰爭期間又遭到日本侵略軍轟炸，幾乎變成一片廢墟。解放後，造船廠得到恢復和擴建，已經成爲福建的重要船廠，能建造五千至萬噸級的輪船。這個船廠的興衰，正像一個歷史的縮影，反映了馬尾港的變遷。

## 張墳好比岳家墳（福州張經墓）

張經墓在福州市西郊原厝村黃店山（古稱芋坑山），地處閩江之濱，古時逆流船隻，縴夫牽纜，猶如跪拜；夜間過往船隻，多在此停泊，因而有人形容這塊墓地：「日受千人拜，夜招萬盞燈。」

墓爲白色花崗石結構，龜甲形壙山，護以雙重山牆，形若靠背扶手椅。碑牌輪廓狀如拱橋，安置在供案上。案裙分匡鐫刻麒麟和怪獸，以及花草圖案等。左右用側屏，轉折至山牆，側屏頂端，壓有兩條鰲魚，結束處鎮以一對石獅，拜臺前有一道橫屏。墓的規模相當雄偉。自山麓石坊起，至碑牌止計有十三層寬闊的石臺。層臺左右分列翁仲（文武石人）、石獸，石人高約三米，以及成對馬、獅、羊、虎等石獸和望柱，望柱爲八角形，右刻：「襟期慷慨」；左刻：「志慮忠勤」。石坊爲重檐牌樓式，計有五門，額題：「東南戰功第一」。自石坊前至墓後山崗，縱深五百一十五米，周圍環植松柏，氣魄相當雄偉。民國間被軍閥拆除，臺石亦被盜竊，一九六三年重修其主要部分，一九八四年再次重修。現占地面積二千三百平方米，是福州最大的古墓葬。

張經（一四九二—一五五五年）字廷彝，號半洲，明代侯官縣洪塘鄉（今福州市）人，明正德十二年（一五一七年）登進士及第，授嘉興（今浙江嘉興）知縣，嘉靖十六年（一五三七年），以兵部侍郎總督兩廣軍務，鎮壓過斷藤峽的瑤族起義。

嘉靖三十二年，張經升任南京戶部尚書，第二年五月，因倭寇猖獗，不斷在東南沿海一帶騷擾掠奪，朝廷議設總督大臣，命張經兼任此職，總督江南、江北、浙江、山東、福建、湖廣諸軍，可根據需要靈活處理，隨意徵調軍隊聽候命令，其時張經徵調了兩廣獷悍凶猛的蠻族狼土兵（亦稱「狼兵」）聽候調用。十一月，朝廷命張經改任右都御史兼兵部侍郎，負禦倭全責，當時二萬多倭寇占據柘山川沙窪，而各路倭匪接踵而至，對明朝形成嚴重威脅。但是，張經鎮定自若，爲搗毀倭寇巢穴每天選將練兵。因爲明朝在江、浙及山東的軍隊與倭寇作戰連吃敗仗，張經打算把蠻族狼兵訓練好了便全線出擊。次年三月，徵調的各路狼兵相繼到來，張經一面調兵遣將從三面夾擊倭寇，一面等待永順、保靖的軍隊集中，以便發動總攻勢。碰巧明朝的大奸臣嚴嵩的乾兒子趙文華因祭海到了張經練兵的地方，趙文華又與浙江巡按胡宗憲互相勾結，依仗其乾爹嚴嵩的權勢屢次催促張經出兵，張經向他解釋說：「倭賊既狡猾又衆多，等永順、保靖的兵來到，對倭賊四面夾攻，消滅他們就萬無一失了！」趙文華堅持要張經出兵，張經因爲有朝廷授予的「便宜行事」的指揮權在手，拒不聽從趙的指揮。於是趙文華懷恨在心，給嘉靖上了一道密奏，誣陷張經「糜餉殃民，畏賊失機，欲俟倭飽颺（搶掠足了而流散退走），剿餘寇報功，宜亟治，以紓東南大禍」等等。嘉靖接到密疏問嚴嵩，趙文華所說是否是實？嚴嵩竟與趙文華異口同辭，又乘機添油加醋，說什麼蘇、松一帶百姓如何怨恨張經等等，嘉靖皇帝於是大怒，立即下詔書逮捕張經。其時是嘉靖三十四年五月。

但是，正當趙文華向朝廷寫密告時，永、保兩地所調之兵已到來，於是全力出擊，獲石塘灣大捷。到五月末，倭寇潰逃至嘉興，張經又分別派盧鏜、俞大猷等將領對倭寇攔路截擊，交戰於王江涇，又獲大捷。「斬賊首一千九百餘級，焚溺死者甚衆，自軍興以來稱戰功第一。」此時朝廷逮捕張經問罪的詔書已下，給事中李用敬、閻望雲等在朝廷力保張經，對嘉靖皇帝說：「王師大捷，倭奪氣，不宜易帥。」然而昏庸透頂的嘉靖皇帝大怒說：「張經欺騙朝廷對皇上不忠，他聽到趙文華彈劾他，才勉強打了一仗，李用敬等人這是勾結奸人。」於是竟把他們各打五十大板（廷杖）削職爲民。可過了不久，嘉靖又懷疑自己是否不明眞相，又問嚴嵩，嚴嵩竟然信口胡說：「徐階和李本都是江浙人，他們都說張經養寇不戰，這次是趙文華、胡宗憲合謀進剿而打了勝仗，張經不過假冒自己抗倭取勝而貪功罷了。」並在嘉靖面前花言巧語，說趙文華、胡宗憲如何忠於皇上，於是嘉靖帝對嚴嵩的話深信不疑了。

張經被送往朝廷後，把自己向倭寇進兵的前前後後經過詳細報奏嘉靖，且以「任總督半載，前後俘斬五千」請求朝廷寬恕。但昏瞶頑固的嘉靖充耳不聞，把張經下獄，定爲死罪，其年十一月被處死。普天下無不爲張經有功被殺而喊冤叫屈。至到隆慶初年（一五六七年），這一冤案才得以昭雪，恢復原有官職，謚襄愍，賜祭葬。

張經抗倭有功，反遭殺害，前來謁墓的人都爲之抱不平，至今墓壁上還留有謁墓者的詩句：「堪恨階前無鐵相，張墳好比岳家墳。」

## 砥柱中流社稷臣（閩侯李綱墓）

李綱墓在現閩侯縣荊溪湖里村，爲「土饅頭」形，高約丈餘，墓前碑文曰：「故忠定公宋開國丞相李公之塋」。墓道有華表，上刻「古社稷臣」四字，左右有石人石馬。

李綱（一〇八三－一一四〇年），宋邵武（今屬福建）人，字紀伯，晚年居福州。政和進士，宣和七年爲太常少卿，官至監察御史。靖康元年（一一二六年），金兵敗盟南下，圍開封，他力主堅守，反對遷都，刺臂血上疏，請宋徽宗禪位太子，以號召天下，欽宗即位。以尚書右丞爲親征行營使負責戰備，激勵士兵，奮勇殺敵，逼使金軍撤退。但宋朝統治者屈辱求和，欽宗以康王趙構、張邦昌爲人質，願割地賠款求和，而因李綱「專主戰議」，且率兵襲敵營不勝而將其罷官。太學生陳東等上疏懇求，遂復職，並升知樞密院事。因他極力主戰，遭到投降派的嫉恨和攻擊，被貶遠方。靖康二年，金兵再圍開封，他領兵勤王，但由於欽宗屈辱求和，投降派當政，致使京城淪陷。

宋高宗趙構即位後，李綱又被起用爲宰相，建炎元年（一一二七年），拜尚書右僕射兼中書侍郎，上十議，謂張邦昌不能臨難死節，而易姓改號，應正典刑（予以處死）；其受僞官者亦當按六等問罪。薦張所、傅亮去河北、河東，組織抗金力量，以宗澤爲開封留守。他積極主張修內治、整邊防、講軍政、力量收復失地，但又遭到投降派黃潛善等人打擊，只當了七十五天宰相，又被貶出朝廷。紹興二年（一一三二年），任湖廣宣撫使兼知潭州，後任江西安撫制置大使。屢上書論時事，反對議和，陳述攻戰方略，但均未被昏庸懦弱的宋高宗採納。紹興十五年在福州逝世，卒謚忠定。有《梁溪集》及經學、史學著作多種。

李綱於宋爲負天下重望的明臣，《宋史》中稱：「以一身用舍爲社稷人民安危，每宋使至燕山，必問李綱，趙鼎安否，其爲遠人畏服如此，詩文雄深雅健……」

關於李綱墓地，還有一段頗有趣的筆墨官司。鼓山神晏法師圓寂之後，葬於閩侯荆溪，到了後周顯德四年（九五七年）移葬鼓山湧泉寺方丈寶山上，李綱死後，家人把他葬於神晏塔故址。一百年後，宋人趙蔗境來遊鼓山，道聽途說，誤認李綱家人恃勢強占神晏墓地，於是題詩喝水岩，詩中云：「如何神晏塔，移作李綱塋，見說山中石，不平空自鳴。」爲神晏大抱不平。但趙蔗境所言失實，後人批評頗多。如清人郭柏蒼在《拜李忠定公墓》中，就直截了當地指出趙詩的錯誤：「賜塋遷塔後先事，休信摩岩蔗境詩，」爲李綱家人洗刷了不白之冤。

李綱有一首《病牛》詩，爲膾炙人口的佳作。寫於宋高宗紹興二年（一一三二年），當時他被貶斥在武昌。詩曰：「耕犁千畝實千箱，力盡筋疲誰復傷？但得衆生皆得飽，不辭羸病臥殘陽。」表現了這位名臣爲國效勞、甘願鞠躬盡瘁的精神。

## 雪峰枯木古寺奇（閩侯崇聖寺）

雪峰橫亙於閩侯縣西北，山巒危峭，蜿蜒六十多里，地跨閩侯、羅源、古田、閩清四縣，它和福州外圍勝景鼓山、旗山，合稱「三絕」。

雪峰原名象骨峰。據說有一次開山祖師登山顚，遇大雪，留宿其上。下山後，閩王王審知問曰：「師往象骨峰有何異？」答曰：「山頂暑月猶有積雪。」王曰：「是山可名雪峰。」這就是雪峰山的由來。明代曹學佺《雪峰山》一詩云：「千仞岩巒積雪重，高寒六月氣如冬。祖師一語酬王問，法嗣於今指雪峰。」即指此事。

雪峰風景奇麗，歷代都有文人墨客讚頌它，明代謝肇淛不僅在《雪峰道中》一詩裏，以「蒼藤古木雪邊色，怪石寒灘樹裏聲。」作了概括的描寫，而且在《遊雪峰記》一文中對山上流泉飛瀑作了生動的記述：「遙見峰頭瀑落如雪，耳畔轟轟，作雷霆聲，就視之，可百丈許。最上如匹練，稍下如半壁天，又下四散如玉龍數十道，又下復合爲一。凡五迭各異勢，而皆有潭承之。澎湃奔赴，飛騰翻舞之奇，不可名狀。」

雪峰既以風景奇麗取勝，又以禪寺古老聞名。崇聖寺坐落於雪峰鳳凰山南麓，又名崇峰寺，始建於唐咸通十一年（八七〇年），距今已有一千一百多年的歷史，爲福建五大禪林之一。寺內主要建築有山門、大雄寶殿、法堂、齋堂等。殿宇宏偉，佛像高大，雕塑藝術精湛。寺內十八羅漢姿態各異，神采不同。個個栩栩如生。唐代木刻觀音及血馬「心經」、「貝葉經」等，十分珍貴。寺前四株櫸樹木鬱鬱蔥蔥，據傳前面兩株爲王審知手植，後面兩株爲義存手植。從寺後登山，在絕頂處有一壑泉水叫應潮泉。壑約三尺，水僅數寸。泉水會按一定時間進退，閩江潮上時，泉水從四旁頑石中涓涓流出，潮退時，泉水也隨之枯竭。

雪峰最吸引人的還是枯木庵，它在崇聖寺東南方，距寺只有數百步，相傳這是開山祖師義存最初棲止之地。庵內有一株枯木，上端的枝梢已經折斷，只餘本幹，高有丈餘，大可十圍。枯木內心是空的，上面露天像揭開蓋子的大飯甑。其表皮完全剝光，露出的膚廓非常堅韌，厚約十公分，枯木南向的正中開二竇如門，高兩米多，寬約一米。門額作半圓形，又像天然的岩洞，裏面可容十多人。枯木內外有唐、宋、元、明的名人題刻二十多處，其中最早的是唐天祐乙丑年王審知捐款造庵和築水池的題記約二十餘處，《福建金石志》稱它爲「樹腹碑」。樹碑字大如碗，挺拔遒勁，是福建雕刻的三大奇物之一，也是我國罕見而珍貴的唐代木碑，受到國內金石家的高度重視。爲了保護這一珍貴文物，福建省文物管理委員會在一九五二年和一九七六年兩次重修，使古物煥發了青春。

## 功標千古憶鄭和（長樂鄭和碑）

鄭和碑在福建省長樂縣城關中心小學內，又名「天妃靈應之記碑」，是明代航海家鄭和於宣德六年（一說在永樂年間）親自所立。碑高一點六一五米，寬零點六七米，碑額橫書「天妃靈應之記」六個蒼勁篆字，旁邊爲海浪滔滔的精美浮雕。碑文共一千一百七十餘字，字跡清晰可見。

鄭和碑最早立於城關南山塔寺內，後寺宇坍塌，深埋於荒土之中，一九三〇年爲長樂知縣吳鼎芬挖出，立於縣政府內，後又被亂草掩蓋。抗日戰爭時期，移於閩北山區保存。一九四八年遷回。解放後立於原址並建亭保護。

據記載，鄭和同太監王景弘等奉命七次出訪海外諸國，前後歷時二十八年，所率將士達二萬六千七百多人。每次出訪，都留住長樂城關，在此避風，修船，添置食物用具，訓練將士，最長一次達七個月之久。長樂有「太平港」、「下櫓橋」、「媽祖廟」等，均爲鄭和遺跡。

鄭和爲明代宦官，本姓馬，小字三保，故人稱「三保太監」。他是回族，雲南昆陽（並併入晉寧）人。祖父與父親都到過伊斯蘭聖地麥加，幼小時對外洋情況有所了解。明初入宮作宦官，從燕王起兵，賜姓鄭，任內官監、太監。

關於鄭和下西洋的目的，野史小說及近年國外電影多寫成奉命尋找失踪的建文皇帝，其實這多屬於文學家的虛構與附會，他的出使主要是永樂、宣德年間發展對外政治、經濟關係的需要。鄭和於永樂三年（一四〇五年）率艦隊通使西洋（明朝把以現代南洋爲中心的西到印度洋及非洲東岸的地區叫做「西洋」）兩年而返。以後又屢次航海，總計二十八年間，七次（一說八次）出國，最遠曾達非洲東岸和紅海海口。促進了中國和亞非各國的經濟文化交流。第六次航海回國後，曾任守備南京太監。最後一次航行時，年已六十，回國不久即病死。

永樂、宣德時對主要以「西洋」爲中心的廣大區域的各國家，進行了幾乎三十年的規模空前的外交往來與商品貿易。永樂三年，大規模的武裝貿易艦隊由太監鄭和率領由蘇州劉家港出海，這次航行共有大船六十二艘，皆長四十四丈，廣十八丈，載士卒二萬七千多人，其中包括「官校、旗軍、火長、舵工、班碇手、通事、辦事、書算手、醫士、鐵錨木艌搭材等匠、水手、民稍人等」。龐大的艦隊首至福州稍停，南下至占城，遍歷南洋群島各國，至印度古里而歸，並擒獲舊港頭目陳祖義。第二次於永樂五年（一四〇七年）鄭和又率船四十八艘出發，越過馬來海峽至錫蘭島而歸。第三次於永樂七年（一四〇九年）經占城、滿剌加、蘇門達臘等地，擒錫蘭王亞列苦奈兒而歸。第四次於永樂十一年（一四一三年）出發，此次除遍歷上述各地外，更分艅達非洲東岸的木骨都剌、不剌哇等地而歸。第五次於永樂十五年（一四一七年）出發，行程與第四次大致相同。第六次於永樂十九年（一四二一年）出發，鄭和遍歷各國進行封賞。第七次於永樂二十二年（一四二四年）出發，至三弗齊而歸。第八次於宣德六年（一四三一年）出發，又遍歷各國而歸。鄭和在遠航事業上，尙在西方諸大航海家瓦斯哥·達·加馬、哥倫布等航海的數十年之前，成爲溝通世界文化的先行者，鄭和在我國歷史上也不容否認是一個偉大的航海家。鄭和遠征西洋的結果不但給後來華僑在南洋雄厚的經濟勢力打下基礎，實質上也因此以華僑的力量開發了當時的南洋。

鄭和在南山所創建的天妃行宮，是在第三次返航之後，第四次遠航之前，即永樂十年（一四一二年）。在宣德六年（一四三一年）他第七次下西洋前，又重修了天妃宮，並在宮左建一座三清殿，除雕塑天妃神像外，還鑄了一口銅鐘，立《天妃靈應之記》石碑一座。石碑高一百六十二釐米，碑座高二十九釐米，額篆「天妃靈應之記」篆文六字，左右飾以祥雲擁日圖案，碑周圍飾纏枝番蓮紋，碑文一千一百七十六字，內容記述七次下西洋的日期、船隻、人員和到達的國家、所辦理的大事等。此碑立於宣德六年（一四三一年）十一月，是十分珍貴的原始記錄資料。

明弘治三年（一四九〇年），對鄭和抱有成見的長樂知縣潘府，企圖抹掉鄭和史跡，他廢掉三峰塔寺、天妃宮、三清殿，改作「南山書院」，僅存一隅之地供奉天妃神像，讓航海人員前往行香。至乾隆二十六年（一七六七年），知縣賀知俊在西關外另建一座天后（妃）宮，移去天妃像，這裏歸書院所有，原有建築物逐漸改換面目，有的僅存廢址了。民國十八年（一九二九年），在廢址中發現《天妃靈應之記》碑，吳鼎芳將其移立在縣衙思善齋旁。他查考了古書，看到碑文所記鄭和出使年月與《明史》不符，而認爲此碑是後人僞記的，便不再過問了。數年後，縣長王伯秋在衙內瓦礫堆中重新發現此碑。王善於鑑別，善考證，他認爲此碑正可訂正《明史》的錯誤，便將其拓印並抄錄油印成冊，分贈諸好友，於是引起國內史學界重視，被稱爲「鄭和碑」。

一九八五年是鄭和下西洋五百八十周年。在此前一年，決定在長樂山恢復天妃宮，改作鄭和紀念館，並把南山闢爲鄭和公園。

鄭和紀念館，是在天妃宮遺址上創建起來的。前後計有兩進，前進爲儀門廳，係一座三開間的單層建築，後進爲殿堂，係重檐九脊頂五開間的雙層建築。館內陳列的文物，記載了鄭和下西洋的豐功偉績，體現自唐以來，福州對外貿易中吳航港所起的重要作用。《天妃應靈之記》石碑，作爲重要文物，也遷回原地供人參觀。

## 安知窮海陬，有此佳山川

（福清瑞岩山）

瑞岩山彌勒岩，在福清縣海口鎮北，西距縣城十公里。這一帶都是平淡無奇的土丘山，惟獨此山怪石峥嶸，疊成千姿百態的岩洞，吸引著無數遊人前來訪勝探奇。宋宣和四年（一一二二年），因樂居士在南山開闢景物，並創建了一座瑞岩寺，佛殿梵宮依山而築，宛如一幅多彩的山水畫。

元至正元年（一三四一年），有心人在瑞岩寺西垣外利用山南麓一方天然岩石，鑿成高六點四米，寬八點九米，厚八米的一尊盤坐彌勒佛像，這尊肥胖的佛像，袒胸露臍，嘻皮笑臉，形態滑稽，逗人喜愛，是十分難得的藝術品，也是福建最大的摩崖造像之一。遊人們都喜歡攀在大佛的身上，分沾一點「歡樂佛」愉快的喜氣。

明嘉靖年間，戚繼光遊瑞岩山，看到北山景物不亞南山，開闢了大洞天、宜睡洞、歸雲洞諸勝景，把遊覽範圍擴大一倍以上。他於嘉靖四十三年（一五六四年）九月，寫了一篇《瑞岩開山記略》，立碑於彌勒像左。文中談到：「寺之西垣外，有彌勒石像，高數丈，余興劇時，每集衆賓坐於肩、乳、手腕、足膝之上，分韻賦詩，間以歌兒鱗次高下，傳觴而飲。」這時，倭亂已經平定，他利用「疆事之暇」發動軍士開闢遊覽區，是造福後人不淺的。他把南山北山新開闢景物，命名爲：「蓬萊峰、醉仙岩、醒心泉、雙龍洞、歸雲洞、沖虛洞、振衣臺、望闕臺」等，還更改一些舊有不貼切的景物名稱。如把「自在門」改爲「穿雲洞」，「山光水色亭」改名爲「皆醉亭」，又在亭後命名一石爲「獨醒石」，這些名稱，大都是有寓意的。正如他所說的「景以興契，率意命名，亦不偶然也。」他登上峰巔新建的望闕臺，賦詩云：「萬里驅馳海色寒，孤臣於此望乘鑾；繁霜盡是心頭血，灑向千峰秋葉丹。」正是他馳騁疆場、勤勞國事的忠實寫照，詩刻在望闕臺旁。萬曆間（約一六〇七年），才子陳介夫來遊，撫讀戚大將軍詩刻，看到國事日非，很有感慨地賦了一詩：「滄海鯨波一旦平，將軍曾此拜神京；高牙已落降王膽，片石猶存望闕名。旗鼓說壇應號召，龍蛇筆陣尙縱橫。燕然舊勒皆陳跡，蔓草寒煙感慨生。」

瑞岩山著名的景物有佛窟岩、天章岩、大洞天、振衣臺、桃花洞等三十七奇景，都是經過古人精心開闢出來的。「安知窮海陬，有此佳山川」，凡經遊覽過瑞岩的人，都會發出「不虛此行」的讚語。

## 道君皇帝崇「三清」（莆田三清殿）

福建省莆田市內的三清殿，是省級重點文物保護單位。人們把它和福州的華林寺，寧波的保國寺譽爲江南古代建築之花。

三清殿係道教建築物，建於唐代。在我國，佛教的教堂叫「寺」，道教的教堂叫「觀」，這座道觀，宋代時名天慶觀，元代易名爲玄妙觀。到了清代，因避康熙帝（玄燁）諱，又改名元妙觀。三清殿是這座道觀的主殿，內奉「太清元始天尊，上清通天教主，玉清太上老君」，故名「三清」。

宋徽宗趙佶崇信道教，自稱「道君皇帝」。他於宣和元年（一一一九年）親筆寫了一道詔書，命令天下府州軍所在地要建立「神霄玉清萬壽宮」，把這道詔書刻石豎碑，當時當權宰相是興化軍仙遊縣人蔡京，他在京都汴京萬壽宮刻碑的同時，也摹刻了一塊同樣的碑石，運來興化軍豎立在天慶觀內。六年之後，金兵攻破汴京，汴京和其它州郡已經建立的石碑都毀於兵火，莆田卻完整地留下這塊全國惟一的宋徽宗趙佶瘦金書《神霄玉清萬壽宮碑》。

宋徽宗（一〇八二—一一三五年），宋神宗子，哲宗弟，哲宗死，無嗣，即位。初欲調和熙、豐與元祐黨爭，旋以「紹述」神宗爲國策。任用蔡京等主持國政。京等託名「紹述」，禁錮元祐黨人，排斥異己，變亂新法，蠹國害民。宋徽宗除崇奉道教，大建宮觀，自稱「道君教主皇帝」之外，還窮奢極慾，大興土木，搜刮江南奇花異石，用船北運，稱「花石綱」，在京師建延福宮、艮岳。因此，階級矛盾激化，河北、京東、兩浙等地都爆發了農民起義。遣使約金攻遼，以取燕雲。宣和七年（一一二五年），金兵南下，傳位趙桓（欽宗），自稱太上皇。靖康二年（一一二七年），爲金人俘虜北去。後死於五國城（今黑龍江依蘭）。在位二十六年。

宋徽宗是一位名副其實的亡國之君，由於他在位朝政腐敗，致使國土淪亡，身死異地，留下了「靖康之恥」。但是，這位「不合格」的皇帝確是一位合格的書畫家，他擅長工筆花鳥，其花鳥作品在我國美術史上很有地位，對後世也很有影響。此外，他又善書法，其書專以筋骨成字，瘦勁挺拔，稱「瘦金書」，又有《千字文卷》等書跡傳世。傳世畫跡有《芙蓉錦雞》、《池塘秋晚》等。能詩詞，著有《宣和宮詞》三卷，佚。近人輯有《宋徽宗詩》、《宋徽宗詞》。

玄妙觀建築群以三清殿爲中心，前兼三門兼濟河（即宋代城濠）。後面依次爲通明殿、九御殿、三宮殿、文昌殿、南北五殿，以東西長廊連結直至三門。又以東西兩翼分別爲五帝廟、東岳殿、西翼五顯廟、西岳廟。整個建築群宏偉壯觀。所以，宋《莆陽比事》有「天慶觀三殿宏麗甲於八郡」的記載。

三清殿的建造在宋李誡《營造法式》成書之前，許多地方可以證明《營造法式》的實例，是我國建築史的寶貴資料，裏面許多石柱是唐代遺物。東岳殿和三門的木構部分和石柱也基本保留宋代風貌。三清殿的東廂院內現已闢爲碑園，陳列宋徽宗趙佶瘦金書《神霄玉清萬壽宮碑》。宋孝宗的《賜少傅陳俊卿札碑》和陳俊卿謝恩表文，記載宋代海外貿易情況的方詔書《興化軍祥應廟記碑》、宋代大文豪王禹偁的《陳仁壁墓碑》。此外，還有蘇東坡、文天祥、文徵明等歷代名人題刻，薈集著篆、隸、眞、草各體書法，琳瑯滿目，古雅別緻，是珍貴的文化遺產。

現在莆田市已規劃把三清殿、東岳殿、西岳殿和三門這些現存的部分建築群加以修整，恢復原來的古建築面貌，闢爲「莆田市博物館」。

# 澤被後世木蘭陂（莆田木蘭陂）

在福建省莆田縣陂頭村，有個木蘭陂（相當於現在的水庫）屹立於木蘭溪上。這是我國保存完好的古代大型水利工程之一——堰閘式溢流壩。木蘭陂現長二三二米，高七點五米，建有二十九個陂墩和滂啓旱閉的閘門，以及南北進水口和護陂堤。整個陂體用數萬塊重兩噸以上的花崗岩疊砌而成，並在下游挖有成百條大、小溝渠，沿渠修有許多配套工程，可灌溉農田達十五萬畝。陂內溪水分別經過陂首南北端的「回瀾橋閘」和「萬金徒門」注入總長一百二十多公里的大小溝渠，灌溉莆田南、北洋平原，最後由沿線三百多處滂洩、徒門和涵洞匯入興化灣。

據史書記載：木蘭溪古時常爲水患。宋治平元年（一〇六四年），長樂女子錢四娘攜金來此，決定於樟林村旁的將軍岩前壘石築陂，正當四娘載酒慶賀大陂落成時，突然上游山洪爆發，洪峰滾滾而來，沖毀了坡首工程。四娘面對滾滾洪流，想到功敗垂成，憤不欲生，投水以身殉陂。

不久，她的同鄉林從世又捐資十萬緡改在臨海的溫泉口築陂，又因水流湍急，陂址選擇不當而告失敗。

宋熙寧八年（一〇七五年），侯官人李宏又攜資七萬緡應詔而來。他和僧人馮智日總結前人失敗的教訓，在溪中插竹爲記，勘測陂址，最後才選擇溪面廣闊，水流緩慢，溪床岩石亙連的木蘭山下建陂。築陂時，他們選用高三點六丈，寬、厚近三尺（古代尺度）的花崗石聳立溪中，作爲陂墩的將軍柱，然後在將軍柱四周疊築六條石，並澆注溶化的鐵水鉤鎖，使陂墩成爲渾然一體，砥柱中流。經過八年的艱苦奮戰，人們壘築了數萬塊巨石，才建成了木蘭陂。

木蘭陂水利工程使南北洋平原盡成沃土，莆田的農業和經濟得以迅速發展，它造福千載，澤被萬世。人們爲了紀念建陂先賢錢四娘、林從世、李宏、馮智日，在木蘭陂南岸修建了「協應廟」，現在該廟闢爲「木蘭陂紀念館」，館內塑有四位先賢的塑像，同時還保存著明代以來名人撰寫的歷次修陂碑石，歷代名人於木蘭陂也多有題詠。

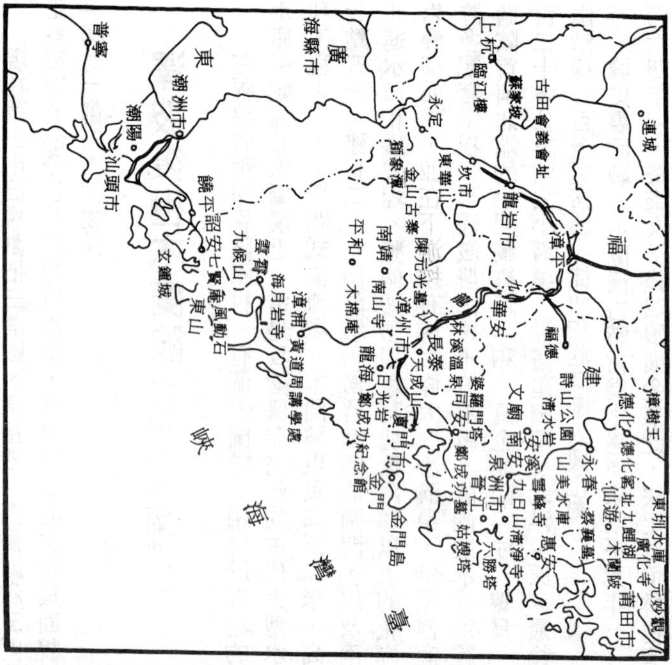


# 暢遊清眞寺，漫話伊斯蘭

## （泉州清眞寺）

福建泉州有一座古老的清眞寺，它的建築風格和北京牛街清眞寺大不相同。高大的拱形門樓足有十三米，上面刻著阿拉伯文古蘭經。門樓旁邊白色大牆上，開著八面方窗，遠遠望去，很像一座古堡，在泉州小街上，顯得十分引人注目，這就是艾蘇哈卜清眞寺。

泉州這座沿海小城又怎麼會有這樣一座宏大的阿拉伯式建築呢？原來，這和伊斯蘭教傳入中國的歷史有密切關係。

伊斯蘭教傳入中國是在唐初，傳入時分陸路和海路兩條路線。陸路從中亞傳至新疆到內地，就是古絲綢之路那條線。海路是從阿拉伯、波斯經印度洋、南洋到廣州、泉州、揚州，這條海上路線又叫海上絲綢之路，泉州到了宋元時代，是中國對外貿易的一個最大港口，馬可波羅曾把它同埃及的亞力山大港相比。當時來泉州經商的國家和地區達百個以上。阿拉伯人是擅長做生意的，大批的阿拉伯商人、手工業者、教徒、旅行家蜂湧而至。據歷史記載，宋元時期，外人來泉州的數以萬計。但據研究伊斯蘭教的學者考證，其實有十幾萬之多。來泉州的阿拉伯人有相當一部分後來定居下來。又與漢人通婚。今天泉州的回族，就是當時阿拉伯波斯人與漢人通婚留下的後裔。

泉州艾蘇哈卜寺建於北宋大中祥符二年，即伊斯蘭教曆四〇〇年，西元一〇〇九年。它仿照敘利亞大馬士革伊斯蘭教禮拜堂的形式，用純淨的青石和白色花崗岩築成。拱形門樓和奉天壇是兩個具有濃厚阿拉伯特色的部分。在拱形門裏，有大大小小尖拱九十九個，裝飾漂亮。這九十九個數字據說是象徵眞主有九十九個美名。奉天壇也稱禮拜大殿，面積有六百平方米，面街向外敞開八面大方窗，它是爲教徒舉行禮拜而設計的。教徒們向眞主安拉祈禱，要面向西。但因眞主是無形的，所以伊斯蘭教並不奉偶像，伊斯蘭教創始人穆罕默德在教徒看來是偉大的先知者，但他並不是眞主，向眞主祈禱，不能說向穆罕默祈禱。這個大殿早年建有穹頂，一六〇七年大地震將穹頂震塌，再未修復。但是當時設計的規模、大殿的結構尚存。

中國的回族過去全民信奉伊斯蘭教，但由於歷史的原因，現在也有不信伊斯蘭教的，比如泉州現在有回民三萬多人，其中有相當一部分不信伊斯蘭教，而伊斯蘭教徒才能稱穆斯林，因此回族也並不都是穆斯林。穆斯林的阿拉伯語意義是信奉眞主安拉，遵循古蘭經，服從先知穆罕默德的信徒。

艾蘇哈卜清眞寺裏面設有伊斯蘭教史跡陳列室，陳列着在泉州出土的文物和阿拉伯文刊物，陳列室和這座清眞寺本身可以說是中國人民和阿拉伯人民友好的歷史見證。近幾年每年都有阿拉伯國家的朋友來此瞻仰這座清眞寺，並在寺裏做禮拜。他們都交口稱讚這古老寺院保存得如此完好。在艾蘇哈卜清眞寺留言簿上，有許多名人手跡，如周培源的題辭「加強中阿文化交流，增進世界人民友誼」；錢偉長的題辭「信仰自由，民族團結」等。

## 古今奇觀祈風碑（泉州九日山）

九日山，位於泉州古城西郊，海拔九十米左右，是一個譽馳海內外的風光名勝區，它不僅以山水冶艷多姿吸引了衆多的遊客，而且以其它地方所罕見的「祈風碑刻」爲遊人所矚目。

何謂「祈風碑刻」？即鐫刻於石崖上祈求信風的史實記載。

它記述的是宋淳祐三年，泉州太守顧仲頤率領一行人上九日山問佛祈風。擺設了盛大的「福祿宴會」，熱情地爲亞非友人餞行，賓主依依告別後，他目送帆船隊沿江順流駛出刺桐港……碑刻裏，翔實注明當時參加宴會的州府各級官員，祈風和宴會時間及活動過程。

為說明「祈風碑」的來歷，我們不妨追溯一下刺桐港的歷史。

早在南北朝時期，泉州就同國外發生貿易往來。到唐宋時，這座南國小城已成為世界通商大埠之一，與古埃及的亞歷山大城並駕齊驅，譽滿天下。刺桐港以天然的優勢，廣闊的航道，豐富的物產，發達的造船業，吸引了東亞、南非、北美一百多個國家和地區的船舶，從而形成我國歷史上有名的「海上絲綢之路」。

古代泉州城內設有「市舶司」，這是專門負責對外貿易的接待、聯絡、關稅和貨運的機構，當外商船隻即將回國，州府首腦和市舶司長官，便特地為他們舉行祈風典禮，為他們祈求信風，祝願他們一帆風順，平安返航。

祈風地點就在九日山，祀典每年兩次，夏祈南風，冬祈北風。祈風儀式十分隆重。九日山麓的延福寺張燈結彩，一派洋洋喜氣，一炷香火青煙繚繞，在簫鼓絲竹聲裏，賓主相攜步上祭壇，叩拜海神……禮成之後，就地開筵，犒請諸國「蕃商」。席間觥籌交錯，歡聲笑語，賓主盡歡。事後，主事者就把這一次次祭祀的盛況撰文刻在山間岩石上，一直留至今日。

這些祈風碑刻已構成九日山獨特的藝術魅力，一些國家的友人，曾不辭旅途艱辛前來臨摹、拍照，省內外的專家、學者也紛紛入山考察研究，這些祈風碑刻，可說是中外關係史上一頁光輝的歷史，是一個時代留給我們珍貴的瑰寶。

## 伊斯蘭墓記友情

### （泉州伊斯蘭聖墓）

泉州靈山是一座蔥綠幽靜、莊嚴肅穆的山。山上有一座迴廊護衛的年代久遠的伊斯蘭古墓。迴廊下，聳立著兩方富有歷史價值的紀念碑，一是阿拉伯文石碑，記錄了十四世紀初重修聖墓的情況；一是鄭和第五次以這海上絲綢之路為起點下西洋時，特地到聖墓來行香的行香碑，兩碑之前，有用花崗岩建造的中國式石亭，亭下安葬著伊斯蘭教創始人穆罕默德最親近的聖門弟子三賢和四賢。「三賢」、「四賢」的稱呼是中國人民對穆罕默德弟子中國化的尊稱。

墓南是一片開闊平緩的坡地，原是古泉州港繁榮時期來自世界各地的穆斯林公墓地。在三賢、四賢墓地周圍，至今還保存著許多鏤刻著阿拉伯文及花卉圖案的石棺蓋，人們來到這裏，不禁想起塔巴利在十世紀時所著的《世界史》，他在書中描繪穆罕默德和藹可親地向三賢四賢發佈的一個重要訓示：「求知要不遠萬里，即使是遠在中國。

」這個訓示開創了伊斯蘭世界同中國友好關係的新紀元，其深刻影響，一直波及到一千四百多年後的今天。歷史生動地表明：我國人民不僅把知識和科學傳送給伊斯蘭使者，而且和他們和平共處，使他們樂而忘返。當年小小的泉州，阿拉伯僑民竟數以萬計。聖墓南面這一大批的異國友人長眠在靈山腳下，就是一個證據。

寧靜的靈山和風日麗，草木欣欣向榮，穆斯林先哲就長眠在這個四季如春的環境中，他們的陵墓曰「靈」曰「聖」，是中國最莊嚴崇高的字眼，而且此墓千百年來一直得到認眞的保護，這也可證明中國和伊斯蘭國家人民之間始終存在一條任何力量也無法剪斷的紐帶。這些早期來華的穆斯林，不管是傳教的、經商的、旅遊的，有許多人定居於此，甚至互相通婚，繁衍後代。在靈山附近，至今還有阿拉伯人和波斯人的后裔三萬多人。因此來華的穆斯林，不僅可以找到朋友，重溫舊誼，而且可以會見至親，暢敘骨肉之情。

然而，靈山聖墓被世界遺忘了幾個世紀，泉州靈山跟整個阿拉伯世界幾乎是同時沉浮，泉州港的全盛時期，正是阿拉伯商業經濟和海上貿易的繁榮年代。後來阿拉伯變爲不發達世界，泉州港也衰落了。如今，阿拉伯世界早已起飛，而泉州也正在振興「海上絲綢之路」。中國和阿拉伯人民的友誼也將進入一個令人振奮的新時期。

關於三賢四賢來泉州的時間，這確是一個數十年來爲中外史學界，尤其是研究伊斯蘭教的學者們所感興趣的問題。傳統的說法是：此墓始建於唐代。依據是明代被稱爲「溫陵五子」之一的何喬遠的《閩書》和《閩書抄》。他在書中寫道：「穆罕默德的門徒有四大賢人，唐武德中來朝，遂傳教中國，其中三賢四賢傳教泉州，卒葬靈山」。後人肯定這個立論是從伊斯蘭文獻中得到印證的。

唐代以來，泉州的確已成爲一個「市井十洲人」的著名港口城市，市中出現伊斯蘭傳教士已不足爲奇的了。目前，世界上穆斯林有兩處朝覲墓地，即沙特阿拉伯的麥地那城裏的穆罕默德聖墓和伊拉克的納傑克城裏的阿里聖墓。那麼，靈山聖墓成爲世界穆斯林的第三個朝覲墓地該是毫無疑問的。

## 卓吾故居仰高風（泉州李贄故居）

明代傑出的思想家李贄的故居，坐落在歷史文化古城泉州城南萬壽路上，它雖然只是一幢普通的民房，卻吸引了成千上萬的瞻仰者。

李贄故居毗連聚寶街，唐宋時番漢雜居，中外貿易商賈於此聚散，曾是全城最繁華之處，李贄出身於航海經商世家，擇居臨江面市。先世大約是如《泉州府志》所說的

「資積鉅萬，列居郡城南」的豪富，但到李贄時，「廬舍湫隘」，家道中落了。

現在我們所見的李贄故居，保持著清代修葺時的規模，進深兩落，包括通道、天井、正廳。天井兩丈見方，兩旁盆栽花木，點綴有致，正廳前懸有一匾，上書「李贄故居」四字。這是著名書法家趙樸初專程來訪時所題寫，柱上有一聯：「聯濟南隴西爲鼎族，蔚政事文學之名賢」。正廳中以泉州特有的工藝鎦金胱胎塑成李贄立像一座，方巾直綴，持卷於手，雙眉微鎖，神情中流露著思想家的睿智；深邃的目光和輕抿的嘴角，蘊含著哲學家鯁直堅強的意志。在塑像前低迴沉吟，不由使人對這位偉大思想家肅然起敬。

李贄（一五二七—一六〇二年）號卓吾，又號宏甫、溫陵居士，他在泉州度過了青少年時代，三十歲到河南輝縣當教諭後，則一直活動在南京、雲南、湖北等地。其間曾兩度回鄉，有一次正值倭寇圍城，他掣劍在手，指揮弟子及民衆抗敵，日夜作戰，終於擊退了倭寇，至今李贄故居的耆老，還能繪聲繪色地講述往昔舊事。他在南京補禮部司務時，潛心研究王守仁學說，棄官後徙居湖北麻城龍潭芝佛院，從事著述垂二十年，「所輯書曰《初潭》、《史綱》、《藏書》、《焚書》、《因果錄》等，幾乎錄及所評點，不下數百種」。李贄在這些著作中，以樸素唯物主義爲武器，出史入經，對理學思想、封建禮教、倫理道德進行了有力的批判，嘻笑怒罵，皆成文章。正如恩格斯所說：「每一種新的進步都必然表現爲對某一神聖事物的褻瀆。」李贄批判的鋒芒直指《六經》、《論語》、《孟子》，動搖了被明代統治者定爲官方哲學的程朱理學。他因此被道學家咒罵爲「狂誕謬戾」，乾脆落髮抗世，自稱「李和尚」，直道逕行，安之若素。七十高齡時，被構陷定讞，李贄寧爲玉碎，自刎獄中，充分表現了一個爲眞理而獻身的思想家的高風亮節。

仰望李贄立像上「鄉賢名宦」的匾額，環顧這曾經是他「搖籃血跡」的居室、廳堂，我們似乎看到，這位偉大的反封建先驅者，正是從這普通的民房開始了「有德行而後有政事文章」的坎坷歷程，最終登上了一個時代「天下皆靡然宗之」的思想高峰。

李贄曾經慨嘆：「嗚呼，何代無人，特恨無識人者；何世希音，特恨無賞音者！」今天，他的故鄉髹漆一新，供人憑弔。他的著作，風行海內，清同治年間修葺故居時從地下掘出的「李贄」、「卓吾」兩枚石質印章，現在一方送存北京中國歷史博物館，一方珍藏在泉州文物管理委員會。泉州發現的明萬曆癸丑刻本《史綱評要》也早已付梓，爲史學界所珍視。幾年前，又相繼發現了李贄女婿莊純甫家譜清代手抄本和紫帽山麓李妻黃氏墓，以及城北賜恩岩觀音大士殿李贄撰寫的一對楹聯：「並無文章稱大士，雖有鐘鼓亦觀音。」這些都是我們研究這位偉大思想家生平和思想的珍貴文物。

## 開元寺中話悟空（泉州開元寺）

福建省泉州市歷史上曾為我國最大的對外貿易港之一，現在是我國著名的僑鄉。泉州的開元寺是聞名中外的一座寺廟。

開元寺建於泉州市北近郊，建於唐朝開元年間（一說建於垂拱二年），故稱開元寺。開元寺不僅在國內，就是在東南亞國家也負有盛名，每年都有大批華僑和東南亞各國人士來此朝拜、進香。一九八三年西哈努克親王來廈門時，曾專程來開元寺，在大雄寶殿向佛祖釋迦牟尼跪拜、焚香，還向寺院捐了香火錢。

傳說開元寺原是一個大桑園，園主黃守恭有一天夢見一個和尚前來求地建寺，醒來時，果有一個和尚向他提出，要「像身上袈裟一樣大的」一塊地，黃便慨然應允了。沒料到和尚把袈裟一脫，朝太陽的方向拋去，袈裟停在空中，投下一片影子，和尚說：「要的就是這麼一片地。」黃守恭實在捨不得，只好給他出個難題：除非三天之內桑樹開花。不料第三天園中的桑樹真的開了白蓮花，黃只好

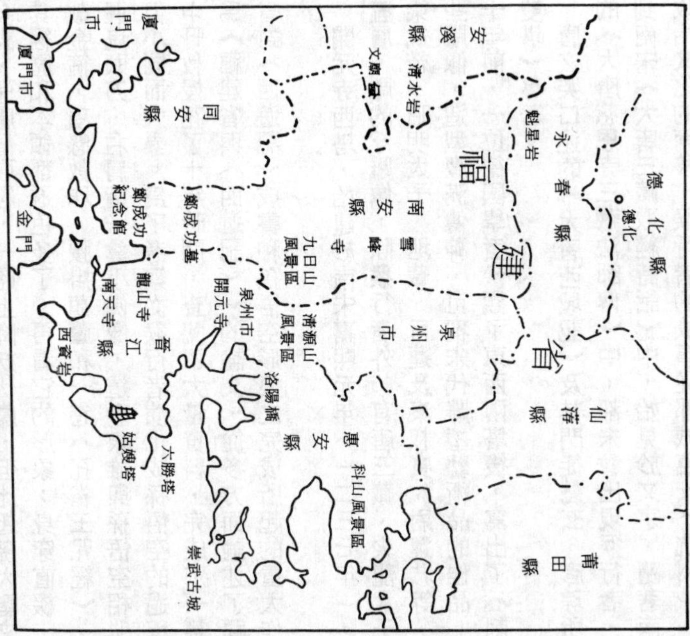


泉州地區名勝古跡分布圖

忍痛獻地，寺因此得名蓮花寺。寺內大雄寶殿的巨匾上就寫著「桑蓮法界」四個大字，寺左側還有一株傳說開過蓮花的千年桑樹至今仍然蓊鬱、茂盛。這傳說與蘇州吳縣玄墓山聖恩寺傳說類似。名勝中此類現象甚多，不妨並存。

寺內有一對石塔，那便是舉世聞名的鎮國塔和仁壽塔，雄偉壯麗的花崗石塔而又配成對，這是極其罕見的，兩塔巍然對峙，分外壯觀，分別建於唐和五代，最初為木製，後改為磚塔，至南宋紹定元年（一二二八年），西塔改建為石塔，嗣後東塔也改建成石塔，塔的門龕兩旁有武士、天王、金剛、羅漢等浮雕造像計八十尊，特別值得一提的是，西塔第四層東北壁的一尊孫行者的浮雕已引起了國內外旅遊的人和學者們的普遍興趣與關注。西塔建於西元一二二七年，這要比《西遊記》的成書年代早三百多年。因此，一九八三年七月，當日本北海道大學中文系教授中野美代子遊覽泉州開元寺，發現這尊猴行者的浮雕時，就為之感慨與興奮不已。並在講學時提出「孫悟空出生在福建」的觀點，這種觀點最早為中國學者所提出，雖然還有待於進一步探討，但這個孫行者在開元寺西塔出現，至少說明繁榮昌盛的泉州對中外文化的交流起了不可忽視的作用

十年前，中野看到了一本二十年代德國學者編寫的《刺桐雙塔》，對開元寺中猴行者的照片，發生很大興趣，因為猴行者可以說是孫悟空的原始形象，但它不曾大鬧天宮，不會使金箍棒，更不能騰雲駕霧，雖然神通廣大，足智多謀，保唐僧取經，一路上降妖伏魔，但比起孫大聖來，其經歷和本領都遜色多了。再看它的形象：身穿直綴，頭戴金箍，項懸數珠，腰掛葫蘆和一卷《孔雀王咒經》，手握鬼頭刀，右肩揹一尊小佛像，這形象雖與孫悟空相似，但小同而大異。為了考察從猴行者演化成孫悟空的過程，中野教授花了十年時間，查閱了大量資料，完成了一篇題為《福建省與〈西遊記〉》的論文，從多方面論述了福建省對《西遊記》成書和孫悟空形象之完成所起的重大作用。

開元寺西塔，始建於南宋嘉熙元年（一二三七年）。塔五層，雕的浮雕像，除猴行者外，有唐三藏、火龍太子、梁武帝、昭明太子、地藏、目蓮及秦叔寶、尉遲恭等，這些雕像，造型豐滿傳神，可稱宋代雕塑藝術品的佳品。六十年前，一位德國學者參觀了東西兩塔後，寫出了《刺桐雙塔》專著。

唐玄奘口述的《大唐西域記》及其門徒慧玄、彥琮所撰的《大唐慈恩寺三藏法師傳》中，都未曾出現猴行者，直到南宋《大唐三藏取經詩話》中，始見於文字，隨著南宋政治文化的南移，猴行者的故事從都城臨安（杭州）一路南下，到福建後聲譽日隆，終於躋身於西塔群像之中，

這一雕像可能是有關猴行者的最早期的造型。

魯迅先生在《中國小說史略》裏雖說過宋元以來，元支祁之故事流傳不絕，……惟後來漸誤為僧伽或泗州大聖，明吳承恩演《西遊記》又移其神變奮迅之狀於孫悟空。「元支祁」是《山海經》及唐人《古岳瀆經》中所描繪的「形若猿猴」的水神，因在淮水為患，被禹制服鎮在龜山之下。胡適在《西遊記考證》中，又提出另一種說法，說是古印度史詩《羅摩衍那》裏的名叫哈奴曼的猴子，是孫悟空形象的來源。

還有一個有趣的事實應該告訴旅遊愛好者：同在泉州的印度教寺廟中，就有哈奴曼的形象。據中野教授說，古代泉州海運昌盛，中外貿易發達，在這裏有很多外國人居住，他們知道中國有猴行者，便把自己的神猴也搬來供奉。在長期共處之中，哈奴曼的一些性格特徵，也逐漸補充到猴行者的身上。孫悟空的形象得以最後豐富完善。

而今，猴行者已引起了人們的重視，參觀者接踵而至，它不僅有助於《西遊記》的研究工作的深入，豐富人們的知識與遊趣，對於推動泉州旅遊業也有積極意義。

## 崇武關前寄相思（泉州崇武關）

從泉州向東北行四十八公里，便到達崇武鎮。「崇武」，從字面上解，乃崇尚武備之意。據記載，這座古城牆已有六百多年歷史了。

一進入崇武，你便可以看見一條蜿蜒若長蛇的花崗岩城牆橫枕在波濤洶湧的東海之濱，十分嵯峨壯偉。如果在七米高的城牆上，走完這長達二千四百五十五米的海濱石城的話，你自然會想起明代抗倭名將戚繼光在此血戰倭寇，那種旌旗獵獵、鼓角啕啕的情景，恰似一幅刀光劍影的古戰場圖，它雖然歷經幾百年的風刀霜劍，仍然洗不掉故壘的鉛華。如今，雖是「海天南望戰塵收，漠漠平沙罷唱籌」，人們仍不免低徊凝思，情不自已。

想當年，一三〇四個壯漢，在這不毛之地披荆斬棘，硬是用雙手把一塊塊幾百斤重的石頭砌成了這道城牆。他們究竟為此消磨了多少青春，誰也不知道，因為並沒有留下一點記錄，只有一點痕跡可以讓人思索，那就是城牆上的垛子不多不少，恰巧也是一三〇四個。它似乎有意告訴子子孫孫們：他日，你們雄赳赳地站在城垛上禦敵，別忘了你們的祖先就在跟前……

登城樓而觀滄海，自然別有一番胸懷，但你如奮力攀登離城牆咫尺的陸上航標燈塔，與陟高山而窮浩瀚也有異曲同工之妙。這裏，是我國東海和南海的分界線，極目遠望，但見海天空闊，蒼穹浩淼，眼下碧波萬頃，海鷗三兩，此刻，雖未「把酒酹滔滔」，卻也「心潮逐浪高」。此刻，心懷蕩蕩，即使你不是詩人，也會在感情的海洋上泛起陣陣漣漪。

沿城牆下種植的臺灣相思樹簇簇擁擁，崇武人手植如此衆多的相思樹，是默默的寄託著他們的骨肉之情。現在，在臺灣的崇武人有六百多家，在崇武半島上，幾乎家家都有親戚居住在臺灣島，大陸距離臺灣只有八十多海里的大岞、港墘兩個村子，現居住在臺灣的親屬就有二百多戶。據說在臺灣的基隆港有個「崇武會館」，那裏的老鄉爲了寄託自己思鄉之情，憑著記憶塑造了一個崇武半島模型的沙盤。三十年過去了，兩地的相思之情，就像海濤滾滾，永不停息。

這幾年，崇武鎮設立了接待站，接待了不少來這裏避風或修船的漁民。其中也有一些崇武人，「少小離家老大回」。他們百感交集，帶走了鄉音，帶走了親人的問候，帶走了用錄音機錄下的古老南音，還帶走了紹興老酒、景德鎮瓷器。啊，一曲長相思，何日彩雲歸……

## 驚破倭膽鎮海石（晉江鎮海石）

晉江縣沿海，有一座古老的永寧城，城東南的觀日臺上，有一橢圓形巨石，高六米，石上陰刻「鎮海石」三個大字。據說，此三字是抗倭英雄俞大猷所題。

相傳明朝嘉靖年間，永寧城被倭寇攻陷，福建總兵俞大猷聞訊，立即統率所部人馬，急忙前來救援，俞軍乘夜潛入永寧城外的沃仔村，村裏的百姓在倭寇攻城時都逃亡了，僅剩下破宅殘垣。爲摸清敵情，俞總兵派出兩個精悍探哨，打扮成倭兵模樣，混入永寧城中，探得倭兵因連日大雨，全部盤據在白厝街頭的東庵內，猜拳飲酒，警戒鬆懈，只有兩隻凶惡的軍犬守在庵前，逢有生人，便發出狂吠。

俞總兵得報後，便心生一計，他令人用牛肉製成奇香撲鼻的誘餌，將近三更時候，俞軍趁著大雨，悄悄摸進城內，在離東庵不遠的觀日臺旁設下埋伏，再命二小校各執長柄鐵鈎，將牛肉串在鈎上，然後匍匐前進，到了庵內，兩隻軍犬聞到牛肉香味，立即跑了過來，二小校把軍犬誘到觀日臺旁的石穴中，當軍犬咬住牛肉時，小校則出其不意用力猛拉鈎柄，狗被鈎住後，埋伏在那裏的人一躍而出，將這兩條惡犬殺了。

除了惡犬後，俞總兵又命令士兵數人，帶了好些軍裝混入庵內，這時已近四更，庵裏燒著的火堆，僅剩餘燼，借著閃爍的火光，但見倭寇一個個東倒西歪，昏睡如泥，俞兵把地上的倭服取去過半，把帶來的俞軍軍裝留下。

一切就緒後，俞軍鼓角齊鳴，一舉殺入庵中，這時倭寇才從夢中驚醒，倉惶應戰，由於倭服已被調掉一半，倭賊分不清敵我，竟自相殘殺起來，俞軍協力進擊，倭寇被殺得丟盔解甲，最後剩下一百多人，不敢戀戰，逃離出城，直往海口而去。

俞軍窮追不放，追至海口，倭寇已上船離岸去了。俞軍一時找不到船追擊，焦急萬分，正當此時，一陣烏雲遮天蓋地而來，隨之飛沙走石，風沙旋捲處，忽見一巨石從天外飛來，它行如迅雷，呼呼作響，直向賊船飛來。船上的倭賊見了，又是向天祈禱，又是呼爺喚娘，一片混亂。眨眼間，巨石迫近海面，撩撥起湧天水花，把賊船擊碎沉沒了，接著，一聲呼嘯，巨石逕向永寧方向飛去。從此，觀日臺上，便出現了這一峻峭挺拔的奇石。

俞總兵眼觀這一幕巨石殲倭的奇景，心中異常激奮，他策馬率軍回到永寧城中，見還留著斑斑血跡，便讚道：「此乃鎮海奇石也！」為表彰這巨石的功勛，俞總兵寫了「鎮海石」三個大字，並請匠人鐫刻其上。如今，凡到永寧城的人，莫不懷著肅敬的心情，去觀瞻這塊鎮海石的雄姿和俞大猷那蒼勁的書法。

俞大猷，字志輔，號虛江，晉江（今福建泉州）人。好讀書，知兵法，父死，棄諸生業，襲世職百戶，舉嘉興武會試，除千戶，守禦金門（今福建金門）。嘉靖三十一年（一五四二年）擢署都指揮僉事，僉書廣東都司，鎮壓過新興、恩平黎族起義。二十八年，朱紈巡視福建，薦為備倭都指揮，適逢南安入寇，剿掠欽、廉，嶺海騷動，廣東總督歐陽必進命他率軍擊退來犯之敵。三十一年，倭寇擾浙東，受命為寧波、台州諸郡參將，屢以舟師破倭寇，時稱「俞家軍」。三十五年，為浙東總兵官，平寧波舟山倭寇，後被誣繫獄。未幾，令戴罪戍邊。四十年，又擢福建總兵官，與戚繼光共破倭寇，復興化城。四十三年，改鎮廣東，在潮州、海豐等地防倭，進指揮僉事。有《洗海近事》、《續武經總要》等。《明史·戚繼光傳》評論戚、俞二人說：「繼光為將號令嚴，賞罰信……與大猷均為名將，操行不如，而果毅過之。大猷老將務持重，繼光則飆發電舉，屢摧大寇，名更出大猷上。」

「鎮海石」的傳說顯然是不合史實的，只不過反映了人民群眾對倭寇的痛恨與對「俞家軍」的愛戴而已。這能讓我們從中領悟到一個真理，即任何企圖踐踏其它國家和民族利益的侵略者只能落得個天怒人怨自取滅亡的可悲下場。

## 依然石塔踞山頭（石獅姑嫂塔）

在著名僑鄉福建省石獅市東南的寶蓋山上，巍峨高矗著一座古石塔，它就是名揚福建全省和南洋群島的姑嫂塔。它成了羈旅海外的華僑懷念的故鄉標誌。也是他們鄉思的結晶。

姑嫂塔巍然屹立在山頭，塔尖刺向青天，令人觸目有風雨不動之感，正如明代詩人的詩句所吟詠的：「閱盡滄桑經幾代，依然石塔踞山頭……」

姑嫂塔原名關鎖塔，又名萬壽塔。根據《泉州府志》記載：「大孤山絕頂有塔曰關鎖塔，俗稱『姑嫂塔』」，宋紹興年間建，是海泊出入的重要標誌。毫無疑問，這是宋室南遷後，爲適應泉州海外交通的日益繁榮而建造的，塔的倡建人爲僧介珠，到現在已有八百年歷史了。

關於此塔的由來，當地流傳著一個十分感人的民間故事：相傳很久以前，有一戶張姓農戶居住在寶蓋山下，依靠勞動過活。有一年閩南大旱，顆粒無收，田園荒蕪，加上忍受不了封建地主的壓迫剝削，哥哥便拋妻別妹，漂洋過海謀生，臨行前，約定三年後回家還債立業，可是過了一年又一年，卻杳無音信。原來張郎在回家途中遇風沉舟，葬身魚腹。姑嫂在家十分思念，日日壘石登臨，望盡海上歸帆，可是「過盡千帆皆不是」，她倆始終不見親人歸來，日子長了，壘石成塔，她倆也積思成疾，雙雙死去。後人同情她們的不幸遭遇，爲紀念她們，即將此塔命爲「姑嫂塔」。塔的第三層中，有一石磴，磴中有浮雕石像三尊，就是傳說中的三個主人公：正中男像爲哥哥，兩側是妻子和妹妹。雖因風雨剝蝕，形象模糊，但是那悲憤的神態依然可感。塔的底層原有佛壇，上置許多雕刻精美的石佛，早已被外國來的海盜劫掠一空。古人還有詠姑嫂塔的詩句云：

崢嶸石塔對晴空，姑嫂何年灑淚痕？
滄海難塡精衛恨，荒山常作杜鵑魂……

此塔高二一點六五米，底寬二十米見方，全爲石構建築，遠遠望去，猶如孤峰突起，每當海雲初生，氤氳浮繞，頗有蓬萊仙境之感，所以「關鎖煙霧」成了晉江地區的勝景之一。對此，古人寫詩讚道：

古剎傳峭霄，乘風獨聽潮。
千杯迎海市，萬里借扶搖。
瓊樹當空出，飛帆帶月遙。
二妃環佩冷，秋色正蕭蕭。

解放前，姑嫂塔周圍的僑村，還沿襲著一種叫「中秋點塔」的風俗。每逢中秋夜，無論是星月皓潔，還是風雨淒迷，四鄉五里的男女老幼都齊集山頭，在塔上點起火把，燃起松明，把一座黯淡的石塔變成通紅的火塔，就是在數十里外的海灘上，也能看見姑嫂塔火光灼灼，烈焰熊熊，好像要燒燬這黑沉沉的天空。據說，這是爲使遊子歸帆不再迷航不返，姑嫂悲劇不再重演。

姑嫂塔平面作八角形，塔內空心，內壁有石級可繞登塔頂，頂爲葫蘆寶剎。塔外有迴廊和圍欄。第二層西面門額上刻有「萬壽寶塔」四字，故稱「萬壽塔」。與蚶江石湖塔於泉州海外交通史上同時起航標作用。這座塔的建築年代，也正是泉州港對外貿易最盛的時候，各國船舶進出如梭，這個石塔使航海人有了航行的標誌。明末清初著名歷史地理學家顧祖禹的《讀史方輿紀要》就稱寶蓋山「絕頂有石塔，宏壯突兀，出於雲表，商舶以為抵岸之標」。

## 萬安橋頭憶蔡襄（惠安洛陽橋）

在福建省惠安縣至泉州市交界處的洛陽江上，橫跨一座樑式石橋—洛陽橋，又名萬安橋，是一座工程浩大的大石橋。之所以又名萬安橋，是因為它坐落於古萬安渡的地方。

該橋是北宋泉州太守蔡襄（字君謨）倡建的。洛陽江亦名樂洋江，源出惠安縣西南。流至晉江縣東入海，江之北岸，群山逶迤而來，至江而盡。相傳唐宣宗曾遊於此，覽山川勝概，有「類吾洛陽」之語，因此命江名為洛陽江。橋則以江為名。又據《演繁露》載：「每潮來，人則病涉；蔡端明君謨守泉伐石跨溪而橋，自書橋旁石曰『萬安渡橋』，然蔡公自命為萬安，而士人及地方皆以洛陽為名。」

蔡襄（一〇一二—一〇六七年），字君謨，興化仙遊（今福建仙遊）人，性忠鯁，工詩文，明史事，官至端明殿學士。曾任泉州太守。他的書法，學唐代虞世南、顏真卿，同時也取法晉人，過去將他與蘇軾、米芾、黃庭堅並稱宋代四大書法家。他的傳世碑刻有《萬安橋記》，書跡有《謝賜御書詩》等，死後葬於福建省仙遊縣楓亭錦橋嶺。

在蔡襄《萬安橋記》中寫道：「泉州萬安渡石橋，始建於皇祐五年四月庚寅（一〇五三年），以嘉祐四年十二月辛未（一〇五九年）訖工。累址於淵，釃水四十七道，樑空以行，其長三千六百尺，廣丈有五尺，翼以扶欄。如其長之數而兩之。靡金錢一千四百萬，求之施者。渡實支海，去舟而徙，易危而安，民莫不利。」

此橋原長一千二百米，寬約五米，有四十六座橋墩，五百個扶欄，二十八個石獅，七座石亭，九座石塔，規模宏大。現橋長八百三十四米，寬七米，尚存船形船墩四十六座。

「橋中亭」和蔡公祠內有蔡襄手書「海內第一橋」和「萬安橋記」，是研究宋代雕刻書法藝術的珍寶。一九三三年蔡廷鍇以蔡襄後人自居，將原石橋建築改為鋼骨水泥，增高加寬，可通汽車。

當年郡守蔡襄主持造橋時，建造十分艱難。《泉州府記》記載了一段有趣的傳說。據傳由於建橋時洛陽江「深石可址」，橋址又位於江海交匯處，浪潮夾湧，橋基難造。蔡知府派衙吏夏得海下江投檄，欲求援於海神。衙吏嘆道：「茫茫海潮，何以投檄？」於是，買酒劇飲，醉臥海灘，昏昏然入睡，醒來時，檄已被海神所換，回書中有一個「醋」字。蔡襄苦思後，悟出海神暗示他當月二十一日酉時動工。（「醋」字分析爲「二十一日酉」五個字）。是時，果然海潮退落，橋基得以建成。當然，勞動人民不是依靠神力，而是自己的智慧建造這一偉大工程的。因此，郭沫若同志一九六二年遊洛陽橋時，寫下了「不信君謨眞信醋」的詩句。

造橋基時，民工沿橋樑中線拋置大量石塊在江底形成矮石堤，然後在上面建造橋墩，並在橋下種植了大量牡蠣，使橋基和橋墩石膠結固牢，稱種蠣固基法，眞可謂匠心獨運，曠古未有。

洛陽橋中亭附近歷代碑刻林立，有「萬古安瀾」等宋代石刻。另有石塔，武士石像等石雕。橋北有昭惠廟、眞身廟遺址，橋南有蔡襄祠，著名的蔡襄《萬安橋記》宋碑立於祠內，碑刻文字精煉，書法遒麗，刻工精緻，世稱「三絕」，碑文分刻於兩塊石頭上，一是原碑，一是新中國成立後摹刻的。

七十年代，在舊石橋的西北方向，又架一橋，專通汽車。如今，新舊兩橋並架，如雙虹卧波，更爲壯觀。「洛陽江橋天下奇，飛虹千丈橫江垂」，「人行跨海金鰲背，亭壓橫江玉帶腰」等詩句，讚美了長橋奇觀。

## 敢向東南爭半壁（南安鄭成功墓）

鄭成功墓坐落在福建省南安縣水頭鎭康店鄉靜謐秀麗的覆船山麓，距離他的故鄉石井十三公里。鄭成功誕生於明朝天啓四年，字明儼，號大木，清順治二年（一六四五年）南明隆武帝賜姓朱，才改名成功，中外尊他爲「國姓爺」；他是十七世紀我國反抗荷蘭侵略者、收復和開發我國神聖領土臺灣島的偉大民族英雄。康熙元年五月初八日（一六六二年六月二三日），這位中華民族的傑出代表正當年富力強、意氣風發之際，突然在臺灣承天府被病魔奪去了寶貴的生命。鄭成功死後，原葬於臺南的洲仔尾。康熙三十八年（一六九九年），鄭成功的孫子鄭克塽歸返大陸，康熙皇帝就賜鄭成功和鄭經父子的靈柩遷回故里，附葬於覆船山的鄭氏祖塋內，隨同遷葬的還有鄭成功的父親鄭芝龍的木主，鄭成功的日本籍母親田川氏（即翁氏）、妻董氏、媳唐氏的靈柩。遷葬時，場面相當隆重，康熙皇帝還特地下敕遣官一路護送，並賜輓聯：「四鎭多貳心，兩島屯師敢向東南爭半壁；諸王無寸土，一隅抗志方知海外有孤忠。」

陵墓原來比較簡陋，是用三合土拌糖水灰構築的土堆墓，墓碑、墓以花崗岩石塊砌成。墓分九室，列成三排，安放著九具特別高大塗上朱紅色的靈柩；墓室前另有一小室，叫「墓誌銘廳」，放置著鄭經和鄭克塽分別書寫的《石井樂齋鄭公暨妣郭氏墓誌》、《鄭延平王附葬祖父墓誌銘》。墓前矗立著一對高十四米的八角形華表，頂端各雕有蹲踞的石獅一隻；華表下面還豎有九對石夾板；左五、右四，是立旗杆用的，整個陵墓顯得簡樸、肅穆。

一九六二年二月一日，是鄭成功收復臺灣三百周年紀念日。為了隆重慶祝這個偉大的日子，人民政府曾撥款修築了陵墓，墓前加砌花崗石的多級臺階，右側增建了一個涼亭，增添了雄偉氣氛，尤其是在墓前豎立了《重修民族英雄鄭成功陵墓記》，銘刻著英雄光輝戰鬥的一生。碑記中極力歌頌他於明朝永曆十五年（清順治十八年）三月二十七日（一六六一年四月二十一日）不畏艱難險阻登鹿耳、攻赤嵌、圍困臺灣城，迫使號稱「海上霸王」的荷蘭殖民者於是年十二月十三日（一六六二年二月一日）屈膝投降，使淪陷三十八年之久的臺灣島重新回歸祖國的懷抱，在中華民族反侵略鬥爭史上寫下了光輝燦爛的一頁。碑記中還高度贊揚他着力開發臺灣，為臺灣社會經濟和文教事業的發展，為密切臺灣與大陸的聯繫所作出的巨大貢獻。

鄭成功偉大的愛國主義精神和收復臺灣、統一祖國的光輝業績，三百多年來一直受到海峽兩岸人民的深深懷念和崇高敬仰。在臺灣島上建有五十八座供奉他的英靈的祠廟；凡是往來泉州的遊人，幾乎都要來覆船山拜謁他的陵墓，憑弔英靈，有的甚至縱情吟誦他在收復臺灣後寫下的氣壯山河的《復臺》詩：「開闢荊榛逐荷夷，十年始克復先基。田橫尚有三千客，茹苦間關不忍離。」

覆船山的山勢不高，然而古木參天，綠樹成林，幾年來加強了綠化，更是鬱鬱蒼蒼，它的東面遙對著水頭的雞籠山，西面又承南司楊子山的餘脈，迎面田野翠綠，溪流潺潺，英雄的陵墓坐落在這裏，是多麼靜穆。讓「忠魂與青天永垂，英靈與河山共存」！

## 功標一統施琅坊（同安施琅坊）

當人們乘車由福建省的同安縣去泉州古城的途中，就會看到有一巍峨壯觀的石砌牌坊矗立於路旁，這牌坊俗稱「施琅坊」，是為紀念清初為統一中國立下戰功的靖海將軍施琅而建立的。

施琅（一六二一—一六九六年），字尊侯，號琢公。一六二一年出生於福建省晉江縣龍湖衙口的一個官宦人家。施琅從小隨父施大宣航海經商，熟悉水域，航海經驗豐富，後來師習戰陣、擊刺諸技，於兵法無不兼精。明朝末年，他曾在總兵鄭芝龍的麾下效力，並隨之降清。

清朝經順治到康熙平定「三藩之亂」，國內已經統一，以滿族爲主聯合漢、蒙地主階級的政權已基本穩固，中國被統一，征服臺灣勢在必行。

被明永曆帝封爲延平郡王的鄭成功，把荷蘭殖民主義者驅逐出臺灣以後，建立了地方政權，仍奉永曆正朔，爲祖國的領土完整立下了不朽的功勛。後又經其子鄭經經營，臺灣得到開發，人口大增，以海峽爲屏障與清廷相對峙，在全國反清勢力日趨衰微之時，鄭經曾一度占踞的漳州、泉州、興化、汀州、潮州、惠州等地先後失守；康熙二年又丟失廈門、金門，這時，鄭經只好退守臺灣孤島，已無反攻大陸之力。康熙二十年鄭經死去，當由長子克壓繼位，但鄭經的兄弟認爲克壓係鄭經與乳母私通所生，「非吾骨肉」，遂奪監國印幽殺之，另立次子克塽繼任延平郡王。鄭克塽「時年僅十二歲」，以仲父鄭聰爲輔國公。鄭聰貪而懦，軍政大事委於劉國軒、馮錫範。鄭氏集團內部的權利之爭，爲清軍征服臺灣提供了良機。

在鄭經執政時，清廷屢派使者招撫，以期用和平方式征服臺灣，但都遭到鄭氏集團的拒絕。在此種形勢下，清朝統治者爲防止大陸人民流亡臺灣，投奔鄭氏漢人政權，於康熙初年令閩、浙、粵、蘇四省「片板不得下海」，並強遷沿海居民於內地，增設重兵防守，造成海峽兩岸同胞骨肉分離、生計困難的局面。因此，征服臺灣已成爲清統治者的當務之急。

施琅從鄭芝龍降清後，授靖海將軍。他早在康熙六年、七年曾兩次向康熙密陳征討臺灣的方略。康熙閱後大悅，即召施琅面陳。但經部議，「以風濤莫測，難必制勝寢其奏。」並免去其水師提督職務，調京改授爲內大臣。

康熙二十年（一六八一年）七月，內閣學士李光地聞鄭經已死，克塽年幼，部下爭權，認爲征討臺灣時機已到，於是推薦熟悉海戰的施琅爲福建水師提督，出征臺灣。康熙審閱了施琅條奏，支持他的主張，遂恢復了他福建水師提督的軍職，加封太子少保。

施琅復職後，即進行各種準備，練兵造船，根據臺灣的地理條件，確定了「先取澎湖，以扼其吭」的戰略戰術。澎湖列島乃臺灣之屏障，鄭氏集團也極爲重視，由武平侯劉國軒率兵駐紮，「凡沿岸可登處，築短牆，置腰銃，環二十餘里，爲壁壘。」施琅要求陸軍隨征，康熙允之。康熙二十年（一六八三年）六月十四日，施琅遵照康熙的密旨，率戰船三百、水兵二萬，自銅山揚帆出征澎湖，打敗了劉國軒的部隊，「浮屍蔽海，波面皆爲之赤。」經十多小時激戰，消滅鄭軍將領四百餘名，水兵一萬二千餘人。迫使劉國軒敗退臺灣本島，施琅遂占領澎湖。

澎湖之敗，迫使鄭氏集團不得不作出戰與降的選擇，加之，施琅對投降的鄭軍將士採取寬大釋放政策，瓦解了鄭氏集團的士氣。

劉國軒敗逃到臺灣東寧。鄭克塽迅即會文武大臣，議戰守之策，有人請取呂宋，劉國軒力陳不可。遂議出降……八月三十日，施琅率軍過鹿兒門，直抵安平城下，接受了鄭氏集團的歸降。自此，鄭成功建立的臺灣地方政權，歷三世，共三十八年而告終結，臺灣遂被征服。

為表彰施琅征臺之功，由福建同安知縣劉興元主持，於康熙五十五年，在通往泉州的大路旁，樹立一石製功德坊，俗稱「施琅坊」。坊上有施琅之子世驃撰寫的碑文，坊匾正面鐫刻「績光銅柱」四字，背面鐫「思永峴碑」四字，前者援引東漢伏波將軍馬援統兵平定交趾後，朝廷以銅柱紀功之典頌揚施琅的「武功」；後者是以西晉羊祜善施仁政，公餘常登峴山遊覽之典，來頌揚施琅的「文治」。

## 日光岩下憶英雄（廈門日光岩）

凡到廈門的人，都要到鼓浪嶼，登上日光岩，緬懷民族英雄鄭成功的光輝業績。

福建流傳著不少有關鄭成功驅逐荷蘭殖民者、收復臺灣的故事，人民群衆對這位民族英雄景仰倍至，他那首膾

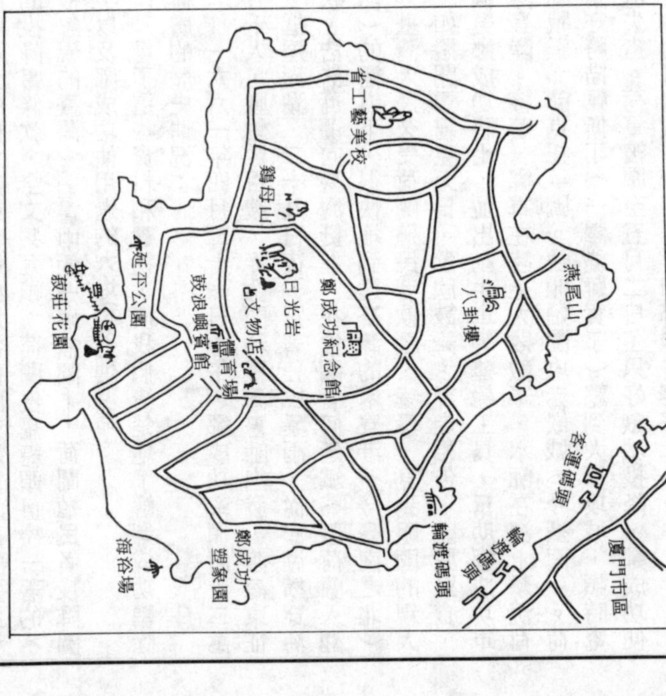


鼓浪嶼旅遊示意圖

炙人口的《復臺》詩：「開闢荆榛逐荷夷，十年始克復先基。田横尚有三千客，茹苦間關不忍離。」寫得多麼好！如果沒有熾熱的愛國主義熱情，無論如何是寫不出這首好詩的。

如果你去遊覽日光岩，就會看到陡峭的巨石上鐫刻的「閩海雄風」四個大字，依然顯得那麼遒勁雄渾，氣勢磅礴。右上角有「鄭延平水操臺故址」八個小字，這是鄭成功當年指揮操練水師的地方。沿著石階拾級而上，佇立臺上，眺望對面廈門港的巨輪漁帆，遠處煙波蕩蕩，銀浪悠悠，再遠望，祖國的金門島在無邊無垠的大海中隱約可見。半個世紀以前，蔡廷鍇將軍在此地曾題寫一首詩：「心存隻手補天工，八閩屯兵今古同；當年故壘依然在，日光岩下憶英雄。」這日光岩爲廈門島的最高峰，當年鄭成功在這裏指揮將士操練的場面彷彿就在眼前。一位朋友告訴我們，眼前那車水馬龍的街道，煙囱林立的工廠區，鱗次櫛比的樓房以及富麗堂皇的廈門大學，昔日都是一片汪洋。說罷，他從一疊資料中取出一本清人黃叔璥的《臺灣使槎錄》，只見上面寫道：「成功重操練，舳艫陳列，進退以法，將士在驚濤駭浪中，無異平地，跳躑上下，矯捷如飛……」從這段史料中，可以看到鄭成功訓練水師的規模和治軍的嚴整，也正是因爲有了這樣的海上勁旅，才使他能夠戰勝船堅炮利的荷蘭殖民者。

轉過幾個彎，來到日光岩山麓的鄭成功紀念館。館裏展出了鄭成功收復臺灣的照片、實物以及模型，其中有些引起遊人的極大興趣。比如以古荷蘭文書寫的荷蘭殖民者的投降書條款，全文共九幀；荷蘭侵臺總頭目揆一著的《被忽視的臺灣》一書中的一幅插圖——荷蘭殖民者投降圖，以及鄭成功使用過的大炮和各種武器。

看了這些資料和實物，使我們清楚地了解鄭成功驅除荷虜的歷史情況：

一六六一年四月二十一日中午，鄭成功率領將士二萬五千人，戰船數百艘，從金門料羅灣誓師出發，渡海東征，抵達澎湖，二十九日夜，冒著狂風暴雨，從澎湖橫穿海峽，浩浩蕩蕩向臺灣挺進。在愛國者何廷斌（原荷蘭人翻譯）的嚮導下，很快地到達臺灣的禾寮港（今臺南之北），臺灣人民久受荷蘭殖民者欺壓、凌辱，見到祖國的親人，如撥開雲霧見天日，歡欣鼓舞，奔走相告，壺漿簞食，犒勞鄭成功將士，並出動牛車等運輸工具，幫助鄭成功軍隊登陸。接著，鄭軍在陸上大敗敵軍，水師在海上擊沉荷蘭戰艦「赫克托」號。並開始圍攻赤嵌城（今臺南）。荷蘭守將描難斯丁（一譯貓難實丁）聽到大軍攻城，頓時驚慌失措。荷軍被圍至五月二日，只好獻城投降，鄭成功便命他到臺灣城（今安平）勸說揆一投降。

揆一是荷蘭殖民者在臺灣的總督，自恃形勢險要，城堅炮利，拒不投降。鄭成功繼續率軍前進，出其不意地來到臺灣城下，揆一嚇得目瞪口呆。疑鄭兵「從天而降」。但他不甘失敗，妄圖等待荷蘭大本營從巴達維亞派來援軍。所以派描難實丁來見鄭成功，說什麼他們願意「年年照例進貢」，要鄭成功退兵，他們願意送勞師銀兩十餘萬，作爲鄭成功遠征費用。

但金銀珠寶收買不了鄭成功收復臺灣的決心，他看穿敵人的陰謀詭計，繼續率軍圍困臺灣城，同時派人致書揆一，莊嚴地宣布：

「然臺灣者，早爲中國人所經營，中國之土地也，久爲貴國所據，今予既來索，則地當歸我；珍瑤不急之物，悉聽歸爾。若執事不聽，可揭紅旗請戰，予當立馬以觀，毋游移不決也！」

「然臺灣者，早爲中國人所經營，中國之土地也」，義正辭嚴，擲地有聲！鄭成功所要的不是珍瑤珠寶，而是「中國之土地」也！

揆一仍然玩弄緩兵之計，第二天，城頭擺出紅旗，表示不降。鄭成功堅持困守，把臺灣城圍得水泄不透，又擊潰荷蘭殖民者從巴達維亞派來的援軍，揆一彈盡援絕，四面楚歌，走投無路，不得不在城頭豎起白旗。一六六二年一月二十七日宣布投降。二月一日，揆一在投降書上簽字，紀念館裏那件用古荷蘭文寫的投降書條款和那幅投降圖就是當時珍貴的歷史證據，它告訴人們：被荷蘭殖民者侵占達三十八年之久的臺灣重新回到祖國的懷抱了。

離開紀念館，我們又一次仰望高高聳立的日光岩，「開闢荊榛千秋偉業，驅逐荷虜一代英雄。」鄭成功，你的英靈與海濤共長，你的業績與日月齊光！

## 集美學村仰先賢（廈門集美村）

集美，是著名愛國老人陳嘉庚先生的故鄉。陳嘉庚傾畢生精力，在國內外創辦和資助了八十多所學校，其中最著名的就是這規模巨大、設備完善、環境優美、建築恢宏的集美學村。

站在廈門跨海長堤看去，雄偉的集美解放紀念碑矗立海上，集美學村十五層的校舍南薰樓襯映雲天，美麗的鰲園遙遙在望。在學村裏，從幼兒園一直到廈門大學，構成了一個相當完整的教育體系，使集美荒僻鄉村變成了馳名中外的「學府村」。陳老先生傾注一生心血發展教育，培育人才，對家鄉、對國家作出重大貢獻。今天，集美學村又有了新的發展，相繼舉辦了水產學院、體育學院、財經學校、航海專科、華僑補校等九所學校，建築面積爲當年七倍多，教職員工和學生爲當年五倍以上。幾十年來，集美學村爲祖國培養了大量各種專業人員。

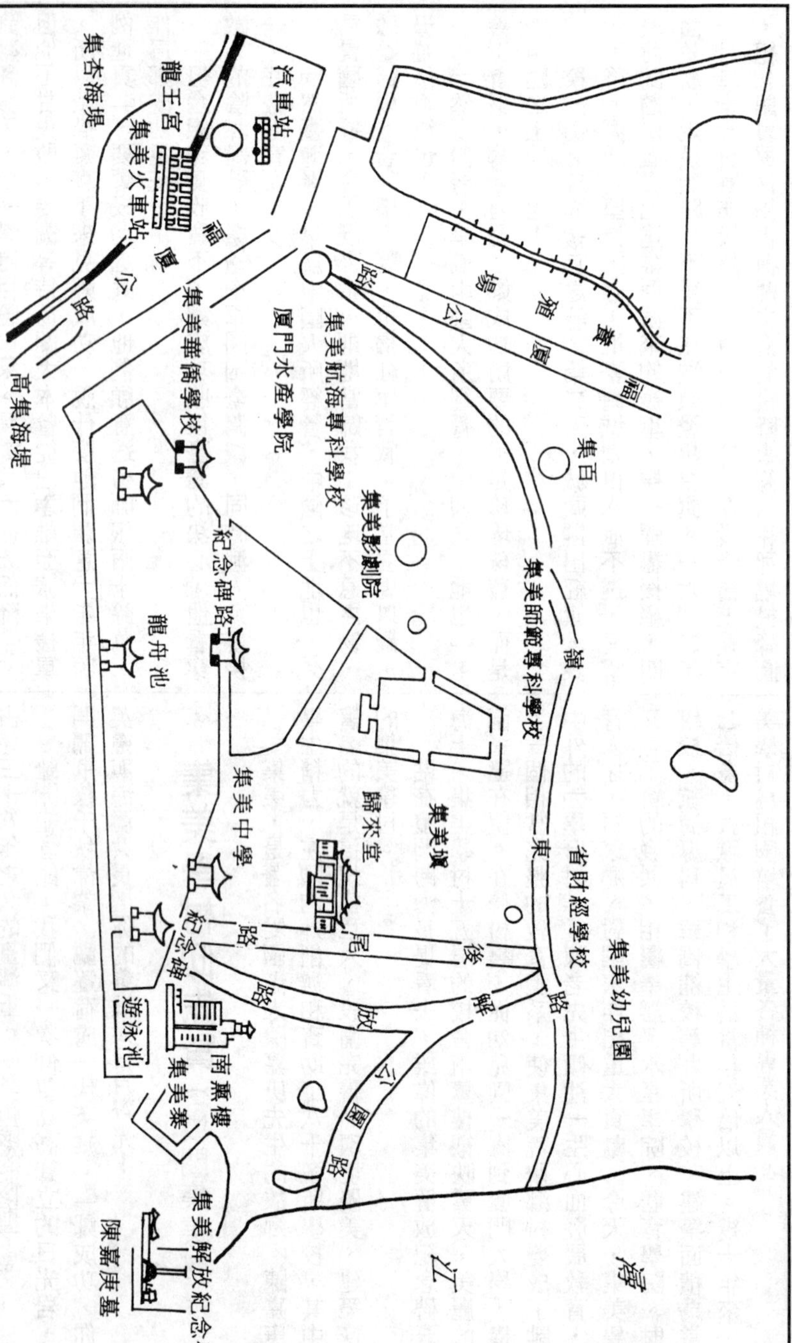
集杏海堤
龍王宮
集美火車站
汽車站
福
廈
公
路
集美華僑學校
高集海堤
廈門水產學院
集美航海專科學校
集美影劇院
紀念碑路
龍舟池
集美中學
歸來堂
集美鎮
集美師範專科學校
集百
養殖場
福廈公路
鎮
東
省財經學校
集美幼兒園
後
尾
解
放
路
紀念碑
路
游泳池
南薰樓
集美寨
集美解放紀念碑
陳嘉庚墓
引
園
路
潯
江
集美鎮遊覽區示意圖

陳嘉庚先生是福建廈門市集美鎭人，他十七歲僑居新加坡，長期經營工商業，集資數千萬元，他認爲「金錢如肥料，散播才有用。」他一生所得資財，很多都用於愛國事業，尤其是教育方面。

早在清朝末年，他就參加了中國同盟會，在辛亥革命中，他曾積極捐款支持孫中山。從一九一三年起，他就在家鄉創辦學校，由最初的小學，陸續辦起中學、師範、商業、水產、航海等許多學校。爲了辦好集美學校，陳嘉庚從外省請來許多教師，他痛感發展教育首先要培育師資，所以很重視師範教育。陳嘉庚看到當時我國水產事業十分落後，就在集美辦水產學校，師資難得，他就派人到日本留學，歸國後擔任教師。他創辦的航海學校，培養了我國較早一批航海人才，其中很多人擔任了遠洋輪船的駕駛員或船長。

陳嘉庚熱心辦學，是與他的愛國熱忱分不開的。他說：「四萬萬人的中華民族決無甘居人下之理。」他表示：久客南洋，心懷祖國，希圖報效，已非一日。正是從這種偉大的愛國主義思想出發，一九二一年他又創辦廈門大學，這是當時福建省惟一的一所大學。據統計，他一生對教育事業的捐獻，約相當於人民幣一點五億元。

一九二九年世界性的經濟危機波及陳嘉庚的公司，經濟遭受巨大損失。一九三一年他向銀行借款，銀行要求他停止負擔教育經費，他堅決不答應，他說：「我的經濟事業可以犧牲，學校不能停辦！」一九三一年以後，他的營業更加困難，公司改組爲有限公司，讓銀行占有一部分股份。雙方協議他擔任總經理，每月薪水一千元。他堅持每月支付廈門大學和集美學校五千元。然而，五千元又何濟於事，「廈大」和「集美」每月的經費至少也要三萬元，陳嘉庚只好以變賣家產來維持學校。

抗戰爆發後，廈門大學改爲國立大學。這時日寇已侵占南洋，他本人也四處逃難。即使在這樣艱難的條件下，他仍然負擔集美學校的經費，並籌了一筆經費，在戰亂中遷移內地繼續辦學。

爲了中華民族，陳嘉庚先生以滿腔熱情，站在時代前列。抗戰初期，他不顧與汪精衛的早年私人交誼，首先揭發汪精衛和談投降的陰謀，堅決主張抗戰到底！

陳嘉庚先生爲了祖國的進步和民族的解放，不惜資助巨款，而自己的生活卻相當樸素，他有個兒子在本公司工作，曾借支了五十元，陳嘉庚發現了，就狠狠地責備了他一頓。一九四八年他的愛子陳厥祥被海盜綁票，他的一位朋友告訴他這個消息時，怕他受不了。不料，陳嘉庚着急的不是兒子問題，而是和朋友先商量福建會館建築校舍問題。談完了學校建設以後，他才考慮營救自己的兒子，這件事也說明他對教育是多麼重視。

解放前夕，他在集美的私人住宅和集美學校被飛機濫炸，破壞很大，後來他用了幾百萬元去修理校舍，卻始終不去建私人住宅。他住在集美學校樓上一間普通的房間裏，床鋪、辦公桌、椅子和其它用具，樸素而且陳舊，沒有一件奢侈品，充分顯示了他克己奉公的精神。晚年，他身患重病，在北京治療，儘管病魔纏身，虛弱不堪，還用書信、電報和電話指導集美的建校工程。

在陳嘉庚愛國熱情的影響和感召下，很多華僑紛紛捐資在家鄉辦學，形成風氣，至今不衰。

學村中有陳嘉庚故居，到此參觀的人都爲之驚嘆：客廳陳設簡單，只有幾張舊式桌椅，臥室裏只有一張古老的臥床，半新不舊的寫字臺和不成對的沙發。人們對這麼一個大實業家能夠毀家興學而自奉甚簡到如此地步，簡直很難想象。

「歸來堂」是故居的一部分，是陳老先生爲使海外歸來的人有個安身之處而特意設計的。這裏有陳氏石雕像，神態安祥，兩旁是郭沫若手書對聯：「鰲園博物大觀，百聞不如一見；鷺江集美中學，萬人共仰千秋。」

鰲園的確稱得起洋洋大觀，其中裝飾著形形色色的石刻浮雕，有歷史故事，名人遺跡，山川草木，花鳥蟲魚，紛然雜陳，蔚爲今古奇觀。鰲園中心，有陳嘉庚的墓地，周圍有不少名人題刻，在墓垵上有十五幅青石浮雕，記錄著陳氏生平經歷。

對於陳嘉庚先生愛國興學，原高教部部長馬敘倫曾書題對聯加以褒揚：「發揮無比無窮之力量以改造舊社會，培養更多更好的人才來建設新國家。」

## 園中之園誇菽莊（廈門菽莊花園）

菽莊花園坐落於鼓浪嶼西南隅海濱，它像一朵寶石花，熠熠閃亮，以獨特的園林藝術博得了遊人的讚賞。

此園取建園主人林叔臧（名爾嘉）名字的諧音命名的。林叔臧原籍福建龍溪，其先世遷居臺灣溪水。甲午戰爭後，叔臧之父遷回鼓浪嶼居住。林家在溪水時有一座宏偉綺麗的海濱花園——板橋別墅。林叔臧跟隨養父林維源在這裏讀書、生活。一八九四年甲午中日戰爭爆發，次年清廷敗績，割臺灣給日本，林維源父子不願淪爲亡國奴，便遷回廈門鼓浪嶼定居。漸漸年長的林叔臧，經常佇立海邊，遙望臺灣故里，思念著家鄉，思念著板橋別墅。一九一三年，他在鼓浪嶼海濱建造了這座花園，此園仿板橋舊制，依山建宅，導水爲園集鼓浪精萃於一隅。

據說，當時主人有意模仿《紅樓夢》大觀園中賈寶玉居住的怡紅院的建築，將全園分爲藏海園及補山園兩部分，各造五景。藏海園五景爲：眉壽堂、壬秋閣、眞率亭、四

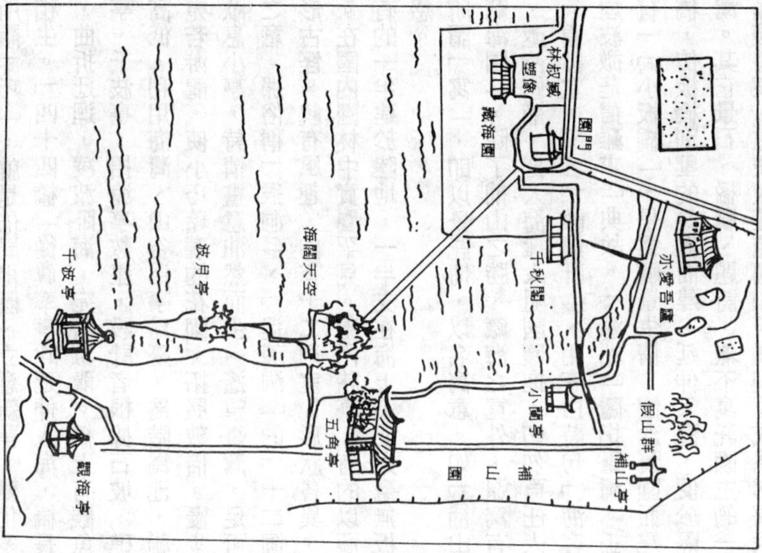


菽莊花園示意圖

十四橋、招涼亭、補山園五景爲：頑石山房、十二洞天、亦愛吾廬、聽潮樓、小蘭亭。後來又增建熙春亭、茆亭、傘亭等。

菽莊花園占地不滿十畝，但卻有氣象萬千之妙。倘若你仔細領略，就會發現它有「藏」、「借」、「巧」、「寓」四個特點。

所謂「藏」，就是園建海上，海藏園中。與國內其它海濱公園不同的是：菽莊並不是進門立即見海，進園門時，一堵黃色的高牆擋住遊人的視線，視野所及僅是一個小庭院，此時你或許感到平淡無奇。可是，當你從右邊眉壽堂出去或從左邊拱門一拐，遼闊的大海突然展現在你面前，萬頃碧波豁然奔來眼底，湧到腳下。此刻，你會爲之一喜，驚嘆設計者的「藏海之妙」。你若坐在眉壽堂品茗，則宛若置身畫舫，漂浮在煙波浩淼的大海上。

所謂「借」，是指借景、借意、借聲。菽莊俯借大海、沙灘，仰借晃岩、樓閣；隔牆鄰借觀海別墅，隔水遠借南太武山。變幻多姿的大海爲它作鋪墊，秀山青空的晃岩爲它作屏障。園內景物，如「頑石山房」、「枕流」石，「羨魚」臺……無不借景寓意，給遊人以恰到好處的點撥。其中變成內湖的大海，帆影點點，巨輪穿梭，而坐在花崗岩砌成的曲堤上，看驚濤拍岸，聽潮音澎湃，就有無窮的樂趣。

所謂「巧」，就是佈局得體、立意新穎、變化多端、動靜相生。「四十四橋」從眞率亭畔延伸入海，橋長一百多米，曲折迂迴，凌波卧海，宛若游龍。橋上有觀魚臺、渡月亭、千波亭，招涼亭數座，設計者根據石坡、礁石的大小高低，利用海灣、山谷爲亭爲臺、爲階爲池，聯以曲橋，宛若游龍，使小巧玲瓏的花園，拓展數倍。漫步橋上，或歇息小亭，詩情畫意油然而生。遙望臺灣，足可寄託思念之意。那俗稱「猴洞」、「迷魂洞」的「十二洞天」，外形古怪，饒有風趣，內有十二洞室，形狀各異、曲折迷離。在國內園林中實屬罕見。園內諸亭，有的以藤蘿爲蓋，有的一半建於陸地，一半支在海上，使人毫無板滯重複之感。

所謂「寓」，即以景託情，以名寓意。如「補山園」、「藏海園」，除了補山之勝、藏海之寬外，還寓有山河破碎、亟待修補、把大海擁入祖國懷抱，切勿再任人宰割之意。眉壽堂，又名「談瀛軒」，用李白詩句「海客談瀛洲，煙波微茫信難求」典故。「瀛洲」隱指臺灣。壬秋閣後，有一「小板橋」，是爲觸景生情，懷念舊園而建。四十四橋，仿板橋別墅的長橋而建，延伸入海，便於隔海遠眺臺灣。其它景石、楹聯、題詩，無不寓託園主的一片深情，滿懷隱衷。這使菽莊花園和板橋別墅成爲聯繫大陸與臺灣的一條有形紐帶。

菽莊花園傍山面海，氣象萬千，於此觀海攬勝令人心曠神怡。園的右側，爲天然海濱浴場，夏日是游泳愛好者的樂園。如今我們站在草子山頂，看榕樹蟠根岩表，鳳凰飛花成霞，相思樹迎風搖曳，似在點頭招手，召喚隔海相望的臺灣骨肉同胞，早日回到祖國懷抱……

## 平臺碑文話一統（廈門南普陀寺）

當遊人走進廈門南普陀寺的大門，就可以看見在大雄寶殿的兩側有八塊巨大的石碑，石碑上用漢文和滿文雕刻了清乾隆皇帝「御製」的「平定臺灣」的碑文。那是指乾隆五十一年（一七八六年）臺灣天地會首領林爽文起義的事件。那時，清朝當局先後從福建、浙江、廣東調兵一萬多名前去鎮壓，都被起義軍打敗。最後，他們以陝甘總督福康安爲大將軍，徵集湖南、廣西、貴州、四川等省大批軍隊，才把起義鎮壓下去，這八塊「御碑」正是爲炫耀他們「生擒」起義首領林爽文、莊大田，殘酷鎮壓臺灣人民的所謂「武功」而樹立的。爲什麼「平定臺灣」的石碑會安放在廈門的寺廟裏呢？這還得從廈門和臺灣的關係談起。

早在鄭成功時代，廈門和臺灣就是鄭氏的兩個據點，來往十分密切。清政府占領廈門以後，在這裏駐紮了總兵官和水師提督。不久，清政府命令水師提督施琅進攻臺灣。施琅在廈門練兵、造船，康熙二十二年（一六八三年）攻占了澎湖和臺灣。此時，鄭成功的兒子鄭經已死，其孫鄭克塽被迫投降。第二年，清政府在臺灣設置一府三縣，隸屬於福建省。臺灣和廈門都屬於臺廈兵備道管轄，兩地各設一名海防同知，負責稽查海口。康熙六十年（一七二一年），改設分巡臺廈道，直到雍正五年（一七二七年）才單獨設立分巡臺灣道。這說明在四十多年時間裏，臺灣和廈門在行政上是同一個單位。

清初禁止大陸人民移居臺灣，規定凡是內地商民前往臺灣貿易的，都要經過臺廈道查明，發給路照；出入船隻，嚴加檢查，偷渡者嚴辦，可是福建沿海人民仍然時常偷渡臺灣，許多窮苦的老百姓，歷盡千辛萬苦，才能到達臺灣開荒謀生。由於官府對偷渡者處以嚴刑，加上途中有些流氓土匪欺騙乘客以及海上風浪的襲擊，許多無辜百姓葬身魚腹，做了無辜的犧牲。《臺海使槎錄》記載：「偷渡來臺，廈門是其總路。又有自小港上船者，如曾厝垵、白石頭、大擔、南山邊、鎮海、岐尾。」這些小港，也都在廈門或廈門附近。

福建沿海商人的海船，也經常往來於臺廈之間。他們把漳州的煙絲、藥材，泉州的棉布、雜貨等土產運往臺灣，從臺灣運回米、麥、豆、糖等。當時從臺灣運回大量大米，這種運輸稱爲「臺運」。清政府規定，凡是去臺灣貿易的商船，都要領取牌照，在廈門盤檢；由臺灣回來的船隻，也要到廈門來盤查。當時「臺運」是廈門的一大「要政」。

在政治上，清政府也把廈門作爲同臺灣聯繫的橋樑，一切公文都從這裏交船戶帶往澎湖、臺灣，臺灣來的消息也通過廈門上報。每當臺灣人民爆發起義時，清政府總是調集兵力，從廈門輸送到臺灣進行鎮壓，軍需兵餉也在這裏籌集、裝運；清政府的文武官員如總督、提督、總兵等，也往往聚集廈門，策劃對付起義。例如，康熙六十年（一七二一年）朱一貴在臺灣鳳山起義時，臺灣的一些地主豪紳就逃來廈門，臺灣官員也派人來求救。閩浙總督覺羅滿保召集南澳鎮總兵藍廷珍等聚集廈門，商議對策，後來起義失敗，朱一貴被捕，從臺灣檻送廈門，然後解到京城處決。乾隆五十一年（一七八六年）林爽文起義時，清政府也是以廈門爲據點，派兵鎮壓。嘉慶初年，福建沿海漁民、鹽民、手工業者和農民在蔡牽率領下舉行起義，一八〇五年進入臺灣。清政府派福建提督李長庚等帶兵鎮壓，閩浙總督玉德也坐鎮廈門進行策應。清政府出自海上用兵的需要，還在廈門設置了火藥局、軍械局和軍工造船廠。從這些事實可以看出，清初的廈門已經成爲一個軍事基地，它對清政府統治臺灣有重要的作用。

上述情況說明：那時臺灣在經濟上、軍事上對廈門港的盛衰都有很大影響，《臺灣府志》寫道：「臺郡與廈門如鳥之兩翼，士俗謂廈即臺，臺即廈」，可見兩地的關係是十分密切的。這就是清代的「平定臺灣」的石碑要樹立在福建廈門的根本原因。

## 赴湯蹈火頌陳公（廈門陳化成墓）

陳化成墓在廈門金榜山麓。一代名將的光輝形象，永遠活在人民心中。

陳化成（一七七六—一八四二年），字業章，號蓮峰，賜諡「忠愍」，是我國近代愛國名將。祖籍同安縣，生於金門，後家居廈門市草埔埕。他「幼端重，智勇過人，尙氣節，有擔當宇宙氣概。」二十二歲在浙江提督李長庚麾下爲水師兵員，歷任澎湖、臺灣副將，廣東揭石、福建金門、臺灣諸鎭總兵，後任福建水師提督，駐廈門十年。一八四〇年六月，鴉片戰爭爆發，陳化成調任江南水師提督。任職期間，他加強戰備，整頓兵戎，與士兵同甘共苦，深得人心。駐地軍民敬仰他，尊稱他爲「陳老佛」；英國侵略軍畏懼他，稱之爲「陳老虎」。

一八四二年六月初，英國侵略軍第二次北犯，於吳淞口外，英艦橫海十餘里，窺望多時，從江面上浮下來戰書。其時，兩江總督牛鑑守東炮臺，聞訊驚惶失措主降。陳化成親守西炮臺，說道：「外洋所恃不過槍炮，旣有河南、徐州、江寧兵三千，藤牌八百，且某經歷海洋五十年，此身在炮彈中入死出生者數數矣。今日火攻頗有把握，願以身當之，苟得挫其鋒，援兵一鼓而進，不足平也。」堅守陣地七十一晝夜，六月十六日晨，吳淞口保衛戰開始，英艦七艘啣尾蜂湧而來，亂轟大炮。當英艦靠近時，陳化民沉著揮動令旗，手燃巨炮轟擊，激戰兩個多小時，敵艦多次被擊中，死傷三百多人。東炮臺牛鑑臨陣逃脫。西炮臺孤軍奮戰，英侵略軍登陸包抄西炮臺，致使陳化成腹背受敵，部將請求他離開炮臺，他死守不退，仰望江面，悲壯地說道：「奉命剿賊，有進無退，予欲以死報國。」六十六歲老將陳化成音落刀出，率隊與敵肉博，多次負傷，血透戰袍，見無後援，以「今宜多殺敵以自死」來激勵士卒，英勇奮戰，「火光照海海水赤，將軍一人當火立」。與八十名守軍全部壯烈犧牲。

將星殞落，百姓哀痛。王友光《陳軍門輓辭》詩云：「父老龍鍾仰天哭，何時還我舊長城？」翌年陳化成遺體運回廈門，安葬於金榜山麓。是時靈柩南下，沿途數十萬衆排陣設祭。上海、揭石、金門、澎湖、臺灣等地皆立祠紀念。廈門陳公祠，建立於公園西路小巷內。

## 魯王壙發昭沉冤（金門魯王壙）

明代古城金門，位於同安縣東南海中，東望臺灣，西對廈門。島上古跡魯王壙，至今已有三百多年歷史。

金門屬福建省，本爲金門島，又叫浯洲嶼。明朝時築城牆，鄭成功曾起兵於此，清朝時屬泉州府同安縣，民國初年屬思明縣。

魯王爲明太祖九世孫，名以海。京師陷落以後，居紹興稱魯監國，後爲淸兵所克，遁入海依鄭成功。據史書載，「成功初以禮待之，後漸懈，以海不能平，將往南澳，成功使人沉之海。」所謂「沉之海」，即投入海中。這個記載使鄭成功蒙冤三百餘年，直到一九五九年八月二十二日，在舊金門城東，發現了魯王眞壙，從壙中出土的壙誌詳細記載魯王病卒經過，上述謬誤才得以糾正。按壙誌載，魯王卒年爲康熙元年十一月十三日，王患哮疾，因中痰而死。幾百年前的冤案從此眞相大白。壙誌現存臺北歷史博物館。

魯王壙原在舊金門城東青山上，前臨巨湖，右傍石峰。魯王曾在石上題字云：「漢影雲根」。後署「永曆十六年十二月仝二日，遼藩寧靖王宗臣術桂同文武官謹誌」字樣。一九四九年，魯王骸遷葬重營新墓，壙前立牌坊，中間建碑亭。附近有巨湖古崗湖、古崗樓、古崗亭、古色盎然，爲金門的觀光勝跡之一。

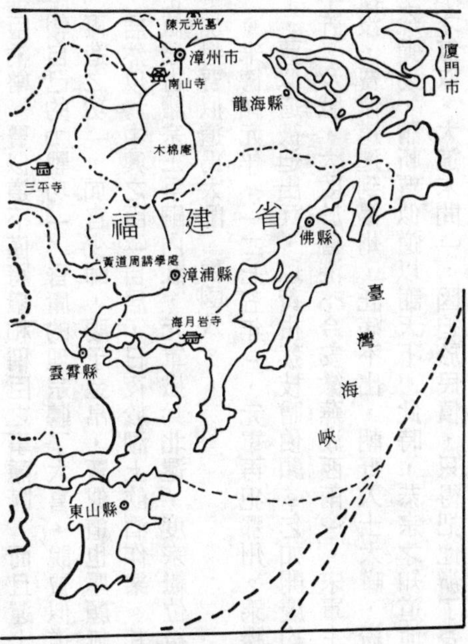

漳州地區古跡分布圖

## 英雄除奸木棉庵（漳州木棉庵）

木棉庵在漳州城南十二公里處。庵門外豎有一塊高一丈多、寬四尺多的石碑，碑上刻著「宋鄭虎臣誅賈似道於此」十個大字，因原碑已毀，現存碑刻係清代龍溪知縣袁濂重立。

其旁有一詩碑，刊明代王姓七絕一首：

當年誤國豈堪論，竄逐遐方暴日奔。
誰謂虎臣成勁節，木棉千古一碑存。

碑的另一旁則爲近代人刻寫的木棉亭記，記載建亭護碑的始末。碑前有座八柱石亭，歷代文人墨客於此憑弔遺跡，謳歌鄭虎臣除奸壯舉，筆伐賈似道誤國罪行。

賈似道（一二一三—一二七五年）字秋壑，宋台州天台（今屬浙江）人，字師憲，賈涉子，父死後爲破落子弟，行乞街頭，無人管束，恣意曠蕩，鬥雞走馬，吃喝嫖賭，無所不爲。後來家產蕩盡，走投無路之時，他想起有一個姐姐曾選入沂王府，便來到杭州。剛巧，理宗冊立的貴妃賈玉華正是她的姐姐，十分得寵。落魄的賈似道借此裙帶關係平步青雲，飛黃騰達。理宗不僅賜給他金銀美女，替他在西湖葛嶺造起府第，還授以籍田令，替宋王朝管理籍田。從此，賈貴妃不時召他進宮相會。理宗遊湖，也時常至其私第，飲酒玩樂，親如家人。淳祐中爲京湖安撫制置大使，旋移鎮兩淮，後來以陰謀排斥吳潛，取而代之，官至右相，總攬朝政，成爲南宋末葉的「三朝宰相」，是禍國殃民的南宋「四大奸臣」之一。當時，南宋朝廷曾賜給他葛嶺附近的原集芳園爲其府第，他就在這裏建造了有名的「半閒堂」，皇帝特許他十日一朝。所以他日夜遊山玩水，飲酒作樂，而國家大事，只好送到湖上去讓他胡亂裁決。當時有人諷刺說：「朝中無宰相，湖上有平章。」賈似道發跡的經過，實際上是南宋封建王朝腐朽沒落的縮影。

宋開慶元年（一二五九年）元軍南侵，賈似道以右丞相領兵救鄂州（湖北武昌）時，領兵出援，私向忽必烈乞稱臣納幣。賈似道不僅將議和稱臣之事隱瞞，而且還上表謊報自己的「戰功」，昏庸的理宗聽了大喜，說賈似道有「再造之功」，加官少師，賜予金帛，賈似道也厚顏無恥，居然以「中興之臣」自居，日夜於湖上飲酒作樂。其時正值蒙古諸宗王爭嗣內訌，元軍撤兵北還，度宗繼位後，更加封賈似道爲太師、魏國公。

宋德祐元年（一二七五年），元軍再犯鄂州。乘勝南下，賈似道被迫出兵，以黃柑荔枝贈伯顏。乞如開慶約，不許，及戰，大敗於魯港（今安徽蕪湖西南）。宋軍主力覆沒，賈似道逃到揚州，託病不出，朝野人士大嘩，紛紛上疏彈劾，請斬賈似道以謝天下。此時，恭宗才知道他「小才無取，大道未聞」，因迫於民憤，只得把他辦了喪師誤國之罪，罷了相位，因念他是「三朝元老」不忍加刑，謫爲高州團練副使，貶徙婺州。因其專權誤國，百姓恨之入骨，婺州驅逐不納，後安置循州。

鄭虎臣，字景兆，其父爲賈似道所殺，本人亦被充軍邊疆，遇赦後任稽溪縣尉。他此次恰巧奉命押賈似道到婺州，因群衆反對入境，轉押福建建寧。是年八月到漳州。漳州知府趙介如原是賈似道的門客，一見恩公駕到，便設宴爲他洗塵。趙見鄭有殺賈似道之心，便暗中使人防範。出了漳州城，鄭虎臣心中暗想：潮汕賈家門徒甚多，一入粵境，殺賈難以得手，不如途中爲民除害，他下令賈似道下轎步行，企圖逼其自殺。無奈賈似道乃貪生怕死之徒，不願一死了之。行至木棉庵前小憩時，鄭虎臣痛斥賈似道誤國害民，然後揮劍把賈刺死於庵前大榕樹下。後人讚頌鄭這一舉動爲「明千秋大義」，「爲天下除奸」。晚明馮夢龍編《古今小說》中的《木棉庵鄭虎臣報冤》，就是寫的此事。

賈似道死後，葛嶺府第的樓臺亭榭，日漸荒廢，牆頹壁倒，荒草漫徑，遊人無不感嘆，當時有人在半閒堂前題詩說：

事到窮時計亦窮，此行難倚鄂州功。
木棉庵裏千年恨，秋壑亭中一夢空。
石砌臺稠猿步月，松亭葉落鳥呼風。
客來不用多惆悵，試向吳山望故宮。

詩的結尾兩句就是諷刺南宋統治者的下場與賈似道是同樣可悲的。

## 獻宅為寺成功德（漳州南山寺）

閩南名剎南山寺，坐落在漳州市南郊丹霞山麓、九龍江畔。該寺建於唐開元年間（七一三—七四一年），至今已有一千二百多年歷史，歷代曾加修葺。明天啓年間（一六二一—一六二七年），才改稱「南山寺」。現存建築爲清光緒年間重修，寺宇寬廣，氣勢雄偉。

關於南山寺的修建，還有一段有趣的故事：《漳州府誌》載：該寺原爲唐太傅陳邕的府第，因規模過於宏大，有僭越之嫌，被人告發，禍將及身，幸好女兒金花急中生智，削髮爲尼，勸父獻宅爲寺，才免於難。因爲佛寺是不能動刀兵的。在封建社會，佛寺向來是遭受打擊和挫折的政界人物的「政治避難」之所，犯了殺頭之罪，只要已遁入空門，皇帝也無可奈何。況且陳太傅的女兒金花削髮爲尼也已代父贖了罪，皇帝也就不再追究了。

南山寺寺門上橫匾上書「南山寺」三字，筆力蒼勁，書法高古。寺內是三進的殿堂。一進山門便是「天王殿」，內供慈使彌勒、四大天王和韋陀諸佛像。主殿「大雄寶殿」巍峨壯觀，正殿中供奉釋加牟尼，左爲西方阿彌陀佛，右爲東方藥師佛。中間還有迦葉尊者、阿蘭尊者，這些佛像雕塑均爲宋代之作。

該寺的最後一進是「藏經殿」，裏面收藏著經、律、論三藏經綸。「藏經殿」正中有一尊色澤晶瑩的大理石佛像，高約二米，重達四千斤，因淨碧似玉，故稱玉佛。此佛來自緬甸，佛像恬靜安詳，姿態優雅端莊。據說國內現存玉佛僅三尊，此爲其一，故十分珍貴。和藏經殿並列高坡左邊的，是陳太傅祠，內供陳太傅泥塑像。

在大殿左邊迴廊上，有一石佛閣，又稱「淨業堂」，閣中原有一大石柱，巍然矗立，前人把此石柱雕成一大石佛，盤坐於蓮花座上。佛高六米，兩耳垂肩，雙手過膝，表情眞實生動，有唐代雕塑之風。關於這尊石佛，有一則民間傳說。據傳石佛雕成之日，石匠爲了炫耀自己的雕工，揚言若是有人能指出佛像瑕疵，他便分文不取。衆人瞻仰良久，無不交口稱讚。突然，有一孩童出而問道：「佛像的手指頭那麼大，而佛像的鼻孔卻這麼小，他怎能挖鼻孔呢？」石匠被問得啞口無言，悄然離去。

南山寺，舊有「八勝」、「五寶」之稱。

「八勝」，是指大雄寶殿、石佛閣、玉佛殿、太傅祠、修眞淨室、姑娘墓、梅莊和栗園。「五寶」是大鐘、血書華嚴經、方丈茶花樹、貝葉經和藏經。由於年代久遠，有的已不復存。

在該寺大門前有一池塘，塘邊垂柳依依，綠草茵茵，每到月夜，丹霞寺宇倒映池中，形似弦月，亦有「半月沉江」之稱。

## 趙家城中話興亡（漳浦趙家城）

離福建省漳浦縣五十華里的碩高山西北麓，矗立著一座巍峨的古代城堡——趙家城。這就是亡國的南宋小朝廷皇族棲身的遺址。

走進趙家城的外城，只見迎面是五進府第，古宅深院，鱗次櫛比，最後一進是二層重簾繡閣，是內眷的住宅，所以叫「梳妝樓」。穿過一座小花園，就是內城，它由一座方城和古堡組成。樓外環以一千三百多米的石基土城，東西南北築有四座城門，分別鐫有「東方巨障」、「碩高居勝」、「丹鼎鍾祥」等題刻，遠望樓堡，頗爲壯觀。

這是一座明代建造的宋城。城內居住著五百多名趙姓鄉民，全是宋朝皇族的後裔。原來，他們的遠祖竟是宋太祖趙匡胤的胞弟趙匡美，始祖是趙匡美的第十世孫趙若和。南宋小朝廷的第五個皇帝理宗趙昀沒有兒子，曾把趙若和選進宮中儲養，擬繼皇嗣。趙若和本要黃袍加身，加冕登基，由於皇族爭位，理宗死後，趙若和退封閩衡郡王，鎭藩福州。西元一二七八年四月，元軍入閩，趙若和隨宋少帝趙昺逃往廣東。第二年，元軍打到南海邊的崖山。南宋左丞相陸秀夫揹著年幼的皇帝投海殉國。而趙若和與一批皇宮侍臣帶著家眷，分乘十六條船，奪港衝向海上。趙若和打算潛回福州，伺機東山再起。但船駛到九龍江口的浯嶼島附近，遇到颱風，只得在漳浦浦西登岸，眼看一路無軍嚴密把守，只好搭棚暫住，後因元兵盤查追問，趙若和又帶著家眷趕到集美村，並改冒黃姓，隱居起來。一直熬到元朝滅亡。

明洪武十八年（一三八五年）趙若和的後裔惠官娶一黃氏女子爲妻，被鄉人以同姓通婚之罪告到官府。家人不得已拿出祕傳族譜，證明祖先並不姓黃，這才暴露出他們原是南宋皇族的後代。御史朱鑑立即奏請朝廷，給予恢復趙姓。明隆慶五年（一五七一年），趙若和的第十世孫趙範，曾任浙江按察司兵備道副使，衣錦還鄉後，爲了光宗耀祖，就決定建造趙家樓，選擇了碩高山西北麓的「螃蟹地」，於明萬曆廿八年（一六〇〇年）冬動工，四年後開始築堡，歷經二十年內城方告完工，聚族居住，自趙若和以來，他們一代代祕傳著十七張宋朝皇帝的畫像，每一代族長臨終時都囑咐下輩，要將這些畫像保藏完好，以便「復宋」後，完整無缺地交給皇上。「歸趙復宋」成爲他們傳宗接代的宗旨，趙範根據「完璧歸趙」的典故，把城中三層的宋式方樓題爲「完璧樓」。趙範之子趙義也曾在朝中任職，他繼承宗旨，又擴建了外城，趙義曾遍遊宋太祖建都的汴京（開封）和南宋的都城臨安（杭州），因此他命人着意增加仿宋的建築和懷宋的題刻。那座四面浮雕的聚佛寶塔，彷彿就是「開封鐵塔」；那橫跨漁池的精緻石拱橋，是依照《清明上河圖》中的木拱橋仿製的，被稱爲「汴派橋」，趙義曾泛舟西湖，漫步蘇堤，回憶始祖趙若和在此生活的一幕幕場景，更加留戀這個「人間天堂」，因此，在擴大外城時，除模仿汴京龍亭外，還仿照了南宋臨安鳳凰山下的皇宮，建造了五列五進的「官廳」，專供趙姓「族長」和「家長」議事居住。建築裝飾處處都是「龍鳳呈祥」圖案，「官廳」前還陳設了四個直徑一米半用整塊大石鑿就的魚缸，趙義還着意模仿西湖園林，憑借「螃蟹地」的山形水勢，建造了一個精巧的「修竹園林」。爲激勵後代「歸趙復宋」，結合各類精巧園林建築，在突兀的奇石上留下了「讀書處」、「墨池」、「悟石」等題刻。過去每逢節日，「官廳」前寬敞的石板廣場便熙熙攘攘熱鬧無比。趙家城的居民沿襲南宋臨安的「瓦市」，請藝人表演木偶戲和皮影戲等。

而今漫步趙家城，可以聽到「千里送京娘」等有關宋代皇室的傳說，了解到趙匡胤、趙匡義和趙匡美三支皇派之間糾葛的歷史。

一對華僑老婦漫遊趙家城後登門與宋朝皇族後裔親切交談。他們說：「香港也有一座宋城，只是『洋』了點，而這趙家城古樸、自然、集宋朝兩都城之風光，更能使人萌發思古之幽情。」他們說：香港的「宋城」有副楹聯寫道：「大漢山河，氣勢長存威海外；宋王府第，聲名遠播震城中。」把這副名聯刻於「趙家城」完全當之無愧。

## 江海長留翰墨香

### （東山黃道周讀書處）

在福建省東山縣城關鎮東北隅的海面上，有一個東山島著名風景勝地——黃道周讀書處。

從東山島環顧四周，礁石磷峋，形態各異，有的像遊艇遨波，有的似漁翁垂釣，有的如鳥獸飛奔，眞是千姿百態鬼斧神工，島上林蔭曲徑，盤旋逐級而上，沿途山泉噴湧，水聲淙淙，著名的泉水有碧雲泉、平湖泉、車月泉等。遊至半山腰，便見「雄鷹石」。此石狀似雄鷹展翅，鷹腹下有一石室，可容納二十餘人，幽雅而清靜。明代民族英雄和著名學者黃道周曾在此勤奮讀書，故後人稱他爲石齋先生。

傳說黃道周自幼聰穎過人，有一儒士想試試他的才智，出了個「尺量地面地長尺短短量長」的上聯；讓黃對下聯，黃道周接對道：「船載石頭石重船輕輕載重。」使這位儒士大爲驚訝。現在，「雄鷹石」對面石壁上，還留有黃道周少年時代親筆書寫的「雲山石室」四個大字。筆法遒勁、端莊不苟。塔嶼的最高處，有一座石塔。這座塔建於明嘉靖五年（一五二六年），全部用花崗岩砌成，共七層，高三十二米，座圍四十米，挺拔雄偉，爲東山古城增添了英氣。登塔遠眺，東面煙波浩淼、水天一碧、漁舟輪船、穿梭不絕；南面「蘇峰拱秀」、隔海對峙；北面有「梁嶽擁翠」爲屏嶂，西面漁港裏桅檣林立，鬱鬱葱葱，田園錦繡。這些山水奇觀和風景區一角的「石齋故里」、「石僧拜塔」等景物，構成一幅絢麗多彩的天然圖畫。

黃道周（一五八五—一六四六年）爲南明大臣，字幼平（亦作玄平），一字螭若，又字細遵，號石齋，漳浦（今福建漳浦）人。天啓進士，授編修。崇禎二年（一六二九年）進右中允，三次上疏奏救故相錢龍錫，雖被降調，而龍錫得減死。崇禎五年，又屢次上疏，語刺大學士周延儒、溫體仁等，被斥爲民。崇禎九年，召復故官。當時溫體仁等招納奸人製造東林黨及復社冤獄，他以久旱修省，上疏痛陳「國無是非，朝無枉直」。不久進右諭德，掌司經局。崇禎十一年，廷推閣臣，他三次上疏劾楊嗣昌、陳新甲和遼撫方一藻，觸怒思宗，謫戍廣西。十五年，復故官，以疾請歸。福王即位於南京，又提升爲禮部尚書。南京陷落後，唐王即位於福州，擢武英殿大學士，自請往江西圖恢復失地，所至遠近響應，得九千人，至婺源，遇清

# 臺灣遊覽區

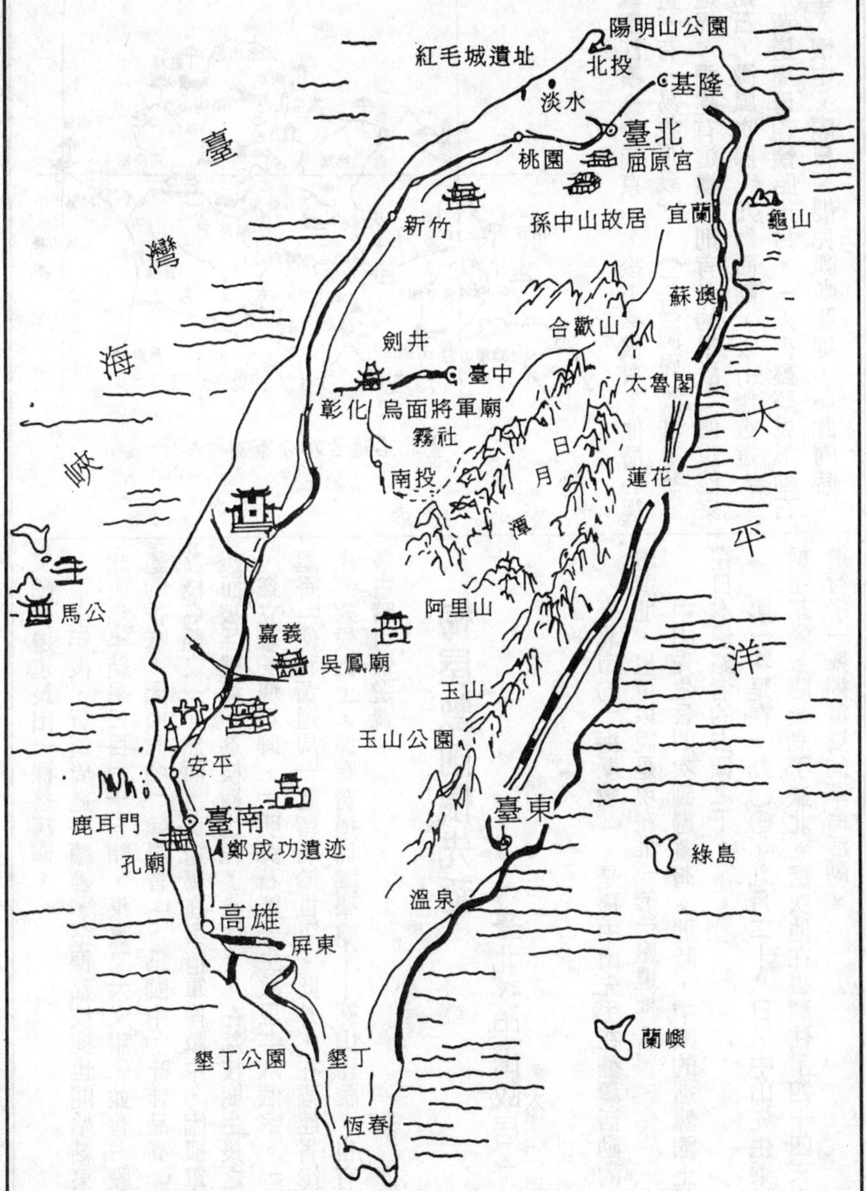
陽明山公園
紅毛城遺址
北投
淡水
基隆
臺北
桃園
屈原宮
新竹
孫中山故居
宜蘭
龜山
蘇澳
合歡山
劍井
臺中
太魯閣
彰化
烏面將軍廟
霧社
日月潭
南投
蓮花
臺灣海峽
太平洋
馬公
阿里山
嘉義
吳鳳廟
玉山
玉山公園
安平
臺南
鹿耳門
孔廟
鄭成功遺迹
高雄
屏東
溫泉
臺東
綠島
蘭嶼
墾丁公園
墾丁
恆春

兵，戰敗被執至江寧（今南京），後不幸被殺。他潛心經學，亦善書畫。有《易象正義》、《三易洞磯》等著述。

關於黃道周，福建有這樣一則有名的掌故：傳說他家門前有一風動石，微風吹拂，兀然而動，吸引無數遊人。明萬曆年間，黃道周母親懷胎十月，一天夜裏夢見風動石忽然倒下，墜入懷中。隔日，嬰兒呱呱墜地，與此同時，

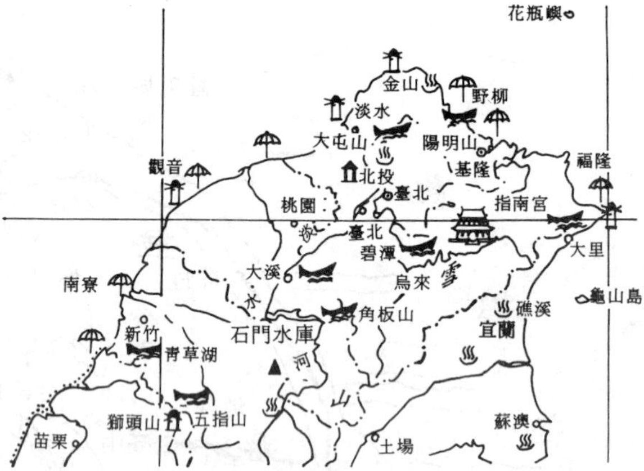


臺北名勝古跡分布圖

風動石邊也長出一棵荔枝樹。

十年後，黃道周進學讀書，這棵荔枝樹也開始結果。此後年年結果三百六十五顆，果實又大又甜，並有一股如墨的香味，因而命名「翰墨香」，爲閩中「味佳品高」的荔枝名種之一。然而，黃道周在與清軍作戰中，因孤軍無援而被俘就義，荔枝樹也死了。如今，在荔枝樹生長之處，聳立著一塊石碑，「明黃石齋先生故里」八個字。「翰墨香」便和黃道周一起留名於世了。此外，在福建省漳州東部鄴侯山上，還有黃道周講學處——鄴山書院，也有許多古蹟可供遊覽。

## 梅屋敷前懷先哲

（臺北孫中山故居）

臺北市的「梅屋敷」，是孫中山先生在臺灣活動的一處遺址，也可以說是現在惟一的一處遺址。

中山先生曾四次到過臺灣。那時，中國的這塊國土還在日本侵略者的占領之下。

第一次是在一九〇〇年九月二十八日，中山先生乘船抵達基隆，隨後到了臺北。這次他在臺灣住了四十四天，進行了一系列重要的革命活動。

第二次是一九一三年，革命黨人宋教仁被袁世凱暗殺以後，當時，先生準備發動「二次革命」，興兵討袁。但是，由於力量懸殊，沒有成功，與胡漢民一起乘船東渡日本，途中在臺灣作了短暫停留。這次，先生便住在臺北市的「梅屋敷」。他在這裏寫了橫額「博愛」，送給一位日本友人；還會見了臺灣的革命黨人翁俊明、楊心如等。翁、楊等聽了中山先生的介紹，對袁世凱背叛民國，摧殘革命的行徑極爲氣憤，翁俊明後來和臺北學校的杜聰明帶著病菌來到北京，想把病菌投入袁世凱的飲水中，終因警衛森嚴，無法下手。

第三次是一九一八年。當時，袁世凱已死，段祺瑞當權，廢除了《臨時約法》，孫中山先生針鋒相對展開護法運動。可是，運動進展不大，中山先生連立足廣州都有些困難了。五月，先生偕同胡漢民等乘船去日本，又一次路經臺北，關於這次到臺灣，與先生同行的人後來回憶說：「總理孫先生惟一的希望是：到臺灣會會臺灣同胞，發表意見，宣傳主義，喚起民族意識，鼓吹愛國精神。」哪知船剛靠岸，侵占臺灣的日本當局派人「敬候」，客客氣氣地「招待」一番，第二天又歡送上船去往神戶。他們不願意讓孫中山先生在臺灣多停留，免得國民革命思想在臺灣同胞中生根，他們害怕臺灣人民民族意識覺醒，不利於殖民統治。

第四次是一九二四年，根據聯俄、聯共、扶助農工的三大政策，孫中山先生北上商談治國大計，途經臺灣。

很早以來，孫中山先生對臺灣就是很關心的。「興中會」成立沒幾年，他就派人去組織建「興中會臺灣分會」。他四次到臺灣，都表明他念念不忘臺灣同胞，十分關心臺灣的革命發展。因此，臺灣同胞一直把孫中山先生住過的「梅屋敷」視爲敬仰之地，把它當作孫先生的「紀念行館」。可惜「梅屋敷」早已陳舊不堪，竟然被一個什麼「青年服務社」所占用。更令人痛惜的是，前不久又傳出這處遺址要徹底拆除的消息。對此臺灣同胞議論紛紛，人們說，中山先生「留在臺灣的史跡本來不多，行館是僅有的一個，拆了就什麼也不剩了。」

## 屈原英靈駐臺灣（臺北屈原宮）

每年農曆端午節這天在臺灣臺北市郊的洲美里，都有一番盛會。

同臺灣其它地方一樣，洲美里人年年都在這一天紀念偉大的愛國詩人屈原。他們賽龍舟、辦詩會，並且按照一千五百年前《拾遺記》中稱屈原爲「水仙」的古老說法，奉屈原爲「水仙尊王」。近年來紀念屈原活動更加空前，因爲當地居民又集資新建了一座屈原宮。

屈原宮占地一千二百多平方米，殿堂正中的金身屈原像，頭戴金冠，身着紅袍，胞前飄灑著長髯。殿堂的東西牆上，浮鏤著百姓臨江傷悼屈原投江圖和江上龍舟競賽圖，宮內還有一尊一點六尺高的金身屈原像，是當地一位老人的祖先在二百三十多年前從大陸帶去的，屈原宮建成以後，每逢農曆初一、十五，都有許多人前來拜謁。

屈原宮最有趣的活動是「擊鉢吟會」，薰香的中段繫著一根細線，下面墜著一枚銅錢，香柱底下有一塊銅板。薰香點燃，開始作詩，等到熏香燒斷線繩，銅錢落在銅板上清脆作響，便開始吟詩，據說這是三百年前鄭成功部下創始的一種寫詩吟唱活動。一九八一年端午就有三百多人來屈原宮參加了「擊鉢吟詩」活動。

## 尋根陝西村，長祀馬將軍

（彰化陝西村）

臺灣省有個陝西村，村子不大，名氣不小，近年來成爲令人矚目的觀光之地。

「陝西村」位於彰化縣秀水鄉。全村居民大多以務農和養豬爲生，現有二百七十戶，約一千多人，其中姓林的占百分之六十以上，其餘爲張、吳、李等姓，因這些居民祖籍都是陝西，故名「陝西村」。

「陝西村」風光優美，頗富田園之勝。一道蜿蜒的溪流，像一條柔軟的飄帶，輕輕地環繞著幽靜的村莊。溪流兩岸，修竹蒼翠，稻田映綠。這個偏僻的小村，過去並不被人注意。一九七七年被人「發現」以後，臺灣各地的陝西同胞，不管是源於黃河以西的、涇渭平原的，還是源於秦嶺南北的、長安內外的，紛紛結伴前往訪問，掀起了一股強烈的尋「根」熱。不是祖籍陝西的民衆，也借景寄情，隨之而來。

「陝西村」裏的父老兄弟，個個高額頭，寬下顎，頗具陝西人的相貌特徵，村外的墓園，荒冢壘壘，石碑如林，石碑上刻著「陝西長安人，某某，明某年葬於此」或「陝西華陰人，某某，清某年葬於此」等等，陝西村的民衆一直爲其祖先來自大陸而至感興奮。

在陝西村附近，有一座「烏面將軍廟」，這個廟更是陝西村的「根中之根」。根據文獻記載和傳說，烏面將軍姓馬名信，字子玉，陝西人，生活於明朝末年，是一名傑出的武將。起初鎮守台州（今浙江臨海），後來帶領一批陝西子弟投奔了著名將領鄭成功。傾談之下，鄭成功非常賞識馬信，遂奏封爲「中權鎮守使」並掛「征虜將軍」印。馬信英勇善戰，屢立戰功。鄭成功收復臺灣時與荷蘭殖民者戰鬥，率軍最先在澎湖登陸的就是馬信所部。

臺灣收復後，馬信將軍和他率領的陝西子弟，便在彰化縣秀水鄉一帶，披荆斬棘，闢壤墾荒，定居下來。馬信去世後，人們念及將軍作戰勇武，待人忠厚，生前敬他如家長，死後奉他爲神明，爲他建造了一座廟宇，建廟時，清政府不准民衆設立奉祀明臣的祠寺，如果是直呼爲「馬信將軍廟」事必不成。於是，衆人假託馬信高個子、面孔黑，取「烏面」之名以隱諱其實。

早年的廟堂內沒有供奉神像，後來雕塑了一尊坐姿神像。金冠錦衣，顏貌和悅尊嚴，面色亦取爲赤紅。

每年農曆八月二十三日，相傳爲烏面將軍誕辰，陝西村的居民照例要舉行盛大的祭祀活動。同時，散居全省各地的許多同鄉也都趕來參加祭典，特別是近兩年來，臺灣同胞中廣泛開展尋「根」活動，祭祀烏面將軍一再掀起高潮。有時，數千同鄉親友同時來訪，幾十部大小轎車浩蕩而至，他們還踴躍募捐，要在陝西村建「陝西文物館」和「靈骨塔」，充分表達出臺灣同胞思念故土，懷念親人，渴望祖國早日統一的愛國之情。

## 八卦山上古戰場（彰化八卦山）

當你乘上汽車在臺灣南北高速公路上或搭火車於縱貫鐵路上疾駛時，都會看到八卦山上大佛的豐姿。八卦山在彰化市東門一公里，山高僅海拔九十六米，綿延三十餘里，二十四米高的盤佛坐在山頂上，大佛的胸圍有四點四丈之闊，底座占地約七畝，這尊大佛建於一九六一年。佛像內部有六層，循梯登上最高層極目遠眺，彰化平原風光可一覽無餘，東望是綿亙的崗巒，西邊是波濤洶湧的臺灣海峽，濁水溪橫卧於彰化平原，大肚溪劃開彰化、臺中的縣界，沿途處處青山綠水，鳥語花香。八卦寺、白雲寺、八卦塔等名勝，錯落有致地分布在密山群丘環繞之中，使人宛如置身於世外桃源。

八卦山一名「定軍山」，又叫「望寮山」。這裏原是古戰場。清雍正十年，巡臺御史倪家愷，曾於此鎮壓過大甲山蕃土著人民的反抗，故官府自詡此山爲「定軍山」。之後，乾隆、同治、光緒年間，這裏又屢次發生人民武裝反清政府的鬥爭。清嘉慶二年，知縣胡應魁在山上建了一座涼亭，題爲「太極亭」，取《易經》「太極生兩儀……四象化八卦」之言，改山名爲「八卦山」。

嘉慶十六年，彰化知縣楊桂森在山麓建起縣城，於山頂建起磚寨，稱爲「定寨」，門樓高敞，憑臨遠眺，鹿港風帆點點，因而被當地人稱爲「定寨望洋」，是彰化八景之一。知縣楊桂森有詩云：

海色天容一鏡描，仙風拂拂袂飄飄。
千秋艷把龍山酒，七字吟成鹿港潮。

地勢長蛇宜踞險，民情哀雁怕聞謠。
太平領悟邊防重，半壁東南冀聖朝。

由此可見地勢之險要。八卦山又是臺灣人民武裝抗日的戰場，光緒二十一年，清政府將臺灣割給日本，日軍向大肚溪逼進時，臺灣軍民以八卦山爲根據地，頑強地抗拒日軍的侵占，誓死不屈，軍民奮勇抵抗數日，終因寡不敵衆，壯烈犧牲者甚多。由是八卦山更爲後人憑弔之處。

一九一七年，在彰化市東門外舊遺址建起一彰化公園，一九四九年改名爲中山公園，是八卦山的入口處。園內林木青翠，是全市居民消暑的好地方。

公園內有兩口古井，一名「古月井」，相傳清代在李氏園中，湧出清泉，甘而冽，鄉民爭相汲取。當時知縣胡應魁購得此泉。並鑿爲井，「胡」字爲「古」、「月」二字組成，故稱之爲「古月井」。另一口叫「紅毛井」，爲荷蘭人於三百多年前開鑿，因名之「紅毛」、「番仔」。這口井水質清爽、甘美，傳說用以沏茶能延年益壽，且可明目。

遊人來到八卦山麓，還可以到卦山溫泉洗泉水澡，此泉水含有碳酸鐵質，能治療皮膚病及婦女病，與北極溫泉、關子嶺溫泉一樣馳名於全島。

## 櫻都霧社懷先烈（南投霧社）

在水如碧玉山如黛的南投縣境內，合歡山與卓社大山之交有一海拔一千一百四十八米的高臺地，這裏群山疊翠於周，溪流奔瀉於下，老樹蒼鬱、野花絢爛。這個天然生成的風景瑰麗所在，就是高山族同胞聚居的仁愛鄉霧社。

著名的一九三〇年高山族同胞抗擊日本侵略者的「霧社起義」就發生在這裏。後來臺灣人民爲紀念起義中犧牲的英雄，就在霧社街頭建起了雄偉的抗日紀念碑，碑上刻有表現這次起義經過的浮雕。

霧社起義的領袖是摩那·羅達奧。他爲人誠實，辦事公道，在山胞中威信很高。一九一九年至一九二五年間，他就領導過霧社人民的抗日鬥爭。一九三〇年十月二十七日，摩那·羅達奧領導當地人民奮起殺敵，消滅日本侵略者一百三十多人，傷敵二百餘，占領霧社全區三百天。起義爆發後，日本警備隊趕到霧社地區進行血腥鎮壓，摩那·羅達奧在作戰中壯烈犧牲。其子泰達奧·摩那仍堅持戰鬥，最後退守霧社以西的天險「人止關」，終因彈盡援絕，與最後僅存的幾個勇士集體跳下懸崖，寧死不屈。

人止關在霧社以西，兩岸懸崖峭壁，拔地摩天，下臨絕壑，中通一線，眞有「一夫當關，萬夫莫開」之勢。當年日軍為了鎮壓起義，竟出動飛機掃射轟炸，甚至施放毒瓦斯。

群山環抱的霧社，梅花甚多。逢冬季，山溪、峽谷、竹籬、房舍間都有梅花吐蕊，幽香四溢，沁人心肺。

梅花漸殘，櫻花就悄悄點染枝頭。數日後花蕾綻開，繁花壓枝，成球成串。遠望如山野間籠罩著粉紅色的濃霧。花期近十日，遂化作香雪海，色漸淡，而花更盛，及至落紅離枝，隨風飄蕩，恰似一場花雨，匝地盤旋，惹人喜愛。所以霧社被譽為臺灣的「櫻都」。

從人止關約行一公里，就到了「境橋」附近。這是一個好幾丈寬的斜坡，到了秋天，上面開滿了海棠花。層層密密的翠綠葉片之間，盛開著不可數計的淺紅花朵，楚楚可人。此花一名斷腸花，舊謂思歸清淚所幻化。

旅遊者在霧社青年服務社稍事休息，還可驅車至廬山溫泉，走過鐵線吊橋，在溫泉旅社試浴。這是一座日本式木造房屋，環境雅靜，泉水是無色透明的碳酸泉，據說可治胃病，水溫不高，泉自山間湧出，溢成水塘，明澈如鏡，這裏在霧社以東十三公里，附近為一谷地，好似一座小公園，花木芳菲，風景優美。

在霧社仁愛鄉的春陽村還有一春陽泉，水質含鹼性碳酸，可療胃病、神經衰弱等多種疾病，沐罷溫泉浴，傍晚可回到霧社，在此地食店裏還可以品嚐到霧社名菜「香菇炖雞」，味鮮肉嫩，清香可口，別具一格。

在霧社風景區的南面，有一道高壩將石大溪上游蓄積成湖，這就是景色秀麗的翠湖，湖面依溪勢彎曲，蜿蜒如游龍，故又稱「臥龍潭」，這一水庫兼能調節日月潭水位，兩岸林木葱蘢，綠蔭倒映水中與蕩漾碧波相輝映，泛游其間，不讓雙潭。

## 拔劍斫地延平井（臺中鐵砧山）

鐵砧山在臺中縣大甲鎮東北，西望臺灣海峽，大安港如在眼底；北臨大安溪，峻岩陡壁，險危奇絕，山並不高，只有三百米，山巔斜平，山色赤黑。形如鐵砧，因以為名，山嵐經常如白煙繚繞。日光照耀，山氣如銀，光芒四射。昔日，舟船入大安港，船員看到此山彷彿似銀錠，因而又稱「銀錠山」。

相傳山上產靈藥異草，可治百病，仙人常在此戲嬉跳躍。

鐵砧山還有八景為：懸岩聽水、砧頂嘯月、孔碑夕照、大安泛棹、牛嶺梅雪、延平劍井、農爨香圃、特苗樵歌。

鐵砧山南坡有一劍井，水深只有尺餘，清澈甘美，長年泉湧不涸，據說明永曆十六年（清康熙元年）農曆五月初四，延平郡王鄭成功統兵自臺南越海北上，進駐大甲，經鐵砧山時為敵人所困，水源斷絕，軍士口乾舌燥，滴水全無。鄭成功祈禱上蒼，拔劍插地，突然甘泉隨劍而出，不僅士兵有了水喝，而且為後人留下了這口井。清光緒十八年（一八九二年），鄉民立碑紀念鄭成功，並稱這口井為「國姓井」，後來才更為「劍井」。在劍井上方，鐵砧山腰，人民為紀念延平郡王鄭成功開闢臺灣的功績，建了一座廟宇，後來被洪水沖毀。臺灣光復後，人民又重建鄭祠，名為「大甲忠烈祠」。這裏風景絕勝，有一峰突起峙立，俯瞰大甲、大安，樓閣參差，帆船往來，溪山環列。如今鐵砧山還建有鄭成功立像和觀海亭，使這裏成為觀光勝地。

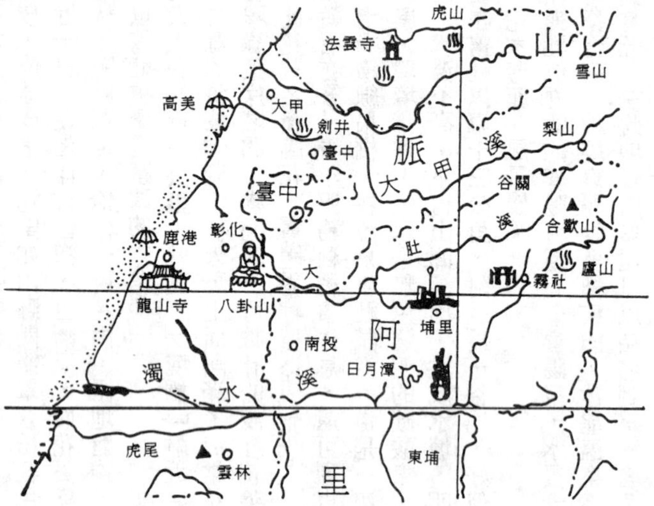

臺中遊覽示意圖

## 吳鳳殉身除蠻俗（嘉義吳鳳廟）

在嘉義縣中埔鄉社口村有一座吳鳳廟，這座廟初建於清嘉慶二十五年（一八二〇年），其後屢經修建。廟宇古雅堂皇，廟內供奉的不是觀音、媽祖，也不是孔子、關公，而是一位殺身成仁，捨身破惡俗的英雄人物——吳鳳。這裏邊有一段感人肺腑的故事。

吳鳳於清康熙三十八年（一六九九年）出生在福建省漳州府平和縣烏石莊。他長大以後隨父親去臺灣做生意，住在阿里山附近的蕃蔴村。

在這一帶住著的一些高山族人，農業生產技術十分落後，生活很艱苦，吳鳳見到這處情況，就熱心教給他們耕作技術和使用犁與鐮刀的方法，還幫助他們掌握醫療衛生的一些基本知識。因此很受當地人民的歡迎。

清康熙六十一年（一七二三年），清政府任命這位二十三歲的吳鳳做阿里山通事，負責處理當地人民的一些事務。他擔任這個官職以後，把辦公地點設在一個高山族的村社裏，經常到山胞家裏問寒問暖，處處關心他們的生活。吳鳳雖然當了官，但沒有官架子，大家都很尊敬他，有了事都願意找他商量。

當時，住在這一帶的山胞，一向有「獵首」習俗。他們每年都要拿外地人的人頭作爲祭品，舉行「戰祭」儀式，祈求神的保佑。

吳鳳上任這年秋天，山胞又要去「獵首」，吳鳳聽見這個消息就前去勸阻。但是山胞不聽勸阻。吳鳳於是靈機一動，便問他們：「你們以前獵取的人頭不是還有一些骷髏剩餘嗎？」山胞們回答說：「是的，還有四十多個。」吳鳳又說：「那麼，你們就把剩餘的骷髏一年祭一個，決不能再隨便殺人了。爲了自己的利益去殺害自己的骨肉同胞，這可是不仁不義的行爲啊！」山胞們聽了，都覺得有道理，就答應按吳鳳說的去做。

四十年過去了，存放的骷髏都用完了，這一年怎麼辦呢？山胞頭人找到吳鳳，請求外出去割人頭。吳鳳捋著鬍鬚，心平氣和地說：「今年不行，先殺幾頭牛來代替，明年再說吧！」頭人被勸阻回去。

第二年又被勸阻了回去。

第三年，山胞頭人不幹了，逼著吳鳳答應他們去獵取人頭。吳鳳知道再也勸不住了，就對衆人說：「好吧！明天早晨，村裏有個穿紅衣，戴紅帽，騎白馬的人，你們可以把他殺死，割下頭去祭神。不過，你們保持這種不好的風俗，神會發怒而懲罰你們的。」

第二天一早，村裏果然來了個穿紅衣、戴紅帽、騎白馬的人。衆人見了，立刻用箭把他射死。然後，蜂湧而上，都爭著去割人頭。可是，走近一看，都目瞪口呆了——誰也沒想到被殺死的竟是大家十分愛戴的人——吳鳳。這時，山胞們都很悲痛，悔恨不聽吳鳳的勸告。

吳鳳爲了革除蠻俗，爲了增進兄弟民族團結而犧牲了自己的生命，這種崇高的精神使山胞們深受感動。之後，阿里山附近四十個村社頭人聯合召開會議，決定永遠廢除「獵首」蠻俗。後來，人們爲吳鳳建了一座廟宇，世世紀念，永誌不忘。

吳鳳的墓建立在他的故居嘉義縣竹崎鄉義仁村二鄰。吳鳳成仁地在吳鳳廟的西南方，中埔鄉隆興村汴子頭。那裏建有吳鳳成仁紀念碑，吳鳳騎馬的銅像及涼亭等。這些古蹟都保存至今，供遊人憑弔。

每逢吳鳳成仁紀念日——九月九日，嘉義縣人民都要在吳鳳廟前舉行祭典，還舉辦山胞文物特展，山地舞蹈表演等活動，以緬懷吳鳳捨生取義的崇高精神及聖潔人格。

吳鳳廟內有邵力子先生題寫的長聯：

愛人甚於愛己，憑一片赤誠，化除種族積久怨仇，正符孫總理嘉言，不作大官，應作大事；

成仁即是成功，灑滿腔熱血，持續宇宙永恆生命，豈讓鄭延平偉績，造福全島，示範全民。

此聯讚頌了吳鳳爲了大陸人民與臺灣同胞的情誼，捨生取義的高尚品德。因而，把這一壯舉，與延平郡王鄭成功的偉績相媲美。

## 鹿耳門港話當年（臺南鹿耳門）

鹿耳門，位於臺灣安平以西三十里處，「因爲有山對峙如鹿耳，曰鹿耳門。」三百多年以前，鹿耳門是臺灣的一個良港，可通大海船。據古籍記載，臺灣的南、北、西三方，雖然都可登陸，但以「鹿耳門爲用武必爭之地」。因鹿耳門水道狹窄，海底又多暗礁，水流曲折迴旋，淤沙沉積，所以形成「沙線環抱，七起八伏，名七鯤身，第一鯤身上達安平鎭，潮漲水深丈四五尺，潮退水深不及一丈，七鯤身可行而通，鯤身北即鹿耳門，與北線尾相對抱，其門闊僅里許，水中沙石淺淤，名鐵板，沙舟觸之立碎，其一線可入，僅容三舟，門外轉大，然雖依水線行數十里，橫渡至赤嵌。」由此可見，鹿耳門乃是臺灣當時的天險門戶，地形十分險要。

明天啓四年（一六二四年），荷蘭人從臺南附近的臺江登陸，侵入臺灣，在南岸的河堤上建築城堡，並以荷蘭人第一任長官的座駕艦隻熱蘭遮的名字來給這座城堡命名（亦稱赤嵌城），以後又設置兩座炮樓，即普羅民遮（亦稱赤嵌樓）和烏德勒支，這兩座炮樓與熱蘭遮城堡成互爲犄角之勢。熱蘭遮城垣的紅色磚瓦，經日色照耀，似虹似霞，所以與普羅民遮一併稱爲赤嵌。

西元一六六一年四月二十一日，民族英雄鄭成功親自率領甲兵四萬、大小戰船三百五十艘，浩浩蕩蕩地從福建省的廈門和金門島出發，決心驅逐侵占臺灣的荷蘭人，使臺灣重回祖國懷抱。鄭成功大軍首先攻陷了澎湖列島，全部兵船都停泊在媽宮港，休整數日，接著，於四月三十日，鄭成功誓師起錨，向臺灣進發，由澎湖至鹿耳門約有六十里水路，先是荷蘭人爲了防禦，在海中沉船，把鹿耳門堵塞，但鄭成功巧妙地利用了鹿耳門海潮上漲的關鍵時刻，乘海潮滿漲的高潮，百舟競發，突破了天險鹿耳門，一舉攻克了赤嵌城，經過幾個月的血戰，終於打敗了侵占臺灣的荷蘭人，收復了被荷蘭侵占三十八年之久的中國神聖領土——臺灣寶島。

清初，鹿耳門一帶雖已淤淺，仍可通航，但到了清代中葉以後，「港內淤淺，往來船隻，俱泊港外矣。」隨著時間的推移，鹿耳門港早已成為歷史遺跡。目前的安平則已離開海岸三十公里了。昔日波濤洶湧的鹿耳門，而今已是平沙落雁，稻泛微波的另一番景色，眞是滄海桑田，變化萬千。

臺南名勝古跡分布圖

## 安平古堡雄風在（臺南安平古堡）

臺灣的歷史自臺南起，而臺南發跡則起自安平。如果到安平觀光，那麼安平古堡自然是最為人們所嚮往的，也是最值得憑弔的古迹。

坐落在臺南安平區的「安平古堡」是近代人對它的稱呼。其實它是明朝天啓四年（一六二四年）荷蘭所建的熱蘭遮城殘留的城垣遺跡。熱蘭遮城還有臺灣城、赤嵌城、紅毛城、王城等名稱。

稱作「臺灣城」，是由於它狀如高臺的磚城，又築於海濱沙環水曲的港灣處。稱作「赤嵌城」，是因它用紅磚壘疊而成，又因建造在閩南人叫做「墈」（後誤作嵌）的水涯高處。稱作「紅毛城」，是因為人們把建造此城的荷蘭侵略者稱為「紅毛」。而稱作「王城」，則因為鄭成功驅荷復臺後，這座城堡曾作過他的延平王府。

「熱蘭遮城」意即海上堡壘。荷蘭人用了十年時間到明崇禎七年（一六三四年）才將此城全部建成。清修臺灣縣志記載：熱蘭遮分內城與外城。內城有三層，地下一層是倉庫，儲藏糧食彈藥，有通風洞、螺旋梯和升降機等裝置，地上兩層，下層為教堂、官舍和營房，上層是公署、瞭臺和雉堞。外城在內城的西北隅，是貿易場所。商賈倉宅、歌臺舞榭參錯其間。

明永曆十五年四月，鄭成功征臺灣，先攻下普羅民遮城，即今之赤嵌樓。經九個月的苦戰，又攻下熱蘭遮城，設置王府，當時鄭成功不喜歡那閩語讀來如同「埋完」的臺灣二字，又加懷念家鄉安平，遂改臺灣城爲安平縣。

清康熙二十二年（明永曆三十七年），鄭克塽降清。清廷把臺灣政治中心遷移到臺江對岸（今臺南市區），將安平改隸鳳山縣，臺灣城便失去首府地位。後來又經歷地震和颱風的災害，缺乏整修維護，這座城堡就逐漸傾頹荒廢了。日據時期，日本人曾把舊城堡改建爲海關人員宿舍，將內城斷垣鏟平，四周用紅磚環繞，成爲矩形梯階平臺，上面搭蓋日式房屋作爲官員宿舍，下面建造民房。於是城內的荷蘭式建築便全部毀壞了。

一九三〇年，日本的臺灣總督府爲了籌備所謂的「臺灣文化三百年紀念」，撥出一筆經費拆除了平臺四周的官舍和民房，又將平臺改建爲新式洋館，作爲展覽和招待遊客用所，這就是今天大家見到的「安平古堡」，只不過才有五十多年的歷史。

目前，惟一可尋的三百多年前荷蘭人的建築遺跡，便是古堡下的那片殘垣斷壁，高約二點五丈，以紅磚砌成。城壘之上還殘存一座瞭望臺，城壁上已攀附長滿了虬錯盤結的青榕，越發顯得古老蒼鬱。每當夕陽將落之際，安平港內，歸帆片片；殘垣上空，暮雲悠悠，交映在晚霞餘暉之中。清巡臺御史作有「安平夕照」的詩寫道：「孤城百尺壓城波，一抹殘陽傍晚過，急浪聲中翻石壁，寒煙影裏照銅駝。珊瑚離落迎紅霧，星斗欄杆出絳河，指點荷蘭遺跡在，同明芳草思誰多。」

當熙來攘往的遊人在紅磚臺階上，在洋館前，在鐫有「安平古堡」的高大石碑旁留影時，有誰知道寂寞地站在自己身旁的那堵有三百六十多年歷史的殘牆背後，曾是荷蘭侵略者在臺灣盤踞的巢穴，而鄭成功那篇義正辭嚴的《諭荷蘭守將書》，就是逾此牆而擲於洋酋的腳下，而令之膽寒的呢？

「臺灣者中國之土地也，久爲貴國所據，今余既來索，則地當歸我，若執事不聽，可樹紅旗請戰，余當立馬以觀」。——鄭成功信發出，荷將鄂度不自量力，被打得大敗，最後獻出盤踞多年的熱蘭遮，率領殘兵狼狽遁去。

今日看到這作爲歷史證據的古牆，數百年前的往事自會湧上心頭。當年，雄踞城牆上笑看敵人狼狽逃竄的鄭成功的英姿，好像就屹立在你的眼前。

## 億載金城護海疆（臺南億載金城）

臺南市安平區的億載金城，俗稱「安平大炮臺」或「二鯤鯓炮臺」。它建於清光緒元年（一八七五年）。

清同治十二年，有艘琉球漁船在海上遇到颶風，漂流到臺灣東南端的八瑤灣（今滿州鄉九棚村）觸礁傾覆。船上六十九人，有三人失蹤，其餘的人泅游上岸後，因語言不通，被牡丹社山胞誤認為是海盜，在雙方衝突中被殺死五十四人，其餘十二人逃脫，經由鳳山縣輾轉返回琉球。

琉球和臺灣同為中國屬地，這可說是一次民事糾紛，但居心叵測的日本卻以「琉球王曾派人前往申訴，要求保護」為借口，在同治十三年，由日將西鄉從道率軍進攻琅璚（今屏東縣車城鄉），山胞拒擊於石門天險之地。日軍鏖戰數日，仍無法攻克，死傷累累，遂運來重炮轟擊，致使牡丹社頭目阿羅克與三十多名山胞當場戰死。血染四重溪。日軍復以大軍三路圍攻，縱火焚燒山胞蕃社，大肆屠殺，使牡丹山胞幾瀕絕後，這就是悲慘的牡丹事件。事後，日軍駐兵在龜山屯墾，有盤踞久居的野心。

清光緒元年，也就是牡丹事件的次年，清廷見事態嚴重，即刻派沈葆禎來臺辦理交涉。經過英國公使的調停，清政府撫恤琉球難民家屬銀十萬兩，又給了日本銀四十萬兩，使得日本撤了軍。

自此事件發生後，引起清廷對海防的重視。熟悉洋務和船政的沈葆禎在臺巡視後，發現臺灣實為我國沿海諸省的屏障，形勢極其重要，便奏請興建二鯤鯓炮臺。清廷批准後，沈葆禎聘請了法國工程師，取熱蘭遮的紅磚和石材，在安平南區的沙岡上築起了一座方形的炮臺，周圍三百丈，高約一點六丈，厚約一點八丈，磚石砌腳上造土城，內有糧倉、營房和火藥庫，中間還留著操練用的曠地，外有深約一丈的壕溝，磚石砌成，平日注水七分。另建有城門洞，內額勒有「萬流砥柱」，外額勒有「億載金城」，都是沈氏親筆題寫的。

如今，這裏已是曲橋清流，綠樹紅牆，一派觀光勝地的清幽光景。而昔日炮臺依然屹立如斯，先人題額猶顯雄鋒，孤獨的沈葆禎銅像，和象徵性的幾尊大炮，都能喚起人們的記憶：在一百多年前，不就是這座古炮臺，憑借著土槍鐵炮，重牆深壕而雄風凜凜地護衛著我國的東南海疆嗎？

## 赤嵌樓頭憶當年（臺南赤嵌樓）

臺南市著名古赤嵌樓，坐落在交通最繁亂的民族路上，那是來到臺灣旅遊的人們必到之處。這裏整日人來車去，絡繹不絕，可說是臺灣最熱鬧的觀光處。

赤嵌樓是明永曆七年（一六五三年）荷蘭人所建的普羅民遮城遺跡，昔日與熱蘭遮城隔臺江相望，互為犄角，是荷蘭人統治臺灣的兩大政務機關。

普羅民遮和熱蘭遮都是荷蘭人從東印度屬地運來大紅磚砌造成的高臺式建築，潮水都能直抵城下，當時也被稱作「赤嵌城」。築城時砌磚的材料，俗稱紅毛土，是糖水、糯汁攪拌貝殼灰做成的，作用相當於現在的水泥，據說拿它砌成的牆垣，和磐石一樣堅固，民間也沿用這種材料。因此，直到現在臺灣還有人管水泥叫做紅毛土呢！

據舊志記載，普羅民遮周長四十五點三丈，樓高三點六丈，上層是階梯式屋宇，雕欄凌空，軒豁四達，四角有棱堡，南北有瞭亭，下層是紅磚砌成，曲折宏邃有如岩洞。右後有地窖，左後有水井。它原來的規模，除了清修臺灣縣誌上的文字敘述外，大概只有縣志卷首八景圖中的「赤嵌夕照」圖，可以稍微窺見。

乾隆時巡臺御史錢琦品題的臺陽八景：鹿耳連帆、鯤鯓集網、赤嵌夕照、金雞曉霞、鯽潭霽月、雁門煙雨、香洋春耨、旗尾秋收，雖然大半是文人向壁虛構的，但其中的「赤嵌夕照」美景，卻是當今人們還見得到的。遺憾的是，昔日那「汪洋浩瀚，可泊千艘」的臺江，竟不知該向何處去尋覓了！據《臺灣省通志》記載：「赤嵌樓名稱的由來是，這座普羅民遮城『建於江邊，閩人謂水涯高處爲墈，訛作嵌，而臺地所用磚瓦皆赤色，朝曦夕照若虹吐，若霞蒸，故與安平城俱稱赤嵌』」。

明永曆十五年，鄭成功從鹿耳門潮流口入湖內海臺江，攻取普羅民遮，設置承天府後，大約有九個月的時間都是在這裏籌劃軍機，直到鄭經嗣位，裁撤承天府，才把它改成火藥軍械庫。

到清朝以後，它仍然作貯存火藥軍械用，但那時已經有文人雅士常來這裏憑弔賦詩和泛舟垂釣了。康熙時巡臺御史張湄有詩云：「巍樓遙望屹西東，月戶雲窗結構工，極目晚天環海市，倚欄誰憶荷蘭宮？」從中可以看出，當時赤嵌樓的建築還是頗爲完好的。

康熙六十年，朱一貴等反抗臺灣知府殘害農民的暴行，在鳳山舉行了起義，義軍將赤嵌樓門額上四個精鐵打造的荷蘭字拆去製造兵器，加上頻繁的地震，屋宇倒塌得只剩牆壁和城垣。雖然乾隆十五年時，知縣魯鼎梅將官署遷到隔鄰，並派人灑掃管理，開放憑百姓遊覽，但那時的屋宇已經十分荒涼殘破了。乾隆年間舉人陳輝因有詩曰：「夕陽斜照赤嵌樓，攬古興懷到此遊，廢堞蟬鳴餘老樹，頽牆鴉噪等荒邱。」

同治年間，在赤嵌樓遺跡上修建大士殿。光緒年間，沈葆禎在這裏修建了海神廟，後來又增建了蓬壺書院、文昌閣及奉祀周敦頤、程顥、程頤、張載、朱熹的五子祠，都是把舊臺基削毀部分填平建造的。臺基不夠的，還另外擴建，因此破壞了遺跡的面貌。

日本占領臺灣期間，當地人爲了發掘荷蘭城遺址，拆毀了大士殿和五子祠，被挖掘出來的有東北角的棱堡和文昌閣臺基下的地下室門戶。

臺灣光復後，原來的木造閣樓都已腐朽。經過專案設計，在一九六五年，將赤嵌樓動工改建成現在的鋼骨水泥的樓閣建築，並且把大門從赤嵌樓移到民族路，又將原來南門路功臣祠中的九座御碑（清乾隆五十三年建），遷來樓前陳列，樓側還陳列有清道光年間富紳吳尙新墓前的石像，清將鄭其仁墓前的斷足石馬和各類石碑。

## 臺南孔廟稱首學（臺南孔廟）

臺南的孔子廟，是全臺文廟中最早建成的一座，也是目前臺灣宮廟中保存最完整的著名古迹。由於臺南孔廟是全臺童生入學的地方，所以素有「全臺首學」之稱。

孔子廟位於臺南市南門路二號，始建於明永曆十九年（一六六五年），由鄭成功嗣子鄭經和部將陳永華所倡議。次年落成時名爲「文廟倫明堂」，設立國學敎養臺民。自清康熙至同治二百年間，孔廟曾先後經過十二次修葺，因此廟的規制較完備，整個廟宇宏偉堂皇，環境清幽。在孔廟的正門上，樹有一個「全臺首學」金字橫匾，雄渾醒目，加以紅色院牆，蒼碧古樹，顯得格外莊嚴肅穆。進入正門，放眼便可見到在蒼松古柏下的義路、禮門和大成殿。

大成殿位於院的正中，是祀奉孔子、四配、十二哲的地方。在大成殿的樑上懸有康熙、乾隆，直至光緒等皇帝御筆匾額，東西廡則祀先賢和先儒。東廡有禮器庫，西廡有樂器庫，供每年祭孔之用。後殿是崇聖祠，祭祀的是孔子五代神位。在禮門的東邊，是名宦祠和鄉賢祠，西邊是孝子祠和節孝祠。而大成殿前的禮門、義路，則分通大成坊和泮宮坊，泮宮坊位於門外馬路對面，是臺省古石坊之一。明倫堂、文昌閣和朱子祠，位於正殿的東方，臺南孔廟殿堂衆多而宏偉，不愧爲臺灣文廟之宗。

## 國人寄情開元寺（臺南開元寺）

在我國很多地方都有開元寺：廣東潮州有開元寺；福建泉州有開元寺；臺灣的臺南市也有一座開元寺。

位於臺南市開元路的開元寺是臺南的第一名刹，本名爲北園別館，是鄭成功之子鄭經所建，以爲奉侍鄭成功夫人董氏安養晚年之處。

據考證：北園別館建於明永曆三十四年（一六八〇年）。清軍入關後，逐漸荒廢，到了康熙二十五年（一六八六年），分巡臺廈兵備道周昌，鑒於建築的幽靜，因此大加修整，並增亭院，使之恢復舊觀。

康熙二十九年，分巡臺廈兵備道王效宗和鎭守臺灣總兵王化行，又大事增築，改爲禪院，命名海雲寺。乾隆十五年（一七五〇年），分巡臺廈兵備道書成曾予增修。乾隆四十二年，臺灣知府蔣元樞又重修一次。到了嘉慶元年

（一七九六年）更名為海靖寺。嘉慶五年（一八〇〇年），提督哈當阿翻修該寺時，再將該寺名為開元寺，一直延用至今，已有一百八十多年歷史了。

踏入臺南開元寺，寬闊的庭院和鬱鬱的榕樹，給人以一種舒暢的感覺。而其寺宇建築的宏偉，畫棟雕樑，美輪美奐，可以說是全臺禪院之冠。

寺院前殿供奉彌勒佛，袒胸露腹，眉開眼笑。殿前有哈當題的「彈指優曇」橫匾。殿柱有對聯：「大肚能容，了卻人間多少事；滿腔歡喜，笑開天下古今愁。」眞是胸襟寬坦，令人會心而笑。

中殿供奉的是釋迦牟尼如來佛，殿額題為「天人教主」，殿內香煙裊繞。青磬木魚聲音不絕，且有十八羅漢雕像，法身金碧輝煌。

後殿奉圓通教主，兩旁是地藏殿和鄭王祠，祠內供奉鄭成功和其夫人董氏像。

人們遊臺南開元寺，觀賞有關鄭成功的古迹、遺物，是主要目的之一，寺內保存有鄭成功所用的碗盞，白底蘭花，古色古香，鄭成功親書中堂一幅，上書：「無極而為太極，動而生陽，動極而靜，靜而生陰……」等語。

左廊客堂中，有玻璃櫥，內陳列海螺石一具，長二尺，寬一尺，螺紋甚為清晰，色澤白潔。據傳是鄭經在建北園別館，為其母鑿飲水井時所獲，故該井至今仍名為「鄭經井」，井深六尺餘，周圍以紅磚砌成。

開元寺左側，有七絃竹一叢，竹葉淡綠，竹杆微黃，杆上有蒼青絲紋，其狀確似琴絃，故名。據說此竹是從河南臥龍崗，諸葛孔明作隆中對策處移植到臺灣，由董氏親手栽種。

寺後還有舍利藏、入覺路、無愛園等去處。舍利藏圓光三塔是寺僧納骨處。三塔並立，中塔最高，巍然高聳；無愛園內則花木扶疏，入覺路上綠蔭夾道，均為一時之勝。

## 臺南獨尊郡王祠

（臺南延平郡王祠）

臺南市延平郡王祠最初稱開山聖王廟，整座祠堂三進九楹，是臺灣省內惟一的福州式廟宇建築。

祠堂正殿有東西兩廡及儀仗所、祭器所，再前為櫺星門，前庭有照壁及東西轅門，這是清光緒元年三月至八月就原址拓展重修的規模。一九六三年又再次予以修繕。現在的祠宇，莊嚴壯麗，金碧輝煌。

正殿中，正中奉有延平郡王鄭成功塑像，左右塑甘輝、張萬禮兩將軍像，後殿是鄭成功的母親田川太妃祠，左是明太祖九世孫朱術桂寧靖王祠，右是鄭成功長孫鄭克壓監國祠，東西兩殿分別祀有明末海疆諸臣及殉難諸將共一百一十四人。

祠旁花圃綠竹、小湖、拱橋、亭榭，均賞心悅目。祠南建有鄭成功紀念館，樓上陳列史跡文物，供人瀏覽。睹物思人，凡來此瞻拜者，無不對這位忠貞的愛國英雄產生懷念之情。

明末民族英雄、延平郡王鄭成功，明天啓四年（一六二四年）陰曆七月十五日誕生於日本的河內浦，清康熙元年（一六六二年）陰曆五月初八日卒於臺灣，享年三十九歲。其父鄭芝龍從事海外貿易起家，受明朝招撫後，累擢爲閩粵總督，並被封爲南安伯、太師平國公。崇禎初年（一六二八年），福建大旱，鄭芝龍曾向朝廷建議把饑民數萬人移到臺灣，「人給銀三兩，三人給牛一頭」，從事墾荒，致使臺灣得到了進一步開發。鄭氏的母親田川氏（一作翁氏），是日本平戶人田川氏之女。西元一六四五年，鄭成功受到隆武帝朱聿鍵的重視，賜國姓後，田川氏由日本來到福建家鄉安平。西元一六四六年，唐王朱聿鍵爲清朝所滅，鄭芝龍降清，田川氏因不甘受辱，自殺身亡。

鄭成功原名鄭森，字大木。七歲時，由日本回到故鄉福建。他少年之時就聰明過人，心懷報國之志。一次，他父親問他長大後做什麼，鄭成功回答：「文如諸葛亮，武像關雲長」。他十五歲在泉州府考中庠生。二十一歲，隨父到南京，就讀於國子監。二十二歲（一六四五年）回到福建安平。這一年唐王朱聿鍵在福建即位，號隆武。一天早上，鄭成功隨父上朝，隆武帝與他談論明朝大半河山陷落，今後應如何打算，鄭成功說：「陛下若有信心，高舉復明大旗，各路勤王定齊心響應。」他還說：「岳少保曾云：『文臣不愛錢，武將不怕死，則天下安矣。』依臣看來，這在今天是至關重要。」接著鄭成功又爲隆武帝詳細地分析了當前形勢和他恢復明朝的見解。隆武帝非常喜愛鄭成功，就讓他任御營中軍都督，賜國姓朱，改名「成功」。因此，福建人就稱鄭成功爲「國姓爺」。

明隆武二年（一六四六年），由於鄭芝龍降清，清軍占領了福州，活捉了朱聿鍵。鄭成功對父親的可恥行爲氣憤已極，又聽說清軍打到了福建安平他的家中，母親慘死。他雖然打退清軍，回到家鄉，已是家破人亡，這時國恨家仇齊湧心頭，他決定棄文就武，攜帶了儒巾青衫，來到南安豐州孔廟，在孔子牌位前說：「昔爲孺子，今爲臣，向背去留，各行其是，謹謝儒服，惟先師昭鑑。」然後把儒服燒掉，遂長揖而去。

鄭成功在滿懷悲憤之餘，覺得安平地方不可久守，遂樹起「殺父報國」的大旗，帶領部下乘船入海。他同明朝閣部路振飛、曾櫻等在鼓浪嶼集會，設高皇帝朱元璋神位，誓師海上，要恢復大明江山。他傾全部家產建軍，移師廣東、福建二省交界處的南澳島上，招集逃散舊部，號召抗清復明。當時，各路勤王之師遠近咸至，軍威大振。

西元一六四七年，永曆帝朱由榔即位於廣東肇慶，是年爲明永曆元年。在鄭成功率軍轉戰的第二年，朱由榔即位的消息才傳到福建，鄭派人奉表朝賀。明永曆三年正月，朱由榔封鄭成功爲寧遠侯，後又晉封爲廣平公。

從隆武二年（一六四六年）至永曆七年（一六五三年），鄭成功鞏固了自己在廈門、金門的根據地，擴大了外圍的據點海澄、長泰、漳浦、潮州、潮陽、惠來，壯大了自己的隊伍，軍中將士發展到數十萬之衆。爲他大舉北伐打下了基礎。這期間，清軍多次派人前來招降，並許以封官晉爵，都被鄭成功嚴辭拒絕，清政府最後以囚殺其父和家人相要挾，但鄭成功始終不爲所動。

明永曆七年（一六五三年），鄭成功被晉封爲延平郡王，從西元一六五六年至西元一六五九年，鄭成功曾率大軍三次北伐，而尤以第三次北伐規模最大，他統率十萬軍隊於西元一六五九年至崇明，六月破瓜州，下鎭江，直撲南京城下，以八十三營軍隊，圍困了南京城，使清廷心驚膽戰。但終於因屯於堅城之下，坐待敵人投降，反而中了奸計，遂使這次抗清復明的壯舉不幸失敗。鄭成功三次北伐之後，深感廈門單弱，不能久守，這時，恰好荷蘭人的翻譯何廷斌向鄭成功獻上臺灣地圖，使鄭成功下決心收復臺灣，以爲抗清復明的根據地。

西元一六六一年三月二十三日，大軍從金門料羅灣出發，到西元一六六二年二月一日，鄭成功驅逐了荷蘭侵略者，收復了臺灣，前後經歷了一年的艱苦鬥爭。大軍登上臺灣島後，受到臺灣人民的熱烈歡迎，鄭成功也特別重視團結臺灣的兄弟民族，他曾親自到高山族各村社進行訪問，並贈牛、犁，還派專人幫助他們發展生產。

鄭成功在臺灣實行了屯田政策，大規模進行開墾，招致沿海一帶移民，進一步開發了臺灣，他的兒子鄭經，進一步開發了臺灣西部平原的大部分。製糖、曬鹽、採金、冶鐵等事業也日漸發展。臺灣經過鄭氏父子歷時兩代（一六六一—一六八三年）的經營，人口大大增加，生產力有了很大的提高，奠定了臺灣後來經濟發展的基礎。

公元一六六二年鄭成功逝世以後，臺灣人民非常懷念這位偉大的民族英雄，就建立了祠堂以昭示後人發揚愛國主義精神。僅在臺灣，紀念鄭成功的紀念館，就約有六十座之多，而歷史最久、建築規模最大的就是這臺南市東區開山路的「延平郡王祠」了。

祠中有一聯云：

開千古得未曾有之奇，洪荒留此山川，作遺民世界；

報一生無可如何之遇，缺恨還諸天地，成創格完人。

此聯爲福建船政大臣沈葆楨在同治十三年（一八七四年）巡視臺灣時所撰。他還建議清政府把本廟列爲國家祭典。光緒元年（一八七五年）廟宇擴建，改稱作延平郡王祠。祠中還有臺灣愛國詩人丘逢甲撰作的一副名聯：

由秀才而封王，主持半壁舊江山，爲天下讀書人頓增顏色；

驅外夷以出境，自闢千秋新事業。語中國有志者再鼓雄風。

## 訪古尋勝話馬公（澎湖馬祖廟）

澎湖縣的重點在馬公鎭。馬公原名「媽宮」，是指先民們自閩南移來時奉迎家鄉守護神——媽祖所建的廟宇。這裏是澎湖最早的街市中心，也就是今天的馬公鎭的中央里。代表中央里街開拓痕跡的有萬軍井與四穴井，都在這座媽祖廟的周圍。後來隨著商業活動的東移，以鎭公所爲中心形成的新商業區，使得原本輝煌燦爛的「七街一市」日趨沒落，然而昔日閩南式建築的土角牆、磚牆、桂欄還依稀如舊。

馬公鎭的媽祖廟現名天后宮，舊時也稱娘媽宮。據說這是明萬曆二十年（一五九二年），當地軍民爲祈求地方安寧、漁民安全而合建的。是全臺最古老的媽祖宮。

臺灣人信佛教最盛，全省有上千座大小廟宇，其中爲數最多的是媽祖廟，現存的就近四百座。據《臺灣省通志》中說：「媽祖宮，爲澎湖最古老之寺廟，亦爲全臺灣最古之媽祖廟，雖有北港與臺南二廟，當以此廟爲總本山廟」。由此可見這座廟的歷史是很悠久的。

媽祖相傳姓林名默，福建省莆田縣人，是宋朝一位巡

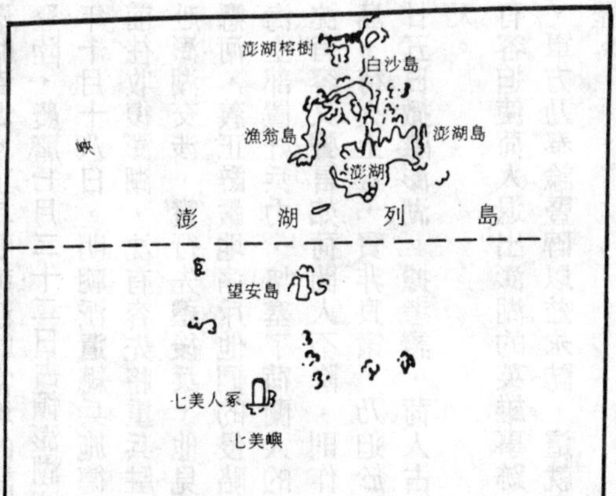


澎湖馬祖廟

官林惟懿的第六女，生於宋太祖建隆元年（九六〇年）。民間傳說她出生後一個月內不發啼聲，所以叫默娘。默娘從小信佛，好行善事，以後離開故鄉救苦救難，二十九歲時渡海昇天爲神。從此林默就被閩南人奉爲媽祖神。自宋朝以來，沿海漁民把媽祖奉爲航海保護神，出海時都要先祭媽祖以求平安。我國除福建外，在天津、上海、寧波等地也都有天后宮，供奉著媽祖海神。當福建人民移居澎湖和臺灣本島後，也將媽祖神像迎到了他們移居的地方，紛紛建廟祭祀，祈求媽祖能給他們以平安幸福。澎湖天后宮的建築結構，樑柱雕刻，石刻窗櫺、石鼓雕琢，都保留著許多我國古老的傳統建築藝術。

澎湖媽祖廟到清朝康熙年間才改名爲天后宮。《臺灣省通志》載：「清代康熙二十二年，水師提督施琅率領兵馬來攻鄭氏時，海路風平浪靜，將校及輜重等，得安渡到達，傳爲賴媽祖神顯靈保佑之力，戰勝後遂上疏奏請加封天后……清廷嘉之，並派禮部郎中雅虎來此祭典。康熙二十三年加封天后，將雅虎祭文鑄造匾額懸掛廟內，今尚存焉。」今日的天后宮是一九二三年又重新修建的。

此外，明萬曆三十二年刻的「沈有容諭退紅毛番」石碑嵌在天后宮後座的「公善樓」東壁上，是現存臺灣的第一古碑。人們知道這塊石碑是一九一九年澎湖人民籌款重建天后宮的時候，因不識其重要性，故將它嵌在牆上。直到一九五三年，這塊石碑才被臺灣學者發現，要求澎湖縣府加以保護。

這塊石碑長四尺，寬尺許，上刻八字，字體蒼勁有力，大小如碗口，筆跡呈正楷，風格古樸、筆鋒清遒。根據歷史考證，關於此碑確有一段動人的故事。

明萬曆二十九年（一六〇一年），歐洲的荷蘭國力日盛。當時，荷蘭聯合東印度公司，有意擴張其在太平洋地區的勢力範圍，遂於明萬曆三十二年，派出提督韋麻郎率領艦隊侵略澎湖。正巧明朝派駐當地的汛兵撤走了，韋麻郎得以登陸，農曆七月二十二日占領澎湖。

同年十月十八日，明朝派遣總兵施德和政令都司沈有容領兵前往收復澎湖，沈有容先將重兵駐於金門料羅灣，而後親赴澎湖交涉，實行先禮後兵，他見到韋麻郎等人後，口若懸河，義正辭嚴地痛斥他們的侵略行徑，加上總兵施德在海上部置好兵力，堵塞了荷蘭人的海上交通和補給通道，沈有容又聲言如荷蘭人不降，則作火攻。荷蘭人見坐困荒島，待火上身，實非良策，乃迫於形勢，於同年農曆十月廿五日撤離澎湖。據考證，荷人占領澎湖凡三個月零十三天。

沈有容迫使荷人退出澎湖的英雄事跡，深得當時軍民的稱頌，軍方乃奉諭豎碑以茲永誌，這就是臺灣最古老石碑的來歷。

在馬公港東北西衛里，至今還殘存著一座媽宮古城遺址，供遊人憑弔。這座古城歷盡滄桑，在中法戰爭及甲午中日戰役中，都曾是我國海軍重要據點，也是臺灣省的屏障要地。

媽宮最早建於鄭成功逐荷以後，當時在這裏設置了安撫司。清康熙二十三年，在此設巡檢署，後來城壘傾塌，就築成小城叫澎湖新城，清雍正五年改置通判，設澎湖廳，又增修了廳舍。光緒十年爆發了中法戰爭，第二年二月十五日這裏被法軍占領，至六月議和，法軍撤退。光緒十三年又重建媽宮城。當時從海上遠望，好似海市蜃樓出沒雲霞之間，稱澎湖第一偉觀，現在城樓坍塌，僅存順承門。

馬公鎮紅木埕十九號，是明朝天啓二年荷人築紅毛城的遺址，現在叫紅木埕，是「紅毛城」的諧音。

在明末天啓二年（一六二二年），荷蘭人出動戰艦七十七艘，進攻澎湖，由媽宮港登陸。荷蘭人在島上大肆拘捕鄉民爲苦工，掠奪漁船六百餘艘，搬運土石築成城壕。建城時，荷蘭人不顧人民生死，凡是逃亡者被捕到，就被活塡到城牆裏，眞是慘無人道。天啓四年（一六二四年）明朝派巡撫南居益等統領三軍與荷蘭侵略者交戰八個月，光復澎湖，並逮捕了荷蘭大帥高文律等十二人。在攻城時，因高文律據守不下。官軍以大炮轟城，城樓傾倒入海，蕩然無存。清乾隆年間，曾在遺址建起一座武廟。

馬公西方海濱的觀音亭，是康熙年間興建，民國初年重修的。在西衛里文澳灣，乾隆時建有文澳城隍廟及文石書院，現在稱爲孔子廟。文石書院面臨海濱，曠闊宏敞，四圍遍植翠竹，間以茅草，鳥聲苔痕，清靜幽雅。右側有一座翠瓦紅柱的書樓。

這座書樓始建於清代乾隆年間，乾隆三十一年冬末，有一位貢生許應元受澎湖通判胡建之命，到這裏提倡儒學，培育人才，後來他募捐得款才興建了這座書院，並題名爲「文石」。「文石」是澎湖特產的一種寶石，質樸而優美，含有五彩光澤，以文石爲書院之名，意思是栽培人才如同文石之美秀，院外大門高懸對聯：「文章闡道德，石寶蘊光輝。」書院正中有文昌帝君像，當時是澎湖儒學最盛時期，至中法戰爭時，院中所藏古書被焚燬一空。再至日本占領時期，文石書院又被改作野戰醫院，文昌帝君像也被移去，換成孔子像，所以後來就誤爲孔子廟。

這些都是先民在澎湖所遺留的古迹，讓喜愛追尋古物的朋友流連忘返。除此之外，澎湖還是個釣石斑魚的好地方，除了農曆過年前後天氣嚴寒外，一年幾乎都是釣石斑魚的日子。自馬公港起沿測天島到郊區菜園里、鐵線里到門櫃里約三十公里形成內湖，沿岸有密集珊瑚礁，是良好的漁場。

（注：本部分主要參考、援引了《福建風物志》、《浙江風物志》、《臺灣風物志》等書的部分資料，在此一併向原作者致以謝意。）

# 西北部

陸　棟　李建國
盧林茂　劉維鈞　編著

# 關中遊覽區

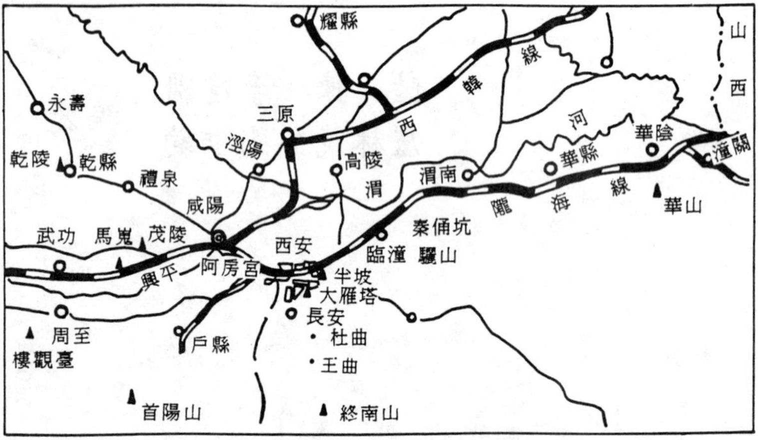
耀縣
山
西
永壽
三原
韓
西
線
河
涇陽
華陰
乾陵
乾縣
高陵
潼關
禮泉
渭南
華縣
渭
咸陽
隴
海
線
華山
秦俑坑
武功
馬嵬
茂陵
西安
臨潼
驪山
興平
阿房宮
半坡
大雁塔
長安
周至
杜曲
戶縣
樓觀臺
王曲
首陽山
終南山

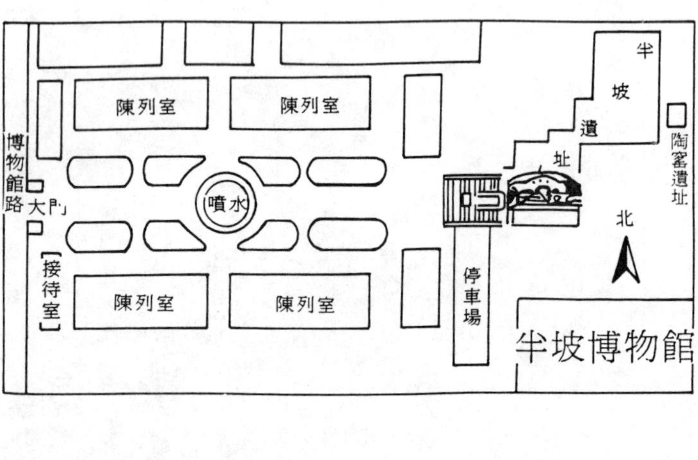
半
坡
遺
址
陳列室
陳列室
陶
窰
遺
址
博
物
館
路
大門
噴水
北
接
待
室
陳列室
陳列室
停
車
場
半坡博物館

# 仰韶文化的奇葩（西安半坡村）

離西安十多里的東郊滻河東岸，有一個背倚北鹿原，面臨滻河水，自然環境十分優美的村莊——半坡村。在村北頭的高地上，有一座引人注目的拱形圓頂的大型建築物，這便是中國第一座遺址博物館、馳名中外的新石器原始村落遺址——半坡博物館。

當你走進半坡博物館時，一定會爲面前橫亘著的水池中央那座小姑娘雕像所吸引。導遊會風趣地告訴你，這是母系氏族社會中一位姑娘的摹擬像，她已死去六千年了，她的遺體就在後面的臺地墓穴裏。

令人注目的是，小姑娘手上抱著造型很美的小口雙耳鼓腹尖底罐子。這是什麼器具？——這是古代半坡人的汲水器，是後來宮廷廟堂裏所用的「欹器」的雛型。

在博物館展室，人們可以看到許多由半坡人——主要是婦女發明製造的陶器。在專門的燒陶區的橫穴窟裏，半坡人利用地上現成的高強度黏土，燒製供炊煮用的竈、罐、鼎器，供汲水用的尖底瓶、葫蘆形瓶和小口壺，供飲食用的鉢、盆、碗、盤、皿、杯，以及用作儲藏的大罐和甕等。在生活較爲安定的環境裏，有經驗的半坡人，還設法用鐵礦石、氧化錳等礦物，爲陶器着色、裝飾。

特別那些尖底汲水瓶，這是半坡人聰明才智的集中表現。這種汲水器兩頭小、中間大，在鼓腹的部位稍下兩側各有一繫繩用的提耳，當罐空時，它的重心就在提耳稍偏上，故可以插在疏鬆的土中不易倒下，要汲水時，只須提着繩，將罐徐徐放下，罐底一觸水面，在水的浮力作用下；罐身即會傾斜，水便流入罐內，水滿，重心下移，罐又自動扶正，由人提用。如果用剩半罐水，由於重心在罐底，罐身仍然直立，穩當得很。可當水滿罐口，重心上移，若沒有人扶持，水罐是十分容易傾倒的。六千年前的半坡人就是這樣利用力學原理，製作了實用的器皿，眞使人感嘆敬佩。

由於這種汲水器，具有「虛則欹，中則正，滿則覆」的特點，在稍加改進後，被後人視爲一種「巧器」，甚至逐漸演變爲具有「宥坐」——勸戒作用的禮器，陳奉於廟堂之中。因爲它的功能正好形象地說明了「滿招損，謙受益」這句古老的格言，從先秦到清代，這類欹器被人們賦予深刻的哲理，而愈益受到重視。比如漢代劉向就從這個爲孔子推崇的欹器引申出一大套做人道理：「高而能下、滿而能虛、富而能儉、貴而能卑、智而能愚、勇而能怯、辨而能訥、博而能淺、明而能暗，是謂損而不極，能行此道，唯至德者及之。」清代有名的學者錢大昕還專門創作了一篇《欹器銘》，說：「哲人知幾，如履薄冰；鑑茲欹器，拳拳服膺。」這些勸誡無非是要人們遵奉封建時代的做人道理，要求人們執中持衡，不偏不倚，從而可以免遭覆滅的厄運。

如果拋去後人對汲水器加以渲染的神祕色彩，還它本來面目，正像半坡小姑娘手中擎著的那隻水罐一樣，對於我們祖先的這種智慧機巧，朋友，你會有什麼感想？

在半坡博物館還可以看到六千多年前先民居住的村落遺址，其中有四十六座房屋遺跡。它們有半穴式的，也有地面構築的，形狀有方形、圓形。這些殘缺不全的古代房屋，淸楚地表明了我國數千年的「人」字形建築風格和「木骨泥牆」的構築方式正是從這裏發端的。而且，特別令人驚異的是，中國傳統的「宮室」形建築，至少在六千年前就已露端倪了。

原來，半坡原始村落中一些房屋，在屋前門道上有支撐起來的「雨篷」，在一人高的牆壁上，還有屋頂的出檐，形式恰似後世的堂屋，房子縱深的部分一隔爲三，又似後來的「明間」——後室。具有前堂後室的建築，在商周時被稱爲「宮」，象形文字「宮」，就是根據古代半穴式的穹廬房屋創造的。可見，半坡遺址中的房屋是與後世的宮室的風格有密切相承的關係。這正應了《周易》中《繫辭》所說的話：「上古穴居而野處，後世聖人易之以宮室。」

## 賞陶紋，話圖騰（西安半坡村）

半坡博物館裏陳列有許多出土的陶器，特別是那些有彩色、有紋飾的陶器，吸引了無數觀衆，使人們對古代人熱愛生活，追求美好生活的情趣大爲慨嘆。

這些珍貴的陶器屬於仰韶文化。因爲一九二一年，最早在河南澠池的仰韶村發現新石器時代的石器、骨器和陶器，而後在黃河中游黃土高原一帶又陸續發現許多同類東西，特別是彩陶，都具有相同特徵，於是以這類彩陶爲代表的遺地和墓葬及其出土文物，便被稱爲仰韶文化。

半坡博物館的彩陶有各種各樣紋飾：繩紋、網紋、幾何形花紋和動物紋。紋飾中可以看到有奔跑的鹿，跳動的蛙，獰厲的豬面以及或靜臥、或騰躍、或追逐游泳的各式魚紋，尤其引人矚目的是有兩頭一身，或兩身一頭的魚，還有魚身人面、魚身鳥頭的奇特形象。這些樸素眞切的圖案，非常明確而又肯定地反映出對象的特徵。這種用特定的線劃工具把形象固定下來，把思想傳達給別人，成爲一種既實用又美觀的寓意圖案的技巧，怎能不令人驚嘆！正是這些美妙的紋飾，啓迪了後世輝煌壯美的建築裝飾，以至衣服、器具的修飾。比如，從周代起，百官的衣服，就以紋飾而區別等級。有人指出，半坡的彩陶上的紋飾，可能就是民族圖騰的起源。我國上古時從圖騰崇拜可以看出我們的先民是非常富有想像力和幻想力的。而且，在這些奇特的思想背後，蘊藏有豐富的感情和意念。隨著社會的發展，紋飾被越來越多地運用於日常生活的各個方面，有些圖案也許因時代的變遷而不同，但圖案的結構原理、技巧卻流傳不衰，從中體現了中華民族的思想感情和趣味愛好。人世間本來沒有什麼龍、鳳、麒麟，可能是在遠古部落間的戰爭中，一方爲了戰勝對方，力圖把所崇拜的動物中的各種有力、優美、特點集中在一種動物身上，加上誇張的線條和嫻熟的技能，於是漸漸產生了具有獸腳、馬頭、鹿角、鷹爪、馬鬃、魚鱗、魚鬚、虎掌、牛耳、蛇項的勇猛神奇的龍，和「鴻前麟後、蛇頸魚尾、鸛顙鴛腮、龍文虎背、燕頷鷄喙，五色備舉」的神鳥——鳳凰，等等。不僅如此，這些由古代圖騰演變而來的動物，還逐漸產生出一個「家族」來，依據每個成員不同的習性和愛好，被置於不同的崗位上，從而形成中國裝飾中一大特色。例如傳說中龍有九子，「贔屓」喜文，又好負重，故石碑、牌樓底下，常常雕有它的形象；「霸下」性好玩水，就被安排在橋洞券面或宮殿大宅的泄水口上；「狻猊」好煙火，香爐、燭臺上多有它在；「椒圖」平生好閒，安分而守己，所以，宮殿、山門的大門上是它最好的職守之處；「睚眦」喜鬥好殺，因此常被鑲嵌在刀柄；「嘲風」平生好險，從不畏懼，故被裝飾在殿堂宮觀各個角上；「鴟吻」好高望遠，則就分布在大建築的屋脊上，可任它四面眺望；「螭首」能防火，故宮殿大宅外的平臺四角邊往往有它；「狴犴」好訟，所以，監獄、牢房門上，多由它鎮守。除了這九種不像龍的龍子外，古書上說還有好鳴的「蒲牢」，好音的「囚牛」，好吞的「蚩吻」，好吃的「饕餮」，好腥的「蚸蜴」，好風雨的「蠻蛭」，好文采的「螭虎」以及不睡的「金吾」，也都是龍的家族成員。今天，人們參觀中國各地名勝古跡，甚至海外華僑集中區的一些建築，看到那許多奇特莫名的獸雕、獸形，大部分都是龍的家族成員。中國人還善於利用諧音將吉祥的意願物化，一件普通的器物，就這樣變成了寄託情思的對象。例如，柿形的器皿上刻著一柄如意，象徵「事事如意」，在花瓶上雕有鵪鶉，表示「平平安安」等等。

在遊覽半坡博物館中，人們會有一個疑問：爲什麼陶器上少有植物飾紋？原來在古代，黃河流域中上游因爲氣候緣故，大地多荒漠原野，紅花綠草很罕見，山嶺岡阜也少樹林，所以古代人對植物的了解把握就不如對日月山川及各種動物熟悉。周代時，雖已用藤蔓作爲建築物的花飾，但常用的各種禮器、食具上卻還未曾出現。到了漢代，才開始有較多的植物花紋以爲裝飾，然而栩栩如生的各類植物飾紋，是遲至六朝以後，隨著南亞印度佛教的傳播流行才陸續出現的。

# 西安初識（西安古城）

「秦川自古帝王州」，這是詩聖杜甫對陝西關中的一句詩評。如果說，八百里秦川自古是中華民族文明的搖籃，是「金城千里」、「天下之奧區」而爲世所矚目的話，西安則是它的一顆璀粲明珠。

西安之所以成爲世界名城之一，之所以有「不到西安，等於未去中國」的說法，不獨因爲西安地區有令人眼花繚亂的古建築、古墓葬、古遺址、古文物，而且地上的每一寸土地，它都可以告訴你一些可歌可泣或者有聲有色的故事。

然而，赫赫有名的西安怎麼產生的，這是所有旅遊者很感興趣的問題。西安，從西元前十一世紀起到西元十世紀，先後有十個朝代在此建都。有名的周幽王、秦始皇、漢高祖、漢武帝、隋煬帝、唐太宗、武則天、唐玄宗等近百個帝王在這裏度過了他們的宮廷生活。作爲中國六大古都之一，西安在有文字記載的歷史長河裏，就占去了四分之一強的時間。西安，歷史之久、建朝之多、勝跡之豐富，不僅是中國城市之最，在世界名城中也是罕見的。古老而又美麗的西安，曾有過許多名字。正是這許多不同的名字，再現出她走過的漫長的歷史道路。

從膴膴肥美的周原（今陝西岐山）強盛起來的周族，於西元前十一世紀遷到了今西安市西南十餘公里的豐河畔。周人用豐河的「豐」字，和在周原時的宮城名字「京」合起來，因而，命名了自己的新首都爲「豐京」。從此，中國開始了將首都稱爲「京」的歷史。後來，周人又在豐河東岸擴建京都，是爲「鎬京」，這個得之神助而起的名字，與豐京合稱「豐鎬」，這就開始了古代西安作爲國家首都歷時一千多年的輝煌歷史。

西元前四世紀，在戰國混亂局面中崛起的秦國遷到西安西北十多里的渭河之濱（在今咸陽市以東約十公里）。這裏處於山之陽（北山之南）水之陽（渭河之北），都是朝陽的地方，所以秦人便稱自己的首都爲咸陽，後人也有稱做渭城的。經過一百多年艱苦戰鬥，秦王嬴政消滅六國，統一中國，建立了中國第一個強大的封建王朝，國號秦，自稱始皇帝，這就是中國歷史上，陝西簡稱「秦」，古中國稱做「秦」和一國之主叫皇帝的源頭。

秦滅，楚漢相爭。沛縣（今江蘇西北）泗水亭長出身的劉邦以關中爲根據地，取得勝利，建立漢王朝。經過利弊權衡，劉邦「富貴不歸故鄉」，決定在「被山帶河」、「固若金湯」的關中建都。由於壯麗宏偉的咸陽宮殿燬於項羽一炬，漢初只能用秦朝的一座離宮作爲臨時國都，稱做渭南——意在渭河之南。七年後，未央宮落成，漢高祖劉邦覺得其弟長安郡主成蟜的封號含意美好，正寄寓了他的「欲其子孫長安於北」的願望，於是，成蟜居住的這個咸陽東南不見經傳的封地——一個村落的名字，便被借用來作爲以新宮殿爲中心的國都名稱了。從此，聞名於世的長安，便頻頻出現在史冊之中。修築了五年之久的漢長安，由於它的南端狀如南斗星，北部又似北斗，故人們多習稱長安爲斗城，這一俗稱在民間沿用了至少有三四個世紀。

西漢末年發生了王莽篡權，改國號爲「新」，他同樣希望自己能夠長久治安，於是改長安爲「常安」。可是，無情的歷史，只讓他做了十五年的皇帝。

從西晉到北魏，是我國動亂分裂時期，史稱「五胡十六國」。這一時期與後來的南北朝，北方有一些少數民族先後在長安建都稱國，它們有前趙、前秦、後秦、西魏和北周。

西元五八一年，外戚楊堅從北周幼主手中接管了政權，建立隋王朝。由於幾個世紀以來的戰亂，漢長安城遭到嚴重破壞。隋文帝楊堅起用著名建築家高熲和宇文愷，在漢長安城東南方向重建新都，名爲大興，這既有楊堅曾爲大興郡公的緣故，又有興起一代新朝的意思。大興城就是名揚世界的唐都長安的前身。這座由宮城——皇室起居地、皇城——政府機構所在地和郭城——官邸、民居、工商行業等三部分建築組成的城市，規模宏偉，布局嚴整，風格獨特，在當時，無論從哪方面看，都堪稱世界一流。

西元六一八年，李淵父子推翻了荒淫無道的隋煬帝，建立聲名赫赫的唐王朝。唐朝仍以大興城爲國都，不過恢復了長安的舊稱。漢代對家天下的厚望同樣也是李唐君主的意願。經過王朝的大力規劃和營建，長安內外，景物更趨完美。政治、經濟、文化的空前發展，使長安迅速變成了東方大都會、國際矚目的中心。長安，是這樣令人仰慕嚮往，以致詩仙李白寫出：「長相思，在長安。……長相思，摧心肝。」這樣情切的詩句。他的「總爲浮雲能蔽日，長安不見使人愁」，更是道出了人們的共同心聲。許多詩人墨客，甚至有的不呼長安之名，而以「帝都」、「京城」、「帝京」、「帝城」來表達自己對泱泱大都長安的傾慕。唐亡之後，從宋到清，儘管在近千年時間裏，這座顯赫城市的重要性大爲降低，「長安」一詞卻仍然生活在人們心中。尤其是文學藝術家們，始終把長安作爲一國之都的同義語和代稱，而屢屢出現在歷代的詩文畫卷中。這種對美好事物和理想的眷戀鍾情，對古都名城的懷念，在世界上大概也是絕無僅有的吧。

可惜的是，經隋、唐兩朝修建的這座大都會，在唐末戰亂中，幾乎化爲廢墟。長安城變成「十室九空」，昔日繁華的街市成了麥苗秀秀的廢市荒街，雄偉的含元殿上，竟然成了狐兔們的天下。曾經目睹唐朝滅亡的詩人韋莊這樣傷懷地寫道：「滿目牆匡春草深，傷時傷事更傷心。車輪馬跡今何在？十二玉樓無處尋。」詩人哀嘆的不僅是可見的荒蕪景象，更是千百年來在人們心目中構築起來的美好希望付之東流。

唐代最後一個皇帝昭宗被迫東遷洛陽後，駐守長安的佑國軍節度使韓建，不得不將殘垣斷壁的長安重加修整，他把周長七十多里的城垣大大縮小，將破亂不堪的皇城稍加修理以作官府民居之用，他甚至顧不上原國子監等處珍藏的大批石經碑碣，任其散落城外荒野。這草草葺修的皇城，被人們稱爲「新城」，這就是沿至五代、宋、元各朝的長安城規模，基本上就是今天西安城的框架。

長安經過浩劫，雖然再沒有恢復大唐國都的風采，但作爲以後各朝的西北邊地重鎮，仍然體現了人們對它的深情厚望。

後梁時，這裏被改名爲大安府，不及數十年又被後唐改爲西都，又稱京兆。京兆或京兆府之名一直沿用至宋亡，歷時三百五十多年，其中也深深透露出後代對先朝盛世的懷戀。

十三世紀時，元世祖忽必烈建立起中國版圖最大的元王朝。建都大都（今北京）。忽必烈沒有忽視昔日長安的歷史價值。他派自己第三個兒子爲安西王，駐守京兆，因此京兆改名安西路，意思是希望西部安定。只因後來安西王的第二代謀叛被殺，安西路遂改爲奉元路，含有要求尊奉元室，不有二心的警戒意思。

一三六八年，朱元璋領導紅巾軍起義，建立明王朝。洪武二年（一三六九年），關中收復，即把奉元路改爲西安府。從此，西安這一名稱正式誕生。西安，是希望大明江山西部邊陲平安的意思，這與這座城市建立以來各種命名的涵義完全一脈相承。

明朝政府在奉元城的基礎上，對古城進行增修，將原城的東、北兩邊向外擴展了約四分之一的面積，整個城市周長爲二十四里。經過幾次整修，特別是明末對城牆四關的修築，西安城的規模和形式，從此固定下來，直至今天。

人們認識西安，大多首先從認識西安城牆開始。正是由於這現世罕存的雄偉壯美的古城牆，才吸引並將人們的思緒牽向遙遠的過去。

中國的城垣建築，至少可以追溯到周代。《周禮》中詳載了都城宮室之制，比如「匠人營國，方九里，旁三門」；「宮隅之制七雉，城隅之制九雉」。「雉」是古代計算城牆面積的單位，長三丈高一丈爲一雉；「宮隅之制，以爲諸侯之城制」等等。從春秋戰國起，中國各地諸侯爲防少數民族入侵，十分注意修城築牆，秦代的萬里長城，就是有名的典型事例。城牆的作用，正如《詩經·大雅》所述：「以爾鉤援，以爾臨衝，以伐崇墉。」墉，就是土壁。崇國正是依靠了高大的土壁，才敢與周文王對抗。當時的城牆，多爲土夯，土則從城邊掘隍（河溝）而得，所以《易經》中有「城復於隍」的句子。這種城牆當然多在中國北部黃土帶，厚實而鈍重，與南方的城牆大爲不同。例如，直到六朝時，南方大城建業（今南京），它的城牆還是竹籬笆！當時有官員上書：「白門三重門，竹籬穿不完」，齊高帝接受諫言，設法用土、磚築牆替換了竹籬。

從方志筆記中知道，地方官員的職責之一是能否使所轄地區人民安居樂業，不受擄掠侵害，特別在與遊牧少數民族爲鄰的西北、北部地區，地方官的責任尤重。一個好辦法，即依古例在城池四周築牆，牆外護城河——隍上架設可以升降的吊橋。這種以城牆爲禦敵的手段，甚至影響到城市的作坊、官府和民居建築。如隋唐時，長安城劃建的坊，每坊四周都有高牆；官衙和達官貴族的宅邸更有高牆圍護。

中國古代以城牆作爲卻敵的防禦思想，深深浸透著歷代王朝。朱元璋在建立明朝前的群雄爭逐中，曾不恥下問，任賢納言，其中膾炙人口的是他幾顧茅廬，從老儒朱升處求得寶貴的三句話：「高築牆，廣積糧，緩稱王。」正是這重要的三條建議，給予朱元璋以巨大的幫助。明立後，這個「非深溝高壘，內儲外備，不能爲安」的高築牆作法，一直爲朱元璋遵循不怠，遂與漢代重視墳塋，唐代廣建佛塔，並爲中國建築史上三個突出的現象。所以，後人有「漢冢唐塔朱打圈」的諺語。

朱元璋十分重視西安，他甚至有建都西安的打算。後來，封了他的次子朱樉爲秦王，鎮守西安。在修建秦王府時，原有的城池多有殘缺，既不能對城中居民行保護之責，更不能護衛王府的安全，於是開始了對西安城牆的拓寬工程。拓建前後用了八年，到了一三七九年，一座高十二米、頂寬十二至十四米、底厚十四至十八米、周長十三點七公里的敦實穩重、雄偉巍峨的城牆出現在人們面前。它雖比當時的都城南京和北京規模要小一些，但那種穩固威嚴的氣魄，則顯示了軍事重鎮的特點。

西安城牆雖幾經修建，但始終未脫離三千年前《周禮》中就已規定的古制。從這一現象，也可看出中國人是多麼重視傳統性和尊重列宗列祖從實踐中總結出來的規矩。

西安城牆四方各有一門，較之隋唐時之長安城各有三門要大爲減少。這大概是明代地方官府爲了最大限度減少敵人攻擊的目標之緣故。四門中原先各有高牆三道，門洞三重，城牆上由裏到外聳立著正樓、箭樓和譙樓（又稱閘樓）。樓高都在二十米左右。譙樓突出在城門前方，是城門防區的前沿，擔任偵察的士兵就在這樓內居高臨下觀察敵情，平時，則是更夫打更報時的地方。箭樓爲城防區的作戰中心，它面向城外的正面高大牆壁上排列有箭窗四層，每層十二孔，兩側各有三層，每層三孔，弓弩手和槍手就憑窗擊敵。正樓又稱城樓，是軍事指揮地和軍需供給處。每座城門正樓兩旁都有緊貼城牆的馬道，官兵車馬可以由內環城路直奔馬道登城守禦或作戰。在西安城牆上周遊一圈，會令人感佩數千年來中國人巧妙設計的這種有效的防禦系統。今天，人們在西安東門和西門還可以看到壯觀的城樓和箭樓，南門和北門則只分別存留了城樓和箭樓，四個譙樓完全圮毀不存。

這座古城牆上的外沿，每隔一百二十米有一個突出城牆外的部分，這就是可以三面防敵的「敵臺」，俗稱「馬面」。兩座凸出的敵臺間的中心，距兩臺都是六十米，恰在弓箭、飛鈎等古兵器的有效射程之內。每座敵臺上建有簡易的敵樓或卡房，以備駐兵。西安城牆原有九十八座敵臺，可惜都已毀敗。今天，隨著環城公園建設，仿古敵樓正在復建之中。

城牆四角各有一個突出的角臺，這是防禦工程中重要的據點。角臺上原有比敵樓高大的角樓，但都毀敗了。

在城牆頂外側可以看到一溜一米左右高的帶垛口的短牆，在建築上稱爲女牆，或叫雉堞，這是爲士兵防護用的。垛口及垛口下部的方孔，則是用來瞭望和射擊的。有人統計過，西安城牆原先共有五千九百八十四個垛口，今天除了在南城牆上還可以看到比較完整的女牆和垛口外，其餘也都毀壞了。

這座稀世的古城牆，充分體現了西安作爲邊陲重鎮的防禦構想，是研究中國古代城建史、軍事思想史的極寶貴的實物資料。

## 秦川第一宮（西安三橋鎮）

如果說，「庭院深深深幾許」的北京故宮，是一幅工筆重彩的畫卷，那麼，被譽爲秦川第一宮的西安阿房宮，就是一軸濃淡相間、氣勢不凡的長卷畫了。據史料載，它「覆壓三百餘里，隔離天日」，「五步一樓，十步一閣」，「矗不知其幾千萬落……」這是唐代詩人杜牧在有名的《阿房宮賦》中描寫的景象，雖不免誇張，卻可以想見阿房宮那巍然的氣魄和一望無際的規模！

史載，秦始皇在消滅東方六國之後，「以爲咸陽人多，先王之宮廷小」，便徵發刑徒七十萬人，伐盡「蜀山」森林，在渭水之南（今西安西阿房村）興建宮室。僅一個前殿，其規模東西五百步，南北五十丈，可容納一萬人，豎立五丈大旗。相傳整個宮殿群要有七百餘所大小殿宇，一日之中，各殿氣候冷暖有別，「廷中可受十萬人，車行酒，騎行炙，千人唱，萬人和」。如果配上旁邊的興樂宮、蘭池宮、鐘宮、望夷宮等，以及用複道、甬道相連的宮闕樓觀數百座，那麼，八百里秦川將是一個宮殿的王國。

秦始皇將從各國搶來的禮器鐘鼓、珍寶、美女充藏深宮內。這位始皇帝巡迴遊幸各宮室，一天住一處，直到死去，還未把宮室住遍！在秦始皇死時，阿房宮前殿未能竣工，接位的秦二世胡亥繼續營建，並修後宮。由於王朝的殘酷和壓迫，導致陳勝吳廣農民大起義。楚霸王項羽攻入咸陽，焚燒秦宮，大火三月不滅，阿房宮連同其宮觀都嚮於一炬。「雲閣曲連三百里，野風吹作楚人衣」，可以稱作寰內驚世駭俗的秦川第一宮，就此留下一片瓦礫廢墟，然而，它的宮牆直至宋代才告圮敗。

今天，當人們驅車去咸陽途徑三橋鎮時，在附近的阿房村還可以看到一條七米高、一千多米長、二百多米寬、占地二十六萬平方米的土嶺，這就是當年聲勢赫赫阿房宮的前殿遺址。

在遺址中有一座周長三十一米、高二十米，用夯土築起的大土臺基，當地村民相傳爲「始皇上天臺」。傳說秦始皇希望長生不老，下令方士徐福（又作徐市）帶領五百童男童女渡海去尋長生不老藥。徐福臨行前，要求始皇築高臺祈禱他成功歸來，於是便在新宮內修建大臺：「望想臺」。豈料，臺未完工，始皇便在出巡中病死。這座臺基也就遺留至今，成爲阿房宮遺址中最顯著的遺跡。僅是這片殘跡面積，即相當於北京故宮的兩倍！無怪日本建築史家伊東太原也要讚嘆：「阿房宮可謂世界第一大建築」了。

這個於一九六一年被宣布爲全國重點文物保護的地區，距西安市區七十五公里，交通便利。隨著秦城文物遊覽中心的開發和建設，這裏，將部分恢復古代宮殿的風貌，阿房宮將會以獨具的形象向人們訴說滄桑的變遷。

阿房宮，這個名字很是俚俗，完全不如其它宮殿名字的涵義深遠和朗朗上口，這是什麼原因？中國自古以來，對事物的命名十分重視。尤其涉及皇室的事，更是十分謹慎。阿房宮並不是秦王朝這座無與倫比的宮殿的眞正名稱。始皇營造新宮殿，一是因爲京城咸陽北塬雖已有許多宮室，但仍不敷四方臣民朝拜的需用，二是三代以來渭河南岸豐、鎬之間，有帝王貴氣，但先王在此建都的業績在秦始皇看來都算不得什麼，應在此別築新宮，「吾聞周文王都豐，武王都鎬，豐鎬之間，帝王之都也。」三是爲顯示一統天下的聲威。因此，對陸續建築中的宮室，只能暫且名之，要等全部宮殿落成後，才可「更擇令名名之」。阿房宮是全部工程中前殿的名稱，當時因爲建築規模宏大，儼如城闕，所以又有「阿城」、「阿房宮城」的稱呼。據顏師古說，「阿房」即「近旁」的意思，「以其去咸陽近，且號阿房」。此「號」是官稱，還是俗稱，史書雖無記載，但從今天陝西方言中廣泛指「那個」爲「阿個」，「那座房子」爲「阿房」，可以表明，阿房宮之名是一種臨時性帶有俚俗的稱號（它的正確讀音爲「『倭旁』宮」）。從秦川第一宮的名字，可以想見始皇當初強徵刑徒大興土木的急促情勢，又可推想這一勞民傷財之舉在百姓中造成一種敢怒不敢言的心理。

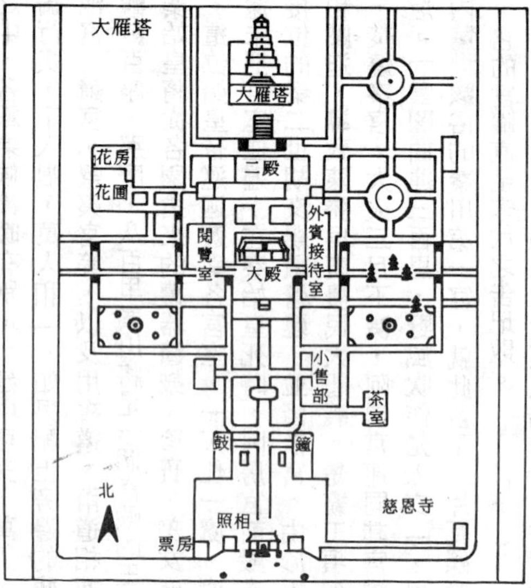


西安慈恩寺

## 慈恩寺漫話（西安慈恩寺）

乘車從西安和平門出來，行駛在筆直的雁塔路大道上，會見到一幅精美絕倫的圖畫：挺拔突兀的大雁塔在兩排齊整的梧桐樹的交會盡處，直插蒼穹，正如古人描寫的那樣：「塔勢如湧出，孤高聳天空」。

被視爲西安市標的大雁塔，原是座唐代寺塔。它最初的名稱叫慈恩寺塔，或稱慈恩寺浮圖。在塔建成後五十多年的唐中宗時，一個名叫孫佺的在以《奉和九月九日登慈恩寺浮圖應制》爲題的詩中，第一次以「雁塔」稱之。此後，許玫有《題雁塔》詩，徐夤有《塔院小屋皆是卿相題名因成四韻》律詩，又先後提到「雁塔」。原來這裏有個佛教故事，相傳摩揭陀國有一寺僧，一日見群雁飛過，忽有一雁落地摔死，群雁戀戀不忍離去。寺僧認爲雁具菩薩之心，遂埋雁建塔紀念。但將慈恩寺塔專稱作大雁塔，卻是明代以後的事了。

慈恩寺和大雁塔是西安的象徵和驕傲，它與青龍寺、寒窰、夾城遺址、小雁塔、興教寺等共同組成了唐代文化遊覽中心。

大慈恩寺在西安城東南隅的四公里處。唐代長安城裏佛寺、道觀很多。如位於現在南郊小寨原靖善坊的大興善寺，吳家墳地區保寧坊的昊天觀，和平坊的莊嚴寺，永陽坊的總持寺，辛加坡村崇業坊的玄都觀等，都各占其所在坊的大部或全部土地（唐長安城內有十分整齊的區劃結構——坊，全城共一百零八坊，每坊面積大約八百畝）。慈恩寺雖不算占地最大，而名聲和影響卻遠在各寺之上。

慈恩寺，原名無漏寺，創建於隋代。貞觀二十二年（六四八年），太子李治爲紀念他的亡母文德皇后（即長孫皇后），用以報答慈母「昊天罔極」的養育恩德，將無漏寺改建更名爲「慈恩寺」。唐人對於宗教極爲虔誠，佛、道、祆、景以及摩尼諸教都有廣衆的教徒。從大量出土的墓誌碑銘來看，信仰佛教，或亦佛亦道的居多。在人們追求衆多的功德中，建寺度僧最爲重要。對於帝王、宗室和貴戚來說，興建佛寺爲亡故宗屬追薦冥福就更爲多見了。

慈恩寺占據了長安城晉昌坊的東半部土地，面積近四百畝左右。修建時，集中了許多能工巧匠，以及知名的畫家、建築家，如吳道子、尹琳、閻立本兄弟、尉遲乙僧、鄭虔、王維等，由是，全寺重樓複殿，雲閣禪房，僧寮客舍，曲徑迴廊，林林總總蔚成名目高雅的一十三院，各式房舍一千八百九十七間。名家壁畫布列其中，雕樑畫棟比比可見，眞是美侖美奐，反映出經濟文化高度發展的「貞觀盛世」的風貌。

李治選擇這個地方，完全符合他的「挾帶林泉，務盡形勝」的要求。確實，作爲國際大都會的長安再也找不到第二處如此優美的環境。寺東南和仕女如雲的曲江相望，西南則與景色旖旎、繁華似錦的杏園比鄰；煙水明媚、水竹環列的滻河黃渠從寺南潺潺流過，地勢高敞，靈氣氤氳的樂遊原舒緩地坐落在寺北。

在「貞觀之治」所奠定的雄厚的文化物質基礎上，以皇家爲代表，大開「造寺塔、修功德」的風氣。「輪迴報應」的佛教宗旨被具體化爲「施教佛僧中塔寺一錢以上，皆二萬四千倍報」。社會上下以不同方式，不惜巨財，大興土木，營造寺塔，以求來世不苦。因此，形成「天下十分之財佛有七八，出財依勢者盡度爲沙門」的局面，全國到處有寺有僧，造建寺院唯恐不大，不高，不多，不雄奇瑰麗。這當然是人民負擔加重，社會風氣畸形的原因之一。

在唐代衆多的寺院中，慈恩寺能名聞遐邇，首先是與玄奘譯經有關。

當慈恩寺改建落成不久，唐太宗即敕命剃度三百僧人，並請五十名高僧到寺內經管佛事。當時身爲太子的李治又特意宴請從印度取經返國不久的高僧、三藏法師玄奘來寺任「上座」，總理寺務。

玄奘，河南偃師人，俗姓陳名禕，十三歲即在洛陽出家爲僧。二十八歲時爲在佛經學習中探本尋源，解決疑難，開始了長達十七年的西遊取經。貞觀十九年（六四五年），他帶著五百二十夾六百七十五部梵文經典返回長安。唐太宗見玄奘「學業該瞻，儀韻淹深」，勸他還俗「共謀朝政」，玄奘婉言辭絕，即在弘福寺開始了大規模的譯經工作。三年後，太子李治親迎玄奘於慈恩寺，從此揭開了中國佛學發展史上新的一章。

我國的翻譯史，是從佛教經典的翻譯爲濫觴的。它的開創者是東漢時來中國的印度僧人加摩騰和竺法蘭。但眞正意義上的翻譯活動，是從東晉時出現規制完備的譯場開始的。到了唐代，我國的翻譯事業達到空前的規模和水平。長安的慈恩寺、興善寺和薦福寺是著名的三大譯經場，而東晉的鳩摩羅什，南北朝時陳國的眞諦，唐中葉的日本僧人不空和這位不凡的玄奘，並稱爲我國歷史上四大翻譯家。由於玄奘精通漢語和梵文，同時對佛教經典有精深的研究，所以能將直譯與意譯結合，既忠實於原作又臻文義通暢。這種圓炯精到的譯筆，使佛經翻譯質量大大超過前人，開創了翻譯史上的「新譯」時期。

皇室對玄奘的譯經工作給予了最大的支持。太宗父子特命在慈恩寺東院別造譯經院。從史籍中可以了解到，這組建築物十分華麗，裏面是「虹梁藻井，丹井雲氣，瓊礎銅揞，並加殊麗」。玄奘在譯經院居住十幾年，後來由於應接不暇的禮謁，相繼移住西市的西明寺和長安以北一百多公里處宜君的玉華寺。他總共譯經七十五部，一千三百三十五卷，近一千三百萬言，成爲中國譯經之冠，唐太宗還專門爲他的譯經寫了：《大唐三藏聖教序》，太子李治讀序後又寫了《述三藏聖教序記》，「序」和「序記」先後兩次勒石爲碑。由僧懷仁集王羲之書法的刻石現存於西安碑林。由唐著名書法家褚遂良書寫的二通石碑立於慈恩寺中。均成爲中國書法中傳世之寶。後來應玄奘之請，唐高宗李治還親筆撰寫了《慈恩寺碑》（後毀），當時參觀這些著名碑石的就達「數千人」，慈恩寺遂名揚四海。

玄奘在慈恩寺譯經的過程中，也是深入研究佛經精義的過程，積數十年研究結果，與其衣鉢弟子窺基等人共同努力創建了佛教中的中國宗派——「唯識宗」，又名「慈恩宗」或「法相宗」。玄奘因而又稱慈恩大師。慈恩宗東渡日本，至今爲日本佛教一大宗派。由玄奘口述，弟子辨機筆錄的《大唐西域記》，眞實而又生動地描述了玄奘遊學親歷的大小一百一十個國家的風土人情、人文歷史等，不獨爲後來描寫西遊學法故事的話本、雜劇、神話小說的創作提供了豐富的素材，而且被譯成英、法、日等多種文字，成爲中外文化交流的重要內容之一。

當人們暢遊慈恩寺時，怎能不對一千三百多年前這位不凡的翻譯家、旅行家、宗教家油然而生崇敬之情！

古時的慈恩寺還是繁華的娛樂場所，唐時的散樂、百戲多在這裏孕育，每逢道場法事或佳節時日，多有貧窮的民間藝人叢集。唐代的魚龍百戲、傀儡、俳優，甚至雜技歌舞，在不同時節集中在廟宇前廣場或寺院內演出，不僅吸引了廣大庶民百姓，甚至傾倒了王公貴族。史書記載，壽公主就曾不顧夫弟疾病，去慈恩寺看戲，受到宣宗的斥責。可見當時樂舞演出的盛況，也可見慈恩寺的戲場演出多麼具有吸引力。

慈恩寺歷來還是一處廣種奇花異卉的靜雅之地。今天被譽爲百花之王的牡丹，就與慈恩寺的栽培有很大關係。牡丹原爲中國北方山西和陝西秦嶺一帶的野生植物，將其培育成觀賞花卉，大約始於隋唐之際。因爲唐代舒元輿說：「古人言花者，牡丹未嘗與焉」。段成式在《酉陽雜俎》中也說，「牡丹，前史中無說處，惟《謝康樂集》中言竹間水際多牡丹。」自唐中葉以後，長安開始廣種牡丹，以慈恩寺爲盛，春季觀賞牡丹遂成爲人們一大樂事。特別是豪門達貴，每年觀賞牡丹，「車馬若狂，以不就觀爲恥」。詩人徐凝這樣描寫唐代仕女對牡丹的癡情：「何人不愛牡丹花，占斷城中好物華。疑是洛川神女作，千嬌萬態破朝霞。」牡丹花不僅在皇宮禁苑中種植，還在驪山等處闢有專門花圃。豪門貴族以至平民百姓家中也多栽種牡丹以爲觀賞。人們對牡丹簡直達到了如癡如醉的地步。官員離京上任，要寫一首《赴京都別牡丹》，租賃房子時，也要寫一首《題所賃宅牡丹花》，至於以牡丹自比感激恩師栽培，或借牡丹以詠懷述志的詩篇就更多了。著名詩人劉禹錫的《賞牡丹》，代表了唐人對這種富麗堂皇的花卉的評價：「庭前芍藥妖無格，池上芙蕖淨少情。唯有牡丹眞國色，花開時節動京城。」詩人稱讚牡丹是國色天香，遠遠勝過芍藥和芙蓉，因此，在花開時節能夠轟動整個京城。

每當春季，長安城內還要舉行花卉比賽，同時進行交易。牡丹當然是最主要的花品。凡品種新奇稀少的，會吸引更多的人讚賞而賣得高價。所以白居易有「一叢深色花，十戶中人賦」的深切感慨。詩人柳渾也發出「近來無奈牡丹何，數十千錢買一棵」，要知道當時米價每斗不過三個銅錢至二三十個銅錢！

唐代許多寺廟中，培育的牡丹特別出色，一則可能因爲信佛的王公貴族的饋贈，二則由於和尚衆多，閒餘時間不少，對種花雅事，多願鑽研。慈恩寺的牡丹在所有寺廟中不僅數量多，而且還有特色。所以「慈恩牡丹」也就很有口碑。《南部新書》記載：慈恩寺元果院裏有早開半個月的紫牡丹，太眞院又有與同類花比較，遲開半個月的白牡丹，所以吸引了許許多多的遊客。牡丹花中最珍貴的品種是深「色花」，有「姚黃」和「魏紫」等名目。「姚黃」開時直徑達一尺多，「魏紫」觀看一次要付十幾個銅錢。當時，深紅色牡丹很少見，列爲珍品之一。慈恩寺裏就發生過官員強買深紅牡丹的事件，這故事載於《唐語林》中。

慈恩寺的牡丹以「早、新、奇、多」爲特色而遠近聞名。詩人權德輿這樣細緻地描繪了慈恩寺的嬌艷牡丹：「澹蕩韶光三月中，牡丹偏自占春風。時過寶地尋香徑，已見新花出故叢。曲水亭西杏園北，穠芳深院紅霞色。擢秀全勝珠樹林，結根幸在青蓮城。艷蕊仙房次第開，含煙洗露照蒼苔。龐眉倚仗禪僧起，輕翅縈枝舞蝶來。獨坐南臺時共美，閒行古剎情何已！花開一曲奏陽春，應爲芬芳比君子。」

今天遊人們在春天到慈恩寺，就可看到各色名目的牡丹。慈恩寺牡丹，仍是那般「富貴」、「奇異」，在來自五湖四海的慕名者的簇擁中，會顯得更加嬌艷得意。

## 巍巍雁塔故事多（西安大雁塔）

從慈恩寺南山門進得寺內，迎面便是一處林木與殿宇交相生輝的大庭院。那許多形制質樸的小石塔，給這名剎平添了許多古意。大院東邊有修葺一新的鐘樓，裏面懸置一口明代鑄造的大鐘，西首是鼓樓，有大鼓一面。這是所有大寺必有的二種建築，是重要的寺院報時報警設置。庭院正中坐落著莊嚴的大雄寶殿，「大雄」是古印度佛教徒對釋迦牟尼教主的尊稱，是「一切無畏」的「大智大勇之士」的意思。人們登臺入殿可以在這裏瞻仰玄奘睿智聰慧的風采。大殿兩側有藏經樓和各式配房。據介紹，現在人們看到的慈恩寺全貌，僅僅是原來的西院部分。在整個李唐王朝時期，由於它建置時的特殊原因和其它在社會上多方面的影響，而一直受到朝廷的保護，即使在唐武宗會昌五年（八四五年）全國性抑佛滅佛期間，慈恩寺也安然無恙。但是，唐亡以後，慈恩寺隨著長安地位的衰落而頻遭人爲的破壞。今天的狀貌基本是明末清初的格局。昔日的泱泱景觀已縮小了好多倍。

在慈恩寺正北的後牆邊，聳立著中外敬慕的大雁塔。大雁塔是玄奘爲保存帶回國的大批經典和佛像而奏請建造的藏經塔。這種形式的藏經建築在我國較爲多見。也許是經籍佛像十分難得且又珍貴，存放磚塔中比較樓閣房舍要安全可靠的緣故。大雁塔在慈恩寺建成的第四年開始籌建，由玄奘親自設計和監造，歷時數年完成。

塔，俗稱寶塔，是從印度傳入我國的一種與佛教有關的建築。它的最初作用是埋葬佛骨—舍利（舍利子）。在梵文中稱「窣堵坡」、「塔坡」，也有人把「浮圖」、「浮屠」（意爲佛）與它相混，作爲塔的代稱。在歷代詩文中，這許多名稱互通並用。自從印度佛教北傳我國，不久就爲中華民族所同化吸收，成爲「漢地佛教」。中國古代的建築師們在高層建築「重樓」的基礎上，吸收融合了印度佛教墓塔的精髓，創造出具有中國風格的新建築——塔。尤其在較大的寺廟附近，爲追求氣勢、神韻和風味，更是將塔擴展成爲塔院，將和尙圓寂後的埋骨處，變成集憑弔、瞻仰、觀賞、歇憩等多重社會功能於一處的場所。人們爲此名之曰「勝跡」，確實是十分貼切美妙的稱呼。

　我國各地的塔，其造型大致有二類：實心塔和樓閣式塔。前者以埋葬舍利子爲主，作爲人們祈禱之用，不能登臨。後者則內修有塔室，爲藏經用，可讓人攀登憑眺。這類塔比較多見，它說明中華民族對於文化遺產的保存和傳播是更重於對骸骨的追崇的。樓閣式塔的建造又因地域和材料來源的不同而分爲密檐樓閣式、一般樓閣式、磚木混合式和磚石混合式等種類，它們的外貌有四方形、六角形、八角形、十二角形和圓錐形。據統計，我國現存各類古塔有三千座以上，可謂我國豐富多采的文化遺產中的重要組成部分。

　大雁塔屬於方形磚石結構樓閣式。但我們今天看到的這種式樣，是經改造過的中國式的建築。據史料，原塔藍圖是玄奘從西域帶回的大石浮圖，在原設計中高有一百八十尺，塔基各邊長一百四十尺，這種比例，只有印度、巴基斯坦諸國可見。關於慈恩寺塔的高度和層數，歷來衆說紛紜，在資料中至少有如下幾說：①最初爲五層，高一百八十尺（唐制）。②武則天長安年間更折改造，變成六層（一說十層似更可信），三百尺。③唐末由於兵火，止存七層。人們今天看到的即是經過「戰爭洗禮」後，由五代西京留守安重霸重作修葺後保存下來的模樣，即塔高六十四米（合舊制二百一十尺），底邊各邊長二十五米（合八十三尺），塔身爲磨磚對縫，通體呈方形角錐形狀。塔身砌有突出的塔柱，望去好似開間，每層塔室四周都有高出常人的磚券拱門，可以非常愜意地憑欄遠眺。塔內盤旋木梯置於中央，拾級而上至塔頂。

　大雁塔內已無實物，只有停駐每層，東西南北可任意遠眺，隨著升登，倒也可作思接古今的遐想。不過，值得細細觀摩的是底層四壁的石碑和陰刻圖案。在南門西側壁上嵌有唐代著名書法家褚遂良親書的《大唐三藏聖教序》和《序聖記》石碑兩通。唐初四大書法家之一的褚氏，在書寫此碑時已屆晚年，所以，他的書法達到爐火純青地步，你會欽佩他的筆勢豐艷流暢，變化多姿，更可驚嘆的是，碑石雖經一千四百餘年風霜的侵襲，字跡的秀美健爽，依然十分清晰，鋒稜有致，眞是筆筆見功。兩塊碑用「合歡式」的結構，即《述聖記》是自左到右寫來，二碑合看，別有滋味，令人耳目一新。此後，值得一看的還有碑石周身的裝飾雕刻。碑額有盤曲有力的蟠螭，碑側是變化多端的蔓草圖案，工整靈秀；碑文上方和底座都有造型優美的佛像和飛天樂舞浮雕。有趣的是，每塊碑上的樂舞伴奏者，一是管樂隊，一是絃樂隊，左右對稱，頗顯匠心。人們從中可以了解到古代石刻藝術家們在浪漫的構思中，着意現實的抒寫。底層四邊的石門，不論門楣、門檻還是門框，都有線刻佛像和有關佛經故事，筆調強勁有力，簡練乾淨，這些都可視爲我國文化藝術寶庫中的珍品。

看到這座唐代建築僅存的「碩果」，人們會感到好奇有趣，爲什麼塔要以雁命名？進士們的一些詩作題名的依據又是什麼？衆多的傳聞軼事中，突出的有下面幾種說法：

一、題名源於印度佛教故事。

佛教分大乘、小乘兩大派。前者吃素，後者茹葷。一天，某小乘派寺中做飯的和尚長嘆無肉可供應主持方丈，焦慮不已。這時，一隻大雁忽從飛過的雁陣中墜落。方丈駭異不止，認爲這不是大雁，定是菩薩顯聖捨身布施，這種犧牲自己爲著他人的行爲，使全寺僧侶感動萬分，從此也絕葷奉素。爲了紀念這隻菩薩化身的大雁，在雁墜落處就修築了聞名的雁塔。據說，慈恩寺藍圖就是玄奘仿照這座雁塔制定的。

二、題名源於玄奘西域取經故事。

傳說玄奘進入莫賀延續大沙漠後，十分艱辛。一次，在飛沙走石中，連行四五天，人馬水米未進，行將「圓寂」之際，玄奘開始祈禱，忽聞空中傳來雁聲。一隻巨雁將垂危的玄奘和他的坐騎慢慢引到一處名叫「野馬泉」的有水草的綠洲，玄奘由此得生。爲感激救命之恩，玄奘發願取經回國築塔紀念。慈恩寺由是建造，並且是玄奘本人自任設計和監造。

三、題名源於建築慈恩寺塔時的故事。

玄奘遊學十七載返國，婉辭了唐太宗的還俗從政建議，一意爲譯經事業貢獻餘生。他上奏請造藏經樓，即得高宗的准許。在開始籌造的一天，一隻大雁偶墜於慈恩寺中，一個小和尚打熬不住長年吃齋的清苦，將雁捕殺，正待拔毛烹食時，被玄奘的大弟子窺基法師看見並加阻止，他告訴小和尚說，此乃雁王，曾經作爲佛祖的使者救過師傅，豈可殺食。玄奘聞知，悲傷不已。在爲死去的大雁作過道場後，埋入慈恩寺塔基下，並決定在其上建築天竺國的方形雁塔。

四、題名源於史書。

據清代陝西巡撫畢沅《關中勝跡圖志》中引《天竺記》載道，在西方名叫達親國的一座佛寺中，「穿山石作塔五層，最下一層作雁形，謂之雁塔」。想必玄奘也去朝拜過這座石塔，他的奏請中的設計就是這種石形雁塔。由於石塔費功費時，高宗建議改成磚表土心塔。原計劃雖沒有實現，名稱卻相傳開了。

五、題名源於進士提名活動。

唐代中葉以後，新考中進士在遊宴以後，都要結伴到慈恩寺塔下題名留念。由於歷科進士的名字「妙有行列，婉若雁陣」，所以，人們漸漸就捻塔的「官名」，而傳呼爲雁塔了。

這些傳說，究竟哪一種確切，很難考證，不過，雁塔的聞名，除了與玄奘的佛學活動有關外，更與唐代帝王權貴、詩人墨客的文事活動密切相關。

唐代，特別在貞觀之後，每年春季，上自皇帝大臣，下至平民百姓，都要來到城東南的曲江池一帶遊玩。皇帝在遊興正濃時，會下令隨行官員賦詩湊趣，這就是文學史上常見的「應制詩」。皇帝一行當然也登臨大雁塔，眺望長安景色。這時，擅長詩文的群臣們就不免要唱「御氣騰霄處，升高野風開」之類的「歌德調」和「青雲曲」，借這座奇秀的建築物，頌揚「皇恩浩蕩」、「壽比天高」。例如頗有名氣的詩人宋之問，由於他在《奉和九日登慈恩寺浮圖應制》一詩中「歌德調」唱得最響亮，而備受獎賞。當然，平時這裏更是詩人墨客們悠遊和唱和的重要去處，他們借景抒情，假物詠志，寄塔述懷，在慈恩寺裏，大雁塔畔，不知留下多少美好深沉的文字，其中自然有許多膾炙人口的名作，因而使大雁塔的知名度不斷提高。例如玄宗天寶十一年（七五二年）秋，杜甫、岑參、高適、薛據和儲光羲在慈恩寺聚會，登上雁塔，眼前的景致使五位詩人興致大發，當即每人賦詩一首，由於各人生活經歷不同，詩作情思萬千，意象紛繁，除薛詩已佚，其餘都成爲歷代吟詠雁塔的名篇。

登高望遠，原本是人們調劑生活、平衡心理、追求意趣的一種遊樂方式。如果是登古剎名塔，踏著李白、杜甫、白居易……的腳印登臨一座有一千三百多年歷史的建築，去眺望曾經爲黃河流域文明搖籃的大千世界，你會如何感覺？剛才你還在仰頭朝拜這巍巍的大塔，即刻你卻是「下窺指高鳥，俯聽聞驚風。連山若波濤，奔走似朝車」。你不會覺得歷史何其神妙？爲什麼即使人認識自身的偉大，更令人感到個人的渺小？大雁塔作爲歷史的見證，人們在觀賞它的英姿的同時，想必會得到更多與塔有關的聯想吧。

## 碧落秀美小雁塔（西安小雁塔）

小雁塔既無大雁塔雄偉健壯，也無它那許多傳說典故，只是因爲這座古樸俊秀的「小塔」，形制酷似大雁塔，故而有此名稱。

小雁塔正名應爲薦福寺塔。薦福寺址古人說有王貴之氣，隋煬帝楊廣登基前就住在這裏的花園中。唐祚之初大臣蕭瑀受賜於此，後又轉歸皇家，成爲太宗女兒襄陽公主的住宅。西元六八四年，高宗駕崩百日，睿宗李旦爲父王獻福，便在這裏改建寺院，名大獻福寺。武則天在天授元年（六九〇年）出於給丈夫增加點「榮耀」的念頭，親筆爲本寺寫了一塊飛白寺匾，改名「薦福」，從此，薦福寺便流傳到後世。

薦福寺的聞名，並不由於武則天的改稱，卻因爲這裏是唐代有名高僧義淨的譯經處。義淨步玄奘之後，於西元六七一年由廣州取道往印度等地遊學，歷時二十五載，足跡遍及南亞、近東三十多個國家，帶回梵文經書四百部，著有《大唐西域求法高僧傳》、《南海寄歸內法傳》等書。遊歷歸來，武則天率文武百官親自到洛陽東門外迎接。義淨來到薦福寺，除了弘揚大乘律宗，竭力使中國僧衆行動天竺化外，也和玄奘一樣，孜孜不倦從事譯經工作，共譯佛經五十六部二百三十卷。最後死於寺內譯場。薦福寺又是唐代中外文化交流的重要處所，日本學僧惠運、圓仁、圓珍等都在此學習過。

唐中葉，時有對佛教的褒貶，反映出皇室矛盾鬥爭的心態。唐武宗時，有一次大規模的抑佛崇道運動，他下令破壞佛寺，就是對長安城內九所廟宇，也只准留存四所。薦福寺可能由於它更多包含「祈福」之意，所以倖免於難。但到唐末，占據開化坊大半的薦福寺殿院卻未能免於戰火。昔日的泱泱大寺自此局縮於隔街的安仁坊內小雁塔的周圍。儘管如此，隨著各代不斷的修葺，這裏風光依然明麗莊嚴，一直是人們遊憩的好去處。清雍正年間，一位借宿薦福寺的文士還留下這樣一首讚美的詩文：「散步閒敲句，更闌夜氣寒。苔花香寂寂，松月影團團。漏盡鐘聲動，星稀鶴夢殘。巍然孤塔聳，千載壯長安。」

今天人們來到這裏，可以參觀分布在小雁塔前後的山門、鐘樓、鼓樓、慈民閣、大雄寶殿、藏經樓以及白衣閣等一系列建築物。除了小雁塔爲唐代建築，餘概爲明清時所修建。雖然作爲一代名剎的薦福寺，名字已鮮爲人知。一旦進入塔院，在森森古柏、鮮艷花簇中觀賞碑石殿塔，仍可強烈感受到一股「清溢冷淡」的幽寂氣氛。

不用說，人們主要是來參觀小雁塔的。好似瞻仰了巍峨的大雁塔後，自然而然會想起小雁塔，以一睹同名古塔的風采爲快意。

小雁塔建於唐中宗景龍元年（七〇七年）。《長安志》載：「浮圖十五級，高三百餘尺，景龍中宮人率錢所立。」據後人考證，「三百餘尺」可能是「百三十尺」之誤。唐時宮人們出錢修造寺塔，同樣有著深刻的社會和歷史原因。除了受佛教影響外，宮女在深宮中，強烈感到「寂滅之無恆」，「希超苦海」，有的宮人則受古代方士道人學說的影響，希祈消災免罪，早日「立地成佛」、「成仙」，或由於傳統倫理道德的熏染，祈求對家人的保佑和降福。

小雁塔矗立在一座磚砌的塔基上，亭亭玉立，有人喻之爲「古樸如老衲，俊秀似女郎」。從有關資料看，它高四十三點三米，較大雁塔低了二十米；底層的邊長是十一點三八米。高與底層的比例是一百比二十六；而大雁塔則是一百比三十九。所以，形制相仿的這座雁塔就「小」得玲瓏秀麗了。小雁塔屬於密檐式磚石結構，塔壁不設柱額，每層疊澀出檐，南、北面各有半圓拱門，塔身自下至上高廣均逐層收分，全部輪廓呈現一種秀麗舒徐的錐狀，與其它類型寺塔相比，自有一種獨特鮮明的風韻。底層南北弓形石門供遊人出入。石門用石條砌成，上刻有蔓草花紋和天人供養圖像。筆力遒勁，形象精美，是唐代藝術的一份難得的遺產。

小雁塔的聞名至少由於小雁塔軼事（西安小雁塔）三個故事：「雁塔晨鐘」、「離合之謎」和「舉人題名」有關。

許多佛寺都設置有大鐘，其作用是「晨擊則破長空，警睡眠；暮擊，則覺昏冥昧」。俗語中也有「當一天和尚撞一天鐘」的說法，可見，佛寺大鐘，是召僧衆作法事不可缺少的器物。擊鐘又有一定規律。佛規中這樣規定，每早晚是叢林號令之始，每擊三遍，緊緩各十八，總一百零八下，起與止三下稍緊。如此擊法，遠近可聞。嚴格規律的鐘聲當然就爲附近的居民起了報時的作用，漸漸成爲人們生活中的重要內容了。好事的詩人們，當然難免無動於衷，而頻頻對悠揚入耳的鐘聲作詩歌誦。如唐代戴權倫的《聽霜鐘》、《曉聞長樂鐘聲》詩作傳誦一時。

薦福寺的鐘聲肯定對附近居民幫助不小。而成爲聞名的長安八景之一的「雁塔晨鐘」，是指一口重二萬餘斤的金代巨鐘的鐘聲。據傳說是一位居住在武功縣的婦女在河畔搗衣時發現這口鐵鑄的大鐘，噹噹嘹亮的聲音，驚動了周圍數里。被視爲吉祥物的大鐘不久由當地衙門運往長安，特殊安置在薦福寺的鐘樓裏。從此，這口巨鐘按時發出清脆悠揚的聲音，催人早起，激人奮進。可能是鐘聲造成的遠颺飄渺的意境，加上秀美的小雁塔風光，「雁塔晨鐘」遂變成長安姣好景觀之一而流傳於世。

可惜，這口巨鐘已「毀裂塔下」。鐘聲雖無，「雁塔晨鐘」的傳說所給予的朦朧美感，仍然爲旅遊者所神往。

來遊覽小雁塔的人，一定會驚訝塔頂何以像駝峰一樣？這就是神祕的小雁塔「離合之謎」。從建塔至今的一千三百多年歲月中，小雁塔竟然經歷了四裂三合的曲折過程。一四八七年、一五五六年、一六九一年陝西關中發生過三次大地震，特別是嘉靖乙卯年（一五五六年）的八級大震，關中縣城多夷爲平地，人畜傷亡無數。僅上奏有名姓的人即達八十四萬，奇怪的是，小雁塔三次皆裂分爲二，不久卻又都復合。人們可以從嵌在小雁塔底層北門楣上的明嘉靖王鶴的刻石題字以及清代錢詠的筆記《履園叢話》中了解到這一奇觀的一些情況。第四次，自塔頂至底部有尺餘的裂口，發生何時不詳，但今天五六十歲的「老西安」尚能記憶猶新，後經西安市政府的修葺才面貌一「新」。這個「離合謎」經許多科技工作者探討，雖尚無統一的結論，但可以肯定的一點是，小雁塔數次離合和西安地區地面裂縫的發展和消亡的機理一致，是地殼運動在不同物體上的不同表現，是一種「同質異相」，即：地裂、塔裂；地合、塔合。當然，爲什麼只是小雁塔有如此神祕的現象，隨著科學技術的發展，這個「離合之謎」將會盡善盡美地揭開。

究竟何時出現「小雁塔」之名，官書野史都不可聞。既然有「雁塔」名號，想必不僅僅是有與大雁塔相似構造，而且是因爲有相同的文趣雅事。據記載，明中葉嘉靖年間之後，科舉制度有一大變化，朝廷下令各地增設武試，以選拔民間習武人才。鄉試，作爲地方知識分子進入官場的重要途徑，競爭十分激烈，這可從三十人取一的比例中看出。大凡中式舉人，其額手稱幸的歡樂心情大概絕不亞於唐時及第進士放榜後的程度。無疑，「雁塔題名」的榮耀和雅趣一直深深影響著畢生追求功名的陝西知識分子，大雁塔的「題名錄」也就不絕於世了。當武鄉試成爲制度實施後，陝西每逢大比之年（三年爲期），中式的文、武舉人，就在不同的地方題名留念。大雁塔歸了文舉人，薦福寺就歸了武舉人。武舉人是不是由於艷羨聲名顯赫的大雁塔，不惜屈尊，將自己的功名成就託於薦福寺，而稱做「小雁塔」？還是里甲廂坊人們爲區分地方上的科舉盛事，而特意給予命名？

帶著殘缺痕跡的小雁塔，用它飽經風霜的歷史和百折不撓的倔強精神，正向著每一位遊人頻頻薦福。

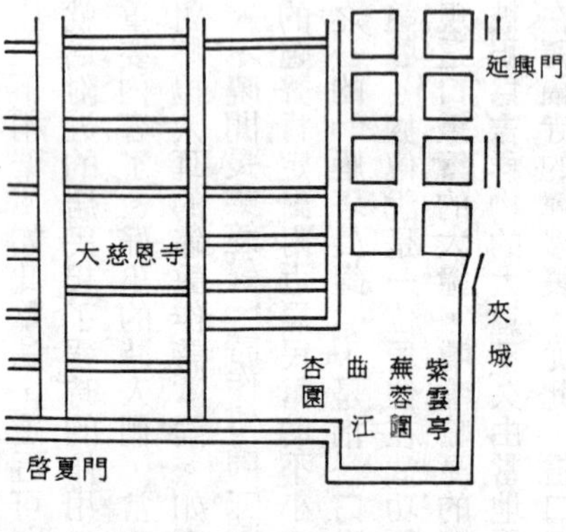


曲江圖

# 「長安最多處，多在曲江池」

## （西安曲江池）

如果在遊覽慈恩寺大雁塔之後，生發了濃烈的思古幽情的話，不妨去踏勘一番寺外那片古老而迷人的地方，離慈恩寺東南約一里許，便是唐代盛名於世的「帝城勝景」——曲江池和芙蓉園。

今天，呈現在人們面前的曲江池，雖僅是起伏的農田、深凹的窪地和片片紅瓦磚牆的農舍。往昔那種有聲有色的「曲江水滿花千樹」的綺麗景觀似乎在遙遠朦朧的彼岸，然而唐城遊樂區的規劃建設正在實施，在不久的將來，唐風習習的場面就要出現。即刻，你如果作為一個銜接古今的歷史代表，撫今而能思昔，放縱想像去體驗古時的風情，不也是旅遊中一個很可人意的節目麼？

位於西安城郊東南隅曾是一處極為富麗優美的園林。在二千年前，這裏本是曠野中一個孤獨的大水池。當時，這一帶被稱為隑州。隑，是彎曲的意思，因為水池的彎曲形狀，所以俗稱「曲江」。秦漢時，這裏被劃為皇室遊憩、行獵時的離宮——宜春苑和禁苑——上林苑，就是皇家花圃。隋唐之際，改名為芙蓉苑（或芙蓉園）和芙蓉池，這是因為遍地多有芙蓉，形成特色。也有書說，神經多疑的隋文帝覺得「曲江」之名不吉利，故而更名的。這裏眞正成為氣象萬千、華貴富麗的遊樂勝地是在貞觀以後的事了。玄宗開元年間（七一三—七四一年），下令鑿池引滻，通過終南山義谷口的黃渠，將滻河水引入。一個從前並不引人注目的水池，從此變成了一個南北長、東西短、彎曲有致、水波漣漣的大湖池。人們重又搬回「曲江」的名稱，曲江池也就漸漸替代了芙蓉池了。隨著時間的推移和人們遊覽的頻仍，在詩文中出現的曲江池，在傳誦中被讚美的曲江池，成為長安京都不可缺的重要組成部分。它已不再是地形地貌學上的一個專有名詞，而是包括芙蓉園、杏園等在內，令人不迭唱出「春光且莫去，留與醉人看」的天下勝跡了。

曲江池在唐人手裏，完全變成了詩情畫意的去處。在約有十二頃的水池面上種有大量的荷花，近岸淺處，菖蒲、菰米之類吉祥植物也長得非常茂盛。在約七里長的湖池周圍，宮闕連綿，樓閣櫛比，中央政府的各省、部也在此修築了不少亭樹會館，以備會宴遊賞之用。自然景觀與豪華入時的建築相映成趣，詩人盧綸捕捉到這樣一幅明快鮮麗的畫面：「菖蒲翻葉柳交枝，暗上蓮舟鳥不知。更到荷花最深處，玉樓金殿影參差。」

唐時遊覽曲江，成爲人們一大賞心的樂事，在這裏，可以看到「……商販皆以奇貨麗物陳列，豪客園戶爭以名花布道」，每逢節日，特別是二月一日的中和節、三月三日的上巳節、七月十五日的中元節，以及科擧考試放榜之日，這裏更是宴會不絕，行市遍布，「長安幾於半空」，都以到曲江一遊爲快。詩人張籍這樣寫道：「無人不借花園宿，到處皆攜酒器行。」一派縱情取樂的氣氛，在玄奘爲住持的慈恩寺周圍瀰漫，實在是一幅有趣的大唐風俗圖畫。中國特有的豐富熱鬧的廟會和世界各大教堂附近多有集市，不知是否都是這類世俗歡樂和宗教召喚兩相奇妙結合的產物。

別有情趣的曲江軼事是，這裏還是尋覓擇選配偶的好地方。雖然封建時代男女授受不親，婚姻不能自主，但在唐以前，所謂男女之大防，比朱熹以後要寬鬆多了。到了曲江，青年男女能夠在一起遊戲，可以逐花嬉水。有情人亦可成爲眷屬。甚至，連公卿之家，也往往「率以其日，揀選東床」。玄宗幾次微服遊曲江，跟隨出遊的宮人多有一去不返的，很可能是不堪深宮的寂寞生活，跟著如意郎君走了。有意思的是，史書筆記中並未見到這類事情追查懲處的記載。

令人拍案叫絕的是，當你在池畔憩歇賞花時，從款款流過的水面上，在飄浮的花瓣枝葉之中，常可得到一隻飄來的酒盅（羽觴）！原來是風流文士，在會飲開心之際，將盛著瓊漿的酒杯置放在池水面上，任它「隨波逐流」，流到誰人面前，誰就要飲酒作詩，以謝友好。饒有情趣的「曲江流飲」，也是聞名的「長安八景」之一。這是京城各種名勝中唯一以「飲」爲「勝」的景觀。這一勝景，其實並不是長安文人們的發明。早在東晉時代，赫赫有名的王右軍（羲之）（三〇三—三六一年？），在他的紹興故居林園裏就多次擧行過「流觴賽詩」活動。爲此，這位「天下第一家」的書手，專門在園裏築起了「流觴亭」，王羲之即和親朋好友如謝安、孫綽、王獻之等數十人，在暮春之初的「修禊」節日中，列坐在從溪流引進的九曲十八彎的鵝池水邊，做著「曲江流飲」的快然自得的遊藝。王羲之是唐代帝王最爲崇拜的書法家，有關王羲之的軼聞趣事，當然就會廣爲流傳，他的一些雅樂快事被唐代文人們模仿也在情理之中。其實，曲水流觴也還不是以王右軍爲先河。按《荆楚歲時記》轉引《續齊諧記》說，早在周公卜成以洛陽爲京都時，就擧行過「流水泛酒」的盛大活動，所以逸詩中有「羽觴隨波流」的句子。秦昭王（前三〇六—三〇二年）也有過置酒河曲的雅事。後來這種慶祝與舊曆三月民間臨水洗濯，除去宿垢，祓除不祥的「修禊」（又稱「祓禊」）古老的禮節活動相結合，流傳於後。唐代的曲江流飲，正是這種古風的眞實再現，而成爲長安市民、尤其是春風得意的新科進士們歡樂的重要活動內容之一。

置身在如此境界，當然感受良多。正如「登山則情滿於山，觀海則意溢於海」一樣，曲江如畫景色和曲江盛遊的情況，給唐代詩人們提供了豐富的生活素材。當時，只要在曲江賦得一首好詩，第二天就會傳遍整個京師，甚至家喻戶曉。「芙蓉曲江詩」，不獨裝扮了封建盛世的唐代，也成爲我們認識和了解那個歷史階段的珍貴史料。如果說，唐代的長安是一首詩的話，曲線池就是它的「詩眼」，正如詩人所寫的：「長安最多處，多在曲江池」。

## 芙蓉園裏好顏色（西安曲江池）

雖然，曲江池可以「貴賤同遊」，而貴爲天子的皇帝及其家人，常與遊人「比肩接踵」總是令人擔心，玄宗有過幾次微服遊覽，內宮衙門眞是費了不少精神和擔憂。於是，爲了專供皇帝遊宴，芙蓉園便應運而生了。

用圍牆圈起來的芙蓉園，是曲江池園林的一個有機組成部分。它位於曲江池的東南部，在遊樂原的最佳地區。是順著遊樂原逶迤下降的地勢，依「原」傍水修築起來的林中的園林。據《太平御覽·園圃》介紹，它居地有三十頃之多。但比起長安北部的皇家禁苑仍然小得多，所以，又稱「南苑」、「小苑」。

芙蓉園，顧名思義，是以芙蓉爲主要觀賞對象的園林。由於曲江水的滋潤，這裏還有北方不多見的竹子，以及其它花卉林木。特別是因爲「水盛芙蓉富」而名揚四方。在細膩敏感的詩人們的眼中，芙蓉園是「年光竹是遍，春色杏間遙」；感官所至是「魚戲芙蓉水，鶯啼楊柳風」，從園內高處眺望，只見「水殿臨丹禦，山樓繞翠微」，「北闕雲中見，南山樹杪看」；杜甫在有名的《哀江頭》詩中，記錄了芙蓉園給他留下的深刻印象：「憶昔霓旌下南苑，苑中萬物生顏色」。這樣美麗的去處，完全爲皇家所壟斷，一般百姓只有望著「城上春雲覆苑牆」感嘆的份兒，或充其量「苑外江頭坐不歸」去神遊一番罷了。

芙蓉園裏有不少堂皇的建築，史料中多次提到的紫雲樓，就是專供皇帝及其嬪妃出遊使用的。唐代皇家對音樂舞蹈有特殊愛好，所以，長安各處都有演出場地，它們既是長安作爲國際城市進行國際間藝術頻頻交流的產物，也是隨著經濟基礎的雄厚發展，必然帶來文化繁榮的結果。皇室成員比較多的時間，是在紫雲樓上「垂簾觀焉」各種演出。根據蘇頲的「座密千官盛，場開百戲存」，可以知道，這裏舉行盛大文藝活動時，常常有成千上百的官員陪同觀賞各種雜技歌舞。

芙蓉園離長安城有四五公里之遙，會有人產生疑問：

皇室每次南遊怎樣走法？在封建社會，皇帝率宮嬪遊幸是一件隆重的事情。一般都要進行「問卜」，即選擇黃道吉日。對佛、道十分崇重的唐朝，更是關注這些問題。經過考古學家的努力，在五十年代末，證實了從長安北部的大明宮筆直南下沿東郭城城牆存在一條長約八千米左右的複道，又稱夾城。複道寬十一米，兩邊牆高十二米，遇到通化、春明、延興三座東城門時，又特設踏道登上樓，宛如一座「石橋」通過城門，因而可與城門中行人互不相干。夾城直抵芙蓉園，即可由圍牆北的新開門進入園內。這樣，皇家大隊人馬出遊，從夾城往返，外面的人就一點也看不到。當然，隆隆的車輪聲和騰起的塵土，使人們可以感受到行列的壯觀。所以，杜甫有這樣的詩句：「青春波浪芙蓉園，白日雷霆夾城仗」。一些善遐想的人更能繪聲繪色：「六飛南幸芙蓉花，十里飄香入夾城」。

今天，隨著曲江風景區的規劃和實施，從滻河引水的恢復曲江大池，熱鬧的「曲江流飲」就會再現。唐長安城的板築夯土城牆、城門連同夾城的仿建，重將成爲這一帶的勝景。在曲江池的東北岸集中布置的幾個旅遊村中，將臨池修築「曲江流飲」、「紫雲樓」、「細柳新蒲處」等酒樓飯店，遊人身臨其境，不用生發思古幽情，便會濃烈地感受到大唐風光了。

## 青龍寺中話空海（西安鐵爐廟）

從夾城遊覽芙蓉園很爲方便，去新昌坊裏有名的佛宮青龍寺同樣十分便捷，只要從新開門（在夾城南端芙蓉園北）出來就可以了。

與慈恩、薦福、西明等寺齊名的青龍寺坐落在樂遊原的最高處，即今西影路東鐵爐廟村北高地上。這裏原先是隋代的靈感寺舊址。唐高宗時，因新城公主奏請，立爲觀音寺，武宗易名護國寺，睿宗又改名爲青龍寺。據傳說，這塊四望高敞的坡原，本稱作青龍山。在很早以前有一條小青龍想毀長安城，被都城隍神降服爲山。隋文帝時，爲防小青龍得道復起，便在山崗上築起了龐大的靈感寺以爲鎮壓。

青龍寺與慈恩寺一樣，由於它得天獨厚的地理環境和位置，成爲唐代人們遊覽勝地之一。如唐詩人朱慶餘這樣讚美道：「寺好因崗勢，登臨値夕陽。青山當佛閣，紅葉滿僧房。竹色連平地，蟲聲在上方。最憐東面靜，爲近楚城牆」。「楚城牆」即長安東郭城。青龍寺的優勢就在於它位處高崗，可以北望氣象萬千的興慶宮、大明宮，南眺千峰堆翠的終南山，俯視則有煙水明媚、花木鬱葱的曲江、慈恩寺。唐憲宗、唐宣宗都曾專程巡幸青龍佛宮，而使這裏聲名大噪。今天，當你登上青龍寺坡，雖由於千百年來風雨剝蝕，高度已大爲降低，但登臨其上，大小雁塔盡收眼底，西安風光一覽無餘，仍不失高敞闊大的特色。

因爲地勢高，又與東城牆爲鄰，所以分外安寧靜謐，白居易、舒元輿等詩人都曾來此居住。白居易將青龍寺繪成一幅濃重的潑墨寫意：「丹鳳樓當後，青龍寺在前，市街塵不到，宮樹影相連。」

然而，青龍寺聞名遠近，還由於它是長安有數的國際文化交流中心之一，是中日佛教交流中的重要寺院。

唐大曆年間（七六四—七七九年）佛教密宗祖師之一的惠果主持青龍寺。他知識淵博，學問高深，尤精通「眞言大教」，被公認爲唐代的名僧。因此，天下四海僧人，紛紛前來拜學，其中包括新羅、日本等國的一些高僧，特別是日本，隨遣唐使團來中國的「入唐八家」——最著名的八個僧人，其中就有「六家」到過青龍寺受法。當時已年邁的惠果，急欲尋覓一位衣鉢弟子，西元八〇四年，終於在日本「請益僧」中選到一個，他就是「八家」之一、日本「東密」派的祖師——空海。空海的才能極爲惠果賞識，惠果爲空海做了阿闍梨（導師）佛法灌頂，贈法號「遍照金剛」，使之成爲眞言密宗第六代座主。惠果所傳之道通過空海東渡日本，產生了日本眞言宗，至今不衰。所以，空海被日本人民尊爲日本眞言宗的開山祖，青龍寺也就成爲日本密宗的祖庭（發祥地）了。空海在中國期間，除了學習佛法外，還以驚人的毅力和意志學習研究中國的語言文字、文學、書法、繪畫、雕刻、建築、醫藥和農學等。他爲了自己的祖國和人民，表現出過人的聰明才智和頑強毅力，使當時強盛的唐代朝野極爲感佩。有人用詩這樣讚頌空海：「何乃萬里來，可非炫其才。增學助元機，士人好子稀。」西元八〇六年，空海將所學知識及儘可能收集到的資料、實物帶回日本。雖只一葦之航的中日兩國，當時只能靠海洋信風得以往返，加上交通工具的不便，常常有九死一生的危險，空海排除萬難，成功地將漢學、中華民族文化帶回了日本本土。

空海擅長漢學草書，與嵯峨天皇、侍臣橘逸勢被譽爲日本書法史上的「三筆」，他還精通眞、行、隸、篆等體，人們又讚他以「五筆和尚」的美稱。空海借助中國的書法，寫了《風信帖》等書法專著，參考漢字草書，創造了作爲日文字母之一的「平假名」。他的文學理論專著《文鏡祕府論》，不僅滿足當時日本上下學習中國文學的願望，同時對研究中國古代詩歌創作規律和文學批評，都有過巨大作用。由於書中所引資料豐富翔實，而在我國有些材料已經佚亡，所以還是今天我們研究古典文學的重要參考書。空海在日本還創辦了「綜藝種智院」，專門傳播他在長安學到的佛學和中國的書法、文學、音樂和工藝、農業、醫藥等方面的知識。因此，他的一生活動，不僅在日本文化史上占有極重要的地位，同時爲中日文化交流做出了傑出貢獻。

空海死後，被尊爲弘法大師。因爲青龍寺在佛教界的影響，更由於著名的空海法師曾在這裏學法，所以青龍寺的聲望很高，吸引了中外不少僧人和學者。

爲了紀念這位開闢中日友誼之路的歷史先驅，一九八一年在青龍寺建立了空海紀念碑。它是在空海家鄉一帶的香川、愛媛、德島、高知四縣人民捐款，和西安市政府的大力資助之下，不到一年時間建成的。近年來，又陸續修建了仿唐式惠果、空海紀念堂，按城市規劃，還要逐步建設一個青龍寺遺址公園，昔日樂遊原上就將出現一個新的遊樂勝地。

## 杏園宴後（西安杏園）

介於慈恩寺和曲江池之間，便是有名的杏園。杏園以各式杏樹爲主景，由此而得名。因爲它位於寺的南方，故又稱「南園」。杏園將是未來的曲江風景公園的重要組成部分。

杏園之所以聞名，很重要的原因是由於「杏園宴」，以及宴後在慈恩寺裏的「雁塔題名」活動。

由隋代發軔的科舉考試、入仕制度，到了唐代達到成熟健全的階段。正是通過科舉考試可以最大限度籠絡和徵集人才，所以唐太宗有一句千古名言：「天下英雄入吾彀中矣」。唐代科舉考試有很多科目，如明經、進士、俊士、明法，明字等等，但最主要的是明經和進士兩科，而其中以進士科舉考試最爲榮耀，因爲明經科考貼經，考題是將儒家經典上的一段或數段文字用紙貼沒，然後令應考人添上。可以想見，這須完全靠死記硬背才行，根本談不上眞才實學的測驗。而進士科則以考詩賦爲主，形式又較爲自由，能夠使應考人較充分展示自己的才學；一旦考中進士，便進入了封建統治階層，社會上當然格外看重進士出身的官員。所以，這一科投考的人最多也最難考，往往應考千餘人，錄取不過二三十人，只占百分之一二。正是這樣，不少知識分子不惜年代，再三再四去應試，因此唐諺有「三十老明經，五十少進士」的說法。有名的邊塞詩人孟郊曾失敗多次，經歷了「棄置復棄置，情如刀劍傷」的難熬年月，終於在「知天命」的五十歲，考中進士。他心花怒放地寫了一首《登科後》：「昔日齷齪不足誇，今日放蕩思無涯。春風得意馬蹄疾，一日看盡長安花。」

進士科舉從每年秋季開始，要通過多層的測試。在通過關鍵性的由禮部在尙書省主持的省試後，便到吏部參加最後一次考試——關試。這時已是次年春天的二三月了。

關試後即放榜。得中的進士就會在人們羨慕和驚喜的眼光及讚美聲中結伴去參加「關宴」。杏園，這塊「十里開金地，千林發杏花。映雲猶誤雪，照日欲成霞」的美麗地方，被選擇爲遊宴慶祝的場所。得意非凡的「進士團」——人們這樣艷羨地稱呼進士考試角逐勝利者們——不獨要「宴」，還要「遊」，而且要遊得雅致盡興，所以，往往在同年（同科進士）中推二三位年輕英俊的進士爲「探花使」，由他們引導去探花賞花，所以「關宴」又稱爲「探花宴」。春天正是百花盛開、爭奇鬥艷的季節，新進士們常常以賞花的不同而給「探花宴」以不同的名稱，比如在長安城裏永達坊的永達亭子設宴賞牡丹，這種「關宴」就稱「牡丹宴」，有時在崇聖寺的佛牙閣賞櫻花，則就稱「櫻花宴」，當然，最多、最開心的宴會多在有水有花的杏園舉行，所以，「杏園宴」就不脛而走，聞名天下了。

經過數年、甚至數十年拚搏後終於成爲進士，當然願意自己的大名流芳萬世。與杏園僅一箭之地的大衆文化中心——慈恩寺自然是最佳留名紀念場所。誰是「雁塔題名」第一人？據說在神龍年間（唐中宗七〇五—七〇七年），一個名叫韋肇的新進士，在遊宴之後，按捺不住滿腔激奮，也許還有幾分酒意，乘興來到大雁塔下，在塔壁題上自己的名字。這一舉動不意如乘春風，很快在文人中傳播開來，從而開啓了一代文壇官場雅事。《唐摭言》這樣記載：「神龍以來，杏園宴後皆於慈恩寺塔下題名，同年中推善書者記之。」如果日後，進士中有當上將相的，還可將題名錄上的名字用紅筆改寫。白居易二十七歲時登第，他有詩云：「慈恩塔下題名處，十七人中最少年」，得意之情溢於言表。也可想見當時人們多麼重視雁塔題名這一活動。今天，在大雁塔裏，已看不到進士題名，這是因爲唐朝以來塔內多次整修粉刷，題名和題字全部覆蓋，宋代時好事人曾將發現的題名等摹刻石上，揚印成《進士題名錄》，成爲很珍貴的歷史史料。而後明淸時舉人題名多在臨時設置的「版」上，地點也改到了北京。杏園也是普通老百姓，以及外國使節、僑民喜歡的遊樂勝地。這裏經常車水馬龍，正如人們形容的那樣，「莫怪杏園憔悴去，滿城多少插花人」。白居易的兄弟白行簡還以曲江、杏園爲背景，寫了膾炙人口的傳奇故事《李娃傳》。

## 碑林滄桑（西安碑林）

西安碑林設在西安城南陝西省博物館裏。這座舉世聞名的、以三代秦漢隋唐史料史跡爲主要內容的歷史博物館，原本是隋唐時期屬國子監所轄的孔子廟。人們在對孔夫子頂禮膜拜之後，可以對集經籍、書法、畫刻於一體的碑石學習、觀摩、鑑賞，這不能不是中國傳統文化教育的一個特色所在。今天，各著名高等學府都致力於收藏經典手稿、文化、古董，作爲一種教育手段和內容，不知是否是這種古風影響的結果。

西安「碑林」這一名稱，從現有史料來看，最早出現在清代嘉慶七年（一八〇五年）的一塊《重修西安碑林記》中，在這以前，這裏曾被稱爲碑樓、碑亭、碑洞，名稱的變化，說明碑林有過滄桑經歷。

唐代國子監，曾收集有一百多種碑石，唐末戰亂，流散於街坊，到了宋代，又陸續回收西安府學，直到今天的文廟碑林，蒐集了二千三百多件有價值的碑石，這可謂是一部曲折、多難的碑林史。西安以及陝西的碑石在歷史上遭到較大破壞的有這麼幾次：王莽大毀漢碑；隋文帝銷毀古器；唐末戰亂殘毀金石古物；宋代官員姜遵毀壞漢唐以來碑碣以代磚瓦，營建浮圖；宋元以來陝西人民苦於應差而毀碑石；或群衆毀碑用以建築，當然還有自然的破壞，如明嘉慶年間，關中大地震，人畜死傷，房屋頹毀，碑石也不能倖免，僅一套《開成石經》就斷裂了四十餘方。

不幸之中又有萬幸。歷代以來，不少有識之士和一些開明的君主、官吏收集、保護和修葺了大批寶貴的碑石，有名的事例有：隋開皇六年（五八六年），命令將鄴城（今河南臨漳縣）的漢魏石經載運長安，置放在秘書內省，補輯後，樹立於國子學中；唐初，著名賢相魏徵將戰亂中失散的石經收聚一起，存放在著作院內，雖然，寶貴的碑石損失了十之八九，但畢竟還搶救了一部分。唐末戰亂後，五代長安節度使劉鄩將著名的《開成石經》（又說還有《石臺孝經》）從被破壞的長安城外移到城內的皇城原尚書省里。宋時，陝西漕運使呂大忠痛惜許多碑碣散亂在坊間，或長期堆放在潮濕的窪地裏，因而倡議將全部石經和重要石刻，徙置到府學的北牆附近，並將房屋分劃東西，別類置列，從此，陝西這些文化瑰寶才有了固定處所。爲此，有人把呂大忠等人，在西元一〇九〇年移置碑石的義舉，稱爲碑林的誕生之日。元明期間，碑林由於管理不善，污穢不堪，當然又有不少損壞，及到清代康熙年間，進行兩次補修，特別在乾隆年間，陝西巡撫畢沅關心碑林，多次命令西安府衙門撥款修建亭舍，藏護碑石，並要求築修迴廊曲樹，從而爲碑林創造了一個安全優美的環境，大大便利人們的學習觀摩。因此，畢沅有陝西文物保護人的譽稱。碑林的眞正新生，是在全國解放後。一九六一年，這裏被宣布爲全國重點文物保護單位，政府經常不斷對碑石和房屋進行檢查和整修。今天，碑林有七座寬敞的陳列室，七個明亮的遊廊和一座古意盎然的碑亭，正向前來參觀的人們展示它獨特的魅力。

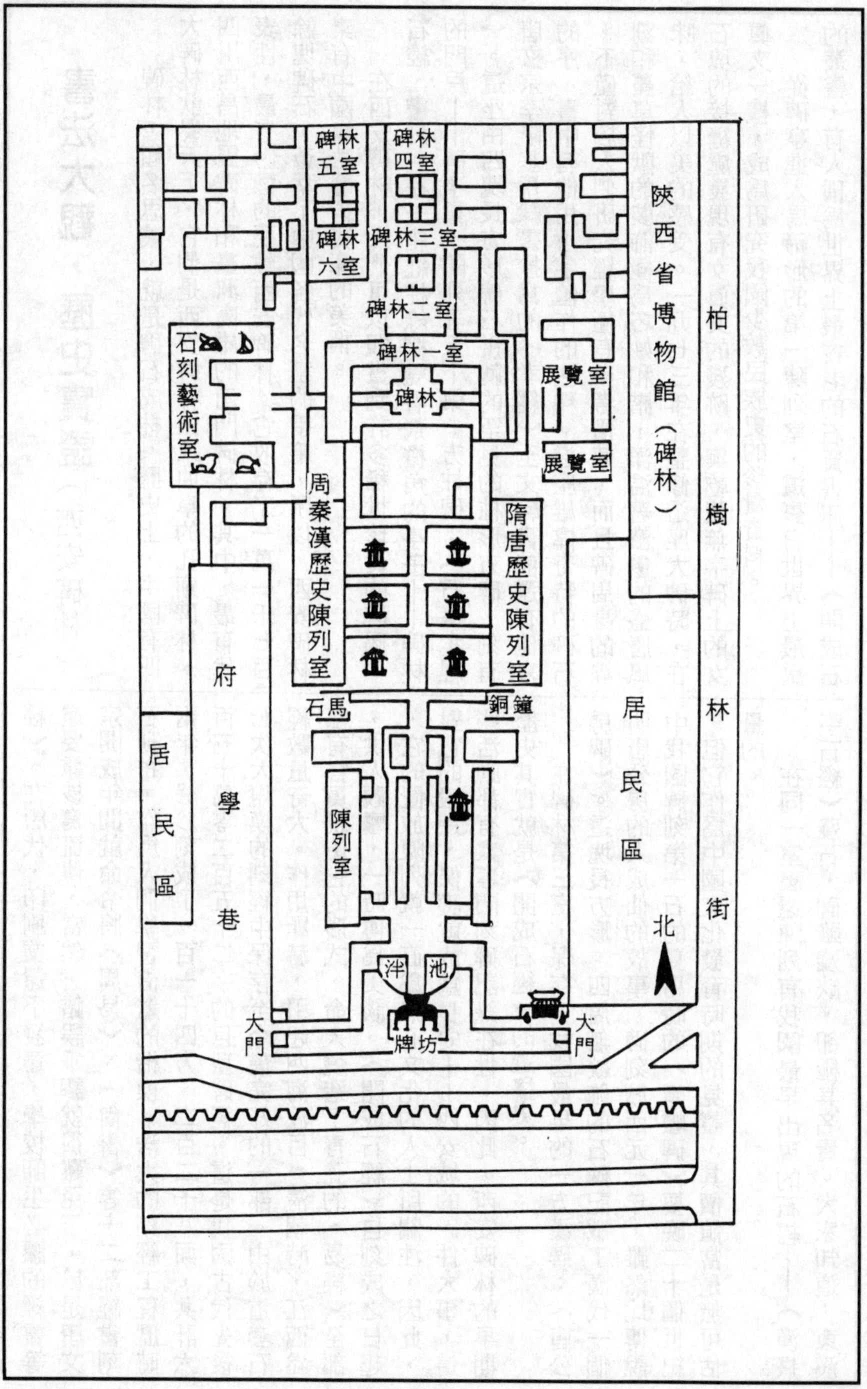
碑林五室
碑林四室
碑林六室
碑林三室
碑林二室
碑林一室
碑林
石刻藝術室
展覽室
展覽室
陝西省博物館（碑林）
柏樹林街
周秦漢歷史陳列室
隋唐歷史陳列室
石馬
銅鐘
居民區
府學巷
居民區
陳列室
泮池
牌坊
大門
大門
北

# 書法大觀，歷史實證（西安碑林）

碑林，顧名思義，就是碑石成林。歷史上，中國有四大碑林飮譽天下，它們是西安碑林山東曲阜的孔廟碑林、四川西昌地震碑林和臺灣高雄的南門碑林。其中，最有代表性，最有影響的要數西安碑林。它收存了一萬一千七百餘塊碑石，薈萃了中國各代名家的手筆，所以，西安碑林素有中國書法藝術寶庫的美稱。

在西安碑林，人們可以觀賞到許多稀世珍貴的碑碣、石經、畫刻。在一座紅柱綠欄雙層飛檐角的亭子——碑林的門戶——碑亭裏，陳列著天下第一方柱碑：《石臺孝經》。這座由四塊長方形碑石拼就的罕見的柱形方碑，刻有唐玄宗李隆基用隸書抄寫的《孝經》全文。書前還有他寫的序，書中有他用小字體作的注釋。這座雄偉奇特的碑石，不僅對於人們研究經學極有參考價值，而且碑周身的線刻和蔓草怪獸的裝飾極爲巧妙和諧，洋溢著濃鬱的盛唐風味，給人以美的感受。一九七三年在整修這座大碑時，在石塊的接縫處發現有女眞文的殘跡，與乾陵無字碑上的女眞文一樣，成爲研究我國少數民族史的珍貴資料。

從碑亭進入馬蹄形的第一陳列室，這裏有世界上最重的叢書，有人稱爲世界上最古老的石質書庫——《開成石經》。在唐代，印刷業還不發達，學校師生必讀的經書等還要靠抄寫流傳，當然，錯誤乖謬就很難免了，於是唐文宗開成年間就命令將《周易》、《尙書》等十二部經書刻石刊布，作爲人們學習借鑑的楷模。浩大的刻經工程歷時兩年，終於刻成了一百一十四方、二百二十八面，共計六百五十萬零二百五十二字的巨型碑經。這是我國古代先後七次大規模的刻經中保存至今最完好的一部。由於這套石經數量奇大，作用顯赫，引起四海注目。清朝時，江西益都有官員就仿它的形式，命人燒造了青瓷的《易經》全部，供人觀摩，一時傳爲美談。《開成石經》自刻成之日起，它的置放陳列就一直爲熱心文化的人士所關注，因此，對它的搬遷、保護就成爲長安——西安城的一件大事，這些活動都有人專門刻碑記錄在世。因此，西安碑林的早期歷史其實就是《開成石經》的遷移史。

在碑林第三室，保存了我國最早的一方漢碑：《唐公房碑》。這塊長方形、四周無紋飾的石碑記載了漢代一個叫唐公房的人成仙的故事。碑刻於西元七年，雖然比傳說中我國碑刻第一石的夏禹時的《岣嶁碑》要晚二十個世紀，但它作爲中國文化發育時期的見證，其價值當是無可估量的。

在同一室裏還陳列有我國最早出現的石經——《漢熹平石經》殘石，碑雖殘缺，卻極其名貴。大家知道，東漢末年，出現了所謂「古文經」和「今文經」的紛爭。這是自儒家經籍遭受「秦火」的厄運後，漢初請一些老儒生憑記憶口耳相授經典，並用當時通行的漢隸字體記錄，這樣記載下來的經籍，被人稱爲「今文經」，因傳述不一，所以流傳於後世的書中，出入頗多。後來，各地陸續發現有一批用先秦古字抄錄的經書，就被稱爲「古文經」。將今文經與古文經相比，出入就更大了，於是，在各自內部，以及今、古文系統之間，便產生了各抒己見的爭論，一時沸沸揚揚，好不熱鬧。在這樣的情勢下，東漢的著名學者、「八分聖手」蔡邕上奏，請求以今文經爲標準刊刻於石，作爲統一認識，結束論戰的辦法。請求獲得准許，從熹平四年（一七五年）春天開始，蔡邕等親自率領工匠將《易》、《書》、《詩》、《儀禮》、《春秋》、《公羊傳》和《論語》一共七部儒家經典用漢隸書體，作丹色於碑，鐫刻於石，從而成爲封建時代學習的標準本和考試時依據的法定本，史稱《熹平石經》。這部石經刻成後立於京城洛陽太廟門外，供人觀摩抄校。據記載，每天前去摹寫的人所乘的車就有千餘輛，道路都爲之堵塞。這套大型刻石，被公認是漢隸書法的典範。十分可惜的是，它在東漢末年的董卓之亂中遭到嚴重破壞，殘存的碑石又因年代久遠而碎毀散失。今天人們在西安碑林看到的這塊刻有《周易》的漢隸碑，既是碑林珍藏的最早的漢碑之一，也是蔡邕流傳於世的唯一眞跡。據說，這塊珍寶，是國民黨元老、書法家于右任從古董商手中購到，幾經周折才收藏於西安碑林的。

熹平石經的歷史意義還在於它是中國歷代鐫刻石經的濫觴。它直接影響了後世的刻經活動，如曹魏時的三體石經，唐時的《開成石經》，後蜀的《廣政石經》，宋時的《嘉祐石經》和清代的《乾隆石經》。從書法上講，這部石經又是集兩漢隸書的大成，並能推陳出新，因而，被認爲是中國書法史上的一個里程碑，而爲歷來藝林所重視。

西安碑林中的大量碑石，不僅具有很高的書法藝術價值、歷史價值，還有一些碑石，正是古代中國與國外文化交流、友好往來的證物，如《大秦景教流行中國碑》、《不空和尚碑》、《中尼合文經幢》等。

尤其是《大秦景教流行中國碑》不獨是一塊稀世的碑石而名揚海內外，它的傳奇式經歷，也爲人們津津樂道。

明代天啓三年（一六二三年）在陝西周至縣（一說在西安近郊西原村）出土了一塊碑正面是漢文，碑底和碑側刻滿了蝌蚪般文字的石碑，立刻引起了人們極大的好奇和興趣。經飽學之士解釋，它就是我國絕無僅有的、記載基督教聶斯脫利教派在中國傳播情況的《大秦景教流行中國碑》。大秦，指東羅馬帝國，古稱佛林。景教，就是聶斯脫利教派的中國稱呼。在唐代貞觀年間（六二七—六四九年），景教開始傳入我國，不久，在京城長安建起第一座大秦寺。唐德宗二年（七八一年），一個名叫景淨的景教和尚爲長安城裏的大秦寺撰寫了碑石（由呂秀岩書），詳細記述了大秦國的地理位置、自然環境和豐盛的物產，以及景教的教儀、教規和在中國傳播的經過，還記載了唐太宗、高宗、玄宗和肅宗等給予景教的支持和優待情況。碑側等處還有用敘利亞文刻寫的七十位景教人士的名字。這是研究宗教史和中外文化交流不可多得的珍貴資料。

唐武宗會昌五年，大毀天下佛寺廟宇，大秦寺也未能倖免。這塊碑從此埋沒消失。七百多年後大秦寺碑重見天日，移往金勝寺。不久被外國傳教士獲悉，碑的搨片傳到歐洲。碑文被譯成拉丁文後，立刻引起了歐洲宗教、文化、歷史界的轟動。清光緒三十三年（一九〇七年）丹麥人荷爾莫奉命來西安，想用三千兩銀子收買此碑，當然未能成功，只好僱人翻刻了一個複製品回去交差。後來美國、日本也都來製作了複製品。

## 漫說鐘鼓樓（西安鐘鼓樓）

在西安市城區的中心，東、南、西、北四條大街交會的地方，聳立著一座美麗雄偉的四方古樓，它的西北隅數百米處，也有同樣雄傑壯美的建築，這就是聞名的鐘鼓樓。當地民間流行著這樣的話：「西安有個鐘鼓樓，半截插在天裏頭」，形象地說明了這兩座魁偉建築物的不凡氣勢。

在悠揚渾厚的報時鐘聲中，登臨古城鐘樓、鼓樓，如果能了解古代如何報時會更增遊興。

中國有著非常悠久的天文學歷史。五代時，設有專門觀察天文星象的太史官、日官，還有稱做挈壺和太卜的低級官吏，專司時間的計測工作。這類專業職官制度一直沿續到清末。這類官員利用圭表、日晷量測日影長短，或用漏壺（銅壺滴漏），以統計時間，由此向人們通報。

在鐘表未傳入中國前，各地通報時間的工具，就是鐘和鼓。當掌管時辰的官員將所測時間通知城市四周城門上的譙樓或鐘鼓樓，裏面值勤的鐘夫和鼓夫就要按規定叩鐘和擊鼓了。當然，在農村或未設司昏晨職官的小城市，就「以日見爲限」，過著「日出而作，日入而息」的自然經濟生活。

叩鐘一般是報白晝時間，擊鼓則是通報夜間時辰。據說，叩鐘每天有兩次，在早晨和黃昏，每次叩敲三遍，每遍緊緩十八下，共五十四下。有些地方還叩鐘以通報一日中的「吉時」，如在巳時（九至十一時）、午時（十一至十三時），未時（十三至十五時之間），所以，有俗語這樣說：「得吉日，不如得吉時。」因爲，吉時「固可聞也」。

擊鼓在一夜之中有五次，謂之「更鼓」，一更擊一次。每次次數不詳。另外，在三個特別時間，還要擊鼓。《周禮》中這樣規定：「昏鼓三通，夜半三通，旦明三通，」一通有三百三十槌，每次即擊鼓九百九十槌。據一些歷史筆記記載，許多地方似乎重視晨暮鼓，就是入暮擊鼓八百槌，通知宵禁時間已到，稱爲「淨街鼓」，晨鼓則擊三千槌，就在這三千震撼人心的咚咚鼓聲中，東西南北的十二重城門便一齊自外而裏地依次打開閘樓、譙樓下的三道城門，放行百姓出入，城裏各坊的坊門也同時開啓。

在唐代，更鼓的作用十分巨大，因爲實行宵禁，由金吾衛官兵巡查，在「淨街鼓」之後，城門、坊門都要關閉，人們只可留在家中不能外出，所以唐詩中有「六街鼓絕行人歇，九衢茫茫空有月」的句子。一年中，只有三天例外，即舊曆的正月十四、十五和十六日，准許百姓通宵上街遊玩。可想而知，這幾天的京城長安多麼熱鬧，難怪詩人蘇味道要祈求：「金吾不禁夜，玉漏莫相催」了。

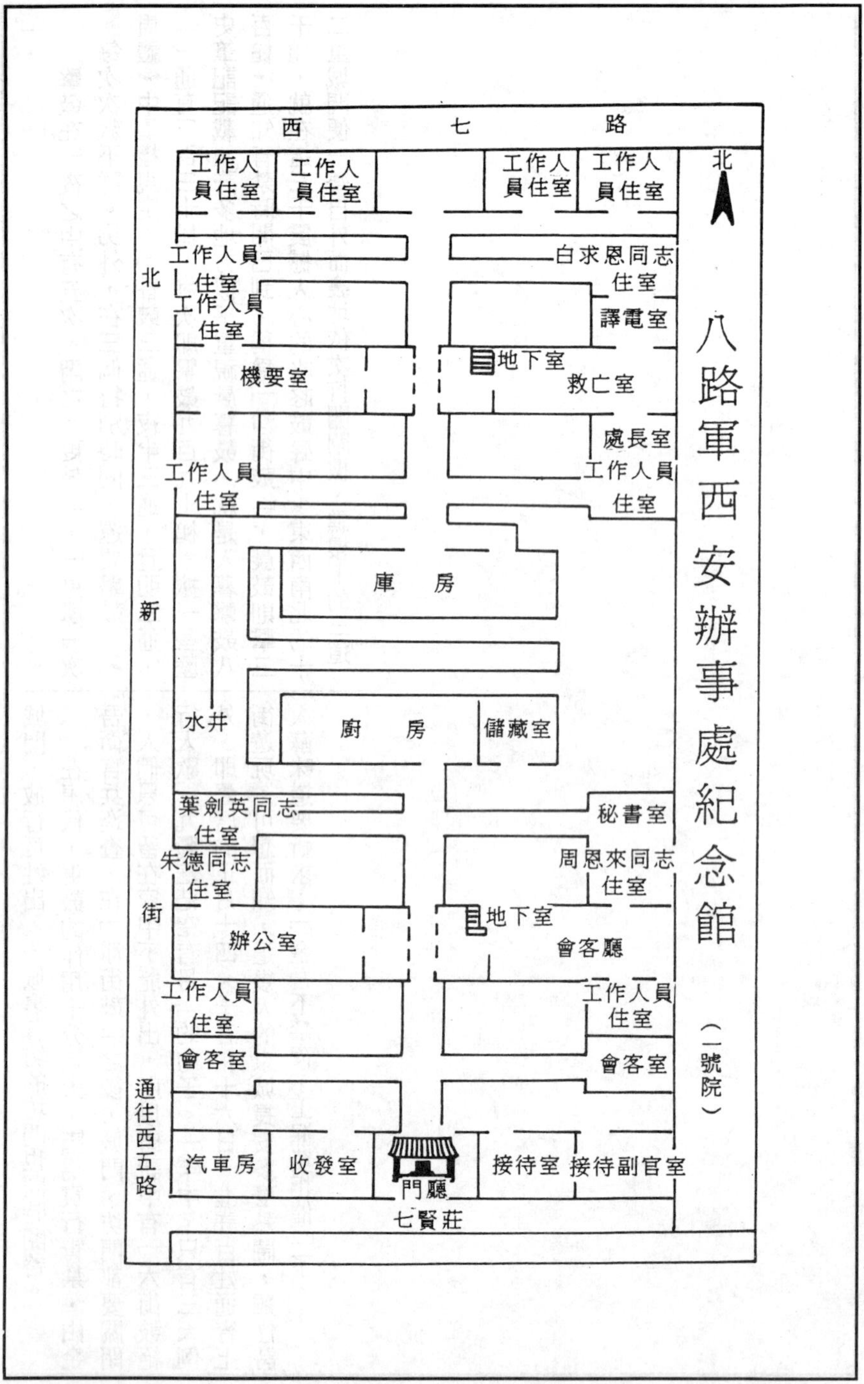
八路軍西安辦事處紀念館
（一號院）
北
西七路
工作人員住室
工作人員住室
工作人員住室
工作人員住室
工作人員室
住室
白求恩同志住室
工作人員住室
譯電室
機要室
地下室
救亡室
處長室
工作人員住室
工作人員住室
北新街
庫房
水井
廚房
儲藏室
葉劍英同志住室
秘書室
朱德同志住室
周恩來同志住室
辦公室
地下室
會客廳
工作人員住室
工作人員住室
會客室
會客室
通往西五路
汽車房
收發室
門廳
接待室
接待副官室
七賢莊

# 西安兵諫尋舊踪

## （西安八路軍辦事處）

以張學良將軍爲首的東北軍和以楊虎城將軍爲首的十七路軍，針對當時蔣介石對日本侵略者採取不抵抗政策，於一九三六年十二月十二日，發動了兵諫，在陝西臨潼逮捕了蔣介石，迫其承認了「停止內戰，一致抗日」的主張。這即舉世震動的「西安事變」，因爲發生在十二月十二日，又稱「雙十二事變」。

兵諫，就是用武力脅迫達到諫言目的一種古已有之的辦法。《左傳·莊公十九年》載：「初，鬻拳強諫楚子，楚子弗從；臨之以兵，懼而從之。」這大概就是中國兵諫的濫觴。

一九三六年十一月，日寇進犯綏遠，當時綏遠駐軍起而抵抗，取得了勝利，全國人心爲之振奮。出現了宣傳抗日救國、爲抗日軍隊募款捐獻的熱潮。這些正義的愛國行動，激怒了國民黨當局，首先拿抗日救亡運動最活躍的西安學生開刀，開除了西安師範一大批學生，並逮捕了其中十二名。學生們群情激昂，由當年「九·一八」五週年紀念會爲開始的抗日救亡鬥爭，進一步擴大，這就是有名的「西師學潮」。待到「一二·九」運動第一個週年到來之際，學潮迫使楊虎城等表示同情和肯定學生們的正義運動。這時，蔣介石第二次到西安，準備部署大規模對陝北的「剿共」內戰。學生們由於請願不遂，便決定到臨潼華清池去直接向蔣介石請願。

與此同時，東北軍和十七路軍在共產黨的積極幫助下，決定支持學生運動，並向蔣介石諫言抗日。

「西安事變」的指揮部設在新城（今陝西省省政府院內）楊虎城綏靖公署。十二月十二日凌晨五點，西安和臨潼兩地同時採取了軍事行動。蔣介石從他下榻的華清池五間廳出來，倉惶逃向驪山，八時許，東北軍的士兵在驪山半山腰的一個山洞發現並扣留了蔣介石。一九四六年，國民黨將領胡宗南在這個洞前築有一座紀念亭子，取名「正氣亭」，解放以後改名「捉蔣亭」，今又改爲「兵諫亭」。

在整個「西安事變」的過程中，爲了工作和管理上的方便，蔣介石先後被扣留在張學良公館（今西安建國路九十六號，陝西省委幹部招待所）、高桂滋公館（今建國路七十一號，中國作協西安分會），與蔣介石同來西安的軍政大員陳誠、衛立煌、蔣鼎文等十餘人，則在西京招待所（今解放路陝西省外事辦公室）內扣留。

周恩來代表中共在事變發生後，飛赴西安，住在張學良公館院內東樓，參加在楊虎城的別墅——止園（今青年路芷園飯店）和平解決西安事變的談判。最終迫使蔣介石接受停止內戰、聯合抗日的六項條件，和平地解決了這一事變，從而實現了由內戰到抗戰的偉大歷史轉折。

張學良公館大院共有東西兩座樓，都是三層樓房。平時，第三層多空閒，中共談判代表團來西安後，就住在這裏。

楊虎城的別墅是一九三四年修建的雕欄飛檐樓房，原名紫園，後爲表達楊虎城將軍的愛國心願，改名「止園」，取「止戈爲武」的意思。今在院內二門樓牌上還可看到書法家寇遐書寫的「止園」兩字。解放後，改名「芷園」。

張學良公館、楊虎城公館和別墅、高桂滋公館、新城大樓（又名黃樓）、華清池五間廳及西京招待所等作爲「西安事變」的歷史見證，都被妥善地修護，並於一九八二年被公布爲全國重點文物保護單位。

「西安事變」後，第二次「國共合作」形成。中國工農紅軍在西安七賢莊（今蓮湖區北新街東）一號原海伯特牙科醫院設立了半公開的機構——「紅軍聯絡處」，一九三七年改名「八路軍駐西安辦事處」。林伯渠、董必武等人，都擔任過辦事處的黨代表，周恩來、朱德、彭德懷、葉劍英、鄧小平等人也都在這裏主持或指導過工作。加拿大白求恩大夫在轉赴延安途經西安時，也曾在辦事處住宿過。

一九五九年「八路軍辦事處」經過修復，建成八路軍西安辦事處紀念館，向群衆正式開放。

## 興教寺中說佛骨（長安興教寺）

作爲埋葬玄奘遺骨的興教寺，是西安地區一處遊覽勝地。離西安城東南二十四公里的興教寺位於長安縣少陵原畔，從這裏可以俯視終南山下樊川的景色。平整錯落的田疇，杜甫筆下「兩行秦樹直」的箭杆白楊挺立成行，長安八水之一的潏河像束攏在一襲綠色錦袍上面的銀色帶子，將這一帶狀盆地點綴得優美無比。

樊川古名後寬川，西漢初爲大將樊噲的食邑之地，因名樊川或稱樊鄉。整個川道介於少陵、神禾兩原之中，其間蜿蜒有清冽的潏水，成爲「喬林隱天，修竹蔽日，眞天下之奇處，關中之絕景」的風景區，唐時，更成爲豪門貴族如諸杜、諸韋聚居的地方，故那裏流傳下來有杜曲、韋曲的地名。時人有「城南韋杜，去天尺五」的說法。杜甫也有詩云：「韋曲花無賴，家家惱殺人」。是對韋、杜兩族多爲朝中顯官，接近皇帝，把持大權的寫照。

樊川的桃花聞名遐邇，雜劇《桃花人面》、《金碗釵》（華劇）和《借水贈簪》（秦腔）等古典傳統歷史劇中的本事，其背景就在杜曲南邊桃花叢中的「桃溪堡」，過去名叫桃花村。都是寫的關於唐詩人崔護遊興之餘的故事，詩人的桃花詩確是令人遐想神往：「去年今日此門中，人面桃花相映紅；人面不知何處去，桃花依舊笑春風。」從此，「人面桃花」便成爲一個形容男女分離，而戀情不已的有名典故。

在佛教盛行的唐代，樊川自然成爲寺院建造的最好地方，在少陵、神禾原畔由東向西立有興教寺、興國寺、華嚴寺、牛頭寺、雲棲寺、禪定寺、洪福寺、觀音寺，這就是樊川八大寺。

八大寺中最負盛名的當推興教寺。西元六六四年，玄奘圓寂，先葬於長安東郊滻河東岸的白鹿原上，唐總章二年（六六九年）遷葬少陵原，並同時修寺建塔以示紀念。唐肅宗李亨專門爲寺塔題額「興敎」二字，意爲「大興佛敎」，寺院因此得名。毫無例外，興敎寺也幾經毀興。今天的規模是多次修葺後的樣子。

全寺分三部分：正院、西跨院和東跨院（或稱殿房院、慈恩塔院和藏經樓院）。

從山牆圓形門洞進入西院，在林木蔭翳中，醒目地聳立著三座結構相同、大小有別的佛塔。中間高塔，就是有名的玄奘法師舍利塔。舍利，是梵文的音譯略稱，意即死者火葬後的殘餘骨燼。佛徒往往將高僧、坐主的舍利建塔供奉。有名的僧人遺骨大多被分葬多處祭供，如釋迦牟尼的骨燼即被八個國王分取葬供。玄奘的遺骨也分在我國許多地方寺塔內。這座仿木結構磚塔，形似大雁塔，高二十三米，共五層，底層拱形券洞，內陳置玄奘彩色泥塑像，塔背嵌有記述玄奘生平事跡的《唐三藏大覺法師塔銘碑》一通。玄奘塔東側的小塔，是玄奘弟子、朝鮮新羅國王孫子、僧名圓測的墓塔，西側是玄奘的高徒、唐朝開國大將尉遲敬德姪子、僧名窺基的墓塔。兩位弟子博覽群經，學業出色，聲名赫赫。他們死後陪葬在業師兩側，想必也是平生夙願吧。

三塔正北不遠處便是慈恩塔殿，共三間，內陳玄奘和兩大弟子石刻影像，以及《玄奘行程圖》、《玄奘傳記條幅》等。石刻影像上，玄奘身着短褐，足登布履，手執雨傘，背後背夾上經書羅疊，背夾角掛有明燈一盞，生動地描繪了高僧當年排除萬難西行取經途中風塵僕僕的感人形象。這些珍貴圖像都有複製品供售。

東院內有一座玲瓏秀麗的藏經樓，內存唐人手抄經一卷，影印佛經數千冊，從工整秀美的漢字中，人們可以想象玄奘當年譯經工作的勞苦。據史料載，他不但把梵文經典譯成中文，而且還把印度已失傳的《大乘起信論》還原成梵文。除此，玄奘還譯了《老子》介紹給印度，與弟子共同撰述了十二卷《大唐西域記》遊學回憶錄，在中外文化交流史上，玄奘不愧是一座難以企及的豐碑。

漢武帝茂陵古墓葬分布圖

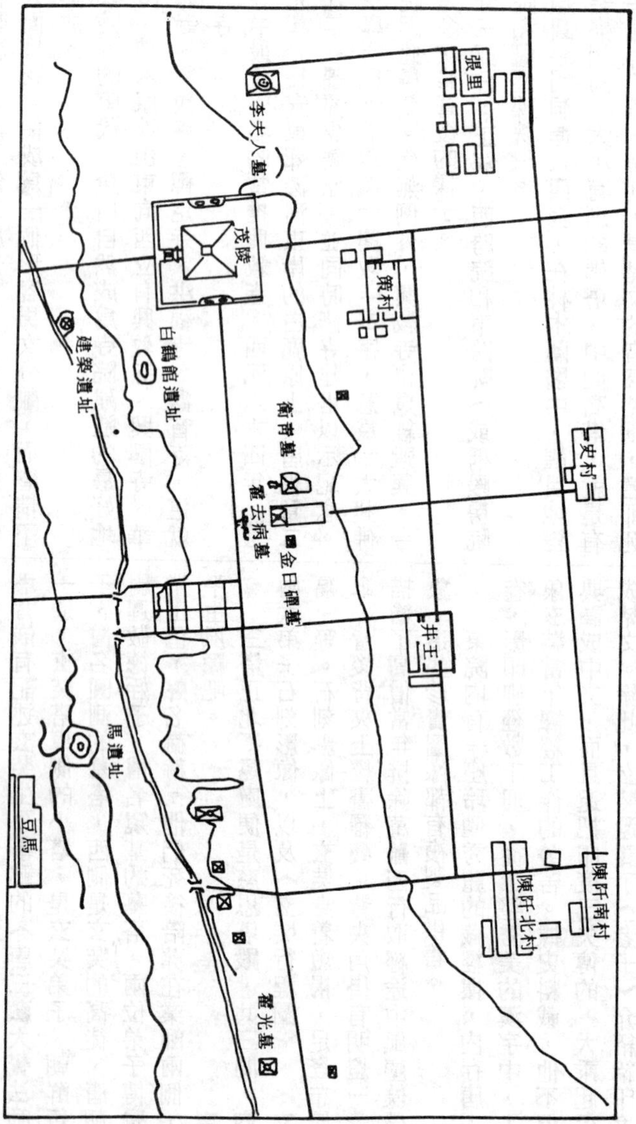


（測繪出版社：《西安導遊圖》）

# 漢闕第一陵（興平漢陵）

在咸陽以北，被稱爲北坂的高而平的黃土原上，有古代陵墓約五百多座，其中突出的是一字兒排著的高大墳塋——十一座西漢皇帝的陵墓。從公路上看去，它們彷彿是一個模子製造出來的，像一隻隻倒扣著的斗。這條綿延近百里、遵循「墓置高地」原則的漢家陵闕帶，像是進入陝北高原的一條波狀屏障，莊嚴而又肅穆。

漢代一承秦風，每個皇帝登基之日，就開始大規模修建自己的陵墓。這種被當作朝廷大事的「初陵」建造，從東漢開始，預營之陵爲「壽陵」，和秦始皇陵的情況一樣，耗費巨大，曠日持久。史書說，當時把全部貢賦的三分之一作爲建陵和收集隨葬品的費用，漢武帝在位五十四年，他的陵墓就修築了五十三年，尤其奢靡的是，據說爲避免墓土生長雜草，漢陵封土專門由外地運來，經過篩選、爐炕、鍋炒處理後使用，所以，這裏的墓土「貴同粟米」。陵墓建築到了漢代是十分完備了。大凡古代帝王陵的一切儀飾，它們都已具備。雖然，沒有一座陵墓能夠比得上秦始皇那樣巨製大作，但陵前築著神道，道上有石闕、石獸、石人、石碑以及作爲祭祀之用的享殿等，在漢陵墓建造中都非常講究。由「寢」和「便殿」組成的陵墓格局更爲完善，甚至還新創了「居陵旁立廟」的制度。祠堂和廟的壁間往往都雕刻有大幅畫像。這種複雜、高級的陵寢之制，正是從漢陵開始的。

值得注意的是，所有西漢皇帝的墳墓的建築和裝飾，是集周、秦以來文化之大成，而且，十足體現了純漢族文化風格。雖然武帝時大旅行家張騫通西域帶回的西域文化及兩漢之際傳入的印度佛學文化，已漸漸深入中國大地，但外來文化的新味在這些帝王墳塋構築上的影響還未充分顯示出來。這和人們參觀漢以後的名勝古跡所體現出來的風格有不同之處。

漢家陵闕中，最巍峨壯觀的是西安以西四十公里處的漢武帝劉徹的茂陵。這座漢陵高大，像一個攔腰被削去上半部的金字塔。茂陵位於漢陵西南部。是由於諸陵皆東西座列，「俗說西者爲上」，而西南方位是「『渭之隩』，尊長之處也」。武帝雄才大略，功蓋天下，他的陵墓當然要選擇諸陵尊位了。西漢初，這裏被稱爲槐里縣茂鄉，是武帝母親、景帝妃子王美人的故里。漢武帝擇此地修造陵墓，大概含有懷念母親的意思，墓冢因此就叫做茂陵。武帝依先例，在建陵的同時，在近旁營造陵邑，將各地（特別是關東）數以萬計的豪家富戶、高姓望族遷徙定居，茂鄉遂改名爲茂陵邑。渭河歷史上有名西渭橋，就是專爲從國都長安通往茂陵邑而建造的。漢代皇帝陵中有五個陵邑——平陵、安陵、長陵、陽陵和茂陵特別有名。如漢史上有趣的「甥舅聯姻」的漢惠帝劉盈，在母親呂后的操縱下，鬱鬱而死，他下葬的安陵縣邑，是「徙關東倡優、樂人五千戶以爲陵邑，善爲啁戲（多種竹管樂器合奏）」，故有以倡優爲特色的「女啁陵」別稱。因此，遷徙的大批人戶，便逐漸在陵邑一帶形成一個特殊的、足以與長安京城抗衡的區域。史書和詩文中就出現了成爲紈袴子弟同義語的「五陵豪俠」、「五陵公子」、「五陵少年」一類專有名詞。到唐代，「五陵」甚至被衍化爲豪奢、放蕩的代稱。如「五陵貴公子，雙雙鳴玉珂」，「同學少年多富貴，五陵裘馬自輕肥」，就是指此而言的。茂陵邑由於豪門貴族的相對集中，這裏很快成爲一個繁華的城市。許多古人也都曾到此居住，如我國史學鼻祖司馬遷和風流才子司馬相如及其妻子卓文君都曾在茂陵安家。

按西漢禮制，帝王陵穴可占地一頃，墳高十二丈，墳頂還可建築祭祀的獻殿等。武帝爲了顯示自己的功業和不凡，將茂陵加高二丈，周長也增加二十步。他的隨葬物品據說最爲豐富，多達一百九十多種，甚至包括活的牛馬、虎豹、魚鱉、飛禽和外國贈送的玉杖、玉箱和生前翻閱的經籍。武帝的茂陵隨葬品清楚地表明了先秦及春秋戰國時代盛行的車馬坑和人殉葬制完全結束，代之而興的是表現日常生活，尤其是家居生活的隨葬明器日漸突出。在茂陵四周還修建有富麗的廟堂宮殿，以及達官貴人們的園宅，僅是守護陵墓的官員，就有五百人，連同管理服役的，多達五千人。

時隔二十個世紀，人們今天看到的茂陵只剩下一個在樹木擁簇中的高大的土堆，以及遊人從公路通向它的陵頂踏出的幾條彎彎曲曲的小徑，陵前有一塊清代乾隆時陝西巡撫畢沅立的石碑，碑文是「漢孝武帝茂陵」，「孝武」是劉徹死後的謚號，後人常略去「孝」字，直稱「漢武帝」。據說，茂陵被挖盜多次，新莽末年的赤眉軍起義，「入長安，破茂陵，取物猶不能盡」，大批軍士只將陵內的葬品取走了一半，到了二百多年後的晉代，人們在陵內還看到成堆腐朽的絲綢和遺留的珠玉。茂陵及其它漢陵，仍然埋藏著大量的珍貴文物，有些確是稀世珍寶。有人預言，以後一旦漢陵開發，將成爲世界矚目的「第九奇跡」。

遊人來到茂陵，除憑弔與秦始皇具有同樣蓋世雄才的漢武帝外，興趣更多在於四周的陪葬墓冢。

茂陵陪葬墓大大小小有二十多個。例如武帝所鍾愛的李夫人，這位能歌善舞的皇帝夫人，就是漢代鼎鼎有名的音樂家李延年和海西侯、貳師將軍李廣利兄弟的妹妹。她年紀輕輕死去，武帝用皇后大禮葬她，她的墓冢被人們尊爲英陵，俗名又叫「習仙臺」。當地人稱爲「磨子嶺」。

在英陵一里許的地方是平陽公主的丈夫——衛青墓。這位放羊童出身的勇武軍人，戰功赫赫，七次擊退來犯的匈奴人，爲漢王朝的統一鞏固立下了汗馬功勞。被武帝不拘一格提拔爲大將軍，並封爲長平侯。他死後與平陽公主合葬在一起。這座形狀像漠北盧山的墓冢，據說就是仿他大勝匈奴的一處地形建造的，此外還有宰相公孫弘、大將軍霍光、金日磾（匈奴族）等人的墓，所以後來有人寫道：「武皇遺寢峙荒墟，名將佳人左右扶。」大概從漢代開始，帝王墓冢旁配有衆多的皇族、名門的陪葬墓，這種風氣，對後世產生很大的影響。最負盛名的陪葬墓是霍去病墓。

茂陵博物館建在霍去病墓的前面。霍去病被稱爲中國歷史上傑出的青年軍事家，他在十八歲時開始統帥軍隊，和他的舅父衛青一樣，在抵禦匈奴侵略中，屢立奇功，基本結束了匈奴對西漢政權的威脅，因而受到漢武帝的特別重視。他在謝絕漢武帝所贈豪華住宅時，說：「匈奴未滅，無以爲家也」，這句話後來成爲歷代愛國將領們的豪言壯語。可惜二十四歲時，他暴病死去。漢武帝痛惜不已，不僅依例賞賜墓地——陪陵——陪葬在他的陵園之旁，而且還准許將墳墓建造成特殊的如同祁連山形狀。這是紀念他在祁連山六戰六勝的業績，並喻示永世長存。這種特殊、隆重的墓冢規制也影響了後代一些尊重人才的帝王，例如唐太宗李世民在功臣李勣（即徐懋功）死後，以品字形「山冢」葬他，這個「品」字象徵了李勣出擊突厥建立殊功的陰山、鐵山和烏德鞬山。此外，還有李靖的墓也是「山冢」形，象徵陰山、磧石山。遵照周秦以來「王哭諸侯」的禮制，武帝爲霍去病舉行了隆重的喪禮。甚至安排由霍去病生前招降的軍士身穿黑甲，排成長達八十里的隊伍去發喪。

爲什麼漢武帝這樣重視霍去病？這裏有一個有趣的傳說。

霍去病的母親衛少兒是大將衛青和武帝寵愛的皇后衛子夫兩人的姐姐。衛家出身低微，衛青曾爲武帝的姐姐平陽長公主隨從家騎，由於勇猛出衆很快受到愛才的武帝的重用，甚至奉命接娶死了丈夫的長公主，成了國舅。衛子夫早先也是長公主的歌伎，後深得武帝喜歡，進宮後被立爲皇后。由於這樣的關係，所以衛少兒可以經常出入皇宮。

曾爲婢女的衛少兒，有一個私生子，未取名字。一次她抱了孩子進宮看望妹妹衛子夫，在肅穆靜寂的皇宮中，孩子突然大哭起來，將臥病於床的漢武帝驚嚇得冷汗一身。想不到這一哭，多日不癒的病霍然而去了，頓感輕鬆的武帝非但沒有降罪衛少兒的驚駕過失，相反還高興地替這毫無忌諱的孩子起了一個別致的名字：霍去病。

霍去病這座陪葬墓要比武帝墓精美宏麗得多。原因可能是歷代人們認爲他能夠賜祥降福，禳災「去病」，所以，霍去病墓四周一直樹木葱蘢，古意盎然，墓頂的廟宇，一年四時香火不斷。

## 渾厚質樸的石刻（興平霍去病墓）

霍去病陵墓的巨大價值，還在於墓園裏保存了我國最古老、生動體現兩漢精湛藝術水平的石刻群雕——「霍墓石刻」。

中國古代由於厚葬風氣的盛行，在帝王和王公貴族的陵墓前，一般都設置有碑、闕、墓表，以及石人、石獸，以顯示墓主的威嚴和功績。由於墓主身分地位的隆重，使他們有條件利用當時最好的工匠和最好的材料，製作這些石雕，所以，中國的陵墓石刻，往往就能鮮明體現當時的藝術水平和具有強烈的時代特點。像南朝陵墓石刻、唐代昭陵石雕，以及霍去病墓前的茂陵石刻，都成爲中國古代藝術的精品。

霍去病墓前，現存有十六件圓雕石刻，它們是石人、猛獸食羊、伏虎、人與熊、牯牛、小豬、卧馬、躍馬、卧象、石魚、蛙、蟾等。人們會奇怪，這些石雕與其它陵墓前顯示墓主富貴身份的石人、瑞獸等雕刻不一樣，這是什麼原因？據分析，這是墓冢設計者的有意所爲：爲了創造一座與霍去病短暫一生的戎馬生涯相吻合的陵墓，特別是製造一種霍去病建立殊勛的祁連山地的特殊環境，用以紀念這位年輕的將軍，所以，在象徵祁連山的墓地周圍，用一些伏虎、卧牛、猛獸食羊、巨人、熊、野豬等石獸，雜陳其間。整個充滿野趣的石雕群中，又以突出表現霍去病英勇矯健的躍馬、卧馬和「馬踏匈奴」等石刻爲主體，這種將雕刻與陵墓有機結合起來的總體設計，在我國藝術史上是絕無僅有的。它所造成的藝術效果，既使人們如臨大西北艱苦戰鬥的環境，又能激發對英雄的崇敬和懷念。這種不凡的藝術構思和造型卻是出自二千多年前的無名工匠之手！當然，漢武帝能慨然同意這樣安排，也從一個側面證明他不完全是一個「略輸文采」的武夫，而是爲中華民族文化發展做出一定貢獻的英明君主。

霍墓石刻的藝術價值還在於，從此打破了漢以前中國石刻藝術的程式，即不依靠像秦兵馬俑那樣浩大的場面來揭示特定的思想和環境，而是選擇若干生活剪影，如《躍馬》、《人熊搏鬥》、《馬踏匈奴》等簡練、鮮明又氣魄深雄地顯示戰爭艱險、鬥士無畏的主題。尤爲突出的是，這些姿態各異的石雕，都是用整塊大石刻就的。古代藝術家們實際上熟練地運用了圓雕、浮雕和線刻的手法，「因材施藝」，巧妙地利用天然石塊本身的質感和量感，注入了自己的感情和生氣，從而使它們不再是靜止的無生命的頑石，而是一群生動的、寓人意念的、以「少少許勝多多許」的不朽藝術形象。這種形象典型化的藝術手法，無疑對中國的雕刻、繪畫、書法，乃至文學創作，都產生了積極影響。

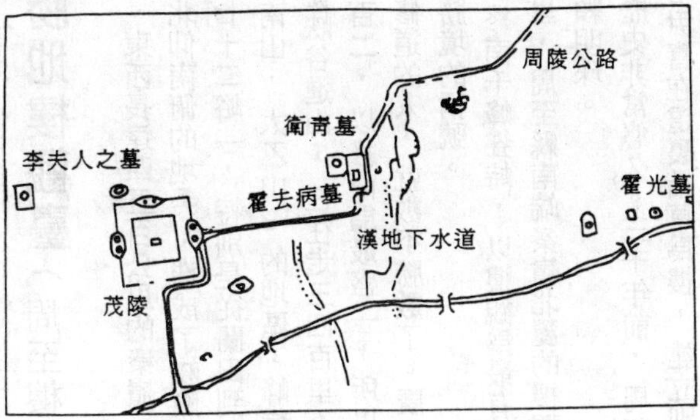


茂陵附近陵墓遺址分布圖

樓觀臺遊覽示意圖

# 道教勝地樓觀臺（周至樓觀臺）

橫亘陝西、東西長達四五百公里的秦嶺，是關中的南部屏障。它那北仰南俯的地勢，造成了峻險巍峨的「九嶺十八坡」和「七十二峪」，特別是從藍田到武功這段稱做終南山（又名南山，太乙山）的地區，峰巒疊翠，古木參天，人們從峽谷進山，往往走三四百里不能窮盡，正是「關中河山百二，以終南爲最盛」，所以，自古以來到南山去求仙修道的人，就數不勝數了。廣袤深幽的南山也就有了道家勝境的稱號。

然而，「終南千峰聳峙，以樓觀爲最有名」。位於西安西南七十公里，周至縣南端秦嶺北麓的樓觀臺，就是南山勝境中的一顆明珠。

樓觀臺的歷史非常悠久。三千年前，周朝函谷關（今河南靈寶）令尹喜在這裏結草爲樓，建立別墅，主要是爲了觀測天象氣數。由於他「精思至道」，被朝廷拜爲大夫，他的用於觀望的草樓，就被人們稱爲「草樓觀」。據說，這就是道家居地稱爲「觀」的開始。

尹喜早就慕名老子學問賅博，很想請他來居宅小住講學。一日，尹喜看到天上一片「紫氣東來」，認定有貴人到達，果然是老子從楚地西遊到秦。爲紀念老子的到來，草樓被改名爲「紫雲樓」，當然，它依舊是被用來觀星望象的。

老子在這個依山傍水、古木葱蘢的美麗環境中，神采煥發地講經說道。充滿思辨色彩、意蘊無窮的《道德五千言》，就在尹喜等人的幫助下著錄問世了。

傳說由於樓觀臺周圍風景佳麗，又有大學者的講經活動，喜歡巡遊玩樂、崇神拜仙、曾見過西王母的穆天子——周穆王也被吸引到了這裏。他在半山腰廣築宮室，以便實現追尋仙踪的幻夢。好神仙的秦始皇、漢武帝不甘落後，也都在此建宮立祠。漢順帝時，巴蜀的張道陵創立道教，崇奉老子爲教主，並將《道德五千言》作爲主要經典，樓觀從此被奉爲道教的聖地。

爲什麼中國土生土長的宗教——道教的活動場所稱做「觀」或「宮」呢？《史記·封禪書》中有這樣一段話：「齊人公孫卿曰，仙人好樓居，於是上令長安（城）則作蜚廉桂觀，甘泉（城）則作益延壽觀，使卿持節設具，而候神人。」原來，道教中人所以多造樓，是因爲要成爲神仙人都建樓居，居樓可以登高，高則可以觀象接神，由此「樓觀」之名傳播四海。

古籍中，觀的涵義很多。中國最古的字書《爾雅》釋「觀」爲「闕」，因爲「宮門雙闕，懸法象，使民觀之。闕居巍巍高處，……觀法象則可闕去疑事」。這裏，「觀」就是門旁高處的意思。後人有這樣的歸納：「觀有四：一曰尕樓，魯(國)西觀是也；一曰藏書樓，漢(代)東觀是也；一曰遊觀處，謝玄暉賦《屬玉觀》是也；一曰高可望，《武帝內傳》置玄始眞容於高觀上是也。今老氏居，疑本《內傳》。」可見，道教中稱「觀」，主要是取「高可望」的意思，就是「樓」的意思。正如《漢書．郊祀志》中所說：「仙人好樓居。」道教理論家、被譽爲「山中宰相」的南朝道士陶弘景即「更築三層樓，弘景處其上，弟子居其中，賓客至其下，與物遂絕」。

因爲周穆王在老子講經處營建了「樓觀宮」，唐高祖又將它改建爲規模較大的「宗聖宮」，宋眞宗時，更是專門修建道教使用的玉淸昭應宮，建築群完全按照宮殿式樣，蔚爲大觀，這些皇帝多將道觀稱爲宮室，直如帝王的居處，所以人們又多將道教中地較壯觀者稱爲「宮」，著名的如山西永樂宮，龍虎山的上淸宮，武當山的紫霄宮等等。

樓觀臺山門前東西兩邊，各有一座六稜形八卦頂的飛角涼亭。西亭下，有一口八卦狀水池。旁畔一通石碑，上書「上善池」三個大字。這就是古樓觀有名的文物勝跡之一。

元代至元年間（一二七一——一二九四年），陝西關中遭到大旱瘟疫。周至一帶人畜死亡無數，恐怖的消息接連不斷。傳說這時樓觀臺的負責人——監院張致堅夢見太上老君（老子）指點：山門前石板下有神水，可治時疫。張監院命人撬挖石板，果然得到一泓淸泉。泉水將附近許多病人治癒，眞是「水到病除」。一些文人都紛紛寫詩銘石，以紀念泉水的利民功德。當時，任翰林院學士的大書法家趙孟頫曾經來樓觀遊覽，聽到這個故事，很受感動，他在閱讀和抄書《道德經》時，當寫到第八章「上善若水，水善利萬物而不爭，處衆人之所惡，故幾乎道」（任繼愈譯文：最高的善，就像水一樣，水善於幫助萬物而不與萬物相爭，它留在衆人所不喜歡的地方，所以最接近於「道」）時，感觸良多，山門前這一眼最低下不爲人們注意的地下水，給與人如此多的恩惠，難道不就是天地間得道的「上善」麼？由情思景，觸景生情，這位篆、隸、眞、草各體無不精絕的大書法家選用分隸恭敬而遒勁地寫下了「上善池」三個俊逸大字。人們立即將字勒於石，豎立泉旁。一位不知名的詩人，還寫了這樣樸素無華的小詩，恰似「上善池」的注腳一樣：

淸泉雖小來歷奇，詩人韻士多詠題；
樓觀臺上算一景，遊覽莫忘上善池。

# 授經臺與煉丹臺（周至授經臺）

在秦嶺北坡疊起的翠巒中，有一個海拔六百米、清泉環繞竹叢幽幽的臺地，上面那座古老的建築就是聞名於世的老子祠。老子祠是唐初由原來的「說經臺」（授經臺）擴建而成的。自從漢代發明了道教以後，很多迷信傳說都與老子掛上了鈎，這眞是「千古奇冤」。老子李耳在九泉下若聽到這些傳說，大概也只能瞠目結舌無以言對。

據說，老子要學生們牢記並身體力行一百八十戒和七種齋法，方可學習和掌握他講經中消除人類社會紛爭、使人們生活幸福安寧的「道」的眞髓。但是，由於老子使用神力收養的弟子徐甲不安分，不能吃苦潛心學道。老子便用「吉祥草」變做一個美麗姑娘去試探他，徐甲見色忘義把道戒忘得一乾二淨。要不是尹喜的苦苦哀求，老子很可能就此打發走這個六根不淨的學生了。今天，在老子大殿裏的三尊塑像，正是老子訓弟子、傳身教的這個故事場面：站著的塑像是徐甲，跪著的正是求老子寬恕息怒的尹喜。

就在說經臺以西三里許地方，有一口清澈的天然泉水，那就是老子考驗徐甲時，氣憤之際，用鐵鏟捅地，捅出來的「化女泉」。

與傳說經臺遙相呼應的一個海拔九百五十米、蒼碧如畫的山峰，名叫煉丹峰。峰頂上，有一個方形八卦頂的石室，這就是傳說中老君煉丹爐的所在地。

道教十分重視服食燒煉之術，認爲這是修仙的要道。服食內容之一，就是服氣。道藏經典之一的《抱朴子》說：「善行氣者，內以養身，外以陷惡……」，「行炁或可以治百病，或可以入瘟疫，或可以禁蛇虎，或可以止瘡血，或可以延年命……。」簡直是作用大極，功力無邊了。所以，煉氣就成爲道教的主要修養之一。也正是煉氣，直接導致了中國氣功運動的產生和發展。

服食內容之二，是草木金石。中國最古的藥書《神農本草》中已有服食草木之藥可以延年益壽的記載。所以，秦漢以來，服食草木金石以求長生成爲社會風氣，在皇室和士大夫階層尤爲熾烈。當時，不少人甚至不吃五穀，專服藥物——火煉的金石，說是可以長生不老，或者可以煉石成金，求得富貴。因此，被後人神化了的老子，他點爐燒煉，當然就非同小可，不僅僅能使金石變爲「金丹玉液」——俗稱「黃白」，即黃金白銀，而且還可煉出神丸仙藥，讓世人得道成仙。

據道書記載，煉丹爐就是古代禮器——鼎的一種，或稱鼎爐。煉丹爐的製造和置放方位，都有嚴格的規定，即按「法度」。往往在舉行隆重的儀式之後，方才可以升火燒煉，人們趨之若鶩的煉「黃白」，不過是將鉛或汞等礦物，雜入其它物質一起燒煉，而生產出丹砂或金、銀來，這恰如近世的金屬冶煉一樣。煉丹藥似乎要繁雜一些。比較普通的是煉所謂「五石散」——將丹砂、雄黃、白礬、曾青、慈石放置一爐，鍛煉而成。因爲它有克食驅寒功效，故又稱「寒食散」。藥石中最著名的是所謂「太清神丹」、「九鼎丹」。據說這些金丹燒煉時間愈久，藥力愈足，人們成仙的速度就愈快，長則三年，短則三天。魏晉南北朝時，不少官員、士大夫以服藥石爲時尚。當然，死者累累，此風氣一直持續到隋唐。燒煉仙丹雖然是一種迷信，荒誕絕倫，但也正是這種燒煉法術，開啓了中國醫藥學、化學的先河。

有意思的是，樓觀臺上的老君煉丹爐，不知是因爲「高處不勝寒」，還是附近二口供燒煉之用的丹井，由於歷年人們的取用，變得渾濁不清，而影響了老君煉丹爐的「生意」，這裏很早就顯得落寞淒涼了，正如唐代詩人岑參的詩中所說：「草樓荒井閉空山，關令乘雲去不還。羽蓋霓旌何處在？空留數臼在人間。」

## 乾陵之最（乾縣乾陵）

唐朝（六一八—九〇七年）自高祖李淵到最後一代的哀帝李柷，相傳十四世，一共二十個皇帝。其中除昭宗死後葬在河南偃師，哀帝葬於山東濟陰以外，其他十八人都葬在陝西關中渭北第二道黃土高原和北山山系一帶。這是因爲咸陽地區北沿的五陵原早爲秦漢兩代的陵邑和墓冢占去，所以唐陵位置就不得不向北部山地發展。唐十八陵連同高祖的祖父李虎的永康陵、武則天母親楊氏的順陵，以及數以百計的陪葬墳墓，都依山爲陵，借山峰爲冢，東西蜿蜒三百多里，橫跨六縣，形成了雄偉壯觀的「唐墓博物館」。

唐代帝王陵園最西部的乾陵，是盛唐歷史文物的集中代表。由於交通的便利，特別是幾座陪葬墓的開放，前來憑弔的人源源不絕。

乾陵之所以有很大吸引力，是因爲它在唐陵中占五個「之最」。

第一，乾陵既是兩個皇帝——唐高宗和則天大聖皇帝的陵墓，——又是一對夫妻的合葬陵墓，這在中國歷代帝王陵園中是獨一無二的。乾陵的墓前有一塊淸代陝西巡撫畢沅所書的石碑，上刻「唐高宗乾陵」五個字。這並非是畢沅不知道武則天實際掌握唐朝國家大政四十多年，正式稱帝近二十年的歷史事實，而只能說明這位正統的封疆大吏，對有大作爲的封建女帝王的褻瀆罷了。有趣的是，長期以來，無論當地百姓，還是前來遊覽的人們，都很少稱呼唐高宗墓，而是一提乾陵，馬上就想到這是武則天墓。以至附近群衆習慣地稱乾陵爲「姑婆陵」。所謂「姑婆」，是乾縣一帶對祖姑母或年高德重的女性的尊稱。時代也許在開玩笑，卻不也道出一種自有公論的客觀眞理所在？郭沫若在《詠乾陵》詩中說得好：「……千秋公案翻雲雨，百頃陵園變土田。沒字碑頭鐫字滿，誰人能識古坤元！」熱情洋溢的詩句，在對陝西巡撫畢沅迂腐思想的譏刺中，給了乾陵這座特殊的陵園以應有的評價。

第二，乾陵又是中國唯一的一座墓主代表兩個王朝——唐和武周——的陵墓。唐高宗李治從六五〇年登基稱帝到六八三年死去，共作了三十四年皇帝，但他在作皇帝的第十年（六六〇年）時，得了嚴重的高血壓病，於是他讓皇后武則天參政，自己實際上成了傀儡。高宗一死，武則天把剛即位的親生兒子唐中宗李顯廢爲廬陵王，又將繼當皇帝的另一親生兒子唐睿宗李旦隔離，使他沒有絲毫權力。到了西元六九〇年，武則天索性不做太后，於是登基稱帝，改國號唐爲周，這就是中國歷史上女人稱帝的武周王朝。在武則天執政的四十年裏，唐朝的經濟有了進一步發展，爲後來的「開元盛世」創造了良好的政治經濟條件。作爲一個傑出的封建社會的女政治家，她的武周王朝正是唐代從「貞觀之治」到「開元之治」的承前啓後的不可缺少的階段。

第三，據勘探，乾陵在唐帝王陵中是唯一未被盜挖的陵墓。傳說舊五代時，旭州節度使溫韜，盜掘唐陵成癮，但在挖乾陵時，突然昏天黑地，風雨大作，因而心虛作罷。所以，郭沫若在一九六〇年遊乾陵時，不無歡欣地歌唱道：「待到幽宮重啓日，還期翻案續新篇。……地下寶藏無恙否？盛唐文物好探尋。」

第四，乾陵又是唐陵中唯一仿京城長安的格局設計建造的。建陵花二十三年時間，其規模和氣魄當可以想見。可惜地面上的古建築已多不復存在，僅可以看到陵園四門和圍牆、獻殿等遺址。今天在原陵園四大門附近的村莊，仍沿用著「朱雀、玄武、青龍、白虎」舊名。使遊覽者可以想象當時乾陵的巨大規模。

青龍、朱雀、玄武、白虎，自古以來被稱爲四靈，或四神。它們是順應了古代陰陽五行思想，由上古的圖騰演變而來的。當時，統治者把這四神配在東南西北四方，以起到「禦四方，辟不祥」的作用。所以，率先在戰爭中，常將四神繪製在戰旗上，在軍隊方陣的四方布列，形成前朱雀，後玄武，左青龍，右白虎的規矩。後來，這種五行思想被運用於城市建築、墓葬之中，以爲可以借神力保衛一地一方或死者，乾陵的這種建築格局，十分突出表明，即使人死了，也還要保持墓主的中心地位。封建統治，至死不休。由武則天督修的乾陵，正可令人們看出這位傑出女性的老謀深算。

第五，乾陵的石刻是唐陵中最多、最負盛名的。

古時，通往墓穴的道路，稱爲神道，又稱司馬道。爲了對死者敬重如儀，往往在神道兩旁設立各種碑石，稱爲石象生，也叫翁仲。從史書記載可以知道，這一習俗，自漢代便已開始。到了唐朝，這一風俗更加隆重和盛大，這既反映了唐王朝雄厚的經濟力量，也說明了這時的藝術水平的空前提高。唐陵墓碑石的特點，一是種類多，二是品種有定規，三是置放位置很嚴格，不同於漢代的稀少和不完全對稱。

唐陵中石刻保存較多較完整的有乾陵、蒲城縣睿宗李旦的橋陵和乾縣僖宗李儇的靖陵，其中最有價值的多在乾陵。

遊覽乾陵的人們，可以乘車直抵神道的路側，映入眼簾的是許多碩大、威壯的石刻雕像。如果從司馬道南端向北部陵墓緩緩走去，道路兩旁齊整對稱地排列著華表一對，翼獸（天馬）一對，朱雀（鴕鳥）一對，在神道北端兩側，還站立著六十一尊眞人一樣高大的石人，東側是三十一尊，西側有三十尊，這就是與唐朝有交往的外國大使或蕃臣們，被稱爲：「六十一王賓像」。在陵園的四門外，還有石獅一對，北門（玄武門）另有石馬三對（今存一對）。這如許多石刻，連同其它唐陵的雕刻，被人們譽爲「唐代露天石刻藝術館」。

象生石刻以「事」爲計量單位。按唐律，三品以上官員墓冢前可立石獸等六事，五品以上可立四事。作爲天子陵園，當然沒有限制。

唐代陵墓石刻普遍呈現出一種新穎、豐滿、多樣的特點。而在乾陵，由於「以山代陵」的設計，上述這些石刻又無一不與山陵默契相合。當你置身在神道中央，在欣賞兩旁這些巨大威嚴的石刻時，會自然而然感受到陵區的神聖、莊嚴、崇高的氣勢，從而給人以精神上的震撼。這大概就是帝王陵爲了顯示自己的權力所需要的氣勢。而這近百件排列有序的雕刻群，正是這種氣勢的最重要的組成因素。難怪明代大儒劉基（伯溫）在觀賞了乾陵石刻後賦詩讚道：「蕃王儼侍立層層，天馬排行勢欲騰。自是登臨多好景，岐山望足看昭陵。」

值得注意的是乾陵石刻中的那對朱雀。朱雀被古代人們稱爲「南方之神」，又稱朱鳥。乾陵的這對朱雀，其實是一種鴕鳥。它在漢代時，便從西域傳入我國。這種奇異的域外動物，一直被作爲貢物和禮品運送到中國大陸。《

後漢書》和《舊唐書》都有記載。所以，它應是漢唐各朝和西域文化交流和友好往來的象徵。而鴕鳥被刻製後置於帝王陵前，正是從乾陵開始的。

唐高宗爲什麼將自己壽陵選擇在離西安以西一百六十多里的梁山？這是每一個看到「山石崔嵬頗耐攀」的巨大乾陵墓冢的人都會發生的疑問。

自周代開始，堪輿之風逐漸興盛。堪輿，簡單來說，就是看風水。不過，當時的堪輿說僅多用於營建京都、城邑，正如《尚書》所說：「達觀於新邑，營卜瀍澗之東西。」但在這風氣的影響下，據說有「智囊」之稱的秦國的樗里子，開始講求葬地要選吉避凶。到了兩晉時期，堪輿之風達到了熾烈的程度，其代表人物是有名的文學家、陰陽家郭璞。根據堪輿說，所謂有吉相的墓地，「山形完固，不犯水蟻，不近田疇，土膏明潤，梧楸森鬱」。封建統治階級的喪葬是國家大事，是禮儀中的重要內容，當然對於墓地的選擇十分重視。作爲帝王的葬處，其要求就更爲嚴苛，特別講究要有「生氣」，要處在「龍經」之中，這是氣脈特佳的地方。

關中西部的梁山，自古被認爲風水好、有靈氣。秦始皇曾經巡幸這裏，用好看的文石修建了梁山宮。在梁山的東南側，借助梁山的風水，秦代設置了好時縣。時，就是神靈所止的意思。唐朝崇奉道教，處處事事都要用八卦進行占卜。好時縣位於京城長安的西北方向，正好屬於八卦圖中的乾卦位置，「乾爲天，坤爲地」，加上自古盛傳的具有「生氣」，是「龍經」所在之地，因此，這裏自然就是陵寢建設的理想地方。

八卦圖中的乾卦，一般不是在正上方（北方）嗎？原來，八卦方位自古有好幾種解說，按照伏羲圖說，認爲「震（卦）東方，巽（卦）東南，離（卦）南方，乾（卦）西北，坎（卦）西方」。周文王和周公都對伏羲的八卦圖加以解釋，稱它是「以通神明之德，以類萬物之情」的。伏羲的「八卦圖說」具有正統的力量，所以對後代的影響就大於其它的說法了。

梁山由於被選爲高宗的壽陵建地，它即被命名爲乾陵。到了唐德宗時，有術士稱這裏盛「天子氣」，因此，朝廷「命京兆發丁數千」，將舊城拓展改造，修成象徵長壽的龜形城市，改名爲奉天縣。後來又在奉天縣中增置乾州，從此乾州（縣）名稱問世。

## 無字碑上看女皇（乾縣乾陵）

根據中國禮制，帝王陵前是不樹碑的，墓室裏也不放墓誌。因爲，自來帝王功高德重，無須也難以用文字表達。這種標榜當然是一種封建歷史要求的結果。有趣的是，乾陵卻不依慣例行事。乾陵墓前的兩通高大石碑，就自然吸引著人們莫大的興味。

在乾陵朱雀門外遺址東西各有一通石碑。西邊的叫做「述聖記碑」，高六點三米，寬一點八六米，因爲是用七節石塊拼就的，所以又稱「七節碑」，是取「七曜」之數（日、月和金、木、水、火、土五大行星），象徵唐高宗的「文治武功」如七曜一樣光照天下。碑文洋洋灑灑共有八千多字，是由武則天親自撰寫，中宗李顯所書。當時碑文全部用金粉嵌飾，異常輝煌光彩，一千多年後的今天，還有個別字依稀可見金光閃耀。

特別爲人津津樂道的是東面那通「無字碑」。這塊又稱「沒字碑」的巨大碑石，體積和「述聖記碑」一樣，而且還要寬一些。它的上端不像「述聖記碑」是層式房蓋那般拘謹、穩重，而是有八條螭龍盤錯相交，碑的兩側是線雕大龍雲紋，通體顯出一股桀驁不馴、威嚴凌厲的氣勢。

「述聖記碑」前雖有遊人觀看嘆賞，但「無字碑」下更多的人們在流連低迴，摩安遐思。好思古探幽，是人類共有的心理，而當面對無字的碑石，一種更想了解碑主內心世界的逆反心理，大概是旅遊中最有意思的一種情境。

無字碑在中國並不多見，秦漢之際，人們爲了追述世系，表功頌德或祭祀、記事而在碑石上刻字，以期達到「託堅貞之石質，永垂昭於後世」的願望，可見，碑石的功利涵義非常明確清楚。秦始皇曾在泰山立過一通無字碑，後人對此有過種種猜測解說：「或以爲碑函，或以爲鎮石，或以爲欲刻而未刻」，待到明末，經過學者謝肇淛考證，認爲這塊並非泰山所產又非尋常勒字的碑石，是始皇在封禪泰山時，樹立的一種「表望」。

對於乾陵的這通「無字碑」幾乎很少看到有對它的評論文字。爲什麼武則天會無視碑石的功利作用？果眞是她臨終前立下遺言：自己的功過由後人去評說，故不必勒寫文字嗎？後代遊人和百姓，因爲看到的只是一通無字的石碑，文人取《論語》中「民無得而名焉」的意思，給予它「無字碑」之名，是可以理解的，倘若，碑石不着一字，是出於武則天的遺願，就大有商榷的必要了。

武則天從少女時代開始，經歷非常之苦，成長於鬥爭之中。所以，對是非恩怨的感情，比一般人更爲強烈。當她從實際執政到正式稱帝，即史稱「武后稱制」到「武后革命」的數十年中，是她繼承李世民的志願把中國封建社會從草創的初唐階段逐步推向盛唐的高峰。正是由於她的天才，和不斷進行政治、經濟、軍事、外交和文化方面的創新，唐王朝的欣欣向榮的局面才得以鞏固。然而作爲一個非金枝玉葉出身的女人，一個正面排斥儒教的君主，一個毅然下詔廢除唐代的「道先佛後」次序，代之以「佛先道後」，大膽地汲取外來的佛家文化的空前女帝，從來就沒間斷遭到明的、暗的反抗和算計。即或當時知名度很高的人，也從不把她當作一個天才的政治家，而只是看作弄權的毒婦人。這一切，又都在武則天卓越的政治手腕和高超的執政才能面前，一一成爲無可奈何的東去流水，所以，她對自己的作爲和能力，是自負而又自傲的。

例如，在西元六九四年，爲紀念「大周革命」成功，她下令徵集天下銅五十餘萬斤，鐵三百三十餘萬斤，錢二萬七千貫，鑄成一支高九十尺，徑一點二丈，題爲「大周萬國述德天樞」的八稜銅柱。她還命人集天下銅料，鑄「九州之鼎」——九個大鼎和十二神像，以象徵自己功高德厚，與世長存。

武則天性格中有喜歡華麗、雄偉和熱鬧的特點。從她稱帝後頻頻更換年號（中國歷代皇帝無一可以相比），以及經常參加佛教盛會等活動，可以想見她是好表現的、自我欣賞的人。我們再從她親自撰文、書寫「升仙太子碑」，以「天資拔俗、靈骨超凡」的仙人王子喬來自況，到爲唐高宗寫「述聖記」，可以說明武則天從來不曾忘記爲自己樹立不朽形象。她很清楚，歷史將會證明，她是比男帝還要強有力的女帝。

因此，可以說，爲自己立碑，卻要不着一字，是不符合武則天的性格的。如果史書有這樣的遺命記載，也應認爲是一種僞託。

其次，人們知道，武則天晚年卧病床上的境況非常「淒苦」。爲了光復唐朝，由老臣張柬之等發起的誅殺武則天的情夫——張昌宗、張易之兄弟，以及緊跟著的逼迫武則天讓位給太子李顯，使病中的這位女皇帝感到由於自己未曾防備的疏忽，而產生強烈的自責。她甚至拒絕了御醫們聽到她痛苦的呻吟急忙奉進的湯藥。就在她垂垂老病之際，大唐國號正式恢復了。黃色的唐王朝的國旗替換下了武周的紅旗；被武則天大刀闊斧更名的官職、服色、衙門等等，也都恢復到十五年前的舊樣；長安不再是陪都，被重新賦予國都的地位；她自造的「則天文字」統統廢止；甚至給老子的命名「老君」也不例外地恢復了「玄元皇帝」的舊號。……不獨如此，隨著時間的推移，親兒子中宗去探視武則天的次數越來越少，擔任看護、醫療的侍衛和醫生們，都漸漸鬆弛下來，環繞武則天的人和事，似乎都成爲一種例行形式的東西。所有的人大概都希望這位具有「上皇」尊號的活屍儘快長眠。一種不同於幼年時的淒涼孤獨重又回到武則天的身邊。這位赫赫不可一世的女皇帝的老病狀況，史書記載如此之少，當她彌留之際，床邊沒有皇室和朝廷的大臣。她的三個親生兒女：中宗、相王李旦和太平公主都沒有與她最後訣別。

在這種情況下，又如何有精神去想身後事，去籌劃立言於永世？

有史料表明，武則天在病中很後悔當初的「詐稱」，要求撤去「詐稱」的帝號，而以「高宗皇后」的名義歸葬。後人分析說，這是一種託稱，是激烈的派別鬥爭，而以正統得勝的結果。

綜合這些事實，可以這樣認爲，這塊從西域于闐進口的「無字碑」：一、不可能是應武則天之命樹立的；二、武則天不會也不可能用「不着一字，讓後人評說」的方式來表白自己；三、聯繫唐朝當時關於承認不承認武則天是皇帝以及要不要與高宗合葬的激烈鬥爭，樹立與「述聖記碑」對稱的「無字碑」應是一種難爲而不得不爲的禮儀形式。

唐代立的這通「無字碑」，千百年來吸引了無數人。當初雖在上面不着一字，到了宋、金時代，卻有人鐫刻了十三段文字，有漢文，還有罕見的女眞文字。由於年久，許多文字已經模糊不清。特別珍貴的是那些女眞文。女眞族初無文字，後來將漢文和契丹文融合在一起，創造了女眞文。然而到了元朝，蒙古文成爲通用文字之一，女眞文逐漸消失，幾乎絕跡。由於碑石勒刻從不用漢字以外的文字（除特殊情況，如「大唐景教流行中國碑」上的敘利亞人名字），所以，對無字碑上的女眞文過去從無有人識別，近代學者根據碑上的這些女眞文，已經能夠解讀使之成爲我們研究女眞族的珍貴資料。

無字碑上還有一首明代嘉靖年間鐫刻的詩：「乾陵松柏遭兵燹，滿野牛羊春草齊。唯有乾人懷舊德，年年麥飯祀昭儀。」昭儀是指武則天。可見，至少住在乾陵附近的百姓，代代相沿，是懷念一代女傑武則天的。後人的詩句將無字碑變成了有字碑，不正是對武則天的一種客觀評價麼？

## 死後殊榮的陪葬墓（乾縣永泰公主墓）

在乾陵東南一帶，分布著十七座唐朝太子、公主和王公大臣的陪葬墓。解放以來，陸續發掘了其中的五座墓穴。今天對外開放的有三座——永泰公主墓、懿德太子墓和章懷太子墓，成爲我國陪葬墓遺址展覽集中的地區之一。

中國古代的陪葬制度究竟起於何時，學術界沒有定論。它的完備和盛行，於兩漢則是沒有很大分歧。漢代帝王起初不成文地將營建陵園中餘地賞賜給皇親國戚和功臣宿將，後來，代代相因，便漸漸變成了一個君主籠絡臣僚的重要手段。陪葬形式到了唐代，達到空前的規模。正是以任賢納諫稱著的李世民，將這一形式制度化。唐太宗生前曾數次頒發詔令，「功臣密戚及德業佐時者，如有薨亡，宜賜塋地一所。」後來還發展到准許功臣自請陪葬，因受聚族而葬（「歸舊塋」）的傳統影響，進而陪葬者的子孫也可以從葬。由此，唐代陵園，往往以皇陵爲中心，形成一個龐大的墓葬群。乾陵正是這種墓葬群中的一組。

乾陵這三座開放的陪葬墓都是武則天和唐高宗的子孫輩。彷彿生活是惡作劇似的，作爲唐王朝的皇親，甚至東宮太子，生前很少有機會和自己親生父母在一起，相反，都在年紀輕輕的時候，被母后、太后武則天一一翦除。想不到死後不久，卻都遷葬到乾陵周圍，與自己的親人長眠在這塊安謐的土地中，這就叫封建歷史罷。

這三位死後被追封、追贈爲太子、公主的年輕人，由於地位的恢復或變化，他們分別從四川和河南遷葬到乾陵，受到隆重的禮遇。懿德太子甚至根據「號墓爲陵」的制度，受到特殊的「厚葬」禮遇，眞所謂「生前慘遭不幸，死後備受哀榮」。

三座墓中，出土的物品以各種陶器和大型陶立俑爲大宗。而成爲唐墓文物中的傑出代表則是大量生動逼眞的巨型壁畫。

也許是藝術風尚的緣故，也許是這種藝術手法最能淋漓酣暢反映當時社會高度發展的態勢，乾陵陪葬墓中的壁畫非同尋常，成爲我國文化寶庫中極爲重要的繪畫遺產。

壁畫，是世界藝術中淵源最久的。中國早在先秦時代，就有過豐富的壁畫作品。到了春秋戰國，這一繪畫形式更多地成爲許多大型建築物的裝飾。它們的內容從人物世故到天文地理、自然現象，凡大千世界都在它描繪的範圍，甚至人間不存在的幻境仙地也有許多表現。屈原的不朽詩篇《天問》，就是這位大詩人在流放中，看到楚國的一些奇特壁畫，感於自己的身世而創作的。

可惜，這些民族藝術瑰寶由於年代久遠，隨著建築物的圮毀而多不復存在。古代壁畫還存在於今的是墓室壁畫，它們最早的年限可推至西漢時期。和漢代石刻（如茂陵石刻）一樣，漢代的墓室壁畫也顯現出那種古樸、粗獷的風格，這正是藝術時代特徵的鮮明標幟。

從中國繪畫發展史來看，唐代正是壁畫向卷軸畫過渡的時代。唐代的壁畫可以認爲是這一藝術樣式達到純熟的程度。著名的畫家、畫匠們，往往在大面積的壁上，不僅僅隨心所欲地刻劃傳統題材的人物故事、貴族生活、宮廷禮儀，而且筆觸潑辣地伸向對外交往、民族關係和民風民俗等方面，甚至大膽、細膩地去挖掘、表現人物的內心世界和精神面貌，充分顯示了唐代壁畫前所未有的藝術水平。

所有這些，恰恰都在乾陵的這三座陪葬墓中有豐富的表現。因此，有人認爲永泰公主等墓中壁畫正是集唐畫之大成的。

三座陪葬墓多由墓道、過洞、天井、壁龕、甬道和前後墓室組成。凡有較大面積墓壁的地方都有重彩淡墨的大型壁畫。特別是章懷太子李賢、懿德太子李重潤墓中的壁畫，都各有四五十組，總面積達四百平方米。章懷太子墓中最精彩的是《狩獵出行圖》、《馬球圖》和《客使圖》等巨型壁畫。畫中人物之多，聲勢之大，氣氛之熱烈，時尚之眞實，都是其它地方少見的。《馬球圖》中有二十餘騎手在爭打馬球，場面壯觀、緊張，人物生動、傳神，這種從波斯（今伊朗）傳入我國的體育遊戲，能如此眞實地被藝術再現，不僅反映了唐代貴族遊樂生活的一斑，反映了我國古代體育運動的多樣化，也從一個側面反映了中國古代同中亞人民的友好往來。還有墓道東壁的《客使圖》，簡直就是唐代外交生活的如實寫照。它所描繪的唐朝官員引領外賓謁見太子前的情景中，只見官員們神情自若，不卑不亢，態度落落大方，鮮明體現了中國官員的有禮有節，而與客使的嚴肅謹愼，形成了有趣的對照。畫面很形象地說明了唐代興盛時期內政外交的聲望和地位。

懿德太子李重潤墓中，最能表明墓主特殊身分的東西，就是墓道兩壁的巨幅《闕樓儀仗圖》，彷彿李重潤生前未曾享受的待遇，死後要充分彌補一樣。圖中爲太子描繪了一百九十六人，分爲步、騎、車隊的大型儀仗隊，作爲太子前去大朝的前導。值得注意的是畫面裏武士所持的兵器——戟的數目。這種在北周時期就已出現的門戟制度，是封建社會等級制度的一個組成部分。到了唐代，門戟制度有了很嚴格的規定，它統由衛尉寺武器署管理、分配，根據規定，太廟、社稷和宮殿門衛，可配備二十四戟，東宮則是十八戟，一品官十六戟，然後依品級的降低而遞減。從《儀仗圖》中可以看到，懿德太子的衛士所持戟竟然是東西各二十四戟，共四十八把，不僅大大超過章懷太子墓壁畫中的十四戟和永泰公主的十二戟，甚至超過了作爲太子所應有的規格，儼然是皇帝的待遇。這一方面說明了懿德太子確是中宗李顯特命按「號墓爲陵」的葬制遷葬的，也暗示了只生重潤一個兒子的皇后韋氏，由於武則天的專橫，使得她骨肉分離，而哀痛難忍，悲憤異常，待武則天死後，她便表現出一種近乎愚昧的瘋狂、偏執的歷史事實。

永泰公主李仙蕙墓中的壁畫規模也很大，只是由於壁畫剝落而殘缺不全。這位比較內向、恬靜的女孩子，作爲李、武兩族聯姻的第三人，因爲和丈夫武延基、哥哥李重潤聊天中譏刺了祖母武則天，被人告密而賜死。當時她才十八歲，已有身孕。人間的歡樂、公主的生活還沒有得以享受，便做了黃泉女。關於她的死，歷來有多種說法，一說是因爲臨產，暫緩處死，由於丈夫、哥哥相繼被殺，精神上受到很大打擊，影響了胎氣，結果在難產中痛苦死去；又說她是被杖殺的；還說她是被武則天賜白綾縊死的。無論如何，永泰公主的死，得到許多人的同情，甚至當時得寵的宮廷詩人沈佺期在憑弔了洛陽北部荒僻的埋有公主的皇族墳地──邙山後，也寫下了這樣哀婉的詩：「北邙山上列墳塋，萬古千秋對洛城。城中日夕歌鐘起，山上唯聞松柏聲。」

所以，公主墓中的壁畫內容突出的是有許多宮廷侍女，她們彷彿在安慰墓中的公主亡靈。侍女們豐滿、美麗由於畫家將她們的服飾、髮式、姿勢、持物的各個不同表情精細地刻劃，使得冷清的墓中似乎充溢著青春的氣息。永泰公主墓中的《侍女圖》，被人們認爲是唐墓壁畫中的傑作。

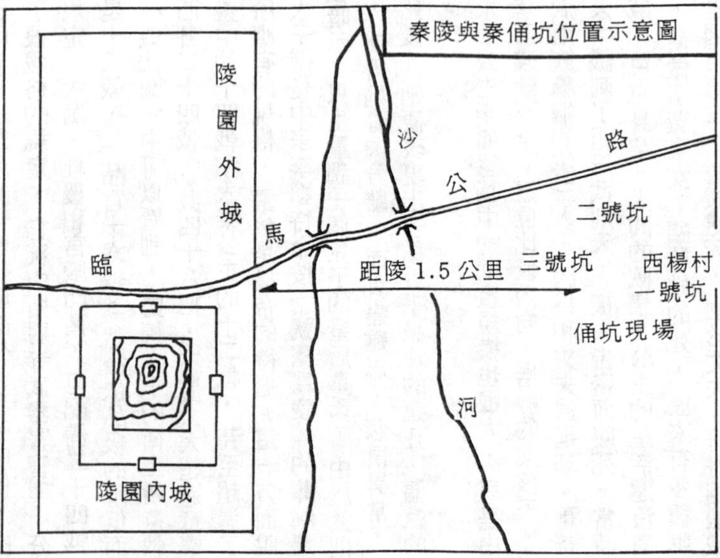

秦陵與秦俑坑位置示意圖

# 世界第八奇迹的發現

（臨潼秦陵）

在西安以東三十多公里處，坐落著規模宏大、雄偉壯觀的中國封建社會第一個皇帝陵園，這就是舉世聞名的秦始皇帝陵。

秦始皇認爲自己的陵墓應高貴於戰國的君主。他不屑於以前的「墳」、「丘」、「冢」的格式，希望死後的歸宿如山如陵，永世長存，所以他稱自己的墳地爲「陵」，有時甚至就以附近美麗的「驪山」作爲自己壽陵的代稱，他的陵園也就稱做「驪山園」了。這種預先大規模地營建帝王陵墓的制度，一直延續到宋代才中止。

世界歷史上，從西元前二世紀起，就流傳有所謂七大奇迹，它們是埃及的大金字塔、古巴比倫（今伊拉克）的「空中花園」、土耳其以弗所的阿德密斯神廟、希臘奧林匹亞宙斯神廟裏的宙斯巨像、土耳其哈利卡納蘇的摩索拉斯陵墓、地中海羅德島上的阿波羅巨像和埃及亞歷山大城的燈塔。這些奇觀，長期以來給予人們多少美的遐想和美的享受。奇迹的創建史，既可表明人類認識的進步軌跡，更有著許多不同地域人情風土的有趣掌故。被譽爲世界第八奇迹的臨潼秦始皇兵馬俑，就是一例。

秦始皇兵馬俑坑，從未見諸於經籍。在地表上它不過是始皇陵園外側一處無關宏旨的陪葬墓。司馬遷的《史記》，對始皇陵墓的規模、建置和陪葬的富麗，都有詳細的記述，然而，卻沒有提到兵馬俑坑。也許，或者它不過是表明秦始皇武功的一個標誌。

令人奇怪的是，二千多年來，始皇陵墓曾數次被人盜掘，有記載的就有四次，而在其東側約三里處的這個奇迹，卻一直未能被人發現。堂皇無比的始皇墓，好像一座地下宮殿，項羽到臨潼後不久派了三十萬士卒發掘，整整將珍寶搬運了三十天，還未止盡。爲此六百年後的驪道元在《水經注》中作了詳盡描述。但其根據是什麼，始終是個謎。不過，這個迷有不少人相信，大詩人白居易的《草茫茫——懲厚葬也》詩中有這樣的句子：「一朝盜掘墳陵破，龍椁神堂三月火。可憐寶玉歸人間，暫借泉中買身禍。」詩人感慨繫之地說，誰知有一天墳墓被（項羽）挖開了，裏面的龍棺和神堂燒了三個月。陪葬的珍珠寶玉又回到了人間，眞是愚笨啊，弄這麼多寶貝到墳墓中卻買來了自身的災禍。據說，在項羽搶掠之後，有一牧童來到這裏放羊，不小心羊掉進了深墓坑中，牧童進墓尋找，不意失火，又將墓內殘餘棺木等燒個乾淨，好像連秦始皇的枯骨也都燒成了灰燼。這是歷史學家班固的一段記載。當然，也大有相信的人，如唐代的詩人杜牧的《過驪山作》一詩中，就有這樣的描寫。往後，對始皇陵墓的記敘越來越神奇，說什麼墓穴中有金雁金凫飛出，墓中所埋工匠，待項羽開冢，仍然未死。這種種軼聞故事非但沒有因爲年代久遠而被湮沒，相反這一片野墳荒地還被收進了《陝西通志》、《關中勝跡圖志》這樣一些方志史書中。所以，有關秦始皇陵的奇迹就越發神祕而引人注目了。直到現代，還不斷有新的傳說出現。臨潼驪山附近的人民經常發現所謂「瓦人」，本地人稱之爲「瓦瓦爺」。據說，很早以前，這一帶只要打井或挖墓穴，就會有「怪物」出現，它們「興妖作怪」，不是新墓穴突然陷塌，就是井水忽然枯竭。有時，「怪物」索性直立於井壁，「鼓嘴瞪眼」地看著勞作的人。曾經有個大膽的農民，在氣惱中把「怪物」刨出來，放在光天化日下曝曬，以示懲罰。當然「怪物」並未因罰而匿跡，倒是越來越多斷肢缺腿的「瓦瓦爺」出現，這一切，令人們感到這裏有著什麼不尋常的東西。

一九七四年三月，臨潼縣西楊村的農民在村邊打井。「怪物」又出現了。不過，已有一定科學知識的農民沒有被「怪物」嚇倒。農民們知道這是古代埋在地下的塑像。過了幾個月，由省、市、中央有關文物部門在清理現場後，決定進行考古發掘。經過一年時間，一個東西長二百三十米、南北寬六十二米，總面積爲一萬四千二百二十平方米的舉世驚駭的巨大秦兵馬俑坑顯現於世。又一年，在第一號坑的東北側，相繼發掘了面積爲六千多平方米的二號坑，和面積五百二十平方米的三號坑。一座完整的地下軍事博物館，終於在歷來「怪物」的「指點」下姍姍來到人間。面對這七千多件陶俑、一百餘乘戰車、四百餘匹挽馬，以及數十萬件兵器，人們驚愕了，震怵了。立刻，臨潼兵馬俑像電波一樣傳遍了四面八方。世界五大洲，可能有相當多的人不知道古都西安，卻深深被中國秦代的兵馬俑所吸引。許多遊客來中國訪問，心中最大的願望，就是一睹這二千多年前威武顯赫的中國軍隊陣容的風采。一九七八年，法國總理希拉克參觀後說：「世界上有了七大奇迹，秦俑的發現，可以說是第八奇迹了。」新加波總理李光耀說，這是「世界的奇迹，民族的驕傲。」於是，「世界第八奇迹」像長了翅膀一樣飛向全球各個地方，甚至產生了「到中國不到秦俑坑，等於未到中國」的共同言論。

## 奇巧富麗地下宮（臨潼秦陵）

從驪山向東望去，在平整的農田中，立著一個小山似的土包，這就是中國歷史上第一個封建王朝的建立者秦始皇陵墓。

秦始皇兼併六國，統一天下後，實行了一系列重大改革，中國從此成爲一個統一的中央集權的封建王朝。正如李白的詩所述：「秦皇掃六合，虎視何雄哉？飛劍決浮雲，諸侯盡西來。」歷史表明，秦始皇無論做什麼事情，都好作破天荒的壯舉，他似乎要向天下人證明他是功蓋三皇，才壓五帝的眞正開國君主，所以他自稱始皇帝，而一欲傳國於萬世。爲此，他派大將蒙恬去漠北建築萬里長城；他動用了數十萬刑徒修建新朝宮——阿房宮；他第一次在渭河上架設有六十八拱洞的渭水大石橋；他收集天下兵器，鑄造了各重二十四萬斤的十二個金銅人和十二座鐘鐻；他廣闢馳道，親巡四方；他最爲熱衷的是祈求長生不老，不惜大批人力財力，派人到各處，甚至到海外尋找長生不老藥。最能證明他是天下至高無上統治者的是，在他即位後就開始進行的他的陵園修建。像秦始皇這樣動用人力之多、修陵時間之長、陵墓規制之宏大複雜奇巧，在中外歷史上都是罕見的。據司馬遷《史記》中記載：始皇陵「穿三泉下銅而致椁，宮觀百官、奇器珍怪徙藏滿之，令匠做機弩矢，有所穿，近者輒射之。以水銀爲百川江河大海，機相灌輸，上具天方，下具地理，以人魚膏爲燭，度不滅者久之。」至於金銀製作的鳧雁蟲蠶，琉璃雜寶雕刻做的龜魚，碧玉雕成的鯨魚，以及各種珍寶奇器，更是多不勝數。對司馬遷上述的這段充滿神奇色彩的史料，歷來人們似乎信疑參半，不少人認爲是無稽之談，同時對楚霸王將陵墓焚滅三個月的記錄也以爲是誇張之詞。但一九四九年以來的考古發現，及不斷有轟動世界的珍貴文物出土，證明司馬遷的記載基本上是可信的。例如一九八二年中國科學院地球物理研究所對秦始皇陵封土用測錄儀進行了反覆測試，發現有強烈的汞反映，證明陵下有水銀是有事實根據的。

陵園是東西走向，陵園外圍牆的大門開在東面，和一般陵墓坐北朝南完全不同。看來是爲了顯示秦始皇雄據西方，橫掃六合，稱霸天下的威勢。據考古勘測，秦始皇陵園的面積約爲五十六平方公里。陵園以始皇陵墓爲中心，包括各類建築有：陪葬墓坑、刑徒墓坑，石料加工場遺址、馬廄、兵馬俑坑、珍禽異獸坑等。根據推測，秦始皇的「陵寢」，應當在陵墓的後面，就是陵墓的西側，這還有待日後的考古調查。據史書記載，環繞陵園有幾座始皇祠廟，一在驪山東南二十里處，又稱靈臺祠，一在驪山頂上，過去有若不齋戒而去朝拜，即會風雨交加、使人迷道的傳說。

## 方陣和兵器（臨潼秦陵）

在許多博物館裏，常能看到各式泥製、陶製、木製或金屬製的人像。有的只有幾釐米、十數釐米高，有的卻如真人一般。這就是古代墓穴中用以殉葬的俑。原來，在古代社會，人們認爲死後靈魂就到了另一個世界，死者仍然需要享受以及使用生前用過的器物，於是就有喪葬禮制的出現。當然，這些禮制主要用於統治階級。普通平民，就多因陋就簡。在奴隸社會，奴隸主死後除了對日用品需求外，更需要有奴婢的侍奉，因此就有了殺死或活埋奴僕在其主人墓中的殉葬現象。這種殘暴的做法當然激起了許多奴僕的反抗，甚至鬥爭。終於隨著社會的進步發展，逐漸用模擬物品來代替活人殉葬。那種草紮的代用品，叫做「芻靈」，用泥、陶、木料等製作的，就叫做俑。可以說，芻靈和俑的出現標誌了殺殉奴隸習俗的終結。

春秋戰國以後，除了特殊情況外，國家基本上不允許以奴婢殉葬，但眞正中止人殉是在明代英宗朱祁鎮之後。隨著物質文明程度的提高，陪葬的明器大大越出了日常器物和奴婢人俑的範圍，代之以珠玉珍寶和各種模擬物品。

和中國古代建築物一樣，由於地域環境和物產的不同，隨葬的模擬物品及俑的製作原料也不同。所以，湖南長沙馬王堆的西漢墓中，就有大量的彩繪或着衣的木俑，而在山東、山西、河南及陝西等地的古墓中，絕大多數是陶俑。

一個有意思的歷史現象是，歷來北方出土的俑人，一般不超過五至十釐米左右，那些模擬牲畜，也很小巧。然而，秦始皇兵馬俑坑出土的兵俑和車馬，卻都是形制高大，栩栩如生，縱觀中國考古史，可以說是空前絕後。

今天人們看到的秦兵馬俑，可以相信僅僅是秦始皇陵豐富的地下寶藏的一部分。有人說，這組兵馬俑象徵著駐紮在京城外的軍隊，可稱之爲「宿衛軍」，有的人認爲，這是「從葬坑」的一部分，還有人認爲它是秦始皇爲了顯示皇威，表彰軍功和宣揚統一大業的。當然，從古代祭禮習俗來看，也有人認爲是這位崇好神仙的皇帝爲了防神驅鬼而設置的。種種推論都有一部分道理。但對於參觀者來說，更爲有興趣的，倒是那威武雄壯的軍事列隊。彷佛歷史老人特意爲現代人拉開了古代戰爭的帷幕，讓人們去一睹古代軍隊陣容和領略出征前的肅殺氣氛。大約由於武器的限制，古人相信集體力量大於個人力量。將帥如果能合理配置軍隊，便可增強戰鬥力，在不斷總結經驗的基礎上，就逐漸形成了戰爭的方陣。據說，在古希臘羅馬時代也有關於方陣的記載。今天，出現在人們面前的秦兵馬俑，就是一幅形象的古代軍陣圖。在中國早期兵書《孫子兵法》和《孫臏兵法》中，以及《詩經》、《左傳》等典籍中，不少有關方陣的記述。《孫臏兵法》中的《十陣》說：「凡陣有十。有方陣、有圓陣……。」《左傳》中有鄭人用「魚麗之陣」擊敗周桓王的記載。陣，用現代軍事術語來講，就是軍隊集中力量，向敵人衝擊，將敵人衝開或截斷、分割，最終各個殲滅之的一種隊形。

擺列陣勢，之所以能夠制敵勝敵，是因爲，一、集團的力量當然強於小股人員；二，在古代，兵伍大多數是同一地區徵集的，有鄉親鄰里關係——這樣聚合一起編成方陣，可以減輕對於戰爭的恐怖，增強戰鬥力；三，容易製造聲威，達到所謂「先聲奪人」的效果。四，便於對士兵的監督。在熱兵器沒有出現之前，方陣在戰爭中可以說是發揮了無比強大的威力。

方陣，隨著社會的發展，而有過許多變化。在現代，它的實際應用價值似乎已經消失，而轉向了禮儀方面，如今天各國閱兵隊列，接待國家首腦的三軍儀仗隊，都是古代方陣演變的結果。

在秦兵馬俑三個大坑中，人們可以清楚看到秦代軍隊中有三大兵種：車兵、步兵和騎兵。後兩種兵種的人數大大超過了車兵，可以證明，戰國後古代的戰爭已發展到一個嶄新的階段。原來秦代以前的作戰，多以車戰和步卒戰術爲主，由於戰術和武器還不足以最大限度保護戰士，所以以「服牛乘馬」爲掩護物的車戰就顯得很重要了。《詩經·大雅》中一篇描寫武王伐紂詩，就有這樣氣魄的描繪：「牧野洋洋，檀車煌煌，駟騵彭彭，惟師尚父。時維鷹揚，涼彼武王。肆伐大商，會朝清明。」孟子在《盡心篇》中也說：「武王之伐殷也，革車三百輛，虎賁三千人。」

可是到了秦代，從兵馬俑的陪葬情況來看，步兵已從車兵的地位中獨立出來，不再是戰爭的附屬，或者至少由於一車隨卒從殷周時的二十五人，擴展到九十五人至一百二十人，因而士卒對戰車的依附性大爲降低。特別有意思的是秦俑坑表明，秦代的騎兵已經獨立行動，成爲一個行動自主的兵種。那些令人羡慕的陶製戰馬，體形高大，筋骨堅實，是史書中稱爲「河曲馬」的優良品種，可以想見，這些良馬裝備起來的騎兵將是所向披靡的。

這些不同兵種，又各自組成了壯觀的方陣：步兵方陣、戰車方陣、騎兵方陣，由三個方陣組成了大型曲尺形軍陣。人們在細細觀賞中，可以了解到，各種形狀的軍陣渾然一體，反映了以步兵爲前鋒，以戰車爲突擊力量的「易則多其車，險則多其騎，厄則多其弩」的作戰方法。正是秦兵馬俑坑的發現，爲人們提供了中國最早的騎兵配合車步兵作戰的眞切實例。

既然秦代的軍隊已成爲一個多兵種的結構，它的武器裝備當然就要多種多樣。出土的數萬件兵器，幾乎囊括了中國古代所有兵器的類型，例如短兵器有刀、劍、鉞、吳鉤，長兵器有矛、戈、戟、鈹、殳，遠射兵器有弓、弩等。

兵馬俑坑內的大批武器絕大部分由青銅製作，工藝精美，效能優良，例如箭鏃的表面有一層含鉻化合物，可以防銹防腐，二千一百年後的今天，光潔度仍然很好。這又可以說明秦代的鑄造冶煉技術不僅有長足的進步，更是達到令人驚嘆的程度。特別是青銅劍，令觀者久久不忍離去，從葬的將官俑都佩帶著青銅劍。歷史故事「荆軻刺秦王」中勇士荆軻使用的就是這一類青銅兵器。這種劍呈八稜面，長九十多釐米，爲銅錫合金，並含有十多種稀有金屬，雖經兩千多年的剝蝕，仍然「飛毛利刃」，光潔如新。殷周時代，武器中最多運用的箭矢除了銅製的外，較大量的是比較經濟的骨製、蚌製和石製箭矢，特別是骨製的矢鏃最多見，種類則多是戊斧、瞿等這類殺傷力不太強的武器。

還有一點值得指出的，殷周的墓葬，很盛行供享鬼用的「明器」。這些作爲死者生前使用或喜好的用器，但不一定是眞可以使用的器物，所以，孔子有這樣的言論：「明器，鬼器也」。「備物而不可用也」。然而，秦俑坑中這巨量的各式兵器，都不是什麼「不可用」，完全是實物，有的至今還能使用。看來，秦始皇並非不了解社會的發展，只不過是他將要地上一切可以標誌他的赫赫武功及「千古一帝」的威嚴和身分的東西，統統搬到地下去。

## 國之瑰寶銅車馬（臨潼秦陵）

一九八〇年十二月三日，在始皇陵西側出土了震驚中外的兩乘大型彩繪銅車馬。車、馬和御手皆爲青銅質料，大小尺寸，是按照實物比例縮小一半製成的。車馬繫駕完備，豪華壯麗，被稱作我國近年來考古史上的重大發現。其中二號銅車已集零爲整，修復如初，陣列展覽。

秦始皇出於威加海內，震懾天下的目的，很喜歡做浩蕩的萬里巡遊。他射鮫於東海，封禪於泰山，五次大規模的出巡，令統一的全國上下對他刮目相看。其一就是前代的帝王君主外出巡遊不過九輛屬車護衛，以「九」之數寓「九五之尊」的意思，而秦始皇則用九倍於前的屬車作爲自己的儀仗。這八十一輛儀仗車隊中，有七十九輛披上虎皮，最後兩輛則懸之以豹尾，凛凛威風可以想像。

在這樣的車隊中，秦始皇御用的乘輿當然更加輝煌鮮麗。始皇陵園中出土的兩輛銅車馬，正好彌補了考古中始皇可能使用的交通工具少有記載的缺憾。

二號銅車馬形狀很像一種變形的蒙古包。原來，它就是從古代名叫「胡奴車」演變而來。中國西北部、北部的遊牧民族都善於造車製弓。所以有諺語說：「胡人無車弓」，就是胡人誰都會做車做弓，因此也就沒有專門做車做弓的人了。二號銅車的車箱（輿）分前後兩室，較小的方形前室，是御手的座位，僅能容一人，後室較大，可坐可卧，故名「坐車」，因坐卧皆安，所以又稱「安車」，箱蓋爲穹廬式，直如胡人的氈包樣子。《古列女傳》說：「妃后踰閾，必乘安車」，可見二號銅車，至少是供秦始皇嬪妃們使用的。一號銅車由於用作儀仗隊的前導所以不分前後室，有傘蓋而無穹廬式車蓋，御手站立駕車，故稱「立車」，人高立於車內，便於檢閱觀看，又稱「高車」。出土的銅車據考證，也就是史書所稱「金根車」，這是因爲殷代人視玉爲貴，以玉飾車，名爲「玉輅」，輅即天子乘輿的專稱。秦人則貴金，始皇仿三代的車制，以金飾車，故名金根車。但是，出土的銅車的各部位末端（即「根」）卻是銀飾的，是否還有「銀根車」之制呢？從漢代較多的文獻可知，「金」字沿襲古義，是一切金屬的泛稱，如銀稱白金，鉛稱青金，銅稱赤金，鐵稱黑金，金則稱黃金。所以，「金根車」不一定是以黃金飾車，而是以金屬飾車的意思。

特別有趣的是，這輛彩繪銅車的結構規格，深深烙上了那個時代風尚的印記。銅車馬的車箱是「輿方蓋圓」，據說就是象徵天圓地方。車有兩輪，象徵日月。輪有車輻三十根，說是一月三十天，「日（太陽）三十而與月會，輻數象之」。胡奴車的篷蓋下弓轑規定爲二十八根，就是象徵二十八星宿。而此銅車馬則有三十六根，似乎不合規矩，這是秦始皇十分崇信陰陽五行的一個證明。原來五行相生相克，又周而復始，其象徵就是「五加一」等於「六」。所以秦代制度中多以「六」或六的倍數爲準的，如天下分爲三十六個郡，皇帝所乘御車駕六馬，調兵遣將的虎符和法官的帽子都是六寸，「書同文，車同軌」後的車軌是秦尺七尺二寸（七十二寸），就是這兩輛銅車馬，其輪高四尺二寸，轅長一丈八尺，車寬和衡長皆爲六尺，車輿上的銅合葉零件各邊長六寸六分的正方形，等等，都與「六」這個數字有關。這與《史記．秦始皇本紀》中「數以六爲紀，符、法冠以六寸，而輿六尺」的記載情況完全吻合。兩乘銅車馬通體施以彩繪，白色爲底，配有紅、綠、藍、紫、黑等顏色，謂之五色，兩乘車就稱之爲五色立車和五色安車。這些都眞實地反映了五行思想作爲官方哲學的歷史事實。

## 驪山和驪山傳說（臨潼驪山）

驪山，是秦嶺山系終南山的一個山阜。位於橫貫關中公路的南側。離西安三十公里。

驪山的得名，在陝西的山嶺中最爲古老。商朝時（前十六—十一世紀），這裏曾是驪戎國所在地，所以，叫做

「驪山」，驪戎又稱麗戎，故還有「麗山」的叫法。老百姓說，因爲遠遠看它像一匹在休憩的黑色駿馬，黑色馬爲「驪」，因此，它叫「驪山」。這座海拔一千二百五十米的山當然不如峰巒疊嶂、千里綿延的名山那般雄壯威嚴，但因爲它「風中巒壯，厥類獨美」，所以又有「繡嶺」之稱。古代人們甚至賦予它不少神奇色彩，比如傳說神仙女媧曾在這裏久居，她的一匹坐騎叫「驪」。女媧補天後不久死去，坐騎就化石而成驪山了。

驪山又因其地理位置和礦產，而有不少別名。它出產美玉、黃金，與近鄰的藍田山一脈相承，故又叫「藍田山」；因爲它所在的臨潼縣唐代時曾改名會昌縣、昭應縣，又有「會昌山」、「昭應山」之名；因爲「驪山連麓」，溫泉湧出其間，所以有「浮胇山」的名字。從上古起，傳說驪山有不少神人仙女，著名的有能補天的驪山老母，稱爲溫泉之神的元冥氏之子壬夫，炎帝後裔祝融氏之女丁芊等，有關他們的故事，給驪山平添了許多幽奇飄逸的氣氛。所以，劉禹錫說：「山不在高，有仙則名，水不在深，有龍則靈」，眞是很精當的概括。

總之，這座雅秀蒼翠的山加上不竭的溫泉水，從周秦以來，便是歷代帝王構築行宮別館的消暑避寒勝地。因此，千百年來，在這裏又不知演出了多少歷史活劇。從周幽王的「烽火戲諸侯」到現代的「西安事變」，驪山成了名副其實的歷史見證人。遊人嚮往西安，更嚮往西安東去不遠的這座神奇美妙的山阜。

驪山北麓有一條峽谷，《水經注》稱它是女媧氏谷。傳說很早以前，水神共工和火神祝融爲獨霸天下惡戰不休，結果共工戰敗，羞怒之餘，用頭猛撞不周山，撞斷西天角一根天柱，霎時天空向北傾倒，地面向東南塌陷，大火延燒，洪水泛濫。這一切慘象使女媧十分痛心，便在驪山煉五彩石補天，最後終於把人類從災難中解救出來。女媧被人們尊爲「驪山老母」，她死後，就葬於驪山之陽（今藍田縣）。爲了紀念女媧，後人遂在驪山山腰修建祠廟，這就是驪山第二峰處的老母殿。

女媧究竟長什麼模樣，甚至是女是男，歷來是這個神話故事引發出來的有趣之謎。東晉文學家、訓詁學家郭璞，說女媧是「人面蛇身」的神，當代中國神話研究學者袁珂在他的《山海經校注》將女媧描繪成蛇身人頭的美女。許多文章，都說女媧是古代神話世界的一個偉大的女性。然而，從明清開始，就有人提出了女媧的「正性」問題。一些學人根據古代男子喜用女名，女子則用男名的現象，以及寺廟爲使得香火旺盛，而以「女像」塑女媧等等社會原因的分析，認爲女媧應爲男子。頗有影響的清代學者趙翼在他的筆記《陔餘叢考》中十分清楚地指出：「古有男人而女名者，如帝有女媧氏。」

對於傳說中人，本無需花很多時間去考證。然而，當遊人在各地，特別在古跡遍野的陝西參觀時，遇到女媧的遺跡時，能了解一些有關的掌故，也是很有味的事情。

還有一個故事是關於秦始皇的。秦始皇完成統一霸業後，便跨渭河修阿房宮，同時命人築八十里閣道，直通驪山。傳說一天秦始皇驅駕到驪山遊玩，遇見一位俊秀美女，便行調戲，豈知姑娘是神女，當即吐一口唾沫在這個不可一世的帝王臉上，立即秦始皇滿面生瘡，奇痛難忍。身爲天子的秦始皇只有請求寬恕，神女用溫泉水洗滌，惡瘡頓癒。故事顯然是杜撰的，但驪山溫泉富有療效卻是遠近有名的。經測量和化驗，驪山溫泉水溫爲攝氏四十三度，是「冬不加寒，夏不增熱，既溫且和，亦香而潔」的上品泉水。溫泉中含有硫酸鈣、氯化鉀等十數種礦物質，對關節炎、風濕病、消化不良、皮膚病等都有顯著療效。因此，早在北魏時，元萇在他著名的《溫泉頌》中就稱道驪山泉水是「自然之經方，天地之元醫」。

驪山的最高峰叫西繡峰。相傳這裏就是西周烽火臺遺址。

烽火臺又稱狼煙臺，是古代一種軍事警報設置。西周時，每當西北部戎狄等少數民族入侵，駐在峰頂的士兵，便用事先準備好的柴草狼糞，在高高的烽火臺舉煙火報警。白天點狼糞等燔煙，晚間則點薪草燃火，一臺報警，鄰臺迅速傳遞，即所謂「烽燧萬里相傳」，接到警報後的各地諸侯，便會立即舉兵，奔赴救援。可是，西周末年的周幽王，貪酒好色，爲了博得新進宮的美女褒姒一笑，聽信奸臣的獻計：「舉烽火戲諸侯」，遂燃烽火將各地諸侯戲弄到京都豐鎬，用各路大軍的狼狽相，終於使褒姒開了笑口。奸臣虢石父爲此得到千金賞賜，這就是有名的典故「烽火戲諸侯」的由來。被再三戲弄的諸侯，再不當烽火爲眞。後來西戎果然東侵，各路諸侯沒有發兵相救，幽王連同奸臣被戳於驪山下，西周遂告滅亡。

有人說，西繡烽上烽火臺遺址有訛，應該是唐代「望京樓」的舊跡。因爲，西周國都鎬京在西安以西，幽王似不可能命人到遠隔七八十里外的驪山去舉烽。不論如何，這個具有警世作用的故事，被一代一代傳了下來。人們從中汲取了一定的思想養料，倒也不再去分辨遺址的眞僞了。甚至好訓詁考據的清代知識分子，也不例外。相反，還將這一故事與驪山「彩霞爭翠，綠樹成行，香風旦起，文霞晚張」的美麗景色巧妙地結合起來，推出了有名的關中八景之一——驪山晚照。清初文人朱集義在他的《關中八景圖》的畫刻中，就這樣題詩：「幽王遺恨沒荒臺，翠柏蒼松繡作堆。入暮晴霞紅一片，尙疑烽火自西來。」

驪山自古以來就以其獨特靈秀的風景，稱名天下。每當天氣晴朗，夕陽西斜，山巒周遭輕煙四起，此時金黃色的陽光照在霧靄飄渺的山峰上，宛如薄紗彩練，即「渭水秋天白，驪山晚照紅」的色彩對比，自有一種難以描述的韻律。當人們翹首山巔上的烽火臺，卻看到一幅濃淡有致的彩墨畫，想必會脫口吟出：「驪山秀色古今同，盡入詩人感慨中」的詩句。

## 華清池的變遷（臨潼華清池）

天下名勝古跡，不止千萬，然而，被人吟誦、仰慕數千年而不衰，大概爲數不多。臨潼華清池就是這個爲數不多的一處勝地。

位於驪山北麓山腳下，以溫泉爲主的華清池，有著悠久的歷史。周幽王在附近的戲水地方與寵妃褒姒遊樂而建「幽王城」，遂在驪山修築別館——驪宮。秦始皇「廣其宮規模三百餘里，離宮別館，彌山跨谷，輦道相屬，直通驪山」，可知在這裏也建有不少宮殿房宇。秦始皇喜歡驪山的溫泉，就命人用石頭砌成池子，賜名「驪山湯」，俗稱「神女溫泉」。到漢代，在這片項羽大火未曾波及的秦溫泉建築基礎上，「大加修飾」。東漢著名科學家、文學家張衡在多次暢遊這裏後，寫了一首《溫泉賦》，這是留存至今對溫泉進行藝術概括的最早作品。北魏時，詩人元萇在一通瑩澈可鑑的石碑上，勒刻了他的《溫泉頌》，這座被後人稱做「玻璃碑」的刻石至今仍保存在華清池內。詩歌不僅歌頌了驪山溫泉的優美環境，更對溫泉的治病療效大加謳歌。隋文帝楊堅也到這裏廣建宮舍，種植松柏，爲溫泉增添了不少蒼翠秀色。

唐代是驪山發展的鼎盛時期。唐太宗貞觀十八年（六四四年），在這裏大興土木，由著名建築家、畫家閻立德主持營建了「湯泉宮」，後改爲「溫泉宮」。也許是北周王褒的《溫湯銘》十分出色地宣揚了溫泉的功能，說它是「華清駐老，飛流瑩心，穀神不死，川德愈深」。對驪山景觀和溫泉有著特殊偏愛的唐玄宗，在天寶六年（七四七年）遂將溫泉宮改名華清宮，從此，「華清」之名便流傳於世。

豪華壯麗的華清宮，與其說它是一組宮殿，不如說是一個城堡、一個宮城、一個「陪都」。唐玄宗在這裏，以溫泉爲中心，「即山建宮，百司庶府皆具，各有寓止」，「大抵宮殿包括一山，而繚牆周編其外」。在巨大的宮城內，「治湯井爲池，環山列宮室」，一共修建了八殿、二閣、二湯（後又闢十六處長湯），此外，還有鐘鼓樓、靈官臺、星壇雲室、茱圃水輪等一整套設施。玄宗每年舊曆十月，偕同楊貴妃和朝廷百官、家眷到華清宮出遊，次年二月或四月始回長安（史稱歲盡而返，不足信）。朝廷商議「國事」，接見朝臣，都在這裏進行。所以唐代詩

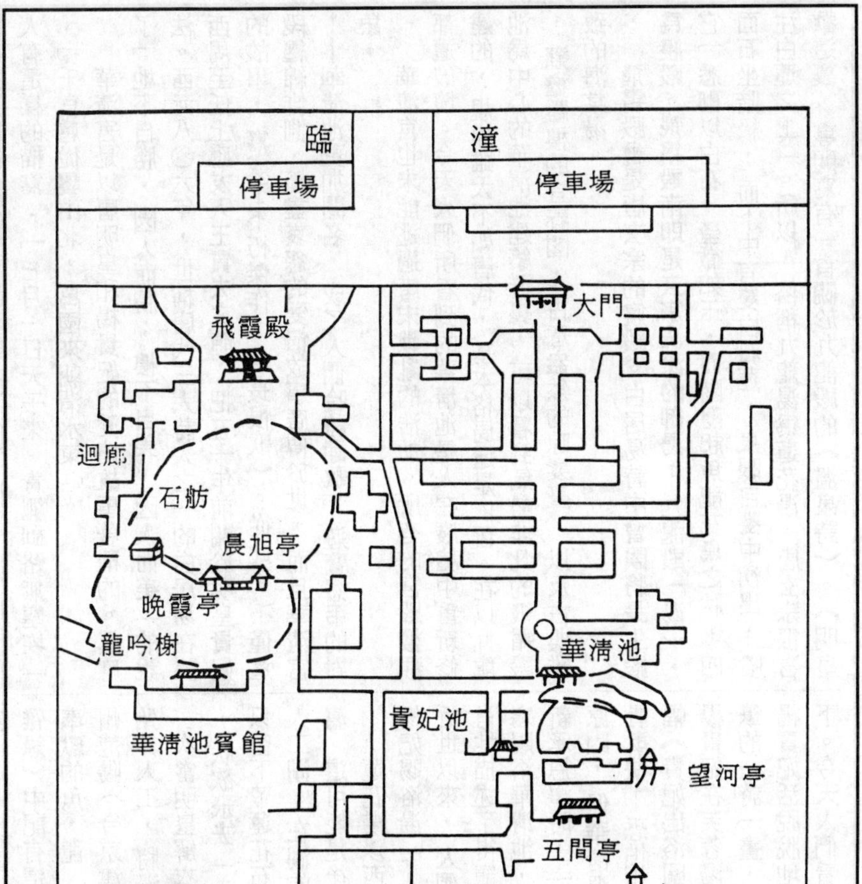
臨
潼
停車場
停車場
大門
飛霞殿
迴廊
石舫
晨旭亭
晚霞亭
龍吟樹
華清池
貴妃池
華清池賓館
望河亭
五間亭
兵諫亭
老君殿
老母殿
烽火臺遺址
華清池導遊圖

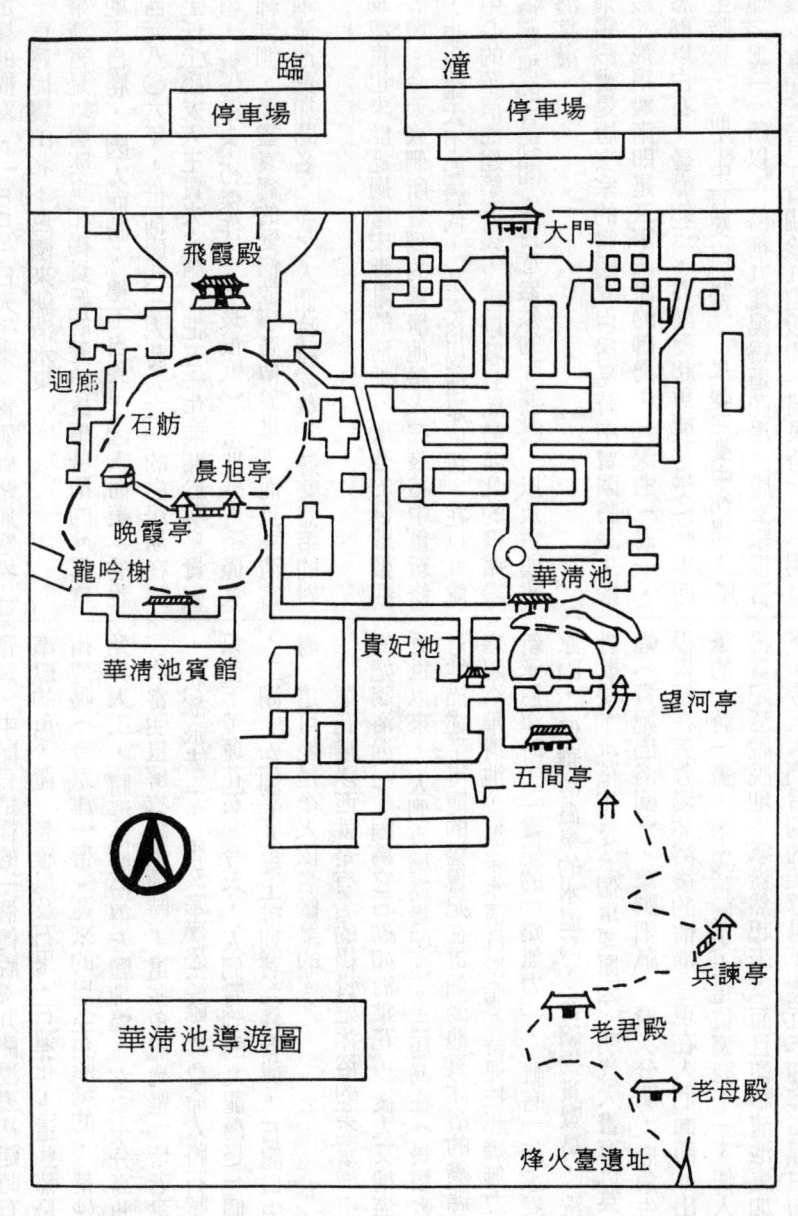

人有這樣的描寫：「七月一日天子來，青綑御路無塵埃」、「千官扈從驪山北，萬國來朝渭水東」。

華清宮是以唐明皇和楊貴妃的愛情故事著稱的。貞應了「地不自勝，因人而勝；樓不自美，因人而美」的說法。西元八〇六年，世稱唐代三大詩人之一的白居易在陝西周至任上應友人王質夫之請，把五十年前關於明皇貴妃的故事，寫成了不朽傑作：《長恨歌》。從此，不僅這段纏綿悱惻、極盡哀怨的愛情故事廣傳於世，而且華清宮——華清池更加聞名，成了人們吟詩誦歌，遊覽憑弔的對象。

華清宮也未能逃過唐末戰亂的浩劫。所有的宮殿樓觀都遭破壞。今天人們所看到的華清池是人在廢墟中重新修建的，規模雖大不如唐代，基本格局還是依舊。在以九龍池為中心的華清池建築群裏，可以看到氣勢非凡的飛霜殿，翹檐雕樓的宜春閣，古意盎然的晾髮臺，以及古典雅致的海棠湯。

飛霜殿曾是唐玄宗的寢殿。白居易詩中曾誤將長生殿為寢殿。飛霜殿南即是玄宗洗澡的御湯：九龍殿（湯），它「悉砌以白石，瑩徹如玉，而階隱起魚龍花鳥之狀，四面石坐階級，而下中有雙白石蓮，泉眼自甕中湧出，噴注白蓮之上」。所以，俗稱九龍湯為蓮花湯。唐玄宗很喜歡這裏，專門寫有一首關於九龍殿的《溫泉詩》。《明皇雜錄》中記有這樣的一個傳說：九龍湯裏初建時有安祿山奉獻的魚、龍、鳧雁以及石果、石蓮花，這些都是用以幽州范陽（今京津一帶）運來的白玉石雕刻的，精妙無比，殆非人工，將湯池裝扮得宏麗輝煌，玄宗十分高興。誰知一次當明皇解衣將入池時，這些魚龍鳧雁「皆若奮鱗舉翼，狀欲飛去」，唐玄宗嚇恐之餘，急命人將石雕撤去，只留下了蓮花石。今天，人們看到的九龍湯是一個精美的人工湖，在湖的北堤上排列著九條石龍，石龍口中清泉飛瀉。這可能是後人依名修築的。

蓮花湯以西就是有名的楊貴妃沐浴的芙蓉湯，時稱「楊妃賜浴湯」。因為它石砌如海棠花，後人又稱海棠湯。近世以來，人們直稱為貴妃池。白居易在《長恨歌》裏逼肖地描述了得寵的楊貴妃在這個湯池裏沐浴的嬌態：「春寒賜浴華清池，溫泉水清洗凝脂。侍兒扶起嬌無力，始是新承恩澤時。」貴妃的「嬌無力」，雖有「新承恩澤」的原因，但華清溫泉的水溫高，含礦物質豐富，洗畢後筋骨酥快，恐怕也是一個重要原因。明代大畫家仇英，有一幅《貴妃出浴圖》，筆調細膩，層次分明，形象生動地將楊貴妃在芙蓉湯沐浴後的情態呈現在人們面前。出自大手筆的一詩一畫，不獨將歷史上這位褒貶不一、使人生憐的楊貴妃活脫脫地生氣盎然起來，而且使華清池更加名揚天下。今天人們看到的芙蓉湯，經近年翻修工程中的考古調查，證實並非眞是貴妃沐浴的地方。不過，遊人們看到這流了不知多少年的溫泉，看到一座樓閣式建築物上有「梳妝樓」，樓下有漢白玉砌成的海棠浴池，能夠聯想到一千三四百年前的這裏發生的「貴妃專寵幸，天子富春秋」的故事，還可以獲得很大的樂趣的。

唐明皇在驪山專寵楊貴妃，是日後「安史之亂」爆發的原因之一。傳說被賜死的貴妃就埋在今西安以西七十公里處的馬嵬。今天在馬嵬的公路旁，有一座小巧精緻的陵園，古式牌樓上有邵力子書寫的「唐楊氏貴妃之墓」。陵園像是一座小小的碑林，裏面有著許多唐宋以來詩人名士遊馬嵬弔貴妃的題詠碑刻。

陝西關中一帶還流傳著這樣的風俗：婦女用的香粉中若摻上一點貴妃墓土，會使人皮膚更加白嫩，貴妃墓側有一石刻，專門記載了此俗：「墓上生白土，土人呼爲貴妃粉，能悅顏色，春日遊女，拾取靧面。」由於歷來人們從貴妃墳上抓土，墳頭日漸低小，看墓人不得不常培新土。三十年代時，終於不得不用磚石把墓冢砌起來。即或這樣，遊人，特別是每一個來觀賞的日本婦女，都還要從陵園裏帶一小包黃土回去。據說，日本不少人相信當初楊貴妃並未眞死，而是由高力士等的幫助，東逃日本，並客死在扶桑。今天在日本有貴妃上岸處和貴妃墓等遺址。但是，作爲貴妃故里和屈死之地的陝西關中，遊人們掬一把黃土，寄寓其中深情和願望，也是人情所在。

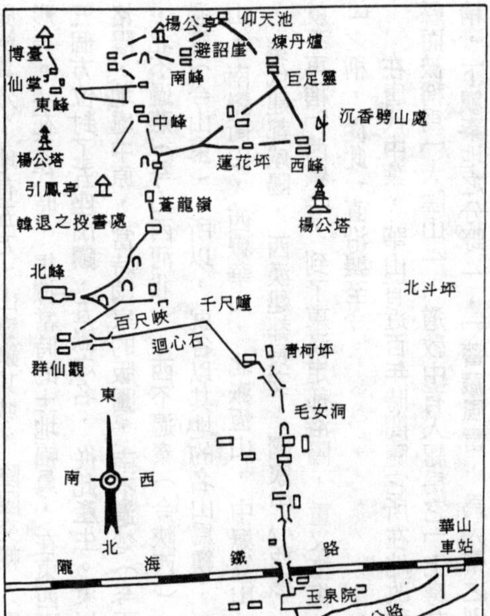


# 自古華山一條路（華陰華山）

乘隴海路西遊，車過「一夫當關，萬夫莫開」的陝西東大門——潼關之後，便進到了古稱「陸海之地」的關中盆地，這長條形的「八百里秦川」，南北各有一道天然屏障：秦嶺山地和陝北高原。作爲中國南北方分界線之一的秦嶺，率先向來到陝西的遊人奉獻出一處天下聞名的勝跡——華山。

華山，在秦嶺主脊的北部，位於華陰縣境，它山勢陡峭，奇峰突兀，海拔二千一百米，就好像一位卓爾不凡、內秀外雄的巨人，峙立在關中的大門口。所以在古要塞的潼關城樓上，有一副對聯：「華嶽三峰憑檻立，黃河九曲抱關來」。潼關的雄壯，正是在華山的地險陪襯下顯得非同尋常。

在古代，人們出於對大自然的崇拜，或者表達對自然美的歌頌，往往將出類拔翠的自然景致冠以美好的名稱。華山古來有美名，就是突出的一例。

《山海經》說，華山「山高五千仞（一仞等於七尺或八尺），削成四方，遠而望之，又若華狀」，古字「華」與「花」同，是說華山望去像一朵花。《白虎通》說，華山「取八卦少陰」，是一種「惇物」（敦厚之物），有「望物生華之義」，華就是「收穫」，就是「萬物成熟，可得穫也」。還有人說，華山頂有大池，生千葉蓮花，服之羽化成仙。因此名爲華山。從遠處眺望華山，只見環山起伏，翠黛羅列，眞如一朵青蒼的蓮花在凌空怒放。中間突出的三峰，宛如蓮蕊，外圍的群山，又像蓮瓣，所以，李白有「石作蓮花雲作臺」的形容。看來，華山的得名，因峰如蓮似花有密切關係。

華山又名西嶽，被視爲中國西部的鎭山。在古代，統治者往往封一方主山、名山爲「鎭」，寄託地方物阜民安的願望，如唐玄宗的《華山碑》中所說：「天有四序，星辰辨其分；地有五方，山嶽鎭其域，陰陽交暢，則品物形矣。」在三代時，根據當時的土地幅員，在東西南北中五個方位封了五座山鎭，五嶽之名，從此產生。東周建都洛陽，地處中原，當時國家的版圖，南不過楚（今兩湖），北不過燕（今山西河北），西不過秦（今陝西），東不過齊（今山東），所以，就各以其地的名山爲鎭：東嶽泰山，南嶽衡山，西嶽華山，北嶽恆山，中嶽嵩山。後來，秦代建都咸陽，西漢建都長安，國家中心西移，華山就不再稱「西嶽」，到了東漢定都洛陽，重又恢復「西嶽」之稱，從此一直沿襲至今。

在唐代中葉，華山有近百年時間隨它所在地改稱太陰縣而被稱爲「太陰山」，道教中有人認爲它「上應井宿之精，下鎭秦地之分野」、「蓄藏風雷，爲大帝之別宮，乃神仙之窟宅」，眞是「總仙之天」的地方，所以又稱爲「太極」。

華山還叫太華山，它的西南四十公里處有少華山，故以太華名，以示區別。華山因位於故華陰地境內，因此，又常稱爲華陰山。

傳說上古時，黃帝常遊華山，與神相會。周代，《華山神廟碑》不容置疑地說：「天險不可升，地險山川丘陵，險之時義大矣哉，惟華山者。」傳說舜帝西巡到了華山，登上峰頂，在驚魄稍定之後，倍覺「惟有天在上，更無山與齊；舉頭紅日近，回首白雲低」。中國自古傳沿有一項重大的祭祀天地活動——封禪。開始，封禪僅限於泰山及其附近的山丘，因爲泰山是東嶽，東方主生，是萬物之始，陰陽交替的地方。後來（大約是南宋時）就不限於東嶽。但是，因爲西嶽華山十分峻險，這種大規模的祭祀活動很難在上面進行，所以，杜甫在《封西嶽賦並序》中說：「至於（在華山）封禪之事，獨軒轅氏得之」，以後因爲「泰華最爲難上，故封禪之事，鬱沒罕聞。」從這裏也可看出，華山由於奇險對社會的影響。

歷來，各種碑記、地理書、遊記以及詩詞文章，凡是記述、描繪華山的文字，都不約而同地使用了一個「削」字。《西嶽華山神廟碑》說它是「盤紆截嶭，刻削崢嶸」、《山海經·山經》說「泰華之山，削成四方，其高五千仞，廣十里」，唐詩人李商隱的《修華嶽廟頌》形容它「削成萬仞，秀出雲漢」，詩人崔顥《行經華陰》有句「岧嶢太華俯咸京，天外三峰削不成」。張喬的《華山》詩又說：「誰將依天劍，削出依天峰。」千百年來，人們就是用這一個「削」字，形象逼眞地刻畫了華山的雄偉險峻。

對中國五大名山，人們有這樣簡練的概括：「恆山如行，泰山如坐，華山如立，衡山如飛，嵩山如臥」。華山的「立」，與「削」字，眞有同工異曲之妙。這個「立」字，將華山的「峻極於天」，「峻極穹蒼」，「石壁傑堅而雄竦，衆山奔走而傾附」的高峻和盤托於人們眼前，難怪康熙皇帝在一通碑記中，劈頭第一句就是「太華之以望（對名山的祭祀）秩尊於列嶽也」。

華山的奇險，只有親身經歷的人才會有銘心刻骨的體會。直到明代以前，登山攀峰的只是少數道士、道教徒和樵夫，遊覽的人很少。明清以後由於山路的開拓，遊人才慢慢多起來，即便如此，也還有人警告道：「斂神一志，捫索以登，切忌亂談遊觀，萬一神悸手鬆，墜不測矣。」

傳說唐代大文學家韓愈在貞觀十八年（八〇二年）曾壯膽奮力登上華山絕頂，然而，當他下山經過三面懸絕的北峰蒼龍嶺時，儘管「閉聽壹視」，突然眼花心慌，彷彿「腳腳踏墜魂」一般，在僅二尺多寬，一百多米長，坡陡達四十五度，兩側都是懸崖峭壁的險道上，感到再也不能挪移腳步，下不得山了，於是放聲慟哭起來，遂給家裏寫了遺書一封，投到岩下。今天在龍口岩上，還能看到「韓退之投書處」六個字。當然，事實可能是這位有膽有識的古文運動領袖因爲身體不好，未老而先衰，下山到奇險的地方感到心有餘而力不足，因有這一個喜劇場面。如果說韓愈投書有誇張的成分，那麼，乾隆三十六年（一七七一年）陝西巡撫畢沅奉命上華山，祇謁華嶽時，下到「韓愈大哭處」一時，同樣沒有勇氣再走一步，只好命人以酒將他灌醉，用氈毯包裹，抬下山來。

這兩個小故事，雖應了民諺「上山一股勁，下山一灘泥」，不也從一個側面，說明了華山的如削如立的峻峭？

華山的峻險奇絕，又往往被「華山自古一條路」的老話渲染得淋漓盡致。這條路從華山峪進山，經山口的玉泉院到青柯坪，當抵達「回心石」前，這才開始了眞正登山。跨過回心石，緊擦石壁而行，不久便進到華山第一險：千尺幢——百尺幢（峽）。幢，就是陡峭的石槽，名爲千尺，實只有三十多米，因爲是在狹小的石罅中沿幾成垂直的方向攀登，所以顯得格外險長。待到洞口，回頭一望，彷彿從深井爬出一般。洞口被稱爲「太華咽喉」。在兩幢之間，峭壁上巉巖嶙峋，令人「眩視不可數」。這條路把人帶到北峰，它上面的蒼龍嶺又是一險。蒼龍嶺約長一里，路寬僅只一米，兩旁深壑漆黑，墜石下去不見音響，山嶺直如蒼龍騰空，龍頭龍尾各在一山，行走「龍背」無不心驚肉跳。

攀過蒼龍嶺，更上一重山後，到了通天門（又名金鎖關），華山的三大主峰：東、西、中峰便在眼前。看到「翠崿於紫微，挺高峰於天漢」的山外之山，一股「從頭越」的勁頭，便會油然而生。「華山自古一條路」到此爲止，接著就是奇險紛呈的通往各峰的路了。

其實，華山並非眞的只有一條路。早在春秋戰國時代，進山並不是這條華山峪，而是在它東面兩公里處的皇甫峪。史載，秦昭王命人上華山的博臺（今下棋亭），就是從皇甫峪走的。所以，後來漢武帝建集靈宮，唐玄宗建西嶽廟，都在皇甫峪口。解放戰爭時，智取華山的八勇士，也是由此進山的。可惜的是，這條路只通到北斗坪，對巍峨之峰只能遠遠眺望而已。

對於華山的奇險，清代陝西巡撫畢沅有一段很好的介紹：「秦地名山，甲於天下，而此獨尊之爲嶽，良有以也。至山之奇莫過於千尺幢，險莫過於蒼龍嶺，其餘大奇則大險，小奇則小險，蝸旋而上，猨掛而下，隨足所到，皆非心神意計所及。」如果不是親身經歷，是決不會寫出這樣眞實而又深切的文字的。

## 「華嶽仙掌」何時留（華陰華山）

由於清代河東鹽使朱集義的詠詩作畫和渲染，關中地區的八個風景迷人的名勝古跡，被稱爲關中八景就更加馳名了。八景之首，就是華嶽仙掌。

從中峰的玉女殿往東峰看去，它的兩側斷崖上確乎有一個「五歧為指」、指掌分明的「仙掌」。如果在晴天清晨，旭日將升的時候，「仙掌」在雲氣飄渺之中，會顯得更加瑰麗壯觀。「仙掌」是華山的一大自然奇觀，是淡黃微白的風化岩山溜狀物在蒼青的峰壁上留下的痕跡。由於古代人對自然的崇拜，在解釋自然現象時，喜歡賦於某種生命，所以這一自然現象也就被神化了。演化的結果，就變成了這樣一個想像奇特、而又美麗的神話故事：相傳很古以前，華山和黃河北岸的首陽山（今山西中條山）結連一起，一天，洶湧澎湃的黃河突然流到這裏，被阻擋攔斷，因此積水成患，百姓的生命財產遭到極大危害。一個參加顓頊和共工在不周山下大戰，並立過大功的神仙——巨靈，奉玉皇大帝的命令，要開通黃河，於是來到這座橫山下，腳踏中條山，手推華山，一聲咆哮，兩山終於被劈開，如黃龍般的河水，就從兩山之間奔騰東去，這一帶的水患從此解除。而在華山東峰的岩壁上，就此留下了一個長約三十丈的巨大手掌的印痕。這塊岩石，就叫做仙掌岩，世世代代流傳了下來，並且在一些詩詞賦銘中，都給予生動地描述。據說，唐明皇李隆基在遊華山時，看到高懸的仙掌，神奇多彩，千百年來又如此吸引百姓，故也想在山腰刻鑿自己的年號：「開元」，希望「終當銘歲月，從此記靈仙」，以此與「仙掌」比美。只是因為群臣的諫言反對，又恰值安祿山作亂，才作罷。到了康熙皇帝在西巡中，特地為它題了「露凝仙掌」的匾額。當然，古時也還有不少有識之士，寫了諸如《仙掌辨》、《玉女峰記》等一些有一定科學性的文章，指出一些傳統故事的荒誕無稽。然而，這個故事畢竟反映了遠古人們征服大自然的智慧、力量和勇氣，以及對它的歌頌，從中不也能給予人們一些美的享受麼？

## 奇山峰峰有故事（華陰華山）

從華山口到北峰，經過彎彎曲曲的十八盤，便是毛女峰了。在這裏小憩，可以盡情觀賞「華嶽幾千仞」的壯美風貌。這附近，還有水簾洞、和合二仙、金龜吸蛤蟆、獅子滾繡球等有著許多奇妙傳說故事的美麗的自然景觀。

毛女峰上，有一座毛女祠，裏面供著一尊端莊秀麗的女塑像，傳說，這就是毛女仙姑。毛女原是秦始皇的宮女，叫玉姜。她年紀輕輕即從老家楚地被徵集到宮中。不久秦始皇得病在佞臣趙高的慫恿下，挑選了五百名童男童女，和一些太監、宮女，以備殉葬。這時，一個叫張夫的老太監設法和一群宮娥逃出秦宮。後來宮娥們各奔東西。相傳，今天陝西興平縣西門外的「五女墳」，渭南縣南塬的

「六姑泉」，都是出逃宮女們葬身的遺冢或住過的遺址。

張夫和玉姜在內的幾個宮女到了守秦境內（即華陰縣）時，搜捕逃犯的武士追來了，於是幾個人只好轉進華山峪奔逃。幸虧在王母娘娘的幫助下，玉姜和張夫才來到秦兵無法追趕的北峰。張夫不久死去，今天的「張夫洞」就是老太監住過的地方。玉姜一個人以天然洞爲宿，用松柏果實、人參黃精充飢，渴了就飲山露水泉，時間不知過了多久，她周身長出綠毛，顏面黝黑，見到的人就稱她爲「毛女」、「毛女仙姑」。後來，在道人的指點下，她每日早晚朝拜北斗，遂升仙而去。人們把玉姜住過的洞叫「毛女洞」，把她朝拜北斗的地方叫「拜斗坪」，這座玉姜曾經生活、得道成仙的山峰，就被稱爲毛女峰，並且一直沿傳至今。這個哀惋怨切的故事在《雍勝略》、《列仙傳》、《太平廣記》等文史典籍中都有記載，很能說明歷來人們對這位宮女不幸身世的同情和紀念。

在關中東部、華陰縣一帶，還盛傳著蕭史和弄玉的愛情故事。由於和西嶽華山有關，而流傳天下。

春秋時期，秦穆公的最小女兒週歲生日時，在「抓歲」（陝西風俗：週歲時在孩子面前擺金、銀、筆、硯，任由抓取，以測定孩子將來的志向）時，只抓一塊碧玉玩弄，所以取名「弄玉」。弄玉愛好音樂，尤善吹笙。當時一名叫蕭史的青年史官，由於得罪了周王朝棄官逃亡華山中峰明星岩，過著以採藥爲主、閒時編寫史書的隱居生活。蕭史擅長品簫。他的簫聲可引來清風、彩雲、百鳥、仙鶴，一天他在中峰品簫臺（今引鳳亭）上吹簫自娛時，清悅深沉的簫聲像天籟一樣，從明星岩飄傳到幾百里外弄玉住的秦宮，並打動了公主的心。因爲弄玉選擇丈夫，非善吹笙簫者不嫁。蕭史被訪求來到秦宮，成爲秦穆公的招女婿，但他卻一直懷念華山。爲了完成史書的編寫，蕭史、弄玉乘赤龍和紫鳳設法逃離京都，雙雙來到華山中峰。弄玉在明星岩住的那個洞，就是今天的玉女洞。穆公尋女不得，遂命人立祠祭祀，稱之爲玉女祠（蕭女祠）。中峰因爲是公主長期居住的地方，後人習慣稱之爲玉女峰。在玉女祠前有五個石臼，傳說是玉女洗頭盆，以前水甜清澈，從來不乾不溢，是中峰上的一大奇觀。李白的《鳳臺曲》：「嘗聞秦帝女，傳來鳳凰聲。是日逢仙子，當時別有情。人吹彩簫去，天借綠雲還。曲在身不返，空餘弄玉名。」就是寫的蕭史弄玉的故事。

華山東峰非常陡峭，峰頭卻是一塊平臺，因爲可以觀看日出美景，被稱爲朝臺（或朝陽臺），東峰也因名朝陽峰。東峰東南另有一個小峰臺，遠遠望去像棋盤一樣，人們就稱它爲棋盤臺。據說，秦昭王時曾命令工匠造鉤梯登上東峰，用山上的大柏樹心做棋子，與天神對奕。因此，這裏就有了「博臺」的名稱。後人並造了一個鐵瓦結構的亭子——下棋亭。傳說宋太祖趙匡胤還未做皇帝前，路經華山被道士陳摶用神風攝上山去下棋，贏了太祖二百兩銀子，逼太祖寫下賣華山的文契。趙匡胤登基後，履行諾言，將華山撥給老祖，從此，華山完全成了道教的天下，陳摶又名陳希夷，是一個避詔不就，一心修煉的道士。在華山下的玉泉院附近有一個希夷洞，裏面塑有希夷玄武石睡像。人們稱他爲老祖。希夷洞前有一幅對聯曰：「天下太平無一事，山中高卧有千秋」，是淸代康熙進士張英借對陳摶的稱頌，爲淸王朝歌功頌德的。

古木參天的東峰，是一個極好的登高遠望之處，只見四周峰巒起伏，如走泥丸，又如波浪，滔滔不息，氣勢十分闊大雄壯。在峰的北端，一座紀念楊虎城將軍的楊公塔上，有這位愛國將領的手書「萬象森羅」四字，正恰如其份地概括了東峰給予人的感受。

西峰，又稱太上山，俗稱蓮花峰、芙蓉峰，顧名思義，遠眺近望這裏就如蓮花、芙蓉，特別是人們站在中央的翠雲宮前，眞好像置身於蓮花瓣中一樣。在西峰頂上，有一塊十餘丈被斷爲三節的巨石，巨石旁插著一把說是有三百多斤重的月牙鐵斧，斧柄鑄有「仙家寶斧，七尺有五，賜於沉香，劈山救母」十六個字。相傳，這就是「劈山救母」的地方。巨石叫「斧劈石」，鐵斧叫「開山斧」，傳說是三皇開天闢地時鑄就的。

唐代，一個叫劉璽（字彥昌）的書生進京赴考，在華山下西嶽廟求籤後，與廟神玉皇大帝的女兒——三聖母結爲夫妻，並生了一個兒子名叫沉香。一天三聖母的哥哥二郎神楊戩閒遊來到西峰的煉丹爐，聽妹妹私配人間凡夫，怒其違反了天律，於是把妹妹鎭壓在西峰頂上一塊巨石下，永不許與劉璽相見。沉香長大，在仙人呂洞賓（一說在霹靂大仙）的幫助下，練就一身功夫，將舅舅二郎神打敗，一聲慟哭，用月牙斧將巨石劈開，救出母親，全家得以歡聚。

神話，當然是虛構的。但是，三聖母與劉彥昌的自由戀愛，沉香對神權、皇權的挑戰，卻賦予了這個故事美好的主題，而受到世代人民的喜歡。今天，每當人們到煉丹爐，沉香大哭的「孝子峰」，以及劉彥昌住過的「劉璽臺」等處遊覽時，這個美麗動人的神話，怎能不令人倍有興味呢！

南峰，又名落雁峰，海拔二千一百米，是華山的最高峰。峰頂有終年不涸的仰天池（又名太乙池）、黑龍潭。在池的四壁上刻鐫有「太華絕頂」、「兒視諸峰」幾個大字。登上這裏，那種「一覽衆山小」的豪邁氣概便會油然而生。難怪，詩仙李白登上此峰，要情不自禁地呼道：「此山最高！呼吸之氣，想通帝座。恨不攜謝眺（南朝齊詩人，擅長描寫自然景色）驚人語來搔首問青天耳！」登華山，如果不上南峰，似有枉此一行的意味，所以，古人有「升嶽者必登南峰而極」的話。正因爲它是群峰之冠，所以，這裏歷來是道家雲集勝地。相傳，南峰上有太上老君李聃隱居的老君洞，有道士希夷避卻朝廷恩詔的「避詔崖」，有爲古人稱道的辭翰具美、宣揚道教思想的龍神祠碑：「道渙而爲氣，氣運而爲精，精變而爲神，神化而爲靈」。有朝元洞，有彷佛凌空鑿刻的「金眞岩」。

「西嶽崢嶸何壯哉，黃河如絲天際來。黃河萬里觸山動，盤渦轂轉秦地雷。榮光休氣紛五彩，千年一清聖人在。巨靈咆哮擘兩山，洪波噴流射東海。三峰卻立如欲摧，翠崖丹谷高掌開。白帝金精運元氣，石作蓮花雲作臺。」

每當神遊華山之後，再吟詠一下李白這首對華山的讚頌，會更加入味的罷？

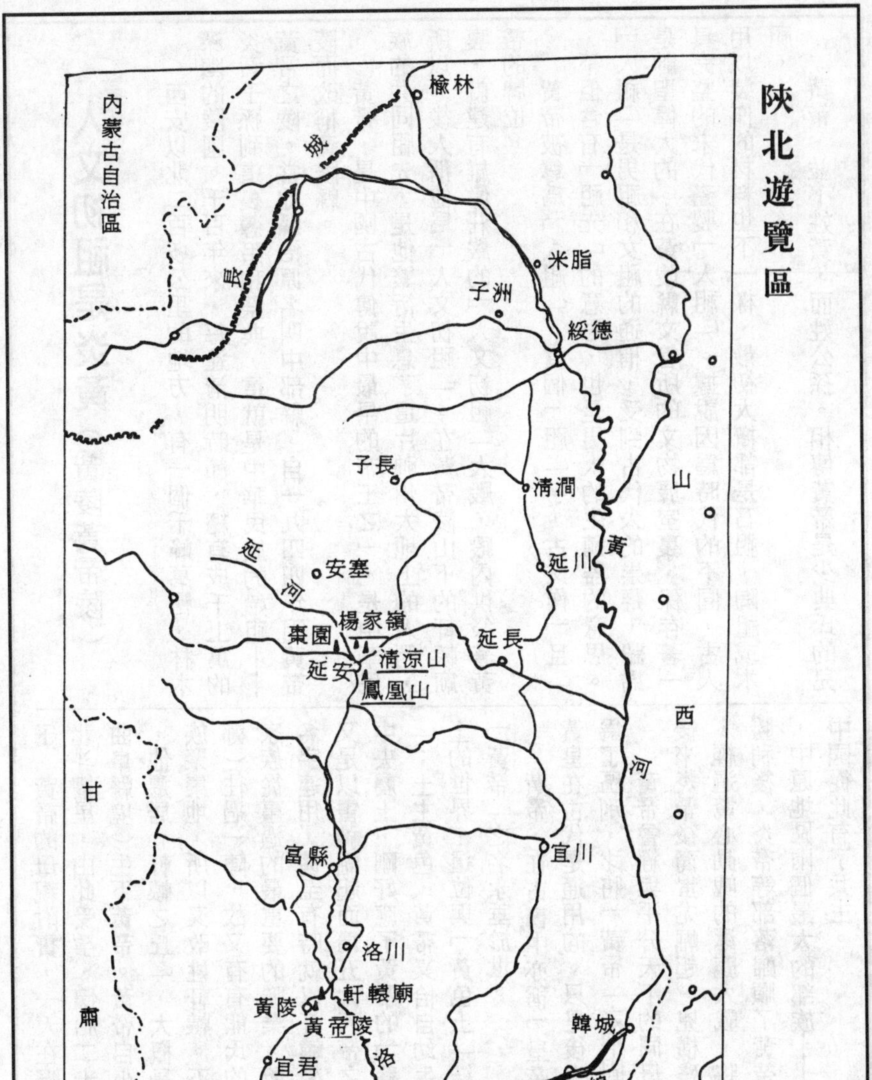
陝北遊覽區
內蒙古自治區
榆林
長城
米脂
子洲
綏德
子長
清澗
山西
黃河
延川
延河
安塞
楊家嶺
棗園
延安
清涼山
鳳凰山
延長
甘肅
宜川
富縣
洛川
軒轅廟
黃陵
黃帝陵
洛河
宜君
韓城
韓城線
合陽
澄城
白水
銅川
咸銅線
耀縣
蒲城
西
大荔
富平

# 人文初祖是炎黃（黃陵黃帝陵）

西安以北二百多公里的地方，有一個千峰萬巒、林木深幽的陵園。千百年來，每逢清明時節，總有成千上萬的炎黃子孫到這裏憑弔和祭典，這就是中華民族的始祖——黃帝之陵。當地縣治原名叫中部縣，自一九四四年因黃帝陵而改稱黃陵縣。

黃帝，是中國古代傳說中最早的帝王之一，是中華民族的共同祖先，是他繁衍生息了這片神州大地上的人們，所以，後人稱他爲「人文初祖」。在黃帝陵山下的軒轅廟裏，就建有雄偉莊嚴的「人文初祖」大殿，殿內供祭著黃帝的牌位。

黃帝被尊爲「人祖」。這個「祖」字，古文作「且」，不但含有「祖先」的意思，也是男人的生殖器的意思。「人祖」是男祖和女祖的通稱，受到古代人的崇拜，認爲是神聖偉大的。在黃陵縣文管所的文物展室裏，保存著一具完整的宋代瓷製「人祖」。據說因爲時代的不同，古人用以製作的材料也不一樣，最初大概都是石祖、陶祖或木祖。

黃帝，並不姓黃，而姓公孫。相傳黃帝是少典氏的兒子。黃帝的母親附寶，一天在野外看到一道耀眼彩練纏繞北斗權星，由此受孕，懷胎二十四個月後在壽立（今山東曲阜縣境）生下黃帝。黃帝自小長於姬水，故姓姬，後來，他遷居「軒轅之丘」，大概是一個以製做車輛爲主的部族聚集地，所以又改姓軒轅。不久他還到有熊（今河南新鄭）住過一陣，故又有有熊氏的姓。「軒轅」可能是黃帝家族從事過的最重要的職業，所以，軒轅氏便常與黃帝的名字連用，甚至有時就以軒轅來代替黃帝。據傳說，黃帝又是以雷神崛起而爲五大天帝之一，稱做「中央天帝」，中央屬土，剛好應了黃帝的「養性愛民」，有「土德之瑞」；土主黃色，黃帝又恰自幼生長黃河流域，這是一片黃土的世界，這位與「黃色土」結了不解之緣的祖先，便以「黃帝」之名永垂於世。

黃帝，在古書中亦稱「皇帝」，是皇天上帝的意思。黃皇在古代是通用的。只是後來秦王嬴政自稱「始皇」，爲了區別，才將「黃帝」之稱固定下來。

黃帝曾經與平分天下的同母異父兄弟炎帝有過爭鬥。後來炎帝後裔蚩尤崛起，兇橫殘暴，炎帝族請求黃帝幫助，經過驚心動魄的涿鹿大戰，將蚩尤趕到長江以南。戰爭勝利後，炎帝等部落歸順了黃帝，標誌了部落時代的結束，中原地區兩個最大的部族——黃帝族和炎帝族合併，使中國從此有了共主。

黃帝一共活了一百一十歲。死在荆山（今河南靈寶），葬於橋山（今陝西黃陵縣）。黃帝有二十五個兒子，據傳唐、虞、夏、商、周、秦各代都是黃帝的後裔；就是稱爲少數民族的羌人、夷人、戎人、狄人、苗人、蠻人等部落，也都是黃帝的子孫。因爲黃帝族和炎帝族的聯合被認爲是中國原始國家的基礎，所以，今天中華民族便自稱爲「炎黃子孫」。

黃帝是否確有其人，尚無考古證明。但是不論將他當作歷史上一個時代的代表，或稱做一個地域的代表，作爲中華民族的偶像，千百年來，他一直是民族文明思想之魂，他維繫著海內外中國人的共同感情和力量。軒轅黃帝不獨是中華民族的共祖，也是中國人民祖國的代稱。

四千多年前的虞夏時代，就已開始「稀祭」黃帝了。在軒轅廟中的三塊併在一起的碑石前，人們都要在「文明之祖」的碑前默默沉思，品味這四個古拙漢隸大字的無窮涵義。

傳說黃帝一生有許多發明創造。當然，任何事物的產生，都不可能是個人的力量，而應是人們長期勞動實踐的結果。中國古代許多重大發明，由於年代久遠，無法說明當時的具體情況，只能把遠古文物制度的產生創造，歸源於共同的祖先黃帝。

今天，在中國各地都流傳著有關黃帝的許多發明故事。在黃陵縣一帶，更有不少神奇瑰麗的黃帝傳說。

在遠古，我們的先民完全過著與鳥獸爲伴、茹毛飲血的野蠻生活。黃帝來到橋山，和臣民、工匠們一起，教會人們「伐木構材，築作宮室，上棟下宇，以避風雨」，從此人們才脫離野居生活，向文明跨進了一大步。黃帝看到人們不論寒暑，僅只用枝葉遮身，於是支持和鼓勵妻子嫘祖栽桑養蠶，抽絲織布，人們開始穿衣著裳了。在和蚩尤作戰中，正是黃帝發明了最可怕的新式武器——指南車和弓箭，所以個個兇猛異常，天不怕、地不怕，善擺「迷魂陣」的蚩尤和他的部下，在弓箭等的威力下，潰敗喪命。孫中山先生爲此題詞：「中華開國五千年，神州軒轅自古傳。創造指南車，平定蚩尤亂。世界文明，唯有我先。」

在自然災害、毒蟲猛獸不斷侵襲的古代，人有了病，只能聽天由命。黃帝和他手下的馴養動物能手——王亥，從受傷的野獸尋食草藥得以活命的許多事例中，經過長期觀察記錄，寫下了中國最早的醫學著作：《本草》和《醫案》；黃帝還命雷公和歧伯研究醫法經脈，創造出一些處方，治療好不少病人。所以，古代人們就稱中醫爲「歧黃術」。後人爲了不忘黃帝的功德，把黃帝時期的名藥、醫術綜合起來，以黃帝名字命名編寫了《黃帝內經》和《黃帝外經》，正是這些醫書，直接哺育了戰國的扁鵲、東漢的華陀、唐代的孫思邈、明朝的李時珍等等無數名醫。

特別值得提出的是黃帝鼓勵他的史官倉頡創造了中國最早的文字——象形文和甲骨文。史書說，倉頡奉黃帝之命，在製作作戰圖過程中，「視龜而作書，見彼鳥獸跡作字畫」。從此，中國結束了刻木結繩的蒙昧時代，完成了第一次信息革命，開闢了中華民族人類進化史上的一個新紀元。倉頡造字，不僅在黃帝陵的廟裏有不少記述，後人爲了紀念他的不朽「立言」，在他最後完成造字的陝西長安縣長里村西，建築了一座「造字臺」（又叫「選書臺」），臺旁修建了「三會道場」（即三會寺），以供歷代人們瞻仰。今天，遊人們在長里村的高陽原上還可看到這座十米高、周長一百多米的古臺。其實這一切，都是古人把發明創造集於一身的結果。

## 世界柏樹之父（黃陵柏林）

快近黃陵縣時，從光禿禿的塬上去看坡下的黃帝陵，只見林木森森，煙霧霏微，一派盎然生氣。這就是陝西有名的黃陵橋山古柏林區。據這裏縣志記載，一九三六年黃陵編號的柏樹有六萬一千多株，今天，已增加到八萬多株。其中年齡在一千歲以上的有三千株。這些盤青聳翠的柏樹，形成黃陵縣的一大奇觀，「橋山古柏」遂被視爲黃陵的八景之一。明朝時，一個道人這樣形象地讚美柏林勝境：「古柏參天黃帝陵，蒼煙繚繞曉風輕。橋山徹底高聳翠，沮水纏腰萬載青。」

就在軒轅廟門裏的左側，一蓋枝繁葉茂、蒼勁挺拔的巨大柏樹撲面而來。樹旁立有一碑，上書「黃帝手植柏」。原來這株身高五十八尺，幹圍三十一尺的柏樹，相傳是黃帝親手栽植的。據廟裏人估計，這株樹至少有四千歲。當地民諺說它是「七摟（雙手伸開丈量）八扎（拇中指間最大張距）半，二十四個疙瘩不上算」，眞可謂柏樹之王了。難怪外國遊客和海外僑胞一致稱頌它是「世界柏樹之父」。

這株巨柏周身有二十多個大樹疙瘩，也有不少奇妙的傳說。據說黃帝升天時，將百姓們送給他的乾肉塊扔下來，不料扔在這株柏樹上，立時就變成了樹疙瘩，彷彿以此作爲永遠感謝人們的標誌。黃帝是乘龍上天的，橋山的百姓只好將他遺留的衣冠埋在他升天的地方，所以，這座黃帝陵只是黃帝的衣冠冢。墓冢前，有一通明朝人唐錡寫的碑：「橋山龍馭」，就是爲了紀念黃帝乘龍上天扔乾肉的軼事。

在軒轅廟的「人文初祖」大殿旁，還有一株高聳雲霄、奇特壯碩的古柏，它名叫「掛甲柏」。樹旁也有一通民初署中部縣知事、浙江錢塘人程壽筠手書的漢隸石碑，上面除了有「掛甲柏」三字外，還有一行小字：「志載，漢武帝征朔方還，掛甲於此。」傳說漢武帝劉徹曾調集各地十八萬大軍，去北方邊關巡察。爲不耽誤去泰山祭祀天地——封禪的時間，武帝決定提前回京師長安。當浩蕩大軍順近路南下抵達橋山時，萬綠叢中莊嚴肅穆的黃帝墓冢觸發了他求仙的念頭。武帝遂命人在黃帝陵前築祈仙臺，像在其它地方那樣準備祭祀大禮。祈仙臺用了一天就準備完畢，次日，武帝下令全體官兵列隊橋山，俯首默祭，他自己則緩步走向祈仙臺，中途，武帝隨手脫下戎裝盔甲，掛在道旁一株柏樹上，去登臺祈禱，希望自己也能如黃帝一樣乘龍仙去，祈禱保佑他的大漢江山永世長存。

從此，這棵掛過武帝盔甲的柏樹，便出現了斑斑痕跡，彷佛用釘釘過那樣。每逢清明節，這株柏樹的斑痕中還會流出樹汁，結成串串晶瑩的樹球，就像滿掛珍珠似的。這棵又名「將軍柏」的古柏，就以這個歷史神話故事吸引了無數遊人。

「掛甲柏」連著「十八萬大軍祭黃陵」的歷史故事，使黃帝在中國人民的心目中更加崇高偉大。傳說，自武帝祭典黃陵之後，每逢清明節遠近的人們就會不約而同來到黃帝陵祭典禮拜，久而久之，這一活動成了國家的大典之一。今天，黃陵文管所還存有明代御製祭文碑十一通，清朝御製祭文碑二十通。一九三七年四月五日，毛澤東、朱德也恭遣代表從延安專程赴黃陵致祭，由毛澤東親自撰寫的祭文，表達了當時炎黃子孫同仇敵愾，一致抗日的決心。

## 延安的傳說（延安膚施城）

和許多城市一樣，革命聖地延安的得名，既取山川地貌的特點，又寄人們的良好願望。在陝北的一個川原相間的地區、南北交通要道之中，蜿蜒著一條延水，又名奢延水，它哺育著河流兩岸數百萬人民，生生不息。人們當然希望自己的家鄉永久和平，長久安寧，所以，便將對於黃土高原人民來說性命攸關的延河與寄望安寧的心願合起來，命名爲延安。這是一千五百年前隋代的事情。

延安在古代，有過一個很有趣的名字：膚施。傳說佛祖釋迦牟尼三世，名叫尸毗的，來到古代延安城的東北角太和山上修禪。他就在那塊被後人稱做尸毗岩的大岩山下修身養性。一天，空中飛來一隻大鷹，正在追捕可憐的小白鴿，一場撕殺即將發生，尸毗毫不遲疑地割下自己身上的肉，餵食餓鷹。兩隻飛禽都得救了，尸毗卻血流成河，疼痛難熬，於是跑到山間的一眼泉水去洗濯傷口，奇跡發生了：傷口不僅立時止血，而且很快大片地結了痂。兩隻鳥，其實是兩位仙人的化身，他們親眼看到了尸毗的善良和虔誠，不久就讓尸毗在山中的一個岩上坐化成佛。

爲了紀念尸毗的捨己救生精神，人們便給太和山下這座美麗的城市命名爲膚施。太和山因爲應驗了佛教要求從世俗輪迴中解脫，才可到清涼安住的理想境界去的主張，所以「清涼山」的名字漸漸傳開，太和山的舊名反倒很少提及了。山中的那口神奇的泉水，就被人叫做定痂泉。因爲泉水清冽、甘溫，延安人用它來做豆腐、熬稀飯別有一股沁人心脾的清香，因此，定痂泉遂成一個名泉。毛澤東在延安期間，也喝過定痂泉的水呢。

尸毗在養傷中，修煉之餘，常下山來到一條蜿蜒若帶的河水去洗濯筋骨，數年如一日，尸毗就此變得鶴髮童顏，精神矍鑠，這條俗稱清水的河，就此被叫做濯筋水。後來人們根據這條河的古名「奢延水」，又改稱爲延水（延河），並沿用至今。

尸毗王割肉救鴿是佛經中一個著名的故事。中國各地不少寺院、佛窟的壁畫中都有對它的描繪。遊人們若去絲綢之路上的敦煌，其中的北魏時期壁畫就有這個故事。

位於延安城西北二公里半的楊家嶺村，曾是抗日戰爭到解放戰爭時期（一九三八—一九四七年）中共中央的所在地。現在吸引著四面八方的人來這裏參觀。

就是這座不高的、如今青翠滿坡的楊家嶺，在九百年前，卻是北宋有名的愛國將領楊業率楊家軍與侵犯延安的敵人浴血奮戰的地方。《宋史》記載：「元豐四年（一〇八一年）春，夏戎黠其長，引兵擾邊，沈括經略（今富縣）延（今延安）路，率數十萬兵騎西討，……疊建武功，作《凱旋》以揚軍威。」楊家軍即在沈括麾下英勇作戰，屍陳山野，血染延水。當地老百姓爲緬懷楊家功勛，即把這裏稱做楊家嶺。

沈括在他的《夢溪筆談》中記述上述戰爭時說：「余自譜寫十曲，撰刻石上，令士卒歌之，悲壯有力，威震邊塞。」事後，這塊鐫刻有《凱旋曲》的碑石，連同其它石碑、碑樓和楊家祠堂等，成了當地群衆憑弔愛國英雄及其業績的紀念地。

沈括的《凱旋十曲》慷慨昂揚，感人肺腑，例如：「先取山西十二州，分列子將打衙頭。回看秦塞低如馬，漸見黃河直北流。」又如：「天威捲地過黃河，萬里羌人盡漢歌。莫堰橫山倒流水，從教西去作恩波。」讀來恰似陸游所說：「詩從肺腑出，出輒愁肺腑。」

可惜的是，楊家嶺上這些珍貴的歷史遺跡，在十年浩劫中幾乎全部被破壞，《凱旋碑》也被打碎，塡砌了延河堤岸。

# 萬佛洞佛知多少(延安清涼山)

清涼山上有不少名勝古跡,比如狀若蓮花的最高峰——蓮花峰;能變銅爲金的插金岩;即便漫天飛雪,也還可見到桃花飛瓣的桃花洞;入夜時,能夠欣賞「天上一個月,地上一個月」奇妙情景的「月兒井」;從一泓清水中可以看到延安城景的「水照延安」,以及石刻錯落、名人題詠衆多的詩灣,等等。其中,最負美名、最吸引遊人的要算開鑿於隋唐,大盛於兩宋,金元明清歷代都有修葺的「萬佛洞」。

中國各地有不少「千佛洞」、「萬佛洞」,它們大多是依岩壁鑿成的佛像浮雕群。僅在陝西就有彬縣的千佛洞、麟遊縣的千佛院、耀縣的萬佛寺磚塔、黃陵縣的萬佛洞、米脂縣的萬佛摩崖石窟、旬陽縣的千佛古洞,等等。遊人們一定會奇怪:爲什麼會有這樣多的千佛、萬佛洞?洞中果眞有千尊佛、萬尊菩薩?根據洞中的造像文題或碑記,可以瞭解到佛洞建造和多佛像的原因不外是:一是各地的善男信女、虔誠佛徒,往往借塑佛像以祈求平安如願,塑得越多,越可多得保佑;二是皇室豪門,或者平民百姓出家修佛,便在修煉地建寺造塔,開岩鑿洞,以供養佛祖菩薩和自身;三是當地官府和好事之士的作爲。所以千佛洞、萬佛洞便多所出現了。宋代任延安鎮守的文學家范仲淹曾在清涼山上留詩:「鑿山成石宇,鐫佛一萬尊。人世亦稀有,神功豈無存。」

清涼山萬佛洞有面積二百多平方米。石洞中央有一高臺,上供有新近重塑的三尊佛祖,四壁及四根屏柱上則雕滿了神態各異的大小佛像,其中有釋迦牟尼涅槃、衆弟子圍棺送行的場面,更多的是一些極其世俗化、人間化的造像。原來,各地寺院,特別是佛洞、石窟,那些林林總總的佛像內容可以歸納爲四個方面:一、本生故事(佛祖,尤是釋迦牟尼的「前生」故事,稱爲「佛本生經」);二、經變(佛經的形象演義,即經變故事);三、尊像(這是大量的。多是虛幻世界中的神仙、神話人物);四、供養人像(數量也不少,即社會各階層崇佛信徒的自塑像)。隨著社會風氣的影響和佛徒的增多,佛洞裏佛像的增加,就完全可以理解了。如果遊人在觀賞清涼山萬佛洞時,可以分辨哪是眞佛,哪是供養人像,哪是寄希望於冥冥中的理想人物,哪是現實生活中活生生的形象,不是一樁很有趣的活動麼?

清涼山上第三號石窟洞前,經常是人頭攢動。原來這裏是老少都喜歡的彌勒佛石洞。石窟門口有一幅瀟灑行書寫就的對聯:「大肚能容,容天下難容之事;開口便笑,笑世上可笑之人。」在還沒有看到彌勒佛眞容之前，讀到這樣一副對仗工整、通俗易懂，卻又名實頗符意味無窮的對子，教人如何不喜歡洞裏的「歡樂佛」呢？

這個石窟不大，四壁雖也雕有不少佛像，但人們的視線和情緒總被這個仰坐在蓮臺上、胖胖的彌勒佛所牽引。在觀看了幾乎一律莊嚴、肅穆、智慧化身的種種佛像後，驟然碰見這麼一位大肚子、敞胸露懷、姿勢優美，表情又十分生動的佛，不由使人心旌飄動，感情熱烈了。他那滿面的笑容，可掬的神態，似乎可以覺得笑聲就要噴發出來。誰要站在他的跟前，誰都想跟著他一起笑一笑。而當你再回想剛才讀過的對聯時，你就會開懷大笑了。

細心的遊人會想，這尊佛爲何這般心廣體胖？他能承擔「普渡衆生」的重任麼？一查佛經，果然不是經典中人。佛經記述，彌勒佛是一個頭戴五福冠，身披袈裟，面容端莊，立身合十的印度僧人。由於他得道精深，頗諳佛門眞諦，而被確立爲釋迦牟尼的接班人，所以，彌勒佛又稱「未來世佛」，是佛門三世佛之一。

今天，遊人們看到的大肚彌勒，原來是個中國和尚。相傳唐末五代時，浙江奉化地區有個雲水僧，因爲常是袒胸露懷，豁達不羈，又行蹤不定，串遊四方，加上那副終日嘻嘻哈哈背揹百布袋的古怪模樣，十分引人注意，人們稱他爲「布袋和尚」。不久，他來到岳林寺，在反復誦念「彌勒眞彌勒，分身千百億；時時示時人，時人自不識」之後，就圓寂了。胖和尚一死，人們聯繫他的所作所爲，以爲他大概就是彌勒化身，經人倡導，就在寺院裏塑起以他爲模特兒的未來世佛像，隨著佛教的傳播，大肚彌勒也就傳遍中國的五湖四海。這尊打著鮮明的中國印記的佛像，正是中外文化融合的極好證明。

## 寶塔山二三事（延安嘉嶺山）

從延安以南七里處的杜甫川驅車進城，不久就可遠遠望見高聳雲端的一座玲瓏古塔，這就是延安的象徵——寶塔山上的寶塔。

寶塔山是延安山城最爲高峻的地方。它古稱嘉嶺山，隋代時曾一度改名豐林山。據《延安府志》記載，范仲淹作爲延州鎮守，曾在這山上築寨紮營，備戰固守，防止西夏的南侵。傳說范仲淹對人講，此山秀美有靈，好似頂天立地的華夏民族一樣，出於對祖國山河的鍾愛，他便在半山坡的岩石上親自書寫了蒼勁有力的「嘉嶺山」三個大字，至今遊人們還可看到這個題字。

嘉嶺山頂上，屹立著一座九層唐塔。從塔門上鐫刻的「俯視紅塵」、「高超碧落」字樣，可以知道它是屬於佛門建築。因爲歷來多次毀壞，唐塔原來的風貌已不多有，

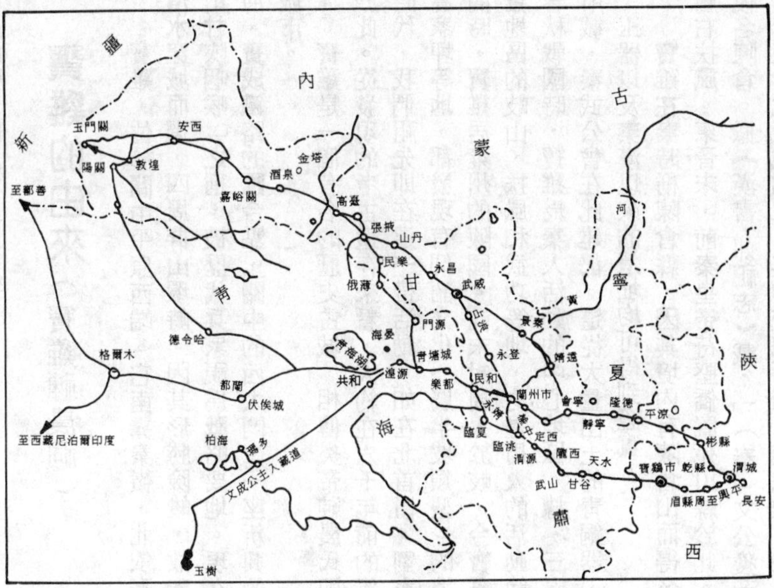


## 絲綢之路遊覽區

今天看到的樣子，完全是清代的風格。這座八角樓閣式的寶塔內設有樓梯，遊人可以緣梯而上至頂層，延安市景便盡收眼底。寶塔將寶塔山公園襯托得更加質樸優美，是遊人們樂道的一個去處。

在寶塔裏原懸掛有一口金代的鑄鐘，現已不復存在。在塔旁人們可以看到另一口大鐵鐘，它是明代崇禎年間鑄造的。鐘的上端，有精美的佛教常用的蓮花紋飾，下部則是道教的八卦圖飾，這種亦佛亦道的圖案設計，配在古鐘上，確是引起了遊人們很大的好奇和興趣。

原來，這正是中國佛道合一的一個物證。在中國道教初興之時，也是佛學從西域傳入之日。佛教初入中國，在許多方面即與道教名稱相通，甚至佛教當初，就叫做「浮屠道」，在將天竺文譯爲漢字時，不能不利用道家的一些字義和名字。在佛教興盛之後，反過來，道教卻多模仿佛教。當然，爲了爭奪信徒和社會地位，二教也不斷發生矛盾鬥爭。但是，恰恰在長期的矛盾鬥爭中，二教互相滲透和融合。自唐宋以後，佛道就處處出現「合一」的情況，於是，寺院宮觀中常有菩薩、神仙合坐一堂，建築式樣或圖案紋飾亦佛亦道，正如人們在寶塔上看到這口鐵鐘一樣。

這口鐵鐘在抗戰時期，還爲革命做了不少貢獻。由於它位在延安最高處的寶塔山，每當有敵情，這口鐘就用它渾厚的聲音向全城人民報警。

## 寶雞的由來（寶雞神農祠）

寶雞，位於關中平原西端。它南靠秦嶺，北依高原，渭水穿城而過，四周群山環峙。因其形勝險峻，故素有「川甘陝咽喉」之稱，被歷代兵家視爲戰略要地。現在是隴海、寶成鐵路的匯合點，關中的西大門，一座新興的工業城市。

寶雞是一個有名的歷史古城，相傳炎帝神農氏即誕生於此。從發現的考古遺存來看，大約在六千年前的新石器時代，我們祖先即在這一帶活動。如在北首嶺、劉家崖、高家坪等地，都發現有仰韶文化（屬半坡類型）的遺址。商時，寶雞居雍州的陳國。商末封周人於岐，今寶雞及寶雞地區的岐山、扶風和武功等地，均是周人的活動範圍。春秋戰國時，寶雞爲秦人活動的中心地區。據《三秦記》所載，秦武公曾在此建都。這從大量出土的青銅器、陶器、玉器以及秦漢以來的遺址均可得到證實。

寶雞在秦時稱陳倉縣，因其境內有陳倉山而得名。漢屬右扶風。東晉末，前秦皇帝苻堅僑置苑川縣於此。西魏復名陳倉。據《漢書·郊祀志》載：「（秦）文公獲若石雲，於陳倉北阪城祠之。其神或歲不至，或歲數。來也常以夜，光輝若流星，從東方來，集於祠城，若雄雉，其聲殷殷云，野鷄夜鳴。」因爲這個緣故，唐肅宗至德二年改陳倉爲寶雞，其名遂沿襲至今。

距寶雞市南五公里處，在鬱鬱葱葱的秦嶺山麓，坐落著炎帝神農的祠廟。這裏依山臨水，景色秀美幽麗。

祠內正殿上塑有神農氏像。東西有配殿、龍王殿，兩邊有鐘亭、魁星亭，祠外有一泉名九龍泉。

神農氏是傳說中的上古帝王，即「三皇五帝」中的「三皇」之一。實際上則是我國氏族社會的部落酋長或部落聯盟的領袖。晉人皇甫謐《帝王世紀》云：「神農氏，姜姓也。母曰任姒，有蟜氏女，登爲少典妃，遊華陽，有神龍首，感生炎帝。人身牛首，長於姜水。有聖德，以火德王，故號炎帝。初都陳，又徙魯。」神農祠在今寶雞姜城鄉峪家村內，寶雞又屬於古代雍州的陳國，這和史書上的「長於姜水」、「初都陳」是吻合的。

晉干寶《搜神記》云：「神農以赭鞭鞭百草，盡知其平、毒、寒、溫之性，臭味所主，以播百穀，故天下號神農也。」又《淮南子·修務訓》云：「神農嘗百草之滋味，一日而遇七十毒。」可知，傳說中的神農氏一身兼爲農耕之祖與醫藥之祖。這標誌著人類社會已由原始的漁獵時期進入到農耕時期。在農業知識提高的同時，人們對於可用作醫療的各種草木的認識，也有了相應的發展。從寶雞一帶發現的新石器的遺存來看，當時的先民主要從事農業，兼做漁獵和採集。關於神農氏的各種奇異的傳說，正好是創造了我國燦爛的古代文明的先民們認識自然、改造自然的勞動生活的折射。神農是我們勤勞勇敢而又聰明智慧的祖先群體的集中代表，是他們意志與力量的化身。

神農祠後的九龍泉，相傳神農生後其母曾把它放在泉內沐浴，後人遂於此修祠紀念。

## 「渭濱隱釣叟，周室肱股臣」

（寶雞虢鎮）

出寶雞市東行約六十里，經虢鎮過渭河，就會來到秦嶺腳下一個環境清幽的峪口，有名的磻溪河從山間流出。沿溝入谷，但見古柏參天，奇峰峙聳，流水清澈，潺潺而鳴。溪流中怪石嶙峋，水邊有一巨大岩石，上有雙膝跽坐痕跡，傳爲姜子牙釣魚時所留。這就是有名的釣魚臺。

姜子牙是一個富有神話色彩的歷史人物。姜姓，名尙，字子牙，因其祖封於呂，故曰呂尙。他的故事在民間流傳甚廣，是中國古代窮困潦倒的賢士幸得明主的典型。姜子牙爲東海徐州人。據《戰國策》等史書所載，他曾因家境貧窮爲妻所逐，「嘗屠牛於朝歌，賣飯於孟津」，經常爲糊口奔波，境遇坎坷。當時紂王暴虐無道，民心傾向政治賢明的西伯。姜尙仰慕文王強國富民的政策，於是出朝歌，入潼關，來到距文王駐地岐山七十里的山間鄉野，「隱於釣」。這個地方就是後來人們所稱的釣魚臺。《史記·齊太公世家》詳細地記載了這個爲人們所熟知的故事：「呂尙蓋嘗貧困，年老矣，以漁釣奸周西伯。西伯將出獵，卜之，曰：『所獲非龍非彨，非虎非羆，所獲霸王之輔。』於是周西伯獵，果遇太公於渭之陽，與語大說，曰：『自吾先君。』太公曰：『當有聖人適周，周以興。』『子眞是邪？吾太公望子久矣！』故號之曰『太公望』，載與俱歸，立爲師。」這位指揮了著名的牧野之戰，協助武王完成了滅商大業，當時叱咤風雲、功勛卓著的著名將領，對周族的興起和周王朝的建立做出了不朽的貢獻。史書記事雖有迷信色彩，但出土的西周甲骨H一一：四八「王其（乎）丝用既吉渭漁」的記載，完全證明了這個故事的眞實性。

姜子牙垂釣的磻溪河，也叫伐魚河。它源於秦嶺，流入渭河。因而《史記·正義》引《說苑》云：「呂望年七十，釣於渭渚。」水旁，姜子牙垂釣跽坐的大石，稱爲「釣臺」。堅硬的花崗石有兩條平行光滑的粗深印痕。據說子牙垂釣九年，因年深日久而磨出。所以當他爲文王輔佐天下，創建帝業時，已值八十高齡。李白曾寫詩說：「君不見，朝歌屠叟辭棘津，八十西來釣渭濱。」蘇軾「安知渭上叟，石跡留雙骭」的詩句，則敘述了姜尚小腿骨在大石上壓出痕跡的故事。

「釣臺」之下，水平如鏡。此處原稱「玆泉」，曾是一片深潭。《水經注》云：「磻溪中有泉，謂之『玆泉』，泉水潭積，自成淵渚，即太公釣處。」如今這裏清澈見底，水已很淺。有塊約兩丈高的巨石屹立河中，頂大而平，底小而尖，呈圓錐形。上刻「孕璜遺璞」四個一尺見方的大字，傳爲後人所刻。

據說姜太公釣魚時，背水而坐，魚鈎直而不曲，且離水面三尺。故民間有「姜太公釣魚——願者上鉤」的俗語。這個傳說正好說明了姜太公渴望得遇明主，想有朝一日能施展懷抱建功立業的深意。《呂氏春秋·首時》上說：「太公望，東夷之士也，欲定一士而無其主，聞文王賢，乃釣於渭以觀之。」可謂深得其心。

「釣臺」西邊有太公廟，據記載，建於唐貞觀初年，明嘉靖年間重修。廟有大殿三間，廟內塑像則在十年浩劫中丟失。廟前四棵古柏蒼翠遒勁，古意盎然，傳爲唐代所植。「釣臺」南有武吉廟。傳說武吉爲磻溪樵夫，曾拜姜尚爲師，學習兵法武藝，後爲周開國大將。廟內原陳列有傳爲武吉用過的鐵扁擔，重六十餘斤，惜亦毀。從釣魚臺北行一點五公里，在磻溪入渭處，有文王廟一座。相傳文王爲太公親自駕轅拉車至此。廟今又毀，僅留廢墟。

姜太公釣魚處歷來傳說有三：一說在河南新安城東，一說在陝西咸陽城西，再一說即寶雞磻溪。很可能是姜太公出朝歌後，一路走來，沿途垂釣的緣故。

## 金臺觀與張三豐（寶雞金臺觀）

金臺觀，在寶雞市火車站北約里許。它建於元代末年，當時名聲並不太大。明代洪武年間，遼東懿州道人張三豐雲遊至此，金臺觀遂成爲張三豐修道之所。張三豐蹤跡祕幻，莫可測識，關於他的傳奇故事在民間流傳極廣。金臺觀從此香火鼎盛，聲名日增，並從原來的小道觀，變成了金碧輝煌的大觀。

據《明史·方伎》所記，張三豐，名全一，又名君寶，號以行。他身材頎長魁偉，龜形鶴背，大耳圓目，鬚髯如戟。他無論春夏秋冬，僅穿一件千補百衲的道袍，外披一件蓑衣，不修邊幅，故人稱張邋遢。他一頓飯能吃一斗，有時卻數日一食，或數月不食。他讀書過目不忘，居無定處。傳說他一日能行千里。有人說，張三豐是金時人，元初和劉秉忠同師，後學道於鹿邑之太清宮，然而均不可考。民間傳他能祛邪醫病，以卜算命，把他看成神仙。據說張三豐還是我國太極拳的創始人，現今流行的太極拳，即由張三豐所創的太極十三式演化而來。

金臺觀的建築，原分爲三部，計有東偏、西偏和中間共八座大殿。此外前有玉皇閣，朱楹雕檻，極爲壯麗。中有古柏幾株，蒼勁挺拔，傳爲張三豐手植。金臺觀居高而築，故登觀遠眺，秦嶺渭水，歷歷在目，俯瞰市區，景物均可指數。舊時傳爲寶雞八景之一的「金閣流霞」，即對此而言。

現在，金臺觀經國家多次撥款修繕，已擴展爲寶雞市博物館。館內陳列有自原始社會起至奴隸社會的珍貴歷史文物。

## 兵家重地話天水（天水伏羲廟）

天水，是座歷史悠久的古城。它位於甘肅東部、渭河南岸。這裏東接關中，南扼巴蜀，爲川、甘、陝三省的交通咽喉，也是歷來兵家必爭的軍事重鎭。

天水的絕大部分地區處於耤河（渭河支流）流域。這裏處處都可以看到新石器時代的文化遺址。如有名的「秦公簋」，天水地區秦安縣出土的造型生動傳神的唐三彩等。這些文物的大量出土，都足以說明天水歷史的古老。傳說中的伏羲、女媧和黃帝，都出生於天水。另據史書記載，周和秦的先祖都在這一帶活動過。天水之名源於「天河注水」的傳說。相傳在漢初，有一天，在今天水市南，突然大地震動，紅光顯現，地面裂開一條大縫，其時雷電交加，天河之水遂注入其內，形成一個湖泊。《水經注》載：「上邽此城中有湖，水有白龍出，風雨隨之，故漢武帝改爲天水郡。按秦州記稱，郡前有湖，冬夏無增減，故有天水之名。」今天，我們運用科學的眼光來看問題，天水一帶地震頻繁，這個湖的出現，一定是漢初大地震的產物。

伏羲廟，坐落在天水市西關，又名太昊宮。據《秦州志》載，此廟建於明正德年間（一五〇六－一五二一年）。四百多年來，曾幾經修復，但基本上仍保持著明代的建築風格。一九六三年被列爲全省重點文物保護單位。

伏羲廟莊嚴雄偉，巍峨壯觀。廟內建築對稱整齊，殿宇亭臺布局嚴謹。屋頂均以琉璃筒版瓦裝飾，裏面雕樑畫棟，光彩奪目。殿堂亭臺之間，蒼柏古槐穿插掩映，枝葉扶疏。

殿內正中有手持八卦的伏羲氏泥塑彩繪坐像一尊。像高丈餘，濃眉長髯，赤膊跣足，樹葉蔽體，神情聰慧肅穆。後有先天殿，面闊五間，進深四間，通高十九點四米，內塑神農氏像。側有朝房、碑房、廡殿、鼓樂亭。廟東北有池，跨池有橋，池畔有亭，名「見易」。亭殿間三十七株古柏，蓊鬱蒼勁，綠蔭匝地。

黃河渭水流域是中華民族文化的發祥地。傳說古代的伏羲氏就生於渭水流域的天水一帶。伏羲即太昊，亦作宓犧、庖犧、伏犧、伏戲、庖羲、炮犧。據史書記載，伏羲母親出於華胥氏，履大跡而生伏羲。他「蛇身人首，有聖德」，觀天地之象，創造了曆法、八卦、文字，教人們結網，製造琴瑟，學習禮儀，從事漁獵農牧生產。天水市北三十里的卦臺山，相傳即爲伏羲觀天地之象，創造八卦的遺址。這個地區，蛇爲圖騰崇拜對象，出土的彩陶上繪有蛇狀圖案，從石刻、磚雕和壁畫上，也可以經常看到人首蛇身的伏羲像。當然，被奉爲中華民族始祖的伏羲氏，實際上只不過是我國古代勞動人民勤勞而智慧的化身而已。

在天水市南一公里的文峰山麓昌二溝旁的南山臺子上，有座高大雄偉的塚堆。塚前有一石碑，上刻「漢將軍李廣之墓」七個字。據說，此爲李廣的衣冠塚，葬有李廣的衣物寶劍，作爲紀念。墓前原有石馬兩匹，故此地又稱「石馬坪」。

天水因係戰略要地，故歷代屢出名將。西漢時威震匈奴的飛將軍李廣，就是一位抵禦外侮、流芳千古的民族英雄。據《史記·李將軍列傳》載，李廣，隴西成紀（今甘肅天水，原縣治約在今天水市與秦安縣之間）人。漢文帝十四年，從軍擊胡。因善騎射，屢立戰功。曾爲隴西都尉、騎郎將、驍騎都尉，歷任上郡、隴西、北地、雁門、代郡、雲中太守。他一生轉戰沙漠，歷大小七十餘戰。匈奴人聞名喪膽，稱爲「漢飛將軍」。李廣爲人「訥口少言」。他廉潔奉公，「家無餘財，終不言家產事」。他作戰勇敢，身先士卒，平時能和將士同甘共苦。帶兵時，「乏絕之處，見水，士卒不盡飲，廣不近水，士卒不盡食，廣不嘗食」。因而將士均願爲之效力。在元狩四年的一次征討匈奴中，由於大將軍衛青刁難，軍隊沒有嚮導而迷路。後李廣承擔了全部責任，因不願受辱，在憂憤中引刀自剄。

這位被司馬遷譽爲「天下無雙」的名將，戰功卓著而封賞甚微，一生潦倒而不得志。然而他的光輝業績卻永遠銘刻在人民的心裏，作爲民族英雄，千百年來，他一直受到人們的景仰和懷念。據《史記》所載，李廣死後，「一軍皆哭。百姓聞之，知與不知，無老壯皆爲垂涕」。歷代的詩詞歌賦，有許多頌揚李廣赫赫戰功的名句。如唐代詩人王昌齡的「但使龍城飛將在，不教胡馬度陰山」，高適的「君不見沙場征戰苦，至今猶憶李將軍」。天水市西關解放路李家巷曾樹牌坊，匾額上書「漢飛將軍李廣故里」，俗稱「飛將巷」，據說，李廣的家就曾住在這裏。唐「大曆十才子」之一的盧綸，在《和張僕射塞下曲》中寫道：「林暗草驚風，將軍夜引弓。平明尋白羽，沒入石稜中。」天水市西的石坊堂巷，原有「射虎寺」，即是李廣當年箭穿石虎處。凡此種種，無不說明這位抗擊異族侵略的民族英雄在人們心目中的崇高地位。

## 千年南郭寺，詩聖佳句傳

### （天水南郭寺）

出天水東南行二公里，即可看到在半山上的一座千年古剎，這就是南郭寺。寺內現存多爲清代建築，始建年月尚不可考。內有杜甫祠及塑像，匾書「滿腔孤憤」。院內還有杜甫飲過水的水井、古槐，以及兩棵三四十米高的古柏。據說，這兩棵古柏就是杜甫詩中所寫的「老樹」，唐代大將尉遲敬德還曾在樹上拴過戰馬。其年齡之老，可想而知。

杜甫在華州作司功參軍時，正值關輔饑荒，生計艱難。加之政治上失意，遠大的抱負無法實現，於是詩人在悲憤中攜家西行，寓居本家姪子杜佑所住的秦州。杜甫在秦州僅呆了三個多月，但卻爲我們留下了許多光輝的詩篇。其中《秦州雜詩二十首》對天水的名山勝跡有過出色的描寫。如描寫南郭寺的：「山頭南郭寺，水號北流泉。老樹空庭得，清渠一邑傳。秋花危石底，晚景臥鐘邊。俛仰悲身世，谿風爲颯然。」參天的老樹，穿城而過的清亮渠水，危崖下怒放的秋花，蒼茫暮色中倒臥的古鐘，爲我們編織出一幅冷艷凄清的仲秋暮景。今天的旅遊者，倘若來到南郭寺，品味一下詩聖當年留下的佳句，大概會感慨繫之的吧！

## 隴右勝境仙人崖（天水麥積鄉）

在天水縣城東南約四十公里的麥積鄉朱家後川，有座因傳有神仙出沒而得名的仙人崖。這裏千峰競秀，岩巒疊翠，景色清麗秀美。據《秦州志》載，仙人崖「突出雲表，翩然如躍，三峰參列，上峰下洞」，「松柏邃密，崖壑槎牙」，「奇絕與麥積山等」。

仙人崖原名靈應寺，由南庵、東庵和西庵組成。其殿宇全部修建於懸崖峭壁下的月牙形崖坎內，即所謂「上峰下洞」是也。崖坎爲天然形成洞穴，在山腰間的藤蘿翠蔓掩翳下，千姿百態，頗爲壯觀。後壁有泉水，甘洌清涼。南庵現殘存泥塑佛像及岩間小佛龕，據考證，爲北魏晚期所建。西庵長約九十米，深十餘米，穴內平臺上建樓閣十四座共三十六間，可容萬人。大殿內的一架大樑，被認定爲唐代遺物。西庵正殿內，懸有木刻對聯一幅：「雲聯祇樹浮金屋，香散天花滿法堂。」當年香火之鼎盛，由此足見。東庵長約七十米，深八米。東庵羅漢堂，於明永樂十四年修建，當時鑄有十八尊銅佛和六口鐘。現存三尊銅佛，鑄造精巧，很有價值。東庵左有高梯通蓮花洞，內鑿石蓮、石桌、石凳、石爐、石竈、石棋盤，有披髮仙人坐石上，傳爲劍客修煉處。兩庵之間，有瓏珠山孤峰突起。峰頂前有望雲樓，後有無量殿，旁有鐘樓，懸永樂鐵鐘一口。對面有一峰突起，山腰有南天門，上有燃燈閣。今雖已盪然無存，但「仙人送燈」的神話卻至今流傳。峰頂爲玉皇閣。這裏山勢險峻，四面絕壁。奇花異草，遍布其間，景色雋秀，使人驚嘆。

真是：仙人雖已去，勝境人間留。

## 麥垛上的精雕細刻（天水麥積山）

在離古城天水三十公里的山中，有一麥垛形的山峰。這就是聞名中外的麥積山石窟。麥積山石窟是我國著名的四大石窟之一，現存窟龕一百九十四個，內有精美石雕七百多件，泥塑六千多身，壁畫一千三百多平方米。真是一座神奇瑰麗的塑像寶庫，向有「東方雕塑館」之美譽。

麥積山一帶風景幽雅，峰巒秀麗。據《史記·秦本紀》載，遠在西元前八世紀，「（秦）文公卒，葬西山」，即爲此處。西漢末年，雄踞隴上，自立爲「朔寧王」的軍閥隗囂，也曾在此建造過避暑行宮。《方輿勝攬》記其地在今麥積崖北的雕窠峪。麥積山既是林泉勝境，又爲軍事重鎮。諸葛亮六出祁山的古戰場，馬謖失街亭的街亭古鎮，均在麥積山石窟周圍。作爲攻守險隘，可謂史不乏載。

隨著絲綢之路的開拓，佛教藝術不斷傳入我國。由於鑿龕造像之風日盛，麥積山遂成爲「青雲之半，峭壁之間，鐫石成佛，萬龕千窟」的佛教勝地。據有關碑碣記，麥積山石窟的開鑿始於十六國後秦時期，又經西秦、北魏、西魏、北周、隋、唐、宋、明、清十幾個朝代的不斷開鑿、重修，於是才成爲今天中外聞名的塑像寶庫。

麥積山的龕窟大都開鑿在二十至三十米、七十至八十米高的懸崖峭壁間。龕窟間有十二層棧道凌空相連，各洞窟層層相疊。錯落有致，密如蜂房。西元七三四年的一次大地震，使崖壁中部塌毀，整個窟群被分爲東西兩部分。東崖現存洞窟五十四個，其中以涅槃窟、千佛廊、散花樓上七佛閣爲最精美。涅槃窟爲北魏晚期造，整個屋脊、屋檐由四根石柱支撐。柱頭的「火焰寶珠」浮雕和柱身的蓮瓣浮雕，構思巧妙，是研究我國石窟寺建築的珍品。在長三十二米的千佛廊裏，可以看到分兩層排列著的二百五十八尊泥塑佛像，他們氣韻生動，神情各異。在離地面五十米高處的崖壁上，有一座七間八柱的巨型殿堂。這就是有名的散花樓上七佛閣。它雄偉壯麗，雕鑿精細，爲麥積山最顯赫的石窟之一，係北周時秦州大都督李允信爲其亡父所開。每一佛龕內，有一佛八菩薩，或一佛二弟子六菩薩塑像。柱廊兩側，各有四米多高的金剛力士一名。上部兩龕內，分別作文殊師利菩薩和維摩詰居士，並各有侍從弟子和菩薩四身。每間上端壁間，繪有飛天仙女。她們衣帶飄拂，儀態萬方。牛兒堂裏，最引人注目的，是一位孔武有力的天王雙腳踩在一隻「金蹄銀角」的牛犢身上。其牛昂首而臥，勢欲躍起，形象極爲生動。

山勢峻峭的西崖，有洞窟一百四十個，其中以萬佛堂、天堂洞等最有價值。萬佛堂爲北魏晚期開鑿，五代、宋、元重修，是麥積山石窟造像最多、最豐富的一個石窟。五代人所撰《玉堂閒話》中說：「將及絕頂，有萬菩薩堂，鑿石而成，廣若今之大殿。其雕欒畫拱，繡棟雲楣，並就石而成，萬軀菩薩，列於一堂。」整個洞窟，橫寬十四點九米，進深十三米，通高五點九米。一進門，迎面就是二尊三米多高的接引佛，姿勢優美，逼眞傳神，不失爲宋代佳作。據統計，窟內現存泥塑三十餘件，造像碑十八塊，計刻各種佛、飛天、弟子等三千四百餘身。其中第九龕內的阿難像與第八龕內的交腳菩薩像最爲生動。第十六號造像碑中間的說法圖精妙無雙。在西崖最高處東端，棧道的頂點，就是麥積山規模最大而又有代表性的洞窟之一——天堂洞。其正壁平列三淺龕，左右壁各開一龕。窟內全係北魏晚期的大型石刻造像，線條流暢，造型挺秀，顯得雄渾有力。其它各窟的雕塑，也無不精美奇異，瑰麗多姿。暢遊麥積山石窟，你一定會被我國古代勞動人民精湛的藝術創造所震懾！你會發現，這些散發著宗教氣息的泥塑、石雕和壁畫，不管是多麼古樸生動，多麼端莊秀麗，多麼慈祥和藹，多麼威嚴肅穆，無一不抒發著人間的情趣。儘管置身佛林，你一定會更加熱愛人間的現實生活。

「麥積煙雨」，素稱秦州十景之首。今天，絢麗多姿的麥積山石窟，神奇清幽的仙人崖，拔地而起的石門，灣灣有致的曲江，已形成一個奇絕景色與名勝古跡相互襯托的著名旅遊勝地。

## 清眞的世界（寧夏清眞寺）

舉世聞名的絲綢之路從長安開始，過了咸陽，便分兩路而行。一是沿渭河西行，越陝西的隴山，進入甘肅的天水地區，直達河西走廊。二是向西北方向，經乾縣、彬縣，取道渭北高原，進入甘肅寧夏的平涼、固原，再折向河西走廊。

絲綢之路一到甘寧區段，特別是在寧夏境內，有一個別開生面的景象：大部分城鎮，都有規模不一的清眞寺。它們中間既有阿拉伯或中亞那種圓頂、尖塔的異域風格，也有中國傳統的殿宇式、四合院爲主的樣式，這就是中國唯一的省級回族自治區，向人們展現出一種獨特的人文景觀。

回族，又稱回回族，是十三世紀以來，一部分波斯人、中亞細亞人和阿拉伯人沿著通暢的絲綢之路遷入中國，與漢、維吾爾、蒙古等族人民長期相處過程中形成的一支少數民族。他們信奉七世紀初由穆罕默德創立的伊斯蘭教。

據史料載，自從漢代張騫（?——一一四年）出使西域，開創了著名的絲綢之路後，西域乃至中亞、阿拉伯一帶的人便陸續東來，他們主要是與中國進行經濟貿易。到了唐代，由於交通線的通暢，到中國的使節和商人日漸增多，幾乎絡繹不絕。據《資治通鑑》記載，當時僅留居京城長安一地的外商就達四千多戶，其中以阿拉伯和波斯商人爲多，以至唐王室不得不特設一個專門的管理機構：「互市監」。這衆多的外國人的生活習俗和宗教信仰與中國很不相同。因此，在城市中，他們多聚居一地，時稱「蕃坊」。至今西北地區的回族人民，稱他們的家鄉爲「坊里」，「坊上」，其來源就在於此。在坊間，篤信伊斯蘭教的穆斯林往往修築禮拜寺及墓地，「坊」也就圍繞禮拜寺墓地而逐漸發展擴大。由於長期的雜居，這些外國人和外來的宗教難免不對中國人發生影響，加之中國歷代統治者的禮遇和容納、尊重態度，波斯、阿拉伯等國人民，漸漸與中國人發生婚姻及其它社會關係。到了宋代，這種通婚狀況更加突出，不僅民間習以爲常。甚至達官貴族中也不時出現。穆斯林創設了自己的「蕃學」，也學習中國傳統的「四書五經」，而且赴舉應試，有的就此成爲官吏和小有名氣的文人。元代，成吉思汗及其子孫先遠征歐洲，吞併中亞，後揮師中原，建立了一個橫跨歐亞大陸的龐大蒙古汗國。由於蒙古汗國的建立，中國西部和北部邊界實際處於開放狀態，中亞、阿拉伯一帶的穆斯林由此大量入華，成爲中國歷史上的一個高潮。隨著進一步的雜居、通婚和滲透交往，從而揭開了中國回族形成的序幕。

爲了進行宗教活動，中國各地，伊斯蘭教教徒聚居較集中的地區，普遍修建禮拜寺。因爲中國傳統儒教的影響，中國的伊斯蘭教教徒在解釋教義時不免出現「漢化」現象，一如漢化佛教那樣。他們用「清淨無染」，「眞乃獨一」和「眞主原有獨尊，謂之清眞」等來稱頌崇奉的眞主安拉。所以，在中國，伊斯蘭教就使用清眞教的名稱，禮拜寺也就叫做清眞寺。明時，中國稱阿拉伯爲「天方」，因此，創於阿拉伯的伊斯蘭教又有「天方教」的別稱，又因爲該教在中國人數最多的少數民族——回族中廣爲傳布，所以，還有「回教」、「回回教」的稱法。伊斯蘭教教徒都視自己爲眞主安拉的子民，阿拉伯語稱之爲穆斯林，這一叫法也就成爲伊斯蘭教徒的通稱。

在寧夏各地都有大量的穆斯林，所以，清眞寺非常普遍，小到一個村子、一個市鎮都有醒目的清眞寺建築，令絲綢之路旅遊者嘆爲觀止。

任何清眞寺，無論規模大小，主要建築有禮拜殿、沐浴室和講學處。由於漢化的結果，各地清眞寺採用中國傳統的建築格局較多。較完備的建築群是大門前置左龍右虎，居中爲山門殿，門前有照壁。照壁之後即廂堂比列，樓閣對起，碑亭逢峙，五脊六獸，畫棟雕樑，紋檐綑柱，刻楹塗壁，懸匾、掛聯、爐鼎等物臚置殿庭。它們鮮明地體現出中國的伊斯蘭教在宗教建築形式上有別於阿拉伯世界以及伊斯蘭教文化覆蓋的其它國家和地區的獨特風格。參觀清眞寺，可以看到與佛教寺廟、基督教教堂全然不同的一個特點：沒有任何供信徒禮拜的聖像、偶像。原來，伊斯蘭教是反對偶像崇拜的，「但有膜拜而無供養」。

## 無中生有的須彌山（固原須彌山）

絲綢之路寧夏段貫穿寧夏回族自治區南端的固原地區。在固原縣西北六十公里處，有一個可與敦煌、雲岡、龍門石窟比美的須彌山石窟。這座猶如沙漠中綠洲的大型藝術造像石窟，周圍是漫無邊際的黃土山，只有須彌山蒼翠有生氣，形成當地一大奇觀，明代時曾稱「須彌松濤」爲固原八景之一。

須彌山，這個名稱是從佛教典籍中借用過來的。須彌，是梵文的不確切音譯的略稱，意譯有「妙高」的意思。須彌山在古印度神話中，是一座非常有名且又重要的山巒。它被認爲是人類世界的中心，是大千世界的中心。佛教經典說，宇宙中日月披照的東南西北四方天下爲一小世界，一千個小世界合爲一個小千世界，一千個小千世界合爲一中千世界，一千個中千世界合爲大千世界，佛祖釋迦牟尼就在這大千世界傳道教化。作爲大千世界的須彌山，又層層布立著層次不同的「三界」——慾界、色界、無色界。世上的衆生通過佛教的修煉，有可能在大千世界漸次進入三界中的不同「重天」。據說，佛就住在須彌山頂，菩薩住處要低一層，赫赫有名保衛各方天下的「四大天王」（四大金剛）和他的眷屬、近侍、隨從以及信徒則住在山腰一帶。因此，在神話傳說中須彌山是一座高大無比，佛陀聚居，日月環繞的神山。

想不到在固原這個方圓不到五里、地圖上找不到的一座松濤滾滾的小山，竟然也以「須彌」名之。這大概是敦煌莫高窟、甘肅永靖縣的炳靈寺和麥積山石窟這些絲綢之路中著名的佛教勝地出現之後，在這個由河西走廊到中原的又一重要通道上，開鑿佛教石窟，應該使之更有影響、更具氣氛而採取的一種辦法。

須彌山石窟也確實可稱爲中國佛教石刻藝術的瑰寶之

一。它不僅由於須彌山寺保存有很多關於石窟建築、開鑿的題記、碑文，是人們研究中國石窟藝術形成和發展的寶貴資料，而且，數十個石窟大多保存較爲完整，是一份難得的佛教藝術遺產。在須彌山石窟中最爲有名的是公路北邊懸崖上的第二窟。這裏有比雲岡十九窟大坐佛和龍門最大的奉先寺盧舍那佛還要高大威儀的釋迦牟尼像。坐佛造像高二十五米，他的耳朵有二個成人高，眼窩中據說可以站立一人。這座具有初唐風格的雄偉佛像，原先是在一所高大的木構窟檐的大佛樓裏，後來樓房崩塌，才不得已過起「風餐露宿」的生活。

在五峰並舉、山形變幻的須彌山間，布列著大大小小幾十座精美的頗具異趣的佛像石窟。這些開鑿於北魏前後，定形於隋唐的石窟群，向人們展現了幾乎整個佛教世界。由於古代石刻工匠的現實主義藝術手法，石窟裏形形色色的佛像都是南北朝隋唐時代人物的眞實寫照，比如世故深沉的老迦葉，天眞無邪的少阿難，魁偉勇武的四大天王，勇猛剛健的力士金剛，特別是許多婀娜多姿、端莊美麗的菩薩脅侍，令人想起唐代一度很熱鬧的「宮女如菩薩」還是「菩薩如宮女」的爭論。

## 鹿攀山上高峯（固原六盤山）

在固原縣的西南，有一座南北綿延數千里，主峰海拔二千九百多米的巍峨山嶺，這便是二萬五千里長征中，中國工農紅軍翻越的最後一座大山——六盤山。

峻險雄壯的六盤山自古以來就是兵家的必爭之地。在這裏，可以追尋到唐代的「六盤關寨」遺跡，可以聽到宋名將韓琦，軍事家又是文學家的范仲淹，以及楊六郎把守三關口的一些歷史故事。「只識彎弓射大雕」的成吉思汗在征伐西夏中，途經此地，爲優美景色所吸引，而就地築宮避暑，後來客死於六盤山。元世祖忽必烈也曾在這裏置兵屯田。明洪武二年（一三六九年），朱元璋的肱股、中山王徐達就在這裏大破元兵，完成了西北邊地的平復。所以，古詩中有「峰高太華三千丈，險據秦關二百重」的句子，正是對六盤山的戰略地位的很好概括。

六盤山，顧名思義，是山嶺盤曲有致，要經過六重盤道才能達到頂端。其實，山道多曲折是眞的，「六」只是一種概數而已。古時，它名叫「絡盤道」，正是這座山的形象稱法。當地人還會告訴這樣一個優美的故事：傳說古時六盤山腳下，有一寺廟，就是今天還在的那個和尚鋪。一位老僧經過長年幽居生活，很想看看這座滿是松柏青竹的山那邊的模樣，可是，上山卻沒有路，連羊腸小道都沒有。一天，老僧去寺外溪邊，碰到一匹飲水的鹿。梅花鹿朝老僧點頭示意，便朝山上走去。老和尚感悟到會有什麼發現，於是尾隨梅花鹿，不久竟然登攀上了山峰，看到了一片世外桃園。老和尚的發現，令人們驚喜，從此「鹿攀山」之名便流傳開去。當地人「鹿」、「六」不分，加上山嶺逶迤盤曲，久之就變成「六盤山」了。細心的遊客會發現，這一帶人民自古以來十分善於形象地命名自然景物，特別是對山巒丘陵，如狀若盤龍的叫「盤龍山」，狀如衣襟的稱「襟山」，峰巔秀麗迴出群山以爲有狀元氣的就爲「狀元峰」，以及「象山」、「龜山」、「筆架山」、「旗山」、「鼓山」、「鳳山」、「跑馬嶺」等等。

六盤山的出名，倒不全是因爲那個美麗的傳說故事。還因爲毛澤東率領中國工農紅軍在即將完成舉世驚佩的萬里長征之際，寫下的激揚文字：《清平樂·六盤山》——「天高雲淡，望斷南飛雁，不到長城非好漢，屈指行程二萬。六盤山上高峰，紅旗漫捲西風，今日長纓在手，何時縛住蒼龍？」這首詞在一九五七年發表，六十年代時，毛澤東應寧夏同志囑書，揮毫書寫了這首詞，不久，便被鐫刻在石碑上，豎立在六盤山上的公路旁，成爲中國革命鬥爭中一段光輝歷史的見證和紀念。

## 蘭州名勝地，共說五泉山

### （蘭州五泉山）

蘭州古稱金城，距今有二千多年歷史。秦代其地屬隴西郡。漢昭帝始元六年（西元前八一年）置金城郡，郡治在允吾（今甘肅永靖縣西北湟水南岸），而在今蘭州市西北黃河南岸的西固區建金城縣。關於金城的取名，《漢書·地理志》應劭注曰：「初築城得金，故曰金城。」臣瓚注曰：「稱金，取其堅固也，故墨子曰『雖金城湯池』。」師古曰：「瓚說是也。」一云，以郡在京城之西，故謂金城。金，西方之行。」蘭州南北有皋蘭山、鳳凰山拱衛，天險黃河東西流貫，實爲形勝之地，兵家必爭，故臣瓚之說較爲合理。隋開皇三年（五八三年），因其地有皋蘭山而改名蘭州。隋大業三年（六〇七年）改置金城郡。唐武德二年改置蘭州，天寶元年又改金城郡，乾元元年仍改蘭州，寶應後廢。宋元豐四年復置。明洪武初降爲蘭縣，成化十四年又升蘭州。清乾隆初升爲蘭州府。

蘭州有著悠久的歷史。蘭州附近黃河沿岸的甘肅仰韶文化，標誌著我們的祖先很早就在這塊古老的土地上生息、繁衍。作爲絲綢之路上的一個通津要邑，蘭州對溝通古代中原和亞、非、歐各國人民的友好交往，也起了極其巨大的作用。

五泉山在蘭州市南皋蘭山的北麓，爲蘭州著名風景區。這裏景色淸幽，林木蔽天，曲徑長廊，依山攀繞，殿宇樓閣，金碧輝煌，一路遊來，使人心曠神怡，超然物外。

五泉山因山上有甘露、掬月、摸子、惠、蒙五泉而得名。史載，元狩三年（西元前一二〇年）春，驃騎將軍霍去病「將萬騎出隴西」，與匈奴鏖戰皋蘭山下。相傳，時値酷暑，士卒疲渴難耐，霍一急之下，以鞭抽地，遂有五眼泉水湧出。甘露泉在文昌宮西，大旱不乾，久雨不淫淸泉汩汩不絕，飲之有如甘露。掬月泉在文昌宮東，寬約尺許，深約五尺，其形如井。三五之夜，月上中天，影投泉心，如掬月盤中，故名。摸子泉在曠觀樓下摸子洞中。據說求子者在水中摸著石頭得男，即「弄璋之喜」，摸著瓦片得女，即「弄瓦之喜」。這種迷信行爲曾被號稱爲五泉山人的劉爾炘譏諷爲：「糊糊塗塗，將佛腳抱來，求爲父母；明明白白，把石頭拿去，說是兒孫。」蒙泉在東龍口下，上爲千佛閣。但見一掛瀑布從凌空的懸崖上瀉下，墜入亂石叢中，水珠紛紛揚揚，在草坡前匯爲一片明鏡。這就是「金城十景」之一的「龍泉瀑布」。蒙爲六十四卦之一，坎上艮下，坎爲水，艮爲山，含山下有險之意。惠泉在西龍口下企橋南端，水淸見底，淸冽甘美，宜於烹茶。小憩於此，一杯香茗，別有趣味。

進入山門，沿中路拾級而上，可看到建於明洪武年間的五泉山的崇慶寺，又名浚源寺。居高臨下的金剛殿氣勢宏偉。殿內有銅接引佛一尊，爲明洪武三年（一三七〇年）鑄造，高約五米，身圍二點七米，重約二萬斤。他左手托鉢，右手微伸，作「接引勢」，神情凝重安祥，引人遐想，造型優美生動，巧奪天工。出寺後院的大雄殿，可到萬源閣。閣東新建的鐘亭內懸掛有金代章宗泰和二年（一二〇二年）鑄造的鐵鐘。鐘高三米，徑二米，重萬斤。泰和鐵鐘原懸於普照寺（蘭園舊址）鐘鼓樓，「古刹晨鐘」爲金城十景之一。這兩件文物現並列爲省重點保護文物。

從萬源閣登上靑雲梯石階，西邊有武侯祠，與太昊宮相連。南上可至文昌宮，與從東龍口和西龍口兩條上山的路徑匯合。從這裏西望，只見嘛尼寺、半月亭、太昊宮、酒仙祠、五泉洞天等建築物懸樓疊閣，飛檐紅柱，錯落有致地掩映在被綠蔭遮蔽的西谷。而整個東谷則泉聲潺湲，池波灩灩，曲徑長廊，盤遊山間，楊柳搖曳生姿，山花爛漫似錦。這爲臥佛殿、地藏寺、八卦臺、子午臺等古樸的建築增添了稍許的嫵媚。從文昌宮門外繼續攀登，可到山中最高處三教洞。由三教洞東去，即達依峭壁而建的千佛閣。在這裏憑欄遠望，古城景色盡收眼底。

五泉山的開闢始於漢代，解放後建成爲公園，當年董必武遊山時，曾賦詩道：「蘭州名勝地，共說五泉山。近市塵囂遠，多龕香火慳。溪流隨小徑，嶺色壓雄關。清景難爲狀，看雲獨樹間。」爲我們描繪出了五泉山美麗奇絕的景色。

## 白塔盤空擎天立（蘭州白塔山）

白塔山，位於蘭州市黃河北岸，和五泉山隔河而對。這裏，滔滔黃河滾滾東流，南北二山高峻雄峙，形勢極其險要。白塔山與黃河相去不及百米，通道狹窄。古代即在山腳下修建了金城關，使之成爲絲綢之路通往西域的咽喉要卡、險峻難攻的軍事要塞。坐落在一千七百多米高的山坡上的白塔山公園，結構別致，景色宜人。一過黃河鐵橋，三層別具一格的古式建築群即迎面聳立，第一臺建築群有壁柱雕刻精美的大廳、飛檐斗拱交錯相疊的重檐四角亭、檐角高翹如翼的八角亭。二臺廣場的南側，有層層上疊挺拔高大的對立式牌廈。磚木結構的三臺大廳氣勢雄偉，門窗沿角的磚雕，造型極爲生動。這三大建築群由對稱的石階、石壁、亭臺、迴廊連爲一體，上通下達，層次分明，顯得古樸而又秀麗。

從三臺建築群東側上山，一路可看到的古代建築有「鳳林香襲」牌坊、依山而建的羅漢殿、三星殿等。

白塔寺爲山上最早建築，始建於元代。白塔山即以寺內白塔而得名。據載，元太祖成吉思汗在統一大元帝國的疆域時，曾致書西藏喇嘛教的薩迦派法王。法王即派一著名喇嘛去蒙古謁見成吉思汗。該喇嘛途經蘭州時不幸病逝，於是，元朝下令修塔紀念。元代所修白塔今已不存，現存白塔爲明景泰年間（一四五〇—一四五六年）鎮守甘肅內監劉永成在舊址上重建。清康熙五十四年（一七一五年），巡撫綽奇擴其舊制，名爲慈恩寺。寺內白塔形制奇特，下部圓形，有早期印度佛塔特徵，上部七級八面，完全是中國化的樓閣式，各面均雕佛像，檐角懸有風鈴。這是我國境內不可多得的過渡形式的塔。

寺內最著名文物爲岣嶁碑，又稱禹王碑。據傳此碑是一次打雷時從天上落到湖南的，原在湖南衡陽市北的岣嶁山上，故又稱霹靂石。石上字體怪異難辨，若太古篆文，後人遂附會爲大禹治水時之物。宋嘉定五年（一二一二年），何玫摹刻於岳麓書院。清咸豐十一年（一八六一年），酒泉郡侯建功摹刻於蘭州，碑高九尺，寬三尺，上刻古篆字七十七個，此碑原立於金山寺禹王廟，廟宇塌毀後，移立於白塔山的最高建築、北端山頭的牡丹亭內，後又改立於白塔寺內。此外，寺內尚有清康熙五十七年（一七一八年）鑄造的青銅鐘一幢，重一百五十三公斤，造型優美，聲音洪亮。

白塔山的西北，林木葱蘢，峰巒突兀。朝陽山、五星山、冠雲山、環翠山，嵯峨環擁，秀美多姿，爲盛夏納涼的佳境。

「白塔層巒」爲蘭州八景之一。現在，白塔山正以其丰神秀姿迎接著越來越多的中外遊客。

## 天下黃河第一橋（蘭州黃河鐵橋）

到蘭州就不能不看黃河，而要看黃河，少不了就得看黃河鐵橋。由於這裏地處高原，黃河水深流急，灘險浪高，千百年來，只能靠羊皮筏子和小木船擺渡。蘭州在古代爲絲綢之路必經之途，又是控扼河西走廊、寧夏、青海的交通要塞。所以，明太祖朱元璋統一全國後，即派大將軍馮勝、守禦指揮僉事趙洋於洪武五年（一三七二年）在城西七里處架設浮橋，取名「鎮遠橋」。洪武九年（一三〇六年）古浮橋移於城西約十里處。衛國公鄧愈命人在黃河兩岸打下四根大鐵椿，中懸六條一百二十丈長的粗鐵索，把二十四隻大船並排串連走來，上面鋪以木板。洪武十八年（一三八五年），蘭州衛指揮僉事楊廉又移浮橋於城北白塔山下。這種浮橋有一定的季節性，秋季河水暴漲或冬季河面冰凍時均須拆除。在甘肅省博物館的大院裏，曾保存過當年大將軍馮勝和衛國公鄧愈修浮橋時用過的一根鐵椿。鐵椿長五點六米，下粗上細，重十餘噸。上鑄銘文曰：「洪武九年，歲次丙辰，八月吉日，總兵官衛國公建斯柱於浮均橋之南，繫鐵纜壹佰貳拾丈。」爲供遊人觀覽，這根「將軍柱」已於一九八三年被重新豎在黃河鐵橋附近的岸邊。

清光緒三十二年（一九〇六年），在甘肅總督允升和省洋務總辦彭英甲的主持下，由德商泰來洋行駐天津經理喀佑斯承包，美國人滿應本及德國人德羅作技術指導，開始了鐵橋修建工程。橋長七十丈，寬二丈二尺四寸，橋下設四墩，下用水泥鐵柱，上用石塊。全部工程共耗白銀三十萬六千餘兩。這座建成於清宣統二年（一九一〇年）六月的鐵橋，就是開天闢地第一座黃河上的固定橋樑。一九五四年，國家曾對這座鐵橋加固整修，上架弧形鋼架拱樑，使之更加堅固雄偉，建國後，蘭州地區修建的黃河大橋有十七座之多，僅市內橫跨天塹黃河的大橋就有八座。天下黃河只一橋的歷史已經一去不復返了，但是憑弔這座古老的鐵橋，人們仍然可以從中得到許多有益的啓迪，增加更濃的遊興。

## 隴上奇觀興隆山（榆中興隆山）

興隆山在榆中縣城西南五公里處，距蘭州約六十公里。興隆山屬祁連山東延部分。它的四周多為荒山禿嶺，唯獨它峰巒疊翠，草茂林密，鳥語花香，風光宜人。因而古稱爭秀山，被譽為「甘省之名山，蘭郡之勝景」。

興隆山由對峙而立的東西兩峰組成。東為興隆山，山上林海湧濤，狀如飛龍游動。在二仙臺斜上方的山彎中，有兩眼小泉涓涓而流。此泉稱太白泉，冬不結冰，夏不枯涸。它和五液泉匯為山間小溪，叮咚作響，潺潺而下，為興隆山增添不少水色。從太白泉越松林，過小徑，可見一平臺，即為太白宮舊址。一九三八年七月，元太祖成吉思汗的靈柩曾從內蒙伊金霍斯旗遷至宮中娘娘殿內。正中牆上為成吉思汗像，中間供有成吉思汗及其妃子銀質金角骨匣兩尊，左右各懸方鏡一面，及元太祖用過的刀、劍、矛等。靈柩已於一九五〇年遷回內蒙，現僅存昔日的殘垣斷壁及參天古松兩株。

西為棲雲山，峰巒陡峭，狀如圓錐。懸崖上原有混元閣、雷祖殿、朝元觀，雨後，隱現於縹緲奇幻的雲霧之中，被譽為「小蓬萊」、「瑤池景」。山腰一洞內有一石坑，係清代道士劉一明修身之處，稱「自在石窩」。峰頂八卦亭內有一高六尺、寬尺餘的八稜黑色石柱，稱「通天柱」。柱上刻有《道德經》、《清靜經》等五篇經文。通天柱下方為混元閣。相傳古時這一帶原為荒山。有一天，混元老祖化為老道來到山頂。他用手向四方指去，於是，荒蕪的山坡綠茵如蓋，岩石上長滿了青松，灘上的石頭變成了羊群。羊兒有的馱磚，有的運水，幫老道修造殿閣。當廟宇落成時，老道卻「坐化」而去。後人遂稱此廟為「混元閣」。這些傳說自然都是道家自我吹噓的老生常談，雖不足信，卻也有趣。

興隆山兩峰間的峽谷為興隆峽，清澈見底的大峽河穿谷而過，蜿蜒流入榆中縣的宛川，歸於黃河。臥龍橋騰空橫跨河上，宛若彩虹。據清代道士劉一明所著《棲雲筆記》載，唐宋時山上廟宇甚多，香火鼎盛，遊客不斷。後來土人以其山敗而復興，遂以興隆名」。南寧道士秦致通隱居此山時，曾寫詩讚道：「倚山危崖貼重崗，細路縈回石磴長。曲澗碧流疏宿雨，夾山紅葉映斜陽。」堪為全山景色的寫照。

興隆山林木葱鬱，植被豐富。雲杉、松、樺、楊、柳等高大的喬木和杜鵑等灌木叢到處可見。罕有的七葉一枝花，清熱化毒，消腫解痙，為治癌良藥。這裏清幽秀麗的景色更是一直為人們所嚮往。解放後建立了甘肅第一工人療養院。每逢盛夏，大批旅遊者蜂擁而至，絡繹不絕。附近的大、中、小學常到這裏舉辦夏令營。今天的興隆山比歷史上的任何一個朝代都更加興隆了。

# 千載大佛照影來（永靖炳靈寺）

劉家峽水電站在甘肅永靖縣的黃河峽谷中，距蘭州約八十公里。這是亞洲和我國目前最大的水力發電站。始建於一九五八年，一九六八年攔洪蓄水，一九七四年底正式發電。現承擔著陝西、甘肅、青海、寧夏等省的用電。

水庫大壩長八百四十米。寬一百二十米，高一百七十四米。這個巍然屹立的雄偉大壩，把從崇山峻嶺間奔騰咆哮的黃河攔腰截斷，使之成爲一個碧波蕩漾的人工湖，即劉家峽水庫。水庫面積爲一百三十多平方公里，庫容爲七億立方米，五臺發電機組年發電量爲五十七億度。今天，劉家峽水電站不僅是一個以發電爲主，兼有防洪、灌溉、養殖等綜合利用效益的大型水利樞紐工程，也是我國著名的風景遊覽勝地。一靠近水庫，遊人從遠處就可看到由大壩泄水道騰躍而出的急流。其勢如萬馬脫繮，萬壑雷鳴。激起的數十丈高的水柱，四處散發的團團水霧，在陽光下絢麗奪目，蔚爲壯觀。乘遊艇入峽，只見千岩競立，奇峰簇擁，湖水碧綠，波光瀲灩，風光迷人。

從水庫大壩處乘汽輪，向西行駛兩小時左右，即進入寺溝峽。溝口直刺雲天的姊妹峰，像一對凌波仙女，亭亭玉立，笑迎遠客。聞名中外的炳靈寺石窟就群集在這小積石山中的大寺溝內。

與敦煌莫高窟、天水麥積山石窟齊名的炳靈寺石窟以無與倫比的精美石雕著稱於世。石窟分上寺、洞溝和下寺三處，，以下寺所存最有價值。下寺石窟分布在南北長三百五十米、高三十餘米的西邊險峻的崖面上。下面有一座高三十米、寬二米、長三百五十米的石壩護衛。這是在周總理指示下，國家於一九六七年開始修建的護窟大堤。

一入寺溝，首先看到的是下寺崖畔一個高二十七米的摩崖大佛。這尊大佛塑於唐代，上半身利用天然石柱峰雕成，下半身爲泥塑。坐佛眉目含笑，神情自然生動，似乎在向人們暗示著佛國世界歡樂的的奧祕。

炳靈寺北魏時稱唐述窟，唐代叫興龍寺，宋名靈岩寺，元代始改爲炳靈寺。「炳靈」爲藏語的音譯，即「十萬佛」之意。現存西秦、北魏、北周、隋、唐到宋、元、明、清各代窟龕一百八十三個，內有大小石雕像六百九十餘尊，泥塑八十二身，壁畫約九百多平方米。沿著石堤臺階和木梯棧道，踏進石窟，人們不能不對著這些千姿百態、風格各異的藝術瑰寶發出驚嘆。他們有的莊嚴持重，有的和藹可親，有的魁梧健壯，有的瀟灑輕盈。如五十號窟內的菩薩，腰肢輕柔，肌膚豐腴，神態優美自然，顯得裊娜多姿。九十二號窟內四壁崖石上雕刻的高大佛像、天王、菩薩等，雖僅存殘部，仍顯得精美絕倫。此外，如第三號窟、六十三號窟、六十四號窟內的釋迦、菩薩、頂上的飛天等，都形象逼眞，栩栩如生，堪爲我國古代不朽的藝術傑作。

然而最能引起遊人興趣的是位於摩崖大佛頭頂上的第一百六十九窟和第一百七十二窟。它們開鑿在距地面六十多米高的陡峭絕壁上。被稱爲炳靈寺石窟的寶中之寶的第一百六十九窟，是個面積約二百多平方米的天然石窟。窟內北面的彩繪供養人中，有幅題名「大禪師曇摩毗」的畫像。北面石壁上有塊墨書題記可辨認出「建弘元年」字樣。西秦乞伏熾磐建弘元年爲西元四二〇年。可知這是我國已知石窟中最早的墨跡題記，也說明這在一千五百多年前的西秦，炳靈寺已成爲繁華的佛教勝地。窟內所存的我國西秦至北魏時的衆多佛教造像，大都造型剛勁挺拔，壁畫色彩絢麗，明快自然。毗鄰第一百七十二窟內的佛像和壁畫，亦爲罕見的稀世珍品。

炳靈寺地處古絲綢之路的交通要道附近。從這裏過永靖，下民和，可和武威過來的絲綢之路匯合於張掖。因而一千多年前，這裏是通往中亞細亞的重要途徑。和國內其它著名石窟相比，炳靈寺石窟獨具特色。如石雕、浮雕、佛塔很多，門頂上方的洞窟裏雕有面西的臥佛，密宗的壁畫較多等。這些都說明了位於中西文化交流要道的炳靈寺石窟，長期以來不斷用外民族的藝術營養在豐富著自己。現在，這顆璀璨奪目的藝術明珠，正以它瑰麗的光彩，把越來越多的中外遊客吸引到古老的絲綢之路上來。

## 銅奔馬的故鄉（武威古涼州城）

武威，是絲綢之路由東向西進入河西走廊後的第一重鎭。西漢張騫通西域後被立爲郡。漢代開發河西，便是從武威開始的。到了唐代，國勢強盛，武威及其以西地區得到了進一步的開發。商業興隆，經濟發達。加之地處西北邊陲沙場，成了當時文人武士們建功立業的嚮往之地。

武威又名涼州。歷代詩人寫了許多留傳千古的《涼州詞》，可謂文以地生輝，地以文益秀。唐代著名邊塞詩人岑參在《涼州館中與諸判官夜集》一詩中，描繪了涼州城的景色、規模和生活習俗：「彎彎月出掛城頭，城頭月出照涼州。涼州七里十萬家，胡人半解彈琵琶……」張籍的《涼州詞》則眞實生動地記述了絲綢之路的繁忙景象：「邊城暮雨燕飛低，蘆筍初生漸欲齊。無數鈴聲遙過磧，應馱白練到安西。」

舉世聞名的漢代銅奔馬，就是於一九六九年秋在武威縣城北郊出土的。此後，武威也被稱作「銅奔馬的故鄉」。

武威城內的羅什寺塔，是一座風格獨特的八角形佛教建築，建於唐代。爲紀念十六國後秦的高僧鳩摩羅什而修築。

鳩摩羅什的父親是天竺（即今印度）人，母親是龜茲（即今新疆庫車）人，從小就顯露出超群的智慧和出衆的才華。「鳩摩羅什」即神童之意。他七歲出家，十二歲開始遊歷西域諸佛教國，同時刻苦學習漢語。青年時便名揚西域及中原廣大地區。當時佛學大盛，前秦國王苻堅採納大僧人釋道安的建議，準備迎接鳩摩羅什進關中。但由於時局動亂，交通受阻，苻堅便派大將呂光於建元二十三年（三八三年）率軍西征，打通了西域走廊。請了鳩摩羅什一起東歸。西元三八六年，呂光到達涼州，傳來前秦慘敗於淝水，且苻堅已死的消息。便在涼州（當時叫「姑臧」）駐紮下來，建立了後涼國，自稱「酒泉公」，當起國王來了。就這樣，鳩摩羅什在武威滯留了十五年。

鳩摩羅什在武威的漫長年月中，一面講學授徒，一面潛心攻讀漢學，並著手翻譯佛經。由於他功力深厚，見解獨到，聲名大振。弘始三年（四〇一年），後秦王姚興派人迎鳩摩羅什到長安，給予了他極高的禮遇。此時，鳩摩羅什正值四十七歲壯年，處於一種高峰期。在居留長安的十二年中，他帶領高足弟子僧肇等八百餘人，精心譯經，翻譯了佛經典籍共七十四部，三百八十四卷。可謂工程浩大，卷帙繁富。在翻譯實踐及翻譯理論上頗多建樹，首開「意譯」之先。因此，歷史上把他與南北朝時期的眞諦、唐代的玄奘並稱爲中國佛教的三大翻譯家。

由於鳩摩羅什的畢生努力及後秦姚興的推崇佛法，使後秦佛學達到了十六國時期的高峰極致，中國佛教史上留下了燦爛的一頁。

武威縣西南不遠處的南營水庫上游金塔河北岸，群峰聳峙。在群山南麓，有一座用黃土堆起的墓冢，從底到頂高約十餘米。這就是唐代第一位嫁給吐谷渾國王的女子——弘化公主之墓。

有關她的生平事跡，從保存在武威縣文廟文物陳列室內的弘化公主墓誌銘中的記載可知，弘化公主是淮陽王李道明的女兒，屬於唐朝王室的正宗血親。墓誌銘中，盛讚公主出身之高貴，天資之聰穎，容貌之秀麗。

吐谷渾是我國古代活動於東北遼東徒河、清山一帶鮮卑族的慕容部落。西晉永嘉年間（三〇七—三一三年）開始強盛起來，並向西北遷徙。「止於甘松之南、洮水之西、南極白蘭」，征服了羌族，建立了吐谷渾國，以後逐年擴大控制範圍，到了北周（五六六—五八一年）時，在青海築伏俟城爲國都，統御了今天的青海、甘肅、新疆、寧夏諸省區的部分地區。吐谷渾是一個遊牧民族。生活及生產方式與中原地區迥異：「有城郭而不居，隨逐水草，廬帳爲室，以肉酪爲糧……」。

隋煬帝（六〇五—六一八年）時，吐谷渾國王伏允多次騷擾邊塞，與隋王朝發生衝突，唐太宗貞觀九年（六三五年），朝廷派遣大將李靖領軍征吐谷渾，凱旋而歸。此後，伏允的孫子諾曷鉢繼嗣王位。他實行了與大唐王朝友善和睦的政策。每年委派特使入京朝貢。唐太宗封他爲「河源郡王」，並授予「烏地也拔勒豆可汗」的稱號（「可汗」即唐時對西域諸國君主的通稱）。於是遣派淮陽王李道明持節前往，正式冊封。從此吐谷渾與唐王朝的關係更加密切了。

貞觀十三年（六三九年），諾曷鉢親往長安，入朝請婚。第二年，太宗准許將宗室女弘化公主嫁諾曷鉢爲「可敦」（即可汗之妻）。而此時，吐蕃從貞觀八年（六三四年）始向唐朝求婚，至此時已有六年之久，太宗一直未允。吐蕃國王松贊干布得知諾曷鉢請婚獲准，即命大相祿東贊爲使官，於貞觀十五年（六一四年）來到長安，以黃金五千兩及珍寶數百件作聘禮，再次請婚於唐。太宗即允文成公主出嫁吐蕃。於次年命江夏王李道宗一路護送前往。當文成公主一行途經青海時，吐谷渾國王諾曷鉢和弘化公主，在伏俟城王宮裏，盛情接待了他們，並派人護送至與吐蕃的交界處。文成公主就在那裏與恭迎多時的松贊干布相會了。

弘化公主爲促進吐谷渾與唐王朝的友好關係，對於保持居於絲路要道的河西走廊的暢通，以及加強唐王朝西北邊疆的安定方面，均起到了一定積極作用。

## 最大臥佛在甘州（張掖大佛寺）

張掖，古稱甘州，是絲綢之路上的重鎮之一。據史書記載，從首次出現張掖這個名稱至今，已有二千多年了。漢武帝元狩二年（西元前一二一年），張騫出使西域，從而打通了中原通往西域的通道，於是西漢王朝就在河西地區設置了酒泉、武威二郡。時隔十年，又增置張掖、敦煌二郡。所謂「張掖」，即「張中國之臂掖，以通西域，斷絕匈奴右臂也」之意。可見其在軍事、政治方面所處的重要地理位置。在它的北部，龍首山、北大山、合黎山、夾山，構成了一堵天然屏障。流經張掖的弱水，在合黎山與夾山間的戈壁上穿過，流向內蒙古的居延海。從而形成了一個險要關隘，可以遠控居延。與龍首山遙相對峙的祁連山，是南阻青海的天然屏障。西接新疆，東衛關中，是兵家必爭之地。

張掖不僅以其重要的地理環境受人矚目，更以大量的文物古跡而聞名四方。「一城山光，半城塔影，葦溪連片，古剎處處」，就是對它的真實記載與形象描述。

張掖的大佛寺擁有國內最大的臥佛。臥佛身長三十四點五米，肩寬七點五米，耳朵就有二米多長。爲許多中外旅行家所稱道。大佛寺建於西夏永安元年（一〇九八年），明代敕封寶覺寺，清康熙十七年，改稱宏仁寺。直至近代，人們才因寺中有全國最大的一尊室內臥佛而稱其爲大佛寺。

大佛寺是與西夏及元代王室關係甚密的名刹之一。當初似乎有點行宮的色彩。篤信佛教的西夏太后經常來此居住。至元代，元世祖忽必烈的母親別吉太后又來此居住，並在這裏生下了忽必烈。後來別吉太后病死於軍中，忽必烈又將太后的靈櫬寄放在寺內，定祭禮，歷時很久。

西元一二七六年，元兵攻入臨安（今杭州），俘獲了年僅六歲的幼主趙顯（即德祐帝）。五月，趙顯被送到張掖，被封爲瀛國公。及至成年，忽必烈以公主嫁給他爲妻。有一天晚上，忽必烈做了一個夢，見一條金龍纏繞著殿柱。到了第二天，瀛國公趙顯來朝，正好站立在忽必烈做夢所見的龍纏殿柱旁。忽必烈心中大爲不悅，準備暗中除掉趙顯。公主得此消息，立刻告訴了趙顯。趙顯爲了避禍，遁入空門，乞釋號合尊大師。

又據權衡《庚申帝大事記》（庚申帝即元惠宗，生於一三二〇年，當年甲子爲庚申）所載述，趙顯當了和尚後，先住白塔寺，後移居大佛寺，有個趙王非常同情他的遭遇，送給他一個回族姑娘做妻子。西元一三二〇年四月十六日這位回族姑娘生了一個男孩。當時恰巧元明宗路經大佛寺，據傳看到一些顯示吉祥的兆頭，於是就收留了這個男孩，作爲自己的兒子。將母子二人一起帶回宮中。過了十三年，元寧宗夭折，這個十三歲的男孩就當上了皇帝，他就是元惠宗妥懽帖睦爾，在位三十六年，而趙顯則一直住在大佛寺中，當了幾十年的和尚。

## 清泉美酒古有名（酒泉泉湖公園）

古代的酒泉，交通發達，商業繁榮。它是「諸夷入貢出師往來之首，河西保障之襟喉」，「戎羌通驛之途」。位於祁連山主峰之下，河西走廊西部的酒泉城，是出嘉峪關西去的第一個重鎮，是古絲綢之路入關（兩關：玉門關和陽關）後繼敦煌之後第二個商埠及國際貿易過境點。

酒泉城以鼓樓爲中心，四條道向東西南北伸出。鼓樓的四個門洞的門額上依方位題寫了幾個頗有氣勢的大字：「北通沙漠」「南望祁連」、「東迎華岳」、「西達伊吾」。登樓遠眺，北面的巴丹吉林沙漠和南面的祁連山脈盡收眼底。酒泉的地理位置使它成爲絲綢之路上的重要交通要塞之一。

在酒泉鎮東關外，有一個泉湖公園，那是凡去酒泉的旅遊者必到之處。當你步入園內，就可見楊樹環抱中有一泓清澄的湖水。近側有一座石碑，碑的正面刻著「西漢酒泉勝跡」幾個字。石碑後面有一眼清泉，這就是所傳霍去病當年傾過御酒的古金泉。

西漢武帝時期，驃騎將軍霍去病領兵西征，在酒泉一帶與匈奴作戰，大勝敵軍。打完勝仗，兵營就駐紮在城東的泉湖公園處。此地有一眼水量充沛的泉水，當時叫金泉，可供給全部人畜飲用。這時，漢武帝爲了表彰嘉獎霍去病的赫赫戰功，專門派遣使者從京都長安送來了幾罎慶功的美酒。霍去病認爲，勝利是靠全體將士共同浴血奮戰取得的，功勞不能歸於一己，皇上御酒應與大家共飲，而不能獨享。但酒少人多，無法均分。於是將酒倒入泉中，讓軍士們在一起開懷暢飲「泉酒」，分享勝利的喜悅。從此，金泉被改名爲「酒泉」了。

另據應劭的《地理風俗記》所載：「酒泉郡其水若酒，故稱酒泉。」此外，顏師古在《漢書》注中也有類似的說法：「舊傳城下有金泉，其味如酒」，故稱酒泉。

至於酒泉的傳說是否確有其事，泉味是否如酒，實難斷定。但不論是傳說還是記載，關於酒泉的來歷，都是富有詩意和令人心醉的。

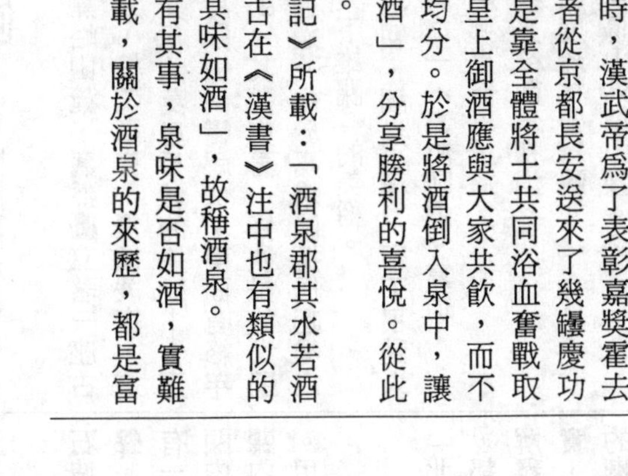


1 柔遠門
2 光化門
3 遊擊衙門
4 井亭
5 角臺
6 關帝廟
7 文昌閣
8 戲臺
9 敵樓
10 嘉峪關城臺
11 天下雄關碑
12 閘門
13 向東北延伸之長城
14 至祁連山麓之長城

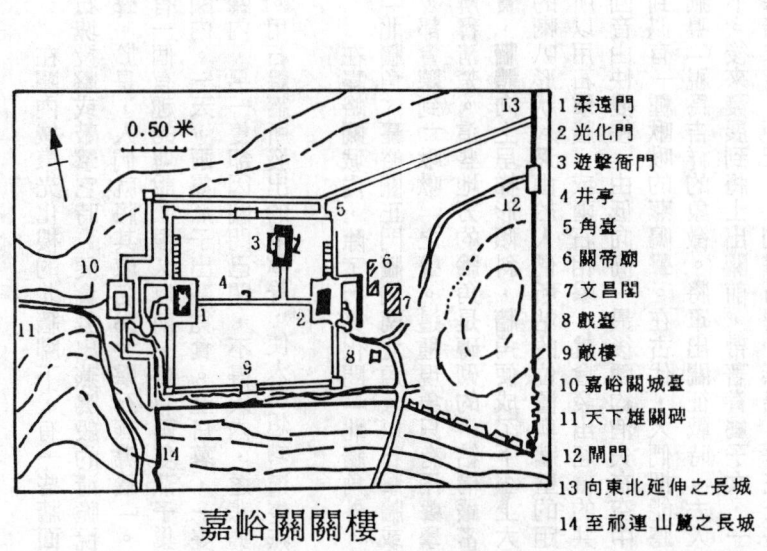

嘉峪關關樓

# 長城萬里至此回（嘉峪關關樓）

位於嘉峪關市西南隅的嘉峪山麓，巍然矗立著一座古老而嵯峨的關樓。它牆垣挺立，樓閣高聳，飛檐凌空，這便是象徵中華民族悠久歷史文化的萬里長城的終點——嘉峪關。在其北側，合黎山、馬鬃山崗巒起伏；南面有終年積雪、美麗壯觀的祁連山雄臥，其間夾著一條狹長的戈壁灘，古「絲綢之路」即由此通過。由於嘉峪關扼居咽喉之地，地勢險要，因而又有「天下雄關」的美稱。

古往今來，多少人登臨雄關，觸景生情，留下了動人的詩篇。明代戴弁肅州八景詩之一《嘉峪晴煙》寫道：

煙籠嘉峪碧岧嶢，影拂崑崙萬里遙。
暖氣常浮春不老，寒光欲散雪初消。
雨收遠岫和雲濕，風度疏林帶霧飄。
最是晚來閒望處，夕陽山外鎖山腰。

林則徐謫貶新疆路過嘉峪關時，也留下了豪壯的詩歌：

嚴關百尺界天西，萬里征人駐馬蹄。
飛閣遙連秦樹直，繚垣斜壓隴雲低。
天山巉削摩肩立，瀚海蒼茫入望迷。
誰道崤函千古險，回看只見一丸泥。

這首詩悲涼豪壯，表達了作者雖遭不幸，但憂國之心一如既往的情懷，也寫出了嘉峪關的威嚴雄壯，歷來被人傳誦。

在關內城東光化樓的北牆腳下，有一些牆面，當你用石塊投擊或敲擊它時，便會發出燕鳴般的清脆悅耳的啾啾聲。於是，人們就將其取名爲「擊石燕鳴牆」。關於它，有一個有趣的傳說：很久以前，曾有兩隻燕子巢居於嘉峪關內。一天，兩隻燕子出關覓食。至日暮，一隻燕子飛進關內，另一隻卻因關門已閉，不得入內，遂悲鳴觸城而死。用石擊牆所發出的啾啾聲，使人聯想到這隻燕子的悲鳴。

在嘉峪關城內，除了「光化門」北牆角外，「柔遠門」北牆角、嘉峪關正門牆內南北角，以石擊牆或兩石相擊，都會聽到「啾啾」之聲。這種現象只有用聲學原理才能解釋清楚。這些地方的牆角是磚砌的，結構嚴密，牆表平實，牆體向上呈梯形傾斜，牆角便成了下小上大、半敞開的喇叭形狀。又由於人們所站的位置與牆壁的距離不等，所以用石擊牆，或兩石相擊，就會發出連續的共鳴聲。這回音由快變慢，由低向高，最後隱約消失在空中，使人感到似有一種啾啾的燕鳴聲。在古代，人們把能聽到這種「燕鳴」視爲吉祥的象徵。將軍出關征戰時，夫人就擊牆問卜。後來發展到將士出關前，帶著眷屬子女，一起到關上擊牆求吉。今天，人們擊石聽「燕鳴」，完全是出於一種好奇、取樂的心情，問卜求吉之事，早被人們淡忘了。

## 「世界風庫」（安西鎖陽城遺址）

安西，是著名的「世界風庫」。漢代時屬敦煌郡，唐時為瓜州。當地人形容這裏是「一年一場風，從春颳到冬」。其時間延續之久，風勢之猛。可謂舉世罕見。這是由它特殊的地理位置和氣象條件所形成的：祁連山和馬鬃山南北對峙，向西延伸，漸趨開闊，呈兩端開口的喇叭狀。疏勒河就從這兩排高山間的山谷中向西緩緩流去，這是一條內陸河。從「喇叭口」向西南方向延伸，一直通到新疆南部的塔克拉瑪干沙漠。安西縣則位於大喇叭中。

塔克拉瑪干沙漠的氣溫高於安西，氣壓低於安西，所以常年需要西伯利亞的高壓氣流補充。這股來自西伯利亞的高壓氣流，經由嘉峪關西側，進入疏勒河流域，穿越崇山峽谷的狹窄孔道，風速在此急劇增大，然後出「喇叭口」，沿西南方向，直奔塔克拉瑪干大沙漠。造成這裏常年狂風肆虐。挾沙滾石，為害非淺。歷史上一直被視為畏途，唐代大詩人王維那首著名的《渭城曲》：「勸君更盡一杯酒，西出陽關無故人」。他所送的元二當時就是要到安西這個地方的。安西有一種特產草藥，叫鎖陽，樣子像小紅蘿蔔，幹條肥大，質地堅實，補氣益血，也可食用。這一帶曾經留傳著鎖陽解救薛家軍的故事。

在今安西縣東南橋子鄉南壩村附近，曾坐落著一座歷史邊城，它歷經滄桑，如今只剩下一些斷壁殘垣供人憑弔。但仍依稀可辨當年的規模氣勢。它就是位於祁連山北麓的戈壁灘中的鎖陽城。

據傳鎖陽城始建於隋唐，原稱苦峪城，後因唐朝薛仁貴西征時被圍困於此，用當地盛產的鎖陽充飢，解救了三軍將士的性命，遂改名為鎖陽城。

這一帶流傳著許多有關薛仁貴西征的故事。且說法不一。從正史記載薛仁貴西征之事來看，其說有二。其一是唐高宗龍朔年間，薛仁貴隨鄭仁泰到天山一帶討伐九姓突厥的叛亂，他身先士卒，射三箭，中三人，其餘敵兵皆下馬請降。此戰使「九姓從此衰弱，不復更為邊患」。但這次戰役遠離鎖陽城，且時間極短，可以斷定與鎖陽城無涉。其二是在唐高宗咸亨年間，薛仁貴率軍攻打吐蕃，因戰事失利，被貶黜，但從此次戰役的行軍路線及戰場位置來看，也與鎖陽城無關。但《舊唐書·薛仁貴傳》中又載，被貶後的薛仁貴因「西邊不靜，瓜、沙路絕」，被再次起用，任瓜州（今安西、敦煌交界處）長史，接著又被提升為右領軍衛將軍、檢校代都督。據此推斷，有關薛仁貴兵困鎖陽城的說法，可能是在他任瓜州長史時的事情。

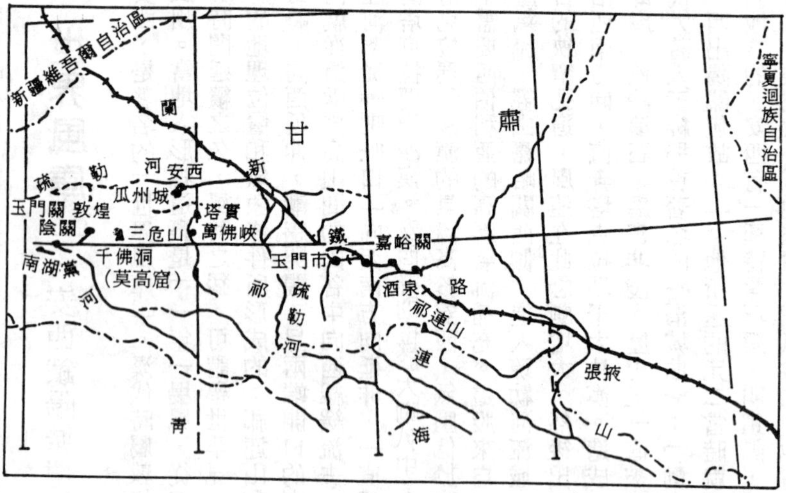


敦煌位置圖

# 月牙泉邊的綠洲（敦煌月牙泉）

敦煌是鑲嵌在古老絲綢之路上的一顆璀璨的明珠。位於甘肅省最西端的這片沙漠中的綠洲，以它那珍貴的歷史遺跡和一幅幅精美絕倫的壁畫，吸引著世界各地的遊人。

古代，中國分爲九州，敦煌屬雍州。春秋之前叫作三危，春秋時期稱爲瓜州，爲羌戎族所居。到了秦代，爲月氏族所居。漢初，匈奴族破月氏，殺其王，占有了此地，並以河西爲基地不斷向中原侵擾。到漢武帝時，爲了抗擊匈奴，漢武帝先派張騫出使西域，接著，於西元前一一一年，置敦煌郡。敦，大也；煌，盛也。從此敦煌這個名字便逐漸成爲令人心馳神往的地方。

敦煌是絲綢之路上的著名孔道——河西走廊的西端門戶。古絲綢之路出了河西走廊，必須通過敦煌才能到達新疆。它既是古絲綢之路東段（即從長安到敦煌）的終點，又是古絲綢之路中段（即從敦煌到葱嶺）的起點。如以重兵把守敦煌，封鎖住在敦煌境內的玉門關和陽關，就等於切斷了絲綢之路。所以史學家們稱敦煌是絲綢之路的總樞紐。

絲綢之路從長安起，向西延伸到敦煌之後，又分南北兩道。北道出玉門關之後，越過莫賀延跡大沙漠；南道出陽關之後，穿行塔克拉瑪干大沙漠。在交通極爲不便的古代，西來的商賈、使節、僧侶及其他旅行者，在經過漫長而艱辛的沙漠旅行後，人睏馬乏，當他們通過玉門關或陽關，進入水草肥美、農產豐盛的敦煌綠洲時，心情自然會舒暢和振奮的。他們在這裏進行休整，呈交牒文，準備糧秣，然後再向東進發。一些專門從事貿易的商人如果在這裏達成交易，也就不再東行，而是返回原處。從東來的人們，爲了向西穿過荒無人煙的大漠戈壁，必須在敦煌準備足夠的飲水和糧草。敦煌，對東來西往的旅行者來說，是閃耀在心頭的一顆燦爛明珠，給了他們戰勝艱難險阻的勇氣和力量。尤其處於沙漠之中的月牙泉。水色蔚藍，澄澈如鏡，如沙海中一葉晶瑩的翡翠。

《敦煌縣志》記載：月牙泉「經歷古今，沙填不滿」，「雖遇烈風而泉不爲沙掩蓋。」有詩讚曰：「一彎如月弦初上，半壁澄波鏡比明。風捲飛沙終不到，淵含止水正相生。」此泉久雨不溢，天旱不涸。堪稱一絕，列爲敦煌八景之一。

有關專家認爲，月牙泉，一是因爲有地下水源，故不乾涸；二是因爲泉水處於循環交替狀態，故不腐壞。那麼從古到今，爲什麼流沙埋沒不了它呢？有一種說法，認爲是由於這裏常年有固定的風向所致。其實這種說法是欠妥的。因爲不論在任何地方，即使風向再固定，總會吹起沙塵的。再大的月牙泉也會被填滿的。月牙泉始終沒有被填滿的原因是，南北兩面的沙山高聳，山坳隨著泉的形狀也成月牙形，由於這種特殊的地形，吹進這個環山的窪地裏的風，由於空氣力學原理，會向上旋，於是月牙泉周圍山上塌下來的沙子又被送到四面的鳴沙山脊上。這就是「雖遇烈風而泉不爲沙掩蓋」和鳴沙山「經宿風吹，輒復還舊」的道理。正如古人描述的那樣：「沙挾風而飛響，泉映月而無塵」。在狂風驟起，黃沙滾動，風嘯沙鳴，天地渾渾時，泉邊卻風平浪靜，好像被罩在一個巨大的玻璃罩中，肆虐的風沙對它也無可奈何。

可是，由於人爲的原因，月牙泉現在已顯得「蒼老」了許多。水位下降，池岸塌方，泉邊蘆草叢生，水面大爲縮小，月牙狀也有些變形。如果這個沙漠奇景泯於當今，那眞是遺恨千古的憾事啊！

古敦煌的出名，還與出產天馬有關。人們一聽到「天馬」，就會想起產於西域各地的良種駿馬。天馬在古代也被稱作神馬。關於它，史書上曾有過一些記載。《漢書·武帝紀》上說，元鼎四年（西元前一一三年）六月，「得寶鼎后土祠旁。秋，馬生渥窪水中，作寶鼎、天馬之歌」。由此記載可知，天馬是產於渥窪水（即渥窪池）中的。漢代的渥窪池位於古陽關遺址以東。在敦煌縣城西南約七十公里處，那裏有一處被厚厚的黃沙覆蓋著的古城遺址——

壽昌城。唐代改名爲壽昌的這座古城，在漢代稱作龍勒。渥窪池就在這座古城遺址的附近，即今敦煌縣南湖鄉境內。渥窪池古已有之，漢武帝時叫渥窪池，唐代被叫做壽昌海。這裏地勢低窪，有四股泉水從戈壁沙磧中湧出，形成了一個湖泊。湖畔是豐茂的水草，常常引來飲水吃草的騾馬和羊群。關於漢武帝從渥窪水中得天馬的事，就發生在這裏。

《漢書》及《史記》有關此事的注解，均引用了李斐的說法。武帝時，有個在南陽新野做官的人叫暴利長，因獲罪被貶到了敦煌一帶屯墾。他見一群野馬常到渥窪池來飲水，其中有一匹非同尋常，便欲捕獲獻納以贖罪。但苦於無法接近。於是想出了一個辦法，用泥草做成了一個假人，手持鞭勒立於水旁。起初這匹駿馬以爲是眞人，很懼怕。久而久之，漸漸習慣了，不再擔驚受怕了。暴利長見時機成熟，便取而代之，手持套繩立於水旁，趁它飲水不備之際，將其套住，奉獻給了漢武帝。並編造了一套馬出水中的說法，以顯示馬的神奇與名貴。漢武帝遂命名此馬爲天馬。暴利長因獻馬有功而獲得了赦免。武帝酷愛良馬由此可見一斑。這不僅僅是一種帝王個人的愛好，更由於當時抗擊強悍的匈奴騎兵、加強軍事力量的需要。

## 三危佛光的厄運（敦煌莫高窟）

敦煌眞正聞名於世，還是由於莫高窟的佛教壁畫和雕塑藝術。莫高窟的出現，有其歷史的與社會的條件和必然因素。然而它的誕生，卻是由一件偶然的事情開始的。

據唐武周聖曆元年（六九八年）李懷讓重修莫高窟佛龕碑所記，前秦建元二年（三六六年）的一天，有一個名叫樂僔的和尚，行至敦煌的三危山下，在茫茫的沙漠中，舉目遠望，突然，眼前出現了奇異的景觀：對面的三危山在陽光的照耀下發出炫目的金光。當下他就斷定這一定是個佛家聖地。於是便募人在此開鑿了一個石窟。這個石窟的出現，標誌著敦煌莫高窟的誕生。

當然，樂僔當時所見到的金光佛影，實屬幻覺和附會。這種奇觀，今天仍可見到。因爲三危山寸草不生，岩石呈黯紅色，含有多種礦物質，每當夕陽的餘輝照耀其上，便會熠熠發光，燦燦奪目。

自樂僔開鑿第一窟後，便陸續有人來此鑿窟。當時佛教及佛教藝術已盛行九州大地，石窟愈來愈多，名聲愈來愈大，敦煌莫高窟也由此日趨繁榮。以後逐漸被風沙淹埋，並且隨著中西海路開發，加上絲綢之路地位的下降，此地逐漸被人遺忘。明清時期，只有一些佛徒、道士臨時在附近的下寺居住。

清道光初年，有一個王圓籙，原是個莊稼漢，湖北麻城人，因麻城連年荒旱，生活無著，逃荒跑到甘肅的酒泉，出家當了道士；後來又到了敦煌莫高窟，憑著他的幹練，不久就做了莫高窟當家的道士。他把化緣得來的錢，請來工匠改造佛窟，在做了這樣的「功德」後，就開始清除洞窟的積沙。光緒二十六年（一九〇〇年）五月二十六日清晨，王道士等人正在清除莫高窟北端七佛殿下第十六號石窟甬道中的積沙時，奇跡出現了。

這個甬道兩壁都是宋代人畫的菩薩行列，已經被流沙所淤塞。這些沙子清除出去以後，牆壁失去了一種多年以來附著的撐支力量，以致一聲轟響，裂開一道縫。王道士好奇地順手用煙袋鍋向裂縫處敲打了幾下，覺得其中像是空的。他便打開了這面牆壁，發現一扇緊閉的小門，再打開小門，則是一間黝黑的高約一百六十釐米，寬約二百七十釐米的略帶長方形的複室。這是一個開在甬道壁上的石窟，即「藏經洞」。裏面裝滿西元四世紀到十一世紀（即晉到宋）近十個朝代的各種歷史文書、文物五六萬件。這些寫本、文物中，有宗教經典，有銅佛、絹畫、刺繡等佛教美術品；有天文、歷史、文學、地理、曆法、醫學等資料。其中，除了大量漢文文書外，還有不少古代的藏文、梵文、回鶻文、龜兹文、于闐文等文字寫本。在藏經洞裏，不僅可以看到大量唐寫本原件（在此之前，除簡牘外，最早的只能見到北宋的印本），而且可以看到比北宋早五六百年的南北朝時期的遺書。這對於古籍的校勘、訓詁、輯逸、補缺，具有極大的價值。那些多種文字的寫本、古地志、詩歌、曲子詞、變文和俗曲的面世，爲深入研究西北史地、中國交通史，以及古代語言、文字和宗教的發展演化，創造了極便利的條件。

大約這間複室，歷來就是莫高窟僧人的儲藏室，不過不是封閉的。它的封閉和施以僞裝，從壁畫與室中藏品的年代推斷，很可能是十一世紀初西夏人征服敦煌之前，莫高窟僧人準備逃難時的一種措施。大約他們後來眞的逃難了，而且不曾回來，就讓這間複室成了一個爲期不短的祕密。

這些幽閉了九百年之久的古代文物的發現，是一件震驚世界的大事。這些文物都是稀世瑰寶，其價值是無法估量的。

這些被發現的無價之寶，不但愚昧無知的王道士不知道，當時處於腐朽飄搖中的清政府，也竟毫無興趣。因而雖曾有人建議運往甘肅省城保管，但藩臺衙門一估計要花五六千兩銀子的運費時，便不予考慮，只發出一紙公文，叫王道士照舊封閉起來。這樣，這批文物的命運就操在無知的王道士手中了。

王道士並沒有認眞執行這個命令。這些文物並未好好封存，而是通過他的盜賣和饋送逐漸流散四方；自然它是逃不過外國文化侵略者的眼睛，他們一眼便看出了它們的價值。於是，一九〇七年（光緒三十三年），第一個敦煌盜寶者斯坦因出現在莫高窟。

斯坦因是匈牙利人，投身大英帝國，擔任印度西北邊地總視學。英國爲了和沙俄爭奪中國西部的利益，派遣他來測繪軍用地圖的。「考古」只是他間諜職業的一種掩護。但他在這方面收穫之豐，特別是在敦煌盜寶的成功，使他在世界考古學界成了一位「名人」，而且獲得了英國政府的金質獎章。

斯坦因於一九〇七年從印度輾轉到了敦煌，他用金錢收買和巧言欺騙等手段，買通了王道士，在王的掩護下，他白天翻閱，夜盜運，連盜了七夜，劫去文物一萬多件。十六個月後，裝得滿滿當當的二十九口箱子便運到了倫敦。斯坦因回國後，不以盜竊爲恥，反以獲寶爲榮。他又是寫文章，又是辦展覽，對此大肆宣揚。這樣，敦煌藏經洞的發現便轟動了整個世界，進而引起不少帝國主義冒險家前來掠奪的慾望。

接踵而來的是法國人伯希和。他雖比斯坦因晚來一年，但他深諳漢學，熟悉中國歷史，在藏經洞裏仔細地選擇了二十天，從中盜竊了六千多件最珍貴的文物，大搖大擺地運到北京，並在北京舉辦了展覽，然後運至巴黎。

這以後，一九一一年，日本的桔瑞超和吉川小一郎又相繼而來，盜去經卷五百多件。

一九一四年，貪得無厭的斯坦因第二次來到敦煌，再次盜去五大箱五百多卷經文。

還有俄國的鄂登堡，一九一四年到一九一五年，盜去大量寫本。

更有甚者，美國的盜寶者華爾納，於一九二四年來到這裏，見藏經洞的珍寶被劫得所剩無幾，就採取了更加卑劣的手段，用特製的化學膠布黏走壁畫二十六塊，偷走精美的彩塑一身。

這眞是令人髮指的洗劫！中國人民一代代辛辛苦苦創造的寶貴藝術，竟這樣被外國強盜掠奪和破壞。

如今，藏經洞已名不副實了。殘存的一些文物（主要是些經卷），現存在北京圖書館裏。當人們走進這個藏經洞時，看到的只是泥塑高僧像一尊占據中央，北壁壁畫上畫的是雙菩提樹、比丘尼和「近事女」。塑像和壁畫是晚唐時期的代表作品，具有一定的藝術水平，特別是「近事女」，色彩清淡，線條流暢。她一手扶杖，一手執經，站在那裏，好像在不斷訴說著她親眼所見的英、法、美、日、俄等帝國主義分子，在這裏行竊的卑劣行徑，訴說著藏經洞苦難的歷史。

## 功勛張義潮（敦煌莫高窟）

敦煌莫高窟是一座舉世聞名的佛教藝術博物館。那裏有數量衆多的精美壁畫，是敦煌藝術中極爲重要的一部分。其中有許多是以絲綢之路上的中西文化交流、融匯、中原地區與邊疆少數民族往來爲題材的。除此而外，與絲綢之路相關的，還有一種叫「出行圖」的。這些出行圖與占敦煌壁畫主體的宗教題材不同，一般是繪於壁畫的下半部。它對於我們今天研究歷史人物在絲綢之路上的活動等，有極重要的參考價值。

在出行圖中，給人以深刻印象的，是《張義潮統軍出行圖》。這是一幅具有宏闊的場面、縝密的構圖，栩栩如生的人物、主題鮮明突出的壁畫，堪稱敦煌壁畫中的精品傑作。

第一百五十六窟（晚唐）的這幅《張義潮統軍出行圖》，其榜題的全文是「河西節度使檢校司空兼御史大夫張義潮統軍口除吐蕃收復河西一道口（出）行圖」。這是一幅長八米，寬一米，畫面人物多達二百多人巨幅壁畫。張義潮在一群文武官員的簇擁下，昂首策馬走向橋頭。

從這幅氣勢壯觀的出行圖上，自然使人聯想起張義潮平定收復河西，歸依擁戴唐朝的歷史功業。

唐代自天寶年間發生了「安史之亂」後，河西的廣大地區就經常遭到吐蕃的侵擾和占領。使當地人民苦不堪言，怨聲載道，渴望統一與安定。在這種形勢下，沙州（今敦煌）人張義潮應「勢」而動，聯結一批豪傑有識之士，爲收復河西、實現統一安定作好了充分的準備，但一直沒有找到機會。

唐宣宗大中二年（八四八年），吐蕃發生了內訌，張義潮抓住有利時機，迅速率衆在沙州舉起義旗，趕走了吐蕃守將，收復了敦煌、晉昌，這就是歷史上的「沙州起義」。接著，「遂攝州事，繕甲兵，耕且戰，悉復餘州」，同時派人呈報朝廷。大中五年（八五一年）又派遣自己的弟弟張義譚等二十九人入朝告捷，同時獻上了河西（含新疆伊吾，鄯善州）隴右十一州的地圖。對張義潮這種順應民心，忠實效忠於唐王朝的巨大功績，皇帝給予了嘉獎，詔封他爲「沙州防禦史」。之後，張義潮又率軍作戰十餘年，收復了河西大部分地區。

## 唐三藏路阻火焰山（吐魯番火焰山）

在神話小說《西遊記》裏，吳承恩從五十九回到六十一回寫了「唐三藏路阻火焰山，孫行者三調芭蕉扇」。孫行者三調芭蕉扇是假，純屬作者的幻想虛構；唐三藏路阻火焰山是眞，歷史上確有其事。唐三藏法號玄奘（六〇二—六六四年），俗姓陳，名禕，洛州緱氏（今河南省偃師縣緱氏鎭）人，於唐太宗貞觀元年（六二七年）秋八月（陰曆），從長安西行去天竺（印度）取經，年底到達高昌（今吐魯番）。高昌王麴文泰見他精通佛典，頗爲敬慕，結拜金蘭之好，約爲兄弟，並留他小住兩月，以敘友情，略盡地主之誼。上路的日子快到了，高昌王又留他長住，出任國師。玄奘執意不肯，麴文泰苦口相勸不願放行。玄奘無奈，只好絕食。文泰見狀，急速備辦馬匹、駝隊以及路途上應用物品，並選派四名高僧拜玄奘爲師陪同登程趕路。行前，高昌王還給途經諸國國王寫了幾十封書信，用紅綾裹好作爲信物，請求諸王像接待他本人一樣款待玄奘。玄奘憑藉高昌王的關照，一路上所到之處，都受到禮遇。這說明玄奘取經的成功，不是仰仗孫悟空的保護，而是依靠西域諸國的幫助。

高昌，西漢初年屬姑師國，西域都護府建立之後，分姑師爲二，屬車師前國；晉代置高昌郡；唐初爲高昌國；貞觀十四年置西州，屬隴右道；宋時建爲高昌回鶻汗國；元明之際，屬察合臺；清代設吐魯番直隸廳；民國設縣；今爲吐魯番市。由於歷史悠久，名勝古跡頗多。地勢抵窪，很少雨雪，夏季奇熱，風中流火。境內有火焰山，山體呈赭紅色，褶皺如焚，景觀特異。唐代著名邊塞詩人岑參在《經火山》中興奮地寫道：

火山今始見，突兀蒲昌東。赤焰燒虜雲，炎氛蒸塞空。不知陰陽炭，何獨燃此中。我來嚴冬時，山下多炎風。人馬盡汗流，孰知造化功。

高昌故城位於吐魯番縣城東面四十公里火焰山鄉，高聳的城牆氣勢宏偉，深陷的護城河輪廓猶存。此城建於西元前一世紀，史稱高昌壁、高昌壘。漢、魏、晉均派有屯田官戊己校尉駐紮，因此又稱「戊己校尉城」。登高展望，全城平面略呈不規則的正方形，布局分外城、內城、宮城。外城牆基厚十二米，高達十一點五米，周長五點四公里。夯土築成，間雜少量土塊，外圍有保存完好凸出的馬面。南面有三門，東、西、北各有二門。內城在外城中間，宮城在最北面。外城西南角有一所寺院，占地近一萬平方米，由山門、庭院、講經堂、藏經樓、大殿、僧房組成。當年玄奘曾在這裏講經說法，王太妃、國王率群臣聆聽。寺院附近爲手工業作坊區和商業市場區。此城近似唐代長安城模式，毀於元代至元十二年（一二七五年）海都叛亂戰火。

距離高昌故城二十二公里，有著名的伯孜克里克千佛洞，處於火焰山溝谷中。溝谷兩岸，陡壁峭立，赭沙斜倚，溝水蜿蜒，鱗波閃爍。溝西崖壁，洞窟櫛比，現已編號七十七眼，其中保存壁畫者四十餘，畫面一千二百平方米，始於西元六世紀，終於十三世紀。人物形象生動，體態豐滿，線條流暢，暈染得法。既有「蒓菜之風」，又有「凸凹技法」，爲我國古代繪畫藝術珍品。

在吐魯番縣城西面十公里亞爾乃孜溝裏，有交阿故城，坐落在一個呈柳葉形的河心洲上，長一千六百五十米，最寬處三百米左右。環洲崖岸壁立，爲深三十米的河谷盤繞，形成天然屏障。因城下有二水交匯，故名交河。又因城垣建於高崖，俗稱崖兒城。最早爲車師前國都城；唐初爲高昌國交河郡治，太宗平高昌置交河縣。唐朝的西域最高軍政機構——安西都護府曾一度（六四○—六五八年）設此。唐代詩人杜甫、李頎等都曾形象地描繪過這裏的戎馬生涯。如：「戚戚去故里，悠悠赴交河」；「繡衣白面郎，騎向交河道」；「白日登山望烽火，黃昏飲馬傍交河」。此城保存得比高昌城還完好，市井依稀，佛寺顯明。著名邊塞詩人岑參曾在此城住過多次，他在《使交河郡》一詩中寫有「平明發輪臺，暮投交河城」。唐初四傑之一駱賓王，在他出使西域期間，也曾在此城逗留數日。寫有「交河浮絕塞。弱水浸流沙」，「陰山苦霧埋高壘，交河孤月照連營」。

吐魯番縣城東北，是火焰山西側的一個峽谷。兩岸紅岩似火，蒸雲騰空，坡谷湧碧疊翠。清溪穿坡灌谷，明麗冷洌。景物天成，奇姿異采，魅力攝魂，令人陶醉。這裏有葡萄田二百餘公頃，主要以種植著名的無核白葡萄爲主，故稱葡萄溝。年產鮮葡萄一千二百萬斤左右，葡萄乾三百餘噸。這種無核白葡萄，鮮吃皮薄肉細，酥脆多汁，甜而不膩，微酸爽口。無核葡萄乾，碧綠透明，鬆軟香甜，在國際市場上享有「中國綠珍珠」的美譽。

此外，晾製葡萄乾的「蔭房」、灌溉田園的渠系「坎兒井」和諾敏塔，也都是奇新特異的智慧精品，頗值得遊人觀賞。覽勝觀光，撫今思昔，今人有《念奴嬌》詞一首記之：

火焰蒸雨，助風熱、榨乾千里戈壁。魔扇誰人常借取，搧得雲霓盡去。山體燒紅，河渠暗隱，一派空沉寂。大唐英主，點兵揮旅播綠。

遙想飲馬交河，姑師屯田事，功利堪記。吾輩必當齊奮舉，借革新潮頭力。紅日牽航，碧流灌野，拓展英雄氣。噩魂驚起，最爲清醒無懼。

## 「誓令疏勒出飛泉」（奇臺疏勒古城）

「誓令疏勒出飛泉」是唐代著名詩人王維的詩句，典故出自東漢耿恭身上。據《後漢書》卷四十九記載：明帝「永平十七年（七四年）冬，騎都尉劉張出擊車師，請（耿）恭爲司馬。破車師，乃以恭爲戊己校尉，屯後部金蒲城（蒲字乃滿字之誤）」。「明年三月，北單于遣左鹿蠡王二萬騎擊車師，恭遣司馬將兵三百人救之，道逢匈奴騎多，皆爲所歿。匈奴破殺後王安得，而攻金滿城，恭乘城搏戰，以毒藥縛矢……匈奴震怖，相謂曰：『漢兵神，眞可畏也！』遂解去，恭以疏勒城傍有澗水可固，五月乃引兵據之。」不久，匈奴擊疏勒。斷水圍城，恭率領軍民穿石鑿井，掘十五丈深，仍不見水。恭瞑想武師將軍伐大宛，拔劍刺山泉水噴水的故事，忽聞吏卒狂呼，乃知井中出水。遂命擊水城頭，潑向城外。匈奴人見城中得水，以爲天助，又解圍而去。待援軍來，守城吏卒存活者僅十三人。

西域有三個疏勒城：一是三十六國之一疏勒國的王城；一是疏勒河畔的疏勒城（史稱瓠𤬏城，今在甘肅）；一是車師後國的疏勒城。前者以國命名，十分顯赫；中者是出玉門關必經之地，知者頗多。唯獨後者偏離「絲綢之路」主幹道，久無人煙，鮮爲人知。因而歷代的唐詩注釋家對這個典故的出處地點常常注錯。此城在漢代，地處車師前王庭聯繫車師後王庭的交通孔道，形勢險要，在唐代隸屬於庭州金滿縣，名曰「石會漢戍」，遺址在今昌吉州奇臺縣半截溝鄉麻溝梁村，當地人俗稱「石城子」。城墟背山面水，城下有新護河通過，這與《後漢書》的記述，地理狀態相符。當年岑參往返庭州、西州之間，曾多次經由此城。駱賓王從蒲類海（今巴里坤湖）到交河城，也是途經此城，穿城孔道翻山。他在《從軍中行路難》一詩裏寫道：「陣雲朝結暗天山，塞沙夕漲迷疏勒」，純係見景生情之作。

唐太宗貞觀十四年（六四〇年）置庭州轄蒲類、金滿、輪臺三縣。庭州州治設在金滿城（今昌吉州吉木薩爾縣北庭鄉「護堡子」遺址）。武 則天長安二年（七〇二年），析安西都護府轄境內天山以北之地，創建北庭大都護府，府治也設在金滿城，從此金滿城一躍成爲「絲綢之路」新北路的政治、軍事首府、東西方物質文化交流的樞紐、國際貿易重鎭。以後人們稱它爲庭州城。

關於庭州城的風情，明朝員外郎王延德在《高昌紀程》一書中有過較爲詳盡的描述。淸代著名學者紀曉嵐貶官謫戍新疆時，曾於乾隆三十五年（一七七〇年）奉命率員前往勘察。他在《烏魯木齊雜記》中記述說：「古木薩爾（縣城）東北二十里有故城，周二十餘里，街市譙樓及城外敵樓十五處，制度皆如中國，城中一寺亦極雄闊，石佛半沒土中，尚高數尺。瓦經尺餘，尚有完者。」他所提到的「一寺」，名曰「西大寺」，建於高昌回鶻汗國時期，南北長七十餘米，東西寬近四十四米，夯土為基，築坯為牆。坐北朝南，由山門、庭院、正殿、配殿、僧房、庫房結構而成。近年開掘，輪廓益趨明朗。環繞正殿的北、東、西三面牆外部，築有上下兩層洞窟，洞窟前面設圍廊通行。上層每面洞窟七眼，下層每面洞窟八眼。正殿有大型坐佛泥塑像，胸部以上無存，殘體高六米左右，上層每窟各有一泥塑小佛像，下層每窟各有三尊泥塑小佛像。窟壁、券頂畫有彩繪千佛。院庭東西兩側，各有配殿三座，每座殿堂，有塑像少者六七，多者二十餘。東面一配殿中，有大型佛涅槃像，長七米許，基本完好，壁畫為一幅大型《分舍利圖》，畫面北側部分為國王出行圖，中心是一位交腳橫坐於白象背上的國王，鎧裝，頭有圓形頂光，左手按於左腿，右手胸前伸出二指，白象鞍轡俱全，騎士前後擁簇，佩劍掛弓，雙手合持長傘旌旆，巡行山巒草地之間，敷彩妝金，富麗堂皇，形象生動逼真，色澤鮮艷如新。出行圖下方，有一對供養人像，方圓臉形，彎眉，魚形眼，高鼻，朱唇小口，大耳垂環，雙手胸前持花。男者頭戴桃形高冠，身著圓領緊袖長袍，腰束鞊韘帶；女者頭戴桃形鳳冠，下垂步搖，身穿褶領緊袖長袍。在二人頭側，各有回鶻文題記。寫有：「神聖的亦都護之像」、「長史」、「公主」之像。為研究回鶻西遷後之文化發展史，提供了第一手珍貴資料。

岑參曾以北庭都護府判官職分駐守庭州三年（從天寶十三年至天寶十五年），他的許多著名邊塞詩作產生在這裏。如他的代表作《走馬川行奉送出師西征》以及《北庭西郊侯封大夫受降回軍獻上》、《北庭貽宗學士道別》、《陪封大夫瀚海亭納涼》，等等，一經傳到京師，以他雄勁、清新的詩風，使盛唐詩壇為之一震，相互傳抄，一時長安紙貴。

## 西陲首府古輪臺（烏魯木齊故城）

烏魯木齊從古至今一直是我國多民族的集居地。古代，這裏生息繁衍著姑師人、匈奴人、高車人、突厥人、回鶻人、漢人、蒙古人等；從近代到現代，這裏養育繁榮著維吾爾、漢、哈薩克、回、柯爾克孜、塔吉克、塔塔爾、蒙古、烏孜別克、錫伯、達斡爾、東鄉、俄羅斯等各兄弟民族。在兩漢時期，這裏屬於行國，經常出入此地逐水草而居的牧民不過百帳；到唐設輪臺縣之後，始有定居的城鎮，當時縣城裏也不過千戶左右，「三月無青草，千家盡白榆」。宋、元、明三代又拓展為遊牧地，居民流動無常，難以計數；到清代人口劇增，乾隆二十五年（一七六〇年）城市居民上升為一萬餘戶，為以後創建省垣打下了根基。烏魯木齊市，今天聚居著三十八個民族，服飾各異，儀態多姿。現有人口近一百一十五萬人。其中，少數民族占二十九萬多，與漢族和睦為鄰，共楫繁榮。

烏魯木齊市，坐落在巍峨蒼莽、冠冰甲雪的天山山脈北麓。處於亞歐大陸腹地，是世界上離海最遠的城市。屬於大陸性氣候，春秋兩季短，冬夏兩季長。晝夜差較大，素有「早穿皮襖午穿紗，圍著火爐吃西瓜」的生活妙趣，堪稱夏日的避暑勝地。

烏魯木齊的自然景觀與文化景觀，集優美、秀麗、奇雄、壯偉於一身。清代留傳下八景名勝即：人民公園的「閱微草堂」、「鑑湖泛月」、「翠館鳴禽」三景；紅山上的「塔印斜陽」；西大橋下的「長橋飲馬」；水磨溝溫泉的「香妃出浴」；市區的冬景有「抱冰挹雪」；夏日的風光有「影虹垂釣」。「閱微草堂」本是紀曉嵐在北京虎坊橋的故居（今為北京晉陽飯店）。紀曉嵐本名紀昀，原籍直隸省獻縣（今河北省獻縣），是清代著名學者、《四庫全書》的總纂，在他擔任翰林院侍讀學士時，據說因冒犯「聖威」，於乾隆三十四年（一七六九年）被革職流放烏魯木齊，因他名氣太盛，地方官為他在九家灣修建一所住宅仍襲故居名稱「閱微草堂」以示尊重。他在這裏住了兩年，整理、撰寫了《閱微草堂筆記》二十四卷，其中許多篇章是記述烏魯木齊一帶的風土民情和民間傳說故事的，語言凝煉，風采雋永，知識淵博，見解獨到，魯迅先生曾給予很高評價。特別是在他寫的《烏魯木齊雜記》和《烏魯木齊雜詩》（一百六十首）中，傾注了他對烏魯木齊的深厚情誼。正如他在一首《風土》詩中寫道：「南北封疆畫界勻，雲根兩面翠嶙峋。中間岩壑無人跡，合付山靈作守臣。」紀曉嵐於乾隆三十六年（一七七一年）遇赦回京。烏魯木齊人民為了懷念他，在修建鑑湖公園（今人民公園）時，乃在湖內築亭置閣，依然名曰「閱微草堂」，供後人遊覽瞻仰。香妃乃是乾隆皇帝的妃子，正式稱呼叫容妃，原名是艾茲穆·瑪木黎孜姆，她出身於維吾爾貴族之家，因其叔、兄平定小和卓木叛亂有功，召其全家入京，封其叔、兄為公爵，以示恩寵。據傳當她路過烏魯木齊時，曾在水磨溝溫泉沐浴洗塵，才有「香妃出浴」一景，香妃（維語：伊帕爾罕）麗質倩形，傳聞身上有異香，故名香妃，頗得乾隆皇帝寵幸。如今水磨溝溫泉已建成別致的浴池，水含礦物成分，水質滑潤、舒筋活血，有醫療效果，可供遊人享用。紅山與雅瑪山（俗稱妖魔山），本屬一脈相承的一條山，傳說它是從瑤池裏逃出的一條蒼龍橫臥市區中心，擋住水流的去向，將會遺害世人。瑤池王母得知蒼龍作怪，飛來一劍攔腰截斷，化作兩座山，寶劍也化作烏魯木齊河，賜給這一地區，風調雨順，人壽年豐，花木葱蘢，瓜果飄香。這個故事，雖然帶有神話色彩，卻又反映了在舊社會居住在這裏的各族勞動人民，對爲害百姓的統治者的憎恨，以及祈禱神仙賜福的美好祝願。紅山屬於二疊紀陸相砂岩斷裂層，山頭呈虎頭形，最高處海拔一千三百九十一米，是朱紅色岩石結構的懸崖峭壁。因此清代詩人史善長在《到烏魯木齊》中寫有：「突兀虎頭山，赤壁晴霞起」。現在紅山已建成公園，林木扶疏，塔、亭挺秀，登山環顧，全城景色，歷歷在目，盡收眼底。「塔印斜陽」，市井增輝。寓意悠長，又富於象徵情采。紅山塔，早已成爲烏魯木齊居民心照不宣的「城徽」，高懸於祖國西塞第一名城。今日看來，又恰似旗艦上亮出的旗語，指揮著由天山、崑崙山、阿爾泰山三大山系組成的威嚴雄壯的艦隊，破瀚海，犁荒濤，沿著社會主義現代化的航程，迅猛挺進。而「影虹垂釣」與「抱冰挹雪」，又都堪稱「中國景觀一絕」。每當夏日雨過天晴，一條彩虹橫臥長空垂釣，博格達山狀如一條騰躍於雲海的巨形鮮活鯉魚，裸露巔巒的脊背，張開冰峰之口，勢作吞餉的神態。一入冬季，全城冰封雪掩，頓作一派銀色世界。尤其是新雪過後，或出現霜掛時，滿城玉樹銀花，清新透脾。唐代著名邊塞詩人岑參，曾於玄宗天寶十三年（七五四年）至天寶十五年（七五六年）出任安西、北庭節度判官，一度駐守過輪臺縣（今烏魯木齊一帶），他在《白雪歌送武判官歸京》（寫於天寶十四載，秋八月）一詩中描繪輪臺雪景時，爲我們留下了千古絕唱：「北風捲地白草折，胡天八月即飛雪。忽如一夜春風來，千樹萬樹梨花開。」而他的另一篇代表作《輪臺歌奉送封大夫出師西征》，也是在這裏寫成的。至於「長橋飲馬」，倒也別具匠心。兩匹石雕駿馬立在橋頭泉邊，一匹低頭飲水，一匹昂首引頸長嘶。即含飲水思源之情，不忘先輩開拓之功；又寓嚮往未來之意，告誡不可安於現狀止足不前。時至今日，關於「烏魯木齊」一詞的來源，有三種說法：一是源於漢語，「輪臺」的音變；一是源於回鶻語，意爲「團結戰鬥」；一是源於準噶爾蒙古語，意爲「優美的牧場」。孰是孰非，爭論不休。但有一點卻非常清楚，這恰恰告訴我們，烏魯木齊從古至今一直是多民族的聚居區，它是居住在這裏的歷代各族人民共同開發創造出來的。

烏魯木齊還有燕兒窩革命烈士陵園，這裏安葬著爲在新疆傳播馬列主義而捐軀的陳潭秋、毛澤民、杜重遠、林基路等烈士的陵墓。陵園依山面水，碑銘林立，綠蔭覆野，莊嚴肅穆，氣象蕭森。南山遊覽區，有白楊溝，飛瀑疊岩，清溪涓涓，綠意漫谷，青翠遍山。有菊花臺，山圍谷繞，高臺平舉，清芳席地，野花斑斕，可飽覽異域殊俗，賽馬、叼羊、姑娘追、摔跤和阿肯彈唱會，歡樂、豪爽、詼諧、自然。而新疆博物館和新疆展覽館，更是兩所好的去處，在那裏你可以集中而又形象地瞭解新疆的過去和現在。從歷史悠久，輝煌燦爛的絲綢之路文化，到地大物博，資源藏量極爲豐富；從各族衣食住行，到風情習俗，大可縱覽橫觀新疆古今的神韻風采。

## 瑤池仙境（阜康天池）

躬身敲海磬，舉臂扣天環，月在手上托，雲在腳下纏，銀鏡橫映瑤臺雪，是天上呵，是人間？

這是當代詩人張志民《登天池》詩的第一節，他以精湛的筆墨描繪了天池風光的神采仙姿。天池，是一個天然的高山湖泊。它坐落在北天山東段主峰博格達峰腳下的半山腰裏，海拔一千九百八十米。湖面呈半月形，長三千四百米，最寬處一千五百米左右，面積近五平方公里，水深平均四十米，最深處可達一百零五米。一泓清澈，晶瑩碧透，雲光浮日，月色沉珠？堆綾晾錦，變幻莫測。群山環抱，密林掩映，綠茵席地，野花芳菲，氣清如洗，爽心健目。環顧四周，雲杉蒼翠，塔松挺拔，雜木叢生，漫山遍嶺，壘壁疊玉，遮天蔽日。仰視東南，冰峰突兀，三峰並起，勢如筆架，穿雲摩天，奇雄異偉。巔巒巍峨，終年積雪，逶迤綿延，臥地千里。靈山（博格達乃蒙古語，意爲靈山或聖山）皚皚，仙池（古稱瑤池，傳說乃穆天子會見西王母之所在）幽幽，銀輝藍漪，相映成趣，生發出一種奇特的神祕感和懾魂動魄的誘惑力。

天池屬於冰磧湖泊。古地理學家們得出科學結論說，第四世紀以來全球氣候發生過許多次劇烈的冷暖運動。遠在二十萬年以前，地球第三次氣候轉冷，冰期來臨，天池地區孕育出頗爲壯觀的山谷冰川。冰川挾帶著礫石，循山谷緩慢下移，強烈地挫磨創蝕著冰床，對山谷進行挖掘雕鑿，形成了多種冰蝕地形。天池谷盆便逐漸成爲巨型冰窖，它的冰舌前端則因擠壓消融，積水下泄，而所挾帶的岩屑巨礫由於常年不斷停淤而築就橫攔谷地的終磧巨壠。其後氣候轉暖，冰川消退，便瀦水成湖，這就是天池的成因。

天池歷盡了二十萬年的滄桑，在上古時代由於人跡罕至，一直默默無聞，後來牧民發現了，就叫它「海子」（無名湖泊的泛稱）。據史籍記載，唐宋以後，它才有了名姓，自宋至清，曾有冰池、龍湫、龍潭、神池諸稱。清乾隆四十八年（一七八三年）駐烏魯木齊都統明亮親率騎從，攀登博格達山，找到了這座高山湖泊，並鑿開泄水口，引水下山，灌溉農田。他在記述此事的《靈山天池疏鑿水渠碑記》中，有「見神池浩淼，如天鏡浮空」兩句話，他就提取「天鏡」、「神池」之意而簡化爲「天池」了，從這開始，人們才叫它「天池」。此後，又有一些達官富人在天池一帶修建了福壽寺（鐵瓦寺）、王母廟、無極觀、眞人祠等八座廟宇，供膜拜靈山、天池覽勝者燒香討願。

其實，天池早在唐代就已經有了一個被塗上一層濃鬱神話色彩的美妙名稱「瑤池」。唐太宗貞觀二十二年（六四八年）在折羅曼山（又稱時羅曼，即今博格達山）山麓莫賀城（在今阜康縣境內）設立了瑤池都督府，從此，人們就把這座山上的「海子」叫做「瑤池」，並且給這裏附會上「穆天子會見西王母」的一個古老而又神奇的傳說。據《穆天子傳》記載，西周第五代國主周穆王姬滿，在他在位的第十七年，命御者造父，駕八駿，率六師，雄心勃勃，放轡西來，曾在瑤池會見了西王母國君西王母。在他們歡宴之間，相互應酬唱和，西王母致歡迎詞對周穆王唱道：

「白雲在天，山陵自出，道路悠遠，山川間之。將子無死，尚能復來？」

周穆王接受了這種美好的祝願和友善的邀請，他答謝說：

「予歸東土，和治諸夏；萬民平均，吾顧見汝。比及三年，將復而野。」

正因如此，人們都說瑤池乃西王母所居。後來，神話小說又把西王母演繹爲王母娘娘，傳說在瑤池大宴群仙，舉辦過一年一度的「蟠桃盛會」。還說「小天池」是王母娘娘洗腳的地方，「大天池」是她沐浴的場所。天池的夏季氣候多變，忽晴乍雨，每當一片雨雲闖進山裏，峰攔巔阻，頓時晴空降水，山腰落雨，峰巒飄雪。於是，人們又借助這種奇特的景觀誘發出玄妙的想像力，說雲翻霧湧，山色空濛，湖光迷茫，正是王母娘娘入浴之時，而雨過天晴，雲蒸霞蔚，彩虹橫空，又恰是王母娘娘出浴之刻，她駕祥雲踏虹橋回歸天上宮闕去了。如果我們撥開神話的迷霧，就會發現西王母確有其人，「穆天子會見西王母」確有其事，據岑仲勉先生考證，《穆天子傳》所記周穆王巡遊西域，歷經的路線方位、地點名稱，大多數都可以對出今天的地名的。此外，在古籍《山海經》和《竹書紀年》裏，也都有關於西王母和周穆王西巡的記述。其實，西王母的形象恰恰反映了當時的西域尙處於母系氏族社會，婦女當政的歷史生活。對於西域瑤池，我國古代的文人騷客也是心馳神往的，一旦進入他們的詩章就幻化爲美麗的遐想。特別是到了唐代，許多大詩人都曾借助這一題材，抒情言志，褒貶時世。如陳子昂的《感遇詩三十八首》裏有：「瑤臺有青鳥，遠食玉山禾。崑崙見玄鳳，豈復虞雲羅。荒哉穆天子，好與白雲期。宮女多怨曠，層城閉娥眉。」「日耽瑤池樂，豈傷桃李時。青苔空萎絕，白髮生羅帷，可憐瑤臺樹，灼灼佳人姿」。李白的《清平調》：「雲想衣裳花想容，春風拂檻露華濃。若非群玉山頭見，會向瑤臺月下逢。」李賀的《馬詩二十三首》：「忽憶穆天子，驅車上玉山」；「西母酒將闌，東王飯已乾」。李頎的《王母歌》：「武皇齋戒承華殿，端拱須臾王母見。霓旌照耀麒麟車，羽蓋淋漓孔雀扇。」儲光羲的《田家雜興》：「君看西王母，千載美容顏。」李商隱的《瑤池》：「瑤池阿母綺窗開，黃竹歌聲動地哀。八駿日行三萬里，穆王何事不重來。」等等，不勝枚舉，如果往前追溯，我國有史記載以來的第一位偉大詩人屈原，在他的《離騷》、《九章》裏早就對瑤臺（瑤池）作過一些描繪。顯然，歷代詩人只注重這個題材，至於瑤池在西域的哪座山上，卻從來無人問津。這正如今天的旅遊者一樣，他們懷著一種無法遏制的獵奇心情，以一睹「仙境」爲快的愉悅感，興致勃勃的去遊覽天池。他們寧願相信天池就是穆天子會見西王母的「瑤池」，也不願承認西王母所居的瑤池不在天山而在崑崙山上的歷史事實。的確，所以唐代瑤池與西王母瑤池相比，今日的天池風光，無論從自然景觀還是文化景觀來評說，不僅能夠「以假亂眞」，恐怕還有過之而無不及吧！這就難怪中外遊客接踵而至了。

從前，由於山高路險，唯有膽大好奇而又精於騎術者，才有幸探覽天池。建國後，修築了直達天池的盤山公路，並在湖畔建起風格獨特、韻調別致的亭臺水榭、賓館餐廳以及其它旅遊設施，向中外旅遊者開放了這塊聞名遐邇的遊覽勝地。

天池距離烏魯木齊九十公里，清晨從烏魯木齊驅車東行，經米泉，過阜康縣城三公里順岔路口入山，傍三工河道盤旋而上，河兩岸雜樹蔭蘢，河水清澈見底，浪花堆雪濺珠，奔騰而下。一路上峰迴路轉，不時閃現幾處氈房，幾群牛羊，草地青青，野花點點，炊煙裊裊，牧笛聲聲，玩童戲野，老人浴日，壯男麗女騎乘而牧，悠哉遊哉，自在逍遙。突然，在拐彎處亮起一道瀑布，如萬丈白綾垂天，似千仞玉柱拄地。瀑布下面，就是小天池所在，在日光雲影的反射下，池水一陣幽藍，一陣墨綠，色彩沉鬱，變化無常。車子越過巨壠，大天池映入眼簾，煙波浩淼，氣象萬千，畫艇犁清波，水榭溢人喧。這裏的冬季，薈萃著全國各地的滑冰健兒，成了他們競技馳強的西極樂園；這裏的夏季，誘惑來一批批滑雪的「候鳥」，是他們騰身羽臂的理想世界，特別是對於那接踵而至的中外遊客，這裏發揮出天然的避暑功能，無污染，無蚊蠅，時序涼爽，瓜果飄香，空氣中混合著松柏的清芳，野花的馥郁。可登峰覽勝，可越澗探奇，可穿密林採松蘑，可涉雪線賞雪蓮，尤其是燈杆山一帶的夏牧場，別有洞天。

環周天池的群山，都是資源豐富的「百寶山」。這裏除了水草豐美、牛羊肥壯的牧場，還有林深木茂的林場；人工養殖的鹿苑；雪線上綻蕾的雪蓮，棲息的雪雞；松林裏出沒的獐狍野鹿；遍地破土的鮮蘑香蕈；崖岸叢生的黨參、黃芪、貝母等名貴藥材；山壑裏藏珍袖奇的禽獸；湖區中嬉戲浮飛的魚群水鳥；衆山下埋藏著銅、鐵、雲母等多種礦物；群峰之巔有「固體水庫」——取之不盡，用之不竭的現代冰川。現代冰川是一個神奇而又富於幻想的神話世界。冰川縱橫，堆銀積玉。大大小小的冰面湖。如千塊玉鏡，映雪含天。那數不清的冰窟冰洞，隱奇納妙。裏面的冰柱、冰樹，長短參差，粗細不一，麗狀異形，光怪陸離。當人們親臨其境，頗有置身水晶仙宮之感，奇想連篇，妙趣横生，淨心潔神，潛移默化。

天池的夜景，尤爲令人陶醉。飛鏡懸天，萬物朦朧，山色隱祕，湖光潑墨，清風拂翠，林濤暗語。催人進入朦朧美和神祕感的「太虛仙境」般的夢鄉之中。而天池的日出，又以它的壯麗輝煌，把你喚回人間，給你以充滿朝氣的信心，踏上征程。

## 「公主歌黃鵠」（霍城伊犁九城）

「公主歌黃鵠」是唐代李商隱的詩句。典故出在劉細君身上。劉細君，西漢時期江都（今江蘇省揚州市）人。父，江都王劉建，謀奪帝位，事泄自縊。母，曝屍於市，滿門抄斬。細君，孑然一身，奉詔入京。武帝劉徹封她爲公主，遠嫁烏孫和親。烏孫原居敦煌一帶，因受匈奴壓迫，西遷伊麗水（今伊犁河）流域，號稱西域大國。國王獵驕靡爲開國之主，年近花甲，驍勇仁愛。細君出嫁時，年僅十六，按公主儀，財禮甚豐，陪嫁侍女、工匠，達三百人。行前，武帝問她有何要求，答曰：「天下果得太平，兒雖死無怨」。百官出郊餞行，長達數里。細君至赤谷城，命工匠起宮殿，三日小宴，五日大宴，款待烏孫貴人，並以金銀器皿，賞賜群臣，以昭漢家豪富，以固漢烏聯盟信心。這次和親之眞諦，意在建立漢烏軍事聯合行動，鉗制匈奴侵擾。細君之用心，可謂良苦。細君，乃一弱女子，由於國事家事困擾，夫妻語言不通，生活習俗殊異，終日愁勞不已，乃作歌以寄憂思：

吾家嫁我兮天一方，遠託異國兮烏孫王。
穹廬爲室兮旃爲牆，以肉爲食兮酪爲漿。
居異土思兮心內傷，願爲黃鵠兮歸故鄉。

這首歌載於《漢字·西域傳》。後人多稱之謂《黃鵠歌》。李商隱詩云「公主歌黃鵠」，即本於此。細君在烏孫生活五年，積勞成疾，憂鬱而病，爲國捐軀。她爲漢烏友好，進而統一西域，奠定了基石。她的青春，將與伊犁河、烏孫山永存人間。

烏孫故地，在新疆伊犁哈薩克自治州，這裏山青水秀，風光明麗。氣候溫潤，地質肥沃，宜農宜牧，物產豐饒。州治所在地伊寧市，依山傍水，素有「花城」之美譽。

每當暮春，林木葱蘢，蘋果花開，花色染亮了春光，芬芳薰香了空氣。秋季一到，萬園垂彩，懸紅掛紫，滿城馥郁。伊犁地區，在宋元之際稱爲阿力麻里（也叫阿利瑪，即蘋果。意爲盛產蘋果的地方）。從西漢到明代，先後居住在這裏的主要居民有：塞種人、月氏人、烏孫人、突厥人、契丹人、蒙古人。他們多以遊牧爲生，逐水草而遷移。因而留下的古跡，多是墓群，城池甚少。如今發現的古城遺址，基本上是西遼以後建造的。其中最大的一座，就是阿力麻里古城遺址，位於霍爾果斯鎭東部十三公里處（現爲新疆生產建設兵團農四師六十一團場）。城區遼闊，北抵克干山南麓，南至克干色依河，東達禿黑魯·鐵木兒（又譯爲吐忽魯克·帖木耳）汗墓，西到卡納威，周長約五十華里。成吉思汗西征時，途經此城。後來成爲察合臺汗的夏宮，禿黑魯·鐵木兒汗的都城，他死後就葬在此城西郊。禿黑魯·鐵木兒汗是成吉思汗七世孫，察合臺的後裔。他是第一個信奉伊斯蘭敎的蒙古汗王。他的陵墓占地百畝，呈穹廬，全部用磚修築，無木柱橫樑，高九點七米，正面寬十點八米，縱深一百五十八米。門面裝置，除一寬大橫額和一幅巨型對聯是阿拉伯文字之外，其餘均爲穆斯林喜愛的美術圖案。文字和圖案都是用紫、白、藍三色瓷片貼在磚上，極爲精美。整體結構，充滿質感和力感，給人一種威嚴肅穆、粗獷豪放的美感。

清代在新疆建省之前，曾設伊犁將軍府總統全疆軍政事宜。伊犁將軍府駐惠遠城（惠遠城有二，老城被毀，又於附近北面另築新城。新城遺址在今霍城縣惠遠鄉），這裏一時成爲新疆政治、軍事中心，經濟、文化也頗發達，號稱「中亞樂園」。爲了防邊固疆，清廷以惠遠爲城頭，從乾隆二十六年（一七六一年）至乾隆四十五年（一七八年），又先後建起塔勒奇、寧遠、惠寧、綏定、廣仁、拱宸、熙春、瞻德八座城池，再加上惠遠，這就是清代的伊犁九城。一八七一年，沙皇俄國入侵伊犁，九城被毀，如今已是殘垣斷壁，唯獨惠遠新城伊犁將軍府大門前，兩隻造型奇特的石獅子還依然健在。著名的鐘鼓樓，還雄踞於城址中央巍然屹立。這是一座中原形式的三層三檐歇山頂的傳統木結構建築，畫棟雕樑，描金飾彩，鐘鼓威壯，氣宇軒昂。如今整修一新，格外輝煌。

伊犁地處河谷盆地，山高野闊，林茂草肥，川平水足，畜旺糧豐。果子溝，景觀奇絕，山危路險，盤上繞下，青松疊壁，翠柏攀崖，層層梯梯，扶搖天際。時而巓巒飄雪，澗谷落雨，乍陰乍晴，雲飛霧渺，朦朧變幻，婀娜多姿。從山麓到峰巒，四季景觀薈萃其間。車行此路，忽上忽下，時而穿雲撥霧，時而越澗繞溪，時而頭頂松濤，時而腳下雪海，升騰跌宕，其樂無窮。此路原爲一條羊腸牧道，成吉思汗西征時，命二太子察合臺爲先峰，開山闢路，築橋四十八座，始通車馬。當道敎全眞道北七眞之一──龍門派創始人邱處機應成吉思汗之邀來西域路過此地時，曾賦詩一首，讚嘆二太子打通果子溝天險之功：

金山東畔陰山西，千岩萬壑橫深溪。
溪邊亂石當道臥，古今不許通輪蹄。
前年軍興二太子，修道架橋徹溪水。
今年吾道欲西行，車馬喧闐復經此。

而當他仰視果子溝的景觀時，更是驚嘆不已，他在詩中寫道：

銀山鐵壁千萬重，爭頭競角誇清雄。
日出下觀滄海近，月明上與天河通。

爬出果子溝，攀上平巒，眼界頓開，這裏靜臥著一座巨型的高山湖泊，邱處機稱它爲「天池」，這就是著名的賽里木湖，哈薩克語「賽里木」乃祝願之意。它海拔二千一百米，東西長三十公里。南北寬二十多公里，環周有終年積雪的冰峰，雪線以下是墨綠的雲杉。山湖之間，有遼闊的草灘，似碧錦席地。千百條清溪，如龍飛鳳舞，自雪山而降，匯聚湖中。雲形日影，變幻莫測，山色湖光，相映生輝。一年一度的蒙古族那達慕盛會，更爲這裏增姿添彩。

關於賽里木湖，還流傳著一個古老的傳說。說賽里木湖原來是一座王城，國王有一個美麗的公主，公主愛上了一個英俊的牧馬青年，國王拒絕這門婚事，並派人把公主所愛的牧馬青年殺掉。公主知道以後，天天哭泣，她的眼淚就匯成了這個湖泊，因而湖水至今還是鹹的。

## 投筆從戎與漢日天種

（拜城克孜爾千佛洞）

「投筆從戎」這個典故，出在班超身上。

班超（三二─一〇二年），字仲升，東漢扶風（今陝西省興平縣）人。父班彪，爲寫《漢書》一生收集資料，辭世時家境清貧，班超偕母、妹赴長安投兄。兄班固，任校書郎，職微薪薄。班超協助哥哥抄抄寫寫，維持度日。一日，班超憤然投筆，嘆道：大丈夫應建功異域，以取封侯，焉能借助筆硯維繫生命。永平十六年（七三年）班超憤然從軍，隨大軍竇固出擊北匈奴，旋奉命以假司馬率吏士三十六人赴西域。班超機智勇武，仗義行事，攻殺匈奴派駐鄯善官員，廢除親匈國王，降于闐，收疏勒，出任疏勒（今喀什市）鎮守使長達十七年之久。繼而聯合城郭諸國軍事力量，陸續平定莎車、龜茲、焉耆等處貴族叛亂，擊退月氏入侵，統一了西域，保護了西域各族安全和「絲綢之路」的暢通。永元三年（九一年），升任西域都護。

不久，封定遠侯。《後漢書·班超傳》，記其事甚詳。

此後，歷代志士常以「投筆從戎」典故，激勵自己，勸勉朋輩，鼓勵後生。並將這一典故寫入許多詩詞。如：唐代詩人張宣明，在《使至三姓嚥麵》中寫道：「昔聞班家子，筆墨忽然投。一朝托長劍，萬里入荒陬。……卒使功名建，長封萬里侯。」據史籍記載，班超生相，虎臂，燕頷。因而，有些詩人常以「燕頷」代替班超。駱賓王在《夕次蒲類津》裏寫有「龍庭但苦戰，燕頷會封侯」；張說在《送趙順直郎中赴安西副大都護》中寫有：「龍泉思已著，燕頷相終成。」而杜愼言卻在《送和西蕃使》裏獨出心裁地諷喻說：「寧獨錫和戎，更當封定遠。」

而當年班超鎭守的地曠人稀古老的疏勒城，今日已發展成人繁物華日趨現代化的喀什市。這裏是我國維吾爾族的故鄉，由於中世紀突厥文化與伊斯蘭文化在這裏匯融。喀什一度成爲喀喇王朝的文化中心，因而這一帶保存的名勝古跡，大多富有伊斯蘭文化色彩。如：喀什市郊的喀喇汗王朝的夏宮遺址「汗諾依」；規模恢宏、建築華麗、風韻古樸、格調神祕的阿帕·霍加墓（俗稱香妃墓）；雄渾粗獷、沉鬱凝重的阿爾斯蘭汗木薩墓。在市區內，有喀喇汗王朝時期的伊斯蘭經學院遺址（今喀什地區政治學校）；有聞名遐爾的清眞寺——艾提尕爾大寺。在遠郊，有喀喇汗王朝時期推動突厥（回鶻）文化與伊斯蘭文化融合，並使其發展走向高峰的維吾爾著名學者馬赫穆德·喀什噶里墓（在今疏附縣烏帕爾鄉阿扎克村）；有第一個信仰伊斯蘭教的喀喇汗王朝可汗——博格拉汗薩迪克墓（在今阿圖什市），是他推動了伊斯蘭教在新疆的普及。當地人稱這座陵墓爲「蘇丹瑪札」，常有中外穆斯林來此朝拜。

班超升任西域都護，移駐西域府都護所在地龜茲（今庫車）。龜茲是西域佛教文化中心之一，因而這裏留下的名勝古蹟多爲佛教文化遺存。龜茲是我國佛教三大翻譯家之一鳩摩羅什（三四四——四一三年）的誕生地。他的譯著和論著共七十四部，三百八十四卷。他是系統地把大乘派空宗學說宏揚關內的第一人。龜茲也是我國南北朝時期著名樂律學家、演奏家蘇祇婆的故鄉。周武帝時他隨突厥皇后入周，是他把「五旦七聲」的理論介紹到關內，隋唐時期依據這一理論體系演變出燕樂二十八調。龜茲有舉世聞名的中國四大石窟之一——克孜爾千佛洞（在今拜城縣克孜爾鄉），北倚明屋達格山，南臨木札提河與雀爾達格山，山環水繞，林木葱鬱，風光旖旎，氣象清幽，現已清理編寫的洞窟二百三十六眼。包括有供養佛像作禮拜用的「支提窟」；僧尼靜修或講學用的「毗呵羅窟」；僧尼起居用的僚房和安葬骨灰用的「羅漢窟」；儲存物品、糧食用的倉庫等等。建築體系之完整爲世界所罕見。

克孜爾千佛洞保存著壁畫畫面近一萬平方米。其中有

：佛、菩薩、羅漢、伎樂天、飛天、天龍八部、佛本生故事、經變故事等彩像圖繪；還有民間習俗畫卷，從生產、生活到供養人像、人物故事，從山水、花卉到飛禽、走獸，題材廣闊，技藝超群。這裏的繪畫比起雲岡、龍門、敦煌三大石窟。在手法和技巧方面有著鮮明的不同。這裏較多地匯融了東西方美術的線條手法和著色手法，並且凸現了當地本民族的「曲鐵盤絲」的藝術特徵。這一萬平方米巨型畫卷，分別以色彩形象記錄了從西元三世紀到西元十三世紀西域各族人民的文化觀念和歷代現實生活的眞實寫照，具有很高的學術價值和藝術價值。特別是這裏保存的佛本故事，有六七十種，超過了敦煌、龍門、雲岡三處總和的一倍，堪稱稀世瑰寶。

在班超鎮守疏勒時，有一個來自蒲犁國古老的少數民族人和他攀親。這就是自稱「漢日天種」的塔吉克人。「漢日天種」這個關於一個民族起源的歷史典故，記載於玄奘口述、玄機筆錄和《大唐西域記》裏。玄奘去天竺取經，回程翻越葱嶺在朅盤陀國（在今塔什庫爾干塔吉克自治縣，漢代稱蒲犁國），逗留幾日，在他與當地人對話時，搜集到一個神奇美麗的傳說：一位漢族公主遠嫁波斯，行至此地，忽聽波斯政變，迎親使臣不敢冒然前進，築一石室，屆尊公主棲身，等候國亂平息。一等數月，待要起程，發現公主懷孕。追查因由，侍女相告：每日正午，從太陽裏走出一位英俊青年與公主幽會。使臣無顏歸國面君，乃擁立公主爲王，開山創國。不久，公主生一男嬰，俊美異常。及長，嗣位稱王。公主教子有方，新王聰慧明智，禮樂興邦，蜚聲四鄰。因而，至今塔吉克人依然驕傲地自稱「漢日天種」。現在的塔什庫爾干，意譯爲「石頭城」，含有紀念公主居室的深情。縣城坐落在海拔三千五百米的帕米爾高原上，一條長街清幽僻靜，居民質樸，習俗淳厚，好客講禮，出於自然。城垣面對大山，峰嶺疊嶂，巍巒起伏，冠冰覆雪，迤邐向東。恰似一條立體的長河，墨濤幽幽，白浪滾滾陡起萬仞狂瀾，展示它作爲「萬山之祖」獨具拔地拄天的蓋世雄姿和橫貫古今盈溢無窮力度的絕倫風采。城下有塔什庫爾干河通過，清澈湍急，蜿蜒如帶，時隱時現，波光閃爍。正是這峻山秀水撫育了英雄的民族——塔吉克（意譯爲「王冠」）人，他們立命於祖國的西大門，頑強地抗擊外敵入侵，爲維護邊疆的安全，祖國的統一，做出了傑出的奉獻。

# 西南部

李　楊
李景強　編著

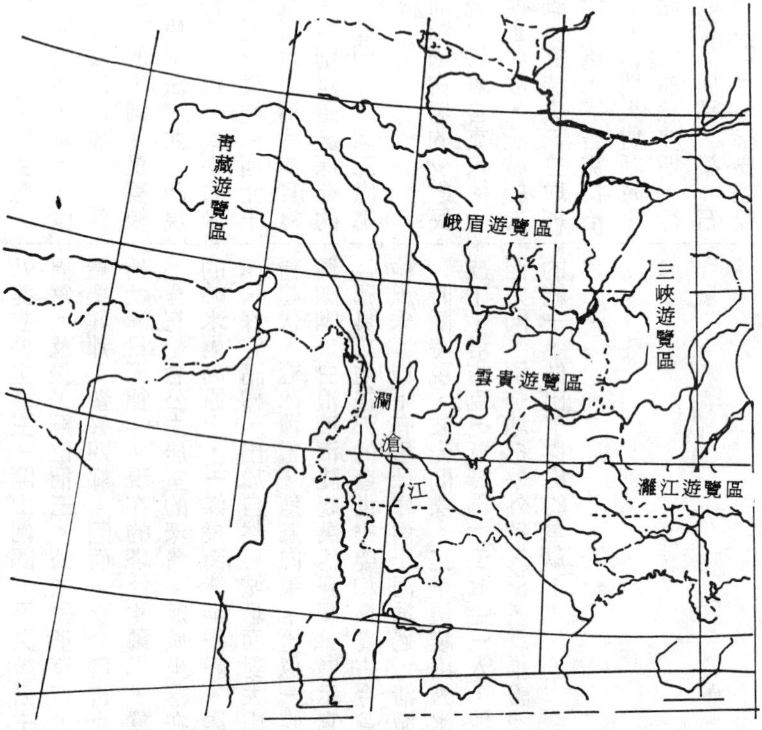

# 峨嵋遊覽區

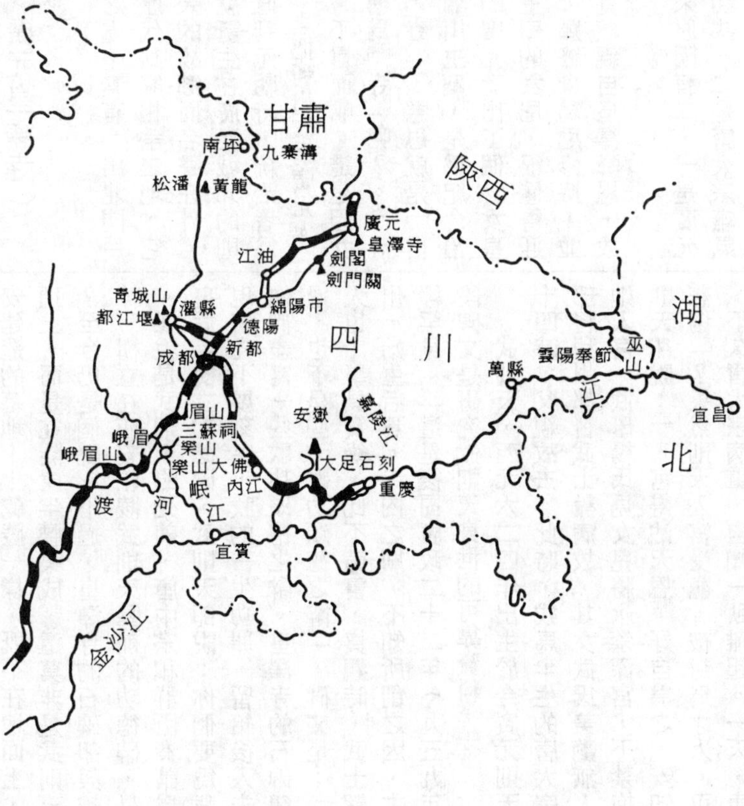
甘肅
陝西
湖北
四川
南坪
九寨溝
松潘
黃龍
廣元
皇澤寺
江油
劍閣
劍門關
青城山
都江堰
灌縣
綿陽市
德陽
新都
成都
眉山
三蘇祠
峨眉
峨眉山
樂山
樂山大佛
安嶽
大足石刻
內江
重慶
嘉陵江
萬縣
雲陽奉節
巫山
江
宜昌
渡河
岷江
宜賓
金沙江

# 皇澤千古後人評（廣元皇澤寺）

廣元，坐落在川、陝、甘接界之處，素有「川北門戶」之稱。廣元不僅以雄關重重成爲歷代兵家相爭之地，它還因爲是我國封建時代女皇帝武則天的故鄉而名聲在外。武則天，這位曾不可一世的女皇，就誕生在廣元城郊的則天壩。不過，那時的廣元稱利州，直到元朝時，統治者爲顯耀它的「法威廣播，疆土廣大」，才把利州改爲廣元。

今廣元則天壩附近有一皇澤寺，不言而喻，這是因女皇恩澤而建的了。不過，爲什麼又稱爲「寺」呢？。「寺」本爲僧人住所的通稱。梵語中的「寺」，意思就是「僧衆所住的園林」。本來，皇澤寺原名川主廟，是爲紀念治水專家李冰父子建造的。既然小小的廣元竟出了個「女皇」，李冰當然要退讓三舍了。時川主廟的女尼，很懂得迎合女皇的心理，於是上書奏請女皇，願終身爲尼修持，並供奉女皇眞容。日理萬機的武則天竟然親自皇澤降恩，故改名爲「皇澤寺」。

武則天所以爲這小事動心，說來原因有二，一是廣元畢竟是她的生長地方，感情總是親切些。二是唐太宗嚥氣前，她自己不也出家做過尼姑嗎？

說來也怪，這皇澤寺營建的地勢竟也和武則天後在西安建造的墓地——乾陵一樣，既不在地面上，也不是在山頂上，而是在陡崖半腰築成，這莫非是武則天自己的意圖？至今仍是個謎。不過，皇澤寺的石碑卻與乾陵的石碑相悖。樹立在西安乾陵武則天墓前的功德碑，是一座無字碑。據說是武則天臨死前，唐中宗和群臣奏請爲「則天大聖皇后」樹立功德碑，武則天卻說：你們要爲我立功德碑，現在先不要刻字，我的一生功罪，留給後人去評說，以免你們盡寫一些歌功頌德之辭。皇澤寺的石碑卻刻有字，不過，也不是些「歌功頌德之辭」，碑文是：「天后武氏其人也，事具實錄，此不備書，貞觀時，武士彠爲都督於是州，始生后焉。寺內之廟，不知所創之因，古老莫傳，圖經罕見。」這是後蜀廣政二十二年（九五九年）立的。這段碑文是研究武則天身世的可靠資料。

武則天，西元六二四年出生於今廣元則天壩，她年方十四時，父親故去。此時，戎馬半生的唐太宗聽說自己的部將利州都督武士彠病故，其女武氏美豔無人照看，便召她入宮。武母楊氏見女兒將永禁深宮，不禁抱頭痛哭，武則天卻說：「入宮得沾天恩，好自爲之，安知非福，何以悲傷」？果然則天入宮受寵，被封爲才人。可惜好景不長，不久唐太宗病重，自知一臥難起。一天，唐太宗突然問武則天：「汝侍朕多年，實難相捨。汝自思將何以自處？」

乖巧的武則天一見太宗有要她殉葬的念頭，趕緊下跪：「妾沾天恩，本當以身相殉，但聖疾未必難痊，故妾亦不敢遽死，情願出宮削髮為尼，吃齋念佛，為陛下祈福祈壽」。武則天削髮為尼是真，但並沒有由此長駐寺院吃齋念佛，她很快又返回唐宮，並被封為昭儀。原來，早在唐太宗駕崩之前，武則天已和太子李治勾搭上。李治視她為國色天香，武則天認為李治不久又是一位天子，果然李治即位後不久，即召武則天返回唐宮。從此，武則天青雲直上，終於金冠珠履，位居中宮。按舊制，皇后是不准過問朝政的，無奈高宗無能，終日沉緬於歌酒享樂中，於是，通文史、善權謀的武則天逐漸越俎代庖，掌握了批閱臣下奏章權。久而久之，李唐大權逐漸旁落。在她六十六歲那年，她終於如願登上女皇寶座，取周武王武周相聯之意，改唐為周。平心而論，武則天堪稱封建時代一位傑出的女政治家。她善於起用良相治國，並開創殿試制度，令九品以上官和百姓可自行薦舉。但晚年豪奢專斷，頗多弊政。西元七〇五年，唐中宗復位，上尊號為則天大聖皇帝，同年，武則天病死。

千百年來，女皇武則天在政治上的業績，生活中的悲歡，曾引起不少人不遠千里來皇澤寺憑弔、瞻仰。

皇澤寺的則天殿裏，有清人王士禎稱女皇為「禍水」的條幅。當然，這是傳統的封建道德觀了。殿的右側一石碑上，有近代文人郭秀農寫的《水龍吟》一詞。詞曰：

休說春宮荒穢，古奸雄大都狐媚。……素於書元，低鬟瑞冕，史編無己。縱滄桑變盡，懸窗帷箔，有龍虎氣。

詞中沒有那種男尊女卑、婦女不能參政管理國家大事的腐儒偏見。看來，郭秀農的看法比王士禎略高一籌。

## 一夫怒臨關，百萬未可傍
### （劍閣劍門關）

「劍閣崢嶸而崔嵬，一夫當關，萬夫莫開。」這是詩人李白當年路經劍門關時發出的驚嘆。關口寬二十米，長約五百米，「兩崖對峙倚霄漢，昂首只見一線天。」當年那位在「安史之亂」中失去江山和美人的唐玄宗，當他返回長安途經劍門時，曾吟詩一首：「劍閣橫雲峻，鑾輿出狩回。翠屏千仞合，丹嶂五丁開」。詩中提到的「五丁」是一個歷史傳說。西元前三三七年，秦惠王欲伐蜀，苦於劍山的險阻。秦惠王用金銀美女誘之，果然蜀王為迎美女而遣五丁力士開道迎接，秦國的張儀等率兵滅取蜀國。直到今天，劍門地區仍流傳「五丁力士」開山的傳說。

歷史上，劍門關被視為蜀北之屏障，凡欲取蜀國者必先攻占劍門，而欲據蜀者也必須守住劍門。而首先利用這一險關的是傑出政治家和軍事家諸葛亮。

諸葛亮出任蜀漢丞相後，面臨一大重任，即如何抵禦曹魏。時漢中爲蜀國的前線，劍門關是成都通往漢中的最重要關隘，又是長安入成都的必經通道。諸葛亮充分估計到這險峻地勢的軍事價值，便在兩崖相對若門處依山砌石爲門，並派兵設尉把守。在戈矛時代，這山口隘束之處成了「一夫怒臨關，百萬未可傍」的天險，諸葛亮還對秦伐蜀時開鑿的棧道作了大規模的整修和擴建。這就是與劍門關連成一體的「劍閣道」，它成爲成都溝通漢中的大動脈。劍門關的設立，大大加強蜀北門戶的防衛設施。當時就有「劍閣修而蜀門始固」的評價。

諸葛亮死後，繼承諸葛亮遺志的蜀漢大將軍姜維，在劍門關列營守關。西元二六三年，魏將鄧艾、鍾會領兵伐蜀，被阻於劍門關外，鍾會的十萬精銳之師面對雄關一籌莫展，若不是鄧艾偷渡陰平成功，無能的劉禪令姜維投降，鍾會的十萬大軍是無法越過劍門關一步的。當姜維和部下將士被迫投降時，拔刀砍石，號哭之聲聞數十里，數十年後，李特路經劍門關時，環顧這斷崖峭壁，不禁感嘆地說：「劉禪有如此地，而面縛於人，豈非庸才。」

現劍門山的最高處有一姜維城，這裏就是當年姜維屯兵把守劍門以拒鍾會之地。清代文人左敹作在《登姜維城》詩中嘆曰：「大劍山高接太清，峭岩攀到上頭平。當年後主已亡國，此地姜維尚守城。」姜維城下有一後人建的姜公祠，祠中有不少頌揚姜維的楹聯，其中一副楹聯寫道：

「雄關高閣壯英風，捧出丹心，披開大膽；
剩水殘山餘落日，空懷遠志，虛寄當歸。」

這副對聯包含著一個感人的故事：姜維歸蜀後，在魏國的母親日夜思念，寫信給姜維時要他買中藥「當歸」，意要他歸魏國。姜維覆信時，卻寄了中藥「遠志」，寓意他要留在蜀國，實現他復興漢室的遠大志向。

姜公祠不遠處有姜維墓，原墳墓前有塊大碑，碑上刻著「漢大將軍姜維之墓」。碑的兩邊還嵌著一副對聯：

智在中原費盡平生膽識，
神棲劍閣永昭千代英靈。

可惜，這石碑和對聯，在十年動亂時被毀。

從史實分析，姜維墓可能是姜維的衣冠墓。姜維是死於成都亂兵中，不可能運到幾百里以外的劍門關埋葬。衣冠墓是後人懷念他爲蜀漢盡忠效力、肝膽塗地而修建的。

劍門關東側的絕壁上，有一人跡難至的石洞，又稱「孔明書箱洞」。傳說諸葛亮在五丈原臨終前，把自己平生撰寫的二十四篇計十萬多字的書簡傳授給姜維。姜維一直帶在身邊，後被迫降魏撤離劍門時，便把它全部藏在這個洞裏。

自從諸葛亮設立了劍門關後，這一南眺西蜀、北枕隴秦的天險，成了歷代兵家必爭之地。古往今來，劍門關經歷過近百次戰役，卻無一例是從關外正面強攻得手的。當然，這天險設置的首功非諸葛亮莫屬，但說到底，劍門關形制的構成還應歸功於遠古的造山運動。在距今七千萬年的白堊紀末，一次大的地質構造運動中，四川盆地褶皺上升，劍門山整個崖層受龍門山褶皺影響，向上推高了數百丈，形成斷裂面峽谷，劍門就在這懸崖斷裂中形成。

自古以來，「劍門天下險」與「峨嵋天下秀」、「青城天下幽」的稱謂媲美於世。

## 文昌帝的誕生地（劍閣翠雲廊）

「棧道千里，通於蜀漢」。從劍門關距古蜀道南端的梓潼之間，則是著名劍門蜀道的「三百長程十萬樹」的翠雲廊。翠雲廊可稱爲蜀道上一奇景。看那漫山遍野的古柏，翠森森，莽蒼蒼。清康熙三年（一六六四年）劍州知州喬鉢路過這裏，被這裏的奇景震驚，他寫道：「劍門路，崎嶇凹凸石頭路，兩行古柏何人植？三百里程十萬樹。翠雲廊，蒼煙爐，苔花蔭雨濕衣裳，回柯垂葉涼風度。無石不可眠，處處堪留句！龍蛇蜿蜒山纏亙。傳是昔年李白夫，奇人怪事教人妒！休稱蜀道難，莫錯劍門路。」後來，人們就根據喬鉢的詩稱此道爲「翠雲廊」。

相傳三國蜀漢時，一次張飛頭頂烈日帶兵過此，酷熱難當，便下令兵士植樹。結果「上午植樹，下午成蔭」，後來，人們就稱這些柏樹爲「張飛柏」。當然，這只是三國舊地遺蹤的傳說。那麼，是誰率先在這裏大規模地植柏呢？喬鉢詩裏已說得明白「傳是昔年李白夫」。

李白夫，明代正德年間劍州知州。他在徵調民伕整修劍閣至梓潼的驛道時，於兩旁植柏樹十萬株，翠雲廊古道開始形成。清代乾隆年間，宦遊外交的潘滓父子回鄉培植「風脈樹」時，就在七曲山遍植柏樹。相傳在遠古時，禹王欲砍伐七曲山的古柏造獨木船，消息傳來，山上的樹竟化爲童子跪地向禹王求饒，禹王於心不忍只好罷手。至今在山頂上還有一株蒼老的柏樹日夜向四方張望，人們又把它稱爲「神童柏」。當然，這只不過是些助人遊興的傳說而已。但從此以後，梓潼的地方官都曾下過「官兵嚴禁砍伐」古柏的保護令。皇帝也親自頒過保護「聖旨」。所以民間又把這裏的古柏稱爲「皇柏」。歷屆縣令離任，都要和繼任官員辦理「皇柏」交接手續。如今，梓潼人民植樹造林和珍惜古柏已蔚然成風。

沿翠雲廊南下距梓潼縣城約二十公里處的上亭鋪，有一大石龜（贔屓）背馱著一座高約一點五丈的石碑，上面刻著「唐明皇帝蜀聞鈴處」幾個大字。唐天寶十四年，安祿山在范陽起兵反唐，並攻下長安。唐明皇李隆基帶著寵妃楊玉環倉皇南逃。剛出長安不久，便發生了馬嵬坡兵變。唐明皇在士兵的威迫下只好割斷恩愛，賜死貴妃。一路上，唐明皇驚驚惶惶、滿懷憂愁逃到梓潼縣境的上亭鋪驛外的寺廟夜宿。愁腸百結的唐明皇被大殿檐角的風鈴叮噹聲擾得坐立不安，在思念著昔日的寵妃，正是「行宮見月傷心色，夜雨聞鈴腸斷聲」。

從上亭鋪南行不遠，便到了著名的文昌帝的發源地——七曲山大廟。這是古蜀道上保存最完整、規格最宏偉的元、明、清三朝的古建築群。巍峨的七曲山大廟，最早是當地人們紀念張亞子的善板祠。張亞子何許人也？據《明史·禮志》記載，張亞子，東晉人，祖居越嶲郡，後遷來梓潼七曲山。張亞子為人忠厚，通曉詩書，懂得醫理。在戰亂頻繁時期，張亞子常扶貧濟危，為窮人診病施藥，深受百姓愛戴，死後，人們為紀念他立祠建廟。這「亞子祠」怎麼又成了道教文昌帝的發祥地呢？這得從古人「天人一理」的觀念說起。

古時，人們把掌管官吏祿籍和科舉功名的尚書省稱為文昌府。人世既有管祿籍功名之官，那麼天上定有司籍功名之神，遂指天上某一星座為文昌星或文曲星。道家測出梓潼為文昌星位，故傳言張亞子奉玉皇大帝旨意掌管文昌府事和人間功名祿籍。不過，當時張亞子的地位遠未有唐宋以後顯赫，也還談不上「稱帝」。他的地位提高，還有賴於人間「皇帝」的「提攜」。唐天寶年間，唐玄宗因避戰禍逃到四川梓潼的「亞子祠」。這天晚上，唐玄宗夢見張亞子告訴他，安史之亂不日平定，長安即將光復。唐玄宗醒後半信半疑。但不久，果然接到安史退兵的捷報。唐玄宗大喜，便封張亞子為左丞相。至今唐玄宗睡過的石床仍在七曲大廟裏。這長約六尺寬約三尺的石床被人稱為「應夢仙臺」。宋真宗時張亞子又被封為「英顯王」。宋紹興丙寅年按王府格局營建王宮，張亞子也一直官運亨通。南宋時，光宗皇帝晉封張亞子為文昌帝君。至此，張亞子始稱「帝」。「亞子祠」又被封為「文昌宮」。文昌帝尊號一定，立即得到各地響應，因功名祿籍乃是封建時代讀書人的生命，天上的星來掌管未必太渺茫了，現在七曲山出現了一個掌管功名祿籍的文昌帝，何不在地上供奉文昌帝，總比祈求天上的星來得現實。於是，各地都爭相興建文昌宮、文昌塔。到明清兩代，官府甚至規定各地鄉紳修建文昌祠廟，並頒發嘉獎。此後，全國各地修建文昌祠廟蔚然成風。它們所供奉的文昌帝君全都源於梓潼，故文昌帝君又稱梓潼帝君，梓潼的「文昌宮」則成為文昌帝鄉了。

梓潼的文昌宮後又稱為「文昌靈應祠」。

「文昌靈應祠」改稱為「七曲山大廟」還與明末農民

大順政權的八大王張獻忠有關。明崇禎年間，張獻忠率兵到了梓潼，這天他到文昌靈應祠秉燭焚香聯宗祭祖，張獻忠跪到張亞子像前大聲說：你姓張，咱老子也姓張，咱們聯了宗罷！隨後，張獻忠對衆人說，張亞子乃咱祖宗，從今以後，這裏就是咱張家太廟了。「太」、「大」同義，故被稱爲大廟。「七曲山大廟」的名稱也就傳至今天。

江油遊覽示意圖

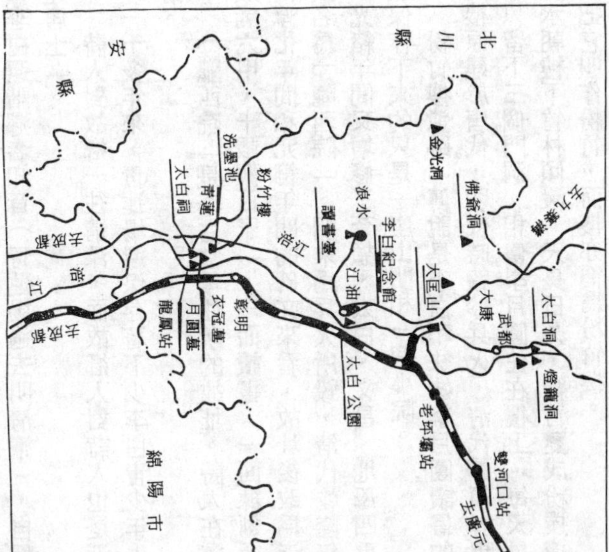

## 太白故里有遺風（江油李白故居）

凡是讀過李白詩歌的人，都會對他那首「床前明月光，疑是地上霜。舉頭望明月，低頭思故鄉。」的絕句留下深刻的印象。千百年來，這首絕句震撼了多少遊子的心靈。可是，你可否知道，詩人靜夜苦戀的故鄉是在哪裏呢？就在四川省江油縣的青蓮場。李白其它詩篇，如「朝憶相如臺，夜夢子雲宅」，「三春三月憶三巴」等詩句，都表達了他對蜀中故鄉的眷戀。

不過說李白的故鄉在青蓮場是比較含糊的，因爲人們一直弄不清青蓮場是李白出生的地方，還是他青少年時代生活過的地方。李白的生前好友魏顥說李白是出生於現在的青蓮場。李白的族叔李陽冰，也說李白的雙親是在「神龍之始」，「逃歸於蜀」，才生下李白的。不過按李白自己的說法，「神龍之始」應是西元七〇五年，李白已是五歲了。

不管李白是不是出生於現在的青蓮場，但可以肯定地說，四川的青山綠水曾陪伴著這位大詩人度過其幸福的青少年時期，給詩人留下極美好的印象，這裏的一草一木，曾給予了詩人豐富的「營養」。所以李白往往以蜀中人自稱，說他：「家本紫雲山。」紫雲山在當時的彰明（江油的古稱）縣南四十里。爲了寄託懷念故鄉之情和養育之恩，李白還諧鄉名知音（青蓮場過去叫清濂），自稱爲「青蓮居士」。

詩人對故鄉一往情深，而故鄉人對詩人也是深情難忘。一千多年來，青蓮場還保存著不少李白青少年生活的遺跡。

「隴西院」是李白當年住所的故址。詩人在這裏「五歲誦六甲，十歲觀百家」，一面讀書，一面練劍術。據宋代淳化年間和元符年間的碑文來看，故址後改爲寺院，正式名爲「隴西院」。明末爲兵火所毀，清代乾隆年間重建，光緒年間又增修了蒼頡、太白、文昌、地母四重殿。現在保存下來的只是一座山門和一個小院。

粉竹樓遺跡，傳說是李白和妹妹李月圓讀書的地方。此樓原建於唐代，明代時毀於兵火，清代修復，現樓已毀，只留下三個門洞。相傳李月圓住在樓上，每天早上把洗臉水朝樓下竹林傾潑。天長日久，綠竹變成粉撲撲的，民間把它叫作粉竹，而樓亦稱爲粉竹樓。

洗墨池，相傳是李白當年洗筆滌硯的地方。李白不僅詩才無敵，而且字也寫得很好。著名書法家黃庭堅在《題李白詩草後》說，李白的草書風格，「大類其詩」。可見當年李白在書法方面是下了不少功夫的，在當地影響很大。

匡山書院，在江油縣城附近三十公里處。李白少年時，曾在這裏讀書學劍十年。遠在隋唐時代，這裏就修了廟宇，不過規模較小，但在當時是遠近學子求學問道之所。李白當年學成回家時，曾寫下了《別匡山》這首詩：「曉峰如畫碧參差，藤影風搖拂檻垂。野徑來多將犬伴，人間歸晚帶樵隨。看雲客倚啼猿樹，洗鉢僧臨尖鶴池。莫怪無心戀清境，已將書劍許明時。」杜甫寄李白詩：「匡山讀書處，頭白好歸來」，即指此處。

在近年興建李白紀念館中，我們還可以看到一座古樸粗獷的石牛。據記載，李家附近山溝裏有一塊黑石頭，遠遠看去，頗像一頭臥在草叢的水牛。少年李白爲此題咏道：「此石巍巍活像牛，埋藏此地數千秋。風吹遍地無毛動，雨滴渾身似汗流。芳草齊眉弗入口，牧童報角不回頭。自來鼻上無繩索，天地爲欄夜不收。」寫得相當生動有趣。這頭其貌不揚的石牛，因爲李白的題咏而在當地出了名。

## 落鳳坡上英雄憾（德陽落鳳坡）

提起落鳳坡，人們很自然就會想到龐統。龐統字士元，襄陽人，是三國時期著名的謀士。東漢建安十六年（二二一年），龐統以軍師中郎將隨劉備進取西川，準備大展鴻圖，創功立業，可惜在一次戰鬥中英年早逝，留下千古遺憾。落鳳坡就是他戰死的地方，今在四川德陽縣羅江鎮白馬關的川陝公路旁。

龐統初入政壇時，只是個小小功曹。赤壁一戰，龐統初露鋒芒，他巧授連環計，使曹操把戰船連在一起，爲火燒赤壁立下了奇功。後來，他投奔劉備，但未得劉備賞識，只讓他做個小小的朱陽縣令，爲此，他整天鬱鬱不得志。章回小說《三國演義》作者把這件事情發揮成這麼一個故事：龐統到了任上，「不理政事，整天飲酒爲樂」。張飛巡視來到縣衙，看見他酒醉未醒，不禁勃然大怒，責問他爲什麼荒廢了公事。龐統微微一笑，說：「這麼個百里小縣，有多少公事好處理：請你稍坐一會兒，我馬上發落。」說完，就當著張飛的面處理積壓公文，只見他「手中批判，口中發落，耳中聽詞，曲直分明，並無分毫差錯」，不到半天的功夫，就把積壓一百多天的公文處理得一乾二淨，使張飛爲之改容，深深折服。

後由於諸葛亮和魯肅的極力推薦，說「龐士元非百里之才」，劉備才起用了他，讓他當了軍師中郎將。這位蓋世奇才，終於有了施展才幹和智慧的機會，爲劉備出了不少的奇謀良策。他看到劉備借占荊州不是長久之計，便勸劉備另圖發展，他說：「荊州地荒人貧，東有孫吳，北有曹氏，鼎足之計，難以得志」。主張西入益州（成都），那裏兵多糧足，足「可以成大事。」劉備聽從了他的計策，揮兵入蜀。作爲隨軍軍師的龐統，在許多關鍵時刻，出了不少出奇制勝的好主意，使劉備在四川步步得手。當時世人都把龐統的雄才膽略與諸葛亮並論而題，民間有「伏龍、鳳雛，兩人得一，可安天下」之說。

當劉備軍隊進到涪城（今綿陽）時，龐統又給劉備出了個主意，叫劉備趁劉璋前來迎接的機會，把他殺掉，然後奪取成都。心慈手軟的劉備沒有採納這條建議。以後龐統又獻了上、中、下三條奪取成都的計策。上策是趁劉璋不備，偷襲成都；中策是僞裝要撤回荆州，誘使涪城守將楊懷、高沛前來送行，然後乘機把他們殺掉，收編他們的軍隊，再取成都；下策是退守白帝城，等蜀中內亂，再乘亂取代之，劉備認爲上策太急，下策太緩，取了中策。在誘殺了楊懷、高沛以後，劉備軍隊隨即南下進逼成都。

當時劉璋在成都之「門戶」的雒城一帶布有重兵防守。雙方在這裏進行了持續近一年的戰鬥。建安十九年，劉備和龐統在向雒城進軍途中，龐統的坐騎驚蹶，劉備乃以自己的白馬換龐統的胭脂馬，後人因名此地爲換馬溝。七月七日，龐統領兵行至鹿頭山的鹿頭關，中了埋伏，劉璋的士兵以爲騎白馬的是劉備，於是集中兵力，亂箭齊發，龐統中箭落馬身亡，時年三十六歲。劉備聽了這個消息之後痛苦萬分，追贈他爲關內侯，諡號靖侯，葬於關上，建祠祭祀。因爲龐統號鳳雛，落鳳坡因此而得名。後人根據劉備換白馬的故事，改鹿頭山爲白馬山，叫鹿頭關爲白馬關。

現在的落鳳坡下，仍立有兩塊石碑，一塊寫著「落鳳坡」三個隸體大字，另一塊上寫「盡忠碑」字樣，這是埋龐統血衣的墓，據說龐統就在這裏中箭身亡的。離這裏約半公里遠的地方，有龐統祠和龐統墓。龐統祠最早建於三國時期，由於戰亂的破壞，龐統祠原來的建築已看不到了。今天的龐統祠，是清朝時重修的。祠院天井的兩棵古柏，相傳是當年張飛爲了紀念龐統而親手栽種的。殿門西邊的石柱上，刻著兩副對聯，一副是「天傳龍鳳今何在，長使英雄淚滿襟」，另一副是「眞儒者不圖文章名世，大丈夫當以革囊裹身」，讚揚了龐統投筆從戎血染沙場的大丈夫氣概，同時又表達了人們對他「出師未捷身先死」的痛惜之情。人們沒有忘記他，南宋詩人陸游《過龐士元墓》詩中，有「士元死千載，父志歲時思」的咏讚。直到今天，每年的正月二十七日，當地人還來到這裏爲龐統點上生日壽燭，懷念這位早逝的英雄。

# 桂湖謫子情（新都桂湖）

四川省新都自古多桂花。明代中葉時，新都的桂湖即以桂花著稱。每年中秋桂花開放時節，當地人舉辦傳統的「桂花會」，而桂湖則是最佳的賞桂地點。新都人偏愛桂湖的桂花，這和楊升庵有很大的關係。

楊升庵名愼，是明代著名的學者，當地人。他自小聰穎好學，明正德六年（一五一一年）二十四歲的楊升庵參加殿試中了狀元，被任命爲翰林院撰修。

當時正德皇帝是個昏君，整天沉溺於聲色犬馬之中，不問政事。楊升庵少年氣盛，多次上本勸諫。正德皇帝不予理睬。楊升庵十分失望，於是稱病告假回到家鄉，在桂湖岸畔讀書吟詩。不久便和一位美貌多姿、才華橫溢的女子黃峨結爲佳偶。黃峨是當地的名門閨秀，父親曾官至尙書。她從小受到家庭的薰陶，不但琴棋書畫無所不通，詩文散曲運筆成章，而且天生麗質，端莊窈窕。婚後夫妻和睦，情投意合。兩人在湖邊種下不少桂花，還常在桂下遊玩，賞桂賦詩，夫唱妻和。

婚後第二年，楊升庵進京復官，誰也想不到這竟引出了一場愛情悲劇！復官不久，正德帝崩逝。遺詔由皇考孝宗（朱祐樘）的堂弟、興獻王朱祐杬之子朱厚熜襲皇位。嘉靖皇帝即位後六天，即詔諭群臣，想給自己的父親興獻王上皇考的尊號。這件事引起了朝廷的分裂，以楊升庵父親、大學士楊廷和爲首的一派，爲維護皇統，力主稱孝宗爲皇考，另一派則討好皇帝，主張以興獻王爲皇考。這場「議大禮」的糾紛鬧了三年，最後發展到二百二十九名朝廷命官赴左順門跪諫，反對把興獻王封爲興獻皇帝。這下子「龍顏大怒」的嘉靖皇帝下令逮捕了二百二十名官員，被廷杖了一百八十餘人，被杖死者一十七人，另有八人，被充軍邊疆，楊升庵的父親楊廷和被削籍爲民，楊升庵被廷杖兩次，幸免於死，最後被充軍到雲南永昌。

楊升庵在雲南，達三十五年之久，直到老死戍所。因屬罪臣，不能帶家屬。黃峨留在桂湖，獨守空幃。在漫長的流放歲月裏，夫妻倆相隔千里，但始終恩愛如初。他們通過互遞詩詞的形式，傾訴自己的心聲，相互慰籍。黃峨的一首《七律》寫道：「雁飛曾不到衡湘，錦字何由寄永昌。三春楊柳妾薄命，六詔風煙君斷腸。曰歸曰歸愁歲暮，其雨其雨怨朝陽。相逢空有刀環約，何日金雞下夜郎。」還有一闕《黃鶯兒》詞寫道：「積雨釀春寒，見繁花，樹樹殘。泥塗滿眼登臨倦，江流兒灣，雲山幾盤。天涯極目空腸斷，寄書難，無情征雁，飛不到滇南。」楊升庵也寫了不少詩詞給愛妻，他有一首詞這樣寫道：「夜雨滴空階，傍愁人，枕畔來，鄉心一片無聊賴，淚眸懶開，狂歌懶裁。沈郎多病寬腰帶。望琴臺，迢迢天外，懷抱幾時開？」這些纏綿悽切、泣血凝成的詩章，爲我國文學寶庫增添了內容。

楊升庵夫婦在患難中的互敬互愛，使楊升庵發奮寫書，寫出了四百餘種著述，他的《滇載記》、《滇侯記》、《滇程記》、《南詔野史》、《雲南道志》等著作，全面反映了明代各民族的政治、經濟、文化、歷史等方面情況，內容廣泛，塡補了西南文化的一個大空白，在明代所有文人學者中，他的著述是最多的。

楊升庵夫婦的眞摯愛情，贏得後人的同情和尊敬，後人將他們的詩作輯成《陶情樂府》和《楊夫人樂府》。近人又將兩人之作合編爲《楊升庵夫婦散曲》。在桂湖楊升庵故居，當地人建了一座升庵殿，紀念這位對中國文化作出巨大貢獻的學者，歌頌他們夫婦堅貞不渝的愛情。

## 落難皇帝建寶塔（新都寶光寺）

號稱成都三大伽藍之一的寶光寺，位於成都北郊的新都縣內。它創建於東漢，隋代稱大石寺。這座規模宏偉，經典文物豐富的寶光寺，又被稱爲四川佛教叢林之冠。

寶光寺以「舍利寶光」而聞名。說起「舍利寶光」，得從落難皇帝說起。唐廣明元年（八八一年），黃巢農民義軍攻破長安，唐僖宗李儇倉皇出逃。次年，他逃到四川並曾駐蹕於新都，並以此寺內修行宮。時寺內有方形一木塔，這就是著名的無垢淨光舍利塔。俗話說：「救人一命，勝造七級浮圖」。「浮圖」是印度梵文譯音，意爲塔。何以又稱爲舍利塔呢？佛經上說，釋迦牟尼死後，屍體被火焚化，變成各色晶瑩的珠子。這些珠子及骨頭、牙齒等就被叫爲舍利。塔就是爲埋葬佛的舍利而建的。話又說回來，時唐僖宗住在寺內，常見木塔下發出異樣祥光，便命人發掘，結果挖出一個內藏有十三顆舍利子的石匣。唐僖宗認爲是吉祥之兆，遂命重修廟宇，並將原木質塔改建爲十三層磚塔，置舍利子於塔下，並將塔改名爲舍利寶塔。大石寺也就隨之易名爲「寶光寺」了。

如從寺塔的形式及布局來看，寶光寺還有一奇。由唐僖宗始建，並經歷代修繕的舍利塔是一方塔。隋代以前，我國的佛塔以方形木塔爲主，我國最早的佛寺洛陽白馬寺就是方形的。但自唐代起，塔的平面普遍爲六角形、八角形、圓形和棱形等。目前我國留有方塔已極爲少見了。舍利寶塔還有一處與衆不同，它從第六層起，塔身不是漸細而是漸大，這樣一來，人在塔下往上看，就會產生一種塔身壓頂欲倒的感覺。這就是利用建築藝術使人對佛產生一種畏懼心理。更爲難得的是，寶光寺的格局保留了我國早期佛教寺院建築中的「寺塔一體，塔踞中心」的典型布局。通過十三米的舍利寶塔屹立在寶光寺的中軸線上，天王殿、七佛殿相呼應，左右有鐘樓、鼓樓相對峙。自唐朝後，佛寺布局開始以殿堂爲主體，塔建在寺後或寺旁。早期那種「寺塔一體，塔踞中心」的寺院已極爲少見了，就連原以佛塔爲中心的洛陽白馬寺，經改建後也已面目全非了。難怪一些古建築學家說，以塔院爲中心的古式布局在唐代以後的中原已失傳了。殊不知在成都的北郊仍保留一座。所以，承襲古制的寶光寺確値一看。

寶光寺的羅漢堂也譽滿禪林。羅漢是小乘佛教理想的最高果位，應受衆生供養，故羅漢像乃顯衆生像。寶光寺的五百羅漢塑像與人類風貌相似，看上去似曾相識，這組羅漢是我國南北兩種流派的產物。造型誇張的北派，形態自然的南派，各顯神通。建於清咸豐元年（一八五一年）的寶光寺五百羅漢，是四川目前保存最爲完整的一處，實爲難得的藝術珍品。

寶光寺的文物十分豐富，有南朝梁武帝大同六年（五四〇年）雕刻的「千佛碑」，唐僖宗行宮倖存下來的石礎，清光緒三十二年（一九〇九年）暹羅（今泰國）國王所贈的貝葉經《妙法蓮花經》；字畫方面，有元代趙子昂的群馬，明代江南才子唐伯虎的山水畫，以及近人張大千的水月觀音，徐悲鴻的奔馬等。因此，寶光寺又被人稱爲小型的「博物館」。

## 昭烈廟成武侯祠（成都武侯祠）

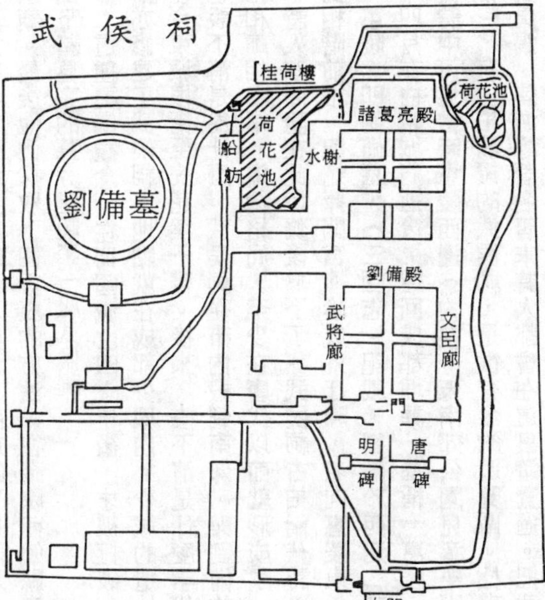


中國歷代文臣武將的廟不少，可是卻很少有奉祀帝王

的廟。四川成都現存一個蜀漢皇帝劉備的「昭烈廟」，卻被世人稱爲「武侯祠」。這種張冠李戴的錯誤，說明了人民對於歷史人物的品評，絕不是取決於名位的高低。正如武侯祠內一首詩所說的：「門額大書昭烈廟，世人都道武侯祠；由來名位輸勛烈，丞相功高百代思。」

諸葛亮字孔明（一八一——二三四年），三國時期蜀國丞相，治蜀近二十年，他「科敎嚴明，賞罰必信，無惡不懲，無善不顯，至於吏不容奸，人懷自勵，道不拾遺，強不侵弱，風化肅然也」。深得民心，在中國是個家喻戶曉的人物，在人們的心目中，他是個智慧的化身。而劉備以一個「販履織席」之夫，拉隊伍，轉戰各地，屢遭挫折，最後入據四川，建立蜀國，與魏、吳形成鼎足之勢，雖不愧是個歷史上的英雄，但如果沒有諸葛亮這位運籌帷幄、指揮若定的輔佐人才，劉備是當不上皇帝的。另外，劉備還有任人唯親、剛愎自用的致命弱點。他不聽諸葛亮的意見，派關羽鎭守荊州，結果鑄成大錯。最要命的還是他知錯不改，不聽勸告，親率大軍伐吳，破壞了原來「聯吳抗曹」的國策，最後兵敗猇亭，演出了白帝託孤的悲劇。大概是這些原因，後人在評說這段歷史時，總是揚諸葛亮而抑劉備。所以劉備雖是皇帝，卻是遠不及諸葛亮得民心的。然而在傳統封建禮敎中，皇帝是「眞命天子」，是至高無上的人。於是，就引出了這麼一場「名位」與「勳烈」的「糾紛」。諸葛亮死後，各地就紛紛要求立廟紀念。然而蜀漢「朝議以爲禮秩不聽」，不讓建廟，老百姓只好在街頭巷尾祭祀起來，雲貴一帶的少數民族則在荒山田野舉行祭祀。這種狀況的出現，給遵循封建禮儀的蜀漢朝廷出了個大難題，「若盡順民心，則瀆而無典，建立京師，又偪宗廟」，到處立廟褻瀆了典章，而京師又只能建皇室宗廟。最後他們採取了個折衷的方法，在今陝西勉縣定軍山下諸葛亮的墓旁建起了一座武侯祠。

這種禮儀觀念，在蜀國滅亡四十年後，才被打破，成都亦修建了武侯祠。地點就在成都少城內。少城的遺址約在今東城根街至浣花溪一帶。後來，查不清是什麼年代，也說不清是爲什麼，武侯祠從市內搬到南郊，與劉備的陵墓和廟相毗鄰。這種格局，至少在唐代以前就形成了。晚唐詩人李商隱在此遊覽後寫下了《武侯祠古柏》一詩：「蜀相階前柏，龍蛇捧閟宮。陰成外江畔，老向惠陵東」。「惠陵」即劉備墓，《三國志》記載，劉備於西元二二三年四月在白帝城病逝後，運回成都埋葬，墓稱『惠陵』。從詩中可見當時惠陵西邊（約在今天南郊公園兒童樂園一帶），有古柏蓊鬱的武侯祠，是很有名的遊覽區。杜甫、劉禹錫、陸游等著名唐宋詩人都曾在這裏遊覽過。把武侯祠和劉備墓、先主廟相存並立，可以說是世人更進一步表達自己對諸葛亮的尊敬和喜愛的感情，「附祠於昭烈，則侯之忠益明」。

到了明代初年，朱元璋第十一子朱椿被封在四川爲蜀獻王。他認爲一個大臣的祠和一個皇帝的廟並列相存，不合禮制，不成體統，便下令廢棄了武侯祠，另在劉備廟內劉備廟塑像的東側塑了諸葛亮像，與西側的關羽、張飛像一同作爲劉備像的陪襯。但是，這位蜀獻王萬萬沒有想到，後世民間反倒稱這裏爲武侯祠，而不稱爲劉備廟，甚至產生「以武侯廟廟先主」的說法，認爲廢棄的是劉備廟而不是武侯祠，是劉備像併入武侯祠中了。

明末，在戰亂中昭烈廟被毀成一片瓦礫。清初康熙十一年（一六七二年），當地人在舊址的廢墟上重建祠廟，布政使宋可發在重修碑記中說，在劉備墓旁，屹立著丹楹畫棟的武侯祠，與君臣之義不合。但要讓諸葛亮與一般文臣武將並列，又實在與民心相逆。面對這一矛盾，宋可發採取了一廟兩殿、君臣合祀的辦法，既可以敷衍正統的封建禮教觀念，又順從了民意。其實修建者自己心裏明白，在惠陵旁邊重建的是武侯祠，而不是昭烈廟。因爲中國的祠廟，歷來以前殿爲次，後殿爲主。他們留下的碑記乾脆就把碑名叫作「重建諸葛忠武侯祠碑記」。

這種偷樑換柱的手法，引起了一些封建衛道士的異議。乾隆二十一年（一七五六年），四川布政使周琬說：「以今地爲武侯故祠而昭烈移入者，與舊志不合。」在他的壓力下，武侯祠的名稱又變了回去。道光年間修整祠廟時留下的石碑，碑名就叫作「重修蜀漢昭烈廟碑記」。維修者還有意把諸葛亮殿修得比劉備殿矮小，並在大門上懸上醒目的「漢昭烈廟」金字大匾。然而這些並未影響人們對諸葛亮的仰慕心情，也未能改變人們對武侯祠的稱呼。這種稱謂，一直沿襲下來，直到今天。

一九六四年二月十二日，陳毅同志遊覽武侯祠時，武侯祠的這段歷史引起了他的注意，他感嘆地說：「人們敬慕孔明反勝昭烈其故何也？余意孔明治蜀留有遺愛，千秋公論，不隨俯仰。其餘若人不能自立，欲依附光澤以自顯，其速朽必矣。」這段話，應是昭烈廟成武侯祠的一個很好的注解。

## 劉備墓的疑團（成都劉備墓）

劉備墓，史稱「惠陵」。這座歷時一千七百多年的帝王古冢就在現在的成都武侯祠內。進了武侯祠大門往左走，穿過「漢昭烈陵」墓道，就可以看到劉備墓的享殿、牌坊和陵墓。

劉備墓封土高十二米，周長一百八十米，像一座小土丘，沒有一般的封建帝王陵墓的那種排場和氣派，這恐怕是諸葛亮崇尚節儉，加上當時內憂外患，無暇顧及的緣故。儘管如此，劉備墓對世人還長期保存著其魅力，一年四季遊人不斷。同時它還受到歷代的保護。唐代這裏曾設有守陵戶看管，明清兩代，四川的最高統治者親自出面維修陵廟，並年年在這裏舉行祭祀劉備的活動。明末，四川陷於戰亂，「王公墳墓，莫不掘毀無遺，獨昭烈一家，歷久常存，巍然如故。」翻遍史籍，迄今找不出劉備墓被挖掘的記載，這是很難得的。爲此，古人在享殿上掛有這麼一副饒有興味的對聯：「一抔土尙巍然，問他銅雀荒臺，何處尋漳河疑塚；三足鼎今安在，剩此石麟古道，令人想漢代官儀」。

然而，這座歷代人頂禮膜拜的劉備墓是不是眞墓？會不會是諸葛亮仿照曹操的做法而設下的疑團？這個疑團長期繚繞在人們的心頭。

據史書的記載，應該說是不存在這個問題的。按《三國志》陳壽的說法，劉備是率兵伐吳失利後，章武三年（二二三年）舊曆四月病死於永安宮（在今四川奉節縣內），五月，「梓宮自永安還成都，謚曰昭烈皇帝，秋八月，葬惠陵。」《華陽國志·劉先主傳》亦有同樣記載：「章武三年五月，梓宮至成都，謚曰昭烈皇帝，秋八月，葬惠陵。」與劉備合葬在一起的，還有甘、吳夫人。甘夫人是劉禪之母，比劉備早死十六年，葬於南郡（今湖北江陵），章武二年，追謚爲「皇恩夫人」。遷葬於四川，還未運到，劉備已死。根據諸葛亮的建議，合葬「惠陵」。吳夫人，即吳壹的妹妹，劉備死後二十二年，吳夫人病死，也合葬惠陵，追謚「穆皇后」。

但人們對此記載，長期以來有所懷疑。主要根據是：一是劉備舊曆四月病死，時值初夏，當地一般氣溫都在三十度至三十五度以上，空氣較爲潮濕。屍體較難以保存。從奉節把屍體運回成都，要走一個月，屍體難免腐爛發臭，即使用現代防腐技術，也難保存那麼久。而且劉備是在八月才下葬，時間相隔四個多月。不能運屍體能不能運骨殖呢？這也是很難辦到的。要使劉備的屍體腐爛完，只剩骨頭，辦法是露屍曝曬於烈日之下，讓其速腐，或者人爲地去肉存骨，採用這兩種方法是要犯大逆之罪的，諸葛亮等人既不敢想，更不敢這樣做。如果採用古代巴人的兩次葬法處理，先將劉備屍體暫埋地下，聽其自腐去肉，然後拾骨轉運成都安葬。這種辦法幾個月內肯定爛不完，反會弄得臭不堪近，面目全非，目不忍睹。這亦是不可能的。另一疑點是據有關史籍記載，劉備和甘夫人是合葬的。劉備葬惠陵，甘夫人也應是隨葬惠陵，但尋遍成都，都找不到甘夫人墓。

那麼，眞正的劉備墓應是在哪裏呢？人們多傳說爲在白帝城。在奉節縣府第二招待所處，解放後尙有人見過甘夫人墓。還有人說劉備於章武二年改魚復爲永安，時已重病在床，自知不能久在人世。所以他改魚復爲永安，意思含有永遠安臥的地方，由此劉備葬在奉節，這本身就是劉備的遺囑。據傳諸葛亮葬劉備於永安時，曾說過：奉節「爲帝王之都，日有千人拱手，夜有萬盞明燈。」「日有千人拱手」者，船工推撓之形象也，「夜有萬盞明燈」，是指城內萬家燈火。

然而此說的反對者也大有人在，說劉備墓在奉節白帝城，迄今還找不到有力的令人信服的根據，而史籍對於劉備墓在惠陵，卻是肯定無疑的，不能因爲屍體運輸問題暫未了了，就據此否定史實。劉備自詡爲漢之正統，漢制禮儀，世襲不變。甘夫人遷葬於蜀都，剛好劉備死了，兩人合葬一穴，完全符合禮制，把劉備運回都城安葬，也是情理之中。若放在白帝城，於禮儀失之已遠，古人是通不過的。

看來，這場爭論還會繼續下去的。

## 武侯祠中的朝廷（成都武侯祠）

走進成都武侯祠，人們仿佛跨進了一千七百多年前三國時期蜀國的「朝廷」：蜀國的開國皇帝劉備頭戴平頂冕冠，身著金袍，手捧圭玉，端坐於大殿正中，關羽、張飛奉侍於左右，殿前東西兩廊排列著文臣武將。這些逼眞的泥塑像，祠內共有四十七尊，其中四十尊塑的都是見諸史籍的蜀漢歷史人物。與我國其它寺廟祠觀相比，武侯祠擁有如此衆多的歷史人物塑像，這是獨具特色的。

武侯祠塑像群的形成，是有一個歷史發展過程的。最早的昭烈廟、武侯祠有無塑像？其形制、規模已無可考。如今立在武侯祠內的唐元和四年（八〇九年）裴度《蜀丞相諸葛武侯祠堂碑》稱：「隨旌旆而爰止，望祠宇而修謁。有儀可像，以赫厥靈」，這應是見祠內塑像的最早記載。該碑碑陰又刻有唐太和九年（八三五年）楊嗣復《祠祭畢題臨淮公（裴度）舊碑》五言詩稱：「謀猷期作聖，風俗奉爲神。酹酒成坳澤，持兵列偶人。」可見唐代武侯祠已有諸葛亮像，同時祠內還有「持兵」的「偶人」。同期昭烈廟的塑像情況仍不清楚。自北宋初年開始，祠廟中的歷史人物塑像增多，據《太平寰宇記》載，當時昭烈廟、武侯祠、劉禪祠有劉備、劉禪、劉湛、關羽、張飛、諸葛亮、諸葛瞻七尊塑像。到了明代，蜀獻王朱椿重修昭烈廟，並把武侯祠廢了，當時廟內有四尊塑像，劉備位中，諸葛亮和關羽、張飛附左右，以後又增塑了劉湛、諸葛瞻、諸葛尙和傅僉的塑像。明末祠廟毀於戰火。清康熙十一年（一六七二年），在當時的布政使宋可發的主持下，在昭烈殿後建諸葛亮殿，基本形成了今天武侯祠這樣的格局。諸葛亮殿有諸葛亮祖孫三代的塑像，其禮儀「如家庭禮」

，劉備殿排列兩行文臣武將，位次禮儀「如朝廷禮」，以後又經過幾次小調整，才形成現在的塑像布局。

由於塑像的創作經歷了漫長的歷史時期，受到日益廣泛傳播的儒家思想的影響，目前我們所看到的這種塑像布局，是一種不斷篩選、不斷「純化」的結果。

武侯祠原來只有諸葛亮的塑像，後來加上諸葛亮的兒子諸葛瞻、孫子諸葛尚的塑像，是對諸葛亮三世忠貞的高度評價。景耀六年（二六三年）冬，魏國派鄧艾領兵攻蜀，兵臨江油，成都告急。諸葛瞻奉命帶兵抵抗，前鋒受挫，只得退縮綿竹，這時鄧艾派人來勸降，並且說，只要他投降，便可以做琅邪王（琅邪是諸葛亮之故鄉）。諸葛瞻怒斬來使，沉重地說，我對內不能除掉作亂的宦官黃皓，對外不能控制姜維，現在又不能禦敵於江油，「吾有三罪，何面而反」，決心以死報國。第二天，他率將士在綿竹城郊與敵軍決戰，把雙腳埋在土裏，表示寧可戰死也不後退一步，最後死在戰場上，時年三十七歲。其長子諸葛尚見父戰死，他悲嘆道：「父子荷國重恩，不早斬黃皓，以致傾敗，用生何爲！」後單騎衝入敵陣，浴血拚殺，也戰死在沙場上，時年不足二十歲。史書稱他們是，「外不負國，內不改父之志。」

在歷史上，劉備廟中是有劉禪的塑像的。起碼在南宋年間，還見諸於有關史料。一直到明代武侯祠與劉備廟合併時，劉禪才被「開除」出去，取而代之的是立了劉禪的兒子劉湛的塑像。這是人們認爲劉禪是個「敗家」皇帝，而他的兒子劉湛能盡忠殉國。劉禪小名叫阿斗，劉備在白帝城託孤，劉禪在諸葛亮的輔助下當了皇帝。他在位達四十一年之久，但昏庸無能，特別是在諸葛亮死後，他把朝廷搞得很腐敗，景耀六年（二六三年），鄧艾領著魏軍進攻成都，他竟自綁雙手前去投降，被封爲安樂公，遷至魏國的首都洛陽軟禁起來。他在這種環境下，還是每天飲酒作樂。一次，晉文王司馬昭設宴款待他，席間故意奏起蜀國歌舞曲，當時在場的蜀國舊官都觸景傷情，唯有劉禪喜笑自若，無動於衷。司馬昭問他：「頗思蜀否？」劉禪回答說：「此間樂，不思蜀。」司馬昭聽了此話，感嘆道：「人之無情，何至於此！」與劉禪截然相反的是劉湛，他雖是劉禪第五子。蜀國將亡時，他力勸劉禪與魏軍決一死戰。劉禪不聽。劉湛爲此悲憤極了，跑到昭烈祖廟痛哭一場，然後殺了妻子，自己也自殺殉國。

有的文臣武將儘管在蜀國身居高位，但品德與忠義稍有出入，也被淘汰，例如文臣中的法正、劉巴、許靖，武將中的李彪、張虎。有的儘管地位卑下，但「忠義」突出，也能被塑像留名。例如夾雜在文臣隊伍中武將傅彤，本是個很不知名的人物，但他在隨劉備伐吳，猇亭兵敗時殿後掩護，最後寧死不降，以死盡忠，被認爲是官職雖小，氣節卻大。

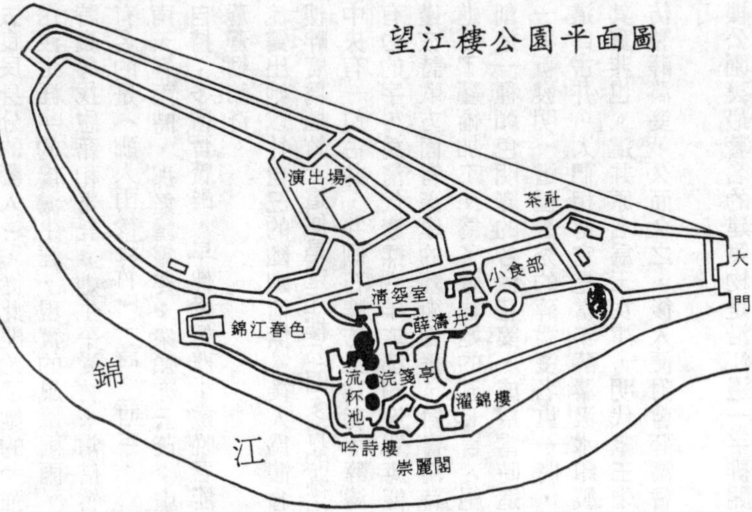


望江樓公園平面圖

總之，目前我們所看到的塑像，都是「過五關，斬六將」，經過精心挑選的「昭烈純臣」。

## 校書香家問風流（成都望江樓）

在成都市東的望江樓公園裏，有這麼一句題咏：「此間尋校書香家白楊中，問他舊日風流，汲來古井餘芳，一樣渡名桃葉好」。

詩中提及的「校書」，說的是唐朝著名女詩人薛濤。薛濤，唐代長安人，隨父薛鄖寄居成都浣花溪畔。薛濤八九歲時就會作詩文，青年時已漸有名氣。二十多歲時，劍南西川節度使韋皋賞識薛濤的才華，奏請朝廷讓她任校書郎，未果，但後人仍稱她爲「女校書」。薛濤懷才不遇，個人婚姻又遭不幸，反映在詩歌中多爲傷感之作。前人評論她的詩「思致俊逸」。薛濤終年七十二歲，葬於望江樓公園後面，後人爲紀念這位一生坎坷而又少負詩才的女詩人，自清代嘉慶十九年（一八一四年）起，便在這片林地先後建了望江樓、吟詩樓、濯錦樓、浣箋亭等樓閣。由於園內的建築格局都與薛濤的經歷、愛好有關，後人便認爲這裏就是薛的故居了。

這裏，又被稱爲竹的公園。片片竹叢，綠蔭葱蘢。你可知道望江樓公園多竹的緣由嗎？這與薛濤愛竹、讚竹有關。薛濤十六歲那年，不幸被劍南西川節度使韋皋編入樂籍（指失去良民身分的藝人），從此開始了她的「強顏與歡笑，迎送渡生涯」的慘澹生涯。現實的風風雨雨，使她不得不在詩裏尋找慰藉和寄託。她生平愛竹，常借竹咏志，其中最有名的是《酬人雨後玩竹》一詩。詩云：

南天春雨時，那鑑雪霜姿；衆類亦云茂；虛心能自持；多留晉賢醉，早伴舜妃悲；歲晚君能賞，蒼蒼勁節奇。

詩中流露出她以竹自況的幽幽情愫。後人爲懷念她，就在望江樓畔廣爲植竹。這便是望江樓公園多竹的緣由。

公園中央有一口古井，井側石牌坊上寫有「薛濤井」三個蒼勁有力的字，爲清代康熙六年成都知府冀應能手書。薛濤不僅在詩歌方面有深厚的藝術涵養，對書寫詩歌的詩箋，也進行了藝術加工。爲了謄錄她的五七言、絕句小詩，薛濤創造一種顏色明麗的各色花箋，成爲當時造紙手工業上的一項新發明。這種靈秀的薛濤箋名重一時，爲歷代仿造。這口古井，人們相傳它是當年薛濤汲水印製詩箋的水井，其實非也。這井原名爲玉女津，明代獻王朱椿指定取此水仿製薛濤箋，久而久之，後人便附會薛濤曾汲此井水製箋了。

望江樓公園裏最著名的建築物是沿江邊一字排開的三座樓閣，左起遞次爲濯錦樓、望江樓、吟詩樓。濯錦樓酷似船舫，相傳是紀念薛濤置酒船上送別元稹一事而建的，看來薛濤與元稹的交情也非同尋常了。

說起薛濤和唐代著名詩人元稹的友情，又引出一段至今仍無休止的紛爭。一說是薛濤和元稹爲愛情關係。元稹爲東川監察御史時，慕薛濤才華，要求相見，薛濤後由嚴綬遣往，與元稹會聚於梓州（今四川省治縣）。兩人見面情投意合，遂雙方產生愛慕之心。元稹後在給薛濤的七律詩中，有「別後相思隔煙水，菖蒲花發五雲高」的深情字句。薛濤也有詩云：「芙蓉新落蜀山秋，錦字開緘到是愁，閨閣不知戎馬事，月高還上望夫樓。」詩中是以夫婦自況的。但後元稹愛情不專一，薛濤遂終身未嫁。於是，世人多譴責元稹薄情。

另一說則認爲薛濤和元稹只是詩友唱和關係。據考證，元稹奉使東川查案是元和四年之事，時嚴綬已不在成都，何以「遣」薛濤去陪侍元稹呢？何況薛濤爲節度使管轄的歌伎，沒有人身自由。說她離開四川到東川縣是不可能的。至於元稹的「別後相思隔煙水」一句，也可以形容朋友間的友情，在唐朝詩句中，這是常見的。薛濤以夫婦自況的《贈言》一詩，也不能說是薛濤屬意於元稹的表示。歌伎與狎客之間，從來就以夫婦自況。如薛濤的《別李郎中》：「花落梧桐鳳別凰，想登秦嶺更淒涼。」類似的還有《送鄭資州》等。持此說的人還考證了薛濤和元稹只是詩歌唱酬關係而已。看來，說薛濤和元稹爲愛情關係的論點也未免過於武斷吧。

吟詩樓典雅古樸。薛濤晚年時，在碧雞坊舊居內曾築有吟詩樓。她常閉門幽居，吟詩以自娛。後人爲懷念這位女詩人，取此「吟詩樓」一名在此重建了一樓閣。

三座樓閣又數中間的望江樓最爲華麗，這裏的人們又稱它爲崇麗閣，取自晉代文學家左思《蜀都賦》中的「既麗且崇，實號成都」之意。建於光緒十五年（一八八九年）。你也許早已知道，崇麗閣不就是成都標誌性的建築物嗎？但也許你還願意知道有關崇麗閣的有關楹聯的一段典故吧。

崇麗閣的楹聯在全國都很有名氣。崇麗閣長聯字數達二百一十二字，比昆明大觀樓楹聯還多出三十二字，論長在全國雖然排第六，但它與全國第一長聯《江津臨江樓的一千六百一十二字》是出自同一人——鍾雲舫之手，這位被譽爲長聯聖手的鍾雲舫完成名重一時的崇麗閣長聯的地方，竟然是在監獄裏。光緒二十九年（一九〇三年），由於鍾雲舫經常以犀利的筆鋒借古諷今，得罪了地方豪強，被欲加之罪啷噹入獄。爲抒發心中的忿懣，鍾雲舫憤然寫下了長達二百多字的崇麗閣長聯。長聯文采溢揚，思力沉厚，氣勢磅礴。其中有段：「躍岡上龍，殞坡前鳳，臥關下虎，鳴井底蛙。忽然鐵馬金戈，忽然銀笙玉笛。倒不如長歌短賦，拋撒些幽恨閒愁；曲檻迴廊，消受得清風好雨。嗟予蹙蹙，四海無歸。跳死猢猻，終落在乾坤套裏。且向危樓頫首：看看看，哪一塊雲，是我的天。」不久，這篇聯文被四川總督岑春煊所知。岑讀後極爲讚賞。於是，岑念其才華，鍾雲舫被開釋出獄。想不到因撰聯而落獄，又因著對而開釋，這也算爲崇麗閣的一大奇聞吧。

崇麗閣還因楹聯引起一奇。清朝，一位江南名士到望江樓遊覽時，忽然雅興頓起，於是揮筆寫下了「望江樓下望江流，江樓千古，江流千古。」但這位才子僅寫出上聯，下聯絞盡腦汁也沒有對上。他離開成都前，把上聯書寫在望江樓裏。百餘年來，望江樓遊人如織，但仍沒有人對上下聯。直到本世紀六十年代初的一次賽詩擂臺上，一位青工憑一時豪興竟對上了。他對的下聯是：「賽詩臺上賽詩人，詩臺絕世，詩人絕世。」當然，這下聯若以平仄拘論的話，也不算對得好。你有更妙的下聯嗎？不妨也來對對看。

## 青羊宮裏神仙地（成都青羊宮）

成都西郊有一方「神仙」地，名曰青羊宮。它不僅是成都最大最古的一座道觀，它還位於全國十二大道觀之前列。

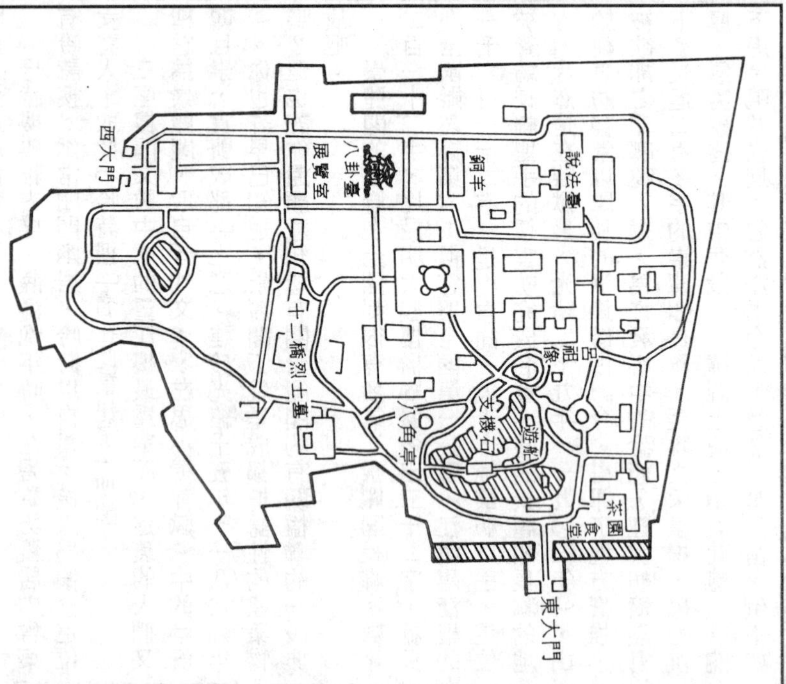


青羊宮平面圖

爲何要冠以「青羊」稱號呢？常人把道教入夷狄形容爲「青牛西去」，佛教傳進叫爲「白馬東來」。這青牛與青羊畢竟是兩碼事。難道青羊又成爲道教的信物？原來，這「青羊說」是源於古人的一段史載。

西漢文學家揚雄在《蜀本紀》裏說，春秋時期，老子在涵谷關寫成《道德經》後，曾向關令尹喜告辭說：你得道千日之後，到成都的青羊肆找我。《古今集記》又說，「老子乘青羊降，其地有臺存。」青羊肆原是成都古時的商品交易所。後來，道教教徒根據此說在這裏建宮觀，供奉老子。

老子，姓李名耳，爲春秋時期思想家。《史記》說老子：「生而指李樹，因以爲姓」。故宋時的翰林學士院壁間，就有題句曰：「李陽生指李樹爲姓。生而知之」。李耳爲何又成「老子」？《太平廣記》說，李耳出世時，母親見孩子竟一頭絨絨白髮，便驚道：哎，沒想到這孩子竟是個老子。

老子當年爲關令尹喜著《道德經》後，出門而去，不知所終，當時道教還未形成。直到東漢時，張陵創立道派。道派在形成過程中，利用老子的威信及其學說中有關「道」的內容，並加以附會引申，「道」就成爲根本信仰和教義依據，故又稱「道教」。

當年的老子絕不會想到因他一篇《道德經》，幾百年後，竟被教徒尊爲三清尊神之一的「道德天尊」，並已穩穩當當坐進青羊觀裏接受衆生徒的奉祀了。唐朝時，李耳因沾李唐之光，被封爲太上元元皇帝，青羊觀也於唐僖宗中和三年（八八三年）擴建，改「觀」爲「宮」。宋眞宗大中祥符六年（一〇一三年），老子又被加號太上老君混元上德皇帝。唐宋時的青羊宮規模頗爲壯觀，後毀於戰火。今天的青羊宮，是清朝康熙、乾隆、嘉慶等幾個時期陸續修建起來的。

青羊宮裏最輝煌的建築物是八卦亭。這座造型典型的圓形建築物，也許奉「天圓地方」之說。老子是「開元祖師」，「生於天地之前」，他的聖處自然應圓。

青羊宮裏最使遊人感興趣的是坐落在三清殿內的兩隻黃銅鑄的青羊。不用說，青羊的放置，是人們根據老子的傳說附會而爲的。這兩隻羊形象逼眞。左邊那隻，據說原來是南宋末年權貴賈似道家裏熏衣的銅爐，清雍正年間由一位名叫張鵬翩的大學士在北京買來捐贈的。他還在底座上刻有「京師市上得銅羊，移位成都古道場。出關尹喜似相識，尋到華陽樂未央」一詩。這件南宋遺物的獨角奇羊，造形極爲奇特，你瞧它鬍子似羊，耳似鼠，鼻似牛，爪似虎，背似兔，角似龍，尾似蛇，嘴似馬，頸似猴，眼似雞，腹似狗，臀似豬。這隻羊實際是十二生肖的化身。另一隻羊爲清代道光年間匠師陳文炳和顧體仁鑄造的。這兩隻造形精美的銅羊被民間視爲神羊，所以遊人喜撫摸其背，故銅羊光潔鋥亮如鏡。

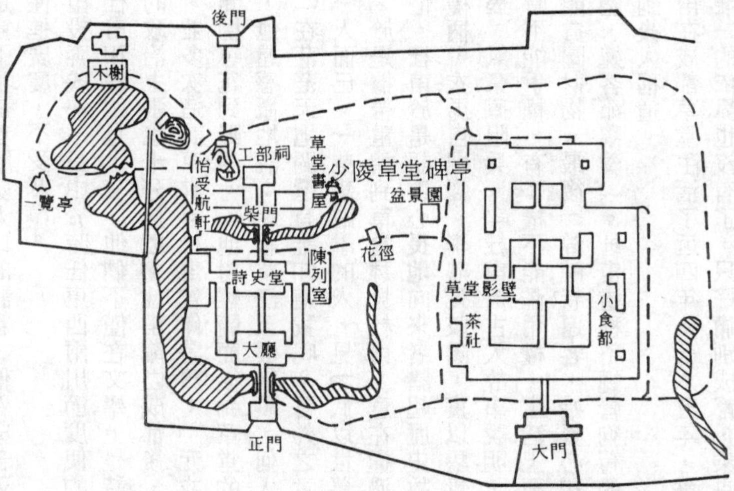


杜甫草堂平面圖

三清殿還有被人譽為畫聖的唐朝畫家吳道子畫、近人刻的呂洞賓像。呂洞賓，號純陽，京川人，曾作過兩任縣令，後隱居終南山修道，自稱「回道人」。他的修道宗旨是以慈悲渡世為成道路徑。他對北宋道教教理的發展有一定影響。故呂洞賓又被全眞道奉為北五祖之一。通稱「呂祖」。呂洞賓由人變為神後，地位青雲直上，元代還被封為「純陽演政警化孚佑帝君」。就在青羊宮裏的二仙庵裏，呂洞賓還擁有自己的獨立地盤——呂祖殿。

## 草堂留後世，詩聖著千秋

（成都杜甫草堂）

唐朝詩人杜甫有首著名的詩歌《茅屋為秋風所破歌》，詩中寫道：

安得廣廈千萬間，大庇天下寒士俱歡顏，風雨不動安如山！嗚呼！何時眼前突兀見此屋，吾廬獨破受凍死亦足！

詩中提到的茅屋即指今成都通惠門外、浣花溪畔的杜甫草堂，又叫少陵草堂。七五九年，杜甫避亂，舉家南遷，來到成都。在友人幫助下，杜甫在花溪畔蓋茅屋一間。適逢一場暴風雨，茅屋被吹破了。風吹雨漏，長夜難眠，杜甫於是寫下了這首膾炙人口的詩篇，他希望普天下的寒士都能住進廣廈，不受寒冷。

杜甫投奔成都，是由於時任東西兩川節度使的嚴武在成都。杜甫和嚴武是世交。他們不僅在文學上是詩友，而且兩人的政治主張也十分接近。杜甫流亡成都後，嚴武多方關顧，並多次造訪草堂。杜甫曾作詩曰：「元戎小隊出郊坰，問柳尋花到野亭。」他對輕騎簡從到草堂的嚴武表示感激，他還感慨地說：「寂寞江天雲霧裏，何人道有少微星？」在茫茫天地間還有誰知道我呢？言外之意是知我者嚴武一人而已。一些想附攀的人，見「武以世舊，待甫甚厚」，於是攜帶重禮到草堂拜見杜甫，意在通過杜甫求嚴武幫忙。杜甫於是語重心長地向來者講起歷史故事：「掌握有權柄，衣馬自肥輕。李鼎死岐陽，實以驕貴盈。來瑱賜自盡，氣豪直阻兵。」杜甫借古人故事說明，一個人沒有權時不能爭權，有了權不能濫用權，生活上要安貧樂道，不能貪圖財物。最後「錦鯨卷還客，始覺心和平。振我粗席塵，媿客茹藜羹」。杜甫這種不蠅營狗苟的品格，一直受到後人稱道。

杜甫在成都草堂生活了近四年。七六五年，嚴武病死，杜甫唯一的依靠也沒有了，只好痛別成都，乘舟東下。他離開成都後，草堂便日漸荒蕪。比杜甫晚幾十年的詩人雍陶一次路過這裏時，草堂已是「沙崩水檻鳥飛盡，樹壓村橋馬過遲」的一片荒涼景象了。到了唐僖宗年間，更是「臺荒絕四鄰」了，草堂舊跡已難於尋覓。那麼，又是誰最先在這裏復原故址，並使它相沿後世？唐昭宗天復二年（九〇二年），對杜甫景仰不已的詩人韋莊「欲思其人而成其處」，重新修蓋了一座茅屋。這是第一間紀念性的杜甫草堂，這時距杜甫離開草堂已有一百三十七年了。北宋呂大防和胡宗愈知成都府時，在韋莊重蓋茅屋的舊基上進行擴建爲杜公祠，供遊人紀念。此後一千多年間，人們多次進行整修和擴建，並正式定名爲「工部祠」（杜甫時任檢校工部員外郎）。今天的杜甫草堂是由原工部祠和相鄰的古梵安寺合倂而成的。

當你從正門進入草堂時，仿佛置身於田園境地。這裏的布局、名稱，都安排得如原有的草堂。如杜甫當年在百花潭泛舟，唱出了「秋水才深四五尺，野航恰受二三人」之句，現工部祠前，就有一隻外形頗似停泊的樓船。這也是草堂不可無舟的傑作吧。最有趣的是詩史堂前後有四株高大的羅漢松。杜甫當年正是爲了這四株山松而寫下了「新松恨不高千尺，惡竹應須斬萬竿」這一流傳千古的名句。

杜甫草堂顧名思義是奉祀杜甫的，但工部祠內卻有三人塑像，中間爲杜甫，一左一右爲宋代詩人黃庭堅和陸游的塑像和石刻像。杜甫何以要黃庭堅陸游陪襯呢？人們有種種傳說，但據《宋史》記載，黃庭堅的詩得法於杜甫，陸游則是「以其心跡」同。三位愛國詩人在詩作有共同特色，並且都曾流寓四川。清人王闓運曾爲此寫了一副對聯，聯文說：

自許詩成風雨驚，將平生硬語愁吟，開得宋賢兩派；
莫言地僻經過少，看今日寒泉配食，遠同吳郡三高。

上聯說，黃庭堅在藝術形式上受杜詩的影響很大，由此創立了江西詩派；陸游則繼承發揚了杜甫創作的現實主義精神，開創了劍南詩派。下聯說三位詩人身世相同，在生前都比較寂寞，但後人卻像「吳郡三高」那樣崇敬他們。

工部祠東側，有座碑亭，亭內石碑鐫刻「少陵草堂」四個大字。這是清朝康熙皇帝的第十七子、雍正皇帝的弟弟果親王於雍正十二年（一七三四年）受命赴泰寧寺（今四川康定縣西）送達賴喇嘛回藏路過成都時手寫的。這已經成爲杜甫草堂的主要標誌。

另外，杜甫在輾轉秦隴，漂泊西南時，所寓居的草堂有五處，除成都杜甫草堂外，還有成縣飛龍峽的子美草堂、梓州草堂、夔州瀼西草堂和東屯草堂，但除子美草堂外，其餘的已蕩然無存了。

# 王建墓和石刻伎樂圖

## （成都王建墓）

王建墓在成都西門外三洞橋，是五代十國時前蜀皇帝王建的墳墓，史稱「永陵」。

王建，是五代時前蜀國的建立者，河南舞陽人，早年家中貧寒，後參加唐朝忠武軍。八八一年黃巢農民起義軍攻破長安時，王建隨唐僖宗逃往四川。僖宗還都長安後，封王建爲壁州（今四川通江）刺史。唐大順二年（八九一年），王建趁中原混戰之機，起兵攻取成都。天復三年（九〇三年），唐昭宗封他爲蜀王。九〇七年唐亡，王建在成都稱帝，國號「蜀」，史稱前蜀。

王建死後，人們一直找不到他的陵墓。王建的墓址原誤傳爲西漢司馬相如的撫琴臺。一九四二年，因挖防空洞，才在這裏發現一座古墓。後經考古學家馮漢驥教授考察斷定爲「永陵」。

王建墓墓室採用地面起拱築墓，這在古代帝王陵墓中是極爲少見的。但最令人驚嘆不已的，是中室棺座三側的二十四個伎樂石刻雕像。這組石雕姿態生動優美，爲我國古代雕刻藝術珍品。這支宮廷伎樂隊的樂器，既有周秦以來華夏傳統的笙、箏、排簫、笛等，也有漢唐時期邊疆少數民族的羯鼓、腰鼓、吹葉、篳篥，還有從外國傳進來的箜篌、琵琶等。這支頗具規模的「混合樂隊」在演奏什麼曲目呢？自王建墓開放以來，人們一直對這個問題頗感興趣。

最近，一些行家對伎樂的造型、神態、動作及服飾等方面考證，認爲王建墓石刻伎樂隊演奏的是著名唐代霓裳羽衣曲。

霓裳羽衣曲爲唐玄宗李隆基所作。一次，他因登三鄉驛望女兒山，忽產生了遊月宮聽仙樂的幻覺，於是便製作此曲。這就是霓裳羽衣曲。後又配上舞蹈，成爲霓裳羽衣曲舞。唐代宮廷樂舞中，霓裳羽衣曲舞處於首屈一指的地位。

霓裳羽衣，是指舞者必須穿上彩衣褲裙，身著羽毛彩衣，如飄飄然仙子下凡。王建墓裏的石刻伎樂中的舞者服飾，均爲霞帔、戴蓮花簪、繫耳墜，髮髻上並套有環，正是霓裳羽衣舞所要求的「虹裳霞帔步搖冠，鈿纓累累珮珊珊」。據當年參加王建墓發掘的報告說，當時石刻舞伎與兩個領隊樂伎均衣著紅衣，衣下是黃裳，上身均有雲紋帔肩，呈現霓虹之色。這正是霓裳羽衣曲舞所要求的。

前蜀的宮廷裏，霓裳羽衣曲一直很盛行，據《蜀檮杌》載：「乾德五年三月上巳，衍（即王建子，時爲前蜀後主）宴怡神亭，婦女雜坐。夜分而罷，衍自執板唱霓裳羽衣……」王建墓石刻伎樂的珍貴價值，在於它再現了早已失傳的唐代霓裳羽衣曲舞的姿韻風貌，並且提供了古代樂器的形象資料。

## 第一禪林昭覺寺（成都昭覺寺）

位於成都北郊的昭覺寺，素有川西第一叢林之稱。該寺殿宇規模宏大，林木葱蘢，爲成都著名古刹之一。

當你走進昭覺寺山門時，只見上寫著「第一禪林」四個大字。禪林是昭覺寺的舊名。在歷史上，昭覺寺幾度易名，且大都爲皇帝賜名。昭覺寺在佛門中的地位，可見一斑。早在漢朝時，這裏只是一位姓董人家的住宅。它成爲佛教廟宇，是在南北朝時期。唐宣宗時，劍南節度使崔寧對該寺進行過一次大規模的修建，宣宗並親自賜名爲昭覺寺。有皇權的「恩賜」，昭覺寺地位自然上升，香火不斷。南宋紹興初年，宋高宗敕令改昭覺寺爲禪林。歷經元明兩朝，直至清代才復稱昭覺寺。也許「禪林」名稱沿用時間已久，且又是宋高宗賜名的，故仍有人稱「禪林」的，昭覺寺山門大匾上書有「禪林」字樣也不足爲奇了。雖然清朝的皇帝沒有重新賜寺名，但康熙帝也曾題該寺五言詩碑：「入門不見寺，十里聽松風。香氣飄金界，清蔭帶碧空。霜皮僧衲老，天籟梵僧通。咫尺蓬萊樹，春光共鬱葱。」清雍正十三年（一七三五年）果親王來寺重修眞祠碣：「處一座而十方俱現，演一音而沙界全聞。」

昭覺寺不僅以第一禪林而稱譽海內外，它與國畫大師張大千的一段非常關係，常爲海內外人士所津津樂道。一九八三年，在臺灣的張大千先生病重，昭覺寺驚悉即致電慰問：「昭覺寺僧衆，祝願公吉，壽相康樂。」不久，張大千病逝，昭覺寺僧侶爲他舉行了佛事，超度亡靈，以示緬懷。直至今天，昭覺寺的僧侶們仍對張大千先生懷有特殊的感情，可見他們之間的關係確不同尋常。這要從四十多年前說起了。

抗日戰爭時期，張大千因避戰亂，前後有五年時間在幽靜絕塵的昭覺寺居住。一九四五年，張大千又率領家人及十餘個學生從青城山來到昭覺寺，寺僧視張大千爲上等賓客。原來張大千早就與佛門結下姻緣，「大千」之名，就是他青年時出家的法號，後還俗爲居士，遂以「大千居士」自稱。在昭覺寺裏，張大千常聽他們說法，僧侶們亦喜歡張大千揮灑丹青。他們還在「聖樓」御書樓裏置張大圓桌供張大千創作。

這御書樓可非同尋常，現御書樓裏藏有清光緒皇帝御書勒石，上寫有「御賜龍象神通」字樣，「御書樓」由此而得名。樓內還珍藏各類文物，康熙帝的題詩也收藏在此。一般外人不得進此。

爲報答寺僧的盛情，張大千在一塊漢白玉石正反兩面，各以鐵線遊絲描筆法畫了「南無阿彌陀佛」和「釋迦牟尼」兩幅畫。畫上的佛像端莊慈祥，神態栩栩如生。昭覺寺方丈高興萬分，即請名工刻石，並將這佛像石刻安置在說法堂後面的玉佛殿內。至今仍在。此外，張大千還爲昭覺寺書寫了徑逾兩尺的橫匾：「變華嚴相」。大字筆法險峻舒朗、深厚凝練，一時震驚成都名流。張大千也頗爲自得，認爲是平生難得之作。可惜這字樣的橫匾在十年動亂中被毀掉。

當年張大千作畫的大圓桌，在最近整修寺容中發現，經清潔修整後，被僧侶保存在普同塔院內。遊人前去昭覺寺，可發現這黑亮可照人影的大圓桌。它已成爲昭覺的至寶。

昭覺寺還是我國武林奇人海燈法師的削髮受戒之地。海燈法師原名爲范去病。受戒之前，他曾拜少林高僧汝峰習武。在汝峰和尚的悉心傳授下，范去病晨昏苦學，不僅學會了全部少林武功，還學會了少林絕技「一指禪」和「二指禪」。一日，范去病回家探望老父，未料老父在地方惡霸的欺凌下已飲恨死去。范去病一怒之下欲找他報仇，但轉而一想，師父不准他提報仇二字，如今無家可歸，何不皈依佛門。於是，范去病跑到昭覺寺拜高僧智光爲師，削髮受戒，法名海燈。

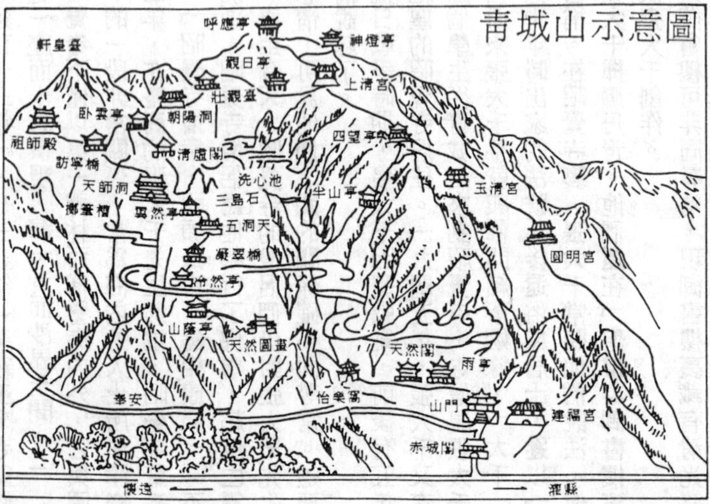

昭覺寺以唐宋時的規模爲最大，時占地爲三百多畝。崇禎十七年（一六四四年），在成都建立大西政權的張獻忠曾親臨昭覺寺巡視，並敕封昭明和尚爲大西國軍師。不料清軍入川，昭覺寺遭厄運，被戰火所毀。不久，吳三桂帶愛妾陳圓圓到昭覺寺看望丈雪和尚時，陳圓圓還勸吳三桂重修昭覺寺。不過當時戰事連連，吳三桂無暇顧及，直至康熙二年（一六六三年），昭覺寺才得以重建，但規模已遠遠不如唐宋時期了。

## 青城聖地覓仙蹤（灌縣青城山）

青城山位於成都平原西北部邊緣，東距成都七十多公里。它方圓一百二十多公里，樹木繁茂，青翠葱蘢，群峰環抱，雄奇險峻，以「山形似城」而得名。青城山最早見之於記載是在晉代。不過從有關史料來看，它早在漢代就很有名氣，晉、唐時更是人們遊覽的勝地，李白、杜甫、岑參、賈島、陸游、范成大等著名文學家和詩人，都在此山上留下蹤跡。因此，青城山以其幽古而博得「峨嵋天下秀，青城天下幽」之美稱。當然，峨嵋是以佛教名山而著稱，青城山卻是以道家聖地而揚名於世。道藏稱仙境有三十六洞天，這裏是第五洞天。

東漢順帝永和年間（一三六—一四一年），沛國豐（今江蘇豐縣）人張陵（一三四—一五六年）在青城山附近的鵠鳴山（今大邑縣西北，兩山同係一脈）結茅修道，他以老子的《道德經》爲主要經典，潛心學習，並自稱出於老君口授，製作道書《靈寶經》及《章醮》等二十四卷，其中廣泛吸收巴蜀地區少數民族原始宗教教義，創立了道教。因凡入道者要納米五斗，故稱五斗米教，後來道徒們將張陵尊爲天師，故又稱天師道，爲了顯示自己已經得道，以達到擴大道教影響的目的，張陵選擇了在當地極富傳奇色彩的名山青城山，作爲自己「亮相」的舞臺。傳說他自稱老君曾降臨對他講：「蜀中近來出現六大鬼神、八部鬼帥，爲非作歹，殘害生民，你替我把它們治服，使它們晝夜各分，人鬼有別！」然後老君授於張陵以《正一盟威祕籙三清衆經》九百三十卷及劍印冠屐。爲此，張陵遵命佩帶著「盟威祕籙」，來到青城山，立靈幡，布神兵。這時八部王和六大魔又會合率鬼兵進犯，張陵以朱筆畫山，並劃爲二，形成深溝，六魔八帥欲度不能，哀求饒命，張陵遂命五方鬼神在青城山集中，要他們以後安分守己，「人處陽明，鬼行幽暗」，不得騷擾人間。五方鬼神答允了，於是張陵才饒了他們，並把「六大鬼王歸於北酆，八部鬼師竄於西域。」這些話當然純屬道家自撰，不過從中可見張陵當年在青城山設壇傳道影響是極大的。在民衆的心目中，他成了一位挽救生靈的救世主。此後，道教信徒日增，並越來越深入人心。張陵死後，他的兒子張衡、孫子張魯繼承其衣鉢，大力推廣道教，使之成爲一個擁有衆多信徒的宗教派別，西元一九一年，張魯率徒衆攻取漢中，建立了政教合一的地區性政權，他自稱師君，以教中「祭酒」管理地方政治，並在各地設立「義舍」，置「義米」、「義肉」，過路者量腹取食。他禁止釀酒，春夏禁止殺牲。若有犯法者，允許通融三次，再犯就用刑。有小過的人則罰修路百步。張魯行張陵之道，統治漢中近三十年，頗得當地漢族和少數民族的好感。這一地區竟成爲當時的「樂土」，史載關西人民遷來避難的有數萬家之多。這些雖然都是後話了，但是道教的這段歷史，很自然地引發了人們對張陵的景仰之情，而青城山也就成爲道徒心目中膜拜的聖地。漢晉以後，山中道宮道觀相繼建立，最多時達七十多座，保存至今的還有十多處，另外還有不少文物古跡，這些有許多是與張陵有關的。

在三面環山，下臨深澗的天師洞，相傳就是東漢末年張陵講經傳道的地方。它建於隋朝，唐改爲常道觀，宋名昭慶觀。天師洞後壁的天師殿，有張天師手執翻天印的坐像。此像是清光緒年間，工匠根據宋代張陵三十代孫張繼光提供的天師畫像修造的。天師洞左側，原有一塊巨石，相傳張天師降魔時，石頭阻道，天師拔出老君所送佩劍一揮，石頭一分爲三，形成今天的「三島石」。石上所刻「降魔」兩字，爲清光緒九年（一八八三年），張陵六十代孫張晸來青城山祭祖時所題刻的。天師洞後山石龍橋對面的山頭，有一條深二十多丈，寬六丈左右的裂槽，從山頂一直裂到山腳，人們稱之爲「擲筆槽」，相傳這就是當年張天師爲阻止八部王和六大魔爲害百姓，朱筆畫山，筆跡成溝留下的奇觀。在天師洞前，有一枝高約十五丈，圍約一點八丈的銀杏樹，據說是天師親手栽植的，這樣算來至今已有二千餘年了。

有趣的是，這大名鼎鼎的道家洞天，也曾是勢大人衆的佛僧的垂涎之地。武則天永昌元年（六八九年），青城山腳飛赴寺的僧衆，在長老的率領下，衝上青城山，占領了常道觀（今天師洞），趕跑道士，企圖把道家的洞天變爲佛家的聖地。道士們自然呑不下這口氣，但勢單力薄，只好四處告狀。當時是信佛不信道的武則天執政，佛教勢力很大，所以這場官司打了三十多年，也毫無結果。直到信道的唐玄宗李隆基上臺，這才了結。開元十二年（七二四年）十二月十日，唐玄宗下了一道詔書，敕令「觀還道家，寺依山外，」青城山才重回道家手中。爲了避免以後再出現類似的麻煩，也是爲了炫耀自己，抵消佛教的影響，青城山的道士在開元十八年（七三〇年）六月七日，把這道「護身符」刻石立碑，藏於宮中，這就是今天天師洞保存完好的「唐玄宗詔書碑」。

除了道教的遺跡，青城山還有許多名勝古跡、典故傳說。

右蜀主杜宇（即望帝）因自愧才德不如治水有功的賢相鱉靈，乃將帝位「禪讓」於他，自己跑到青城山隱居。傳說他後來死在山中，化爲杜鵑鳥，每年暮春時節，就在山裏哀惋地啼叫：「不如歸去，不如歸去！」現其隱居地點已不可考。道家爲了聲張勢力，甚至編造說，當年黃帝爲了戰勝蚩尤，也曾來到青城山拜訪一位名叫寧封的隱者。此人棄官隱居於此修煉，法術高明，他通隱身之術，還可以穿過烈火，隨煙上下，不損肌膚。寧封向黃帝傳授《龍蹻經》和御飛雲術，黃帝遂封之爲「五岳丈人」，許他「佩三庭印」。至今三清殿背後的黃帝祠內仍有黃帝的塑像。黃帝訪問寧封時經過的「訪寧橋」、在問道處所建的「問道亭」、在天倉峰上設壇受道書的「軒皇臺」等，都有遺跡留在那裏。

唐睿宗李旦的女兒玉眞公主與金仙公主兩姐妹，在太極元年（七一二年）度爲道士，曾在青城山金華宮（舊址在今祖師殿）修道隱居，二十多年後才逝世，道徒們稱之爲羽化成仙。她倆焚香修煉用的飛龍鼎，於清代咸豐年間在金華宮舊址發掘出來。此鼎是由鐵鑄而成，重達千斤以上，但鑄工相當精細，鼎腹外壁祥雲繚繞，八條飛龍造型各異，栩栩如生，反映了盛唐時期高超的工藝水平。

## 千秋功業話都江（灌縣都江堰）

發源於川西北岷山南麓的岷江，奔騰洶湧來到灌縣城西，在這高山與平原相接的咽喉之地，有一項偉大的水利工程——都江堰。它由「魚嘴」分水堤、「飛沙堰」溢洪道、「寶瓶口」引水口等三項互相聯繫，而又互相制約的主要工程構成。「魚嘴」分水堤把岷江迎頭劈成內、外兩江，右邊的外江是岷江的本流，主要用來泄洪排沙；左邊的爲內江，是岷江的別流，河道是由人工沿玉壘山開鑿的。「飛沙堰」溢洪道，在「魚嘴」分水堤的末端，按一定高程，由北到南鑿出一道兩百多米寬的口子。當內江河水引水量較小時，它攔水進入內江灌區，保證農田灌溉。當內江河口引水量過大時，江水就會從這裏溢泄到外江。「寶瓶口」引水口，位於「離堆」腳下，這是整個工程的關鍵。因爲它是用人工在玉壘山突出的巨岩處開鑿的一個寬二十米，高四十米，長八十米的口子，形如瓶頸，所以叫「寶瓶口」。被切離玉壘山而獨立存在於「寶瓶口」左側的岩山堆叫作「離堆」。當內江水沖到這裏時被「離堆」迎頭頂住，加上狹窄的「寶瓶口」的約束水作用，形成橫向旋流，一方面可以限制「寶瓶口」的進水量，把多餘的水從「飛沙堰」中排出外江，另一方面將泥沙從「飛沙堰

都江堰示意圖

」排走，免使「瓶口」淤塞。有人曾作過試驗，把重達兩噸的混凝土塊打上記號，拋到「魚嘴」附近，結果都被水流從「飛沙堰」拋出外江沙灘。內江水流過「寶瓶口」後，再通過一系列大小「魚嘴」，剖成萬千條灌溉渠道，滋潤著沃土千里的成都平原。收到「引水以灌田，分洪以減災」，並兼有漂木、航運的效益。所以《華陽國志·蜀志》說，由於都江堰的作用，成都平原「水旱從人，不知饑饉，時無荒年，天下謂之天府也」。爲此現代著名詩人趙樸初參觀都江堰之後寫道：「……長城久失用，徒留古跡在。不如都江堰，萬世資灌溉。」

這項極爲巧妙、並凝聚高度智慧的水利工程是誰建造的呢？過去人們大多認爲是西元前二百五十多年，秦國的蜀郡守李冰領導修建的。但也有些史學家提出，把都江堰的關鍵工程寶瓶口和沱江的開鑿歸於李冰，這是與史實不合的。

那麼是誰劈開玉壘山、鑿出寶瓶口和沱江的呢？《尚書·禹貢》和《史記·夏本紀》說是大禹，這是不可信的。晉人常璩的《華陽國志》說：「（史蜀國杜宇王時代）會有水災，其相開明決玉壘山以除水害」。北魏酈道元寫《水經注》也說「江水又東別爲沱，開明之所鑿也」。另外，西漢揚雄的《蜀都賦》、《蜀王本紀》也有相同的記載。開明氏是古蜀國望帝杜宇的丞相。據揚雄的《蜀都賦

》和應劭的《風俗通》記載，開明是楚國人，原名「鱉靈」，望帝年間來到蜀國。他是一位富於傳奇色彩的人物，傳說他是「屍逆水上，至蜀復生」。當時蜀國不僅農業發達，具備灌溉的水利設施，而且還能煉鐵煉鋼。據《尚書·禹貢》說，巴蜀有十一種特產，第二種是鐵，第四種是「鏤」。按《說文》的解釋，鏤就是鋼。當時還沒有「鋼」字，因爲它可以在金屬上鏤刻出花紋字畫，所以稱「鏤」。《禹貢》還記述了天下九州的特產，而產「鏤」的地方唯有巴蜀。所以儘管當時蜀國社會制度比春秋時中原各國落後一些，卻是具備了大規模興修水利設施的需要和可能性。於是開明開鑿寶瓶口和沱江。他治水成功之後，望帝杜宇因做出與開明的妻子私通的醜事，自慚德才不如人，被迫把王位「禪讓」給開明，自己「歸西山隱焉」（西山即都江堰附近的青城山），日夜啼哭。民間傳說他死後化爲杜鵑鳥，時常飛回故都（今郫縣城）看望。這就是「杜鵑啼血」的來歷。所以有杜甫的詩句：「古時杜宇稱望帝，魂化杜鵑何微細」，還有李商隱的詩句：「望帝春心託杜鵑」。

開明「受禪」後，建立奴隸制的王朝，共傳了十二代才亡於秦（西元前三一六年），約歷二百四十年。而李冰任蜀守是在開明王朝滅亡之後六十六年。這樣算來，開明氏鑿寶瓶口和沱江，當在李冰之前三百多年，至今已有二千五百多年了。

當然，說開明開鑿寶瓶口和沱江並不是否定李冰對都江堰的貢獻。三百年後，沱江逐漸向左擺，切割玉壘山腳的陸地。切到虎頭岩，切不動了，反被虎頭岩逼向南方，於是沱江沖毀分水壩（金州堤），重返岷江，流不進或很少流進寶瓶口。《華陽國志·蜀志》說：「……冰乃壅江作堋，穿郫江檢江，別支流，雙過郡下以行舟船。岷山多梓柏大竹，頹隨水流，望致材木，功省用饒。又灌溉三郡，開稻田。」這裏說得很清楚，李冰「壅江作堋」，就是在被沱江沖毀的缺口上「攔河築壩」，這個壩就是今天的飛沙堰，它把沱江水攔入寶瓶口，並在成都附近開了兩條運河。他的首要目的就是漂運木材。因爲秦滅蜀後，附近的少數民族的勢力還很強大，同時還要「浮江伐楚」，因此開始興建規模宏大的成都城，作爲軍事基地，要求有秦國都城咸陽那樣大的規模。在當時交通落後的情況下，李冰築飛沙堰開二江，把岷山的木材直接漂運到成都，確實是個好辦法。

因此，李冰是在前人的基礎上修建都江堰的，事實上，都江堰也是歷代人民不斷總結經驗，不斷完善的結果，決不是一蹴而就的。例如「魚嘴」是都江堰的主要分水工程之一，是經過多次變遷才成爲現在這個樣子。最初它的位置是在岷江剛沖出峽口的地方，但這一帶水急很大，河床不穩定，常被沖毀。後來人們又把「魚嘴」下退到離堆前面的人字堤附近，這樣一來距寶瓶口太近，水位太低，枯水季度進水少，洪水期又進水太多，嚴重威脅內江的安全。經過幾代人的反覆探索，清代中葉以後，魚嘴的位置才確定在二王廟索橋附近。在建造方式方面也是一再變化的。最早修建「魚嘴」是「破竹爲籠，……以石實中，壘而壅水。」這種方法，就地取材，施工簡便，但不耐久，元順帝至元元年（一三三五年），四川肅政廉訪使吉當普採納鐵石治水的方案，以求一勞永逸。他命人鑄了一個六萬斤重的大鐵龜作「魚嘴」，但只十多年時間，就被沖走了。明嘉靖二十九年（西元一五五〇年），按察司僉事施祥千又派人鑄造鐵牛「魚嘴」，人們先在上游用竹篼竹笆攔住江水，製作牛模，然後架起十一座大熔爐和五十多口大鍋，化鐵注入模內，僅一晝夜功夫，就建起兩座重二萬多斤的鐵牛，它們各長丈餘，首合尾分，形如入字，頭部正對江流，但以後由於激流淘空底部，沒多久便墜毀江中。後來清光緒四年（一八七八年），四川總督丁寶楨又採取條石漿砌的辦法，條石之間鑄「鐵錠」互相鬥住，並以桐油石灰嵌縫，但還是毀於一九三三年的特大地震和洪水。直到一九三六年，採取混凝土砌條石的方法，加固「魚嘴」的基礎，並在上游設放木樁群和羊圈竹籠，實行層層設防，才使「魚嘴」固定下來。

所以人們說，都江堰是中華民族智慧的結晶，這話一點兒也不假。

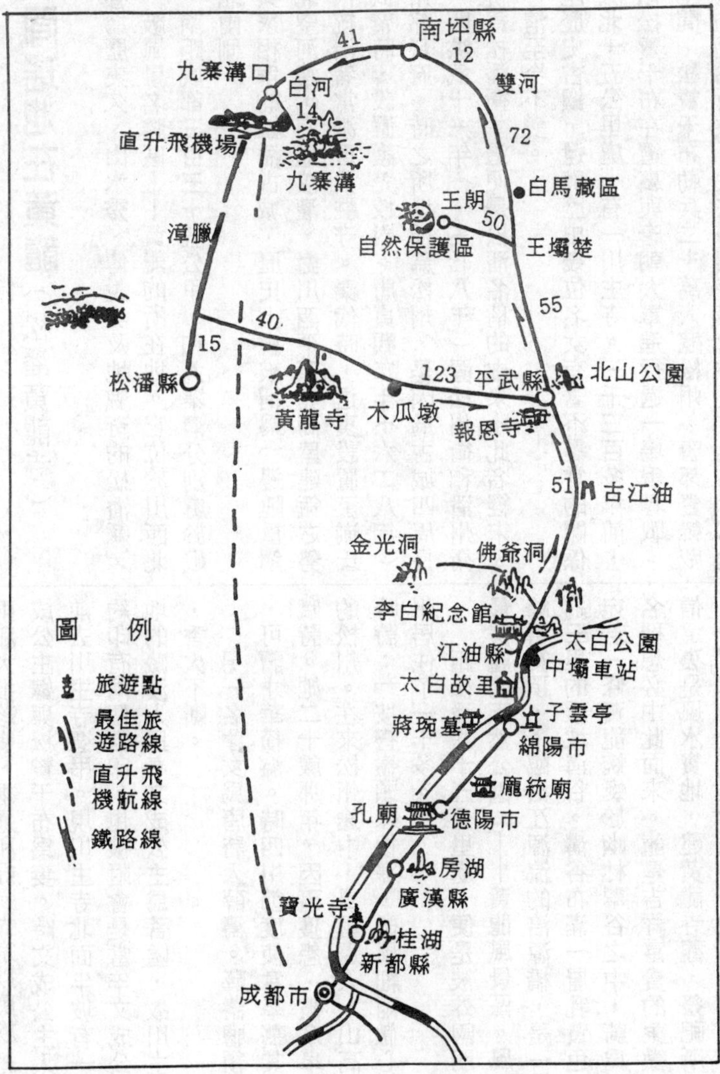
南坪縣
41
12
九寨溝口
白河
雙河
14
直升飛機場
72
九寨溝
白馬藏區
王朗
50
漳臘
自然保護區
王壩楚
55
40
15
北山公園
123
平武縣
松潘縣
黃龍寺
木瓜墩
報恩寺
51
古江油
金光洞
佛爺洞
李白紀念館
太白公園
江油縣
中壩車站
太白故里
子雲亭
蔣琬墓
綿陽市
龐統廟
孔廟
德陽市
房湖
廣漢縣
寶光寺
桂湖
新都縣
成都市
圖 例
旅遊點
最佳旅遊路線
直升飛機航線
鐵路線

黃龍、九寨溝遊覽路線圖

## 人間瑤池在黃龍（松潘黃龍寺）

被譽爲歷史久、山水秀、傳說美及地貌奇的松潘縣，是國家一級風景名勝區——黃龍的所在地。它位於川西北高原上，南距成都三百三十五公里，和九寨溝分別處於岷山的南北兩側。

爲兵家相爭的松潘古城，歷史上曾被稱爲「邊陲重鎮」。它北望河湟，南通汶灌，對川西平原具高屋建瓴之勢，故歷代統治者常派重兵駐守。秦代時，這裏設置了湔氐道。漢武帝時，設置護羌校尉。唐貞觀二年（六二八年），置松州都督府。時之所以稱爲松州，是因爲古城四周長滿松樹。明洪武十一年（一三七八年）置松州衛和潘州衛，不久併爲松潘衛，這便是松潘名稱的由來。此名經宋、元、明、清至今不變。

這座歷史古鎭，還與歷史幾位名女有著不尋常的關係。今縣城北十五公里處，有一川主寺。一千三百多年前，吐蕃首領松贊干布在這裏與唐朝大軍進行過一場爭奪戰。唐貞觀年間，松贊干布勒兵二十萬入寇松州，唐都督韓威輕出迎戰，反爲所敗。太宗乃詔吏部尙書侯君集爲行軍大總管，統領大軍進達松州。時松贊干布在川主寺設兵迎戰，結果被侯君集偷襲敗潰。爾後松贊干布遣使獻黃金五千兩和大批珍寶，求通和好。太宗以民族和睦爲重，遂以文成公主嫁與松贊干布爲妻。時文成公主入藏途經松潘，還前去川主寺憑弔。現川主寺北面半坡有一塊石頭，上面隱約印有兩個腳印，也被附會是當年文成公主留下來的。當地的藏漢人民奉文成公主爲菩薩，故川主寺這塊大石頭前，香火不斷。

另一名才女爲唐詩人薛濤。薛濤聰穎早慧，通曉音律，可謂才華橫溢。時四川節度使韋臯慕其才，召令她侍酒賦詩。她二十歲那年，因事獲怨，被韋臯發配到偏僻荒涼的松州。在來松州途中，風雪逼人，山高水險，薛濤不由吟詩：「按轡嶺頭寒復寒，微風細雨徹心肝。」薛濤在松州居住了一年多。

距松潘六十五公里處，便是被外國朋友譽爲「世界上最美麗的天然公園」——黃龍風景區。風景區背倚岷山主峰雪寶頂，下臨涪江源流的涪源橋，是一個長十五里、寬約三里的緩坡溝谷。溝谷布滿一層乳黃色岩石，遠望去，宛若一條黃龍蜿蜒於幽林翠谷之中，蔚爲奇觀。黃龍溝的名稱想必由此而來。龍是吉祥富貴的象徵，故人們一直相信這裏是風水寶地，建黃龍寺觀，祭祀所謂「黃龍眞人」。所謂眞人是道教術語，即指成仙的人。當你在黃龍溝裏遊覽時，時時可聞觀黃龍眞人的傳說和遺址。這位黃龍眞人也眞會選地方，環顧四周，只見碧水清泉漫臺滾瀉，形成了千百塊迂迴周折、陡堤如璞玉嵌砌的彩池。這樣的彩池這裏共有三千四百多個。古人曾吟道：「曲沼芳池宛轉通，靈泉疏鑿仰神功。如何一樣源頭水，五色分流各不同。」人們徜徉在碧波潭間，猶如置身於神話中瑤池瓊臺之仙境中，不由疑是到了《西遊記》裏描寫的西天瑤池。

踏在龍背行走不遠，只見一堵像由黃玉雕琢而成的峭岩上，千層銀波像從湛藍的天空傾瀉而下，人們稱它爲「洗身洞瀑布」。所謂洗身洞，是指瀑布後峭壁上的一石洞。人進石洞中，只覺露珠滿身而不覺衣衫濕潤。過去凡上山朝拜黃龍眞人的香客，都需要在此淨身以示虔誠。洗身洞在當地還流傳有其它說法，一是進洞一浴，可治百病；二是失足者浴後可懺悔以重新作人；三是不生小孩的婦女能恢復生育。當然，信者則愚。

出了洗身洞，經過五百多米長的如黃膏凝凍的「金沙鋪地」，和水質清麗碧瑩的「明鏡倒映池」、「爭艷池」，就來到黃龍寺。相傳黃龍眞人養道於此，故名。黃龍寺原來分前、中、後三寺，現只剩下中、後兩寺。相傳大禹當年開始他的治水生涯時，最先幫助他的就是黃龍。黃龍助大禹疏導了岷江，故深受後人的尊敬，並建寺以作紀念。逢黃龍眞人的生日（農曆六月十六日），方圓數百里的藏、羌、回、漢四族人們都要來這裏趕黃龍廟會。現在這一派「香火萬家朝六月，羌歌氐舞雜喧闐」的宗教性質黃龍廟會，逐漸演變爲多民族的自發旅遊活動了。

從黃龍寺後遠眺，只見一座狀似金字塔的雪峰，它高達五千五百八十八米，直插蒼穹。這就是聞名的岷山發脈地，被稱爲岷山之巔的雪寶頂山。藏族人民又把雪寶頂山稱爲佛山。逢黃龍廟會，藏民攜香帛結伴來轉山朝拜。雪寶頂山是座未被前人征服過的處女峰。其山勢雄偉，崖壁陡峭，終年積雪，歷代詩人吟詠雪寶頂與黃龍三寺的詩詞有三四百首。如杜甫詠雪寶頂的「雪嶺界天白，松州雪嶺東」。李商隱的「雪嶺未歸天外使，松州猶駐殿前軍」。另一詞人說得更妙：「……泰山一登天下小，不知泰山到此猶彈丸」。

黃龍寺後面，是黃龍彩池最具特色的「瑤池」。上百個各色彩池相綴成片，池中有兩對石塔和一個翹檐石屋頂，故被稱爲「石塔鎭海池」。相傳程咬金的孫子程世昌到松潘，走馬上任爲土官時的第三天，偕夫人來黃龍燒香，拜見黃龍眞人。夫妻倆被這仙境陶醉了，說：「我們夫妻死後就埋在這池邊。」日後果然雙雙葬在池邊。隨歲月更迭，墓逐漸被淹沒了，後人遂建石塔以示墓址。

黃龍寺右前方約三十米處，有著名的黃龍洞。洞內有三尊坐佛，可能是與寺同時建的。佛像經數百年潛水乳汁的天然再塑，通體披上一層淡黃色碳酸鈣，好像披了件珠光寶裟。這黃龍洞還有一則有趣的傳說。一天，黃龍眞人命徒兒熬煮豆漿，那徒兒卻昏然入睡，一鍋漿汁溢漫出山洞淌下山坡。黃龍眞人發現，急忙舀起鹵水潑去，一坡豆漿凝固了，結果形成黃燦燦的衆多彩池。餘漿還順涪江流入松潘小河場，故有今日小河場所產豆腐又細又嫩的佳話。當然，這僅是神話傳說。那麼黃龍溝是怎樣形成的呢？在第四紀更新世時期，這原是一條古冰川谷。隨著寒冷的冰川過去後，石灰岩地質的山體源源滲出含有豐富碳酸鈣的山泉，歲月迭代，泉水流過的山坡逐漸沉澱了厚厚一層石灰華，其表面接觸空氣而使部分礦物質氧化而呈現金黃色。石灰華附著起伏不平的坡地，生成一層層形狀不一的碳酸鈣堤埂，積水而成爲層層疊疊的千百個瑤池。地質學上稱之爲「泉華臺」。加上這片原始森林蓊鬱，這裏便呈現「人間瑤池」的仙境。

黃龍洞東行二公里，是有名的十八神女山，海拔四千三百米。十八神女指的是藏族婦女。古時九寨溝久旱無雨，她們跋山涉水到黃龍洞向黃龍眞人借水。此後，九寨溝才形成今日童話般的碧水翠海世界。看來，九寨溝之成名，還有賴於黃龍了。至於那十八個婦女，則在此成仙而去。

「及時行樂地，春也樂，夏也樂，秋也樂，冬來尋詩風雪中，不樂也樂；翹首仰仙蹤，池也仙，林也仙，山也仙，我今買醉黃龍裏，非仙也仙」。黃龍寺山門上的這一幅對聯，道出遊者的心境。

## 童話世界九寨溝（南坪九寨溝）

以「童話世界」、「夢幻仙境」稱譽的九寨溝，是我國近年來新開闢的風景名勝區。它位於川西北的南坪、松潘及平武三縣交界北側，東距南坪縣四十公里的深山老林中。九寨溝是岷山山脈萬山叢中一條縱深四十公里的山溝谷地，由六條溝組成。之所以稱九寨溝，是因爲周圍有九個藏族村寨而得名。一九七九年，九寨溝被劃爲重點保護大熊貓、金絲猴的地區。一九八二年列爲國家第一批重點風景名勝區。

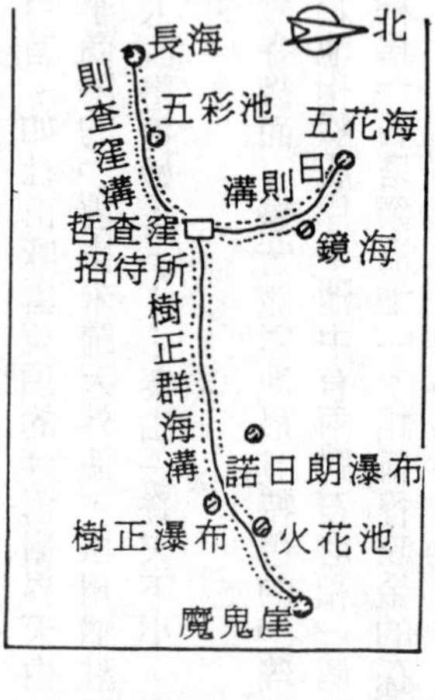

九寨溝風景圖

九寨溝的主要風景點幾乎全集中在九寨、日寨和則查窪三條支溝上。九寨溝最奇特最迷人的風景之一是海子。海子即是高山湖。在長約三十公里的溝上，分布了一百零八個海子。平靜如鏡的海子，倒映著積雪的山峰、蒼綠的森林及火紅的楓葉，眞是水光浮翠，山影倒懸，令人心曠神怡。你看那樹林群海，五彩斑斕尤如一幅精美的油畫；那懸崖陡壁、原始森林遮天蓋日的長海；晶瑩透亮如一塊寶石一般的五彩池；水天合一的五花海及清澈見底的鏡湖。面對著這一幅幅天工神力創造出來的美景，遊人仿佛置身在一個遠離人間的童話世界。在衆海子中，又以則查窪溝上游的長海面積最大，達九十萬平方米，水面海拔高度達三千一百米。當遊人來到長海時，只見長海海口屹立著一株古柏，誰也說不淸它的歲數有多大。只見它一側枝葉橫伸，鬱鬱葱葱；另一側卻光禿如削，枯枝蒼勁，似一飽經風霜的老人，默默地傾訴著歲月的流逝。當地藏胞稱它爲老人柏，你看它像嗎？

關於這些海子，民間流傳著許多故事。傳說古時山上有一位美麗的女神，一天魔鬼跑來無理糾纏，男神見狀急忙前來營救，他以定身法將魔鬼定住在九寨溝外的懸崖上，至今該處被稱爲魔鬼崖。以後，男神與女神交誼益厚。一天，男神將一面神鏡作爲定情物贈予女神時，女神不愼失手將鏡子跌地成碎片，從此形成九寨溝一百零八面海子。現九寨溝東面有一座雪山名女神山，西面遙遙相對也有一座山被稱爲達戈山（男神），傳說這就是女神及男神的化身。

其實，海子的形成，是由於其獨特的地理環境所造成的。有人認爲是泥石流堵塞而成，九寨溝不僅有現代泥石流活動，且有老泥石流活動。但又有人認爲是第四紀古冰川而造成的，長海子、烏艾海都是典型的古冰川終磧湖。由於冰期中氣候仍有相對乾濕冷暖波動，故造成冰川前進和退縮的波動變化。海子堤埂就是因氣候變冷，冰川前進停留的痕跡；海子則是氣候變暖，冰川很快消融的結果。看來，九寨溝內成串珠狀分布的海子、海埂和堤壩是第四紀中氣候冷暖波動變化的產物了。

由於九寨溝是位於青藏高原向四川盆地開始過渡的地帶，溝內形成深切割的寬緩大溝谷，故形成衆多跌宕的瀑布，其中比較大的有兩個：樹正瀑布及諾日朗瀑布。樹正瀑布是九寨溝從上而下的第一個大瀑布，它高達十五—二十米。在樹正寨子上面瀑布帶著沁人的氣息飛流直下，猛瀉谷底，山水轟鳴，形成九寨溝的最強音。諾日朗瀑布時而細流緩緩從懸崖峭壁上飄然飛落，時而又像湍急的噴泉，急流直下，它從那寬二百米的斷壁瀉下，氣勢壯觀。

九寨溝不僅以它旖旎、夢幻似的風光聞名遐邇，最近又傳出那有水中怪獸而引人神祕莫測。據目擊者說，箭竹海裏有一水中怪獸，它頭有臉盆大，身有水桶粗，頭上還長著角。這究竟是什麼怪獸，人們議論紛紛。不久以前，這個謎底被揭開了：這是九寨溝中的一種高山細甲魚群。這些魚群在游行過程中，像經過訓練似的，成千上萬尾魚密集地擠在一起，有時領頭的一團浮出水面，後面的群魚卻步調一致地全部潛進水中，這時遠遠望去，就像一怪獸頭翹出水面。有時縱隊中頭一尾魚躍出水面，其餘的跟著一尾接一尾魚貫而躍，閃出道道白光，猶如怪獸的脊背露出水面。然後，群魚從縱隊迂迴抱成一團，恰似一頭圓形的動物在水中沉浮，突然，它們轉向四方游去，水中似乎冒出幾頭怪獸來。這秩序井然而又千變萬化的高山細甲魚的性能之謎至今仍未能解開。如果你到九寨溝後碰巧遇上這一奇觀，遠看還眞以爲是一隻會閃光的長角水中怪獸呢！

國外旅遊者到九寨溝都驚嘆不已，稱它是世界上罕見的奇景。有人曾用「九寨溝神仙境，白髮不虛行」的詩句來讚美九寨溝的風光。勸君趕快打點行裝，到九寨溝去！

去九寨溝的路有三條。其一：從成都乘汽車沿岷江行至松潘，自松潘再前進一百三十公里，即九寨溝；其二：從寶成線上的廣元，乘汽車經甘肅的文縣，到四川南坪，再前行四十五公里，便到。路雖崎嶇，景致絕異，大可領略李白《蜀道難》中的意境；其三：從成都經平武縣奔南坪，這條路較近。但最快捷的是從成都乘直升飛機，直達九寨溝。

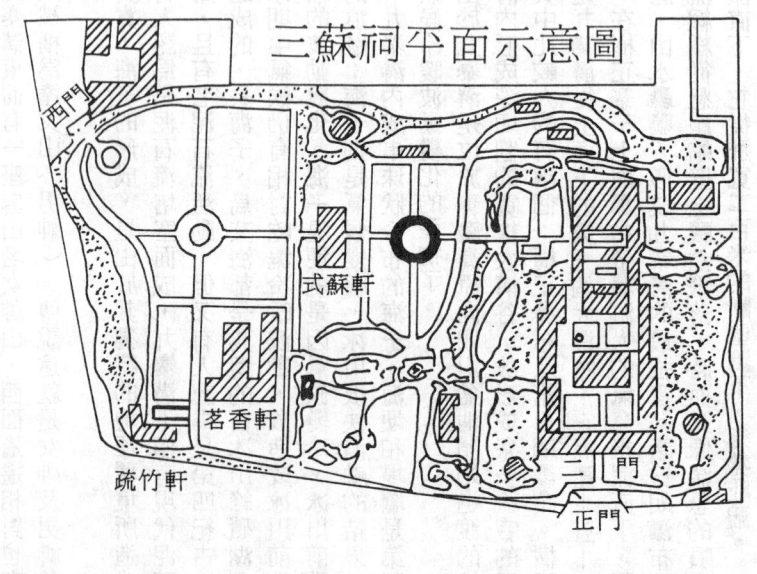

三蘇祠平面示意圖

# 一門父子三辭客（眉山三蘇祠）

位於成都至樂山（峨嵋山）公路中段的眉山三蘇祠，是我國北宋時著名文學家蘇洵、蘇軾、蘇轍父子三人的故居。

三蘇祠大門上方懸掛著清朝著名書法家何紹基書寫的「三蘇祠」三個鎏金大字，字體剛勁挺拔，拙媚相生，恰似大文豪蘇東坡的一派凜凜豪氣。兩側鐫刻著「北宋高文名父子，南州勝跡古祠堂」的對聯。踏進正殿，門楣上懸掛著「是父是子」、「文峰鼎峙」的匾額。這裏眞是一所文氣勃勃、清幽典雅的名勝地。正殿之外，有一組三面環水的園林建築，這水池又稱爲瑞蓮池。這裏有一段蘇洵教子的故事。

舊時的兒童啓蒙讀物《三字經》有這麼幾句話：「蘇明允，二十七，始發憤，讀書籍。」蘇明允就是指蘇洵。蘇洵小時喜好交遊，讀書常常不求甚解。結果連連應試不第，才發憤閉門深研苦讀。後來，蘇洵雖然出了名，但始終未能科場及第。於是，他把希望寄託在兩個兒子身上。他苦心培養蘇氏兄弟，並四處察訪良師，最終，蘇氏兄弟拜眉山的見識廣博的劉徽之爲師。經過父親蘇洵的悉心培育以及蘇氏兄弟的勤學苦練，他們進步很快。一天，蘇洵散步來到池塘邊，看到水中開出胭脂色的並蒂蓮花，十分驚喜，不覺吟道：「奇池荷極盛，並蒂兆科甲」。蘇洵把並蒂花開看成二子同時登科的吉祥徵兆了。不久，蘇洵遂攜二子進京應試。結果雙雙及第。時歐陽修拿著他們的文章說，恐怕三十年以後，人們只知道有蘇文，不知道有我歐陽修的文章了。連當朝皇帝宋仁宗也欣賞蘇氏兄弟的才華，慶幸地說：「朕今日爲子孫得兩宰相耳」。比起父親來，蘇軾、蘇轍的科場考試眞是順利極了。蘇洵有感於此，作一小詩曰：「莫道登科易，老夫如登天。莫道登科難，小兒如拾芥。」爲此，蘇洵命名並蒂花開的水池爲瑞蓮池。後來當地人們每見池內蓮花並蒂開放，都認作是眉州必出貴官才子的先兆，因而又在池旁修建了瑞蓮亭。

距瑞蓮亭百餘米，有一湖心船亭，名爲「百坡亭」。說起百坡亭的命名來由，就不得不從蘇氏兄弟的手足情說起。

蘇東坡與弟蘇轍感情篤深。蘇東坡那首傳誦千古的名作《明月幾時有》，就是在一次中秋之夜思念蘇轍而寫成的。詞中寫道：「……何事長向別時圓？人有悲歡離合，月有陰晴圓缺，此事古難全。但願人長久，千里共嬋娟。」後蘇軾因烏臺詩案被削官入獄。蘇轍爲救哥哥，上書宋神宗，要求以自己的官職代兄贖罪。可謂手足情深，風雨同舟。元祐六年（一〇九一年）蘇東坡任潁州太守，在一個明月當空的晚上，與友人在潁水泛舟。異鄉風月，引起他對弟弟的思念，他彷彿回到童年時代，同弟弟一起憑空賞月，人影月色倒映水中，擲石擊水，掀起層層漣漪，蘇東坡見景生情，脫口吟出「忽然生鱗甲，亂我鬚與眉。散爲百東坡，頃刻復在之」。於是，後人根據這詩意在三蘇祠裏築了這座百坡亭以作紀念。

蘇氏兄弟感情甚篤，但兩人性格迥然不同。性格曠達的蘇東坡好交友，他說自己「上可陪玉皇大帝，下可陪卑田院乞兒。」處事謹愼的蘇轍勸兄應善於擇交，蘇軾卻大笑道：「眼前見天下無一個不好人。」甚至被削職流放到儋耳時，蘇軾仍以豁達處世。一天蘇軾外出遇雨，借農家斗笠戴上，腳穿厚底木屐。一路上婦女兒童跟隨笑著，引得附近的狗也一齊叫喚，蘇軾仍神態悠然自得。今三蘇祠的《東坡笠屐圖》即指此事。

瑞蓮亭和洗硯亭之間有一座碑亭，裏面藏有蘇氏的許多墨寶。其中又以蘇軾書法四大名碑最耐人觀摩。四碑書法「短長肥瘠各有態，玉環飛燕誰敢憎」。其中《醉翁亭記》的醉翁是指歐陽修。時歐陽修貶謫爲滁州太守時，在琅琊山間修築了一個亭子，取名「醉翁」，並作了一篇記。但此亭當時未被人重視。不久，王詔守滁州，爲紀念歐陽修，王專程去請蘇東坡大書此記。蘇東坡應允書寫了全文，並令人刻石。這篇文章很快流傳開了，從此「醉翁亭」的名聲傳遍天下。

蘇洵生前官卑職小，卒時五十八歲，葬於眉山土地鄉可龍里，諡號「文安公」。蘇軾雖曾任兵部尚書、禮部尚書等要職，但終因黨爭之禍，幾經貶謫，終於在元符四年（一一〇一年）遇赦北歸途中病逝，葬於河南郟縣小峨嵋山，追謚爲「文忠公」。蘇轍雖職位高於蘇軾，但也後因蘇軾而受株連，卒時七十四歲，與蘇軾同葬於河南郟縣小峨嵋山下，追謚「文定公」。

「三蘇」去世後，人們爲了紀念「一門三傑」，就曾多次整建過蘇氏故居，其中又以明朝洪武年間修建規模爲最大。其時，「三蘇」故居正式被改建爲「三蘇祠」，設置了啓賢堂、木假山堂和大殿。可惜，在明末崇禎十七年（一六四四年）十月，農民義軍張獻忠攻陷眉州時，三蘇祠被焚毀。清朝康熙元年（一六六二年），眉州州牧趙惠芽前來憑弔三蘇遺跡時，只見荆棘叢生，荒蕪一片。於是，趙惠芽下令在舊址上重建三蘇祠。後經雍正、乾隆、光緒三朝的不斷修繕，三蘇祠規模日趨完善。

三蘇祠有許多涵義深醇的楹聯，其中有這麼一副：

宦跡渺難尋，只恃得三傑一門，前無古，後無今，器識文章，浩若江河行大地；

天心原有屬，任憑他千磨百煉，揚不清，沉不濁，父子兄弟，依然風雨共名山。

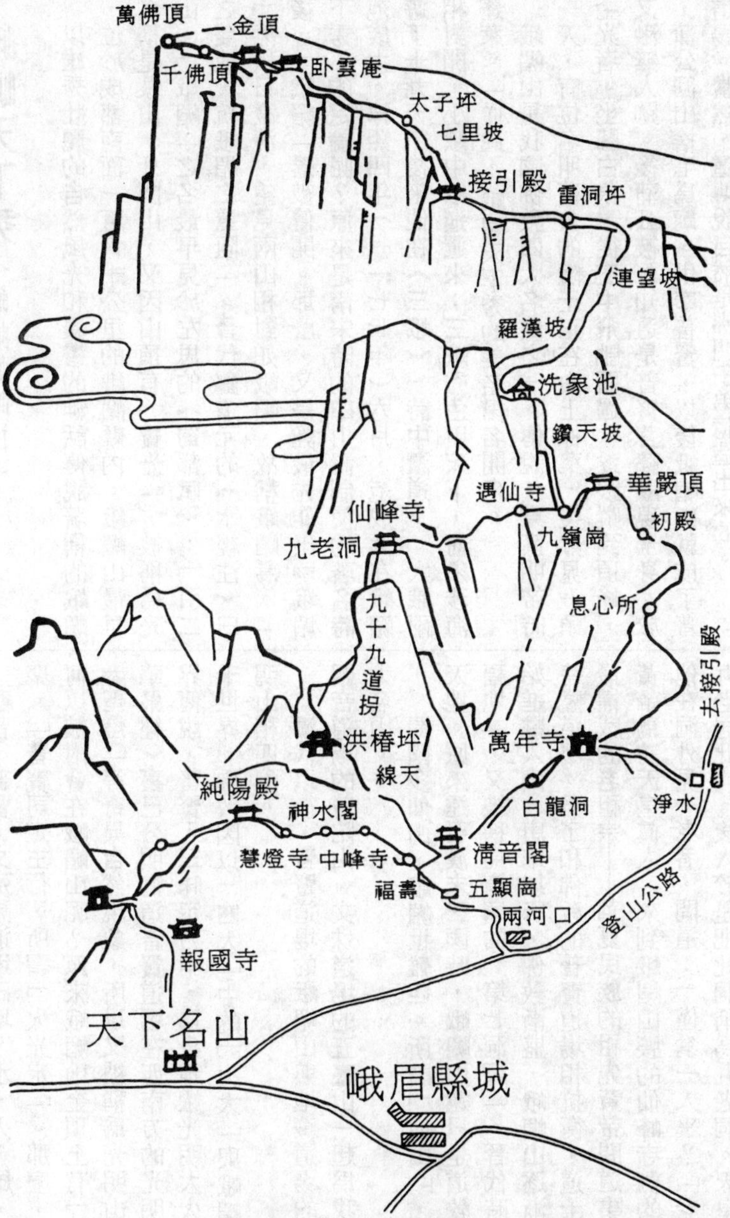
萬佛頂
金頂
千佛頂
臥雲庵
太子坪
七里坡
接引殿
雷洞坪
連望坡
羅漢坡
洗象池
鑽天坡
華嚴頂
遇仙寺
仙峰寺
九嶺崗
初殿
九老洞
息心所
九十九道拐
去接引殿
萬年寺
洪椿坪
線天
純陽殿
白龍洞
淨水
神水閣
清音閣
慧燈寺
中峰寺
福壽
五顯崗
兩河口
登山公路
報國寺
天下名山
峨眉縣城

峨嵋山旅遊圖

# 峨嵋天下秀（峨嵋峨嵋山）

以雄秀壯麗的自然風光和濃鬱的神話傳說著稱的峨嵋山，位於成都南面一百六十公里的峨嵋縣內。峨嵋山最早的名稱是蒙山、牙門山，又因山頂有「寶光」，被稱爲光明山。「峨嵋」之名最早見於左思的《蜀都賦》：「引二江之雙流，抗峨嵋之重阻」。晉代酈道元的《水經注》曰：「然秋日澄清，望見兩山相對如峨嵋，故稱峨嵋焉。」此後，「峨嵋」遂被傳開。那麼，又是誰最先作出「峨嵋天下秀」的定論呢？原來是南宋時的四川置制使的著名詩人范成大。淳熙四年（一一七七年）六月，范成大在峨嵋山遊了十九天。後來他在《三峨》一詩中讚道：「大峨兩山相對開，小峨中峨迤邐來；三峨秀色甲天下，何須涉海尋蓬萊。」從此，峨嵋天下秀的美名揚名開來。

峨嵋山是我國佛教四大名山之一。傳說，東漢明帝時，一天，有位名叫蒲公的隱士正在山上採藥，突然見一頭放金光者，坐騎白象，從空中飛馳而過，遂跟蹤到頂峰，卻又渺無人跡。後蒲公被告知這是普賢菩薩顯現全身。於是，蒲公回山捨宅爲廟，供奉普賢，以後峨嵋山就成了普賢道場。當然，這傳說自然是佛門子弟臆造出來的。

佛教認爲「四大」是構成「色」的四種要素，也就是「地、水、火、風」。《普陀山志》又說：「佛經稱地藏、觀音、普賢、文殊諸道場曰地、水、火、風，爲四大結聚。」普賢司定主行，所謂「火光定」。那麼，普賢道場何以被附會在峨嵋山呢？原來峨嵋山金頂上有「寶光」、「聖燈」等奇異自然現象，所以又被稱爲光明山。恰好《華嚴經》裏已分明寫道普賢道場在西南方的光明山上。佛界傳說，普賢入三昧定力中，遍身輝耀光明大火，遍照大千世界。佛教因以「四大」中的「火大」與峨嵋山——光明山相匹配。

漢代以後，普賢道場的峨嵋山與地藏道場的九華山，觀音道場的普陀山、文殊道場的五臺山一起爲我國佛教四大名山。

蜀國多仙山，峨嵋世難匹。所謂「仙山」，是指道家天地。原來遠至漢末三國時，峨嵋山還只是道教的「洞天福地」，又被稱爲道家的「第七洞天」。晉代時，佛教開始進駐入山。唐宋以降，佛教漸盛，峨嵋山逐漸成爲普賢菩薩道場。爲了和佛教的普賢道場相抗衡，道士們搬出了最權威的老祖宗——華夏民族的祖先黃帝問道事說。傳說黃帝爲訪天皇眞人，來到峨嵋山腰的仙峰寺側的一山洞，他在洞外見一老者，問道：「僅翁一人乎？」老者答：「九老居此」。後人於是把此洞稱爲九老洞。天皇眞人乃是道教始祖老子。道教經典《三皇經》說他住在「峨嵋山北絕岩之下，蒼玉爲屋。」看來，道士欲想借黃帝之名，創問道士之說，用以抬高道教在峨嵋山的地位。

儘管如此，道教勢力仍是江河日下，明崇禎時，峨嵋山終被佛教一統天下。建於明萬曆十三年（一五八五年）的峨嵋山最後一個道觀——純陽殿，也已是名存實亡。殿中塑有呂純陽立、坐、臥三種不同姿態的塑像。枋上有一聯曰：「穩睡爲何因，遍遊天下，未得緣人說妙道；醉眼無別事，厭聞世況，掀開記卷樂長生」。呂純陽又稱呂洞賓，成語道：「狗咬呂洞賓，不識好人心」，指的正是此公。呂純陽唐朝京兆人。他兩舉進士不第，浪遊江湖，曾隱居終南山等地修道。後遊歷各地，自稱回道人。他死後，被後人神化附會爲八仙之一，元代還煞有介事封他爲：「純陽演政警化孚佑帝君」。道教全眞道尊他爲北五祖之一。結果，這個唐代的「回道人」，倒進了純陽殿裏當了神仙。不過，他也坐得並不安穩。清初時，他卻被彌勒佛排擠，衆和尚也紛紛進駐呂純陽的勢力範圍。你瞧，今殿外深溪裏還有條「普賢船」。這座峨嵋山最後一座道觀已成爲佛教的寺廟了。

「和平共處」的佛道兩家。雖然明末的峨嵋山已被佛教一統天下，不過，道教也並未完全被「趕盡殺絕」，在封建皇帝的「佛爲我用」的干涉下，各派勢力也暫摒棄「門戶」之見而「和平共處」，峨嵋山麓第一座廟宇——報國寺正是如此。

報國寺爲明代萬曆四十三年（一六一五年）明光道人創建，時曰「三教一宗。祀普賢、廣成子、楚狂其中，立木主，不以塑像，亦深合乎道，遂名曰會宗堂。」會宗堂即三教會宗之意，廟裏確實祀奉著佛門的普賢、道教的廣成及楚狂。到清康熙年間，康熙帝擴建並賜名爲報國寺，取「三教歸一，同心報國」之意。

其實，報國寺雖取三教會宗之意，但它的建築布局以及大部分陳列內容都是佛教的。你瞧彌勒佛殿門的一副楹聯，上寫道：「看他皤腹歡顏原是菩薩化相，願爾清心濾塵去睹金頂祥光」，儼然一派佛門洞開的架式。

除了報國寺外，還有洪椿坪也有這樣的布局。洪椿坪爲明萬曆五年楚山禪師籌建，原稱「千佛禪院」，後因寺外有千年洪椿古樹，故易名爲「洪椿坪」。洪椿坪有清人寫的全山第一長聯，該長聯除了寫山林景色外，主要在宣揚超凡入佛的事跡。可是，正是這麼一處宣揚超凡入佛的「千佛禪院」，道教竟也毫不客氣地占有一席。你瞧寺內那種造形奇特的千佛蓮燈，上面除有雕刻許多精緻的佛像以外，還有多組《封神演義》所描繪的道家故事，實屬罕見。水火不容的佛道兩教，也在這裏「握手言歡」了。

峨嵋山的衆寺廟中，要數萬年寺名氣最大。這是一座供奉普賢的寺廟。前殿正中一個渾身潔白的大象，馱了一尊菩薩。這就是有名的普賢。

普賢，爲佛教大乘菩薩之一，它與文殊同爲釋迦佛的脅侍。傳說，普賢曾在華嚴法會上發「十大行願」，佛教尊它爲「十大願王」。「普賢願海」成了佛教的老生常談。但是，普賢菩薩爲什麼騎白象呢？佛經裏說，「普賢之學得於行，行之謹審靜重莫若象，故好象。」白象，即意味著它願行廣大，功德圓滿。

這座通高七點三米，重達六十二噸普賢騎象銅像鑄造於北宋太平興國年間。當時高僧茂眞等主持修鑄。銅像先在成都部分鑄造，再運到峨嵋山裝配而成。當時銅像爲木質殿堂圍護，被稱爲白水普賢寺。至於它何時改爲聖壽萬年寺，這裏又引起一段典故來。

明萬曆皇帝的母親慈聖太后信佛。她年輕時，爲博得穆宗的寵幸，曾向峨嵋山普賢許願，若生下太子，定爲菩薩建殿穿金。不久，果然生下太子朱翊鈞。她便向峨嵋山寺廟賜金贈經。朱翊鈞登上帝王寶座後，也不忘這段淵源。萬曆二十七年，萬曆皇帝朱翊鈞爲慶祝母親壽辰，便敕書白水寺，建高大無樑磚殿，將普賢瑞像保護起來。於是僧人和建築師按天圓地方的古老學說，設計了一個上圓下方、頂狀穹窿、磚拱結構的無樑殿。這是一個十分奇特的別具一格的佛殿，爲國內僅見。無樑殿建好後，萬曆皇帝又賜額爲「聖壽萬年寺」，以祝母親聖壽萬年。從此，萬年寺的名稱便流傳下來。

峨嵋山的僧人對帝王的「皇恩」感激不盡，於是在萬年寺外坡下坪上，由無窮禪師主持建立一座供奉聖后的慈聖庵。無窮禪師還長途跋涉進京，向慈聖太后化緣，以修建一座大佛寺。沒想這一行竟導致出一場冤案，無窮禪師的冤死。

萬曆三十七年，無窮禪師用慈聖太后賜給的千金購買赤銅鑄造佛像。半年後，一尊高達十二米的觀音菩薩像鑄成，但因體積龐大，無法運上峨嵋山，只好在縣城外建廟供奉。誰知那位辦事頗爲「認眞」的皇庫官吏，私下派人到峨嵋山探查佛像鑄造的情況，派員走遍全山，未見有新鑄的觀者銅像，於是回京城奏明萬曆皇帝，結果龍顏大惱，不分青紅皂白以「貪污皇金」罪將無窮禪師處死。禪師門人聞此惡耗，即赴京城鳴冤。後經核實，這幫草菅人命的庸官才不得不恢復無窮禪師的名譽。

如今，無窮禪師以性命換來的那尊大銅佛像早已在歷年戰火中被毀。但萬年寺外坡下坪上的慈聖庵已修葺一新，重發光彩。

峨嵋寶光變佛光。海拔三千零七十七米的金頂，是遊山的制高點。金頂有四大奇觀：雲海、日出、佛光和佛燈。其中又以佛光最爲有名。佛光是指在雲平風靜的午後，出現在雲層的一個虛明若鏡、極其艷麗的五彩光環。遊人看光環時，可見鏡中暗影與觀者影形一樣。但每個人只能看見自己的身影，不能看見他人身影。清人譚鍾岳曾作詩咏讚：「非雲非霧起層空，異彩奇輝迴不同。試向岩石高處望，人人都在佛光中。」

「金頂佛光」是峨嵋山被附會爲佛教普賢道場的一個重要根據。峨嵋佛光的發現，最早的文字記載是距今一千九百多年的東漢初年。東漢永平年間，有一採藥者上峨嵋山，因追捕一鹿追至金頂，時見「威光煥赫，紫雲騰湧，聯絡交輝成光明網。驟然嘆曰：『此瑞稀有，非天上耶！』」不過，當時不叫佛光稱寶光。這種因陽光在雲層折射而形成的自然現象，被世人附衍爲各種說法。道士稱它爲「仙人掌光」，僧侶則稱爲「攝身光」。佛教《華嚴經》說：「普賢於道場開化人天等衆，故現象海於峨嵋山中，密行世人通菩薩性。」隨著佛教一統峨嵋山天下，峨嵋寶光被稱爲峨嵋佛光，一直至今。

不僅在金頂可看見佛光，比金頂海拔高度低一百米處的峨嵋七天橋處也能看到。清末有個和尙徹中，在《峨嵋山記》中寫到：「余旅七天橋，沙彌報光現於此，往視，較睹光臺之光大數倍。」

除了峨嵋山以外，五臺山、南京的北極閣、泰山等處都曾出現過「佛光」現象。不同的是，有的僅只那麼偶然性的一次或數次，而且許多處的這一奇觀至今都已消失了，只有峨嵋山金頂至今仍是每年出現七八十次之多，堪稱奇勝永葆。

金頂過去有許多廟宇，其中有座祖殿，爲峨嵋山古寺之一。漢時叫普光殿，唐宋間又改爲光相寺。明朝蜀藩捐資擴建。殿瓦、柱、門、櫺、窗和四壁皆銅質摻金。此殿在陽光照耀下金光閃閃，加上地勢高，山下四周可見，故名「金頂」。這就是峨嵋山金頂的由來。奇怪的是，峨嵋山諸寺的普賢一律坐西向東，唯獨此殿的普賢像坐東向西。原來此像是西藏僧徒於清咸豐年間鑄造的。大概是「普賢願海」也別忘了西藏的衆佛徒吧。

金頂岩下，是一個縱深七百二十米的斷岩絕壁。這斷岩峭削方棱，嵯峨崢嶸，有人身貼岩石，匍匐下窺，莫不咋舌而回。人們又稱它爲捨身岩。自古以來，不知有多少輕生者來此縱身一跳了結一生。那麼你知道誰是第一個從舍身岩底攀上金頂的人嗎？一九三三年，畢業於北京大學地質系的李春昱和瑞士著名的登山運動員巴勒，先後從捨身岩攀上金頂。說來，這也是一場非同尋常的較量。巴勒自以爲是登山運動員，看不起中國人，自以爲沒有人敢從捨身岩下攀上金頂，豈料血氣方剛的李春昱說：「瑞士人敢上，中國人就敢上」。經過一天一夜的艱辛攀登，李春昱首先爬上金頂，成了有文字可查的第一個從捨身岩攀上金頂的中國人。

青衣江
大
渡
河
岷江大橋
樂山市中區
岷
迎春渡口
撲鳳
洲
載酒亭
九曲棧道
靈寶塔
大佛
海師洞
凌雲禪院
浮玉亭
江
壁津樓
東坡樓
洪川洞
內
麻浩漢崖墓
獨好亭
爾雅臺
結茅亭
樂
曠怡亭
化城亭
烏尤寺
公
普同塔
路
止息亭
萬松深處

樂山大佛平面示意圖

# 山是一尊佛，佛是一座山

## （樂山石佛）

世界上最大的石刻佛像坐落在樂山市東凌雲山西壁，故又名凌雲大佛。佛像螺髻、坦胸跣足、雙耳垂肩、兩手覆膝。它頭齊峰巔，腳踩大江，整個造像占滿了一面山，給人一種「山是一尊佛，佛是一座山」之感。

說起彌勒佛，你也許會馬上想象出一個袒胸開懷、笑容可掬的彌勒佛模樣。不錯，現在的寺廟裏供奉的彌勒佛，幾乎都是大腹如球、滿面笑容的模樣，就連凌雲山門右側石洞的彌勒佛像和凌雲寺裏供奉的彌勒佛像也都是肥頭大耳，笑逐顏開。凌雲寺還有一副楹聯：「笑古笑今，笑東笑西笑南笑北，笑來笑去，笑自己原來無知無識；觀事觀物，觀天觀地觀日觀月，觀上觀下，觀他人總是有高有低」。那麼，著名的樂山彌勒大佛神態何以與衆彌勒佛相異，它是這般端莊慈祥，雍容肅穆呢？這就要從彌勒佛的產生說起。

據佛經說，釋迦牟尼生前預言，他死後五十七億多年後，有彌勒佛下降人世，繼承他的佛位。因他是釋迦之後的佛，故稱「未來佛」。可是，衆教徒等不了那麼久，就在釋迦「涅槃」後不久，就把彌勒「創造」出來了。這時的彌勒佛像與其它佛一樣，面容端莊慈祥。但到了五代後梁時期，浙江奉化有個大肚子胖和尚，名叫契此。他自稱是「彌勒轉世」，佛徒竟信以爲眞。從此以後，寺廟山門殿裏的彌勒佛就以那胖和尚的袒腹大笑的形象爲藍本了。現凌雲山門旁的彌勒佛像是五代的石刻，凌雲寺裏天王殿的彌勒佛像是明清時期重建的，故都是胖和尚契此的大肚笑容的模樣。而樂山大佛卻是在五代以前建的，故保留著原來的慈祥、莊嚴、肅穆的形象。

那麼，這座高大奇偉的樂山大佛又是怎樣建起來的呢？誰是這浩大工程的發起人？修此巨佛的緣由又是爲了什麼？

這座世界上最大的坐佛像獨獨出現在樂山，與此地盛行佛教的背景有關。樂山是四川較早的佛教聖地。我國最早的一批東漢時期的佛教文物就在今樂山大佛與烏尤寺之間的孛橋頭麻浩崖墓裏發現。到了唐代，佛教勢力有了空前的發展。樂山大佛的籌建年間，正是唐朝佞佛之風盛行之時。樂山「凌雲九峰」，已是各峰皆有寺廟。樂山大佛的發起人海通，就是凌雲山上的凌雲寺的和尚。

凌雲山坐落在青衣江和岷江交匯之處，每到夏汛，江流匯聚山麓，如萬馬奔騰，直搗山岩，常常造成傾覆舟楫、船毀人亡的悲劇。海通和尚目睹慘景，決心開鑿佛像以鎮水勢，消彌水患。他櫛風沐雨，歷盡艱辛，化緣二十年，籌得一筆可觀的營造經費。但佛像未建，郡吏卻敲詐勒索海通和尚積聚的銀錢。海通和尚怒不可遏道：「自目可剜，佛財難得！」郡吏刁橫無理，進而威脅道：「嘗試將來。」海通即「自抉其目，捧盤致之」。不久沒等大佛鑿成，海通和尚就賫志而歿了。後來，劍南川西節度使韋皐，徵集工匠，繼續開鑿，朝廷也詔賜鹽麻稅款資助。就這樣，開鑿於唐玄宗開元初年（七一三年）的樂山大佛，歷經九十年，至唐貞元十九年（八〇三年）才告完工。這座大佛身高七十一米，肩寬二十八米，耳長七米，腳背寬八點五米，上面可圍坐百餘人。樂山大佛比號稱「世界最高的石佛像」——阿富汗著名的立佛還要高十七米。眞正可謂頂天立地了。當時樂山大佛是彩繪金身，並覆以十三層樓閣，但樓閣於明末毀於兵火，而佛像巍峙江岸至今，已有一千一百多年了，堪稱一大奇觀。

值得一提的是，最近在四川省仁壽縣的山崖中，發現樂山大佛的「藍本」——牛角寨大佛。佛像高十五點八五米，爲半身造像。佛像神態慈祥端莊，其模樣與樂山大佛酷似，有如一對孿生兄弟。據文物專家考證，這尊大佛是早於樂山佛鑿刻而成的，當樂山大佛的試雕品。你如有興趣的話，不妨前往比較。

# 青衣中峰烏尤寺

## （樂山烏尤寺、爾雅臺）

古時，並立岷江之畔的凌雲、烏尤、馬鞍山被統稱爲青衣山。而烏尤山介於其中，所以又被稱爲青衣中峰。烏尤山與樂山大佛相距僅半公里。它原與凌雲山相連，西元前二五〇年，秦孝文王命蜀郡守李冰在岷江疏流抑洪。李冰爲避沫水（大渡河）之害，在凌雲山和烏尤山連接處開鑿麻浩溢洪道，烏尤山便鑿成四面環水的孤島。今烏尤山山門有一石碑，上刻有「離峯」兩個大字，離峯即離堆，就是離岸的意思。

烏尤山。因其卓立江中，形如臥水之牛，故名烏牛山，北宋時，詩人黃庭堅認爲此地山林蒼翠，雲影波光，烏牛一名實在不雅，始更名爲烏尤。不過，還有一種說法，佛家子弟認爲山中原供有銅鑄觀音菩薩的化身「面然」，也稱「烏尤大士」的佛像，故名烏尤。

烏尤山恰位於著名的岷江、沫水、青衣江匯合處，山林繁蔭，風景宜人，古人曾發出這樣的讚嘆：「孤嶺撐空勢突兀」，「綠影一堆飄不去」。自唐以來，烏尤山就是蜀中遊覽勝地。郭沫若同志，原名開貞，一九一九年起，就以流經烏尤山麓的沫水和四川西部的雅礱江（古時稱若水）爲號，筆名沫若。

烏尤山的主要勝景烏尤寺就座落在烏尤山頂。一跨進寺門，只見兩側刻有兩副對聯，其中「寺門高開洞庭野，蒼崖半入雲濤堆」，這是集唐代詩人李白、杜甫的兩句詩而成。烏尤寺有一名聞海內古跡：兩千多年前四川先賢治學之地——爾雅臺。

《爾雅》是我國最早的一部辭典，宋代以後便被列爲儒家經典《十三經》之一。該書內容包括天文地理、山岳河流、草木蟲魚鳥獸以及宮寶器用等。由於該書文字簡古，故西漢以來就有不少人爲它作注。作注的第一人是西漢武帝時犍爲郡的郭舍人。郭舍人以才學見徵，曾入朝廷待詔候用。早在漢武帝時，郭舍人就爲《爾雅》作注了。烏尤山上的爾雅臺就是當年郭舍人作注的地方。宋代著名文學家蘇轍在《初發嘉州》詩中曰：「云有古郭生，此地苦箋注。」不過，也許你覺得奇怪，既然爾雅臺爲漢代郭舍人作注之地，爲什麼爾雅臺旁立的石碑卻寫有「晉郭璞注爾雅處」呢？原來，這有一段歷史誤會。

東晉著名訓詁學家郭璞集《爾雅》學之大成，他著有《爾雅注》、《爾雅圖》、《爾雅音》、《爾雅圖贊》等著作，名重郭舍人。加上郭舍人原注文多已佚散。所以，後人只知注《爾雅》的爲郭璞，而不知在此四百年前，已有郭舍人爲《爾雅》作注了，又因爲兩人都姓郭，遂把這裏的爾雅臺附會在郭璞身上。直到清代的吳省欽、張澍、近代的趙熙、黃侃等人考證，這段歷史誤會才被澄清。今爾雅臺正中壁上榜書有「漢犍爲舍人注爾雅處」，下面嵌著趙熙的《爾雅臺記碑文》。至於爾雅臺側的「晉郭璞注爾雅處」石碑，是當年立碑者疏於考證，僅以當時的流傳爲根據而定的，實不足以爲憑。

郭舍人之注《爾雅》，在我國字典、辭典編撰的歷史上，實有開創之功。故自古以來，烏尤山的爾雅臺名聞遐爾，歷代名人志士在流覽瞻仰爾雅臺時，留下了不少詩文，其中又以元帥朱德和詩人郭沫若的最爲感人。

一九三八年，自南昌起義失敗後分手十一年的朱德和郭沫若在武漢相逢，別前互相贈詩留念，朱德詩中有「必期在鴨綠江邊」的詩句。一九三九年九月初，郭沫若重遊了烏尤寺的爾雅臺，遂作《登雅臺懷人》七律一首：「依舊危臺壓紫雲，青衣江上水殷殷。歸來我獨懷三楚，叱吒誰當冠九軍。龍戰玄黃彌野血，雞鳴風雨際天聞。會師鴨綠期何日，翹首燕雲苦憶君。」詩前小序說：「一九三九年秋返嘉州，登爾雅臺懷玉階先生」。一九四四年，這首寄懷詩才輾轉送到朱德手裏。於是，朱德在戎馬倥傯中步原韻作《和郭沫若同志登爾雅臺懷人》七律：「回顧西南滿戰雲，臺高爾雅舊情殷。千村淪落悲三楚，四位英雄喪廿軍。北國翻新看後勁，東鄰殞越可先聞。內憂外患澄清日，痛飲黃龍定約君。」這兩首詩表現了老一輩革命家憂國憂民的高尚情懷，感人至深。一九六三年四月二十三日，朱德再次遊覽了烏尤寺，在爾雅臺前欣賞古碑時，流連不忍去。他對同行的人說：「可惜沫若沒有一道來。」今烏尤寺內還珍藏著郭沫若手書《登爾雅臺懷人》的行書條幅。

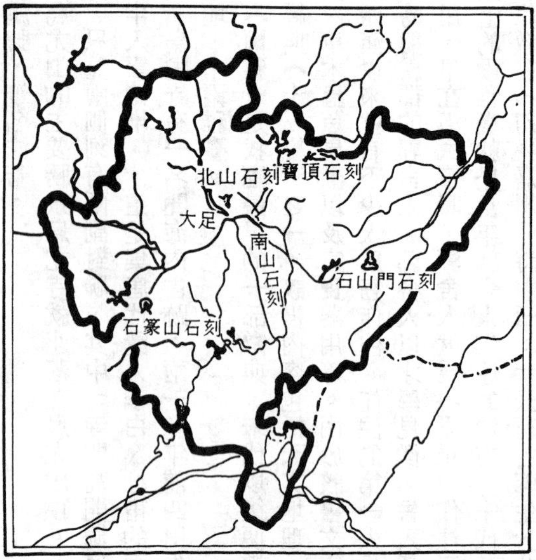

大足石刻分布示意圖

## 民族化和世俗化的石刻藝術

### （大足石刻）

大足石刻是大足縣境內石刻群的總稱。大足縣介於成渝二市之間，出爲通衢，入而僻處，仿若世外桃源。大足石刻始創於唐，歷經五代、兩宋，迄於明、清，距今已有一千多年歷史。

有人嘻語，大足縣即爲大腳縣。這話可說對了一半。《蜀中廣記》載：「大足縣，唐寶頂山有巨人跡。」所謂「巨人跡」即指佛足造像。早期的佛教對佛足造像的膜拜就是禮佛。今大足縣的寶頂山聖壽寺門外的「佛跡池」裏果然留有一雙大腳印，這就是傳說中的「佛跡」。關於佛跡池和巨人跡，清著名學者張澍曾寫過這樣一首詩：

一碧方塘水不波，天光雲影拂風過。

盤陀石上留雙足，碑立何年字已磨。

但是，關於大足縣名的由來還有一種說法，即「豐足之義」。大足縣位於四川盆地中部，土地肥沃，氣候適宜，農產豐富，民不乏食，故唐乾元元年（七五八年）建縣時，取其「豐足之義」而曰大足。

看來，「大足」究竟是佛足腳印之義，還是豐足之義，還有待於有興趣者去作進一步考證。

興盛於宋代的大足石刻更爲趨向民族化和世俗化了。它完全脫離早期外來的犍陀羅風格，平行線的衣紋已完全漢化，雲頭靴代替了赤足、蓮花換成了龍頭靠背椅，佛座下的大蛇變成了獅子或蟠龍。一些作品更是突破了宗教教義的刻板規範，再現了人間的世俗生活。

寶頂山的南崖有一鋪造像，既沒有佛也沒有菩薩，只有十個牧童放牧十頭牛。原來，這《牧牛圖》是借用牧人馴牛的經過來比喻佛門弟子「調伏心意」的歷程。禪宗六祖惠能不是說：「人心本來淸靜，只是被塵埃封迷，若見心性爲馴牛即見佛」。但在匠師的雕塑下，以宗教爲內容的《牧牛圖》，儼然是一幅田園風光的世俗生活圖。你瞧《牧牛圖》中間牧童正坐在一起說悄悄話，一個講得妙趣橫生，一個聽得眉開眼笑。還有的全神貫注地奏牧笛，有的倒在草地仰臥憩息。牧童天眞活潑、質樸開朗的形象，擠跑了「調伏心意」的禪觀原意。

再看這邊的《地獄變相》圖，中有一養雞女。這是一個地地道道的古代勞動婦女的形象。她神情善良，安祥，雖衣著樸素，卻有「淸水出芙蓉」的豐姿。她正用手掀開雞籠，兩隻雞撲騰著翅膀鑽出來在爭奪一條蚯蚓，籠內兩隻雞正往外鑽。好一幅洋溢著濃鬱鄉土氣息的生活圖。但在《養雞女》圖下方刻有一句戒語：「養雞者入地獄」。原來，按佛教教義來說，養雞必殺生，這就觸犯了「不殺生」的戒律，故佛經上也明文規定：「養雞者死後入地獄」。但寶頂的養雞女絲毫沒有給人入地獄的可惡感覺，相反的是給人一種親切感。看來，匠師未必認爲養雞就該入地獄，也許他家裏就養著雞。他們的作品也就自然地再現了他們自己所熟悉的生活。在這裏，宗教雕塑逐漸世俗了。

說到寶頂山的摩岩造像，就不得不從南宋名僧趙智鳳說起。趙智鳳爲大足人，五歲出家，持念經咒十餘年，他曾到川西道場彌牟學法三載，秉承密宗祖師柳本尊教派密法。二十歲時趙智鳳返大足寶頂山，以密宗「六代祖師」自居，前後七十年來在寶頂山創建密宗道場，意在「弘揚佛法」。時聲勢之盛，轟動朝野。不少朝廷大員紛紛趨至大足，至今寶頂山還留有當年宋廷官員及地方官吏留下的墨跡。

如果你沿著佛灣一一觀賞這些林林總總的摩崖造像時，也許會時時駐足生疑：被儒家指斥爲「不忠不孝」、「無父無君」的釋家，何以出現與佛門的生死輪迴說大相逕庭的忠、孝內容。你看那「父母恩重經變圖」，儼然是一幅以忠孝爲內容的中國古代家庭生活圖，它宣揚了「人生在世，父母爲親，非父不生，非母不育……嗚呼慈母，云何可報」的恩重如山的儒家倫理思想。「大方便佛報恩經變圖」裏，釋迦被塑造爲行孝典範。這些造像內容，與前期佛徒不禮王君、不拜父母相比，堪稱忠、孝兩全了。可以說，「外佛內儒」成了寶頂造像的一個特徵。

這有兩種解釋，一是密宗在世界觀上，沒有自己獨立的思想體系，它不得不攝取各宗教義來武裝自己，「幾乎將一代大教搜羅畢盡」的特點，使密宗在教義宗旨上成了雜家。二是佛教爲在中國立足和綿延，也只好向儒、道讓步，由反「孝道」一變爲頌「孝道」。同時，自唐以降，佛、儒、道三教經過長期的鬥爭和相互滲透，在義理上的宗派界線也日趨模糊。宋徽宗於宣和元年（一一一九年）「合佛道爲一」。佛教也吸收了重入世而非出世、重人道而非神道的中國傳統倫理思想。故大足寶頂山出現一批「授儒入佛」的摩崖造像，也就不奇怪了。

## 千手觀音果眞有千手嗎（大足寶頂山）

千手觀音的造像，不少寺廟裏都有，但眞正刻有上千隻手的卻並不多。最多的大約要數大足寶頂的那尊觀音像了。但她究竟有多少隻手，從古至今，不知有多少人在數，但是數來數去，總是數不清。有一個聰明人甚至用一千張紙條去貼，但是貼紙條的人一旦置身於千手之中，如同進入諸葛亮的八陣圖，頓覺撲朔迷離，眼花繚亂，總是陰差陽錯，不是漏貼就是重貼，最終仍是無法算清楚。於是有人說：「千手觀音神通廣大，法力無邊，就像孫猴子逃不過如來佛的手掌心一樣，凡夫俗子休想數清她的手。」這當然是附會神靈之說。神是人造的，千手是人安上去的，當然是可以數得來的，不過是由於眼花繚亂，很不容易數清楚就是了。

不過，我可以給你漏個底，寶頂山的觀音共有一千零七隻手。這尊名副其實的千手觀音，全國僅此一處。曾周遊世界的著名作家韓素音也驚嘆地說，這是她第一次看見足足有一千隻手的觀音。可見這尊觀音是舉世罕見的了。

這位端莊、嫻靜的觀音菩薩的千隻手是怎麼來的呢？說來你也許不相信，這位慈祥的菩薩原來非但沒有千手，而且在「原籍」時竟是一位勇猛的男性。他名叫雙馬童，是印度婆羅門教傳說中的一個善神。這位善神大慈大悲，救苦救難，能使瞎子復明、殘廢復全、老女得夫、閹人生子。西元三世紀至六世紀間，這位婆羅門教的善神，被大乘佛教「相中」，吸收並演變爲佛門的一位菩薩，即觀世音。但他仍有一個留有過去遺跡的綽號，叫馬頭觀音或馬頭明王。現大足寶頂未完工的十大明王的第一位馬頭明王就是他的化身。至於寶頂山的十大明王像爲何沒有刻完，說法不一。一說是工匠們刻到此處，因元兵入川來不及刻完就跑了；一說是密宗有意而爲，表示「了了無無所了」的意思。儘管如此，寶頂山的馬頭明王仍還看得出是一個威獰的武士相貌。

「挺然丈夫之像」的菩薩何以變爲「千手千眼的美麗婦人之貌」？有說這位菩薩有三十二應化身，既以美麗善良的婦女面貌出現，也以威獰的奇特形象出現。其實，這位菩薩是中國化了的形象。傳說中國東周時妙莊王一次得了重病，他的女兒妙善公主爲救父王，剜去自己的一隻眼，砍去自己一隻手給父親做藥，妙莊王果然病癒。佛感妙善公主的善心，還其千手千眼。其實，這個傳說是元代的僧人融和了儒家的孝道而編造的。

佛教的佛和菩薩因爲大多是印度或尼泊爾人，形象總與中國人隔閡。中國人認爲觀世音既然是大慈大悲的佛，就應該是位面善的女子形象。但因原本是男佛，不敢公開塑成女的，於是塑成『中性』：女人面孔，男人身體（無乳房）。又因爲她能「救苦救難」，而世上苦難人特多，她需要同時向許多人伸出救援之手。一雙手遠遠不夠了，於是便衍化出千隻手來。你如細看，每隻手心裏都有一件「法器」，這便是與一切罪惡戰鬥的武器了。這個形象一出，世人便以爲她果眞有千般法力，救人苦難。所以在中國，觀音菩薩的香火最盛，連名字也由「觀音」復爲「觀世音」了。

## 密宗祖師上寶頂（大足寶頂山）

在寶頂小佛灣大寶樓閣石刻院內的經目塔上，出現一卷髮人像，在這圓龕像旁，鐫刻有「六代祖師傳密印」字樣，在毗盧洞內亦鐫有「六代祖師傳密印，十方諸佛露家風」。寶頂山其它處仍有此字樣和「卷髮人」。這不顯眼的人像及字樣，卻引起了一場無休止的爭論，直至今天，也還是個未曾解開的謎。

這要從我國密宗的興衰說起。據《中國佛教》一書載，中國密教之興始於唐開元年間。時印度僧人善無畏、金剛智和不空相繼來華，人稱他們爲開元三大士。此後傳至惠果，爲三代祖師。貞元十九年（八〇三年）日本僧人來華，從師惠果，後返日創建密宗，與空海同學的義操二人爲第四代祖師，義眞爲第五代祖師。自從空海東傳日本後，「由是瑜伽密教盛流於日本，而漢地密宗教法則因會昌法難和五代變亂而漸至絕響」。此後，中國文獻中不再有著名的阿闍黎（佛教稱謂，意爲導師）的記載了。

可是，大足寶頂卻出現密宗「六代祖師傳密印」。看來，密教在四川並沒有「絕響」，且更弘盛，還出現了祖師。那麼，這個被稱爲六代祖師的卷髮人是指誰？有人認爲應是指柳本尊。柳本尊，晚唐嘉州人。他成年之後篤信佛教，苦修密宗。唐末五代，兵燹頻仍，瘟疫時起，柳本尊宣稱通過煉頂、剜眼、斷臂等手段可達到驅災免難，甚至起死回生的目的。一時聲名大噪，甚至驚動了蜀王王建。王建「嘆異，遣使褒獎」，並接他入宮奉養。柳成爲蜀中瑜伽教派的首領。柳本尊死後，門徒爲了抬高他的身價，聲稱柳是毗盧佛轉世。故柳在大足寶頂山上被人稱爲密宗的「六代祖師」也不足奇。

但事情並非如此，又有人認爲經目塔的卷髮人不是柳本尊，應是寶頂山石刻的創建人趙智鳳的自造像。趙智鳳是秉承柳本尊密法，堅持不懈在寶頂山上雕鑿佛像以弘密宗，也被人稱爲善建溜荼羅（道場）的大阿闍黎。不過，此說也未能最後定論。有人指出，趙智鳳是大足縣米糧里人，不應是卷髮，更不應帶耳環。「卷髮人」不應是趙智鳳。「卷髮人」應是禪宗初祖達摩或佛的化身。說來說去，竟沒有一個定論。但不管卷髮人是誰，出現了六代祖師是可以肯定的。這個結論把中國密宗史往後延續了幾百年，同時，「卷髮人」幾乎出現在寶頂各部造像中，說明寶頂道場的修建與六代祖師關係密切。

## 握手言歡的佛、儒、道

### （大足石篆山）

大足的石篆山是一座風景優美的名山，只見峰巒掩映，長林遠樹，煙霏迷蒙。在這裏，流傳著一個釋、道兩教主爭論的故事。所謂名山多寺廟，佛徒早就看中石篆山的幽靜，欲在此「紮營安寨」建寺廟。但道士豈甘落後，也躋身進來占一地盤起道觀，於是，雙方爭吵相持不下。釋迦牟尼與李老君聞聲前來助戰，爲徒兒們爭奪寶地。李老君先發制人，指著剛竣工的一座雄偉道觀對釋迦牟尼說，不必爭了，石篆山早就是我們的地盤，連道觀都早已建好了。釋迦牟尼卻指著一座傾頹的石刹說，八百年前我們就建了這座石刹，當然是我們先來的。李老君無言以對，一氣之下竟抽出寶刀向一巨石壁去，只聽驚天動地一聲巨響，巨石劈爲兩半。至今這縱剖爲二的刀劈石仍聳立在石篆山的佛會寺門外。

傳說儘管傳說，但佛徒在大足造像確是比道士要早。如石門山的「玉皇龕」下面站著的兩尊神像，分明是佛門中的護法神，後來的道士硬是在護法神旁邊刻上「順風耳」、「千里眼」等字樣，硬是偷龍轉鳳爲道教的造像。看來，李老君確是棋輸一著，也只好怒劈巨石了。

不過，石門山如今已兩教並立，石篆山更是成爲三教握手言歡之地了。你瞧，佛教的「地藏窟」、「三世佛窟」、「文殊普賢窟」，道教的「老君窟」，儒教的「文宣王窟」一齊並列在石篆山上。李老君也該心滿意足了吧。

在我國，像這種三教合一的造像是少見的，它說明隋唐時期的三教鼎立，發展到宋代時，已趨向三教合一。在宋代，儒、佛、道各派相與爲友，思想上互相汲取的情況，已成爲一種風尚，反映到石窟藝術上，即是佛之釋迦，道之老子，儒之三皇同刻一龕。

石篆山石刻的代表作是「鬼子母龕」和「魯班龕」。

鬼子母即指珂利帝母，在中國的佛寺裏，她又被稱爲「送子觀音」。珂利帝母本是菩薩，何以成爲觀音了呢？何況佛教是以不生不死爲修行目的的，既然不生，也就無所謂要子嗣。「送子觀音」豈不是與佛經相悖嗎？這還得從珂利帝母的身世說起。

佛經上說，珂利帝母原來是一牧牛女。一次，牧牛女因被衆人強迫起舞而墮胎，牧牛女一氣之下，發誓來世盡食人子，便自殺身亡。牧牛女投胎爲王舍城娑多藥叉長女，她按照前生發的願，每天吃一小孩。結果，鬧得全城一片恐慌。釋迦牟尼知道後，打算降服她，便把她的一個兒子藏起來。藥叉女四處尋找，杳無蹤跡，於是她終日哀哀慟哭。釋迦牟尼趁機教育她：天下父母都一樣，你吃掉他們的孩子，他們不也同樣痛心嗎？藥叉女醒悟過來，皈依佛教，並發誓保護小孩。釋迦牟尼也就封她爲珂利帝母菩薩了。此外，凡是珂利帝母的造像，總是一群活潑天眞的小孩在圍著珂利帝母。傳進中國後，美麗而善良的珂利帝母很容易被人們聯想到觀音，加上她周圍又有九個天眞爛漫的小孩，於是人們就按照自己的意願稱她爲「送子觀音」。而善於融儒於佛的佛徒也就順其人心擴大珂利帝母的職權範圍，讓她去管人間的婚姻與生育問題。珂利帝母也就根據善男信女的意願，承擔了送子的義務。現北山的珂利帝母窟門上鐫有一副對聯：「祥麟不祚無緣嗣，威風偏臨積善家」，正是此意。

石篆山佛灣除了衆神造像外，還有一龕非佛非儒的「魯班窟」，你看那魯班一手持角尺，一手掌鑽子，窟中有一碑，刻有「匠氏宗坊」四字，兩旁題有「繩墨千秋仰，規矩萬世因」。長期以來，人們都說這是爲紀念古代著名發明家魯班而刻石奉祀的，但最近經科學考證，發現這並不是爲紀念魯班的刻像，而是爲紀念五代的一民間僧人「志公和尚」而建的。「魯班龕」應爲「志公和尚龕」。

# 蒙哥飲恨溫泉寺（重慶北溫泉）

清幽古樸的北溫泉公園，坐落在嘉陵江小三峽之一的溫塘峽內，距重慶五十餘公里。

北溫泉公園的前身是溫泉寺，始建於南北朝時的劉宋景平元年（四二三年），其後幾度興衰。一二五九年七月，不可一世的元憲宗蒙哥，率兵攻打釣魚城時負傷，退至溫塘峽內，死於溫泉寺中。

七百多年前，一代天驕成吉思汗蒙古部落，在翰灘河兩岸崛起。在幾乎整個十三世紀中，成吉思汗的蒙古貴族率領驃悍的騎兵，踏遍了東自黃海、西至多瑙河的廣大歐亞地區。一二三四年，蒙古軍滅金，與南宋王朝僅隔一條淮水。蒙古貴族發動了長達四十年之久的元宋戰爭。一二四九年，蒙古定宗皇帝駕崩。兩年後，成吉思汗的孫子蒙哥即汗位。即位的元憲宗雄心勃勃，立志滅南宋，一統中原。誰知從西北進軍的部隊在巴蜀受到遏阻。蒙哥大怒，他親率精騎四萬，御駕親征。次年二月，兵臨合川釣魚城下，來勢洶洶的憲宗蒙哥大軍受到守城宋將興元都統兼知合州王堅和副將張珏的死命抵抗。蒙哥部將苦攻四個月，終不能破城。蒙哥一怒之下親自到陣前指揮攻打。戰鬥中，王堅瞅見遠處有一身材魁偉的人在那裏指揮進攻，他料定是憲宗蒙哥，便拉滿弓弦，「嗖」的一聲，蒙哥中箭墮馬，只好撤圍退兵，沿金劍山到達重慶的北碚溫泉寺。當時溫泉寺古松針虬蟠，雲根泉瀉，好一派幽雅古樸之處，只是曾不可一世的蒙哥此時已無心觀賞。同年八月，蒙哥終因傷重不治死於溫泉寺。

蒙哥在溫泉寺一死，使當時的南宋和整個政局發生了很大變化。忽必烈當時正圍攻鄂州，聽說大哥已死，為爭奪汗位，引兵北還，使危如壘卵的南宋得到了喘息的機會，而當時駐兵統治歐洲各國的蒙元貴族，也紛紛率兵歸國，放棄了對歐亞各國的統治。忽必烈終於次年登上汗位，不久正式建立大元帝國，忽必烈時為元世祖。死於溫泉寺的蒙哥遺願，最終為忽必烈所實現。一二七九年，南宋滅亡，元朝統一全國。

建於劉宋景平元年（四二三年）的溫泉寺，後因山岩坍塌，寺廟被毀。明宣德元年（一四二六年）重建新殿。當年蒙哥身殞之地的溫泉寺舊址，現在北溫泉公園的古香園內。

溫泉寺自五世紀建立後，由於寺院依山傍水，岩壑幽深，是當地有名的風景名勝區，故溫泉寺一直成為文人墨客遊覽吟詩之地。在衆多的咏溫泉寺詩中，誰又是第一首詩的作者呢？這有兩個說法，一說是宋朝推官彭應求，一說是宋朝大哲學家周敦頤。經考證後，溫泉寺第一首詩應屬彭應求的《宿溫泉佛寺》。宋眞宗景德年間，彭應求在赴任途中路經溫泉寺時，寫詩曰：

公程無暇日，乍得宿清幽。始覺空門客，不生浮世愁。溫泉喧古洞，寒磬度危樓。徹曉都忘寐，心疑在汴州。

奇怪的是，事過二百多年後，彭應求這首詩卻被劃在周敦頤的名下。原來周敦頤早年慕彭應求詩名，他於嘉裕元年（一〇五六年）舟過溫塘峽時，曾到溫泉寺遊覽，見彭應求的詩，甚喜，並馬上抄錄下來。後他又題了序，並親書詩、序，刻成石碑，於嘉祐二年正月十五日立於溫泉寺。碑名《周敦頤彭推官諭州宿溫泉寺詩序》。事過二百六十四年後，重慶知府度正發現該詩碑，又爲其寫了《跋》，一併收入《周濂谿集》。從此，人們就把彭應求的詩誤爲周敦頤的作品了。看來誤傳出於清人王采珍。他最先武斷地說：「周公簽判合州，過諭有溫泉寺詩」。這顯然是主觀臆想罷了。周敦頤雖然到過溫泉寺，但從未留有詩句。溫泉寺第一首詩非彭應求莫屬了。

## 設在人世間的陰曹地府

### （酆都鬼城）

四川的酆都縣，聞名遐爾。這裏有座設在人世間的「陰曹地府」。民間流傳著這樣的說法：「人死來酆都，惡鬼下地獄」，說的是人死後，魂靈都會來到這裏的「陰曹地府」報到，接受發落、安排「來世」。因此，過去很多虔誠的人，生前就買好「路引」——去酆都地府的「護照」。據說人死後，只要把「路引」燒了，就會有幽魂引著順利地進入「地府」。這種「路引」實際上是一張長三尺、寬二尺、用黃裱紙印製而成的紙據。「路引」還可分爲兩種，一種是以觀音大士的名義印發的，在僧人處買。另一種是用李老君的名義印發的，在道士處買。「路引」上還蓋有「閻羅天子」、「城隍」、「酆都縣府」三顆方形大印。據傳，「路引」源於唐太宗貞觀年間（六二七—六四九年），丞相魏徵斬涇河老龍，唐王受牽連被拉進陰司問罪，陰王問清原委後把唐王放還人間，臨行前發給唐王一張「路引」並委託他捎個口信給人們，說人死後如持這玩藝兒便可通行無阻地進入陰曹地府。就這樣，「路引」就在人間流傳開來了。

不過，現在遊覽酆都的「陰曹地府」，不必憑「路引」，也可以飽覽這一奇特的「鬼城」勝跡。

曲徑通幽，人們首先來到「奈何橋」。這是並列相連的三座石拱橋，橋下鑿有一池，俗稱「血河池」。傳說人死之後，「奈何橋」就是進入鬼國的第一道關卡，只有生前安分行善的人，才順利地走過橋，生前作惡的孽鬼，必掉進蟲蛇滿布的血河裏餵蟲蛇。過去廟裏的僧尼爲了多撈錢財，每年香會期間，故意在青石橋上塗滿桐油、蛋清，使過橋香客步履艱難，膽戰心驚，如果不小心摔倒在橋上，就惶惑地拿錢消災。其實這只不過是一座普通的青石橋，是明代蜀獻王朱椿建造的。

奈何橋旁有一鐵鑄磨墩，民間叫星辰鐙。上片名「心神鐵」，下名「鐵靈根」。傳說若能將此物柄合，便是智勇過人者。此物實際是唐朝尉遲敬德在此監修殿宇時，爲訓練兵丁腕力鑄造的。

在大雄寶殿左側，陡疊著三十三步石梯，古人稱它爲「登天梯」，傳說登一步石梯即上一重天，登完三十三步，就進入南天門，右行即見玉皇大帝居住的凌霄殿了。

經過王母殿、百子殿、無常殿，爬過一段陡斜的石階，便來到陰曹地府的入口——「鬼門關」。傳說人死後到「地府」聽候發落，必經過這座森嚴的關口。有人還說這裏是通住地獄之門，惡魂孽鬼被宣判後，即從這裏打入地獄受刑。

走上名山頂端，便是陰曹地府的天子殿。左右牆面繪有「八仙過海」等道教題材的畫，正殿大門高掛著「乾坤一氣」的匾額，匾下懸吊著一面寶鏡，人稱「孽鏡」。這鏡原是一面銅鏡，傳說古代酆都有一個叫唐涂的縣令，從政昏庸，貪贓枉法，一早他來到殿前，去照此鏡，鏡中活現一頭肥豬。僧人告訴他：「一世貪官，九世變豬」，他聽了，氣急敗壞，命人用烏雞狗血將鏡塗污，從此鏡面黯然無光，但鏡子餘威猶存，清人王廷獻在《秋山拾遺記》中曾有這樣的記載：「孽鏡圍逾丈，日久蒙昧，而奸邪過此猶凜凜不敢正視。」

正殿中堂的金身塑像，就是道教幽冥世界的最高統治者天尊陰尊鬼帝。兩旁侍立著四大判官、六大功曹、十大閻羅。一判官手持朱筆、算盤，計算何人陽壽已盡，另一判官左手拿著生死簿，右手懸著大篆墨筆，正欲下筆……整個大殿陰森恐怖。殿宅兩側是東、西地獄，這裏便是人們常說的十八層地獄，傳說人死後魂靈來到天子殿，先由陰天子審查發落。生前行善者轉超陽世，惡者罰下十八層地獄。這十八層地獄是一層連一層的，裏面網羅了天下各種各樣的刑具，可以讓受刑者嚐遍各種各樣的折磨，有油鍋、刀山、拔舌、剝皮、吊筋、阿鼻、火炮烙、掏肚腸、碓搗人體、鐵鋸剖人等等。

天子殿的旁邊，就是有名的望鄉臺。傳說世人命終之後，亡魂站在此臺上，可與已死的父母或親友相會，然後再進天子殿接受審判。

解放前，每逢廟會和香會，名山就會變得更加熱鬧。這裏，既有彌勒古佛壽誕、達摩祖師聖誕等廟會，又有玉皇大帝聖誕、北極紫大帝聖誕、天子娘娘肉身成聖等廟會，令人眼花繚亂。有些香客竟結成「進香隊」前來參加廟會，最大的進香隊可達百數十人。有些大的「進香隊」還在當地聘請以領香客燒拜香、唱讚神詞為專門職業的人作為「領隊」（當地把以此為職業的人叫「教口」），組織全隊的進香儀式和程序。

這種紛然混雜的民間宗教儀式，佛、道、儒三家合流的「世界」，是在漫長的歷史進程中形成的。說來也許令人出乎意料之外，酆都這個「鬼城」，原來卻是一塊「福地」。據東漢人編著的《列仙傳》、晉葛洪《神仙傳》及《酆都縣志》載：前漢中散大夫王方平，後漢和帝陰皇后的叔曾祖父陰長生，曾棄官來到酆都，先後在平都山（今名山）和附近的山巒中修誦多年，終於修煉成仙，駕五色祥雲白日飛升。成仙飛升之說，當然不可信，但可見這裏由於風景秀麗，被世人視為適宜修道學仙的「洞天福地」。隋末唐初，成都平原一帶影響很大，道教為迎合當地人的迷信心理，根據王方平、陰長生在平都山修煉成仙的傳說，在山絕頂處建造起第一座宮觀——仙都觀（今天子殿），平都山也就成為道家的地盤，逐漸修蓋了玉皇觀、三清殿、三官殿、牛王殿、馬祖殿、財神殿、千手觀音殿、南岳殿、山王廟等十幾座寺觀，這時尚無「鬼城」之說。到唐朝武則天當政時期（六九〇—七〇一年）崇尚佛教，下令全國各地仿照大雲寺營造寺廟。唐玄宗入川後，佛教又有較大的發展，平都山上寺廟逐漸增多，和道教的宮觀形成鼎足之勢。後唐武宗李炎勒令全國拆毀寺廟，僧尼還俗，使佛教的發展受到挫折，平都山寺廟大半毀損。宋代統治者崇尚佛教，佛教再次抬頭，漸有發展，朝廷還設置了專門對廟宇進行管理的機構。為了吸引更多的人，與道教抗衡，王、陰兩人在平都山修煉成仙的道家神話傳說，被逐漸演變為佛家的傳說。而道家也不甘示弱，他們把道教經典中認為的「冥獄」或「六天（六宮）」的酆都（即人死了到那兒報到的地方），硬附會成就是今日之酆都。南宋范成大《吳船錄》載：「……道家以冥獄為酆都宮，羽流（道士）云：『此地或是。』」以後，道家又把王、陰兩仙合二為一，將王、陰顛倒為陰王，附會成「陰曹地府」的最高統治者——陰王（即閻羅王），平都山便成為陰王幽冥政府的所在地。以後，佛、道兩家互相吸收了對方的思想和學說，使酆都成為道、佛交錯、神鬼混雜的地方。人們憑著對「陰曹地府」的種種設想，按照人間政府的訴訟、法庭、監獄等一系列機構及酷刑，逐步修建了天子殿、鬼門關、陰陽界、奈何橋、十王殿、東西地獄、無常殿、城隍廟等各種殿宇，使這個「鬼城」更加具體化。在這以後，文人們又用自己的筆，推進了「幽都」的演變。《西遊記》、《南遊記》、《說岳全傳》、《聊齋志異

》、《鍾馗傳》等小說，對酆都「鬼城」進行了種種藝術的加工，把它描寫得更爲形象化。這樣，由宋朝經元、明、清，歷時六百餘年，酆都「鬼城」的形象就更加酆滿了，而酆都山的廟觀最多時竟達到五十座，名聲也越來越大。

可以這麼說，酆都「鬼城」是外來宗教佛教、土生土長的道教以及當地迷信思想互相滲透的「畸形兒」。

## 崇樓飛閣石寶寨（忠縣石寶寨）

距忠縣港四十五公里的長江北岸，有一孤峰拔起，四周如削，形如玉印，人稱玉印山。清代詩人張問陶詩云：

孑孑玉印山，屹立江水東。
天作百丈臺，秀削疑人工。

玉印山的東南端，依山卓立著十二層樓閣，遠看似一座玲瓏剔透的寶塔，這就是遠近聞名的石寶寨。

石寶寨未建之前，玉印山四壁陡峭，無路可上，有詩寫道：「非峰非岩巋然立，共工頭觸天柱折。」人們欲上山頂，只能在絕壁陡崖上鑿兩排石孔，貫以鐵索，然後手攀著鐵索，蹬岩壁而上，眞是「鐵索累累貫山巔，一步一蹲僅容趾」。由於地勢險要，清初夔東十三家起義時，有二譚據寨抗清，堅持了很長時間。

清嘉應二十四年（一八一九年），鄉人集資聘能工巧匠，商討如何取代鐵索上山，時縣裏有位鄧秀才出謀，提出傍岩奠基，依山取勢，自底至頂建造層層樓閣，內藏樓梯，盤旋而上，可達山頂。時石寶寨建有九層，隱含登攀「九重天」之意。它進深逐層後退，面闊遞次收縮，緊緊嵌固在崖壁上。現石寶寨爲十二層，頂上三層爲一九五六年補建的。

沿著登寨之路行走不遠，只見道中立著一座古樸的石碑坊，上書有「必自卑」三大字，取義於「登高必自卑，行遠必自邇」的名言。寨門高懸「梯雲直上」匾額，有詩曰：「四面無路可攀援，層樓飛閣梯雲上」。踏進號稱「小蓬萊」的石寶寨大門，沿著樓梯而上。這時，你會發現閣樓的每層都以泥塑或詩畫、碑刻爲形式，向衆人介紹忠縣的著名歷史人物。其中，最引人注目的是爲忠縣留下「忠良之州」殊榮的巴蔓子和嚴顏的人物塑像。

巴蔓子爲古時巴國的將軍。西元前四世紀初，巴國內亂。爲平息騷亂，控制局勢，巴蔓子不得已實行剜肉補瘡的下策——許諾割城三座，向楚國借兵。事後，楚使者請見巴蔓子，要求實踐許諾。巴蔓子卻說：「藉楚之兵，克弭禍難，誠許楚王城，將吾頭往謝之，城不可得也。」說完自刎身亡。楚王聞之嘆惜：假如我得到像巴蔓子那樣的大臣，要那些城又有什麼用呢？於是，楚王以上卿禮葬巴蔓子的頭顱。巴蔓子刎首留城的故事就發生在現在的忠縣。

嚴顏是三國時的另一位忠臣。時嚴爲劉璋部下守巴郡，後劉備圖蜀，嚴顏爲張飛所獲。張飛怒喝嚴顏：「何以不降而敢拒戰？」嚴顏毫無畏懼答道：「我州有斷頭將軍（指巴蔓子），無投降將軍。」張飛一氣之下令人拉嚴去砍頭。嚴顏竟臉色不改，「砍頭便砍頭，何以怒耶？」張飛佩服嚴顏的忠心和豪氣，於是下令放了他。巴蔓子和嚴顏都是忠縣引以爲榮的歷史人物，作爲忠縣一大名勝的石寶寨，當然不惜筆墨渲染一番了。

順雲梯直上魁星閣。出閣上望，但見一巍峨殿宇立於山頂平臺，名曰「天子殿」。此廟不大卻名聲不小。它爲清代乾隆年間所建。天子殿就山取勢，隨勢造型，它的「夷」與飛閣崇樓的「險」對比強烈，呼應緊密，成就了石寶寨的奇特外形體貌。

殿前有一深不可測的山洞，相傳有人將鴨子放入洞內，不多時便遙見鴨子在江心浮起。故此洞又稱「鴨子洞」。殿後有一石孔，口大如碗。很久以前，每天都有米從洞裏流出來，不多不少，剛好夠廟裏和尚和過路客人食用。誰知一貪心和尚想多流些米賺錢發財，便把洞口鑿得大大的，豈知洞口再也流不出一粒米來，儘管如此，人們還是稱它爲「出米洞」。

寨頂後壩，是全寨的最高處，放眼望去，滾滾長江，碧空帆影，無限景色，於此一覽無餘。

## 身在閬中，頭在雲陽（雲陽張飛廟）

順江流而下，過萬縣不遠有一座歷史名城——雲陽。與雲陽縣城隔江相望的飛鳳山上，有座琉璃粉牆金碧輝煌的殿宇，這便是號稱「巴蜀一勝境」的張飛廟。張飛死後諡號爲桓侯，故張飛廟又稱桓侯廟。

雲陽非張飛故鄉，爲什麼要建立一規模宏大的張飛廟呢？有話說張飛：「身在閬中，頭在雲陽」。

張飛是三國蜀漢的一名大將，蜀漢五虎將中，張飛是僅次於關羽名居第二。這位勇冠三軍的大將，何以落得「身在閬中，頭在雲陽」身首離異千里的下場！說來話長。

蜀漢章武年間，頗爲自傲的關羽擅自抽調衛戍荊州的軍隊去攻打樊城，失利後，不走上庸卻走麥城，結果被吳將潘璋所執，孫權殺之。關羽這一受挫，破壞了諸葛亮的聯吳方針。其時，張飛正駐守在四川北部的閬中。他聞聽噩耗，旦夕號泣。張飛和關羽、劉備三人的桃園結義，誓共生死。出於「痴義」的張飛，爲替他二哥報仇，竟不顧大局，強令部下三日之內備齊白旌白甲，掛孝出征伐東吳，否則以死罪論處。部屬苦於不能如期完成而憤懣不已。再加上生性暴躁的張飛「不恤小人」，對待部下動輒打罵甚至刑殺，故部屬積怨甚多。這次如不能如期覆命定遭殺身之禍。於是，部屬張達、范疆乘張飛酒醉酣睡之時將他殺害，取了首級去東吳邀功。兩人偷偷地順嘉陵江東下。這時，吳王孫權已知劉備欲興兵伐吳問罪的消息，孫權急忙派人去蜀國求和。行至雲陽途中的范疆、張達聽到這個消息，惶恐萬狀，連忙悄悄將張飛首級拋到江中，連夜逃奔他鄉。不久，一位老漁翁從長江打撈起張飛頭顱由當地民衆把他安葬於飛鳳山上。他們念於張飛的功績，籌建了一個小小的祠堂以表示紀念。閬中的張飛軀體，被劉備就地隆重安葬了。至今其墓尙在閬中。於是，歷史上便有了「身在閬中，頭在雲陽」的說法了。

「永懷壯士哀千古，長使英雄淚滿襟」。後人懷念張飛的功績，不斷擴建修葺雲陽張飛廟。《雲陽縣志》記載，張飛「其功於蜀最多，蜀民祀侯尤虔」。張飛廟自蜀漢末年始建，至今已有一千七百餘年歷史。清同治九年（一八七〇年），張飛廟幾毀於水患，今存廟宇多爲後來修建的。張飛廟依山取勢，氣勢雄偉。民間相傳，張飛生於陰曆八月二十二日。每逢這一天，各地前來瞻仰、祭祀張飛的人群有如潮湧。

張飛廟不遠的懸崖峭壁上刻有「江上風清」四個二米見方的大字。相傳，張飛爲報答雲陽人民對他的厚意，經常幫助江上來往的船隻。從張飛廟前的三漩沱到上游的三耙溪，張飛在每天上午吹上三十里順風，使船隻可逆水而上。這就是「江上風清」四字的由來。現張飛廟裏的「助風閣」和刻有「銅鑼古渡蜀江東，多謝先生賜順風」的石碑，說的都是這件事。當然，颸順風是三峽地形和溫差而引起空氣定向流動造成的，只不過人們愛戴張飛，就把它附會在張飛身上了。

張飛廟還以「文藻勝地」而聞名。這裏古碑如林，石刻成群，其中有歷代名家書法摹本碑石及木版書畫。張飛是個武將，人稱他莽張飛，那麼，張飛廟何以又成書法寶庫呢？《三國演義》中把張飛描寫爲魯莽漢子，這實在是偏見。歷史上的張飛不僅有謀略，他還有一手好書法。《佩文齋畫譜》還說「涪陵有張飛刁斗銘，其文字甚工」。史書還記載，張飛能騎在馬上舉丈八蛇矛在岩壁上鑿字，可見其書法之功力。所以，廟裏有那麼多的書畫件著這位筆走龍蛇的文武雙全的大將也就不足爲奇了。

# 遺恨失吞吳，永安藏孤魂

（奉節白帝城）

緊靠瞿塘峽西口，有座遠近聞名的古城——奉節。奉節之名，是出於唐太宗貞觀二十三年取「奉皇節度」之意而來的。古時奉節稱魚腹，又名夔府。西漢末公孫述割據四川，依託「殿前井中白龍出」的傳說，於西元二五年改名爲白帝城。三國時，蜀先主劉備舉兵伐吳，兵敗退守白帝城，就此引出一段「遺恨失吞吳，永安藏孤魂」的歷史悲劇。

三國時，蜀漢章武元年（二二一年），蜀漢皇帝劉備爲了給敗走麥城的關羽報仇，不聽丞相諸葛亮和群臣勸諫，執意出師七十萬大軍伐吳。不料夷陵一戰，被東吳大將陸遜「火燒連營七百里」，大敗而歸，只剩下殘兵百餘人駐紮白帝城。深受挫折的劉備改白帝城爲永安縣，把自己住的地方稱爲永安宮。本想「永安」的劉備，卻因憂憤成疾，病勢沉重。他自知不起，急召在成都的諸葛亮來永安宮議事。劉備以嗣子阿斗相託，並對諸葛亮說：你的才幹，比曹丕高十倍，必定能安定國家，成就大業。假如阿斗可以輔佐，你就輔佐他。如果他不行，你可以取而代之。諸葛亮泣不成聲地說：我一定竭盡全力，盡忠守節，死而後已。劉備又告誡兒子，我死了以後，你們要把丞相看作父親一樣，和他共同治理國家。這就是廣爲流傳的劉備託孤故事的由來。現今白帝城廟的大門上有副楹聯：

「萬國衣冠拜冕琉，僭號稱帝，豈容公孫躍馬；三分鼎足紆籌策，託孤寄命，賴有諸葛臥龍。」說的就是這段歷史。

永安託孤的悲劇是蜀吳聯盟被破壞的直接後果。首先是擅自攻打樊城的關羽破壞了諸葛亮的聯吳方針，劉備不從大局出發，一味要替義弟報仇去伐吳而鑄成大錯。所以有人以「由結義而興起，因小義而失敗」來評說劉備關羽張飛的事業，看來是有一定道理的。

春秋迭代，劉備託孤一事，已經過去一千七百多年了，但永安宮到底在哪裏，劉備死後又究竟葬在何處？這兩個疑案至今仍衆說紛紜。

有人認爲永安宮是在今白帝城一帶。因當時的魚腹縣址在白帝城一帶。《三國演義》也說：「遂傳旨就白帝城駐紮，將館驛改爲永安宮。」演義雖不能爲史證，但劉備在白帝城不到一年，戎馬倥傯，驚魂未定，無暇顧及興土木，而且成都早有宮室，故永安宮由館驛改成，應是合情理的。但又有人認爲，永安宮遺址應在今奉節師範學校裏。這裏還依稀可辨當年的宮殿臺基，還殘存些高臺土牆。

近年來又在該遺址挖出一隻虎頭麟身的石獸，從造型風格看，類似漢代石刻，很可能是永安宮遺物。這裏還有半截殘存「……宮故址」字樣的斷碑。從文物來看，永安宮似乎應該在今奉節城的師範學校內。至於「白帝託孤」之說的白帝城，實際只限於白帝山的那座白帝廟，它只是當年白帝城的一個前方要塞而已。由於白帝城與奉節縣城僅隔四公里，白帝城又危乎高哉，聞名遠近，劉備託孤的地方便逐漸以白帝城代之，永安宮反而被人淡忘，以致有了「白帝託孤」之說。如今白帝廟裏還新塑造了一組三國歷史人物像，就是以劉備託孤的情節塑造的。

甘夫人墓解放後尚存，墓前有一石碑，碑文爲「漢昭烈甘皇后之墓」。墓址在今縣委第二招待所內。可惜在一九五八年墓毀碑亡。前不久，安徽文探隊對原甘夫人墓址作了超聲波物探，發現地下確有兩個建築，一爲十八米長，一爲十五米。這很可能就是劉備和甘夫人的墓了。看來，劉備葬地之謎，待日可解。

## 虛虛實實八陣圖（奉節白帝城）

今奉節城和白帝城之間的千餘米、寬數百米的沙洲磧壩（也即是三國時的魚腹浦），即是歷史上流傳下來的頗負盛名的孔明八陣圖遺址。三國時，諸葛亮的滅曹呑吳大志被只顧報殺弟之仇而妄動干戈的劉備所誤。唐朝詩人杜甫爲此而感慨，寫下了著名的《八陣圖》絕句：「功蓋三分國，名成八陣圖。江流石不轉，遺恨失呑吳。」

八陣圖是我國古代兵家的一種兵法，即按天、地、風、雲、龍、虎、鳥、蛇關係布陣，有「雲騰於天而龍從之，風生於地而虎從之，鳥爲動物故翔於天，蛇爲蟄物故蓄於地」之說。諸葛亮布八陣圖一事，說的是當年劉備彝陵大敗後，吳將陸遜率兵追至白帝城下，成都震驚。諸葛亮卻安然地對馬良說：「吾入川時，早已布下精兵十萬在魚腹浦，定保無虞」。果然陸遜追至魚腹浦時，誤入諸葛亮的水八陣，損兵折將。關於此事，歷代記載頗多。《奉節縣志》說：「治南二里，大江之濱，孔明入川時壘石爲陣，縱橫皆八，八八六十四壘，外遊兵二十四壘，壘高五尺，相去若九尺，廣六尺。」明代茅元儀《武備志》一書，還詳細地描述了《諸葛亮魚腹江八陣圖》的陣法。後經《三國演義》藝術渲染，和歷代詩人的歌頌，孔明八陣圖遂流千古。古時，奉節人民逢正月七日，便傾城出遊孔明八陣圖，謂之「踏磧」。這種仰慕諸葛的踏磧風俗，直至明代還有記載，後來就逐漸失傳了。儘管如此，孔明在此布八陣圖一說仍深入人心。

但據今人考證，歷史上的陸遜並沒有揮師至此，諸葛亮也沒有在白帝城下置八陣圖。諸葛亮一生只去過白帝城兩次。一次是到白帝城率兵從荊州入蜀，配合劉備奪取荊州，這次戰事急，時間緊，初出茅廬的諸葛亮不會在白帝城布八陣圖。第二次即劉備彝陵一戰大敗退守白帝城後，諸葛亮應召到白帝城。這次到白帝城，《三國志》是這樣記載的：「春二月，丞相自成都到永安。」當時劉備病重，諸葛亮去接受託孤重任。四月劉備病亡。「五月，梓宮自永安還成都」，諸葛亮同行。從二月到五月，除往返時間，諸葛亮在白帝城停留不足三個月。此時，劉備病重致亡，諸葛亮又肩負託孤之重任，豈能在短短時間內從容布陣，況且孫權大軍未乘勝逆江而上。《三國志》曰：「孫權聞先主往白帝，甚懼，遣使請和，先主許之」。由此看來，毫無戰事的白帝城根本沒有布陣的需要。以良史著稱的《三國志》也沒有提及此事。陳壽只是在評價諸葛亮的才幹時才說：「亮性長於巧思，……推演兵法，作八陣圖，咸得其要。」東晉常璩的《華陽國志》是一部西南地理專著，該書在涉及諸葛亮的大量文字中，在分敘「魚腹縣」（即今奉節縣）條目中，都沒有八陣圖遺址的記載。

那麼，最先說諸葛亮在白帝城擺八陣圖的是誰呢？原來是北魏的酈道元。他在《水經注》卷三十三中說：「石壘平曠，望兼川陸有亮所造八陣圖，東跨故壘，皆壘細石爲之。」唐代以後，酈道元的說法被各種地理書、兵法書抄襲發揮並廣爲流傳。其實，酈道元生在諸葛亮後近三百年，他也沒有去過蜀地，關於白帝城八陣圖遺址的記載恐怕是他收集當地傳說而來的。諸葛亮治蜀二十年，有善政佳事，死後受到「蜀人追思」，因此，在三國舊地，諸葛亮的傳說故事比比皆是。至於《水經注》中說到的洲磧壘石，是人們壘石建竈用以取鹵熬鹽的遺跡。這裏的鹽泉夏沒冬出，人們夏去冬來，年年留下熬鹽竈壘，沙灘上就年年可見石堆了。

## 風箱峽之謎（巫山風箱峽）

船離白帝城順長江而下，不久，進入風箱峽的懷抱。與三峽中許多峽名的來由一樣，風箱峽也是由峽中的一景一物而命名的。順北岸望去，只見黃褐色的絕壁上有幾條垂直的裂穴，寬約半米，裏面放置著幾個長方形的東西，從遠處看，狀如風箱，故此峽名爲「風箱」。

風箱峽壁陡如削，無處可攀登，故裂穴裏之物一直是個謎。長期以來，不少獵奇者出於神祕而敷衍各種荒誕之說。有人憑形象猜想爲魯班當年造鋸使用的風箱；也有人說是古代的兵書匣；甚至有人認爲裏面藏有金銀財寶。衆說紛紜，風箱峽被蒙上一層神祕色彩。直至一九七二年，三個採藥人冒死闖進去，風箱之謎才被揭開。所謂風箱，實爲戰國時期在三峽一帶繁衍活動的巴國人遺留的船棺。

棺中有巴式青銅劍、銅斧和死人遺骨。古代巴人這種「岩端鑿石，椓釘置棺其上」的喪葬方式，又被稱爲懸棺葬。

懸棺葬是古代巴國人的一種喪葬方式。相傳巴人先祖務相在爭奪部落首領位置時，因製造的泥船遇水不融，因而獲得廩君之位，成爲巴國的開拓者。務相死後，他的子孫爲紀念這一傳奇性事件，就以楠木鑿成形如舟狀的獨木棺椁裝斂，這就是所謂「船棺」。那麼爲什麼要葬在懸崖峭壁的山洞裏呢？這與巴族的祖先廩君生於石穴的傳說有關。在川東的方言中，「石」被稱巴。清代著名學者顧炎武在《天下郡國利病書》說：「石耶人呼石板爲巴貫。」於是，根據祖先的傳說，務相的子孫就把他葬在瞿塘峽的最高懸崖峭壁上。後來，務相的子孫和大臣死了，也都相繼仿效，久而久之，古代巴人就形成了船棺崖葬（也就是懸棺葬）的習俗。每逢初春之際，巴人用獵獲的獺子作祭品，向著懸崖峭壁，祭祀他們的祖宗，並進行祈禱，以表示對祖宗的哀思和孝順。懸棺葬既是古代巴人崇拜祖先的一個風俗，也是一定自然環境的產物。懸棺葬多發生在石灰岩灣發育區（例如三峽地區），這些山之路、水之路沿途的岩溶盆區的濕熱氣候，和多洞穴的石峰林崖壁，給他們提供了生存、定居的條件，使得古代巴人生有所養，終有所歸。

三峽地區的懸棺葬，歷史上已早有文字記載。《太平御覽》卷五百五十九引《神怪志》：「之果經三峽，見石壁有物，懸之如棺，使取之，乃一棺也。發之，骸骨存焉。」這證明三峽地區的懸棺久已爲人所知。在歷代志書或傳說中，懸棺葬又稱爲「架壑船」、「仙人船」、「仙葬」或「蛻骨函」。歷史上第一個以科學的態度認識懸棺葬的是宋代理學家朱熹。他認爲懸棺葬是遠古少數民族部落遺存的風俗。

古代巴人懸棺葬的遺跡，三峽兩岸還有多處，如盔甲洞和鐵棺峽等，但最著名的在風箱峽。這裏壁陡如削，高險難攀，相傳只有巴人中功勳卓著的顯貴死後才能葬於此地。風箱峽之謎雖然已被打開，但這棺木當時如何能移進去呢？這上不著頂，下臨長江，周圍又無棧道或懸梯遺跡的峭壁岩縫。這確又是一個難以解開的千古之謎。

在我國古代，懸棺葬分布得廣，基本上是百濮和百越兩大族群活動的區域。前不久在武夷山北側觀音岩上，也發現有懸棺。此外，五嶺、川滇山區均有這種遺跡可尋，其年代上至商周，下迄元明，以至近代在太平洋島嶼的某些民族還保留著這種葬埋習俗。

看來，懸棺葬的習俗已脫離狹隘的族群意識，而成爲區域性的文化特徵。

# 丰姿超逸的神女峰（巫山神女峰）

船順著大谿口出瞿塘峽而下，穿過大寧河寬谷，進入幽深秀麗的巫峽。清人許汝龍詩曰：「放舟下巫峽，心在十二峰」。高兀江面千餘米的十二峰，千姿百態，其中最引人注目的是神女峰。宋朝詩人陸游讚她「最爲纖麗奇峭」。

神女峰，位於青石洞對岸，峰巔一側，有一石柱，遠看似矯健的少女，即「神女」，故稱神女峰。又因她每日第一個迎來朝陽，最後送走晚霞，故又名望霞峰。

歷代騷客墨士和民間爲神女峰編織了許多傳說。戰國末期的詩人屈原首先把神女描繪爲一位性情溫柔可愛的「山鬼」。民間流傳最廣的還是神女助禹治水的故事。

相傳西王母的第二十二個女兒瑤姬東遊歸來到巫山上空時，看到一群孽龍在騷擾百姓，於是她擊斃孽龍，爲民除害。但這群蛟龍橫屍斷江，堵住了奔騰不息的萬里長江，天府之地變成一片汪洋大海，百姓哭聲震天。夏禹聞訊趕來，開山劈石，疏通河道。瑤姬也來幫助。她授給夏禹治水天書，並幫助夏禹鑿開三峽，頓時河道疏通，江水呼嘯東去，四川內海變成山青水秀的「天府之國」。三峽開通後，瑤姬又見江中灘多水急，沉船翻舟險象屢屢發生，於是她就留在巫山，爲船民導航，最後化成了神女峰。來往的船隻，遠遠就可以望見她，宛如在茫茫波濤中聳立在江岸中的一座航標。

這個流傳了千百年的美麗傳說，產生於神女峰對岸的青石洞。背峰臨水的幾十戶人家，對峭壁屏列、怪石嶙峋、煙雲瀰漫的巫峽感受尤深。他們把治水疏通河道和迷霧裏的導航的理想，附會在美麗的神女峰上。神女峰又成爲三峽人民美好嚮往的象徵。

神女峰的傳說，還留下了許多名勝古跡，今神女峰對岸飛鳳峰下有授書臺和神女廟；離神女峰不遠的高都山上，有楚陽臺和高唐觀。

授書臺，即相傳神女授書夏禹之處。後人爲尊祀神女，在授書臺處修了一座神女廟。宋時，這座神女廟名爲「凝眞觀」，陸游《入蜀記》云：「過巫山凝眞觀，謁妙眞人祠。」何以有「凝眞」、「眞人」之說呢？說來有趣，相傳大禹在授書臺初會瑤姬時，神女「倏忽之間，變化不測：或爲輕雲，或爲霏雨，或爲浮龍，或爲翔鶴，既化爲石，又化爲人，千狀萬態，不可殫述」。夏禹以爲神女是個狡猾怪誕的人。神女的侍從童律點破說：「上聖凝氣爲眞，與道合體」，這種氣，可以「經營動植，大滿天地，細入毫微」。故神女廟又被稱爲「凝眞觀」。其實，所謂「凝氣」，實爲巫峽經常出現的煙雲霧氣。巫峽兩岸山峰兀立重疊，兩岸狹窄水流湍急。這裏的日照時間很短，峽中濕氣蒸鬱不散，極易成雲造雨，加上巫峽綿延四十二公里無間斷，雲霧煙雨隨風飄飄悠悠聚來散去。造成峽雨煙霧綿綿。早在戰國時，宋玉在《神女賦》中就已把神女峰形容爲「旦爲朝雲，暮爲行雨」了。

離神女峰不遠有座高都山，山上有楚王臺故址。楚王臺，相傳楚襄王夢見神女的地方。這有一個故事：

楚國的辭賦家宋玉，一次和楚襄王在高都山遊覽。他們只見高都山上的高唐觀上雲氣升騰，須臾之間變化無窮。楚襄王見此景暗自稱奇，問宋玉是什麼原因。宋玉回答說是朝雲，繼而又解釋說，從前是楚懷王遊高唐時，曾夢見一婦人。她說：「妾巫山之女，爲高唐之客，聞君遊高唐，願薦枕席。」她與懷王告別時說：「妾在巫山之陽，高丘之岨，旦爲朝雲，暮爲行雨，朝朝暮暮，陽臺之下。」襄王聽罷，即命宋玉寫了這篇《高唐賦》。這天夜裏，楚襄王也與神女夢遇。宋玉由此奉命而作著名的《神女賦》。唐朝李商隱《過楚宮》詩云：「巫峽迢迢舊楚宮，至今雲雨暗丹楓。微生盡戀人間樂，只有襄王憶夢中。」說的就是這個故事。

這個流傳了千百年的故事，實爲宋玉的虛構，後人加以渲染和誇張，並成爲文學上的著名典故。蘇東坡當年遊神女峰時就說：

世人喜神聖，論說驚幼稚。楚賦亦虛傳，神仙安有是？

## 秋風古亭話寇準（巴東西陵峽）

人知公惠在巴東，不知三朝社稷功。
平時孤舟已何處，江亭依舊傍春風。

這是當年詩人蘇轍途經西陵峽的秋風亭時作的《秋風亭》詩。

秋風亭坐落在「上聯巫夔、下通荆郢」的巴東縣西邊的高岡上。它背倚巍峨的大巴山，面對江北屏風般的紗帽山，俯瞰匆匆東去的長江。當你順江水到巴東港時，一眼即可看到秋風亭。

「臨風懷想構亭人，將相勳名垂宋史」。建亭人就是宋朝著名的宰相寇準。寇準自小膽識過人，十六歲那年，宋朝邊塞風煙滾滾，異族騷擾猖獗。寇準爲此上奏皇帝。宋太宗看了他的奏章之後，認爲他很有見識。寇準十九歲擢巴東縣令。寇準到衙就任後，爲了便於和黎民百姓見面，乃修葺了「秋風亭」。他常常信步到亭內吟詩詠志，運筆抒懷，或與百姓交談，體察民情。一些喊冤的百姓不用通報不用敲門便可進來。寇準的政務也多爲百姓著想，「每期會賦役，不出符牒」，百姓深感其恩。寇準在巴東任職時，還大力改革地方弊政，他告誡吏屬辦理民間訴訟時，不應有貧富貴賤之分，須秉公辦事，即「持衡宜得正，主宰貴能平。」為此，寇準鑄一重達二百餘斤的鐵秤砣置於公堂，以資警戒。鐵秤砣由巴東歷代置署傳下來，現存於巴東縣文化館內。

不久，真宗即位，寇準遷尚書侍郎，後為三司使，景德元年（一〇〇四年）出任宰相。此時，北方契丹大軍南侵，朝野為之震驚。關鍵時刻，寇準反對參知政事王欽若等京都南遷的主張，力主抵抗，並力促真宗親往澶州（今河南濮陽）督戰。澶州一戰，宋軍大勝。遼軍求和，於是訂立「澶淵之盟」。此後，寇準名聲大振。

本來頗有建樹的寇準應官運亨通，未料寇準一次因酗酒泄漏了奏請楊億頂替參政丁謂的機密，後被丁謂密謀反擊。寇準頓時成為宋真宗與太后矛盾的犧牲品，結果被罷相貶至雷州（今廣東海康）。寇準女婿王曙曾說他因縱酒致禍。實際上，這是宋朝官場爭權奪勢的結果。

湊巧，誣陷寇準的丁謂也被貶至南方。丁謂經雷州時，寇準家人忿懣地欲羞辱丁謂一番，卻被寇準制止。寇準還送了一隻羊腿給丁謂，真是「宰相肚裏可撐船」了。

寇準後雖客死雷州。但一直受到巴東人的懷念，他在巴東修葺的秋風亭也成為當地人祭祀寇準的場所。來往詩人也往秋風亭懷古憑弔。南宋詩人陸游兩次登臨觀賞，並吟詠：「寇公壯歲落巴蠻，得意孤亭縹緲間，常依曲欄貪看水，不安四壁怕遮山。遺民雖盡猶能說，老令初來亦愛閒，正使官清貧至骨，未防留客聽潺潺。」據說，每屆新上任的知縣遠道而來，總是先暫時居於此亭。他們在秋風亭裏燒香企求寇公保佑他仕途通達，日後有發跡之機。直待原縣令辦了移交手續之後，再移居縣衙。於是，秋風亭又成了歷代封建官吏走馬上任的一個落腳點。

直至南宋乾道五年（一一六九年），秋風亭仍尚完好，後縣治從江北遷往現在的地方，秋風亭也隨著遷到縣西的高崗上。秋風亭經明末和清康熙、嘉慶、同治諸朝修葺而保存至今。亭為木石結構，飛檐兩層，四角攢尖頂。高二十餘米，插入雲天，極為壯觀。乘船經此，其卓躒姿態，奪目誘人。你登上秋風亭，只見大江蜿蜒如銀帶，遠山蒼茫似黛眉。「巴山夜雨」、「峽江秋風」二景，一覽無餘。

## 樂坪里中憶騷人（秭歸屈原故里）

船出巫峽不遠，我國詩史上第一位愛國主義詩人屈原的故鄉——秭歸古城就出現在你的眼前。

「秭歸」是取「姊姊回歸」之意。屈原在被流放之前曾回到故鄉。他的賢慧、善良的姐姐女嬃聞訊晝夜兼程從他鄉歸來。她勸失意的弟弟放寬心思，保重身體。後來，當地人有感於此，遂以姊姊回歸之意命此地爲「歸州」、「姊歸」，又幾經演變，才改「姊」爲「秭」，但「姊」的鄉音仍在。

距秭歸縣城三十公里樂坪里，二千三百多年前，屈原就誕生在這裏，因屈原曾爲三閭大夫，故樂坪里又被稱爲三閭鄉。小時的屈原天賦聰穎過人，開卷過目成誦。二十六歲時擔任楚國左徒要職。他博聞強識，明於治亂，深得楚王信任。時秦國崛起，大有獨霸天下之勢。爲富國強兵與秦國抗衡，屈原主張對內修明法度，選任賢能，實行政治改革，對外聯齊抗秦。但這些主張遭到令尹子蘭、上官大夫靳尙等權貴的反對。楚王竟聽信讒言，貶屈原爲三閭大夫，流放漢北。頃襄王時再度流放江南。流放期間，屈原憂傷國事，發憤作《離騷》，傾訴其眷戀楚國和人民之情。西元前二七八年，秦兵占領楚都，楚國滅亡。屈原悲憤之極投汨羅江以殉國。千百年來，人們一直景仰這位偉人，並寫下不少頌揚他的詩文，其中又以南宋詩人陸游吟咏的最多。其中一首云：

委命仇讎事可知，章華荆棘國人悲。
恨公無壽如金石，不見秦嬰繫頸時。

故鄉的人爲紀念屈原，建了祠廟奉祀他。現秭歸縣城有座屈原廟，經年香火很盛。過去有條不成文規矩：無論是誰經過此廟，都必需重整衣冠，武將下馬，文官下轎，以表示對屈原的敬仰。秭歸縣城東三里的向家坪，還有座「清烈公祠」。該祠建於唐元和十五年（八二〇年），原名屈原祠也。宋元豐三年（一〇八〇年），宋朝封屈原爲清烈公時，屈原祠也就改修爲「清烈公祠」，現祠前有座屈原墓，墓前石碑上鐫刻著「屈大夫墓門」。傳說屈原跳汨羅江後，有條大魚馱其屍體回他故鄉，以遂他的「鳥飛返故鄉兮，狐死必首丘」的心願。當地的鄉親就將屈原的屍體葬在這裏。其實，這墓只是後人建的衣冠墓。眞正的屈原墓在湖南省汨羅縣的烈女嶺處。

當地還留下許多紀念屈原的傳說與風俗。你如果在春耕時來到樂坪里，你就會發現，這裏的耕牛不套牛鼻繩。在下田耕地時，牛頗爲善解人意，懂得轉彎及停止。但如果把這裏的牛牽到七里峽外，這牛不套繮繩就完全不能耕作了。而外來的牛來到樂坪里，三天後又可以不套牛繮繩下田了。當地人說，這是因爲屈原爲人民辛勤躬耕，赤子之心感動了牛的緣故。看來可能是牛受群體習慣影響的結果。

屈原故里的風俗最有名的莫過於端午節的龍舟競渡和包粽子一事了。傳說，五月五日屈原投江後，爲了避免蛟龍水怪傷害大魚馱著的屈原屍體，故鄉的人紛紛投粽子以飼蛟龍，並把船紮成龍的樣子，同時敲起鑼鼓，驅趕水怪。屈原的遺體終於保住了。以後。爲紀念屈原，秭歸每逢陰曆五月五日都要包粽子舉行龍舟競渡，這風俗歷代相傳。但據考證，這一紀念屈原的風俗是源於湖南的汨羅江。

如今，這一風俗不僅在全國各地流行，而且還流傳到朝鮮、日本、越南及馬來西亞等國。其中的划龍舟還成爲國際性的體育競賽活動。

## 三朝三暮見黃牛（西陵峽黃陵廟）

俗話說：「望山跑死馬」，但在西陵峽的黃牛峽裏，卻是望山行舟數天未抵。唐朝詩人李白是這樣形容的：

三朝上黃牛，三暮行三遲，
三朝又三暮，不覺鬢成絲。

由此可見黃牛岩高標遠望之勢，水曲湍急之險。這險峻奇特的黃牛峽裏，藏有一奇特的古廟，這就是遠近聞名的黃陵古廟。

黃陵廟坐落在黃牛岩下九龍山麓正中的一方臺地上。它背靠黃牛岩，下臨天義灘，大有虎踞龍盤之勢。黃陵廟原名黃牛廟，又稱黃牛靈應廟。爲何稱「黃牛」？原來黃牛岩西面的大石壁上，有一幅天然的彩畫：一位黑色壯士，牽著一頭黃色牛犢。人稱「壯士牽牛圖」。北魏地理學家酈道元在《水經注》中寫道：「南岸重嶺疊起，最外高崖間有石如人負刀牽牛，人黑牛黃」。宋代詩人陸游在《入蜀記》裏也描述黃牛峽「廟後山如屏風疊，嵯峨插天，第四疊上，有若牛狀，其色赤黃，前有一人，如著帽立者」。

相傳，上古時的四川原是一片汪洋大海，三峽的雄峰峻嶺阻塞了水的去路。治水英雄夏禹率領民衆劈山引洪，歷時八載，三過家門不入，巫山神女被夏禹這種頑強的精神所感動，便派「土星」變成一頭力大無比的黃牛，直奔西陵峽，用它那銳利的牛犄角抵開重重疊疊的高山，江水滾滾東去。隨後，黃牛縱身飛上峭壁，變成黃牛岩。人們爲紀念夏禹治水和黃牛開山的功勞，就在黃牛岩下修建了一座祠廟。這就是黃牛廟的由來。

其實，與其說立廟祭黃牛之功，不如說人們畏黃牛之威。黃牛峽險不可測。三國時，諸葛亮的《黃牛廟記》是這樣形容黃牛峽的：「亂石排空，驚濤拍岸，斂巨石於江中，崔嵬巑岏」。唐朝詩人白居易也曾驚嘆黃牛灘之險：「白狗次黃牛，灘如竹節稠。路穿天地險，人跡古今愁。」古代三峽人民正是懾於自然界的威力，並希冀借助神力保佑行船人平安的心願在此建立一座廟的。每當行船到此，人們膽戰心驚，坐落在黃牛險灘後的黃牛廟，成了他們遂心願的地方。他們停船進廟，擺上酒菜，燒香磕頭，祈禱神靈保佑航行平安。時黃牛廟香火極盛，故宋代文學家蘇東坡有「廟前行客拜且舞，擊鼓吹笙屠白羊」等形容行客進貢祭神的熱鬧情景的詩句。夏禹正端坐在禹王殿中，接受人們的奉祀。現禹王殿前高懸兩塊彩漆木匾，上刻著清慈禧太后署名書寫的「砥定江瀾」四字。殿內立柱三十六根，柱上盤著九條蟠龍，象徵黃龍征服自然的神力。

那麼，黃牛廟什麼時候被改為黃陵廟呢？原來，宋時，歐陽修為夷陵縣令時，聽了當地人對黃牛穿山的傳說不以為然。他認為「黃牛千古長如故，峽山侵天起有嶂。岩崩路絕無由上，黃牛不下江頭飲。」歐陽修只是相信大禹開山，不信黃牛觸石，於是，他將黃牛廟改為黃陵廟。「牛」與「陵」字相近，也許歐陽修改一「陵」字，是為當地人易接受，還是取義於黃陵廟所處的岩高灘低的地勢？不管怎麼樣，後來蘇東坡路經此地時，寫了一道題為《黃陵廟》的七言古風，承認了歐陽修的改名。從此以後，黃陵廟的名字就傳開了。

黃陵廟最遲在唐朝就有了廟宇了，但當時的建築早已不復存在。現存的黃陵廟是明萬曆四十六年（一六一八年），仿照宋代建築重修的。

## 三遊洞的由來（西陵峽三遊洞）

三遊洞位於西陵峽中燈影峽下游江北，它背靠西陵峽口，面臨下牢谿，東接南津關。唐代以前，三遊洞還是一個無名的石灰岩溶洞。它的名稱由來，還有段頗為有趣的典故呢！

唐朝元和十四年（八一九年）三月，著名文學家白居易由江州（今江西九江市）司馬調任忠州（今四川忠縣）刺史，與其弟白行簡同行。這時，文學家元稹也由通州（今四川達縣）司馬調任虢州（今河南靈寶縣）長史。三人在赴任途中，相會於夷陵西。當他們的船在峽口飄來盪去時，忽聽到山間流水聲，尋聲上岸，來到一缺口，只見怪石嶙峋，如疊如削。高懸的山泉如瀉如灑，似銀絲縷縷倒垂。那奇特、壯麗的景色深深地吸引了詩人，他們攀援而上，發現了一個還從未有人遊歷過的山洞。山洞地勢險峻，下臨深谷，削壁百丈，形同覆蓬。洞室開闊，洞裏岩石摺疊起伏，斷裂縱橫，千姿百態。詩人喜出望外，久久不願離去。勝景難逢，豈能不留下一些詩文。於是，他們三人各賦古調二十韻書於石壁，並由白居易作了篇序把這件事記下來。今序存詩佚。白居易序云：「以吾三人始遊，故目為三遊洞」。此洞始名「三遊」。

「人傑地靈，人以言存」。三遊洞因白居易等三位詩人遊覽而聲譽大增。歷代詩人騷客慕名而來。北宋嘉祐四年（一〇五九年），著名散文家蘇洵率領二子蘇軾、蘇轍赴京應試，路過夷陵，「三蘇」同遊「三遊洞」。儘管正值隆冬時節，三蘇遊興不減。他們甚至還帶上被子，在洞中住了一夜。在洞中一塊較平整的石壁上，父子三人各題詩一首，以記此遊。蘇洵詩曰：

洞中蒼石流成乳，山上寒谿冷欲冰。
天寒二子苦求去，吾欲居之亦不能。

蘇軾接著題詩：

凍雨霏霏半成雪，遊人屨凍蒼苔滑。
不辭攜被岩底眠，洞口雲深夜無月。

蘇轍也題詩曰：

昔年有遷客，攜手過嵌岩。
去我歲三百，遊人忽復三。

蘇洵和兒子們的這次三峽行，是唯一的三人行，也是三蘇父子唯一的一次同行唱和。「三遊洞」因三蘇父子一遊而更名副其實了。於是後世人在談到三遊洞時，以白氏兄弟和元稹之遊稱爲前三遊，蘇氏父子之遊爲後三遊。

從三遊洞前拾級下百餘步，在半山腰的懸崖處，有一小潭。潭水如鏡，清澈見底，常盈不枯，昔日稱爲「神水」。南宋乾道六年（一一七〇年）陸游遊「三遊洞」時，專程到此取水煎茶，並賦詩一首書於峭壁上，後人即摩刻。序云：

「三遊洞前小潭水甚奇，取以煎茶。」詩云：

苔徑芒鞋滑不妨，潭邊聊得據胡床。岩空倒看峰巒影，磵遠中含藥草香。汲取滿瓶牛乳白，分流觸石珮聲長。囊中日鑄傳天下，不是名泉不合嚐。」

此後，泉名大盛，人們便把這眼清泉稱爲「陸游泉」。你如登此勝景，不妨汲此甘泉一嚐，以謝陸翁之意。

三遊洞門旁有一小徑可通山頂。山頂有一圓形石臺，臺面直徑約八米，上面有堆積層尺餘，相傳爲三國蜀漢章武年間（二二一——二二三年）張飛任宜都（今宜昌）郡守時所築擂鼓臺遺址。三國時，蜀將劉封爲了防範吳軍由水道入川侵蜀，在這裏修築了城堡。解放以來，這裏曾發現大量漢代磚瓦和少量箭鏃，此地確是曾爲古代戰爭中的堡壘。至於是否爲張飛所建，這就難以定論了。

# 青藏遊覽區

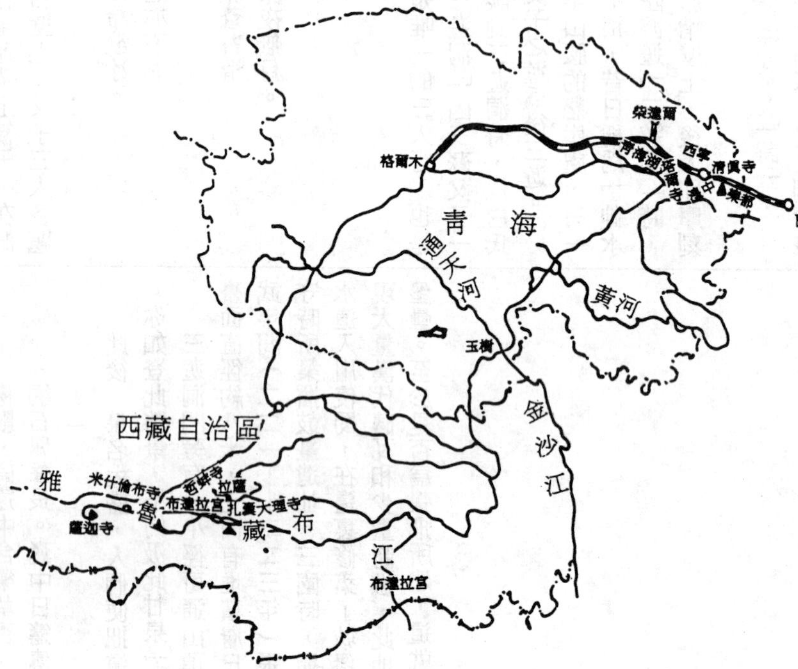
柴達爾
西寧
清眞寺
青海湖
塔爾寺
樂都
蘭
格爾木
青海
通天河
黃河
玉樹
金沙江
西藏自治區
雅
魯
藏
布
江
米什倫布寺
哲蚌寺
拉薩
布達拉宮
扎囊大理寺
薩迦寺
布達拉宮

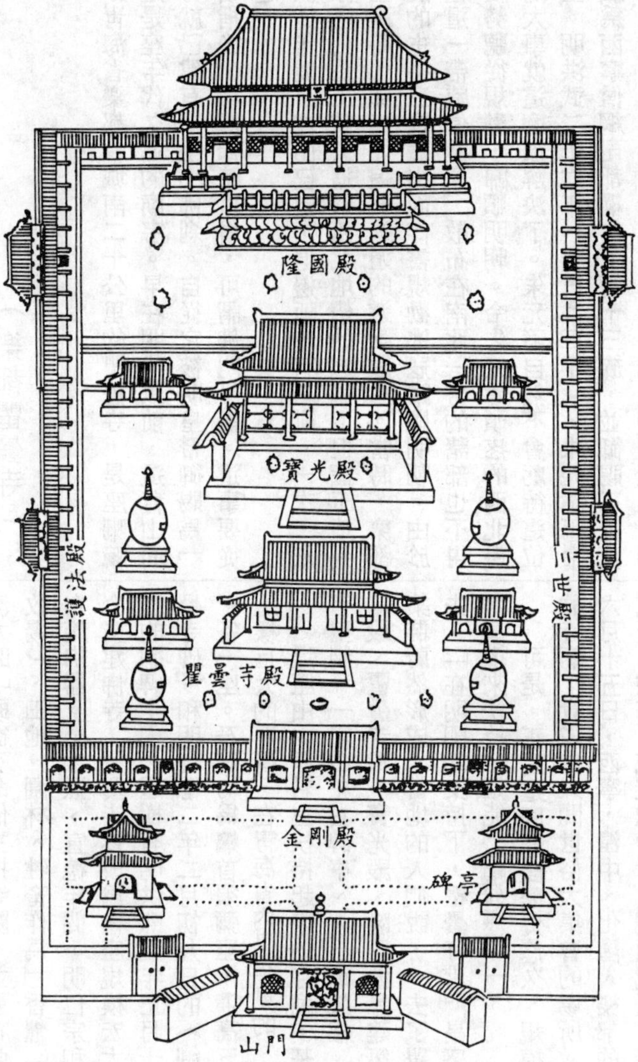
隆國殿
寶光殿
護法殿
三世殿
瞿曇寺殿
金剛殿
碑亭
山門

樂都瞿曇寺示意圖

# 朱元璋御賜「瞿曇」

## （樂都瞿曇寺）

位於青海省樂都縣城南二十公里的瞿曇寺，是座喇嘛寺院。這是座年代久遠的廟宇。早在明代以前，這背山面水的地方就已建有一座小佛剎。自從它被明皇帝御賜爲「瞿曇」名稱後，身價頓時百增，可謂佛門昌盛。這事要從明初說起。

明洪武年間，江山已定，但邊陲時有騷亂。一次，朱元璋派涼國公藍玉前去追擊西北地帶的逃寇。但藍玉追到茫茫戈壁灘時，卻無從追捕逃遁的遊兵散勇。當時，樂都這座寺院的主持三羅藏出面作書規勸逃寇歸順明朝。由於三羅藏在這一帶威信極高，散布在南北一帶的諸部也不得不審時度勢聽從規勸，歸順明朝。令朱元璋頭疼的西北邊境安定的大事就這麼被解決了。朱元璋自然不會虧待這位佛門功臣。明洪武二十六年（一三九三年），朱元璋下令封三羅藏爲西寧僧綱司都綱，下管十三族，並御賜三羅藏主持的佛剎爲「瞿曇」的金匾。瞿曇即藏語「角康」，即喬達摩之意，喬達摩是釋迦牟尼的姓氏和尊稱。從此，這座廟宇便以「瞿曇寺」相稱了。

既然明太祖開了頭，歷代明朝統治者也就步其後塵。明永樂年間，朱棣授予三羅藏之姪班丹藏卜「灌頂淨覺宏濟大師」頭銜，命他主持寺院，並發布敕諭，賜與山場（牧場）、田地、園林、牲畜作爲「香糧」，還增修寺宇，布施佛器。至洪熙、宣德年間，明仁宗和明宣宗又先後下令擴建佛寺，瞿曇寺遂成爲一座規模宏大的寺院。至今寺裏的御碑亭內，還樹有明洪熙元年正月十五日的《御製瞿曇寺碑》和明宣德二年二月初九日的《御製瞿曇寺後殿碑》各一座。石碑均爲螭首須彌座，通高五米，重達百噸。這樣巨大的石碑，在青海省內是罕見的。

這座由中原君主扶持起來的寺廟，基本上採用漢式廟宇型制，一組由左右碑亭、大小鐘鼓樓、左右迴廊以及金剛殿、瞿曇寺殿、寶光殿、隆國殿等建築物構成的明代建築群蔚然形成。當地的人們說，「去了瞿曇寺，北京再甭去。」在明朝的支持下，瞿曇寺佛門昌盛。看來，神權還得皇權來扶持，始能「福海無邊」。

可是，正是這麼一座歷史悠久、規模龐大、佛門深嚴的寺廟，竟成爲人間世俗大集會的場所。現在，每逢農曆六月十五日，西寧，湟中、化隆、樂都的歌手及旅遊者，或騎馬乘車，或趕驢步行，翻山越嶺，聚集到瞿曇寺舉行花兒會。這是以唱歌爲主的民間文藝聚會。於是，一邊是漫山遍野的歌聲、鑼鼓絲竹聲，一邊是來自寺院深處的幽幽鐘聲和嗡嗡不絕的誦經聲。這是一幅多麼不協調的宗教世俗圖畫啊！

早在明朝瞿曇寺的宏大規模形成時，這裏每年都舉行幾次大的集會活動，但純粹是宗教內容的。至於世俗何時闖進這佛的聖地來，還得從朱棣說起。明成祖朱棣當時發布敕諭，將瞿曇寺附近的樂都七條溝劃爲該寺的「香糧」地。每逢農曆六月十五日舉行的盛大宗教活動之際，正是「香糧」地的農作物開始泛黃、秋收之吉日即將來臨之際，於是不少善男信女趁農忙前夕的空隙前往瞿曇 寺進香叩頭，祈求神靈保佑。隨著春秋迭代，人間歲月的不斷推移，香糧地的生意買賣、賽馬射箭、雜耍唱戲等人間世俗的東西，也逐漸隨著宗教活動而滲透到佛門的領地去了。天長日久，一個與宗教原旨大相徑庭的聚會，就在佛教大黃傘的感召下出現了。

依靠皇權扶持的神權，卻被世俗的力量擠到一旁去了。

## 至仁極慈清眞寺（西寧東關清眞寺）

在西寧東關大街中段，坐落著一座以獨特風格名聞遐邇的寺院——西寧東關清眞大寺。西寧東關清眞大寺，是青海省最大的伊斯蘭教寺院，它與西安化覺寺、蘭州橋門寺、新疆喀什艾提戈爾清眞寺齊名，合稱西北四大清眞寺。

清眞寺，衆人皆知指的是伊斯蘭教朝拜的地方，但你知道這一名稱的來由嗎？伊斯蘭教是阿拉伯語Ｉｓｌａｍ的音譯，但至宋元時，還沒有比較恰當的固定意譯，直至明清之際，才正式以清眞教去稱呼伊斯蘭教。清眞寺也就指伊斯蘭教徒朝拜之所。

有話說：一朝天子一朝臣。東關清眞大寺的榮敗興衰果眞與明清王朝的更替緊密相聯。

明朝洪武年間，明朝大將沐英因輔助太祖朱元璋開國有功，被封爲「西平侯」（西平即今西寧），負責鎭守甘青一帶。沐英就任「西平侯」時，應當地回族的上層人士冶正明等人的請求，向朝廷稟奏，請求在西寧敕建一座清眞大寺。明太祖很快「敕賜」修建清眞寺。於是，約在一三八〇年左右，這座清眞寺在明王朝的扶持下興建起來。至今已有五百多年了。明朝的東關清眞寺幾經擴建，成爲一座規模宏大的清眞寺，其建築面積達二點八萬平方米。

可惜，好景不長。隨著清兵入關，中原易主，東關清眞大寺從此厄運連連。自順治五年，回民以「保明不保清」爲號召掀起反清起義後，回民及所宗的伊斯蘭教爲清朝統治者所歧視，尤其乾隆中、後期，伊斯蘭教被凌侮有加。同治年間，西寧及陝西回民舉行大起義。清王朝急忙派出大將左宗棠調集重兵鎮壓。東關清眞大寺連同其寶貴的文物也被清兵所毀。此後，雖然東關清眞大寺「屢議興復，卒以不得地基而止。」

隨著清朝的覆滅，東關清眞大寺又出現轉機。時北洋政府委任回族世家馬麟充任甘邊寧海鎮守使。馬麟到任後不久，即請求北洋政府准於重建東關清眞大寺。一九一六年，馬麟爲了發展伊斯蘭新教，專門從寧夏請來新教阿訇馬萬福。馬萬福以東關清眞大寺大殿方位不合聖地麥加禮拜的方向，提出重建。馬麟遂把新建不久的大寺拆除，重新建造。馬麟去世後，他的兒子馬步芳取得青海省軍政大權。他對東關清眞大寺又進行了大規模的維修和擴建，形成目前這種規模。

這座清眞寺的建築風格有獨特之處，它有著佛教色彩的建築裝飾。大殿殿脊中央和宣禮塔上共有五個藏式鎏金經筒。這本是佛教專有的鎏金經筒，怎麼會裝在清眞寺上。原來，其中三個是一九一六年清眞大寺修復時，甘肅的拉卜楞寺的僧衆專門贈送的。宣禮塔裏的兩個鎏金經筒，是湟中塔爾寺送的寶物。既然寬厚的佛門如此熱情，清眞寺哪有不受禮之理。

不僅如此，當你看到重門及宣禮磚壁上，分布嵌貼著「卐」字圖案時，你也許更驚訝，這不是如來佛胸前的專有物嗎？不過，你先別下定論，原來本不是佛教的專利品。它原是上古時代許多部落的一種符咒。在古代印度、波斯、希臘等國的歷史上均有出現。後來被一些古代宗教所沿用，意爲吉祥。後隨著佛教的傳播，「卐」字也傳進了中國。人們也就習慣把它與佛教聯繫在一起。至於「卐」字到底是寫成右旋還是左旋（卍）。佛家大多認爲應以右旋爲準。這是因爲佛教以右旋爲吉祥。東關清眞大寺，不知何故把已被佛教認同的「卐」字嵌在自己身上，也許它認爲，既然是吉祥之意，就不應分彼此而爲天下共享。這也算是「拿來主義」。

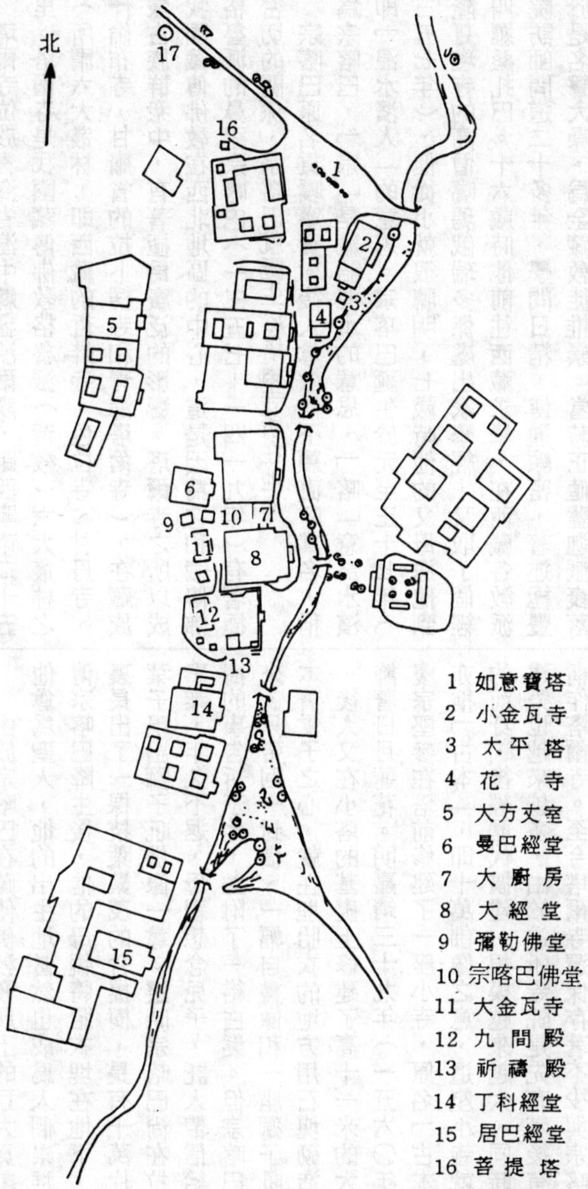
北
1 如意寶塔
2 小金瓦寺
3 太平塔
4 花寺
5 大方丈室
6 曼巴經堂
7 大廚房
8 大經堂
9 彌勒佛堂
10 宗喀巴佛堂
11 大金瓦寺
12 九間殿
13 祈禱殿
14 丁科經堂
15 居巴經堂
16 菩提塔
17 過門塔

塔爾寺平面示意圖

# 銀塔耀頂祭先師（湟中塔爾寺）

塔爾寺位於青海省湟中縣魯沙爾鎮，距西寧市二十五公里。塔爾寺是我國藏傳佛教格魯派（黃教）六大叢林之一（所謂六大叢林，即西藏的哲蚌寺、色拉寺、甘丹寺、扎什倫布寺，甘肅省的拉卜楞寺和青海塔爾寺），在藏族、蒙古族群衆中，有著極爲廣泛的影響。塔爾寺之所以成爲我國藏傳佛教在西北地區的中心，這是因爲它和藏傳佛教格魯派的鼻祖宗喀巴（一三五七—一四一九年）有著極爲密切的關係，宗喀巴就誕生於塔爾寺所在地。

宗喀巴原名貢嘎寧寶。後人尊敬他不願直呼其名，稱他爲宗喀巴，「宗」是藏語湟水的意思，「喀」意爲水濱，即「湟水濱人」的意思。宗喀巴誕生於元至正十七年（一三五七年），他從小就很聰明，七歲時他的父母送他到化隆夏瓊寺的高僧噶瑪俄瑞多傑處出家學經，又取了個經名叫羅桑扎巴。十六歲時他前往西藏求學，在西藏各教派寺院訪師問道二十多年，學問日精，博通顯密，著述極豐，於是名聲大噪，爲全藏教徒推崇。當時正值薩迦派衰落，一般僧侶不重佛教經典，不守戒律，有的追逐利祿，有的還飲酒作樂，蹂躪婦女，橫行不法。宗喀巴立志改革，取迦當派祖師阿底峽的宗旨，兼採各派所長，主張先顯後密，重苦修，嚴戒律，禁止娶妻，使佛教教義形成一個新體系，名爲格魯派。因爲該派教徒都帶黃帽，以區別於戴紅帽的舊教徒，人們也稱之爲黃教。

由於宗喀巴在藏傳佛教發展上的巨大貢獻，教徒們把他尊爲聖人，他的出生地當然也成爲人們崇拜的地方。相傳宗喀巴降生後，他的母親將胎衣埋在地下，數年之後這裏長出了一棵枝葉繁茂的菩提樹，長有十萬片葉子，每片葉子現出獅子吼佛像一尊。這時宗喀巴尚在拉薩致志宗教事業，年久不返，母親想念兒子，託人帶信給他，將菩提樹的事告訴了他，並附了一綹白髮。但宗喀巴始終沒有回來，只帶回一封信、一幅自畫像和一座獅子吼佛像。其母本著愛子之心，就在埋胎衣的地方用石塊砌造了一座小塔，後人又在小塔的基礎上修建了高十一米的大銀塔，頂端飾著日月蓮花。明嘉靖三十九年（一五六〇年），信徒仁慶宗堅參在塔前修建了一座小寺，原名「古本嘉巴林」，亦稱「古本」，即十萬佛像之意，這座小寺就是大金瓦寺的前身，後經歷代擴建，規模越來越大，同時附近的各種建築也越來越多，由於這所寺院是先有塔後有寺的，故被稱作塔爾寺。至今塔爾寺還保存著不少與宗喀巴有關的遺物，在大金瓦殿內的蓮臺上，供奉著宗喀巴的自畫像，據說這是宗喀巴刺破鼻子，擠出鮮血摻水彩繪成的，並由弟子帶回給母親的。由於此畫像距今已有五百年歷史，故現在只有看到大致的輪廓；在九間殿內，供奉著一塊數百斤重的大石頭，由於長期用酥油塗抹已成黑色，上面有風化殘蝕的疤痕，被說成是宗喀巴幼時腳踏、手摳此石留下的痕跡；在寺院中央的小花壇上，供奉著一塊奇異怪石，傳說宗喀巴之母當年揹水時常倚此石休息，被稱為「憩石」；在密宗殿樓上小佛堂內，還供奉著宗喀巴母親的遺骨匣。

另外，塔爾寺內還長眠著一位在黃教發展史上相當有地位的大師，他叫索南嘉措，是三世達賴喇嘛。達賴喇嘛活佛轉世制度就是自他正式開始的。

達賴喇嘛是格魯派中最大的一個活佛，被認為是觀世音菩薩的化身，但是這個活佛轉世系統在黃教發展初期還沒有。西元一五四六年，全格魯派實際領袖根敦嘉措死了，黃教正式尋找他的轉世靈童，終於在二年後認定了堆壠地方的一個貴族子弟為根敦嘉措的轉世，並在一五四二年把這個年僅四歲的幼童迎接到哲蚌寺，讓他接替根敦嘉措的法位，稱他為活佛。這個幼童就是索南嘉措，他是第一個以公認的活佛轉世「靈童」身分進入哲蚌寺的人。

至於達賴喇嘛的稱謂的產生，是在索南嘉措的晚年。當時為了給黃教尋找強大的盟友和靠山，抵制噶瑪噶舉教派日益強大的影響，索南嘉措跨出民族的界線，和北方的蒙古族建立了聯繫，其中和土默特部的汗王俺答汗的聯繫比較密切。西元一五七六年，俺答汗派人到西藏邀請索南嘉措來青海，索南嘉措接受了邀請。他們倆在一五七八年五月間在青海湖東面的仰華寺會面，互贈尊號，俺答汗贈給索南嘉措的尊號是「聖識一切瓦齊爾達喇達賴喇嘛」。「聖」在佛教裏表示超出世間的意思；「識一切」是西藏佛教界對顯宗方面取得最高成就的人的稱號；「瓦齊爾達喇」是西藏佛教界對在密宗方面取得最高成就的人的稱號；「達賴」是蒙語大海的意思，「喇嘛」是藏語上師的意思。合起來說，這個尊號的意思是說索南嘉措在顯教密教兩方面都修到了最高成就，是個超凡入聖學問淵博猶如大海一樣的大師。這就是達賴喇嘛名號的開端。以後黃教追認根敦主成了一世達賴，根敦嘉措成了二世達賴，索南嘉措本人就被排為三世達賴了。

西元一五八三年，申中族的頭領迎請索南嘉措來塔爾寺，達賴囑咐當時塔爾寺的主持人和施主們擴充寺院，寺院僧人各建住所，並建立廟會制度，以擴大影響。這樣使塔爾寺的規模越來越大，各種廟會制度流傳至今。塔爾寺每年都有四個大廟會和二個較小的廟會。正月大廟會是格魯派所有寺院都舉行的法會，主要是為了供養諸佛菩薩來祈禱一年的吉利，塔爾寺的正月廟會從農曆正月初八起，共十天。四月大廟會藏語稱「對慶松總」，意即三節俱備。從四月初十日至十九日止。十五日是正日子，上午十時在寺前山上展布大佛像，一般人稱爲曬大佛。塔爾寺共有釋迦佛像、獅子吼佛像、宗喀巴像和金剛薩埵像四種，每次只展一種。廟會展布佛像，一來是使信徒們瞻禮，二是防蟲蝕。展布之時，山前紮巨大帳棚，非常壯觀；六月初三起共八天的廟會，紀念釋迦牟尼降凡和彌勒佛出世，寺院裏所有公有寶物都要在這時取出來展布。初七日展布大佛像，儀式與四月廟會相同；九月大廟會從九月二十日起共五天，這是爲了紀念釋迦佛「三轉法輪」（意即講了三次經）。此外還有兩個規模較小的廟會。一個是紀念宗喀巴圓寂，從農曆十月二十二日起，一共九天。另一個是農曆十二月二十三日到二十七日的年終祈禱，爲辭舊迎新之儀式。

索南嘉措一五八六年前往蒙古土默特參加俺答汗葬禮，隨後接受明朝的邀請前往北京，不幸在途中病死，後來在塔爾寺安放了他的靈塔。

## 文成公主廟的誤會（玉樹白納溝）

在青海省玉樹藏族自治州首府結古鎮以南約二十五公里的白納溝裏，有座千年古廟——文成公主廟。據說當年文成公主進藏途中，曾留下二百多處遺跡，公主廟就是其中最大的一處。有趣的是，這座全國唯一的文成公主廟，祭祀的卻不是文成公主的雕像。

走進紅牆環抱的文成公主廟，經堂正面的岩壁上刻著九尊佛像。中間主像高七點三米，造形端莊豐滿，氣質渾厚，頭後頂部以橢圓形五彩佛光環襯托，碩長的身材穿著唐代盛裝，端坐於兩隻雪獅拱抬的大蓮花座上。這尊佛像藏名叫昂巴昂澤，漢名爲大日如來。侍立兩旁的八尊佛像，神態姿勢各不相同，但都著華麗的絲綢宮服，腳踏蓮花座。他們分別爲普賢菩薩、文殊菩薩、金剛手菩薩、除蓋障菩薩、虛空藏菩薩、觀世音菩薩、彌勒菩薩、地藏菩薩，共八大隨佛弟子。整組佛像五彩繽紛，線條分明，手藝精細，栩栩如生。

這些佛像是當年文成公主入藏經過此地由隨行石匠雕刻的。西元六四一年，唐蕃第一次聯姻。唐朝宗室女文成公主遠嫁吐蕃贊普松贊干布。在唐朝禮部尚書江夏王李道宗護送下，文成公主帶著二十五名侍女和少量衛士，經日月山，入吐谷渾境，至柏海（今扎陵湖），過衆龍驛（今譯作草隴灘，在稱多縣清水河南），渡通天河後，來到吐蕃界內結古鎮附近的白納溝，由於這裏氣候暖和，風景宜人，加上當地民衆的誠意挽留，文成公主曾在這裏停留了一個多月，以作休整。當時，這裏的藏族頭領和群衆爲公主舉行了她進入吐蕃地界以來第一次極爲隆重熱烈的歡迎儀式。現在文成公主廟堂內東西牆壁上還有兩組反映當時文成公主在白納溝受到隆重歡迎的動人情景。壁畫甚至還誇張地用山神砍樹清道，龍王現世迎駕的表現手法，表達當時藏區人們歡迎公主的喜悅心情。

自小信奉佛教的公主，離開長安時就帶了不少的佛像和佛經，趁此停留的機會，她命隨行石匠在石岩峭壁上雕刻佛像和經文，其中就包括現今廟內的九尊佛像。公主還親筆在佛像右側的崖壁上，用漢字楷書寫了十六行的誦詞，古藏文的發明者吞米桑布扎在左側寫了十八行的說明文字。工匠摹刻的梵文十二行，藏文美術字三十行。這些珍貴手跡，由於長期風雨剝蝕，可惜現已模糊難以辨認了。不過，據《大日如來廟史》和《西藏王統記》的記載，文成公主主持雕刻九尊佛像應是史實。

西元七一〇年，唐蕃第二次聯姻，唐金城公主遠嫁贊普赤德祖贊。唐中宗命左衛大將軍楊矩持節護送金城公主赴藏。金城公主又路過白納溝，看見文成公主遺留下的九尊佛像。這時文成公主謝世已有三十多年。金城公主見這些佛像受風吹雨打的剝蝕，乃修蓋佛殿以蔽之。人們當時稱之爲大日如來廟。二十年後，即西元七三〇年，金城公主又派人修理佛殿，並加工雕刻原來文成公主留下的九尊佛像，然後在佛殿門旁刻石記載曰：「爲了祝願萬民衆生，赤德祖贊父子幸福平安，佛教昌盛，依照原佛像再加工精雕細刻，修蓋此殿。」由此可見，白納溝的文成公主廟，從所刻佛像來看應是大日如來佛殿，從雕刻主持人來說，應是文成公主，而佛殿建築者，應爲金城公主。

文成公主儘管在白納溝逗留的時間很短，然而卻留下巨大的影響。她向當地人傳授了開荒種青稞、織布、打石磨、醫疾、歌舞等技藝，與藏胞結下深厚的友誼，至今當地人還流傳著許多有關公主進藏的傳說。人們甚至還模仿公主在岩崖上雕刻佛像和經文的做法，以此爲時髦。久而久之，白納溝大部分岩壁和石頭，都刻滿了佛像和經文，號稱「十萬經文」。文成公主也被進一步神化，在藏民的心目中，她是無所不精通的「渡母菩薩」的化身。加上民間廣泛認爲當時工匠是以文成公主爲模特兒雕刻的佛像，所以廟中主像面貌宛如文成公主青年時代的相貌。久而久之，也說不清是什麼年代，人們就把這裏當作是祭祀文成公主的寺廟，佛像亦看成是文成公主雕像，把原來的廟名和佛像名稱給淡忘了。

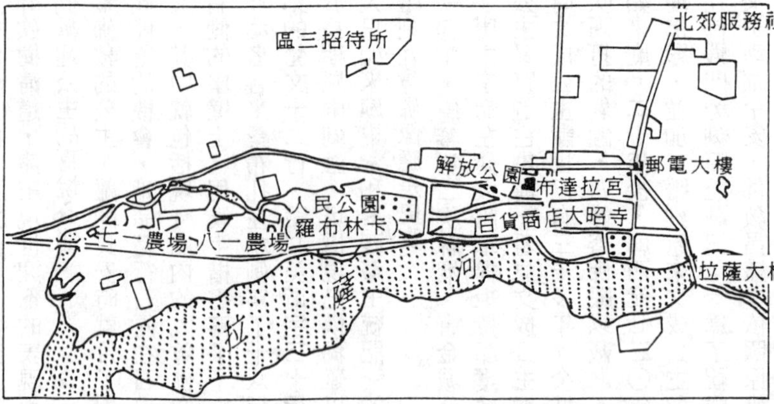


拉薩簡圖

# 未有拉薩先有大昭寺

## （拉薩大昭寺）

常言道：條條大道通羅馬。當你來到拉薩市中心的八角街時，卻是條條大道通往大昭寺。八角街原來是圍繞大昭寺向四外放射的八條街。每天川流不息的虔誠佛教徒一步一磕頭，直朝大昭寺去。見這般情景，人們不由恍然大悟：怪不得大昭寺是全國朝拜信徒最多的一座佛教寺廟。你看那香客盈門，信徒如堵，確是名不虛傳。

未有拉薩城，先有大昭寺。這話要從一千三百多年前說起。西元七世紀時，松贊干布建立吐蕃王國，並遷都於拉薩。連接幾年的東征西討，松贊干布仍無暇新都的建設，就在松贊干布要迎娶唐室公主時，大臣祿東贊等吐蕃國官員都是在臥塘湖邊內參泉和灌木叢的核桃樹旁集中。拉薩當時仍是一片僻靜的荒原。文成公主進藏時暫棲柳林帷幔中。傳說文成公主當時觀天察地，認為所居沙地，乃龍頭之門，需建廟鎮之。於是建議在此為釋迦牟尼佛建寺。在松贊干布的支持下，西藏第一座供奉佛像的大昭寺就這樣建立起來。這傳說且不管它是真是假，反正大昭寺的建築，確實體現了文成公主以驅除地煞的五行算法風格：大昭寺東南角上，用石頭雕刻了一尊大自在天王；在西南角上，用石頭雕刻了一隻大鵬鳥；在西邊，修起了石塔；在北邊，建成了石獅，都從不同方向向外看，這在各種史籍中都有記載，至今你們可在大昭寺外牆的各個部位看到。至於松贊干布支持建寺興佛，倒不是爲了建寺鎮妖，而是出於政治需要。松贊干布的興佛是爲了抵制與舊貴族勢力相勾結的苯教。剛建立吐蕃王朝政權的松贊干布需要一神教的支持，以示贊普的至高無上。釋迦牟尼作爲佛教世界的唯一主宰，正合要求。

寺廟落成後，各地的善男信女紛紛前來朝拜。幾年後，寺廟周圍出現了一些旅舍，供朝拜者借宿。久而久之，附近也修建了一些居民房子，一些外地人也在拉薩定居下來。逐漸地，以大昭寺爲中心的八角街形成了，這就是拉薩的古城雛形。當時的大昭寺成爲這個王都的突出標誌和象徵，故人們又把「惹薩」（大昭寺落成時的名稱）一名賜給這座都城，當時漢文把「惹薩」音譯爲「邏些」，故史書稱拉薩的前身爲「邏些」。這就是未有拉薩城先有大昭寺之緣由。

現在大昭寺裏最珍貴的文物要數當年文成公主進藏帶去的釋迦牟尼像。不過，最初它不是放在大昭寺，而被供養在小昭寺。大昭寺供養的是尼泊爾公主帶來的佛像。至於它們何以被對調，這有兩種說法：

一是文成公主臨終前，囑咐人們把她帶來的佛像藏在大昭寺的屋檐下，在門上粉刷並畫上妙音菩薩。於是大臣們按公主遺囑對換了兩座佛像。二是松贊干布死後，唐蕃關係一度緊張。西元六五二年，松贊干布的孫子芒松芒贊登基不久，漢藏之間發生了戰事。芒松芒贊聽說唐長安要派兵進藏，遂將文成公主的佛像移至大昭寺藏起來。一藏就是六十年，直至唐蕃關係重新和好，金城公主入藏時，才被迎至大昭寺的主殿供養。尼泊爾公主的佛像被調換到小昭寺。看來，第二種說法較爲可信。

當時大昭寺裏的佛像是不帶帽子的，直至西元一四〇九年，黃教始祖宗喀巴給佛像獻上了金製玉佛冠，佛像才變成今天那樣威嚴。

大昭寺裏最有歷史研究價值的文物，恐怕要數立於大昭寺門前的一座高達五米多的石碑。這是八二二年，唐穆宗和贊普赤祖德贊會盟於拉薩東郊留下的《唐蕃同盟碑》，又稱《甥舅同盟碑》。至於唐蕃以舅甥相稱一事，要追溯到唐初。唐貞觀時，唐太宗將文成公主許配給松贊干布，西元七一〇年時，唐中宗又將金城公主嫁與赤德祖贊，赤德祖贊後在給唐玄宗的上書說：「外甥是先皇帝舅宿親，又蒙降金城公主，遂和同爲一家。」西元八一五年，新登基的贊普赤祖德贊，先後三次遣使到長安求和請監。唐穆宗接受了請求，命宰相及大臣十七人與吐蕃使官論納羅在長安西郊結盟。西元八二一年，唐穆宗又派大理卿劉元鼎爲會盟使，帶領使團赴吐蕃會盟。西元八二二年，雙方在拉薩舉行了隆重的會盟儀式。雙方重申了歷史上「和同爲一家」的甥舅親誼，現要「社稷如一」，永保和好，使雙方百姓安居樂業，「垂諸萬代」。爲了紀念這次結盟，赤祖德贊於次年用漢藏兩種文字立下了唐蕃會盟碑。赤祖德贊稱唐穆宗爲「舅」，自稱爲「甥」，因此，「甥舅和盟碑」的美稱就傳揚開去了。

## 布達拉何以稱宮不稱寺

### （拉薩布達拉宮）

舉世聞名的布達拉宮是西藏地方現存最大最完整的古代宮堡建築物，位於拉薩古城之西的紅山上。虔誠的佛教徒將此地比喻爲第二殊境——普陀山，因而命名爲布達拉宮。布達拉即普陀羅的梵語譯音，以示觀音慈航以普救衆生。

奇怪的是，既然布達拉一名源於佛教，何以不按佛教習慣稱「寺」而稱「宮」呢？這要從它興建時的意圖說起。

西元六四一年，松贊干布與文成公主成婚。爲了表示對盛唐的謝意，松贊干布說：「我父祖沒有和上國通婚的，我能娶大唐公主，深感榮幸，當爲公主築一城以誇示後代」。不久，一座共有一千間殿室的宮堡聳立在拉薩河中心的紅山上。當時佛教還未在西藏興起，紅山上這一建築物只是被當作王的一座宏麗的宮殿，當然只稱「宮」而不稱「寺」。

但這座宮殿後毀於兵燹，龐大的宮堡只剩下法王洞和超凡佛殿兩處了。後由於西藏的政治中心西移，直到十七世紀中葉，五世達賴才重建布達拉宮。但擴建時的意圖也並非純屬宗教性質。當時五世達賴在蒙古的固始汗扶植下統一西藏，並建立了噶丹頗章政權。當時，五世達賴的經師江求群培對達賴說，根據各代王朝制度，如果沒有一個各宗本的首府，政權就不會鞏固，建議擴建修復布達拉宮以作「王宗」，號令全區。正是因爲布達拉宮具有政權的象徵，故也就習慣稱「宮」不稱「寺」。後來，五世達賴從達賴母寺哲蚌寺遷到布達拉宮居住。於是，布達拉宮不僅是地方政權機關的所在地，還是西藏佛教最大的活佛所在地。此後，布達拉宮的宗教色彩濃厚起來，也就成爲人們頂禮膜拜的聖地了。不過，它儘管成爲宗教聖地，但還是與西藏其它寺廟有區別，一般僧人是不能隨便去的。

當你遊覽布達拉宮時，你會發現，住在布達拉宮裏的歷輩達賴中，又以五世達賴留下的遺跡最多。所以五世達賴是歷輩達賴中威望最高的。

布達拉宮的司西平措大殿，爲五世達賴享堂。大殿四周滿繪五世達賴生平和業跡的壁畫。大殿東壁有一組五世赴京壁畫，這就是著名的五世達賴覲見清順治皇帝的歷史形象記錄。

明朝覆滅後，麾師進關的清王朝需求籠絡蒙、藏以穩定局勢。故清順帝進京不久，就邀請五世達賴赴京。時五世達賴也需尋找新的支持者。西元一六五三年一月，五世達賴率領三千人從拉薩的哲蚌寺啓程，浩浩蕩蕩向京城進發。順治帝極爲重視五世達賴的這次覲見，專門在北京德勝門外爲五世達賴建了一座西黃寺。平日，順治帝在太和殿登座時，五世達賴也同時登座，位於群臣之上。清朝統治者何以如此重視五世達賴呢？說穿了，乃是「達賴喇嘛在國初諸異藩傾向歸命，其功最鉅」。在五世達賴離京返藏的途中，順治帝又專門派人前去冊封五世達賴爲「西天大善自在所佛領天下釋教普通瓦赤喇怛喇達賴喇嘛」，並授與滿、漢、蒙、藏四種文字的金冊和金印。從此，才有了達賴喇嘛這一稱號。五世達賴成爲第一個掌握西藏政府大權的達賴喇嘛。

五世達賴晚年時專心著作，不太過問政事，他將一切事務委託給第巴（藏王）桑結加措管理。五世達賴擔心威望不高的第巴難以服衆，於是按下手模當命令，要全體僧俗官員唯第巴之命是從。這雙手印如今仍完好地保留在布達拉宮裏的達松格廊道的南壁上。西元一六八二年五世達賴圓寂於布達拉宮。忠實於他的第巴桑結加措爲五世達賴興建了一座輝煌壯麗的靈塔。靈塔位於司西平措大殿之西。靈塔有十四餘米高，內裝有五世達賴遺骸。靈塔金皮包裹，珠寶鑲嵌，僅黃金就耗費十一萬餘兩，還不包括無數珠寶。這座金碧輝煌的靈塔，又被稱爲「瞻部洲唯一莊嚴」，「世界一飾」。

西元一六九五年，康熙帝爲紀念五世達賴，還特令建造一座織造廠，專門織造一對巨大的用金線編織的錦緞繡幔，分別繡有宗喀巴和五世達賴的肖像。這對繡幔費工達一年之久，耗銀一點六萬餘兩。這對精美無比的錦幔就被放置於五世達賴享堂，即司西平措大殿內。

從司西平措大殿登上三樓，就來到布達拉宮最早的建築物——曲吉竹普，又稱法王洞。這是七世紀時松贊干布初建布達拉宮的產物，傳說松贊干布曾在這裏居住過。當你跨進這鑿壁成洞的殿堂時，只見松贊干布、文成公主、赤尊公主和祿東贊的塑像栩栩如生。這祿東贊爲何許人也，竟和松贊干布立在一起被後人供奉呢？原來松贊干布與文成公主能聯爲姻緣，祿東贊可謂立了首功。

唐朝開國初年，各部落的少數民族都希望成爲唐朝的藩臣和「大國之婿」，以取得對周圍部落的統馭威力。故一時「入貢」、「請婚」的使節絡繹於長安道上。貞觀十四年（六四〇年），松贊干布派了他的最得力助手大相祿東贊攜帶黃金五千兩和珍寶數百件到長安求婚。相傳唐太宗曾「五難婚使」。其中一難是：把一百匹母馬和一百匹小馬駒的母子關係區別開來。祿東贊靈活地運用了吐蕃人民畜牧業上的豐富知識，巧妙地把母馬和馬駒分別圈起來。暫時斷絕了馬駒的草料和飲水供應。過了一天後，再把母馬和馬駒放出來，一百匹馬駒很快找到自己的母親，偎依不離。五件難題得到一一解決。祿東贊的精幹聰明深得唐太宗喜歡，立即答應他迎娶文成公主入藏。同時，唐太宗還封祿東贊為右衛大將軍，還欲送琅邪公主的外孫女段氏為祿東贊之妻。但祿東贊婉言謝絕說，「臣本國有婦，父母所聘，情不忍乖，且贊普未謁公主，陪臣安敢輒娶。」祿東贊請得文成公主進藏這一史實，成為西藏史上一大佳話。時唐朝著名畫家閻立本繪、吳道子臨摹的「步輦圖」，這就是根據祿東贊在長安迎文成公主一事而繪作的。西藏人民為他們出了這麼一個聰明多才的婚使——祿東贊而自豪，故在許多寺廟都繪有反映這段歷史的壁畫。布達拉宮裏的達松格廊東壁，就繪有祿東贊入長安求婚圖。

殊勝三地殿，是布達拉宮裏一座十分重要的殿堂，它位於紅宮第八層南側中間。自九世達賴後，幾乎歷輩達賴都在這裏被最後法定。法定達賴喇嘛的儀式又被稱為金瓶掣籤，即將各寺廟推薦上來的三名幼孩的名字分別寫在三支籤上，然後貯存在金瓶內，將瓶搖晃後，由專人取出的第一支籤，上面所寫有名字的孩童，就是下輩法定的達賴。

每次金瓶掣籤的儀式都必須在立有皇帝畫像的供臺前進行，以示達賴對皇帝的臣屬關係。但殊勝三地殿只有一位皇帝的畫像，就是清高宗乾隆皇帝。清朝皇帝有好幾個，何以獨獨乾隆帝有如此殊榮？原來金瓶掣籤的制定者正是這位天子。乾隆設置這一制度，可謂煞費苦心。過去，由於達賴是拉穆吹忠（專事降神作法預卜未來的僧人）所指，故往往受囑，以致達賴喇嘛、班禪等親族姻婭，遞相傳襲，總出一家。這種姻親、血緣關係必然使某個家族隱然握有控制西藏宗教政治生活的權力，這是清廷所忌諱的。為了防杜弊端，使黃教不受西藏某個政治勢力所左右，乾隆終於想出這麼一個金瓶掣籤制度。它可以不改變達賴傳統的轉世制度，只是稍加監督。乾隆認為，金瓶掣籤，「雖不能盡去其弊，較之以前一人之授意者，或略公矣」。乾隆五十七年九月，乾隆帝派御前侍衛惠倫、乾清門侍阿爾塔錫第巴把金瓶護送到拉薩。時金瓶被迎供在大昭寺內，後移至布達拉宮的殊勝三地殿。

金瓶掣籤的儀式是這樣的：上輩達賴死時出世的男孩

，如發現有吉兆和靈異的，則要上報駐藏大臣，由駐藏大臣派人下去驗查，從中篩選出三人。然後擇取吉日，由班禪率領三大寺等僧侶到布達拉宮的殊勝三地殿，在乾隆帝畫像前，由副駐藏大臣貯籤於金瓶內。駐藏大臣在瓶中撥弄一陣，取出其中一支，與衆同觀，上面所寫名字的幼孩，即是下輩達賴。於是，衆僧在班禪的帶領下，向乾隆帝畫像謹行九叩禮，恭謝天恩。金瓶掣定的幼孩，還不能馬上成爲達賴喇嘛，要到舉行坐床（喇嘛教活佛轉世繼承儀式）的升座儀式、啓用金印時才稱達賴喇嘛。

在殊勝三地殿通過金瓶掣籤的達賴有第十輩、第十一輩和第十二輩。第十三輩推選時，因上報的靈童只有一人，因而可免於掣籤。金瓶掣籤制度的實施，加強了中央對西藏黃教的控制權。黃教喇嘛不僅在舉行金瓶掣籤儀式時要向清皇帝九叩頭，而且逢藏曆新年，達賴喇嘛都要率領噶廈（西藏地方政府）官員和三大寺（甘丹、哲蚌、色拉三寺）大喇嘛到這裏向皇帝跪拜，表明達賴對皇帝的臣屬關係。自從實行金瓶掣籤後，達賴與世襲爵祿無緣，避免了許多不必要的內部紛爭。

如今布達拉宮的殊勝三地殿裏，仍供有乾隆皇帝畫像和皇帝萬歲的牌位。靠西牆有一尊十一面千手觀音像，是十三世達賴花費一萬餘兩白銀鑄造的，造型十分精美。

布達拉宮，不僅以建築的成就而聞名，它還以輝煌的藝術作品和珍貴文物而聞名，有些外國友人說布達拉宮是座金堆銀砌的地方，這話並不見得誇張。諸多金靈塔且不說，單說十三世達賴靈塔前的一座珍珠塔就足以使人驚嘆不已。這座珍珠塔，由二十多萬顆珍珠用金線串成，做工十分精緻。這座珍珠塔比在一九二〇年巴拿馬國際博覽會獲工藝獎的曾被人讚爲「國內第一」的普陀山珍珠塔還大，而且手工更精緻。此外，布達拉宮還擁有許多價值連城的雕塑、壁畫等。布達拉宮堪稱爲一座藝術博物館和文化寶庫。

## 六世達賴的靈塔何在（拉薩布達拉宮）

靈塔，是指達賴死後，用鹽塗抹屍體，然後塗香料，待屍體乾枯後，便將它放進塔內，以供後人朝拜瞻仰。靈塔同時具備陵墓與佛塔的功能。這些金碧輝煌的金靈塔，顯示了這些神王生前的顯赫。

自五世達賴始，每世達賴圓寂後，都在布達拉宮裏的紅宮裏修建一座靈塔，現共有八座。但你若仔細觀察時，卻發現沒有六世達賴的靈塔，也偏偏這個沒有留下靈塔的六世達賴，史籍記載中卻有三個。六世達賴死後爲什麼不依照宗教儀軌修建靈塔呢？這就不得不從導致六世達賴死的一場政治風波說起。

西元一六八二年，五世達賴病逝於布達拉宮。時新禪年少不諳政事，而蒙古各部汗王正張弓拔箭與拉薩對峙。第巴（藏王）桑結嘉措爲穩定局勢，秘不發喪達十五年。後在康熙皇帝的責問下不得不宣布五世達賴去世和六世達賴轉世的消息。六世達賴倉央嘉措是在西藏政治風雲幻變的情況下登場的，似乎他一開始出現就注定命多舛難。

六世達賴生性好自由，厭倦在深宮裏當黃教領袖的生活。他經常微服夜行，一心追求浪漫的愛情生活。他還是一位風流倜儻的詩人，寫了不少熱情奔放的情歌。嚮往世俗生活的倉央嘉措，一次，竟向其師班禪羅桑益西送回僧衣以示退戒。六世達賴的「越軌」行動被桑結嘉措的政敵拉藏汗所利用。拉藏汗不斷向康熙帝上報六世達賴的放浪行爲，以激怒康熙。康熙終於決定廢黜倉央嘉措，並解送京城。但倉央嘉措在西藏信徒中威望極高。他們捨命將倉央嘉措從拉藏汗手裏搶回來。結果，拉藏汗以兵戎相對。倉央嘉措不忍無辜的僧侶爲他死去，便對他們說：「生命於我已無什麼損失」，說完逕直朝蒙軍營中走去。倉央嘉措後被蒙軍押至青海湖時死去。但又有人說他當時是出走，後死於五臺山。史載，十三世達賴到五臺山朝佛時，曾參觀了當年六世達賴閉關坐靜的寺廟。但記載倉央嘉措生平的最早文獻《秘傳》卻說他當時從青海遁去，輾轉各地，晚年死於蒙古的阿拉善旗。六世達賴的死，至今仍是個謎。卒地不明，遺體無影，何來靈塔。六世達賴雖然沒有留下靈塔，但他的悲慘遭遇一直引起藏族人民的廣泛同情。至今，藏族人民還經常吟誦倉央嘉措的詩歌來寄託對他的懷念。這在歷任達賴中是極爲少見的。

至於另兩個「六世達賴」，也是這場政治風波的產物。倉央嘉措被廢後，爲排擠第巴，拉藏汗另立一六世達賴，但這位新六世達賴卻得不到黃教寺院集團的認可。西元一七〇一年，拉薩三大寺的上層喇嘛，找到了新的轉世靈童格桑嘉措爲七世達賴。但清朝認爲倉央嘉措已經廢掉，這位轉世靈童應爲六世達賴。這就是所謂的第三位「六世達賴」。清朝的這個決定卻激惱了因六世達賴之死而耿耿於懷的黃教寺院集團，他們堅持格桑嘉措是倉央嘉措的轉世靈童，應爲七世達賴。鞭長莫及的朝廷無可奈何，也只好予以默認。既然第二位「六世達賴」不被黃教寺院集團所承認，第三位堅持爲七世達賴，所以，布達拉宮的紅宮裏自然也就沒有六世達賴的靈塔了。

## 達賴母寺的源由（拉薩哲蚌寺）

哲蚌寺位於拉薩西郊的更培烏孜山的山腰上。明永樂十四年（一四一六年）由黃教創始人宗喀巴的門徒絳央卻傑興建。白色爲主調的建築錯落重疊，猶如米堆。與許多寺廟以形爲名一樣，這座寺遂以「米堆」爲寺名（音譯爲哲蚌）。

在黃教六大寺廟中，哲蚌寺的地位最顯赫，它是黃教中最大的活佛達賴喇嘛的母寺，達賴二世至五世都在這裏坐床（直至五世達賴重建布達拉宮爲止）。在黃教，達賴被認爲是觀世音菩薩的化身。可見哲蚌寺與黃教衆寺確是不同。但如按佛門的等輩排列，哲蚌寺一不是黃教創始人宗喀巴所建，二不是黃教首寺，它何以獲得達賴母寺的殊榮呢？說來，這還是黃教內部紛爭的結果。

事情還得從扎什倫布寺說起。扎寺是後藏地區最大的寺院，它的建立者是宗喀巴弟子中年紀最小的一個，名叫根敦主，曾有人考證他是宗喀巴的外甥，且不管這事是否確鑿，根敦主在黃教的地位是很高的，還在他修建扎寺之前，他就被衆徒們推舉爲第三任甘丹寺主的人選（甘丹寺爲黃教首寺）。西元一四七五年，根敦主圓寂，事隔十一年後，一位名叫根敦嘉措的十一歲兒童被當作「靈童」迎至扎什倫布寺，但根敦嘉措受到扎什倫布寺的僧人們的冷淡和排擠，他們不承認他是前任寺主根敦主的轉世。根敦嘉措二十歲那一年，終於與扎什倫布寺的僧人鬧翻憤而出走，到拉薩哲蚌寺去學經，一學就是十四年。在哲蚌寺，根敦嘉措的轉世地位被承認。久而久之，根敦嘉措也就把哲蚌寺當作自己的母寺了。此時，因新興的仁蚌巴家族限制黃教的發展，標誌教派地位的拉薩正月祈願法會的主持權力也從黃教手中奪去。爲打開局面，擴大黃教影響，根敦嘉措出外說教達二十年。他的足跡遍及前藏、後藏、山南、塔布等地。根敦嘉措的遊說獲得成功，黃教勢力繼續獲得空前發展，拉薩正月祈願法會的主持權力也被奪了回來。不久，根敦嘉措又回到哲蚌寺並被推爲該寺的寺主。此時，他雖然名爲哲蚌寺的首領，但實際上已成爲全格魯派的領袖人物。根敦嘉措爲其它教派首領望其項背。哲蚌寺的地位也迅速提高。但此時還沒有達賴喇嘛的名號，因而也沒有達賴母寺的稱呼。

索南嘉措接替根敦嘉措的哲蚌寺寺主地位後，成吉思汗的第十七世孫、蒙古土默特部的汗王俺答汗贈給索南嘉措爲「聖識一切瓦齊爾達喇達賴喇嘛」尊號，至此，達賴喇嘛的名號始出現。這是黃教中最高的名號。以後，有條不成文規矩，凡任哲蚌寺的寺主都同時是達賴，直至五世達賴搬進布達拉宮爲止。五世達賴以前的轉世靈童都被迎至哲蚌寺坐床（坐床是喇嘛教活佛轉世的繼承儀式）。雖然自五世達賴後的達賴都在布達拉宮坐床，但他們都沿舊習把哲蚌寺視爲自己的母寺。

雖然索南嘉措實行追認前世達賴的做法，但奇怪的是，哲蚌寺的創建人絳央卻傑卻沒有被追認爲達賴。既然追認是爲了把活佛系統的起源上推到宗喀巴的弟子時代，那麼絳央卻傑也是宗喀巴的弟子，爲何不被追認爲一世達賴呢?原來，索南嘉措是作爲根敦嘉措的轉世靈童登位的，他又自命爲三世達賴，根敦嘉措自然被追認爲二世達賴了。而根敦嘉措卻是扎什倫布寺的根敦巴的轉世靈童，按活佛轉世系統，一世達賴非根敦巴莫屬了，絳央卻傑只好屈讓了。話又說回來，如果當初扎什倫布寺不排擠根敦嘉措出走的話，哲蚌寺這一「達賴母寺」的譽稱也非它所得了。

哲蚌寺裏的最大建築物爲措欽大殿，可容納七千到一萬多喇嘛。大殿兩層供有絳央卻傑建造並由宗喀巴親自開光的強巴佛像，是哲蚌寺裏最尊貴的文物。殿內還供養有一隻白海螺，傳說是釋迦牟尼時由大弟子目犍連藏在甘丹寺山上，後由宗喀巴轉送給他的子弟絳央卻傑。還值得一提的是，大殿三樓有一小殿，殿門上懸掛著一塊漢文橫匾，上書「穆隆元善」四字，落款的圖章爲「琦善之印」。琦善不就是在鴉片戰爭中鼎鼎有名的投降派嗎?他曾在廣東權勢炙手不可一世，何以跑到這偏僻的地方來了。原來琦善在廣州時，平息戰事，竟擅自與英軍代表義律議定《穿鼻草約》。道光帝認爲此舉有辱天朝而龍顏大怒，即將琦善革職鎖拿回京城。一八四八年，琦善被發配到西藏任駐藏大臣。哲蚌寺的措欽大殿上的橫匾是他在一六四六年任滿離藏前獻的。

達賴居住的地方稱爲甘丹頗章宮，爲西元一五三〇年二世達賴根敦嘉措創建。自西元一五四二年根敦嘉措在這裏圓寂後，三、四、五世達賴都住在這裏。西元一六四二年，五世達賴在青海蒙古人固始汗的扶持下建立的政權，又隨他所居地稱爲「甘丹頗章政權」，史稱「甘丹頗章王朝」。

這座位居顯要的「達賴母寺」，論規模，爲拉薩三大寺之首;論影響，在繼承宗喀巴法座的甘丹法王九十六人中，哲蚌寺出身的就占一半。

## 超脫世俗升魂臺（拉薩天葬臺）

盛行於西藏地區的天葬，是一種獨特而富有神秘感的葬俗。在藏語裏，天葬被稱爲「杜垂傑哇」，意爲「送(屍)到葬場」，又稱「恰多」，意即「餵鷲鷹」。天葬也謂之「鳥葬」。天葬臺大多設在距離寺院不遠的山崗上。這種選擇多少兼顧了喇嘛誦經、移屍和鷲鷹就食的方便。拉薩的色拉寺和哲蚌寺附近都設有天葬臺。

天葬的程序一般是這樣的：藏人死後停屍三天，然後由家人送往天葬臺，一路不准回頭，甚至還要在路口把一個紅陶罐摔破，表示死者的靈魂不再回來。有的還請喇嘛念經，把死者的功績介紹到佛國。如果死者是個信徒還要在死者胸前或背後劃個「卐」的吉祥意義的符號。在天葬臺附近，送殯者要燃起幾攤糌粑火堆，香煙直衝雲端。這是請「神鷹」的信號。禿鷲展開翅膀足有一米六七，站起來像隻駝鳥，體重足有十幾斤。這時，天葬師一邊念念有詞，一邊雙手熟練地進行碎屍處理，骨肉剝離，骨頭用石砸碎並拌以糌粑。繼之天葬師吹起海螺或仰天長嘯，等候已久的「神鷹」一擁而上，風捲殘雲，不到二十分鐘，碎屍已被搶食一空。這時送殯者拿出早已準備好的酒肉請天葬師食用，同時也爲了慶賀死者升天。

這種神奇的天葬引起不少異鄉人的驚詫和好奇：這種葬俗的涵義是什麼呢？它又是怎樣形成的呢？

在藏民的心目，天葬是死後超俗升天的最神聖歸宿。佛經上不是記載「尸毗王以身施鴿」及「摩訶薩埵投身飼虎」的故事嗎？

《羅摩衍那》中曾寫道：

「大地之主尸毗王答應了把自己的身軀送給老鷹，後來他眞的送給了那隻鳥，國王啊，他升到了最高天宮。」這正是對天葬風俗的一個恰當注釋了。佛家宣傳「菩薩布施，不惜身命」的思想正是此意。看來，天葬乃是「求道如此，及可得佛」了。原來天葬是隨佛教傳進來的一種外來葬俗。

在拉薩的色拉寺及哲蚌寺附近的天葬臺上，都有一塊神聖的石頭，傳說這是從印度的「士巴才都追」天葬臺飛來的神聖石頭。這荒誕神奇的傳說道破了西藏地區天葬風俗和印度葬俗之間的微妙關係。現在印度比哈爾邦確實還有個「士巴才都追」的天葬臺。凡到該處探親訪友的藏族同胞，幾乎都要到這一聖跡朝拜。

不過，事情也並非如此簡單，佛教在當時印度諸種葬俗中，最推崇的是「火葬」及「林葬」，爲何傳進西藏獨獨發展成爲天葬呢？原來，印度葬俗的傳進，也和佛教傳進一樣，隨地方環境而發生變化。

火葬，需要充足的燃料供應，而西藏大部分地區土壤屬原成土，植物生成受限制，可資利用的森林資源有限，再加上地處高寒，日常消耗較多燃料，連平時燒飯，也只能用曬乾的牲畜糞便。因此，火葬不易在藏區流行。不過，火葬畢竟是佛教最推崇的葬式之一，至今仍是寺院高級喇嘛和達官顯貴的主要喪葬形式。

至於印度的林葬，則逐漸發展爲西藏流行的天葬了。林葬與天葬有許多共通處：一、屍體都是奉獻給動物吞食；二、屍體都是作爲施捨物，這和佛教教義相吻合。所不同的是，林葬是「棄之中野，爲雕虎所食」。而西藏大部分地方的老虎已絕跡，林葬在西藏也就自然而然地演變爲專飼鷹、雕的天葬了。看來，印度的火葬及林葬等葬俗傳進西藏後，逐漸發展爲以天葬爲主的演化過程，乃是民族化、地方化的過程了。在一般藏民認爲，人死後要超脫升天，只能寄託於天葬形式。於是，天葬被藏民視爲能攀得上的最神聖的歸宿了。

## 千寺之祖桑耶寺（扎囊桑耶寺）

在西藏扎囊縣境內的雅魯藏布江北岸，有一處金碧輝煌的建築群，這就是被稱爲西藏千寺之祖的桑耶寺。它建於八世紀後期的吐蕃王朝五代贊普赤松德贊時期，至今已有一千多年了。

桑耶寺何以被稱爲西藏的千寺之祖呢？早在桑耶寺建立一百多年前，松贊干布不是在拉薩建了大昭寺小昭寺等寺院嗎？原來凡佛寺，需具備佛、法、僧三寶，而大昭寺等只是供佛像、藏佛經的佛堂，並沒有出家的僧人。按佛教的儀軌，這不能算爲正規的寺院。但爲何大昭寺建立後一百多年才出現第一座正規佛寺？原來松贊干布死後，在源於本土的苯教的阻撓下，佛教勢力的發展幾經挫折。西元七五五年，贊普（藏王）赤德祖贊死後，即位的新贊普赤松德贊尚年幼，苯教勢力趁機發起一場禁佛運動，外來僧人被趕走，寺廟被拆毀，連名重一時的大昭寺也被改成屠宰場。赤松德贊成年以後，爲抵制已和舊貴族相勾結的苯教勢力以鞏固王權的統治，遂決心弘揚佛法。但佛教要戰勝自己強大的對手，就須獲得更多的信仰者和支持者，必須要有大量文字流暢、易爲人們接受的藏文經典和僧迦組織。於是，赤松德贊接受大臣塞囊的建議，修建桑耶寺。雅魯藏布江北岸一處三面環山的開闊地被選爲寺址，以赤松德贊一箭的射程爲建築範圍。寺院建成後，被命名爲「衆生福田的桑耶彌居倫珠寺」，意爲桑耶地區任運成就的永固寺。

建成的桑耶寺，是西藏古代建築中最有特色的一組建築群，在國內的寺廟中也是極少見的。它以印度著名的歐丹達菩提寺爲模式，仿照佛經中的世界形成圖說設計的。圓圍牆是佛經中鐵圍山的象徵，聳立在圓圍牆中心的烏策大殿是佛經中須彌山的象徵。大殿四角的紅、綠、黑、白四座佛塔，象徵著管理須彌山四方人類社會的四大天王。大殿周圍的十二座殿佛表示須彌山四方鹹海中的四大部洲和八小洲。人又稱桑耶寺爲千塔寺。這裏確是千塔林立：圓形的圍牆上，每隔一米便有紅塔一座；大殿東南角的白塔周圍的牆上，就立有小塔一百〇八座。桑耶寺的獨特建築風格，也被內地所仿造。清朝乾隆時，承德就建了一座以桑耶寺爲藍本的寺廟，名叫普寧寺。

桑耶寺的建立，給西藏佛教奠立了正規的道場。赤松德贊還親自選派七個貴族子弟進寺爲僧，他們是西藏第一批剃度僧人。在藏史上，他們又被稱爲「七覺士」。赤松德贊爲了在政治上和經濟上確保僧尼的權益，特地立了一石碑，這就是著名的《桑耶興佛證盟碑》。碑文規定：臣民對寺院要保持足夠的奉獻，子孫後代不得減少，不得更改。這一古碑現仍立於烏策大殿正門南側。現在大殿門廊內，懸掛著一口唐銅鐘。這是藏王赤松德贊的第三妃子甲茂贊出家時的信物，時人又稱爲甲茂贊銅鐘。鐘上的銘文大意爲：神聖的赤松德贊父子夫婦，衷心祝願這裏的護法高僧，爲制伏邪惡，弘揚佛法，積下圓滿功德。大殿四廊均滿繪壁畫。最引人注目的是一組「宴前認舅」壁畫。這故事已爲當地藏民家喻戶曉。

它說的是：西元七一一年，被迎爲藏王赤德祖贊王妃的金城公主進藏後不久，生下王子赤松德贊，卻被妒嫉的長妃抱走，說是她生的。諸臣均疑惑不解，遂想出一個辦法，讓兩位母親去認孩子，金城公主搶先抱起孩子，卻被長妃死命爭奪，金城公主怕傷害兒子只好忍痛鬆手。衆人見此心裏都明白：金城公主是眞正的母親，但礙於長妃家族權勢不敢吭聲。在一次喜宴上，老贊普讓王子獻酒給親舅，好以此辨別親生母親。王子逕直走向唐朝使臣，自認爲漢人的外甥。這是一個廣爲流傳的說法。藏史書籍也都把赤松德贊說爲金城公主的兒子。但奇怪的是，查遍唐史卻找不到金城公主赤松德贊的記載，人們遂生疑心。經過考證，發現赤松德贊生於西元七四二年，此時金城公主已死去三年，赤松德贊的母親是長妃而不是金城公主。那麼，二母爭子的傳說又是怎麼形成的呢？有人認爲唐王室文成、金城先後入藏聯姻，文成公主公認無嗣，後因金城公主生下赤松德贊，蕃唐才成爲甥舅之國。這一說法其實也不確切。因在此之前，蕃唐已以甥舅國相稱了。原來金城公主和長妃爭子的傳說，源於印度古代本生故事中的「二母爭子」的說法。印度的《本生經》第五一六頁就有這樣一段的描述：一位智者通過二母在「拽子」過程中的表現來判明是非。這「二母爭子」的故事藉助漢譯佛經幾經周折傳到了西藏，並經過演變在西藏扎下根來。吐蕃時期，蕃唐關係甚爲密切，藏漢文都反覆強調蕃唐之間「甥舅親誼」的關係。民間傳說，正是反映了人民群衆感情的寄託。

## 憑弔藏王陵（窮結木惹山）

氣勢龐大的藏王墓位於西藏窮結縣城對面的木惹山上，距拉薩約一百公里。這是七—九世紀吐蕃王朝歷代贊普（贊普爲藏人對藏王的稱呼）的墓葬群，它背靠木惹山，傲視雅隆河。藏王陵方圓達六里，規模頗爲壯觀。

墓群裏到底有多少座陵墓呢？向來說法不一，據記載，不但贊普葬在這裏，連還沒繼任王位的王子死後也埋在這裏，還有松贊干布前的朗日松贊等先王以及諸王后妃都葬在這裏，算起來有十三座。因爲長期風化現在只可辨出九座。

他們爲什麼要選擇窮結作爲自己的長眠之地呢？原來窮結是吐蕃王朝的故都。一千三百多年前，雅隆部落在窮結一帶崛起，不久，又兼併了山南廣大地區，雄踞西藏。雅隆部的松贊干布即位後，在青藏高原建立了第一個國家政權。隨著勢力範圍的擴大，松贊干布決定遷都西藏。但舊王族仍留在雅隆河谷的故居裏，就連遷徙到拉薩的贊普們也經常回來居住，以緬懷祖先創業的功勳。唐朝的文成公主、金城公主進藏後也來這裏居住過。因此，爲了不忘根本，吐蕃贊普有一條不成文的規定：凡贊普、王子和后妃死後全葬在故都窮結的木惹山上。

松贊干布墓，坐落在木惹山腳雅隆河畔。墓丘爲土石壘成，分層夯實。墓「中央置贊普屍，塗以金」，墓的左面埋有主人在世時出征穿的金盔甲一副；墓的右面埋有以純金做的騎士和戰馬。另外還有金銀瑪瑙以及六十多斤的珍珠。如此隆重的盛殮，足見主人的顯赫身分。松贊干布建立吐蕃王朝後，制定法律、統一賦稅、創造文字、發展農牧業。他主動與唐通聘，迎娶文成公主，吸收先進的唐朝封建文化。西元六四九年，唐朝封他爲駙馬都尉、西海郡王。翌年，松贊干布卒於拉薩北的潘波薩莫崗。關於松贊干布的享年是一謎。著名的藏族學者根敦群培提出松贊干布生於西元六一七年，卒於西元六五〇年，享年三十四歲一說。當今史學界也多採納此說。又有人依據幾本權威性的藏史書籍如《文殊續部》等都記載松贊干布的享年爲八十二歲。但這些書籍多帶佛家預言性質，很難令人確信。

松贊干布死後，文成公主一直待在西藏。那時吐蕃與唐朝關係一度緊張，至西元六八〇年公主去世，吐蕃與唐朝的戰火未滅，但吐蕃仍爲公主舉行隆重的葬禮，並與松贊干布合葬。文成公主在西藏人民的心目中威信極高。她被推崇爲品德高尚、學富多才的「渡母菩薩」的化身。藏文史書對后妃喪葬事宜從來都是不記載的，唯文成公主例外。

緊鄰松贊干布墓的是赤松德贊的陵墓。第五代贊普赤松德贊的文治武功都足以和乃祖比擬。西元七五〇年赤松德贊即位後，戡定內亂，整頓吏治。他在位期間，吐蕃武力最盛。同時，他是一位崇信佛教的贊普。西藏第一座符合佛教儀軌的寺廟——桑耶寺就是他創建的。赤松德贊與松贊干布、赤祖德贊被藏史同稱爲「三大法王」。故赤松德贊死後，後人爲他立一石碑歌頌赤松德贊的賢能政德。這高近八米的石碑立在赤松德贊墓的前面。

這規模浩大的陵墓幾乎是西藏獨一無二的土葬場，在崇尚天葬、水葬的西藏，這片陵墓似乎叫人難以理解。贊普陵墓的建造始於何時呢？《西藏王臣記》記載吐蕃部落的第七代王止貢贊普被大臣羅昂殺害後，「被殮入銅匣，鉚以鐵釘，拋入深流，爲水鬼長臂琪瑪所獲，獻於后妃，葬於欽域達爾墉（今窮結），此被視爲贊普陵寢初始」。這傳說無從考證，難以爲憑。較爲可信的說法是，吐蕃藏王的陵墓的建造應是受到唐朝喪葬習俗的影響。從藏王墓制來看，無論「祭祀之所」的祠廟，或是歌功頌德的墓碑，都與唐陵極爲相似。尤其是鎮墓獸的石獅，無論是外形的刻鑿，還是花紋的雕琢以及擺設的位置，都與西安附近的乾陵相似。

千餘年來，藏王墓雖屢經兵燹、盜掘，但至今仍氣勢威嚴地傲立在木惹山上。

藏王陵至今仍受到藏民們的崇拜和敬仰。

## 三教合一的白居寺（江孜白居寺）

白居寺位於江孜縣城的西端。它不僅以聚薩迦、格魯、布頓三教派於一寺的殊異吸引著遊客，它還以它那具有獨特建築風格的白居塔而名聞遐邇。

這座被譽爲西藏群塔之冠的白居塔，就坐落在白居寺的中心。它於西元一四一四年動工興建，歷時十年才完成。因塔內有七十七間佛殿、佛龕，故素有「塔中寺」之稱。塔裏的雕塑及繪畫中的佛像多達十萬尊，故人又稱它爲「十萬佛塔」。塔座占地二千二百平方米，塔高約四十米，分塔座、塔瓶、塔頂三個部份，逐層收縮，漸疊而上。造型華美，構圖嚴謹。這座將佛教中的八種佛塔的特點融合於一身的白居塔，成爲我國建築史上的珍品。

誰是這珍品的建造者呢？有兩種說法，一說爲布頓大師所建，一說爲克珠傑和熱丹袞桑帕二人所建。布頓大師是布頓教派的創始人，他於西元一三六四年圓寂，此時，白居寺還未建造。因此，他不可能爲寺的建造者。一直流傳布頓大師建寺的說法僅出於該寺的僧人的口碑，未見史載。從史載來看，應爲克珠傑和熱丹袞桑帕共同興建。熱丹袞桑帕時爲江孜法王，克珠傑爲高僧。在西藏，凡建築大寺廟時，通常是一名高僧及一名施主聯合興建。理由很簡單，寺廟費用浩繁，不是一名僧人所能負擔得起的，而施主雖信奉佛教，但他們對於宗教的全部儀軌並不諳熟。同時，主持建寺的高僧的名望，對教派的興旺、寺廟的信譽都至關重要。

熱丹袞桑帕邀請的克珠傑爲何人呢？他是黃教始祖宗

喀巴的第二大弟子，後被黃教上層僧侶追認爲一世班禪。看來，熱丹袞桑帕請克珠傑來主持白居寺的修建，無疑是譽載滿道的了。

但是，熱丹袞桑帕信奉薩迦教，他怎麼邀請一位黃教首領來主持建寺呢？豈不是自挖牆角嗎？說奇不奇。原來這位宗喀巴的大弟子早年也信奉薩迦教，他曾是薩迦派的著名僧人仁達哇的弟子。不僅於此，仁達哇還曾是宗喀巴的老師呢。至於克珠傑轉到黃教門下，還是仁達哇的推薦呢。籌建白居寺時，仁達哇還健在。正是由於薩迦派和格魯派（黃教）有過這麼一段師徒關係，再加上當時克珠傑名聲大噪，所以熱丹袞桑帕選中了他。不過，熱丹袞桑帕卻沒料到就此埋下日後格魯派爭奪地盤的伏線。

白居寺建成後不久，熱丹袞桑帕和克珠傑因發展教派勢力各自意見不同而分道揚鑣，克珠傑離開了白居寺。故白居寺爲薩迦教派所屬。後來布頓、格魯派又怎麼擠了進來呢？原來，布頓派一直和薩迦派關係密切。布頓派創始人布頓大師與薩迦派一直有來往。由於兩者的關係密切，故又有人把布頓派也納入薩迦教的一個支派。看來，布頓派進駐白居寺也算是自家人找上門吧。至於格魯派進據白居寺，其冠冕堂皇的理由則是白居寺的創建者曾是他們的教主，占據白居寺理應順理成章。

實際上，這是兩支教派勢力互相消長變化所致。隨著元朝的建立而興盛的薩迦教，又隨元朝的滅亡而走向衰落。此時正是格魯派抬頭之時。十六世紀，格魯派終於取代了其它教派的地位，成爲在藏族社會上長期占統治地位的教派。逐漸強盛的格魯派必然對地方教派勢力滲透，從這點來說，白居寺成了格魯派滲透的一個對象。從地理條件上看，江孜處於達賴喇嘛駐錫的布達拉宮到班禪駐錫的扎什倫布寺的必經之地，再加上三教派在歷史上的原因，所以格魯派對白居寺的進駐也就當仁不讓了。

## 達賴建寺，班禪駐錫（日喀則扎什倫布寺）

達賴和班禪是黃教兩大活佛傳承系統。他們各有各的管轄範圍。達賴掌管全藏政教事務，但以前藏爲主。班禪則管理後藏。兩者均有明確的職權分工，並各自擁有完整的管理機構。但是，坐落在日喀則的全國六大黃教寺院之一的扎什倫布寺，卻是一世達賴興建而爲班禪駐錫之地。所謂「駐錫」，即是指班禪居住及舉行宗教活動之地。那麼，達賴與班禪到底誰在越俎代庖呢？這得從扎什倫布寺的興建說起。

明正統十二年（一四四六年），黃教祖師宗喀巴的大弟子根敦朱巴爲紀念去世的經師希饒僧格，鑄造了一尊高二點七米的鍍金佛像。爲了安放此像，又於次年興建扎什倫布寺，前後共十二年建成。寺名開始叫「康建曲批」，意爲「雪域興佛」，後來改名「扎什倫布」，意思是「吉祥須彌」。由於當時根敦朱巴在黃教中的地位很高，在他未修扎寺時，就被格魯派推薦爲接任第三任甘丹寺寺主的人選（甘丹寺爲黃教首寺，寺主被公認爲黃教領袖），但根敦朱巴忙於籌備建寺沒有接受這個職務。所以，儘管根敦朱巴是扎什倫布寺的建立者，但在後來建立達賴活佛轉世系統時，他還是被黃教僧侶集團追認爲第一世達賴喇嘛。這就是一世達賴建寺的由來。

至於後來扎寺如何成爲黃教另一活佛班禪駐錫之地，這又有段曲折經歷了。

禁止僧人娶妻生子的黃教，是採取活佛轉世制來解決達賴的繼承問題的。在根敦朱巴死後的第十一年，根敦嘉措被當作根敦朱巴的轉世靈童送到扎寺，由於時隔十一年後才被當作靈童，故根敦嘉措遭到衆僧人的懷疑，並受到排擠。到了二十歲那年，根敦嘉措終於離寺出走，到拉薩的哲蚌寺去學經。哲蚌寺承認根敦嘉措的轉世地位，並推選他爲寺主，此後，歷代達賴喇嘛都以哲蚌寺作爲自己的母寺。但當時，班禪活佛轉世系統還未開始，故扎寺也未成爲班禪的勢力範圍。

扎寺成爲班禪的母寺，是在十七世紀中期開始的。時剛上臺的五世達賴正値年幼，無法控制派別紛爭的西藏局勢。德高望重的扎寺寺主羅桑卻吉堅贊出面主持黃教教務。他的靈活出色的政治手腕，最終使黃教寺院集團在藏族社會上取得了絕對優勢的地位。爲表彰爲黃教開闢基業立有卓越功勳的羅桑卻吉堅贊，時西藏的統治者固始汗就贈給羅桑卻吉堅贊一個「班禪博克多」稱號。「班禪」原是對學識淵博高僧的稱呼，「博克多」是蒙語，是對有智有勇的英雄人物的一個尊稱。「班禪博克多」就成爲羅桑卻吉堅贊歷代轉世的專有稱號。班禪活佛轉世系統從這時才正式建立起來。

班禪活佛系統和達賴活佛系統一樣，必須與宗喀巴時代聯繫起來，於是，又實行了追認方法，按此推算，羅桑卻吉堅贊算爲第四世班禪。清康熙五十二年（一七一三年），清朝中央政府冊封五世班禪羅桑意希爲班禪額爾德尼。扎什倫布寺的班禪駐錫之地正式確立了。

扎什倫布寺經歷輩班禪增建，形成層疊錯落、氣勢磅礴的建築群。扎寺不僅成爲後藏最主要的寺廟，它還存有我國最大的銅佛像。在扎寺西部的強巴殿內，供奉著一尊總高二十六點二米的坐式鍍金銅像。它的肩寬就有十一點四米，耳朵二點八米，手長三點八米，甚至鼻孔內都可以容下一人。強巴佛也即未來佛。佛教認爲，五點七億年之後，強巴佛將接替釋迦牟尼成為佛教至尊，所以很受善男信女的崇敬。這座建築耗費黃金五百五十八斤，紫銅二十三萬餘斤。這座大銅像鑄成於二十世紀初期。而供奉這尊大佛的強巴殿，是九世班禪曲吉尼瑪於一九〇四年親自主持建造的，工程耗費極大，僅黃金一項就有八千多兩。

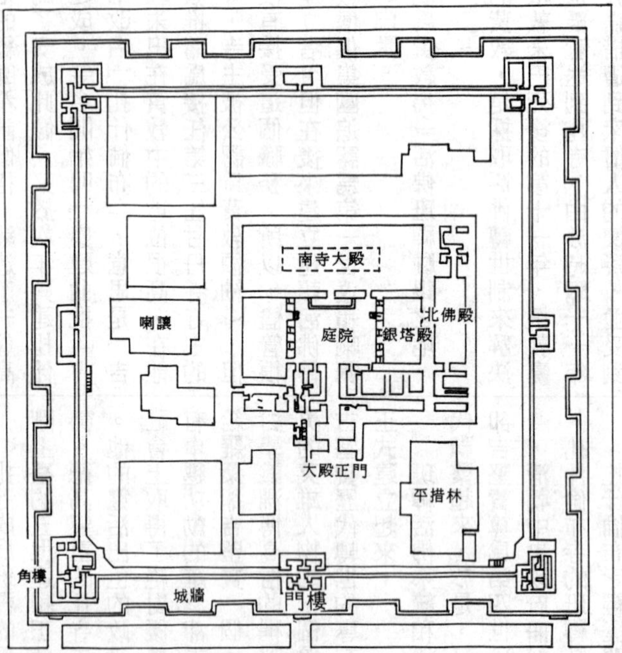


圖注：

1.卓瑪頗章靈塔殿

2.平措頗章靈塔殿

薩迦南寺平面圖

# 薩迦寺裏的榮華與幽怨

## （日喀則薩迦寺）

七百年前曾是西藏政權象徵的薩迦寺，位於日喀則南約一百多公里處。薩迦寺建於西元一〇七三年，因它建在奔波山腰的灰白色坡地上，故名薩迦，即「灰白色」之意。當時的薩迦寺只是作爲薩迦教派而著稱，至於建立薩迦王朝，那是元朝初年之事。

西元一二四〇年，成吉思汗的孫子闊端西征時，獲悉藏區諸教派中，薩迦派論佛精湛，深得諸教派推崇，於是他致書薩迦寺教主薩班敕其赴內地面晤，意在藉助薩迦寺教派的力量和影響統一西藏。但薩班年逾花甲，未能完成統一大業就死了。他的姪子八思巴即位新教主，他繼承叔父薩班的遺志，曾幾度赴內地朝見忽必烈，共同商議統一西藏事宜。由於八思巴的不懈努力，西藏終於歸屬元朝，西元一二六四年，忽必烈遷都北京，命八思巴爲總制院事，授權他掌管西藏地區行政事務。次年，八思巴回藏建立了政教合一的薩迦王朝。薩迦寺因而成爲西藏地方行政事務機關的所在地。薩迦王朝的建立，意味著自吐蕃王朝覆滅後，西藏分裂四百年之久的歷史結束。

由於八思巴的功勞，元王朝才得以順利統一了西藏，故忽必烈對八思巴格外尊敬和重用。他封八思巴爲「大元國師」，並賜給他「宣文」、「輔治」、「佑國」等封號，以表彰他的功績。後又加封八思巴爲「帝師」、「大寶法王」。大寶法王後成爲元、明兩代對西藏佛教人物的最高封號。薩迦寺也因八思巴地位的顯赫而煙火興旺。

現薩迦寺所在地區仍保留不少有關忽必烈與八思巴特殊關係的傳說。薩迦寺裏的拉康欽姆大殿裏有一根三人合抱的大柱子，人們叫它爲「加那色欽嘎娃」，意思是「內地元朝送的柱子」。傳說當年八思巴欲離京回藏修建廟宇。臨走前，忽必烈選了一根直徑四尺的大柱賜給八思巴。但那柱子太大無法運送，八思巴深爲惋惜。忽必烈安慰他說，愛卿不用發愁，我擇吉日良辰，爲汝水路送去。八思巴回到薩迦時，那根柱子果然飄浮在薩迦寺畔的垂曲河上。這傳說，反映了忽必烈與八思巴的非同尋常的關係。

薩迦寺不僅與元朝皇帝關係密切，它還是宋朝皇帝的流放之所。

西元一二七六年，蒙古大軍兵臨南宋京城臨安城下，南宋王朝無力抵抗，只好請降。年僅七歲的南宋德祐皇帝趙顯偕母被解送至上都，趙顯後被元朝封爲瀛國公。西元一二八八年，十九歲的趙顯被遣往吐蕃學佛法，此後就下落不明。趙顯的去向及卒年遂成爲一樁疑案。

此疑案在薩迦寺被解開。原來，趙顯是被元朝遣至西藏的薩迦寺學習佛法。他到薩迦寺後更名合尊法寶。在薩迦寺裏，趙顯專心學習藏語，並從事翻譯佛家邏輯專著《因明入正理論》及《百法明門論》等書籍。趙顯成爲一名虔誠的佛教徒了，後來他還擔任了薩迦寺的總寺。

這位由皇帝變成淸心寡慾的佛敎徒是怎麼死的呢？《佛祖歷代通載》說，趙顯於西元一三二三年因詩文之禍而被英宗賜死的。原來趙顯雖然入佛門，但文人習氣未改，免不了時時要弄筆墨。一天，趙顯寫下了一首悽戚詩文：「寄語林和靖，梅花幾度開？黃金臺下客，應是不歸來。」此詩被好事者認爲意在煽動江南人心，故向元朝廷告密。結果趙顯因一首詩被元帝賜死。當地人認爲趙顯之死是冤枉的。趙顯的魂靈，就在薩迦寺的晨鐘暮鼓中消失了。

由於薩迦寺曾爲西藏地方政權的所在地，保存的歷史文物衆多，故薩迦寺又被譽稱爲「第二敦煌」。僅就經書來說，薩迦寺就占了三項全國之最。它是全國藏經書最多的寺廟，是全國保存貝葉經最多的寺廟，它還是全國最大的一部經書《甲龍馬》的收藏地。

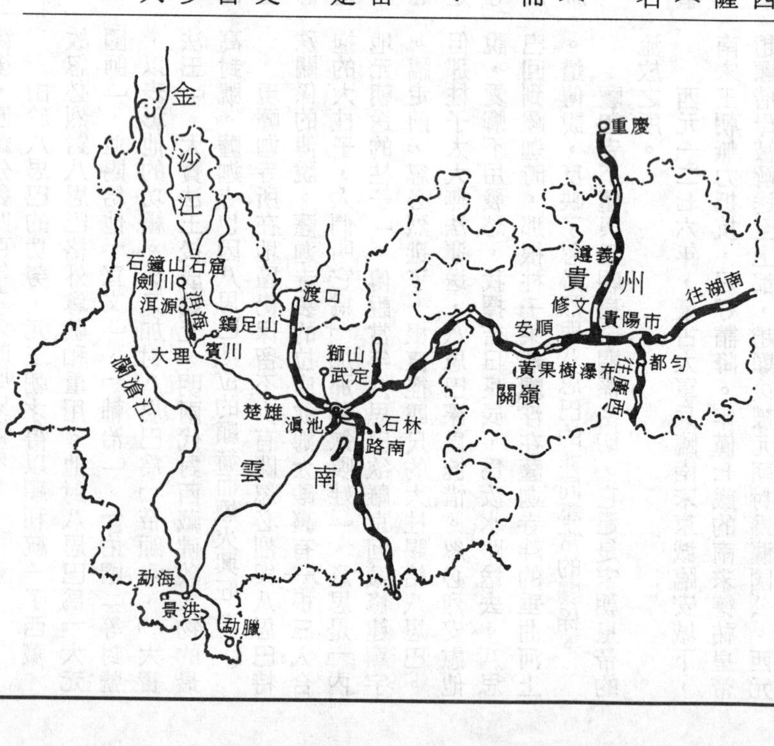


雲貴遊覽區

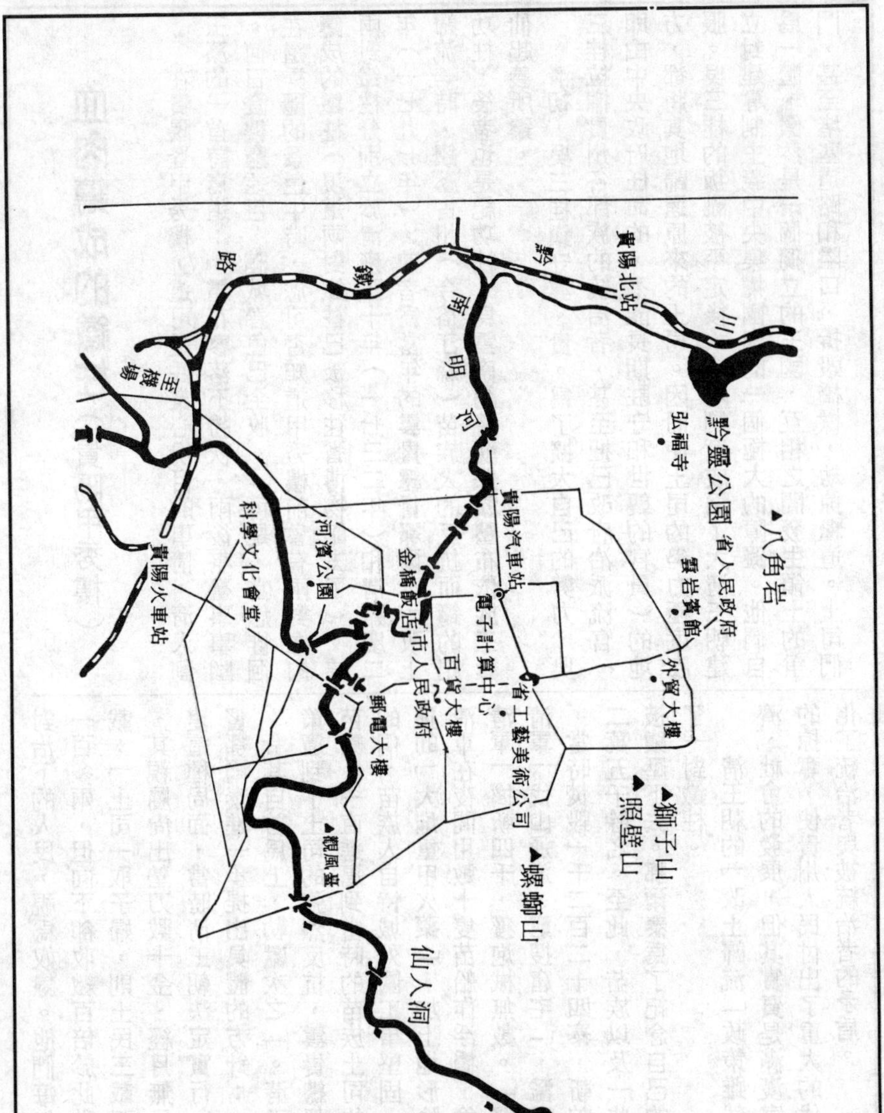
八角岩
黔靈公園
省人民政府
弘福寺
雲岩賓館
外貿大樓
獅子山
照壁山
螺螄山
省工藝美術公司
電子計算中心
百貨大樓
市人民政府
貴陽汽車站
金橋飯店
河濱公園
郵電大樓
觀風臺
仙人洞
科學文化會堂
貴陽火車站
至機場
南明河
川黔鐵路
貴陽北站
貴陽市示意圖

# 血肉鑄成的鐵柱（貴陽甲秀樓）

在貴陽登甲秀樓，這可是件賞心悅目的事情。清人劉玉藻的一首詩寫道：「霜花寥落不勝秋，雨後亭臺事事幽。何日登樓窮遠目，滿城春色已全收。」可是，當您徘徊在這秀麗的景色中時，您可否知道甲秀樓前曾有兩對血肉鑄成的鐵柱（現這兩對鐵柱已被移往省博物館去了）。這兩對鐵柱分別立於清雍正十年（一七三二年）和清嘉慶二年（一七九七年），前者爲當年的雲貴總督鄂爾泰「改土歸流」時，鎮壓古州（今榕江縣）苗族人的反抗而鑄的紀功柱，後者也是紀功柱，爲雲南總督勒保鎮壓布依族王囊仙起義所鑄。

清初，吳三桂鎭守雲、貴。爲了擴大自己的勢力，吳三桂拉攏貴州各部族的統治者，甚至把已改府治派流官（即由中央政府任命的，不能長期駐守和世襲的官員）的地方，都將其地歸還原來的土司。因而使土司的勢力極度膨脹。吳三桂的叛亂被平定後，土司制度成爲了大清王朝建立封建專制主義中央集權國家的一個極大的障礙。他們自爲一體，儼然是一個獨立的王國，互相之間發生領土的爭鬥，甚至堵塞道路和隘口，拆毀橋樑，劫掠糧道。土司們對治下的人民，視爲奴隸。他們每年向清廷交的錢糧不過一百多兩，但向下卻收繳百倍於此數的稅賦。《聖武記》載：「土司一取子婦，則土民三載不敢婚；土民有罪被殺，其親屬尙出墊刀數十金，經月無見天日之期。」爲了改變這種局面，當時清王朝決定實行「改土歸流」，雲貴總督鄂爾泰進一步提出具體的方針：「計擒爲上，兵剿次之；令其自首爲上，勒獻次之」。清王朝的「改土歸流」政策遭到了土司的強烈反抗，雲貴總督鄂爾泰動用軍隊圍剿苗寨，一直進逼到當時的苗族土司的主要據點古州。古州的侗、苗族人自恃城外圍工事堅固，又有從吳三桂部下繳獲的「大炮重甲火藥」，加上地形險要，準備頑抗。誰知清軍在夜間用數十隻苗船作浮橋，偷襲古州，侗、苗人被清軍「擒斬四千，獲炮械無數。」殘部逃進山上的溶洞，清軍「伐山通道，窮搜窟宅」，濫殺無辜。據清軍的報告，當時焚毀一千二百二十四寨，斬首一萬七千多人，俘虜二萬五千餘名。至此，苗族以及一些少數民族的反抗終於被鎮壓下去。鄂爾泰爲了紀念自己的功績，在甲秀樓前樹了一對鐵柱。

清王朝的「改土歸流」政策雖然是有力地促進貴州經濟、社會的發展，但其實質是滿漢官僚和地主對少數民族的掠奪，使貴州人民付出了重大的代價，同時也進一步激化了統治者與被統治者的矛盾。

清初「改土歸流」以後，隨著清王朝統治的進一步加強，滿漢官僚地主和原來的土司一起，加深了對少數民族的壓迫。在黔西南一帶（今安龍、興仁、貞豐）的布依族人遭到了更為悲慘的命運。土地兼併越演越烈，高利貸盤剝相當厲害，稅賦很重。人們無法活下去，只好揭竿起義。在南籠府南鄉洞酒塘的布依族女子王囊仙的帶領下，起義隊伍把南籠府圍個水泄不通。當時的南籠知府嚇得「觸楹而死」。義軍聲勢相當浩大，席卷西南西北部廣大地區。這件事，震撼了清廷。嘉慶帝急派雲南總督勒保自銅仁前往鎮壓義軍。勒保無力鎮壓義軍，反被義軍圍在黃草壩月餘，後清廷又派兩廣總督吉慶、雲南普洱總兵書麟、雲南巡撫江蘭率軍入黔以協助勒保。面對大軍壓境，義軍毫不畏懼，在西元一七九七年八月十五日，當勒保率清軍主力進攻義軍主要根據地洞酒塘和當丈塞時，反被義軍團團包圍，死傷慘重，勒保幾乎被擒，清軍大敗而歸。可惜，勝利後義軍放鬆警惕，「衆皆痛飲高臥，不復為備」，被清軍乘黑夜偷襲。「王（王囊仙）韋（韋何信）夢中驚覺，衣不及衣，赤身接戰」。結果被清軍擒獲，後送往北京，英勇就義。一個月後，義軍最後的據點冊亨也被清軍奪取，這次以布依族為主體的各族人民起義，至此結束。屠殺義軍的大劊子手勒保回到貴陽後，為了紀功，把繳獲義軍的武器銷毀，鑄成兩根鐵柱，並立於甲秀樓前。這就是甲秀樓鐵柱的來歷。

## 山韻水趣譽花溪（貴陽花溪）

花溪位於貴州省貴陽市南郊十七公里處，是貴州著名的風景旅遊勝地。它以那天然韻味與園林情趣渾然相融的迷人魅力，吸引著無數的遊客。

花溪在四百八十多年前就有文字記載了。據《貴州圖經》卷一載：「濟番河，……俗名花仡佬河。」濟番河和花仡佬河，都是花溪的前稱，因花仡佬河畔住有仡佬族而得名。仡佬族是一個古老的民族，其遠祖是屬於南方百越人「俚」、「蜒」部落的一支，他們曾長期生活在花溪兩岸，「開荒闢草」，辛勤創業。仡佬族的婦女喜歡把土布用染料染紅作裙子，裙子無褶，俗稱「筒裙」，有的則喜歡把裙子染成五種顏色，故人們把仡佬族人稱作「紅仡佬」或「花仡佬」，把這條兩岸住著仡佬族的河稱為花仡佬河。

明憲宗成化三年（一四六七年），貴州宣慰使宋昂在河上疊石為橋，這就是今天花溪大橋的前身，因為這座石橋是「入番」之路所要經過的，所以稱為「濟番橋」。

儘管當時在溪上建了座石橋，但花溪的俏麗還是「養在深閨人未識」。西元一六三八年，我國著名的地理學家徐霞客由貴陽前往廣順白雲山遊覽，經過花溪時，僅在濟番橋南的酒店中吃了頓飯，稍作休息便「南向循東峰之西而行」，沒有注意到這裏秀麗的景色。

花溪風景區的開發，主要是在清道光以後。那時，現在的麟山後伯陽寨（今吉林村）有個私塾教師叫周奎，在六十五年間，他家出了兩個翰林、三個進士、兩個舉人，成爲當地有名的「書香門第」。周氏人家喜歡這地方山清水秀，於是先後在麟山建樓，龜山築閣，蛇山種柏，綴以雙亭，築石壩於一灣溪流中，周奎的長子周石藩還於溪傍建了一座別墅，名「借花草堂」，使花溪園林初具規模，周奎在消閒於溪旁時還喜歡作詩賦詞。花溪的麟山，原名爲「獅山」的，周奎描繪爲「山高數十仞，周圍里許」，「巉岩聳耀」，「頭角觸天」。他認爲「獅無角而麟一角」，遂把「獅山」改稱「麟山」，其下有溪水出，稱爲「麟溪」，後來，「麟山」一名被當時《貴陽府志》所採用，才正式定下名來。

一九三九年，由當時的貴州省政府主持，在碧雲窩以東，花溪橋以西沿河兩岸，建成花溪公園。時值抗戰時候，貴州是大後方，文人學者雲集貴陽，花溪也就成爲人們常去的地方，因「花仡佬」之名不雅，只取前面的「花」字，加上溪流的「溪」字，從此「濟番河」更名爲「花溪」。

這時的花溪，還有一段文壇的逸事，當代中國著名文學家巴金曾在花溪的「小憩」旅社舉行他簡樸的結婚儀式。那時巴金和蕭姍談了八年的戀愛。一九四四年五月八日，他們倆從桂林跑到貴陽花溪結婚，他們不曾辦一桌酒席，甚至未做一件新衣，只是在離開桂林時，委託他的兄弟散發了一份「旅行結婚」的啓事。那天晚上，他們兩人在鎮上小館子裏要一份清炖雞和兩樣小菜，就在暗淡的燈光下從容地夾菜、碰杯。然後又散步回旅館裏談論「過去的事情和未來的日子」。這對新婚夫婦，在花溪「小憩」了兩三天，便相伴著一直走到白髮之年。

## 地僻人疏一洞天（修文陽明洞）

在貴州省修文縣城北一點五公里的龍崗山，有一個潮濕陰暗的山洞，人稱「陽明小洞天」或「陽明洞」。這裏曾是四百七十多年前我國明代大思想家王陽明居住和創辦龍崗書院的地方。

王陽明（一四七二—一五二八年）名守仁，浙江餘姚人。年輕時曾隱居在紹興的陽明洞，自稱爲陽明子，因此人們都叫他王陽明。他早年接受朱熹理學思想的影響，信奉「格物窮理」的客觀唯心論。二十七歲時，他中了進士，任南京兵部職方主事。當時朝廷上官僚和宦官兩大派系門爭相當激烈，官僚集團的幾名官員上疏，要求武宗懲處宦官劉瑾，誰知武宗偏信劉瑾的話，反把上疏的官僚抓了起來。年輕氣盛的王陽明上書營救，也得罪了劉瑾，被打了四十大板，於西元一五〇六年貶到貴州龍場驛（即現在的修文縣龍場一帶）當驛丞。

當時的龍場，山高地遠，環境險惡，人稱「蠻荒之地」，王陽明人生地疏，語言不通，生活相當窘迫，就連住的地方都找不到，他只好在龍崗山一個叫「東洞」的石窟裏安家。陽明先生後來在追述這段經歷時曾寫道：「貴州三年，百難備嘗」，「橫逆之加，無月無日」。

就在這個山洞裏，心性豁達的王陽明勇敢地面對殘酷命運的挑戰。他經常端坐洞中，默記舊日所讀的詩書，總結自己的學習心得和體會，苦苦思索哲學理論上的難題。他終於發現以往「格物窮理」之錯，悟出聖人之道原在吾心。為此他竟在黑森森的洞裏高興地連聲大叫。在洞中，他寫下《五經臆說》四十六卷、《雜著》二十三篇和《居夷詩》一卷。從此，他告別了朱熹，承繼陸九淵，提出「知行合一」、「致良知」等一系列命題，成為理學中心學一派的集大成者。中國近代史上諸多思想家，如龔自珍、魏源、康有為、譚嗣同、章太炎，都曾受到他學說的影響。難怪清光緒年間日本人宮宗造訪此地時，對促成促進王學形成的「陽明洞」推崇倍至，請侍講文學博士三島毅題詩：「憶昔陽明講學堂，震天動地活機藏，龍崗山上一輪月，仰見良知千古光。」

除去著書立說外，在這期間，他還設壇講學，為遠近山民子弟宣道講學，他以古洞為校舍，結庵而居，與當地少數民族為伍，辦起了一間「山洞」書院——龍崗書院。

龍崗書院儘管教學條件很差，但卻是當時貴州最有影響的學校。在他講學期間，當地少數民族上層人物，或達官貴人都紛紛把自己的子弟送來學習。王陽明制訂了學規，即《教條示龍場諸生》，要求學生以「立志」、「勤學」、「改過」和「責善」作為準則。他認為，「志不立，天下無可成之事。雖百工技藝，未有不本於志者」，「已立志為君學，自當從事於學」，意思是只有樹立遠大的志向，明確學習的目標，學習才能勤奮，才能有所建樹。在教學內容上，王陽明除了教授儒家經典著作外，還教音樂，做遊戲，寓教於樂。他的講課方法，很生動活潑，一反當時的死記硬背的教學方法，他提倡學生向老師提問，師生共同研究討論，「人謂事師，無事無隱，而遂謂師無可諫。非也。諫師之道直不至於犯，而婉不至於隱耳。使吾而是也。因得以名其是，吾而非也。因是以去其非，蓋教學相長也。」王陽明的這一教育思想和教育實踐，對當時貴州教育事業的發展起了巨大的促進作用，並培養了大批「理學」人才，積極地維護了明王朝在貴州的統治。為此，當地人爲紀念他，自願爲他在山洞旁修建了龍崗書院的校舍和王陽明的居室。

三年後，西元一五一〇年，王陽明離開龍場，出任廬陵知縣，結束了流放的生涯，不久又奉命入京。這時宦官劉瑾因權勢過大，被武宗所殺。王陽明得以步步高升，到西元一五一六年，他已官至都察院左僉都御史。貴州人們沒有忘記他。陽明洞一直被保護著，並受到人們的景仰。他首創的龍崗書院也被改建爲「王文成公祠」，當年人們爲他在石洞周圍修建的一些簡陋的房屋（王陽明命其名爲「何陋軒」、「君子亭」、「賓陽堂」）也一再被翻修，增添房舍和廣植花木，成爲人們遊覽的名勝。

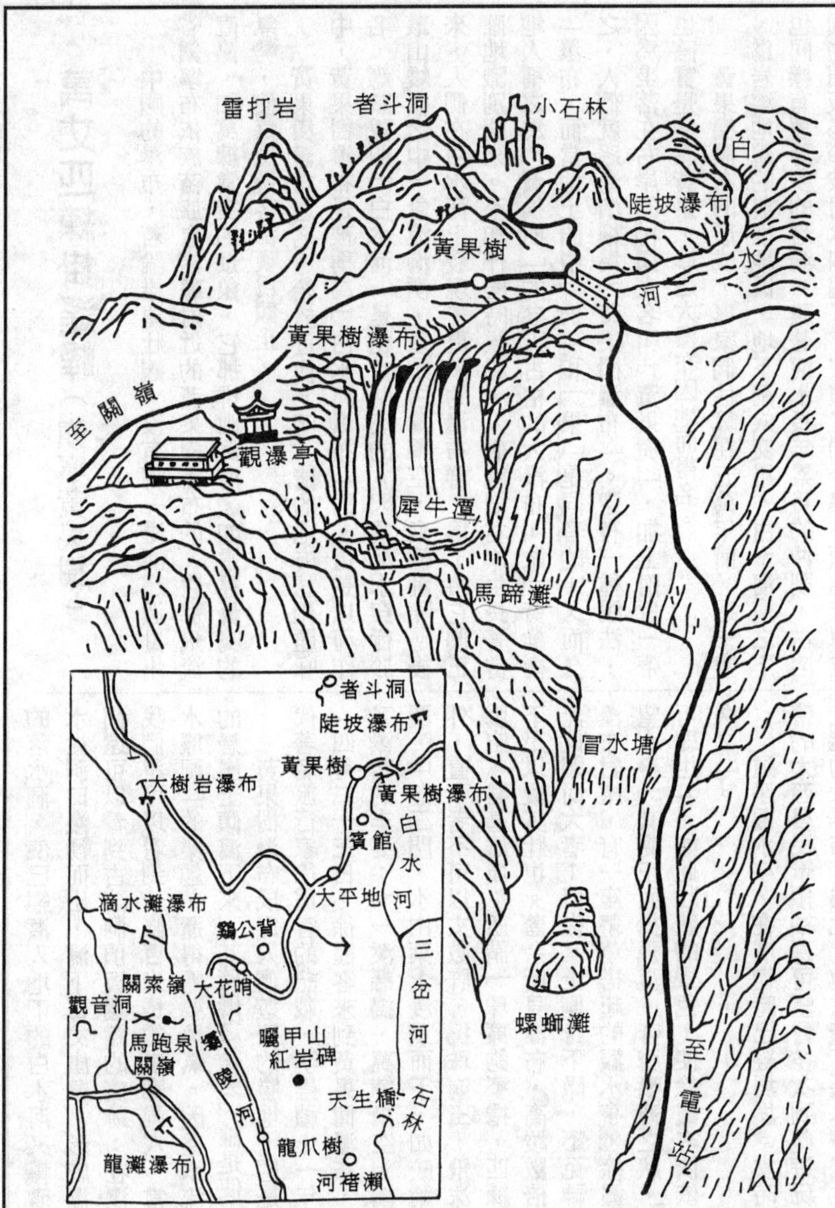
雷打岩
者斗洞
小石林
白
陡坡瀑布
黃果樹
水
河
黃果樹瀑布
至關嶺
觀瀑亭
犀牛潭
馬蹄灘
冒水塘
螺螄灘
至電站
者斗洞
陡坡瀑布
黃果樹
大樹岩瀑布
黃果樹瀑布
白
水
河
賓館
大平地
滴水灘瀑布
雞公背
三
岔
河
關索嶺
大花哨
觀音洞
馬跑泉
關嶺
曬甲山
紅岩碑
灞陵
河
天生橋
石
林
龍爪樹
龍灘瀑布
河褚瀨

貴州黃果樹瀑布遊覽圖

# 萬丈匹練掛遙峰（鎮寧黃果樹）

中國的瀑布，若論雄渾壯觀，沒有哪一處能超過貴州省鎮寧布依族苗族自治縣附近的黃果樹瀑布的。它那飛流直瀉，如萬練當空的景象，它那排山倒海，如雷霆轟鳴的氣勢，使每位遊客都嘆爲觀止。

黃果樹瀑布之名，始於近代。明、清的地方誌和題詠中，黃果樹瀑布是被稱爲「白水河瀑布」的。這是以河作名，應該說叫「白水河」是相當貼切的。因爲河水穿行於叢山峻嶺之中，急流洶湧，猶如白鷺驚空，素練鋪陳。後來，人們在白水河上發現了更多的瀑布群，爲了將它們正確地識別開來。不知什麼時候起，人們就把右岸生長著當地人稱之爲「黃桷樹」的參天古榕的大瀑布叫做「黃桷樹」瀑布，而當地土語中「桷」和「果」是同音的，久而久之，人們就逐漸演稱爲「黃果樹瀑布」。還有一種說法，因爲坐落在右岸的村鎮土名叫「黃果樹」，加上附近一帶也確實是盛產黃果，於是大瀑布因地而得名。

黃果樹瀑布的形成，專家們估算在五萬年前。這一帶，爲岩溶地貌的典型地區，地下洞穴交錯。白水河道之下也同樣有著許多的溶洞。隨著河水長年累月的沖刷，古溶洞的頂板終於被河水刷塌了，破壞了如今瀑布頂端天潭處的落水洞，使已經潛入地下的白水河又轉變爲地表河，河水從洞口漫湧而出，瀉下百丈崖壁，形成瀑布。至今，我們還可以看到古溶洞頂板塌縮的痕跡：在瀑布水簾之後，我們還可以看到一條百米長的崖廊洞穴。當然，要領略「水簾洞」的樂趣，還得需要勇氣。因爲水流從近九十米高的懸崖上傾瀉下來，其磅礴之氣勢，確是使人不寒而慄。

黃果樹瀑布成爲人們遊覽的勝地，應是在明朝。據明代著名旅行家徐霞客的記載，明崇禎十一年（一六三八年）四月二十三日，徐霞客來到黃果樹瀑布，他詳細地描繪了瀑布的丰姿：「一溪懸搗，萬練飛空，溪上石如蓮葉下覆，中剜三門，水由葉上漫頂而下，如鮫綃萬幅，橫罩門外，直下者不可以丈數許，搗珠崩玉，飛沫反湧，如煙霧騰空，勢甚雄厲；所謂『珠簾鉤不捲，匹練掛遙峰』，俱不足以擬其壯也。蓋余所見瀑布，高峻數倍者有之，而從無此闊而大者；但從其上側身下瞰，不免神悚。」當時在瀑布對崖，有一座茅草搭起的觀水亭，徐霞客繼續記道：望水亭「其處正面揖飛流，奔騰噴薄之狀，令人可望而不可即也」。如此壯麗的景色，使徐霞客依依不捨，「停憩久之」。

這座觀水亭，在清初時已經坍塌。當時活動在雲貴一帶的大西農民軍領袖孫可望曾多次到此遊玩，欣賞這雄偉壯麗的大瀑布。爲此，他重修了觀水亭，並爲之作了碑記。碑記中對瀑布水流的崇拜可謂到登峰造極之地步：「為翔、為門、為粉、為結、為薄、為怒，為橫鶩斜趨，為履空梯影，為蹉跌跳躍者，蓋不可勝數」，「水之變幻盡之矣！」

如今觀水亭已重修，遊客踴躍登臨。在亭的旁邊，還新立了一座徐霞客的塑像。遊客可以仿當年的徐霞客，倚欄縱目，從正面觀賞飛流奔騰噴薄之狀，的確是賞心悅目之快事。

## 曬甲山上古字謎（關嶺紅岩碑）

貴州省關嶺縣南十公里的龍爪樹（地名）後面的曬甲山巔，有一堵如刀削般的赤褐色石壁，長約百米，高約三十餘米。就在這堵石壁右方，寬十米，高六米的範圍內有數十個奇形怪狀的古文字（當中草書「虎」字是清人徐印川加上去的），其大約可分為十行，字的大小不一，排列也不規則，有的字像一扇門那麼大，有的則只有二十至三十公分。字體難辨，像是隸書，又像是篆書，更不知寫的是什麼意思。人們把這紅岩碑和黃果樹瀑布，並稱為黔中兩大名勝。

紅岩碑最早的記載，恐怕要算明嘉靖年間邵元善的《紅岩詩》。徐霞客遊歷關嶺時，也曾駐步碑前，並稱之為「紅岩白水」奇觀，以後前來考察觀賞的人越來越多，留下不少作品。至清代中葉，為學者們注意，先後有搨本、摹本、縮刻本多種問世。光緒年間日本學者德丸作藏、法國學者柏如雷·弗海爾也曾慕名前往，實地考證。

可是近百年來，紅岩碑的文字，如同古代瑪雅文字，是個難解之謎。許多中外學者花了很多的心血研究，但仍不得其要領，衆說紛紜，有人把它說成是殷高宗伐鬼方的紀功刻石，有人說是夜郎國的文化遺跡，有人乾脆就把這些文字說成是岩石風化的自然紋絡。日本學者德丸作藏、法國學者柏如雷·弗海爾考察了一番，也毫無所得，只好無可奈何地說：碑上的文字，「含有絕對的神秘性」！六十年代，有人將紅岩碑史料提供給郭沫若，他也沒有拿出定論。由於大家各執一詞，更增加了紅岩碑的神秘性，所以當地流傳著這麼一首民謠：「紅岩對白岩，金銀十八抬。誰人識得破，雷打岩去抬秤來。」說的是若有人識得紅岩碑上的古文字，可以抬秤來領金銀。

不過，從近百年的研究來看，世人大多傾向於紅岩碑是三國時期蜀漢丞相諸葛亮征孟獲後，當地人給他立的紀功碑。特別是明清時代的學者，多持這種看法。明代邵元善的《紅岩詩》曰：「紅岩削立一千丈，刻劃盤迴非一狀，……諸葛曾聞此用兵，至今銅鼓有遺聲」。清人鄭珍、莫有芝認為：「濟火從武侯南征，摩岩紀功」，於是有紅岩碑。對此，當地人也篤信不疑。他們還傳說，曬甲山之所以得名，是因爲當時諸葛亮曾率軍在這裏休整曬甲。

這種說法，從歷史的角度來看，是有一定根據的。據史籍記載，建興元年（二二三年），劉備病死，益州郡、牂牁郡、越巂等地豪強趁機發動叛亂，諸葛亮爲解決後顧之憂，建興三年春（二二五年），他親自率軍南征。蜀軍擊殺了高定後，同年五月，諸葛亮率軍渡過瀘水（今金沙江），追擊孟獲，最後用「攻心爲上」的辦法，多次抓了孟獲都放他回去，使孟獲不得不口服心服。這段史實，《三國演義》中被鋪陳爲七擒孟獲的故事。在這次戰爭中，當時住在今雲南東川一帶的彝族盧鹿部蒙族的頭領濟火給了諸葛亮很大的支持，聽說蜀軍來了，他們便積極通糧道以迎蜀軍，還協助諸葛亮擒拿孟獲，立了大功，被諸葛亮封爲羅殿王。當時的戰場，就在雲貴邊境附近地區，離紅岩碑不太遠。

但這些畢竟只是史料，並不能說明紅岩碑就是這時刻的。這僅是推斷而已。

一九八三年，貴州民族研究所的專家，查閱了大量資料，並經多年的研究之後，推斷紅岩碑文刻於六祖時代，是彝族的火濟輔佐諸葛亮南征，平定西南各族之後，結盟修好的紀念碑。專家們還初步譯出了紅岩碑的碑文：陋侯駐兵地。出兵打古糯，兵多如松且勇猛，擄獲很多婦女和羊群。聯合德餘部族，攻打南邊濮人的城池，占領濮人的地方。住在各地的彝人和漢人，相互尊重，權利平等，共同在岩下打牛做大齋，很多男女青年，在岩下靜聽講述戰爭的勝利，招待前來慶賀的客人。

這是迄今爲止最完整的一種解釋，但也不是定論。紅岩碑仍以其獨特的魅力，吸引著勇於探索的人們。

## 輝煌金殿藏野心（昆明鳴鳳山）

在雲南省昆明市北郊，有座鳴鳳山，又名鸚鵡山，山上有一座「純以銅質爲之」的銅瓦寺，昆明人都習慣呼之爲金殿。

跨過羊青河上的迎仙橋，由山腳沿著石級曲折而上，便經過三座號稱「天門」的石牌坊。按道教的傳說，過了「天門」就是進入天宮之門。因此，人們通過「三天門」，眼前展現的則是一座有城樓、垛口的古堡式建築──「紫禁城」，城內便是昆明古老的道教太和宮。宮院內，用瑩潔雪白的大理石、蒼翠的墨石加上紅砂石，砌成一個石座，托著一座莊嚴雄偉的金殿。

金殿整個建築物從樑柱瓦頂、斗拱門窗，直到殿內的神壇、香爐、經幢、雕像，完全用雲南所出的銅冶煉燒鑄而成。銅殿結構謹嚴，鑄造精密，渾然一體，宛若天成，重量約爲二百多噸。除昆明金殿外，全國僅有北京的萬壽山銅亭，但規模遠不及昆明的金殿。因此人們讚譽它爲前古所未有。

在昆明，很多人傳說金殿是當年三藩之亂時，吳三桂準備登基稱帝而建造的。這種說法是不正確的。根據地方文獻和寺內碑記的記載，最早建造金殿是在明代萬曆三十年（一六〇二年）。當時雲南東川一帶銅產相當豐富，冶煉技術也十分先進，因此每年都要按朝廷規定的數量上調。那時因受戰爭的影響，道路阻塞，無法將銅運到中原，鸚鵡山道觀的道長徐正元便呈請巡撫陳用賓和黔國公沐昌祚，仿照湖北武當山七十二峰的中峰——天柱峰金殿的形式，冶銅爲殿，供奉眞武大帝。這個眞武大帝，道教教徒稱他是古代淨樂國的太子，在武當山修煉成威震北方的北極大帝，被尊爲「萬法祖師」，北宋眞宗趙恆，還敕封他爲「鎭天眞武靈佑聖帝君」的尊號。後來到了崇禎十年（一六三七年），此殿被移往大理雞足山，現已不存。

現在我們所見的金殿，是吳三桂所建的。殿的橫樑上還留有一行銅鑄的楷體字：「大清康熙十年，歲次辛亥（一六七一年），大呂月，十有六日之吉，平西親王吳三桂敬築。」殿內供奉的，仍是眞武大帝。

因此，金殿是吳三桂擬作登基之用的說法是沒有根據的。但是，我們可以這樣說，金殿的建造，從一個側面曲折地反映了吳三桂急劇膨脹的權勢和野心。

西元一六五九年，吳三桂擊潰李定國的大西軍和殘明勢力的抵抗，進據昆明，很快就用武力占領了雲南全境。爲此，吳三桂得到清廷的獎賞，清帝命他鎭守雲南，「總管軍民事」。背地裏，清廷欲裁減軍隊，減少軍費，以削弱吳三桂的勢力。吳三桂向大學士洪承疇「請自固之策」，洪承疇說：「不可使滇一日無事」。吳三桂心領神會，立即上書清帝：「邊疆不寧，不宜減兵力」。並以「征剿」李定國和永曆帝爲題目，要求擴充兵力，增撥軍費、糧食、軍需。清帝也怕李定國重整旗鼓，永曆帝捲土重來，同意了吳三桂的請求。吳三桂用「李定國的威脅」，換到了政治、經濟、軍事權益。當時「三藩」中，吳三桂的勢力最大，擁有十萬以上的兵力。雲貴兩省的總督、巡撫、提督受他指揮。他有權任免兩省的軍政官吏，清廷的吏部和兵部不得干涉。他還可以向各省推薦選拔軍政官吏，稱作「西府選舉」，當時有「西選之官遍天下」的說法。許多省區的提督、總兵都是他的心腹。他的兒子吳應熊是清王室的駙馬。雲貴兩省的財政由他支配，不必向朝廷報銷，朝廷每年還要撥給他大筆的經費。他把明朝沐氏莊園七十多萬畝的土地變爲私有。他在雲貴兩省徵收繁重的賦稅，僅鹽課一項，三年之內就提高到明代萬曆年間的四倍以上。他役使大批民工開採金、銀、銅礦，行銷楚粤，牟取專利。他鑄造銅錢（當時叫「西錢」），大量地套購各地物資。他秘密地屯集硫磺、硝石等作戰物資，打造精銳武器，從西藏大量輸入軍馬。他還大興土木，擴建永曆帝的舊皇宮，修建了富麗堂皇的安阜園和蓮花池別墅。除陳圓圓外，他又搞到八面觀音、四面觀音等美女作爲愛妾。他還遠到蘇州買來四十名十五六歲的歌舞女，僅製作舞彩道具就花了幾十萬兩銀子。這時名爲鎮守邊疆藩王的吳三桂，實爲統治西南的土皇帝。

吳三桂的這些所作所爲，早引起了朝廷和地方一些官吏的不滿，但因康熙帝當時年幼，鰲拜專權，沒有結果。西元一六六九年以後，康熙帝親政，深感設藩的危害，認爲「三桂等蓄謀久，不早除之，將養癰成患」，決心削藩。這些吳三桂不會不知道。他爲了保住自己的地位，實現自己當皇帝的野心，不惜求助於神道，爲自己祈福，他耗費了巨資建造了這座宏偉的金殿，並寓有「鎮北」的涵義。

儘管吳三桂費盡心思，下足本錢，看來神道沒有幫他什麼忙，建造金殿三年後，吳三桂起兵造反，西元一六七八年三月在湖南稱帝，可是八月就病死衡陽，不久吳三桂的勢力就土崩瓦解，多年的苦心經營付之流水。然而金殿仍被後人保存下來，它使人們看到三百多年前雲南高度的冶煉鑄造工藝水平和淸初木結構建築的造型和裝飾。

## 人格化的筇竹羅漢雕（昆明筇竹寺）

筇竹寺位於昆明西北郊的玉案山腹。關於筇竹寺，有這麼一個傳說：遠在大理國時代（相當於中原的宋朝），統治滇池地區的鄯闡侯高光和他的弟子高智在西山遊獵突然發現一頭奇異的犀牛，兄弟倆奮起直追，到了玉案山，犀牛竟然渺無蹤影，只見幾個相貌古怪的和尚坐在地上，待他倆走上前去時，這些和尚又不知去向，只留數根筇竹拐杖插在地上，怎麼也拔不出來。第二天，這些筇竹拐杖便長成了一片筇竹之林。高氏兄弟方知這裏是一塊不同凡響的寶地，便在這裏修建了寺廟，取名「筇竹寺」。

然而這僅是一個民間傳說故事。從筇竹寺現存的碑文來看，該寺是元朝昆明著名佛教學者、禪宗高僧雄辯法師創建的。雄辯法師俗姓李，南宋紹定六年（一二二八年）生於昆明，二十五歲時去中原學習佛教教義，拜學過當時的四大名師，歷時二十五年，後回滇在玉案寺（即今筇竹寺）用馬僰民族語講《大方廣佛華嚴經》。在這以前，雲南地區多信奉佛教密宗的喇嘛教，此教的特點是以宗教活動的實踐爲主要內容，從絕對的信仰主義出發，接受上師咒語的傳授，合乎修持方法，就可以即生成佛。這種佛教哲理是適應當時少數民族封建領主制度社會的。元朝滅宋後，出兵雲南掃蕩了雲南的少數民族領主政權。昆明和中原的政治、經濟、文化交往日趨密切。中原地區流行的人人皆有佛性，凡聖一體，去妄歸眞就能成佛的佛教禪宗觀點更容易爲雲南人接受。因此雄辯法師第一個將內地佛學禪宗教義傳到昆明後，「於是其書盛傳，解者益衆」。此後禪宗教義在雲南傳播開來，一直綿延數百年而不衰。因此筇竹寺這座雲南最早的禪寺，儘管以後飽經滄桑，明永樂十七年（一四一九年）曾被焚毀，很快在永樂二十年又開始重建，清朝又經過兩次修葺，但仍能保持著其魅力，成爲當地禪宗信徒的重要活動場所。其中第二次（在光緒九年至十六年）歷時七年的大修，由於產生了驚人的民間雕塑傑作——五百羅漢塑像群，更使這座古老的禪宗寶剎大放異彩。

羅漢又稱爲阿羅漢，是梵語音譯，意爲破除煩惱的人。佛教小乘認爲一個人通過宗教修養，從內心忘掉世間的不幸和苦惱，就可以達到凡人所能達到的最高的宗教地位——阿羅漢，而不受生死輪迴的制約，獲得「不生不滅」的「眞人」覺悟。在佛教經典中，關於五百羅漢的說法不一，最初也沒有具體的造型依據，所以佛教寺廟的羅漢塑像，大多根據一般的佛教偶像的模式加以推衍，往往是平板呆滯，千人一面。

筇竹寺的五百羅漢塑像，儘管也不可避免地受到某些宗教觀念的束縛，但是比較其它地方的羅漢塑像而言，卻已大大突破了傳統的宗教偶像固有的刻板模式。第一，塑像造型富有生活氣息。衆羅漢造型千姿百態，有着普通人的喜怒哀樂，眞實地表現了現實生活中各種不同類型人物的性格，構成了一幅活生生的人間圖畫。第二，塑像體現了中國傳統的浪漫主義的大膽誇張的手法。例如長手攬月、長腳過海、長眉長老以及騎龍駕鳳等，給人以美好的藝術享受。第三，絕大多數羅漢塑像都比較接近眞人的身體比例，面部和手腳的外形結構和肌肉筋節也比較符合人體的解剖結構，僅是口、耳偏大，稍爲過分。第四，塑像衣著的式樣和衣紋線條隨著人物的特定性格、身分、體形和動態的變化而變化。總之，正如人們所說的，筇竹寺的羅漢是人的氣味多，神的氣味少。

這栩栩如生的五百羅漢的塑製者是淸代民間雕塑家黎廣修爲首的一批工匠。黎廣修出生於四川一個從事佛像泥塑的世家。他讀過書，是個貢生，能詩善畫。後來做過居士（不出家的佛教信徒），深諳佛教禪宗教義。清光緒九年（一八八三年），主管修葺筇竹寺的住持夢佛和尚知道黎廣修是個佛像雕塑能手，曾在四川塑過五百羅漢，便邀請他到昆明筇竹寺塑造五百羅漢的塑像。黎廣修帶著他的五六個徒弟開始了創作。他根據自己對佛教禪宗哲理的理解，把羅漢設想爲來自人世間的普通人，是世人通過「修行」而成的一種神人。因此，他大膽地到現實生活中尋找創作的原型和模特兒。據說每逢省城的「街子」天，他帶著徒弟一清早就趕到昆明，仔細觀察市場上各種人的性格、神態、表情、衣著及裝飾，作爲創作的素材。由於塑像太多，其中有一部分塑像是他的徒弟依圖塑製成形，再經他加工修改。大抵兩廂的中間一排羅漢多是黎廣修親自塑造的，是其中的精華部分，而上下兩排則是出自其徒弟之手，再經他修改而成，所以稍顯粗糙些。

黎廣修曾寫過一副楹聯掛在筇竹寺客堂柱上保存至今：「大道無私，玄機妙語傳燈錄（《傳燈錄》又名《景德傳燈錄》，是宋朝和尚道原搜集歷代禪宗佛家們的語錄彙集而成的一本佛教書）。仙緣有份，勝地同登選佛場。」這裏的意思是說佛道是無私的，任何人只要懂得玄妙的機鋒，就可以「頓悟」成佛，正如《傳燈錄》所載的那樣。所以成仙作佛人人有份，只要你來到勝地，同樣可以被選入佛，成爲阿羅漢。看來黎廣修是有意留下這幅楹聯，以便給後人留下一把欣賞作者經過七年辛勞塑造出五百羅漢雕像的鑰匙。

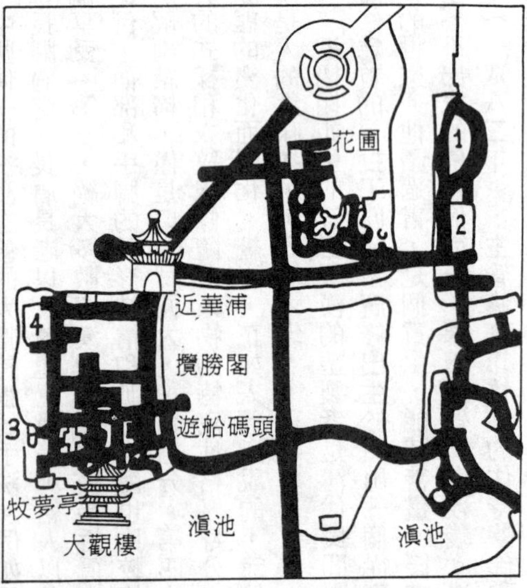

1.兒童遊樂場2.少年宮3.催耕館4.小賣部

大觀公園導遊圖

## 大觀長聯今猶在（昆明大觀樓）

在雲南省昆明市郊風景綺麗的大觀樓上，有一副最負盛名的長聯。這副長聯自問世以後，吸引了不少的遊客，至今尙爲人津津樂道。大觀樓也因有長聯而出了名。當年，郭沫若同志也曾慕名前來欣賞長聯，他讚嘆地說：「長聯猶在壁，巨筆信如椽。」

這副長達一百八十字的對聯是：

五百里滇池，奔來眼底，披襟岸幘，喜茫茫空闊無邊。看：東驤神駿，西翥靈儀，北走蜿蜒，南翔縞素。高人韻士，何妨選勝登臨。趁蟹嶼螺洲，梳裹就風鬟霧鬢。更蘋天葦地，點綴些翠羽丹霞。莫辜負：四圍稻香，萬頃晴沙，九夏芙蓉，三春楊柳。

數千年往事，注到心頭。把酒凌虛，嘆滾滾英雄誰在？想：漢習樓船，唐標鐵柱，宋揮玉斧，元跨革囊。偉烈豐功，費盡移山心力。盡珠簾畫棟，捲不及暮雨朝雲。便斷碣殘碑，都付與蒼煙落照。只贏得：幾杵疏鐘，半江漁火，兩行秋雁，一枕清霜。

上聯描寫大觀樓四周的景物，下聯追敘雲南歷史，寓情懷於景色，情景交融，渾然一體，意境深遠，對仗工致，表現了詩人對美麗山河的景仰之情，對統治階級「偉烈豐功」和功名富貴的蔑視。所以，這首長聯寫成後，在昆明轟動一時，人們爭相傳抄，以先睹為快。

這副膾炙人口的長聯作者叫孫髯（一七〇一——一七七五年），字髯翁、號頤庵，是清朝康熙、乾隆年間的詩人。他本是陝西三原縣人，自幼隨父到雲南定居。他小時極為聰穎，曾去應童子試，但見考官對考生遍體搜檢後才放入試場，他憤然地說：「是以盜賊待士也，吾不能受辱！」說完掉頭就走，其錚錚鐵骨，可見一斑。從此他再也沒有去參加科舉考試去獵取功名。所以儘管青壯年時代的孫髯翁，博學多才，詩詞文章都寫得很好，文風相當豪放，在當時是名重一時，但他蔑視功名，看不慣官場黑暗，始終沒有出仕做官，自稱「萬樹梅花一布衣」。以致後來家道中落後，終身貧困。晚年住在昆明圓通山咒蛟臺，更號為「咒蛟老人」，以卜易為生。後來，他的女婿回到廣西經商，見老人如此淒涼，就接他到廣西同住。但年老多病的孫髯翁不幸死於途中，葬在彌勒城西的新瓦房村旁，墓現在猶存。

後來在清道光年間，新任雲貴總督阮元讀了大觀樓長聯後，認為孫髯翁把漢、唐、宋、元等正統王朝的「偉烈豐功」看作是「蒼煙落照」中的「斷碣殘碑」，有「總歸一空」之意，實際是含沙射影說清王朝統治也不長久。於是他把長聯篡改了好幾個地方，如原句的「偉烈豐功」改為「爨長蒙犬」，把責任卸在漢奸吳三桂身上，以「扶正消逆」。阮元萬萬沒有想到，當他摘下原聯，掛出改聯後，昆明人士嘩然，紛紛加以斥責。當時有人還作了首打油詩，諷刺阮元的不光彩行徑：「軟（阮）煙袋（蕓臺——阮元的字）不通，蘿蔔韭菜葱，擅改古人對，笑煞孫髯翁。」當阮元任滿調走時，他竄改的長聯馬上被人摘了下來，又掛上了孫髯翁的原聯。

人們的行動，表達了對詩人敬重之情，長聯像許多優秀的作品一樣，已永遠活在人們的心中，這不會隨時間的推延而改變。

長聯原由昆明名士陸樹堂用行書體書寫刊刻的（今陸書摹刻聯尚存二樓），到咸豐七年（一八五七年），長聯與大觀樓同毀於兵火。現存聯是光緒十四年（一八八八年）雲貴總督岑毓英請當時的著名文人趙藩以工筆楷書刻成的木製聯。「岑聯」除將「葦」字改爲「孤」字之外，其餘仍用髯翁舊句。

## 永曆帝魂斷金蟬寺（昆明金蟬寺）

雲南省昆明市區的五華山之西，有一座不出名的古寺，叫作金蟬寺。可是它在歷史上很有名氣的。清康熙元年（一六六二年）春，南明永曆帝（朱由榔）在此被吳三桂用弓弦絞死，明朝勢力轟轟烈烈的反抗滿清王朝的鬥爭，就在這裏降下帷幕。

崇禎十七年（一六四四年）三月十八日，李自成率領農民起義軍攻入明朝首都北京，崇禎帝朱由檢在煤山自縊。吳三桂投靠了滿洲貴族，並引清兵入關，打敗了李自成，同年十月清順治帝福臨從瀋陽來到北京，即皇帝位，建立了清朝。這時長江以南的廣大地區還是明朝王室成員盤據著，勢力還相當大。例如福王，就擁有軍隊五十萬人。他們先後成立了政權，史稱作南明，但這些政權都一一被清軍瓦解。主要原因是這些王都相當腐敗無能，且政權內部不團結，就拿福王朱由崧來說吧，他在南京即皇帝位後，清軍大舉進攻，可他還在潛心修建興寧宮，宮內掛著「萬事不如杯在手，一生幾見月當頭」的楹聯。所以先後成立的幾個南明政權都不是清朝的對手。

最後的一個南明政權是朱由榔的永曆王朝。朱由榔是明神宗之孫，襲封桂王。順治三年（一六四六年）被大臣擁立，即帝位於廣東肇慶。朱由榔懦弱寡斷，昏庸腐朽，聞警即逃，一生顛沛流離。在清軍的追擊下，他先後逃到梧州、桂林、全州、武崗、南寧等地。在此同時，明末農民起義軍張獻忠部的大西軍在張獻忠犧牲後，餘部在孫可望、李定國、劉文秀、艾能奇等大將率領下進入貴州、雲南，起義軍發展到數十萬人，爲了抗擊清軍，孫可望、李定國等農民軍領袖決定採取「聯明抗清」政策，他們在順治九年（一六五二年）二月，派人將永曆帝從廣西的潄湍接到貴州的安隆所，改安隆所爲安龍府，並派兵守衛。每年給永曆帝供養銀八千兩，米一百石。永曆帝則封孫可望爲秦王。同年，南明王朝分兵三路北伐清朝。在當地人民的支持下，北路的南明軍隊很快就收復了川南、川東、川西不少地方，並包圍了成都，差點生擒吳三桂；東路的李定國爲主將，在短短七個月內，攻克了廣西、湖南的十六郡、兩州，闢地三千餘里。

清王朝聞訊，大爲驚恐，急派敬謹親王民堪率十五萬大軍前來援救，李定國率軍迎戰，設伏把清軍打得大敗而逃。由於清軍屢敗，軍心動搖，士兵稱黔滇人爲「蠻兵」，遇見南明軍隊即逃。清廷也準備放棄南方七省，和南明議和。

但這時南明內部發生了分裂。孫可望見李定國戰果輝煌，勢力益強，便心懷忌恨，他輕率出征湖南，並派人叫李定國到武崗議事，欲加謀害，李定國行至紫陽渡，獲悉孫可望的詭計，致書孫可望以全局爲重，不可自相殘殺，然後自率本部五萬軍士撤回廣西。孫可望見陰謀敗露，乾脆出兵追趕李定國，反在寶慶被清兵擊敗，退回貴州。至此，孫、李矛盾更爲尖銳。

孫可望一計不成，又生一計，他公開逼迫永曆帝讓出帝位，以便自己取而代之，還在貴陽大修宮殿，準備建立後明。永曆帝急忙秘密地下了一敕與李定國，叫他速來安龍護駕。不料事發，孫可望乃以盜用玉璽，假稱勤王的罪名，將參與這一事件的南明宰相吳貞毓、朝臣張鐫、太監張福祿、全爲國等十八人殺於安龍，至今貴州尙存十八先生墓。

孫可望殺了吳貞毓等人後，尙不放心，又派人到安龍將永曆帝挾持回貴州，李定國聞訊急率軍趕赴安龍見朱由榔，並把永曆帝護送到昆明，孫可望和李定國的積怨更深了，孫竟率十七萬軍向雲南進攻，交水一戰，孫可望全軍覆滅，僅帶數十騎逃奔湖南長沙，投降了清軍，向清軍「獻滇黔輿地圖，並陳其進取狀」作見面禮。清軍從孫可望口中得知南明虛實，遂發動攻勢。而這時李定國在打敗孫可望後，走上了居功自傲的道路，在軍中大搞派別活動，排斥原來孫可望手下的將士，弄得「兵失其將，將失其軍」。

西元一六五八年四月，清軍以孫可望爲先導，出動三十餘萬大軍，分三路向永曆王朝發動進攻，永曆帝束手無策，李定國倉猝應戰，節節敗退，一直退回昆明，這年十二月十五日，永曆帝從昆明出逃，避入緬甸，李定國也因兵敗而率殘部流落在邊境地區。西元一六六一年，吳三桂上疏清廷，要求出兵緬甸抓拿永曆帝，以除後患。清廷同意這一建議。吳三桂兵分三路進攻緬甸，當時的緬甸王懾於清軍的淫威，將朱由榔父子交給吳三桂。西元一六六二年四月，吳三桂在昆明的金蟬寺將朱由榔父子絞死。七月，李定國聽到永曆帝的惡耗，「日夜哭，兩目皆血淚，不食七日而薨」。歷時十五年的永曆小朝廷就此傾覆。

至今金蟬寺前的陡坡，人們稱之爲逼死坡，有立「永曆帝之殉國處」的碑記，向後人傾訴著三百多年前這裏曾發生過的一場悲劇。

## 石砌高冢話風流

### （昆明贍思丁紀念冢）

在今昆明市拓東路五里多小學的操場上，有一座方形的石砌高冢，這就是元代第一任雲南平章政事（相當於現在的省長）賽典赤·贍思丁的紀念冢。賽典赤又名烏馬兒，西北回族人。賽典赤是突厥語貴族的意思，贍思丁才是他的名。但當時大家都捨其名而以賽典赤呼之。現存的紀念冢是一九一七年重修的。據當地史籍記載，就在昆明市現在的金碧路三市街口，當地人還曾出資修造一個叫作「忠愛坊」的牌坊，以不忘這位地方行政長官「忠於君而愛於民」的政績。

一個外族官吏，何以受到當地人如此厚愛？原因就在於賽典赤出類拔萃的才幹和為人稱道的品格，使他極為出色地推行了忽必烈的政策，為當地人辦了不少好事。

忽必烈於西元一二五三年滅了大理國，幾年後繼大汗位，改國號為「大元」。隨著元王朝各種制度逐步完備，西元一二七四年，元世祖忽必烈決定建立「雲南行中書省」。「行中書省」意即代表中書省在地方行使大權的機關。雲南行省的建立，是中國歷史上一件很重要的事情，這是漢武帝以來，歷代中央王朝不曾有過的，它結束了長期以來雲南自成一隅的分裂局面，奠定了祖國西南郡縣的版圖。這麼一個重任，該派誰去呢？忽必烈選中賽典赤為「行中書省平章政事」。

賽典赤原是忽必烈的侍衛，被提拔為封疆大臣。這是不無道理的。賽典赤動身到雲南之前，忽必烈召見了他，對他說：「雲南朕嘗親臨，比因委任失宜，使遠人不安，欲選謹厚者撫治之，無如卿者」。這裏所說的謹，就是謹慎，辦事決不馬虎草率；厚，就是厚道，對別人寬和。後來的事實證明忽必烈沒有看錯人。

賽典赤來雲南之前，就到處拜訪熟悉雲南情況的人，把這裏的山川、城廓、交通、民族分布等情況瞭解得清清楚楚，並繪製成地圖送給忽必烈，受到忽必烈的獎勵。賽典赤赴任途中，當時鎮守雲南的宗王脫忽魯「惑於左右之言」，以為賽典赤到雲南要奪去他手中的大權，於是嚴兵以待。面對脫忽魯氣勢洶洶的挑戰，賽典赤以大局為重，十分冷靜地處理了這個矛盾。他派長子納速剌丁先行面見宗王，把自己的意思轉達：「天子以雲南守者非人，故諸國背叛，故命臣來安集之，且戒以至境即加撫循，今未敢專，願王遣一人來共議」，他謙和的話，打消了宗王的疑忌。接著，賽典赤又將宗王兩名親臣委以行省斷事官的職務，脫忽魯對此感到很高興，感到自己受到尊重，很佩服賽典赤的爲人。以後，他「政令一聽賽典赤所爲」。賽典赤來到雲南後，他剛下車就找各階層的人士瞭解情況，徵詢如何治理雲南，興利除弊的辦法，史籍記載他是「接見無虛日」。對於來訪之人，他更是熱情接待。如果是少數民族的首領來訪，他必設宴款待，走時還送給他們衣帽鞋襪，讓他們高高興興地回去。首領們送給他的禮物，他一點不留，全送給下屬或當地的貧苦人。對那些持不同意見、或反對自己的人，賽典赤沒有採取輕率的粗暴態度，更摒棄那種殘酷屠殺的做法，而是注意改善民族關係，搞好安定團結。《元史·賽典赤·贍思丁傳》裏，記載著這樣一個有趣的故事：雲南有幾個當地少數民族的頭領對賽典赤有怨氣，跑到京城去控告他。忽必烈不相信，說是誣告，派人把這幾個頭領銬上刑具押回雲南，交由賽典赤懲治。賽典赤不僅給他們卸了刑具，不予追究，還委以一定的官職，使這幾位頭領皆叩頭拜謝曰：「某有死罪，平章既生之而又官之，誓死報。」

賽典赤謹厚的品格，使他在任短短的時間內，克服了重重的困難，統一了雲南的軍政大權，使「宣慰司兼行元帥府事，並聽行省節制」，在原來軍事統治時期的萬戶府、千戶所、百戶所的基礎上，設置了路、府、州、縣的行政機構，把行省治所由大理遷往鄯闡（昆明），奠定了雲南行中書省的規模，使雲南進入了全國統一的行政建制；他制定了較輕的賦稅，並把無主荒地和一部分官田分給無地的農民，建立了「民屯」制度，促進了生產的恢復和發展，他有計劃、有系統地興修滇池水利，興建了多座水壩，疏浚河道，減輕水澇災害的威脅，並使農田得到灌溉。滇池水利的興修，使滇池水道得到首次系統的整理，他還積極興辦教育，「建造孔子廟，購經史，置學田，率民以禮之」，還從四川等地請來一批飽學之士作爲當地的教師，進一步促進了漢族先進文化在雲南的傳播。

經過賽典赤六年的治理，雲南的社會趨於安定，生產逐步得到恢復。西元一二八四年途經這裏的馬可波羅在他的《遊記》中記載了當時昆明繁華的景象：「城大而名貴，商工甚衆」。西元一二七九年，賽典赤死於昆明，「王葬之日，百姓巷哭」。後元帝還追封他爲「咸陽王」。他的眞墓就在北郊的馬耳山上。

## 刀光血影圓圓曲（昆明蓮花池）

在雲南省昆明市北商山腳下的蓮花池畔，在一土丘旁立有一塊石碑，上刻陳圓圓像。相傳這是吳三桂妾陳圓圓之墓及其梳妝臺遺址。道光《昆明縣志》說：「在城北近啇山寺，父老有云圓圓墓焉，其旁即梳妝臺遺址。」

陳圓圓是明末清初時名揚天下的美女。她名沅，字畹芬，江蘇武進人。父親是個歌迷，曾請當地歌手到家裏住，唱歌給他聽。陳圓圓也由此受到影響，從小讀書識字，唱歌學戲，後來還能寫手好詞，例如她的《轉應曲》：「堤柳，堤柳，不繫東行馬首。空餘千縷秋霜，凝淚思君斷腸，腸斷，腸斷，又聽催歸聲喚！」詞意非常悽切委婉。後來父親死了，她淪爲歌妓。十八歲那年，陳圓圓在蘇州登臺演出，自稱爲「玉峰女優陳圓圓」，她演的是花旦，由於她俏麗絕倫，能歌善舞，技驚四座，博得滿堂喝采，一下子名揚四海。

崇禎十五年（一六四二年），崇禎皇帝的寵妃田貴妃的父親田宏遇到蘇州搜羅歌妓，他用重金買走陳圓圓。第二年田宏遇病死，對陳圓圓垂涎已久的吳三桂用重金把圓圓買去。後山海關戰事緊張，時任總兵的吳三桂倉促赴任，因軍中不能帶姬妾，他把圓圓安置在父親吳襄家中。吳襄當時是京營都督，是保護京城的將軍。不久，李自成攻克北京，崇禎吊死在煤山。李自成手下的一員大將劉宗敏入住當年田宏遇故宅。劉被勝利衝昏頭腦，沉緬於歌舞酒色之中。據史書記載，他到處徵歌逐妓，劫掠婦女。劉宗敏聽說陳圓圓色藝冠絕一時，便派人拘捕已投降的吳襄，向他索要圓圓。在嚴刑拷打之下，吳襄被迫交出圓圓。圓圓被劉宗敏所得後，曾秘密約七個男優一同潛逃，但被發現，男優全被劉宗敏殺死。

這時，吳三桂尚在關外，保存著一支約爲五萬人的完整的隊伍。李自成認爲，與其死拚，不如設計招降。於是便把吳襄全家及陳圓圓作爲人質，並叫吳襄和圓圓寫信給吳三桂，叫他歸順。李自成派人把招降書和犒賞吳三桂的四萬兩白銀，一併送到山海關。

吳三桂接到勸降書的時候，也收到滿清將軍多爾袞的覆信，信中稱如能率軍投降，將保留吳襄父子及手下軍官在遼東的「故土」，並給吳三桂晉爲藩王。但是，考慮到父親和愛妾都在李自成手中，吳三桂無奈只好率軍回北京。半路遇到從北京逃出的家人，從家人口中，得知父親被拘捕，他笑著說：「這不過是想迫我投降罷了，沒什麼大不了的事情。」一再問到陳圓圓的下落，家人如實相告，吳三桂聽了，當場火冒三丈，拔劍砍案說：「大丈夫不能保一女子，何面目見人耶！」說完便率隊回山海關，並派自己三員副將找多爾袞，請清兵入關。清初著名的學者和詩人吳偉業，寫了一首《圓圓曲》，內中「痛哭六軍皆縞素，衝冠一怒爲紅顏」，敘述的就是這件事。

這時，長期以來對明朝虎視眈眈的滿洲貴族，也正調兵遣將，準備趁虛繞開山海關越長城入京津地區，聽到吳三桂願歸順的消息，連忙改變進軍路線，並以傾國之兵，和吳三桂的力量，以及一批先前招降的漢族文官武將一起，共二十多萬人壓向李自成。李自成的六萬兵力倉促應戰，這時才發現吳三桂軍中夾有辮子兵，不禁失聲叫道：「這是滿洲兵，何以到此？」可惜至此已爲時過晚，李自成的軍隊很快就一敗塗地，只好放棄京師，向西撤退。臨走時，還殺了吳襄及其家人三十餘名。不知是什麼原因，陳圓圓竟倖免於難。

吳三桂回到北京，很快就找到陳圓圓。清朝政權建立後，吳三桂被封爲平西王，並爲清兵前驅，追擊南明軍隊，經四川、貴州而入雲南，並絞殺南明最後一個皇帝——朱由榔於昆明金蟬寺，爲清朝立了大功。

吳三桂在昆明過著極爲豪華奢侈的生活。他專爲陳圓圓在北門外建了一座大園苑，名曰「野苑」，又稱「安阜園」。《續雲南備徵志》卷八記載，爲修造這座花園別墅，和在園內開掘蓮花池，吳三桂是「窮極土木，毀人廬墓無算，以拓其地。」受吳三桂寵幸的還有新搞到的兩位愛妾，她們的名字很怪，一個叫八面觀音，另一個叫四面觀音。

至於陳圓圓的最後結局，史家迄今還不甚了了，衆說紛紜。由於吳三桂權勢過大，後來成爲清廷削藩鎭壓的對象，所以其家庭的情況，已少爲人知。劉健的《庭聞錄》說：「辛酉（康熙二十年，西元一六八一年）城破，圓圓先死，八面歸綏遠將軍蔡毓英，四面歸征南將軍穆占」。這就是說清軍平定「三藩」之亂，攻占昆明前夕，陳圓圓已死亡。孫旭《平吳錄》說，清軍攻占昆明時，「桂妻張氏先死，陳沅（圓圓）及僞后郭氏（吳三桂孫子吳世璠妻）俱自縊。」阮賜卿《後圓圓曲》序說：「辛酉大兵平滇，圓圓自沉蓮花池死。」道光的《昆明縣志》和一些史書還說，吳三桂起兵反清，陳圓圓自知必敗，苦勸無效後，爲避禍及其身，便削髮爲尼。改名「寂靜」，號「玉庵」，先是在宏覺寺，後又移居昆明西郊瓦倉莊的三聖庵。陳圓圓在庵內，茹素吃齋，不問世事，康熙二十八年病死在寺內，被葬於商山寺旁，墓聯曰：「塵劫中不昧本來，朗月仍輝性海；迷障裏能開覺悟，淨蓮更出污泥。」橫匾爲「圓光寂照」。

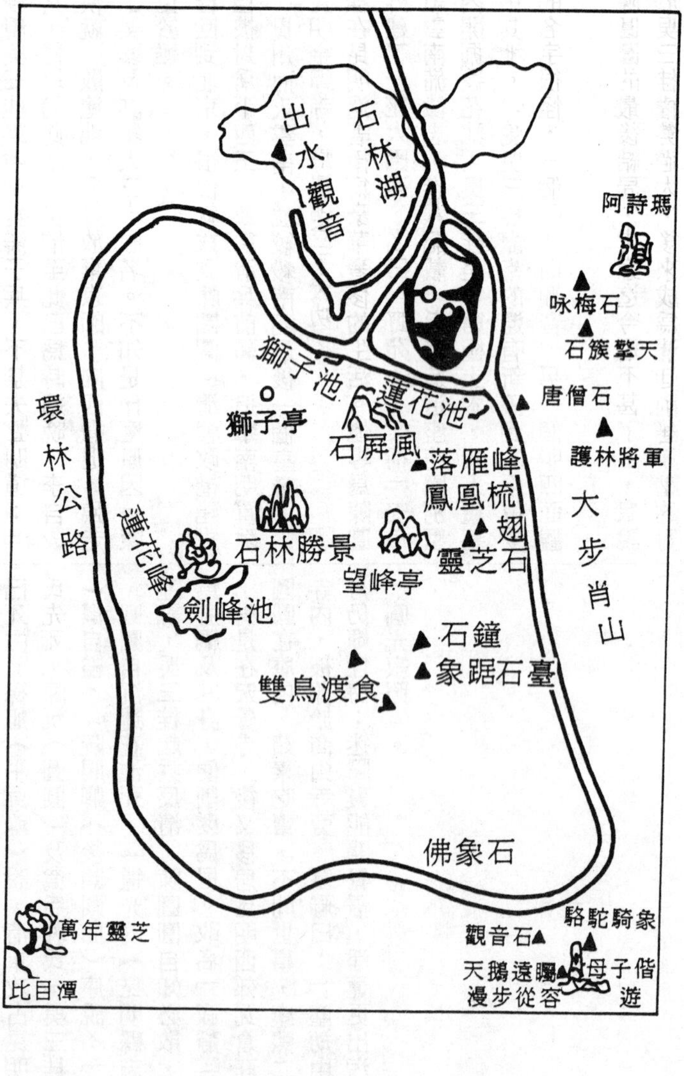
石林湖
出水觀音
阿詩瑪
詠梅石
石簇擎天
獅子池
蓮花池
唐僧石
獅子亭
石屏風
護林將軍
落雁峰
鳳凰梳翅
大步肖山
環林公路
蓮花峰
石林勝景
靈芝石
望峰亭
劍峰池
石鐘
象踞石臺
雙鳥渡食
佛象石
駱駝騎象
萬年靈芝
觀音石
天鵝遠矚
母子偕遊
比目潭
漫步從容

石林風景區導遊圖

# 大自然的傑作（路南石林）

路南石林由於怪石簇立、石筍千條、疏密有致、彌望成林的奇觀而聞名於世。

據民間傳說，這裏原是一片平地。每逢月明之夜，當地的一對對青年男女就到草坪上談情說愛。仙人張三豐見了，覺得青年人這樣談戀愛十分不便，於是呼風喚雨，讓大地長出無數奇峰異石和石窟洞府，從此石林成了一個甜美的愛情之鄉。這故事只是神話般的聯想，實際上，石林是大自然的傑作。

別看這裏海拔有一千七百五十公尺，可是在距今二萬七千多萬年前，這裏卻是一片汪洋大海，後因地殼的上升和長時間的沉積，成爲一片陸地，布滿了一塊塊厚厚的海相石灰岩。如今細心的遊客還可以從岩石中找到億萬年前三葉蟲、藻類的化石。我們知道，石灰岩的主要成分是碳酸鈣，能溶於水。由於南方高溫多雨，土地的氯化加劇，同時雨水落下來時溶有空氣中的二氧化碳和有機酸等物質，促使碳酸鈣的溶解，石灰岩上出現了類似蜂窩般溶點，並逐漸出現裂縫，幾千萬年以後，這些裂縫慢慢地加深、擴大，成爲一道道的溶溝。當海水退去之後，大地上只剩下一支支孤立的石柱，柱上布滿了千奇百怪的溶蝕的創痕、水跡、壁洞、凹臼。這些怪石奇筍就是這樣形成的。對石灰岩的溶蝕地形，地理學家稱之爲「岩溶地貌」。這種大自然的奇觀，在我國的廣西、貴州等省都可以看到。但它們都沒有路南石林那樣大的規模，那樣高度的集中，那樣的奇特。

石林雖然形成於千萬年前，但作爲旅遊之勝境那是很晚的事情。據目前所能查到的史籍記載，直到明朝才有人前來踏勘旅遊。清朝遊人稍多，但因舟車不便，遊客十分寥落。直到二十世紀四十年代，西南聯合大學遷到昆明，並在路南設有分校。師生常去遊玩，寫了一些詩文，石林才漸爲國人所曉。正如趙樸初先生的詩云：「高山爲谷谷爲陵，三億年前海底行。可惜前人文罕記，石林異境晚知名。」

石林從大範圍來說方圓有四十五萬畝。目前的石林遊覽區是其中最精華部分，共有一千二百畝左右，包括大石林、小石林、外石林、紫雲洞地下石林、石林湖、獅子池、獅子山、蓮花池、劍峰池、藏湖、大疊水瀑布等遊覽點，其中又以大、小石林爲最佳。大石林是以瑰偉神奇見長，石峰柱林奇峭崢嶸，橫生豎疊，千形百態。而小石林則石峰崖壁如屏，以氣勢宏闊取勝。

小石林中有草坪數十畝，每年農曆六月二十四日，當地撒尼族人在此歡度火把節，白天摔跤比武、爬竿、騎射，夜晚燃篝火歌舞，通宵達旦。小石林中最著名的石峰是在一潭碧波側畔的阿詩瑪石峰。她身材高挑，風姿綽約，宛如一位撒尼少女揹簍歸來。當地撒尼族人中流傳著這樣一個優美動人的傳說：從前在阿著底的地方，生活著一位美麗勤勞的姑娘阿詩瑪。當地的富人熱布巴拉把阿詩瑪搶回家中，給他的兒子阿支做媳婦，但阿詩瑪拒絕了，被關進黑牢。阿詩瑪的哥哥阿黑聞訊立即騎馬趕來追尋妹妹。阿支關起鐵門，提出要與阿黑比賽唱山歌，唱贏了才能進。阿黑唱贏了，進了大門。阿支又提出賽砍樹、接樹、撒種、拾種等，但都難不倒阿黑。熱布巴拉父子竟放出老虎傷害阿黑，結果老虎也被阿黑射死了。他們見狀立即緊閉大門，阿黑張弓搭箭，一箭射在大門上，第二箭射在堂屋柱子上，第三箭射在供桌上，熱布巴拉著了慌，可是全家人沒有一個能拔下箭來，阿詩瑪走上前來像摘花似的一下子把箭拔了出來。熱布巴拉無計可施，只好當場放了阿詩瑪。但他又不甘心，在背後搗鬼，他勾結十二崖子的崖神，當阿黑兄妹過河時，崖子腳的小河突然變成洪水滔滔的大河，可愛的阿詩瑪被捲進漩渦裏，後來她就變成了這尊巨大的阿詩瑪石峰。

## 武定獅山雪帝蹤（武定獅子山）

明代的建文帝失蹤，是我國歷史上的一大宮闈奇案。

建文帝名朱允炆，是朱元璋之長孫，太子朱標的第二子。洪武二十五年（一三九三年），朱標病死，朱允炆被立為皇太孫，洪武三十一年，朱元璋病死，根據遺詔，當時年僅二十一歲的朱允炆做了皇帝，改元建文，史稱建文帝或明惠帝。

建文帝雖然年輕，但很能幹，他雄心勃勃地推行新政，「專欲以仁義化民」，世人稱他為「開明」皇帝。但是，他和叔叔們——諸王之間的關係很緊張。為了維護中央集權，建文帝實行「削藩」政策，一年之內削除了五個王。然而親王們並不都是甘心就範的，特別是朱元璋的第四子，當時鎮守燕京（今北京）的燕王朱棣。建文元年（一三九九年），朱棣起兵南下，叔姪倆經過四年的鏖戰，朱棣終於攻入了當時明王朝的首都南京的金川門。這時，皇宮成了一片火海。皇后馬氏赴火自焚而死，而建文帝卻是死不見屍，活不見人。

奪了姪兒江山的朱棣，即位當了永樂皇帝。他對建文帝的失蹤始終是耿耿於懷。畢竟建文帝還是合法皇帝，還有相當的號召力。於是朱棣派出偵探，四處尋找。他曾派胡濙假稱尋訪仙人張三豐，去尋訪建文帝，查訪時間竟長達十六年，直到朱棣臨死前才告一段落。甚至在鄭和下西洋時，他還叮囑鄭和到海外各國搜尋建文帝的蹤跡。《明史·鄭和傳》記載：「成祖（朱棣）疑惠帝亡海外，欲蹤跡之。」但最後還是杳無音訊。

建文帝跑到哪裏去了呢？據有關史籍記載，南京城破之時，建文帝準備自殺的。太監王鉞送來一個據說是朱元璋臨終時留下的紅篋，內裝僧衣三套，度牒（和尚身分證）三張。分別寫有三個名字：應文、應能、應賢，袈裟、帽、鞋、剃刀應有盡有，還有十錠白金。紅篋內還用紅顏色寫著兩行字：「應文從鬼門出，餘從水關御溝而行。薄暮，會於神樂觀之西房。」建文帝看罷，嘆道：「這眞是天數呀！」於是他剃了髮，化裝成和尚，從鬼門逃走了，跟隨他出走的還有楊應能、葉希賢等二十位大臣。建文帝曾到湖北、湖南，最後來到雲南。傳說他曾到「沐府」見沐晟，這是極有可能的。沐氏與朱元璋有特殊的關係，沐晟的父親沐英是朱元璋的義子，沐氏長期統治雲南，勢力很大。而且在其它省建文帝還是有影響的。但不知爲何原因，建文帝卻是心淡如水，不籌劃反抗。當朱棣聞訊又派人來追查時，建文帝又亡命浪跡，「涉歷幾遍天下」，雲遊於滇、川、黔、桂、湘等省區。他在雲南時間較多。其中有一段時間，是躲在武定西邊海拔二千四百餘米、怪石幽壑、林木茂密的獅子山正續寺當和尚。

現在只要你一登上這座號稱「江南第一峰」，便會聽到許許多多與建文帝相關聯的傳說。在那兩面巨石壁立、中間夾一巨石的「嘯縫」，傳說就是建文帝避難之所。甚至說這裏的蚊蟲、青蛙不叮人、不亂鳴就因爲聽從了建文帝的「金口玉言」。同時，我們還可以看到不少與建文帝有關的古跡。在建文帝爲僧的正續寺，還有不少對聯、詩句，記載著建文帝出宮爲僧的情景。寺內的大雄寶殿有對聯云：「僧爲帝，帝亦爲僧，數十載衣鉢相傳，正覺依然皇覺舊；叔負姪，姪不負叔，八千里芒鞋徒步，獅山更比燕山高。」在寺內「藏經樓」內，還有一座寫有「明惠帝」三字橫匾的佛龕，端坐在佛龕正中的僧人，便是早已脫下龍袍的建文帝了。兩旁侍立的就是他的隨從大臣楊應能、葉希賢。這裏可以說是全國唯一爲建文帝建殿塑像的地方。

儘管獅子山風景宜人，但這位當了和尚的皇帝卻是鬱鬱不樂，心情相當悲涼，終日以淚洗臉。《武定府志》內輯錄了一首建文帝寫的《七言述懷》：「牢落西南四十秋，蕭蕭白髮已盈頭；乾坤有恨家何在，江漢無情水自流；長樂宮中雲氣散，朝元閣上雨聲收；新蒲細柳年年綠，野老呑聲哭未休。」他平時靠念經、種植花木來打發日子。據說現在正續寺內用石欄杆圍護起來的兩棵孔雀杉和一棵羅漢松，就是他親手所栽。

至於這位落魄皇帝最終去向如何，衆說紛紜。據一些史記記載，永樂二十二年朱棣死後，建文帝日子稍好過一些。有一天，他同房一位僧人竊走了他寫的詩，跑到官府說：「我是建文帝！」這一聲可非同小可，官府忙把整個寺的僧人全捉上京城去對證，建文帝也在其中。在審問時，那僧人露了馬腳，被朝廷判處死刑，其餘同行僧人也要被判去戍邊，這時建文帝才說了眞話。從此建文帝結束了三十九年的流浪生活，被安置在西宮中，平靜地度過了他的餘年，宮中人都稱他爲「老佛」，他死後就葬在北京西山。墓地既無封土，又不植樹，即所謂「不封不樹」，這是古代對庶人的葬禮。

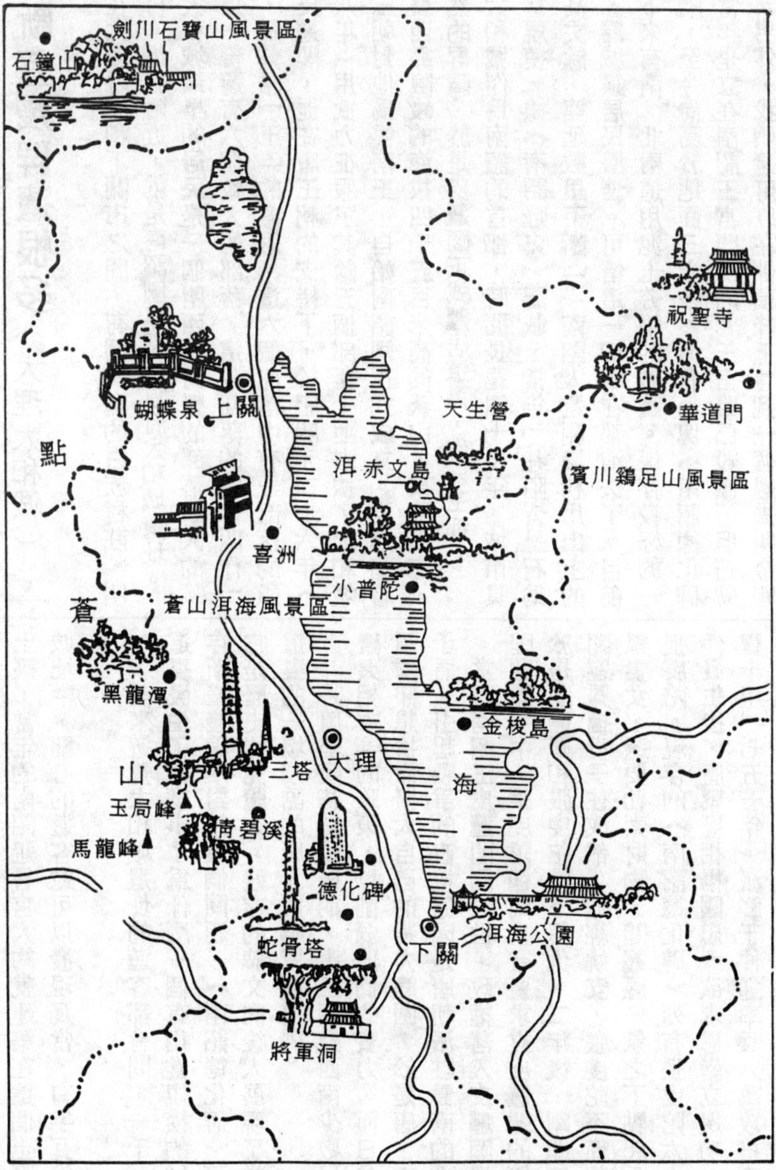
劍川石寶山風景區
石鐘山
蝴蝶泉
上關
點
喜洲
蒼山洱海風景區
蒼
黑龍潭
山
三塔
大理
玉局峰
馬龍峰
青碧溪
德化碑
蛇骨塔
將軍洞
下關
洱海公園
海
金梭島
小普陀
洱赤文島
天生營
祝聖寺
華道門
賓川鷄足山風景區

大理遊覽圖

# 斷壁殘碑遺恨多（大理太和城）

在大理縣城和下關市之間，有個美麗的白族村莊，叫太和村。這裏附近，就是南詔國早期的首府太和城遺址。

太和城最早的居民是一個叫西洱河蠻的部落族人的。當時這一帶還有六個較大的部落，這些部落的頭領叫作「詔」，是彝語「王」的意思。這六個部落中有一部落的頭領叫皮邏閣，他在唐王朝的支持下，於唐開元二十六年（七三八年）用武力征服了其餘五個部落，並占據了太和城。唐王朝封他爲雲南王，自始南詔國正式成立。皮邏閣看到這裏西靠險峻的海拔四千五百米高的蒼山，東臨洱海，有天然的屏障，於是皮邏閣正式遷居這裏，作爲王都。

太和城作爲南詔的首都，時間長達四十多年。城市具有相當規模，據《南詔野史》記載，當年「巷陌皆壘石爲之，高丈餘，連延數里不斷」。南詔人還開發利用山上的溫泉，爲城鎮居民服務。可惜這一切現在都消失了。目前殘存下來有南、北兩道用泥土夯築的城牆。保存較好的一段城牆，至今尚高於地面三米多。還有一塊《南詔德化碑》，當年是立在南詔王宮門前的。王宮雖已毀滅，但石碑猶存。另外，我們還可以在佛頂峰上看到一個過去叫金剛城的小城堡城牆。在金梭島還現存一個三千六百平方米的土臺，當年的南詔避暑宮大約就建築在這個土臺之上。在城址中，細心的遊客還可以發現瓦當、有字瓦等南詔文物。

前來遊覽太和城遺址的遊客都會問，一千一百多年前這裏發生了什麼事？爲什麼一個有相當規模的城市如今只存斷壁殘碑？對於這個問題，《南詔德化碑》可以回答，它是歷史的見證人。殘存的碑文向後人展現了當年發生在這裏的一場殘酷的唐、南戰爭的情況。

時值李隆基當政後期，唐王朝對西南少數民族採取「蠻夷相攻」的政策，以削弱他們的實力，而日益強盛的南詔國卻想拚命擴大自己的勢力範圍，於是唐、南之間產生矛盾。引起戰爭的直接原因是唐朝派駐雲南的太守張虔陀。當時南詔王皮邏閣剛去世，政權落入皮邏閣過繼的兒子閣邏鳳手中，張虔陀卻向皇帝要求立皮邏閣的嫡子誠節。於是閣邏鳳和張虔陀結下怨仇。二年後，剛即王位不久的閣邏鳳攜妻子往成都，途經姚安，張虔陀不僅想侮辱閣邏鳳妻女，還要勒索財物，閣邏鳳一氣之下點起兵馬，殺了張虔陀。現存的《南詔德化碑》列有張虔陀六大罪狀。事件發生後，唐朝奸相楊國忠「欲求恩幸立邊功」，在唐天寶十年（七五一年）派鮮于仲通率兵六萬攻打南詔。閣邏鳳感到事情不妙，派使者到軍中謝罪求和。鮮于仲通不答應求和，囚禁了使者，驅動大軍直奔太和城下，準備兩面夾擊太和城。閣邏鳳見勢忙派人到吐蕃求援。在詔、蕃夾擊下，唐軍全軍覆沒，僅鮮于仲通隻身逃脫。「鮮于仲通六萬卒，征蠻一陣全軍沒，至今西洱河岸邊，箭孔刀痕滿枯骨」，白居易《蠻子朝歌》記的就是這件事。而南詔王也被迫投靠了吐蕃，被封爲「贊普鐘」，即「吐蕃王之弟」的意思，賜爲「兄弟之國」。

唐征南失敗後，李林甫、楊國忠掩蓋了失敗的眞相，反而說打了勝仗，讓敗軍之將鮮于仲通升官進爵。隨後又在天寶十三年（七五四年），徵兵十萬，命前雲南郡都督兼侍御使劍南留後李宓、廣府節度使何履光率領，又來攻打南詔。白居易在《新豐折臂翁》一詩反映了當時的情況：「無何天寶大徵兵，戶有三丁點一丁，點得驅將何處去？五月萬里雲南行。聞道雲南有瀘水，椒花落時瘴煙起。大軍徒涉水如湯，未過十人二三死。村南村北哭聲哀，兒別爹娘夫別妻，皆云前去征蠻者，千萬行人無一回。」

李宓所率領的唐軍歷盡千辛萬苦來到太和城下，結果又受到以逸待勞的南詔和吐蕃聯軍的夾攻，敗得更慘：「流血成川，積屍壅水，三軍潰衄，元帥沉江。」

唐王朝和南詔之間的戰爭，不僅加劇了漢族與邊疆少數民族的矛盾，而且給內地人民帶來了深重的災難，詩人李白在《贈南陵常贊府》中寫道：「雲南五月中，頻喪渡瀘師，靑草殺漢馬，張兵奪秦旗，至今西二河，流血擁僵屍。將無士擒略，魯女惜園葵。咸陽天下樞，累歲人不足。雖有數斗酒，不如一盤粟。」同時，唐王朝的窮兵黷武，使國家大傷元氣。唐、南戰後僅一年，即天寶十四年（七五五年），就爆發了安祿山、史思明的叛亂，唐玄宗逃往四川避難，到馬嵬驛（今陝西興平縣），護衛部隊發生兵變，奸相楊國忠被憤怒的士兵殺死，「回眸一笑百媚生」的楊貴妃也被逼死。北宋史學家范祖禹在《高駢破南詔論》中，對唐朝的少數民族政策作了如下評價：「唐自開元至咸通南鄙之師，皆由邊臣貪利邀功以啓群蠻。自我致寇，大爲國患」。這是相當中肯的。

兩次得勝的南詔王始終保持清醒的頭腦，仍對唐王朝表達了敬重的態度，閣邏鳳「乃斂戰胔（死屍），築京觀（墳墓）於龍尾河（今西洱河），名『萬人塚』」。數年後，閣邏鳳在太和城王宮門前立下《南詔德化碑》，以表示自己叛唐是不得已的，是有苦衷的，並告訴自己的大臣，以後若唐使者來到這裏，「可指此碑澡祓吾罪」。

後來的發展也進一步表明，作爲戰勝者的南詔國也沒有從戰爭中撈到什麼好處。相反，還被吐蕃更緊地綁在戰車上，吐蕃還向南詔加收重稅和各種攤派。

西元七七九年，閣邏鳳去世，其孫異牟尋即南詔王位。詔、蕃聯軍二十萬人分三路進攻四川。此時，中原內亂結束多年，唐德宗派名將李晟率五千精兵南下，與駐川唐軍配合，大敗詔、蕃聯軍，「斬首六千級，擒生捕傷甚衆」，使南詔元氣大損。異牟尋懼怕唐軍進攻，太和城守不住，遂遷都到羊苴咩城。

最後，現實逼使南詔王異牟尋作出選擇，西元七九三年，他派三路使者入唐求和，攜帶絹書一封，金鏤盒子一個，內裝綿、當歸、朱砂和金子。用綿表示柔服，不再生梗；當歸表示重新歸順；朱砂表示南詔的赤心；金表示歸唐之心堅如金石。唐朝接受了南詔求和的要求。第二年派使者往南詔，會盟於點蒼山下，重修於好。唐、南之間近四十多年的戰爭終於結束了。

這些都是後話了，事情並不發生在太和城。由於遷都，太和城就逐漸被荒廢。這場錯誤的戰爭的見證物──南化德詔碑，也因千餘年來風雨剝蝕，加上當地村民認爲此碑石碾成粉可以治病，經常來敲鑿，當年五千多字的碑文，今天僅能看清楚二百多字了。

## 蝴蝶泉的悲歡（大理蝴蝶泉）

電影《五朵金花》中，有一段撩人情思的插曲：「大理三月好風光，蝴蝶泉邊好梳妝」。這裏所說的蝴蝶泉，就在雲南大理縣城北的點蒼山雲弄峰麓。

蝶泉之美，天籟生成，人工雕琢的東西不多。泉面寬三十多平方米，深約一點五米。旁邊有一棵三人合抱的古老的合歡樹，橫過泉面。每年農曆四月下旬左右，正是泉邊的樹木開花時節，芳香的花朵綴滿枝頭。就連那棵古老的合歡樹，也開滿了金黃色的小花朵，狀若彩蝶。這時就會有五彩斑斕的蝴蝶群集而至，在泉邊的樹叢中，在古樹上翩翩起舞。最令人驚嘆的是，這一隻隻的蝴蝶竟首尾相銜，連鬚勾足，結成長串自樹枝倒懸於水面，像一條五顏六色的彩帶，長達兩三尺以至一兩丈。每當長串末尾的蝴蝶一點到水面，整串蝴蝶似觸電般突然驚散，漫天飛旋，猶如天女散花。傾刻間又重新聚攏，相銜成串。

如是勝景奇觀，每年要持續一個半月。三百多年前，慕名而至的地理學家、旅遊家徐霞客就對這一奇景作了詳盡的筆錄：

「泉上大樹，當四月初即發花如蛺蝶，鬚翅栩然，與生蝶無異。又有眞蝶千萬，連鬚勾足，自樹巓倒懸而下，及於泉面，繽紛絡繹，五色煥然。遊人俱從此月，群而觀之，過五月乃已。」

然而，盛況之日，莫過於四月廿五日，白族人把這一天定爲蝴蝶會，每逢會期，遊人雲集，小夥子、姑娘們成雙結對彈絃唱歌，觀蝶於泉邊，蝴蝶會成了青年人談情說愛會。

關於蝴蝶泉的來由，當地人流傳著一個動人的傳說故事：很久以前，蝴蝶泉叫無底潭。潭邊住著一位美麗善良的姑娘，她的名字叫雯姑。她與父親一起以砍柴爲生。一天，雯姑上山砍柴，一隻帶箭傷的小鹿跑過來，伏在她的腳下呦呦鳴叫。雯姑心疼地把小鹿抱在懷中。這時，走過來了一位尋鹿的青年獵人。雯姑央求青年獵人不要傷害小鹿。這位青年獵人答應了她的要求，並把小鹿身上的箭拔出來，還把傷口包紮好。臨走時，青年獵人告訴雯姑，他叫霞郎。雯姑愛上了霞郎，把自己隨身帶的荷包贈予霞郎，作爲定情之物。從此他們兩人常到潭邊相會、對歌。小鹿經常陪伴在他們身邊。

可是，當地的領主虞王聽說雯姑長得漂亮，硬要娶她爲妾。雯姑父女倆堅決不答應，結果虞王的家丁打死了雯姑的父親，拉走了雯姑。小鹿急忙去找霞郎。它銜著霞郎的衣服，把他帶到潭邊。霞郎看到雯姑遺下的書信，才知道發生的事情。一天，他偷偷潛入虞王家，帶著雯姑外逃。不幸被虞王發現，並派出大批打手，緊追不放。霞郎、雯姑寡不敵衆，一路退到潭邊，在無路可逃的情況下，最後兩人攜手跳下深潭。而小鹿也跟著跳下潭裏。這時突然雷電交加，風雨大作，把圍攏過來的虞王和他的打手們嚇得抱頭鼠竄。待風雨過後，聞訊趕來的鄉親們看到潭裏飛出一對彩蝶來，形影不離，繞潭飄飛。後面還跟隨著一隻金黃色的小蝶，人們認爲這是小鹿的化身。不一會，蝴蝶從四面八方飛來，漫天飛舞，結成一串。從此以後，當地人就把無底潭改叫爲蝴蝶泉，霞郎和雯姑跳潭殉情的那天——四月廿五日，也就定爲蝴蝶會的日子。

這個傳說，實際上是當地白族人民對揚棄痛苦、憧憬幸福心情的折射。按照科學家的說法，蝴蝶泉奇觀的形成很簡單：由於這裏雨量充沛、氣候溫和，使泉邊及附近山坡生長合歡樹、香果樹等樹木花草，給蝴蝶的生長提供了很適宜的場所；合歡樹、香果樹又能分泌出一種芳香汁，這種汁是蝴蝶最喜愛吃的食物，因此吸引了四周成千上萬的蝴蝶聚集在這裏。

## 忽必烈的驕傲（大理平雲南碑）

在雲南大理縣城北，有個小圩鎮，這裏就是原來的大理古城，古代時人們亦稱作羊苴咩城，曾是南詔王異牟尋遷都後的都城，也是一千多年前大理國的都城。就在這古城三月街上的碑亭裏，保存著一塊很有名氣的石碑——「元世祖平雲南碑」。這塊石碑由兩塊青石相接而成，立於石龜座上，看起來是其貌不揚，也談不上雄偉壯觀，但它卻是赫赫有名的元世祖忽必烈的「凱旋門」！碑文以典雅的文辭、磅礴的氣勢，敘述了元世祖的彪炳武功，塑造了一個具有雄才大略的可汗形象。

忽必烈是成吉思汗的孫子，其兄蒙哥即大汗位後，命他主管漠南漢地。西元一二三四年，蒙古軍滅金，與南宋王朝僅隔一條淮水。蒙古貴族立即發動了滅宋的戰爭。這場戰爭進行了十多年，由於南宋統治區人民的頑強抵抗，雙方在襄陽、樊城、成都一線形成對峙的局勢。爲了打破這一僵局，蒙古軍決定避強擊虛，首先征服「西南諸蠻」，以便形成一個對南宋政權南北夾攻之勢，擊敗南宋的抵抗。西元一二五三年，忽必烈奉命率領十萬大軍征大理政權。爲了能在較短的時間內，依靠較少的兵力，擊敗實力雄厚的大理國，忽必烈作了周密的部署。自古在西線對雲南用兵都必須經過四川中部和南部的漢源一線，但忽必烈卻繞開這條古道，別出心裁地選擇了經今甘、川、藏邊界人煙稀少的高山狹谷這條路線，以出其不意，攻其不備。他們從寧夏入甘肅經六盤山並集結臨洮後，兵分三路，西路由忽必烈手下大將兀良合臺率領，取道現今的理塘、鄉城；東路由抄合也只烈率領，取道今天的西昌、姚安；忽必烈親自率領中路兵馬，過大渡河後，繞道二千多里抵達金沙江畔，他們不畏江水洶湧湍急，「乘革囊（縫羊皮爲囊吹氣而成的渡水工具）及栰以渡」，順利地通過天險金沙江，到達麗江地區，逼使「摩娑蠻主」（即納西族首領）投降，很快又陳兵大理國城下。由於蒙軍進軍迅速，以致當地人驚呼「師從天而降也」！忽必烈先派三位使者勸降，「許不殺掠」。當時的大理國權柄旁落在國相高泰祥手中，大理國王段興智擁有虛位。高泰祥拒絕投降，把忽必烈的使者殺了。忽必烈指揮軍隊，連下今鶴慶、劍川諸城，勢如破竹。接著開始攻大理，因上關城池堅固，攻不下來，忽必烈改由蒼山背後進攻，直逼大理國國都羊苴咩城。大理國王段興智、國相高泰祥自知不支，乘夜率衆棄城逃跑。忽必烈接受姚樞的建議，爲了盡快安定人心，他改變了以往每破一城就大肆屠殺的做法。當軍隊進入大理城時，忽必烈命人豎起一面大旗，上書「止殺之令」幾個大字，大理人賴此免遭血洗。這時是西元一二五三年十二月十三日，距出兵時間不到一年。大理國王段興智逃到鄯闡（今昆明）企圖募兵抵抗。元軍驅兵直追，在姚州（今姚安）俘獲了高泰祥，高泰祥不肯投降被殺，不久國王段興智也被俘獲。至此，前後統治雲南地區長達三百多年的大理國滅亡了。忽必烈滅了大理後，又統一了雲南三十七部。隨後，又在雲南建立了行省，這種建制是在雲南首次出現的。忽必烈又以雲南爲根據地，揮戈東向，一舉滅了南宋政權，完成了統一中國的大業。

元大德八年（一三〇四年）平章政事也速答兒在點蒼山腳立下了這塊「元世祖平雲南碑」，追頌元世祖忽必烈的功績，敘述了建立雲南行省的行政區域的情況。後人同樣給予了忽必烈這次行動以很高評價。清代學者顧祖禹認爲，忽必烈這次軍事行動，在中國二千多年的歷史上，是沒有先例的：「吾觀從古用兵，出沒恍惚，不可端倪者，無如蒙古忽必烈之滅大理也。」

## 大理三塔傲千古（大理崇聖寺塔）

在雲南省大理的蒼山洱海之間，聳立著三座千年佛塔，它們猶如金莖柱天，氣勢雄偉。這就是著名的崇聖寺三塔，又名大理三塔。

三塔原是崇聖寺的一個組成部分。崇聖寺是一座規模很大的佛寺。明代大旅遊家徐霞客曾在日記中作如下記載：「是寺在第十峰之下，唐開成中建，名崇聖寺，前三塔鼎立，而中塔最高……。」可見當時塔後有崇聖寺，可惜這座大寺已盪然無存。

三塔中最大的塔又名千尋塔。它是座方形密檐式建築，共有十六層，高六十九點一三米，爲我國現存偶數古塔層數最多者。塔內是空心的，在古代有「井」字形樓梯供人攀登。元、明時期，常有遊人登塔賞玩，並在塔上留下不少賦詩題字。塔頂四角鑄有四隻巨大的金翅鳥。這種鳥在佛經中被說成是釋迦牟尼的護法神，喜歡以龍爲食。據地方文獻記載，大理地區歷史上多水災，同時這裏氣候潮濕，大蟒蛇很多，常出來傷害人畜。當地人認爲是龍妖水怪在作祟，他們還相信龍妖水怪敬塔而畏鵬，因此建塔鑄鳥而鎮之。有人還說這四隻金翅鳥原是金鑄的，現已不存，現在看到的金翅鳥是銅製的。千尋塔塔身的壁龕，原來是供奉佛像的，由於歷次地震的破壞以及人爲的因素，現已散失，有部分流散於國外。據史籍記載，建塔時共鑄造了一萬一千四百個佛像，用了四萬零五百五十斤銅。

分立於千尋塔稍後的南、北兩小塔，均高四十米，是一對八角形的磚塔，都是十級。

關於三塔的修造年代，地方文獻的記載有很大的出入。以南詔豐祐時期（八二四—八五九年）建塔的可能性較大。據王崧《南詔野史》載：「開成元年（八三六年）嵯巓建大理崇聖寺，基方七里，聖僧李賢者定立三塔，高三十餘丈。自保和十年至天啓元年功始完。」豐祐時期是南詔社會從奴隸制進入農奴制時期，這時社會極爲興盛，建寺、造像、修塔等佛教活動相當盛行。如此看來，千尋塔至今有一千一百多年的歷史了。南北兩小塔從建築風格來看，應略晚於千尋塔，約是在五代（九〇七—九六〇年）時建造的。

經過千年的歷史檢驗，大理三塔的建築水平的確令人讚嘆。明代正德乙亥（一五一五年）五月六日，大理發生強烈地震，千尋塔「折裂如破竹」，但十天後竟又自動彌合，安然無恙。一九二五年大理又發生強烈地震，城內房屋倒塌了百分之九十九，而三塔卻巋然不動，僅震落主塔塔頂的寶剎。

究竟是誰，在生產力水平極爲低下的一千一百多年前，建造了迄今仍足以令人引以自豪的大理三塔？對這個問題，地方文獻的記載有些出入，比較可信的說法是大匠恭韜、徽義所造的。《南詔野史》是如此記載，元代郭松年的《大理行記》亦說：「唐遣大匠恭韜、徽義所造，塔成，韜義乃歸。」這兩位匠人的生平事跡現已無法考察。不過從千尋塔與基本同時代的西安小雁塔幾乎是一個模子倒出來的建築風格來看，唐朝有工匠主持這項工程是無疑的。首先，唐代密檐式塔大多是方形，第一層塔身無繁複的裝飾，千尋塔也有同樣特點，其次，內地的密檐式塔塔身下部特別高大，以上各層距離很短，塔身以上各層沒有門窗等結構，大塔也具有同樣的特徵。再次，就連建築方法也很相似，中原一帶流傳「魚銜槑、土堆亭」建築方法，而這裏修建三塔時，也是採用墊一層土修一層的辦法，塔修好後，才將土逐層挖去，有「堆土建塔」與「挖土現塔」之說。由此可見，大理三塔是漢族人民和大理地區白族人民智慧的結晶。

值得一提的是，一九七九年千尋塔維修時，人們在塔基和塔頂竟發現了六百八十多件南詔、大理國（相當於唐、宋）時期的珍貴文物。這是雲南考古的一個重大發現。因爲南詔、大理國時期盛行火葬，考古發掘歷來所獲不多，因此這次發現的文物尤顯珍貴。這批文物包括金、銀、銅、鐵等金屬製品，骨、牙、木、瓷、漆、絲等工藝品，瑪瑙、珍珠、水晶、琉璃、珊瑚、翡翠、雲母、琥珀等珠寶和藥材。其中最爲珍貴的是：在塔基內發現不少宋代寫本佛經，這些宋代寫經，有的還是首次發現；在塔內發現不少佛像，有一尊純金打造的觀音立像，像高二十四釐米，重一千一百三十五克，特別引人注目；有趣的是：在塔內還發現八件小小的塔模，其中最精緻的是藏於銅座舍利盒中的那個塔模，高十七釐米，鎏金銀質，上雕蓮花，小巧玲瓏。

## 徐霞客千里負骸訪雞山

（賓川雞足山）

雞足山離雲南賓川縣城二十五公里。因山勢背西北向東南，前伸三支，後抒一趾，形狀宛如雞足一般而得名。

雞足山雖然地處偏僻，卻是我國著名的佛教聖地之一，爲禪宗初祖迦葉尊者道場。迦葉爲釋迦牟尼十大弟子之一，在佛弟子中年高德重，坐第一把交椅。中國禪宗傳說他是傳承佛法的第一代祖師。

關於迦葉，當地人有這麼一個傳說，說雞足山原來是被一個叫雞足大王的神統治的，後來迦葉尊者來雞足山傳道布佛，雞足大王不肯相讓，二人就鬥起法來，雞足大王鬥不過迦葉，只好敗下陣來，逃下雞山，一直蹲在山腳沙址村的一個小廟裏。而從此雞足山就被佛教獨占了。

這個傳說，曲折地反映了佛教在雲南地區傳播初期和當地原始崇拜思想的激烈衝突，但不能說明迦葉是否來過雞足山修行。據玄奘《大唐西域記》載：「迦葉承佛旨住持正法，結集至盡廿年，將入定滅，仍往雞足山。」這個說法，尙未得到更爲翔實的史料所證實。從時間和當時印度佛教活動的範圍來看，迦葉是不可能來過雞足山修道的。說迦葉曾來此處，多半是佛徒的附會。

不管怎麼說，佛教很早就在這裏「安營紮寨」，卻是事實。早在漢蜀時期，佛徒就在山上修建寺廟。從此僧尼雲集，鼎盛時，據說有三十六庵、七十二寺，常住僧五千多人，號稱佛教第五名山。

雞足山源遠流長的佛學，宏偉壯觀的佛寺，巍峨奇秀的自然風光，對後人產生了一種奇特的魅力，這裏曾發生過這麼一個動人的眞實故事：

明崇禎九年（一六三六年）年已五十一歲的我國傑出的地理學家和旅行家徐霞客，以雞足山爲主要目標，開始了他人生最後一次大西南考察的萬里之行。他從江陰啓程，在南京迎福寺遇到靜聞和尙。這位和尙唸了二十年的經，還虔誠地刺血抄寫了一本《法華經》，準備供奉於雞足山。聽說徐霞客要去雞足山，正中下懷，於是兩人結爲伴旅，帶著一位僕人，向雞足山進發。一天，他們停宿在湖南湘江渡口的一艘船上。那天晚上很黑，遠處傳來一陣陣婦女的哭泣聲，吵得徐霞客睡不著，但是誰也不敢上岸打聽，因爲船工說這一帶經常有土匪出沒。到了半夜時分，昏昏欲睡的徐霞客被一陣突如其來的吵鬧聲驚醒，睜眼一看，周圍是明晃晃的火把和挑刀槍的大漢，原來他們眞的碰上強盜了！混亂中，徐霞客被掀入江裏，幸虧江水不深，只及腰部，他經過一番掙扎，才爬上附近的一條小船。徐霞客這時身無寸絲，靠僅存的一隻銀耳挖，換了一套裏衣、單褲。單褲給了隨行的僕人，自己穿裏衣，只及腰部，眞是狼狽得很。靜聞和尙冒死留在船上，保護經籍及行李，被強盜砍傷，行李盤纏被一搶而光，只經籍倖存。面對如此逆境，兩人並未動搖。經過半年的艱苦跋涉，他們來到廣西南寧的崇善寺，靜聞和尙因創傷惡化不幸辭世而去。臨終時他囑託徐霞客，代他把《法華經》送上雞足山，並將他的遺骨帶到雞足山埋葬。徐霞客沒有辜負這一重託。他挑著靜聞的骨骸和經文，經過兩年的艱苦歷程，終於於崇禎十二年（一六三八年）臘月二十二到達雞足山。

他親手埋葬背負一年多的同伴遺骨，並將靜聞的經書供於藏經樓。

在雞足山，因足部有疾，徐霞客逗留了三個多月，對雞足山進行了詳盡的考察，寫下了將近兩萬字的考察日記和重修了《雞足山志》八卷。詳盡地記述了雞足山的山名、山脈、山界及開拓歷史；精確地描述了雞足山的峰、岩、洞、臺、嶺、梯、谷、峽、溝、坪、林、泉、瀑和溫泉等地物地貌；對雞足山的風景名勝、古代建築、寺廟分布，作了廣泛收集和系統總結。同時徐霞客還寫了十七首歌詠「奇觀盡收今古勝」的雞足山十景的詩歌。這些詩歌直到現在還在大理人民中傳誦著。

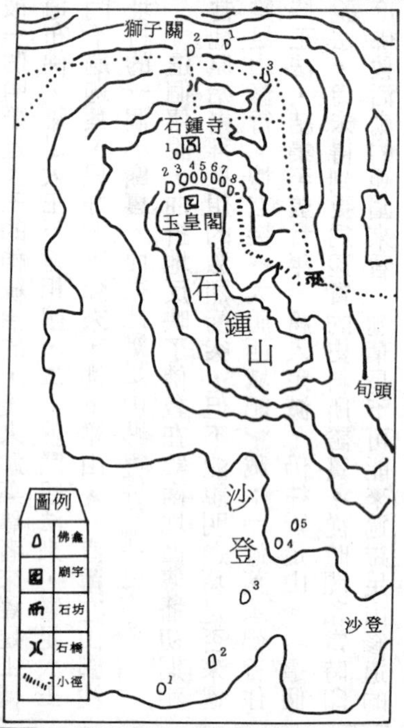


劍川石鐘山區石窟分布圖

## 石窟中的大千世界（劍川石鐘山）

劍川石窟位於縣城西南二十五公里的石寶山的支峰石鐘山上。當地白族人中流傳著這麼一句歌謠：「大理有名三塔寺，劍川有名石寶山。」把劍川石窟同赫赫有名的崇聖寺三塔相提並論，這是毫不過分的。雲南是古代石窟並不發達的地區，然而在南詔和大理國時期，卻創造了燦爛輝煌的劍川石窟藝術。

劍川石窟開鑿的準確時間，現在已無法查考。不過從沙登村區第一窟的造像題記中，尚保留著「囡王天啓十一年七月廿五日題記」等字樣，「天啓」是南詔王豐佑的年號，十一年相當於西元八四一年，另外在石鐘寺區第八窟正窟門外上方的長方形空額中，從沙登村區第二窟的正窟左側，都發現有大理國時代的題記。從以上這些題記裏，我們可以大致推斷劍川石窟是從南詔國到大理國時期數百年間逐步開鑿而成的。

可是千百年來，劍川石窟是養在深山人未識，來遊覽的大多是當地人，外邊的人知道石窟的是極少的，關於它的記載也是寥寥無幾的。就連對山水名勝愛窮根究底的大地理學家、大旅遊家徐霞客，西元一六三九年遊歷到了這裏時，也沒有看到石窟，他在日記本上寫下「不知其鐘山」的感嘆！一直到本世紀初期，石窟仍埋沒在荆棘叢中。當時劍川一帶土匪横行，石鐘寺變成了土匪盤據的巢穴。這幫匪徒每次外出搶劫，必先祭奠，如果搶劫得手，回來還燒香還願，若是失敗了，則遷怒於菩薩，砸爛佛像。據說那時祭奠得最多的是石鐘山第二窟，所以它吃煙火也多——窟的上部已完全熏黑了，挨砸也多——雕像破壞得最爲嚴重。直到五十年代，石窟才爲世人所重視。

石窟的造像題材大致可分爲三類。大部分是浮屠佛像，諸如如來、迦葉、阿難、八大明王、觀音等，反映了當時大理地區佛教已廣泛流行，符合「無山不寺，無寺不僧」的歷史記載。這些佛像，在古代藝術家的刀鑿之下，一個個成了血肉豐滿、栩栩如生，充滿人間生活氣息的形象。例如石鐘寺區第七窟的甘露觀音，表現出一種美麗聰明、善良慈悲的性格，雕刻家們顯然是汲取了現實生活中美麗婦女的特徵。令人奇怪的是，她的胸口被挖損了一長方形小洞，因此當地人叫她作「剖腹觀音」，民間故事傳說觀音虔心修行，可是有人在旁講閒話，說她心不誠，她急了，說：「那我把心掏出來給你們看。」說完，便撕開胸脯，把心掏出來，放在手裏捧的鉢上。從這個故事中，我們可以看到雕像所刻劃出來的凡人那種七情六慾的感情。還有些雕像，充分顯示了人物豐富的表情和內心世界，例如石鐘寺區第五窟的雕像，民間稱之爲「愁面觀音」，在她愁苦的面容上，匯集了人世的悲苦。

除了佛像之外，還有一類是深目高鼻、挽螺絲髻披厠的外國人，反映了南詔國已同鄰國有著較爲廣泛的來往。這些雕像，都極爲準確地刻劃了當時在大理地區活動的外國人形象。例如獅子關區第二窟俗名「酒醉鬼」觀音，和石鐘寺區第一窟旁陰線刻的披厠人，據近人考證，認爲這些都是當時大理地區印度和尙的雕像，他們深目高鼻，披袈裟，持拐杖，身旁往往帶隻狗。這些特徵和有關文獻記載是相吻合的。

另外，劍川石窟中還有一個很特殊的雕刻，在石鐘寺第八窟刻有女性生殖器形狀的石雕，這在我國現存的石雕中極爲罕見。當地人管它叫「阿盎白」，「阿盎」是白語姑娘的意思，「白」是生殖器的意思。當地姑娘結婚時喜歡上這裏禱拜，望早生貴子；已婚無子或希望多育子女的婦女也常來祈禱，並用香油在上面塗抹，塗抹時還要偷偷地進行，不讓人看見。對生殖器的崇拜，在世界上許多部落和部族都發生過，但能像這一窟石雕保存至今，這確是難得的。

在整個劍川石窟中，最爲珍貴的就是三窟表現南詔王及其侍從以及表現王者全家的雕像，它們眞實地反映南詔王的宮廷生活，並通過場面、服飾、表情的細緻刻畫，展現了各代南詔王的不同風貌和不同的性格特徵。

石鐘寺區第二窟的「閣邏鳳出行圖」，或叫「閣邏鳳議政圖」，是表現南詔國第二代君主閣邏鳳（七四八—七七九年）坐朝的場面。閣邏鳳在位期間，基本上統一了雲南各部，同時又曾聯合吐蕃與唐朝發生戰爭，是南詔最鼎盛的時期，雕刻藝術家爲了充分顯示他的尊貴威嚴和赫赫武功，把石窟設計成一間華麗的廳堂，閣邏鳳端坐在大廳中央，頭戴圓錐形王冠，身著圓領寬袖長袍，相貌堂堂，左右側站著持劍的武將，座後面是手執長柄扇、戴兜鍪的武士，場面相當氣派。引人注目的是，閣邏鳳旁邊還坐著一個和尚！這個地位顯赫的和尚是誰呢？據史籍記載，這和尚是閣邏鳳的弟弟閣陂和尚，他曾出使吐蕃，說服吐蕃和南詔一起對唐作戰。甚至有的野史還說他法術高明，在與唐軍作戰時施展法術，令唐軍大敗。這些都是民間傳說，可也反映了閣陂和尚在對唐作戰中是立了很大的功勞的。他身後揹著的一把曲柄傘，就是南詔結好吐蕃後，吐蕃送給南詔許多禮物中的一件。在這一窟裏，還有一個很有趣的現象，王者右側那個威風凜凜的武士和閣陂和尚身後雙手捧瓶的侍者，都是兩耳穿環的，反映了當時的風俗。

石鐘寺區第一窟中的雕像也是王者雕像，但這窟造像與「閣邏鳳議政圖」中那種威嚴甚至有點殺氣騰騰的氣氛迥然不同了，它顯得很莊嚴、肅穆。因爲這裏刻劃的是第三代南詔王異牟尋的雕像。據史書記載，異牟尋是一位「頗知書」、「有智數、善撫衆」的以謀略治國的南詔王。就是他，結束了唐朝和南詔之間長達四十多年的戰爭，密切了大理和中原地區的交往，從而使南詔得以獲得新的發展。在欣賞這一石窟時，人們發現王者身後的侍者舉著一根長長而又彎曲的杖，這是什麼東西呢？如果說是拐杖，這麼長用起來多不方便。其實這杖叫赤藤杖，白族民間傳說這種杖是赤龍鬍鬚變的，赤龍抽鬚後，鮮血淋淋，變成赤藤杖，滇池水神特意將此奉獻給人間。然而在南詔，赤藤杖是權力和地位的象徵，白居易《蠻子朝》一詩中說：「淸平官持赤藤杖。」意思是說淸平官帶著赤藤杖跟隨王子去長安朝見唐朝皇帝。

另外，獅子關區還有一窟南詔王者的造像，俗名叫「全家福」，這是因王者和后妃之間坐著一個小孩，左右兩側坐著男女孩各一人而得名。從題記來看，這個石窟可能是南詔的創業始祖細奴邏的造像，當年的雕刻藝術家把他刻劃得極富人情味。可惜這個石窟的案子、道具、背景都沒有雕完，留下了一個遺憾。

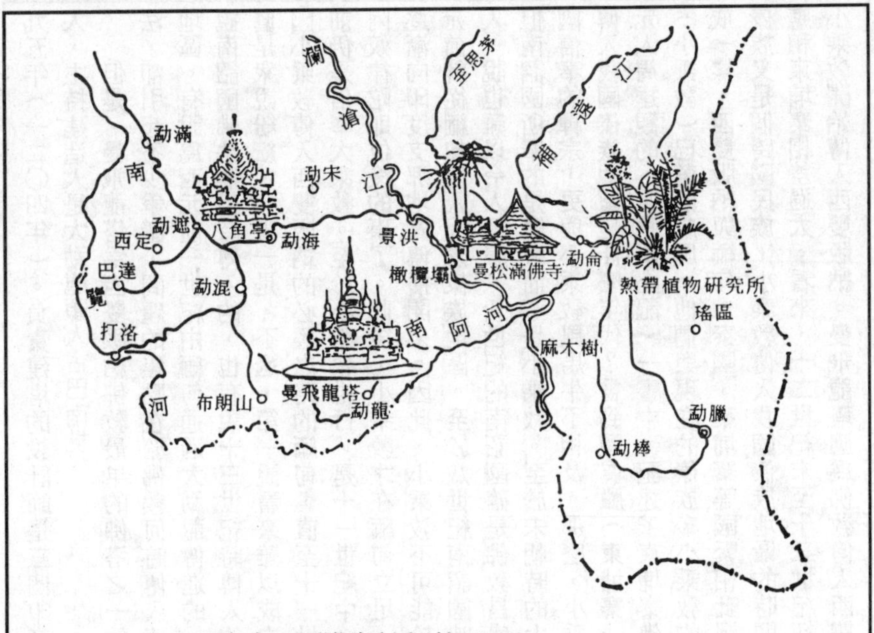


雲南西雙版納遊覽圖

## 白塔金輝拜佛足（景洪曼飛龍塔）

位於西雙版納景洪縣大勐龍鄉曼飛龍山頂上的曼飛龍塔，是一座我國極爲少見的群塔，它以造形優美風格別致稱著。

群塔由王塔和周圍的八個小塔連在一個塔座上，又稱爲金剛寶座塔。一說到金剛寶座塔，人們不禁想起我國著名的北京眞覺寺、碧雲寺和雲南昆明妙湛寺以及內蒙古呼和浩特等地的金剛寶座塔。不過，這些金剛寶座塔大都爲五塔，爲何獨獨西雙版納的曼飛龍塔爲九個呢？說來也簡單，曼飛龍塔屬小乘教佛塔，至於那些五塔的金剛寶座塔，多爲大乘教中的密宗佛塔。

小乘佛教是釋迦牟尼創佛教的南傳上座部，又自稱爲正統教，原來釋迦牟尼說法時皆以心傳口授，並無筆錄，所以釋迦牟尼圓寂後，以大迦葉爲首的五百教徒，和以富婁爲首的五百教徒各持一說，遂分裂爲上座部和大衆部。大衆部自稱能運載無量衆生，從生死大河之此岸達到菩提涅槃之彼岸，成就佛果，故自稱爲大乘而貶稱上座部爲「小乘」。小乘教主要流傳南亞及東南亞一帶，西雙版納流傳的小乘教就是從緬甸、泰國傳入的。據說，曼飛龍塔是小乘教傳入西雙版納時最早的建築物之一。它建於傣曆五九五年（一二〇四年）。負責建塔的設計師是三個印度僧人，主持建造人是大勐龍頭人古巴南批。

但是，曼飛龍塔為西雙版納佛教最早的佛塔之一的說法，卻引起不少爭議，問題的焦點在於佛教何時傳入傣族地區。有說為西元前一世紀由緬甸通過大勐龍傳進的，有說南詔國佛法鼎盛時傳入的，也有說十三世紀時傳入的。眞是衆說紛紜，莫衷一是，不過，第一說看來難以成立。因小乘教傳入西雙版納的必經之路的緬甸，直至十一世紀前仍是信奉大乘教。至於小乘教推行，是十一世紀中後葉阿奴律陀即位後的事了。此後，小乘教才在緬甸立足，並逐漸向印度支那地區傳播開來。因此，小乘教不可能於西元前就從緬甸傳入我國傣族地區。至於八世紀南詔國時傳入一說也難以令人信服。八世紀的南詔國確是佛教昌盛，但南詔國所奉的是密教而不是小乘教。至於宋朝時的大理國信奉的禪宗，更與小乘教風馬牛不相及。那麼，小乘教傳入我國傣族地區是什麼年代？曾到過眞臘（柬埔寨）的元人周達觀的《眞臘風土記》一書中，記述了柬埔寨佛教（小乘教）已蔚然成風，他們與現在的傣族奉小乘教的規戒一樣。西雙版納與緬甸、泰國、柬埔寨等國緊相毗鄰，傣族又是個跨國民族，小乘教傳入我國傣族地區的時間不應和柬埔寨相差過大。看來，十二世紀末至十三世紀初，小乘教開始傳入西雙版納。曼飛龍塔應為佛教傳入西雙版納的最早佛塔之一。

且不管上述說法是否定論，就曼飛龍塔本身來說，也與其它佛塔相異。曼飛龍塔的建造原因是出於對該處的佛足的膜拜，現曼飛龍塔正南向的佛龕下的原生岩石上，留有一人踝印跡，傳說是釋迦牟尼的足印。早期的佛教對佛足造像的膜拜就是禮佛。西雙版納的佛塔比比皆是，但絕大多數為「舍利塔」，即供所謂「佛骨」、「佛牙」的地方，唯獨曼飛龍塔例外。此外，曼飛龍塔在當地的佛教徒心目的地位是甚高的，僧侶們經常來朝拜。

在中國佛教建築史上，曼飛龍塔也擁有極高的地位。塔的磚砌外粉刷特別的植物膠砂漿，堅實牢固。塔群造型挺拔秀麗，韻律節奏極為豐富。主塔居中，挺立峭拔，八小塔分列八角，最外圈為八個小佛龕，諸塔擁立蔚為絢麗壯觀。塔上還有各種雕塑、浮雕和彩繪。曼飛龍塔堪稱藝術佳作，實為我國少見的建築珍品。

## 景眞八角仿冠冕（勐海景眞亭）

形如八角，狀似古亭的景眞八角亭，位於西雙版納勐海縣城西南十六公里的景眞山上。

八角亭是一座獨具風格的傣式佛教建築物。它造型奇特，堆砌考究。亭座為折角亞字形磚砌須彌座，亭身為三十二個稜角的磚砌牆，四方開門，門上共有八條雕龍。亭頂形式更是奇特，亭檐呈錐形，有八組十層懸山似的小屋面群，如魚鱗覆蓋，均由金黃琉璃細瓦覆蓋，逐層收攏，匯聚絕頂，簇擁一把丈餘長的華蓋。近看，雕樑畫棟、金碧輝煌，遠看，卻像一頂華麗無比的冠冕。據傣族佛經記載，八角亭正是仿造冠冕的模樣而建造的。

清康熙四十年（一七〇一年），當地的佛教徒爲了紀念佛祖釋迦牟尼，於是仿照佛祖的帽子式樣修建了八角亭。故八角亭又被當地人稱爲「模蘇」（傣語頂狀蓮花）。當時八角亭附近還有座佛寺。佛爺們經常到八角亭議事。

由於八角亭的形狀奇特，又引出多種說法。有說是水下龍王顯靈委派八條青龍托出「水上八角亭」移位而來，故八角亭四門有八龍。這顯然是望形生義的傳說。還有一說，當地一位名僧爲建八角亭，專程外出請師求藝。其中被請的一位內地漢族師傅名叫賀勐免，相傳亭座即係此人精心設計。但後因賀勐免家中有急事，半途離去，未能參與全部工程。但他一直關心八角亭的建造進展，待竣工時，他託人捎來一塊地毯。地毯不大不小正好放入亭內的地面上，人們暗暗稱奇。於是，不少僧侶蜂擁而至，以能一坐爲榮。此說目前還未有史料考證。細細想來，也許是漢傣民族關係和好發展的一個衍生傳說吧。

灕江遊覽區

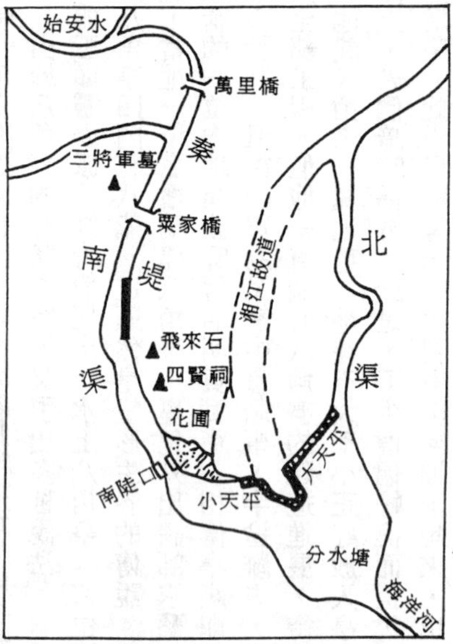


靈渠遊覽示意圖

# 悠悠渠水憶英賢（興安靈渠）

廣西興安縣的靈渠，是我國古代著名的水利工程之一。它與萬里長城、都江堰、鄭國渠等偉大工程一樣，都是建於秦始皇當政的年代。距今已有二千一百九十多年的歷史。

靈渠全長三十四公里，號稱有三十六陡、七十二灣、五十三壩和二十四涵，它把源距八十多公里湘灕兩水連接起來，從而長江珠江兩大水系得以溝通，乘船可以從中國的中部直達廣州。由於湘江水量大，但水位低，灕江水量小，但水位高，因此，要引湘入灕，就必須使水爬坡，這是工程的關鍵。爲了解決這一難題，靈渠的修建者作了很科學的設計，他們用長方形的料石在湘江中疊砌成一個前端尖銳如犁鏵的石壩，把江水一分爲二，再通過「大天平」、「小天平」兩道石堤的調節，使七分水通過北渠注入湘江，三分水通過南渠注入灕江，形成「奪三分湘水而成灕江」的奇觀。在南渠堤岸內側，還沿堤建砌了一個個半圓石墩，人稱之爲「陡門」，當船逆流駛上進入陡門後，即將陡門下閘，使水位升高，水漲則船高，逆舟遂順水而上，如此逐級引航，其情景正如「鏵嘴」壩上「分水亭」內的一副楹聯所描繪的：「逆水而來順水去，卸帆仍是掛帆時。」

秦始皇爲什麼不遠萬里，在當時還是相當偏僻的興安縣修建這一條工程浩大的運河呢？他主要是出於軍事上的需要。西元前二二一年，秦始皇滅了六國，創立了郡縣制，「併天下爲三十六郡」。由於嶺南地區的百越人尚未歸服，秦始皇派太尉屠睢率領「五十萬大軍」分五路向嶺南進發，在越城嶺一帶遇到百越族的一支西甌人的頑強抵抗，戰爭進行得十分激烈，使秦軍「三年不解甲弛弩」，同時當時嶺南交通相當不便，「無以轉餉」，秦軍遇到了困難。爲此，秦始皇決心打通湘江和珠江兩大水系，使滿載軍用物資的船可以直開到嶺南。

要實現這項計劃，說來容易做起來難。在兩千多年前，生產工具相當落後，完全依靠肩扛手拉。要修一條這樣長的運河，還要讓河水爬坡，不僅工程量巨大，而且設計還要相當的精巧。

是誰創造了這樣一個奇跡呢？民間傳說秦始皇最初派張將軍來主持這項工程的，張將軍搞了三年，沒搞成，秦始皇把他殺了，以後又派劉將軍來修。劉將軍搞了兩年，也沒有修成，秦始皇又把他殺了，再派李將軍來修。秦始皇對李將軍說：你知道你前兩任的下場嗎？現在給你一年的期限，修成了，封你爲王，修不成，不但殺了你，還要殺你的全家！李將軍是個很有心計的人，他接受了任務後，即去拜訪張、劉二將軍的家屬，問兩位將軍臨死時留下什麼話。張將軍的家屬說，張將軍臨死時留下兩句話：「三年得個美，犁鏵三七水。」劉將軍的家屬拿出劉將軍留下的一張圖，圖上畫的是盛滿水的許多個斗，一個連一個，斜斜向上。李將軍帶著兩句話和一張圖來到工地，琢磨了很久，兩句話算弄清了，這是指湘江上游有個地方叫渼潭，地高水深，在那裏築個犁鏵形的石壩，把江水劈開，七分入湘，三分入灘。但這張圖是什麼意思呢？李將軍猜不透了。一日，他來到一位老石匠家，看見堂屋裏擺著幾十個瓦鉢，一個接一個，排列的方式就同圖上畫的一模一樣，李將軍眼睛一亮，也看出了些門道，忙上前請教，老石匠說：「把這兩條河溝通，對百姓也有好處。可是，要叫河水爬坡，很不容易，我琢磨了好幾年，才剛剛摸出個門道來呢。」老石匠的門道，就是修斗門。李將軍把老石匠請到工地，讓他來組織施工。由於大家的齊心協辦，工程進展很快。可是，當修到渼潭至粟家橋一段的河堤時，每次剛築好堤，夜裏一陣風雨，把堤沖垮了。這樣屢修屢塌，眼看一年的期限就到了，李將軍很焦急。有天晚上，他冒著風雨出來查看，只見一頭豬婆精正在興風作浪，撞擊河堤，李將軍毫無懼色，拔出寶劍和豬婆精搏鬥。豬婆精是個精怪，李將軍當然不是它的對手，被掃倒在地上。豬婆精正要張開大口將李將軍吞進肚裏時，只聽天空一聲霹靂，飛來一塊大石頭，把豬婆精壓在石下。妖精被除掉了，工程得以按期完成。秦始皇要封李將軍爲王，李將軍想起冤死的張、劉兩將軍，心裏很不是滋味，哪裏肯受封？他拔刀自殺了。人們把三將軍葬在靈渠的西岸，以紀念他們所作出的貢獻，至今三將軍墓尚存。那塊刻有「飛來石」字樣的巨石，當地人都說這就是從天而降、壓住豬婆精的那一塊石頭。

這個故事情節很顯然是虛構的，三將軍在歷史上是否確有其人，現在無從考察，這個故事之所以流傳下來，是因爲它能反映出當時工程的艱巨，和人民對開渠英雄的崇拜。那麼，究竟誰是開渠人呢？

據有關史籍記載，秦始皇當年是「使監祿鑿渠運糧」的，「監」即是監御史，不是姓，至於這個名「祿」的人，其姓什麼已失傳。就是他組繂秦軍和民工壘石作鏵嘴，截江導水分流，經過五年的開鑿，靈渠初具規模。以後，漢代的伏波將軍馬援又「繼疏之」，「復治以通饋」，作爲轉運軍糧之用。到了唐寶曆年間（八二五—八二六年），李渤任桂州刺史時，靈渠因「年代寖遠，陡防盡壞」，船隻通過時，需幾十繂夫拉才行。當時廣西缺糧，軍糧都得從湖南、江西運回來，爲解決運輸上的困難，李渤徵調民工用石頭修建鏵嘴，並砌了石陡門，使靈渠得以發揮作用。到了唐咸通年間（八六〇—八七三年），因爲南詔數次攻陷交趾，進通左、右江和邕州，唐急忙調來援兵，靈渠這時又因多年失修以至「湮圮」，有人建議乾脆從福建經廣州，再從廣州運糧食進廣西。但魚孟威調任桂州防禦史後，他認爲靈渠近便，稍加修浚，即可通船，於是他徵調了五萬多個民工，花了一年的時間，用巨石把鏵堤加固，同時把陡門用「堅木排豎」，防止分水鏵和陡門塌方，還把渠道浚決一遍，使「百斛大舸，一人可涉」，從而促進了地方經濟的繁榮。爲了紀念這四人在開鑿和管理靈渠造福人民立下的汗馬功勞，元至正十五年（一三五五年），人們爲之修了一座「四賢祠」，使他們的英名流芳百世。

幾百年來，當地人完整地把「四賢祠」保存下來，還增添了不少歌功頌德的石碑。奇怪的是，祠裏還有一塊高二米，寬一點二米的「損德碑」。碑文寫道：「浮加賦稅冒功累民興安知事呂德慎之紀念碑，中華民國五年冬月闔邑公立。」原來事情是這樣的，民國初年，呂德慎（桂林人）任興安知事。那時軍閥割據，天災人禍，民不聊生，但這位知事大人上臺後不僅沒有想辦法爲人民造福，反而變本加厲，巧立名目增稅。興安人民爲此怨聲載道。民國五年，當時的廣西都督陸榮廷經過興安，興安縣以曾石年爲首的幾名知名人士聯名上狀子，告到陸榮廷那裏去了。結果呂德慎被免了職，曾石年等人就在縣府裏立下此碑，以之爲鑑。後來，這塊碑被移入靈渠四賢祠裏。這塊「損德碑」和衆多的歌功頌德碑放在一起，起到了反襯的作用，強烈地表現了興安人民的愛與憎。

## 南天一柱，高標獨秀

（桂林獨秀峰）

位於桂林市中心古王城中的獨秀峰，以其「凝秀獨出，頗與衆山遠」的特有風格而稱奇。清代康熙五十一年（一七一二年），廣西布政使黃國材讚美它是「南天一柱」。清道光二十五年（一八四五年），廣西布政使張祥河稱譽它爲「紫袍金帶」。至今半山懸崖上，刻有「南天一柱」、「紫袍金帶」，字徑逾丈，氣勢非凡。

獨秀峰不僅風景奇勝，而且古跡衆多，最古的遺跡當推讀書岩。在東麓，有洞寬如室，几榻天然。一千五百多年前，南朝著名文學家顏延之在桂林當太守時，府治在獨秀峰旁，他常在這裏讀書，並在此寫下了許多歌頌桂林的詩文，其中有兩句：「未若獨秀者，峨峨郛邑間」，人稱獨秀峰之名「蓋肇於此」。

顏延之以文章冠絕當時，與詩人謝靈運齊名，後人併稱顏謝。他不僅以雋永秀麗的詩文博得人們的尊敬，更以他那剛毅正直的品格而贏得後人的懷念。

顏延之來桂林三年後被召回京都建康（今南京），委以中書侍郎之職。剛直不阿的顏延之回到朝廷後，看不慣權貴們的專橫跋扈，因而得罪了太子詹事劉湛等人，結果又被擠出京城，發配到永嘉任太守。一再失意的顏延之懷著憤然心情寫下了著名的詩篇《五君咏》，以抒發自己對權貴的憤懣不平。

詩人的錚錚風骨，引起後人的敬意。宋元祐年間，桂州知州孫覽爲紀念顏延之，在獨秀峰下的顏延之曾讀過書的岩洞門，鐫刻「顏公讀書岩」五大字。宋人呂願忠於洞壁刻詩云：

「洞口微雲恣捲舒，石岩相對一遽廬，賦才晉宋多夷曠，好景古今難寧儲。茗碗已驚浮雪浪，齋廚俄聽響鯨魚。子云識字終何用，且讀人間未見書。」

獨秀峰除了讀書岩外，還有兩個岩洞。其中一個叫太平岩，是第十代靖江王朱履燾起名的。朱履燾自命爲「滄道仙人」，他嗣爵不久，爲宣揚「太平盛世」，就將王府裏獨秀峰的西洞易名爲太平岩，並寫有太平岩詩，地方文武官吏及僧佛道士之流，唱和甚衆，和詩共達二十多首，刻滿在太平岩內。獨秀峰和太平岩被形容爲「鐘靈氣茂」的碧虛仙境。

如果你仔細看，發現獨秀峰南麓石壁上題有四字「清閒快樂」。這是哪位逍遙公子的留筆呢？他就是第九代靖江王朱任昌。這位逍遙公子飯飽酒足之餘，經常登上獨秀峰吟詩觀景。逢冬天，他吟詩「光射玉樓呈瑞兆」。到了天高雲淡的秋天時，他只知沉醉於「桂香馥郁」和「霓裳仙曲」之中了。他在登高吟詩時，隨手在獨秀峰南麓石壁上題「清閒快樂」，就是他一生最好的寫照。

元朝的一位皇帝也在獨秀峰逗留過。元朝時，獨秀峰前有一座元順帝的「潛邸」。元順帝在做太子時，因父母

前有一座元順帝的「潛邸」。元順帝在做太子時，因父母被讒遇害曾於西元一三三一年被貶到桂林。他就住在獨秀峰前的大圓寺。後來順帝回京即位，為紀念被貶居桂林這段經歷，下令將大圓寺改為「萬壽殿」。萬壽殿在靖江王府興建時就被廢了。

明代大旅行家徐霞客，當年遊桂林時也聞獨秀峰之名聲曾四叩山門，只因獨秀峰此時已成為帝胄之居而宮門深鎖。徐霞客未能如願，引為一大憾事。

## 從王城到皇城（桂林王城）

從獨秀峰頂俯視山下，只見一座長方形的古城圍繞著秀麗的獨秀峰。這座桂林中的「城中之城」，又被人們稱為王城或皇城。「王」與「皇」僅一字之差，這之間的變故卻幾乎橫跨了整整一個明朝。這滄桑巨變，引起多少懷古幽思。我們還是從王城說起吧。

這座王城的歷史比北京的故宮還長。西元一三六八年朱元璋建立了明朝後，採取「眾建宗親以藩王室」的政策。朱元璋的侄孫朱守謙被封為靖江王，藩國為廣西桂林。朱守謙被封王時，就顯得與眾不同。當時一些不知內情的人就納悶：為什麼明太祖除了兒子以外，單單封一個才五六歲的姪孫呢？原來，朱元璋本有兄弟四人，三個兄弟都在他起兵之前死去，其中兩個絕嗣，只有長兄留下後裔朱文正。朱文正因「恃功驕侈」，被貶死於安徽桐樹時，只留下幼孤朱守謙。從此以後，朱守謙被朱元璋撫養宮中。朱元璋非常疼愛他，曾說：「兒無恐，爾父倍訓教，貽我憂，我終不以爾父故廢爾。」故朱守謙年僅幾歲，朱元璋也破例封他為靖江王。

誰知這位寵兒後來竟繼承其父的秉性，「淫虐於市」，激起「粵人怨咨」。朱元璋不得不把他召回戒諭。這位皇孫卻作詩發泄不滿，朱元璋一怒之下廢朱守謙為庶人。後雖又恢復他的爵位，終因其本性不改又被削爵。不久，朱守謙錮死於南京。這位第一代靖江王，落得如此下場，給靖江王府投下了一個不祥陰影。

靖江王府是在元順帝萬壽殿的基礎上擴建而成的。看來，這王府一開始就與「皇」氣有些聯繫的。

王府是嚴格地按照藩王府的體制建造的，它是南京明內宮的縮影。它從洪武五年（一三七二年）始建，到洪武二十五年竣工，歷經二十載。王府周圍約三里。開東南西北四門。東門即今東華門，西門即今西華門，南門即今正陽門，北門即今廣西師大後門。當年城內建築，規模宏偉，殿堂巍峨，亭閣軒昂。宮後還闢有名苑，正臨獨秀峰下。峰麓又鑿月牙池，引自獨秀峰下的清泉。如今，池畔綠樹濃蔭。整個王府的建築物達四十多個。堂皇富麗的王府，正如第八代靖江王朱邦寧在獨秀峰題壁詩中所說的：「蓬萊雲鳳仙凡景，殿宇宮庭錦世間。」但是這座「殿宇宮庭錦世間」裏的主人，卻不見得都是善終。

第八代靖江王朱邦寧因「淫縱害人」，引起民怨沸騰，受到嘉靖皇帝的斥責，差點也保不住爵位了。第十三代靖江王朱亨嘉，也是廣西的霸王，當他獲悉崇禎帝吊死後，馬上擁兵，自稱「監國」。要用武力與南明的隆武朝廷爭奪皇位。但他不是朱元璋的嫡系子孫，無人承認與支持。當然，此時的王城仍未是眞正的皇城。結果，因唐王朱聿鍵在福建稱帝，朱亨嘉的「皇帝」夢做不長，卻因兵敗被執，死於福建。那麼，王城是什麼時候成爲皇城的呢？明末，在清兵壓境下隆武、紹武政權相繼垮臺。清順治三年，桂王朱由榔稱帝於肇慶，年號永曆。次年肇慶城被破，永曆皇帝奔往桂林，此時王城遂成爲一個眞正的皇城了。可惜好景不長，西元一六五〇年，清朝定南王孔有德攻進桂林，永曆皇帝慌忙逃往全州，而末代靖江王朱亨歅卻在清兵入桂時懸樑自盡。歷經二百五十餘載的靖江王府就此壽終正寢。皇府又改爲定南王府。蒼黃反覆，兩年後，孔有德也沒有好下場。在大西農民領袖李定國的圍攻下，走投無路的孔有德絕望之中，舉火自焚。一代華宮便被這傢伙付之一炬。

順治十四年，靖江王府故邸改爲貢院，這裏成了士子聚集之地。說來也巧，歷史上桂林的第一座學宮就是興建在此地。唐代大曆年間，御史中丞李昌巙任桂林管觀察使時，就在這裏修建了宣尼廟（孔廟）。這地方也許眞的有文曲星「顯靈」吧，清嘉慶間，考生陳繼昌在鄉試、會試、殿試連中三元。時兩廣總督阮元爲此在舊王府（即貢院）的端禮門上端嵌刻「三元及第」坊，以資獎勵。道光至光緒間，桂林考生龍啓瑞、張建勳、劉福姚殿試第一，于建章爲榜眼。清朝地方官爲籠絡人心，造就官吏，下令在原王府的東華門、正陽門、西華門分別鑲嵌著「狀元及第」、「榜眼及第」等牌坊，朱紅大字，十分醒目。至今這些牌坊仍在。

清末，廢除科舉，貢院被改爲咨議局。一九二一年，孫中山北伐，集師桂林，昔日王府又成爲北伐軍的大本營。孫中山就是在這裏發布了北伐總動員令的。後人爲紀念孫中山先生，在獨秀峰東南麓建起了一座中山紀念石塔和一座仰止亭。

## 七星岩的變遷（桂林七星岩）

桂林七星岩，位於七星公園普陀山西北側山腰。顧名思義，七星岩之所以叫七星岩，是因普陀山的四個山峰排

，形如北斗七星，因而把兩山合攏來，取名七星岩。不過，早在隋唐時，它稱棲霞洞，後隨老佛和李老君勢力的相互消長，此洞又曾改稱爲碧虛洞或仙李洞。

一千三百多年前，即隋開皇十年（五九〇年），著名

①劍柄石　②逍遙樓碑　③棲霞寺

七星公園導遊圖

的高僧曇遷遊覽這裏。他被岩洞裏幽古深邃而吸引，於是大筆一揮，寫下「棲霞洞」三個字。棲霞洞之稱呼由此而來。自然，老佛也隨之進駐這一勝地。唐開和年間，懷信還刻詩一首在洞口。詩曰：

石古苔痕厚，岩深日影悠。
參禪因久坐，老佛總無愁。

其實，老佛也不見得「總無愁」。早在唐開元年間，道教的李老君在李唐王朝的青睞下，也擠進來占據一方寶地。現一進洞抬眼處，有一高臺橫出，唐祠老君正襟危坐其上，人稱老君臺。明人嚴震直有詩一首：

尋眞不覺到天臺，洞裏桃花樹樹開。
試問華君去何處，定騎鸞鶴上蓬萊。

宋代時，岩口建有碧虛亭，現七星岩口還刻有宋代廣南西路經略安撫使范成大的《碧虛銘》。不過當時，仍未以「碧虛岩」冠七星岩的。直至明代，道士潘常靜在普陀岩建碧虛樓，棲霞洞時被改稱爲「碧虛岩」了。不過，這「碧虛岩」的幾個大字，卻刻在岩洞外的普陀岩側。原來潘常靜因耳疾聽不清楚，把應刻在岩洞口上的大字，誤刻在普陀岩上。結果，直至今天，仍有人把普陀岩分成碧虛和普陀兩個岩。這實在是一個誤會。

今天，岩洞雖又更名爲「七星」，但歷史的痕跡仍留了下來。你瞧，七星岩洞前新建了兩座與山水融爲一體的

了下來。你瞧，七星岩洞前新建了兩座與山水融爲一體的兩層建築，右爲棲霞，玲瓏精雅；左爲碧虛，雄奇俊秀。

七星岩在歷史上，不僅成爲文人墨客的遊覽之地，它還兩度成爲農民義軍的駐地。西元一六五二年八月，李定國領導農民義軍攻占桂林王府，迫清定南王孔有德兵敗自殺後，李定國曾在七星岩的第一洞天處置酒祝捷。西元一八五二年，太平軍圍攻桂林時，曾以洞前的棲霞寺爲東戰線的指揮部。

七星岩是廣西洞府中開發最早的岩洞，故文物古跡十分豐富，古代題刻共有一百二十多件，其中又以宋代爲最多。

清代朱鳳森《棲霞洞》詩說：「石乳懸看雪，仙床擁翠寰。探奇峰萬矗，直到九嶷彎。」朱鳳森竟說這洞可以通到湖南。此說雖未證實，不過，也足見七星岩洞的幽深奇偉。至於岩洞內的石乳形成的景物，更是千姿百態，紛列雜陳。

七星岩原來是一段古老的地下河道。經過一百多萬年地理變動，地下河隆起成爲今天的七星岩洞。岩洞露出地面後，雨水長期沿洞頂裂隙不斷滲入，溶解石灰岩，形成千姿百態的石鐘乳、石筍、石柱和石幔等，眞是蔚爲奇觀。

## 讀碑如讀史（桂林七星岩）

七星岩公園內的月牙山下，有如天開隧道，穹窿穿透，這便是龍隱洞。洞頂有一條蜿蜒石槽，槽壁水蝕的斑痕極像龍鱗，龍跡夭矯，鱗鬚宛然，似一條龍飛走留下的痕跡，洞由此而得名。宋人劉克莊詩嘆其爲「雷嗔斧山開，龍怒裂石出，至今絕頂上，千丈留尾脊」。如今那鱗甲齒齒的內洞壁上，高鐫著雄渾有力的四個巨字：「破壁而飛」。

自古以來，多少文人墨客爲洞中的神奇景象所迷戀，寫下不少詩文。最早的爲唐乾寧元年（八九四年），張浚、劉崇龜的《杜鵑花唱和詩》，至今已有一千餘年了。穿洞出至南口，著名的《龍圖梅公瘴說》碑，鐫於左面石壁上。這是一件頗吸引人的珍品。這是昭州（今平樂縣）知府梅摯於宋景祐初年（一〇三四年）寫的。「瘴」是指瘴氣。廣西地處南疆，山巒重疊，森林茂密，嵐煙瘴氣不時橫生，有人遇即死的「土瘴」一說。但梅摯的《五瘴》是從租賦、刑獄、飲食、貨財、帷簿五個方面，講當時做官人身上的五種「瘴氣」。梅摯認爲造成人民疾病的不是什麼天時地理的土瘴，而是官吏們的「急徵暴斂，剝下奉上」；「深文以逞，良惡不白」；「昏晨醉宴，馳廢王事」

；「侵牟民利，以實私儲」；「盛揀姬妾，以娛聲色」。梅摯指出「官瘴」才是眞正害人致死的禍根。南宋紹熙元年（一一九〇年），廣西漕運使朱晞顏讚賞《五瘴說》，將其書刻在龍隱洞上。一九六三年三月，郭沫若在參觀龍隱洞時，即席賦七律一首，頭兩句便是「榕樹樓頭四壁深，梅公瘴說警人心。」

龍隱洞南行約十步，就是著名的龍隱岩。相傳這裏原是神龍伏居之地，留有盤屈隱臥的痕跡，故宋人稱爲「龍隱岩」，明人則稱爲「龍騰」之地。

這麼一塊「風水寶地」，求神明保佑的人自然會選中它。自宋初熙寧年間，龍隱岩就建有佛堂，名爲釋迦寺，時爲桂林四大名寺之一。宋至和元年（一〇五四年），區八娘捨錢鐫刻日光、月光菩薩像於壁上，至今已有九百多年了。但不知何故在宋元符年間（一〇九八—一一〇〇年），龍隱洞只剩下一片「敗屋數椽」頹廢景象。後由僧正仲重新修建，花數十年建成一座「萬瓦鱗次」、「兩閣飛」的新釋迦寺，這裏又成爲江東佛教香火最盛的地方了。

當然，這一名勝也不僅僅是佛門天下，許多文人墨客也慕名前來一遊。遊人都喜歡在這裏鐫題留韻，日長月久，竟成一風尙。到明朝時，已有人發出「壁無完石」之嘆了。故龍隱岩又叫「桂海碑林」。何以稱爲「桂海」呢？這是出自宋代廣南西路經略安撫使范成大的《桂海虞衡誌》一書。書中所誌，大多爲桂林山川博物，民情風俗，故後來的桂海，實指桂林。

清代金石學家葉昌熾曾說：「唐宋題名之淵藪以桂林爲甲」，其中又以桂海碑林爲最集中。怪不得有人嘆曰：「讀碑如讀史」。龍隱岩內有宋元以來題刻一百多件，其中又以北宋蔡京的《元祐黨籍碑》爲最有名。

宋崇寧四年（一一〇五年），宰相蔡京爲排除異己，藉實行王安石新法之名，將元祐至元符年間的政敵司馬光、文彥博、蘇軾、黃庭堅等三百零九人定爲元祐奸黨，並「刻石以示後世」，並令頒於州縣「使其子孫亦受餘辱也」。次年，由於朝野的反對，徽宗又下令毀盡全國碑石。龍隱岩這一塊碑刻，是時隔九十三年以後即南宋慶元四年（一一九八年），由元祐黨人梁燾的曾孫、靜江府鈐轄梁律，根據家藏搨本重新鐫刻的。梁律重刻黨籍碑，意在「幸託名節後」以抬高自己的地位。且不管其當初用意如何，這石碑如今成爲研究宋代統治集團內部矛盾及當時社會狀況的一件重要文物。它同時也是全國現存唯一完整的元祐黨籍碑。清光緒二十三年（一八九七年）四月，康有爲和他的學生十餘人，騎馬遊龍隱岩時，看到這塊元祐黨籍碑，一時有感而發，他在碑下寫了一篇文：「自東漢黨、南宋慶元黨禁、晚明東林黨人，並此而四矣。其攻黨人者，則李膺、司馬公、朱子、高、顧二先生也。後之觀者，亦不必以黨爲諱矣。人亦樂爲李、馬、朱、顧耶？抑甘從侯覽、魏忠賢耶？」康有爲把歷史上的朋黨不分青紅皀白，混爲一談，實在是糊塗得很。康有爲勸人「不必以黨爲諱」，從而爲自己組黨維新製造輿論。不久，康有爲變法失敗，這篇跋文也隨之被鑿毀了，現僅殘留十餘字。

## 象山奇骨水月洞（桂林象鼻山）

桂林市東南側的灕江邊上，有一酷似正在江邊吸水的石象。這便是神形俱備的桂林象鼻山。

象鼻山，原稱灕山。宋代樂史《寰宇記》云：「灕山在灕水之陽，因以名焉。」唐代桂管觀察使元晦，以其音與陝西臨潼的驪山同，曾改稱儀山。但唐代莫休符在《桂林風土記》內卻認爲此山在水中，應稱爲「沉水山」。但當地老百姓還是喜歡它的形似大象而稱爲「象山」、「象鼻山」。久而久之，「象鼻山」的稱呼流傳下來，而「灕山」、「沉水山」只有在記載中才保留。

明代時，孔鏞有詩曰：

象鼻分明飲玉河，西風一吸水應波。
青山自是饒奇骨，白日相看不厭多。

明代大旅行家徐霞客對此山也做過這樣的描寫：「插江之涯，下跨於水，上屬於山，中垂外掀，有捲鼻之勢，「象鼻」之稱又以此。」

象鼻山的鼻、身相隔處，有一南北貫通的穿洞，半水半陸，形圓如月。每當月明之夜，看水月洞倒影，可稱奇絕。宋代薊北處士咏道：

水底有明月，水上明月浮。
水流月不去，月去水還流。

這就是著名的水月洞。南宋時，爲了這個山洞的名稱，曾有兩位詩人進行了一場沒有正面交鋒的「筆戰」。

事情是由張孝祥引起的。張孝祥是一位才思橫溢、精於詩詞書法的詩人。乾道二年，在他罷職歸鄉的前夕，接任者張維邀請張孝祥同宴於水月洞，以爲餞別。酒席中，張孝祥應主人之請，即席作了《朝陽亭詩并序》。文中把水月洞改名爲朝陽洞。這篇《朝陽亭詩并序》被刻在洞壁上。

七年後，南宋另一傑出詩人范成大上任廣南西路經略安撫使來到桂林，他對張孝祥改水月洞爲朝陽洞頗不以爲然。他認爲城西隱山已有朝陽洞，不應重複，還是應該恢復原來大家已熟悉的「水月洞」名爲好。於是他針對張孝祥的《朝陽亭詩并序》寫了一篇《復水月洞銘》，看來范成大比張孝祥更重民意，講究務實。不管已離任的張孝祥是否有異議，「水月洞」的名字還是流傳至今。

象鼻山不僅是風景名勝之地，也是古時兵家必爭之地。西元一三六八年，明初將領朱亮祖攻取桂林時，曾屯兵於象鼻山下。西元一八五二年，太平軍圍攻桂林，曾在象鼻山上架炮轟城。但由於桂林三面環水，一面爲群峰屏障，加上城牆高厚，易守難攻，太平軍連攻六天未能下。屯兵堅城之下，爲兵家所忌。太平軍決定撤離北上。在撤圍的當晚，太平軍把許多草人布置在象鼻山上，遠看似人影幢幢。並點燃了加長了藥線的炮，然後把隊伍撤走。太平天國革命失敗後，光緒九年（一八八三年），廣西巡撫倪文蔚特意在象山東面的懸崖上，鐫刻巨幅摩崖《皇清中興聖德頌》，爲統治者鎮壓太平天國革命歌功頌德。現在象鼻山的西南麓有太平天國文物史料陳列館。

最近，在桂林市西北郊區，發現了與象鼻山相似的新象山，這兩座象山被稱爲「鬼斧神工」的傑作。

象鼻山，現已成爲桂林的城徽。

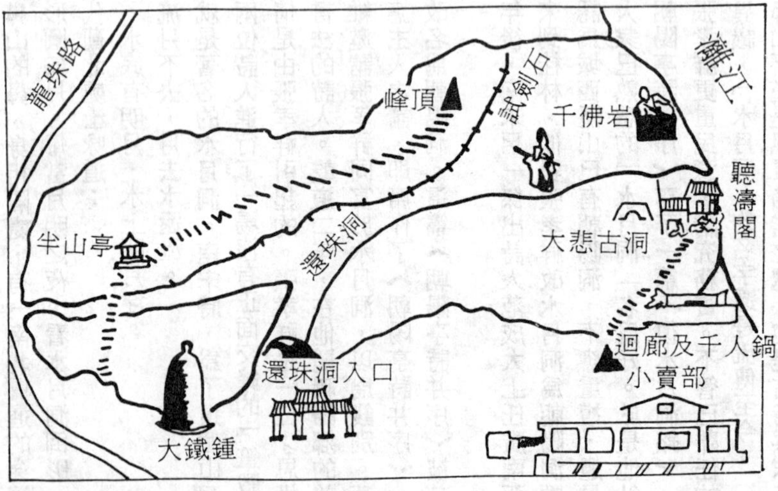

# 清流伏波探還珠（桂林伏波山）

沿桂林市東面的濱江大道北行，遙看灕江西岸，臨江孤峰，奇特嵯峨，幽岩貫穿。這便是有名的伏波山。

西漢伏波將軍馬援，南征入侵胥徒國時，曾駐師桂林，與敵使談判於伏波山下。相傳馬援曾在此地試劍劈石。現伏波山下的還珠洞中央，有一石乳，離地寸許斷齊，斷口平整有如利劍斬劈。這就是傳說中伏波將軍的試劍石。這個故事傳說了上千年。但從地質學上考察，這裏的岩石都是石灰岩，「削」出來的石縫只不過是江水浸蝕的結果。人們把它和伏波將軍聯繫起來。山本是靜物，但一經點化，就變得富有靈性。人們也就把這座孤峰稱爲伏波山。不過，也有人認爲，之所以稱爲伏波山，是因爲唐朝時，山上曾建有伏波廟之緣故。而有的人認爲，馬援根本沒有到過桂林。元代的張湖山就認爲，「無乃好事相傳訛」。至於唐朝建的伏波廟，明朝張鳴鳳在《桂勝》裏也說得明白，「唐伏波廟在郭東北二里，去山較遠。」

那麼，「伏波」一名是怎麼來的呢？原來，伏波山半枕陸地，半插江潭。山的東麓突出水中，遏阻江流，形成深潭，逢春夏水漲，滔滔灕江，奔湧而來，江流到此遇到山麓的阻障，波浪迴旋。宋人章峴《留題伏波岩》詩云「波瀾迴伏」因而得名。後明朝張鳴鳳也說「宋元豐間（一〇七八—一〇八五年）遊者題作『伏波』，取麓遏瀾故云。」看來，伏波山並不是沾伏波將軍之光而定名的，而是根據這裏的地理景觀取名的。

當你一步入伏波山門，一口龐然鐵鐘，遮掩在如傘的棕櫚樹前。蒼蒼古鐘，頂部爲雙龍鈕，鐘身紋飾和銘文四層，鐘重五千零四十八斤，鑄於清代康熙八年（一六六九年）。

仔細端詳鐘上的銘文，你會發現一個有趣現象，時爲廣西鎮守將軍的孫延齡名字卻排在他的夫人孔四貞的後面，這在一個男尊女卑的封建社會裏，不能不說是件怪事。這就引出一段「夫以妻貴」的史實來。

西元一六五二年，定南王孔有德兵敗自焚後，有一個女兒被一老嫗揹出城外逃命。朝廷念她父親對清朝有功收養了她。小女孩生得嫵媚可愛，深討順治皇帝母親的歡心，她與順治帝互稱兄妹。她就是孔四貞。後來她嫁給孫延齡，夫以妻貴，孫延齡因此被命爲廣西鎮守將軍，其祿位與諸藩王差不多。但孔四貞以她特殊的地位繼行「定南王事」，她自己擁有一批心腹，她的無上權威，使得孫延齡「竟同木偶，不能復出一令矣」。所以在康熙八年爲奉祀定南王孔有德而鑄造的大鐘，孔四貞的爵銜自然排在孫延齡前面。當然，這位夫婿也不服氣，他殺掉了孔四貞從京城帶來的心腹，並投靠了吳三桂。結果，在孫延齡對平西王吳三桂謀反一事猶豫不決之時，被吳三桂誘殺於桂林，孔四貞也被劫去昆明。

春秋迭代，當年顯赫一時的人物早已化爲塵埃，惟有這口鐵鐘保留下來。它成了研究定藩的軍事組織以及定藩與平南王關係的重要資料。鐵鐘原置於疊彩山前的定粵寺內，後因日軍侵華時，定粵寺被毀，鐵鐘也就移置於伏波山下了。

伏波山眞正的勝境在山腹中——還珠洞。被譽爲「湘南洞穴之冠」的還珠洞，以豐富的石刻文物著稱，其中又以北宋大書畫家米芾的題名和自畫像最爲出名。

米芾與當時的蘇軾、黃庭堅、蔡襄並稱爲宋代四大書法家。米芾當時又曾被人稱爲「米顛」，這有一段緣由。有一次，他奉宋徽宗之命在書寫四扇屏風。徽宗命人給他送來九百兩銀子。宋人習俗，九百之數爲痴癲之別稱。米芾遂將銀兩退還，並回奏皇上：「知臣莫若君，君知臣甚明」。此後，米芾以痴癲自詡。米芾玩世不恭的孤高個性難以在官場發展，終被人彈劾削職到淮陰。不久，米芾死在淮陰。臨終前，他曾將生平的書畫付之一炬。所以，留在世上的米芾作品極爲少見。但你在伏波山的還珠洞裏，卻看到這位著名書畫家的早期眞品，可謂難得。

這是在宋熙寧七年（一〇七四年）時，年僅二十三歲的米芾到桂林任臨桂縣尉。在職期間，米芾經常徜徉在桂林的山水之間。同年，米芾與縣令潘景純同遊還珠洞。幽岩奇石使他留連忘返，米芾於是在還珠洞題名：「潘景純、米黻，熙寧七年五月晦同遊」。這題名石刻，筆法秀麗瀟灑，骨力深藏。在米芾題名的左旁，刻有米芾的自畫像，「風神蕭散」，伸出右手二指，似有所示。像上刻有宋高宗讚：「襄陽米芾，得名能書，六朝翰墨，漁獵無餘，骨與氣勁，妙逐神俱，風姿奕然，縱覽起予。」像的左邊刻有他的兒子米友仁寫的跋。這是南宋嘉定八年（一二一五年）廣西轉運判官方信孺從米芾曾孫米秀實手裏借來眞跡摹刻的。米芾自畫像有四本，一本爲古衣冠像，曾入紹興內府，上有宋高宗的像讚題跋。還珠洞的石刻像正是這本。南宋詩人陸游說：「畫自是妙跡，眞爲元璋無疑。」絕
元代畫家也說：「米公遺像刻堅珉，猶在荒城野水濱。
嘆莓苔迷慘淡，細看風骨尚嶙峋。」

米芾的題名和畫像，成爲桂林石刻中的珍品。

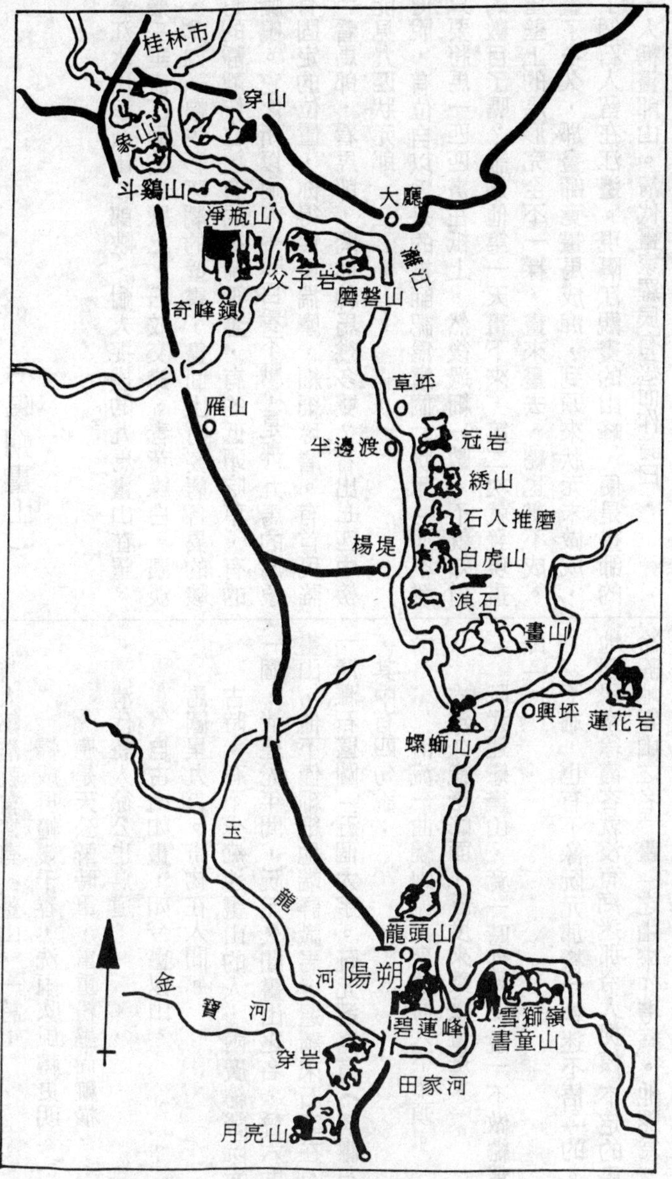
桂林市
穿山
象山
斗鷄山
大廳
淨瓶山
灕江
父子岩
磨盤山
奇峰鎮
草坪
雁山
冠岩
半邊渡
綉山
石人推磨
楊堤
白虎山
浪石
畫山
興坪
蓮花岩
螺螄山
玉
龍
河
龍頭山
朔陽
金
寶
河
碧蓮峰
雪獅嶺
書童山
穿岩
田家河
月亮山

灕江遊覽示意圖

# 不做總督，願守畫山

（陽朔畫山）

灕江水由浪石出二郎峽，耐人捉摸的九馬畫山在望。在那幾乎垂直江面的巨壁上，石紋交錯，青黃綠白，濃淡相間，尤如一幅色彩斑斕的壁畫，畫面上有姿態各異的駿馬，有的靜靜佇立，有的揚蹄飛奔，有的低頭吃草，有的昂首嘶鳴。它之所以耐人尋味百看不厭，是那 九馬的形象並沒有固定的位置，你得慢慢揣摩，細細琢磨。有首民謠說：「看馬郎，看馬郎，問你神馬幾多雙？看出七匹中榜眼，能見九匹狀元郎。」

傳說，有位自以爲是的畫師認爲這個「狀元」並不難考，只要將馬一匹匹畫在紙上，然後過細一數，不就知道確實的數目了嗎？誰知他第一天畫下來，第二次就發現畫稿和崖壁上的馬形完全不一樣，畫來畫去，總也畫不成。不知畫了多久，那畫師竟畫馬成痴，到頭來狀元未做成，倒成了個石人留在江邊。現隔江觀畫的山峰，便是畫師的化身，人稱畫郎山。清代畫家羅辰有感而作詩曰：

山以畫爲名，畫自天公設，
人間老畫師，到此寸心折。

傳說到底是傳說。不過，這傳說倒說明這畫山在很早以前，就被古人當作一幅神奇的「畫」而觀賞了。在宋代，詩人鄒浩就曾寫有《畫山》一詩：

掃成屏幛幾千春，洗雨吹風轉更明。
應是天公醉時筆，重重粉墨尙縱橫。

清代詩人徐公也寫道：

自古山如畫，如今畫似山。
馬圖呈九首。奇物在人間。

古時，有不少痴迷畫山的人，兩廣總督阮元就是其中一個，清道光年間，阮元久聞畫山之名，曾六度前來觀賞畫山，他不僅細細地端詳識馬，還請來石工在石壁上刻有「清灕石壁圖」五個大字。阮元還寫有《清灕石壁圖歌》，其中有四句說：

清流一曲繞山流，來往何人不舉頭。
六年久識奇峰面。五度來乘讀畫舟。

阮元迷戀畫山，竟一時性起，說「不做總督，願守畫山」。

不過，也有不像阮元那樣「執迷不悟」的。明朝的大地理學家徐霞客就沒有痴迷那令人捉摸不定的畫面，而是冷靜地對山之名「畫」之由來作考察。他認爲：「山橫列江南岸，江自北來，至是西折，山受嚙，半剖爲削壁，有紋路。綠樹沿映，石質黃、紅、青、白，雜彩交錯成章，上有九頭，山之名『畫』，以色非以形也」。這是古人對畫山形成作出的科學解釋。

如果你以形似來端詳九馬，恐怕就像立在對面這座畫郎山那樣，永遠也數不清楚了。

## 釣臺緣由不尋常（陽朔釣臺）

陽朔渡口不遠處，有一塊長形岩石，伸出江面，正好在此垂釣。岩石上刻有「釣臺」二字，附近還刻有四行詩句。這釣臺的來歷引起不少遊客的紛紛猜測。原來這釣臺非同尋常，它是古代桂州三才子之一曹鄴留下的古跡。

曹鄴是古代桂州第一個值得稱道的才子，陽朔人，他自稱是曹操的後代。唐宣宗大中四年（八五〇年），曹鄴考中進士，官至侍部郎中。他生性耿直，好直言不諱。一次，朝中要給死了的宰相高璩議謚號。曹鄴卻說高璩「交遊醜類，進取多蹊徑」，應謚爲「刺」。這話得罪了不少京官，結果曹鄴被降至洋州（今陝西洋縣）當刺史。曹鄴一氣之下棄官跑回陽朔老家隱居去了。

在陽朔，曹鄴常坐江邊這塊大石上，垂竿四尺，展絲一丈，釣魚遣懷。他對自己的際遇曾感嘆地寫道：

掃葉煎茶摘葉書，心間無夢夜窗虛。
只因光武恩波晚，豈是嚴光戀釣魚。

前兩句敘述了詩人晚歸陽朔後清貧閒適的隱居生活。後兩句卻借漢光武帝和嚴光的故事譏諷皇帝，說嚴光不是喜歡釣魚，而是光武帝不用他。曹鄴以此流露出懷才不遇的感嘆。這首就是現在刻在釣臺石面上的四句詩。

曹鄴雖然罷官遁世避俗，但他仍寫了不少干預時世的詩，如「州民言刺史，蠹物甚於蝗」，「官倉老鼠大如斗，見人開倉亦不走；健兒無糧百姓饑，誰遣朝朝入君口？」鞭撻貪官污吏。此外，曹鄴還寫了不少吟咏故鄉陽朔風光的詩，其中一首咏陽朔兩郎山的：

西郎何事面西方，欲會東郎隔大江，
自古良朋時一遇，東郎未會恨斜陽。

這西郎山指今陽朔公園內屏風山半壁側面的一巨石。巨石形象如人，獨立朝西，故名爲西郎山。

曹鄴還經常到碧蓮峰的鑑山寺讀書，並與住持和尙智仙論詩。鑑山寺依峰而建，古木蒼翠，憑欄放眼，江心一洲，宛如鰲魚，逆江而上。曹鄴讚道：

江城隔水是東洲，深似金鰲水上游。
萬頃碧波分瀉去，一洲千古砥中流。

後鑑山寺改建爲鑑山樓。該樓一九四四年被毀，解放後依舊址重建。

離開鑑山樓沿峰麓拾級而上，題刻殆遍。其中最引人注目的是清人王元仁草書「帶」字石刻。字徑約三米，字體飄逸灑脫。王元仁，山陽人，書學王羲之，尤擅長巨幅草書，自誇天下第一。道光十六年（一八三六年）王元仁曾任陽朔代理知縣。王元仁這頗爲自負的「帶」字，惹得遊人議論紛紛。有人說，這一字包含有「一帶山河，少年努力」的筆意，但又有人說應是「一帶山河甲天下，少年努力舉世才」之內涵。也有人說「一帶山河，少年有爲」。更有想象力豐富的詩人認爲「一帶山河，舉世無雙；少年努力，萬古流芳。」眞謂仁者見仁，智者見智。不知你意下如何。

## 左江崖壁畫之謎（寧明花山）

位於廣西西南部的左江流域曾被我國明代的大地理學家徐霞客譽爲兼有「建谿之勝，陽朔之奇」，但更使他驚嘆的不是「萬點奇峰千幅畫」的勝景，而是廣泛分布在左江兩岸懸崖峭壁上的巨幅紅色彩繪崖畫。這些崖壁畫又以寧明縣的花山崖壁畫發現最早，規模最大，故左江流域崖壁畫又統稱爲「花山崖壁畫」。

花山，位於寧明城北五十里的明江東岸。最著名的花山崖壁畫就在這裏。寬約四十米，長約二百米的原始粗獷的崖壁畫就高展於絕壁上。圖像呈赭色，線條古樸，共計人物有一千三百餘個，最大的高達三米，最小約三十釐米。畫面以一個雙臂曲折上舉，雙腿叉開屈蹲的正身人像爲中心，旁邊有一些身體較小而姿態與之相同的正身人像和昂首挺胸、雙手前伸上舉、雙腳前伸下屈的側身人像。這些似人似蛙、似馬似犬的斑駁影綽圖案顯得神秘。由於上面沒有文字，晚至明代的地方志中才有一些語焉不詳的記載，所以它一直是一個未解之謎。

關於崖壁畫的涵義有各種猜測，一說爲原始社會的狩獵圖，一說爲慶祝勝利的宣傳畫，一說是從繪畫向象形文字過渡的語言符號，還有說是取悅水神的原始祭祀圖。眞是衆說紛紜，莫衷一是，據最近的一次綜合考察披露，比較一致的說法是原始宗教的祭祀水神圖。

你瞧，每幅崖壁畫的中心都有一個或幾個模仿青蛙跳舞形狀的巨大人物。他們之所以學青蛙動作，是因爲青蛙是壯族崇拜的動物神。模仿青蛙跳舞，是壯族先民祭祀水神的常見場面。

他們爲什麼要模仿青蛙動作呢？這得從左江的自然景觀條件說起。左江位於十萬大山北麓，河道彎曲狹窄，一旦洪水襲擊，勢如排山倒海，眞是「欲離苦海，有翼難飛；思上青天，無槎可駕。」生產力低下的壯族先民，只能把這些災難歸咎於神的作祟。同時，他們也發現，每當大雨來臨前夕，青蛙總是在呱呱大叫。壯族民間諺語有「青蛙鬧，大雨到」。每當青蛙叫喚時，人們就趕緊遷到高地，遠避洪水，免於災難。久而久之，青蛙也就被看成為通天的神而受到人們的崇拜。所以，每逢祭祀水神的儀式，巫師即模仿青蛙動作，欲達到「以舞降神」的目的。為了永久地對付頻頻出現的水災，壯族先民不惜冒著生命危險，以天然礦物質顏料加動物油，攀上臨江的崖壁上作畫，以達到長期祈求水神保佑的目的。臨江的崖壁畫有百分之八十是位於河流湍急的轉彎處，這裏常是災難的多發點。

岸壁畫的繪製年代，結論不下十種，歸納起來大體有三說：上古說、兩漢說和唐代說等。根據已有的考古發現，在江崖壁畫的年代最早可追溯到戰國時期。人們根據花山崖壁畫與湖南出土的銅鉞上的花紋，不論在內容上、手法上和風格上，兩者都基本相同。花山崖壁畫的製作年代應與戰國時期的銅鉞年代相差無幾。同時，從畫面表現出來的某些社會內容來看，也應在戰國時期。如畫面的大人物和小人物都舉手屈臂一同歡舞，未見有跪拜或侍奉中心人物的圖像，也就是說還沒有形成嚴格的尊卑關係。這與文獻記載和考古材料證明的戰國時期廣西仍處於原始社會末期或奴隸社會初期的情況是一致的。看來，崖壁畫製作年代推斷在戰國時期是適當的，最晚也不應超過漢武帝之後。漢武帝派兵平定南越後，廣西的社會才發生了相當深刻的變化。

花山崖壁畫的繪製延續了幾個世紀後，為何停繪了呢？難道作為壯族先民圖騰的青蛙被以後的子孫們忘卻了嗎？這也許與左江沿岸居民的水祭祀的方式改變有關。隨著生產力水平的提高。水神已改頭換面為蛟龍，坐上宏偉壯

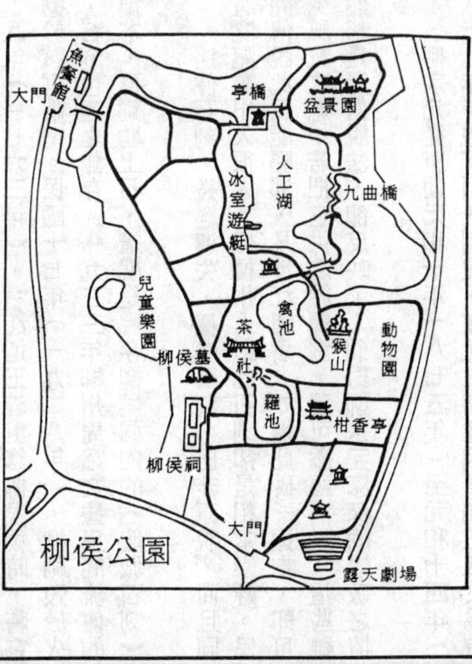

柳侯公園

觀的龍王廟中接受人們的奉祀了。青蛙圖騰便自然地、逐漸地在人們觀念中趨向淡漠了，古老的繪製崖壁畫的風俗也消失了，後人也就逐漸把畫在崖壁上的「蛙神」忘卻了。

綿延二百公里的花山崖壁畫比我國內蒙陰山山脈的狼山崖畫、雲南滄源崖畫、福建華安汰內崖畫以及四川珙縣的僰人崖畫等的分布地域要廣闊得多。廣西花山崖畫以它巨大的規模和豪放的氣派，成爲我國藝術寶庫中的曠古奇觀，就是在世界崖畫藝術中也極爲罕見。

## 文章盛事千秋在（柳州柳侯祠）

在柳州柳侯祠裏，有一塊極具浪漫色彩的石刻——《龍城柳》石刻。人們都說這碑文是唐代大文學家、思想家柳宗元僅存的手跡。因此，人們又叫它爲《柳侯碑》。相傳在發現此碑時，還同時出土一把短劍，加之碑文中有「驅厲鬼，出匕首」語，民間又稱它爲《劍銘碑》。全碑共二十六字。文曰：「龍城柳，神所守。驅厲鬼，出匕首。福四民，制九醜。元和十二年柳宗元」在碑石後面還有明人龔重始的題跋。跋文說：「明天啓三年，龔重始得此於柳公井中」。

其實，關於《龍城柳》石刻，由於年代久遠，其眞實性已難分辨。在宋代王銍性僞託柳宗元撰的《龍城錄》中有這樣的記載：「羅池北，龍城勝地也，役者得白石，上微辨刻畫云：『龍城柳，神所守，驅厲鬼，山左首，福士氓，制九醜』」。此書雖爲王銍性僞託柳宗元而作，但書中所錄《龍城石刻》卻比較可信。後來此碑得而復失，明天啓三年（一六二八年），姓龔的重在城北柳公井中所得的《龍城石刻》，極可能是元明人據傳聞重刻的作品，故前後石刻文字略有出入。其後此石刻復失，清雍正六年（一七二八年），有王姓者於柳侯柏子園舊址掘得，乾隆二十八年（一七六三年），右江道王錦重修柳侯祠時，將它砌於該祠牆壁。民國十七年（一九二八年），柳祠毀於火，石刻也隨之無存。一九三三年柳州周耀文據民間流傳的搨本，再鉤勒上石，這就是現存柳侯祠內的《龍城石刻》。

這件石刻，幾經遺失，輾轉重刻，已非原貌，而且同有關記載出入很大。但柳州人對此石刻卻是相當崇拜。民間傳說此石能驅邪，凡涉江河者，如攜此碑一搨本，即可免風波之患；若把它供之於廳堂，還可添福消災。這些雖然都是迷信說法，卻反映了人們對柳宗元深深的崇敬之情。

柳宗元從唐朝元和十年（八七五年）至元和十四年（八七九年）在柳州任刺史。在此之前他因參加王叔文爲首的政治改革運動，被貶湖南永州爲員外司馬，後改做柳州刺史，名義是晉升，實際是「官雖進而地益遠」，是又一次被貶謫。當時他來到柳州，心境是極爲苦悶的，「海天愁思正茫茫」。但他深入民間，瞭解到柳州人極爲貧困的生活現狀之後，知識分子的責任感促使他暫時忘卻了仕途的失意，他說：「是豈不足爲政耶！」他決心盡自己的力量爲當地人辦幾件好事。

第一件好事，是廢除奴俗，解放奴婢。當時，柳州使用和殘殺奴婢的現象很嚴重，許多豪富人家常有「婢妾百餘，男僕數百」。他們主要受地租和高利貸的壓榨和被綁架、拐賣而淪爲奴婢的。他們沒有人身的自由，被主人隨便拷打、虐待、殘殺，使當時柳州「戶口滋耗」，社會生產受到很大的破壞，柳宗元上任伊始，就下了一道禁止買賣奴婢的法令，規定奴婢可以贖身的辦法，不到一年，一千多奴婢就獲得了解放。這次改革，既有利於國家的稅收，又促進了小農經濟的發展。

第二件好事，宣揚教化，破除陋俗。當時柳州爲「方外之地」，是百越人聚居的地方。這裏盛行一種用雞骨占卜、祀鬼殺生的陋俗。人們生了病，請巫師來家安臺送鬼，求神保佑，巫師用一根小竹籤插進一隻小公雞的脛骨，然後按竹籤的正反方向，來判斷病人的凶吉，竹籤插得直而遠，或附於骨者，則視爲吉利，如果所插竹籤斜而遠離雞脛骨者，則認爲是凶煞。如果卜上凶煞，就要宰殺牲畜來祭祀。還是不行，則用塊白布蓋在臉上，不吃不喝地躺著等死了。這樣做的後果，使柳州人口減少，田地荒蕪，六畜不旺。柳宗元一到柳州後，決心破除這種惡俗。他修復了大雲寺，大力提倡佛教，宣揚生死輪迴，勸說人們不要濫殺牲畜，使當地百姓殺牲祀鬼之風有所改變。

第三件好事，挖井開荒，發展生產。柳宗元初到柳州時，看見當地人取水相當不便，他用地方罰款，組織民工開鑿小井。他身體力行，組織開荒造林，他親手在城西北種了黃柑二百株，在柳江河畔栽種了大批的柳樹。爲此，他還風趣地寫下一首題爲《種柳戲題》的詩：「柳州柳刺史，種柳柳江邊。談笑爲故事，推移成昔年……」據他在《柳州復大雲寺記》稱，僅在大雲寺附近，他就組織民衆開展荒地「圃百畦，田若干塍」，種下「樹木若千本，竹三萬竿」。另外，他還引進中原地區的先進農業技術，教導百姓養魚養豬，修建房屋，造船築路。

第四件好事，興辦學堂，發展文化教育。柳宗元到柳州，立即新修文宣王廟（即孔廟），興辦學堂，以身示教，親授文章。當時，不少南方土人「走數千里從先生遊」，「州人莫不興起從學」，大大提高了當地人的文化水平。《粵西叢載》作者汪森說：「自古以來，其興文教也……以粵而論，宜推柳子厚始」，這個評價並不過分。

宗元治柳四年，做出如此政績，最後是積勞成疾，在四十七歲壯年病逝。難怪柳州人如此厚愛他，並把他神化到如此地步。

## 《中國各遊覽區主要景點一覽表》

| 部區屬 | 景點名稱 | 類別 | 級別 | 時代 | 地址 |
|---|---|---|---|---|---|
| 華南部 | | | | | |
| 珠江口遊覽區（香港） | 皇后像廣場 | 園林 | | 近代 | 香港市內 |
| | 維多利亞公園 | 園林 | | 近代 | 香港銅鑼灣 |
| | 柯士甸山道公園 | 園林 | | 近代 | 香港太平山 |
| | 山頂公園 | 園林 | | 近代 | 香港太平山 |
| | 何東花園 | 園林 | | 近代 | 香港太平山 |
| | 植物公園 | 園林 | | 近代 | 香港太平山 |
| | 金夫人徑 | 園林 | | 近代 | 香港灣仔至仔水塘 |
| | 深水灣 | 自然景 | | | 香港海濱 |
| | 淺水灣 | 自然景 | | | 香港島南部 |
| | 大浪灣 | 自然景 | | | 香港大嶼山、西貢半島、港島東部 |
| | 石澳 | 自然景 | | | 香港島東部 |
| | 大潭郊野公園 | 園林 | | 近代 | 香港島東部 |
| | 萬金油花園 | 園林 | | 近代 | 香港虎豹別墅 |
| | 大嶼山風景區 | 園林 | | 近代 | 香港大嶼山 |
| | 侯王廟 | 古寺 | | 宋 | 香港九龍城寨西北方，聯合道與東頭村道交界處 |
| | 宋王臺 | 紀念地 | | 宋 | 香港九龍城 |
| | 宋城 | 建築 | | 一九七八年 | 香港九龍荔枝角 |
| | 獅子山 | 自然景 | | | 香港九龍半島北端 |
| | 天后古廟 | 古寺 | | 清 | 香港鯉魚門、佛堂門 |
| | 望夫石 | 自然景 | | | 香港海濱 |
| | 海洋公園 | 園林 | | 一九七七年 | 香港黃竹坑 |
| | 太空館 | 展覽館 | | 現代 | 香港九龍尖沙咀 |
| | 彭福公園 | 園林 | | 近代 | 香港沙田 |
| | 文武廟 | 古寺 | | 清 | 香港半山 |
| | 廣福祠 | 古寺 | | 一八五一年 | 香港太平山街 |
| | 馬油塘晨運花園 | 園林 | | 近代 | 香港九龍東區馬油塘山 |
| | 杯渡山 | 紀念地 | | 宋 | 香港屯門 |
| | 青山禪院 | 古寺 | | 清 | 香港新界西南青山 |
| | 善慶古洞 | 園林 | | 近代 | 香港屯門 |
| | 上將府 | 紀念地 | | 近代 | 香港圭角山下 |
| | 妙覺園 | 陵墓 | | 近代 | 香港圭角山下 |
| | 力瀛書院 | 紀念地 | | 宋 | 香港圭角山 |

續表一

| 部區屬 | 景點名稱 | 類別 | 級別 | 時代 | 地址 |
|---|---|---|---|---|---|
| | 吉慶圍 | 古建築 | | 明 | 香港元朗錦田大馬路北圍對面 |
| | 大城石澗 | 自然景 | | | 香港大冒山近城門水塘附近 |
| | 萬佛寺 | 古寺 | | 一九五〇年 | 香港沙田市鎮 |
| | 蓮花洞 | 自然景 | | | 香港蓮花山 |
| | 九邊山 | 自然景 | | | 香港新界大陸西首屯門灣東岸 |
| | 十四鄉 | 自然景 | | | 香港西貢北部 |
| | 麟峰文公祠 | 紀念地 | 港督保護 | 明 | |
| | 龍蝦灣石刻 | 碑刻 | 港督保護 | 史前 | 香港龍蝦灣 |
| | 舊代稅關遺址 | 遺址 | 港督保護 | | 香港佛頭洲 |
| | 西林寺 | 古寺 | | | 香港沙田 |
| | 摩士公園 | 園林 | | 近代 | 香港九龍城北 |
| | 九龍仔公園 | 園林 | | 近代 | 香港九龍城西 |
| | 石硤尾公園 | 園林 | | 近代 | 香港石硤尾 |
| | 三太子廟 | 古寺 | | | 香港深水埗 |
| | 關帝廟 | 古寺 | | | 香港深水埗 |
| | 海心廟 | 古寺 | | | 香港九龍土瓜灣 |
| | 觀廛廟 | 古寺 | | | 香港九龍旺角 |
| | 譚公廟 | 古寺 | | | 香港筲箕灣 |
| | 蓮花宮 | 古寺 | | | 香港大坑 |
| | 印度廟 | 古寺 | | | 香港司徒拔道 |
| | 聖約翰大教堂 | 古寺 | | 近代 | 香港中區 |
| | 天主教總堂 | 古寺 | | 近代 | 香港堅道 |
| | 回教廟 | 古寺 | | 近代 | 香港摩羅廟街 |
| | 佐治五世紀念公園 | 園林 | | 近代 | 香港半山 |
| | 遮打花園 | 園林 | | 近代 | 香港中區 |
| （澳門） | 媽閣廟 | 古寺 | | 明 | 澳門 |
| | 觀音堂 | 古寺 | | 明 | 澳門 |
| | 大三巴牌坊 | 古建築 | | 一六〇二年 | 澳門 |
| | 大炮臺城堡 | 古建築 | | 一六〇二年 | 澳門 |
| | 東望洋山 | 古建築 | | 一六三八年 | 澳門 |
| | 聖方濟各天主堂 | 古建築 | | 一九一〇年 | 澳門水仔島 |
| | 白鴿巢公園 | 園林 | | 清 | 澳門 |
| | 盧廉若花園 | 園林 | | 近代 | 澳門 |
| | 鏡湖醫院 | 紀念地 | | 近代 | 澳門 |
| | 南灣花園 | 園林 | | 近代 | 澳門 |

| 部區屬 | 景點名稱 | 類別 | 級別 | 時代 | 地址 |
|---|---|---|---|---|---|
| （廣東省） | 磨盤山 | 自然景 | | | 澳門崗頂 |
| | 陳白沙祠 | 紀念地 | | 一五八四年 | 江門市郊白沙村 |
| | 陳白沙釣魚臺故址 | 紀念地 | | 明 | 江門市長堤釣魚臺路口 |
| | 孫中山故居 | 紀念地 | 全國重點 | 近代 | 中山市翠亨村 |
| | 梁啓超故居 | 紀念地 | | 近代 | 新會縣鳳山熊子塔下茶坑村 |
| | 小鳥天堂 | 自然景 | | | 新會縣城郊天馬村 |
| | 叱石 | 自然景 | | | 新會縣杜阮 |
| | 龍興寺石塔 | 古建築 | | 隋唐 | 新會縣一中院內 |
| | 圭峰山 | 自然景 | | | 新會縣城北 |
| | 陳白沙墓 | 古墓 | | 一五〇〇年 | 新會縣蘆村皂帽峰 |
| | 白沙公園 | 園林 | | | 江門市內 |
| | 崖門炮臺 | 遺址 | | 一八四二年 | 新會縣崖門 |
| | 陸秀夫負宋少帝投海處 | 紀念地 | | 宋 | 新會縣崖門 |
| | 鎭山寶塔 | 古建築 | | 一七四五年 | 新會縣圭峰山南麓 |
| | 石花山 | 自然景 | | | 臺山縣城東北郊 |
| | 石筆潭 | 自然景 | | | 臺山縣蠻陂頭北 |
| | 香頭墳 | 古墓 | | | 臺山縣附城黃牛拉車山上 |
| | 上川島風景區 | 自然景 | | | 臺山縣上川島 |
| | 下川島風景區 | 自然景 | | | 臺山縣下川島 |
| 廣州遊覽區（廣東省） | 平英團遺址 | 紀念地 | 全國重點 | 近代 | 廣州市三元里 |
| | 七十二烈士墓 | 紀念地 | 全國重點 | 一九一一年 | 廣州市黃花崗 |
| | 廣州農民運動講習所舊址 | 紀念地 | 全國重點 | 一九二六年 | 廣州市中山四路四十二號 |
| | 廣州公社舊址 | 紀念地 | 全國重點 | 一九二七年 | 廣州市起義路廣州市公安局院內 |
| | 光孝寺 | 古建築 | 全國重點 | 五代至明 | 廣州市紅書北路 |
| | 越秀公園 | 園林 | | 近代 | 廣州市觀音山 |
| | 鎭海樓 | 古建築 | | 明 | 廣州市越秀公園 |
| | 懷聖寺（光塔寺） | 古建築 | | 唐 | 廣州市光塔路 |
| | 三元宮 | 道觀 | | 東晉 | 廣州市越秀山下 |
| | 五仙觀 | 古建築 | | 宋明 | 廣州市惠福西路 |
| | 嶺南第一樓 | 古建築 | | 明 | 廣州市惠福西路 |
| | 黃埔軍校舊址 | 紀念地 | 全國重點 | 一九二四年 | 廣州市黃浦長洲島 |
| | 古海岸遺址 | 遺址 | | 第三紀 | 廣州市南郊七星崗 |
| | 粵王井 | 遺址 | | 南越 | 廣州市清泉街 |
| | 石門 | 自然景 | | | 廣州市西北郊 |

續表三

| 部區屬 | 景點名稱 | 類別 | 級別 | 時代 | 地址 |
|---|---|---|---|---|---|
| | 九曜石 | 園林 | | 南漢 | 廣州市教育路南方戲院內 |
| | 蓮花城 | 遺址 | | 一六六二年 | 廣州市蓮花山 |
| | 蓮花塔 | 古建築 | | 明 | 廣州市蓮花山 |
| | 六榕寺 | 古刹 | | 南梁 | 廣州市六榕路 |
| | 南海神廟 | 古刹 | | 隋 | 廣州市東郊黃埔頭廟 |
| | 仁威廟 | 古建築 | | 北宋 | 廣州市龍津西路廟前街 |
| | 聖心大教堂 | 古建築 | | 一八八八年 | 廣州市一德西路 |
| | 漱珠崗 | 遺址 | | 漢 | 廣州市江南鳳凰村 |
| | 浴日亭 | 古建築 | | 宋 | 廣州市東郊南海神廟西鄰 |
| | 琶洲塔 | 古建築 | | 明 | 廣州市江南 |
| | 玉岩書院 | 古建築 | | 南宋 | 廣州市東郊蘿崗洞蘿峰山下 |
| | 十香園 | 園林 | | 清 | 廣州市江南大道隔山村懷德大街 |
| | 陳家祠 | 古建築 | 全國重點 | 一八九〇年 | 廣州市中山七路 |
| | 鄧世昌故居 | 紀念地 | | 清 | 廣州市同福中路龍涎里 |
| | 春睡畫院 | 園林 | | 一九三〇年 | 廣州市朱紫街八十七號 |
| | 萬木草堂 | 紀念地 | | 清 | 廣州市中山四路長興里邵氏書院 |
| | 升平社學 | 紀念地 | | 一八四二年 | 廣州市郊石井鄉 |
| | 石井橋 | 古建築 | | 清 | 廣州市北郊石井墟 |
| | 西漢南越王墓 | 古墓 | | 西漢 | 廣州市解放北路西象崗山上 |
| | 清眞先賢古墓 | 古墓 | | 唐 | 廣州市桂花崗 |
| | 三忠墓 | 古墓 | | 明末 | 廣州市桂花崗 |
| | 梁佩蘭墓 | 古墓 | | 一七一一年 | 廣州市郊龍眼洞柯子嶺 |
| | 朱執信墓 | 古墓 | | 一九二一年 | 廣州市先烈路駟鳥崗及執信路 |
| | 張民達墓 | 古墓 | | 一九二六年 | 廣州市先烈路 |
| | 華僑五烈士墓 | 古墓 | | 一九二四年 | 廣州市先烈中路 |
| | 伍廷芳墓 | 古墓 | | 一九二四年 | 廣州市先烈路 |
| | 鄧蔭南墓 | 古墓 | | 一九二四年 | 廣州市先烈路大寶崗 |
| | 國民黨“一大”舊址 | 紀念地 | 全國重點 | 一九二四年 | 廣州市文明路 |
| | 興中會墳場 | 古墓 | | 近代 | 廣州市先烈路大寶崗 |
| | 廣州新軍起義烈士墓 | 古墓 | | 一九一〇年 | 廣州市先烈路 |
| | 東征烈士墓 | 古墓 | | 一九二六年 | 廣州市黃埔長洲島 |
| | 十九路軍抗日陣亡將士陵園 | 古墓 | | 一九十三二年 | 廣州市先烈東路 |

| 部區屬 | 景點名稱 | 類別 | 級別 | 時代 | 地址 |
|---|---|---|---|---|---|
| | 義勇祠 | 紀念地 | | 一八四一年 | 廣州市北郊石井橋 |
| | 鐘樓 | 紀念地 | | 一九〇五年 | 廣州市文明路 |
| | 廣州三.二九起義指揮部舊址 | 紀念地 | | 一九一〇年 | 廣州市越華路小東營五號 |
| | 中山紀念堂 | 紀念地 | | 一九三一年 | 廣州市東風中路 |
| | 中華全國總工會舊址 | 紀念地 | 全國重點 | 一九二五年 | 廣州市越秀南路九十三號 |
| | 工農運動死難烈士紀念碑 | 紀念地 | | 一九二六年 | 廣州市越秀南路 |
| | 廖仲愷犧牲處紀念碑 | 紀念地 | | 一九二八年 | 廣州市越秀南路九十三號 |
| | 中國共產黨廣東區委員會舊址 | 紀念地 | | 一九二二年 | 廣州市文明路七十五—八十一號 |
| | 沙基慘案烈士紀念碑 | 紀念地 | | 一九二五年 | 廣州市六二三路 |
| | 省港罷工委員會舊址 | 紀念地 | | 一九二五年 | 廣州市東堤東園橫路 |
| | 廣東革命歷史博物館 | 紀念地 | | 一九五九年 | 廣州市中山三路廣州起義烈士陵園內 |
| | 廖仲愷何香凝紀念館 | 紀念地 | | | 廣州市河南紡織路三號仲愷農校內 |
| | 廣州解放紀念像 | 紀念地 | | 一九八〇年 | 廣州市海珠廣場 |
| | 廣州博物館 | 紀念地 | | 一九五〇年 | 廣州市越秀山 |
| | 廣州起義烈士陵園 | 紀念地 | | 一九二七年 | 廣州市中山二路紅花崗 |
| | 白雲山 | 自然景 | | | 廣州市東北 |
| | 人民公園 | 園林 | | 一九一八年 | 廣州市起義路 |
| | 蘭圃 | 園林 | | 一九五七年 | 廣州市解放北路 |
| | 兒童公園 | 園林 | | 清 | 廣州市中山四路 |
| | 海幢公園 | 園林 | | 一九二八年 | 廣州市河南南華中路 |
| | 曉港公園 | 園林 | | 一九五八年 | 廣州市河南小港路 |
| | 流花湖公園 | 園林 | | 一九五九年 | 廣州市蘭湖 |
| | 荔灣湖公園 | 園林 | | | 廣州市荔枝灣 |
| | 東山湖公園 | 園林 | | 一九五九年 | 廣州市大沙頭 |
| | 文化公園 | 園林 | | 一九五六年 | 廣州市西堤二馬路 |
| | 海珠花園 | 園林 | | 清 | 廣州市珠江邊 |
| | 蘿崗洞 | 自然景 | | | 廣州市東郊蘿崗 |
| | 西苑 | 園林 | | 一九六四年 | 廣州市東風西路 |
| | 花地 | 園林 | | 清 | 廣州市西南郊芳村 |
| | 廣州動物園 | 園林 | | 一九五八年 | 廣州市先烈路 |
| | 華南植物園 | 園林 | | | 廣州市郊龍洞 |
| | 草暖公園 | 園林 | | 一九八六年 | 廣州市環市西路 |
| | 華林寺 | 古建築 | | 梁至清 | 廣州市下九路 |

續表五

| 部區屬 | 景點名稱 | 類別 | 級別 | 時代 | 地址 |
|---|---|---|---|---|---|
| | 鳳凰臺 | 園林 | | 北宋 | 增城縣東南 |
| | 餘蔭山房 | 園林 | | 一八六四年 | 番禺縣南村 |
| | 洪秀全故居 | 紀念地 | 全國重點 | 一八六四年 | 花縣官祿𡋗村 |
| | 陳恭尹墓 | 古墓 | | 一七〇〇年 | 廣汕公路側高礦石楊屋祠堂後山麓 |
| | 掛綠園 | 園林 | | 明 | 增城縣 |
| | 洪秀全教學私塾舊址 | 紀念地 | | 一八四三年 | 花縣花山鄉蓮花塘村 |
| | 從化溫泉 | 自然景 | | | 從化溫泉鄉 |
| | 天湖 | 園林 | | 近代 | 從化溫泉流溪河上 |
| | 百丈瀑 | 自然景 | | | 從化溫泉流溪河上 |
| | 南昆山 | 自然景 | | | 龍門縣內 |
| | 冼星海紀念像 | 紀念地 | | 一九八五年 | 番禺縣廣州市中山大學內 |
| | 陶行知紀念像 | 紀念地 | | 一九八五年 | 廣州市華南師大內 |
| | 廣窰 | 遺址 | | 漢 | 佛山石灣 |
| | 祖廟 | 古建築 | | 北宋 | 佛山祖廟路 |
| | 中山公園 | 園林 | | | 佛山河濱路 |
| | 民間藝術社 | 觀賞地 | | | 佛山祖廟路 |
| | 西樵山 | 自然景 | | | 南海縣官山圩 |
| | 地藏廟 | 古寺 | | 南宋 | 三水縣蘆苞 |
| | 太平塔 | 古建築 | | 一六〇〇年 | 順德縣大良鎮東南太平山上 |
| | 清暉園 | 園林 | | 清 | 順德縣大良鎮 |
| | 星湖 | 自然景 | | | 肇慶市北郊 |
| | 閱江樓 | 古建築 | | 明 | 肇慶市江邊 |
| | 梅庵 | 古寺 | | 宋 | 肇慶市博物館內 |
| | 崇禧塔 | 古建築 | | 一五八二年 | 肇慶市西江畔 |
| | 鼎湖山 | 自然景 | | | 肇慶市東北十八公里 |
| | 日僧榮睿大師紀念碑 | 紀念地 | | 一九六三年 | 肇慶市鼎湖山腰 |
| | 白雲寺 | 古寺 | | 唐 | 肇慶市鼎湖山西南 |
| | 慶雲寺 | 古寺 | | 明 | 肇慶市鼎湖山南 |
| | 風洞 | 自然景 | | | 懷集縣城西南四十九公里 |
| | 燕岩 | 自然景 | | | 懷集縣城西南四十八公里 |
| | 三元塔 | 古建築 | | 一五九九年 | 德慶縣德城鎮東白沙山上 |
| | 三洲岩 | 自然景 | | | 德慶縣九市 |
| | 華表石 | 自然景 | | | 德慶縣回龍西江岸 |
| | 學宮 | 古建築 | | 北宋 | 德慶縣德城鎮 |
| | 黃岩洞 | 古遺址 | | 舊石器 | 封開縣東北獅子山麓 |
| | 中華第一石 | 自然景 | | | 封開縣北 |

| 部區屬 | 景點名稱 | 類別 | 級別 | 時代 | 地址 |
|---|---|---|---|---|---|
| | 龍宮岩 | 自然景 | | | 陽春縣春灣 |
| | 獨石仔遺址 | 古遺址 | | 舊石器 | 陽春縣陂面鹿村崗 |
| | 崆峒岩 | 自然景 | | | 陽春縣城西四公里 |
| | 銅石岩 | 自然景 | | | 陽春縣北銅石山 |
| | 凌霄岩 | 自然景 | | | 陽春縣東北六十公里 |
| | 北山石塔 | 古建築 | | 南宋 | 陽江縣北山 |
| | 羅浮山 | 自然景 | | | 博羅縣東江之濱 |
| | 衝虛古觀 | 古寺 | | 東晉 | 博羅縣羅浮山 |
| | 龜峰塔 | 古建築 | | 唐 | 河源縣城南龜峰山 |
| | 正相塔 | 古建築 | | 唐 | 龍川縣佗城鎮南郊 |
| | 越王井 | 古建築 | | 秦 | 龍川縣佗城鎮南郊 |
| | 可園 | 園林 | | 清 | 東莞縣城西博廈村 |
| | 虎門銷煙池 | 紀念地 | 全國重點 | 清 | 東莞縣太平鎮 |
| | 虎門要塞炮臺 | 紀念地 | 全國重點 | 清 | 東莞縣珠江口 |
| | 銅嶺榴花 | 紀念地 | | 明 | 東莞縣城東七公里 |
| | 象塔 | 古建築 | | 南漢 | 東莞縣莞城象塔街 |
| 南海遊覽區（海南省） | 五公祠 | 紀念地 | | 明 | 海口市與瓊山縣間 |
| | 海瑞墓 | 古墓 | | 一五八七年 | 海口市郊濱涯村 |
| | 海口公園 | 園林 | | 近代 | 海口市新華路 |
| | 兒童公園 | 園林 | | 現代 | 海口市長堤路 |
| | 中山紀念堂 | 紀念地 | | 近代 | 海口市文明西路 |
| | 瓊臺書院 | 古建築 | | 清 | 瓊山縣府城鎮海南師範院內 |
| | 水底村莊 | 自然景 | | | 瓊山縣塔市海濱 |
| | 東寨港紅樹林自然保護區 | 自然景 | | | 瓊山縣演豐鄉 |
| | 銅鼓嶺自然保護區 | 自然景 | | | 文昌縣龍樓鄉 |
| | 宋慶齡故居 | 紀念地 | | 近代 | 文昌縣清瀾鄉 |
| | 海南八哥鳥之鄉 | 自然景 | | | 文昌縣白廷鄉 |
| | 麒麟菜自然保護區 | 自然景 | | | 瓊海縣長坡鄉海濱 |
| | 白石嶺風景區 | 自然景 | | | 瓊海縣白石嶺 |
| | 六連嶺自然景觀保護區 | 自然景 | | | 萬寧縣六連嶺 |
| | 燕窩島 | 自然景 | | | 萬寧縣大洲島 |
| | 南林森林自然保護區 | 自然景 | | | 萬寧縣南林 |
| | 尖嶺森林自然保護區 | 自然景 | | | 萬寧縣北大鄉 |
| | 海南第一山 | 自然景 | | | 萬寧縣東山嶺 |
| | 白鷺鳥樂園 | 自然景 | | | 屯昌縣北郊 |

續表七

| 部區屬 | 景點名稱 | 類別 | 級別 | 時代 | 地址 |
|---|---|---|---|---|---|
| | 鸑鷟天堂 | 自然景 | | | 儋縣洛基鄉 |
| | 熱帶經濟作物園 | 園林 | | | 儋縣華南熱帶作物學院 |
| | 白馬井 | 古建築 | | | 儋縣中和鄉 |
| | 龍門激浪 | 自然景 | | | 儋縣峨蔓海濱 |
| | 東坡書院 | 紀念地 | | 宋 | 儋縣馬井鎮 |
| | 桄榔庵 | 遺址 | | 宋 | |
| | 邦溪坡鹿自然保護區 | 自然景 | | | 白沙縣邦溪鄉 |
| | 天南第一泉 | 自然景 | | | 東方縣海濱 |
| | 魚鱗洲風景區 | 自然景 | | | 東方縣海濱 |
| | 大田坡鹿自然保護區 | 自然景 | | | 東方縣大田鄉 |
| | 三月三盛會發源地 | 人文景 | | | 東方縣東方鄉 |
| | 壩王嶺長臂猿自然保護區 | 自然景 | | | 昌江縣獮猴嶺 |
| | 尖峰嶺熱帶原始林自然保護區 | 自然景 | | | 樂東縣尖峰嶺 |
| | 南灣猴島 | 自然景 | | | 陵水縣猴島 |
| | 牙龍灣 | 自然景 | | | 三亞市郊 |
| | 大東海 | 自然景 | | | 三亞市郊 |
| | 落筆洞 | 自然景 | | | 三亞市西 |
| | 崖州古城 | 古建築 | | | 三亞市崖城 |
| | 大小洞天 | 自然景 | | | 三亞市崖城海濱 |
| | 天涯海角 | 自然景 | | | 三亞市天涯海濱 |
| | 鹿回頭 | 自然景 | | | 三亞市海濱 |
| | 五指山 | 自然景 | | | 瓊中縣內 |
| | 黃道婆故居 | 紀念地 | | | 三亞市崖縣水南村 |
| 粵東遊覽區（廣東省） | 上林寺 | 古寺 | | | 湛江市南柳村 |
| | 硇洲島 | 自然景 | | 清 | 湛江市硇洲島 |
| | 湖光岩 | 自然景 | | | 湛江市西南二十公里 |
| | 楞嚴寺 | 古寺 | | | 湛江市湖光岩 |
| | 寸金公園 | 園林 | | 宋 | 湛江市赤坎 |
| | 東山湖溫泉 | 自然景 | | | 汕頭市東北二十五公里 |
| | 泉岩 | 自然景 | | | 汕頭市桑浦山 |
| | 甘露寺石窟 | 古寺 | | 宋　明 | 汕頭市桑浦山 |
| | 林大欽狀元府 | 古建築 | | 明 | 汕頭市桑浦山 |
| | 林大欽墓 | 古墓 | | 明 | 汕頭市桑浦山 |
| | 中離溪記碑 | 遺址 | | 明 | 汕頭市桑浦山 |
| | 宗山書院 | 遺址 | | 明 | 汕頭市桑浦山 |
| | 西塘 | 園林 | | 一七九九年 | 澄海縣漳林鎮 |

| 部區屬 | 景點名稱 | 類別 | 級別 | 時代 | 地址 |
|---|---|---|---|---|---|
| | 人民公園 | 園林 | | | 澄海縣城內 |
| | 西園 | 園林 | | 一八九八年 | 潮陽縣棉城鎮 |
| | 東岩（白牛岩） | 園林 | | | 潮陽縣棉城東南白牛峰西麓 |
| | 西岩 | 古寺 | | 唐 | 潮陽縣西北塔山南麓 |
| | 北岩 | 自然景 | | | 潮陽縣城東山上 |
| | 流沙公園 | 園林 | | 近代 | 普寧縣流沙鎮 |
| | 烏犁塔 | 古建築 | | 清 | 普寧縣洪陽鄉東北 |
| | 雲石岩 | 古寺 | | 清 | 普寧縣大壩區 |
| | 進賢門 | 古建築 | | 明 | 揭陽縣榕城 |
| | 文昌閣 | 古建築 | | | 惠來縣城內 |
| | 涑玉泉 | 自然景 | | | 饒平縣 |
| | 西湖 | 園林 | | 唐　宋 | 惠州市城西 |
| | 望江亭 | 古建築 | | 清 | 惠州中山公園 |
| | 柘林灣 | 自然景 | | | 饒平縣海濱 |
| | 玄武山 | 自然景 | | | 陸豐縣碣石鎮 |
| | 元山寺 | 古寺 | | 一一二七年 | 陸豐縣碣石鎮 |
| | 中山公園 | 園林 | | 一九二六年 | 汕頭市公園區 |
| | 礐石風景區 | 自然景 | | | 汕頭市岩石區 |
| | 媽嶼島 | 自然景 | | | 汕頭市海口 |
| | 青雲岩 | 古寺 | | 一五二六年 | 汕頭市達濠區 |
| | 龍泉岩 | 古寺 | | 明 | 汕頭市蓬洲 |
| | 牛田洋 | 自然景 | | | 汕頭市海濱 |
| | 廣濟橋 | 古建築 | 全國重點 | 宋 | 潮州市韓江上 |
| | 鳳凰塔 | 古建築 | 省重點 | 一五八五年 | 潮州市韓江畔 |
| | 韓文公祠 | 古建築 | 市重點 | 宋 | 潮州市筆架山 |
| | 古窰遺址 | 遺址 | 省重點 | | 潮州市筆架山麓 |
| | 陸秀夫亭 | 紀念地 | | 宋 | 潮州市筆架山 |
| | 金山石刻 | 遺址 | 市重點 | 宋 | 潮州市金山巷 |
| | 馬發墓 | 古墓 | 市重點 | 宋 | 潮州市金山巷 |
| | 開元寺 | 古寺 | 省重點 | 七三八年 | 潮州市開元路 |
| | 葫蘆山摩崖石刻 | 遺址 | 省重點 | 唐至清 | 潮州市葫蘆山 |
| | 西湖公園 | 園林 | | | 潮州市環城路 |
| | 涵碧樓 | 紀念地 | 市重點 | 一九二七年 | 潮州市西湖內 |
| | 黃埔軍校潮州分校舊址 | 紀念地 | 市重點 | 一九二五年 | 潮州市中山路李厝祠 |
| | 叩齒庵 | 紀念地 | 市重點 | 唐 | 潮州市西平路 |
| | 孔廟 | 古建築 | 市重點 | 一三六九年 | 潮州市文星路 |

續表九

| 部區屬 | 景點名稱 | 類別 | 級別 | 時代 | 地址 |
| --- | --- | --- | --- | --- | --- |
| | 潮州革命烈士紀念塔 | 紀念地 | 市重點 | 一九五五年 | 潮州市西湖山 |
| | 廣濟城樓 | 古建築 | 市重點 | 一三七〇年 | 潮州市廣濟橋頭 |
| | 己略黃公祠 | 古建築 | 市重點 | 清 | 潮州市義安路鐵巷 |
| | 外江戲梨園公所 | 遺址 | 市重點 | 清 | 潮州市上水門街 |
| | 忠節坊 | 紀念地 | 市重點 | 明 | 潮州市金山巷口 |
| | 許駙馬府 | 古建築 | 市重點 | 北宋 | 潮州市中山路葡萄巷東府 |
| | 黃尙書府 | 古建築 | 市重點 | 明 | 潮州市四平路北段 |
| | 卓府 | 古建築 | 市重點 | 清 | 潮州市中山路中段 |
| | 上埔古窰遺址 | 遺址 | 市重點 | 宋 | 潮州市北關 |
| | 春城樓洪厝埔古窰 | 遺址 | 市重點 | 宋 | 潮州市南關 |
| | 韓山書院 | 遺址 | | 元明 | 潮州市筆架山下韓山師專內 |
| | 文光塔 | 古建築 | | 一一三一年 | 潮陽縣棉城鎭 |
| | 飲鳳泉 | 自然景 | | | 潮陽縣峽山麓 |
| | 靈山寺 | 古寺 | | 七九一年 | 潮陽縣銅盂村靈山 |
| | 蓮花峰 | 自然景 | | | 潮陽縣海門 |
| | 大湖神廟 | 遺址 | | 唐 | 潮陽縣海門 |
| | 海角甘泉 | 自然景 | | | 惠來縣神泉港 |
| | 方飯亭 | 紀念地 | | 宋 | 海豐縣五坡嶺 |
| | 赤山鄉農會舊址 | 紀念地 | | 一九二二年 | 海豐縣海城鎭龍山下 |
| | 紅宮（孔廟） | 紀念地 | 全國重點 | 一九二七年 | 海豐縣海城鎭 |
| | 紅場 | 紀念地 | 全國重點 | 一九二七年 | 海豐縣東侖埔 |
| | 彭湃故居 | 紀念地 | | 近代 | 海豐縣海城鎭龍舌埔 |
| | 得趣書室 | 紀念地 | | 近代 | 海豐縣海城鎭 |
| | 流沙教堂 | 古寺 | | 近代 | 普寧縣流沙鎭 |
| | 揭陽學宮 | 古建築 | | 一一四〇年 | 揭陽縣榕城鎭 |
| | 揭陽西湖 | 園林 | | | 揭陽縣榕城鎭 |
| | 北回歸線塔 | 建築 | | 現代 | 揭陽縣桑浦山麓 |
| | 獵嶼銃城 | 遺址 | | 一六二三年 | 南澳縣深澳灣豬嶼上 |
| | 雄鎭關 | 遺址 | | 明 | 南澳縣雲澳至深澳途中 |
| | 人境廬黃遵憲故居 | 紀念地 | | 一八八四年 | 梅州市楊桃墩 |
| | 千佛鐵塔 | 古建築 | | 九六五年 | 梅州市東山嶺上 |
| | 鰐骨潭 | 自然景 | | | 梅州市鄭均峡 |
| | 靈光寺 | 古寺 | | 明 | 梅縣陰那山麓 |
| | 長潭一線天 | 自然景 | | | 焦嶺縣城西北 |
| | 三河壩戰役烈士紀念碑 | 紀念地 | | 近代 | 大埔縣三河壩 |
| | 南磜飛瀑 | 自然景 | | | 豐順縣飛泉嶺 |

| 部區屬 | 景點名稱 | 類別 | 級別 | 時代 | 地址 |
|---|---|---|---|---|---|
| | 湯坑溫泉 | 自然景 | | | 豐順縣城內湯湖 |
| | 雄獅古塔 | 古建築 | | 一六一〇年 | 五華縣城東塔崗 |
| | 合水湖山 | 自然景 | | | 興寧縣城北十四公里 |
| | 神光山 | 自然景 | | | 興寧縣城南石坑堡 |
| 北江 | 南華寺 | 古寺 | | 五〇四年 | 韶關市南二十公里 |
| 遊覽區 | 風采樓 | 紀念地 | | 一四九七年 | 韶關市博物館內 |
| （廣東省） | 獅子岩馬壩人遺址 | 遺址 | | 十萬年前 | 曲江縣馬壩 |
| | 張九齡墓 | 古墓 | | | 韶關市羅源村翠珠嶺 |
| | 雲龍寺塔 | 古建築 | 全國重點 | 唐 | 仁化縣 |
| | 韶石山 | 自然景 | | | 韶關北四十公里 |
| | 丹霞山 | 自然景 | | | 仁化縣城南八公里 |
| | 雙峰寨 | 遺址 | | 明 | 仁化縣西南十九公里 |
| | 珠璣巷 | 遺址 | | 宋 | 南雄縣城北十公里 |
| | 梅關 | 遺址 | | 漢 | 南雄縣城北四十五公里 |
| | 金雞嶺 | 自然景 | | | 樂昌縣坪石鎮 |
| | 梅岩 | 自然景 | | | 翁源縣新江上壩 |
| | 摩崖石刻 | 遺址 | | 唐至清 | 英德縣南山麓 |
| | 碧落洞 | 自然景 | | | 英德縣南 |
| | 飛來峽 | 自然景 | | | 清遠縣城北二十公里 |
| | 飛來寺 | 古寺 | | 梁 | 清遠縣飛來峽 |
| | 飛霞洞 | 自然景 | | | 清遠縣飛來峽 |
| | 燕子岩 | 自然景 | | | 清遠縣城北八十三公里 |
| | 賢令山石刻 | 遺址 | | 唐　宋 | 陽山縣城北賢令山 |
| | 湟川三峽 | 自然景 | | | 連縣城南小北江 |
| | 燕喜亭 | 古建築 | | 唐 | 連縣城東連州中學內 |
| | 慧光塔 | 古建築 | | 四六八年 | 連縣城內 |
| | 雲門寺 | 古寺 | | 九二三年 | 乳源縣城外六公里 |
| 華中部 | | | | | |
| 衡山 | 蒙岩 | 自然景 | | | 宜章縣一中內 |
| 遊覽區 | 鹿峰塔 | 古建築 | | 一五三一年 | 桂陽縣城東鹿頭山 |
| （湖南省） | 陽華岩 | 自然景 | | | 江華縣東南回山下 |
| | 月岩 | 自然景 | | | 道縣城西二十公里 |
| | 諸葛嶺 | 遺址 | | 三國 | 東安縣紫溪東南隅嶺巔 |
| | 文廟 | 古建築 | | 九六五年 | 寧遠縣城關鎮 |
| | 九嶷山 | 自然景 | | | 寧遠縣南 |
| | 舜廟 | 古寺 | | 一三七一年 | 寧遠縣九疑鄉 |
| | 文廟 | 古建築 | | 一七七五年 | 零陵縣永州鎮 |
| | 懷素千字文碑 | 碑刻 | | 清 | 零陵縣永州鎮綠天庵 |

| 部區屬 | 景點名稱 | 類別 | 級別 | 時代 | 地址 |
|---|---|---|---|---|---|
| | 回龍塔 | 古建築 | | 明 | 零陵縣永州鎮 |
| | 柳子廟 | 紀念地 | | 一八七七年 | 零陵縣永州鎮 |
| | 朝陽岩刻石 | 碑刻 | | 唐 | 零陵縣永州鎮 |
| | 大唐中興頌摩崖石刻 | 碑刻 | | 唐 | 祁陽縣城西南浯溪 |
| | 文昌塔 | 古建築 | | 一五七三年 | 祁陽縣城東二公里 |
| | 浯溪 | 自然景 | | | 祁陽縣城西南二公里 |
| | 王船山故居 | 紀念地 | | 一六七五年 | 衡陽縣西曲蘭鄉 |
| | 蔡侯祠 | 紀念地 | | 東漢 | 耒陽縣城蔡子池畔 |
| | 吳九眞太守谷朗碑 | 碑刻 | | 吳 | 耒陽縣城東谷府君祠內 |
| | 歐陽海烈士紀念碑 | 紀念地 | | 一九六七年 | 衡東縣衡山車站南一公里 |
| | 水口山工人俱樂部舊址 | 遺址 | | 一九二二年 | 常寧縣水口山 |
| | 蘇仙嶺 | 自然景 | | | 郴州市東二公里 |
| | 三絕碑 | 碑刻 | | 宋 | 郴州市蘇仙嶺白鹿洞 |
| | 義帝陵 | 古墓 | | 秦 | 郴州市解放南路 |
| | 湘山寺 | 古寺 | | 清 | 酃縣城西 |
| | 炎帝陵 | 紀念地 | | 明 | 酃縣西南十五公里 |
| | 鐵犀 | 文物 | | 宋 | 茶陵縣城關鎮 |
| | 南岳衡山 | 自然景 | | | 衡陽至衡山縣境 |
| | 南岳大廟 | 古寺 | | 七二五年 | 衡山縣南岳鎮 |
| | 回雁峰 | 園林 | | 唐 | 衡陽市雁峰公園 |
| | 石鼓書院 | 紀念地 | | 宋 | 衡陽市北門外 |
| | 來雁塔 | 古建築 | | | 衡陽市北門外江邊 |
| | 天子墳漢墓 | 古墓 | | 漢 | 衡陽市酃湖鄉 |
| | 岳屏公園 | 園林 | | 近代 | 衡陽市中心 |
| | 南郊公園 | 園林 | | 現代 | 衡陽市南郊 |
| 洞庭湖遊覽區（湖南省） | 毛澤東舊居 | 紀念地 | 全國重點 | 一八九三年 | 湘潭縣韶山沖 |
| | 秋收起義文家市會師舊址 | 紀念地 | 全國重點 | 一九二七年 | 瀏陽縣文家市 |
| | 天心閣 | 古建築 | | | 長沙市天心公園 |
| | 馬王堆漢墓 | 古墓 | | 漢 | 長沙市五里牌 |
| | 開福寺 | 古寺 | 省重點 | 五代 | 長沙市湘春街外 |
| | 白沙井 | 自然景 | | | 長沙市白沙街 |
| | 中共湘區委員會舊址 | 紀念地 | 省重點 | 一九二十二年 | 長沙市清水塘二十二號 |
| | 岳麓山 | 自然景 | | | 長沙市湘江西 |
| | 岳麓書院 | 紀念地 | 全國重點 | 九七六年 | 長沙市岳麓山下 |
| | 橘子洲 | 園林 | | 宋 | 長沙市湘江中 |
| | 船山學社舊址 | 遺址 | | 一九一四年 | 長沙市中山東路 |

| 部區屬 | 景點名稱 | 類別 | 級別 | 時代 | 地址 |
|---|---|---|---|---|---|
| | 賈誼故宅 | 紀念地 | | 西漢 | 長沙市西區福勝街三條巷 |
| | 烈士公園 | 園林 | | 現代 | 長沙市東風路 |
| | 湖南省博物館 | 紀念地 | | 現代 | 長沙市東風路 |
| | 劉少奇故居 | 紀念地 | 全國重點 | 一八九八年 | 寧鄉縣花明樓鄉炭子沖 |
| | 任弼時故居 | 紀念地 | 全國重點 | 一九〇四年 | 汨羅縣唐家園 |
| | 彭德懷故居 | 紀念地 | 全國重點 | 一八九八年 | 湘潭縣烏石村 |
| | 齊白石故居 | 紀念地 | | | 湘潭縣 |
| | 何叔衡故居 | 紀念地 | 省重點 | 一八七五年 | 寧鄉縣沙田鄉杓子沖 |
| | 雷鋒紀念館 | 紀念地 | | 一九六七年 | 望城縣望城坡 |
| | 天岳書院 | 紀念地 | 省重點 | 清 | 平江縣城關鎮 |
| | 湖南省立第一師範學校 | 紀念地 | 省重點 | 近代 | 長沙市書院路 |
| | 雲門寺 | 古寺 | 省重點 | 一〇五〇年 | 湘鄉縣城內 |
| | 十方密印寺 | 古寺 | | 唐 | 寧鄉西七十公里溈山 |
| | 鐵經幢 | 文物 | 全國重點 | 北宋 | 常德市濱湖公園 |
| | 乾明寺 | 古寺 | | | 常德市德山 |
| | 湯家崗古文化遺址 | 遺址 | | 新石器 | 安鄉縣城北二十六公里 |
| | 熊湘閣李公祠 | 遺址 | | 周 | 長沙市路邊井小學 |
| | 張仲景祠 | 遺址 | | 漢 | 長沙市湖南中醫院附屬二院內 |
| | 惜陰書院 | 遺址 | | 東晉 | 長沙市惜陰街小學 |
| | 陶公廟 | 古寺 | | 五〇七年 | 長沙縣榔梨鎮臨湘山 |
| | 郭亮亭（守風亭） | 紀念地 | | 唐 | 望城縣銅官鎮 |
| | 湖南自修大學舊址 | 紀念地 | | 一九二一年 | 長沙市中山東路 |
| | 黃興故居 | 紀念地 | 全國重點 | 一八七四年 | 長沙縣涼塘 |
| | 徐特立故居 | 紀念地 | | 近代 | 長沙縣五美觀音塘 |
| | 曾國藩墓 | 古墓 | | 一八七二年 | 望城縣坪塘桐溪寺後山上 |
| | 君山 | 自然景 | | | 岳陽市洞庭湖中 |
| | 二妃墓 | 古墓 | | 堯舜時代 | 岳陽市君山 |
| | 柳毅井 | 紀念地 | | 唐 | 岳陽市君山 |
| | 封山印 | 碑刻 | | 秦 | 岳陽市君山 |
| | 岳陽樓 | 古建築 | 全國重點 | 宋 | 岳陽市西門 |
| | 慈氏塔 | 古建築 | | 唐宋 | 岳陽市洞庭湖濱 |
| | 魯肅墓 | 古墓 | | 三國 | 岳陽市西門 |
| | 小喬墓 | 古墓 | | 三國 | 岳陽市一中內 |
| | 文廟 | 古建築 | | 宋 | 岳陽市一中內 |
| | 杜甫墓 | 古墓 | | 唐 | 平江縣小田近郊 |
| | 屈子祠 | 古建築 | | 清 | 汨羅縣玉笥山上 |

續表十三

| 部區屬 | 景點名稱 | 類別 | 級別 | 時代 | 地址 |
|---|---|---|---|---|---|
| | 屈原墓 | 古墓 | | 戰國 | 汨羅縣烈女嶺 |
| | 關聖殿 | 古建築 | | 清 | 湘潭縣平正路 |
| | 譚嗣同墓 | 古墓 | | 一八九八年 | 瀏陽縣牛石鄉石山 |
| | 明榮定王墓 | 古墓 | | 一六一二年 | 常德市德山 |
| | 余家牌坊 | 古建築 | | 一八四三年 | 澧縣本溪鄉 |
| | 孟姜山 | 自然景 | | | 澧縣城東二十公里 |
| | 桃花源 | 自然景 | | | 桃源縣城西南十五公里水溪 |
| | 天問臺 | 紀念地 | | 戰國 | 桃江縣城關桃骨山 |
| | 奉天玉和尚墓 | 古墓 | | 明 | 石門縣三板橋 |
| | 夾山寺 | 古寺 | | 八七〇年 | 石門縣城東南十五公里三板橋 |
| | 波月洞 | 自然景 | | | 冷水江市北郊 |
| | 雙清亭 | 古建築 | | 宋 | 邵陽市北 |
| | 北塔 | 古建築 | | 一五七三年 | 邵陽市資水北岸 |
| | 水府廟 | 古建築 | | 明 | 邵陽市中河街 |
| | 賀金聲墓 | 古墓 | | 一九〇二年 | 邵東縣城西南巒山嶺 |
| | 羅盛教故居 | 紀念地 | | 一九三一年 | 新化縣桐梓村 |
| | 法相岩 | 自然景 | | | 武岡縣資江南岸 |
| | 白衣觀 | 古建築 | | 一七五九年 | 通道縣播陽鄉 |
| | 回龍橋 | 古建築 | | | 通道縣平坦鄉 |
| | 鼓樓 | 古建築 | | | 通道縣平陽鄉 |
| | 芙蓉樓 | 紀念地 | | | 黔陽縣㵲水南岸 |
| | 龍興寺 | 古寺 | | 六二八年 | 沅陵縣城西北 |
| | 明溪新寨題名記碑 | 碑刻 | | 北宋 | 沅陵縣北明溪口 |
| | 不二門 | 自然景 | | | 永順縣城南二公里 |
| | 老司城 | 遺址 | | 北宋 | 永順縣城東十五公里 |
| | 祖師殿 | 古建築 | | 五代 | 永順縣老司城東南 |
| | 湘鄂川黔革命委員會舊址 | 紀念地 | 省重點 | 一九三四年 | 永順縣城東北三十九公里 |
| | 溪州銅柱 | 文物 | 全國重點 | 九四〇年 | 永順縣王村花果山 |
| | 八大公山自然保護區 | 自然景 | | | 桑植縣北緯二十九度四十分　和東經一〇九度四〇分交會處 |
| | 玉皇洞石窟 | 碑刻 | | 清 | 大庸縣楓香崗 |
| | 普光寺 | 古寺 | | 一四一三年 | 大庸縣永定鎮 |
| | 黃絲橋古城 | 古建築 | | 清 | 鳳凰縣黃絲橋 |
| | 張家界森林公園 | 自然景 | | | 大庸縣城北三十二公里 |

| 部區屬 | 景點名稱 | 類別 | 級別 | 時代 | 地址 |
|---|---|---|---|---|---|
| | 賀龍故居 | 紀念地 | 省重點 | 一八九六年 | 桑植縣洪家關 |
| | 向警予故居 | 紀念地 | 省重點 | 一八九五年 | 漵浦縣城關鎮 |
| | 索溪峪自然保護區 | 自然景 | | | 慈利縣西九十公里 |
| 湖北遊覽區（湖北省） | 黃鶴樓 | 建築 | | 一九八六年 | 武漢市蛇山黃鶴磯 |
| | 武昌起義軍政府舊址 | 紀念地 | 全國重點 | 一九一一年 | 武漢市武珞路 |
| | 二七烈士紀念碑 | 紀念地 | | 一九二三年 | 武漢市漢口江岸 |
| | 三烈士亭 | 紀念地 | | 一九一一年 | 武漢市三烈士街 |
| | 中央農民運動講習所舊址 | 紀念地 | | 一九二七年 | 武漢市武昌黃巷 |
| | 古德禪寺 | 古寺 | | 一八七七年 | 武漢市漢口解放大道東端 |
| | 東湖 | 自然景 | | | 武漢市武昌東湖路 |
| | 湖北省博物館 | | | | 武漢市武昌東湖路 |
| | 磨山植物園 | 自然景 | | | 武漢市武昌東 |
| | 歸元寺 | 古寺 | | 一八六四年 | 武漢市漢陽翠微街 |
| | 解放公園 | 園林 | | | 武漢市漢口解放路 |
| | 蘇聯空軍志願隊烈士墓 | 陵墓 | | 一九四五年 | 武漢市解放公園內 |
| | 禹功磯 | 自然景 | | | 武漢市龜山 |
| | 晴川閣 | 古建築 | | 明 | 武漢市龜山 |
| | 魯肅墓 | 陵墓 | | | 武漢市龜山 |
| | 向警予墓 | 陵墓 | | 一九二八年 | 武漢市龜山 |
| | 古琴臺 | 紀念地 | | 北宋 | 武漢市龜山 |
| | 蓮花湖 | 園林 | | 近代 | 武漢市漢陽 |
| | 漢陽公園 | 園林 | | 近代 | 武漢市漢陽大道 |
| | 長江大橋 | 建築 | | 一九五七年 | 武漢市長江上 |
| | 卓刀泉 | 古寺 | | 一八五八年 | 武漢市武昌伏虎山 |
| | 寶通寺 | 古寺 | | 南宋 | 武漢市武昌洪山 |
| | 興福寺塔 | 古建築 | | 一二七〇年 | 武漢市武昌洪山 |
| | 靈濟塔 | 古建築 | | 元 | 武漢市武昌洪山 |
| | 庚子烈士墓 | 陵墓 | | 一九〇〇年 | 武漢市武昌洪山 |
| | 施洋墓 | 陵墓 | | 一九二三年 | 武漢市武昌洪山 |
| | 北伐軍官兵公墓 | 陵墓 | | 一九二六年 | 武漢市武昌洪山 |
| | 八七會議會址 | 紀念地 | 全國重點 | 一九二七年 | 武漢市漢口鄱陽街 |
| | 八路軍駐武漢辦事處舊址 | 紀念地 | | | 武漢市漢口長春街 |
| | 珞珈山 | 園林 | | 近代 | 武漢市武昌東郊 |
| | 蓮溪寺 | 古寺 | | 明 | 武漢市武昌龍山 |
| | 起義門 | 紀念地 | | 一九一一年 | 武漢市武昌首義路 |

續表十五

| 部區屬 | 景點名稱 | 類別 | 級別 | 時代 | 地址 |
|---|---|---|---|---|---|
| | 武昌起義軍政府舊址 | 紀念地 | | 一九一一年 | 武漢市武昌閲馬廠 |
| | 勝象寶塔 | 古建築 | | 元 | 武漢市武昌長江大橋頭 |
| | 陳友諒墓 | 陵墓 | | 一三六三年 | 武漢市蛇山南麓 |
| | 抱冰堂 | 紀念地 | | 一九〇七年 | 武漢市蛇山南 |
| | 長春觀 | 古寺 | | 元 | 武漢市蛇山南中山路 |
| | 鸚鵡洲 | 自然景 | | | 武漢市武昌長江中 |
| | 拜將臺 | 紀念地 | | 一九一一年 | 武漢市武昌閲馬廠 |
| | 龍泉山 | 陵墓 | | 明 | 武昌縣城東二十公里 |
| | 赤壁之戰遺址 | 遺址 | | 二〇八年 | 蒲圻縣西北三十六公里 |
| | 文學泉 | 紀念地 | | 唐 | 天門縣城北門外 |
| | 白龍寺 | 古寺 | | 南朝 | 天門縣皂市鎮 |
| | 飛雲洞 | 自然景 | | | 黃石市東郊回山 |
| | 東方山 | 古寺 | | 唐 | 黃石市西南下陸 |
| | 西塞山 | 自然景 | | | 黃石市東郊 |
| | 磁湖 | 園林 | | 宋 | 黃石市南湖 |
| | 雙鳳亭 | 古建築 | | 宋 | 黃陂縣魯臺山上 |
| | 盤龍古城 | 遺址 | | 商 | 黃陂縣盤龍湖畔 |
| | 玉女泉 | 自然景 | | | 應城縣城西北二十公里湯池 |
| | 碧山 | 自然景 | | | 安陸縣城西十五公里 |
| | 龍蟠磯 | 古寺 | | 元 | 鄂城市北門外江中 |
| | 怡亭銘摩崖 | 碑刻 | | 唐 | 鄂城市小北門外 |
| | 樊山 | 園林 | | 三國 | 鄂城市西二公里 |
| | 東坡赤壁 | 紀念地 | | 宋 | 黃岡縣城西門外 |
| | 青雲塔 | 古建築 | | 一五七四年 | 黃岡縣黃州鎮南鉢盂峰上 |
| | 大聖寺塔 | 古建築 | | 唐 | 紅安縣七里坪柳林河畔 |
| | 天台山 | 自然景 | | | 紅安縣北四十公里 |
| | 龜峰山 | 自然景 | | | 麻城縣東三十公里 |
| | 柏子塔 | 古建築 | | 唐 | 麻城縣西九龍山上 |
| | 天堂山 | 自然景 | | | 羅田縣城東七十五公里 |
| | 崇歸寺 | 古寺 | | 九二三年 | 浠水縣城東北三十五公里 |
| | 舍利寶塔 | 古建築 | | 一〇八四年 | 浠水縣城北三十公里大靈山麓 |
| | 李時珍墓 | 陵墓 | 全國重點 | 一五九三年 | 蘄春縣蘄州鎮東門外 |
| | 筆架山 | 自然景 | | | 蘄春縣城西三十公里 |
| | 五祖寺 | 古寺 | | 唐 | 黃梅縣城東馮茂山 |
| | 七佛塔 | 古建築 | | 一一二一年 | 黃梅縣城東馮茂山 |
| | 釋迦多寶如來佛塔 | 古建築 | | 一一二一年 | 黃梅縣城東馮茂山 |

| 部區屬 | 景點名稱 | 類別 | 級別 | 時代 | 地址 |
|---|---|---|---|---|---|
| | 四祖寺 | 古寺 | | 唐 | 黃梅縣城西破額山 |
| | 高塔寺塔 | 古建築 | | 一〇二〇年 | 黃梅縣城東南 |
| | 雙善洞 | 自然景 | | | 廣濟縣城西九公里 |
| | 椿山塔 | 古建築 | | 唐 | 廣濟縣東北三十五公里太白湖濱 |
| | 沸潭 | 自然景 | | | 咸寧縣南溫泉鎮 |
| | 半壁山 | 紀念地 | | 清 | 陽新縣城東二十五公里 |
| | 九宮山 | 古建築 | | 宋至明 | 通山縣城東南 |
| | 李自成墓 | 陵墓 | 全國重點 | 明 | 通山縣九宮山下牛跡嶺 |
| | 大泉洞 | 自然景 | | | 崇陽縣白岩山 |
| | 回龍寺 | 古寺 | | 元 | 十堰市瞿家灣 |
| | 萬壽寶塔 | 古建築 | | 一五五二年 | 沙市市象鼻磯 |
| | 中山公園 | 園林 | | 近代 | 沙市市內 |
| | 張居正墓 | 陵墓 | | 一五八二年 | 沙市市張家臺 |
| | 章華寺 | 古寺 | | 元 | 沙市市太師淵 |
| | 水鏡莊 | 自然景 | | | 南漳縣南門外 |
| | 抱璞岩 | 紀念地 | | | 南漳縣城西七十五公里荊山麓 |
| | 神農架自然保護區 | 自然景 | | | 神農架 |
| | 華中第一峰 | 自然景 | | | 神農架木魚鄉 |
| | 東山寶塔 | 古建築 | | 五九三年 | 荊門市東寶山上 |
| | 龍泉書院 | 古建築 | | 宋 | 荊門市西蒙山麓 |
| | 八寶山 | 自然景 | | | 江陵縣西北八公里 |
| | 元妙觀 | 古寺 | | 唐 | 江陵縣城內 |
| | 開元觀 | 古寺 | | 唐 | 江陵縣西門內 |
| | 太暉觀 | 古寺 | | 一三九三年 | 江陵縣城西一公里 |
| | 荊州古城 | 古建築 | | 春秋至清 | 江陵縣城 |
| | 楚紀南故城 | 遺址 | 全國重點 | 春秋 | 江陵縣城北五公里 |
| | 樊妃冢 | 陵墓 | | 春秋 | 江陵縣城東北三公里 |
| | 文廟 | 古建築 | | 一七二一年 | 江陵城內西南隅 |
| | 關帝廟 | 古寺 | | 一三三九年 | 江陵城南北門內 |
| | 江瀆宮 | 古寺 | | 一二一三年 | 沙市東區 |
| | 鐵女寺 | 古寺 | | 唐 | 江陵城內北隅 |
| | 楚莊王廟 | 古寺 | | | 郢城中 |
| | 荊州博物館 | 建築 | | 近代 | 江陵城西 |
| | 擲甲山 | 遺址 | | 漢 | 江陵城內 |
| | 三管筆 | 紀念地 | | 明 | 江陵城內公安門 |

| 部區屬 | 景點名稱 | 類別 | 級別 | 時代 | 地址 |
|---|---|---|---|---|---|
| | 鎮水獸 | 文物 | | 一八五九年 | 江陵郝穴鎮西北一點五公里鏡安寺 |
| | 元祐宮 | 古寺 | | 一五四九年 | 鍾祥縣城南 |
| | 文風塔 | 古建築 | | 唐 | 鍾祥縣城東龍山 |
| | 顯陵 | 陵墓 | 全國重點 | 一五一九年 | 鍾祥縣東北松林山 |
| | 屈家嶺文化地 | 遺址 | 全國重點 | 新石器 | 京山縣西南三十公里屈家嶺村 |
| | 鹿溪山 | 自然景 | | | 遠安山西北 |
| | 長坂坡 | 紀念地 | | 二〇八年 | 當陽縣城西 |
| | 玉泉山 | 自然景 | | | 當陽縣城西十五公里 |
| | 玉泉寺及鐵塔 | 古寺 | | 隋 | 當陽縣玉泉山東麓 |
| | 關羽陵 | 陵墓 | | 二一九年 | 當陽縣城西北三公里 |
| | 白溢寨 | 紀念地 | | 清 | 五峰縣城西三十公里玉屏山上 |
| | 興文塔 | 古建築 | | 一八六九年 | 五峰縣南門外 |
| | 連珠塔 | 古建築 | | 一八三一年 | 恩施縣城東一公里 |
| | 石柱觀 | 古寺 | | 明 | 建始縣城西望坪山 |
| | 石通洞 | 自然景 | | | 建始縣城西朝陽觀 |
| | 仙佛寺石窟 | 石窟 | | 東晉至宋 | 來鳳縣城東七公里西水河邊佛潭岩 |
| | 落印潭 | 自然景 | | | 來鳳縣城南五十公里宣撫堡山下水中 |
| | 擺手堂 | 古建築 | | | 來鳳縣卯洞河 |
| | 小南海 | 自然景 | | 一八五六年 | 咸豐縣城西七十五公里 |
| | 唐崖土司城 | 遺址 | | 明 | 咸豐縣西北尖山 |
| | 太平塘 | 遺址 | | 元 | 利川縣城北一公里 |
| | 星斗山 | 自然景 | | | 利川縣毛壩 |
| | 武當山 | 自然景 | | | 均縣境內 |
| | 金殿 | 古建築 | 全國重點 | 元　明 | 武當山天柱頂峰 |
| | 白龍洞 | 遺址 | | 遠　古 | 鄖西縣神霧嶺東坡 |
| | 米公祠 | 紀念地 | | 宋 | 襄樊市樊城西南 |
| | 襄陽城 | 古建築 | | 春秋至清 | 襄樊市區漢水南岸 |
| | 習家祠 | 園林 | | 東　漢 | 襄樊市襄陽城南 |
| | 夫人城 | 古建築 | | 東　晉 | 襄樊市襄陽城西北 |
| | 古隆中 | 紀念地 | | 漢 | 襄樊市襄陽城西十五公里隆中山 |
| | 李曾伯記功銘 | 碑刻 | | 宋 | 襄樊市襄陽城西南二點五公里龜山麓 |

| 部區屬 | 景點名稱 | 類別 | 級別 | 時代 | 地址 |
|---|---|---|---|---|---|
| | 綠影壁 | 古建築 | | 明 | 襄樊市襄陽城東南 |
| | 廣德寺 | 古寺 | 全國重點 | 漢唐 | 襄樊市襄陽城西 |
| | 蘇嶺山 | 自然景 | | | 襄陽縣東南二十公里 |
| | 曾侯乙墓 | 古墓 | 全國重點 | 戰國 | 隨縣城西北二點五公里擂鼓墩 |
| | 承恩寺 | 古寺 | | 隋 | 谷城縣城東南四十五公里永安山 |
| | 白水寺 | 古寺 | | 東漢 | 棗陽縣城南二十公里獅子山白水村 |
| 廬山遊覽區（江西省） | 八一起義指揮部舊址 | 紀念地 | 全國重點 | 一九二七年 | 南昌市中山路二百五十六號 |
| | 八一公園 | 園林 | | 一九三二年 | 南昌市長征路 |
| | 貢院井 | 古建築 | | 一六八一年 | 南昌市八一公園內 |
| | 三村桃花園 | 園林 | | 清 | 南昌市潮陽洲上桃花村 |
| | 大安寺 | 古寺 | | 三九八年 | 南昌市豫章後街 |
| | 方志敏墓 | 陵墓 | | 一九七九年 | 南昌市區北十公里梅嶺山麓 |
| | 龍沙亭 | 古建築 | | 唐 | 南昌市德勝門外龍崗 |
| | 寧王府 | 古建築 | | 明 | 南昌市星火路 |
| | 新四軍軍部舊址 | 紀念地 | | 一九三八年 | 南昌市友竹花園七十八號 |
| | 百花洲 | 園林 | | 宋 | 南昌市東湖、西湖 |
| | 孺子亭 | 古建築 | | 明 | 南昌市孺子亭公園 |
| | 澹臺滅明墓 | 陵墓 | | 春秋 | 南昌市東湖毛家祠前二中院內 |
| | 江西省歷史博物館 | 展覽館 | | 一九五八年 | 南昌市八一廣場 |
| | 江西省革命烈士紀念堂 | 紀念地 | | 一九五三年 | 南昌市八一大道 |
| | 梅仙亭 | 紀念地 | | 一六〇七年 | 南昌市西湖 |
| | 軍官教育團舊址 | 紀念地 | | 一九二六年 | 南昌市花園角 |
| | 周恩來朱德舊居 | 紀念地 | | 一九二七年 | 南昌市花園角二號 |
| | 杏花樓 | 古建築 | | 明 | 南昌市南湖中 |
| | 佑民寺 | 古寺 | | 南朝 | 南昌市八一公園北門對面 |
| | 投書浦 | | | | 南昌市昌北車站西北蛟橋附近 |
| | 青雲譜 | 園林 | | 東晉 | 南昌市青雲譜區 |
| | 南浦亭 | 古建築 | | 唐 | 南昌市沿江路扶河橋附近 |
| | 南昌起義紀念塔 | 建築 | | 一九七九年 | 南昌市八一廣場 |
| | 鐘鼓樓 | 古建築 | | | 南昌市東湖 |

續表十九

| 部區屬 | 景點名稱 | 類別 | 級別 | 時代 | 地址 |
|---|---|---|---|---|---|
| | 婁妃墓 | 陵墓 | | 明 | 南昌市沿江路華光廟八號門前 |
| | 賀龍指揮部舊址 | 紀念地 | | 一九二七年 | 南昌市星火路八十五號 |
| | 曹秀先家廟 | 紀念地 | | 清 | 南昌市北郊冠山 |
| | 繩金塔寺 | 寺廟 | | 唐 | 南昌市豬市街 |
| | 普賢寺 | 古寺 | | 東晉 | 南昌市惠民門內 |
| | 喻嘉言墓 | 陵墓 | | 一八三〇年 | 南昌市十字街東 |
| | 徐穉墓 | 陵墓 | | 東漢 | |
| | 滕王閣 | 古建築 | | 唐 | 南昌市沿江路 |
| | 蜚英塔 | 古建築 | | 一六二一年 | 南昌縣武濱街北麻丘寶塔小學旁 |
| | 上天峰 | 自然景 | | | 新建縣大塘 |
| | 寧王朱權墓 | 陵墓 | | 一四四八年 | 新建縣璜溪村 |
| | 西山風景區 | 自然景 | | | 新建縣西山 |
| | 萬壽宮 | 古寺 | | 晉至清 | 新建縣西山 |
| | 夢山罕王寺 | 古寺 | | | 新建縣石埠 |
| | 蕭峰 | 自然景 | | | 新建縣與南昌市間 |
| | 珠山 | 自然景 | | | 景德鎮市中心 |
| | 湖田古瓷窰遺址 | 遺址 | 全國重點 | 五代至宋 | 景德鎮市東湖田村 |
| | 天后宮 | 古建築 | | 一七一二年 | 景德鎮市中華路 |
| | 三閭廟明代古街 | 古建築 | | 明 | 景德鎮市里市渡對岸 |
| | 陶瓷歷史博物館 | 展覽館 | | 現代 | 景德鎮市西蟠龍崗 |
| | 仿古瓷陳列廳 | 展覽館 | | 近代 | 景德鎮市西郊英溪村 |
| | 紅塔 | 古建築 | | 唐 | 景德鎮市舊城西隅 |
| | 陽府寺 | 古寺 | | 一一四〇年 | 景德鎮市西陽府山 |
| | 萬壽山摩崖 | 碑刻 | | 北宋 | 景德鎮市西三十五公里 |
| | 雙峰塔 | 古建築 | | 北宋 | 景德鎮市勒功街東南雙峰山 |
| | 蓮花塘 | 園林 | | 唐 | 景德鎮市風景路 |
| | 江濱公園 | 園林 | | | 景德鎮市昌江東岸 |
| | 飛來石 | 自然景 | | | 景德鎮市昌江邊 |
| | 諸仙洞風景區 | 自然景 | | | 景德鎮東二十四公里石藏山 |
| | 大遊山風景區 | 自然景 | | | 景德鎮與婺源、樂平交界 |
| | 獅子山 | 自然景 | | | 景德鎮東二十一公里 |
| | 三銀源天池瀑布 | 自然景 | | | 景德鎮東郊七十公里梅嶺山區 |
| | 廬山 | 自然景 | | | 九江市南 |

| 部區屬 | 景點名稱 | 類別 | 級別 | 時代 | 地址 |
|---|---|---|---|---|---|
| | 醉石館 | 紀念地 | | 晉 | 廬山南虎爪岩下 |
| | 白鹿洞書院 | 紀念地 | 全國重點 | 宋 | 廬山五老峰下 |
| | 大勝塔 | 古建築 | | 唐 | 九江市能仁寺 |
| | 天花宮 | 古寺 | | 一八七〇年 | 九江市南門湖與甘棠湖間長堤上 |
| | 甘棠湖 | 自然景 | | | 九江市內 |
| | 浪井 | 紀念地 | | 西漢 | 九江市北長江邊 |
| | 能仁寺 | 古寺 | | 南朝 | 九江市東部 |
| | 鎖江樓寶塔 | 古建築 | | 一五八五年 | 九江市東北 |
| | 岳飛母姚氏墓 | 古墓 | | 宋 | 九江縣株嶺山東 |
| | 陶淵明祠及墓 | 紀念地 | | 晉 | 九江縣馬回嶺 |
| | 龍門 | 自然景 | | | 彭澤縣西南 |
| | 龍宮洞 | 自然景 | | | 彭澤縣西南 |
| | 玉壺洞 | 自然景 | | | 彭澤縣西南 |
| | 仙眞岩 | 自然景 | | | 彭澤縣西南 |
| | 馬當山 | 自然景 | | | 彭澤縣東北 |
| | 石鐘山 | 自然景 | | | 湖口縣湖口 |
| | 鞋山 | 自然景 | | | 湖口縣鄱陽湖中 |
| | 點將臺 | 古建築 | | 三國 | 星子縣城內 |
| | 雲居寺 | 古寺 | | 唐 | 永修縣雲山 |
| | 南岩 | 自然景 | | | 修水縣城南 |
| | 黃庭堅墓 | 古墓 | | 宋 | 修水縣坑口 |
| | 文廟 | 古寺 | | 唐 | 萍鄉市內 |
| | 安源路礦工人俱樂部舊址 | 紀念地 | 全國重點 | 一九二二年 | 萍鄉市安源半邊街 |
| | 楊岐寺 | 古寺 | | 唐 | 萍鄉市楊岐山 |
| | 崇福寺 | 古寺 | | 唐 | 上高縣九峰山 |
| | 仙人洞遺址 | 遺址 | | 新石器 | 萬年縣城東北大源 |
| | 南山 | 自然景 | | | 都昌縣城東南 |
| | 永福寺塔 | 古建築 | | 南朝 | 波陽縣城東 |
| | 小石山石刻 | 碑刻 | | 漢 | 餘干縣城東北四公里 |
| | 宜春臺 | 古建築 | | 明 | 宜春市內山上 |
| | 大觀樓 | 古建築 | | 一一四三年 | 高安縣城北 |
| | 文廟 | 古建築 | | 商 | 豐城縣中學內 |
| | 吳城商代遺址 | 遺址 | | | 清江縣三前境內 |
| | 鳴水橋 | 古建築 | | 一一一一年 | 清江縣樟樹鎭南二十五公里閣皂山 |
| | 寶峰寺石亭 | 古建築 | | 一〇八五年 | 靖安縣石門山 |

| 部區屬 | 景點名稱 | 類別 | 級別 | 時代 | 地址 |
|---|---|---|---|---|---|
| 贛南遊覽區（江西省） | 井崗山 | 自然景 | | | 江西、湖南交界 |
| | 茨坪 | 紀念地 | 全國重點 | 一九二八年 | 井崗山中心 |
| | 湯顯祖故居 | 紀念地 | | | 臨川鎮沙井巷 |
| | 陸象山墓 | 陵墓 | | 一一九三年 | 金溪縣陸坊官橋 |
| | 萬年橋 | 古建築 | | 明 | 南城縣城東郊 |
| | 古南塔 | 古建築 | | 元 | 吉安市古南鎮四龍橋西 |
| | 白鷺洲書院 | 紀念地 | | 南宋 | 吉安市東贛江中 |
| | 青原山 | 寺廟 | | 唐 | 吉安市東南十五公里 |
| | 鐘樓 | 古建築 | | 北宋 | 吉安市東南烈士公園內 |
| | 文家祠 | 紀念地 | | 宋 | 吉安縣富田村 |
| | 本覺寺塔 | 古建築 | | 宋 | 吉安縣永和市上街之西 |
| | 文昌塔 | 古建築 | | 明 | 新干縣城北四公里 |
| | 玄寂禪師塔碑 | 古建築 | | 南唐 | 吉水縣東郊 |
| | 楊萬里墓 | 陵墓 | | 一二〇六年 | 吉水縣黃橋泬塘 |
| | 西陽宮 | 紀念地 | | 宋 | 永豐縣沙溪 |
| | 狀元樓 | 古建築 | | 南宋 | 永豐縣恩江鎮 |
| | 報恩寺塔 | 古建築 | | 一三六九年 | 永豐縣西門外 |
| | 荀子腦塔 | 古建築 | | 一五九七年 | 泰和縣城東龍頭山上 |
| | 崇文塔 | 古建築 | | 明 | 萬安縣羅塘灣 |
| | 八角樓 | 紀念地 | | 一九二八年 | 寧岡縣礱市東南十六公里 |
| | 龍江書院 | 紀念地 | | 一八三三年 | 寧岡縣城龍江河畔 |
| | 相山寺 | 古建築 | | 明 | 寧岡縣茅坪附近 |
| | 茅坪 | 紀念地 | | 一九二九年 | 寧岡縣城礱市東南十六公里 |
| | 茅塔 | 古建築 | | 北宋 | 永新縣城南 |
| | 東山文塔 | 古建築 | | 宋 | 安福縣城內 |
| | 八鏡臺 | 古建築 | | 北宋 | 贛州市北部 |
| | 舍利塔 | 古建築 | | 一〇二三年 | 贛州市內 |
| | 鬱孤臺 | 古建築 | | 唐 | 贛州市天螺嶺 |
| | 通天岩 | 碑刻 | 全國重點 | 宋至明 | 贛州市西北十公里 |
| | 慈雲寺塔 | 古建築 | | 唐 | 贛州市內 |
| | 寶福院塔 | 古建築 | | 一一〇二年 | 石城縣寶福院內 |
| | 水口塔 | 古建築 | | 一五九二年 | 寧都縣城南文明門外 |
| | 石鼓峰 | 自然景 | | | 寧都縣城西五公里 |
| | 朱華塔 | 古建築 | | 一五五〇年 | 興國縣橫石村 |
| | 瀲江書院 | 古建築 | | | 興國縣城內 |
| | 雲石山 | 自然景 | | | 瑞金縣高圍鄉東北 |
| | 龍珠塔 | 古建築 | | 明 | 瑞金縣西南赤珠嶺 |

| 部區屬 | 景點名稱 | 類別 | 級別 | 時代 | 地址 |
|---|---|---|---|---|---|
| | 葉坪舊址群 | 紀念地 | 全國重點 | 一九三一年 | 瑞金縣城東北 |
| | 無爲寺塔 | 古建築 | | 一〇九七年 | 安遠縣城西門外 |
| | 玉石岩石刻 | 碑刻 | | 宋元 | 龍南縣城北二公里 |
| | 大聖寺塔 | 古建築 | | 三國 | 信豐縣孝義坊 |
| | 大寶尖塔 | 古建築 | | 唐 | 贛縣寶華山寺內 |
| | 梅關 | 關隘 | | 漢唐 | 大余縣城南八公里 |
| 黃山遊覽區（安徽省） | 雷池 | 關隘 | | | 望江縣東十公里 |
| | 焦吏巷 | 紀念地 | | 漢 | 懷寧縣城北二十公里 |
| | 鄧石如故居 | 紀念地 | | 清 | 懷寧縣白麟坂鐵硯山房 |
| | 小孤山 | 自然景 | | | 宿松縣東南六十公里長江中 |
| | 白崖寨 | 古建築 | | 元 | 宿松縣東北三十公里 |
| | 佛圖寺 | 古寺 | | 晉 | 太湖縣城北十五公里 |
| | 海會寺 | 古寺 | | 宋 | 太湖縣城東十五公里白雲山麓 |
| | 太平塔 | 古建築 | | 一一〇四年 | 潛山縣城北二公里 |
| | 天柱山 | 自然景 | | | 潛山縣境內 |
| | 石牛古洞 | 自然景 | | | 潛山縣城北八公里 |
| | 舒王臺 | 古建築 | | 宋 | 潛山縣城內 |
| | 臯陶祠 | 紀念地 | | 清 | 六安縣城東八公里 |
| | 臯陶墓 | 陵墓 | | 史前 | 六安縣城東八公里 |
| | 李家圩莊園 | 建築 | | 近代 | 霍邱縣城西四十公里 |
| | 芍陂 | 古建築 | | 隋 | 壽縣城南三十公里 |
| | 報恩寺 | 古寺 | | 唐 | 壽縣城內東北角 |
| | 七門堰 | 古建築 | | 漢 | 舒城縣七門山下 |
| | 龍眠山 | 自然景 | | | 舒城縣西南四十公里 |
| | 逍遙津 | 園林 | | | 合肥市東北隅 |
| | 包公祠 | 紀念地 | | 明 | 合肥市包河公園香花墩 |
| | 教弩臺 | 古建築 | | 東漢 | 合肥市逍遙津旁 |
| | 八公山 | 自然景 | | | 淮南市西 |
| | 春申君墓 | 陵墓 | | 戰國 | 淮南市賴山集 |
| | 黑龍潭 | 自然景 | | | 鳳臺縣城東一公里 |
| | 迎江寺 | 古寺 | | 九七四年 | 安慶市長江邊 |
| | 陳獨秀墓 | 陵墓 | | 一九四二年 | 安慶市北門外 |
| | 菱湖 | 園林 | | 明 | 安慶市內 |
| | 大明寺 | 古寺 | | 宋 | 銅陵縣順安鎮 |
| | 五松山 | 自然景 | | | 銅陵縣東南二公里 |
| | 王喬洞 | 自然景 | | | 巢縣城北紫微山麓 |

| 部區屬 | 景點名稱 | 類別 | 級別 | 時代 | 地址 |
|---|---|---|---|---|---|
| | 聖妃廟 | 寺廟 | | 唐 | 巢縣巢湖北岸 |
| | 仙人洞 | 自然景 | | | 巢縣城南八仙山麓 |
| | 巢湖泮 | 自然景 | | | 巢縣城西 |
| | 泮湯溫泉 | 自然景 | | | 巢縣城東北泮湯鎮 |
| | 姥山 | 自然景 | | | 巢縣城西巢湖中 |
| | 四頂山 | 自然景 | | | 肥東縣城南二十五公里 |
| | 昭關 | 紀念地 | | 戰國 | 含山縣城北小硯山 |
| | 褒禪山 | 自然景 | | | 含山縣城北七點五公里 |
| | 米公祠 | 紀念地 | | 宋 | 無爲縣圖書館院內 |
| | 黃金塔 | 古建築 | | 九九八年 | 無爲縣城北五公里 |
| | 石門 | 自然景 | | | 當塗縣城東三十公里橫望山中 |
| | 東梁山 | 自然景 | | | 當塗縣城西南十五公里 |
| | 李白墓 | 陵墓 | | 七六二年 | 當塗縣青山西麓 |
| | 金柱塔 | 古建築 | | 一五八九年 | 當塗縣西二點五公里 |
| | 天壽寺塔 | 古建築 | | 唐 | 廣德縣城東大街 |
| | 太極洞群 | 自然景 | | | 廣德縣城東北 |
| | 龍泉洞 | 自然景 | | | 宣城縣水東鎮東北八公里馬頭山東 |
| | 敬亭山 | 自然景 | | | 宣城縣城北五公里 |
| | 雙塔 | 古建築 | 全國重點 | 一〇九六年 | 宣城縣敬亭山南麓 |
| | 采石磯 | 自然景 | | | 馬鞍山市西南翠螺山麓 |
| | 太白樓 | 紀念地 | | | 馬鞍山市采石磯 |
| | 牛渚山 | 自然景 | | | 馬鞍山市西南七公里 |
| | 廣濟寺 | 古寺 | | 唐 | 蕪湖市赭山西南麓 |
| | 神山 | 自然景 | | | 蕪湖市內 |
| | 赭山 | 自然景 | | | 蕪湖市郊 |
| | 鏡湖 | 園林 | | 宋 | 蕪湖市中心 |
| | 水西塔 | 古建築 | | 一一〇八年 | 涇縣城西一公里 |
| | 桃花潭 | 自然景 | | | 涇縣西南翟村 |
| | 新四軍駐地 | 紀念地 | 全國重點 | 一九三八年 | 涇縣雲嶺 |
| | 王霞洞 | 自然景 | | | 南陵縣城北二十五公里 |
| | 戴震墓 | 陵墓 | | 一七七七年 | 屯溪市南七公里 |
| | 古城岩 | 紀念地 | | 隋 | 休寧縣城東三公里 |
| | 齊雲山 | 自然景 | | | 休寧縣城西十五公里 |
| | 白岳山 | 自然景 | | | 休寧縣西 |
| | 靈岩 | 自然景 | | | 寧國縣城北十五公里 |
| | 千秋關 | 關隘 | | | 寧國縣城東南六十公里 |

| 部區屬 | 景點名稱 | 類別 | 級別 | 時代 | 地址 |
|---|---|---|---|---|---|
| | 仙人塔 | 古建築 | | 唐 | 寧國縣城東南 |
| | 小九華山 | 自然景 | | | 績溪縣城東三十七公里 |
| | 太平天國壁畫 | 文物 | | 近代 | 績溪縣翠嶺北旺川村曹氏支祠 |
| | 太白樓 | 古建築 | | 唐 | 歙縣練江南岸 |
| | 太平橋 | 古建築 | | 一二三四年 | 歙縣徽城鎮西 |
| | 長慶寺塔 | 古建築 | | 一一一九年 | 歙縣徽城鎮西干山 |
| | 聖僧庵壁畫 | 文物 | | 明 | 歙縣七里頭村 |
| | 許國石坊 | 古建築 | 全國重點 | 一五八四年 | 歙縣城內 |
| | 老屋閣 | 古建築 | | 明 | 歙縣城西溪南村 |
| | 綠繞亭 | 古建築 | | 明 | 歙縣城西溪南村 |
| | 黃賓虹故居 | 紀念地 | | 近代 | 歙縣西潭渡村 |
| | 新安碑園 | 碑刻 | | 宋至清 | 歙縣練江南岸 |
| | 齊山 | 自然景 | | | 貴池縣城東南 |
| | 杏花村 | 紀念地 | | 唐 | 貴池縣城西郊 |
| | 九華山 | 自然景 | | | 青陽縣西南 |
| | 太平湖 | 自然景 | | | 太平縣黃山腳下 |
| | 六角樓 | 古建築 | | 明 | 太平縣城郊 |
| | 神仙洞 | 自然景 | | | 太平縣東北樵山 |
| | 靖節祠 | 紀念地 | | 一五七三年 | 東至縣東流鎮 |
| | 披雪瀑 | 自然景 | | | 桐城縣西北四公里 |
| | 神仙洞 | 自然景 | | | 青陽縣觀音塘村 |
| | 浮山 | 自然景 | | | 樅陽縣城東北 |
| | 魚龍洞 | 自然景 | | | 石臺縣城西 |
| | 司空山 | 自然景 | | | 岳西縣城西四十公里 |
| | 天門山 | 自然景 | | | 當塗縣、和縣間長江岸 |
| | 金鋼臺 | 自然景 | | | 金寨縣與河南商城、固始間 |
| | 黃山 | 自然景 | | | 歙縣、太平、休寧、黟縣間 |
| 中原部 | | | | | |
| 中原遊覽區（河南省） | 雞公山 | 自然景 | | | 信陽市南大別山中 |
| | 鐵旗杆 | 文物 | | 一八〇九年 | 潢川縣南城小南海湖畔 |
| | 靈山寺 | 寺廟 | | 唐 | 羅山縣朱堂店南 |
| | 淨居寺 | 寺廟 | | 唐 | 光山縣西南二十公里淨居山上 |
| | 醫聖祠 | 紀念地 | 全國重點 | 東漢 | 南陽市東關 |
| | 武侯祠 | 紀念地 | | 漢 | 南陽市西臥龍岡 |
| | 漢畫像館 | 展覽館 | | 一九五六年 | 南陽市西臥龍岡 |

續表二十五

| 部區屬 | 景點名稱 | 類別 | 級別 | 時代 | 地址 |
|---|---|---|---|---|---|
| | 張衡墓 | 陵墓 | 全國重點 | 漢 | 南陽縣石橋鎮西 |
| | 福勝寺塔 | 古建築 | | 宋 | 鄧縣福勝寺內 |
| | 山陝會館 | 古建築 | 全國重點 | 清 | 社旗縣城內 |
| | 水簾洞 | 自然景 | | | 桐柏縣城西五公里 |
| | 淮瀆廟 | 寺廟 | | 一六三年 | 桐柏縣城東關 |
| | 菩提寺 | 寺廟 | | 唐 | 鎮平縣杏花山麓 |
| | 文廟大殿 | 寺廟 | | 明 | 內鄉縣城內 |
| | 北泉寺 | 寺廟 | | 北齊 | 確山縣城西北 |
| | 龍泉 | 自然景 | | | 西平縣城西南 |
| | 小南海大士寺 | 寺廟 | | 明 | 汝南縣南關外南湖中 |
| | 悟穎塔 | 古建築 | | 宋 | 汝南縣南關外 |
| | 二七紀念塔 | 建築 | | 一九七一年 | 鄭州市二七廣場 |
| | 商代遺址 | 遺址 | 全國重點 | 商 | 鄭州市內 |
| | 人民公園 | 園林 | | 一九五一年 | 鄭州市內二七路 |
| | 紫荊山公園 | 園林 | | 現代 | 鄭州市金水路 |
| | 碧沙岡公園 | 園林 | | 現代 | 鄭州市嵩山路 |
| | 邙山風景區 | 園林 | | 現代 | 鄭州市黃河岸 |
| | 武溫穆王壁畫墓 | 陵墓 | | 明 | 滎陽縣瓦屋孫村 |
| | 山陝甘會館 | 古建築 | | 清 | 開封市徐府街中段路北 |
| | 古吹臺 | 紀念地 | | 春秋 | 開封市東南郊 |
| | 龍亭 | 古建築 | | 宋 | 開封市西北隅 |
| | 延慶觀玉皇閣 | 古建築 | | 元 | 開封市西南隅 |
| | 相國寺 | 寺廟 | | 北齊 | 開封市內 |
| | 祐國寺塔 | 古建築 | 全國重點 | 一〇四九年 | 開封市東北隅 |
| | 鐵犀牛 | 文物 | | 一四四六年 | 開封市辛莊 |
| | 鄭韓故城 | 遺址 | 全國重點 | 春秋 | 新鄭縣城關 |
| | 繁塔 | 古建築 | | 九七七年 | 開封市東南郊 |
| | 龍門石窟 | 石窟 | 全國重點 | 北魏 | 洛陽市南十三公里 |
| | 看經寺 | 寺廟 | | 唐 | 洛陽市香山 |
| | 白居易墓 | 陵墓 | | 唐 | 洛陽市香山上 |
| | 白馬寺 | 寺廟 | 全國重點 | 東漢 | 洛陽市東十公里 |
| | 關林 | 寺廟 | | 明 | 洛陽市南七公里 |
| | 少林寺 | 寺廟 | | 北魏 | 登封縣少室山北麓五乳峰下 |
| | 中嶽嵩山 | 自然景 | | | 登封縣西北 |
| | 石淙會飲 | 自然景 | | | 登封縣告成鎮東 |
| | 少室闕 | 古建築 | 全國重點 | 東漢 | 登封縣邢家鋪村 |
| | 太室闕 | 古建築 | 全國重點 | 一一八年 | 登封縣城東四公里 |

| 部區屬 | 景點名稱 | 類別 | 級別 | 時代 | 地址 |
|---|---|---|---|---|---|
| | 中岳廟 | 寺廟 | | 秦漢 | 登封縣城東四公里 |
| | 永泰寺 | 寺廟 | | 北魏 | 登封縣城西北十一公里太室山西麓 |
| | 觀星臺 | 古建築 | 全國重點 | 元 | 登封縣告城鎮 |
| | 周公測景臺 | 古建築 | | 唐 | 登封縣告城鎮 |
| | 法王寺 | 寺廟 | | 七一年 | 登封縣嵩山玉柱峰 |
| | 嵩陽書院 | 紀念地 | | 北魏 | 登封縣城北二公里 |
| | 嵩岳寺塔 | 古建築 | 全國重點 | 五二〇年 | 登封縣城西北太室山南麓 |
| | 打虎亭漢墓 | 陵墓 | 全國重點 | 漢 | 密縣城西南六公里 |
| | 石窟寺 | 寺廟 | 全國重點 | 五一七年 | 鞏縣大力山下 |
| | 杜甫故里 | 紀念地 | | 唐 | 鞏縣南窰灣村 |
| | 宋陵 | 陵墓 | 全國重點 | 宋 | 鞏縣西村、回郭鎮 |
| | 東岳廟 | 寺廟 | | 九三五年 | 新鄉市東關 |
| | 比干墓 | 陵墓 | | 殷 | 汲縣城北七點五公里 |
| | 陳橋驛 | 紀念地 | | 宋 | 封丘縣陳橋鎮 |
| | 慈勝寺 | 寺廟 | | 五代 | 溫縣大吳村 |
| | 大明寺 | 寺廟 | | 宋 | 濟源縣城南六公里 |
| | 王屋山 | 自然景 | | | 濟源縣城西北 |
| | 陽臺宮 | 古建築 | | 唐 | 濟源縣城西南四十五公里王屋山前天壇山南麓 |
| | 延慶寺塔 | 古建築 | | 一〇三四年 | 濟源縣城西北 |
| | 奉仙觀 | 寺廟 | | 六八五年 | 濟源縣城西北一公里 |
| | 濟瀆廟 | 寺廟 | | 五八二年 | 濟源縣城西北廟街 |
| | 盤古寺 | 寺廟 | | 四七九年 | 濟源縣城北十五公里 |
| | 白雲寺 | 寺廟 | | 一三九一年 | 輝縣城西二十五公里太行山麓 |
| | 百泉 | 自然景 | | | 輝縣城西北蘇門山 |
| | 百泉碑廊 | 碑刻 | | 一九七六年 | 輝縣衛源廟東側 |
| | 妙樂寺塔 | 古建築 | | 五代 | 武陟縣城西南八公里 |
| | 嘉應觀 | 寺廟 | | 清 | 武陟縣廟宮村 |
| | 韓愈墓 | 陵墓 | | 唐 | 孟縣城西韓莊村 |
| | 天寧寺三聖塔 | 古建築 | | 一一七一年 | 泌陽縣城內 |
| | 懸谷山摩崖 | 石窟 | | 唐 | 沁陽縣城西北四十五公里懸谷山貞谷寺東北崖壁上 |
| | 清眞寺 | 寺廟 | | 明 | 沁陽縣城自治街 |
| | 馬坊泉 | 自然景 | | | 修武縣馬坊村 |
| | 勝果寺塔 | 古建築 | | 宋 | 修武縣城西南隅 |

續表二十七

| 部區屬 | 景點名稱 | 類別 | 級別 | 時代 | 地址 |
|---|---|---|---|---|---|
| | 天寧寺塔 | 古建築 | | 金元 | 安陽市城西北隅 |
| | 袁世凱墓 | 陵墓 | | 一九一六年 | 安陽市洹水北岸 |
| | 殷墟 | 遺址 | | 殷 | 安陽市小屯村 |
| | 西門豹祠 | 紀念地 | | | 安陽縣豐樂鎮 |
| | 靈泉寺石窟 | 石窟 | | 東魏至宋 | 安陽縣城西南二十五公里寶山 |
| | 珍珠泉 | 自然景 | | | 安陽縣城西水冶鎮西 |
| | 修定寺塔 | 古建築 | 全國重點 | 唐 | 安陽縣清涼山南 |
| | 明福寺塔 | 古建築 | | 唐 | 滑縣城內東南隅 |
| | 千佛洞 | 石窟 | | 唐 | 浚縣城南浮丘山 |
| | 浮丘山 | 自然景 | | | 浚縣城南一公里 |
| | 契丹出境碑 | 碑刻 | | 北宋 | 濮陽縣城內 |
| | 岳飛廟 | 寺廟 | | 明 | 湯陰縣城西南隅 |
| | 壯悔堂 | 紀念地 | | 明 | 商丘縣城劉家寓首南街東側 |
| | 呂祖廟 | 寺廟 | | 明 | 睢縣城東南角 |
| | 聖壽寺塔 | 古建築 | | 宋 | 睢縣閻莊村 |
| | 陳勝墓 | 陵墓 | | 秦 | 永城縣北芒碭山 |
| | 關帝廟 | 寺廟 | | 清 | 周口市市內 |
| | 壽聖寺塔 | 古建築 | | 一〇三三年 | 商水縣城西北三十五公里 |
| | 老子故里 | 紀念地 | | 戰國 | 鹿邑縣城東五公里 |
| | 老君臺 | 古建築 | | 宋 | 鹿邑縣城內東北 |
| | 太昊陵 | 陵墓 | | 史前 | 淮陰縣城北一百一十五公里 |
| | 小西湖 | 園林 | | 宋 | 許昌市內 |
| | 文明寺塔 | 古建築 | | 一五九六年 | 許昌市東南隅 |
| | 春秋樓 | 古建築 | | 清 | 許昌市關帝廟內 |
| | 天寶宮 | 寺廟 | | 宋 | 許昌縣城西北二十五公里 |
| | 曹魏故城 | 遺址 | | 東漢 | 許昌縣古城村 |
| | 紫雲書院 | 紀念地 | | 明 | 襄城縣城西南十公里紫雲山中 |
| | 三蘇墳 | 陵墓 | | 宋 | 郏縣城西北二十二公里小峨眉山麓 |
| | 文廟 | 古建築 | | | 郏縣城內東南隅 |
| | 香山寺 | 寺廟 | | 唐 | 寶豐縣城東十五公里 |
| | 禹王鎖蛟井 | 紀念地 | | | 禹縣城內古鈞臺 |
| | 鈞瓷中心 | 觀賞地 | 全國重點 | | 禹縣城西南三十公里神垕鎮 |

| 部區屬 | 景點名稱 | 類別 | 級別 | 時代 | 地址 |
|---|---|---|---|---|---|
| | 風穴寺 | 寺廟 | 全國重點 | 後魏 | 臨汝縣城東北九公里風穴山 |
| | 法行寺塔 | 古建築 | | 唐 | 臨汝縣城東北隅 |
| | 仰韶遺址 | 遺址 | 全國重點 | 新石器 | 澠池縣城北仰韶村 |
| | 鴻慶寺石窟 | 石窟 | | 北魏 | 澠池縣石佛村 |
| | 水泉石窟 | 石窟 | | 北魏 | 偃師縣城西南三十公里水泉村南萬安山斷崖上 |
| | 靈臺 | 古建築 | | 漢 | 偃師縣西南崗上村 |
| | 靈山寺 | 寺廟 | | 明 | 宜陽縣鳳凰山麓 |
| | 寶輪寺塔 | 古建築 | | 金 | 陝縣老城東南隅 |
| | 溫塘摩崖 | 石窟 | | 唐 | 陝縣西南溫塘村 |
| （河北省） | 叢臺 | 古建築 | | 戰國 | 邯鄲市內 |
| | 學步橋 | 古建築 | | 明 | 邯鄲市內沁河上 |
| | 趙邯鄲故城 | 遺址 | 全國重點 | 戰國 | 邯鄲市內 |
| | 響堂山石窟 | 石窟 | 全國重點 | 東魏 | 邯鄲市峰峰礦區 |
| | 黃夢 | 紀念地 | | 宋 | 邯鄲市北十公里 |
| | 媧皇宮 | 古建築 | | 北齊 | 涉縣城西北唐王蛟溝鳳凰山上 |
| | 銅雀臺 | 古建築 | | 二一〇年 | 臨漳縣三臺村 |
| | 金鳳臺 | 古建築 | | 三國 | 臨漳縣三臺村 |
| | 冰井臺 | 古建築 | | 二一四年 | 臨漳縣三臺村 |
| | 百泉 | 自然景 | | | 邢臺市郊 |
| | 南宮碑 | 碑刻 | | 一八八六年 | 南宮縣政府內 |
| | 普彤寺塔 | 古建築 | | 六七年 | 南宮縣舊城內 |
| | 普利寺塔 | 古建築 | | 一〇五一年 | 臨城縣城關東北 |
| | 大慈閣 | 古建築 | | 元 | 保定市中心 |
| | 古蓮花池 | 園林 | | 元 | 保定市中心 |
| | 雲居寺塔 | 古建築 | | 一〇九二年 | 湯縣城內東北隅 |
| | 義慈惠石柱 | 文物 | 全國重點 | 北齊 | 定興縣石柱村 |
| | 大悲閣 | 古建築 | | 一三〇六年 | 定興縣內十字街 |
| | 白洋淀 | 自然景 | | | 安新縣境內 |
| | 開元寺塔 | 古建築 | 全國重點 | 一〇五五年 | 定縣城內 |
| | 閣院禪林寺 | 寺廟 | | 東漢 | 淶源縣城內西北 |
| | 藥王廟 | 寺廟 | | | 安國縣南關 |
| | 冉莊地道戰遺址 | 遺址 | 全國重點 | 近代 | 清苑縣冉莊村 |
| | 北岳廟 | 寺廟 | 全國重點 | 北魏 | 曲陽縣城內 |
| | 滿城漢墓 | 陵墓 | 全國重點 | 漢 | 滿城縣西南一點五公里處陵山主峰東坡 |

續表二十九

| 部區屬 | 景點名稱 | 類別 | 級別 | 時代 | 地址 |
|---|---|---|---|---|---|
| | 白求恩墓 | 陵墓 | | 近代 | 石家莊市華北軍區烈士陵園 |
| | 毗盧寺 | 寺廟 | | 唐 | 石家莊市郊區上京村 |
| | 透雕石牌樓 | 古建築 | | 一六四一年 | 靈壽縣城北關西街 |
| | 幽居寺塔 | 古建築 | | 五五七年 | 靈壽縣沙子洞村 |
| | 大觀聖作之碑 | 碑刻 | | 一一〇七年 | 趙縣城內文廟 |
| | 永通橋 | 古建築 | 全國重點 | 金 | 趙縣城西清水河 |
| | 安濟橋 | 古建築 | 全國重點 | 隋 | 趙縣城南洨河上 |
| | 趙州陀羅尼經幢 | 碑刻 | 全國重點 | 一〇三八年 | 趙縣城內 |
| | 柏林寺塔 | 古建築 | | 一三三〇年 | 趙縣城內東隅 |
| | 蒼岩山 | 園林 | | 隋 | 井陘縣東北 |
| | 廣惠寺華塔 | 古建築 | 全國重點 | 唐 | 正定縣生民街東 |
| | 開元寺鐘樓及塔 | 古建築 | 全國重點 | 東魏 | 正定縣城內 |
| | 天寧寺木塔 | 古建築 | | 八六〇年 | 正定縣城內 |
| | 臨濟寺澄靈塔 | 古建築 | | 五四〇年 | 正定縣城內 |
| | 隆興寺 | 寺廟 | 全國重點 | 五八六年 | 正定縣城內 |
| | 天桂山 | 自然景 | | | 平山縣西南百里 |
| | 平山溫泉 | 自然景 | | | 平山縣溫塘村 |
| | 西柏坡 | 紀念地 | 全國重點 | 一九四八年 | 平山縣西柏坡村 |
| | 尊勝陀羅尼經幢 | 碑刻 | | 金 | 固安縣王龍村 |
| | 鐵獅子 | 文物 | 全國重點 | 九五三年 | 滄州市古城 |
| | 杜林橋 | 古建築 | | 明 | 滄縣杜林村 |
| | 石金剛 | 文物 | | 唐 | 南皮縣城關東北隅 |
| | 景州塔 | 古建築 | | 宋 | 景縣城內西北角 |
| | 饒陽店古塔 | 古建築 | | 唐 | 故城縣饒陽店村 |
| | 封氏墓群 | 陵墓 | 全國重點 | 北魏至隋 | 景縣城東南七公里 |
| 晉南遊覽區（山西省） | 晉祠 | 寺廟 | | 北魏 | 太原市西南二十五公里懸甕山下 |
| | 豫讓橋 | 古建築 | | 春秋 | 太原市西南赤橋村 |
| | 大佛寺 | 寺廟 | | 北齊 | 太原市西北二十公里崛山麓土堂村 |
| | 文廟 | 寺廟 | | 金 | 太原市東南隅山西省博物館內 |
| | 太山寺 | 寺廟 | | 七一〇年 | 太原市西南二十五公里風峪溝 |
| | 天龍山石窟 | 石窟 | | 東魏 | 太原市西南四十公里 |
| | 開化寺連理塔 | 古建築 | | 九九〇年 | 太原市西南十七公里 |
| | 雙塔寺 | 寺廟 | | 明 | 太原市郝莊村南 |

| 部區屬 | 景點名稱 | 類別 | 級別 | 時代 | 文地址 |
|---|---|---|---|---|---|
| | 龍山石窟 | 石窟 | | 元 | 太原市西南二十公里 |
| | 多福寺 | 寺廟 | | 七八六年 | 太原市西北二十四公里 |
| | 純陽宮 | 寺廟 | | 明 | 太原市五一廣場北 |
| | 奉聖寺 | 寺廟 | | 六二二年 | 太原市西南郊晉祠南側 |
| | 崇善寺 | 寺廟 | | 唐 | 太原市東南隅 |
| | 清眞寺 | 寺廟 | | 唐 | 太原市解放南路 |
| | 童子寺燃燈塔 | 古建築 | | 五五六年 | 太原市西南二十公里龍山上 |
| | 迎澤公園 | 園林 | | 近代 | 太原市迎澤大街 |
| | 香岩寺 | 寺廟 | | 一一九〇年 | 清徐縣香岩山腰 |
| | 關帝廟 | 寺廟 | | 宋前 | 陽泉市西南郊林立村 |
| | 觀音堂 | 寺廟 | | 一五八二年 | 長治市西南梁家莊 |
| | 上黨門 | 古建築 | | 隋 | 長治市內西南隅 |
| | 石馬寺 | 寺廟 | | 五三四年 | 昔陽縣西南石馬村 |
| | 白塔 | 古建築 | | 宋 | 太谷縣城內普慈寺 |
| | 光化寺 | 寺廟 | | 六三九年 | 太谷縣城西南白城鎭 |
| | 文廟 | 寺廟 | | 金 | 平遙縣城內雲路街北側 |
| | 雙林寺 | 寺廟 | 全國重點 | 五七一年 | 平遙縣城西橋頭村 |
| | 慈相寺 | 寺廟 | | 宋金 | 平遙縣城東北十五公里冀郭村 |
| | 鎭國寺 | 寺廟 | 全國重點 | 九六三年 | 平遙縣城北都洞村 |
| | 靈石 | 文物 | | | 靈石縣城北呂祖廟 |
| | 資壽寺 | 寺廟 | | 唐 | 靈石縣城東蘇溪村 |
| | 天寧寺雙塔 | 古建築 | | 宋 | 平定縣城南關 |
| | 娘子關 | 關隘 | | 唐 | 平定縣城東北四十五公里 |
| | 響堂寺石窟 | 石窟 | | 北魏 | 榆社縣城西南五公里廟嶺山 |
| | 祆神樓 | 古建築 | | 明 | 介休縣北關順城街 |
| | 回鑾寺 | 寺廟 | | 唐 | 介休縣興地村 |
| | 洪山源泉 | 自然景 | | | 介休縣城東南十五公里洪山麓 |
| | 綿山 | 自然景 | | | 介休縣城南二十公里 |
| | 天寧寺 | 寺廟 | | 六三二年 | 交城縣城北三公里 |
| | 玄中寺 | 寺廟 | | 四七二年 | 交城縣城西北十公里石壁山 |
| | 則天廟 | 寺廟 | | 唐 | 文水縣城北南徐村 |
| | 劉胡蘭紀念館 | 紀念地 | | 一九五七年 | 文水縣城東十七公里雲周西村 |

續表三十一

| 部區屬 | 景點名稱 | 類別 | 級別 | 時代 | 地址 |
|---|---|---|---|---|---|
| | 太符觀 | 寺廟 | | 金 | 汾陽縣城北上廟村 |
| | 杏花村 | 紀念地 | | 北魏 | 汾陽縣城北十五公里 |
| | 山神峪千佛洞 | 石窟 | | 元 | 交口縣城西二十公里山神峪村 |
| | 香岩寺 | 寺廟 | | 唐 | 柳林縣城內 |
| | 玉皇觀 | 寺廟 | | | 長治縣城南南宋村 |
| | 正覺寺 | 寺廟 | | 唐 | 長治縣城西北看寺村 |
| | 龍泉寺 | 寺廟 | | 唐 | 長治縣城南南王莊村 |
| | 古佛堂 | 寺廟 | | | 長治縣城北東呈村 |
| | 法雲寺 | 寺廟 | | 唐 | 長治縣城南西八義村 |
| | 洪福寺 | 寺廟 | | 九八〇年 | 長治縣城南李坊村 |
| | 仙堂寺 | 寺廟 | | | 襄垣縣城東北二十五公里仙堂山 |
| | 黃崖洞 | 自然景 | | | 黎城縣北四十五公里 |
| | 二仙宮 | 寺廟 | | | 高平縣城南二仙嶺 |
| | 開化寺 | 寺廟 | | 後唐 | 高平縣城東北舍利山 |
| | 仙翁廟 | 寺廟 | | | 高平縣城西北伯方村 |
| | 聖姑廟 | 寺廟 | | 元 | 高平縣城西北上董峰村 |
| | 羊頭山石窟 | 石窟 | | 北魏 | 高平縣城東北十八公里 |
| | 定林寺 | 寺廟 | | 宋 | 高平縣城東南大糧山 |
| | 資聖寺 | 寺廟 | | 宋前 | 高平縣西南大周纂村 |
| | 崇明寺 | 寺廟 | | 北宋 | 高平縣城東南聖佛山東麓 |
| | 遊仙寺 | 寺廟 | | 北宋 | 高平縣城南遊仙山 |
| | 海會寺 | 寺廟 | | 唐 | 陽城縣大橋村 |
| | 法興寺 | 寺廟 | 全國重點 | 北宋 | 長子縣東南慈林山 |
| | 崇慶寺 | 寺廟 | | 北宋 | 長子縣城東南紫雲山麓 |
| | 聖壽寺 | 寺廟 | | 八九三年 | 沁源縣城西北靈空山峪 |
| | 靈空山 | 自然景 | | | 沁源縣城西北三十公里 |
| | 原起寺 | 寺廟 | | 七四七年 | 潞城縣城東北二十二公里鳳凰山頂 |
| | 大雲院 | 古建築 | 全國重點 | 九五四年 | 平順縣城西北二十三公里大雲寺 |
| | 龍門寺 | 寺廟 | | 北齊 | 平順縣城西北六十五公里龍門山腰 |
| | 天臺庵 | 寺廟 | 全國重點 | 唐 | 平順縣城西北四十公里王曲村 |
| | 金燈寺及石窟 | 寺廟 | | 明 | 平順縣城東北六十五公里林慮山 |

| 部區屬 | 景點名稱 | 類別 | 級別 | 時代 | 地址 |
|---|---|---|---|---|---|
| | 太行第一峰 | 自然景 | | | 陵川縣六泉村 |
| | 北吉祥寺 | 寺廟 | | 七七〇年 | 陵川縣禮義鎮西 |
| | 南吉祥寺 | 寺廟 | | 唐 | 陵川縣平川村 |
| | 玉皇廟 | 寺廟 | 全國重點 | 一〇七六年 | 晉城縣城東十三公里 |
| | 古青蓮寺 | 寺廟 | 全國重點 | 北齊 | 晉城縣城東南十七公里寺南莊北側 |
| | 東岳廟 | 寺廟 | | 金 | 晉城縣東北高都鎮 |
| | 青蓮寺 | 寺廟 | | 東魏 | 晉城縣東南十八公里 |
| | 岱廟 | 寺廟 | | 一〇八〇年 | 晉城縣城西南冶底村 |
| | 崇壽寺 | 寺廟 | | 北魏 | 晉城縣城北郜村 |
| | 景德橋 | 古建築 | | 一一八九年 | 晉城西門外沁水上 |
| | 聖天寺 | 寺廟 | | 晉 | 沁水縣東郎村 |
| | 湯王廟 | 寺廟 | | 宋前 | 沁水縣端氏村 |
| | 南溫水石刻 | 碑刻 | | 北魏 | 沁縣南溫水村 |
| | 堯廟 | 寺廟 | | 晉 | 臨汾市南四公里 |
| | 董氏磚雕墓 | 陵墓 | | 金 | 侯馬市西北部 |
| | 大雲寺 | 寺廟 | | 唐 | 臨汾縣城內 |
| | 牛王廟戲臺 | 古建築 | | 一二三三年 | 臨汾縣城西北二十五公里魏村牛王廟內 |
| | 堯陵 | 陵墓 | | 唐 | 臨汾縣城東北七十公里郭村西隅 |
| | 坤柔聖母廟 | 寺廟 | | 一〇二三年 | 吉縣城東北八公里謝悉村 |
| | 掛甲山石刻 | 碑刻 | | 隋 | 吉縣城南掛甲山 |
| | 壺口瀑布 | 自然景 | | | 吉縣城西南二十五公里黃河中 |
| | 小西天 | 寺廟 | | 一六三四年 | 隰縣城西北鳳凰山 |
| | 廣勝寺 | 寺廟 | 全國重點 | 一四七年 | 洪洞縣城東北十七公里霍山 |
| | 飛虹塔 | 古建築 | | 漢 | 洪洞縣城東北廣勝上寺內 |
| | 水神廟 | 寺廟 | | 一三一九年 | 洪洞縣城東北十七公里霍泉源頭 |
| | 明代監獄 | 古建築 | | 明 | 洪洞縣城內 |
| | 千佛崖 | 碑刻 | | 唐 | 霍縣郭莊村 |
| | 雁塔 | 古建築 | | 明前 | 霍縣城南二公里 |
| | 霍州署衙 | 古建築 | | 元 | 霍縣城內東大街 |
| | 封樓 | 古建築 | | 一五八三年 | 霍縣城內 |
| | 丁村遺址 | 遺址 | 全國重點 | 舊石器 | 襄汾縣丁村 |
| | 普淨寺 | 寺廟 | | 元前 | 襄汾縣史壁村 |

續表三十三

| 部區屬 | 景點名稱 | 類別 | 級別 | 時代 | 地址 |
|---|---|---|---|---|---|
| | 襄汾造像碑 | 碑刻 | | 魏至唐 | 襄汾縣博物館內 |
| | 東岳廟 | 寺廟 | | 金前 | 蒲縣城東柏山 |
| | 池神廟 | 寺廟 | | 唐 | 運城縣城南二公里 |
| | 關帝廟 | 寺廟 | 全國重點 | 五八九年 | 運城縣解州鎮 |
| | 裴祠石刻 | 碑刻 | | 唐 | 聞喜縣城東北二十五公里禮元車站北 |
| | 大禹渡 | 渡口 | | | 芮城縣城東南五公里 |
| | 風陵渡 | 渡口 | | | 芮城縣西南端 |
| | 永樂宮 | 寺廟 | 全國重點 | 元前 | 芮城縣城北三公里龍泉村東側 |
| | 雙塔交影 | 古建築 | | 隋 | 臨猗縣城內北隅 |
| | 普化寺 | 寺廟 | | 唐前 | 新絳縣光馬村 |
| | 絳州三樓 | 古建築 | | 北宋 | 新絳縣城內 |
| | 絳守居園池 | 園林 | | 隋 | 新絳縣城內西隅 |
| | 福勝寺 | 寺廟 | | 唐 | 新絳縣西北光村 |
| | 碧落碑 | 碑刻 | | 唐 | 新絳縣城內龍興寺 |
| | 稷益廟 | 寺廟 | | 元前 | 新絳縣陽王村 |
| | 薛仁貴寒窰 | 紀念地 | | 唐 | 河津縣城東修村 |
| | 禹門口 | 自然景 | | | 河津縣城西北十二公里黃河中 |
| | 堆雲洞 | 自然景 | | | 夏縣城西上牛村 |
| | 萬固寺 | 寺廟 | | 北魏 | 永濟縣城西南十三公里中條山中 |
| | 棲岩寺塔 | 古建築 | | 六〇一年 | 永濟縣城西南二十公里中條山巔 |
| | 普救寺 | 寺廟 | | 唐 | 永濟縣西北十二公里 |
| | 東岳廟 | 寺廟 | 全國重點 | 元 | 萬榮縣解店鎮 |
| | 秋風樓 | 古建築 | | 明前 | 萬榮縣城西南四十公里廟前村古后土祠內 |
| | 青龍寺 | 寺廟 | | 六六二年 | 稷山縣城西馬村 |
| | 法王廟 | 寺廟 | | 元前 | 稷山縣南陽村 |
| 雁北遊覽區（山西省） | 雲岡石窟 | 石窟 | 全國重點 | 北魏 | 大同市西武周山麓 |
| | 九龍壁 | 古建築 | | 一三九二年 | 大同市城區東街 |
| | 華嚴寺 | 寺廟 | 全國重點 | 遼 | 大同市博物館內 |
| | 觀音堂 | 寺廟 | | 遼 | 大同市西郊八公里 |
| | 善化寺 | 寺廟 | 全國重點 | 唐遼 | 大同市城區南部 |
| | 慈雲寺 | 寺廟 | | 唐遼 | 天鎮縣城內 |
| | 覺山寺 | 寺廟 | | 北魏 | 靈丘縣城東南十五公里 |

| 部區屬 | 景點名稱 | 類別 | 級別 | 時代 | 地址 |
|---|---|---|---|---|---|
| | 雲林寺 | 寺廟 | | 明 | 陽高縣城內 |
| | 水神堂 | 寺廟 | | 明前 | 廣靈縣城南壺山 |
| | 永安寺 | 寺廟 | | 金 | 渾源縣城內 |
| | 恆山 | 自然景 | | | 渾源縣城南 |
| | 懸空寺 | 寺廟 | 全國重點 | 北魏 | 渾源縣城南五公里恆山下 |
| | 圓覺寺塔 | 古建築 | | 一一五八年 | 渾源縣城內 |
| | 淨土寺 | 寺廟 | | 金 | 應縣城內東北隅 |
| | 佛宮寺木塔 | 古建築 | 全國重點 | 一〇五六年 | 應縣城內佛宮寺 |
| | 崇福寺 | 寺廟 | 全國重點 | 六六五年 | 朔縣城內東街 |
| | 元好問墓 | 陵墓 | | 一二五七年 | 忻縣韓岩村 |
| | 金淚寺 | 寺廟 | | 宋前 | 忻縣城西呼延村 |
| | 邊靖樓 | 古建築 | | 一三七四年 | 代縣城內 |
| | 楊家祠 | 紀念地 | | 北宋 | 代縣城東二十公里鹿蹄澗村 |
| | 阿育王塔 | 古建築 | | 六〇一年 | 代縣城內 |
| | 趙杲觀 | 寺廟 | | 北魏 | 代縣西南二十三公里 |
| | 雁門關 | 關隘 | | | 代縣城西北二十公里 |
| | 廣濟寺 | 寺廟 | | 元 | 五臺縣城內西街 |
| | 五臺山 | 寺廟 | 全國重點 | 東漢至清 | 五臺縣東北 |
| | 天柱山 | 自然景 | | | 靜樂縣城南一公里 |
| | 林泉寺 | 寺廟 | | 宋 | 原平縣水油溝村 |
| | 惠濟寺 | 寺廟 | | 唐 | 原平縣練家崗村 |
| | 平型關 | 關隘 | | | 繁峙縣東北六十五公里 |
| | 岩山寺 | 寺廟 | 全國重點 | 一一五八年 | 繁峙縣城東南四十公里天岩村 |
| | 關王廟 | 寺廟 | | 一二〇八年 | 定襄縣北關 |
| | 寧武關 | 關隘 | | | 寧武縣北 |
| | 偏關 | 關隘 | | | 偏關縣北 |
| | 藏山 | 自然景 | | | 盂縣城北十八公里 |
| 草原遊覽區（內蒙古自治區） | 萬部華嚴經塔 | 古建築 | 全國重點 | 遼 | 呼和浩特市東郊白塔村 |
| | 大召廟 | 寺廟 | | 一五八〇年 | 呼和浩特市城內 |
| | 烏素圖召 | 寺廟 | | 明 | 呼和浩特市西北十公里大青山麓 |
| | 金剛座舍利寶塔 | 古建築 | 全國重點 | 清 | 呼和浩特市舊城五塔寺街 |
| | 清眞寺 | 寺廟 | | 清 | 呼和浩特市北門外 |
| | 昭君墓 | 陵墓 | | 漢 | 呼和浩特市南九公里 |
| | 席力圖召 | 寺廟 | | 明 | 呼和浩特市舊城石頭巷 |
| | 清公主府 | 遺址 | | 清 | 呼和浩特市北郊 |

續表三十五

| 部區屬 | 景點名稱 | 類別 | 級別 | 時代 | 地址 |
|---|---|---|---|---|---|
| | 五當召 | 寺廟 | | 清 | 包頭市東北七十公里五當溝內 |
| | 美岱召 | 寺廟 | | 明 | 土默特右旗 |
| | 百靈廟 | 寺廟 | | 清 | 達茂旗百靈廟鎮 |
| | 善會寺 | 寺廟 | | 一七〇三年 | 達爾罕茂明安旗烏蘭圖格鄉 |
| | 和林格爾壁畫墓 | 陵墓 | | 漢 | 和林格爾縣東南四十公里新店子小板申村東 |
| | 貝子廟 | 寺廟 | | 一七四三年 | 阿巴哈納爾旗錫林浩特鎮 |
| | 元上都城 | 遺址 | | 元 | 正藍旗五一牧場 |
| | 遼中京城 | 遺址 | 全國重點 | 遼 | 寧城縣老哈河北 |
| | 大明塔 | 古建築 | | 遼 | 寧城縣遼中京城內 |
| | 龍泉寺 | 寺廟 | | 元 | 喀喇沁旗錦山鎮西北山中 |
| | 五十家子塔 | 古建築 | | 金 | 敖漢旗五十家子村西 |
| | 遼慶陵 | 陵墓 | 全國重點 | 遼 | 巴林右旗慶雲山 |
| | 遼慶州城 | 遺址 | 全國重點 | 遼 | 巴林右旗索不力嘎 |
| | 薈福寺 | 寺廟 | | 一七〇六年 | 巴林右旗大板鎮 |
| | 遼太祖陵 | 陵墓 | 全國重點 | 遼 | 巴林左旗祖州城 |
| | 遼上京城 | 遺址 | 全國重點 | 遼 | 巴林左旗林東鎮 |
| | 石房子 | 古建築 | 全國重點 | 遼 | 巴林左旗遼祖州城遺址內 |
| | 後召廟石窟寺 | 石窟 | | 遼 | 巴林左旗林東鎮西南二十五公里 |
| | 成吉思汗陵 | 陵墓 | 全國重點 | 元 | 伊金霍洛旗阿騰席連鎮東南十五公里 |
| | 十二連城 | 古建築 | | 漢 | 準格爾旗十二連村 |
| | 寶堂寺 | 寺廟 | | 清 | 準格爾旗西部 |
| | 陰山岩畫 | 碑刻 | | 史前 | 潮格旗達里蓋溝北二公里 |
| | 延福寺 | 寺廟 | | 清 | 阿拉善左旗巴彥浩特鎮 |
| | 居延海 | 自然景 | | | 額濟納旗北部 |
| | 黑城 | 遺址 | | 西夏 | 額濟納旗達賴庫布東南三十五公里 |
| | 紅山公園 | 園林 | | | 赤峰市東北三公里 |
| | 洞山石窟寺 | 石窟 | | 遼 | 赤峰市西南三十公里洞山 |
| 華北部 | | | | | |
| 京津遊覽區（北京市） | 天安門廣場 | 紀念地 | 全國重點 | 清及近代 | 北京市中心 |
| | 故宮 | 宮殿 | 全國重點 | 明 | 北京市天安門北 |
| | 太廟 | 寺廟 | 全國重點 | 明 | 北京市勞動人民文化宮 |
| | 中山公園 | 園林 | 全國重點 | 明 | 北京市長安街 |

| 部區屬 | 景點名稱 | 類別 | 級別 | 時代 | 地址 |
|---|---|---|---|---|---|
| | 景山公園 | 園林 | | 明 | 北京市景山大街 |
| | 北海公園及團城 | 園林 | 全國重點 | 明 | 北京市西城區 |
| | 中南海 | 園林 | | 明 | 北京市西城區 |
| | 天壇 | 園林 | 全國重點 | 明 | 北京市天壇路 |
| | 北京猿人遺址 | 遺址 | 全國重點 | 舊石器 | 北京市房山周口店 |
| | 北京城東南角樓 | 古建築 | 全國重點 | 一四一七年 | 北京市建國門南側 |
| | 德勝門箭樓 | 古建築 | | 一四三九年 | 北京市德勝門大街 |
| | 正陽門 | 古建築 | 全國重點 | 一四二一年 | 北京市前門大街 |
| | 鐘鼓樓 | 古建築 | | 一四二〇年 | 北京市鼓樓大街 |
| | 地壇 | 古建築 | | 一五三〇年 | 北京市安定門外 |
| | 日壇 | 古建築 | | 一五三〇年 | 北京市朝陽門外 |
| | 月壇 | 古建築 | | 一五三〇年 | 北京市阜成門外 |
| | 先農壇 | 古建築 | | 明 | 北京市永定門大街 |
| | 古觀象臺 | 古建築 | 全國重點 | 一四四二年 | 北京市建國門 |
| | 皇史宬 | 古建築 | 全國重點 | 一五三四年 | 北京市南池子大街 |
| | 國子監 | 古建築 | 全國重點 | 一三〇六年 | 北京市安定門內成賢街首都圖書館 |
| | 恭王府 | 古建築 | 全國重點 | 清 | 北京市前海西街 |
| | 段祺瑞執政府舊址 | 紀念地 | | 近代 | 北京市地安門東大街中國人民大學分校 |
| | 北京大學紅樓 | 紀念地 | 全國重點 | 近代 | 北京市沙灘北街 |
| | 琉璃廠 | 古建築 | | 明 | 北京市和平門外 |
| | 大柵欄 | 古建築 | | 明 | 北京市前門大街 |
| | 文天祥祠 | 紀念地 | | 元 | 北京市府學胡同 |
| | 于謙祠 | 紀念地 | | 明 | 北京市西裱褙胡同 |
| | 宋慶齡故居 | 紀念地 | 全國重點 | 近代 | 北京市後海北岸 |
| | 魯迅紀念館 | 紀念地 | | 近代 | 北京市阜成門內宮門口西三條二十一號 |
| | 郭沫若故居 | 紀念地 | 全國重點 | 近代 | 北京市前海西街十八號 |
| | 老舍故居 | 紀念地 | | 近代 | 北京市燈市口西街內豐富胡同十九號 |
| | 茅盾故居 | 紀念地 | | 近代 | 北京市後圓恩寺胡同十三號 |
| | 齊白石故居 | 紀念地 | | 近代 | 北京市辟才胡同西口跨車胡同十三號 |
| | 梅蘭芳故居 | 紀念地 | | 近代 | 北京市護國寺街九號 |
| | 程硯秋故居 | 紀念地 | | 近代 | 北京市西四北三條三十九號 |

| 部區屬 | 景點名稱 | 類別 | 級別 | 時代 | 地址 |
|---|---|---|---|---|---|
| | 徐悲鴻紀念館 | 紀念地 | | 近代 | 北京市新街口北大街 |
| | 蘆溝橋 | 古建築 | 全國重點 | 一一八九年 | 北京市豐臺區永定河上 |
| | 孔廟 | 古建築 | 全國重點 | 一三〇二年 | 北京市安定門內成賢街首都博物館 |
| | 潭柘寺 | 寺廟 | | 西晉 | 北京市城西四十公里羅喉嶺 |
| | 法源寺 | 寺廟 | | 六四五年 | 北京市法源寺街 |
| | 臥佛寺 | 寺廟 | | 唐 | 北京市海淀區壽安山麓 |
| | 戒臺寺 | 寺廟 | | 六二二年 | 北京市城西三十公里 |
| | 西山八大處 | 寺廟 | | 唐明 | 北京市西山 |
| | 碧雲寺 | 寺廟 | | 元 | 北京市香山 |
| | 廣濟寺 | 寺廟 | | 金 | 北京市阜成門內大街二十五號 |
| | 智化寺 | 寺廟 | 全國重點 | 明 | 北京市祿米倉東口 |
| | 萬壽寺 | 寺廟 | | 一五七七年 | 北京市西直門外 |
| | 天寧寺塔 | 古建築 | 全國重點 | 遼 | 北京市廣安門外 |
| | 妙應寺白塔 | 古建築 | 全國重點 | 一二七一年 | 北京市阜成門內大街 |
| | 萬松老人塔 | 古建築 | | 元 | 北京市西四磚塔胡同 |
| | 眞覺寺金剛寶座塔 | 古建築 | 全國重點 | 一四七三年 | 北京市白石橋東五塔寺 |
| | 雍和宮 | 寺廟 | 全國重點 | 一六九四年 | 北京市雍和宮大街 |
| | 法海寺 | 寺廟 | 全國重點 | 明 | 北京市石景山區 |
| | 白雲觀 | 寺廟 | | 七三九年 | 北京市西便門外濱河路 |
| | 東岳廟 | 寺廟 | | 一三二三年 | 北京市朝陽門外大街 |
| | 牛街禮拜寺 | 寺廟 | 全國重點 | 九九六年 | 北京市廣安門內牛街 |
| | 南堂 | 寺廟 | | 一六五〇年 | 北京市宣武門內大街 |
| | 西什庫教堂 | 寺廟 | | 一八九〇年 | 北京市西什庫街 |
| | 毛主席紀念堂 | 紀念地 | | 一九七七年 | 北京市天安門廣場 |
| | 李大釗陵園 | 陵墓 | | 一九八三年 | 北京市香山萬安公墓內 |
| | 八寶山革命公墓 | 陵墓 | | 近代 | 北京市復興門外八寶山麓 |
| | 斯諾墓 | 陵墓 | | 一九七三年 | 北京市北京大學未名湖畔 |
| | 什剎海 | 園林 | | 元 | 北京市北海公園西北 |
| | 陶然亭公園 | 園林 | | 近代 | 北京市宣武區 |
| | 龍潭湖公園 | 園林 | | 一九五二年 | 北京市左安門內 |
| | 蓮花池公園 | 園林 | | 一九八二年 | 北京市廣安門外 |
| | 玉淵潭公園 | 園林 | | 清 | 北京市復興門外 |
| | 釣魚臺 | 園林 | | 金 | 北京市阜成門外 |
| | 紫竹院公園 | 園林 | | 一九五二年 | 北京市海淀區白石橋路 |
| | 圓明園 | 園林 | 全國重點 | 清 | 北京市北京大學北 |

| 部區屬 | 景點名稱 | 類別 | 級別 | 時代 | 地址 |
|---|---|---|---|---|---|
| | 頤和園 | 園林 | 全國重點 | 明 | 北京市海淀區頤和園路 |
| | 香山公園 | 園林 | | 金 | 北京市西山 |
| | 玉泉山 | 園林 | | 遼 | 北京市頤和園西 |
| | 櫻桃溝 | 園林 | | 明 | 北京市西山臥佛寺西北 |
| | 黑龍潭 | 園林 | | 明 | 北京市西山北部 |
| | 中國歷史博物館 | 展覽館 | | 一九五九年 | 北京市天安門廣場 |
| | 中國革命博物館 | 展覽館 | | 一九五九年 | 北京市天安門廣場 |
| | 中國人民革命軍事博物館 | 展覽館 | | 一九五九年 | 北京市復興路北 |
| | 首都博物館 | 展覽館 | | 一九八一年 | 北京市國子監街孔廟內 |
| | 北京自然博物館 | 展覽館 | | 一九五九年 | 北京市天橋大街 |
| | 地質博物館 | 展覽館 | | 一九五九年 | 北京市西四羊肉胡同 |
| | 中國美術館 | 展覽館 | | 一九六一年 | 北京市五四大街 |
| | 全國農業展覽館 | 展覽館 | | 一九五九年 | 北京市朝陽區三里屯 |
| | 北京展覽館 | 展覽館 | | 一九五四年 | 北京市西直門外大街 |
| | 北京動物園 | 展覽館 | | 一九五五年 | 北京市西直門外大街 |
| | 北京天文館 | 展覽館 | | 一九五七年 | 北京市西直門外大街 |
| | 中國兒童少年活動中心 | 園林 | | 一九八二年 | 北京市西直門內官園 |
| | 小湯山溫泉 | 自然景 | | | 昌平縣小湯山 |
| | 明十三陵 | 陵墓 | 全國重點 | 明 | 昌平縣天壽山下 |
| | 居庸關及雲臺 | 關隘 | 全國重點 | | 昌平縣城西北 |
| | 八達嶺長城 | 關隘 | 全國重點 | 明 | 延慶縣八達嶺 |
| | 詹天佑銅像 | 紀念地 | | 一九一九年 | 延慶縣青龍橋車站 |
| | 古北口長城 | 關隘 | | | 密雲縣東北部 |
| | 焦莊戶地道戰遺址 | 遺址 | | 近代 | 順義縣焦莊戶 |
| | 十渡 | 自然景 | | | 房山縣拒馬河上游 |
| | 萬佛堂 | 寺廟 | | 隋 | 房山縣坨里 |
| | 上方山 | 自然景 | | | 房山縣南郊 |
| | 雲居寺 | 寺廟 | 全國重點 | 隋 | 房山南尙樂水頭村 |
| （天津市） | 大悲院 | 寺廟 | | 清 | 天津市天緯路二十六號 |
| | 藝術博物館 | 展覽館 | | 近代 | 天津市解放北路 |
| | 水上公園 | 園林 | | | 天津市南郊 |
| | 清眞大寺 | 寺廟 | | 一七〇三年 | 天津市舊城西北隅 |
| | 玉皇閣 | 寺廟 | | 一四二七年 | 天津市舊城東北角 |
| | 老西開教堂 | 寺廟 | | 一九一四年 | 天津市和平區濱江道 |
| | 大沽口炮臺 | 遺址 | 全國重點 | 一八五八年 | 天津市塘沽區 |
| | 義和團呂祖堂壇口 | 遺址 | 全國重點 | 一九〇〇年 | 天津市紅橋區 |

續表三十九

| 部區屬 | 景點名稱 | 類別 | 級別 | 時代 | 地址 |
|---|---|---|---|---|---|
| | 三條石歷史博物館 | 展覽館 | | 近　代 | 天津市城北三條石地區 |
| | 盤山 | 自然景 | | | 薊縣城西北十二公里 |
| | 獨樂寺 | 古建築 | 全國重點 | 九八四年 | 薊縣城西門內 |
| | 白塔 | 古建築 | | | 薊縣城西門內 |
| | 鼓樓 | 古建築 | | 一四五九年 | 薊縣城十字街 |
| （河北省） | 天尊閣 | 古建築 | | 清　前 | 寧河縣豐臺鎮 |
| | 荊軻塔 | 古建築 | | 遼 | 易縣城西南三公里 |
| | 狼牙山烈士塔 | 紀念地 | | | 易縣城西南四十公里 |
| | 清西陵 | 陵　墓 | 全國重點 | 清 | 易縣城西十五公里永寧山下 |
| | 燕下都遺址 | 遺　址 | 全國重點 | 戰　國 | 清易縣城東南 |
| | 清遠樓 | 古建築 | 全國重點 | 一四八二年 | 張家口市宣化區 |
| | 賜兒山雲泉寺 | 自然景 | | | 張家口市西一點五公里 |
| | 靜覺寺 | 寺　廟 | | | 玉田縣鑾子營村 |
| | 湯泉 | 自然景 | | | 遵化縣湯泉村 |
| | 清東陵 | 陵　墓 | 全國重點 | 清 | 遵化縣馬蘭峪 |
| 承　德 | 避暑山莊 | 園　林 | 全國重點 | 清 | 承德市城北 |
| 遊覽區 | 溥仁寺 | 寺　廟 | | 一七一三年 | 承德市武烈河東 |
| （河北省） | 溥寧寺 | 寺　廟 | 全國重點 | 一七五五年 | 承德市城東北 |
| | 普樂寺 | 寺　廟 | 全國重點 | 一七六六年 | 承德市武烈河東 |
| | 安遠廟 | 寺　廟 | 全國重點 | 一七六四年 | 承德市武烈河東 |
| | 須彌福壽之廟 | 寺　廟 | 全國重點 | 一七八〇年 | 承德市避暑山莊北 |
| | 普陀宗乘之廟 | 寺　廟 | 全國重點 | 一七六七年 | 承德市避暑山莊北 |
| | 殊像寺 | 寺　廟 | 全國重點 | 一七七四年 | 承德市避暑山莊北 |
| | 磬錘峰 | 自然景 | | | 承德市武烈河東 |
| | 蛤蟆石 | 自然景 | | | 承德市磬錘峰南 |
| | 雙塔山 | 自然景 | | | 承德市區南十五公里 |
| | 羅漢山 | 自然景 | | | 承德市武烈河東 |
| | 僧冠峰 | 自然景 | | | 承德市正南 |
| | 天橋山 | 自然景 | | | 承德市東北二十公里 |
| | 元寶山 | 自然景 | | | 承德市西八公里 |
| | 朝陽洞 | 自然景 | | | 承德市東北二十公里 |
| | 雞冠山 | 自然景 | | | 承德市東南二十公里 |
| | 湯山湯泉 | 自然景 | | | 承德縣湯泉 |
| | 木蘭圍場 | 園　林 | | 清 | 圍場縣內 |
| | 圍場碑刻 | 碑　刻 | | 清 | 圍場縣境內 |
| | 金山嶺長城 | 關　隘 | 全國重點 | 明 | 灤平縣巴克什營花樓溝 |
| | 董存瑞烈士陵園 | 陵　園 | | 一九五四年 | 隆化縣城西北 |

| 部區屬 | 景點名稱 | 類別 | 級別 | 時代 | 地址 |
|---|---|---|---|---|---|
| 秦皇島遊覽區（河北省） | 喜峰口 | 關隘 | | | 遷西縣城西北八十公里 |
| | 碣石山 | 自然景 | | | 昌黎縣城北 |
| | 尊勝陀羅尼經幢 | 碑刻 | | 金 | 盧龍縣城南門里 |
| | 天馬山戚繼光文字摩崖 | 碑刻 | | 明 | 撫寧縣白家堡子 |
| | 海濱泳場 | 自然景 | | | 秦皇島市北戴河 |
| | 蓮花石公園 | 園林 | | 近代 | 秦皇島市北戴河 |
| | 東聯峰山 | 自然景 | | | 秦皇島市北戴河 |
| | 老虎石 | 自然景 | | | 秦皇島市北戴河海濱 |
| | 鷹角亭 | 建築 | | | 秦皇島市北戴河海濱 |
| | 西聯峰山 | 自然景 | | | 秦皇島市北戴河 |
| | 燕塞湖 | 自然景 | | | 秦皇島市西北 |
| | 懸明洞 | 自然景 | | | 秦皇島市東北黃牛山腳下 |
| | 孟姜女廟 | 寺廟 | | | 山海關東七公里 |
| | 孟姜女墳 | 紀念地 | | | 山海關南海濱 |
| | 老龍頭長城起點 | 關隘 | | | 山海關南海濱 |
| | 威遠城 | 古建築 | | | 山海關東門外質喜嶺 |
| | 將軍臺 | 遺址 | | 明 | 山海關城西四公里 |
| | 角山長城 | 古建築 | | 明 | 山海關城北三公里 |
| | 天下第一關 | 關隘 | 全國重點 | | 山海關城內 |
| 東北部 | | | | | |
| 閭山遊覽區（遼寧省） | 醫閭巫山 | 自然景 | | | 北鎮縣城西北五公里 |
| | 雙塔 | 古建築 | | 遼 | 綏中縣雙塔嶺 |
| | 碣石秦宮殿 | 遺址 | | 秦 | 綏中縣萬家鄉牆子里村和黑山頭，距山海關十五公里 |
| | 溫泉 | 自然景 | | | 興城縣城東南二公里 |
| | 祖氏石坊 | 古建築 | | 一六三一年 | 興城縣城內南大街 |
| | 寧遠古城 | 古建築 | 全國重點 | 明 | 興城縣舊城 |
| | 白塔峪塔 | 古建築 | | 一〇九二年 | 興城縣西北十四公里 |
| | 石塔 | 古建築 | | 一二〇六年 | 錦西縣東北五十公里砂鍋屯村龍山 |
| | 崇興寺雙塔 | 古建築 | 全國重點 | 遼 | 北鎮縣城內東北隅 |
| | 李成梁石坊 | 古建築 | | 一五八〇年 | 北鎮縣城內鼓樓 |
| | 北鎮廟 | 寺廟 | 全國重點 | 金 | 北鎮縣城西二點五公里 |
| | 嘉福寺塔 | 古建築 | | 一〇二〇年 | 義縣城內西南隅 |
| | 奉國寺 | 寺廟 | 全國重點 | 一〇二〇年 | 義縣城內東街 |
| | 萬佛堂石窟 | 石窟 | | 北魏 | 義縣西北萬佛堂村 |

續表四十一

| 部區屬 | 景點名稱 | 類別 | 級別 | 時代 | 地址 |
| --- | --- | --- | --- | --- | --- |
| | 遼瀋戰役紀念館 | 展覽館 | | 一九五八年 | 錦州市古塔區北三街二十三號 |
| | 廣濟寺 | 寺廟 | | 遼 | 錦州市古塔區 |
| | 鳳凰山 | 自然景 | | | 朝陽市東龍山 |
| | 八稜觀塔 | 古建築 | | 遼 | 朝陽市西四十五公里塔營子村北山 |
| | 雲接寺塔 | 古建築 | | 遼 | 朝陽市東鳳凰山麓 |
| | 北塔 | 古建築 | 全國重點 | 唐 | 朝陽市北塔街 |
| | 佑順寺 | 寺廟 | | 清 | 朝陽市南塔街 |
| | 筆架山天橋 | 自然景 | | | 錦縣城西南三十公里 |
| | 天盛號石橋 | 古建築 | | 一一七〇年 | 凌源縣城南四十五公里天盛號村 |
| | 燒鍋營子燕長城遺址 | 遺址 | | 戰國 | 建平縣張家灣村南山至蛤蟆溝腦北山 |
| | 大城子塔 | 古建築 | | 遼 | 喀喇沁左旗大城子鎮中學院內 |
| | 鴿子洞遺址 | 遺址 | | 舊石器 | 喀喇沁左旗瓦房村西南唐山 |
| | 牛河梁子遺址 | 遺址 | 全國重點 | 紅山文化 | 凌源與寧城間 |
| 千山遊覽區（遼寧省） | 千山 | 自然景 | | | 鞍山市東二十公里 |
| | 湯崗子溫泉 | 自然景 | | | 鞍山市南湯崗子 |
| | 勞動公園 | 園林 | | | 鞍山市內 |
| | 析木城石棚 | 古建築 | | 新石器 | 海城縣城東南二十九公里姑嫂石村 |
| | 析木城塔 | 古建築 | | 遼 | 海城縣析木城西北羊角峪西山 |
| | 永安石橋 | 古建築 | | 一六四一年 | 瀋陽市西郊裕國車站西北一公里 |
| | 故宮 | 古建築 | 全國重點 | 一六二五年 | 瀋陽市大東路 |
| | 北陵公園 | 園林 | | 近代 | 瀋陽市北陵大街 |
| | 昭陵 | 陵墓 | 全國重點 | 一六五一年 | 瀋陽市北陵公園內 |
| | 福陵 | 陵墓 | 全國重點 | 一六二九年 | 瀋陽市東北部 |
| | 實勝寺 | 寺廟 | | 一六三八年 | 瀋陽市和平區 |
| | 抗美援朝烈士陵園 | 陵墓 | | 一九五一年 | 瀋陽市北陵公園東北 |
| | 遼寧省博物館 | 展覽館 | | 一九四九年 | 瀋陽市和平區四經街 |
| | 中山公園 | 園林 | | 近代 | 瀋陽市和平區 |
| | 南湖公園 | 園林 | | 近代 | 瀋陽市城南 |
| | 萬泉公園 | 園林 | | 近代 | 瀋陽市東南隅 |

| 部區屬 | 景點名稱 | 類別 | 級別 | 時代 | 地址 |
|---|---|---|---|---|---|
| | 天垢淨光舍利塔 | 古建築 | | 一〇四四年 | 瀋陽市塔灣街 |
| | 大伙房水庫 | 自然景 | | 一九五八年 | 撫順市東十五公里 |
| | 元帥林 | 園林 | | 近代 | 撫順市章黨 |
| | 薩爾滸山 | 遺址 | | 明 | 撫順市大伙房水庫東南隅 |
| | 雷鋒陵園 | 陵園 | | 一九六四年 | 撫順市望花區 |
| | 永陵 | 陵園 | 全國重點 | 一五九八年 | 新賓縣永陵鎮西北啓運山南麓 |
| | 興京赫圖阿拉城 | 遺址 | | 一六〇三年 | 新賓縣永陵鎮東老城 |
| | 本溪湖 | 自然景 | | | 本溪市濱湖區 |
| | 九頂鐵刹山 | 自然景 | | | 本溪縣南甸子西南 |
| | 西炮臺 | 古建築 | | 一八八二年 | 營口市西郊遼河口 |
| | 楞嚴寺 | 寺廟 | | 一九三一年 | 營口市新華區民主街 |
| | 天后宮 | 寺廟 | | 清前 | 營口市西大街 |
| | 東京城 | 古建築 | | 一六二二年 | 遼陽市新城村 |
| | 東京陵 | 陵墓 | | 一六二四年 | 遼陽市太子河東陽魯山上 |
| | 白塔 | 古建築 | 全國重點 | 金 | 遼陽市白塔公園內 |
| | 遼陽壁畫墓群 | 陵墓 | 全國重點 | 漢魏 | 遼陽市北部棒臺子三道壕、北園 |
| | 首山 | 自然景 | | | 遼陽市西南八公里 |
| | 燕州城 | 遺址 | | 高句麗 | 遼陽市東三十公里 |
| | 龍首山 | 自然景 | | | 鐵嶺市區東部 |
| | 慈清寺 | 寺廟 | | 明 | 鐵嶺市龍首山北峰 |
| | 崇壽寺塔 | 古建築 | | 一一五六年 | 開原縣老城西南 |
| | 慈航寺 | 寺廟 | | 清 | 本溪市內大堡後山西麓 |
| | 溫泉 | 自然景 | | | 本溪市東北溫泉寺 |
| | 遼懿州塔 | 古建築 | | 遼 | 阜新市東北五十公里 |
| | 瑞應寺 | 寺廟 | | 一六九九年 | 阜新縣佛寺村 |
| | 大金喇嘛法師寶記碑 | 碑刻 | | 清 | 遼陽市太子河鄉舊喇嘛園 |
| | 鐵嶺白塔 | 古建築 | | 一一七三年 | 鐵嶺縣城內 |
| 松花湖遊覽區（吉林省） | 僞滿洲國皇宮 | 古建築 | | 一九三四年 | 長春市東北角 |
| | 蘇軍烈士紀念塔 | 紀念地 | | 一九四五年 | 長春市人民廣場 |
| | 淨月壇公園 | 園林 | | 近代 | 長春市東郊 |
| | 南湖公園 | 園林 | | 近代 | 長春市南郊 |
| | 勝利公園 | 園林 | | 近代 | 長春市斯大林大街 |
| | 兒童公園 | 園林 | | 近代 | 長春市斯大林大街 |
| | 勞動公園 | 園林 | | 近代 | 長春市二道河子區 |
| | 古黃龍府 | 遺址 | | 遼 | 農安縣古城 |
| | 遼塔 | 古建築 | | 遼 | 農安縣城內 |

續表四十三

| 部區屬 | 景點名稱 | 類別 | 級別 | 時代 | 地址 |
|---|---|---|---|---|---|
| | 大金得勝陀頌碑 | 碑刻 | 全國重點 | 金 | 扶餘縣石碑崴子屯東一點五公里 |
| | 左家自然保護區 | 自然景 | | 近代 | 永吉縣左家鎮 |
| | 高句麗山城 | 遺址 | | 高句麗 | 吉林市龍潭山 |
| | 北山 | 自然景 | | | 吉林市區西北 |
| | 阿什哈達摩崖 | 碑刻 | | 明 | 吉林市東南十五公里阿什哈達屯 |
| | 松花湖 | 自然景 | | 近代 | 吉林市東南二十四公里 |
| | 烏拉古城 | 遺址 | | 明 | 永吉縣烏拉街鎮 |
| | 完顏希尹家族墓地 | 陵墓 | | 金 | 舒蘭縣小城子北五公里 |
| | 洮安雙塔 | 古建築 | | 清 | 洮安縣德順鄉雙塔村 |
| 興安嶺遊覽區（黑龍江省） | 大乘寺 | 寺廟 | | 近代 | 齊齊哈爾市站前 |
| | 龍沙公園 | 園林 | | 一八九七年 | 齊齊哈爾市內 |
| | 壽山將軍祠 | 紀念地 | | 一九〇〇年 | 齊齊哈爾市龍沙公園內 |
| | 扎龍自然保護區 | 自然景 | | | 齊齊哈爾市東南 |
| | 昂昂溪文化遺址 | 遺址 | | 新石器 | 齊齊哈爾市昂昂溪區 |
| | 清眞寺 | 寺廟 | | 一六八四年 | 齊齊哈爾市建華區 |
| | 五大連池 | 自然景 | | | 德都縣境內 |
| | 瑷琿古城 | 遺址 | | 明清 | 愛輝縣愛輝鄉 |
| | 十八站文化遺址 | 遺址 | | 舊石器 | 呼瑪縣十八站 |
| | 漠河北極村 | 自然景 | | | 呼瑪縣漠河鎮 |
| | 奔吉塔站故城 | 遺址 | | 明 | 撫遠縣白山頂 |
| | 蒲馬路故城 | 遺址 | | 金 | 克東縣金城屯 |
| | 塔子城遺址 | 遺址 | | 遼 | 泰來縣塔子城 |
| （內蒙古自治區） | 扎蘭屯風景區 | 自然景 | | | 布特哈旗扎蘭屯 |
| | 阿爾山溫泉 | 自然景 | | | 科爾沁右旗阿爾山 |
| | 呼倫湖 | 自然景 | | | 新巴爾虎右旗與滿洲里市中間 |
| | 嘎仙洞 | 自然景 | 全國重點 | 北魏 | 鄂倫春旗阿里河鎮北十公里 |
| | 北魏摩崖 | 碑刻 | | 北魏 | 鄂倫春旗阿里河鎮嘎仙洞內 |
| | 小二溝 | | | | 莫力達瓦旗西北諾敏河畔 |
| 鏡泊湖遊覽區（黑龍江省） | 太陽島 | 自然景 | | | 哈爾濱市松花江中 |
| | 兒童公園 | 園林 | | 近代 | 哈爾濱市南崗區 |
| | 兆麟公園 | 園林 | | 近代 | 哈爾濱市道裏區 |
| | 靖宇公園 | 園林 | | 近代 | 哈爾濱市道外區 |
| | 文化公園 | 園林 | | 近代 | 哈爾濱市道外區 |

| 部區屬 | 景點名稱 | 類別 | 級別 | 時代 | 地址 |
| --- | --- | --- | --- | --- | --- |
| | 哈爾濱動物園 | 園林 | | 近代 | 哈爾濱市南郊 |
| | 斯大林公園 | 園林 | | 近代 | 哈爾濱市松花江畔 |
| | 七級浮屠塔 | 建築 | | 一九二四年 | 哈爾濱市南崗區 |
| | 文廟 | 寺廟 | | 一九二六年 | 哈爾濱市大直街 |
| | 東北烈士紀念館 | 紀念地 | | 一九四八年 | 哈爾濱市南崗區一曼大街 |
| | 極樂寺 | 寺廟 | | 一九二四年 | 哈爾濱市南崗區東大直街五號 |
| | 尼古拉教堂 | 寺廟 | | 一八九九年 | 哈爾濱市南崗區 |
| | 黑龍江省博物館 | 展覽館 | | 一九五四年 | 哈爾濱市南崗區 |
| | 衍福寺雙塔 | 古建築 | | 清 | 肇源縣茂興大廟村 |
| | 上京會寧府 | 遺址 | 全國重點 | 金 | 阿城縣城南二公里 |
| | 亞溝摩崖 | 碑刻 | 全國重點 | 金 | 阿城縣亞溝東三公里石人山西麓 |
| | 金源乳峰太虛洞 | 自然景 | | | 阿城縣山河屯東南三公里松峰山西南麓 |
| | 金太祖阿骨打御陵址 | 遺址 | | 金 | 阿城縣上京會寧府遺址西側 |
| | 寶嚴大師塔銘誌石碑 | 碑刻 | | 金 | 阿城縣南白城廟臺 |
| | 威虎廳 | 紀念地 | | 近代 | 海林縣城西北四十五公里威虎山中 |
| | 楊子榮烈士陵園 | 陵墓 | | 一九七〇年 | 海林縣東山巓 |
| | 五國頭城遺址 | 遺址 | | 遼金 | 依蘭縣城北江邊 |
| | 靖邊營遺址 | 遺址 | | 清 | 依蘭縣城東十五公里松花江南岸 |
| | 桃溫萬戶府故城 | 遺址 | | 元 | 湯原縣香蘭鎮湯旺河大橋南 |
| | 八女投江紀念地 | 紀念地 | | 一九三八年 | 林口縣刁翎鄉烏斯渾河西岸 |
| | 興凱湖 | 自然景 | | | 密山縣東南中蘇邊境 |
| | 虎頭關帝廟 | 寺廟 | | 清 | 虎林縣虎頭區烏蘇里江左岸 |
| | 三靈墳 | 陵墓 | | 唐 | 寧安縣三靈 |
| | 大石橋 | 古建築 | | 一六三四年 | 寧安縣城西雞陵山下 |
| | 上京龍泉府故城遺址 | 遺址 | 全國重點 | 渤海 | 寧安縣東京城 |
| | 石燈塔 | 文物 | | 渤海 | 寧安縣渤海鎮西南南大廟院內 |
| | 興隆寺 | 寺廟 | | 渤海 | 寧安縣渤海鎮西南 |
| | 地下森林 | 自然景 | | | 寧安縣張廣才嶺南坡 |

續表四十五

| 部區屬 | 景點名稱 | 類別 | 級別 | 時代 | 地址 |
| --- | --- | --- | --- | --- | --- |
| | 地下溶岩洞 | 自然景 | | | 寧安縣沙蘭 |
| | 城牆碯子山城遺址 | 遺址 | | 渤海 | 寧安縣鏡泊湖中部西岸高山 |
| | 寧古塔舊城 | 遺址 | | 清 | 海林縣舊街 |
| | 寧古塔新城 | 遺址 | | 清 | 寧安縣城 |
| | 鏡泊湖 | 自然景 | | | 寧安縣南 |
| 長白山遊覽區（吉林省） | 城子山山城 | 遺址 | | 東夏 | 延吉市東城子山上 |
| | 龍虎石刻 | 碑刻 | | 清 | 琿春縣涼水河屯東三點五公里山上 |
| | 六頂山渤海墓群 | 陵墓 | 全國重點 | 渤海 | 敦化縣城南五公里六頂山南坡山坳 |
| | 敖東城 | 遺址 | | 渤海 | 敦化縣東南角 |
| | 靖宇陵園 | 陵墓 | | 一九五七年 | 通化市渾江東岸 |
| | 人面石刻 | 碑刻 | | 高句麗 | 集安縣城北高句麗墓前 |
| | 廣開土王碑 | 碑刻 | | 四一四年 | 集安縣城東北五公里 |
| | 丸都山城 | 遺址 | 全國重點 | 三年 | 集安縣城西北二公里山中 |
| | 長川一號墓 | 陵墓 | | 五世紀 | 集安縣長川村 |
| | 關馬山城 | 遺址 | | 高句麗 | 集安縣城西北三十五公里熱鬧屯東南 |
| | 國內城 | 遺址 | | 三年 | 集安縣通溝河口 |
| | 洞溝古墓群 | 陵墓 | 全國重點 | 高句麗 | 集安縣洞溝河畔 |
| | 將軍墳 | 陵墓 | | 五世紀 | 集安縣城東七公里龍山山麓 |
| | 五盔墳五號墓 | 陵墓 | | 高句麗 | 集安縣城東洞溝 |
| | 太王陵 | 陵墓 | | 四一二年 | 集安縣城東五公里 |
| | 霸王朝山城 | 遺址 | | 高句麗 | 集安縣霸王朝村 |
| | 長白山自然保護區 | 自然景 | | | 吉林省中朝邊境 |
| | 天池及瀑布 | 自然景 | | | 長白山主峰白頭山頂 |
| | 圓池 | 自然景 | | | 長白山白頭山北 |
| | 溫泉 | 自然景 | | | 長白山白頭山腰 |
| （遼寧省） | 五女山山城 | 遺址 | | 高句麗 | 桓仁縣東北七公里五女山上 |
| | 鳳凰山 | 自然景 | | | 鳳城縣東南三公里 |
| | 高句麗白城 | 遺址 | | 高句麗 | 鳳城縣東南五公里鳳凰山與高麗山之間 |
| | 九連城 | 遺址 | | 金 | 丹東市東北十二公里 |
| | 五龍背溫泉 | 自然景 | | | 丹東市西北郊區 |
| | 錦江山公園 | 園林 | | 近代 | 丹東市內 |

| 部區屬 | 景點名稱 | 類別 | 級別 | 時代 | 地址 |
|---|---|---|---|---|---|
| | 大孤山風景區 | 園林 | | 近代 | 東溝縣西大洋河口 |
| | 大鹿島 | 紀念地 | | 明 | 東溝縣大孤山東南十九公里海中 |
| 旅大遊覽區（遼寧省） | 望兒山 | 自然景 | | | 蓋縣西南熊岳車站東一公里 |
| | 建安城遺址 | 遺址 | | 高句麗 | 蓋縣東北青石關堡高麗城村東山 |
| | 石棚山石棚 | 遺址 | | 新石器 | 蓋縣南四十五公里石棚山 |
| | 玄貞觀 | 寺廟 | 全國重點 | 一三八二年 | 蓋縣城內西大街 |
| | 太和尙山 | 自然景 | | | 金縣境內 |
| | 金石灘 | 自然景 | | | 金縣海濱 |
| | 營城子壁畫墓 | 陵墓 | | 東漢 | 大連市甘井子區營城子沙崗村南 |
| | 旅順博物館 | 展覽館 | | 近代 | 旅順新市街 |
| | 大連自然博物館 | 展覽館 | | 一九五九年 | 大連市勝利橋北 |
| | 萬忠墓 | 陵墓 | | 一九八四年 | 旅順口白玉山東 |
| | 中蘇友誼紀念塔 | 紀念地 | 全國重點 | 一九五七年 | 大連市旅順博物館前 |
| | 老虎灘 | 自然景 | | | 大連市海濱 |
| | 星海公園 | 園林 | | 近代 | 大連市城內 |
| | 東雞冠山北堡壘 | 遺址 | | 近代 | 旅順東雞冠山 |
| | 望臺炮臺 | 遺址 | | 近代 | 旅順東雞冠山 |
| | 白玉塔 | 古建築 | | 一九〇九年 | 旅順白玉山上 |
| | 龍王塘風景區 | 園林 | | 近代 | 旅順龍王塘 |
| | 鳥島 | 自然景 | | | 旅順渤海中 |
| | 蛇島 | 自然景 | | | 大連西南海中 |
| | 棒槌島 | 自然景 | | | 大連市東面海中 |
| | 仙人洞風景區 | 自然景 | | | 莊河縣東北四十公里 |
| 華東部 | | | | | |
| 濱海遊覽區（山東省） | 煙臺山 | 自然景 | | | 煙臺市區東北 |
| | 毓璜頂 | 園林 | | 元 | 煙臺市毓璜頂北路 |
| | 南山公園 | 園林 | | 近代 | 煙臺市南部 |
| | 福建會館 | 古建築 | | 一八八四年 | 煙臺市博物館 |
| | 西炮臺山公園 | 園林 | 全國重點 | 近代 | 煙臺市西部 |
| | 蓬萊閣 | 古建築 | | 北宋 | 蓬萊縣城北一公里丹崖山 |
| | 水城 | 古建築 | 全國重點 | 北宋 | 蓬萊縣蓬萊閣旁 |
| | 戚繼光父子總督坊 | 古建築 | | 一五六五年 | 蓬萊縣城內 |
| | 芝罘島 | 自然景 | | | 煙臺市北九公里 |
| | 北洋水師提督署 | 遺址 | 全國重點 | 近代 | 威海市劉公島 |

| 部區屬 | 景點名稱 | 類別 | 級別 | 時代 | 地址 |
|---|---|---|---|---|---|
| | 牟二黑莊園 | 古建築 | | 清 | 棲霞縣城北古鎭都 |
| | 龍泉溫泉 | 自然景 | | | 牟平縣城東南二十三公里崑崳山北麓 |
| | 聖經山摩崖 | 碑刻 | | | 文登縣城西二十五公里 |
| | 道士谷 | 自然景 | | | 掖縣城東十公里大基山中 |
| | 半月灣 | 自然景 | | | 長島縣北長山島 |
| | 成山頭 | 自然景 | | | 榮成縣龍鬚島東部 |
| | 聖水宮 | 寺廟 | | 金 | 乳山縣東北小崑崳山南端 |
| | 天后宮 | 寺廟 | | 一四六七年 | 青島市太平路 |
| | 中山公園 | 園林 | | 近代 | 青島市太平山下 |
| | 棧橋 | 古建築 | | 一八九一年 | 青島市中山路 |
| | 小青島 | 自然景 | | | 青島市南海濱 |
| | 海產博物館 | 展覽館 | | 近代 | 青島市魯迅公園 |
| | 魯迅公園 | 園林 | | 近代 | 青島市南海濱 |
| | 八大關 | 建築 | | 近代 | 青島市南部 |
| | 花石樓 | 建築 | 市重點 | 近代 | 青島市黃海路十八號 |
| | 湛山寺 | 寺廟 | | 一九三四年 | 青島市太平山角 |
| | 康有爲故居 | 紀念地 | 市重點 | 近代 | 青島市福山支路五號 |
| | 康有爲墓 | 陵墓 | 市重點 | 一九二七年 | 青島市浮山 |
| | 一多樓 | 紀念地 | 市重點 | 一九三〇年 | 青島市山東海洋學院東北角 |
| | 小魚山公園 | 園林 | | 近代 | 青島市魚山路 |
| | 觀海山公園 | 園林 | | 近代 | 青島市南海濱 |
| | 信號山公園 | 園林 | | 近代 | 青島市龍江路 |
| | 觀象山公園 | 園林 | | 近代 | 青島市江蘇路 |
| | 嶗山 | 自然景 | | 宋至清 | 嶗山縣境內，青島市東三十公里 |
| | 琅琊臺 | 碑刻 | | 秦 | 膠南縣夏河城東南五公里 |
| | 大珠山 | 自然景 | | | 膠南縣東北海濱 |
| | 小珠山 | 自然景 | | | 膠南縣靈山衛鎭北 |
| （江蘇省） | 徐福村 | 遺址 | | 秦 | 贛榆縣徐福村 |
| | 雲臺山 | 自然景 | | | 連雲港市雲臺鄉 |
| | 花果山 | 自然景 | | | 連雲港市東南十五公里 |
| | 海青寺阿育王塔 | 古建築 | | 一〇二六年 | 連雲港市花果山麓 |
| | 孔望山摩崖 | 碑刻 | 全國重點 | 漢 | 連雲港市南二公里 |
| | 石棚山 | 自然景 | | | 連雲港市西南六公里 |
| | 將軍崖岩畫 | 碑刻 | 全國重點 | 史前 | 連雲港市西南六公里錦屏山 |

| 部區屬 | 景點名稱 | 類別 | 級別 | 時代 | 地址 |
| --- | --- | --- | --- | --- | --- |
| | 宿城 | 自然景 | | | 連雲港市東南海濱 |
| 泰山遊覽區（山東省） | 泰山 | 自然景 | | | 泰安縣境內 |
| | 大明湖 | 園林 | | 北魏 | 濟南市中心 |
| | 趵突泉公園 | 園林 | | 春秋 | 濟南市趵突泉路 |
| | 黑虎泉 | 自然景 | | | 濟南市黑虎泉路 |
| | 解放閣 | 紀念地 | | 一九四八年 | 濟南市黑虎泉對面 |
| | 金牛公園 | 園林 | | 近代 | 濟南市濟濼路 |
| | 千佛山公園 | 自然景 | 全國重點 | | 濟南市南郊 |
| | 珍珠泉 | 自然景 | | | 濟南市政府院內 |
| | 山東省博物館 | 展覽館 | | 一九五五年 | 濟南市文化西路一百零三號 |
| | 南大寺 | 寺廟 | | 元 | 濟南市禮拜寺街 |
| | 大佛頭造像 | 石窟 | | 一〇三六年 | 歷城縣佛慧山北 |
| | 大佛寺 | 寺廟 | | 唐 | 歷城縣西南青銅山 |
| | 龍洞山 | 自然景 | | | 歷城縣東南 |
| | 四門塔 | 古建築 | 全國重點 | 東魏 | 歷城縣柳埠村青龍山麓神通寺遺址東側 |
| | 龍虎塔 | 古建築 | | 唐至元 | 歷城縣柳埠村白虎山下 |
| | 湧泉 | 自然景 | | | 歷城縣柳埠村白虎山麓 |
| | 九頂塔 | 古建築 | | 唐 | 歷城縣柳埠村靈鷲山九塔寺內 |
| | 黃石崖造像 | 石窟 | | 北魏 | 歷城縣螺絲頂山主峰西側 |
| | 五峰山 | 自然景 | | | 長清縣東南二十公里 |
| | 孝堂山郭氏墓石祠 | 陵墓 | 全國重點 | 漢 | 長清縣孝堂山上 |
| | 靈岩寺 | 寺廟 | 全國重點 | 北魏 | 長清縣南方山 |
| | 城子崖遺址 | 遺址 | 全國重點 | 龍山文化 | 章丘縣龍山鎮東北 |
| | 柳泉及蒲松齡墓 | 陵墓 | | 清 | 淄博市淄川區蒲家莊東山谷 |
| | 蒲松齡故居 | 紀念地 | | 清 | 淄博市淄川區蒲家莊 |
| | 蘇祿王墓 | 陵墓 | 全國重點 | 一四一七年 | 德州市北一公里 |
| | 唐棗 | 自然景 | | | 慶雲縣周尹村東北 |
| | 南宋大殿 | 古建築 | | 一一二八年 | 廣饒縣城內西北隅 |
| | 皆公寺石像 | 寺廟 | | 北魏 | 廣饒縣楊趙寺村 |
| | 興國寺石像 | 寺廟 | | 五三四年 | 博興縣寨高村 |
| | 十笏園 | 園林 | | 清 | 濰坊市胡家牌坊街 |
| | 萬印樓 | 古建築 | | 清 | 濰坊市增福堂街陳介祺故宅東北隅 |
| | 大澤山 | 自然景 | | | 平度縣城北三十五公里 |

續表四十九

| 部區屬 | 景點名稱 | 類別 | 級別 | 時代 | 地址 |
|---|---|---|---|---|---|
| | 山旺古生物化石保護區 | 自然景 | | | 臨朐縣城東二十公里山旺村 |
| | 老龍灣 | 自然景 | | | 臨朐縣東南海源山下 |
| | 沂山 | 自然景 | | | 臨朐縣城南五十公里 |
| | 五蓮山 | 自然景 | | | 五蓮縣城東南 |
| | 雲門山 | 自然景 | | | 益都縣南 |
| | 佛光崖 | 自然景 | | | 益都縣城西南五十五公里仰天山 |
| | 范公亭 | 古建築 | | 宋 | 益都縣西門外陽河畔 |
| | 穆陵關齊長城 | 遺址 | | 周 | 沂水縣城北五十公里穆陵關 |
| | 沂南漢畫像石墓 | 陵墓 | | 漢 | 沂南縣城西四公里北寨村 |
| | 定林寺 | 紀念地 | | 南北朝 | 莒縣城西浮來山 |
| | 岱廟 | 寺廟 | 全國重點 | 宋 | 泰安縣城內 |
| | 玫瑰之鄉 | 自然景 | | | 平陰縣西南農村 |
| | 太白樓 | 古建築 | | 一三九一年 | 濟寧市南城牆上 |
| | 漢碑群 | 碑刻 | | 漢 | 濟寧市鐵塔寺街市教育局院內 |
| | 鐵塔 | 古建築 | 全國重點 | 五六〇年 | 濟寧市鐵塔寺街 |
| | 聲遠樓 | 古建築 | | 宋 | 濟寧市鐵塔寺街 |
| | 興隆塔 | 古建築 | | 宋 | 兗州縣城東北隅 |
| | 卞橋 | 古建築 | | 金前 | 泗水縣城東二十五公里卞橋村東 |
| | 泗水泉林 | 自然景 | | | 泗水縣城東二十五公里陪尾山下 |
| | 青山寺 | 寺廟 | | 北宋 | 嘉祥縣城西南八公里 |
| | 武梁祠 | 古建築 | 全國重點 | 漢 | 嘉祥縣武翟山下 |
| | 少昊陵 | 紀念地 | | 宋 | 曲阜縣城東四公里 |
| | 孔廟 | 寺廟 | 全國重點 | 春秋 | 曲阜縣城內 |
| | 孔府 | 紀念地 | 全國重點 | 漢 | 曲阜縣城內 |
| | 孔林 | 陵墓 | 全國重點 | 西元前四七九年 | 曲阜縣城內 |
| | 尼山孔子廟 | 寺廟 | | 五代 | 曲阜縣城東南三十公里尼山東麓 |
| | 周公廟 | 寺廟 | | 北宋 | 曲阜縣城東北一公里 |
| | 洙泗書院 | 紀念地 | | 元 | 曲阜縣城東北四公里 |
| | 鄒峰山 | 自然景 | | | 鄒縣東南 |
| | 孟廟 | 寺廟 | 全國重點 | 北宋 | 鄒縣南關 |

| 部區屬 | 景點名稱 | 類別 | 級別 | 時代 | 地址 |
| --- | --- | --- | --- | --- | --- |
| | 孟府 | 紀念地 | 全國重點 | 北宋 | 鄒縣南關 |
| | 孟林 | 陵墓 | | 北宋 | 鄒縣東北四基山 |
| | 微山湖 | 自然景 | | | 微山縣 |
| | 荷澤牡丹之鄉 | 自然景 | | | 荷澤縣 |
| | 百獅坊 | 古建築 | | 一七七八年 | 單縣城內 |
| | 馬跑泉 | 自然景 | | | 梁山縣北昆山上 |
| | 梁山泊 | 遺址 | | 宋 | 梁山縣東南三公里 |
| | 臘山 | 自然景 | | | 梁山縣城北三十公里 |
| | 山陝會館 | 古建築 | | 清 | 聊城縣東關 |
| | 光岳樓 | 古建築 | 全國重點 | 一三七四年 | 聊城縣舊城中心 |
| | 臨清磚塔 | 古建築 | | 明前 | 臨清縣城西 |
| | 鰲頭磯 | 自然景 | | | 臨汪縣汶河分流處 |
| | 龜蒙頂 | 自然景 | | | 蒙陰、平邑兩縣交界處 |
| | 獅子樓 | 古建築 | | | 陽穀縣城內十字街 |
| | 景陽崗 | 自然景 | | | 陽穀縣城東四十里 |
| （江蘇省） | 雲龍山 | 自然景 | | | 徐州市南郊 |
| | 興化寺 | 寺廟 | | 北魏 | 徐州市雲龍山 |
| | 華佗墓 | 陵墓 | | 明 | 徐州市彭城路華祖廟側 |
| | 乾隆行宮 | 古建築 | | 清 | 徐州市和平路四十四號 |
| 南京遊覽區（安徽省） | 相山廟 | 寺廟 | | 二八四年 | 淮北市相山南麓淮北市博物館 |
| | 陳勝吳廣起義舊址 | 遺址 | | 秦 | 宿縣大澤鄉涉故臺 |
| | 天門寺 | 寺廟 | | 元 | 蕭縣城東南二十公里天門山口 |
| | 龍子河公園 | 園林 | | 明 | 蚌埠市東郊曹山腳下 |
| | 垓下 | 紀念地 | | 秦 | 靈壁縣東南沱河北岸 |
| | 卞和洞 | 自然景 | | | 懷遠縣荆山 |
| | 白乳泉 | 自然景 | | | 懷遠縣城南郊 |
| | 禹王宮 | 寺廟 | | 唐前 | 懷遠縣東南塗山 |
| | 吳敬梓故居 | 紀念地 | | 明 | 全椒縣襄河鎮城北河灣 |
| | 韭山洞 | 自然景 | | | 定遠縣城西北二十三公里韭山 |
| | 龍興寺 | 寺廟 | | 一三八六年 | 鳳陽縣城北鳳凰山日精峰下 |
| | 明皇陵 | 陵墓 | | 明 | 鳳陽縣西南八公里 |
| | 明中都城 | 古建築 | 全國重點 | 明 | 鳳陽縣城西北隅 |
| | 瑯玡山 | 自然景 | | | 滁縣城西南五公里 |
| | 醉翁亭 | 古建築 | | 一〇四六年 | 滁縣瑯玡山中 |

續表五十一

| 部區屬 | 景點名稱 | 類別 | 級別 | 時代 | 地址 |
| --- | --- | --- | --- | --- | --- |
| | 豐樂亭 | 古建築 | | 一〇四六年 | 滁縣西豐山下 |
| | 胭脂山 | 自然景 | | | 天長縣城內 |
| （江蘇省） | 鼓樓 | 古建築 | | 一三八二年 | 南京市中心 |
| | 雞鳴寺 | 寺廟 | | 一三八七年 | 南京市雞籠山東 |
| | 梅園新村三十號 | 紀念地 | | 一九四六年 | 南京市梅園新村 |
| | 天王府 | 紀念地 | 全國重點 | 清 | 南京市長江路二百九十二號 |
| | 太平天國紀念館 | 紀念地 | | 一九五六年 | 南京市瞻園街 |
| | 貢院 | 遺址 | | 一一六八年 | 南京市夫子廟旁 |
| | 白下愚園 | 園林 | | 宋 | 南京市中華門內 |
| | 大鐘亭 | 古建築 | | 一三八二年 | 南京市鼓樓東北 |
| | 中華門 | 古建築 | | 九一七年 | 南京市中華路南端 |
| | 明故宮 | 遺址 | | 一三六七年 | 南京市中山東路 |
| | 北極閣 | 遺址 | | 南朝 | 南京市雞鳴寺路 |
| | 大報恩寺 | 寺廟 | | 三國 | 南京市中華門外 |
| | 朝天宮 | 寺廟 | | 三九〇年 | 南京市莫愁路 |
| | 夫子廟 | 寺廟 | | 一〇三四年 | 南京市貢院西街 |
| | 淨覺寺 | 寺廟 | | 一三八八年 | 南京市建康路四十一號 |
| | 清眞寺 | 寺廟 | | 一九二四年 | 南京市大平路二百九十六號 |
| | 花神廟 | 寺廟 | | 清 | 南京市雨花臺西南 |
| | 明孝陵 | 陵墓 | 全國重點 | 一三八一年 | 南京市鍾山南麓 |
| | 南唐二陵 | 陵墓 | 全國重點 | 南唐 | 江寧縣東善鎮西北祖堂山南麓 |
| | 方孝孺墓 | 陵墓 | | 明 | 南京市雨花臺東北 |
| | 鄭和墓 | 陵墓 | | 明 | 江寧縣谷里鄉牛首山周昉村 |
| | 浡泥國王墓 | 陵墓 | | 一四〇八年 | 南京市安德門外石子崗東向花村 |
| | 中山陵 | 陵墓 | 全國重點 | 一九二九年 | 南京市鍾山 |
| | 廖仲愷何香凝合葬墓 | 陵墓 | | 近代 | 南京市鍾山麓 |
| | 靈谷寺 | 寺廟 | | 五一四年 | 南京市中山陵東 |
| | 獅子山 | 自然景 | | | 南京市興中門內 |
| | 清涼山公園 | 園林 | | | 南京市虎踞路 |
| | 石頭城 | 古建築 | | 二一二年 | 南京市漢中門外 |
| | 鬼臉城 | 古建築 | 全國重點 | 明 | 南京市清涼山西麓 |
| | 燕子磯 | 自然景 | | | 南京市觀音門外 |
| | 棲霞山 | 自然景 | 全國重點 | | 南京市東北二十公里 |

| 部區屬 | 景點名稱 | 類別 | 級別 | 時代 | 地址 |
|---|---|---|---|---|---|
| | 牛首山 | 自然景 | | | 南京市中山門外十五公里 |
| | 白鷺洲公園 | 園林 | | 近代 | 南京市武定門內 |
| | 古白鷺洲 | 自然景 | | | 南京市江東門白鷺村 |
| | 玄武湖公園 | 園林 | | | 南京市玄武門外 |
| | 雨花臺 | 紀念地 | 全國重點 | 近代 | 南京市中華門南 |
| | 莫愁湖 | 園林 | | 南朝 | 南京市水西門外 |
| | 中山植物園 | 園林 | | 近代 | 南京市鍾山西南麓 |
| | 南京長江大橋 | 建築 | | 一九六八年 | 南京市長江上 |
| | 南京博物院 | 展覽館 | | 一九三三年 | 南京市中山東路三百二十一號 |
| | 鄭文英墓 | 陵墓 | | 一七九三年 | 淮陰縣王營鎮東 |
| | 文通塔 | 古建築 | | 六〇二年 | 淮安縣城西北 |
| | 周恩來故居 | 紀念地 | 全國重點 | 一八九八年 | 淮安縣城內紅光西巷 |
| | 關天培墓 | 陵墓 | | 一八四一年 | 淮安縣城東周家莊東南 |
| | 鎮淮樓 | 古建築 | | 南宋 | 淮安縣城中心 |
| | 水繪園 | 園林 | | 明 | 如臯縣如城鎮東北 |
| | 日涉園 | 園林 | | 明 | 泰州市城中路 |
| | 大明寺 | 寺廟 | | 南朝 | 揚州市西北蜀崗 |
| | 平山堂 | 古建築 | | 一〇四八年 | 揚州市大明寺西 |
| | 天寧寺 | 寺廟 | | 東晉 | 揚州市城北 |
| | 重寧寺 | 寺廟 | | 清 | 揚州市北部 |
| | 旌忠寺 | 寺廟 | | 南宋 | 揚州市舊城仁豐里 |
| | 西方寺 | 寺廟 | | 八〇五年 | 揚州市駝嶺巷 |
| | 萬壽寺 | 寺廟 | | 宋 | 揚州市北皮市街 |
| | 仙鶴寺 | 寺廟 | | 南宋 | 揚州市南門街 |
| | 高旻寺 | 寺廟 | | 隋 | 揚州市南門外三汊河西岸 |
| | 觀音山 | 遺址 | | 隋 | 揚州市西北蜀崗 |
| | 史可法祠墓 | 紀念地 | | 一六四五年 | 揚州市廣儲門外梅花嶺 |
| | 文峰塔 | 古建築 | | 一五八二年 | 揚州市城南運河邊 |
| | 文昌閣 | 古建築 | | 一五八五年 | 揚州市汶河路廣場 |
| | 四望亭 | 古建築 | | 南宋 | 揚州市西門街 |
| | 古木蘭院石塔 | 古建築 | | 八三八年 | 揚州市城西石塔路 |
| | 隋煬帝陵 | 陵墓 | | 六一八年 | 揚州市西北邗江槐泗鄉雷塘 |
| | 普哈丁墓 | 陵墓 | | 一二七五年 | 揚州市解放橋南 |
| | 瘦西湖 | 園林 | | 隋至清 | 揚州市西北 |
| | 西園曲水 | 園林 | | | 揚州市瘦西湖南 |
| | 冶春園 | 園林 | | 清 | 揚州市鹽阜路河邊 |

續表五十三

| 部區屬 | 景點名稱 | 類別 | 級別 | 時代 | 地址 |
|---|---|---|---|---|---|
| | 个園 | 園林 | 全國重點 | 清 | 揚州市東關街 |
| | 何園 | 園林 | 全國重點 | 清 | 揚州市徐凝門街 |
| | 小盤谷 | 園林 | | 清 | 揚州市大樹巷 |
| | 棣園 | 園林 | | 明 | 揚州市花園巷 |
| | 荷花池公園 | 園林 | | 清 | 揚州市西南南通路頭 |
| | 片石山房 | 園林 | | 清 | 揚州市何園東南 |
| | 揚州唐城遺址 | 遺址 | | 唐 | 揚州市西北蜀崗 |
| | 紅園 | 園林 | | 近代 | 揚州市豐樂街西 |
| | 文遊臺 | 古建築 | | 宋 | 高郵縣城東北 |
| | 鎭國寺塔 | 古建築 | | 唐 | 高郵縣城西西門灣 |
| | 北固山 | 自然景 | | | 鎭江市東北江濱 |
| | 招隱寺 | 寺廟 | | 東晉 | 鎭江市南三公里招隱山中 |
| | 金山 | 園林 | | 唐 | 鎭江市區西北 |
| | 中泠泉 | 園林 | | 唐 | 鎭江市金山西 |
| | 昭關石塔 | 古建築 | | 元 | 鎭江市雲臺山北麓 |
| | 焦山 | 自然景 | 全國重點 | | 鎭江市東北長江中 |
| | 沈括夢溪園 | 遺址 | | 宋 | 鎭江市環城東路內 |
| | 伯先公園 | 紀念地 | | 近代 | 鎭江市雲臺山 |
| | 南郊風景區 | 自然景 | | | 鎭江市南山 |
| 太湖遊覽區（江蘇省） | 太湖 | 自然景 | | | 江蘇省與浙江省中間 |
| | 茅山 | 自然景 | | | 句容縣與金壇縣中間 |
| | 天寧寺 | 寺廟 | | 唐 | 常州市內 |
| | 紅梅閣 | 古建築 | | 北宋 | 常州市紅梅公園 |
| | 近園 | 園林 | | 清 | 常州市長春巷常州賓館內 |
| | 舟義舟亭 | 遺址 | | 宋 | 常州市東郊公園內 |
| | 淹城 | 遺址 | 全國重點 | 周 | 武進縣湖塘，常州南七公里 |
| | 張公洞 | 自然景 | | | 宜興縣城西南二十二公里禹峰山麓 |
| | 靈谷洞 | 自然景 | | | 宜興縣城西南三十公里石牛山南麓 |
| | 善卷洞 | 自然景 | | | 宜興縣城西南二十五公里祝陵村螺岩山上 |
| | 周處廟 | 寺廟 | | 晉 | 宜興縣宜興鎭東廟巷 |
| | 隆昌寺無梁殿 | 古建築 | | 一六〇五年 | 句密縣寶華山上 |
| | 永壽寺塔 | 古建築 | | 一六〇八年 | 漂水縣城西北永壽寺內 |
| | 徐霞客墓 | 陵墓 | | 一六四一年 | 江陰縣馬鎭鄉 |
| | 黃泗浦 | 紀念地 | | 唐 | 沙洲縣城東 |

| 部區屬 | 景點名稱 | 類別 | 級別 | 時代 | 地址 |
|---|---|---|---|---|---|
| | 虞山風景區 | 自然景 | | | 常熟縣城西北 |
| | 崇教興福寺方塔 | 古建築 | | 南宋 | 常熟縣大東門內方塔公園 |
| | 燕園 | 園林 | | 清 | 常熟縣虞山鎮辛峰巷靈公殿 |
| | 玉峰山 | 自然景 | | | 昆山縣城西北 |
| | 集善橋 | 古建築 | | 一七八七年 | 昆山縣趙家村 |
| | 三山 | 自然景 | | | 吳縣東山西南太湖中 |
| | 萬佛石塔 | 古建築 | | 一三〇六年 | 吳縣西涇村 |
| | 鄧尉山 | 自然景 | | | 吳縣藏書 |
| | 鄧尉山 | 自然景 | | | 吳縣光福 |
| | 石壁 | 自然景 | | | 吳縣光福蟠螭山 |
| | 葑山 | 自然景 | | | 吳縣東山澗橋村 |
| | 司徒廟 | 寺廟 | | 東漢 | 吳縣光福 |
| | 光福塔 | 古建築 | | 南朝 | 吳縣光福鎮塔山 |
| | 靈源寺 | 寺廟 | | 五〇二年 | 吳縣東山碧螺峰下 |
| | 靈岩山 | 自然景 | | | 吳縣木瀆鎮 |
| | 寶帶橋 | 古建築 | | 八〇六年 | 吳縣長橋，距蘇州三公里 |
| | 法海寺 | 寺廟 | | 隋 | 吳縣東山法海塢 |
| | 柳毅井 | 自然景 | | | 吳縣東山鎮翁巷村 |
| | 保聖寺 | 寺廟 | | 五〇三年 | 吳縣水鄉角直鎮 |
| | 洞庭西山 | 自然景 | | | 吳縣西南太湖中 |
| | 洞庭東山 | 自然景 | | | 吳縣西南太湖中 |
| | 莫釐峰 | 自然景 | | | 吳縣東山 |
| | 重虹橋 | 古建築 | | 一〇四八年 | 吳江縣松陵鎮 |
| | 宛山塔 | 古建築 | | 明 | 無錫縣宛山上 |
| | 泰伯墓 | 陵墓 | | 周 | 無錫縣梅村鴻山 |
| | 梅園 | 園林 | | 清 | 無錫市西南滸山上 |
| | 黿頭渚 | 園林 | | 一九一八年 | 無錫市西南湖濱 |
| | 蠡園 | 園林 | | 近代 | 無錫市西南五里湖畔 |
| | 惠錫公園 | 園林 | | 唐 | 無錫市西郊 |
| | 寄暢園 | 園林 | 全國重點 | 明 | 無錫市惠山東麓 |
| | 妙光塔 | 古建築 | | 宋 | 無錫市南門外 |
| | 玄妙觀 | 寺廟 | 全國重點 | 二七六年 | 蘇州市觀前街 |
| | 北寺塔 | 古建築 | 全國重點 | 三國 | 蘇州市平門內 |
| | 瑞光塔 | 古建築 | 全國重點 | 三國 | 蘇州市西南盤門內 |
| | 雙塔 | 古建築 | | 九八二年 | 蘇州市城東定慧寺巷 |
| | 定慧寺 | 寺廟 | | 宋 | 蘇州市城東定慧寺巷 |
| | 蘇州府學 | 古建築 | | 一〇三四年 | 蘇州市人民路南段 |

續表五十五

| 部區屬 | 景點名稱 | 類別 | 級別 | 時代 | 地址 |
|---|---|---|---|---|---|
| | 開元寺 | 寺廟 | | 三國 | 蘇州市盤門內東大街 |
| | 西園 | 園林 | | 元 | 蘇州市閶門外 |
| | 太平天國忠王府 | 紀念地 | | 近代 | 蘇州市婁門內東北街蘇州博物館 |
| | 織造署遺址 | 遺址 | | 元 | 蘇州市葑門內希城橋下塘十八號市十中院內 |
| | 唐寅祠墓 | 陵墓 | | 明 | 蘇州市廖家巷內 |
| | 曲園俞樾故居 | 紀念地 | | 清 | 蘇州市馬醫科 |
| | 章太炎故居 | 紀念地 | | 近代 | 蘇州市錦楓路 |
| | 寒山寺 | 寺廟 | | 南朝 | 蘇州市閶門外楓橋鎮 |
| | 滅渡橋 | 古建築 | | 一二九八年 | 蘇州市城外東南隅 |
| | 七里山塘 | 自然景 | | | 蘇州市從閶門至虎丘 |
| | 拙政園 | 園林 | 全國重點 | 唐 | 蘇州市婁門內 |
| | 留園 | 園林 | 全國重點 | 明 | 蘇州市閶門外 |
| | 網師園 | 園林 | 全國重點 | 南宋 | 蘇州市城南閣家頭巷 |
| | 滄浪亭 | 園林 | | 五代 | 蘇州市人民路南段 |
| | 獅子林 | 園林 | | 元 | 蘇州市東北園林路 |
| | 環秀山莊 | 園林 | 全國重點 | 五代 | 蘇州市城西景德路 |
| | 藝圃 | 園林 | | 明 | 蘇州市閶門內文衙弄 |
| | 怡園 | 園林 | | 明 | 蘇州市人民路 |
| | 耦園 | 園林 | | 清 | 蘇州市城東小新橋巷 |
| | 惠蔭園 | 園林 | | 明 | 蘇州市城東南顯子巷 |
| | 五峰園 | 園林 | | 明 | 蘇州市閶門內西街混堂弄 |
| | 鶴園 | 園林 | | 一九〇七年 | 蘇州市城中韓家巷 |
| | 可園 | 園林 | | 一七六七年 | 蘇州市城南蘇州醫學院內 |
| | 暢園 | 園林 | | 清 | 蘇州市廟堂巷 |
| | 殘粒園 | 園林 | | 清 | 蘇州市裝駕橋巷 |
| | 南半園 | 園林 | | 清 | 蘇州市城南人民路倉米巷 |
| | 北半園 | 園林 | | 清 | 蘇州市城北白塔東路 |
| | 虎丘 | 園林 | | 戰國 | 蘇州市閶門外 |
| | 葛成墓 | 陵墓 | | 一六三〇年 | 蘇州市虎丘山塘街 |
| | 五人墓 | 陵墓 | | 一六二六年 | 蘇州市虎丘山塘街 |
| | 文廟 | 寺廟 | 全國重點 | 一〇三四年 | 蘇州市人民路 |
| | 天寧寺 | 寺廟 | | 一四三〇年 | 南通市中學堂街 |
| | 支雲塔 | 古建築 | | 北宋 | 南通市狼山 |
| | 南通博物苑 | 展覽館 | 全國重點 | 一九〇五年 | 南通市城東南 |
| | 狼山 | 自然景 | | | 南通市南郊長江邊 |
| （上海市） | 上海動物園 | 園林 | | 一九五四年 | 上海市虹橋路 |

| 部區屬 | 景點名稱 | 類別 | 級別 | 時代 | 地址 |
|---|---|---|---|---|---|
| | 人民公園 | 園林 | | 近代 | 上海市南京西路 |
| | 上海植物園 | 園林 | | 一九五四年 | 上海市南郊龍吳路 |
| | 上海博物館 | 展覽館 | | 一九五九年 | 上海市河南南路十六號 |
| | 魯迅故居 | 紀念地 | | 一九三三年 | 上海市山陰路大陸新村九號 |
| | 中國共產黨第一次全國代表大會會址 | 紀念地 | 全國重點 | 一九二一年 | 上海市興業路七十六號 |
| | 玉佛寺 | 寺廟 | | 一九一八年 | 上海市安遠路 |
| | 龍華烈士陵園 | 陵墓 | 全國重點 | 近代 | 上海市漕溪北路 |
| | 孫中山故居 | 紀念地 | 全國重點 | 一九一九年 | 上海市香山路七號 |
| | 宋慶齡墓 | 陵墓 | 全國重點 | 一九八一年 | 上海市虹橋路萬國公墓宋氏墓地 |
| | 徐光啓墓 | 陵墓 | 全國重點 | 一六三三年 | 上海市徐家匯南丹公園內 |
| | 宋教仁墓 | 陵墓 | | 一九二四年 | 上海市共和新路閘北公園內 |
| | 魯迅墓 | 陵墓 | 全國重點 | 一九五六年 | 上海市虹口公園 |
| | 鄒韜奮故居 | 紀念地 | | 近代 | 上海市重慶南路萬宜坊五十四號 |
| | 靜安寺 | 寺廟 | | 三國 | 上海市南京西路 |
| | 豫園 | 園林 | 全國重點 | 一五五九年 | 上海市南市區 |
| | 黃浦公園 | 園林 | | 近代 | 上海市外灘 |
| | 城隍廟 | 寺廟 | | 明 | 上海市南市區豫園外 |
| | 長風公園 | 園林 | | 現代 | 上海市西郊 |
| | 龍華寺 | 寺廟 | | 九七七年 | 上海縣龍華鎮 |
| | 黃道婆墓 | 陵墓 | | 元 | 上海縣東灣村 |
| | 南翔寺塔 | 古建築 | | 五代 | 嘉定縣南翔鎮 |
| | 猗園 | 園林 | | 明 | 嘉定縣南翔鎮 |
| | 江龍潭 | 園林 | | 明 | 嘉定縣嘉定鎮南大街 |
| | 法華塔 | 古建築 | | 南宋 | 嘉定縣嘉定鎮練祁塘南岸 |
| | 秋霞圃 | 園林 | | 明 | 嘉定縣嘉定鎮東大街 |
| | 眞如寺 | 寺廟 | | 一三二〇年 | 嘉定縣眞如鎮 |
| | 孔廟 | 寺廟 | | 一二一九年 | 嘉定縣嘉定鎮南大街縣博物館 |
| | 興聖教寺塔 | 古建築 | | 九四九年 | 松江縣城東 |
| | 唐經幢 | 碑刻 | 全國重點 | 八五九年 | 松江縣松江鎮中山中路 |
| | 松江清眞寺 | 寺廟 | | 明 | 松江縣松江鎮缸甏行 |
| | 松郡九峰 | 自然景 | | | 松江縣西北 |
| | 夏完淳墓 | 陵墓 | | 清 | 松江縣小昆山北蕩灣村 |

續表五十七

| 部區屬 | 景點名稱 | 類別 | 級別 | 時代 | 地址 |
|---|---|---|---|---|---|
| | 醉白池 | 園林 | | 清 | 松江縣松江鎮西南 |
| | 明朝照壁 | 古建築 | | 一三七〇年 | 松江縣城東南 |
| | 曲水園 | 園林 | | 一七四五年 | 青浦縣青浦鎮東北隅 |
| | 放生橋 | 古建築 | | 一五七一年 | 青浦縣朱家角鎮東 |
| | 青龍塔 | 古建築 | | 八二一年 | 青浦縣舊青浦鎮 |
| | 淀山湖風景區 | 園林 | | 近代 | 青浦縣西 |
| | 普濟橋 | 古建築 | | 一二六五年 | 青浦縣金澤鎮 |
| （浙江省） | 飛英塔 | 古建築 | 全國重點 | 唐 | 湖州市內 |
| | 鐵佛寺 | 寺廟 | | 一三六九年 | 湖州市西 |
| | 黃龍宮 | 自然景 | | | 湖州市北十公里黃龍山麓 |
| | 嘉業堂 | 古建築 | | 一九二四年 | 吳興縣南潯鎮 |
| | 小蓮莊 | 園林 | | 清 | 吳興縣南潯鎮 |
| | 長興博物館 | 展覽館 | | 近代 | 長興縣城內 |
| | 長興組層型剖面保護區 | 自然景 | | 一九三一年 | 長興縣西北煤山 |
| | 顧渚山 | 自然景 | | | 長興縣城西北二十三公里太湖邊 |
| 西湖遊覽區（浙江省） | 小黃山風景區 | 自然景 | | | 平湖縣乍浦東二公里 |
| | 吳鎮墓 | 陵墓 | | 元 | 嘉善縣城花園弄梅花庵 |
| | 南湖 | 園林 | | 五代 | 嘉興市內 |
| | 曝書亭 | 園林 | | 一六九六年 | 嘉興市王店鎮 |
| | 吳昌碩故居 | 紀念地 | | 近代 | 安吉縣鄣吳村 |
| | 南北湖 | 園林 | | | 海鹽縣澉浦鎮 |
| | 綺園 | 園林 | | 一八七一年 | 海鹽縣武原鎮 |
| | 錢塘觀潮地 | 自然景 | | | 海寧縣鹽官鎮 |
| | 海神廟 | 寺廟 | | 一七三一年 | 海寧縣鹽官鎮 |
| | 鎮海塔 | 古建築 | | 一六一二年 | 海寧縣鹽官鎮 |
| | 莫干山 | 自然景 | | | 德清縣城西北十三公里 |
| | 良渚文化遺址 | 遺址 | | 五千年前 | 餘杭縣良渚鎮 |
| | 錢塘第一井 | 古建築 | | 宋 | 杭州市吳山北麓大井巷 |
| | 六和塔 | 古建築 | 全國重點 | 九七〇年 | 杭州市龍山月輪峰 |
| | 靈隱寺 | 寺廟 | 全國重點 | 三二六年 | 杭州市西北 |
| | 鳳凰寺 | 寺廟 | | 宋 | 杭州市中山中路 |
| | 于謙墓 | 陵墓 | | 明 | 杭州市三古山 |
| | 章太炎墓 | 陵墓 | | 近代 | 杭州市南屏山荔枝峰下 |
| | 岳飛墓 | 陵墓 | 全國重點 | 宋 | 杭州市 |
| | 西湖風景區 | 自然景 | | | 杭州市城西 |
| | 小瀛洲 | 園林 | | | 杭州市西湖中 |

| 部區屬 | 景點名稱 | 類別 | 級別 | 時代 | 地址 |
|---|---|---|---|---|---|
| | 湖心亭 | 古建築 | | 一五五二年 | 杭州市西湖中 |
| | 阮公墩 | 自然景 | | | 杭州市西湖中 |
| | 蘇堤 | 園林 | | 宋 | 杭州市西湖南 |
| | 白堤 | 園林 | | 唐 | 杭州市西湖 |
| | 平湖秋月 | 園林 | | 唐 | 杭州市西湖白堤 |
| | 花港觀魚 | 園林 | | 宋 | 杭州市西湖西南角 |
| | 柳浪聞鶯 | 園林 | | 宋 | 杭州市西湖南岸 |
| | 三潭印月 | 園林 | | 宋 | 杭州市西湖小瀛洲 |
| | 淨慈寺 | 寺廟 | | 唐 | 杭州市南屏山麓 |
| | 曲院風荷 | 園林 | | 宋 | 杭州市蘇堤跨虹橋西北 |
| | 寶祐橋 | 古建築 | | 唐 | 杭州市白堤上 |
| | 中山公園 | 園林 | | 一二五二年 | 杭州市孤山南麓 |
| | 放鶴亭 | 古建築 | | 北宋 | 杭州市孤山北麓 |
| | 文瀾閣 | 古建築 | | 一七八二年 | 杭州市孤山南麓 |
| | 浙江省博物館 | 展覽館 | | 近代 | 杭州市孤山 |
| | 秋瑾墓 | 陵墓 | | 近代 | 杭州市西湖西泠橋畔 |
| | 西泠印社 | 紀念地 | | 近代 | 杭州市孤山西麓 |
| | 小曲園 | 園林 | | 清 | 杭州市孤山西麓 |
| | 黃龍洞 | 自然景 | | | 杭州市北山棲霞嶺 |
| | 紫雲洞 | 自然景 | | | 杭州市北山棲霞嶺 |
| | 玉泉公園 | 園林 | | 近代 | 杭州市仙姑山 |
| | 杭州植物園 | 園林 | | 一九五六年 | 杭州市西湖西北 |
| | 飛來峰 | 自然景 | | | 杭州市靈隱寺前 |
| | 煙霞洞 | 自然景 | | | 杭州市南高峰下 |
| | 南高峰 | 自然景 | | | 杭州市煙霞嶺西北 |
| | 北高峰 | 自然景 | | | 杭州市靈隱寺後山 |
| | 滿覺隴 | 自然景 | | | 杭州市楊梅嶺下 |
| | 龍井 | 自然景 | | | 杭州市鳳篁嶺上 |
| | 虎跑 | 園林 | | 唐 | 杭州市西南部 |
| | 九溪十八澗 | 自然景 | | | 杭州市南山中 |
| | 玉皇山 | 自然景 | | | 杭州市西湖與錢塘江之間 |
| | 吳山 | 園林 | | | 杭州市西湖東南 |
| | 秦始皇纜船石 | 自然景 | | | 杭州市寶石山南 |
| | 保俶塔 | 古建築 | | 宋 | 杭州市寶石山巔 |
| | 丁家山 | 園林 | | 清 | 杭州市楊公堤西南 |
| | 白龍潭 | 自然景 | | | 杭州市西龍門山麓 |
| | 天竺山 | 自然景 | | | 杭州市靈隱寺南 |
| | 雲棲 | 園林 | | | 杭州市五雲西山 |

| 部區屬 | 景點名稱 | 類別 | 級別 | 時代 | 地址 |
|---|---|---|---|---|---|
| | 蓋叫天墓 | 陵墓 | | 近代 | 杭州市丁家山西麓 |
| | 韜光 | 古建築 | | 唐 | 杭州市北高峰南 |
| | 大滌山 | 自然景 | | | 餘杭縣西南 |
| | 超山 | 自然景 | | | 餘杭縣臨平西北十公里 |
| | 天目山 | 自然景 | | | 臨安縣城北二十公里 |
| | 玲瓏山 | 自然景 | | | 臨安縣城西五公里 |
| | 湘湖 | 自然景 | | | 蕭山縣城西一公里 |
| 浙東遊覽區（浙江省） | 天封塔 | 古建築 | | 唐 | 寧波市南隅 |
| | 天一閣 | 古建築 | 全國重點 | 明 | 寧波市城西 |
| | 保國寺 | 寺廟 | 全國重點 | 一〇一三年 | 寧波市洪塘北靈山 |
| | 朱貴祠 | 紀念地 | | 一八四二年 | 寧波市慈城鎮西門外大寶山南麓 |
| | 普陀山佛教聖地 | 寺廟 | | 五代 | 普陀縣普陀山 |
| | 洛迦山 | 自然景 | | | 普陀縣普陀山東南蓮花洋 |
| | 小白嶺 | 自然景 | | | 鄞縣寧波東二十八公里 |
| | 天童寺 | 寺廟 | | 七三二年 | 鄞縣寧波東三十公里太白山麓 |
| | 東錢湖 | 自然景 | | | 鄞縣寧波東南十五公里 |
| | 阿育王寺 | 寺廟 | | 四二五年 | 鄞縣寶幢鎮 |
| | 雪竇山 | 自然景 | | | 奉化縣溪口鎮西北 |
| | 武嶺公園 | 園林 | | 近代 | 奉化縣溪口鎮 |
| | 招寶山 | 自然景 | | | 鎮海縣城東北甬江口 |
| | 龍泉山 | 自然景 | | | 餘姚縣城西 |
| | 白水沖 | 自然景 | | | 餘姚縣城南三十公里 |
| | 河姆渡遺址 | 遺址 | 全國重點 | 新石器 | 餘姚縣羅江鄉河姆渡村東北 |
| | 黃宗羲墓 | 陵墓 | | | 餘姚縣化安山陸岙 |
| | 大舜廟 | 紀念地 | | 清 | 紹興市雙江溪 |
| | 八字橋 | 古建築 | | 一二五六年 | 紹興市內 |
| | 大善寺塔 | 古建築 | | 五〇四年 | 紹興市內 |
| | 大通師範學堂 | 紀念地 | | 近代 | 紹興市勝利路一百八十九號 |
| | 石佛寺 | 石刻 | | 隋 | 紹興市西北二十公里下方橋鎮 |
| | 東湖 | 園林 | | 漢 | 紹興市東三公里 |
| | 蘭亭 | 園林 | | 晉 | 紹興市西南十四公里蘭渚山下 |
| | 呂府 | 古建築 | | 明 | 紹興市萬安橋 |

| 部區屬 | 景點名稱 | 類別 | 級別 | 時代 | 地址 |
|---|---|---|---|---|---|
| | 吼山 | 自然景 | | | 紹興市東十三公里 |
| | 瀋園 | 遺址 | | 南宋 | 紹興市木蓮橋洋河弄 |
| | 陳洪綬墓 | 陵墓 | | 一七九五年 | 紹興市南池鄉橫棚嶺 |
| | 青藤書屋 | 紀念地 | | 明 | 紹興市觀巷大乘弄 |
| | 府山 | 自然景 | | | 紹興市西隅 |
| | 魯迅故居 | 紀念地 | 全國重點 | 近代 | 紹興市東昌坊周家新臺門內 |
| | 柯岩 | 自然景 | | | 紹興市西十二公里 |
| | 秋瑾故居 | 紀念地 | 全國重點 | 近代 | 紹興市南和暢堂二十三號 |
| | 秋瑾紀念碑 | 紀念地 | | 一九〇七年 | 紹興市軒亭口 |
| | 禹陵 | 陵墓 | | 夏 | 紹興市東南四公里 |
| | 禹廟 | 寺廟 | | 南朝 | 紹興市禹陵側 |
| | 鑑湖 | 自然景 | | | 紹興市南二公里 |
| | 龍瑞宮記摩崖 | 碑刻 | | 唐 | 紹興市東南宛委山南坡 |
| | 王羲之故居 | 紀念地 | | 晉 | 紹興市西街七十二號 |
| | 陸游故居 | 紀念地 | | 南宋 | 紹興市西鑑湖旁行宮山下 |
| | 龍華寺 | 寺廟 | | 四四七年 | 紹興市東首都泗門內 |
| | 題扇橋 | 紀念地 | | 晉 | 紹興市蕺山街 |
| | 土穀祠 | 寺廟 | | 近代 | 紹興市塔子橋南堍 |
| | 咸亨酒店 | 紀念地 | | 清 | 紹興市東昌坊口 |
| | 魯迅紀念館 | 展覽館 | | 一九七三年 | 紹興市東昌坊魯迅故居東側 |
| | 周恩來故居 | 紀念地 | | 近代 | 紹興市勞動路十九號 |
| | 越王臺 | 紀念地 | | 一二二二年 | 紹興市府山南麓 |
| | 蕺山 | 自然景 | | | 紹興市城北昌安門內 |
| | 應天塔 | 古建築 | | 晉 | 紹興市南塔山上 |
| | 兒童公園 | 園林 | | 明 | 紹興市人民路東端 |
| | 穿岩 | 自然景 | | | 新昌縣城西南二十五公里 |
| | 五瀑 | 自然景 | | | 諸暨縣城東北二十五公里 |
| | 小天竺 | 自然景 | | | 諸暨縣楓橋鎮 |
| | 浣紗石 | 紀念地 | | 春秋 | 諸暨縣城南二公里浣紗溪畔 |
| | 白馬湖 | 自然景 | | | 上虞縣城西北七公里 |
| | 王羲之墓 | 陵墓 | | 晉 | 嵊縣華堂金庭山 |
| | 巾子山 | 自然景 | | | 臨海縣城東南 |
| | 東湖 | 園林 | | 宋 | 臨海縣城東 |
| | 天台山風景區 | 自然景 | | | 天台縣城北 |
| | 國清寺 | 寺廟 | | 五九八年 | 天台縣城北天台山麓 |

續表六十一

| 部區屬 | 景點名稱 | 類別 | 級別 | 時代 | 地址 |
|---|---|---|---|---|---|
| | 智者大師塔院 | | | 五九七年 | 天台縣城北十公里 |
| | 九峰公園 | 園林 | | 宋 | 黃岩縣城東門外 |
| | 松岩山 | 自然景 | | | 黃岩縣澄江區 |
| | 仙華山 | 自然景 | | | 浦江縣城北五公里 |
| | 寶掌洞 | 自然景 | | | 浦江縣城北五公里寶掌山 |
| 富春江遊覽區（浙江省） | 富春江 | 自然景 | | | 浙江省中部 |
| | 鸛山 | 自然景 | | | 富陽縣城東江邊 |
| | 郁達夫故居 | 紀念地 | | 近代 | 富陽縣鸛山東麓 |
| | 龍門古鎮 | 古建築 | | 明 | 富陽縣東南二十公里 |
| | 天子岡 | 自然景 | | | 桐廬縣東梓闗五公里 |
| | 瑤琳仙境 | 自然景 | | | 桐廬縣城西北二十公里 |
| | 嚴子陵釣臺 | 自然景 | | | 桐廬縣城西十五公里富春山 |
| | 桐君山 | 自然景 | | | 桐廬縣富春江與天目溪匯合處 |
| | 七里瀧 | 自然景 | | | 建德縣城東北三十六公里 |
| | 大慈岩 | 自然景 | | | 建德縣城南二十七公里 |
| | 烏龜洞 | 自然景 | | | 建德縣城南五公里上新橋 |
| | 雙塔 | 古建築 | | 隋 | 建德縣城東三十六公里三江口 |
| | 朱池 | 自然景 | | | 建德縣城東八公里 |
| | 靈棲洞天 | 自然景 | | | 建德縣城南三十二公里鐵帽山麓 |
| | 梅城 | 古建築 | | 唐 | 建德縣城東三十五公里 |
| | 落鳳山 | 紀念地 | | 唐 | 建德縣城東十八公里 |
| | 葫蘆瀑布 | 自然景 | | | 建德縣七里瀧東岸 |
| | 千島湖 | 自然景 | | | 淳安縣西南新安江水庫 |
| | 金竹牌 | 園林 | | 近代 | 千島湖東岸 |
| | 六洞山 | 自然景 | | | 蘭溪縣城東七公里 |
| | 白露山 | | | | 蘭溪縣城西北十五公里 |
| | 蘭陰山 | 自然景 | | | 蘭溪縣城西三公里 |
| | 賦溪風景區 | 自然景 | | | 新安江水庫中 |
| 東南部 | | | | | |
| 雁蕩山遊覽區（浙江省） | 雙龍洞 | 自然景 | | | 金華市北十五公里北山 |
| | 冰壺洞 | 自然景 | | | 金華市北山 |
| | 朝眞洞 | 自然景 | | | 金華市北山 |
| | 八詠樓 | 古建築 | | 四九四年 | 金華市婺江北岸 |
| | 天寧寺 | 寺廟 | 全國重點 | 北宋 | 金華市內 |

| 部區屬 | 景點名稱 | 類別 | 級別 | 時代 | 地址 |
|---|---|---|---|---|---|
| | 太平天國侍王府 | 紀念地 | 全國重點 | 一八六一年 | 金華市內 |
| | 通濟橋 | 古建築 | | 元 | 金華市西南角 |
| | 延福寺 | 寺廟 | | 九三七年 | 武義縣桃溪區陶村 |
| | 熟溪橋 | 古建築 | | 一二〇七年 | 武義縣壺山鎮 |
| | 龍嘴洞 | 自然景 | | | 江山縣大陣方村北 |
| | 江郎山 | 自然景 | | | 江山縣城東南二十五公里 |
| | 仙霞關 | 關隘 | | | 江山縣保安鎮西南 |
| | 方岩 | 自然景 | | | 永康縣城東二十五公里 |
| | 五峰書院 | 紀念地 | | 南宋 | 永康縣城東二十三公里 |
| | 南孔廟 | 寺廟 | | 一二五五年 | 衢縣城內 |
| | 爛柯山 | 自然景 | | | 衢州市南十公里 |
| | 仙都勝境 | 自然景 | | | 縉雲縣城東八公里 |
| | 旭山 | 自然景 | | | 縉雲縣好山前 |
| | 獨峰書院 | 紀念地 | | 南宋 | 縉雲縣城東九公里好山麓 |
| | 大窰青瓷窰址 | 遺址 | | 宋 | 龍泉縣城南四十五公里 |
| | 鳳陽山自然保護區 | 自然景 | | | 龍泉縣城東南五十公里 |
| | 九龍山 | 自然景 | | | 遂昌縣西南八十公里 |
| | 延慶寺塔 | 古建築 | | 北宋 | 遂昌縣松陽區西屏鎮 |
| | 三岩寺 | 寺廟 | | 唐 | 麗水縣城西北 |
| | 萬象山 | 自然景 | | | 麗水縣城西南 |
| | 東西岩 | 自然景 | | | 麗水縣城南三十公里 |
| | 南明山 | 自然景 | | | 麗水縣城南二公里 |
| | 大鶴山 | 自然景 | | | 青田縣城北 |
| | 石門洞 | 自然景 | | | 青田縣城西北三十五公里括蒼山中 |
| | 混元峰摩崖 | 碑刻 | | | 青田縣城北大鶴山上 |
| | 雁蕩山 | 自然景 | | | 樂清縣括蒼山脈 |
| | 中雁蕩山 | 自然景 | | | 樂清縣城西十五公里 |
| | 仙岩山 | 自然景 | | | 瑞安縣城東北二十公里 |
| | 玉海樓 | 展覽館 | | 一八八八年 | 瑞安縣城東北金帶橋畔 |
| | 南田 | 紀念地 | | 明 | 文成縣城西北三十六公里 |
| | 劉基墓 | 陵墓 | | 一三七五年 | 文成縣南田區夏山 |
| | 大若岩 | 自然景 | | | 永嘉縣城西北六十公里 |
| | 金錢會起義遺址 | 遺址 | | 一八六一年 | 平陽縣錢倉北山廟 |
| | 南雁蕩山 | 自然景 | | | 平陽縣城西北五十公里 |
| | 承天溫泉 | 自然景 | | | 泰順縣雅陽承天的火熱溪旁 |
| | 江心嶼 | 自然景 | | | 溫州市北甌江中孤島 |

續表六十三

| 部區屬 | 景點名稱 | 類別 | 級別 | 時代 | 地址 |
|---|---|---|---|---|---|
| | 江心寺 | 寺廟 | | 唐 | 溫州市江心嶼 |
| 武夷山遊覽區（江西省） | 雞應寺銅鐘 | 文物 | | 九二三年 | 上饒市東門外 |
| | 六經圖說碑 | 碑刻 | | 宋 | 上饒市茶廠院內 |
| | 茅家嶺 | 紀念地 | | 一九四一年 | 上饒市南郊 |
| | 陸羽泉 | 自然景 | | | 上饒市一中內 |
| | 鵝湖書院 | 紀念地 | | 南宋 | 鉛山縣鵝湖 |
| | 辛棄疾墓 | 陵墓 | | 一二〇七年 | 鉛山縣城北 |
| | 圭峰 | 自然景 | | | 弋陽縣境內 |
| | 文星塔 | 古建築 | | 明 | 弋陽縣城西南二公里小紅石山上 |
| | 南岩石龕 | 石刻 | | 明 | 弋陽縣城南三公里 |
| | 上清宮 | 寺廟 | | 西晉 | 貴溪縣上清鎮東 |
| | 天師府 | 古建築 | | 西晉 | 貴溪縣上清鎮 |
| | 龍虎山 | 自然景 | | | 貴溪縣西南 |
| （福建省） | 武夷山自然保護區 | 自然景 | 全國重點 | | 福建西北部 |
| | 玉虛洞 | 自然景 | | | 明溪縣城北郊黃坡山下 |
| | 南方石窟 | 石窟 | | | 明溪縣常坪鄉 |
| | 百丈際瀑布 | 自然景 | | | 明溪縣與沙縣交界的楠木種源保護區內 |
| | 羅拔山 | 自然景 | | | 沙縣陳山寨 |
| | 玉華洞 | 自然景 | | | 將樂縣城東南九公里天階山下 |
| | 桃源洞 | 自然景 | | | 永安縣城北十公里栟櫚山中 |
| | 冠豸山 | 自然景 | | | 連城縣城東三公里 |
| | 試院 | 紀念地 | | 一八五七年 | 長汀縣城兆征路縣革命歷史陳列館 |
| | 雲驤閣 | 古建築 | | 清 | 長汀縣城烏石房 |
| | 朝斗岩 | 自然景 | | | 長汀縣城南一公里 |
| | 瞿秋白紀念碑 | 紀念地 | | 一九五一年 | 長汀縣城西門外羅漢嶺 |
| | 于山風景區 | 園林 | | 宋 | 福州市中心區 |
| | 開元寺 | 寺廟 | | 五四八年 | 福州市經院巷 |
| | 烏石山 | 園林 | | 唐 | 福州市中部 |
| | 西湖 | 園林 | | 五代 | 福州市區西北 |
| | 廉山 | 園林 | | 元 | 福州市西湖之濱 |
| | 西禪寺 | 寺廟 | | 唐 | 福州市西郊怡山 |
| | 華林寺大殿 | 古建築 | 全國重點 | 九六四年 | 福州市北屏山南麓 |
| | 壽山 | 自然景 | | | 福州市北四十公里北峰山 |

| 部區屬 | 景點名稱 | 類別 | 級別 | 時代 | 地址 |
|---|---|---|---|---|---|
| | 嚴復墓 | 陵墓 | | 一九二一年 | 福州市郊陽岐村 |
| | 林則徐墓 | 陵墓 | 全國重點 | 一八五〇年 | 福州市馬鞍村金獅山麓 |
| | 林則徐祠堂 | 紀念地 | | 一九〇五年 | 福州市澳門路 |
| | 林陽寺 | 寺廟 | | 九三一年 | 福州市北峰山區 |
| | 羅星塔 | 古建築 | | 宋 | 福州市東南二十一公里馬尾港羅星山 |
| | 金剛腿 | 自然景 | | | 福州市閩安鎮 |
| | 南公園 | 園林 | | 一九一二年 | 福州市內東南 |
| | 閩江金山塔 | 古建築 | | 宋 | 福州市西郊八公里閩江西港 |
| | 閩王祠 | 紀念地 | | 九四六年 | 福州市慶城寺路 |
| | 煙臺山公園 | 園林 | | 一九六二年 | 福州市閩江南岸 |
| | 崇福寺 | 寺廟 | | 九七七年 | 福州市北嶺下 |
| | 烏塔 | 古建築 | | 九四一年 | 福州市烏石山東麓 |
| | 清眞寺 | 寺廟 | | 元 | 福州市安泰橋下 |
| | 鼓山風景區 | 園林 | | | 福州市東郊 |
| | 祥謙陵園 | 陵墓 | | 一九二三年 | 閩侯縣枕峰山 |
| | 枯木庵 | 紀念地 | | 唐 | 閩侯縣雪峰 |
| | 雪峰寺 | 寺廟 | | 八七〇年 | 閩侯縣雪峰 |
| | 九峰山 | 園林 | | 宋 | 南平市郊區 |
| | 茫蕩山 | 園林 | | 宋 | 南平市西北十五公里 |
| | 考亭書院 | 紀念地 | | 一一三三年 | 建陽縣考亭村 |
| | 赤石暴動舊址 | 紀念地 | | 一九四二年 | 崇安縣城南七公里赤石鎮渡口 |
| | 紫陽書院 | 紀念地 | | 一一八三年 | 武夷山王曲隱屏峰下 |
| | 支提寺 | 寺廟 | | 九七一年 | 寧德縣支提山西 |
| | 雲居山 | 自然景 | | | 連江縣城東七點五公里 |
| | 青芝山 | 自然景 | | | 連江縣城南十公里 |
| | 太姥山 | 自然景 | | | 福鼎縣內 |
| | 分水關 | 關隘 | | | 福鼎縣城東北十五公里 |
| | 塔崗山 | 自然景 | | | 霞浦縣城西北龍首山 |
| | 葛洪山 | 自然景 | | | 霞浦縣城南十公里 |
| | 吉祥塔 | 古建築 | | 九七九年 | 古田縣城南松臺山 |
| | 聖水寺 | 寺廟 | | 一〇九六年 | 羅源縣城南蓮花山麓 |
| | 碧岩 | 自然景 | | | 羅源縣羅源灣嶺頭山上 |
| | 三清殿 | 寺廟 | | 六二八年 | 莆田縣城內兼濟河畔 |
| | 古譙樓 | 古建築 | | 九八三年 | 莆田縣鼓樓前縣文化館內 |
| | 寧海橋 | 古建築 | | 元 | 莆田縣橋兜村 |

續表六十五

| 部區屬 | 景點名稱 | 類別 | 級別 | 時代 | 地址 |
|---|---|---|---|---|---|
| | 宋家香 | 古樹 | | 唐 | 莆田縣城內宋氏家祠 |
| | 廣化寺 | 寺廟 | | 五五八年 | 莆田縣城南鳳凰山 |
| | 釋迦文佛塔 | 古建築 | 全國重點 | 一一六五年 | 莆田縣城南廣化寺 |
| | 媽祖廟 | 古建築 | | | 莆田縣湄洲島 |
| | 龍江橋 | 古建築 | | 一一一三年 | 福清縣海口鎮 |
| | 萬福寺 | 寺廟 | | 七八九年 | 福清縣漁溪鎮 |
| | 瑞雲塔 | 古建築 | | 一六〇六年 | 福清縣東南小孤山 |
| | 瑞岩 | 自然景 | | | 福清縣城東十公里海口北 |
| | 三峰寺塔 | 古建築 | | 一一一七年 | 長樂縣城西南山頂 |
| | 天妃靈應之記碑 | 碑刻 | | 一四三一年 | 長樂縣南山天妃宮今城關小學內 |
| | 方廣岩 | 自然景 | | | 永泰縣葛嶺山腰 |
| | 姬岩 | 自然景 | | | 永泰縣白雲鄉 |
| | 白岩 | 自然景 | | | 閩清縣城西南三十公里三溪鄉 |
| 廈門遊覽區（福建省） | 日光岩 | 自然景 | | | 廈門市鼓浪嶼 |
| | 鄭成功紀念館 | 展覽館 | | 一九六二年 | 廈門市鼓浪嶼 |
| | 延平公園 | 園林 | | 一九一三年 | 廈門市鼓浪嶼 |
| | 南普陀寺 | 寺廟 | | 唐 | 廈門市五老山下 |
| | 華僑博物館 | 展覽館 | | 近代 | 廈門市思明南路 |
| | 萬石園 | 園林 | | 明 | 廈門市東郊獅山 |
| | 中山公園 | 園林 | | 近代 | 廈門市公園路 |
| | 陳嘉庚墓 | 陵墓 | 全國重點 | 近代 | 廈門市集美鎮 |
| | 白鹿洞 | 自然景 | | | 廈門市東北玉屏山 |
| | 陳化成墓 | 陵墓 | | 一八四二年 | 廈門市郊金榜山麓 |
| | 虎溪岩 | 自然景 | | | 廈門市東北玉屏山 |
| | 胡里山炮臺 | 遺址 | | 一八九一年 | 廈門市東南胡里鄉海邊 |
| | 婆羅門塔 | 古建築 | | 北宋 | 同安縣大輪山楚天寺後 |
| | 九鯉湖 | 自然景 | | | 仙遊縣城東北十三公里萬山之巔 |
| | 石坊 | 古建築 | | 一八二五年 | 仙遊縣城關東門外 |
| | 龍華雙塔 | 古建築 | | 隋 | 仙遊縣七里山東南 |
| | 麥斜岩 | 自然景 | | | 仙遊縣石所山上 |
| | 天后宮 | 寺廟 | 全國重點 | 一一九六年 | 泉州市南門 |
| | 開元寺 | 寺廟 | 全國重點 | 唐 | 泉州市西街 |
| | 性器官崇拜遺址 | 遺址 | | 北宋 | 泉州市新門外浮橋附近 |
| | 七星湖 | 園林 | | 唐 | 泉州市東郊 |
| | 老君岩 | 石刻 | 全國重點 | 宋 | 泉州市北郊清源山 |

| 部區屬 | 景點名稱 | 類別 | 級別 | 時代 | 地址 |
|---|---|---|---|---|---|
| | 伊斯蘭教聖墓 | 陵墓 | 全國重點 | 元 | 泉州市東門外聖墓村靈山 |
| | 李贄故居 | 紀念地 | | 一四二一年 | 泉州市南門萬壽路一百五十九號 |
| | 月臺寺 | 寺廟 | | 南唐 | 泉州市承天巷 |
| | 洛陽橋 | 古建築 | 全國重點 | 一〇五三年 | 泉州市東十公里 |
| | 海外交通史博物館 | 展覽館 | | 一九五九年 | 泉州市開元寺東側 |
| | 彌陀岩 | 自然景 | | | 泉州市北郊清源山右峰 |
| | 泉州府學 | 紀念地 | | 一九八二年 | 泉州市三教鋪 |
| | 蔡襄祠 | 紀念地 | | 宋 | 泉州市洛陽橋南 |
| | 清淨寺 | 寺廟 | 全國重點 | 一〇〇九年 | 泉州市塗門街 |
| | 清源山風景區 | 自然景 | | | 泉州市北郊三公里 |
| | 龍山寺 | 寺廟 | | 隋 | 晉江縣安海鎮 |
| | 六勝塔 | 古建築 | | 北宋 | 晉江縣石湖村金釵山上 |
| | 丁氏祠堂 | 寺廟 | | 明 | 晉江縣陳埭鄉 |
| | 石佛岩 | 石刻 | | 宋 | 石獅市西南十六公里 |
| | 西資岩 | 石刻 | | 一一四八年 | 石獅市卓望山上 |
| | 草庵 | 石刻 | | 隋 | 晉江縣萬山峰蘇內村 |
| | 安平橋 | 古建築 | 全國重點 | 一一三八年 | 晉江縣安海鎮 |
| | 姑嫂塔 | 古建築 | | 南宋 | 石獅市東南五公里 |
| | 畫馬石 | 石刻 | | 史前 | 晉江縣玉髻峰下 |
| | 風動石 | 自然景 | | | 晉江縣靈山聖墓附近 |
| | 石井鄭成功紀念館 | 紀念地 | | 一九六二年 | 南安縣石井西亭鄭氏祠堂 |
| | 祈風石刻 | 石刻 | 全國重點 | 北宋 | 南安縣豐州金雞山的九日山上 |
| | 鄭成功墓 | 陵墓 | 全國重點 | 一六九九年 | 南安縣水頭鎮康店覆船山上 |
| | 雪峰寺 | 寺廟 | | 一二四三年 | 南安縣洪瀨楊梅山麓 |
| | 崇武城 | 遺址 | 全國重點 | 一三八七年 | 惠安縣東南崇武半島 |
| | 科山 | 自然景 | | | 惠安縣城西郊 |
| | 文廟 | 寺廟 | | 一〇〇一年 | 安溪縣城內 |
| | 清水岩 | 寺廟 | | 一〇八三年 | 安溪縣蓬萊山上 |
| | 東關橋 | 古建築 | | 一一四五年 | 永春縣東平鄉東美村湖洋溪上 |
| | 魁星岩 | 寺廟 | | 唐 | 永春縣城西南六公里奎峰山麓 |
| | 九仙山 | 自然景 | | | 德化縣赤水鄉 |
| | 成功洞 | 自然景 | | | 金門縣太武山頂 |
| | 魯王墓 | 陵墓 | | 明 | 金門縣北太武山 |

續表六十七

| 部區屬 | 景點名稱 | 類別 | 級別 | 時代 | 地址 |
|---|---|---|---|---|---|
| | 孚濟廟 | 紀念地 | | 唐 | 金門縣金門島上 |
| | 雲洞岩 | 自然景 | | | 漳州市東面十公里鶴鳴山 |
| | 萬松關 | 關隘 | | 明 | 漳州市東門外十五公里堆雲嶺 |
| | 登高山 | 寺廟 | | 唐 | 漳州市西北 |
| | 仰文樓 | 古建築 | | 一七一〇年 | 漳州市圖書館內 |
| | 鄴山講堂 | 紀念地 | | 明 | 漳州市江東橋畔鄴侯山麓 |
| | 南山寺 | 寺廟 | | 唐 | 漳州市南郊 |
| | 嘉濟廟碑 | 碑刻 | | 一六一八年 | 漳州市青年路 |
| | 木棉庵碑刻 | 碑刻 | | 明 | 龍海縣九龍嶺下木棉村口 |
| | 黃道周紀念館 | 展覽館 | | 一九六一年 | 漳浦縣城東一公里 |
| | 趙家堡 | 古建築 | | 宋 | 漳浦縣城西三十五公里湖西鄉趙家村 |
| | 海月岩 | 自然景 | | | 漳浦縣梁山東麓 |
| | 九侯山 | 自然景 | | | 詔安縣東北十五公里 |
| | 靈通岩 | 自然景 | | | 平和縣西南 |
| | 三平寺 | 寺廟 | | 八二七年 | 平和縣九層岩峽谷 |
| | 風動石 | 自然景 | | | 東山縣岣嶁山東麓 |
| | 石齋 | 紀念地 | | 一五二六年 | 東山縣東門嶼 |
| | 關帝廟 | 寺廟 | | 一三八九年 | 東山縣岣嶁山東 |
| | 龍潭 | 自然景 | | | 華安縣潭口火車站附近 |
| | 仙字潭摩崖 | 碑刻 | | 遠古 | 華安縣汰溪中游峭壁上 |
| | 奎星閣 | 古建築 | | 明 | 龍岩縣城西北七公里龍門潭 |
| | 中山公園 | 園林 | | 近代 | 龍岩縣城內 |
| | 龍硿洞 | 自然景 | | | 龍岩縣雁石鄉龍硿村 |
| | 臨江樓 | 紀念地 | | 一九二九年 | 上杭縣城內 |
| | 古田會議會址 | 紀念地 | 全國重點 | 一九二九年 | 上杭縣古田村 |
| | 蛟洋文昌閣 | 古建築 | 全國重點 | 一七五四年 | 上杭縣蛟洋村 |
| | 金谷寺 | 寺廟 | | 一七四〇年 | 永定縣金砂村 |
| | 承啓樓 | 古建築 | | 清 | 永定縣高頭村 |
| | 南安岩 | 自然景 | | | 武平縣岩前 |
| | 龍洞 | 自然景 | | | 漳平縣拱橋下界村 |
| 臺灣遊覽區（臺灣省） | 陽明山風景區 | 自然景 | | | 臺北市北十六公里紗帽山東 |
| | 土林 | 自然景 | | | 臺北市北郊 |
| | 惠清宮 | 寺廟 | | 一七八八年 | 臺北市北郊 |
| | 中山博物院 | 展覽館 | | 一九六五年 | 臺北市北郊土林 |

| 部區屬 | 景點名稱 | 類別 | 級別 | 時代 | 地址 |
|---|---|---|---|---|---|
| | 龍山寺 | 寺廟 | 省重點 | 一七三八年 | 臺北市廣州街 |
| | 植物園 | 園林 | | 近代 | 臺北市重慶南路 |
| | 歷史博物館 | 展覽館 | | 近代 | 臺北市和平西路 |
| | 孫中山紀念館 | 紀念地 | | 近代 | 臺北市忠孝東路中山公園內 |
| | 榮星花園 | 園林 | | 近代 | 臺北市民權東路 |
| | 關帝廟 | 寺廟 | | 清 | 臺北市民權東路 |
| | 臺北水族館 | 展覽館 | | 近代 | 臺北市西北百齡橋北 |
| | 雙溪公園 | 園林 | | | 臺北市北至善路 |
| | 照明宮情人廟 | 寺廟 | | | 臺北市北投永和里北 |
| | 大屯火山群 | 自然景 | | | 臺北市及臺北縣 |
| | 北投溫泉 | 自然景 | | | 臺北市北投區 |
| | 指南宮 | 寺廟 | | 一八八一年 | 臺北市東南郊木柵區 |
| | 紅毛城 | 遺址 | 省重點 | 一六二九年 | 臺北縣淡水鎮 |
| | 劍潭 | 自然景 | | | 臺北市西北基隆河畔 |
| | 圓山原始社會遺址 | 遺址 | | 四千年前 | 臺北市圓山動物園內 |
| | 石門風景區 | 自然景 | | | 臺北縣富貴角臺灣最北端 |
| | 烏來溫泉 | 自然景 | | | 臺北縣烏來鄉 |
| | 觀音山 | 自然景 | | | 臺北縣淡水河南岸 |
| | 野柳岬風景區 | 自然景 | | | 臺北縣萬里鄉野柳村 |
| | 碧潭風景區 | 自然景 | | | 臺北縣新店鎮 |
| | 福隆風景區 | 自然景 | | | 臺北縣東貢察鄉福隆村 |
| | 金山海岸風景區 | 自然景 | | | 基隆市西北二十六公里 |
| | 雞籠嶼 | 自然景 | | | 基隆市北五公里海中 |
| | 西仙洞岩 | 自然景 | | | 基隆市港口西岸 |
| | 石門風景區 | 自然景 | | | 桃園縣石門水庫 |
| | 青草湖風景區 | 自然景 | | | 新竹縣寶山鄉 |
| | 六福野生動物園 | 園林 | | 一九七九年 | 新竹縣關西鎮 |
| | 獅頭山 | 自然景 | | | 新竹縣與苗栗縣交界 |
| | 礁溪溫泉 | 自然景 | | | 宜蘭縣礁溪鄉 |
| | 中山公園 | 園林 | | | 臺中市公園路 |
| | 亞哥花園 | 園林 | | | 臺中市大坑 |
| | 寶覺寺 | 寺廟 | | 一九二八年 | 臺中市內健行路 |
| | 鐵砧山 | 自然景 | | | 臺中縣西北 |
| | 八卦山 | 自然景 | | | 彰化縣城東 |
| | 馬面將軍廟 | 寺廟 | | 清 | 彰化縣務水鄉陝西村 |
| | 彰化孔廟 | 寺廟 | 省重點 | 一七二六年 | 彰化縣城內 |
| | 龍山寺 | 寺廟 | 省重點 | 一七八六年 | 彰化縣鹿港鎮 |

續表六十九

| 部區屬 | 景點名稱 | 類別 | 級別 | 時代 | 地址 |
|---|---|---|---|---|---|
| | 天后宮 | 寺廟 | | 一六八三年 | 彰化縣鹿港鎮 |
| | 日月潭風景區 | 自然景 | | | 南投縣城東三十公里水里鄉山中 |
| | 松柏坑風景區 | 自然景 | | | 南投縣城西南十公里松柏村 |
| | 合歡山山地公園 | 自然景 | | | 南投縣東合歡山下 |
| | 埔里風景區 | 自然景 | | | 南投縣城東北三十五公里 |
| | 玉山 | 自然景 | | | 南投縣與高雄縣、嘉義縣分界處 |
| | 霧社 | 自然景 | | | 南投縣城東五十公里仁愛鄉 |
| | 溪頭風景區 | 自然景 | | | 南投縣城南三十五公里 |
| | 朝天宮 | 寺廟 | | 一六九四年 | 雲林縣北港鎮 |
| | 湖山岩 | 自然景 | | | 雲林縣東七星嶺下 |
| | 阿里山 | 自然景 | | | 嘉義縣東部 |
| | 梅山公園 | 園林 | | | 嘉義縣梅山鄉 |
| | 吳鳳廟 | 紀念地 | | 一七六九年 | 嘉義縣中埔鄉 |
| | 開元寺 | 寺廟 | | 清 | 臺南市東北隅開元路 |
| | 彌陀寺 | 寺廟 | | 一七一八年 | 臺南市東青年路 |
| | 法華寺 | 寺廟 | | 一六八四年 | 臺南市南部 |
| | 竹溪寺 | 寺廟 | | 一六八四年 | 臺南市體育場南 |
| | 延平郡王祠 | 紀念地 | 省重點 | 明 | 臺南市府前路東段 |
| | 安平古堡赤嵌城 | 遺址 | 省重點 | 一六三〇年 | 臺南市西郊海濱 |
| | 赤嵌樓 | 古建築 | 省重點 | 一六六五年 | 臺南市內歷史展覽館 |
| | 億載金城 | 古建築 | 省重點 | 一八七五年 | 臺南市西郊海濱 |
| | 全臺首學 | 寺廟 | | 一六六六年 | 臺南市內府前路 |
| | 關嶺風景區 | 自然景 | | | 臺南縣白河鎮東關子嶺 |
| | 虎頭埤風景區 | 自然景 | | | 臺南縣新化鎮東 |
| | 珊瑚潭風景區 | 自然景 | | | 臺南縣六甲鄉東烏山頭水庫 |
| | 壽山公園 | 園林 | | 近代 | 高雄市西郊打鼓山 |
| | 半屏山風景區 | 園林 | | 近代 | 高雄市北郊半屏山 |
| | 蓮池潭 | 園林 | | | 高雄市北郊左營區 |
| | 月世界 | 自然景 | | | 高雄縣北古亭村 |
| | 超峰寺 | 寺廟 | | 一九〇一年 | 高雄縣北田寮鄉 |
| | 大崗山風景區 | 自然景 | | | 高雄縣北田寮鄉西 |
| | 泥火山 | 自然景 | | | 高雄縣橋頭鄉東 |
| | 澄清湖風景區 | 園林 | | 近代 | 高雄縣北烏松鄉 |

| 部區屬 | 景點名稱 | 類別 | 級別 | 時代 | 地址 |
|---|---|---|---|---|---|
| | 佛光山 | 寺廟 | | 近代 | 高雄縣大樹鄉北 |
| | 石門古戰場 | 遺址 | | 一八七四年 | 屏東縣牡丹鄉石門村 |
| | 四重溪溫泉 | 自然景 | | | 屏東縣南四重溪 |
| | 墾丁公園 | 園林 | | 清 | 屏東縣臺灣島南端 |
| | 佳樂水 | 自然景 | | | 屏東縣恆春鎮東海濱 |
| | 太魯閣公園 | 自然景 | | | 花蓮縣北立霧溪谷內 |
| | 清水斷崖 | 自然景 | | | 花蓮縣北立霧溪口至大清水溪口 |
| | 鯉魚潭風景區 | 自然景 | | | 花蓮縣西十二公里 |
| | 舞鶴石柱 | 遺址 | | 史前 | 花蓮縣玉里鎮北十五公里瑞穗鄉舞鶴村 |
| | 八仙洞 | 遺址 | | 舊石器 | 臺東縣北長濱鄉樟原村海岸 |
| | 綠島公園 | 自然景 | | | 臺東縣東海中綠島 |
| | 蘭嶼風景區 | 自然景 | | | 臺東縣東海中蘭嶼島 |
| | 知本溫泉 | 自然景 | | | 臺東縣西南二十公里 |
| | 媽祖廟 | 寺廟 | | 一五九二年 | 澎湖縣馬公鎮 |
| | 澎湖跨海大橋 | 建築 | | 一九七〇年 | 澎湖縣白沙島與漁翁島中間 |
| | 虎井沉城 | 自然景 | | | 澎湖縣虎井嶼 |
| | 七美人冢 | 陵墓 | | 明 | 澎湖縣七美嶼 |
| 西北部 | | | | | |
| 關中遊覽區（陝西省） | 藍田猿人遺址 | 遺址 | 全國重點 | 舊石器 | 藍田縣陳家窩村和公主嶺 |
| | 半坡遺址 | 遺址 | 全國重點 | 新石器 | 西安市東六公里橋區半坡村 |
| | 豐鎬遺址 | 遺址 | 全國重點 | 西周 | 長安縣灃河兩岸 |
| | 阿房宮遺址 | 遺址 | 全國重點 | 秦 | 西安市西五公里 |
| | 焚書坑 | 遺址 | | 秦 | 西安市三橋鎮西灰里鋪 |
| | 坑儒谷 | 遺址 | | 秦 | 臨潼縣西南三公里驪山北麓山谷 |
| | 曲江池 | 遺址 | | 唐 | 西安市城南七公里 |
| | 八路軍西安辦事處舊址 | 紀念地 | | 一九三八年 | 西安市西五路北橋街七賢莊一號 |
| | 張學良公館 | 紀念地 | 全國重點 | 近代 | 西安市建國路六十九號 |
| | 山園 | 紀念地 | | 近代 | 西安市北大街青年路中段北側 |
| | 灃西車馬坑 | 葬坑 | | 西周 | 西安市西南二十公里 |
| | 秦莊襄王墓 | 陵墓 | | 秦 | 西安市城東 |

續表七十一

| 部區屬 | 景點名稱 | 類別 | 級別 | 時代 | 地址 |
| --- | --- | --- | --- | --- | --- |
| | 秦始皇陵俑博物館 | 陵墓 | 全國重點 | 秦 | 臨潼縣東五公里 |
| | 秦陵兵馬俑 | 展覽館 | | 一九七七年 | 臨潼縣東五公里秦始皇陵東一千二百五十二米 |
| | 秦俑坑 | 葬坑 | | 秦 | 臨潼縣秦始皇陵東一點五公里 |
| | 秦二世陵 | 陵墓 | | 秦 | 西安市南鴻溝岸畔 |
| | 長陵（劉邦墓） | 陵墓 | | 漢 | 咸陽北原東段二十公里 |
| | 茂陵（劉徹墓） | 陵墓 | 全國重點 | 漢 | 興豐縣東十五公里 |
| | 霍去病墓 | 陵墓 | 全國重點 | 漢 | 西安市西北茂陵原上 |
| | 順陵 | 陵墓 | 全國重點 | 唐 | 咸陽市東北陳家村 |
| | 昭陵（李世民） | 陵墓 | 全國重點 | 唐 | 禮泉縣渭河北九峻山上 |
| | 乾陵（李治武則天） | 陵墓 | 全國重點 | 唐 | 乾縣梁山上 |
| | 章懷太子墓 | 陵墓 | | 六八四年 | 乾縣城北三公里 |
| | 永泰公主墓（李仙墓 | 陵墓 | | 七〇一年 | 乾縣乾陵東一公里 |
| | 懿德太子墓（李重潤） | 陵墓 | | 七〇一年 | 乾縣乾陵東南一公里 |
| | 楊貴妃墓 | 陵墓 | | 七五六年 | 興平縣西馬嵬坡 |
| | 北原墓群 | 陵墓 | | 秦至唐 | 咸陽市北原 |
| | 驪山風景區 | 園林 | 全國重點 | 周至唐 | 臨潼縣驪山 |
| | 香積寺 | 寺廟 | | 六八〇年 | 長安縣神禾原西 |
| | 大興善寺 | 寺廟 | | 西晉 | 西安市城南三公里 |
| | 興教寺 | 寺廟 | 全國重點 | 六六九年 | 長安縣樊川東 |
| | 淨業寺 | 寺廟 | | 清 | 長安縣終南山北麓 |
| | 青龍寺 | 寺廟 | | 五八二年 | 西安市東南二點五公里祭臺村 |
| | 華嚴寺 | 寺廟 | | 八〇三年 | 長安縣風棲原南麓 |
| | 東岳廟 | 寺廟 | | 一一一六年 | 西安市東門內昌仁里 |
| | 清眞大寺 | 寺廟 | 全國重點 | 七四二年 | 西安市鼓樓西北化覺巷 |
| | 城隍廟 | 寺廟 | | 一四三二年 | 西安市西大街學習巷東側 |
| | 廣仁寺 | | | 一七〇五年 | 西安市城內西北 |
| | 慈恩寺 | 寺廟 | | 六四八年 | 西安市城南三公里 |
| | 大雁塔 | 古建築 | 全國重點 | 六五二年 | 西安市慈恩寺內 |
| | 小雁塔 | 古建築 | 全國重點 | 唐 | 西安市南門外一公里薦福寺內 |
| | 草堂寺 | 寺廟 | | 唐 | 戶縣秦鎮南十五公里草堂營村 |
| | 青龍寺 | 寺廟 | | 隋 | 西安市南郊鐵爐廟村 |
| | 杜公祠 | 紀念地 | 全國重點 | 唐 | 長安縣少陵原上 |
| | 鐘樓 | 古建築 | | 一三八四年 | 西安市中心 |

| 部區屬 | 景點名稱 | 類別 | 級別 | 時代 | 地址 |
|---|---|---|---|---|---|
| | 鼓樓 | 古建築 | | 一三八〇年 | 西安市西大街北 |
| | 重陽宮 | 寺廟 | | 金 | 戶縣西十公里祖庵鎮 |
| | 西安碑林 | 碑刻 | 全國重點 | 漢至近代 | 西安市南三學街陝西省博物館 |
| | 西安城牆 | 古建築 | 全國重點 | 明 | 西安市 |
| | 關中書院 | 紀念地 | | 一六〇九年 | 西安市南門內書院門街 |
| | 樓觀臺 | 古建築 | | 周 | 周至縣終南山北麓 |
| | 興慶宮公園 | 園林 | | 一九五八年 | 西安市東南 |
| | 革命公園 | 園林 | | 近代 | 西安市西五路東段 |
| | 蓮湖公園 | 園林 | | 一九二二年 | 西安市蓮湖路東段 |
| | 南五臺寺廟群 | 寺廟 | | 明清 | 西安市南四十公里 |
| | 終南山 | 自然景 | | | 西安市南四十公里 |
| | 灞橋 | 古建築 | | 春秋 | 西安市東十公里灞水上 |
| | 藥王山石刻 | 石刻 | 全國重點 | 唐至明 | 耀縣城東一點五公里 |
| | 香山 | 自然景 | | | 耀縣城西北四點五公里 |
| | 東湖 | 園林 | | 宋 | 鳳翔縣東門外 |
| | 吳山 | 自然景 | | | 隴縣東南 |
| | 千佛院摩崖 | 石刻 | | 唐 | 麟遊縣城西南二十公里百尺崖 |
| | 玉女潭 | 自然景 | | | 麟遊縣城南十公里魚塘峽 |
| | 仙遊觀 | 寺廟 | | 唐 | 麟遊縣城北郊 |
| | 慈善寺石窟 | 石窟 | | 唐 | 麟遊縣城西南三公里 |
| | 五丈原 | 紀念地 | | 三國 | 岐山縣城南二十公里 |
| | 周公廟 | 寺廟 | | 唐 | 岐山縣城北七公里 |
| | 太白山 | 自然景 | | | 眉縣城南二十公里 |
| | 教稼臺 | 紀念地 | | 周 | 武功縣東門外 |
| | 法門寺 | 寺廟 | | 唐 | 扶風縣城北十公里法門鄉 |
| | 千佛鐵塔 | 古建築 | | 明 | 咸陽市北杜鎮 |
| | 魏徵墓 | 陵墓 | | 唐 | 禮泉縣九嵕山 |
| | 慶壽寺 | 石窟 | 全國重點 | 唐 | 彬縣城西十二公里 |
| | 昭仁寺 | 寺廟 | 全國重點 | 唐 | 長武縣城內東街 |
| | 甘泉宮 | 遺址 | | 漢 | 淳化縣北涼武帝村 |
| | 崇文塔 | 古建築 | | 一五九一年 | 涇陽縣南永樂店 |
| | 龍橋 | 古建築 | | 一五九一年 | 三原縣清河上 |
| | 泰陵（李淵） | 陵墓 | | 六三五年 | 三原縣城東二十五公里 |
| | 三陽寺塔 | 古建築 | | 宋 | 高陵縣城東南高陵中學內 |
| | 泰陵（李隆基） | 陵墓 | | 唐 | 蒲城縣城東北十五公里金粟山上 |

續表七十三

| 部區屬 | 景點名稱 | 類別 | 級別 | 時代 | 地址 |
|---|---|---|---|---|---|
| | 南寺唐塔 | 古建築 | | 六二七年 | 蒲城縣城內西南角 |
| | 北寺宋塔 | 古建築 | | 一〇九〇年 | 蒲城縣城內北街 |
| | 小華山 | 自然景 | | | 白水縣城西南二十公里 |
| | 飛泉寺 | 寺廟 | | 明 | 白水縣城東二十公里 |
| | 蒼頡廟 | 寺廟 | | 一六二年 | 白水縣城東二十五公里 |
| | 樂樓 | 古建築 | | 明 | 澄城縣西街 |
| | 精進寺塔 | 古建築 | | 五代 | 澄城縣城內東街 |
| | 司馬遷祠 | 紀念地 | 全國重點 | 宋 | 韓城縣芝川鎮南原上 |
| | 夏陽瀵 | 自然景 | | | 合陽縣夏陽川 |
| | 岱祠樓 | 古建築 | | 宋 | 大荔縣大寨子村東頭臺地 |
| | 潼關 | 關隘 | | 漢 | 潼關縣港口 |
| | 華山風景區 | 自然景 | | | 華陰縣城南 |
| | 少華山 | 自然景 | | | 華縣城東南五公里 |
| | 上下悟眞寺 | 寺廟 | | 隋 | 藍田縣城東十公里王順山 |
| | 水陸庵 | 寺廟 | | 明 | 藍田縣城東十公里王順山下 |
| | 二郎廟 | 寺廟 | | 一二一一年 | 丹鳳縣城西十二公里 |
| | 花廟 | 寺廟 | | 一八九一年 | 丹鳳縣西街 |
| | 白龍洞 | 自然景 | | | 山陽縣西泉鄉 |
| | 東湖 | 園林 | | 漢 | 漢中市城內東南角 |
| | 漢臺 | 古建築 | | 西漢 | 漢中市城內東南角 |
| | 淨明寺塔 | 古建築 | | 一一九八年 | 漢中市東關 |
| | 褒斜道石門及摩崖 | 石刻 | 全國重點 | 漢 | 漢中市石門 |
| | 張良廟 | 寺廟 | | 明 | 留壩縣廟臺子鎮 |
| | 開明寺塔 | 古建築 | | 宋 | 洋縣城內南城牆下 |
| | 良馬寺 | 寺廟 | | 一二六一年 | 洋縣城西二十公里龐家店村 |
| | 智果寺 | 寺廟 | | 一三三二年 | 洋縣城西十五公里 |
| | 小南海風景區 | 自然景 | | | 南鄭縣城南三十五公里山中 |
| | 天蕩山 | 自然景 | | | 勉縣城北 |
| | 定軍山 | 自然景 | | | 勉縣城南五公里 |
| | 武侯祠 | 紀念地 | | | 勉縣新城西三公里 |
| | 靈岩寺 | 寺廟 | | | 略陽縣城南三公里 |
| 陝北遊覽區（陝西省） | 黃帝陵 | 陵墓 | 全國重點 | 史前 | 黃陵縣城北橋山 |
| | 黃帝廟 | 寺廟 | | | 黃陵縣城北橋山 |
| | 石宮寺 | 寺廟 | 全國重點 | 一〇六七年 | 子長縣安定鎮北鍾山南麓 |
| | 寶塔山 | 自然景 | | | 延安市城南南川河畔 |

| 部區屬 | 景點名稱 | 類別 | 級別 | 時代 | 地址 |
| --- | --- | --- | --- | --- | --- |
| | 延安寶塔 | 古建築 | | 明 | 延安市寶塔山上 |
| | 范公井 | 古建築 | | 北宋 | 延安市寶塔山下 |
| | 清涼山風景區 | 自然景 | | | 延安市城東北 |
| | 靈寺寶塔 | 古建築 | | | 延安市南泥灣北一點五公里牛山上 |
| | 石佛堂石窟 | 石窟 | | 金 | 延安市北十一公里河莊坪鄉石窟村 |
| | 杜甫祠 | 紀念地 | | 唐 | 延安市七里鋪中段杜甫川口 |
| | 鳳凰山麓革命舊址 | 紀念地 | 全國重點 | 近代 | 延安市城內西北角鳳凰山麓 |
| | 楊家嶺革命舊址 | 紀念地 | 全國重點 | 近代 | 延安市城北二公里 |
| | 棗園革命舊址 | 紀念地 | 全國重點 | 近代 | 延安市城西北七公里 |
| | 王家坪革命舊址 | 紀念地 | 全國重點 | 近代 | 延安市城西北四公里 |
| | 延安革命紀念館 | 展覽館 | | 一九五〇年 | 延安市王家坪 |
| | 四八烈士陵園 | 陵墓 | | 一九四六年 | 延安市城北李家抓 |
| | 紅石峽 | 自然景 | | | 榆林縣城北三公里 |
| | 新明樓 | 古建築 | | 明 | 榆林縣城內南大街 |
| | 鎮北臺 | 古建築 | | 明 | 榆林縣城北七公里 |
| | 戴興寺 | 寺廟 | | 明 | 榆林縣城東駝峰山 |
| | 孤山鐵塔 | 古建築 | | 明 | 府谷縣孤山堡南屏山上 |
| | 昊天宮 | 寺廟 | | 一六〇五年 | 府谷縣孤山堡城北一公里 |
| | 白雲山廟 | 寺廟 | | | 佳縣城東五公里白雲山上 |
| | 香爐峰 | 自然景 | | | 佳縣城東北支峰上 |
| | 盤龍山 | 自然景 | | | 米脂縣城北 |
| | 蒙恬墓 | 陵墓 | | 秦 | 綏德縣城西南大理河北岸 |
| 絲綢之路遊覽區（陝西省） | 大散關 | 關隘 | | | 寶雞縣南大散嶺上 |
| | 釣魚臺 | 紀念地 | | 周 | 寶雞縣磻溪河畔伐魚堡南 |
| | 神農祠 | 寺廟 | | | 寶雞市北五公里峪家村 |
| | 金臺觀 | 寺廟 | | 明 | 寶雞市東站北半塬上 |
| （寧夏自治區） | 玉皇閣 | 寺廟 | | 明 | 銀川市東街 |
| | 承天寺塔 | 古建築 | | 一〇五〇年 | 銀川市老城 |
| | 海寶塔 | 古建築 | 全國重點 | 清 | 銀川市北郊 |
| | 西夏王陵 | 陵墓 | 全國重點 | 西夏 | 銀川市西三十公里賀蘭山東麓 |
| | 賀蘭山 | 自然景 | | | 銀川市西北部 |
| | 拜寺口雙塔 | 古建築 | 全國重點 | 西夏 | 銀川市西北賀蘭山拜寺口內 |

| 部區屬 | 景點名稱 | 類別 | 級別 | 時代 | 地址 |
|---|---|---|---|---|---|
| | 武當山廟 | 寺廟 | | 清前 | 石咀山市東武當山上 |
| | 清眞大寺 | 寺廟 | 全國重點 | 明 | 同心縣舊城內 |
| | 鎭海塔 | 古建築 | | 元 | 靈武縣城東南三公里 |
| | 石空寺石窟 | 石窟 | | 唐 | 中寧縣西北雙龍山上 |
| | 中衛高廟 | 寺廟 | | 明前 | 中衛縣城北 |
| | 一百零八塔 | 古建築 | 全國重點 | 元 | 青銅峽縣峽口山 |
| | 須彌山石窟 | 石窟 | 全國重點 | 北朝 | 固原縣城西北六十公里須彌山東麓 |
| | 六盤山 | 自然景 | | | 寧夏與陝西、甘肅交界處 |
| （甘肅省） | 玉泉觀 | 寺廟 | | 一二九九年 | 天水市北天清山麓 |
| | 伏羲廟 | 寺廟 | | 一四九〇年 | 天水市西關 |
| | 李廣墓 | 陵墓 | | 西漢 | 天水市南山麓石馬坪 |
| | 仙人崖 | 自然景 | | | 天水縣城東南四十公里 |
| | 麥積山石窟 | 石窟 | 全國重點 | 魏至明 | 天水縣城東南三十公里山中 |
| | 五泉山公園 | 園林 | | 一九五五年 | 蘭州市南 |
| | 甘肅省博物館 | 展覽館 | | | 蘭州市七里河南側 |
| | 白塔山公園 | 園林 | | 一九五八年 | 蘭州市黃河北岸 |
| | 白衣寺塔 | 古建築 | | 一六三一年 | 蘭州市內 |
| | 黃河第一橋 | 建築 | | 明 | 蘭州市白塔山下 |
| | 雁灘公園 | 園林 | | 一九五八年 | 蘭州市東北隅 |
| | 興隆山 | 自然景 | | | 楡中縣城西南五公里 |
| | 威遠樓 | 古建築 | | 一二六一年 | 隴西縣城內十字街 |
| | 灞陵橋 | 古建築 | | 一九一九年 | 渭源縣南門外清源河上 |
| | 崆峒山 | 自然景 | | | 平涼縣城西三十公里 |
| | 王母宮石窟 | 石窟 | | 五一〇年 | 涇川縣城西二公里 |
| | 南石窟寺 | 石窟 | 全國重點 | 北魏 | 涇川縣涇河東岸 |
| | 北石窟寺 | 石窟 | 全國重點 | 五〇九年 | 慶陽縣西鋒鎭西南二十五公里寺溝 |
| | 雙塔寺造像塔 | 古建築 | | | 華池縣城東六十公里豹子川上王臺村 |
| | 水簾洞 | 自然景 | | | 武山縣城東北魯班鄉 |
| | 拉梢寺石窟 | 石窟 | | 五五九年 | 武山縣城東北魯班鄉 |
| | 大像山石窟 | 石窟 | | 宋前 | 甘谷縣城南 |
| | 黃龍碑 | 碑刻 | | 一七一年 | 咸縣西十公里魚竅峽中天井山下 |
| | 杜甫草堂 | 紀念地 | | 北宋 | 成縣城東北五公里鳳凰山下飛龍峽口右側 |

| 部區屬 | 景點名稱 | 類別 | 級別 | 時代 | 地址 |
|---|---|---|---|---|---|
| | 拉卜楞寺 | 寺廟 | | 一七〇九年 | 夏河縣城西一公里 |
| | 劉家峽風景區 | 自然景 | | | 永靖縣黃河峽谷中劉家峽水庫 |
| | 炳靈寺石窟 | 石窟 | 全國重點 | 北魏至明 | 永靖縣西五十公里劉家峽水庫旁 |
| | 重修護國寺感應塔碑 | 碑刻 | 全國重點 | 一〇九四年 | 武威縣城東南文廟內 |
| | 大雲寺銅鐘 | 文物 | | 唐 | 武威縣城東北隅 |
| | 文廟 | 寺廟 | | 一四三七年 | 武威縣城東南隅 |
| | 羅什塔 | 古建築 | | 一九三四年 | 武威縣城內北大街 |
| | 海藏寺 | 寺廟 | | 晉 | 武威縣城西北二公里 |
| | 雷臺 | 自然景 | | | 武威縣城北門外雷臺湖 |
| | 聖容寺風景區 | 自然景 | | | 永昌縣城北五公里北海子 |
| | 大佛寺 | 寺廟 | | 一〇九八年 | 張掖縣城內 |
| | 木塔 | 古建築 | | 五八二年 | 張掖縣城一中內 |
| | 西來寺 | 寺廟 | | 明 | 張掖縣城內西南 |
| | 鼓樓 | 古建築 | | 一五〇七年 | 張掖縣城中心 |
| | 文殊山石窟 | 石窟 | | 北魏 | 肅南縣西北文殊山中 |
| | 馬蹄寺石窟 | 石窟 | | 北魏 | 肅南縣馬蹄河西岸馬蹄山上 |
| | 金塔寺石窟 | 石窟 | | 北魏 | 肅南縣馬蹄山 |
| | 昌馬石窟 | 石窟 | | | 玉門市玉門鎮東南六十公里 |
| | 酒泉公園 | 園林 | | 漢 | 酒泉城東 |
| | 月牙泉 | 自然景 | | | 敦煌縣城南七公里鳴沙山北麓 |
| | 玉門關 | 關隘 | 全國重點 | 漢 | 敦煌縣城西北八十公里 |
| | 陽關古城 | 關隘 | | 漢 | 敦煌縣城西七十公里古基灘上 |
| | 沙州故城 | 遺址 | | 漢 | 敦煌縣城西黨河西岸 |
| | 鳴沙山 | 自然景 | | | 敦煌縣城南六公里 |
| | 莫高窟 | 石窟 | 全國重點 | 北魏至元 | 敦煌縣城東南二十五公里 |
| | 鎖陽城城堡 | 遺址 | | | 安西縣東南四十公里 |
| | 榆樹窟 | 石窟 | 全國重點 | 北魏至元 | 安西縣城南七十公里 |
| | 黑山石刻畫像 | 石刻 | | 史前 | 嘉峪關市西北二十公里 |
| | 嘉峪關 | 關隘 | 全國重點 | 一三七二年 | 嘉峪關市西南隅 |
| （新疆自治區） | 哈密王墓 | 陵墓 | | 清 | 哈密市西門外 |
| | 火焰山 | 自然景 | | | 吐魯番盆地中部 |
| | 月光湖 | 自然景 | | | 吐魯番縣中部 |

續表七十七

| 部區屬 | 景點名稱 | 類別 | 級別 | 時代 | 地址 |
|---|---|---|---|---|---|
| | 交河故城 | 遺址 | 全國重點 | 高昌 | 吐魯番縣城西十公里雅爾湖鄉 |
| | 蘇公塔 | 古建築 | 全國重點 | 清 | 吐魯番縣城東南郊 |
| | 柏孜克里克千佛洞 | 石窟 | 全國重點 | 南北朝至元 | 吐魯番縣城東北五十公里 |
| | 勝金口千佛洞 | 石窟 | | 唐至元 | 吐魯番縣城東北四十公里 |
| | 高昌故城 | 遺址 | 全國重點 | 高昌 | 吐魯番縣城東四十公里 |
| | 葡萄溝 | 自然景 | | | 吐魯番縣火焰山西側峽谷 |
| | 雅爾湖千佛洞 | 石窟 | | 唐 | 吐魯番縣城西北十公里 |
| | 土峪溝千佛洞 | 石窟 | | 晉前 | 鄯善縣城西南四十公里 |
| | 水磨溝風景區 | 園林 | | | 烏魯木齊市東北郊 |
| | 白楊溝風景區 | 自然景 | | | 烏魯木齊市南郊六十公里天山中 |
| | 紅山 | 自然景 | | | 烏魯木齊市城北部 |
| | 陝西大寺大殿 | 寺廟 | | 清 | 烏魯木齊市永和正巷 |
| | 燕爾窩風景區 | 自然景 | | | 烏魯木齊市南郊 |
| | 鑑湖公園 | 園林 | | 一九一八年 | 烏魯木齊市城內 |
| | 天鵝湖 | 自然景 | | | 和靜縣裕勒都斯 |
| | 錫克沁千佛洞 | 石窟 | | 唐 | 焉耆縣城西南三十公里 |
| | 博斯騰湖 | 自然景 | | | 博湖縣境內 |
| | 朱蘭古堡 | 遺址 | | 唐 | 若羌縣城東四十公里 |
| | 羅布泊 | 自然景 | | | 若羌縣北部 |
| | 雅丹奇觀 | 自然景 | | | 若羌縣羅布泊地區 |
| | 樓蘭古城 | 遺址 | 全國重點 | 漢 | 若羌縣羅布泊西岸 |
| | 桑株岩畫 | 石刻 | | | 皮山縣桑株鎮南二十五公里 |
| | 千淚泉 | 自然景 | | | 庫車縣與拜城縣之間 |
| | 克孜爾千佛洞 | 石窟 | 全國重點 | 東漢 | 拜城縣克孜爾鎮東南七公里 |
| | 瑪扎伯哈千佛洞 | 石窟 | | 隋唐 | 庫車縣城東北三十公里瑪扎伯哈村西南山坡上 |
| | 克孜爾尕哈土塔 | 古建築 | | 漢 | 庫車縣城西十公里 |
| | 克孜爾尕哈千佛洞 | | | 唐 | 庫車縣城西十公里 |
| | 蘇巴什佛寺 | 遺址 | | 魏 | 庫車縣城東二十三公里 |
| | 庫木吐喇千佛洞 | 石窟 | 全國重點 | 唐至宋 | 庫車縣城西南三十公里 |
| | 森木塞姆千佛洞 | 石窟 | | 南北朝 | 庫車縣東北四十公里 |
| | 托呼拉克埃艮千佛洞 | 石窟 | | 唐 | 新和縣城西七十公里 |
| | 三仙洞 | 自然景 | | | 喀什市北十公里 |

續表七十八

| 部區屬 | 景點名稱 | 類別 | 級別 | 時代 | 地址 |
|---|---|---|---|---|---|
| | 玉素甫·哈斯·哈吉甫麻扎 | 陵墓 | | 十一世紀 | 喀什市第十二小學院內 |
| | 艾提朵清眞寺 | 寺廟 | | 一七九八年 | 喀什市中心艾提朵廣場 |
| | 阿巴和加麻扎 | 古建築 | 全國重點 | 十七世紀 | 喀什市近郊 |
| | 香妃墓（阿吉·穆罕然德·優素福·霍加基） | 紀念地 | | 清 | 喀什市東門外 |
| | 棋盤千佛洞 | | | | 葉城縣城西南棋盤鄉 |
| | 石頭城 | 古建築 | | 南北朝 | 塔什庫爾干縣近郊 |
| | 紅其拉甫山口 | 關隘 | | | 塔什庫爾干縣邊境 |
| | 塔合曼溫泉 | 自然景 | | | 塔什庫爾干縣慕土塔格山西北 |
| | 蘇勒坦麻扎 | 陵墓 | | 喀拉汗朝 | 阿圖什縣內 |
| | 天池 | 自然景 | | | 阜康縣城天山博格達峰山腰 |
| | 北庭故城 | 遺址 | | 漢 | 吉木薩爾縣城北十公里 |
| | 賽里木湖 | 自然景 | | | 博樂縣西南 |
| | 阿爾卡特古石堆 | 陵墓 | | | 溫泉縣阿爾卡特草原上 |
| | 阿爾卡特石人墓 | 陵墓 | | 六世紀 | 溫泉縣阿爾卡特草原上 |
| | 下臺石刻人像 | 石刻 | | | 昭蘇縣下臺村 |
| | 小洪海石人 | 石刻 | | | 昭蘇縣城東南五公里 |
| | 聖祐廟 | 寺廟 | | 清 | 昭蘇縣城西北二公里 |
| | 格登山紀功碑 | 碑刻 | | 一七五五年 | 昭蘇縣西格登山上 |
| | 乾溝岩畫 | 石刻 | | | 霍城縣北乾溝 |
| | 伊犂將軍府 | 遺址 | | 一八八四年 | 霍城縣惠遠城內 |
| | 昆帶山岩畫 | 石刻 | | | 霍城縣塔木達什 |
| | 惠遠鐘樓 | 古建築 | | 一八九七年 | 霍城縣城東南惠遠城 |
| | 卡拉伊米里岩畫 | 石刻 | | 六世紀 | 額敏縣城東六十五公里卡拉伊米里渠山坡上 |
| | 紅石頭泉岩畫 | 石刻 | | 六世紀 | 裕民縣城西南五十公里 |
| | 哈納斯湖 | 自然景 | | | 阿勒泰縣草原上 |
| 西南部 | | | | | |
| 峨眉遊覽區（四川省） | 翠雲廊 | 自然景 | | | 廣元市劍閣縣、閬中縣、梓　潼縣內 |
| | 唐家河自然保護區 | 自然景 | | | 青川縣唐家河 |
| | 王朗自然保護區 | 自然景 | | | 平武縣西北部 |
| | 報恩寺 | 寺廟 | | 一四四〇年 | 平武縣城東北隅 |
| | 小寨子溝自然保護區 | 自然景 | | | 北川縣高山原始林內 |

續表七十九

| 部區屬 | 景點名稱 | 類別 | 級別 | 時代 | 地址 |
| --- | --- | --- | --- | --- | --- |
| | 馬邊大風頂自然保護區 | 自然景 | | | 馬邊縣西南部涼山 |
| | 美姑大風頂自然保護區 | 自然景 | | | 美姑縣東北部涼山 |
| | 喇叭河自然保護區 | 自然景 | | | 天全縣西北部邛崍山南段 |
| | 鐵布自然保護區 | 自然景 | | | 若爾蓋縣北部岷山北段 |
| | 攀枝花自然保護區 | 自然景 | | | 渡口市西北部 |
| | 茶園溝風景區 | 自然景 | | | 廣元市劍門關西二十公里 |
| | 紅軍標語碑林 | 碑刻 | | 一九三三年 | 廣元市西嘉陵江西岸 |
| | 昭化古城 | 古建築 | | | 廣元市南三十五公里 |
| | 千佛岩摩崖造像 | 石刻 | 全國重點 | 南北朝 | 廣元市城北四公里嘉陵江東岸 |
| | 棧閣 | 古建築 | | 秦 | 廣元市城北四十五公里朝天鎮明月峽及清風峽中 |
| | 皇澤寺摩崖造像 | 石刻 | 全國重點 | 唐 | 廣元市城西烏龍山麓 |
| | 劍門關 | 關隘 | | | 劍閣縣北二十五公里劍門山 |
| | 覺苑寺 | 寺廟 | | 唐 | 劍閣縣武連驛西 |
| | 鶴鳴山道教造像 | 石刻 | | 唐 | 劍閣縣城郊 |
| | 梓潼漢闕 | 古建築 | | 漢 | 梓潼縣城 |
| | 文昌宮 | 寺廟 | | 晉 | 梓潼縣城北十公里七曲山 |
| | 雲臺觀 | 寺廟 | | 宋 | 三臺縣城南五十公里雲臺山上 |
| | 寶梵寺 | 寺廟 | | 一四三七年 | 蓬溪縣回龍鄉 |
| | 落鳳坡 | 紀念地 | | 東漢 | 德陽縣羅江鎮 |
| | 平陽府君闕 | 古建築 | 全國重點 | 漢 | 綿陽市仙人橋 |
| | 碧水寺 | 寺廟 | | 唐 | 綿陽市城北一公里 |
| | 玉女泉造像 | 石刻 | | 唐 | 綿陽市西山觀下 |
| | 雲岩寺 | 寺廟 | 全國重點 | 唐 | 江油縣竇圌山下 |
| | 太白故里 | 紀念地 | | 唐 | 江油縣青蓮場 |
| | 太白洞 | 自然景 | | | 江油縣武都鎮北二公里涪江左岸 |
| | 李白紀念館 | 展覽館 | | 近代 | 江油縣城郊 |
| | 隴西院 | 紀念地 | | 唐 | 江油縣城西南十五公里青蓮場外 |
| | 竇圌山 | 自然景 | | | 江油縣境內 |
| | 杜甫草堂 | 紀念地 | 全國重點 | 唐 | 成都市西郊浣花溪畔 |
| | 武侯祠 | 紀念地 | 全國重點 | 三國 | 成都市南門外 |

| 部區屬 | 景點名稱 | 類別 | 級別 | 時代 | 地址 |
|---|---|---|---|---|---|
| | 王建墓 | 陵墓 | 全國重點 | 九一八年 | 成都市西郊三洞橋 |
| | 四川省博物館 | 展覽館 | | 近代 | 成都市城南一環路 |
| | 望江樓 | 古建築 | | 唐 | 成都市東郊錦江邊 |
| | 文殊院 | 寺廟 | | 南朝 | 成都市北校場側 |
| | 大慈寺 | 寺廟 | | 唐 | 成都市東風路 |
| | 濱江公園 | 園林 | | 近代 | 成都市城南 |
| | 青羊宮 | 寺廟 | | 唐 | 成都市文化公園內 |
| | 昭覺寺 | 寺廟 | | 唐 | 成都市北郊五公里 |
| | 清眞寺 | 寺廟 | | 清 | 成都市鼓樓南街 |
| | 雲頂山 | 自然景 | | | 金堂縣龍泉山 |
| | 恐龍博物館 | 展覽館 | | 近代 | 自貢市郊大山鋪 |
| | 西秦會館 | 古建築 | 全國重點 | 一七三六年 | 自貢市城內 |
| | 貢井公園 | 園林 | | 近代 | 自貢市西郊 |
| | 燊海井 | 古建築 | 全國重點 | 近代 | 自貢市大安街北端 |
| | 榮縣大佛 | 寺廟 | | 一〇八五年 | 榮縣城東南大佛寺 |
| | 望叢祠 | 寺廟 | | 宋 | 郫縣南郊 |
| | 灌縣索橋 | 古建築 | | 宋前 | 灌縣城郊二王廟前 |
| | 玉壘山公園 | 園林 | | 近代 | 灌縣城西北 |
| | 青城山風景區 | 自然景 | | | 灌縣西北十五公里 |
| | 都江堰 | 古建築 | 全國重點 | 戰國 | 灌縣城西岷江上 |
| | 正覺寺塔 | 古建築 | | 北宋 | 彭縣城北二十公里北塔壩 |
| | 聖諭碑 | 碑刻 | | 明 | 廣漢縣公園內 |
| | 龍居寺 | 寺廟 | | 一四四七年 | 廣漢縣城南八公里 |
| | 罨畫池 | 園林 | | 宋 | 崇慶縣城內 |
| | 寶光寺 | 寺廟 | | 唐 | 新都縣城北 |
| | 桂湖 | 園林 | | 明 | 新都縣城西南 |
| | 觀音寺壁畫 | 寺廟 | | 南宋 | 新津縣永興場九蓮山 |
| | 文君井 | 紀念地 | | 漢 | 邛崍縣城內 |
| | 石塔 | 古建築 | | 一一七二年 | 邛崍縣城西四十五公里石塔寺 |
| | 花置寺造像 | 石刻 | | 七六八年 | 邛崍縣城西七公里水庫山上 |
| | 劉文彩莊園陳列館 | 展覽館 | | 近代 | 大邑縣安仙鎭場口 |
| | 木門寺 | 寺廟 | | 一七二六年 | 安岳縣石鼓鄉 |
| | 臥佛院造像 | 石刻 | 全國重點 | 唐 | 安岳縣赤雲鄉 |
| | 毗盧洞造像 | 石刻 | | 宋 | 安岳縣石羊場 |
| | 圓覺洞造像 | 石刻 | | 宋 | 安岳縣城南二公里 |
| | 重龍山北崖 | 石刻 | | 唐宋 | 資中縣城北重龍山麓 |

續表八十一

| 部區屬 | 景點名稱 | 類別 | 級別 | 時代 | 地址 |
|---|---|---|---|---|---|
| | 舊州塔 | 古建築 | | 一一一〇年 | 宜賓市西北舊州壩 |
| | 趙一曼紀念館 | 紀念地 | | 近代 | 宜賓市郊翠屏山 |
| | 流杯池 | 園林 | | 宋 | 宜賓市江北公園 |
| | 翠屏山 | 自然景 | | | 宜賓市北郊岷江南岸 |
| | 忠山 | 自然景 | | | 瀘州市西郊 |
| | 旋螺殿 | 古建築 | | 一五九六年 | 南溪縣城西三十二公里石牛山 |
| | 竹海 | 自然景 | | | 長寧縣城南二十公里 |
| | 興文石林 | 自然景 | | | 興文縣城南三十公里 |
| | 建武僰人懸棺 | 陵墓 | | | 興文縣建武蘇麻灣 |
| | 石海洞鄉 | 自然景 | | | 興文縣內 |
| | 蜀南竹海 | 自然景 | | | 長寧縣與江安縣交界處 |
| | 僰人懸館 | 陵墓 | 全國重點 | | 珙縣城南五十五公里洛表場麻塘壩 |
| | 白崖三洞 | 自然景 | | | 樂山市北五公里 |
| | 樂山大佛 | 石刻 | 全國重點 | 七一三年 | 樂山市東凌雲山西壁 |
| | 烏尤寺與離堆 | 寺廟 | | 唐 | 樂山市東烏尤山上 |
| | 樂山岩墓 | 陵墓 | 全國重點 | 漢 | 樂山市城郊 |
| | 靈寶塔 | 古建築 | | 宋 | 樂山市東凌雲山 |
| | 郭沫若舊居 | 紀念地 | | 近代 | 樂山市東三十五公里沙灣場正街 |
| | 凌雲寺 | 寺廟 | | 唐 | 樂山市東凌雲山上 |
| | 嘉州小三峽 | 自然景 | | | 樂山市北二十三公里岷江上 |
| | 夾江千佛岩 | 石窟 | | 唐 | 夾江縣城西南三公里青衣江畔 |
| | 楊公闕 | 古建築 | | 漢 | 夾江縣東南雙碑村 |
| | 三蘇祠 | 紀念地 | | 北宋 | 眉山縣城西南紗行 |
| | 三蘇墓 | 陵墓 | | 北宋 | 眉山縣城東北三十公里土地鄉 |
| | 飛來殿 | 寺廟 | 全國重點 | 宋元 | 峨眉縣城北二公里飛來崗上 |
| | 峨嵋山風景區 | 自然景 | 全國重點 | | 峨嵋縣城西南七公里 |
| | 白塔公園 | 園林 | | 北宋 | 南充市東郊鶴鳴山 |
| | 蓮池 | 園林 | | 明 | 南充市西隅 |
| | 永安寺 | 寺廟 | | 元 | 閬中縣東黃泥鄉 |
| | 朱德舊居 | 紀念地 | 全國重點 | 近代 | 儀隴縣馬鞍場 |
| | 水寧寺造像 | 石刻 | | 宋 | 巴中縣龍骨山上 |

| 部區屬 | 景點名稱 | 類別 | 級別 | 時代 | 地址 |
|---|---|---|---|---|---|
| | 南龕造像 | 石刻 | 全國重點 | 隋 | 巴中縣城南化成山上 |
| | 紅雲崖 | 石刻 | | 近代 | 通江縣沙溪 |
| | 高頤墓闕及石刻 | 陵墓 | 全國重點 | 東漢 | 雅安縣城東七公里許姚橋 |
| | 樊敏闕 | 古建築 | 全國重點 | 東漢 | 蘆山縣城東二公里沫東鄉 |
| | 黃龍風景區 | 自然景 | | | 松藩縣城北三十五公里 |
| | 白河自然保護區 | 自然景 | | | 南坪縣白河 |
| | 九寨溝風景區 | 自然景 | | | 南坪縣九寨溝 |
| | 臥龍自然保護區 | 自然景 | | | 汶川縣西南部岷江東岸 |
| | 貢戛山 | 自然景 | | | 康定縣城南五十五公里 |
| | 康定溫泉 | 自然景 | | | 康定縣城北四公里二道橋 |
| | 白利寺 | 寺廟 | | 清 | 甘孜縣城西十公里雅礱江北岸 |
| | 瀘定橋 | 古建築 | 全國重點 | 一七〇五年 | 瀘定縣城西大渡河上 |
| | 德格印經院 | 古建築 | | | 德格縣城 |
| | 地震碑林 | 碑刻 | | 明清 | 西昌市郊東南瀘山 |
| | 奴隸制社會博物館 | 展覽館 | | 一九八五年 | 西昌市小寺坪 |
| | 瀘山風景區 | 自然景 | | | 西昌市南五公里 |
| | 邛海 | 自然景 | | | 西昌市南五公里 |
| | 絞平渡山洞 | 自然景 | | | 會理縣城南七十公里金沙江北岸 |
| 三峽遊覽區（四川省） | 北溫泉 | 自然景 | 全國重點 | | 重慶市西北北碚郊區 |
| | 中美合作所舊址 | 展覽館 | | 近代 | 重慶市沙坪壩歌樂山麓 |
| | 老君洞 | 寺廟 | | 清 | 重慶市江南 |
| | 自然陳列館 | 展覽館 | | 一九五五年 | 重慶市北碚文星灣 |
| | 南山公園 | 園林 | | 近代 | 重慶市郊江南山 |
| | 鵝嶺公園 | 園林 | | 近代 | 重慶市鵝項嶺上 |
| | 紅岩村 | 紀念地 | 全國重點 | 近代 | 重慶市化龍橋 |
| | 枇杷山公園 | 園林 | | 一九五五年 | 重慶市枇杷岸 |
| | 重慶市博物館 | 展覽館 | | 近代 | 重慶市枇杷山 |
| | 南溫泉 | 園林 | | 一九五〇年 | 重慶市長江南岸花溪畔 |
| | 桂園 | 紀念地 | | 近代 | 重慶市中山四路原張治中公館 |
| | 縉雲山自然保護區 | 自然景 | | | 重慶市西北六十公里 |
| | 北山摩崖造像 | 石刻 | 全國重點 | 唐宋 | 大足縣城西北二公里北山 |
| | 石門山石刻 | 石刻 | | 宋 | 大足縣城東十二公里 |
| | 石篆山石刻 | 石刻 | | 宋 | 大足縣城西南二十七公里 |
| | 寶頂山摩崖造像 | 石刻 | 全國重點 | 宋 | 大足縣城東北十五公里寶頂山 |

| 部區屬 | 景點名稱 | 類別 | 級別 | 時代 | 地址 |
|---|---|---|---|---|---|
| | 聖壽寺 | 寺廟 | | 宋 | 大足縣寶頂山 |
| | 多寶塔 | 古建築 | | 南宋 | 大足縣城北白塔寺前 |
| | 南山石刻 | 石刻 | | 宋元 | 大足縣城南二公里 |
| | 邱少雲紀念館 | 展覽館 | | 近代 | 銅梁縣西門鳳山頂 |
| | 釣魚城 | 遺址 | | 宋元 | 合川縣東五公里釣魚山上 |
| | 潼南大佛 | 石刻 | | 宋 | 潼南縣城西一公里大佛寺內 |
| | 石門大佛 | 石刻 | | 宋 | 江津縣石門場大佛寺內 |
| | 黑石山 | 自然景 | | | 江津縣白沙鎮南三公里 |
| | 馮煥闕 | 古建築 | 全國重點 | 漢 | 渠縣城北趙家坪 |
| | 沈府君闕 | 古建築 | 全國重點 | | 渠縣燕家村 |
| | 華鎣山天池 | 自然景 | | | 華鎣市與鄰水、岳池間 |
| | 金佛山自然保護區 | 自然景 | | | 南川縣東南部大婁山北坡 |
| | 點易洞 | 自然景 | | | 涪陵縣北岩鉤深堂西側 |
| | 白鶴梁石魚 | 石刻 | 全國重點 | 唐 | 涪陵縣城北長江中 |
| | 豐都鬼城 | 寺廟 | | 漢 | 豐都縣城東北隅 |
| | 二酉洞 | 自然景 | | | 酉陽縣城南翠屏山麓 |
| | 丁房闕 | 古建築 | | 漢 | 忠縣東門外土王廟前 |
| | 石寶寨 | 古建築 | | 清 | 忠縣東長江北岸 |
| | 雙桂堂 | 寺廟 | | 一六六一年 | 梁平縣城西十公里 |
| | 太白岩 | 自然景 | | | 萬縣西山 |
| | 西山碑 | 碑刻 | | 一一〇一年 | 萬縣市北流杯池 |
| | 張飛廟 | 紀念地 | | 唐前 | 雲陽縣城外飛鳳山麓 |
| | 大寧河風景區 | 自然景 | | | 巫溪縣與巫山縣城內 |
| | 白帝城 | 遺址 | | 三國 | 奉節縣城東四公里 |
| | 八陣圖(鹽竈) | 遺址 | | 三國 | 奉節縣長江邊 |
| | 巫山十二峰 | 自然景 | | | 巫山縣東巫峽兩岸 |
| | 楚陽臺 | 自然景 | | | 巫山縣城西高都山上 |
| | 瞿塘峽 | 自然景 | | | 自奉節縣白帝城東至巫山縣大溪鎮長江中 |
| | 巫峽 | 自然景 | | | 自巫山縣東至湖北省巴東縣官渡口長江中 |
| (湖北省) | 秋風亭 | 古建築 | | 九七八年 | 巴東縣城中高崗上 |
| | 西陵峽 | 自然景 | | | 自巴東縣官渡口東至宜昌縣南津關長江中 |
| | 兵書寶劍峽 | 自然景 | | | 長江西陵峽中 |
| | 青灘 | 自然景 | | | 西陵峽中江邊 |
| | 牛肝馬肺峽 | 自然景 | | | 西陵峽青灘下游五公里 |

| 部區屬 | 景點名稱 | 類別 | 級別 | 時代 | 地址 |
|---|---|---|---|---|---|
| | 崆嶺峽 | 自然景 | | | 西陵峽中牛肝馬肺峽下游二點五公里 |
| | 黃牛峽 | 自然景 | | | 宜昌市西四十五公里 |
| | 黃陵廟 | 寺廟 | | 漢 | 黃牛峽黃牛山麓 |
| | 蝦蟆碚 | 自然景 | | | 宜昌市西二十五公里 |
| | 燈影峽 | 自然景 | | | 宜昌市西十七公里 |
| | 三遊洞 | 紀念地 | | 唐宋 | 宜昌市西一公里燈影峽中 |
| | 陸游泉 | 紀念地 | | 宋 | 宜昌市西十公里西陵山腰 |
| | 下牢津 | 自然景 | | | 宜昌縣內大𠫊溪 |
| | 南津關 | 自然景 | | | 長江三峽出口 |
| | 香溪風景區 | 自然景 | | | 自興山縣至秭歸縣之河流兩岸 |
| | 玉虛洞 | 自然景 | | | 秭歸縣香溪鎮東二公里譚家山麓 |
| | 屈原祠 | 寺廟 | | 八二〇年 | 秭歸縣城東一公里白家坪 |
| | 屈原故里 | 紀念地 | | | 秭歸縣城東北三十公里屈原坪 |
| | 屈原廟 | 寺廟 | | 唐 | 秭歸縣樂坪里香爐坪 |
| | 讀書洞 | 自然景 | | | 秭歸縣屈原故里響鼓溪左岸 |
| | 照面井 | 古建築 | | | 秭歸縣屈原故里香爐坪東伏虎山西坡 |
| | 白羊寨 | 遺址 | | 明末 | 興北縣城西北二十三公里 |
| | 昭君故里 | 紀念地 | | 漢 | 興山縣城南郊寶坪村 |
| | 珍珠潭 | 自然景 | | | 興山縣寶坪村香溪中 |
| | 天然塔 | 古建築 | | 晉 | 宜昌市東七公里 |
| | 葛洲壩 | 建築 | | 現代 | 宜昌市西五公里 |
| 青藏遊覽區（青海省） | 瞿曇寺 | 寺廟 | 全國重點 | 明前 | 樂都縣南二十公里 |
| | 老爺山 | 自然景 | | | 大通縣橋頭鎮東 |
| | 人民公園 | 園林 | | 近代 | 西寧市勝利路 |
| | 塔爾寺 | 寺廟 | 全國重點 | 一五六〇年 | 湟中縣魯沙爾鎮 |
| | 五屯寺 | 寺廟 | | 明 | 同仁縣隆務鎮東北六公里 |
| | 文成公主廟 | 寺廟 | | | 玉樹縣結古鎮南二十五公里虬納溝 |
| | 青海湖 | 自然景 | | | 青海省東部 |
| （西藏自治區） | 布達拉宮 | 古建築 | 全國重點 | 清 | 拉薩市西北瑪布日山上 |
| | 大昭寺 | 寺廟 | 全國重點 | 九四七年 | 拉薩市舊城中心 |
| | 小昭寺 | 寺廟 | 區重點 | 唐 | 拉薩市古城北 |

續表八十五

| 部區屬 | 景點名稱 | 類別 | 級別 | 時代 | 地址 |
|---|---|---|---|---|---|
| | 解放公園 | 園林 | | 清 | 拉薩市布達拉宮山後 |
| | 西藏革命展覽館 | 展覽館 | | 一九六五年 | 拉薩市布達拉宮東側 |
| | 哲蚌寺 | 寺廟 | 全國重點 | 一四一六年 | 拉薩市西北五公里 |
| | 色拉寺 | 寺廟 | 全國重點 | 一四一八年 | 拉薩市北三公里 |
| | 羅布林卡 | 園林 | | 十八世紀 | 拉薩市西郊人民公園 |
| | 清眞寺 | 寺廟 | | 清 | 拉薩市卡基林卡 |
| | 藥王山 | 自然景 | | | 拉薩市布達拉宮側 |
| | 桑浦寺 | 寺廟 | | 一〇七三年 | 拉薩市西南 |
| | 納木錯（湖） | 自然景 | | | 當雄縣境內 |
| | 熱振寺 | 寺廟 | | 一〇五六年 | 林周縣北部 |
| | 止貢貼寺 | 寺廟 | | 一一七九年 | 墨竹工卡縣東北 |
| | 甘丹寺 | 寺廟 | 全國重點 | 一四〇九年 | 達孜縣旺古爾山上 |
| | 楚布寺 | 寺廟 | | 一一八七年 | 堆龍德慶縣 |
| | 多吉扎寺 | 寺廟 | | 十六世紀 | 貢嘎縣雅魯藏布江北岸 |
| | 敏珠林寺 | 寺廟 | | 十七世紀 | 貢嘎縣雅魯藏布江南岸 |
| | 桑伊寺 | 寺廟 | | 七七九年 | 扎襄縣雅魯藏布江北岸 |
| | 桑丁寺 | 寺廟 | | | 浪卡子縣白地湖南岸 |
| | 白居寺 | 寺廟 | | 十五世紀 | 江孜縣城內 |
| | 宗山炮臺 | 遺址 | 全國重點 | 一九〇四年 | 江孜縣城內 |
| | 昌珠寺 | 寺廟 | 全國重點 | 唐 | 乃東縣南 |
| | 澤當比烏哲古岩洞 | 自然景 | | | 乃東縣澤當鎭貢布山上 |
| | 雍布拉崗 | 遺址 | | 西元前一世紀 | 乃東縣東南雅隆河東岸山頂 |
| | 藏王墓 | 陵墓 | 全國重點 | 七至九世紀 | 窮結縣木惹山上 |
| | 德木吐蕃摩崖石刻 | 石刻 | | 吐蕃 | 林芝縣德木地區本日山北麓 |
| | 卡若遺址 | 遺址 | | 新石器 | 昌都縣城東南十二公里卡若村 |
| | 絳巴林 | 寺廟 | | 一四三七年 | 昌都縣龍山 |
| | 扎什倫布寺 | 寺廟 | 全國重點 | 一四四七年 | 日喀則縣南尼色日山下 |
| | 那當寺 | 寺廟 | | 一一五三年 | 日喀則縣西南 |
| | 夏魯寺 | 寺廟 | 全國重點 | 一〇八七年 | 日喀則縣東南 |
| | 希夏邦馬峰 | 自然景 | | | 聶拉木縣境內 |
| | 中尼友誼橋 | 建築 | | 一九六四年 | 聶拉木縣樟木口岸中尼邊界 |
| | 珠穆朗瑪峰 | 自然景 | | | 定日縣中尼邊境 |
| | 薩迦寺 | 寺廟 | 全國重點 | 一〇七三年 | 薩迦縣奔波山麓 |

| 部區屬 | 景點名稱 | 類別 | 級別 | 時代 | 地址 |
|---|---|---|---|---|---|
| | 古格王國遺址 | 遺址 | 全國重點 | 十世紀 | 札達縣札布讓區象泉河畔土山上 |
| | 托林寺 | 寺廟 | | 十世紀 | 札達縣內 |
| | 班公湖 | 自然景 | | | 日土縣中國克什米爾邊界 |
| | 岡仁波齊峰（聖山） | 自然景 | | | 普蘭縣瑪旁雍錯北岡底斯山主峰 |
| | 瑪法木錯（聖湖） | 自然景 | | | 普蘭縣岡仁波齊峰與納木那尼峰之間 |
| 雲貴遊覽區（雲南省） | 石鐘山石窟 | 石窟 | | 唐宋 | 劍川縣城西南二十五公里 |
| | 金華山摩崖造像 | 石刻 | | 唐 | 劍川縣城西一公里 |
| | 雞足山 | 寺廟 | | 唐 | 賓川縣城西北四十公里 |
| | 蛇骨塔 | 古建築 | | 唐 | 下關市北三公里羊皮村 |
| | 太和城遺址 | 遺址 | | 七四七年 | 大理縣城南七點五公里太和村 |
| | 弘聖寺塔 | 古建築 | | 唐 | 大理縣城西南 |
| | 杜文秀墓 | 陵墓 | | 近代 | 大理縣下兌村 |
| | 世祖皇帝平雲南碑 | 碑刻 | | 元 | 大理縣城北蒼山腳下 |
| | 蒼山 | 自然景 | | | 大理縣城西二公里 |
| | 洱海 | 自然景 | | | 大理縣城東二公里 |
| | 崇聖寺三塔 | 古建築 | | 唐 | 大理縣城西北崇聖寺 |
| | 蕩山寺 | 寺廟 | | 東漢 | 大理縣城南五公里 |
| | 蝴蝶泉 | 自然景 | | | 大理縣城北二十公里蒼山雲弄峰麓 |
| | 南詔鐵柱 | 文物 | 全國重點 | 八七二年 | 彌渡縣城西南六公里鐵柱廟 |
| | 巍寶山 | 寺廟 | | | 巍山縣城東南十公里 |
| | 霽虹橋 | 古建築 | | | 永平縣與保山縣間瀾滄江上 |
| | 大觀樓公園 | 園林 | | 明 | 昆明市西二公里 |
| | 雲南省博物館 | 展覽館 | | 近代 | 昆明市東風西路 |
| | 圓通公園 | 園林 | | 近代 | 昆明市城北 |
| | 翠湖公園 | 園林 | | 清 | 昆明市城北 |
| | “一二一”四烈士墓 | 陵墓 | | 一九四六年 | 昆明市環城北路 |
| | 大理國經幢 | 碑刻 | 全國重點 | 大理國 | 昆明市拓東路 |
| | 雲南陸軍講武堂舊址 | 紀念地 | 全國重點 | 一九〇九年 | 昆明市翠湖西承華圃 |
| | 東寺塔 | 古建築 | | 一八八二年 | 昆明市書林街 |
| | 西寺塔 | 古建築 | | 唐 | 昆明市東寺街南段 |
| | 西山風景區 | 自然景 | | | 昆明市西南郊十五公里 |

| 部區屬 | 景點名稱 | 類別 | 級別 | 時代 | 地址 |
|---|---|---|---|---|---|
| | 楊升庵祠 | 紀念地 | | 明 | 昆明市西十五公里高嶢 |
| | 曇華寺 | 寺廟 | | 明末 | 昆明市東三公里金馬山麓 |
| | 圓通寺 | 寺廟 | | 元 | 昆明市內圓通街 |
| | 聶耳墓 | 陵墓 | 全國重點 | 近代 | 昆明市 |
| | 太和宮金殿 | 古建築 | 全國重點 | 一六〇二年 | 昆明市東北七公里鳴鳳山上 |
| | 金剛塔 | 古建築 | | 一四五八年 | 昆明市東郊五公里官渡街 |
| | 筇竹寺 | 寺廟 | | 元 | 昆明市西北十公里玉案山上 |
| | 賽典赤·瞻思丁紀念冢 | 紀念地 | | 元 | 昆明市拓東路五里鄉小學內 |
| | 黑龍潭公園 | 園林 | | 元 | 昆明市北郊十四公里龍泉山麓 |
| | 滇池 | 自然景 | | | 昆明市西南 |
| | 馬哈只碑 | 碑刻 | | 一四〇五年 | 晉寧縣昆陽城月山西坡上 |
| | 法華寺石窟 | 石窟 | | 大理 | 安寧縣城東五公里小桃花村後洛陽山 |
| | 曹溪寺 | 寺廟 | | 唐 | 安寧縣城西北五公里螳螂川西岸 |
| | 碧玉泉 | 自然景 | | | 安寧縣城西北螳螂川畔 |
| | 霍承嗣壁畫墓 | 陵墓 | | | 昭通縣城東北十公里後海子中寨 |
| | 孟孝琚碑 | 碑刻 | | 東漢 | 昭通縣文淵街三中院內 |
| | 石林 | 自然景 | | | 路南縣境內 |
| | 大疊水瀑布 | 自然景 | | | 路南縣城西南十五公里 |
| | 爨龍顏碑 | 碑刻 | 全國重點 | 四五八年 | 陸良縣城南十四公里貞元堡 |
| | 九龍池 | 自然景 | | | 玉溪縣城西十公里龍泉山麓 |
| | 香山 | 自然景 | | | 通海縣城南 |
| | 撫仙湖 | 自然景 | | | 澄江縣城南二公里 |
| | 滄源崖畫 | 岩畫 | | 漢 | 滄源縣勐省、曼帕曼坎山上 |
| | 孟連宣撫司署 | 遺址 | | 明 | 孟連縣舊城內 |
| | 易羅池 | 園林 | | 明 | 保山縣城西南 |
| | 騰衝火山群 | 自然景 | | | 騰衝縣城北打鷹山等 |
| | 疊水瀑布 | 自然景 | | | 騰衝縣城西一公里 |
| | 五鳳樓 | 古建築 | | 一六〇一年 | 麗江縣城北黑龍潭畔 |

| 部區屬 | 景點名稱 | 類別 | 級別 | 時代 | 地址 |
| --- | --- | --- | --- | --- | --- |
| | 玉峰寺 | 寺廟 | | 一七五六年 | 麗江縣城北十五公里 |
| | 麗江壁畫 | 壁畫 | | 明 | 麗江縣境內 |
| | 黑龍潭 | 園林 | | 明 | 麗江縣象山腳下 |
| | 虎跳峽 | 自然景 | | | 麗江縣石鼓東北五十公里金沙江中 |
| | 瀘沽湖 | 自然景 | | | 寧蒗縣城北七十公里落水村東 |
| | 觀音箐 | 自然景 | | | 永勝縣城東八公里壺山下 |
| | 三元洞 | 自然景 | | | 文山縣城西三公里西山壁上 |
| | 南湖 | 自然景 | | | 蒙自縣城南 |
| | 異龍湖 | 自然景 | | | 石屏縣城東南一公里 |
| | 文廟 | 古建築 | | 一三二五年 | 建水縣城內文廟北街 |
| | 雙龍橋 | 古建築 | | 清 | 建水縣城西五公里 |
| | 燕子洞 | 自然景 | | | 建水縣城東二十公里 |
| | 廣允緬寺 | 寺廟 | 全國重點 | 清 | 滄源縣 |
| | 曼飛龍塔 | 古建築 | 全國重點 | 一二〇四年 | 景洪縣大勐籠曼飛龍後山上 |
| | 橄欖壩 | 自然景 | | | 景洪縣城南四十公里瀾滄江邊 |
| | 景眞八角亭 | 古建築 | 全國重點 | 一七〇一年 | 勐海縣城西十四公里景眞山上 |
| | 熱帶植物園 | 園林 | | 一九五八年 | 勐臘縣西北九十九公里葫蘆島上 |
| | 獅子山正續寺 | 寺廟 | | 一三一一年 | 武定縣城西南二公里 |
| | 元謀猿人化石遺址 | 遺址 | 全國重點 | 舊石器 | 元謀縣城東南七公里上那蚌村 |
| | 星宿橋 | 古建築 | | 一六一四年 | 祿豐縣城西 |
| | 白塔 | 古建築 | | 唐 | 大姚縣城北文筆峰上 |
| | 彝文摩崖 | 碑刻 | | 明末 | 祿勸縣城北十公里發明村旁紅崖峽 |
| | 護法明公德運碑贊摩崖 | 石刻 | | 一一五八年 | 楚雄縣城西二十公里薇溪山崖上 |
| | 爨寶子碑 | 碑刻 | 全國重點 | 四〇五年 | 曲靖縣一中院內 |
| | 段氏與三十七部會盟碑 | 碑刻 | 全國重點 | 九七一年 | 曲靖縣一中院內 |
| | 勝境關 | 關隘 | | | 富源縣城東八公里滇黔交界處 |

續表八十九

| 部區屬 | 景點名稱 | 類別 | 級別 | 時代 | 地址 |
|---|---|---|---|---|---|
| （貴州省） | 碧雲洞 | 自然景 | | | 盤縣城關 |
| | 灞陵橋瀑布 | 自然景 | | | 關嶺縣城東五公里 |
| | 紅岩碑 | 碑刻 | | | 關嶺縣南十公里龍爪樹曬甲山 |
| | 關索嶺 | 自然景 | | | 關嶺縣城東二十二公里 |
| | 扁擔山 | 自然景 | | | 鎮寧縣城西十五公里 |
| | 黃果樹瀑布 | 自然景 | | | 鎮寧縣西南十五公里白水河上 |
| | 犀牛洞 | 自然景 | | | 鎮寧縣坡東一公里東坡山 |
| | 三潮水 | 自然景 | | | 修文縣城北二公里觀音山下 |
| | 陽明洞 | 自然景 | | | 修文縣城北一公里龍崗山 |
| | 石窗 | 自然景 | | | 修文縣大石鄉連豐村 |
| | 甲秀樓 | 古建築 | | 明 | 貴陽市南明塘 |
| | 南郊公園 | 園林 | | 一九六五年 | 貴陽市南小車河畔 |
| | 文昌閣 | 古建築 | | 一五八六年 | 貴陽市東門月城上 |
| | 東山 | 自然景 | | | 貴陽市東門外 |
| | 黔靈公園 | 園林 | | 近代 | 貴陽市西北 |
| | 花溪 | 園林 | | 近代 | 貴陽市南郊十七公里 |
| | 森林公園 | 園林 | | 一九六一年 | 貴陽市城南三公里 |
| | 扶峰山 | 園林 | | 清 | 貴陽市東門外尖山 |
| | 宏福寺 | 寺廟 | | | 貴陽市西北黔靈山上 |
| | 息烽溫泉 | 自然景 | | | 息烽縣東北四十公里天臺寺山下 |
| | 遵義會議會址 | 紀念地 | 全國重點 | 一九三五年 | 遵義市老城子尹路 |
| | 湘山寺 | 寺廟 | | 元 | 遵義市城邊 |
| | 桃溪寺 | 園林 | | | 遵義市西郊 |
| | 楊璨墓 | 陵墓 | 全國重點 | 南宋 | 遵義縣皇墳嘴 |
| | 禹門山風景區 | 自然景 | | | 遵義縣境內 |
| | 婁山溶洞公園 | 園林 | | | 遵義縣大婁山中 |
| | 海龍囤 | 關隘 | | | 遵義縣海龍壩山巔 |
| | 葫市摩崖造像 | 石刻 | | | 赤水縣河赤水葫市灘右岸石壁上 |
| | 茅臺鎮 | 古鎮 | | | 仁懷縣赤水河畔 |
| | 九龍洞 | 自然景 | | | 銅仁縣城東十七公里觀音山腰 |
| | 玉屏風景區 | 自然景 | | | 玉屏縣城郊 |
| | 石阡溫泉 | 自然景 | | | 石阡縣城南山 |

| 部區屬 | 景點名稱 | 類別 | 級別 | 時代 | 地址 |
|---|---|---|---|---|---|
| | 飛龍洞 | 自然景 | | | 興義縣布雄鄉 |
| | 十八先生墓 | 陵墓 | | 明末 | 安龍縣城北關馬場 |
| | 招堤 | 自然景 | | | 安龍縣城北門外 |
| | 三潭滾月 | 自然景 | | | 織金縣城東門外 |
| | 草海 | 自然景 | | | 威寧縣城外 |
| | 大渡河橋 | 古建築 | | 明 | 大方縣城南三十五公里大渡河上 |
| | 奢香墓 | 陵墓 | 全國重點 | 明 | 大方縣城邊霧籠坡 |
| | 紅楓湖 | 自然景 | | | 清鎮、平壩縣間 |
| | 文廟 | 寺廟 | | 明 | 安順市東北角黌學街 |
| | 龍宮風景區 | 自然景 | | | 安順市南二十七公里 |
| | 寬闊水天然動植物園 | 自然景 | | | 綏陽縣 |
| | 習水石林 | 自然景 | | | 習水縣赤水河中游二朗灘北 |
| | 仁懷三溫泉 | 自然景 | | | 仁懷縣鹽津河、壇廠、團結 |
| | 香爐山 | 自然景 | | | 凱里市東十五公里 |
| | 青龍洞 | 自然景 | 全國重點 | | 鎮遠縣城東中和山 |
| | 潕陽三峽 | 自然景 | | | 施秉縣至鎮遠縣潕陽河上 |
| | 飛雲崖 | 自然景 | | | 黃平縣城東十公里東坡山 |
| | 雷公山自然保護區 | 自然景 | | | 雷山縣境內 |
| | 三江鎮風景區 | 自然景 | | | 錦屏縣城 |
| | 西山苗王廟 | 寺廟 | | | 榕江縣城西山 |
| | 五榕山 | 自然景 | | | 榕江縣城郊 |
| | 張猏摩崖 | 石刻 | | 明 | 都勻市東北紅葉山左石壁上 |
| | 白雲山 | 自然景 | | | 長順縣廣順東二十公里 |
| | 竹王祠 | 寺廟 | | | 福泉縣楊老驛 |
| | 梵淨山自然保護區 | 自然景 | | | 江口、印江、松桃三縣交界 |
| | 侗寨鼓樓 | 古建築 | | 清 | 黎平縣肇興 |
| | 增衝鼓樓 | 古建築 | 全國重點 | 清 | 從江縣停洞鄉 |
| 灕江遊覽區（廣西自治區） | 馬胖鼓樓 | 古建築 | | | 三江縣城北二十五公里 |
| | 程陽風雨橋 | 古建築 | 全國重點 | 一九一六年 | 三江縣城北二十公里 |
| | 巨猿洞 | 遺址 | | 史前 | 柳城縣城南二十公里 |
| | 馬鞍山 | 自然景 | | | 柳州市南 |
| | 大龍潭 | 自然景 | | | 柳州市南郊四公里 |
| | 東門樓 | 古建築 | | 一三八一年 | 柳州市曙光路 |
| | 柳侯祠 | 紀念地 | | 八二一年 | 柳州市柳侯公園 |
| | 都樂岩 | 自然景 | | | 柳州市東南十二公里 |

續表九十一

| 部區屬 | 景點名稱 | 類別 | 級別 | 時代 | 地址 |
|---|---|---|---|---|---|
| | 魚峰山 | 自然景 | | | 柳州市魚峰公園內 |
| | 土司衙門舊址 | 遺址 | | 明 | 忻城縣建設街 |
| | 柳江人化石出土地 | 遺址 | | 舊石器 | 柳江縣新興農場通天岩 |
| | 昆侖關 | 關隘 | | | 邕寧、賓陽縣交界 |
| | 廣西博物館 | 展覽館 | | 一九五四年 | 南寧市七一路 |
| | 南湖公園 | 園林 | | 近代 | 南寧市區東南部 |
| | 人民公園 | 園林 | | 近代 | 南寧市區北部 |
| | 智城碑 | 碑刻 | | 六九七年 | 上林縣城東二十公里智城山上智城洞 |
| | 靈源 | 自然景 | | | 武鳴縣城南一公里 |
| | 明秀園 | 園林 | | 清 | 武鳴縣城西一公里 |
| | 伊嶺岩 | 自然景 | | | 武鳴縣南、南寧北三十二公里 |
| | 友誼關 | 關隘 | | 明 | 憑祥市西南十八公里中越邊境 |
| | 花山崖壁畫 | 壁畫 | 全國重點 | 戰國 | 寧明縣明江兩岸花山、珠山、高山、龍峽等地 |
| | 小連城 | 自然景 | | | 龍州縣城西五公里 |
| | 弄崗自然保護區 | 自然景 | | | 龍州縣城東北三十公里 |
| | 紫霞洞 | 自然景 | | | 龍州縣城東二十公里 |
| | 白龍洞 | 自然景 | | | 宜山縣城北門外 |
| | 韋拔群墓 | 陵墓 | | 一九三二年 | 東蘭縣烈士陵園 |
| | 百色起義紀念地 | 紀念地 | | | 百色縣城粵東會館清風樓 |
| | 雲山 | 自然景 | | | 德保縣城東北隅 |
| | 龍潭 | 自然景 | | | 靖西縣城東北四公里 |
| | 賓山 | 自然景 | | | 靖西縣城東一公里 |
| | 紫壁山 | 自然景 | | | 靖西縣城南十公里 |
| | 鵝泉 | 自然景 | | | 靖西縣城南十公里 |
| | 冷水瀑布 | 自然景 | | | 隆林縣城南十四公里冷水山 |
| | 花坪自然保護區 | 自然景 | | | 龍勝縣與臨桂縣交界 |
| | 龍潭奏鼓樂 | 自然景 | | | 融水縣古鼎村 |
| | 嚴關 | 關隘 | | | 興安縣城西八公里 |
| | 靈渠 | 古建築 | 全國重點 | 秦 | 興安縣靈渠 |
| | 乳洞 | 自然景 | | | 興安縣城西南六公里茅坪村 |
| | 湘山寺 | 寺廟 | | 八六一年 | 全州縣城西一公里 |
| | 赤壁山 | 自然景 | | | 灌陽縣城北三十公里 |

| 部區屬 | 景點名稱 | 類別 | 級別 | 時代 | 地址 |
|---|---|---|---|---|---|
| | 恭城孔廟 | 寺廟 | | 一四七七年 | 恭城縣西山 |
| | 獨秀峰 | 自然景 | | | 桂林市中心王城內 |
| | 伏波山 | 自然景 | | | 桂林市東伏波門外 |
| | 花橋 | 古建築 | | 宋 | 桂林市灕江上 |
| | 普陀山 | 自然景 | | | 桂林市灕江東岸 |
| | 七星岩 | 自然景 | | | 桂林市普陀山西側山腰 |
| | 駱駝山 | 自然景 | | | 桂林市普陀山南 |
| | 南溪山公園 | 自然景 | | | 桂林市區南部 |
| | 月牙山 | 自然景 | | | 桂林市普陀山側 |
| | 疊彩山 | 園林 | | | 桂林市灕江邊 |
| | 中隱山 | 自然景 | | | 桂林市西五公里 |
| | 木龍洞石塔 | 古建築 | | 唐 | 桂林市木龍洞外 |
| | 西山摩崖造像 | 石刻 | | 宋 | 桂林市西郊 |
| | 蘆笛岩 | 自然景 | | | 桂林市西北郊光明山 |
| | 寶塔山 | 自然景 | | | 桂林市東南江邊 |
| | 寶積山 | 自然景 | | | 桂林市中山北路 |
| | 堯山 | 自然景 | | | 桂林市東郊 |
| | 舍利塔 | 古建築 | | 一三八五年 | 桂林市民主路 |
| | 隱山 | 自然景 | | | 桂林市西部 |
| | 桃花江 | 自然景 | | | 桂林市西部 |
| | 象鼻山 | 自然景 | | | 桂林市內陽江和灕江匯合處 |
| | 雁山公園 | 園林 | | 一八六九年 | 桂林市南二十五公里 |
| | 虞山 | 自然景 | | | 桂林市北極路東 |
| | 榕湖杉湖 | 自然景 | | | 桂林市中心 |
| | 灕江風光 | 自然景 | | | 自桂林東北興安縣貓兒山至梧州 |
| | 冠岩 | 自然景 | | | 桂林市南十五公里 |
| | 畫山 | 自然景 | | | 陽朔縣東北 |
| | 興坪 | 古鎮 | | 晉 | 陽朔縣北江邊 |
| | 書童山 | 自然景 | | | 陽朔縣城南二公里 |
| | 陽朔公園 | 園林 | | | 陽朔縣城內 |
| | 碧蓮峰 | 自然景 | | | 陽朔縣城邊江畔 |
| | 榕蔭古渡 | 自然景 | | | 陽朔縣城南六公里 |
| | 百壽岩 | 石刻 | | 一二二九年 | 永福縣壽城 |
| | 浮山 | 自然景 | | | 賀縣城東十五公里 |
| | 金田起義舊址 | 遺址 | 全國重點 | 一八五一年 | 桂平縣城北二十四公里金田村 |

續表九十三

| 部區屬 | 景點名稱 | 類別 | 級別 | 時代 | 地址 |
|---|---|---|---|---|---|
| | 西山風景區 | 自然景 | | | 桂平縣城西一公里 |
| | 白石山 | 自然景 | | | 桂平縣城東南三十五公里 |
| | 大藤峽 | 自然景 | | | 桂平縣與武宜縣之間黔江 |
| | 大成國王府遺址 | 遺址 | | | 桂平縣鎮中心小學院內 |
| | 東塔 | 古建築 | | 明 | 桂平縣城東四公里 |
| | 經略臺眞武閣 | 古建築 | 全國重點 | 一五七三年 | 容縣城東人民公園 |
| | 都嶠山 | 自然景 | | | 容縣城南十公里 |
| | 勾漏洞 | 自然景 | | | 北流縣城東北五公里 |
| | 鬼門關 | 關隘 | | | 北流縣城西八公里 |
| | 南山寺 | 寺廟 | | 北宋 | 貴縣南山公園內 |
| | 貴縣東湖 | 自然景 | | | 貴縣城內 |
| | 綠珠井 | 紀念地 | | | 博白縣城西北二十公里綠夢村 |
| | 陸川溫泉 | 自然景 | | | 陸川縣城南河灘上 |
| | 馮子材墓 | 陵墓 | | 一九〇三年 | 欽州縣城東十公里 |
| | 劉永福故居 | 紀念地 | | 近代 | 欽州縣城內 |
| | 四牌樓 | 古建築 | 全國重點 | 一五七六年 | 合浦縣城東八十公里 |
| | 東坡亭 | 紀念地 | | 宋 | 合浦縣廉州鎭 |
| | 魁星樓 | 古建築 | | 清 | 合浦縣城內 |
| | 海角亭 | 古建築 | | 清 | 合浦縣城內 |
| | 珍珠城 | 遺址 | | 明 | 合浦縣城東南三十八公里 |
| | 火山夕焰 | 自然景 | | | 梧州市南 |
| | 冰井 | 自然景 | | | 梧州市二中院內 |
| | 中山紀念堂 | 紀念地 | | | 梧州市北山頂 |
| | 紫龍洲 | 自然景 | | | 梧州市三點五公里西江中 |

# 中國原始社會分期表

| 距今時間 | 地質時代 | | 石器時代分期 | | 人類和文化 | 社會組織與婚姻關係 | | | |
|---|---|---|---|---|---|---|---|---|---|
| 170萬年 | 更新世 | 初期 | 舊石器時代 | 初期 | 元謀人及其文化<br>鄖縣人、鄖西人<br>藍田人及其文化<br>北京人及其文化 | 原始人群 | | 雜婚 | 血緣群婚 |
| | | 中期 | | | | | | | |
| 10萬年 | | 晚期 | | 中期 | 丁村人及其文化<br>馬壩人<br>長陽人<br>許家窰人及其文化 | 氏族公社 | 母系氏族公社 | 普納魯亞婚 | |
| 4萬年<br>1萬年 | | | | 晚期 | 河套人及其文化<br>柳江人<br>峙峪人及其文化<br>山頂洞人及其文化 | | | | |
| | 全新世 | | 中石器時代 | | 沙苑地區文化 | | | 對偶婚 | |
| | | | 新石器時代 | | 仰韶文化及同期的其他文化 | | | | |
| | | | | | 早期龍山文化及同期其他文化<br>青蓮崗文化<br>良渚文化<br>屈家嶺文化 | | 父系氏族公社 | 一夫一妻制婚姻 | |
| | | | 細石器時代 | | 紅山文化<br>黃帝、炎帝 | | | | |

續表九十三

# 地質時代劃分表

| 距今年數 | 地質時代區分 | | | 植物界 | 動物界 | 自然界 |
|---|---|---|---|---|---|---|
| 60億 | 隱生代 | 太古代 | | | | |
| 46億 | | | | | | |
| 11億 | | 元古代 | | | | |
| 6億 | 早古生代 | 震旦紀 | | 海生藻類時代 | 原生動物時代 | |
| 5億 | | 寒武紀 | | | 三葉蟲時代 | |
| 4.4億 | | 奧陶紀 | | | | |
| 3.7億 | | 志留紀 | | 陸生孢子植物時代 | 魚類時代 | |
| 3.2億 | 晚古生代 | 泥盆紀 | | | | |
| 2.5億 | | 石炭紀 | | | 兩棲類時代 | 華力西造山運動 |
| 2.2億 | | 二疊紀 | | 裸子植物時代 | | |
| 2億 | 中生代 | 三疊紀 | | | | |
| 1.3億 | | 侏羅紀 | | | 爬蟲類時代 | 冰川期 |
| 6千萬 | | 白堊紀 | | | | |
| | 新生代 | 早第三紀 | 古新世 | 被子植物時代 | 哺乳類時代 | 阿爾卑斯造山運動 |
| 2.5千萬 | | | 始新世 | | | |
| | | | 漸新世 | | | |
| 1千萬 | | 晚第三紀 | 中新世 | | | |
| 2百萬 | | | 上新世 | | | 喜馬拉雅運動 |
| | | 第四紀 | 更新世 | | 原人 | |
| 1萬 | | | 全新世 | | 新人 | 冰川期 |
| 5000 | 現代 | | | | | |

# 中國歷史年代簡表

| | |
|---|---|
| 原始社會 | 約六十萬年前——約西元前二十一世紀 |
| 奴隸社會 | 約西元前二十一世紀——B.C四七六年 |
| 夏 | 約B.C二十一世紀——約B.C十六世紀 |
| 商 | 約B.C十六世紀——約西元前十一世紀 |
| 西周 | 約B.C十一世紀——B.C七七〇年 |
| 春秋 | B.C七七〇年——B.C四七六年 |
| 封建社會 | B.C四七五年——一八四〇年 |
| 戰國 | B.C四七五年——B.C二二一年 |
| 秦 | B.C二二一年——B.C二〇六年 |
| 西漢 | B.C二〇六年——二三年（包括新王朝九年——二三年） |
| 東漢 | 二五年——二二〇年 |
| 三國 | 二二〇年——二六五年 |
| 魏 | 二二〇年——二六五年 |
| 蜀 | 二二一年——二六三年 |
| 吳 | 二二二年——二八〇年 |
| 西晉 | 二六五年——三一六年 |
| 東晉 | 三一七年——四二〇年 |
| 十六國 | 三〇四年——四三九年 |
| 南北朝 | 四二〇年——五八九年 |
| 南朝 | 四二〇年——五八九年 |
| 宋 | 四二〇年——四七九年 |
| 齊 | 四七九年——五〇二年 |
| 梁 | 五〇二年——五五七年 |
| 陳 | 五五七年——五八九年 |
| 北朝 | 三八六年——五八四年 |
| 北魏 | 三八六年——五三四年 |
| 東魏 | 五三四年——五五〇年 |
| 北齊 | 五三五年——五五六年 |
| 西魏 | 五五〇年——五七七年 |
| 北周 | 五五七年——五八一年 |
| 隋 | 五八一年——六一八年 |
| 唐 | 六一八年——九〇七年 |
| 五代 | 九〇七年——九六〇年 |
| 宋 | （九六〇——一二七九） |

續表九十三

| | |
|---|---|
| 北宋 | 九六〇年——一一二七年 |
| 南宋 | 一一二七年——一二七九年 |
| 遼 | 九〇七年——一一二五年 |
| 金 | 一一一五年——一二三四年 |
| 元 | 一二〇六年——一三六八年 |
| 明 | 一三六八年——一六四四年 |
| 清 | 一六一六年——一九一一年 |

# 中國民族節日及民俗集會時間表

本表所列時間，除特別注明者外，均爲農曆。圓點前爲月，圓點後爲日。內容中包括地點、民族、活動名稱。同一活動有不同名稱者，以括號並錄。

| | |
|---|---|
| 一·一 | 全國各民族春節。 |
| | 漢族農曆元旦。 |
| | 四川成都春節燈會。北京地壇、白雲觀廟會。 |
| | 廣西東蘭、鳳山一帶壯族螞蚜節。 |
| | 侗族蘆笙會。 |
| | 黎族圍獵日。 |
| | 瑤族耕作戲。 |
| | 景頗族坦丁、木鬧。 |
| | 東鄉族七塊仗。 |
| 藏曆 一·一 | 西藏藏族新年（甲布羅沙）。 |
| 一·一——一·十五 | 仫佬族走坡對歌。廣東連山壯族坐歌堂 |
| 一·一——一·二十一 | 布依族跳花會。 |
| 一·一——一·七 | 雲南苗族採花山。 |
| 一·一——一·十五 | 白族拋繡球、放高升會。 |
| 一·三 | 廣西程陽地區侗族花炮節。 |
| 一·三——一·十五 | 湖南侗鄉行年。 |
| | 湖北來鳳縣卯洞河擺手堂土家族擺手舞會。 |
| | 廣西融水縣苗族趕坡會。 |
| 一·三——一·三十 | 廣西木柄瑤銅鼓節。 |
| 藏曆 一·三——一·二十五 | 西藏拉薩大昭寺傳召大會（莫朗欽茂）。 |
| 一·六 | 臺灣清水祖師公祭日。 |
| 一·八 | 東南畲族上十日祭圖騰。 |
| | 河南洛陽龍門廟會。 |
| 一·九 | 道教玉皇聖誕。臺灣天公生日。 |
| 一·十三 | 雲南綠春縣騎馬壩傣族巡田壩。 |
| 一·十四 | 雲南隴川縣景頗族目腦大會。 |
| | 廣西隆林地區仡佬族拜樹節。 |
| 一·十四——一·十六 | 河北定縣鰲山燈會。 |
| 一·十五 | 元宵節、上元節、燈節。 |
| | 黑龍江哈爾濱冰燈節。 |

| | | |
|---|---|---|
| | | 內蒙包頭五當召酥油花展覽。 |
| | | 四川敘永縣寶佤山苗族踩山節。 |
| | | 廣西光輝地區侗族花炮節。 |
| | | 廣西壯族歌墟節。 |
| | | 雲南麗江縣納西族農具會（棒棒會）。 |
| | | 新疆蒙族麥德爾節。 |
| 藏曆 | 一·十五——一·二十一 | 青海湟中縣塔爾寺、西藏拉薩八角街藏族酥油燈節（堅阿曲巴）。 |
| | 一·十五——二·二十四 | 四川自貢國際恐龍燈會。 |
| | 一·十六 | 拉祜族過小年，上山狩獵日。 |
| | | 達斡爾族、鄂倫春族黑灰日。 |
| | | 湖北神農架林區遊百病。 |
| | | 廣西融水苗族鬥馬會。 |
| | 一·十九 | 道教燕九節。 |
| | 一·二〇 | 雲南白沙納西族農具會。 |
| 藏曆 | 一·二十四——一·二十六 | 西藏拉薩賽馬會、驅鬼會。 |
| | 一·二十三 | 四川廣元皇澤寺附近婦女遊河灣（武則天生日）。 |
| | 一·二十五 | 廣東廣州市白雲山蒲澗節。 |
| | | 山西漢族添倉節。 |
| | | 廣西紅坎村京族唱哈節。 |
| | 一·三〇 | 廣西崇左、龍川、憑祥一帶壯族吃立節、歌墟。 |
| | 二·一 | 四川成都二月花會。 |
| 藏曆 | 二·一 | 西藏部分地區新年（索納羅沙）。 |
| | 一——二月 | 雲南、貴州、四川苗族跳花節。 |
| | | 廣東北、湖南江華山區瑤族趕鳥節。 |
| | 二·二 | 漢族青龍節。 |
| | | 山東鄒縣嶧山古會。 |
| | | 湖南侗族撒瑪節。 |
| | | 廣西梅林地區侗族花炮節。 |
| | | 臺灣福德正神日。 |
| | | 青海互助縣雷臺會。 |
| | 二·三 | 臺灣文昌帝君聖誕。 |
| | 二·四 | 廣西龍勝一帶侗族舞春牛。 |
| | 二·五 | 四川敘永縣部分苗族踩山節。 |

二·六 福建崇安縣城柴頭會。
道教東華帝君聖誕。
二·八 雲南傈僳族刀杆節。
二·十二 百花節。南京花神廟廟會。
二·十三—二·十九 雲南蘭坪、瀘水、碧江、維西等縣白族那馬人拜日望會。
藏曆 二·十五 西藏拉薩僧人傳小召會（半月法會、錯曲）。
二·十五 佛教涅槃節。
臺灣開漳聖王日。道教老君聖誕。
廣西三江縣門江地區侗族花炮節。
貴州清水江一帶苗族姊妹飯節。
河南洛陽白居易墓祭日。
二·十九 廣西壯族花王節。
臺灣臺北龍山寺慶觀音菩薩生日。
二·二十三 臺灣、福建廣澤尊王日。
二·二十五 臺灣、福建、廣東三山國王日。
藏曆 二·三〇 西藏拉薩賽寶會（錯曲色蚌）。
三月內 臺灣曹族少年節。
新疆塔吉克族奇地前笛爾節。
三·一 四川灌縣清明會。
三·三 道教蟠桃會（西王母聖誕）。
貴州苗族射花節。
瑤族開耕節。
黎族三月三節。
貴州、雲南布依族地竈會。
貴州普定縣仡佬族祭神樹。
漢族上巳日，修禊。
臺灣玄天上帝（北極星）日。
湖北蘄春、黃梅、廣濟縣大廟會。
貴州鎮遠縣侗族插秧節。
廣西壯族歌墟節。
廣西三江縣富祿鎮侗、苗、瑤、壯、漢各族三月三（花炮節）。
雲南、廣西藍靛瑤干巴節。

| | | |
|---|---|---|
| | | 湖南瀘溪縣芭蕉坪苗族三月三歌會。 |
| 閏年 | 三·六 | 臺灣嘉義市光路社區鞦韆賽會。 |
| 伊教曆 | 三·十二 | 伊斯蘭教聖紀節。 |
| 公曆 | 三·十二 | 植樹節。 |
| | 三·十五 | 道教張天師聖誕。 |
| | | 陝西華山傳統古會。 |
| | | 臺灣保生大帝祭。 |
| | | 雲南麗江縣龍王廟會。 |
| | 三·十五—三·十七 | 貴州清水江畔苗族姐妹節。 |
| | 三·十五—三·二十五 | 雲南大理古城西門外的南詔故都遺址上，三月街（觀音市）。 |
| | 清明前二日 | 寒食節。 |
| | 清明日 | 清明節。掃墓日。 |
| | 清明後十日 | 傣族潑水節。 |
| | 三·十六 | 浙江嘉興古運河踏白船（賽舟）。 |
| | 三·十九—三·二十一 | 貴州黃平縣飛雲崖苗族蘆笙節。 |
| | 三·十九 | 臺灣太陽公祭。 |
| 公曆 | 三月二十二日 | 新疆柯爾克孜族太陽曆正月初一諾勞孜節。 |
| | 三·二十三 | 沿海祭天后娘娘廟會。 |
| | | 臺灣高雄岡山地區籮仔筐會。 |
| | | 香港廟會。 |
| | 三·二十八—三·三〇 | 雲南牟定彝族三月會。 |
| | 四月內 | 廣西大瑤山茶山瑤插秧節。 |
| | | 新疆塔吉克族比利克節。 |
| 公曆 | 四月上旬 | 山東濰坊國際風箏節。 |
| | 四·八 | 貴州貴陽花溪高坡鄉射印牌會。 |
| | | 青海西寧市鳳凰山花兒會。 |
| | | 貴州貴陽噴水池苗族四月八節。 |
| | | 貴州布依族牛王節（牧童節、開秧門）。 |
| | | 貴州侗族祭牛神。 |
| | | 佛教浴佛節。佛祖誕辰日。 |
| | | 四川康定縣跑馬山轉山會。 |
| | | 廣西壯族歌墟節、牛王節。 |
| | | 湖北土家族牛王節。 |

| | |
|---|---|
| | 湖南、貴州邊區、鳳凰縣落潮井鄉椿木坳歌舞會。 |
| 四·十四 | 道教呂祖聖誕。 |
| 四·十五 | 雲南大理蒼山雲弄峰下白族蝴蝶（泉）會。 |
| 四·十五 | 內蒙包頭五當召供奉宗喀巴大畫像。 |
| 藏曆　四·十五 | 藏族佛誕節（沙格達瓦）。 |
| 春分月圓後的第一個星期五 | 基督教遇難節。 |
| 四·十八 | 新疆錫伯族遷移節（杜因拜專扎坤節）。 |
| | 湖南、貴州土家族牛王節。 |
| 立夏前十八天戊日 | 湖南通道縣蒙衝蓋山上侗族上大霧梁。 |
| 春分月圓後的第一個星期日 | 基督教復活節。 |
| 穀雨前二日 | 侗族土王節。 |
| 四月下旬 | 白族繞三靈。 |
| 四·二六 | 臺灣五穀大帝（神農氏）祭日。 |
| 五·一 | 山西榆次縣五月會。 |
| | 雲南哈尼族栽秧完後過那尼節。 |
| 五·五 | 端午節（端陽節、蒲節、屈原祭日）。 |
| | 漢族藥王節。 |
| | 江南賽龍舟。 |
| | 青海縣民和縣峽門花兒會。 |
| | 四川郫縣望叢祠吼山歌。 |
| 五·五—五·六 | 甘肅武都地區文縣內博峪地方藏族採花節。 |
| 五·六 | 湖北鄂東地區蠶神節。 |
| 五·十二 | 廣西壯族歌墟節。 |
| 五·十三 | 臺灣關公祭日。 |
| | 臺灣霞海城隍大祭日。 |
| | 河北送羊節。 |
| | 蒙族祭敖包日。 |
| 五·十五 | 湖南土家族大端午。 |
| | 湖南辰溪黃溪口大端午競渡。 |
| 藏曆　五·十五 | 西藏拉薩林卡節（雜木林吉桑、世界快樂日）。 |
| 五·一六—五·十九 | 廣西隆林縣德峨鄉彝族祭公節。 |
| 五·二十二 | 河南洛陽龍門廟會。 |
| 五·二十三 | 阿昌族潑水節。 |

| | |
|---|---|
| 五·二十三—五·二十六 | 貴州清水江一帶苗族龍船節。 |
| 五·二十九 | 廣西桂西瑤族夕九節。 |
| | 廣西、貴州瑤族達努節（盤古王節、二十九節、祖娘節、瑤年）。 |
| 五、六月間卯日 | 廣西南丹、河池、融水縣水族卯節。 |
| 六·一 | 臺灣吃半年糧。 |
| | 山西五臺山騾馬大會（六月大會）。 |
| 六月內非丁卯 | 貴州水族卯節。 |
| 六·一—六·六 | 甘肅康樂縣蓮花山歌會。 |
| 六月上旬第一個辛日 | 湖南侗族嘗新節。 |
| 六月第一個卯日 | 貴州清水江和都柳江中上游苗族吃新節。 |
| 六·二 | 廣西仡佬族吃蟲節。 |
| 藏曆　六·四 | 西藏朝山節。 |
| 六·六 | 貴州彝族火把節。 |
| | 貴州侗族祭牛神。 |
| | 貴州惠水縣長安鄉老鷹坡、拉林鄉董郎大橋布依族六月六歌節。 |
| | 漢族嘗新節、曬譜節、天貺節。 |
| | 瑤族窮節。粵西北瑤族盤瓠王婆節。 |
| | 湖南鳳凰縣勾良苗族歌會。 |
| | 湖南土家族、瑤族、貴州仡佬族吃新節。 |
| | 青海大通縣老爺山、互助縣五峰山花兒會。 |
| | 青海土族丹麻戲會。 |
| 六·一〇 | 廣西河尾、巫頭島京族唱哈節。 |
| 藏曆　六·十四 | 西藏達瑪節。 |
| 六·十五 | 雲南劍川地區白族繞海會 |
| 六·十五 | 臺灣半年祭。 |
| 六·十六 | 布依族六月場（六月橋）。 |
| | 青海樂都縣瞿曇寺花兒會。 |
| 六·十五—六·十七 | 青海互助縣丹麻花兒會。 |
| 六月中旬 | 雲南傣族關門節（傣曆九月十五日）。 |
| 六·十八 | 廣西融水縣拱洞鄉良雙村苗族鬧魚節。 |
| 閏年　六·十八 | 阿昌族潑水節。 |
| 六·十九 | 佛教觀音聖誕。 |

貴州凱里市香爐山苗族爬山節。

六·二十二　青海貴德拉夜會。

自夏至日起按地支順序辰日倒數至亥日　毛難族上團廟節。

自夏至日起按地支順序辰日　毛難族下團廟節。

六·二十四　道教關聖帝君聖誕。雷祖誕辰日。哈尼族、佤族、布朗族、拉祜族、彝族火把節（星回節、六月節）。

六·二十四—六·三〇　雲南哈尼族苦扎扎節。

六·二十五—六·二十七　雲南白族、傈僳族、納西族火把節。

藏曆六·三〇—七·一〇　西藏拉薩雪頓節（酸奶節、戲劇節）。

七月　甘肅藏族香浪節（浪山節）。

臺灣盂蘭會期。

雲南納西族騾馬會。

青海民和縣官亭、中川、甘溝土族人納頓會（七月會、慶豐收會）。

侗族吃新節。

七·一　湖南、四川土家族族年。

七·一—七·十五　貴州鎮寧布依族放八仙。

七·五—七·七　湖南隆回縣瑤族坦勒貴。

七·六　貴州普定縣窩子、高陽仡佬族過小年。

藏曆　七·六—七·十二　藏族沐浴節。

七·七　漢族乞巧節。

湖南古丈縣河蓬苗族走洞歌舞會。

福建古田、華安民間藝術節。

七·十四　中原地區中元節（鬼節）。

七·十五　中元節（鬼節）。

佛教盂蘭盆會。

青海民和縣土族七月會（或九月中旬）。

雲南納西族遊哈瓦山（海波會）。

貴州布依族鮮果節。

藏曆　七·十五　西藏理塘跑馬會。

七·二〇　貴州劍河縣高壩地區侗族趕歌會。

七·二十五　廣東廣州白雲山升仙節。

雲南寧蒗、永寧納西族摩梭人女神節（轉山節）。

| | |
|---|---|
| 公曆七·二十五—七·二十六 | 遼寧興城七月海會。 |
| 七·二十五—八月初 | 內蒙包頭五當召嘛呢法會。 |
| 公曆　七·三十 | 安徽黃山旅遊節。 |
| 藏曆　八·一 | 藏族豐收節（望果）。 |
| 七、八月中 | 蒙族那達慕大會。 |
| 八月亥日 | 廣西龍勝一帶侗族鬥牛節。 |
| 八·一—八·十 | 臺灣高山族豐年祭。 |
| 八·二 | 四川新都縣桂花會。 |
| 八·三 | 貴州臺江縣吃丑節。 |
| 立秋日 | 貴州苗族趕秋會。 |
| 八·十 | 廣西山心島京族唱哈節。 |
| | 臺灣嘉義市吳鳳廟祭。 |
| 八·十五 | 中秋節。下元節。 |
| | 臺灣曹族豐年祭。 |
| | 廣西柳州漁峰山壯族山歌會。 |
| 公曆　八·十五 | 吉林省延邊朝鮮族老人節。 |
| 八·十五—八·十六 | 貴州黎平縣古邦一帶侗族趕坪節。 |
| 八·十五—八·二十 | 仡佬族八月節。 |
| 八·十六 | 雲南大理白族漁潭會。 |
| 八·十八 | 浙江海寧鹽官鎮祭潮神日。 |
| 八月下旬至十月上旬亥日 | 貴州水族端節（水曆十二月下旬至二月上旬）。 |
| 八·二十一—八·二十三 | 福建省明溪縣益洋牛會。 |
| 八月下旬至十月上旬卯日 | 貴州水族卯節（水曆十二月下旬至二月上旬）。 |
| 八·二十七 | 山東曲阜祭孔（孔丘誕辰）。 |
| 公曆　九·六 | 吉林通化葡萄酒節。 |
| 九·九 | 重陽節。登高節。 |
| | 土家族小重陽。 |
| 九·十一—九·十五 | 雲南隴川阿昌族會街（熬露）。 |
| 九·十五 | 臺灣嘉義義民節。 |
| 傣曆　九·十五 | 雲南傣族關門節。 |
| 九月中旬 | 雲南傣族開門節（傣曆十二月二十五日）。 |
| 九·十六 | 南京花神廟會（菊花生辰）。 |

| | |
|---|---|
| 九·十七 | 道教財神誕辰。 |
| 九·十九 | 土家族大重陽節。 |
| 藏曆　九·二十二 | 西藏藏族神仙下凡節（吉巴拉波堆慶）。 |
| 公曆　九·二十八 | 臺灣臺南孔廟祭典。 |
| 十月 | 山西解州十月會。 |
| | 彝族慶年節 |
| | 畲族祭多貝大王節。 |
| | 雲南哈尼族新年（年收扎勒特節）。 |
| | 廣西羅城縣仫佬族依飯節。 |
| 十·一 | 四川羌族新年（啪嘎節）。 |
| | 上海爐節 |
| | 貴州布依族龍王節。 |
| | 廣西仡佬族牛王節。 |
| | 湖南洞口縣瑤族豐收節。 |
| | 四川新都菊花會。 |
| | 浙江海鹽縣南北湖鷹窠頂觀“日月並升”。 |
| 伊教曆　十·一 | 伊斯蘭教開齋節（爾代節、肉孜節、德爾節）。 |
| 十·一—十·三 | 貴州都柳江畔水族端節。 |
| 十月第一個丑日或<br>第二、第三個卯日 | 苗族新年。 |
| 十·三 | 道教三茅眞君聖誕。 |
| | 壯族拜墳山。 |
| 十·十四 | 臺灣平埔族阿立祖女神生日。 |
| 藏曆　十·十五 | 西藏藏族仙女節（白來日珍）。 |
| 十·十五前后 | 臺灣賽夏族祭矮靈。 |
| 十·十六 | 湖南江華瑤族倒稿節。 |
| | 廣東粵北八排瑤族耍歌堂節（散地節） |
| | 湖南新寧縣瑤族打鼓堂。 |
| | 湖南過山瑤地區盤王節。 |
| | 臺灣臺北艋舺青山王祭。 |
| 十·二十五 | 藏族燃燈節（噶登阿曲、宗喀巴圓寂日）。 |
| | 內蒙包頭五當召誦經會。 |
| 公曆十·二十五—十一·一 | 河北石家莊吳橋國際雜技節。 |
| 十一月—一月 | 拉祜族新年（擴塔節）。 |

續表九十三

| | |
|---|---|
| 冬至日 | 漢族冬至節。 |
| 冬日初 | 彝族密枝節 |
| | 道敎元始天尊聖誕。 |
| 十二·五——一·十 | 傈僳族新年（盍什節）。 |
| 十二·六 | 雲南普米族歲首日、吃蟲儀、友好節。 |
| 十二·八 | 漢族臘八慶豐日。 |
| | 佛敎成道節。 |
| 十二月中旬 | 獨龍族新年（卡雀哇）。 |
| 伊敎曆　十二·十 | 伊斯蘭敎古爾邦節。 |
| 伊敎曆　十二·十二 | 伊斯蘭敎宰牲節。 |
| 十二·十五 | 新疆蒙族紀念彌勒佛逝世日。 |
| （傣曆十二·十五 | 雲南傣族開門節）。 |
| 十二·二十二 | 道敎三重陽祖師聖誕。 |
| （水曆十二月下旬至次年二月上旬亥日 | 貴州水族端節）。 |
| （水曆十二月下旬至次年二月上旬卯日 | 貴州水族卯節）。 |
| 十二·二十三 | 漢族迎春日（過小年）。 |
| 十二·二十四 | 臺灣諸神升天日。 |
| 公曆十二·二十四——一·一 | 臺灣卑南族殺猴祭、狩獵祭、豐年祭。 |
| 公曆　十二·二十五 | 基督敎聖誕節。 |
| 十二·十五—十二·三十 | 廣東廣州花市。 |
| 藏曆　十二·二十九 | 藏族驅鬼節（吉多）。 |
| 十二·二十九 | 土家族趕年。 |
| 十二·三十 | 除夕九華山過素年。 |
| | 臺灣高山族演避債戲。 |
| | 土家族問樹、擺手舞會。 |
| 公曆　十二·三十一 | 江蘇蘇州寒山寺除夕聽鐘。 |

# 各省會城市氣溫指數表（℃）

表一

| 月份 | 溫度 | 哈爾濱 | 長春 | 瀋陽 | 烏魯木齊 | 西寧 | 蘭州 | 銀川 | 西安 | 呼和浩特 | 太原 |
|---|---|---|---|---|---|---|---|---|---|---|---|
| 一月上旬 | 平均氣溫 | －20.0 | －16.7 | －12.3 | －16.1 | －9.3 | －8.1 | －9.5 | －1.1 | －14.4 | －7.2 |
| | 平均最高 | －14.3 | －10.6 | －5.6 | －10.8 | －0.4 | 1.8 | －2.4 | 4.7 | －7.3 | 0.4 |
| | 平均最低 | －25.2 | －21.8 | －18.0 | －20.4 | －16.0 | －13.5 | －15.0 | －5.1 | －19.9 | －13.8 |
| 二月 | 平均氣溫 | －15.4 | | | －12.2 | | －2.5 | | 2.1 | －9.3 | －3.3 |
| 三月 | 平均氣溫 | －5.1 | | | 0.7 | | 5.3 | | 8.0 | －0.4 | 3.6 |
| 四月上旬 | 平均氣溫 | 2.3 | 2.5 | 5.3 | 7.1 | 4.9 | 8.5 | 7.0 | 11.5 | 4.4 | 8.4 |
| | 平均最高 | 8.1 | 8.7 | 11.1 | 13.4 | 13.2 | 16.1 | 14.7 | 17.9 | 11.7 | 15.8 |
| | 平均最低 | －3.3 | －3.3 | 0.0 | 1.9 | －1.4 | 2.3 | 0.2 | 6.5 | －2.2 | 1.6 |
| 五月 | 平均氣溫 | 14.3 | | | 18.9 | | 16.7 | | 19.2 | 15.2 | 17.5 |
| 六月 | 平均氣溫 | 20.0 | | | 23.4 | | 20.5 | | 25.3 | 20.0 | 21.7 |
| 七月上旬 | 平均氣溫 | 22.4 | 22.3 | 24.0 | 25.6 | 16.6 | 21.4 | 22.7 | 25.7 | 21.6 | 23.1 |
| | 平均最高 | 28.1 | 27.9 | 28.9 | 32.0 | 23.7 | 28.1 | 28.6 | 31.5 | 27.9 | 29.7 |
| | 平均最低 | 16.9 | 17.3 | 19.1 | 20.2 | 10.9 | 15.5 | 17.2 | 21.1 | 14.7 | 17.3 |
| 八月 | 平均氣溫 | 21.4 | | | 23.8 | | 21.0 | | 25.4 | 19.9 | 21.9 |
| 九月 | 平均氣溫 | 14.3 | | | 17.4 | | 15.9 | | 19.4 | 13.8 | 16.1 |
| 十月上旬 | 平均氣溫 | 8.5 | 9.9 | 12.0 | 10.9 | 8.7 | 11.8 | 11.8 | 15.3 | 9.1 | 12.1 |
| | 平均最高 | 15.2 | 16.4 | 18.9 | 17.2 | 15.4 | 18.3 | 18.8 | 20.1 | 16.7 | 19.2 |
| | 平均最低 | 2.1 | 3.8 | 5.7 | 6.3 | 4.1 | 7.1 | 6.0 | 11.9 | 3.2 | 6.3 |
| 十一月 | 平均氣溫 | －5.8 | | | －2.6 | | 1.6 | | 6.5 | －3.0 | 1.8 |
| 十二月 | 平均氣溫 | －15.5 | | | －12.0 | | －5.7 | | 0.6 | －11.4 | －5.1 |
| 全年 | 平均氣溫 | 3.6 | | | 7.3 | | 9.1 | | 13.3 | 5.6 | 9.3 |
| 全年 | 較差 | 42.4 | | | 40.9 | | 29.7 | | 28.0 | 35.7 | 30.3 |

# 各省會城市氣溫指數表（℃）

表二

| 月份 | 溫度 | 北京 | 天津 | 石家莊 | 濟南 | 上海 | 南京 | 合肥 | 杭州 | 南昌 | 臺北 |
|---|---|---|---|---|---|---|---|---|---|---|---|
| 一月上旬 | 平均氣溫 | −4.9 | −4.0 | −2.8 | −1.3 | 3.7 | 1.5 | 2.0 | 3.2 | 4.6 | 15.7 |
| | 平均最高 | 1.5 | 1.0 | 3.7 | 3.9 | 7.8 | 7.0 | 6.9 | 7.9 | 8.6 | 19.6 |
| | 平均最低 | −10.3 | −7.3 | −8.2 | −5.6 | 0.5 | −2.6 | −1.8 | 0.2 | 1.6 | 12.8 |
| 二月 | 平均氣溫 | −2.3 | | | 0.9 | 4.6 | 3.8 | | 5.0 | 6.3 | |
| 三月 | 平均氣溫 | 4.4 | | | 7.3 | 8.3 | 8.4 | | 9.2 | 10.9 | |
| 四月上旬 | 平均氣溫 | 9.7 | 9.8 | 11.5 | 11.8 | 11.9 | 12.3 | 12.9 | 13.2 | 14.7 | 19.5 |
| | 平均最高 | 16.0 | 18.1 | 17.8 | 17.4 | 16.5 | 17.5 | 17.0 | 17.7 | 18.9 | 23.7 |
| | 平均最低 | 3.6 | 6.0 | 5.4 | 7.0 | 8.3 | 8.1 | 9.2 | 9.5 | 11.6 | 16.2 |
| 五月 | 平均氣溫 | 20.2 | | | 21.9 | 18.8 | 20.0 | | 20.3 | 22.0 | |
| 六月 | 平均氣溫 | 24.2 | | | 26.3 | 23.2 | 24.5 | | 24.3 | 25.7 | |
| 七月上旬 | 平均氣溫 | 26.0 | 26.1 | 26.9 | 27.3 | 27.2 | 26.5 | 26.7 | 27.2 | 28.3 | 27.7 |
| | 平均最高 | 32.0 | 32.1 | 32.7 | 32.3 | 31.2 | 30.5 | 30.6 | 31.2 | 32.4 | 32.8 |
| | 平均最低 | 20.3 | 22.4 | 21.3 | 22.6 | 24.1 | 23.3 | 23.5 | 24.0 | 25.3 | 23.9 |
| 八月 | 平均氣溫 | 24.6 | | | 26.3 | 27.8 | 27.9 | | 28.2 | 29.4 | |
| 九月 | 平均氣溫 | 19.5 | | | 21.7 | 23.8 | 22.9 | | 23.5 | 25.1 | |
| 十月上旬 | 平均氣溫 | 14.8 | 15.9 | 15.7 | 17.4 | 19.6 | 18.7 | 18.9 | 19.3 | 20.9 | 24.2 |
| | 平均最高 | 21.3 | 23.6 | 22.1 | 22.4 | 23.9 | 23.6 | 23.6 | 23.5 | 25.2 | 26.2 |
| | 平均最低 | 8.9 | 13.4 | 10.3 | 12.9 | 16.1 | 14.6 | 14.9 | 16.0 | 17.8 | 20.9 |
| 十一月 | 平均氣溫 | 4.0 | | | 7.8 | 12.5 | 10.7 | | 12.1 | 13.1 | |
| 十二月 | 平均氣溫 | −2.8 | | | 0.8 | 6.2 | 4.5 | | 6.1 | 7.3 | |
| 全年 | 平均氣溫 | 11.6 | | | 14.2 | 15.7 | 15.4 | | 16.1 | 17.5 | |
| 全年 | 較差 | 30.7 | | | 29.3 | 24.6 | 26.3 | | 25.1 | 24.8 | |

# 各省會城市氣溫指數表（℃）

表三

| 月份 | 溫度 / 城市 | 鄭州 | 武漢 | 長沙 | 廣州 | 南寧 | 福州 | 成都 | 昆明 | 貴陽 | 拉薩 | 香港 |
|---|---|---|---|---|---|---|---|---|---|---|---|---|
| 一月上旬 | 平均氣溫 | −0.1 | 2.4 | 4.7 | 12.6 | 12.2 | 10.1 | 5.0 | 8.0 | 4.3 | −2.9 | 15.6 |
| | 平均最高 | 6.1 | 8.2 | 9.0 | 17.7 | 16.6 | 14.5 | 9.2 | 14.9 | 8.4 | 7.6 | 26.9 |
| | 平均最低 | −5.1 | −2.0 | 1.6 | 8.8 | 9.2 | 7.1 | 1.8 | 1.8 | 1.7 | −10.6 | 0.0 |
| 二月 | 平均氣溫 | 2.1 | 5.0 | 6.2 | 14.2 | 13.9 | 10.6 | 9.4 | 9.8 | 6.4 | 0.8 | 15.9 |
| 三月 | 平均氣溫 | 7.7 | 10.0 | 10.9 | 17.7 | 17.3 | 13.4 | 13.9 | 13.2 | 11.5 | 4.3 | 18.5 |
| 四月上旬 | 平均氣溫 | 12.2 | 13.6 | 14.8 | 20.5 | 20.4 | 17.0 | 14.8 | 14.5 | 14.9 | 6.3 | 22.1 |
| | 平均最高 | 18.4 | 18.4 | 18.9 | 24.4 | 24.9 | 22.3 | 20.0 | 22.5 | 21.0 | 14.3 | 33.4 |
| | 平均最低 | 6.4 | 9.9 | 11.6 | 17.5 | 17.3 | 13.6 | 10.9 | 6.9 | 10.9 | −0.8 | 1.9 |
| 五月 | 平均氣溫 | 21.1 | 21.3 | 21.7 | 25.7 | 26.0 | 22.2 | 22.0 | 19.3 | 19.6 | 12.6 | 25.9 |
| 六月 | 平均氣溫 | 26.3 | 25.8 | 26.0 | 27.2 | 27.4 | 25.3 | 25.1 | 19.5 | 21.9 | 15.5 | 27.7 |
| 七月上旬 | 平均氣溫 | 26.9 | 27.5 | 28.0 | 28.3 | 28.6 | 28.5 | 25.2 | 20.0 | 23.6 | 15.4 | 28.6 |
| | 平均最高 | 32.5 | 31.7 | 32.4 | 32.5 | 33.3 | 33.3 | 29.4 | 24.0 | 27.9 | 22.6 | 35.7 |
| | 平均最低 | 22.0 | 24.2 | 24.7 | 25.3 | 25.3 | 25.1 | 22.1 | 17.4 | 20.8 | 10.8 | 22.2 |
| 八月 | 平均氣溫 | 25.9 | 28.5 | 28.9 | 28.2 | 27.9 | 28.2 | 28.2 | 19.2 | 23.5 | 14.1 | 28.2 |
| 九月 | 平均氣溫 | 21.0 | 23.6 | 24.5 | 27.0 | 26.7 | 26.0 | 23.8 | 17.6 | 20.8 | 12.8 | 27.5 |
| 十月上旬 | 平均氣溫 | 16.6 | 18.9 | 20.0 | 25.1 | 24.7 | 23.0 | 17.8 | 15.9 | 17.9 | 9.8 | 25.0 |
| | 平均最高 | 22.3 | 23.9 | 24.5 | 29.7 | 30.4 | 26.9 | 21.3 | 20.7 | 22.2 | 18.1 | 34.3 |
| | 平均最低 | 12.1 | 15.0 | 16.7 | 21.7 | 20.7 | 20.0 | 15.6 | 12.7 | 15.0 | 4.4 | 13.5 |
| 十一月 | 平均氣溫 | 7.8 | 11.2 | 12.5 | 19.7 | 18.9 | 17.8 | 13.6 | 11.5 | 11.6 | 1.9 | 21.3 |
| 十二月 | 平均氣溫 | 1.6 | 5.3 | 7.0 | 15.2 | 14.8 | 13.1 | 9.2 | 8.3 | 7.0 | −1.9 | 17.7 |
| 全年 | 平均氣溫 | 14.2 | 16.3 | 17.2 | 21.8 | 21.6 | 19.6 | 8.2 | 14.8 | 15.3 | 7.5 | 22.8 |
| 全年 | 較差 | 27.8 | 26.2 | 24.9 | 14.9 | 15.4 | 18.3 | 21.0 | 12.1 | 19.1 | 17.8 | |

心得手札

心得手札

心得手札

建安

中國名勝典故　特價：800 元

主　編/隗　芾
負責人/林　世　忠
發行人/林　世　楨
發行所/建安出版社
登　記/局版北市業字第三八九號
台北店/台北市重慶南路1段63號
電　話/（02）3314516·3818884
台北店/台北市重慶南路1段41號
電　話/（02）3881351·3881352
站前店/台北市忠孝西路1段80號
電　話/（02）3617980·3617981
台中店/台中市中山路2號
電　話/（04）2260330（代表線·3線）

發行部/台北縣三峽鎮添福里添福路5之1號
訂書專線/（02）6745555代表線
傳眞專線/（02）6745277
郵政劃撥/18805511（建安出版社）
法律顧問/蕭雄淋律師
北辰著作權事務所
出版日期/1997年 1 月 初版一刷

國家圖書館出版品預行編目資料

中國名勝典故/隗芾主編.　--初版.　--臺北市
：建安，1996〔民85〕
面；　公分
ISBN 957-9626-15-4 (精裝)

1.中國-古蹟　2.中國-描述與遊記

684　　　　　　　　　　　　85013922